Microsoft®

Windows XP Professional – Original Microsoft Training für MCSE/MCSA-Examen 70-270

2. Auflage

Dieses Buch ist die deutsche Übersetzung von:
Walter Glenn, Tony Northrup: MCSA/MCSE Self-Paced Training Kit (Exam 70-270): Installing, Configuring, and Administering Microsoft Windows XP Professional, Second Edition
Microsoft Press, Redmond, Washington 98052-6399

15 14 13 12 11 10 9 8 7 6 5 4 3 2 1
07 06 05

ISBN 3-86063-975-7

Übersetzung: Lemoine International, Köln, und Detlef Johannis, Kempten
Korrektorat: Claudia Mantel-Rehbach, München
Fachlektorat und Satz: Günter Jürgensmeier, München
Umschlaggestaltung: Hommer Design GmbH, Haar (www.HommerDesign.com)
Layout und Gesamtherstellung: Kösel, Krugzell (www.KoeselBuch.de)

Für meine Frau Susan
Walter Glenn

Für meine Frau Erica
Tony Northrup

Inhaltsverzeichnis

Danksagungen

Ein Buch wie dieses ist ein großes Projekt, das nur mit der Hilfe vieler Leute Wirklichkeit werden kann. Ich habe im Lauf der Jahre an vielen Büchern und mit unterschiedlichsten Leuten gearbeitet. Ohne Zweifel ist das Team bei Microsoft Learning das beste. Die Teammitglieder sind anspruchsvoll und gewissenhaft, sie identifizieren sich mit ihrer Arbeit und versuchen immer, die bestmöglichen Bücher zu veröffentlichen.

Ich möchte allen danken, die an diesem Buch gearbeitet haben. Julie Pickering, unsere Projektmanagerin, hat Großartiges geleistet beim Koordinieren aller Beteiligten – und das ist nicht immer leicht, wenn man sich mit Autoren abplagen muss. Unsere Lektoren, Elise Morrison, Lori Kane und Marzena Makuta, brüteten über jedem Detail, um die bestmögliche Qualität des Buches sicherzustellen. Alle Beteiligten gaben ihr Bestes. Ich möchte auch Randall Galloway bei Microsoft für seine technische Hilfe und Unterstützung danken.

Und wie immer möchte ich Neil Salkind und allen anderen bei StudioB danken, die uns halfen, dieses Projekt zu entwickeln.

Walter Glenn

Ich möchte meinen Freunden danken, insbesondere Chris und Diane Geggis, Bob Hogan, Kurt und Beatriz Dillard, Eric und Alyssa Faulkner, John und Tara Banks, Kristin Casciato, Samuel Jackson und Eric John Parucki. Sie alle halfen mir, meine Freizeit abseits der Computertastatur zu genießen. Ich danke ganz besonders meiner Frau, Erica, dass sie während der vielen langen Tage, an denen ich an diesem Buch schrieb, so viel Geduld gezeigt hat.

Tony Northrup

Über dieses Buch

Willkommen zu *Microsoft Windows XP Professional – Original Microsoft Training für MCSE/MCSA Examen 70-270*. Dieses Buch bietet eine Einführung in das Betriebssystem Microsoft Windows XP Professional und bereitet Sie darauf vor, Windows XP Professional zu installieren, zu konfigurieren und Support dafür zu leisten.

Sie erfahren, auf welche Weise Sie in einer Netzwerkumgebung mit Windows XP Professional arbeiten. Dieses Buch konzentriert sich auf folgende Themen:

- Installieren von Windows XP Professional
- Einrichten und Verwalten von Ressourcen
- Installieren, Verwalten und Problembehandlung von Hardwaregeräten und Treibern
- Überwachen und Optimieren von Systemleistung und Zuverlässigkeit
- Konfigurieren und Problembehandlung der Desktopumgebung
- Einrichten, Verwalten und Problembehandlung von Netzwerkprotokollen und -diensten

Hinweis Weitere Informationen über die Ausbildung zum Microsoft Certified Professional (MCP) erhalten Sie im Abschnitt „Das Microsoft Certified Professional-Programm" weiter unten in dieser Einführung.

Zielgruppe

Das vorliegende Training ist für alle Benutzer geeignet, die Kenntnisse über Windows XP Professional erwerben möchten. Dieses Buch richtet sich insbesondere an Fachkräfte aus dem Bereich der Informationstechnologie (IT), zu deren Tätigkeitsbereich das Design, die Planung, die Implementierung und Unterstützung von Windows XP Professional gehören oder die beabsichtigen, die MCP-Prüfung 70-270: *Installieren, Konfigurieren und Verwalten von Microsoft Windows XP Professional* abzulegen.

Hinweis Die Auswahl der Prüfungsthemen unterliegt ausschließlich Microsoft und kann sich ohne vorherige Ankündigung ändern.

Voraussetzungen

Dieses Training erfordert die folgenden Vorkenntnisse:

- Kenntnisse des Betriebssystems Windows XP
- Grundkenntnisse über Computerhardware
- Grundkenntnisse zu Netzwerktechnik

Über die CD-ROM

Dieses Buch enthält eine CD-ROM mit begleitenden Kursmaterialien, die eine Vielzahl zusätzlicher Informationen zur sinnvollen Ergänzung des Buchs bereitstellt:

- Die Microsoft Press Readiness Review Suite von MeasureUp. Dieses Paket aus Praxistests und Lernzielkontrollen umfasst Fragen mit unterschiedlichen Schwierigkeitsgraden und bietet mehrere Testmodi. Sie können Ihr Verständnis der in diesem Buch vorgestellten Konzepte einschätzen und anhand der Testergebnisse einen auf Sie zugeschnittenen Lernplan erarbeiten.
- Eine elektronische Version dieses Buchs (E-Book) in englischer Sprache. Informationen zur Verwendung der Onlineversion dieses Buchs finden Sie im Abschnitt „Die Onlinebücher“ in dieser Einleitung.
- In diesem Buch empfohlene Tools.

Eine zweite CD-ROM enthält eine 180-Tage-Evaluierungsversion von Microsoft Windows XP Professional mit Service Pack 2.

Vorsicht Bei der zum Lieferumfang gehörenden 180-Tage-Evaluierungsversion handelt es sich nicht um die Vollversion von Windows XP. Diese Evaluierungsversion ist nur für die Verwendung im Rahmen dieses Trainings vorgesehen. Microsoft stellt keinen technischen Support für Evaluierungsversionen bereit.

Weitere Supportinformationen zu diesem Buch und der beiliegenden CD-ROM finden Sie auf der Supportwebsite von Microsoft Press unter

http://microsoft.com/germany/mspress/support

Sie haben darüber hinaus die Möglichkeit, eine E-Mail an

presscd@microsoft.com

zu senden oder sich unter der Adresse

Microsoft Press
Betrifft: *Microsoft Windows XP Professional – Original Microsoft Training, 2. Auflage*
Konrad-Zuse-Straße 1
85716 Unterschleißheim

schriftlich an uns zu wenden.

Aufbau des Buchs

Das Buch ist in zwei Hauptabschnitte gegliedert. Teil I dient dem Selbststudium in individuellem Lerntempo und ermöglicht anhand von Übungen die praktische Umsetzung der vermittelten Fähigkeiten. In Teil II erhalten Sie anhand von Fragen und Antworten die Möglichkeit, die während des Selbststudiums erworbenen Kenntnisse zu prüfen.

Teil I: Selbststudium

Jedes Kapitel beginnt zunächst mit einem Überblick der im Kapitel abgedeckten Prüfungslernziele. Es wird gezeigt, auf welche Weise die bereitgestellten Informationen in der Praxis angewendet werden, und es werden die Voraussetzungen genannt, die nötig sind, um die Lektionen im jeweiligen Kapitel durchzuarbeiten.

Die einzelnen Kapitel sind in Lektionen unterteilt. Die meisten Lektionen enthalten Übungen, die sich aus einer oder mehreren Aufgaben zusammensetzen. In diesen Übungen erhalten Sie die Möglichkeit, Ihre erworbenen Fähigkeiten unter Beweis zu stellen oder die beschriebenen Teile der Anwendung näher zu untersuchen.

Im Anschluss an die Lektionen können Sie Ihr erworbenes Wissen auf ein Beispielszenario anwenden. Hierbei erarbeiten Sie in mehreren Schritten eine Lösung für ein realistisches Testfallszenario. Darüber hinaus werden Sie in einer Übung zur Problembehandlung auf Schwierigkeiten hingewiesen, die bei der Umsetzung des vermittelten Wissens möglicherweise auftreten können.

Jedes Kapitel endet mit einer Zusammenfassung der wichtigsten Konzepte und einem kurzen Abschnitt, in dem prüfungsrelevante Schlüsselinformationen und -begriffe aufgelistet werden. Dieser Abschnitt fasst die wichtigsten gelernten Themen zusammen, wobei er sich besonders auf die Themen konzentriert, die für die Prüfung von Bedeutung sind.

Praxistipp Hilfreiche Informationen

In Hinweisen wie diesem finden Sie weiter gehende Informationen, die für Sie von Nutzen sein können. Die als „Praxistipp“ formatierten Hinweise enthalten praktisches Wissen von erfahrenen IT-Spezialisten.

Teil II: Prüfungsvorbereitung

In Teil II können Sie sich mit der Art von Fragen vertraut machen, die in der MCP-Prüfung gestellt werden. Durch die Bearbeitung der Lernziele und Beispielfragen können Sie sich auf die Bereiche konzentrieren, in denen Sie Ihre Kenntnisse vor der Zertifizierungsprüfung unter Umständen noch vertiefen sollten.

Weitere Informationen Eine vollständige Liste der MCP-Prüfungen und der jeweiligen Prüfungsthemen finden Sie unter **http://www.microsoft.com/learning/mcp**.

Teil II ist nach Prüfungslernzielen gegliedert. Jedes Kapitel deckt eine der Hauptlernzielgruppen ab, die so genannten *Lernzielbereiche.* Zu Beginn eines Kapitels werden zunächst die Fähigkeiten vorgestellt, die zum Bestehen der Prüfung erforderlich sind. Darüber hinaus wird in einer Liste mit weiterführender Literatur auf Informationsquellen hingewiesen, anhand derer Sie die in einem Lernziel abgedeckten Aufgaben oder Fähigkeiten weiter vertiefen können.

Innerhalb eines Lernzielbereichs werden die in der Prüfung abgefragten Lernziele aufgeführt. Jedes Lernziel umfasst verschiedene Prüfungsfragen. Die Antworten werden durch Erläuterungen zu richtigen und falschen Antworten ergänzt.

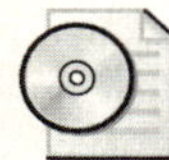

Auf der CD Diese Fragen stehen in englischer Sprache auch als Praxistest auf der Begleit-CD-ROM zur Verfügung.

Hinweiskästen

Dieses Training enthält verschiedene Hinweise mit folgender Bedeutung:

Hinweise mit der Überschrift **Tipp** enthalten Informationen zur schnelleren Durchführung einer Aufgabe oder einer alternativen Vorgehensweise.

Hinweise mit der Überschrift **Wichtig** enthalten Informationen, die zum Ausführen einer Aufgabe unverzichtbar sind.

Hinweise mit der Überschrift **Hinweis** enthalten zusätzliche Informationen.

Hinweise mit der Überschrift **Vorsicht** enthalten wichtige Informationen zu einem möglichen Datenverlust. Lesen Sie diese Informationen sorgfältig.

Hinweise mit der Überschrift **Achtung** enthalten wichtige Warnungen zu potentiellen Schäden. Lesen Sie diese Informationen sorgfältig.

Hinweise mit der Überschrift **Weitere Informationen** enthalten Verweise auf andere Informationsquellen.

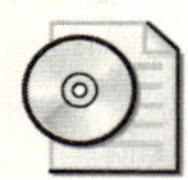

Hinweise mit der Überschrift **Auf der CD** verweisen auf zusätzliche Informationen oder Dateien, die Sie auf der Begleit-CD finden.

Hinweise mit der Überschrift **Sicherheitswarnung** enthalten Informationen, die Sie kennen müssen, um die Sicherheit in Ihrer Arbeitsumgebung maximieren zu können.

Hinweise mit der Überschrift **Prüfungstipp** stellen Informationen bereit, die Sie vor der Prüfungsteilnahme beherrschen sollten.

Hinweise mit der Überschrift **Insidertipp** enthalten Ratschläge aus der Praxis.

Typografische Konventionen

Im vorliegenden Buch werden die nachstehend aufgeführten Konventionen verwendet.

- Zeichen oder Befehle, die durch den Benutzer eingegeben werden, sowie Elemente der Benutzeroberfläche erscheinen in **Fettformatierung**.
- In Syntaxanweisungen sind Platzhalter für variable Informationen *kursiv* formatiert. Buchtitel werden ebenfalls durch *Kursivschrift* hervorgehoben.
- Datei- und Ordnernamen sind **fett** formatiert. Bei der Eingabe von Dateinamen in einem Dialogfeld oder an einer Eingabeaufforderung können Sie Groß- oder Kleinbuchstaben verwenden, sofern nicht ausdrücklich anders angegeben.
- Dateierweiterungen werden in Kleinbuchstaben angegeben.
- Akronyme werden durch Großbuchstaben gekennzeichnet.
- `Nicht proportionale Schrift` wird für Beispielcode und Beispielbildschirmtext sowie für in Initialisierungsdateien einzugebenden Text verwendet.
- Optionale Elemente werden in Syntaxanweisungen von eckigen Klammern [] umschlossen. In einer Befehlssyntax bedeutet [*Dateiname*], dass ein beliebiger Dateiname mit dem Befehl eingegeben werden kann. Geben Sie nur die in der Klammer enthaltenen Informationen ein, nicht die Klammern selbst.
- Erforderliche Elemente werden in Syntaxanweisungen von geschweiften Klammern {} umschlossen. Geben Sie nur die in der Klammer enthaltenen Informationen ein, nicht die Klammern selbst.

Tastaturkonventionen

- Ein Pluszeichen (+) zwischen zwei Tastenbezeichnungen gibt an, dass die beiden Tasten gleichzeitig zu drücken sind. „Drücken Sie ALT+TAB" bedeutet beispielsweise, dass Sie die ALT-Taste gedrückt halten, während Sie die TAB-Taste drücken.
- Ein Komma (,) zwischen zwei oder mehr Tastenbezeichnungen bedeutet, dass die Tasten nacheinander zu drücken sind, nicht gleichzeitig. „Drücken Sie ALT, F, X" gibt beispielsweise an, dass Sie die jeweilige Taste drücken und wieder loslassen, bevor Sie die nächste Taste betätigen. Bei der Aufforderung „Drücken Sie ALT+W, L" müssen Sie zunächst ALT und W gleichzeitig betätigen, beide Tasten wieder loslassen und dann L drücken.

Erste Schritte

Das vorliegende Training umfasst praktische Übungen, in denen Sie die Möglichkeit erhalten, sich die erforderlichen Fertigkeiten zu Windows XP Professional anzueignen. Nutzen Sie diesen Abschnitt, um Ihre Arbeitsumgebung für das Selbststudium vorzubereiten.

Hardwarevoraussetzungen

Es wird empfohlen, dass Sie zum Bearbeiten der Übungen in diesem Buch nicht Ihren normalen Arbeitsrechner verwenden, sondern einen separaten Computer, weil Sie im Rahmen der Übungen Änderungen am Betriebssystem und an Anwendungen vornehmen müssen. Der verwendete Computer muss folgende Mindestvoraussetzungen erfüllen (alle Hardwarekomponenten sollten im Microsoft Windows-Katalog aufgeführt sein):

- CPU: Mindestens Intel Pentium 233 MHz, schnellerer Prozessor mit wenigstens 300 MHz empfohlen.
- RAM: Mindestens 64 MByte (128 MByte empfohlen)
- Festplattenspeicher: 1,5 GByte
- CD-ROM- oder DVD-ROM-Laufwerk
- Monitor: Super VGA (800 × 600) oder höhere Auflösung
- Microsoft-Maus oder ein kompatibles Zeigegerät
- Internetverbindung

Softwarevoraussetzungen

Um die Übungen in diesem Buch zu bearbeiten, benötigen Sie folgende Software (eine 180-Tage-Evaluierungsversion von Microsoft Windows XP Professional mit Service Pack 2 ist auf einer Begleit-CD enthalten):

- Windows XP Professional mit Service Pack 2

Vorsicht Bei der zum Lieferumfang gehörenden 180-Tage-Evaluierungsversion handelt es sich nicht um die Vollversion von Windows XP. Diese Evaluierungsversion ist nur für die Verwendung im Rahmen dieses Trainings vorgesehen. Der technische Support von Microsoft steht für Evaluierungseditionen nicht zur Verfügung. Weitere Supportinformationen zu diesem Buch und der beiliegenden CD-ROM finden Sie auf der Supportwebsite von Microsoft Press unter **http://microsoft.com/germany/mspress/support/**. Sie haben darüber hinaus die Möglichkeit, eine E-Mail an **presscd@microsoft.com** zu senden.

Installationsanweisungen

Richten Sie Ihren Computer gemäß den Herstellervorgaben ein.

Vorsicht Wenn Ihr Computer zu einem größeren Netzwerk gehört, müssen Sie in Absprache mit Ihrem Netzwerkadministrator dafür Sorge tragen, dass die hier für das Setup von Windows XP verwendeten Computer- und Domänennamen nicht zu Konflikten bei Netzwerkoperationen führen. Falls derartige Konflikte auftreten, sollten Sie Ihren Netzwerkadministrator um die Bereitstellung alternativer Werte bitten. Verwenden Sie in diesem Fall die alternativen Werte für sämtliche Übungen in diesem Buch. Am besten ist es, wenn Sie Ihren Computer als nicht vernetzten Computer mit Internetzugriff konfigurieren können.

Die Readiness Review Suite

Die CD-ROM enthält einen englischsprachigen Praxistest mit 300 Beispielprüfungsfragen und eine Lernzielkontrolle mit weiteren 125 Fragen. Verwenden Sie diese Tools zum weiterführenden Studium und zur Bestimmung der Lernzielbereiche, in denen Sie Ihr Wissen vor einer Prüfungsteilnahme noch weiter vertiefen sollten.

▶ **So installieren Sie den Praxistest und die Lernzielkontrolle:**

1. Legen Sie die CD-ROM mit den begleitenden Kursmaterialien in das CD-ROM-Laufwerk ein.

Hinweis Falls auf Ihrem Computer die Option **AutoPlay** deaktiviert ist, lesen Sie bitte die Datei **Readme.txt**. Diese Datei finden Sie auf der Begleit-CD-ROM.

2. Klicken Sie im angezeigten Menü auf die Option **Readiness Review Suite**, und folgen Sie den Anweisungen.

Die Onlinebücher

Die Begleit-CD enthält eine englischsprachige E-Book-Version dieses Buchs. Dieses E-Book ist im PDF-Format gespeichert, Sie können es mit dem Adobe Reader lesen.

▶ **So verwenden Sie das E-Book:**

1. Legen Sie die Begleit-CD in Ihr CD-ROM-Laufwerk ein.

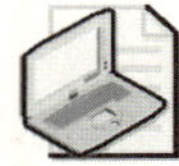

Hinweis Falls auf Ihrem Computer die Option **AutoPlay** deaktiviert ist, lesen Sie bitte die Datei **Readme.txt** auf der Begleit-CD-ROM.

2. Klicken Sie im angezeigten Menü auf die Option **Training Kit E-Book**. Sie können auf diese Weise auch alle anderen bereitgestellten E-Books lesen.

Das Microsoft Certified Professional-Programm

Das Microsoft Certified Professional-Programm (MCP) bietet Ihnen eine optimale Möglichkeit, Ihre Kenntnisse der aktuellen Microsoft-Produkte und -Technologien zu überprüfen. Die Prüfungen und entsprechenden Zertifikate dienen als Nachweis Ihrer Kompetenz in Bezug auf Entwurf, Entwicklung, Implementierung und Unterstützung von Lösungen mit Microsoft-Produkten und -Technologien. Computerspezialisten, die über Microsoft-Zertifikate verfügen, sind als Experten anerkannt und in der Branche äußerst gefragt. Die Zertifizierung bringt zahlreiche Vorteile für Bewerber, Arbeitgeber und Organisationen mit sich.

Weitere Informationen Eine vollständige Liste der Vorteile einer MCP-Zertifizierung finden Sie unter **http://www.microsoft.com/learning/itpro/default.asp**.

Zertifizierungen

Im Rahmen des Microsoft Certified Professional-Programms werden verschiedene Zertifikate angeboten, die unterschiedliche technische Spezialgebiete abdecken:

- **Microsoft Certified Professional (MCP):** Ein MCP verfügt über umfangreiche Kenntnisse zu mindestens einem Microsoft-Betriebssystem oder einer architektonisch wichtigen Plattform. Ein MCP ist in der Lage, ein Microsoft-Produkt oder eine Microsoft-Technologie im Rahmen einer Geschäftslösung für eine Organisation zu implementieren.
- **Microsoft Certified Desktop Support Technician (MCDST):** Ein MCDST unterstützt Endbenutzer und führt Problembehandlungen für Desktopumgebungen unter einem Windows-Betriebssystem durch.
- **Microsoft Certified Solution Developer (MCSD):** Ein MCSD ist qualifiziert, mit den Entwicklungstools und Technologien von Microsoft – einschließlich Microsoft .NET Framework – kundenspezifische Unternehmenslösungen zu analysieren, zu entwerfen und zu entwickeln.
- **Microsoft Certified Application Developer (MCAD):** Ein MCAD ist qualifiziert, mit den Entwicklungstools und Technologien von Microsoft – einschließlich Microsoft Visual Studio .NET und XML-Webdienste – leistungsstarke Anwendungen zu entwickeln, zu testen, bereitzustellen und zu warten.
- **Microsoft Certified Systems Engineer (MCSE):** Ein MCSE ist qualifiziert, die Geschäftsanforderungen eines Kunden effizient zu analysieren und auf Basis der Microsoft Windows- und Microsoft Server 2003-Plattform eine kundenspezifische Infrastruktur für Geschäftslösungen zu entwerfen und zu implementieren.
- **Microsoft Certified Systems Administrator (MCSA):** Ein MCSA ist qualifiziert, vorhandene Netzwerk- und Systemumgebungen auf der Basis von Microsoft Windows- und Microsoft Windows Server 2003-Betriebssystemen zu verwalten und zu unterstützen.
- **Microsoft Certified Database Administrator (MCDBA):** Ein MCDBA ist qualifiziert, Microsoft SQL Server-Datenbanken zu entwerfen, zu implementieren und zu verwalten.
- **Microsoft Certified Trainer (MCT):** Ein MCT verfügt über die didaktischen und technischen Kenntnisse, die für einen Einsatz als Schulungsleiter im Rahmen des Microsoft Official Curriculum in Microsoft Certified Technical Education Centern (CTEC) erforderlich sind.

Voraussetzungen für den Erhalt eines MCP-Zertifikats

Die Zertifizierungsanforderungen unterscheiden sich je nach Zertifikat und sind auf die spezifischen Produkte und die jeweiligen Zielgruppen abgestimmt.

Der Erhalt des MCP-Titels (Microsoft Certified Professional) setzt das Bestehen einer anspruchsvollen Prüfung voraus. Auf diese Weise können die technische Kompetenz und das Fachwissen des Bewerbers zuverlässig eingeschätzt werden. Anhand der in Zusammenarbeit mit Spezialisten aus der Industrie entwickelten Prüfungen werden das Fachwissen und die Fähigkeit zur Durchführung einer Aufgabe unter Verwendung eines bestimmten Produkts getestet. Die Prüfungsfragen beziehen sich auf die Verwendung von Microsoft-Produkten in einem Unternehmen und spiegeln daher realistische Sachverhalte wider.

- Microsoft Certified Professionals (MCPs) müssen eine aktuelle Microsoft-Zertifizierungsprüfung bestehen. Auf Wunsch können Kandidaten, die sich zusätzlich qualifizieren möchten, weitere Zertifizierungsprüfungen für andere Microsoft-Produkte, Entwicklungstools oder Desktopanwendungen ablegen.
- Microsoft Certified Desktop Support Technicians (MCDSTs) legen zwei Hauptprüfungen ab, durch die sie ihre technische Kompetenz und ein umfassendes Fachwissen unter Beweis stellen.
- Microsoft Certified Solution Developers (MCSDs) legen drei Hauptprüfungen und eine Wahlprüfung ab. (MCSD-Kandidaten für Microsoft .NET müssen vier Hauptprüfungen und eine Wahlprüfung ablegen.)
- Microsoft Certified Application Developers (MCADs) müssen zwei Hauptprüfungen und eine Wahlprüfung in einem Spezialgebiet absolvieren.
- Microsoft Certified Systems Engineers (MCSEs) müssen fünf Hauptprüfungen und zwei Prüfungen nach Wahl bestehen.
- Microsoft Certified Systems Administrators (MCSAs) legen drei Hauptprüfungen und eine Wahlprüfung ab, durch die sie ihre technische Kompetenz und ein umfassendes Fachwissen unter Beweis stellen.
- Microsoft Certified Database Administrators (MCDBAs) legen drei Hauptprüfungen und eine Wahlprüfung ab, durch die sie ihre technische Kompetenz und ein umfassendes Fachwissen unter Beweis stellen.
- Microsoft Certified Trainers (MCTs) müssen die didaktischen und technischen Voraussetzungen erfüllen, die zur Leitung des entsprechenden Kurses aus dem Microsoft Official Curriculum erforderlich sind. Das MCT-Programm erfordert eine kontinuierliche Weiterbildung, um den jährlich aktualisierten Zertifizierungsanforderungen gerecht zu werden. Weitere Informationen zur MCT-Zertifizierung erhalten Sie unter der Adresse **http://www.microsoft.com/germany/learning/** oder bei einem Servicecenter in Ihrer Nähe.

Technischer Support

Microsoft Press bemüht sich um die Richtigkeit der in diesem Buch sowie der auf der Begleit-CD enthaltenen Informationen. Mit Anmerkungen, Fragen oder Verbesserungsvorschlägen zu diesem Buch oder der Begleit-CD können Sie sich an Microsoft Press wenden:

- Per E-Mail:

  presscd@microsoft.com

- Per Post:

  Microsoft Press
  Betrifft: *Microsoft Windows XP Professional – Original Microsoft Training, 2. Auflage*
  Konrad-Zuse-Straße 1
  85716 Unterschleißheim

Weitere Supportinformationen zu diesem Buch und der beiliegenden CD-ROM finden Sie auf der Supportwebsite von Microsoft Press unter **http://microsoft.com/germany/mspress/support/**. Sie können eine Frage auch direkt in die Microsoft Press Knowledge Base eingeben. Besuchen Sie hierzu die folgende Website: **http://www.microsoft.com/mspress/support/search.asp**. Weitere Informationen zu den Softwareprodukten von Microsoft erhalten Sie unter der Adresse **http://support.microsoft.com/**.

Support für die Evaluierungssoftware

Bei der zum Lieferumfang gehörenden 180-Tage-Evaluierungsversion handelt es sich nicht um die Vollversion von Windows XP. Diese Evaluierungsversion ist nur zur Verwendung im Rahmen dieses Trainings vorgesehen. Microsoft stellt keinen technischen Support für Evaluierungsversionen bereit.

Vorsicht Die zum Lieferumfang dieses Trainings gehörende Evaluierungsversion von Microsoft Windows XP Professional mit Service Pack 2 sollte nicht auf einem primären Arbeitscomputer eingesetzt werden. Microsoft stellt keinen technischen Support für Evaluierungsversionen bereit. Informationen zum Onlinesupport für die Vollversion von Microsoft Windows XP Professional Edition, die *möglicherweise* auch auf die Evaluierungsversion zutreffen, finden Sie unter folgender Adresse: **http://www.microsoft.com/germany/support/**

Informationen zu allen Verwendungsaspekten der zum Lieferumfang des Trainings gehörenden Evaluierungsedition werden im Supportabschnitt der Microsoft Press-Website bereitgestellt (**http://www.microsoft.com/germany/mspress/support/**). Informationen zum Erwerb von Vollversionen aller Microsoft-Softwareprodukte erhalten Sie unter **http://www.microsoft.com/germany/**.

TEIL I

Selbststudium

K A P I T E L 1

Einführung in Windows XP Professional

In diesem Kapitel abgedeckte Prüfungsziele:

- Das erste Kapitel bietet eine Einführung in Windows XP Professional. Es behandelt keine Prüfungslernziele im Besonderen.

Bedeutung dieses Kapitels

Dieses Buch bereitet Sie auf das Installieren, das Konfigurieren und den Support für Microsoft Windows XP Professional vor. Dieses Kapitel stellt die verschiedenen Ausgaben (Editionen) von Microsoft Windows vor, die zusammen die Windows XP-Familie bilden. Es bietet außerdem einen Einblick, in welchen Bereichen Microsoft das Betriebssystem Windows XP mit Windows XP Service Pack 2 verbessert hat. Dieses Kapitel stellt die Konzepte von Arbeitsgruppen und Domänen vor und erklärt, wie Sie sich an Windows XP Professional an- und abmelden. Nachdem Sie dieses Kapitel gelesen haben, können Sie einschätzen, wo und warum Windows XP Professional eingesetzt wird.

Lektionen in diesem Kapitel:

Bevor Sie beginnen

Für dieses Kapitel bestehen keine besonderen Voraussetzungen.

Lektion 1: Grundlagen von Windows XP

Diese Lektion bietet einen Überblick über die verschiedenen Editionen von Windows XP: Windows XP Professional, Windows XP Home Edition, Windows XP Tablet PC Edition, Windows XP Home Media Edition und Windows XP x64 Edition.

Am Ende dieser Lektion werden Sie in der Lage sein, die folgenden Aufgaben auszuführen:

- Aufzählen der verfügbaren Editionen von Windows XP.
- Erklären der Unterschiede zwischen den Windows XP-Editionen.

Veranschlagte Zeit für diese Lektion: 10 Minuten

Verfügbare Windows XP-Editionen

Es gibt eine Reihe unterschiedlicher Editionen von Windows XP, die jeweils für andere Benutzer und Computer entwickelt wurden. Die folgenden Editionen sind Teil der Windows-Familie:

- Windows XP Professional Edition
- Windows XP Home Edition
- Windows XP Media Center Edition
- Windows XP Tablet PC Edition
- Windows XP x64 Edition

Windows XP Professional Edition

Windows XP Professional Edition wurde für Computer entwickelt, die Teil eines Unternehmensnetzwerks sind, für die meisten Computer in kleinen Netzwerken und für Privatbenutzer, die bestimmte fortgeschrittene Fähigkeiten brauchen. Windows XP Professional legt die Messlatte für Desktopleistung, Sicherheit und Zuverlässigkeit fest.

Windows XP Professional ist das Kernthema dieses Buchs und der Prüfung 70-270: *Installieren, Konfigurieren und Verwalten von Microsoft Windows XP Professional.*

Windows XP Home Edition

Windows XP Home Edition ist für Privatbenutzer gedacht. Es vereinfacht viele Aspekte von Netzwerk- und Dateiverwaltung, damit Privatbenutzer besser damit umgehen können. Im Vergleich zu Windows XP Professional verfügt Windows XP Home Edition über folgende wichtige Einschränkungen:

- Computer, die unter Windows XP Home Edition laufen, können keiner Domäne beitreten.
- Windows XP Home Edition unterstützt nicht NTFS oder Druckerberechtigungen. Stattdessen arbeitet Windows XP Home Edition nur mit der einfachen Dateifreigabe. In Kapitel 8, „Schützen von Ressourcen mit NTFS-Berechtigungen“, erfahren Sie

mehr über NTFS-Berechtigungen. Mit Druckerberechtigungen beschäftigt sich Kapitel 12, „Verwalten von Druckern und Dokumenten".

- Windows XP Home Edition unterstützt keine dynamischen Datenträger. Dazu erfahren Sie mehr in Kapitel 10, „Verwalten der Datenspeicherung".
- Windows XP Home Edition unterstützt nicht das verschlüsselnde Dateisystem (Encrypting File System, EFS). Über das verschlüsselnde Dateisystem erfahren Sie mehr in Kapitel 10.
- Windows XP Home Edition unterstützt nur einen Prozessor, Windows XP Professional dagegen zwei Prozessoren.
- Windows XP Home Edition umfasst nicht die Internet-Informationsdienste (Internet Information Services, IIS).
- Windows XP Home Edition enthält keinen Remotedesktop.
- Windows XP Home Edition stellt keine Unterstützung für Remoteinstallationsdienste (Remote Installation Services, RIS) zur Verfügung. Zu RIS erfahren Sie mehr in Kapitel 3, „Bereitstellen von Windows XP Professional".

Weitere Informationen Mehr Einzelheiten zu Windows XP Home Edition sowie einen detaillierten Featurevergleich mit Windows XP Professional finden Sie unter **http://www.microsoft.com/windowsxp/home/**.

Windows XP Media Center Edition

Das Betriebssystem Windows XP Media Center Edition 2004 steht nur auf neuen Media Center-PCs zur Verfügung. Diese Computer verfügen über spezielle Hardware, die es den Benutzern ermöglicht, den Computer nahtlos in ein Home-Entertainment-System zu integrieren. Wegen dieser speziellen Voraussetzungen werden Media Center-PCs mit Windows XP Media Center Edition nur von PC-Herstellern vertrieben, die von Microsoft lizenziert wurden.

Weitere Informationen Weitere Informationen über Windows XP Media Center Edition finden Sie unter **http://www.microsoft.com/windowsxp/mediacenter/**.

Windows XP Tablet PC Edition

Das Betriebssystem Windows XP Tablet PC Edition baut auf Windows XP Professional auf. Es bietet alle Features und die Leistung von Windows XP Professional, stellt aber zusätzlich Fähigkeiten bereit, die von der Möglichkeit der Touchscreen-Eingabe Gebrauch machen: Stifteingabe, Handschrifterkennung und Spracherkennung.

Windows XP Tablet PC Edition stellt den Benutzern die Effizienz und Zuverlässigkeit von Windows XP Professional zur Verfügung. Für Entwickler bietet es eine leistungsfähige Plattform zum Erstellen neuer Anwendungen oder zum Erweitern vorhandener Anwendungen, sodass sie die Möglichkeiten von Handschrift- und Spracherkennung der Tablet PCs nutzen.

Weitere Informationen Weitere Informationen über Windows XP Tablet PC Edition finden Sie unter **http://www.microsoft.com/windowsxp/tabletpc/**.

Windows XP x64 Edition

Die Microsoft Windows XP x64 Edition bietet Unterstützung für die 64-Bit-Plattformen. Sie erfüllt die hohen Anforderungen von Workstation-Benutzern, die große Arbeitsspeichermengen und hohe Gleitkommaleistung benötigen, zum Beispiel in Bereichen wie technischer Entwurf und Analyse, 3-D-Animation, Videoschnitt und -bearbeitung, wissenschaftliche Anwendungen und Anwendungen für Hochleistungsberechnungen. Einer der wichtigsten Unterschiede zwischen den 64-Bit- und den 32-Bit-Plattformen besteht darin, dass die 64-Bit-Plattform deutlich mehr Arbeitsspeicher unterstützt: bis zu 16 GByte RAM.

Weitere Informationen Weitere Informationen über die Windows XP x64 Edition finden Sie unter **http://www.microsoft.com/windowsxp/64bit/**.

Lernzielkontrolle

Anhand der folgenden Fragen können Sie überprüfen, ob Sie die Themen dieser Lektion so gut beherrschen, dass Sie mit der nächsten Lektion weitermachen können. Falls Sie eine Frage nicht beantworten können, sollten Sie die Lektion noch einmal durcharbeiten, und dann erneut versuchen, die Frage zu beantworten. Die Antworten auf die Lernzielkontrollfragen finden Sie im Abschnitt „Fragen und Antworten" am Ende dieses Kapitels.

1. Windows XP _________ Edition und Windows XP __________ Edition stehen nur für unterstützte Hardwaregeräte zur Verfügung und sind nicht als eigenständige Produkte erhältlich. (Tragen Sie die korrekten Begriffe ein.)
2. Welche in Windows XP Professional unterstützten Features stehen in Windows XP Home Edition nicht zur Verfügung?

   ____

   ____

   ____

Zusammenfassung der Lektion

- Die Windows XP-Familie umfasst Windows XP Professional Edition, Windows XP Home Edition, Windows XP Media Center Edition, Windows XP Tablet PC Edition und Windows XP x64 Edition.
- Zu den Features von Windows XP Professional, die in Windows XP Home Edition nicht zur Verfügung stehen, gehören dynamische Datenträger, Remotedesktop, NTFS- und Druckerberechtigungen, verschlüsselndes Dateisystem, Domänenmitgliedschaft, 2 Prozessoren und IIS.

Lektion 2: Wichtige Elemente von Windows XP Service Pack 2

Im Rahmen der Anstrengungen zum Erhöhen der Sicherheit von Desktopcomputern hat Microsoft im Jahr 2004 ein Update für Windows XP herausgegeben, das ***Windows XP Service Pack 2***. Wie alle Windows-Service Packs, umfasst Windows XP Service Pack 2 alle bis dahin veröffentlichten kritischen Updates für Windows XP. Außerdem enthält das Service Pack 2 eine Vielzahl von Verbesserungen für Windows XP. Diese Verbesserungen haben das Ziel, die Standardsicherheit des Betriebssystems zu erhöhen.

Neben einem neuen ***Sicherheitscenter***, das auf einen Blick den Sicherheitsstatus eines Computers deutlich macht, umfasst das Service Pack 2 Verbesserungen an der eingebauten Software-Firewall von Windows XP (die jetzt Microsoft Windows-Firewall heißt), an der Funktion **Automatische Updates** und am Microsoft Internet Explorer.

Am Ende dieser Lektion werden Sie in der Lage sein, die folgenden Aufgaben auszuführen:

- Feststellen, ob auf einem Computer, der unter Windows XP Professional läuft, das Service Pack 2 installiert ist.
- Aufzählen der wichtigsten Verbesserungen im Windows XP Service Pack 2.

Veranschlagte Zeit für diese Lektion: 20 Minuten

Feststellen, ob das Service Pack 2 installiert ist

Neben der Möglichkeit, in der Benutzeroberfläche nach den neuen Funktionen (zum Beispiel dem Sicherheitscenter) Ausschau zu halten, gibt es zwei Wege festzustellen, ob das Service Pack 2 (oder jedes andere Service Pack) installiert ist:

- Klicken Sie im Startmenü mit der rechten Maustaste auf **Arbeitsplatz** und wählen Sie **Eigenschaften**. Auf der Registerkarte **Allgemein** des Dialogfelds **Systemeigenschaften** (in Abschnitt **System**) sehen Sie, welche Windows-Version und welches Service Pack installiert ist.
- Klicken Sie im Startmenü auf **Ausführen**. Geben Sie im Dialogfeld **Ausführen** den Befehl **winver.exe** ein und klicken Sie auf **OK**. Im Dialogfeld **Info über Windows** sehen Sie, welche Windows-Version und welches Service Pack installiert sind. Sogar die Build-Nummer wird hier angezeigt.

Hinweis Dieser Abschnitt bietet einen Überblick über die wichtigsten und prominentesten Features von Windows XP Service Pack 2. Die Anleitungen und Erklärungen in diesem Buch setzen voraus, dass Sie Windows XP Service Pack 2 installiert haben. Weitere Informationen über das Windows XP Service Pack 2 finden Sie unter **http://www.microsoft.com/technet/prodtechnol/winxppro/maintain/winxpsp2.mspx**. Auf der Windows Update-Site unter **http://www.windowsupdate.com** können Sie das Service Pack 2 herunterladen und installieren.

Wichtige Verbesserungen im Windows XP Service Pack 2

Die wichtigsten Verbesserungen im Windows XP Service Pack 2 sind das Sicherheitscenter, die Funktion **Automatische Updates**, die Windows-Firewall und der Internet Explorer. Dieser Abschnitt beschreibt diese Verbesserungen genauer.

Sicherheitscenter

Das Sicherheitscenter ist eine völlig neue Funktion in Windows XP Service Pack 2. Der Sicherheitscenter-Dienst läuft als Hintergrundprozess in Windows XP und überprüft regelmäßig den Status folgender Komponenten:

- **Windows-Firewall:** Das Sicherheitscenter erkennt, ob die Windows-Firewall aktiviert oder deaktiviert ist. Das Sicherheitscenter kann außerdem feststellen, ob eine Softwarefirewall eines Drittanbieters vorhanden ist.
- **Automatische Updates:** Das Sicherheitscenter erkennt die aktuelle Einstellung von **Automatische Updates** in Windows XP. Wenn **Automatische Updates** deaktiviert oder nicht mit den empfohlenen Einstellungen konfiguriert ist, gibt das Sicherheitscenter entsprechende Empfehlungen.
- **Virenschutz:** Das Sicherheitscenter erkennt viele Antivirenprogramme von Drittanbietern. Sofern die Information verfügbar ist, erkennt der Sicherheitscenter-Dienst auch, ob die Software auf dem neuesten Stand und die Echtzeitüberprüfung eingeschaltet ist.

Wenn das Sicherheitscenter ausgeführt wird, ist ein Symbol im Infobereich der Windows-Taskleiste zu sehen, wie in Abbildung 1.1 gezeigt. Sobald das Sicherheitscenter ein ernstes Sicherheitsproblem feststellt (zum Beispiel ungültige Einstellungen), wird im Infobereich ein Popupfenster angezeigt.

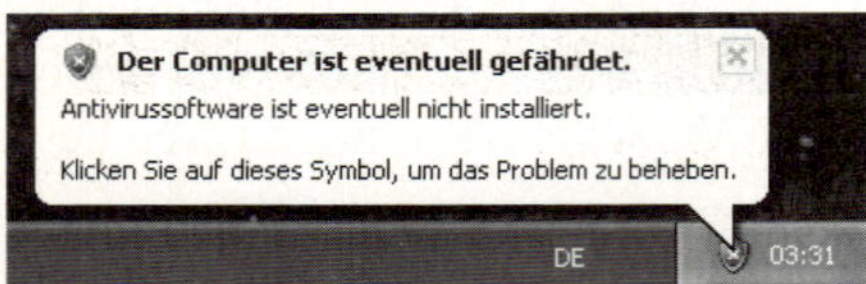

Abbildung 1.1 Das **Sicherheitscenter**-Symbol im Infobereich ermöglicht den Zugriff auf das **Sicherheitscenter**-Fenster und warnt den Benutzer bei Sicherheitsproblemen

Sie können auch auf das **Sicherheitscenter**-Symbol im Infobereich doppelklicken, um das Hauptfenster des Sicherheitscenters (siehe Abbildung 1.2) zu öffnen. Das Fenster **Sicherheitscenter** enthält folgende Informationen:

- Informationsquellen mit Einzelheiten zum Thema Sicherheit.
- Eine Anzeige, ob die Windows-Firewall aktiviert oder deaktiviert ist, sowie einen Link zum Öffnen des Dialogfelds **Windows-Firewall.**
- Die aktuelle Konfiguration der Funktion **Automatische Updates** sowie einen Link, über den Sie die Einstellungen für **Automatische Updates** ändern können.

- Den aktuellen Status der auf dem Computer installierten Antivirensoftware. Bei manchen Antivirenprogrammen kann das Sicherheitscenter feststellen, ob die Software auf dem neuesten Stand ist.
- Weitere Links zum Öffnen der Dialogfelder **Internetoptionen** und **System.**

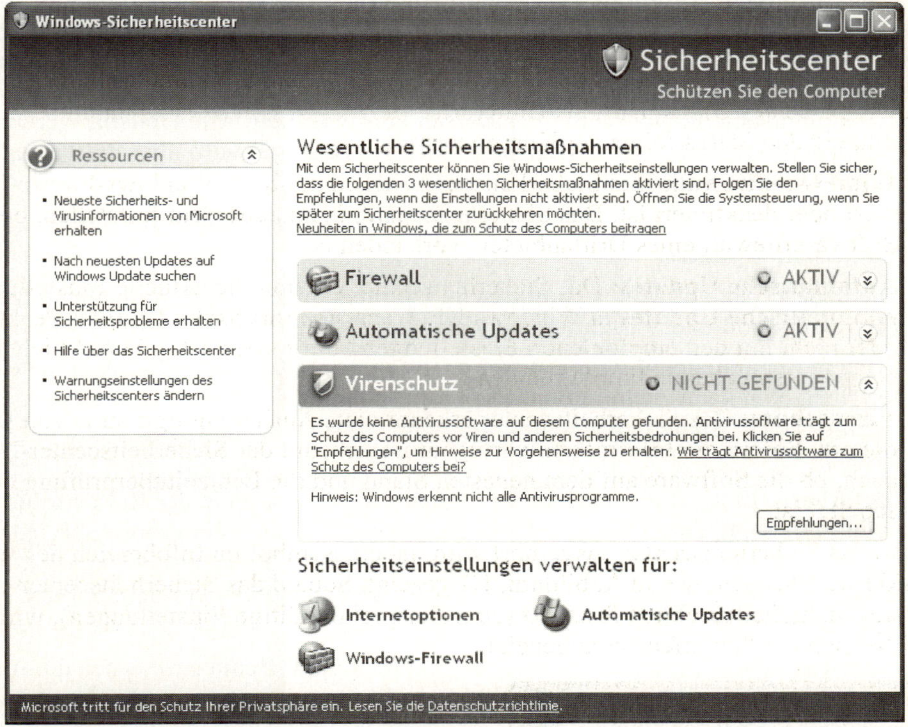

Abbildung 1.2 Das Fenster **Sicherheitscenter** bietet eine zentrale Benutzeroberfläche zum Verwalten der Sicherheitseinstellungen auf einem Computer mit dem Betriebssystem Windows XP

Hinweis Wenn eine Firewall oder Antivirensoftware installiert ist, die vom Sicherheitscenter nicht erkannt wird, zeigt das Sicherheitscenter Optionen für das Ausblenden von Warnungen für diese Komponente an. Wenn eine Schaltfläche **Empfehlungen** angezeigt wird, können Sie damit ein Fenster öffnen, in dem Sie Warnungen deaktivieren können oder Informationen über entsprechende Produkte von Drittanbietern erhalten.

Automatische Updates

Softwareupdates helfen dabei, Computer vor neuen Sicherheitslücken (und neuen Bedrohungen) zu schützen, die aufgedeckt werden, nachdem ein Betriebssystem auf den Markt gebracht wurde. Updates sind unerlässlich, um die Sicherheit und die korrekte Arbeitsweise von Computern zu gewährleisten. Die von Microsoft zur Verfügung gestellten Updates stellen Lösungen für bekannt gewordene Probleme bereit. Dazu gehören

Patches für Sicherheitslücken und Updates für das Betriebssystem und bestimmte Anwendungen.

In Windows XP gibt es einen Dienst für automatische Updates mit dem Namen **Automatische Updates**. Damit können Updates automatisch im Hintergrund heruntergeladen und eingespielt werden. **Automatische Updates** stellt regelmäßig eine Verbindung zur Windows Update-Website im Internet her (oder eventuell auch zu einem Server mit Windows Update-Diensten in einem Unternehmensnetzwerk). Für den Fall, dass **Automatische Updates** neue Updates entdeckt, die für den Computer geeignet sind, können Sie eine von zwei unterschiedlichen Verhaltensweisen konfigurieren: Alle Updates werden automatisch installiert (bevorzugte Methode), oder der Benutzer wird über die Verfügbarkeit des neuen Updates informiert.

Windows XP Service Pack 2 umfasst verschiedene Verbesserungen für die Funktion **Automatische Updates**:

- Die neueste Version von **Automatische Updates** bietet erweiterte Unterstützung für Microsoft-Produkte, einschließlich Microsoft Office.
- Frühere Versionen von **Automatische Updates** konnten nur kritische Updates herunterladen. Nun kann **Automatische Updates** auch Updates der folgenden Kategorien herunterladen: Sicherheitsupdates, kritische Updates, Update Roll-ups und Service Packs.
- **Automatische Updates** lädt die verfügbaren Updates nun in der Reihenfolge ihrer Wichtigkeit und Größe herunter. Angenommen, Sie laden ein großes Service Pack herunter, während ein kleineres Sicherheitsupdate zum Schutz vor Exploit-Code bereitgestellt wird. In diesem Fall wird das Sicherheitsupdate vor dem Service Pack heruntergeladen.
- **Automatische Updates** ist nun stärker automatisiert. Benutzer müssen die Annahme des Endbenutzer-Lizenzvertrags (End User License Agreement, EULA) nicht mehr bestätigen. Darüber hinaus können die Benutzer jetzt selbst entscheiden, ob sie den Computer nach der Installation von Updates, die einen Neustart erfordern, sofort neu starten. Updates, die einen Neustart erfordern, können nun gemeinsam installiert werden, sodass nur ein Neustart erforderlich ist.

Praxistipp Eine neue Windows Update-Site

Ein in Kürze auf der Windows Update-Website erhältliches Update stellt Benutzern, die das Windows XP Service Pack 2 installiert haben, aber die Funktion **Automatische Updates** nicht verwenden, einen Großteil der Funktionen von **Automatische Updates** zur Verfügung. Beispielsweise können Updates für Microsoft-Anwendungen und Updates für Betriebssysteme heruntergeladen, Schnellinstallationen mit minimaler Benutzereingabe durchgeführt und die Suche nach Updates einfacher vorgenommen werden.

Die Windows Update-Site bietet einen weniger automatisierten Ansatz zum Updaten von Windows als die Funktion **Automatische Updates**. Falls ein Benutzer die Funktion

Automatische Updates nicht einsetzen möchte, sollten Sie ihn bitten, häufig die Windows Update-Site zu besuchen und eine Schnellinstallation durchzuführen, die nach kritischen und Sicherheitsupdates sucht, sie herunterlädt und installiert.

Windows-Firewall

Eine Firewall schützt einen Computer vor böswilligen Angriffen von außen (besonders aus dem Internet), indem der gesamte eingehende Netzwerkverkehr gesperrt wird, außer dem Netzwerkverkehr, den Sie beim Konfigurieren der Firewall ausdrücklich zulassen. Auf jedem Computer, der direkt mit dem Internet verbunden ist, sollte eine Firewall aktiviert sein. Dabei spielt es keine Rolle, ob es sich um einen eigenständigen Computer handelt, um einen Computer, der eine gemeinsam genutzte Internetverbindung für andere Computer im Netzwerk zur Verfügung stellt, oder gar um einen Computer in einem Netzwerk, das bereits durch eine eigene Firewall geschützt ist.

In früheren Versionen von Windows XP gibt es eine Software-Firewall mit dem Namen ***Internetverbindungsfirewall***. Mit der Installation von Windows XP Service Pack 2 wird die Firewall in ***Windows-Firewall*** umbenannt. Die Windows-Firewall ist eine statusbehaftete, hostbasierte Firewall, die den gesamten eingehenden Netzwerkverkehr abweist, sofern er nicht eine der folgenden Bedingungen erfüllt:

- Angeforderter Verkehr (gültiger Verkehr, der als Reaktion auf eine Computeranforderung gesendet wird) wird durch die Firewall gelassen.
- Ausgenommener oder erwarteter Verkehr (gültiger Verkehr, dessen Annahme in der Firewall konfiguriert wurde) wird durch die Firewall gelassen.

Außer dem neuen Namen bietet die Windows-Firewall zahlreiche Verbesserungen:

- **Standardmäßig aktiviert:** Die Windows-Firewall ist jetzt standardmäßig für alle Netzwerkverbindungen aktiviert. Dies umfasst verkabelte und drahtlose LAN- (Local Area Network), DFÜ- und VPN-Verbindungen (Virtual Private Network), die bei der Installation von Windows XP Service Pack 2 vorhanden sind. Wenn eine neue Verbindung erstellt wird, ist die Windows-Firewall ebenfalls standardmäßig aktiviert.
- **Globale Einstellungen:** In Windows XP (vor der Installation von Windows XP Service Pack 2) müssen die Einstellungen für die Internetverbindungsfirewall einzeln für jede Verbindung konfiguriert werden. Nach der Installation von Windows XP Service Pack 2 stellt die Windows-Firewall eine Benutzeroberfläche für die Konfiguration globaler Einstellungen zur Verfügung, die für alle Verbindungen des Computers gelten. Wenn Sie eine globale Einstellung der Windows-Firewall ändern, gilt die Änderung für alle Verbindungen, für die die Windows-Firewall aktiviert ist. Selbstverständlich können Sie auch weiterhin Konfigurationen für einzelne Verbindungen festlegen.
- **Neue Benutzeroberfläche:** In früheren Versionen wird die Internetverbindungsfirewall durch Aktivieren eines Kontrollkästchens auf der Registerkarte **Erweitert** des Dialogfelds **Eigenschaften** für eine Verbindung aktiviert. Über eine Schaltfläche **Einstellungen** wird ein separates Dialogfeld geöffnet, in dem Sie Dienste, die Protokollierung und ICMP-Einstellungen (Internet Control Message-Protokoll) konfigurieren können. In Windows XP Service Pack 2 wurde das Kontrollkästchen auf der Register-

karte **Erweitert** durch eine Schaltfläche **Einstellungen** ersetzt, über die die neue Systemsteuerungsoption **Windows-Firewall** geöffnet wird, in der globale und verbindungsspezifische Einstellungen, Dienst- und ICMP-Einstellungen sowie Protokolleinstellungen in einer zentralen, überarbeiteten Benutzeroberfläche zusammengefasst sind.

- **Verhindern von ausgenommenem Verkehr:** In früheren Versionen ist die Internetverbindungsfirewall entweder aktiviert oder deaktiviert. Ist sie aktiviert, wird sowohl angeforderter als auch ausgenommener Verkehr zugelassen. Ist sie deaktiviert, wird der gesamte Netzwerkverkehr zugelassen. Die Windows-Firewall in Windows XP Service Pack 2 unterstützt eine neue Funktion, die es Ihnen ermöglicht, die Windows-Firewall zu aktivieren, aber ausgenommenen Verkehr nicht zuzulassen. Das bedeutet, nur angeforderter Netzwerkverkehr wird durchgelassen. Mit dieser neuen Funktion soll die Umgebung noch sicherer gemacht werden, wenn Sie an einem öffentlich zugänglichen oder einem anderen nicht gesicherten Computer im Internet surfen.
- **Sicherheit beim Start:** In früheren Versionen wird die Internetverbindungsfirewall erst dann für Verbindungen aktiviert, wenn die Dienste **Internetverbindungsfirewall/gemeinsame Nutzung der Internetverbindung** erfolgreich gestartet wurden. Das bedeutet, der Computer wird hochgefahren und im Netzwerk aktiv, und erst nach einer kurzen Verzögerung werden die Verbindungen durch die Internetverbindungsfirewall geschützt. In Windows XP Service Pack 2 wird aufgrund der beim Starten aktivierten Windows-Firewall ein statusbehafteter Paketfilter beim Starten verwendet, sodass der Computer grundlegende Netzwerkaufgaben, zum Beispiel das Kontaktieren eines DHCP-Servers (Dynamic Host Configuration Protocol) und eines DNS-Servers (Domain Name System), durchführen kann und dabei geschützt ist.

Prüfungstipp Denken Sie daran, dass die neue Windows-Firewall-Richtlinie während des Windows-Starts eine Paketfilterung durchführt. Daher sind Verbindungen von dem Moment an geschützt, in dem sie im Netzwerk aktiv werden.

- **Einschränkungen für Quellen des Netzwerkverkehrs:** In früheren Versionen kann ausgenommener Verkehr von jeder IP-Adresse stammen. Im Windows XP Service Pack 2 können Sie die Windows-Firewall so konfigurieren, dass ausgenommener Verkehr nach IP-Adressen (oder IP-Adressbereichen) eingeschränkt wird. Das bedeutet, dass nur der Datenverkehr von Computern mit gültigen IP-Adressen die Firewall passieren kann.
- **Erstellen von Ausnahmen mit Anwendungsdateinamen:** In früheren Versionen konfigurieren Sie ausgenommenen Verkehr durch Angabe des TCP- (Transmission Control Protocol) und des UDP-Ports (User Datagram Protocol), der von einem Dienst oder einer Anwendung verwendet wird. Im Windows XP Service Pack 2 können Sie ausgenommenen Verkehr auch durch Angeben des Dateinamens der Anwendung konfigurieren. Wenn die Anwendung ausgeführt wird, überwacht die Windows-Firewall die Ports, auf denen die Anwendung auf Verkehr wartet, und fügt sie automatisch zur Liste des zugelassenen eingehenden Verkehrs hinzu.

Internet Explorer

Windows XP Service Pack 2 stellt zahlreiche neue Sicherheitsfunktionen für den Internet Explorer 6 zur Verfügung. Wie die anderen Verbesserungen im Windows XP Service Pack 2 sollen auch die meisten Updates für den Internet Explorer mehr Sicherheit bieten. Folgende Verbesserungen für den Internet Explorer sind im Windows XP Service Pack 2 enthalten:

- **Informationsleiste:** Die Internet Explorer-Informationsleiste in Windows XP Service Pack 2 ersetzt eine Reihe der Standarddialogfelder, in denen Benutzer Informationen eingeben müssen. Sie stellt außerdem einen Bereich für das Anzeigen von Informationen zur Verfügung. Hinweise, etwa zu geblockten ActiveX-Installationen, geblockten Popupfenstern und Downloads werden in der Informationsleiste angezeigt, die sich unter den Symbolleisten und über dem Hauptfenster befindet. Wenn Sie auf die Informationsleiste klicken (mit der linken oder der rechten Maustaste), wird ein Menü für den angezeigten Hinweis geöffnet. Mit einer neuen benutzerdefinierten Sicherheitszoneneinstellung können die Einstellungen der Informationsleiste für jede Sicherheitszone geändert werden. Es ist auch möglich, die Informationsleiste zu deaktivieren und wieder separate Dialogfelder zu verwenden.
- **Blocken von Popupfenstern:** Nach der Installation des Windows XP Service Pack 2 können Popupfenster im Internet Explorer geblockt werden. In diesem Fall wird ein entsprechender Hinweis in der Informationsleiste angezeigt. Durch Klicken auf die Informationsleiste können Sie das geblockte Popupfenster anzeigen, alle Popupfenster der aktuellen Site zulassen und andere Einstellungen konfigurieren.
- **Bestätigung von Dateidownloads:** Wenn Windows XP Service Pack 2 installiert ist, wird im Internet Explorer beim Herunterladen einer Datei ein neues Dialogfeld angezeigt (Abbildung 1.3). Dieses Dialogfeld enthält Informationen zum Herausgeber der Datei (sofern verfügbar) und einen Bereich, in dem auf die Risiken beim Herunterladen der Datei hingewiesen wird.

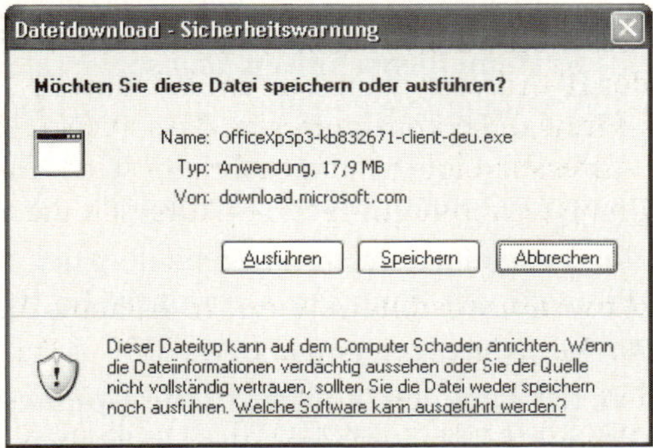

Abbildung 1.3 Das Dialogfeld **Dateidownload** im Internet Explorer enthält mehr Informationen über die Datei.

- **Add-On-Verwaltung:** Wenn das Windows XP Service Pack 2 installiert ist, wird im Internet Explorer ein Hinweis angezeigt, sobald Add-On-Software versucht, sich im Internet Explorer zu installieren. Benutzer können die Liste der Add-Ons, die vom

Internet Explorer geladen werden dürfen, anzeigen und verändern. Der Internet Explorer versucht außerdem, Abstürze im Internet Explorer zu erkennen, die auf Add-Ons zurückzuführen sind. Falls ein instabiles Add-On identifiziert wurde, wird der Benutzer benachrichtigt. Er kann dann die Add-Ons deaktivieren, um weitere Abstürze zu verhindern.

Lernzielkontrolle

Anhand der folgenden Fragen können Sie überprüfen, ob Sie die Themen dieser Lektion so gut beherrschen, dass Sie mit der nächsten Lektion weitermachen können. Falls Sie eine Frage nicht beantworten können, sollten Sie die Lektion noch einmal durcharbeiten, und dann erneut versuchen, die Frage zu beantworten. Die Antworten auf die Lernzielkontrollfragen finden Sie im Abschnitt „Fragen und Antworten“ am Ende dieses Kapitels.

1. Nachdem das Windows XP Service Pack 2 installiert wurde, fasst der Internet Explorer viele Standarddialogfelder, in denen der Benutzern Informationen eingeben muss, in einem einzigen Bereich zusammen, der so genannten ________________. (Tragen Sie den korrekten Begriff ein.)
2. Welche der folgenden Aussagen zur Windows-Firewall sind richtig? Wählen Sie alle zutreffenden Antworten aus.
   a. Die Windows-Firewall ist als Standardeinstellung aktiviert.
   b. Die Windows-Firewall ist als Standardeinstellung deaktiviert.
   c. Die Windows-Firewall muss für jede Verbindung einzeln konfiguriert werden.
   d. Die Windows-Firewall schützt eine Netzwerkverbindung, sobald die Verbindung im Netzwerk aktiv ist.

Zusammenfassung der Lektion

- Ob das Service Pack 2 installiert ist, können Sie feststellen, indem Sie auf der Registerkarte **Allgemein** des Dialogfelds **Systemeigenschaften** nachsehen oder indem Sie im Dialogfeld **Ausführen** den Befehl **winver.exe** eingeben und so das Dialogfeld **Info über Windows** öffnen.
- Windows XP Service Pack 2 umfasst vier wichtige Verbesserungen:
  - Das Sicherheitscenter, ein völlig neues Feature, zeigt Echtzeitstatus- und Warninformationen zur Windows-Firewall, der Funktion **Automatische Updates** und bestimmter Antivirussoftware an.
  - Mithilfe von Verbesserungen an der Funktion **Automatische Updates** können Sie Updates für mehr Microsoft-Produkte herunterladen, alle Updatetypen auswählen und Prioritäten für Updates berücksichtigen.
  - Verbesserungen an der Windows-Firewall aktivieren die Firewall für sämtliche Verbindungen als Standardeinstellung, ermöglichen die Überwachung des Netzwerkverkehrs ab dem Augenblick, in dem die Verbindung aktiv wird, und bieten

die Möglichkeit, globale Konfigurationseinstellungen für alle Verbindungen vorzunehmen.

- Verbesserungen am Internet Explorer sind eine neue Informationsleiste, in der viele Benutzereingaben zentral zusammengefasst werden, ein Popupblocker und eine bessere Add-On-Verwaltung.

Lektion 3: Schlüsselmerkmale von Arbeitsgruppen und Domänen

Windows XP Professional unterstützt unabhängig von der Größe des Netzwerks zwei Typen von Netzwerkumgebungen, in denen die Benutzer gemeinsam auf Ressourcen zugreifen können: Eine ***Arbeitsgruppe*** besteht aus einer Reihe von Peer-Computern, bei denen jeder seine Sicherheit selbst verwaltet. Eine ***Domäne*** besteht aus Servern, die Sicherheit und Verzeichnisstrukturen zentral verwalten, sowie aus Arbeitsstationen, die Elemente dieser Strukturen bilden.

Am Ende dieser Lektion werden Sie in der Lage sein, die folgenden Aufgaben auszuführen:

- Aufzählen der Schlüsselmerkmale von Arbeitsgruppen und Erklären ihrer Funktionsweise.
- Aufzählen der Schlüsselmerkmale von Domänen und Erklären ihrer Funktionsweise.

Veranschlagte Zeit für diese Lektion: 15 Minuten

Funktionsweise von Arbeitsgruppen

In Windows XP Professional bezeichnet eine ***Arbeitsgruppe*** eine logische Gruppierung vernetzter Computer, die Ressourcen wie Dateien und Drucker gemeinsam nutzen. Eine Arbeitsgruppe wird auch als ***Peer-to-Peer-Netzwerk*** bezeichnet, da alle Computer in der Arbeitsgruppe die Ressourcen gleichberechtigt verwenden können, es ist kein dedizierter Server vorhanden.

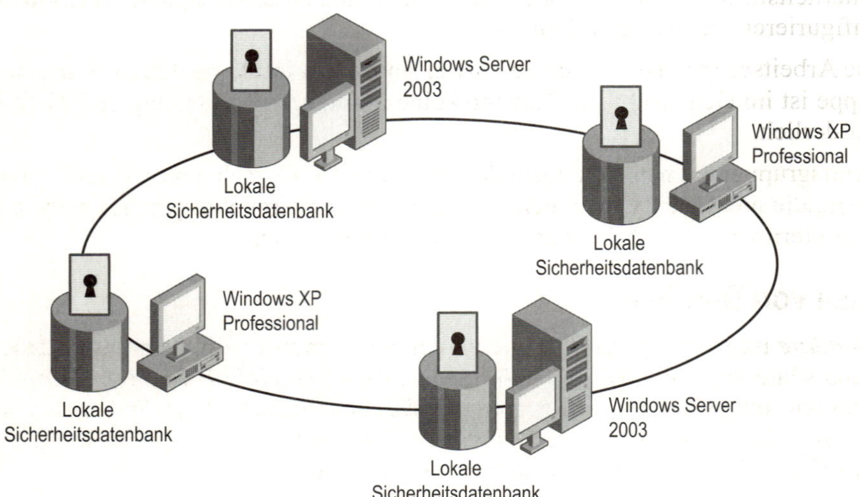

Abbildung 1.4 Eine Windows XP Professional-Arbeitsgruppe wird auch als Peer-to-Peer-Netzwerk bezeichnet

Jeder Computer in der Arbeitsgruppe verwaltet eine ***lokale Sicherheitsdatenbank***. Hierbei handelt es sich um eine Liste von Sicherheitsinformationen zu Benutzerkonten und Ressourcen des lokalen Computers. Durch die Verwendung eigener lokaler Sicherheitsdatenbanken auf jeder Arbeitsstation wird die Verwaltung der Benutzerkonten- und Ressourcensicherheit in einer Arbeitsgruppe dezentralisiert. Abbildung 1.4 zeigt eine lokale Sicherheitsdatenbank.

Hinweis Eine Arbeitsgruppe kann Computer umfassen, auf denen ein Server-Betriebssystem ausgeführt wird, zum Beispiel Windows Server 2003. Keiner der Server darf dann aber als Domänencontroller konfiguriert sein (oder anders ausgedrückt: Es darf keine Domäne vorhanden sein.) In einer Arbeitsgruppe wird ein Computer, der unter Windows Server 2003 läuft, als ***eigenständiger Server*** bezeichnet.

Aufgrund der dezentralen Verwaltung und Sicherheit gelten für Arbeitsgruppen folgende Voraussetzungen:

- Benutzer müssen auf jedem Computer, auf dem sie sich lokal anmelden möchten (das heißt, an dem sie arbeiten möchten), ein lokales Benutzerkonto besitzen.
- Sämtliche Änderungen an Benutzerkonten, z.B. das Ändern eines Kennworts oder das Hinzufügen eines neuen Kontos, müssen auf allen Computern innerhalb der Arbeitsgruppe erfolgen. Wenn Sie vergessen, zu einem Computer Ihrer Arbeitsgruppe ein neues Benutzerkonto hinzuzufügen, kann sich der neue Benutzer nicht an diesem Computer anmelden und demnach nicht auf dessen Ressourcen zugreifen.

Arbeitsgruppen bieten folgende Vorteile:

- In einer Arbeitsgruppe ist kein Domänencontroller für die zentrale Verwaltung von Sicherheitsinformationen erforderlich. Daher sind Arbeitsgruppen viel einfacher zu konfigurieren und zu verwalten.
- Eine Arbeitsgruppe ist einfach zu entwerfen und zu implementieren. Für eine Arbeitsgruppe ist im Gegensatz zur Domäne keine umfangreiche Planung und Verwaltung erforderlich.
- Arbeitsgruppen eignen sich besonders gut für eine überschaubare Anzahl von Computern, die nicht weit voneinander entfernt sind. In Umgebungen mit mehr als zehn Computern wird eine Arbeitsgruppe jedoch umständlich.

Funktionsweise von Domänen

Eine ***Domäne*** ist eine logische Gruppe vernetzter Computer, die gemeinsam eine zentrale Verzeichnisdatenbank nutzen (Abbildung 1.5). Eine ***Verzeichnisdatenbank*** enthält Benutzerkonten- und Sicherheitsinformationen für die Domäne. Diese Datenbank wird auch ***Verzeichnis*** oder ***Directory*** genannt und stellt den Datenbankteil von Active Directory dar, dem Verzeichnisdienst von Windows Server 2003.

In einer Domäne befindet sich das Verzeichnis auf den Computern, die als Domänencontroller konfiguriert sind. Ein ***Domänencontroller*** ist ein Server, auf dem alle sicherheitsbezogenen Aspekte der Interaktion zwischen Benutzer und Domäne verwaltet werden. Dadurch werden Sicherheit und Verwaltung an zentraler Stelle zusammengefasst.

Prüfungstipp Sie können nur Computer als Domänencontroller konfigurieren, auf denen Microsoft Windows 2000 Server oder Windows Server 2003 ausgeführt wird. Wenn alle Computer im Netzwerk unter Windows XP Professional laufen, steht als Netzwerktyp nur die Arbeitsgruppe zur Verfügung.

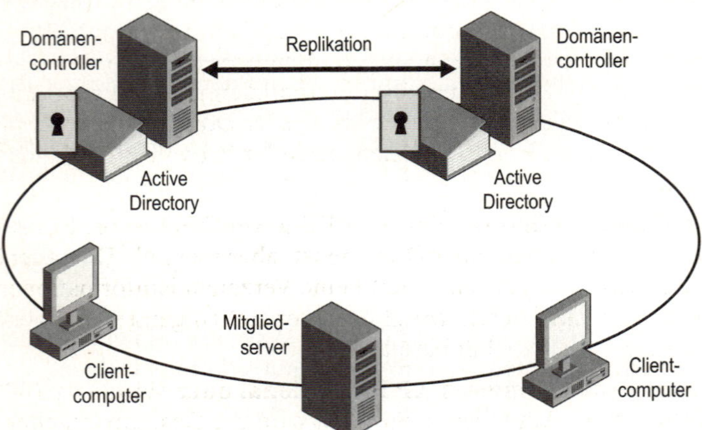

Abbildung 1.5 In einer Windows Server 2003-Domäne ist Active Directory für die Benutzerauthentifizierung verantwortlich

Eine Domäne bezieht sich nicht auf einen einzelnen Standort oder einen bestimmten Typ von Netzwerkkonfiguration. Die Computer in einer Domäne können in einem kleinen LAN nah beieinander aufgestellt sein oder quer über die halbe Welt verteilt sein. Die Computer einer Domäne können über beliebig viele Kommunikationsverbindungen miteinander kommunizieren, beispielsweise über DFÜ-Verbindungen, ISDN-Leitungen (Integrated Services Digital Network), Ethernet-Netzwerke, Token Ring-Verbindungen, Frame Relay-Netzwerke, Satellitenverbindungen oder Standleitungen.

Eine Domäne bietet folgende Vorteile:

- Zentralisierte Verwaltung, da alle Benutzerinformationen in der Active Directory-Datenbank gespeichert werden. Dank dieser Zentralisierung brauchen Benutzer nur eine einzige Kombination aus Benutzername und Kennwort, und Domänenadministratoren können für jeden Computer, der Mitglied der Domäne ist, steuern, auf welche Ressourcen dieses Computers der Benutzer zugreifen darf.
- Bei Einsatz einer Domäne müssen Benutzer nur einen einzigen Anmeldevorgang ausführen, um auf die Netzwerkressourcen (wie Dateien, Drucker und Anwendungen) zugreifen zu können, für die sie Zugriffsberechtigungen besitzen. Das bedeutet, dass sich ein Benutzer an einem Computer anmelden und Ressourcen auf einem anderen Computer im Netzwerk nutzen kann, sofern er über die entsprechende Zugriffsberechtigung für die jeweilige Ressource verfügt.
- Eine Domäne ist skalierbar, sodass Sie sehr große Netzwerke mit Hunderten oder Tausenden von Computern konfigurieren können.

Eine typische Windows Server 2003-Domäne beinhaltet die folgenden Computertypen:

- **Domänencontroller mit dem Betriebssystem Windows Server 2003:** Auf allen Domänencontrollern wird eine Kopie von Active Directory gespeichert und verwaltet. Sie legen in einer Domäne pro Benutzer nur ein Benutzerkonto an, das dann in Active Directory gespeichert wird. Wenn sich ein Benutzer bei einem Computer in der Domäne anmeldet, sucht der Domänencontroller im Verzeichnis nach Benutzername, Kennwort und Anmeldebeschränkungen, um den Benutzer zu authentifizieren. Gibt es in einer Domäne mehrere Domänencontroller, replizieren diese in regelmäßigen Abständen den Inhalt ihres Verzeichnisses, sodass jeder Domänencontroller ein Exemplar von Active Directory hat. Domänencontroller verwalten keine lokale Benutzerdatenbank.
- **Mitgliedserver, auf denen Windows Server 2003 ausgeführt wird:** Ein *Mitgliedserver* ist ein Server, der Mitglied einer Domäne ist, aber nicht als Domänencontroller konfiguriert ist. Ein Mitgliedserver speichert keine Verzeichnisinformationen und kann keine Benutzer authentifizieren. Mitgliedserver stellen gemeinsam verwendbare Ressourcen wie Dateien und Drucker bereit.
- **Clientcomputer, auf denen Windows XP Professional oder Windows 2000 Professional ausgeführt wird:** Auf Clientcomputern wird die Desktopumgebung des Benutzers ausgeführt. Von hier aus können die Benutzer auf die Ressourcen in der Domäne zugreifen.

Lernzielkontrolle

Anhand der folgenden Fragen können Sie überprüfen, ob Sie die Themen dieser Lektion so gut beherrschen, dass Sie mit der nächsten Lektion weitermachen können. Falls Sie eine Frage nicht beantworten können, sollten Sie die Lektion noch einmal durcharbeiten, und dann erneut versuchen, die Frage zu beantworten. Die Antworten auf die Lernzielkontrollfragen finden Sie im Abschnitt „Fragen und Antworten“ am Ende dieses Kapitels.

1. Welche der folgenden Aussagen über eine Windows XP Professional-Arbeitsgruppe sind richtig? (Wählen Sie alle zutreffenden Antworten aus.)
   a. Eine Arbeitsgruppe wird auch als Peer-to-Peer-Netzwerk bezeichnet.
   b. Eine Arbeitsgruppe ist eine logische Gruppierung von Netzwerkcomputern, die eine zentrale Verzeichnisdatenbank nutzen.
   c. Eine Arbeitsgruppe eignet sich gut für Umgebungen mit bis zu 100 Computern.
   d. Eine Arbeitsgruppe kann Computer enthalten, auf denen Windows Server 2003 ausgeführt wird, sofern diese nicht als Domänencontroller konfiguriert sind.
2. Was ist ein Domänencontroller?

   ____

   ____

   ____

   ____

3. Eine Verzeichnisdatenbank enthält die Benutzerkonten- und Sicherheitsinformationen für die Domäne und wird auch als ________________ bezeichnet. Diese Verzeichnisdatenbank ist der Datenbankanteil von ___________________________, dem Verzeichnisdienst von Windows Server 2003. (Tragen Sie die korrekten Begriffe ein.)
4. Bei Einsatz einer ___________ müssen Benutzer nur einen einzigen Anmeldevorgang ausführen, um auf die Netzwerkressourcen (wie Dateien, Drucker und Anwendungen) zugreifen zu können, für die sie Zugriffsberechtigungen haben. (Tragen Sie den korrekten Begriff ein.)

Zusammenfassung der Lektion

- Zur Funktionsweise von Arbeitsgruppen sind folgende Aspekte von Bedeutung:
  - In Windows XP Professional bezeichnet eine Arbeitsgruppe eine logische Gruppierung vernetzter Computer, die Ressourcen wie Dateien und Drucker gemeinsam nutzen.
  - Eine Arbeitsgruppe wird auch als Peer-to-Peer-Netzwerk bezeichnet, da alle Computer in der Arbeitsgruppe die Ressourcen gleichberechtigt verwenden können. Es ist kein dedizierter Server vorhanden.
  - Jeder Computer in der Arbeitsgruppe verwaltet eine lokale Sicherheitsdatenbank. Hierbei handelt es sich um eine Liste von Sicherheitsinformationen zu Benutzerkonten und Ressourcen des lokalen Computers.
- Zur Funktionsweise von Domänen sind folgende Aspekte von Bedeutung:
  - Eine Domäne ist eine logische Gruppierung von Netzwerkcomputern, die eine zentrale Verzeichnisdatenbank nutzen. Die Verzeichnisdatenbank enthält Informationen zur Sicherheit und zu den Benutzerkonten der Domäne.
  - Diese zentrale Verzeichnisdatenbank wird Verzeichnis (engl. Directory) genannt und stellt den Datenbankteil von Active Directory dar, dem Windows Server 2003-Verzeichnisdienst.
  - Die Computer in einer Domäne können in einem kleinen LAN nah beieinander aufgestellt oder an unterschiedlichen Orten auf der ganzen Welt verteilt sein. Sie können über verschiedene Arten von Verbindungen kommunizieren.
  - Computer, auf denen Windows Server 2003 installiert ist, können als Domänencontroller konfiguriert werden. Wenn alle Computer im Netzwerk Windows XP Professional ausführen, steht als Netzwerktyp nur die Arbeitsgruppe zur Verfügung.

Lektion 4: An- und Abmelden bei Windows XP Professional

In dieser Lektion erhalten Sie eine Einführung in die Willkommenseite und das Dialogfeld **Windows-Anmeldung**, die beiden Optionen, die bei der Anmeldung an Windows XP Professional zur Verfügung stehen. Darüber hinaus wird erläutert, wie Windows XP Professional einen Benutzer während des Anmeldevorgangs authentifiziert. Durch diesen obligatorischen Authentifizierungsprozess wird sichergestellt, dass nur befugte Benutzer auf die Ressourcen und Daten eines Computers beziehungsweise eines Netzwerks zugreifen können.

Am Ende dieser Lektion werden Sie in der Lage sein, die folgenden Aufgaben auszuführen:

- Lokal an einem Windows XP Professional-Computer anmelden.
- Beschreiben, wie Windows XP Professional einen Benutzer authentifiziert, wenn sich der Benutzer an einem lokalen Computer oder an einer Domäne anmeldet.
- Erstellen und Verwenden einer Kennwortrücksetzdiskette, um ein vergessenes Kennwort wiederherzustellen.
- Ausführen von Programmen mit anderen Anmeldeinformationen als denen des momentan angemeldeten Benutzers.
- Verwenden der Anmeldeoptimierung.
- Abmelden oder Ausschalten eines Computers, der unter Windows XP Professional läuft.
- Aufzählen der Funktionen des Dialogfelds **Windows-Sicherheit**.

Veranschlagte Zeit für diese Lektion: 15 Minuten

Lokal an einem Windows XP Professional-Computer anmelden

Windows XP Professional bietet zwei Möglichkeiten für die lokale Anmeldung: die Willkommenseite und das Dialogfeld **Windows-Anmeldung**.

Die Willkommenseite

Wenn der Computer Mitglied einer Arbeitsgruppe ist, verwendet Windows XP Professional als Standardeinstellung die Willkommenseite für die lokale Benutzeranmeldung (Abbildung 1.6). Klicken Sie zum Anmelden auf das Symbol für das gewünschte Benutzerkonto. Wenn das Konto mit einem Kennwortschutz versehen ist, werden Sie aufgefordert, das Kennwort einzugeben. Ist das Konto nicht kennwortgeschützt, erfolgt sofort die Anmeldung am Computer. Sie können mithilfe der Tastenkombination STRG+ALT+ENTF von der Willkommenseite zum Dialogfeld **Windows-Anmeldung** wechseln. In diesem Dialogfeld können Sie sich über das Administratorkonto anmelden, das nach dem Erstellen weiterer Benutzerkonten nicht mehr auf der Willkommenseite angezeigt wird. Sie müssen zweimal STRG+ALT+ENTF eingeben, um zum Anmeldebildschirm zu gelangen.

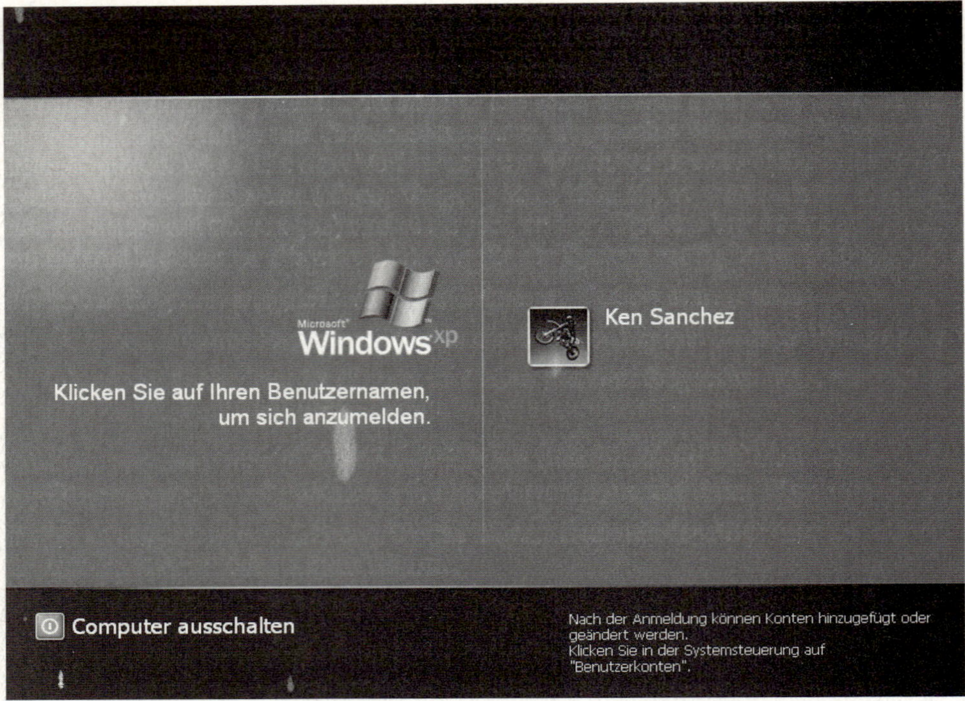

Abbildung 1.6 Die Willkommenseite erscheint als Standardeinstellung, wenn ein Computer Mitglied in einer Arbeitsgruppe ist

Weitere Informationen Weitere Informationen zum Erstellen von Benutzerkonten während der Installation finden Sie in Kapitel 2, „Installieren von Windows XP Professional". Weitere Informationen zum Einrichten von Benutzerkonten (und das An- oder Abschalten der Willkommenseite) finden Sie in Kapitel 7, „Einrichten und Verwalten von Benutzerkonten".

Eine lokale Anmeldung ist auf folgenden Computern möglich:

- Computer, die Mitglieder einer Arbeitsgruppe sind.
- Computer, die Mitglieder einer Domäne, aber keine Domänencontroller sind.

Hinweis Domänencontroller umfassen keine lokale Sicherheitsdatenbank, daher stehen auf Domänencontrollern keine lokalen Benutzerkonten zur Verfügung. Es ist also nicht möglich, sich lokal an einem Domänencontroller anzumelden.

Das Programm **Benutzerkonten** in der Systemsteuerung umfasst die Option **Art der Benutzeranmeldung ändern**. Über diese Option können Sie Windows XP Professional so konfigurieren, dass anstelle der Willkommenseite das Dialogfeld **Windows-Anmeldung** angezeigt wird.

Das Dialogfeld Windows-Anmeldung

Wenn Sie das Dialogfeld **Windows-Anmeldung** (Abbildung 1.7) zur lokalen Anmeldung an einem Windows XP Professional-Computer verwenden möchten, müssen Sie einen gültigen Benutzernamen angeben. Sofern ein Kennwortschutz eingerichtet wurde, müssen Sie auch ein Kennwort eingeben. Windows XP Professional nimmt während des Anmeldevorgangs eine Benutzerauthentifizierung vor. Auf die Ressourcen und Daten eines Computers oder eines Netzwerks können nur Benutzer mit entsprechenden Berechtigungen zugreifen. Windows XP Professional authentifiziert Benutzer, die sich lokal an einem Computer anmelden. Ein Domänencontroller sorgt für die Authentifizierung der Benutzer, die sich an der Domäne anmelden.

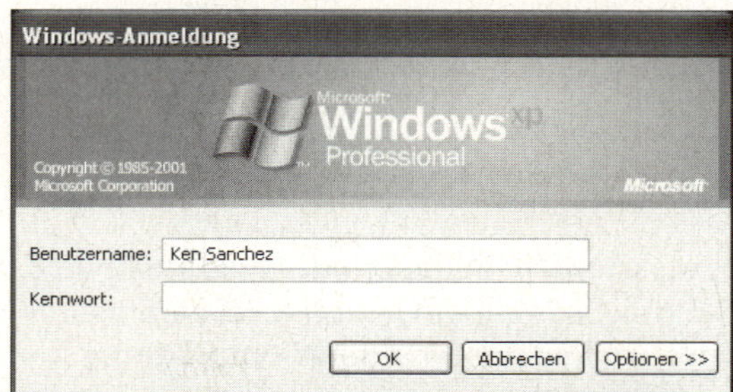

Abbildung 1.7 Mit dem Dialogfeld **Windows-Anmeldung** können Sie sich bei einer Domäne anmelden

Startet ein Benutzer einen Windows XP Professional-Computer, der zur Verwendung des Dialogfelds **Windows-Anmeldung** konfiguriert wurde, wird in diesem Dialogfeld unter anderem auch die Schaltfläche **Optionen** angezeigt. In Tabelle 1.1 werden die Optionen beschrieben, die im Dialogfeld **Windows-Anmeldung** für einen Computer verfügbar sind, der Teil einer Domäne ist.

Tabelle 1.1 Optionen im Dialogfeld **Windows-Anmeldung**

Option	Beschreibung
Benutzername	Hier wird ein eindeutiger Benutzeranmeldename eingegeben, der durch einen Administrator zugewiesen wurde. Um sich mit dem Benutzernamen an einer Domäne anmelden zu können, muss das Benutzerkonto im Verzeichnis enthalten sein.
Kennwort	Das Kennwort, das dem Benutzerkonto zugewiesen wurde. Benutzer müssen ein Kennwort eingeben, um ihre Identität unter Beweis zu stellen. Bei Kennwörtern muss die Groß- und Kleinschreibung beachtet werden. Aus Sicherheitsgründen wird das Kennwort auf dem Bildschirm in Form von Punkten dargestellt (*). Um einen nicht autorisierten Zugriff auf Ressourcen und Daten zu verhindern, sollten Kennwörter stets geheim gehalten werden.
Anmelden an	Ermöglicht dem Benutzer die Auswahl zwischen einer lokalen Computeranmeldung oder der Anmeldung an einer Domäne. ►

Option	Beschreibung
Über das DFÜ-Netzwerk anmelden	Erlaubt dem Benutzer die Verbindungsherstellung zu einem Domänenserver über eine DFÜ-Netzwerkverbindung. Über eine DFÜ-Netzwerkverbindung kann der Benutzer von einem Remotestandort aus eine Verbindung zum Server herstellen und Aufgaben ausführen.
Herunterfahren	Schließt alle Dateien, speichert sämtliche Betriebssystemdaten und bereitet den Computer so auf ein sicheres Abschalten vor.
Optionen	Blendet die Liste **Anmelden an** und das Kontrollkästchen **Über das DFÜ-Netzwerk anmelden** ein und aus. Die Schaltfläche **Optionen** wird nur angezeigt, wenn der Computer Mitglied einer Domäne ist.

Hinweis Ist Ihr Computer nicht Teil einer Domäne, wird die Option **Anmelden an** nicht angezeigt.

Der Authentifizierungsprozess

Um Zugriff auf einen Windows XP Professional-Computer oder eine Ressource auf diesem Computer zu erhalten, müssen Sie (unabhängig davon, ob dieser Computer zur Verwendung der Willkommenseite oder des Dialogfelds **Windows-Anmeldung** konfiguriert wurde) einen Benutzernamen und in der Regel ein Kennwort eingeben. (Zum verantwortungsvollen Umgang mit Kennwörtern erfahren Sie mehr in Kapitel 7.)

Wie Windows XP Professional einen Benutzer authentifiziert, richtet sich danach, ob der Benutzer sich an einer Domäne anmeldet oder eine lokale Anmeldung durchführt (Abbildung 1.8).

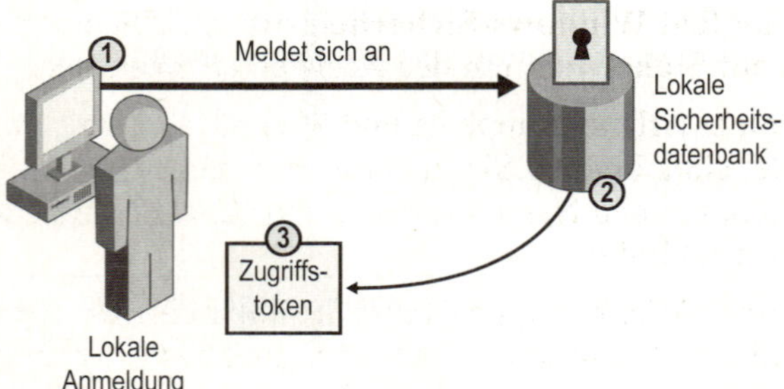

Abbildung 1.8 Windows XP Professional weist während des Authentifizierungsprozesses ein Zugriffstoken für die Anmeldeinformationen des Benutzers zu

Die Authentifizierung umfasst folgende Schritte:

1. Der Benutzer meldet sich an, indem er Anmeldeinformationen eingibt, normalerweise Benutzername und Kennwort. Windows XP Professional leitet diese Informationen an das Sicherheitssubsystem des lokalen Computers weiter.
2. Windows XP Professional vergleicht die Anmeldeinformationen mit den Benutzerinformationen in der lokalen Sicherheitsdatenbank, die im Sicherheitssubsystem des lokalen Computers gespeichert ist.

3. Wenn die Anmeldeinformationen korrekt sind, erstellt Windows XP Professional ein ***Zugriffstoken*** für den Benutzer. Als Zugriffstoken wird die Benutzeridentifikation für diesen lokalen Computer bezeichnet. Das Zugriffstoken enthält die Benutzersicherheitseinstellungen, die zum Zugriff auf die verschiedenen Computerressourcen sowie zur Durchführung bestimmter Systemaufgaben berechtigen.

Hinweis Eine Authentifizierung findet nicht nur bei der Anmeldung statt, sondern bei jeder Verbindungsherstellung zu einem Computer oder einer Ressource. Dabei wird ebenfalls ein Zugriffstoken bereitgestellt. Dieser Authentifizierungsprozess erfolgt im Hintergrund und ist für den Benutzer nicht sichtbar.

Wenn sich ein Benutzer an einer Domäne anmeldet, leitet Windows XP Professional die Anmeldeinformationen an einen Domänencontroller in der Domäne weiter. Der Domänencontroller vergleicht die Anmeldeinformationen mit den Benutzerinformationen, die in Active Directory gespeichert sind. Wenn die eingegebenen Informationen gültig sind, erstellt der Domänencontroller ein Zugriffstoken für den Benutzer. Die im Zugriffstoken enthaltenen Sicherheitseinstellungen berechtigen den Benutzer zum Zugriff auf Ressourcen in der Domäne.

Verwenden einer Kennwortrücksetzdiskette

Mithilfe einer ***Kennwortrücksetzdiskette*** können Sie ein Benutzerkonto wiederherstellen, auch wenn der Benutzer sein Kennwort vergessen hat. Eine Kennwortrücksetzdiskette erstellen Sie mit dem Assistenten für vergessene Kennwörter, den Sie folgendermaßen starten:

- Falls Ihr Computer Mitglied einer Domäne ist, können Sie mit der Tastenkombination STRG+ALT+ENTF das Dialogfeld **Windows-Sicherheit** öffnen. Klicken Sie auf **Kennwort ändern** und dann auf **Sicherung**, um den Assistenten zu starten.
- Falls Ihr Computer Mitglied einer Arbeitsgruppe ist und Sie unter einem Computeradministratorkonto angemeldet sind, können Sie in der Systemsteuerung das Programm **Benutzerkonten** öffnen, auf den Namen Ihres Kontos klicken und dann auf **Vergessen von Kennwörtern verhindern**.
- Falls Ihr Computer Mitglied einer Arbeitsgruppe ist und Sie unter einem eingeschränkten Konto angemeldet sind, können Sie in der Systemsteuerung das Programm **Benutzerkonten** öffnen und im Abschnitt **Verwandte Aufgaben** am linken Fensterrand auf **Vergessen von Kennwörtern verhindern** klicken.

Unabhängig davon, auf welche Weise Sie den Assistenten für vergessene Kennwörter starten, führt der Assistent Sie anschließend durch die Schritte, die zum Erstellen einer Kennwortrücksetzdiskette nötig sind. Sie können Ihren Kennwortrücksetzschlüssel auf einem beliebigen Wechseldatenträger speichern, zum Beispiel auf einer Diskette (eine leere, formatierte 1,44-MByte-Diskette) oder auf einem USB-Stick.

Achtung Sie können immer nur eine einzige Kennwortrücksetzdiskette gleichzeitig haben. Wenn Sie eine neue Diskette anlegen, werden alle früher erstellten Disketten ungültig.

Falls Sie Ihr Anmeldekennwort vergessen haben, haben Sie zwei Möglichkeiten, die Kennwortrücksetzdiskette einzusetzen:

- Falls Ihr Computer Mitglied einer Domäne ist, müssen Sie erst einmal versuchen, sich mit einem ungültigen Kennwort an Windows anzumelden. Daraufhin öffnet sich das Dialogfeld **Anmeldung ist fehlgeschlagen**. Klicken Sie darin auf **Zurücksetzen**, um den Kennwortrücksetz-Assistenten zu starten, der Sie durch den Wiederherstellungsvorgang leitet.
- Falls Ihr Computer Mitglied einer Arbeitsgruppe ist, müssen Sie auf dem Windows XP-Anmeldebildschirm auf den Benutzernamen klicken, den Sie verwenden wollen. Daraufhin öffnet sich das Feld **Geben Sie Ihr Kennwort ein**. Drücken Sie die EINGABETASTE oder klicken Sie auf die Schaltfläche mit dem Rechtspfeil. Klicken Sie in dem Meldungsfeld, das sich daraufhin öffnet, auf **Klicken Sie hier, um die Kennwortrücksetzdiskette zu verwenden**, um den Kennwortrücksetz-Assistenten zu starten.

Ausführen von Programmen unter einem anderen Benutzerkonto

Sie können in Windows XP Professional Programme mit den Anmeldeinformationen eines anderen Benutzers ausführen, also unter einem anderen Konto als dem des momentan angemeldeten Benutzers. Das ist nützlich, falls Sie eine Problembehandlung auf dem Computer eines Benutzers durchführen und sich nicht ab- und dann wieder mit administrativen Berechtigungen anmelden wollen, nur um eine bestimmte Aufgabe durchzuführen oder ein spezielles Programm auszuführen. Diese Methode ist außerdem sicherer, als sich mit administrativen Anmeldeinformationen am Computer eines Benutzers anzumelden.

Damit in Windows XP Professional ein Programm mit anderen Anmeldeinformationen ausgeführt werden kann, wird ein eingebauter Dienst mit der Bezeichnung **Sekundäre Anmeldung** benötigt. Dieser Dienst muss laufen (was auf Windows XP-Computern in der Standardeinstellung der Fall ist), wenn Sie ein Programm mit anderen Anmeldeinformationen ausführen wollen.

Folgendermaßen können Sie feststellen, ob der Dienst **Sekundäre Anmeldung** läuft (und ihn bei Bedarf aktivieren):

1. Melden Sie sich am Computer als Administrator oder als Benutzer mit administrativen Berechtigungen an.
2. Klicken Sie im Startmenü auf **Systemsteuerung**.
3. Klicken Sie im Fenster **Systemsteuerung** auf **Leistung und Wartung**.
4. Klicken Sie im Fenster **Leistung und Wartung** auf **Verwaltung**.
5. Klicken Sie im Fenster **Verwaltung** doppelt auf **Dienste**.
6. Suchen Sie im Fenster **Dienste** in der Liste der Dienste den Eintrag **Sekundäre Anmeldung**.
7. Falls in der Spalte **Status** beim Dienst **Sekundäre Anmeldung** das Wort **Gestartet** steht, ist der Dienst aktiviert und Sie können das Fenster **Dienste** schließen. Ist aber

unter **Status** momentan **Manuell** oder **Deaktiviert** eingetragen, müssen Sie mit der rechten Maustaste auf den Eintrag **Sekundäre Anmeldung** klicken und **Eigenschaften** wählen.

8. Wählen Sie auf der Registerkarte **Allgemein** des Dialogfelds **Eigenschaften von Sekundäre Anmeldung** in der Dropdownliste **Starttyp** den Eintrag **Automatisch**.
9. Klicken Sie im Abschnitt **Dienststatus** auf **Starten**.
10. Klicken Sie auf **OK**, um das Dialogfeld **Eigenschaften von Sekundäre Anmeldung** zu schließen, und schließen Sie dann das Fenster **Dienste**.

Wenn der Dienst **Sekundäre Anmeldung** läuft, können Sie ein Programm mit den Anmeldeinformationen eines anderen Benutzers ausführen, also unter dem Konto eines anderen Benutzers als dem, der gerade angemeldet ist. Klicken Sie im Startmenü mit der rechten Maustaste auf die Verknüpfung für das Programm, das Sie ausführen wollen, und wählen Sie im Kontextmenü den Befehl **Ausführen als**. Im daraufhin geöffneten Dialogfeld **Ausführen als** können Sie einstellen, ob Sie das Programm als der aktuelle Benutzer ausführen oder ob Sie Benutzernamen und Kennwort eines anderen Benutzers verwenden. Microsoft empfiehlt, sich normalerweise mit einem eingeschränkten Benutzerkonto anzumelden und Anwendungen, die administrative Berechtigungen erfordern, mithilfe dieser Technik auszuführen.

Anmeldeoptimierung

Windows XP Professional bietet ein Feature mit der Bezeichnung ***Anmeldeoptimierung*** (engl. Fast Logon Optimization). Dieses Feature ist in der Standardeinstellung aktiviert. Es ermöglicht es vorhandenen Benutzern, sich mithilfe gespeicherter Anmeldeinformationen anzumelden, sodass mit der Anmeldung nicht gewartet werden muss, bis das Netzwerk vollständig initialisiert ist. Aus der Sicht des Benutzers beschleunigt dieses Feature den Anmeldevorgang. Gruppenrichtlinien und andere Einstellungen werden im Hintergrund angewendet, nachdem die Anmeldung erfolgt und nachdem das Netzwerk initialisiert ist.

Die Anmeldeoptimierung ist in folgenden Fällen grundsätzlich deaktiviert:

- Wenn sich ein Benutzer zum ersten Mal an einem Computer anmeldet.
- Wenn sich ein Benutzer mithilfe eines servergespeicherten Benutzerprofils, eines Basisverzeichnisses oder eines Benutzeranmeldungsskripts anmeldet (mehr dazu in Kapitel 7).

Abmelden von Windows XP Professional

Zum Abmelden von einem Windows XP Professional-Computer klicken Sie auf **Start** und dann auf **Abmelden**. Beachten Sie, dass im Startmenü auch eine Möglichkeit zum Ausschalten des Computers zur Verfügung steht (Abbildung 1.9).

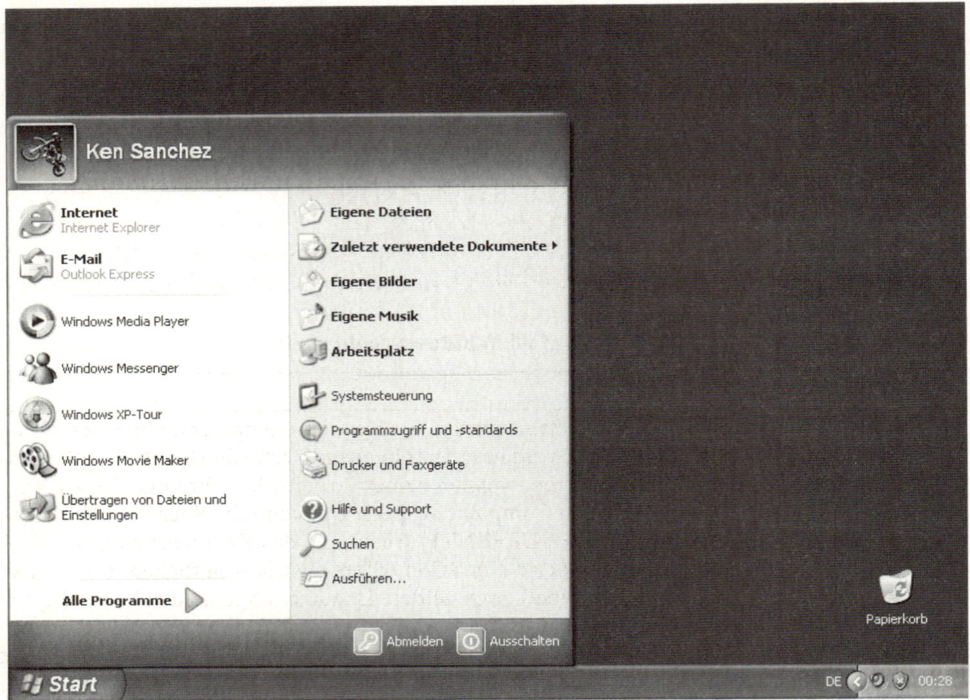

Abbildung 1.9 Das Startmenü bietet eine Methode zum Abmelden von Windows XP Professional

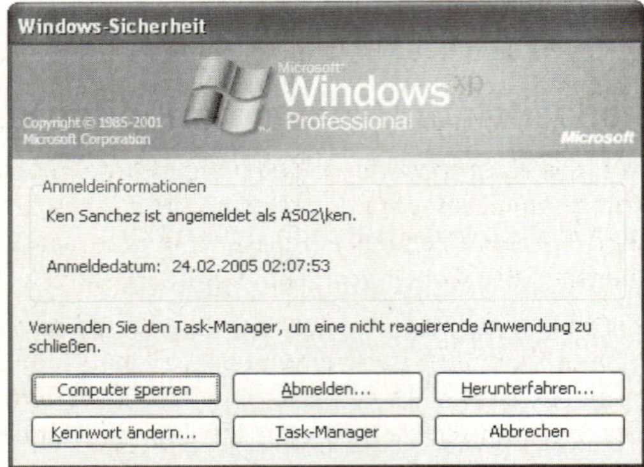

Abbildung 1.10 Im Dialogfeld **Windows-Sicherheit** können Sie sicherheitsrelevante Aufgaben durchführen

Das Dialogfeld Windows-Sicherheit

Das Dialogfeld **Windows-Sicherheit** stellt verschiedene Informationen bereit. Hierzu zählen beispielsweise der aktuell angemeldete Benutzer sowie die Domäne oder der Computer, an der beziehungsweise dem der Benutzer angemeldet ist. Diese Informationen sind für Benutzer wichtig, die über mehrere Benutzerkonten verfügen (zum Beispiel ein normales Konto und eines mit Administratorrechten).

Falls ein Windows XP Professional-Computer zu einer Domäne gehört (oder falls die Willkommenseite deaktiviert ist, obwohl der Computer nur Mitglied einer Arbeitsgruppe ist), können Sie jederzeit auf das Dialogfeld **Windows-Sicherheit** zugreifen, indem Sie die Tastenkombination STRG+ALT+ENTF drücken. Ist die Willkommenseite aktiviert, wird bei Eingabe der Tastenkombination STRG+ALT+ENTF stattdessen der Task-Manager geöffnet. Abbildung 1.10 zeigt das Dialogfeld **Windows-Sicherheit**, in Tabelle 1.2 werden die im Dialogfeld **Windows-Sicherheit** verfügbaren Optionen beschrieben.

Tabelle 1.2 Schaltflächen im Dialogfeld **Windows-Sicherheit**

Schaltfläche	Beschreibung
Computer sperren	Ermöglicht dem Benutzer das Sperren des Computers, ohne sich abzumelden. Alle Programme werden weiterhin ausgeführt. Ein Benutzer sollte seinen Computer immer sperren, wenn er seinen Arbeitsplatz für kurze Zeit verlässt. Der Benutzer, der den Computer gesperrt hat, kann die Sperre wieder aufheben, indem er STRG+ALT+ENTF drückt und das Kennwort eingibt. Ein Administrator kann die Sperre eines Computers ebenfalls aufheben. Bei diesem Vorgang wird der aktuell angemeldete Benutzer abgemeldet. Unabhängig davon, ob das Dialogfeld **Windows-Sicherheit** zur Verfügung steht, können Sie den Computer auch jederzeit mit der Tastenkombination WINDOWS+L sperren.
Abmelden	Ermöglicht Ihnen, sich als aktueller Benutzer abzumelden, und schließt alle derzeit ausgeführten Programme. Windows XP Professional wird jedoch weiterhin ausgeführt. Sie können sich auch von Windows abmelden, indem Sie im Startmenü den Befehl **Abmelden** wählen.
Herunterfahren	Schließt alle Dateien, speichert sämtliche Betriebssystemdaten und bereitet den Computer so auf ein sicheres Abschalten vor. Sie können sich auch von Windows abmelden, indem Sie im Startmenü den Befehl **Ausschalten** wählen.
Kennwort ändern	Ermöglicht dem Benutzer, das Kennwort für sein Benutzerkonto zu ändern. Sie müssen das alte Kennwort kennen, um ein neues Kennwort zu erstellen. Dies ist die einzige Möglichkeit für Benutzer, das eigene Kennwort zu ändern. Administratoren können ebenfalls die Kennwörter für Benutzerkonten ändern.
Task-Manager	Zeigt eine Liste der aktuell ausgeführten Programme, eine Zusammenfassung der Auslastung von CPU und Speicher sowie einen kurzen Überblick darüber an, wie die CPU- und Speicherressourcen von den einzelnen Programmen, Programmkomponenten oder Systemprozessen genutzt werden. Sie können über den Task-Manager auch zwischen Programmen wechseln und ein Programm beenden, das nicht reagiert. Sie können den Task-Manager auch öffnen, indem Sie mit der rechten Maustaste auf eine leere Stelle der Taskleiste klicken und den Befehl **Task-Manager** wählen.
Abbrechen	Schließt das Dialogfeld **Windows-Sicherheit**.

Übung: Erstellen einer Kennwortrücksetzdiskette

In dieser Übung erstellen Sie eine Kennwortrücksetzdiskette. Führen Sie entweder Übung 1 oder Übung 2 durch. Falls Sie auf einem Computer arbeiten, der Mitglied einer Domäne ist, müssen Sie die Diskette anhand der in Übung 1 geschilderten Schritte erstellen. Falls Sie auf einem Computer arbeiten, der Mitglied einer Arbeitsgruppe ist, müssen Sie stattdessen Übung 2 durchführen. In beiden Fällen benötigen Sie eine leere, formatierte 1,44-MByte-Diskette.

Übung 1: Erstellen einer Kennwortrücksetzdiskette auf einem Computer, der Mitglied einer Domäne ist

1. Melden Sie sich als der Benutzer an, für den Sie eine Kennwortrücksetzdiskette erstellen wollen.
2. Drücken Sie die Tastenkombination STRG+ALT+ENTF.
3. Klicken Sie im Dialogfeld **Windows-Sicherheit** auf **Kennwort ändern**.
4. Klicken Sie im Dialogfeld **Kennwort ändern** auf **Sicherung**.
5. Klicken Sie auf der Seite **Willkommen** im **Assistent für vergessene Kennwörter** auf **Weiter**.
6. Stellen Sie auf der Seite **Kennwortrücksetzdiskette erstellen** sicher, dass das richtige Diskettenlaufwerk ausgewählt ist. Legen Sie eine leere, formatierte 1,44-MByte-Diskette in das Laufwerk ein und klicken Sie auf **Weiter**.
7. Geben Sie auf der Seite **Aktuelles Benutzerkontokennwort** das bisherige Kennwort für das Konto ein und klicken Sie auf **Weiter**.
8. Windows schreibt nun die Schlüsselinformationen auf die Diskette. Klicken Sie auf **Weiter**, nachdem dieser Vorgang beendet ist.
9. Klicken Sie auf **Fertig stellen**. Entfernen Sie die Diskette, beschriften Sie sie und bewahren Sie sie an einem sichern Platz auf. Sollte sich jemand Zugriff auf diese Diskette verschaffen, kann er sich an Ihrem Computer anmelden, ohne das Kennwort zu wissen.

Übung 2: Erstellen einer Kennwortrücksetzdiskette auf einem Computer, der Mitglied einer Arbeitsgruppe ist

1. Melden Sie sich als der Benutzer an, für den Sie eine Kennwortrücksetzdiskette erstellen wollen.
2. Klicken Sie im Startmenü auf **Systemsteuerung**.
3. Klicken Sie im Fenster **Systemsteuerung** auf **Benutzerkonten**.
4. Falls Sie als Administrator angemeldet sind, müssen Sie im Fenster **Benutzerkonten** das Konto auswählen, das Sie verwenden wollen. Andernfalls können Sie direkt zum nächsten Schritt springen.
5. Klicken Sie im Abschnitt **Verwandte Aufgaben** auf **Vergessen von Kennwörtern verhindern**.

6. Klicken Sie auf der Seite **Willkommen** im **Assistent für vergessene Kennwörter** auf **Weiter**.
7. Stellen Sie auf der Seite **Kennwortrücksetzdiskette erstellen** sicher, dass das richtige Diskettenlaufwerk ausgewählt ist. Legen Sie eine leere, formatierte 1,44-MByte-Diskette in das Laufwerk ein und klicken Sie auf **Weiter**.
8. Geben Sie auf der Seite **Aktuelles Benutzerkontokennwort** das bisherige Kennwort für das Konto ein und klicken Sie auf **Weiter**.
9. Windows schreibt nun die Schlüsselinformationen auf die Diskette. Klicken Sie auf **Weiter**, nachdem dieser Vorgang beendet ist.
10. Klicken Sie auf **Fertig stellen**. Entfernen Sie die Diskette und beschriften Sie sie.

Lernzielkontrolle

Anhand der folgenden Fragen können Sie überprüfen, ob Sie die Themen dieser Lektion so gut beherrschen, dass Sie mit der nächsten Lektion weitermachen können. Falls Sie eine Frage nicht beantworten können, sollten Sie die Lektion noch einmal durcharbeiten, und dann erneut versuchen, die Frage zu beantworten. Die Antworten auf die Lernzielkontrollfragen finden Sie im Abschnitt „Fragen und Antworten" am Ende dieses Kapitels.

1. Welche Aufgaben können Sie ausführen, wenn Sie sich lokal an einem Computer angemeldet haben, und wodurch wird festgelegt, welche Aufgaben Sie bei einer lokalen Anmeldung ausführen können?

   ____
   ____
   ____
   ____
   ____
   ____
   ____

2. Worin besteht der Hauptunterschied zwischen dem Authentifizierungsprozess bei der lokalen Anmeldung an einem Computer und der Anmeldung an einer Domäne?

   ____
   ____
   ____
   ____

3. An welchen Computern kann sich ein Benutzer lokal anmelden? (Wählen Sie alle zutreffenden Antworten aus.)

   a. An einem Windows XP Professional-Computer, der Mitglied einer Arbeitsgruppe ist.

b. An einem Windows XP Professional-Computer, der Mitglied einer Domäne ist.

c. An einem Windows Server 2003-Computer, der als Domänencontroller konfiguriert ist.

d. An einem Windows Server 2003-Computer, der Mitgliedserver in einer Domäne ist.

4. Welche der folgenden Aussagen treffen auf das Dialogfeld **Windows-Sicherheit** zu? (Wählen Sie alle zutreffenden Antworten aus.)

   a. Auf dieses Dialogfeld wird über die Tastenkombination STRG+ALT+ENTF zugegriffen.

   b. Dieses Dialogfeld informiert Sie darüber, wie lange der Benutzer bereits angemeldet ist.

   c. Dieses Dialogfeld ermöglicht dem Benutzer das Abmelden von einem lokalen Computer oder der Domäne.

   d. Dieses Dialogfeld ermöglicht einem Benutzer mit Administratorrechten, die Kennwörter anderer Benutzer zu ändern.

Zusammenfassung der Lektion

- Standardmäßig verwendet Windows XP Professional die Willkommenseite für die lokale Benutzeranmeldung. Sie können Windows XP Professional so konfigurieren, dass es anstelle der Willkommenseite zum Anmelden am lokalen Computer das Dialogfeld **Windows-Anmeldung** verwendet. Benutzer können sich an einem lokalen Computer oder an einer Domäne anmelden (vorausgesetzt, der Computer ist Mitglied einer Domäne).
- Wenn sich ein Benutzer lokal anmeldet, führt der lokale Computer eine Authentifizierung durch. Meldet sich ein Benutzer an einer Domäne an, übernimmt der Domänencontroller die Authentifizierung. In einer Arbeitsgruppenumgebung stellt das Zugriffstoken die Benutzeridentifikation für den lokalen Computer dar. Das Zugriffstoken enthält die Sicherheitseinstellungen für den Benutzer. Diese Sicherheitseinstellungen bestimmen, auf welche Computerressourcen der Benutzer zugreifen kann und welche Systemoperationen er ausführen darf.
- Ein Administrator oder ein Benutzer kann eine Kennwortrücksetzdiskette für einen Benutzer erstellen. Mit dieser Kennwortrücksetzdiskette kann der Benutzer ein vergessenes Kennwort wiederherstellen und sich an Windows XP Professional anmelden.
- Statt sich als Administrator anzumelden, können Sie administrative Anmeldeinformationen angeben, wenn Sie ein bestimmtes Programm ausführen wollen. Das ist immer möglich, unabhängig davon, unter welchem Benutzerkonto Sie angemeldet sind. Auf diese Weise können Sie Programme, die Administratorrechte benötigen, so ausführen, dass Sie die Risiken vermeiden, die mit der Anmeldung unter einem Administratorkonto verbunden sind.
- Die Anmeldeoptimierung ermöglicht es vorhandenen Benutzern, sich mithilfe gespeicherter Anmeldeinformationen anzumelden, sodass nicht gewartet werden muss, bis

das Netzwerk vollständig initialisiert ist, bevor die Anmeldung möglich ist. Dieses Feature beschleunigt aus der Sicht des Benutzers den Anmeldevorgang.

- Sie können sich von Windows XP abmelden, indem Sie im Startmenü den Befehl **Abmelden** wählen. (Das empfiehlt sich, wenn Sie Ihren Computer für einige Zeit verlassen.)
- Über das Dialogfeld **Windows-Sicherheit** können Sie den Computer sperren, das Kennwort ändern, sich vom Computer abmelden, den Computer herunterfahren und auf den Task-Manager zugreifen.

Übung mit Fallbeispiel

Lesen Sie die folgenden zwei Szenarien und beantworten Sie die zugehörigen Fragen. Sie können anhand dieser Szenarien feststellen, ob Sie genug gelernt haben, um mit dem nächsten Kapitel weiterzumachen. Falls Sie Schwierigkeiten haben, sollten Sie den Inhalt dieses Kapitels noch einmal durcharbeiten, bevor Sie das nächste Kapitel in Angriff nehmen. Die Antworten auf die Fragen finden Sie im Abschnitt „Fragen und Antworten" am Ende dieses Kapitels.

Szenario 1.1

Sie arbeiten als Administrator und bieten telefonischen Support für die Benutzer. Einer Ihrer Benutzer berichtet, dass er vor kurzem Windows XP Professional auf seinem Heimcomputer installiert hat. Von diesem Heimcomputer aus stellt er eine Verbindung in das Unternehmensnetzwerk her. Bisher hat er immer STRG+ALT+ENTF gedrückt, um sich an Windows anzumelden, aber stattdessen zeigt der neue Computer eine Willkommenseite an, auf der sein Benutzername steht. Es wäre ihm lieber, wenn er sich statt über diese Willkommenseite mithilfe des gewohnten Dialogfelds **Windows-Anmeldung** anmelden könnte. Wie sollten Sie den Computer konfigurieren?

____

____

____

Szenario 1.2

Sie sind Administrator für ein Unternehmensnetzwerk, in dem eine Windows Server 2003-Domäne läuft. Alle Clientcomputer laufen unter Windows XP Professional. Ein Benutzer beschwert sich, dass sein Desktop nach dem Anmelden am Computer nicht richtig aussieht und dass er auf überhaupt keine Netzwerkressourcen zugreifen kann. Wo vermuten Sie die Ursache des Problems?

____

____

Übung zur Problembehandlung

Wenden Sie an, was Sie in diesem Kapitel gelernt haben, und stellen Sie folgende Informationen über Ihren eigenen Computer zusammen:

- Welche Edition von Windows XP verwenden Sie?
- Ist ein Service Pack in Ihre Installation von Windows XP eingespielt? Wenn ja, welches? Mit welchen Tools können Sie dies feststellen?
- Ist Ihr Computer Mitglied einer Arbeitsgruppe oder einer Domäne? Wie lautet der Name der Arbeitsgruppe beziehungsweise der Domäne?
- Falls Ihr Computer Mitglied einer Domäne ist: Können Sie sich auch lokal an Ihrem Computer anmelden?

Zusammenfassung des Kapitels

- Die Windows XP-Familie umfasst Windows XP Professional Edition, Windows XP Home Edition, Windows XP Media Center Edition, Windows XP Tablet PC Edition und Windows XP x64 Edition. Zu den Features von Windows XP Professional, die in Windows XP Home Edition nicht zur Verfügung stehen, gehören dynamische Datenträger, Remotedesktop, NTFS- und Druckerberechtigungen, verschlüsselndes Dateisystem, Domänenmitgliedschaft, 2 Prozessoren und IIS.
- Ob das Service Pack 2 installiert ist, können Sie feststellen, indem Sie auf der Registerkarte **Allgemein** des Dialogfelds **Systemeigenschaften** nachsehen oder indem Sie im Dialogfeld **Ausführen** den Befehl **winver.exe** eingeben und so das Dialogfeld **Info über Windows** öffnen. Windows XP Service Pack 2 umfasst unter anderem folgende wichtige Verbesserungen:
  - Das Sicherheitscenter zeigt Echtzeitstatus- und Warninformationen zur Windows-Firewall, der Funktion **Automatische Updates** und bestimmter Antivirussoftware an.
  - Mithilfe von Verbesserungen an der Funktion **Automatische Updates** können Sie Updates für mehr Microsoft-Produkte herunterladen, alle Updatetypen auswählen und Prioritäten für Updates berücksichtigen.
  - Verbesserungen an der Windows-Firewall aktivieren die Firewall für sämtliche Verbindungen als Standardeinstellung, ermöglichen die Überwachung des Netzwerkverkehrs ab dem Augenblick, in dem die Verbindung aktiv wird, und bieten Ihnen die Möglichkeit, globale Konfigurationseinstellungen für alle Verbindungen vorzunehmen.
  - Verbesserungen am Internet Explorer sind eine neue Informationsleiste, in der viele Benutzereingaben zentral zusammengefasst werden, ein Popupblocker und eine bessere Add-On-Verwaltung.
- Ein Windows XP Professional-Computer kann bei zwei Arten von Netzwerken Mitglied sein: bei einer Arbeitsgruppe oder bei einer Domäne. Sie können einen Computer, der unter Windows Server 2003 läuft, als Domänencontroller einrichten. Falls alle

Computer im Netzwerk unter Windows XP Professional laufen, steht als Netzwerktyp nur die Arbeitsgruppe zur Verfügung. Arbeitsgruppen und Domänen haben folgende wichtige Eigenschaften:

  - In Windows XP Professional bezeichnet eine Arbeitsgruppe eine logische Gruppierung vernetzter Computer, die Ressourcen wie Dateien und Drucker gemeinsam nutzen. Eine Arbeitsgruppe wird auch als Peer-to-Peer-Netzwerk bezeichnet, da alle Computer in der Arbeitsgruppe die Ressourcen gleichberechtigt verwenden können. Es ist kein dedizierter Server vorhanden. Jeder Computer in der Arbeitsgruppe verwaltet eine lokale Sicherheitsdatenbank. Hierbei handelt es sich um eine Liste von Sicherheitsinformationen zu Benutzerkonten und Ressourcen des lokalen Computers.
  - Eine Domäne ist eine logische Gruppierung von Netzwerkcomputern, die eine zentrale Verzeichnisdatenbank nutzen. Die Verzeichnisdatenbank enthält Informationen zur Sicherheit und zu den Benutzerkonten der Domäne. Diese zentrale Verzeichnisdatenbank wird Verzeichnis (engl. Directory) genannt und stellt den Datenbankteil von Active Directory dar, dem Windows Server 2003-Verzeichnisdienst. Die Computer in einer Domäne können in einem kleinen LAN nah beieinander aufgestellt oder an unterschiedlichen Orten auf der ganzen Welt verteilt sein. Sie können über verschiedene Arten von Verbindungen kommunizieren.
- Standardmäßig verwendet Windows XP Professional die Willkommenseite für die lokale Benutzeranmeldung. Sie können Windows XP Professional so konfigurieren, dass es anstelle der Willkommenseite zum Anmelden am lokalen Computer das Dialogfeld **Windows-Anmeldung** verwendet. Benutzer können sich an einem lokalen Computer oder an einer Domäne anmelden (vorausgesetzt, der Computer ist Mitglied einer Domäne).
  - Wenn sich ein Benutzer lokal anmeldet, führt der lokale Computer eine Authentifizierung durch.
  - Meldet sich ein Benutzer an einer Domäne an, übernimmt der Domänencontroller die Authentifizierung.

Prüfungsrelevante Themen

Vor der Prüfungsteilnahme sollten Sie die nachfolgend aufgeführten Schlüsselinformationen und -begriffe noch einmal durcharbeiten. Diese Informationen sind für das Bestehen der Prüfung von entscheidender Bedeutung.

Schlüsselinformationen

- Die neue Windows-Firewall-Richtlinie führt eine Paketfilterung schon während des Windows-Starts durch, daher sind Verbindungen von dem Moment an geschützt, in dem sie im Netzwerk aktiv werden.
- Sie können nur einen Computer zum Domänencontroller machen, der unter Microsoft Windows 2000 Server oder Windows Server 2003 läuft. Falls alle Computer im Netz-

werk unter Windows XP Professional laufen, steht als Netzwerktyp nur die Arbeitsgruppe zur Verfügung.

Schlüsselbegriffe

Active Directory Eine Verzeichnisstruktur, die es ermöglicht, beliebige Objekte in einem Netzwerk zu verfolgen und zu suchen. Active Directory ist der Verzeichnisdienst von Windows 2000 Server und Windows Server 2003. Active Directory bildet die Grundlage für verteilte Windows-Netzwerke.

Arbeitsgruppe Eine Gruppe von Computern, die aus einer Reihe gleichberechtigter Computer besteht, die jeweils selbst ihre Sicherheit verwalten.

Automatische Updates Ein Windows-Dienst, der verfügbare Updates für Windows XP und andere Microsoft-Programme sucht, herunterlädt und installiert.

Domäne Eine Gruppe von Computern, die einerseits aus Servern besteht, auf denen zentralisierte Sicherheits- und Verzeichnisstrukturen verwaltet werden, und andererseits aus Arbeitsstationen, die Teil dieser Strukturen sind.

Domänencontroller Ein Server in einer Active Directory-Domäne, der ein Exemplar der Active Directory-Datenbank speichert und den Active Directory-Dienst ausführt.

Eigenständiger Server Ein Computer, der unter Windows Server 2003 oder Windows 2000 Server läuft und Mitglied einer Arbeitsgruppe ist.

Kennwortrücksetzdiskette Eine Diskette, mit der ein Benutzer ein Benutzerkonto wiederherstellen kann, auch wenn er sein Kennwort vergessen hat.

Mitgliedserver Ein Server, der Mitglied einer Active Directory-Domäne ist, aber nicht als Domänencontroller arbeitet.

Sekundäre Anmeldung Ein Dienst, der es einem Benutzer ermöglicht, ein Programm (mit dem Befehl **Ausführen als**) mit Anmeldeinformationen eines anderen Benutzers auszuführen, also unter einem anderen Konto als dem des gerade angemeldeten Benutzers.

Sicherheitscenter Eine Softwareschnittstelle, die auf einen Blick den Sicherheitsstatus für einen Computer anzeigt. Dazu gehören Informationen zur Windows-Firewall, der Funktion **Automatische Updates** und zu Antivirussoftware.

Windows XP Service Pack 2 Ein Update, das alle vorher für Windows XP herausgegebenen kritischen Updates umfasst. Zusätzlich enthält das Service Pack 2 zahlreiche Verbesserungen an Windows XP. Diese Verbesserungen haben das Ziel, die Standardsicherheit des Betriebssystems zu erhöhen.

Windows-Firewall Eine Software-Firewall, die im Windows XP Service Pack 2 eingebaut ist. Sie ersetzt die Internetverbindungsfirewall, die vor Service Pack 2 Teil von Windows XP war.

Zugriffstoken Ein Objekt, das den Sicherheitskontext für einen Benutzer beschreibt. Wenn sich ein Benutzer anmeldet, überprüft Windows die Anmeldeinformationen des Benutzers. Nachdem der Benutzer authentifiziert ist, weist ihm Windows ein Zugriffstoken zu, das die Rechte und Berechtigungen des Benutzers definiert.

Fragen und Antworten

Seite 6

Lernzielkontrolle Lektion 1

1. Windows XP _________ Edition und Windows XP __________ Edition stehen nur für unterstützte Hardwaregeräte zur Verfügung und sind nicht als eigenständige Produkte erhältlich. (Tragen Sie die korrekten Begriffe ein.)

   Tablet PC, Media Center

2. Welche in Windows XP Professional unterstützten Features stehen in Windows XP Home Edition nicht zur Verfügung?

   Zu den Features von Windows XP Professional, die in Windows XP Home Edition nicht zur Verfügung stehen, gehören dynamische Datenträger, Remotedesktop, NTFS- und Druckerberechtigungen, EFS, Domänenmitgliedschaft, 2 Prozessoren und IIS.

Seite 14

Lernzielkontrolle Lektion 2

1. Nachdem das Windows XP Service Pack 2 installiert wurde, fasst der Internet Explorer viele Standarddialogfelder, in denen der Benutzern Informationen eingeben muss, in einem einzigen Bereich zusammen, der so genannten _______________. (Tragen Sie den korrekten Begriff ein.)

   Informationsleiste

2. Welche der folgenden Aussagen zur Windows-Firewall sind richtig? Wählen Sie alle zutreffenden Antworten aus.

   a. Die Windows-Firewall ist als Standardeinstellung aktiviert.

   b. Die Windows-Firewall ist als Standardeinstellung deaktiviert.

   c. Die Windows-Firewall muss für jede Verbindung einzeln konfiguriert werden.

   d. Die Windows-Firewall schützt eine Netzwerkverbindung, sobald die Verbindung im Netzwerk aktiv ist.

   Antworten a und d sind richtig. Die Windows-Firewall ist als Standardeinstellung aktiviert und schützt eine Netzwerkverbindung sofort, wenn diese Verbindung im Netzwerk aktiv ist. Antwort b ist nicht richtig, weil die Windows-Firewall in der Standardeinstellung aktiviert ist. Antwort c ist nicht richtig, weil Sie für die Windows-Firewall globale Einstellungen konfigurieren können, die für alle Verbindungen gelten. (Es ist aber auch möglich, Verbindungen bei Bedarf einzeln zu konfigurieren.)

Seite 19

Lernzielkontrolle Lektion 3

1. Welche der folgenden Aussagen über eine Windows XP Professional-Arbeitsgruppe sind richtig? (Wählen Sie alle zutreffenden Antworten aus.)

   a. Eine Arbeitsgruppe wird auch als Peer-to-Peer-Netzwerk bezeichnet.

   b. Eine Arbeitsgruppe ist eine logische Gruppierung von Netzwerkcomputern, die eine zentrale Verzeichnisdatenbank nutzen.

c. Eine Arbeitsgruppe eignet sich gut für Umgebungen mit bis zu 100 Computern.

d. Eine Arbeitsgruppe kann Computer enthalten, auf denen Windows Server 2003 ausgeführt wird, sofern diese nicht als Domänencontroller konfiguriert sind.

Die Antworten a und d sind richtig. Antwort a ist richtig, weil Computer in einer Arbeitsgruppe als gleichgestellte Partner (Peers) arbeiten, daher wird diese Konfiguration auch als Peer-to-Peer-Netzwerk bezeichnet. Antwort d ist richtig, weil Computer, die unter einem Server-Betriebssystem laufen, Teil einer Arbeitsgruppe sein können (so genannte eigenständige Server), sofern sie nicht als Domänencontroller arbeiten. Antwort b ist nicht richtig, weil jeder Computer in einer Arbeitsgruppe seine eigene Sicherheitsdatenbank verwaltet, die Computer greifen nicht auf eine zentralisierte Sicherheitsdatenbank zurück. Antwort c ist nicht richtig, weil eine Arbeitsgruppe ab etwa 10 Arbeitsstationen umständlich wird, nicht erst ab 100 Arbeitsstationen.

2. Was ist ein Domänencontroller?

   Ein Domänencontroller ist ein Computer, auf dem Windows 2000 Server oder Windows Server 2003 ausgeführt wird. Außerdem muss dieser Computer als Domänencontroller konfiguriert sein, sodass er alle sicherheitsrelevanten Aspekte der Interaktion zwischen Benutzer und Domäne verwaltet.

3. Eine Verzeichnisdatenbank enthält die Benutzerkonten- und Sicherheitsinformationen für die Domäne und wird auch als ________________ bezeichnet. Diese Verzeichnisdatenbank ist der Datenbankanteil von ____________________________, dem Verzeichnisdienst von Windows Server 2003. (Tragen Sie die korrekten Begriffe ein.)

   Verzeichnis, Active Directory

4. Bei Einsatz einer ___________ müssen Benutzer nur einen einzigen Anmeldevorgang ausführen, um auf die Netzwerkressourcen (wie Dateien, Drucker und Anwendungen) zugreifen zu können, für die sie Zugriffsberechtigungen haben. (Tragen Sie den korrekten Begriff ein.)

   Domäne

Seite 31

Lernzielkontrolle Lektion 4

1. Welche Aufgaben können Sie ausführen, wenn Sie sich lokal an einem Computer angemeldet haben, und wodurch wird festgelegt, welche Aufgaben Sie bei einer lokalen Anmeldung ausführen können?

   Wenn Sie sich lokal an einem Computer anmelden, können Sie auf die Ressourcen des lokalen Computers zugreifen und bestimmte Systemaufgaben ausführen. Die ausführbaren Aufgaben werden über das Zugriffstoken festgelegt, das dem Benutzerkonto bei der Anmeldung zugewiesen wird. Das Zugriffstoken ist die Identifikation gegenüber dem lokalen Computer; es enthält die Sicherheitseinstellungen für den Benutzer. Diese Sicherheitseinstellungen ermöglichen den Zugriff auf die Ressourcen des Computers und gestatten das Ausführen bestimmter Systemaufgaben.

2. Worin besteht der Hauptunterschied zwischen dem Authentifizierungsprozess bei der lokalen Anmeldung an einem Computer und der Anmeldung an einer Domäne?

Wenn Sie sich an einem lokalen Computer anmelden, verwendet das Sicherheitssubsystem die lokale Sicherheitsdatenbank zur Authentifizierung von Benutzername und Kennwort. Bei der Anmeldung an einer Domäne verwendet der Domänencontroller das Verzeichnis zur Authentifizierung von Benutzername und Kennwort.

3. An welchen Computern kann sich ein Benutzer lokal anmelden? (Wählen Sie alle zutreffenden Antworten aus.)

   a. An einem Windows XP Professional-Computer, der Mitglied einer Arbeitsgruppe ist.

   b. An einem Windows XP Professional-Computer, der Mitglied einer Domäne ist.

   c. An einem Windows Server 2003-Computer, der als Domänencontroller konfiguriert ist.

   d. An einem Windows Server 2003-Computer, der Mitgliedserver in einer Domäne ist.

   Die Antworten a, b und d sind richtig. Antwort c ist nicht richtig, weil Domänencontroller keine lokale Sicherheitsdatenbank verwalten, daher können Sie sich nicht lokal an einem Domänencontroller anmelden.

4. Welche der folgenden Aussagen treffen auf das Dialogfeld **Windows-Sicherheit** zu? (Wählen Sie alle zutreffenden Antworten aus.)

   a. Auf dieses Dialogfeld wird über die Tastenkombination STRG+ALT+ENTF zugegriffen.

   b. Dieses Dialogfeld informiert Sie darüber, wie lange der Benutzer bereits angemeldet ist.

   c. Dieses Dialogfeld ermöglicht dem Benutzer das Abmelden von einem lokalen Computer oder der Domäne.

   d. Dieses Dialogfeld ermöglicht einem Benutzer mit Administratorrechten, die Kennwörter anderer Benutzer zu ändern.

   Die Antworten a und c sind richtig. Antwort b ist nicht richtig, weil das Dialogfeld **Windows-Sicherheit** nicht anzeigt, wie lange Sie bereits angemeldet sind. Antwort d ist nicht richtig, weil Sie im Dialogfeld **Windows-Sicherheit** nicht die Kennwörter anderer Benutzer ändern können.

Seite 33

Übung mit Fallbeispiel: Szenario 1.1

Sie arbeiten als Administrator und bieten telefonischen Support für die Benutzer. Einer Ihrer Benutzer berichtet, dass er vor kurzem Windows XP Professional auf seinem Heimcomputer installiert hat. Von diesem Heimcomputer aus stellt er eine Verbindung in das Unternehmensnetzwerk her. Bisher hat er immer STRG+ALT+ENTF gedrückt, um sich an Windows anzumelden, aber stattdessen zeigt der neue Computer eine Willkommenseite an, auf der sein Benutzername steht. Es wäre ihm lieber, wenn er sich statt über diese Willkommenseite mithilfe des gewohnten Dialogfelds **Windows-Anmeldung** anmelden könnte. Wie sollten Sie den Computer konfigurieren?

Öffnen Sie in der Windows-Systemsteuerung das Tool **Benutzerkonten**. Klicken Sie im Fenster **Benutzerkonten** auf **Art der Benutzeranmeldung ändern** und deaktivieren Sie dann das Kontrollkästchen **Willkommenseite verwenden**.

Seite 33

Übung mit Fallbeispiel: Szenario 1.2

Sie sind Administrator für ein Unternehmensnetzwerk, in dem eine Windows Server 2003-Domäne läuft. Alle Clientcomputer laufen unter Windows XP Professional. Ein Benutzer beschwert sich, dass sein Desktop nach dem Anmelden am Computer nicht richtig aussieht und dass er auf überhaupt keine Netzwerkressourcen zugreifen kann. Wo vermuten Sie die Ursache des Problems?

Wahrscheinlich meldet sich der Benutzer lokal an seiner Arbeitsstation an statt an der Domäne.

K A P I T E L 2

Installieren von Windows XP Professional

In diesem Kapitel abgedeckte Prüfungsziele:

- Durchführen und Problembehandlung einer beaufsichtigten Installation von Windows XP.
- Updaten einer älteren Windows-Version auf Windows XP Professional.
  - Vorbereiten eines Computers, sodass er die Voraussetzungen für ein Update erfüllt.
  - Migrieren von vorhandenen Benutzerumgebungen auf eine neue Installation.
- Problembehandlung für fehlgeschlagene Installationen.

Bedeutung dieses Kapitels

Dieses Kapitel bereitet Sie auf das Installieren von Windows XP Professional vor. Sie erfahren, welche Aufgaben Sie vor der Installation durchführen sollten, um eine reibungslose Installation von Windows XP Professional sicherzustellen. Sie prüfen unter anderem, ob die installierte Hard- und Software mit Windows XP Professional kompatibel ist, legen das zu verwendende Dateisystem fest und entscheiden, ob der Computer einer Arbeitsgruppe oder einer Domäne angehören soll. Sie lernen den Ablauf der Installation von Windows XP Professional über eine CD-ROM sowie über das Netzwerk und die Besonderheiten beim Update kennen. Sie erfahren, wie Sie mithilfe von Befehlszeilenoptionen Einfluss auf den Installationsvorgang nehmen und gegebenenfalls eine Problembehandlung für eine fehlgeschlagene Installation vornehmen. Schließlich erfahren Sie, welche Aufgaben nach der Installation anstehen, zum Beispiel das Aktivieren und Aktualisieren von Windows XP.

Lektionen in diesem Kapitel:

Bevor Sie beginnen

Damit Sie die Lektionen in diesem Kapitel durcharbeiten können, sollten Sie über einen Computer verfügen, der die im Abschnitt „Über dieses Buch" beschriebenen minimalen Hardwareanforderungen erfüllt oder übertrifft. Außerdem brauchen Sie eine Windows XP Professional-Installations-CD-ROM.

Lektion 1: Vorbereiten der Installation

Beim Installieren von Windows XP Professional können Sie angeben, auf welche Weise das Betriebssystem installiert und konfiguriert werden soll. Eine sorgfältige Vorbereitung der Installation trägt dazu bei, Probleme während und nach der Installation zu vermeiden.

Am Ende dieser Lektion werden Sie in der Lage sein, die folgenden Aufgaben auszuführen:

- Überprüfen, ob Ihr Computer die minimalen Hardwarevoraussetzungen zum Installieren von Windows XP Professional erfüllt.
- Überprüfen, ob die Hardware mit Windows XP Professional kompatibel ist.
- Erstellen eines geeigneten Partitionierungsschemas.
- Auswählen eines geeigneten Dateisystems.
- Beitreten zu einer Domäne oder Arbeitsgruppe während der Installation.
- Aktualisieren der Installationsdateien mithilfe des dynamischen Updates.
- Erklären, wie Microsoft Softwarelizenzen gewährt.

Veranschlagte Zeit für diese Lektion: 70 Minuten

Überblick über das Vorbereiten der Installation

Führen Sie folgende Aufgaben aus, bevor Sie mit der Installation beginnen:

- Stellen Sie sicher, dass Ihre Hardwarekomponenten die Anforderungen zur Installation von Windows XP Professional erfüllen.
- Prüfen Sie, ob Ihre Hardwarekomponenten im Windows-Katalog aufgeführt sind.
- Legen Sie fest, wie Sie die Festplatte partitionieren möchten, auf der Windows XP Professional installiert wird.
- Wählen Sie ein Dateisystem für die Installationspartition.
- Legen Sie fest, ob Ihr Computer einer Arbeitsgruppe oder einer Domäne beitreten soll.
- Prüfen Sie anhand einer Checkliste, ob Sie mit der Installation beginnen können.

Hardwarevoraussetzungen von Windows XP Professional

Bevor Sie Windows XP Professional installieren, sollten Sie prüfen, ob Ihre Hardwarekomponenten die Mindestanforderungen für Installation und Betrieb von Windows XP Professional erfüllen. Die minimalen Hardwarevoraussetzungen sind in Tabelle 2.1 aufgeführt.

Prüfungstipp Sie sollten die grundlegenden Hardwarevoraussetzungen zum Ausführen von Windows XP kennen. Es werden ein 233-MHz-Prozessor, 64 MByte RAM und eine 2 GByte große Festplatte mit 1,5 GByte freiem Platz benötigt.

Tabelle 2.1 Hardwarevoraussetzungen für Windows XP Professional

Komponente	Voraussetzungen
Prozessor (CPU)	Pentium 233 MHz oder gleichwertiges Modell.
Arbeitsspeicher	Mindestens 64 MByte; 128 MByte empfohlen; maximal 4 GByte.
Festplattenspeicher	1,5 GByte zum Installieren von Windows XP Professional. Es sollten zusätzlich mehrere GByte Festplattenplatz für Updates, zusätzliche Windows-Komponenten, Anwendungen und Benutzerdaten frei sein.
Netzwerk	Netzwerkkarte und gegebenenfalls Netzwerkkabel.
Anzeige	Grafikkarte und Monitor mit VGA-Auflösung (Video Graphics Adapter) oder besser.
Andere Laufwerke	CD-ROM-Laufwerk mit 12×-Geschwindigkeit oder schneller wird empfohlen (nicht erforderlich, wenn Windows XP Professional über ein Netzwerk installiert wird) oder DVD-Laufwerk.
	3,5-Zoll-HD-Diskettenlaufwerk als Laufwerk A, falls der Computer nicht das Starten des Setupprogramms von einem CD-ROM- oder DVD-Laufwerk unterstützt.
Zubehör	Tastatur und Microsoft-kompatible Maus oder anderes Zeigegerät.

Überprüfen der Hardwarekompatibilität mit dem Windows-Katalog

Obwohl der Setup-Assistent von Windows XP Professional vor der Installation von Windows XP Professional eine automatische Prüfung Ihrer Hard- und Software auf mögliche Konflikte durchführt, sollten Sie prüfen, ob Ihre Hardwarekomponenten im ***Windows-Katalog*** für Windows XP Professional aufgeführt sind. Microsoft stellt nur für die dort aufgelisteten Geräte getestete Treiber zur Verfügung. Die Verwendung nicht im Windows-Katalog aufgeführter Hardware kann während oder nach der Installation zu Problemen führen. Den Windows-Katalog finden Sie auf der Microsoft-Website unter der Adresse **www.microsoft.com/windows/catalog/**.

Hinweis Falls Ihre Hardware nicht im Windows-Katalog aufgeführt wird, stellt möglicherweise der Hardwarehersteller einen Windows XP Professional-Treiber für die entsprechende Komponente bereit.

Was sind Festplattenpartitionen?

Das Windows XP Professional-Setupprogramm untersucht die Festplatte auf vorhandene Konfigurationen. Anschließend haben Sie die Möglichkeit, Windows XP Professional auf einer vorhandenen Partition zu installieren oder eine neue Partition für die Installation zu erstellen.

Eine ***Festplattenpartition*** ist ein logischer Abschnitt auf einer Festplatte, in den der Computer Daten schreiben kann. Partitionen bieten die Möglichkeit, den Platz auf einer einzigen Festplatte in mehrere Bereiche zu unterteilen, die innerhalb von Windows als einzelne Datenträger behandelt werden. Manche Benutzer legen mehrere Partitionen an, um ihre Dateien besser organisieren zu können. Zum Beispiel könnten Sie die Windows-

Systemdateien und die Anwendungsdateien auf der einen Partition speichern, die vom Benutzer erstellten Dokumente auf einer anderen und Datensicherungsdateien auf einer dritten Partition.

Ein anderer Grund für das Anlegen mehrerer Partitionen liegt darin, Betriebssysteme voneinander zu isolieren, wenn Sie mehrere Betriebssysteme auf einem Computer installieren. Es ist zwar technisch möglich, mehrere Betriebssysteme in derselben Partition zu installieren, Microsoft rät aber davon ab und bietet für diese Methode auch keinen Support. Sie sollten immer für jedes Betriebssystem eine eigene Partition anlegen.

Je nach Festplattenkonfiguration sollten Sie bei der Installation wie folgt vorgehen:

- Falls Sie über eine nicht partitionierte Festplatte verfügen, müssen Sie eine Partition für die Installation von Windows XP Professional erstellen. Sofern kein besonderer Anlass besteht, mehrere Partitionen anzulegen (zum Beispiel für mehrere Betriebssysteme oder um eine getrennte Partition für das Speichern von Dokumenten einzurichten), sollten Sie eine Partition erstellen, die den gesamten freien Festplattenplatz ausnutzt.
- Falls die vorhandene Partition groß genug ist, sollten Sie Windows XP Professional auf dieser Partition installieren. Bei der Installation auf einer vorhandenen Partition werden eventuell vorhandene Betriebssystemdateien überschrieben.
- Falls die vorhandene Partition nicht groß genug ist, müssen Sie die Partition löschen und mit anderen Partitionen auf demselben Laufwerk zusammenfassen, um weiteren nicht partitionierten Festplattenspeicher für eine Windows XP Professional-Partition zu schaffen.

Obwohl Sie mithilfe des Setupprogramms weitere Partitionen erstellen können, sollten Sie sich während der Installation auf die Partition für Windows XP Professional beschränken. Nach der Installation von Windows XP Professional können Sie mit dem Snap-In **Datenträgerverwaltung** der Computerverwaltungskonsole den verbleibenden, nicht partitionierten Bereich auf der Festplatte partitionieren. Die Datenträgerverwaltung ist viel einfacher zu bedienen als das Festplattenpartitionierungstool des Setupprogramms. Über Partitionen und die Datenträgerverwaltung erfahren Sie mehr in Kapitel 10, „Verwalten der Datenspeicherung".

Richtlinien für das Auswählen eines Dateisystems

Nachdem Sie die Installationspartition erstellt haben, fordert das Setupprogramm Sie auf, das Dateisystem auszuwählen, mit dem Sie die Partition formatieren wollen. Windows XP Professional kann auf zwei unterschiedlichen Dateisystemen installiert werden:

- **File Allocation Table (FAT):** Windows-Setup führt zwar nur die Option **File Allocation Table (FAT)** auf, aber es gibt eigentlich zwei Versionen von FAT: FAT und FAT32. FAT ist ein 16-Bit-Dateisystem, das in älteren Windows-Versionen eingesetzt wird. FAT32 ist ein 32-Bit-Dateisystem, das in Windows 95 OEM Service Release 2, Windows 98, Windows Me, Windows 2000 und Windows XP unterstützt wird.
- **NTFS:** Als bevorzugtes Dateisystem für Windows XP bietet NTFS mehr Sicherheit und Flexibilität als FAT32. Microsoft empfiehlt, immer NTFS zu verwenden, sofern

nicht besondere Gründe bestehen, ein anderes Dateisystem einzusetzen (zum Beispiel falls Sie mehrere Betriebssysteme auf einem Computer installieren und eines der anderen Betriebssysteme keine NTFS-Partitionen kennt). NTFS wird in Windows NT 4.0, Windows 2000, Windows XP und Windows Server 2003 unterstützt.

Abbildung 2.1 fasst einige Features dieser Dateisysteme zusammen.

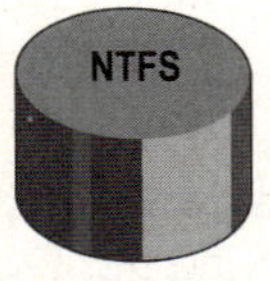
NTFS
· Sicherheit auf Datei- und Ordnerebene
· Komprimierung
· Verschlüsselung

FAT oder FAT32
· Dualbootkonfiguration möglich
· Keine Sicherheit auf Dateiebene

Abbildung 2.1 NTFS bietet mehr Features als FAT

Prüfungstipp Sofern Sie nicht Windows XP Professional auf einem Multibootcomputer installieren, auf dem auch ein Betriebssystem ohne Zugriffsmöglichkeit auf NTFS-Partitionen eingesetzt wird (zum Beispiel Windows 98), sollten Sie immer NTFS verwenden.

Verwenden von NTFS

Falls Sie eines der folgenden Features nutzen möchten, müssen Sie die Windows XP Professional-Partition mit dem Dateisystem NTFS formatieren:

- **Sicherheit auf Datei- und Ordnerebene:** NTFS ermöglicht die Zugriffssteuerung für Dateien und Ordner. Weitere Informationen finden Sie in Kapitel 8, „Schützen von Ressourcen mit NTFS-Berechtigungen".
- **Datenträgerkomprimierung:** NTFS kann Dateien komprimieren, um mehr Platz für Daten auf der Partition zu schaffen. Weitere Informationen finden Sie in Kapitel 10, „Verwalten der Datenspeicherung".
- **Datenträgerkontingente:** NTFS ermöglicht das Steuern der Datenträgernutzung auf Benutzerbasis. Weitere Informationen finden Sie in Kapitel 10.
- **Verschlüsselung:** NTFS gestattet das Verschlüsseln von Dateidaten auf der Festplatte. Für die Verschlüsselung wird das verschlüsselnde Dateisystem (Encrypting File System, EFS) eingesetzt. Weitere Informationen finden Sie in Kapitel 10.

Die von Windows XP Professional verwendete NTFS-Version unterstützt darüber hinaus die Remotespeicherung, dynamische Volumes und die Volumebereitstellung für Ordner. Windows XP Professional, Windows Server 2003, Windows 2000 und Windows NT sind die einzigen Betriebssysteme, die auf Daten einer lokalen NTFS-Festplatte zugreifen können.

FAT und FAT32

Die Dateisysteme FAT und FAT32 bieten Kompatibilität mit anderen Betriebssystemen. Wenn Sie eine Dualbootkonfiguration mit Windows XP Professional und einem Betriebssystem einrichten möchten, das FAT oder FAT32 erfordert, muss die Systempartition entweder mit FAT oder FAT32 formatiert werden.

FAT und FAT32 bieten nur einige der von NTFS unterstützten Features. So bieten sie beispielsweise keine Sicherheit auf Dateiebene. Daher sollte die Systempartition im Normalfall mit NTFS formatiert werden. Sie sollten sich nur dann für eine Formatierung mit FAT oder FAT32 entscheiden, wenn Sie eine Dualbootkonfiguration mit einem älteren Betriebssystem einrichten möchten, das keine Unterstützung für NTFS bietet. Beim Einrichten einer Dualbootkonfiguration muss nur die Systempartition, auf der sich das ältere Betriebssystem befindet, mit FAT oder FAT32 formatiert werden. Wenn Sie beispielsweise Laufwerk C als Systempartition mit Windows 98 verwenden, müssen Sie Laufwerk C mit dem Dateisystem FAT oder FAT32 formatieren. Aber die Systempartition für Windows XP sollten Sie mit NTFS formatieren. Damit die Multibootkonfiguration funktioniert, muss außerdem die Startpartition mit einem Dateisystem formatiert sein, auf das alle installierten Betriebssysteme zugreifen können. Falls Sie zum Beispiel eine Dualbootkonfiguration mit Windows XP und Windows 95 einrichten, müssen Sie die Startpartition (sowie die Systempartition für Windows 95) mit FAT formatieren.

Konvertieren eines FAT- oder FAT32-Volumes in ein NTFS-Volume

Windows XP Professional bietet über den Befehl **Convert** die Möglichkeit zum Konvertieren einer Partition in eine NTFS-Partition. Hierbei ist weder eine Neuformatierung der Partition erforderlich, noch gehen die Daten auf der Partition verloren. Klicken Sie zum Verwenden des Befehls **Convert** im Startmenü auf **Ausführen**, geben Sie im Textfeld **Öffnen** den Befehl **cmd** ein, und klicken Sie anschließend auf **OK**. Es wird eine Eingabeaufforderung geöffnet, in der Sie den Befehl **Convert** eingeben können. Nachfolgend sehen Sie ein Beispiel zum Aufrufen des Befehls **Convert** mit verschiedenen Befehlszeilenoptionen.

```
Convert Volume /FS:NTFS [/V] [/CvtArea:Dateiname] [/NoSecurity] [/X]
```

In Tabelle 2.2 werden die für den Befehl **Convert** verfügbaren Befehlszeilenoptionen erklärt.

Falls Sie ein Systemvolume konvertieren (oder ein anderes Volume, dessen Dateien momentan benutzt werden), kann der Befehl **Convert** die Konvertierung möglicherweise nicht sofort durchführen. Stattdessen wird Windows den Konvertierungsvorgang beim nächsten Windows-Start durchführen.

Hinweis Sie können Hilfeinformationen zu einem beliebigen Befehlszeilenprogramm anzeigen lassen, indem Sie an der Eingabeaufforderung den Befehl gefolgt von **/?** eingeben und dann die EINGABETASTE drücken. Wenn Sie beispielsweise Hilfeinformationen zum Befehl **Convert** anzeigen möchten, geben Sie **Convert /?** ein und drücken die EINGABETASTE.

Tabelle 2.2 Befehlszeilenoptionen von **Convert**

Befehlszeilenoption	Funktion	Erforderlich
Volume	Gibt den Laufwerkbuchstaben (gefolgt von einem Doppelpunkt), den Volumebereitstellungspunkt oder den Namen des Volumes an, die konvertiert werden sollen.	Ja
/FS:NTFS	Legt fest, dass das Volume zu NTFS konvertiert wird.	Ja
/V	Führt den Befehl **Convert** im ausführlichen Modus aus.	Nein
/CvtArea:*Dateiname*	Gibt eine Datei im Stammverzeichnis an, die als Platzhalter für die NTFS-Systemdateien dient.	Nein
/NoSecurity	Legt die Sicherheitseinstellungen so fest, dass jeder Benutzer auf die konvertierten Dateien und Verzeichnisse zugreifen kann.	Nein
/X	Erzwingt gegebenenfalls die Aufhebung der Bereitstellung. Alle geöffneten Handles für das Volume werden in diesem Fall ungültig.	Nein

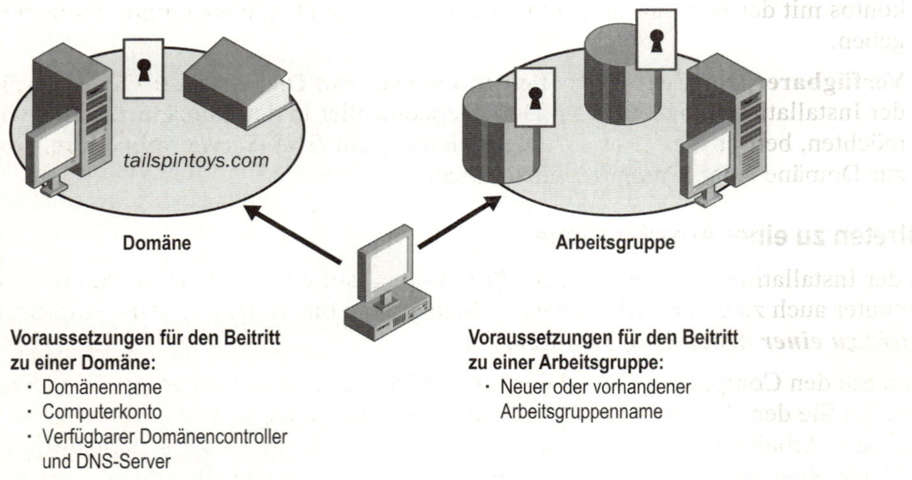

Abbildung 2.2 Für den Beitritt zu einer Domäne ist mehr Planungsarbeit erforderlich als für den Beitritt zu einer Arbeitsgruppe

Richtlinien zum Auswählen von Domänen- oder Arbeitsgruppenmitgliedschaft

Während der Installation müssen Sie den Typ der Netzwerksicherheitsgruppe angeben, der der Computer angehören soll. Dies kann eine Domäne oder eine Arbeitsgruppe sein. Abbildung 2.2 zeigt die Anforderungen für den Beitritt zu einer Domäne oder Arbeitsgruppe.

Beitreten zu einer Domäne

Bei der Installation von Windows XP Professional auf einem Computer können Sie den Computer zu einer vorhandenen Domäne hinzufügen. Das Hinzufügen eines Computers zu einer Domäne wird als ***Beitritt zu einer Domäne*** bezeichnet. Sie können den Computer entweder während der Installation oder hinterher zu einer Domäne hinzufügen. Damit der Beitritt zu einer Domäne möglich ist, müssen folgende Voraussetzungen erfüllt sein:

- **Domänenname:** Fragen Sie den Domänenadministrator nach dem DNS-Namen (Domain Name System) der Domäne, der Ihr Computer beitreten soll. Ein DNS-kompatibler Domänenname lautet beispielsweise **microsoft.com**. Bei diesem Namen steht **microsoft** für die DNS-Identität der Organisation.
- **Computerkonto:** Bevor ein Computer einer Domäne beitreten kann, muss für diesen Computer ein Konto in der Domäne erstellt werden. Bitten Sie einen Domänenadministrator, vor der Installation ein Computerkonto zu erstellen. Falls Sie über das Recht **Hinzufügen von Arbeitsstationen zur Domäne** verfügen, können Sie das Computerkonto auch während der Installation erstellen. In diesem Fall werden Sie über das Setupprogramm dazu aufgefordert, Name und Kennwort eines Benutzerkontos mit der Berechtigung zum Hinzufügen von Domänencomputerkonten anzugeben.
- **Verfügbarer Domänencontroller und Server mit DNS-Dienst:** Es muss während der Installation mindestens ein Domänencontroller in der Domäne, der Sie beitreten möchten, betriebsbereit sein. Außerdem muss ein ***DNS-Server*** online sein, wenn Sie zur Domäne einen Computer hinzufügen.

Beitreten zu einer Arbeitsgruppe

Bei der Installation von Windows XP Professional auf einem Computer können Sie den Computer auch zu einer vorhandenen Arbeitsgruppe hinzufügen. Dieser Vorgang wird als ***Beitritt zu einer Arbeitsgruppe*** bezeichnet.

Wenn Sie den Computer während der Installation zu einer Arbeitsgruppe hinzufügen, brauchen Sie dem Computer lediglich einen Arbeitsgruppennamen zuzuweisen. Der zugewiesene Arbeitsgruppenname kann der Name einer vorhandenen Arbeitsgruppe oder der Name einer neuen Arbeitsgruppe sein, die Sie während der Installation anlegen.

Checkliste für erforderliche Informationen vor dem Installieren von Windows XP Professional

Prüfen Sie anhand der folgenden Checkliste, ob Sie alle für die Installation erforderlichen Informationen gesammelt haben, bevor Sie mit dem Installieren von Windows XP Professional beginnen.

Aufgabe	Erledigt
Stellen Sie sicher, dass der Computer die minimalen Hardwarevoraussetzungen erfüllt.	☐
Stellen Sie sicher, dass alle Hardwarekomponenten im Windows-Katalog aufgeführt sind.	☐
Stellen Sie sicher, dass der Computer für die Installation von Windows XP Professional über mindestens 1,5 GByte freien Festplattenspeicher verfügt.	☐
Wählen Sie das Dateisystem für die Windows XP Professional-Partition. Diese Partition sollte mit NTFS formatiert werden, sofern Sie kein Dualbootsystem mit einem Betriebssystem einrichten möchten, das eine FAT-Partition erfordert.	☐
Legen Sie den Namen der Domäne oder Arbeitsgruppe fest, der Ihr Computer beitreten soll. Falls Sie den Computer zu einer Domäne hinzufügen wollen, sollten Sie den Domänennamen im DNS-Format notieren, zum Beispiel **Server.Subdomaene.Domaene**. Falls der Computer einer Arbeitsgruppe beitritt, müssen Sie die NetBIOS-Namenskonvention verwenden (maximal 15 Zeichen), zum Beispiel **Servername**.	☐
Legen Sie vor der Installation den Computernamen fest.	☐
Falls der Computer einer Domäne beitritt, müssen Sie ein Computerkonto in dieser Domäne erstellen. Sie können das Computerkonto auch während der Installation erstellen, wenn Sie in der Domäne über das Recht **Hinzufügen von Arbeitsstationen zur Domäne** verfügen.	☐
Legen Sie ein Kennwort für das Administratorkonto fest.	☐

Wie Microsoft Softwarelizenzen gewährt

Eine Softwarelizenz räumt einem Benutzer das Recht ein, eine Anwendung auszuführen. Microsoft stellt drei unterschiedliche Arten von Softwarelizenzen zur Verfügung:

- **Vollversion:** Ein Vollprodukt ist verkaufsfertige, verpackte Software, die Sie in einem Geschäft kaufen können. Solche Produkte sind für Verbraucher gedacht, die nur wenige Softwarelizenzen benötigen. Wenn Sie die Vollversion von Windows XP Professional installieren, fordert das Setupprogramm Sie während der Installation auf, eine Produkt-ID (einen 25-stelligen Code, der auf der Verpackung aufgeklebt ist) einzugeben. Außerdem müssen Sie Windows XP Professional nach der Installation aktivieren.
- **OEM oder System Builder:** OEM- (Original Equipment Manufacturer) und System Builder-Lizenzen erwerben Sie, wenn Sie einen Computer kaufen, auf dem bereits Software installiert ist. Normalerweise brauchen Sie diesen Lizenztyp nicht zu aktivieren.
- **Volumenlizenz:** Microsoft-Volumenlizenzprogramme sind für Kunden gedacht, die größere Mengen von Softwarelizenzen kaufen, zum Beispiel bei einem mittelständischen Unternehmen oder in einer Konzernumgebung. Wenn ein Unternehmen eine Volumenlizenz für Windows XP Professional besitzt, werden die Installationsdateien normalerweise für eine Installation über das Netzwerk zur Verfügung gestellt. Produkt-IDs und Produktaktivierung sind nicht erforderlich.

Übung: Vorbereiten der Installation

In dieser Übung überprüfen Sie, ob Ihr Computer die von Microsoft festgelegten minimalen Voraussetzungen zum Ausführen von Windows XP Professional erfüllt und ob die Hardwarekomponenten Ihres Computers im Windows-Katalog aufgeführt sind. Führen Sie die beiden folgenden Teilübungen durch.

Übung 1: Zusammenstellen von Informationen über Ihren Computer

1. Klicken Sie im Startmenü auf **Ausführen**.
2. Geben Sie im Dialogfeld **Ausführen** den Befehl **msinfo32** ein und klicken Sie auf **OK**.
3. Das Dienstprogramm **Systeminformationen** öffnet sich und zeigt eine Zusammenfassung Ihres Systems an. Füllen Sie mithilfe dieser Informationen die folgende Tabelle aus und überprüfen Sie, ob Ihr Computer die minimalen Hardwarevoraussetzungen erfüllt.

Komponente	Minimalvoraussetzung	Ihr Computer
CPU	233-MHz-Pentium oder kompatibler Prozessor	
Arbeitsspeicher	64 MByte RAM	
Festplattenplatz	2-GByte-Festplatte mit 1,5 GByte freiem Festplattenplatz	
Anzeige	SVGA-kompatibel (800 × 600)	
Eingabegeräte	Tastatur und Microsoft Maus (oder anderes Zeigegerät)	
Sonstiges	CD-ROM- oder DVD-ROM-Laufwerk	

Übung 2: Überprüfen, ob die Hardware im Windows-Katalog aufgeführt ist

1. Suchen Sie die Dokumentation zusammen, die mit Ihrem Computer geliefert wurde. Dazu gehören alle Informationen über das Motherboard, Erweiterungskarten, Netzwerkkarten, Grafikkarten und Soundkarten.
2. Sehen Sie nach, ob Ihre Hardwarekomponenten im Windows-Katalog aufgeführt sind.
3. Falls irgendwelche Hardwarekomponenten nicht im Windows-Katalog stehen, sollten Sie beim Hersteller nachfragen, ob Windows XP das Produkt unterstützt.

Lernzielkontrolle

Anhand der folgenden Fragen können Sie überprüfen, ob Sie die Themen dieser Lektion so gut beherrschen, dass Sie mit der nächsten Lektion weitermachen können. Falls Sie eine Frage nicht beantworten können, sollten Sie die Lektion noch einmal durcharbeiten, und dann erneut versuchen, die Frage zu beantworten. Die Antworten auf die Lernzielkontrollfragen finden Sie im Abschnitt „Fragen und Antworten“ am Ende dieses Kapitels.

1. Wie lauten die empfohlenen Mindestanforderungen für den Arbeitsspeicher eines Computers, auf dem Windows XP Professional installiert wird?

   ____

   ____

2. Wie viel Festplattenspeicher ist für die Installation von Windows XP Professional mindestens erforderlich:
   a. 500 MByte
   b. 1 GByte
   c. 1,5 GByte
   d. 2 GByte
3. Welche Voraussetzungen müssen erfüllt sein, wenn der Computer bei der Installation von Windows XP Professional einer Domäne beitreten soll? (Wählen Sie alle zutreffenden Antworten aus.)
   a. Sie müssen den DNS-Namen der Domäne kennen, der Ihr Computer beitreten soll.
   b. Sie müssen über ein Benutzerkonto in der Domäne verfügen.
   c. Beim Beitritt eines Computers zur Domäne muss mindestens ein Domänencontroller der Domäne online sein.
   d. Beim Beitritt eines Computers zur Domäne muss mindestens ein DNS-Server online sein.
4. Welche der folgenden Aussagen treffen auf die verschiedenen Dateisysteme zu? (Wählen Sie alle zutreffenden Antworten aus.)
   a. Sicherheit auf Datei- und Ordnerebene lässt sich nur mit NTFS erzielen.
   b. Die Datenträgerkomprimierung kann bei Einsatz von FAT, FAT32 und NTFS genutzt werden.
   c. Eine Dualbootkonfiguration mit Microsoft Windows 98 und Windows XP Professional ist nur bei Verwendung von NTFS möglich.
   d. Die Verschlüsselung wird nur von NTFS unterstützt.

Zusammenfassung der Lektion

- Vor dem Installieren sollten Sie zunächst prüfen, ob die Computerhardware die Mindestvoraussetzungen für Windows XP Professional erfüllt.
- Sie sollten vor der Installation außerdem sicherstellen, dass die verwendeten Hardwarekomponenten im Windows-Katalog aufgeführt sind. Zum Vorbereiten der Installation sollten Sie weiterhin festlegen, wie die Festplatte, auf der Sie Windows XP Professional installieren, partitioniert und ob die Systempartition mit dem Dateisystem NTFS, FAT oder FAT32 formatiert werden soll.
- Der Computer kann während oder nach der Installation zu einer Domäne oder einer Arbeitsgruppe hinzugefügt werden.

Lektion 2: Installieren von Windows XP Professional von einer CD-ROM

In dieser Lektion werden die vier Phasen der Installation von Windows XP Professional über eine CD-ROM vorgestellt. Nachdem Sie diese vier Phasen kennen gelernt haben, nehmen Sie die Installation von Windows XP Professional auf Ihrem Computer vor.

Am Ende dieser Lektion werden Sie in der Lage sein, die folgenden Aufgaben auszuführen:

- Beschreiben des Setupvorgangs für Windows XP Professional.
- Starten des Textmodussetups.
- Ausführen des Setup-Assistenten.
- Installieren der Windows XP Professional-Netzwerkkomponenten.
- Erklären, wie der Installationsvorgang abgeschlossen wird.
- Beschreiben des Zwecks des dynamischen Updates.

Veranschlagte Zeit für diese Lektion: 70 Minuten

Das Setupprogramm von Windows XP Professional

Bei der Windows XP Professional-Installation werden ein Setupprogramm sowie verschiedene Assistenten und Informationsbildschirme eingesetzt. Die Installation von Windows XP über CD-ROM auf einer leeren Festplatte umfasst die folgenden vier Phasen:

- **Textmodussetup:** Während der Textmodusphase der Installation bereitet das Setupprogramm die Festplatte auf die späteren Installationsphasen vor und kopiert die zum Ausführen des Setup-Assistenten erforderlichen Dateien.
- **Setup-Assistent:** Der Setup-Assistent fordert Sie auf, Informationen zum Einrichten des Computers anzugeben. Das sind zum Beispiel Namen und Kennwörter.
- **Einrichten der Netzwerkkomponenten:** Nach dem Sammeln der Computerinformationen werden Sie über den Setup-Assistenten aufgefordert, Netzwerkinformationen einzugeben. Anschließend werden die Netzwerkkomponenten installiert, damit eine Kommunikation mit anderen Computern im Netzwerk möglich ist.
- **Abschließen der Installation:** Das Setupprogramm kopiert Dateien auf die Festplatte und konfiguriert den Computer. Sobald die Installation abgeschlossen ist, wird ein Neustart durchgeführt.

In den folgenden Abschnitten werden die vier Installationsphasen näher erläutert.

Starten des Textmodussetups

Falls das BIOS (Basic Input/Output System) des Computers das direkte Starten (Booten) von CD-ROM unterstützt, können Sie den Textmodussetup starten, indem Sie die Windows XP Professional-Installations-CD-ROM in Ihr CD-ROM-Laufwerk einlegen und den Computer neu starten. Kann ein Computer nicht von der CD-ROM starten, können

Sie einen Satz Disketten erstellen, die den Computer starten und dann das Setup von der CD-ROM einleiten. Nachdem die Installation einmal begonnen wurde, verläuft sie bei dieser Methode so wie die Installation mit Start von der CD-ROM.

Weitere Informationen Microsoft stellt Tools zum Erstellen einer Startdiskette für Windows XP Professional Edition und Windows XP Home Edition als Downloads zur Verfügung. Rufen Sie **http://www.microsoft.com/downloads/search.aspx?displaylang=de** auf und suchen Sie nach den Stichwörtern „Windows XP Setupdisketten", um diese Dienstprogramme zu finden.

Falls ein Computer bereits unter einer älteren Windows-Version läuft, können Sie einfach die Windows XP-Installations-CD-ROM einlegen und mithilfe eines Setup-Assistenten die Installation starten. Sie können im Setupprogramm auswählen, ob Sie ein Update des vorhandenen Betriebssystems vornehmen oder eine Neuinstallation durchführen wollen.

Abbildung 2.3 zeigt die sechs Schritte innerhalb der Textmodusphase des Setups.

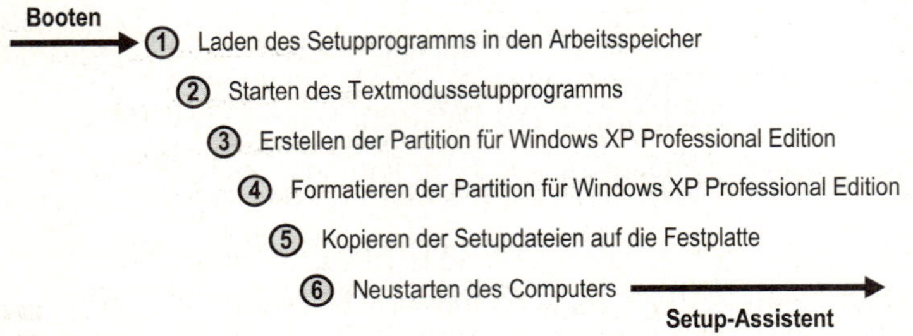

Abbildung 2.3 Die Textmodusphase des Setups umfasst sechs Schritte

Die Ausführung des Setupprogramms umfasst folgende Schritte:

1. Nach dem Computerstart wird eine Minimalversion von Windows XP Professional in den Arbeitsspeicher kopiert. Diese Version von Windows XP Professional startet das Setupprogramm.
2. Das Setupprogramm startet den Teil des Setups, der im Textmodus ausgeführt wird. Dabei lädt es die Treiber für Speichergeräte und zeigt die Lizenzvereinbarung an, der Sie zustimmen müssen. Falls Sie ein Speichergerät haben, für das Windows XP keine Treiber hat, können Sie während des Setupstarts die Taste F6 drücken und Treiber für Ihr Gerät bereitstellen.
3. Sie werden vom Setupprogramm aufgefordert, die Installationspartition für Windows XP Professional auszuwählen (Abbildung 2.4). Sie können dazu entweder eine bestehende Partition auswählen oder im nicht partitionierten Speicherplatz eine neue Partition auf der Festplatte erstellen.

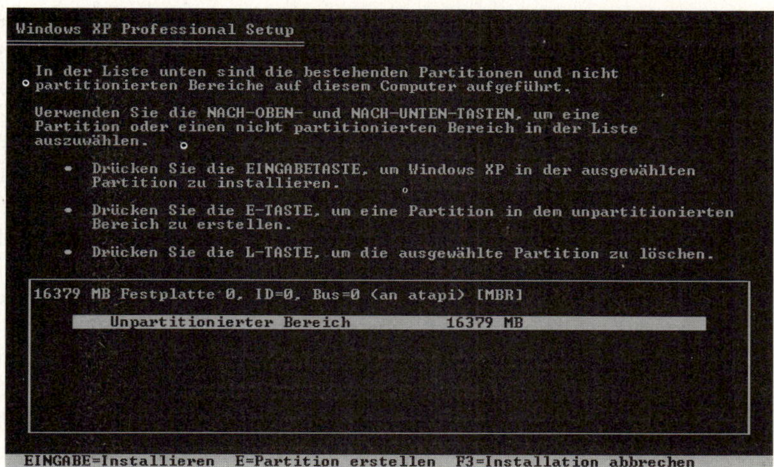

Abbildung 2.4 Auswählen der Partition, auf der Windows XP Professional installiert wird.

4. Sie werden zum Auswählen eines Dateisystems für die neue Partition aufgefordert. Als Nächstes wird die Partition mit dem angegebenen Dateisystem formatiert.
5. Das Setupprogramm kopiert Dateien auf die Festplatte und speichert Konfigurationsinformationen.
6. Der Computer wird neu gestartet. Anschließend wird das Setup im GUI-Modus (Graphical User Interface, grafische Benutzeroberfläche) fortgesetzt. Hierzu wird der Windows XP Professional-Setup-Assistent gestartet. Der Setup-Assistent installiert die Windows XP Professional-Betriebssystemdateien standardmäßig im Ordner **C:\Windows**.

Ausführen des Setup-Assistenten

Der Windows XP Professional-Setup-Assistent leitet Sie mit seiner grafischen Benutzeroberfläche durch die nächste Phase des Installationsvorgangs. Es werden Informationen zu Ihnen, der Organisation und dem Computer gesammelt. Sie müssen unter anderem folgende Informationen bereitstellen:

- **Regions- und Spracheinstellungen:** Hier werden Einstellungen zu Sprache, Gebietsschema und Tastatur angegeben. Sie können Windows XP Professional für die Verwendung mehrerer Sprachen und regionaler Einstellungen konfigurieren.

Weitere Informationen Sie können nach Abschluss der Installation weitere Sprachen hinzufügen oder Gebietsschema- und Tastatureinstellungen ändern. Weitere Informationen finden Sie in Kapitel 5, „Konfigurieren von Windows XP Professional".

- **Name und Organisation:** Geben Sie den Namen der Person und der Organisation ein, für die diese Kopie von Windows XP Professional lizenziert ist.
- **Computername:** Geben Sie einen aus maximal 15 Zeichen bestehenden Computernamen ein. Der Computername muss sich von den Namen unterscheiden, die an an-

dere Computer, Arbeitsgruppen oder Domänen in diesem Netzwerk vergeben wurden. Der Setup-Assistent zeigt einen Standardnamen an, der auf den Angaben zum Organisationsnamen basiert.

Hinweis Sie können den Computernamen nach Abschluss der Installation ändern, indem Sie auf **Start**, **Arbeitsplatz** und **Systeminformationen anzeigen** klicken. Klicken Sie anschließend im Dialogfeld **Systemeigenschaften** auf die Registerkarte **Computername**. Klicken Sie zum Ändern des Computernamens auf **Ändern**.

- **Kennwort für das Administratorkonto:** Geben Sie ein Kennwort für das Benutzerkonto des Administrators ein, das während der Windows XP Professional-Installation vom Setup-Assistenten erstellt wird. Das Administratorkonto besitzt die notwendigen Zugriffsrechte zum Verwalten des Computers. Speichern Sie dieses Kennwort an einem sicheren Ort. Sie benötigen es später, falls Sie oder ein anderer Administrator Ihrer Organisation auf den Computer zugreifen müssen.
- **Datums- und Zeiteinstellungen:** Falls erforderlich, müssen Sie das aktuelle Datum und die Uhrzeit einstellen und die richtige Zeitzone auswählen. Darüber hinaus müssen Sie angeben, ob Windows XP Professional eine automatische Umstellung auf Sommer- und Winterzeit vornehmen soll.

Nach Abschluss dieser Installationsphase startet der Setup-Assistent die Installation der Windows-Netzwerkkomponenten.

Installieren der Windows XP Professional-Netzwerkkomponenten

Nach dem Sammeln von Informationen zu Ihrem Computer leitet der Setup-Assistent Sie durch die Installation der Windows XP Professional-Netzwerkkomponenten (Abbildung 2.5).

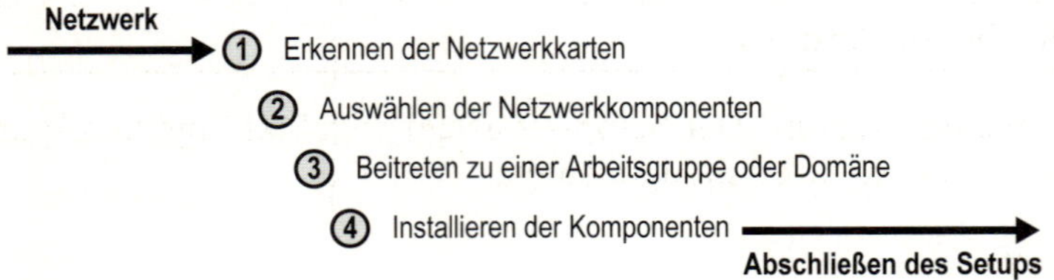
Netzwerk
1 Erkennen der Netzwerkkarten
2 Auswählen der Netzwerkkomponenten
3 Beitreten zu einer Arbeitsgruppe oder Domäne
4 Installieren der Komponenten
Abschließen des Setups

Abbildung 2.5 Der Setup-Assistent installiert die Windows-Netzwerkkomponenten

Das Installieren der Windows XP Professional-Netzwerkkomponenten umfasst die folgenden Schritte:

1. **Erkennen der Netzwerkkarte:** Der Windows XP Professional-Setup-Assistent erkennt und konfiguriert installierte Netzwerkkarten. Nach dem Konfigurieren der Netzwerkkarten versucht der Assistent, einen Netzwerkserver zu finden, auf dem der DHCP-Dienst (Dynamic Host Configuration Protocol) ausgeführt wird. Ein solcher Server wird als ***DHCP-Server*** bezeichnet.
2. **Auswählen der Netzwerkkomponenten:** Der Setup-Assistent fordert Sie auf, zwischen den Standardeinstellungen oder benutzerdefinierten Einstellungen für die in-

stallierten Netzwerkkomponenten zu wählen. Die Standardeinstellungen beinhalten folgende Optionen:

- **Client für Microsoft-Netzwerke:** Ermöglicht dem Computer den Zugriff auf Netzwerkressourcen.
- **Datei- und Druckerfreigabe für Microsoft-Netzwerke:** Diese Komponente ermöglicht es anderen Computern, auf die Datei- und Druckerressourcen auf Ihrem Computer zuzugreifen.
- **QoS-Paketplaner:** Stellt ein System für die garantierte Paketübertragung in einem Netzwerk bereit, zum Beispiel für TCP/IP-Pakete (Transmission Control Protocol/Internet Protocol).
- **Internetprotokoll (TCP/IP):** Dies ist das Standardnetzwerkprotokoll, mit dem Ihr Computer über ein LAN (Local Area Network) oder WAN (Wide Area Network) kommunizieren kann.

Hinweis Sie können während oder nach der Installation von Windows XP Professional weitere Clients, Dienste und Netzwerkprotokolle installieren. Über den Netzwerkbetrieb mit TCP/IP erfahren Sie mehr in Kapitel 13, „TCP/IP-Netzwerke".

3. **Beitreten zu einer Arbeitsgruppe oder Domäne:** Wenn Sie einer Domäne beitreten, für die Sie entsprechende Rechte besitzen, können Sie das Computerkonto während der Installation erstellen. Der Setup-Assistent fordert Sie auf, Name und Kennwort eines Benutzerkontos mit der Berechtigung zum Hinzufügen von Domänencomputerkonten einzugeben.

Hinweis Wenn Sie nach der Installation von Windows XP Professional die Domäne oder Arbeitsgruppe ändern möchten, klicken Sie auf **Start**, **Arbeitsplatz** und **Systeminformationen anzeigen**. Anschließend klicken Sie auf die Registerkarte **Computername** und auf die Option **Ändern**.

4. **Installieren der Komponenten:** Der Setup-Assistent installiert und konfiguriert die ausgewählten Windows-Netzwerkkomponenten.

Abschließen der Installation

Nach der Installation der Netzwerkkomponenten startet der Setup-Assistent automatisch den letzten Schritt im Installationsprozess (Abbildung 2.6).

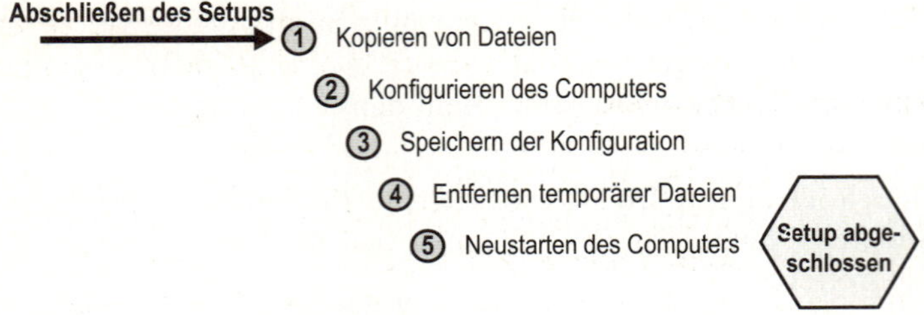

Abbildung 2.6 Windows schließt die Installation mit diesen Schritten ab

Zum Abschließen der Installation führt der Setup-Assistent die folgenden Aufgaben aus:

1. **Installieren der Startmenüelemente:** Der Setup-Assistent legt Verknüpfungen an, die im Startmenü angezeigt werden.
2. **Registrieren der Komponenten:** Der Setup-Assistent wendet die zuvor ausgewählten Konfigurationseinstellungen an.
3. **Speichern der Konfiguration:** Der Setup-Assistent speichert die Konfigurationseinstellungen auf der lokalen Festplatte. Beim nächsten Start von Windows XP Professional verwendet der Computer automatisch die gespeicherte Konfiguration.
4. **Entfernen von temporären Dateien:** Zum Einsparen von Festplattenspeicher löscht der Setup-Assistent alle Dateien, die nur für die Installation benötigt wurden.
5. **Neustarten des Computers:** Der Setup-Assistent startet den Computer neu. Damit ist die Installation von Windows XP Professional abgeschlossen.

Was ist das dynamische Update?

Das dynamische Update ist ein Feature des Windows XP Professional-Setupprogramms. Es erlaubt Ihnen, aktualisierte Dateien herunterzuladen, die während der Installation von Windows XP benutzt werden. Das Setupprogramm untersucht vor dem Installieren von Windows XP mithilfe des dynamischen Updates, ob auf der Windows Update-Site folgende Dateien zur Verfügung stehen:

- **Kritische Updates:** Das Setupprogramm lädt alle verfügbaren Updates für Dateien auf der Windows XP Professional-Installations-CD-ROM herunter.
- **Gerätetreiber:** Das Setupprogramm lädt außerdem alle verfügbaren Austauschdateien für Hardwaretreiber herunter, die auf der Windows XP Professional-Installations-CD-ROM gespeichert sind.

Das dynamische Update steht nur dann während des Setups zur Verfügung, wenn Ihr Computer über eine funktionierende Internetverbindung verfügt. Aus diesem Grund ist das dynamische Update nur dann möglich, wenn Sie eine Neuinstallation oder ein Update aus einer vorhandenen Windows-Installation heraus starten. Wenn das Setupprogramm fragt, ob es nach Updates suchen soll, sollten Sie auf **Ja** klicken, damit das Setupprogramm die verfügbaren Updates findet und installiert.

Das dynamische Update ist auch während einer unbeaufsichtigten Installation standardmäßig aktiviert. Über unbeaufsichtigte Installationen erfahren Sie mehr in Kapitel 3, „Bereitstellen von Windows XP Professional“.

Wichtig Das Setupprogramm lädt über das dynamische Update nur Updates von Dateien herunter, die sich bereits auf der Installations-CD-ROM befinden. Selbst wenn Sie also das dynamische Update nutzen, sollten Sie nach Abschluss der Installation über die Windows Update-Site oder mithilfe der Windows-Funktion **Automatische Updates** kritische Updates herunterladen. Über das Aktualisieren von Windows erfahren Sie mehr in Lektion 6, „Aktivieren und Aktualisieren von Windows XP Professional“.

Übung: Installieren von Windows XP Professional

In dieser Übung installieren Sie Windows XP Professional. In Teilübung 1 installieren Sie Windows XP Professional von einer CD-ROM auf einem Computer, der noch keine Partitionen oder Betriebssysteme enthält. Dazu starten Sie den Computer von der CD-ROM. Falls Ihr Computer nicht von einer CD-ROM starten kann oder falls sich bereits ein Betriebssystem auf Ihrem Computer befindet, sollten Sie stattdessen Teilübung 2 ausführen. Darin installieren Sie Windows XP Professional von einer CD-ROM, ohne von der Windows XP Professional-Installations-CD-ROM starten zu müssen.

Übung 1: Installieren von Windows XP Professional von einer CD-ROM

1. Stellen Sie sicher, dass Ihr Computer so eingestellt ist, dass er vom CD-ROM-Laufwerk startet. Falls Sie nicht wissen, wie Sie das erreichen, sollten Sie in der Dokumentation zu Ihrem Computer nachschlagen, wie Sie auf die BIOS-Einstellungen zugreifen können.

2. Legen Sie die Windows XP Professional-Installations-CD-ROM in Ihr CD-ROM-Laufwerk ein und starten Sie den Computer neu. Beim Neustart des Computers beginnt die Textmodusphase der Installation.

   Zu diesem Zeitpunkt werden Sie gefragt, ob Sie Treiber von Fremdherstellern installieren müssen. Sie haben nur wenige Sekunden, um die Taste F6 zu drücken und die Treiber zu installieren, bevor die Installation fortgesetzt wird.

Hinweis Bei einigen Computern müssen Sie eine Taste drücken, um vom CD-ROM-Laufwerk zu starten. Falls Sie aufgefordert werden, eine Taste zu drücken, um von der CD-ROM zu starten, sollten Sie die Leertaste drücken.

3. Windows lädt eine Reihe von Dateien, die für das Setupprogramm benötigt werden. Nach einigen Minuten erscheint die Seite **Willkommen**. Sie können auf dieser Seite auswählen, ob Sie Windows XP einrichten oder eine vorhandene Installation reparieren wollen. Drücken Sie die EINGABETASTE, um mit der Installation fortzufahren.

4. Die Windows XP-Lizenzvereinbarung wird angezeigt. Lesen Sie die Lizenz und drücken Sie F8, um sie zu akzeptieren und mit der Installation fortzufahren. Falls Sie die Lizenzvereinbarung nicht akzeptieren, setzt das Setupprogramm die Installation nicht fort.

5. Nachdem Sie die Lizenzvereinbarung akzeptiert haben, beginnt das Setupprogramm die Phase der Festplattenpartitionierung. Falls Sie mehrere Partitionen haben, führt das Setupprogramm sie auf, und Sie können auswählen, auf welcher Sie Windows XP Professional installieren wollen. Falls noch keine Partitionen konfiguriert sind, können Sie jetzt eine erstellen.
6. Entscheiden Sie sich, in welcher Partition Sie Windows XP Professional installieren wollen, und drücken Sie die EINGABETASTE, um fortzufahren.
7. Auf der nächsten Seite wird die Partition formatiert. Entscheiden Sie, mit welchem Dateisystem das Laufwerk formatiert werden soll (FAT oder NTFS). Wählen Sie **Partition mit dem NTFS-Dateisystem formatieren** aus und drücken Sie die EINGABETASTE.

Vorsicht Wenn Sie eine Dualbootkonfiguration mit einem Betriebssystem ohne NTFS-Unterstützung einrichten möchten, kann das Laufwerk **C** nicht mit NTFS formatiert werden. Sie können Windows XP Professional jedoch auf einem anderen Laufwerk installieren und dieses Laufwerk mit dem Dateisystem NTFS formatieren.

8. Setup zeigt eine Warnmeldung an, dass beim Formatieren alle Dateien gelöscht werden. Drücken Sie die Taste F, um das Laufwerk zu formatieren und fortzufahren.
9. Nachdem der Formatierungsvorgang abgeschlossen ist, kopiert das Setupprogramm die Dateien, die für die nächste Phase des Installationsvorgangs benötigt werden, und startet dann den Computer neu.
10. Nach dem Neustart des Computers beginnt die Installationsphase mit grafischer Benutzeroberfläche.
11. Das Setupprogramm setzt die Installation für einige Minuten fort und zeigt dann die Seite **Regions- und Sprachoptionen** an. Stellen Sie sicher, dass die Einstellungen Ihrer Region entsprechen, und klicken Sie auf **Weiter**.
12. Die Seite **Benutzerinformationen** wird angezeigt. Tragen Sie die korrekten Informationen ein und klicken Sie auf **Weiter**.
13. Die Seite **Product Key** öffnet sich. Tippen Sie den 25-stelligen Product Key ein und klicken Sie auf **Weiter**.
14. Die Seite **Computername und Administratorkennwort** öffnet sich. Geben Sie einen Namen für Ihren Computer ein, wählen Sie ein Kennwort für das Administratorkonto und klicken Sie auf **Weiter**.
15. Die Seite **Datum- und Uhrzeiteinstellungen** wird angezeigt. Stellen Sie sicher, dass die Informationen korrekt sind, und klicken Sie auf **Weiter**.

    Falls das Setupprogramm eine installierte Netzwerkkarte entdeckt, installiert es als Nächstes die Netzwerkkomponenten.
16. Die Seite **Netzwerkeinstellungen** wird angezeigt. Wählen Sie die Option **Standardeinstellungen**, wenn das Setupprogramm die Netzwerkkomponenten automatisch konfigurieren soll. Standardkomponenten sind **Client für Microsoft-Netzwerke**,

Datei- und Druckerfreigabe für Microsoft-Netzwerke und **TCP/IP**. Klicken Sie auf **Weiter**.

17. Nachdem Sie die Netzwerkeinstellungen ausgewählt haben, zeigt das Setupprogramm die Seite **Arbeitsgruppe oder Computerdomäne** an. Geben Sie die gewünschten Informationen ein und klicken Sie auf **Weiter**.
18. Sobald Sie auf der Seite **Arbeitsgruppe oder Computerdomäne** die Schaltfläche **Weiter** angeklickt haben, leitet das Setupprogramm die abschließende Phase der Installation ein. Dieser Vorgang kann 15 bis 60 Minuten dauern. Nachdem die Installation abgeschlossen ist, startet der Computer neu und Sie werden aufgefordert, sich zum ersten Mal anzumelden.

Übung 2: Installieren von Windows XP Professional aus einem vorhandenen Betriebssystem heraus

Falls Ihr Computer keinen Start von CD-ROM unterstützt oder bereits ein Betriebssystem auf Ihrem Computer installiert ist, können Sie Windows XP Professional von einer CD-ROM installieren, ohne dass der Computer mithilfe der Windows XP Professional-Installations-CD-ROM gestartet werden muss.

Wichtig Wenn Sie bereits Übung 1 durchgeführt haben, sollten Sie diese Übung überspringen.

1. Falls bereits ein Betriebssystem auf Ihrem Computer installiert ist, müssen Sie den Computer neu starten, sich als Administrator anmelden und die Windows XP Professional-CD-ROM in das CD-ROM-Laufwerk einlegen.
2. Klicken Sie auf der Seite **Willkommen** auf **Windows XP installieren**.
3. Falls sich ein Windows-Setup-Meldungsfeld öffnet mit der Information, dass bei der aktuellen Version des Betriebssystems kein Update durchgeführt werden kann und diese Option daher nicht zur Verfügung steht, müssen Sie auf **OK** klicken.
4. Klicken Sie auf der Seite **Willkommen** im Feld **Installationstyp** auf **Neuinstallation (weitere Optionen)** und dann auf **Weiter**.
5. Lesen Sie auf der nächsten Seite die Lizenzvereinbarung, wählen Sie die Option **Ich stimme dem Lizenzvertrag zu** auf und klicken Sie auf **Weiter**.
6. Geben Sie auf der Seite **Product Key** den 25-stelligen Product Key ein und klicken Sie auf **Weiter**.
7. Auf der Seite **Setupoptionen** können Sie folgende drei Optionen auswählen:
   - **Erweiterte Optionen:** Mit dieser Option steuern Sie, von wo die Installationsdateien geholt werden, wohin die Installationsdateien kopiert werden, ob alle Installationsdateien auf die Festplatte kopiert werden und ob Sie während des Setups Laufwerkbuchstabe und Partition angeben wollen.
   - **Eingabehilfen:** Gibt Ihnen die Möglichkeit, während des Setups die Microsoft Bildschirmlupe zu nutzen und so einen Teil des Bildschirms in einem eigenen Fenster vergrößert anzeigen zu lassen; das ist nützlich für Benutzer mit Sehbehin-

derungen. Außerdem können Sie von der Microsoft-Sprachausgabe den Inhalt des Bildschirms vorlesen lassen; das ist nützlich für blinde Benutzer.

- **Wählen Sie die zu verwendende Hauptsprache und -region aus:** Erlaubt Ihnen, die primäre Sprache und Region auszuwählen, die Sie verwenden wollen.

8. Klicken Sie auf **Weiter**, nachdem Sie alle gewünschten Setupoptionen konfiguriert haben.
9. Das Setupprogramm zeigt das Dialogfeld **Aktualisierte Setupdateien erhalten** an. Falls Ihr Computer Zugriff auf das Internet hat, sollten Sie sicherstellen, dass **Aktualisierte Setupdateien downloaden (empfohlen)** aktiviert ist. Wählen Sie andernfalls **Diesen Schritt überspringen und die Installation fortsetzen**. Klicken Sie dann auf **Weiter**.
10. Falls Ihre Partition momentan nicht mit Windows XP Professional-NTFS formatiert ist, zeigt der Setup-Assistent die Seite **Aktualisierung auf das NTFS-Dateisystem von Windows XP** an.

    Falls sich die Seite **Aktualisierung auf das NTFS-Dateisystem von Windows XP** öffnet, sollten Sie sicherstellen, dass **Ja, Laufwerk aktualisieren** ausgewählt ist, und dann auf **Weiter** klicken.

Vorsicht Wenn Sie eine Dualbootkonfiguration mit einem Betriebssystem ohne NTFS-Unterstützung einrichten möchten, kann das Laufwerk **C** nicht mit NTFS formatiert werden. Sie können Windows XP Professional jedoch auf einem anderen Laufwerk installieren und dieses Laufwerk mit dem Dateisystem NTFS formatieren. Wenn Sie Windows XP Professional nicht auf Laufwerk **C** installieren, müssen Sie in den verbleibenden Übungen dieses Trainings sicherstellen, dass Sie das richtige Laufwerk verwenden.

11. Falls Sie eine Evaluierungsedition von Microsoft Windows XP Professional installieren, blendet der Setup-Assistent eine Meldung ein, in der Sie darüber informiert werden, dass es sich um eine Evaluierungsversion handelt. Drücken Sie in diesem Fall zum Fortfahren auf die EINGABETASTE.
12. Drücken Sie auf der Seite **Willkommen** die EINGABETASTE, um Windows XP Professional zu installieren.

Hinweis Sie können zu diesem Zeitpunkt auch vorhandene Partitionen löschen. Wenn Sie über eine Partition **C** verfügen, ist das Löschen dieser Partition jedoch eventuell nicht möglich, da durch das Setupprogramm bereits Dateien auf die Partition kopiert wurden. Die gewählte Partition muss mindestens 2.000 MByte Speicherplatz aufweisen. Wenn Sie zum Installieren von Windows XP Professional nicht Partition **C** verwenden können, müssen Sie in den verbleibenden Übungen den Laufwerkbuchstaben **C** durch den Buchstaben der Partition ersetzen, auf der Sie Windows XP Professional installiert haben.

13. Der Setup-Assistent fordert Sie auf, einen freien Speicherbereich oder eine bestehende Partition für die Installation von Windows XP Professional auszuwählen. Wählen Sie die Partition **C**.

    Der Setup-Assistent zeigt folgende Meldung an: **Sie haben gewählt, Windows XP auf einer Partition zu installieren, auf der sich ein anderes Betriebssystem befindet. Das Installieren von Windows XP auf dieser Partition kann dazu führen, dass das andere Betriebssystem nicht mehr einwandfrei funktioniert.**

14. Drücken Sie die Taste C, um mit dem Setup fortzufahren und diese Partition zu verwenden.

Vorsicht Je nachdem, welches Betriebssystem aktuell auf Partition **C** installiert ist, erscheint folgende Meldung: **Der Ordner \WINDOWS besteht bereits und enthält möglicherweise eine Windows-Installation. Die bereits vorhandenen Windows-Installationen werden überschrieben, wenn Sie den Vorgang fortsetzen. Drücken Sie die ESC-Taste, um einen anderen Ordner zu verwenden.**

15. Wenn Sie eine Warnung erhalten, dass bereits ein Ordner mit dem Namen **\Windows** vorhanden ist, drücken Sie die Taste L, um die in diesem Ordner enthaltene Installation zu löschen.

    Falls die Partition zuvor nicht mit NTFS formatiert war und Sie die Partition nun mit NTFS formatieren, nimmt der Setup-Assistent eine Formatierung mit NTFS vor und kopiert verschiedene Dateien. Andernfalls wird die Partition geprüft, anschließend werden Dateien kopiert.

16. Der Setup-Assistent startet den Computer neu und setzt das Kopieren der Dateien im GUI-Modus fort. Anschließend zeigt er die Seite **Regions- und Sprachoptionen** an. Wählen Sie das geeignete Systemgebietsschema, ein Benutzergebietsschema sowie die richtige Tastatureinstellung aus (beziehungsweise stellen Sie sicher, dass die richtigen Einstellungen ausgewählt sind). Klicken Sie anschließend auf **Weiter**.

17. Die Seite **Benutzerinformationen** wird angezeigt, und Sie werden aufgefordert, einen Benutzer- und Organisationsnamen anzugeben. Der angegebene Organisationsname wird zum Erstellen des standardmäßigen Computernamens verwendet.

    Die hier eingegebenen Informationen werden von vielen später installierten Anwendungen zur Produktregistrierung und zur Dokumentidentifikation eingesetzt. Geben Sie in das Feld **Name** Ihren Namen ein. Geben Sie im Feld **Organisation** den Namen Ihrer Organisation ein, und klicken Sie auf **Weiter**.

18. Der Setup-Assistent zeigt die Seite **Computername und Administratorkennwort** an. Geben Sie im Textfeld **Computername** einen Namen für den Computer ein.

Vorsicht Falls Ihr Computer zu einem Netzwerk gehört, sollten Sie sich an den Netzwerkadministrator wenden, bevor Sie einen Computernamen zuweisen.

19. Geben Sie in den Feldern **Administratorkennwort** und **Kennwort bestätigen** ein Kennwort ein, und klicken Sie auf **Weiter**.

20. Je nach Computerkonfiguration wird jetzt der Bildschirm **Modemwählinformationen** angezeigt. Konfigurieren Sie darin folgende Informationen:
    - Stellen Sie sicher, dass das richtige Land beziehungsweise die richtige Region ausgewählt ist.
    - Geben Sie die zu verwendende Ortskennzahl ein.
    - Wenn Sie eine Nummer vorwählen müssen, um eine Amtsleitung zu erhalten, geben Sie diese Nummer ein.
    - Stellen Sie sicher, dass das richtige Wahlverfahren aktiviert ist, und klicken Sie auf **Weiter**.
21. Der Setup-Assistent zeigt die Seite **Datum- und Uhrzeiteinstellungen** an. Wählen Sie, falls erforderlich, eine Zeitzone aus der Dropdownliste **Zeitzone** aus, und passen Sie Datum und Uhrzeit an. Aktivieren Sie das Kontrollkästchen **Uhr automatisch auf Sommer-/Winterzeit umstellen**, wenn Windows XP Professional die Uhrzeit automatisch an die Sommer-/Winterzeit anpassen soll, und klicken Sie anschließend auf **Weiter**.
22. Die Seite **Netzwerkeinstellungen** wird angezeigt. Stellen Sie sicher, dass die Option **Standardeinstellungen** ausgewählt ist, und klicken Sie dann auf **Weiter**.
23. Die Seite **Arbeitsgruppe oder Computerdomäne** wird angezeigt. Stellen Sie sicher, dass die Option **Nein, dieser Computer ist entweder nicht im Netzwerk oder im Netzwerk ohne Domäne** aktiviert ist und der Arbeitsgruppenname **ARBEITSGRUPPE** lautet, und klicken Sie auf **Weiter**.
24. Der Setup-Assistent konfiguriert die Netzwerkkomponenten, kopiert verschiedene Dateien, installiert Startmenüelemente, registriert Komponenten, speichert Einstellungen und entfernt Temporärdateien. Dieser Vorgang nimmt einige Minuten in Anspruch.
25. Der Computer startet neu und Windows XP Professional startet zum ersten Mal.

Lernzielkontrolle

Anhand der folgenden Fragen können Sie überprüfen, ob Sie die Themen dieser Lektion so gut beherrschen, dass Sie mit der nächsten Lektion weitermachen können. Falls Sie eine Frage nicht beantworten können, sollten Sie die Lektion noch einmal durcharbeiten, und dann erneut versuchen, die Frage zu beantworten. Die Antworten auf die Lernzielkontrollfragen finden Sie im Abschnitt „Fragen und Antworten" am Ende dieses Kapitels.

1. Wie lang kann der während der Installation angegebene Computername maximal sein, wenn auf Ihrem Computer das Protokoll TCP/IP installiert ist?

    ____

2. Können Sie den Computernamen nach Abschluss der Installation ändern, ohne dass hierzu eine Neuinstallation von Windows XP Professional erforderlich ist? Falls ja, wie gehen Sie zum Ändern des Computernamens vor? Falls nein, warum kann der Computername nicht geändert werden?

3. Welche der folgenden Aussagen trifft auf den Beitritt zu einer Arbeitsgruppe oder Domäne zu? (Wählen Sie alle zutreffenden Antworten aus.)
   a. Sie können einen Computer nur während der Installation zu einer Arbeitsgruppe oder Domäne hinzufügen.
   b. Wenn Sie den Computer während der Installation zu einer Arbeitsgruppe hinzufügen, können Sie später einer Domäne beitreten.
   c. Wenn Sie den Computer während der Installation zu einer Domäne hinzufügen, können Sie später einer Arbeitsgruppe beitreten.
   d. Sie können einen Computer während der Installation nicht zu einer Arbeitsgruppe oder Domäne hinzufügen.
4. Welche Komponenten werden installiert, wenn Sie für die Netzwerkkonfiguration die Standardeinstellungen auswählen? Welche Aufgaben hat jede dieser Komponenten?

Zusammenfassung der Lektion

- Falls Ihr Computer keinen Start von CD-ROM unterstützt, können Sie Windows XP Professional installieren, indem Sie zunächst ein anderes Betriebssystem starten und dann auf die Windows XP Professional-Installations-CD-ROM zugreifen.
- Während der Installation fordert der Setup-Assistent Sie auf, Regions- und Spracheinstellungen, einen Namen und Organisationsnamen, einen Computernamen sowie ein Kennwort für das Administratorkonto einzugeben. Außerdem müssen Sie Zeitzone, Uhrzeit und Datum festlegen und entscheiden, ob Windows XP Professional eine automatische Anpassung an Winter-/Sommerzeit vornehmen soll.
- Wenn Sie sich bei der Installation der Netzwerkkomponenten für die standardmäßigen Netzwerkeinstellungen entscheiden, werden der Client für Microsoft-Netzwerke, die Datei- und Druckerfreigabe für Microsoft-Netzwerke sowie das Netzwerkprotokoll TCP/IP installiert.
- Sie können die Netzwerkkomponenten während der Installation oder zu einem späteren Zeitpunkt anpassen.

Lektion 3: Installieren von Windows XP Professional über das Netzwerk

Sie können Windows XP Professional auch über das Netzwerk installieren. In dieser Lektion werden die Ähnlichkeiten und Unterschiede zwischen der Installation über CD-ROM und der Installation über das Netzwerk erläutert. Der Hauptunterschied zwischen diesen Installationstypen ist der Speicherort der benötigten Installationsdateien. In dieser Lektion erfahren Sie außerdem, welche Voraussetzungen für die Installation über ein Netzwerk gelten.

Am Ende dieser Lektion werden Sie in der Lage sein, die folgenden Aufgaben auszuführen:

- Vorbereiten einer Netzwerkinstallation.
- Installieren von Windows XP Professional über ein Netzwerk.
- Anpassen des Setupvorgangs mithilfe von **Winnt.exe**.
- Anpassen des Setupvorgangs mithilfe von **Winnt32.exe**.

Veranschlagte Zeit für diese Lektion: 10 Minuten

Vorbereiten einer Netzwerkinstallation

Bei der Installation über ein Netzwerk befinden sich die Installationsdateien von Windows XP Professional in einem freigegebenen Ordner auf einem Netzwerkdateiserver, der auch als ***Distributionsserver*** bezeichnet wird. Sie stellen von dem Computer, auf dem Windows XP Professional installiert werden soll (dem Zielcomputer), eine Verbindung zum Distributionsserver her und starten das Setupprogramm.

Abbildung 2.7 zeigt die Voraussetzungen für eine Netzwerkinstallation.

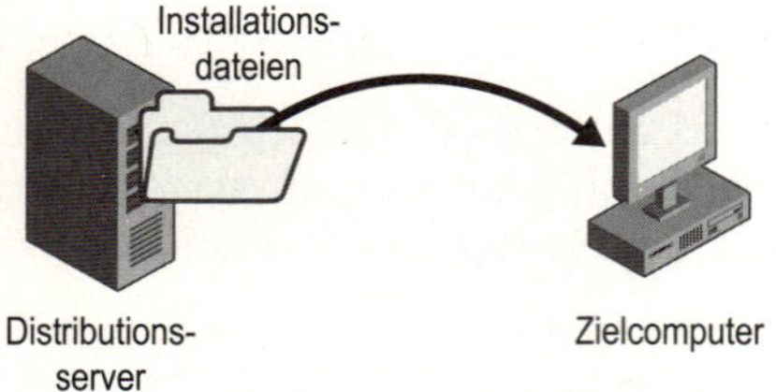
Installations-
dateien
Distributions-
server
Zielcomputer
Voraussetzungen für eine Netzwerkinstallation:
· Distributionsserver
· FAT-Partition auf dem Zielcomputer
· Netzwerkclient

Abbildung 2.7 Ein Netzwerkclient holt sich die Installationsdateien bei einem Distributionsserver

Eine Netzwerkinstallation von Windows XP Professional umfasst folgende Schritte:

1. **Bestimmen Sie einen Distributionsserver:** Auf dem Distributionsserver sind die Installationsdateien aus dem Ordner **i386** der Windows XP Professional-CD-ROM gespeichert. Diese Dateien befinden sich auf einem gemeinsamen Netzlaufwerk in einem freigegebenen Ordner, um den Clientcomputern im Netzwerk den Zugriff auf die Installationsdateien zu ermöglichen. Wenden Sie sich an den Netzwerkadministrator, um den Pfad zu den Installationsdateien auf dem Distributionsserver zu erhalten.

Hinweis Nachdem Sie einen Distributionsserver erstellt oder ermittelt haben, können Sie auf mehreren Computern Windows XP Professional über das Netzwerk installieren.

2. **Erstellen Sie eine FAT-Partition auf dem Zielcomputer:** Auf dem Zielcomputer muss sich eine formatierte Partition befinden, auf die die Installationsdateien kopiert werden können. Erstellen Sie eine Partition mit mindestens 1,5 GByte Speicherplatz und formatieren Sie die Partition mit dem Dateisystem FAT.
3. **Installieren Sie einen Netzwerkclient:** Ein ***Netzwerkclient*** ist eine Softwarekomponente, mit deren Hilfe der Zielcomputer eine Verbindung zum Distributionsserver herstellt. Ein Computer ohne Betriebssystem muss von einer Diskette mit Netzwerkclient gestartet werden, um eine Verbindung zum Distributionsserver herstellen zu können.

Installieren über das Netzwerk

Das Setupprogramm kopiert die Installationsdateien auf den Zielcomputer und erstellt die erforderlichen Setupstartdisketten. Nach dem Kopieren der Installationsdateien leiten Sie die Installation von Windows XP Professional auf dem Zielcomputer ein, indem Sie den Computer von den Setupstartdisketten starten. Von diesem Zeitpunkt an ist die Windows XP Professional-Installation mit der Installation von CD-ROM identisch.

Abbildung 2.8 zeigt den Prozess der Windows XP Professional-Installation über das Netzwerk.

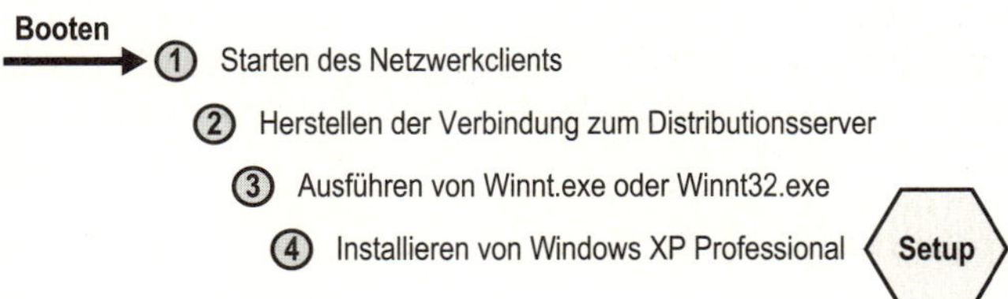

Abbildung 2.8 Installieren von Windows XP Professional über das Netzwerk

Das Installieren von Windows XP Professional über das Netzwerk umfasst die folgenden Schritte:

1. **Starten Sie den Netzwerkclient:** Starten Sie den Zielcomputer mithilfe einer Diskette, die einen Netzwerkclient enthält, oder starten Sie den Computer mit einem

Betriebssystem, das zum Herstellen einer Verbindung mit dem Distributionsserver eingesetzt werden kann.

2. **Stellen Sie eine Verbindung zum Distributionsserver her:** Nachdem Sie den Netzwerkclient auf dem Zielcomputer gestartet haben, stellen Sie eine Verbindung zum Distributionsserver her, der die Windows XP Professional-Installationsdateien enthält.
3. **Führen Sie Winnt.exe oder Winnt32.exe aus, um das Setupprogramm zu starten:** Die Dateien **Winnt.exe** und **Winnt32.exe** befinden sich in einem freigegebenen Ordner auf dem Distributionsserver.
   - Verwenden Sie **Winnt.exe**, wenn auf dem Clientcomputer MS-DOS oder Windows 3.0 (oder höher) ausgeführt wird.
   - Verwenden Sie **Winnt32.exe**, wenn auf dem Client Microsoft Windows 95, Windows 98, Microsoft Windows Me, Windows NT 4.0 oder Windows 2000 Professional ausgeführt wird.

Prüfungstipp Sie können mit **Winnt.exe** und **Winnt32.exe** Windows XP Professional von der Befehlszeile installieren und dabei optionale Parameter angeben, um die Installation anzupassen. **Winnt.exe** läuft unter MS-DOS und Windows 3.0/3.1. **Winnt32.exe** läuft unter den 32-Bit-Windows-Betriebssystemen, zum Beispiel unter Windows 95, Windows 98, Windows Me, Windows NT 4.0 und Windows 2000.

Das Ausführen von **Winnt.exe** oder **Winnt32.exe** über den freigegebenen Ordner bewirkt Folgendes:

- Auf dem Zielcomputer wird der temporäre Ordner **Win_nt.~ls** erstellt.
- Die Installationsdateien von Windows XP Professional werden aus dem freigegebenen Ordner auf dem Distributionsserver in den Ordner **Win_nt.~ls** auf dem Zielcomputer kopiert.

4. **Installieren Sie Windows XP Professional:** Das Setupprogramm startet den Zielcomputer neu und beginnt mit der Installation von Windows XP Professional.

Anpassen des Setupvorgangs mit Winnt.exe

Sie können mithilfe von **Winnt.exe** den Ablauf der Netzwerkinstallation beeinflussen. In Tabelle 2.3 werden die Befehlszeilenoptionen aufgeführt, die für **Winnt.exe** verfügbar sind.

Tabelle 2.3 Befehlszeilenoptionen für **Winnt.exe**

Befehlszeilenoption	Funktion
/a	Aktiviert die Eingabehilfen.
/r[:*Ordner*]	Gibt einen optionalen Ordner an, der kopiert und gespeichert wird. Der Ordner wird nach dem Setup nicht gelöscht.
/rx[:*Ordner*]	Gibt einen optional zu kopierenden Ordner an. Der Ordner wird nach dem Setup gelöscht. ►

Befehlszeilenoption	Funktion
/s[:*Quellpfad*]	Gibt den Speicherort der Windows XP Professional-Dateien an. Dieser Pfad muss vollständig angegeben werden, entweder im Format **x:\\[*Pfad*]** oder in der Form **\\\\Server\\Freigabe\\[*Pfad*]**. Standardmäßig wird der aktuelle Ordner gewählt.
/t[:*Laufwerk*]	Weist das Setupprogramm an, temporäre Dateien auf das angegebene Laufwerk zu kopieren und Windows XP Professional auf diesem Laufwerk zu installieren. Wenn Sie kein Laufwerk angeben, wird standardmäßig das Laufwerk mit dem meisten verfügbaren Speicherplatz verwendet.
/u[:*Skriptdatei*]	Führt eine unbeaufsichtigte Installation mit einer optionalen Skriptdatei aus. Für unbeaufsichtigte Installationen ist zusätzlich die Befehlszeilenoption **/s** erforderlich. Die Antwortdatei stellt Eingaben für alle oder einige Abfragen bereit, auf die während eines normalen Setups eine Benutzereingabe folgt.
/udf:id[,*UDF_Datei*]	Gibt die Kennung (Identifier, ID) an, mit der das Setupprogramm festlegt, wie eine UDF-Datei (Uniqueness Database File) eine Antwortdatei modifiziert. Die Option **/udf** überschreibt die Werte in der Antwortdatei; die ID legt fest, welche Werte in der UDF-Datei verwendet werden. Wird keine UDF-Datei angegeben, werden Sie vom Setupprogramm aufgefordert, die Diskette mit der Datei **$Unique$.udb** einzulegen.

Anpassen des Setupvorgangs mit Winnt32.exe

Sie können mithilfe von **Winnt32.exe** den Ablauf der Netzwerkinstallation verändern. Dabei wird die Art und Weise beeinflusst, wie **Winnt32.exe** das Setupprogramm ausführt. Tabelle 2.4 beschreibt die Befehlszeilenoptionen, die für **Winnt32.exe** verfügbar sind.

Tabelle 2.4 Befehlszeilenoptionen für **Winnt32.exe**

Befehlszeilenoption	Funktion
/checkupgradeonly	Prüft, ob Ihr Computer auf Windows XP Professional aktualisiert werden kann. Wenn Sie diese Option zusammen mit **/unattend** verwenden, ist keine Benutzereingabe erforderlich. Andernfalls werden die Kompatibilitätsinformationen auf dem Bildschirm angezeigt und können in einer Datei gespeichert werden. Bei Updates der Betriebssysteme Windows 98 oder Windows Me lautet der standardmäßige Name der Datei mit den Prüfungsergebnissen **Upgrade.txt**. Diese Datei befindet sich im Ordner **%SystemRoot%** (der Ordner, der die Windows XP Professional-Systemdateien enthält). ►

Befehlszeilenoption	Funktion
	Bei Updates der Betriebssysteme Windows 98 oder Windows Me lautet der standardmäßige Name der Datei mit den Prüfungsergebnissen **Upgrade.txt**. Diese Datei befindet sich im Ordner **%SystemRoot%** (der Ordner, der die Windows XP Professional-Systemdateien enthält). Bei Updates von Windows NT 4.0 oder Windows 2000 lautet der standardmäßige Name der Datei **Ntcompat.txt**. Auch diese Datei wird im Ordner **%SystemRoot%** gespeichert.
/cmd:*Befehlszeile*	Weist das Setupprogramm an, einen bestimmten Befehl auszuführen. Dieser Befehl wird nach dem Computerneustart und nach dem Sammeln der benötigten Konfigurationsinformationen durch das Setupprogramm ausgeführt.
/cmdcons	Kopiert zusätzliche Dateien auf die Festplatte, die zum Laden einer speziellen Befehlszeilenschnittstelle, der Wiederherstellungskonsole, erforderlich sind. Die Wiederherstellungskonsole kann als Startoption installiert werden. Sie können mithilfe der Wiederherstellungskonsole Dienste anhalten und starten und auf das lokale Laufwerk zugreifen. Hierbei kann auch auf NTFS-Laufwerke zugegriffen werden. Sie können diese Option nur nach Abschluss der Windows XP Professional-Installation verwenden.
/copydir:*Ordnername*	Erstellt einen zusätzlichen Ordner im Ordner **%SystemRoot%** mit den Windows XP Professional-Systemdateien. Wenn der Quellordner beispielsweise einen Ordner mit dem Namen **Meine_Treiber** enthält, geben Sie **/copydir:Meine_Treiber** ein, um den Ordner **Meine_Treiber** in den Systemordner zu kopieren. Sie können mit der Befehlszeilenoption **/copydir** so viele zusätzliche Ordner erstellen, wie Sie möchten.
/copysource:*Ordnername*	Erstellt einen zusätzlichen Ordner innerhalb des Ordners **%SystemRoot%**. Das Setupprogramm löscht Ordner, die mit **/copysource** erstellt wurden, nach Abschluss der Installation.
/debug[*Ebene*][:*Dateiname*]	Erstellt ein Debugprotokoll der angegebenen Ebene. Standardmäßig lautet der Name der Protokolldatei **C:\Winnt32.log**, die Standardebene der Protokollierung lautet 2. Es stehen folgende Protokollierungsebenen zur Verfügung: ▪ 0 (schwerwiegende Fehler) ▪ 1 (Fehler) ▪ 2 (Warnungen) ▪ 3 (Informationsmeldungen) ▪ 4 (detaillierte Informationen für das Debugging) Bei jeder Protokollierungsstufe sind die darunter liegenden Ebenen eingeschlossen.
/dudisable	Verhindert das Ausführen dynamischer Updates. Ohne dynamische Updates wird das Setupprogramm mit den ursprünglichen Setupdateien ausgeführt. Diese Option deaktiviert dynamische Updates auch dann, wenn Sie eine Antwortdatei verwenden, in der die Verwendung von dynamischen Updates aktiviert wurde. ▶

Befehlszeilenoption	Funktion
/dushare:*Pfadname*	Legt eine Freigabe fest, in die Sie zuvor dynamische Updates (aktualisierte Dateien für das Setup) vom Microsoft Download Center heruntergeladen haben. Wenn Sie diese Befehlszeilenoption von der Installationsfreigabe ausführen und gleichzeitig **/duprepare** verwenden, werden die aktualisierten Dateien für Netzwerkclientinstallationen vorbereitet. Bei Ausführung ohne **/duprepare** auf einem Client werden zur Clientinstallation die aktualisierten Dateien in der unter ***Pfadname*** angegebenen Freigabe verwendet.
/duprepare:*Pfadname*	Bereitet eine Installationsfreigabe zur Verwendung der dynamischen Updates vor, die vom Microsoft Download Center heruntergeladen wurden. Sie können diese Freigabe zum Installieren von Windows XP Professional auf mehreren Clients einsetzen (wird nur in Verbindung mit **/dushare** verwendet).
/m:*Ordnername*	Weist das Setupprogramm an, zu ersetzende Dateien von einem anderen Speicherort zu kopieren. Das Setupprogramm sucht erst in dem hier angegebenen Speicherort nach Dateien. Sind die Dateien dort vorhanden, werden sie anstelle der Dateien am standardmäßigen Speicherort verwendet.
/makelocalsource	Das Setupprogramm wird angewiesen, alle Installationsquelldateien auf die lokale Festplatte zu kopieren. Verwenden Sie diesen Schalter, wenn Sie von einer CD-ROM installieren und die Installationsdateien auch verfügbar sein sollen, wenn die CD-ROM zu einem späteren Zeitpunkt während der Installation nicht zur Verfügung steht.
/noreboot	Hindert das Setupprogramm daran, nach der Dateikopierphase einen Neustart des Computers durchzuführen. Auf diese Weise kann an dieser Stelle ein anderer Befehl ausgeführt werden.
/s:*Quellpfad*	Gibt den Quellspeicherort der Windows XP Professional-Installationsdateien an. Zum Kopieren von Dateien aus mehreren Pfaden verwenden Sie die Option **/s** für jeden Quellpfad. Wenn Sie **/s** mehrfach verwenden, muss der erste angegebene Server verfügbar sein. Andernfalls schlägt die Installation fehl. Diese Befehlszeilenoption kann zum Angeben von maximal acht Quellpfaden eingesetzt werden.
/syspart: [*Laufwerkbuchstabe*]	Kopiert Setupstartdateien auf eine Festplatte und kennzeichnet das Laufwerk als aktiv. Anschließend können Sie das Laufwerk auf einem anderen Computer installieren. Wenn Sie diesen Computer starten, wird er automatisch mit der nächsten Phase des Setups gestartet. Die Verwendung von **/syspart** erfordert auch den Einsatz von **/tempdrive**. Sie können **/syspart** auf Windows NT 4.0-, Windows 2000-, Windows XP Professional- oder Windows 2000 Server-Computern verwenden. Eine Verwendung auf Computern mit den Betriebssystemen Windows 95, Windows 98 oder Windows Me ist nicht möglich.
/tempdrive: *Laufwerkbuchstabe*	Platziert temporäre Dateien auf dem angegebenen Laufwerk und installiert dort Windows XP Professional. ▶

Befehlszeilenoption	Funktion
/udf:id[,*UDF_Datei*]	Legt die Kennung (Identifier, ID) fest, mit der das Setupprogramm steuert, wie eine UDF-Datei (Uniqueness Database File) eine Antwortdatei modifiziert. Die UDF-Datei überschreibt die Werte in der Antwortdatei; die ID legt fest, welche Werte in der UDF-Datei verwendet werden. Zum Beispiel setzt **/udf:RAS_user, Unser_Unternehmen.udf** die Einstellungen außer Kraft, die für die ID **RAS_user** in der Datei **Unser_Unter nehmen.udf** angegeben sind. Wird keine UDF-Datei angegeben, werden Sie vom Setupprogramm aufgefordert, die Diskette mit der Datei **$Unique$.udb** einzulegen.
/unattend	Führt ein Update Ihres Windows 98-, Windows Me-, Windows NT 4.0- oder Windows 2000-Computers im unbeaufsichtigten Modus (ohne Benutzereingabe) durch. Das Setupprogramm lädt die Dateien für das dynamische Update über Windows Update herunter und arbeitet diese Dateien in die Installation ein. Alle Benutzereinstellungen werden aus der bisherigen Installation übernommen, daher sind während des Setups keine Benutzereingaben erforderlich.
/unattend[*Anzahl*]: [*Antwortdatei*]	Führt eine Neuinstallation von Windows im unbeaufsichtigten Modus durch, wobei die angegebene Antwortdatei verwendet wird. Das Setupprogramm lädt die Dateien für das dynamische Update über Windows Update herunter und arbeitet diese Dateien in die Installation ein. Sie können über ***Anzahl*** die Anzahl der Sekunden angeben, die zwischen dem Ende der Dateikopierphase und dem Neustart des Computers liegen sollen. Die Anzahl der Sekunden bis zum Neustart kann nur auf Windows 98-, Windows Me-, Windows NT Workstation 4.0, Windows 2000- oder Windows XP-Computern angegeben werden. Die angegebene Antwortdatei liefert dem Setupprogramm Ihre benutzerdefinierten Angaben.

Lernzielkontrolle

Anhand der folgenden Fragen können Sie überprüfen, ob Sie die Themen dieser Lektion so gut beherrschen, dass Sie mit der nächsten Lektion weitermachen können. Falls Sie eine Frage nicht beantworten können, sollten Sie die Lektion noch einmal durcharbeiten, und dann erneut versuchen, die Frage zu beantworten. Die Antworten auf die Lernzielkontrollfragen finden Sie im Abschnitt „Fragen und Antworten" am Ende dieses Kapitels.

1. Sie wollen **Winnt32.exe** zum Installieren von Windows XP Professional einsetzen. Welches der folgenden Betriebssysteme darf auf dem Clientcomputer ausgeführt werden? (Wählen Sie alle zutreffenden Antworten aus.)

   a. Windows 3.0

   b. Windows 95

   c. Windows 98

   d. Windows NT 4.0

2. Über welchen Windows XP Professional-Befehl können Sie vor der Installation prüfen, ob Ihr Computer mit Windows XP Professional kompatibel ist?

   ____

3. Sie verwenden die Befehlszeilenoption ____________________ von **Winnt32.exe**, um nach der Dateikopierphase einen Neustart des Computers zu verhindern.

4. Sie verwenden die Befehlszeilenoption ____________________ von **Winnt32.exe**, um das Setupprogramm anzuweisen, alle Installationsdateien auf die lokale Festplatte zu kopieren.

Zusammenfassung der Lektion

- Der Hauptunterschied zwischen einer Windows XP Professional-Installation über das Netzwerk und einer Installation über CD-ROM liegt darin, dass sich die Quelldateien in unterschiedlichen Verzeichnissen befinden.
- Sobald Sie die Verbindung zum freigegebenen Ordner mit den Quelldateien hergestellt und **Winnt.exe** beziehungsweise **Winnt32.exe** gestartet haben, verläuft die weitere Installation genau wie über CD-ROM.
- Für **Winnt.exe** beziehungsweise **Winnt32.exe** stehen verschiedene Befehlszeilenoptionen zur Verfügung, mit denen der Installationsvorgang angepasst werden kann.
- Die **Winnt32.exe**-Befehlszeilenoption **/checkupgradeonly** prüft Ihren Computer auf Kompatibilität mit Windows XP Professional.

Lektion 4: Updaten von älteren Windows-Versionen auf Windows XP Professional

Sie haben die Möglichkeit, frühere Versionen des Betriebssystems Windows direkt auf Windows XP Professional zu aktualisieren. Vor dem Update müssen jedoch folgende Aufgaben ausgeführt werden:

- Sie müssen sicherstellen, dass der Computer die minimalen Hardwarevoraussetzungen zur Installation von Windows XP Professional erfüllt.
- Sie müssen prüfen, ob die verwendeten Hardwarekomponenten im Windows-Katalog aufgeführt sind oder die Hardware mithilfe des Windows XP Professional-Tools zur Kompatibilitätsprüfung testen. Die Verwendung kompatibler Hardware verhindert Probleme. Das ist insbesondere wichtig, wenn Sie bei vielen Clientcomputern auf einmal ein Update vornehmen.

Am Ende dieser Lektion werden Sie in der Lage sein, die folgenden Aufgaben auszuführen:

- Aufzählen der Updatemöglichkeiten auf Windows XP Professional.
- Erstellen eines Hardwarekompatibilitätsberichts.
- Aktualisieren früherer Windows-Clientbetriebssysteme auf Windows XP Professional.

Veranschlagte Zeit für diese Lektion: 10 Minuten

Updatemöglichkeiten

Die meisten Clientcomputer mit früheren Windows-Versionen können direkt auf Windows XP Professional aktualisiert werden. Bei einigen älteren Windows-Clientbetriebssystemen (zum Beispiel Windows 95, Windows NT 3.1 und Windows NT 3.5) ist hierzu jedoch ein zusätzlicher Schritt erforderlich. In Tabelle 2.5 sind die Updatemöglichkeiten für die verschiedenen Clientbetriebssysteme aufgeführt.

Tabelle 2.5 Updatemöglichkeiten für Clientbetriebssysteme auf Windows XP Professional

Update von	Update auf
Windows NT 3.1, 3.5 oder 3.51	Zunächst Update auf Windows NT 4.0 Workstation, dann Update auf Windows XP Professional
Windows 95	Zunächst Update auf Windows 98, dann Update auf Windows XP Professional
Windows 98	Windows XP Professional
Windows Me	Windows XP Professional
Windows NT Workstation 4.0 mit Service Pack 6 oder neuer	Windows XP Professional
Windows 2000 Professional	Windows XP Professional
Windows XP Home Edition	Windows XP Professional

Praxistipp Update von älteren Computern

Microsoft stellt eine Reihe von Updatemöglichkeiten auf Windows XP Professional zur Verfügung, sogar für so alte Betriebssysteme wie Windows 95. Aber auch wenn Updates von diesen Betriebssystemen unterstützt werden, ist es unwahrscheinlich, dass die Hardware der Computer, die unter den älteren Betriebssystemen laufen, für Windows XP Professional ausreicht. Und selbst falls sich Hardware und Anwendungen der Computer als kompatibel mit Windows XP Professional erweisen, dürfen Sie kaum erwarten, dass diese Computer Windows XP Professional oder moderne Anwendungen mit akzeptabler Geschwindigkeit ausführen.

Erstellen eines Berichts zur Hardwarekompatibilität

Bevor Sie einen Clientcomputer auf Windows XP Professional aktualisieren, müssen Sie sicherstellen, dass dieser die minimalen Hardwarevoraussetzungen erfüllt. Hierzu erstellen Sie mit dem Windows XP Professional-Kompatibilitätstool einen Bericht zur Hardware- und Softwarekompatibilität. Dieses Tool wird beim eigentlichen Updatevorgang automatisch ausgeführt, eine Ausführung vor der Installation gibt jedoch Hinweise auf mögliche Hardware- und Softwareprobleme, sodass Kompatibilitätsprobleme bereits im Vorfeld beseitigt werden können.

Erstellen des Kompatibilitätsberichts

Gehen Sie zum Ausführen des Windows XP Professional-Kompatibilitätstools und zum Erstellen eines Kompatibilitätsberichts folgendermaßen vor:

1. Legen Sie die Windows XP Professional-CD-ROM in das CD-ROM-Laufwerk ein.
2. Wählen Sie im Startmenü den Befehl **Ausführen**.
3. Geben Sie im Dialogfeld **Ausführen** den Befehl ***d*:\i386\winnt32 /checkupgradeonly** ein (der Buchstabe ***d*:** steht für den Laufwerkbuchstaben Ihres CD-ROM-Laufwerks) und klicken Sie auf **OK**.

Hinweis Das Erstellen des Kompatibilitätsberichts kann einige Minuten in Anspruch nehmen. Das Tool führt lediglich eine Prüfung der Hard- und Softwarekomponenten auf Kompatibilität durch und erstellt einen Bericht, mit dessen Hilfe Sie die mit Windows XP Professional inkompatiblen Systemkomponenten ermitteln können.

Analysieren des Berichts

Über den Befehl **Winnt32 /checkupgradeonly** wird ein Bericht in Form eines Textdokuments erstellt. Dieser Bericht kann im Kompatibilitätstool angezeigt oder als Datei gespeichert und in einem beliebigen Texteditor geöffnet werden. Der Bericht dokumentiert die Systemhardware und -software, die nicht mit Windows XP Professional kompatibel ist. Des Weiteren wird angezeigt, ob Sie für die installierte Software ein Aktualisierungspaket benötigen, und der Bericht enthält Empfehlungen für zusätzliche Systemänderungen, mit denen Sie die Funktion von Windows XP Professional sicherstellen können.

Update bei kompatiblen Windows 98-Computern

Mit Windows XP Professional kompatible Clientsysteme, die bisher unter Windows 98 laufen, können mit einem Setup-Assistenten oder unter Verwendung von **Winnt32.exe** aktualisiert werden.

Gehen Sie zum Aktualisieren eines kompatiblen Windows 98-Computers mithilfe von **Winnt32.exe** folgendermaßen vor:

1. Legen Sie die Windows XP Professional-CD-ROM in das CD-ROM-Laufwerk ein.

   Über die **AutoPlay**-Funktion der Windows XP Professional-CD-ROM wird der Willkommensbildschirm für Windows XP Professional angezeigt.

Hinweis Wenn Sie keine Befehlszeilenoptionen mit **Winnt32.exe** verwenden möchten, klicken Sie auf **Windows XP installieren** und folgen den Anweisungen auf dem Bildschirm. Die folgenden Schritte entsprechen denen aus Übung 1 in Lektion 2, „Installieren von Windows XP Professional von einer CD-ROM“.

2. Öffnen Sie die Eingabeaufforderung, geben Sie **d:\i386\winnt32.exe** und alle gewünschten Befehlszeilenoptionen ein und drücken Sie die EINGABETASTE.
3. Stimmen Sie den Lizenzbestimmungen zu.
4. Falls der Computer bereits einer Domäne angehört, müssen Sie ein Computerkonto in dieser Domäne erstellen. Windows 98-Clients benötigen kein Computerkonto, für Windows XP Professional-Clients ist jedoch ein Computerkonto erforderlich.
5. Stellen Sie gegebenenfalls Aktualisierungspakete für Anwendungen bereit. Aktualisierungspakete führen ein Update der Software durch, damit sie für den Einsatz unter Windows XP Professional aktualisiert wird. Diese Pakete erhalten Sie vom jeweiligen Softwarehersteller.
6. Aktualisieren Sie auf NTFS, wenn Sie dazu aufgefordert werden. Wählen Sie NTFS, wenn Sie den Clientrechner nicht in einer Dualbootkonfiguration einrichten möchten.
7. Setzen Sie das Update fort, wenn über das Windows XP Professional-Kompatibilitätstool ermittelt wird, dass der Computer mit Windows XP Professional kompatibel ist. Das Update wird ohne weitere Benutzerinteraktion abgeschlossen. Der Computer wird während des Updates zu einer Arbeitsgruppe oder Domäne hinzugefügt.

Beenden Sie den Updatevorgang, falls der Clientcomputer nicht mit Windows XP Professional kompatibel ist, und aktualisieren Sie zunächst die Hard- oder Software.

Update bei kompatiblen Windows NT 4.0-Computern

Der Updatevorgang für einen Windows NT 4.0-Computer ähnelt dem für einen Windows 98-Computer. Bevor Sie das Update vornehmen, sollten Sie mit dem Kompatibilitätstool sicherstellen, dass die Systeme mit Windows XP Professional kompatibel sind. Machen Sie daher vor dem Installieren mit dem Windows XP Professional-Kompatibilitätstool potentielle Probleme ausfindig.

Windows NT 4.0-Computer, die alle Hardwarekompatibilitätsvoraussetzungen erfüllen, können direkt auf Windows XP Professional aktualisiert werden. Gehen Sie folgendermaßen vor, wenn Sie einen Windows NT 4.0-Computer mithilfe von **Winnt32.exe** auf Windows XP Professional aktualisieren wollen:

1. Legen Sie die Windows XP Professional-CD-ROM in das CD-ROM-Laufwerk ein.

   Über die **AutoPlay**-Funktion der Windows XP Professional-CD-ROM wird der Willkommensbildschirm für Windows XP Professional angezeigt.

Hinweis Wenn Sie keine Befehlszeilenoptionen mit **Winnt32.exe** verwenden möchten, klicken Sie auf **Windows XP installieren** und folgen den Anweisungen auf dem Bildschirm. Die folgenden Schritte entsprechen denen aus Übung 2 in Lektion 2.

2. Öffnen Sie die Eingabeaufforderung, geben Sie **d:\i386\winnt32.exe** und alle gewünschten Befehlszeilenoptionen ein und drücken Sie die EINGABETASTE.
3. Wählen Sie auf der Seite **Willkommen** in der Dropdownliste **Installationstyp** die Option **Aktualisierung**, und klicken Sie dann auf **Weiter**.
4. Der Lizenzvertrag wird angezeigt. Lesen Sie die Bestimmungen, klicken Sie auf **Ich stimme dem Lizenzvertrag zu** und anschließend auf **Weiter**.
5. Der Bildschirm zur Eingabe des Product Key wird angezeigt. Geben Sie den 25-stelligen Product Key ein, der auf der Hülle der Windows XP Professional-CD-ROM angegeben ist.
6. Klicken Sie der Seite **Aktualisierung auf das NTFS-Dateisystem von Windows XP** auf **Ja, Laufwerk aktualisieren** und anschließend auf **Weiter**.
7. Nachdem das Setupprogramm die Installationsdateien kopiert hat, wird der Computer neu gestartet. Das Update wird ab diesem Zeitpunkt ohne weitere Benutzeraktionen fertig gestellt.

Lernzielkontrolle

Anhand der folgenden Fragen können Sie überprüfen, ob Sie die Themen dieser Lektion so gut beherrschen, dass Sie mit der nächsten Lektion weitermachen können. Falls Sie eine Frage nicht beantworten können, sollten Sie die Lektion noch einmal durcharbeiten, und dann erneut versuchen, die Frage zu beantworten. Die Antworten auf die Lernzielkontrollfragen finden Sie im Abschnitt „Fragen und Antworten" am Ende dieses Kapitels.

1. Welche der folgenden Betriebssysteme können direkt auf Windows XP Professional aktualisiert werden? (Wählen Sie alle zutreffenden Antworten aus.)

   a. Windows NT Workstation 4.0

   b. Windows NT 3.51

   c. Windows 2000 Professional

   d. Windows NT Server 4.0

2. Wie können Sie einen Windows 95-Computer auf Windows XP Professional aktualisieren?

___

___

3. Welche der folgenden Aufgaben sollten Sie vor dem Aktualisieren eines Windows NT 4.0 Workstation-Computers ausführen? (Wählen Sie alle zutreffenden Antworten aus.)
   a. Erstellen einer 2-GByte-Partition für die Installation von Windows XP Professional.
   b. Sicherstellen, dass der Computer die minimalen Hardwarevoraussetzungen erfüllt.
   c. Erstellen eines Berichts zur Hardware- und Softwarekompatibilität.
   d. Formatieren der Windows NT 4.0-Partition, damit eine Installation von Windows XP Professional vorgenommen werden kann.
4. Wie können Sie ermitteln, ob Ihr Computer mit Windows XP Professional kompatibel ist und daher ein Update auf Windows XP Professional unterstützt?

___

___

Zusammenfassung der Lektion

- Bevor Sie einen Clientcomputer auf Windows XP Professional aktualisieren, müssen Sie sicherstellen, dass dieser die Mindestanforderungen hinsichtlich der Hardware erfüllt.
- Erstellen Sie mithilfe des Windows XP Professional-Kompatibilitätstools einen Bericht zur Hardware- und Softwarekompatibilität.
- Mit Windows XP Professional kompatible Clientsysteme können unter Verwendung des Windows XP Professional-Setupprogramms (**Winnt32.exe**) aktualisiert werden.

Lektion 5: Problembehandlung bei der Installation von Windows XP Professional

Der beste Weg, Probleme beim Installieren von Windows XP Professional zu vermeiden, ist eine sorgfältige Vorarbeit: Bereiten Sie den Computer auf die Installation vor, wählen Sie eine passende Installationsmethode aus und stellen Sie sicher, dass die Hardware des Computers mit Windows XP Professional kompatibel ist, bevor Sie die Installation beginnen. In den meisten Fällen wird die Installation von Windows XP Professional ohne jegliche Probleme ablaufen, für den Fall der Fälle stellt diese Lektion aber einige Ursachen für eine gescheiterte Installation vor und beschreibt mögliche Problemlösungen.

Am Ende dieser Lektion werden Sie in der Lage sein, die folgenden Aufgaben auszuführen:

- Aufzählen verbreiteter Setupfehler und der zugehörigen Lösungsmöglichkeiten.
- Durchführen einer Problembehandlung für Setupfehler mithilfe von Setupprotokollen.

Veranschlagte Zeit für diese Lektion: 15 Minuten

Richtlinien zum Beseitigen verbreiteter Probleme

Glücklicherweise sind die meisten Installationsprobleme relativ geringfügige Fehler, die sich einfach korrigieren lassen. Tabelle 2.6 führt einige häufige Installationsprobleme auf und beschreibt, wie sie sich beseitigen lassen.

Tabelle 2.6 Tipps für die Problembehandlung bei Installationsfehlern

Problem	Lösung
Es treten Medienfehler auf.	Wenn Sie über eine CD-ROM installieren, sollten Sie eine andere CD-ROM verwenden. Wenden Sie sich bezüglich einer Ersatz-CD-ROM an Microsoft oder Ihren Fachhändler. Probieren Sie aus, ob das Problem auch bei Verwendung eines anderen Computers und CD-ROM-Laufwerks weiter besteht. Wenn die CD-ROM auf einem anderen Computer lesbar ist, können Sie eine Netzwerkinstallation durchführen. Falls eine der Setupdisketten nicht funktioniert, sollten Sie es mit einem anderen Satz Setupdisketten versuchen.
Das CD-ROM-Laufwerk wird nicht unterstützt.	Ersetzen Sie das CD-ROM-Laufwerk durch ein unterstütztes Laufwerk. Falls ein Austausch nicht möglich ist, müssen Sie eine andere Installationsmethode anwenden, zum Beispiel eine Netzwerkinstallation. Installieren Sie nach Abschluss der Installation den entsprechenden Treiber für das CD-ROM-Laufwerk (sofern verfügbar). ▶

Problem	Lösung
Der Computer kann die Dateien nicht von der CD-ROM kopieren.	Testen Sie die CD-ROM auf einem anderen Computer. Wenn sich die Dateien bei Einsatz eines anderen CD-ROM-Laufwerks oder eines anderen Computers kopieren lassen, können Sie die Dateien von der CD-ROM auf eine Netzwerkfreigabe oder das Laufwerk des Computers kopieren, auf dem Windows XP Professional installiert werden soll. Gelegentlich ist auch ein defektes RAM-Modul die Ursache für einen Fehler, bei dem das Setupprogramm meldet, dass es eine bestimmte Datei nicht kopieren kann. Falls Sie beim Überprüfen der CD-ROM und des CD-ROM-Laufwerks keinen Fehler feststellen können, sollten Sie als Nächstes den Arbeitsspeicher testen.
Der Festplattenspeicher reicht nicht aus.	Sie haben folgende Möglichkeiten: ■ Erstellen Sie über das Setupprogramm im verfügbaren nicht partitionierten Speicherplatz eine Partition auf der Festplatte. ■ Löschen Sie eventuell vorhandene Partitionen, und erstellen Sie anschließend eine neue Partition, deren Speicherplatz für die Installation ausreicht. ■ Formatieren Sie vorhandene Partitionen neu, um Speicherplatz freizugeben.
Setupfehler während der anfänglichen Textmodusphase.	Überprüfen Sie, ob Windows XP die Speichergeräte auf dem Computer unterstützt. Falls nicht, müssen Sie die Taste F6 drücken, sobald Sie dazu aufgefordert werden, und die notwendigen Treiber für diese Geräte auf Diskette zur Verfügung stellen.
Der Abhängigkeitsdienst kann nicht gestartet werden.	Kehren Sie im Windows XP-Setup-Assistenten zum Dialogfeld **Netzwerkeinstellungen** zurück und stellen Sie sicher, dass die richtigen Protokolle und Netzwerkkarten installiert wurden. Prüfen Sie, ob die Netzwerkkarte über die richtigen Konfigurationseinstellungen verfügt (beispielsweise den Transceivertyp), und prüfen Sie, ob der Name des lokalen Computers im Netzwerk eindeutig ist.
Während des Setups erscheint eine Fehlermeldung des BIOS-eigenen Virenscanners, dass ein Virus versucht, den Bootsektor zu infizieren. Das Setup schlägt fehl.	Wenn das Windows XP-Setupprogramm versucht, den Bootsektor zu beschreiben, um die Festplatte bootfähig zu machen, interpretieren BIOS-eigene Virenscanner das möglicherweise als Versuch eines Virus, das System zu infizieren. Deaktivieren Sie den Virenscanner im BIOS, nachdem die Installation von Windows XP abgeschlossen ist, können Sie ihn wieder aktivieren. ▶

<table>
<tr><th>Problem</th><th>Lösung</th></tr>
<tr><td>Verbindung zum Domänencontroller ist nicht möglich.</td><td>Prüfen Sie Folgendes:
■ Wurde der Domänenname richtig angegeben?
■ Sind sowohl der Server mit dem DNS-Dienst als auch der Domänencontroller eingeschaltet und online? Installieren Sie Windows XP Professional zunächst in einer Arbeitsgruppe, wenn Sie keinen Domänencontroller ermitteln können. Nach Abschluss der Installation können Sie den Computer zur Domäne hinzufügen.
■ Sind die Netzwerkkarten und Protokolleinstellungen richtig konfiguriert? Wenn Sie eine erneute Installation von Windows XP Professional vornehmen und denselben Computernamen verwenden, müssen Sie das erstellte Computerkonto löschen und neu erstellen.</td></tr>
<tr><td>Windows XP Professional wird nicht installiert oder gestartet.</td><td>Prüfen Sie Folgendes:
■ Erkennt Windows XP Professional alle Hardwarekomponenten?
■ Sind sämtliche der verwendeten Hardwarekomponenten im Windows-Katalog aufgeführt? Führen Sie den Befehl Winnt32 /checkupgradeonly aus, um sicherzugehen, dass die verwendete Hardware mit Windows XP Professional kompatibel ist.
Entfernen Sie alle nicht unterstützten Geräte und prüfen Sie, ob der Fehler dann verschwunden ist. Falls Sie nicht sicher sind, welche der Geräte nicht unterstützt werden, können Sie während der Installation sämtliche Geräte entfernen (außer denen, die unbedingt erforderlich sind, also zum Beispiel Motherboard, Grafikkarte, Arbeitsspeicher und so weiter). Nachdem Windows XP Professional installiert ist, können Sie die Geräte wieder anschließen.</td></tr>
</table>

Problembehandlung von Setupfehlern mithilfe der Windows XP-Setupprotokolle

Während des Setups erstellt Windows XP Professional verschiedene Protokolldateien mit Installationsinformationen, die Sie nach Abschluss der Installation zum Beseitigen eventuell auftretender Probleme einsetzen können. Besonders das Aktions- und das Fehlerprotokoll sind für die Problembehandlung sehr nützlich. Beide sind in der Standardeinstellung im Installationsordner (standardmäßig **C:\Windows**) gespeichert.

Tipp Diese Protokolle sind Textdokumente, die Sie sich im Windows-Editor, in WordPad oder in Word ansehen können. Einige der Dokumente sind sehr groß. Es empfiehlt sich, im Dokument nach dem Wort **fail** zu suchen, auf diese Weise springen Sie schnell zu Stellen in den Protokolldateien, die Informationen über fehlgeschlagene Operationen enthalten.

Das Aktionsprotokoll

Das Aktionsprotokoll zeichnet die vom Setupprogramm ausgeführten Aufgaben in chronologischer Reihenfolge auf. Hier werden beispielsweise Informationen zum Kopieren von Dateien und zum Erstellen von Registrierungsinformationen protokolliert. Des Weiteren enthält dieses Protokoll Einträge, die in das Fehlerprotokoll geschrieben werden. Das Aktionsprotokoll wird in der Datei **Setupact.log** gespeichert. Falls eine Installation fehlschlägt, können Sie oft herausfinden, was das Setupprogramm gerade getan hat, als der Fehler auftrat (zum Beispiel, welche Datei kopiert wurde). Suchen Sie in der Microsoft Knowledge Base nach der Beschreibung der Aktion, dann bekommen Sie häufig eine Lösung für das Problem geliefert.

Das Fehlerprotokoll

Das Fehlerprotokoll zeichnet Fehler (und ihre Schwere) auf, die während des Setups auftreten. Da der Inhalt dieses Protokolls auch im Aktionsprotokoll enthalten ist, können Sie sich das Fehlerprotokoll als Teilmenge des Aktionsprotokolls vorstellen. Das Fehlerprotokoll wird in der Datei **Setuperr.log** gespeichert. Falls bei der Installation Fehler auftreten, wird dem Benutzer das Fehlerprotokoll im Anschluss an das Setup angezeigt. Verlief die Installation fehlerfrei, ist diese Datei leer.

Weitere Informationen Zusätzliche Informationen zur Problembehandlung bei der Installation finden Sie in Kapitel 4, „Anpassen des Startvorgangs und Beseitigen von Startproblemen", in Lektion 3, „Tools zum Starten und Wiederherstellen".

Problembehandlung von Stop-Fehlern

Stop-Fehler werden auch als Bluescreen-Fehler bezeichnet. Sie treten auf, wenn der Computer einen Fehlerzustand feststellt, den er nicht beheben kann. Der Computer reagiert nicht mehr und zeigt einen Informationsbildschirm mit blauem Hintergrund an. Am häufigsten treten Stop-Fehler auf, nachdem die Textmodusphase des Setups beendet ist, Ihr Computer neu gestartet wurde und die Setup-Assistent-Phase beginnt. Während dieses Wechsels lädt Windows XP zum ersten Mal den neu installierten Betriebssystemkern und initialisiert neue Hardwaretreiber.

Stop-Fehler werden durch eine Hexadezimalzahl mit 10 Ziffern identifiziert. Die beiden häufigsten Stop-Fehler während der Windows XP-Installation sind:

- **Stop: 0x0000000A:** Dieser Fehler bedeutet normalerweise, dass Windows versucht hat, auf eine bestimmte Arbeitsspeicheradresse zuzugreifen, und die interne Prozessanforderungsstufe (Internal Request Level, IRQL) dabei zu hoch war. Das passiert meist, wenn ein Hardwaretreiber auf eine falsche Arbeitsspeicheradresse zugreift. Dieser Fehler kann auch auf einen inkompatiblen Gerätetreiber oder ein allgemeines Hardwareproblem hindeuten. Es gibt mehrere Möglichkeiten, einen solchen Fehler zu beseitigen: Stellen Sie sicher, dass Ihre Hardware im Windows-Katalog aufgeführt ist, überprüfen Sie, ob Ihr BIOS mit Windows XP Professional kompatibel ist, und führen Sie eine allgemeine Hardware-Problembehandlung durch. Über die Problembehandlung dieses Stop-Fehlers erfahren Sie mehr im Microsoft Knowledge Base-Artikel 314063, „Problembehandlung bei einem Stop 0x0000000A-Fehler in Windows XP".

- **Stop: 0x0000007B:** Dieser Fehler bedeutet normalerweise, dass nicht auf das Bootgerät zugegriffen werden kann, das heißt, dass Windows nicht auf Ihre Festplatte zugreifen kann. Häufige Gründe für diesen Typ Fehler sind ein Bootsektorvirus, defekte oder inkompatible Hardware oder fehlende Hardwaretreiber. Über die Problembehandlung dieses Stop-Fehlers erfahren Sie mehr im Microsoft Knowledge Base-Artikel 324103, „SO WIRD'S GEMACHT: Problembehandlung bei "Stop 0x0000007B"-Fehlern in Windows XP".

Tipp Dies sind zwar die beiden Stop-Fehler, die Sie während einer Windows XP-Installation am häufigsten sehen, es kann aber auch passieren, dass Sie es mit anderen Stop-Fehlern zu tun bekommen. Falls Sie einen Stop-Fehler erhalten, sollten Sie die Fehlernummer notieren. Suchen Sie in der Knowledge Base nach der Fehlernummer, dann erhalten Sie Hinweise, wie Sie den Fehler beheben können. Über die Problembehandlung von Stop-Fehlern erfahren Sie mehr im Artikel „Windows Server 2003 Troubleshooting Stop Errors", online verfügbar unter **http://www.microsoft.com/technet/prodtechnol/windowsserver2003/operations/system/sptcestp.mspx**. Dieser Artikel wurde zwar für Windows Server 2003 geschrieben, sein Inhalt gilt aber auch für Windows XP.

Lernzielkontrolle

Anhand der folgenden Fragen können Sie überprüfen, ob Sie die Themen dieser Lektion so gut beherrschen, dass Sie mit der nächsten Lektion weitermachen können. Falls Sie eine Frage nicht beantworten können, sollten Sie die Lektion noch einmal durcharbeiten, und dann erneut versuchen, die Frage zu beantworten. Die Antworten auf die Lernzielkontrollfragen finden Sie im Abschnitt „Fragen und Antworten" am Ende dieses Kapitels.

1. Welche Protokolldateien sollten Sie prüfen, wenn während des Setups ein Fehler auftritt? (Wählen Sie alle zutreffenden Antworten aus.)

   a. Setuperr.log

   b. Netsetup.log

   c. Setup.log

   d. Setupact.log

   Die Antworten a und d sind richtig. Während der Installation erstellt das Setupprogramm von Windows XP Professional ein Aktionsprotokoll (**Setupact.log**) und ein Fehlerprotokoll (**Setuperr.log**). Die Antworten b und c sind nicht korrekt, weil dies keine Namen von Installationsprotokolldateien sind.

2. Wie sollten Sie vorgehen, wenn während der Installation keine Verbindung zum Domänencontroller hergestellt werden kann?

   Zunächst prüfen Sie, ob ein Domänencontroller verfügbar und online ist. Anschließend stellen Sie sicher, dass der Server mit dem DNS-Dienst eingeschaltet und online ist. Falls beide Server online sind, vergewissern Sie sich, dass die Einstellungen für Netzwerkkarte und Protokoll richtig konfiguriert sind und das Netzwerkkabel richtig an die Netzwerkkarte angeschlossen wurde.

3. Wie gehen Sie vor, wenn die Installationsdateien nicht vom CD-ROM-Laufwerk gelesen werden können?

   Verwenden Sie eine andere CD-ROM. (Wenden Sie sich bezüglich einer Ersatz-CD-ROM an Microsoft oder Ihren Fachhändler.) Probieren Sie aus, ob das Problem auch bei Verwendung eines anderen Computers und eines anderen CD-ROM-Laufwerks weiter besteht. Wenn die CD-ROM auf einem anderen Computer lesbar ist, können Sie eine Netzwerkinstallation durchführen.

Zusammenfassung der Lektion

- Im Aktionsprotokoll (**Setupact.log**) werden die vom Setupprogramm ausgeführten Aktionen in chronologischer Reihenfolge aufgeführt und beschrieben.
- Das Fehlerprotokoll (**Setuperr.log**) erfasst alle Fehler, die während des Setups auftreten, und gibt den Schweregrad der Fehler an.
- Falls eine Installation mit einem Stop-Fehler abbricht, können Sie in der Microsoft Knowledge Base nach Informationen zur Problembehandlung des jeweiligen Fehlers suchen.

Lektion 6: Aktivieren und Aktualisieren von Windows XP Professional

Nachdem Sie Windows XP bei einem Privatbenutzer oder in einem kleinen Unternehmen installiert haben, müssen Sie Windows aktivieren. Wenn Windows nicht aktiviert wird, kann es nur 30 Tage lang verwendet werden. Unternehmensinstallationen müssen normalerweise nicht aktiviert werden, weil die meisten Unternehmen ein Volumenlizenzierungssystem nutzen. Außerdem müssen Sie verfügbare Updates installieren. Am besten konfigurieren Sie Windows so, dass es wichtige Updates automatisch herunterlädt und installiert.

Am Ende dieser Lektion werden Sie in der Lage sein, die folgenden Aufgaben auszuführen:

- Aktivieren von Windows XP nach Abschluss der Installation.
- Analysieren eines Systems und Anzeigen der verfügbaren Updates mithilfe der Windows Update-Site.
- Konfigurieren der Funktion **Automatische Updates**, damit Updates automatisch heruntergeladen und installiert werden.
- Erklären der Aufgabe der Software Update Services.
- Erklären der Aufgabe von Service Packs.

Veranschlagte Zeit für diese Lektion: 30 Minuten

Aktivieren von Windows nach Abschluss der Installation

Sofern Sie nicht mit einem Volumenlizenzierungssystem arbeiten, müssen Sie Windows XP Professional innerhalb von 30 Tagen nach der Installation durch Microsoft aktivieren lassen. Wenn Sie Windows XP Professional von einer Original-Installations-CD-ROM installieren, müssen Sie es normalerweise aktivieren. Wird das Betriebssystem nicht innerhalb dieser Zeit aktiviert, stellt Windows die Arbeit ein, bis die Aktivierung vorgenommen wird. Um sich danach am Computer anmelden zu können, müssen Sie Kontakt mit einem der Microsoft-Produktaktivierungscenter aufnehmen. Falls Sie die Aktivierung nicht vornehmen, fordert Windows Sie in regelmäßigen Abständen erneut auf, bis Sie das Produkt aktivieren.

Für die ***Windows-Produktaktivierung*** (Windows Product Activation, WPA) ist es nötig, dass jede Installation einen eindeutigen Product Key hat. Wenn Sie während der Windows-Installation den 25-stelligen Product Key eingeben, generiert das Setupprogramm eine 20-stellige Product ID (PID). Während der Aktivierung kombiniert Windows die PID und eine Hardware-ID und bildet daraus eine Installations-ID. Windows sendet diese Installations-ID an eine Microsoft-Lizenzierungsstelle, in der überprüft wird, ob die PID gültig ist und noch nicht zum Aktivieren einer anderen Installation verwendet wurde. Ist alles in Ordnung, sendet die Lizenzierungsstelle eine Bestätigungs-ID an Ihren Computer und Windows XP Professional ist aktiviert. Fällt die Überprüfung negativ aus, schlägt die Aktivierung fehl.

Aktualisieren eines Systems mithilfe der Windows Update-Site

Windows Update ist ein Online-Dienst, der Updates für die Windows-Betriebssystemfamilie zur Verfügung stellt. Dort können Sie ganz einfach Produktupdates herunterladen, zum Beispiel wichtige und Sicherheitsupdates, allgemeine Windows-Updates und Gerätetreiberupdates. Wenn Sie eine Verbindung zur Windows Update-Website herstellen, analysiert die Site Ihr System (dieser Vorgang läuft lokal ab, es werden keinerlei Informationen an Microsoft übertragen) und stellt fest, welche Updates bereits installiert sind. Anschließend bekommen Sie eine Liste der für Ihr System verfügbaren Updates angezeigt.

Sie haben folgende Möglichkeiten, auf Windows Update zuzugreifen:

- Über den Internet Explorer: Wählen Sie den Menübefehl **Extras/Windows Update**.
- Mit einem beliebigen Webbrowser: Geben Sie dort folgenden URL ein: **http://www.microsoft.com/windowsupdate**.
- Im Hilfe- und Supportcenter: Klicken Sie dort auf **Windows Update**.
- Über das Startmenü: Wählen Sie **Alle Programme** und dann **Windows Update**.
- Im Geräte-Manager: Klicken Sie im Eigenschaftendialogfeld eines beliebigen Geräts auf die Schaltfläche **Aktualisieren**.

► **So aktualisieren Sie Windows XP über die Windows Update-Site:**

Gehen Sie folgendermaßen vor, um eine Schnellinstallation von der Windows Update-Site vorzunehmen:

1. Wählen Sie im Startmenü **Alle Programme** und dann **Windows Update**.
2. Klicken Sie auf der Microsoft Windows Update-Website auf **Schnellinstallation**.
3. Warten Sie, bis die Analyse abgeschlossen ist (dieser Vorgang läuft lokal ab, dabei werden keine Informationen an die Microsoft-Server gesendet). Klicken Sie dann auf **Installieren**.
4. Falls ein Lizenzvertrag (EULA) angezeigt wird, müssen Sie ihn lesen und dann auf **Ich stimme zu** klicken.
5. Warten Sie, bis die Updates heruntergeladen und installiert wurden. Klicken Sie auf **Jetzt neu starten**, falls Sie aufgefordert werden, den Computer neu zu starten. Falls diese Meldung nicht erscheint, können Sie auf **Schließen** klicken.

Konfigurieren von Automatische Updates

Windows XP unterstützt außerdem **Automatische Updates**, eine Funktion, die wichtige Updates automatisch herunterlädt und auf dem Computer installiert, sobald die Updates verfügbar werden. Sie sollten die Funktion **Automatische Updates** in Windows XP so konfigurieren, dass sie neue Updates regelmäßig herunterlädt und installiert.

Gehen Sie folgendermaßen vor, um die Funktion **Automatische Updates** zu konfigurieren:

1. Klicken Sie im Startmenü auf **Systemsteuerung**.
2. Klicken Sie im Fenster **Systemsteuerung** auf **Leistung und Wartung**.

3. Klicken Sie im Fenster **Leistung und Wartung** auf **System**.
4. Aktivieren Sie auf der Registerkarte **Automatische Updates** die Option **Automatisch (empfohlen)** (Abbildung 2.9).

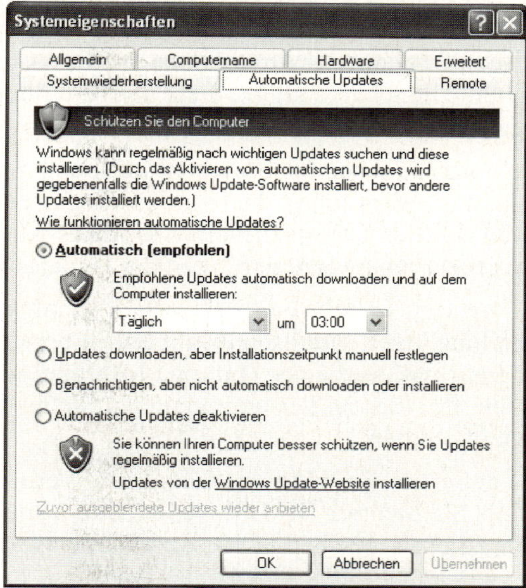

Abbildung 2.9 Sie sollten die Funktion **Automatische Updates** so konfigurieren, dass Updates automatisch heruntergeladen und installiert werden.

5. Wählen Sie aus, wie oft und zu welcher Uhrzeit Updates heruntergeladen und installiert werden sollen. Wenn der Benutzer eine ständige Verbindung hat (zum Beispiel über eine DSL-Leitung), sollten Sie Windows so konfigurieren, dass es täglich nach Updates sucht, möglichst zu einem Zeitpunkt, an dem der Benutzer seinen Computer nicht verwendet. Benutzer mit DFÜ-Verbindungen können auch längere Abstände einstellen, wenn sie ihrem Computer nicht erlauben wollen, sich selbstständig in das Internet einzuwählen.
6. Klicken Sie auf **OK**.

Prüfungstipp Damit kritische Updates für Windows XP zuverlässig installiert werden, wird empfohlen, **Automatische Updates** zu aktivieren und es so zu konfigurieren, dass es Updates zu festgelegten Terminen automatisch herunterlädt und installiert.

Was sind Software Update Services?

In der Standardeinstellung verwendet **Automatische Updates** zum Suchen und Herunterladen von Updates die öffentlichen Update-Server von Microsoft. Alternativ können Sie auch einen Update-Dienst für das lokale Netzwerk einrichten, der den Clients die Updates zur Verfügung stellt. Auf diese Weise lässt sich besser steuern, welche Updates den Clientcomputern zugänglich gemacht werden.

Software Update Services (SUS) ist eine Serverkomponente, die innerhalb der Unternehmens-Firewall auf einem Windows 2000- oder Windows Server 2003-Server installiert wird. Mithilfe von SUS kann das Unternehmen kritische Updates und Sicherheitsupdates verteilen. Es ist nicht möglich, damit Service Packs oder Treiber-Updates zu verteilen, und es gibt keine direkte Methode, Softwarepakete bereitzustellen.

Anstelle der Clients synchronisiert sich SUS mit der öffentlichen Windows Update-Site von Microsoft. SUS, das bis zu 15.000 Clients unterstützt, dient als Verteilungspunkt für Updates an die Clients in Ihrer Organisation. Dazu stehen zwei Modi zur Verfügung:

- **Automatisch:** Sie können einen automatischen Inhalteverteilungspunkt auf dem SUS-Server einrichten, der seinen Inhalt mit dem Inhalt der Windows Update-Website synchronisiert. Bei diesem Verfahren erhalten Clients dieselben Updates wie vom öffentlichen Server, aber der Internetverkehr wird verringert, weil die Updates lokal zur Verfügung stehen.
- **Manuell:** Sie können auch einen Inhalteverteilungspunkt auf einem Server einrichten, auf dem die Microsoft Internet-Informationsdienste (Internet Information Services, IIS) Version 5.0 oder neuer laufen. Bei diesem Verfahren können Sie festlegen, welche Updates zur Verfügung gestellt werden.

Sie können auch steuern, zu welchem Server ein Windows-Client eine Verbindung herstellt, um sich Updates zu holen (falls Sie mehrere SUS-Server an unterschiedlichen Standorten betreiben), und wann die Client kritische Updates installieren sollen.

Installieren von SUS

Sie können die Serverkomponente der Software Update Services auf einem Windows 2000 Server- oder einem Windows Server 2003-Server installieren. Der Computer sollte folgende Systemvoraussetzungen erfüllen:

- Pentium III mit 700 MHz oder schneller
- 512 MByte RAM
- 6 GByte freier Festplattenplatz, formatiert mit NTFS
- Windows 2000 Server (mit Service Pack 2 oder neuer) oder Windows Server 2003
- IIS 5.0 oder neuer
- Internet Explorer 6.0 oder neuer

Die SUS-Komponente können Sie von der Adresse **http://www.microsoft.com/windows2000/windowsupdate/sus/default.asp** herunterladen. Warten Sie, bis der Download abgeschlossen ist, und klicken Sie dann doppelt auf die Setupdatei, um den Installationsvorgang zu beginnen. Folgen Sie einfach den Anweisungen für eine Standardinstallation (bei der benutzerdefinierten Installation können Sie auswählen, in welchem Ordner der Dienst installiert wird und wo die Updates gespeichert werden).

Konfigurieren von Clients für den Zugriff auf SUS mithilfe von Gruppenrichtlinien

Nachdem SUS in Ihrer Umgebung installiert ist, müssen Sie die Clientsysteme so konfigurieren, dass sie darauf zugreifen. Andernfalls verwenden sie weiterhin die öffentlichen

Windows Update-Server. Sie müssen Gruppenrichtlinien verwenden, um Clients so zu konfigurieren, dass sie den SUS-Server verwenden. Sie legen die Richtlinie entweder auf der Domänen- oder auf der Organisationseinheitenebene fest. Gruppenrichtlinien werden genauer in Kapitel 16, „Konfigurieren von Sicherheitseinstellungen und Internetoptionen", erklärt.

Gehen Sie folgendermaßen vor, um die Gruppenrichtlinien einzurichten:

1. Melden Sie sich als Domänenadministrator an oder öffnen Sie das Snap-In **Active Directory-Benutzer und -Computer** mit dem Befehl **Ausführen als**, damit Sie die entsprechenden Anmeldeinformationen eingeben können.
2. Klicken Sie mit der rechten Maustaste auf die gewünschte Domäne oder Organisationseinheit und wählen Sie im Kontextmenü den Befehl **Eigenschaften**.
3. Klicken Sie auf die Registerkarte **Gruppenrichtlinien**.
4. Sie könnten an dieser Stelle die Standarddomänenrichtlinie bearbeiten, aber normalerweise wird empfohlen, für diese Art von sekundären Einstellungen eine neue Richtlinie zu erstellen. Klicken Sie dazu auf die Schaltfläche **Neu** und geben Sie der neuen Richtlinie einen Namen.
5. Klicken Sie auf die Schaltfläche **Bearbeiten**, um das Fenster **Gruppenrichtlinienobjekt-Editor** zu öffnen.
6. Erweitern Sie den Knoten **Computerkonfiguration**, dann **Administrative Vorlagen**, **Windows-Komponenten** und **Windows Update**.
7. Klicken Sie doppelt auf die Einstellung **Automatische Updates konfigurieren** und wählen Sie eine der folgenden Optionen:
   - Vor Download und Installation benachrichtigen
   - Autom. Downloaden, aber vor Installation benachrichtigen
   - Autom. Downloaden und laut Zeitplan installieren
8. Klicken Sie doppelt auf die Einstellung **Internen Pfad für den Microsoft Updatedienst angeben**. Ändern Sie die Einstellung auf **Aktiviert** und geben Sie in beide Felder den Namen des internen SUS-Servers ein, den die Clients in der Domäne verwenden sollen. Diese Informationen können Sie als Namen oder als IP-Adresse eingeben.
9. Klicken Sie doppelt auf die Einstellung **Geplante Installationen automatischer Updates erneut planen**, um den Zeitplan für die automatische Installation auf Clients festzulegen.
10. Klicken Sie doppelt auf **Kein automatischer Neustart für geplante Installationen automatischer Updates**, damit Clients nach einer automatischen Installation nicht neu starten.

Hinweis Nachdem **Automatische Updates** mithilfe von Gruppenrichtlinien konfiguriert wurde, kann der Benutzer auf dem Clientcomputer die Einstellungen von **Automatische Updates** nicht mehr ändern.

Was sind Service Packs?

Microsoft veröffentlicht in gewissen Abständen Service Packs für Windows XP. Ein ***Service Pack*** ist eine Sammlung aller Updates, die bis zum Veröffentlichungstermin freigegeben wurden. Zusätzlich enthalten sie oft auch neue Features. Sie müssen mit dem Einspielen von Service Packs vertraut sein, damit Sie sicherstellen können, dass alle Betriebssysteme im Netzwerk auf dem aktuellen Stand sind. So lassen sich viele künftige Probleme vermeiden.

Windows XP enthält ein Dienstprogramm namens **Winver.exe**, mit dem Sie feststellen können, welche Windows-Version Sie ausführen und welche Service Pack-Version (falls überhaupt) installiert ist. Abbildung 2.10 zeigt die Ausgabe von **Winver.exe** bei einem System ohne installierte Service Packs. Wurde ein Service Pack installiert, steht die Version hinter der Build-Nummer.

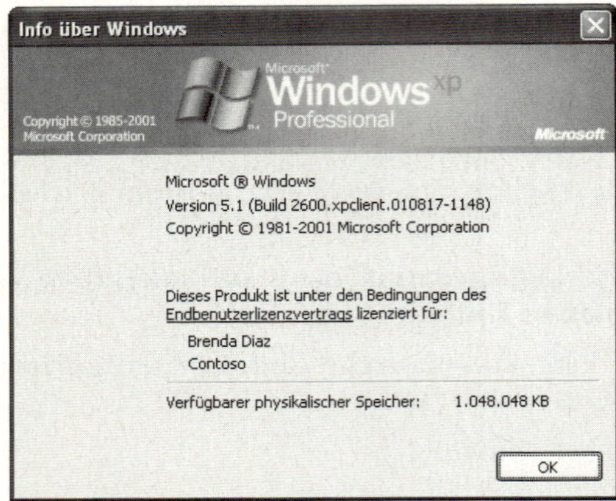

Abbildung 2.10 Mit **Winver.exe** können Sie die Windows- und Service Pack-Version ermitteln

Beziehen eines Service Packs

Service Packs sind kostenlos. Sie können sie folgendermaßen beziehen:

- Verwenden Sie Windows Update, um einen einzelnen Computer mit einem Service Pack zu aktualisieren.
- Laden Sie das Service Pack von der Windows Update-Site herunter, wenn Sie es auf mehreren Computern einspielen wollen. Der Download ist eine einzelne, große, selbstentpackende ausführbare Datei. Ihr Name hängt von der Service Pack-Version ab. Die Datei ist ziemlich groß (85 MByte oder mehr), daher müssen Sie über ausreichende Bandbreite für den Download verfügen.
- Bestellen Sie die Service Pack-CD-ROM. Sie können von Microsoft für eine geringe Kostenpauschale eine CD-ROM mit dem Service Pack anfordern. Neben dem Service Pack enthält die CD-ROM auch Betriebssystemerweiterungen und andere nützliche Dienstprogramme.

- Verwenden Sie die Microsoft-Abonnementdienste. Microsoft bietet mehrere Abonnementdienste an, zum Beispiel Microsoft TechNet, bei dem Sie Service Packs automatisch mit der nächsten Lieferung nach Erscheinen des Service Packs erhalten.

Installieren eines Service Packs

Die Setupprogramme von Service Packs können unterschiedliche Namen haben, meist heißt das entsprechende Programm bei Windows-Service Packs aber **Update.exe**. Unabhängig vom Dateinamen unterstützen die meisten Microsoft Windows-Updates dieselben Befehlszeilenparameter, mit denen Sie steuern können, wie das Service Pack bereitgestellt wird. Tabelle 2.7 listet diese Parameter auf.

Tabelle 2.7 Wichtige Befehlszeilenparameter für **Update.exe**

Option	Bedeutung
/f	Erzwingt das Beenden aller Anwendungen, bevor der Computer neu gestartet wird.
/n	Erstellt keine Datensicherung der Uninstall-Dateien. Sie können das Service Pack nicht deinstallieren, falls diese Option verwendet wurde.
/o	Überschreibt die vom OEM bereitgestellten Dateien ohne Nachfrage beim Benutzer.
/q	Die Installation läuft im automatischen Modus ab. Es werden keine Benutzereingaben benötigt (dabei wird **/o** benötigt, um vom OEM bereitgestellte Dateien zu ersetzen).
/s:[*Pfad zum Distributionsordner*]	Erstellt einen integrierten Installationspunkt.
/u	Unbeaufsichtigte Installation (es wird **/o** benötigt, um vom OEM bereitgestellte Dateien zu ersetzen).
/x	Entpackt die Dateien, startet aber nicht das Setup. Dies ist nützlich, wenn Sie die Installationsdateien an eine andere Stelle verschieben wollen.
/z	Deaktiviert den automatischen Neustart nach dem Beenden der Installation.

Für die Installation von Service Packs ist eine beträchtliche Menge Festplattenplatz erforderlich (mehrere hundert MByte). Der Uninstall-Ordner verbraucht den meisten Festplattenplatz. Sie können ein Service Pack installieren, ohne Deinstallationsdateien anzulegen, indem Sie die Befehlszeilenoption **/n** verwenden.

Beim Installieren von Service Packs müssen Sie eine Installationsmethode auswählen. Es stehen folgende Optionen zur Verfügung:

- **Updateinstallation:** Die ausführbare Datei des Service Packs wird lokal, über das Netzwerk oder durch Windows Update gestartet.
- **Integrierte Installation:** Bei dieser Installation wird das Service Pack mit der Option **/s** auf die Installationsdateien eines Distributionsservers angewendet (in englischsprachiger Dokumentation finden Sie dafür auch oft den Begriff „slipstreaming"). Dadurch werden die Installationsdateien und das Service Pack zu einem neuen, aktu-

alisierten Satz Installationsdateien kombiniert. Sie können anschließend vom integrierten Verteilungspunkt neue Installationen durchführen, die das Service Pack umfassen. Auf diese Weise braucht das Service Pack nicht mehr nach der Installation eingespielt zu werden. Sie können das Service Pack bei dieser Methode allerdings auch nicht mehr deinstallieren.

- **Kombinierte Installation:** Diese Installation ist eine Kombination aus einer integrierten Installation, einer Antwortdatei zum Steuern des Installationsvorgangs und einer Datei namens **Cmdlines.txt**, die Setupprogramme für zusätzliche Anwendungen startet, nachdem die Betriebssysteminstallation abgeschlossen ist.

Wenn Sie neue Betriebssystemkomponenten installieren, nachdem Sie ein Service Pack eingespielt haben, benötigt das Setupprogramm die Pfade der Installationsdateien von Betriebssystem und Service Pack. Auf diese Weise kann das Setupprogramm die aktualisierte Version der Komponente installieren.

Deinstallieren eines Service Packs

In der Standardeinstellung sichert das Setupprogramm des Service Packs automatisch die Dateien und Einstellungen, die während der Service Pack-Installation verändert werden, und speichert sie in einem Deinstallationsordner mit dem Namen **\$NTServicepack Uninstall$** innerhalb von **%SystemRoot%**. Sie können das Service Pack im Systemsteuerungsmodul **Software** deinstallieren. Oder Sie starten von der Befehlszeile aus das Programm **Spuninst.exe** aus dem Ordner **%SystemRoot%\$NTServicepackUninstall\Spunints**.

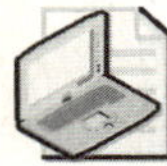

Hinweis Falls Sie ein Service Pack installiert haben, ohne dabei eine Datensicherung vorzunehmen, können Sie das Service Pack nicht mehr entfernen.

Übung: Konfigurieren von Automatische Updates

In dieser Übung konfigurieren Sie **Automatische Updates**, damit kritische Updates automatisch heruntergeladen und installiert werden.

1. Wählen Sie im Startmenü **Systemsteuerung**.
2. Klicken Sie im Fenster **Systemsteuerung** auf **Leistung und Wartung**.
3. Klicken Sie im Fenster **Leistung und Wartung** auf **System**.
4. Wählen Sie auf der Registerkarte **Automatische Updates** die Option **Automatisch (empfohlen)**.
5. Klicken Sie auf **OK**.

Lernzielkontrolle

Anhand der folgenden Fragen können Sie überprüfen, ob Sie die Themen dieser Lektion so gut beherrschen, dass Sie mit der nächsten Lektion weitermachen können. Falls Sie eine Frage nicht beantworten können, sollten Sie die Lektion noch einmal durcharbeiten, und dann erneut versuchen, die Frage zu beantworten. Die Antworten auf die Lernzielkontrollfragen finden Sie im Abschnitt „Fragen und Antworten“ am Ende dieses Kapitels.

1. Ein ________________ ist eine Sammlung aller Updates, die bis zu einem bestimmten Zeitpunkt freigegeben wurden, und enthält darüber hinaus oft neue Features.
2. Welche Konfiguration wird für die Funktion **Automatische Updates** in Windows XP empfohlen?

   ____

   ____
3. Wie viele Tage funktioniert Windows XP, falls Sie das Betriebssystem nicht aktivieren und keine Volumenlizenz haben?
   a. 10 Tage
   b. 14 Tage
   c. 30 Tage
   d. 60 Tage
   e. 120 Tage

Zusammenfassung der Lektion

- Sie können auf der Windows Update-Site einen Computer analysieren lassen und bekommen daraufhin wichtige Updates, Windows XP-Updates und Treiberupdates angeboten.
- **Automatische Updates** ist eine Windows XP-Funktion, die wichtige Updates automatisch herunterlädt und installiert. Sie können zwar einstellen, dass **Automatische Updates** beim Benutzer nachfragt, bevor es Updates herunterlädt und installiert, Microsoft empfiehlt aber, **Automatische Updates** so zu konfigurieren, dass Updates zu festgelegten Terminen automatisch heruntergeladen und installiert werden.
- Service Packs sind Sammlungen von Updates (und manchmal neuen Features), die Microsoft getestet hat, um ihre korrekte Funktion sicherzustellen. Microsoft veröffentlicht gelegentlich neue Service Packs für seine Produkte.

Übung mit Fallbeispiel

Lesen Sie die folgenden zwei Szenarien und beantworten Sie die zugehörigen Fragen. Sie können anhand dieser Szenarien feststellen, ob Sie genug gelernt haben, um mit dem nächsten Kapitel weiterzumachen. Falls Sie Schwierigkeiten haben, sollten Sie den Inhalt dieses Kapitels noch einmal durcharbeiten, bevor Sie das nächste Kapitel in Angriff nehmen. Die Antworten auf die Fragen finden Sie im Abschnitt „Fragen und Antworten“ am Ende dieses Kapitels.

Szenario 2.1

Sie haben einen Computer bekommen, auf dem Windows 98 Second Edition läuft und der folgende Hardwareausstattung hat:

- 200-MHz-Pentium II-Prozessor
- 32 MByte RAM

- 4-GByte-Festplatte, 500 MByte frei
- 24×-CD-ROM-Laufwerk
- Diskettenlaufwerk, Maus, Tastatur
- SVGA-Monitor und -Grafikkarte
- 10-MBit/s-Ethernet-Netzwerkkarte

Sie formatieren die Festplatte neu, richten eine Partition ein, die die gesamte Festplatte umfasst, und installieren Windows XP Professional.

Frage

Welche zusätzliche Hardware müssen Sie auf dem Computer installieren, bevor Sie Windows XP installieren können?

____

____

____

____

____

Szenario 2.2

Einer Ihrer Benutzer bittet Sie, Windows XP Professional auf seiner Arbeitsstation zu installieren. Bisher läuft die Arbeitsstation unter Windows 98. Der Benutzer möchte Windows 98 auch weiterhin auf dem Computer behalten, weil er oft Software testen muss, die er auf diesem System entwickelt. Der Computer ist mit folgender Hardware konfiguriert:

- 2,4-GHz-Pentium 4-Prozessor
- 512 MByte RAM
- 60-GByte-Festplatte

  Momentan gibt es 2 Partitionen auf der Festplatte: eine 20-GByte-Partition mit Windows 98 und den aktuellen Anwendungen des Benutzers sowie eine 15-GByte-Partition, auf der der Benutzer seine Dokumente speichert. Beide Partitionen sind mit dem Dateisystem FAT32 formatiert. Es sind 25 GByte unpartitionierter Speicherplatz übrig.
- 24×-CD-ROM-Laufwerk
- Diskettenlaufwerk, Maus, Tastatur
- SVGA-Monitor und -Grafikkarte
- 10-MBit/s-Ethernet-Netzwerkkarte

Frage

Wie sollten Sie diesen Computer konfigurieren, damit er sowohl Windows 98 als auch Windows XP Professional ausführen kann?

Übung zur Problembehandlung

Lesen Sie das folgende Problembehandlungsszenario durch und beantworten Sie die zugehörige Frage. Sie können anhand dieser Übung feststellen, ob Sie genug gelernt haben, um mit dem nächsten Kapitel weiterzumachen. Falls Sie Schwierigkeiten haben, sollten Sie den Inhalt dieses Kapitels noch einmal durcharbeiten, bevor Sie das nächste Kapitel in Angriff nehmen. Die Antwort auf die Frage finden Sie im Abschnitt „Fragen und Antworten“ am Ende dieses Kapitels.

Szenario

Einer Ihrer Benutzer versucht, auf einem Computer, der bisher unter Windows 98 läuft, ein Update auf Windows XP Professional vorzunehmen. Sein Computer hat eine Festplatte, die mit einer einzigen Partition konfiguriert ist. Er hat bereits die Daten gesichert und plant, die Partition neu zu formatieren und dann eine Neuinstallation von Windows XP Professional durchzuführen. Er hat sein BIOS so eingestellt, dass der Computer von CD-ROM startet. Als er den Computer neu startet, beginnt die Textmodusphase des Windows XP Professional-Setups wie erwartet. Beim Versuch, die Partition neu zu formatieren, erhält der Benutzer allerdings eine Fehlermeldung, dass ein Virus versucht, den Bootsektor der Festplatte zu infizieren. Er ist sicher, dass er eine echte, unveränderte Windows XP Professional-Installations-CD-ROM verwendet.

Frage

Wo vermuten Sie die Ursache des Problems?

Zusammenfassung des Kapitels

- Vor dem Installieren von Windows XP Professional sollten Sie zunächst prüfen, ob die Computerhardware die Mindestvoraussetzungen für Windows XP Professional erfüllt und die verwendeten Hardwarekomponenten im Windows-Katalog aufgeführt sind. Zum Vorbereiten der Installation sollten Sie weiterhin festlegen, wie die Festplatte, auf der Sie Windows XP Professional installieren, partitioniert werden soll und ob Sie die Systempartition mit dem Dateisystem NTFS, FAT oder FAT32 formatieren möchten.
- Der Computer kann während oder nach der Installation einer Domäne oder einer Arbeitsgruppe hinzugefügt werden.
- Der Hauptunterschied zwischen einer Windows XP Professional-Installation über das Netzwerk und einer Installation über CD-ROM liegt darin, dass sich die Quelldateien in unterschiedlichen Verzeichnissen befinden.
- Sobald Sie die Verbindung zum freigegebenen Ordner mit den Quelldateien hergestellt und **Winnt.exe** beziehungsweise **Winnt32.exe** gestartet haben, verläuft die weitere Installation genau wie über CD-ROM. Für **Winnt.exe** beziehungsweise **Winnt32.exe** stehen verschiedene Befehlszeilenoptionen zur Verfügung, mit denen der Installationsvorgang angepasst werden kann. Die **Winnt32.exe**-Befehlszeilenoption **/checkupgradeonly** prüft Ihren Computer auf Kompatibilität mit Windows XP Professional.
- Bevor Sie bei einem Clientcomputer ein Update auf Windows XP Professional durchführen, sollten Sie mit dem Windows XP Professional-Kompatibilitätstool einen Hardware- und Softwarekompatibilitätsbericht erstellen. Wenn ein Clientsystem mit Windows XP Professional kompatibel ist, können Sie das Windows XP Professional-Setupprogramm (**Winnt32.exe**) starten, um das Update durchzuführen.
- Das Aktionsprotokoll **Setupact.log** zeichnet in chronologischer Reihenfolge auf, welche Aktionen das Setupprogramm durchführt und was sie bedeuten. Das Fehlerprotokoll **Setuperr.log** beschreibt Fehler, die während des Setups aufgetreten sind, und gibt die Schwere des jeweiligen Fehlers an.
- Sie können auf der Windows Update-Site einen Computer analysieren lassen und bekommen daraufhin wichtige Updates, Windows XP-Updates und Treiberupdates angeboten. **Automatische Updates** ist eine Windows XP-Funktion, die wichtige Updates automatisch herunterlädt und installiert. Sie können zwar einstellen, dass **Automatische Updates** beim Benutzer nachfragt, bevor es Updates herunterlädt und installiert, Microsoft empfiehlt aber, **Automatische Updates** so zu konfigurieren, dass Updates zu festgelegten Terminen automatisch heruntergeladen und installiert werden. Service Packs sind Sammlungen von Updates (und manchmal neuen Features), die Microsoft getestet hat, um ihre korrekte Funktion sicherzustellen. Microsoft veröffentlicht gelegentlich neue Service Packs für seine Produkte.

Prüfungsrelevante Themen

Vor der Prüfungsteilnahme sollten Sie die nachfolgend aufgeführten Schlüsselinformationen und -begriffe noch einmal durcharbeiten. Diese Informationen sind für das Bestehen der Prüfung von entscheidender Bedeutung.

Schlüsselinformationen

- Sie sollten die grundlegenden Hardwarevoraussetzungen zum Ausführen von Windows XP wissen. Es werden ein 233-MHz-Prozessor, 64 MByte RAM und eine 2 GByte große Festplatte mit 1,5 GByte freiem Platz benötigt.
- Sofern Sie nicht Windows XP Professional auf einem Multibootcomputer installieren, auf dem auch ein Betriebssystem ohne Zugriffsmöglichkeit auf NTFS-Partitionen eingesetzt wird (zum Beispiel Windows 98), sollten Sie immer NTFS verwenden.
- Sie können mit **Winnt.exe** und **Winnt32.exe** Windows XP Professional von der Befehlszeile installieren und dabei optionale Parameter angeben, um die Installation anzupassen. **Winnt.exe** läuft unter MS-DOS und Windows 3.0/3.1. **Winnt32.exe** läuft unter den 32-Bit-Windows-Betriebssystemen, zum Beispiel unter Windows 95, Windows 98, Windows Me, Windows NT 4.0 und Windows 2000.

Schlüsselbegriffe

Assistent zum Übertragen von Dateien und Einstellungen Eine der zwei Möglichkeiten, mit denen Administratoren Konfigurationseinstellungen und Dateien des Benutzers von Systemen, die unter Windows 95 oder neuer laufen, auf eine neue Windows XP-Installation übertragen können.

Automatische Updates Eine Funktion, die neue Updates automatisch herunterlädt und installiert, sobald sie verfügbar werden.

Festplattenpartition Ein logischer Abschnitt einer Festplatte, in den der Computer Daten schreiben kann.

File Allocation Table (FAT) Ein Dateisystem, das in älteren Windows-Versionen verwendet wurde und auch in Windows XP Professional noch unterstützt wird. Das 16-Bit-FAT-System für ältere Windows-Versionen wird als FAT16 bezeichnet, das 32-Bit-System für neuere Windows-Versionen als FAT32.

NTFS Das systemeigene Dateiverwaltungssystem für Windows XP. Windows XP kann allerdings auch die Dateisysteme FAT und FAT32 verwenden, um die Kompatibilität mit älteren Microsoft-Betriebssystemen zu gewährleisten.

Service Pack Eine Sammlung aller Updates für ein Microsoft-Produkt, die bis zu einem bestimmten Zeitpunkt freigegeben wurden. Service Packs enthalten manchmal auch neue Features.

Startpartition Die Festplattenpartition mit den Systemdateien, die benötigt werden, um das Betriebssystem in den Arbeitsspeicher zu laden.

Stop-Fehler Treten auf, wenn das System einen Fehlerzustand feststellt, den es nicht beheben kann. (Diese Fehler werden auch als Bluescreen-Fehler bezeichnet.)

Systempartition Enthält die hardwarespezifischen Dateien, die zum Laden und Starten von Windows XP nötig sind. Normalerweise ist dies dieselbe Partition wie die Startpartition.

User State Migration Tool (USMT) Erlaubt Administratoren, Konfigurationseinstellungen und Dateien des Benutzers von Systemen, die unter Windows 95 oder neuer laufen, auf eine neue Windows XP-Installation zu übertragen.

Windows Update Ein Online-Dienst, der Verbesserungen für die Windows-Betriebssystemfamilie bereitstellt.

Windows-Katalog Eine Site, auf der die gesamte Hardware und Software aufgelistet ist, deren Kompatibilität mit Windows XP von Microsoft getestet wurde.

Windows-Produktaktivierung (Windows Product Activation, WPA) Der Vorgang, bei dem ein Exemplar von Windows nach der Installation von Microsoft aktiviert wird. Bei Windows XP Professional ist es erforderlich, das Betriebssystem innerhalb von 30 Tagen nach der Installation durch Microsoft aktivieren zu lassen.

Winnt.exe Der Befehl zum Starten der Windows XP Professional-Installation unter MS-DOS und Windows 3.0/3.1.

Winnt32.exe Der Befehl zum Starten der Windows XP Professional-Installation unter Windows 95, Windows 98, Windows Me, Windows NT 4.0 oder Windows 2000 Professional.

Fragen und Antworten

Seite 51

Lernzielkontrolle Lektion 1

1. Wie lauten die empfohlenen Mindestanforderungen für den Arbeitsspeicher eines Computers, auf dem Windows XP Professional installiert wird?

   Zum Installieren von Windows XP Professional sind mindestens 64 MByte RAM erforderlich, empfohlen werden jedoch 128 MByte RAM.

2. Wie viel Festplattenspeicher ist für die Installation von Windows XP Professional mindestens erforderlich:

   a. 500 MByte

   b. 1 GByte

   c. 1,5 GByte

   d. 2 GByte

   Antwort c ist die richtige Antwort. Windows XP Professional benötigt 1,5 GByte freien Festplattenplatz.

3. Welche Voraussetzungen müssen erfüllt sein, wenn der Computer bei der Installation von Windows XP Professional einer Domäne beitreten soll? (Wählen Sie alle zutreffenden Antworten aus.)

   a. Sie müssen den DNS-Namen der Domäne kennen, der Ihr Computer beitreten soll.

b. Sie müssen über ein Benutzerkonto in der Domäne verfügen.

c. Beim Beitritt eines Computers zur Domäne muss mindestens ein Domänencontroller der Domäne online sein.

d. Beim Beitritt eines Computers zur Domäne muss mindestens ein DNS-Server online sein.

Die Antworten a, c und d sind richtig. Wenn Sie während der Installation von Windows XP Professional einer Domäne beitreten wollen, müssen Sie den DNS-Namen der Domäne wissen, der Ihr Computer beitreten soll. Wenn Sie zur Domäne ein Konto für den Computer hinzufügen wollen, muss ein Domänencontroller zur Verfügung stehen. Außerdem muss ein DNS-Server bereitstehen, damit der Computer, auf dem Sie Windows XP installieren, den Domänencontroller für die Domäne findet. Antwort b ist nicht richtig, weil Sie nicht über ein Benutzerkonto verfügen müssen, um einen Computer zu einer Domäne hinzuzufügen. Der Computer muss allerdings bereits über ein Konto in der Domäne verfügen, sonst brauchen Sie ausreichende Rechte in der Domäne, um während der Installation ein Computerkonto zu erstellen.

4. Welche der folgenden Aussagen treffen auf die verschiedenen Dateisysteme zu? (Wählen Sie alle zutreffenden Antworten aus.)

   a. Sicherheit auf Datei- und Ordnerebene lässt sich nur mit NTFS erzielen.

   b. Die Datenträgerkomprimierung kann bei Einsatz von FAT, FAT32 und NTFS genutzt werden.

   c. Eine Dualbootkonfiguration mit Microsoft Windows 98 und Windows XP Professional ist nur bei Verwendung von NTFS möglich.

   d. Die Verschlüsselung wird nur von NTFS unterstützt.

   Die Antworten a und d sind richtig. NTFS bietet Sicherheit auf Dateiebene und Verschlüsselung. Antwort b ist nicht richtig, weil nur NTFS die Laufwerkskomprimierung zur Verfügung stellt, FAT und FAT32 unterstützen sie nicht. Antwort c ist nicht richtig, weil Windows 98 nicht auf ein Laufwerk zugreifen kann, das mit NTFS formatiert ist.

Seite 64

Lernzielkontrolle Lektion 2

1. Wie lang kann der während der Installation angegebene Computername maximal sein, wenn auf Ihrem Computer das Protokoll TCP/IP installiert ist?

   63 Zeichen

2. Können Sie den Computernamen nach Abschluss der Installation ändern, ohne dass hierzu eine Neuinstallation von Windows XP Professional erforderlich ist? Falls ja, wie gehen Sie zum Ändern des Computernamens vor? Falls nein, warum kann der Computername nicht geändert werden?

   Ja, Sie können den Computernamen nach Abschluss der Installation ändern, indem Sie auf **Start**, **Arbeitsplatz** und **Systeminformationen anzeigen** klicken. Klicken Sie anschließend im Dialogfeld **Systemeigenschaften** auf die Registerkarte **Computername**. Klicken Sie zum Ändern des Computernamens auf **Ändern**.

3. Welche der folgenden Aussagen trifft auf den Beitritt zu einer Arbeitsgruppe oder Domäne zu? (Wählen Sie alle zutreffenden Antworten aus.)

   a. Sie können einen Computer nur während der Installation zu einer Arbeitsgruppe oder Domäne hinzufügen.

   b. Wenn Sie den Computer während der Installation zu einer Arbeitsgruppe hinzufügen, können Sie später einer Domäne beitreten.

   c. Wenn Sie den Computer während der Installation zu einer Domäne hinzufügen, können Sie später einer Arbeitsgruppe beitreten.

   d. Sie können einen Computer während der Installation nicht zu einer Arbeitsgruppe oder Domäne hinzufügen.

   Die Antworten b und c sind richtig. Sie können einer Domäne oder einer Arbeitsgruppe während der Installation oder jederzeit nach der Installation beitreten. Die Antworten a und d sind nicht korrekt, weil Sie einer Domäne oder Arbeitsgruppe während oder nach der Installation beitreten können.

4. Welche Komponenten werden installiert, wenn Sie für die Netzwerkkonfiguration die Standardeinstellungen auswählen? Welche Aufgaben hat jede dieser Komponenten?

   Es gibt vier Komponenten. Die Komponente **Client für Microsoft-Netzwerke** ermöglicht dem Computer den Zugriff auf Netzwerkressourcen. Die Komponente **Datei- und Druckerfreigabe für Microsoft-Netzwerke** ermöglicht es anderen Computern, auf die Datei- und Druckerressourcen auf Ihrem Computer zuzugreifen. Die Komponente **QoS-Paketplaner** stellt ein System für die garantierte Paketübertragung in einem Netzwerk bereit, zum Beispiel für TCP/IP-Pakete. Bei **TCP/IP** handelt es sich um das standardmäßige Netzwerkprotokoll, das die Computerkommunikation in einem LAN oder WAN ermöglicht.

Seite 72

Lernzielkontrolle Lektion 3

1. Sie wollen **Winnt32.exe** zum Installieren von Windows XP Professional einsetzen. Welches der folgenden Betriebssysteme darf auf dem Clientcomputer ausgeführt werden? (Wählen Sie alle zutreffenden Antworten aus.)

   a. Windows 3.0

   b. Windows 95

   c. Windows 98

   d. Windows NT 4.0

   Die Antworten b, c und d sind richtig. Antwort a ist nicht richtig, weil Sie für MS-DOS und Windows 3.0 den Befehl **Winnt.exe** verwenden müssen.

2. Über welchen Windows XP Professional-Befehl können Sie vor der Installation prüfen, ob Ihr Computer mit Windows XP Professional kompatibel ist?

   Winnt32.exe mit der Option **/checkupgradeonly**

3. Sie verwenden die Befehlszeilenoption ______________________ von **Winnt32.exe**, um nach der Dateikopierphase einen Neustart des Computers zu verhindern.

   /noreboot

4. Sie verwenden die Befehlszeilenoption ______________________________ von **Winnt32.exe**, um das Setupprogramm anzuweisen, alle Installationsdateien auf die lokale Festplatte zu kopieren.

   /makelocalsource

Seite 77

Lernzielkontrolle Lektion 4

1. Welche der folgenden Betriebssysteme können direkt auf Windows XP Professional aktualisiert werden? (Wählen Sie alle zutreffenden Antworten aus.)
   a. Windows NT Workstation 4.0
   b. Windows NT 3.51
   c. Windows 2000 Professional
   d. Windows NT Server 4.0

   Die Antworten a und c sind richtig. Antwort b ist nicht richtig, weil Sie von Windows NT 3.51 zuerst ein Update auf Windows NT 4.0 Workstation und dann auf Windows XP Professional durchführen müssen. Antwort d ist nicht richtig, weil Sie von einem Serverprodukt kein Update auf Windows XP Professional durchführen können.

2. Wie können Sie einen Windows 95-Computer auf Windows XP Professional aktualisieren?

   Führen Sie erst ein Update auf Windows 98, dann auf Windows XP Professional durch.

3. Welche der folgenden Aufgaben sollten Sie vor dem Aktualisieren eines Windows NT 4.0 Workstation-Computers ausführen? (Wählen Sie alle zutreffenden Antworten aus.)
   a. Erstellen einer 2-GByte-Partition für die Installation von Windows XP Professional.
   b. Sicherstellen, dass der Computer die minimalen Hardwarevoraussetzungen erfüllt.
   c. Erstellen eines Berichts zur Hardware- und Softwarekompatibilität.
   d. Formatieren der Windows NT 4.0-Partition, damit eine Installation von Windows XP Professional vorgenommen werden kann.

   Die Antworten b und c sind richtig. Antwort a ist nicht richtig, weil Sie für das Update des Betriebssystems keine neue Partition einrichten müssen. Antwort d ist nicht richtig, weil Sie die Partition mit Windows NT 4.0 nicht formatieren dürfen, um ein Update vorzunehmen. Beim Formatieren gehen alle Daten verloren, auch aktuelle Konfigurationsinformationen und installierte Anwendungen.

4. Wie können Sie ermitteln, ob Ihr Computer mit Windows XP Professional kompatibel ist und daher ein Update auf Windows XP Professional unterstützt?

   Verwenden Sie das Kompatibilitätstool von Windows XP Professional. Sie können dieses Tool starten, indem Sie an der Eingabeaufforderung den Befehl **winnt32 /checkupgradeonly** eingeben.

Seite 83

Lernzielkontrolle Lektion 5

1. Welche Protokolldateien sollten Sie prüfen, wenn während des Setups ein Fehler auftritt? (Wählen Sie alle zutreffenden Antworten aus.)

   a. Setuperr.log

   b. Netsetup.log

   c. Setup.log

   d. Setupact.log

   Die Antworten a und d sind richtig. Während der Installation erstellt das Setupprogramm von Windows XP Professional ein Aktionsprotokoll (**Setupact.log**) und ein Fehlerprotokoll (**Setuperr.log**). Die Antworten b und c sind nicht korrekt, weil dies keine Namen von Installationsprotokolldateien sind.

2. Wie sollten Sie vorgehen, wenn während der Installation keine Verbindung zum Domänencontroller hergestellt werden kann?

   Zunächst prüfen Sie, ob ein Domänencontroller verfügbar und online ist. Anschließend stellen Sie sicher, dass der Server mit dem DNS-Dienst eingeschaltet und online ist. Falls beide Server online sind, vergewissern Sie sich, dass die Einstellungen für Netzwerkkarte und Protokoll richtig konfiguriert sind und das Netzwerkkabel richtig an die Netzwerkkarte angeschlossen wurde.

3. Wie gehen Sie vor, wenn die Installationsdateien nicht vom CD-ROM-Laufwerk gelesen werden können?

   Verwenden Sie eine andere CD-ROM. (Wenden Sie sich bezüglich einer Ersatz-CD-ROM an Microsoft oder Ihren Fachhändler.) Probieren Sie aus, ob das Problem auch bei Verwendung eines anderen Computers und eines anderen CD-ROM-Laufwerks weiter besteht. Wenn die CD-ROM auf einem anderen Computer lesbar ist, können Sie eine Netzwerkinstallation durchführen.

Seite 83

Lernzielkontrolle Lektion 6

1. Ein _______________ ist eine Sammlung aller Updates, die bis zu einem bestimmten Zeitpunkt freigegeben wurden, und enthält darüber hinaus oft neue Features.

   Service Pack

2. Welche Konfiguration wird für die Funktion **Automatische Updates** in Windows XP empfohlen?

   Microsoft empfiehlt, **Automatische Updates** so zu konfigurieren, dass Updates zu festgelegten Terminen automatisch heruntergeladen und installiert werden.

3. Wie viele Tage funktioniert Windows XP, falls Sie das Betriebssystem nicht aktivieren und keine Volumenlizenz haben?

   a. 10 Tage

   b. 14 Tage

   c. 30 Tage

d. 60 Tage

e. 120 Tage

Die richtige Antwort ist c. Windows funktioniert 30 Tage nach der Installation normal. Falls Sie Windows nicht innerhalb von 30 Tagen nach der Installation aktivieren, können Sie Windows nicht mehr starten, bevor Sie es aktivieren.

Seite 93

Übung mit Fallbeispiel: Szenario 2.1

Welche zusätzliche Hardware müssen Sie auf dem Computer installieren, bevor Sie Windows XP installieren können?

Entsprechend den Mindestvoraussetzungen zum Installieren von Windows XP Professional müssen Sie den Prozessor auf ein Modell mit wenigstens 233 MHz aufrüsten. Besser ist es, wenn Sie dabei gleich einen deutlich schnelleren Prozessor nehmen. Windows XP Professional kommt zwar mit einer Mindestausstattung von 64 MByte RAM zurecht, für eine angemessene Leistung werden aber 128 MByte RAM empfohlen.

Seite 94

Übung mit Fallbeispiel: Szenario 2.2

Wie sollten Sie diesen Computer konfigurieren, damit er sowohl Windows 98 als auch Windows XP Professional ausführen kann?

Sie können Windows XP Professional entweder installieren, indem Sie die Installation aus Windows 98 heraus starten oder indem Sie das System von der Windows XP-Installations-CD-ROM starten. Sie sollten eine neue Partition im unpartitionierten Bereich anlegen und Windows XP Professional darin installieren. Es empfiehlt sich, die neue Partition mit dem Dateisystem FAT32 zu partitionieren. Falls Sie die Partition mit NTFS formatieren, kann Windows 98 nicht auf Daten in dieser Partition zugreifen.

Seite 95

Übung zur Problembehandlung

Wo vermuten Sie die Ursache des Problems?

Da das Setupprogramm fehlschlägt, wenn es versucht, den Bootsektor der Festplatte zu beschreiben (genau das passiert beim Neuformatieren der Festplatte), ist auf dem Computer des Benutzers wahrscheinlich der Virenscanner im BIOS aktiviert. Er muss den BIOS-Virenscanner ausschalten, während er Windows XP Professional installiert. Nachdem die Installation von Windows XP Professional abgeschlossen ist, kann er den Schutz durch den BIOS-Virenscanner wieder aktivieren.

KAPITEL 3

Bereitstellen von Windows XP Professional

In diesem Kapitel abgedeckte Prüfungsziele:

- Durchführen und Problembehandlung einer unbeaufsichtigten Installation von Microsoft Windows XP Professional.
  - Installieren von Windows XP Professional mithilfe der Remoteinstallationsdienste (RIS).
  - Installieren von Windows XP Professional mithilfe des Systemvorbereitungsprogramms.
  - Erstellen von Antwortdateien mit dem Windows-Installations-Manager, um die Installation von Windows XP Professional zu automatisieren.
- Verwalten von Anwendungen mit Windows Installer-Paketen.

Bedeutung dieses Kapitels

Dieses Kapitel bereitet Sie darauf vor, den Windows XP Professional-Installationsprozess zu automatisieren. Eine automatisierte Installation kann anhand von drei Verfahren durchgeführt werden. Die Wahl der Methode richtet sich üblicherweise danach, welche Ressourcen und Infrastrukturelemente benötigt werden und welche Zeit für die Bereitstellung veranschlagt werden soll. Die drei Methoden für die automatisierte Bereitstellung sind:

- Bei der Bereitstellung in kleinerem Umfang oder bei der Installation vieler verschiedener Hardwarekonfigurationen wird häufig mithilfe des Windows-Installations-Managers eine Datei für die ***unbeaufsichtigte Installation*** erstellt. Dabei werden in einem Skript die Befehle **Winnt32** und **Winnt** mit einer Antwortdatei kombiniert. Diese Datei wird mit dem Windows-Installations-Manager erstellt.
- Bei Bereitstellungen im großen Umfang auf Unternehmensebene wird häufig die ***Datenträgerduplizierung*** verwendet. Dabei erstellen Sie mit dem Systemvorbereitungsprogramm ein Image eines Windows XP Professional-Computers und kopieren dieses Image dann auf andere Computer. Die Datenträgerduplizierung erfordert üblicherweise den Einsatz von Drittanbieterprogrammen. ▶

- Für Umgebungen mit Active Directory-Diensten stellt Microsoft die ***Remoteinstallationsdienste*** (Remote Installation Services, RIS) zur Verfügung. Die RIS-Serversoftware (die auf einem Servercomputer liegt, der unter Windows 2000 Server oder Windows Server 2003 läuft) speichert Images von Windows XP-Installationen und stellt diese Images über das Netzwerk zur Verfügung. Ein Clientcomputer startet aus dem Netzwerk (oder mithilfe einer speziellen RIS-Startdiskette), nimmt Kontakt zum RIS-Server auf und installiert dann ein Image von diesem Server.

In diesem Kapitel werden ferner auch einige Tools vorgestellt, die das Bereitstellen von Windows XP Professional erleichtern. Zu diesen Tools gehören der Assistent zum Übertragen von Dateien und Einstellungen, das User State Migration Tool (USMT) sowie der Windows Installer.

Lektionen in diesem Kapitel:

Bevor Sie beginnen

Damit Sie die Übungen in diesem Kapitel durchführen können, brauchen Sie einen Computer, der die minimalen Hardwarevoraussetzungen erfüllt, die im Abschnitt „Über dieses Buch" am Anfang beschrieben wurden. Außerdem muss auf dem Computer Windows XP Professional installiert sein, und Sie müssen in der Lage sein, an diesem Computer Änderungen vorzunehmen.

Lektion 1: Erstellen von unbeaufsichtigten Installationen mit dem Windows-Installations-Manager

In dieser Lektion werden einige Methoden vorgestellt, mit denen Sie eine automatisierte Installation von Windows XP Professional erstellen können. Wenn Windows XP Professional auf Computern mit unterschiedlicher Konfiguration installiert werden soll, bieten Skripts sehr flexible Möglichkeiten zum Automatisieren dieses Vorgangs. In dieser Lektion erfahren Sie, wie einfach es ist, mit dem Windows-Installations-Manager die für eine skriptgestützte Installation erforderlichen Antwortdateien zu erstellen.

Am Ende dieser Lektion werden Sie in der Lage sein, die folgenden Aufgaben auszuführen:

- Beschreiben der unbeaufsichtigten Installation.
- Auffinden der Windows XP-Bereitstellungstools.
- Erklären der Aufgabe des Windows-Installations-Managers.
- Erstellen einer Antwortdatei mit dem Windows-Installations-Manager.
- Erklären, wie eine unbeaufsichtigte Installation gestartet wird.

Veranschlagte Zeit für diese Lektion: 45 Minuten

Grundlagen der unbeaufsichtigten Installation

An mehreren Stellen während einer Standardinstallation fordert das Setupprogramm den Benutzer auf, Informationen einzugeben, zum Beispiel die Zeitzone oder Netzwerkeinstellungen. Das Erstellen einer ***Antwortdatei***, die die nötigen Informationen liefert, ist eine Möglichkeit, eine Installation zu automatisieren. Antwortdateien sind eigentlich nur Textdateien, die Antworten auf einige oder alle Fragen enthalten, die das Setupprogramm während des Installationsvorgangs stellt. Nachdem eine Antwortdatei erstellt wurde, kann sie auf beliebig viele Computer angewendet werden.

Es gibt allerdings auch bestimmte Einstellungen, die für jeden Computer anders sein müssen, zum Beispiel der Computername. Zu diesem Zweck bietet der Windows-Installations-Manager die Möglichkeit, eine spezielle Datei zu erstellen, die ***UDF (Uniqueness Database File)***, die als Ergänzung der normalen Antwortdatei dient. Die UDF enthält die Einstellungen, die bei jedem Computer anders sind.

Prüfungstipp Merken Sie sich, dass eine Antwortdatei dazu dient, die allgemein gültigen Konfigurationseinstellungen für alle Computer zu liefern, auf denen eine unbeaufsichtigte Installation durchgeführt wird. Eine UDF enthält die speziellen Einstellungen, die auf jedem Computer anders sind.

Entpacken der Windows XP-Bereitstellungstools

Der Windows-Setup-Manager ist eines der Windows XP-Bereitstellungstools, die sich auf der Windows XP Professional-Installations-CD-ROM befinden. In diesem Kapitel werden folgende Tools vorgestellt:

- **Deploy.chm:** Eine Hilfedatei mit kompiliertem HTML-Text (Hypertext Markup Language). Unter dem Titel „Microsoft Windows Corporate Deployment Tools – Benutzerhandbuch" stellt sie detaillierte Informationen zum Verwenden aller Bereitstellungstools zur Verfügung.
- **Setupmgr.chm:** Eine Hilfedatei mit kompiliertem HTML-Text, die den Windows-Installations-Manager beschreibt.
- **Setupmgr.exe:** Der Windows-Installations-Manager.
- **Sysprep.exe:** Das Systemvorbereitungsprogramm (siehe Lektion 2, „Bereitstellen von Windows XP Professional mithilfe der Datenträgerduplizierung").

Gehen Sie folgendermaßen vor, um die Windows XP-Bereitstellungstools auf Ihre Festplatte zu entpacken:

1. Legen Sie die Windows XP Professional-CD-ROM in das CD-ROM-Laufwerk ein.
2. Falls die Seite **Willkommen** automatisch angezeigt wird, können Sie auf **Beenden** klicken, um die Seite zu schließen.
3. Erstellen Sie im Windows-Explorer einen Ordner, in dem Sie die Bereitstellungstools speichern wollen.
4. Suchen Sie im Windows-Explorer den Ordner **\Support\Tools** auf der Windows XP Professional-CD-ROM.
5. Klicken Sie im Ordner **\Support\Tools** doppelt auf die Datei **Deploy.cab**, um sie zu öffnen.

   Windows XP Professional zeigt den Inhalt von **Deploy.cab** an.
6. Wählen Sie alle Dateien in **Deploy.cab** aus und kopieren Sie die Dateien in den Ordner, den Sie auf Ihrer Festplatte erstellt haben.

Tipp Sie können sämtliche Dateien in einem Ordner auswählen, indem Sie einfach STRG+A drücken.

Öffnen Sie den Ordner, den Sie auf Ihrer Festplatte erstellt haben. Dort können Sie sich die Dateien ansehen und auf die Bereitstellungstools zugreifen.

Aufgabe des Windows-Installations-Managers

Der ***Windows-Installations-Manager*** stellt eine Benutzeroberfläche in Form eines Assistenten zur Verfügung, mit der Sie schnell eine Antwortdatei für eine unbeaufsichtigte Installation von Windows XP Professional erstellen können. Im Windows-Installations-Manager (Abbildung 3.1) können Sie Skripts erstellen, die angepasste Installationen auf Arbeitsstationen und Servern durchführen und dabei die Hardware- und Netzwerkanforderungen Ihrer Organisation berücksichtigen.

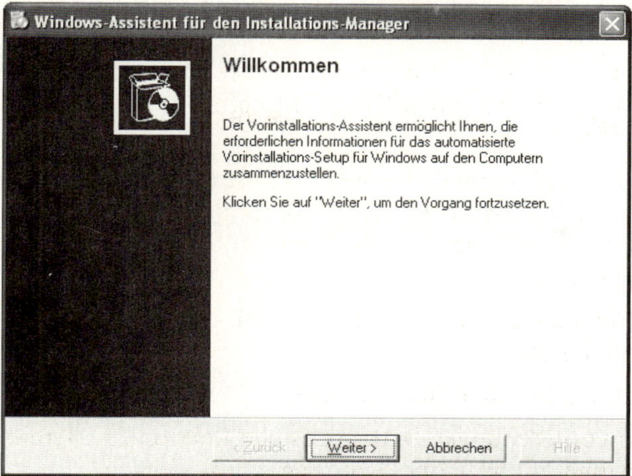

Abbildung 3.1 Mit dem Windows-Installations-Manager können Sie Antwortdateien für unbeaufsichtigte Installationen erstellen

Sie können mithilfe des Windows-Installations-Managers eine Antwortdatei erstellen oder bearbeiten. Sie hat gewöhnlich den Namen **Unattend.txt**. Diese Datei können Sie auch mit einem einfachen Texteditor wie zum Beispiel dem Windows-Editor erstellen, durch die Verwendung des Windows-Installations-Managers lassen sich jedoch Syntaxfehler vermeiden.

Der Windows-Installations-Manager erfüllt folgende Funktionen:

- Er stellt eine benutzerfreundliche grafische Oberfläche zur Verfügung, mit der Sie Antwortdateien erstellen und bearbeiten.
- Er erleichtert das Erstellen von Uniqueness Database Files (sie tragen normalerweise den Namen **Unattend.udb**).

Hinweis In einer Uniqueness Database File (UDF) werden Parameter gespeichert, die für jeden einzelnen Computer angegeben werden. Die UDF verändert eine Antwortdatei, indem die in der Antwortdatei enthaltenen Werte überschrieben werden. Wenn Sie das Setupprogramm über **Winnt32.exe** ausführen, müssen Sie die Befehlszeilenoption **/udf:id[,*UDF_Datei*]** verwenden. Die UDF überschreibt die Werte in der Antwortdatei; die Kennung (ID) legt fest, welche Werte in der **.udb**-Datei verwendet werden.

- Er vereinfacht das Angeben von benutzer- oder computerspezifischen Daten.
- Er erleichtert das Einbinden von Anwendungsinstallationsskripts in die Antwortdatei.
- Er erstellt den Distributionsordner für die Installationsdateien.

Hinweis Beim Update vorhandener Systeme auf Windows XP Professional können Sie Dateien zur Anwendungsaktualisierung sowie Aktualisierungspakete in den Distributionsordner aufnehmen und im Windows-Assistent für den Installations-Manager auf der Seite **Zusätzliche Befehle** die entsprechenden Befehle eingeben, sodass diese Aktualisierungsdateien oder -pakete während des Updates eingespielt werden.

Erstellen einer Antwortdatei mit dem Windows-Installations-Manager

Der Windows-Installations-Manager stellt eine übersichtliche Assistenten-Benutzeroberfläche zur Verfügung. Gehen Sie folgendermaßen vor, um mit dem Windows-Installations-Manager eine Antwortdatei für eine völlig automatisierte Installation zu erstellen:

1. Suchen Sie im Windows-Explorer den Ordner, in den Sie den Windows-Installations-Manager (**Setupmgr.exe**) entpackt haben. Klicken Sie doppelt auf **Setupmgr.exe**.

   Windows XP Professional startet den Windows-Assistenten für den Installations-Manager.

2. Klicken Sie auf **Weiter**.

   Die Seite **Neue oder vorhandene Antwortdatei** wird geöffnet.

3. Stellen Sie sicher, dass die Option **Neue Antwortdatei erstellen** ausgewählt ist, und klicken Sie auf **Weiter**.

   Der Windows-Assistent für den Installations-Manager zeigt die Seite **Zu installierendes Produkt** an, in der Sie zwischen folgenden drei Optionen wählen können:

   - Unbeaufsichtigte Windows-Installation
   - Systemvorbereitungsinstallation
   - Remoteinstallationsdienste

4. Stellen Sie sicher, dass die Option **Unbeaufsichtigte Windows-Installation** aktiviert ist, und klicken Sie auf **Weiter**.

   Die Seite **Plattform** wird angezeigt.

5. Stellen Sie sicher, dass die Option **Windows XP Professional** aktiviert ist, und klicken Sie auf **Weiter**.

   Der Windows-Assistent für den Installations-Manager zeigt die Seite **Benutzereingriff** an (Abbildung 3.2), in der Sie zwischen folgenden Optionen wählen können:

   - **Standardeinstellungen angeben:** Bei den in die Antwortdatei eingefügten Antworten handelt es sich um die dem Benutzer angezeigten Standardantworten. Der Benutzer kann diese Standardantworten akzeptieren oder die im Skript zur Verfügung gestellten Antworten ändern.
   - **Vollautomatisiert:** Die Installation erfolgt vollautomatisch. Der Benutzer hat keine Möglichkeit, die im Skript zur Verfügung gestellten Antworten zu prüfen oder zu ändern.
   - **Seiten ausblenden:** Die im Skript enthaltenen Antworten werden während der Installation bereitgestellt. Sämtliche Seiten, für die das Skript die Antworten zur

Verfügung stellt, werden für den Benutzer ausgeblendet, sodass dieser die Antworten nicht überprüfen oder ändern kann.

- **Schreibgeschützt:** Das Skript stellt die Antworten zur Verfügung. Der Benutzer kann zwar die Antworten auf den nicht ausgeblendeten Seiten anzeigen, diese jedoch nicht ändern.
- **GUI-gesteuert:** Der Textmodusabschnitt der Installation ist automatisiert, der Benutzer muss die Antworten für die GUI-gesteuerte Installationsphase angeben.

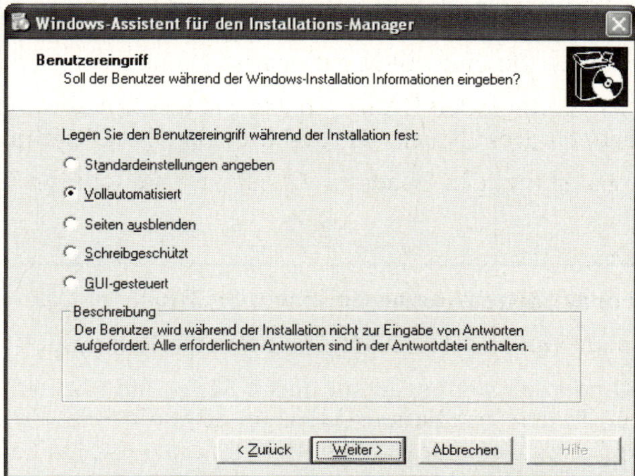

Abbildung 3.2 Wählen Sie aus, welche Eingriffsmöglichkeiten der Benutzer haben soll.

6. Aktivieren Sie die Option **Vollautomatisiert** und klicken Sie anschließend auf **Weiter**.

   Die Seite **Distributionsordner** wird angezeigt. Der Assistent für den Installations-Manager kann einen Distributionsordner auf Ihrem Computer oder in Ihrem Netzwerk erstellen, der die erforderlichen Quelldateien enthält. Um die Installation genauer an Ihre Bedürfnisse anzupassen, können Sie zu diesem Ordner Dateien hinzufügen.

7. Wählen Sie die Option **Nein, diese Antwortdatei wird für die Installation von CD verwendet**, und klicken Sie auf **Weiter**.

   Die Seite **Lizenzvertrag** wird angezeigt.

8. Aktivieren Sie das Kontrollkästchen **Lizenzvertrag zustimmen**, und klicken Sie auf **Weiter**.

   Die Seite **Software anpassen** wird angezeigt (Abbildung 3.3).

9. Geben Sie in das Feld **Name** Ihren Namen und in das Feld **Organisation** den Namen Ihrer Organisation ein, und klicken Sie anschließend auf **Weiter**.

   Die Seite **Anzeigeeinstellungen** wird angezeigt.

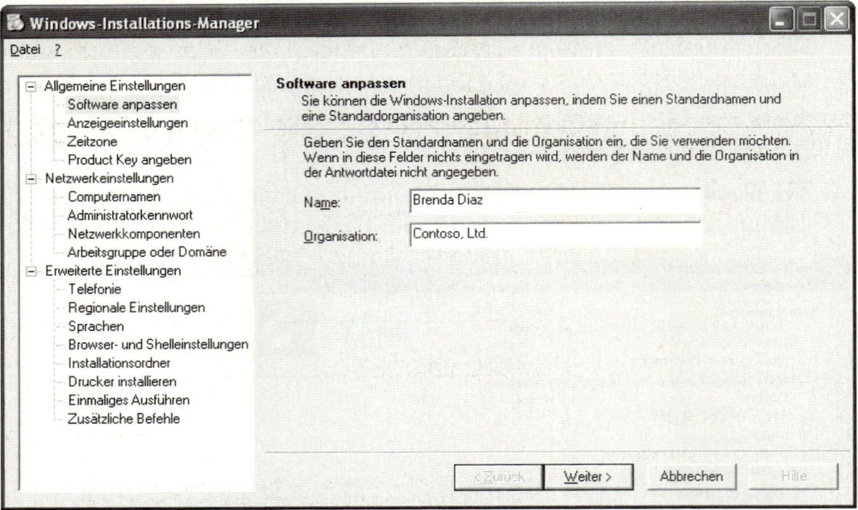

Abbildung 3.3 Auf der Seite **Software anpassen** können Sie Details zur Antwortdatei eingeben, die während der Installation verwendet werden.

10. Übernehmen Sie die Standardeinstellungen auf dieser Seite, und klicken Sie auf **Weiter**.

    Die Seite **Zeitzone** wird angezeigt.

11. Wählen Sie die gewünschte Zeitzone, und klicken Sie anschließend auf **Weiter**.

    Die Seite **Product Key angeben** wird angezeigt.

12. Geben Sie den erforderlichen Product Key ein.

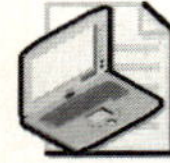

Hinweis Der Product Key dient zum Identifizieren Ihres Windows XP Professional-Exemplars. Sie benötigen für jedes Exemplar, das Sie installieren möchten, eine eigene Lizenz. In vielen Unternehmensumgebungen gibt es allerdings ein Volumenlizenzierungssystem, für das Sie einen speziellen Key benötigen. Der Installations-Manager überprüft den Product Key nicht bei der Eingabe. Ob er tatsächlich gültig ist, stellt sich also erst heraus, wenn Sie Windows XP Professional mit der Antwortdatei installieren. Stellen Sie sicher, dass Sie einen gültigen Product Key verwenden.

13. Klicken Sie auf **Weiter**.

    Die Seite **Computernamen** wird angezeigt (Abbildung 3.4). Es stehen drei Optionen zur Verfügung:

    - Sie können mehrere Namen eingeben, die während der verschiedenen Skriptdurchläufe verwendet werden sollen.
    - Sie können auf **Importieren** klicken und den Namen einer Textdatei angeben, die einen Computernamen pro Zeile enthält. Das Setupprogramm importiert und verwendet diese Namen als Computernamen in den verschiedenen Skriptdurchläufen.

- Sie können das Kontrollkästchen **Computernamen automatisch basierend auf Organisationsnamen generieren** aktivieren, um die zu verwendenden Computernamen automatisch vom System erzeugen zu lassen.

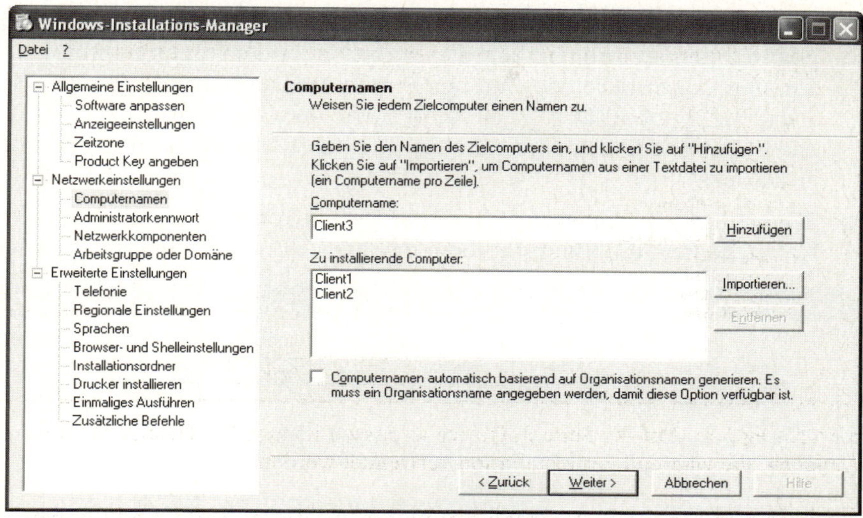

Abbildung 3.4 Fügen Sie die Namen der Computer hinzu, auf denen Sie Windows XP Professional installieren wollen.

14. Geben Sie in das Textfeld **Computername** einen Namen für den Computer ein, und klicken Sie anschließend auf **Hinzufügen**. Wiederholen Sie diesen Schritt, um weitere Computer in die Installation aufzunehmen.
15. Klicken Sie auf **Weiter**.

    Die Seite **Administratorkennwort** wird angezeigt, auf der Sie zwischen folgenden Optionen wählen können:

    - Administratorkennwort vom Benutzer anfordern
    - Folgendes Administratorkennwort verwenden (max. 127 Zeichen)

Hinweis Da Sie auf der Seite **Benutzereingriff** die Option **Vollautomatisiert** aktiviert haben, steht die Option **Administratorkennwort vom Benutzer anfordern** nicht zur Verfügung.

Sie haben die Möglichkeit, das Administratorkennwort in der Antwortdatei zu verschlüsseln. Sie können hier auch die automatische Anmeldung als Administrator veranlassen. Außerdem können Sie festlegen, wie oft der Administrator beim Neustart des Computers automatisch angemeldet wird.

16. Stellen Sie sicher, dass **Folgendes Administratorkennwort verwenden (max. 127 Zeichen)** aktiviert ist, und geben Sie in die Felder **Kennwort** und **Kennwort bestätigen** das Kennwort ein.

17. Aktivieren Sie das Kontrollkästchen **Administratorkennwort in Antwortdatei verschlüsseln**, und klicken Sie auf **Weiter**.

    Die Seite **Netzwerkkomponenten** wird angezeigt (Abbildung 3.5), auf der Sie zwischen folgenden Optionen wählen können:

    - **Standardeinstellungen:** Mit dieser Option wird das Internetprotokoll (Transmission Control Protocol/Internet Protocol) installiert, das Dynamic Host Configuration Protocol (DHCP) aktiviert sowie der Client für Microsoft-Netzwerke und die Datei- und Druckerfreigabe für Microsoft-Netzwerke für alle Zielcomputer installiert.
    - **Einstellungen anpassen:** Mit dieser Option können Sie die einzelnen Netzwerkkomponenten, die Sie installieren möchten, auswählen und konfigurieren.

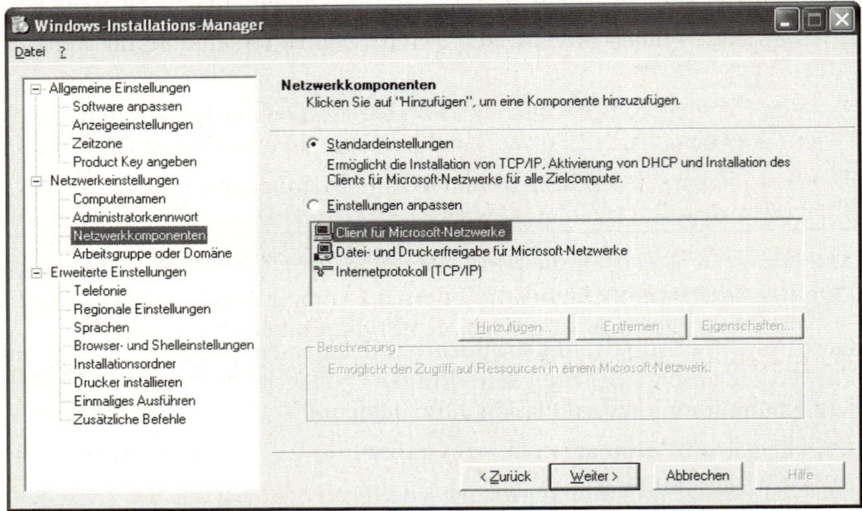

Abbildung 3.5 Auswählen der Netzwerkeinstellungen für die Installation

18. Konfigurieren Sie geeignete Netzwerkeinstellungen für Ihr Netzwerk und klicken Sie auf **Weiter**.

    Die Seite **Arbeitsgruppe oder Domäne** wird angezeigt.

19. Falls der Computer zu einer Arbeitsgruppe hinzugefügt werden soll, müssen Sie den Namen der Arbeitsgruppe eingeben. Falls der Computer einer Domäne beitreten soll, müssen Sie die Option **Windows-Serverdomäne** auswählen und dann den Namen der Domäne eingeben. Falls ein Computer, der einer Domäne beitritt, nicht bereits über ein Computerkonto in dieser Domäne verfügt, können Sie das Windows-Setupprogramm veranlassen, ein solches Konto während der Installation zu erstellen. Aktivieren Sie dazu das Kontrollkästchen **Ein Computerkonto in der Domäne erstellen** und geben Sie die Anmeldeinformationen für ein Konto ein, das über die Berechtigung verfügt, neue Computerkonten in der Domäne anzulegen. Klicken Sie anschließend auf **Weiter**.

Die Seite **Telefonie** wird angezeigt.

20. Wählen Sie die gewünschte Einstellung für die Option **Land/Region**.
21. Geben Sie eine entsprechende Nummer in das Feld **Ortskennzahl** ein.
22. Geben Sie bei Bedarf eine entsprechende Nummer in das Feld **Amtskennziffer (falls erforderlich)** ein.
23. Wählen Sie passende Einstellungen für die Option **Wählverfahren für den Standort**, und klicken Sie anschließend auf **Weiter**.

    Die Seite **Regionale Einstellungen** wird angezeigt. Die Standardeinstellung lautet **Standardregionseinstellungen für die zu installierende Windows-Version verwenden**, aber Sie können auch andere Regions- und Spracheinstellungen wählen.
24. Konfigurieren Sie die regionalen Einstellungen und klicken Sie dann auf **Weiter**.

    Die Seite **Sprachen** wird angezeigt, in der Sie Unterstützung für weitere Sprachen hinzufügen können.
25. Wählen Sie weitere Sprachen aus, falls sie auf den Computern benötigt werden, auf denen Sie Windows XP Professional installieren, und klicken Sie dann auf **Weiter**.

    Die Seite **Browser- und Shelleinstellungen** wird angezeigt, auf der Sie zwischen folgenden Optionen wählen können:

    - Standardeinstellungen für den Internet Explorer verwenden
    - Den Browser mit einem vom Internet Explorer Administration Kit (IEAK) erstellten Skript für die automatische Konfiguration konfigurieren
    - Einstellungen für den Proxy und die Startseite individuell festlegen
26. Treffen Sie Ihre Wahl und klicken Sie dann auf **Weiter**.

    Die Seite **Installationsordner** wird angezeigt, auf der Sie zwischen folgenden Optionen wählen können:

    - **Im Ordner "Windows":** Dies ist die Standardeinstellung.
    - **In einem eindeutig benannten und von Setup generierten Ordner:** Während der Installation wird ein eindeutiger Ordnername erstellt, sodass der Installationsordner für unbefugte Benutzer weniger leicht zu ermitteln ist. Der Ordnername wird in der Registrierung aufgezeichnet, sodass Programme und Programminstallationen problemlos auf Systemdateien und -ordner von Windows XP Professional zugreifen können.
    - **In diesem Ordner:** Bei dieser Option müssen Sie einen Pfad und einen Ordnernamen angeben.
27. Treffen Sie Ihre Wahl und klicken Sie dann auf **Weiter**.

    Die Seite **Drucker installieren** wird angezeigt (Abbildung 3.6), auf der Sie einen Netzwerkdrucker angeben können, der bei der ersten Anmeldung eines Benutzers automatisch installiert wird.

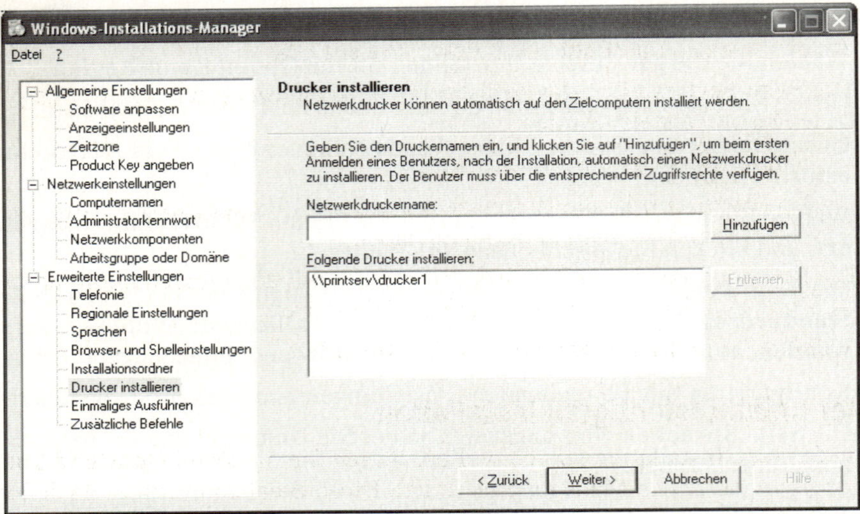

Abbildung 3.6 Geben Sie an, welche Drucker beim Setup automatisch installiert werden sollen.

28. Fügen Sie alle Drucker hinzu, die Sie während der Installation konfigurieren wollen, und klicken Sie dann auf **Weiter**.

    Die Seite **Einmaliges Ausführen** wird angezeigt. Auf dieser Seite können Sie festlegen, dass Windows einen oder mehrere Befehle ausführt, wenn ein Benutzer sich zum ersten Mal anmeldet.

29. Wenn Sie einen Befehl hinzufügen wollen, können Sie ihn in das Textfeld **Auszuführender Befehl** eingeben und dann auf **Hinzufügen** klicken. Klicken Sie auf **Weiter**, nachdem Sie alle benötigten Befehle hinzugefügt haben.

    Die Seite **Zusätzliche Befehle** wird angezeigt. Auf dieser Seite können Sie Befehle festlegen, die nach Abschluss der unbeaufsichtigten Installation ausgeführt werden, bevor sich zum ersten Mal ein Benutzer am Computer anmeldet.

30. Wenn Sie einen Befehl hinzufügen wollen, können Sie ihn in das Textfeld **Auszuführender Befehl** eingeben und dann auf **Hinzufügen** klicken. Klicken Sie auf **Fertig stellen**, nachdem Sie alle benötigten Befehle hinzugefügt haben.

    Es wird ein Dialogfeld des Windows-Installations-Managers mit der Meldung angezeigt, dass eine Antwortdatei erstellt wurde. In diesem Dialogfeld können Sie angeben, in welchem Verzeichnis und unter welchem Namen das Skript gespeichert werden soll. Standardeinstellung ist der Dateiname **Unattend.txt** im Ordner, aus dem heraus Sie den Windows-Installations-Manager gestartet haben.

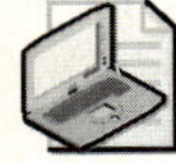

Hinweis Wenn Sie mehrere Computernamen angeben, erstellt der Assistent auch eine .udb-Datei.

31. Übernehmen Sie den Standardnamen und den Standardpfad oder geben Sie einen anderen Namen und Pfad ein. Klicken Sie auf **OK**.

    Die Seite **Fertigstellen des Assistenten** wird angezeigt mit der Meldung, dass drei neue Dateien erstellt wurden:

    - **Unattend.txt** ist die Antwortdatei.
    - **Unattend.udb** ist die Uniqueness Database File, die erstellt wird, falls Sie mehrere Computernamen eingegeben haben.
    - **Unattend.bat** ist ein Batchskript, das die Windows-Installation mit der Antwortdatei und der Uniqueness Database File startet.

32. Wählen Sie im Menü **Datei** den Befehl **Beenden**.

Starten einer unbeaufsichtigten Installation

Wenn Sie eine Installation starten wollen, führen Sie die Datei **Unattend.bat** aus, die der Windows-Installations-Manager erstellt hat. Diese Batchdatei ruft einfach den Befehl **Winnt32.exe** auf, um die Installation zu beginnen, wobei sie Argumente übergibt, die angeben, wo Sie die Dateien beim Ausführen des Windows-Installations-Managers gespeichert haben. Sie können diese Batchdatei individuell anpassen oder einfach das Setupprogramm selbst von der Befehlszeile starten (die übliche Methode, eine unbeaufsichtigte Installation zu starten). Wenn Sie das Setupprogramm von der Befehlszeile starten (oder die Batchdatei anpassen) wollen, müssen Sie eine bestimmte Befehlszeilenoption verwenden und den Pfad der Antwortdatei angeben.

Wenn Sie unter MS-DOS oder Windows 3.x von einer Eingabeaufforderung aus eine Neuinstallation von Windows XP starten wollen, müssen Sie den Befehl **Winnt.exe** folgendermaßen aufrufen:

winnt [/s:***Quellpfad***] **[/u:*Antwortdatei*] [/udf:*ID* [,*UDF_Datei*]]**

Wenn Sie unter Windows 95, Windows 98, Windows Me oder Windows 2000 von einer Eingabeaufforderung aus eine Neuinstallation von Windows XP starten wollen, müssen Sie den Befehl **Winnt32.exe** folgendermaßen aufrufen:

winnt32 [**/unattend**[***Zahl***]**:**[***Antwortdatei***] **[/udf:*ID* [,*UDF_Datei*]]**

Weitere Informationen Weitere Informationen über Aufbau, Syntax und konfigurierbare Optionen der Antwortdatei enthält das *Microsoft Windows Corporate Deployment Tools-Benutzerhandbuch* auf der Windows XP Professional-CD-ROM. Dieses Dokument finden Sie unter dem Pfad **\Support\Tools\Deploy.cab\Deploy.chm**.

Auf der CD Das ist eine gute Gelegenheit, sich die Multimediapräsentation „How Setup Uses Answer Files and UDFs“ anzusehen, die Sie im Ordner **Multimedia** auf der Begleit-CD-ROM finden. Diese Präsentation vermittelt Ihnen ein tieferes Verständnis für unbeaufsichtigte Installationen.

Übung: Erstellen von unbeaufsichtigten Installationen mit dem Windows-Installations-Manager

In dieser Übung entpacken Sie die Windows XP Professional-Bereitstellungstools von der Windows XP Professional-CD-ROM, die Sie zum Installieren verwendet haben. Anschließend erstellen Sie mit dem Windows-Installations-Manager eine Antwortdatei für eine vollständig automatisierte unbeaufsichtigte Installation.

Übung 1: Entpacken der Windows XP-Bereitstellungstools

In dieser Übung entpacken Sie die Windows-Bereitstellungstools von der CD-ROM, mit der Sie Windows XP Professional installieren haben, und kopieren sie auf Ihre Festplatte.

1. Legen Sie die Windows XP Professional-CD-ROM in das CD-ROM-Laufwerk ein.
2. Falls die Seite **Willkommen** automatisch angezeigt wird, können Sie auf **Beenden** klicken, um die Seite zu schließen.
3. Wechseln Sie im Windows-Explorer in den Stammordner des Laufwerks **C** und erstellen Sie darin einen Ordner namens **Deploy**.

   Im Ordner **C:\Deploy** installieren Sie die Dateien, die Sie aus der Datei **Deploy.cab** der Windows XP Professional-CD-ROM entpacken.
4. Öffnen Sie im Windows-Explorer Ihr CD-ROM-Laufwerk und suchen Sie den Ordner **Support\Tools**. Klicken Sie im Ordner **Tools** doppelt auf **Deploy.cab**. Windows XP Professional zeigt den Inhalt von **Deploy.cab** an.
5. Drücken Sie STRG+A, um alle Dateien in **Deploy.cab** auszuwählen.
6. Drücken Sie STRG+C, um die ausgewählten Dateien zu kopieren.
7. Suchen Sie im Windows-Explorer den Ordner **Deploy**, den Sie auf dem Laufwerk **C** erstellt haben, und öffnen Sie ihn.
8. Drücken Sie im Ordner **Deploy** die Tastenkombination STRG+V, um die kopierten Dateien einzufügen.
9. Klicken Sie doppelt auf **Readme.txt**.
10. Nehmen Sie sich die Zeit, den Inhalt der Datei **Readme.txt** zu lesen, und schließen Sie dann den Editor.

Übung 2: Erstellen einer Antwortdatei mit dem Windows-Installations-Manager

In dieser Übung erstellen Sie mit dem Windows-Installations-Manager eine Antwortdatei für eine vollständig automatisierte unbeaufsichtigte Installation. Der Windows-Assistent für den Installations-Manager erstellt dabei auch gleich einen Distributionsordner und eine .udb-Datei.

1. Suchen Sie im Windows-Explorer den Ordner **C:\Deploy**.
2. Klicken Sie doppelt auf **Setupmgr.exe**.

   Windows XP Professional startet den Windows-Assistenten für den Installations-Manager.

3. Klicken Sie auf **Weiter**.

   Die Seite **Neue oder vorhandene Antwortdatei** wird geöffnet.

4. Stellen Sie sicher, dass die Option **Neue Antwortdatei erstellen** ausgewählt ist, und klicken Sie auf **Weiter**.

   Der Windows-Assistent für den Installations-Manager zeigt die Seite **Zu installierendes Produkt** an.

5. Stellen Sie sicher, dass die Option **Unbeaufsichtigte Windows-Installation** aktiviert ist, und klicken Sie auf **Weiter**.

   Die Seite **Plattform** wird angezeigt.

6. Stellen Sie sicher, dass die Option **Windows XP Professional** aktiviert ist, und klicken Sie auf **Weiter**.

   Der Windows-Assistent für den Installations-Manager zeigt die Seite **Benutzereingriff** an.

7. Aktivieren Sie die Option **Vollautomatisiert**, und klicken Sie anschließend auf **Weiter**.

   Die Seite **Distributionsordner** wird angezeigt.

8. Wählen Sie die Option **Nein, diese Antwortdatei wird für die Installation von CD verwendet**, und klicken Sie auf **Weiter**.

   Die Seite **Lizenzvertrag** wird angezeigt.

9. Aktivieren Sie das Kontrollkästchen **Lizenzvertrag zustimmen**, und klicken Sie auf **Weiter**.

   Die Seite **Software anpassen** wird angezeigt.

10. Geben Sie in das Feld **Name** Ihren Namen und in das Feld **Organisation** den Namen Ihrer Organisation ein, und klicken Sie anschließend auf **Weiter**.

    Die Seite **Anzeigeeinstellungen** wird angezeigt.

11. Übernehmen Sie die Standardeinstellungen auf dieser Seite, und klicken Sie auf **Weiter**.

    Die Seite **Zeitzone** wird angezeigt.

12. Wählen Sie die gewünschte Zeitzone, und klicken Sie anschließend auf **Weiter**.

    Die Seite **Product Key angeben** wird angezeigt.

13. Geben Sie Ihren Windows XP Professional-Product Key ein und klicken Sie dann auf **Weiter**.

    Die Seite **Computernamen** wird angezeigt.

14. Geben Sie in das Textfeld **Computername** den Namen **Client1** ein und klicken Sie auf **Hinzufügen**. Wiederholen Sie diesen Schritt, um **Client2** und **Client3** zur Liste der Namen hinzuzufügen.

    Die Namen **Client1**, **Client2** und **Client3** werden im Feld **Zu installierende Computer** aufgeführt.

15. Klicken Sie auf **Weiter**.

    Die Seite **Administratorkennwort** wird angezeigt.

16. Stellen Sie sicher, dass **Folgendes Administratorkennwort verwenden (max. 127 Zeichen)** aktiviert ist, und geben Sie in die Felder **Kennwort** und **Kennwort bestätigen** das Kennwort ein.
17. Aktivieren Sie das Kontrollkästchen **Administratorkennwort in Antwortdatei verschlüsseln**, und klicken Sie auf **Weiter**.

    Die Seite **Netzwerkkomponenten** wird angezeigt.

18. Lassen Sie die Option **Standardeinstellungen** ausgewählt und klicken Sie auf **Weiter**.

    Die Seite **Arbeitsgruppe oder Domäne** wird angezeigt.

19. Klicken Sie auf **Weiter**, um die Standardeinstellung zu übernehmen, bei der die Computer zu einer Arbeitsgruppe mit dem Namen **Arbeitsgruppe** hinzugefügt werden.

    Die Seite **Telefonie** wird angezeigt.

20. Wählen Sie die gewünschte Einstellung für die Option **Land/Region**.
21. Geben Sie eine entsprechende Nummer in das Feld **Ortskennzahl** ein.
22. Geben Sie bei Bedarf eine entsprechende Nummer in das Feld **Amtskennziffer (falls erforderlich)** ein.
23. Wählen Sie passende Einstellungen für die Option **Wählverfahren für den Standort**, und klicken Sie anschließend auf **Weiter**.

    Die Seite **Regionale Einstellungen** wird angezeigt.

24. Klicken Sie auf **Weiter**, um die Standardeinstellungen zu übernehmen.

    Die Seite **Sprachen** wird angezeigt.

25. Klicken Sie auf **Weiter**, um die Standardeinstellung zu übernehmen.

    Die Seite **Browser- und Shelleinstellungen** wird angezeigt.

26. Klicken Sie auf **Weiter**, um die Standardeinstellung **Standardeinstellungen für Internet Explorer verwenden** zu übernehmen.

    Die Seite **Installationsordner** wird angezeigt.

27. Wählen Sie die Option **In diesem Ordner** aus. Geben Sie in das zugehörige Textfeld den Namen **WINXPPro** ein und klicken Sie dann auf **Weiter**.

    Die Seite **Drucker installieren** wird angezeigt.

28. Klicken Sie auf **Weiter**. Auf diese Weise installiert das Skript keine Netzwerkdrucker.

    Die Seite **Einmaliges Ausführen** wird angezeigt.

29. Klicken Sie auf **Weiter**. Auf diese Weise führt das Skript keine solchen Befehle aus.

    Die Seite **Zusätzliche Befehle** wird angezeigt.

30. Klicken Sie auf **Fertig stellen**. Auf diese Weise führt das Skript keine zusätzlichen Befehle aus.

Es wird ein Dialogfeld des Windows-Installations-Managers mit der Meldung angezeigt, dass eine Antwortdatei erstellt wurde.

31. Klicken Sie auf **OK**, um den Standardnamen und den Standardpfad für die Datei zu übernehmen.

    Die Seite **Fertigstellen des Assistenten** wird angezeigt.

32. Wählen Sie im Menü **Datei** den Befehl **Beenden**.

Lernzielkontrolle

Die folgenden Fragen dienen zum Vertiefen der Themen dieser Lektion. Falls Sie eine Frage nicht beantworten können, sollten Sie die Lektion noch einmal durcharbeiten, und dann erneut versuchen, die Frage zu beantworten. Die Antworten auf die Lernzielkontrollfragen finden Sie im Abschnitt „Fragen und Antworten" am Ende dieses Kapitels.

1. Welchen Zweck erfüllt der Windows-Installations-Manager?

2. Auf welche Weise können Sie ein Anwendungsaktualisierungspaket während einer Windows XP Professional-Installation einspielen?

3. Welche Arten von Antwortdateien können Sie mithilfe des Windows-Installations-Managers erstellen?

4. Zu welchem Zweck dient eine UDF (Uniqueness Database File)?

Zusammenfassung der Lektion

- Der Windows-Assistent für den Installations-Manager erleichtert das Erstellen von Antwortdateien, die für unbeaufsichtigte Installationen erforderlich sind.
- Um auf den Windows-Installations-Manager zugreifen zu können, müssen Sie zunächst die Dateien aus der Datei **\Support\Tools\Deploy.cab** auf der Windows XP Professional-CD-ROM extrahieren.
- Mithilfe der benutzerfreundlichen grafischen Oberfläche des Windows-Assistenten für den Installations-Manager können Sie Antwortdateien und UDFs (Uniqueness

Database File) erstellen und bearbeiten. Der Windows-Installations-Manager erleichtert das Festlegen computer- oder benutzerspezifischer Daten und das Aufnehmen von Anwendungsinstallationsskripts in die Antwortdatei. Der Windows-Installations-Manager kann darüber hinaus einen Distributionsordner erstellen und die Installationsdateien dort hinein kopieren.

- Starten Sie zum Ausführen des Windows-Installations-Managers die Datei **Setupmgr.exe**, die Sie aus der Datei **Deploy.cab** entpackt haben. Der Assistent führt Sie durch die einzelnen Schritte. Dabei wählen Sie aus, welchen Installationstyp Sie erstellen und wie viele Details Sie in der Antwortdatei bereitstellen wollen.
- Wenn Sie eine Installation durchführen wollen, können Sie die Datei **Unattend.bat** ausführen, die der Windows-Installations-Manager erstellt hat. Sie können das Setupprogramm auch von der Befehlszeile starten, indem Sie den Befehl **Winnt.exe** (unter MS-DOS oder Windows 3.1) oder den Befehl **Winnt32.exe** (unter Windows 95 oder neuer) eingeben.

Lektion 2: Bereitstellen von Windows XP Professional mithilfe der Datenträgerduplizierung

Wenn Sie Windows XP Professional auf mehreren Computern mit identischen Hardwarekonfigurationen installieren möchten, eignet sich die Datenträgerduplizierung dazu am besten. Sie erstellen dabei ein Image (Abbild) des Datenträgers mit einer Windows XP Professional-Installation und kopieren dieses Image auf mehrere Zielcomputer, was für die Masseninstallation von Windows XP Professional eine große Zeitersparnis bedeutet. Mit dieser Methode können Sie gleichzeitig eine Art Vorlage für eine Grundinstallation erstellen, die problemlos kopiert werden kann, falls auf einem Computer schwerwiegende Probleme auftreten.

Am Ende dieser Lektion werden Sie in der Lage sein, die folgenden Aufgaben auszuführen:

- Erklären des Zwecks der Datenträgerduplizierung.
- Entpacken des Systemvorbereitungsprogramms, mit dem ein Datenträgerimage für das Duplizieren erstellt wird.
- Vorbereiten eines Computers, auf dem mit dem Systemvorbereitungsprogramm ein Master-Image erstellt werden soll.
- Installieren von Windows XP Professional über ein Master-Image.

Veranschlagte Zeit für diese Lektion: 40 Minuten

Grundlagen der Datenträgerduplizierung

Windows XP Professional enthält ein Programm namens Sysprep (Abkürzung für System Preparation, dt. Systemvorbereitung), mit dem Sie Master-Images einer Windows XP-Installation erstellen können, um diese Images dann auf andere Computer zu verteilen. Dabei werden die maschinenspezifischen Informationen aus dem Image entfernt, damit es als Grundlage für eine Windows XP-Installation dienen kann. Im ersten Schritt installieren Sie Windows XP Professional auf einem Referenzcomputer. Der Referenzcomputer kann entweder nur das Betriebssystem Windows XP Professional enthalten oder das Betriebssystem und eine beliebige Zahl installierter Anwendungen.

Nachdem der Referenzcomputer ordnungsgemäß konfiguriert ist, bereiten Sie den Computer mithilfe des Systemvorbereitungsprogramms für das Erstellen des Images vor. Viele Einstellungen auf einem Windows XP Professional-Computer müssen eindeutig sein, zum Beispiel der Computername und die Sicherheitskennung (Security Identifier, SID), die Zahl, mit der ein Objekt im Windows-Sicherheitssubsystem identifiziert wird. Das Systemvorbereitungsprogramm entfernt die SID und alle anderen benutzer- und computerspezifischen Informationen aus dem Computer, damit Sie mit einem Datenträgerduplizierungs-Dienstprogramm ein Datenträgerimage erstellen können. Das Datenträgerimage ist einfach eine komprimierte Datei, die den Inhalt der gesamten Festplatte enthält, auf der das Betriebssystem installiert ist.

Wenn ein Clientcomputer zum ersten Mal nach dem Kopieren des mit Sysprep vorbereiteten Datenträgerimages Windows XP Professional startet, generiert Windows automatisch eine eindeutige SID, führt eine Plug & Play-Erkennung durch und startet den Miniinstallationsassistenten. Der Miniinstallationsassistent fordert den Benutzer auf, benutzer- und computerspezifische Informationen einzugeben. Das sind zum Beispiel:

- Zustimmung zum Endbenutzer-Lizenzvertrag (EULA)
- Regions- und Sprachoptionen
- Benutzer- und Firmenname
- Product Key
- Computername und Administratorkennwort
- Zeitzone

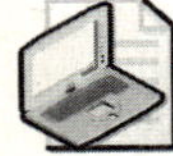

Hinweis Wenn Sie ein Datenträgerimage erstellen, werden alle Hardwareeinstellungen des Referenzcomputers in das Image aufgenommen. Daher sollte der Referenzcomputer dieselbe (oder wenigstens eine ähnliche) Hardwarekonfiguration aufweisen wie die Zielcomputer. Enthalten die Zielcomputer Plug & Play-Geräte, die im Referenzcomputer nicht vorhanden sind, werden sie beim ersten Start nach der Installation automatisch erkannt und konfiguriert. Alle Geräte, die nicht Plug & Play-fähig sind, muss der Benutzer von Hand installieren.

Um Windows XP Professional mithilfe der Datenträgerduplizierung zu installieren, müssen Sie zunächst Windows XP Professional auf einem Testcomputer installieren und konfigurieren. Anschließend müssen Sie alle Anwendungen und Softwareupdates auf dem Testcomputer installieren und konfigurieren.

Entpacken des Windows-Systemvorbereitungsprogramms

Bevor Sie das Windows-Systemvorbereitungsprogramm einsetzen können, müssen Sie alle erforderlichen Dateien auf den Computer kopieren, auf dem das Master-Image erstellt werden soll. Zum Kopieren des Systemvorbereitungsprogramms müssen Sie die betreffenden Dateien aus der Datei **Deploy.cab** im Ordner **\Support\Tools** auf der Windows XP Professional-CD-ROM entpacken. Einzelheiten zu diesem Vorgang finden Sie in Lektion 1 dieses Kapitel im Abschnitt „Entpacken der Windows XP-Bereitstellungstools“.

Vorbereiten eines Computers mit dem Systemvorbereitungsprogramm

Das Systemvorbereitungsprogramm dient dazu, Probleme während des Kopierens von Datenträgern zu vermeiden. Zunächst muss jeder Computer eine eindeutige Sicherheitskennung (Security Identifier, SID) besitzen. Wenn Sie einfach ein vorhandenes Datenträgerimage auf andere Computer kopieren, erhalten alle Computer dieselbe SID. Um dies zu vermeiden, fügt das Systemvorbereitungsprogramm zum Master-Image einen Systemdienst hinzu. Dieser Dienst erstellt eine in der lokalen Domäne eindeutige SID, wenn der Computer (auf den das Master-Image kopiert wird) das erste Mal gestartet wird.

Die Gerätetreiber für Festplattencontroller und Hardwareabstraktionsschicht (HAL) des Quellcomputers (der Computer, auf dem das Image erstellt wurde) und des Zielcomputers (der Computer, auf den das Image kopiert wurde) müssen identisch sein. Die übrigen Peripheriegeräte hingegen, beispielsweise Netzwerk-, Grafik- und Soundkarten, brauchen auf den beiden Computern nicht identisch zu sein. Der Zielcomputer führt eine vollständige Plug & Play-Erkennung aus, wenn er nach der Installation des Image zum ersten Mal startet.

Sie können das Systemvorbereitungsprogramm in seinem Standardmodus ausführen, indem Sie einfach doppelt auf die Datei **Sysprep.exe** klicken, die Sie aus der Datei mit den Windows XP-Bereitstellungstools entpackt haben. Tabelle 3.1 beschreibt einige optionale Parameter, die Sie beim Ausführen von **Sysprep.exe** angeben können.

Tabelle 3.1 Optionale Parameter für **Sysprep.exe**

Option	Beschreibung
/quiet	Führt die Installation ohne Benutzereingriff aus, da die Dialogfelder für die Bestätigung durch den Benutzer nicht angezeigt werden.
/nosidgen	Beim Neustart wird keine neue SID erzeugt.
/pnp	Auf dem Zielcomputer wird nach dem nächsten Neustart nach Plug & Play-Geräten gesucht.
/reboot	Führt nach Beendigung von **Sysprep.exe** einen Neustart des Quellcomputers durch.
/noreboot	Fährt den Computer herunter, ohne ihn anschließend neu zu starten.
/forceshutdown	Führt dazu, dass der Computer nicht abgeschaltet, sondern heruntergefahren wird.

Hinweis Folgendermaßen können Sie sich eine vollständige Liste aller Befehlszeilenoptionen für **Sysprep.exe** anzeigen lassen: Öffnen Sie die Eingabeaufforderung, wechseln Sie in den Ordner **Deploy** (beziehungsweise den Ordner, in dem **Sysprep.exe** installiert ist), geben Sie **sysprep.exe /?** ein und drücken Sie die EINGABETASTE.

Installieren von Windows XP Professional von einem Master-Datenträgerimage

Nachdem Sie das Systemvorbereitungsprogramm auf Ihrem Testcomputer ausgeführt haben, können Sie jetzt mit dem Tool eines beliebigen Drittanbieters das Master-Datenträgerimage erstellen. Speichern Sie das neue Datenträgerimage in einem freigegebenen Ordner oder auf einer CD-ROM, und kopieren Sie es anschließend auf verschiedene Zielcomputer.

Die Endbenutzer können die Zielcomputer nun starten. Der Miniinstallations-Assistent fordert die Benutzer zur Eingabe von computerspezifischen Variablen wie zum Beispiel Administratorkennwort und Computernamen auf. Wenn Sie eine **Sysprep.inf**-Datei zur Verfügung gestellt haben, wird der Miniinstallations-Assistent umgangen, und das System lädt Windows XP Professional ohne weitere Benutzereingriffe. Mithilfe der **Sysprep.inf**-Datei können Sie den Einsatz des Assistenten weiter automatisieren.

Übung: Bereitstellen von Windows XP Professional mithilfe der Datenträgerduplizierung

In dieser Übung bereiten Sie mit dem Windows-Systemvorbereitungsprogramm das Erstellen eines Master-Images für die Datenträgerduplizierung vor. Anschließend führen Sie mit diesem Master-Image eine Installation durch.

Übung 1: Vorbereiten eines Master-Images

Wichtig Um die nachfolgende Übung durchführen zu können, müssen Sie Übung 1 in Lektion 1 dieses Kapitels durchgearbeitet und das Systemvorbereitungsprogramm von der Windows XP Professional-CD-ROM extrahiert haben.

Vorsicht Führen Sie diese Übung nur auf einem Testcomputer durch, der keine wichtigen Daten enthält. Nach dem Durcharbeiten dieser Übung müssen Sie Windows XP Professional auf Ihrem Computer erneut installieren.

1. Wählen Sie im Startmenü **Alle Programme**, **Zubehör** und dann **Eingabeaufforderung**.
2. Geben Sie im Fenster **Eingabeaufforderung** den Befehl **cd \Deploy** ein und drücken Sie die EINGABETASTE.

Hinweis Falls Sie die Datei **Sysprep.exe** in einen anderen Ordner entpackt haben, müssen Sie stattdessen diesen anderen Pfad verwenden.

3. Geben Sie den Befehl **Sysprep.exe /pnp /noreboot** ein und drücken Sie die EINGABETASTE.
4. Welche Auswirkung haben die optionalen Parameter **/pnp** und **/noreboot**?

   ____

   ____

   ____

   Sie werden in einer Meldung des Windows-Systemvorbereitungsprogramms gewarnt, dass die Ausführung des Programms möglicherweise die Sicherheitsparameter des betreffenden Systems verändert.

Hinweis Sie sollten das Programm nur ausführen, wenn Sie Ihren Computer zur Duplizierung vorbereiten möchten.

5. Wenn Sie sicher sind, dass Sie Windows XP Professional anschließend neu installieren wollen, können Sie auf **OK** klicken.

   Es wird ein Dialogfeld des Systemvorbereitungsprogramms angezeigt, in dem Sie das Programm konfigurieren können.

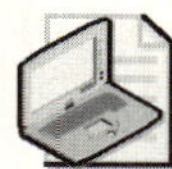

Hinweis Klicken Sie zum Beenden des Systemvorbereitungsprogramms im Feld **Optionen** auf den nach unten zeigenden Pfeil im Feld **Modus für das Herunterfahren**, wählen Sie den Eintrag **Beenden**, und klicken Sie anschließend auf **Erneut versiegeln**, um die Ausführung der Systemvorbereitung auf Ihrem Computer zu verhindern.

6. Aktivieren Sie im Feld **Optionen** das Kontrollkästchen **Miniinstallation verwenden**.
7. Wählen Sie im Kombinationsfeld **Modus für das Herunterfahren** den Eintrag **Herunterfahren** und klicken Sie dann auf **Erneut versiegeln**.

   In einem Meldungsfeld des Windows-Systemvorbereitungsprogramms wird mitgeteilt, dass die SIDs beim nächsten Neustart erneut generiert werden. SIDs müssen nur dann neu generiert werden, wenn Sie nach dem Herunterfahren ein Image erstellen möchten.

Hinweis Wenn Sie die SIDs nicht neu erzeugen möchten, können Sie auf **Abbrechen** klicken, im Feld **Optionen** das Kontrollkästchen **Sicherheitskennungen nicht neu generieren** aktivieren und anschließend auf **Erneut versiegeln** klicken.

8. Klicken Sie auf **OK**.

   Sie werden in einem Meldungsfeld darüber informiert, dass das Programm die Systemdaten von Ihrem Computer entfernt. Sobald das Systemvorbereitungsprogramm fertig ist, wird Ihr Computer heruntergefahren.
9. Schalten Sie den Computer aus, falls er nicht automatisch ausgeschaltet wird.

Übung 2: Installieren von Windows XP Professional von einem Master-Image

In dieser Übung installieren Sie Windows XP Professional mithilfe eines Master-Datenträgerimages, das Sie in der letzten Übung erstellt haben. Üblicherweise wird das Image unter Verwendung eines Drittanbietertools auf einen anderen Computer kopiert. In dieser Übung gehen Sie jedoch so vor, als wäre das Master-Datenträgerimage bereits auf den Computer kopiert worden, auf dem Sie Windows XP Professional installieren möchten.

1. Schalten Sie Ihren Computer ein.

   Das Setupprogramm zeigt folgende Meldung an: **Bitte warten Sie, während Windows für den Start vorbereitet wird.** Nach einigen Minuten wird der Willkommensbildschirm des Windows XP-Installations-Assistenten angezeigt.
2. Klicken Sie auf **Weiter**.

   Die Seite **Lizenzvertrag** wird angezeigt.
3. Lesen Sie die Bestimmungen, klicken Sie auf **Ich stimme dem Lizenzvertrag zu** und anschließend auf **Weiter**.

   Die Seite **Regions- und Sprachoptionen** wird angezeigt.
4. Prüfen Sie, ob die Spracheinstellungen auf dieser Seite richtig gewählt sind, und klicken Sie anschließend auf **Weiter**.

   Die Seite **Benutzerinformationen** wird angezeigt.

5. Geben Sie in das Feld **Name** Ihren Namen ein. Geben Sie im Feld **Organisation** den Namen Ihrer Organisation ein, und klicken Sie auf **Weiter**.

   Die Seite für die Eingabe des Product Key wird angezeigt.

6. Geben Sie den Product Key ein, und klicken Sie auf **Weiter**.

   Die Assistentenseite **Computername und Administratorkennwort** wird eingeblendet.

7. Geben Sie im Feld **Computername** den Namen Ihres Computers ein.

8. Geben Sie in die Felder **Kennwort** und **Kennwort bestätigen** ein Kennwort ein, und klicken Sie auf **Weiter**.

   Die Seite **Modemwählinformationen** wird angezeigt.

Hinweis Wenn kein Modem an Ihren Computer angeschlossen ist, wird diese Seite möglicherweise nicht angezeigt. Fahren Sie in diesem Fall mit Schritt 13 fort.

9. Wählen Sie die gewünschte Einstellung für die Option **Land/Region**.

10. Geben Sie eine entsprechende Nummer in das Feld **Ortskennzahl** ein.

11. Geben Sie bei Bedarf eine entsprechende Nummer in das Feld **Amtskennziffer (falls erforderlich)** ein.

12. Wählen Sie die Einstellungen für die Option **Wählverfahren für den Standort**, und klicken Sie anschließend auf **Weiter**.

    Die Seite **Datum- und Uhrzeiteinstellungen** wird angezeigt.

13. Prüfen Sie, ob Datum, Uhrzeit, Zeitzone und die Einstellungen für Sommer-/Winterzeit richtig angegeben sind, und klicken Sie auf **Weiter.**

    Die Seite **Netzwerkeinstellungen** wird angezeigt.

14. Stellen Sie sicher, dass die Option **Standardeinstellungen** aktiviert ist, und klicken Sie auf **Weiter**.

    Die Seite **Arbeitsgruppe oder Computerdomäne** wird angezeigt.

15. Stellen Sie sicher, dass die Option **Nein, dieser Computer ist entweder nicht im Netzwerk oder ist ohne Domäne im Netzwerk** aktiviert ist.

16. Stellen Sie sicher, dass im Feld **Arbeitsgruppe oder Computerdomäne** der Name **ARBEITSGRUPPE** angezeigt wird, und klicken Sie auf **Weiter**.

    Es werden nacheinander die Seiten **Abschließende Vorgänge durchführen** und **Fertigstellen des Assistenten** angezeigt.

17. Klicken Sie auf **Fertig stellen**.

    Das System wird neu gestartet, und der Willkommenbildschirm wird angezeigt.

18. Melden Sie sich mit dem üblichen Verfahren an.

Lernzielkontrolle

Die folgenden Fragen dienen zum Vertiefen der Themen dieser Lektion. Falls Sie eine Frage nicht beantworten können, sollten Sie die Lektion noch einmal durcharbeiten, und dann erneut versuchen, die Frage zu beantworten. Die Antworten auf die Lernzielkontrollfragen finden Sie im Abschnitt „Fragen und Antworten" am Ende dieses Kapitels.

1. Was versteht man unter Datenträgerduplizierung?

   ____

   ____

2. Welchen Zweck erfüllt das Systemvorbereitungsprogramm?

   ____

   ____

   ____

   ____

   ____

   ____

   ____

   ____

3. Wozu dient die Befehlszeilenoption **/quiet** bei der Ausführung von **Sysprep.exe**?

   ____

Zusammenfassung der Lektion

- Der erste Schritt bei der Datenträgerduplizierung besteht darin, einen Windows XP Professional-Computer vorzubereiten, der als Referenzcomputer fungiert. Diese Vorbereitung umfasst das Installieren, Aktualisieren und Konfigurieren des Betriebssystems sowie das Installieren anderer Anwendungen. Nachdem der Referenzcomputer konfiguriert ist, bereiten Sie den Computer im nächsten Schritt mithilfe des Systemvorbereitungsprogramms für das Erstellen des Images vor. Im letzten Schritt erstellen Sie mit dem Datenträgerduplizierungstool eines Drittanbieters ein Festplattenimage.
- Um das Systemvorbereitungsprogramm nutzen zu können, müssen Sie die Dateien aus der Datei **\Support\Tools\Deploy.cab** auf der Windows XP Professional-CD-ROM entpacken.
- Eine der wichtigsten Aufgaben des Systemvorbereitungsprogramms besteht darin, alle Sicherheitskennungen (Security Identifiers, SIDs) und weitere benutzer- oder computerspezifische Daten zu löschen.
- Beim ersten Start eines Zielcomputers wird der Installations-Assistent angezeigt, der vom Benutzer nur wenige Eingaben für das Abschließen der Installation erfordert. Mithilfe einer **Sysprep.inf**-Datei können Sie die Funktionsweise des Assistenten weiter automatisieren.

Lektion 3: Durchführen einer Remoteinstallation

Die Remoteinstallationsdienste (Remote Installation Services, RIS) stehen für Server zur Verfügung, die unter Windows 2000 und Windows 2003 in einer Umgebung mit dem Verzeichnisdienst Microsoft Active Directory laufen. Der RIS-Server ist ein Server für Festplattenimages, der so viele Images enthält, wie für die unterschiedlichen Konfigurationen von Windows XP Professional in einem Netzwerk notwendig sind. Ein RIS-Client ist ein Computer, der eine Verbindung zum RIS-Server herstellt und ein Image herunterlädt. Der RIS-Server kann so vorkonfiguriert sein, dass er ein bestimmtes Image an einen Clientcomputer schickt, oder der Benutzer kann von Hand ein Image aus einem speziellen RIS-Administrationsmenü auswählen.

Am Ende dieser Lektion werden Sie in der Lage sein, die folgenden Aufgaben auszuführen:

- Beschreiben, wie RIS eingesetzt wird.
- Installieren und Konfigurieren von RIS auf einem Windows Server 2003-Server.
- Erklären der Anforderungen für RIS-Clientcomputer.

Veranschlagte Zeit für diese Lektion: 60 Minuten

Grundlagen von RIS

RIS vereinigt die Vorteile der unbeaufsichtigten Installation und der Datenträgerduplizierung und bietet außerdem eine effiziente Methode, Remoteinstallationen in großen Netzwerkumgebungen zu ermöglichen. Der RIS-Prozess läuft im Wesentlichen folgendermaßen ab:

1. Sie installieren in einer Active Directory-Domäne RIS auf einem Server, der unter Windows 2000 Server oder Windows Server 2003 läuft. Die Installationsmethoden unterscheiden sich von Version zu Version, die verschiedenen Methoden werden in dieser Lektion beschrieben.
2. Sie laden Festplattenimages auf den RIS-Server. RIS unterstützt zwei Typen von Images:
   - Ein CD-Image, das die Installationsdateien von Windows XP Professional enthält. Sie können Antwortdateien für diese Images erstellen, die den Installationsvorgang auf dem Client automatisieren.
   - Ein Remoteinstallationsvorbereitungs-Image (RIPrep), das neben dem Betriebssystem Windows XP Professional auch andere Anwendungen enthalten kann. Dieses Image wird aus einem vorkonfigurierten Referenzcomputer gewonnen, ganz ähnlich wie bei dem Computer, der zum Erstellen der Images für die Datenträgerduplizierung verwendet wird.
3. Ein Clientcomputer stellt über das Netzwerk eine Verbindung zum RIS-Server her. Clients müssen zur Net PC-Spezifikation kompatibel sein oder über eine Netzwerkkarte verfügen, die den PXE-Standard (***Preboot eXecution Environment***) zum Starten über das Netzwerk unterstützt. Mit dieser Art von Netzwerkkarte kann der Client-

computer auch ohne installiertes Betriebssystem starten, einen RIS-Server suchen und den Installationsvorgang mit einem Image vom RIS-Server starten. Für Clients, die keine PXE-kompatible Netzwerkkarte haben, können Sie eine spezielle Startdiskette erstellen, die es dem Client ermöglicht, zu starten und Kontakt zum RIS-Server aufzunehmen.

4. Die Clients beginnen die Installation von Windows XP Professional anhand eines Images vom RIS-Server. Ein RIS-Server kann viele unterschiedliche Festplattenimages anbieten, und der Benutzer des Clientcomputers kann auswählen, welches Image er zum Installieren von Windows XP Professional einsetzen möchte. Sie können einen RIS-Server auch so konfigurieren, dass diese Wahl automatisch getroffen wird, wenn ein Clientcomputer Kontakt zum RIS-Server aufnimmt. Der Benutzer des Clientcomputers bekommt eine Bildschirmseite angezeigt, auf der ihm mitgeteilt wird, welches Betriebssystem installiert wird, er kann die Entscheidung aber nicht beeinflussen oder irgendwelche Informationen eingeben. Falls auf dem RIS-Server nur ein einziges Image zur Verfügung steht, bekommt der Benutzer ebenfalls keine Wahlmöglichkeit.
5. Windows XP Professional wird auf dem Clientcomputer installiert. Abhängig vom Image und dem Installationstyp muss der Benutzer während der Installation unter Umständen persönliche Informationen eingeben.

Die Remoteinstallationsdienste bieten folgende Vorteile:

- Sie ermöglichen die Durchführung einer Remoteinstallation von Windows XP Professional.
- Sie vereinfachen die Verwaltung der Serverimages, da keine hardwarespezifischen Images erstellt werden müssen und Plug & Play-Hardwarekomponenten während des Setups automatisch ermittelt werden.
- Sie unterstützen eine Betriebssystem- und Computerwiederherstellung im Falle eines Computerfehlers.
- Die Sicherheitseinstellungen werden nach dem Neustart des Zielcomputers beibehalten.
- Die Gesamtbetriebskosten (Total Cost of Ownership, TCO) werden verringert, da das Betriebssystem durch die Benutzer oder die technischen Mitarbeiter auf den einzelnen Computern installiert werden kann.

Installieren und Konfigurieren von RIS

Die Remoteinstallationsdienste stehen nur auf Computern zur Verfügung, auf denen Windows 2000 Server oder Windows Server 2003 ausgeführt wird. Als RIS-Server kann ein Domänencontroller oder ein Mitgliedserver eingesetzt werden. In Tabelle 3.2 sind die für die Remoteinstallationsdienste erforderlichen Netzwerkdienste sowie deren Aufgabe im Zusammenhang mit RIS aufgeführt. Diese Netzwerkdienste brauchen nicht auf demselben Computer installiert sein wie die Remoteinstallationsdienste, sie müssen aber im Netzwerk zur Verfügung stehen.

Tabelle 3.2 Für RIS benötigte Netzwerkdienste

Netzwerkdienst	Aufgabe für RIS
DNS-Dienst	Die Remoteinstallationsdienste verwenden den DNS-Server zum Auffinden des Verzeichnisdienstes und der Clientcomputerkonten.
DHCP-Dienst	Clientcomputer, die einen Netzwerkstart unterstützen, erhalten vom DHCP-Server eine IP-Adresse (Internet Protocol).
Active Directory	Die Remoteinstallationsdienste verwenden die Active Directory-Verzeichnisdienste in Windows XP Professional zum Auffinden der vorhandenen Clientcomputer und RIS-Server.

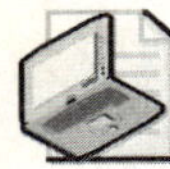

Hinweis Dieses Kapitel beschreibt das Installieren von RIS auf einem Windows Server 2003-Computer. Das Vorgehen zum Installieren von RIS auf einem Windows 2000 Server-Computer ist anders, aber viele der Auswahlmöglichkeiten sind ähnlich.

Prüfungstipp Denken Sie daran, dass RIS eine Active Directory-Umgebung voraussetzt, damit RIS-Clients die RIS-Server finden können. Active Directory setzt wiederum voraus, dass im Netzwerk DNS verwendet wird. DNS wird zum Auffinden von Diensten in Active Directory benötigt. DHCP wird ebenfalls für RIS benötigt, weil RIS-Clients Kontakt mit einem DHCP-Server aufnehmen müssen, um eine IP-Adresse zu bekommen; nur so können sie mit anderen Geräten im Netzwerk kommunizieren.

Die Remoteinstallation erfordert die Installation von RIS auf einem Volume, das im Netzwerk freigegeben ist. Das freigegebene Volume muss folgende Anforderungen erfüllen:

- Das freigegebene Volume darf sich nicht auf dem Laufwerk befinden, auf dem die Windows 2000 Server- oder Windows Server 2003-Systemdateien liegen.
- Das freigegebene Volume muss groß genug sein, um die RIS-Software und verschiedene Windows XP Professional-Images zu speichern.
- Das freigegebene Volume muss mit dem Dateisystem NTFS formatiert sein.

Gehen Sie folgendermaßen vor, um RIS auf einem Windows Server 2003-Computer zu installieren:

1. Wählen Sie im Startmenü **Systemsteuerung** und dann **Software**.
2. Klicken Sie im Fenster **Software** auf **Windows-Komponenten hinzufügen/entfernen**.
3. Aktivieren Sie im Assistenten für Windows-Komponenten im Listenfeld **Komponenten** das Kontrollkästchen **Remoteinstallationsdienste** und klicken Sie dann auf **Weiter**.

   Windows Server 2003 erstellt eine Liste der benötigten Dateien und installiert anschließend RIS.

4. Klicken Sie auf **Fertig stellen**, um den Assistenten für Windows-Komponenten zu beenden.

   Windows fordert Sie auf, den Computer neu zu starten.

5. Klicken Sie auf **Ja**.

   Der Computer wird neu gestartet.

6. Warten Sie, bis der Computer neu gestartet wurde, und melden Sie sich dann als Administrator an. Wählen Sie im Startmenü **Verwaltung** und dann **Remoteinstallationsdienste-Setup**.

7. Klicken Sie auf der Seite **Willkommen** im Assistenten zur Installation der Remoteinstallationsdienste auf **Weiter**.

   Die Seite **Remoteinstallationsordner** wird angezeigt (Abbildung 3.7). Sie müssen einen Pfad angeben, an dem die Installationsordnerstruktur erstellt werden soll, das heißt die Ordner mit den RIS-Images. Dieser Pfad darf sich nicht auf einem Systemvolume befinden. Der Pfad muss sich auf einem mit NTFS formatierten Volume befinden, auf dem genug Platz für die Images frei ist.

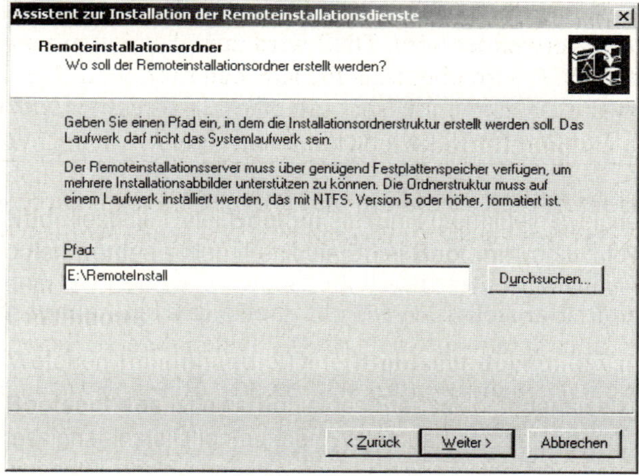

Abbildung 3.7 Geben Sie an, wo die Installationsordnerstruktur erstellt werden soll.

8. Geben Sie einen Pfad ein und klicken Sie auf **Weiter**.

   Die Seite **Anfangseinstellungen** wird angezeigt (Abbildung 3.8). In der Standardeinstellung bietet der RIS-Server noch keine Unterstützung für Clientcomputer. Sie müssen ihn in diesem Schritt zuerst entsprechend konfigurieren. Auf diese Weise erhalten Sie die Möglichkeit, den Server erst zu konfigurieren, bevor er Clientverbindungen entgegennimmt. Sie können allerdings auch das Kontrollkästchen **Auf Dienstanfragen von Clients antworten** aktivieren, wenn Sie möchten, dass der Server sofort den Betrieb aufnimmt.

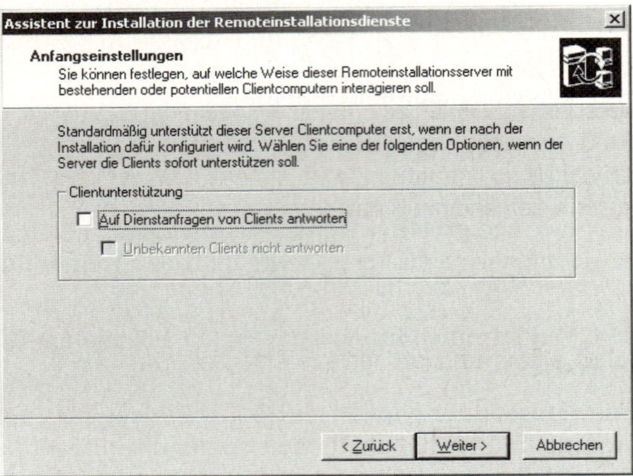

Abbildung 3.8 Wählen Sie, ob der Server sofort oder erst nach dem Konfigurieren auf Clientanfragen reagieren soll.

9. Wählen Sie, ob der Server sofort auf Clientanfragen reagieren soll, und klicken Sie dann auf **Weiter**.

   Die Seite **Pfad der Installationsquelldateien** wird angezeigt. Dort können Sie den Pfad zu den Windows XP Professional-Installationsdateien angeben, die Sie verwenden möchten.

10. Geben Sie den Pfad in das Textfeld **Pfad** ein und klicken Sie dann auf **Weiter**.

11. Geben Sie auf der Seite **Name des Windows-Installationsabbildordners** den Namen des Ordners ein, in den die Windows-Installationsdateien kopiert werden sollen. Dieser Ordner wird in dem Pfad erstellt, den Sie auf der Seite **Remoteinstallationsordner** angegeben haben.

12. Geben Sie auf der Seite **Beschreibung und Hilfetext** (Abbildung 3.9) eine Beschreibung und einen Hilfetext ein, die es den Benutzern auf RIS-Clients erleichtern, das Betriebssystem zu identifizieren. Klicken Sie auf **Weiter**.

13. Stellen Sie auf der Seite **Einstellungen überprüfen** sicher, dass die gewählten Einstellungen in Ordnung sind, und klicken Sie dann auf **Fertig stellen**.

    Der Assistent zur Installation der Remoteinstallationsdienste beginnt die Windows-Installationsdateien zu kopieren und führt dann eine Reihe weiterer Aufgaben aus:

    - Erstellen des Remoteinstallationsordners
    - Kopieren der von RIS benötigten Dateien
    - Kopieren der Windows XP Professional-Installationsdateien auf den Server
    - Konfigurieren der Seiten für den Clientinstallations-Assistenten, die während einer Remoteinstallation angezeigt werden
    - Erstellen einer Antwortdatei für die unbeaufsichtigte Installation
    - Erstellen der Remoteinstallationsdienste

- Aktualisieren der Registrierung
- Erstellen des Single-Instance-Store-Volumes
- Starten der benötigten RIS-Dienste
- Autorisieren des RIS-Servers in DHCP

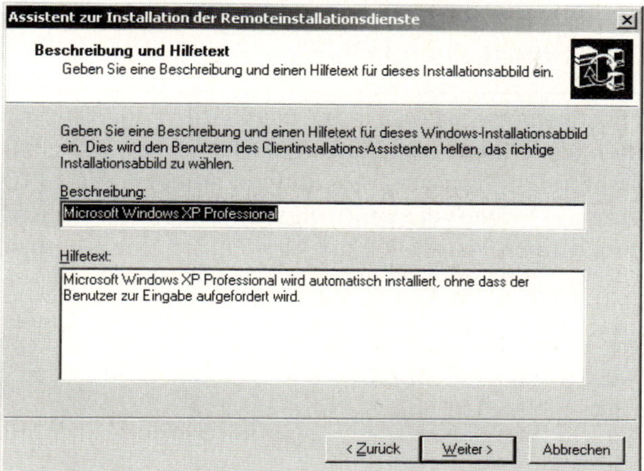

Abbildung 3.9 Geben Sie eine aussagekräftige Beschreibung für das Betriebssystem und einen Hilfetext ein.

14. Warten Sie, bis der Assistent seine Arbeit beendet hat, und klicken Sie dann auf **Fertig**.

Anforderungen an RIS-Clientcomputer

Clientcomputer, die eine Remoteinstallation von einem RIS-Server unterstützen, müssen über eine der folgenden Konfigurationen verfügen:

- Eine Konfiguration, die der Net PC-Spezifikation entspricht.
- Eine PXE-kompatible Netzwerkkarte und ein BIOS (Basic Input/Output System), das den Start über PXE unterstützt.
- Eine unterstützte Netzwerkkarte und eine Remoteinstallations-Startdiskette.

Prüfungstipp Prägen Sie sich die drei Konfigurationen ein, die es einem RIS-Client ermöglichen, über das Netzwerk zu starten und einen RIS-Server zu suchen: Net PC-Konfiguration, eine PXE-kompatible Netzwerkkarte oder eine unterstützte Netzwerkkarte und eine Remoteinstallations-Startdiskette.

Net PCs

Bei Net PC handelt es sich um eine hochflexible Plattform, die einen Netzwerkstart durchführen und Aktualisierungen verwalten kann. Darüber hinaus kann in dieser Plattform verhindert werden, dass Benutzer Änderungen an der Hardware- oder Betriebssystemkonfiguration vornehmen. Net PC erfordert außerdem folgende Spezifikationen:

- Die Netzwerkkarte muss im BIOS als primäres Startgerät eingerichtet sein.
- Das Benutzerkonto, das zur Durchführung der Remoteinstallation verwendet wird, muss über das Benutzerrecht **Anmelden als Stapelverarbeitungsauftrag** verfügen. Weitere Informationen über das Zuweisen von Benutzerrechten finden Sie in Kapitel 16, „Konfigurieren von Sicherheitseinstellungen und Internetoptionen".

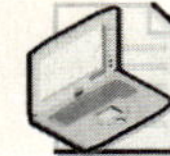

Hinweis Die Administratorgruppe verfügt in der Standardeinstellung nicht über das Benutzerrecht **Anmelden als Stapelverarbeitungsauftrag**. Sie sollten eine neue Gruppe für das Durchführen von Remoteinstallationen anlegen, dieser Gruppe das Benutzerrecht **Anmelden als Stapelverarbeitungsauftrag** zuweisen und dann Benutzer zur Gruppe hinzufügen. Anschließend können Sie eine Remoteinstallation durchführen.

- Den Benutzern muss die Berechtigung zum Erstellen von Computerkonten in der Domäne zugewiesen werden, der sie beitreten. Die Domäne wird in den erweiterten Einstellungen für den RIS-Server festgelegt.

PXE-kompatible Netzwerkkarten

Auch Computer, die der Net PC-Spezifikation nicht entsprechen, können mit dem RIS-Server interagieren. Führen Sie folgende Schritte durch, um die Remoteinstallation für einen Computer zu aktivieren, der der Net PC-Spezifikation nicht entspricht:

1. Installieren Sie eine PXE-kompatible Netzwerkkarte.
2. Stellen Sie das BIOS zum Start vom PXE-Start-ROM ein.
3. Das Benutzerkonto, das zur Durchführung der Remoteinstallation verwendet wird, muss über das Benutzerrecht **Anmelden als Stapelverarbeitungsauftrag** verfügen.
4. Den Benutzern muss die Berechtigung zum Erstellen von Computerkonten in der Domäne zugewiesen werden, der sie beitreten. Die Domäne wird in den erweiterten Einstellungen für den RIS-Server festgelegt.

RIS-Startdisketten

Falls die Netzwerkkarte eines Clients nicht mit einem PXE-Start-ROM ausgestattet ist oder das BIOS einen Start von der Netzwerkkarte nicht zulässt, müssen Sie eine Remoteinstallations-Startdiskette erstellen. Durch die Startdiskette wird der PXE-Startvorgang simuliert. Nach dem Installieren der Remoteinstallationsdienste steht auch das Programm Remotestart-Diskettenerstellung (Abbildung 3.10) zur Verfügung, mit dem Sie auf einfache Weise eine Startdiskette erstellen können.

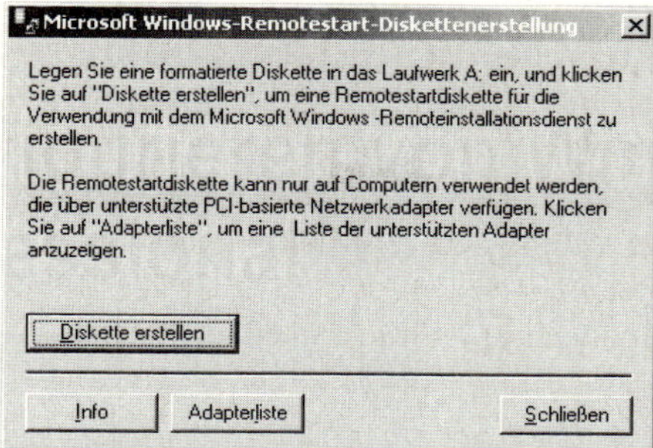

Abbildung 3.10 Erstellen Sie mit dem Programm Remotestart-Diskettenerstellung eine RIS-Startdiskette

Führen Sie zum Starten des Programms Remotestart-Diskettenerstellung die Programmdatei **Rbfg.exe** aus. Die Datei **Rbfg.exe** befindet sich im Unterordner **Admin\i386** des Remoteinstallationsordners, den Sie beim Installieren von RIS angegeben haben. Die Startdisketten unterstützen nur die in der Adapterliste aufgeführten PCI-Netzwerkkarten (Peripheral Component Interconnect). Sie können sich eine Liste der unterstützten Netzwerkkarten anzeigen lassen, indem Sie auf die Schaltfläche **Adapterliste** (Abbildung 3.10) klicken. Abbildung 3.11 zeigt einen Ausschnitt aus der Tabelle der unterstützten Netzwerkkarten.

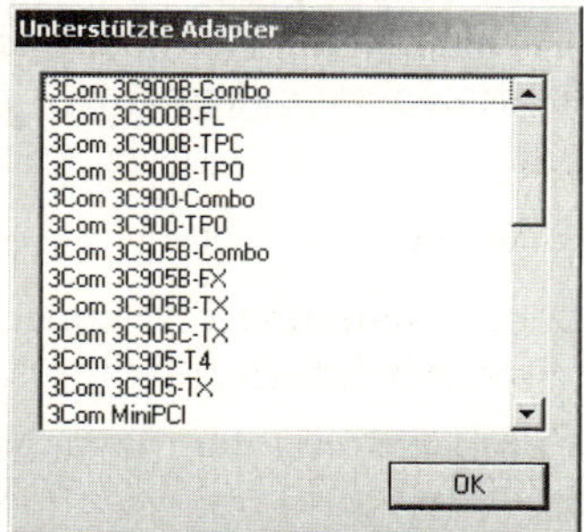

Abbildung 3.11 Die von den Startdisketten unterstützten Netzwerkkarten

Das Einrichten von Benutzerrechten und Berechtigungen ist ebenfalls erforderlich. Das Benutzerkonto, das zur Durchführung der Remoteinstallation verwendet wird, muss über das Benutzerrecht **Anmelden als Stapelverarbeitungsauftrag** verfügen. Den Benutzern muss die Berechtigung zum Erstellen von Computerkonten in der Domäne zugewiesen werden, der sie beitreten. Die Domäne wird in den erweiterten Einstellungen für den RIS-Server festgelegt.

Praxistipp Automatisieren der Installationen in großen Netzwerken

In Umgebungen mit großen Netzwerken erledigen die Benutzer das Installieren von Windows XP Professional normalerweise nicht selbst. Die meisten IT-Abteilungen haben speziell geschultes Personal, das Computer kauft oder zusammenbaut, das Betriebssystem und Anwendungen installiert, den Computer konfiguriert und schließlich bei den Benutzern aufstellt. Meist wird dazu die Datenträgerduplizierung oder RIS eingesetzt.

Nach dem Installieren des Betriebssystems verteilen und aktualisieren die meisten großen Unternehmen ihre Software mithilfe von Systemen wie dem Microsoft Systems Management Server (SMS). (SMS kann nicht zum Installieren eines Betriebssystems auf einem neuen Computer eingesetzt werden, weil auf dem Clientcomputer bereits SMS-Clientkomponenten installiert sein müssen.) SMS automatisiert nicht nur Installationen und Updates, es überwacht auch das Verteilen von Software im Netzwerk, hilft beim Beseitigen von Installationsproblemen und erstellt Berichte über die Geschwindigkeit und die Erfolgsrate von Bereitstellungen.

Lernzielkontrolle

Die folgenden Fragen dienen zum Vertiefen der Themen dieser Lektion. Falls Sie eine Frage nicht beantworten können, sollten Sie die Lektion noch einmal durcharbeiten, und dann erneut versuchen, die Frage zu beantworten. Die Antworten auf die Lernzielkontrollfragen finden Sie im Abschnitt „Fragen und Antworten“ am Ende dieses Kapitels.

1. Was ist ein RIS-Server und zu welchem Zweck wird er eingesetzt?

   ____

2. Welche Netzwerkdienste sind für die Remoteinstallationsdienste erforderlich?

   ____

3. Welche Möglichkeiten haben Sie, falls die Netzwerkkarte eines Clients nicht PXE-kompatibel ist? Kann diese Lösung für alle Netzwerkkarten eingesetzt werden? Begründen Sie Ihre Antwort.

   ____

4. Welche Benutzerrechte müssen dem Benutzerkonto zugewiesen werden, das zur Durchführung der Remoteinstallation verwendet wird?

____

____

Zusammenfassung der Lektion

- Als Remoteinstallation wird der Vorgang bezeichnet, bei dem eine Verbindung zu einem RIS-Server (Remote Installation Services) hergestellt wird, um auf einem lokalen Computer eine Remoteinstallation von Windows XP Professional zu starten. Mithilfe der Remoteinstallation können Administratoren Windows XP Professional von einem zentralen Standort aus auf den Clientcomputern eines Netzwerks installieren.
- RIS steht nur auf Computern zur Verfügung, die unter Windows 2000 Server oder Windows Server 2003 laufen. Der RIS-Server kann ein Domänencontroller oder ein Mitgliedserver sein. In Windows Server 2003 fügen Sie den RIS-Dienst mit dem Assistenten **Windows-Komponenten hinzufügen/entfernen** hinzu. Nachdem Sie den Dienst hinzugefügt haben, konfigurieren Sie RIS im Assistenten zur Installation der Remoteinstallationsdienste.
- Clientcomputer, die Unterstützung für die Remoteinstallation bieten, müssen über eine der folgende Konfigurationen verfügen:
  - Eine Konfiguration, die der Net PC-Spezifikation entspricht; die Netzwerkkarte muss als primäres Startgerät in BIOS eingerichtet sein.
  - Eine PXE-kompatible (Pre-Boot Execution Environment) Netzwerkkarte und BIOS-Unterstützung für den Start von einem PXE-Start-ROM
  - Eine unterstützte Netzwerkkarte und eine Startdiskette für die Remoteinstallation

Lektion 4: Tools zum Vereinfachen der Bereitstellung

Windows XP Professional stellt weitere Tools zur Verfügung, die das Bereitstellen des Betriebssystems vereinfachen. Zu diesen Tools gehören der Assistent zum Übertragen von Dateien und Einstellungen, das User State Migration Tool (USMT) sowie der Windows Installer.

Am Ende dieser Lektion werden Sie in der Lage sein, die folgenden Aufgaben auszuführen:

- Verwenden des Assistenten zum Übertragen von Dateien und Einstellungen.
- Erklären der Aufgabe des USMT.
- Verwalten von Anwendungen mit dem Windows Installer.

Veranschlagte Zeit für diese Lektion: 60 Minuten

Der Assistent zum Übertragen von Dateien und Einstellungen

Windows XP Professional stellt den Assistenten zum Übertragen von Dateien und Einstellungen zur Verfügung, mit dem Sie Datendateien und persönliche Einstellungen problemlos von Ihrem alten Computer auf den neuen übertragen können. Sie müssen Ihre persönlichen Einstellungen auf dem neuen Computer nicht erneut konfigurieren, da Sie Ihre bisherigen Einstellungen einfach übertragen können. Das sind zum Beispiel die Bildschirmanzeige, die Optionen für Microsoft Internet Explorer und Outlook Express, DFÜ-Verbindungen sowie die Ordner- und Taskleistenoptionen. Der Assistent unterstützt Sie auch beim Übertragen bestimmter Dateien und Ordner auf den neuen Computer.

Die einfachste Möglichkeit, eine Verbindung zwischen Ihrem alten und neuen Computer herzustellen, besteht darin, eine Netzwerkverbindung zu nutzen, aber Sie können sie auch direkt mit einem Kabel verbinden. Für eine Kabelverbindung sind folgende Geräte erforderlich:

- Ein freier COM-Anschluss (serieller Anschluss) an jedem Computer.
- Ein Nullmodemkabel, mit dem Sie beide Computer verbinden können.

Tipp Nullmodemkabel werden auch Kabel für serielle Datenübertragung genannt. Das Nullmodemkabel muss ein serielles Kabel sein. Für die Datenübertragung mit einer direkten Kabelverbindung können Sie kein paralleles Kabel verwenden. Die meisten älteren Computer verfügen über 25-polige serielle Anschlüsse, neuere Computer haben meist 9-polige serielle Anschlüsse. Prüfen Sie vor dem Erwerb des Kabels, über welche Anschlüsse Ihre Computer verfügen.

Wie Sie Ihre Computer über ein Netzwerk miteinander verbinden, können Sie in Kapitel 15, „Konfigurieren von Netzwerk und Internetverbindungen“, nachlesen. Nachdem Sie Ihre Computer miteinander verbunden haben, können Sie den Assistenten zum Übertragen von Dateien und Einstellungen ausführen.

Gehen Sie folgendermaßen vor, um den Assistenten zum Übertragen von Dateien und Einstellungen zu starten:

1. Wählen Sie im Startmenü **Alle Programme**, **Zubehör** und **Systemprogramme**.
2. Klicken Sie auf **Übertragen von Dateien und Einstellungen**.

   Der Assistent zum Übertragen von Dateien und Einstellungen wird gestartet.
3. Klicken Sie auf dem Willkommensbildschirm des Assistenten auf **Weiter**.

   Die Seite **Um welchen Computer handelt es sich** wird angezeigt, auf der Sie zwischen folgenden Optionen wählen können:

   - **Zielcomputer:** Wählen Sie diese Option, wenn Sie Ihre Dateien und Einstellungen auf diesen Computer übertragen möchten.
   - **Quellcomputer:** Wählen Sie diese Option, wenn Sie die Dateien und Einstellungen dieses Computers auf den neuen Computer übertragen möchten.

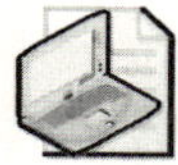

Hinweis Auf dem Quellcomputer kann als Betriebssystem Microsoft Windows 95 oder neuer laufen.

4. Wählen Sie die Option **Quellcomputer**, und klicken Sie auf **Weiter**. Falls Sie das Service Pack 2 installiert haben, öffnet sich das Dialogfeld **Windows-Sicherheitswarnung**. Klicken Sie auf **Nicht mehr blocken**.

   Die Seite **Übertragungsmethode auswählen** wird angezeigt, auf der Sie zwischen folgenden Optionen wählen können:

   - **Direktes Kabel:** Ein Kabel, das die seriellen Anschlüsse Ihrer Computer verbindet.
   - **Heim- oder kleines Firmennetzwerk:** Beide Computer müssen an ein Netzwerk angeschlossen sein.
   - **Diskette oder andere Wechselmedien:** Beide Computer müssen über den gleichen Laufwerktyp verfügen.
   - **Anderer Datenträger, z.B. austauschbares Laufwerk oder Netzlaufwerk:** Sie können Dateien und Einstellungen auf jedem Laufwerk oder in jedem Ordner Ihres Computers oder im Netzwerk speichern.

Hinweis Sie können auf die Schaltfläche **Durchsuchen** klicken, um einen Ordner auszuwählen oder einen neuen zu erstellen, in dem die Dateien und Einstellungen gespeichert werden sollen.

5. Wählen Sie die geeignete Option, und klicken Sie auf **Weiter**. Unter Umständen werden Sie anschließend aufgefordert, die Verbindung zu konfigurieren. Konfigurieren Sie in diesem Fall die Verbindung und klicken Sie danach auf **Weiter**.

   Die Seite **Was soll übertragen werden** wird angezeigt, auf der Sie zwischen folgenden Optionen wählen können:

- **Einstellungen:** Folgende Einstellungen werden übertragen: Eingabehilfen, Einstellungen der Eingabeaufforderung, Anzeigeeigenschaften, Internet Explorer-Einstellungen, Microsoft Messenger, Microsoft NetMeeting, Maus- und Tastatur, MSN Explorer, Netzwerkdrucker und -laufwerke, Outlook Express, Regions- und Sprachoptionen, Taskleistenoptionen, Windows Media Player und Windows Movie Maker.
- **Dateien:** Folgende Ordner werden übertragen: **Desktop**, **Schriftarten**, **Eigene Dateien**, **Eigene Bilder**, **Gemeinsamer Desktop** und **Gemeinsame Dokumente**. Folgende Dateitypen werden übertragen: *.asf (Windows Media-Audio-/Videodatei), *.asx (Verknüpfung mit Windows Media-Audio-/Videodatei), *.au (AU-Audioformat), *.avi (Videoclip), *.cov (Faxdeckblatt-Datei), *.cpe (Faxdeckblatt-Datei), *.doc (WordPad-Dokument), *.dvr-ms (Fernsehaufzeichnung), *.eml (Internet-E-Mail-Nachricht), *.m3u (M3U-Datei), *.mid (MIDI-Sequenz), *.midi (MIDI-Sequenz), *.mp2 (MPEG-Videodatei), *.mp3 (MP3-Audioformat), *.mpa (MPEG-Videodatei), *.mpeg und *.mpg (MPEG-Videodatei), *.mswmm (Windows Movie Maker-Projekt), *.nws (Newsgroupbeitrag), *.ppi (Microsoft Passport-Konfiguration), *.rtf (RTF-Dokument), *.snd (AU-Audioformat), *.wav (Wavesound), *.wm (Windows Media-Audio-/Videodatei), *.wma (Windows Media-Audiodatei), *.wpl (Windows Media Playlist), *.wri (Write-Dokument).
- **Dateien und Einstellungen:** Mit dieser Option werden Dateien und Einstellungen übertragen.

Tipp Wenn nicht alle Standardordner, -dateitypen und -einstellungen übertragen werden sollen, können Sie das Kontrollkästchen **Auswählen einer benutzerdefinierten Liste von Dateien und Einstellungen beim Klicken auf "Weiter" zulassen** aktivieren.

6. Wählen Sie die gewünschte Option, und klicken Sie auf **Weiter**.

   Wenn Sie das Kontrollkästchen **Auswählen einer benutzerdefinierten Liste von Dateien und Einstellungen beim Klicken auf "Weiter" zulassen** nicht aktiviert haben, wird die Seite **Die Sammlung wird durchgeführt** angezeigt.

   Die Seite **Fertigstellen des Sammlungsvorgangs** wird angezeigt.

Wichtig Auf dieser Seite werden alle Dateien und Einstellungen angezeigt, die vom Assistenten nicht gesammelt werden konnten. Diese Dateien und Einstellungen müssen manuell auf den Zielcomputer übertragen werden.

7. Klicken Sie auf **Fertig stellen**, um den Assistenten auf dem Quellcomputer zu beenden.
8. Führen Sie auf dem Zielcomputer den Assistenten zum Übertragen von Dateien und Einstellungen aus, um den Übertragungsvorgang abzuschließen.

Das User State Migration Tool

Das ***User State Migration Tool*** (USMT) bietet alle Funktionen des Assistenten zum Übertragen von Dateien und Einstellungen und zusätzlich die Fähigkeit, bestimmte Einstellungen individuell anzupassen, zum Beispiel spezielle Änderungen an der Registrierung. Der Assistent zum Übertragen von Dateien und Einstellungen ist dafür gedacht, die Einstellungen und Dateien eines einzelnen Benutzers vom alten auf einen neuen Computer zu übertragen; das USMT hilft dagegen Administratoren, umfangreiche Bereitstellungen von Windows XP Professional in einer Active Directory-Umgebung durchzuführen.

Das USMT besteht aus zwei ausführbaren Dateien (**ScanState.exe** und **LoadState.exe**) sowie vier Dateien mit Informationen über die Migrationsregeln (**Migapp.inf**, **Migsys.inf**, **Miguser.inf** und **Sysfiles.inf**). **ScanState.exe** stellt anhand der Informationen in den Dateien **Migapp.inf**, **Migsys.inf**, **Miguser.inf** und **Sysfiles.inf** Benutzerdaten und -einstellungen zusammen. **LoadState.exe** spielt diese Benutzerdaten auf einen Computer ein, der unter einer Neuinstallation (kein Update) von Windows XP Professional läuft.

Weitere Informationen Weitere Informationen über den Einsatz des USMT finden Sie unter **http://www.microsoft.com/technet/prodtechnol/winxppro/deploy/usermigr.mspx**.

Verwalten von Anwendungen mit dem Windows Installer

Der Windows Installer und Installationspakete (.msi-Dateien) vereinfachen das Installieren und Entfernen von Softwareanwendungen. Ein Installationspaket enthält sämtliche Informationen, die der Windows Installer benötigt, um eine Anwendung oder ein Produkt zu installieren oder zu entfernen und die Setupbenutzeroberfläche auszuführen. Jedes Installationspaket umfasst eine .msi-Datei mit einer Installationsdatenbank, einem Block mit Übersichtsinformationen und Datenblöcke für verschiedene Teile der Installation. Außerdem kann die .msi-Datei Konvertierungsinformationen (so genannte Transforms) enthalten sowie interne und externe Quelldateien oder komprimierte Dateien, die für die Installation benötigt werden.

Sollte während der Installation einer Anwendung ein Problem auftreten oder die Installation fehlschlagen, kann der Windows Installer eine Wiederherstellung oder einen Rollback auf den ursprünglichen Betriebssystemsstatus durchführen. Indem der Windows Installer verhindert, dass während der Installation einer Anwendung die DLL (Dynamic Link Library) einer anderen Anwendung überschrieben wird, wird die Gefahr von Konflikten zwischen Anwendungen verringert. Beim Installieren einer Anwendung erkennt der Windows Installer fehlende oder fehlerhafte Dateien und kann sie ersetzen.

Damit eine Anwendung möglichst wenig Speicherplatz beansprucht, ermöglicht es der Windows Installer, dass nur die zur Ausführung eines Programms erforderlichen Dateien installiert werden. Der Windows Installer unterstützt das Installieren von Programmteilen bei Bedarf, sodass eine Funktion, die in der Minimalinstallation nicht enthalten ist, beim ersten Zugriff eines Benutzers automatisch installiert wird. Der Windows Installer ermöglicht das Konfigurieren einer unbeaufsichtigten Installation einer Anwendung und unterstützt 32-Bit- sowie 64-Bit-Anwendungen.

Der Windows Installer kann Benutzer oder andere Anwendungen benachrichtigen, dass eine Anwendung verfügbar ist, ohne diese Anwendung tatsächlich zu installieren. Wird eine Anwendung angekündigt, bekommen Benutzer oder andere Anwendungen nur die Schnittstellen zum Laden und Starten der Anwendung angezeigt. Falls ein Benutzer oder eine Anwendung eine angekündigte Schnittstelle aktiviert, installiert der Windows Installer die benötigten Komponenten.

Es gibt zwei Typen der Ankündigung: Zuweisen und Veröffentlichen. Eine Anwendung wird einem Benutzer als installiert angezeigt, wenn diese Anwendung dem Benutzer zugewiesen wurde. Das Startmenü enthält entsprechende Verknüpfungen, es werden Symbole angezeigt, Dateien sind mit der Anwendung verknüpft und Registrierungseinträge zeigen den Installationszustand der Anwendung an. Wenn der Benutzer versucht, eine zugewiesene Anwendung zu öffnen, wird sie bei Bedarf installiert.

Sie können eine Windows Installer-Anwendung auch innerhalb von Active Directory veröffentlichen. Eine veröffentlichte Anwendung kann der Benutzer auf Wunsch installieren, sie wird ihm aber nicht angekündigt. Der Benutzer kann die Anwendung mithilfe des Systemsteuerungsmoduls **Software** suchen.

Ferner unterstützt der Windows Installer die .NET Framework-Technologie von Microsoft. Das .NET Framework bietet Entwicklern folgende Features: Wiederverwendbarkeit und Spezialisierung von Programmcode, Ressourcenverwaltung, Entwicklung in mehreren Sprachen, verbesserte Sicherheit, Bereitstellung und Verwaltung. Der Windows Installer stellt darüber hinaus Richtlinien für Softwareeinschränkungen zur Verfügung, die unter anderem Schutz vor Trojanischen Pferden und E-Mail- und Internetviren bieten.

Je nachdem, welches Problem bei Windows Installer-Paketen auftritt, stehen Ihnen verschiedene Lösungsmöglichkeiten zur Verfügung. Wenn ein Windows Installer-Paket nicht ordnungsgemäß installiert wird, müssen Sie feststellen, ob das Paket fehlerhaft ist. Mithilfe der Windows Installer-Reparaturoptionen können Sie ein fehlerhaftes Windows Installer-Paket reparieren. Öffnen Sie dazu eine Eingabeaufforderung, und geben Sie den Befehl **msiexec** in der folgenden Form ein:

```
msiexec /f[p][o][e][d][c[][a][u][m][s][v] {Paket|Produktcode}
```

In Tabelle 3.3 finden Sie eine Beschreibung der Parameter, die mit der Befehlszeilenoption **/f** des Befehls **Msiexec.exe** verwendet werden können.

Tabelle 3.3 Parameter für die Befehlszeilenoption **/f** des Befehls **Msiexec.exe**

Parameter	Beschreibung
P	Neuinstallation nur bei fehlender Datei.
O	Neuinstallation bei fehlender Datei oder bei Vorhandensein einer älteren Version.
E	Neuinstallation bei fehlender Datei oder bei Vorhandensein einer gleichen oder älteren Version.
D	Neuinstallation bei fehlender Datei oder bei Vorhandensein einer anderen Version.
C	Neuinstallation bei fehlender Datei oder bei Nichtübereinstimmung der gespeicherten Prüfsumme mit dem berechneten Wert.
A	Neuinstallation aller Dateien. ►

Parameter	Beschreibung
U	Neuschreiben aller erforderlichen benutzerspezifischen Registrierungseinträge.
M	Neuschreiben aller erforderlichen computerspezifischen Registrierungseinträge.
S	Überschreiben aller vorhandenen Verknüpfungen.
V	Ausführen von der Quelle aus und erneutes Zwischenspeichern des lokalen Pakets

Für den Befehl **Msiexec.exe** stehen noch weitere Befehlszeilenoptionen zur Verfügung. Einige dieser Optionen finden Sie in Tabelle 3.4. In dieser Tabelle steht ***Paket*** für den Namen der Windows Installer-Paketdatei, ***Produktcode*** für die global eindeutige Kennung (Globally Unique Identifier, GUID). Eine vollständige Aufstellung aller Befehlszeilenoptionen finden Sie im Windows XP-Hilfe- und Supportcenter.

Tabelle 3.4 Befehlszeilenoptionen für **Msiexec.exe**

Option	Parameter	Beschreibung
/I	{*Paket*|*Produktcode*}	Installiert oder konfiguriert ein Produkt. Beispiel: **msiexec /i a:\Beispiel.msi**
/a	*Paket*	Verwenden der administrativen Installationsoption. Beispiel: **msiexec /a a:\Beispiel.msi**
/x	{*Paket*|*Produktcode*}	Deinstalliert ein Produkt. Beispiel: **msiexec /x Beispiel.msi**
/j	[u|m]*Paket*]	Kündigt ein Produkt an. Mit **u** wird es für den aktuellen Benutzer angekündigt, mit **m** für alle Benutzer. Beispiel: **msiexec /jm Beispiel.msi**
/L	**[i][w][e][a][r][u][c][m][p][v][+][!]** ***Protokolldatei***	Der Pfad zur Protokolldatei. Die Parameter geben an, was protokolliert werden soll: **i** Protokolliert Statusmeldungen **w** Protokolliert nicht schwerwiegende Warnungen **e** Protokolliert alle Fehlermeldungen **a** Protokolliert das Starten von Aktionen **r** Protokolliert aktionsspezifische Einträge **u** Protokolliert Benutzeranforderungen **c** Protokolliert Anfangsparameter für die Benutzeroberfläche **m** Protokolliert nicht ausreichenden Arbeitsspeicher **p** Protokolliert Terminaleigenschaften **v** Protokolliert die ausführliche Ausgabe + Hängt neue Informationen an die vorhandene Datei an ! Schreibt jede Zeile in das Protokoll * Protokolliert alle Daten mit Ausnahme der Option **v** (Platzhalterzeichen) Um auch die **v**-Optionen zu protokollieren, können Sie **/L*v** angeben.

Sollte der Installationsvorgang vorzeitig abgebrochen werden, konnte das Paket nicht gelesen werden, oder der Windows Installer konnte die Anwendung aufgrund der Einstellungen Ihres Computers nicht installieren. Öffnen Sie in diesem Fall die Ereignisanzeige, und prüfen Sie das Installationsprotokoll.

Weitere Informationen Weitere Informationen über das Arbeiten mit der Ereignisanzeige finden Sie in Kapitel 18, „Arbeiten mit Windows XP-Tools".

Lernzielkontrolle

Die folgenden Fragen dienen zum Vertiefen der Themen dieser Lektion. Falls Sie eine Frage nicht beantworten können, sollten Sie die Lektion noch einmal durcharbeiten, und dann erneut versuchen, die Frage zu beantworten. Die Antworten auf die Lernzielkontrollfragen finden Sie im Abschnitt „Fragen und Antworten" am Ende dieses Kapitels.

1. Wann verwenden Sie den Assistenten zum Übertragen von Dateien und Einstellungen?

   ____

   ____

   ____

   ____

   ____

2. Welche der folgenden Antworten treffen auf den Assistenten zum Übertragen von Dateien und Einstellungen zu? (Wählen Sie alle zutreffenden Antworten aus.)

   a. Der Assistent zum Übertragen von Dateien und Einstellungen wird nur auf dem Quellcomputer ausgeführt.

   b. Der Assistent zum Übertragen von Dateien und Einstellungen muss auf dem Quell- und dem Zielcomputer ausgeführt werden.

   c. Die parallelen Anschlüsse des Quell- und des Zielcomputers können mit einem standardmäßigen 25-poligen Kabel verbunden werden, um den Assistenten zum Übertragen von Dateien und Einstellungen ausführen zu können.

   d. Der Quell- und der Zielcomputer können über serielle Anschlüsse direkt miteinander verbunden werden, um den Assistenten zum Übertragen von Dateien und Einstellungen ausführen zu können.

3. Wie können Sie mithilfe des Windows Installers den Speicherplatz minimieren, der beim Installieren einer neuen Anwendung auf dem Datenträger eines Benutzers belegt wird?

   ____

   ____

   ____

   ____

Zusammenfassung der Lektion

- Der Assistent zum Übertragen von Dateien und Einstellungen vereinfacht das Übertragen von Datendateien und persönlichen Einstellungen von Ihrem alten auf einen neuen Computer. Der Assistent zum Übertragen von Dateien und Einstellungen kann die Anzeigeeinstellungen, die Optionen für Internet Explorer und Outlook Express, DFÜ-Verbindungen sowie die Ordner- und Taskleisteneinstellungen auf einen Zielcomputer übertragen.
- Das USMT (User State Migration Tool) bietet alle Fähigkeiten des Assistenten zum Übertragen von Dateien und Einstellungen, ist aber für umfangreiche Bereitstellungen für mehrere Benutzer in einer Active Directory-Umgebung gedacht.
- Der Windows Installer enthält den clientseitigen Installationsdienst **Msiexec.exe**, der das Steuern von Installationen durch das Betriebssystem ermöglicht. Der Windows Installer verwendet zum Installieren einer Anwendung die Informationen der Paketdatei (einer .msi-Datei).

Übung mit Fallbeispiel

In dieser Übung wird ein Szenario zum Bereitstellen von Windows XP Professional beschrieben, im Anschluss folgen einige Fragen. Falls Sie Schwierigkeiten haben, sollten Sie den Inhalt dieses Kapitels noch einmal durcharbeiten, bevor Sie das nächste Kapitel in Angriff nehmen. Die Antworten auf die Fragen finden Sie im Abschnitt „Fragen und Antworten“ am Ende dieses Kapitels.

Szenario

Sie arbeiten als Administrator für eine Kunsthochschule, die sich über mehrere Gebäude verteilt. Das Netzwerk der Hochschule besteht aus 75 Clientcomputern, die unter Windows XP Professional laufen, und sechs Servern, die unter Windows Server 2003 laufen. Alle Computer sind Mitglieder derselben Active Directory-Domäne. Zwei der Server sind als Domänencontroller konfiguriert. Die übrigen sind als Mitgliedserver konfiguriert, die verschiedene Funktionen im Netzwerk übernehmen. Die Hochschule fügt 25 Computer zum Netzwerk hinzu, und Ihnen wurde die Aufgabe übertragen, auf diesen Computern Windows XP Professional zu installieren. Alle 25 Computer sind identische Modelle desselben Herstellers und verfügen über eine ähnliche Hardwareausstattung. Die Hochschule hat ein Volumenlizenzpaket und hat für die neuen Computer 25 weitere Windows XP Professional-Lizenzen gekauft.

Fragen

1. Welche automatisierten Methoden sollten Sie nutzen, um Windows XP Professional auf diesen Computern zu installieren?

   ____

   ____

   ____

2. Weil alle Computer über dieselbe Hardwarekonfiguration verfügen, haben Sie beschlossen, für die Installation von Windows XP Professional auf den Computern die Datenträgerduplizierung zu nutzen. Welche Komponente müssen Sie sich besorgen, die nicht in Windows XP Professional enthalten ist?

3. Auf welche Weise sollten Sie den Referenzcomputer vorbereiten?

Übung zur Problembehandlung

Sie arbeiten als Administrator für ein Unternehmen namens Wide World Importers, das vor kurzem eine Reihe neuer Mitarbeiter eingestellt hat. Das Unternehmen hat etliche neue Computer gekauft und an geeigneten Arbeitsplätzen aufgestellt. Sie haben nicht die Zeit, für jeden neuen Benutzer Windows XP Professional zu installieren, daher haben Sie einen RIS-Server installiert, der es den Benutzern ermöglicht, das Betriebssystem zu installieren, sobald sie ihren Computer zum ersten Mal starten. Die neuen Benutzer wurden auf dieses Verfahren geschult, aber Sie haben beschlossen, den Prozess auf einem der neuen Computer zu testen. Als Sie den Computer einschalten, funktioniert der Installationsvorgang nicht.

Listen Sie auf, welche Voraussetzungen Netzwerk, Server und Client erfüllen müssen, damit ein RIS-Server eingesetzt werden kann. Warum sind diese Voraussetzungen wichtig?

Zusammenfassung des Kapitels

- Für Bereitstellungen in kleinerem Umfang oder in Fällen, wo viele unterschiedliche Hardwarekonfigurationen vorhanden sind, eignet sich oft eine unbeaufsichtigte Installation, bei der aus einem Skript heraus die Befehle **Winnt32** und **Winnt** in Kombination mit einer Antwortdatei aufgerufen werden. Diese Datei können Sie mit dem Windows-Installations-Manager erstellen.
- Viele große Unternehmen setzen zum Bereitstellen von Systemen die Datenträgerduplizierung ein. Bei diesem Vorgang erstellen Sie mithilfe des Systemvorbereitungsprogramms auf einem Windows XP Professional-Computer ein Image und kopieren dieses Image dann auf andere Computer. Für die Datenträgerduplizierung benötigen Sie normalerweise Software von Drittanbietern.
- Microsoft stellt für Umgebungen, in denen der Active Directory-Dienst zur Verfügung steht, die Remoteinstallationsdienste (RIS) bereit. Die RIS-Serversoftware (die auf einem Windows 2000 Server- oder Windows Server 2003-Servercomputer läuft) speichert Images von Windows XP-Installationen und stellt diese Images über das Netzwerk zur Verfügung. Ein Clientcomputer startet über das Netzwerk (oder mithilfe einer speziellen RIS-Startdiskette), nimmt Kontakt zum RIS-Server auf und installiert dann ein Image vom Server.
- Windows XP Professional stellt außerdem Tools zur Verfügung, die das Bereitstellen von Windows XP Professional erleichtern. Zu diesen Tools gehören der Assistent zum Übertragen von Dateien und Einstellungen, das USMT (User State Migration Tool) und der Windows Installer.

Prüfungsrelevante Themen

Vor der Prüfungsteilnahme sollten Sie die nachfolgend aufgeführten Schlüsselinformationen und -begriffe noch einmal durcharbeiten. Diese Informationen sind für das Bestehen der Prüfung von entscheidender Bedeutung.

Schlüsselinformationen

- Eine Antwortdatei dient dazu, die allgemein gültigen Konfigurationseinstellungen für alle Computer zu liefern, auf denen eine unbeaufsichtigte Installation durchgeführt wird. Eine UDF (Uniqueness Database File) enthält die speziellen Einstellungen, die auf jedem Computer anders sind.
- RIS setzt eine Active Directory-Umgebung voraus, damit RIS-Clients die RIS-Server finden können. Active Directory setzt wiederum voraus, dass im Netzwerk DNS verwendet wird. DNS wird zum Auffinden von Diensten in Active Directory benötigt. DHCP wird ebenfalls für RIS benötigt, weil RIS-Clients Kontakt mit einem DHCP-Server aufnehmen müssen, um eine IP-Adresse zu bekommen; nur so können sie mit anderen Geräten im Netzwerk kommunizieren.
- Prägen Sie sich die drei Konfigurationen ein, die es einem RIS-Client ermöglichen, über das Netzwerk zu starten und einen RIS-Server zu suchen: Net PC-Konfiguration,

eine PXE-kompatible Netzwerkkarte oder eine unterstützte Netzwerkkarte und eine Remoteinstallations-Startdiskette.

Schlüsselbegriffe

Antwortdatei Eine Textdatei, die dem Windows XP Professional-Setupprogramm Informationen liefert, die während des Installationsvorgangs benötigt werden.

Assistent zum Übertragen von Dateien und Einstellungen Ein Windows XP Professional-Assistent, der es einfacher macht, Datendateien und persönliche Einstellungen von Ihrem alten Computer auf den neuen zu übertragen.

Datenträgerduplizierung Eine automatisierte Installation, bei der Sie mit dem Systemvorbereitungsprogramm ein Image auf einem Windows XP Professional-Computer erstellen und dieses Image dann auf andere Computer übertragen. Für die Datenträgerduplizierung ist normalerweise Software von Drittherstellern erforderlich.

Preboot eXecution Environment (PXE) Ein Standard für den Start aus dem Netzwerk, der von einigen Netzwerkkarten unterstützt wird. Das Verwenden einer PXE-kompatiblen Netzwerkkarte ist eine von drei möglichen Konfigurationen, bei denen ein RIS-Client aus dem Netzwerk starten und einen RIS-Server finden kann. (RIS-Clients können auch mit der Net PC-Spezifikation kompatibel sein oder eine RIS-Startdiskette verwenden.)

Remoteinstallationsdienste (RIS) Software, die Images von Windows XP-Installationen speichert und sie über das Netzwerk zur Verfügung stellt.

Systemvorbereitung Ein Dienstprogramm zum Erstellen von Images einer vorhandenen Windows XP-Installation, die dann an andere Computer weitergegeben werden können. Dazu entfernt das Programm maschinenspezifische Informationen des Computers.

Unbeaufsichtigte Installation Eine automatisierte Installation, bei der in einem Skript die Befehle **Winnt32** und **Winnt** in Kombination mit einer Antwortdatei eingesetzt werden, um die Installation durchzuführen.

Uniqueness Database File (UDF) Eine Textdatei, die in Kombination mit einer Antwortdatei eingesetzt wird. Sie enthält die Einstellungen, die bei jedem Computer anders sind.

User State Migration Tool (USMT) Ein Dienstprogramm, das dieselben Fähigkeiten wie der Assistent zum Übertragen von Dateien und Einstellungen bietet, es dem Administrator aber zusätzlich ermöglicht, spezifische Einstellungen wie zum Beispiel spezielle Änderungen an der Registrierung vorzunehmen. Das USMT ist für Administratoren gedacht, die umfangreiche Bereitstellungen von Windows XP Professional in einer Active Directory-Umgebung durchführen.

Windows-Installations-Manager Ein Programm mit Assistenten-Benutzeroberfläche, in dem Sie schnell ein Skript für eine unbeaufsichtigte Installation von Windows XP Professional erstellen können.

Winnt.exe Der Befehl zum Starten der Windows XP Professional-Installation unter MS-DOS und Windows 3.0/3.1.

Winnt32.exe Der Befehl zum Starten der Windows XP Professional-Installation unter Windows 95 oder neuer.

Fragen und Antworten

Seite 121 Lernzielkontrolle Lektion 1

1. Welchen Zweck erfüllt der Windows-Installations-Manager?

   Der Windows-Installations-Manager ermöglicht Ihnen das einfache Erstellen von Antwortdateien und UDFs (Uniqueness Database File), die Sie zum Durchführen unbeaufsichtigter Installationen benötigen.

2. Auf welche Weise können Sie ein Anwendungsaktualisierungspaket während einer Windows XP Professional-Installation einspielen?

   Sie müssen im Windows-Assistenten für den Installations-Manager auf der Seite **Zusätzliche Befehle** die erforderlichen Befehle zum Einspielen der Aktualisierungsdateien oder -pakete eingeben. Dann werden die Aktualisierungspakete im Rahmen der Windows XP Professional-Installation auf die Anwendung angewendet.

3. Welche Arten von Antwortdateien können Sie mithilfe des Windows-Installations-Managers erstellen?

   Unbeaufsichtigte Windows-Installation, Systemvorbereitungsinstallation und Remoteinstallationsdienste (RIS)

4. Zu welchem Zweck dient eine UDF (Uniqueness Database File)?

   Mithilfe einer UDF können Sie die Parameter für eine unbeaufsichtigte Installation für einzelne Computer festlegen. Diese Datei setzt die Werte der Antwortdatei außer Kraft.

Seite 126 Lektion 2, Übung 1

4. Welche Auswirkung haben die optionalen Parameter **/pnp** und **/noreboot**?

   Der Parameter **/pnp** zwingt den Zielcomputer, beim ersten Start nach der Installation eine Erkennung der Plug & Play-Geräte durchzuführen. Der Parameter **/noreboot** verhindert, dass der Computer, auf dem Sie **Sysprep.exe** ausführen, nach dem Beenden des Programms neu startet.

Seite 129 Lernzielkontrolle Lektion 2

1. Was versteht man unter Datenträgerduplizierung?

   Sie erstellen ein Datenträgerimage einer Windows XP Professional-Installation und kopieren dieses Image auf mehrere Zielcomputer mit identischer Hardwarekonfiguration.

2. Welchen Zweck erfüllt das Systemvorbereitungsprogramm?

   Mit dem Windows-Systemvorbereitungsprogramm bereiten Sie ein Master-Image für die Datenträgerduplizierung vor. Jeder Computer muss hierbei über eine eindeutige Sicherheitskennung (Security Identifier, SID) verfügen. Zur Erfüllung dieser Anforderung fügt das Systemvorbereitungsprogramm zum Master-Image einen Systemdienst hinzu. Dieser Dienst erstellt eine in der lokalen Domäne eindeutige SID, wenn der Computer (auf den das Master-Image kopiert wird) das erste Mal gestartet wird. Über das Systemvorbereitungsprogramm wird zur Masterkopie außerdem ein Assistent für die Miniinstallation hinzugefügt. Dieser wird beim ersten Start des Computers (auf den das Master-Image kopiert wurde) ausgeführt und leitet Sie durch die Eingabe benutzerspezifischer Informationen.

3. Wozu dient die Befehlszeilenoption **/quiet** bei der Ausführung von **Sysprep.exe**?

   Durch die Option **/quiet** wird Sysprep.exe ohne Benutzereingaben ausgeführt.

Seite 138

Lernzielkontrolle Lektion 3

1. Was ist ein RIS-Server und zu welchem Zweck wird er eingesetzt?

   Ein RIS-Server ist ein Windows 2000 Server- oder Windows Server 2003-Computer, auf dem die Remoteinstallationsdienste (Remote Installation Services, RIS) ausgeführt werden. Der RIS-Server wird zur Remoteinstallation von Windows XP Professional eingesetzt. Mithilfe der Remoteinstallation können Administratoren Windows XP Professional von einem zentralen Standort aus auf den Clientcomputern eines Netzwerks installieren.

2. Welche Netzwerkdienste sind für die Remoteinstallationsdienste erforderlich?

   DNS-Dienst, DHCP und Active Directory

3. Welche Möglichkeiten haben Sie, falls die Netzwerkkarte eines Clients nicht PXE-kompatibel ist? Kann diese Lösung für alle Netzwerkkarten eingesetzt werden? Begründen Sie Ihre Antwort.

   Wenn die Netzwerkkarte eines Clients nicht PXE-kompatibel ist, können Sie eine Remoteinstallations-Startdiskette erstellen, mit deren Hilfe der PXE-Startprozess simuliert wird. Eine solche Remoteinstallations-Startdiskette kann nicht für alle Netzwerkkarten verwendet werden; dieses Verfahren kann nur bei Netzwerkkarten eingesetzt werden, die auf der Liste der unterstützten Adapter im Programm Remotestart-Diskettenerstellung aufgeführt sind.

4. Welche Benutzerrechte müssen dem Benutzerkonto zugewiesen werden, das zur Durchführung der Remoteinstallation verwendet wird?

   Das Benutzerkonto, das zur Durchführung der Remoteinstallation verwendet wird, muss über das Benutzerrecht **Anmelden als Stapelverarbeitungsauftrag** verfügen.

Seite 146

Lernzielkontrolle Lektion 4

1. Wann verwenden Sie den Assistenten zum Übertragen von Dateien und Einstellungen?

   Der Assistent zum Übertragen von Dateien und Einstellungen unterstützt Sie beim Verschieben von Datendateien und persönlichen Einstellungen. Bisherige Einstellungen wie zum Beispiel die Bildschirmanzeige, die Optionen für den Microsoft Internet Explorer und Outlook Express, DFÜ-Verbindungen sowie die Ordner- und Taskleistenoptionen können einfach übertragen werden. Der Assistent unterstützt Sie auch beim Übertragen bestimmter Dateien und Ordner auf den neuen Computer.

2. Welche der folgenden Antworten treffen auf den Assistenten zum Übertragen von Dateien und Einstellungen zu? (Wählen Sie alle zutreffenden Antworten aus.)

   a. Der Assistent zum Übertragen von Dateien und Einstellungen wird nur auf dem Quellcomputer ausgeführt.

b. Der Assistent zum Übertragen von Dateien und Einstellungen muss auf dem Quell- und dem Zielcomputer ausgeführt werden.

c. Die parallelen Anschlüsse des Quell- und des Zielcomputers können mit einem standardmäßigen 25-poligen Kabel verbunden werden, um den Assistenten zum Übertragen von Dateien und Einstellungen ausführen zu können.

d. Der Quell- und der Zielcomputer können über serielle Anschlüsse direkt miteinander verbunden werden, um den Assistenten zum Übertragen von Dateien und Einstellungen ausführen zu können.

Die richtigen Antworten sind b und d. Antwort a ist nicht richtig, weil Sie den Assistenten sowohl auf dem Quell- als auch auf dem Zielcomputer ausführen müssen. Antwort c ist nicht richtig, weil Sie die Parallelschnittstellen der beiden Computer nicht direkt miteinander verbinden können.

3. Wie können Sie mithilfe des Windows Installers den Speicherplatz minimieren, der beim Installieren einer neuen Anwendung auf dem Datenträger eines Benutzers belegt wird?

Damit eine Anwendung möglichst wenig Speicherplatz beansprucht, kann der Windows Installer nur die zur Ausführung eines Programms erforderlichen Dateien installieren. Der Windows Installer unterstützt die Installation bei Bedarf. Dabei wird ein Feature, das in der Minimalinstallation nicht enthalten ist, beim ersten Zugriff eines Benutzers automatisch installiert.

Seite 147

Übung mit Fallbeispiel

1. Welche automatisierten Methoden sollten Sie nutzen, um Windows XP Professional auf diesen Computern zu installieren?

Sie können eine der drei Methoden einsetzen, die in diesem Kapitel beschrieben wurden: Erstellen Sie mit dem Installations-Manager eine Antwortdatei, erstellen Sie mit dem Systemvorbereitungsprogramm Images für eine Datenträgerduplizierung oder konfigurieren Sie RIS auf einem der Serverscomputer.

2. Weil alle Computer über dieselbe Hardwarekonfiguration verfügen, haben Sie beschlossen, für die Installation von Windows XP Professional auf den Computern die Datenträgerduplizierung zu nutzen. Welche Komponente müssen Sie sich besorgen, die nicht in Windows XP Professional enthalten ist?

Sie brauchen ein Dienstprogramm für die Datenträgerduplizierung, das die Datenträgerimages auf die neuen Computer kopiert.

3. Auf welche Weise sollten Sie den Referenzcomputer vorbereiten?

Sie sollten zuerst Windows XP Professional auf dem Referenzcomputer installieren und dann alle verfügbaren Softwareupdates einspielen. Dann konfigurieren Sie Windows so, wie es auf allen Zielcomputern eingerichtet sein soll. Sie sollten außerdem alle anderen Anwendungen installieren, die auf den Computern benötigt werden. Sobald Sie damit fertig sind, können Sie auf dem Referenzcomputer das Systemvorbereitungsprogramm ausführen, um ihn für das Erstellen des Datenträgerimages vorzubereiten.

Seite 148

Übung zur Problembehandlung

Listen Sie auf, welche Voraussetzungen Netzwerk, Server und Client erfüllen müssen, damit ein RIS-Server eingesetzt werden kann. Warum sind diese Voraussetzungen wichtig?

Für das Betreiben eines RIS-Servers gelten folgende Voraussetzungen:

- RIS setzt eine Active Directory-Umgebung mit DNS- und DHCP-Dienst voraus. RIS-Clients müssen in der Lage sein, Kontakt zu einem DHCP-Server aufzunehmen, weil sie eine IP-Adresse brauchen, um mit anderen Geräten im Netzwerk zu kommunizieren. RIS-Clients benötigen DNS, damit sie die benötigten Dienste in Active Directory finden können. RIS-Clients benötigen Active Directory, damit sie RIS-Server finden können.
- RIS muss auf einem Windows 2000 Server- oder Windows Server 2003-Server installiert sein, der Mitglied einer Active Directory-Domäne ist. Sie müssen den RIS-Dienst zu diesem Computer hinzufügen und den Dienst dann einrichten.
- RIS-Clients müssen in der Lage sein, über das Netzwerk zu starten. Dazu muss ein Client die Net PC-Spezifikation erfüllen oder eine PXE-kompatible Netzwerkkarte haben; andernfalls können Sie auch eine Startdiskette für den Client erstellen, die Treiber für die Netzwerkkarte des Clients enthält.

KAPITEL 4

Anpassen und Problembehandlung des Startvorgangs

In diesem Kapitel abgedeckte Prüfungsziele:

- Sichern und Wiederherstellen von Betriebssystem, Systemstatusdaten und Benutzerdaten.
  - Problembehandlung für die Systemwiederherstellung mithilfe des abgesicherten Modus.
  - Wiederherstellen von Systemstatusdaten und Benutzerdaten mithilfe der Wiederherstellungskonsole.

Bedeutung dieses Kapitels

Die Problembehandlung von Startproblemen bei Microsoft Windows XP Professional ist eine wichtige Fähigkeit. Um Startprobleme erfolgreich beseitigen zu können, müssen Sie genau wissen, was beim Startvorgang passiert. Dieses Kapitel bietet einen Überblick über den Startvorgang von Windows XP Professional. Es zeigt außerdem, wie die Windows-Registrierung arbeitet und wie Sie die Start- und Wiederherstellungstools von Windows XP Professional einsetzen.

Lektionen in diesem Kapitel:

Bevor Sie beginnen

Damit Sie die Übungen in diesem Kapitel durchführen können, brauchen Sie einen Computer, der die minimalen Hardwarevoraussetzungen erfüllt, die im Abschnitt „Über dieses Buch“ am Anfang beschrieben wurden. Außerdem muss auf dem Computer Windows XP Professional installiert sein.

Lektion 1: Der Startvorgang

In dieser Lektion erhalten Sie Informationen zu den Dateien, die während des Startvorgangs von Windows XP Professional zum Einsatz kommen. Sie erfahren außerdem, dass sich der Startvorgang von Windows XP Professional aus fünf Phasen zusammensetzt: der Starteinleitungsphase, der Bootphase, der Kernelladephase, der Kernelinitialisierungsphase und der Anmeldephase. Und Sie erfahren, wie Sie eventuell auftretende Probleme wirksam beseitigen können.

Am Ende dieser Lektion werden Sie in der Lage sein, die folgenden Aufgaben auszuführen:

- Beschreiben der Dateien, die beim Startvorgang benutzt werden.
- Erklären der Vorgänge während der Starteinleitungsphase.
- Erklären der Vorgänge während der Bootphase.
- Erklären von Aufgabe und Funktion der Datei **Boot.ini**.
- Erklären der Vorgänge während der Kernelladephase.
- Erklären der Vorgänge während der Kernelinitialisierungsphase.
- Erklären der Vorgänge während der Anmeldephase.

Veranschlagte Zeit für diese Lektion: 40 Minuten

Am Startvorgang beteiligte Dateien

Zum Durchführen des Startvorgangs benötigt Windows XP Professional bestimmte Dateien. Tabelle 4.1 enthält eine Liste aller der am Startvorgang beteiligten Dateien, deren Speicherorte sowie eine Zuordnung der Dateien zu den Phasen des Startvorgangs.

Hinweis Der Platzhalter **%SystemRoot%** ist der Pfad zu Ihrem Windows XP Professional-Installationsverzeichnis. In der Standardeinstellung ist dies der Ordner **\Windows** auf der Systempartition.

Tabelle 4.1 Dateien, die beim Windows XP Professional-Startvorgang eingesetzt werden

Datei	Speicherort	Startphase
Ntldr	Stammverzeichnis der Systempartition (**C:**)	Starteinleitung und Boot
Boot.ini	Stammverzeichnis der Systempartition	Boot
Bootsect.dos	Stammverzeichnis der Systempartition	Boot (optional)
Ntdetect.com	Stammverzeichnis der Systempartition	Boot
Ntbootdd.sys	Stammverzeichnis der Systempartition	Boot (optional)
Ntoskrnl.exe	**%SystemRoot%\System32**	Kernelladephase
Hal.dll	**%SystemRoot%\System32**	Kernelladephase
System	**%SystemRoot%\System32\config**	Kernelinitialisierung
Gerätetreiber (.sys)	**%SystemRoot%\System32\Drivers**	Kernelinitialisierung

Hinweis Sie können sich die in Tabelle 4.1 angeführten Dateien ansehen, indem Sie den Windows-Explorer starten und im Menü **Extras** auf **Ordneroptionen** klicken. Klicken Sie auf der Registerkarte **Ansicht** des Dialogfelds **Ordneroptionen** unter **Versteckte Dateien und Ordner** auf die Option **Alle Dateien und Ordner anzeigen**. Deaktivieren Sie das Kontrollkästchen **Geschützte Systemdateien ausblenden (empfohlen)**. Eine Warnmeldung wird eingeblendet, die vom Anzeigen der geschützten Betriebssystemdateien abrät. Klicken Sie auf **Ja**. Klicken Sie auf **OK**, um das Dialogfeld **Ordneroptionen** zu schließen.

Vorgänge während der Starteinleitungsphase

Nach dem Einschalten wird ein Windows XP Professional-Computer zunächst initialisiert. Danach wird der Startbereich der Festplatte gesucht.

Diese Starteinleitungsphase vor dem eigentlichen Start des Betriebssystems gliedert sich in vier Abschnitte:

1. Der Computer führt die POST-Routinen (Power-On Self Test) aus, um die Größe des Speichers und die eingebauten Hardwarekomponenten zu überprüfen. Verfügt der Computer über ein Plug & Play-kompatibles BIOS (Basic Input/Output System), erfolgt in dieser Phase die Auflistung und Konfiguration der Hardwarekomponenten.
2. Das BIOS sucht das Startgerät, lädt den ***MBR (Master Boot Record)*** und führt ihn aus.
3. Der MBR durchsucht die Partitionstabelle, um die aktive Partition zu ermitteln, lädt den Startsektor der aktiven Partition in den Speicher und führt diesen aus.
4. Der Computer lädt und initialisiert den Betriebssystemlader, eine Datei mit dem Namen **Ntldr**.

Hinweis Windows XP Professional ändert bei der Installation den Startsektor dahingehend, dass **Ntldr** während des Systemstarts geladen wird.

Während der Starteinleitungsphase können diverse Probleme auftreten. Einige davon sind:

- **Falsche Hardwarekonfiguration oder defekte Hardware:** Falls das BIOS während seiner POST-Routine kein Festplattenlaufwerk finden kann, bricht die Starteinleitungsphase frühzeitig ab. Normalerweise wird eine Meldung angezeigt, dass kein Festplattenlaufwerk gefunden wurde.
- **Beschädigter MBR:** Falls Ihr MBR beschädigt ist (oft durch Viren verursacht), können Sie ihn im Allgemeinen mithilfe der Wiederherstellungskonsole reparieren. Mehr dazu in Lektion 3, „Problembehandlung mit den Start- und Wiederherstellungstools“. Antivirussoftware kann einen beschädigten MBR verhindern und oft auch reparieren.
- **Diskette oder USB-Laufwerk ist eingelegt:** Falls eine Fehlermeldung erscheint, dass Sie den Datenträger entfernen sollen, dass die Diskette fehlerhaft ist oder dass kein Betriebssystem gefunden wurde, ist die Ursache oft, dass eine Diskette oder ein USB-Stick (Universal Serial Bus) während des Starts eingelegt oder an den Computer

angeschlossen ist. Bei den meisten Computern ist das BIOS in der Standardeinstellung so konfiguriert, dass es vom Diskettenlaufwerk oder von einem USB-Laufwerk zu starten versucht, bevor es vom Festplattenlaufwerk startet.

Vorgänge während der Bootphase

Nachdem der Computer die Datei **Ntldr** in den Speicher geladen hat, werden in der Bootphase Informationen über Hardware und Treiber zusammengetragen, um die Windows XP Professional-Ladephasen vorzubereiten. Die Bootphase verwendet die Dateien **Ntldr**, **Boot.ini**, **Bootsect.dos** (optional), **Ntdetect.com** und **Ntoskrnl.exe**.

Die Bootphase besteht aus vier Teilphasen (beschrieben in den folgenden Abschnitten): Urlader, Betriebssystemauswahl, Hardwareerkennung und Konfigurationsauswahl.

Urlader

Während dieser Phase schaltet die Datei **Ntldr** den Mikroprozessor vom Realmodus in den Modus mit linearem 32-Bit-Speicher um. Dies ist erforderlich, damit **Ntldr** weitere Funktionen ausführen kann. Als Nächstes startet **Ntldr** die Minimaldateisystemtreiber. Diese Treiber sind in **Ntldr** integriert, sodass **Ntldr** Windows XP Professional von Partitionen laden kann, die mit den Dateisystemen FAT (File Allocation Table), FAT32 oder NTFS formatiert wurden.

Betriebssystemauswahl

Während des Startprozesses liest **Ntldr** die Datei **Boot.ini** ein. Wenn in dieser Datei mehrere Betriebssysteme aufgeführt sind, wird auf dem Bildschirm eine Liste mit diesen Betriebssystemen angezeigt, und Sie werden aufgefordert, eine Auswahl zu treffen. Wenn Sie nicht innerhalb einer vorgegebenen Zeit eine Option auswählen, lädt **Ntldr** das Betriebssystem, das im Parameter **Default** der Datei **Boot.ini** festgelegt ist. Das Windows XP Professional-Setupprogramm weist diesem Parameter die aktuellste Windows XP Professional-Installation zu. Wenn die Datei **Boot.ini** nur ein Betriebssystem enthält, wird keine Auswahlliste angezeigt, sondern das vorgegebene Betriebssystem automatisch geladen.

Hinweis Wenn die Datei **Boot.ini** nicht vorhanden ist, versucht **Ntldr**, Windows XP Professional aus der ersten Partition der ersten Festplatte zu laden. Üblicherweise ist dies **C:**.

Hardwareerkennung

Die Hardwareerkennung erfolgt über die Dateien **Ntdetect.com** und **Ntoskrnl.exe**. **Ntdetect.com** wird ausgeführt, nachdem Sie bei der Auswahl des Betriebssystems Windows XP Professional gewählt haben beziehungsweise die Zeitspanne für die Betriebssystemauswahl verstrichen ist.

Hinweis Wenn Sie nicht Windows XP Professional, sondern ein anderes Betriebssystem (zum Beispiel Microsoft Windows 98) auswählen, lädt **Ntldr** die Datei **Bootsect.dos** und führt sie aus. Diese Datei ist eine Kopie des Startsektors, der sich zum Zeitpunkt der Windows XP Professional-Installation auf der Systempartition befunden hat. Sobald die Ausführung an **Bootsect.dos** übergeben wird, beginnt der Startprozess für das ausgewählte Betriebssystem.

Ntdetect.com erstellt eine Liste der aktuell installierten Hardwarekomponenten und übergibt sie an **Ntldr**. Die Liste wird später unter dem Schlüssel **HKEY_LOCAL_MACHINE\HARDWARE** in die Registrierung eingefügt.

Ntdetect.com erkennt folgende Komponenten:

- Bus-/Kartentyp
- Kommunikationsanschlüsse
- Gleitkommakoprozessor
- Diskettenlaufwerke
- Tastatur
- Maus/Zeigegerät
- Parallele Anschlüsse
- SCSI-Adapter
- Videokarten

Konfigurationsauswahl

Sobald **Ntldr** mit dem Laden von Windows XP Professional und dem Zusammenstellen von Hardwareinformationen begonnen hat, wird das Menü **Hardwareprofil und Wiederherstellung der Konfiguration** eingeblendet. Es enthält eine Liste der auf dem Computer konfigurierten Hardwareprofile. Das erste Profil ist optisch hervorgehoben. Verwenden Sie die Pfeiltasten, um ein anderes Profil auszuwählen. Sie können auch die Taste L drücken, um die Option **Letzte als funktionierend bekannte Konfiguration** zu aktivieren.

Wenn nur ein Hardwareprofil vorhanden ist, wird das Fenster **Hardwareprofil und Wiederherstellung der Konfiguration** nicht angezeigt. **Ntldr** lädt dann Windows XP Professional mit der vorgegebenen Hardwareprofilkonfiguration.

Problembehandlung der Bootphase

Während der Bootphase können diverse Probleme auftreten. Einige davon sind:

- **Fehlende oder beschädigte Startdateien:** Falls die Dateien **Ntldr**, **Boot.ini**, **Bootsect.dos**, **Ntdetect.com** oder **Ntoskrnl.exe** beschädigt sind oder fehlen, wird eine Fehlermeldung angezeigt, die auf die Ursache hinweist. Der Windows-Start wird in diesem Fall abgebrochen. Sie sollten dann mithilfe der Wiederherstellungskonsole (beschrieben in Lektion 3) die Dateien wiederherstellen.

- **Falsch konfigurierte Boot.ini:** Wenn die Datei **Boot.ini** falsch konfiguriert ist, ist die Ursache meist ein Fehler, der sich beim Editieren der Datei von Hand eingeschlichen ist, oder eine Änderung an der Laufwerkskonfiguration. Es ist auch möglich, dass die Datei **Boot.ini** beschädigt ist oder fehlt. In diesem Fall sollten Sie die Datei mithilfe der Wiederherstellungskonsole wiederherstellen.
- **Falsch konfigurierte Hardware:** Die Hardwareerkennung durch **Ntdetect.com** kann fehlschlagen, falls ein Hardwaregerät falsch konfiguriert ist, ein defekter Treiber installiert ist oder das Gerät nicht funktioniert. Falls der Start während der Hardwareerkennung abbricht, sollten Sie Ihre Problembehandlung damit beginnen, dass Sie unnötige Geräte vom Computer entfernen. Anschließend können Sie die Geräte eines nach dem anderen wieder anschließen, bis Sie die Ursache des Problems gefunden haben. Sie können auch die Option **Letzte als funktionierend bekannte Konfiguration** versuchen, wenn Sie den Verdacht haben, dass eine neue Konfiguration oder ein Treiber an dem Fehler schuld sind.

Die Datei Boot.ini

Bei der Installation von Windows XP Professional auf einem Computer speichert das Windows-Setupprogramm die Datei **Boot.ini** in der aktiven Partition. **Ntldr** verwendet die Informationen in dieser Datei, um eine Liste für die Betriebssystemauswahl anzuzeigen.

Die Datei **Boot.ini** ist in die beiden Abschnitte **[boot loader]** und **[operating systems]** unterteilt. Diese Abschnitte enthalten die Informationen, die **Ntldr** zum Erstellen des Menüs für die Betriebssystemauswahl verwendet. Eine typische **Boot.ini**-Datei könnte folgenden Inhalt haben:

```
[boot loader]
timeout=30
default=multi(0)disk(0)rdisk(0)partition(2)\WINDOWS
[operating systems]
multi(0)disk(0)rdisk(0)partition(2)\WINDOWS="Microsoft Windows XP Professional" /fastdetect
multi(0)disk(0)rdisk(0)partition(1)\WINNT="Windows NT Workstation Version 4.00"
multi(0)disk(0)rdisk(1)partition(1)\ WINNT="Windows NT Server Workstation 4.00 [VGA mode]"
/basevideo /sos
C:\CMDCONS\BOOTSECT.DAT="Microsoft Windows Recovery Console" /cmdcons
```

Der Abschnitt **[operating systems]** einer **Boot.ini**-Datei, der während einer Standardinstallation von Windows XP Professional erstellt wird, enthält nur den Eintrag für Windows XP Professional. Falls es sich bei Ihrem Computer um ein Dualbootsystem mit Microsoft Windows 95 oder Windows 98 handelt, enthält der Abschnitt **[operating systems]** auch einen Eintrag für den Start des zweiten Betriebssystems. Wird Windows XP Professional auf einen Computer installiert, auf dem sich in einer anderen Partition eine Windows NT 4.0-Installation befindet, enthält der Abschnitt **[operating systems]** auch einen Eintrag für den Start dieses Betriebssystems.

ARC-Pfade

Während der Installation erzeugt Windows XP Professional die Datei **Boot.ini**. Diese Datei enthält ARC-Pfade (Advanced RISC Computing), die auf die Startpartition des Computers verweisen. (RISC ist die Abkürzung für „Reduced Instruction Set Computing“, ein Mikroprozessordesign, dessen Zweck die schnelle und effiziente Verarbeitung eines relativ kleinen und einfachen Befehlssatzes ist.) Im Folgenden sehen Sie ein Beispiel für einen ARC-Pfad:

```
multi(0)disk(0)rdisk(1)partition(2)
```

Tabelle 4.2 beschreibt die Namenskonventionen für ARC-Pfade.

Tabelle 4.2 Namenskonventionen für ARC-Pfade

Konvention	Beschreibung
multi(*x*)/scsi(*x*)	Der Adapter/Festplatten-Controller. Verwenden Sie **scsi** für einen SCSI-Controller (Small Computer System Interface), auf dem kein SCSI-BIOS (Basic Input Output System) aktiviert ist. Verwenden Sie für alle anderen Adapter/Festplatten-Controller die Konfiguration **multi**. Dies gilt auch für SCSI-Festplattencontroller mit aktiviertem BIOS. Der Platzhalter ***x*** steht für eine Nummer zur Festlegung der Ladereihenfolge für die Hardwareadapter. Wenn Ihr Computer beispielsweise mit zwei SCSI-Adaptern ausgestattet ist, wird demjenigen, der zuerst geladen und initialisiert werden soll, die Nummer 0 zugewiesen, der zweite Adapter erhält die Nummer 1.
Disk(*y*)	Die SCSI-ID. Für **multi** lautet der Wert immer 0.
Rdisk(*z*)	Eine Nummer, die zum Identifizieren des Laufwerks dient (wird bei SCSI-Controllern ignoriert).
Partition(*a*)	Eine Nummer zum Identifizieren der Partition.

Bei den Konventionen **multi** und **scsi** beginnt die Nummerierung von **multi**, **scsi**, **disk** und **rdisk** bei 0, die Partitionsnummerierung beginnt bei 1. Nummern werden zunächst allen nicht erweiterten Partitionen und anschließend den logischen Laufwerken in den erweiterten Partitionen zugewiesen.

Prüfungstipp Machen Sie sich mit der Syntax von ARC-Pfaden vertraut und üben Sie sich darin zu bestimmen, auf welches Laufwerk und welche Partition ein bestimmter Pfad verweist. Die meisten Laufwerktypen verwenden die **multi**-Konvention. Der Wert nach dem Kennwort **multi** ist die Laufwerknummer. Der Wert nach **Partition** ist die Partitionsnummer auf diesem Laufwerk.

In Abbildung 4.1 sehen Sie einige Beispiele für die Festlegung von ARC-Pfadnamen.

Bei der **scsi**-Namenskonvention für ARC-Pfade ändert sich für die nachfolgenden Laufwerke auf einem Controller der Parameter **disk(*y*)**, während beim Format **multi** der Parameter **rdisk(*z*)** geändert wird.

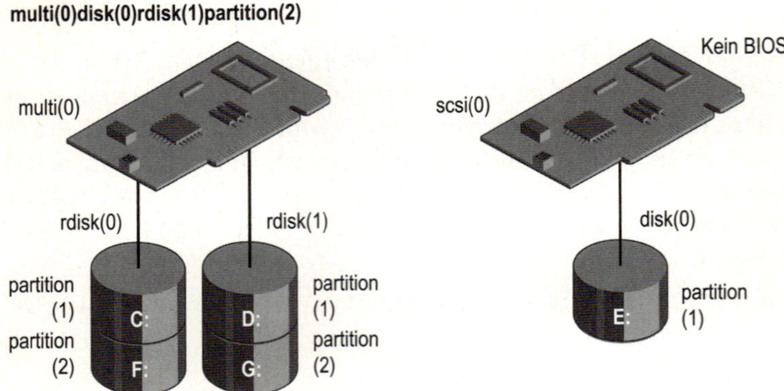

Abbildung 4.1 ARC-Pfade listen die verfügbaren Partitionen auf

Optionen der Datei Boot.ini

Sie können zu den Einträgen im Abschnitt **[operating systems]** der Datei **Boot.ini** verschiedene Optionen hinzufügen. Tabelle 4.3 enthält eine Beschreibung einiger dieser Optionen.

Tabelle 4.3 Optionale Parameter in der Datei **Boot.ini**

Option	Beschreibung
/basevideo	Der Computer wird mit dem Standard-VGA-Grafikkartentreiber (Video Graphics Adapter) gestartet. Funktioniert ein neuer Grafiktreiber nicht ordnungsgemäß, können Sie Windows XP Professional mit dieser Option starten und dann zu einem anderen Treiber wechseln.
/fastdetect=[com*x*/com*x*,*y*,*z*.]	Deaktiviert die Erkennung für serielle Mausgeräte. Wird kein Anschluss festgelegt, deaktiviert diese Option die Peripherieerkennung an sämtlichen COM-Anschlüssen. Jeder Eintrag in der Datei **Boot.ini** verfügt standardmäßig über diese Option.
/maxmem:*n*	Gibt die von Windows XP Professional genutzte RAM-Kapazität (Random Access Memory) an. Verwenden Sie diese Option, wenn Sie vermuten, dass ein Speicherchip defekt ist.
/noguiboot	Startet den Computer ohne Ladestatusanzeige.
/sos	Die Gerätetreibernamen werden beim Laden angezeigt. Verwenden Sie diese Option, wenn beim Startvorgang das Laden der Treiber fehlschlägt. Mit dieser Option können Sie ermitteln, welcher Treiber für den Fehler verantwortlich ist.

Bearbeiten der Datei Boot.ini

Die Werte für die Parameter **timeout** und **default** in der Datei **Boot.ini** können Sie im Dialogfeld **Starten und Wiederherstellen** ändern. (Dieses Dialogfeld können Sie öffnen, indem Sie auf der Registerkarte **Erweitert** im Dialogfeld **Systemeigenschaften** auf die entsprechende Schaltfläche **Einstellungen** klicken.) Es ist aber auch möglich, diese und alle weiteren Parameterwerte in der Datei **Boot.ini** manuell zu ändern. Sie können beispielsweise Einträge für das Betriebssystemauswahlmenü aussagekräftiger formulieren oder Optionen hinzufügen, die das Beheben von Startproblemen erleichtern.

Während der Installation von Windows XP Professional setzt das Windows-Setupprogramm für die Datei **Boot.ini** die Attribute **Schreibgeschützt** und **System**. Um die Datei **Boot.ini** mit einem Texteditor bearbeiten zu können, müssen Sie die Datei zunächst sichtbar machen und das Attribut **Schreibgeschützt** entfernen. Dateiattribute können Sie über das Fenster **Arbeitsplatz**, den Windows-Explorer oder über die Befehlszeile ändern.

Gehen Sie folgendermaßen vor, um die Dateiattribute über **Arbeitsplatz** oder mit dem Windows-Explorer zu ändern:

1. Klicken Sie im Startmenü auf **Arbeitsplatz**.
2. Klicken Sie im Fenster **Arbeitsplatz** doppelt auf das Symbol des Laufwerks mit der Datei **Boot.ini**.
3. Wählen Sie im Menü **Extras** den Befehl **Ordneroptionen**.
4. Klicken Sie im Dialogfeld **Ordneroptionen** auf die Registerkarte **Ansicht**. Wählen Sie die Option **Alle Dateien und Ordner anzeigen**. Deaktivieren Sie das Kontrollkästchen **Geschützte Systemdateien ausblenden** und klicken Sie auf **Ja**, wenn Sie dazu aufgefordert werden. Klicken Sie auf **OK**.
5. Klicken Sie auf **Laufwerkinhalt anzeigen**. Klicken Sie im Fenster, das den Inhalt des Laufwerks anzeigt, mit der rechten Maustaste auf die Datei namens **Boot** und wählen Sie den Befehl **Eigenschaften**.
6. Deaktivieren Sie auf der Registerkarte **Allgemein** im Feld **Attribute** das Kontrollkästchen **Schreibgeschützt** und klicken Sie dann auf **OK**.

Sie können Dateiattribute auch von der Eingabeaufforderung aus ändern. Wechseln Sie dazu in das Verzeichnis mit der Datei **Boot.ini** und geben Sie folgenden Befehl ein:

```
attrib -s -r boot.ini
```

Nachdem Sie die Attribute der Datei **Boot.ini** geändert haben, können Sie die Datei mit einem Texteditor öffnen und bearbeiten.

Vorgänge während der Kernelladephase

Nach der Konfigurationsauswahl wird der Windows XP Professional-Kernel (**Ntoskrnl.exe**) geladen und initialisiert. **Ntoskrnl.exe** lädt einige Dienste und lädt und initialisiert verschiedene Gerätetreiber. Wenn Sie auf der Seite **Hardwareprofil und Wiederherstellung der Konfiguration** die EINGABETASTE drücken, oder wenn **Ntldr** eine automatische Auswahl vornimmt, beginnt die Kernelladephase. Der Bildschirm wird gelöscht, und im unteren Bildschirmbereich wird eine Leiste aus weißen Rechtecken angezeigt, die den Fortschritt des Startvorgangs zeigen.

Während der Kernelladephase führt **Ntldr** die folgenden Schritte aus:

- **Ntoskrnl.exe** wird geladen, aber noch nicht initialisiert.
- Die Datei **Hal.dll** (Hardware Abstraction Layer, Hardwareabstraktionsschicht) wird geladen.

- Der Registrierungsschlüssel **HKEY_LOCALMACHINE\SYSTEM** wird geladen.
- Der Steuersatz für die Initialisierung des Computers wird ausgewählt. Ein ***Steuersatz*** enthält Konfigurationsdaten für die Systemsteuerung, beispielsweise eine Liste mit den Gerätetreibern und Diensten, die geladen und gestartet werden müssen.
- Die Gerätetreiber werden mit dem Wert **0x0** für den Eintrag **Start** geladen. Es handelt sich dabei üblicherweise um Low-Level-Hardwaregerätetreiber, zum Beispiel die Treiber für eine Festplatte. Der Wert für den Eintrag **List** im Registrierungsunterschlüssel **HKEY_LOCAL_MACHINE\SYSTEM\CurrentControlSet\Control\ServiceGroupOrder** legt die Reihenfolge fest, in der **Ntldr** die Gerätetreiber lädt.

Probleme während der Kernelladephase haben ihre Ursache oft darin, dass Systemdateien beschädigt sind oder eine Hardwarekomponente defekt ist. Falls Systemdateien beschädigt sind, können Sie versuchen, diese Dateien mithilfe der Wiederherstellungskonsole zu ersetzen (siehe Lektion 3). Handelt es sich um ein Hardwareproblem, müssen Sie wahrscheinlich nacheinander Hardwarekomponenten entfernen oder ersetzen, bis Sie das Problem identifiziert haben. Manchmal können Sie einkreisen, welches Hardwaregerät das Problem verursacht, indem Sie die Startprotokollierung einschalten (auch dazu mehr in Lektion 3).

Vorgänge während der Kernelinitialisierungsphase

Sobald der Kernel geladen wurde, wird er initialisiert; die Steuerung wird von **Ntldr** an den Kernel übergeben. Auf dem Bildschirm wird ein Fenster mit einer Statusleiste eingeblendet, die den Fortschritt anzeigt. Während der Kernelinitialisierungsphase werden vier Vorgänge ausgeführt:

- **Der Schlüssel HARDWARE wird erstellt:** Nach einer erfolgreichen Initialisierung erstellt der Kernel auf Grundlage der während der Hardwareerkennung gesammelten Daten den Registrierungsschlüssel **HKEY_LOCAL_MACHINE\HARDWARE**. Dieser Schlüssel enthält Informationen über Hardwarekomponenten auf der Systemplatine und über die Interrupts, die von bestimmten Hardwaregeräten verwendet werden.
- **Der Steuersatz Clone wird erstellt:** Der Kernel erstellt den Steuersatz **Clone**. Zu diesem Zweck wird der Steuersatz kopiert, auf den der Eintrag **Current** im Registrierungsunterschlüssel **HKEY_LOCAL_MACHINE\SYSTEM\Select** verweist. Der Steuersatz **Clone** wird niemals geändert, da er eine Kopie der Daten darstellt, die für die Computerkonfiguration verwendet wurden. Dieser Steuersatz soll nicht die Änderungen widerspiegeln, die während des Startprozesses durchgeführt wurden.
- **Gerätetreiber werden geladen und initialisiert:** Nach dem Erstellen des Steuersatzes **Clone** initialisiert der Kernel die Low-Level-Gerätetreiber, die während der Kernelladephase geladen wurden. Danach durchsucht der Kernel den Registrierungsunterschlüssel **HKEY_LOCAL_MACHINE\SYSTEM\CurrentControlSet\Services** nach Gerätetreibern, denen im Eintrag **Start** der Wert **0x1** zugewiesen ist. Wie bei der Kernelladephase legt auch hier der Wert des Gerätetreibers für den Eintrag **Group** die Reihenfolge fest, in der die Treiber geladen werden. Gerätetreiber werden initialisiert, sobald sie geladen sind. Tritt beim Laden und Initialisieren eines

Gerätetreibers ein Fehler auf, wird der Startprozess je nach **ErrorControl**-Wert des Treibers fortgesetzt oder abgebrochen. Tabelle 4.4 enthält eine Beschreibung der möglichen **ErrorControl**-Werte und der resultierenden Aktionen in der Bootphase.

Tabelle 4.4 **ErrorControl**-Werte und resultierende Aktion

Wert	Aktion
0x0 (Ignorieren)	Der Fehler wird ignoriert, die Bootphase wird ohne Fehlermeldung fortgesetzt.
0x1 (Normal)	Es wird zwar eine Fehlermeldung angezeigt, der Fehler wird jedoch ignoriert, und die Bootphase wird fortgesetzt.
0x2 (Schwer wiegend)	Die Bootphase schlägt fehl und wird mit dem Steuersatz **LastKnownGood** neu gestartet. Verwendet die Bootphase bereits diesen Steuersatz, wird der Fehler ignoriert und die Bootphase wird fortgesetzt.
0x3 (Kritisch)	Die Bootphase schlägt fehl und wird mit dem Steuersatz **LastKnownGood** neu gestartet. Wenn jedoch dieser Steuersatz den kritischen Fehler verursacht hat, wird die Bootphase gestoppt und es wird eine Fehlermeldung angezeigt.

Hinweis Die **ErrorControl**-Werte sind in der Registrierung im Unterschlüssel **HKEY_LOCAL_MACHINE\SYSTEM\CurrentControlSet\Services*Name_des_Dienstes_oder_Treibers*\ErrorControl** gespeichert.

- **Dienste werden gestartet:** Sobald der Kernel die Gerätetreiber geladen und initialisiert hat, startet der Sitzungs-Manager (**Smss.exe**) die höherrangigen Subsysteme und Dienste für Windows XP Professional. Der Sitzungs-Manager führt die Anweisungen im Datenelement **BootExecute** und in den Schlüsseln **Memory Management**, **DOS Devices** und **SubSystems** aus. Tabelle 4.5 enthält eine Beschreibung sämtlicher Anweisungssätze und der jeweils resultierenden Aktion des Sitzungs-Managers.

Tabelle 4.5 Vom Sitzungs-Manager eingelesene und ausgeführte Anweisungssätze

Datenelement oder Schlüssel	Aktion
Datenelement **BootExecute**	Der Sitzungs-Manager führt vor dem Laden von Diensten die Befehle aus, die in diesem Datenelement angegeben sind.
Schlüssel **Memory Management**	Der Sitzungs-Manager erstellt die Informationen zur Auslagerungsdatei, die für die Verwaltung des virtuellen Speichers benötigt werden.
Schlüssel **DOS Devices**	Der Sitzungs-Manager erstellt symbolische Verknüpfungen, um bestimmte Befehlsklassen an die entsprechende Komponente im Dateisystem zu verweisen.
Schlüssel **SubSystems**	Der Sitzungs-Manager startet das Win32-Subsystem, das alle Ein- und Ausgaben (E/A) und Zugriffe auf den Bildschirm steuert und den Anmeldevorgang startet.

Vorgänge während der Anmeldephase

Die Anmeldephase beginnt nach dem Abschluss der Kernelinitialisierungsphase. Das Win32-Subsystem startet automatisch **Winlogon.exe**. Diese Datei startet **Lsass.exe** (Local Security Authority) und zeigt das Anmeldedialogfeld an. Sie können sich zu diesem Zeitpunkt bereits anmelden, obwohl die Initialisierung der Netzwerkgerätetreiber möglicherweise noch nicht abgeschlossen ist.

Als Nächstes wird der Dienstesteuerungs-Manager gestartet. Er durchsucht ein letztes Mal den Unterschlüssel **HKEY_LOCAL_MACHINE\SYSTEM\CurrentControlSet\Services** nach Diensten mit dem **Start**-Wert **0x2**. Dienste mit diesem Wert werden automatisch geladen. Das sind zum Beispiel der Dienst Server und der Arbeitsstationsdienst.

Ob ein Dienst während der Anmeldephase geladen wird, hängt von den jeweiligen Werten der Einträge **DependOnGroup** oder **DependOnService** im Registrierungsschlüssel **HKEY_LOCAL_MACHINE\SYSTEM\CurrentControlSet\Services** ab.

Der Startprozess von Windows XP Professional gilt erst dann als erfolgreich, wenn sich ein Benutzer problemlos am System anmelden konnte. Nach einer erfolgreichen Anmeldung wird der Steuersatz **Clone** in den Steuersatz **LastKnownGood** kopiert.

Hinweis Ausführlichere Informationen zur **LastKnownGood**-Konfiguration (Letzte als funktionierend bekannte Konfiguration) finden Sie in Lektion 3 weiter unten in diesem Kapitel.

Lernzielkontrolle

Anhand der folgenden Fragen können Sie überprüfen, ob Sie die Themen dieser Lektion so gut beherrschen, dass Sie mit der nächsten Lektion weitermachen können. Falls Sie eine Frage nicht beantworten können, sollten Sie die Lektion noch einmal durcharbeiten, und dann erneut versuchen, die Frage zu beantworten. Die Antworten auf die Lernzielkontrollfragen finden Sie im Abschnitt „Fragen und Antworten“ am Ende dieses Kapitels.

1. Windows XP Professional ändert den Startsektor bei der Installation dahingehend, dass __________ während des Systemstarts geladen wird. (Tragen Sie den korrekten Begriff ein.)
2. Welchen Zweck erfüllt die Datei **Boot.ini**, und was geschieht, wenn sie nicht vorhanden ist?

   ____

   ____

   ____

   ____

3. Welchen Inhalt hat die Datei **Bootsect.doc**, und wann wird sie verwendet?

   ____

   ____

4. Ein Benutzer ruft Sie an und berichtet, dass Windows XP Professional auf seinem Computer anscheinend nicht ordnungsgemäß geladen wird. Das Menü **Hardwareprofil und Wiederherstellung der Konfiguration** wird beim Neustarten seines Computers nicht angezeigt. Seinem Kollegen hingegen, der am Schreibtisch nebenan arbeitet, wird das Menü angezeigt, wenn dieser seinen Computer neu startet. Was würden Sie dem Benutzer sagen?

Zusammenfassung der Lektion

- Während des Startvorgangs von Windows XP Professional werden die Dateien **Ntldr**, **Boot.ini**, **Bootsect.dos**, **Ntdetect.com**, **Ntbootdd.sys**, **Ntoskrnl.exe**, **Hal.dll**, **System** und Gerätetreiber (.sys) verwendet.
- Während der Starteinleitungsphase führt das BIOS einen POST-Test durch, sucht ein Startgerät und lädt den in diesem Gerät gefundenen MBR. Der MBR lädt den Startsektor der aktiven Partition in den Arbeitsspeicher und initialisiert dann **Ntldr**.
- Die Bootphase umfasst vier Teilphasen: Urlader, Betriebssystemauswahl, Hardwareerkennung und Konfigurationsauswahl. Während der Bootphase werden folgende Dateien benutzt: **Ntldr**, **Boot.ini**, **Bootsect.dos** (optional), **Ntdetect.com** und **Ntoskrnl.exe**.
- **Ntldr** wertet die Informationen in der Datei **Boot.ini** aus und zeigt eine Seite zum Auswählen des Betriebssystems an, das gestartet wird. Sie können die Datei **Boot.ini** editieren, um zum Beispiel ARC-Pfade zu ändern oder optionale **Boot.ini**-Optionen anzugeben.
- Während der Kernelladephase wird der Windows XP Professional-Kernel (**Ntoskrnl.exe**) geladen und initialisiert. **Ntoskrnl.exe** lädt und initialisiert wiederum Gerätetreiber und lädt Dienste.
- Während der Kernelinitialisierungsphase wird der Kernel initialisiert, anschließend übergibt **Ntldr** die Steuerung an den Kernel. An diesem Punkt zeigt das System einen grafischen Bildschirm mit einer Statuszeile an, die den Fortschritt anzeigt. Während der Kernelinitialisierungsphase werden vier Aufgaben durchgeführt:
  - Der Schlüssel **HARDWARE** wird erstellt.
  - Der Steuersatz **Clone** wird erstellt.
  - Gerätetreiber werden geladen und initialisiert.
  - Dienste werden gestartet.

- Während der Anmeldephase startet das Win32-Subsystem automatisch **Winlogon.exe**, das seinerseits **Lsass.exe** (Local Security Authority) startet und das Anmeldedialogfeld anzeigt. Sie können sich zu diesem Zeitpunkt anmelden, auch wenn Windows XP Professional mit dem Initialisieren der Netzwerkgerätetreiber möglicherweise noch nicht fertig ist.

Lektion 2: Editieren der Registrierung

Microsoft Windows XP Professional speichert Hardeware- und Softwareeinstellungen zentral in einer hierarchisch strukturierten Datenbank, der so genannten ***Registrierung***. Die Registrierung ersetzt eine Vielzahl der Konfigurationsdateien mit den Erweiterungen .ini, .sys und .com, die in früheren Windows-Versionen verwendet wurden. Die Registrierung steuert das Betriebssystem Windows XP Professional, indem sie die erforderlichen Initialisierungsinformationen für das Starten von Windows XP Professional, das Starten von Anwendungen und für das Laden von Komponenten wie Gerätetreibern und Netzwerkprotokollen bereitstellt.

Die meisten Benutzer von Windows XP Professional müssen nie auf die Registrierung zugreifen. Die Verwaltung der Registrierung gehört jedoch zum Aufgabenbereich eines jeden Systemadministrators. Diese Aufgaben umfassen unter anderem das Anzeigen, Bearbeiten, Sichern und Wiederherstellen der Registrierung. Mit dem Registrierungs-Editor können Sie die Registrierungskonfiguration einsehen und bearbeiten.

Am Ende dieser Lektion werden Sie in der Lage sein, die folgenden Aufgaben auszuführen:

- Erläutern des Zwecks der Registrierung.
- Beschreiben der hierarchischen Struktur der Registrierung.
- Anzeigen und Editieren der Registrierung mithilfe des Registrierungs-Editors.

Veranschlagte Zeit für diese Lektion: 40 Minuten

Was ist die Registrierung?

Die Registrierung ist eine hierarchisch strukturierte Datenbank, sie enthält eine Vielzahl unterschiedlicher Daten. Dazu gehören unter anderem Informationen zu folgenden Elementen:

- Die im Computer installierte Hardware, einschließlich CPU (Central Processing Unit), Bustyp, Zeigegerät oder Maus und Tastatur
- Installierte Gerätetreiber
- Installierte Anwendungen
- Installierte Netzwerkprotokolle
- Einstellungen der Netzwerkkarte; dazu gehören die IRQ-Nummer (Interrupt Request), Speicherbasisadresse, Basisadressen für E/A-Anschlüsse, verfügbare E/A-Kanäle und Transceivertyp.

Die Registrierungsstruktur schützt die Datensätze und stellt sie bei Bedarf zur Verfügung. Die in der Registrierung gespeicherten Daten werden von vielen Komponenten von Windows XP Professional gelesen, aktualisiert oder bearbeitet. Einige dieser Komponenten werden in Tabelle 4.6 erläutert.

Tabelle 4.6 Komponenten, die auf die Registrierung zugreifen

Komponente	Beschreibung
Windows XP Professional-Kernel	Während des Starts liest der Windows XP Professional-Kernel (**Ntoskrnl.exe)** Informationen aus der Registrierung ein. Hierzu gehören unter anderem die zu ladenden Gerätetreiber sowie die Reihenfolge, in der die Treiber geladen werden sollen. Der Kernel speichert Informationen über sich selbst (zum Beispiel die Versionsnummer) in der Registrierung.
Gerätetreiber	Gerätetreiber beziehen Konfigurationsparameter aus der Registrierung und schreiben ihrerseits Informationen in die Registrierung. Ein Gerätetreiber speichert Informationen über die von ihm verwendeten Systemressourcen in der Registrierung, zum Beispiel Hardwareinterrupts oder DMA-Kanäle. Gerätetreiber protokollieren darüber hinaus die ermittelten Konfigurationsdaten.
Benutzerprofile	Windows XP Professional erstellt und verwaltet die Einstellungen für die Arbeitsumgebungen der Benutzer in einem so genannten Benutzerprofil. Wenn sich ein Benutzer anmeldet, wird das Profil in der Registrierung zwischengespeichert. Windows XP Professional schreibt Änderungen an der Benutzerkonfiguration zunächst in die Registrierung und danach in das Benutzerprofil.
Setupprogramme	Während des Setups für ein Hardwaregerät oder eine Anwendung kann ein Setupprogramm neue Konfigurationsdaten in die Registrierung eintragen. Es kann aber auch die Registrierung abfragen, um festzustellen, ob die erforderlichen Komponenten bereits installiert sind.
Hardwareprofile	Computer mit mehreren unterschiedlichen Hardwarekonfigurationen verwenden Hardwareprofile. Beim Start von Windows XP Professional wählt der Benutzer ein Hardwareprofil aus, und Windows XP Professional führt die entsprechende Konfiguration des Systems durch.
Ntdetect.com	Während des Systemstarts führt die Datei **Ntdetect.com** eine Hardwareerkennung durch. Diese dynamischen Hardwarekonfigurationsdaten werden in der Registrierung gespeichert.

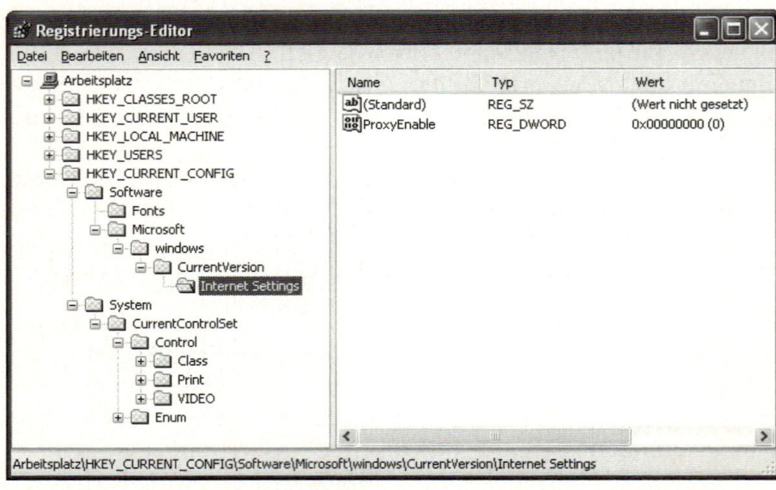

Abbildung 4.2 Der Registrierungs-Editor zeigt die hierarchische Struktur der Registrierung an

Die hierarchische Struktur der Registrierung

Die Registrierung verfügt über eine hierarchische Struktur, die derjenigen von Ordnern und Dateien auf einer Festplatte ähnelt. In Abbildung 4.2 sehen Sie diese hierarchische Struktur, wie sie im Registrierungs-Editor angezeigt wird.

Tabelle 4.7 beschreibt die einzelnen Komponenten, aus denen sich die hierarchische Struktur der Registrierung zusammensetzt.

Tabelle 4.7 Komponenten, aus denen sich die Registrierung zusammensetzt

Komponente	Beschreibung
Teilstruktur	Eine Teilstruktur (oder ein Teilstrukturschlüssel) entspricht dem Stammordner eines Laufwerks. Die Registrierung von Windows XP Professional verfügt über die Teilstrukturen **HKEY_LOCAL_MACHINE** und **HKEY_USERS**. Um das Auffinden und Anzeigen von Informationen der Registrierung zu erleichtern, werden im Editor fünf vordefinierte Teilstrukturen angezeigt: ■ **HKEY_CLASSES_ROOT** ■ **HKEY_CURRENT_USER** ■ **HKEY_LOCAL_MACHINE** ■ **HKEY_USERS** ■ **HKEY_CURRENT_CONFIG**
Schlüssel	Schlüssel entsprechen Ordnern und Unterordnern. Sie beziehen sich auf Hardware- oder Softwareobjekte und Objektgruppen. Unterschlüssel sind Schlüssel, die zu einer höheren hierarchischen Ebene gehören.
Einträge	Schlüssel enthalten einen oder mehrere Einträge. Ein Eintrag besteht aus drei Teilen: Name, Datentyp und Wert (Daten- oder Konfigurationsparameter).
Struktur	Eine Struktur ist ein eigenständiges Element aus Schlüsseln, Unterschlüsseln und Einträgen. Zu jeder Struktur gehört eine entsprechende Registrierungs- und eine .log-Datei, die sich im Verzeichnis **%SystemRoot%\System32\Config** befindet. Windows XP Professional verwendet die .log-Datei, um Änderungen zu protokollieren und die Integrität der Registrierung sicherzustellen.
Datentypen	Der Wert jedes Eintrags muss einem der folgenden Datentypen entsprechen: ■ **REG_SZ** (Zeichenfolge): Einzelwert; Windows XP Professional interpretiert diesen Wert als zu speichernde Zeichenfolge. ■ **REG_BINARY** (Binärwert)**:** Ein einzelner Wert; dieser muss eine aus hexadezimalen Ziffern bestehende Zeichenfolge sein. Windows XP Professional interpretiert jedes Zahlenpaar als einen Bytewert. ■ **REG_DWORD** (DWORD-Wert): Einzelwert; dieser muss eine aus 1 bis 8 hexadezimalen Ziffern bestehende Zeichenfolge sein. ■ **REG_MULTI_SZ** (Mehrere Zeichenfolgen)**:** Mehrere Werte möglich; Windows XP Professional interpretiert jede Zeichenfolge als Teilkomponente des **MULTI_SZ**-Werts. ►

Komponente	Beschreibung
	■ **REG_EXPAND_SZ** (Erweiterbarer Zeichenfolgenwert): Dieser Typ entspricht **REG_SZ**, mit dem Unterschied, dass der Text eine Platzhaltervariable enthalten kann. So ersetzt Windows XP Professional beispielsweise in der Zeichenfolge **%SystemRoot%\System32\Ntvdm.exe** die Umgebungsvariable **%SystemRoot%** durch den Pfad für den Windows-Ordner. ■ **REG_FULL_RESOURCE_DESCRIPTOR:** Speichert eine Ressourcenliste für Hardwarekomponenten oder Treiber. Sie können einen Eintrag dieses Typs weder hinzufügen noch ändern.

Teilstrukturen der Registrierung

Sobald Sie den Sinn und Zweck der einzelnen Teilstrukturen kennen, können Sie Schlüssel und Werte schneller in der Registrierung finden. Die folgenden fünf Teilstrukturen oder Teilstrukturschlüssel werden im Registrierungs-Editor angezeigt (ein Beispiel sehen Sie in Abbildung 4.2 weiter oben in diesem Kapitel):

- **HKEY_CLASSES_ROOT:** Diese Teilstruktur enthält Softwarekonfigurationsdaten, das heißt Daten zu OLE (Object Linking and Embedding) und den Dateiverknüpfungen. Diese Teilstruktur verweist auf den Unterschlüssel **Classes** in der Teilstruktur **HKEY_LOCAL_MACHINE\SOFTWARE**.
- **HKEY_CURRENT_USER:** Diese Teilstruktur enthält Daten zum aktuellen Benutzer. Es wird für jedes Benutzerkonto, das zur Anmeldung beim Computer verwendet wurde, eine Kopie aus der Datei **Ntuser.dat** abgerufen und im Schlüssel **%SystemRoot%\Profiles*Benutzername*** gespeichert. Dieser Unterschlüssel verweist auf dieselben Daten, die in **HKEY_USERS*SID_aktuell_angemeldeter_Benutzer*** enthalten sind. Diese Teilstruktur hat bei duplizierten Werten Vorrang vor der Teilstruktur **HKEY_LOCAL_MACHINE**.
- **HKEY_LOCAL_MACHINE:** Diese Teilstruktur enthält alle Konfigurationsdaten für den lokalen Computer, einschließlich der Hardware- und Betriebssystemdaten (beispielsweise Bustyp, Systemspeicher, Gerätetreiber und Steuerungsdaten für den Start). Anwendungen, Gerätetreiber und das Betriebssystem verwenden diese Daten zum Einstellen der Computerkonfiguration. Die Daten in dieser Teilstruktur bleiben konstant und sind vom jeweiligen Benutzer unabhängig.
- **HKEY_USERS:** Diese Teilstruktur enthält die Teilstruktur **.Default** mit den Systemstandardeinstellungen (Systemstandardprofil) für das Anzeigen des Anmeldebildschirms (der mit STRG+ALT+ENTF geöffnet wird) und die Sicherheitskennung (Security Identifier, SID) des aktuellen Benutzers.
- **HKEY_CURRENT_CONFIG:** Diese Teilstruktur enthält Daten zum aktiven Hardwareprofil, die aus den Strukturen **Software** und **System** extrahiert werden. Mithilfe dieser Informationen werden bestimmte Einstellungen festgelegt (zum Beispiel die zu ladenden Gerätetreiber und die Bildschirmauflösung).

Die Teilstruktur HKEY_LOCAL_MACHINE

Die Teilstruktur **HKEY_LOCAL_MACHINE** eignet sich aus zwei Gründen besonders gut zur Veranschaulichung der Teilstrukturen in der Registrierung:

- Sämtliche Teilstrukturen weisen einen ähnlichen Aufbau auf.
- **HKEY_LOCAL_MACHINE** enthält Informationen, die sich auf den lokalen Computer beziehen und unabhängig vom gerade angemeldeten Benutzer immer gleich bleiben.

Der Stammschlüssel **HKEY_LOCAL_MACHINE** verfügt über fünf Unterschlüssel, die in Tabelle 4.8 erläutert werden.

Tabelle 4.8 Unterschlüssel von **HKEY_LOCAL_MACHINE**

Unterschlüssel	Beschreibung
HARDWARE	Typ und Status der mit dem Computer verbundenen Hardwaregeräte. Dieser Unterschlüssel hat keinen konstanten Wert, da Windows XP Professional die entsprechenden Informationen während des Starts sammelt. Aus diesem Grund ist dieser Unterschlüssel auch keiner Datei auf der Festplatte zugeordnet. Anwendungen fragen diesen Schlüssel ab, um Typ und Status der Geräte zu ermitteln, die an den Computer angeschlossen sind.
SAM	Die Verzeichnisdatenbank des Computers. Die Struktur **SAM** ist den Dateien **SAM** und **SAM.log** im Ordner **%SystemRoot%\System32\Config** zugeordnet. Anwendungen, die diese Teilstruktur abfragen, müssen die entsprechenden APIs (Application Programming Interfaces) verwenden. Diese Struktur verweist auf dieselbe unter **HKEY_LOCAL_MACHINE\SECURITY\SAM** verfügbare Struktur.
SECURITY	Die Sicherheitsinformationen für den lokalen Computer. Die Struktur **SECURITY** ist den Dateien **Security** und **Security.log** im Ordner **%SystemRoot%\System32\Config** zugeordnet. Die Schlüssel, die in diesem Unterschlüssel enthalten sind, können von Anwendungen nicht geändert werden. Stattdessen müssen die Anwendungen diese Sicherheitsinformationen mithilfe der Sicherheits-APIs abfragen.
SOFTWARE	Informationen über die lokale Computersoftware, die von den Konfigurationseinstellungen für die einzelnen Benutzer unabhängig sind. Die Struktur ist den Dateien **Software** und **Software.log** im Ordner **%SystemRoot%\System32\Config** zugeordnet. Sie enthält zudem Informationen zu Dateiverknüpfungen und OLE.
SYSTEM	Informationen zu Systemgeräten und -diensten. Bei der Installation oder Konfiguration von Gerätetreibern oder Diensten werden Informationen in dieser Struktur ergänzt oder geändert. Die Struktur **SYSTEM** ist den Dateien **System** und **System.log** im Ordner **%SystemRoot%\System32\Config** zugeordnet. In der Datei **System.alt** legt die Registrierung eine Sicherungskopie der in der Struktur **SYSTEM** enthaltenen Daten an.

Steuersätze

Eine typische Windows XP Professional-Installation umfasst die folgenden Steuersatzunterschlüssel: **Clone, ControlSet001**, **ControlSet002** und **CurrentControlSet**. Steuersätze werden als Unterschlüssel des Registrierungsschlüssels **HKEY_LOCAL_MACHINE\SYSTEM** gespeichert (Abbildung 4.3). Wenn Systemeinstellungen geändert werden oder häufiger Probleme bei Systemeinstellungen auftreten, kann die Registrierung verschiedene Steuersätze enthalten.

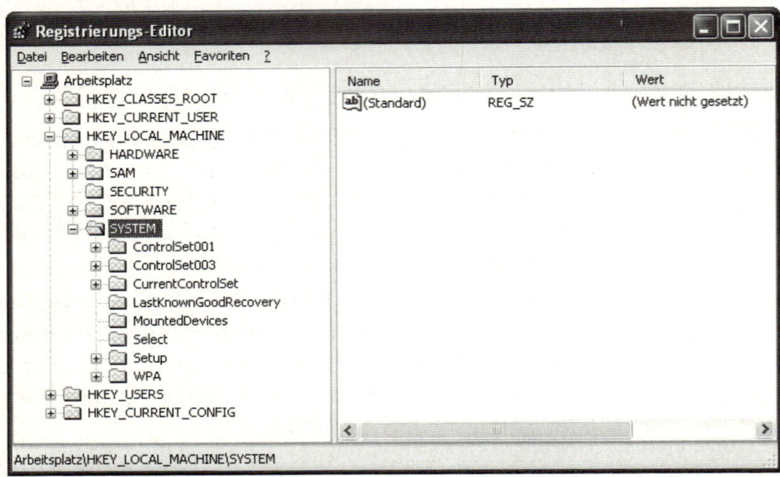

Abbildung 4.3 Sie können die aktuellen Steuersätze im Registrierungs-Editor anzeigen lassen

Der Unterschlüssel **CurrentControlSet** ist ein Zeiger auf einen der **ControlSet00x**-Schlüssel. Der Steuersatz **Clone** ist ein Duplikat des Steuersatzes, der für die Initialisierung des Computers (entweder **Default** oder **LastKnownGood**) verwendet wird. Er wird bei jedem Start des Computers während der Kernelinitialisierung erstellt. Sobald Sie sich angemeldet haben, steht der Steuersatz **Clone** nicht mehr zur Verfügung.

Zum besseren Verständnis von Steuersätzen ist es von Vorteil, wenn Sie die Bedeutung des Registrierungsunterschlüssels **HKEY_LOCAL_MACHINE\SYSTEM\Select** kennen. Dieser Unterschlüssel enthält die folgenden Einträge:

- **Current:** Dieser Eintrag identifiziert den aktuellen Steuersatz (**CurrentControlSet**). Wenn Sie die Registrierung über die Optionen der Systemsteuerung oder mit dem Registrierungs-Editor bearbeiten, werden die Informationen in **CurrentControlSet** geändert.
- **Default:** Dieser Eintrag identifiziert den Steuersatz, der beim nächsten Start von Windows XP Professional verwendet wird. **Default** kann durch die Auswahl der Option **Letzte als funktionierend bekannte Konfiguration** außer Kraft gesetzt werden. Die Einträge **Default** und **Current** enthalten dieselbe Steuersatznummer.
- **Failed:** Dieser Eintrag identifiziert den Steuersatz, der durch den letzten Start des Computers unter Verwendung des Steuersatzes **LastKnownGood** als fehlgeschlagen gekennzeichnet wurde.

- **LastKnownGood:** Dieser Eintrag identifiziert eine Kopie des Steuersatzes, der beim letzten erfolgreichen Start von Windows XP Professional verwendet wurde. Nach einer erfolgreichen Anmeldung wird der Steuersatz **Clone** in den Steuersatz **LastKnownGood** kopiert.

Alle Einträge im Unterschlüssel **HKEY_LOCAL_MACHINE\SYSTEM\Select** sind vom Datentyp **REG_DWORD**, und der Wert jedes Eintrags entspricht einem bestimmten Steuersatz. Wenn zum Beispiel der Eintrag **Current** den Wert **0x1** hat, zeigt **CurrentControlSet** auf **ControlSet001**. Wenn der Wert für den Eintrag **LastKnownGood** auf **0x2** gesetzt ist, zeigt **LastKnownGood** auf den Steuersatz **ControlSet002**.

Anzeigen und Bearbeiten der Registrierung im Registrierungs-Editor

Das Setupprogramm installiert den Registrierungs-Editor (**Regedit.exe**) während der Installation in den Ordner **%SystemRoot%\System32**. Da jedoch nur wenige Benutzer den Registrierungs-Editor verwenden müssen, wird dieser nicht im Startmenü angezeigt. Klicken Sie zum Starten des Registrierungs-Editors im Startmenü auf **Ausführen**, und geben Sie dann die Zeichenfolge **Regedit** ein.

Sie können den Registrierungs-Editor zwar zum manuellen Bearbeiten der Registrierung verwenden, sein eigentlicher Zweck ist jedoch die Problembehandlung. Die meisten Konfigurationsänderungen sollten Sie entweder über die Systemsteuerung oder über das Menü **Verwaltung** vornehmen. Einige Konfigurationseinstellungen können jedoch ausschließlich direkt über die Registrierung eingegeben werden.

Vorsicht Eine unsachgemäße Verwendung des Registrierungs-Editors kann zu gravierenden, systemweiten Problemen führen, die gegebenenfalls eine Neuinstallation von Windows XP Professional erforderlich machen. Wenn Sie den Registrierungs-Editor zum Anzeigen oder Bearbeiten von Daten verwenden, sollten Sie zuvor mithilfe des Windows-Sicherungsprogramms eine Sicherungskopie der Registrierungsdatei erstellen. In Windows XP Professional können Sie mit dem Sicherungsprogramm den Systemstatus sichern, der die Registrierung, die COM+-Klassenregistrierungsdatenbank und die Systemstartdateien umfasst.

Der Registrierungs-Editor speichert automatisch sämtliche Daten, sobald Sie neue Einträge erstellen oder Korrekturen vornehmen. Neue Registrierungsdaten werden sofort wirksam.

Sie können nach einem bestimmten Schlüssel suchen, indem Sie im Menü **Bearbeiten** den Menüpunkt **Suchen** wählen und im Dialogfeld **Suchen** im Textfeld **Suchen nach** den Namen des gesuchten Schlüssels eingeben. Schlüsselnamen werden im linken Bereich des Registrierungs-Editors angezeigt. Der Suchlauf beginnt beim aktuell ausgewählten Schlüssel. Von hier aus werden alle nachfolgenden Schlüssel nach dem angegebenen Schlüsselnamen durchsucht. Die Suche wird nur in der Teilstruktur ausgeführt, in der sie gestartet wurde. Wenn Sie beispielsweise in der Teilstruktur **HKEY_LOCAL_MACHINE** nach einem Schlüssel suchen, wird die Suche nicht auf die Teilstruktur **HKEY_CURRENT_USER** ausgeweitet.

Übung: Ändern der Registrierung

In dieser Übung werden Sie mit dem Registrierungs-Editor die Daten der Registrierung anzeigen. In Teilübung 1 ermitteln Sie Informationen zum BIOS, zum Computerprozessor und zur Betriebssystemversion. In Teilübung 2 durchsuchen Sie die Registrierung mithilfe des Befehls **Suchen** des Registrierungs-Editors nach bestimmten Schlüsselnamen. Danach fügen Sie in Teilübung 3 einen neuen Wert hinzu und ändern so die Registrierung. Abschließend speichern Sie eine Teilstruktur als Datei, um diese anschließend mit einem Editor durchsuchen zu können.

Übung 1: Anzeigen der Registrierung

1. Stellen Sie sicher, dass Sie als Administrator angemeldet sind.
2. Klicken Sie auf **Start** und anschließend auf **Ausführen**.
3. Geben Sie im Dialogfeld **Ausführen** den Befehl **Regedit** und klicken Sie auf **OK**.

Sicherheitswarnung Sie sollten es sich zur Regel machen, sich nicht als Administrator anzumelden, solange Sie nicht administrative Aufgaben erledigen. Es ist besser, sich als normaler Benutzer anzumelden und dann den Befehl **Ausführen als** zu verwenden, wenn Sie eine administrative Aufgabe ausführen müssen. Wenn Sie den Registrierungs-Editor ausführen wollen, ohne als Administrator angemeldet zu sein, geben Sie an der Eingabeaufforderung den Befehl **runas /User:Administrator regedit** ein.

4. Maximieren Sie das Fenster des Registrierungs-Editors, und erweitern Sie dann **HKEY_LOCAL_MACHINE**.
5. Erweitern Sie unter **HKEY_LOCAL_MACHINE** den Unterschlüssel **HARDWARE**.
6. Erweitern Sie den Unterschlüssel **DESCRIPTION** und klicken Sie doppelt auf den Unterschlüssel **System**. Ermitteln Sie folgende Daten:
   - Das Datum (Eintrag **SystemBiosDate**) und die Version (**SystemBiosVersion**) des System-BIOS in Ihrem Computer
   - Den Computertyp (Eintrag **Identifier**)
7. Erweitern Sie **SOFTWARE\Microsoft\Windows NT**.
8. Klicken Sie auf **CurrentVersion**, und tragen Sie die folgenden Informationen in die Tabelle ein:

Softwarekonfiguration	Eintrag	Wert und Zeichenfolge
Aktuelle Buildnummer	**CurrentBuildNumber**	
Aktuelle Version	**CurrentVersion**	
Registrierte Organisation	**RegisteredOrganization**	
Registrierter Besitzer	**RegisteredOwner**	

Übung 2: Verwenden des Befehls Suchen

In dieser Übung verwenden Sie den Befehl **Suchen** des Registrierungs-Editors, um die Schlüssel, Werte und Daten der Registrierung nach einem bestimmten Wort zu durchsuchen.

1. Klicken Sie auf die Teilstruktur **HKEY_LOCAL_MACHINE**, um sicherzustellen, dass bei der Suche die gesamte Teilstruktur berücksichtigt wird.
2. Klicken Sie im Menü **Bearbeiten** auf den Befehl **Suchen**.
3. Geben Sie im Dialogfeld **Suchen** im Textfeld **Suchen nach** den Wert **serial** ein, und deaktivieren Sie die Kontrollkästchen **Werte** und **Daten**. Klicken Sie auf **Weitersuchen**.
4. Der Registrierungs-Editor markiert den ersten Eintrag, der das Wort **serial** enthält. Klicken Sie auf F3, um den nächsten Eintrag mit dem gewünschten Wort zu suchen. Klicken Sie so oft auf F3, bis Sie in einem Meldungsfeld darauf hingewiesen werden, dass das Durchsuchen der Registrierung beendet ist. Sie werden feststellen, dass dieser Schlüssel an etlichen Stellen in der Registrierung vorkommt.
5. Klicken Sie auf **OK**, um das Dialogfeld des Registrierungs-Editors zu schließen.

Übung 3: Ändern der Registrierung

1. Erweitern Sie im Registrierungs-Editor die Teilstruktur **HKEY_CURRENT_USER**.
2. Klicken Sie auf **Environment**. Die Werte des Schlüssels **Environment** werden im rechten Fensterausschnitt des Registrierungs-Editors angezeigt.
3. Wählen Sie im Menü **Bearbeiten** das Untermenü **Neu** und dann **Zeichenfolge**. Der Registrierungs-Editor fügt im rechten Bereich des Fensters den Eintrag **Neuer Wert #1** ein.
4. Geben Sie dem neuen Wert den Namen **Test** und drücken Sie die EINGABETASTE.
5. Klicken Sie mit der rechten Maustaste auf **Test** und wählen Sie den Befehl **Ändern**.
6. Geben Sie im Dialogfeld **Zeichenfolge bearbeiten** die Zeichenfolge **%WinDir%\system32** in das Textfeld **Wert** ein, und klicken Sie auf **OK**. Im rechten Fensterausschnitt des Registrierungs-Editors sollte nun der Eintrag **Test REG_SZ %WinDir%\system32** zu sehen sein.
7. Minimieren Sie das Fenster des Registrierungs-Editors.
8. Klicken Sie im Startmenü mit der rechten Maustaste auf **Arbeitsplatz**, und wählen Sie **Eigenschaften**.
9. Klicken Sie im Dialogfeld **Systemeigenschaften** auf die Registerkarte **Erweitert** und anschließend auf **Umgebungsvariablen**.
10. Prüfen Sie, ob im Dialogfeld **Umgebungsvariablen** die Variable **Test** in der Liste **Benutzervariablen für Administrator** angezeigt wird.
11. Schließen Sie das Dialogfeld **Umgebungsvariablen** und dann das Dialogfeld **Systemeigenschaften**.

Lernzielkontrolle

Anhand der folgenden Fragen können Sie überprüfen, ob Sie die Themen dieser Lektion so gut beherrschen, dass Sie mit der nächsten Lektion weitermachen können. Falls Sie eine Frage nicht beantworten können, sollten Sie die Lektion noch einmal durcharbeiten, und dann erneut versuchen, die Frage zu beantworten. Die Antworten auf die Lernzielkontrollfragen finden Sie im Abschnitt „Fragen und Antworten“ am Ende dieses Kapitels.

1. Was ist die Registrierung und welchen Zweck hat sie?

   ____
   ____
   ____
   ____
   ____

2. Nennen Sie einige der Komponenten von Windows XP Professional, die die Registrierung nutzen.

   ____
   ____

3. Wie öffnen Sie den Registrierungs-Editor?

   ____
   ____

4. Aus welchem Grund sollte die Mehrheit der Konfigurationsänderungen über die Systemsteuerung beziehungsweise über die Funktion **Verwaltung** und nicht direkt über den Registrierungs-Editor vorgenommen werden?

   ____
   ____
   ____
   ____
   ____

Zusammenfassung der Lektion

- Windows XP Professional speichert Hardware- und Softwareeinstellungen in der Registrierung. Die Registrierung ist eine hierarchisch strukturierte Datenbank, die eine Vielzahl der Konfigurationsdateien mit den Erweiterungen .ini, .sys und .com aus früheren Windows-Versionen ersetzt. Die Registrierung stellt die Initialisierungsinformationen bereit, die zum Starten von Windows XP Professional, zum Starten von Anwendungen und zum Laden von Komponenten wie Gerätetreibern und Netzwerkprotokollen benötigt werden.

- Die Registrierungsstruktur schützt die Datensätze und stellt sie bei Bedarf zur Verfügung. Die in der Registrierung gespeicherten Daten werden von vielen Windows XP Professional-Komponenten gelesen, aktualisiert oder bearbeitet. Die Registrierung verfügt über die beiden Teilstrukturen **HKEY_LOCAL_MACHINE** und **HKEY_USERS**. Zusätzlich werden im Registrierungs-Editor weitere Teile der Registrierung (**HKEY_CLASSES_ROOT**, **HKEY_CURRENT_USER** und **HKEY_CURRENT_CONFIG**) auf der obersten Ebene der sichtbaren Struktur dargestellt, damit sie leichter zu finden sind.
- Der Registrierungs-Editor (**Regedit.exe**) ermöglicht das Anzeigen und Bearbeiten der Registrierung. Der Hauptzweck des Registrierungs-Editors besteht in der Problembehandlung. Die meisten Änderungen sollten nicht über den Registrierungs-Editor, sondern entweder über die Systemsteuerung oder über die Funktion **Verwaltung** vorgenommen werden.

Lektion 3: Problembehandlung mit den Start- und Wiederherstellungstools

In dieser Lektion lernen Sie Tools und Optionen kennen, die Windows XP Professional zum Beseitigen von Startproblemen und zur Wiederherstellung nach Systemausfällen bereitstellt. Zu diesen Tools zählen der ***abgesicherte Modus***, die ***letzte als funktionierend bekannte Konfiguration***, die ***Wiederherstellungskonsole*** (alle in dieser Lektion behandelt) und der Assistent für die automatische Systemwiederherstellung (beschrieben in Kapitel 20, „Sichern und Wiederherstellen von Daten").

Am Ende dieser Lektion werden Sie in der Lage sein, die folgenden Aufgaben auszuführen:

- Problembehandlung des Systemstarts mithilfe des abgesicherten Modus.
- Problembehandlung mithilfe der Option **Letzte als funktionierend bekannte Konfiguration**.
- Beschreiben anderer erweiterter Startoptionen.
- Durchführen von Problembehandlungs- und Wiederherstellungsaufgaben mithilfe der Windows XP Professional-Wiederherstellungskonsole.

Veranschlagte Zeit für diese Lektion: 40 Minuten

Beseitigen von Startproblemen im abgesicherten Modus

Wenn beim Computerstart Probleme auftreten, ist möglicherweise noch ein Start im abgesicherten Modus möglich. Drücken Sie während der Phase der Betriebssystemauswahl (unmittelbar nachdem der POST-Bildschirm verschwunden ist) die Taste F8. Ein Bildschirm mit erweiterten Optionen zum Starten von Windows XP Professional wird eingeblendet. Wenn Sie den abgesicherten Modus wählen, wird Windows XP Professional mit einer begrenzten Anzahl an Gerätetreibern und Systemdiensten gestartet. Zu diesen Basistreibern und -systemdiensten gehören die Maus, Standard-VGA-Monitor, Tastatur, Massenspeicher, Standardsystemdienste, aber keine Netzwerkverbindungen. Der abgesicherte Modus berücksichtigt weder Programme, die automatisch gestartet werden, noch Benutzerprofile oder in der Registrierung zum automatischen Starten eingetragene Programme. Darüber hinaus werden auch jegliche lokalen Gruppenrichtlinien ignoriert.

Im abgesicherten Modus kann auf die Windows XP Professional-Konfigurationsdateien zugegriffen werden, Sie können also Konfigurationsänderungen vornehmen. Ist die Ursache für die Startprobleme des Computers ein Systemdienst, ein Gerätetreiber oder eine automatisch gestartete Anwendung, können Sie diese hier gegebenenfalls deaktivieren oder löschen.

Beim Start des Computers im abgesicherten Modus wird der Bildschirmhintergrund schwarz dargestellt, und in allen vier Ecken des Bildschirms wird der Hinweis **Abgesicherter Modus** angezeigt (Abbildung 4.4). Wenn der Computer auch in diesem Modus nicht startet, können Sie versuchen, die automatische Systemwiederherstellung von Windows XP Professional zu verwenden.

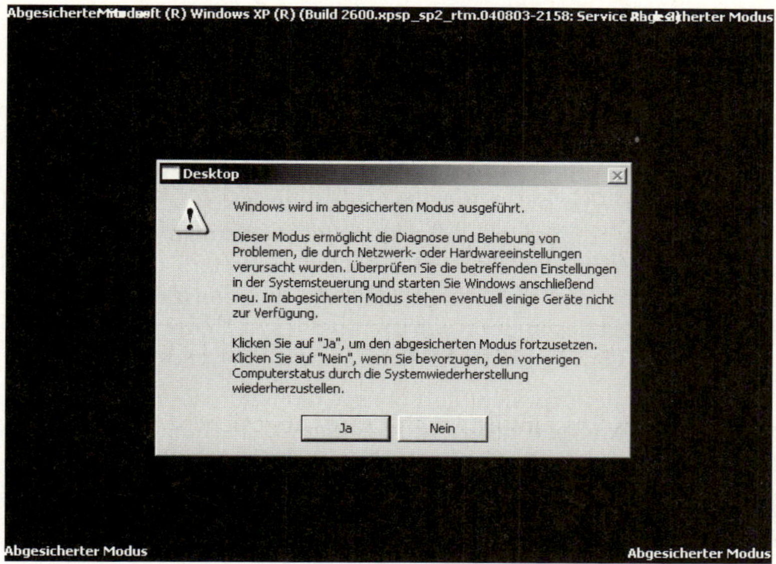

Abbildung 4.4 Im abgesicherten Modus können Sie eine Problembehandlung für Treiber und Dienste durchführen, die einen normalen Windows-Start verhindern

Abgesicherter Modus mit Netzwerktreibern

Es gibt zwei zusätzliche Optionen im abgesicherten Modus. Sie können den abgesicherten Modus mit Netzwerktreibern auswählen, der mit dem regulären abgesicherten Modus weitgehend identisch ist. In diesem Modus werden allerdings die Treiber und Dienste hinzugefügt, die nach dem Neustart des Computers für den Netzwerkbetrieb erforderlich sind. Der abgesicherte Modus mit Netzwerktreibern ermöglicht die Implementierung von Gruppenrichtlinien. Dazu gehören auch die Gruppenrichtlinien, die während der Anmeldung vom Server implementiert bzw. auf dem lokalen Computer konfiguriert wurden.

Abgesicherter Modus mit Eingabeaufforderung

Eine zweite Variation des abgesicherten Modus ist der abgesicherte Modus mit Eingabeaufforderung. Dieser ist dem abgesicherten Modus zwar sehr ähnlich, lädt als Benutzerschnittstelle jedoch nicht die grafische Benutzeroberfläche, sondern den Befehlsinterpreter. Bei einem Neustart des Computers wird also eine Eingabeaufforderung angezeigt.

Weitere Informationen Nachdem Sie einen Computer im abgesicherten Modus gestartet haben, können Sie mithilfe der Tools, die in Windows XP Professional eingebaut sind, die aufgetretenen Probleme beseitigen. Die einzelnen Fehlerbehebungswerkzeuge werden an verschiedenen Stellen in diesem Buch beschrieben. Über die Problembehandlung bei Hardwaregeräten und Treibern erfahren Sie mehr in Kapitel 6, „Installieren, Verwalten und Problembehandlung von Hardwaregeräten und -treibern". Informationen zum Arbeiten mit der Windows-Ereignisanzeige, mit der Sie wichtige Ereignisprotokolle auswerten können, finden Sie in Kapitel 18, „Arbeiten mit Windows XP-Tools".

Problembehandlung mit der letzten als funktionierend bekannten Konfiguration

Windows XP Professional speichert bei jedem Herunterfahren des Computers den Steuersatz, der beim letzten erfolgreichen Anmeldevorgang benutzt wurde. Wenn Sie bei den erweiterten Startoptionen den Eintrag **Letzte als funktionierend bekannte Konfiguration** auswählen, verwendet Windows XP Professional diese Registrierungsinformationen. Wenn Sie zum Laden eines Treibers die Windows XP Professional-Konfiguration geändert haben und Probleme beim Neustart des Computers auftreten, können Sie anhand der letzten als funktionierend bekannten Konfiguration die funktionsfähige Konfiguration wiederherstellen. Dabei wird der in der Registrierung gespeicherte Steuersatz **LastKnownGood** zum Starten von Windows XP Professional verwendet.

Windows XP Professional stellt für den Start eines Computers die beiden Konfigurationen **Default** und **LastKnownGood** bereit. In Abbildung 4.5 sehen Sie, was geschieht, wenn Sie die Systemkonfiguration ändern. Alle Konfigurationsänderungen (zum Beispiel das Hinzufügen oder Entfernen von Treibern) werden im Steuersatz **Current** gespeichert.

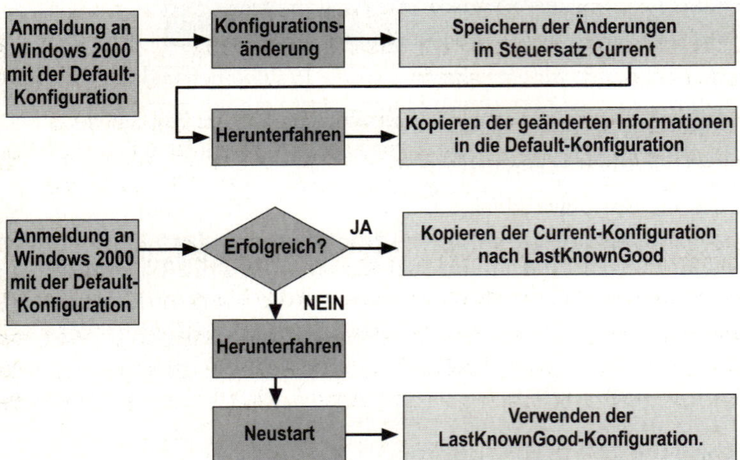

Abbildung 4.5 Die Konfigurationen **Default** und **LastKnownGood** sind zwei mögliche Startkonfigurationen

Nach dem Neustart des Computers kopiert der Kernel während seiner Initialisierungsphase die Informationen aus dem Steuersatz **Current** in den Steuersatz **Clone**. Wenn Sie sich erfolgreich bei Windows XP Professional angemeldet haben, werden die Informationen des Steuersatzes **Clone** in den Steuersatz **LastKnownGood** kopiert (siehe den unteren Teil der Abbildung 4.5).

Falls Startprobleme auftreten, die mit Konfigurationsänderungen von Windows XP Professional zusammenhängen könnten, sollten Sie den Computer herunterfahren, ohne sich abzumelden, und ihn anschließend neu starten. Wenn Sie aufgefordert werden, aus der Liste der in der Datei **Boot.ini** festgelegten Betriebssysteme ein System auszuwählen, drücken Sie die Taste F8, um den Bildschirm **Erweiterte Windows-Startoptionen** anzuzeigen. Wählen Sie anschließend die Option **Letzte als funktionierend bekannte Konfiguration**.

Prüfungstipp Die Optionen **Abgesicherter Modus** und **Letzte als funktionierend bekannte Konfiguration** gehören zu den nützlichsten Tools für eine Problembehandlung des Windows-Starts. Auch das Aktivieren der Startprotokollierung kann hilfreich sein, vor allem, wenn Sie die Ursache des Problems noch nicht gefunden haben.

Bei der nächsten Anmeldung wird die aktuelle Konfiguration (Steuersatz **Current**) in die Standardkonfiguration (Steuersatz **Default**) kopiert. Wenn die Konfigurationsänderungen ordnungsgemäß funktionieren, wird die aktuelle Konfiguration bei der nächsten Anmeldung in die Standardkonfiguration kopiert. Sollten die Konfigurationsänderungen nicht funktionieren, können Sie den Computer neu starten und für die Anmeldung die Option **Letzte als funktionierend bekannte Konfiguration** verwenden.

Tabelle 4.9 fasst den Verwendungszweck der Konfigurationen **Default** beziehungsweise **LastKnownGood** zusammen.

Tabelle 4.9 Die Konfigurationen **Default** und **LastKnownGood**

Konfiguration	Beschreibung
Default	Enthält die beim Herunterfahren eines Computers gespeicherten Informationen. Um einen Computer mit der Standardkonfiguration zu starten, können Sie im Menü zur Auswahl eines Betriebssystems die Option **Windows XP Professional** auswählen.
LastKnownGood	Enthält Informationen, die bei der erfolgreichen Anmeldung vom System gespeichert werden. Der Steuersatz **LastKnownGood** wird nur geladen, wenn das System nach einem schwerwiegenden Fehler beim Laden eines Gerätetreibers wiederhergestellt wird, oder wenn dieser Steuersatz während des Startvorgangs ausgewählt wird.

In Tabelle 4.10 werden Situationen beschrieben, in denen Sie die Option **Letzte als funktionierend bekannte Konfiguration** einsetzen können.

Tabelle 4.10 Einsatzmöglichkeiten für die Option **Letzte als funktionierend bekannte Konfiguration**

Problem	Lösung
Nach der Installation eines Gerätetreibers wird Windows XP Professional neu gestartet, reagiert dann jedoch nicht mehr.	Wählen Sie die Option **Letzte als funktionierend bekannte Konfiguration**, damit der Steuersatz **LastKnownGood** für den Start von Windows XP Professional verwendet wird. Diese Konfiguration enthält keinen Verweis auf den neuen und möglicherweise fehlerhaften Treiber.

▶

Problem	Lösung
Sie haben aus Versehen einen wichtigen Gerätetreiber deaktiviert (wie zum Beispiel den ScsiPort-Treiber).	Einige wichtige Treiber wurden so entwickelt, dass sie sich vom Benutzer nicht deaktivieren lassen. Bei diesen Treibern wird das System automatisch auf den Steuersatz **LastKnownGood** zurückgesetzt, wenn ein Benutzer den Treiber deaktiviert. Wenn die letzte als funktionierend bekannte Konfiguration nicht automatisch wiederhergestellt wird, müssen Sie diese Option manuell auswählen.

In folgenden Situationen hilft die Option **Letzte als funktionierend bekannte Konfiguration** *nicht* weiter:

- Wenn die Ursache des Startproblems nicht in einer Änderung der Windows XP Professional-Konfiguration liegt. Beispielsweise können auch fehlerhaft konfigurierte Benutzerprofile oder falsche Dateiberechtigungen den Start verhindern.
- Wenn Sie bereits angemeldet sind. Nach einer erfolgreichen Anmeldung überträgt das System die Windows XP Professional-Konfigurationsänderungen in den Steuersatz **LastKnownGood**.
- Wenn der Startfehler auf einem Hardwareproblem oder fehlenden beziehungsweise beschädigten Dateien beruht.

Wichtig Wenn Sie Windows XP Professional mit der Option **Letzte als funktionierend bekannte Konfiguration** starten, gehen alle Änderungen verloren, die seit dem letzten erfolgreichen Start von Windows XP Professional durchgeführt wurden.

Andere erweiterte Startoptionen

Wenn Sie während der Betriebssystemauswahlphase die Taste F8 drücken, wird ein Fenster mit den erweiterten Startoptionen eingeblendet. Dieses Menü bietet die folgenden Auswahlmöglichkeiten:

- **Startprotokollierung aktivieren:** Wenn Sie diese Option auswählen, werden Ladevorgang und Initialisierung der Treiber und Dienste zwecks Behandlung von Startproblemen protokolliert. Sämtliche geladenen und initialisierten beziehungsweise nicht in eine Datei geladenen Treiber und Dienste werden protokolliert. Die Protokolldatei **Ntbtlog.txt** befindet sich im Ordner **%WinDir%**. Diese Startprotokolldatei wird in allen drei Versionen des abgesicherten Modus erstellt.

Weitere Informationen Über die Problembehandlung mithilfe der Startprotokollierung erfahren Sie mehr in Anhang D von *Microsoft Windows XP Professional Resource Kit Documentation* auf der Microsoft-Website unter **http://www.microsoft.com/resources/documentation/Windows/XP/all/reskit/en-us/**.

- **VGA-Modus aktivieren:** Bei Auswahl dieser Startoption wird Windows XP Professional mit einem VGA-Standardtreiber gestartet. Verwenden Sie diese Option, wenn Sie Probleme mit Grafikkarte, Grafikkartentreiber oder Monitor haben.

- **Verzeichnisdienstwiederherstellung:** Diese Startoption kann nur für Domänencontroller verwendet werden, ist für Windows XP Professional-Computer also nicht anwendbar.
- **Debugmodus:** Durch die Auswahl dieser Option wird Windows XP Professional im Kerneldebugmodus gestartet. Auf diese Weise kann ein Debugger zum Zwecke der Problembehandlung und der Systemanalyse auf den Kernel zugreifen.
- **Automatischen Neustart bei Systemfehler deaktivieren:** In der Standardeinstellung startet Windows XP Professional den Computer automatisch neu, falls ein Systemfehler auftritt. In den meisten Fällen ist diese Standardeinstellung sinnvoll, aber es kann nützlich sein, den automatischen Neustart zu deaktivieren, wenn Sie eine Problembehandlung für bestimmte Fehler durchführen. Ein gutes Beispiel ist eine Problembehandlung für Stop-Fehler. Ist der automatische Neustart aktiviert, startet Windows den Computer neu, bevor Sie die Fehlermeldung durchlesen können. Mit der Option **Automatischen Neustart bei Systemfehler deaktivieren** können Sie verhindern, dass Windows in einem solchen Fall den Computer neu startet. Auf diese Weise haben Sie die Möglichkeit, die Fehlermeldung zu lesen oder bestimmte Aktionen durchzuführen, bevor Sie den Neustart veranlassen.

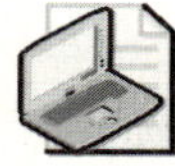

Hinweis Bei allen erweiterten Startoptionen mit Ausnahme von **Letzte als funktionierend bekannte Konfiguration** wird die Protokollierung aktiviert. Die erstellte Protokolldatei (**Ntbtlog.txt**) wird im Ordner **%SystemRoot%** gespeichert. Darüber hinaus wird bei allen Optionen mit Ausnahme der Option **Letzte als funktionierend bekannte Konfiguration** der VGA-Standardtreiber geladen.

Wenn Sie den Systemstart mit einer dieser erweiterten Startoptionen vornehmen, wird der verwendete Modus in der Umgebungsvariablen **%SAFEBOOT_OPTION%** gespeichert.

Durchführen von Problembehandlungs- und Wiederherstellungsaufgaben mit der Wiederherstellungskonsole

Die Windows XP Professional-Wiederherstellungskonsole ist ein Textmodus-Befehlszeilenprogramm, mit dem Sie auf NTFS-, FAT und FAT32-Volumes zugreifen können, ohne Windows XP Professional zu starten. Sie können mit der Wiederherstellungskonsole die folgenden Aufgaben zur Fehlerbehebung und Wiederherstellung vornehmen:

- Kopieren von Dateien zwischen Festplatten und von einer Diskette auf eine Festplatte (aber nicht von Festplatte auf eine Diskette). Auf diese Weise können Sie Elemente ersetzen oder löschen, die den Startprozess verhindern, oder Benutzerdaten von einem Computer retten, der nicht mehr wiederhergestellt werden kann.
- Starten und Anhalten von Diensten.
- Hinzufügen, Löschen und Formatieren von Partitionen auf der Festplatte.
- Reparieren des MBR oder des Startsektors einer Festplatte oder eines Volumes.
- Wiederherstellen der Registrierung.

Dieser Abschnitt erklärt, wie Sie die Wiederherstellungskonsole installieren, starten und benutzen. Außerdem werden die wichtigsten Befehle der Wiederherstellungskonsole vorgestellt.

Prüfungstipp Die Wiederherstellungskonsole bietet eine hervorragende Möglichkeit, auf Festplatten zuzugreifen, wenn das Betriebssystem sich nicht starten lässt. Sie können mithilfe der Wiederherstellungskonsole auf alle Partitionen eines Laufwerks zugreifen, unabhängig vom verwendeten Dateisystem.

Installieren der Wiederherstellungskonsole

Um die Wiederherstellungskonsole zu installieren, müssen Sie die Microsoft Windows XP Professional-CD-ROM in das CD-ROM-Laufwerk einlegen und das eventuell angezeigte Windows XP Professional CD-Dialogfeld schließen. Öffnen Sie das Dialogfeld **Ausführen** oder eine Windows XP Professional-Eingabeaufforderung und führen Sie den Befehl ***Laufwerk*:\i386\Winnt32.exe /cmdcons** aus. Dabei steht ***Laufwerk*** für den Laufwerkbuchstaben des CD-ROM- oder Netzlaufwerks mit den Windows XP-Installationsdateien. Nachdem die Installation abgeschlossen ist, können Sie die Wiederherstellungskonsole starten, indem Sie die entsprechende Option aus der Liste der installierten Betriebssysteme auswählen. Sie brauchen dann nicht die Windows XP Professional-Installations-CD-ROM einzulegen.

Starten der Windows XP Professional-Wiederherstellungskonsole

Sie können die Wiederherstellungskonsole auch von der Windows XP Professional-CD-ROM ausführen, wenn Sie die Wiederherstellungskonsole nicht installieren wollen. Die Wiederherstellungskonsole stellt eine begrenzte Anzahl von Verwaltungsbefehlen zum Reparieren einer Windows XP Professional-Installation bereit. Führen Sie folgende Schritte aus, um die Wiederherstellungskonsole von der Windows XP Professional-CD-ROM aus zu starten:

1. Legen Sie die Windows XP Professional-CD-ROM in das CD-ROM-Laufwerk ein und starten Sie den Computer neu. Wenn der Computer, der repariert werden soll, kein startfähiges CD-ROM-Laufwerk aufweist, müssen Sie zunächst die Windows XP Professional-Setupstartdiskette in das Diskettenlaufwerk einlegen. Legen Sie bei entsprechender Aufforderung die übrigen Windows XP Professional-Setupdisketten ein.
2. Lesen Sie die eingeblendete Setupmeldung, und drücken Sie die EINGABETASTE.
3. Der Willkommensbildschirm für das Setup wird angezeigt. Sie können mit dem Windows-Setupprogramm nicht nur eine Erstinstallation von Windows XP Professional vornehmen, sondern auch eine beschädigte Windows XP Professional-Installation reparieren oder wiederherstellen. Drücken Sie die Taste R, um eine Windows XP Professional-Installation zu reparieren.
4. Der Bildschirm mit der Windows XP-Wiederherstellungskonsole wird angezeigt. Drücken Sie die Taste C, um die Wiederherstellungskonsole zu starten.

5. Wenn mehrere Windows XP Professional-Installationen auf Ihrem Computer vorhanden sind, werden Sie aufgefordert, die zu reparierende Installation auszuwählen. Geben Sie **1** ein, und drücken Sie die EINGABETASTE.
6. Sie werden zum Eingeben des Administratorkennworts aufgefordert. Geben Sie das Kennwort ein, und drücken Sie die EINGABETASTE.
7. Eine Eingabeaufforderung wird angezeigt. Geben Sie **help** ein, und drücken Sie die EINGABETASTE, um eine Liste der verfügbaren Befehle einzublenden.
8. Wenn der Reparaturprozess beendet ist, können Sie **exit** eingeben und die EINGABETASTE drücken. Der Computer wird neu gestartet.

Die wichtigsten Befehle der Wiederherstellungskonsole

In der Wiederherstellungskonsole stehen verschiedene Befehle zur Verfügung. Tabelle 4.11 enthält eine Beschreibung der wichtigsten Befehle.

Tabelle 4.11 Wichtige Befehle der Wiederherstellungskonsole

Befehl	Beschreibung
Attrib	Ändert die Attribute einer Datei oder eines Ordners: – Löscht ein Attribut + Setzt ein Attribut **c** Dateiattribut **Komprimiert** **h** Dateiattribut **Versteckt** **r** Attribut **Schreibgeschützt** **s** Dateiattribut **System**
Chdir (cd)	Zeigt den Namen des aktuellen Ordners an oder ändert den aktuellen Ordner.
Chkdsk	Überprüft eine Festplatte und zeigt einen Statusbericht an.
Cls	Löscht den Bildschirm.
Copy	Kopiert eine einzelne Datei an einen anderen Ort. Sie können eine Datei nicht von einer Festplatte auf eine Diskette kopieren. Möglich ist dagegen das Kopieren einer Datei von einer Diskette oder CD-ROM auf eine Festplatte und von einer Festplatte auf eine andere Festplatte. Dieser Befehl bietet Ihnen die Möglichkeit, auf Benutzerdaten zuzugreifen und sie zu retten, falls der Computer nicht wiederhergestellt werden kann.
Delete (Del)	Löscht eine oder mehrere Dateien.
Dir	Zeigt eine Liste der Dateien und Unterordner in einem Ordner an. Die Platzhalterzeichen * und ? sind zugelassen.
Disable	Deaktiviert einen Systemdienst oder einen Gerätetreiber.
Diskpart	Erstellt, löscht und verwaltet Partitionen auf Ihrer Festplatte: **/add** Erstellt eine neue Partition. **/delete** Löscht eine bestehende Partition. Dieser Befehl sollte nicht zum Verändern der Struktur dynamischer Datenträger verwendet werden, da dies möglicherweise die Partitionstabelle beschädigt.

►

Befehl	Beschreibung
Enable	Startet oder aktiviert einen Systemdienst oder einen Gerätetreiber.
Exit	Schließt die Wiederherstellungskonsole und startet den Computer neu.
Expand	Entpackt eine komprimierte Datei auf der Windows XP Professional-CD-ROM oder in einer .cab-Datei und kopiert diese in ein angegebenes Zielverzeichnis.
Fdisk	Verwaltet Partitionen auf Ihrer Festplatte.
Fixboot	Schreibt einen neuen Startsektor auf die Systempartition.
Fixmbr	Repariert den MBR des Partitionsstartsektors. Dieser Befehl überschreibt ausschließlich den Masterstartcode und führt keine Änderungen an der bestehenden Partitionstabelle aus. Sollte ein beschädigter MBR die Partitionstabelle beeinträchtigen, kann das Ausführen von **fixmbr** das Problem möglicherweise nicht beseitigen.
Format	Formatiert einen Datenträger. Falls kein Dateisystem angegeben wird, erfolgt die Formatierung standardmäßig mit NTFS.
Help	Listet die Befehle auf, die in der Wiederherstellungskonsole verwendet werden können.
Listsvc	Listet alle verfügbaren Dienste und Treiber auf dem Computer auf.
Logon	Nimmt eine Anmeldung an einer Windows XP Professional-Installation vor.
Map	Zeigt die Laufwerkbuchstabenzuordnungen an.
Mkdir (md)	Erstellt ein Verzeichnis.
More	Zeigt den Inhalt einer Textdatei an.
Rmdir (rd)	Löscht einen Ordner.
Rename (ren)	Benennt eine Datei um.
Systemroot	Legt den aktuellen Ordner als **%SystemRoot%**-Ordner für das System fest, an dem Sie derzeit angemeldet sind.
Type	Zeigt eine Textdatei an.

Weitere Informationen Sie können mithilfe der Wiederherstellungskonsole auch System- und Anwendungsdateien wiederherstellen, die im Ordner **%SystemRoot%\System32\Config** gespeichert sind und deren Sicherungskopien im Ordner **%SystemRoot%\Repair** liegen. Windows XP Professional erstellt mithilfe dieser Dateien die Registrierungsschlüssel **HKEY_LOCAL_MACHINE\SYSTEM** und **HKEY_LOCAL_MACHINE\SOFTWARE**. Das Windows-Sicherungsprogramm speichert diese Dateien automatisch, wenn Sie den Systemstatus sichern. Weitere Informationen über Sicherungskopien und das Wiederherstellen dieser Dateien mithilfe der Wiederherstellungskonsole finden Sie in Kapitel 20, „Sichern und Wiederherstellen von Daten".

Praxistipp Aufspüren defekter Startdateien

Die Wiederherstellungskonsole ist zwar nützlich, wenn Sie fehlende und beschädigte Startdateien wie zum Beispiel **Ntldr** ersetzen und problematische MBRs reparieren wollen, aber in diesem Bereich sollten Sie sehr vorsichtig sein. Eine der häufigsten Ursachen für MBR- und **Ntldr**-Probleme ist ein bestimmter Virentyp, das so genannte Startsektorvirus. Dieses Virus nistet sich im MBR ein. Nachdem es sich dort einmal festgesetzt hat, kann ein Bootsektorvirus andere Dateien befallen, zum Beispiel **Ntldr**. Bootsektorviren sind oft schwer zu beseitigen, da sie durchaus eine Neuformatierung der Festplatte überleben können. Auch wenn Sie mithilfe der Wiederherstellungskonsole eine beschädigte Startdatei reparieren, dürfen Sie nicht annehmen, dass Sie damit die Ursache des Problems beseitigt haben.

Glücklicherweise ist Vorbeugung relativ einfach, und Sie können schon im Vorfeld verhindern, dass Bootsektorviren zum Problem werden. Erstens sollte auf allen Computern eine gute Antivirussoftware laufen, die mit den neuesten Virensignaturen auf dem neuesten Stand gehalten wird. Sie sollten die Antivirussoftware so konfigurieren, dass sie das System regelmäßig vollständig untersucht. Diese Untersuchung muss auch den MBR umfassen. Auf den meisten Computern können Sie auch das BIOS so konfigurieren, dass es Virenbefall verhindert. (Das bedeutet, dass Sie in einer Eingabeaufforderung Ihr Einverständnis geben müssen, bevor irgendein Programm Informationen in den Startsektor schreiben darf.)

Übung: Installieren und Verwenden der Windows XP Professional-Wiederherstellungskonsole

In dieser Übung installieren und starten Sie die Wiederherstellungskonsole und zeigen mit dem Befehl **help** die verfügbaren Befehle an. Mit dem Befehl **listsvc** zeigen Sie eine Liste der verfügbaren Dienste an und deaktivieren dann mit dem Befehl **disable** den Serverdienst. Führen Sie die Teilübungen 1, 2 und 3 durch.

Übung 1: Installieren der Windows XP Professional-Wiederherstellungskonsole

In dieser Übung installieren Sie die Wiederherstellungskonsole.

1. Melden Sie sich als Administrator an.
2. Legen Sie die Windows XP Professional-CD-ROM in das CD-ROM-Laufwerk ein.
3. Sobald das Startfenster der Microsoft Windows XP Professional-CD-ROM angezeigt wird, schließen Sie es.
4. Klicken Sie auf **Start** und anschließend auf **Ausführen**.
5. Geben Sie im Dialogfeld **Ausführen** den Befehl **<*CD_Laufwerk*>:\i386\winnt32 /cmdcons** ein, und klicken Sie auf **OK** (<*CD_Laufwerk*> steht für den Buchstaben, der Ihrem CD-ROM-Laufwerk zugewiesen ist).

Sicherheitswarnung Wenn Sie Windows XP Service Pack 2 auf Ihrem Computer installiert haben, können Sie die Wiederherstellungskonsole nicht installieren. Stattdessen müssen Sie die Wiederherstellungskonsole von Ihrer Installations-CD-ROM starten. Falls Sie das Service Pack 2 noch nicht installiert haben, können Sie erst die Wiederherstellungskonsole installieren und danach das Service Pack 2.

6. In einem Meldungsfenster wird Ihnen mitgeteilt, dass die Windows-Wiederherstellungskonsole als Startoption installiert werden kann. Klicken Sie auf **Ja**, um die Windows XP Professional-Wiederherstellungskonsole zu installieren. Das Windows-Setupprogramm versucht, eine Verbindung zu Microsoft herzustellen, um sicherzustellen, dass Sie die aktuellste Setupversion besitzen. Anschließend wird die Windows XP-Wiederherstellungskonsole auf Ihrer Festplatte installiert. Windows XP Professional zeigt ein Setupmeldungsfeld an, in dem Sie von der erfolgreichen Installation der Windows-Wiederherstellungskonsole in Kenntnis gesetzt werden.
7. Klicken Sie auf **OK**, um das Dialogfeld **Windows XP Professional Setup** zu schließen.

Übung 2: Deaktivieren des Serverdienstes mithilfe der Wiederherstellungskonsole

In dieser Teilübung starten Sie die Wiederherstellungskonsole und zeigen mit dem Befehl **help** die verfügbaren Befehle an. Danach verwenden Sie die Befehle **listsvc** und **disable**.

1. Starten Sie den Computer neu.
2. Wählen Sie im Menü zur Auswahl des Betriebssystems die Microsoft Windows XP-Wiederherstellungskonsole.
3. Die Microsoft Windows XP-Wiederherstellungskonsole wird gestartet, und Sie werden aufgefordert, die Windows-Installation auszuwählen, an der Sie sich anmelden wollen. Wenn auf dem Computer mehrere Windows XP Professional-Installationen vorhanden sind, werden diese hier angezeigt. Geben Sie **1** ein, und drücken Sie die EINGABETASTE.
4. Geben Sie das Administratorkennwort ein, wenn Sie dazu aufgefordert werden, und drücken Sie die EINGABETASTE.
5. Geben Sie an der Eingabeaufforderung den Befehl **help** ein, und drücken Sie die EINGABETASTE, um eine Liste der verfügbaren Befehle anzuzeigen.
6. Führen Sie einen Bildlauf durch, um sich die Liste der Befehle anzusehen.
7. Mit dem Befehl **listsvc** können Sie alle verfügbaren Dienste anzeigen. Geben Sie **listsvc** ein, und drücken Sie die EINGABETASTE. Führen Sie anschließend einen Bildlauf durch die verfügbaren Dienste durch.
8. Drücken Sie ESC, um die Anzeige der Dienste zu beenden.
9. Geben Sie **disable** ein, und drücken Sie die EINGABETASTE.

   Mit dem Befehl **disable** können Sie einen Windows-Systemdienst oder einen Treiber deaktivieren.

10. Geben Sie **disable Server** ein, und drücken Sie die EINGABETASTE.

    In der Wiederherstellungskonsole wird beschrieben, wie der Registrierungseintrag für den Serverdienst von **Service_Demand_Start** in **Service_Disabled** geändert wurde. Der Serverdienst ist nun deaktiviert.

11. Geben Sie **exit** ein, und drücken Sie die EINGABETASTE, um den Computer neu zu starten.

Übung 3: Neustarten des Serverdienstes

In dieser Teilübung überprüfen Sie zunächst, ob der Serverdienst deaktiviert ist, und aktivieren den Dienst anschließend wieder.

1. Melden Sie sich als Administrator an.
2. Klicken Sie im Startmenü auf **Alle Programme**, dann auf **Verwaltung** und schließlich auf **Computerverwaltung**.
3. Erweitern Sie im Fenster **Computerverwaltung** den Eintrag **Dienste und Anwendungen**.
4. Klicken Sie unter **Dienste und Anwendungen** auf **Dienste**.
5. Klicken Sie doppelt auf **Server**.
6. Ändern Sie im Dialogfeld **Eigenschaften von Server** den Wert des Starttyps in **Automatisch**, und klicken Sie anschließend auf **OK**.
7. Klicken Sie mit der rechten Maustaste auf **Server** und wählen Sie den Befehl **Starten**.
8. Schließen Sie das Fenster **Computerverwaltung**.

Lernzielkontrolle

Anhand der folgenden Fragen können Sie überprüfen, ob Sie die Themen dieser Lektion so gut beherrschen, dass Sie mit der nächsten Lektion weitermachen können. Falls Sie eine Frage nicht beantworten können, sollten Sie die Lektion noch einmal durcharbeiten, und dann erneut versuchen, die Frage zu beantworten. Die Antworten auf die Lernzielkontrollfragen finden Sie im Abschnitt „Fragen und Antworten“ am Ende dieses Kapitels.

1. Was ist der abgesicherte Modus, und wofür wird er eingesetzt?

    ____

    ____

    ____

    ____

    ____

    ____

    ____

2. Wie kann Windows XP Professional im abgesicherten Modus gestartet werden?

3. Wann wird die Konfiguration für die Option **Letzte als funktionierend bekannte Konfiguration** erstellt?

4. Wann sollten Sie die Option **Letzte als funktionierend bekannte Konfiguration** einsetzen?

5. Wie installieren Sie die Windows XP Professional-Wiederherstellungskonsole auf Ihrem Computer?

Zusammenfassung der Lektion

- Bei Startproblemen ist oft noch ein Start im abgesicherten Modus möglich. In diesem Modus wird Windows XP Professional nur mit einer reduzierten Auswahl an Gerätetreibern und Systemdiensten gestartet.
- Wenn Sie zum Laden eines Treibers die Windows XP Professional-Konfiguration geändert haben und Probleme beim Neustart des Computers auftreten, können Sie mithilfe der Option **Letzte als funktionierend bekannte Konfiguration** die funktionsfähige Konfiguration wiederherstellen.
- Wenn Sie während der Betriebssystemauswahlphase die Taste F8 drücken, wird ein Fenster mit den erweiterten Startoptionen eingeblendet. In diesem Menü werden die folgenden Optionen angezeigt: **Abgesicherter Modus**, **Abgesicherter Modus mit**

Netzwerktreibern, **Abgesicherter Modus mit Eingabeaufforderung**, **Startprotokollierung aktivieren**, **VGA-Modus aktivieren**, **Letzte als funktionierend bekannte Konfiguration**, **Verzeichnisdienstwiederherstellung** und **Debugmodus**.

- Die Windows XP Professional-Wiederherstellungskonsole ist ein Befehlszeilenprogramm, mit dem Sie eine Reihe von Aktionen zur Fehlerbehebung und Wiederherstellung ausführen können.

Übung mit Fallbeispiel

In dieser Übung wird das Szenario eines Benutzers beschrieben, der ein Startproblem hat. Beantworten Sie nach dem Durchlesen des Szenarios die Fragen. Falls Sie Schwierigkeiten haben, sollten Sie den Inhalt dieses Kapitels noch einmal durcharbeiten, bevor Sie das nächste Kapitel in Angriff nehmen. Die Antworten auf die Fragen finden Sie im Abschnitt „Fragen und Antworten" am Ende dieses Kapitels.

Szenario

Sie arbeiten als Administrator für ein Unternehmen namens Contoso, Ltd. Sie bekommen einen Anruf von einem Ihrer Benutzer. Er berichtet, dass er heute Morgen aufgrund des Ratschlags eines Bekannten die neusten Treiber für seine Grafikkarte heruntergeladen und installiert hat. Nach dem Installieren hat das Setupprogramm ihn aufgefordert, den Computer neu zu starten. Nach dem Neustart konnte sich der Benutzer zwar noch anmelden, aber kurz darauf reagierte der Computer nicht mehr. Der Benutzer bestätigt, dass er sonst keine Änderungen an seinem System vorgenommen hat.

Fragen

1. Wo liegt wahrscheinlich die Ursache des Problems?

 ____

 ____

 ____

2. Sie beschließen, den neuen Treiber zu entfernen. Allerdings reagiert der Computer nicht mehr, bevor Sie damit beginnen. Was sollten Sie tun? Wählen Sie die richtige Antwort.

 a. Starten Sie den Computer mit der Option **Letzte als funktionierend bekannte Konfiguration**.

 b. Starten Sie den Computer im abgesicherten Modus und versuchen Sie, den vorher installierten Treiber wiederherzustellen.

 c. Öffnen Sie die Wiederherstellungskonsole und stellen Sie dort den vorher installierten Treiber wieder her.

 d. Öffnen Sie die Wiederherstellungskonsole und editieren Sie die Datei **Boot.ini**.

Übung zur Problembehandlung

In dieser Übung zur Problembehandlung verursachen Sie einen Systemstartfehler, den Sie anschließend mithilfe der Wiederherstellungskonsole reparieren. Führen Sie die Teilübungen 1 und 2 durch.

Wichtig Voraussetzung zum Durchführen dieser Übung ist ein Computer, der vom CD-ROM-Laufwerk starten kann. Außerdem müssen Sie das Kennwort für das lokale Administratorkonto kennen. Beginnen Sie diese Übung nicht, falls eine der beiden Voraussetzungen nicht erfüllt ist. Führen Sie die Übung nicht auf einem Arbeitscomputer durch.

Übung 1: Verursachen eines Systemstartfehlers

Gehen Sie folgendermaßen vor, um einen Systemstartfehler zu verursachen:

1. Klicken Sie im Startmenü mit der rechten Maustaste auf **Arbeitsplatz** und wählen Sie den Befehl **Explorer**.
2. Klicken Sie im Fenster **Arbeitsplatz** in der Liste **Ordner** auf **Lokaler Datenträger (C:)** und dann auf **Ordnerinhalte anzeigen**.
3. Wählen Sie den Menübefehl **Extras/Ordneroptionen**.
4. Wählen Sie im Dialogfeld **Ordneroptionen** auf der Registerkarte **Ansicht** im Listenfeld **Erweiterte Einstellungen** die Option **Alle Dateien und Ordner anzeigen**. Deaktivieren Sie außerdem das Kontrollkästchen **Geschützte Systemdateien ausblenden (empfohlen)**. Klicken Sie auf **OK**.
5. Klicken Sie im rechten Fensterbereich des Fensters **Lokaler Datenträger (C:)** mit der rechten Maustaste auf die Datei namens **Ntldr** und wählen Sie den Befehl **Umbenennen**.
6. Geben Sie **oldntldr** ein und drücken Sie die EINGABETASTE.
7. Windows XP Professional zeigt das Dialogfeld **Umbenennen von Dateien bestätigen** an, in dem Sie gefragt werden, ob Sie die Systemdatei **Ntldr** tatsächlich in **Oldntldr** umbenennen wollen. Klicken Sie auf **Ja**.
8. Starten Sie den Computer neu.

   Nach dem Neustarten des Computers müssten Sie eine Fehlermeldung sehen, dass **Ntldr** nicht gefunden wurde. Der Windows-Start wird abgebrochen.

Starten Sie Ihren Computer neu, öffnen Sie die Wiederherstellungskonsole und versuchen Sie, die Installation zu reparieren. Falls Sie Hilfe brauchen, können Sie die folgende Anleitung durcharbeiten.

Übung 2: Reparieren einer Installation mit der Wiederherstellungskonsole

1. Legen Sie die Windows XP Professional-Installations-CD-ROM in das CD-ROM-Laufwerk ein und drücken Sie die Tastenkombination STRG+ALT+ENTF, um den Computer neu zu starten.

2. Falls das bei Ihrem Computer erforderlich ist, müssen Sie zum Starten von CD-ROM die LEERTASTE drücken, wenn Sie dazu aufgefordert werden.
3. Das Setupprogramm zeigt die Seite **Willkommen** an. Drücken Sie die Taste R, um die Windows XP Professional-Installation zu reparieren.
4. Das Setupprogramm startet die Wiederherstellungskonsole. Geben Sie **1** ein und drücken Sie die EINGABETASTE.
5. Sie werden aufgefordert, das Administratorkennwort einzugeben. Tippen Sie das Kennwort ein und drücken Sie die EINGABETASTE.
6. Das Setupprogramm zeigt eine Eingabeaufforderung mit dem Pfad **C:\Windows** an. Geben Sie ***d:*** ein (wobei ***d*** für den Laufwerkbuchstaben Ihres CD-ROM-Laufwerks steht) und drücken Sie die EINGABETASTE.
7. Geben Sie den Befehl **cd i386** ein, um in den Ordner **i386** zu wechseln, und drücken Sie die EINGABETASTE.
8. Geben Sie den Befehl **dir** ein und drücken Sie die EINGABETASTE.
9. Die meisten der Dateien auf der CD-ROM enden mit einem Unterstrich (zum Beispiel **Ntoskrnl.ex_**). Drücken Sie die LEERTASTE, um durch die Dateien zu blättern, bis Sie **Ntldr** gefunden haben. **Ntldr** ist nicht komprimiert, daher können Sie die Datei direkt auf Ihren Computer kopieren.
10. Geben Sie **copy ntldr c:\ntldr** ein und drücken Sie die EINGABETASTE.
11. Sobald der Kopiervorgang abgeschlossen ist, zeigt das Setupprogramm die Meldung **1 Datei(en) kopiert** an. Wenn sich eine Diskette in Ihrem Diskettenlaufwerk befindet, müssen Sie sie jetzt entfernen. Falls Ihr Computer vom CD-ROM-Laufwerk starten kann, sollten Sie die Windows XP Professional-CD-ROM entfernen. Geben Sie den Befehl **exit** ein und drücken Sie die EINGABETASTE. Der Computer startet neu und müsste diesmal den Start erfolgreich abschließen können.

Zusammenfassung des Kapitels

- Während des Startvorgangs von Windows XP Professional werden die Dateien **Ntldr**, **Boot.ini**, **Bootsect.dos**, **Ntdetect.com**, **Ntbootdd.sys**, **Ntoskrnl.exe**, **Hal.dll**, **System** und Gerätetreiber (.sys) verwendet. Der Startvorgang umfasst fünf Hauptphasen:
  - Starteinleitungsphase
  - Bootphase
  - Kernelladephase
  - Kernelinitialisierungsphase
  - Anmeldephase
- Windows XP Professional speichert Hardware- und Softwareeinstellungen in der Registrierung. Die Registrierung ist eine hierarchisch strukturierte Datenbank, die eine Vielzahl der Konfigurationsdateien mit den Erweiterungen .ini, .sys und .com aus früheren Windows-Versionen ersetzt. Die Registrierung stellt die Initialisierungsinformationen bereit, die zum Starten von Windows XP Professional, zum Starten von

Anwendungen und zum Laden von Komponenten wie Gerätetreibern und Netzwerkprotokollen benötigt werden. Der Registrierungs-Editor (**Regedit.exe**) ermöglicht das Anzeigen und Bearbeiten der Registrierung.

- Wenn Sie während der Betriebssystemauswahlphase die Taste F8 drücken, wird ein Fenster mit den erweiterten Startoptionen eingeblendet. In diesem Menü werden die folgenden Optionen angezeigt: **Abgesicherter Modus**, **Abgesicherter Modus mit Netzwerktreibern**, **Abgesicherter Modus mit Eingabeaufforderung**, **Startprotokollierung aktivieren**, **VGA-Modus aktivieren**, **Letzte als funktionierend bekannte Konfiguration**, **Verzeichnisdienstwiederherstellung** und **Debugmodus**. Die Windows XP Professional-Wiederherstellungskonsole ist ein Befehlszeilenprogramm, mit dem Sie eine Reihe von Aktionen zur Fehlerbehebung und Wiederherstellung ausführen können.

Prüfungsrelevante Themen

Vor der Prüfungsteilnahme sollten Sie die nachfolgend aufgeführten Schlüsselinformationen und -begriffe noch einmal durcharbeiten. Diese Informationen sind für das Bestehen der Prüfung von entscheidender Bedeutung.

Schlüsselinformationen

- Machen Sie sich mit der Syntax von ARC-Pfaden vertraut und üben Sie sich darin zu bestimmen, auf welches Laufwerk und welche Partition ein bestimmter Pfad verweist. Die meisten Laufwerktypen verwenden die **multi**-Konvention. Der Wert nach dem Kennwort **multi** ist die Laufwerknummer. Der Wert nach **Partition** ist die Partitionsnummer auf diesem Laufwerk.
- Die Optionen **Abgesicherter Modus** und **Letzte als funktionierend bekannte Konfiguration** sind zwei der nützlichsten Tools für eine Problembehandlung des Windows-Starts. Auch ein Aktivieren der Startprotokollierung kann hilfreich sein, vor allem, wenn Sie die Ursache des Problems noch nicht gefunden haben.
- Die Wiederherstellungskonsole bietet eine hervorragende Möglichkeit, auf Festplatten zuzugreifen, wenn das Betriebssystem sich nicht starten lässt. Sie können mithilfe der Wiederherstellungskonsole auf alle Partitionen eines Laufwerks zugreifen, unabhängig vom verwendeten Dateisystem.

Schlüsselbegriffe

Abgesicherter Modus Eine Methode, bei der Windows XP Professional nur mit den grundlegenden Dateien und Treibern sowie ohne Netzwerkkomponenten gestartet wird.

Boot.ini Eine Datei, in der die Auswahlmöglichkeiten zum Starten von Betriebssystemen festgelegt sind, die beim Start angezeigt werden.

Letzte als funktionierend bekannte Konfiguration Eine Hardwarekonfiguration, die zur Verfügung steht, wenn Sie während des Starts die Taste F8 drücken. Die letzte als funktionierend bekannte Konfiguration enthält die Konfigurationsinformationen, die nach der letzten erfolgreichen Anmeldung gespeichert wurden.

Master Boot Record (MBR) Der erste Sektor auf einer Festplatte, der die Datenstrukturen zum Starten des Computers enthält. Der MBR enthält die Partitionstabelle der Festplatte.

Ntldr Eine Datei, mit der der Windows-Startvorgang gesteuert wird, bis die Steuerung an den Windows-Kernel übergeben wird.

Registrierung Eine hierarchisch strukturierte Datenbank, die das Betriebssystem Windows XP Professional steuert, indem sie benötigte Initialisierungsinformationen zum Starten von Windows XP Professional, zum Starten von Anwendungen und zum Laden von Komponenten liefert.

Wiederherstellungskonsole Eine Befehlszeilenkonsole, die Zugriff auf die Festplatten und einen eingeschränkten Satz administrativer Befehle bietet. Die Wiederherstellungskonsole ist nützlich zum Wiederherstellen eines Computers.

Fragen und Antworten

Seite 166

Lernzielkontrolle Lektion 1

1. Windows XP Professional ändert den Startsektor bei der Installation dahingehend, dass __________ während des Systemstarts geladen wird. (Tragen Sie den korrekten Begriff ein.)

   Ntldr

2. Welchen Zweck erfüllt die Datei **Boot.ini**, und was geschieht, wenn sie nicht vorhanden ist?

   Ntldr liest die Datei **Boot.ini** ein, um zu ermitteln, welche Betriebssysteme zur Auswahl angeboten werden sollen. Fehlt die Datei **Boot.ini**, versucht **Ntldr**, Windows XP Professional aus dem **Windows**-Ordner der ersten Partition auf dem ersten Datenträger zu laden, gewöhnlich **C:\Windows**.

3. Welchen Inhalt hat die Datei **Bootsect.doc**, und wann wird sie verwendet?

   Bootsect.dos ist eine Kopie des Startsektors, der sich zum Zeitpunkt der Windows XP Professional-Installation auf der Systempartition befunden hat. Die Datei **Bootsect.dos** wird verwendet, wenn Sie mehr als ein Betriebssystem verwenden und ein anderes Betriebssystem als Windows XP Professional laden.

4. Ein Benutzer ruft Sie an und berichtet, dass Windows XP Professional auf seinem Computer anscheinend nicht ordnungsgemäß geladen wird. Das Menü **Hardwareprofil und Wiederherstellung der Konfiguration** wird beim Neustarten seines Computers nicht angezeigt. Seinem Kollegen hingegen, der am Schreibtisch nebenan arbeitet, wird das Menü angezeigt, wenn dieser seinen Computer neu startet. Was würden Sie dem Benutzer sagen?

   Der Benutzer verfügt wahrscheinlich nur über ein Hardwareprofil. Wenn nur ein Hardwareprofil vorhanden ist, wird die Seite **Hardwareprofil und Wiederherstellung der Konfiguration** nicht angezeigt. **Ntldr** lädt dann Windows XP Professional mit der vorgegebenen Hardwareprofilkonfiguration.

Seite 178

Lernzielkontrolle Lektion 2

1. Was ist die Registrierung und welchen Zweck hat sie?

   Die Registrierung ist eine hierarchisch strukturierte Datenbank, in der Windows XP Professional Hardware- und Softwareeinstellungen speichert. Die Registrierung stellt die Initialisierungsinformationen bereit, die zum Starten von Windows XP Professional, zum Starten von Anwendungen und zum Laden von Komponenten wie Gerätetreibern und Netzwerkprotokollen benötigt werden.

2. Nennen Sie einige der Komponenten von Windows XP Professional, die die Registrierung nutzen.

   Windows NT-Kernel, Gerätetreiber, Benutzerprofile, Setupprogramme, Hardwareprofile und **Ntdetect.com**.

3. Wie öffnen Sie den Registrierungs-Editor?

   Klicken Sie im Startmenü auf **Ausführen**, geben Sie im Feld **Öffnen** den Befehl **Regedit** ein und klicken Sie dann auf **OK**.

4. Aus welchem Grund sollte die Mehrheit der Konfigurationsänderungen über die Systemsteuerung beziehungsweise über die Funktion **Verwaltung** und nicht direkt über den Registrierungs-Editor vorgenommen werden?

   Die Verwendung des Registrierungs-Editors zum Bearbeiten der Registrierung birgt Risiken, da Änderungen bei der Dateneingabe automatisch gespeichert werden und sofort in Kraft treten. Wenn Sie die Registrierung unsachgemäß ändern, kann dies zu schwerwiegenden Systemfehlern führen, die eine Neuinstallation von Windows XP Professional erforderlich machen.

Seite 191

Lernzielkontrolle Lektion 3

1. Was ist der abgesicherte Modus, und wofür wird er eingesetzt?

   Im abgesicherten Modus verwendet Windows XP Professional die minimal erforderlichen Gerätetreiber und Systemdienste; Netzwerkdienste werden nicht geladen. Der abgesicherte Modus berücksichtigt weder Programme, die automatisch gestartet werden, noch Benutzerprofile oder in der Registrierung zum automatischen Starten eingetragene Programme. Darüber hinaus werden auch jegliche lokalen Gruppenrichtlinien ignoriert. Der abgesicherte Modus dient dazu, Windows erfolgreich zu starten, wenn der normale Windows XP-Start scheitert.

   Im abgesicherten Modus können Sie auf die Windows XP Professional-Konfigurationsdateien zugreifen. Sie können also Konfigurationsänderungen vornehmen. Ist die Ursache für die Startprobleme des Computers ein Systemdienst, ein Gerätetreiber oder eine automatisch gestartete Anwendung, können Sie diese hier gegebenenfalls deaktivieren oder löschen.

2. Wie kann Windows XP Professional im abgesicherten Modus gestartet werden?

   Zum Starten von Windows XP Professional im abgesicherten Modus starten Sie den Computer neu und drücken während der Startphase für die Betriebssystemauswahl die Taste F8.

3. Wann wird die Konfiguration für die Option **Letzte als funktionierend bekannte Konfiguration** erstellt?

Nach dem Neustart des Computers kopiert der Kernel während seiner Initialisierungsphase die Informationen aus dem Steuersatz **Current** in den Steuersatz **Clone**. War die Anmeldung an Windows XP Professional erfolgreich, werden die Informationen im Steuersatz **Clone** in den Steuersatz **LastKnownGood** kopiert, der bei Auswahl der Option **Letzte als funktionierend bekannte Konfiguration** verwendet wird.

4. Wann sollten Sie die Option **Letzte als funktionierend bekannte Konfiguration** einsetzen?

   Wenn Sie zum Laden eines Treibers die Windows XP Professional-Konfiguration geändert haben und Probleme beim Neustart des Computers auftreten, können Sie anhand dieser Option die funktionsfähige Konfiguration wiederherstellen.

5. Wie installieren Sie die Windows XP Professional-Wiederherstellungskonsole auf Ihrem Computer?

   Zum Installieren der Wiederherstellungskonsole legen Sie die Windows XP Professional-CD-ROM in Ihr CD-ROM-Laufwerk. Öffnen Sie eine Eingabeaufforderung, wechseln Sie zum Ordner **i386** auf der Windows XP Professional-CD-ROM, und führen Sie den Befehl **winnt32** mit der Befehlszeilenoption **/cmdcoms** aus.

Seite 193

Übung mit Fallbeispiel

1. Wo liegt wahrscheinlich die Ursache des Problems?

   Weil der Benutzer keine anderen Änderungen an der Konfiguration vorgenommen hat und weil das Problem nach dem Installieren der neuen Treiber begann, ist die Ursache des Problems wahrscheinlich der neue Treiber.

2. Sie beschließen, den neuen Treiber zu entfernen. Allerdings reagiert der Computer nicht mehr, bevor Sie damit beginnen. Was sollten Sie tun? Wählen Sie die richtige Antwort.

   a. Starten Sie den Computer mit der Option **Letzte als funktionierend bekannte Konfiguration**.

   b. Starten Sie den Computer im abgesicherten Modus und versuchen Sie, den vorher installierten Treiber wiederherzustellen.

   c. Öffnen Sie die Wiederherstellungskonsole und stellen Sie dort den vorher installierten Treiber wieder her.

   d. Öffnen Sie die Wiederherstellungskonsole und editieren Sie die Datei **Boot.ini**.

   Die richtige Antwort ist b. Wenn Sie den Computer im abgesicherten Modus starten, wird nur ein Standardtreiber für die Grafikkarte geladen. Sie müssten dann in der Lage sein, den neuen Treiber zu entfernen. Antwort a ist nicht richtig, weil die Konfiguration für die Option **Letzte als funktionierend bekannte Konfiguration** nach einer erfolgreichen Anmeldung erstellt wird. Weil der Benutzer sich nach dem Installieren der Treiber anmelden konnte, wird beim Starten mit der Option **Letzte als funktionierend bekannte Konfiguration** der neue Treiber weiterverwendet. Antwort c ist nicht richtig, weil Sie in der Wiederherstellungskonsole keine Treiber entfernen können. Antwort d ist nicht richtig, weil das Editieren der Datei **Boot.ini** in diesem Fall nicht weiterhilft.

KAPITEL 5

Konfigurieren von Windows XP Professional

In diesem Kapitel abgedeckte Prüfungsziele:

- Verwalten und Problembehandlung von Webserverressourcen.
- Installieren, Verwalten und Problembehandlung von Anzeigegeräten.
  - Konfigurieren einer Umgebung mit mehreren Anzeigegeräten.
  - Installieren, Konfigurieren und Problembehandlung einer Grafikkarte.
- Konfigurieren von ACPI.
- Konfigurieren und Verwalten von Benutzerprofilen und Desktopeinstellungen.
- Konfigurieren der Unterstützung für mehrere Sprachen oder mehrere Regionen.
  - Aktivieren der Unterstützung für mehrere Sprachen.
  - Konfigurieren der Unterstützung für mehrere Sprachen bei unterschiedlichen Benutzern.
  - Konfigurieren von Regionseinstellungen.
  - Konfigurieren von Microsoft Windows XP Professional für mehrere Regionen.

Bedeutung dieses Kapitels

Die Desktopumgebung von Microsoft Windows XP Professional stellt eine Benutzeroberfläche zur Verfügung, die sich leicht anpassen lässt. Durch eine geeignete Konfiguration des Desktops verbessern sich Zufriedenheit und Produktivität des Benutzers beim Arbeiten mit dem Betriebssystem. Die Konfigurationsinformationen werden auf einem Windows XP Professional-Computer in der Windows-Registrierung gespeichert. Bei Computern, die Teil einer Domäne sind, können Konfigurationsinformationen auch in Active Directory oder auf anderen Servercomputern gespeichert sein. Jeder Benutzer auf einem Computer hat ein Profil, das die Desktopkonfigurationseinstellungen des Benutzers enthält und festlegt, an welcher Stelle die Konfigurationsinformationen gespeichert sind. ▶

Es ist wichtig, dass Sie die Optionen kennen, die zum Konfigurieren und Verwalten des Desktops zur Verfügung stehen. Dieses Kapitel behandelt das Konfigurieren und die Problembehandlung von Anzeigeeinstellungen, Energieverwaltung, grundlegenden Betriebssystemeinstellungen, Desktopumgebung und Windows-Komponenten.

Lektionen in diesem Kapitel:

Bevor Sie beginnen

Damit Sie die Übungen in diesem Kapitel durchführen können, brauchen Sie einen Computer, der die minimalen Hardwarevoraussetzungen erfüllt, die im Abschnitt „Über dieses Buch“ am Anfang beschrieben wurden. Außerdem muss auf dem Computer Windows XP Professional installiert sein, und Sie müssen in der Lage sein, an diesem System Änderungen vorzunehmen.

Lektion 1: Konfigurieren und Problembehandlung der Anzeige

Benutzer können die Desktopanzeige Ihres Computers konfigurieren und so beispielsweise festlegen, welche Symbole angezeigt werden. Benutzer mit der Berechtigung zum Installieren und Deinstallieren von Gerätetreibern können auch Bildschirmtreiber installieren und testen. Sie können in Windows XP Professional die Bildschirmauflösung ohne Systemneustart dynamisch ändern und mehrere Anzeigegeräte nutzen.

Am Ende dieser Lektion werden Sie in der Lage sein, die folgenden Aufgaben auszuführen:

- Konfigurieren von Anzeige- und Desktopeigenschaften.
- Konfigurieren eines Computers, der mehrere Anzeigegeräte nutzt.

Veranschlagte Zeit für diese Lektion: 30 Minuten

Konfigurieren von Anzeige- und Desktopeigenschaften

Zum Anzeigen oder Bearbeiten der Anzeige- oder Desktopeigenschaften klicken Sie in der Systemsteuerung auf **Darstellung und Designs** und anschließend auf **Anzeige**. In Tabelle 5.1 werden die Registerkarten des in Abbildung 5.1 gezeigten Dialogfelds **Eigenschaften von Anzeige** beschrieben.

Abbildung 5.1 Im Dialogfeld **Eigenschaften von Anzeige** können Sie die Anzeige- und Desktopeinstellungen steuern

Tabelle 5.1 Registerkarten des Dialogfelds **Eigenschaften von Anzeige**

Registerkarte	Beschreibung
Designs	Ermöglicht das Auswählen eines Designs. Ein Design setzt sich aus Einstellungen für Desktophintergrund, Sounds, Symbole und weiteren Elementen zusammen, mit denen Sie Ihren Computer individuell anpassen können.
Desktop	Ermöglicht das Auswählen von Hintergrund- und Farbeinstellungen für Ihren Desktop. Über die Schaltfläche **Desktop anpassen** können Sie Windows-Programmsymbole hinzufügen oder entfernen und festlegen, welche Symbole diese Programme repräsentieren sollen (Abbildung 5.2). Ferner können Sie Webinhalte in Ihren Desktop aufnehmen.
Bildschirmschoner	Ermöglicht das Auswählen eines Bildschirmschoners. Ein Bildschirmschoner ist ein bewegliches Bild oder Muster, das auf dem Bildschirm erscheint, wenn Tastatur oder Maus für einen festgelegten Zeitraum nicht verwendet wurden. Die Standardwartezeit für den Start des Bildschirmschoners beträgt 10 Minuten. Bildschirmschoner verhindern bei älteren Röhrenmonitoren, dass sich Bilder in den Monitor einbrennen, und schützen so das Anzeigegerät. Diese Gefahr besteht bei modernen Röhrenmonitoren (CRT, Cathode-Ray Tube) und LCD-Monitoren (Liquid Crystal Display) zwar nicht mehr, aber Bildschirmschoner sind trotzdem nützlich. Wenn ein Benutzer seinen Arbeitsplatz verlässt und den Computer unbeaufsichtigt lässt, schützt ein Bildschirmschoner die Informationen auf dem Bildschirm vor neugierigen Blicken. Wenn Sie den Bildschirmschoner so konfigurieren, dass er vor dem Reaktivieren des Desktops das Eingeben des Kennworts fordert, können Sie auch vorsätzliche Spionage verhindern. Mithilfe der Option **Energieverwaltung** auf dieser Registerkarte können Sie die Energieeinstellungen für den Monitor anpassen, um Strom zu sparen. Weitere Informationen zu diesem Thema finden Sie in Lektion 2, „Konfigurieren der Energieoptionen".
Darstellung	Ermöglicht das Konfigurieren von Fenster- und Schaltflächenstil, Farbschema und Schriftgröße. Klicken Sie auf **Effekte**, um folgende Optionen zu konfigurieren: ■ **Folgende Übergangseffekte für Menüs und QuickInfos verwenden:** Zur Verfügung stehen die Optionen **Einblendeffekt** oder **Rolleffekt**. Diese Features sehen zwar nett aus, viele Benutzer finden allerdings, dass sie die Reaktionszeit von Windows verschlechtern. ■ **Folgende Methode zum Kantenglätten von Bildschirmschriftarten verwenden:** Zur Verfügung stehen die Optionen **Standard** (optimal für Röhrenmonitore) und **Clear Type** (für LCD-Monitore). ■ **Große Symbole verwenden:** Diese Einstellung kann für Benutzer nützlich sein, die Probleme mit dem Erkennen kleiner Symbole haben. Allerdings kann sich die Leistung auf langsamen Computern verschlechtern. ■ **Schatten unter Menüs anzeigen:** Diese Einstellung verleiht Menüs ein dreidimensionales Aussehen. ■ **Fensterinhalt beim Ziehen anzeigen:** Wenn dieses Kontrollkästchen aktiviert ist, zeichnet Windows Fenster neu, während Sie sie mit der Maus ziehen. Das ist zwar nützlich, kann aber die Leistung auf langsamen Computern verschlechtern.

▶

Registerkarte	Beschreibung
	■ **Unterstrichene Buchstaben für Tastaturnavigation ausblenden (mit Alt-Taste einblenden):** Windows bietet über die Tastatur Zugriff auf viele Menübefehle. Dazu müssen Sie die Taste ALT drücken. Deaktivieren Sie dieses Kontrollkästchen, wenn Benutzer die unterstrichenen Buchstaben in den Menübefehlen unschön finden. Wenn Sie das klassische Windows-Design auswählen, können Sie über die Schaltfläche **Erweitert** das Aussehen der Fenster, Menüs, Schriften und Symbole anpassen.
Einstellungen	Ermöglicht das Konfigurieren von Anzeigeoptionen (Abbildung 5.3). Unter anderem können Sie die Anzahl der verwendeten Farben, die Bildschirmauflösung, die Schriftgröße und die Bildschirmaktualisierungsrate festlegen. Die auf dieser Registerkarte verfügbaren Optionen werden in Tabelle 5.2 beschrieben.

Wichtig Sie können Sicherheitseinstellungen festlegen, die den Zugriff auf die Anzeigeoptionen beschränken. Beispielsweise können Sie die Registerkarten **Darstellung** oder **Einstellungen** aus dem Eigenschaftendialogfeld der Anzeige ausblenden. Weitere Informationen zu Sicherheitseinstellungen finden Sie in Kapitel 16, „Konfigurieren von Sicherheitseinstellungen und Internetoptionen“.

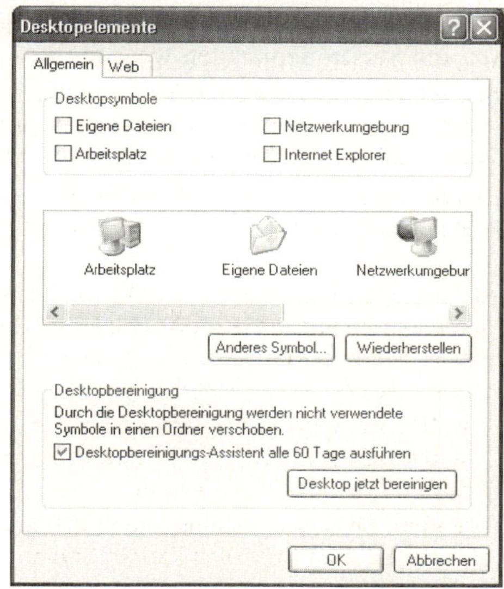

Abbildung 5.2 Im Dialogfeld **Desktopelemente** können Sie festlegen, was auf Ihrem Desktop angezeigt wird

Sie greifen auf das Dialogfeld **Desktopelemente** zu, indem Sie auf der Registerkarte **Desktop** auf **Desktop anpassen** klicken. Im Dialogfeld **Desktopelemente** können Sie festlegen, ob Symbole wie **Eigene Dateien**, **Arbeitsplatz**, **Netzwerkumgebung** und **Internet Explorer** auf dem Desktop angezeigt werden, und Sie können die für diese

Elemente verwendeten Symbole anpassen. Darüber hinaus können Sie festlegen, wie häufig der Desktopbereinigungs-Assistent ausgeführt werden soll. Standardmäßig wird der Desktopbereinigungs-Assistent alle 60 Tage ausgeführt. Klicken Sie auf **Desktop jetzt bereinigen**, um den Desktopbereinigungs-Assistenten sofort zu starten. Der Desktopbereinigungs-Assistent entfernt Symbole vom Desktop, die in den letzten 60 Tagen nicht verwendet wurden. Hierbei werden nur die Programmverknüpfungen, nicht die Programme selbst vom Computer entfernt.

Zum Aufnehmen von Webinhalten in den Desktop klicken Sie im Dialogfeld **Desktopelemente** auf die Registerkarte **Web**. Sie können alle Webseiten in den Desktop aufnehmen, die im Textfeld **Webseiten** aufgeführt werden. Klicken Sie hierzu einfach auf die gewünschte Webseite. Klicken Sie auf **Neu**, um eine Webseite hinzuzufügen, und auf **Löschen**, um eine Webseite aus der Liste zu entfernen. Über die Schaltfläche **Eigenschaften** öffnen Sie das Eigenschaftendialogfeld für eine Webseite. Im Eigenschaftendialogfeld können Sie eine Webseite offline verfügbar machen, eine sofortige Synchronisierung vornehmen oder die Synchronisierung von Offlinewebseiten mit dem Internetinhalt planen. Ferner können Sie festlegen, ob der Internet Explorer mehr als nur die erste Seitenebene dieser Website herunterladen soll.

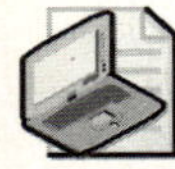

Hinweis Falls Sie über den Internet Explorer mehrere Ebenen einer Website herunterladen möchten, können Sie bis zu drei Ebenen angeben. Beim Herunterladen von drei Webseitenebenen werden jedoch auch alle Seiten heruntergeladen, die mit den Webseiten zweiter Ebene verknüpft sind. Wenn sich viele Links auf den einzelnen Seiten befinden, kann das schnell dazu führen, dass Hunderte von Seiten übertragen werden.

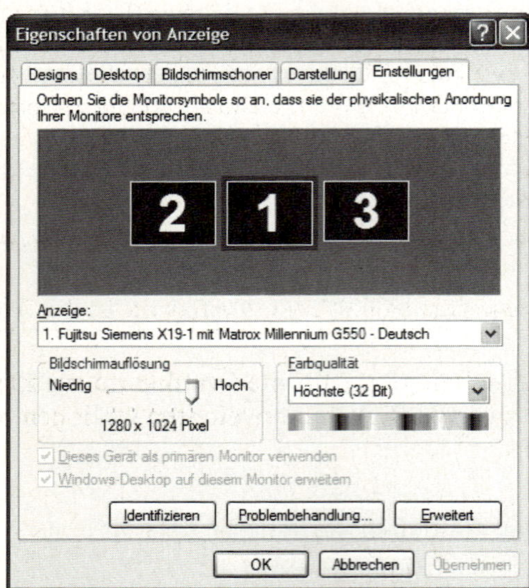

Abbildung 5.3 In der Registerkarte **Einstellungen** können Sie Farbqualität und Bildschirmauflösung des Desktops steuern

In Tabelle 5.2 sind die Optionen aufgelistet, die auf der Registerkarte **Einstellungen** zum Konfigurieren der Anzeigeeinstellungen zur Verfügung stehen.

Tabelle 5.2 Optionen zum Konfigurieren der Anzeige auf der Registerkarte **Einstellungen**

Option	Beschreibung
Farbqualität	Zeigt die aktuellen Farbeinstellungen für den an die Grafikkarte angeschlossenen Monitor an (die Grafikkarte wird unter **Anzeige** aufgelistet). Mithilfe dieser Option können Sie die Farbqualitätseinstellungen für die Grafikkarte ändern. Sie sollten bei dieser Einstellung die höchste Qualitätsstufe wählen, die für Ihre Bildschirmauflösung zur Verfügung steht, weil eine größere Farbtiefe sich kaum auf die Leistung auswirkt.
Bildschirmauflösung	Steuert die aktuellen Auflösungseinstellungen für den an die Grafikkarte angeschlossenen Monitor (die Grafikkarte wird unter **Anzeige** aufgelistet). Ermöglicht das Einstellen der Auflösung für die Grafikkarte Je höher die Anzahl der Pixel, desto mehr Informationen werden auf dem Bildschirm angezeigt. Je höher die Bildschirmauflösung, desto kleiner werden allerdings auch die angezeigten Elemente dargestellt, zum Beispiel Schriften und Bilder. Die Benutzer sollten mit verschiedenen Auflösungen experimentieren, bis sie eine gefunden haben, die einen guten Kompromiss zwischen der Menge der angezeigten Informationen und der Darstellungsgröße dieser Informationen bietet. Viele LCD-Monitore arbeiten mit einer festen Auflösung. Wenn Sie die Auflösung bei solchen Monitoren ändern, sehen die angezeigten Informationen möglicherweise unschön aus.
Identifizieren	Falls mehrere Monitore angeschlossen sind, können Sie mit der Schaltfläche **Identifizieren** große Nummern auf allen Monitoren anzeigen lassen. Auf diese Weise können Sie leicht feststellen, welcher Monitor der jeweiligen Nummer auf der Registerkarte **Einstellungen** entspricht. Weitere Informationen zu Konfigurationen mit mehreren Anzeigegeräten finden Sie im Abschnitt „Konfigurieren von mehreren Anzeigegeräten" weiter unten in dieser Lektion.
Problembehandlung	Öffnet den Anzeige-Ratgeber, der Ihnen bei der Diagnose von Anzeigeproblemen Hilfe bietet.
Erweitert	Öffnet das Eigenschaftendialogfeld für die Grafikkarte (siehe Tabelle 5.3).

Klicken Sie zum Öffnen des Eigenschaftendialogfelds für die Grafikkarte auf **Erweitert**. In Tabelle 5.3 werden die für die Grafikkarte verfügbaren erweiterten Optionen beschrieben.

Tabelle 5.3 Erweiterte Optionen für die Grafikkarte

Registerkarte	Option	Beschreibung
Allgemein	**Anzeige**	Hier können Sie den Schriftgrad für die Anzeige festlegen. Über die Option **Benutzerdefinierte Einstellung** legen Sie einen benutzerdefinierten Schriftgrad fest.
Allgemein	**Kompatibilität**	Legt fest, wie Windows XP Professional vorgeht, wenn Sie Änderungen an den Anzeigeeinstellungen vornehmen. Nach einer Änderung der Anzeigeeinstellungen stehen folgende Optionen zur Auswahl: ■ Neustart vor dem Übernehmen der neuen Anzeigeeinstellungen ■ Neue Anzeigeeinstellungen ohne Neustart übernehmen ■ Zum Übernehmen der neuen Anzeigeeinstellungen auffordern Die Option **Neustart vor dem Übernehmen der neuen Anzeigeeinstellungen** brauchen Sie nur zu wählen, wenn Sie Probleme beim Ändern der Auflösung haben.
Grafikkarte	**Grafikkarte**	Gibt Hersteller und Modellnummer der installierten Grafikkarte an. Klicken Sie auf **Eigenschaften**, um das Eigenschaftendialogfeld für Ihre Grafikkarte anzuzeigen. Die Registerkarte **Allgemein** im Eigenschaftendialogfeld der Grafikkarte liefert zusätzliche Informationen über Gerätestatus und Geräteverwendung. Auf der Registerkarte **Treiber** des Eigenschaftendialogfelds werden Details zum Treiber der Grafikkarte bereitgestellt. Hier haben Sie die Möglichkeit, den Treiber zu aktualisieren, den vorher installierten Treiber wiederherzustellen oder den installierten Treiber zu deinstallieren. Die Registerkarte **Ressourcen** im Eigenschaftendialogfeld der Grafikkarte liefert Informationen zu den belegten Ressourcen, beispielsweise Informationen zu den durch die Grafikkarte belegten Speicherbereichen sowie Informationen zu eventuellen Gerätekonflikten.
Grafikkarte	**Grafikkarteninformationen**	Stellt zusätzliche Informationen über die Grafikkarte bereit. Hierzu zählen unter anderem der Typ des Grafikchips, DAC-Typ (Digital-to-Analog Converter), Speichergröße und BIOS (Basic Input/Output System).
Grafikkarte	**Alle Modi auflisten**	Zeigt alle kompatiblen Modi für die Grafikkarte an und ermöglicht das Auswählen von Auflösung, Farbtiefe und Bildschirmfrequenz in einem Arbeitsschritt.
Monitor	**Monitortyp**	Gibt Hersteller und Modellnummer des installierten Monitors an. Über die Schaltfläche **Eigenschaften** können Sie zusätzliche Monitorinformationen anzeigen und auf den Anzeige-Ratgeber zugreifen, der sie bei der Beseitigung von Monitorproblemen unterstützt. ▶

Registerkarte	Option	Beschreibung
Monitor	**Monitor-einstellungen**	Konfiguriert die Einstellungen für die Bildschirmaktualisierungsrate. Diese Option ist nur für hochauflösende Treiber verfügbar. Konfigurieren Sie keine Kombination aus Bildschirmaktualisierungsrate und Bildschirmauflösung, die nicht vom Monitor unterstützt wird. Wenn Sie sich bezüglich dieser Einstellungen unsicher sind, sollten Sie die Monitordokumentation zu Rate ziehen oder die niedrigste Bildschirmaktualisierungsrate wählen.
Problem-behandlung	**Hardware-beschleunigung**	Über diese Option können Sie die Hardwarebeschleunigung für die Anzeigegeräte schrittweise senken, um Anzeigeprobleme zu isolieren und zu beseitigen. Sie können hier festlegen, ob das Feature Write Combining genutzt werden soll, bei dem über eine beschleunigte Darstellung die Grafikleistung erhöht wird. Die Grafikbeschleunigung kann jedoch unter Umständen zu Bildschirmfehlern führen. Falls Probleme mit der Anzeige auftreten, sollten Sie das Kontrollkästchen **"Write Combining" aktivieren** deaktivieren.
Farbverwaltung		Hier können Sie ein Farbprofil für Ihren Monitor festlegen.
Weitere Registerkarten		Manche Grafikkarten fügen weitere Registerkarten hinzu, auf denen Sie zusätzliche Optionen der Grafikkarte einstellen können.

Prüfungstipp Lernen Sie, wie Sie Farbqualität und Bildschirmauflösung einstellen. Üben Sie auch den Umgang mit erweiterten Anzeigeeinstellungen, zum Beispiel Grafikkartentyp, Monitortyp und Kompatibilitätsoptionen.

Konfigurieren von mehreren Anzeigeräten

Windows XP Professional unterstützt die gleichzeitige Verwendung mehrerer Anzeigegeräte. Sie können also mehrere Monitore an Ihren Computer anschließen und den Desktop über alle diese Monitore ausbreiten (Abbildung 5.4). Windows XP Professional unterstützt maximal 10 Monitore.

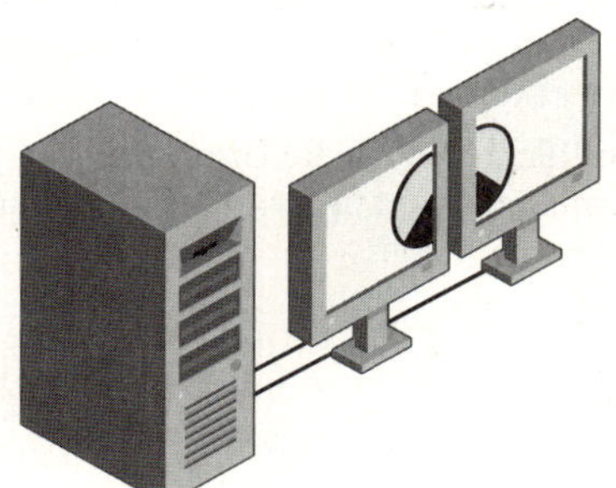

- Der Desktop kann auf bis zu 10 Monitore erweitert werden.
- Werden mehrere Anzeigegeräte verwendet, müssen alle an PCI- oder AGP-Grafikkarten angeschlossen sein.
- Für die primäre (erste) Anzeige gelten andere Hardwarevoraussetzungen als für die sekundären Anzeigegeräte.

Abbildung 5.4 Windows XP Professional kann den Desktop über mehrere Anzeigegeräte erweitern

Wichtig Wenn Sie mehrere Anzeigegeräte einrichten wollen, müssen Sie PCI- (Peripheral Component Interconnect) oder AGP-Grafikkarten (Accelerated Graphics Port) verwenden.

Ist eine der Grafikkarten in die Hauptplatine integriert, müssen Sie folgende Punkte beachten:

- Die Grafikkarte auf der Hauptplatine wird immer zur Sekundärkarte. Die verwendete Grafikkarte muss die Anzeige auf mehreren Bildschirmen unterstützen.
- Sie müssen Windows XP Professional installiert haben, bevor Sie mit der Installation einer weiteren Grafikkarte beginnen können. Das Windows XP Professional-Setupprogramm deaktiviert die Karte auf der Hauptplatine, wenn eine weitere Grafikkarte ermittelt wird. Einige Systeme deaktivieren integrierte Grafikkarten nach dem Erkennen einer Add-In-Grafikkarte vollständig. Ist es nicht möglich, die Grafikkartenerkennung im BIOS zu deaktivieren, können in die Hauptplatine integrierte Grafikkarten bei der Konfiguration mehrerer Bildschirme nicht eingesetzt werden.

Das System-BIOS legt normalerweise auf Grundlage der PCI-Steckplatzreihenfolge fest, welcher Bildschirm als Hauptbildschirm verwendet wird. Bei einigen Computern ermöglicht das BIOS dem Benutzer, das primäre Anzeigegerät festzulegen.

Das primäre Anzeigegerät kann nicht deaktiviert werden. (Anders ausgedrückt: Es gibt immer eine primäre Anzeige, Sie können lediglich auswählen, welcher Monitor diese Funktion übernehmen soll.) Diese Tatsache muss insbesondere bei der Verwendung von tragbaren Computern mit Dockingstationen beachtet werden. Einige Dockingstationen weisen zum Beispiel eine Grafikkarte auf, die den integrierten Laptopbildschirm deaktiviert beziehungsweise ausschaltet. Die Unterstützung für mehrere Bildschirme funktioniert bei diesen Konfigurationen nur dann, wenn Sie mehrere Grafikkarten an die Dockingstation anschließen.

Installieren von mehreren Monitoren

Bevor Sie die Anzeige über mehrere Bildschirme konfigurieren können, müssen die Anzeigegeräte installiert werden. Wenn Sie mehrere Anzeigegeräte einrichten, müssen Sie jeden einzelnen Monitor konfigurieren.

Gehen Sie zum Installieren mehrerer Monitore folgendermaßen vor:

1. Schalten Sie den Computer aus, und stecken Sie eine oder mehrere PCI- oder AGP-Grafikkarten in verfügbare Steckplätze Ihres Computers ein.
2. Schließen Sie zusätzliche Monitore an die installierten PCI- oder AGP-Grafikkarten an.
3. Schalten Sie den Computer ein, und lassen Sie Windows XP Professional eine Hardwareerkennung durchführen, um geeignete Gerätetreiber für die neuen Grafikkarten zu installieren.
4. Klicken Sie in der Systemsteuerung auf **Darstellung und Designs**, und klicken Sie dann auf **Anzeige**.

5. Klicken Sie auf der Registerkarte **Einstellungen** auf das Symbol für den Monitor, der zusätzlich zum primären Monitor eingesetzt werden soll. Klicken Sie auf **Identifizieren**, falls Sie nicht sicher sind, welche Nummer der gewünschte Monitor hat.
6. Aktivieren Sie das Kontrollkästchen **Windows-Desktop auf diesen Monitor erweitern**, und klicken Sie anschließend auf **OK**.

Gehen Sie folgendermaßen vor, wenn Sie Ihre Anzeige in einer Umgebung mit mehreren Bildschirmen konfigurieren wollen:

1. Klicken Sie in der Systemsteuerung auf **Darstellung und Designs**, und klicken Sie dann auf **Anzeige**.
2. Klicken Sie im Dialogfeld **Eigenschaften von Anzeige** auf die Registerkarte **Einstellungen**.
3. Klicken Sie auf das Monitorsymbol für das primäre Anzeigegerät.
4. Wählen Sie die gewünschte Farbtiefe und Auflösung aus.
5. Klicken Sie auf das Monitorsymbol für das zweite Anzeigegerät.
6. Aktivieren Sie das Kontrollkästchen **Windows-Desktop auf diesen Monitor erweitern**.
7. Stellen Sie die gewünschte Farbtiefe und Auflösung für das sekundäre Anzeigegerät ein.
8. Wiederholen Sie die Schritte 5 bis 7 für alle weiteren Bildschirme.

Windows XP Professional verwendet einen so genannten virtuellen Desktop, um die Beziehungen zwischen den einzelnen Bildschirmen festzulegen. Der virtuelle Desktop verwendet Koordinaten zum Festlegen der Anzeigepositionen für die einzelnen Monitore.

Die Koordinaten der oberen linken Ecke des primären Anzeigegeräts lauten immer 0, 0. Windows XP Professional legt die Koordinaten der Sekundärbildschirme so fest, dass auf dem virtuellen Desktop alle Einzelbildschirme unmittelbar aneinander anschließen. Auf diese Weise wird über das System ein einziger, großer Desktop erstellt, in dem die Benutzer die Maus problemlos zwischen den verschiedenen Monitoren bewegen können.

Wenn Sie die Bildschirmpositionen auf dem virtuellen Desktop ändern wollen, klicken Sie auf der Registerkarte **Einstellungen** auf **Identifizieren** und ziehen die Bildschirmsymbole an die gewünschten Positionen. Die Positionen dieser Symbole definieren die Koordinaten und die Positionen der Bildschirme in Beziehung zueinander.

Praxistipp Arbeiten mit mehreren Bildschirmen

Das Anschließen mehrerer Monitore ist eine hervorragende Möglichkeit, Ihren Desktop zu vergrößern. (Der Platz auf Ihrem richtigen Schreibtisch kann dabei allerdings empfindlich schrumpfen.) Viele Grafikkartenhersteller bieten Modelle an, die bereits mehrere Monitoranschlüsse haben. Auf diese Weise lässt sich ganz einfach eine Konfiguration mit mehreren Monitoren einrichten. Einige dieser Grafikkarten installieren eigene Software, mit der Sie die Anzeigegeräte einfacher verwalten können: Sie können steuern, auf welchem Monitor eine bestimmte Anwendung geöffnet wird; Sie können festlegen, dass Dialogfelder immer auf dem Monitor erscheinen, auf dem die übergeordnete Anwendung angezeigt wird; Sie können für jeden Monitor einen anderen Bildschirmschoner verwenden und so weiter.

Wenn Sie zusätzliche Monitore kaufen, sollten diese in etwa dieselbe Größe haben. Stellen Sie dann auf allen Monitoren dieselbe Auflösung ein. Dafür gibt es einen einfachen Grund: Wenn Sie Ihre Anzeigegeräte auf der Registerkarte **Einstellungen** anordnen, gibt die Position der Monitorsymbole genau wieder, was passiert, wenn Sie die Maus von einem Monitor auf den anderen bewegen. Nehmen Sie zum Beispiel an, Sie haben zwei Monitore, die nebeneinander stehen. Der eine Monitor ist ein 19-Zoll-Gerät, der zweite ein 15-Zoll-Gerät. Sie können diese Anzeigegeräte auf der Registerkarte **Einstellungen** so anordnen, dass entweder die Ober- oder die Unterkanten der Anzeigen aufeinander ausgerichtet sind. Wenn Sie die Oberkanten aneinander ausrichten, passiert Folgendes: Wenn Sie den Mauszeiger im größeren Anzeigegerät ganz unten haben und versuchen, ihn auf das kleinere Anzeigegerät zu ziehen, bleibt er „hängen“. Um den Mauszeiger auf das kleinere Anzeigegerät zu ziehen, müssen Sie ihn ein Stückchen nach oben ziehen, bis der untere Rand des kleineren Anzeigegeräts erreicht ist. Das mag kein großes Problem sein, aber viele Benutzer von mehreren Anzeigegeräten beschweren sich, dass sie aus diesem Grund öfters ihren Mauszeiger aus den Augen verlieren.

Problembehandlung bei der Verwendung mehrerer Monitore

Falls bei einer Konfiguration mit mehreren Anzeigegeräten Probleme auftreten, können Sie diese mithilfe der in Tabelle 5.4 aufgeführten Richtlinien zur Problembehandlung beseitigen.

Tabelle 5.4 Tipps zur Problembehandlung bei mehreren Anzeigegeräten

Problem	Lösung
Die sekundären Anzeigegeräte zeigen nichts an.	Aktivieren Sie das Gerät im Dialogfeld **Eigenschaften von Anzeige**. Überprüfen Sie, ob der richtige Grafikkartentreiber installiert wurde.
	Starten Sie den Computer neu, damit das sekundäre Anzeigegerät initialisiert wird. Überprüfen Sie den Status der Grafikkarte im **Geräte-Manager**, falls der Sekundärbildschirm nicht initialisiert wird.
	Ändern Sie die Reihenfolge der Grafikkarten in den Steckplätzen (sofern sich die primäre Grafikkarte auch als sekundäres Gerät verwenden lässt).
Das Kontrollkästchen **Windows-Desktop auf diesen Monitor erweitern** steht nicht zur Verfügung.	Wählen Sie im Dialogfeld **Eigenschaften von Anzeige** den sekundären Monitor aus, nicht den primären.
	Prüfen Sie, ob die Grafikkarte des sekundären Anzeigegeräts unterstützt wird.
	Prüfen Sie, ob Windows XP Professional das sekundäre Anzeigegerät erkennt.
Auf dem sekundären Monitor wird eine Anwendung nicht angezeigt.	Führen Sie die Anwendung auf der primären Anzeige aus.
	Führen Sie die Anwendung im Vollbildmodus (Microsoft MS-DOS-Anwendungen) oder als maximiertes Fenster (ältere Windows-Programme) aus.
	Deaktivieren Sie das sekundäre Anzeigegerät, um festzustellen, ob das Problem durch die Konfiguration mit mehreren Anzeigegeräten verursacht wird.

Lernzielkontrolle

Die folgenden Fragen dienen zum Vertiefen der Themen dieser Lektion. Falls Sie eine Frage nicht beantworten können, sollten Sie die Lektion noch einmal durcharbeiten, und dann erneut versuchen, die Frage zu beantworten. Die Antworten auf die Lernzielkontrollfragen finden Sie im Abschnitt „Fragen und Antworten" am Ende dieses Kapitels.

1. Sie können ______________________________ aktivieren, um den Zugriff auf die Anzeigeoptionen einzuschränken.
2. Welche Elemente können über das Dialogfeld **Desktopelemente** als Symbole auf dem Desktop angezeigt oder von diesem entfernt werden? (Wählen Sie alle zutreffenden Antworten aus.)

   a. Eigene Dateien

b. Systemsteuerung

c. Netzwerkumgebung

d. Papierkorb

3. Windows XP Professional unterstützt das Erweitern der Anzeige auf maximal _____ Monitore.

4. Die Verwendung mehrerer Monitore für die Desktopanzeige erfordert Grafikkarten vom Typ ______ oder ______.

5. Ist eine der Grafikkarten in die Hauptplatine integriert, wird die Grafikkarte auf der Hauptplatine immer zur _____________ (primären/sekundären) Grafikkarte.

Zusammenfassung der Lektion

- Im Dialogfeld **Eigenschaften von Anzeige** legen Sie die meisten Einstellungen fest, die das Aussehen Ihres Desktops steuern. Außerdem können Sie die Einstellungen für Ihre Grafikkarte und den Monitor festlegen.
- Windows XP Professional unterstützt bis zu 10 Anzeigegeräte. Der Windows-Desktop wird dabei so erweitert, dass er sich über alle verfügbaren Monitore ausbreitet. Sie müssen PCI- oder AGP-Grafikkarten verwenden, wenn Sie mehrere Anzeigegeräte einsetzen wollen.

Lektion 2: Konfigurieren der Energieoptionen

Windows XP Professional beinhaltet verschiedene Features, über die der Energieverbrauch von Computer und angeschlossenen Hardwaregeräten gesteuert werden kann. Zu diesen Features zählen beispielsweise die Energieverwaltung für das System, die Geräte und den Prozessor, Systemereignisse und die Batterieverwaltung.

Am Ende dieser Lektion werden Sie in der Lage sein, die folgenden Aufgaben auszuführen:

- Auswählen eines Energieschemas.
- Konfigurieren erweiterter Energieoptionen.
- Aktivieren des Ruhezustands.
- Konfigurieren von APM.
- Konfigurieren einer unterbrechungsfreien Stromversorgung.

Veranschlagte Zeit für diese Lektion: 40 Minuten

Auswählen eines Energieschemas

Die Energieoptionen von Windows XP Professional ermöglichen Ihnen, die Stromversorgung von Monitor und Festplatte zu unterbrechen und den Computer in den Ruhezustand zu versetzen. Zum Konfigurieren der Energieoptionen klicken Sie in der Systemsteuerung auf **Leistung und Wartung** und anschließend auf **Energieoptionen**. Im Dialogfeld **Eigenschaften von Energieoptionen** können Sie verschiedene Energieoptionen konfigurieren (Abbildung 5.5).

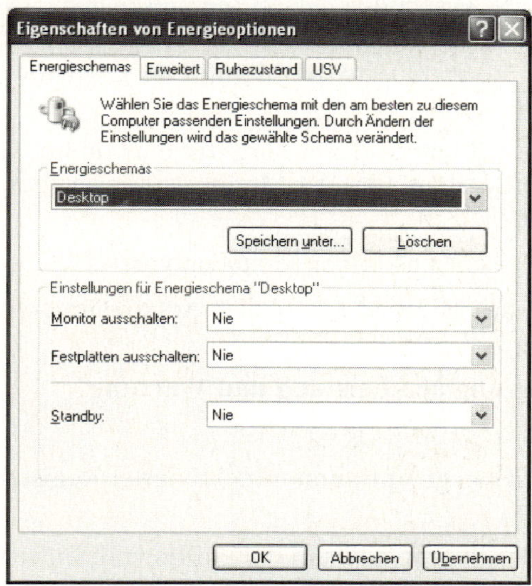

Abbildung 5.5 Auf der Registerkarte **Energieschemas** des Dialogfelds **Eigenschaften von Energieoptionen** können Sie Optionen zum Stromsparen konfigurieren

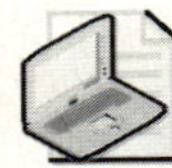

Hinweis Sie können nur dann ein Energieschema konfigurieren, wenn Ihre Hardware das Unterbrechen der Stromzufuhr zum Bildschirm und zur Festplatte unterstützt. Praktisch alle modernen Monitore und Festplatten unterstützen dieses Feature. Es gibt allerdings einige Anwendungen (besonders älteren Datums), die nicht korrekt funktionieren, wenn Monitor und Festplatten abgeschaltet werden; sie verlieren dann möglicherweise Daten oder stürzen sogar ab.

Mithilfe eines ***Energieschemas*** können Sie Windows XP Professional so konfigurieren, dass die Stromversorgung für Monitor und Festplatte unterbrochen wird. Auf diese Weise können Sie Energie sparen. Klicken Sie im Dialogfeld **Eigenschaften von Energieoptionen** auf die Registerkarte **Energieschemas**. Windows XP Professional stellt sechs vordefinierte Energieschemas zur Verfügung:

- **Desktop:** Dieses Energieschema ist auf einen Desktopcomputer ausgerichtet. Nach 20 Minuten Leerlauf wird der Monitor ausgeschaltet, die Festplatten werden nie abgeschaltet.
- **Tragbar/Laptop:** Dieses Energieschema ist für tragbare Computer gedacht, die per Batterie mit Strom versorgt werden. Nach 15 Minuten Leerlauf wird der Monitor abgeschaltet, die Festplatten werden nach 30 Minuten Leerlauf ausgeschaltet.
- **Präsentation:** Dieses Energieschema wurde für Präsentationen entwickelt, bei denen der Computer immer eingeschaltet bleibt. Monitor und Festplatten werden nie abgeschaltet.
- **Dauerbetrieb:** Dieses Energieschema ist auf den Einsatz eines Servers ausgerichtet. Nach 20 Minuten Leerlauf wird der Monitor ausgeschaltet, die Festplatten werden jedoch nie abgeschaltet.
- **Minimaler Energieverbrauch:** Beim Auswählen dieses Energieschemas werden einige Energieoptionen deaktiviert, wie beispielsweise das automatische Schalten in den Ruhezustand. Nach 15 Minuten Leerlauf wird der Monitor ausgeschaltet, die Festplatten werden jedoch nie abgeschaltet.
- **Minimale Batteriebelastung:** Dieses Energieschema sorgt für eine minimale Belastung der Batterie. Nach 15 Minuten Leerlauf wird der Monitor ausgeschaltet, die Festplatten werden nie abgeschaltet.

Gehen Sie zum Auswählen eines Energieschemas folgendermaßen vor:

1. Melden Sie sich über ein Konto an, das Mitglied der lokalen Administratorengruppe ist.
2. Klicken Sie auf **Start**, **Systemsteuerung** und **Leistung und Wartung**.
3. Klicken Sie auf **Energieoptionen**.

   Das Dialogfeld **Eigenschaften von Energieoptionen** mit aktivierter Registerkarte **Energieschemas** wird angezeigt.
4. Klicken Sie auf den Pfeil neben **Energieschemas**, um die Pulldownliste der verfügbaren Energieschemas anzuzeigen. Klicken Sie auf das gewünschte Energieschema.

5. Klicken Sie auf **OK**, um das Dialogfeld **Eigenschaften von Energieoptionen** zu schließen.

Erscheint Ihnen keines der Energieschemas für Ihre Computerumgebung geeignet, können Sie eines der vordefinierten Energieschemas bearbeiten oder ein neues Energieschema konfigurieren. Gehen Sie zum Ändern eines Energieschemas oder zum Erstellen eines neuen Energieschemas folgendermaßen vor:

1. Melden Sie sich über ein Konto an, das Mitglied der lokalen Administratorengruppe ist.
2. Klicken Sie auf **Start**, **Systemsteuerung** und **Leistung und Wartung**.
3. Klicken Sie auf **Energieoptionen**.

   Das Dialogfeld **Eigenschaften von Energieoptionen** mit aktivierter Registerkarte **Energieschemas** wird angezeigt.
4. Klicken Sie auf den Pfeil neben **Energieschemas**, um die Pulldownliste der verfügbaren Energieschemas anzuzeigen. Klicken Sie auf das Energieschema, das Sie als Grundlage für Ihre neuen Einstellungen verwenden wollen.
5. Ändern Sie im Bereich **Einstellungen für Energieschema "*Name_des_Energieschemas*"** den Zeitraum, nach dem Monitor oder Festplatte bei Leerlauf abgeschaltet werden sollen.
6. Sie haben anschließend folgende Möglichkeiten:
   - Klicken Sie auf **OK**, um das vorhandene Energieschema zu ändern. Schließen Sie das Dialogfeld **Eigenschaften von Energieoptionen**.
   - Klicken Sie auf **Speichern unter**, um ein neues Energieschema zu erstellen.

Konfigurieren der erweiterten Energieoptionen

Zum Konfigurieren erweiterter Energieoptionen klicken Sie im Dialogfeld **Eigenschaften von Energieoptionen** auf die Registerkarte **Erweitert**. Auf dieser Registerkarte sind zwei Optionen verfügbar. Aktivieren Sie das Kontrollkästchen **Symbol in der Taskleiste anzeigen**, wenn Sie im Infobereich der Taskleiste ein Symbol für die Energieverwaltung anzeigen möchten, das den aktuellen Energiezustand für Ihren Computer anzeigt (Netz- oder Batteriebetrieb) und schnellen Zugriff auf die Energieoptionen bietet. Das zweite angezeigte Kontrollkästchen ist **Kennwort beim Reaktivieren aus dem Standbymodus anfordern**. Wenn Sie dieses Kontrollkästchen aktivieren, werden Sie zur Eingabe Ihres Windows-Kennworts aufgefordert, wenn der Computer vom Standbymodus in den Betriebsmodus wechselt.

Falls Sie einen tragbaren Computer haben, sehen Sie auf der Registerkarte **Erweitert** außerdem den Abschnitt **Netzschaltervorgänge**. Dort konfigurieren Sie, was passiert, wenn Sie den Hauptschalter des Computers drücken, wenn Sie den Deckel schließen (und dabei ein kleiner Schalter gedrückt wird) und wenn Sie die Taste für den Ruhezustand drücken (sofern bei Ihrem Computer vorhanden). Für jedes dieser Ereignisse können Sie zum Beispiel einstellen, dass der Computer ausgeschaltet, in den Standbymodus versetzt oder in den Ruhezustand versetzt wird.

Hinweis Die Option zur Kennwortanforderung bei Reaktivierung des Computers aus dem Standbymodus wird möglicherweise nicht angezeigt, wenn der Computer den Standbymodus nicht unterstützt (das ist bei vielen Desktopcomputern der Fall).

Aktivieren des Ruhezustands

Der ***Ruhezustand*** arbeitet ähnlich, aber etwas anders als der Standbymodus. Wenn ein Computer in den Standbymodus wechselt, schaltet Windows XP die meisten Geräte im Computer ab (darunter Monitor, Festplatten und Peripheriegeräte), hält aber die Stromversorgung soweit aufrecht, dass die Daten im Arbeitsspeicher erhalten bleiben. Diese Daten im Arbeitsspeicher sind unter anderem Informationen zu offenen Fenstern und laufenden Programmen. Wenn Sie den Standbymodus beenden (normalerweise durch Bewegen der Maus oder durch Drücken einer Taste), kehrt Windows in den Zustand zurück, in dem Sie es verlassen haben. Ein Computer im Standbymodus braucht aber immer noch Strom. Wird die Stromversorgung unterbrochen (zum Beispiel, weil der Akku leer ist), gehen die Informationen im Arbeitsspeicher verloren.

Wenn Ihr Computer in den Ruhezustand wechselt, speichert Windows die Informationen aus dem Arbeitsspeicher (zum Beispiel offene Programme und Fenster) auf Ihre Festplatte, erst dann wird der Computer ausgeschaltet. Nehmen Sie den Computer anschließend wieder in Betrieb, wird der Zustand vor Abschalten des Systems wiederhergestellt. Dabei werden alle Programme, die vor dem Übergang in den Ruhezustand ausgeführt wurden, wieder gestartet, sogar alle zuvor aktiven Netzwerkverbindungen werden wiederhergestellt. Der Ruhezustand hat gegenüber dem Standbymodus den Vorteil, dass ein Computer im Ruhezustand keinen Strom benötigt: Der Computer ist vollständig ausgeschaltet.

Sie können den Ruhezustand mithilfe der Optionen im Dialogfeld **Eigenschaften von Energieoptionen** konfigurieren. Klicken Sie auf die Registerkarte **Ruhezustand**, und aktivieren Sie das Kontrollkästchen **Ruhezustand aktivieren**. Falls die Registerkarte **Ruhezustand** nicht angezeigt wird, bietet Ihr Computer keine Unterstützung für dieses Feature.

Beim Schalten in den Ruhezustand speichert der Computer alle Informationen, die sich momentan im Arbeitsspeicher befinden, auf die Festplatte. Dazu erstellt Windows eine Ruhezustandsdatei im Stammverzeichnis Ihrer Systempartition. Die Größe dieser Datei hängt von der Größe des Arbeitsspeichers in Ihrem Computer ab. Es wird aber immer soviel Platz reserviert, wie maximal benötigt wird, sogar dann, wenn Sie den Ruhezustand noch nie benutzt haben. Sofern Sie den Ruhezustand also nicht nutzen wollen, sollten Sie diese Option deaktivieren, um Festplattenplatz zu sparen.

Konfigurieren der APM-Einstellungen

Windows XP Professional unterstützt das Feature ***APM (Advanced Power Management)***, mit dem Sie den Stromverbrauch Ihres Systems senken können. Sie können die APM-Einstellungen mithilfe der Optionen im Dialogfeld **Eigenschaften von Energieoptionen** konfigurieren. Klicken Sie auf die Registerkarte **APM**, und aktivieren Sie das Kontrollkästchen **Unterstützung für Advanced Power Management aktivieren**. Steht die Registerkarte **APM** nicht zur Verfügung, unterstützt Ihr Computer den neueren Standard ***ACPI (Advanced Configuration and Power Interface)***. In diesem Fall wird automatisch die ACPI-Unterstützung aktiviert, die Registerkarte **APM** wird ausgeblendet. Um die APM-Einstellungen konfigurieren zu können, müssen Sie als Mitglied der Gruppe **Administratoren** angemeldet sein.

Falls auf Ihrem Computer kein APM-BIOS installiert ist, wird das APM-Feature nicht von Windows XP Professional installiert. Aus diesem Grund wird die Registerkarte **APM** nicht im Dialogfeld **Eigenschaften von Energieoptionen** angezeigt. Falls Ihr Computer über ein ACPI-kompatibles BIOS verfügt, können in diesem Fall die ACPI-Features genutzt werden. Das ACPI-BIOS übernimmt Systemkonfiguration und Energieverwaltung vom Plug & Play-BIOS.

Hinweis Wenn Ihr Laptop über ein ACPI-kompatibles BIOS verfügt, können Sie PC Cards während des Betriebs einstecken beziehungsweise entfernen. Windows XP Professional erkennt und konfiguriert diese automatisch, ohne dass Sie den Computer neu starten müssen. Diese Fähigkeit wird als ***dynamische Konfiguration von PC Cards*** bezeichnet. Es gibt für tragbare Computer zwei weitere wichtige Features, die auf dem dynamischen Plug & Play-Modell beruhen: das An- und Abdocken während des Betriebs sowie das Austauschen von IDE- und Diskettenlaufwerken bei laufendem Betrieb (Hot swapping). Mit An- und Abdocken während des Betriebs ist gemeint, dass Sie einen Laptop über das Windows XP Professional-Startmenü an- und abdocken können, ohne das Gerät auszuschalten. Windows XP Professional erstellt automatisch zwei Hardwareprofile für Laptopcomputer, eines für den gedockten Zustand und ein zweites für den ungedockten Zustand. (Weitere Informationen zu Hardwareprofilen finden Sie in Kapitel 6, „Installieren, Verwalten und Problembehandlung von Hardwaregeräten und -treibern".) Der Austausch von IDE- und Diskettenlaufwerken bei laufendem Betrieb bezeichnet das Entfernen und Einstecken von Geräten wie Diskettenlaufwerken, DVD/CD-ROM-Laufwerken und Festplatten, ohne das System herunterfahren oder neu starten zu müssen. Windows XP Professional erkennt und konfiguriert diese Hardwarekomponenten automatisch.

Konfigurieren einer unterbrechungsfreien Stromversorgung

Ein USV-Gerät (***Unterbrechungsfreie Stromversorgung***) ist eine Hardwarekomponente, die zwischen Computer und Stromquelle (zum Beispiel einer Wandsteckdose) installiert wird. Das USV-Gerät sorgt dafür, dass in Fällen wie zum Beispiel einem Stromausfall die Stromzufuhr zum Computer nicht unterbrochen wird. Darüber hinaus schützt das USV-Gerät den Computer vor Überspannungsschäden und einem Spannungsabfall. Bei einem Stromausfall verschafft Ihnen die USV genug Zeit, um Ihre Dokumente zu speichern, Anwendungen zu schließen und den Computer normal herunterzufahren. Die verschiedenen USV-Modelle bieten unterschiedlichen Schutz.

Klicken Sie zum Konfigurieren der USV-Optionen im Dialogfeld **Eigenschaften von Energieoptionen** auf die Registerkarte **USV**. Auf der Registerkarte **USV** werden die aktuelle Stromquelle, die geschätzte USV-Laufzeit, die geschätzte USV-Kapazität sowie der Batteriezustand angegeben. Klicken Sie auf der Registerkarte **USV** auf **Auswählen**, um das Dialogfeld **USV-Auswahl** anzuzeigen. Dieses Dialogfeld enthält eine Herstellerliste, in der Sie den Hersteller Ihres USV-Geräts auswählen können.

Hinweis Prüfen Sie, ob das gewünschte USV-Gerät im Windows-Katalog aufgeführt ist, bevor Sie ein USV-Gerät erwerben.

Wenn Sie ein USV-Gerät mit Einfachsignal konfigurieren möchten, können Sie im Listenfeld **Hersteller auswählen** den Eintrag **Standard** auswählen. Klicken Sie im Listenfeld **Modell auswählen** auf **Benutzerdefiniert**, wählen Sie unter **Anschluss** den verwendeten COM-Anschluss aus, und klicken Sie anschließend auf **Weiter**. Im jetzt angezeigten Dialogfeld **USV-Schnittstellenkonfiguration auf:** ***Anschluss*** können Sie die Bedingungen konfigurieren, unter denen das USV-Gerät ein Signal senden soll (Abbildung 5.6). Zu diesen Bedingungen gehören Stromausfälle, ein niedriger Batteriestand und das Herunterfahren des Systems durch das USV-Gerät.

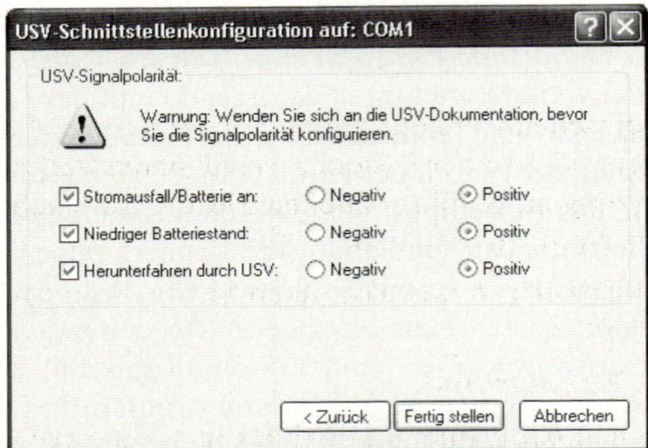

Abbildung 5.6 Konfigurieren der unterbrechungsfreien Stromversorgung

Nachdem Sie den USV-Dienst für den Computer konfiguriert haben, müssen Sie die Konfiguration testen, um sicherzustellen, dass der Computer im Falle eines Stromausfalls geschützt ist. Trennen Sie den Netzstecker von der Stromquelle, um einen Stromausfall zu simulieren. Während des Tests sollten der Computer und die angeschlossenen Geräte in Betrieb bleiben. Der Test sollte so lange ausgeführt werden, bis die USV-Batterie einen niedrigen Stand erreicht. Nur so können Sie prüfen, ob das System bei einem niedrigen USV-Batteriestand ordnungsgemäß heruntergefahren wird.

Insidertipp Windows XP Professional bietet zwar eine Basisunterstützung für USV-Geräte, zu einem guten USV-Gerät liefert der Hersteller aber normalerweise zusätzliche Software. Diese Software des Herstellers kann den Batteriefüllstand und die geschätzte Restlaufzeit oft besser ermitteln als Windows XP Professional. Außerdem bieten manche Programme zusätzliche Funktionen, zum Beispiel die Fähigkeit zum automatischen Speichern von Dokumenten, Beenden von Programmen und Herunterfahren des Systems (oder sogar Versetzen des Computers in den Ruhezustand), sobald ein Stromausfall auftritt.

Übung: Konfigurieren der Energieoptionen

In dieser Übung konfigurieren Sie die Energieoptionen über die Systemsteuerung.

1. Melden Sie sich über ein Konto an, das Mitglied der Administratorengruppe ist.
2. Klicken Sie auf **Start**, **Systemsteuerung** und **Leistung und Wartung**.
3. Klicken Sie auf **Energieoptionen**.

   Das Dialogfeld **Eigenschaften von Energieoptionen** mit aktivierter Registerkarte **Energieschemas** wird angezeigt.
4. Wählen Sie im Listenfeld **Energieschemas** das Schema **Tragbar/Laptop**.
5. Wählen Sie im Feld **Monitor ausschalten** den Eintrag **Nach 10 Min.** aus.
6. Wählen Sie im Feld **Festplatten ausschalten** den Eintrag **Nach 20 Min.** aus.
7. Klicken Sie auf **Speichern unter**, und geben Sie im Dialogfeld **Schema speichern** den Namen **Flugzeug** ein.
8. Klicken Sie auf **OK**.

   Sie haben soeben ein neues Energieschema erstellt. Wenn Sie auf den Pfeil neben dem Feld **Energieschemas** klicken, wird in der Liste der verfügbaren Schemas auch das soeben erstellte Schema **Flugzeug** aufgeführt. Klicken Sie auf **Übernehmen**, wenn Sie dieses Energieschema verwenden möchten.
9. Klicken Sie auf die Registerkarte **Erweitert**, und aktivieren Sie das Kontrollkästchen **Symbol in der Taskleiste anzeigen**.
10. Klicken Sie auf die Registerkarte **Ruhezustand**.
11. Klicken Sie auf das Kontrollkästchen **Ruhezustand aktivieren**, falls diese Option noch nicht aktiviert ist, und anschließend auf **Übernehmen**.
12. Klicken Sie auf die Registerkarte **APM**.
13. Möglicherweise wird die Registerkarte **APM** auf Ihrem Computer nicht angezeigt. Welche zwei Gründe gibt es dafür?

    ____

    ____

    ____

    ____
14. Klicken Sie auf das Kontrollkästchen **Unterstützung für Advanced Power Management aktivieren** (sofern noch nicht aktiviert). Klicken Sie dann auf **Übernehmen**.
15. Zum Übernehmen dieser Änderungen würden Sie jetzt auf **OK** klicken. Klicken Sie stattdessen auf **Abbrechen**.

    Das Dialogfeld **Eigenschaften von Energieoptionen** wird geschlossen.
16. Schließen Sie alle geöffneten Fenster.

Lernzielkontrolle

Die folgenden Fragen dienen zum Vertiefen der Themen dieser Lektion. Falls Sie eine Frage nicht beantworten können, sollten Sie die Lektion noch einmal durcharbeiten, und dann erneut versuchen, die Frage zu beantworten. Die Antworten auf die Lernzielkontrollfragen finden Sie im Abschnitt „Fragen und Antworten" am Ende dieses Kapitels.

1. Was ist ein Energieschema, und wozu wird es eingesetzt?

   ___

   ___

   ___

2. Welche der folgenden Aussagen treffen auf die Windows XP Professional-Energieschemas zu? (Wählen Sie alle zutreffenden Antworten aus.)
   a. Windows XP Professional stellt sechs vordefinierte Energieschemas zur Verfügung.
   b. In Windows XP Professional können Sie eigene Energieschemas erstellen.
   c. Sie können die vordefinierten Windows XP Professional-Energieschemas bearbeiten, das Erstellen neuer Energieschemas ist jedoch nicht möglich.
   d. Windows XP Professional stellt keine vordefinierten Energieschemas zur Verfügung.

3. Ein ________ ist eine Hardwarekomponente, die zwischen Computer und Stromquelle (zum Beispiel einer Wandsteckdose) installiert wird und dafür sorgt, dass in Fällen wie zum Beispiel einem Stromausfall die Stromzufuhr zum Computer nicht unterbrochen wird.

   ___

4. Wozu dient der Ruhezustand für einen Computer?

   ___

   ___

   ___

   ___

Zusammenfassung der Lektion

- Ein Energieschema ist eine Sammlung von Optionen zum Energiesparen. Sie können ein Energieschema konfigurieren, um Ihren Monitor oder die Festplatte auszuschalten oder den Computer sogar nach einer gewissen Leerlaufzeit in den Standbymodus zu versetzen.
- Über die erweiterten Energieoptionen können Sie zur Taskleiste ein Symbol für den schnellen Zugriff auf die Energieoptionen hinzufügen und festlegen, dass Sie bei Reaktivierung des Computers aus dem Standbymodus zur Eingabe Ihres Windows-Kennworts aufgefordert werden.

- Wenn Ihr Computer in den Ruhezustand wechselt, speichert er den aktuellen Zustand des Systems auf der Festplatte und schaltet sich ab. Nehmen Sie den Computer anschließend wieder in Betrieb, wird der Zustand vor Abschalten des Systems wiederhergestellt.
- APM ist ein Energieverwaltungsstandard, der Ihnen hilft, den Energieverbrauch Ihres Computers zu senken. Windows XP Professional unterstützt APM nur, wenn Ihr Computer mit einem APM-kompatiblen BIOS ausgerüstet ist. Ein neuerer Standard, ACPI, aktiviert die APM-Unterstützung automatisch.
- Ein USV-Gerät stellt bei Stromausfällen die Stromversorgung für einen Computer sicher.

Lektion 3: Konfigurieren von Systemeinstellungen

Über das Dialogfeld **Systemeigenschaften** (das Sie aus dem Fenster **Systemsteuerung** öffnen) können Sie die Betriebssystemeinstellungen konfigurieren. Diese Einstellungen steuern die Betriebssystemumgebung. Die Betriebssystemeinstellungen gelten unabhängig davon, welcher Benutzer zurzeit am Computer angemeldet ist.

Am Ende dieser Lektion werden Sie in der Lage sein, die folgenden Aufgaben auszuführen:

- Konfigurieren der Systemleistungsoptionen.
- Erstellen, Ändern und Verwalten von Benutzerprofilen.
- Konfigurieren von Systemstart- und Wiederherstellungseinstellungen.
- Konfigurieren von Umgebungsvariablen.
- Konfigurieren der Fehlerberichterstattung.

Veranschlagte Zeit für diese Lektion: 70 Minuten

Konfigurieren von Systemleistungsoptionen

Zum Konfigurieren der Systemleistungsoptionen klicken Sie in der Systemsteuerung auf **Leistung und Wartung**. Klicken Sie im Fenster **Leistung und Wartung** auf **System** und anschließend auf die Registerkarte **Erweitert**. Auf der Registerkarte **Erweitert** im Dialogfeld **Systemeigenschaften** (Abbildung 5.7) können Sie verschiedene Optionen konfigurieren. Hierzu zählen Leistungsoptionen, Benutzerprofile, Einstellungen für Start und Wiederherstellung, Umgebungsvariablen und Fehlerberichterstattung.

Tipp Sie können das Dialogfeld **Systemeigenschaften** schnell öffnen, indem Sie mit der rechten Maustaste auf das Symbol **Arbeitsplatz** klicken und im Kontextmenü den Befehl **Eigenschaften** wählen.

Klicken Sie auf der Registerkarte **Erweitert** im Bereich **Systemleistung** auf **Einstellungen**, um das Dialogfeld **Leistungsoptionen** anzuzeigen. Im Dialogfeld **Leistungsoptionen** stehen drei Registerkarten zur Auswahl: die Registerkarte **Visuelle Effekte**, die Registerkarte **Erweitert** und die Registerkarte **Datenausführungsverhinderung**.

Die Registerkarte Visuelle Effekte

Die Registerkarte **Visuelle Effekte** im Dialogfeld **Leistungsoptionen** wird in Abbildung 5.8 gezeigt. Auf dieser Registerkarte stehen verschiedene Optionen zum individuellen Konfigurieren der visuellen Effekte auf Ihrem Computer zur Verfügung. Windows XP Professional stellt folgende Optionen für visuelle Effekte bereit: **Optimale Einstellung automatisch auswählen**, **Für optimale Darstellung anpassen**, **Für optimale Leistung anpassen** und **Benutzerdefiniert**. Wenn Sie die visuellen Effekte manuell festlegen möchten, müssen Sie auf **Benutzerdefiniert** klicken.

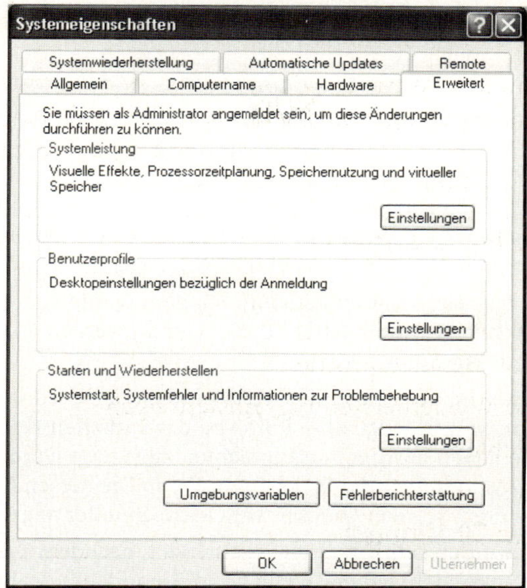

Abbildung 5.7 Auf der Registerkarte **Erweitert** des Dialogfelds **Systemeigenschaften** können Sie eine Reihe von Systemeinstellungen konfigurieren

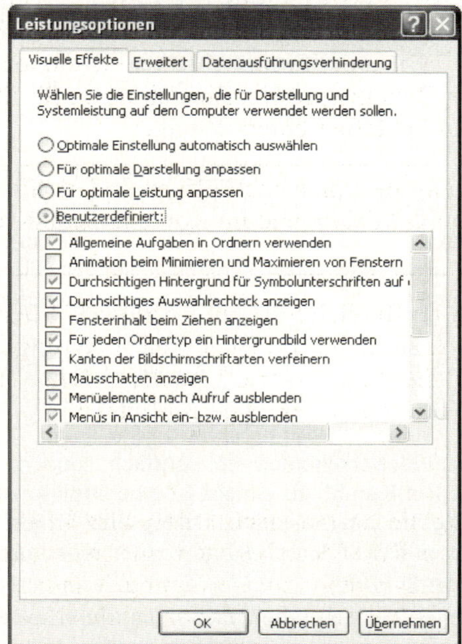

Abbildung 5.8 Auf der Registerkarte **Visuelle Effekte** können Sie Leistungsoptionen steuern

Tabelle 5.5 listet die verfügbaren visuellen Effekte auf und beschreibt ihre Auswirkungen.

Tabelle 5.5 Visuelle Effekte in Windows XP

Visueller Effekt	Beschreibung
Animation beim Minimieren und Maximieren von Fenstern	Bewirkt einen Zoomeffekt, wenn Sie ein Fenster minimieren oder maximieren. Wenn Sie diesen Effekt deaktivieren, werden Fenster schneller minimiert und maximiert.
Menüs in Ansicht ein- bzw. ausblenden	Menüs tauchen nicht einfach auf, sondern werden „ausgefahren". Wenn Sie diesen Effekt deaktivieren, werden Menüs schneller angezeigt.
Quickinfo in Ansicht ein- bzw. ausblenden	Quickinfo-Felder erscheinen nicht einfach, sondern werden langsam eingeblendet. Quickinfo-Felder enthalten Beschreibungen, die neben bestimmten Elementen angezeigt werden, wenn Sie den Mauszeiger darüber halten. Wenn Sie diesen Effekt deaktivieren, werden Quickinfo-Felder schneller angezeigt.
Menüelemente nach Aufruf ausblenden	Menüs werden schrittweise ausgeblendet, nachdem Sie einen Befehl angeklickt haben. Wenn Sie diesen Effekt deaktivieren, verschwinden Menüs sofort nach dem Auswählen eines Befehls.
Menüschatten anzeigen	Windows zeigt einen Schatten hinter Menüs an, um einen dreidimensionalen Effekt zu erreichen. Wenn Sie diesen Effekt deaktivieren, werden Menüs schneller angezeigt.
Mausschatten anzeigen	Windows zeigt einen Schattenwurf hinter dem Mauszeiger an. Wenn Sie diesen Effekt deaktivieren, wird die Reaktionsgeschwindigkeit für Mausbewegungen manchmal besser. Außerdem gibt es einige ältere Anwendungen, die nicht gut funktionieren, wenn diese Funktion aktiviert ist.
Durchsichtiges Auswahlrechteck anzeigen	Zeichnet beim Auswählen mehrerer Elemente auf dem Desktop nicht einfach die Ränder eines Rechtecks, sondern ein gefülltes Rechteck. Wenn Sie diesen Effekt deaktivieren, werden Elemente etwas schneller ausgewählt.
Fensterinhalt beim Ziehen anzeigen	Windows zeichnet ein Fenster neu, während das Fenster verschoben wird. Wenn Sie diesen Effekt deaktivieren, wird das Ziehen von offenen Fenstern deutlich schneller.
Offene Kombinationsfelder einblenden	Kombinationsfelder erscheinen nicht einfach, sondern werden eingeblendet. Ein Kombinationsfeld ist eine Dropdownliste mit Elementen, die Sie innerhalb eines Dialogfelds öffnen können. Wenn Sie diesen Effekt deaktivieren, werden Kombinationsfelder schneller geöffnet.
Taskleistenschaltflächen einblenden	Taskleistenschaltflächen gleiten nach links, wenn andere Programme geschlossen werden, beziehungsweise nach rechts, wenn neue Programme geöffnet werden. Wenn Sie diesen Effekt deaktivieren, erscheinen Taskleistenschaltflächen stattdessen sofort an ihrer neuen Position und stehen schneller wieder zur Verfügung.

▶

Visueller Effekt	Beschreibung
Kanten der Bildschirmschriftarten verfeinern	Verbessert die Lesbarkeit von Bildschirmschriftarten, insbesondere bei höheren Auflösungen. Wenn Sie diesen Effekt deaktivieren, werden Fenster und Dialogfelder schneller angezeigt.
Optimierten Bildlauf für Listenfelder verwenden	Der Inhalt eines Listenfelds bewegt sich beim Ziehen der Bildlaufleiste sanft nach oben oder unten, statt einfach einige Elemente weiterzuspringen. Wenn Sie diesen Effekt deaktivieren, wird der Inhalt von Listenfeldern schneller verschoben, aber das wirkt oft verwirrend.
Für jeden Ordnertyp ein Hintergrundbild verwenden	Unterschiedliche Ordnertypen können in Windows XP eigene Hintergrundbilder verwenden. Viele spezielle Windows-Ordner, zum Beispiel die Systemsteuerung, nutzen diesen Effekt.
Allgemeine Aufgaben in Ordnern verwenden	Windows-Ordner zeigen einen Aufgaben-Abschnitt an der linken Seite des Ordnerfensters an. Der Aufgaben-Abschnitt enthält Elemente, die mit den Dateien im Ordner in Zusammenhang stehen.
Durchsichtigen Hintergrund für Symbolunterschriften auf dem Desktop	Erzeugt einen Transparenzeffekt für die Textbeschriftungen von Symbolen. Dieser Effekt wirkt aber nur, wenn ein Symbol durch ein anderes Symbol verdeckt wird. Sie können nicht zum eigentlichen Desktophintergrund „hindurch sehen". Wenn Sie diesen Effekt deaktivieren, kann Windows den Desktop schneller anzeigen.
Visuelle Stile für Fenster und Schaltflächen verwenden	Dies ist eine wichtige Einstellung, da sie den neuen Look von Windows XP steuert. Falls Sie diesen Effekt deaktivieren, sieht Ihr Desktop wie in älteren Windows-Versionen aus.

Erweiterte Leistungsoptionen

Die Registerkarte **Erweitert** im Dialogfeld **Leistungsoptionen** wird in Abbildung 5.9 gezeigt. Über die Optionen auf dieser Registerkarte können Sie die Anwendungspriorität (die Priorität von Vordergrundprogrammen gegenüber der Priorität von im Hintergrund ausgeführten Programmen) sowie die Größe des virtuellen Speichers festlegen.

Prozessorzeitplanung

Windows XP Professional steuert über die Einstellungen für die Prozessorzeitplanung die Verteilung der Mikroprozessorressourcen auf die ausgeführten Programme. Bei Auswahl der Option **Programme** werden dem im Vordergrund ausgeführten Programm (dem aktiven Programm, das auf Benutzereingaben reagiert) die meisten Ressourcen zugewiesen. Windows XP Professional weist dem im Vordergrund ausgeführten Programm in diesem Fall zusätzliche, kurze Zeitschlitze variabler Länge zu. Ein Zeitschlitz (oder Quantum) ist eine kurze Zeitspanne, während der ein bestimmter Task die Steuerung des Mikroprozessors übernimmt. Bei Auswahl der Option **Hintergrunddienste** weist Windows stattdessen allen Programmen gleichlange Zeitschlitze zu.

Die Option **Hintergrunddienste** sollten Sie nur wählen, wenn der Computer als Server eingesetzt wird.

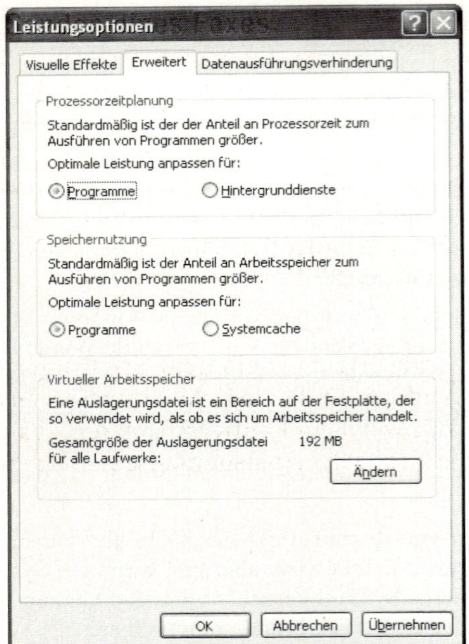

Abbildung 5.9 Konfigurieren von zusätzlichen Einstellungen auf der Registerkarte **Erweitert** im Dialogfeld **Leistungsoptionen**

Prüfungstipp Prägen Sie sich den Unterschied zwischen den Optionen **Programme** und **Hintergrunddienste** ein.

Speichernutzung

Windows XP Professional steuert über die Einstellungen im Feld **Speichernutzung** die Verteilung der Arbeitsspeicherressourcen auf die ausgeführten Programme. Aktivieren Sie die Option **Programme**, wenn der Computer hauptsächlich als Arbeitsstation eingesetzt wird. Bei Auswahl dieser Option arbeiten die Programme schneller, und der Systemcache weist die für Windows XP Professional festgelegte Standardgröße auf. Wählen Sie die Option **Systemcache**, wenn Ihr Computer als Server fungiert oder die ausgeführten Programme sehr viel Speicher erfordern.

Virtueller Arbeitsspeicher

Für den virtuellen Arbeitsspeicher nutzt Windows XP Professional die so genannte Bedarfsauslagerung, bei der Daten zwischen RAM (Random Access Memory) und Auslagerungsdateien auf der Festplatte ausgetauscht werden. Bei der Installation von Windows XP Professional erstellt das Setupprogramm eine Auslagerungsdatei für den virtuellen Speicher. Diese trägt den Namen **Pagefile.sys** und befindet sich auf der Windows XP Professional-Partition. Die empfohlene Größe der Auslagerungsdatei für Windows XP Professional entspricht der 1,5-fachen Größe des insgesamt verfügbaren Arbeitsspeichers. Diese Größe wird standardmäßig festgelegt. Stellen Sie zum Erzielen optimaler Leistungswerte sicher, dass die Auslagerungsdatei niemals unter diese empfohlene Größe sinkt. Im Normalfall können Sie die standardmäßig festgelegte Größe der Auslagerungsdatei übernehmen und Windows XP Professional das Verwalten der Dateigröße überlassen. Unter gewissen Umständen jedoch, beispielsweise bei der gleichzeitigen Ausführung vieler Anwendungen, kann es vorteilhaft sein, die Auslagerungsdatei zu vergrößern oder mehrere Auslagerungsdateien zu verwenden.

Prüfungstipp In der Standardeinstellung verwaltet Windows XP die Größe der Auslagerungsdatei automatisch, aber in besonderen Fällen können Sie eine Dateigröße festlegen. Die empfohlene Größe für die Auslagerungsdatei ist die 1,5-fache Größe des insgesamt verfügbaren Arbeitsspeichers.

Zum Konfigurieren der Auslagerungsdatei klicken Sie im Dialogfeld **Leistungsoptionen** im Bereich **Virtueller Arbeitsspeicher** auf **Ändern**. Im Dialogfeld **Virtueller Arbeitsspeicher** (Abbildung 5.10) wird angegeben, auf welchem Laufwerk sich die Auslagerungsdatei befindet. Hier können Sie auch die Größe der Auslagerungsdatei für das ausgewählte Laufwerk ändern.

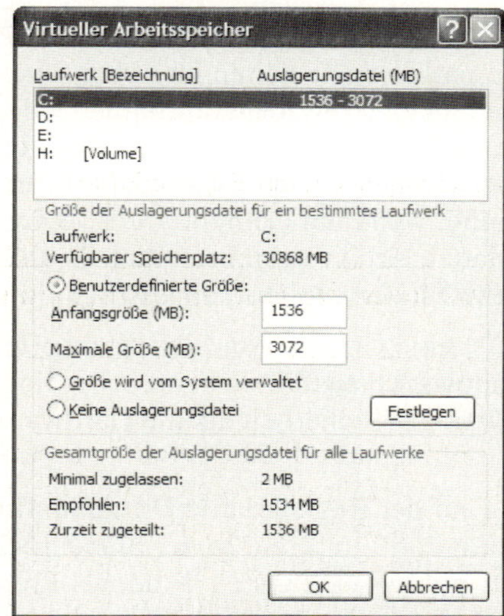

Abbildung 5.10 Konfigurieren der Auslagerungsdatei im Dialogfeld **Virtueller Arbeitsspeicher**

Wichtig Nur Benutzer mit Administratorrechten können im Dialogfeld **Leistungsoptionen** die Größe der Auslagerungsdatei ändern.

Die Größe der Auslagerungsdateien fällt niemals unter den Wert, der während der Installation als Anfangsgröße angegeben wurde. Nicht genutzter Speicherplatz in der Auslagerungsdatei wird der internen Verwaltung des virtuellen Speichers von Windows XP Professional (Virtual Memory Manager, VMM) zur Verfügung gestellt. Eine Auslagerungsdatei wird automatisch von der Anfangsgröße bis auf die im Textfeld **Maximale Größe (MB)** festgelegte Maximalgröße erweitert. Wenn die Auslagerungsdatei ihre Maximalgröße erreicht hat und ein Programm ausgeführt wird, das noch mehr virtuellen Arbeitsspeicher anfordert, weist Windows XP Professional diese Anforderung zurück. Das kann zu einem Fehler oder sogar einem Absturz der Anwendung führen.

Beim Neustart eines Windows XP Professional-Computers werden alle Auslagerungsdateien automatisch auf die Anfangsgröße zurückgesetzt.

Datenausführungsverhinderung

Die, Datenausführungsverhinderung (Data Execution Prevention, DEP) fasst mehrere Hardware- und Softwaretechniken zusammen, die zusätzliche Überprüfungen am Arbeitsspeicher vornehmen, um zu verhindern, dass böswilliger Code auf dem Computer ausgeführt wird. In Windows XP Professional kann die Datenausführungsverhinderung durch kompatible Hardware und durch Software erzwungen werden.

Hinweis Die Datenausführungsverhinderung ist ein Update, das im Windows XP Service Pack 2 enthalten ist. Hardware-Datenausführungsverhinderung steht nur für kompatible Geräte zur Verfügung und läuft nur unter den 32-Bit-Versionen von Windows XP Professional und Home Edition.

Die Hardware-Datenausführungsverhinderung markiert alle Seiten im Arbeitsspeicher als nicht ausführbar, sofern die entsprechende Seite nicht explizit ausführbaren Code enthält. Auf diese Weise werden Angriffe unterbunden, bei denen jemand versucht, ausführbaren Code in den Arbeitsspeicher einzuschleusen und dann auszuführen. Die Hardware-Datenausführungsverhinderung steht nur zur Verfügung, wenn ein Computer über einen kompatiblen Prozessor verfügt, der es Windows erlaubt, Arbeitsspeicherseiten als nicht ausführbar zu markieren. Sowohl Intel als auch AMD liefern solche Prozessoren.

Die Software-Datenausführungsverhinderung ist eine Gruppe von Sicherheitsprüfungen, die auf jedem Prozessor funktionieren, der Windows XP ausführen kann. Allerdings bietet die Software-Datenausführungsverhinderung weniger Sicherheit als die Hardware-Datenausführungsverhinderung.

Sie können die Datenausführungsverhinderung auf der Registerkarte **Datenausführungsverhinderung** im Dialogfeld **Leistungsoptionen** konfigurieren. In der Standardeinstellung ist die Datenausführungsverhinderung nur für die wichtigsten Windows-Programme und -Dienste aktiviert. Sie können die Datenausführungsverhinderung aber auch für alle Programme und Dienste aktivieren und dann auswählen, für welche spezifischen Programme und Dienste die Datenausführungsverhinderung nicht verwendet werden soll.

Optimieren der Systemleistung

Sie können die Systemleistung auf verschiedene Arten optimieren. Wenn Ihr Computer über mehrere Festplattencontroller verfügt, können Sie zunächst an jedem Controller auf einer Festplatte eine eigene Auslagerungsdatei erstellen. Das Verteilen der Informationen auf verschiedene Auslagerungsdateien verbessert die Leistung, da der Windows gleichzeitig Lese- und Schreibvorgänge für mehrere Festplatten an unterschiedlichen Controllern ausführen kann. Müssen Daten in die Auslagerungsdateien geschrieben werden, sorgt der VMM automatisch dafür, dass hierzu die Auslagerungsdatei auf der Festplatte mit der niedrigsten Auslastung verwendet wird.

Sie können die Systemleistung weiter verbessern, indem Sie die Auslagerungsdatei von der Windows XP Professional-Partition mit dem Ordner **%SystemRoot%** (dies ist standardmäßig der Ordner **Windows**) auf ein anderes Laufwerk verschieben. Auf diese Weise verhindern Sie, dass die verschiedenen Lese- und Schreibanforderungen um Prozessorzyklen konkurrieren. Auch wenn Sie eine Auslagerungsdatei auf der Windows XP Professional-Systempartition einrichten, um das Wiederherstellungsfeature nutzen zu können (dieses Thema wird im Abschnitt „Konfigurieren von Start- und Wiederherstellungseinstellungen" später in diesem Kapitel besprochen), können Sie die Leistung erhöhen, indem Sie mehrere Auslagerungsdateien einsetzen. Der VMM von Windows XP Professional verteilt in diesem Fall die Schreiboperationen auf die Auslagerungsdateien, sodass seltener auf die Auslagerungsdatei auf der Systempartition zugegriffen wird.

Eine dritte Möglichkeit zum Verbessern der Systemleistung besteht darin, die im Dialogfeld **Virtueller Arbeitsspeicher** angegebene Anfangsgröße der Auslagerungsdatei auf den unter **Maximale Größe (MB)** festgelegten Wert zu setzen. Auf diese Weise geht keine Zeit verloren, die ansonsten zum Vergrößern der Auslagerungsdatei benötigt wird.

Hinweis Denken Sie daran, zum Übernehmen geänderter Einstellungen immer erst auf die Schaltfläche **Festlegen** zu klicken, bevor Sie auf **OK** klicken.

Konfigurieren von Benutzerprofilen

Jedes Benutzerkonto in Windows XP hat ein zugehöriges ***Benutzerprofil***, das benutzerspezifische Konfigurationseinstellungen speichert, zum Beispiel einen angepassten Desktop oder individuelle Anwendungseinstellungen. Damit Sie die Desktopumgebung eines Benutzers effizient verwalten können, müssen Sie wissen, wie Benutzerprofile arbeiten und wie Sie diese Profile steuern.

Windows XP unterstützt folgende drei Typen von Benutzerprofilen:

- **Lokal:** Ein lokales Benutzerprofil steht nur auf dem Computer zur Verfügung, auf dem es angelegt wurde. Auf jedem Computer, an dem sich ein Benutzer anmeldet, wird ein eigenes lokales Benutzerprofil angelegt und gespeichert.
- **Servergespeichert:** Servergespeicherte Profile sind in einem freigegebenen Ordner auf einem Netzwerkserver gespeichert und können von jeder Stelle im Netzwerk abgerufen werden.
- **Verbindlich:** Verbindliche Benutzerprofile sind servergespeicherte Benutzerprofile, an denen Benutzer keine dauerhaften Änderungen vornehmen dürfen. Verbindliche Profile dienen dazu, Konfigurationseinstellungen zu erzwingen.

Lokal gespeicherte Profile

Windows speichert lokale Benutzerprofile in Unterordnern des Ordners **Dokumente und Einstellungen** auf dem **%SystemRoot%**-Laufwerk. Wenn sich ein Benutzer zum ersten Mal an einem Windows XP-System anmeldet, erstellt Windows in **Dokumente und Einstellungen** einen Ordner, dessen Name dem Benutzernamen entspricht. Innerhalb jedes Benutzerprofils gibt es mehrere Dateien und Ordner, die unter anderem folgende Konfigurationsinformationen und Daten enthalten:

- **Anwendungsdaten:** Enthält Konfigurationsinformationen zu Anwendungen. Für Windows XP entwickelte Anwendungen speichern ihre benutzerspezifischen Konfigurationseinstellungen in diesem Ordner. Der Ordner ist versteckt.
- **Cookies:** Enthält Cookie-Dateien, die normalerweise von Websites angelegt werden, um Benutzerinformationen und -einstellungen auf dem lokalen System zu speichern. Wenn Sie eine Site später erneut besuchen, kann die Site Ihnen mithilfe der Cookie-Dateien angepasste Inhalte anbieten und Ihre Aktivitäten innerhalb der Site verfolgen.
- **Desktop:** Enthält Dateien, Ordner und Verknüpfungen, die auf den Windows XP-Desktop gelegt wurden.
- **Favoriten:** Speichert Verknüpfungen zu Adressen, die ein Benutzer im Windows-Explorer oder Internet Explorer zur Liste der Favoriten hinzugefügt hat.
- **Lokale Einstellungen:** Enthält Anwendungsdaten, Verlaufs- und Temporärdateien (darunter auch temporäre Internetdateien). Dieser Ordner ist versteckt.
- **Eigene Dateien:** Speichert Dokumente und andere Benutzerdaten. Der Ordner **Eigene Dateien** ist vom Startmenü aus einfach zu erreichen.
- **Zuletzt verwendete Dokumente:** Enthält Verknüpfungen zu den Dokumenten und Ordnern, auf die der Benutzer zuletzt zugegriffen hat. Sie können auf den Ordner **Zuletzt verwendete Dokumente** auch vom Startmenü aus zugreifen. Dieser Ordner ist versteckt.
- **Netzwerkumgebung:** Enthält Verknüpfungen, die mit dem Befehl **Netzwerkressource hinzufügen** im Fenster **Netzwerkumgebung** erstellt wurden. Dieser Ordner ist versteckt.
- **Druckumgebung:** Enthält Verknüpfungen zu Elementen des Druckerordners. Dieser Ordner ist versteckt.
- **SendTo:** Enthält Verknüpfungen zu Dienstprogrammen zum Verarbeiten von Dokumenten, zum Beispiel E-Mail-Anwendungen. Diese Verknüpfungen werden im Untermenü **Senden an** des Kontextmenüs für Dateien und Ordner angezeigt. Dieser Ordner ist versteckt.
- **Startmenü:** Enthält die Verknüpfungen zu Programmen, die im Startmenü angezeigt werden. Eine Möglichkeit, das Startmenü zu verändern, besteht darin, im **Startmenü**-Ordner innerhalb des Benutzerprofilordners Ordner und Verknüpfungen hinzuzufügen oder zu löschen.
- **Vorlagen:** Enthält Vorlagenelemente, die von Anwendungen erstellt werden. Die Anwendungen verwenden die Vorlagen, wenn der Benutzer ein neues Dokument anlegt. Dieser Ordner ist versteckt.
- **Ntuser.dat:** Der benutzerspezifische Teil der Registrierung. Diese Datei enthält Konfigurationsänderungen am Windows-Explorer und an der Taskleiste sowie benutzerspezifische Systemsteuerungs- und Zubehöreinstellungen. Diese Einstellungen werden unter **HKEY_CURRENT_USER** in der Registrierung angezeigt.

- **Ntuser.dat.log:** Eine Protokolldatei, die verwendet wird, wenn Änderungen an **Ntuser.dat** vorgenommen werden, und bei der Wiederherstellung von **Ntuser.dat**, falls das System abstürzt.

Eingebaute Benutzerprofile

Windows speichert Benutzerprofile in der Standardeinstellung lokal. Ein lokales Benutzerprofil steht nur auf dem Computer zur Verfügung, auf dem es angelegt wurde. Windows legt während der Installation zwei eingebaute lokale Benutzerprofile an:

- **Standardbenutzerprofil:** Windows nimmt immer das Standardbenutzerprofil als Vorlage, wenn es neue Profile auf dem Computer anlegt. Wenn sich ein neuer Benutzer anmeldet, erhält der Benutzer als persönliches Benutzerprofil eine Kopie des Standardbenutzerprofils. Sie können das Standardbenutzerprofil anpassen, um zu steuern, welche Optionen und Einstellungen einem neuen Benutzer zur Verfügung gestellt werden. Änderungen am Standardbenutzerprofil betreffen nur die Profile neuer Benutzer, schon vorhandene persönliche Profile werden nicht verändert. Das Standardbenutzerprofil ist im Ordner **\Dokumente und Einstellungen\Default User** gespeichert, dieser Ordner ist versteckt. Wenn Sie den Ordner ansehen und bearbeiten wollen, müssen Sie die Ordneroptionen im Windows-Explorer so einstellen, dass versteckte Dateien und Ordner angezeigt werden.
- **Alle Benutzer:** Das Profil **Alle Benutzer** enthält Einstellungen, die für sämtliche Benutzer gelten, die sich am Computer anmelden. Windows kombiniert für die Dauer der Anmeldesitzung die Einstellungen aus **Alle Benutzer** mit dem Profil des aktuellen Benutzers, aber die Einstellungen werden nicht dauerhaft in das Profil des Benutzers übernommen. Sie können das **Alle Benutzer**-Profil bearbeiten, wenn Sie Einstellungen ändern wollen, die für alle Benutzer gelten sollen, die sich am Computer anmelden. Zum Beispiel erstellen viele Anwendungen während der Installation Verknüpfungen im Startmenü oder auf dem Desktop des **Alle Benutzer**-Profils. So ist sichergestellt, dass alle Benutzer, die sich am Computer anmelden, einfach Zugriff auf diese Anwendungen bekommen. Als Administrator können Sie das **Alle Benutzer**-Profil direkt bearbeiten und nach Bedarf Elemente hinzufügen und löschen. Das **Alle Benutzer**-Profil ist im Ordner **\Dokumente und Einstellungen\All Users** gespeichert. Der Ordner enthält nur eine Teilmenge der Ordner, die in anderen Profilen auf dem Computer vorhanden sind, weil er nur Einstellungen verwaltet, die für alle Benutzer gelten.

Mehrere Profile für dasselbe Benutzerkonto

Falls ein Computer, der unter Windows XP Professional läuft, Mitglied einer Windows-Domäne ist, kann es vorkommen, dass zwei Benutzer mit demselben Benutzerkontonamen sich an demselben Computer anmelden. Beispiele sind etwa das lokale Administratorkonto (gespeichert in der lokalen Kontendatenbank des Windows XP-Computers) und das Domänenadministratorkonto (gespeichert in der Active Directory-Datenbank auf Domänencontrollern). Das lokale Konto und das Domänenkonto sind unterschiedliche Komponenten, die jeweils ein eigenes Benutzerprofil verwalten.

Windows XP erlaubt nicht, dass sich zwei Benutzerkonten mit demselben Namen denselben Profilordner teilen (zum Beispiel **C:\Dokumente und Einstellungen\Administra tor**). Würde Windows dies zulassen, würde das Profil des einen Benutzers das des anderen überschreiben. Stattdessen erstellt Windows das Profil des ersten Benutzers, der sich unter einem mehrfach verwendeten Namen anmeldet, in **\Dokumente und Einstellungen\%UserName%**. Nachfolgende Benutzerkonten mit demselben Benutzernamen speichert Windows im Pfad **\Dokumente und Einstellungen\%UserName%.*x***. Die Ordnererweiterung ***x*** sieht dabei folgendermaßen aus:

- Falls es sich bei dem Benutzer, der sich unter demselben Benutzernamen anmeldet, um ein Domänenkonto handelt, nimmt Windows als Ordnererweiterung den Namen der Domäne.
- Falls es sich bei dem Benutzer, der sich unter demselben Benutzernamen anmeldet, um ein lokales Konto handelt, nimmt Windows als Ordnererweiterung den Namen des Computers.

Falls sich zum Beispiel erst der lokale Administrator anmeldet und dann der Domänenadministrator, speichert Windows das Profil des lokalen Administrators im Ordner **Administrator** und das Profil des Domänenadministrators in einem Ordner namens **Administrator.<*Domänenname*>**.

Mehrfache Benutzerprofile kommen nur vor, wenn der Computer Mitglied einer Domäne ist, weil die Domänenmitgliedschaft sowohl lokalen als auch Domänenkonten die Anmeldung ermöglicht. In einer Arbeitsgruppenumgebung greift Windows XP ausschließlich auf die lokale Kontendatenbank zu, und Sie können nicht zwei Benutzerkonten mit demselben Namen auf einem Computer anlegen.

Konfigurieren von lokalen Benutzerprofilen

Zum Anzeigen, Erstellen, Löschen und Ändern von Benutzerprofilen klicken Sie in der Systemsteuerung auf **Leistung und Wartung**. Klicken Sie anschließend auf **System** und die Registerkarte **Erweitert** (siehe Abbildung 5.7 weiter oben in diesem Kapitel). Klicken Sie im Feld **Benutzerprofile** auf **Einstellungen**, um das Dialogfeld **Benutzerprofile** zu öffnen (Abbildung 5.11).

Im Dialogfeld **Benutzerprofile** werden die Benutzerprofile aufgelistet, die auf dem lokalen Computer gespeichert sind. Sie können folgende Aufgaben ausführen:

- **Typ ändern:** Ermöglicht das Ändern des Profiltyps. Es stehen zwei Profiltypen zur Verfügung: lokal oder servergespeichert.
- **Löschen:** Über diese Option können Sie ein Benutzerprofil löschen.
- **Kopieren nach:** Mit dieser Schaltfläche legen Sie neue Benutzerprofile an, indem Sie ein vorhandenes Benutzerprofil kopieren und es anschließend einem anderen Benutzer zuordnen. Im Textfeld **Kopieren nach** geben Sie einen Speicherort für das kopierte Benutzerprofil an. Klicken Sie auf **Durchsuchen**, um nach einem geeigneten Speicherort zu suchen. Klicken Sie im Feld **Benutzer** auf **Ändern**, um einen oder mehrere Benutzer anzugeben, die dieses Benutzerprofil verwenden dürfen.

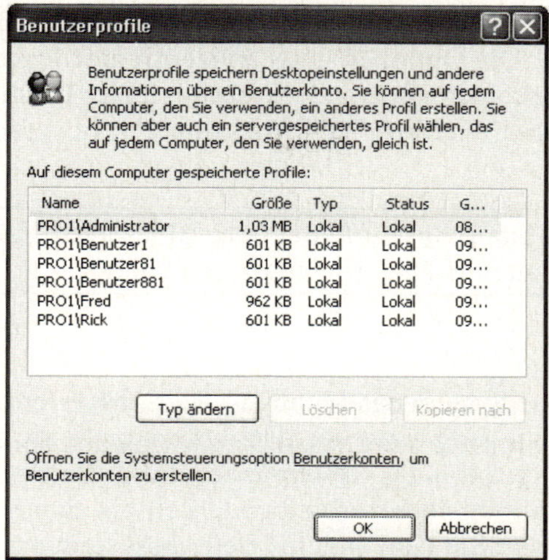

Abbildung 5.11 Im Dialogfeld **Benutzerprofile** können Sie die lokalen Benutzerprofile konfigurieren

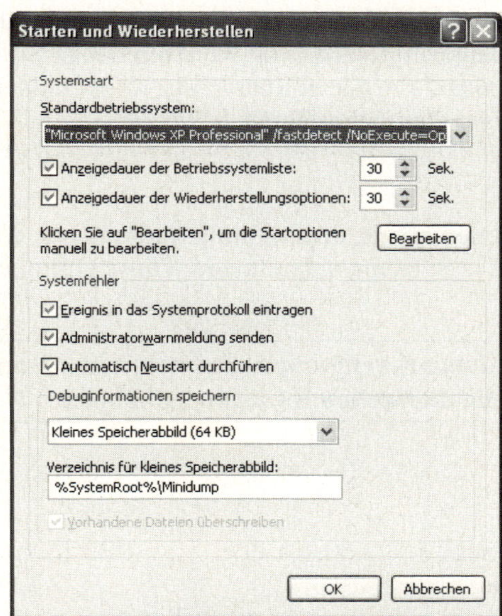

Abbildung 5.12 Im Dialogfeld **Starten und Wiederherstellen** steuern Sie Einstellungen für den Systemstart und für das Verhalten im Fall von Systemfehlern

Konfigurieren von Start- und Wiederherstellungseinstellungen

Über die Registerkarte **Erweitert** im Dialogfeld **Systemeigenschaften** können Sie auch die Start- und Wiederherstellungseinstellungen für einen Computer festlegen. Klicken Sie auf der Registerkarte **Erweitert** im Abschnitt **Starten und Wiederherstellen** auf **Einstellungen**, um das in Abbildung 5.12 gezeigte Dialogfeld **Starten und Wiederherstel-**

len zu öffnen. Die Optionen unter **Systemstart** steuern das Systemverhalten im Betriebssystemauswahlmenü beim Computerstart. Die Optionen unter **Systemfehler** legen die Vorgehensweise bei Stop-Fehlern fest. Bei einem Stop- oder Abbruchfehler handelt es sich um einen schwerwiegenden Fehler, der Windows XP Professional dazu veranlasst, alle ausgeführten Prozesse abzubrechen.

Insidertipp Stop-Fehler werden auch als fatale Systemfehler oder Bluescreen-Fehler (Windows XP Professional zeigt einen blauen Bildschirm an) bezeichnet.

Systemstart

Beim Einschalten des Computers zeigt das System das Menü zur Betriebssystemauswahl an, in dem die verfügbaren Betriebssysteme aufgelistet werden (sofern mehr als ein Betriebssystem installiert ist). Standardmäßig wählt das System eines dieser Betriebssysteme aus und zeigt einen Zähler an, in dem die noch verbleibende Zeit bis zum Starten dieses Betriebssystems angegeben ist. Wenn Sie kein anderes Betriebssystem auswählen, startet das System das standardmäßig ausgewählte Betriebssystem, sobald der Zähler auf den Wert 0 gesunken ist oder Sie die EINGABETASTE drücken. Ändern Sie die Optionen unter **Systemstart**, um das voreingestellte Betriebssystem und den Zeitraum für die Betriebssystemauswahl (in Sekunden) anzugeben beziehungsweise um festzulegen, ob eine Liste zur Betriebssystemauswahl angezeigt wird. Des Weiteren haben Sie die Möglichkeit, die Datei **Boot.ini** manuell zu ändern. Sie sollten in der Regel jedoch Windows XP Professional das Ändern dieser Datei überlassen.

Systemfehler

Windows XP Professional stellt vier Optionen bereit, die Administratoren nach einem Systemausfall bei der Wiederherstellung des Systems unterstützen. Diese Optionen werden in Tabelle 5.6 beschrieben.

Wichtig Sie müssen als Mitglied der Administratorengruppe angemeldet sein, um die Optionen im Dialogfeld **Starten und Wiederherstellen** festlegen zu können.

Tabelle 5.6 Optionen im Bereich **Systemfehler**

Option	Zusätzliche Informationen
Ereignis in das Systemprotokoll eintragen	Aktivieren Sie dieses Kontrollkästchen, wenn Windows XP Professional bei Auftreten eines unerwarteten Systemfehlers einen Eintrag in das Systemprotokoll schreiben soll. Weitere Informationen zu Ereignissen und dem Systemprotokoll finden Sie in Kapitel 18, „Arbeiten mit Windows XP-Tools“.
Administratorwarnmeldung senden	Aktivieren Sie dieses Kontrollkästchen, wenn Windows XP Professional bei Auftreten eines unerwarteten Systemfehlers eine Warnmeldung an Administratoren senden soll.
Automatisch Neustart durchführen	Aktivieren Sie dieses Kontrollkästchen, damit Windows XP Professional bei Auftreten von unerwarteten Systemfehlern einen automatischen Neustart durchführt. Deaktivieren Sie das Kontrollkästchen, falls Sie eine Problembehandlung auf einem Computer durchführen, der aufgrund eines Startfehlers ständig neu startet.
Debuginformationen speichern	Über die hier verfügbaren Optionen können Sie festlegen, ob Windows XP Professional im Falle eines Systemfehlers ein Speicherabbild in eine Debugdatei schreibt und wie viele Daten in die Datei geschrieben werden. Oft helfen diese Debuginformationen den Microsoft-Support-Mitarbeitern beim Identifizieren und Beseitigen von Problemen. In der ersten Option können Sie auswählen, welche Informationen Windows XP Professional im Falle eines Systemfehlers in die Speicherabbilddatei (**Memory.dmp**) schreiben soll. Es stehen folgende Optionen zur Auswahl: ■ **(Keine):** Schreibt keine Informationen in die Speicherabbilddatei. ■ **Kleines Speicherabbild:** Bei dieser Einstellung werden minimale Informationen für die Problembehandlung gespeichert. Diese Option erfordert eine Auslagerungsdatei von mindestens 2 MByte Größe auf dem Startvolume des Computers. Bei jedem unerwarteten Systemfehler wird eine neue Speicherabbilddatei erstellt. Im Verzeichnis für kleine Speicherabbilder werden Verlaufsinformationen zu diesen Abbildern gespeichert. Standardmäßig werden die Speicherabbilder im Verzeichnis **%SystemRoot%\Minidump** abgelegt. Ein kleines Speicherabbild kann für eine Problembehandlung von Stop-Fehlern nützlich sein, weil Sie dann den eigentlichen Stop-Fehler zu sehen bekommen und oft ermitteln können, welcher Treiber den Fehler verursacht hat. ■ **Kernelspeicherabbild:** Es werden nur Kernelspeicherinformationen in die Abbilddatei geschrieben. Je nach verfügbarem Arbeitsspeicher müssen zwischen 50 und 800 MByte Speicherplatz für die Auslagerungsdatei auf dem Startvolume verfügbar sein. Ein Kernelspeicherabbild kann beim Debuggen von komplizierteren Systemfehlern nützlich sein. Anhand eines Kernelspeicherabbilds können die Microsoft-Supportmitarbeiter die Ursachen der meisten Fehler identifizieren. ▶

Option	Zusätzliche Informationen
	■ **Vollständiges Speicherabbild:** Bei dieser Einstellung wird der gesamte Inhalt des Systemspeichers aufgezeichnet, falls ein Stop-Fehler auftritt. In diesem Fall muss die Auslagerungsdatei auf dem Startvolume so groß sein, dass sie das gesamte RAM plus 1 MByte aufnehmen kann. Ein vollständiges Speicherabbild ist sehr groß und enthält normalerweise mehr Informationen, als Sie beim einfachen Debuggen brauchen. Sie sollten diese Option nur aktivieren, wenn ein Microsoft-Supportmitarbeiter Sie dazu auffordert. Darüber hinaus sind zwei weitere Optionen verfügbar: ■ **Sicherungsdatei:** Gibt Name und Standort der Speicherabbilddatei an. Standardmäßig lautet dieser **%SystemRoot%\Memory.dmp**. ■ **Vorhandene Dateien überschreiben:** Diese Option wird standardmäßig aktiviert, wenn Sie die Option **Vollständiges Speicherabbild** oder **Kernelspeicherabbild** wählen. Windows XP Professional schreibt die Daten in diesem Fall immer in dieselbe Speicherabbilddatei **Memory.dmp**. Deaktivieren Sie dieses Kontrollkästchen, wenn Sie die Datei **Memory.dmp** nicht überschreiben möchten.

Sie können die Optionen unter **Debuginformationen speichern** nur nutzen, wenn folgende Voraussetzungen erfüllt sind:

- Auf der Systempartition (die Partition mit dem Systemordner **%SystemRoot%**) muss sich eine Auslagerungsdatei befinden.
- Die Auslagerungsdatei muss mindestens 1 MByte größer sein als der verfügbare physische Arbeitsspeicher, wenn Sie die Option **Vollständiges Speicherabbild** nutzen möchten.
- Sie müssen über genügend Festplattenspeicher zum Speichern der Speicherabbilddatei am angegebenen Ort verfügen.

Konfigurieren von Umgebungsvariablen

Umgebungsvariablen definieren die System- und Benutzerumgebung und enthalten beispielsweise Informationen zu Laufwerk, Pfad oder Dateiname. Umgebungsvariablen stellen die Informationen bereit, die Windows XP Professional zum Steuern verschiedener Anwendungen benötigt. Beispielsweise gibt die Umgebungsvariable **TEMP** an, wo eine Anwendung temporäre Dateien speichert.

Klicken Sie im Dialogfeld **Systemeigenschaften** auf der Registerkarte **Erweitert** auf die Schaltfläche **Umgebungsvariablen**, um die aktuell im Dialogfeld **Umgebungsvariablen** eingestellten System- und Benutzervariablen anzuzeigen (Abbildung 5.13).

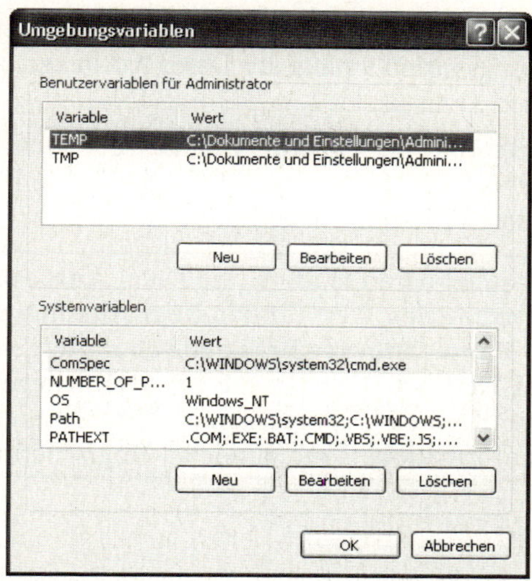

Abbildung 5.13 Umgebungsvariablen steuern die System- und Benutzerumgebung

Systemvariablen

Systemvariablen gelten für den gesamten Computer. Folglich wirken sich diese Variablen auch auf alle Benutzer des Computers aus. Während der Installation von Windows XP Professional konfiguriert das Setupprogramm die standardmäßigen Systemvariablen, zu denen auch der Pfad zu den Windows XP Professional-Dateien zählt. Systemvariablen können nur von Administratoren hinzugefügt, geändert oder entfernt werden.

Benutzervariablen

Die Benutzervariablen sind für jeden Benutzer eines bestimmten Computers anders. Zu diesen Umgebungsvariablen gehören alle benutzerdefinierten Einstellungen (zum Beispiel das Desktopmuster) und jegliche Variablen, die durch Anwendungen definiert werden (zum Beispiel der Pfad zu den Anwendungsdateien). Benutzer können eigene Benutzervariablen über das Dialogfeld **Umgebungsvariablen** hinzufügen, ändern oder entfernen.

Wie Windows XP Professional die Umgebungsvariablen festlegt

Windows XP Professional geht beim Setzen der Umgebungsvariablen nach folgender Reihenfolge vor:

1. Standardmäßig durchsucht Windows XP Professional zuerst die Datei **Autoexec.bat** (sofern vorhanden) nach Umgebungsvariablen. Falls Variablen vorhanden sind, werden sie gesetzt.
2. Als Nächstes werden die Systemvariablen gesetzt. Bei eventuellen Konflikten mit den Umgebungsvariablen aus der Datei **Autoexec.bat** haben die Systemvariablen Vorrang.

3. Abschließend werden die Benutzervariablen gesetzt. Bei eventuellen Konflikten mit den Systemvariablen und den Umgebungsvariablen aus der Datei **Autoexec.bat** haben die Benutzervariablen Vorrang.

Wenn Sie beispielsweise zur Datei **Autoexec.bat** die Zeile **SET TMP=C:** hinzufügen und es wurde eine Benutzervariable **TMP=X:\TEMP** gesetzt, überschreibt die Einstellung der Benutzervariablen (**X:\TEMP**) die vorherige Einstellung **C:**.

Hinweis Sie können Windows XP Professional daran hindern, die Datei **Autoexec.bat** zu durchsuchen, indem Sie in der Registrierung den Wert für den Registrierungseintrag **ParseAutoexec** auf **0** setzen. Der Eintrag **ParseAutoexec** befindet sich im folgenden Registrierungsunterschlüssel: **\HKEY_CURRENT_USER\SOFTWARE\Microsoft\Windows NT\CurrentVersion\Winlogon**. Kapitel 4, „Anpassen und Problembehandlung des Startvorgangs“, enthält weitere Informationen zur Windows-Registrierung.

Konfigurieren der Fehlerberichterstattung

Die Fehlerberichterstattung ermöglicht es Microsoft, zukünftige Produkte noch weiter zu verbessern und eventuelle Fehler in der Windows XP Professional-Software zu beseitigen. Zum Konfigurieren der Fehlerberichterstattung klicken Sie im Dialogfeld **Systemeigenschaften** zunächst auf die Registerkarte **Erweitert** und dann auf die Schaltfläche **Fehlerberichterstattung**. Das Dialogfeld **Fehlerberichterstattung** wird geöffnet. Beachten Sie, dass standardmäßig die Option **Fehlerberichterstattung aktivieren** ausgewählt ist. Klicken Sie auf **Fehlerberichterstattung deaktivieren**, wenn Sie keine Fehlerberichte senden möchten.

Wenn Sie die Fehlerberichterstattung aktivieren, können Sie konfigurieren, für welche Fehler ein Bericht gesendet werden soll. Standardmäßig sind unterhalb von **Fehlerberichterstattung aktivieren** zwei Kontrollkästchen aktiviert. Deaktivieren Sie das Kontrollkästchen **Windows-Betriebssystem**, wenn Fehler im Betriebssystem nicht gemeldet werden sollen. Deaktivieren Sie das Kontrollkästchen **Programme**, wenn Sie nicht möchten, dass Fehlerberichte zu ausgeführten Programmen gesendet werden. Wenn Sie festlegen möchten, für welche Programme Windows XP Professional einen Fehlerbericht erstellt, können Sie auf **Programme auswählen** klicken.

Hinweis Sofern ein System- oder Programmfehler auftritt und Sie die Fehlerberichterstattung aktiviert haben, zeigt Windows XP Professional ein Dialogfeld an, in dem Sie angeben können, ob zu diesem Fehler ein Bericht an Microsoft gesendet werden soll.

Übung: Konfigurieren von Systemeinstellungen mithilfe der Systemsteuerung

In dieser Übung nehmen Sie mithilfe des Moduls **System** einige Änderungen an den Betriebssystemeinstellungen vor. Zuerst ändern Sie die Größe der Auslagerungsdatei. Dann fügen Sie eine neue Systemvariable hinzu.

Übung 1: Ändern der Größe der Auslagerungsdatei

In dieser Teilübung ändern Sie mithilfe des Dialogfelds **Systemeigenschaften** die Größe der Windows XP Professional-Auslagerungsdatei.

1. Klicken Sie im Dialogfeld **Systemeigenschaften** auf die Registerkarte **Erweitert**.
2. Klicken Sie im Abschnitt **Systemleistung** auf **Einstellungen**.

   Windows XP Professional öffnet das Dialogfeld **Leistungsoptionen** mit aktivierter Registerkarte **Visuelle Effekte**.
3. Klicken Sie auf die Registerkarte **Erweitert**.

   Standardmäßig sind sowohl **Prozessorzeitplanung** als auch **Speichernutzung** für Programme optimiert.
4. Klicken Sie im Feld **Virtueller Arbeitsspeicher** auf **Ändern**.

   Das Dialogfeld **Virtueller Arbeitsspeicher** wird eingeblendet.
5. Klicken Sie in der Liste **Laufwerk** gegebenenfalls auf das Laufwerk, auf dem die Auslagerungsdatei gespeichert ist.
6. Erhöhen Sie den Wert im Textfeld **Anfangsgröße (MB)** um 10, und klicken Sie auf **Festlegen**.

   Sie haben soeben die Anfangsgröße der Auslagerungsdatei erhöht.
7. Klicken Sie auf **OK**, um das Dialogfeld **Virtueller Arbeitsspeicher** zu schließen.
8. Klicken Sie auf **OK**, um das Dialogfeld **Leistungsoptionen** zu schließen.

   Lassen Sie das Dialogfeld **Systemeigenschaften** für die nächste Teilübung geöffnet.

Übung 2: Hinzufügen einer Systemvariablen

In dieser Teilübung fügen Sie mithilfe des Dialogfelds **Systemeigenschaften** eine neue Systemvariable hinzu. Anschließend testen Sie die neue Variable, indem Sie diese in einer Eingabeaufforderung verwenden.

1. Klicken Sie im Dialogfeld **Systemeigenschaften** auf der Registerkarte **Erweitert** auf die Schaltfläche **Umgebungsvariablen**.

   Das Dialogfeld **Umgebungsvariablen** wird geöffnet.
2. Klicken Sie im Feld **Systemvariablen** auf **Neu**.

   Das Dialogfeld **Neue Systemvariable** wird eingeblendet.
3. Geben Sie in das Textfeld **Name der Variablen** den Namen **WinXPdir** ein.
4. Geben Sie im Textfeld **Wert der Variablen** den Pfad zum Ordner mit den Windows XP Professional-Systemdateien ein, zum Beispiel **C:\Windows**.

   Wenn Sie sich nicht sicher sind, wie der Pfad zu den Windows XP Professional-Systemdateien lautet, können Sie im Windows-Explorer nach dem Windows-Verzeichnis suchen.
5. Klicken Sie auf **OK**.

Es wird nun wieder das Dialogfeld **Umgebungsvariablen** angezeigt.

6. Führen Sie einen Bildlauf durch die Systemvariablen durch, und stellen Sie sicher, dass die Variable **WinXPdir** aufgelistet ist.
7. Klicken Sie auf **OK**, um das Dialogfeld **Umgebungsvariablen** zu schließen. Klicken Sie nochmals auf **OK**, um das Dialogfeld **Systemeigenschaften** zu schließen.
8. Schließen Sie das Fenster **Leistung und Wartung**.
9. Klicken Sie auf **Start** und **Ausführen**.
10. Geben Sie im Textfeld **Öffnen** den Befehl **cmd** ein, und klicken Sie auf **OK**.
11. Was bewirkt der Befehl **cmd**?

    ____

    ____

12. Geben Sie an der Eingabeaufforderung **set | more** ein, und drücken Sie die EINGABETASTE.

    Die Liste der aktuell gesetzten Umgebungsvariablen wird angezeigt. Die Liste enthält unter anderem auch den Eintrag **WinXPdir**. (Sie müssen möglicherweise die LEERTASTE drücken, um einen Bildlauf durch die Liste durchzuführen und **WinXPdir** anzuzeigen.)

13. Geben Sie (falls erforderlich) **c:** ein, und drücken Sie die EINGABETASTE, um zu dem Laufwerk zu wechseln, auf dem Windows XP Professional installiert ist. (Ersetzen Sie **c:** gegebenenfalls durch den entsprechenden Laufwerkbuchstaben.)
14. Geben Sie **cd** ein, und drücken Sie die EINGABETASTE, um zum Stammverzeichnis zu wechseln.
15. Geben Sie **cd %WinXPdir%** ein, und drücken Sie die EINGABETASTE.

    Sie sollten sich nun im Windows-Verzeichnis befinden.

16. Geben Sie **exit** ein, und drücken Sie die EINGABETASTE, um die Eingabeaufforderung zu schließen.

Lernzielkontrolle

Die folgenden Fragen dienen zum Vertiefen der Themen dieser Lektion. Falls Sie eine Frage nicht beantworten können, sollten Sie die Lektion noch einmal durcharbeiten, und dann erneut versuchen, die Frage zu beantworten. Die Antworten auf die Lernzielkontrollfragen finden Sie im Abschnitt „Fragen und Antworten“ am Ende dieses Kapitels.

1. Welche Leistungsoptionen können Sie über die Registerkarten im Dialogfeld **Leistungsoptionen** steuern?

    ____

    ____

    ____

    ____

2. Welche der folgenden Aussagen treffen auf den virtuellen Arbeitsspeicher von Windows XP Professional zu? (Wählen Sie alle zutreffenden Antworten aus.)
   a. Bei der Installation von Windows XP Professional erstellt das Setupprogramm eine Auslagerungsdatei für den virtuellen Speicher. Sie trägt den Namen **Pagefile.sys** und befindet sich auf der Windows XP Professional-Partition.
   b. In einigen Umgebungen kann es vorteilhaft sein, mehrere Auslagerungsdateien zu verwenden.
   c. Ist nicht die gesamte Auslagerungsdatei in Verwendung, kann ihre Größe unter die während der Installation festgelegte Anfangsgröße fallen.
   d. Nicht genutzter Speicherplatz in der Auslagerungsdatei steht keinem Programm zur Verfügung, auch nicht dem virtuellen Speicher-Manager von Windows XP Professional (VMM).
3. Beim Einschalten des Computers zeigt das System das Menü zur Betriebssystemauswahl an, in dem die verfügbaren Betriebssysteme aufgelistet werden. Was geschieht, wenn ein Benutzer kein Betriebssystem ausgewählt hat, nachdem der angezeigte Zähler den Wert 0 erreicht?
4. Welche Voraussetzungen müssen erfüllt sein, wenn Sie die Möglichkeiten zum Speichern von Debuginformationen im Dialogfeld **Starten und Wiederherstellen** nutzen wollen?

Zusammenfassung der Lektion

- Über die Registerkarte **Erweitert** des Dialogfelds **Systemeigenschaften** konfigurieren Sie Leistungsoptionen für einen Computer. Sie können visuelle Effekte aktivieren und deaktivieren, die sich auf die Leistung auswirken, und Prozessorzeitplanung, Speichernutzung, virtuellen Speicher und die Datenausführungsverhinderung konfigurieren.
- Jedes Benutzerkonto in Windows XP verfügt über ein zugehöriges Benutzerprofil, das benutzerspezifische Konfigurationseinstellungen speichert. Es gibt drei Typen von Benutzerprofilen: lokal, servergespeichert und verbindlich. Lokale Benutzerprofile sind unterhalb des Ordners **Dokumente und Einstellungen** auf dem **%SystemRoot%**-Laufwerk gespeichert.
- Sie können über das Dialogfeld **Systemeigenschaften** auch Einstellungen für das Starten und Wiederherstellen konfigurieren. Starteinstellungen regeln zum Beispiel, welches Betriebssystem beim Start automatisch geladen wird und wie lange Windows wartet, bis Sie ein Betriebssystem ausgewählt haben, bevor es automatisch das Standardbetriebssystem startet. Mithilfe der Wiederherstellungseinstellungen können Sie steuern, wie sich Windows im Fall eines Systemfehlers verhält.
- Umgebungsvariablen definieren System- und Benutzerumgebungsinformationen. Umgebungsvariablen stellen Informationen zur Verfügung, mit denen Windows XP Professional verschiedene Anwendungen steuert.
- Wenn die Fehlerberichterstattung aktiviert ist, stellt Windows nach einem Anwendungs- oder Betriebssystemfehler Informationen zusammen und bietet an, diese Informationen an Microsoft zu senden. Die Fehlerberichterstattung hilft Microsoft, künftige Produkte zu verbessern und Schwierigkeiten zu beseitigen, die Sie mit Windows XP Professional haben.

Lektion 4: Konfigurieren von Sprachen, Regionen und Eingabehilfen

Windows XP Professional ist in Bezug auf die Konfiguration des Desktops äußerst flexibel. Sie können Ihren Computer für den Einsatz mehrerer Sprachen und für mehrere Standorte konfigurieren. Dies ist besonders für Mitarbeiter internationaler Unternehmen interessant, die Geschäftsbeziehungen zu Kunden in verschiedenen Ländern unterhalten. Oder für Benutzer in einem Land, in dem mehrere Sprachen gesprochen werden. Windows XP Professional stellt außerdem Eingabehilfen zur Verfügung, mit deren Hilfe Sie das Arbeiten mit Windows XP Professional erleichtern können.

Am Ende dieser Lektion werden Sie in der Lage sein, die folgenden Aufgaben auszuführen:

- Konfigurieren und Problembehandlung von Regions- und Sprachoptionen.
- Konfigurieren und Problembehandlung von Eingabehilfen.

Veranschlagte Zeit für diese Lektion: 40 Minuten

Konfigurieren und Problembehandlung von Regions- und Sprachoptionen

Regions- und Sprachoptionen definieren die Standards und Formate, mit denen der Computer Berechnungen ausführt, Informationen wie Datum und Uhrzeit anzeigt und Daten wie Währung, Zahlen, Datum und andere Einheiten formatiert. Diese Einstellungen stehen in der Systemsteuerung über die Kategorie **Datums-, Zeit-, Sprach- und Regionaleinstellungen** zur Verfügung. Sie definieren außerdem den Standort eines Benutzers, was Hilfediensten ermöglicht, lokale Informationen wie Nachrichten und Wettervorhersage bereitzustellen. Sprachoptionen definieren die ***Eingabesprachen*** (ein Computer kann Eingaben in vielen verschiedenen Sprachen entgegennehmen). Der Computer muss daher mit den korrekten Einstellungen konfiguriert sein.

In vielen Fällen müssen Benutzer einen Standort oder eine Eingabesprache hinzufügen, weil sie verreisen oder in zwei unterschiedlichen Ländern leben und arbeiten. Oft muss eine Eingabesprache hinzugefügt werden, weil Benutzer, die gemeinsam einen Computer nutzen, unterschiedliche Sprachen sprechen. Oder es müssen Währung, Zeit und Datum auf dem Notebook eines Benutzers zeitweise geändert werden, weil er auf Geschäftsreise geht.

Sie werden praktisch die gesamte Konfiguration und Problembehandlung für Regions- und Spracheinstellung in der Systemsteuerung durchführen. Wählen Sie dazu im Fenster **Systemsteuerung** die Kategorie **Datums-, Zeit-, Sprach- und Regionaleinstellungen** und dann **Regions- und Sprachoptionen**. Abbildung 5.14 zeigt das Dialogfeld **Regions- und Sprachoptionen**.

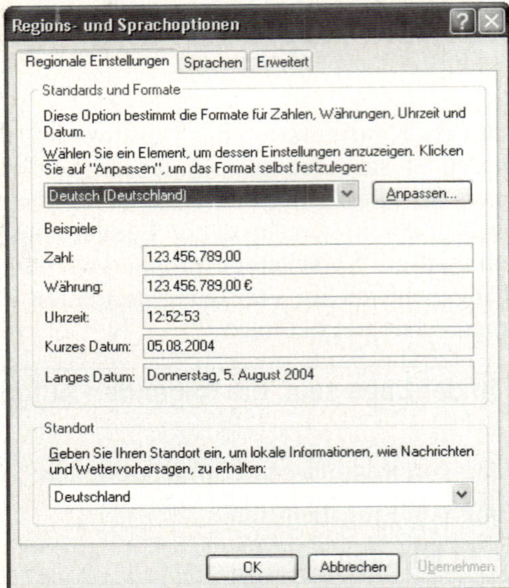

Abbildung 5.14 Im Dialogfeld **Regions- und Sprachoptionen** können Sie die Sprache auswählen und die Formatierung anpassen

Abbildung 5.15 Beim Umstellen der Standard- und Formatoptionen werden Währung, Datum, Sprache und etliches mehr verändert

Konfigurieren von Währung, Uhrzeit und Datum

Wenn ein Benutzer Sie bittet, die Standards und Formate für Währung, Zeit oder Datum auf einem Computer zu ändern, nehmen Sie diese Einstellungen im Dialogfeld **Regions- und Sprachoptionen** auf der Registerkarte **Regionale Einstellungen** vor. Um Standards und Formate zu ändern, brauchen Sie lediglich in der Dropdownliste im Feld **Standards und Formate** einen anderen Eintrag auszuwählen. In Abbildung 5.15 ist nicht mehr die Einstellung **Deutsch (Deutschland)** ausgewählt, sondern **Französisch (Frankreich)**. Wie Sie sehen, ist das Datum in Französisch, das kurze Datumsformat wird mit Schrägstrichen geschrieben, und als Tausendertrennzeichen bei großen Zahlen dient das Leerzeichen, nicht der Punkt wie im Deutschen.

Gehen Sie folgendermaßen vor, um Regions- und Sprachoptionen anzusehen und zu verändern:

1. Wählen Sie im Startmenü **Systemsteuerung**.
2. Wählen Sie im Fenster **Systemsteuerung** die Option **Datums-, Zeit-, Sprach- und Regionaleinstellungen** und dann **Regions- und Sprachoptionen**.
3. Klicken Sie im Dialogfeld **Regions- und Sprachoptionen** auf der Registerkarte **Regionale Einstellungen** im Feld **Standards und Formate** in die Dropdownliste, um sich die verfügbaren Möglichkeiten anzusehen. Wählen Sie eines dieser Elemente.
4. Wählen Sie im Feld **Standort** ein Land oder eine Region aus der Liste aus, um den Standardstandort zu ändern.
5. Weitere Änderungen an den einzelnen Einstellungen können Sie vornehmen, indem Sie auf **Anpassen** klicken.
6. Klicken Sie in allen offenen Dialogfeldern auf **OK**, sobald Sie fertig sind.

Anpassen der regionalen Einstellungen

Falls Sie eine ganz bestimmte Änderung an den Standardeinstellungen wünschen, zum Beispiel am Währungssymbol, am Zeit- oder Datumsformat oder am Maßeinheitensystem, die übrigen Standardeinstellungen aber unverändert bleiben sollen, können Sie auf **Anpassen** klicken (siehe Abbildung 5.15) und die erforderlichen Änderungen vornehmen. Zu jeder Option gibt es eine Dropdownliste, Sie brauchen nur die gewünschte Einstellung aus der Liste zu wählen.

Konfigurieren von Eingabesprachen

Die für den Computer konfigurierte Eingabesprache verrät Windows, wie es Texteingaben des Benutzers über die Tastatur interpretieren soll. Möglicherweise bittet Sie ein Benutzer, eine Sprache hinzuzufügen, wenn er zwischen zwei oder mehr Ländern mit unterschiedlichen Sprachen hin- und herreist, damit er Dokumente in diesen Sprachen bearbeiten oder Berechnungen mit den jeweiligen Währungen durchführen kann. Sind mehrere Sprachen konfiguriert, kann der Benutzer nach Bedarf zwischen ihnen umschalten. Auch wenn Benutzer nicht reisen, gibt es Gründe, warum sie ihre Spracheinstellungen ändern wollen, zum Beispiel weil sie in einer internationalen Gruppe arbeiten oder internationale Kunden und Geschäftspartner haben.

Gehen Sie folgendermaßen vor, um eine Eingabesprache hinzuzufügen oder zu entfernen:

1. Wählen Sie im Startmenü **Systemsteuerung**.
2. Wählen Sie im Fenster **Systemsteuerung** die Option **Datums-, Zeit-, Sprach- und Regionaleinstellungen** und dann **Regions- und Sprachoptionen**.
3. Klicken Sie im Dialogfeld **Regions- und Sprachoptionen** auf die Registerkarte **Sprachen** und dann auf **Details**.
4. Klicken Sie im Dialogfeld **Textdienste und Eingabesprachen** auf **Hinzufügen**, um eine Sprache hinzuzufügen.
5. Wählen Sie im Dialogfeld **Eingabegebietsschema hinzufügen** die gewünschte Sprache aus. Wenn Sie ein bestimmtes Tastaturlayout wählen wollen, müssen Sie im Kombinationsfeld **Tastaturlayout/IME** das gewünschte Layout wählen. Wenn Sie ein Tastaturlayout oder einen IME (Input Method Editor) hinzufügen wollen, müssen Sie diese Komponente erst auf Ihrem Computer installieren. Klicken Sie auf **OK**.
6. Wählen Sie im Dialogfeld **Textdienste und Eingabesprachen** in der Dropdownliste **Standard-Eingabegebietsschema** die Sprache aus, die als Standardsprache dienen soll, und klicken Sie auf **OK**.

Abbildung 5.16 zeigt zwei verfügbare Sprachen, **Deutsch (Deutschland) – Deutsch** und **Englisch (USA) – US**. Der Benutzer kann nun ganz einfach über die Eingabegebietsschemaleiste (in der Taskleiste) zwischen diesen Sprachen umschalten.

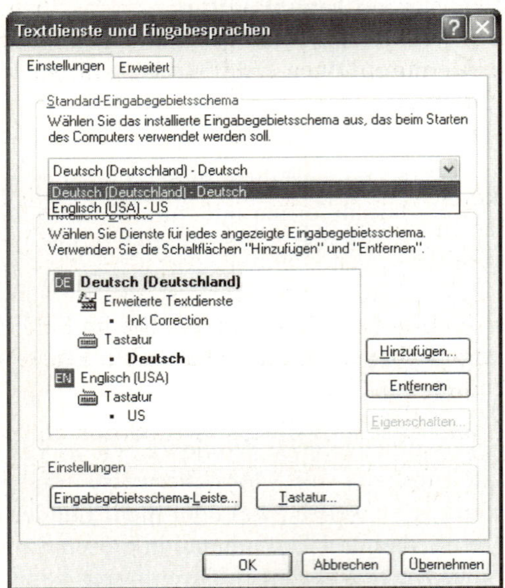

Abbildung 5.16 Dem Benutzer stehen nun zwei Sprachen zur Verfügung

Problembehandlung für Sprachen

Wenn Benutzer mehrere Sprachen konfiguriert haben, tauchen oft Probleme in diesem Zusammenhang auf. Eines der häufigeren Probleme taucht auf, wenn ein Benutzer, der mehrere Sprachen konfiguriert hat, versehentlich die verwendete Standardsprache umschaltet, indem er die entsprechende Tastenkombination drückt. In der Standardeinstellung schaltet die Tastenkombination ALT+UMSCHALT zwischen Sprachen um. Wenn Sie versehentlich diese Kombination drücken, finden Sie sich plötzlich mit einer Tastatur wieder, die sich anders verhält als üblich. In solchen Fällen müssen Sie durch erneutes Drücken der Tastenkombination (oder mithilfe der Eingabegebietsschemaleiste) auf die Standardsprache zurückschalten. Falls Sie dieses Problem häufiger haben, empfiehlt es sich, die Umschaltfunktion gleich zu deaktivieren.

Prüfungstipp Wenn Benutzer über Tastaturfehler berichten oder sich beschweren, dass Sonderzeichen falsch aussehen, sollten Sie sich die Regions- und Spracheinstellungen ansehen. Oft sind sie die Lösung für das Problem.

Konfigurieren und Problembehandlung der Eingabehilfen

Windows XP Professional stellt den Benutzern über das Symbol **Eingabehilfen** in der Systemsteuerung verschiedene Eingabehilfen zur Verfügung.

Tastaturoptionen

Zum Konfigurieren der Eingabehilfen klicken Sie in der Systemsteuerung auf **Eingabehilfen**. Klicken Sie im nun angezeigten Fenster auf **Eingabehilfen**, um das Dialogfeld **Eingabehilfen** anzuzeigen. Über die Registerkarte **Tastatur** des Dialogfelds **Eingabehilfen** (Abbildung 5.17) können Sie die Tastaturoptionen **Einrastfunktion**, **Anschlagverzögerung** und **Statusanzeige** konfigurieren.

Einrastfunktion

Wenn die Einrastfunktion aktiviert ist, können Sie für Tastenkombinationen wie beispielsweise STRG+ALT+ENTF alle Tasten auch nacheinander drücken. Diese Funktion ist praktisch für Benutzer, die Schwierigkeiten haben, mehr als eine Taste gleichzeitig zu drücken. Die Funktion wird über ein Kontrollkästchen gesteuert, ist also entweder aktiviert oder deaktiviert. Sie konfigurieren die Einrastfunktion, indem Sie im Feld **Einrastfunktion** auf die Schaltfläche **Einstellungen** klicken, um das Dialogfeld **Einstellungen für die Einrastfunktion** zu öffnen (Abbildung 5.18).

Sie haben die Möglichkeit, eine Tastenkombination für die Einrastfunktion zu konfigurieren. Standardmäßig ist diese Tastenkombination so festgelegt, dass durch fünfmaliges Drücken der UMSCHALTTASTE die Einrastfunktion aktiviert wird. Diese Kombination ist in der Standardeinstellung aktiviert.

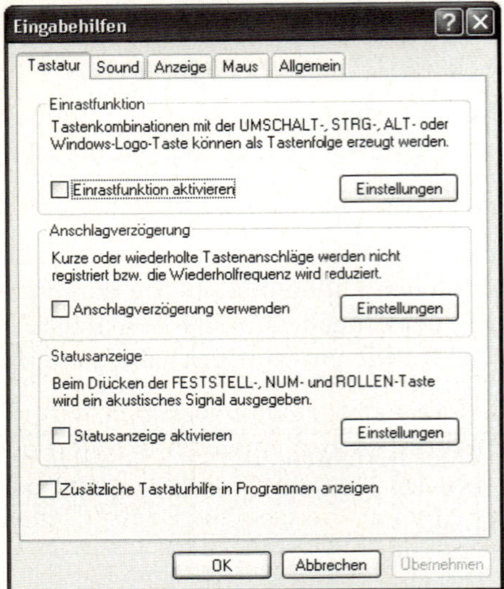

Abbildung 5.17 Konfigurieren von Eingabehilfen für die Tastatur

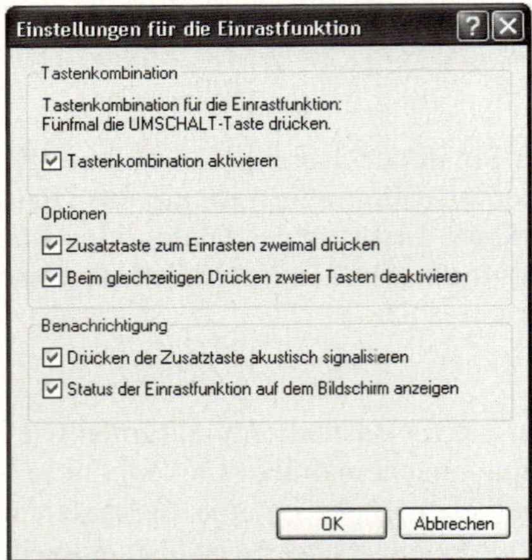

Abbildung 5.18 Ist die Einrastfunktion aktiviert, können Sie eine Tastenkombination eingeben, indem Sie die Tasten nacheinander drücken

Für die Einrastfunktion können zwei weitere Optionen konfiguriert werden: **Zusatztaste zum Einrasten zweimal drücken** und **Beim gleichzeitigen Drücken zweier Tasten deaktivieren**. Als Zusatztasten gelten STRG, ALT, die UMSCHALTTASTE und die Windows-Logo-Taste. Wenn Sie die Option **Zusatztaste zum Einrasten zweimal drücken** aktivieren, bleibt beim zweimaligen Drücken einer der Zusatztasten diese so lange aktiv, bis sie erneut betätigt wird. Diese Option ist praktisch, wenn Sie Schwierigkeiten damit haben, mehrere Tasten gleichzeitig zu drücken. Bei Auswahl der zweiten Option wird die Einrastfunktion deaktiviert, wenn zwei Tasten gleichzeitig betätigt werden.

Zusammen mit der Einrastfunktion können zwei Benachrichtigungseinstellungen konfiguriert werden: **Drücken der Zusatztaste akustisch signalisieren** und **Status der Einrastfunktion auf dem Bildschirm anzeigen**. Durch die erste Option wird ein Signalton ausgegeben, wenn eine der Zusatztasten (STRG, ALT, die UMSCHALTTASTE oder die Windows-Logo-Taste) gedrückt wird. Bei der zweiten Benachrichtigungseinstellung wird bei aktivierter Einrastfunktion das zugehörige Symbol in der Taskleiste angezeigt.

Anschlagverzögerung

Auf der Registerkarte **Tastatur** können Sie außerdem die Anschlagverzögerung aktivieren. Bei aktivierter Anschlagverzögerung ignoriert die Tastatur kurze oder wiederholte Tastenanschläge. Mithilfe dieser Option können Sie außerdem die Wiederholrate senken, mit der über eine gedrückt gehaltene Taste der Tastenanschlag wiederholt wird. Die Funktion wird über ein Kontrollkästchen gesteuert, ist also entweder aktiviert oder deaktiviert. Sie konfigurieren die Anschlagverzögerung, indem Sie im Feld **Anschlagverzögerung** auf die Schaltfläche **Einstellungen** klicken, um das Dialogfeld **Einstellungen für die Anschlagverzögerung** zu öffnen (Abbildung 5.19).

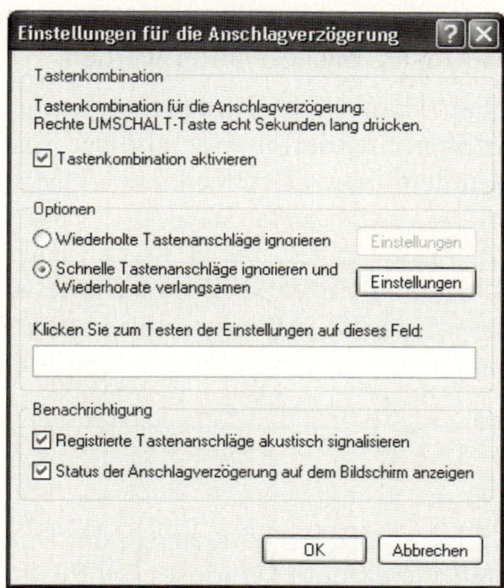

Abbildung 5.19 Bei aktivierter Anschlagverzögerung werden kurze oder wiederholte Tastendrücke ignoriert

Sie haben die Möglichkeit, eine Tastenkombination für die Anschlagverzögerung zu konfigurieren. Standardmäßig ist diese Tastenkombination so festgelegt, dass durch ein acht Sekunden langes Drücken der rechten UMSCHALTTASTE die Anschlagverzögerung aktiviert wird.

Für die Anschlagverzögerung können zwei weitere Optionen konfiguriert werden: **Wiederholte Tastenanschläge ignorieren** und **Schnelle Tastenanschläge ignorieren und Wiederholrate verlangsamen**. Die Option **Wiederholte Tastenanschläge ignorieren** ist standardmäßig deaktiviert, die Option **Schnelle Tastenanschläge ignorieren und Wiederholrate verlangsamen** ist standardmäßig ausgewählt. Es kann nur jeweils eine dieser beiden Optionen ausgewählt werden. Sie konfigurieren diese Optionen, indem Sie auf die jeweilige **Einstellungen**-Schaltfläche klicken.

Zusammen mit der Anschlagverzögerung können zwei Benachrichtigungseinstellungen konfiguriert werden: **Registrierte Tastenanschläge akustisch signalisieren** und **Status der Anschlagverzögerung auf dem Bildschirm anzeigen**. Bei der ersten Benachrichtigungseinstellung hören Sie einen Signalton, wenn eine Taste gedrückt wird, und einen weiteren Signalton, wenn der Tastenanschlag registriert wurde. Bei der zweiten Benachrichtigungseinstellung wird bei aktivierter Anschlagverzögerung das zugehörige Symbol in der Taskleiste angezeigt. Diese Einstellungen werden über ein Kontrollkästchen festgelegt. Sie können entweder eine, beide (die Standardeinstellung) oder keine der Einstellungen auswählen.

Statusanzeige

Auf der Registerkarte **Tastatur** des Dialogfelds **Eingabehilfen** können Sie als dritte Option die Statusanzeige konfigurieren. Bei aktivierter Statusanzeige hören Sie bei jeder Aktivierung der NUM-TASTE, der FESTSTELLTASTE oder der ROLLEN-TASTE einen hohen Warnton. Bei aktivierter Statusanzeige gibt der Computer darüber hinaus jedes Mal einen tiefen Warnton aus, wenn diese Tasten ausgeschaltet werden.

Klicken Sie im Feld **Statusanzeige** auf die Schaltfläche **Einstellungen**, um eine Tastenkombination für die Statusanzeige zu konfigurieren. Standardmäßig ist diese Tastenkombination so festgelegt, dass durch ein fünf Sekunden langes Drücken der NUM-TASTE die Statusanzeige aktiviert wird.

Hinweis Auf der Registerkarte **Tastatur** im Dialogfeld **Eingabehilfen** befindet sich noch ein weiteres Kontrollkästchen: **Zusätzliche Tastaturhilfe in Programmen anzeigen**. Bei Aktivierung dieses Kontrollkästchens zeigen auch andere Programme zusätzliche Tastaturhilfen an (sofern verfügbar).

Soundoptionen

Auf der Registerkarte **Sound** des Dialogfelds **Eingabehilfen** können Sie die Darstellungsoptionen konfigurieren. Über diese Einstellung erzeugt Windows XP Professional eine visuelle Warnung, wenn der Computer ein akustisches Signal ausgibt. Als zweite Option steht auf der Registerkarte **Sound** das Kontrollkästchen **Sounddarstellung aktivieren** zur Verfügung. Mithilfe dieser Option können Sie Windows XP Professional so konfigurieren, dass Sprachausgabe und akustische Signale auch optisch dargestellt werden.

Anzeigeoptionen

Auf der Registerkarte **Anzeige** des Dialogfelds **Eingabehilfen** steht die Option **Kontrast aktivieren** zur Verfügung. Bei Auswahl dieser Option konfiguriert Windows XP Professional Schriften und Farbeinstellungen so, dass eine optimale Lesbarkeit gewährleistet ist. Klicken Sie auf **Einstellungen**, um für diese Einstellung eine Tastenkombination zu konfigurieren. Standardmäßig ist diese Tastenkombination so festgelegt, dass durch Drücken der Kombination ALT+RECHTE-UMSCHALTTASTE+DRUCK die Kontrastoption aktiviert wird. Im Dialogfeld **Einstellungen für den Kontrast** können Sie außerdem ein Farbschema für die Kontrastoption auswählen. Ferner stehen auf der Registerkarte **Anzeige** im Dialogfeld **Eingabehilfen** Cursoroptionen zur Verfügung, mit denen Sie die Blinkrate und die Cursorbreite einstellen können.

Mausoptionen

Die Registerkarte **Maus** im Dialogfeld **Eingabehilfen** enthält das Kontrollkästchen **Tastaturmaus aktivieren**. Bei Auswahl dieser Option steuert Windows XP Professional den Mauszeiger über das Nummernfeld der Tastatur. Sie konfigurieren die Tastaturmaus, indem Sie auf **Einstellungen** klicken, um das Dialogfeld **Einstellungen für Tastaturmaus** zu öffnen (Abbildung 5.20).

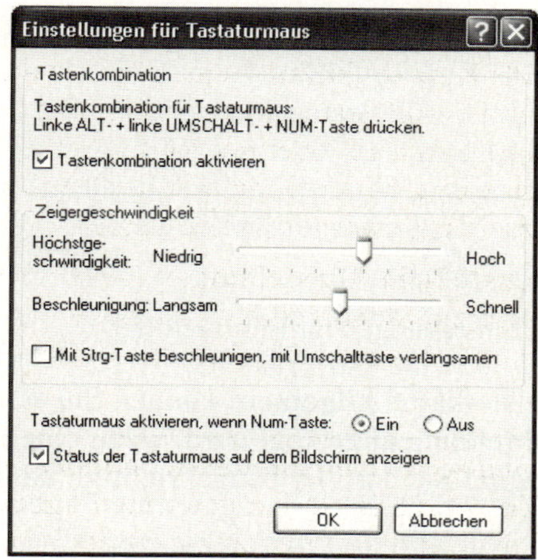

Abbildung 5.20 Über die Tastaturmaus können Sie den Mauszeiger mit den Nummerntasten steuern

Standardmäßig ist für die Tastaturmaus die Tastenkombination ALT+LINKE-UMSCHALTTASTE+NUM eingestellt. Sie können für diese Einstellung außerdem Zeigergeschwindigkeit und Beschleunigung festlegen. Über das Kontrollkästchen **Mit Strg-Taste beschleunigen, mit Umschalttaste verlangsamen** können Sie den Mauszeiger temporär beschleunigen oder verlangsamen, wenn Sie die Tastaturmaus verwenden. Zum Beschleunigen des Mauszeigers halten Sie die STRG-TASTE gedrückt, während Sie einen der Richtungspfeile im Nummernfeld der Tastatur betätigen. Zum Verlangsamen des Mauszeigers halten Sie die UMSCHALTTASTE gedrückt, während Sie einen der Richtungspfeile im Nummernfeld der Tastatur betätigen.

Allgemeine Optionen

Auf der Registerkarte **Allgemein** des Dialogfelds **Eingabehilfen** (Abbildung 5.21) können Sie die Eingabehilfen über die Option **Einstellungen automatisch deaktivieren nach** automatisch deaktivieren lassen. Mit Ausnahme der externen Eingabehilfen werden sämtliche der konfigurierten Eingabehilfen zurückgesetzt, wenn sich der Computer für eine bestimmte Zeit im Leerlauf befindet.

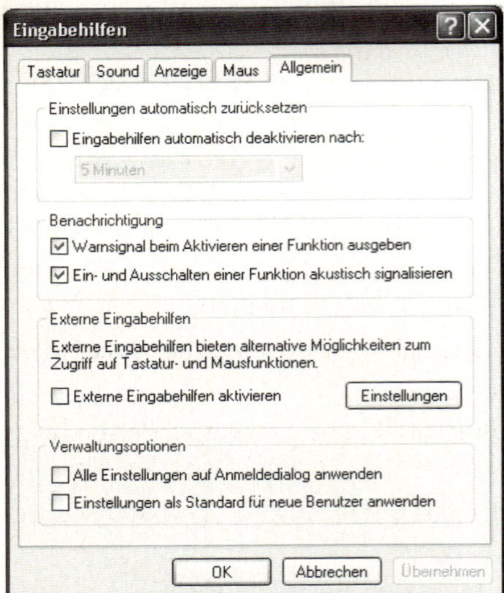

Abbildung 5.21 Konfigurieren der allgemeinen Einstellungen für Eingabehilfen

Im Abschnitt **Benachrichtigung** auf der Registerkarte **Allgemein** können Sie Windows XP Professional so konfigurieren, dass eine Meldung angezeigt wird, wenn eine Eingabehilfe aktiviert ist oder ein akustisches Signal Sie darüber benachrichtigt, dass eine Eingabehilfe aktiviert oder deaktiviert wurde.

Darüber hinaus können Sie auf dieser Registerkarte die Funktionen der externen Eingabehilfen aktivieren. In diesem Fall unterstützt Windows XP Professional auch alternative, an den seriellen Port angeschlossene Eingabegeräte.

Unterhalb von **Verwaltungsoptionen** werden zwei Kontrollkästchen angezeigt: **Alle Einstellungen auf Anmeldedialog anwenden** und **Einstellungen als Standard für neue Benutzer anwenden**. Über diese Optionen können Sie Windows XP Professional anweisen, alle konfigurierten Eingabehilfen bei Anmeldung des Benutzers beziehungsweise für alle neuen Benutzer zu übernehmen.

Übung: Konfigurieren von mehreren Sprachen mithilfe der Systemsteuerung

In dieser Übung richten Sie mit dem Modul **Regions- und Sprachoptionen** der Systemsteuerung mehrere Sprachen und mehrere Regionen ein.

1. Klicken Sie in der Systemsteuerung doppelt auf das Symbol **Datums-, Zeit-, Sprach- und Regionaleinstellungen**.
2. Klicken Sie auf **Regions- und Sprachoptionen**.

   Windows XP Professional öffnet das Dialogfeld **Regions- und Sprachoptionen** mit aktivierter Registerkarte **Regionale Einstellungen**.

3. Klicken Sie auf die Registerkarte **Sprachen**.
4. Klicken Sie im Abschnitt **Textdienste und Eingabesprachen** auf **Details**.

   Windows XP Professional zeigt das Dialogfeld **Textdienste und Eingabesprachen** an.
5. Klicken Sie im Bereich **Installierte Dienste** auf **Hinzufügen**.

   Das Dialogfeld **Eingabegebietsschema hinzufügen** wird eingeblendet.
6. Klicken Sie auf den nach unten weisenden Pfeil neben dem Feld **Eingabegebietsschema**, um die Liste der Sprachen anzuzeigen, und klicken Sie auf **Französisch (Frankreich)**.

   Für **Tastaturlayout/IME** wird automatisch die Einstellung **Französisch** ausgewählt.
7. Klicken Sie auf **OK**, um das Dialogfeld **Eingabegebietsschema hinzufügen** zu schließen.

   Windows XP Professional zeigt das Dialogfeld **Textdienste und Eingabesprachen** an. Beachten Sie, dass nun zwei Dienste als installiert angezeigt werden.
8. Klicken Sie auf **OK**, um das Dialogfeld **Textdienste und Eingabesprachen** zu schließen.
9. Klicken Sie auf **OK**, um das Dialogfeld **Regions- und Sprachoptionen** zu schließen.
10. Schließen Sie alle geöffneten Fenster.

Lernzielkontrolle

Die folgenden Fragen dienen zum Vertiefen der Themen dieser Lektion. Falls Sie eine Frage nicht beantworten können, sollten Sie die Lektion noch einmal durcharbeiten, und dann erneut versuchen, die Frage zu beantworten. Die Antworten auf die Lernzielkontrollfragen finden Sie im Abschnitt „Fragen und Antworten" am Ende dieses Kapitels.

1. Wie konfigurieren Sie Windows XP Professional für die Unterstützung mehrerer Sprachen?

   ____
   ____
   ____
   ____
   ____
   ____
   ____
   ____
   ____
   ____
   ____

2. Wenn die ________________________ aktiviert ist, können Sie für Tastenkombinationen wie beispielsweise STRG+ALT+ENTF alle Tasten auch nacheinander drücken.

   a. Anschlagverzögerung

   b. Einrastfunktion

   c. Statusanzeige

   d. Mehrfachtasten

3. Bei aktivierter ________________________ ignoriert die Tastatur kurze oder wiederholte Tastenanschläge. Mithilfe dieser Option können Sie außerdem die Wiederholrate senken, mit der über eine gedrückt gehaltene Taste der Tastenanschlag wiederholt wird.

4. Bei Einsatz der Tastaturmaus halten Sie zum Beschleunigen des Mauszeigers die ___________ gedrückt, während Sie einen der Richtungspfeile im Nummernfeld der Tastatur betätigen. Zum Verlangsamen des Mauszeigers halten Sie die ___________ gedrückt, während Sie einen der Richtungspfeile im Nummernfeld der Tastatur betätigen.

   STRG-Taste; Umschalttaste

Zusammenfassung der Lektion

- Die Regions- und Sprachoptionen der Systemsteuerung definieren die Standards und Formate, mit denen der Computer Berechnungen durchführt, Informationen wie Datum und Uhrzeit anzeigt und Währung, Zahlen, Datum und andere Einheiten formatiert.
- Windows XP stellt eine Reihe von Eingabehilfen zur Verfügung, die das Arbeiten mit Windows erleichtern. Einige dieser Eingabehilfen sind:
  - Wenn die Einrastfunktion aktiviert ist, können Sie für Tastenkombinationen wie beispielsweise STRG+ALT+ENTF alle Tasten auch nacheinander drücken.
  - Bei aktivierter Anschlagverzögerung ignoriert die Tastatur kurze oder wiederholte Tastenanschläge.
  - Bei aktivierter Statusanzeige hören Sie bei jeder Aktivierung der NUM-TASTE, der FESTSTELLTASTE oder der ROLLEN-TASTE einen hohen Warnton.
  - Die Darstellungsoptionen veranlassen Windows XP Professional, gleichzeitig mit dem Abspielen eines Warntons eine optische Warnung zu erzeugen.
  - Über die Sounddarstellung veranlasst Windows XP Professional andere Programme, Sprachausgabe und akustische Signale auch optisch darzustellen.
  - Bei Einsatz der Tastaturmaus steuert Windows XP Professional den Mauszeiger über das Nummernfeld der Tastatur.

Lektion 5: Verwalten der Windows-Komponenten

Windows XP Professional stellt in der Systemsteuerung das Tool **Software** bereit, mit dem Sie auf einfache Weise auf Ihrem Computer installierte Programme und Windows-Komponenten verwalten. Über das Tool **Software** können Sie Anwendungen wie beispielsweise Microsoft Word von CD-ROM, Disketten oder über eine Netzwerkfreigabe hinzufügen. Ferner können Sie zu einer Windows XP Professional-Installation Windows-Komponenten hinzufügen. Außerdem können Sie über das Tool **Software** installierte Anwendungen oder Windows-Komponenten wieder entfernen.

Am Ende dieser Lektion werden Sie in der Lage sein, die folgenden Aufgaben auszuführen:

- Hinzufügen von Windows-Komponenten.
- Entfernen von Windows-Komponenten.
- Verwalten der Microsoft Internet-Informationsdienste (IIS).

Veranschlagte Zeit für diese Lektion: 20 Minuten

Hinzufügen von Windows-Komponenten

Sie können alle Windows-Komponenten, die Sie bei der Installation von Windows XP Professional nicht ausgewählt haben, auch zu einem späteren Zeitpunkt installieren. Zu diesen installierbaren Windows-Komponenten gehören zum Beispiel die Faxdienste, die ***Internet-Informationsdienste*** (Internet Information Services, IIS), die Verwaltungs- und Überwachungsprogramme, das Message Queuing und zusätzliche Netzwerkdienste.

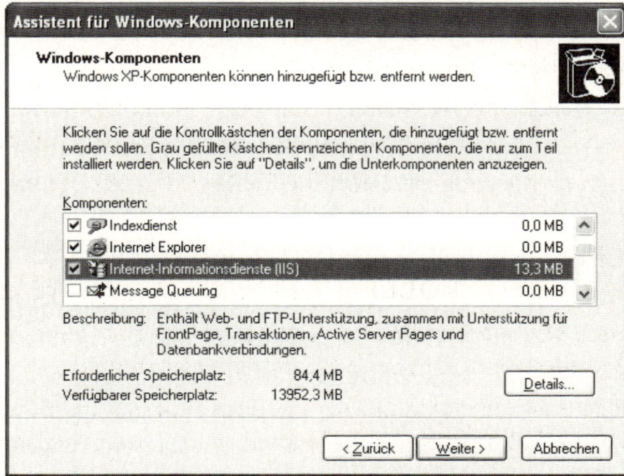

Abbildung 5.22 Mit dem Assistenten für Windows-Komponenten können Sie Komponenten in einer Windows XP Professional-Installation hinzufügen oder entfernen

Zum Installieren oder Entfernen von Windows-Komponenten verwenden Sie das Systemsteuerungsmodul **Software**. Klicken Sie im Fenster **Software** auf **Windows-Komponen-**

ten hinzufügen/entfernen. Daraufhin öffnet sich der Assistent für Windows-Komponenten (Abbildung 5.22).

Das Hinzufügen funktioniert bei allen Komponenten recht ähnlich, daher konzentriert sich dieses Kapitel auf die Internet-Informationsdienste. Die Internet-Informationsdienste sind die Webserversoftware, die in Windows XP Professional integriert ist.

Gehen Sie folgendermaßen vor, um die Internet-Informationsdienste zu installieren:

1. Klicken Sie auf **Start** und dann auf **Systemsteuerung**.
2. Klicken Sie im Fenster **Systemsteuerung** auf **Software**.
3. Klicken Sie im Fenster **Software** auf **Windows-Komponenten hinzufügen/entfernen**.

   Windows XP Professional startet den Assistenten für Windows-Komponenten.
4. Aktivieren Sie das Kontrollkästchen beim Eintrag **Internet-Informationsdienste (IIS)**.
5. Klicken Sie auf **Details**.

   Der Assistent für Windows-Komponenten öffnet das Dialogfeld **Internet-Informationsdienste (IIS)**, in dem die verschiedenen Komponenten von IIS aufgeführt werden. In Tabelle 5.7 werden diese IIS-Komponenten erläutert.

Tabelle 5.7 Komponenten der Internet-Informationsdienste (IIS)

Komponente	Standardmäßig ausgewählt	Beschreibung
Gemeinsame Dateien	Ja	Installiert die erforderlichen IIS-Programmdateien.
Dokumentation	Ja	Installiert die Dokumentation zur Veröffentlichung von Siteinhalten und zur Verwaltung von Web- und FTP-Server.
FTP-Dienst (File Transfer Protocol)	Nein	Bietet Unterstützung für das Erstellen von FTP-Sites für das Herauf- und Herunterladen von Dateien.
FrontPage 2000-Servererweiterungen	Ja	Ermöglicht das Erstellen und Verwalten von Websites mit Microsoft FrontPage und Microsoft Visual InterDev.
Snap-In Internet-Informationsdienste	Ja	Installiert die Verwaltungsoberfläche für IIS in der Microsoft Management Console.
SMTP-Dienst	Ja	Unterstützt die E-Mail-Übertragung.
WWW-Dienst	Ja	Verwendet HTTP (Hypertext Transfer Protocol) zur Verarbeitung von Webclientanforderungen in einem TCP/IP-Netzwerk (Transmission Control Protocol/Internet Protocol).

6. Klicken Sie auf **OK**, um das Dialogfeld **Internet-Informationsdienste (IIS)** zu schließen.

7. Klicken Sie auf der Seite **Windows-Komponenten** auf **Weiter**, um mit der Installation der Internet-Informationsdienste zu beginnen.

   Der Assistent für Windows-Komponenten zeigt die Seite **Komponenten werden konfiguriert** an, während die IIS-Dateien kopiert und die Komponenten konfiguriert werden. Dieser Vorgang kann einige Minuten in Anspruch nehmen.

8. Klicken Sie auf der Seite **Fertigstellen des Assistenten** auf die Schaltfläche **Fertig Stellen**.

9. Klicken Sie auf **Schließen**, um das Tool **Software** zu beenden.

Entfernen von Windows-Komponenten

Der Assistent für Windows-Komponenten kann auch zum Deinstallieren oder Entfernen von Windows-Komponenten eingesetzt werden. Wenn Sie eine Windows-Komponente entfernen möchten, deaktivieren Sie einfach auf der Assistentenseite **Windows-Komponenten** die Kontrollkästchen der zu entfernenden Komponenten. Anschließend klicken Sie auf **Weiter**. Der Assistent für Windows-Komponenten zeigt die Seite **Komponenten werden konfiguriert** an, während die Komponentendateien von Ihrem Computer entfernt werden. Nachdem die Komponente entfernt wurde, wird die Assistentenseite **Fertigstellen des Assistenten** angezeigt. Klicken Sie auf **Fertig stellen**, um den Assistenten für Windows-Komponenten zu schließen. Klicken Sie auf **Schließen**, um das Tool **Software** zu beenden, und schließen Sie dann die Systemsteuerung.

Verwalten der Internet-Informationsdienste

Die Internet-Informationsdienste (IIS) erlauben das einfache Veröffentlichen von Informationen im Internet oder dem firmeneigenen Intranet. Die Webdateien werden in Ordnern auf dem Server platziert, sodass die Benutzer eine HTTP-Verbindung aufbauen und Dateien mit einem Webbrowser anzeigen können. Die im Lieferumfang von Windows XP Professional enthaltenen Internet-Informationsdienste sind für Heimnetzwerke und kleine Firmennetzwerke gedacht und unterstützen daher nur 10 gleichzeitige Clientverbindungen. Darüber hinaus stehen nicht alle Features der Internet-Informationsdienste zur Verfügung, die in Windows Server 2003 enthalten sind.

Zum Verwalten der Internet-Informationsdienste verwenden Sie das Snap-In **Internet-Informationsdienste**. Mithilfe dieses Snap-Ins verwalten Sie die Inhalte von und den Zugriff auf Web- und FTP-Sites. Sie greifen auf das Snap-In **Internet-Informationsdienste** zu, indem Sie auf **Start** und **Alle Programme** klicken, **Verwaltung** wählen und dann auf **Internet-Informationsdienste** klicken. Über das Snap-In **Internet-Informationsdienste** können alle Aspekte der IIS-Verwaltung konfiguriert werden. Beispielsweise muss jede Website und FTP-Site über ein Basisverzeichnis verfügen. Bei der Installation von IIS wird standardmäßig ein Basisverzeichnis erstellt. Wenn Sie eine neue Website erstellen, können Sie mithilfe des Snap-Ins **Internet-Informationsdienste** das verwendete Basisverzeichnis ändern.

Klicken Sie zum Ändern des Basisverzeichnisses im Snap-In **Internet-Informationsdienste** mit der rechten Maustaste auf die gewünschte Web- oder FTP-Site, und wählen Sie **Eigenschaften**. Klicken Sie im nun angezeigten Eigenschaftendialogfeld auf die

Registerkarte **Basisverzeichnis**. Sie können ein Verzeichnis auf dem lokalen Computer, eine Ordnerfreigabe auf einem anderen Computer oder eine Umleitung zu einem URL (Uniform Resource Locator) angeben und anschließend im Textfeld **Lokaler Pfad** den entsprechenden Pfad eingeben. Klicken Sie auf **OK**, um das neue Basisverzeichnis zu übernehmen.

Falls Ihre Website Dateien enthält, die sich nicht im lokalen Basisverzeichnis befinden (zum Beispiel auf einem anderen Computer), müssen Sie auf Ihrer Website ein virtuelles Verzeichnis für diese Dateien erstellen. Diese virtuellen Verzeichnisse können ebenfalls über das Snap-In **Internet-Informationsdienste** erstellt werden. Wählen Sie im Snap-In **Internet-Informationsdienste** die Website oder FTP-Site aus, für die Sie ein virtuelles Verzeichnis hinzufügen möchten. Zeigen Sie im Menü **Aktion** auf **Neu**, und klicken Sie anschließend auf **Virtuelles Verzeichnis**. Daraufhin wird der Assistent zum Erstellen virtueller Verzeichnisse gestartet, der Sie durch die erforderlichen Schritte zum Erstellen eines virtuellen Verzeichnisses leitet.

Wenn auf einem Windows XP Professional-Computer die Internet-Informationsdienste installiert sind, steht im Eigenschaftendialogfeld aller Ordner eine zusätzliche Registerkarte mit dem Titel **Webfreigabe** zur Verfügung (Abbildung 5.23). Mithilfe dieser Registerkarte können Sie jeden beliebigen Ordner schnell auf Ihrer eigenen Website zur Verfügung stellen.

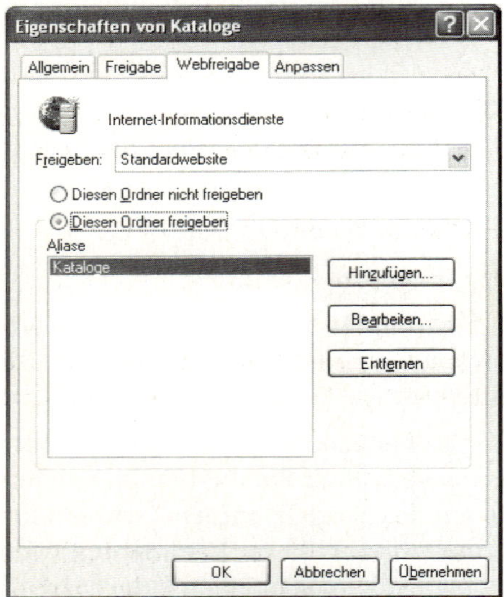

Abbildung 5.23 Die Internet-Informationsdienste stellen im Eigenschaftendialogfeld für Ordner die Registerkarte **Webfreigabe** zur Verfügung

Gehen Sie folgendermaßen vor, um mithilfe der Registerkarte **Webfreigabe** einen Ordner auf einer persönlichen Website freizugeben:

1. Klicken Sie im Windows-Explorer mit der rechten Maustaste auf den Ordner, den Sie auf Ihrer Website zur Verfügung stellen wollen, und wählen Sie **Eigenschaften**.

2. Wählen Sie im Eigenschaftendialogfeld für den Ordner auf der Registerkarte **Webfreigabe** im Kombinationsfeld **Freigeben** die Site aus, auf der Sie den Ordner freigeben wollen. In der Standardeinstellung ist die Standardwebsite ausgewählt. Falls Sie nur eine Website haben, stehen keine anderen Einträge in der Liste zur Verfügung.
3. Klicken Sie auf **Diesen Ordner freigeben**.

   Windows XP zeigt das Dialogfeld **Alias bearbeiten** an.
4. Geben Sie im Dialogfeld **Alias bearbeiten** einen Aliasnamen für den Ordner ein. Das Alias ist der Name, unter dem der Ordner auf der Website angezeigt wird. In der Standardeinstellung erstellt Windows ein Alias, das mit dem Namen des Ordners identisch ist.
5. Konfigurieren Sie die Zugriffsberechtigungen für den Ordner. Es stehen folgende Zugriffsberechtigungen zur Verfügung:
   - **Lesen:** Diese Berechtigung erlaubt es Benutzern, Dateien im Ordner zu öffnen und herunterzuladen.
   - **Schreiben:** Diese Berechtigung erlaubt es Benutzern, Dateien im Ordner zu ändern.
   - **Skriptzugriff:** Diese Berechtigung erlaubt es Benutzern, auf den Quellcode für Skripts im Ordner zuzugreifen.
   - **Verzeichnis durchsuchen:** Diese Berechtigung erlaubt es Benutzern, sich die Dateien im Ordner auflisten zu lassen.
6. Konfigurieren Sie die Anwendungsberechtigungen für den Ordner. Diese Einstellung legt fest, ob Anwendungen Skripts oder ausführbare Dateien im Ordner starten dürfen.
7. Klicken Sie auf **OK**, um das Dialogfeld **Alias bearbeiten** zu schließen.
8. Klicken Sie erneut auf **OK**, um die Einstellungen zu übernehmen und das Eigenschaftendialogfeld für den Ordner zu schließen.

Sie können auf der Registerkarte **Webfreigabe** außerdem weitere Aliasnamen für einen Ordner erstellen, die Eigenschaften eines vorhandenen Alias ändern und ein Alias für einen Ordner entfernen.

Lernzielkontrolle

Die folgenden Fragen dienen zum Vertiefen der Themen dieser Lektion. Falls Sie eine Frage nicht beantworten können, sollten Sie die Lektion noch einmal durcharbeiten, und dann erneut versuchen, die Frage zu beantworten. Die Antworten auf die Lernzielkontrollfragen finden Sie im Abschnitt „Fragen und Antworten" am Ende dieses Kapitels.

1. Wie fügen Sie zu Ihrer Windows XP Professional-Installation nachträglich Windows-Komponenten hinzu?

   ____

   ____

   ____

2. Welche Dienste stellen die Internet-Informationsdienste (IIS) bereit?

3. Wie viele gleichzeitige Clientverbindungen unterstützt die zum Lieferumfang von Windows XP Professional gehörende Version der Internet-Informationsdienste?

   a. 8

   b. 10

   c. 20

   d. 32

4. Wie verwalten Sie die Internet-Informationsdienste (IIS) von Windows XP Professional?

Zusammenfassung der Lektion

- Mit dem Modul **Software** der Systemsteuerung können Sie Anwendungen und Windows-Komponenten hinzufügen oder entfernen. Klicken Sie im Fenster **Software** auf **Windows-Komponenten hinzufügen/entfernen**, um eine Windows-Komponente hinzuzufügen.
- Im Dialogfeld **Windows-Komponenten hinzufügen/entfernen** können Sie auch Komponenten einer Windows XP Professional-Installation entfernen.
- Mit den Internet-Informationsdiensten (Internet Information Services, IIS) können Sie Informationen im Internet oder Intranet veröffentlichen. Die im Lieferumfang von Windows XP Professional enthaltenen Internet-Informationsdienste sind für Heimnetzwerke und kleine Firmennetzwerke gedacht und unterstützen daher nur 10 gleichzeitige Clientverbindungen.

Übung mit Fallbeispiel

In dieser Übung wird ein Szenario zum Konfigurieren von Windows XP beschrieben. Beantworten Sie nach dem Durchlesen des Szenarios die Fragen. Falls Sie Schwierigkeiten haben, sollten Sie den Inhalt dieses Kapitels noch einmal durcharbeiten, bevor Sie das nächste Kapitel in Angriff nehmen. Die Antworten auf die Fragen finden Sie im Abschnitt „Fragen und Antworten“ am Ende dieses Kapitels.

Szenario

Sie arbeiten als Administrator für das Unternehmen Trey Research, Hersteller von Funkortungsgeräten. Sie arbeiten mit Ihrer Kollegin Olinda zusammen, einer Fachautorin und Übersetzerin, die für die Benutzeroberfläche eines neuen Produkts ein Benutzerhandbuch in Englisch und Deutsch erstellt.

Fragen

1. Die Benutzeroberfläche für das Produkt arbeitet mit dem metrischen System, nicht mit dem US-System. Weil Olinda Amerikanerin ist, sind die Regions- und Spracheinstellungen bei ihrem Computer auf **Englisch (USA)** eingestellt. Wie ändern Sie am besten die Standardmaßeinheiten auf ihrem Computer vom US-System auf das metrische System?

2. Weil Olinda das Aussehen der Benutzeroberfläche für die englischsprachige und die deutschsprachige Programmversion unter Windows XP beschreiben will, muss sie in der Lage sein, Windows XP sowohl in englischer als auch in deutscher Sprache zu verwenden. Wie sollten Sie dieses Feature konfigurieren?

3. Sie haben die Sprache Deutsch zu Olindas Computer hinzugefügt. Wie kann sie zwischen Englisch und Deutsch umschalten?

4. Nachdem Olinda die Benutzeroberfläche des neuen Programms benutzt hat, berichtet sie, dass der Monitor manchmal schwarz wird, nachdem sie einige Zeit nicht am Computer gearbeitet hat. Wenn sie ihre Maus bewegt, geht der Monitor wieder an, aber das Programm stürzt ab. Sie möchte verhindern, dass ihr Monitor automatisch abgeschaltet wird, wenn sie eine Weile nicht am Computer arbeitet. Was sollten Sie tun?

5. Von den Softwareentwicklern erfährt Olinda, dass das Programm mit bestimmten visuellen Effekten nicht gut zusammenarbeitet. Insbesondere kann der Schatten unter dem Mauszeiger Probleme bereiten. Olinda will eine Anleitung in das Handbuch aufnehmen, wie der Benutzer diese Funktion deaktivieren kann. Daher hat Olinda Sie gebeten, Ihr das Verfahren zu beschreiben. Was erzählen Sie ihr?

Übung zur Problembehandlung

Sie arbeiten als Administrator für ein Unternehmen namens Contoso, Ltd., einen national tätigen Hersteller von Papierprodukten. Marcel, ein Benutzer in der Verkaufsabteilung, berichtet, dass er ein Problem mit seinem Windows XP Professional-Computer hat. Wenn er den Computer startet, kommt das System nur bis zum Bildschirm mit dem Windows-Logo. An diesem Punkt sieht Marcel kurz einen blauen Bildschirm mit einer Menge Text, und dann startet der Computer neu. Das macht der Computer immer wieder, bis er abgeschaltet wird.

1. Was passiert mit Marcels Computer?

2. Sie können Marcels Computer im abgesicherten Modus erfolgreich starten. Sie wollen den Stop-Fehler selbst sehen. Was sollten Sie tun?

3. Nachdem Sie den Stop-Fehler auf Marcels Computer untersucht haben, wissen Sie, dass eine beschädigte Auslagerungsdatei die Ursache des Stop-Fehlers ist. Sie müssen die Auslagerungsdatei von Marcels Computer löschen. Wie gehen Sie vor?

4. Nach dem Löschen der beschädigten Auslagerungsdatei müssen Sie eine neue Auslagerungsdatei erstellen. Sie möchten Windows das Verwalten der Größe der Auslagerungsdatei überlassen. Wie gehen Sie vor?

Zusammenfassung des Kapitels

- Im Dialogfeld **Eigenschaften von Anzeige** legen Sie die meisten Einstellungen fest, die das Aussehen Ihres Desktops steuern. Außerdem können Sie die Einstellungen für Ihre Grafikkarte und den Monitor festlegen. Windows XP Professional unterstützt bis zu 10 Anzeigegeräte. Der Windows-Desktop wird dabei so erweitert, dass er sich über alle verfügbaren Monitore ausbreitet. Sie müssen PCI- oder AGP-Grafikkarten verwenden, wenn Sie mehrere Anzeigegeräte einsetzen wollen.
- Mithilfe der Energieoptionen können Sie Windows XP Professional so konfigurieren, dass es Ihren Monitor oder die Festplatte ausschaltet, die APM-Unterstützung konfigurieren, den Ruhezustand aktivieren und die Unterstützung für eine unterbrechungsfreie Stromversorgung (USV) konfigurieren.
- Über die Registerkarte **Erweitert** des Dialogfelds **Systemeigenschaften** können Sie Leistungsoptionen für einen Computer konfigurieren. Sie können visuelle Effekte aktivieren und deaktivieren, die sich auf die Leistung auswirken, und Prozessorzeitplanung, Speichernutzung, virtuellen Speicher und die Datenausführungsverhinderung konfigurieren. Sie können über das Dialogfeld **Systemeigenschaften** auch Einstellungen für das Starten und Wiederherstellen, Benutzerprofile und Umgebungsvariablen konfigurieren.
- Die Regions- und Sprachoptionen der Systemsteuerung definieren die Standards und Formate, mit denen der Computer Berechnungen durchführt, Informationen wie Datum und Uhrzeit anzeigt und Währung, Zahlen, Datum und andere Einheiten formatiert. Windows XP stellt außerdem eine Reihe von Eingabehilfen zur Verfügung, die das Arbeiten mit Windows erleichtern.
- Mit dem Modul **Software** der Systemsteuerung können Sie Anwendungen und Windows-Komponenten hinzufügen oder entfernen. Eine solche Komponente sind zum Beispiel die Internet-Informationsdienste (Internet Information Services, IIS), die in Windows XP Professional eingebaute Webserversoftware.

Prüfungsrelevante Themen

Vor der Prüfungsteilnahme sollten Sie die nachfolgend aufgeführten Schlüsselinformationen und -begriffe noch einmal durcharbeiten. Diese Informationen sind für das Bestehen der Prüfung von entscheidender Bedeutung.

Schlüsselinformationen

- Lernen Sie, wie Sie Farbqualität und Bildschirmauflösung einstellen. Üben Sie auch den Umgang mit erweiterten Anzeigeeinstellungen, zum Beispiel Grafikkartentyp, Monitortyp und Kompatibilitätsoptionen.
- Sie können festlegen, dass der Prozessor Programme gegenüber Hintergrunddiensten bevorzugt oder umgekehrt. Bei der Einstellung **Programme** bekommt das Vordergrundprogramm (das aktive Programm, das auf die Benutzereingaben reagiert) mehr Ressourcen zugewiesen. Wenn Sie die Option **Hintergrunddienste** wählen, weist Windows allen Programmen dieselbe Menge an Ressourcen zu.

- In der Standardeinstellung verwaltet Windows XP die Größe der Auslagerungsdatei automatisch, aber in besonderen Fällen können Sie eine Dateigröße festlegen. Die empfohlene Größe für die Auslagerungsdatei ist die 1,5-fache Größe des insgesamt verfügbaren Arbeitsspeichers.
- Wenn Benutzer über Tastaturfehler berichten oder sich beschweren, dass Sonderzeichen falsch aussehen, sollten Sie sich die Regions- und Spracheinstellungen ansehen.

Schlüsselbegriffe

Advanced Configuration and Power Interface (ACPI) Ein neuerer Standard für die Energieverwaltung, Nachfolger von APM. Mithilfe von ACPI kann Windows Energieeinstellungen des Computers steuern. Ein Computer, der ACPI unterstützt, ist automatisch auch APM-kompatibel.

Advanced Power Management (APM) Ein Standard für die Energieverwaltung, der es Windows erlaubt, die Energieeinstellungen eines Computers zu steuern.

Auslagerungsdatei Die Datei, in die Windows Speicherseiten vom Arbeitsspeicher auf Festplatte auslagert, um den Arbeitsspeicher des Computers zu vergrößern. Dieses Verfahren wird als virtueller Arbeitsspeicher bezeichnet.

Benutzerprofil Eine Sammlung benutzerspezifischer Einstellungen, zum Beispiel eines angepassten Desktops oder persönlicher Anwendungseinstellungen.

Bildschirmauflösung Eine Einstellung, über die Sie festlegen können, wie viele Pixel Windows zum Anzeigen des Desktops verwendet.

Desktopbereinigungs-Assistent Ein Assistent, der in der Standardeinstellung alle 60 Tage ausgeführt wird. Er bietet die Möglichkeit, nicht verwendete Desktopsymbole zu löschen.

Eingabesprache Eine Sprache, die auf einem Windows XP Professional-Computer installiert ist und in der der Computer Eingaben entgegennehmen kann.

Energieschemas Erlaubt Ihnen, Windows XP Professional so zu konfigurieren, dass es Ihren Monitor und Ihre Festplatte bei Inaktivität ausschaltet und so Energie spart.

Farbqualität Eine Einstellung, die festlegt, in wie vielen Farben Objekte auf dem Desktop angezeigt werden.

Internet-Informationsdienste (Internet Information Services, IIS) Webserversoftware, die in Windows XP Professional integriert ist. Sie können damit auf einfache Weise Informationen im Internet oder in Ihrem privaten oder Unternehmensintranet veröffentlichen.

Primäre Anzeige Die Standardanzeige in einer Konfiguration mit mehreren Anzeigen. Auf vielen Systemen können Sie einstellen, welche Grafikkarte die primäre Anzeige steuert, indem Sie die Einstellungen im BIOS des Computers ändern.

Ruhezustand Ein Zustand, in dem Windows den aktuellen Systemstatus (inklusive offener Programme und Fenster) auf die Festplatte speichert und den Computer dann herunterfährt. Wenn Sie den Computer neu starten, werden die offenen Programme und Fenster wiederhergestellt.

Umgebungsvariablen Einstellungen, die System- und Benutzerumgebungsinformationen definieren. Sie enthalten zum Beispiel Informationen über ein Laufwerk, einen Pfad oder einen Dateinamen.

Unterbrechungsfreie Stromversorgung (USV) Ein Gerät, das zwischen einem Computer und einer Stromquelle (zum Beispiel einer Wandsteckdose) installiert wird. Das USV-Gerät sorgt dafür, dass in Fällen wie zum Beispiel einem Stromausfall die Stromzufuhr zum Computer nicht unterbrochen wird.

Visuelle Effekte Desktopanzeigeeffekte, die nett aussehen, aber oft die Leistung eines Computers verschlechtern.

Fragen und Antworten

Seite 213

Lernzielkontrolle Lektion 1

1. Sie können ______________________________ aktivieren, um den Zugriff auf die Anzeigeoptionen einzuschränken.

   Sicherheitseinstellungen

2. Welche Elemente können über das Dialogfeld **Desktopelemente** als Symbole auf dem Desktop angezeigt oder von diesem entfernt werden? (Wählen Sie alle zutreffenden Antworten aus.)

   a. Eigene Dateien

   b. Systemsteuerung

   c. Netzwerkumgebung

   d. Papierkorb

   Die richtigen Antworten sind a und c. Antwort b ist nicht richtig, weil Sie das Symbol **Systemsteuerung** nicht auf Ihren Desktop legen können. Antwort d ist nicht richtig, weil Sie das Symbol **Papierkorb** nicht von Ihrem Desktop entfernen können.

3. Windows XP Professional unterstützt das Erweitern der Anzeige auf maximal _____ Monitore.

   10

4. Die Verwendung mehrerer Monitore für die Desktopanzeige erfordert Grafikkarten vom Typ ______ oder ______.

   PCI, AGP

5. Ist eine der Grafikkarten in die Hauptplatine integriert, wird die Grafikkarte auf der Hauptplatine immer zur ______________ (primären/sekundären) Grafikkarte.

   sekundären

Seite 221

Lektion 2, Übung

13. Möglicherweise wird die Registerkarte **APM** auf Ihrem Computer nicht angezeigt. Welche zwei Gründe gibt es dafür?

Die Registerkarte **APM** wird nicht angezeigt, wenn Ihr Computer kein APM-fähiges BIOS hat. Auch wenn Ihr Computer den neueren ACPI-Standard unterstützt, wird die Registerkarte **APM** nicht angezeigt, weil Windows XP Professional dann automatisch die APM-Unterstützung aktiviert.

Seite 222

Lernzielkontrolle Lektion 2

1. Was ist ein Energieschema, und wozu wird es eingesetzt?

   Mithilfe eines Energieschemas können Sie Windows XP Professional so konfigurieren, dass die Stromversorgung für Monitor und Festplatte unterbrochen wird. Auf diese Weise können Sie Energie sparen.

2. Welche der folgenden Aussagen treffen auf die Windows XP Professional-Energieschemas zu? (Wählen Sie alle zutreffenden Antworten aus.)

   a. Windows XP Professional stellt sechs vordefinierte Energieschemas zur Verfügung.

   b. In Windows XP Professional können Sie eigene Energieschemas erstellen.

   c. Sie können die vordefinierten Windows XP Professional-Energieschemas bearbeiten, das Erstellen neuer Energieschemas ist jedoch nicht möglich.

   d. Windows XP Professional stellt keine vordefinierten Energieschemas zur Verfügung.

   Die richtigen Antworten sind a und b. Antwort c ist nicht richtig, weil Sie in Windows XP Professional neue Energieschemas erstellen können. Antwort d ist nicht richtig, weil Windows XP Professional mit mehreren vordefinierten Energieschemas geliefert wird.

3. Ein ________ ist eine Hardwarekomponente, die zwischen Computer und Stromquelle (zum Beispiel einer Wandsteckdose) installiert wird und dafür sorgt, dass in Fällen wie zum Beispiel einem Stromausfall die Stromzufuhr zum Computer nicht unterbrochen wird.

   USV-Gerät

4. Wozu dient der Ruhezustand für einen Computer?

   Wenn Ihr Computer in den Ruhezustand wechselt, speichert er den aktuellen Zustand des Systems auf der Festplatte und schaltet sich ab. Bei der Reaktivierung des Computers werden alle Programme, die vor dem Übergang in den Ruhezustand ausgeführt wurden, wieder gestartet und alle zuvor aktiven Netzwerkverbindungen wiederhergestellt.

Seite 240

Lektion 3, Übung 2

11. Was bewirkt der Befehl **cmd**?

    Wenn Sie im Dialogfeld **Ausführen** den Befehl **cmd** eingeben, wird ein Eingabeaufforderungsfenster geöffnet.

Seite 242

Lernzielkontrolle Lektion 3

1. Welche Leistungsoptionen können Sie über die Registerkarten im Dialogfeld **Leistungsoptionen** steuern?

   Auf der Registerkarte **Visuelle Effekte** des Dialogfelds **Leistungsoptionen** stehen verschiedene Optionen zum manuellen Steuern der visuellen Effekte auf Ihrem Computer zur Verfügung. Über die Optionen auf der Registerkarte **Erweitert** im Dialogfeld **Leistungsoptionen** können Sie die Anwendungspriorität (die Priorität von Vordergrundprogrammen gegenüber der Priorität von im Hintergrund ausgeführten Programmen) sowie die Größe des virtuellen Speichers festlegen. Auf der Registerkarte **Datenausführungsverhinderung** des Dialogfelds **Leistungsoptionen** können Sie steuern, welche Programme und Dienste Windows XP Professional mithilfe der Datenausführungsverhinderung gegen böswilligen Code schützt.

2. Welche der folgenden Aussagen treffen auf den virtuellen Arbeitsspeicher von Windows XP Professional zu? (Wählen Sie alle zutreffenden Antworten aus.)

   a. Bei der Installation von Windows XP Professional erstellt das Setupprogramm eine Auslagerungsdatei für den virtuellen Speicher. Sie trägt den Namen **Pagefile.sys** und befindet sich auf der Windows XP Professional-Partition.

   b. In einigen Umgebungen kann es vorteilhaft sein, mehrere Auslagerungsdateien zu verwenden.

   c. Ist nicht die gesamte Auslagerungsdatei in Verwendung, kann ihre Größe unter die während der Installation festgelegte Anfangsgröße fallen.

   d. Nicht genutzter Speicherplatz in der Auslagerungsdatei steht keinem Programm zur Verfügung, auch nicht dem virtuellen Speicher-Manager von Windows XP Professional (VMM).

   Die richtigen Antworten sind a und b. Antwort c ist nicht richtig, weil die Größe der Auslagerungsdatei niemals unter die Anfangsgröße sinkt. Antwort d ist nicht richtig, weil nicht genutzter Platz in der Auslagerungsdatei für alle Programme zur Verfügung steht.

3. Beim Einschalten des Computers zeigt das System das Menü zur Betriebssystemauswahl an, in dem die verfügbaren Betriebssysteme aufgelistet werden. Was geschieht, wenn ein Benutzer kein Betriebssystem ausgewählt hat, nachdem der angezeigte Zähler den Wert 0 erreicht?

   Wählt der Benutzer kein Betriebssystem aus, startet das System das vorausgewählte Betriebssystem, nachdem der angezeigte Zähler den Wert 0 erreicht hat.

4. Welche Voraussetzungen müssen erfüllt sein, wenn Sie die Möglichkeiten zum Speichern von Debuginformationen im Dialogfeld **Starten und Wiederherstellen** nutzen wollen?

   Auf der Systempartition (die Partition mit dem Systemordner **%SystemRoot%**) muss sich eine Auslagerungsdatei befinden. Sie müssen über genügend Festplattenspeicher zum Speichern der Speicherabbilddatei am angegebenen Ort verfügen. Ein kleines Speicherabbild erfordert eine Auslagerungsdatei von mindestens 2 MByte Größe auf dem Startvolume des Computers. Für ein Kernelspeicherabbild müssen zwischen 50 und 800 MByte Speicherplatz für die Auslagerungsdatei auf dem Startvolume verfügbar sein. Zum Erstellen eines vollständigen Speicherabbilds muss die Auslagerungsdatei auf dem Startvolume so groß sein, dass sie das gesamte RAM plus 1 MByte aufnehmen kann. Bei Auswahl eines kleinen Speicherabbilds wird bei jedem unerwarteten Systemfehler eine neue Speicherabbilddatei erstellt. Aktivieren Sie bei Auswahl der Optionen **Vollständiges Speicherabbild** oder **Kernelspeicherabbild** die Option **Vorhandene Dateien überschreiben**, wenn immer dieselbe Speicherabbilddatei verwendet werden soll.

Seite 255

Lernzielkontrolle Lektion 4

1. Wie konfigurieren Sie Windows XP Professional für die Unterstützung mehrerer Sprachen?

   Zum Konfigurieren mehrerer Sprachen klicken Sie in der Systemsteuerung auf **Datums-, Zeit-, Sprach- und Regionaleinstellungen**. Anschließend klicken Sie im Fenster **Datums-, Zeit-, Sprach- und Regionaleinstellungen** auf **Regions- und Sprachoptionen**, um das Dialogfeld **Regions- und Sprachoptionen** zu öffnen. Zum Konfigurieren mehrerer Sprachen verwenden Sie die Registerkarte **Sprachen** des Dialogfelds **Regions- und Sprachoptionen**. Klicken Sie auf dieser Registerkarte auf **Details**. Windows XP Professional zeigt daraufhin das Dialogfeld **Textdienste und Eingabesprachen** an. Klicken Sie auf **Hinzufügen**, und dann auf den nach unten weisenden Pfeil neben der Liste der Eingabesprachen. Führen Sie einen Bildlauf durch die Sprachliste durch, und wählen Sie die zusätzliche Sprache aus. Sobald Sie neben der bei der Installation gewählten Eingabesprache mindestens eine weitere Sprache installieren, unterstützt Ihr Computer mehrere Sprachen.

2. Wenn die ________________________ aktiviert ist, können Sie für Tastenkombinationen wie z.B.G+ALT+ENTF alle Tasten auch nacheinander drücken.

   a. Anschlagverzögerung

   b. Einrastfunktion

   c. Statusanzeige

   d. Mehrfachtasten

   Die richtige Antwort ist b. Die Antworten a, c und d sind nicht richtig, weil nur die Einrastfunktion es ermöglicht, eine Tastenkombination durch Drücken der Tasten nacheinander einzugeben.

3. Bei aktivierter ________________________ ignoriert die Tastatur kurze oder wiederholte Tastenanschläge. Mithilfe dieser Option können Sie außerdem die Wiederholrate senken, mit der über eine gedrückt gehaltene Taste der Tastenanschlag wiederholt wird.

   Anschlagverzögerung

4. Bei Einsatz der Tastaturmaus halten Sie zum Beschleunigen des Mauszeigers die ________ gedrückt, während Sie einen der Richtungspfeile im Nummernfeld der Tastatur betätigen. Zum Verlangsamen des Mauszeigers halten Sie die ________ gedrückt, während Sie einen der Richtungspfeile im Nummernfeld der Tastatur betätigen.

   STRG-Taste; Umschalttaste

Seite 261 Lernzielkontrolle Lektion 5

1. Wie fügen Sie zu Ihrer Windows XP Professional-Installation nachträglich Windows-Komponenten hinzu?

   Klicken Sie in der Systemsteuerung auf **Software**. Zum Starten des Assistenten für Windows-Komponenten klicken Sie im Tool **Software** auf **Windows-Komponenten hinzufügen/entfernen**. Mithilfe des Assistenten für Windows-Komponenten können Sie die Windows-Komponente auswählen, die Sie für Ihre Windows XP Professional-Installation installieren beziehungsweise deinstallieren möchten.

2. Welche Dienste stellen die Internet-Informationsdienste (IIS) bereit?

   Sie nutzen die Internet-Informationsdienste (IIS) zum Veröffentlichen von Informationen im Internet oder Intranet. Die Webdateien werden in Ordnern auf dem Server platziert, sodass die Benutzer eine HTTP-Verbindung aufbauen und Dateien mit einem Webbrowser anzeigen können.

3. Wie viele gleichzeitige Clientverbindungen unterstützt die zum Lieferumfang von Windows XP Professional gehörende Version der Internet-Informationsdienste?

   a. 8

   b. 10

   c. 20

   d. 32

   Die richtige Antwort ist b. Windows XP Professional erlaubt bis zu 10 Verbindungen gleichzeitig.

4. Wie verwalten Sie die Internet-Informationsdienste (IIS) von Windows XP Professional?

   Sie verwalten die Inhalte sowie den Zugriff auf Web- und FTP-Sites über das Snap-In **Internet-Informationsdienste**.

Seite 262 Übung mit Fallbeispiel

1. Die Benutzeroberfläche für das Produkt arbeitet mit dem metrischen System, nicht mit dem US-System. Weil Olinda Amerikanerin ist, sind die Regions- und Spracheinstellungen bei ihrem Computer auf **Englisch (USA)** eingestellt. Wie ändern Sie am besten die Standardmaßeinheiten auf ihrem Computer vom US-System auf das metrische System?

   Sie sollten die Einstellung **Englisch (USA)** beibehalten, aber das Maßsystem auf **Metrisch** umstellen.

2. Weil Olinda das Aussehen der Benutzeroberfläche für die englischsprachige und die deutschsprachige Programmversion unter Windows XP beschreiben will, muss sie in der Lage sein, Windows XP sowohl in englischer als auch in deutscher Sprache zu verwenden. Wie sollten Sie dieses Feature konfigurieren?

   Sie sollten die zweite Eingabesprache (Deutsch) zu Olindas Computer hinzufügen. Verwenden Sie dazu das Dialogfeld **Regions- und Sprachoptionen**. Klicken Sie auf der Registerkarte

Sprachen auf **Details**, um sich anzusehen, welche Sprachen auf Olindas Computer installiert sind. Klicken Sie auf **Hinzufügen**, um Deutsch hinzuzufügen.

3. Sie haben die Sprache Deutsch zu Olindas Computer hinzugefügt. Wie kann sie zwischen Englisch und Deutsch umschalten?

   Olinda kann zwischen den installierten Eingabesprachen umschalten, indem sie entweder die Eingabegebietsschemaleiste verwendet oder die Tastenkombination ALT+UMSCHALT drückt, die Standardtastenkombination zum Umschalten der Sprachen.

4. Nachdem Olinda die Benutzeroberfläche des neuen Programms benutzt hat, berichtet sie, dass der Monitor manchmal schwarz wird, nachdem sie einige Zeit nicht am Computer gearbeitet hat. Wenn sie ihre Maus bewegt, geht der Monitor wieder an, aber das Programm stürzt ab. Sie möchte verhindern, dass ihr Monitor automatisch abgeschaltet wird, wenn sie eine Weile nicht am Computer arbeitet. Was sollten Sie tun?

   Sie sollten Olindas aktuelles Energieschema so konfigurieren, dass Windows den Monitor nicht nach einer bestimmten Leerlaufzeit abschaltet.

5. Von den Softwareentwicklern erfährt Olinda, dass das Programm mit bestimmten visuellen Effekten nicht gut zusammenarbeitet. Insbesondere kann der Schatten unter dem Mauszeiger Probleme bereiten. Olinda will eine Anleitung in das Handbuch aufnehmen, wie der Benutzer diese Funktion deaktivieren kann. Daher hat Olinda Sie gebeten, Ihr das Verfahren zu beschreiben. Was erzählen Sie ihr?

   Öffnen Sie das Dialogfeld **Systemeigenschaften**, indem Sie mit der rechten Maustaste auf das Symbol **Arbeitsplatz** klicken und im Kontextmenü den Befehl **Eigenschaften** wählen. Klicken Sie auf die Registerkarte **Erweitert** und dann im Abschnitt **Systemleistung** auf die Schaltfläche **Einstellungen**. Wählen Sie im Dialogfeld **Leistungsoptionen** die Option **Benutzerdefiniert** und deaktivieren Sie das Kontrollkästchen **Mausschatten anzeigen**. Klicken Sie auf **OK**, um das Dialogfeld **Leistungsoptionen** zu schließen, und dann erneut auf **OK**, um das Dialogfeld **Systemeigenschaften** zu schließen.

Seite 264

Übung zur Problembehandlung

1. Was passiert mit Marcels Computer?

   Bei Marcels Computer gibt es einen Stop-Fehler während des Startvorgangs. Der Computer wird jedes Mal beim Auftreten des Fehlers neu gestartet, daher die Endlosschleife.

2. Sie können Marcels Computer im abgesicherten Modus erfolgreich starten. Sie wollen den Stop-Fehler selbst sehen. Was sollten Sie tun?

   Deaktivieren Sie im Dialogfeld **Starten und Wiederherstellen** im Abschnitt **Systemfehler** das Kontrollkästchen **Automatisch Neustart durchführen**. So verhindern Sie, dass Marcels Computer neu startet, nachdem der Fehler aufgetreten ist, und Sie haben Zeit, die Fehlermeldung in Ruhe zu lesen.

3. Nachdem Sie den Stop-Fehler auf Marcels Computer untersucht haben, wissen Sie, dass eine beschädigte Auslagerungsdatei die Ursache des Stop-Fehlers ist. Sie müssen die Auslagerungsdatei von Marcels Computer löschen. Wie gehen Sie vor?

Öffnen Sie das Dialogfeld **Virtueller Arbeitsspeicher** (über die Registerkarte **Erweitert** im Dialogfeld **Leistungsoptionen**). Wählen Sie im Feld **Größe der Auslagerungsdatei für ein bestimmtes Laufwerk** die Option **Keine Auslagerungsdatei**, klicken Sie auf **Festlegen** und schließen Sie dann alle geöffneten Dialogfelder. Starten Sie den Computer neu.

4. Nach dem Löschen der beschädigten Auslagerungsdatei müssen Sie eine neue Auslagerungsdatei erstellen. Sie möchten Windows das Verwalten der Größe der Auslagerungsdatei überlassen. Wie gehen Sie vor?

   Öffnen Sie wieder das Dialogfeld **Virtueller Arbeitsspeicher**. Wählen Sie im Feld **Größe der Auslagerungsdatei für ein bestimmtes Laufwerk** die Option **Größe wird vom System verwaltet**, klicken Sie auf **Festlegen** und schließen Sie dann alle geöffneten Dialogfelder. Starten Sie den Computer neu.

KAPITEL 6

Installieren, Verwalten und Problembehandlung von Hardwaregeräten und -treibern

In diesem Kapitel abgedeckte Prüfungsziele:

- Anschließen, Verwalten und Problembehandlung von Eingabe-/Ausgabegeräten (E/A).
  - Überwachen, Konfigurieren und Problembehandlung von E/A-Geräten, zum Beispiel Druckern, Scannern, Multimediageräten, Maus, Tastatur und Smartcardlesegeräten.
  - Überwachen, Konfigurieren und Problembehandlung von Multimediahardware, zum Beispiel Kameras.
  - Installieren, Konfigurieren und Verwalten von Infrarotgeräten.
  - Installieren, Konfigurieren und Verwalten von USB-Geräten (Universal Serial Bus).
  - Installieren, Konfigurieren und Verwalten von Organizern.
- Verwalten und Problembehandlung von Treibern und Treibersignierung.

Bedeutung dieses Kapitels

Microsoft Windows XP Professional stellt Funktionen zur Verfügung, die das Installieren, Konfigurieren und Verwalten von Hardwaregeräten einfacher als je zuvor machen. Die Plug & Play-Spezifikation, an die sich die meisten modernen Hardwaregeräte halten, lässt Installations- und Konfigurationsvorgänge praktisch automatisch ablaufen. Der Geräte-Manager bietet eine zentrale Schnittstelle zum Konfigurieren und für die Problembehandlung der Hardwaregeräte in einem Computer. Dieses Kapitel beschäftigt sich mit Installieren, Konfigurieren und Problembehandlung von Hardwaregeräten in Windows XP Professional. Sie erfahren außerdem, wie Sie Hardwareprofile konfigurieren und mit Hardwaretreibern arbeiten.

Lektionen in diesem Kapitel:

Bevor Sie beginnen

Damit Sie die Übungen in diesem Kapitel durchführen können, brauchen Sie einen Computer, der die minimalen Hardwarevoraussetzungen erfüllt, die im Abschnitt „Über dieses Buch“ am Anfang beschrieben wurden. Außerdem muss auf dem Computer Windows XP Professional installiert sein.

Lektion 1: Installieren eines Hardwaregeräts

Windows XP Professional unterstützt Hardware sowohl mit als auch ohne Plug & Play-Fähigkeit. In dieser Lektion werden die Funktionen von Windows XP Professional zum automatischen Installieren von Hardware vorgestellt. Gelegentlich kommt es vor, dass ein Hardwaregerät nicht automatisch von Windows XP Professional erkannt wird. In diesem Fall müssen Sie das Hardwaregerät manuell installieren. Sie nehmen ebenfalls eine manuelle Installation vor, wenn ein Gerät eine spezifische Hardwareressource erfordert und Sie die ordnungsgemäße Installation der Hardwarekomponente sicherstellen möchten.

Am Ende dieser Lektion werden Sie in der Lage sein, die folgenden Aufgaben auszuführen:

- Automatisches Installieren eines Hardwaregeräts.
- Manuelles Installieren eines Hardwaregeräts.

Veranschlagte Zeit für diese Lektion: 30 Minuten

Automatisches Installieren von Hardware

Windows XP Professional bietet Unterstützung für Plug & Play-Hardware. Die meisten Plug & Play-fähigen Hardwaregeräte erkennt, installiert und konfiguriert Windows XP Professional automatisch, wenn der richtige Treiber zur Verfügung steht und der Computer über ein Plug & Play- oder ACPI-BIOS (Basic Input/Output System) verfügt. Wird eine neue Hardwarekomponente ermittelt, die nicht automatisch installiert werden kann, startet Windows XP Professional den Assistenten für das Suchen neuer Hardware (Abbildung 6.1).

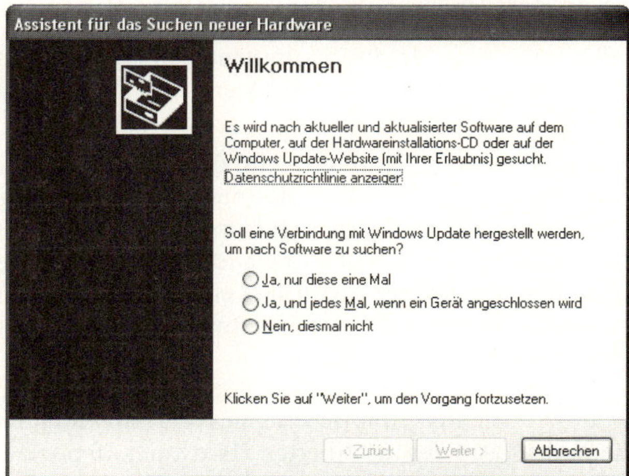

Abbildung 6.1 Im Assistenten zum Suchen neuer Hardware können Sie Geräte konfigurieren, für die Windows keinen Hardwaretreiber hat

Prüfungstipp Windows XP Professional erkennt, installiert und konfiguriert die meisten Plug & Play-Geräte sowie einige Hardware ohne Plug & Play automatisch. Falls Windows ein Plug & Play-Gerät nicht erkennt, können Sie die Erkennung oft erzwingen, indem Sie den Computer neu starten oder den Hardware-Assistenten ausführen. Bei vielen Geräten ohne Plug & Play müssen Sie das Gerät von Hand im Hardware-Assistenten konfigurieren.

Verwenden des Hardware-Assistenten

Gelegentlich kommt es vor, dass Windows ein neues Plug & Play-Hardwaregerät nicht automatisch erkennt. In einem solchen Fall müssen Sie den Installationsvorgang mit dem Hardware-Assistenten durchführen. Sie können mit dem Hardware-Assistenten auch eine automatische Hardwareinstallation für nicht erkannte Hardwaregeräte (sowohl mit als auch ohne Plug & Play) und eine Problembehandlung für Geräte durchführen.

Gehen Sie folgendermaßen vor, um mit dem Hardware-Assistenten Plug & Play-Hardware automatisch erkennen und installieren zu lassen:

1. Wählen Sie im Startmenü **Systemsteuerung**.
2. Klicken Sie im Fenster **Systemsteuerung** auf **Drucker und andere Hardware**.
3. Klicken Sie im Fenster **Drucker und andere Hardware** im Abschnitt **Siehe auch** auf **Hardware**.
4. Klicken Sie auf der Seite **Willkommen** im Hardware-Assistenten auf **Weiter**.
5. Windows XP Professional sucht nach neuen Geräten. Diese Suche kann zu drei verschiedenen Ergebnissen führen:
   - Falls Windows XP Professional neue Plug & Play-Hardware ermittelt, für die es einen Hardwaretreiber eingebaut hat, wird die neue Hardwarekomponente installiert.
   - Falls Windows XP Professional neue Hardwarekomponenten ermittelt, für die es keinen Hardwaretreiber eingebaut hat, wird der Assistent zum Suchen neuer Hardware gestartet.
   - Wird keine neue Hardwarekomponente ermittelt, wird die Assistentenseite **Ist die Hardware angeschlossen?** angezeigt. Wenn Sie das neue Gerät bereits angeschlossen haben, klicken Sie auf **Ja, die Hardware wurde bereits angeschlossen**, und anschließend auf **Weiter**. Der Assistent blendet die Seite **Die folgende Hardware ist bereits auf dem Computer installiert** ein (Abbildung 6.2). Klicken Sie unter **Installierte Hardware** auf **Neue Hardware hinzufügen**, um nicht aufgelistete Hardwarekomponenten hinzuzufügen.

Hinweis Wenn Sie den Hardware-Assistenten zum Beseitigen von Hardwareproblemen einsetzen möchten, können Sie in der Liste der installierten Hardwarekomponenten auf die betreffende Komponente klicken und dann auf **Weiter** klicken. Die Seite **Fertigstellen des Assistenten** wird geöffnet. Klicken Sie auf **Fertig stellen**, um einen Ratgeber zu starten, der Sie beim Beseitigen von Problemen mit Hardwaregeräten unterstützt.

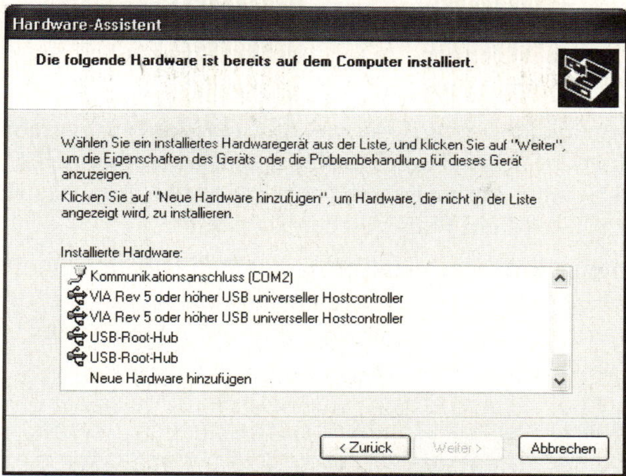

Abbildung 6.2 Hinzufügen neuer Hardware oder Beheben von Hardwareproblemen mit dem Hardware-Assistenten

Überprüfen der Hardwareinstallation

Nach der Hardwareinstallation sollten Sie die Installation mithilfe des ***Geräte-Managers*** überprüfen.

Gehen Sie zum Starten des Geräte-Managers folgendermaßen vor:

1. Wählen Sie im Startmenü **Systemsteuerung**.
2. Klicken Sie im Fenster **Systemsteuerung** auf **Leistung und Wartung**.
3. Klicken Sie im Fenster **Leistung und Wartung** auf **System**.

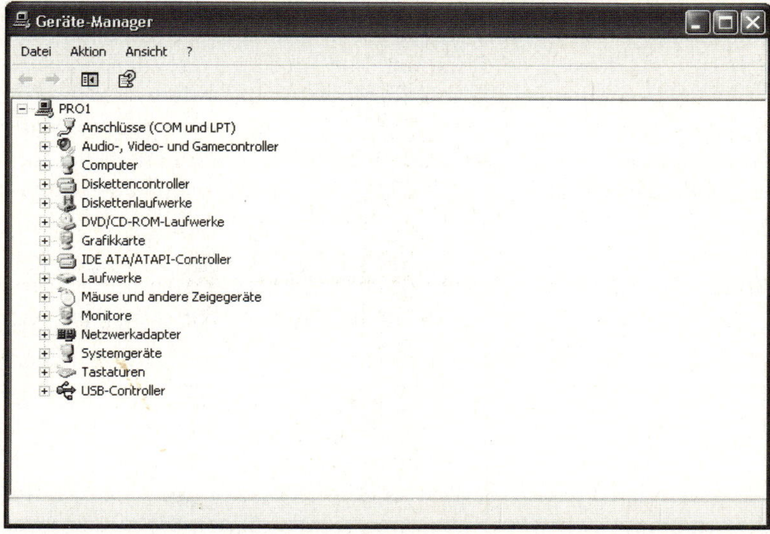

Abbildung 6.3 Der Geräte-Manager listet die Geräte nach ihrem Typ sortiert auf.

4. Klicken Sie im Dialogfeld **Systemeigenschaften** auf der Registerkarte **Hardware** auf die Schaltfläche **Geräte-Manager**. Im Geräte-Manager können Sie sehen, welche Hardware auf einem Computer installiert ist (Abbildung 6.3).

Windows XP Professional kennzeichnet die installierten Hardwaregeräte im Geräte-Manager durch verschiedene Symbole. Wenn für einen bestimmten Gerätetyp kein Windows XP Professional-Symbol vorhanden ist (normalerweise, weil das Hardwaregerät nicht identifiziert wurde), wird ein Fragezeichen angezeigt.

Erweitern Sie die Knoten der angezeigten Struktur, um die neu installierte Hardwarekomponente anzuzeigen. Die Art des Gerätesymbols weist darauf hin, ob das Gerät ordnungsgemäß funktioniert. In Tabelle 6.1 werden die zum Anzeigen des Gerätestatus verwendeten Symbole erläutert.

Tabelle 6.1 Symbole zum Anzeigen des Hardwarestatus im Geräte-Manager

Symbol	Hardwarestatus
Standardsymbol	Die Hardwarekomponente funktioniert ordnungsgemäß.
Symbol mit Stoppschild	Windows XP Professional hat das Hardwaregerät aufgrund von Hardwarekonflikten deaktiviert.
Symbol mit Ausrufezeichen	Das Hardwaregerät wurde nicht richtig konfiguriert, oder die Gerätetreiber fehlen.
Rotes „x" auf dem Symbol	Das Hardwaregerät ist im aktuellen Hardwareprofil deaktiviert.

Manuelles Installieren von Hardware

Die meisten Hardwaregeräte ohne Plug & Play müssen Sie von Hand installieren. Heutzutage finden Sie in Windows XP Professional-Computern zwar kaum noch Hardware, die nicht Plug & Play-fähig ist, aber solche Fälle kommen vor, daher sollten Sie wissen, wie Sie Hardware von Hand installieren und konfigurieren. Bei der manuellen Installation von Hardwarekomponenten müssen Sie zunächst feststellen, welche Hardwareressourcen das Gerät benötigt. Als Nächstes müssen Sie ermitteln, welche Hardwareressourcen im Computer verfügbar sind. In einigen Fällen ist es nötig, Hardwareressourcen zu ändern. Abschließend müssen eventuelle Probleme mit der Hardwarekomponente beseitigt werden.

Ressourcen für die Kommunikation mit Hardwaregeräten

Bei älteren nicht Plug & Play-fähigen Geräten müssen Sie oft das Gerät selbst konfigurieren und festlegen, welche Hardwareressourcen es verwendet. Dazu müssen Sie meist Jumper umstecken oder Schalter auf dem Gerät betätigen, aber manchmal können Sie das auch über eine Softwareschnittstelle erledigen. Nochmals: Es wird fast nie passieren, dass Sie ein Gerät, das in den letzten Jahren hergestellt wurde, von Hand konfigurieren müssen. Trotzdem ist es nützlich, über entsprechende Kenntnisse zu verfügen.

Beim Installieren einer neuen Hardwarekomponente müssen Sie wissen, welche Ressourcen die Hardware verwenden kann. Die erforderlichen Ressourcen für ein bestimmtes

Hardwaregerät können Sie der Produktdokumentation entnehmen. In Tabelle 6.2 finden Sie eine Beschreibung der Ressourcen, mit deren Hilfe Hardwaregeräte mit einem Betriebssystem kommunizieren können.

Tabelle 6.2 Hardwareressourcen

Ressource	Beschreibung
Interrupt	Hardwaregeräte verwenden Interrupts zum Senden von Nachrichten. Der Mikroprozessor erkennt dies als Interruptanforderung (Interrupt Request, IRQ) und bestimmt anhand dieser Informationen, welches Gerät die Anforderung gesendet hat und um welche Art von Anforderung es sich handelt. Windows XP Professional verfügt über 16 IRQs, durchnummeriert von 0 bis 15, die den Geräten zugeordnet sind. Windows XP Professional weist zum Beispiel der Tastatur die IRQ 1 zu.
E/A-Anschluss (Eingabe/Ausgabe)	Bei E/A-Anschlüssen (engl. Ports) handelt es sich um einen Speicherbereich, den ein Hardwaregerät zur Kommunikation mit dem Betriebssystem verwendet. Wenn der Mikroprozessor eine IRQ empfängt, überprüft das Betriebssystem die Adresse des E/A-Anschlusses, um zusätzliche Informationen zur Anforderung des Hardwaregeräts abzurufen. Ein E/A-Anschluss wird als hexadezimaler Zahlenwert dargestellt.
DMA-Kanal (Direct Memory Access)	Über DMA-Kanäle greift ein Hardwaregerät, zum Beispiel ein Diskettenlaufwerk, direkt auf den Arbeitsspeicher zu, ohne den Mikroprozessor zu unterbrechen. DMA-Kanäle beschleunigen den Zugriff auf den Arbeitsspeicher. Windows XP Professional verfügt über acht DMA-Kanäle, durchnummeriert von 0 bis 7.
Arbeitsspeicher	Viele Hardwaregeräte, zum Beispiel Netzwerkkarten (Network Interface Card, NIC), verwenden integrierten Arbeitsspeicher oder reservieren Systemspeicher. Dieser reservierte Speicher steht anderen Geräten oder Windows XP Professional nicht zur Verfügung.

Ermitteln der verfügbaren Hardwareressourcen

Nachdem Sie festgestellt haben, welche Ressourcen das Gerät benötigt, müssen Sie prüfen, welche Ressourcen verfügbar sind. Der Geräte-Manager zeigt eine Liste aller Hardwareressourcen und deren Verfügbarkeit an (Abbildung 6.4).

Gehen Sie folgendermaßen vor, um die Liste der Hardwareressourcen im Geräte-Manager anzuzeigen:

1. Wählen Sie im Geräte-Manager den Menübefehl **Ansicht/Ressourcen nach Verbindung**.
2. Der Geräte-Manager zeigt die aktuell verwendeten Ressourcen an (zum Beispiel IRQs). Wenn Sie sich die Ressourcenliste für einen anderen Gerätetyp ansehen wollen, können Sie den entsprechenden Befehl im Menü **Ansicht** wählen.

Wenn Sie wissen, welche Hardwareressourcen verfügbar sind, können Sie das Gerät mit einer geeigneten Ressourceneinstellung konfigurieren und mithilfe des Hardware-Assistenten manuell installieren.

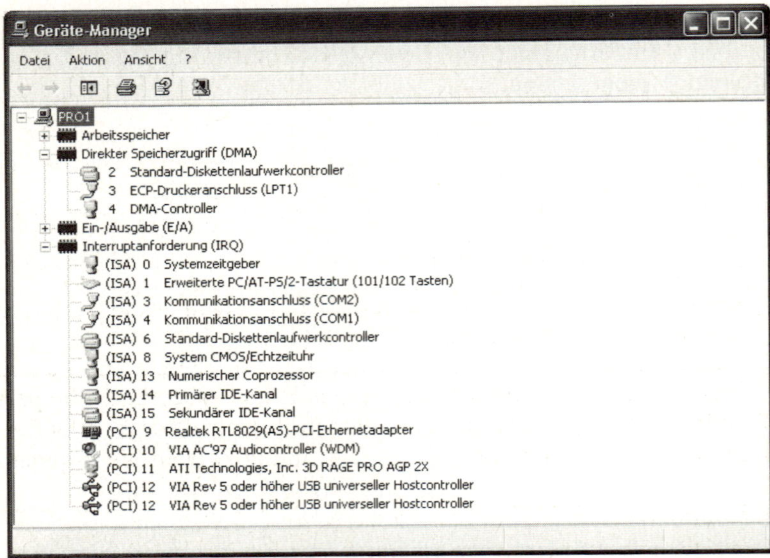

Abbildung 6.4 Der Geräte-Manager kann die Ressourcen nach ihrem Typ geordnet anzeigen

Hinweis Wenn Sie bei der manuellen Installation eine Hardwareressource auswählen, müssen Sie das Gerät unter Umständen so konfigurieren, dass es die Ressource auch verwenden kann. Damit eine Netzwerkkarte beispielsweise IRQ 5 verwenden kann, müssen Sie möglicherweise die Jumpereinstellung auf der Karte ändern und Windows XP Professional so konfigurieren, dass es weiß, dass die Karte auf IRQ 5 eingestellt ist.

Ändern der Hardwareressourcenzuordnungen

In bestimmten Fällen müssen Sie die Zuweisungen der Hardwareressourcen ändern. Ein bestimmtes Gerät könnte beispielsweise eine Ressource benötigen, die bereits von einem anderen Gerät verwendet wird. Es kann auch vorkommen, dass zwei Hardwaregeräte dieselbe Hardwareressource anfordern. In diesem Fall kann es zu einem Hardwarekonflikt kommen.

Sie können die Ressourceneinstellung über den Geräte-Manager auf der Registerkarte **Ressourcen** im Eigenschaftendialogfeld des betreffenden Geräts ändern.

Sie sollten die Geräte-Manager-Inhalte ausdrucken, wenn Sie die Hardwareressourcen für eine Komponente ändern. Auf diese Weise verfügen Sie immer über aktuelle Informationen zur Hardwarekonfiguration. Bei eventuellen Problemen können Sie dann später anhand des Ausdrucks die Zuweisungen der Hardwareressourcen überprüfen.

Nach diesem Schritt können Sie die Ressourcen auf dieselbe Weise wie beim manuellen Installieren einer Hardwareressource ändern.

Hinweis Das Ändern der Ressourcenzuweisungen für Geräte ohne Plug & Play im Geräte-Manager bewirkt keine Änderung der tatsächlich vom Gerät verwendeten Ressourcen. Anhand des Geräte-Managers wird lediglich die Gerätekonfiguration für das Betriebssystem festgelegt. Wenn Sie die von einem solchen Gerät tatsächlich verwendeten Ressourcen ändern möchten, müssen Sie anhand der Gerätedokumentation herausfinden, ob und welche Schalter und Jumper für das Gerät konfiguriert werden müssen.

Übung: Ausführen des Hardware-Assistenten

In dieser Übung installieren Sie von Hand die Software für einen Drucker, der momentan noch nicht an Ihren Computer angeschlossen ist.

Wichtig Diese Übung setzt voraus, dass Sie noch kein Hardwaregerät an die parallele Schnittstelle LPT2 Ihres Computers angeschlossen haben. Keine Sorge, falls Sie gar keinen LPT2-Anschluss an Ihrem Computer haben: Die Übung können Sie trotzdem durchführen.

Gehen Sie folgendermaßen vor:

1. Wählen Sie im Startmenü **Systemsteuerung**.
2. Klicken Sie im Fenster **Systemsteuerung** auf **Drucker und andere Hardware**.
3. Klicken Sie im Fenster **Drucker und andere Hardware** in der Liste **Siehe auch** auf den Eintrag **Hardware**.
4. Klicken Sie auf der Seite **Willkommen** des Hardware-Assistenten auf **Weiter**.
5. Der Hardware-Assistent sucht nach neuen Plug & Play-Geräten und zeigt dann die Seite **Ist die Hardware angeschlossen** an. Wählen Sie **Ja, die Hardware wurde bereits angeschlossen** und klicken Sie auf **Weiter**.
6. Blättern Sie im Listenfeld **Installierte Hardware** an das Ende und wählen Sie den Eintrag **Neue Hardware hinzufügen**. Klicken Sie auf **Weiter**.
7. Wählen Sie die Option **Hardware manuell aus einer Liste wählen und installieren (für fortgeschrittene Benutzer)** und klicken Sie auf **Weiter**.
8. Wählen Sie im Listenfeld **Allgemeine Hardwaretypen** den Eintrag **Drucker** aus und klicken Sie auf **Weiter**.
9. Wählen Sie auf der Seite **Druckeranschluss auswählen** in der Dropdownliste **Folgenden Anschluss verwenden** den Eintrag **LPT2: (Druckeranschluss)** aus und klicken Sie auf **Weiter**.
10. Wählen Sie auf der Seite **Druckersoftware installieren** im Listenfeld **Hersteller** den Eintrag **Royal** aus. Wählen Sie im Listenfeld **Drucker** das Modell **Royal CJP 450**. Klicken Sie auf **Weiter**.
11. Klicken Sie auf der Seite **Drucker benennen** auf **Weiter**.
12. Wählen Sie auf der Seite **Testseite drucken** die Option **Nein** und klicken Sie auf **Weiter**.

13. Falls Sie Windows XP Professional verwenden und die einfache Dateifreigabe deaktiviert haben, werden Sie auf einer zusätzlichen Seite gefragt, ob Sie den neuen Drucker freigeben wollen. Wählen Sie die Option **Drucker nicht freigeben** und klicken Sie dann auf **Weiter**.
14. Klicken Sie auf **Fertig stellen**, um den Hardware-Assistenten zu beenden.

Lernzielkontrolle

Anhand der folgenden Fragen können Sie überprüfen, ob Sie die Themen dieser Lektion so gut beherrschen, dass Sie mit der nächsten Lektion weitermachen können. Falls Sie eine Frage nicht beantworten können, sollten Sie die Lektion noch einmal durcharbeiten, und dann erneut versuchen, die Frage zu beantworten. Die Antworten auf die Lernzielkontrollfragen finden Sie im Abschnitt „Fragen und Antworten" am Ende dieses Kapitels.

1. Welche Hardwaredaten werden von Windows XP Professional abgefragt, wenn Sie die automatische Hardwareinstallation einleiten, indem Sie den Hardware-Assistenten starten?

   ____

2. Über ______________ greift ein Hardwaregerät, zum Beispiel ein Diskettenlaufwerk, direkt auf den Arbeitsspeicher zu, ohne den Mikroprozessor zu unterbrechen. (Tragen Sie den korrekten Begriff ein.)
3. Wann sollten Sie eine Hardwarekomponente manuell installieren?

   ____

Zusammenfassung der Lektion

- Bei den meisten Plug & Play-Hardwarekomponenten können Sie das Gerät einfach an den Computer anschließen, und Windows XP Professional legt die neuen Einstellungen anschließend automatisch fest. Auch Hardware ohne Plug & Play wird häufig von Windows XP Professional erkannt und automatisch installiert und konfiguriert. In den wenigen Fällen, in denen Hardware mit und ohne Plug & Play-Fähigkeit nicht automatisch von Windows XP Professional erkannt, installiert und konfiguriert werden kann, müssen Sie die automatische Installation mit dem Hardware-Assistenten einleiten.
- Bei der manuellen Hardwareinstallation müssen Sie feststellen, welche Ressourcen das betreffende Hardwaregerät benötigt. Zu den Hardwareressourcen gehören Interrupts, E/A-Anschlüsse und der Arbeitsspeicher. Der Geräte-Manager zeigt in einer Liste alle Hardwareressourcen sowie deren Verfügbarkeit an.

Lektion 2: Konfigurieren und Problembehandlung von Hardwaregeräten

Der Geräte-Manager ist eines der Tools, mit denen Sie Geräte verwalten und Probleme damit beseitigen. Sie erfahren in dieser Lektion, wie Sie den Geräte-Manager einsetzen und wie er Ihnen beim Verwalten Ihres Computers hilft. Sie erfahren außerdem, wie Sie die Faxunterstützung in Windows XP Professional installieren und konfigurieren und wie Sie verschiedene E/A-Geräte verwalten.

Am Ende dieser Lektion werden Sie in der Lage sein, die folgenden Aufgaben auszuführen:

- Konfigurieren und Problembehandlung von Geräten mit dem Geräte-Manager.
- Installieren, Konfigurieren und Problembehandlung der Faxunterstützung.
- Verwalten und Problembehandlung von E/A-Geräten.

Veranschlagte Zeit für diese Lektion: 40 Minuten

Konfigurieren und Problembehandlung von Geräten mit dem Geräte-Manager

Der Geräte-Manager bietet eine grafische Darstellung der auf Ihrem Rechner installierten Hardwarekomponenten an und hilft Ihnen beim Verwalten von Geräten sowie bei der Problembehandlung von Hardwaregeräten. Unter Verwendung des Geräte-Managers können Sie außerdem Geräte konfigurieren, deaktivieren sowie deinstallieren und Gerätetreiber aktualisieren. Ferner können Sie mit dem Geräte-Manager feststellen, ob die installierte Hardware ordnungsgemäß funktioniert.

Tipp Windows XP Professional stellt darüber hinaus den Hardware-Ratgeber zur Verfügung, der Sie beim Beheben von Hardwareproblemen unterstützt. Der Ratgeber öffnet sich bei Problemen normalerweise automatisch. Wenn Sie ihn von Hand starten wollen, können Sie im Startmenü **Hilfe und Support** wählen. Klicken Sie im Fenster **Hilfe- und Supportcenter** unterhalb von **Hilfethema wählen** auf **Hardware**. Klicken Sie in der links angezeigten Liste **Hardware** auf **Beheben eines Hardwareproblems**. Klicken Sie unterhalb von **Beheben eines Hardwareproblems** auf **Hardware-Ratgeber**. Der Hardware-Ratgeber führt Sie schrittweise durch den Prozess der Problembehandlung.

Wenn Sie die Konfiguration eines Hardwaregeräts manuell ändern, unterstützt Sie der Geräte-Manager bei der Vermeidung von Problemen, indem verfügbare Ressourcen ermittelt und den betreffenden Hardwarekomponenten zugeordnet werden. Darüber hinaus kann der Geräte-Manager Geräte deaktivieren um Ressourcen freizugeben, und Ressourcen neu zuordnen, um eine benötigte Ressource für eine Hardwarekomponente freizugeben. Um Ressourceneinstellungen ändern zu können, müssen Sie als Mitglied der Gruppe **Administratoren** angemeldet sein. Aber auch wenn Sie als Administrator angemeldet sind und Ihr Computer Teil eines Netzwerks ist, können bestimmte Netzwerkrichtlinien Änderungen an den Ressourcen verbieten.

Vorsicht Nicht ordnungsgemäß durchgeführte Änderungen an den Ressourceneinstellungen für Geräte können Ihre Hardware deaktivieren und dazu führen, dass Ihr Computer nicht mehr funktioniert.

Windows XP Professional erkennt Plug & Play-Geräte automatisch und fungiert bei der Ressourcenverteilung als eine Art „Vermittler". Die Ressourcenzuweisungen für Plug & Play-Geräte sind jedoch nicht dauerhaft. Falls ein Plug & Play-Gerät eine Ressource anfordert, die bereits zugewiesen ist, startet Windows XP Professional einen neuen Vermittlungsvorgang, um alle Geräte zu berücksichtigen.

Bei einem Plug & Play-Gerät sollten Sie die Ressourceneinstellungen nicht manuell ändern, da Windows XP Professional in diesem Fall die zugewiesenen Ressourcen nicht neu vermitteln kann, wenn sie von einem anderen Plug & Play-Gerät angefordert werden. Im Geräte-Manager steht im Eigenschaftendialogfeld für Plug & Play-Geräte die Registerkarte **Ressourcen** zur Verfügung. Um die manuell zugewiesenen Ressourcen freizugeben und Windows XP Professional zu ermöglichen, die Ressourcen neu zu verteilen, aktivieren Sie auf der Registerkarte **Ressourcen** das Kontrollkästchen **Automatisch konfigurieren**.

Gehen Sie folgendermaßen vor, um eine Hardwarekomponente über den Geräte-Manager zu konfigurieren oder um eine Problembehandlung durchzuführen:

1. Klicken Sie im Startmenü mit der rechten Maustaste auf **Arbeitsplatz** und wählen Sie den Befehl **Verwalten**. Die in Abbildung 6.5 gezeigte Konsole **Computerverwaltung** wird geöffnet.

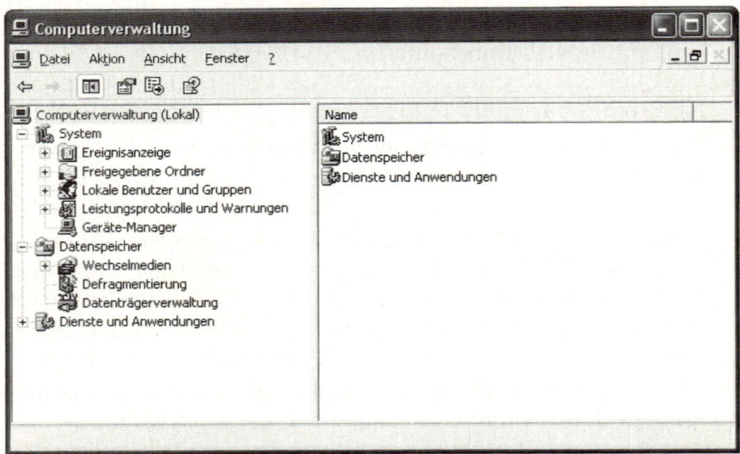

Abbildung 6.5 Sie können den Geräte-Manager über das Fenster **Computerverwaltung** öffnen.

2. Erweitern Sie den Zweig **System** und klicken Sie auf **Geräte-Manager**.
3. Erweitern Sie im rechten Detailbereich den Zweig des gewünschten Gerätetyps (zum Beispiel Netzwerkkarten) und klicken Sie anschließend doppelt auf das Gerät, das Sie

konfigurieren möchten. Das Eigenschaftendialogfeld des Geräts wird geöffnet (Abbildung 6.6).

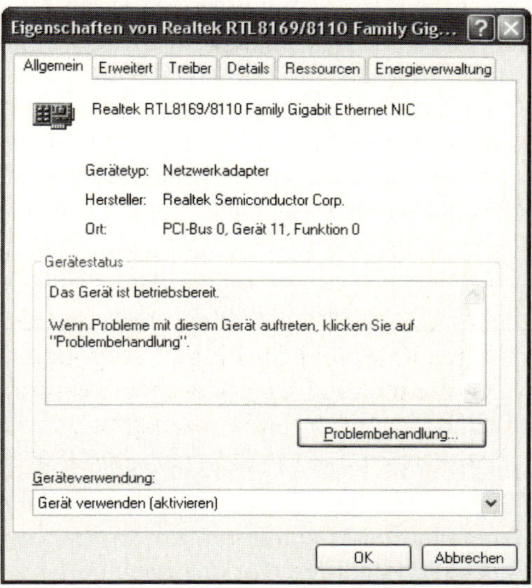

Abbildung 6.6 Im Eigenschaftendialogfeld können Sie das Gerät konfigurieren.

Je nach ausgewähltem Gerät werden im Eigenschaftendialogfeld unterschiedliche Registerkarten angezeigt. In Tabelle 6.3 werden die verfügbaren Registerkarten beschrieben.

Tabelle 6.3 Registerkarten im Eigenschaftendialogfeld eines Geräts

Registerkarte	Funktion
Erweitert oder **Erweiterte Eigenschaften**	Die aufgeführten Eigenschaften richten sich nach der ausgewählten Hardwarekomponente.
Allgemein	Auf dieser Registerkarte werden Gerätetyp, Hersteller und Ort angezeigt. Darüber hinaus wird der Gerätestatus angegeben, und es steht eine Schaltfläche zum Starten einer Problembehandlung mit einem Hardware-Ratgeber zur Verfügung. Im Hardware-Ratgeber werden Ihnen verschiedene Fragen gestellt, um das Problem näher zu bestimmen und eine Lösung anbieten zu können.
Geräteeigenschaften	Die aufgeführten Eigenschaften richten sich nach der ausgewählten Hardwarekomponente.
Treiber	Auf dieser Registerkarte werden der Treiberanbieter, das Treiberdatum, die Treiberversion und der Signaturgeber angezeigt. Darüber hinaus stehen auf dieser Registerkarte die Schaltflächen **Treiberdetails**, **Deinstallieren**, **Aktualisieren** und **Installierter Treiber** und zur Verfügung. Anhand dieser Schaltflächen erhalten Sie zusätzliche Treiberinformationen, können Treiber deinstallieren, den Treiber auf eine neuere Version aktualisieren oder den vorher installierten Treiber wiederherstellen.

▶

Registerkarte	Funktion
Anschlusseinstellungen	Im Eigenschaftendialogfeld für einen Kommunikationsanschluss (zum Beispiel COM1) werden auf dieser Registerkarte Bits pro Sekunde, Datenbits, Parität, Stoppbits und Informationen zur Flusssteuerung anzeigt. Diese Einstellungen können konfiguriert werden.
Eigenschaften	Bestimmt die Art der Geräteverwendung durch Windows. Zu den Eigenschaften eines CD-ROM-Laufwerks können beispielsweise Lautstärke und digitale CD-Wiedergabe zählen. Auf diese Weise können Sie anstelle einer analogen eine digitale Wiedergabe aktivieren. Diese Einstellungen bestimmen, wie Windows das CD-ROM-Laufwerk zur Wiedergabe einer Audio-CD verwendet.
Ressourcen	Diese Registerkarte zeigt Ressourcentyp und -einstellung, mögliche Ressourcenkonflikte und änderbare Ressourceneinstellungen an.

Anzeigen ausgeblendeter Geräte

Im Geräte-Manager werden standardmäßig nicht alle Geräte angezeigt. Einige Geräte, beispielsweise nicht Plug & Play-fähige Komponenten und Geräte, die derzeit nicht an den Computer angeschlossen sind (so genannte Phantomgeräte), werden versteckt. Sie können sich ausgeblendete, nicht Plug & Play-fähige Geräte anzeigen lassen, indem Sie im Geräte-Manager dem Menübefehl **Ansicht/Ausgeblendete Geräte anzeigen** wählen.

Gehen Sie folgendermaßen vor, um auch Phantomgeräte anzeigen zu lassen:

1. Klicken Sie auf **Start** und anschließend auf **Ausführen**. Geben Sie im Textfeld **Öffnen** den Befehl **cmd** ein, und klicken Sie auf **OK**.
2. Geben Sie an der Eingabeaufforderung ein:
set DEVMGR_SHOW_NONPRESENT_DEVICES=1.
3. Drücken Sie die EINGABETASTE.
4. Starten Sie den Geräte-Manager, indem Sie an der Eingabeaufforderung den Befehl **start devmgmt.msc** eingeben und die EINGABETASTE drücken.

Wenn Sie den Geräte-Manager so konfigurieren möchten, dass stets alle Geräte angezeigt werden, müssen Sie folgende Systemvariable zu den Umgebungsvariablen hinzufügen: **set DEVMGR_SHOW_NONPRESENT_DEVICES=1** Weitere Informationen zum Hinzufügen von Systemvariablen finden Sie in Kapitel 5, „Konfigurieren von Windows XP Professional“.

Installieren, Konfigurieren, Verwalten und Problembehandlung der Faxunterstützung

Windows XP Professional stellt ein vollständiges Faxsystem für Ihren Computer bereit. Auf diese Weise haben Sie die Möglichkeit, Faxe über ein lokal angeschlossenes Faxgerät oder über ein an das Netzwerk angeschlossenes Remotefaxgerät zu senden und zu empfangen. Darüber hinaus stehen Funktionen zur Ablaufverfolgung und Überwachung der Faxaktivität zur Verfügung. Die Faxkomponenten werden jedoch nicht standardmäßig installiert, das heißt, sie müssen manuell installiert werden.

Gehen Sie folgendermaßen vor, um den Faxdienst zu installieren:

1. Klicken Sie im Startmenü auf **Systemsteuerung**.
2. Klicken Sie im Fenster **Systemsteuerung** auf **Software**.
3. Klicken Sie im Fenster **Software** auf **Windows-Komponenten hinzufügen/entfernen**.
4. Aktivieren Sie im Assistenten für Windows-Komponenten das Kontrollkästchen **Faxdienste** und klicken Sie anschließend auf **Weiter**. Der Assistent für Windows-Komponenten blendet die Seite **Komponenten werden konfiguriert** ein, während die erforderlichen Dateien kopiert werden und der Faxdienst konfiguriert wird.
5. Lesen Sie die Informationen auf der Seite **Fertigstellen des Assistenten**, und klicken Sie auf **Fertig stellen**.
6. Schließen Sie das Fenster **Software**.
7. Klicken Sie in der Systemsteuerung auf **Drucker und andere Hardware**.
8. Klicken Sie im Fenster **Drucker und andere Hardware** auf **Drucker und Faxgeräte**. Beachten Sie, dass nun ein Faxsymbol im Fenster **Drucker und Faxgeräte** angezeigt wird.

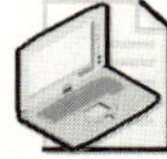

Hinweis Sollte kein Faxsymbol angezeigt werden, können Sie auf **Lokalen Faxdrucker installieren** klicken.

Nachdem Sie den Faxdienst installiert haben, wird in der Systemsteuerung das Symbol **Fax** angezeigt. Über dieses Symbol können Sie Faxgeräte hinzufügen, überwachen sowie eine Problembehandlung für Faxmodems und Faxdrucker durchführen.

Gehen Sie folgendermaßen vor, um den Faxdienst zu konfigurieren:

1. Wählen Sie im Startmenü **Drucker und Faxgeräte**.
2. Klicken Sie im Fenster **Drucker und Faxgeräte** doppelt auf das Symbol **Fax**.
3. Windows XP Professional zeigt den Willkommensbildschirm des Faxkonfigurations-Assistenten an. Klicken Sie auf **Weiter**.
4. Die Assistentenseite **Absenderinformationen** wird angezeigt. Geben Sie die entsprechenden Informationen in folgende Felder ein: **Name**, **Faxnummer**, **E-Mail-Adresse**, **Titel/Anrede**, **Firma**, **Büro**, **Abteilung**, **Rufnummer (priv.)**, **Rufnummer (Büro)**, **Adresse** und **Rechnungscode**. Klicken Sie anschließend auf **Weiter**.
5. Klicken Sie auf der Seite **Fertigstellen des Assistenten** auf die Schaltfläche **Fertig Stellen**. Windows XP Professional öffnet daraufhin die Faxkonsole.

Tipp Klicken Sie zum Konfigurieren eines Faxgeräts im Menü **Extras** der Faxkonsole auf **Fax konfigurieren**. Klicken Sie zum Öffnen der Faxkonsole auf **Start**, **Alle Programme**, **Zubehör**, **Kommunikation**. Zeigen Sie auf **Fax**, und klicken Sie anschließend auf **Faxkonsole**.

Verwalten der Faxunterstützung und Beseitigen von Faxproblemen

Mithilfe der Faxkonsole von Windows XP Professional können Sie den Faxdienst verwalten und gegebenenfalls Probleme beheben.

Gehen Sie folgendermaßen vor, um den Faxdienst zu verwalten und Probleme mit der Faxfunktion zu beseitigen:

1. Wählen Sie im Startmenü **Alle Programme**, **Zubehör**, **Kommunikation**, **Fax** und schließlich **Faxkonsole**.
2. Windows XP Professional zeigt die Faxkonsole an (Abbildung 6.7).

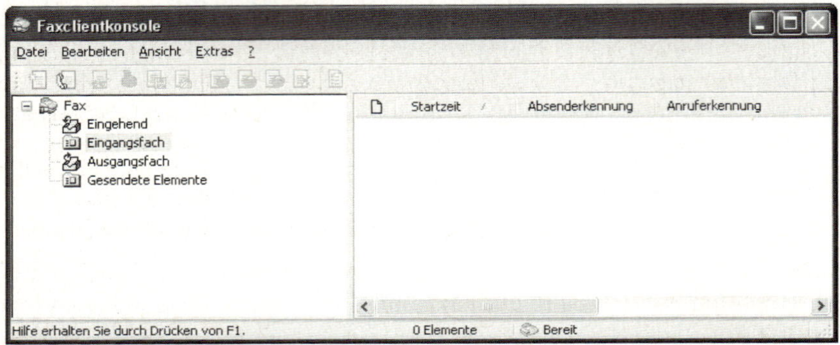

Abbildung 6.7 In der Faxkonsole können Sie Faxe verwalten und eine Problembehandlung durchführen.

Unter **Ausgangsfach** werden alle Faxe angezeigt, die gesendet werden sollen oder gerade gesendet werden. Hierbei spielt es keine Rolle, ob es sich um ein lokal angeschlossenes Faxgerät oder um ein Netzwerkfaxgerät handelt. Klicken Sie mit der rechten Maustaste auf ein Fax, und drücken Sie die Taste ENTF, oder klicken Sie im Menü **Datei** auf **Löschen**, um ein Fax zu löschen. Wenn Sie mit der rechten Maustaste auf ein Fax klicken, können Sie den Befehl **Anhalten** wählen, um den Sendevorgang für ein Fax anzuhalten. Durch Klicken auf **Fortsetzen** wird das angehaltene Fax wieder in die Warteschlange der zu sendenden Faxe gestellt. Ist beim Senden eines Faxes ein Fehler aufgetreten, können Sie mit der rechten Maustaste auf das Fax und anschließend auf **Neu starten** klicken, um das Fax erneut zu sehen. Ferner steht die Option **Speichern unter** zur Verfügung, wenn Sie mit der rechten Maustaste auf ein Fax klicken. Über diesen Befehl können Sie eine Faxkopie speichern. Über die Befehle **Senden an** und **Drucken** können Sie eine Faxkopie an eine andere Person senden beziehungsweise eine Kopie des Faxes ausdrucken.

Über das **Eingangsfach** der Faxkonsole können Sie eingehende Faxe verwalten. Dies geschieht in gleicher Weise wie die Verwaltung ausgehender Faxe über das **Ausgangsfach**. Klicken Sie auf den Knoten **Eingangsfach**, und klicken Sie mit der rechten Maustaste auf das gewünschte Fax, um es zu löschen, den Übertragungsvorgang anzuhalten oder fortzusetzen, das Fax an jemanden weiterzuleiten oder es auszudrucken. Klicken Sie auf **Eigenschaften**, um die Eigenschaften eines eingehenden Faxes anzuzeigen.

In Tabelle 6.4 werden einige häufiger auftretende Faxprobleme sowie Vorschläge zu deren Lösung beschrieben.

Tabelle 6.4 Häufiger auftretende Faxprobleme und Lösungsvorschläge

Problem	Ursache	Lösung
Trotz Klickens auf die Schaltfläche **Drucken** auf der Symbolleiste einer Anwendung wird das Fax nicht an den Faxdrucker gesendet.	Die **Drucken**-Schaltflächen auf der Symbolleiste einiger Windows-Anwendungen übernehmen nicht die Einstellungen aus dem Dialogfeld **Drucken**, daher wird das Dokument auf dem zuletzt verwendeten Drucker ausgedruckt.	Klicken Sie im Menü **Datei** der Windows-Anwendung auf **Drucken**, um das Dialogfeld **Drucken** zu öffnen. Wählen Sie anschließend den gewünschten Faxdrucker aus.
Ein zu sendendes Fax wird im Ausgangsfach angezeigt, jedoch nicht gesendet.	Es liegt ein Problem mit dem lokalen Faxgerät vor.	Entweder ist kein lokales Faxgerät zum Versenden von Faxen konfiguriert, oder es liegt ein Problem mit dem lokalen Faxgerät vor. Stellen Sie sicher, dass ein lokales Faxgerät vorhanden ist und dass es für den Faxversand konfiguriert wurde. Klicken Sie im Menü **Extras** der Faxkonsole auf **Faxdruckerstatus**.
	Das Remotefaxgerät ist ausgelastet.	Klicken Sie im Menü **Extras** der Faxkonsole auf **Faxdruckerstatus**.
Jemand hat Ihnen ein Fax gesendet, aber das Faxgerät erkennt den eingehenden Anruf nicht.	Es liegt ein Problem mit dem lokalen Faxgerät vor.	Stellen Sie sicher, dass das lokale Faxgerät für den Faxempfang konfiguriert wurde. Wenn Sie über ein externes Modem verfügen, sollten Sie dieses aus- und wieder einschalten. Falls Sie über ein internes Modem verfügen, sollten Sie den Computer herunterfahren und ihn anschließend neu starten.
Bei der Verwendung von Wählregeln für Callingcards werden die Callingcardinformationen nicht übergeben.	Callingcards werden auf Benutzerbasis definiert. Stellen Sie sicher, dass Faxdienst und Callingcard mit demselben Benutzerkonto ausgeführt werden.	Klicken Sie mit der rechten Maustaste auf **Arbeitsplatz**, klicken Sie auf **Verwalten** und anschließend auf **Dienste und Anwendungen**. Klicken Sie doppelt in der Liste **Dienste** auf **Fax**. Klicken Sie auf **Anmelden**. Legen Sie fest, dass der Faxdienst mit dem Benutzerkonto der Callingcard ausgeführt wird.

Senden eines Faxes

Über einen Windows XP Professional-Computer können Sie auf einfache Weise Faxe versenden.

Gehen Sie folgendermaßen vor, um ein Fax zu senden:

1. Wählen Sie im Startmenü **Alle Programme**, **Zubehör**, **Kommunikation**, **Fax** und schließlich **Fax senden**.
2. Windows XP Professional startet den Assistenten zum Senden von Faxen. Auf der Willkommenseite des Assistenten werden Sie darüber informiert, dass Sie zum Faxen eines Dokuments ein Dokument in einer Windows-Anwendung erstellen oder öffnen und dieses anschließend auf einem Faxdrucker ausdrucken können. Klicken Sie auf **Weiter**.
3. Die Assistentenseite **Empfängerinformationen** wird angezeigt, auf der Sie den Namen und die Faxnummer der Person angeben können, an die Sie das Fax senden möchten. Klicken Sie anschließend auf **Weiter**.

Tipp Sie können das Fax auch gleichzeitig an mehrere Empfänger senden: Geben Sie Namen und Faxnummer der ersten Person ein, und klicken Sie auf **Hinzufügen**. Geben Sie anschließend die Informationen für weitere Empfänger ein, und klicken Sie erneut auf **Hinzufügen**.

4. Die Assistentenseite **Vorbereiten des Deckblatts** wird eingeblendet, auf der Sie eine Vorlage für das Faxdeckblatt auswählen können. Ferner können Sie eine Betreffzeile, eine Anmerkung und Absenderinformationen angeben. Klicken Sie auf **Weiter**.

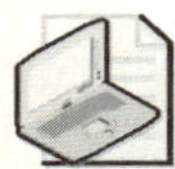

Hinweis Sie müssen zumindest in einem der beiden Textfelder **Betreff** oder **Anmerkung** einen Text eingeben.

5. Auf der nun angezeigten Assistentenseite **Zeitplan** können Sie den Zeitpunkt des Faxversands festlegen. Es stehen folgende Optionen zur Auswahl: **Jetzt**, **Verbilligte Tarife berücksichtigen** oder **Genaue Sendezeit (innerhalb der nächsten 24 Std.)**. Darüber hinaus können Sie zwischen den Prioritätsstufen **Hoch**, **Normal** und **Niedrig** wählen. Klicken Sie auf **Weiter**.
6. Der Assistent zum Senden von Faxen zeigt die Seite **Fertigstellen des Assistenten** an. Lesen Sie die Zusammenfassung auf der Seite **Fertigstellen des Assistenten**. Wenn die Angaben auf dieser Seite richtig sind, können Sie auf **Fertig stellen** klicken und das Fax auf diese Weise absenden.

Verwalten und Problembehandlung gebräuchlicher E/A-Geräte

Aufgrund der Vielzahl der installierbaren Geräte können im Rahmen des vorliegenden Trainings nicht alle Typen besprochen werden. In den folgenden Abschnitten wird daher nur auf einige der gängigsten Geräte und deren Installation, Konfiguration und Verwaltung eingegangen.

Scanner und Kameras

Die meisten Digitalkameras, Scanner und anderen Geräte zur Bilderfassung sind Plug & Play-fähig und werden daher von Windows XP Professional automatisch installiert, wenn sie an den Computer angeschlossen werden. Erfolgt wider Erwarten keine automatische Installation, oder ist das Gerät nicht Plug & Play-fähig, müssen Sie den Assistenten für die Scanner- und Kamerainstallation starten. Zum Öffnen dieses Assistenten klicken Sie auf **Systemsteuerung**, **Drucker und andere Hardware** und anschließend auf **Scanner und Kameras**. Klicken Sie im Fenster **Scanner und Kameras** doppelt auf **Bildverarbeitungsgerät hinzufügen**, um den Assistenten für die Scanner- und Kamerainstallation zu starten. Klicken Sie auf der Willkommenseite des Assistenten auf **Weiter**, und folgen Sie den Anweisungen auf dem Bildschirm, um eine Digitalkamera, einen Scanner oder ein anderes Bildverarbeitungsgerät zu installieren.

Klicken Sie im Geräte-Manager mit der rechten Maustaste auf das betreffende Gerät, und klicken Sie dann auf **Eigenschaften**. Als Farbprofil für ICM 2.0 (Image Color Management) wird standardmäßig RGB verwendet. Sie können aber auch ein anderes Farbprofil hinzufügen, entfernen oder auswählen. Zum Ändern des Farbprofils klicken Sie im Eigenschaftendialogfeld des Geräts auf die Registerkarte **Farbverwaltung**. Falls Probleme mit einer Kamera oder einem Scanner auftreten, klicken Sie im Eigenschaftendialogfeld des betreffenden Scanners oder der Kamera auf **Problembehandlung**.

Im Systemsteuerungsfenster **Scanner und Kameras** können Sie Bildverarbeitungsgeräte verwalten. Die Konfigurationsoptionen unterscheiden sich von Gerät zu Gerät, aber Sie können immer die Funktionsfähigkeit des Geräts überprüfen, die Übertragungsrate für die Datenübertragung zwischen Kamera oder Scanner und Computer einstellen und Farbprofile verwalten. Es ist wichtig, dass Sie bei der Datenübertragungsrate keinen höheren Wert einstellen, als das Gerät unterstützt. Ist die Übertragungsrate zu hoch eingestellt, kann das Einlesen des Bilds fehlschlagen.

Mausgeräte

Mäuse sind üblicherweise Plug & Play-Geräte. Sie werden erkannt, sobald sie an den Computer angeschlossen werden, zumindest aber beim Windows-Start. In manchen Fällen müssen Sie eine Maus allerdings mit dem Hardware-Assistenten installieren. Mäuse werden über Mausanschlüsse (PS/2), serielle Anschlüsse oder USB-Anschlüsse an den Computer angeschlossen. Es gibt auch drahtlose Mäuse, im Allgemeinen kommunizieren sie aber mit einem Empfänger, der über einen USB-Anschluss mit dem Computer verbunden ist.

Klicken Sie im Fenster **Drucker und andere Hardware** der Systemsteuerung auf das Symbol **Maus**, um das Mausgerät zu konfigurieren und gegebenenfalls eine Problembehandlung durchzuführen. Auf der Registerkarte **Tasten** (Abbildung 6.8) können Sie Ihre Maus für die linkshändige oder rechtshändige Bedienung konfigurieren. Ferner können Sie einen einzelnen Mausklick zum Auswählen oder Öffnen von Elementen festlegen und die Doppelklickgeschwindigkeit steuern.

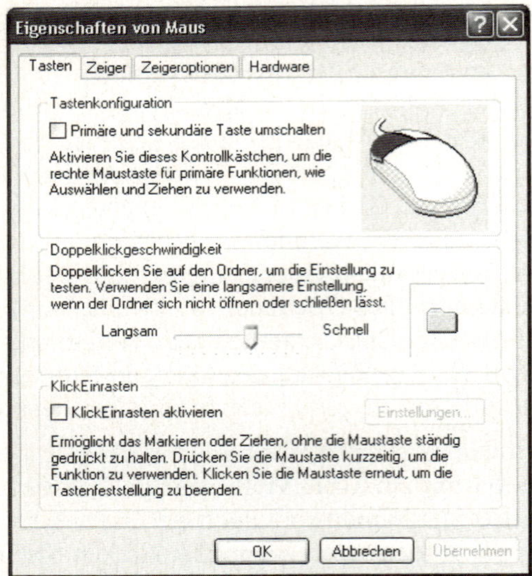

Abbildung 6.8 Konfigurieren von Tasteneigenschaften auf der Registerkarte **Tasten** des Eigenschaftendialogfelds einer Maus

Auf der Registerkarte **Zeiger** können Sie ein benutzerdefiniertes Schema für den Mauszeiger auswählen oder erstellen. Auf der Registerkarte **Zeigeroptionen** können Sie die Zeigergeschwindigkeit und die Mausspur festlegen und über die Option **In Dialogfeldern zur Standardschaltfläche springen** festlegen, dass der Mauszeiger in Dialogfeldern immer auf der Standardschaltfläche positioniert wird.

Auf der Registerkarte **Hardware** können Sie auf den Maus-Ratgeber zugreifen, der Sie beim Beheben von Problemen unterstützt. Auf der Registerkarte **Hardware** steht außerdem die Schaltfläche **Eigenschaften** zur Verfügung, über die Sie erweiterte Mauseinstellungen konfigurieren können. Zur erweiterten Konfiguration gehört zum Beispiel das Deinstallieren oder Aktualisieren der Maustreiber sowie das Anzeigen oder Ändern der zugewiesenen Hardwareressourcen. An dieser Stelle lässt sich außerdem durch Ändern der Abtastrate die Empfindlichkeit der Maus neu festlegen. Die Abtastrate legt fest, mit welcher Frequenz Windows XP Professional die Position der Maus neu ermittelt.

Tastaturen

Wie Mäuse sind auch Tastaturen im Allgemeinen Plug & Play-Geräte. Tastaturen werden normalerweise über einen PS/2-Tastaturanschluss oder einen USB-Anschluss mit dem Computer verbunden. Es gibt auch drahtlose Tastaturen, im Allgemeinen kommunizieren sie aber (wie drahtlose Mäuse) mit einem Empfänger, der über einen USB-Anschluss mit dem Computer verbunden ist.

Klicken Sie im Fenster **Drucker und andere Hardware** der Systemsteuerung auf **Tastatur**, um eine Tastatur zu konfigurieren oder gegebenenfalls eine Problembehandlung durchzuführen. Auf der Registerkarte **Geschwindigkeit** können Sie die Verzögerung und Rate der Zeichenwiederholung festlegen. Darüber hinaus können Sie hier auch die Cursorblinkrate konfigurieren. Auf der Registerkarte **Hardware** werden die Geräteeigenschaften für die installierte Tastatur angezeigt. Über diese Registerkarte können Sie außerdem auf den Tastatur-Ratgeber zugreifen, falls ein Problem vorliegt, bei dem Sie Hilfe benötigen. Wenn Sie auf der Registerkarte **Hardware** auf **Eigenschaften** klicken, können Sie einen Gerätetreiber installieren, einen früher installierten Gerätetreiber wiederherstellen oder einen Gerätetreiber deinstallieren.

USB-Geräte

USB (Universal Serial Bus) ist ein Anschlusstyp, der entwickelt wurde, um bis zu 127 Peripheriegeräte schnell und flexibel an einen Computer anschließen zu können. USB soll die herkömmlichen seriellen und parallelen Anschlüsse des Computers ersetzen. Der Begriff „Universal“ (deutsch „universell“) deutet an, dass viele Arten von Geräten USB nutzen können. USB ist vollständig Plug & Play-kompatibel.

Das USB-System umfasst einen einzelnen USB-Host und viele USB-Geräte. Der Host steht an der Spitze der USB-Hierarchie. In einer Windows XP-Umgebung arbeiten Betriebssystem und Hardware zusammen und bilden so den USB-Host. Zu den Geräten gehören unter anderem die Hubs. Solche Hubs sind Verbindungspunkte für andere USB-Geräte und -Knoten. Knoten sind Endgeräte wie zum Beispiel Drucker, Scanner, Mäuse, Tastaturen und so weiter. Einige Knoten fungieren ebenfalls als Hubs und ermöglichen das Anschließen weiterer USB-Geräte.

Sie können USB-Peripheriegeräte miteinander verbinden, indem Sie Verbindungs-Hubs verwenden, die es ermöglichen, einen Bus aufzubauen, der sich über zusätzliche Anschlüsse verzweigt. In so einem Fall sind normalerweise einige der Peripheriegeräte einfache Geräte, andere dienen dagegen sowohl als Geräte als auch als Verbindungs-Hubs. Der Computer stellt eine USB-Host-Verbindung zur Verfügung, die als Startpunkt für die USB-Verbindung dient.

Ein spezieller Hub, der so genannte Root-Hub, ist integraler Bestandteil des Hostsystems (normalerweise ist er in das Motherboard integriert). Er stellt mindestens einen Anschluss für USB-Geräte zur Verfügung (die Anschlüsse, die der Computer nach außen führt). Die eingebauten USB-Anschlüsse eines Computers fungieren als Root-Hub. USB kann maximal fünf Ebenen von Geräten unterstützen. Der Root-Hub bildet die erste Ebene. Normale Hubs können bis zu drei zusätzliche Ebenen aufbauen, und Knoten sind die letzte Ebene.

Die meisten USB-Geräte können Sie an einem Computer an- oder abstecken, während der Computer läuft. Das wird oft als Hot-Plugging bezeichnet. Plug & Play erkennt das Vorhandensein (oder die Abwesenheit) des Geräts und konfiguriert es nach Bedarf.

Der USB-Anschluss liefert den angeschlossenen Peripheriegeräten Strom. Der Root-Hub bezieht den Strom unmittelbar aus dem Hostcomputer und stellt ihn direkt angeschlossenen Geräten zur Verfügung. Auch Hubs versorgen die angeschlossenen Geräte mit Strom. Aber auch wenn die Schnittstelle den USB-Geräten Strom liefert, haben manche USB-Geräte eigene Stromquellen. Viele Geräte, zum Beispiel Digitalkameras und Scanner, verbrauchen mehr Strom, als ein USB-Hub liefern kann.

Prüfungstipp Einige USB-Hubs haben eine eigene Stromversorgung, andere nicht. Hubs ohne eigene Stromversorgung beziehen den Strom von dem Hub, an den sie angeschlossen sind, oder direkt vom Computer. Falls Sie feststellen, dass ein USB-Gerät, das an einen USB-Hub ohne eigene Stromversorgung angeschlossen ist, nicht korrekt funktioniert, sollten Sie versuchen, den Hub durch einen USB-Hub mit eigener Stromversorgung zu ersetzen.

Weil Sie über einen USB-Anschluss praktisch beliebige Arten von Peripheriegeräten an den PC anschließen können, umfasst die Bandbreite der Symptome, die bei USB-Geräten auftreten, sämtliche Probleme, die bei den einzelnen Peripheriegeräten in diesem Kapitel aufgeführt sind. Probleme, die speziell die USB-Technik betreffen, fallen in einen der folgenden Bereiche:

- USB-Hardwaregerät
- USB-Controller
- USB-Treiber

Der erste Schritt bei einer Problembehandlung für USB besteht darin, im BIOS-Setup (Basic Input/Output System) zu prüfen, ob USB für den Computer aktiviert ist.

Tabelle 6.5 beschreibt grundlegende Problembehandlungsverfahren für USB.

Tabelle 6.5 Grundlegende Problembehandlungsverfahren für USB

Symptom	Weiteres Vorgehen
Die USB-Funktionen im BIOS sind aktiviert.	Überprüfen Sie im Geräte-Manager, ob der USB-Controller dort aufgeführt ist. In Windows XP müsste der USB-Controller in der Kategorie **USB-Controller** aufgeführt sein (stellen Sie im Geräte-Manager die Standardansicht **Geräte nach Typ** ein).
Der Controller ist nicht im Geräte-Manager aufgeführt oder der Controller ist mit einem gelben Warnsymbol markiert.	Versuchen Sie, beim Hersteller eine neue BIOS-Version zu bekommen, weil das BIOS Ihres Computers möglicherweise veraltet ist.
Der Controller ist im Geräte-Manager aufgeführt.	Klicken Sie mit der rechten Maustaste auf den USB-Controller und wählen Sie den Befehl **Eigenschaften**. Falls Probleme aufgetreten sind, müsste auf der Registerkarte **Allgemein** im Eigenschaftendialogfeld des Controllers eine Meldung im Feld **Gerätestatus** zu sehen sein.
Die BIOS- und Controllereinstellungen scheinen korrekt zu sein.	Überprüfen Sie als Nächstes die USB-Anschlusstreiber. Die USB-Anschlüsse sind im Geräte-Manager als **USB-Root-Hub**-Einträge aufgeführt. Klicken Sie mit der rechten Maustaste auf einen solchen Eintrag und wählen Sie den Befehl **Eigenschaften**. Auf der Registerkarte **Treiber** im Dialogfeld **Eigenschaften von USB-Root-Hub** können Sie die Treiber bei Bedarf aktualisieren oder eine vorher installierte Version wiederherstellen.

Bei der Problembehandlung von USB-Geräten dürfen Sie nicht vergessen, dass es sich entweder um ein allgemeines USB-Problem handeln oder die Ursache im Gerät selbst liegen kann. Meist, aber nicht immer, betreffen allgemeine USB-Probleme mehr als ein Gerät. Falls Sie vermuten, dass es sich um ein Problem mit einem speziellen Gerät handelt, können Sie das Gerät im Geräte-Manager deinstallieren, das Gerät vom Computer abstecken und dann den Computer neu starten. Nachdem der Computer neu gestartet wurde, schließen Sie das Gerät wieder an und lassen es erneut von Plug & Play erkennen, installieren und konfigurieren. Arbeitet das Gerät immer noch nicht korrekt, sollten Sie die Möglichkeit in Betracht ziehen, dass das Gerät in irgendeiner Weise defekt ist oder neue Treiber von Microsoft oder dem Gerätehersteller nötig sind.

Smartcardlesegeräte

Smartcards sind kleine Geräte in der Größe einer Kreditkarte, die Informationen speichern. Smartcards werden meist zum Speichern von Anmeldeinformationen für die Authentifizierung verwendet, zum Beispiel für öffentliche und private Schlüssel und andere Arten persönlicher Informationen. Sie sind klein und leicht, daher können Benutzer ihre Anmeldeinformationen und sonstigen persönlichen Informationen auf solchen Smartcards problemlos mit sich tragen.

Damit ein Computer auf eine Smartcard zugreifen kann, braucht er ein Smartcardlesegerät. Das Lesegerät ist meist ein PS/2-, USB- oder PC Cards-Gerät, bei manchen Computern ist das Lesegerät auch direkt eingebaut. Windows XP unterstützt Plug & Play-Smartcardlesegeräte, die dem PC/SC-Standards (Personal Computer/Smart Card) entsprechen. Manche Hersteller stellen auch für ältere Smartcardlesegeräte einen Gerätetreiber zur Verfügung, aber Microsoft empfiehlt, nur Plug & Play-Smartcardlesegeräte zu verwenden.

Nachdem Sie die Treiber für ein Smartcardlesegerät installiert haben, müssen Sie auch noch den Smartcarddienst aktivieren, damit Windows XP Professional Smartcards lesen kann. Wenn Sie das Smartcardlesegerät installiert und konfiguriert haben, sollten Sie in der Computerverwaltung unter **Dienste** sicherstellen, dass der Dienst **Smartcard** gestartet wurde.

Modems

Analoge Modems verbinden Computer über die Telefonleitung (Public Switched Telephone Network, PSTN) mit einem Remotegerät. Modems werden verwendet, um über einen Internetprovider (Internet Service Provider, ISP) eine Internetverbindung herzustellen oder um eine Verbindung zu einem privaten Netzwerk aufzubauen, zum Beispiel einem Unternehmensnetzwerk.

Ein Modem kann entweder ein internes oder ein externes Gerät sein. Interne Modems werden in einen internen Erweiterungssteckplatz des Computers eingebaut. Externe Modems werden an die seriellen oder USB-Anschlüsse des Computers angeschlossen.

Sie können Modems über das Systemsteuerungsmodul **Telefon- und Modemoptionen** und über den Geräte-Manager verwalten. Klicken Sie im Fenster **Systemsteuerung** auf **Drucker und andere Hardware** und dann auf **Telefon- und Modemoptionen**. Klicken

Sie im Dialogfeld **Telefon- und Modemoptionen** auf der Registerkarte **Modems** doppelt auf ein Modem, um dessen Eigenschaftendialogfeld zu öffnen. Im Eigenschaftendialogfeld des Modems können Sie die Lautstärke des Modems einstellen oder es ganz stumm schalten. Das ist sogar ein häufiger Wunsch von Benutzern, weil sie die Wähltöne des Modems nicht jedes Mal hören wollen, wenn sie eine Internetverbindung herstellen.

Das Feld **Maximale Übertragungsrate** steuert, wie schnell Kommunikationsprogramme Informationen an das Modem schicken dürfen. Das ist etwas anderes als die Verbindungsgeschwindigkeit des Modems, die ausgehandelt wird, wenn sich das Modem einwählt und eine Verbindung aufbaut. Die maximale Übertragungsrate wird normalerweise während der Installation konfiguriert und braucht nicht an die Verbindungsgeschwindigkeit des Modems angepasst zu werden.

Das Kontrollkästchen **Vor dem Wählen auf Freizeichen warten** ist in der Standardeinstellung aktiviert. In manchen Ländern gibt es Telefonsysteme, die kein Freizeichen verwenden. In solchen Fällen muss diese Option deaktiviert werden, sonst wird das Modem niemals wählen.

Auf der Registerkarte **Diagnose** im Eigenschaftendialogfeld eines Modems können Sie das Modem abfragen, um zu sehen, ob es auf die Standardmodembefehle reagiert. Bei einer Problembehandlung ist das eine nützliche Möglichkeit festzustellen, ob das Modem korrekt initialisiert wurde und fehlerfrei arbeitet.

Während der Installation installiert Windows XP oft einen Standardmodemtreiber statt des spezifischen Treibers für das Modem. Das passiert, wenn Windows keinen gerätespezifischen Treiber finden kann. Der Standardmodemtreiber bietet dieselben Grundfunktionen, unterstützt aber nicht die erweiterten Modemfeatures. Sie können diesen Treiber aber temporär verwenden, bis Sie den passenden Treiber vom Hersteller besorgt haben.

Gamecontroller

Klicken Sie im Fenster **Drucker und andere Hardware** der Systemsteuerung auf **Gamecontroller**, um einen Gamecontroller zu installieren, zu konfigurieren oder gegebenenfalls eine Problembehandlung durchzuführen. Schließen Sie den Gamecontroller an den Computer an. Wenn es sich zum Beispiel um einen USB-Gamecontroller handelt, müssen Sie ihn an einen USB-Anschluss anstecken. Falls der Gamecontroller nicht ordnungsgemäß installiert wird, sollten Sie im Geräte-Manager unter den so genannten HID-Geräten (Human Interface Devices) nachsehen. Wird der Controller nicht im Geräte-Manager aufgeführt, sollten Sie prüfen, ob USB im BIOS aktiviert ist. Rufen Sie gegebenenfalls beim Systemstart das BIOS-Setup auf, und aktivieren Sie USB. Wurde USB im BIOS aktiviert, und wird der Gamecontroller dennoch nicht im Geräte-Manager angezeigt, sollten Sie bei Ihrem Computerhersteller eine aktuelle BIOS-Version anfordern.

Zum Konfigurieren des Controllers wählen Sie das Gerät aus und klicken anschließend auf **Eigenschaften**. Zur Problembehandlung wählen Sie das betreffende Gerät aus und klicken dann auf **Problembehandlung**.

Infrarotgeräte und drahtlose Geräte

Die meisten internen IrDA-Geräte (Internal Infrared Data Association) sollten während der Windows XP Professional-Installation oder beim ersten Start von Windows XP Professional nach dem Anschließen des Geräts automatisch installiert werden. Wenn Sie einen IrDA-Transceiver an einen seriellen Anschluss anschließen, müssen Sie ihn mit dem Hardware-Assistenten installieren. Klicken Sie hierzu in der Systemsteuerung auf **Drucker und andere Hardware** und dann auf **Hardware**, um den Hardware-Assistenten zu starten. Klicken Sie auf **Weiter**, um die Seite **Willkommen** zu schließen. Klicken Sie auf **Ja, die Hardware wurde bereits angeschlossen** und dann auf **Weiter**. Wählen Sie auf der nächsten Assistentenseite die Option **Neue Hardware hinzufügen** und folgen Sie den Anweisungen auf dem Bildschirm.

Klicken Sie zum Konfigurieren eines Infrarotgeräts in der Systemsteuerung zunächst auf **Drahtlose Verbindung**. Klicken Sie anschließend auf der Registerkarte **Hardware** auf das Gerät, das Sie konfigurieren möchten, und klicken Sie auf **Eigenschaften**. Im Eigenschaftendialogfeld des Hardwaregeräts werden Informationen zu Gerätestatus, Treiberdateien und Einstellungen zur Energieverwaltung angezeigt.

Hinweis Das Symbol **Drahtlose Verbindung** erscheint nur in der Systemsteuerung, wenn Sie bereits ein Infrarotgerät auf dem Computer installiert haben.

Organizer

Die meisten Organizer (auch als Handhelds, Palmtops, PDAs oder Pocket-Computer bezeichnet) unterstützen entweder IrDA-Standards oder stellen die Verbindung zum Computer über einen seriellen oder einen USB-Anschluss her. Bei Organizern, die einen Anschluss des Computers verwenden, haben manche selbst einen entsprechenden Anschluss, andere müssen in eine Cradle eingesteckt werden, die dann wiederum an den Computer angeschlossen ist.

Sie müssen Software installieren, damit Windows XP korrekt mit dem Gerät kommunizieren kann. Zum Beispiel müssen Sie bei Palm-Organizern (Personal Digital Assistant, PDA) die Palm Desktop Software installieren, damit der PDA Daten vom und zum Windows-PC übertragen kann. Organizer, die unter Windows Mobile Software laufen, zum Beispiel ein Pocket PC, setzen voraus, dass Sie ein Programm namens ActiveSync auf dem Computer installieren.

Weitere Informationen Weitere Informationen über den Support von Organizern, die unter Windows Mobile Software laufen, finden Sie auf der Windows Mobile-Website unter **http://www.microsoft.com/windowsmobile**.

Übung: Deaktivieren und Aktivieren eines Hardwaregeräts

In dieser Übung deaktivieren Sie im Geräte-Manager ein Hardwaregerät und aktivieren es dann wieder. Gehen Sie folgendermaßen vor:

1. Klicken Sie im Startmenü auf **Systemsteuerung**.
2. Klicken Sie im Fenster **Systemsteuerung** auf **Leistung und Wartung**.

3. Klicken Sie im Fenster **Leistung und Wartung** auf **System**.
4. Klicken Sie im Dialogfeld **Systemeigenschaften** auf der Registerkarte **Hardware** auf die Schaltfläche **Geräte-Manager**.
5. Erweitern Sie im Fenster **Geräte-Manager** die Kategorie **Anschlüsse (COM und LPT)**, klicken Sie mit der rechten Maustaste auf den parallelen Anschluss – normalerweise heißt er **Druckeranschluss (LPT1)** – und wählen Sie den Befehl **Eigenschaften**.
6. Wählen Sie im Dialogfeld **Eigenschaften von Druckeranschluss (LPT1)** auf der Registerkarte **Allgemein** in der Dropdownliste **Geräteverwendung** die Option **Gerät nicht verwenden (deaktivieren)**. Klicken Sie auf **OK**.
7. Sehen Sie sich im Fenster **Geräte-Manager** das Symbol für den parallelen Anschluss an: Es ist jetzt mit einem roten „x" markiert, das anzeigt, dass dieses Gerät deaktiviert ist. Klicken Sie mit der rechten Maustaste auf **Druckeranschluss (LPT1)** und wählen Sie **Eigenschaften**.
8. Wählen Sie im Dialogfeld **Eigenschaften von Druckeranschluss (LPT1)** auf der Registerkarte **Allgemein** in der Dropdownliste **Geräteverwendung** die Option **Gerät verwenden (aktivieren)**. Klicken Sie auf **OK**.
9. Schließen Sie alle offenen Fenster.

Lernzielkontrolle

Anhand der folgenden Fragen können Sie überprüfen, ob Sie die Themen dieser Lektion so gut beherrschen, dass Sie mit der nächsten Lektion weitermachen können. Falls Sie eine Frage nicht beantworten können, sollten Sie die Lektion noch einmal durcharbeiten, und dann erneut versuchen, die Frage zu beantworten. Die Antworten auf die Lernzielkontrollfragen finden Sie im Abschnitt „Fragen und Antworten" am Ende dieses Kapitels.

1. Windows XP Professional erkennt Plug & Play-Geräte automatisch und fungiert bei der Ressourcenverteilung als eine Art „Vermittler". Die Ressourcenzuweisungen für Plug & Play-Geräte sind ______________________________ (dauerhaft/nicht dauerhaft).
2. Wie können Sie Hardwareressourcen freigeben, die Sie einem Plug & Play-Gerät manuell zugewiesen haben?

   ____

   ____

   ____

   ____

3. Sie erhalten als Helpdeskmitarbeiter einen Anruf von einem Benutzer, der auf seinem Desktopcomputer in der Systemsteuerung das Symbol **Drahtlose Verbindung** nicht finden kann, das auf seinem Laptop immer angezeigt wird. Was würden Sie dem Benutzer sagen?

Zusammenfassung der Lektion

- Der Geräte-Manager zeigt in einer grafischen Benutzeroberfläche an, welche Hardware auf Ihrem Computer installiert ist, und hilft Ihnen beim Verwalten und bei der Problembehandlung dieser Geräte. Der Geräte-Manager kennzeichnet alle Geräte mit einem Symbol, das den Gerätetyp und den Status des Geräts anzeigt. Der Geräte-Manager blendet standardmäßig nicht Plug & Play-fähige Geräte sowie alle derzeit nicht an den Computer angeschlossenen Geräte (die so genannten Phantomgeräte) aus.
- Mit dem Faxdienst von Windows XP Professional können Sie Faxe über ein lokal angeschlossenes oder ein Remotefaxgerät in Ihrem Netzwerk senden und empfangen. Der Faxdienst ist in der Standardeinstellung nicht installiert, daher müssen Sie ihn bei Bedarf installieren.
- Windows XP Professional unterstützt eine Reihe von unterschiedlichen Typen von E/A-Geräten, einige davon sind:
  - Die meisten Geräte zur Bildverarbeitung werden von Windows XP Professional automatisch installiert, wenn sie an den Computer angeschlossen werden. Falls ein Gerät nicht erkannt werden sollte, können Sie es über den Assistenten für die Scanner- und Kamerainstallation installieren.
  - Klicken Sie im Fenster **Drucker und andere Hardware** der Systemsteuerung auf das Symbol **Maus**, um das Mausgerät zu konfigurieren und gegebenenfalls eine Problembehandlung durchzuführen.
  - Klicken Sie im Fenster **Drucker und andere Hardware** der Systemsteuerung auf **Telefon- und Modemoptionen**, um ein Modem zu installieren, zu konfigurieren oder gegebenenfalls eine Problembehandlung durchzuführen.
  - Klicken Sie im Fenster **Drucker und andere Hardware** der Systemsteuerung auf **Gamecontroller**, um einen Gamecontroller zu installieren, zu konfigurieren oder gegebenenfalls eine Problembehandlung durchzuführen.
  - Verwenden Sie den Hardware-Assistenten, um einen IrDA-Transceiver zu installieren, der an einen seriellen Port angeschlossen wurde.
  - Das Symbol **Drahtlose Verbindung** zum Konfigurieren von Infrarotgeräten wird in der Systemsteuerung nur angezeigt, wenn auf dem Computer bereits ein Infrarotgerät installiert wurde.
  - Klicken Sie im Fenster **Drucker und andere Hardware** der Systemsteuerung auf **Tastatur**, um eine Tastatur zu konfigurieren oder gegebenenfalls eine Problembehandlung durchzuführen.

Lektion 3: Anzeigen und Konfigurieren von Hardwareprofilen

Ein Hardwareprofil ist eine Sammlung von Konfigurationsinformationen über die Hardware, die auf Ihrem Computer installiert ist. Innerhalb eines Profils können Sie jede einzelne Hardwarekomponente (zum Beispiel Netzwerkkarten, Anschlüsse, Monitore und so weiter) aktivieren oder deaktivieren und spezifische Konfigurationsinformationen einstellen. Sie können auf einem Computer viele Hardwareprofile einrichten und zwischen den unterschiedlichen Profilen umschalten, wenn Sie Windows XP starten.

Am Ende dieser Lektion werden Sie in der Lage sein, die folgenden Aufgaben auszuführen:

- Erklären, wann Hardwareprofile eingesetzt werden sollten.
- Erstellen eines Hardwareprofils.
- Verwalten von Hardwareprofilen.
- Konfigurieren von Hardwareeinstellungen in einem Hardwareprofil.
- Auswählen eines Hardwareprofils beim Windows-Start.

Veranschlagte Zeit für diese Lektion: 15 Minuten

Einsatzzwecke von Hardwareprofilen

Weil Windows XP Professional in der Lage ist, Netzwerkeinstellungen neu zu konfigurieren, wenn es ein neues Netzwerk entdeckt hat, ist die Bedeutung von Hardwareprofilen gesunken. Wahrscheinlich müssen Sie sie niemals verwenden. Trotzdem werden Hardwareprofile hin und wieder benötigt, und Sie sollten wissen, wie Sie Hardwareprofile erstellen und konfigurieren.

Hardwareprofile sind nützlich, wenn Sie Hardwaregeräte haben, die Sie manchmal deaktivieren und manchmal aktivieren wollen. Statt solche Geräte jedes Mal nach dem Starten von Windows im Geräte-Manager zu aktivieren oder zu deaktivieren, können Sie Hardwareprofile erstellen. Je nachdem, welches Hardwareprofil Sie dann beim Start auswählen, werden die entsprechenden Geräte aktiviert oder deaktiviert.

Diese Funktion ist besonders nützlich, wenn Sie einen älteren tragbaren Computer haben, der kein Hotdocking unterstützt. Hotdocking ist die Fähigkeit, die es Windows XP erlaubt, automatisch festzustellen, ob der tragbare Computer angedockt ist, und die Geräte entsprechend neu zu konfigurieren.

Erstellen eines Hardwareprofils

Hardwareprofile bieten die Möglichkeit, einen einzigen Computer für unterschiedliche Situationen zu konfigurieren. Innerhalb eines Profils können Sie spezifische Hardwaregeräte aktivieren oder deaktivieren und diese Geräte unterschiedlich konfigurieren. Betrachten Sie als Beispiel einen Benutzer mit einem Notebook. Ist der Benutzer zu Hause, sind an den Computer ein externer Monitor, Tastatur, Maus und Drucker angeschlossen. Wenn der Benutzer den Computer auf Reisen mitnimmt, ist keines dieser Geräte angeschlossen. Sie könnten den Computer dieses Benutzers nun mit zwei Hardwareprofilen einrichten: eines, in dem alle genannten Geräte aktiviert sind, und ein zweites, in dem sie deaktiviert sind. Wenn der Computer startet, kann der Benutzer das gewünschte Hardwareprofil auswählen. So braucht er keine Konfigurationsänderungen durchzuführen und erhält keine Meldungen über fehlende Geräte.

Als Standardeinstellung wird während der Installation von Windows XP ein Hardwareprofil erstellt: **Profil 1**. Gehen Sie folgendermaßen vor, um ein weiteres Hardwareprofil anzulegen:

1. Wählen Sie im Startmenü **Systemsteuerung**.
2. Klicken Sie im Fenster **Systemsteuerung** auf **Leistung und Wartung**.
3. Klicken Sie im Fenster **Leistung und Wartung** auf **System**.
4. Klicken Sie im Dialogfeld **Systemeigenschaften** auf der Registerkarte **Hardware** auf **Hardwareprofile**.
5. Wählen Sie im Dialogfeld **Hardwareprofile** (Abbildung 6.9) den Eintrag **Profil 1 (Aktuell)** aus und klicken Sie dann auf **Kopieren**. Es ist nicht möglich, ein neues Profil direkt zu erstellen. Sie müssen ein vorhandenes Profil kopieren und dann die Kopie verändern.

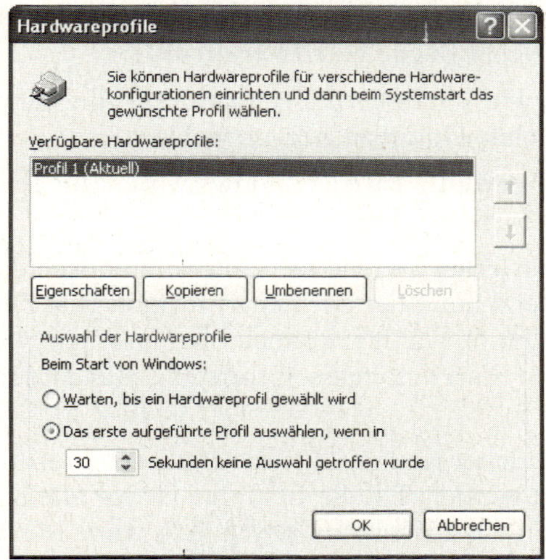

Abbildung 6.9 Kopieren und Ändern eines vorhandenen Hardwareprofils

6. Geben Sie im Dialogfeld **Profil kopieren** einen Namen für das neue Profil ein und klicken Sie auf **OK**.
7. Wählen Sie im Dialogfeld **Hardwareprofile** das neue Profil aus, das Sie gerade benannt haben, und klicken Sie auf **Eigenschaften**.
8. Im Eigenschaftendialogfeld für das Profil können Sie zwei Einstellungen konfigurieren:
   - Aktivieren Sie das Kontrollkästchen **Dies ist ein tragbarer Computer**, falls es sich um einen tragbaren Computer handelt, der eine Dockingstation verwendet

(und falls diese Dockingstation von Windows XP unterstützt wird). Wird eine unterstützte Dockingstation verwendet, kann Windows XP feststellen, ob ein tragbarer Computer angeschlossen ist oder nicht, und automatisch das passende Profil anwenden. Falls Sie keine Dockingstation verwenden (oder einfach lieber Ihre eigenen Profile einrichten und verwalten), können Sie dieses Kontrollkästchen deaktiviert lassen.

- Aktivieren Sie das Kontrollkästchen **Dieses Profil beim Start von Windows immer einschließen**, falls Sie wollen, dass dieses Profil als Option im Startmenü aufgeführt wird.

9. Klicken Sie im Eigenschaftendialogfeld für das Profil auf **OK**, um zum Dialogfeld **Hardwareprofile** zurückzukehren.
10. Klicken Sie auf **OK**, um zum Dialogfeld **Systemeigenschaften** zurückzukehren, und dann erneut auf **OK**, um das Dialogfeld zu schließen.

Verwalten von Hardwareprofilen

Nachdem Sie ein Profil erstellt haben, können Sie wiederum das Dialogfeld **Hardwareprofile** öffnen, um zu steuern, wie Windows XP Profile verwendet. (Um dieses Dialogfeld zu öffnen, öffnen Sie das Dialogfeld **Systemeigenschaften**, wählen die Registerkarte **Hardware** und klicken dann auf die Schaltfläche **Hardwareprofile**.)

In erster Linie können Sie einstellen, wie Windows die Hardwareprofile während der Startphase verarbeitet. Es stehen folgende Optionen zur Auswahl:

- **Warten, bis ein Hardwareprofil gewählt wird:** Windows wartet, bis Sie ein Hardwareprofil ausgewählt haben, bevor es mit dem Start fortfährt.
- **Das erste aufgeführte Profil auswählen:** Windows wählt automatisch das erste Hardwareprofil in der Liste und setzt den Start nach einer festgelegten Zeitspanne automatisch fort. Falls Sie diese Option wählen, können Sie einstellen, wie lange Windows warten soll, bevor es den Start automatisch fortsetzt. Standardeinstellung ist 30 Sekunden.

Sie können außerdem einstellen, in welcher Reihenfolge die Hardwareprofile während des Starts in der Menüliste aufgeführt werden. Die Reihenfolge ist vor allem deswegen wichtig, weil Windows das erste Profil der Liste automatisch lädt, wenn Sie die Option **Das erste aufgeführte Profil auswählen** gewählt haben. Sie können die Reihenfolge verändern, indem Sie ein Profil im Listenfeld auswählen und es dann mit den Pfeil-Schaltflächen nach oben oder unten verschieben.

Konfigurieren von Hardwareeinstellungen für ein Profil

Nachdem Sie die benötigten Profile erstellt und Windows so konfiguriert haben, dass es sie korrekt anzeigt und startet, besteht der nächste Schritt darin, die Hardwareeinstellungen für jedes Profil zu konfigurieren. Um die Hardware für ein Profil konfigurieren zu können, müssen Sie den Computer mit diesem Profil starten. Nachdem Sie Windows mit dem gewünschten Profil gestartet haben, können Sie im Geräte-Manager einzelne Geräte aktivieren, deaktivieren und konfigurieren. Die Einstellungen, die Sie vornehmen, gelten für das momentan geladene Profil.

Der einzig komplizierte Teil beim Einstellen von Hardwaregeräten in unterschiedlichen Profilen besteht darin, sich zu erinnern, welches Profil Sie gerade verwenden. Weder im Geräte-Manager noch im Eigenschaftendialogfeld eines Geräts wird angezeigt, welches das aktuelle Profil ist. Sie können aber immer zum Dialogfeld **Systemeigenschaften** wechseln und das Fenster **Hardwareprofile** öffnen, um nachzusehen, welches Ihr aktuelles Profil ist.

Auswählen eines Profils beim Start

Falls sich mehrere Profile in der Liste **Verfügbare Hardwareprofile** befinden, fordert Windows XP Professional Sie beim Computerstart zum Auswählen eines Profils auf. Sie können im Dialogfeld **Hardwareprofile** festlegen, wie viel Zeit dem Benutzer für die Profilauswahl bleibt, bevor das Standardprofil gestartet wird. Klicken Sie zum Anpassen dieser Zeitdauer im Abschnitt **Auswahl der Hardwareprofile** auf die Option **Das erste aufgeführte Profil auswählen, wenn in *x* Sekunden keine Auswahl getroffen wurde** und geben Sie die Anzahl der Sekunden im entsprechenden Feld ein. Wenn Sie als Zeitwert 0 Sekunden angeben, startet Windows XP Professional immer das Standardprofil. Bei dieser Einstellung können Sie ein anderes Hardwareprofil wählen, indem Sie beim Hochfahren des Computers auf die LEERTASTE drücken. Wenn Sie die Option **Warten, bis ein Hardwareprofil gewählt wird** konfigurieren, wartet Windows XP Professional, bis Sie ein Profil ausgewählt haben.

Lernzielkontrolle

Anhand der folgenden Fragen können Sie überprüfen, ob Sie die Themen dieser Lektion so gut beherrschen, dass Sie mit der nächsten Lektion weitermachen können. Falls Sie eine Frage nicht beantworten können, sollten Sie die Lektion noch einmal durcharbeiten, und dann erneut versuchen, die Frage zu beantworten. Die Antworten auf die Lernzielkontrollfragen finden Sie im Abschnitt „Fragen und Antworten“ am Ende dieses Kapitels.

1. Wie viele Hardwareprofile sind mindestens auf einem Computer vorhanden?

   ____

   ____

   ____

2. Windows XP Professional erstellt während der Installation ein anfängliches Profil, das in der Liste der verfügbaren Hardwareprofile als ____________________ aufgeführt wird. (Tragen Sie den korrekten Begriff ein.)

3. Welche der folgenden Aussagen trifft auf die Hardwareprofile in Windows XP Professional zu? (Wählen Sie alle zutreffenden Antworten aus.)

   a. Windows XP Professional fordert den Benutzer während des Starts nur dann zum Auswählen eines Hardwareprofils auf, wenn sich mindestens zwei Profile in der Liste **Verfügbare Hardwareprofile** befinden.

b. Es wird empfohlen, das Standardprofil zu löschen, wenn Sie ein neues Profil erstellen. Auf diese Weise werden Verwechslungen vermieden.

c. Sie können Windows XP Professional anhand der Option **Hardwareprofilauswahl nicht anzeigen** so konfigurieren, dass immer das Standardprofil angezeigt wird.

d. Wenn Sie die Option **Warten, bis ein Hardwareprofil gewählt wird** wählen, wartet Windows XP Professional, bis Sie ein Profil ausgewählt haben.

Zusammenfassung der Lektion

- In einem Hardwareprofil werden Konfigurationseinstellungen für einen Satz Geräte und Dienste gespeichert. Windows XP Professional ermittelt anhand dieser Hardwareprofile, welche Treiber geladen werden müssen, wenn sich Änderungen an der Systemhardware ergeben. Zum Erstellen oder Bearbeiten eines Hardwareprofils klicken Sie im Dialogfeld **Systemeigenschaften** auf die Registerkarte **Hardware** und anschließend auf die Schaltfläche **Hardwareprofile**, um die Liste der verfügbaren Hardwareprofile anzuzeigen.
- Nachdem Sie ein Profil erstellt haben, können Sie steuern, ob Windows beim Start die verfügbaren Profile anzeigt und ob Windows nach einer einstellbaren Zeitdauer automatisch ein bestimmtes Profil auswählt.
- Nachdem Sie eingestellt haben, wie Windows Profile verwendet, können Sie die Hardware für ein Profil konfigurieren, indem Sie Windows mit dem gewünschten Profil starten und dann die Hardware im Geräte-Manager konfigurieren.
- Falls mehrere Profile in der Liste **Verfügbare Hardwareprofile** aufgeführt sind, fragt Windows XP Professional während des Starts beim Benutzer nach, welches Hardwareprofil verwendet werden soll.

Lektion 4: Konfigurieren und Problembehandlung von Gerätetreibern

Hardwaretreiber sind Software, die die Interaktion zwischen Windows und einem Hardwaregerät bestimmen. Der Geräte-Manager bietet eine einfache Methode, die Treiber für ein beliebiges Gerät im System anzusehen und zu aktualisieren. Windows XP unterstützt auch das ***Signieren von Treibern***, mit dem sichergestellt werden kann, dass Microsoft die Zuverlässigkeit der jeweiligen Gerätetreiber getestet hat.

Am Ende dieser Lektion werden Sie in der Lage sein, die folgenden Aufgaben auszuführen:

- Erklären des Zwecks der Datei **Driver.cab**.
- Aktualisieren von Gerätetreibern.
- Konfigurieren und Überwachen der Treibersignierung.

Veranschlagte Zeit für diese Lektion: 20 Minuten

Die Datei Driver.cab

Die mit Windows XP gelieferten Treiber sind auf der Installations-CD-ROM in einer einzigen CAB-Datei mit dem Namen **Driver.cab** gespeichert. Das Windows XP-Setupprogramm kopiert diese Datei während der Installation in den Ordner **%SystemRoot%\Driver Cache\i86** auf der lokalen Festplatte. Windows greift während und nach der Installation auf diese Datei zurück, um Treiber zu installieren, wenn neue Hardware erkannt wird. Auf diese Weise brauchen Benutzer nicht jedes Mal beim Installieren von Treibern die Installations-CD-ROM einzulegen. Alle Treiber in der Datei **Driver.cab** sind digital signiert.

Aktualisieren von Treibern

Es ist für ein System wichtig, dass die Treiber für alle Geräte auf dem neuesten Stand bleiben. Aktuelle Treiber stellen eine optimale Funktionalität sicher und verringern die Gefahr, dass ein veralteter Gerätetreiber Probleme verursacht.

Die Registerkarte **Treiber** im Eigenschaftendialogfeld eines Geräts (Abbildung 6.10) zeigt die grundlegenden Informationen über den Gerätetreiber an (zum Beispiel das Datum des Treibers und die Versionsnummer). Sie können auf der Registerkarte **Treiber** außerdem folgende Aktionen durchführen:

- Sie können sich die Namen der Treiberdateien ansehen, indem Sie auf die Schaltfläche **Treiberdetails** klicken.
- Sie können einen Gerätetreiber auf eine neuere Version aktualisieren, indem Sie auf die Schaltfläche **Aktualisieren** klicken. Windows fordert Sie dann auf, den Speicherort der neuen Treiberversion einzugeben. Neue Treiber erhalten Sie vom Hersteller des Geräts. Sie können mit **Aktualisieren** auch die Treiber für ein Gerät erneut installieren, wenn es wegen eines Treiberproblems nicht mehr korrekt funktioniert. Funk-

tioniert das Gerät auch nach dem Aktualisieren der Treiber nicht richtig, empfiehlt es sich, das Gerät mit dem Geräte-Manager zu deinstallieren und dann den Computer neu zu starten. Falls das Gerät Plug & Play unterstützt, erkennt Windows das Gerät beim Starten des Computers. Bei Geräten ohne Plug & Play ist eine manuelle Neuinstallation erforderlich.

- Mit der Schaltfläche **Installierter Treiber** können Sie zu einer früheren Version eines Treibers zurückkehren. Diese Funktion stellt die letzten Gerätetreiber wieder her, die aktiv waren, bevor der aktuelle Treiber installiert wurde. Windows unterstützt die Treiberwiederherstellung für alle Geräte *außer* Drucker. Außerdem steht die Treiberwiederherstellung nur für Geräte zur Verfügung, für die neue Treiber installiert wurden. Beim Aktualisieren eines Treibers wird die bisherige Version im Ordner **%SystemRoot%\system32\reinstallbackups** gespeichert.
- Sie können das Gerät vom Computer entfernen, indem Sie auf die Schaltfläche **Deinstallieren** klicken.

Sicherheitswarnung Sie können diese Operationen mit Gerätetreibern nur dann vornehmen, wenn Ihr Benutzerkonto über das Benutzerrecht **Laden und Entfernen von Gerätetreibern** verfügt.

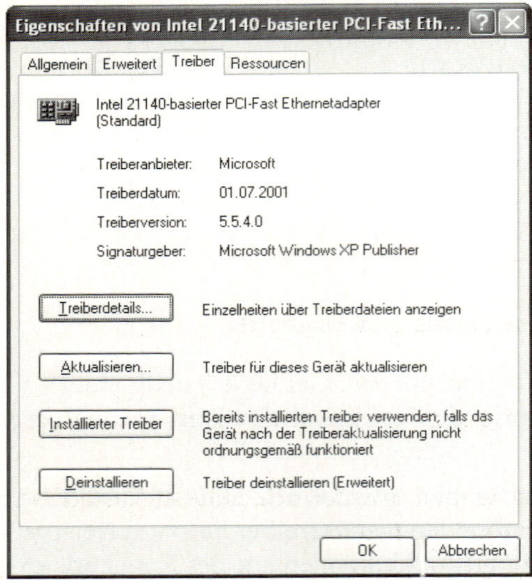

Abbildung 6.10 Auf der Registerkarte **Treiber** im Eigenschaftendialogfeld eines Geräts können Sie die Treiberinformationen sehen

Prüfungstipp Wenn Sie sicher sind, dass ein neuer Treiber ein Problem verursacht, und Sie vermeiden wollen, andere Systemkonfigurationen in Mitleidenschaft zu ziehen oder Treiber mit einem Tool wie der Systemwiederherstellung zu ändern, können Sie einfach die vorherige Version des Treibers wiederherstellen.

Konfigurieren und Überwachen der Treibersignierung

Hardwaretreiber können oft die Ursache dafür sein, wenn ein Windows XP-Computer instabil läuft oder überhaupt nicht mehr. Windows XP implementiert die Treibersignierung als Mittel, solche Probleme nach Möglichkeit zu vermeiden. Mithilfe der Treibersignierung kann Windows XP Treiber identifizieren, die alle WHQL-Tests (Windows Hardware Quality Labs) bestanden haben und nicht verändert oder durch den Installationsvorgang irgendeines Programms überschrieben wurden.

Sie können konfigurieren, auf welche Weise das System auf nicht signierte Dateien reagieren soll, indem Sie in der Systemsteuerung auf **Leistung und Wartung**, **System** und anschließend im Dialogfeld **Systemeigenschaften** auf die Registerkarte **Hardware** klicken. Klicken Sie dann auf der Registerkarte **Hardware** im Abschnitt **Treiber** auf die Schaltfläche **Treibersignierung**. Daraufhin öffnet sich das Dialogfeld **Treibersignaturoptionen** (Abbildung 6.11).

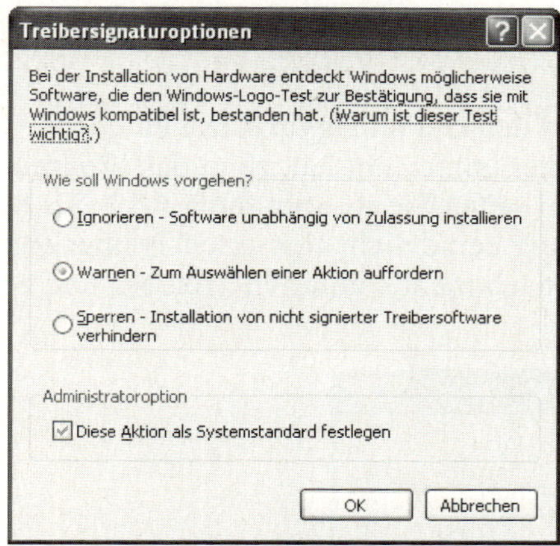

Abbildung 6.11 Konfigurieren der Treibersignierung im Dialogfeld **Treibersignaturoptionen**

Folgende drei Einstellungen stehen für die Konfiguration von Treibersignaturen zur Verfügung:

- **Ignorieren:** Wenn diese Option aktiviert ist, werden alle Dateien installiert, unabhängig davon, ob sie digital signiert sind oder nicht.
- **Warnen:** Bei Auswahl dieser Option wird eine Warnmeldung angezeigt, bevor eine nicht signierte Datei installiert werden kann.
- **Sperren:** Diese Option verhindert das Installieren von nicht signierten Dateien.

Wenn Sie als Administrator oder als Mitglied der Administratorgruppe angemeldet sind, können Sie das Kontrollkästchen **Diese Aktion als Systemstandard festlegen** aktivieren, um die Konfiguration der Treiberdateisignierung für alle Benutzer zu übernehmen, die sich am betreffenden Computer anmelden.

Praxistipp Treibersignierung

Weil es einige Zeit dauert, bis Microsoft Gerätetreiber vor dem Signieren getestet hat, sind die neuesten Treiber der Hersteller nur selten signiert. Falls Sie nur wenige Computer verwalten, brauchen Sie sich normalerweise nicht zu viele Gedanken über die Treibersignierung machen. Verwenden Sie einfach die neuesten Treiber, die der Hersteller eines Geräts zur Verfügung stellt, weil neuere Treiber meist Korrekturen und Verbesserungen enthalten, die sich als nützlich erweisen. Stellen Sie aber auf jeden Fall sicher, dass die Treiber direkt vom Hersteller stammen.

Falls Sie eine große Zahl von Computern verwalten, ist die Gefahr durch nicht signierte Treiber schon größer, wenn auch nicht besonders kritisch. Oft ist es aber besser zu warten, bis die signierten Treiber freigegeben werden.

Das Programm Dateisignaturverifizierung (**Sigverif.exe**) untersucht einen Windows XP-Computer und benachrichtigt Sie, falls sich irgendwelche nicht signierten Treiber auf dem Computer befinden. Sie können das Programm starten, indem Sie an der Eingabeaufforderung oder im Dialogfeld **Ausführen** den Befehl **sigverif.exe** eingeben. Nachdem die Dateisignaturverifizierung Ihren Computer untersucht hat, zeigt das Programm die Ergebnisse in einem Fenster an. Ein Beispiel sehen Sie in Abbildung 6.12. Sie können mit dem Programm Dateisignaturverifizierung keine nicht signierten Treiber entfernen oder ändern, das Programm sucht lediglich nach nicht signierten Treibern und zeigt ihren Pfad an.

Resultate der Signaturverifizierung

Folgende Dateien wurden nicht digital signiert:

Name	Im Ordner	Geändert	Dateityp	Version
g400icd.dll	c:\windows\system32	30.07.2003	DLL-Datei	1.2.1.0
g550dhd.dll	c:\windows\system32	11.08.2003	DLL-Datei	6.13.1.1910
mgabg.exe	c:\windows\system32	16.01.2002	EXE-Datei	1.0.0.23
g550dhm.sys	c:\windows\system32\drivers	11.08.2003	SYS-Datei	6.13.1.1910
multi-displa...	c:\windows\system32\pdesk	04.04.2003	EXE-Datei	Keine
multi-displa...	c:\windows\system32\pdesk	05.02.2003	CNT-Datei	Keine
multi-displa...	c:\windows\system32\pdesk	07.02.2003	HLP-Datei	Keine
multi-displa...	c:\windows\system32\pdesk	07.02.2003	CNT-Datei	Keine
multi-displa...	c:\windows\system32\pdesk	07.02.2003	HLP-Datei	Keine
multi-displa...	c:\windows\system32\pdesk	07.02.2003	CNT-Datei	Keine

Schließen

Gefundene Dateien: 3148. Signierte Dateien: 2182. Nicht signierte Dateien: 64. Nicht gescannte Dateien: 902.

Abbildung 6.12 Die Dateisignaturverifizierung durchsucht ein System nach nicht signierten Treibern

Die Dateisignaturverifizierung schreibt die Ergebnisse der Untersuchung in eine Protokolldatei mit dem Namen **Segverif.txt**, die im Ordner **%SystemRoot%** angelegt wird. Sie können den Namen und den Ordner dieser Protokolldatei ändern und erweiterte Suchoptionen konfigurieren, indem Sie im Dialogfeld **Dateisignaturverifizierung** auf die Schaltfläche **Erweitert** klicken.

Übung: Konfigurieren von Treibersignatureinstellungen und Suchen nach nicht signierten Treibern

In dieser Übung konfigurieren Sie die Einstellungen für nicht signierte Treiber und durchsuchen Ihren Computer mithilfe des Programms Dateisignaturverifizierung nach nicht signierten Treibern. Führen Sie die beiden folgenden Teilübungen durch.

Übung 1: Konfigurieren der Einstellungen für Treibersignierung

1. Wählen Sie im Startmenü **Systemsteuerung**.
2. Klicken Sie im Fenster **Systemsteuerung** auf **Leistung und Wartung**.
3. Klicken Sie im Fenster **Leistung und Wartung** auf **System**.
4. Klicken Sie im Dialogfeld **Systemeigenschaften** auf der Registerkarte **Hardware** auf die Schaltfläche **Treibersignierung**.
5. Stellen Sie sicher, dass im Dialogfeld **Treibersignaturoptionen** die Option **Warnen** ausgewählt ist, damit Sie darauf aufmerksam gemacht werden, wenn Windows Treiber entdeckt, die nicht digital signiert sind. Klicken Sie auf **OK**, um das Dialogfeld **Treibersignaturoptionen** zu schließen.
6. Klicken Sie erneut auf **OK**, um das Dialogfeld **Systemeigenschaften** zu schließen.

Übung 2: Verwenden des Tools Dateisignaturverifizierung

1. Wählen Sie im Startmenü **Ausführen**.
2. Geben Sie im Dialogfeld **Ausführen** den Befehl **sigverif.exe** ein und klicken Sie auf **OK**.
3. Klicken Sie im Dialogfeld **Dateisignaturverifizierung** auf **Starten**.
4. Die Dateisignaturverifizierung durchsucht Ihr System nach nicht signierten Treibern. Dieser Vorgang kann von wenigen Sekunden bis zu mehreren Minuten dauern. Nachdem die Untersuchung abgeschlossen ist, wird eine Liste der nicht signierten Treiber angezeigt.
5. Klicken Sie auf **Schließen**, um das Fenster **Resultate der Signaturverifizierung** zu schließen. Klicken Sie noch einmal auf **Schließen**, um das Dialogfeld **Dateisignaturverifizierung** zu schließen.

Lernzielkontrolle

Anhand der folgenden Fragen können Sie überprüfen, ob Sie die Themen dieser Lektion so gut beherrschen, dass Sie mit der nächsten Lektion weitermachen können. Falls Sie eine Frage nicht beantworten können, sollten Sie die Lektion noch einmal durcharbeiten, und dann erneut versuchen, die Frage zu beantworten. Die Antworten auf die Lernzielkontrollfragen finden Sie im Abschnitt „Fragen und Antworten“ am Ende dieses Kapitels.

1. Aus welchem Grund werden die Windows XP Professional-Dateien von Microsoft digital signiert?

____

____

____

____

____

2. Welches der folgenden Dienstprogramme verwenden Sie, wenn Sie die Installation nicht signierter Dateien verhindern möchten?
   a. Dateisignaturverifizierung
   b. Treibersignaturoptionen in der Systemsteuerung
   c. Systemdatei-Überprüfungsprogramm (System File Checker, SFC)
   d. Sigverif
3. Wie können Sie die Protokolldatei der Dateisignaturverifizierung anzeigen?

____

____

____

____

____

Zusammenfassung der Lektion

- Die Datei **Driver.cab** enthält alle Gerätetreiber, die mit Windows XP Professional ausgeliefert werden. Windows greift während und nach der Installation auf diese Datei zu, um Treiber für neu erkannte Hardware zu installieren.
- Sie können im Geräte-Manager auf der Registerkarte **Treiber** im Eigenschaftendialogfeld eines Geräts die Treiberdetails für ein Gerät sehen. Windows XP Professional bietet außerdem die Möglichkeit, die frühere Version eines Treibers wiederherzustellen, falls ein neuer Treiber das System instabil macht.
- Digital signierte Treiber beweisen, dass die Treiber Qualitätstests bei Microsoft bestanden haben und seitdem nicht verändert wurden. Sie können Windows so konfigurieren, dass es nicht signierte Treiber ignoriert oder akzeptiert. Sie können auch einstellen, dass Windows Sie warnt, falls ein nicht signierter Treiber installiert werden soll. Windows XP Professional stellt zwei Tools bereit, mit denen Sie überprüfen können, ob die Systemdateien digital signiert sind: SFC und Dateisignaturverifizierung.

Übung mit Fallbeispiel

In dieser Übung wird ein Szenario beschrieben, bei dem ein Benutzer versucht, einen Gerätetreiber für eine neue Soundkarte zu installieren, die er für seinen Computer gekauft hat. Lesen Sie das Szenario durch und beantworten Sie im Anschluss die Fragen. Falls Sie Schwierigkeiten haben, sollten Sie den Inhalt dieses Kapitels noch einmal durcharbeiten, bevor Sie das nächste Kapitel in Angriff nehmen. Die Antworten auf die Fragen finden Sie im Abschnitt „Fragen und Antworten" am Ende dieses Kapitels.

Szenario

Sie sind Administrator bei Contoso, Ltd., einem großen Versicherungsunternehmen. Sie erhalten eine E-Mail von Mike Curly, einem Ihrer Benutzer. Er erklärt: „Nachdem ich die Zustimmung von einem IT-Supportmitarbeiter bekommen hatte, habe ich eine Soundkarte für meinen Windows XP Professional-Desktopcomputer gekauft. Der IT-Supportmitarbeiter erstellte ein temporäres Administratorkonto, damit ich die Treiber für die Karte installieren kann. Ich bin entsprechend den Anweisungen des Herstellers vorgegangen und habe die Soundkarte in einen Erweiterungssteckplatz des Computers eingebaut. Nach dem Neustarten von Windows habe ich, ebenfalls entsprechend den Anleitungen des Herstellers, den Assistenten zum Suchen neuer Hardware abgebrochen, als er sich öffnete. Dann habe ich die CD-ROM eingelegt, die mit der Soundkarte geliefert wurde. Das Setupprogramm auf der CD-ROM lief automatisch und informierte mich, dass es erst Gerätetreiber und dann andere zugehörige Anwendungen installieren würde. Aber bald nach dem Beginn der Installation bekam ich eine Fehlermeldung, dass die Treiber, die ich installieren will, nicht signiert sind und nicht installiert werden können. Das Setupprogramm brach mit einer Fehlermeldung ab. Ich muss noch heute eine wichtige Videopräsentation fertig stellen. Wenn ich dieses Problem nicht beseitigen kann, muss ich mich näher mit den Hartz-IV-Verordnungen beschäftigen. Hilfe!"

Fragen

1. Wo liegt wahrscheinlich die Ursache für das Problem?

   ____

   ____

2. Welche Vorgehensweise sollten Sie Mike empfehlen, um das Problem zu lösen?

   ____

   ____

   ____

   ____

   ____

3. Nehmen Sie an, der IT-Supportmitarbeiter hätte Mike kein temporäres Administratorkonto zur Verfügung gestellt. Warum hätte Mike dann wahrscheinlich nicht die Einstellung für die Treibersignierung ändern können?

4. Welche zwei weiteren Möglichkeiten (abgesehen davon, Mike ein temporäres Administratorkonto zuzuweisen) hat der IT-Supportmitarbeiter, um Mike zu erlauben, nicht signierte Treiber zu installieren?

Übung zur Problembehandlung

In dieser Übung zur Problembehandlung simulieren Sie im Geräte-Manager die Problembehandlung einer nicht terminierten SCSI-Kette (Small Computer System Interface). Gehen Sie folgendermaßen vor:

1. Klicken Sie im Startmenü mit der rechten Maustaste auf **Arbeitsplatz** und wählen Sie den Befehl **Verwalten**.
2. Klicken Sie im Fenster **Computerverwaltung** im Zweig **System** auf **Geräte-Manager**.
3. Erweitern Sie im rechten Fensterabschnitt die Kategorie **Laufwerke** und klicken Sie doppelt auf eines der aufgeführten Laufwerke.
4. Im Eigenschaftendialogfeld des ausgewählten Laufwerks können Sie auf der Registerkarte **Allgemein** im Feld **Gerätestatus** sehen, ob bei Betrieb des Geräts Probleme aufgetreten sind. Klicken Sie auf die Schaltfläche **Problembehandlung**. (Normalerweise würden Sie das nur tun, wenn ein Problem mit diesem Gerät angezeigt wird.)
5. Windows XP Professional öffnet das Fenster **Hilfe- und Supportcenter** und zeigt darin die Seite **Ratgeber für Laufwerke und Netzwerkadapter** an.
6. Wählen Sie die Option **Es liegt ein Problem mit einer Festplatte oder einem Diskettenlaufwerk vor** und klicken Sie dann auf **Weiter**.
7. Lesen Sie die Informationen über SCSI-Geräte. Klicken Sie auf **Ja, es liegt ein Problem mit einem SCSI-Gerät vor**. Klicken Sie dann auf **Nächste**.
8. Lesen Sie die angezeigten Informationen. Wählen Sie die Option **Ja, das Gerät ist in der Hardwarekompatibilitätsliste aufgeführt. Oder: Ich habe mich bereits an den Hersteller gewandt und aktualisierte Treiber installiert. Das Problem besteht jedoch weiterhin**. Klicken Sie auf **Nächste**.
9. Auf der Seite **Benötigen SCSI-Adapter oder ein Gerät in der Kette eine externe Stromversorgung?** werden Sie gefragt: „Funktioniert das Laufwerk, wenn alle SCSI-

Komponenten ordnungsgemäß mit Strom versorgt werden?“ Wählen Sie die Option **Nein, das Laufwerk funktioniert weiterhin nicht** und klicken Sie auf **Nächste**.

10. Auf der Seite **Entdeckt der Geräte-Manager ein Problem an dem Gerät?** werden Sie gefragt: „Kann das Problem mithilfe dieser Informationen gelöst werden?“ Wählen Sie die Option **Nein, das Gerät funktioniert weiterhin nicht** und klicken Sie auf **Nächste**.
11. Auf der Seite **Haben Sie kürzlich einen neuen Treiber installiert?** werden Sie gefragt: „Wurde das Problem durch das Wiederherstellen eines vorherigen Treibers gelöst?“ Wählen Sie die Option **Nein, es liegt immer noch ein Problem vor** und klicken Sie auf **Nächste**.
12. Auf der Seite **Wird das Problem durch den Gerätetreiber verursacht?** werden Sie gefragt: „Konnte das Problem durch die Neuinstallation oder Aktualisierung des Treibers behoben werden?“ Wählen Sie die Option **Nein, es liegt immer noch ein Problem vor** und klicken Sie auf **Nächste**.
13. Auf der Seite **Ist das SCSI-Kabel ordnungsgemäß angeschlossen?** werden Sie gefragt: „Funktioniert das Laufwerk, wenn Sie fehlerhafte Kabel oder Adapter ersetzen?“ Wählen Sie die Option **Nein, das Laufwerk funktioniert weiterhin nicht** und klicken Sie auf **Nächste**.
14. Auf der Seite **Ist die SCSI-Kette elektrisch abgeschlossen?** werden Sie gefragt: „Funktioniert das Gerät, wenn die SCSI-Kette abgeschlossen ist?“ Wählen Sie die Option **Ja, das Problem konnte durch Abschließen der SCSI-Kette gelöst werden** und klicken Sie auf **Nächste**.
15. Schließen Sie das Fenster **Hilfe- und Supportcenter**, dann das Eigenschaftendialogfeld für das ausgewählte Festplattenlaufwerk und schließlich die Computerverwaltung.

Zusammenfassung des Kapitels

- Bei den meisten Plug & Play-Hardwarekomponenten können Sie das Gerät einfach an den Computer anschließen, und Windows XP Professional legt die neuen Einstellungen anschließend automatisch fest. Auch Hardware ohne Plug & Play wird häufig von Windows XP Professional erkannt und automatisch installiert und konfiguriert. In den wenigen Fällen, in denen Hardware mit oder ohne Plug & Play nicht automatisch von Windows XP Professional erkannt, installiert und konfiguriert werden kann, müssen Sie die automatische Installation mit dem Hardware-Assistenten einleiten. Bei der manuellen Hardwareinstallation müssen Sie feststellen, welche Ressourcen das betreffende Hardwaregerät benötigt. Zu den Hardwareressourcen gehören Interrupts, E/A-Anschlüsse und der Arbeitsspeicher. Der Geräte-Manager zeigt in einer Liste alle Hardwareressourcen sowie deren Verfügbarkeit an.
- Der Geräte-Manager zeigt in einer grafischen Benutzeroberfläche an, welche Hardware auf Ihrem Computer installiert ist, und hilft Ihnen beim Verwalten und bei der Problembehandlung dieser Geräte. Der Geräte-Manager kennzeichnet alle Geräte mit einem Symbol, das den Gerätetyp und den Status des Geräts anzeigt. Windows XP

Professional unterstützt eine Reihe von unterschiedlichen Typen von E/A-Geräten, einige davon sind:

- Die meisten Geräte zur Bildverarbeitung werden von Windows XP Professional automatisch installiert, wenn sie an den Computer angeschlossen werden. Falls ein Gerät nicht erkannt werden sollte, können Sie es über den Assistenten für die Scanner- und Kamerainstallation installieren.
- Klicken Sie im Fenster **Drucker und andere Hardware** der Systemsteuerung auf das Symbol **Maus**, um das Mausgerät zu konfigurieren und gegebenenfalls eine Problembehandlung durchzuführen.
- Klicken Sie im Fenster **Drucker und andere Hardware** der Systemsteuerung auf **Telefon- und Modemoptionen**, um ein Modem zu installieren, zu konfigurieren oder gegebenenfalls eine Problembehandlung durchzuführen.
- Klicken Sie im Fenster **Drucker und andere Hardware** der Systemsteuerung auf **Gamecontroller**, um einen Gamecontroller zu installieren, zu konfigurieren oder gegebenenfalls eine Problembehandlung durchzuführen.
- Verwenden Sie den Hardware-Assistenten, um einen IrDA-Transceiver zu installieren, der an einen seriellen Port angeschlossen wurde.
- Das Symbol **Drahtlose Verbindung** zum Konfigurieren von Infrarotgeräten wird in der Systemsteuerung nur angezeigt, wenn auf dem Computer bereits ein Infrarotgerät installiert wurde.
- Klicken Sie im Fenster **Drucker und andere Hardware** der Systemsteuerung auf **Tastatur**, um eine Tastatur zu konfigurieren oder gegebenenfalls eine Problembehandlung durchzuführen.

- In einem Hardwareprofil werden Konfigurationseinstellungen für einen Satz Geräte und Dienste gespeichert. Windows XP Professional ermittelt anhand dieser Hardwareprofile, welche Treiber geladen werden müssen, wenn sich Änderungen an der Systemhardware ergeben. Zum Erstellen oder Bearbeiten eines Hardwareprofils klicken Sie im Dialogfeld **Systemeigenschaften** auf die Registerkarte **Hardware** und anschließend auf die Schaltfläche **Hardwareprofile**, um die Liste der verfügbaren Hardwareprofile anzuzeigen.
- Sie können im Geräte-Manager auf der Registerkarte **Treiber** im Eigenschaftendialogfeld eines Geräts die Treiberdetails für ein Gerät sehen. Windows XP Professional bietet außerdem die Möglichkeit, die frühere Version eines Treibers wiederherzustellen, falls ein neuer Treiber das System instabil macht. Digital signierte Treiber beweisen, dass die Treiber Qualitätstests bei Microsoft bestanden haben und seitdem nicht verändert wurden. Sie können Windows so konfigurieren, dass es nicht signierte Treiber ignoriert oder akzeptiert. Sie können auch einstellen, dass Windows Sie warnt, falls ein nicht signierter Treiber installiert werden soll. Windows XP Professional stellt zwei Tools bereit, mit denen Sie überprüfen können, ob die Systemdateien digital signiert sind: SFC und Dateisignaturverifizierung.

Prüfungsrelevante Themen

Vor der Prüfungsteilnahme sollten Sie die nachfolgend aufgeführten Schlüsselinformationen und -begriffe noch einmal durcharbeiten. Diese Informationen sind für das Bestehen der Prüfung von entscheidender Bedeutung.

Schlüsselinformationen

- Windows XP Professional erkennt, installiert und konfiguriert die meisten Plug & Play-Geräte sowie einige Hardware ohne Plug & Play automatisch. Falls Windows ein Plug & Play-Gerät nicht erkennt, können Sie die Erkennung oft erzwingen, indem Sie den Computer neu starten oder den Hardware-Assistenten ausführen. Bei vielen Geräten ohne Plug & Play müssen Sie das Gerät von Hand im Hardware-Assistenten konfigurieren.
- Einige USB-Hubs haben eine eigene Stromversorgung, andere nicht. Hubs ohne eigene Stromversorgung beziehen den Strom von dem Hub, an den sie angeschlossen sind, oder direkt vom Computer. Falls Sie feststellen, dass ein USB-Gerät, das an einen USB-Hub ohne eigene Stromversorgung angeschlossen ist, nicht korrekt funktioniert, sollten Sie versuchen, den Hub durch einen USB-Hub mit eigener Stromversorgung zu ersetzen.
- Wenn Sie sicher sind, dass ein neuer Treiber ein Problem verursacht, und Sie vermeiden wollen, andere Systemkonfigurationen in Mitleidenschaft zu ziehen oder Treiber mit einem Tool wie der Systemwiederherstellung zu ändern, können Sie einfach die vorherige Version des Treibers wiederherstellen.

Schlüsselbegriffe

Geräte-Manager Ein Tool, mit dem Sie die Geräte in Ihrem Computer verwalten können. Mit dem Geräte-Manager können Sie Geräteeigenschaften ansehen und ändern, Gerätetreiber aktualisieren, Geräteeinstellungen konfigurieren und Geräte deinstallieren.

Treibersignierung Ein Prozess, bei dem Gerätetreiber, die eine Reihe von Tests bestanden haben, durch Microsoft digital signiert werden. So kann das Betriebssystem feststellen, ob die Treiber bedenkenlos eingesetzt werden können.

Dateisignaturverifizierung (Sigverif.exe) Ein Dienstprogramm, das in einem Windows XP-System nach unsignierten Dateien sucht. Es bietet eine einfache Methode, unsignierte Treiber ausfindig zu machen.

Plug & Play Eine Technologie, mit der Computer in der Lage sind, automatisch festzustellen, welche Hardwaregeräte auf dem Computer installiert sind, und dann diesen Geräten nach Bedarf Systemressourcen zuzuweisen, um sie zu konfigurieren und zu verwalten.

Installierter Treiber Eine Funktion in Windows XP, mit der Sie einen früher installierten Treiber wiederherstellen können. Die deinstallierten Treiber werden im Ordner **%SystemRoot%\system32\reinstallbackups** gespeichert.

Fragen und Antworten

Lernzielkontrolle Lektion 1

Seite 284

1. Welche Hardwaredaten werden von Windows XP Professional abgefragt, wenn Sie die automatische Hardwareinstallation einleiten, indem Sie den Hardware-Assistenten starten?

   Die erforderlichen Hardwareressourcen sowie die Einstellungen für diese Ressourcen.

2. Über ________________________ greift ein Hardwaregerät, zum Beispiel ein Diskettenlaufwerk, direkt auf den Arbeitsspeicher zu, ohne den Mikroprozessor zu unterbrechen. (Tragen Sie den korrekten Begriff ein.)

   DMA-Kanäle

3. Wann sollten Sie eine Hardwarekomponente manuell installieren?

   Falls ein Hardwaregerät nicht automatisch von Windows XP Professional erkannt wird.

Lernzielkontrolle Lektion 2

Seite 300

1. Windows XP Professional erkennt Plug & Play-Geräte automatisch und fungiert bei der Ressourcenverteilung als eine Art „Vermittler". Die Ressourcenzuweisungen für Plug & Play-Geräte sind ____________________________ (dauerhaft/nicht dauerhaft).

   nicht dauerhaft

2. Wie können Sie Hardwareressourcen freigeben, die Sie einem Plug & Play-Gerät manuell zugewiesen haben?

   Um die manuell zugewiesenen Ressourcen freizugeben und Windows XP Professional zu ermöglichen, die Ressourcen neu zu verteilen, aktivieren Sie im Geräte-Manager im Eigenschaftendialogfeld für das Gerät auf der Registerkarte **Ressourcen** das Kontrollkästchen **Automatisch konfigurieren**.

3. Sie erhalten als Helpdeskmitarbeiter einen Anruf von einem Benutzer, der auf seinem Desktopcomputer in der Systemsteuerung das Symbol **Drahtlose Verbindung** nicht finden kann, das auf seinem Laptop immer angezeigt wird. Was würden Sie dem Benutzer sagen?

   Das Symbol **Drahtlose Verbindung** erscheint nur dann in der Systemsteuerung, wenn bereits ein Infrarotgerät auf dem Computer installiert wurde. Offensichtlich wurde auf dem Desktopcomputer des Benutzers noch kein Infrarotgerät installiert.

Lernzielkontrolle Lektion 3

Seite 305

1. Wie viele Hardwareprofile sind mindestens auf einem Computer vorhanden?

   Windows XP Professional erstellt während der Installation ein anfängliches Profil, das als **Profil 1 (Aktuell)** aufgelistet wird, daher muss mindestens ein Profil auf dem Computer vorhanden sein.

2. Windows XP Professional erstellt während der Installation ein anfängliches Profil, das in der Liste der verfügbaren Hardwareprofile als ______________________ aufgeführt wird. (Tragen Sie den korrekten Begriff ein.)

   Profil 1 (Aktuell)

3. Welche der folgenden Aussagen trifft auf die Hardwareprofile in Windows XP Professional zu? (Wählen Sie alle zutreffenden Antworten aus.)

   a. Windows XP Professional fordert den Benutzer während des Starts nur dann zum Auswählen eines Hardwareprofils auf, wenn sich mindestens zwei Profile in der Liste **Verfügbare Hardwareprofile** befinden.

   b. Es wird empfohlen, das Standardprofil zu löschen, wenn Sie ein neues Profil erstellen. Auf diese Weise werden Verwechslungen vermieden.

   c. Sie können Windows XP Professional anhand der Option **Hardwareprofilauswahl nicht anzeigen** so konfigurieren, dass immer das Standardprofil angezeigt wird.

   d. Wenn Sie die Option **Warten, bis ein Hardwareprofil gewählt wird** wählen, wartet Windows XP Professional, bis Sie ein Profil ausgewählt haben.

   Die richtigen Antworten sind a und d. Antwort b ist nicht richtig, weil Sie das Standardprofil löschen können. Antwort c ist nicht richtig, weil Sie die Option **Das erste aufgeführte Profil auswählen, wenn in *x* Sekunden keine Auswahl getroffen wurde** auswählen müssen, wenn Sie immer ein bestimmtes Profil starten wollen.

Seite 311 Lernzielkontrolle Lektion 4

1. Aus welchem Grund werden die Windows XP Professional-Dateien von Microsoft digital signiert?

   Die Treiber- und Betriebssystemdateien von Windows XP Professional sind durch Microsoft digital signiert, um ihre Qualität zu gewährleisten und die Problembehandlung geänderter Dateien zu vereinfachen. Einige Anwendungen überschreiben vorhandene Betriebssystemdateien während des Installationsvorgangs. Dies kann zu Systemfehlern führen, deren Diagnose schwierig ist.

2. Welches der folgenden Dienstprogramme verwenden Sie, wenn Sie die Installation nicht signierter Dateien verhindern möchten?

   a. Dateisignaturverifizierung

   b. Treibersignaturoptionen in der Systemsteuerung

   c. Systemdatei-Überprüfungsprogramm (System File Checker, SFC)

   d. Sigverif

   Antwort b ist richtig. Die Antworten a und d sind nicht richtig, weil das Programm Dateisignaturverifizierung (**Sigverif.exe**) einen Computer nach nicht signierten Dateien durchsucht. Antwort c ist nicht richtig, weil das Systemdatei-Überprüfungsprogramm in einem Computer nach Windows-Dateien sucht, die seit der Windows-Installation geändert wurden.

3. Wie können Sie die Protokolldatei der Dateisignaturverifizierung anzeigen?

   In der Standardeinstellung speichert die Windows-Dateisignaturverifizierung die ermittelten Daten in einer Protokolldatei. Klicken Sie zum Anzeigen der Protokolldatei auf **Start** und **Ausführen**, geben Sie im Feld **Öffnen** den Befehl **sigverif** ein, und drücken Sie die EINGABETASTE. Klicken Sie auf **Erweitert**, dann auf die Registerkarte **Protokollieren** und schließlich auf **Protokolldatei anzeigen**.

Seite 313

Übung mit Fallbeispiel

1. Wo liegt wahrscheinlich die Ursache für das Problem?

   Die Treibersignierung auf Mikes Computer ist so konfiguriert, dass das Installieren nicht signierter Treiber gesperrt ist.

2. Welche Vorgehensweise sollten Sie Mike empfehlen, um das Problem zu lösen?

   Er soll das Dialogfeld **Treibersignaturoptionen** öffnen, indem er im Dialogfeld **Systemeigenschaften** auf der Registerkarte **Hardware** auf die Schaltfläche **Treibersignierung** klickt. Im Dialogfeld **Treibersignaturoptionen** soll er entweder die Option **Warnen** oder die Option **Ignorieren** auswählen.

3. Nehmen Sie an, der IT-Supportmitarbeiter hätte Mike kein temporäres Administratorkonto zur Verfügung gestellt. Warum hätte Mike dann wahrscheinlich nicht die Einstellung für die Treibersignierung ändern können?

   Falls ein Administrator als Standardeinstellung für den Computer die Option **Sperren** konfiguriert hat (das heißt, dass Windows das Installieren nicht signierter Treiber verhindert), könnte Mike Windows nicht so konfigurieren, dass das Installieren nicht signierter Treiber erlaubt wird.

4. Welche zwei weiteren Möglichkeiten (abgesehen davon, Mike ein temporäres Administratorkonto zuzuweisen) hat der IT-Supportmitarbeiter, um Mike zu erlauben, nicht signierte Treiber zu installieren?

   Der IT-Supportmitarbeiter könnte Mike anweisen, den Befehl **Ausführen als** zu verwenden, um die Einstellungen für die Treibersignierung zu ändern. Dann müsste sich Mike nicht mit einem Administratorkonto anmelden. Zweitens könnte der IT-Supportmitarbeiter Mikes Konto das Benutzerrecht **Laden und Entfernen von Gerätetreibern** zuweisen.

K A P I T E L 7

Einrichten und Verwalten von Benutzerkonten

In diesem Kapitel abgedeckte Prüfungsziele:

- Konfigurieren, Verwalten und Problembehandlung von lokalen Benutzer- und Gruppenkonten.
  - Konfigurieren, Verwalten und Problembehandlung von Kontoeinstellungen.

Bedeutung dieses Kapitels

Eine Ihrer wichtigsten Aufgaben als Administrator besteht darin, Benutzerkonten zu erstellen und zu verwalten. Benutzerkonten erlauben jemandem, sich an einem Computer oder am Netzwerk anzumelden. Benutzerkonten regeln außerdem, welchen Zugriff dieser Benutzer auf verschiedene Ressourcen hat und ob er bestimmte Aktionen auf dem Computer ausführen darf. Gruppen erleichtern das Verwalten von Benutzerkonten, weil Sie damit Benutzer mit denselben Sicherheits- und Zugriffsanforderungen in einer Gruppe zusammenfassen können.

Dieses Kapitel erklärt, wie Sie lokale Benutzerkonten und lokale Gruppen auf Microsoft Windows XP Professional-Computern planen, einrichten und verwalten.

Lektionen in diesem Kapitel:

Bevor Sie beginnen

Damit Sie die Übungen in diesem Kapitel durchführen können, brauchen Sie einen Computer, der die minimalen Hardwarevoraussetzungen erfüllt, die im Abschnitt „Über dieses Buch“ am Anfang beschrieben wurden. Außerdem muss auf dem Computer Windows XP Professional installiert sein.

Lektion 1: Grundlagen von Benutzerkonten

Ein Benutzer meldet sich an einem Computer oder einem Netzwerk an, indem er einen Benutzernamen und das zugehörige Kennwort eingibt. Zusammen identifizieren diese Anmeldeinformationen das Benutzerkonto des Benutzers. Es gibt zwei Typen von Benutzerkonten:

- Mithilfe eines ***lokalen Benutzerkontos*** kann ein Benutzer sich an einem bestimmten Computer anmelden und auf die Ressourcen dieses Computers zugreifen.
- Mithilfe eines ***Domänenbenutzerkontos*** kann sich ein Benutzer an einer Domäne anmelden und auf Netzwerkressourcen zugreifen.

Am Ende dieser Lektion werden Sie in der Lage sein, die folgenden Aufgaben auszuführen:

- Beschreiben der Funktionsweise eines lokalen Benutzerkontos.
- Beschreiben der Funktionsweise eines Domänenbenutzerkontos.
- Beschreiben der vordefinierten lokalen Benutzerkonten in Windows XP Professional.
- Aktivieren oder Deaktivieren des eingebauten Gastkontos.

Veranschlagte Zeit für diese Lektion: 30 Minuten

Lokale Benutzerkonten

Mit einem lokalen Benutzerkonto kann sich der Benutzer nur bei dem Computer anmelden, auf dem das lokale Benutzerkonto erstellt wurde. Ferner kann er nur auf Ressourcen des lokalen Computers zugreifen. Windows XP Professional erstellt dieses Konto nur in der Sicherheitsdatenbank dieses Computers. Diese Datenbank wird auch als ***lokale Sicherheitsdatenbank*** bezeichnet (Abbildung 7.1).

Lokale Benutzerkonten

- Bieten Zugriff auf Ressourcen des lokalen Computers
- Werden nur auf Computern erstellt, die nicht Mitglied einer Domäne sind
- Werden in der lokalen Sicherheitsdatenbank erstellt

Abbildung 7.1 Lokale Benutzerkonten ermöglichen ausschließlich den Zugriff auf lokale Ressourcen, sie sollten in Arbeitsgruppenumgebungen eingesetzt werden

Windows XP Professional verwendet die lokale Sicherheitsdatenbank zur Authentiizierung des lokalen Benutzerkontos. Auf diese Weise wird dem Benutzer die Anmeldung an diesem Computer ermöglicht. Windows XP Professional repliziert die Informationen zu lokalen Benutzerkonten nicht auf andere Computer.

Microsoft empfiehlt, lokale Benutzerkonten nur auf Computern in Arbeitsgruppen einzusetzen. Wenn Sie ein lokales Benutzerkonto in einer Arbeitsgruppe mit fünf Windows XP Professional-Computern erstellen, zum Beispiel **Benutzer1** auf **Computer1**, können Sie sich über das Benutzerkonto **Benutzer1** nur an **Computer1** anmelden. Wenn Sie in der Lage sein wollen, sich mit dem Konto **Benutzer1** an allen fünf Computern der Arbeitsgruppe anzumelden, müssen Sie auf allen fünf Computern ein lokales Benutzerkonto mit dem Namen **Benutzer1** erstellen. Wenn Sie später das Kennwort für das Konto **Benutzer1** ändern möchten, müssen Sie das Kennwort auf allen fünf Computern ändern, denn auf jedem dieser Computer wird eine eigene Sicherheitsdatenbank verwaltet.

Prüfungstipp Eine Domäne erkennt keine lokalen Benutzerkonten an. Erstellen Sie also keine lokalen Benutzerkonten auf Windows XP Professional-Computern, die Teil einer Domäne sind. Andernfalls können die Benutzer nicht auf die Ressourcen der Domäne zugreifen. Darüber hinaus wäre der Domänenadministrator in diesem Fall nicht in der Lage, die Eigenschaften der lokalen Benutzerkonten zu verwalten oder den Konten Zugriffsberechtigungen für Domänenressourcen zu erteilen.

Domänenbenutzerkonten

Domänenbenutzerkonten ermöglichen Ihnen, sich an einer Domäne anzumelden und auf Ressourcen im Netzwerk zuzugreifen. Bei der Anmeldung geben Sie Anmeldeinformationen ein, das heißt Ihren Benutzernamen und ein Kennwort. Ein Domänencontroller, der unter Microsoft Windows 2000 Server oder Windows Server 2003 läuft, authentifiziert anhand dieser Informationen den Benutzer und erstellt ein Zugriffstoken, das Benutzerinformationen und Sicherheitseinstellungen enthält. Über das Zugriffstoken wird der Benutzer gegenüber den Computern in der Domäne identifiziert, auf deren Ressourcen er zugreift. Das Zugriffstoken behält für die Dauer der Anmeldesitzung seine Gültigkeit.

Hinweis Domänenbenutzerkonten können nur in einer Domäne erstellt werden. Eine Domäne erfordert mindestens einen Computer mit Windows 2000 Server oder Windows Server 2003, der als Domänencontroller konfiguriert ist (auf dem also der Active Directory-Verzeichnisdienst installiert wurde).

Ein Domänenbenutzerkonto wird in der Kopie der Active Directory-Datenbank (dem Verzeichnis) auf einem Domänencontroller eingerichtet, wie in Abbildung 7.2 dargestellt. Der Domänencontroller repliziert die Informationen des neuen Benutzerkontos auf alle weiteren Domänencontroller innerhalb der Domäne. Nachdem der Domänencontroller die Informationen zum neuen Benutzerkonto an die anderen Domänencontroller repliziert hat, können alle Domänencontroller in der Domänenstruktur den Benutzer während des Anmeldevorgangs authentifizieren. Auch andere Computer, die Mitglieder der Domäne sind, können den Benutzer authentifizieren.

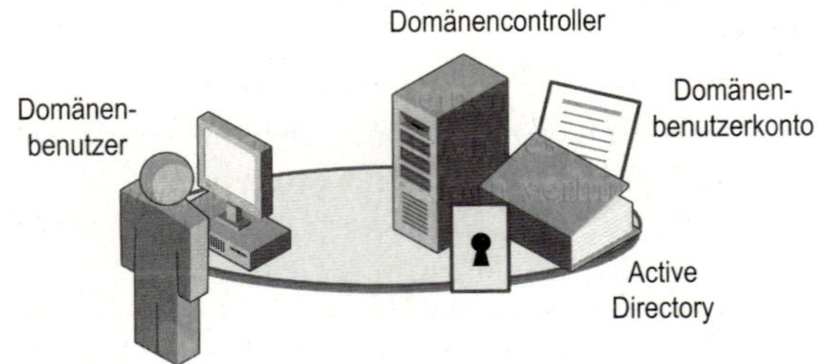

Domänenbenutzerkonten

- Bieten Zugriff auf Netzwerkressourcen
- Liefern das Zugriffstoken für die Authentifizierung
- Werden im Active Directory-Verzeichnisdienst auf einem Domänencontroller erstellt

Abbildung 7.2 Domänenbenutzerkonten

Vordefinierte Benutzerkonten

Windows XP Professional erstellt automatisch eine Reihe von eingebauten lokalen Benutzerkonten. Tabelle 7.1 beschreibt diese Konten.

Tabelle 7.1 Vordefinierte lokale Benutzerkonten

Konto	Beschreibung
Administrator	Mithilfe des vordefinierten Benutzerkontos **Administrator** können Sie den Computer verwalten. Sie können Benutzerkonten und -gruppen erstellen und ändern, Sicherheitsrichtlinien verwalten, Druckerressourcen erstellen sowie den Benutzerkonten Berechtigungen und Rechte zuweisen, damit die Benutzer auf die Ressourcen zugreifen können.
Gast	Verwenden Sie das vordefinierte Konto **Gast**, um Benutzern, die nur gelegentlich Zugriff benötigen, eine Anmeldung und den Zugang zu Ressourcen zu ermöglichen. Zum Beispiel kann ein Mitarbeiter, der nur kurzfristig auf Ressourcen zugreifen muss, das Gastkonto nutzen. Dieses Konto ist in der Standardeinstellung deaktiviert, um Ihren Computer gegen nicht autorisierten Zugriff zu schützen.
AnfänglicherBenutzer	Das Konto ***AnfänglicherBenutzer*** trägt den Namen des registrierten Benutzers. Es wird während der Windows-Aktivierung (direkt nach der Installation) erstellt, aber nur, wenn der Computer Mitglied einer Arbeitsgruppe ist. Falls zum Beispiel ein Benutzer namens Sandra den Windows XP Professional-Computer als Mitglied einer Arbeitsgruppe installiert und aktiviert hat, wird nach der Installation ein Konto namens **Sandra** erstellt. Dieses Konto wird zum Mitglied der lokalen Gruppe **Administratoren** gemacht.
Hilfeassistent	Das Konto **Hilfeassistent** steht nicht für eine Standardanmeldung zur Verfügung. Dieses Konto dient dazu, Benutzer zu authentifizieren, die eine Verbindung mithilfe der Remoteunterstützung herstellen. ▶

Konto	Beschreibung
Hilfeassistent	Windows aktiviert dieses Konto automatisch, wenn ein Benutzer eine Remoteunterstützungseinladung erstellt, und deaktiviert das Konto autoatisch wieder, nachdem alle Einladungen abgelaufen sind. Über Remoteunterstützung erfahren Sie mehr in Kapitel 18, „Arbeiten mit Windows XP-Tools".
SUPPORT_*xxxxxxxx*	Das Konto **SUPPORT_*xxxxx*** (wobei *xxxxx* eine Zufallszahl ist, die während des Windows-Setups generiert wird) wird von Microsoft verwendet, wenn es Remoteunterstützung über die Hilfe- und Supportdienste gewährt. Es steht nicht für die Anmeldung oder die normale Benutzung zur Verfügung.

Sie können zwar keines der vordefinierten Benutzerkonten löschen, aber Sie können sie umbenennen oder deaktivieren. Wenn Sie ein Benutzerkonto umbenennen wollen, klicken Sie im Fenster **Computerverwaltung** mit der rechten Maustaste auf das Konto und wählen dann den Befehl **Umbenennen**. Über das Deaktivieren von Konten lernen Sie mehr weiter unten in dieser Lektion.

Praxistipp Ausführen eines Programms mit dem Befehl RunAs

Administratoren benötigen natürlich mehr Berechtigungen und Benutzerrechte als andere Benutzer, um ihre Aufgabe ausführen zu können. Aber es ist nicht empfehlenswert, sich ständig mit einem Administratorkonto anzumelden. Dadurch werden der Computer und das Netzwerk verwundbarer gegen Sicherheitsrisiken wie zum Beispiel Viren, Trojanische Pferde, Spyware und andere böswillige Programme. Viel sicherer ist es, wenn Sie sich mit einem normalen Konto anmelden, das Mitglied der Gruppen **Benutzer** oder **Hauptbenutzer** ist, und dann den Befehl **RunAs** verwenden, um Aufgaben auszuführen, für die Sie Administratorrechte oder -berechtigungen brauchen. Zum Beispiel können Sie sich mit Ihrem normalen Benutzerkonto anmelden und dann das Tool Computerverwaltung mit administrativen Anmeldeinformationen starten.

Windows XP Professional stellt diese Möglichkeit mithilfe des Dienstes **Sekundäre Anmeldung** zur Verfügung. Dieser Dienst muss laufen, wenn Sie den Befehl **RunAs** verwenden wollen. Wie Sie den Dienst aktivieren, können Sie in Kapitel 1, „Einführung in Windows XP Professional", nachlesen. Wenn der Dienst **Sekundäre Anmeldung** aktiviert ist, haben Sie zwei Möglichkeiten, den Befehl **RunAs** zu verwenden:

- Halten Sie im Windows-Explorer (oder im Startmenü) die UMSCHALTTASTE gedrückt, klicken Sie mit der rechten Maustaste auf das Programm oder die Verknüpfung, die Sie ausführen wollen, und wählen Sie den Befehl **Ausführen als**. Geben Sie im Dialogfeld **Ausführen als** Ihre administrativen Anmeldeinformationen ein.
- Geben Sie an der Eingabeaufforderung **runas /user: *Domänenname\Administratorkonto Programmname*** ein. Zum Beispiel können Sie die Computerverwaltungskonsole folgendermaßen mit einem Domänenkonto starten, das den Namen **Administrator** trägt: **runas /user: contoso\Administrator compmgmt.msc**.

Aktivieren und Deaktivieren des Gastkontos

Das Gastkonto hat auf einem Computer eingeschränkte Rechte. Es soll Benutzern, die auf dem Computer kein Benutzerkonto haben, den Zugriff ermöglichen. Das Gastkonto kann zwar nützlich sein, um eingeschränkten Zugriff auf einen Computer zu gewähren, es stellt aber auch ein Sicherheitsproblem dar, weil sich über das Gastkonto jeder am Computer anmelden kann. Glücklicherweise ist das Gastkonto in der Standardeinstellung deaktiviert. In einer Umgebung, in der Sicherheit wichtig ist, sollten Sie das Gastkonto ausgeschaltet lassen und ein normales Benutzerkonto für jemanden anlegen, der den Computer bedienen muss.

Prüfungstipp Aktivieren Sie das Gastkonto nur in Arbeitsgruppen mit niedrigen Sicherheitsanforderungen, und weisen Sie dem Konto **Gast** stets ein Kennwort zu. Sie können das Konto **Gast** zwar umbenennen, jedoch nicht löschen.

Melden Sie sich mit einem Benutzerkonto an, das Mitglied der Administratorengruppe ist, und aktivieren oder deaktivieren Sie das Gastkonto mithilfe des Tools **Benutzerkonten** in der Systemsteuerung (Abbildung 7.3). Das Tool **Benutzerkonten** zeigt die Benutzerkonten an, die Anmelderechte für diesen Computer besitzen. Das in Abbildung 7.3 gezeigte Gastkonto ist aktiv.

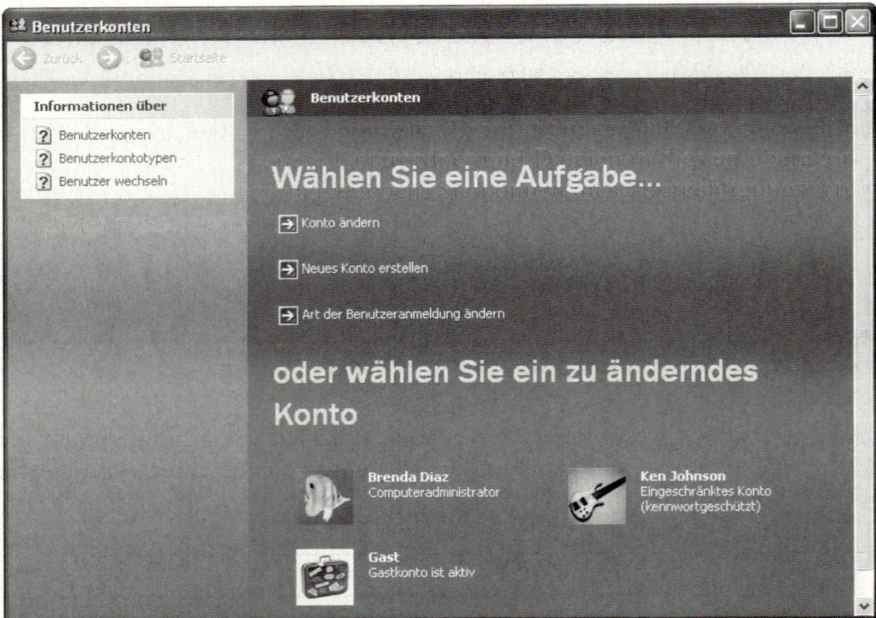

Abbildung 7.3 Im Fenster **Benutzerkonten** können Sie das Gastkonto aktivieren oder deaktivieren

Gehen Sie folgendermaßen vor, um das Gastkonto zu aktivieren oder zu deaktivieren:

1. Klicken Sie im Startmenü auf **Systemsteuerung** und dann auf **Benutzerkonten**.

2. Falls das Gastkonto nicht aktiv ist: Klicken Sie im Fenster **Benutzerkonten** auf das Symbol **Gast**. Daraufhin öffnet sich die Seite **Soll das Gastkonto aktiviert werden** (Abbildung 7.4). Klicken Sie auf **Gastkonto aktivieren**. Das Gastkonto ist jetzt aktiv.

   Falls das Gastkonto aktiv ist: Klicken Sie im Fenster **Benutzerkonten** auf das Symbol **Gast**. Daraufhin öffnet sich die Seite **Was möchten Sie am Gastkonto ändern?**. Klicken Sie auf **Gastkonto deaktivieren**.

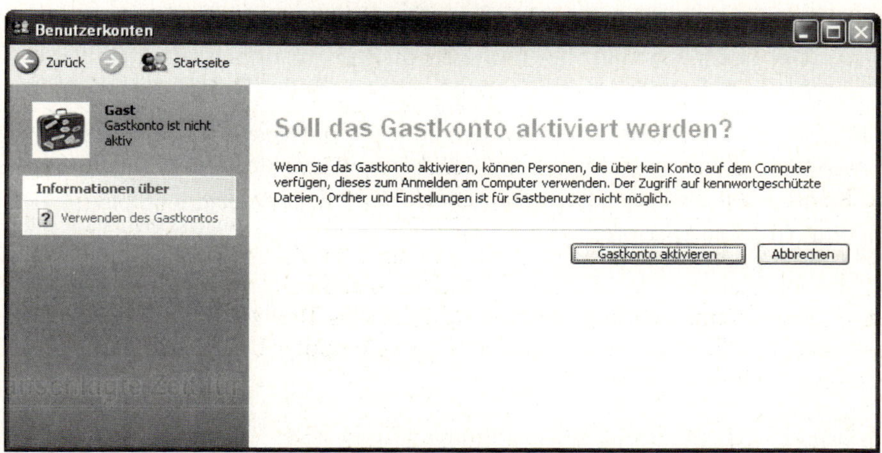

Abbildung 7.4 Aktivieren des Gastkontos

3. Schließen Sie das Fenster **Benutzerkonten** und dann das Fenster **Systemsteuerung**.

Lernzielkontrolle

Anhand der folgenden Fragen können Sie überprüfen, ob Sie die Themen dieser Lektion so gut beherrschen, dass Sie mit der nächsten Lektion weitermachen können. Falls Sie eine Frage nicht beantworten können, sollten Sie die Lektion noch einmal durcharbeiten, und dann erneut versuchen, die Frage zu beantworten. Die Antworten auf die Lernzielkontrollfragen finden Sie im Abschnitt „Fragen und Antworten" am Ende dieses Kapitels.

1. Wo können sich Benutzer unter Verwendung eines lokalen Benutzerkontos anmelden, und auf welche Ressourcen kann mit einem lokalen Benutzerkonto zugegriffen werden?

   ____

   ____

2. Wo sollten Sie Benutzerkonten für Windows XP Professional-Computer anlegen, die Mitglied einer Domäne sind?

   ____

   ____

   ____

3. Welche der folgenden Aussagen treffen auf Domänenbenutzerkonten zu? (Wählen Sie alle zutreffenden Antworten aus.)
   a. Domänenbenutzerkonten ermöglichen Benutzern die Anmeldung an einer Domäne und gestatten den Zugriff auf Ressourcen in einem Netzwerk, sofern der Benutzer die nötigen Zugriffsberechtigungen besitzt.
   b. Wenn mindestens einer der Computer als Domänencontroller im Netzwerk konfiguriert ist, sollten ausschließlich Domänenbenutzerkonten verwendet werden.
   c. Der Domänencontroller repliziert die Informationen zu einem neuen Benutzerkonto auf alle weiteren Computer innerhalb der Domäne.
   d. Ein neues Domänenbenutzerkonto wird in der lokalen Sicherheitsdatenbank auf dem Domänencontroller angelegt, auf dem das Konto erstellt wurde.
4. Welche der folgenden Aussagen treffen auf vordefinierte Konten zu? (Wählen Sie alle zutreffenden Antworten aus.)
   a. Sie können das Gastkonto löschen.
   b. Das Administratorkonto kann nicht gelöscht werden.
   c. Sie können das Gastkonto nicht umbenennen.
   d. Das Administratorkonto kann umbenannt werden.
5. Wie deaktivieren Sie das Gastkonto?

   ____

   ____

   ____

Zusammenfassung der Lektion

- Über ein lokales Benutzerkonto kann sich ein Benutzer nur an dem Computer anmelden, auf dem das Benutzerkonto erstellt wurde. Der Benutzer kann in diesem Fall nur auf die lokalen Computerressourcen zugreifen. Wenn Sie ein lokales Benutzerkonto erstellen, legt Windows XP Professional das Konto ausschließlich in der Sicherheitsdatenbank des betreffenden Computers an, die als lokale Sicherheitsdatenbank bezeichnet wird.
- Domänenbenutzerkonten ermöglichen Ihnen, sich an einer Domäne anzumelden und auf Ressourcen überall im Netzwerk zuzugreifen. Ein Domänenbenutzerkonto wird in der Active Directory-Datenbank (dem ***Verzeichnis***) auf einem Domänencontroller angelegt.
- Windows XP Professional erstellt automatisch verschiedene vordefinierte lokale Benutzerkonten. Die beiden wichtigsten dieser Konten sind **Administrator** und **Gast**. Sie können vordefinierte Konten nicht löschen, aber Sie können solche Konten umbenennen und deaktivieren.
- Sie können das Gastkonto im Systemsteuerungsmodul **Benutzerkonten** aktivieren oder deaktivieren.

Lektion 2: Planen neuer Benutzerkonten

In Netzwerken mit mehr als nur einigen wenigen Computern sollten Sie sich die Zeit nehmen, einen Plan für Benutzerkonten auszuarbeiten. Insbesondere sollten Sie eine Namenskonvention festlegen, damit die Namen der Benutzerkonten konsistent sind. Sie sollten außerdem Kennwortanforderungen für die Benutzer definieren.

Am Ende dieser Lektion werden Sie in der Lage sein, die folgenden Aufgaben auszuführen:

- Entwerfen einer sinnvollen Namenskonvention für die lokalen Benutzerkonten Ihrer Organisation.
- Erstellen von Kennwortanforderungen, um den Zugriff auf Windows XP Professional-Computer zu schützen.

Veranschlagte Zeit für diese Lektion: 10 Minuten

Namenskonventionen

Eine ***Namenskonvention*** ist ein von einer Organisation festgelegter Standard für die Benennung von Benutzern innerhalb der Domäne. Die Einhaltung einer konsistenten Namenskonvention hilft Administratoren und Benutzern, sich die Anmeldenamen zu merken (besonders in einem großen Netzwerk). Darüber hinaus kann der Administrator spezifische Benutzerkonten leichter auffinden und sie zur Kontenverwaltung in Gruppen zusammenfassen. Tabelle 7.2 beschreibt einige Richtlinien zum Festlegen einer sinnvollen Namenskonvention für eine Organisation.

Tabelle 7.2 Richtlinien für die Namenskonvention

Richtlinie	Erläuterung
Erstellen Sie eindeutige Anmeldenamen.	Die Namen der lokalen Benutzerkonten müssen auf dem Computer eindeutig sein, auf dem Sie das lokale Benutzerkonto erstellen. Bei Domänenbenutzerkonten müssen die Kontennamen innerhalb des Verzeichnisses eindeutig sein. Folgende Konventionen sind üblich: ■ Verwenden Sie den Anfangsbuchstaben des Vornamens und den Nachnamen. Ein Benutzer namens David Johnson bekäme dann zum Beispiel den Benutzernamen **djohnson**. ■ Trennen Sie Vor- und Nachnamen durch einen Punkt. Ein Benutzer namens David Johnson bekäme dann den Benutzernamen **David.Johnson**.
Verwenden Sie maximal 20 Zeichen für einen Benutzernamen.	Benutzerkontennamen können bis zu 20 Zeichen in Groß- und Kleinbuchstaben umfassen. In das Feld können mehr als 20 Zeichen eingegeben werden, Windows XP Professional erkennt jedoch nur die ersten 20. ▶

<table>
<tr><th>Richtlinie</th><th>Erläuterung</th></tr>
<tr><td>Bei Benutzeranmeldenamen wird nicht zwischen Groß- und Kleinschreibung unterschieden.</td><td>Sie können eine Kombination aus Sonderzeichen und alphanumerischen Zeichen verwenden, um Benutzerkonten eindeutig zu identifizieren. Bei Benutzeranmeldenamen wird zwar nicht zwischen Groß- und Kleinschreibung unterschieden, Windows XP Professional behält jedoch die eingegebene Schreibweise bei.</td></tr>
<tr><td>Vermeiden Sie die Verwendung unzulässiger Zeichen.</td><td>Die folgenden Zeichen sind nicht zulässig:
" / \ [ ] : ; | = , + * ? < ></td></tr>
<tr><td>Erarbeiten Sie sich eine Strategie zur Handhabung von doppelten Mitarbeiternamen.</td><td>Wenn zwei Benutzer den gleichen Namen besitzen, könnten Sie Benutzeranmeldenamen erstellen, die den Vornamen, den Anfangsbuchstaben des Nachnamens sowie zusätzliche Buchstaben aus dem Nachnamen enthalten, um die Benutzer zu unterscheiden. Wenn beispielsweise zwei Benutzer John Evans heißen, könnten Sie ein Benutzerkonto mit dem Namen johne und ein zweites mit dem Namen johnev erstellen. Sie könnten zur Unterscheidung auch Zahlen verwenden, zum Beispiel johne1 und johne2.</td></tr>
<tr><td>Bestimmen Sie den Benutzertyp.</td><td>Einige Organisationen ziehen es vor, Aushilfskräfte und externe Mitarbeiter anhand der Benutzerkonten zu identifizieren. Sie können hierzu beispielsweise dem Benutzeranmeldenamen ein T und einen Bindestrich voranstellen (T-johne) oder am Ende des Benutzernamens Klammern einfügen: johne(Temp).</td></tr>
<tr><td>Benennen Sie die vordefinierten Konten Administrator und Gast um.</td><td>Sie sollten die Konten Administrator und Gast aus Sicherheitsgründen immer umbenennen.</td></tr>
</table>

Richtlinien für Kennwörter

Um sich vor einem unbefugten Zugriff auf die Unternehmenscomputer zu schützen, sollte jedes Benutzerkonto mit einem Kennwort versehen werden. Beachten Sie bei der Vergabe von Kennwörtern die folgenden Richtlinien:

- Vergeben Sie für das Administratorkonto immer ein Kennwort, um einen nicht autorisierten Zugriff zu verhindern.
- Legen Sie fest, ob Kennwörter von Administratoren oder von Benutzern festgelegt werden. Sie können für Benutzerkonten eindeutige Kennwörter festlegen und eine Änderung durch die Benutzer verhindern, oder Sie ermöglichen den Benutzern, bei der ersten Anmeldung ein eigenes Kennwort festzulegen. In den meisten Fällen sollten die Benutzer ihre Kennwörter selbst festlegen.
- Verwenden Sie schwer zu erratende Kennwörter. Vermeiden Sie beispielsweise Kennwörter aus Ihrem persönlichen Umfeld, zum Beispiel Namen von Familienmitgliedern. Der eigene Name, Benutzername oder Firmenname als Kennwort ist einfach zu erraten. Vermeiden Sie auch häufig verwendete Kennwörter wie zum Beispiel „geheim“ oder „Kennwort“.

- Ein normales Wort, das im Wörterbuch steht, erhöht die Verwundbarkeit gegenüber Programmen, die dazu entwickelt werden, Kennwörter automatisch zu erraten.
- Ein Kennwort, das Sie aufschreiben oder jemand anders sagen, ist nicht sicher.
- Kennwörter können bis zu 128 Zeichen enthalten. Es wird eine Mindestlänge von 8 Zeichen empfohlen.
- Verwenden Sie in Kennwörtern sowohl Klein- als auch Großbuchstaben (im Gegensatz zu den Benutzeranmeldenamen wird bei Kennwörtern die Groß- und Kleinschreibung berücksichtigt), Zahlen und gültige nicht alphanumerische Zeichen (zum Beispiel Interpunktionszeichen).
- Überhaupt kein Kennwort zu verwenden, ist sehr unsicher, weil es für andere Benutzer zu einfach ist, zu einem ungesicherten Computer zu gehen und sich anzumelden.

Falls Benutzer Probleme haben, sich komplizierte Kennwörter zu merken, können Sie darauf hinweisen, dass Windows XP auch die Verwendung von Kennwortphrasen (englisch „passphrase") statt von einzelnen Kennwörtern erlaubt. Zum Beispiel ist „Meine Oma jätet jede Woche dreimal Unkraut" ein gültiges Kennwort für Windows XP. Eine andere Technik ist es, einfache Wörter mit Zahlen und Symbolen zu kombinieren. Ein Beispiel für ein Kennwort, das mit dieser Methode gebildet wurde: „2hähne+2hennen=4küken".

Prüfungstipp Sie sollten die Richtlinien zum Erstellen sicherer Kennwörter kennen. Denken Sie insbesondere daran, dass ein Kennwort mindestens acht Zeichen lang sein soll und aus einer Mischung von Groß- und Kleinbuchstaben, Zahlen und Sonderzeichen bestehen sollte.

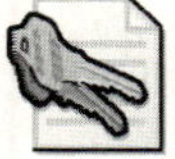

Sicherheitswarnung Sie können in Windows XP Professional ein leeres Kennwort als Standardeinstellung verwenden, wenn der Computer Mitglied einer Arbeitsgruppe ist. Sie können sich mit diesem leeren Kennwort aber nur am lokalen Computer anmelden und auf dessen lokale Ressourcen zugreifen. In der Standardeinstellung verhindert die lokale Sicherheitsrichtlinie von Windows XP, dass Sie sich an einem Remotecomputer anmelden können, wenn Sie ein leeres Kennwort haben. Der Name dieser Sicherheitseinstellung ist **Konten: Lokale Kontenverwendung von leeren Kennwörtern auf Konsolenanmeldung beschränken**. Über die lokale Sicherheitsrichtlinie erfahren Sie mehr in Kapitel 16, „Konfigurieren von Sicherheitseinstellungen und Internetoptionen".

Starke Kennwörter

Schwache (das heißt unsichere) Kennwörter stellen in den meisten Umgebungen ein großes Sicherheitsrisiko dar. Aus diesem Grund sollten Sie die Benutzer ermahnen, starke (sichere) Kennwörter zu wählen und zu verwenden, auch wenn sie sich dagegen sträuben. Die folgenden Richtlinien zeigen, wie starke Kennwörter aussehen sollten:

- Kennwörter sollten mindestens acht Zeichen lang sein. Je länger, desto besser.
- Kennwörter sollten eine Kombination aus Klein- und Großbuchstaben, Zahlen und Symbolen (zum Beispiel ` ~ ! @ # $ % ^ & * ( ) _ + - = { } / [ ] \ : " ; ' < > ? , . / oder ein Leerzeichen) sein.
- Kennwörter sollten regelmäßig geändert werden.

Ein Beispiel für eine Kennwort, das entsprechend diesen Richtlinien als stark gilt, ist „J5!if^8D".

Lernzielkontrolle

Anhand der folgenden Fragen können Sie überprüfen, ob Sie die Themen dieser Lektion so gut beherrschen, dass Sie mit der nächsten Lektion weitermachen können. Falls Sie eine Frage nicht beantworten können, sollten Sie die Lektion noch einmal durcharbeiten, und dann erneut versuchen, die Frage zu beantworten. Die Antworten auf die Lernzielkontrollfragen finden Sie im Abschnitt „Fragen und Antworten" am Ende dieses Kapitels.

1. Windows XP Professional erkennt bei lokalen Benutzerkontennamen nur die ersten __________ Zeichen.
2. In welchen Fällen ist es zulässig, in Netzwerken mit Windows XP Professional-Computern Namen für lokale Benutzerkonten doppelt zu vergeben?

   ____

   ____

   ____

   ____

3. Kennwörter können maximal ______ Zeichen aufweisen und sollten mindestens ______ Zeichen umfassen (empfohlen).

Zusammenfassung der Lektion

- Lokale Benutzerkonten müssen auf dem Computer eindeutig sein, auf dem sie erstellt wurden. Domänenbenutzerkonten müssen innerhalb des Verzeichnisses eindeutig sein. Benutzeranmeldenamen können aus bis zu 20 Zeichen in Klein- und Großbuchstaben bestehen. In das Textfeld **Benutzername** im Anmeldedialogfeld können zwar mehr als 20 Zeichen eingegeben werden, Windows XP Professional erkennt jedoch nur die ersten 20 Zeichen. Die folgenden Zeichen sind nicht zulässig: " / \ [ ] : ; | = , + * ? < >
- Kennwörter können bis zu 128 Zeichen enthalten. Es wird eine Mindestlänge von 8 Zeichen empfohlen. Verwenden Sie für Kennwörter eine Mischung aus Buchstaben in Groß- und Kleinschreibung, Zahlen und zulässige nicht alphanumerische Zeichen.

Lektion 3: Ändern, Erstellen und Löschen von Benutzerkonten

Windows XP Professional stellt zwei Tools zum Ändern, Erstellen und Löschen von Benutzerkonten zur Verfügung: das Systemsteuerungsmodul **Benutzerkonten** (zum Erstellen und Verwalten der Benutzerkonten in einer Arbeitsgruppe) sowie das Snap-In **Computerverwaltung** (zum Erstellen und Verwalten der Benutzerkonten in einer Arbeitsgruppe oder Domäne).

Am Ende dieser Lektion werden Sie in der Lage sein, die folgenden Aufgaben auszuführen:

- Verwalten von Benutzern mit dem Tool **Benutzerkonten**.
- Verwalten von Benutzern mit dem Snap-In **Computerverwaltung**.
- Erstellen einer Kennwortrücksetzdiskette.

Veranschlagte Zeit für diese Lektion: 50 Minuten

Das Tool Benutzerkonten

Das Systemsteuerungsmodul **Benutzerkonten** (Abbildung 7.5) ist eines der Tools, mit denen Sie lokale Benutzerkonten in einer Arbeitsgruppenumgebung ändern, erstellen und löschen.

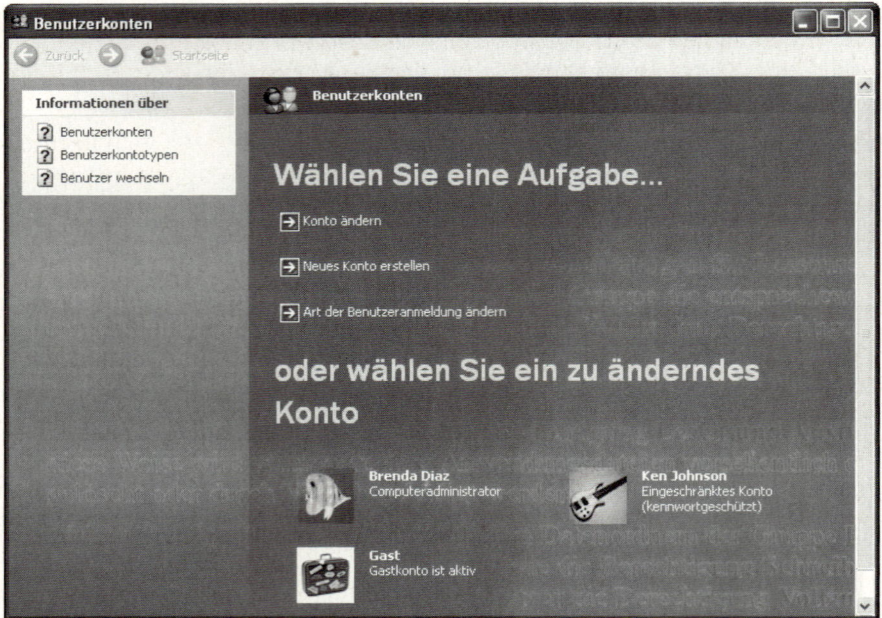

Abbildung 7.5 Mit dem Tool **Benutzerkonten** können Sie Benutzerkonten verwalten

Wenn Sie mit einem Konto der Gruppe **Administratoren** angemeldet sind, stehen im Tool **Benutzerkonten** im Abschnitt **Wählen Sie eine Aufgabe** die folgenden Optionen zur Auswahl:

- **Konto ändern** (diese Option schließt das Löschen von Konten ein)
- **Neues Konto erstellen**
- **Art der Benutzeranmeldung ändern**

Ändern eines vorhandenen Benutzerkontos im Tool Benutzerkonten

Wenn Sie als Administrator angemeldet sind, können Sie über die Option **Konto ändern** Änderungen an einem vorhandenen Benutzerkonto vornehmen. Wenn Sie als Benutzer mit eingeschränkten Rechten angemeldet sind, werden im Abschnitt **Wählen Sie eine Aufgabe** nur einige der Optionen angezeigt, die ein Administrator ausführen kann. Zu diesen Aufgaben zählen:

- **(Eigenen) Namen ändern:** Ermöglicht das Zuweisen eines anderen Namens für ein vorhandenes Benutzerkonto. Diese Option wird nur angezeigt, wenn Sie als Administrator angemeldet sind, da nur ein Administrator diese Aufgabe ausführen kann.
- **Kennwort erstellen:** Erstellt ein Kennwort für das Benutzerkonto. Diese Option wird nur angezeigt, wenn für das Benutzerkonto bisher kein Kennwort vergeben wurde. Kennwörter für Benutzerkonten können nur von Administratoren erstellt werden.
- **(Eigenes) Kennwort ändern:** Ändert das Kennwort für ein Benutzerkonto. Diese Option wird nur angezeigt, wenn bereits ein Kennwort für das Benutzerkonto erstellt wurde. Diese Option wird alternativ zu **Kennwort erstellen** angezeigt. Kennwörter für Konten anderer Benutzer können nur von Administratoren geändert werden.
- **(Eigenes) Kennwort entfernen:** Entfernt das Kennwort für Ihr Benutzerkonto oder ein anderes Benutzerkonto auf dem Computer. Diese Option wird nur angezeigt, wenn Ihrem Benutzerkonto bereits ein Kennwort zugewiesen wurde. Kennwörter für Konten anderer Benutzer können nur von Administratoren entfernt werden.
- **(Eigenes) Bild ändern:** Ändert das auf der Willkommenseite angezeigte Bild für ein Benutzerkonto. Die Bilder für andere Benutzerkonten können nur von Administratoren geändert werden.
- **(Eigenen) Kontotyp ändern:** Ändert den Kontotyp für ein vorgegebenes Konto. Der Kontotyp für Konten anderer Benutzer kann nur von Administratoren geändert werden.
- **Eigenes Konto für .NET-Passport einrichten:** Startet den Assistenten zum Hinzufügen eines .NET-Passports zu einem Windows XP Professional-Konto. Mithilfe eines Passports können Sie sich online mit Familie und Freunden unterhalten, eigene Webseiten erstellen und sich an allen Microsoft .NET-fähigen Sites und Diensten anmelden. Sie können nur Ihr eigenes Konto zur Verwendung eines .NET-Passports einrichten.

- **Konto löschen:** Löscht ein Benutzerkonto. Diese Option wird nur angezeigt, wenn Sie als Administrator angemeldet sind, da nur ein Administrator diese Aufgabe ausführen kann.

Vorsicht Wenn Sie ein Benutzerkonto löschen, gibt es keine Möglichkeit, die Berechtigungen und Rechte wiederherzustellen, die mit diesem Konto verknüpft sind. Wenn Sie ein Benutzerkonto löschen, zeigt Windows XP Professional das Fenster **Möchten Sie die Dateien von *lokales_Benutzerkonto* behalten?** an. Wenn Sie auf **Dateien behalten** klicken, speichert Windows XP Professional die Inhalte des Desktops und des Ordners **Eigene Dokumente** für das betreffende Konto in einem neuen Ordner namens ***Benutzerkonto*** auf Ihrem Desktop. Die E-Mail-Nachrichten, Internetfavoriten und weitere Einstellungen für das lokale Benutzerkonto können jedoch nicht gespeichert werden.

Wenn Sie als Benutzer mit eingeschränkten Rechten angemeldet sind, müssen Sie folgendermaßen vorgehen, um Ihre Kontoeigenschaften zu ändern:

1. Klicken Sie im Startmenü auf **Systemsteuerung** und **Benutzerkonten**.

   Das Fenster **Wählen Sie eine Aufgabe** wird eingeblendet.
2. Klicken Sie auf die gewünschte Option zum Ändern des Benutzerkontos und folgen Sie den Anweisungen auf dem Bildschirm.

Wenn Sie als Administrator angemeldet sind, müssen Sie folgendermaßen vorgehen, um die Eigenschaften eines Kontos zu ändern:

1. Klicken Sie im Startmenü auf **Systemsteuerung** und **Benutzerkonten**.
2. Klicken Sie im Fenster **Benutzerkonten** auf **Konto ändern**.

   Das Fenster **Wählen Sie ein zu änderndes Konto** wird angezeigt.
3. Klicken Sie auf das zu ändernde Konto.

   Das Fenster **Was möchten Sie am Konto von *Kontoname* ändern?** wird geöffnet.
4. Klicken Sie auf die gewünschte Option zum Ändern des Benutzerkontos und folgen Sie den Anweisungen auf dem Bildschirm.

Ändern der Art der Benutzeranmeldung mit dem Tool Benutzerkonten

Nur Administratoren können die Art der Benutzeranmeldung ändern. Diese Option steht daher auf dem Bildschirm **Wählen Sie eine Aufgabe** nur dann zur Verfügung, wenn Sie als Mitglied der Administratorengruppe angemeldet sind.

Über die folgenden Optionen wird die Art der Benutzeranmeldung für sämtliche Benutzer gesteuert. Denken Sie daran, dass diese Optionen nur zur Verfügung stehen, wenn der Computer Mitglied einer Arbeitsgruppe ist. Auf Computern, die Teil einer Domäne sind, finden Sie diese Einstellmöglichkeiten nicht.

- **Willkommenseite verwenden:** Dieses Kontrollkästchen ist standardmäßig aktiviert. Bei dieser Einstellung wird die Seite **Willkommen** angezeigt, die Benutzer klicken zur Anmeldung auf das jeweilige Benutzerkonto. Wenn Sie dieses Kontrollkästchen deaktivieren, wird ein Anmeldedialogfeld eingeblendet, in dem Sie zum Anmelden Benutzername und Kennwort eingeben.

- **Schnelle Benutzerumschaltung verwenden:** Dieses Kontrollkästchen ist standardmäßig aktiviert. Diese Einstellung ermöglicht den schnellen Wechsel zwischen Benutzerkonten, ohne dass hierzu eine Abmeldung erforderlich ist und alle geöffneten Programme geschlossen werden müssen.

Gehen Sie folgendermaßen vor, um die Art der Benutzeranmeldung zu ändern:

1. Klicken Sie im Startmenü auf **Systemsteuerung** und **Benutzerkonten**.
2. Klicken Sie im Fenster **Benutzerkonten** auf **Art der Benutzeranmeldung ändern**. Das Fenster **An- und Abmeldeoptionen auswählen** wird geöffnet.
3. Aktivieren oder deaktivieren Sie die gewünschten Kontrollkästchen.

Erstellen eines neuen Benutzerkontos im Tool Benutzerkonten

Nur Administratoren können neue Benutzerkonten anlegen. Diese Option steht daher auf dem Bildschirm **Wählen Sie eine Aufgabe** nur dann zur Verfügung, wenn Sie als Mitglied der Administratorengruppe angemeldet sind.

Gehen Sie folgendermaßen vor, um ein neues Benutzerkonto zu erstellen:

1. Klicken Sie im Startmenü auf **Systemsteuerung** und **Benutzerkonten**.
2. Klicken Sie im Fenster **Benutzerkonten** auf **Neues Konto erstellen**.

   Das Fenster **Name des neuen Kontos** wird geöffnet.
3. Geben Sie im Feld **Geben Sie einen Namen für das neue Konto ein** einen Benutzeranmeldenamen ein (bis zu 20 Zeichen), und klicken Sie auf **Weiter**.

Hinweis Der Benutzeranmeldename erscheint auf der Willkommenseite und im Startmenü. Weitere Informationen zu gültigen Zeichen für Benutzerkonten finden Sie in Tabelle 7.2.

   Das Fenster **Wählen Sie einen Kontotypen** wird angezeigt. Windows XP Professional ermöglicht das Erstellen von zwei Kontotypen: **Computeradministrator** und **Eingeschränkt**. In Tabelle 7.3 werden die Fähigkeiten dieser Kontotypen beschrieben.

4. Wählen Sie den geeigneten Kontotyp, und klicken Sie dann auf **Konto erstellen**.

Tabelle 7.3 Benutzerkontotypen und deren Fähigkeiten

Fähigkeit	Computer administrator	Eingeschränktes Konto
Eigenes Bild ändern	X	X
Eigenes Kennwort erstellen, ändern oder entfernen	X	X
Eigenen Kontotyp ändern	X	
Eigenen Kontonamen ändern	X	

▶

Fähigkeit	Computer administrator	Eingeschränktes Konto
Bild, Kennwort, Kontotyp und Namen anderer Konten ändern	X	
Vollzugriff auf andere Benutzerkonten	X	
Erstellen von Benutzerkonten auf dem lokalen Computer	X	
Löschen von Benutzerkonten auf dem lokalen Computer	X	
Zugriffs- und Leseberechtigung für alle Dateien auf dem lokalen Computer	X	
Installieren von Programmen und Hardware	X	
Systemweite Computeränderungen vornehmen	X	

Das Snap-In Computerverwaltung

Das Snap-In **Computerverwaltung** (Abbildung 7.6) bietet umfangreichere Möglichkeiten zum Verwalten lokaler Benutzer als das Systemsteuerungsmodul **Benutzerkonten**. Mit dem Snap-In **Computerverwaltung** können Sie lokale Benutzerkonten erstellen, löschen und deaktivieren. Sie können darin auch lokale Gruppen erstellen und verwalten.

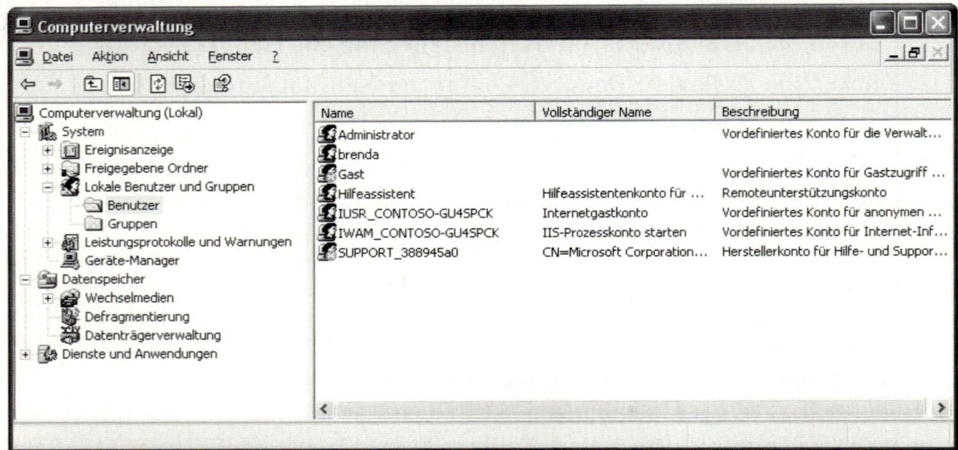

Abbildung 7.6 Im Snap-In **Computerverwaltung** können Sie auch kompliziertere Aufgaben zum Verwalten von Benutzerkonten durchführen

Erstellen eines lokalen Benutzerkontos mit dem Tool Computerverwaltung

Gehen Sie folgendermaßen vor, um anhand des Snap-Ins **Computerverwaltung** lokale Benutzerkonten zu erstellen:

1. Klicken Sie im Startmenü auf **Systemsteuerung**.
2. Klicken Sie im Fenster **Systemsteuerung** auf **Leistung und Wartung**.
3. Klicken Sie im Fenster **Leistung und Wartung** auf **Verwaltung**.
4. Klicken Sie im Fenster **Verwaltung** doppelt auf **Computerverwaltung**.

Tipp Sie können das Fenster **Computerverwaltung** auch öffnen, indem Sie mit der rechten Maustaste auf das Symbol **Arbeitsplatz** auf dem Desktop oder im Startmenü klicken und im Kontextmenü den Befehl **Verwalten** wählen.

5. Klicken Sie in der Konsolenstruktur des Fensters **Computerverwaltung** auf das Pluszeichen (+) vor dem Eintrag **Computerverwaltung**, um den Zweig aufzuklappen. Der Zweig **Computerverwaltung** enthält drei Ordner: **System**, **Datenspeicher** sowie **Dienste und Anwendungen**.
6. Erweitern Sie in der Konsolenstruktur den Zweig **System** und klicken Sie dann auf **Lokale Benutzer und Gruppen**.
7. Klicken Sie in der Detailansicht mit der rechten Maustaste auf **Benutzer** und wählen Sie den Befehl **Neuer Benutzer**.
8. Füllen Sie die Textfelder im Dialogfeld **Neuer Benutzer** aus (Abbildung 7.7), klicken Sie auf **Erstellen** und dann auf **Schließen**.

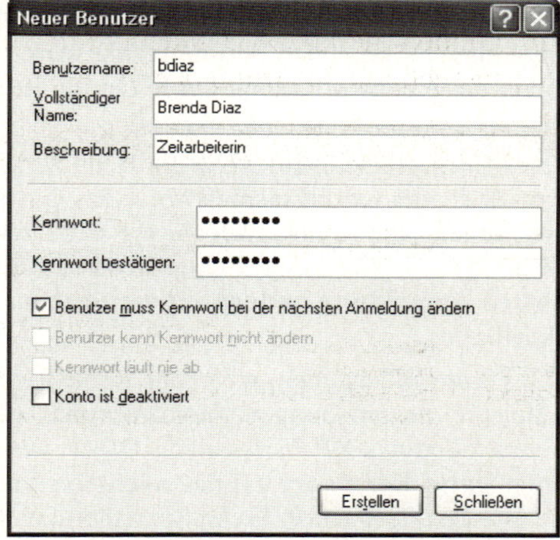

Abbildung 7.7 Erstellen eines neuen Benutzers

Tabelle 7.4 beschreibt die in Abbildung 7.7 gezeigten Felder im Dialogfeld **Neuer Benutzer**.

Sicherheitswarnung Legen Sie immer fest, dass neue Benutzer ihr Kennwort bei der ersten Anmeldung ändern müssen. Damit stellen Sie die Verwendung von Kennwörtern sicher, die nur den Benutzern bekannt sind. Zum Erhöhen der Netzwerksicherheit sollten Sie beim Erstellen neuer Benutzerkonten für die anfänglichen Kennwörter stets eine Kombination aus Buchstaben und Zahlen verwenden.

Tabelle 7.4 Optionen für lokale Benutzerkonten

Feld	Aktion
Benutzername	Geben Sie den Benutzeranmeldenamen an. Die Eingabe in dieses Feld ist obligatorisch.
Vollständiger Name	Geben Sie den vollständigen Benutzernamen an. Hierzu zählen Vor- und Nachname, es kann jedoch auch ein zweiter Vorname oder ein Initial verwendet werden. Die Eingabe in dieses Feld ist optional.
Beschreibung	Geben Sie eine aussagekräftige Beschreibung zu Benutzerkonto oder Benutzer an. Die Eingabe in dieses Feld ist optional.
Kennwort	Geben Sie das Kennwort für die Benutzerauthentifizierung an. Sie sollten aus Sicherheitsgründen immer ein Kennwort verwenden. Aus Sicherheitsgründen wird das Kennwort auf dem Bildschirm in Form von Punkten dargestellt.
Kennwort bestätigen	Bestätigen Sie das Kennwort durch eine erneute Eingabe. Die Eingabe in dieses Feld ist bei der Vergabe eines Kennworts obligatorisch.
Benutzer muss Kennwort bei der nächsten Anmeldung ändern	Aktivieren Sie dieses Kontrollkästchen, damit der Benutzer das Kennwort bei der ersten Anmeldung ändern muss. Auf diese Weise ist sichergestellt, dass nur der Benutzer das Kennwort kennt. Diese Option ist standardmäßig aktiviert.
Benutzer kann Kennwort nicht ändern	Aktivieren Sie dieses Kontrollkästchen, wenn ein Benutzerkonto von mehreren Personen verwendet wird (beispielsweise das Gastkonto), oder wenn Sie die Kontrolle über die Kennwörter für die Benutzerkonten behalten möchten. Wenn Sie das Kontrollkästchen **Benutzer muss Kennwort bei der nächsten Anmeldung ändern** aktiviert haben, steht diese Option nicht zur Verfügung.
Kennwort läuft nie ab	Aktivieren Sie dieses Kontrollkästchen, wenn das Kennwort nie geändert werden soll, zum Beispiel für ein Domänenbenutzerkonto, das von einem Programm oder einem Windows XP Professional-Dienst verwendet wird. Die Option **Benutzer muss Kennwort bei der nächsten Anmeldung ändern** setzt diese Option außer Kraft. Wenn Sie daher das Kontrollkästchen **Benutzer muss Kennwort bei der nächsten Anmeldung ändern** aktiviert haben, steht diese Option nicht zur Verfügung.
Konto ist deaktiviert	Aktivieren Sie dieses Kontrollkästchen, um zu verhindern, dass dieses Konto verwendet wird. Dies kann beispielsweise für ein Konto eines neuen Mitarbeiters sinnvoll sein, der seine Stelle im Unternehmen noch nicht angetreten hat.

Löschen eines Benutzers mit dem Tool Computerverwaltung

Sie können Benutzerkonten im Snap-In **Computerverwaltung** auch löschen. Gehen Sie dazu folgendermaßen vor:

1. Klicken Sie im Startmenü auf **Systemsteuerung**.
2. Klicken Sie im Fenster **Systemsteuerung** auf **Leistung und Wartung**.
3. Klicken Sie im Fenster **Leistung und Wartung** auf **Verwaltung**.

4. Klicken Sie im Fenster **Verwaltung** doppelt auf **Computerverwaltung**.
5. Klicken Sie in der Konsolenstruktur des Fensters **Computerverwaltung** auf das Pluszeichen (+) vor dem Eintrag **Computerverwaltung**, um den Zweig aufzuklappen. Der Zweig **Computerverwaltung** enthält drei Ordner: **System**, **Datenspeicher** sowie **Dienste und Anwendungen**.
6. Erweitern Sie in der Konsolenstruktur den Zweig **System** und klicken Sie dann auf **Lokale Benutzer und Gruppen**.
7. Klicken Sie unter **Lokale Benutzer und Gruppen** auf **Benutzer**.
8. Klicken Sie in der Detailansicht mit der rechten Maustaste auf den Benutzer, dessen Konto Sie löschen wollen, und wählen Sie den Befehl **Löschen**.

   Windows zeigt das Meldungsfeld **Lokale Benutzer und Gruppen** an, in dem Sie gewarnt werden, dass bei Löschen eines Benutzers sämtliche Berechtigungen und Rechte verloren gehen, die mit diesem Benutzerkonto verknüpft sind.
9. Klicken Sie im Meldungsfeld **Lokale Benutzer und Gruppen** auf **Ja**.

Erstellen einer Kennwortrücksetzdiskette

Die ***Kennwortrücksetzdiskette*** ist eine Diskette, die verschlüsselte Kennwortinformationen enthält und Benutzern erlaubt, ihr Kennwort zu ändern, ohne das alte Kennwort zu kennen. Sie sollten Benutzern empfehlen, generell eine Kennwortrücksetzdiskette zu erstellen und sie an einem sicheren Ort aufzubewahren.

Gehen Sie folgendermaßen vor, um eine Kennwortrücksetzdiskette für ein Domänenbenutzerkonto zu erstellen:

1. Drücken Sie STRG+ALT+ENTF und klicken Sie dann auf **Kennwort ändern**.
2. Geben Sie im Feld **Benutzername** den Benutzernamen des Kontos ein, für das Sie eine Kennwortrücksetzdiskette erstellen wollen.
3. Klicken Sie im Feld **Anmelden an** auf den Computernamen, der Ihrem Computer zugewiesen wurde, und klicken Sie dann auf **Sicherung**.
4. Folgen Sie den Anweisungen des Assistenten für vergessene Kennwörter, bis der Vorgang abgeschlossen ist. Bewahren Sie die Kennwortrücksetzdiskette an einem sicheren Platz auf.

Gehen Sie folgendermaßen vor, um eine Kennwortrücksetzdiskette für ein lokales Benutzerkonto zu erstellen:

1. Wählen Sie im Startmenü **Systemsteuerung**.
2. Klicken Sie im Fenster **Systemsteuerung** auf **Benutzerkonten**.
3. Falls Sie sich mit einem Computeradministratorkonto angemeldet haben, können Sie auf den Kontonamen klicken und dann in **Verwandte Aufgaben** auf der linken Seite des Fensters auf **Vergessen von Kennwörtern verhindern**. Falls Sie sich mit einem eingeschränkten Konto angemeldet haben, befindet sich die Option **Vergessen von Kennwörtern verhindern** auf der Hauptseite des Benutzerkontenfensters (Sie brauchen dann nicht erst den Kontonamen anzuklicken).

4. Folgen Sie den Anweisungen des Assistenten für vergessene Kennwörter, bis der Vorgang abgeschlossen ist. Bewahren Sie die Kennwortrücksetzdiskette an einem sicheren Platz auf.

Benutzer können nicht gleichzeitig ihr Kennwort ändern und eine Kennwortrücksetzdiskette erstellen. Falls ein Benutzer ein neues Kennwort in die Felder **Neues Kennwort** und **Kennwort bestätigen** eingibt, bevor der Benutzer **Sicherung** anklickt, werden die neuen Kennwortinformationen nicht gespeichert. Wenn der Assistent einen Benutzer auffordert, sein aktuelles Benutzerkontokennwort einzugeben, muss der Benutzer das alte Kennwort eintippen.

Benutzer können ihr Kennwort jederzeit ändern, nachdem sie eine Kennwortrücksetzdiskette erstellt haben. Sie brauchen keine neue Kennwortrücksetzdiskette zu erstellen, falls sie ihr Kennwort ändern oder das Kennwort von Hand zurückgesetzt wird.

Wenn ein Benutzer beim Anmelden feststellt, dass er das Kennwort vergessen hat, aber kürzlich eine Kennwortrücksetzdiskette erstellt wurde, bekommt der Benutzer die Möglichkeit angeboten, sein Kennwort mithilfe der Kennwortrücksetzdiskette zurückzusetzen. Wählen Sie diese Option auf dem Anmeldebildschirm, um den Kennwortrücksetz-Assistenten zu starten. Der Kennwortrücksetz-Assistent fordert den Benutzer auf, ein neues Kennwort und einen zugehörigen Hinweis einzugeben. Melden Sie sich mit dem neuen Kennwort an und bringen Sie die Kennwortrücksetzdiskette wieder an einem sicheren Platz unter. Der Benutzer braucht keine neue Kennwortrücksetzdiskette zu erstellen.

Übung: Ändern, Erstellen und Löschen von lokalen Benutzerkonten

In dieser Übung erstellen Sie ein neues lokales Benutzerkonto und weisen ihm unter Verwendung des Tools **Benutzerkonten** ein Kennwort zu. Anschließend erstellen Sie eine benutzerdefinierte MMC-Konsole (Microsoft Management Console), die das Snap-In **Computerverwaltung** enthält. Danach erstellen Sie mithilfe des Snap-Ins **Computerverwaltung** zwei weitere neue Benutzerkonten. Nach dem Erstellen testen Sie eines der neu erstellten lokalen Benutzerkonten. Abschließend löschen Sie eines der lokalen Benutzerkonten unter Verwendung des Tools **Benutzerkonten**.

Am Ende dieser Übung werden Sie in der Lage sein, die folgenden Aufgaben auszuführen:

- Verwenden des Programms **Benutzerkonten** zum Erstellen eines neuen lokalen Benutzerkontos
- Erstellen einer benutzerdefinierten MMC-Konsole mit dem Snap-In **Computerverwaltung**
- Verwenden des Snap-Ins **Computerverwaltung** zum Erstellen eines neuen lokalen Benutzerkontos

Übung 1: Erstellen eines neuen lokalen Benutzerkontos mit dem Tool Benutzerkonten

1. Melden Sie sich mit einem Konto an, das Mitglied der Administratorengruppe ist.
2. Klicken Sie im Startmenü auf **Systemsteuerung** und **Benutzerkonten**.
3. Klicken Sie im Fenster **Benutzerkonten** im Abschnitt **Wählen Sie eine Aufgabe** auf **Neues Konto erstellen**.
4. Die Seite **Name des neuen Kontos** wird geöffnet. Geben Sie im Textfeld **Geben Sie einen Namen für das neue Konto an** als Benutzername **Benutzer1** ein, und klicken Sie auf **Weiter**.
5. Die Seite **Wählen Sie einen Kontotypen** wird eingeblendet. Klicken Sie auf **Eingeschränkt**.

Hinweis Über ein eingeschränktes Konto können Sie das eigene Kennwort ändern oder entfernen und das Bild für Ihr Konto sowie verschiedene Desktopeinstellungen ändern. Sie können außerdem selbst erstellte Dateien und Dateien im Ordner für gemeinsame Dateien anzeigen.

6. Klicken Sie auf **Konto erstellen**.

   Im Fenster **Benutzerkonten** wird in der Liste der Benutzerkonten nun auch **Benutzer1** angezeigt.
7. Erstellen Sie ein zweites Konto für **Benutzer2**, indem Sie die Schritte 3 bis 6 wiederholen.

   Lassen Sie das Dialogfeld **Benutzerkonten** für die nächste Teilübung geöffnet.

Übung 2: Zuweisen eines Kennworts zu einem lokalen Benutzerkonto mit dem Tool Benutzerkonten

1. Klicken Sie im Fenster **Benutzerkonten** auf **Benutzer1**.
2. Klicken Sie auf **Kennwort erstellen**.
3. Geben Sie im Textfeld **Geben Sie ein neues Kennwort ein** und im Textfeld **Geben Sie das neue Kennwort zur Bestätigung erneut ein** als Kennwort **kennwort** ein.
4. Geben Sie im Textfeld **Geben Sie ein Wort oder einen Satz als Kennworthinweis ein** den Hinweis **Ein sehr häufig verwendetes Kennwort** ein.
5. Klicken Sie auf **Kennwort erstellen**.
6. Welche zwei neuen Optionen werden jetzt für das Konto **Benutzer1** aufgeführt? Welche Option steht nicht mehr zur Verfügung?

   ____

   ____

   ____

   ____

7. Klicken Sie auf das Symbol **Startseite**, um zum Fenster **Benutzerkonten** zurückzukehren.
8. Weisen Sie **Benutzer2** das Kennwort **Benutzer2** zu.
9. Schließen Sie die Fenster **Benutzerkonten** und **Systemsteuerung**.

Übung 3: Erstellen einer benutzerdefinierten MMC, die das Snap-In Computerverwaltung enthält

1. Klicken Sie auf **Start** und anschließend auf **Ausführen**.
2. Geben Sie im Feld **Öffnen** den Befehl **mmc** ein, und klicken Sie dann auf **OK**.

   Die MMC wird gestartet und zeigt eine leere Konsole an.
3. Maximieren Sie das Fenster **Konsole1**, indem Sie auf die Schaltfläche **Maximieren** klicken.
4. Maximieren Sie das Fenster **Konsolenstamm**, indem Sie auf das **Maximieren**-Symbol klicken.
5. Klicken Sie im Menü **Datei** auf **Snap-In hinzufügen/entfernen**.

   Die MMC zeigt das Dialogfeld **Snap-In hinzufügen/entfernen** an.
6. Klicken Sie auf **Hinzufügen**.

   Die MMC zeigt das Dialogfeld **Eigenständiges Snap-In hinzufügen** an.
7. Wählen Sie in der Liste der verfügbaren eigenständigen Snap-Ins den Eintrag **Computerverwaltung** aus, und klicken Sie auf **Hinzufügen**.

   Die MMC zeigt das Dialogfeld **Computerverwaltung** an, in dem Sie den zu verwaltenden Computer auswählen können. Standardmäßig ist der lokale Computer ausgewählt.
8. Klicken Sie im Dialogfeld **Computerverwaltung** auf **Fertig stellen**.

   Die MMC erstellt die Konsole mit dem Snap-In **Computerverwaltung** zur Verwaltung des lokalen Computers.
9. Klicken Sie im Dialogfeld **Eigenständiges Snap-In hinzufügen** auf **Schließen**.
10. Klicken Sie im Dialogfeld **Snap-In hinzufügen/entfernen** auf **OK**, um das Snap-In **Computerverwaltung** in die MMC-Konsole aufzunehmen.

    Im Konsolenstamm wird nun **Computerverwaltung (Lokal)** angezeigt.
11. Wählen Sie im Menü **Datei** den Befehl **Speichern unter**.

    Die MMC zeigt das Dialogfeld **Speichern unter** an.
12. Geben Sie in das Textfeld **Dateiname** den Namen **Lokale Computerverwaltung** ein, und klicken Sie anschließend auf **Speichern**.

    In der Titelleiste wird nun **Lokale Computerverwaltung** angezeigt. Sie haben soeben eine benutzerdefinierte MMC-Konsole mit dem Namen **Lokale Computerverwaltung** erstellt, die das Snap-In **Computerverwaltung** enthält.

Übung 4: Erstellen eines neuen lokalen Benutzerkontos mithilfe des Snap-Ins Computerverwaltung

1. Erweitern Sie in der Konsolenstruktur des Fensters **Lokale Computerverwaltung** den Knoten **Computerverwaltung (Lokal)**, indem Sie auf das Pluszeichen (+) neben dem entsprechenden Symbol klicken.

   Unterhalb der Computerverwaltung werden drei Ordner angezeigt: **System**, **Datenspeicher** und **Dienste und Anwendungen**.

2. Klicken Sie doppelt auf **System**, und klicken Sie dann auf **Lokale Benutzer und Gruppen**.
3. Klicken Sie im Detailbereich mit der rechten Maustaste auf **Benutzer** und danach auf den Befehl **Neuer Benutzer**.

   Das Dialogfeld **Neuer Benutzer** wird geöffnet.

4. Geben Sie als Benutzername **Benutzer3** ein.
5. Geben Sie als vollständigen Benutzername **Benutzer drei** ein.

   Weisen Sie dem Benutzerkonto kein Kennwort zu.

6. Vergewissern Sie sich, dass das Kontrollkästchen **Benutzer muss Kennwort bei der nächsten Anmeldung ändern** aktiviert ist.
7. Klicken Sie auf **Erstellen**, um das neue Benutzerkonto anzulegen, und dann auf **Schließen**.
8. Klicken Sie im Startmenü auf **Systemsteuerung** und **Benutzerkonten**.

   Das Fenster **Benutzerkonten** wird geöffnet.

9. Um welchen Kontotyp handelt es sich bei **Benutzer3**?

   ____

10. Schließen Sie das Fenster **Benutzerkonten** und die Systemsteuerung.
11. Klicken Sie im Fenster **Lokale Computerverwaltung** im Detailbereich mit der rechten Maustaste auf **Benutzer** und danach auf den Befehl **Neuer Benutzer**.
12. Geben Sie als Benutzernamen **Benutzer4** ein.
13. Geben Sie als vollständigen Benutzernamen **Benutzer vier** ein.
14. Geben Sie in den Textfeldern **Kennwort** und **Kennwort bestätigen** als Kennwort **Benutzer4** ein.
15. Wie wird das Kennwort auf dem Bildschirm angezeigt? Warum?

    ____

    ____

    ____

Sicherheitswarnung In Umgebungen mit hohen Sicherheitsanforderungen sollten Sie den Benutzerkonten Anfangskennwörter zuweisen und von den Benutzern verlangen, das Kennwort bei der ersten Anmeldung zu ändern. Dadurch vermeiden Sie, dass es Benutzerkonten ohne Kennwort gibt, und stellen gleichzeitig sicher, dass nach der ersten Anmeldung und Änderung des Kennworts nur der Benutzer im Besitz des Kennworts ist. Das in dieser Teilübung verwendete Kennwort dient nur zu Übungszwecken. Kennwörter sollten immer schwer zu erraten sein und nach Möglichkeit Klein- und Großbuchstaben, Zahlen und gültige Sonderzeichen enthalten. Tabelle 7.2 führt auf, welche Zeichen zum Erstellen von Benutzerkonten verwendet werden dürfen.

16. Vergewissern Sie sich, dass das Kontrollkästchen **Benutzer muss Kennwort bei der nächsten Anmeldung ändern** aktiviert ist, und klicken Sie auf **Erstellen**.
17. Schließen Sie das Dialogfeld **Neuer Benutzer**.
18. Klicken Sie in der MMC-Konsole auf **Datei** und **Beenden**, um die benutzerdefinierte Konsole zu schließen.

    Das Fenster **Microsoft Management Console** wird geöffnet, in dem Sie angeben können, ob die Konsoleneinstellungen für **Computerverwaltung** gespeichert werden sollen.

Hinweis Wenn Sie auf **Ja** klicken, wird die Konsole zur Computerverwaltung genau im jetzigen Zustand angezeigt, wenn Sie sie das nächste Mal öffnen. Wenn Sie auf **Nein** klicken, werden die Konsoleneinstellungen nicht gespeichert.

19. Klicken Sie auf **Ja**, um die Konsoleneinstellungen zu speichern.
20. Klicken Sie auf **Start** und **Abmelden**.

    Windows XP Professional zeigt das Dialogfeld **Windows-Abmeldung** an. Wenn Sie die ausgeführten Programme geöffnet lassen und zu einem anderen Benutzerkonto wechseln möchten, klicken Sie auf **Benutzer wechseln**. Weitere Optionen sind **Abmelden** oder **Abbrechen**.
21. Klicken Sie im Fenster **Windows-Abmeldung** auf **Abmelden**.
22. Klicken Sie auf der Seite **Willkommen** auf **Benutzer drei**.
23. Was geschieht?

    ____

    ____
24. Klicken Sie auf **OK**. Das Dialogfeld **Kennwort ändern** wird angezeigt.
25. Nehmen Sie im Textfeld **Altes Kennwort** keine Eingabe vor, und geben Sie in den Textfeldern **Neues Kennwort** und **Neues Kennwort bestätigen** den Wert **Benutzer3** ein. Klicken Sie anschließend auf **OK**.

    Windows XP Professional zeigt das Dialogfeld **Kennwort ändern** an, in dem Sie darauf hingewiesen werden, dass Ihr Kennwort geändert wurde.

26. Klicken Sie auf **OK**, um das Dialogfeld **Kennwort ändern** zu schließen.

    Sie werden als **Benutzer3** angemeldet, mit dem im Snap-In **Computerverwaltung** erstellten Konto. Da Sie die Standardeinstellung **Benutzer muss Kennwort bei der nächsten Anmeldung ändern** bei Erstellung des Kontos beibehalten haben, wurden Sie aufgefordert, das Kennwort bei der Anmeldung als **Benutzer3** zu ändern. Sie haben als Kennwort für **Benutzer3** wie bei der Erstellung ein leeres Kennwort angegeben (weil Sie das Textfeld **Altes Kennwort** leer gelassen haben) und anschließend das Kennwort in **Benutzer3** geändert.

27. Melden Sie sich vom Computer ab.

Übung 5: Löschen eines lokalen Benutzerkontos

1. Melden Sie sich mit einem Konto an, das Mitglied der Administratorengruppe ist.
2. Klicken Sie in der Systemsteuerung auf **Benutzerkonten**.
3. Klicken Sie auf **Benutzer drei**.

   Windows XP Professional zeigt das Fenster **Was möchten Sie am Konto von Benutzer drei ändern?** an.

4. Klicken Sie auf **Konto löschen**.

   Das Fenster **Möchten Sie die Dateien von Benutzer drei behalten?** wird geöffnet.

Prüfungstipp Nachdem Sie ein Benutzerkonto gelöscht haben, gibt es keine Möglichkeit mehr, die Rechte und Berechtigungen, die mit diesem Konto verknüpft waren, wiederherzustellen. Statt Benutzerkonten zu löschen, sollten Sie Konten daher erst einmal deaktivieren, bis Sie absolut sicher sind, dass die Konten nicht mehr gebraucht werden.

5. Klicken Sie auf **Dateien löschen**.

   Windows XP Professional zeigt das Fenster **Soll das Konto von Benutzer drei gelöscht werden?** an.

6. Klicken Sie auf **Konto löschen**.

   Das Fenster **Benutzerkonten** wird geöffnet. Beachten Sie, dass das Konto **Benutzer drei** nicht länger unter **Wählen Sie das zu ändernde Konto** angezeigt wird.

7. Schließen Sie das Fenster **Benutzerkonten** und die Systemsteuerung.
8. Melden Sie sich vom Computer ab.

Lernzielkontrolle

Anhand der folgenden Fragen können Sie überprüfen, ob Sie die Themen dieser Lektion so gut beherrschen, dass Sie mit der nächsten Lektion weitermachen können. Falls Sie eine Frage nicht beantworten können, sollten Sie die Lektion noch einmal durcharbeiten, und dann erneut versuchen, die Frage zu beantworten. Die Antworten auf die Lernzielkontrollfragen finden Sie im Abschnitt „Fragen und Antworten“ am Ende dieses Kapitels.

1. Welche der folgenden Aussagen treffen auf das Windows XP Professional-Tool **Benutzerkonten** zu? (Wählen Sie alle zutreffenden Antworten aus.)
   a. Über das Tool **Benutzerkonten** können Sie dezentral Benutzerkonten auf allen Windows XP Professional-Computern in einem Netzwerk erstellen, ändern und löschen.
   b. Mit dem Tool **Benutzerkonten** können Sie alle Konten auf dem lokalen Computer anzeigen und ändern.
   c. Welche Aufgaben Sie mit dem Tool **Benutzerkonten** ausführen können, hängt davon ab, mit welchem Kontentyp Sie am lokalen Computer angemeldet sind.
   d. Mithilfe des Tools **Benutzerkonten** können Benutzer eigene Kennwörter erstellen, ändern oder entfernen.
2. Welche der folgenden Aufgaben können Sie sowohl mit einem Konto vom Typ **Computeradministrator** als auch mit einem Konto vom Typ **Eingeschränkt** ausführen? (Wählen Sie alle zutreffenden Antworten aus.)
   a. Eigenes Bild ändern
   b. Eigenen Kontotyp ändern
   c. Eigenes Kennwort erstellen, ändern oder entfernen
   d. Eigenen Kontonamen ändern
3. Welche der folgenden Aussagen treffen auf die Anmeldung oder Abmeldung von einem Windows XP Professional-Computer zu? (Wählen Sie alle zutreffenden Antworten aus.)
   a. Wenn der lokale Computer zur Verwendung der Willkommenseite konfiguriert ist, können Sie eine schnelle Benutzerumschaltung vornehmen, ohne sich abzumelden oder alle geöffneten Programme schließen zu müssen.
   b. Das Tool **Benutzerkonten** ermöglicht das Deaktivieren eines lokalen Computerkontos, um Benutzer daran zu hindern, sich unter Verwendung dieses Kontos anzumelden.
   c. Wenn der lokale Computer zur Verwendung der Willkommenseite konfiguriert wurde, können Sie sich nur unter Verwendung der auf der Seite **Willkommen** angezeigten Konten anmelden.
   d. Über das Tool **Benutzerkonten** kann die Willkommenseite durch einen Anmeldedialog ersetzt werden, in den die Benutzer zur Anmeldung einen Benutzernamen und ein Kennwort eingeben müssen.
4. Welches Kontrollkästchen aktivieren Sie, wenn Sie beim Erstellen eines Benutzerkontos über das Snap-In **Computerverwaltung** verhindern möchten, dass ein neuer Mitarbeiter das neue Benutzerkonto bereits vor Eintritt in Ihr Unternehmen verwendet?

   ____

Zusammenfassung der Lektion

- Mit dem Tool **Benutzerkonten** können Administratoren neue Benutzerkonten erstellen, vorhandene Konten ändern und die Art der Benutzeran- und -abmeldung festlegen. Die zwei Kontrollkästchen zum Steuern der Art der Benutzeranmeldung (**Willkommenseite verwenden** und **Schnelle Benutzerumschaltung verwenden**) stehen nur auf Computern zur Verfügung, die Mitglieder einer Arbeitsgruppe sind. Diese Einstellungen gelten für alle Benutzer. Die Art der Benutzeranmeldung kann nicht für einzelne Benutzerkonten festgelegt werden.
- Über das Snap-In **Computerverwaltung** können Sie Benutzerkonten für den lokalen Computer erstellen, ändern und löschen. Falls Ihr Computer Teil eines Netzwerks ist, können Sie das Snap-In **Computerverwaltung** zum Verwalten von Remotecomputern einsetzen. Das Snap-In **Computerverwaltung** bietet neben der Funktionalität des Tools **Benutzerkonten** weitere Features, zum Beispiel die Fähigkeit zum Anzeigen aller Konten in der lokalen Sicherheitsdatenbank sowie eine Funktion zum Deaktivieren von Benutzerkonten.

Lektion 4: Konfigurieren von Eigenschaften für Benutzerkonten

Windows XP Professional erstellt für jedes lokale Benutzerkonto einen Satz von Standardkontoeigenschaften. Nach dem Erstellen eines lokalen Benutzerkontos können Sie diese Kontoeigenschaften mithilfe des Snap-Ins **Computerverwaltung** konfigurieren. Die Kontoeigenschaften sind im Eigenschaftendialogfeld eines Kontos auf drei Registerkarten verteilt: **Allgemein**, **Mitgliedschaft** und **Profil**.

Am Ende dieser Lektion werden Sie in der Lage sein, die folgenden Aufgaben auszuführen:

- Konfigurieren der allgemeinen Eigenschaften für Benutzerkonten mithilfe der Registerkarte **Allgemein**.
- Hinzufügen eines Benutzerkontos zu Gruppen mithilfe der Registerkarte **Mitgliedschaft**.
- Konfigurieren eines Benutzerprofils auf der Registerkarte **Profil**.

Veranschlagte Zeit für diese Lektion: 30 Minuten

Die Registerkarte Allgemein

Auf der Registerkarte **Allgemein** des Eigenschaftendialogfelds (Abbildung 7.8) für ein Benutzerkonto können Sie alle Felder des Dialogfelds **Neuer Benutzer** bis auf die Felder **Benutzername**, **Kennwort** und **Kennwort bestätigen** festlegen beziehungsweise bearbeiten. Zusätzlich steht auf dieser Registerkarte das Kontrollkästchen **Konto ist gesperrt** zur Verfügung.

Abbildung 7.8 Auf der Registerkarte **Allgemein** des Eigenschaftendialogfelds für ein Benutzerkonto können Sie die grundlegenden Eigenschaften des Benutzerkontos konfigurieren

Wenn das Konto aktiv ist und nicht gesperrt wurde, ist das Kontrollkästchen **Konto ist gesperrt** nicht verfügbar. Das System sperrt Benutzerkonten, wenn die festgelegte Zahl an fehlgeschlagenen Anmeldeversuchen überschritten wurde. Mit dieser Sicherheitsfunktion soll es nicht berechtigten Benutzern erschwert werden, durch das Erraten von Kennwörtern in das System einzudringen. Sobald ein Benutzerkonto durch das System gesperrt wurde, steht das Kontrollkästchen **Konto ist gesperrt** zur Verfügung, über das der Administrator das Benutzerkonto wieder entsperren kann (indem er das Kontrollkästchen deaktiviert). Zum Thema Kontosperrung erfahren Sie mehr in Kapitel 16.

Die Registerkarte Mitgliedschaft

Auf der Registerkarte **Mitgliedschaft** des Eigenschaftendialogfelds für ein Benutzerkonto können Sie ein Konto in eine Gruppe aufnehmen beziehungsweise es aus einer Gruppe entfernen. Weitere Informationen zu Gruppen finden Sie in Lektion 5, „Erstellen und Verwalten von Gruppen".

Die Registerkarte Profil

Auf der Registerkarte **Profil** des Eigenschaftendialogfelds für ein Benutzerkonto können Sie einen Pfad für ein Benutzerprofil, ein Anmeldeskript und einen Basisordner festlegen (Abbildung 7.9).

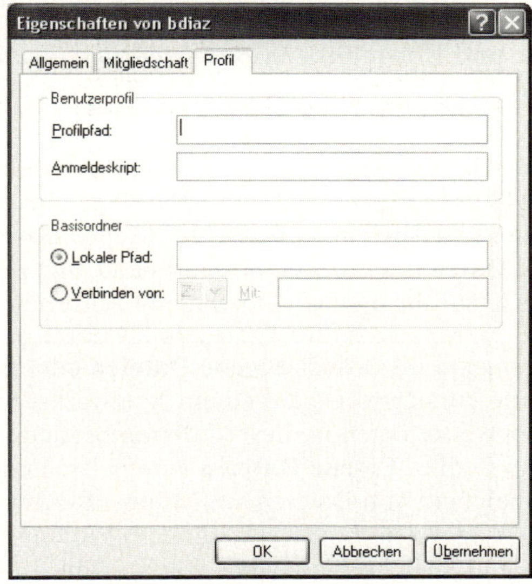

Abbildung 7.9 Auf der Registerkarte **Profil** können Sie Benutzerprofile, Anmeldeskripts und Basisordner konfigurieren

Benutzerprofile

Ein ***Benutzerprofil*** ist eine Sammlung von Ordnern und Dateien, in denen die aktuelle Desktopumgebung, die Anwendungseinstellungen und persönlichen Daten des Benutzers gespeichert sind. Ein Benutzerprofil enthält außerdem alle Elemente und Netzwerkverbindungen, die bei der Benutzeranmeldung wiederhergestellt werden, beispielsweise Elemente aus dem Startmenü oder verbundene Netzwerklaufwerke. Das Benutzerprofil sorgt dafür, dass dem Benutzer bei der Anmeldung am Computer stets dieselbe Desktopumgebung angezeigt wird.

Windows XP Professional erstellt bei der ersten Anmeldung an einem Computer ein Benutzerprofil und speichert es auf dem lokalen Computer. Diese Art von Benutzerprofil wird als lokales Benutzerprofil bezeichnet.

Auf Windows XP Professional-Clientcomputern wirken sich Benutzerprofile folgendermaßen aus:

- Benutzerprofile werden lokal in einem Unterordner des Ordners **Dokumente und Einstellungen** gespeichert. Der Unterordner trägt denselben Namen wie das Benutzerkonto und enthält wichtige Benutzerordner, zum Beispiel **Eigene Dateien**, **Favoriten** und **Desktop**. Der Benutzerprofilordner speichert außerdem Anwendungsdaten und Windows-Einstellungen, die den Benutzer betreffen.
- Wenn Sie sich an einem Clientcomputer anmelden, werden immer Ihre persönlichen Desktopeinstellungen und Verbindungen angezeigt, unabhängig davon, wie viele Benutzer den jeweiligen Clientcomputer nutzen.
- Bei der ersten Anmeldung am Clientcomputer erstellt Windows XP Professional ein Standardbenutzerprofil für den Benutzer. Dieses Standardbenutzerprofil wird im Ordner ***Systempartition*\Dokumente und Einstellungen*Benutzeranmeldename*** gespeichert (üblicherweise **C:\Dokumente und Einstellungen*Benutzeranmeldename***. Hierbei steht ***Benutzeranmeldename*** für den Namen, den Sie bei der Systemanmeldung angeben.
- Das Benutzerprofil enthält den Ordner **Eigene Dateien**, in dem Benutzer ihre persönlichen Dateien ablegen können. Der Ordner **Eigene Dateien** ist der Speicherort, der standardmäßig für die Befehle **Öffnen** und **Speichern unter** des Menüs **Datei** zur Verfügung steht. Der Ordner **Eigene Dateien** wird auch im Startmenü angezeigt, damit der Benutzer auf einfache Weise auf die eigenen Dokumente zugreifen kann.

Wichtig Benutzer können ihre Dokumente im Ordner **Eigene Dateien** oder in so genannten Basisordnern speichern, die vorzugsweise auf einem Netzwerkserver gespeichert sind. Basisordner werden weiter unten in dieser Lektion behandelt. Windows XP Professional richtet den Ordner **Eigene Dateien** automatisch ein. Er wird als Standardverzeichnis zum Speichern von Dateien aus Microsoft-Anwendungen verwendet. Falls auf Laufwerk **C:** oder dem Laufwerk, auf dem Windows XP Professional installiert wurde, genügend Speicherplatz verfügbar ist, können Benutzer ihre Dokumente im Ordner **Eigene Dateien** speichern. Die Speicherung persönlicher Dokumente im Ordner **Eigene Dateien** erfordert unter Umständen sehr viel mehr Speicherplatz auf der Festplatte, als für die Windows XP Professional-Installation minimal erforderlich ist.

- Sie können Ihr Benutzerprofil ändern, indem Sie die Desktopeinstellungen bearbeiten. Wenn Sie beispielsweise eine Netzwerkverbindung herstellen oder zum Ordner **Eigene Dateien** eine Datei hinzufügen, speichert Windows XP Professional diese

Änderungen bei der Abmeldung in Ihrem Benutzerprofil. Bei der nächsten Anmeldung können Sie wieder auf die Netzwerkverbindung und die Datei zugreifen.

Anmeldeskript

Ein Anmeldeskript ist eine Datei, die Sie erstellen und einem Benutzerkonto zuweisen können, um die Arbeitsumgebung des betreffenden Benutzers zu konfigurieren. Ein Anmeldeskript kann zum Beispiel zum Herstellen einer Netzwerkverbindung oder zum Starten von Anwendungen verwendet werden. Jedes Mal, wenn ein Benutzer sich anmeldet, wird das entsprechende Anmeldeskript ausgeführt.

Basisordner

Windows XP Professional ermöglicht Ihnen, zusätzlich zum Ordner **Eigene Dateien** einen Basisordner für einen Benutzer zu erstellen, in dem dieser seine persönlichen Dokumente speichern kann. Sie können Basisordner entweder auf einem Clientcomputer, in einem freigegebenen Ordner auf einem Dateiserver oder an einem zentralen Speicherort im Netzwerk zur Verfügung stellen.

Das Speichern aller Basisordner auf einem Dateiserver hat die folgenden Vorteile:

- Benutzer können von jedem Clientcomputer im Netzwerk auf ihren Basisordner zugreifen.
- Sie können die Benutzerdokumente zentral sichern und verwalten, indem Sie den Benutzern die Verantwortung für Sicherung und Verwaltung der Dokumente abnehmen und diese Aufgabe den Sicherungs-Operatoren für das Netzwerk oder den Netzwerkadministratoren übertragen.

Hinweis Der Zugriff auf die Basisordner kann von jedem Clientcomputer aus erfolgen, auf dem ein Microsoft-Betriebssystem installiert ist (zum Beispiel MS-DOS, Windows 95, Windows 98, Windows 2000 Professional oder Windows XP Professional).

Wichtig Speichern Sie die Basisordner auf einem NTFS-Volume, damit Sie den Zugriff auf Benutzerdokumente mithilfe von NTFS-Berechtigungen schützen können. Wenn Sie die Basisordner auf einem FAT-Volume (File Allocation Table) speichern, können Sie den Zugriff auf die Basisordner nur mithilfe der Freigabeberechtigungen einschränken.

Gehen Sie zum Erstellen eines Basisordners auf einem Netzwerkdateiserver folgendermaßen vor:

1. Erstellen Sie einen Ordner für die Speicherung aller Basisordner auf einem Netzwerkserver, und geben Sie diesen Ordner frei.

   In diesem freigegebenen Ordner werden alle Basisordner sämtlicher Benutzer abgelegt.

2. Löschen Sie für diesen freigegebenen Ordner die **Zulassen**-Berechtigung **Vollzugriff** für die Gruppe **Jeder**, und weisen Sie diese Berechtigung der Gruppe **Benutzer** zu.

Auf diese Weise stellen Sie sicher, dass nur Benutzer mit Domänenbenutzerkonten auf den freigegebenen Ordner zugreifen können.

3. Klicken Sie im Dialogfeld **Eigenschaften von *Kontoname*** auf der Registerkarte **Profil** auf **Verbinden von**, und geben Sie den entsprechenden Laufwerkbuchstaben für die Netzwerkverbindung zum Basisordner an.
4. Geben Sie im Feld **Mit** den UNC-Namen (Universal Naming Convention) ein (zum Beispiel ***Server**Ordnerfreigabe**Benutzeranmeldename***).

   Verwenden Sie anstelle des Benutzernamens die Variable **%UserName%**, um den Basisordner des Benutzers automatisch nach dem Benutzeranmeldenamen zu benennen. (Geben Sie zum Beispiel ***Servername*\users\%UserName%** ein.) Wenn Sie einen Ordner auf einem NTFS-Volume mithilfe dieser Variablen benennen, wird dem betreffenden Benutzer die NTFS-Berechtigung **Vollzugriff** erteilt. Alle weiteren Berechtigungen für den Ordner werden entfernt, einschließlich der Berechtigungen für das Administratorkonto.

Gehen Sie folgendermaßen vor, um die Benutzerkontoeigenschaften zu konfigurieren:

1. Wählen Sie im Startmenü **Alle Programme**, dann **Verwaltung** und **Computerverwaltung**.
2. Erweitern Sie unter **System** den Zweig **Lokale Benutzer und Gruppen**, und klicken Sie dann auf **Benutzer**.
3. Klicken Sie im Detailbereich mit der rechten Maustaste auf das gewünschte Benutzerkonto, und klicken Sie anschließend auf **Eigenschaften**.
4. Klicken Sie auf die verschiedenen Registerkarten, um Kontoeigenschaften zu konfigurieren oder zu ändern. Geben Sie für alle Eigenschaften die gewünschten Werte ein.

Übung: Ändern von Benutzerkontoeigenschaften

In dieser Übung bearbeiten Sie die Eigenschaften von Benutzerkonten und überprüfen die Auswirkungen der Änderungen.

1. Melden Sie sich mit einem Konto an, das Mitglied der Administratorengruppe ist.
2. Klicken Sie auf **Start** und danach auf **Ausführen**. Geben Sie **mmc** ein und klicken Sie anschließend auf **OK**.

   Die MMC wird gestartet und zeigt eine leere Konsole an.
3. Klicken Sie im Menü **Datei** auf **Lokale Computerverwaltung**.
4. Erweitern Sie den Eintrag **Lokale Benutzer und Gruppen**, und klicken Sie dann auf **Benutzer**.

   Im Detailbereich werden die vorhandenen Benutzerkonten angezeigt.
5. Klicken Sie mit der rechten Maustaste auf **Benutzer1** und anschließend auf **Eigenschaften**.
6. Klicken Sie im Dialogfeld **Eigenschaften von Benutzer1** auf die Registerkarte **Allgemein**, aktivieren Sie die Option **Benutzer kann Kennwort nicht ändern**, und deaktivieren Sie alle weiteren Kontrollkästchen.

Tipp Wenn Sie das Kontrollkästchen **Benutzer kann Kennwort nicht ändern** aktivieren, steht die Option **Benutzer muss Kennwort bei der nächsten Anmeldung ändern** nicht länger zur Verfügung.

7. Klicken Sie auf **OK**, um das Dialogfeld **Eigenschaften von Benutzer1** zu schließen.
8. Klicken Sie mit der rechten Maustaste auf **Benutzer2** und anschließend auf **Eigenschaften**.
9. Klicken Sie im Dialogfeld **Eigenschaften von Benutzer2** auf die Registerkarte **Allgemein**, aktivieren Sie das Kontrollkästchen **Konto ist deaktiviert**, und deaktivieren Sie alle weiteren Kontrollkästchen.
10. Klicken Sie auf **OK**, um das Dialogfeld **Eigenschaften von Benutzer2** zu schließen.
11. Schließen Sie das Fenster für die Computerverwaltung, und klicken Sie auf **Nein**, wenn Sie gefragt werden, ob Sie die Konsoleneinstellungen speichern möchten.
12. Melden Sie sich vom Computer ab.
13. Klicken Sie auf der Seite **Willkommen** auf **Benutzer1**.
14. Klicken Sie im Dialogfeld **Geben Sie Ihr Kennwort ein** auf das Fragezeichen, um einen Kennworthinweis zu erhalten.

    Windows XP Professional zeigt den eingegebenen Kennworthinweis an.
15. Geben Sie im Textfeld **Geben Sie Ihr Kennwort ein** das Kennwort **kennwort** ein, und drücken Sie die EINGABETASTE.
16. Klicken Sie in der Systemsteuerung auf **Benutzerkonten**.

    Das Fenster **Benutzerkonten** wird geöffnet.
17. Klicken Sie auf **Eigenes Kennwort ändern**.
18. Geben Sie in das Textfeld **Geben Sie das aktuelle Kennwort ein** das Kennwort **kennwort** ein.
19. Geben Sie in die Textfelder **Geben Sie ein neues Kennwort ein** und **Geben Sie das neue Kennwort zur Bestätigung erneut ein** als neues Kennwort **Benutzer1** ein.
20. Klicken Sie auf **Kennwort ändern**.
21. Was geschieht? Begründen Sie Ihre Antwort.

    ____

    ____

    ____
22. Melden Sie sich als **Benutzer1** ab.

    Beachten Sie, dass deaktivierte Konten wie beispielsweise **Benutzer2** nicht auf der Willkommenseite angezeigt werden.

Lernzielkontrolle

Anhand der folgenden Fragen können Sie überprüfen, ob Sie die Themen dieser Lektion so gut beherrschen, dass Sie mit der nächsten Lektion weitermachen können. Falls Sie eine Frage nicht beantworten können, sollten Sie die Lektion noch einmal durcharbeiten, und dann erneut versuchen, die Frage zu beantworten. Die Antworten auf die Lernzielkontrollfragen finden Sie im Abschnitt „Fragen und Antworten" am Ende dieses Kapitels.

1. Wann steht das Kontrollkästchen **Konto ist gesperrt** zur Verfügung, und welchen Zweck erfüllt diese Option?

   ____

   ____

   ____

   ____

2. Welche der folgenden Aussagen treffen auf die Eigenschaften von lokalen Benutzerkonten zu? (Wählen Sie alle zutreffenden Antworten aus.)

   a. Sie können alle Standardeigenschaften eines lokalen Benutzerkontos mit dem Tool **Benutzerkonten** der Systemsteuerung konfigurieren.

   b. Bei Verwendung des Snap-Ins **Computerverwaltung** haben Sie auf der Registerkarte **Allgemein** des Eigenschaftendialogfelds für ein Benutzerkonto die Möglichkeit, das Konto zu deaktivieren.

   c. Bei Einsatz des Snap-Ins **Computerverwaltung** haben Sie auf der Registerkarte **Allgemein** des Eigenschaftendialogfelds für ein Benutzerkonto die Möglichkeit, den Benutzer an einer Anmeldung am Computer zu hindern, indem Sie das Kontrollkästchen **Konto ist gesperrt** aktivieren.

   d. Sie können über das Snap-In **Computerverwaltung** alle Standardeigenschaften eines lokalen Benutzerkontos konfigurieren.

3. Welche der folgenden Aussagen treffen auf Benutzerprofile zu? (Wählen Sie alle zutreffenden Antworten aus.)

   a. Ein Benutzerprofil ist eine Sammlung von Ordnern und Dateien, in denen die aktuelle Desktopumgebung, die Anwendungseinstellungen und persönlichen Daten des Benutzers gespeichert sind.

   b. Ein Benutzerprofil enthält alle Netzwerkverbindungen, die bei der Anmeldung eines Benutzers am Computer wiederhergestellt werden.

   c. Windows XP Professional erstellt beim Anlegen eines neuen lokalen Benutzerkontos ein Benutzerprofil.

   d. Sie erstellen ein Benutzerprofil, indem Sie ein vorhandenes Benutzerprofil kopieren und anschließend ändern.

4. Welche der folgenden Aussagen treffen auf Benutzerprofile zu? (Wählen Sie alle zutreffenden Antworten aus.)
   a. Benutzer sollten ihre persönlichen Dokumente nicht im Ordner **Eigene Dateien**, sondern in Basisordnern speichern.
   b. Auf der Registerkarte **Profil** des Eigenschaftendialogfelds für ein Benutzerkonto können Sie einen Pfad für ein Benutzerprofil, ein Anmeldeskript und einen Basisordner erstellen.
   c. Ein Benutzerprofil enthält den Ordner **Eigene Dateien**, in dem Benutzer normalerweise ihre persönlichen Dateien ablegen.
   d. Wenn Benutzer Änderungen an ihren Desktopeinstellungen vornehmen, werden diese im Benutzerprofil widergespiegelt.
5. Welche drei Schritte sind zum Erstellen eines Basisordners auf einem Netzwerkserver erforderlich?

____

____

____

____

____

____

Zusammenfassung der Lektion

- Auf der Registerkarte **Allgemein** des Eigenschaftendialogfelds für ein Benutzerkonto können Sie alle Felder des Dialogfelds **Neuer Benutzer** bis auf die Felder **Benutzername**, **Kennwort** und **Kennwort bestätigen** festlegen beziehungsweise bearbeiten. Zusätzlich steht auf dieser Registerkarte das Kontrollkästchen **Konto ist gesperrt** zur Verfügung.
- Auf der Registerkarte **Mitgliedschaft** des Eigenschaftendialogfelds für ein Benutzerkonto können Sie ein Konto in eine Gruppe aufnehmen beziehungsweise es aus einer Gruppe entfernen.
- Auf der Registerkarte **Profil** des Eigenschaftendialogfelds für ein Benutzerkonto können Sie einen Pfad für ein Benutzerprofil, ein Anmeldeskript und einen Basisordner erstellen.

Lektion 5: Erstellen und Verwalten von Gruppen

In dieser Lektion lernen Sie, was Gruppen sind und wie Sie mit ihrer Hilfe die Verwaltung der Benutzerkonten vereinfachen. Darüber hinaus lernen Sie die vordefinierten Gruppen kennen, die über vorgegebene Benutzerrechte oder Mitglieder verfügen. Daneben gibt es Spezialgruppen, zu denen Sie selbst keine Mitglieder hinzufügen können; Windows weist diesen Gruppen ihre Mitglieder dynamisch zu. Windows XP Professional stellt zwei Kategorien vordefinierter Gruppen bereit, lokale Gruppen und Systemgruppen. Diese Gruppen werden von Windows XP Professional automatisch erstellt, damit Sie für häufig genutzte Aufgaben nicht selbst Gruppen erstellen und Rechte und Berechtigungen vergeben müssen.

Am Ende dieser Lektion werden Sie in der Lage sein, die folgenden Aufgaben auszuführen:

- Erklären des Zwecks von Gruppen.
- Erklären von Richtlinien zum Verwenden lokaler Gruppen.
- Erstellen einer lokalen Gruppe.
- Hinzufügen von Mitgliedern zu einer lokalen Gruppe.
- Löschen einer lokalen Gruppe.
- Aufzählen der eingebauten lokalen Gruppen.
- Aufzählen der eingebauten Systemgruppen.

Veranschlagte Zeit für diese Lektion: 40 Minuten

Was ist eine Gruppe?

Eine ***Gruppe*** ist eine Sammlung von Benutzerkonten. Die Computerverwaltung wird erheblich vereinfacht, wenn Sie Berechtigungen und Rechte nicht einzelnen Benutzerkonten, sondern einer Gruppe zuweisen (Abbildung 7.10).

Berechtigungen legen fest, wie die verschiedenen Benutzer eine bestimmte Ressource, beispielsweise einen Ordner, eine Datei oder einen Drucker, nutzen dürfen. Durch die Zuweisung von Berechtigungen ermöglichen Sie Benutzern den Zugriff auf bestimmte Ressourcen und definieren gleichzeitig die Art des Zugriffs. Wenn beispielsweise verschiedene Benutzer Lesezugriff auf eine Datei benötigen, können Sie die Benutzerkonten zu einer Gruppe hinzufügen und dieser Gruppe Leseberechtigungen für die Datei erteilen. ***Rechte*** ermöglichen Benutzern, bestimmte Systemaufgaben auszuführen, zum Beispiel die Systemzeit auf einem Computer zu ändern oder Dateien zu sichern oder wiederherzustellen.

Weitere Informationen Weitere Informationen zu Berechtigungen finden Sie in Kapitel 8, „Schützen von Ressourcen mit NTFS-Berechtigungen." Weitere Informationen über Rechte finden Sie in Kapitel 16.

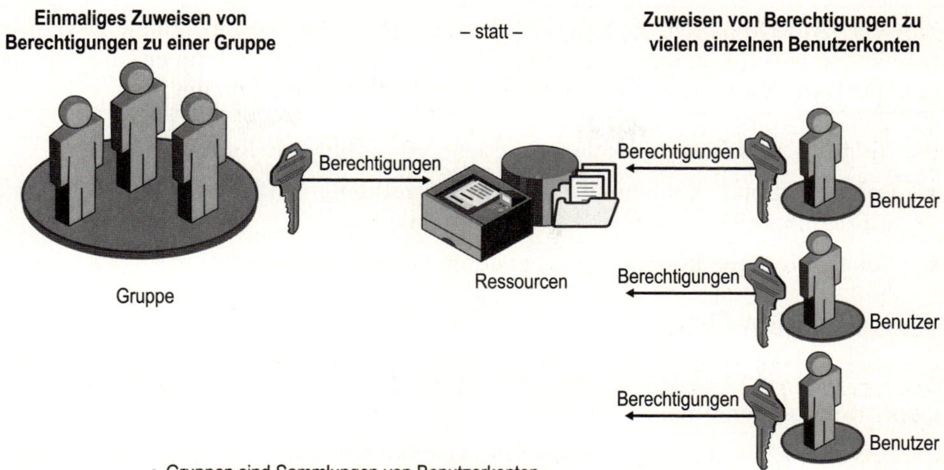
Einmaliges Zuweisen von Berechtigungen zu einer Gruppe
– statt –
Zuweisen von Berechtigungen zu vielen einzelnen Benutzerkonten
Berechtigungen
Gruppe
Ressourcen
Berechtigungen
Benutzer
Berechtigungen
Benutzer
Berechtigungen
Benutzer
• Gruppen sind Sammlungen von Benutzerkonten.
• Mitglieder einer Gruppe erhalten die Berechtigungen, die der Gruppe zugewiesen wurden.
• Benutzer können bei mehreren Gruppen Mitglieder sein.
• Gruppen können Mitglieder bei anderen Gruppen sein.

Abbildung 7.10 Gruppen vereinfachen die Administration

Verwenden von lokalen Gruppen

Eine lokale Gruppe ist eine Sammlung von Benutzerkonten auf einem Computer. Sie können über lokale Gruppen Berechtigungen für Ressourcen auf dem Computer vergeben, auf dem die lokale Gruppe erstellt wird. Windows XP Professional erstellt lokale Gruppen in der lokalen Sicherheitsdatenbank.

Für die Verwendung von lokalen Gruppen gelten folgende Richtlinien:

- Bevor Sie eine neue Gruppe erstellen, sollten Sie prüfen, ob eine vordefinierte Gruppe (oder eine andere vorhandene Gruppe) die gewünschten Anforderungen erfüllt. Falls zum Beispiel sämtliche Benutzer Zugriff auf eine Ressource benötigen, können Sie die eingebaute Gruppe **Benutzer** verwenden.
- Verwenden Sie lokale Gruppen auf Computern, die keiner Domäne angehören. Sie können lokale Gruppen nur auf dem Computer verwenden, auf dem Sie die Gruppen erstellt haben. Obwohl lokale Gruppen auf Mitgliedservern und Domänencomputern zur Verfügung stehen, auf denen Windows Server 2003 oder Windows 2000 Server ausgeführt wird, sollten Sie lokale Gruppen nicht auf Computern verwenden, die Teil einer Domäne sind. Die Verwendung lokaler Gruppen auf Domänencomputern lässt keine zentrale Gruppenverwaltung zu. Lokale Gruppen werden im Active Directory-Verzeichnisdienst nicht angezeigt und müssen für jeden Computer einzeln verwaltet werden.
- Sie können lokalen Gruppen nur Zugriffsrechte für Ressourcen des Computers zuweisen, auf dem Sie die Gruppen erstellt haben.

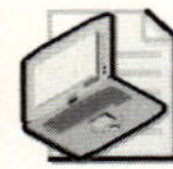

Hinweis Auf Domänencontrollern können keine lokalen Gruppen erstellt werden, weil Domänencontroller keine zweite Sicherheitsdatenbank haben können, die unabhängig von der Datenbank im Active Directory-Verzeichnisdienst arbeitet.

Für die Mitgliedschaft in lokalen Gruppen gelten folgende Regeln:

- Lokale Gruppen können nur lokale Benutzerkonten enthalten, das heißt Konten, die auf dem lokalen Computer erstellt wurden.
- Lokale Gruppen können keiner anderen Gruppe angehören.

Erstellen von lokalen Gruppen

Sie erstellen lokale Gruppen im Ordner **Gruppen** des Snap-Ins **Computerverwaltung**.

Gehen Sie folgendermaßen vor, um eine lokale Gruppe zu erstellen:

1. Erweitern Sie im Snap-In **Computerverwaltung** den Knoten **Lokale Benutzer und Gruppen**.
2. Klicken Sie mit der rechten Maustaste auf **Gruppen** und dann auf **Neue Gruppe**.

   Die MMC öffnet das Dialogfeld **Neue Gruppe** (Abbildung 7.11). In Tabelle 7.5 werden die in diesem Dialogfeld verfügbaren Optionen beschrieben.

Abbildung 7.11 Erstellen einer neuen Gruppe im Snap-In **Computerverwaltung**.

3. Geben Sie die erforderlichen Informationen in die Felder ein, und klicken Sie auf die Schaltfläche **Erstellen**.

Tabelle 7.5 Felder im Dialogfeld **Neue Gruppe**

Option	Beschreibung
Gruppenname	Ein eindeutiger Name für die lokale Gruppe. Dies ist der einzige erforderliche Eintrag. Sie können bis auf den umgekehrten Schrägstrich (\) alle Zeichen verwenden. Der Name darf bis zu 256 Zeichen lang sein. Lange Namen werden in einigen Fenstern jedoch möglicherweise nicht angezeigt.
Beschreibung	Dient der Beschreibung einer Gruppe.
Mitglieder	Listet die Benutzerkonten auf, die dieser Gruppe angehören.
Hinzufügen	Fügt einen Benutzer zur Mitgliederliste hinzu.
Entfernen	Entfernt einen Benutzer aus der Mitgliederliste.
Erstellen	Erstellt die Gruppe.
Schließen	Schließt das Dialogfeld **Neue Gruppe**.

Hinzufügen von Mitgliedern zu einer lokalen Gruppe

Sie können zu einer lokalen Gruppe direkt beim Erstellen der Gruppe Mitglieder hinzufügen, indem Sie im Dialogfeld **Neue Gruppe** auf **Hinzufügen** klicken. Zusätzlich bietet Windows XP Professional zwei Methoden zum Hinzufügen von Mitgliedern zu bereits vorhandenen Gruppen an: das Eigenschaftendialogfeld der Gruppe und die Registerkarte **Mitgliedschaft** im Eigenschaftendialogfeld eines Benutzerkontos.

Gehen Sie folgendermaßen vor, um zu einer bereits vorhandenen Gruppe über ihr Eigenschaftendialogfeld Mitglieder hinzuzufügen:

1. Starten Sie das Snap-In **Computerverwaltung**.
2. Erweitern Sie **Lokale Benutzer und Gruppen**, und klicken Sie dann auf **Gruppen**.
3. Klicken Sie im Detailbereich mit der rechten Maustaste auf die gewünschte Gruppe, und klicken Sie anschließend auf **Eigenschaften**.

   Das Dialogfeld **Eigenschaften von *Gruppenname*** wird angezeigt.
4. Klicken Sie auf **Hinzufügen**.

   Das Dialogfeld **Benutzer wählen** wird angezeigt (Abbildung 7.12).
5. Stellen Sie sicher, dass im Textfeld **Suchpfad** der Computer ausgewählt ist, auf dem die Gruppe erstellt wurde.
6. Geben Sie im Dialogfeld **Benutzer wählen** im Textfeld **Geben Sie die zu verwendenden Objektnamen ein** die Namen der Benutzerkonten ein, die zur Gruppe hinzugefügt werden sollen. Trennen Sie mehrere Benutzerkonten hierbei durch Semikola. Klicken Sie anschließend auf **OK**.

Tipp Über die Registerkarte **Mitgliedschaft** im Eigenschaftendialogfeld für ein Benutzerkonto können Sie ein Benutzerkonto zu mehreren Gruppen hinzufügen. Auf diese Weise nehmen Sie ein bestimmtes Benutzerkonto schnell in mehrere Gruppen auf.

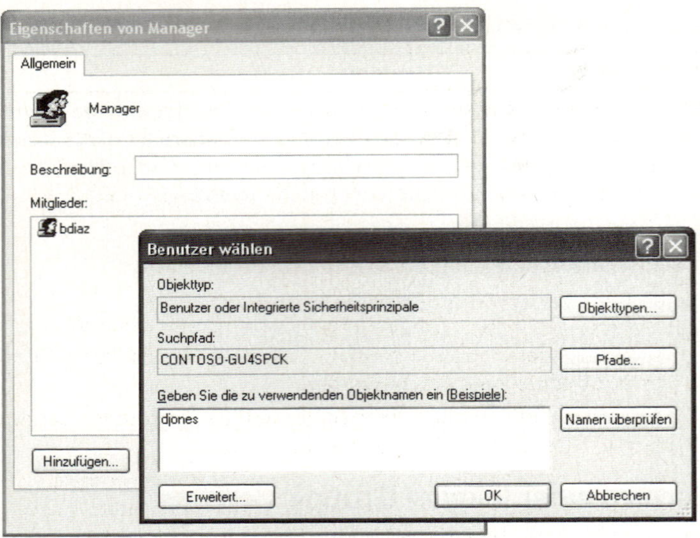

Abbildung 7.12 Hinzufügen eines Benutzers zu einer Gruppe

Löschen lokaler Gruppen

Mit dem Snap-In **Computerverwaltung** können Sie lokale Gruppen auch löschen. Jede Gruppe verfügt über eine eindeutige Kennung (Identifier, ID), die nicht wiederverwendet werden kann. Windows XP Professional verwendet diesen Wert zur Identifikation der Gruppe und der zugehörigen Berechtigungen. Wenn Sie eine Gruppe löschen, verwendet Windows XP Professional die Kennung dieser Gruppe nicht erneut, selbst wenn Sie eine neue Gruppe mit dem Namen der gelöschten Gruppe erstellen. Daher können Sie den Ressourcenzugriff durch eine Neuerstellung der Gruppe nicht wiederherstellen.

Wenn Sie eine Gruppe löschen, löschen Sie lediglich die Gruppe und die damit verknüpften Berechtigungen und Rechte. Durch das Löschen einer Gruppe werden nicht die Benutzerkonten gelöscht, die Mitglieder der Gruppe sind. Zum Löschen einer Gruppe klicken Sie im Snap-In **Computerverwaltung** mit der rechten Maustaste auf die Gruppe und klicken anschließend auf **Löschen**.

Vordefinierte lokale Gruppen

Alle Windows XP Professional-Computer verfügen über vordefinierte lokale Gruppen. Vordefinierte lokale Gruppen berechtigen zur Ausführung von Systemaufgaben auf einem einzelnen Computer, zum Beispiel zum Sichern und Wiederherstellen von Dateien, zum Ändern der Systemzeit und zum Verwalten von Systemressourcen. Windows XP Professional zeigt die vordefinierten lokalen Gruppen im Snap-In **Computerverwaltung** im Ordner **Gruppen** an.

In Tabelle 7.6 werden die wichtigsten vordefinierten lokalen Gruppen sowie deren Funktion beschrieben. Sofern nicht anders angegeben, weisen diese Gruppen anfänglich keine Mitglieder auf.

Tabelle 7.6 Vordefinierte lokale Gruppen

Lokale Gruppe	Beschreibung
Administratoren	Mitglieder können alle Verwaltungsaufgaben auf dem Computer ausführen. Das vordefinierte Administratorkonto ist standardmäßig Mitglied dieser Gruppe. Wenn ein Mitgliedserver oder ein Computer mit Windows XP Professional einer Domäne beitritt, fügt der Domänencontroller zur lokalen Administratorgruppe die Gruppe **Domänen-Admins** hinzu.
Sicherungs-Operatoren	Mitglieder dieser Gruppe können mit dem Windows-Sicherungsprogramm den Computer sichern und wiederherstellen.
Gäste	Mitglieder dieser Gruppe können folgende Aufgaben ausführen: ■ Mitglieder dieser Gruppe können die Aufgaben ausführen, für die ihnen explizit Rechte zugewiesen wurden. ■ Mitglieder dieser Gruppe können nur auf die Ressourcen zugreifen, für die ihnen Berechtigungen zugewiesen wurden. Den Mitgliedern dieser Gruppe ist es nicht möglich, dauerhafte Änderungen an ihrer Desktopumgebung vorzunehmen. Das vordefinierte Gastkonto ist standardmäßig Mitglied dieser Gruppe. Wenn ein Mitgliedserver oder ein Computer mit Windows XP Professional einer Domäne beitritt, fügt der Domänencontroller zur Gruppe **Gäste** die Gruppe **Domänengäste** hinzu.
Hauptbenutzer	Mitglieder dieser Gruppe können auf dem Computer lokale Benutzerkonten erstellen und ändern sowie Ressourcen freigeben.
Replikations-Operator	Diese Gruppe wird für die Dateireplikation in einer Domäne verwendet.
Benutzer	Mitglieder dieser Gruppe können folgende Aufgaben ausführen: ■ Mitglieder dieser Gruppe können nur Aufgaben ausführen, für die ihnen explizit Rechte zugewiesen wurden. ■ Mitglieder dieser Gruppe können nur auf die Ressourcen zugreifen, für die ihnen Berechtigungen zugewiesen wurden. Windows XP Professional fügt zur Gruppe **Benutzer** alle lokalen Benutzerkonten hinzu, die ein Administrator auf dem betreffenden Computer erstellt. Wenn ein Mitgliedserver oder ein Computer mit Windows XP Professional einer Domäne beitritt, fügt der Domänencontroller zur Gruppe **Benutzer** die Gruppe **Domänenbenutzer** hinzu.

Vordefinierte Systemgruppen

Alle Windows XP Professional-Computer verfügen über vordefinierte Systemgruppen. Diese Systemgruppen haben keine explizite Mitgliederliste, die Sie bearbeiten können. Stattdessen können diese Gruppen zu unterschiedlichen Zeitpunkten unterschiedliche Benutzer repräsentieren, je nachdem, wie ein Benutzer auf einen Computer oder eine Ressource zugreift. Die Systemgruppen tauchen bei der Gruppenverwaltung nicht auf. Sie stehen nur dann zur Verfügung, wenn Sie Rechte und Berechtigungen für Ressourcen vergeben. Bei Windows XP Professional hängt die Mitgliedschaft in einer Systemgruppe von der Art des Zugriffs auf einen Computer ab, nicht vom Benutzer. In Tabelle 7.7 werden die wichtigsten vordefinierten Systemgruppen und ihre Funktion beschrieben.

Tabelle 7.7 Vordefinierte Systemgruppen

Systemgruppe	Beschreibung
Jeder	Alle Benutzer, die auf den Computer zugreifen. Wenn Sie ein Volume mit NTFS formatieren, wird der Gruppe **Jeder** standardmäßig die Berechtigung **Vollzugriff** erteilt. Dies stellte in früheren Windows-Versionen (Windows 2000 eingeschlossen) ein Problem dar. In Windows XP Professional wird die Gruppe **Anonymous-Anmeldung** nicht länger in die Gruppe **Jeder** aufgenommen. Wenn Sie ein Windows 2000 Professional-System auf Windows XP Professional aktualisieren, stehen Ressourcen mit Berechtigungseinträgen für die Gruppe **Jeder** der Gruppe **Anonymous-Anmeldung** nicht länger zur Verfügung, sofern der Gruppe **Anonymous-Anmeldung** keine expliziten Berechtigungen zugewiesen wurden.
Authentifizierte Benutzer	Alle Benutzer mit gültigen Benutzerkonten für den betreffenden Computer. (Wenn Ihr Computer Teil einer Domäne ist, gehören zu dieser Gruppe alle Benutzer des Active Directory-Verzeichnisses.)
Ersteller-Besitzer	Das Benutzerkonto des Benutzers, der eine Ressource erstellt oder deren Besitz übernommen hat. Wenn ein Mitglied der Administratorengruppe eine Ressource erstellt, ist die Gruppe **Administratoren** Besitzer der Ressource.
Netzwerk	Alle Benutzer, die derzeit von einem anderen Computer im Netzwerk mit einer freigegebenen Ressource auf dem Computer verbunden sind.
Interaktiv	Das Benutzerkonto des Benutzers, der am Computer angemeldet ist. Mitglieder der Gruppe **Interaktiv** haben Zugriff auf Ressourcen auf dem Computer, an dem sie direkt angemeldet sind. Sie melden sich an und erhalten Zugriff auf Ressourcen, indem sie mit dem Computer „interagieren".
Anonymous-Anmeldung	Jedes Benutzerkonto, das Windows XP Professional nicht authentifizieren kann.
Dialup	Alle Benutzer, die derzeit eine DFÜ-Verbindung verwenden.

Übung: Erstellen und Verwalten von lokalen Gruppen

In dieser Übung erstellen Sie zwei lokale Gruppen und fügen zu ihnen nach dem Erstellen Mitglieder hinzu. Eines der Mitglieder einer Gruppe löschen Sie dann wieder. Abschließend löschen Sie auch eine der zuvor erstellten lokalen Gruppen.

Übung 1: Erstellen von lokalen Gruppen

In dieser Übung erstellen Sie zwei lokale Gruppen: **Buchhaltung** und **Marketing**.

1. Melden Sie sich mit einem Konto an, das Mitglied der Administratorengruppe ist.
2. Klicken Sie im Startmenü auf **Alle Programme**, **Verwaltung** und **Computerverwaltung**.

   Windows XP Professional startet das Snap-In **Computerverwaltung**.
3. Erweitern Sie den Knoten **System**, erweitern Sie **Lokale Benutzer und Gruppen**, klicken Sie mit der rechten Maustaste auf **Gruppen** und klicken Sie auf **Neue Gruppe**.

4. Geben Sie im Dialogfeld **Neue Gruppe** in das Textfeld **Gruppenname** den Namen **Buchhaltung** ein.
5. Geben Sie als Beschreibung für die Gruppe **Zugriff auf Außenstände** ein.
6. Klicken Sie auf **Hinzufügen**.
7. Geben Sie im Dialogfeld **Benutzer auswählen** im Textfeld **Name** die Benutzernamen **Benutzer1; Benutzer2; Benutzer4** ein, und klicken Sie auf **OK**.

   Benutzer1, **Benutzer2** und **Benutzer4** werden nun im Dialogfeld **Neue Gruppe** in der Mitgliederliste angezeigt.
8. Klicken Sie auf **Erstellen**.

   Windows XP Professional erstellt die Gruppe und fügt sie zur Liste der Gruppen im Detailbereich hinzu. Beachten Sie, dass das Dialogfeld **Neue Gruppe** weiterhin geöffnet ist und möglicherweise die Gruppenliste verdeckt.
9. Wiederholen Sie die Schritte 4 bis 8 und erstellen Sie eine Gruppe mit dem Namen **Marketing**. Geben Sie als Beschreibung dieser Gruppe **Zugriff auf Postliste** ein, und fügen Sie zu dieser Gruppe als Mitglieder **Benutzer2** und **Benutzer4** hinzu.
10. Wenn Sie die Gruppen **Buchhaltung** und **Marketing** erstellt haben, klicken Sie auf die Schaltfläche **Schließen**, um das Dialogfeld **Neue Gruppe** zu schließen.

    Im Detailbereich werden nun die Gruppen **Buchhaltung** und **Marketing** angezeigt.

Übung 2: Hinzufügen und Entfernen von Mitgliedern

In dieser Übung fügen Sie Mitglieder zu den beiden Gruppen hinzu, die Sie in der vorherigen Teilübung erstellt haben. Sie fügen ein Mitglied zur vorhandenen Gruppe **Marketing** hinzu und entfernen dann ein Mitglied aus der Gruppe **Marketing**.

1. Klicken Sie im Detailbereich des Fensters **Computerverwaltung** doppelt auf die Gruppe **Marketing**.

   Im Eigenschaftendialogfeld der Gruppe **Marketing** werden die Eigenschaften der Gruppe angezeigt. Beachten Sie, dass **Benutzer2** und **Benutzer4** in der Mitgliederliste aufgeführt werden.
2. Klicken Sie zum Hinzufügen von Mitgliedern auf **Hinzufügen**.

   Das Dialogfeld **Benutzer wählen** wird geöffnet.
3. Geben Sie im Feld **Name** den Namen **Benutzer1** ein, und klicken Sie auf **OK**.

   Im Eigenschaftendialogfeld von **Marketing** werden in der Mitgliederliste nun **Benutzer1**, **Benutzer2** und **Benutzer4** aufgelistet.
4. Markieren Sie nun **Benutzer4**, und klicken Sie auf **Entfernen**.

   Benutzer4 wird jetzt nicht mehr in der Mitgliederliste aufgeführt. Das lokale Benutzerkonto für **Benutzer4** ist weiter vorhanden, es ist jedoch nicht mehr Mitglied der Gruppe **Marketing**.
5. Klicken Sie auf **OK**.

Übung 3: Löschen einer lokalen Gruppe

1. Klicken Sie im Detailbereich des Fensters **Computerverwaltung** mit der rechten Maustaste auf die Gruppe **Marketing** und wählen Sie den Befehl **Löschen**.

   Das Dialogfeld **Lokale Benutzer und Gruppen** wird angezeigt, und Sie werden zum Bestätigen des Löschens der Gruppe aufgefordert.

2. Klicken Sie auf **Ja**.

   Die Gruppe **Marketing** wird nun im Detailbereich nicht mehr angezeigt, das heißt, die Gruppe wurde erfolgreich gelöscht.

3. Klicken Sie doppelt im linken Fensterausschnitt von **Computerverwaltung** auf den Zweig **Benutzer**.

   Benutzer1 und **Benutzer2** werden weiterhin im Detailbereich angezeigt, das heißt, die Gruppe **Marketing** wurde zwar gelöscht, aber die Mitglieder der Gruppe wurden nicht aus dem Ordner **Benutzer** gelöscht.

4. Schließen Sie das Fenster **Computerverwaltung**.

Lernzielkontrolle

Anhand der folgenden Fragen können Sie überprüfen, ob Sie die Themen dieser Lektion so gut beherrschen, dass Sie mit der nächsten Lektion weitermachen können. Falls Sie eine Frage nicht beantworten können, sollten Sie die Lektion noch einmal durcharbeiten, und dann erneut versuchen, die Frage zu beantworten. Die Antworten auf die Lernzielkontrollfragen finden Sie im Abschnitt „Fragen und Antworten“ am Ende dieses Kapitels.

1. Was sind Gruppen, und wozu werden sie eingesetzt?

   ____

   ____

   ____

2. Ein Administrator oder Besitzer einer Ressource verwendet __________________, um zu steuern, in welcher Form Benutzer eine Ressource (zum Beispiel einen Ordner, eine Datei oder einen Drucker) verwenden können.

3. Sie verwenden lokale Gruppen zum Zuweisen von Ressourcen, die sich auf ____ befinden.

4. Welche der folgenden Aussagen treffen auf das Löschen von lokalen Gruppen zu? (Wählen Sie alle zutreffenden Antworten aus.)

   a. Jede Gruppe verfügt über eine eindeutige Kennung, die nicht wieder verwendet werden kann.

   b. Sie können den Ressourcenzugriff durch das Neuerstellen einer gelöschten Gruppe wiederherstellen.

   c. Beim Löschen einer Gruppe werden auch die mit der Gruppe verknüpften Berechtigungen und Rechte gelöscht.

d. Durch das Löschen einer Gruppe werden auch die Benutzerkonten gelöscht, die Mitglieder der Gruppe sind.

____

____

____

____

____

____

5. Worin liegt der Unterschied zwischen den vordefinierten Systemgruppen und den vordefinierten lokalen Gruppen eines Windows XP Professional-Computers? Nennen Sie mindestens zwei Beispiele für jeden Gruppentyp.

____

____

____

____

____

____

____

____

____

____

____

____

Zusammenfassung der Lektion

- Gruppen vereinfachen die Verwaltung, da Sie Berechtigungen und Rechte nicht jedem einzelnen Benutzerkonto, sondern der Gruppe zuweisen. Berechtigungen legen fest, wie die verschiedenen Benutzer eine bestimmte Ressource, beispielsweise einen Ordner, eine Datei oder einen Drucker, nutzen dürfen. Rechte ermöglichen Benutzern, bestimmte Systemaufgaben auszuführen, zum Beispiel die Systemzeit auf einem Computer zu ändern oder Dateien zu sichern oder wiederherzustellen.
- Windows XP Professional erstellt lokale Gruppen in der lokalen Sicherheitsdatenbank, daher können Sie lokale Gruppen nur auf dem Computer verwenden, auf dem sie erstellt wurden.
- Im Snap-In **Computerverwaltung** können Sie lokale Gruppen erstellen und löschen sowie zu einer lokalen Gruppe Mitglieder hinzufügen beziehungsweise Mitglieder aus der Gruppe entfernen.

- Alle Windows XP Professional-Computer verfügen über vordefinierte lokale Gruppen, die Rechte zum Durchführen von Systemaufgaben auf einem einzelnen Computer bereitstellen.
- Windows XP Professional-Computer haben außerdem vordefinierte Systemgruppen, deren Mitglieder dynamisch festgelegt werden.

Übung mit Fallbeispiel

In dieser Übung wird ein Szenario beschrieben, bei dem Benutzer und Gruppen erstellt werden. Beantworten Sie nach dem Durchlesen des Szenarios die Fragen. Falls Sie Schwierigkeiten haben, sollten Sie den Inhalt dieses Kapitels noch einmal durcharbeiten, bevor Sie das nächste Kapitel in Angriff nehmen. Die Antworten auf die Fragen finden Sie im Abschnitt „Fragen und Antworten“ am Ende dieses Kapitels.

Szenario

Sie arbeiten als Administrator für das Baldwin-Wissenschaftsmuseum. Das Museum hat eine Reihe von Zeitarbeitskräften eingestellt, die Informationen für eine neue Ausstellung über die Geschichte der Kohleförderung in Nordeuropa zusammenstellen sollen. Jeder dieser Mitarbeiter hat eine Arbeitsstation in einer kleinen Arbeitsgruppe zugewiesen bekommen, die das Museum im Ausstellungsraum aufgestellt hat. Ein Computer in der Arbeitsgruppe dient als Dateiserver, auf dem die Mitarbeiter die Dateien mit ihren Forschungsergebnissen speichern. Alle Arbeitsstationen und der Dateiserver laufen unter Windows XP Professional. Die Namen der Forscher lauten:

- Cat Francis
- David Jaffe
- Mary North
- Jeff Teper
- Bernhard Tham

Fragen

1. Ihre erste Aufgabe besteht darin, eine Namenskonvention für diese Mitarbeiter zu entwerfen. Die Museumsverwaltung möchte, dass die Benutzernamen widerspiegeln, dass es sich um Zeitarbeitskräfte handelt. Die Benutzernamen für solche Mitarbeiter sollen aber auch nicht zu kompliziert einzutippen sein. Tragen Sie Benutzernamen für die Mitarbeiter in die folgende Tabelle ein.

Vollständiger Name	Benutzerkontoname
Cat Francis	
David Jaffe	
Mary North	
Jeff Teper	
Bernhard Tham	

2. Wo sollten Sie diese Benutzernamen erstellen?

3. Der Dateiserver der Arbeitsgruppe enthält einen Ordner namens **Kohleforschung**, auf den alle Mitarbeiter Zugriff haben müssen. Sie möchten die Berechtigungen für diesen Ordner nicht wieder und wieder eingeben. Wie können Sie diesen Vorgang effizienter gestalten?

4. Sie erstellen Kennwörter für die Benutzer auf ihren Arbeitsstationen. Was müssen Sie dabei beachten, damit die Benutzer auf den Dateiserver Zugriff haben?

Übung zur Problembehandlung

Sie arbeiten als Chefadministrator für Tailspin Toys, Hersteller von Modellflugzeugen. Raymond, einer Ihrer Administratoren, erzählt, dass er einen Anruf von Martin bekommen hat, einem Benutzer der Vertriebsabteilung. Martin teilt sich eine Arbeitsstation mit zwei anderen Benutzern. Martin hat Raymond berichtet, dass er das Kennwort für sein lokales Benutzerkonto vergessen hat und sich nicht mehr an seinem Computer anmelden kann. Raymond wollte mithilfe der Konsole **Computerverwaltung** das Kennwort von Martin zurücksetzen, hat dabei aber versehentlich das Benutzerkonto gelöscht. Er hat im Meldungsfeld, dass er das Löschen des Benutzerkontos bestätigen soll, auf **Ja** geklickt, weil er dachte, dass die Meldung das Zurücksetzen des Kennworts betraf.

1. Dem Benutzerkonto von Martin waren Berechtigungen für den Zugriff auf eine Reihe von Ressourcen auf dem Computer zugewiesen, und Raymond weiß nicht, welche Berechtigungen das genau waren. Er möchte das gelöschte Benutzerkonto wiederherstellen. Ist das möglich? Wenn ja, wie?

2. Nehmen Sie an, Sie wollen das Benutzerkonto tatsächlich löschen. Wie sollten Sie in einem solchen Fall besser vorgehen, statt das Benutzerkonto einfach zu löschen?

3. Sie wollen einen solchen Unfall, wie er Raymond passiert ist, verhindern. (Rechte und Berechtigungen für Ressourcen waren direkt Martins Benutzerkonto zugewiesen und sind daher schwierig wiederherzustellen). Welchen besseren Weg gibt es, Rechte und Berechtigungen zuzuweisen?

4. Kurz nachdem Sie ein neues Benutzerkonto für Martin erstellt haben, erzählt Ihnen Raymond, dass Martin auch sein neues Kennwort vergessen hat. Können Sie sein Kennwort zurücksetzen? Wenn ja, wie?

5. Was können Sie Martin für den Fall empfehlen, dass er sein Kennwort noch einmal vergisst? Wie kann er es wiederherstellen?

Zusammenfassung des Kapitels

- Über ein lokales Benutzerkonto kann sich ein Benutzer nur an dem Computer anmelden, auf dem das Benutzerkonto erstellt wurde. Domänenbenutzerkonten ermöglichen Ihnen, sich an einer Domäne anzumelden und auf Ressourcen überall im Netzwerk zuzugreifen.
- Lokale Benutzerkonten müssen auf dem Computer eindeutig sein, auf dem sie erstellt wurden. Domänenbenutzerkonten müssen innerhalb des Verzeichnisses eindeutig sein. Kennwörter können bis zu 128 Zeichen enthalten. Es wird eine Mindestlänge von 8 Zeichen empfohlen. Verwenden Sie für Kennwörter eine Mischung aus Buchstaben in Groß- und Kleinschreibung, Zahlen und zulässigen nicht alphanumerischen Zeichen.
- Es stehen Ihnen zwei Tools zur Verfügung, um lokale Benutzerkonten zu verwalten:
  - Mit dem Systemsteuerungsmodul **Benutzerkonten** können Administratoren neue Benutzerkonten erstellen, vorhandene Konten ändern und die Art der Benutzeran- und -abmeldung festlegen.
  - Über das Snap-In **Computerverwaltung** können Sie Benutzerkonten für den lokalen Computer erstellen, ändern und löschen. Falls Ihr Computer Teil eines Netzwerks ist, können Sie das Snap-In **Computerverwaltung** zum Verwalten von Remotecomputern einsetzen.
- Nachdem Sie ein Benutzerkonto erstellt haben, können Sie seine Eigenschaften in der Konsole **Computerverwaltung** im Eigenschaftendialogfeld für das Benutzerkonto ändern.
- Gruppen vereinfachen die Verwaltung, da Sie Berechtigungen und Rechte nicht jedem einzelnen Benutzerkonto, sondern der Gruppe zuweisen. Windows XP Professional erstellt lokale Gruppen in der lokalen Sicherheitsdatenbank, daher können Sie lokale Gruppen nur auf dem Computer verwenden, auf dem sie erstellt wurden.

Prüfungsrelevante Themen

Vor der Prüfungsteilnahme sollten Sie die nachfolgend aufgeführten Schlüsselinformationen und -begriffe noch einmal durcharbeiten. Diese Informationen sind für das Bestehen der Prüfung von entscheidender Bedeutung.

Schlüsselinformationen

- Eine Domäne erkennt keine lokalen Benutzerkonten an. Erstellen Sie also keine lokalen Benutzerkonten auf Windows XP Professional-Computern, die Teil einer Domäne sind. Andernfalls können die Benutzer nicht auf die Ressourcen der Domäne zugreifen. Darüber hinaus wäre der Domänenadministrator in diesem Fall nicht in der Lage, die Eigenschaften der lokalen Benutzerkonten zu verwalten oder den Konten Zugriffsberechtigungen für Domänenressourcen zu erteilen.

- Aktivieren Sie das Gastkonto nur in Arbeitsgruppen mit niedrigen Sicherheitsanforderungen, und weisen Sie dem Konto **Gast** stets ein Kennwort zu. Sie können das Konto **Gast** zwar umbenennen, jedoch nicht löschen.
- Sie sollten die Richtlinien zum Erstellen sicherer Kennwörter kennen. Denken Sie insbesondere daran, dass ein Kennwort mindestens acht Zeichen lang sein soll und aus einer Mischung von Groß- und Kleinbuchstaben, Zahlen und Sonderzeichen bestehen sollte.
- Nachdem Sie ein Benutzerkonto gelöscht haben, gibt es keine Möglichkeit mehr, die Rechte und Berechtigungen, die mit diesem Konto verknüpft waren, wiederherzustellen. Statt Benutzerkonten zu löschen, sollten Sie Konten daher erst einmal deaktivieren, bis Sie absolut sicher sind, dass die Konten nicht mehr gebraucht werden.

Schlüsselbegriffe

Benutzerprofil Eine Sammlung von Ordnern und Daten, die Ihre aktuelle Desktopumgebung, Anwendungseinstellungen und persönliche Daten speichern.

Berechtigungen Berechtigungen steuern, auf welche Weise Benutzer eine Ressource verwenden dürfen, zum Beispiel einen Ordner, eine Datei oder einen Drucker.

Computerverwaltung Eine Konsole, die Zugriff auf eine Reihe von Verwaltungsprogrammen zum Administrieren eines Computers bietet. Sie können damit unter anderem freigegebene Ordner erstellen, verwalten und überwachen.

Domänenbenutzerkonto Ein Konto, mit dem Sie sich an einer Domäne anmelden, um auf Netzwerkressourcen zuzugreifen.

Gruppe Eine Sammlung von Benutzerkonten. Gruppen vereinfachen die Administration, weil Sie Berechtigungen und Rechte einer Gruppe von Benutzern zuweisen können, statt jedem einzelnen Benutzerkonto.

Kennwortrücksetzdiskette Eine Diskette mit verschlüsselten Kennwortinformationen. Ein Benutzer kann damit sein Benutzerkonto wiederherstellen, falls er sein Kennwort vergessen hat.

Lokale Sicherheitsdatenbank Eine Datenbank auf einem Windows XP Professional-Computer, in der lokale Benutzerkonten und Gruppen gespeichert sind.

Lokales Benutzerkonto Ein Konto, mit dem Sie sich an einem bestimmten Computer anmelden, um auf dessen Ressourcen zuzugreifen.

Namenskonvention Der innerhalb einer Organisation festgelegte Standard zum Identifizieren von Benutzern.

Rechte Rechte erlauben Benutzern, bestimmte Systemaufgaben durchzuführen, zum Beispiel das Ändern der Systemzeit oder das Sichern und Wiederherstellen von Dateien.

Fragen und Antworten

Seite 327

Lernzielkontrolle Lektion 1

1. Wo können sich Benutzer unter Verwendung eines lokalen Benutzerkontos anmelden, und auf welche Ressourcen kann mit einem lokalen Benutzerkonto zugegriffen werden?

   Eine Anmeldung ist nur an dem Computer möglich, auf dem sich das lokale Benutzerkonto befindet. Es kann nur auf die Ressourcen des lokalen Computers zugegriffen werden.

2. Wo sollten Sie Benutzerkonten für Windows XP Professional-Computer anlegen, die Mitglied einer Domäne sind?

   Sie sollten die Benutzerkonten auf einem der Domänencontroller anlegen. Verwenden Sie keine lokalen Benutzerkonten auf einem Windows XP Professional-Computer, der Mitglied einer Domäne ist.

3. Welche der folgenden Aussagen treffen auf Domänenbenutzerkonten zu? (Wählen Sie alle zutreffenden Antworten aus.)

   a. Domänenbenutzerkonten ermöglichen Benutzern die Anmeldung an einer Domäne und gestatten den Zugriff auf Ressourcen in einem Netzwerk, sofern der Benutzer die nötigen Zugriffsberechtigungen besitzt.

   b. Wenn mindestens einer der Computer als Domänencontroller im Netzwerk konfiguriert ist, sollten ausschließlich Domänenbenutzerkonten verwendet werden.

   c. Der Domänencontroller repliziert die Informationen zu einem neuen Benutzerkonto auf alle weiteren Computer innerhalb der Domäne.

   d. Ein neues Domänenbenutzerkonto wird in der lokalen Sicherheitsdatenbank auf dem Domänencontroller angelegt, auf dem das Konto erstellt wurde.

   Die richtigen Antworten sind a und b. Antwort c ist nicht richtig, weil der Domänencontroller Benutzerkontoinformationen nur auf andere Domänencontroller in einer Domäne repliziert, nicht auf sämtliche Computer. Antwort d ist nicht richtig, weil ein Domänenbenutzerkonto in Active Directory erstellt wird, nicht in der lokalen Sicherheitsdatenbank. Ein lokales Benutzerkonto wird dagegen in der lokalen Sicherheitsdatenbank angelegt.

4. Welche der folgenden Aussagen treffen auf vordefinierte Konten zu? (Wählen Sie alle zutreffenden Antworten aus.)

   a. Sie können das Gastkonto löschen.

   b. Das Administratorkonto kann nicht gelöscht werden.

   c. Sie können das Gastkonto nicht umbenennen.

   d. Das Administratorkonto kann umbenannt werden.

   Die richtigen Antworten sind b und d. Antwort a ist nicht richtig, weil Sie das Gastkonto nicht löschen können (genauso wie die anderen vordefinierten lokalen Benutzerkonten). Antwort c ist nicht richtig, weil Sie das Gastkonto umbenennen können.

5. Wie deaktivieren Sie das Gastkonto?

   Klicken Sie im Startmenü auf **Systemsteuerung** und dann auf **Benutzerkonten**. Klicken Sie im Fenster **Benutzerkonten** auf das Symbol für das Gastkonto. Klicken Sie im Fenster **Was möchten Sie am Gastkonto ändern?** auf die Option **Gastkonto deaktivieren**. Das Gastkonto ist jetzt deaktiviert.

Seite 332

Lernzielkontrolle Lektion 2

1. Windows XP Professional erkennt bei lokalen Benutzerkontennamen nur die ersten __________ Zeichen.

   20

2. In welchen Fällen ist es zulässig, in Netzwerken mit Windows XP Professional-Computern Namen für lokale Benutzerkonten doppelt zu vergeben?

   Doppelte Namen sind gültig, sofern sie sich nicht auf demselben Computer befinden. Wenn Sie in einer Arbeitsgruppe arbeiten, muss ein Benutzerkonto mit demselben Kennwort auf allen Computern der Arbeitsgruppe erstellt werden, damit der Benutzer Zugriff auf alle Computer der Arbeitsgruppe erhält.

3. Kennwörter können maximal ______ Zeichen aufweisen und sollten mindestens ______ Zeichen umfassen (empfohlen).

   128, 8

Seite 343

Lektion 3, Übung 2

6. Welche zwei neuen Optionen werden jetzt für das Konto **Benutzer1** aufgeführt? Welche Option steht nicht mehr zur Verfügung?

   In der Liste der Änderungen, die Sie am Konto des Benutzers vornehmen können, tauchen zwei neue Optionen auf: **Kennwort ändern** und **Kennwort entfernen**. Die Option **Kennwort erstellen** wird nicht mehr angezeigt.

Seite 345

Lektion 3, Übung 4

9. Um welchen Kontotyp handelt es sich bei **Benutzer3**?

   Der Kontotyp für **Benutzer3** lautet **Eingeschränkt**.

15. Wie wird das Kennwort auf dem Bildschirm angezeigt? Warum?

   Das Kennwort wird bei der Eingabe in Form von Punkten dargestellt. Dadurch wird verhindert, dass zufällige Beobachter Ihr Kennwort bei der Eingabe sehen können.

23. Was geschieht?

   Sie werden in einem Meldungsfeld darüber informiert, dass Sie Ihr Kennwort bei der ersten Anmeldung ändern müssen.

Seite 347

Lernzielkontrolle Lektion 3

1. Welche der folgenden Aussagen treffen auf das Windows XP Professional-Tool **Benutzerkonten** zu? (Wählen Sie alle zutreffenden Antworten aus.)

a. Über das Tool **Benutzerkonten** können Sie dezentral Benutzerkonten auf allen Windows XP Professional-Computern in einem Netzwerk erstellen, ändern und löschen.

b. Mit dem Tool **Benutzerkonten** können Sie alle Konten auf dem lokalen Computer anzeigen und ändern.

c. Welche Aufgaben Sie mit dem Tool **Benutzerkonten** ausführen können, hängt davon ab, mit welchem Kontentyp Sie am lokalen Computer angemeldet sind.

d. Mithilfe des Tools **Benutzerkonten** können Benutzer eigene Kennwörter erstellen, ändern oder entfernen.

Die richtigen Antworten sind c und d. Antwort a ist nicht richtig, weil Sie mit dem Tool **Benutzerkonten** keinen Remotecomputer verwalten können. Antwort b ist nicht richtig, weil Sie im Tool **Benutzerkonten** bestimmte vordefinierte Konten nicht verwalten können.

2. Welche der folgenden Aufgaben können Sie sowohl mit einem Konto vom Typ **Computeradministrator** als auch mit einem Konto vom Typ **Eingeschränkt** ausführen? (Wählen Sie alle zutreffenden Antworten aus.)

   a. Eigenes Bild ändern

   b. Eigenen Kontotyp ändern

   c. Eigenes Kennwort erstellen, ändern oder entfernen

   d. Eigenen Kontonamen ändern

Die richtigen Antworten sind a und c. Die Antworten b und d sind nicht richtig, weil nur Computeradministratoren Kontotyp und Kontoname ändern dürfen.

3. Welche der folgenden Aussagen treffen auf die Anmeldung oder Abmeldung von einem Windows XP Professional-Computer zu? (Wählen Sie alle zutreffenden Antworten aus.)

   a. Wenn der lokale Computer zur Verwendung der Willkommenseite konfiguriert ist, können Sie eine schnelle Benutzerumschaltung vornehmen, ohne sich abzumelden oder alle geöffneten Programme schließen zu müssen.

   b. Das Tool **Benutzerkonten** ermöglicht das Deaktivieren eines lokalen Computerkontos, um Benutzer daran zu hindern, sich unter Verwendung dieses Kontos anzumelden.

   c. Wenn der lokale Computer zur Verwendung der Willkommenseite konfiguriert wurde, können Sie sich nur unter Verwendung der auf der Seite **Willkommen** angezeigten Konten anmelden.

   d. Über das Tool **Benutzerkonten** kann die Willkommenseite durch einen Anmeldedialog ersetzt werden, in den die Benutzer zur Anmeldung einen Benutzernamen und ein Kennwort eingeben müssen.

Die richtigen Antworten sind a und d. Antwort b ist nicht richtig, weil Sie im Tool **Benutzerkonten** zwar das Gastkonto deaktivieren können, aber keine anderen Benutzerkonten. Antwort c ist nicht richtig, weil Sie auf der Willkommenseite die Tastenkombination STRG+ALT+ENTF drücken können, um das herkömmliche Anmeldedialogfeld zu öffnen, in dem Sie einen Benutzernamen eingeben können.

4. Welches Kontrollkästchen aktivieren Sie, wenn Sie beim Erstellen eines Benutzerkontos über das Snap-In **Computerverwaltung** verhindern möchten, dass ein neuer Mitarbeiter das neue Benutzerkonto bereits vor Eintritt in Ihr Unternehmen verwendet?

   Konto ist deaktiviert

Seite 354

Lektion 4, Übung

21. Was geschieht? Begründen Sie Ihre Antwort.

    Es wird ein Meldungsfeld angezeigt, in dem Sie darüber informiert werden, dass eine Kennwortänderung nicht möglich ist. Dies ist darauf zurückzuführen, dass Sie für **Benutzer1** die Option **Benutzer kann Kennwort nicht ändern** aktiviert haben.

Seite 356

Lernzielkontrolle Lektion 4

1. Wann steht das Kontrollkästchen **Konto ist gesperrt** zur Verfügung, und welchen Zweck erfüllt diese Option?

   Das Kontrollkästchen **Konto ist gesperrt** kann nie aktiviert werden. Es wird abgeblendet dargestellt, wenn das Konto aktiv ist und vom System nicht gesperrt wurde. Das System sperrt Benutzerkonten, wenn die festgelegte Zahl an fehlgeschlagenen Anmeldeversuchen überschritten wurde.

2. Welche der folgenden Aussagen treffen auf die Eigenschaften von lokalen Benutzerkonten zu? (Wählen Sie alle zutreffenden Antworten aus.)

   a. Sie können alle Standardeigenschaften eines lokalen Benutzerkontos mit dem Tool **Benutzerkonten** der Systemsteuerung konfigurieren.

   b. Bei Verwendung des Snap-Ins **Computerverwaltung** haben Sie auf der Registerkarte **Allgemein** des Eigenschaftendialogfelds für ein Benutzerkonto die Möglichkeit, das Konto zu deaktivieren.

   c. Bei Einsatz des Snap-Ins **Computerverwaltung** haben Sie auf der Registerkarte **Allgemein** des Eigenschaftendialogfelds für ein Benutzerkonto die Möglichkeit, den Benutzer an einer Anmeldung am Computer zu hindern, indem Sie das Kontrollkästchen **Konto ist gesperrt** aktivieren.

   d. Sie können über das Snap-In **Computerverwaltung** alle Standardeigenschaften eines lokalen Benutzerkontos konfigurieren.

   Die richtigen Antworten sind b und d. Antwort a ist nicht richtig, weil das Tool **Benutzerkonten** nur einige der Optionen zur Verfügung stellt, die Sie für ein Benutzerkonto konfigurieren können. Sie müssen das Snap-In **Computerverwaltung** verwenden, wenn Sie auf sämtliche Optionen für ein Benutzerkonto Zugriff haben wollen. Antwort c ist nicht richtig, weil Sie das Kontrollkästchen **Konto ist gesperrt** nicht von Hand aktivieren können. Dieses Kontrollkästchen wird automatisch aktiviert, wenn das System ein Konto sperrt.

3. Welche der folgenden Aussagen treffen auf Benutzerprofile zu? (Wählen Sie alle zutreffenden Antworten aus.)

   a. Ein Benutzerprofil ist eine Sammlung von Ordnern und Dateien, in denen die aktuelle Desktopumgebung, die Anwendungseinstellungen und persönlichen Daten des Benutzers gespeichert sind.

   b. Ein Benutzerprofil enthält alle Netzwerkverbindungen, die bei der Anmeldung eines Benutzers am Computer wiederhergestellt werden.

   c. Windows XP Professional erstellt beim Anlegen eines neuen lokalen Benutzerkontos ein Benutzerprofil.

   d. Sie erstellen ein Benutzerprofil, indem Sie ein vorhandenes Benutzerprofil kopieren und anschließend ändern.

   Die richtigen Antworten sind a und b. Antwort c ist nicht richtig, weil Windows XP kein Benutzerprofil erstellt, wenn Sie ein Benutzerkonto anlegen. Das passiert erst, wenn sich zum ersten Mal jemand mit diesem Benutzerkonto anmeldet. Antwort d ist nicht richtig, weil ein Benutzerprofil automatisch erstellt wird, wenn sich zum ersten Mal jemand mit einem Benutzerkonto anmeldet.

4. Welche der folgenden Aussagen treffen auf Benutzerprofile zu? (Wählen Sie alle zutreffenden Antworten aus.)

   a. Benutzer sollten ihre persönlichen Dokumente nicht im Ordner **Eigene Dateien**, sondern in Basisordnern speichern.

   b. Auf der Registerkarte **Profil** des Eigenschaftendialogfelds für ein Benutzerkonto können Sie einen Pfad für ein Benutzerprofil, ein Anmeldeskript und einen Basisordner erstellen.

   c. Ein Benutzerprofil enthält den Ordner **Eigene Dateien**, in dem Benutzer normalerweise ihre persönlichen Dateien ablegen.

   d. Wenn Benutzer Änderungen an ihren Desktopeinstellungen vornehmen, werden diese im Benutzerprofil widergespiegelt.

   Die richtigen Antworten sind b, c und d. Antwort a ist nicht richtig, weil der Ordner **Eigene Dateien** innerhalb des Basisordners eines Benutzers liegt, nachdem ein Basisordner erstellt wurde. Benutzer brauchen ihr Basisverzeichnis nicht erst zu suchen.

5. Welche drei Schritte sind zum Erstellen eines Basisordners auf einem Netzwerkserver erforderlich?

   Erstellen Sie im ersten Schritt einen Ordner für die Speicherung aller Basisverzeichnisse auf einem Netzwerkdateiserver, und geben Sie diesen Ordner frei. Entfernen Sie anschließend für diesen freigegebenen Ordner die **Zulassen**-Berechtigung **Vollzugriff** für die Gruppe **Jeder**, und weisen Sie diese Berechtigung der Gruppe **Benutzer** zu. Geben Sie im dritten Schritt auf der Registerkarte **Profil** des Eigenschaftendialogfelds für das Benutzerkonto den Pfad zum Basisordner des Benutzers im freigegebenen Ordner an.

Seite 366

Lernzielkontrolle Lektion 5

1. Was sind Gruppen, und wozu werden sie eingesetzt?

   Eine Gruppe ist eine Sammlung von Benutzerkonten. Gruppen vereinfachen die Verwaltung, da Sie Berechtigungen und Rechte nicht jedem einzelnen Benutzerkonto, sondern der Gruppe zuweisen.

2. Ein Administrator oder Besitzer einer Ressource verwendet ________________, um zu steuern, in welcher Form Benutzer eine Ressource (zum Beispiel einen Ordner, eine Datei oder einen Drucker) verwenden können.

   Berechtigungen

3. Sie verwenden lokale Gruppen zum Zuweisen von Ressourcen, die sich auf ____ befinden.

   dem Computer, auf dem die lokale Gruppe erstellt wurde

4. Welche der folgenden Aussagen treffen auf das Löschen von lokalen Gruppen zu? (Wählen Sie alle zutreffenden Antworten aus.)

   a. Jede Gruppe verfügt über eine eindeutige Kennung, die nicht wieder verwendet werden kann.

   b. Sie können den Ressourcenzugriff durch das Neuerstellen einer gelöschten Gruppe wiederherstellen.

   c. Beim Löschen einer Gruppe werden auch die mit der Gruppe verknüpften Berechtigungen und Rechte gelöscht.

   d. Durch das Löschen einer Gruppe werden auch die Benutzerkonten gelöscht, die Mitglieder der Gruppe sind.

   Die richtigen Antworten sind a und c. Antwort b ist nicht richtig, weil beim Neuerstellen einer Gruppe weder die Mitgliedschaft in dieser Gruppe noch die Rechte und Berechtigungen wiederhergestellt werden, die mit dieser Gruppe verknüpft waren. Antwort d ist nicht richtig, weil beim Löschen einer Gruppe die Benutzerkonten, die Mitglieder der Gruppe sind, nicht gelöscht werden. Wenn Sie eine Gruppe löschen, werden den Mitgliedern alle Rechte und Berechtigungen entzogen, die den Mitgliedern der Gruppe aufgrund ihrer Mitgliedschaft gewährt wurden.

5. Worin liegt der Unterschied zwischen den vordefinierten Systemgruppen und den vordefinierten lokalen Gruppen eines Windows XP Professional-Computers? Nennen Sie mindestens zwei Beispiele für jeden Gruppentyp.

   Vordefinierte lokale Gruppen berechtigen zum Ausführen von Systemaufgaben auf einem einzelnen Computer, zum Beispiel zum Sichern und Wiederherstellen von Dateien, zum Ändern der Systemzeit und zum Verwalten von Systemressourcen. Beispiele für vordefinierte lokale Gruppen sind **Administratoren**, **Sicherungs-Operatoren**, **Gäste**, **Hauptbenutzer**, **Replikations-Operator** und **Benutzer**. Vordefinierte Systemgruppen weisen keine speziellen Mitgliederliste auf, die Sie bearbeiten können. Stattdessen können diese Gruppen zu unterschiedlichen Zeitpunkten unterschiedliche Benutzer repräsentieren, je nachdem, wie ein Benutzer auf einen Computer oder eine Ressource zugreift. Die Systemgruppen tauchen bei der Gruppenverwaltung nicht auf. Sie stehen nur dann zur Verfügung, wenn Sie Rechte und Berechtigungen für Ressourcen vergeben. Beispiele für vordefinierte Systemgruppen sind **Jeder**, **Au-**

thentifizierte Benutzer, **Ersteller-Besitzer**, **Netzwerk**, **Interaktiv**, **Anonymous-Anmeldung** und **Dialup**.

Seite 368

Übung mit Fallbeispiel

1. Ihre erste Aufgabe besteht darin, eine Namenskonvention für diese Mitarbeiter zu entwerfen. Die Museumsverwaltung möchte, dass die Benutzernamen widerspiegeln, dass es sich um Zeitarbeitskräfte handelt. Die Benutzernamen für solche Mitarbeiter sollen aber auch nicht zu kompliziert einzutippen sein. Tragen Sie Benutzernamen für die Mitarbeiter in die folgende Tabelle ein.

Vollständiger Name	Benutzerkontoname
Cat Francis	
David Jaffe	
Mary North	
Jeff Teper	
Bernhard Tham	

Es gibt verschiedene Möglichkeiten, wie Sie diese Benutzernamen definieren können. Sie können zum Beispiel den Anfangsbuchstaben des Vornamens und den Nachnamen kombinieren und dem Benutzernamen dann ein **T** voranstellen, um anzuzeigen, dass es sich um eine Zeitarbeitskraft handelt. Bei dieser Methode erhalten Sie folgende Benutzernamen:

- T_cfrancis
- T_djaffe
- T_mnorth
- T_jteper
- T_btham

2. Wo sollten Sie diese Benutzernamen erstellen?

Sie müssen für jeden Benutzer einen lokalen Benutzernamen auf seiner Arbeitsstation erstellen. Außerdem müssen Sie für jeden Benutzer einen lokalen Benutzernamen auf dem Dateiserver erstellen, sodass Sie diesem Konto Berechtigungen auf dem Dateiserver zuweisen können.

3. Der Dateiserver der Arbeitsgruppe enthält einen Ordner namens **Kohleforschung**, auf den alle Mitarbeiter Zugriff haben müssen. Sie möchten die Berechtigungen für diesen Ordner nicht wieder und wieder eingeben. Wie können Sie diesen Vorgang effizienter gestalten?

Sie sollten eine lokale Gruppe auf dem Dateiserver erstellen. Geben Sie der Gruppe einen Namen wie beispielsweise **Kohleforscher** und fügen Sie die Benutzernamen der Mitarbeiter zu dieser Gruppe hinzu. Anschließend können Sie Berechtigungen für den Ordner **Kohleforschung** der neuen Gruppe zuweisen, statt sie jedem einzelnen Benutzernamen zuweisen zu müssen.

4. Sie erstellen Kennwörter für die Benutzer auf ihren Arbeitsstationen. Was müssen Sie dabei beachten, damit die Benutzer auf den Dateiserver Zugriff haben?

   Sie dürfen keine leeren Kennwörter für die Benutzer auf ihren Arbeitsstationen erstellen. Dann könnten sich die Mitarbeiter zwar an ihren eigenen Arbeitsstationen anmelden und auf lokale Ressourcen zugreifen, aber in der Standardsicherheitskonfiguration auf dem Dateiserver ist die Sicherheitseinstellung **Konten: Lokale Kontenverwendung von leeren Kennwörtern auf Konsolenanmeldung beschränken** aktiviert, und diese Einstellung verhindert, dass Benutzer mit leeren Kennwörtern im Remotezugriff auf Ressourcen des Dateiservers zugreifen dürfen.

Seite 369

Übung zur Problembehandlung

1. Dem Benutzerkonto von Martin waren Berechtigungen für den Zugriff auf eine Reihe von Ressourcen auf dem Computer zugewiesen, und Raymond weiß nicht, welche Berechtigungen das genau waren. Er möchte das gelöschte Benutzerkonto wiederherstellen. Ist das möglich? Wenn ja, wie?

   Nachdem ein Benutzerkonto gelöscht wurde, kann es nicht wiederhergestellt werden. Alle Berechtigungen und Rechte, die dem Benutzerkonto zugewiesen waren, sind verloren.

2. Nehmen Sie an, Sie wollen das Benutzerkonto tatsächlich löschen. Wie sollten Sie in einem solchen Fall besser vorgehen, statt das Benutzerkonto einfach zu löschen?

   Normalerweise empfiehlt es sich, das Konto zu deaktivieren, statt es zu löschen. Wenn ein Konto deaktiviert ist, kann sich kein Benutzer damit anmelden. Wird das Konto später doch noch benötigt, können Sie es reaktivieren, dann bleiben alle Rechte und Berechtigungen erhalten. Wenn Sie sicher sind, dass Sie ein deaktiviertes Konto nicht mehr benötigen, können Sie es löschen.

3. Sie wollen einen solchen Unfall, wie er Raymond passiert ist, verhindern. (Rechte und Berechtigungen für Ressourcen waren direkt Martins Benutzerkonto zugewiesen und sind daher schwierig wiederherzustellen). Welchen besseren Weg gibt es, Rechte und Berechtigungen zuzuweisen?

   Sie sollten Rechte und Berechtigungen lokalen Gruppen zuweisen, und nicht direkt den lokalen Benutzerkonten. Machen Sie die Benutzerkonten dann zu Mitgliedern der gewünschten Gruppen. Wenn dann ein Benutzerkonto versehentlich gelöscht wird, können Sie ein neues Benutzerkonto erstellen und zu einem Mitglied in den geeigneten Gruppen machen. Sie brauchen auf diese Weise nicht sämtliche Rechte und Berechtigungen für das Benutzerkonto wiederherzustellen. Gruppen sind auch in anderen Situationen eine große Hilfe beim Verwalten von Rechten und Berechtigungen, zum Beispiel wenn ein Benutzer nicht mehr Zugriff auf bestimmte Ressourcen benötigt oder wenn ein neuer Benutzer seine Stelle im Unternehmen antritt.

4. Kurz nachdem Sie ein neues Benutzerkonto für Martin erstellt haben, erzählt Ihnen Raymond, dass Martin auch sein neues Kennwort vergessen hat. Können Sie sein Kennwort zurücksetzen? Wenn ja, wie?

   Ja. Sie müssen sich an Martins Computer anmelden und im Snap-In **Computerverwaltung** (oder im Remotezugriff über das Snap-In **Computerverwaltung**) das Kennwort zurücksetzen. Sie sollten außerdem Martins Benutzerkonto so konfigurieren, dass er sein Kennwort ändern muss, wenn er sich das nächste Mal anmeldet. Auf diese Art ist er der Einzige, der sein Kennwort weiß.

5. Was können Sie Martin für den Fall empfehlen, dass er sein Kennwort noch einmal vergisst? Wie kann er es wiederherstellen?

   Sie sollten Martin zeigen, wie er eine Kennwortrücksetzdiskette erstellt.

KAPITEL 8

Schützen von Ressourcen mit NTFS-Berechtigungen

In diesem Kapitel abgedeckte Prüfungsziele:

- Überwachen, Verwalten und Problembehandlung des Zugriffs auf Dateien und Ordner.
  - Steuern des Zugriffs auf Dateien und Ordner mithilfe von Berechtigungen.

Bedeutung dieses Kapitels

In diesem Kapitel erhalten Sie eine Einführung in die unter Windows XP Professional verfügbaren NTFS-Berechtigungen (NT File System) auf Ordner- und Dateiebene. Neben dem Zuweisen von NTFS-Ordner- und -Dateiberechtigungen an Benutzerkonten und Gruppen lernen Sie, welche Auswirkungen das Verschieben und Kopieren von Dateien und Ordnern auf die NTFS-Berechtigungen hat. Ferner erfahren Sie, wie Sie Probleme hinsichtlich des Ressourcenzugriffs beseitigen.

Lektionen in diesem Kapitel:

Bevor Sie beginnen

Damit Sie die Übungen in diesem Kapitel durchführen können, brauchen Sie einen Computer, der die minimalen Hardwarevoraussetzungen erfüllt, die im Abschnitt „Über dieses Buch" am Anfang beschrieben wurden. Außerdem muss auf dem Computer Windows XP Professional installiert sein.

Lektion 1: Einführung in NTFS-Berechtigungen

Mithilfe von ***NTFS-Berechtigungen*** legen Sie fest, welche Benutzer und Gruppen Zugriff auf Dateien und Ordner erhalten und in welcher Weise die Benutzer auf den Inhalt der Dateien und Ordner zugreifen dürfen. NTFS-Berechtigungen sind nur für NTFS-Volumes verfügbar. Sie stehen *nicht* auf Volumes zur Verfügung, die mit den Dateisystemen FAT (File Allocation Table) oder FAT32 formatiert wurden. Die NTFS-Berechtigungen sind sowohl beim Zugriff auf lokale Ordner und Dateien als auch beim Datei- und Ordnerzugriff über das Netzwerk wirksam.

Die Berechtigungen, die Sie für Ordner zuweisen, unterscheiden sich von den Berechtigungen für Dateien. Administratoren, Besitzer von Dateien und Ordnern sowie Benutzer mit der Berechtigung **Vollzugriff** können NTFS-Berechtigungen an Benutzer und Gruppen vergeben, um den Zugriff auf Dateien und Ordner zu steuern.

Am Ende dieser Lektion werden Sie in der Lage sein, die folgenden Aufgaben auszuführen:

- Aufzählen der Standard-NTFS-Ordnerberechtigungen.
- Aufzählen der Standard-NTFS-Dateiberechtigungen.
- Beschreiben der Bedeutung von Zugriffssteuerungslisten in Windows XP Professional.
- Erklären, wie effektive Berechtigungen berechnet werden, wenn mehrere Sätze von NTFS-Berechtigungen angewendet werden.
- Erklären, wie die Vererbung von Berechtigungen gesteuert wird.

Veranschlagte Zeit für diese Lektion: 30 Minuten

Standard-NTFS-Ordnerberechtigungen

Sie vergeben Ordnerberechtigungen, um die Zugriffsmöglichkeiten der Benutzer auf Ordner, darin enthaltene Unterordner und Dateien zu steuern. In Tabelle 8.1 werden die Standard-NTFS-Ordnerberechtigungen sowie der sich ergebende Zugriff aufgeführt.

Tabelle 8.1 NTFS-Ordnerberechtigungen

NTFS-Ordner-berechtigung	Erlaubt dem Benutzer folgende Aktionen
Lesen	Anzeigen von Dateien und Unterordnern im Ordner sowie von Ordnerberechtigungen und Attributen (zum Beispiel **Schreibgeschützt**, **Versteckt**, **Archiv** und **System**).
Schreiben	Erstellen neuer Dateien und Unterordner in einem Ordner, Ändern von Ordnerattributen, Anzeigen von Details zu Ordnerbesitz und Berechtigungen.
Ordnerinhalt auflisten	Anzeigen der Namen von Dateien und Unterordnern eines Ordners.

▶

NTFS-Ordner-berechtigung	Erlaubt dem Benutzer folgende Aktionen
Lesen und Ausführen	Durchlaufen von Ordnern zur Suche nach anderen Dateien und Ordnern (auch wenn die Benutzer keine Zugriffsberechtigungen für diese Ordner besitzen), Ausführen von Aktionen, die die Berechtigungen **Lesen** und **Ordnerinhalt auflisten** gestatten.
Ändern	Löschen des Ordners, Ausführen von Aktionen, die die Berechtigungen **Schreiben** und **Lesen und Ausführen** gestatten.
Vollzugriff	Ändern von Berechtigungen, Besitzübernahme, Löschen von Unterordnern und Dateien, Ausführen von Aktionen, die alle übrigen NTFS-Ordnerberechtigungen gestatten.

Sie können einem Benutzerkonto oder einer Gruppe eine Berechtigung verweigern. Wenn ein Benutzer oder eine Gruppe keinerlei Zugriff auf einen Ordner erhalten soll, verweigern Sie die Berechtigung **Vollzugriff**.

Standard-NTFS-Dateiberechtigungen

Sie vergeben Dateiberechtigungen, um den Zugriff der Benutzer auf Dateien zu steuern. In Tabelle 8.2 werden die Standard-NTFS-Dateiberechtigungen sowie der sich ergebende Zugriffsumfang aufgeführt.

Tabelle 8.2 NTFS-Dateiberechtigungen

NTFS-Datei-berechtigung	Erlaubt dem Benutzer folgende Aktionen
Lesen	Lesen von Dateien, Anzeigen von Dateiattributen, Besitzern und Berechtigungen.
Schreiben	Überschreiben von Dateien, Ändern von Dateiattributen, Anzeigen von Dateibesitzern und Berechtigungen.
Lesen und Ausführen	Ausführen von Anwendungen und allen Aktionen, die die Berechtigung **Lesen** gestattet.
Ändern	Ändern und Löschen von Dateien, Ausführen von Aktionen, die die Berechtigungen **Schreiben** und **Lesen und Ausführen** gestatten.
Vollzugriff	Ändern von Berechtigungen, Besitzübernahme, Ausführen von Aktionen, die alle übrigen NTFS-Dateiberechtigungen gestatten.

Zugriffssteuerungslisten in Windows XP Professional

NTFS speichert zusammen mit jeder Datei und jedem Ordner auf einem NTFS-Datenträger eine so genannte ***Zugriffssteuerungsliste*** (Access Control List, ACL). Die ACL enthält eine Liste aller Benutzerkonten und Gruppen, denen Berechtigungen für eine Datei oder einen Ordner gewährt wurden, sowie die Art des gewährten Zugriffs. Wenn ein Benutzer auf eine Ressource zugreifen möchte, muss die zugehörige ACL für das Benutzerkonto oder die Gruppe einen entsprechenden Eintrag enthalten. Dieser Eintrag wird als ***Zugriffssteuerungseintrag*** (Access Control Entry, ACE) bezeichnet. Der Eintrag muss die Art des gewünschten Zugriffs zulassen (zum Beispiel den Lesezugriff), damit der Benutzer Zugriff erhält. Falls in der ACL kein entsprechender ACE vorhanden ist, kann der Benutzer nicht auf die Ressource zugreifen.

Berechnen der effektiven Berechtigungen beim Anwenden mehrerer NTFS-Berechtigungen

Ein Benutzer kann für eine bestimmte Ressource mehrere Sätze von NTFS-Berechtigungen erhalten. Zum Beispiel kann ein Benutzer Mitglied bei zwei unterschiedlichen Gruppen sein, denen jeweils andere Berechtigungen für den Zugriff auf eine Ressource zugewiesen wurden. Um Berechtigungen sinnvoll zuweisen zu können, müssen Sie wissen, nach welchen Regeln und Prioritäten NTFS mehrere Berechtigungen zuweist und kombiniert und wie NTFS-Berechtigungen vererbt werden.

Was sind effektive Berechtigungen?

Die ***effektiven Berechtigungen*** eines Benutzers für eine bestimmte Ressource setzen sich aus der Summe der NTFS-Berechtigungen zusammen, die Sie dem einzelnen Benutzerkonto und allen Gruppen gewähren, denen der Benutzer angehört. Wenn ein Benutzer zum Beispiel die Leseberechtigung für einen Ordner hat und Mitglied einer Gruppe mit Schreibberechtigung für denselben Ordner ist, hat der Benutzer die Berechtigungen **Lesen** und **Schreiben** für diesen Ordner.

Prüfungstipp Wenn Sie die effektiven NTFS-Berechtigungen von Hand berechnen wollen, sollten Sie zuerst alle **Zulassen**-Berechtigungen aus allen Quellen kombinieren. Stellen Sie anschließend alle **Verweigern**-Berechtigungen zusammen, die dem Benutzer zugewiesen wurden. **Verweigern**-Berechtigungen überschreiben **Zulassen**-Berechtigungen. Das Ergebnis sind die effektiven Berechtigungen des Benutzers für die Ressource.

Wie Dateiberechtigungen Ordnerberechtigungen überschreiben

NTFS-Berechtigungen, die einer Datei zugewiesen wurden, haben Vorrang vor NTFS-Berechtigungen, die dem Ordner zugewiesen wurden, in dem die Datei liegt. Wenn Sie Zugriffsberechtigungen für eine Datei haben, können Sie mit dem Benutzerrecht **Auslassen der durchsuchenden Überprüfung** selbst dann auf diese Datei zugreifen, wenn Sie keine Zugriffsberechtigungen für den Ordner haben, in dem sich die Datei befindet. Ein Benutzer kann auf die Dateien zugreifen, für die er über die entsprechenden Berechtigungen verfügt, indem er zum Öffnen der Datei in der entsprechenden Anwendung den Pfadnamen im UNC-Format (Universal Naming Convention) oder als lokalen Pfad angibt. Die Datei kann selbst dann geöffnet werden, wenn der Benutzer keine Zugriffsberechtigung für den Ordner hat, in dem die Datei liegt. Anders formuliert: Wenn Sie keine Zugriffsberechtigung für den Ordner haben, in dem sich die gewünschte Datei befindet, müssen Sie über das Benutzerrecht **Auslassen der durchsuchenden Überprüfung** verfügen und den vollständigen Pfad kennen, um die Datei öffnen zu können. Ohne Zugriffsberechtigung für den Ordner wird Ihnen der Ordner nicht angezeigt, Sie können ihn daher auch nicht nach der gewünschten Datei durchsuchen.

Weitere Informationen Das Benutzerrecht **Auslassen der durchsuchenden Überprüfung** wird in Lektion 2, „Zuweisen von NTFS-Berechtigungen und Spezialberechtigungen", näher erläutert.

Wie Verweigern-Berechtigungen Zulassen-Berechtigungen überschreiben

Sie können eine Berechtigung auf eine bestimmte Datei für ein Benutzerkonto oder eine Gruppe nicht nur zulassen, sondern auch explizit verweigern. (Diese Methode wird im Rahmen der Zugriffsteuerung für Ressourcen jedoch nicht empfohlen.) Das Verweigern einer Berechtigung setzt jegliche Zuweisungen dieser Berechtigung an anderer Stelle außer Kraft. Selbst wenn ein Benutzer an anderer Stelle als Mitglied einer Gruppe die Berechtigung für den Zugriff auf einen Ordner oder eine Datei erhalten hat, blockiert die **Verweigern**-Berechtigung diese Berechtigungen.

Ein Beispiel sehen Sie in Abbildung 8.1. **Benutzer1** verfügt über die Berechtigung **Lesen** für **OrdnerA**. Er ist außerdem Mitglied von **GruppeA** und **GruppeB**. **GruppeB** besitzt die Berechtigung **Schreiben** für **OrdnerA**. Dageben wurde **GruppeA** für **Datei2** die **Verweigern**-Berechtigung **Schreiben** zugewiesen.

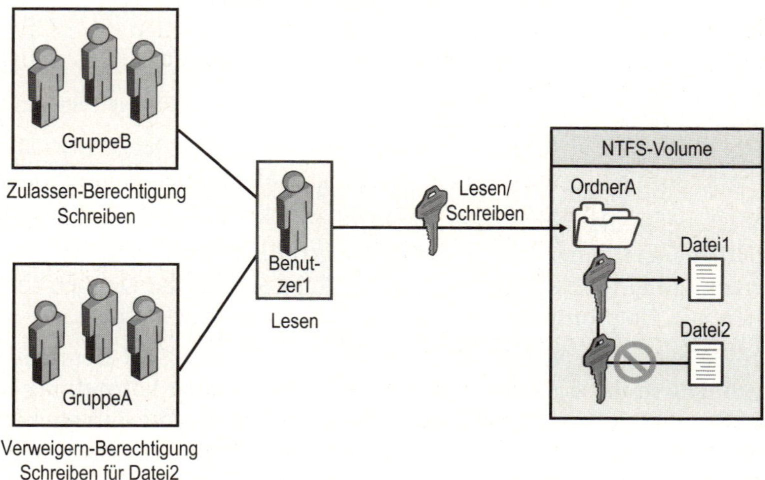

Abbildung 8.1 Berechnen der effektiven NTFS-Berechtigungen

Der Benutzer kann Lese- und Schreibvorgänge für **Datei1** ausführen. Außerdem kann er **Datei2** aufgrund der Ordnerberechtigungen lesen. Da er jedoch Mitglied von **GruppeA** ist, der für **Datei2** die **Verweigern**-Berechtigung **Schreiben** zugewiesen wurde, kann er nicht in **Datei2** schreiben.

Steuern der Vererbung von NTFS-Berechtigungen

Standardmäßig werden die einem übergeordneten Ordner zugewiesenen Berechtigungen an die Unterordner und Dateien des übergeordneten Ordners vererbt. Sie können diese ***Berechtigungsvererbung*** jedoch verhindern (Abbildung 8.2).

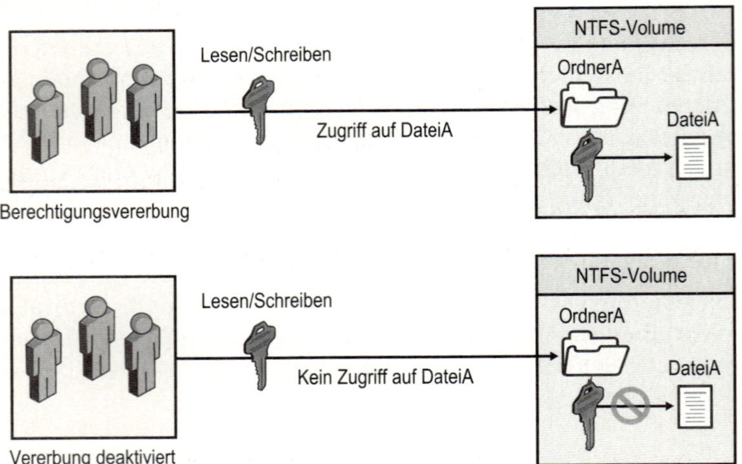

Abbildung 8.2 Dateien und Ordnern erben Berechtigungen von ihrem übergeordneten Ordner

Grundsätzlich werden die einem übergeordneten Ordner zugewiesenen Berechtigungen als Standardeinstellung an die enthaltenen Unterordner und Dateien vererbt. Wenn Sie also NTFS-Zugriffsberechtigungen für einen Ordner erteilen, erteilen Sie automatisch auch Zugriffsberechtigung für eventuell enthaltene Unterordner und Dateien sowie für alle neuen Dateien und Unterordner, die in diesem Ordner erstellt werden.

Sie können diese Berechtigungsvererbung für einen Ordner mit NTFS-Berechtigungen außer Kraft setzen. Durch diese Festlegung ändern Sie die Standardeinstellung und verhindern, dass die Berechtigungen des übergeordneten Ordners an die enthaltenen Dateien und Unterordner vererbt werden.

Der Ordner, für den Sie die Berechtigungsvererbung außer Kraft setzen, wird zum neuen übergeordneten Ordner. Die in diesem neuen übergeordneten Ordner enthaltenen Unterordner und Dateien erben wieder die Zugriffsberechtigungen des übergeordneten Ordners.

Lernzielkontrolle

Anhand der folgenden Fragen können Sie überprüfen, ob Sie die Themen dieser Lektion so gut beherrschen, dass Sie mit der nächsten Lektion weitermachen können. Falls Sie eine Frage nicht beantworten können, sollten Sie die Lektion noch einmal durcharbeiten, und dann erneut versuchen, die Frage zu beantworten. Die Antworten auf die Lernzielkontrollfragen finden Sie im Abschnitt „Fragen und Antworten“ am Ende dieses Kapitels.

1. Welche der folgenden Aussagen treffen auf NTFS-Datei- und -Ordnerberechtigungen zu? (Wählen Sie alle zutreffenden Antworten aus.)
   a. Die NTFS-Berechtigungen sind nur wirksam, wenn ein Benutzer über das Netzwerk auf eine Datei oder einen Ordner zugreift.
   b. Die NTFS-Berechtigungen sind wirksam, wenn ein Benutzer über den lokalen Computer auf eine Datei oder einen Ordner zugreift.
   c. Mithilfe von NTFS-Berechtigungen können Sie festlegen, welche Benutzer und Gruppen Zugriff auf Dateien und Ordner erhalten und in welcher Weise die Benutzer auf den Inhalt der Dateien und Ordner zugreifen können.
   d. NTFS-Berechtigungen können in allen unter Windows XP Professional unterstützten Dateisystemen verwendet werden.
2. Welche der folgenden NTFS-Berechtigungen ermöglicht das Löschen von Ordnern?
   a. Lesen
   b. Lesen und Ausführen
   c. Ändern
   d. Verwalten
3. Welche NTFS-Dateiberechtigungen weisen Sie für eine Datei zu, wenn Sie den Benutzern das Löschen der Datei ermöglichen möchten, die Benutzer aber nicht den Besitz der Datei übernehmen können sollen?

   ____

4. Welche Funktion hat die Zugriffssteuerungsliste (Access Control List, ACL), und worin besteht der Unterschied zwischen einer Zugriffssteuerungsliste und einem Zugriffssteuerungseintrag (Access Control Entry, ACE)?

   ____

   ____

   ____

   ____

   ____

   ____

5. Woraus ergeben sich die effektiven Berechtigungen eines Benutzers für eine bestimmte Ressource?

   ____

   ____

   ____

   ____

   ____

   ____

6. An wen oder was werden die einem übergeordneten Ordner zugewiesenen Berechtigungen standardmäßig vererbt?

____

____

Zusammenfassung der Lektion

- NTFS-Ordnerberechtigungen sind **Lesen**, **Schreiben**, **Ordnerinhalt auflisten**, **Lesen und Ausführen**, **Ändern** und **Vollzugriff**.
- NTFS-Dateiberechtigungen sind **Lesen**, **Schreiben**, **Lesen und Ausführen**, **Ändern** und **Vollzugriff**.
- NTFS speichert für jede Datei und jeden Ordner auf einem NTFS-Volume eine Zugriffssteuerungsliste (Access Control List, ACL), in der eine Liste aller Benutzerkonten und Gruppen enthalten ist, die Zugriffsberechtigungen für den Ordner oder die Datei erhalten haben. Welche Art des Zugriffs dem jeweiligen Konto erlaubt ist, wird innerhalb der ACL in Form von Zugriffssteuerungseinträgen (Access Control Entries, ACE) gespeichert.
- Es ist möglich, dass einem Benutzer für eine bestimmte Ressource mehrere Sätze aus NTFS-Berechtigungen zugewiesen wurden. Die effektiven Berechtigungen eines Benutzers für eine bestimmte Ressource setzen sich aus der Summe der NTFS-Berechtigungen zusammen, die Sie einem einzelnen Benutzerkonto und allen Gruppen gewähren, denen der Benutzer angehört.
- In der Standardeinstellung werden Berechtigungen, die Sie einem übergeordneten Ordner zuweisen, an die Unterordner und Dateien in diesem übergeordneten Ordner vererbt, das heißt weitergegeben. Sie können diese Berechtigungsvererbung allerdings verhindern.

Lektion 2: Zuweisen von NTFS-Berechtigungen und Spezialberechtigungen

Beim Zuweisen von NTFS-Berechtigungen sollten Sie gewissen Richtlinien folgen. Erteilen Sie Berechtigungen entsprechend den Bedürfnissen der Gruppen und Benutzer, und aktivieren oder deaktivieren Sie dabei die Berechtigungsvererbung von einem übergeordneten Ordner auf die darin enthaltenen Dateien und Unterordner.

Am Ende dieser Lektion werden Sie in der Lage sein, die folgenden Aufgaben auszuführen:

- Zuweisen oder Ändern von NTFS-Ordner- und -Dateiberechtigungen für Benutzerkonten und Gruppen.
- Gewähren oder Verweigern spezieller Berechtigungen.
- Übernehmen des Besitzes von Dateien und Ordnern.
- Verhindern der Berechtigungsvererbung.
- Nennen von Richtlinien für die Planung von NTFS-Berechtigungen.

Veranschlagte Zeit für diese Lektion: 70 Minuten

Zuweisen oder Ändern von Berechtigungen

Administratoren, Benutzer mit der Berechtigung **Vollzugriff** und die Besitzer von Dateien und Ordnern können Benutzerkonten und Gruppen Berechtigungen zuweisen.

Um NTFS-Berechtigungen für eine Datei oder einen Ordner zuzuweisen oder zu ändern, müssen Sie im Eigenschaftendialogfeld der Datei oder des Ordners die auf der Registerkarte **Sicherheit** enthaltenen Optionen konfigurieren (Abbildung 8.3). Diese Optionen werden in Tabelle 8.3 beschrieben.

Tabelle 8.3 Steuerelemente auf der Registerkarte **Sicherheit**

Steuerelement	Beschreibung
Gruppen- oder Benutzernamen	Hier können Sie die Benutzerkonten oder Gruppen auswählen, deren Berechtigungen Sie ändern oder die Sie aus der Liste entfernen möchten.
Berechtigungen für *Gruppen- oder Benutzername*	Hier können Sie Berechtigungen zulassen oder verweigern. Klicken Sie auf das Kontrollkästchen **Zulassen**, um eine Berechtigung zu gewähren. Durch Klicken auf das Kontrollkästchen **Verweigern** wird sie verweigert.
Hinzufügen	Öffnet das Dialogfeld **Benutzer oder Gruppen wählen**, in dem Sie die Benutzerkonten und -gruppen angeben können, die zur Liste **Gruppen- oder Benutzernamen** hinzugefügt werden sollen (Abbildung 8.4).
Entfernen	Ermöglicht Ihnen, das ausgewählte Konto oder die Gruppe und die damit verknüpften Berechtigungen für die Datei oder den Ordner zu entfernen.
Erweitert	Öffnet das Dialogfeld mit den erweiterten Sicherheitseinstellungen für den ausgewählten Ordner, in dem Sie spezielle Berechtigungen zuweisen oder verweigern können (Abbildung 8.5).

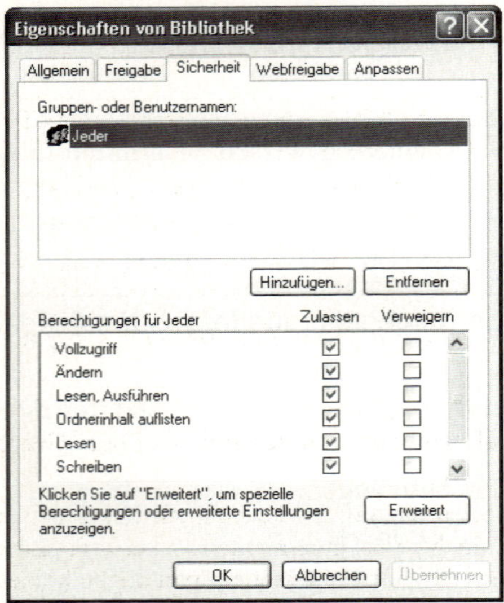

Abbildung 8.3 Auf der Registerkarte **Sicherheit** im Eigenschaftendialogfeld eines Ordners können Sie die NTFS-Berechtigungen einstellen

Klicken Sie im Eigenschaftendialogfeld einer Datei oder eines Ordners auf **Hinzufügen**, um das Dialogfeld **Benutzer oder Gruppen wählen** anzuzeigen (Abbildung 8.4). Mithilfe dieses Dialogfelds können Sie zur Liste **Gruppen- oder Benutzernamen** weitere Benutzer oder Gruppen hinzufügen und diesen Berechtigungen für den Zugriff auf einen Ordner oder eine Datei zuweisen. In Tabelle 8.4 werden die im Dialogfeld **Benutzer oder Gruppen wählen** verfügbaren Optionen beschrieben.

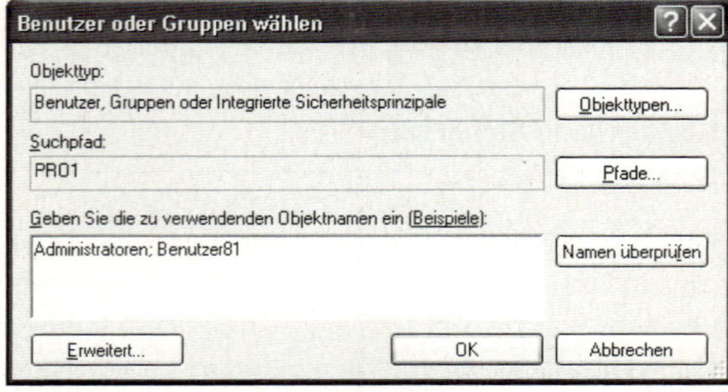

Abbildung 8.4 Im Dialogfeld **Benutzer oder Gruppen wählen** können Sie weitere Benutzer und Gruppen zur Liste der Konten hinzufügen

Tabelle 8.4 Steuerelemente im Dialogfeld **Benutzer oder Gruppen wählen**

Steuerelement	Beschreibung
Objekttyp	Hier geben Sie Art der gesuchten Objekte an, zum Beispiel vordefinierte Benutzerkonten, Gruppen und Computerkonten.
Suchpfad	Gibt den aktuellen Suchpfad an, zum Beispiel eine Domäne oder den lokalen Computer.
Pfade	Hier geben Sie den gewünschten Suchpfad an, zum Beispiel die Domäne oder den lokalen Computer.
Geben Sie die zu verwendenden Objektnamen ein	Hier geben Sie eine Liste der vordefinierten Benutzer oder Gruppen an, die hinzugefügt werden sollen.
Namen überprüfen	Prüft die Liste der ausgewählten vordefinierten Benutzer oder Gruppen auf Fehler.
Erweitert	Über diese Schaltfläche greifen Sie auf erweiterte Suchfunktionen zu. Beispielsweise ist es möglich, nach gelöschten Konten zu suchen, Konten, deren Kennwort nie abläuft, oder Konten, für die seit einigen Tagen keine Anmeldung erfolgt ist.

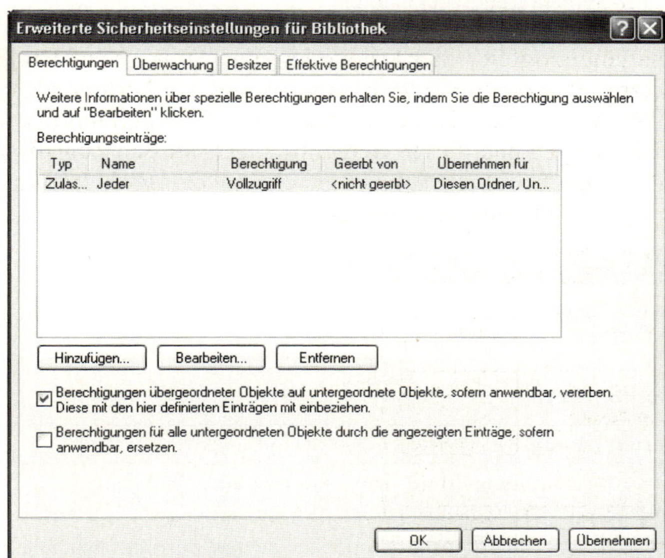

Abbildung 8.5 Spezielle Berechtigungen können Sie auf der Registerkarte **Berechtigungen** im Dialogfeld **Erweiterte Sicherheitseinstellungen** zuweisen

Zulassen und Verweigern von speziellen Berechtigungen

Klicken Sie im Eigenschaftendialogfeld einer Datei oder eines Ordners auf die Schaltfläche **Erweitert**, um das Dialogfeld mit den erweiterten Sicherheitseinstellungen anzuzeigen (Abbildung 8.5), in dem die Benutzer und Gruppen sowie deren Berechtigungen für das ausgewählte Objekt angezeigt werden. Die Spalte **Geerbt von** im Feld **Berechtigungseinträge** gibt darüber hinaus Auskunft darüber, ob die Berechtigungen vererbt wurden und, wenn ja, von wem.

Sie können mithilfe dieses Dialogfelds die Berechtigungen für einen Benutzer oder einer Gruppe ändern. Zum Ändern der für einen Benutzer oder eine Gruppe festgelegten Berechtigungen markieren Sie einen Benutzer und klicken auf **Bearbeiten**. Daraufhin wird das Dialogfeld **Berechtigungseintrag für *Ordner*** angezeigt (Abbildung 8.6). In diesem Dialogfeld können Sie verschiedene spezielle Berechtigungen gewähren oder verweigern, siehe hierzu Tabelle 8.5.

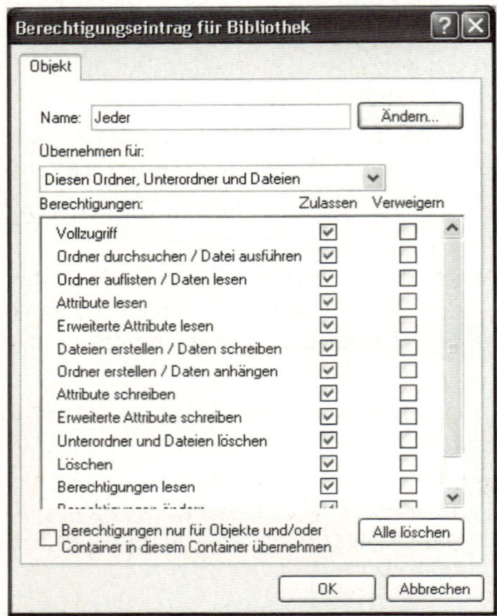

Abbildung 8.6 Eine Liste der speziellen Berechtigungen im Dialogfeld **Berechtigungseintrag für *Ordner***

Tabelle 8.5 Spezielle Berechtigungen

Berechtigung	Beschreibung
Vollzugriff	Diese Berechtigung erteilt dem Benutzer oder der Gruppe alle Berechtigungen für eine Ressource.
Ordner durchsuchen / Datei ausführen	Diese Berechtigung gestattet oder verweigert das Durchsuchen von Ordnern, um auf andere Dateien oder Ordner zuzugreifen – selbst dann, wenn der Benutzer keine Berechtigungen für den durchsuchten Ordner besitzt. Nehmen Sie zum Beispiel den Fall, dass ein Benutzer keine Berechtigungen für einen Ordner namens **Verkauf** hat, aber die Berechtigung braucht, um auf einen Unterordner namens **Werbematerial** zuzugreifen, der sich unterhalb des Ordners **Verkauf** befindet. Wenn dem Benutzer die Berechtigung **Ordner durchsuchen** gewährt wurde, kann der Benutzer auf den Ordner **Werbematerial** zugreifen. ▶

Berechtigung	Beschreibung
	Diese Berechtigung wird nicht angewendet, wenn dem Benutzer das Benutzerrecht **Auslassen der durchsuchenden Überprüfung** erteilt wurde. Die Berechtigung **Datei ausführen** wird nur auf Dateien angewendet. Sie gewährt oder verweigert die Fähigkeit zum Ausführen von ausführbaren Dateien (Anwendungsdateien).
Ordner auflisten / Daten lesen	Die Berechtigung **Ordner auflisten** gewährt oder verweigert das Anzeigen von Datei- und Unterordnernamen innerhalb eines Ordners. Die Berechtigung **Ordner auflisten** gilt nur für Ordner. Die Berechtigung **Daten lesen** gewährt oder verweigert das Anzeigen der Dateiinhalte. Die Berechtigung **Daten lesen** gilt nur für Dateien.
Attribute lesen	Gewährt oder verweigert das Anzeigen der Datei- oder Ordnerattribute. Diese Attribute werden von NTFS festgelegt.
Erweiterte Attribute lesen	Gewährt oder verweigert das Anzeigen der erweiterten Datei- oder Ordnerattribute. Diese Attribute werden von Programmen festgelegt.
Dateien erstellen / Daten schreiben	Gewährt oder verweigert das Erstellen von Dateien in einem Ordner. Die Berechtigung **Dateien erstellen** gilt nur für Ordner. Die Berechtigung **Daten schreiben** gewährt oder verweigert das Vornehmen von Änderungen an einer Datei sowie das Überschreiben von vorhandenen Inhalten. Die Berechtigung **Daten schreiben** gilt nur für Dateien.
Ordner erstellen / Daten anhängen	Gewährt oder verweigert das Erstellen von Ordnern in einem Ordner. Die Berechtigung **Ordner erstellen** gilt nur für Ordner. Die Berechtigung **Daten anhängen** gewährt oder verweigert das Vornehmen von Änderungen am Dateiende, jedoch nicht das Ändern, Löschen oder Überschreiben vorhandener Daten. Die Berechtigung **Daten anhängen** gilt nur für Dateien.
Attribute schreiben	Gewährt oder verweigert das Ändern der Datei- oder Ordnerattribute. Diese Attribute werden von NTFS festgelegt.
Erweiterte Attribute schreiben	Gewährt oder verweigert das Ändern der erweiterten Datei- oder Ordnerattribute. Diese Attribute werden von Programmen festgelegt.
Unterordner und Dateien löschen	Gewährt oder verweigert das Löschen von Unterordnern oder Dateien in einem Ordner – selbst dann, wenn für den betreffenden Unterordner oder die jeweilige Datei nicht die Berechtigung **Löschen** erteilt wurde.
Löschen	Gewährt oder verweigert das Löschen von Dateien und Ordnern. Ein Benutzer kann Dateien oder Ordner selbst dann löschen, wenn für den Ordner beziehungsweise die Datei nicht die Berechtigung **Löschen** erteilt wurde. Voraussetzung hierfür ist, dass dem Benutzer für den übergeordneten Ordner die Berechtigung **Unterordner und Dateien löschen** gewährt wurde.
Berechtigungen lesen	Diese Berechtigung gewährt oder verweigert dem Benutzer das Lesen der für eine Datei oder einen Ordner zugewiesenen Berechtigungen. ►

Berechtigung	Beschreibung
Berechtigungen ändern	Diese Berechtigung ermöglicht dem Benutzer das Ändern der für eine Datei oder einen Ordner zugewiesenen Berechtigungen. Sie können mit dieser Berechtigung weiteren Administratoren und Benutzern die Möglichkeit geben, die Berechtigungen für eine Datei oder einen Ordner zu ändern, ohne ihnen die Berechtigung **Vollzugriff** für die Datei oder den Ordner zuzuweisen. Auf diese Weise kann der Administrator oder der Benutzer die Datei beziehungsweise den Ordner weder löschen noch Schreibvorgänge ausführen, aber er kann Berechtigungen für die Datei oder den Ordner zuweisen.
Besitzrechte übernehmen	Gewährt oder verweigert das Übernehmen der Besitzrechte für Dateien und Ordner. Der Besitzer einer Datei kann die Berechtigungen für eine Datei oder Ordner immer ändern, unabhängig von den für den Schutz der Datei oder des Ordners festgelegten Berechtigungen.
Synchronisieren	Diese Berechtigung gewährt oder verweigert unterschiedlichen Threads in einem Multithreading-Programm die Fähigkeit, sich untereinander zu synchronisieren. Ein Multithreading-Programm führt mehrere Aktionen gleichzeitig aus, indem es in einem Zweiprozessorcomputer beide CPUs parallel nutzt. Diese Berechtigung wird keinen Benutzern zugewiesen, sondern nur Multithreading-Programmen.

Prüfungstipp Wenn Sie Berechtigungen zuweisen, sollten Sie Benutzern nur gerade so viele Berechtigungen gewähren, wie sie brauchen, um ihre Arbeit zu erledigen. Dies wird als Prinzip der geringstmöglichen Rechte bezeichnet.

Übernehmen der Besitzrechte für Dateien und Ordner

Jedes Objekt (Datei oder Ordner) auf einem NTFS-Volume hat einen Besitzer, der steuert, wie Berechtigungen für das Objekt vergeben werden und wem Berechtigungen zugewiesen werden. Wenn ein Benutzer ein Objekt erstellt, wird dieser Benutzer automatisch der Besitzer des Objekts.

Sie können den Besitz von Dateien oder Ordnern von einem Benutzerkonto oder einer Gruppe auf ein anderes Benutzerkonto beziehungsweise auf eine andere Gruppe übertragen. Sie können einem Benutzer gestatten, den Besitz einer Datei oder eines Ordners zu übernehmen. Als Administrator sind Sie ebenfalls in der Lage, Besitzrechte zu übernehmen.

Beim Übernehmen der Besitzrechte für Dateien oder Ordner gelten folgende Regeln:

- Der gegenwärtige ***Besitzer*** oder ein beliebiger Benutzer mit der Berechtigung **Vollzugriff** kann einem Benutzerkonto oder einer Gruppe die Standardberechtigung **Vollzugriff** oder die spezielle Berechtigung **Besitzrechte übernehmen** zuweisen. Damit ist das Benutzerkonto oder ein Mitglied der betreffenden Gruppe berechtigt, die Besitzrechte zu übernehmen.

- Ein Administrator hat grundsätzlich die Möglichkeit, den Besitz für einen Ordner oder eine Datei zu übernehmen, unabhängig von den zugewiesenen Berechtigungen. Übernimmt ein Administrator die Besitzrechte für ein Objekt, wird die Gruppe **Administratoren** zum Besitzer des Objekts, jedes Mitglied der Administratorengruppe kann die Berechtigungen für die Datei oder den Ordner ändern und die Berechtigung **Besitzrechte übernehmen** einem anderen Benutzer oder einer Gruppe zuweisen.

Wenn zum Beispiel ein Mitarbeiter das Unternehmen verlässt, kann ein Administrator die Besitzrechte für die Dateien des Mitarbeiters übernehmen und einem anderen Mitarbeiter die Berechtigung **Besitzrechte übernehmen** zuweisen. Dieser Mitarbeiter ist anschließend in der Lage, die Besitzrechte für die Dateien des ehemaligen Mitarbeiters zu übernehmen.

Hinweis Es ist nicht möglich, einem Benutzer die Besitzrechte für eine Datei oder einen Ordner zuzuweisen. Der Besitzer einer Datei, ein Administrator oder eine Person mit der Berechtigung **Vollzugriff** kann einem Benutzerkonto oder einer Gruppe die Berechtigung **Besitzrechte übernehmen** zuweisen. Damit erhält das Benutzerkonto oder die Gruppe die Erlaubnis, das Besitzrecht zu übernehmen. Um tatsächlich zum Besitzer einer Datei oder eines Ordners zu werden, muss ein Benutzer oder ein Gruppenmitglied mit der Berechtigung **Besitz übernehmen** den Besitz der Datei oder des Ordners explizit übernehmen.

Um tatsächlich zum Besitzer einer Datei oder eines Ordners zu werden, muss ein Benutzer oder ein Gruppenmitglied mit der Berechtigung **Besitz übernehmen** den Besitz der Datei oder des Ordners explizit übernehmen. Nachfolgend werden die hierzu erforderlichen Schritte aufgeführt:

1. Klicken Sie auf der Registerkarte **Sicherheit** des Eigenschaftendialogfelds für eine Datei oder einen Ordner auf **Erweitert**.
2. Wählen Sie im Dialogfeld mit den erweiterten Sicherheitseinstellungen auf der Registerkarte **Besitzer** in der Liste **Besitzer ändern auf** Ihren Namen aus.
3. Aktivieren Sie das Kontrollkästchen **Besitzer der Objekte und untergeordneten Container ersetzen**, um auch den Besitz für alle Unterordner und Dateien zu übernehmen, die sich im Ordner befinden. Klicken Sie schließlich auf **OK**.

Verhindern der Berechtigungsvererbung

Standardmäßig erben Unterordner und Dateien die Berechtigungen, die Sie dem jeweiligen übergeordneten Ordner zuweisen. Dies erkennen Sie daran, dass im Dialogfeld mit den erweiterten Sicherheitseinstellungen (Abbildung 8.5) das Kontrollkästchen **Berechtigungen übergeordneter Objekte auf untergeordnete Objekte, sofern anwendbar, vererben** aktiviert ist. Wenn Sie nicht möchten, dass die in einem Ordner enthaltenen Unterordner oder Dateien die Berechtigungen des übergeordneten Ordners erben, müssen Sie dieses Kontrollkästchen deaktivieren. In diesem Fall wird das Dialogfeld **Sicherheit** geöffnet, und Sie werden aufgefordert, eine der in Tabelle 8.6 beschriebenen Optionen auszuwählen.

Tabelle 8.6 Optionen für das Verhindern der Berechtigungsvererbung

Option	Beschreibung
Kopieren	Kopiert die zuvor vom übergeordneten Objekt vererbten Berechtigungseinträge in das untergeordnete Objekt und sorgt dafür, dass später erteilte Berechtigungen nicht mehr durch den übergeordneten Ordner vererbt werden.
Entfernen	Entfernt die zuvor vom übergeordneten Objekt vererbten Berechtigungseinträge für das untergeordnete Objekt und weist dem untergeordneten Objekt nur explizit zugewiesene Berechtigungen zu. Wenn Sie auf diese Schaltfläche klicken, werden alle Berechtigungen von der Datei oder dem Ordner entfernt. Falls Sie sich selbst nicht unmittelbar danach neue Berechtigungen zuweisen, könnten Sie den Zugriff auf die Datei verlieren. Wenn Sie den Zugriff auf die Datei wiederherstellen wollen, müssen Sie ihr Besitzer werden.
Abbrechen	Schließt das Dialogfeld **Sicherheit**.

Planen von NTFS-Berechtigungen

Wenn Sie sich ein wenig Zeit nehmen, die Zuweisung der NTFS-Berechtigungen zu planen und die wichtigsten Grundregeln befolgen, werden Sie feststellen, dass NTFS-Berechtigungen relativ einfach zu verwalten sind. Beachten Sie beim Zuweisen von NTFS-Berechtigungen die folgenden Richtlinien:

- Gruppieren Sie Dateien in Ordnern, um die Verwaltung zu vereinfachen. Auf diese Weise können Sie Berechtigungen den Ordnern zuweisen, und nicht einzelnen Dateien.
- Weisen Sie den Benutzern nur die Zugriffsberechtigungen zu, die sie wirklich benötigen. Wenn ein Benutzer eine Datei nur lesen muss, sollten Sie dem entsprechenden Benutzerkonto für diese Datei die Berechtigung **Lesen** zuweisen. So verringern Sie das Risiko, dass ein Benutzer versehentlich wichtige Dokumente oder Anwendungsdateien ändert oder löscht.
- Fassen Sie Benutzer mit gleichen Zugriffsanforderungen für Ressourcen in Gruppen zusammen, und weisen Sie anschließend der Gruppe die entsprechenden Berechtigungen zu. Individuellen Benutzerkonten sollten Sie nur dann Berechtigungen zuweisen, wenn dies unbedingt erforderlich ist.
- Weisen Sie für die Arbeit mit Daten- oder Anwendungsordnern der Gruppe **Benutzer** und der Gruppe **Administratoren** die Berechtigung **Lesen und Ausführen** zu. Auf diese Weise wird verhindert, dass Anwendungsdateien versehentlich durch Benutzer gelöscht oder durch Viren beschädigt werden.
- Weisen Sie für die Arbeit mit öffentlichen Datenordnern der Gruppe **Benutzer** die Berechtigung **Lesen und Ausführen** sowie die Berechtigung **Schreiben** zu, und gewähren Sie der Gruppe **Ersteller-Besitzer** die Berechtigung **Vollzugriff**. Standardmäßig ist der Benutzer, der eine Datei anlegt, auch der Besitzer der Datei. Der Dateibesitzer kann einem anderen Benutzer die Berechtigung erteilen, den Besitz der Datei zu übernehmen. Die Person, die den Besitz der Datei übernimmt, wird damit zum Besitzer der Datei. Wenn Sie der Gruppe **Benutzer** die Berechtigungen **Lesen und Aus-**

führen und **Schreiben** und der Gruppe **Ersteller-Besitzer** die Berechtigung **Vollzugriff** zuweisen, haben die Benutzer einerseits die Möglichkeit, Dokumente zu lesen und zu ändern, die andere Benutzer erstellt haben, und können andererseits Dateien und Ordner lesen, ändern und löschen, die sie selbst angelegt haben.

- Sie sollten nur dann **Verweigern**-Berechtigungen zuweisen, wenn es wichtig ist, eine bestimmte Zugriffsart für ein Benutzerkonto oder eine Gruppe zu unterbinden.
- Halten Sie Benutzer dazu an, den von ihnen angelegten Dateien und Ordnern Berechtigungen zuzuordnen, und zeigen Sie Ihnen, wie Berechtigungen zugewiesen werden.

Praxistipp Verwalten von Berechtigungsstrukturen

Weil so viele unterschiedliche Berechtigungen zur Verfügung stehen, lassen sich Administratoren oft dazu verlocken, Berechtigungsstrukturen zu erstellen, die viel komplizierter sind als nötig. Abgesehen davon, dass Sie sich an die in diesem Kapitel beschriebenen Richtlinien halten (zum Beispiel, dass Sie Berechtigungen für Ordner vergeben statt für Dateien und dass Sie Berechtigungen Gruppen statt einzelnen Benutzerkonten zuweisen), können Sie sich das Verwalten einer Berechtigungsstruktur erleichtern, wenn Sie sich an folgende Regeln halten:

- Die meisten Firmen entscheiden sich im Zweifelsfall lieber für zu viel Sicherheit als für zu wenig. Gewöhnen Sie sich an, alles mit Berechtigungen komplett abzusperren und dann nur denen Zugriff zu gewähren, die ihn benötigen. Gewähren Sie den Benutzern außerdem nur die Berechtigung, die sie tatsächlich brauchen. Es ist oft verlockend, Benutzern einfach Vollzugriff zu gewähren, damit Sie sich nicht die Beschwerden von Benutzern anhören müssen, die ihre Arbeit nicht erledigen können. Widerstehen Sie dieser Versuchung. In kleineren Netzwerken können Sie sich durchaus für den entgegengesetzten Ansatz entscheiden: Sie erlauben den Zugriff auf alles und schützen dann nur die Ressourcen, die gefährdet sind.
- Dokumentieren Sie Ihre Sicherheitsentscheidungen und ermutigen Sie die Benutzer, das ebenfalls zu tun. Sie sollten aufzeichnen, welche Ordner und Dateien welche Berechtigungen haben. Notieren Sie auch, warum Sie sich für diese Einstellungen entschieden haben. Das sieht zwar nach zusätzlichem Aufwand aus (und erfordert anfangs tatsächlich mehr Arbeit), diese Dokumentation ist aber von unschätzbarem Wert, wenn Sie später die Berechtigungsstruktur ändern oder Probleme damit beseitigen müssen.

Übung: Planen und Zuweisen von NTFS-Berechtigungen

In dieser Übung planen Sie anhand bestimmter Vorgaben die NTFS-Berechtigungen für Ordner und Dateien. Dann wenden Sie in einem zweiten Szenario, das eine Arbeitsgruppe umfasst, NTFS-Berechtigungen auf Ihrem Windows XP Professional-Computer an. Abschließend testen Sie die NTFS-Berechtigungen, um sicherzustellen, dass die Einstellungen die gewünschte Wirkung zeigen.

Führen Sie die folgenden sechs Teilübungen durch und beantworten Sie die gestellten Fragen. Die Antworten auf die Fragen finden Sie im Abschnitt „Fragen und Antworten" am Ende dieses Kapitels.

Übung 1: Vorbereiten der Übung

Zuerst müssen Sie das Szenario für die nachfolgenden Teilübungen vorbereiten. Melden Sie sich mit einem Konto an, das Mitglied der Administratorengruppe ist, und erstellen Sie für die in der folgenden Tabelle aufgeführten Benutzernamen eingeschränkte Benutzerkonten.

Benutzerkontoname	Typ
Benutzer81	Eingeschränkt
Benutzer82	Eingeschränkt
Benutzer83	Eingeschränkt
Benutzer84	Eingeschränkt

Erstellen Sie die folgenden Ordner:

- C:\Öffentlich
- C:\Öffentlich\Bibliothek

Übung 2: Ermitteln der Standard-NTFS-Berechtigungen für einen Ordner

In dieser Teilübung ermitteln Sie die Standard-NTFS-Berechtigungen für den neu erstellten Ordner **Öffentlich**, der auf einem Windows XP Professional-Computer erstellt wurde, der Teil einer Arbeitsgruppe ist.

1. Melden Sie sich über ein Konto an, das Mitglied der Administratorengruppe ist.
2. Klicken Sie im Startmenü mit der rechten Maustaste auf **Arbeitsplatz**, und klicken Sie auf **Explorer**.
3. Erweitern Sie den Knoten **Lokaler Datenträger (C:)**, klicken Sie mit der rechten Maustaste auf den Ordner **Öffentlich**, und klicken Sie dann auf **Eigenschaften**.
4. Klicken Sie im Dialogfeld **Eigenschaften von Öffentlich** auf die Registerkarte **Sicherheit**, um die Berechtigungen für den Ordner **Öffentlich** anzuzeigen.

Tipp Falls die Registerkarte **Sicherheit** nicht angezeigt wird, müssen Sie zwei Dinge prüfen: 1. Handelt es sich um eine mit NTFS oder FAT formatierte Partition? Nur NTFS-Partitionen verwenden NTFS-Berechtigungen, daher verfügen nur NTFS-Partitionen über eine Registerkarte **Sicherheit**. 2. Verwenden Sie die einfache Dateifreigabe? Klicken Sie in diesem Fall auf **OK**, um das Eigenschaftendialogfeld des Ordners **Öffentlich** zu schließen. Klicken Sie im Menü **Extras** auf **Ordneroptionen**. Klicken Sie im Dialogfeld **Ordneroptionen** auf die Registerkarte **Ansicht**. Deaktivieren Sie das Kontrollkästchen **Einfache Dateifreigabe verwenden (empfohlen)**, und klicken Sie auf **OK**. Wiederholen Sie die Schritte 3 und 4, um mit dieser Teilübung fortzufahren.

5. Klicken Sie im Listenfeld **Gruppen- oder Benutzernamen** auf die aufgeführten Benutzer und Gruppen und sehen Sie sich an, welche Standardberechtigungen ihnen zugewiesen sind.
6. Wie lauten die derzeit eingestellten Ordnerberechtigungen?

____

____

____

____

____

____

7. Klicken Sie auf **OK**, um das Eigenschaftendialogfeld für den Ordner **Öffentlich** zu schließen.
8. Schließen Sie den Windows-Explorer, und melden Sie sich ab.

Übung 3: Überprüfen der Ordnerberechtigungen für den Ordner Öffentlich

1. Melden Sie sich als **Benutzer81** an, und starten Sie den Windows-Explorer.
2. Erweitern Sie den Ordner **Öffentlich**.
3. Erstellen Sie im Ordner **Öffentlich** ein Textdokument mit dem Namen **Benutzer81**, das folgenden Text enthält: „Die ersten vier Buchstaben des Alphabets sind a, b, c und d".

> **Tipp** Wenn Sie den Ordner **Öffentlich** in der Ordneransicht (im linken Fensterausschnitt) markieren, auf das Menü **Datei** und anschließend auf **Neu** klicken, können Sie auf **Textdokument** klicken, um ein neues Textdokument zu erstellen.

4. Konnten Sie die Datei erstellen? Begründen Sie Ihre Antwort.

____

____

____

5. Versuchen Sie, für die soeben erstellte Datei folgende Aufgaben auszuführen:
   - ☐ Öffnen der Datei
   - ☐ Ändern der Datei
   - ☐ Löschen der Datei
6. Konnten Sie alle Aufgaben ausführen? Begründen Sie Ihre Antwort.

____

____

____

7. Erstellen Sie eine neue Textdatei mit dem Namen **Benutzer81** im Ordner **Öffentlich**.

8. Melden Sie sich von Windows XP Professional ab.
9. Melden Sie sich als **Benutzer82** an. Versuchen Sie, folgende Aufgaben für das Textdokument **Benutzer81** auszuführen:
   - ☐ Öffnen der Datei
   - ☐ Ändern der Datei
   - ☐ Löschen der Datei
10. Welche Aufgaben konnten Sie ausführen? Begründen Sie Ihre Antwort.

____

____

____

____

____

____

____

____

____

____

____

Übung 4: Zuweisen von NTFS-Berechtigungen

In dieser Teilübung weisen Sie dem Ordner **Öffentlich** verschiedene NTFS-Berechtigungen zu.

Die Berechtigungsvergabe erfolgt auf der Grundlage folgender Kriterien:

- Alle Benutzer sollen in der Lage sein, Dokumente und Dateien im Ordner **Öffentlich** zu lesen.
- Alle Benutzer sollen in der Lage sein, Dokumente und Dateien im Ordner **Öffentlich** zu erstellen.
- Alle Benutzer sollen in der Lage sein, die Inhalte, Eigenschaften und Berechtigungen von Dokumenten zu ändern, die sie selbst im Ordner **Öffentlich** erstellt haben.
- **Benutzer82** ist für das Verwalten des Ordners **Öffentlich** verantwortlich und soll deshalb in der Lage sein, alle Dateien im Ordner **Öffentlich** zu ändern und zu löschen.

1. Welche Änderungen müssen an der in Teilübung 1 ermittelten Berechtigungszuweisung vorgenommen werden, um diese vier Kriterien zu erfüllen? Begründen Sie Ihre Antwort.

____

____

____

2. Sie sind momentan als **Benutzer82** angemeldet. Können Sie die **Benutzer82** zugewiesenen Berechtigungen ändern, während Sie als **Benutzer82** angemeldet sind? Begründen Sie Ihre Antwort.

____

____

____

____

____

____

3. Melden Sie sich über ein Konto an, das Mitglied der Administratorengruppe ist. Starten Sie anschließend den Windows-Explorer.
4. Erweitern Sie den Ordner **Öffentlich**.
5. Klicken Sie mit der rechten Maustaste auf den Ordner **Öffentlich**, und klicken Sie anschließend auf **Eigenschaften**.
6. Klicken Sie im Dialogfeld **Eigenschaften von Öffentlich** auf der Registerkarte **Sicherheit** auf **Hinzufügen**.
7. Geben Sie im Dialogfeld **Benutzer oder Gruppen wählen** im Textfeld **Geben Sie die zu verwendenden Objektnamen ein** den Wert **Benutzer82** ein, und klicken Sie anschließend auf **Namen überprüfen**.
8. Im Textfeld **Geben Sie die zu verwendenden Objektnamen ein** sollte jetzt der Wert ***Computername*\Benutzer82** angezeigt werden, was zeigt, dass Windows XP Professional **Benutzer82** als gültiges Benutzerkonto auf dem Computer erkannt hat. Klicken Sie auf **OK**, um das Dialogfeld **Benutzer oder Gruppen wählen** zu schließen.
9. **Benutzer82** wird nun im Feld **Gruppen- oder Benutzernamen** des Dialogfelds **Eigenschaften von Öffentlich** angezeigt. Klicken Sie auf **Benutzer82** und sehen Sie sich an, welche Berechtigungen ihm zugewiesen sind.
10. Über welche Berechtigungen verfügt Benutzer82?

    ____

11. Klicken Sie auf **Erweitert**.
12. Stellen Sie sicher, dass im Dialogfeld **Erweiterte Sicherheitseinstellungen für Öffentlich** das Benutzerkonto **Benutzer82** ausgewählt ist, und klicken Sie auf **Bearbeiten**.
13. Das Dialogfeld **Berechtigungseintrag für Öffentlich** wird geöffnet. Im Textfeld **Name** ist das Benutzerkonto **Benutzer82** aufgeführt. Klicken Sie in der Spalte **Zulassen** auf **Vollzugriff**.
14. Klicken Sie auf **OK**, um das Dialogfeld **Berechtigungseintrag für Öffentlich** zu schließen.
15. Klicken Sie auf **OK**, um das Dialogfeld **Erweiterte Sicherheitseinstellungen für Öffentlich** zu schließen.

16. Klicken Sie auf **OK**, um das Eigenschaftendialogfeld für den Ordner **Öffentlich** zu schließen.
17. Schließen Sie den Windows-Explorer, und melden Sie sich von Windows XP Professional ab.

Übung 5: Überprüfen der neuen NTFS-Berechtigungen für den Ordner

1. Melden Sie sich als **Benutzer82** an.
2. Starten Sie den Windows-Explorer.
3. Erweitern Sie den Knoten **Lokaler Datenträger (C:)**, und erweitern Sie anschließend den Ordner **Öffentlich**.
4. Versuchen Sie, folgende Aufgaben für das Textdokument **Benutzer81** auszuführen:
   - ☐ Ändern der Datei
   - ☐ Löschen der Datei
5. Welche Aufgaben konnten Sie ausführen? Begründen Sie Ihre Antwort.

   ____

   ____
6. Schließen Sie den Windows-Explorer, und melden Sie sich von Windows XP Professional ab.

Übung 6: Überprüfen von NTFS-Berechtigungen

In dieser Teilübung erstellen Sie eine Datei in einem Unterordner und prüfen, welche NTFS-Berechtigungen über die Ordnerhierarchie vererbt werden.

1. Melden Sie sich als **Benutzer81** an, und starten Sie den Windows-Explorer.
2. Erweitern Sie im Windows-Explorer den Ordner **Öffentlich\Bibliothek**.
3. Erstellen Sie im Ordner **Bibliothek** ein Textdokument mit dem Namen **Benutzer81**.
4. Melden Sie sich von Windows XP Professional ab.
5. Melden Sie sich als **Benutzer82** an, und starten Sie den Windows-Explorer.
6. Erweitern Sie den Ordner **Öffentlich\Bibliothek**.
7. Versuchen Sie, folgende Aufgaben für das Textdokument **Benutzer81** auszuführen:
   - ☐ Öffnen der Datei
   - ☐ Ändern der Datei
   - ☐ Löschen der Datei
8. Welche Aufgaben konnten Sie ausführen? Begründen Sie Ihre Antwort.

   ____

   ____

   ____

____

____

9. Melden Sie sich von Windows XP Professional ab.

Lernzielkontrolle

Anhand der folgenden Fragen können Sie überprüfen, ob Sie die Themen dieser Lektion so gut beherrschen, dass Sie mit der nächsten Lektion weitermachen können. Falls Sie eine Frage nicht beantworten können, sollten Sie die Lektion noch einmal durcharbeiten, und dann erneut versuchen, die Frage zu beantworten. Die Antworten auf die Lernzielkontrollfragen finden Sie im Abschnitt „Fragen und Antworten" am Ende dieses Kapitels.

1. Wenn Sie ein Volume mit NTFS formatieren, wird der Gruppe **Jeder** standardmäßig die Berechtigung ____________________ erteilt. (Tragen Sie den korrekten Begriff ein.)
2. Weisen Sie für die Arbeit mit öffentlichen Datenordnern der Gruppe **Benutzer** die Berechtigung ____________________ sowie die Berechtigung ____________________ zu, und der Gruppe **Ersteller-Besitzer** die Berechtigung ____________________. (Tragen Sie die korrekten Begriffe ein.)
3. Welche der folgenden Benutzer oder Gruppen können Benutzerkonten und Gruppen Berechtigungen zuweisen? (Wählen Sie alle zutreffenden Antworten aus.)
   a. **Administratoren**
   b. **Hauptbenutzer**
   c. Benutzer mit der Berechtigung **Vollzugriff**
   d. Datei- und Ordnerbesitzer
4. Welche der folgenden Registerkarten im Eigenschaftendialogfeld eines Ordners oder einer Datei verwenden Sie, um für den Ordner oder die Datei NTFS-Berechtigungen zu konfigurieren beziehungsweise diese zu ändern? Wählen Sie die richtige Antwort.
   a. Erweitert
   b. Berechtigungen
   c. Sicherheit
   d. Allgemein
5. Welchen Zweck erfüllt die spezielle Berechtigung **Ordner durchsuchen/Datei ausführen**?

   ____

   ____

   ____

   ____

   ____

6. Worin besteht der Unterschied zwischen den Berechtigungen **Löschen** und **Unterordner und Dateien löschen**?

Zusammenfassung der Lektion

- Um NTFS-Berechtigungen für eine Datei oder einen Ordner zuzuweisen oder zu ändern, verwenden Sie die Registerkarte **Sicherheit** im Eigenschaftendialogfeld der jeweiligen Datei oder des Ordners.
- Im Dialogfeld **Erweiterte Sicherheitseinstellungen** können Sie spezielle Berechtigungen für einen Benutzer oder eine Gruppe konfigurieren.
- Der aktuelle Besitzer oder ein beliebiger Benutzer mit der Berechtigung **Vollzugriff** kann einem anderen Benutzerkonto oder einer Gruppe die Standardberechtigung **Vollzugriff** oder die spezielle Zugriffsberechtigung **Besitzrechte übernehmen** zuweisen. Dann kann dieses Benutzerkonto oder ein Mitglied der Gruppe den Besitz übernehmen. Sie können niemandem den Besitz einer Datei oder eines Ordners direkt übertragen. Sie können ihnen lediglich die Berechtigung zuweisen, den Besitz zu übernehmen.
- Standardmäßig erben Unterordner und Dateien die Berechtigungen, die Sie dem jeweiligen übergeordneten Ordner zuweisen. Sie können die Vererbung von Berechtigungen eines übergeordneten Ordners an die enthaltenen Unterordner und Dateien außer Kraft setzen, indem Sie im Dialogfeld mit den erweiterten Sicherheitseinstellungen für diesen Ordner das Kontrollkästchen **Berechtigungen übergeordneter Objekte auf untergeordnete Objekte, sofern anwendbar, vererben** deaktivieren.
- Nehmen Sie sich ausreichend Zeit, um NTFS-Berechtigungen anhand von empfohlenen Richtlinien zu planen. Eine sorgfältig geplante Berechtigungsstruktur ist einfacher zu verwalten und verursacht weniger Probleme.

Lektion 3: Problembehandlung für NTFS-Berechtigungen

Wenn Sie NTFS-Berechtigungen für Dateien und Ordner vergeben oder ändern, treten möglicherweise Konflikte auf. Beim Kopieren oder Verschieben von Dateien und Ordner können sich die festgelegten Berechtigungen für diese Dateien oder Ordner ändern. Diese Berechtigungsänderungen folgen gewissen Regeln. Die Kenntnis dieser Regeln hilft Ihnen dabei, eventuell auftretende Berechtigungskonflikte zu lösen. Die Beseitigung von Berechtigungsproblemen ist wichtig, um die Ressourcenverfügbarkeit für autorisierte Benutzer sicherzustellen und die Ressourcen gleichzeitig vor einem unbefugten Zugriff zu schützen.

Am Ende dieser Lektion werden Sie in der Lage sein, die folgenden Aufgaben auszuführen:

- Beschreiben der Auswirkungen auf NTFS-Datei und -Ordnerberechtigungen beim Kopieren von Dateien und Ordnern.
- Beschreiben der Auswirkungen auf NTFS-Datei und -Ordnerberechtigungen beim Verschieben von Dateien und Ordnern.
- Problembehandlung für den Ressourcenzugriff.

Veranschlagte Zeit für diese Lektion: 40 Minuten

Auswirkungen auf NTFS-Datei- und -Ordnerberechtigungen beim Kopieren von Dateien und Ordnern

Wenn Sie Dateien oder Ordner von einem Ordner in einen anderen Ordner oder von einem Volume auf ein anderes Volume kopieren, ändern sich die Berechtigungen, wie dargestellt in Abbildung 8.7.

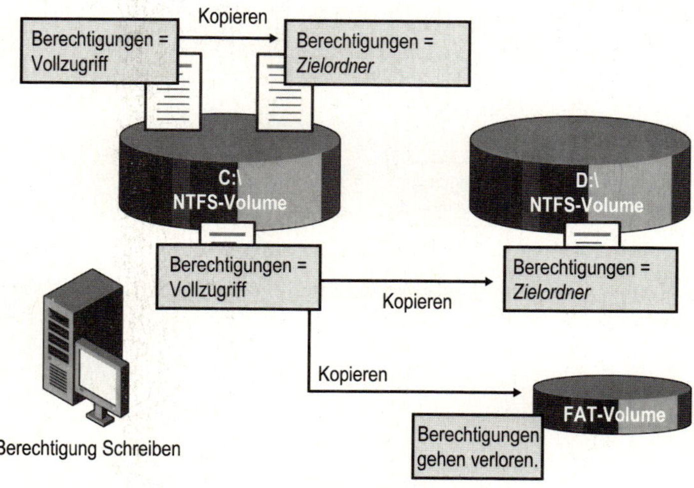

Abbildung 8.7 Berechtigungsänderungen beim Kopieren von Dateien oder Ordnern zwischen Ordnern oder Volumes

Für das Kopieren einer Datei innerhalb eines NTFS-Volumes oder zwischen zwei NTFS-Volumes gelten folgende Regeln:

- Windows XP Professional betrachtet die Datei als neue Datei. Als neue Datei übernimmt die Datei die Berechtigungen des Zielordners.
- Sie müssen für den Zielordner über die Berechtigung **Schreiben** verfügen, um Dateien und Ordner in den Zielordner kopieren zu können.
- Sie werden zum Ersteller und Besitzer der kopierten Datei oder des Ordners.

Sicherheitswarnung Wenn Sie Dateien oder Ordner auf ein FAT-Volume kopieren, verlieren die Dateien und Ordner ihre NTFS-Berechtigungen, da NTFS-Berechtigungen von FAT-Volumes nicht unterstützt werden.

Auswirkungen auf NTFS-Datei- und -Ordnerberechtigungen beim Verschieben von Dateien und Ordnern

Beim Verschieben von Dateien oder Ordnern können sich die Berechtigungen möglicherweise ändern. Ob eine Berechtigungsänderung erfolgt, richtet sich nach dem Zielort der Dateien oder Ordner (Abbildung 8.8).

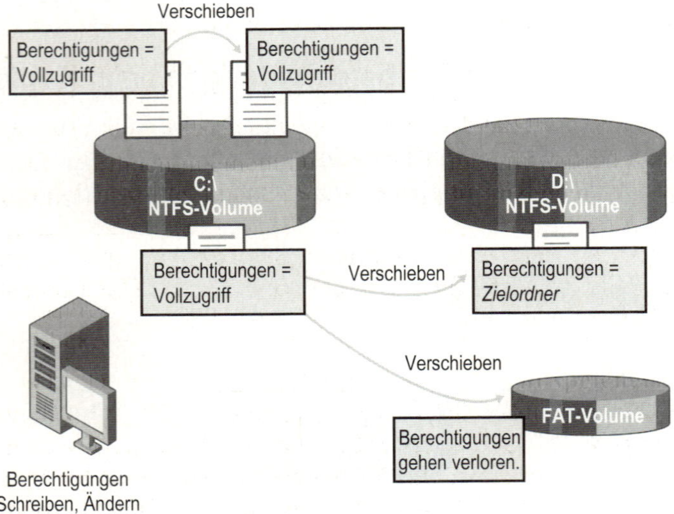

Abbildung 8.8 Berechtigungsänderungen beim Verschieben von Dateien oder Ordnern zwischen Ordnern oder Volumes

Verschieben innerhalb eines NTFS-Volumes

Für das Verschieben einer Datei oder eines Ordners innerhalb eines NTFS-Volumes gelten folgende Regeln:

- Die Datei beziehungsweise der Ordner behalten ihre ursprünglichen Berechtigungen.
- Sie müssen für den Zielordner über die Berechtigung **Schreiben** verfügen, um Dateien und Ordner in den Zielordner verschieben zu können.
- Sie müssen für die Quelldatei oder -ordner über die Berechtigung **Ändern** verfügen. Die Berechtigung **Ändern** ist zum Verschieben einer Datei oder eines Ordners erforderlich, da Windows XP Professional den Ordner beziehungsweise die Datei aus dem Quellordner löscht, nachdem sie in den Zielordner kopiert wurden.
- Sie werden zum Ersteller und Besitzer der kopierten Datei oder des Ordners.

Verschieben zwischen zwei NTFS-Volumes

Für das Verschieben einer Datei oder eines Ordners von einem NTFS-Volume auf ein anderes NTFS-Volume gelten folgende Regeln:

- Die Datei oder der Ordner erbt die Berechtigungen des Zielordners.
- Sie müssen für den Zielordner über die Berechtigung **Schreiben** verfügen, um Dateien und Ordner in den Zielordner verschieben zu können.
- Sie müssen für Quelldatei oder -ordner über die Berechtigung **Ändern** verfügen. Die Berechtigung **Ändern** ist zum Verschieben einer Datei oder eines Ordners erforderlich, da Windows XP Professional den Ordner beziehungsweise die Datei aus dem Quellordner löscht, nachdem sie in den Zielordner kopiert wurden.
- Sie werden zum Ersteller und Besitzer der kopierten Datei oder des Ordners.

Sicherheitswarnung Wenn Sie Dateien oder Ordner auf ein FAT-Volume verschieben, verlieren die Dateien und Ordner ihre NTFS-Berechtigungen, da NTFS-Berechtigungen von FAT-Volumes nicht unterstützt werden.

Prüfungstipp Wenn Sie Dateien oder Ordner innerhalb eines NTFS-Volumes verschieben, werden Berechtigungen, die der Datei oder dem Ordner direkt zugewiesen wurden, an den neuen Speicherort mitgenommen. In allen anderen Fällen gehen bei Verschieben oder Kopieren die vorhandenen Berechtigungen verloren und das Objekt erbt die Berechtigungen vom neuen übergeordneten Ordner. Wenn Sie Dateien oder Ordner auf ein FAT-Volume verschieben, gehen sämtliche Berechtigungen verloren.

Problembehandlung für häufige Berechtigungsprobleme

In Tabelle 8.7 werden einige häufiger auftretende Berechtigungsprobleme aufgelistet, und es werden Vorschläge zu ihrer Lösung beschrieben.

Tabelle 8.7 Berechtigungsprobleme und Vorschläge zu deren Beseitigung

Problem	Lösung
Ein Benutzer kann nicht auf eine Datei oder einen Ordner zugreifen.	Falls die Datei oder der Ordner kopiert oder auf ein anderes NTFS-Volume verschoben wurde, haben sich unter Umständen die Berechtigungen geändert. Überprüfen Sie die Berechtigungen, die dem Benutzerkonto und den Gruppen zugewiesen wurden, denen der Benutzer angehört. Der Benutzer verfügt möglicherweise über keine Zugriffsberechtigung beziehungsweise ihm wurde der Zugriff als Einzelperson oder als Mitglied einer Gruppe verweigert.
Sie fügen zu einer Gruppe ein Benutzerkonto hinzu, um diesem Benutzer Zugriff auf eine Datei oder einen Ordner zu gewähren, doch der Benutzer kann immer noch nicht auf die Datei oder den Ordner zugreifen.	Damit die Zugriffsberechtigungen aktualisiert werden, muss sich der Benutzer entweder abmelden und anschließend wieder anmelden oder sämtliche Netzwerkverbindungen zu dem Computer trennen, auf dem die Datei oder der Ordner gespeichert sind, und die Verbindungen anschließend wieder aufbauen.
Ein Benutzer mit der Berechtigung **Vollzugriff** für einen Ordner löscht eine Datei im Ordner, obwohl er keine Berechtigung zum Löschen dieser Datei besitzt. Sie möchten den Benutzer davon abhalten, weitere Dateien zu löschen.	Deaktivieren Sie das Kontrollkästchen für die spezielle Berechtigung **Unterordner und Dateien löschen** für den Ordner, damit Benutzer mit der Berechtigung **Vollzugriff** für den Ordner keine darin gespeicherten Dateien löschen können.

Übung: Verwalten von NTFS-Berechtigungen

In dieser Übung ermitteln Sie, welche Auswirkung die Besitzübernahme für eine Datei hat. Anschließend ermitteln Sie, welche Auswirkungen das Kopieren oder Verschieben auf die Berechtigungen und die Besitzrechte hat. Abschließend prüfen Sie, was geschieht, wenn ein Benutzer mit der Ordnerberechtigung **Vollzugriff**, dem Sie den Zugriff auf eine Datei in diesem Ordner verweigert haben, versucht, diese Datei zu löschen.

Führen Sie die beiden folgenden Teilübungen aus und beantworten Sie die gestellten Fragen. Die Antworten auf die Fragen finden Sie im Abschnitt „Fragen und Antworten" am Ende dieses Kapitels.

Wichtig Sie können diese Übung nur erfolgreich durchführen, wenn Sie vorher alle Übungen in Lektion 2 abgeschlossen haben.

Übung 1: Übernehmen der Besitzrechte für eine Datei

In dieser Teilübung ermitteln Sie, welche Auswirkung die Besitzübernahme für eine Datei hat. Hierzu müssen Sie zunächst feststellen, welche Berechtigungen für die Datei gelten. Anschließend weisen Sie einem Benutzerkonto die Berechtigung **Besitzrechte übernehmen** zu und übernehmen als dieser Benutzer die Besitzrechte.

► **So ermitteln Sie, welche Berechtigungen für eine Datei gelten**

1. Melden Sie sich über ein Konto an, das Mitglied der Administratorengruppe ist. Starten Sie anschließend den Windows-Explorer.
2. Erstellen Sie im Ordner **Öffentlich** ein Textdokument mit dem Namen **Ersteller**.
3. Klicken Sie mit der rechten Maustaste auf **Ersteller**, und klicken Sie dann auf **Eigenschaften**.

   Das Dialogfeld **Eigenschaften von Ersteller** mit aktivierter Registerkarte **Allgemein** wird angezeigt.
4. Klicken Sie im Dialogfeld **Eigenschaften von Ersteller** auf die Registerkarte **Sicherheit**, um die Berechtigungen für den Ordner **Ersteller** anzuzeigen.
5. Klicken Sie auf **Erweitert**.

   Das Dialogfeld **Erweiterte Sicherheitseinstellungen für Ersteller** wird mit ausgewählter Registerkarte **Berechtigungen** angezeigt.
6. Klicken Sie im Dialogfeld **Erweiterte Sicherheitseinstellungen für Ersteller** auf die Registerkarte **Besitzer**. Sehen Sie sich an, wer momentan Besitzer der Datei ist.
7. Wer ist der aktuelle Besitzer der Datei **Ersteller**?

   ____

► **So weisen Sie einem Benutzer die Berechtigung Besitzrechte übernehmen zu**

1. Klicken Sie im Dialogfeld **Erweiterte Sicherheitseinstellungen für Ersteller** auf die Registerkarte **Berechtigungen**. Klicken Sie auf **Hinzufügen**.
2. Geben Sie im Dialogfeld **Benutzer oder Gruppe wählen** im Textfeld **Geben Sie die zu verwendenden Objektnamen ein** den Wert **Benutzer81** ein, und klicken Sie anschließend auf **Namen überprüfen**.
3. Im Textfeld **Geben Sie die zu verwendenden Objektnamen ein** sollte jetzt der Wert ***Computername*\Benutzer81** angezeigt werden, was zeigt, dass Windows XP Professional **Benutzer81** als gültiges Benutzerkonto auf dem Computer erkannt hat. Klicken Sie auf **OK**.
4. Das Dialogfeld **Berechtigungseintrag für Ersteller** wird geöffnet. Beachten Sie, dass keinerlei Berechtigungseinträge für **Benutzer81** konfiguriert sind.
5. Klicken Sie im Feld **Berechtigungen** in der Spalte **Zulassen** auf das Kontrollkästchen für **Besitzrechte übernehmen**. Klicken Sie auf **OK**.
6. Klicken Sie im Dialogfeld **Erweiterte Sicherheitseinstellungen für Ersteller** auf **OK**, um zum Dialogfeld **Eigenschaften von Ersteller** zurückzukehren.

7. Klicken Sie auf **OK**, um die Änderungen zu übernehmen und das Dialogfeld **Eigenschaften von Ersteller** zu schließen.
8. Schließen Sie den Windows-Explorer, und melden Sie sich von Windows XP Professional ab.

▶ **So übernehmen Sie die Besitzrechte für eine Datei**

1. Melden Sie sich als **Benutzer81** an, und starten Sie den Windows-Explorer.
2. Wählen Sie den Ordner **Öffentlich** aus.
3. Klicken Sie mit der rechten Maustaste auf **Ersteller**, und klicken Sie dann auf **Eigenschaften**.
4. Klicken Sie im Dialogfeld **Eigenschaften von Ersteller** auf die Registerkarte **Sicherheit**, um die Berechtigungen für **Ersteller** anzuzeigen. Klicken Sie auf **Erweitert**.
5. Klicken Sie im Dialogfeld **Erweiterte Sicherheitseinstellungen von Ersteller** auf die Registerkarte **Besitzer**. Markieren Sie unterhalb von **Besitzer ändern auf** den Eintrag **Benutzer81**, und klicken Sie dann auf **Übernehmen**.
6. Wer ist nun der aktuelle Besitzer der Datei **Ersteller**?

   ____

7. Klicken Sie auf **OK**, um das Dialogfeld **Erweiterte Sicherheitseinstellungen für Ersteller** zu schließen.
8. Klicken Sie auf **OK**, um das Eigenschaftendialogfeld für die Datei **Ersteller** zu schließen.

▶ **So testen Sie die Berechtigungen für eine Datei als Besitzer**

1. Melden Sie sich als **Benutzer81** an, weisen Sie **Benutzer81** für das Textdokument **Ersteller** die Berechtigung **Vollzugriff** zu, und klicken Sie auf **Übernehmen**.
2. Klicken Sie auf **Erweitert**, und deaktivieren Sie das Kontrollkästchen **Berechtigungen übergeordneter Objekte auf untergeordnete Objekte, sofern anwendbar, vererben**.
3. Klicken Sie im Dialogfeld **Sicherheit** auf **Entfernen**.
4. Klicken Sie auf **OK**, um das Dialogfeld **Erweiterte Sicherheitseinstellungen für Ersteller** zu schließen.
5. Klicken Sie auf **OK**, um das Eigenschaftendialogfeld für die Datei **Ersteller** zu schließen.
6. Löschen Sie das Textdokument **Ersteller**.

Übung 2: Kopieren und Verschieben von Ordnern

In dieser Teilübung prüfen Sie, welche Auswirkungen das Kopieren und Verschieben von Ordnern auf die Berechtigungen und die Besitzrechte hat.

► **So erstellen Sie einen Ordner bei Anmeldung als Benutzer**

1. Melden Sie sich als **Benutzer81** an, und erstellen Sie im Windows-Explorer im Stammverzeichnis von Laufwerk **C:** einen Ordner mit dem Namen **Temp1**.
2. Wie lauten die Berechtigungen für diesen Ordner?

Benutzer oder Gruppe	Berechtigungen

3. Wer ist der Besitzer der Datei **Temp1**? Begründen Sie Ihre Antwort.

   Benutzer81 ist der Besitzer der Datei **Temp1**, da immer die Person zum Besitzer wird, die einen Ordner oder eine Datei erstellt.

4. Schließen Sie alle geöffneten Anwendungen, und melden Sie sich von Windows XP Professional ab.

► **So erstellen Sie einen Ordner bei Anmeldung als Mitglied der Administratorengruppe**

1. Melden Sie sich über ein Konto an, das Mitglied der Administratorengruppe ist. Starten Sie anschließend den Windows-Explorer.
2. Erstellen Sie im Stammverzeichnis von Laufwerk **C:** die Ordner **Temp2** und **Temp3**.
3. Wie lauten die Berechtigungen für die soeben erstellten Ordner **Temp2** und **Temp3**?

Benutzer oder Gruppe	Berechtigungen

4. Wer ist Besitzer der Ordner **Temp2** und **Temp3**? Begründen Sie Ihre Antwort.

5. Weisen Sie den Ordnern **Temp2** und **Temp3** die nachfolgend aufgeführten Berechtigungen zu. Deaktivieren Sie das Kontrollkästchen **Berechtigungen übergeordneter Objekte auf untergeordnete Objekte, sofern anwendbar, vererben**. Klicken Sie im nun angezeigten Dialogfeld **Sicherheit** auf **Entfernen**, um alle Berechtigung bis auf die explizit zugewiesenen zu entfernen.

Ordner	Weisen Sie diese Berechtigungen zu
Temp2	Administratoren: Vollzugriff
	Benutzer: Lesen und Ausführen
Temp3	Administratoren: Vollzugriff
	Sicherungs-Operatoren: Lesen und Ausführen
	Benutzer: Vollzugriff

► So kopieren Sie einen Ordner innerhalb eines NTFS-Volumes in einen anderen Ordner

1. Melden Sie sich als ein Mitglied der Administratorengruppe an, und starten Sie den Windows-Explorer. Kopieren Sie den Ordner **C:\Temp2** nach **C:\Temp1**, indem Sie **C:\Temp2** markieren, die STRG-Taste gedrückt halten und **C:\Temp2** auf **C:\Temp1** ziehen.

Hinweis Da es sich um einen Kopiervorgang handelt, sollten jetzt zwei Ordner vorhanden sein: **C:\Temp2** und **C:\Temp1\Temp2**.

2. Markieren Sie **C:\Temp1\Temp2**, und vergleichen Sie die Berechtigungen und Besitzrechte dieses Ordners mit denen für den Ordner **C:\Temp2**.
3. Wer ist der Besitzer von **C:\Temp1\Temp2**, und welche Berechtigungen gelten für diesen Ordner? Begründen Sie Ihre Antwort.

► So verschieben Sie einen Ordner innerhalb eines NTFS-Volumes

1. Melden Sie sich als **Benutzer81** an.
2. Markieren Sie im Windows-Explorer den Ordner **C:\Temp3**, und verschieben Sie ihn in den Ordner **C:\Temp1**.

3. Was geschieht mit den Berechtigungen und Besitzrechten für **C:\Temp1\Temp3**? Begründen Sie Ihre Antwort.

   ____

4. Schließen Sie alle Fenster, und melden Sie sich ab.

Lernzielkontrolle

Anhand der folgenden Fragen können Sie überprüfen, ob Sie die Themen dieser Lektion so gut beherrschen, dass Sie mit der nächsten Lektion weitermachen können. Falls Sie eine Frage nicht beantworten können, sollten Sie die Lektion noch einmal durcharbeiten, und dann erneut versuchen, die Frage zu beantworten. Die Antworten auf die Lernzielkontrollfragen finden Sie im Abschnitt „Fragen und Antworten" am Ende dieses Kapitels.

1. Welche der folgenden Aussagen treffen auf das Kopieren von Dateien oder Ordnern zu? (Wählen Sie alle zutreffenden Antworten aus.)
   a. Wenn Sie eine Datei von einem Ordner in einen anderen Ordner desselben Volumes kopieren, ändern sich die Dateiberechtigungen nicht.
   b. Wenn Sie eine Datei von einem Ordner auf einem NTFS-Volume in einen Ordner auf einem FAT-Volume kopieren, ändern sich die Dateiberechtigungen nicht.
   c. Wenn Sie eine Datei von einem Ordner auf einem NTFS-Volume in einen Ordner auf einem anderen NTFS-Volume kopieren, übernimmt die Datei die Berechtigungen des Zielordners.
   d. Wenn Sie eine Datei von einem Ordner auf einem NTFS-Volume in einen Ordner auf einem FAT-Volume kopieren, gehen die Dateiberechtigungen verloren.
2. Welche der folgenden Aussagen treffen auf das Verschieben von Dateien oder Ordnern zu? (Wählen Sie alle zutreffenden Antworten aus.)
   a. Wenn Sie eine Datei von einem Ordner in einen anderen Ordner desselben Volumes verschieben, ändern sich die Dateiberechtigungen nicht.
   b. Wenn Sie eine Datei von einem Ordner auf einem NTFS-Volume in einen Ordner auf einem FAT-Volume verschieben, ändern sich die Dateiberechtigungen nicht.
   c. Wenn Sie eine Datei von einem Ordner auf einem NTFS-Volume in einen Ordner auf einem anderen NTFS-Volume verschieben, übernimmt die Datei die Berechtigungen des Zielordners.
   d. Wenn Sie eine Datei von einem Ordner auf einem NTFS-Volume in einen anderen Ordner desselben Volumes verschieben, übernimmt die Datei die Berechtigungen des Zielordners.
3. Vergeben Sie immer möglichst ____________________ (wenig/stark) einschränkende NTFS-Berechtigungen. (Tragen Sie den korrekten Begriff ein.)
4. Sie möchten verhindern, dass ein Benutzer oder eine Gruppe Zugriff auf einen bestimmten Ordner oder eine Datei erhält. Ist es sinnvoll, in diesem Fall eine **Verweigern**-Berechtigung für den Ordner oder die Datei zuzuweisen?

____

____

____

Zusammenfassung der Lektion

- Das Kopieren oder Verschieben von Dateien und Ordnern kann Auswirkungen auf die festgelegten Berechtigungen für Datei oder Ordner haben. Wenn Sie Dateien oder Ordner von einem Ordner in einen anderen oder von einem Volume auf ein anderes kopieren, übernimmt die Datei beziehungsweise der Ordner die Berechtigungen des Zielordners. Sie müssen für den Zielordner über die Berechtigung **Schreiben** verfügen, um Dateien und Ordner in den Zielordner kopieren zu können. Wenn Sie eine Datei kopieren, werden Sie zum Ersteller und Besitzer der Datei.
- Wenn Sie eine Datei oder einen Ordner innerhalb eines NTFS-Volumes verschieben, behält Datei oder Ordner die ursprünglichen Berechtigungen bei. Wenn Sie Dateien beziehungsweise Ordner von einem NTFS-Volume auf ein anderes verschieben, erben sie die Berechtigungen des Zielordners.
- Es gibt eine Reihe von Problemen, die im Zusammenhang mit NTFS-Berechtigungen häufig auftreten. Sie sollten wissen, wie Sie diese Probleme beseitigen. Insbesondere sollten Sie prüfen, ob die Berechtigungen tatsächlich so konfiguriert sind, wie Sie denken (vor allem, wenn das Objekt verschoben oder kopiert wurde). Falls Sie Berechtigungen erst vor kurzem zugewiesen haben, muss sich ein Benutzer ab- und wieder anmelden, damit die Berechtigungen wirksam werden.

Übung mit Fallbeispiel

In dieser Übung wird ein Szenario beschrieben, bei dem NTFS-Berechtigungen auf Ordner und Dateien angewandt werden. Beantworten Sie nach dem Durchlesen des Szenarios die Fragen. Falls Sie Schwierigkeiten haben, sollten Sie den Inhalt dieses Kapitels noch einmal durcharbeiten, bevor Sie das nächste Kapitel in Angriff nehmen. Die Antworten auf die Fragen finden Sie im Abschnitt „Fragen und Antworten" am Ende dieses Kapitels.

Szenario

Sie arbeiten als Administrator für ein Unternehmen namens Fabrikam, Inc., eine Werbeagentur mit der Hauptniederlassung in München und mehreren Büros in ganz Deutschland. Mitglieder der Buchhaltungsabteilung, die in der Hauptniederlassung arbeiten, speichern Finanzdaten für die Klienten des Unternehmens auf einem Dateiserver, der innerhalb ihrer Abteilung steht. Auf diesem Dateiserver liegt ein Ordner namens **Klientenkonten**, auf den alle Mitglieder der Buchhaltungsabteilung Zugriff brauchen. Aufgrund von Vertraulichkeitsvereinbarungen gibt es innerhalb des Ordners **Klientenkonten** einige Dokumente, die nur für fest angestellte Buchhalter zugänglich sein sollen, nicht für Zeitarbeitskräfte oder Aushilfen.

Sie haben den Ordner **Klientenkonten** folgendermaßen konfiguriert:

- Sie haben die Gruppe **Jeder** ganz entfernt.
- Sie haben die Gruppe **Benutzer** hinzugefügt und dieser Gruppe die Berechtigung **Vollzugriff** zugewiesen.

Außerdem haben Sie folgende Einstellungen vorgenommen:

- Sie haben alle Zeitarbeitskräfte zu Mitgliedern einer Gruppe namens **Zeitarbeit** gemacht.
- Sie haben alle Aushilfen zu Mitgliedern einer Gruppe namens **Aushilfen** gemacht.
- Sie haben den Gruppen **Zeitarbeit** und **Aushilfen** für die Dateien, die durch eine Vertraulichkeitsvereinbarung geschützt sind, die **Verweigern**-Berechtigung **Vollzugriff** zugewiesen.

Fragen

1. Können Benutzer der Gruppen **Zeitarbeit** und **Aushilfen** die Dateien öffnen, die durch eine Vertraulichkeitsvereinbarung geschützt sind?

   ____

   ____

2. Auch wenn Benutzer der Gruppen **Zeitarbeit** und **Aushilfen** nicht auf die Dateien zugreifen können, besteht die Gefahr, dass diese Benutzer die Dateien löschen. Warum?

   ____

   ____

   ____

   ____

3. Wie können Sie dieses Problem lösen, indem Sie Berechtigungen für den Ordner **Klientenkonten** ändern?

   ____

   ____

4. Wie sähe ein besserer Ansatz aus, damit dieses Problem gar nicht erst auftritt?

   ____

   ____

   ____

   ____

   ____

   ____

Übung zur Problembehandlung

Lesen Sie das folgende Problembehandlungsszenario durch und beantworten Sie die zugehörigen Fragen. Sie können anhand dieser Übung feststellen, ob Sie genug gelernt haben, um mit dem nächsten Kapitel weiterzumachen. Falls Sie Schwierigkeiten haben, sollten Sie den Inhalt dieses Kapitels noch einmal durcharbeiten, bevor Sie das nächste Kapitel in Angriff nehmen. Die Antworten auf die Fragen finden Sie im Abschnitt „Fragen und Antworten" am Ende dieses Kapitels.

Szenario

Sie sind ein Administrator für ein Unternehmen namens Contoso, Ltd. Sie arbeiten für die Abteilungen Vertrieb, Marketing und Buchhaltung und konfigurieren die Berechtigungen für Ordner, die von allen diesen Abteilungen benutzt werden.

Sowohl die Vertriebs- als auch die Marketingabteilung greift auf den Ordner **Werbematerial** zu. Eine Gruppe namens **Vertrieb** enthält Benutzer der Vertriebsabteilung und eine Gruppe namens **Marketing** enthält Benutzer der Marketingabteilung. Ihr Chef gibt Ihnen die folgenden Tabellen. Die erste Tabelle zeigt, welche Berechtigungen der Gruppe **Vertrieb** für den Ordner **Werbematerial** zugewiesen sind. Die zweite Tabelle zeigt, welche Berechtigungen der Gruppe **Marketing** für den Ordner **Werbematerial** zugewiesen sind. Ein Benutzer namens David ist Mitglied bei beiden diesen Gruppen.

Berechtigungszuweisungen für die Gruppe **Vertrieb**

Berechtigung	Zulassen	Verweigern
Vollzugriff		
Ändern		
Lesen und Ausführen	X	
Ordnerinhalt auflisten	X	
Lesen	X	
Schreiben		

Berechtigungszuweisungen für die Gruppe **Marketing**

Berechtigung	Zulassen	Verweigern
Vollzugriff		
Ändern		
Lesen und Ausführen		
Ordnerinhalt auflisten		
Lesen	X	
Schreiben		

Fragen

1. Sehen Sie sich die Tabellen an, die Sie von Ihrem Chef bekommen haben. Welche effektiven Berechtigungen hat David für den Ordner **Werbematerial**?

2. Ihr Chef schneit in Ihr Büro hinein und teilt Ihnen mit: „Hoppla, da ist ja doch noch eine andere Tabelle, die ich Ihnen geben wollte." Die neue Tabelle zeigt, welche Berechtigungen der Gruppe **Buchhaltung** für den Ordner **Werbematerial** zugewiesen sind. Ein Benutzer namens Yvette ist Mitglied der Gruppen **Vertrieb**, **Marketing** und **Buchhaltung**.

   Berechtigungszuweisungen für die Gruppe **Buchhaltung**

Berechtigung	Zulassen	Verweigern
Vollzugriff		
Ändern		
Lesen und Ausführen		
Ordnerinhalt auflisten		X
Lesen	X	
Schreiben		X

   Sehen Sie sich die Informationen in allen drei Tabellen an. Welche effektiven Berechtigungen hat Yvette für den Ordner **Werbematerial**?

Zusammenfassung des Kapitels

- Mithilfe von NTFS-Berechtigungen legen Sie fest, welche Benutzer und Gruppen auf Dateien und Ordner zugreifen dürfen und was sie mit dem Inhalt der Dateien oder Ordner tun dürfen. NTFS-Berechtigungen stehen nur auf NTFS-Volumes zur Verfügung. Es ist möglich, dass auf einen Benutzer für eine bestimmte Ressource mehrere

Sätze von NTFS-Berechtigungen angewendet werden. Die effektiven Berechtigungen eines Benutzers für eine Ressource sind die Summe der NTFS-Berechtigungen, die Sie seinem einzelnen Benutzerkonto und allen Gruppen zugewiesen haben, bei denen er Mitglied ist.

- Um NTFS-Berechtigungen für eine Datei oder einen Ordner zuzuweisen oder zu ändern, verwenden Sie die Registerkarte **Sicherheit** im Eigenschaftendialogfeld der jeweiligen Datei oder des Ordners. Im Dialogfeld **Erweiterte Sicherheitseinstellungen** können Sie spezielle Berechtigungen für einen Benutzer oder eine Gruppe konfigurieren. Beachten Sie dabei folgende Regeln:
  - Sie können einem Benutzer den Besitz einer Datei oder eines Ordners nicht direkt übertragen. Sie können ihm lediglich die Berechtigung zuweisen, den Besitz zu übernehmen.
  - Standardmäßig erben Unterordner und Dateien die Berechtigungen, die Sie dem jeweiligen übergeordneten Ordner zuweisen. Sie können die Vererbung von Berechtigungen eines übergeordneten Ordners an die enthaltenen Unterordner und Dateien außer Kraft setzen. Sie können auch verhindern, dass eine Datei oder ein Unterordner Berechtigungen von ihrem übergeordneten Ordner erben.
- Beachten Sie folgende Regeln, wenn Sie Dateien und Ordner kopieren oder verschieben, auf die NTFS-Berechtigungen angewendet werden:
  - Wenn Sie Dateien oder Ordner von einem Ordner in einen anderen oder von einem Volume auf ein anderes kopieren, übernimmt das Objekt die Berechtigungen des Zielordners.
  - Wenn Sie eine Datei oder einen Ordner innerhalb desselben NTFS-Volumes verschieben, behalten die Datei oder der Ordner ihre ursprünglichen Berechtigungen.
  - Wenn Sie eine Datei oder einen Ordner zwischen zwei NTFS-Volumes verschieben, erben die Datei oder der Ordner die Berechtigungen des Zielordners.

Prüfungsrelevante Themen

Vor der Prüfungsteilnahme sollten Sie die nachfolgend aufgeführten Schlüsselinformationen und -begriffe noch einmal durcharbeiten. Diese Informationen sind für das Bestehen der Prüfung von entscheidender Bedeutung.

Schlüsselinformationen

- Wenn Sie die effektiven NTFS-Berechtigungen berechnen wollen, müssen Sie zuerst alle **Zulassen**-Berechtigungen aus allen Quellen kombinieren. Stellen Sie anschließend alle **Verweigern**-Berechtigungen zusammen, die dem Benutzer zugewiesen wurden. **Verweigern**-Berechtigungen überschreiben **Zulassen**-Berechtigungen. Das Ergebnis sind die effektiven Berechtigungen des Benutzers für die Ressource.
- Wenn Sie Berechtigungen zuweisen, sollten Sie Benutzern nur gerade so viele Berechtigungen gewähren, wie sie brauchen, um ihre Arbeit zu erledigen. Dies wird als Prinzip der geringstmöglichen Rechte bezeichnet.

- Wenn Sie Dateien oder Ordner innerhalb eines NTFS-Volumes verschieben, werden Berechtigungen, die der Datei oder dem Ordner direkt zugewiesen wurden, an den neuen Speicherort mitgenommen. In allen anderen Fällen gehen bei Verschieben oder Kopieren die vorhandenen Berechtigungen verloren und das Objekt erbt die Berechtigungen vom neuen übergeordneten Ordner. Wenn Sie Dateien oder Ordner auf ein FAT-Volume verschieben, gehen sämtliche Berechtigungen verloren.

Schlüsselbegriffe

Berechtigungsvererbung Der Vorgang, bei dem eine Datei oder ein Ordner Berechtigungen erhält, die aus den Berechtigungen abgeleitet werden, die dem übergeordneten Ordner des Objekts zugewiesen sind.

Besitzer Der Benutzer, der eine Datei, einen Ordner oder einen Drucker erstellt.

Effektive Berechtigungen Die Berechtigungsstufe, die ein Benutzer tatsächlich hat, wenn alle Berechtigungsquellen berücksichtigt wurden.

NTFS-Berechtigungen Zuweisungen, die angeben, welche Benutzer und Gruppen auf Dateien und Ordner zugreifen dürfen und was sie mit dem Inhalt der Dateien oder Ordner tun dürfen. NTFS-Berechtigungen stehen nur auf NTFS-Volumes zur Verfügung.

Ordner durchsuchen Eine Berechtigung, die das Durchlaufen von Ordnern erlaubt oder verbietet, wenn der Benutzer auf andere Dateien oder Ordner zugreifen will, obwohl er keine Berechtigungen für den betreffenden Ordner besitzt (das heißt, für den Ordner, den der Benutzer durchsucht).

Zugriffssteuerungseintrag (Access Control Entry, ACE) Ein Eintrag in der Zugriffssteuerungsliste (Access Control List, ACL), der einem Benutzer oder einer Gruppe Zugriff auf eine Ressource gewährt oder verweigert.

Zugriffssteuerungsliste (ACL) Eine Liste aller Benutzerkonten und Gruppen, denen Berechtigungen für die Datei oder den Ordner zugewiesen wurden, sowie der Berechtigungen, die ihnen zugewiesen wurden.

Fragen und Antworten

Seite 388

Lernzielkontrolle Lektion 1

1. Welche der folgenden Aussagen treffen auf NTFS-Datei- und -Ordnerberechtigungen zu? (Wählen Sie alle zutreffenden Antworten aus.)

   a. Die NTFS-Berechtigungen sind nur wirksam, wenn ein Benutzer über das Netzwerk auf eine Datei oder einen Ordner zugreift.

   b. Die NTFS-Berechtigungen sind wirksam, wenn ein Benutzer über den lokalen Computer auf eine Datei oder einen Ordner zugreift.

   c. Mithilfe von NTFS-Berechtigungen können Sie festlegen, welche Benutzer und Gruppen Zugriff auf Dateien und Ordner erhalten und in welcher Weise die Benutzer auf den Inhalt der Dateien und Ordner zugreifen können.

   d. NTFS-Berechtigungen können in allen unter Windows XP Professional unterstützten Dateisystemen verwendet werden.

   Die richtigen Antworten sind b und c. NTFS-Sicherheit arbeitet lokal, daher wirkt sie sich auf alle Benutzer aus, die auf eine Ressource zugreifen. Es ist egal, ob diese Benutzer lokal angemeldet sind oder über das Netzwerk auf die Ressourcen zugreifen. Antwort a ist nicht richtig, weil die NTFS-Sicherheit nicht nur für Netzwerkbenutzer gilt. Antwort d ist nicht richtig, weil NTFS-Berechtigungen nur auf Partitionen benutzt werden können, die mit NTFS formatiert sind.

2. Welche der folgenden NTFS-Berechtigungen ermöglicht das Löschen von Ordnern?

   a. Lesen

   b. Lesen und Ausführen

   c. Ändern

   d. Verwalten

   Die richtige Antwort ist c. Die Antworten a und b sind nicht richtig, weil diese Berechtigungen Ihnen nicht erlauben, einen Ordner zu löschen. Antwort d ist nicht richtig, weil **Verwalten** keine gültige Berechtigung ist.

3. Welche NTFS-Dateiberechtigungen weisen Sie für eine Datei zu, wenn Sie den Benutzern das Löschen der Datei ermöglichen möchten, die Benutzer aber nicht den Besitz der Datei übernehmen können sollen?

   Ändern

4. Welche Funktion hat die Zugriffssteuerungsliste (Access Control List, ACL), und worin besteht der Unterschied zwischen einer Zugriffssteuerungsliste und einem Zugriffssteuerungseintrag (Access Control Entry, ACE)?

   NTFS speichert zusammen mit jeder Datei und jedem Ordner auf einem NTFS-Volume eine so genannte Zugriffssteuerungsliste (Access Control List, ACL). Es handelt sich bei der ACL um eine Liste aller Benutzerkonten und Gruppen, die Zugriffsberechtigungen für den Ordner oder die Datei erhalten haben. Die ACL enthält Zugriffssteuerungseinträge (Access Control Entries, ACE), mit denen einem Benutzer oder einer Gruppe bestimmte Operationen mit der Datei oder dem Ordner erlaubt oder verweigert werden.

5. Woraus ergeben sich die effektiven Berechtigungen eines Benutzers für eine bestimmte Ressource?

   Die effektiven Berechtigungen eines Benutzers für eine bestimmte Ressource setzen sich aus der Summe der NTFS-Berechtigungen zusammen, die Sie einem einzelnen Benutzerkonto und allen Gruppen gewähren, denen der Benutzer angehört. Falls irgendwelche **Verweigern**-Berechtigungen zugewiesen wurden, überschreiben sie alle entsprechenden **Zulassen**-Berechtigungen; daher muss die entsprechende Berechtigung aus den effektiven Berechtigungen des Benutzers gelöscht werden.

6. An wen oder was werden die einem übergeordneten Ordner zugewiesenen Berechtigungen standardmäßig vererbt?

   Standardmäßig werden die einem übergeordneten Ordner zugewiesenen Berechtigungen an die Unterordner und die im Ordner enthaltenen Dateien vererbt.

Seite 400

Lektion 2, Übung 2

6. Wie lauten die derzeit eingestellten Ordnerberechtigungen?

   Die Gruppe **Administratoren** verfügt über **Vollzugriff**. Die Gruppe Ersteller-Besitzer verfügt über die spezielle Berechtigung **Vollzugriff**. Das Konto, das den Ordner erstellt hat, verfügt über die spezielle Berechtigung **Vollzugriff** für Unterordner und Dateien. Die Gruppe **System** verfügt über **Vollzugriff**. Die Gruppe **Benutzer** besitzt die Berechtigungen **Lesen und Ausführen**, **Ordnerinhalt auflisten**, **Lesen** sowie die speziellen Berechtigungen **Dateien erstellen/Daten schreiben** und **Ordner erstellen/Daten anhängen**.

Seite 401

Lektion 2, Übung 3

4. Konnten Sie die Datei erstellen? Begründen Sie Ihre Antwort.

   Ja, das Dokument konnte erstellt werden, da die Gruppe **Benutzer** für den Ordner **Öffentlich** über die speziellen Berechtigungen **Dateien erstellen/Daten schreiben** und **Ordner erstellen/Daten anhängen** verfügt.

6. Konnten Sie alle Aufgaben ausführen? Begründen Sie Ihre Antwort.

   Sie können alle Aufgaben ausführen, also die Datei öffnen, bearbeiten und löschen, da der Gruppe **Benutzer** für den Ordner **Öffentlich** die speziellen Berechtigungen **Dateien erstellen/Daten schreiben** und **Ordner erstellen/Daten anhängen** zugewiesen sind.

10. Welche Aufgaben konnten Sie ausführen? Begründen Sie Ihre Antwort.

    Sie können die Datei öffnen, da die Gruppe **Benutzer** über die Berechtigung **Lesen** für den Ordner **Öffentlich** verfügt.

    Wenn Sie versuchen, die Datei zu bearbeiten, erhalten Sie eine Fehlermeldung. Sie können die Datei nicht bearbeiten, da die Gruppe **Benutzer** für den Ordner **Öffentlich** weder über die Berechtigung **Vollzugriff** noch über die Berechtigung **Ändern** verfügt. Mitglieder der Gruppe **Benutzer** können Dateien und Ordner im Ordner **Öffentlich** erstellen. Für die selbst erstellten Dateien und Ordner erhalten Sie die Berechtigung **Vollzugriff**. Sie können jedoch keine Dateien oder Ordner ändern, die sie nicht selbst erstellt haben oder deren Besitz sie übernommen haben.

    Sie können die Datei nicht löschen, weil nur der Besitzer einer Datei und Mitglieder der Administratorengruppe in der Standardeinstellung Vollzugriff auf die Datei haben.

Seite 402

Lektion 2, Übung 4

1. Welche Änderungen müssen an der in Teilübung 1 ermittelten Berechtigungszuweisung vorgenommen werden, um diese vier Kriterien zu erfüllen? Begründen Sie Ihre Antwort.

   Die ersten drei Kriterien werden mithilfe der Standardberechtigungen erfüllt. Damit **Benutzer82** alle Dateien im Ordner **Öffentlich** bearbeiten oder löschen kann, könnten Sie ihm die spezielle Berechtigung **Vollzugriff** zuweisen.

2. Sie sind momentan als **Benutzer82** angemeldet. Können Sie die **Benutzer82** zugewiesenen Berechtigungen ändern, während Sie als **Benutzer82** angemeldet sind? Begründen Sie Ihre Antwort.

Nein, Sie können die **Benutzer82** zugewiesenen Berechtigungen nicht ändern, wenn Sie als **Benutzer82** angemeldet sind, da dieses Benutzerkonto weder der Gruppe **Administratoren** angehört noch Besitzer des Ordners **Öffentlich** ist oder über die Berechtigung **Vollzugriff** für den Ordner **Öffentlich** verfügt. Nur Administratoren, Besitzer von Dateien und Ordnern sowie Benutzer mit der Berechtigung **Vollzugriff** können NTFS-Berechtigungen an Benutzer und Gruppen vergeben, um den Zugriff auf Dateien und Ordner zu steuern.

10. Über welche Berechtigungen verfügt Benutzer82?

Lesen und Ausführen, **Ordnerinhalt auflisten**, **Lesen**

Seite 404

Lektion 2, Übung 5

5. Welche Aufgaben konnten Sie ausführen? Begründen Sie Ihre Antwort.

Benutzer82 kann die Datei öffnen, bearbeiten und löschen, da er über die Berechtigung **Vollzugriff** für den Ordner **Öffentlich** verfügt.

Seite 404

Lektion 2, Übung 6

8. Welche Aufgaben konnten Sie ausführen? Begründen Sie Ihre Antwort.

Benutzer82 kann die Datei öffnen, bearbeiten und löschen, da er über die Berechtigung **Vollzugriff** für den Ordner **Bibliothek** verfügt. Das Kontrollkästchen **Berechtigungen übergeordneter Objekte auf untergeordnete Objekte, sofern anwendbar, vererben** ist standardmäßig aktiviert. Aus diesem Grund wurde die Berechtigung **Vollzugriff** vom Ordner **Bibliothek** an den Ordner **Öffentlich** vererbt.

Seite 405

Lernzielkontrolle Lektion 2

1. Wenn Sie ein Volume mit NTFS formatieren, wird der Gruppe **Jeder** standardmäßig die Berechtigung ______________________ erteilt. (Tragen Sie den korrekten Begriff ein.)

Vollzugriff

2. Weisen Sie für die Arbeit mit öffentlichen Datenordnern der Gruppe **Benutzer** die Berechtigung ____________________ sowie die Berechtigung ___________________ zu, und der Gruppe **Ersteller-Besitzer** die Berechtigung _____________________. (Tragen Sie die korrekten Begriffe ein.)

Lesen und Ausführen; **Schreiben**; **Vollzugriff**

3. Welche der folgenden Benutzer oder Gruppen können Benutzerkonten und Gruppen Berechtigungen zuweisen? (Wählen Sie alle zutreffenden Antworten aus.)

   a. **Administratoren**

   b. **Hauptbenutzer**

   c. Benutzer mit der Berechtigung **Vollzugriff**

   d. Datei- und Ordnerbesitzer

Die richtigen Antworten sind a, c und d. Antwort b ist nicht richtig, weil Mitglieder der Gruppe **Hauptbenutzer** keine Berechtigungen zuweisen dürfen.

4. Welche der folgenden Registerkarten im Eigenschaftendialogfeld eines Ordners oder einer Datei verwenden Sie, um für den Ordner oder die Datei NTFS-Berechtigungen zu konfigurieren beziehungsweise diese zu ändern? Wählen Sie die richtige Antwort.

   a. Erweitert

   b. Berechtigungen

   c. Sicherheit

   d. Allgemein

   Die richtige Antwort ist c. Die Antworten a, b und d sind falsch, weil Sie NTFS-Berechtigungen auf der Registerkarte **Sicherheit** ändern.

5. Welchen Zweck erfüllt die spezielle Berechtigung **Ordner durchsuchen/Datei ausführen**?

   Die Berechtigung **Ordner durchsuchen** gewährt oder verweigert das Durchsuchen von Ordnern, um auf andere Dateien oder Ordner zuzugreifen – selbst dann, wenn der Benutzer keine Berechtigungen für den durchsuchten Ordner besitzt. Die Berechtigung **Datei ausführen** gewährt oder verweigert die Fähigkeit zum Ausführen von ausführbaren Dateien (Anwendungsdateien).

6. Worin besteht der Unterschied zwischen den Berechtigungen **Löschen** und **Unterordner und Dateien löschen**?

   Die Berechtigung **Löschen** gewährt oder verweigert das Löschen von Dateien und Ordnern. Wenn dem Benutzer für den übergeordneten Ordner die Berechtigung **Unterordner und Dateien löschen** gewährt wurde, kann er Dateien oder Ordner selbst dann löschen, wenn ihm für den Ordner beziehungsweise die Datei nicht die Berechtigung **Löschen** zugewiesen wurde.

Seite 411 Lektion 3, Übung 1

7. Wer ist der aktuelle Besitzer der Datei **Ersteller**?

   Das Benutzerkonto, mit dem Sie sich bei Windows XP angemeldet haben.

6. Wer ist nun der aktuelle Besitzer der Datei **Ersteller**?

   Benutzer81

Seite 412 Lektion 3, Übung 2

2. Wie lauten die Berechtigungen für diesen Ordner?

Benutzer oder Gruppe	Berechtigungen
Ersteller-Besitzer	Spezielle Berechtigungen: **Vollzugriff** für Unterordner und Dateien
System	**Vollzugriff**
User81	**Vollzugriff**
Benutzer	Spezielle Berechtigungen: **Ordner durchsuchen/Datei ausführen**, **Ordner auflisten/Daten lesen**, **Attribute lesen**, **Erweiterte Attribute lesen**, **Berechtigungen lesen**, **Dateien erstellen/Daten schreiben** und **Ordner erstellen/Daten anhängen**.

3. Wer ist der Besitzer der Datei **Temp1**? Begründen Sie Ihre Antwort.

   Benutzer81 ist der Besitzer der Datei **Temp1**, da immer die Person zum Besitzer wird, die einen Ordner oder eine Datei erstellt.

3. Wie lauten die Berechtigungen für die soeben erstellten Ordner **Temp2** und **Temp3**?

Benutzer oder Gruppe	Berechtigungen
Administratoren	**Vollzugriff**
Ersteller-Besitzer	Spezielle Berechtigungen: **Vollzugriff** für Unterordner und Dateien
System	**Vollzugriff**
Name des Benutzerkontos, mit dem Sie die Ordner erstellt haben	Spezielle Berechtigungen: **Vollzugriff** für diesen Ordner
Benutzer	Spezielle Berechtigungen: **Ordner durchsuchen/Datei ausführen**, **Ordner auflisten/Daten lesen**, **Attribute lesen**, **Erweiterte Attribute lesen**, **Berechtigungen lesen**, **Dateien erstellen/Daten schreiben** und **Ordner erstellen/Daten anhängen**.

4. Wer ist Besitzer der Ordner **Temp2** und **Temp3**? Begründen Sie Ihre Antwort.

   Die Administratorengruppe oder der Name des Kontos, mit dem Sie sich beim Erstellen der Ordner angemeldet haben, ist der Besitzer, da immer die Person zum Besitzer wird, die einen Ordner oder eine Datei erstellt. Handelt es sich bei dieser Person um ein Mitglied der Administratorengruppe, wird die Gruppe **Administratoren** zum Besitzer von Datei oder Ordner.

3. Wer ist der Besitzer von **C:\Temp1\Temp2**, und welche Berechtigungen gelten für diesen Ordner? Begründen Sie Ihre Antwort.

   Der Besitzer von **C:\Temp1\Temp2** ist das Benutzerkonto, mit dem der Kopiervorgang ausgeführt wurde. Die Berechtigungen für **C:\Temp1\Temp2** stimmen nun mit denen von **Temp1** überein. Wenn Sie einen Ordner oder eine Datei in einen anderen Ordner kopieren, werden für Datei oder Ordner die Berechtigungen des Zielordners übernommen.

3. Was geschieht mit den Berechtigungen und Besitzrechten für **C:\Temp1\Temp3**? Begründen Sie Ihre Antwort.

   Nichts; die Berechtigungen und Besitzrechte ändern sich nicht.

Seite 415

Lernzielkontrolle Lektion 3

1. Welche der folgenden Aussagen treffen auf das Kopieren von Dateien oder Ordnern zu? (Wählen Sie alle zutreffenden Antworten aus.)

   a. Wenn Sie eine Datei von einem Ordner in einen anderen Ordner desselben Volumes kopieren, ändern sich die Dateiberechtigungen nicht.

   b. Wenn Sie eine Datei von einem Ordner auf einem NTFS-Volume in einen Ordner auf einem FAT-Volume kopieren, ändern sich die Dateiberechtigungen nicht.

c. Wenn Sie eine Datei von einem Ordner auf einem NTFS-Volume in einen Ordner auf einem anderen NTFS-Volume kopieren, übernimmt die Datei die Berechtigungen des Zielordners.

d. Wenn Sie eine Datei von einem Ordner auf einem NTFS-Volume in einen Ordner auf einem FAT-Volume kopieren, gehen die Dateiberechtigungen verloren.

Die richtigen Antworten sind c und d. Antwort a ist nicht richtig, weil eine Datei beim Kopieren in einen Ordner auf demselben Volume die Berechtigungen erbt, die dem Zielordner zugewiesen sind. Antwort b ist nicht richtig, weil die Berechtigungen beim Kopieren einer Datei auf ein FAT-Volume verloren gehen.

2. Welche der folgenden Aussagen treffen auf das Verschieben von Dateien oder Ordnern zu? (Wählen Sie alle zutreffenden Antworten aus.)

   a. Wenn Sie eine Datei von einem Ordner in einen anderen Ordner desselben Volumes verschieben, ändern sich die Dateiberechtigungen nicht.

   b. Wenn Sie eine Datei von einem Ordner auf einem NTFS-Volume in einen Ordner auf einem FAT-Volume verschieben, ändern sich die Dateiberechtigungen nicht.

   c. Wenn Sie eine Datei von einem Ordner auf einem NTFS-Volume in einen Ordner auf einem anderen NTFS-Volume verschieben, übernimmt die Datei die Berechtigungen des Zielordners.

   d. Wenn Sie eine Datei von einem Ordner auf einem NTFS-Volume in einen anderen Ordner desselben Volumes verschieben, übernimmt die Datei die Berechtigungen des Zielordners.

   Die richtigen Antworten sind a und c. Antwort b ist nicht richtig, weil beim Verschieben einer Datei auf eine FAT-Partition alle Berechtigungen verloren gehen. Antwort d ist nicht richtig, weil beim Verschieben einer Datei in einen Ordner auf demselben Volume die ursprünglichen Berechtigungen beibehalten werden.

3. Vergeben Sie immer möglichst ____________________ (wenig/stark) einschränkende NTFS-Berechtigungen. (Tragen Sie den korrekten Begriff ein.)

   stark

4. Sie möchten verhindern, dass ein Benutzer oder eine Gruppe Zugriff auf einen bestimmten Ordner oder eine Datei erhält. Ist es sinnvoll, in diesem Fall eine **Verweigern**-Berechtigung für den Ordner oder die Datei zuzuweisen?

   Sie sollten **Zulassen**-Berechtigungen für den Ordner oder die Datei zuweisen, keine **Verweigern**-Berechtigungen. Das Zuweisen einer **Verweigern**-Berechtigung sollte die absolute Ausnahme sein.

Seite 416 Übung mit Fallbeispiel

1. Können Benutzer der Gruppen **Zeitarbeit** und **Aushilfen** die Dateien öffnen, die durch eine Vertraulichkeitsvereinbarung geschützt sind?

   Nein. Die **Verweigern**-Berechtigung **Vollzugriff** verhindert, dass diese Benutzer auf die Datei Zugriff haben.

2. Auch wenn Benutzer der Gruppen **Zeitarbeit** und **Aushilfen** nicht auf die Dateien zugreifen können, besteht die Gefahr, dass diese Benutzer die Dateien löschen. Warum?

   Aus Gründen der POSIX-Kompatibilität umfasst die Berechtigung **Vollzugriff** die spezielle Berechtigung **Unterordner und Dateien löschen**. Diese spezielle Berechtigung ermöglicht einem Benutzer, Dateien im Stamm eines Ordners zu löschen, für den der Benutzer die Berechtigung **Vollzugriff** hat. Diese Berechtigung hat Vorrang vor Dateiberechtigungen.

3. Wie können Sie dieses Problem lösen, indem Sie Berechtigungen für den Ordner **Klientenkonten** ändern?

   Weisen Sie den Benutzern sämtliche **Zulassen**-Berechtigungen zu und dann die **Verweigern**-Berechtigung für die spezielle Berechtigung **Unterordner und Dateien löschen**.

4. Wie sähe ein besserer Ansatz aus, damit dieses Problem gar nicht erst auftritt?

   Es ist besser, keine **Verweigern**-Berechtigungen zuzuweisen. Verwenden Sie **Verweigern**-Berechtigungen nur, wenn es sich absolut nicht vermeiden lässt. Der einfachste und sicherste Weg, dieses Problem zu beseitigen, besteht darin, die Dateien, die durch eine Vertraulichkeitsvereinbarung geschützt sind, in einen eigenen Ordner zu legen, getrennt vom Ordner **Klientenkonten**. Dann können Sie Berechtigungen für den separaten Ordner zuweisen, und zwar nur an Benutzer, die diese Berechtigungen auch brauchen.

Seite 418

Übung zur Problembehandlung

1. Sehen Sie sich die Tabellen an, die Sie von Ihrem Chef bekommen haben. Welche effektiven Berechtigungen hat David für den Ordner **Werbematerial**?

   Um die effektiven Berechtigungen von David zu ermitteln, müssen Sie alle Berechtigungen kombinieren, die ihm zugewiesen wurden. Daraus ergibt sich, dass seine effektiven Berechtigungen für den Ordner **Werbematerial** die Berechtigungen **Lesen und Ausführen**, **Ordnerinhalt auflisten** und **Lesen** sind.

2. Ihr Chef schneit in Ihr Büro hinein und teilt Ihnen mit: „Hoppla, da ist ja doch noch eine andere Tabelle, die ich Ihnen geben wollte." Die neue Tabelle zeigt, welche Berechtigungen der Gruppe **Buchhaltung** für den Ordner **Werbematerial** zugewiesen sind. Ein Benutzer namens Yvette ist Mitglied der Gruppen **Vertrieb**, **Marketing** und **Buchhaltung**.

Berechtigungszuweisungen für die Gruppe **Buchhaltung**

Berechtigung	Zulassen	Verweigern
Vollzugriff		
Ändern		
Lesen und Ausführen		
Ordnerinhalt auflisten		X
Lesen	X	
Schreiben		X

Sehen Sie sich die Informationen in allen drei Tabellen an. Welche effektiven Berechtigungen hat Yvette für den Ordner **Werbematerial**?

Um die effektiven Berechtigungen von Yvette zu ermitteln, müssen Sie alle Berechtigungen kombinieren, die ihr zugewiesen wurden. Die Kombination aller **Zulassen**-Berechtigungen ergibt **Lesen und Ausführen**, **Ordnerinhalt auflisten** und **Lesen**. Dann müssen Sie alle **Verweigern**-Berechtigungen anwenden. Weil Yvette Mitglied in der Gruppe **Buchhaltung** ist, wurden ihr die **Verweigern**-Berechtigungen **Ordnerinhalt auflisten** und **Schreiben** zugewiesen. Die **Verweigern**-Berechtigung **Ordnerinhalt auflisten** hebelt die Berechtigung **Lesen und Ausführen** aus, weil **Lesen und Ausführen** von **Ordnerinhalt auflisten** abhängt. Daher hat Yvette die effektive Berechtigung **Lesen**.

K A P I T E L 9

Verwalten freigegebener Ordner

In diesem Kapitel abgedeckte Prüfungsziele:

- Verwalten und Problembehandlung des Zugriffs auf freigegebene Ordner.
  - Erstellen und Löschen von freigegebenen Ordnern.
  - Steuern des Zugriffs auf freigegebene Ordner mithilfe von Berechtigungen.

Bedeutung dieses Kapitels

In Kapitel 8, „Schützen von Ressourcen mit NTFS-Berechtigungen", haben Sie die NTFS-Dateisystemberechtigungen von Windows XP Professional kennen gelernt. Mithilfe von NTFS-Berechtigungen legen Sie fest, welche Benutzer und Gruppen Zugriff auf Dateien und Ordner erhalten und in welcher Weise die Benutzer auf den Inhalt der Dateien und Ordner zugreifen können. NTFS-Berechtigungen sind nur für NTFS-Volumes verfügbar. Die NTFS-Berechtigungen sind sowohl beim Zugriff auf lokale Ordner und Dateien als auch beim Datei- und Ordnerzugriff über das Netzwerk wirksam.

In diesem Kapitel erfahren Sie, wie den Benutzern Ordner über das Netzwerk zur Verfügung gestellt werden. Sie können auf Ordner und deren Inhalte zugreifen, indem Sie die Ordner erst freigeben und dann von einem Remotecomputer aus über das Netzwerk darauf zugreifen. Mithilfe von Ordnerfreigaben können Sie Dateiressourcen schützen, die sich auf FAT- (File Allocation Table) oder FAT32-Partitionen befinden. Sie lernen in diesem Kapitel, wie Sie Ordner freigeben und den Zugriff auf ***freigegebene Ordner*** mithilfe von Berechtigungen einschränken.

Lektionen in diesem Kapitel:

Bevor Sie beginnen

Damit Sie die Übungen in diesem Kapitel durchführen können, brauchen Sie einen Computer, der die minimalen Hardwarevoraussetzungen erfüllt, die im Abschnitt „Über dieses Buch" am Anfang beschrieben wurden. Außerdem muss auf dem Computer Windows XP Professional installiert sein.

Lektion 1: Einführung in freigegebene Ordner

Durch den Einsatz von freigegebenen Ordnern können Sie den Benutzern im Netzwerk den Zugriff auf bestimmte Dateiressourcen ermöglichen. Nachdem Sie einen Ordner freigegeben haben, können Benutzer, die über die entsprechenden Berechtigungen verfügen, über das Netzwerk auf den Ordner zugreifen.

Am Ende dieser Lektion werden Sie in der Lage sein, die folgenden Aufgaben auszuführen:

- Erklären der einfachen Dateifreigabe.
- Beschreiben von Freigabeberechtigungen.
- Beschreiben der Voraussetzungen zum Freigeben eines Ordners.
- Beschreiben der Merkmale von Freigabeberechtigungen.
- Freigeben eines Ordners.
- Zuweisen von Freigabeberechtigungen.
- Erstellen mehrerer Freigabenamen für einen freigegebenen Ordner.
- Ändern eines freigegebenen Ordners.
- Herstellen einer Verbindung zu einem freigegebenen Ordner.
- Erklären der Verwendung administrativer Freigaben.
- Verwalten von freigegebenen Ordnern mithilfe der Konsole **Computerverwaltung**.
- Erklären der Richtlinien für das Zuweisen von Freigabeberechtigungen.

Veranschlagte Zeit für diese Lektion: 60 Minuten

Einfache Dateifreigabe

Die ***einfache Dateifreigabe*** ist, wie ihr Name andeutet, ein vereinfachtes Freigabemodell, mit dem Benutzer Ordner und Dateien auf einfache Weise anderen lokalen Benutzern auf demselben Computer oder Benutzern in einer Arbeitsgruppe zugänglich machen können, ohne NTFS-Berechtigungen und normale freigegebene Ordner konfigurieren zu müssen. Auf Computern, die unter Windows XP Professional laufen und Mitglieder einer Arbeitsgruppe sind, können Sie entweder die einfache Dateifreigabe nutzen oder die einfache Dateifreigabe deaktivieren und NTFS-Berechtigungen sowie freigegebene Ordner verwenden. Auf Computern, die unter Windows XP Professional laufen und Mitglieder einer Domäne sind, steht die einfache Dateifreigabe nicht zur Verfügung.

Prüfungstipp Falls Sie im Eigenschaftendialogfeld einer Datei oder eines Ordners nicht auf die Registerkarte **Sicherheit** zugreifen oder einem Ordner keine Freigabeberechtigungen zuweisen können, ist wahrscheinlich die einfache Dateifreigabe aktiviert.

Wenn die einfache Dateifreigabe aktiviert ist, brauchen Benutzer nur eine einzige Entscheidung zu treffen: ob ein Ordner freigegeben wird oder nicht. Wenn ein Benutzer einen Ordner freigibt, können alle Netzwerkbenutzer darauf zugreifen. Bei der einfachen

Dateifreigabe kann der Benutzer auch keine Freigabeberechtigungen zuweisen. Gehen Sie folgendermaßen vor, um die einfache Dateifreigabe zu aktivieren oder zu deaktivieren: Wählen Sie in einem beliebigen offenen Ordner den Menübefehl **Extras/Ordneroptionen**. Aktivieren oder deaktivieren Sie im Dialogfeld **Ordneroptionen** auf der Registerkarte **Ansicht** im Listenfeld **Erweiterte Einstellungen** das Kontrollkästchen **Einfache Dateifreigabe verwenden (empfohlen)**.

Hinweis In den restlichen Abschnitten dieses Kapitels wird vorausgesetzt, dass Sie *nicht* die einfache Dateifreigabe verwenden.

Freigabeberechtigungen

Wenn die einfache Dateifreigabe deaktiviert ist, können Sie durch Zuweisen von ***Freigabeberechtigungen*** steuern, wie Benutzer Zugriff auf einen freigegebenen Ordner bekommen. Freigabeberechtigungen sind einfacher als NTFS-Berechtigungen. Tabelle 9.1 erklärt, was einem Benutzer durch die Zuweisung der verschiedenen Freigabeberechtigungen erlaubt wird (sortiert von der am stärksten bis zur am wenigsten einschränkenden Berechtigung).

Tabelle 9.1 Freigabeberechtigungen

Freigabeberechtigung	Erlaubt diese Aktion
Lesen	Anzeigen von Ordnernamen, Dateinamen, Dateidaten und Attributen, Ausführen von Programmdateien, Ändern von Ordnern im freigegebenen Ordner.
Ändern	Erstellen von Ordnern, Hinzufügen von Dateien zu Ordnern, Ändern von Daten in Dateien, Anhängen von Daten an Dateien, Ändern von Dateiattributen, Löschen von Ordnern und Dateien; Ausführen von Aktionen, die über die Berechtigungen **Lesen** gestattet werden.
Vollzugriff	Ändern von Dateiberechtigungen, Übernehmen der Besitzrechte für Dateien; Ausführen von Aktionen, die über die Berechtigung **Ändern** gestattet werden.

Sie können Berechtigungen für freigegebene Ordner gewähren (zulassen) oder verweigern. Gewähren oder verweigern Sie im Allgemeinen nicht Benutzern, sondern Benutzergruppen den Zugriff. Verweigern Sie Berechtigungen nur dann, wenn Sie Berechtigungen außer Kraft setzen möchten, die anderweitig gewährt wurden. Verweigern Sie beispielsweise eine Berechtigung einem Benutzer, der einer Gruppe angehört, die diese Berechtigung hat. Wenn Sie einem Benutzer eine Berechtigung für einen freigegebenen Ordner verweigern, verfügt der Benutzer für diesen Ordner nicht über diese Berechtigung. Wenn Sie beispielsweise einem Benutzer die Freigabeberechtigung **Vollzugriff** verweigern, wird dem Benutzer jeglicher Remotezugriff auf den freigegebenen Ordner verwehrt.

Voraussetzungen für das Freigeben eines Ordners

Sie können auf einem Windows XP Professional-Computer nur dann Ordner freigeben, wenn Sie Mitglied der Gruppen **Administratoren** oder **Hauptbenutzer** sind. Auch Benutzer, denen das Benutzerrecht **Permanent freigegebene Objekte erstellen** gewährt wurde, dürfen Ordner freigeben. Sie können nur Ordner freigeben, keine einzelnen Dateien. Falls Sie Netzwerkbenutzern den Zugriff auf Dateien ermöglichen wollen, müssen Sie den Ordner freigeben, der diese Dateien enthält.

Prüfungstipp Benutzer, die Mitglied der Gruppe **Administratoren** oder **Hauptbenutzer** sind, können einen Ordner freigeben. Auch Benutzer, denen das Benutzerrecht **Permanent freigegebene Objekte erstellen** zugewiesen wurde, können Ordner freigeben.

Merkmale von Freigabeberechtigungen

Sie können jeden beliebigen Ordner auf einem Computer freigeben, damit Netzwerkbenutzer darauf zugreifen können. Für Freigabeberechtigungen gilt Folgendes:

- Die Freigabeberechtigungen gelten für Ordner, nicht für einzelne Dateien. Da Sie die Berechtigungen für einen freigegebenen Ordner nur auf den gesamten freigegebenen Ordner anwenden können, aber nicht auf die einzelnen Dateien in diesem freigegebenen Ordner, bieten Freigabeberechtigungen weniger Schutz als die NTFS-Berechtigungen.
- Über die Freigabeberechtigungen kann der Zugriff auf diese Ordner nicht für Benutzer eingeschränkt werden, die sich lokal an dem Computer anmelden, auf dem sich der freigegebene Ordner befindet. Die Freigabeberechtigungen gelten nur für Benutzer, die über das Netzwerk auf den freigegebenen Ordner zugreifen.
- Die Freigabeberechtigungen sind die einzige Möglichkeit zum Schutz von Netzwerkressourcen auf einem FAT-Volume. Auf einem FAT-Volume stehen die NTFS-Berechtigungen nicht zur Verfügung.
- Die standardmäßig erteilte Freigabeberechtigung lautet **Lesen**. Diese Berechtigung wird beim Freigeben eines Ordners der Gruppe **Jeder** zugewiesen.

Sicherheitswarnung Falls Sie einen Ordner freigeben, ohne die standardmäßigen Freigabeberechtigungen (der Gruppe **Jeder** ist die Berechtigung **Lesen** zugewiesen) zu ändern, ist dieser freigegebene Ordner überhaupt nicht dagegen geschützt, dass beliebige Leute seinen Inhalt über das Netzwerk lesen. In diesem Fall wird nur durch die lokalen NTFS-Berechtigungen eingeschränkt, wer den Ordner lesen darf.

Freigeben eines Ordners

Wenn Sie einen Ordner freigeben, können Sie ihm einen Freigabenamen geben, Kommentare zum Beschreiben des Ordners und seines Inhalts zuweisen, die Zahl der Benutzer festlegen, die auf den Ordner Zugriff haben, Berechtigungen zuweisen und mehrere Freigabenamen für den Ordner erstellen.

Gehen Sie folgendermaßen vor, um einen Ordner freizugeben:

1. Melden Sie sich mit einem Benutzerkonto an, das Ordner freigeben darf.
2. Klicken Sie mit der rechten Maustaste auf den Ordner, den Sie freigeben wollen, und wählen Sie **Eigenschaften**.

3. Klicken Sie im Eigenschaftendialogfeld des Ordners auf der Registerkarte **Freigabe** auf die Option **Diesen Ordner freigeben** und konfigurieren Sie die Optionen, wie sie in Abbildung 9.1 zu sehen und in Tabelle 9.2 beschrieben sind.

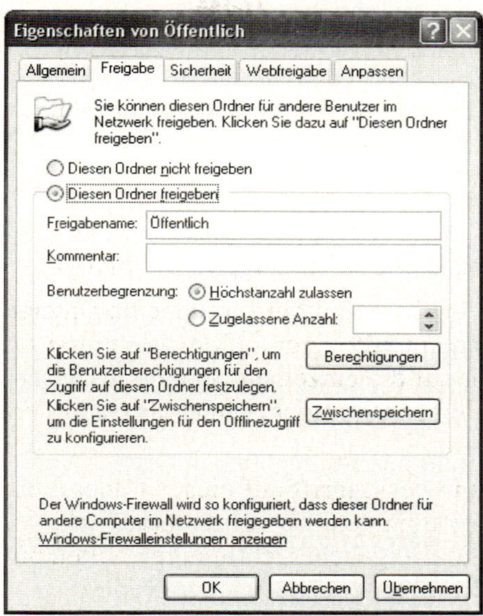

Abbildung 9.1 Auf der Registerkarte **Freigabe** im Eigenschaftendialogfeld eines Ordners können Sie den Ordner freigeben

Tabelle 9.2 Optionen auf der Registerkarte **Freigabe**

Option	Beschreibung
Freigabename	Der Name, den Benutzer auf einem Remotecomputer verwenden, um eine Verbindung zu einem freigegebenen Ordner herzustellen. Sie müssen einen Freigabenamen eingeben. Standardmäßig entspricht der Freigabename dem Namen des Ordners. Sie können hier einen anderen Namen angeben, der maximal 80 Zeichen umfassen darf.
Kommentar	Eine optionale Beschreibung für die Freigabe. Der Kommentar wird zusätzlich zum Freigabenamen angezeigt, wenn Benutzer von Clientcomputern aus den Server nach freigegebenen Ordnern durchsuchen. Dieser Kommentar kann verwendet werden, um den Inhalt des freigegebenen Ordners zu beschreiben.
Benutzerbegrenzung	Die Anzahl der Benutzer, die gleichzeitig eine Verbindung zum freigegebenen Ordner herstellen können. Wenn Sie als Benutzerbegrenzung **Höchstanzahl zulassen** auswählen, unterstützt Windows XP Professional bis zu 10 gleichzeitige Verbindungen.
Berechtigungen	Die Freigabeberechtigungen, die nur dann gelten, wenn über das Netzwerk auf den Ordner zugegriffen wird. Standardmäßig wird bei allen neu freigegebenen Ordnern der Gruppe **Jeder** die Berechtigung **Lesen** zugewiesen.

▶

Option	Beschreibung
Zwischenspeichern	Die Einstellungen, mit denen der Offlinezugriff auf diesen freigegebenen Ordner konfiguriert wird. Diese Funktion wird in Kapitel 10, „Verwalten der Datenspeicherung", beschrieben.
Neue Freigabe	Hier können Sie weitere Freigabenamen mit anderen Berechtigungen für diesen Ordner konfigurieren. Diese Schaltfläche wird nur angezeigt, wenn der Ordner bereits freigegeben wurde. Über das Erstellen mehrerer Freigaben erfahren Sie mehr im Abschnitt „Erstellen mehrerer Freigabenamen für einen freigegebenen Ordner".

Zuweisen von Freigabeberechtigungen

Nachdem Sie einen Ordner freigegeben haben, müssen Sie im nächsten Schritt festlegen, welche Benutzer auf den Ordner zugreifen dürfen. Zu diesem Zweck weisen Sie bestimmten Benutzerkonten und Gruppen Freigabeberechtigungen zu. Gehen Sie dazu folgendermaßen vor:

1. Klicken Sie im Eigenschaftendialogfeld des freigegebenen Ordners auf der Registerkarte **Freigabe** auf **Berechtigungen**.
2. Stellen Sie sicher, dass im Dialogfeld **Berechtigungen für** ***freigegebener Ordner*** die Gruppe **Jeder** ausgewählt ist, und klicken Sie auf **Entfernen**.
3. Klicken Sie im Dialog **Berechtigungen für** ***freigegebener Ordner*** auf **Hinzufügen**.
4. Geben Sie im Dialogfeld **Benutzer oder Gruppen wählen** (Abbildung 9.2) im Textfeld **Geben Sie die zu verwendenden Objektnamen ein** den Namen des Benutzers oder der Gruppe ein, denen Sie Berechtigungen zuweisen möchten. Wiederholen Sie diesen Schritt für alle Benutzerkonten und Gruppen, denen Sie Berechtigungen zuweisen möchten.

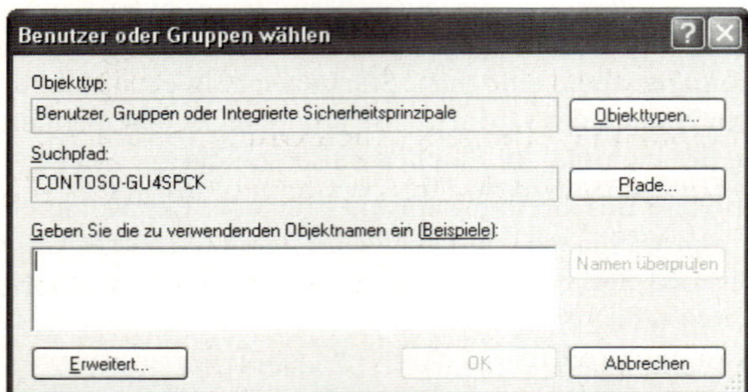

Abbildung 9.2 Wählen Sie einen Benutzer oder eine Gruppe aus, denen Sie Berechtigungen zuweisen wollen.

Tipp Wenn Sie in einem Arbeitsschritt mehrere Benutzerkonten oder Gruppen eingeben möchten, können Sie mehrere Namen angeben und durch Semikola trennen. Wenn Sie sicherstellen möchten, dass die Namen richtig angegeben wurden, können Sie auf **Namen überprüfen** klicken.

5. Klicken Sie auf **OK**.
6. Klicken Sie im Dialogfeld **Berechtigungen für** ***freigegebener Ordner*** auf den gewünschten Benutzer beziehungsweise die Gruppe, und aktivieren Sie unterhalb von **Berechtigungen** entweder das **Zulassen**- oder das **Verweigern**-Kontrollkästchen für die jeweiligen Berechtigungen.

Erstellen mehrerer Freigabenamen für einen freigegebenen Ordner

In bestimmten Situationen ist es unter Umständen erforderlich, für einen freigegebenen Ordner unterschiedliche Freigabeberechtigungen festzulegen. In diesen Fällen können Sie mehrere Freigabenamen für denselben freigegebenen Ordner erstellen und diesen unterschiedliche Freigabeberechtigungen zuweisen. Wenn Sie einen Ordner über mehrere Freigabenamen freigeben wollen, klicken Sie im Eigenschaftendialogfeld des freigegebenen Ordners auf **Neue Freigabe**. Im Dialogfeld **Neue Freigabe** (Abbildung 9.3) können Sie einen neuen Freigabenamen angeben, die Anzahl der gleichzeitigen Verbindungen mit dieser Freigabe beschränken und über die Option **Berechtigungen** die Freigabeberechtigungen festlegen.

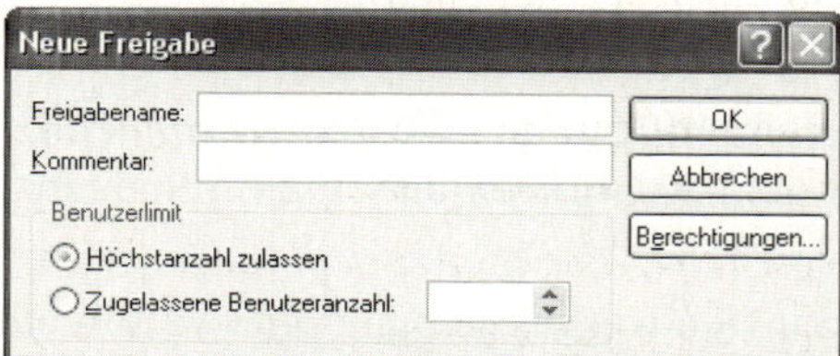

Abbildung 9.3 Erstellen eines weiteren Freigabenamens für einen freigegebenen Ordner

Ändern eines freigegebenen Ordners

Sie können freigegebene Ordner ändern, indem Sie die Freigabe aufheben, den Freigabenamen ändern und Freigabeberechtigungen für den Ordner neu festlegen.

Gehen Sie folgendermaßen vor, um einen freigegebenen Ordner zu ändern:

1. Klicken Sie im Eigenschaftendialogfeld des freigegebenen Ordners auf die Registerkarte **Freigabe**.
2. Nehmen Sie die gewünschte Änderung vor, wie in Tabelle 9.3 beschrieben.

Tabelle 9.3 Schritte zum Ändern eines freigegebenen Ordners

Änderung	Vorgehensweise
Aufheben der Freigabe eines Ordners	Klicken Sie auf **Diesen Ordner nicht freigeben**.
Ändern des Freigabenamens	Klicken Sie auf **Diesen Ordner nicht freigeben**, um die Freigabe des Ordners aufzuheben, und klicken Sie auf **Übernehmen**. Klicken Sie anschließend auf **Diesen Ordner freigeben**, und geben Sie im Textfeld **Freigabename** den neuen Namen für die Ordnerfreigabe ein. ►

Änderung	Vorgehensweise
Ändern der Freigabeberechtigungen	Klicken Sie auf **Berechtigungen**. Klicken Sie im Dialogfeld **Berechtigungen für *freigegebener Ordner*** auf **Hinzufügen**, um ein Benutzerkonto oder eine Gruppe hinzuzufügen, denen Sie Berechtigungen für den Ordner zuweisen möchten, oder klicken Sie auf **Entfernen**, um einen Benutzer oder eine Gruppe zu entfernen. Klicken Sie im Dialogfeld **Benutzer oder Gruppen wählen** auf die Benutzerkonten oder Gruppen, deren Berechtigungen Sie ändern möchten. Klicken Sie anschließend neben den jeweiligen Berechtigungen auf das Kontrollkästchen **Zulassen** oder **Verweigern**.

Vorsicht Wenn Sie die Freigabe eines Ordners aufheben, während ein Benutzer eine Datei geöffnet hat, kann es zu einem Datenverlust kommen. Wenn Sie auf **Diesen Ordner nicht freigeben** klicken, während ein Benutzer mit dem freigegebenen Ordner verbunden ist, benachrichtigt Sie Windows XP Professional in einem Meldungsfeld über diese Benutzerverbindung.

Herstellen einer Verbindung zu einem freigegebenen Ordner

Sie können über **Netzwerkumgebung**, **Arbeitsplatz**, den Assistenten zum Hinzufügen von Netzwerkressourcen, oder über den Befehl **Ausführen** auf einen freigegebenen Ordner auf einem Remotecomputer zugreifen.

Gehen Sie folgendermaßen vor, um über die Netzwerkumgebung eine Verbindung zu einem freigegebenen Ordner herzustellen:

1. Klicken Sie im Startmenü auf **Systemsteuerung**.

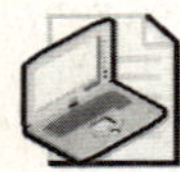

Hinweis Wenn Sie die Netzwerkumgebung zum ersten Mal verwenden, fügt Windows XP Professional zum Startmenü den Eintrag **Netzwerkumgebung** hinzu. Falls im Startmenü bereits der Eintrag **Netzwerkumgebung** angezeigt wird, können Sie einfach auf **Netzwerkumgebung** klicken und mit Schritt 4 fortfahren.

2. Klicken Sie in der **Systemsteuerung** auf **Netzwerk- und Internetverbindungen**.
3. Klicken Sie im Fenster **Netzwerk- und Internetverbindungen** unter **Siehe auch** auf **Netzwerkumgebung**.
4. Klicken Sie doppelt auf die Freigabe, auf die Sie zugreifen möchten.

Hinweis Falls die gewünschte Freigabe angezeigt wird, können Sie durch einen Doppelklick darauf zugreifen. Sie haben dann die Verbindung hergestellt. Wird die gewünschte Freigabe nicht aufgelistet, müssen Sie mit Schritt 5 fortfahren.

5. Klicken Sie auf **Netzwerkressource hinzufügen**, falls die gewünschte Freigabe nicht angezeigt wird.

   Die Willkommenseite des Assistenten zum Hinzufügen von Netzwerkressourcen wird angezeigt.

6. Klicken Sie auf **Weiter**.
7. Markieren Sie auf der Assistentenseite **Wo soll diese Netzwerkressource erstellt werden?** die Option **Eine andere Netzwerkressource auswählen**, und klicken Sie auf **Weiter**.
8. Auf der nun angezeigten Assistentenseite **Welche Adresse verwendet diese Netzwerkressource?** (Abbildung 9.4) können Sie einen UNC-Pfad (Universal Naming Convention) zum gewünschten Ordner angeben (zum Beispiel ***\\Computername\Name_des_freigegebenen_Ordners***). Klicken Sie anschließend auf **Weiter**.

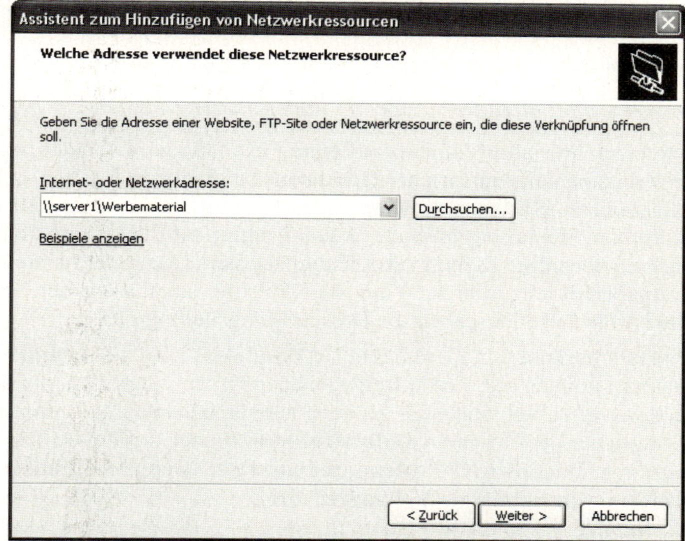

Abbildung 9.4 Geben Sie den UNC der Freigabe ein, auf die Sie zugreifen wollen.

Tipp Sie können auch eine Netzwerkverbindung zu einer Webfreigabe (***http://Webserver/Freigabe***) oder einer FTP-Site (File Transfer Protocol) herstellen (**ftp://ftp.microsoft.com**).

9. Geben Sie auf der Seite **Wie soll diese Netzwerkressource heißen?** einen Anzeigenamen für diese Freigabe ein und klicken Sie dann auf **Weiter**.
10. Klicken Sie auf der Seite **Fertigstellen des Assistenten** auf **Fertig stellen**.

Gehen Sie folgendermaßen vor, um über den Befehl **Ausführen** eine Verbindung zu einem freigegebenen Ordner herzustellen:

1. Klicken Sie auf **Start** und **Ausführen**, und geben Sie im Textfeld **Öffnen** den Wert ***Computername*** ein. Klicken Sie auf **OK**.

   Windows XP Professional zeigt die für den Computer verfügbaren Freigaben an.
2. Klicken Sie doppelt auf den freigegebenen Ordner, zu dem Sie eine Verbindung herstellen wollen.

Was sind administrative Freigaben?

Windows XP Professional gibt verschiedene Ordner zu Verwaltungszwecken automatisch frei. Diese ***administrativen Freigaben*** werden mit einem Dollarzeichen (**$**) gekennzeichnet, wodurch die Freigaben ausgeblendet werden, wenn der Benutzer einen Computer durchsucht. Das Stammverzeichnis eines Volumes (der Systemstammordner) und der Speicherort der Druckertreiber sind ausgeblendete freigegebene Ordner, auf die Sie im Netzwerk zugreifen können, indem Sie den genauen Namen der Freigabe eintippen.

In Tabelle 9.4 wird der Zweck der administrativen Ordnerfreigaben beschrieben, die in Windows XP Professional standardmäßig bereitgestellt werden.

Tabelle 9.4 Administrative Freigaben in Windows XP Professional

Freigabe	Zweck
C$**, **D$, **E$** usw.	Das Stammverzeichnis aller Volumes auf einer Festplatte wird standardmäßig freigegeben. Der Freigabename entspricht hierbei dem Laufwerkbuchstaben, gefolgt von einem Dollarzeichen (**$**). Wenn Sie eine Verbindung zu diesem freigegebenen Ordner herstellen, können Sie auf das gesamte Volume zugreifen. Sie können über die administrativen Freigaben eine Remoteverbindung zu einem Computer herstellen, um Verwaltungsaufgaben durchzuführen. Windows XP Professional weist der Gruppe **Administratoren** für diese Freigaben die Berechtigung **Vollzugriff** zu.
Admin$	Der Systemstammordner (standardmäßig **C:\Windows**) wird als **Admin$** freigegeben. Administratoren können auf diesen freigegebenen Ordner zugreifen, um Windows XP Professional zu verwalten, ohne den genauen Namen des Installationsordners zu kennen. Nur Mitglieder der Gruppe **Administratoren** können auf diesen freigegebenen Ordner zugreifen. Windows XP Professional weist der Gruppe **Administratoren** für diese Freigabe die Berechtigung **Vollzugriff** zu.
Print$	Bei der Installation des ersten freigegebenen Druckers wird der Ordner **%SystemRoot%\System32\Spool\Drivers** als **Print$** freigegeben. Dieser Ordner stellt den Zugriff auf die Druckertreiberdateien für Clients bereit. Nur Mitglieder der Gruppen der **Administratoren** und **Hauptbenutzer** verfügen für diese Freigabe über die Berechtigung **Vollzugriff**. Die Gruppe **Jeder** verfügt über die Berechtigung **Lesen**.

Neben den automatisch durch das System erstellten freigegebenen Ordnern kann es weitere verborgene Ordnerfreigaben geben. Sie können zusätzliche Ordner freigeben und dem Freigabenamen ein Dollarzeichen anhängen. Auf diese Weise erstellen Sie verborgene oder ***versteckte Freigaben***. Nur Benutzer, die den Ordnernamen kennen und über entsprechende Berechtigungen verfügen, können dann auf diese Ordner zugreifen.

Prüfungstipp Oft lassen sich die eingebauten administrativen Freigaben nutzen, um auf die Ressourcen eines Computers zuzugreifen, auf den Sie andernfalls keinen Zugriff bekommen. Insbesondere die Freigabe **Admin$** ist nützlich, weil Sie damit Zugriff auf den Systemstammordner eines Computers erhalten. Sie können auch den Laufwerkbuchstaben gefolgt von einem Dollarzeichen (zum Beispiel **C$**) eingeben, um auf ein bestimmtes Laufwerk zuzugreifen.

Verwalten freigegebener Ordner mit dem Tool Computerverwaltung

Sie können alle Aspekte von freigegebenen Ordnern im Dienstprogramm Computerverwaltung verwalten. Dort stehen Ihnen folgende Möglichkeiten zur Verfügung:

- Ansehen einer Liste aller Ordner, die momentan freigegeben sind
- Erstellen weiterer freigegebener Ordner
- Ansehen und Bearbeiten der Eigenschaften von freigegebenen Ordnern
- Entfernen von freigegebenen Ordnern
- Verwalten von Benutzern, die eine Verbindung zu freigegebenen Ordnern hergestellt haben
- Verwalten von freigegebenen Ordnern auf anderen Computern über das Netzwerk

Ansehen einer Liste der freigegebenen Ordner in der Computerverwaltung

Sie können sich an einer zentralen Stelle innerhalb der Computerverwaltung alle Ordner ansehen, die momentan freigegeben sind. Gehen Sie dazu folgendermaßen vor:

1. Starten Sie die Computerverwaltung, indem Sie entweder mit der rechten Maustaste auf **Arbeitsplatz** klicken und den Befehl **Verwalten** wählen, oder über den Ordner **Verwaltung** in der Systemsteuerung.
2. Erweitern Sie den Zweig **System**.
3. Erweitern Sie im Zweig **System** den Zweig **Freigegebene Ordner** und wählen Sie **Freigaben** aus. Die freigegebenen Ordner werden in der Detailansicht angezeigt (Abbildung 9.5).

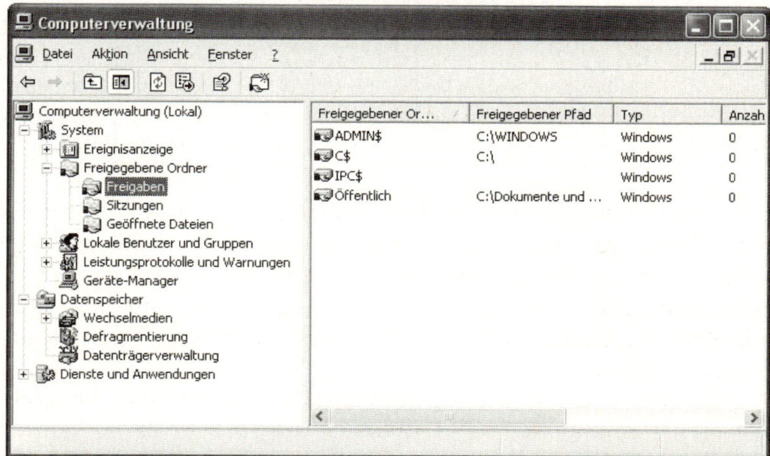

Abbildung 9.5 Freigegebene Ordner in der Computerverwaltung

Erstellen eines neuen freigegebenen Ordners in der Computerverwaltung

Sie können in der Computerverwaltung ganz einfach Ordner freigeben. Gehen Sie dazu folgendermaßen vor:

1. Klicken Sie in der Computerverwaltung mit der rechten Maustaste auf den Ordner **Freigaben** (im Zweig **Freigegebene Ordner**) und wählen Sie den Befehl **Neue Dateifreigabe**.

   Der Assistent zum Erstellen freizugebender Ordner öffnet sich.

2. Klicken Sie auf **Weiter**.
3. Geben Sie auf der Seite **Freigegebenen Ordner einrichten** den Pfad des Ordners ein, den Sie freigeben wollen, den Freigabenamen und die Freigabebeschreibung. Klicken Sie auf **Weiter**.
4. Falls es den Ordner, den Sie freigeben wollen, nicht gibt, öffnet Windows ein Dialogfeld, in dem Sie wählen können, ob Sie den Ordner jetzt erstellen wollen. Klicken Sie auf **Ja**, um den Ordner zu erstellen.
5. Wählen Sie auf der Seite **Berechtigungen für freigegebene Ordner** die gewünschte Option aus und klicken Sie auf **Weiter**.
6. Klicken Sie auf **Fertig stellen**, um den freigegebenen Ordner zu erstellen.

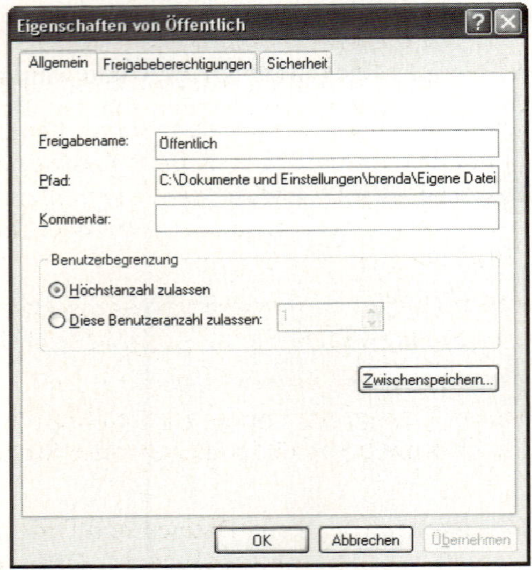

Abbildung 9.6 In der Computerverwaltung können Sie die Eigenschaften eines freigegebenen Ordners ändern

Ansehen und Bearbeiten der Eigenschaften von freigegebenen Ordnern in der Computerverwaltung

Sie können in der Computerverwaltung die Eigenschaften eines freigegebenen Ordners ansehen und bearbeiten, indem Sie mit der rechten Maustaste auf den freigegebenen Ordner klicken und den Befehl **Eigenschaften** wählen. Abbildung 9.6 zeigt das Eigenschaftendialogfeld eines freigegebenen Ordners namens **Öffentlich**. Beachten Sie die Registerkarte **Sicherheit**. Auf ihr können Sie auch die NTFS-Berechtigungen des Ordners verwalten.

Entfernen der Freigabe für einen Ordner

Sie können im Tool Computerverwaltung die Freigabe eines Ordners aufheben (oder einen bestimmten Freigabenamen für einen Ordner entfernen). Gehen Sie folgendermaßen vor, um in der Computerverwaltung die Freigabe eines Ordners aufzuheben:

1. Starten Sie die Computerverwaltung, indem Sie entweder mit der rechten Maustaste auf **Arbeitsplatz** klicken und den Befehl **Verwalten** wählen, oder über den Ordner **Verwaltung** in der Systemsteuerung.
2. Erweitern Sie den Zweig **System**.
3. Erweitern Sie im Zweig **System** den Zweig **Freigegebene Ordner** und wählen Sie **Freigaben** aus.
4. Klicken Sie in der Detailansicht mit der rechten Maustaste auf die Freigabe, die Sie aufheben wollen, und wählen Sie den Befehl **Freigabe aufheben**.

   Bei diesem Vorgang wird der Ordner nicht gelöscht. Sie sorgen lediglich dafür, dass der Ordner nicht mehr unter diesem Freigabenamen freigegeben wird.

Verwalten von Benutzern, die Verbindungen zu freigegebenen Ordnern herstellen

Sie können sich ansehen, welche Benutzer eine Verbindung mit dem Server hergestellt haben, indem Sie in der Computerverwaltung den Zweig **Freigegebene Ordner** erweitern und dann den Ordner **Sitzungen** anklicken. Gelegentlich müssen Sie vielleicht Benutzer vom Computer trennen, damit Sie Wartungsaufgaben an Hardware oder Software durchführen können. Dafür stehen zwei Methoden zur Verfügung:

- Um einen einzelnen Benutzer zu trennen: Klicken Sie im Ordner **Sitzungen** mit der rechten Maustaste auf den Benutzernamen und wählen Sie im Kontextmenü den Befehl **Sitzung schließen**.
- Um alle Benutzer vom Server zu trennen: Klicken Sie mit der rechten Maustaste auf den Ordner **Sitzungen** und wählen Sie im Kontextmenü den Befehl **Alle Sitzungen trennen**.

Wenn Sie sich ansehen wollen, welche Benutzer freigegebene Dateien und Ordner geöffnet haben, können Sie im Zweig **Freigegebene Ordner** auf den Ordner **Geöffnete Dateien** klicken. In der Detailansicht werden die Dateien und Ordner aufgelistet, die auf dem Server momentan benutzt werden. Diese Informationen können sehr wertvoll sein, wenn Sie an einem freigegebenen Ordner oder einer Datei arbeiten wollen und wissen müssen, wer momentan auf die Ressource zugreift. Dann können Sie diese Benutzer bitten, die Verbindung zu trennen.

Richtlinien für Freigabeberechtigungen

Nachfolgend werden einige allgemeine Richtlinien genannt, die bei der Verwaltung der freigegebenen Ordner sowie der Freigabeberechtigungen berücksichtigt werden sollten:

- Ermitteln Sie, welche Gruppen Zugriff auf eine Ressource benötigen und in welchem Umfang der Zugriff erforderlich ist. Dokumentieren Sie die Berechtigungsvergabe für jede Ressource.
- Weisen Sie Berechtigungen nicht auf Benutzer-, sondern auf Gruppenebene zu, um die Zugriffsverwaltung zu vereinfachen.
- Vergeben Sie möglichst einschränkende Berechtigungen, hindern Sie die Benutzer jedoch nicht an der Ausführung der ihnen zugewiesenen Aufgaben. Dieses Verfahren wird als ***Prinzip der geringstmöglichen Rechte*** bezeichnet. Wenn ein Benutzer beispielsweise lediglich Leseberechtigungen für einen Ordner benötigt und in einem Ordner weder Dateien löscht noch erstellt, sollten Sie diesem Benutzer nur die Berechtigung **Lesen** zuweisen.
- Fassen Sie Ressourcen mit gleichen Sicherheitsanforderungen in einem Ordner zusammen. Wenn die Benutzer beispielsweise Leseberechtigungen für verschiedene Anwendungsordner benötigen, sollten Sie diese Ordner in einem einzigen Ordner speichern. Geben Sie anschließend diesen Ordner frei, statt jeden einzelnen Anwendungsordner freizugeben.
- Verwenden Sie aussagekräftige Freigabenamen, damit die Benutzer benötigte Ressourcen problemlos auffinden können. Verwenden Sie beispielsweise für den Anwendungsordner den Freigabenamen **Anwendungen**. Sie sollten außerdem Freigabenamen verwenden, die von allen Clientbetriebssystemen unterstützt werden.

In Tabelle 9.5 werden die Namenskonventionen für Freigaben und Ordner in den unterschiedlichen Clientbetriebssystemen erläutert.

Tabelle 9.5 Länge der Freigabenamen in verschiedenen Clientcomputerbetriebssystemen

Betriebssystem	Länge der Freigabenamen
Windows 2000 oder neuer	80 Zeichen
Windows NT, Windows 98 und Windows 95	12 Zeichen
MS-DOS, Windows 3.*x* und Windows für Workgroups	Namen im 8.3-Format

Windows XP Professional stellt Namensäquivalente im 8.3-Formats bereit, diese Namen sind jedoch möglicherweise nicht besonders aussagekräftig. Ein Windows XP Professional-Ordner mit dem Namen **Rechnungsprüfungsdatenbank** würde auf MS-DOS-, Windows 3.*x*- und Windows für Workgroups-Computern beispielsweise als **Rechnu~1** angezeigt.

Praxistipp Freigabeberechtigungen in großen Netzwerken

Falls Sie mit kleinen Netzwerken arbeiten, werden Sie oft feststellen, dass entweder die einfache Dateifreigabe oder Freigabeberechtigungen eingesetzt werden, um den Zugriff auf Dateien und Ordner im Netzwerk zu steuern. Auch wenn Laufwerke mit dem Dateisystem NTFS formatiert sind, verwenden Benutzer in kleinen Netzwerken kaum NTFS-Berechtigungen.

In großen Unternehmensnetzwerken ist es genau umgekehrt. Die Administratoren greifen normalerweise auf NTFS-Berechtigungen zurück und lassen die Standardfreigabeberechtigungen unverändert (oder entfernen die Gruppe **Jeder** und weisen der Gruppe **Benutzer** die Berechtigung **Vollzugriff** zu), weil NTFS-Berechtigungen die Daten viel besser schützen. Weil Freigabeberechtigungen und NTFS-Berechtigungen zusammenspielen, schützen NTFS-Berechtigungen die Daten sowohl beim lokalen als auch beim Netzwerkzugriff. Das Hinzufügen von Freigabeberechtigungen ist einfach unnötig und verkompliziert die Berechtigungen, mit denen die Administratoren umgehen müssen. Eine Ausnahme gilt für Computer, die unter älteren Windows-Versionen laufen (zum Beispiel Windows 98 oder Microsoft Windows Me) und das NTFS-Dateisystem nicht unterstützen: Diese Systeme müssen Freigabeberechtigungen verwenden, falls ihre Daten im Netzwerk freigegeben werden sollen.

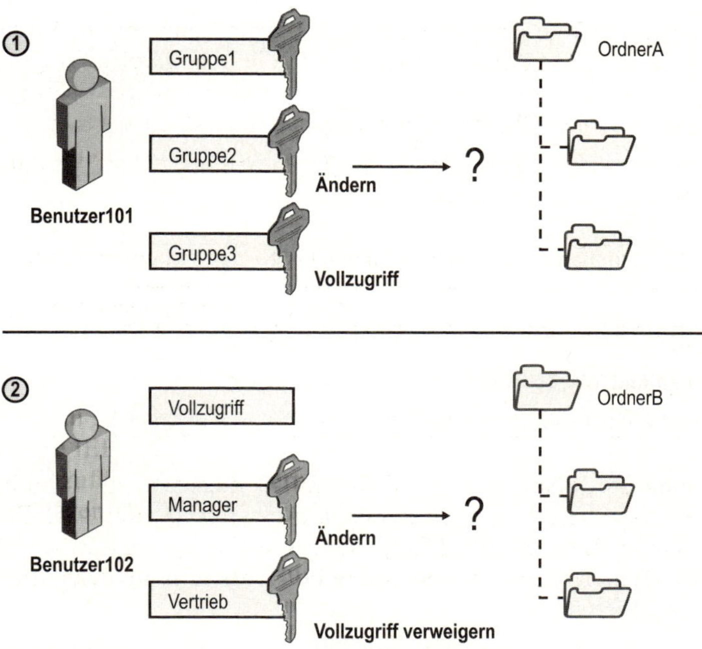

Abbildung 9.7 Berechnen von effektiven Berechtigungen

Übung: Verwalten freigegebener Ordner

In dieser Übung ermitteln Sie die effektiven Freigabeberechtigungen von Benutzern, geben einen Ordner frei, erstellen einen zusätzlichen Freigabenamen für einen freigegebenen Ordner und heben die Freigabe eines Ordners wieder auf.

Übung 1: Berechnen der effektiven Freigabeberechtigungen

In der folgenden Übung wurden **Benutzer101** als Benutzer und als Mitglied einer Gruppe Berechtigungen für den Zugriff auf Ressourcen erteilt (Abbildung 9.7).

Ermitteln Sie die effektiven Berechtigungen für **Benutzer101** und **Benutzer2**.

1. **Benutzer101** ist Mitglied in **Gruppe1**, **Gruppe2** und **Gruppe3**. **Gruppe1** verfügt über die Berechtigung **Lesen**. **Gruppe2** wurde für **OrdnerA** die Berechtigung **Ändern** zugewiesen, **Gruppe3** verfügt über die Berechtigung **Vollzugriff** für **OrdnerA**. Wie lauten die effektiven Berechtigungen, die **Benutzer101** für **OrdnerA** zugewiesen sind?

   ____

   ____

2. Dem Benutzerkonto von **Benutzer102** wurde die Freigabeberechtigung **Vollzugriff** für **OrdnerB** erteilt. **Benutzer102** ist Mitglied der Gruppe **Manager**, die für **OrdnerB** über die Berechtigung **Ändern** verfügt. Gleichzeitig ist **Benutzer102** Mitglied der Gruppe **Vertrieb**, der für **OrdnerB** die **Verweigern**-Berechtigung **Vollzugriff** zugewiesen wurde. Wie lauten die effektiven Berechtigungen, die **Benutzer102** für **OrdnerB** zugewiesen sind?

   ____

   ____

   ____

   ____

   ____

Übung 2: Erstellen eines freigegebenen Ordners

1. Wählen Sie im Startmenü **Eigene Dateien**.
2. Wählen Sie im Fenster **Eigene Dateien** den Menübefehl **Datei/Neu/Ordner**.
3. Der neue Ordner wird im Fenster angezeigt, sein Name ist markiert. Geben Sie als Namen des Ordners **Öffentliche Dateien** ein.
4. Klicken Sie mit der rechten Maustaste auf den neuen Ordner und wählen Sie den Befehl **Freigabe und Sicherheit**.
5. Wählen Sie im Dialogfeld **Eigenschaften von Öffentliche Dateien** auf der Registerkarte **Freigabe** die Option **Diesen Ordner freigeben**. Klicken Sie auf **Übernehmen**.
6. Welche neue Schaltfläche erscheint im Dialogfeld, nachdem Sie auf **Übernehmen** geklickt haben?

7. Klicken Sie auf **Berechtigungen**.
8. Stellen Sie im Dialogfeld **Berechtigungen für Öffentliche Dateien** sicher, dass im Feld **Gruppen- oder Benutzernamen** die Gruppe **Jeder** ausgewählt ist. Klicken Sie auf **Entfernen**.
9. Klicken Sie auf **Hinzufügen**.
10. Geben Sie im Dialogfeld **Benutzer oder Gruppen wählen** den Gruppennamen **Benutzer** ein und klicken Sie dann auf **OK**.
11. Klicken Sie im Dialogfeld **Berechtigungen für Öffentliche Dateien** im Listenfeld **Gruppen- oder Benutzernamen** auf **Benutzer**.
12. Aktivieren Sie im Listenfeld **Berechtigungen für Benutzer** das Kontrollkästchen **Ändern** in der Spalte **Zulassen**.
13. Klicken Sie auf **OK** und lassen Sie das Dialogfeld **Eigenschaften von Öffentliche Dateien** für die nächste Übung geöffnet.

Übung 3: Erstellen eines zusätzlichen Freigabenamens für einen Ordner

1. Klicken Sie im Dialogfeld **Eigenschaften von Öffentliche Dateien** auf **Neue Freigabe**.
2. Geben Sie im Dialogfeld **Neue Freigabe** im Textfeld **Freigabename** den Namen **Öffentliche Dateien 2** ein.
3. Geben Sie im Textfeld **Kommentar** die Beschreibung **Hauptbenutzer** ein.
4. Klicken Sie auf **Berechtigungen**.
5. Klicken Sie im Dialogfeld **Berechtigungen für Öffentliche Dateien 2** im Listenfeld **Gruppen- oder Benutzernamen** auf **Jeder** und klicken Sie dann auf **Entfernen**.
6. Klicken Sie auf **Hinzufügen**.
7. Geben Sie im Dialogfeld **Benutzer oder Gruppen wählen** den Gruppennamen **Hauptbenutzer** ein und klicken Sie dann auf **OK**.
8. Klicken Sie im Dialogfeld **Berechtigungen für Öffentliche Dateien 2** im Listenfeld **Gruppen- oder Benutzernamen** auf **Hauptbenutzer**.
9. Aktivieren Sie im Listenfeld **Berechtigungen für Hauptbenutzer** das Kontrollkästchen **Vollzugriff** in der Spalte **Zulassen** und klicken Sie dann auf **OK**.
10. Klicken Sie im Dialogfeld **Neue Freigabe** auf **OK**.
11. Welche neue Schaltfläche wird zum Dialogfeld **Eigenschaften von Öffentliche Dateien** hinzugefügt?

    ____

    ____

12. Klicken Sie auf **OK**.

Lernzielkontrolle

Anhand der folgenden Fragen können Sie überprüfen, ob Sie die Themen dieser Lektion so gut beherrschen, dass Sie mit der nächsten Lektion weitermachen können. Falls Sie eine Frage nicht beantworten können, sollten Sie die Lektion noch einmal durcharbeiten, und dann erneut versuchen, die Frage zu beantworten. Die Antworten auf die Lernzielkontrollfragen finden Sie im Abschnitt „Fragen und Antworten" am Ende dieses Kapitels.

1. Mithilfe von NTFS-Berechtigungen legen Sie fest, welche Benutzer und Gruppen Zugriff auf Dateien und Ordner erhalten und in welcher Weise die Benutzer auf den Inhalt der Dateien und Ordner zugreifen können. Wozu ist es dann erforderlich, einen Ordner freizugeben oder Freigabeberechtigungen zu konfigurieren?

   ____
   ____
   ____
   ____
   ____
   ____
   ____
   ____
   ____

2. Welche der folgenden Berechtigungen sind Freigabeberechtigungen? (Wählen Sie alle zutreffenden Antworten aus.)

   a. Lesen

   b. Schreiben

   c. Bearbeiten

   d. Vollzugriff

3. ______________________ (Verweigerte / Zugelassene) Berechtigungen haben Vorrang vor ____________ (verweigerten / zugelassenen) Berechtigungen für einen freigegebenen Ordner.

4. Wenn Sie einen freigegebenen Ordner kopieren, ist der ursprüngliche Ordner ____________________ (weiterhin / nicht länger) freigegeben, der kopierte Ordner ist ______________________ (freigegeben / nicht freigegeben).

5. Wenn Sie einen freigegebenen Ordner verschieben, ist der Ordner anschließend ______________________ (weiterhin / nicht länger) freigegeben.

6. Wenn Sie einen freigegebenen Ordner umbenennen, ist der Ordner anschließend ______________________ (weiterhin / nicht länger) freigegeben.

7. Windows XP Professional gibt verschiedene Ordner zu Verwaltungszwecken automatisch frei. Diese Freigaben werden mit einem ______________ gekennzeichnet, wodurch die Freigaben ausgeblendet werden, wenn der Benutzer einen Computer durchsucht.
8. Der Systemstammordner (standardmäßig **C:\Windows**) wird als ____________ freigegeben. Administratoren können auf diesen freigegebenen Ordner zugreifen, um Windows XP Professional zu verwalten, ohne den genauen Namen des Installationsordners zu kennen. Nur Mitglieder der Gruppe **Administratoren** können auf diese Freigabe zugreifen. Windows XP Professional weist der Gruppe **Administratoren** für diese Freigaben die Berechtigung **Vollzugriff** zu.

Zusammenfassung der Lektion

- Die einfache Dateifreigabe ist ein vereinfachtes Freigabemodell, mit dem Benutzer Ordner zugänglich machen können, ohne NTFS-Berechtigungen und Freigabeberechtigungen konfigurieren zu müssen. Auf Computern, die unter Windows XP Professional laufen und Mitglieder einer Arbeitsgruppe sind, ist die einfache Dateifreigabe als Standardeinstellung aktiviert. Auf Computern, die unter Windows XP Professional laufen und Mitglieder einer Domäne sind, steht die einfache Dateifreigabe nicht zur Verfügung.
- Die drei Freigabeberechtigungen lauten **Lesen**, **Ändern** und **Vollzugriff**.
- Um freigegebene Ordner erstellen zu können, müssen Sie Mitglied der Gruppe **Administratoren** oder **Hauptbenutzer** sein. Auch Benutzer, denen das Benutzerrecht **Permanent freigegebene Objekte erstellen** gewährt wurde, dürfen freigegebene Ordner erstellen.
- Wichtige Merkmale von Freigabeberechtigungen sind:
  - Freigabeberechtigungen gelten für Ordner, nicht für einzelne Dateien.
  - Freigabeberechtigungen gelten nur für Benutzer, die über das Netzwerk auf den Ordner zugreifen.
  - Freigabeberechtigungen stellen die einzige Möglichkeit dar, Dateien auf FAT-Volumes zu schützen.
  - Standardmäßig ist nach dem Freigeben eines Ordners der Gruppe **Jeder** die Berechtigung **Lesen** zugewiesen.
- Wenn Sie einen Ordner freigeben, können Sie ihm einen Freigabenamen geben, einen Kommentar zum Beschreiben des Ordners und seines Inhalts zuweisen, die Zahl der Benutzer festlegen, die auf den Ordner Zugriff haben, Berechtigungen zuweisen und mehrere Freigabenamen für den Ordner erstellen.
- Nachdem Sie einen Ordner freigegeben haben, steuern Sie den Zugriff darauf, indem Sie Freigabeberechtigungen zuweisen.
- Sie können denselben Ordner mehrmals mit unterschiedlichen Freigabenamen und unterschiedlichen Berechtigungszuweisungen freigeben.

- Bei einem vorhandenen freigegebenen Ordner können Sie die Freigabe aufheben, den Freigabenamen ändern und die Freigabeberechtigungen ändern.
- Sie können über **Netzwerkumgebung**, **Arbeitsplatz**, den Assistenten zum Hinzufügen von Netzwerkressourcen oder über das Dialogfeld **Ausführen** auf einen freigegebenen Ordner auf einem Remotecomputer zugreifen.
- Windows XP Professional gibt verschiedene Ordner zu Verwaltungszwecken automatisch frei. Diese Freigaben werden mit einem Dollarzeichen ($) gekennzeichnet, wodurch die Freigaben ausgeblendet werden, wenn der Benutzer einen Computer durchsucht.
- Sie können im Tool Computerverwaltung freigegebene Ordner ansehen, erstellen und ändern. Dort überprüfen Sie auch, welche Benutzer eine Verbindung zu einer bestimmten Freigabe haben. Sie können in der Computerverwaltung außerdem freigegebene Ordner auf anderen Computern verwalten.
- Sie sollten das Prinzip der geringstmöglichen Rechte anwenden, wenn Sie Freigabeberechtigungen zuweisen. Erlauben Sie Benutzern nur gerade den Zugriff, den sie benötigen, um ihre Aufgaben zu erledigen. Sie sollten Berechtigungen an Gruppen zuweisen, nicht an einzelne Benutzer. Sie sollte außerdem versuchen, Ordner so zu gruppieren, dass Ressourcen mit denselben Sicherheitsanforderungen zusammengefasst werden.

Lektion 2: Kombinieren von Freigabeberechtigungen und NTFS-Berechtigungen

Durch das Freigeben von Ordnern können Sie den Benutzern im Netzwerk den Zugriff auf bestimmte Ressourcen ermöglichen. Auf einem FAT-Volume stellen die Freigabeberechtigungen die einzige Möglichkeit dar, den Zugriff auf freigegebene Ordner und ihre Inhalte einzuschränken. Bei Einsatz von NTFS-Volumes können Sie einzelnen Benutzern und Gruppen NTFS-Berechtigungen zuweisen, um den Zugriff auf die Dateien und Unterordner eines freigegebenen Ordners besser zu steuern. Wenn Sie Freigabeberechtigungen und NTFS-Berechtigungen miteinander kombinieren, hat immer die Berechtigung mit den meisten Einschränkungen Vorrang.

Am Ende dieser Lektion werden Sie in der Lage sein, die folgenden Aufgaben auszuführen:

- Berechnen der effektiven Berechtigungen für Ordner, bei denen Freigabeberechtigungen und NTFS-Berechtigungen kombiniert werden.
- Erklären der Regeln für das Kombinieren von Freigabeberechtigungen und NTFS-Berechtigungen
- Kombinieren von Freigabeberechtigungen und NTFS-Berechtigungen.

Veranschlagte Zeit für diese Lektion: 15 Minuten

Berechnen der effektiven Berechtigungen für Ordner mit Freigabeberechtigungen und NTFS-Berechtigungen

Wenn Benutzer eine Verbindung zu einem freigegebenen Ordner herstellen, der auf einem NTFS-Laufwerk liegt, werden Freigabeberechtigungen und NTFS-Berechtigungen kombiniert und steuern dann, welche Aktionen der Benutzer ausführen kann. Das Ermitteln der effektiven Berechtigungen kann recht schwierig sein, wenn sowohl NTFS-Berechtigungen als auch Freigabeberechtigungen beteiligt sind.

Das Berechnen der effektiven Berechtigungen für Ressourcen innerhalb eines freigegebenen Ordners auf einer NTFS-Partition erfolgt in drei Stufen:

1. Berechnen Sie die effektiven NTFS-Berechtigungen für den Benutzer.
2. Berechnen Sie die effektiven Freigabeberechtigungen des freigegebenen Ordners für den Benutzer.
3. Analysieren Sie die Ergebnisse von Schritt 1 und 2 und wählen Sie das Ergebnis aus, das am stärksten eingeschränkt ist. Dies ist die effektive Berechtigung des Benutzers für den freigegebenen Ordner.

Regeln für das Kombinieren von Freigabeberechtigungen und NTFS-Berechtigungen

Für das Zuweisen von Freigabeberechtigungen auf einem NTFS-Volume gelten folgende Regeln:

- Sie können NTFS-Berechtigungen auf die im freigegebenen Ordner enthaltenen Dateien und Unterordner anwenden. Sie können jeder Datei und jedem Unterordner in einem freigegebenen Ordner andere NTFS-Berechtigungen zuweisen.
- Die Benutzer benötigen zusätzlich zu den Freigabeberechtigungen auch die entsprechenden NTFS-Berechtigungen für die Inhalte des freigegebenen Ordners, um darauf zugreifen zu können. Dies ist anders bei FAT-Volumes, bei denen die Freigabeberechtigungen für einen Ordner den einzigen Schutzmechanismus für die Dateien und Unterordner von freigegebenen Ordnern darstellen.
- Wenn Sie Freigabeberechtigungen und NTFS-Berechtigungen miteinander kombinieren, hat immer die Berechtigung mit den meisten Einschränkungen Vorrang.

In Abbildung 9.8 verfügt die Gruppe **Benutzer** für den Ordner **Öffentlich** über die Freigabeberechtigung **Vollzugriff**, für **DateiA** besitzt die Gruppe **Benutzer** die NTFS-Berechtigung **Lesen**. Die effektive Berechtigung der Gruppe **Benutzer** für die **DateiA** lautet **Lesen**, da es sich um die restriktivere der beiden Berechtigungen handelt. Die effektive Berechtigung für **DateiB** lautet **Vollzugriff**, da sowohl die Freigabeberechtigung als auch die NTFS-Berechtigung diese Zugriffsebene ermöglichen.

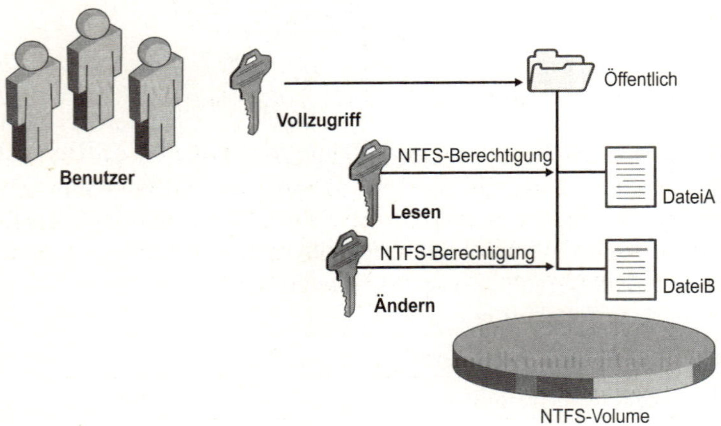

- Wenden Sie die NTFS-Berechtigungen auf Dateien und Unterordner an.
- Die am stärksten eingeschränkten Berechtigungen sind die effektiven Berechtigungen.

Abbildung 9.8 Kombinieren von Freigabeberechtigungen und NTFS-Berechtigungen

Übung: Kombinieren von Berechtigungen

Abbildung 9.9 zeigt Beispiele für freigegebene Ordner auf NTFS-Volumes. Diese freigegebenen Ordner enthalten Unterordner, denen ebenfalls NTFS-Berechtigungen zugewiesen wurden. Ermitteln Sie für jedes Beispiel die effektiven Berechtigungen der Benutzer.

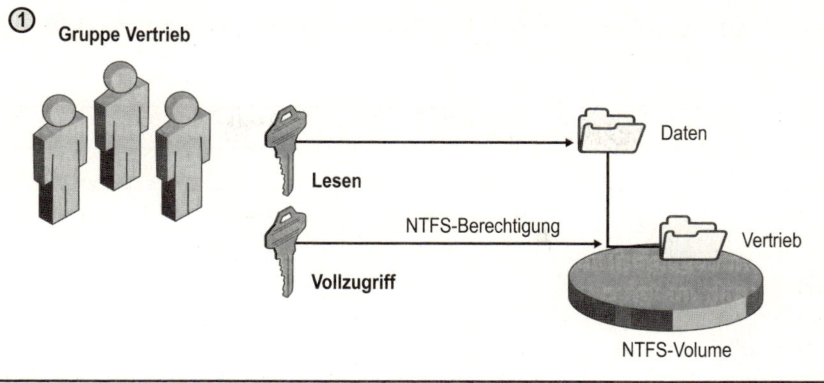

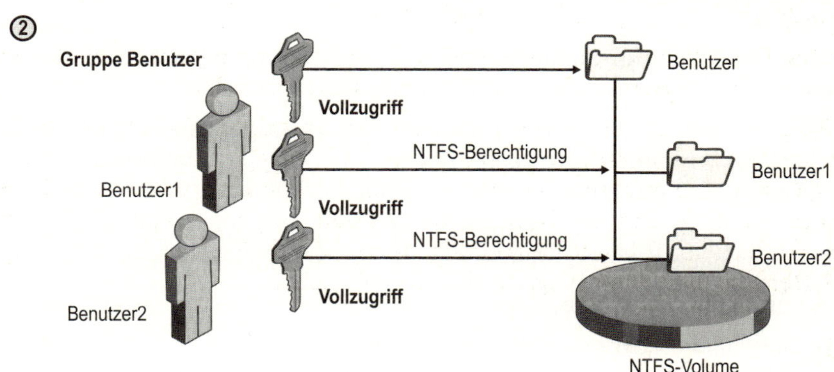

Abbildung 9.9 Beispielszenario für das Kombinieren von Berechtigungen

1. Im ersten Beispiel wurde der Ordner **Daten** freigegeben. Der Gruppe **Vertrieb** wurde für den Ordner **Daten** die Freigabeberechtigung **Lesen** und für den Unterordner **Vertrieb** die NTFS-Berechtigung **Vollzugriff** zugewiesen. Wie lauten die effektiven Berechtigungen der Gruppe **Vertrieb** für den Unterordner **Vertrieb**, wenn auf diesen über eine Verbindung zum Ordner **Daten** zugegriffen wird?

___

___

___

2. Im zweiten Beispiel enthält der Ordner **Benutzer** die Basisordner der Benutzer. Jeder Basisordner enthält Daten, die nur dem Benutzer zugänglich sind, nach dem der Ordner benannt wurde. Der Ordner **Benutzer** wurde freigegeben, der Gruppe **Benutzer** wurde für den Ordner **Benutzer** die Freigabeberechtigung **Vollzugriff** erteilt. **Benutzer1** und **Benutzer2** verfügen für ihre eigenen Basisordner über die NTFS-Berechtigung **Vollzugriff**, für die anderen Ordner besitzen sie keine NTFS-Berechtigungen. Diese Benutzer sind alle Mitglieder der Gruppe **Benutzer**. Welche Berechtigungen hat **Benutzer1** beim Zugriff auf den Unterordner **Benutzer1** über eine Verbindung

zum freigegebenen Ordner **Benutzer**? Welche Berechtigungen besitzt **Benutzer1** für den Unterordner **Benutzer2**?

____

____

____

____

Lernzielkontrolle

Anhand der folgenden Fragen können Sie überprüfen, ob Sie die Themen dieser Lektion so gut beherrschen, dass Sie mit der nächsten Lektion weitermachen können. Falls Sie eine Frage nicht beantworten können, sollten Sie die Lektion noch einmal durcharbeiten, und dann erneut versuchen, die Frage zu beantworten. Die Antworten auf die Lernzielkontrollfragen finden Sie im Abschnitt „Fragen und Antworten" am Ende dieses Kapitels.

1. Wenn Sie Freigabeberechtigungen und NTFS-Berechtigungen miteinander kombinieren, hat immer die Berechtigung mit den _______________ (meisten/wenigsten) Einschränkungen Vorrang.
2. Welche der folgenden Aussagen treffen auf die Kombination von Freigabe- und NTFS-Berechtigungen zu? (Wählen Sie alle zutreffenden Antworten aus.)
   a. Sie können Freigabeberechtigungen für alle freigegebenen Ordner erteilen.
   b. Die Freigabeberechtigung **Ändern** ist restriktiver als die NTFS-Berechtigung **Lesen**.
   c. Sie können NTFS-Berechtigungen für alle freigegebenen Ordner erteilen.
   d. Die NTFS-Berechtigung **Lesen** ist restriktiver als die Freigabeberechtigung **Ändern**.
3. Welche der folgenden Aussagen treffen auf Freigabe- und NTFS-Berechtigungen zu? (Wählen Sie alle zutreffenden Antworten aus.)
   a. NTFS-Berechtigungen sind nur wirksam, wenn über das Netzwerk auf die Ressource zugegriffen wird.
   b. NTFS-Berechtigungen sind nicht nur beim Zugriff über das Netzwerk, sondern auch beim lokalen Zugriff wirksam.
   c. Freigabeberechtigungen sind nur wirksam, wenn über das Netzwerk auf die Ressource zugegriffen wird.
   d. Freigabeberechtigungen sind nicht nur beim Zugriff über das Netzwerk, sondern auch beim lokalen Zugriff wirksam.
4. Falls erforderlich, können Sie unterschiedliche __________________-Berechtigungen für jeden Ordner, jede Datei und jeden Unterordner zuweisen.

Zusammenfassung der Lektion

- Gehen Sie folgendermaßen vor, um Freigabe- und NTFS-Berechtigungen zu kombinieren:
  a. Berechnen Sie die effektiven NTFS-Berechtigungen für den Benutzer.
  b. Berechnen Sie die effektiven Freigabeberechtigungen des freigegebenen Ordners für den Benutzer.
  c. Analysieren Sie die Ergebnisse von Schritt 1 und 2 und wählen Sie das Ergebnis aus, das am stärksten einschränkt. Dies ist die effektive Berechtigung des Benutzers für den freigegebenen Ordner.
- Auf einem FAT-Volume stellen die Freigabeberechtigungen für Ordner die einzige Möglichkeit dar, den Zugriff auf freigegebene Ordner und deren Inhalte einzuschränken. Auf NTFS-Volumes können Sie einzelnen Benutzern und Gruppen NTFS-Berechtigungen zuweisen, um den Zugriff auf die Dateien und Unterordner in den freigegebenen Ordnern besser steuern zu können. Auf einem NTFS-Volume können Sie jeder Datei und jedem Unterordner in einem freigegebenen Ordner andere NTFS-Berechtigungen zuweisen.

Übung mit Fallbeispiel

In dieser Übung wird ein Szenario beschrieben, bei dem freigegebene Ordner geplant werden. Beantworten Sie nach dem Durchlesen des Szenarios die Fragen. Falls Sie Schwierigkeiten haben, sollten Sie den Inhalt dieses Kapitels noch einmal durcharbeiten, bevor Sie das nächste Kapitel in Angriff nehmen. Die Antworten auf die Fragen finden Sie im Abschnitt „Fragen und Antworten“ am Ende dieses Kapitels.

Szenario

Sie arbeiten als Administrator für ein Unternehmen namens Contoso, Ltd., Hersteller von Telefonsystemen für Verkehrsflugzeuge. Sie erstellen einen Plan, wie Sie Ressourcen auf den Servern im Hauptsitz des Unternehmens freigeben wollen. Notieren Sie Ihre Entscheidungen in der Tabelle am Ende dieser Übung. In Abbildung 9.10 wird ein Teil der Ordnerstruktur für die Server des Unternehmens dargestellt.

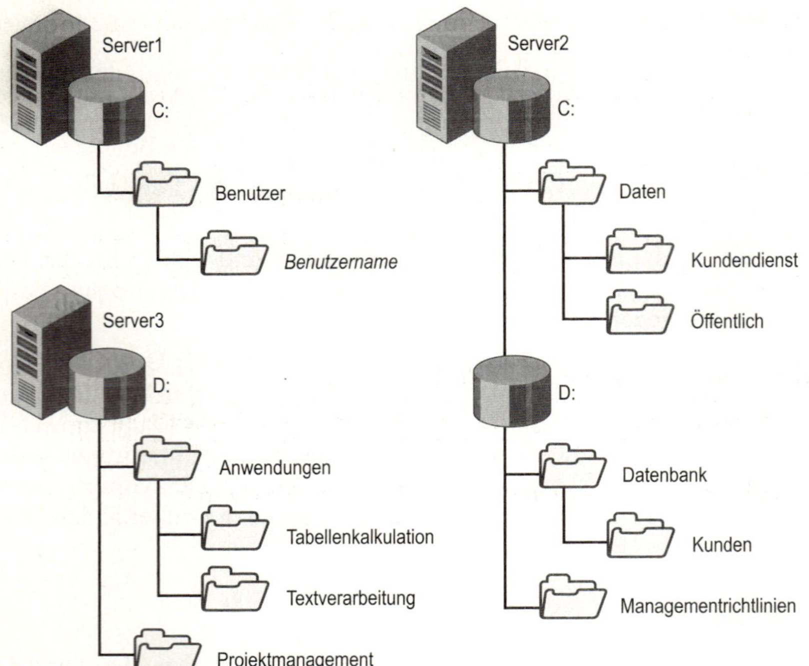

Abbildung 9.10 Ein Teil der Ordnerstruktur auf den Servern in einem Beispielunternehmen

Sie müssen bestimmte Ressourcen auf diesen Servern für die Benutzer im Netzwerk zugänglich machen. Zu diesem Zweck müssen Sie festlegen, welche Ordner freigegeben werden sollen und welche Berechtigungen den einzelnen Gruppen (einschließlich vordefinierter Gruppen) erteilt werden. Legen Sie Ihrer Planung die folgenden Kriterien zu Grunde:

- Die Mitglieder der Gruppe **Manager** müssen Dokumente im Ordner **Managementrichtlinien** lesen und überarbeiten können. Außer den Managern darf niemand auf diesen Ordner Zugriff haben.
- Die Administratoren brauchen vollständigen Zugriff auf alle freigegebenen Ordner. Hiervon ausgenommen ist der Ordner **Managementrichtlinien**.
- Die Kundendienstabteilung benötigt für ihre Arbeitsdateien einen eigenen Speicherplatz im Netzwerk. Alle Mitarbeiter im Kundendienst sind Mitglieder der Gruppe **Kundendienst**.
- Alle Angestellten benötigen einen Speicherort im Netzwerk, damit sie Informationen gemeinsam verwenden können.
- Alle Mitarbeiter müssen auf die Tabellenkalkulations-, die Datenbank- und die Textverarbeitungssoftware zugreifen können.
- Nur Mitglieder der Gruppe **Manager** sollten Zugriff auf die Software für das Projektmanagement erhalten.

- Mitglieder der Gruppe **KundenDBVoll** müssen die Kundendatenbank lesen und aktualisieren können.
- Die Mitglieder der Gruppe **KundenDBLesen** müssen die Kundendatenbank nur lesen können.
- Jeder Benutzer benötigt einen Netzwerkspeicherort zum Speichern eigener Dateien. Dieser Speicherort soll nur für den jeweiligen Benutzer zugänglich sein.
- Die verwendeten Freigabenamen müssen mit Computern ab dem Betriebssystem Windows 95 sowie mit Nicht-Windows-basierten Plattformen kompatibel sein.

Fragen

Tragen Sie Ihre Antworten in die folgende Tabelle ein.

Ordnername und Speicherort	Freigabename	Gruppen und Berechtigungen
Beispiel:		
Managementrichtlinien	MgmtRt	Manager: **Vollzugriff**

Übung zur Problembehandlung

Sie sind Administrator für ein Unternehmen namens Contoso, Ltd., Hersteller hochwertiger Textilien, die in Möbelhäusern verkauft werden. Sie unterhalten sich mit Sandra, einer Managerin in der Vertriebsabteilung. Sandra versucht, auf eine Datei namens **Winterkollektion** zuzugreifen, die in einem freigegebenen Ordner namens **Werbematerial** liegt. Sie kann auf die Datei im freigegebenen Ordner zugreifen, kann die Datei aber nicht speichern, nachdem sie Änderungen daran vorgenommen hat.

Sandra ist Mitglied bei folgenden Gruppen:

- Vertrieb
- Benutzer
- Vertriebsmanager

Abbildung 9.11 zeigt, welche NTFS-Berechtigungen konfiguriert sind. Abbildung 9.12 zeigt die konfigurierten Freigabeberechtigungen.

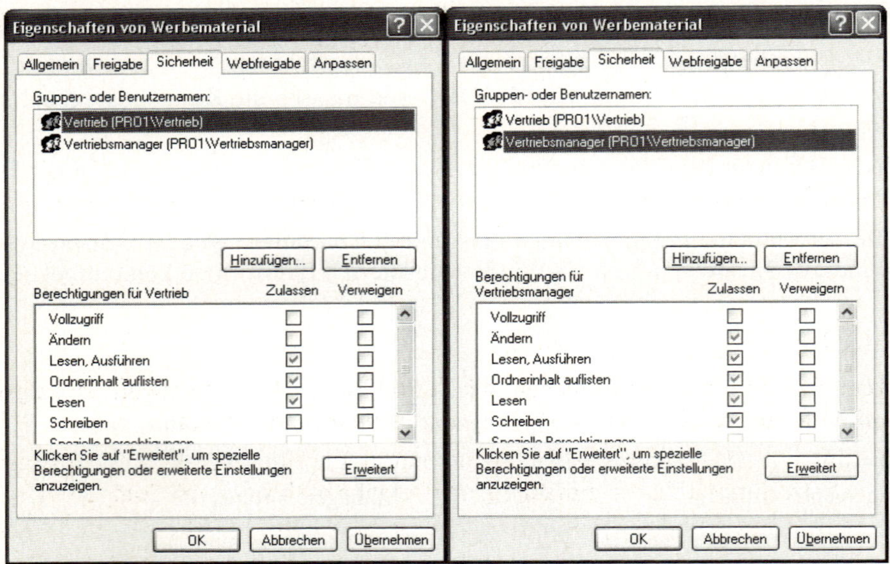

Abbildung 9.11 NTFS-Berechtigungen für den Ordner **Werbematerial**

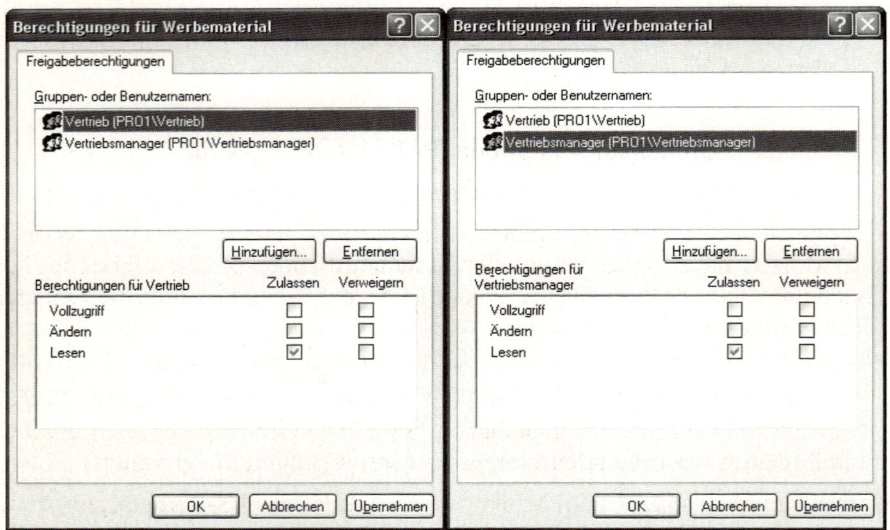

Abbildung 9.12 Freigabeberechtigungen für den Ordner **Werbematerial**

Warum kann Sandra die Datei öffnen, aber nicht im freigegebenen Ordner speichern? Wie können Sie das Problem beseitigen?

Zusammenfassung des Kapitels

- Wenn Sie einen Ordner freigeben, wird er für Benutzer im Netzwerk zugänglich. Sie sollten folgende Merkmale von freigegebenen Ordnern kennen:
  - Auf Windows XP Professional-Computern, die Mitglied einer Arbeitsgruppe sind, ist standardmäßig die einfache Dateifreigabe aktiviert. Auf Computern, die Mitglied einer Domäne sind, steht die einfache Dateifreigabe nicht zur Verfügung.
  - Die drei Freigabeberechtigungen lauten **Lesen**, **Ändern** und **Vollzugriff**.
  - Um freigegebene Ordner erstellen zu können, müssen Sie Mitglied der Gruppe **Administratoren** oder **Hauptbenutzer** sein. Auch Benutzer, denen das Benutzerrecht **Permanent freigegebene Objekte erstellen** gewährt wurde, dürfen freigegebene Ordner erstellen.
  - Sie können nur Ordner freigeben, keine einzelnen Dateien.
  - Sie können Ordner auf NTFS- oder FAT-Volumes freigeben.
  - Sie können für einen einzigen Ordner mehrere Freigabenamen erstellen.
  - Windows XP Professional gibt verschiedene Ordner zu Verwaltungszwecken automatisch frei. Diese Freigaben werden mit einem Dollarzeichen ($) gekennzeichnet, wodurch die Freigaben ausgeblendet werden, wenn der Benutzer einen Computer durchsucht.
  - Sie können im Tool Computerverwaltung freigegebene Ordner ansehen, erstellen und ändern. Sie können dort auch überprüfen, welche Benutzer eine Verbindung zu einer bestimmten Freigabe haben. Sie können in der Computerverwaltung außerdem freigegebene Ordner auf anderen Computern verwalten.
- Wenn für einen Ordner Freigabeberechtigungen und NTFS-Berechtigungen wirksam sind, können Sie die effektiven Berechtigungen berechnen, indem Sie erst die effektiven Freigabeberechtigungen und dann die effektiven NTFS-Berechtigungen berechnen und anschließend die stärker einschränkende der beiden Berechtigungen anwenden.

Prüfungsrelevante Themen

Vor der Prüfungsteilnahme sollten Sie die nachfolgend aufgeführten Schlüsselinformationen und -begriffe noch einmal durcharbeiten. Diese Informationen sind für das Bestehen der Prüfung von entscheidender Bedeutung.

Schlüsselinformationen

- Falls Sie im Eigenschaftendialogfeld einer Datei oder eines Ordners nicht auf die Registerkarte **Sicherheit** zugreifen oder einem Ordner keine Freigabeberechtigungen zuweisen können, ist wahrscheinlich die einfache Dateifreigabe aktiviert.
- Benutzer, die Mitglied der Gruppe **Administratoren** oder **Hauptbenutzer** sind, können einen Ordner freigeben. Auch Benutzer, denen das Benutzerrecht **Permanent freigegebene Objekte erstellen** zugewiesen wurde, können Ordner freigeben.
- Oft können Sie die eingebauten administrativen Freigaben nutzen, um auf die Ressourcen eines Computers zuzugreifen, auf den Sie andernfalls keinen Zugriff bekommen. Insbesondere die Freigabe **Admin$** ist nützlich, weil Sie damit Zugriff auf den Systemstammordner eines Computers erhalten. Sie können auch den Laufwerkbuchstaben gefolgt von einem Dollarzeichen (zum Beispiel **C$**) eingeben, um auf ein bestimmtes Laufwerk zuzugreifen.

Schlüsselbegriffe

Administrative Freigabe Eine verborgene Freigabe, die Windows XP Professional automatisch erstellt, damit Administratoren auf die Ressourcen eines Computers zugreifen können.

Computerverwaltung Eine Konsole, die Zugriff auf eine Reihe von Verwaltungsprogrammen zum Administrieren eines Computers bietet. Sie können damit unter anderem freigegebene Ordner erstellen, verwalten und überwachen.

Effektive Berechtigungen Die Berechtigungsstufe, über die ein Benutzer letztlich verfügt, nachdem alle Berechtigungsquellen ausgewertet wurden.

Einfache Dateifreigabe Ein Freigabetyp, der verwendet wird, wenn ein Windows XP-Computer keiner Domäne beigetreten ist oder unter Windows XP Home Edition läuft.

Freigabeberechtigungen Berechtigungen, die freigegebenen Ordnern zugewiesen werden. Sie steuern den Zugriff auf den Ordner über das Netzwerk. Freigabeberechtigungen sind **Lesen**, **Ändern** und **Vollzugriff**.

Freigegebene Ordner Ordner, die für Benutzer im Netzwerk zugänglich gemacht werden.

Versteckte Freigabe Verhindert, dass Benutzer, die das Netzwerk durchsuchen, die Freigabe zu sehen bekommen. Wenn Sie das Dollarzeichen ($) an einen Freigabenamen anhängen, wird die Freigabe versteckt. Eingebaute administrative Freigaben sind Beispiele für versteckte Freigaben.

Fragen und Antworten

Seite 446

Lektion 1, Übung 1

Ermitteln Sie die effektiven Berechtigungen für **Benutzer101** und **Benutzer2**.

1. **Benutzer101** ist Mitglied in **Gruppe1**, **Gruppe2** und **Gruppe3**. **Gruppe1** verfügt über die Berechtigung **Lesen**. **Gruppe2** wurde für **OrdnerA** die Berechtigung **Ändern** zugewiesen, **Gruppe3** verfügt über die Berechtigung **Vollzugriff** für **OrdnerA**. Wie lauten die effektiven Berechtigungen, die **Benutzer101** für **OrdnerA** zugewiesen sind?

   Da **Benutzer101** Mitglied in **Gruppe1**, **Gruppe2** und **Gruppe3** ist, lauten die effektiven Berechtigungen **Vollzugriff**, was die Berechtigungen **Lesen** und **Ändern** einschließt.

2. Dem Benutzerkonto von **Benutzer102** wurde die Freigabeberechtigung **Vollzugriff** für **OrdnerB** erteilt. **Benutzer102** ist Mitglied der Gruppe **Manager**, die für **OrdnerB** über die Berechtigung **Ändern** verfügt. Gleichzeitig ist **Benutzer102** Mitglied der Gruppe **Vertrieb**, der für **OrdnerB** die **Verweigern**-Berechtigung **Vollzugriff** zugewiesen wurde. Wie lauten die effektiven Berechtigungen, die **Benutzer102** für **OrdnerB** zugewiesen sind?

   Benutzer102 wurde für **OrdnerB** die Freigabeberechtigung **Vollzugriff** erteilt. Da **Benutzer102** jedoch Mitglied der Gruppen **Manager** und **Vertrieb** ist, lauten die effektiven Berechtigungen für **OrdnerB**, dass der Vollzugriff auf diesen Ordner verweigert wird. Die Verweigerung einer Berechtigung setzt jegliche Zuweisungen dieser Berechtigung an anderer Stelle außer Kraft.

Seite 446

Lektion 1, Übung 2

6. Welche neue Schaltfläche erscheint im Dialogfeld, nachdem Sie auf **Übernehmen** geklickt haben?

   Eine neue Schaltfläche namens **Neue Freigabe** erscheint im Eigenschaftendialogfeld eines Ordners, nachdem Sie den Ordner zum ersten Mal freigegeben haben. Über diese Schaltfläche können Sie weitere Freigaben erstellen.

Seite 447

Lektion 1, Übung 3

11. Welche neue Schaltfläche wird zum Dialogfeld **Eigenschaften von Öffentliche Dateien** hinzugefügt?

    Nachdem Sie eine zweite Freigabe erstellt haben, wird die Schaltfläche **Freigabe entfernen** zum Dialogfeld hinzugefügt. Mit dieser Schaltfläche können Sie zusätzliche Freigabenamen entfernen.

Seite 448

Lernzielkontrolle Lektion 1

1. Mithilfe von NTFS-Berechtigungen legen Sie fest, welche Benutzer und Gruppen Zugriff auf Dateien und Ordner erhalten und in welcher Weise die Benutzer auf den

Inhalt der Dateien und Ordner zugreifen können. Wozu ist es dann erforderlich, einen Ordner freizugeben oder Freigabeberechtigungen zu konfigurieren?

Obwohl mithilfe der NTFS-Sicherheit effektiv gesteuert werden kann, in welcher Weise auf Dateien oder Ordner zugegriffen werden kann, wenn der Zugriff darauf lokal oder über das Netzwerk erfolgt, ist es doch nicht möglich, mithilfe von NTFS-Berechtigungen Ordner im Netzwerk verfügbar zu machen. Das Freigeben von Ordnern ist die einzige Möglichkeit, Ordner und ihre Inhalte in einem Netzwerk für andere Benutzer verfügbar zu machen. Freigabeberechtigungen bieten ebenfalls eine Möglichkeit zum Schutz von Dateiressourcen. Mithilfe der Freigabeberechtigungen können Sie Dateiressourcen auf FAT- oder FAT32-Partitionen sowie auf NTFS-Partitionen schützen. NTFS-Berechtigungen können jedoch nur auf NTFS-Volumes eingesetzt werden.

2. Welche der folgenden Berechtigungen sind Freigabeberechtigungen? (Wählen Sie alle zutreffenden Antworten aus.)

   a. Lesen

   b. Schreiben

   c. Bearbeiten

   d. Vollzugriff

   Die richtigen Antworten sind a und d. Die verfügbaren Freigabeberechtigungen sind **Lesen**, **Ändern** und **Vollzugriff**. Die Antworten b und c sind nicht richtig, weil **Schreiben** und **Bearbeiten** keine gültigen Freigabeberechtigungen sind.

3. ______________________ (Verweigerte / Zugelassene) Berechtigungen haben Vorrang vor ____________ (verweigerten / zugelassenen) Berechtigungen für einen freigegebenen Ordner.

   Verweigerte Berechtigungen haben Vorrang vor zugelassenen Berechtigungen für einen freigegebenen Ordner.

4. Wenn Sie einen freigegebenen Ordner kopieren, ist der ursprüngliche Ordner ____________________ (weiterhin / nicht länger) freigegeben, der kopierte Ordner ist ______________________ (freigegeben / nicht freigegeben).

   Wenn Sie einen freigegebenen Ordner kopieren, ist der ursprüngliche Ordner weiterhin freigegeben, der kopierte Ordner ist nicht freigegeben.

5. Wenn Sie einen freigegebenen Ordner verschieben, ist der Ordner anschließend ______________________ (weiterhin / nicht länger) freigegeben.

   Wenn Sie einen freigegebenen Ordner verschieben, ist der Ordner anschließend nicht länger freigegeben.

6. Wenn Sie einen freigegebenen Ordner umbenennen, ist der Ordner anschließend ______________________ (weiterhin / nicht länger) freigegeben.

   Wenn Sie einen freigegebenen Ordner umbenennen, ist der Ordner anschließend nicht länger freigegeben.

7. Windows XP Professional gibt verschiedene Ordner zu Verwaltungszwecken automatisch frei. Diese Freigaben werden mit einem ______________ gekennzeichnet,

wodurch die Freigaben ausgeblendet werden, wenn der Benutzer einen Computer durchsucht.

Dollarzeichen ($)

8. Der Systemstammordner (standardmäßig **C:\Windows**) wird als ____________ freigegeben. Administratoren können auf diesen freigegebenen Ordner zugreifen, um Windows XP Professional zu verwalten, ohne den genauen Namen des Installationsordners zu kennen. Nur Mitglieder der Gruppe **Administratoren** können auf diese Freigabe zugreifen. Windows XP Professional weist der Gruppe **Administratoren** für diese Freigaben die Berechtigung **Vollzugriff** zu.

   Admin$

Seite 452 Lektion 2, Übung

1. Im ersten Beispiel wurde der Ordner **Daten** freigegeben. Der Gruppe **Vertrieb** wurde für den Ordner **Daten** die Freigabeberechtigung **Lesen** und für den Unterordner **Vertrieb** die NTFS-Berechtigung **Vollzugriff** zugewiesen. Wie lauten die effektiven Berechtigungen der Gruppe **Vertrieb** für den Unterordner **Vertrieb**, wenn auf diesen über eine Verbindung zum Ordner **Daten** zugegriffen wird?

   Die Gruppe **Vertrieb** verfügt über die Berechtigung **Lesen** für den Unterordner **Vertrieb**, da bei der Kombination von NTFS- und Freigabeberechtigungen die restriktivere Berechtigung angewendet wird.

2. Im zweiten Beispiel enthält der Ordner **Benutzer** die Basisordner der Benutzer. Jeder Basisordner enthält Daten, die nur dem Benutzer zugänglich sind, nach dem der Ordner benannt wurde. Der Ordner **Benutzer** wurde freigegeben, der Gruppe **Benutzer** wurde für den Ordner **Benutzer** die Freigabeberechtigung **Vollzugriff** erteilt. **Benutzer1** und **Benutzer2** verfügen für ihre eigenen Basisordner über die NTFS-Berechtigung **Vollzugriff**, für die anderen Ordner besitzen sie keine NTFS-Berechtigungen. Diese Benutzer sind alle Mitglieder der Gruppe **Benutzer**. Welche Berechtigungen hat **Benutzer1** beim Zugriff auf den Unterordner **Benutzer1** über eine Verbindung zum freigegebenen Ordner **Benutzer**? Welche Berechtigungen besitzt **Benutzer1** für den Unterordner **Benutzer2**?

   Benutzer1 erhält die Berechtigung **Vollzugriff** für den Unterordner **Benutzer1**, da sowohl die Freigabeberechtigung als auch die NTFS-Berechtigung für den Ordner **Vollzugriff** lautet. **Benutzer1** kann nicht auf Unterordner **Benutzer2** zugreifen, da ihm hierfür keine NTFS-Berechtigungen zugewiesen wurden.

Seite 454 Lernzielkontrolle Lektion 2

1. Wenn Sie Freigabeberechtigungen und NTFS-Berechtigungen miteinander kombinieren, hat immer die Berechtigung mit den ______________ (meisten/wenigsten) Einschränkungen Vorrang.

   meisten

2. Welche der folgenden Aussagen treffen auf die Kombination von Freigabe- und NTFS-Berechtigungen zu? (Wählen Sie alle zutreffenden Antworten aus.)

a. Sie können Freigabeberechtigungen für alle freigegebenen Ordner erteilen.

b. Die Freigabeberechtigung **Ändern** ist restriktiver als die NTFS-Berechtigung **Lesen**.

c. Sie können NTFS-Berechtigungen für alle freigegebenen Ordner erteilen.

d. Die NTFS-Berechtigung **Lesen** ist restriktiver als die Freigabeberechtigung **Ändern**.

Die richtigen Antworten sind a und d. Antwort b ist nicht richtig, weil die NTFS-Berechtigung **Lesen** restriktiver ist als die Freigabeberechtigung **Ändern**. Antwort c ist nicht richtig, weil Sie NTFS-Berechtigungen nur auf Volumes verwenden können, die mit NTFS formatiert sind, Freigabeberechtigungen dagegen sowohl auf NTFS- als auch auf FAT-Volumes.

3. Welche der folgenden Aussagen treffen auf Freigabe- und NTFS-Berechtigungen zu? (Wählen Sie alle zutreffenden Antworten aus.)

   a. NTFS-Berechtigungen sind nur wirksam, wenn über das Netzwerk auf die Ressource zugegriffen wird.

   b. NTFS-Berechtigungen sind nicht nur beim Zugriff über das Netzwerk, sondern auch beim lokalen Zugriff wirksam.

   c. Freigabeberechtigungen sind nur wirksam, wenn über das Netzwerk auf die Ressource zugegriffen wird.

   d. Freigabeberechtigungen sind nicht nur beim Zugriff über das Netzwerk, sondern auch beim lokalen Zugriff wirksam.

   Die richtigen Antworten sind b und c. Antwort a ist nicht richtig, weil NTFS-Berechtigungen immer gelten, unabhängig davon, ob lokal oder über das Netzwerk auf die Ressource zugegriffen wird. Antwort d ist nicht richtig, weil Freigabeberechtigungen nur angewendet werden, wenn über das Netzwerk auf einen Ordner zugegriffen wird.

4. Falls erforderlich, können Sie unterschiedliche ________________-Berechtigungen für jeden Ordner, jede Datei und jeden Unterordner zuweisen.

   NTFS

Seite 455

Übung mit Fallbeispiel

Tragen Sie Ihre Antworten in die folgende Tabelle ein.

Ordnername und Speicherort	Freigabename	Gruppen und Berechtigungen
Beispiel:		
Managementrichtlinien	MgmtRt	Manager: **Vollzugriff**

Sie haben zwei Möglichkeiten: Sie vergeben entweder nur NTFS-Berechtigungen, indem Sie der Gruppe **Jeder** für alle freigegebenen Ordner die NTFS-Berechtigung **Vollzugriff** zuweisen, oder Sie verwenden Freigabeberechtigungen, um die Berechtigungen an die Ressourcenanforderungen anzupassen. Die nachfolgenden Vorschläge für die Berechtigungszuweisung machen auch von Freigabeberechtigungen Gebrauch.

- Geben Sie den Ordner **Managementrichtlinien** unter dem Namen **MgmtRt** frei. Weisen Sie der Gruppe **Manager** die Berechtigung **Vollzugriff** zu.
- Geben Sie den Ordner **Daten** unter dem Namen **Daten** frei. Weisen Sie der vordefinierten Gruppe **Administratoren** die Berechtigung **Vollzugriff** zu.
- Geben Sie den Ordner **Daten\Kundendienst** unter dem Namen **KundDt** frei. Weisen Sie der Gruppe **Kundendienst** die Berechtigung **Ändern** zu.
- Geben Sie den Ordner **Daten\Öffentlich** unter dem Namen **Öfftl** frei. Weisen Sie der vordefinierten Gruppe **Benutzer** die Berechtigung **Ändern** zu.
- Geben Sie den Ordner **Anwendungen** unter dem Namen **Anwend** frei. Weisen Sie der vordefinierten Gruppe **Benutzer** die Berechtigung **Lesen** zu, und der vordefinierten Gruppe **Administratoren** die Berechtigung **Vollzugriff**.
- Geben Sie den Ordner **Projektmanagement** unter dem Namen **ProjMgt** frei. Weisen Sie der Gruppe **Manager** die Berechtigung **Ändern** zu, und der vordefinierten Gruppe **Administratoren** die Berechtigung **Vollzugriff**.
- Geben Sie den Ordner **Datenbank\Kunden** unter dem Namen **KundDB** frei. Weisen Sie der Gruppe **KundDBVoll** die Berechtigung **Ändern**, der Gruppe **KundenDBLesen** die Berechtigung **Lesen** und der vordefinierten Gruppe **Administratoren** die Berechtigung **Vollzugriff** zu.
- Geben Sie den Ordner **Benutzer** unter dem Namen **Benutzer** frei. Erstellen Sie in diesem Ordner für jeden Mitarbeiter einen Unterordner. Weisen Sie jedem Mitarbeiter für den eigenen Ordner die Berechtigung **Vollzugriff** zu. Vorzugsweise können Sie Ordnererstellung und Berechtigungszuweisung beim Erstellen der Benutzerkonten auch automatisch durch Windows XP Professional vornehmen lassen.

Seite 457

Übung zur Problembehandlung

Warum kann Sandra die Datei öffnen, aber nicht im freigegebenen Ordner speichern? Wie können Sie das Problem beseitigen?

Sandra verfügt über die effektiven NTFS-Berechtigungen, um die Datei zu öffnen und zu speichern. Die Gruppe **Vertrieb** hat die Berechtigung **Lesen und Ausführen**, **Ordnerinhalt auflisten** und **Berechtigungen lesen**. Die Gruppe **Vertriebsmanager** hat dieselben Berechtigungen und zusätzlich die Berechtigungen **Ändern** und **Schreiben**. Wenn Sie die effektiven NTFS-Berechtigungen ermitteln wollen, müssen Sie die Berechtigungen aus allen Quellen kombinieren.

Bezüglich der Freigabeberechtigungen verfügen die Gruppen **Vertrieb** und **Vertriebsmanager** beide nur über die Berechtigung **Lesen**. Weil beim Kombinieren von NTFS- und Freigabeberechtigungen die am stärksten eingeschränkten Berechtigungen angewendet werden, kann Sandra Dateien im Ordner **Werbematerial** letztlich nur lesen, aber nicht ändern. Sie beseitigen das Problem, indem Sie im Listenfeld **Berechtigungen für Vertriebsmanager** (Abbildung 9.12) das Kontrollkästchen **Ändern** in der Spalte **Zulassen** aktivieren.

KAPITEL 10

Verwalten der Datenspeicherung

In diesem Kapitel abgedeckte Prüfungsziele:

- Überwachen, Verwalten und Problembehandlung des Zugriffs auf Dateien und Ordner.
  - Konfigurieren, Verwalten und Problembehandlung der Dateikomprimierung.
  - Optimieren des Zugriffs auf Dateien und Ordner.
- Verwalten und Problembehandlung für Zugriff und Synchronisation von Offlinedateien.
- Installieren, Verwalten und Problembehandlung von Laufwerksgeräten.
  - Installieren, Konfigurieren und Verwalten von DVD- und CD-ROM-Geräten.
  - Überwachen und Konfigurieren von Festplatten.
  - Überwachen, Konfigurieren und Problembehandlung von Volumes.
  - Überwachen und Konfigurieren von Wechselmediengeräten, zum Beispiel Bandlaufwerken.
- Konfigurieren, Verwalten und Problembehandlung des verschlüsselnden Dateisystems (Encrypting File System, EFS).

Bedeutung dieses Kapitels

Dieses Kapitel bietet eine Einführung in die Datenspeicherverwaltung von unterschiedlichen Volumetypen. Sie lernen die verschiedenen Typen von Laufwerksgeräten und Volumes kennen und erfahren, wie Sie diese Geräte in Windows XP Professional verwalten und Probleme damit beseitigen. Dabei wird die Komprimierung vorgestellt, eine Methode zum Speichern größerer Datenmengen auf einem Datenträger, sowie Datenträgerkontingente, mit deren Hilfe Sie steuern können, wie viel Speicherplatz Benutzer zur Verfügung haben. Ferner wird das verschlüsselnde Dateisystem (Encrypting File System, EFS) erläutert, mit dem Sie den Schutz von Dateien und Ordnern verbessern können. Darüber hinaus lernen Sie die Defragmentierung kennen, mit der Systemdatenzugriff und die Speicherung von Dateien und Ordner optimiert werden.

Lektionen in diesem Kapitel:

Bevor Sie beginnen

Damit Sie die Übungen in diesem Kapitel durchführen können, brauchen Sie einen Computer, der die minimalen Hardwarevoraussetzungen erfüllt, die im Abschnitt „Über dieses Buch“ am Anfang beschrieben wurden. Außerdem muss auf dem Computer Windows XP Professional installiert sein.

Lektion 1: Verwalten und Problembehandlung von Datenträgern und Volumes

Festplattenlaufwerke sind fest eingebaute Speichergeräte, die über IDE- (Integrated Device Electronics) oder SCSI-Controller (Small Computer System Interface) mit dem Computer verbunden sind. Auch tragbare Festplatten sind erhältlich, sie können an USB- (Universal Serial Bus) oder IEEE 1394-Schnittstellen (Institute of Electrical und Electronics Engineers) angeschlossen werden (IEEE 1394-Schnittstellen werden auch als FireWire bezeichnet). Windows behandelt tragbare Festplatten, DVD- und CD-ROM-Laufwerke normalerweise als Wechselmediengeräte. Diese Lektion konzentriert sich auf das Konfigurieren und die Problembehandlung von fest eingebauten Festplatten in Windows XP Professional. Sie sollten außerdem den Umgang mit den Tools beherrschen, die Windows XP für Verwaltung, Wartung und Problembehandlung von Festplatten zur Verfügung stellt.

Am Ende dieser Lektion werden Sie in der Lage sein, die folgenden Aufgaben auszuführen:

- Erklären des Einsatzes von Basis- und dynamischen Datenträgern.
- Verwalten von Festplatten mit dem Dienstprogramm Datenträgerverwaltung.
- Verwalten von Festplatten auf einem Remotecomputer über das Tool Computerverwaltung.
- Verwalten von Datenträgern über die Befehlszeile mit dem Befehl **Diskpart**.
- Problembehandlung von Datenträgern und Volumes.
- Arbeiten mit Wechselmedien.

Veranschlagte Zeit für diese Lektion: 70 Minuten

Basisdatenträger und dynamische Datenträger

Windows XP Professional unterstützt auf Desktopcomputern zwei Typen von Festplattenspeichern: ***Basisdatenträger*** und ***dynamische Datenträger***. (Sie können dynamische Datenträger aber nicht auf tragbaren Computern verwenden.)

Basisdatenträger

Basisdatenträger sind der herkömmliche Speichertyp, wie er in älteren Windows-Versionen zur Verfügung stand. Basisdatenträger sind auch der Standardspeichertyp in Windows XP, daher sind alle Festplatten anfangs Basisdatenträger. Windows XP behandelt in der Standardeinstellung alle Laufwerke als Basisdatenträger. Das betrifft alle Neuinstallationen und Updates von älteren Windows-Versionen. Wenn Sie dynamische Datenträger verwenden wollen, müssen Sie einen Basisdatenträger in einen dynamischen Datenträger konvertieren.

Auf einem Basisdatenträger müssen Sie mindestens eine Partition erstellen (auch als Basisvolume bezeichnet). Partitionen wurden detailliert in Kapitel 2, „Installieren von

Windows XP Professional", behandelt, aber eine kurze Wiederholung ist an dieser Stelle angebracht.

Sie müssen einen Basisdatenträger mit mindestens einer Partition konfigurieren. Die meisten Computer, mit denen Sie zu tun haben, werden eine einzelne Festplatte mit einer Partition haben, die den gesamten Platz auf der Festplatte einnimmt. Sie können eine Festplatte auch in mehrere Partitionen unterteilen, um die Dateispeicherung zu organisieren oder mehrere Betriebssysteme auf einem einzigen Computer zu unterstützen. Sie können auf einer Festplatte folgende drei Partitionstypen erstellen:

- **Primäre Partition:** Sie können auf einem Computer mit einem Windows-Betriebssystem bis zu vier primäre Partitionen konfigurieren (drei, falls Sie eine erweiterte Partition auf der Festplatte haben). Sie können eine beliebige primäre Partition als aktives (oder bootfähiges) Laufwerk konfigurieren, aber immer nur eine einzige. Andere primäre Laufwerke sind normalerweise für das Betriebssystem unsichtbar und bekommen keinen Laufwerkbuchstaben zugewiesen.
- **Erweiterte Partition:** Eine ***erweiterte Partition*** bietet die Möglichkeit, die Grenze von vier primären Partitionen zu sprengen. Sie können eine erweiterte Partition nicht mit einem Dateisystem formatieren. Vielmehr dient eine erweiterte Partition als Container, in dem Sie eine beliebige Zahl logischer Partitionen anlegen können.
- **Logische Partition:** Innerhalb einer erweiterten Partition können Sie eine beliebige Zahl ***logischer Partitionen*** anlegen. Logische Partitionen dienen meist dazu, Dateien zu organisieren. Alle logischen Partitionen sind sichtbar, unabhängig davon, welches Betriebssystem gestartet wurde.

Windows speichert Partitionsinformationen über Basisdatenträger in der Partitionstabelle, die nicht Teil eines Betriebssystems ist (es handelt sich um einen Bereich der Festplatte, der allen Betriebssystemen zugänglich ist). Andere Konfigurationsoptionen, zum Beispiel die Zuweisung von Laufwerkbuchstaben, werden durch das Betriebssystem gesteuert. Sie sind in der Windows-Registrierung gespeichert.

Dynamische Datenträger

Windows XP Professional unterstützt dynamische Datenträger (allerdings nicht auf tragbaren Computern). Dynamische Datenträger bieten gegenüber Basisdatenträgern mehrere Vorteile:

- Sie können einen dynamischen Datenträger in viele Volumes unterteilen. Das Konzept von Basisdatenträgern mit primären und erweiterten Partitionen gilt für dynamische Datenträger nicht.
- Windows speichert Konfigurationsinformationen für dynamische Datenträger vollständig auf dem Datenträger. Falls es mehrere dynamische Datenträger gibt, kopiert Windows die Informationen auf alle anderen Datenträger, damit jeder Datenträger ein Exemplar der Konfigurationsinformationen hat. Diese Informationen sind im letzten MByte des Datenträgers gespeichert.

- Sie können dynamische Volumes vergrößern, wofür Sie durchgehenden oder nicht durchgehenden Festplattenplatz verwenden können. Dynamische Volumes können sich auch aus Speicherbereichen auf mehreren Datenträgern zusammensetzen.

Windows XP unterstützt folgende Typen von dynamischen Volumes:

- **Einfache Volumes:** Enthalten Festplattenplatz aus einem einzigen Datenträger und können bei Bedarf vergrößert werden.
- **Übergreifende Volumes:** Enthalten Festplattenplatz von 2 oder mehr (maximal 32) Datenträgern. Die Menge des Festplattenplatzes kann auf jedem Datenträger anders sein. Meist werden Sie übergreifende Volumes verwenden, wenn ein einfaches Volume nicht mehr genug Festplattenplatz zur Verfügung stellt und Sie das Volume vergrößern müssen, indem Sie auf eine andere Festplatte zurückgreifen. Sie können übergreifende Volumes weiter vergrößern und nach Bedarf Bereiche aus zusätzlichen Festplatten einbinden. Wenn Windows Daten in einem übergreifenden Volume speichert, schreibt es die Daten in den Bereich auf dem ersten Datenträger, bis dieser Bereich voll ist, dann in den Bereich auf dem zweiten Datenträger und so weiter. In übergreifenden Volumes gibt es keine Fehlertoleranz. Falls einer der Datenträger in einem übergreifenden Volume ausfällt, gehen sämtliche Daten im gesamten übergreifenden Volume verloren.
- **Stripesetvolumes:** Enthalten Festplattenplatz von 2 oder mehr (maximal 32) Datenträgern. Im Unterschied zu übergreifenden Volumes müssen Sie bei Stripesetvolumes auf jedem Datenträger gleich viel Festplattenplatz verwenden. Wenn Windows Daten in ein Stripesetvolume schreibt, unterteilt es die Daten in 64-KByte-Blöcke und schreibt sie in einer festgelegten Reihenfolge auf unterschiedliche Datenträger. Eine 128-KByte-Datei zerstückelt Windows also in zwei 64-KByte-Blöcke und speichert dann jeden Block auf einem anderen Datenträger. Stripesetvolumes bieten höhere Leistung, weil zwei kleinere Blöcke einer Datei auf unterschiedlichen Datenträgern schneller gelesen oder geschrieben werden können als die gesamte Datei auf einem einzigen Datenträger. Allerdings können Sie Stripesetvolumes nicht vergrößern, und sie bieten keine Fehlertoleranz. Falls nur eine der Festplatten in einem Stripesetvolume ausfällt, verlieren Sie alle Daten in dem Volume. Stripesetvolumes werden auch als RAID-0 bezeichnet.

Prüfungstipp Windows XP Professional unterstützt keine fehlertoleranten Datenträgerkonfigurationen. Mit übergreifenden Volumes können Sie unterschiedliche Mengen von Festplattenplatz aus mehreren Festplatten für ein einziges Volume verwenden. Mit Stripesetvolumes können Sie gleich große Mengen an Festplattenplatz aus mehreren Festplatten verwenden. Der Vorteil von Stripesetvolumes liegt darin, dass Windows Informationen schneller in ein solches Volume schreiben kann.

Praxistipp Unterstützen mehrerer Betriebssysteme

Basisdatenträger reichen für einen Computer mit einer einzigen Festplatte normalerweise aus. Es gibt im Wesentlichen zwei Situationen, in denen Sie einen dynamischen Datenträger einsetzen. Erstens: Falls Sie ein Volume durch nicht zugeordneten Festplattenplatz erweitern müssen, der nicht unmittelbar an das bisherige Volume anschließt (zum Beispiel wenn Sie noch Platz auf derselben Festplatte frei haben, aber nicht direkt hinter dem Volume, das Sie erweitern wollen, oder wenn Sie Platz auf einer anderen Festplatte frei haben). Zweitens: Wenn Sie ein Stripesetvolume einrichten, um die Lese- und Schreibgeschwindigkeit zu erhöhen.

Falls Sie auf einem Computer mehrere Betriebssysteme einsetzen wollen, werden Ihre Wahlmöglichkeiten bezüglich der Datenträgertypen durch die Betriebssysteme beschränkt, die Sie installieren wollen. Multibootkonfigurationen sind zwar nicht mehr so verbreitet wie vor einigen Jahren, aber eine solche Konfiguration kann nützlich sein, wenn Sie normalerweise Windows XP benutzen, aber gelegentlich ältere Umgebungen brauchen. (Wahrscheinlich werden Sie aber feststellen, dass andere Lösungen effizienter und einfacher zu konfigurieren sind, zum Beispiel Microsoft Virtual PC.) Falls Sie ein Multibootsystem einrichten wollen, müssen Sie folgende Einschränkungen beachten:

- Falls Sie Windows XP Professional zusammen mit einem anderen Betriebssystem als Windows 2000 Professional installieren wollen, müssen Sie einen Basisdatenträger verwenden. Sie sollten für jedes Betriebssystem eine eigene primäre Festplattenpartition anlegen.
- Falls Sie einen einzigen dynamischen Datenträger haben, können Sie nur ein einziges Betriebssystem installieren: Windows XP Professional oder Windows 2000 Professional (die einzigen Desktopbetriebssysteme, die dynamische Datenträger unterstützen).
- Falls Sie mindestens zwei Festplatten in Ihrem Computer installiert haben, kann jeder dynamische Datenträger eine Installation von Windows XP Professional oder Windows 2000 enthalten. Keine anderen Betriebssysteme können von einem dynamischen Datenträger starten. Windows XP Home Edition unterstützt keine dynamischen Datenträger.

Verwalten von Festplattenlaufwerken mit dem Tool Datenträgerverwaltung

Sie verwenden das Tool ***Datenträgerverwaltung***, um Volumes auf fest eingebauten und wechselbaren Datenträgern zu erstellen und zu verwalten. Sie können die Datenträgerverwaltung innerhalb des Fensters **Computerverwaltung** ausführen (Abbildung 10.1). Die Computerverwaltung starten Sie, indem Sie in der Systemsteuerung auf das Symbol **Verwaltung** klicken oder mit der rechten Maustaste auf **Arbeitsplatz** klicken und den Befehl **Verwalten** wählen.

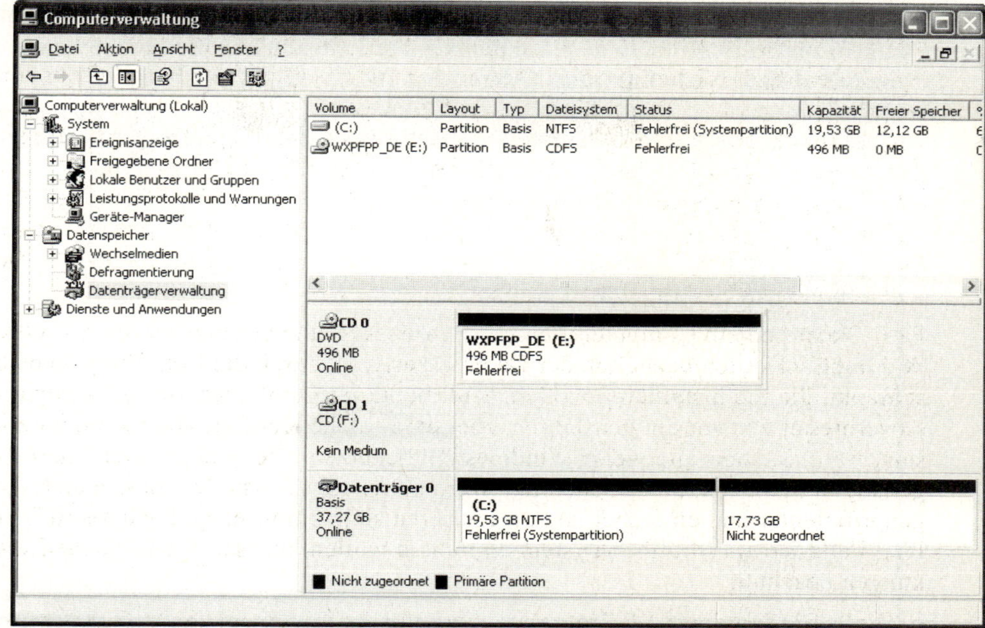

Abbildung 10.1 Mit dem Tool **Datenträgerverwaltung** können Sie fest eingebaute und wechselbare Datenträger verwalten

Verwalten von Basisdatenträgern

Noch nicht zugeordneten Platz auf einem Basisdatenträger machen Sie dem Betriebssystem zugänglich, indem Sie eine Partition erstellen und dann diese Partition mit dem Dateisystem Ihrer Wahl formatieren.

Erstellen einer primären Partition

Gehen Sie folgendermaßen vor, um eine primäre Partition zu erstellen:

1. Klicken Sie im Startmenü auf **Systemsteuerung**.
2. Klicken Sie im Fenster **Systemsteuerung** auf **Leistung und Wartung**.
3. Klicken Sie im Fenster **Leistung und Wartung** auf **Verwaltung**.
4. Klicken Sie doppelt auf **Computerverwaltung**.

Tipp Sie können die Computerverwaltung auch öffnen, indem Sie auf dem Desktop oder im Startmenü mit der rechten Maustaste auf das Symbol **Arbeitsplatz** klicken und den Befehl **Verwalten** wählen.

5. Erweitern Sie im Fenster **Computerverwaltung** den Zweig **Datenspeicher** und klicken Sie dann auf **Datenträgerverwaltung**.

6. Klicken Sie in der Datenträgerverwaltung mit der rechten Maustaste auf den nicht zugeordneten Bereich, in dem Sie die primäre Partition erstellen wollen, und wählen Sie den Befehl **Neue Partition** (Abbildung 10.2).

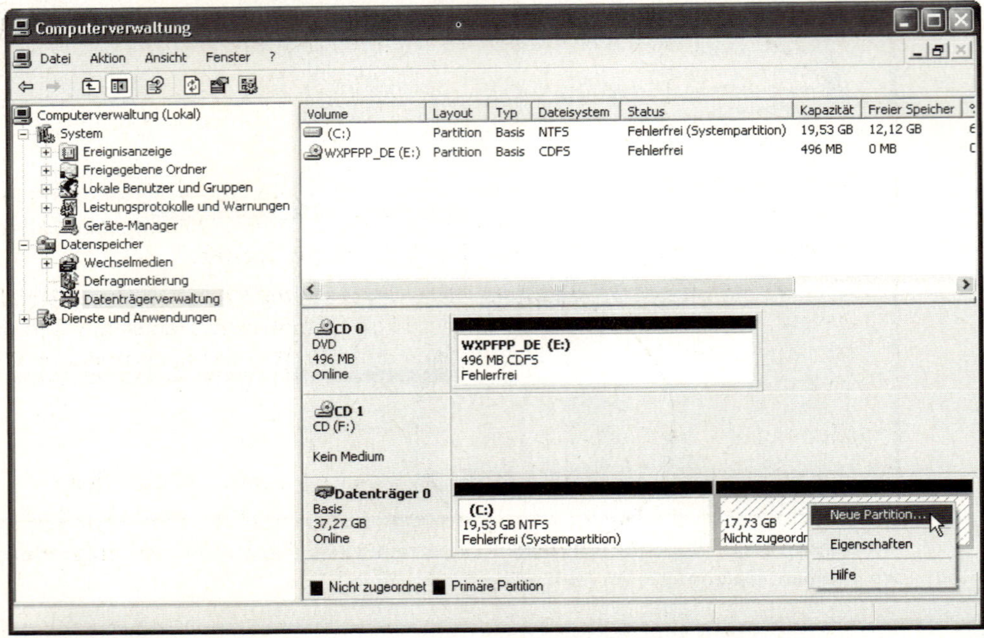

Abbildung 10.2 Erstellen einer Partition auf einem Basisdatenträger

7. Klicken Sie auf der Seite **Willkommen** im Assistenten zum Erstellen neuer Partitionen auf **Weiter**.

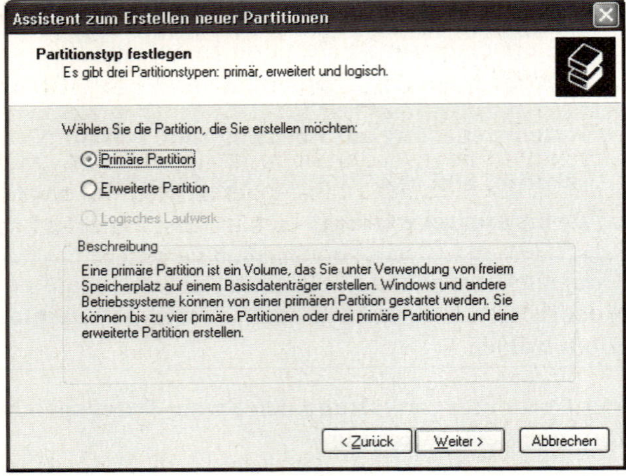

Abbildung 10.3 Auswählen des Partitionstyps auf einem Basisdatenträger

8. Wählen Sie auf der Seite **Partitionstyp festlegen** (Abbildung 10.3) die Option **Primäre Partition** und klicken Sie auf **Weiter**.
9. Geben Sie auf der Seite **Partitionsgröße festlegen** die Menge des Festplattenplatzes in Megabyte (MByte) ein, den Sie für diese Partition verwenden wollen, und klicken Sie dann auf **Weiter**.
10. Wählen Sie auf der Seite **Laufwerkbuchstaben oder -pfad zuordnen** einen freien Laufwerkbuchstaben oder einen Pfad für einen Laufwerksbereitstellungspunkt und klicken Sie auf **Weiter**.
11. Wählen Sie auf der Seite **Partition formatieren** die Option **Diese Partition mit folgenden Einstellungen formatieren**, wählen Sie ein Dateisystem aus und geben Sie eine Volumebezeichnung ein. Klicken Sie auf **Weiter**.
12. Klicken Sie auf der Seite **Fertigstellen des Assistenten** auf die Schaltfläche **Fertig stellen**, um die Partition zu erstellen und zu formatieren. Haben Sie Geduld: Windows muss eine Reihe von Operationen durchführen, das kann mehrere Minuten dauern.

Erstellen von erweiterten Partitionen

Gehen Sie folgendermaßen vor, um eine erweiterte Partition zu erstellen

1. Klicken Sie in der Datenträgerverwaltung mit der rechten Maustaste auf den nicht zugeordneten Bereich, in dem Sie die erweiterte Partition erstellen wollen, und wählen Sie den Befehl **Neue Partition**.
2. Klicken Sie auf der Seite **Willkommen** im Assistenten zum Erstellen neuer Partitionen auf **Weiter**.
3. Wählen Sie auf der Seite **Partitionstyp festlegen** die Option **Erweiterte Partition** und klicken Sie auf **Weiter**.
4. Geben Sie auf der Seite **Partitionsgröße festlegen** die Menge des Festplattenplatzes in MByte ein, den Sie für diese Partition verwenden wollen, und klicken Sie dann auf **Weiter**.
5. Klicken Sie auf der Seite **Fertigstellen des Assistenten** auf die Schaltfläche **Fertig stellen**, um die erweiterte Partition zu erstellen.

Beim Erstellen einer erweiterten Partition werden Sie nicht aufgefordert, einen Laufwerkbuchstaben zuzuweisen oder die Partition zu formatieren, weil die erweiterte Partition nur als Container dient, der logische Laufwerke enthält. Erst logische Laufwerke müssen Sie formatieren und mit einem Laufwerkbuchstaben versehen.

Erstellen von logischen Laufwerken

Gehen Sie folgendermaßen vor, um innerhalb einer erweiterten Partition ein logisches Laufwerk zu erstellen:

1. Klicken Sie in der Datenträgerverwaltung mit der rechten Maustaste auf den freien Bereich in der erweiterten Partition, in der Sie das logische Laufwerk erstellen wollen, und wählen Sie den Befehl **Neues logisches Laufwerk**.

2. Klicken Sie auf der Seite **Willkommen** im Assistenten zum Erstellen neuer Partitionen auf **Weiter**.
3. Wählen Sie auf der Seite **Partitionstyp festlegen** die Option **Logisches Laufwerk** und klicken Sie auf **Weiter**.
4. Geben Sie auf der Seite **Partitionsgröße festlegen** die Menge des Festplattenplatzes in MByte ein, den Sie für dieses logische Laufwerk verwenden wollen, und klicken Sie dann auf **Weiter**.
5. Wählen Sie auf der Seite **Laufwerkbuchstaben oder -pfad zuordnen** einen freien Laufwerkbuchstaben und klicken Sie auf **Weiter**.
6. Wählen Sie auf der Seite **Partition formatieren** die Option **Diese Partition mit folgenden Einstellungen formatieren**, wählen Sie ein Dateisystem und geben Sie eine Volumebezeichnung ein. Klicken Sie auf **Weiter**.
7. Klicken Sie auf der Seite **Fertigstellen des Assistenten** auf die Schaltfläche **Fertig stellen**, um das logische Laufwerk zu erstellen und zu formatieren.

Abbildung 10.4 zeigt einen Datenträger (**Datenträger 0**), der neben einer primären Partition eine erweiterte Partition umfasst, die ein 3,91 GByte großes logisches Laufwerk und 13,83 GByte nicht zugeordneten Platz enthält.

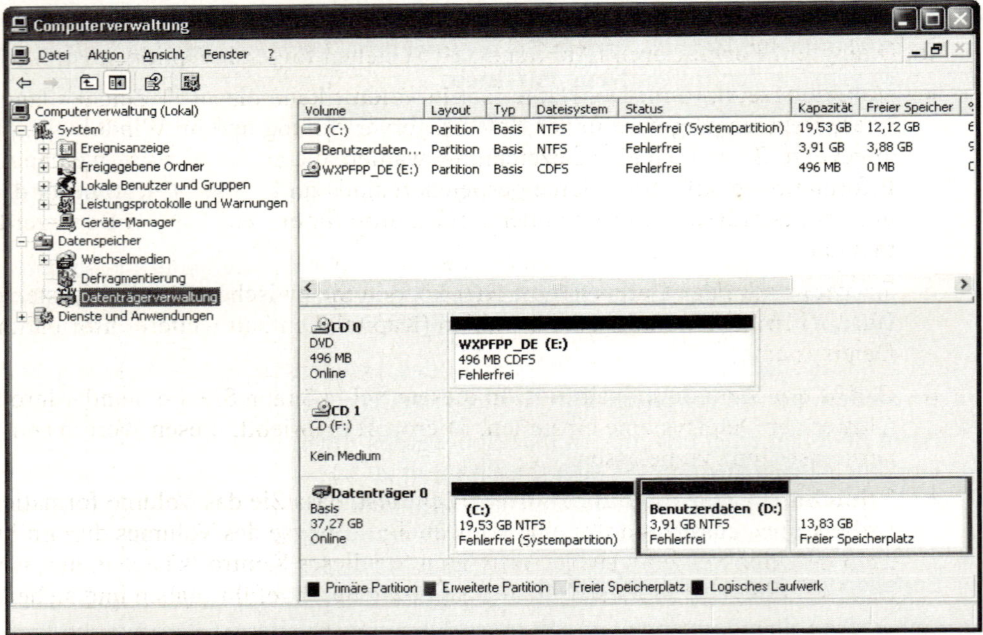

Abbildung 10.4 Ansehen von erweiterten und logischen Partitionen in der Datenträgerverwaltung

Formatieren von Volumes

Durch das Formatieren eines Basis- oder dynamischen Volumes mit einem Dateisystem wird das Volume auf das Speichern von Daten vorbereitet. Nicht formatierte Volumes enthalten kein Dateisystem, weder der Windows-Explorer noch andere Anwendungen können darauf zugreifen.

Sie haben folgende Möglichkeiten, Volumes zu formatieren:

- Mit der Datenträgerverwaltung, indem Sie das neue Volume direkt bei dessen Erstellung formatieren.
- Mit der Datenträgerverwaltung, indem Sie mit der rechten Maustaste auf ein vorhandenes Laufwerk klicken und dann den Befehl **Formatieren** wählen.
- Im Windows-Explorer, indem Sie mit der rechten Maustaste auf den Laufwerkbuchstaben klicken und dann den Befehl **Formatieren** wählen.
- Über die Eingabeaufforderung, indem Sie den Befehl **Format.exe** mit den passenden Argumenten eingeben.

Falls Sie ein vorhandenes Volume formatieren, das bereits Daten enthält, gehen alle Daten verloren. Windows XP schützt sich selbst dagegen, dass Sie die System- und Startpartition des Betriebssystems formatieren, zumindest können Sie dafür nicht die eingebauten Windows-Dienstprogramme verwenden.

Im Dialogfeld **Formatieren** (Abbildung 10.5) stehen folgende Optionen zur Verfügung:

- **Volumebezeichnung:** Der Name für ein Volume kann bis zu 11 Zeichen lang sein. Diese Bezeichnung wird in der Datenträgerverwaltung und im Windows-Explorer angezeigt. Sie sollten eine Bezeichnung wählen, die erkennen lässt, welche Art von Informationen auf dem Volume gespeichert sind, zum Beispiel **System** für das Volume mit dem Betriebssystem oder **Dokumente** für ein Volume mit Benutzerdokumenten.
- **Zu verwendendes Dateisystem:** Hier können Sie zwischen den Dateisystemen FAT (für FAT16), FAT32 oder NTFS wählen (Kapitel 2 enthält weitere Informationen über Dateisysteme).
- **Größe der Zuordnungseinheit:** In diesem Feld können Sie die Standardgröße für die Cluster der Dateisysteme einstellen. Microsoft empfiehlt, diesen Wert in seiner Standardeinstellung zu belassen.
- **Schnellformatierung durchführen:** Legt fest, dass Sie das Volume formatieren wollen, ohne dass Windows eine vollständige Analyse des Volumes durchführt und nach defekten Sektoren sucht. Aktivieren Sie dieses Kontrollkästchen nur, wenn Sie bereits vorher eine vollständige Formatierung durchgeführt haben und sicher sind, dass die Festplatte fehlerfrei ist.
- **Komprimierung für Dateien und Ordner aktivieren:** Legt fest, dass alle auf dem Volume gespeicherten Dateien als Standardeinstellung komprimiert werden. Die Komprimierung steht auf einem NTFS-Volume immer zur Verfügung, Sie können sie jederzeit über die Eigenschaften der Dateien und Ordner in einem Volume aktivieren oder deaktivieren. Das Kontrollkästchen **Komprimierung für Dateien und Ordner**

aktivieren steht nur zur Verfügung, wenn Sie ein Volume mit NTFS formatieren. In Lektion 2, „Verwalten der Komprimierung“, finden Sie weitere Informationen über die Datenträgerkomprimierung.

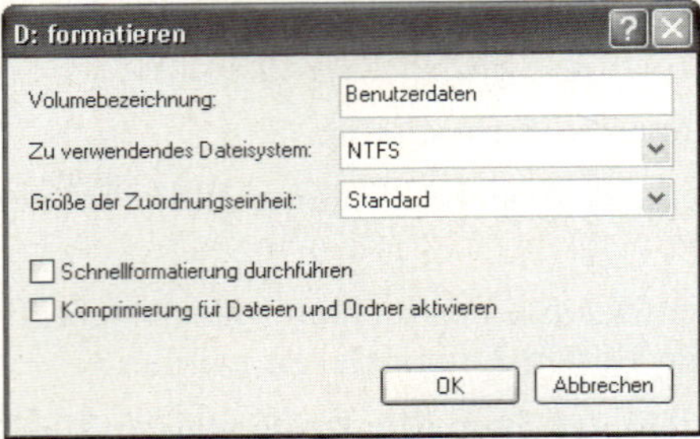

Abbildung 10.5 Formatieren einer Partition in der Datenträgerverwaltung

Laufwerkbuchstaben

Wenn Sie ein Basis- oder dynamisches Volume erstellen, weisen Sie ihm einen ***Laufwerkbuchstaben*** zu, zum Beispiel **C** oder **D**. Der Laufwerkbuchstabe wird verwendet, wenn Sie im Windows-Explorer und anderen Anwendungen auf das Volume zugreifen. Diskettenlaufwerke, CD-ROM- und DVD-Laufwerke, Wechsellaufwerke und Bandgeräte bekommen ebenfalls Laufwerkbuchstaben zugewiesen.

Sie können den momentan zugewiesenen Laufwerkbuchstaben für ein Volume ändern, indem Sie in der Datenträgerverwaltung mit der rechten Maustaste auf das Volume klicken, im Kontextmenü den Befehl **Laufwerkbuchstaben und -pfade ändern** wählen und dann auf **Ändern** klicken. Beachten Sie, dass Sie einem Volume nur einen Laufwerkbuchstaben zuweisen können, der noch nicht verwendet wird.

Hinweis Windows XP Professional erlaubt Ihnen nicht, den Laufwerkbuchstaben für die System- und Startpartitionen zu ändern.

Volumebereitstellungspunkte

In Windows XP können Sie ein Volume bereitstellen (englisch „mount“), indem Sie statt eines Laufwerkbuchstabens einen Pfad zuweisen. Nehmen Sie als Beispiel an, dass Sie einen Ordner namens **C:\Daten** haben. Sie können dann dem Pfad **C:\Daten** ein Volume namens **Daten** zuweisen. Wenn Sie nun im Windows-Explorer den Ordner **C:\Daten** öffnen, bekommen Sie die Informationen angezeigt, die im Volume **Daten** gespeichert sind. Diese Art von Volume wird als bereitgestelltes Volume bezeichnet, und der Ordner, mit dem das bereitgestellte Volume verknüpft ist, heißt Volumebereitstellungspunkt. Sie können mehrere Volumebereitstellungspunkte für ein einziges Volume einrichten. Sie können ein bereitgestelltes Volume bei Bedarf trennen und zu einem anderen Volumebereitstellungspunkt verschieben.

Bereitgestellte Volumes bieten eine Methode, den scheinbar auf einem vorhandenen Volume verfügbaren Platz zu vergrößern, ohne die Größe des eigentlichen Volumes zu verändern. Streng genommen ist ein bereitgestelltes Volume ein separates Volume, aber für den Benutzer sieht es wie eine Erweiterung eines vorhandenen Volumes aus. Daher können Sie bereitgestellte Volumes verwenden, um den auf einem Basisvolume verfügbaren Festplattenplatz zu vergrößern, indem Sie ihn durch den Festplattenplatz einer anderen Festplatte erweitern. (Wie Sie ja schon wissen, können Sie ein Basisvolume nicht unmittelbar durch Platz auf einer anderen Festplatte erweitern.) Außerdem bieten bereitgestellte Volumes eine Methode, den Inhalt mehrerer Volumes über denselben Laufwerkbuchstaben zu verwalten.

Volumebereitstellungspunkte werden nur auf NTFS-Volumes unterstützt. Das Volume, das bereitgestellt wird, kann aber mit jedem unterstützten Dateisystem formatiert sein.

Gehen Sie folgendermaßen vor, um ein bereitgestelltes Volume zu einem vorhandenen Volume hinzuzufügen:

1. Erstellen Sie im Windows-Explorer auf einem NTFS-Volume einen Ordner, der als Volumebereitstellungspunkt dienen soll.
2. Suchen Sie in der Datenträgerverwaltung das Volume, das Sie in dem Volumebereitstellungspunkt bereitstellen wollen.
3. Klicken Sie mit der rechten Maustaste auf das Volume und wählen Sie im Kontextmenü den Befehl **Laufwerkbuchstaben und -pfade ändern**.
4. Klicken Sie im Dialogfeld **Laufwerkbuchstabe und -pfad ändern für** auf **Hinzufügen**, um ein neues bereitgestelltes Volume zu erstellen.
5. Wählen Sie im Dialogfeld **Laufwerkbuchstaben oder -pfad hinzufügen** die Option **In folgendem leeren NTFS-Ordner bereitstellen** und geben Sie den Pfad zum Volumebereitstellungspunkt ein (Abbildung 10.6).

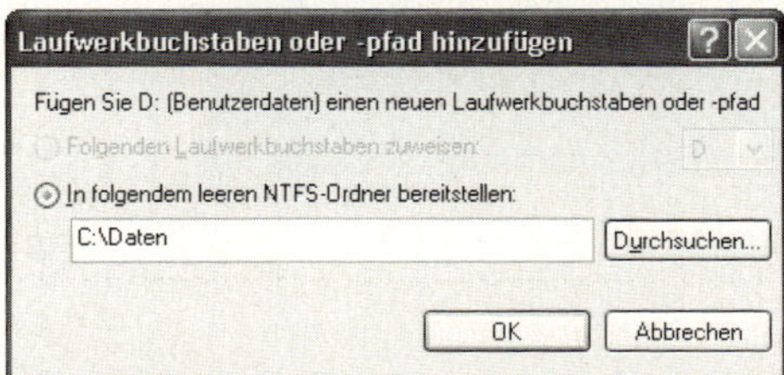

Abbildung 10.6 Ein bereitgestelltes Volume ist eigentlich ein Pfad auf einem vorhandenen Volume.

6. Klicken Sie auf **OK** und dann auf **Schließen**.

Die Pfade von bereitgestellten Volumes werden im Windows-Explorer mit einem anderen Symbol dargestellt (Abbildung 10.7). An der Eingabeaufforderung (Abbildung 10.8) werden sie durch die Bezeichnung **<VERBINDUNG>** gekennzeichnet (statt **<DIR>**).

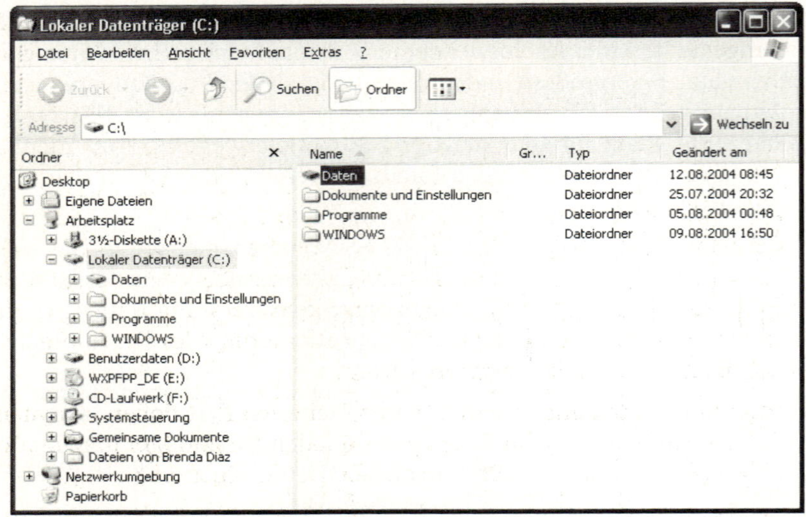

Abbildung 10.7 Volumebereitstellungspunkte sehen im Windows-Explorer wie Laufwerke aus

```
Eingabeaufforderung

C:\>dir
 Volume in Laufwerk C: hat keine Bezeichnung.
 Volumeseriennummer: 7C97-8E02

 Verzeichnis von C:\

25.07.2004  20:12                 0 AUTOEXEC.BAT
25.07.2004  20:12                 0 CONFIG.SYS
12.08.2004  08:45    <VERBINDUNG>   Daten
25.07.2004  20:32    <DIR>          Dokumente und Einstellungen
05.08.2004  00:48    <DIR>          Programme
09.08.2004  16:50    <DIR>          WINDOWS
               2 Datei(en)              0 Bytes
               4 Verzeichnis(se), 12.988.350.464 Bytes frei

C:\>_
```

Abbildung 10.8 Volumebereitstellungspunkte werden in der Eingabeaufforderung mit **<VERBINDUNG>** gekennzeichnet

Die folgende Liste enthält einige zusätzliche Informationen über Laufwerkbuchstaben und Pfade:

- Sie dürfen einem einzigen Volume nicht mehrere Laufwerkbuchstaben zuweisen.
- Sie können demselben Laufwerkbuchstaben auf einem Computer nicht mehrere Volumes zuweisen.
- Sie können ein Volume in mehreren Pfaden gleichzeitig bereitstellen.
- Einem Volume muss weder ein Laufwerkbuchstabe noch ein Bereitstellungspfad zugewiesen sein. Dann können Anwendungen aber nicht auf das Volume zugreifen.

Konvertieren eines Basisdatenträgers in einen dynamischen Datenträger

Alle Datenträger sind als Standardeinstellung Basisdatenträger. Wenn Sie die Vorteile eines dynamischen Datenträgers nutzen wollen, müssen Sie den Basisdatenträger in einen dynamischen Datenträger konvertieren. Sie können einen Basisdatenträger in einen dynamischen Datenträger konvertieren, ohne dass die vorhandenen Daten verloren gehen.

Damit die Konvertierung durchgeführt werden kann, muss mindestens 1 MByte freier, nicht partitionierter Platz auf dem Basisdatenträger zur Verfügung stehen. Dieser 1 MByte große Bereich ist erforderlich, um die Datenbank für die dynamischen Datenträger zu speichern, in der die Konfiguration aller dynamischen Datenträger des Computers abgelegt ist. Wenn Windows XP Professional die vorhandenen Partitionen erstellt, reserviert es automatisch die 1 MByte Platz, die für die Konvertierung benötigt werden. Falls ein anderes Betriebssystem oder das Dienstprogramm eines Fremdherstellers vor dem Update die Partitionen erstellt hat, steht möglicherweise kein freier Platz zur Verfügung. In diesem Fall müssen Sie wahrscheinlich eine Neupartitionierung des Datenträgers durchführen, damit 1 MByte freier Platz reserviert wird.

Bei der Konvertierung werden alle primären und erweiterten Partitionen zu dynamischen Volumes und der Datenträger wird zur Gruppe der lokalen Datenträger hinzugefügt, woraufhin er eine Kopie der Datenbank für dynamische Datenträger erhält.

Gehen Sie folgendermaßen vor, um einen Basisdatenträger in einen dynamischen Datenträger zu konvertieren:

1. Klicken Sie in der Datenträgerverwaltung mit der rechten Maustaste auf den Basisdatenträger, den Sie konvertieren wollen, und wählen Sie **In dynamischen Datenträger konvertieren** (Abbildung 10.9). Sie müssen dabei auf die Beschriftung des eigentlichen Datenträgers auf der linken Seite klicken (wo die Datenträgernummer angezeigt wird), nicht auf eine der Partitionen des Datenträgers.

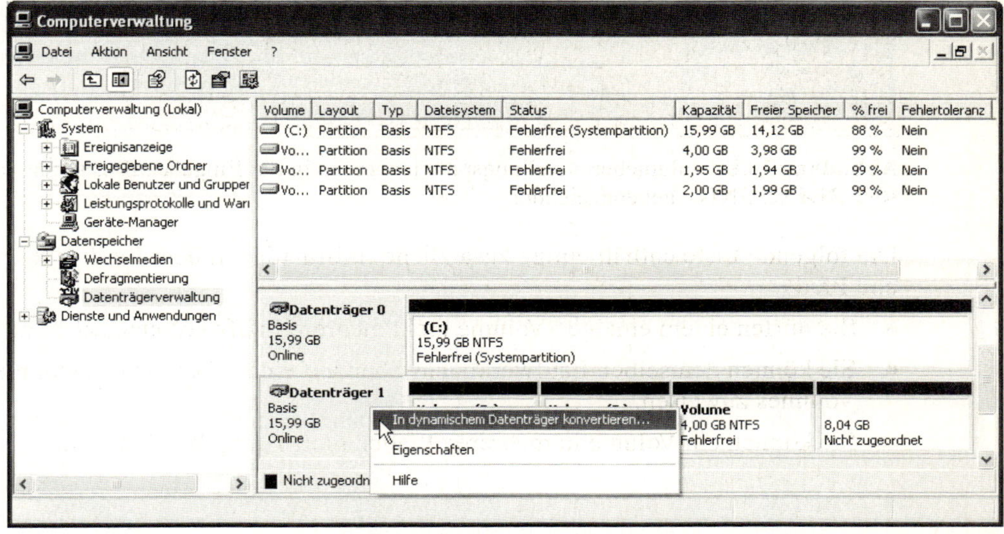

Abbildung 10.9 In der Datenträgerverwaltung können Sie einen Basisdatenträger in einen dynamischen Datenträger konvertieren.

2. Wählen Sie im Dialogfeld **In dynamischen Datenträger konvertieren** alle Datenträger aus, die Sie konvertieren wollen, und klicken Sie dann auf **OK**.
3. Klicken Sie im Dialogfeld **Zu konvertierende Datenträger** auf **Konvertieren** und bestätigen Sie dann die Konvertierung im Meldungsfeld durch Anklicken von **Ja**. Falls Sie gewarnt werden, dass das Dateisystem getrennt werden muss, können Sie noch einmal auf **Ja** klicken.

   Daraufhin kommen Sie wieder in das Fenster der Datenträgerverwaltung zurück, und die Konvertierung beginnt.

Hinweis Falls der Datenträger das System- oder das Startvolume oder Teile der Auslagerungsdatei enthält, müssen Sie den Computer neu starten, damit der Konvertierungsvorgang abgeschlossen werden kann.

Ob Windows die Konvertierung abgeschlossen hat, können Sie überprüfen, indem Sie sich in der Datenträgerverwaltung den Typ des Datenträgers ansehen (Abbildung 10.10).

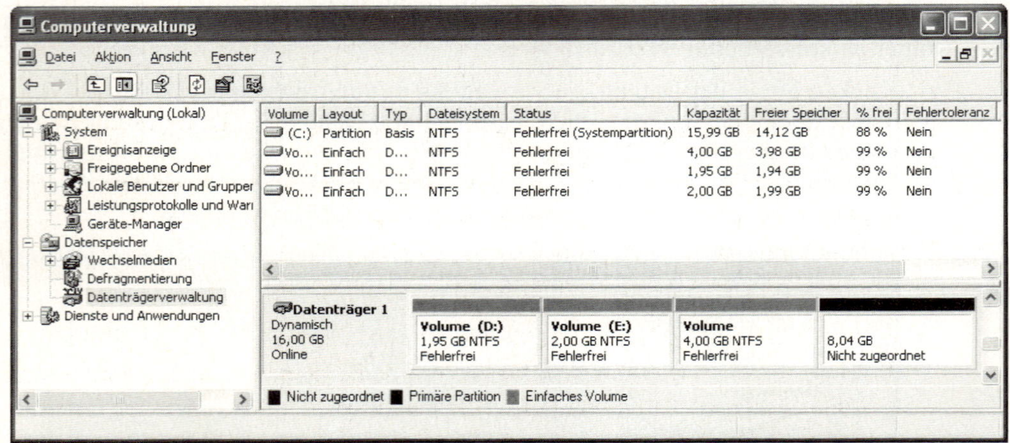

Abbildung 10.10 In der Datenträgerverwaltung wird angezeigt, dass es sich um einen dynamischen Datenträger handelt

Falls Sie mit der rechten Maustaste auf einen Datenträger klicken, aber nicht der Befehl **In dynamischen Datenträger konvertieren** angeboten wird, kann eine der folgenden Bedingungen zutreffen:

- Der Datenträger wurde bereits in einen dynamischen Datenträger konvertiert.
- Sie haben auf ein Volume statt auf den Datenträger geklickt.
- Der Datenträger befindet sich in einem tragbaren Computer. Tragbare Computer unterstützen dynamische Datenträger nicht.
- Am Ende des Datenträgers ist kein 1 MByte großer Platz mehr frei für die Datenbank der dynamischen Datenträger.

- Der Datenträger ist eine Wechselfestplatte, zum Beispiel ein Zip-Laufwerk oder eine USB-Festplatte. Dynamische Datenträger werden auf wechselbaren Datenträgern nicht unterstützt.
- Die Sektorgröße auf dem Datenträger ist größer als 512 Byte. Windows XP Professional unterstützt dynamische Datenträger nur auf Datenträgern mit einer Sektorgröße von 512 Byte. Die allermeisten Festplatten verwenden diese Sektorgröße.

Zurückkonvertieren eines dynamischen Datenträgers in einen Basisdatenträger

Wenn Sie einen dynamischen Datenträger für ein anderes Betriebssystem als Windows XP Professional lokal zugänglich machen wollen (zum Beispiel, damit ein Windows 98-Computer auf die Festplatte zugreifen kann, wenn Sie die Festplatte in diesen Computer installieren), müssen Sie den dynamischen Datenträger in einen Basisdatenträger zurückkonvertieren. Die vorhandenen Daten gehen beim Konvertieren in einen Basisdatenträger verloren, vor dem Konvertierungsvorgang müssen Sie alle Daten des Datenträgers sichern.

Hinweis Für Clients, die unter einem beliebigen Betriebssystem laufen und über das Netzwerk eine Verbindung zu freigegebenen Ordnern auf einem Datenträger herstellen können, ist es egal, ob dieser Datenträger ein dynamischer oder ein Basisdatenträger ist. Computer, die unter älteren Windows-Versionen laufen, können nicht lokal auf einen dynamischen Datenträger zugreifen, wenn Sie die Festplatte in den Computer installieren.

Gehen Sie folgendermaßen vor, um einen dynamischen Datenträger zurück in einen Basisdatenträger zu konvertieren:

1. Sichern Sie alle Dateien und Ordner des gesamten Datenträgers.
2. Löschen Sie in der Datenträgerverwaltung alle Volumes vom Datenträger.
3. Klicken Sie mit der rechten Maustaste auf den dynamischen Datenträger und wählen Sie den Befehl **In einen Basisdatenträger konvertieren**.
4. Befolgen Sie die angezeigten Anweisungen.
5. Erstellen Sie ein geeignetes Partitionsschema auf dem Datenträger und formatieren Sie die neu erstellten Volumes.
6. Stellen Sie nach Bedarf die Daten wieder her.

Prüfungstipp Wenn Sie einen Basisdatenträger in einen dynamischen Datenträger konvertieren, bleiben die Daten auf dem Datenträger erhalten. Wenn Sie umgekehrt einen dynamischen Datenträger in einen Basisdatenträger konvertieren, gehen alle Daten auf dem Datenträger verloren.

Erstellen eines einfachen dynamischen Volumes

Ein einfaches dynamisches Volume umfasst Platz von einem einzigen Datenträger. Es ähnelt zwar einem primären Basisvolume, Sie können aber beliebig viele einfache dynamische Volumes auf einem Datenträger anlegen.

Gehen Sie folgendermaßen vor, um ein einfaches Volume zu erstellen:

1. Klicken Sie in der Datenträgerverwaltung mit der rechten Maustaste auf einen nicht zugeordneten Bereich, in dem Sie das einfache Volume anlegen wollen, und wählen Sie den Befehl **Neues Volume**.
2. Klicken Sie auf der Seite **Willkommen** im Assistenten zum Erstellen neuer Volumes auf **Weiter**.
3. Wählen Sie auf der Seite **Volumetyp auswählen** die Option **Einfach** und klicken Sie auf **Weiter**.
4. Geben Sie auf der Seite **Datenträger wählen** die gewünschte Größe in MByte ein und klicken Sie auf **Weiter**.
5. Wählen Sie auf der Seite **Laufwerkbuchstaben oder -pfad zuordnen** einen Laufwerkbuchstaben aus oder geben Sie einen Pfad für ein bereitgestelltes Volume ein und klicken Sie auf **Weiter**.
6. Wählen Sie auf der Seite **Volume formatieren** das Dateisystem aus und geben Sie eine Volumebezeichnung ein. Klicken Sie auf **Weiter**.
7. Klicken Sie auf der Seite **Fertigstellen des Assistenten** auf **Fertig stellen**, um das Volume zu erstellen.

Erstellen eines Stripesetvolumes

Stripesetvolumes können zwischen 2 und 32 Datenträger überspannen. Die Daten werden auf mehreren Datenträgern gleichzeitig gelesen und geschrieben, was die Festplattenleistung erhöht. Die Daten werden in 64-KByte-Blöcken geschrieben. Stripesetvolumes bieten keinerlei Fehlertoleranz. Falls ein Datenträger in einem Stripesetvolume ausfällt, sind sämtliche Daten im gesamten Volume verloren. Stripesetvolumes werden auch als RAID-0 bezeichnet.

Gehen Sie folgendermaßen vor, um ein Stripesetvolume zu erstellen:

1. Klicken Sie in der Datenträgerverwaltung mit der rechten Maustaste in einem der Datenträgerauf auf den nicht zugeordneten Bereich, in dem Sie das Stripesetvolume erstellen wollen, und wählen Sie den Befehl **Neues Volume**.
2. Klicken Sie auf der Seite **Willkommen** im Assistenten zum Erstellen neuer Volumes auf **Weiter**.
3. Wählen Sie auf der Seite **Volumetyp auswählen** die Option **Stripeset** und klicken Sie auf **Weiter**. Beachten Sie, dass Sie nur dann ein Stripesetvolume anlegen können, wenn Sie mehrere dynamische Datenträger haben, auf denen sich nicht zugeordneter Platz befindet.
4. Wählen Sie auf der Seite **Datenträger wählen** die Datenträger aus, die das Stripesetvolume überspannen soll. Passen Sie die Größe des Stripesetvolumes entsprechend an und klicken Sie auf **Weiter**.
5. Wählen Sie auf der Seite **Laufwerkbuchstaben oder -pfad zuordnen** einen Laufwerkbuchstaben aus oder geben Sie einen Pfad für ein bereitgestelltes Volume ein und klicken Sie auf **Weiter**.

6. Wählen Sie auf der Seite **Volume formatieren** das Dateisystem aus und geben Sie eine Volumebezeichnung ein. Klicken Sie auf **Weiter**.
7. Klicken Sie auf der Seite **Fertigstellen des Assistenten** auf **Fertig stellen**, um das Volume zu erstellen.

Auf jedem Datenträger innerhalb eines Stripesetvolumes muss gleich viel Festplattenplatz für das Stripesetvolume verwendet werden. Der Datenträger mit der geringsten Menge freien Platzes limitiert somit die Größe des Stripesetvolumes. Nehmen Sie als Beispiel einen Computer mit folgender Datenträgerkonfiguration:

- Datenträger 0: Kein Platz verfügbar
- Datenträger 1: 2 GByte frei
- Datenträger 2: 2 GByte frei
- Datenträger 3: 1 GByte frei

Wenn Sie ein Stripesetvolume über die Datenträger 1, 2 und 3 erstellen wollen, beträgt die maximale Volumegröße 3 GByte. Weil auf Datenträger 3 nur 1 GByte Platz frei ist, können Sie auf jedem der Datenträger innerhalb des Stripesetvolumes nur 1 GByte verwenden. Wenn Sie allerdings für das Stripesetvolume nur die Datenträger 1 und 2 verwenden, beträgt die maximale Volumegröße 4 GByte, weil auf beiden Datenträgern jeweils 2 GByte Platz frei ist.

Vergrößern von Volumes

Windows XP Professional unterstützt das Vergrößern oder Erweitern von Volumes sowohl auf Basis- als auch auf dynamischen Datenträgern. Volumes auf Basisdatenträgern vergrößern Sie mit dem Befehlszeilenprogramm **DiskPart**. Volumes auf dynamischen Datenträgern können Sie entweder in der Datenträgerverwaltung oder mit dem Befehlszeilenprogramm **DiskPart** vergrößern.

Vergrößern von Volumes auf Basisdatenträgern

Sie können primäre Partitionen und logische Laufwerke auf Basisdatenträgern vergrößern, sofern folgende Bedingungen erfüllt sind:

- Das Volume, das vergrößert werden soll, ist mit dem Dateisystem NTFS formatiert.
- Das Volume wird in einen zusammenhängenden, nicht zugeordneten Bereich erweitert (also einen direkt anschließenden freien Bereich), der unmittelbar auf das vorhandene Volume folgt (und sich nicht davor befindet).
- Das Volume wird innerhalb derselben Festplatte vergrößert. Volumes auf Basisdatenträgern können nicht durch Festplattenplatz auf einer anderen Platte erweitert werden.
- Das Volume ist nicht das System- oder Startvolume. Die System- oder Startvolumes können nicht vergrößert werden.

Volumes vergrößern Sie mit dem Dienstprogramm **DiskPart**. Wechseln Sie dazu an der Befehlszeile von **DiskPart** zu dem gewünschten Volume und geben Sie dann folgenden Befehl ein:

extend [size=*n*] [noerr]

Weitere Informationen Einzelheiten zu den Befehlen von **DiskPart** finden Sie im Abschnitt „Verwalten von Datenträgern mit dem Befehlszeilenprogramm Diskpart" weiter unten in dieser Lektion.

Vergrößern von Volumes auf dynamischen Datenträgern

Sie können ein einfaches Volume vergrößern, solange es mit NTFS formatiert ist. Dazu fügen Sie zu einem vorhandenen einfachen Volume zusätzlichen nicht zugeordneten Platz von derselben oder einer anderen Festplatte hinzu. Der Platz, mit dem ein einfaches Volume erweitert wird, braucht nicht zusammenhängend zu sein. Falls der neu hinzugefügte Platz auf einem anderen Datenträger liegt, wird das Volume zu einem ***übergreifenden Volume***. Übergreifende Volumes können Festplattenplatz von bis zu 32 Datenträgern enthalten.

Falls das Volume nicht mit NTFS formatiert ist, müssen Sie es in NTFS konvertieren, bevor Sie es erweitern können.

Einfache Volumes vergrößern Sie entweder mit der Datenträgerverwaltung oder mit dem Befehlszeilenprogramm **DiskPart**. Das Vergrößern eines einfachen Volumes mit **DiskPart** läuft genauso ab wie das Vergrößern eines Basisvolumes.

Gehen Sie folgendermaßen vor, um ein einfaches Volume mithilfe der Datenträgerverwaltung zu vergrößern:

1. Klicken Sie in der Datenträgerverwaltung mit der rechten Maustaste auf das einfache Volume, das Sie vergrößern wollen, und wählen Sie den Befehl **Volume erweitern**.
2. Klicken Sie auf der Seite **Willkommen** im Assistenten zum Erweitern von Volumes auf **Weiter**.
3. Wählen Sie auf der Seite **Wählen Sie einen Datenträger** den oder die Datenträger, deren freien Platz Sie für das Volume nutzen wollen. Geben Sie ein, wie viel Platz Sie auf jedem Datenträger verwenden wollen, und klicken Sie dann auf **Weiter**.
4. Klicken Sie auf der Seite **Fertigstellen des Assistenten** auf **Fertig stellen**, um das Volume zu erweitern.

Abbildung 10.11 zeigt die Seite **Wählen Sie einen Datenträger**. In diesem Beispiel wird das Volume um 2048 MByte vergrößert.

In diesem Fall müssen Sie keine Informationen zur Laufwerkbuchstabenzuweisung oder zum Formatieren eingeben, weil der hinzugefügte Platz die Eigenschaften des vorhandenen Volumes übernimmt.

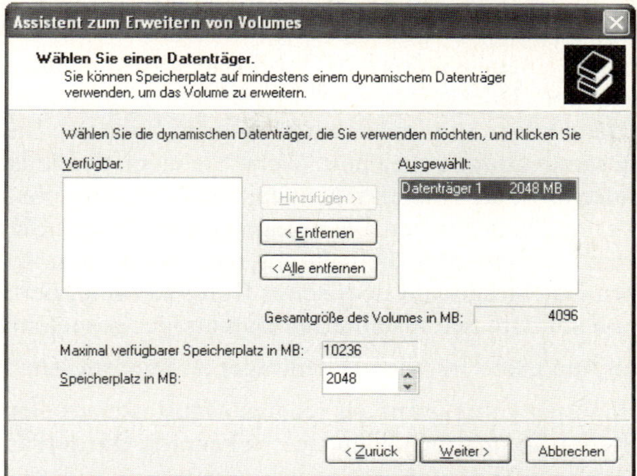

Abbildung 10.11 Erweitern eines einfachen dynamischen Volumes in der Datenträgerverwaltung

Einbauen von Datenträgern in andere Rechner

Falls ein Computer defekt ist, aber die Festplatten noch funktionieren, können Sie die Festplatten in einen anderen Computer einbauen und so auf die Daten zugreifen. Bei diesem „Umzug" von Datenträgern gibt es aber einige Punkte zu beachten:

- Sie können dynamische Datenträger nicht in Computer einbauen, die unter Windows 95, Windows 98, Windows Millennium Edition (Windows Me), Windows NT 4.0 oder älter und Windows XP Home Edition laufen, weil diese Betriebssysteme dynamische Datenträger nicht unterstützen. Wollen Sie eine Festplatte in einen Computer mit einem dieser Betriebssysteme einbauen, müssen Sie den Datenträger erst in einen Basisdatenträger konvertieren.
- Wenn Sie mit einem übergreifenden oder einem Stripesetvolume umziehen wollen, müssen Sie gleichzeitig sämtliche Datenträger in den anderen Computer einbauen, die mit dem Volume verknüpft sind. Fehlt ein Datenträger aus einem übergreifenden oder einem Stripesetvolume, können Sie auf keine der Daten in diesem Volume zugreifen.
- Windows XP Professional bietet keine Unterstützung für Volumesätze oder Stripesets, die in Windows NT 4.0 erstellt wurden. Sie müssen die Daten sichern, die Volumes löschen, die Festplatten in einen Windows XP Professional-Computer einbauen, neue Volumes erstellen und dann die Daten wiederherstellen. Eine andere Möglichkeit besteht darin, die Festplatten in einen Computer einzubauen, der unter Windows 2000 läuft (das Windows NT-Volumes und -Stripesets unterstützt), die Datenträger in dynamische Datenträger zu konvertieren (wobei Volumesätze in übergreifende Volumes und Stripesets in Stripesetvolumes konvertiert werden) und dann die Festplatten in einen Computer einzubauen, der unter Windows XP Professional läuft.

Nachdem Sie Datenträger umgebaut haben, werden sie in der Datenträgerverwaltung auf dem neuen Computer aufgeführt. Basisdatenträger stehen sofort zur Verfügung. Dynamische Datenträger werden anfangs als fremde Datenträger aufgeführt und müssen importiert werden, bevor Sie darauf zugreifen können.

Importieren von fremden Datenträgern

Alle dynamischen Datenträger auf einem Windows XP Professional-Computer sind Mitglieder derselben Datenträgergruppe. Jeder Datenträger innerhalb der Gruppe enthält die Datenbank der dynamischen Datenträger, die im letzten MByte am Ende des Datenträgers Informationen über die gesamte Gruppe speichert. Wenn Sie einen dynamischen Datenträger aus einem Computer in einen anderen einbauen, zeigt Windows ihn als fremden Datenträger an, weil er nicht zur lokalen Datenträgergruppe gehört. Sie müssen fremde Datenträger importieren. Dabei werden die Informationen des Datenträgers in die Datenbank für die dynamischen Datenträger auf dem neuen Computer integriert, eine Kopie der Datenbank wird dann auf dem neu installierten Datenträger gespeichert.

Gehen Sie folgendermaßen vor, um einen fremden Datenträger zu importieren:

1. Klicken Sie in der Datenträgerverwaltung mit der rechten Maustaste auf den fremden Datenträger und wählen Sie im Kontextmenü den Befehl **Fremde Datenträger importieren**.
2. Wählen Sie die Datenträgergruppe aus, die Sie importieren wollen. (Falls mehrere fremde Datenträgergruppen vorhanden sind, weil Sie mehrere Festplatten von unterschiedlichen Computern in denselben Windows XP Professional-Computer eingebaut haben.)
3. Überprüfen Sie im Dialogfeld **Volumes auf fremden Datenträgern** die angezeigten Informationen und stellen Sie sicher, dass der Status für die Volumes in der importierten Datenträgergruppe als **OK** angezeigt wird. Sind nicht alle Datenträger aus einem übergreifenden oder Stripesetvolume vorhanden, werden die Volumes als unvollständig gekennzeichnet. Sie müssen die Datenträger für unvollständige Volumes hinzufügen, bevor Sie die Datenträgergruppe importieren.
4. Falls Sie mit den angezeigten Informationen zufrieden sind, können Sie auf **OK** klicken, um die Datenträger zu importieren.

Entfernen von Datenträgern aus der Datenbank für dynamische Datenträger

Falls Sie einen dynamischen Datenträger von einem Windows XP-Computer entfernen, zeigt die Datenträgerverwaltung diesen Datenträger entweder als offline oder fehlend an, weil die Konfiguration des Datenträgers noch in der Datenbank für dynamische Datenträger eingetragen ist, die auf den anderen Datenträgern im Computer gespeichert ist. Sie können die Konfiguration der ausgebauten Festplatte aus der Datenbank für dynamische Datenträger löschen, indem Sie mit der rechten Maustaste auf den Datenträger klicken und den Befehl **Datenträger entfernen** wählen.

Verwalten von Datenträgern über das Netzwerk

Sie können viele Verwaltungsaufgaben für Datenträger auf einem Remotecomputer durchführen, indem Sie über die Computerverwaltung eine Verbindung zu dem anderen Computer herstellen. Gehen Sie folgendermaßen vor, um in der Computerverwaltung eine Verbindung zu einem Remotecomputer aufzubauen:

1. Klicken Sie im Startmenü mit der rechten Maustaste auf **Arbeitsplatz** und wählen Sie den Befehl **Verwalten**, um das Fenster **Computerverwaltung** zu öffnen.
2. Klicken Sie im Fenster **Computerverwaltung** mit der rechten Maustaste auf **Computerverwaltung (Lokal)** und wählen Sie im Kontextmenü den Befehl **Verbindung mit anderem Computer herstellen**.
3. Wählen Sie im Dialogfeld **Computer auswählen** den Computer aus, den Sie über das Netzwerk verwalten wollen, und klicken Sie dann auf **OK**. Die Computerverwaltung zeigt Informationen über den Remotecomputer an, und Sie können die Datenträger auf diesem Computer mit dem Dienstprogramm Datenträgerverwaltung ansehen und bearbeiten.

Verwalten von Datenträgern mit dem Befehlszeilenprogramm DiskPart

Sie können zum Verwalten von Datenträgern auch das Befehlszeilenprogramm **Diskpart.exe** verwenden. Dieses Dienstprogramm können Sie von einer Eingabeaufforderung oder von Skripts aus starten, um Aufgaben zu automatisieren, die Sie häufig oder auf mehreren Computern durchführen müssen.

Wenn Sie **DiskPart** von einer Eingabeaufforderung aus aufrufen, öffnet sich der Befehlsinterpreter von **DiskPart**. Das können Sie daran erkennen, dass sich die Eingabeaufforderung zu **DISKPART>** ändert. Wenn Sie an der **DiskPart**-Eingabeaufforderung **commands** eingeben, wird eine Liste aller verfügbaren Befehle ausgegeben (Abbildung 10.12). Mit dem Befehl **Exit** können Sie den **DiskPart**-Befehlsinterpreter schließen und zur normalen Eingabeaufforderung zurückkehren.

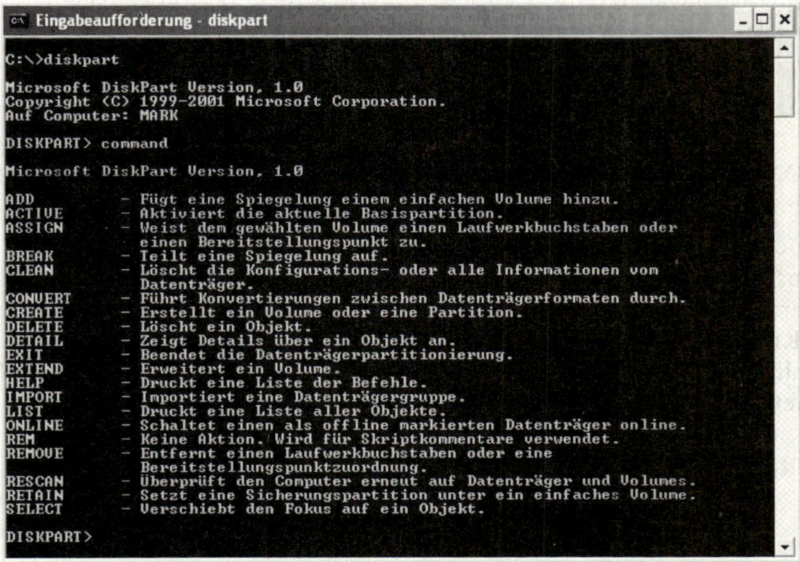

```
Eingabeaufforderung - diskpart

C:\>diskpart

Microsoft DiskPart Version. 1.0
Copyright (C) 1999-2001 Microsoft Corporation.
Auf Computer: MARK

DISKPART> command

Microsoft DiskPart Version. 1.0

ADD         - Fügt eine Spiegelung einem einfachen Volume hinzu.
ACTIVE      - Aktiviert die aktuelle Basispartition.
ASSIGN      - Weist dem gewählten Volume einen Laufwerkbuchstaben oder
              einen Bereitstellungspunkt zu.
BREAK       - Teilt eine Spiegelung auf.
CLEAN       - Löscht die Konfigurations- oder alle Informationen vom
              Datenträger.
CONVERT     - Führt Konvertierungen zwischen Datenträgerformaten durch.
CREATE      - Erstellt ein Volume oder eine Partition.
DELETE      - Löscht ein Objekt.
DETAIL      - Zeigt Details über ein Objekt an.
EXIT        - Beendet die Datenträgerpartitionierung.
EXTEND      - Erweitert ein Volume.
HELP        - Druckt eine Liste der Befehle.
IMPORT      - Importiert eine Datenträgergruppe.
LIST        - Druckt eine Liste aller Objekte.
ONLINE      - Schaltet einen als offline markierten Datenträger online.
REM         - Keine Aktion. Wird für Skriptkommentare verwendet.
REMOVE      - Entfernt einen Laufwerkbuchstaben oder eine
              Bereitstellungspunktzuordnung.
RESCAN      - Überprüft den Computer erneut auf Datenträger und Volumes.
RETAIN      - Setzt eine Sicherungspartition unter ein einfaches Volume.
SELECT      - Verschiebt den Fokus auf ein Objekt.

DISKPART>
```

Abbildung 10.12 Auflisten der verfügbaren Befehle von **DiskPart**

Eine Funktion, die in **DiskPart** nicht zur Verfügung steht, ist das Formatieren von Volumes. Dazu müssen Sie in der normalen Eingabeaufforderung den Befehl **Format.exe** eingeben.

Problembehandlung für Datenträger und Volumes

In der Datenträgerverwaltung wird für jeden Datenträger und jedes Volume ein Status angezeigt. In Abbildung 10.1 am Anfang dieser Lektion sehen Sie, dass alle Datenträger als **Online** und die Volumes als **Fehlerfrei** gekennzeichnet sind.

Für den Status von Datenträgern gibt es folgende Möglichkeiten:

- **Online:** Dieser Status wird für Basis- und für dynamische Datenträger angezeigt. Auf den Datenträger kann zugegriffen werden. Es sind keine Benutzeraktionen erforderlich.
- **Online (Fehler):** Dieser Status wird nur für dynamische Datenträger angezeigt. Auf den Datenträger kann zugegriffen werden, es wurden aber E/A-Fehler (Eingabe/Ausgabe) festgestellt. Sind die E/A-Fehler beseitigt, können Sie mit der rechten Maustaste auf den Datenträger klicken und dann den Befehl **Datenträger reaktivieren** wählen. Normalerweise wechselt der Status des Datenträgers dann auf **Online**.
- **Offline** oder **Fehlend:** Dieser Status wird nur für dynamische Datenträger angezeigt. Auf den Datenträger kann nicht zugegriffen werden. Versuchen Sie, den Datenträger vom Betriebssystem erkennen zu lassen, indem Sie in der Datenträgerverwaltung den Menübefehl **Aktion/Datenträger neu einlesen** wählen. Wird der Datenträger trotzdem nicht erkannt, sollten Sie in der Hardware nach der Ursache suchen (nicht angesteckte Kabel, keine Stromversorgung für die Festplatte, defekte Festplatte). Falls Sie eine defekte Festplatte austauschen müssen, sollten Sie erst alle Volumes vom Datenträger löschen und dann mit der rechten Maustaste auf den Datenträger klicken und den Befehl **Datenträger entfernen** wählen.
- **Fremd:** Dieser Status wird nur für dynamische Datenträger angezeigt. Der Datenträger wurde aus einem anderen Computer aus- und in diesen Computer eingebaut. Klicken Sie mit der rechten Maustaste auf den Datenträger und wählen Sie den Befehl **Fremde Datenträger importieren**. Falls Sie die Informationen auf dem Datenträger nicht mehr brauchen, können Sie auch den Befehl **In einen Basisdatenträger konvertieren** wählen, dann gehen aber alle Informationen auf dem Datenträger verloren.
- **Nicht lesbar:** Dieser Status wird für Basis- und für dynamische Datenträger angezeigt. Auf den Datenträger kann nicht zugegriffen werden. Dieser Status wird manchmal für Datenträger angezeigt, während sie initialisiert werden. Behält ein Datenträger diesen Status, ist die Festplatte möglicherweise defekt. Starten Sie den Computer neu, um festzustellen, ob dann auf den Datenträger zugegriffen werden kann. Falls es sich um einen dynamischen Datenträger handelt, können Sie eine Reparatur des Datenträgers versuchen, indem Sie den Befehl **Datenträger neu einlesen** wählen.
- **Nicht initialisiert:** Der Datenträger hat einen unbekannten Typ, den Windows XP nicht erkennt.

- **Kein Medium:** Dieser Status kann für Wechseldatenträger angezeigt werden, zum Beispiel für CD-ROM-Laufwerke, bei denen keine CD eingelegt ist.

Für den Status von Volumes gibt es folgende Möglichkeiten. Die empfohlene Aktion (soweit nötig) wird jeweils beschrieben:

- **Fehlerfrei:** Auf das Volume kann zugegriffen werden, es wurden keine Probleme festgestellt.
- **Fehlerfrei (Risiko):** Falls der Datenträger den Status **Online (Fehler)** hat, kann auf die Volumes zugegriffen werden, aber alle Volumes zeigen diesen Status an. Wenn Sie den Datenträger in den Status **Online** zurückversetzen, wechselt der Status der Volumes auf **Fehlerfrei**.
- **Formatieren:** Das Volume wird initialisiert. Es ist keine Aktion erforderlich. Sobald die Initialisierung abgeschlossen ist, müsste der Status des Volumes auf **Fehlerfrei** wechseln.

Wechselmedien

Windows XP enthält eingebaute Unterstützung für CD-ROM- und DVD-ROM-Geräte. Windows XP unterstützt außerdem eine Reihe von anderen Gerätetypen mit Wechselmedien, zum Beispiel Bandlaufwerke und Festspeicherlaufwerke. Dieser Abschnitt behandelt die Überwachung und Problembehandlung von Wechselmedien.

CD-ROM- und DVD-ROM-Geräte

Die meisten CD-ROM- und DVD-ROM-Geräte sind Plug & Play-kompatibel und benötigen daher kaum Konfiguration. Sie können Status und Konfiguration dieser Gerätetypen ansehen, indem Sie im Geräte-Manager das Eigenschaftendialogfeld des Geräts öffnen. Auf der Registerkarte **Allgemein** im Eigenschaftendialogfeld des Geräts wird angezeigt, ob das Gerät innerhalb von Windows korrekt funktioniert.

Falls der Geräte-Manager anzeigt, dass das Gerät installiert und betriebsbereit ist, das Gerät aber nicht korrekt zu funktionieren scheint, gibt es möglicherweise ein Hardwareproblem mit der Geräteinstallation, oder das Gerät ist defekt. Falls sich die Schublade nicht öffnet oder die Betriebs-LED nicht leuchtet, sollten Sie den Computer öffnen und sicherstellen, dass alle Verbindungen korrekt angeschlossen sind.

Falls ein CD- oder DVD-Gerät Daten anscheinend korrekt liest, aber Audio-CDs nicht abspielt, liegt wahrscheinlich ein Gerätetreiberproblem vor, oder es sind zusätzliche Komponenten nötig, die momentan nicht konfiguriert sind. Überprüfen Sie auf jeden Fall, ob das Gerät im Windows-Katalog aufgeführt ist. Stellen Sie außerdem sicher, dass die neuesten Versionen der Gerätetreiber und der zugehörigen Software installiert sind.

Wenn Sie eine Problembehandlung wegen des Abspielens von Audio-CDs durchführen, sollten Sie folgende zusätzliche Schritte durchführen:

- Überprüfen Sie, ob die Soundkarte korrekt konfiguriert und betriebsbereit ist.
- Überprüfen Sie, ob die Lautsprecher eingesteckt und angeschaltet sind.
- Überprüfen Sie, ob die Audioausgabe nicht stumm geschaltet ist.

- Überprüfen Sie, ob die Audiokabel zwischen CD/DVD-Laufwerk und Soundkarte korrekt eingesteckt sind.
- Stellen Sie sicher, dass die CD sauber ist.

Falls das CD-Gerät diese Funktion unterstützt, können Sie im Eigenschaftendialogfeld des Geräts die digitale CD-Wiedergabe aktivieren. Aktivieren Sie dazu auf der Registerkarte **Eigenschaften** das Kontrollkästchen **Digitale CD-Wiedergabe für den CD-Player aktivieren**. Die digitale CD-Wiedergabe ist nur möglich, wenn das CD-Gerät DAE (Digital Audio Extraction) unterstützt. Manche ältere Geräte bieten diese Unterstützung nicht. Wenn die digitale CD-Wiedergabe aktiviert ist, müssen Sie das CD-ROM-Laufwerk nicht über ein eigenes Kabel mit der Soundkarte verbinden. Außerdem ist in diesem Modus die Audioausgabe über die Kopfhörerbuchse des CD-ROM-Laufwerks deaktiviert.

Medien von Wechselmediengeräten

Wechselmedien sind zum Beispiel Disketten, Bänder und optische Medien, die entweder online in Form von Informationsbibliotheken oder offline in einem Regal oder einem Aktenschrank gespeichert sind. Diese Medien werden in erster Linie für die Datensicherung von Anwendungen und Daten verwendet. Außerdem dienen sie dazu, Daten zu archivieren, auf die nur selten zugegriffen wird.

Frühere Windows-Versionen (vor Windows 2000) boten keine umfassende Unterstützung für Wechselmediengeräte. Jede Anwendung, die Zugriff auf ein Wechselmediengerät brauchte, musste eine eigene Lösung zum Zugreifen und Verwalten von Wechselmedien implementieren. Windows XP bietet eine zentrale Verwaltung dieser Geräte. Die Wechselmedienverwaltung ermöglicht dem Betriebssystem, Wechselmedien zentral zu verwalten, und Anwendungen erhalten über die Wechselmedienschnittstelle Zugriff auf die Geräte. Auf Geräte, deren Treiber so entwickelt wurden, dass sie die Wechselmedienverwaltung nutzen, kann einfach zugegriffen werden. Sowohl Betriebssystem als auch Anwendungen können gleichzeitig darauf zugreifen.

Die Wechselmedienverwaltung nutzt das Konzept der Medienpools, um Wechselmedien zu steuern. Medienpools teilen einzelne Medien entsprechend ihrer Nutzung in Gruppen ein, erlauben die gleichzeitige Nutzung von Medien durch mehrere Anwendungen, steuern den Zugriff auf Medien und ermöglichen eine Überwachung der Mediennutzung. Andere Konzepte der Wechselmedienverwaltung sind:

- **Medieneinheiten:** Die eigentlichen Geräte, die Informationen speichern, zum Beispiel CD-ROM, Bandkassette oder Diskette.
- **Medienbibliotheken:** Umfassen sowohl Onlinebibliotheken als auch die physischen Standorte von Offlinemedien. Onlinebibliotheken, zum Beispiel Roboterbibliotheken und eigenständige Laufwerke, sind Datenspeichergeräte, die eine Methode zum Lesen und Schreiben der Medien bieten, sobald sie benötigt werden. Physische Standorte von Offlinemedien sind ein Aufbewahrungsplatz für Medieneinheiten, die durch die Wechselmedienverwaltung katalogisiert wurden, aber momentan nicht unmittelbar in Form einer Onlinebibliothek zur Verfügung stehen.

- **Arbeitswarteschlangen:** Bewahrt Bibliotheksanforderungen so lange auf, bis Ressourcen verfügbar werden. Zum Beispiel hat eine Roboterbandbibliothek eine begrenzte Zahl von Bandlaufwerken, um auf Medien zuzugreifen. Eine Anforderung an die Bibliothek wird in eine Arbeitswarteschlange gelegt, bis ein Bandlaufwerk verfügbar wird. Anschließend wird das angeforderte Band bereitgestellt.
- **Operatoranforderungen (Administratoranforderungen):** Speichert Anforderungen nach Offlinemedien. Der Operator muss die Medien verfügbar machen, bevor die Anforderung fortgesetzt werden kann. Andere Situationen, in denen Operatoranforderungen erstellt werden, sind der Ausfall eines Geräts oder ein Gerät, das gereinigt werden muss, weil keine Reinigungskassette zur Verfügung steht. Nachdem eine Anforderung erfüllt wurde, muss der Administrator die Wechselmedienverwaltung informieren, dass die Verarbeitung fortgesetzt werden kann.

Hinweis Wechselmediengeräte können nur primäre Partitionen enthalten, und diese Partitionen können nicht als aktive Partitionen markiert sein.

Das Dienstprogramm Wechselmedien

Die ursprüngliche Installation, Konfiguration und Problembehandlung von Wechselmediengeräten führen Sie mit Hardware-Assistent und Geräte-Manager aus. Nachdem die Wechselmediengeräte vom Betriebssystem erkannt wurden, stehen sie für die Verwaltung im Wechselmedien-Dienstprogramm zur Verfügung. Erweitern Sie im Fenster **Computerverwaltung** den Zweig **Wechselmedien**, um auf das Wechselmedien-Dienstprogramm zuzugreifen.

Im Wechselmedien-Dienstprogramm können Sie Medien einlegen und auswerfen, den Zugriff auf Medien steuern und die Verwendung der Medien durch Anwendungen verwalten. Systeme mit eigenständigen Standardwechselmediengeräten (zum Beispiel CD-ROM- oder DVD-ROM-Laufwerke, Zip-Laufwerke oder Bandlaufwerke) erfordern keine Verwaltung und Konfiguration im Wechselmedien-Dienstprogramm. Die Wechselmedienverwaltung ist nötig für Computer, deren Konfigurationen komplexer sind. Das sind zum Beispiel Computer mit Bandbibliotheken oder Bibliotheken für optische Medien. In solchen Computern wird die Wechselmedienverwaltung insbesondere dann benötigt, wenn mehrere Anwendungen auf diese Geräte zugreifen. Sie sollten immer die Dokumentation für das Wechselmediengerät lesen, um festzustellen, wie es am besten verwaltet wird.

Weitere Informationen Wechselmediengeräte, die eine Verwaltung durch das Wechselmedien-Dienstprogramm im Remotezugriff erfordern, sind meist an Windows-Server in einer Netzwerkumgebung angeschlossen. Die eingehende Erklärung der Wechselmedienverwaltung würde den Rahmen dieses Buchs sprengen. Weitere Informationen finden Sie unter **http://www.microsoft.com**, wenn Sie nach „Wechselmedien“ oder „Removable Storage“ suchen.

Übung: Verwalten von Festplattenlaufwerken

In dieser Übung überprüfen Sie den Status der vorhandenen Volumes auf Ihrem Computer mit dem Dienstprogramm Datenträgerverwaltung und wechseln den Laufwerkbuchstaben für ein Volume.

Übung 1: Überprüfen des Status eines vorhandenen Volumes

1. Klicken Sie im Startmenü mit der rechten Maustaste auf **Arbeitsplatz** und wählen Sie den Befehl **Verwalten**.
2. Wählen Sie im Fenster **Computerverwaltung** den Eintrag **Datenträgerverwaltung**.
3. Warten Sie, bis die Datenträgerverwaltung initialisiert wurde, und notieren Sie dann für jedes Volume auf Ihrem Computer die Beschreibung in der Spalte **Status**.

Übung 2: Ändern des Laufwerkbuchstabens für ein Volume

1. Klicken Sie im Startmenü mit der rechten Maustaste auf **Arbeitsplatz** und wählen Sie den Befehl **Verwalten**.
2. Wählen Sie im Fenster **Computerverwaltung** den Eintrag **Datenträgerverwaltung**.
3. Klicken Sie in der Datenträgerverwaltung mit der rechten Maustaste auf ein Volume und wählen Sie den Befehl **Laufwerkbuchstaben und -pfade ändern**.
4. Klicken Sie im Dialogfeld **Laufwerkbuchstabe und -pfad ändern** auf **Ändern**.
5. Wählen Sie im Dialogfeld **Laufwerkbuchstaben oder -pfad ändern** einen neuen Laufwerkbuchstaben aus der Dropdownliste **Folgenden Laufwerkbuchstaben zuweisen** und klicken Sie dann auf **OK**.
6. Klicken Sie auf **Ja**, wenn Sie aufgefordert werden, die Änderung zu bestätigen.

Lernzielkontrolle

Anhand der folgenden Fragen können Sie überprüfen, ob Sie die Themen dieser Lektion so gut beherrschen, dass Sie mit der nächsten Lektion weitermachen können. Falls Sie eine Frage nicht beantworten können, sollten Sie die Lektion noch einmal durcharbeiten, und dann erneut versuchen, die Frage zu beantworten. Die Antworten auf die Lernzielkontrollfragen finden Sie im Abschnitt „Fragen und Antworten" am Ende dieses Kapitels.

1. Auf welchen Arten von Computern können Sie dynamische Datenträger einsetzen?

   ____

   ____

   ____

2. Welche Aktionen müssen Sie ausführen, um einen dynamischen Datenträger in einen Basisdatenträger zurück zu konvertieren? Welche Einschränkungen sind bei diesem Vorgang zu beachten?

____

____

____

____

____

Zusammenfassung der Lektion

- Windows XP Professional unterstützt zwei Typen von Speichergeräten: Basisdatenträger und dynamische Datenträger. Tragbare Computer unterstützen nur Basisdatenträger. Alle Datenträger sind in der Standardeinstellung Basisdatenträger. Wenn Sie den Funktionsumfang nutzen wollen, den dynamische Datenträger bieten, müssen Sie den Basisdatenträger in einen dynamischen Datenträger konvertieren. (Denken Sie aber daran, dass dieses Feature nur in Windows XP Professional und Windows 2000 Professional zur Verfügung steht). Bei dieser Konvertierung gehen keine Daten verloren.
- Windows XP Professional stellt zum Konfigurieren, Verwalten und Überwachen von Datenträgern und Volumes das Dienstprogramm Datenträgerverwaltung zur Verfügung. Mit diesem Dienstprogramm können Sie zum Beispiel Volumes erstellen und formatieren, Festplatten von einem Computer in einen anderen einbauen und Datenträger über das Netzwerk auf Remotecomputern verwalten.
- Sie können Datenträger auf einem Remotecomputer verwalten, indem Sie im Tool Computerverwaltung eine Verbindung zu diesem Computer herstellen. Anschließend können Sie die Datenträger des Remotecomputers im Tool Datenträgerverwaltung genauso wie die Datenträger auf dem lokalen Computer verwalten.
- Mit dem Befehl **Diskpart** können Sie Datenträger von der Befehlszeile aus verwalten.
- Die Datenträgerverwaltung zeigt für alle Datenträger und Volumes den Status an. Anhand dieser Informationen können Sie schnell feststellen, ob Datenträger fehlerfrei, fehlerhaft, offline oder fehlend sind.

Lektion 2: Verwalten der Komprimierung

Windows XP Professional unterstützt zwei Arten der Komprimierung: die ***NTFS-Komprimierung*** und ***ZIP-komprimierte Ordner***. Mit der NTFS-Komprimierung können Sie Dateien und Ordner oder ein vollständiges Laufwerk komprimieren. Dateien und Ordner nehmen so weniger Platz auf einem NTFS-Volume ein, und Sie können mehr Daten auf dem Volume speichern. Alle Dateien und Ordner auf einem NTFS-Volume besitzen einen Komprimierungsstatus, der entweder komprimiert oder nicht komprimiert lautet. Mithilfe des Features **ZIP-komprimierte Ordner** können Sie einen komprimierten Ordner erstellen. Alle in diesem Ordner gespeicherten Dateien werden automatisch ebenfalls komprimiert.

Am Ende dieser Lektion werden Sie in der Lage sein, die folgenden Aufgaben auszuführen:

- Erklären des Zwecks von komprimierten Ordnern.
- Komprimieren von Dateien, Ordnern oder Volumes mithilfe der NTFS-Komprimierung.

Veranschlagte Zeit für diese Lektion: 60 Minuten

Was sind ZIP-komprimierte Ordner?

ZIP-komprimierte Ordner sind eine neue Windows XP Professional-Funktion, die es Ihnen ermöglicht, Ordner zu komprimieren, aber trotzdem ihren Inhalt anzuzeigen und damit zu arbeiten.

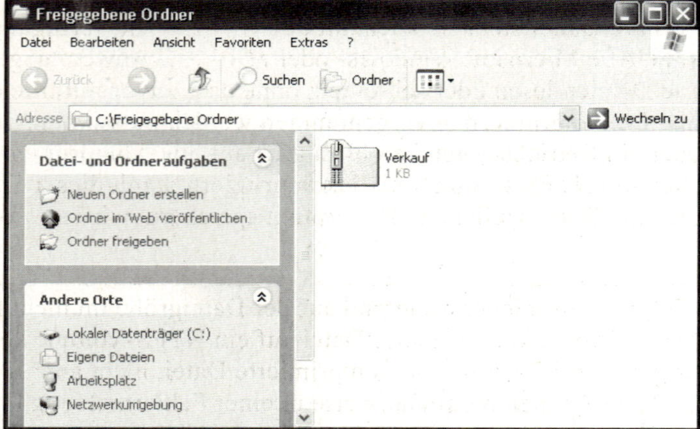

Abbildung 10.13 ZIP-komprimierte Ordner werden mit einem Reißverschlusssymbol gekennzeichnet

Starten Sie zum Erstellen eines ZIP-komprimierten Ordners den Windows-Explorer, klicken Sie auf **Datei**, zeigen Sie auf **Neu**, und klicken Sie anschließend auf **ZIP-komprimierter Ordner**. Dadurch wird im aktuellen Ordner ein ZIP-komprimierter Ordner erstellt. Dateien, die Sie per Drag & Drop in einen komprimierten Ordner kopieren oder verschieben, werden automatisch komprimiert. Wenn Sie eine Datei aus einem ZIP-komprimierten Ordner in einen nicht komprimierten Ordner kopieren, ist diese Datei nicht mehr komprimiert. ZIP-komprimierte Ordner werden mit einem Reißverschlusssymbol gekennzeichnet (Abbildung 10.13).

ZIP-komprimierte Ordner bieten unter anderem folgende Vorteile:

- ZIP-komprimierte Dateien und Ordner können sowohl auf FAT- (File Allocation Table) als auch auf NTFS-Volumes erstellt werden.
- Dateien können direkt aus dem komprimierten Ordner heraus geöffnet werden, ohne vorher dekomprimiert zu werden. Einige Programme lassen sich direkt aus ZIP-komprimierten Ordnern heraus ausführen.
- ZIP-komprimierte Dateien und Ordner können auf jeden beliebigen Datenträger oder Ordner auf Ihrem Computer, im Internet oder in Ihrem Netzwerk verschoben werden. Darüber hinaus sind sie mit anderen Komprimierungsprogrammen kompatibel.
- ZIP-komprimierte Ordner können verschlüsselt werden.
- ZIP-komprimierte Ordner wirken sich nicht negativ auf die Leistung aus.
- Sie können einzelne Dateien komprimieren, indem Sie sie in einem ZIP-komprimierten Ordner speichern. Werden diese Dateien in einen nicht komprimierten Ordner verschoben oder extrahiert, werden sie dekomprimiert.

Komprimieren von Dateien, Ordnern oder Volumes mit der NTFS-Komprimierung

Im Unterschied zu ZIP-komprimierten Ordnern ist die NTFS-Komprimierung eine Funktion des Dateisystems NTFS. Daher steht sie auch nur auf Volumes zur Verfügung, die mit NTFS formatiert sind. Alle Microsoft Windows- oder MS-DOS-Anwendungen können NTFS-komprimierte Dateien lesen oder schreiben, ohne dass zuvor mithilfe eines anderen Programms eine Dekomprimierung vorgenommen werden muss. Wenn beispielsweise ein Programm oder ein Betriebssystembefehl Zugriff auf eine komprimierte Datei anfordern, wird die Datei von NTFS automatisch dekomprimiert, damit dieser Zugriff möglich wird. Wenn Sie eine Datei schließen oder explizit speichern, wird sie von NTFS wieder komprimiert.

Hinweis NTFS weist Festplattenspeicher basierend auf der Dateigröße im nicht komprimierten Zustand zu. Wenn Sie eine komprimierte Datei auf ein NTFS-Volume kopieren möchten, auf dem zwar genügend Platz für die komprimierte Datei, nicht aber für die Datei in Originalgröße ist, wird Ihnen möglicherweise in einer Fehlermeldung mitgeteilt, dass nicht genug Speicherplatz vorhanden ist, und die Datei wird nicht kopiert.

Komprimieren eines Ordners oder einer Datei

Sie können den Komprimierungsstatus von Dateien und Ordnern im Windows-Explorer einstellen. Wenn Sie den Komprimierungsstatus eines Ordners oder einer Datei festlegen möchten, klicken Sie im Windows-Explorer mit der rechten Maustaste auf den Ordner oder die Datei, klicken auf **Eigenschaften** und auf der Registerkarte **Allgemein** auf die Schaltfläche **Erweitert**. Aktivieren Sie im Dialogfeld **Erweiterte Attribute** das Kontrollkästchen **Inhalt komprimieren, um Speicherplatz zu sparen** (Abbildung 10.14). Klicken Sie auf **OK** und im Eigenschaftendialogfeld auf **Übernehmen**.

Hinweis Dateien und Ordner können auf NTFS-Datenträgern nur komprimiert *oder* verschlüsselt werden. Wenn Sie also das Kontrollkästchen **Inhalt verschlüsseln, um Daten zu schützen** aktivieren, können Sie den Ordner oder die Datei nicht komprimieren.

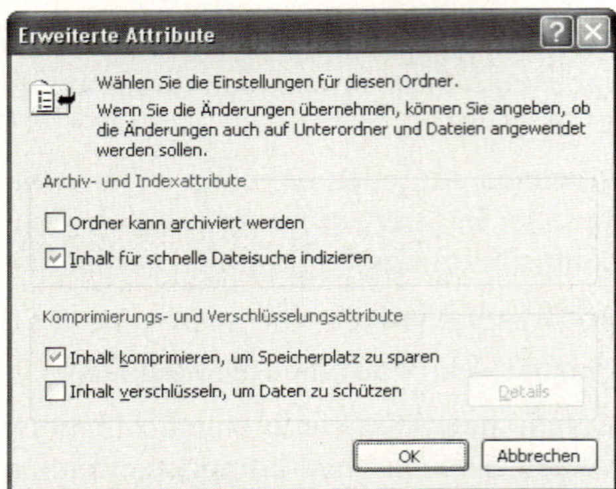

Abbildung 10.14 Im Dialogfeld **Erweiterte Attribute** können Sie eine Datei oder einen Ordner komprimieren

Wichtig Um den Komprimierungsstatus einer Datei beziehungsweise eines Ordners ändern zu können, müssen Sie über die entsprechende Schreibberechtigung verfügen.

Die Dateien und Unterordner in einem Ordner müssen nicht denselben Komprimierungsstatus aufweisen wie der Ordner selbst. In einem komprimierten Ordner können alle darin enthaltenen Dateien nicht komprimiert vorliegen. Umgekehrt kann auch ein nicht komprimierter Ordner komprimierte Dateien enthalten. Wenn Sie einen Ordner komprimieren, der Dateien oder Ordner enthält, wird das Dialogfeld **Änderungen der Attribute bestätigen** angezeigt (Abbildung 10.15).

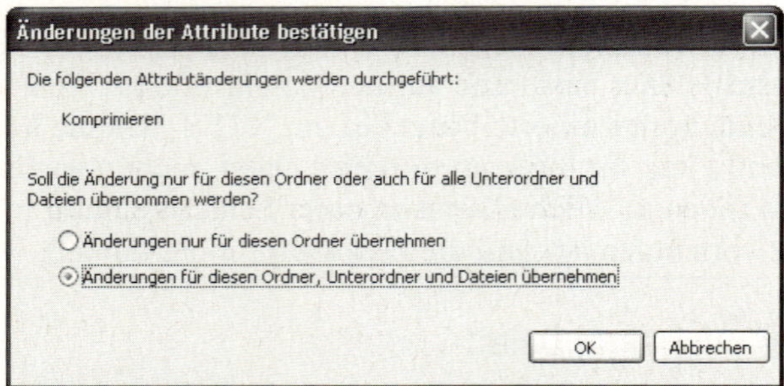

Abbildung 10.15 Im Dialogfeld **Änderungen der Attribute bestätigen** legen Sie fest, was mit Dateien und Unterordnern innerhalb des Ordners geschieht, den Sie komprimieren

Im Dialogfeld **Änderungen der Attribute bestätigen** haben Sie die Auswahl zwischen zwei Optionen, die in Tabelle 10.1 erläutert werden.

Tabelle 10.1 Optionen im Dialogfeld **Änderungen der Attribute bestätigen**

Option	Beschreibung
Änderungen nur für diesen Ordner übernehmen	Komprimiert nur den ausgewählten Ordner.
Änderungen für diesen Ordner, Unterordner und Dateien übernehmen	Komprimiert den Ordner sowie alle Unterordner und Dateien, und zwar sowohl die bereits enthaltenen als auch alle, die später hinzugefügt werden.

Komprimieren eines Laufwerks oder Volumes

Sie können den Komprimierungsstatus eines gesamten NTFS-Laufwerks oder -Volumes festlegen. Klicken Sie dazu im Windows-Explorer mit der rechten Maustaste auf das Laufwerk oder Volume und anschließend auf **Eigenschaften**. Aktivieren Sie im Dialogfeld **Eigenschaften** das Kontrollkästchen **Laufwerk komprimieren, um Speicherplatz zu sparen**, und klicken Sie auf **OK** (Abbildung 10.16).

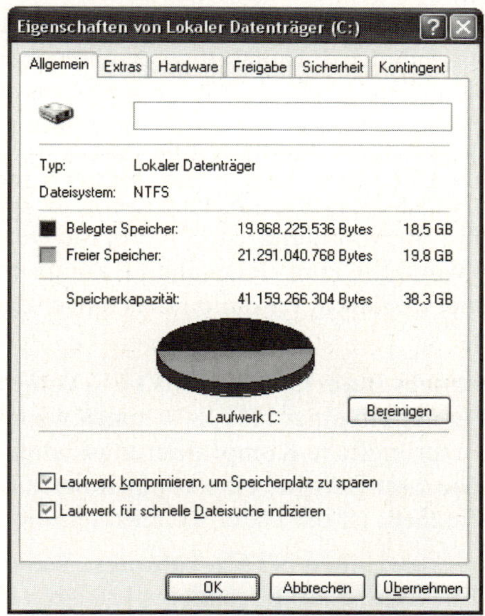

Abbildung 10.16 Im Eigenschaftendialogfeld eines Laufwerks oder Volumes können Sie die Komprimierung für das gesamte Laufwerk oder Volume aktivieren

Einstellen, in welcher Farbe NTFS-komprimierte Dateien und Ordner angezeigt werden

Im Windows-Explorer können Sie einfach erkennen, ob eine Datei oder ein Ordner komprimiert wurde. Standardmäßig werden die Namen komprimierter Dateien und Ordner in blauer Farbe dargestellt, um sie von nicht komprimierten Dateien und Ordnern zu unterscheiden.

Sie können folgendermaßen steuern, ob Windows komprimierte Dateien und Ordner in einer anderen Farbe anzeigt:

1. Wählen Sie im Windows-Explorer den Menübefehl **Extras/Ordneroptionen**.
2. Aktivieren oder deaktivieren Sie auf der Registerkarte **Ansicht** unter **Erweiterte Einstellungen** das Kontrollkästchen **Verschlüsselte oder komprimierte NTFS-Dateien in anderer Farbe anzeigen**.

Hinweis Wenn Sie das Kontrollkästchen **Verschlüsselte oder komprimierte NTFS-Dateien in anderer Farbe anzeigen** deaktivieren, zeigt Windows komprimierte oder verschlüsselte Dateien nicht mehr in einer anderen Farbe an. Es gibt keine Möglichkeit, nur die farbige Darstellung von komprimierten Dateien zu verhindern, genauso wenig wie eine Möglichkeit, nur die farbige Darstellung von verschlüsselten Dateien zu verhindern.

Kopieren und Verschieben NTFS-komprimierter Dateien und Ordner

Beim Kopieren und Verschieben von Dateien und Ordnern innerhalb beziehungsweise zwischen NTFS- und FAT-Volumes legen Regeln fest, ob der Komprimierungsstatus von Dateien und Ordnern erhalten bleibt. Die folgende Liste enthält die verschiedenen Möglichkeiten, die sich in Windows XP Professional für den Komprimierungsstatus von Dateien und Ordnern ergeben, wenn eine komprimierte Datei oder ein komprimierter Ordner zwischen NTFS-Volumes oder NTFS- und FAT-Volumes kopiert oder verschoben wird.

- **Kopieren einer Datei innerhalb eines NTFS-Volumes:** Wenn Sie eine Datei innerhalb eines NTFS-Volumes kopieren (Fall A in Abbildung 10.17), erbt die Datei den Komprimierungsstatus des Zielordners. Wenn Sie zum Beispiel eine komprimierte Datei in einen nicht komprimierten Ordner kopieren, wird die Datei automatisch dekomprimiert.
- **Verschieben einer Datei oder eines Ordners innerhalb eines NTFS-Volumes:** Wenn Sie eine Datei oder einen Ordner innerhalb eines NTFS-Volumes verschieben (Fall B in Abbildung 10.17), bleibt der ursprüngliche Komprimierungsstatus der Datei oder des Ordners erhalten. Wenn Sie zum Beispiel eine komprimierte Datei in einen nicht komprimierten Ordner verschieben, ist die Datei weiterhin komprimiert.
- **Kopieren einer Datei oder eines Ordners zwischen NTFS-Volumes:** Wenn Sie eine Datei oder einen Ordner von einem NTFS-Volume auf ein anderes kopieren (Fall C in Abbildung 10.17), erbt die Datei oder der Ordner den Komprimierungsstatus des Zielordners.
- **Verschieben einer Datei oder eines Ordners zwischen NTFS-Volumes:** Wenn Sie eine Datei oder einen Ordner von einem NTFS-Volume auf ein anderes verschieben (Fall C in Abbildung 10.17), erbt die Datei oder der Ordner den Komprimierungsstatus des Zielordners. Da Windows XP Professional das Verschieben wie einen Kopier- und Löschvorgang verarbeitet, erben die Dateien den Komprimierungsstatus des Zielordners.

- **Verschieben oder Kopieren einer Datei oder eines Ordners auf ein FAT-Volume:** Die Komprimierung wird in Windows XP Professional nur für NTFS-Dateien unterstützt. Wenn also eine NTFS-komprimierte Datei oder ein Ordner auf ein FAT-Volume verschoben oder kopiert wird, dekomprimiert Windows XP Professional automatisch die Datei oder den Ordner.
- **Verschieben oder Kopieren einer komprimierten Datei auf eine Diskette:** Wenn Sie eine NTFS-komprimierte Datei oder einen Ordner auf eine Diskette verschieben oder kopieren, wird die Datei oder der Ordner von Windows XP Professional automatisch dekomprimiert.

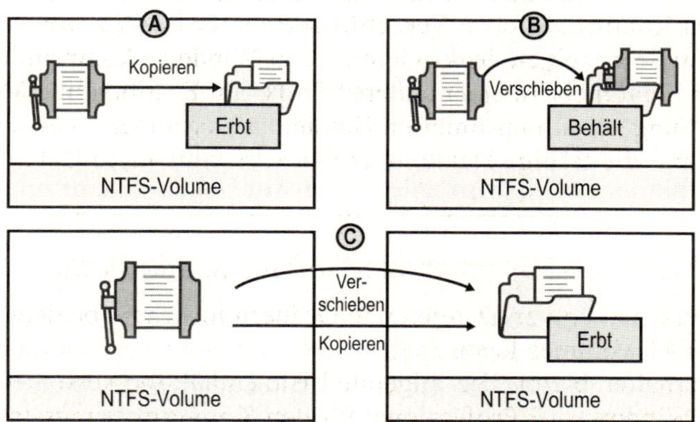

Abbildung 10.17 Beim Kopieren und Verschieben komprimierter Ordner und Dateien gelten unterschiedliche Regeln.

Hinweis Wenn Sie eine komprimierte NTFS-Datei kopieren, wird die Datei in Windows XP Professional zunächst dekomprimiert, kopiert und als neue Datei wieder komprimiert. Dies kann einige Zeit dauern.

Richtlinien für die NTFS-Komprimierung

Folgende Vorgehensweisen empfehlen sich für den Einsatz der Komprimierung auf NTFS-Volumes.

- Da einige Dateitypen besser komprimiert werden können als andere, sollten Sie die zu komprimierenden Dateitypen anhand der erwarteten Dateigröße im komprimierten Zustand auswählen. Da zum Beispiel Windows-Bitmapdateien mehr redundante Daten als ausführbare Anwendungsdateien enthalten, kann dieser Dateityp stärker komprimiert werden. Bitmaps lassen sich häufig auf weniger als 50 Prozent der ursprünglichen Dateigröße komprimieren, während Anwendungsdateien selten auf mehr als 75 Prozent ihrer ursprünglichen Größe komprimiert werden können.
- Speichern Sie komprimierte Dateien, wie zum Beispiel PKZIP-Dateien, nicht in einem komprimierten Ordner. Windows XP Professional versucht, diese Dateien zu komprimieren, wodurch unnötig Systemzeit beansprucht, aber kein zusätzlicher Speicherplatz bereitgestellt wird.

- Es ist besser, statische Daten zu komprimieren, als solche, die häufigen Änderungen unterliegen. Die Komprimierung und Dekomprimierung von Dateien bedeutet einen gewissen Systemaufwand. Wenn Sie nur solche Dateien komprimieren, auf die relativ selten zugegriffen wird, verringert sich die Systemzeit, die für die Komprimierung und Dekomprimierung aufgewendet werden muss.
- Die NTFS-Komprimierung kann beim Verschieben und Kopieren von Dateien zu Leistungseinbußen führen. Beim Kopieren einer komprimierten Datei wird diese dekomprimiert, kopiert und anschließend die Kopie erneut komprimiert. Komprimieren Sie also nur Daten, die nicht regelmäßig verschoben oder kopiert werden.

Übung: Verwalten der Komprimierung

In dieser Übung werden Sie mithilfe der NTFS-Komprimierung Dateien und Ordner komprimieren. Sie werden eine Datei dekomprimieren und prüfen, wie sich Kopier- und Verschiebevorgänge auf die Komprimierung auswirken. Im letzten Teil der Übung werden Sie mithilfe der Funktion **ZIP-komprimierter Ordner** einen komprimierten Ordner erstellen.

Wichtig In dieser Übung wird vorausgesetzt, dass Sie Windows XP Professional auf Laufwerk **C:** installiert und dieses Laufwerk mit NTFS formatiert haben. Sollten Sie Windows XP Professional auf einer anderen Partition installiert und diese mit NTFS formatiert haben, müssen Sie anstelle von **C:** den entsprechenden Laufwerkbuchstaben verwenden.

Übung 1: Erstellen eines ZIP-komprimierten Ordners

1. Klicken Sie im Startmenü auf **Alle Programme**, **Zubehör** und dann **Windows-Explorer**.
2. Klicken Sie auf **Datei** und **Neu**.

   Im Menü **Neu** befindet sich eine Option **ZIP-komprimierter Ordner**.
3. Klicken Sie auf **ZIP-komprimierter Ordner**.
4. Geben Sie dem komprimierten Ordner den Namen **Meine komprimierten Dateien**.

   Sie haben einen ZIP-komprimierten Ordner erstellt. Sie sehen, dass der ZIP-komprimierte Ordner mit einem Reißverschlusssymbol gekennzeichnet ist. Wenn Sie Dateien per Drag & Drop in einen komprimierten Ordner kopieren oder verschieben, werden diese automatisch komprimiert. Wenn Sie eine Datei aus einem ZIP-komprimierten Ordner in einen nicht komprimierten Ordner kopieren, ist diese Datei nicht mehr komprimiert.
5. Schließen Sie den Windows-Explorer.

Übung 2: Komprimieren eines Ordners mit der NTFS-Komprimierung

1. Klicken Sie im Startmenü auf **Alle Programme**, **Zubehör** und dann **Windows-Explorer**.

2. Klicken Sie im Windows-Explorer auf **Lokaler Datenträger (C:)**. Klicken Sie bei Bedarf auf **Ordnerinhalte anzeigen**.
3. Wählen Sie im Windows-Explorer den Menübefehl **Datei/Neu/Ordner**.

   Windows erstellt einen neuen Ordner und wählt automatisch den Namen aus, sodass Sie den Ordner sofort durch Eintippen eines neuen Namens umbenennen können.
4. Geben Sie als Namen für den neuen Ordner **Komprimiert** ein und drücken Sie die EINGABETASTE.
5. Klicken Sie doppelt auf den Ordner **Komprimiert**, um ihn zu öffnen.
6. Erstellen Sie in **Komprimiert** einen neuen Ordner mit dem Namen **Komprimiert2**.
7. Klicken Sie in der Symbolleiste auf die Schaltfläche **Aufwärts**, um das Laufwerk **C** anzuzeigen.
8. Klicken Sie mit der rechten Maustaste auf den Ordner **Komprimiert**, und klicken Sie anschließend auf **Eigenschaften**.

   Das Dialogfeld **Eigenschaften von Komprimiert** mit aktivierter Registerkarte **Allgemein** wird angezeigt.
9. Klicken Sie auf der Registerkarte **Allgemein** auf **Erweitert**.

   Das Dialogfeld **Erweiterte Attribute** wird angezeigt.
10. Aktivieren Sie das Kontrollkästchen **Inhalt komprimieren, um Speicherplatz zu sparen**.
11. Klicken Sie auf **OK**, um zum Dialogfeld **Eigenschaften von Komprimiert** zurückzukehren.
12. Klicken Sie auf **Übernehmen**.

    Das Dialogfeld **Änderungen der Attribute bestätigen** wird angezeigt, und Sie werden gefragt, ob nur dieser Ordner oder auch die enthaltenen Unterordner komprimiert werden sollen.
13. Aktivieren Sie die Option **Änderungen für diesen Ordner, Unterordner und Dateien übernehmen**, und klicken Sie auf **OK**.

    In einem Meldungsfeld werden der Status des Komprimierungsvorgangs sowie die Namen der komprimierten Ordner und Dateien angezeigt. Da sich in diesem Ordner sehr wenige Daten befinden, ist der Komprimierungsvorgang wahrscheinlich so schnell abgeschlossen, dass Sie das Meldungsfeld kaum sehen können.
14. Klicken Sie auf **OK**, um das Dialogfeld **Eigenschaften von Komprimiert** zu schließen.
15. In welcher Farbe wird der Name des Ordners **Komprimiert** angezeigt?

    ____

    ____

Übung 3: Entfernen der Komprimierung in einem Ordner

1. Klicken Sie im Windows-Explorer doppelt auf den Ordner **Komprimiert**.
2. Ist der Ordner **Komprimiert2** komprimiert oder nicht komprimiert? Begründen Sie Ihre Antwort.

   ____

   ____

3. Klicken Sie mit der rechten Maustaste auf den Ordner **Komprimiert2**, und klicken Sie anschließend auf **Eigenschaften**.

   Das Dialogfeld **Eigenschaften von Komprimiert2** wird mit aktivierter Registerkarte **Allgemein** angezeigt.
4. Klicken Sie auf der Registerkarte **Allgemein** auf **Erweitert**.

   Das Dialogfeld **Erweiterte Attribute** wird angezeigt.
5. Deaktivieren Sie das Kontrollkästchen **Inhalt komprimieren, um Speicherplatz zu sparen**, und klicken Sie auf **OK**, um die Einstellungen zu übernehmen und zum Dialogfeld **Eigenschaften von Komprimiert2** zurückzukehren.
6. Klicken Sie auf **OK**, um das Dialogfeld **Eigenschaften von Komprimiert2** zu schließen.

   Da der Ordner **Komprimiert2** leer ist, wird das Dialogfeld **Änderungen der Attribute bestätigen** nicht angezeigt. Sie müssen also nicht angeben, ob die Änderungen nur für diesen Ordner oder auch für die enthaltenen Unterordner und Dateien gelten sollen.
7. Woran erkennen Sie, dass der Ordner **Komprimiert2** nicht mehr komprimiert ist?

   ____

Übung 4: Kopieren und Verschieben von Dateien

In dieser Übung werden Sie prüfen, wie sich das Kopieren und Verschieben komprimierter Dateien auf den Komprimierungsstatus auswirkt.

► **So erstellen Sie eine komprimierte Datei**

1. Klicken Sie im Windows-Explorer doppelt auf den Ordner **Komprimiert**, um ihn zu öffnen.
2. Klicken Sie im Menü **Datei** auf **Neu** und anschließend auf **Textdokument**.
3. Geben Sie **Text1.txt** ein, und drücken Sie die EINGABETASTE.
4. Wie können Sie prüfen, ob die Datei **Text1.txt** komprimiert ist?

   ____

► **So kopieren Sie eine komprimierte Datei in einen nicht komprimierten Ordner**

1. Kopieren Sie **Text1.txt** in den Ordner **Komprimiert2**, indem Sie die STRG-Taste gedrückt halten und die Datei in den Ordner ziehen.
2. Klicken Sie doppelt auf den Ordner **Komprimiert2**, um ihn zu öffnen.

3. Ist die Datei **Text1.txt** im Ordner **Komprimiert2** komprimiert oder nicht komprimiert? Begründen Sie Ihre Antwort.

   ____

   ____

4. Löschen Sie die Datei **Text1.txt** im Ordner **Komprimiert2**, indem Sie mit der rechten Maustaste auf die Datei klicken und den Befehl **Löschen** wählen.

► **So verschieben Sie eine komprimierte Datei in einen nicht komprimierten Ordner**

1. Klicken Sie in der Symbolleiste auf die Schaltfläche **Aufwärts**, um zum Ordner **Komprimiert** zurückzukehren.
2. Ist die Datei **Text1.txt** im Ordner **Komprimiert** komprimiert oder unkomprimiert? Begründen Sie Ihre Antwort.

   ____

   ____

3. Verschieben Sie **Text1.txt** in den Ordner **Komprimiert2**, indem Sie die Datei mit der Maus auf den Ordner ziehen.
4. Klicken Sie doppelt auf den Ordner **Komprimiert2**, um ihn zu öffnen.
5. Ist die Datei **Text1.txt** im Ordner **Komprimiert2** komprimiert oder unkomprimiert? Begründen Sie Ihre Antwort.

   ____

   ____

Lernzielkontrolle

Anhand der folgenden Fragen können Sie überprüfen, ob Sie die Themen dieser Lektion so gut beherrschen, dass Sie mit der nächsten Lektion weitermachen können. Falls Sie eine Frage nicht beantworten können, sollten Sie die Lektion noch einmal durcharbeiten, und dann erneut versuchen, die Frage zu beantworten. Die Antworten auf die Lernzielkontrollfragen finden Sie im Abschnitt „Fragen und Antworten" am Ende dieses Kapitels.

1. Ein Benutzer versucht, eine komprimierte Datei von einem NTFS-Volume auf ein anderes zu kopieren. Der Kopiervorgang schlägt fehl, und es wird eine Fehlermeldung angezeigt, auf dem Zielvolume sei nicht genügend Speicherplatz für die Datei vorhanden, obwohl der Benutzer zuvor geprüft hat, ob der Speicherplatz für die komprimierte Bitmapdatei ausreichen würde. Warum wird diese Fehlermeldung angezeigt?

   ____

   ____

   ____

   ____

2. Bleibt beim Verschieben einer Datei zwischen NTFS-Volumes der Komprimierungsstatus des Quellordners erhalten, oder erbt die Datei den Komprimierungsstatus des Zielordners? Begründen Sie Ihre Antwort.

____

____

____

____

3. Was passiert in Windows XP Professional, wenn Sie eine komprimierte Datei auf einer Diskette speichern? Begründen Sie Ihre Antwort.

____

____

____

____

4. Welche der folgenden Datei- oder Datentypen eignen sich gut für die NTFS-Komprimierung? (Wählen Sie alle zutreffenden Antworten aus.)

   a. Verschlüsselte Daten

   b. Häufig aktualisierte Daten

   c. Bitmapdateien

   d. Statische Daten

Zusammenfassung der Lektion

- Ein Ordner, der unter Verwendung der Funktion **ZIP-komprimierter Ordner** erstellt wurde, wird im Windows-Explorer mit einem Reißverschlusssymbol dargestellt. Dateien, die Sie per Drag & Drop in einen komprimierten Ordner (der mithilfe der Funktion **ZIP-komprimierter Ordner** erstellt wurde) kopieren oder verschieben, werden automatisch komprimiert.
- NTFS-Komprimierung ist eine Funktion des Dateisystems NTFS, die es Ihnen erlaubt, Dateien, Ordner oder ein gesamtes Volume zu komprimieren. Sie können eine Datei oder einen Ordner nicht gleichzeitig komprimieren und verschlüsseln.

Lektion 3: Verwalten von Datenträgerkontingenten

Verwenden Sie ***Datenträgerkontingente***, um die Speichernutzung in verteilten Umgebungen zu verwalten. Mithilfe von Datenträgerkontingenten können Sie je nach Bedarf Benutzern eine bestimmte Speicherplatzmenge zuweisen. Sie können Datenträgerkontingente, Warnschwellen und Einschränkungen für alle oder einzelne Benutzer festlegen. Außerdem können Sie überwachen, wie viel Speicherplatz die Benutzer auf der Festplatte bereits belegen und wie viel freier Speicherplatz ihnen noch zur Verfügung steht.

Am Ende dieser Lektion werden Sie in der Lage sein, die folgenden Aufgaben auszuführen:

- Beschreiben des Zwecks von Datenträgerkontingenten.
- Festlegen von Datenträgerkontingenten für Benutzer.
- Ermitteln des Status von Datenträgerkontingenten.
- Überwachen von Datenträgerkontingenten.
- Beschreiben von Richtlinien für den Einsatz von Datenträgerkontingenten.

Veranschlagte Zeit für diese Lektion: 30 Minuten

Grundlagen von Datenträgerkontingenten

Mit Windows XP Professional-Datenträgerkontingenten können Sie die Datenträgernutzung für jeden Benutzer und jedes Laufwerk überwachen und steuern. Windows XP Professional überwacht Datenträgerkontingente für jedes Volume, auch wenn sich die Volumes auf derselben Festplatte befinden. Da Kontingente auf Benutzerbasis überwacht werden, wird der Speicherplatz der einzelnen Benutzer unabhängig von den Ordnern überwacht, in denen die Benutzer ihre Dateien gespeichert haben. Datenträgerkontingente können in Windows XP Professional nur auf NTFS-Volumes angewendet werden.

In Tabelle 10.2 werden die Merkmale der Datenträgerkontingente von Windows XP Professional beschrieben.

Mithilfe von Datenträgerkontingenten überwachen und steuern Sie die Speicherplatzbelegung auf den Festplatten. Systemadministratoren haben dabei folgende Möglichkeiten:

- Festlegen einer Datenträgerkontingentgrenze, um den verfügbaren Speicherplatz für jeden Benutzer zu begrenzen.
- Festlegen einer Warnschwelle, bei deren Überschreitung ein Ereignis protokolliert wird, wenn sich Benutzer der Kontingentgrenze nähern.
- Erzwingen von Datenträgerkontingentgrenzen und Sperren des Benutzerzugriffs bei Überschreitung der Grenze oder Zulassen des weiteren Zugriffs.
- Protokollieren eines Ereignisses, wenn ein Benutzer eine festgelegte Warnschwelle für die Speichernutzung überschreitet. Dieser Schwellenwert kann festgelegt werden als der Wert, an dem ein Benutzer die Speicherplatzgrenze oder die Warnschwelle überschreitet.

Tabelle 10.2 Merkmale von Datenträgerkontingenten

Merkmal	Beschreibung
Speicherplatzbelegung basiert auf dem Besitz von Dateien und Ordnern.	Windows XP Professional berechnet die Speicherplatzbelegung durch Benutzer auf Grundlage der Dateien und Ordner, die sie besitzen. Wenn ein Benutzer eine neue Datei auf ein NTFS-Volume kopiert oder den Besitz einer Datei auf einem NTFS-Laufwerk übernimmt, zieht Windows XP Professional den Speicherplatz der Datei vom Kontingent des Benutzers ab.
Datenträgerkontingente verwenden keine Komprimierung.	Beim Berechnen der Speicherplatzbelegung wird die Komprimierung von Windows XP Professional nicht berücksichtigt. Es wird jedes nicht komprimierte Byte berechnet, unabhängig vom tatsächlich belegten Speicherplatz. Das liegt zum Teil daran, dass verschiedene Dateitypen in unterschiedlichem Maß komprimiert werden. Zwei nicht komprimierte Dateien gleicher Größe können abhängig von ihrem Typ nach der Komprimierung in ihrer Größe wesentlich voneinander abweichen.
Freier Speicherplatz für Anwendungen basiert auf Kontingentsbeschränkung.	Bei der Verwendung von Datenträgerkontingenten entspricht der freie Speicherplatz des Volumes, den Windows XP Professional an Anwendungen als verfügbar meldet, der Menge des Speicherplatzes, der dem Benutzer im Rahmen seiner Kontingentsbeschränkung verbleibt.

Nach dem Aktivieren von Datenträgerkontingenten für ein Volume verfolgt Windows XP Professional die Speichernutzungsdaten aller Benutzer, die Dateien und Ordner auf dem Volume besitzen. Dies ermöglicht die Überwachung der Volumenutzung für jeden einzelnen Benutzer. Auch wenn Sie den verfügbaren Festplattenplatz für die Benutzer nicht beschränken, stellen Datenträgerkontingente eine gute Methode dar, um die Festplattennutzung der einzelnen Benutzer zu überwachen.

Standardmäßig können nur Mitglieder der Administratorengruppe die Kontingenteinstellungen anzeigen und ändern. Sie können jedoch zulassen, dass sich die Benutzer die Kontingenteinstellungen ansehen dürfen.

Festlegen von Datenträgerkontingenten

Sie können für alle oder einzelne Benutzer Datenträgerkontingente aktivieren sowie Warnschwellen und Grenzen einstellen. Öffnen Sie zum Aktivieren von Kontingenten das Eigenschaftendialogfeld für eine Festplatte, klicken Sie auf die Registerkarte **Kontingent** (Abbildung 10.18), und konfigurieren Sie die in Tabelle 10.3 beschriebenen Optionen.

Tabelle 10.3 Optionen auf der Registerkarte **Kontingent**

Option	Beschreibung
Kontingentverwaltung aktivieren	Aktivieren Sie dieses Kontrollkästchen, um die Kontingentverwaltung zu aktivieren.
Speicherplatz beschränken auf	Geben Sie an, wie viel Speicherplatz Benutzer belegen können.

▶

Option	Beschreibung
Speicherplatz bei Kontingentüberschreitung verweigern	Wenn Sie dieses Kontrollkästchen aktivieren, erhalten die Benutzer bei Überschreiten des zugewiesenen Kontingents die Meldung, dass nicht genügend Speicherplatz zur Verfügung steht, und können nicht auf das Volume schreiben.
Speicherplatznutzung nicht beschränken	Klicken Sie auf diese Option, wenn Sie den Speicherplatz der Benutzer nicht begrenzen möchten.
Warnstufe festlegen auf	Geben Sie an, wie viel Speicherplatz Benutzer belegen können, bevor Windows XP Professional ein Ereignis protokolliert, dass Benutzer sich der Kontingentgrenze nähern.
Ereignis bei Kontingentüberschreitung protokollieren	Aktivieren Sie diese Option, wenn bei jeder Überschreitung der Kontingentgrenze durch einen Benutzer ein Eintrag im Ereignisprotokoll erstellt werden soll.
Ereignis bei Warnstufenüberschreitung protokollieren	Aktivieren Sie diese Option, wenn bei jeder Überschreitung der Warnschwelle durch einen Benutzer ein Eintrag im Ereignisprotokoll erstellt werden soll.
Kontingenteinträge	Klicken Sie auf diese Schaltfläche, um das Dialogfeld **Kontingenteinträge für** zu öffnen, in dem Sie neue Einträge hinzufügen, Einträge löschen und die Kontingentinformationen für jeden Benutzer anzeigen können.

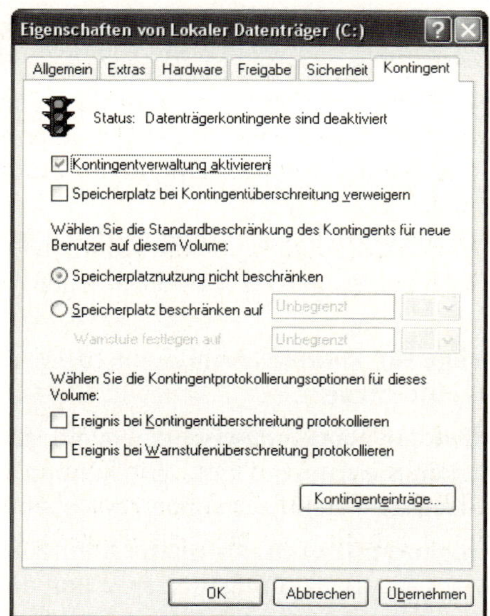

Abbildung 10.18 Auf der Registerkarte **Kontingent** im Eigenschaftendialogfeld eines Laufwerks können Sie die Datenträgerkontingente für die Benutzer einstellen

Gehen Sie folgendermaßen vor, um für alle Benutzer identische Kontingentgrenzen zu erzwingen:

1. Klicken Sie im Windows-Explorer mit der rechten Maustaste auf das Volume, auf dem Sie Datenträgerkontingente festlegen wollen, und wählen Sie **Eigenschaften**.

   Windows öffnet das Eigenschaftendialogfeld für das Volume.

2. Klicken Sie auf die Registerkarte **Kontingent**.
3. Aktivieren Sie das Kontrollkästchen **Kontingentverwaltung aktivieren**.
4. Aktivieren Sie das Kontrollkästchen **Speicherplatz bei Kontingentüberschreitung verweigern**.

   Windows XP Professional überwacht den Speicherplatzverbrauch und lässt nicht zu, dass Benutzer Dateien oder Ordner auf dem Volume erstellen, nachdem sie ihr Kontingent überschritten haben.

5. Klicken Sie auf **Speicherplatz beschränken auf**. Geben Sie in den Textfeldern **Speicherplatz beschränken auf** und **Warnstufe festlegen auf** Werte für die Kontingentgrenze und die Warnschwelle ein, die Sie festlegen wollen.
6. Klicken Sie auf **OK**.

Gehen Sie folgendermaßen vor, um für bestimmte Benutzer individuelle Kontingentgrenzen einzustellen:

1. Klicken Sie im Windows-Explorer mit der rechten Maustaste auf das Volume, auf dem Sie Datenträgerkontingente festlegen wollen, und wählen Sie **Eigenschaften**.

   Windows öffnet das Eigenschaftendialogfeld für das Volume.

2. Klicken Sie auf die Registerkarte **Kontingent**.
3. Aktivieren Sie das Kontrollkästchen **Kontingentverwaltung aktivieren**.
4. Aktivieren Sie das Kontrollkästchen **Speicherplatz bei Kontingentüberschreitung verweigern**.
5. Klicken Sie auf **Kontingenteinträge**.
6. Wählen Sie im Fenster **Kontingenteinträge für *Volume*** (Abbildung 10.19) den Menübefehl **Kontingent/Neuer Kontingenteintrag**.
7. Geben Sie im Dialogfeld **Benutzer wählen** den Namen des Benutzers ein, für den Sie ein Kontingent festlegen wollen, und klicken Sie dann auf **OK**. (Sie können auch auf die Schaltfläche **Erweitert** klicken, um nach dem Benutzernamen zu suchen.)
8. Klicken Sie im Dialogfeld **Neuen Kontingenteintrag hinzufügen** (Abbildung 10.20) auf **Speicherplatz beschränken auf**, geben Sie die Kontingentgrenze und die Warnstufe ein und klicken Sie dann auf **OK**.

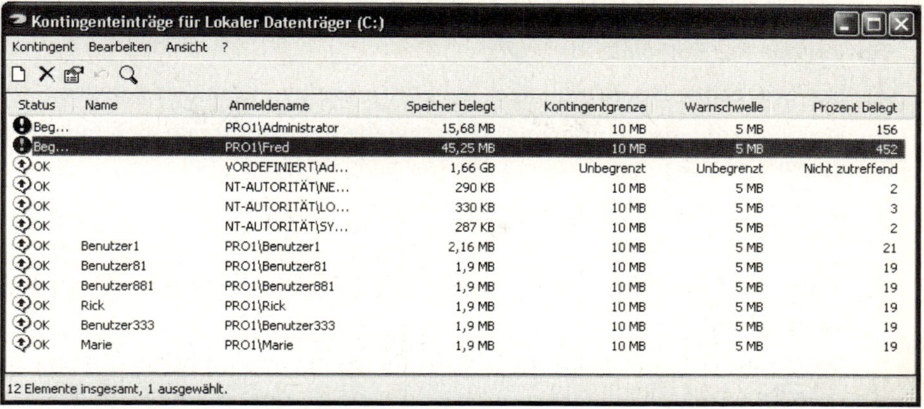

Abbildung 10.19 Im Fenster **Kontingenteinträge für** können Sie individuelle Kontingente für einzelne Benutzer einstellen.

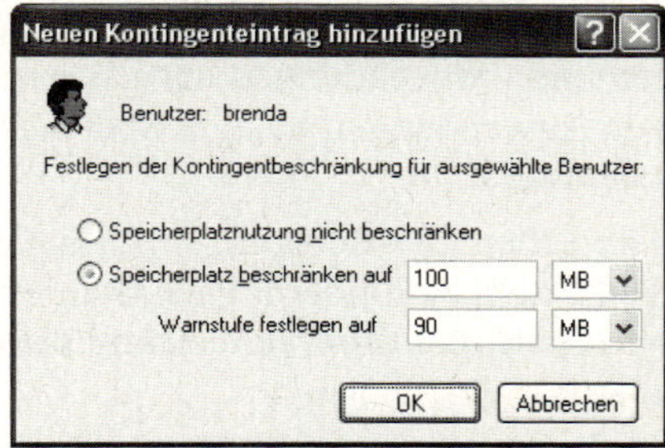

Abbildung 10.20 Im Dialogfeld **Neuen Kontingenteintrag hinzufügen** legen Sie die Kontingent- und Warnstufenwerte für einen Benutzer fest.

Ermitteln des Status von Datenträgerkontingenten

Im Eigenschaftendialogfeld eines Datenträgers können Sie den Kontingentstatus mithilfe des Ampelsymbols und der rechts daneben angezeigten Statusmeldung ermitteln (Abbildung 10.18). Das Ampelsymbol zeigt den Status der Datenträgerkontingente folgendermaßen an:

- Rot bedeutet, dass die Datenträgerkontingente deaktiviert sind.
- Gelb bedeutet, dass die Informationen zu den Datenträgerkontingenten neu zusammengestellt werden.
- Grün bedeutet, dass das Datenträgerkontingentsystem aktiviert ist.

Überwachen von Datenträgerkontingenten

Im Dialogfeld **Kontingenteinträge für** (siehe Abbildung 10.19 weiter oben in dieser Lektion) können Sie die Speicherplatzbelegung durch alle Benutzer überwachen, die Dateien oder Ordner auf dem betreffenden Volume kopiert beziehungsweise gespeichert haben oder diese besitzen. Windows XP Professional durchsucht das Volume und überwacht den Speicherplatz, den die Benutzer belegen. Im Dialogfeld **Kontingenteinträge für** können Sie Folgendes anzeigen:

- Die Menge des Speicherplatzes, den die einzelnen Benutzer belegen.
- Benutzer, die ihre Kontingentwarnschwelle überschritten haben (angezeigt durch ein gelbes Dreieck).
- Benutzer, die ihren Kontingentgrenzwert überschritten haben (angezeigt durch einen roten Kreis).
- Warnschwelle und Kontingentgrenze der einzelnen Benutzer.

Richtlinien für den Einsatz von Datenträgerkontingenten

Beim Einsatz von Datenträgerkontingenten sollten folgende Richtlinien berücksichtigt werden:

- Wenn Sie Datenträgerkontingenteinstellungen auf dem Volume aktivieren, auf dem Windows XP Professional installiert ist, und Ihr Benutzerkonto einen Kontingentgrenzwert aufweist, sollten Sie sich als Administrator anmelden, wenn Sie weitere Windows XP Professional-Komponenten und -Anwendungen installieren. Auf diese Weise wird der durch die Installation von Anwendungen belegte Speicherplatz nicht dem Kontingent für Ihr Benutzerkonto belastet.
- Sie können die Festplattenbelegung überwachen und Belegungsinformationen erzeugen, ohne die Benutzer am Speichern von Daten zu hindern. Deaktivieren Sie dazu das Kontrollkästchen **Speicherplatz bei Kontingentüberschreitung verweigern**, wenn Sie Datenträgerkontingente aktivieren.
- Legen Sie für alle Benutzerkonten niedrigere Standardgrenzwerte fest, und erhöhen Sie Grenzwerte für Benutzer, die mit großen Dateien arbeiten.
- Wenn mehrere Benutzer einen Windows XP Professional-Computer gemeinsam nutzen, sollten Sie Kontingentgrenzen auf den Volumes des Computers einrichten, sodass der Speicherplatz von allen Benutzern dieses Computers genutzt werden kann.
- Im Allgemeinen sollten Sie auf freigegebenen Volumes Kontingente einrichten, um den Speicherplatz der Benutzer einzuschränken. Legen Sie Datenträgerkontingente für öffentliche Ordner und Netzwerkserver fest, um sicherzustellen, dass die Benutzer den Speicherplatz ordnungsgemäß gemeinsam nutzen. Wenn Sie nur über geringe Speicherressourcen verfügen, sollten Sie Datenträgerkontingente für den gesamten freigegebenen Festplattenplatz aktivieren.
- Löschen Sie die Kontingenteinträge für Benutzer, die keine Dateien mehr auf einem Volume speichern. Sie können die Kontingenteinträge für ein Benutzerkonto erst löschen, nachdem alle Dateien im Besitz des Benutzers vom Volume entfernt wurden oder ein anderer Benutzer den Besitz der Dateien übernommen hat.

Übung: Verwalten von Datenträgerkontingenten

In dieser Übung konfigurieren Sie Standardeinstellungen für Datenträgerkontingente, um die Datenmenge zu beschränken, die Benutzer auf Laufwerk **C:** (ihrem Festplattenlaufwerk) speichern dürfen. Anschließend konfigurieren Sie eine benutzerdefinierte Kontingenteinstellung für ein Benutzerkonto. Dabei erhöhen Sie die Datenmenge, die dieser Benutzer auf Laufwerk **C:** speichern kann, auf 10 MByte und legen die Warnstufe auf 6 MByte fest. Abschließend deaktivieren Sie die Kontingentverwaltung auf Laufwerk **C:**.

Hinweis Wenn Sie Windows XP Professional nicht auf Laufwerk **C:** installiert haben, müssen Sie in dieser Übung den entsprechenden Laufwerkbuchstaben für die NTFS-Partition verwenden, auf der Windows XP Professional installiert ist.

Übung 1: Konfigurieren der Einstellungen für Datenträgerkontingente

In dieser Teilübung konfigurieren Sie die Einstellungen der Kontingentverwaltung, um die Menge der Daten zu beschränken, die die Benutzer auf Laufwerk **C:** speichern dürfen. Anschließend legen Sie benutzerdefinierte Kontingenteinstellungen für ein bestimmtes Benutzerkonto fest.

► **So konfigurieren Sie die Standardeinstellungen für Datenträgerkontingente**

1. Melden Sie sich über ein Konto an, das Mitglied der Administratorengruppe ist.
2. Erstellen Sie mithilfe des Systemsteuerungstools **Benutzerkonten** das Benutzerkonto **Benutzer5**, und weisen Sie diesem den Kontotyp **Eingeschränkt** zu.
3. Klicken Sie in Windows-Explorer mit der rechten Maustaste auf das Symbol für Laufwerk **C:**, und klicken Sie anschließend auf **Eigenschaften**.

   Windows XP Professional zeigt das Eigenschaftendialogfeld für den lokalen Datenträger (**C:**) mit aktivierter Registerkarte **Allgemein** an.
4. Klicken Sie auf die Registerkarte **Kontingent**.

   Beachten Sie, dass die Datenträgerkontingente standardmäßig deaktiviert sind.
5. Aktivieren Sie auf der Registerkarte **Kontingent** das Kontrollkästchen **Kontingentverwaltung aktivieren**.

   Beachten Sie, dass standardmäßig die Option **Speicherplatznutzung nicht beschränken** aktiviert ist.
6. Klicken Sie auf **Speicherplatz beschränken auf**.
7. Welcher Wert ist standardmäßig für neue Benutzer angegeben?

   ____
8. Klicken Sie auf **Speicherplatznutzung nicht beschränken**.

   Mithilfe der Option **Speicherplatz beschränken auf** könnten Sie für alle Benutzer dieses Computers die gleiche Kontingentgrenze festlegen.
9. Aktivieren Sie das Kontrollkästchen **Speicherplatz bei Kontingentüberschreitung verweigern**.

10. Aktivieren Sie die Kontrollkästchen **Ereignis bei Kontingentüberschreitung protokollieren** und **Ereignis bei Warnstufenüberschreitung protokollieren**, und klicken Sie auf **Übernehmen**.

    Im daraufhin angezeigten Meldungsfeld **Datenträgerkontingent** werden Sie darüber informiert, dass Sie das Kontingentsystem nur aktivieren sollten, wenn die Kontingente auf diesem Volume verwendet werden. Darüber hinaus wird Ihnen mitgeteilt, dass beim Aktivieren des Kontingentsystems das Volume erneut überprüft wird, um die Statistiken der Datenträgerverwendung zu aktualisieren.

11. Klicken Sie auf **OK**, um die Datenträgerkontingente zu aktivieren.
12. Was passiert mit der Kontingentstatusanzeige?

    ____

    ____

► **So konfigurieren Sie die Kontingentverwaltungseinstellungen für einen Benutzer**

1. Klicken Sie im Dialogfeld **Eigenschaften von Lokaler Datenträger (C:)** auf der Registerkarte **Kontingent** auf **Kontingenteinträge**.

   Windows XP Professional zeigt das Fenster **Kontingenteinträge für Lokaler Datenträger (C:)** an.

2. Wird darin eine Liste mit Benutzerkonten angezeigt? Begründen Sie Ihre Antwort.

   ____

   ____

3. Klicken Sie im Menü **Kontingent** auf **Neuer Kontingenteintrag**.

   Das Dialogfeld **Benutzer wählen** wird eingeblendet.

4. Geben Sie im Textfeld **Name** den Namen **Benutzer5** ein, und klicken Sie auf **OK**.

   Das Dialogfeld **Neuen Kontingenteintrag hinzufügen** wird angezeigt.

5. Klicken Sie auf **Speicherplatz beschränken auf**. Wie lauten die Standardeinstellungen für den Benutzer, für den Sie gerade eine Kontingentbeschränkung eingerichtet haben?

   ____

   ____

   ____

6. Aktivieren Sie die Option **Speicherplatz beschränken auf**, und erhöhen Sie die Datenmenge, die **Benutzer5** auf Laufwerk **C:** speichern kann, indem Sie in das Feld **Speicherplatz beschränken auf** den Wert **10 MByte** und in das Feld **Warnstufe festlegen auf** den Wert **6 MByte** eingeben.
7. Klicken Sie auf **OK**, um zum Fenster **Kontingenteinträge für Lokaler Datenträger (C:)** zurückzukehren.
8. Schließen Sie das Fenster **Kontingenteinträge für Lokaler Datenträger (C:)**.

9. Klicken Sie auf **OK**, um das Dialogfeld **Eigenschaften von Lokaler Datenträger (C:)** zu schließen.
10. Melden Sie sich ab.
11. Melden Sie sich als **Benutzer5** an.
12. Starten Sie den Windows-Explorer, und erstellen Sie auf Laufwerk **C:** den Ordner **Benutzer5**.
13. Legen Sie die Installations-CD-ROM von Windows XP Professional in das CD-ROM-Laufwerk ein.
14. Möglicherweise wird der Willkommenbildschirm angezeigt. Schließen Sie ihn.
15. Kopieren Sie den Ordner **I386** von der CD-ROM in den Ordner **Benutzer5**.

    Der Kopiervorgang beginnt. Nach kurzer Zeit wird das Meldungsfeld **Fehler beim Kopieren der Datei oder des Ordners** angezeigt, in dem Ihnen mitgeteilt wird, dass auf dem Datenträger nicht genügend Speicherplatz vorhanden ist.
16. Warum haben Sie diese Fehlermeldung erhalten?

    ____

    ____

    ____
17. Klicken Sie auf **OK**, um das Meldungsfeld zu schließen.
18. Klicken Sie mit der rechten Maustaste auf den Ordner **Benutzer5**, und klicken Sie anschließend auf **Eigenschaften**.

    Sie sehen, dass der Wert **Größe auf Datenträger** fast die festgesetzte Kontingentgrenze von 10 MByte erreicht hat.
19. Löschen Sie den Ordner **Benutzer5**.
20. Schließen Sie alle geöffneten Fenster, und melden Sie sich ab.

Übung 2: Deaktivieren der Kontingentverwaltung

1. Melden Sie sich über ein Konto an, das Mitglied der Administratorengruppe ist.
2. Starten Sie den Windows-Explorer.
3. Klicken Sie mit der rechten Maustaste auf Laufwerk **C:**, und klicken Sie anschließend auf **Eigenschaften**.

   Das Dialogfeld **Eigenschaften von Lokaler Datenträger (C:)** mit aktivierter Registerkarte **Allgemein** wird angezeigt.
4. Klicken Sie auf die Registerkarte **Kontingent**.
5. Deaktivieren Sie das Kontrollkästchen **Kontingentverwaltung aktivieren**.

   Die Kontingenteinstellungen für Laufwerk **C:** stehen nicht mehr zur Verfügung.
6. Klicken Sie auf **Übernehmen**.

Windows XP Professional zeigt die Meldung **Datenträgerkontingent** an, in der Sie darüber informiert werden, dass das Volume erneut überprüft wird, wenn Sie das Kontingentsystem zu einem späteren Zeitpunkt erneut aktivieren.

7. Klicken Sie auf **OK**, um das Meldungsfeld zu schließen.
8. Klicken Sie auf **OK**, um das Dialogfeld **Eigenschaften von Lokaler Datenträger (C:)** zu schließen.
9. Schließen Sie alle Anwendungen, und melden Sie sich von Windows XP Professional ab.

Lernzielkontrolle

Anhand der folgenden Fragen können Sie überprüfen, ob Sie die Themen dieser Lektion so gut beherrschen, dass Sie mit der nächsten Lektion weitermachen können. Falls Sie eine Frage nicht beantworten können, sollten Sie die Lektion noch einmal durcharbeiten, und dann erneut versuchen, die Frage zu beantworten. Die Antworten auf die Lernzielkontrollfragen finden Sie im Abschnitt „Fragen und Antworten" am Ende dieses Kapitels.

1. Welchen Zweck erfüllen Datenträgerkontingente?

   ____

   ____

   ____

2. Welche der folgenden Aussagen trifft auf Windows XP Professional-Datenträgerkontingente zu? (Wählen Sie die richtige Antwort.)
   a. Mit Windows XP Professional-Datenträgerkontingenten können Sie überwachen und steuern, wie viel Speicherplatz einzelne Benutzer auf einzelnen Datenträgern belegen.
   b. Mit Windows XP Professional-Datenträgerkontingenten können Sie überwachen und steuern, wie viel Speicherplatz einzelne Gruppen auf einzelnen Volumes belegen.
   c. Mit Windows XP Professional-Datenträgerkontingenten können Sie überwachen und steuern, wie viel Speicherplatz einzelne Benutzer auf einzelnen Volumes belegen.
   d. Mit Windows XP Professional-Datenträgerkontingenten können Sie überwachen und steuern, wie viel Speicherplatz einzelne Gruppen auf einzelnen Datenträgern belegen.
3. Welche der folgenden Aussagen treffen auf Windows XP Professional-Datenträgerkontingente zu? (Wählen Sie alle zutreffenden Antworten aus.)
   a. Datenträgerkontingente können nur für Windows XP Professional-NTFS-Volumes aktiviert werden.
   b. Datenträgerkontingente können für alle Arten von Windows XP Professional-Volumes aktiviert werden.

c. Sie müssen mit dem Benutzerkonto **Administrator** angemeldet sein, um Standardeinstellungen für Datenträgerkontingente konfigurieren zu können.

d. Mitglieder der Gruppen **Administratoren** und **Hauptbenutzer** können Standardeinstellungen für Datenträgerkontingente konfigurieren.

4. Sie erhalten einen Anruf von einem Administrator, er könne einen Kontingenteintrag für einen Benutzer nicht löschen. Was sollte dieser Administrator überprüfen?

____

____

____

____

Zusammenfassung der Lektion

- Mithilfe der Windows XP Professional-Datenträgerkontingente weisen Sie Benutzern Festplattenplatz zu. Windows XP Professional-Datenträgerkontingente überwachen und steuern, wie viel Platz jeder Benutzer auf einem Volume belegt. Sie können Datenträgerkontingente, Warnschwellen und Kontingentgrenzen für alle oder einzelne Benutzer festlegen. Datenträgerkontingente können nur für NTFS-Volumes aktiviert werden.
- Sie können entweder für alle Benutzer identische Kontingente festlegen oder für einzelne Benutzer unterschiedliche Kontingente konfigurieren.
- Sie können den allgemeinen Status des Kontingentverwaltungssystems ermitteln, indem Sie sich das Ampelsymbol und die Statusmeldung auf der Registerkarte **Kontingent** im Eigenschaftendialogfeld eines Volumes ansehen.
- Sie können Datenträgerkontingente im Fenster **Kontingenteinträge für** überwachen. Dieses Fenster öffnen Sie, indem Sie auf der Registerkarte **Kontingent** im Eigenschaftendialogfeld eines Volumes auf die Schaltfläche **Kontingenteinträge** klicken.
- Es gibt eine Reihe von Richtlinien, die Sie beim Verwenden von Datenträgerkontingenten befolgen sollten. Die wichtigste Richtlinie lautet, dass Datenträgerkontingente beim Installieren von Anwendungen bedrohlich schrumpfen können, daher sollten Sie sich als Administrator ohne Kontingentgrenzen anmelden, um Anwendungen zu installieren.

Lektion 4: Erhöhen der Sicherheit mit dem verschlüsselnden Dateisystem

Als ***Verschlüsselung*** wird der Vorgang bezeichnet, bei dem Informationen in einem für andere nicht lesbaren Format gespeichert werden, um sie vor unberechtigtem Zugriff zu schützen. Zum Entschlüsseln der Informationen wird ein Schlüssel benötigt. Das ***verschlüsselnde Dateisystem*** von Microsoft (Encrypting File System, EFS) bietet eine Datenverschlüsselung für NTFS-Dateien, die auf einem Datenträger gespeichert sind. Die EFS-Verschlüsselung basiert auf öffentlichen Schlüsseln und wird wie ein integrierter Dienst ausgeführt. Dies vereinfacht die Verwaltung, erschwert mögliche Übergriffe und ist für den Dateibesitzer transparent. Ein Benutzer, der im Besitz des privaten Schlüssels für eine verschlüsselte NTFS-Datei ist (er bekommt den Schlüssel beim Anmelden zugewiesen), kann diese entschlüsseln, öffnen und wie ein normales Dokument bearbeiten. Benutzer ohne privaten Schlüssel können nicht auf die Datei zugreifen.

Windows XP Professional enthält auch den Befehl **Cipher**, mit dessen Hilfe Sie Dateien und Ordner an der Eingabeaufforderung verschlüsseln und entschlüsseln können. Darüber hinaus stellt Windows XP Professional einen Wiederherstellungsagenten bereit, ein spezielles Benutzerkonto, das verschlüsselte Dateien auch dann wiederherstellen kann, wenn der Besitzer den privaten Schlüssel verliert.

Am Ende dieser Lektion werden Sie in der Lage sein, die folgenden Aufgaben auszuführen:

- Beschreiben des verschlüsselnden Dateisystems.
- Verschlüsseln von Ordnern und Dateien.
- Entschlüsseln von Ordnern und Dateien.
- Steuern der Verschlüsselung über die Befehlszeile mit dem Befehl **Cipher**.
- Erstellen eines EFS-Wiederherstellungsagenten.

Veranschlagte Zeit für diese Lektion: 40 Minuten

Grundlagen des verschlüsselnden Dateisystems

EFS ermöglicht Benutzern das Verschlüsseln von NTFS-Dateien über ein leistungsstarkes, auf öffentlichen Schlüsseln basierendes Verschlüsselungsschema, mit dem sämtliche Dateien in einem Ordner verschlüsselt werden. Benutzer mit servergespeichertem Profil können in vertrauenswürdigen Remotesystemen den gleichen Schlüssel verwenden. Die Verschlüsselung erfordert keinen Verwaltungsaufwand und wird größtenteils für den Benutzer transparent durchgeführt. Sicherungen und Kopien der verschlüsselten Dateien werden ebenfalls verschlüsselt, wenn sie sich in einem NTFS-Volume befinden. Während des Verschiebens oder Umbenennens bleiben die Dateien verschlüsselt, und die Verschlüsselung wird nicht durch während der Bearbeitung erstellte unverschlüsselte temporäre Dateien oder die Auslagerungsdateien ausgehebelt.

Bei Bedarf können Sie Richtlinien für die Wiederherstellung der mit EFS verschlüsselten Daten einrichten. Die Wiederherstellungsrichtlinie ist in die Windows XP Professional-Sicherheitsrichtlinie integriert (mehr zu Sicherheitsrichtlinien siehe Kapitel 16, „Konfigurieren von Sicherheitseinstellungen und Internetoptionen"). Die Verwaltung dieser Richtlinie kann an Benutzer mit Wiederherstellungsberechtigung delegiert werden, und Sie können für die verschiedenen Unternehmensabteilungen unterschiedliche Wiederherstellungsrichtlinien konfigurieren. Durch die Datenwiederherstellung werden nur die wiederhergestellten Daten zugänglich, nicht jedoch der zur Verschlüsselung einer Datei verwendete Schlüssel. Verschiedene Schutzmechanismen sorgen dafür, dass im Falle eines vollständigen Systemausfalls die Daten wiederhergestellt werden können und kein Datenverlust eintritt.

EFS wird entweder über den Windows-Explorer oder über die Befehlszeile konfiguriert. Sie können EFS für einen Computer, eine Domäne oder eine Organisationseinheit aktivieren oder deaktivieren, indem Sie die Wiederherstellungsrichtlinie über das Snap-In **Gruppenrichtlinie** in der MMC-Konsole einrichten.

Sie können EFS zur Verschlüsselung und Entschlüsselung von Dateien auf Remotedateiservern einsetzen, eine Verschlüsselung der über das Netzwerk übertragenen Daten ist jedoch nicht möglich. Zur Verschlüsselung von Daten über das Netzwerk stellt Windows XP Professional Netzwerkprotokolle wie zum Beispiel die SSL-Authentifizierung (Secure Sockets Layer) bereit.

In Tabelle 10.4 werden die grundlegenden Merkmale des verschlüsselnden Dateisystems von Windows XP Professional aufgeführt.

Tabelle 10.4 Features von EFS

Feature	Beschreibung
Transparente Verschlüsselung	Mit EFS muss der Dateibesitzer eine Datei nicht bei jedem Zugriff ent- und wieder verschlüsseln. Die Ent- und Verschlüsselung wird transparent während der Lese- und Schreibvorgänge auf den Datenträger durchgeführt.
Erhöhte Sicherheit der Schlüssel für die Verschlüsselung	Die Verschlüsselung mit öffentlichen Schlüsseln bietet Schutz vor nahezu allen Angriffen. Daher werden die Dateischlüssel in EFS anhand des öffentlichen Schlüssels aus dem Zertifikat des Benutzers verschlüsselt. (Windows XP Professional und Windows 2000 verwenden X.509 v3-Zertifikate.) Die Liste der verschlüsselten Dateischlüssel wird mit der verschlüsselten Datei gespeichert und ist für diese eindeutig. Zur Entschlüsselung eines Dateischlüssels stellt der Dateibesitzer einen privaten Schlüssel bereit, den nur er besitzt.
Integrales Datenwiederherstellungssystem	Wenn der private Schlüssel des Besitzers nicht zur Verfügung steht, kann die Datei vom Wiederherstellungsagenten mit dessen privatem Schlüssel geöffnet werden. Es können mehrere Wiederherstellungsagenten mit unterschiedlichen öffentlichen Schlüsseln vorhanden sein. Zum Verschlüsseln einer Datei muss jedoch mindestens ein öffentlicher Wiederherstellungsschlüssel auf dem System gespeichert sein. ▶

Feature	Beschreibung
Sichere temporäre und Auslagerungsdateien	Beim Bearbeiten von Dokumenten werden häufig temporäre Dateien erstellt, die auf der Festplatte in unverschlüsselter Form vorliegen können. Auf Windows XP Professional-Computern kann EFS auf Ordnerebene implementiert werden, sodass temporäre Kopien verschlüsselter Dateien ebenfalls verschlüsselt werden, vorausgesetzt, alle Dateien befinden sich auf NTFS-Volumes. EFS befindet sich im Kernel des Windows-Betriebssystems und verwendet den Nichtauslagerungspool zum Speichern der Dateischlüssel. Dadurch wird sichergestellt, dass diese nicht in die Auslagerungsdatei kopiert werden.

Sicherheitswarnung Selbst wenn Sie Dateien verschlüsseln, kann ein Eindringling, der auf Ihren Computer zugreift, diese Dateien öffnen, wenn Ihr Benutzerkonto noch am Computer angemeldet ist. Sperren Sie Ihren Computer, während Sie nicht daran arbeiten. Sie können auch einen Bildschirmschoner einrichten, der vor dem Aktivieren des Computers eine Kennworteingabe verlangt. Falls der Computer so konfiguriert ist, dass er nach einer bestimmten Leerlaufzeit in den Standbymodus schaltet, sollten Sie ihn so einrichten, dass ein Kennwort eingegeben werden muss, bevor er aus dem Standbymodus aufwacht. Diese Vorsichtsmaßnahmen sind insbesondere für tragbare Computer wichtig, die öfter unbeaufsichtigt bleiben, während der Benutzer noch angemeldet ist.

Verschlüsseln eines Ordners

Zum Verschlüsseln von Dateien empfiehlt es sich, einen verschlüsselten NTFS-Ordner zu erstellen und die Dateien dann in diesen Ordner zu legen.

Gehen Sie folgendermaßen vor, um einen Ordner zu verschlüsseln:

1. Klicken Sie im Windows-Explorer mit der rechten Maustaste auf den Ordner und wählen Sie **Eigenschaften**.
2. Klicken Sie im Eigenschaftendialogfeld des Ordners auf der Registerkarte **Allgemein** auf **Erweitert**.
3. Aktivieren Sie im Dialogfeld **Erweiterte Attribute** (siehe Abbildung 10.14 weiter oben in diesem Kapitel) das Kontrollkästchen **Inhalt verschlüsseln, um Daten zu schützen**, und klicken Sie dann auf **OK**.
4. Klicken Sie auf **OK**, um das Eigenschaftendialogfeld des Ordners zu schließen.

Der Ordner ist nun für die Verschlüsselung markiert und alle in diesem Ordner enthaltenen Dateien werden verschlüsselt. Es werden nur die in einem für die Verschlüsselung markierten Ordner enthaltenen Ordner und Dateien verschlüsselt, nicht der Ordner selbst.

Prüfungstipp Komprimierte Dateien können nicht verschlüsselt, verschlüsselte Dateien nicht mit der NTFS-Komprimierung komprimiert werden.

Nach dem Verschlüsseln des Ordners werden die Dateien, die Sie in diesem Ordner speichern, mithilfe von Dateiverschlüsselungsschlüsseln verschlüsselt. Bei diesen Schlüsseln handelt es sich um schnelle symmetrische Schlüssel für die Massenverschlüsselung. Die Datei wird blockweise verschlüsselt, wobei jedem Block ein anderer Dateiverschlüsselungsschlüssel zugewiesen wird. Alle Schlüssel werden im Datenentschlüsselungsfeld (Data Decryption Field, DDF) und im Datenwiederherstellungsfeld (Data Recovery Field, DRF) im Dateiheader gespeichert und verschlüsselt.

Vorsicht Wenn ein Administrator das Kennwort eines Benutzerkontos löscht, werden ebenfalls alle zu diesem Konto gehörigen mit EFS verschlüsselten Dateien, persönlichen Zertifikate und gespeicherten Kennwörter für Websites oder Netzwerkressourcen gelöscht. Um dies zu verhindern, sollten Benutzer eine Kennwortrücksetzdiskette anlegen. Öffnen Sie zum Erstellen dieser Diskette das Systemsteuerungsmodul **Benutzerkonten**, und klicken Sie unter **Verwandte Aufgaben** auf **Vergessen von Kennwörtern verhindern**. Folgen Sie den Anweisungen des Assistenten für vergessene Kennwörter.

Entschlüsseln eines Ordners

Wenn Sie die Verschlüsselung eines Ordners oder einer Datei rückgängig machen wollen, müssen Sie im Dialogfeld **Erweiterte Attribute** das Kontrollkästchen **Inhalt verschlüsseln, um Daten zu schützen** deaktivieren. Auf dieses Dialogfeld können Sie über das Eigenschaftendialogfeld der Datei beziehungsweise des Ordners zugreifen. Die Datei ist unverschlüsselt, bis Sie das Kontrollkästchen **Inhalt verschlüsseln, um Daten zu schützen** wieder aktivieren. Sie sollten verschlüsselte Dateien nur entschlüsseln, wenn Sie anderen Benutzern Zugriff auf den Ordner oder die Datei gewähren möchten, beispielsweise durch Freigeben eines Ordners oder Bereitstellen einer Datei im Netzwerk.

Steuern der Verschlüsselung über die Befehlszeile mit dem Befehl Cipher

Mit dem Befehl **Cipher** können Sie Dateien und Ordner von einer Eingabeaufforderung aus verschlüsseln und entschlüsseln. Die für den Befehl **Cipher** verfügbaren Befehlszeilenoptionen werden in folgendem Beispiel dargestellt und in Tabelle 14.5 erläutert:

```
cipher [/e | /d] [/s:Ordnername] [/a] [/i] [/f] [/q] [/h] [/k] [Dateiname [...]]
```

Tabelle 10.5 Befehlszeilenoptionen für den Befehl **Cipher**

Option	Beschreibung
/e	Verschlüsselt die angegebenen Ordner. Ordner werden so gekennzeichnet, dass alle später hinzugefügten Dateien verschlüsselt werden.
/d	Entschlüsselt die angegebenen Ordner. Ordner werden so gekennzeichnet, dass alle später hinzugefügten Dateien nicht verschlüsselt werden.
/s	Führt die ausgewählte Operation für alle Dateien im angegebenen Ordner und allen Unterordnern aus.
/a	Führt die ausgewählte Operation für alle Dateien und Ordner aus. Verschlüsselte Dateien können im Fall einer Änderung entschlüsselt werden, wenn der übergeordnete Ordner nicht verschlüsselt ist. Um dies zu vermeiden, sollten Sie die Datei und den übergeordneten Ordner verschlüsseln.

▶

Option	Beschreibung
/i	Setzt den ausgewählten Vorgang auch bei Fehlern fort. Standardmäßig wird **Cipher** im Fall eines Fehlers beendet.
/f	Erzwingt die Verschlüsselung aller angegebenen Dateien, auch bereits verschlüsselter Dateien. Standardmäßig werden bereits verschlüsselte Dateien übersprungen.
/q	Zeigt nur die wichtigsten Informationen an.
/h	Zeigt Dateien mit den Attributen **Versteckt** oder **System** an, die standardmäßig nicht angezeigt werden.
/k	Erstellt für den Benutzer, der den Befehl **Cipher** ausführt, einen neuen Dateiverschlüsselungsschlüssel. Wenn diese Option verwendet wird, werden alle weiteren Optionen ignoriert.
Dateiname	Gibt ein Muster, eine Datei oder einen Ordner an.

Wenn Sie den Befehl **Cipher** ohne Argumente ausführen, wird der Verschlüsselungsstatus des aktuellen Ordners sowie der darin enthaltenen Dateien angezeigt. Sie können mehrere Dateinamen angeben und Platzhalterzeichen verwenden. Zwischen den einzelnen Parametern müssen Leerzeichen eingefügt werden.

Erstellen eines EFS-Wiederherstellungsagenten

Sollten aufgrund eines Systemausfalls oder aus anderen Gründen ein Dateiverschlüsselungszertifikat und der zugehörige private Schlüssel verloren gehen, kann eine als ***Wiederherstellungsagent*** eingesetzte Person die Datei mit ihrem eigenen Zertifikat und dem zugehörigen privaten Schlüssel öffnen. Wenn dieser Wiederherstellungsagent an einem anderen Computer im Netzwerk arbeitet, können Sie die Datei über das Netzwerk an den Agenten senden.

Sicherheitswarnung Der Wiederherstellungsagent kann seinen privaten Schlüssel zwar zum Computer des Dateibesitzers bringen, diese Vorgehensweise ist jedoch aus Sicherheitsgründen nicht zu empfehlen.

Es empfiehlt sich, für die Wiederherstellungsagenten aus Sicherheitsgründen ein Rotationsverfahren einzurichten. Nach dem Wechseln des Agenten wird jedoch der Dateizugriff verweigert. Aus diesem Grund sollten Sie Wiederherstellungszertifikate und private Schlüssel so lange aufbewahren, bis alle damit verschlüsselten Dateien aktualisiert wurden.

Der als Wiederherstellungsagent eingesetzte Benutzer verfügt über ein spezielles Zertifikat sowie den zugehörigen privaten Schlüssel, mit dem eine Datenwiederherstellung durchgeführt werden kann. Zum Wiederherstellen einer verschlüsselten Datei geht der Wiederherstellungsagent folgendermaßen vor:

- Er stellt mithilfe des Programms **Sicherung** oder eines anderen Sicherungstools die von einem Benutzer erstellte Sicherungskopie der verschlüsselten Datei beziehungsweise des verschlüsselten Ordners auf dem Computer wieder her, auf dem sich das Wiederherstellungszertifikat befindet.

- Er öffnet im Windows-Explorer das Eigenschaftendialogfeld für den Ordner beziehungsweise die Datei, und klickt auf der Registerkarte **Allgemein** auf **Erweitert**.
- Er deaktiviert das Kontrollkästchen **Inhalt verschlüsseln, um Daten zu schützen**.
- Er erstellt anschließend eine Sicherungskopie der entschlüsselten Datei beziehungsweise des Ordners und gibt sie an den Benutzer zurück.

Übung: Erhöhen der Sicherheit mit dem verschlüsselnden Dateisystem

In dieser Übung werden Sie sich als Administrator anmelden und einen Ordner und die darin enthaltenen Dateien verschlüsseln, Anschließend werden Sie sich unter einem anderen Benutzerkonto anmelden und versuchen, eine verschlüsselte Datei zu öffnen und die Verschlüsselung für die verschlüsselte Datei zu deaktivieren.

1. Erstellen Sie im Windows-Explorer auf dem Laufwerk **C:** einen Ordner namens **Geheim**.
2. Erstellen Sie im Ordner **Geheim** eine Textdatei mit dem Namen **GeheimeDatei.txt**.
3. Klicken Sie mit der rechten Maustaste auf den Ordner **Geheim** und wählen Sie **Eigenschaften**.

   Windows XP Professional zeigt das Dialogfeld **Eigenschaften von Geheim** mit aktivierter Registerkarte **Allgemein** an.
4. Klicken Sie auf **Erweitert**.

   Das Dialogfeld **Erweiterte Attribute** wird angezeigt.
5. Aktivieren Sie das Kontrollkästchen **Inhalt verschlüsseln, um Daten zu schützen**, und klicken Sie dann auf **OK**.
6. Klicken Sie auf **OK**, um das Dialogfeld **Eigenschaften von Geheim** zu schließen.

   In der Meldung **Änderungen der Attribute bestätigen** werden Sie darüber informiert, dass Sie im Begriff sind, einen Ordner zu verschlüsseln. Sie haben zwei Möglichkeiten: Sie können entweder nur den Ordner oder den Ordner und alle darin enthaltenen Dateien und Unterordner verschlüsseln.
7. Wählen Sie die Option **Änderungen für diesen Ordner, Unterordner und Dateien übernehmen**, und klicken Sie auf **OK**.
8. Öffnen Sie den Ordner **Geheim**.
9. In welcher Farbe wird die Textdatei **GeheimeDatei.txt** angezeigt? Begründen Sie Ihre Antwort?

   ____

   ____
10. Klicken Sie im Ordner **Geheim** mit der rechten Maustaste auf **GeheimeDatei.txt**, und klicken Sie dann auf **Eigenschaften**.

    Das Dialogfeld **Eigenschaften von GeheimeDatei.txt** wird geöffnet.
11. Klicken Sie auf **Erweitert**.

Das Dialogfeld **Erweiterte Attribute** wird angezeigt. Sie sehen, dass das Kontrollkästchen **Inhalt verschlüsseln, um Daten zu schützen** aktiviert ist.

12. Schließen Sie das Dialogfeld **Erweiterte Attribute**.
13. Schließen Sie das Dialogfeld **Eigenschaften von GeheimeDatei.txt**.
14. Schließen Sie alle Fenster, und melden Sie sich ab.
15. Melden Sie sich als **Benutzer5** an.
16. Starten Sie den Windows-Explorer, und öffnen Sie die Datei **GeheimeDatei.txt**.
17. Was geschieht?

    ____

18. Schließen Sie den Editor.
19. Klicken Sie mit der rechten Maustaste auf die Textdatei **GeheimeDatei.txt**, und klicken Sie auf **Eigenschaften**.
20. Klicken Sie auf **Erweitert**.
21. Deaktivieren Sie das Kontrollkästchen **Inhalt verschlüsseln, um Daten zu schützen**, und klicken Sie dann auf **OK**.
22. Klicken Sie auf **OK**, um das Dialogfeld **Eigenschaften von GeheimeDatei.txt** zu schließen.

    Das Dialogfeld **Fehler beim Übernehmen der Attribute** wird angezeigt, in dem Sie darauf hingewiesen werden, dass der Zugriff auf die Datei verweigert wurde.

23. Klicken Sie auf **Abbrechen**.
24. Schließen Sie alle geöffneten Fenster und Dialogfelder.
25. Melden Sie sich ab.

Lernzielkontrolle

Anhand der folgenden Fragen können Sie überprüfen, ob Sie die Themen dieser Lektion so gut beherrschen, dass Sie mit der nächsten Lektion weitermachen können. Falls Sie eine Frage nicht beantworten können, sollten Sie die Lektion noch einmal durcharbeiten, und dann erneut versuchen, die Frage zu beantworten. Die Antworten auf die Lernzielkontrollfragen finden Sie im Abschnitt „Fragen und Antworten" am Ende dieses Kapitels.

1. Was ist Verschlüsselung und was ist EFS?

    ____

    ____

    ____

    ____

    ____

    ____

2. Welche der folgenden Dateien und Ordner können Sie in Windows XP Professional verschlüsseln? (Wählen Sie alle zutreffenden Antworten aus.)
   a. Eine Datei auf einem NTFS-Volume
   b. Ein Ordner auf einem FAT-Volume
   c. Eine auf Diskette gespeicherte Datei
   d. Ein Ordner auf einem NTFS-Volume
3. Wie verschlüsseln Sie einen Ordner? Ist der Ordner tatsächlich verschlüsselt?

   ____
   ____
   ____
   ____
   ____
   ____
   ____

4. Wie können Sie eine Datei entschlüsseln, wenn der private Schlüssel des Dateibesitzers nicht verfügbar ist?

   ____
   ____

5. Standardmäßig ist der Wiederherstellungsagent in einer Arbeitsgruppe auf einem Windows XP Professional-Computer der ____________, und der Wiederherstellungsagent in einer Domänenumgebung auf einem Windows XP Professional-Computer ist der ______________________.

Zusammenfassung der Lektion

- Das verschlüsselnde Dateisystem (Encrypting File System, EFS) ermöglicht Benutzern das Verschlüsseln von Dateien und Ordnern auf einem NTFS-Volume über ein leistungsstarkes, auf öffentlichen Schlüsseln basierendes Verschlüsselungsschema, mit dem sämtliche Dateien in einem Ordner verschlüsselt werden. Sicherungen und Kopien der verschlüsselten Dateien werden ebenfalls verschlüsselt, wenn sie sich auf einem NTFS-Volume befinden. Dateien bleiben auch dann verschlüsselt, wenn sie verschoben oder umbenannt werden. Eine Umgehung der Verschlüsselung mithilfe der Auslagerungsdateien ist nicht möglich.
- Wenn Sie einen Ordner verschlüsseln wollen, müssen Sie im Eigenschaftendialogfeld des Ordners auf der Registerkarte **Allgemein** auf die Schaltfläche **Erweitert** klicken und dann im Dialogfeld **Erweiterte Attribute** das Kontrollkästchen **Inhalt verschlüsseln, um Daten zu schützen** aktivieren.
- Wenn Sie einen Ordner entschlüsseln wollen, müssen Sie im Dialogfeld **Erweiterte Attribute** das Kontrollkästchen **Inhalt verschlüsseln, um Daten zu schützen** deaktivieren.

- Sie können die Datei- und Ordnerverschlüsselung von der Befehlszeile aus mit dem Befehl **Cipher** steuern.
- Windows XP Professional stellt einen Wiederherstellungsagenten bereit. Sollte ein Besitzer nicht mehr über seinen privaten Schlüssel verfügen, können verschlüsselte Dateien über den Wiederherstellungsagenten trotzdem entschlüsselt werden.

Lektion 5: Verwalten von Datenträgern mit Defragmentierung, Datenträgerprüfung und Datenträgerbereinigung

Windows XP Professional speichert Dateien und Ordner nicht unbedingt in einem zusammenhängenden Speicherbereich, sondern im ersten freien Speicherbereich eines Datenträgers. Die Bestandteile von Dateien und Ordnern werden also über die ganze Festplatte verteilt und nicht zwangsläufig zusammenhängend gespeichert. Dieser Vorgang wird als ***Fragmentierung*** eines Datenträgers bezeichnet. Wenn eine Festplatte viele nicht zusammenhängende Datei- und Ordnerfragmente enthält, dauert der Dateizugriff länger, da der Computer mehrere Lesevorgänge ausführen muss, um die verstreuten Bestandteile zusammenzuführen. Auch das Erstellen von Ordnern und Dateien nimmt mehr Zeit in Anspruch, da der freie Speicherplatz über den gesamten Datenträger verteilt ist. Der Computer muss eine neue Datei oder einen neuen Ordner in verschiedenen Speicherbereichen der Festplatte speichern.

Temporäre Dateien, temporäre Internetdateien und nicht benötigte Programme nehmen ebenfalls Speicherplatz der Festplatte ein. Hin und wieder kommt es zu Dateisystemfehlern, oder es werden Sektoren auf der Festplatte beschädigt, wodurch es zu Datenverlusten kommen kann. In dieser Lektion werden die Windows XP Professional-Tools zur Defragmentierung, zur Überprüfung des Datenträgers sowie zur Datenträgerbereinigung vorgestellt, die Sie bei der Verwaltung Ihrer Festplatten unterstützen, noch lesbare Informationen aus beschädigten Datenträgerbereichen wiederherstellen und temporäre Dateien sowie nicht benötigte Programme entfernen, die unnötig Speicherplatz belegen.

Am Ende dieser Lektion werden Sie in der Lage sein, die folgenden Aufgaben auszuführen:

- Pflegen der Festplatten mit dem Tool Defragmentierung.
- Suchen und Reparieren von Dateisystemfehlern und Wiederherstellen noch lesbarer Informationen in fehlerhaften Sektoren mit dem Tool Datenträgerprüfung.
- Entfernen nicht mehr benötigter Dateien von Ihren Festplatten mit dem Tool Datenträgerbereinigung.

Veranschlagte Zeit für diese Lektion: 60 Minuten

Analysieren und Defragmentieren von Datenträgern mit dem Tool Defragmentierung

Der Vorgang des Auffindens und Zusammenführens fragmentierter Dateien und Ordner wird Defragmentierung genannt. Das Tool **Defragmentierung** ermittelt fragmentierte Dateien und Ordner und defragmentiert sie durch Verschieben der einzelnen Bestandteile der Dateien und Ordner an einen Speicherort, sodass die Datei beziehungsweise der Ordner einen zusammenhängenden Speicherbereich auf der Festplatte belegt. Nach der Defragmentierung kann das System schneller auf Dateien und Ordner zugreifen und diese speichern. Durch die Zusammenführung von Dateien und Ordnern wird auch nicht belegter Speicherplatz zusammengeführt, sodass neue Dateien nicht ebenfalls fragmentiert werden. Die Defragmentierung kann FAT-, FAT32- und NTFS-Volumes defragmentieren.

Sie können auf dieses Tool zugreifen, indem Sie **Start** wählen, nacheinander auf **Alle Programme**, **Zubehör** und **Systemprogramme** zeigen und dort auf **Defragmentierung** klicken. Das Dialogfeld **Defragmentierung** ist in drei Bereiche unterteilt, wie in Abbildung 10.21 zu sehen ist.

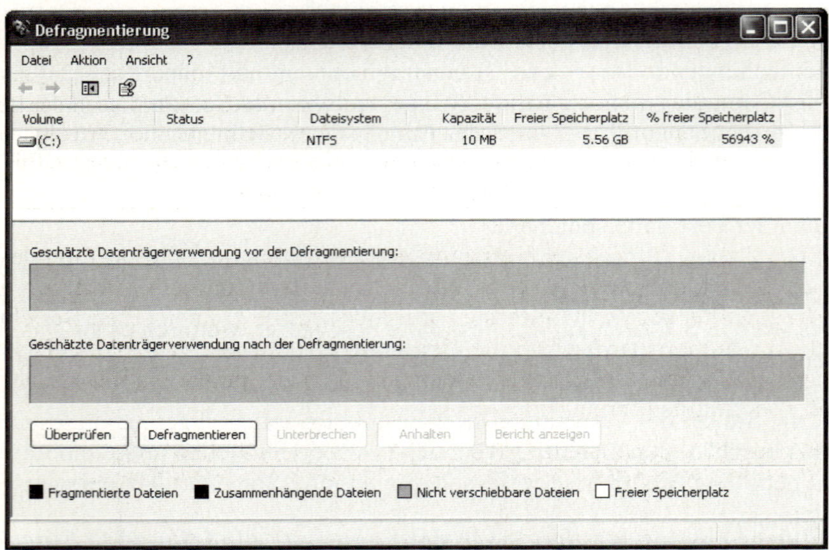

Abbildung 10.21 Mit dem Tool Defragmentierung können Sie ein Volume defragmentieren

Im oberen Bereich des Dialogfelds werden die Volumes angezeigt, die Sie analysieren und defragmentieren können. Im mittleren Bereich wird grafisch dargestellt, in welchem Maß das ausgewählte Volume fragmentiert ist. Im unteren Bereich wird das Volume während der Defragmentierung dargestellt, dieses Teilfenster wird während des Vorgangs fortlaufend aktualisiert. Die Dateien auf dem Volume werden in folgenden Farben dargestellt:

- Rot kennzeichnet fragmentierte Dateien.
- Blau kennzeichnet zusammenhängende (nicht fragmentierte) Dateien.
- Grün kennzeichnet Systemdateien, die nicht verschoben werden können.
- Weiß kennzeichnet freien Speicherplatz auf dem Volume.

Wenn Sie das Feld **Geschätzte Datenträgerverwendung vor der Defragmentierung** mit dem Feld **Geschätzte Datenträgerverwendung nach der Defragmentierung** vergleichen, können Sie eine deutliche Verbesserung der Volumebelegung erkennen.

Sie können auf das Tool Defragmentierung auch zugreifen, indem Sie im Windows-Explorer oder im **Arbeitsplatz** ein Laufwerk wählen, das Sie defragmentieren möchten. Klicken Sie im Menü **Datei** auf **Eigenschaften**, klicken Sie auf die Registerkarte **Extras** und dann auf **Jetzt defragmentieren**. Wählen Sie anschließend eine der Schaltflächen, die in Tabelle 10.6 beschrieben werden.

Tabelle 10.6 Schaltflächen im Fenster **Defragmentierung**

Schaltfläche	Beschreibung
Überprüfen	Klicken Sie auf diese Schaltfläche, um den Datenträger auf fragmentierte Bereiche zu überprüfen. Nach der Überprüfung wird die Fragmentierung des Volumes grafisch dargestellt.
Defragmentieren	Klicken Sie auf diese Schaltfläche, um den Datenträger zu defragmentieren. Dabei wird automatisch eine Überprüfung durchgeführt. Nach der Defragmentierung wird die Speicherbelegung des defragmentierten Volumes grafisch dargestellt. Außerdem können Sie einen Bericht anzeigen, der aufführt, welche Dateien nicht defragmentiert werden konnten.

Abbildung 10.22 zeigt das Fenster **Defragmentierung** nach der Überprüfung des Laufwerks **C:**. Ein weiteres Dialogfeld wird geöffnet, in dem Sie darüber informiert werden, ob eine Defragmentierung des Volumes erforderlich ist. Sie können einen Bericht mit weiteren Informationen über die Fragmentierung des Volumes aufrufen, das Dialogfeld schließen und die Defragmentierung zu einem späteren Zeitpunkt ausführen oder das Volume sofort defragmentieren.

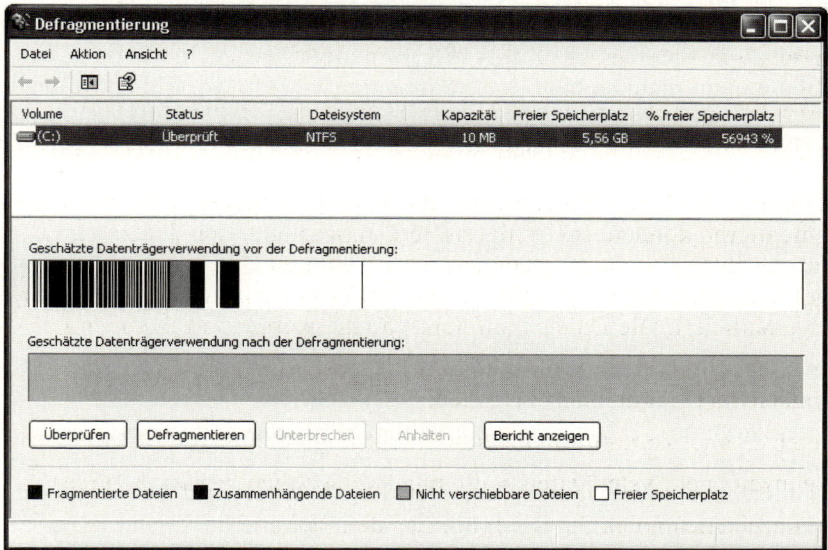

Abbildung 10.22 Überprüfen Sie im Fenster **Defragmentierung**, wie stark ein Volume fragmentiert ist

Wenn die Fragmentierung des Volumes noch nicht weit genug fortgeschritten ist, wird ein Dialogfeld angezeigt, in dem mitgeteilt wird, dass eine Defragmentierung des Volumes nicht erforderlich ist.

Die folgende Liste enthält einige Richtlinien für die Verwendung der Defragmentierung.

- Führen Sie die Defragmentierung zu einem Zeitpunkt aus, an dem der Computer möglichst wenig genutzt wird. Während der Defragmentierung werden die Daten auf der Festplatte verschoben, wodurch der Mikroprozessor stark belastet wird. Durch den Defragmentierungsprozess entstehen längere Zugriffszeiten für andere Ressourcen auf diesem Datenträger.
- Halten Sie Benutzer dazu an, ihre lokalen Festplatten mindestens einmal monatlich zu defragmentieren, damit sich fragmentierte Dateien nicht unnötig häufen.
- Analysieren Sie das Zielvolume vor der Installation großer Anwendungen und defragmentieren Sie es gegebenenfalls. Installationsvorgänge werden schneller abgeschlossen, wenn auf dem Zieldatenträger ausreichend zusammenhängender Speicherplatz vorhanden ist. Darüber hinaus verkürzt sich die Zugriffszeit auf Anwendungen nach der Installation.
- Führen Sie unbedingt nach dem Löschen vieler Dateien oder Ordner eine Analyse durch, da Ihre Festplatte danach einen hohen Anteil fragmentierter Dateien aufweisen kann. Ganz allgemein sollten Sie Festplatten auf Dateiservern mit hoher Auslastung häufiger defragmentieren als die Festplatten von einzelnen Clientcomputern mit nur einem Benutzer.

Praxistipp Wie oft sollten Sie defragmentieren?

Windows XP nutzt Volumes, die mit NTFS formatiert sind, recht effizient, daher muss eine Festplatte nicht mehr so häufig defragmentiert werden wie früher. In jüngerer Zeit durchgeführte Untersuchungen haben sogar gezeigt, dass die Leistung eines Computers nach dem Defragmentieren kaum steigt, selbst wenn ein Laufwerk stark fragmentiert war. Trotzdem gilt, dass die Defragmentierung ein schneller, einfacher Vorgang ist. Wenn Sie wollen, können Sie die Defragmentierung als Placebo betrachten, das den Benutzern ein gutes Gefühl vermittelt. Sie sollten Laufwerke zwei bis drei Mal pro Jahr defragmentieren. Oder noch besser: Zeigen Sie den Benutzern, wie sie selbst die Defragmentierung durchführen können. Sie können auch mit dem Ordner **Geplante Tasks** die Defragmentierung automatisch ausführen lassen. Konfigurieren Sie einfach einen Task, der zu den gewünschten Zeiten ausgeführt wird, und starten Sie darin das Programm **Defrag.exe** aus dem Ordner **%SystemRoot%\system32**. Nachdem Sie den Task geplant haben, öffnen Sie die erweiterten Eigenschaften des Tasks und fügen das Laufwerk, das Sie defragmentieren wollen, zur Befehlszeile hinzu. Ein fertiger Befehl könnte zum Beispiel lauten: **%SystemRoot%\System32\Defrag.exe d**. Weitere Informationen zum Ordner **Geplante Tasks** finden Sie in Kapitel 18, „Arbeiten mit Windows XP-Tools“.

Suchen nach Festplattenfehlern mit dem Tool Datenträgerprüfung

Das Tool **Datenträgerprüfung** wird eingesetzt, um Dateisystemfehler zu beheben, beschädigte Sektoren zu ermitteln und noch lesbare Daten aus diesen Sektoren wiederherzustellen. Während der Ausführung dieses Programms müssen alle Anwendungen geschlossen sein. Um auf die Datenträgerprüfung zuzugreifen, wählen Sie im Windows-Explorer oder im Fenster **Arbeitsplatz** den Datenträger, den Sie prüfen möchten. Klicken Sie im Menü **Datei** auf **Eigenschaften**, dann auf die Registerkarte **Extras**, und schließlich auf **Jetzt prüfen**. Wählen Sie im Dialogfeld **Überprüfung des Datenträgers** eine der in Abbildung 10.23 gezeigten Optionen. Diese Optionen werden in Tabelle 10.7 erläutert.

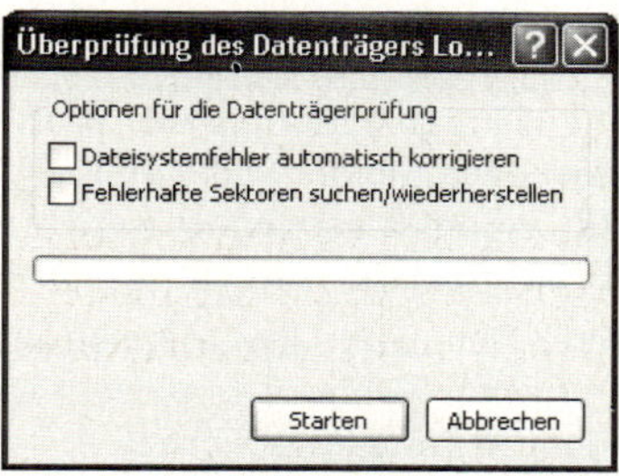

Abbildung 10.23 Im Tool Datenträgerprüfung können Sie die Dateistruktur auf einem Volume untersuchen und reparieren

Tabelle 10.7 Optionen für die Datenträgerprüfung

Kontrollkästchen	Beschreibung
Dateisystemfehler automatisch korrigieren	Wenn Sie diese Option wählen, versucht Windows XP Professional, die Dateisystemfehler zu reparieren, die während der Datenträgerprüfung ermittelt werden. Während der Ausführung dieses Programms müssen alle Dateien geschlossen sein. Wenn das Volume derzeit verwendet wird, werden Sie in einem Meldungsfeld gefragt, ob Sie die Datenträgerprüfung ausführen möchten, wenn der Computer das nächste Mal gestartet wird. Während der Datenträgerprüfung können auf dem Laufwerk keine weiteren Aufgaben ausgeführt werden.
Fehlerhafte Sektoren suchen/wiederherstellen	Wenn Sie dieses Kontrollkästchen aktivieren, versucht Windows XP Professional, während der Datenträgerprüfung gefundene Dateisystemfehler zu reparieren, fehlerhafte Sektoren zu ermitteln und noch lesbare Daten aus diesen Sektoren wiederherzustellen. Während der Ausführung dieses Programms müssen alle Dateien geschlossen sein. Wenn das Volume derzeit verwendet wird, werden Sie in einem Meldungsfeld gefragt, ob Sie die Datenträgerprüfung ausführen möchten, wenn der Computer das nächste Mal gestartet wird. Während der Datenträgerprüfung können auf dem Laufwerk keine weiteren Aufgaben ausgeführt werden. Wenn Sie dieses Kontrollkästchen aktiviert haben, ist es nicht erforderlich, auch **Dateisystemfehler automatisch korrigieren** zu aktivieren, da dies gegebenenfalls automatisch geschieht.

Hinweis Die Datenträgerprüfung erfolgt in fünf Phasen: Dateiprüfung, Indexprüfung, Prüfen der Sicherheitsbeschreibungen, Dateidatenprüfung und Prüfen des freien Speicherplatzes.

Sie können die Datenträgerprüfung auch von einer Befehlszeile aus starten. Die Befehlssyntax für **Chkdsk** lautet folgendermaßen:

```
Chkdsk [Volume[[Pfad]Dateiname]]] [/f] [/v] [/r] [/x] [/i] [/c] [/l[:Größe]]
```

Die mit **Chkdsk** verwendeten Befehlszeilenoptionen werden in Tabelle 10.8 erläutert.

Tabelle 10.8 Befehlszeilenoptionen für **Chkdsk**

Option	Beschreibung
Dateiname	Gibt die Datei oder den Satz Dateien an, der auf Fragmentierung überprüft werden soll. Zum Untersuchen mehrerer Dateien verwenden Sie die Platzhalterzeichen * und ?. Diese Befehlszeilenoption kann nur für Volumes verwendet werden, die mit den Dateisystemen FAT12, FAT16 oder FAT32 formatiert wurden.
Pfad	Gibt den Speicherort einer Datei oder mehrerer Dateien in der Ordnerstruktur des Volumes an. Diese Befehlszeilenoption kann nur für Volumes verwendet werden, die mit den Dateisystemen FAT12, FAT16 oder FAT32 formatiert wurden.
Größe	Ändert die Größe der Protokolldatei. Die Befehlszeilenoption **/l** muss zusammen mit dieser Option verwendet werden. Diese Befehlszeilenoption kann nur für NTFS-Volumes verwendet werden.
Volume	Gibt den Laufwerkbuchstaben (gefolgt von einem Doppelpunkt), Bereitstellungspunkt oder Volumenamen an. Diese Befehlszeilenoption kann nur für Volumes verwendet werden, die mit den Dateisystemen FAT12, FAT16 oder FAT32 formatiert wurden.
/c	Überspringt die Prüfung von Schleifen in der Ordnerstruktur. Diese Befehlszeilenoption kann nur auf NTFS-Volumes verwendet werden.
/f	Behebt Fehler auf dem Volume. Wenn **Chkdsk** das Volume nicht sperren kann, werden Sie in einer Meldung gefragt, ob das Volume beim nächsten Start des Computers geprüft werden soll.
/i	Führt eine weniger genaue Prüfung der Indexeinträge durch. Diese Befehlszeilenoption kann nur auf NTFS-Volumes verwendet werden.
/l	Zeigt die aktuelle Größe der Protokolldatei an. Diese Befehlszeilenoption kann nur auf NTFS-Volumes verwendet werden.
/r	Ermittelt fehlerhafte Sektoren und stellt lesbare Daten wieder her. Wenn **Chkdsk** das Volume nicht sperren kann, werden Sie in einer Meldung gefragt, ob das Volume beim nächsten Start des Computers geprüft werden soll.
/v	Zeigt auf FAT12-, FAT16- oder FAT32-Volumes den vollständigen Pfad und die Namen aller Dateien auf dem Volume an. Zeigt auf NTFS-Volumes Meldungen zur Datenträgerbereinigung an.
/s	Erzwingt gegebenenfalls die Aufhebung der Bereitstellung.
/?	Zeigt die Liste dieser Befehlszeilenoptionen an.

Wenn der Befehl **Chkdsk** ohne Argumente aufgerufen wird, wird der Status des Datenträgers für das aktuelle Volume angezeigt.

Freigeben von Festplattenplatz mit dem Tool Datenträgerbereinigung

Mithilfe des Tools Datenträgerbereinigung können Sie Speicherplatz freigeben, indem temporäre Dateien gelöscht und nicht benötigte Programme gelöscht werden. Im Tool Datenträgerbereinigung werden alle temporären Dateien, temporären Internetdateien und nicht mehr benötigte Programme angezeigt, die Sie gefahrlos löschen können. Um auf die Datenträgerbereinigung zuzugreifen, wählen Sie im Windows-Explorer oder im Fenster **Arbeitsplatz** den Datenträger, den Sie prüfen möchten. Klicken Sie im Menü **Datei** auf **Eigenschaften** und dort auf der Registerkarte **Allgemein** auf **Bereinigen**. Das Dialogfeld **Bereinigen des Datenträgers** wird angezeigt (Abbildung 10.24), dessen Optionen in Tabelle 10.9 erläutert werden.

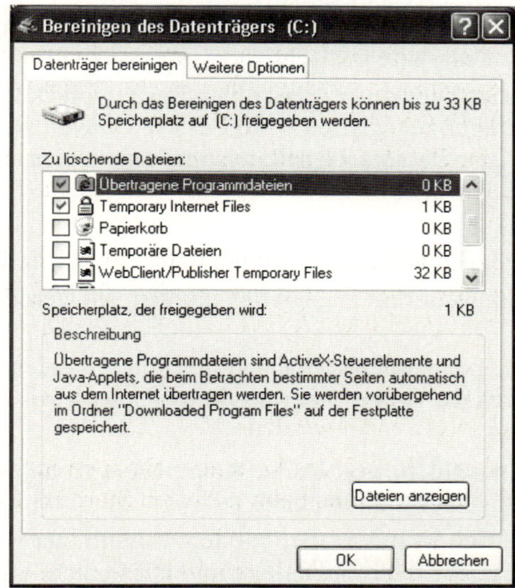

Abbildung 10.24 Im Tool Datenträgerbereinigung können Sie unnötige Dateien von einem Volume löschen

Tabelle 10.9 Optionen für die Datenträgerbereinigung

Kontrollkästchen	Beschreibung
Übertragene Programmdateien	Wenn Sie diese Option wählen, werden alle ActiveX-Steuerelemente und Java-Applets gelöscht, die beim Betrachten bestimmter Seiten automatisch aus dem Internet heruntergeladen werden. Diese Dateien werden vorübergehend auf der Festplatte im Ordner **Downloaded Program Files** gespeichert.
Temporary Internet Files	Wenn Sie diese Option wählen, werden die temporären Internetdateien im Ordner **Temporary Internet Files** gelöscht. Dies sind Webseiten, die für schnelleren Zugriff auf der Festplatte gespeichert werden. Die persönlichen Benutzereinstellungen für Webseiten werden nicht gelöscht.

▶

Kontrollkästchen	Beschreibung
Papierkorb	Wenn Sie diese Option wählen, werden die Dateien aus dem **Papierkorb** gelöscht. Beim Löschen von Dateien werden diese nicht sofort endgültig gelöscht, sondern erst, wenn der **Papierkorb** geleert wird.
Temporäre Dateien	Wenn Sie diese Option wählen, werden alle temporären Dateien vom Volume gelöscht. Programme speichern manchmal Informationen vorübergehend in einem temporären Ordner. Beim Schließen eines Programms werden diese Dateien normalerweise gelöscht. Sie können gefahrlos alle temporären Dateien löschen, die länger als eine Woche nicht geändert wurden.
WebClient/Publisher Temporary Files	Wenn Sie diese Option wählen, werden alle temporären WebClient/Publisher-Dateien von der Festplatte gelöscht. Der WebClient/Publisher-Dienst verwaltet einen Cache von Dateien, auf die auf diesem Datenträger zugegriffen wurde. Diese Dateien werden lokal gespeichert, um eine bessere Zugriffsleistung zu erzielen, und können gefahrlos gelöscht werden.
Alte Dateien komprimieren	Wenn Sie diese Option wählen, werden Dateien komprimiert, auf die längere Zeit nicht zugegriffen wurde. Auf diese Dateien kann weiterhin zugegriffen werden, sie werden nicht gelöscht. Da die Dateien auf unterschiedliche Dichte komprimiert werden, kann der Speicherplatz, der durch die Komprimierung freigegeben wird, nur ungefähr angegeben werden.
Katalogdateien für den Inhaltsindex	Wenn Sie diese Option wählen, werden alte Katalogdateien gelöscht, die bei Indizierungsvorgängen entstanden sind. Der Indexdienst erstellt einen Index aller auf dem Datenträger vorhandenen Dateien und ermöglicht so die schnellere und effizientere Suche nach Dateien.

Für das Freigeben von Speicherplatz auf der Festplatte stehen in der Datenträgerbereinigung weitere Optionen zur Verfügung. Klicken Sie im Dialogfeld **Bereinigen des Datenträgers** auf die Registerkarte **Weitere Optionen** (Abbildung 10.25). Diese Optionen werden in Tabelle 10.10 erläutert.

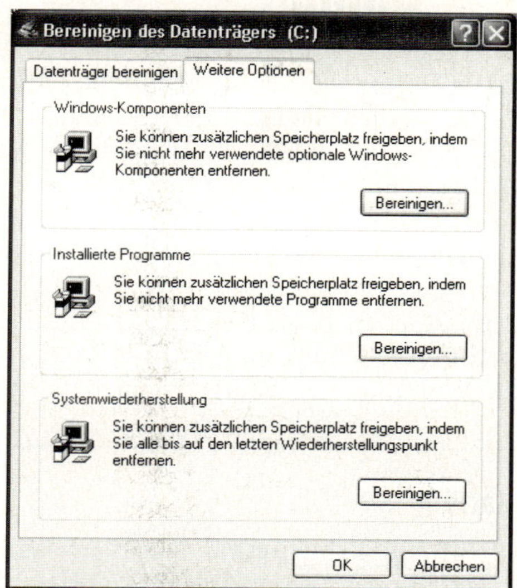

Abbildung 10.25 Auf der Registerkarte **Weitere Optionen** der Datenträgerbereinigung können Sie zusätzliche Funktionen steuern

Tabelle 10.10 Optionen der Registerkarte **Weitere Optionen** im Dialogfeld **Bereinigen des Datenträgers**

Option	Beschreibung
Windows-Komponenten	Klicken Sie unter **Windows-Komponenten** auf die Schaltfläche **Bereinigen**, um den Assistenten für Windows-Komponenten zu starten, mit dem Sie einzelne Komponenten zu Ihrer Installation hinzufügen oder daraus entfernen können. Zu diesen Komponenten gehören: Zubehör und Dienstprogramme, Faxdienste, Indexdienste, Microsoft Internet Explorer, Internet-Informationsdienste (IIS), Verwaltungs- und Überwachungsprogramme, Message Queuing, MSN Explorer, Netzwerkdienste, weitere Datei- und Druckdienste für das Netzwerk und die Aktualisierung von Stammzertifikaten.
Installierte Programme	Klicken Sie unter **Installierte Programme** auf **Bereinigen**, um das Fenster **Software** zu öffnen, in dem Sie Programme installieren und deinstallieren können. In der Liste werden alle derzeit auf Ihrem Computer installierten Programme angezeigt.
Systemwiederherstellung	Klicken Sie unter **Systemwiederherstellung** auf **Bereinigen**, um alle Wiederherstellungspunkte bis auf den letzten zu löschen. Weitere Informationen zu Wiederherstellungspunkten und der Systemwiederherstellung finden Sie in Kapitel 4, „Anpassen und Problembehandlung des Startvorgangs“.

Übung: Verwenden der Tools zum Warten des Datenträgers

In dieser Übung werden Sie mithilfe des Tools Defragmentierung ermitteln, ob Ihre Festplatte fragmentiert ist. Sollte dies der Fall sein, werden Sie sie defragmentieren. Anschließend werden Sie anhand des Tools Datenträgerprüfung die Festplatte auf Fehler untersuchen, diese gegebenenfalls beheben, beschädigte Sektoren ermitteln und noch lesbare Dateien aus diesen Sektoren wiederherstellen. Mithilfe des Tools Datenträgerbereinigung werden Sie Speicherplatz freigeben, indem Sie temporäre Dateien löschen und nicht benötigte Programme deinstallieren.

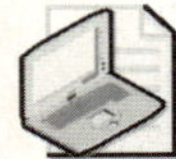

Hinweis Falls Sie Windows XP Professional für die Übungen in Kapitel 2 auf einer leeren Festplatte installiert haben, sind wahrscheinlich nur wenige Dateien zu bereinigen oder zu reparieren.

Übung 1: Defragmentieren einer Festplatte

1. Klicken Sie auf **Start** und anschließend auf **Alle Programme**, zeigen Sie auf **Zubehör** und dann auf **Systemprogramme**, und klicken Sie auf **Defragmentierung**.

   Das Dialogfeld **Defragmentierung** wird eingeblendet.
2. Sollten auf Ihrem Computer mehrere Volumes vorhanden sein, klicken Sie auf **C:** und dann auf **Überprüfen**.
3. Wenn Sie in einem Dialogfeld darüber informiert werden, dass zu diesem Zeitpunkt keine Defragmentierung des Volumes erforderlich ist, können Sie auf **Schließen** klicken und die Schritte 6 bis 12 durchlesen.
4. Wenn Ihnen in einem Dialogfeld mitgeteilt wird, dass das Volume defragmentiert werden sollte, klicken Sie auf **Bericht anzeigen**.
5. Führen Sie im Dialogfeld **Überprüfungsbericht** einen Bildlauf im Feld **Volumeinformationen** durch.
6. Führen Sie einen Bildlauf im Feld **Am stärksten fragmentierte Dateien** durch, und klicken Sie auf **Speichern unter**.

   Das Dialogfeld **Defragmentierungsbericht speichern** wird angezeigt. Beachten Sie, dass der Standardberichtstitel **VolumeC** lautet und der Bericht standardmäßig im Ordner **Eigene Dateien** gespeichert wird.
7. Klicken Sie auf **Speichern**, um den Bericht unter dem Namen **VolumeC** im Ordner **Eigene Dateien** zu speichern.

   Es wird wieder das Dialogfeld **Überprüfungsbericht** angezeigt.
8. Klicken Sie auf **Defragmentieren**.

   Das Volume wird defragmentiert. Je nachdem, wie groß das Volume ist und wie stark es fragmentiert ist, kann dieser Vorgang einige Zeit in Anspruch nehmen.
9. Vergleichen Sie die Darstellung aus der Analyse mit der fortschreitenden Defragmentierungsanzeige.
10. Schließen Sie das Fenster **Defragmentierung**.

Lassen Sie das Dialogfeld **Eigenschaften von Lokaler Datenträger (C:)** für die nächste Teilübung geöffnet.

Übung 2: Ausführen der Datenträgerprüfung

In dieser Teilübung werden Sie mithilfe des Tools Datenträgerprüfung Ihre Festplatte auf Dateisystemfehler untersuchen. Sollten dabei Fehler gefunden werden, werden Sie diese beheben. Sie werden außerdem nach fehlerhaften Sektoren suchen und noch lesbare Dateien aus diesen Sektoren wiederherstellen.

1. Klicken Sie im Dialogfeld **Eigenschaften von Lokaler Datenträger (C:)** auf die Registerkarte **Extras**.
2. Klicken Sie dort auf **Jetzt prüfen**.

   Windows XP Professional zeigt das Dialogfeld **Überprüfung des Datenträgers Lokaler Datenträger (C:)** an.
3. Aktivieren Sie das Kontrollkästchen **Fehlerhafte Sektoren suchen/wiederherstellen**.
4. Klicken Sie auf **Starten**.

   Es kann einige Zeit dauern, bis alle fünf Überprüfungsphasen abgeschlossen sind.
5. Wenn angezeigt wird, dass die Datenträgerprüfung beendet ist, klicken Sie auf **OK**.

   Lassen Sie das Dialogfeld **Eigenschaften von Lokaler Datenträger (C:)** für die nächste Teilübung geöffnet.

Übung 3: Ausführen des Tools Datenträgerbereinigung

1. Klicken Sie im Dialogfeld **Eigenschaften von Lokaler Datenträger (C:)** auf der Registerkarte **Allgemein** auf **Bereinigen**.

   Das Dialogfeld **Bereinigen des Datenträgers (C:)** wird angezeigt. Das System berechnet, wie viel Speicherplatz auf Laufwerk **C:** freigegeben werden kann.
2. Prüfen Sie im Dialogfeld **Bereinigen des Datenträgers (C:)** die Liste der Dateien, deren Löschung empfohlen wird.

Sicherheitswarnung Wenn Sie Windows XP Professional für die Übungen in Kapitel 2 auf einer leeren Festplatte installiert haben, wird die Datenträgerbereinigung wahrscheinlich nicht viele Dateien finden, die gelöscht werden können. Markieren Sie das Kontrollkästchen für alle Dateien, die Sie löschen wollen, und klicken Sie auf **OK**.

3. Klicken Sie auf die Registerkarte **Weitere Optionen**.
4. Wozu verwenden Sie die Optionen auf dieser Registerkarte?

   ____

   ____

   ____

5. Klicken Sie auf **Abbrechen**.
6. Schließen Sie die Datenträgerbereinigung und alle geöffneten Fenster.

Lernzielkontrolle

Anhand der folgenden Fragen können Sie überprüfen, ob Sie die Themen dieser Lektion so gut beherrschen, dass Sie mit der nächsten Lektion weitermachen können. Falls Sie eine Frage nicht beantworten können, sollten Sie die Lektion noch einmal durcharbeiten, und dann erneut versuchen, die Frage zu beantworten. Die Antworten auf die Lernzielkontrollfragen finden Sie im Abschnitt „Fragen und Antworten" am Ende dieses Kapitels.

1. Was bedeutet Fragmentierung, und zu welchen Problemen kann sie führen?
2. Der Vorgang des Auffindens und Zusammenführens fragmentierter Dateien und Ordner wird ______________ genannt. Das Windows XP Professional-Tool, das Sie zum Ermitteln und Zusammenführen fragmentierter Dateien und Ordner in zusammenhängenden Speicherbereichen einsetzen, heißt ____________________.
3. Auf welchen Dateisystemen kann dieses Windows XP Professional-Tool fragmentierte Dateien und Ordner ermitteln und zusammenführen?
4. Welche der folgenden Aufgaben werden durch die Datenträgerprüfung ausgeführt? (Wählen Sie alle zutreffenden Antworten aus.)
   a. Ermitteln und Zusammenführen von fragmentierten Dateien und Ordnern
   b. Ermitteln und Beheben von Dateisystemfehlern
   c. Ermitteln beschädigter Sektoren und Wiederherstellen noch lesbarer Informationen aus diesen Sektoren
   d. Löschen von temporären Dateien und offline gespeicherten Internetdateien

Zusammenfassung der Lektion

- Windows XP Professional speichert Dateien und Ordner nicht unbedingt in einem zusammenhängenden Speicherbereich, sondern im ersten freien Speicherbereich eines Datenträgers. Das kann zur Fragmentierung von Dateien und Ordern führen. Das Windows XP Professional-Systemprogramm Defragmentierung ermittelt fragmentierte Dateien und Ordner und defragmentiert sie, sodass das System Dateien und Ordner effizienter lesen und speichern kann.
- Das Tool Datenträgerprüfung wird eingesetzt, um Dateisystemfehler zu beheben, beschädigte Sektoren zu ermitteln und noch lesbare Daten aus diesen Sektoren wiederherzustellen.
- Das Tool Datenträgerbereinigung gibt Speicherplatz frei, indem temporäre Dateien, zwischengespeicherte Internetdateien und nicht mehr benötigte Programme ermittelt werden, die gefahrlos gelöscht werden können. Darüber hinaus werden temporäre Dateien und Programme deinstalliert.

Lektion 6: Konfigurieren von Offlineordnern und -dateien

Wenn das Netzwerk ausfällt oder Sie unterwegs sind, sodass Ihr Laptop nicht angedockt werden kann, können Sie mit ***Offlineordnern und -dateien*** arbeiten, die ansonsten in freigegebenen Ordnern im Netzwerk gespeichert sind. Diese Netzwerkdateien werden auf der lokalen Festplatte zwischengespeichert, damit sie Ihnen auch ohne Netzwerk zur Verfügung stehen. Wenn wieder auf das Netzwerk zugegriffen werden kann oder Sie den Laptopcomputer wieder andocken, wird die Verbindung mit dem Netzwerk wieder hergestellt. Die zwischengespeicherten Offlinedateien und -ordner auf der lokalen Festplatte werden dann mit den im Netzwerk gespeicherten Dateien und Ordnern synchronisiert.

Am Ende dieser Lektion werden Sie in der Lage sein, die folgenden Aufgaben auszuführen:

- Aktivieren der Funktion **Offlinedateien** auf Ihrem Computer.
- Konfigurieren von Ordnern und Dateien, damit sie offline zur Verfügung stehen.
- Konfigurieren Ihres Computers, damit er Ordner für die Offlineverwendung freigibt.
- Synchronisieren von Offlineordnern und -dateien.

Veranschlagte Zeit für diese Lektion: 30 Minuten

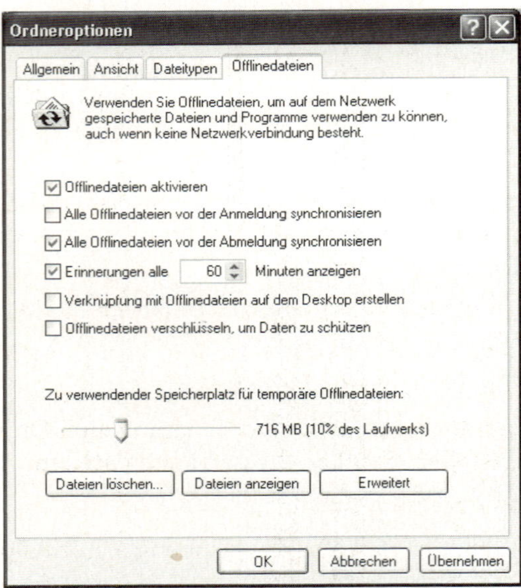

Abbildung 10.26 Auf der Registerkarte **Offlinedateien** im Dialogfeld **Ordneroptionen** können Sie die Funktion Offlinedateien aktivieren

Aktivieren der Funktion Offlinedateien auf Ihrem Computer

Bevor Sie Offlineordner und -dateien verwenden können, müssen Sie Ihre Computer entsprechend konfigurieren. Sie können Offlineordner und -dateien konfigurieren, indem

Sie unter **Arbeitsplatz** im Menü **Extras** den Menüpunkt **Ordneroptionen** auswählen. Aktivieren Sie im Dialogfeld **Ordneroptionen** auf der Registerkarte **Offlinedateien** die Kontrollkästchen **Offlinedateien aktivieren** und **Alle Offlinedateien vor der Abmeldung synchronisieren** (Abbildung 10.26).

Auf der Registerkarte **Offlinedateien** können Sie auf die Schaltfläche **Dateien löschen** klicken, um die lokal zwischengespeicherte Kopie einer Netzwerkdatei zu löschen. Mithilfe der Schaltfläche **Dateien anzeigen** können Sie die im Ordner **Offlinedateien** gespeicherten Dateien anzeigen. Hierbei handelt es sich um die lokal zwischengespeicherten Dateien auf Ihrem System. Klicken Sie auf **Erweitert**, um Ihren Computer für den Fall einer getrennten Netzwerkverbindung zu konfigurieren. Sie können Ihren Computer auch so konfigurieren, dass Sie im Fall einer Trennung der Netzwerkverbindung benachrichtigt werden und offline weiterarbeiten können.

Hinweis Sie müssen die schnelle Benutzerumschaltung deaktivieren, bevor Sie Offlinedateien konfigurieren können. Falls Ihr Computer Mitglied einer Domäne ist, ist die schnelle Benutzerumschaltung ohnehin schon deaktiviert. Falls Ihr Computer Mitglied einer Arbeitsgruppe ist, können Sie die schnelle Benutzerumschaltung deaktivieren, indem Sie das Systemsteuerungsmodul **Benutzerkonten** öffnen und auf **Art der Benutzeranmeldung ändern** klicken. Weitere Informationen zur schnellen Benutzerumschaltung finden Sie in Kapitel 7, „Einrichten und Verwalten von Benutzerkonten".

Ordner und Dateien offline zur Verfügung stellen

Gehen Sie folgendermaßen vor, um eine bestimmte Datei oder einen Ordner offline verfügbar zu machen und die automatische Synchronisation mit dem Netzwerk zu aktivieren:

1. Klicken Sie im Fenster **Netzwerkumgebung** mit der rechten Maustaste auf den freigegebenen Ordner oder die Datei, die Sie offline verfügbar machen wollen, und wählen Sie den Befehl **Offline verfügbar machen**.
2. Klicken Sie im Offlinedateien-Assistenten auf der Seite **Willkommen** auf **Weiter**.
3. Aktivieren Sie das Kontrollkästchen **Offlinedateien bei der An- und Abmeldung automatisch synchronisieren** und klicken Sie auf **Weiter**.
4. Optional können Sie Erinnerungen aktivieren und eine Verknüpfung zum Ordner **Offlinedateien** auf Ihrem Desktop erstellen. Klicken Sie auf **Fertig stellen**.

   Die Dateien werden auf Ihrem Computer synchronisiert.

Dateien mit Erweiterungen, die mit bestimmten Datenbankanwendungen verknüpft sind, können in der Standardeinstellung nicht zwischengespeichert werden. In der Standardeinstellung sind dies folgende Dateitypen:

*.slm, *.mdb, *.ldb, *.mdw, *.mde, *.pst und *.db.

Wenn Sie Netzwerkressourcen offline verfügbar machen, kopiert Windows sie zusammen mit einem Verweis auf den ursprünglichen Netzwerkpfad automatisch auf die lokale Festplatte des Computers. Windows speichert Offlinedateien und Informationen über die Dateien in einer Datenbank im Ordner **%SystemRoot%\CSC**. (CSC ist ein Akronym für

Client-Side Caching, also clientseitiges Zwischenspeichern, eine andere Bezeichnung für Offlinedateien.) Die Datenbank emuliert die Netzwerkressource, wenn sie offline ist.

Wenn ein Benutzer offline arbeitet, kann er weiterhin auf die Offlineressourcen zugreifen, ganz so, als wäre er mit dem Netzwerk verbunden. In Wirklichkeit verwendet er aber die lokale Kopie der Datei. Wenn die Netzwerkfreigabe wieder verfügbar wird, schaltet der Client automatisch von den lokalen Offlinedateien auf die tatsächlichen Netzwerkdateien um, sofern folgende Bedingungen erfüllt sind:

- Der Benutzer hat momentan keine Dateien aus der Netzwerkfreigabe geöffnet.
- Es ist für keine der Offlinedateien in der Freigabe eine Synchronisation nötig.
- Der Benutzer ist nicht über eine langsame Leitung mit dem Netzwerk verbunden.

Ist irgendeine dieser Bedingungen nicht erfüllt, arbeitet der Benutzer mit der Offlineversion der Freigabe weiter, bis alle Dateien geschlossen sind und die Synchronisation durchgeführt ist.

Hinweis Benutzer haben für die lokal gespeicherten Versionen der Offlinedateien dieselben Berechtigungen wie für die ursprünglichen Netzwerkversionen.

Konfigurieren Ihres Computers zum Freigeben von Offlineordnern und -dateien

Damit andere Benutzer im Netzwerk im Offlinebetrieb auf die freigegebenen Ordner und Dateien auf Ihrem Computer zugreifen können, müssen Sie die Ressource so konfigurieren, dass sie das Zwischenspeichern für die Offlineverwendung gestattet. Die Konfiguration von Offlineordnern und -dateien können Sie entweder mit dem Windows-Explorer oder über das Fenster **Arbeitsplatz** vornehmen. Abbildung 10.27 zeigt das Kontrollkästchen **Zwischenspeichern der Dateien in diesem freigegebenen Ordner zulassen** im Windows-Explorer.

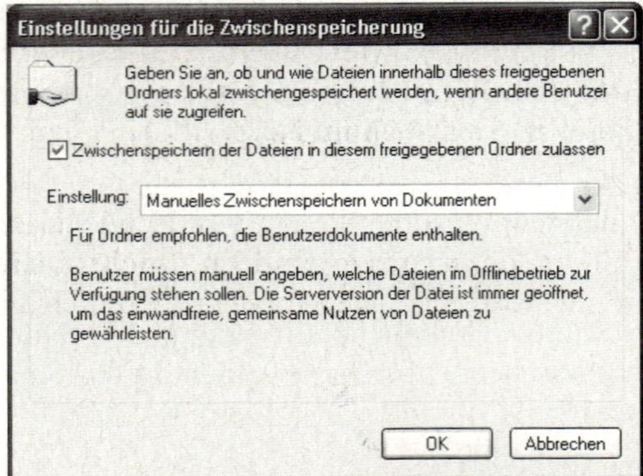

Abbildung 10.27 Konfigurieren freigegebener Dateien für die Offlineverwendung

Windows XP Professional stellt die folgenden drei Einstellungen für die Zwischenspeicherung zur Verfügung:

- **Manuelles Zwischenspeichern von Dokumenten:** Die Standardeinstellung. Benutzer müssen alle Dateien, die offline verfügbar sein sollen, manuell angeben. Zur Gewährleistung einer einwandfreien gemeinsamen Nutzung von Dateien wird die Serverversion der Datei immer geöffnet.
- **Automatisches Zwischenspeichern von Dokumenten:** Jede Datei, die ein Benutzer öffnet, wird automatisch auf die Festplatte des Arbeitscomputers geladen und dort zwischengespeichert, sodass sie auch offline zur Verfügung steht. Wenn bereits eine ältere Version der Datei auf der Festplatte des Benutzers gespeichert ist, wird diese automatisch durch die neuere Version ersetzt. Zur Gewährleistung einer einwandfreien gemeinsamen Nutzung von Dateien wird die Serverversion der Datei immer geöffnet.
- **Autom. Zwischenspeichern von Programmen und Dokumenten:** Geöffnete Dateien werden automatisch auf die Festplatte des Benutzers heruntergeladen und dort zwischengespeichert, sodass sie offline zur Verfügung stehen. Wenn bereits eine ältere Version der Datei auf der Festplatte des Benutzers gespeichert ist, wird diese automatisch durch die neuere Version ersetzt. Eine einwandfreie gemeinsame Nutzung von Dateien ist nicht gewährleistet.

Synchronisieren von Offlineordnern und -dateien

Wenn Offlinedateien auf dem Client verfügbar gemacht werden, ist die Synchronisation von Offlinedateien als Standardeinstellung so konfiguriert, dass sie beim Abmelden durchgeführt wird. Wenn die im Netzwerk gespeicherte Kopie der Datei, deren zwischengespeicherte Version Sie bearbeiten, während dieser Zeit nicht verändert wird, ist die anschließende Synchronisierung sehr einfach. Die von Ihnen vorgenommenen Änderungen werden dann in die Datei im Netzwerk geschrieben. Es kann aber vorkommen, dass ein weiterer Benutzer die im Netzwerk gespeicherte Version der Datei bearbeitet, während Sie die Datei offline bearbeiten. Bei einer gleichzeitigen Bearbeitung beider Exemplare der Datei haben Sie die Wahl zwischen drei Möglichkeiten. Sie können Ihre bearbeitete Version behalten, die Datei im Netzwerk aber nicht aktualisieren, Sie können Ihre zwischengespeicherte Version mit der Version im Netzwerk überschreiben oder je eine Kopie beider Versionen der Datei behalten. Im letzteren Fall müssen Sie Ihre Version der Datei umbenennen. Sowohl auf Ihrer Festplatte als auch im Netzwerk sind dann beide Versionen der Datei gespeichert.

Sie können die Synchronisation auch anders konfigurieren oder von Hand starten, indem Sie den Synchronisationsmanager ausführen, der im Dialogfeld **Zu synchronisierende Objekte** (Abbildung 10.28) zur Verfügung steht. Sie haben folgende Möglichkeiten, den Synchronisationsmanager zu starten:

- Wählen Sie im Startmenü **Alle Programme/Zubehör/Synchronisieren**.
- Wählen Sie im Windows-Explorer den Menübefehl **Extras/Synchronisieren**.

Beachten Sie, dass Sie Ihre Offlinedateien manuell mit den Dateien im Netzwerk synchronisieren können, indem Sie auf die Schaltfläche **Synchronisieren** klicken. Möchten Sie dagegen den Synchronisationsmanager konfigurieren, klicken Sie auf die Schaltfläche **Setup**.

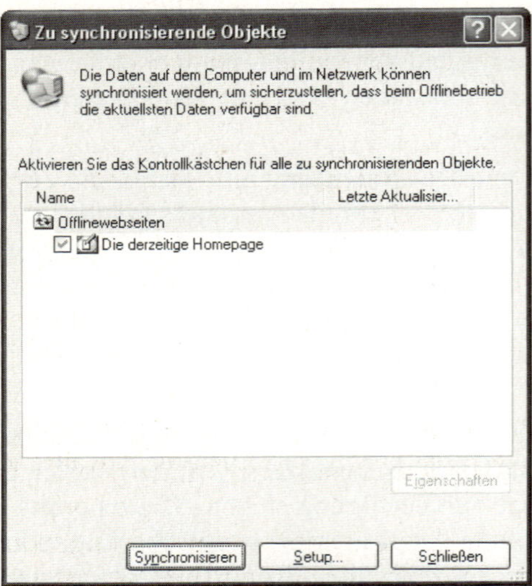

Abbildung 10.28 Wählen Sie ein Element aus, das Sie von Hand synchronisieren wollen

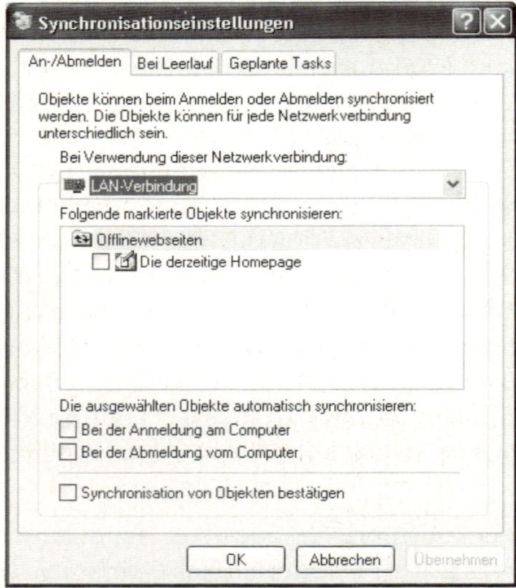

Abbildung 10.29 Die Registerkarte **An-/Abmelden** im Dialogfeld **Synchronisationseinstellungen**

Für das Konfigurieren des Synchronisationsmanagers stehen Ihnen drei Optionsgruppen zur Verfügung. Die erste Gruppe befindet sich auf der Registerkarte **An-/Abmelden** (Abbildung 10.29). Sie können einstellen, ob die Dateien bei der Anmeldung, bei der Abmeldung oder sowohl bei der Anmeldung als auch bei der Abmeldung synchronisiert werden sollen. Darüber hinaus können Sie festlegen, dass Sie die Durchführung eines Synchronisationsvorgangs bestätigen möchten, bevor dieser durchgeführt wird. Sie können festlegen, welche Objekte beim Anmelden und Abmelden jeweils synchronisiert werden sollen, und außerdem können Sie die Netzwerkverbindung angeben.

Die zweite Optionsgruppe zum Konfigurieren des Synchronisationsmanagers befindet sich auf der Registerkarte **Bei Leerlauf**. Die hier konfigurierbaren Objekte ähneln denen auf der Registerkarte **An-/Abmelden**. Auf der Registerkarte **Bei Leerlauf** können folgende Elemente konfiguriert werden:

- **Bei Verwendung dieser Netzwerkverbindung:** Mit dieser Option geben Sie die Netzwerkverbindung und die zu synchronisierenden Elemente an.
- **Folgende markierte Objekte synchronisieren:** Mit dieser Option legen Sie fest, welche Objekte synchronisiert werden sollen.
- **Objekte synchronisieren, wenn der Computer im Leerlauf ist:** Mit diesem Kontrollkästchen aktivieren und deaktivieren Sie die Synchronisierung, während sich der Computer im Leerlauf befindet.

Klicken Sie auf der Registerkarte **Bei Leerlauf** auf **Erweitert**, um die folgenden Optionen zu konfigurieren: **Offlineobjekte automatisch synchronisieren, wenn der Computer im Leerlauf ist für mindestens:** ***X*** **Minuten**, **Wiederholungsintervall für die Synchronisation im Leerlaufbetrieb:** ***X*** **Minuten** oder **Keine Synchronisation, wenn der Computer im Akkubetrieb läuft**.

Die dritte Optionsgruppe zum Planen der Synchronisierung befindet sich auf der Registerkarte **Geplante Tasks**. Wenn Sie auf **Hinzufügen** klicken, wird der Assistent für geplante Synchronisation gestartet. Auf der Seite **Willkommen** des Assistenten für geplante Synchronisation legen Sie die Verbindung und die zu synchronisierenden Elemente fest. Darüber hinaus können Sie hier angeben, ob automatisch eine Verbindung hergestellt werden soll, falls zum Zeitpunkt der geplanten Synchronisierung keine Verbindung besteht. Anschließend wird die Seite **Geben Sie Datum und Uhrzeit an, zu der die Synchronisation gestartet werden soll** angezeigt. Hier können Sie Datum und Uhrzeit angeben, zu der die Synchronisierung zu starten ist. Auf dieser Seite können Sie festlegen, wie oft die Synchronisierung vorzunehmen ist. Die Einstellungen sehen eine tägliche, eine werktägliche sowie eine in bestimmten Tagesintervallen vorzunehmende Synchronisierung vor. Auf der dritten Seite des Assistenten weisen Sie der geplanten Synchronisierung einen Namen zu, und auf der letzten Seite überprüfen Sie die Einstellungen.

Übung: Konfigurieren von Offlineordnern und -dateien

In dieser Übung konfigurieren Sie Ihren Windows XP Professional-Computer so, als sei er ein Laptop mit dem Betriebssystem Windows XP Professional, damit Sie Offlinedateien und -ordner verwenden können.

Übung 1: Konfigurieren on Offlineordnern und -dateien

1. Melden Sie sich über ein Konto an, das Mitglied der Administratorengruppe ist.
2. Klicken Sie im Startmenü mit der rechten Maustaste auf **Arbeitsplatz**, und klicken Sie dann auf **Öffnen**.

3. Klicken Sie im Menü **Extras** auf **Ordneroptionen**.

   Das Dialogfeld **Ordneroptionen** wird eingeblendet.

4. Klicken Sie auf die Registerkarte **Offlinedateien**.

Wichtig Die schnelle Benutzerumschaltung und die Option **Offlinedateien** können nicht gleichzeitig aktiviert werden. Gehen Sie folgendermaßen vor, falls die schnelle Benutzerumschaltung aktiviert ist: Klicken Sie auf **Abbrechen**, um das Dialogfeld **Ordneroptionen** zu schließen. Öffnen Sie das Systemsteuerungsmodul **Benutzerkonten**, und wählen Sie **Art der Benutzeranmeldung ändern**. Deaktivieren Sie das Kontrollkästchen **Schnelle Benutzerumschaltung verwenden**, und klicken Sie auf **Optionen übernehmen**. Schließen Sie das Fenster **Benutzerkonten**. Klicken Sie im Fenster **Arbeitsplatz** im Menü **Zubehör** auf **Ordneroptionen**, und klicken Sie dann auf die Registerkarte **Offlinedateien**. Fahren Sie mit Schritt 5 fort.

5. Aktivieren Sie das Kontrollkästchen **Offlinedateien aktivieren**.
6. Vergewissern Sie sich, dass das Kontrollkästchen **Alle Offlinedateien vor der Abmeldung synchronisieren** aktiviert ist, und klicken Sie dann auf **OK**.

   Ihr Computer ist nun für die Verwendung von Offlineordnern und -dateien konfiguriert.

7. Schließen Sie das Fenster **Arbeitsplatz**.

Übung 2: Konfigurieren eines freigegebenen Ordners als Offlineordner

In dieser Übung konfigurieren Sie eine Netzwerkfreigabe auf einem Windows XP Professional-Computer so, dass die Benutzer Zugriff auf die darin enthaltenen Dateien erhalten und offline mit ihnen arbeiten können.

1. Stellen Sie sicher, dass Sie weiterhin als Administrator angemeldet sind, und starten Sie den Windows-Explorer.
2. Erstellen Sie einen Ordner mit dem Namen **C:\Offline**.
3. Klicken Sie mit der rechten Maustaste auf **Offline**, und klicken Sie auf **Freigabe und Sicherheit**.

   Der Windows-Explorer zeigt das Dialogfeld **Eigenschaften von Offline** mit ausgewählter Registerkarte **Freigabe** an.

4. Klicken Sie auf **Diesen Ordner freigeben** und anschließend auf **Zwischenspeichern**.

   Der Windows-Explorer blendet das Dialogfeld **Einstellungen für die Zwischenspeicherung** ein.

5. Stellen Sie sicher, dass im Kombinationsfeld **Einstellung** die Option **Manuelles Zwischenspeichern von Dokumenten** aktiviert ist, und klicken Sie auf **OK**.
6. Klicken Sie auf **OK**, um das Dialogfeld **Eigenschaften von Offline** zu schließen.

   Lassen Sie den Windows-Explorer geöffnet.

Übung 3: Konfigurieren des Synchronisationsmanagers

1. Klicken Sie auf das Menü **Extras** und anschließend auf **Synchronisieren**.

   Das Dialogfeld **Zu synchronisierende Objekte** wird angezeigt. Hier können Sie angeben, welche Ordner synchronisiert werden sollen.

2. Wenn keine Objekte ausgewählt sind, klicken Sie auf **Die derzeitige Homepage** und anschließend auf **Setup**.

   Das Dialogfeld **Synchronisationseinstellungen** wird mit ausgewählter Registerkarte **An-/Abmelden** angezeigt.

3. Überprüfen Sie die Optionen auf den Registerkarten **An-/Abmelden**, **Bei Leerlauf** und **Geplante Tasks**.
4. Wählen Sie auf der Registerkarte **An-/Abmelden** die Option **Die derzeitige Homepage** aus.
5. Stellen Sie sicher, dass die Kontrollkästchen **Bei der Anmeldung am Computer** und **Bei der Abmeldung vom Computer** aktiviert sind.
6. Aktivieren Sie das Kontrollkästchen **Synchronisation von Objekten bestätigen**, und klicken Sie auf **OK**.
7. Klicken Sie auf **Schließen**, um das Dialogfeld **Zu synchronisierende Objekte** zu schließen, und schließen Sie dann den Windows-Explorer.

Lernzielkontrolle

Anhand der folgenden Fragen können Sie überprüfen, ob Sie die Themen dieser Lektion so gut beherrschen, dass Sie mit der nächsten Lektion weitermachen können. Falls Sie eine Frage nicht beantworten können, sollten Sie die Lektion noch einmal durcharbeiten, und dann erneut versuchen, die Frage zu beantworten. Die Antworten auf die Lernzielkontrollfragen finden Sie im Abschnitt „Fragen und Antworten" am Ende dieses Kapitels.

1. Wie können Sie Ihren Computer für die Verwendung von Offlineordnern und -dateien konfigurieren?

   ____

   ____

   ____

2. Welches Windows XP Professional-Tool kann für die Bereitstellung von Offlinedateien auf einem Computer verwendet werden? Welche Schritte sind auszuführen, um anderen Benutzern den Zugriff auf Dateien auf Ihrem Computer zu gestatten?

   ____

   ____

3. Welche Aufgabe(n) erfüllt der Synchronisationsmanager?

   ____

   ____

Zusammenfassung der Lektion

- Um Offlinedateien verwenden zu können, müssen Sie Ihren Computer im Fenster **Arbeitsplatz** oder im Windows-Explorer mit dem Menübefehl **Extras/Ordneroptionen** für den Einsatz von Offlinedateien konfigurieren.
- Nachdem Sie die Verwendung von Offlinedateien aktiviert haben, können Sie über die Netzwerkumgebung jeden beliebigen Netzwerkordner, für den die Zwischenspeicherung aktiviert ist, offline verfügbar machen.
- Wenn Sie freigegebene Ordner auf Ihrem eigenen Computer für andere Benutzer als Offlineordner zur Verfügung stellen möchten, müssen Sie auf der Registerkarte **Freigabe** im Eigenschaftendialogfeld des Ordners die Zwischenspeicherung konfigurieren. In der Standardeinstellung sind freigegebene Ordner für die Offlineverwendung konfiguriert.
- Über den Synchronisationsmanager können Sie festlegen, dass die Synchronisierung bei der Anmeldung, bei der Abmeldung beziehungsweise bei An- und Abmeldung vorgenommen werden soll. Sie können darüber hinaus festlegen, dass Sie bei jeder Synchronisierung zum Bestätigen der Aufgabenausführung aufgefordert werden.

Übung mit Fallbeispiel

In dieser Übung wird ein Szenario beschrieben, bei dem mit Datenspeichern gearbeitet wird. Beantworten Sie nach dem Durchlesen des Szenarios die Fragen. Falls Sie Schwierigkeiten haben, sollten Sie den Inhalt dieses Kapitels noch einmal durcharbeiten, bevor Sie das nächste Kapitel in Angriff nehmen. Die Antworten auf die Fragen finden Sie im Abschnitt „Fragen und Antworten“ am Ende dieses Kapitels.

Szenario

Sie arbeiten als Administrator für ein Unternehmen namens Fabrikam, Inc., Hersteller von Neonfarben, die für Schutzkleidung in verschiedenen Industriezweigen eingesetzt werden. Sie haben mit einer Benutzerin namens Iris zu tun, die Ausstellungen des Unternehmens auf Messen plant und leitet. Das Unternehmen hat Iris gerade einen neuen Notebookcomputer gekauft, den sie auf ihren Dienstreisen verwendet.

Fragen

1. Der neue Notebookcomputer von Iris hat eine 16-GByte-Festplatte, die Sie als einzelnes Volume konfigurieren wollen. Dies ist die einzige Festplatte im Computer. Sollten Sie einen Basisdatenträger oder einen dynamischen Datenträger erstellen?

   ____

   ____

   ____

2. Wenn Iris auf Messeständen arbeitet, wird sie oft abgelenkt und kann ihren Notebookcomputer nicht ständig im Blick behalten. Der Computer enthält vertrauliche Daten des Unternehmens, die Außenstehende nicht sehen dürfen. Iris will die Dateien

auf ihrem Computer schützen. Dieser Schutz soll auch dann wirksam sein, wenn der Computer gestohlen wird. Können Sie auf ihrem Notebookcomputer die Verschlüsselung konfigurieren? Falls ja, welche Vorsichtsmaßnahmen sollten Sie treffen?

3. Das Festplattenlaufwerk im Notebookcomputer von Iris ist nicht allzu groß. Sie arbeitet oft mit großen Werbebroschüren und speichert viele Bilddateien der Unternehmensprodukte. Sie möchte diese Dateien komprimieren, um Platz zu sparen. Was sollten Sie Iris raten?

4. Welches Dienstprogramm sollten Sie Iris zeigen, damit sie immer möglichst viel freien Platz auf ihrer Festplatte hat?

5. Sie haben den Notebookcomputer von Iris so konfiguriert, dass er über das Internet eine sichere Verbindung zum Unternehmensnetzwerk herstellt. So kann Iris auf die E-Mail-Server und Dateiserver des Unternehmens zugreifen. Iris möchte außerdem in der Lage sein, auch dann auf bestimmte freigegebene Dateien im Unternehmensnetzwerk zuzugreifen, wenn gerade keine Verbindung zum Netzwerk besteht. Was sollten Sie tun?

Übung zur Problembehandlung

Sie sind ein Administrator für das Unternehmen Humongous Insurance, Anbieter von Krankenversicherungen. Am Freitagmorgen bekommen Sie einen Anruf von Jonas, einem Benutzer in der Schadensregulierung. Er hat eine Windows XP Professional-Arbeitsstation. Jonas erklärt, dass er Dokumente auf seinem Computer immer auf Laufwerk **E** speichert. Als er aber gerade versucht hat, ein großes Dokument auf seinen lokalen Computer zu verschieben und im Laufwerk **E** zu speichern, hat er eine Fehlermeldung bekommen, dass dieses Laufwerk nicht gefunden wurde. Es hat im Fenster **Arbeitsplatz** nachgesehen, und das Laufwerk wird tatsächlich nicht aufgeführt.

Sie stellen im Tool Computerverwaltung eine Verbindung zum Computer von Jonas her und öffnen das Tool Datenträgerverwaltung. Sie sehen die folgende Konfiguration:

- **Datenträger 0** ist als Basisdatenträger konfiguriert und enthält eine Partition. Der Laufwerkbuchstabe für die Partition ist **C** und die Partition ist als Systempartition gekennzeichnet. Die Datenträgerverwaltung kennzeichnet den Datenträger als **Online** und Partition **C** als **Fehlerfrei**.
- **Datenträger 1** ist als dynamischer Datenträger konfiguriert, aber die Datenträgerverwaltung meldet den Datenträger als **Fehlend**.
- **Datenträger 2** ist als CD-ROM-Laufwerk mit dem Laufwerkbuchstaben **D** konfiguriert.

Wo vermuten Sie die Ursache des Problems? Wie können Sie Jonas helfen?

____

____

____

____

____

____

____

____

Zusammenfassung des Kapitels

- Windows XP Professional unterstützt zwei Typen von Speichergeräten: Basisdatenträger und dynamische Datenträger. Alle Datenträger sind in der Standardeinstellung Basisdatenträger, aber Sie können einen Basisdatenträger in einen dynamischen Datenträger konvertieren, ohne dass die Daten dabei verloren gehen. Windows XP Professional stellt zum Konfigurieren, Verwalten und Überwachen von Datenträgern und Volumes das Dienstprogramm Datenträgerverwaltung zur Verfügung. Mit dem Befehl **Diskpart** können Sie Datenträger auch von der Befehlszeile aus verwalten.
- Windows XP Professional stellt zwei Typen der Komprimierung zur Verfügung: ZIP-komprimierte Ordner und NTFS-Komprimierung. Ein ZIP-komprimierter Ordner

wird im Windows-Explorer mit einem Reißverschlusssymbol dargestellt. NTFS-Komprimierung ist eine Funktion des Dateisystems NTFS, die es Ihnen erlaubt, Dateien, Ordner oder ein gesamtes Volume zu komprimieren.

- Mithilfe von Windows XP Professional-Datenträgerkontingenten können Sie Benutzern Festplattenplatz zuweisen. Datenträgerkontingente überwachen und steuern, wie viel Platz jeder Benutzer auf einem Volume belegt. Sie können Datenträgerkontingente, Warnschwellen und Kontingentgrenzen für alle oder einzelne Benutzer festlegen. Datenträgerkontingente können nur für NTFS-Volumes aktiviert werden.
- Das verschlüsselnde Dateisystem (Encrypting File System, EFS) ermöglicht Benutzern das Verschlüsseln von Dateien und Ordnern auf einem NTFS-Volume über ein leistungsstarkes, auf öffentlichen Schlüsseln basierendes Verschlüsselungsschema, mit dem sämtliche Dateien in einem Ordner verschlüsselt werden. Sie können für eine Datei oder einen Ordner nicht gleichzeitig die Komprimierung und die Verschlüsselung nutzen. Dateien bleiben auch dann verschlüsselt, wenn Sie die Dateien verschieben, umbenennen oder sichern.
- Windows XP Professional stellt zum Warten von Datenträgern drei Dienstprogramme zur Verfügung:
  - Windows XP Professional speichert Dateien und Ordner nicht unbedingt in einem zusammenhängenden Speicherbereich, sondern im ersten freien Speicherbereich eines Datenträgers. Das kann zur Fragmentierung von Dateien und Ordern führen. Das Windows XP Professional-Systemprogramm Defragmentierung ermittelt fragmentierte Dateien und Ordner und defragmentiert sie, sodass das System Dateien und Ordner effizienter lesen und speichern kann.
  - Das Tool Datenträgerprüfung wird eingesetzt, um Dateisystemfehler zu beheben, beschädigte Sektoren zu ermitteln und noch lesbare Daten aus diesen Sektoren wiederherzustellen.
  - Das Tool Datenträgerbereinigung gibt Speicherplatz frei, indem temporäre Dateien, zwischengespeicherte Internetdateien und nicht mehr benötigte Programme ermittelt werden, die gefahrlos gelöscht werden können.
- Mit der Funktion Offlinedateien kann Windows temporäre Kopien von freigegebenen Dateien im Netzwerk erstellen, mit denen Sie arbeiten können, während Sie keine Verbindung zum Netzwerk haben. Um Offlinedateien verwenden zu können, müssen Sie Ihren Computer im Fenster **Arbeitsplatz** oder im Windows-Explorer mit dem Menübefehl **Extras/Ordneroptionen** für den Einsatz von Offlinedateien konfigurieren. Nachdem Sie die Verwendung von Offlinedateien aktiviert haben, können Sie über die Netzwerkumgebung jeden beliebigen Netzwerkordner, für den die Zwischenspeicherung aktiviert ist, offline verfügbar machen.

Prüfungsrelevante Themen

Vor der Prüfungsteilnahme sollten Sie die nachfolgend aufgeführten Schlüsselinformationen und -begriffe noch einmal durcharbeiten. Diese Informationen sind für das Bestehen der Prüfung von entscheidender Bedeutung.

Schlüsselinformationen

- Windows XP Professional unterstützt keine fehlertoleranten Datenträgerkonfigurationen. Mit übergreifenden Volumes können Sie unterschiedliche Mengen von Festplattenplatz aus mehreren Festplatten für ein einziges Volume verwenden. Mit Stripesetvolumes können Sie gleich große Mengen an Festplattenplatz aus mehreren Festplatten verwenden. Der Vorteil von Stripesetvolumes liegt darin, dass Windows Informationen schneller in ein solches Volume schreiben kann.
- Wenn Sie einen Basisdatenträger in einen dynamischen Datenträger konvertieren, bleiben die Daten auf dem Datenträger erhalten. Wenn Sie umgekehrt einen dynamischen Datenträger in einen Basisdatenträger konvertieren, gehen alle Daten auf dem Datenträger verloren.
- Komprimierte Dateien können nicht verschlüsselt, verschlüsselte Dateien nicht mit der NTFS-Komprimierung komprimiert werden.
- NTFS weist Festplattenspeicher basierend auf der Dateigröße im nicht komprimierten Zustand zu. Wenn Sie eine komprimierte Datei auf ein NTFS-Volume kopieren möchten, auf dem zwar genügend Platz für die komprimierte Datei, nicht aber für die Datei in Originalgröße ist, wird Ihnen möglicherweise in einer Fehlermeldung mitgeteilt, dass nicht genug Speicherplatz vorhanden ist, und die Datei wird nicht kopiert.

Schlüsselbegriffe

Basisdatenträger Ein Hardwaredatenträger, auf den lokal über MS-DOS und alle Windows-Betriebssysteme zugegriffen werden kann. Basisdatenträger können bis zu vier primäre Partitionen enthalten oder drei primäre Partitionen und eine erweiterte Partition mit mehreren logischen Laufwerken. Falls Sie Partitionen erstellen wollen, die mehrere Datenträger überspannen, müssen Sie den Basisdatenträger erst in der Datenträgerverwaltung oder mit dem Befehlszeilenprogramm **DiskPart.exe** in einen dynamischen Datenträger konvertieren. Für die Frage, ob Computer, die unter anderen Betriebssystemen laufen, auf freigegebene Ordner auf dem Datenträger zugreifen können, ist es egal, ob es sich um einen Basis- oder einen dynamischen Datenträger handelt.

Bereitgestelltes Volume Ein Volume, dem Sie keinen Laufwerkbuchstaben, sondern einen Pfad auf einem vorhandenen Volume zuweisen.

Cipher Ein Befehlszeilenprogramm, das Dateien und Ordner aus einer Eingabeaufforderung heraus verschlüsseln und entschlüsseln kann.

Datenträgerbereinigung Ein Dienstprogramm, das berechnet, wie viel Platz Sie gewinnen, indem Sie bestimmte Arten von Dateien löschen, zum Beispiel Temporärdateien und heruntergeladene Programmdateien.

Datenträgerkontingent Eine Funktion, mit der Sie festlegen können, wie viel Festplattenplatz Benutzern für ihre Dateien und Ordner zugeteilt wird.

Datenträgerprüfung (CheckDisk) Ein Befehlszeilenprogramm, das die Integrität des Dateisystems auf einem Volume überprüft und repariert.

Datenträgerverwaltung Der Name des Windows XP-Dienstprogramms, mit dem Sie fest eingebaute und wechselbare Datenträger verwalten sowie Volumes und Partitionen erstellen und verwalten.

Defragmentierung Das Programm für das Defragmentieren eines Laufwerks in Windows XP.

Defragmentierung Der Vorgang des Auffindens und Zusammenführens fragmentierter Dateien und Ordner. Bei der Defragmentierung werden die Bestandteile einer Datei oder eines Ordners an einem Platz zusammengeführt, um einen einzigen, zusammenhängenden Bereich auf der Festplatte zu bilden.

Diskpart Ein Befehl zum Ausführen von Laufwerksverwaltungsaufgaben aus einer Eingabeaufforderung heraus. Sie können damit auch Skripts schreiben, um Aufgaben zu automatisieren, die Sie häufig oder auf mehreren Computern durchführen müssen.

Dynamische Datenträger Ein Hardwaredatenträger, auf den nur Windows 2000 und Windows XP zugreifen können. Dynamische Datenträger bieten Features, die mit Basisdatenträgern nicht möglich sind, zum Beispiel Unterstützung für Volumes, die mehrere Datenträger überspannen. Dynamische Datenträger speichern in einer versteckten Datenbank Informationen über dynamische Volumes auf dem Datenträger und anderen dynamischen Datenträgern im Computer. Sie können einen Basisdatenträger im Dienstprogramm Datenträgerverwaltung oder mit dem Befehlszeilenprogramm **DiskPart** in einen dynamischen Datenträger konvertieren. Wenn Sie einen Basisdatenträger in einen dynamischen Datenträger konvertieren, werden alle vorhandenen Basisvolumes zu dynamischen Volumes. Für die Frage, ob Computer, die unter anderen Betriebssystemen laufen, auf freigegebene Ordner auf dem Datenträger zugreifen können, ist es egal, ob es sich um einen Basis- oder einen dynamischen Datenträger handelt.

Einfaches Volume Ein dynamisches Volume, das Festplattenplatz auf einer einzigen Festplatte enthält und bei Bedarf erweitert werden kann.

Erweiterte Partition Eine Partition, die eine Möglichkeit bietet, die Grenze von vier primären Partitionen zu sprengen. Sie können eine erweiterte Partition nicht mit einem Dateisystem formatieren. Stattdessen dienen erweiterte Partitionen als Container, in dem Sie beliebig viele logische Partitionen anlegen können.

Fest eingebautes Speichergerät Ein Speichergerät, das nicht ohne weiteres entfernt werden kann, zum Beispiel ein Festplattenlaufwerk.

Formatierung Das Vorbereiten einer Festplatte, damit sie Daten speichern kann. Dazu wird auf dem Laufwerk ein Dateisystem (zum Beispiel NTFS oder FAT) angelegt.

Fragmentierung Der Prozess, bei dem Fragmente einer Datei über die Festplatte verstreut werden und nicht mehr in einem zusammenhängenden Festplattenbereich vorliegen. Wenn eine Festplatte viele nicht zusammenhängende Datei- und Ordnerfragmente enthält, dauert der Dateizugriff länger, da der Computer mehrere Lesevorgänge ausführen muss, um die verschiedenen Bestandteile zusammenzuführen.

Komprimierte Ordner Eine Funktion zum Komprimieren von Ordnern auf Volumes, die mit NTFS oder FAT formatiert sind. Komprimierte Ordner sind mit anderen ZIP-Programmen kompatibel.

Laufwerkbuchstabe Dient zum Zugriff auf das Volume über den Windows-Explorer und andere Anwendungen. Festplatten, Diskettenlaufwerke, CD-ROM- und DVD-Laufwerke, Wechsellaufwerke und Bandgeräte haben Laufwerkbuchstaben.

Logisches Laufwerk Ein Speicherbereich, den Sie innerhalb einer erweiterten Partition einer Festplatte definieren. Logische Laufwerke ähneln primären Partitionen, Sie können aber unbegrenzt viele logische Laufwerke auf einer Festplatte anlegen. Sie können ein logisches Laufwerk formatieren und ihm einen Laufwerkbuchstaben zuweisen.

NTFS-Komprimierung Eine Funktion des Dateisystems NTFS, die eine dynamische Komprimierung und Dekomprimierung für Ordner und Dateien durchführt, die mit dem Komprimierungsattribut gekennzeichnet sind.

Offlinedateien Ein Feature von Windows XP Professional, das temporäre Kopien von freigegebenen Netzwerkdateien auf einem lokalen Computer anlegt, damit Sie auf diese Dateien zugreifen können, während der lokale Computer keine Verbindung mit dem Netzwerk hat.

Primäre Partition Eine Partition, die Sie als das aktive (oder bootfähige) Laufwerk konfigurieren können. Sie können auf einem Computer, der unter einem Windows-Betriebssystem läuft, bis zu vier primäre Partitionen konfigurieren (drei Partitionen, falls Sie außerdem eine erweiterte Partition auf der Festplatte haben).

Stripesetvolume Ein dynamisches Volume, das Festplattenplatz aus mindestens zwei Datenträgern umfasst (bis maximal 32 Datenträger). Im Unterschied zu übergreifenden Volumes müssen Sie bei Stripesetvolumes auf jedem Datenträger gleich viel Festplattenplatz verwenden. Stripesetvolumes bieten höhere Leistung, weil es schneller geht, zwei kleinere Abschnitte einer Datei auf zwei Laufwerken zu lesen oder zu schreiben als die gesamte Datei auf einem einzigen Laufwerk. Sie können Stripesetvolumes allerdings nicht erweitern und sie bieten keine Fehlertoleranz.

Übergreifendes Volume Ein dynamisches Volume, das sich aus Speicherplatz auf mehreren (bis maximal 32) physischen Datenträgern zusammensetzt. Auf jedem Datenträger kann eine andere Menge an Festplattenplatz belegt werden. Übergreifende Volumes sind nicht fehlertolerant. Falls einer der Datenträger innerhalb des übergreifenden Volumes ausfällt, verlieren Sie sämtliche Daten des gesamten übergreifenden Volumes.

Verschlüsselndes Dateisystem (Encrypting File System, EFS) Ein Feature von Windows XP Professional, über das Dateien auf einem NTFS-Volume verschlüsselt werden.

Verschlüsselung Ein Vorgang, der Informationen in ein nicht lesbares Format überführt, um sie vor unbefugtem Zugriff oder vor unbefugter Einsichtnahme zu schützen.

Wechselmediengerät Ein Speichergerät, bei dem Sie entweder das Gerät selbst oder das vom Gerät verwendete Medium wechseln können.

Wiederherstellungsagent Ein Benutzerkonto, das über die Fähigkeit verfügt, eine verschlüsselte Datei oder einen verschlüsselten Ordner zu entschlüsseln, falls der Besitzer der Ressource das Dateiverschlüsselungszertifikat verloren hat, das sonst für die Entschlüsselung benötigt wird.

Fragen und Antworten

Seite 494

Lernzielkontrolle Lektion 1

1. Auf welchen Arten von Computern können Sie dynamische Datenträger einsetzen?

   Dynamische Datenträger können Sie nur auf Computern verwenden, die unter Windows XP Professional oder Windows 2000 Professional laufen. Tragbare Computer bieten keine Unterstützung für dynamische Datenträger.

2. Welche Aktionen müssen Sie ausführen, um einen dynamischen Datenträger in einen Basisdatenträger zurück zu konvertieren? Welche Einschränkungen sind bei diesem Vorgang zu beachten?

   Löschen Sie in der Datenträgerverwaltung alle Volumes vom Datenträger. Klicken Sie dann mit der rechten Maustaste auf den Datenträger und wählen Sie den Befehl **In einen Basisdatenträger konvertieren**. Alle Daten gehen verloren, wenn Sie einen dynamischen Datenträger in einen Basisdatenträger konvertieren. Sie müssen den Basisdatenträger nach der Konvertierung neu partitionieren und formatieren.

Seite 502

Lektion 2, Übung 2

15. In welcher Farbe wird der Name des Ordners **Komprimiert** angezeigt?

    Blau. Dies ist in Windows XP die Standardeinstellung zum Kennzeichnen eines komprimierten Ordners.

Seite 504

Lektion 2, Übung 3

2. Ist der Ordner **Komprimiert2** komprimiert oder nicht komprimiert? Begründen Sie Ihre Antwort.

   Der Ordner **Komprimiert2** ist komprimiert, weil Sie in Übung 2 festgelegt haben, dass alle Unterordner und Dateien ebenfalls komprimiert werden sollen.

7. Woran erkennen Sie, dass der Ordner **Komprimiert2** nicht mehr komprimiert ist?

   Der Ordnername wird wieder in der ursprünglichen Farbe angezeigt (normalerweise schwarz).

Seite 504

Lektion 2: Übung 4

4. Wie können Sie prüfen, ob die Datei **Text1.txt** komprimiert ist?

   Der Ordnername wird in blauer Farbe angezeigt.

3. Ist die Datei **Text1.txt** im Ordner **Komprimiert2** komprimiert oder nicht komprimiert? Begründen Sie Ihre Antwort.

Nicht komprimiert. Eine neue Datei erbt den Komprimierungsstatus des Ordners, in dem sie erstellt wird.

2. Ist die Datei **Text1.txt** im Ordner **Komprimiert** komprimiert oder unkomprimiert? Begründen Sie Ihre Antwort.

   Unkomprimiert. Eine neue Datei erbt den Komprimierungsstatus des Ordners, in dem sie erstellt wird.

5. Ist die Datei **Text1.txt** im Ordner **Komprimiert2** komprimiert oder unkomprimiert? Begründen Sie Ihre Antwort.

   Komprimiert. Wenn eine Datei in einen anderen Ordner auf derselben Partition verschoben wird, ändert sich ihr Komprimierungsstatus nicht.

Seite 505

Lernzielkontrolle Lektion 2

1. Ein Benutzer versucht, eine komprimierte Datei von einem NTFS-Volume auf ein anderes zu kopieren. Der Kopiervorgang schlägt fehl, und es wird eine Fehlermeldung angezeigt, auf dem Zielvolume sei nicht genügend Speicherplatz für die Datei vorhanden, obwohl der Benutzer zuvor geprüft hat, ob der Speicherplatz für die komprimierte Bitmapdatei ausreichen würde. Warum wird diese Fehlermeldung angezeigt?

   Wenn Sie eine komprimierte Datei auf ein NTFS-Volume kopieren möchten, auf dem zwar genügend Platz für die komprimierte Datei, nicht aber für die Datei in Originalgröße ist, wird Ihnen möglicherweise in einer Fehlermeldung mitgeteilt, dass nicht genug Speicherplatz vorhanden ist, und die Datei wird nicht kopiert.

2. Bleibt beim Verschieben einer Datei zwischen NTFS-Volumes der Komprimierungsstatus des Quellordners erhalten, oder erbt die Datei den Komprimierungsstatus des Zielordners? Begründen Sie Ihre Antwort.

   Wenn Sie eine Datei oder einen Ordner von einem NTFS-Volume auf ein anderes verschieben, erbt die Datei oder der Ordner den Komprimierungszustand des Zielordners. Da Windows XP Professional das Verschieben wie einen Kopier- und Löschvorgang verarbeitet, erben die Dateien den Komprimierungsstatus des Zielordners.

3. Was passiert in Windows XP Professional, wenn Sie eine komprimierte Datei auf einer Diskette speichern? Begründen Sie Ihre Antwort.

   Wenn Sie eine NTFS-komprimierte Datei oder einen Ordner auf eine Diskette kopieren, werden die Datei oder der Ordner von Windows XP Professional automatisch dekomprimiert, da Disketten nicht mit NTFS formatiert werden können und daher keine Unterstützung für die NTFS-Komprimierung bieten.

4. Welche der folgenden Datei- oder Datentypen eignen sich gut für die NTFS-Komprimierung? (Wählen Sie alle zutreffenden Antworten aus.)

   a. Verschlüsselte Daten

   b. Häufig aktualisierte Daten

   c. Bitmapdateien

   d. Statische Daten

Die richtigen Antworten sind c und d. Antwort a ist nicht richtig, weil Sie eine Datei nicht gleichzeitig komprimieren und verschlüsseln können. Antwort b ist nicht richtig, weil die Komprimierung einen gewissen Aufwand beim Dateizugriff verursacht, daher sollten Sie keine Dateien komprimieren, auf die Sie häufig zugreifen.

Seite 513

Lektion 3, Übung 1

7. Welcher Wert ist standardmäßig für neue Benutzer angegeben?

   1 KByte

12. Was passiert mit der Kontingentstatusanzeige?

    Das Ampelsymbol wird kurz gelb. Das zeigt an, dass die Datenträgerkontingente für das Volume neu erstellt werden.

2. Wird darin eine Liste mit Benutzerkonten angezeigt? Begründen Sie Ihre Antwort.

   Ja. Die aufgelisteten Konten sind diejenigen, die angemeldet sind und Zugriff auf Laufwerk C: haben.

5. Klicken Sie auf **Speicherplatz beschränken auf**. Wie lauten die Standardeinstellungen für den Benutzer, für den Sie gerade eine Kontingentbeschränkung eingerichtet haben?

   Die Standardeinstellungen für Laufwerk C: lauten folgendermaßen: Die Option **Speicherplatz beschränken auf** ist auf 1 KByte eingestellt, die Option **Warnstufe festlegen auf** ist ebenfalls auf 1 KByte festgelegt.

16. Warum haben Sie diese Fehlermeldung erhalten?

    Sie haben Ihr Kontingentlimit erreicht. Da außerdem das Kontrollkästchen **Speicherplatz bei Kontingentüberschreitung verweigern** aktiviert wurde, können Sie nach Überschreitung des Kontingentlimits keinen weiteren Speicherplatz belegen.

Seite 516

Lernzielkontrolle Lektion 3

1. Welchen Zweck erfüllen Datenträgerkontingente?

   Mit Datenträgerkontingenten können Sie überwachen, wie viel Speicherplatz die einzelnen Benutzer auf der Festplatte aktuell belegen und wie viel ihnen in Anbetracht des zugewiesenen Kontingents noch zur Verfügung steht.

2. Welche der folgenden Aussagen trifft auf Windows XP Professional-Datenträgerkontingente zu? (Wählen Sie die richtige Antwort.)

   a. Mit Windows XP Professional-Datenträgerkontingenten können Sie überwachen und steuern, wie viel Speicherplatz einzelne Benutzer auf einzelnen Datenträgern belegen.

   b. Mit Windows XP Professional-Datenträgerkontingenten können Sie überwachen und steuern, wie viel Speicherplatz einzelne Gruppen auf einzelnen Volumes belegen.

c. Mit Windows XP Professional-Datenträgerkontingenten können Sie überwachen und steuern, wie viel Speicherplatz einzelne Benutzer auf einzelnen Volumes belegen.

d. Mit Windows XP Professional-Datenträgerkontingenten können Sie überwachen und steuern, wie viel Speicherplatz einzelne Gruppen auf einzelnen Datenträgern belegen.

Die richtige Antwort ist c. Antwort a ist nicht richtig, weil Datenträgerkontingente die Speichernutzung nicht für Datenträger überwachen. Die Antworten b und d sind nicht richtig, weil Datenträgerkontingente die Speichernutzung für einzelne Benutzer überwachen, nicht für Gruppen.

3. Welche der folgenden Aussagen treffen auf Windows XP Professional-Datenträgerkontingente zu? (Wählen Sie alle zutreffenden Antworten aus.)

   a. Datenträgerkontingente können nur für Windows XP Professional-NTFS-Volumes aktiviert werden.

   b. Datenträgerkontingente können für alle Arten von Windows XP Professional-Volumes aktiviert werden.

   c. Sie müssen mit dem Benutzerkonto **Administrator** angemeldet sein, um Standardeinstellungen für Datenträgerkontingente konfigurieren zu können.

   d. Mitglieder der Gruppen **Administratoren** und **Hauptbenutzer** können Standardeinstellungen für Datenträgerkontingente konfigurieren.

   Die richtigen Antworten sind a und c. Antwort b ist nicht richtig, weil das Volume mit NTFS formatiert sein muss. Antwort d ist nicht richtig, weil Mitglieder der Gruppe **Hauptbenutzer** keine Einstellung für die Kontingentverwaltung konfigurieren können.

4. Sie erhalten einen Anruf von einem Administrator, er könne einen Kontingenteintrag für einen Benutzer nicht löschen. Was sollte dieser Administrator überprüfen?

   Bitten Sie den Administrator, zunächst alle Dateien zu löschen, deren Besitzer der betreffende Benutzer ist beziehungsweise für die der Benutzer die Besitzrechte übernommen hat. Ein Kontingenteintrag für ein Benutzerkonto kann erst dann gelöscht werden, wenn sich keine Dateien auf dem Volume befinden, die dem Benutzer gehören.

Seite 523

Lektion 4, Übung

9. In welcher Farbe wird die Textdatei **GeheimeDatei.txt** angezeigt? Begründen Sie Ihre Antwort?

   Grün. Windows zeigt die Namen von verschlüsselten Dateien und Ordnern standardmäßig in grüner Farbe an.

17. Was geschieht?

   Sie werden in einem Meldungsfeld darüber informiert, dass der Dateizugriff verweigert wurde.

Seite 524

Lernzielkontrolle Lektion 4

1. Was ist Verschlüsselung und was ist EFS?

   Als Verschlüsselung wird der Vorgang bezeichnet, bei dem Informationen in einem nicht lesbaren Format gespeichert werden, um sie vor unberechtigtem Zugriff zu schützen. Das verschlüsselnde Dateisystem von Microsoft (Encrypting File System, EFS) stellt Verschlüsselungsdienste für die auf NTFS-Datenträgern gespeicherten Daten bereit. Die EFS-Verschlüsselung basiert auf öffentlichen Schlüsseln und wird wie ein integrierter Dienst ausgeführt. Dies vereinfacht die Verwaltung, erschwert mögliche Übergriffe und ist für den Dateibesitzer transparent.

2. Welche der folgenden Dateien und Ordner können Sie in Windows XP Professional verschlüsseln? (Wählen Sie alle zutreffenden Antworten aus.)

   a. Eine Datei auf einem NTFS-Volume

   b. Ein Ordner auf einem FAT-Volume

   c. Eine auf Diskette gespeicherte Datei

   d. Ein Ordner auf einem NTFS-Volume

   Die richtigen Antworten sind a und d. Antwort b ist nicht richtig, weil auf Volumes, die mit FAT formatiert sind, keine Verschlüsselung zur Verfügung steht. Antwort c ist nicht richtig, weil Sie eine Diskette nicht mit NTFS formatieren können.

3. Wie verschlüsseln Sie einen Ordner? Ist der Ordner tatsächlich verschlüsselt?

   Klicken Sie zum Verschlüsseln des Ordners im Eigenschaftendialogfeld des Ordners auf die Registerkarte **Allgemein**. Klicken Sie dort auf die Schaltfläche **Erweitert**, und aktivieren Sie das Kontrollkästchen **Inhalt verschlüsseln, um Daten zu schützen**. Alle in diesem Ordner enthaltenen Dateien werden verschlüsselt, und der Ordner ist für die Verschlüsselung markiert. Es werden nur die in einem für die Verschlüsselung markierten Ordner enthaltenen Ordner und Dateien verschlüsselt, nicht der Ordner selbst.

4. Wie können Sie eine Datei entschlüsseln, wenn der private Schlüssel des Dateibesitzers nicht verfügbar ist?

   Wenn der private Schlüssel des Besitzers nicht zur Verfügung steht, kann die Datei vom Wiederherstellungsagenten mit dessen privatem Schlüssel geöffnet werden.

5. Standardmäßig ist der Wiederherstellungsagent in einer Arbeitsgruppe auf einem Windows XP Professional-Computer der ____________, und der Wiederherstellungsagent in einer Domänenumgebung auf einem Windows XP Professional-Computer ist der ______________________.

   Administrator des lokalen Computers; Domänenadministrator

Seite 537

Lektion 5, Übung 3

4. Wozu verwenden Sie die Optionen auf dieser Registerkarte?

   Wenn durch die Ausführung der Datenträgerbereinigung nicht genügend Speicherplatz auf Ihrem Datenträger freigegeben wurde und Sie nach weiteren Möglichkeiten zum Freigeben von Speicherplatz suchen. Auf der Registerkarte **Weitere Optionen** können Sie Windows-

Komponenten, installierte Programme und gespeicherte Systemwiederherstellungspunkte löschen, um zusätzlichen Speicherplatz freizugeben.

Seite 538
Lernzielkontrolle Lektion 5

1. Was bedeutet Fragmentierung, und zu welchen Problemen kann sie führen?

   Als Fragmentierung wird der Prozess bezeichnet, bei dem Fragmente einer Datei über die Festplatte verstreut werden und nicht mehr in einem zusammenhängenden Festplattenbereich vorliegen. Im Laufe der Zeit sammeln sich auf einer Festplatte immer mehr fragmentierte Dateien und Ordner. Je stärker eine Festplatte fragmentiert ist, desto mehr Zeit erfordert der Zugriff auf Dateien und Ordner. Auch das Erstellen von Ordnern und Dateien nimmt mehr Zeit in Anspruch, da der freie Speicherplatz über den gesamten Datenträger verteilt ist.

2. Der Vorgang des Auffindens und Zusammenführens fragmentierter Dateien und Ordner wird _______________ genannt. Das Windows XP Professional-Tool, das Sie zum Ermitteln und Zusammenführen fragmentierter Dateien und Ordner in zusammenhängenden Speicherbereichen einsetzen, heißt _____________________.

   Defragmentieren; Defragmentierung

3. Auf welchen Dateisystemen kann dieses Windows XP Professional-Tool fragmentierte Dateien und Ordner ermitteln und zusammenführen?

   NTFS, FAT und FAT32

4. Welche der folgenden Aufgaben werden durch die Datenträgerprüfung ausgeführt? (Wählen Sie alle zutreffenden Antworten aus.)

   a. Ermitteln und Zusammenführen von fragmentierten Dateien und Ordnern

   b. Ermitteln und Beheben von Dateisystemfehlern

   c. Ermitteln beschädigter Sektoren und Wiederherstellen noch lesbarer Informationen aus diesen Sektoren

   d. Löschen von temporären Dateien und offline gespeicherten Internetdateien

   Die richtigen Antworten sind b und c. Antwort a ist nicht richtig, weil das die Aufgabe des Tools Defragmentierung ist. Antwort d ist nicht richtig, weil das die Aufgabe des Tools Datenträgerbereinigung ist.

Seite 547
Lernzielkontrolle Lektion 6

1. Wie können Sie Ihren Computer für die Verwendung von Offlineordnern und -dateien konfigurieren?

   Um Ihren Computer für die Verwendung von Offlineordnern und -dateien zu konfigurieren, klicken Sie im Fenster **Arbeitsplatz** im Menü **Extras** auf **Ordneroptionen**. Aktivieren Sie im Dialogfeld **Ordneroptionen** auf der Registerkarte **Offlinedateien** die Kontrollkästchen **Offlinedateien aktivieren** und **Alle Offlinedateien vor der Abmeldung synchronisieren**.

2. Welches Windows XP Professional-Tool kann für die Bereitstellung von Offlinedateien auf einem Computer verwendet werden? Welche Schritte sind auszuführen, um anderen Benutzern den Zugriff auf Dateien auf Ihrem Computer zu gestatten?

Windows-Explorer und **Arbeitsplatz**. Geben Sie den Ordner frei, in dem die Datei gespeichert ist.

3. Welche Aufgabe(n) erfüllt der Synchronisationsmanager?

   Der Synchronisationsmanager ermöglicht es, Dateien auf Ihrem Computer manuell mit den Dateien der Netzwerkressource zu synchronisieren oder die Synchronisierung zu planen.

Seite 548

Übung mit Fallbeispiel

1. Der neue Notebookcomputer von Iris hat eine 16-GByte-Festplatte, die Sie als einzelnes Volume konfigurieren wollen. Dies ist die einzige Festplatte im Computer. Sollten Sie einen Basisdatenträger oder einen dynamischen Datenträger erstellen?

   Windows XP Professional unterstützt auf Notebookcomputern keine dynamischen Datenträger, daher müssen Sie die Festplatte als Basisdatenträger konfigurieren. Sie sollten den Basisdatenträger mit einer einzigen primären Partition konfigurieren.

2. Wenn Iris auf Messeständen arbeitet, wird sie oft abgelenkt und kann ihren Notebookcomputer nicht ständig im Blick behalten. Der Computer enthält vertrauliche Daten des Unternehmens, die Außenstehende nicht sehen dürfen. Iris will die Dateien auf ihrem Computer schützen. Dieser Schutz soll auch dann wirksam sein, wenn der Computer gestohlen wird. Können Sie auf ihrem Notebookcomputer die Verschlüsselung konfigurieren? Falls ja, welche Vorsichtsmaßnahmen sollten Sie treffen?

   Iris kann Dateien auf dem Notebookcomputer verschlüsseln, sofern die Festplatte mit NTFS formatiert ist. Iris sollte einen EFS-Wiederherstellungsagenten festlegen, der die Dateien wiederherstellen kann, falls sie selbst dazu nicht in der Lage ist. Iris sollte auch sicherstellen, dass sie den Computer sperrt, solange sie ihn nicht benutzt. Sie kann auch einen Bildschirmschoner so einrichten, dass vor dem Reaktivieren des Computers ein Kennwort eingegeben werden muss. Falls der Computer so konfiguriert ist, dass er nach einer gewissen Leerlaufzeit in den Standbymodus schaltet, sollte Iris festlegen, dass ein Kennwort eingegeben werden muss, um den Computer wieder aus dem Standbymodus aufzuwecken.

3. Das Festplattenlaufwerk im Notebookcomputer von Iris ist nicht allzu groß. Sie arbeitet oft mit großen Werbebroschüren und speichert viele Bilddateien der Unternehmensprodukte. Sie möchte diese Dateien komprimieren, um Platz zu sparen. Was sollten Sie Iris raten?

   Sie sollten Iris zeigen, wie ZIP-komprimierte Ordner in Windows XP Professional funktionieren. Sie könnte auf dem Notebook zwar die NTFS-Komprimierung nutzen, aber diese NTFS-Komprimierung steht nicht für Dateien zur Verfügung, die verschlüsselt werden. Daher ist die NTFS-Komprimierung in diesem Fall keine gute Lösung.

4. Welches Dienstprogramm sollten Sie Iris zeigen, damit sie immer möglichst viel freien Platz auf ihrer Festplatte hat?

   Sie sollten ihr zeigen, wie sie mit dem Tool Datenträgerbereinigung temporäre und zwischengespeicherte Dateien von ihrem Computer löschen kann.

5. Sie haben den Notebookcomputer von Iris so konfiguriert, dass er über das Internet eine sichere Verbindung zum Unternehmensnetzwerk herstellt. So kann Iris auf die E-Mail-Server und Dateiserver des Unternehmens zugreifen. Iris möchte außerdem in

der Lage sein, auch dann auf bestimmte freigegebene Dateien im Unternehmensnetzwerk zuzugreifen, wenn gerade keine Verbindung zum Netzwerk besteht. Was sollten Sie tun?

Aktivieren Sie auf dem Notebookcomputer von Iris die Verwendung von Offlinedateien. Zeigen Sie Iris, wie sie einen freigegebenen Ordner für den Offlinezugriff verfügbar machen kann, während der Computer mit dem Netzwerk verbunden ist. Erklären Sie Ihr auch, was passiert, wenn Sie Änderungen an einer Datei vornimmt, während keine Verbindung zum Netzwerk besteht, und ein anderer Benutzer gleichzeitig die Originaldatei im Netzwerkordner bearbeitet: In diesem Fall entsteht möglicherweise ein Konflikt, wenn der Notebookcomputer von Iris die Offlinedateien synchronisiert.

Seite 550

Übung zur Problembehandlung

Wo vermuten Sie die Ursache des Problems? Wie können Sie Jonas helfen?

Die Datenträgerverwaltung meldet dynamische Datenträger als **Offline** oder **Fehlend**, wenn sie den Datenträger nicht finden kann. Die Ursache kann ein Betriebssystemfehler oder ein Problem mit dem Laufwerk selbst sein. Sie sollten erst versuchen, die Festplatte von Windows erneut erkennen zu lassen, indem Sie in der Datenträgerverwaltung den Menübefehl **Aktion/Datenträger neu einlesen** wählen. Führt das nicht zum Ziel, sollte Jonas den Computer neu starten. Falls die Datenträgerverwaltung die Festplatte immer noch als **Fehlend** kennzeichnet, sollten Sie sicherstellen, dass die Festplatte korrekt an den Computer angeschlossen ist. Es ist auch möglich, dass das Laufwerk defekt ist und ersetzt werden muss.

KAPITEL 11

Einrichten, Konfigurieren und Problembehandlung von Druckern

In diesem Kapitel abgedeckte Prüfungsziele:

- Herstellen einer Verbindung zu lokalen und Netzwerdruckgeräten.
- Verwalten von Druckern und Druckaufträgen.
- Herstellen einer Verbindung zu einem Internetdrucker.
- Herstellen einer Verbindung zu einem lokalen Druckgerät.

Bedeutung dieses Kapitels

Dieses Kapitel bietet eine Einführung in das Einrichten und Konfigurieren von Netzwerkdruckern zur gemeinsamen Nutzung durch die Benutzer. Ferner erfahren Sie, wie häufig auftretende Probleme im Zusammenhang mit dem Einrichten von Netzwerkdruckern beseitigt werden.

Lektionen in diesem Kapitel:

Bevor Sie beginnen

Damit Sie die Übungen in diesem Kapitel durchführen können, brauchen Sie einen Computer, der die minimalen Hardwarevoraussetzungen erfüllt, die im Abschnitt „Über dieses Buch" am Anfang beschrieben wurden. Außerdem muss auf dem Computer Windows XP Professional installiert sein, und Sie müssen in der Lage sein, an diesem System Änderungen vorzunehmen.

Hinweis Sie brauchen keinen Drucker, um die Übungen in diesem Kapitel durchzuführen.

Lektion 1: Grundlagen der Druckdienste von Windows XP Professional

Die Druckdienste von Windows XP Professional ermöglichen die gemeinsame Nutzung von Druckressourcen in einem Netzwerk, sind aber trotzdem einfach zu konfigurieren. Nachdem ein Drucker auf einem Windows XP Professional-Computer freigegeben wurde, können Sie Clientcomputer mit den Betriebssystemen Windows XP, Windows 2000 Professional, Windows NT 4.0, Windows Me, Windows 98 und Windows 95 einrichten, die auf den freigegebenen Drucker zugreifen.

Am Ende dieser Lektion werden Sie in der Lage sein, die folgenden Aufgaben auszuführen:

- Definieren der Druckterminologie in Windows XP Professional.
- Beschreiben der Anforderungen für Netzwerkdruck.
- Entwickeln einer netzwerkweiten Druckstrategie.

Veranschlagte Zeit für diese Lektion: 15 Minuten

Wichtige Begriffe beim Drucken

Vor dem Einrichten der Druckdienste sollten Sie sich mit einigen wichtigen Begriffen aus der Druckterminologie von Windows XP Professional vertraut machen, um das Zusammenwirken der unterschiedlichen Druckkomponenten besser zu verstehen (Abbildung 11.1).

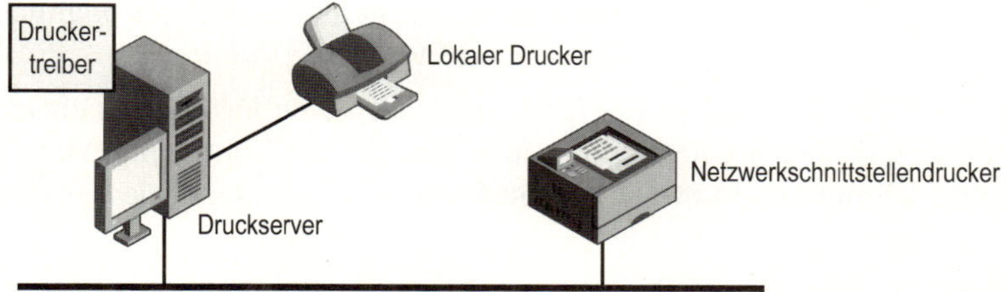

Abbildung 11.1 Verschiedene Komponenten müssen zusammenarbeiten, damit die Benutzer ihre Dokumente ausdrucken können

Im Folgenden werden einige Begriffe aus der Windows XP Professional-Druckterminologie erläutert:

- **Logischer Drucker:** Der ***logische Drucker*** ist die Softwarekonfiguration, die in Windows XP erstellt und durch ein Symbol im Fenster **Drucker und Faxgeräte** dargestellt wird. Der logische Drucker steuert die Konfiguration des Druckers und legt fest, auf welche Weise Windows Dokumente an den Drucker sendet.
- **Drucker:** Der ***Drucker*** ist das Hardwaregerät, das den Ausdruck zu Papier (oder auf ein anderes Druckmedium) bringt. In Windows XP Professional haben Sie mit zwei Typen von Druckern zu tun:

- Ein ***lokaler Drucker*** ist direkt mit einem Hardwareanschluss des Druckservers verbunden. Ein logischer Drucker, der auf dem Druckserver erstellt wurde, stellt Tools zum Verwalten und Freigeben des Druckers zur Verfügung.
- Ein ***Netzwerkschnittstellendrucker*** ist direkt an das Netzwerk angeschlossen, er verfügt also über eine interne Netzwerkkarte. Um einen solchen Drucker verwalten und freigeben zu können, erstellen Sie einen logischen Drucker auf einem Druckserver.

Hinweis In älteren Windows-Versionen unterschied Microsoft zwischen den Begriffen „Drucker" und „Druckgerät". Vor Windows XP war ein „Drucker" die Software auf dem Computer, die den Ausdruck steuerte, und ein „Druckgerät" war das eigentliche Hardwaregerät. Die beiden Begriffe waren nicht austauschbar. In Windows XP wurde die Terminologie verändert. Die Windows XP-Dokumentation definiert den „Drucker" als Gerät, das Text oder Bilder auf Papier oder andere Trägermaterialien druckt, und den „logischen Drucker" als Sammlung von Softwarekomponenten, die eine Schnittstelle zwischen dem Betriebssystem und dem Drucker bilden. Der Drucker ist somit das Hardwaregerät, das an einen Computer angeschlossen ist, und der logische Drucker ist das Symbol im Fenster **Drucker und Faxgeräte**, das den Drucker repräsentiert.

- **Druckeranschluss:** Der ***Druckeranschluss*** ist die Softwareschnittstelle, über die ein Computer (mittels einer lokalen Schnittstelle) mit einem Drucker kommuniziert. Falls ein Computer zum Beispiel einen Parallelanschluss hat, bekommt der in Windows konfigurierte Druckeranschluss den Namen **LPT 1**. Windows XP Professional unterstützt die folgenden Schnittstellen: LPT (Line Printer), COM, USB 1.1 und 2.0 (Universal Serial Bus), IEEE 1394 (FireWire) sowie direkt an das Netzwerk angeschlossene Geräte, zum Beispiel der HP JetDirect und Intel NetPort ist.
- **Druckserver:** Der ***Druckserver*** ist der Computer, der einen Drucker in einem Netzwerk verwaltet. Der Druckserver empfängt und verarbeitet Dokumente von Clientcomputern. Jeder Computer (Laptop oder Desktopcomputer) kann als Druckserver fungieren.
- **Druckertreiber:** Der ***Druckertreiber*** besteht aus einer oder mehreren Dateien mit Informationen zum Konvertieren von Druckbefehlen in eine spezielle Druckersprache, zum Beispiel Adobe PostScript. Diese Konvertierung ermöglicht das Ausdrucken von Dokumenten auf einem Drucker. Jedes Druckermodell verfügt über einen spezifischen Druckertreiber.
- **Druckauftrag:** Ein ***Druckauftrag*** ist ein Dokument, das Windows zum Ausdrucken vorbereitet hat. Druckaufträge warten in der Druckerwarteschlange eines Druckers darauf, dass sie ausgedruckt werden können. Während ein Druckauftrag in der Warteschlange steht, können die Benutzer den Druckauftrag verwalten oder löschen.

Voraussetzungen für Netzwerkdruck

Es gelten unter anderem folgende Anforderungen für das Einrichten von Netzwerkdruckdiensten in einem Windows-Netzwerk:

- Es ist mindestens ein Computer vorhanden, der als Druckserver fungiert. Wenn der Druckserver viele häufig genutzte Drucker verwalten soll, kann das Ausdrucken der Dokumente die Rechen- oder Netzwerkkapazität des Computers zu 100 Prozent auslasten. Das bremst die anderen Dienste, die auf dem Computer laufen. Daher empfiehlt Microsoft, einen dedizierten Druckserver einzurichten, wenn der Server stark belastet wird. Der als Druckserver eingesetzte Computer kann unter praktisch jedem Windows-Betriebssystem laufen, zum Beispiel:
    - **Windows Server 2003:** Kann für sehr viele Verbindungen eingesetzt werden und bietet Unterstützung für Apple Macintosh- und UNIX-Computer sowie für Novell NetWare-Clients.
    - **Windows XP Professional:** Ist im Hinblick auf Datei- und Druckdienste auf 10 gleichzeitige Verbindungen mit anderen Computern beschränkt. Windows XP Professional bietet keine Unterstützung für Macintosh-Computer oder NetWare-Clients, unterstützt jedoch UNIX-Computer.
- Ausreichend Arbeitsspeicher (RAM) zur Verarbeitung der Druckaufträge. Wenn ein Druckserver viele Drucker oder sehr umfangreiche Dokumente verarbeiten muss, reicht der für normale Aufgaben von Windows XP Professional und Windows Server 2003 benötigte Arbeitsspeicher eventuell nicht aus. Eine unzureichende Arbeitspeicherkapazität auf dem Druckserver kann zu einer Beeinträchtigung der Druckleistung führen. Angesichts der heute geringen Preise für RAM ist ausreichender Hauptspeicher normalerweise kein Thema, sofern Sie nicht erwarten, dass ein Druckserver starker Belastung ausgesetzt ist. Wenn Sie zur für andere Aufgaben benötigten Speichermenge 64 MByte addieren, müsste das bereits ausreichen.
- Der Druckserver muss über genügend Festplattenspeicher zum Speichern von in der Warteschlange befindlichen Druckdokumenten verfügen. Dies ist besonders wichtig, wenn absehbar ist, dass häufiger mehrere Druckaufträge gleichzeitig gedruckt werden müssen. Wenn beispielsweise 10 Benutzer gleichzeitig umfangreiche Dokumente an den Drucker senden, muss der Druckserver die Dokumente so lange auf der Festplatte speichern könne, bis die Dokumente an den Drucker weitergegeben werden können. Steht nicht genügend Festplattenspeicher für die Dokumente zur Verfügung, erhalten die Benutzer Fehlermeldungen, die Druckaufträge schlagen fehl. Wie beim Arbeitsspeicher ist auch der Festplattenplatz in modernen Computern nur ein Thema, wenn ein Druckserver sehr stark belastet wird. Wenn Sie 500 MByte bis 1 GByte Festplattenplatz zusätzlich vorsehen (noch besser wäre es, wenn Sie die Druckerwarteschlange auf eine eigene Festplatte verschieben), ist sichergestellt, dass zu geringer Festplattenplatz beim Drucken kein Problem wird.

Für den Netzwerkdruck gelten folgende Voraussetzungen:

- Sie müssen über einen Computer verfügen, der als Druckserver fungieren kann und entweder Windows 2000 Server oder – in Netzwerken mit bis zu 10 Clientcomputern – Windows XP Professional ausführt.

- Ausreichend Arbeitsspeicher zum Verarbeiten der Dokumente.
- Genügend Festplattenspeicher auf dem Druckserver, um die Dokumente bis zum tatsächlichen Drucken speichern zu können.

Prüfungstipp Windows XP Professional unterstützt bis zu 10 gleichzeitige Netzwerkverbindungen. Windows XP Professional unterstützt das Drucken von folgenden Clients: MS-DOS, Windows 3.1, Windows 95, Windows 98, Windows Me, Windows NT, Windows 2000, Windows Server 2003, Windows XP und UNIX. Windows XP Professional unterstützt nicht das Ausdrucken von NetWare oder älteren Macintosh-Clients. Clients mit neueren Macintosh-Betriebssystemen können direkt mit Windows-Clients kommunizieren, indem sie spezielle eingebaute Datei- und Druckdienste namens Samba nutzen.

Richtlinien für das Entwickeln einer netzwerkweiten Druckstrategie

Bevor Sie in einem Netzwerk Druckdienste einrichten, sollten Sie eine netzwerkweite Druckstrategie erarbeiten, mit der Sie den Benutzeranforderungen ohne unnötige Ressourcenvergeudung oder Verzögerungen bei der Druckausgabe gerecht werden. In Tabelle 11.1 werden einige der Richtlinien genannt, die Sie bei der Entwicklung einer solchen Druckstrategie berücksichtigen sollten.

Tabelle 11.1 Richtlinien für das Einrichten einer Druckumgebung in einem Netzwerk

Richtlinie	Erläuterung
Ermitteln Sie die Druckanforderungen der Benutzer.	Stellen Sie fest, wie viele Benutzer Zugriff auf einen Drucker benötigen und wie viele Druckaufträge die Benutzer voraussichtlich senden. Beispielsweise verursachen zehn Mitarbeiter einer Buchhaltungsabteilung, die regelmäßig Rechnungen ausdrucken, eine höhere Zahl an Druckaufträgen als zehn Softwareentwickler, die ausschließlich online arbeiten. Daher werden für die Buchhaltungsabteilung sehr wahrscheinlich auch mehr Drucker und eventuell sogar mehr Druckserver als für die Entwicklungsabteilung benötigt.
Ermitteln Sie die Druckanforderungen des Unternehmens.	Stellen Sie fest, in welchem Umfang in Ihrem Unternehmen Druckarbeiten anfallen. Hierzu zählen auch Anzahl und Typ der erforderlichen Drucker. Berücksichtigen Sie außerdem, welche Verarbeitungslast jeder Drucker bewältigen muss. Verwenden Sie keine persönlichen Drucker als Netzwerkdrucker.
Ermitteln Sie die Anzahl der erforderlichen Druckserver.	Stellen Sie fest, wie viele Druckserver in Ihrem Netzwerk benötigt werden, um alle verwendeten Drucker problemlos verwalten zu können.
Legen Sie die Standorte der Drucker fest.	Legen Sie die Standorte der Drucker so fest, dass die Benutzer schnell und einfach an die ausgedruckten Dokumente gelangen. Überlegen Sie, wie die Drucker an die Druckserver angeschlossen werden. Normalerweise ist es kostengünstiger, Netzwerkschnittstellendrucker zu wählen, weil Sie die Druckserver dann nicht in unmittelbarer Nähe der einzelnen Drucker platzieren müssen.

Lernzielkontrolle

Anhand der folgenden Fragen können Sie überprüfen, ob Sie die Themen dieser Lektion so gut beherrschen, dass Sie mit der nächsten Lektion weitermachen können. Falls Sie eine Frage nicht beantworten können, sollten Sie die Lektion noch einmal durcharbeiten, und dann erneut versuchen, die Frage zu beantworten. Die Antworten auf die Lernzielkontrollfragen finden Sie im Abschnitt „Fragen und Antworten" am Ende dieses Kapitels.

1. ______________________ werden an einen Hardwareanschluss des Druckservers angeschlossen. (Tragen Sie den korrekten Begriff ein.)
2. Muss auf einem Computer eines der Windows Server-Produkte ausgeführt werden, damit dieser Computer als Druckserver in einem Netzwerk eingesetzt werden kann? Begründen Sie Ihre Antwort.

   ____

   ____

   ____

   ____

   ____

   ____
3. Wie viele gleichzeitige Verbindungen mit anderen Computern unterstützt Windows XP Professional für Datei- und Druckdienste? Wählen Sie die richtige Antwort.
   a. 20
   b. 10
   c. unbegrenzt viele
   d. 30
4. Ein ______________________ ist (mindestens) eine Datei mit Informationen zum Konvertieren von Druckbefehlen in eine spezielle Druckersprache, zum Beispiel Adobe PostScript. (Tragen Sie den korrekten Begriff ein.)
5. Für welche Art von Computern bieten die Windows XP Professional-Druckdienste Unterstützung? (Wählen Sie alle zutreffenden Antworten aus.)
   a. Macintosh-Computer
   b. UNIX-Computer
   c. NetWare-Clients
   d. Windows 98-Computer

Zusammenfassung der Lektion

- Im Zusammenhang mit Druckern in Windows XP Professional sollten Sie folgende Begriffe kennen:
  - Ein ***Drucker*** ist ein Hardwaregerät, das Text oder Bilder auf Papier oder einem anderen Druckmedium ausdruckt.
  - ***Lokale Drucker*** werden über einen Hardwareanschluss an den Druckserver angeschlossen, Netzwerkschnittstellendrucker sind über das Netzwerk mit dem Druckserver verbunden.
  - ***Netzwerkschnittstellendrucker*** erfordern eine eigene Netzwerkkarte und verfügen über eigene Netzwerkadressen oder sind an eine externe Netzwerkkarte angeschlossen.
  - Ein ***Druckertreiber*** ist (mindestens) eine Datei mit Informationen, die Windows XP Professional benötigt, um Druckbefehle in eine spezielle Druckersprache zu konvertieren.
- Voraussetzung für das Einrichten einer Netzwerkdruckumgebung ist mindestens ein Computer, der als Druckserver fungiert. Dieser Computer muss über ausreichend RAM verfügen, um die Dokumente verarbeiten zu können, und über genug Festplattenplatz, um die Dokumente speichern zu können, bis sie an den Drucker übergeben werden.
- Bevor Sie eine Netzwerkdruckumgebung einrichten, sollten Sie sich ausreichend Zeit nehmen, um die Druckanforderungen der Benutzer und des Unternehmens zu ermitteln, die Zahl der benötigten Druckserver und die Aufstellungsorte der Drucker.

Lektion 2: Einrichten von Netzwerkdruckern

Nach dem Einrichten und Freigeben eines Netzwerkdruckers kann dieser von mehreren Benutzern gemeinsam genutzt werden. Sie können einen lokalen Drucker entweder direkt an den Druckserver anschließen, oder Sie richten einen Netzwerkschnittstellendrucker ein, der über das Netzwerk mit dem Druckserver verbunden ist. In großen Unternehmen werden in der Regel Netzwerkschnittstellendrucker eingesetzt.

Am Ende dieser Lektion werden Sie in der Lage sein, die folgenden Aufgaben auszuführen:

- Hinzufügen und Freigeben eines lokalen Druckers.
- Hinzufügen und Freigeben eines Netzwerkschnittstellendruckers.
- Hinzufügen eines LPR-Anschlusses (Line Printer Remote).
- Konfigurieren von Clientcomputern, damit sie auf einen Netzwerkdrucker ausdrucken können.

Veranschlagte Zeit für diese Lektion: 30 Minuten

Hinzufügen und Freigeben eines lokalen Druckers

Die Schritte zum Hinzufügen eines lokalen Druckers oder eines Netzwerkschnittstellen-druckers sind ähnlich. Gehen Sie folgendermaßen vor, um einen lokalen Drucker hinzuzufügen:

1. Melden Sie sich am Druckserver mit einem Konto an, das Mitglied der Administratorengruppe ist.
2. Klicken Sie im Startmenü auf **Drucker und Faxgeräte**.

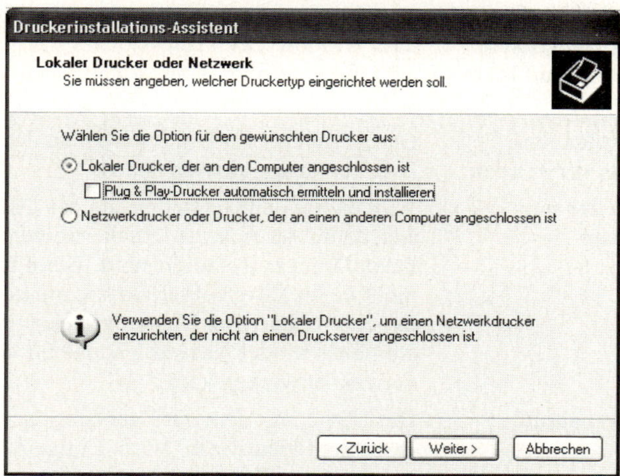

Abbildung 11.2 Installieren eines lokalen Druckers mit dem Druckerinstallations-Assistenten

3. Klicken Sie im Fenster **Drucker und Faxgeräte** im Abschnitt **Druckeraufgaben** auf **Drucker hinzufügen**, um den Druckerinstallations-Assistenten zu starten.
4. Klicken Sie auf der Seite **Willkommen** des Druckerinstallations-Assistenten auf **Weiter**.
5. Wählen Sie auf der Seite **Lokaler Drucker oder Netzwerk** (Abbildung 11.2) die Option **Lokaler Drucker, der an den Computer angeschlossen ist** und klicken Sie dann auf **Weiter**.

Prüfungstipp Benutzer, die mit Windows XP Professional arbeiten, müssen Mitglieder der Gruppen **Administratoren** oder **Hauptbenutzer** sein, wenn sie einen Drucker installieren wollen. Außerdem müssen sie über das Benutzerrecht **Laden und Entfernen von Gerätetreibern** verfügen.

Der Druckerinstallations-Assistent führt Sie durch die Schritte, die zum Hinzufügen eines an den Druckserver angeschlossenen Druckers ausgeführt werden müssen. Die Anzahl der lokalen Drucker, die über Hardwareanschlüsse mit dem Druckserver verbunden werden können, hängt von der jeweiligen Hardwarekonfiguration ab.

Tabelle 11.2 beschreibt die verschiedenen Seiten des Druckerinstallations-Assistenten sowie die Optionen, die beim Hinzufügen eines lokalen Druckers verfügbar sind.

Tabelle 11.2 Seiten des Druckerinstallations-Assistenten und Optionen beim Hinzufügen eines lokalen Druckers

Seite	Option	Beschreibung
Lokaler Drucker oder Netzwerk	**Lokaler Drucker, der an den Computer angeschlossen ist**	Sie fügen zum Computer einen Drucker hinzu, an dem Sie sitzen (dem Druckserver).
	Plug & Play-Drucker automatisch ermitteln und installieren	Ein Kontrollkästchen, mit dem Sie angeben können, dass Windows XP Professional Plug & Play-Drucker automatisch erkennen und installieren soll.
Druckeranschluss auswählen	**Folgenden Anschluss verwenden**	Der Anschluss am Druckserver, an den Sie den Drucker angeschlossen haben.
Druckersoftware installieren	**Hersteller** und **Drucker**	Wählen Sie den Hersteller und das Druckermodell aus, damit der richtige Druckertreiber für den lokalen Drucker installiert wird. Wenn Ihr Drucker nicht in der Liste aufgeführt ist, müssen Sie einen Druckertreiber vom Hersteller besorgen oder ein ähnliches Modell auswählen, das für den Drucker verwendet werden kann.
Drucker benennen	**Druckername**	Der Name, mit dem der Drucker gegenüber den Benutzern identifiziert wird. Einige Anwendungen unterstützen für kombinierte Server- und Druckernamen möglicherweise nicht mehr als 31 Zeichen. ▶

Seite	Option	Beschreibung
	Soll dieser Drucker als Standarddrucker verwendet werden?	Klicken Sie auf **Ja**, um diesen Drucker als Standarddrucker für alle Windows-Anwendungen einzurichten, damit die Benutzer nicht für jede Anwendung einen Drucker einrichten müssen. Wenn Sie zum Druckserver zum ersten Mal einen Drucker hinzufügen, wird diese Option nicht angezeigt, da der Drucker automatisch als Standarddrucker ausgewählt wird.
Druckerfreigabe	**Freigabename**	Benutzer mit der entsprechenden Berechtigung können unter Verwendung des Freigabenamens über das Netzwerk eine Verbindung zu diesem Drucker herstellen. Dieser Name wird angezeigt, wenn Benutzer nach einem Drucker suchen oder den Pfad zu einem Drucker eingeben. Stellen Sie sicher, dass der Freigabename den Namenskonventionen für alle Clientcomputer im Netzwerk entspricht. Standardmäßig wird als Freigabename der auf das 8.3-Format gekürzte Druckername verwendet.
Standort und Kommentar	**Standort**	Beschreiben Sie den Standort des Druckers.
	Kommentar	Stellen Sie hier Informationen bereit, die den Benutzer bei der Druckerauswahl unterstützen. Befindet sich der Computer in einer Domäne, können die Benutzer Active Directory nach den hier eingegebenen Informationen durchsuchen.
Testseite drucken	**Soll eine Testseite gedruckt werden?**	Klicken Sie auf **Ja**, um eine Testseite auszudrucken und so sicherzustellen, dass der Drucker richtig installiert wurde.
Fertigstellen des Assistenten	**Fertig stellen**	Wenn die angezeigten Druckerinformationen richtig sind, können Sie jetzt auf **Fertig stellen** klicken.

Praxistipp Plug & Play-Drucker

Wenn Sie über einen Plug & Play-Drucker verfügen, der über einen USB-Anschluss, eine IEEE 1394-Schnittstelle oder einen anderen Anschluss angeschlossen ist, der das Hinzufügen oder Entfernen von Geräten ohne Neustart des Computers erlaubt, ist die Verwendung des Druckerinstallations-Assistenten oft gar nicht erforderlich. Falls Windows Treiber für Ihren Drucker hat, reicht es oft, einfach das Kabel des Druckers in Ihren Computer einzustecken (oder den Drucker auf die Infrarotschnittstelle des Computers auszurichten) und den Drucker einzuschalten. Windows nimmt in diesem Fall eine automatische Druckerinstallation vor. Sie sollten aber immer die Installationsanleitung des Herstellers lesen. Bei manchen Druckern müssen Sie die Software des Herstellers installieren, bevor Sie den Drucker anschließen und einschalten dürfen. Durch diesen Vorgang wird sichergestellt, dass Windows die richtigen Treiber zur Verfügung hat, wenn es den Drucker zum ersten Mal erkennt.

Hinzufügen und Freigeben eines Netzwerkschnittstellendruckers

In großen Unternehmen werden in der Regel Netzwerkschnittstellendrucker eingesetzt. Diese Drucker bieten einen wichtigen Vorteil: Weil Sie solche Drucker nicht direkt an den Druckserver anschließen müssen, können Sie die Drucker dort aufstellen, wo sie benötigt werden, statt da, wo der Druckserver steht.

Zum Hinzufügen eines Netzwerkschnittstellendruckers wählen Sie auf der Seite **Lokaler Drucker oder Netzwerk** die Option **Netzwerkdrucker oder Drucker, der an einen anderen Computer angeschlossen ist**. Der Hauptunterschied zwischen dem Hinzufügen eines lokalen Druckers und dem Installieren eines Netzwerkschnittstellendruckers besteht darin, dass für einen Netzwerkschnittstellendrucker meist zusätzliche Anschluss- und Netzwerkprotokollinformationen bereitgestellt werden müssen.

Das Standardnetzwerkprotokoll für Windows XP Professional ist TCP/IP (Transmission Control Protocol/Internet Protocol), das auch von vielen Netzwerkschnittstellendruckern verwendet wird. Die zusätzlichen Anschlussinformationen für TCP/IP werden im Assistenten zum Hinzufügen eines Standard-TCP/IP-Druckerports angegeben.

Abbildung 11.3 zeigt die Seite **Druckeranschluss auswählen** des Druckerinstallations-Assistenten, in Tabelle 11.3 werden die Optionen beschrieben, die auf dieser Seite für das Hinzufügen eines Netzwerkschnittstellendruckers zur Verfügung stehen.

Tabelle 11.3 Optionen auf der Seite **Druckeranschluss auswählen**, die für das Hinzufügen eines Netzwerkschnittstellendruckers verfügbar sind

Option	Beschreibung
Einen neuen Anschluss erstellen	Ermöglicht Ihnen, einen neuen Anschluss für den Druckserver zu erstellen, mit dem der Netzwerkschnittstellendrucker verbunden ist. In diesem Fall greift der neue Anschluss auf die Netzwerkverbindung des Druckers zu.
Anschlusstyp	Hier wird das für die Verbindung verwendete Netzwerkprotokoll festgelegt. Wenn Sie **Standard TCP/IP Port** auswählen, wird der Assistent zum Hinzufügen eines TCP/IP-Druckerports gestartet.

Abbildung 11.4 zeigt die Seite **Port hinzufügen** des Assistenten zum Hinzufügen eines TCP/IP-Druckerports. In Tabelle 11.4 werden die auf dieser Seite verfügbaren Optionen beschrieben.

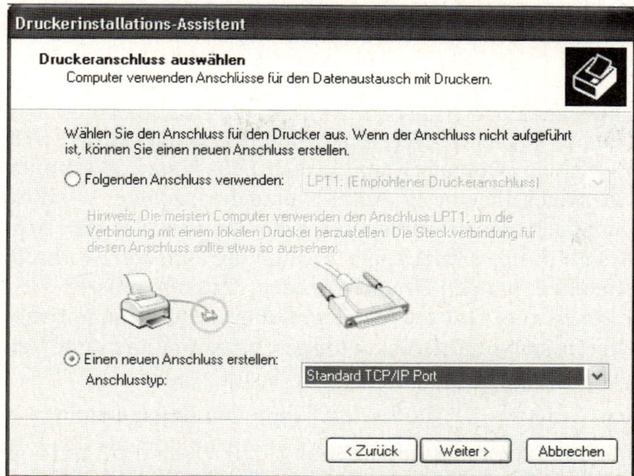

Abbildung 11.3 Konfigurieren der Verbindung zu einem Netzwerkdrucker im Druckerinstallations-Assistenten

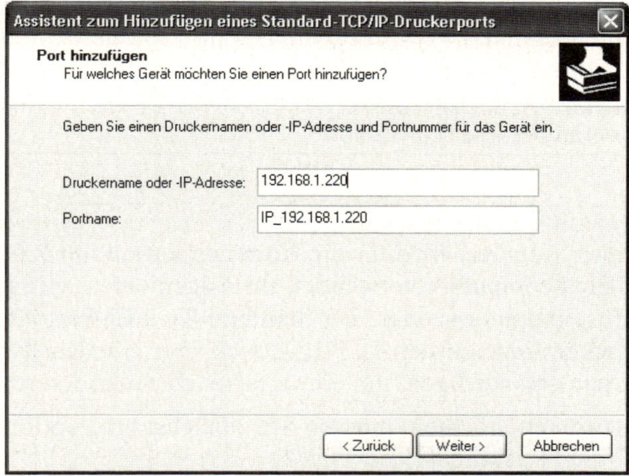

Abbildung 11.4 Eingeben der Informationen über einen Netzwerkschnittstellen-drucker

Tabelle 11.4 Optionen auf der Seite **Port hinzufügen** beim Installieren eines Netzwerkschnittstellendruckers

Option	Beschreibung
Druckername oder IP-Adresse	Der Standort des Druckers im Netzwerk. Sie müssen entweder die IP-Adresse oder den DNS-Namen (Domain Name System) des Netzwerkschnittstellendruckers eingeben. Wenn Sie eine IP-Adresse eingeben, schlägt Windows XP Professional automatisch einen Portnamen für den Drucker vor (**IP_Adresse**). Kann Windows XP Professional keine Verbindung zum Netzwerkschnittstellendrucker herstellen, um den Drucker zu identifizieren, müssen Sie zusätzliche Informationen zum Druckertyp bereitstellen. Um die automatische Erkennung zu aktivieren, muss der Drucker eingeschaltet und mit dem Netzwerk verbunden sein.
Portname	Der Name, den Windows XP Professional dem von Ihnen erstellten und definierten Anschluss zuweist. Sie können hier einen anderen als den vorgeschlagenen Namen eingeben. Nachdem Sie den Anschluss erstellt haben, wird dieser von Windows XP Professional im Druckerinstallations-Assistenten auf der Seite **Druckeranschluss auswählen** angezeigt.

Hinweis Wenn der Drucker nicht das Netzwerkprotokoll TCP/IP verwendet, müssen Sie das benötigte Netzwerkprotokoll installieren, bevor Sie einen entsprechenden Druckeranschluss erstellen. Die Vorgehensweise zum Konfigurieren eines Druckeranschlusses richtet sich nach dem verwendeten Netzwerkprotokoll.

Hinzufügen eines LPR-Ports

Der LPR-Anschluss (Line Printer Remote) wird für die Kommunikation mit RFC 1179-konformen UNIX- oder VAX-Hostcomputern verwendet. Im Allgemeinen wird für Computer, die Druckaufträge an Hostcomputer senden, der Standard-TCP/IP-Port verwendet. Ein Netzwerkschnittstellendrucker muss für den TCP/IP-Druck über eine Karte mit LPD-Unterstützung (Line Printer Daemon) verfügen, um einwandfrei zu funktionieren.

Wenn Sie einen LPR-Port hinzufügen möchten, müssen Sie zunächst eine optionale Netzwerkkomponente installieren, die Druckdienste für UNIX.

Gehen Sie zum Installieren der Druckdienste für UNIX folgendermaßen vor:

1. Klicken Sie im Startmenü auf **Systemsteuerung**.
2. Klicken Sie im Fenster **Systemsteuerung** auf **Netzwerk- und Internetverbindungen**.
3. Klicken Sie im Fenster **Netzwerk- und Internetverbindungen** auf **Netzwerkverbindungen**.
4. Wählen Sie den Menübefehl **Erweitert/Optionale Netzwerkkomponenten**.
5. Aktivieren Sie im Assistenten für optionale Windows-Netzwerkkomponenten auf der Seite **Windows-Komponenten** das Kontrollkästchen **Weitere Datei- und Druckdienste für das Netzwerk** und klicken Sie dann auf **Details**.

6. Aktivieren Sie im Dialogfeld **Weitere Datei- und Druckdienste für das Netzwerk** das Kontrollkästchen **Druckdienste für UNIX** und klicken Sie dann auf **OK**.
7. Klicken Sie im Assistenten für optionale Windows-Netzwerkkomponenten auf **Weiter**.
8. Warten Sie, bis die Installation abgeschlossen ist, und schließen Sie dann das Fenster **Netzwerkverbindungen**.

Gehen Sie folgendermaßen vor, um einen LPR-Netzwerkschnittstellendrucker anzuschließen:

1. Klicken Sie im Startmenü auf **Drucker und Faxgeräte**.
2. Klicken Sie im Fenster **Drucker und Faxgeräte** auf **Drucker hinzufügen**.
3. Klicken Sie im Druckerinstallations-Assistenten auf der Seite **Willkommen** auf **Weiter**.
4. Wählen Sie auf der Seite **Lokaler Drucker oder Netzwerk** die Option **Lokaler Drucker, der an den Computer angeschlossen ist** aus und deaktivieren Sie das Kontrollkästchen **Plug & Play-Drucker automatisch ermitteln und installieren**. Klicken Sie auf **Weiter**.
5. Klicken Sie auf der Seite **Druckeranschluss auswählen** auf **Einen neuen Anschluss erstellen** und wählen Sie in der Dropdownliste **Anschlusstyp** den Eintrag **LPR Port**. Klicken Sie auf **Weiter**.

Hinweis Sollte der Eintrag **LPR Port** nicht verfügbar sein, müssen Sie prüfen, ob die Druckdienste für UNIX tatsächlich installiert sind. Klicken Sie in diesem Fall auf **Abbrechen**, um den Druckerinstallations-Assistenten zu beenden.

6. Geben Sie im Dialogfeld **LPR-kompatiblen Drucker hinzufügen** im Textfeld **LPD-Servername oder -adresse** den DNS-Namen oder die IP-Adresse des Hosts für den Drucker ein, den Sie hinzufügen. Geben Sie im Textfeld **Name des Druckers oder der Druckerwarteschlange auf dem Server** den Namen der Druckerwarteschlange ein. Klicken Sie auf **OK**.

Hinweis Bei dem angegebenen Host kann es sich um einen direkt angeschlossenen TCP/IP-Drucker oder um den UNIX-Computer handeln, mit dem der Drucker verbunden ist. Als DNS-Name kann der in der **HOSTS**-Datei angegebene Hostname verwendet werden. LPD ist ein Dienst auf dem Druckserver, der Dokumente (Druckaufträge) von LPR-Dienstprogrammen empfängt, die auf Clientsystemen ausgeführt werden.

7. Folgen Sie den angezeigten Anweisungen, um die Installation des TCP/IP-Druckers abzuschließen.

Konfigurieren von Clientcomputern zum Drucken auf Netzwerkdruckern

Nachdem Sie einen Drucker hinzugefügt und freigegeben haben, müssen Sie die Clientcomputer so einrichten, dass die Benutzer Dokumente drucken können. Die hierzu erforderlichen Schritte hängen vom verwendeten Betriebssystem ab. Voraussetzung ist aber in jedem Fall, dass ein Druckertreiber auf dem Clientcomputer installiert ist. In der folgenden Liste werden die wichtigsten Punkte zur Druckertreiberinstallation nach Clientbetriebssystem aufgeschlüsselt zusammengefasst:

- Windows XP Professional lädt automatisch die Druckertreiber für Clientcomputer herunter, auf denen Windows 2000, Windows NT 4.0 oder frühere Versionen, Windows Me, Windows 98 oder Windows 95 installiert ist.
- Für Clientcomputer mit einem anderen Microsoft-Betriebssystem ist eine manuelle Installation der Druckertreiber erforderlich.
- Für Clientcomputer ohne Microsoft-Betriebssystem müssen die Druckertreiber und Druckdienste auf dem Druckserver installiert werden. Für Clients, die LPR nutzen, müssen Sie die Druckdienste für UNIX installieren.

Einrichten von Windows 2000-, Windows NT-, Windows Me-, Windows 98- oder Windows 95-Clientcomputern

Benutzer von Clientcomputern, auf denen Windows XP Professional, Windows XP Home Edition, Windows 2000, Windows NT, Windows Me, Windows 98 oder Windows 95 ausgeführt wird, müssen lediglich eine Verbindung zum freigegebenen Drucker herstellen. Der Clientcomputer lädt den entsprechenden Druckertreiber automatisch herunter. Voraussetzung hierfür ist, dass sich ein Exemplar des Treibers auf dem Druckserver befindet.

Wenn auf Ihrem Clientcomputer Windows XP Professional ausgeführt wird und Sie eine Verbindung zum freigegebenen Drucker herstellen möchten, starten Sie den Druckerinstallations-Assistenten auf dem Clientcomputer. Wählen Sie auf der Assistentenseite **Lokaler Drucker oder Netzwerk** (siehe Abbildung 11.2 weiter oben in dieser Lektion) die Option **Netzwerkdrucker oder Drucker, der an einen anderen Computer angeschlossen ist**, und klicken Sie dann auf **Weiter**. Die Seite **Drucker angeben** wird geöffnet (Abbildung 11.5).

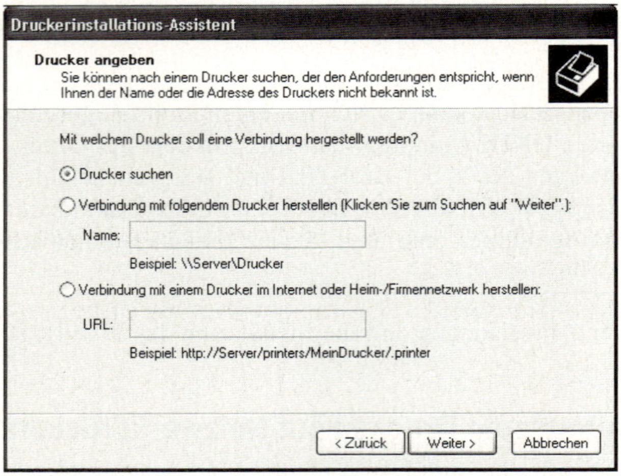

Abbildung 11.5 Auswählen des freigegebenen Druckers, zu dem eine Verbindung hergestellt werden soll

Wenn Sie sich nicht sicher sind, wie der freigegebene Drucker heißt, können Sie nach ihm suchen, indem Sie die Option **Drucker suchen** aktivieren und anschließend auf **Weiter** klicken. Nachdem Sie den freigegebenen Drucker ermittelt haben, klicken Sie auf **Weiter**. Sie werden gefragt, ob der ausgewählte Drucker als Standarddrucker verwendet werden soll. Klicken Sie auf **Ja**, wenn Sie dies möchten, andernfalls auf **Nein** und danach auf **Weiter**. Die Seite **Fertigstellen des Assistenten** wird geöffnet. Überprüfen Sie die angezeigten Informationen und klicken Sie danach auf **Fertig stellen**. Sie haben nun eine Verbindung von Ihrem Clientcomputer zum freigegebenen Drucker hergestellt.

Einrichten von Clientcomputern mit anderen Microsoft-Betriebssystemen

Damit ein Clientcomputer, auf dem ein anderes Microsoft-Betriebssystem (etwa Windows 3,1.x oder MS-DOS) installiert ist, auf einen von Windows XP Professional freigegebenen Drucker zugreifen kann, müssen Sie auf diesem Clientcomputer manuell einen Druckertreiber installieren. Sie finden den entsprechenden Druckertreiber auf den Installationsdisketten für den Clientcomputer oder erhalten ihn beim Druckerhersteller.

Übung: Installieren eines Netzwerkdruckers

In dieser Übung installieren Sie mit dem Druckerinstallations-Assistenten einen lokalen Drucker und geben ihn anschließend frei. Ein freigegebener Drucker steht allen Benutzern im Netzwerk zur Verfügung. Anschließend versetzen Sie den Drucker in den Offlinemodus und drucken ein Dokument, um das Dokument in die Druckerwarteschlange zu stellen. Führen Sie die fünf Teilübungen durch.

Wichtig Bevor Sie einen Drucker oder einen Ordner auf einem Windows XP Professional-Computer in einer Arbeitsgruppenumgebung freigeben können, müssen Sie den Netzwerkinstallations-Assistenten ausführen, um das Netzwerk zu konfigurieren. Über das Einrichten einer Netzwerkverbindung erfahren Sie mehr in Kapitel 15, „Konfigurieren von Netzwerk- und Internetverbindungen“.

Übung 1: Hinzufügen eines lokalen Druckers

1. Melden Sie sich als Administrator oder mit einem Benutzerkonto, das Mitglied der Administratorengruppe ist, am Druckserver an.
2. Klicken Sie im Startmenü auf **Drucker und Faxgeräte**.
3. Klicken Sie im Fenster **Drucker und Faxgeräte** auf **Drucker hinzufügen**, um den Druckerinstallations-Assistenten zu starten.
4. Klicken Sie auf der Seite **Willkommen** des Druckerinstallations-Assistenten auf **Weiter**.
5. Klicken Sie auf der Seite **Lokaler Drucker oder Netzwerk** auf **Lokaler Drucker, der an den Computer angeschlossen ist**. Stellen Sie sicher, dass das Kontrollkästchen **Plug & Play-Drucker automatisch ermitteln und installieren** deaktiviert ist, und klicken Sie dann auf **Weiter**.

6. Wählen Sie auf der Seite **Druckeranschluss auswählen** in der Dropdownliste **Folgenden Anschluss verwenden** den Eintrag **LPT1: (Empfohlener Druckeranschluss)** aus und klicken Sie dann auf **Weiter**.

Hinweis Falls Sie bereits einen Drucker an den Anschluss **LPT1** angeschlossen haben, können Sie in Schritt 6 **LPT2: (Druckeranschluss)** auswählen.

7. Wählen Sie auf der Seite **Druckersoftware installieren** im Listenfeld **Hersteller** den Eintrag **HP** aus. Wählen Sie im Listenfeld **Drucker** das Modell **HP Color LaserJet 4550 PS** aus. Klicken Sie auf **Weiter**.

Hinweis Der ausgewählte Druckertreiber ist digital signiert, um Ihrem System maximalen Schutz zu bieten. Die Treibersignierung wird in Kapitel 6, „Installieren, Verwalten und Problembehandlung von Hardwaregeräten und -treibern", behandelt.

8. Auf der Seite **Drucker benennen** schlägt der Druckerinstallations-Assistent im Feld **Druckername** einen Druckernamen vor, der sich aus dem Druckermodell ableitet. Für diese Übung brauchen Sie den vorgeschlagenen Namen nicht zu ändern.
9. Wenn bereits andere Drucker installiert sind, werden Sie gefragt, ob dieser Drucker als Standarddrucker verwendet werden soll. Klicken Sie auf **Ja**, falls die Frage **Soll dieser Drucker als Standarddrucker verwendet werden?** angezeigt wird.
10. Klicken Sie auf **Weiter**.
11. Klicken Sie auf der Seite **Druckerfreigabe** auf **Freigabename**.
12. Geben Sie im Feld **Freigabename** den Namen **Drucker1** ein und klicken Sie dann auf **Weiter**.

Hinweis Der Druckerinstallations-Assistent schlägt als Freigabenamen eine gekürzte Version des Druckernamens vor. Der Freigabename dient dazu, einen Drucker im Netzwerk zu identifizieren. Einige Betriebssysteme (zum Beispiel Windows 3.1) erkennen nur Freigabenamen mit maximal 12 Zeichen. Falls solche Clients auf den Drucker zugreifen sollen, müssen Sie einen Namen verwenden, der maximal 12 Zeichen umfasst. Andernfalls können Sie auch einen längeren Namen nehmen.

13. Geben Sie auf der Seite **Standort und Kommentar** in das Textfeld **Standort** die Beschreibung **2. Etage, Westflügel** und als Kommentar **Poststelle, Raum 2624** ein. Klicken Sie auf **Weiter**.

Hinweis Wenn Ihr Windows XP Professional-Computer Mitglied einer Domäne ist und ein Benutzer Active Directory nach einem Drucker durchsucht, zeigt der Computer die Informationen an, die Sie auf der Seite **Standort und Kommentar** eingegeben haben. Die Eingabe von Informationen auf dieser Seite ist zwar optional, kann dem Benutzer jedoch die Suche nach einem Drucker erheblich erleichtern.

14. Auf der Seite **Testseite drucken** können Sie eine Testseite ausdrucken lassen, um zu überprüfen, ob Ihr Drucker korrekt eingerichtet wurde. Da für diese Übung nicht er-

forderlich ist, dass Sie einen Drucker angeschlossen haben, sollten Sie die Option **Nein** wählen und dann auf **Weiter** klicken. Wenn Sie tatsächlich einen Drucker einrichten, sollten Sie eine Testseite ausdrucken, um zu überprüfen, ob alles funktioniert.

15. Klicken Sie auf der Seite **Fertigstellen des Assistenten** auf **Fertig stellen**.
16. Sehen Sie sich nun das Fenster **Drucker und Faxgeräte** an. Windows XP Professional hat ein Symbol für den freigegebenen HP Color Laserjet 4550 PS-Drucker erstellt. Beachten Sie, dass auf dem Druckersymbol eine geöffnete Hand angezeigt wird. Diese Hand zeigt an, dass es sich um einen freigegebenen Drucker handelt. Der kleine schwarze Kreis mit dem weißen Häkchen zeigt an, dass es sich um den Standarddrucker handelt.

Übung 2: Drucker in den Offlinemodus versetzen

In dieser Teilübung versetzen Sie den in der letzten Teilübung erstellten Drucker in den Offlinemodus.

Hinweis Wenn Sie einen Drucker offline schalten, werden an den Drucker gesendete Dokumente so lange auf dem Computer gespeichert, bis der Drucker wieder verfügbar ist. Auf diese Weise erhalten Sie keine Fehlermeldungen zu nicht verfügbaren Druckern. Windows XP Professional zeigt diese Art von Fehlermeldungen an, wenn Sie Dokumente an einen Drucker senden, der nicht mit dem Computer verbunden ist. Wenn ein Drucker offline ist, stellt Windows XP Professional dessen Symbol abgeblendet dar und ändert den Status des Druckers von **Bereit** zu **Offline**, um zu zeigen, dass der Drucker nicht betriebsbereit ist.

1. Klicken Sie im Startmenü auf **Drucker und Faxgeräte**.
2. Klicken Sie mit der rechten Maustaste auf das Symbol **HP Color LaserJet 4550 PS**.
3. Wählen Sie im Kontextmenü den Befehl **Drucker offline verwenden**.

Übung 3: Ausdrucken eines Testdokuments

1. Klicken Sie im Ordner **Drucker und Faxgeräte** doppelt auf das Symbol **HP Color LaserJet 4550 PS**.
2. Im Fenster **HP Color LaserJet 4550 PS – Drucker offline verwenden** sind keine Dokumente aufgelistet, die auf den Ausdruck warten.
3. Klicken Sie im Startmenü auf **Alle Programme**, **Zubehör** und **Editor**.
4. Geben Sie im Editor einen beliebigen Text ein.
5. Ordnen Sie das Editor-Fenster und das Fenster **HP Color LaserJet 4550 PS – Drucker offline verwenden** so an, dass Sie die Inhalte beider Fenster sehen können.
6. Wählen Sie im Editor den Menübefehl **Datei/Drucken**.
7. Im Dialogfeld **Drucken** werden die Standort- und Kommentarinformationen angezeigt, die Sie beim Erstellen des Druckers eingegeben haben. Außerdem wird angezeigt, dass der Drucker zurzeit offline geschaltet ist.

8. Stellen Sie sicher, dass der HP Color LaserJet 4550 PS als Drucker ausgewählt ist, und klicken Sie dann auf **Drucken**.
9. Der Editor blendet kurz eine Meldung ein, in der Sie darüber informiert werden, dass das Dokument gedruckt wird. Auf einem schnellen Computer wird diese Meldung möglicherweise nur so kurz eingeblendet, dass Sie sie nicht bemerken. Schließen Sie den Editor, und klicken Sie auf **Nein**, wenn Sie gefragt werden, ob die Dokumentänderungen gespeichert werden sollen.
10. Im Fenster **HP Color LaserJet 4550 PS – Drucker offline verwenden** wird nun das zu druckende Dokument angezeigt. Windows XP Professional speichert das Dokument, da Sie den Drucker offline geschaltet haben. Ist ein Drucker online, sendet Windows XP Professional das Dokument direkt an den Drucker.
11. Schließen Sie das Fenster **HP Color LaserJet 4550 PS – Drucker offline verwenden**.
12. Schließen Sie alle offenen Fenster.

Übung 4: Installieren der Druckdienste für UNIX

1. Klicken Sie im Startmenü auf **Systemsteuerung**.
2. Klicken Sie im Fenster **Systemsteuerung** auf **Netzwerk- und Internetverbindungen**.
3. Klicken Sie im Fenster **Netzwerk- und Internetverbindungen** auf **Netzwerkverbindungen**.
4. Wählen Sie den Menübefehl **Erweitert/Optionale Netzwerkkomponenten**.
5. Aktivieren Sie im Assistenten für optionale Windows-Netzwerkkomponenten auf der Seite **Windows-Komponenten** das Kontrollkästchen **Weitere Datei- und Druckdienste für das Netzwerk** und klicken Sie dann auf **Details**.
6. Aktivieren Sie im Dialogfeld **Weitere Datei- und Druckdienste für das Netzwerk** das Kontrollkästchen **Druckdienste für UNIX** und klicken Sie dann auf **OK**.
7. Klicken Sie im Assistenten für optionale Windows-Netzwerkkomponenten auf **Weiter**.
8. Warten Sie, bis die Installation abgeschlossen ist, und schließen Sie dann das Fenster **Netzwerkverbindungen**.

Übung 5: Installieren eines LPR-Ports

1. Klicken Sie im Startmenü auf **Drucker und Faxgeräte**.
2. Klicken Sie im Fenster **Drucker und Faxgeräte** auf **Drucker hinzufügen**.
3. Klicken Sie im Druckerinstallations-Assistenten auf der Seite **Willkommen** auf **Weiter**.
4. Wählen Sie auf der Seite **Lokaler Drucker oder Netzwerk** die Option **Lokaler Drucker, der an den Computer angeschlossen ist** aus und deaktivieren Sie das Kontrollkästchen **Plug & Play-Drucker automatisch ermitteln und installieren**. Klicken Sie auf **Weiter**.

5. Klicken Sie auf der Seite **Druckeranschluss auswählen** auf **Einen neuen Anschluss erstellen** und wählen Sie in der Dropdownliste **Anschlusstyp** den Eintrag **LPR Port**. Klicken Sie auf **Weiter**.
6. Geben Sie im Dialogfeld **LPR-kompatiblen Drucker hinzufügen** im Textfeld **LPD-Servername oder -adresse** den DNS-Namen oder die IP-Adresse des Hosts für den Drucker ein, den Sie hinzufügen. Klicken Sie auf **OK**.
7. Wählen Sie auf der Seite **Druckersoftware installieren** im Listenfeld **Hersteller** den Eintrag **HP** aus. Wählen Sie im Listenfeld **Drucker** das Modell **HP Color LaserJet 4550 PS** aus. Klicken Sie auf **Weiter**.
8. Auf der Seite **Drucker benennen** schlägt der Druckerinstallations-Assistent im Feld **Druckername** einen Druckernamen vor, der sich aus dem Druckermodell ableitet. Für diese Übung brauchen Sie den vorgeschlagenen Namen nicht zu ändern. Wenn bereits andere Drucker installiert sind, werden Sie gefragt, ob dieser Drucker als Standarddrucker verwendet werden soll. Klicken Sie auf **Ja**, falls die Frage **Soll dieser Drucker als Standarddrucker verwendet werden?** angezeigt wird.
9. Klicken Sie auf **Weiter**.
10. Klicken Sie auf der Seite **Druckerfreigabe** auf **Drucker nicht freigeben** und dann auf **Weiter**.
11. Wählen Sie auf der Seite **Testseite drucken** die Option **Nein** und klicken Sie auf **Weiter**.
12. Klicken Sie auf der Seite **Fertigstellen des Assistenten** auf **Fertig stellen**.

Lernzielkontrolle

Anhand der folgenden Fragen können Sie überprüfen, ob Sie die Themen dieser Lektion so gut beherrschen, dass Sie mit der nächsten Lektion weitermachen können. Falls Sie eine Frage nicht beantworten können, sollten Sie die Lektion noch einmal durcharbeiten, und dann erneut versuchen, die Frage zu beantworten. Die Antworten auf die Lernzielkontrollfragen finden Sie im Abschnitt „Fragen und Antworten" am Ende dieses Kapitels.

1. Welche der folgenden Aufgaben können mit dem Druckerinstallations-Assistenten ausgeführt werden? (Wählen Sie alle zutreffenden Antworten aus.)
   a. Sie können einen lokalen Drucker offline schalten.
   b. Sie können mehrere Kopien eines Dokuments drucken.
   c. Sie können einen LPR-Port hinzufügen.
   d. Sie können einen an Ihren Computer angeschlossenen Drucker anderen Netzwerkbenutzern zur Verfügung stellen.
2. Was ist in Windows XP Professional der Standarddrucker?

____

____

____

3. Sie haben soeben einen neuen Computer samt Drucker erworben. Zuhause angekommen, installieren Sie Windows XP Professional und möchten nun Ihren Drucker installieren. Sie möchten den Drucker als Ihren Standarddrucker einrichten. Während der Installation werden Sie jedoch nicht gefragt, ob der Drucker als Standarddrucker für alle Windows-Anwendungen verwendet werden soll. Sie haben diese Option bei der Installation anderer lokaler Drucker bereits häufiger gesehen. Warum wird diese Option nicht für Ihren neuen Computer angezeigt?

Zusammenfassung der Lektion

- Lokale Drucker sind direkt an einen Druckserver angeschlossen. Wenn Sie einen lokalen Drucker installieren und freigeben wollen, müssen Sie auf dem Druckserver den Druckerinstallations-Assistenten ausführen. Wenn Sie einen lokalen Drucker freigeben, kann dieser von mehreren Netzwerkbenutzern zum Drucken eingesetzt werden.
- In großen Unternehmen sind die meisten Druckern Netzwerkschnittstellendrucker. Wenn Sie einen Netzwerkschnittstellendrucker installieren wollen, müssen Sie im Druckerinstallations-Assistenten die Anschlussdaten für den Drucker eingeben (zum Beispiel eine Netzwerkadresse).
- Der LPR-Port wurde für Computer entwickelt, die mit UNIX- oder VAX-Hostcomputern kommunizieren müssen. Bei Computern, die Druckaufträge an Hostcomputer schicken müssen, sollte in den meisten Fällen als Anschluss der **Standard TCP/IP-Port** konfiguriert sein. Wenn Sie einen LPR-Port installieren wollen, müssen Sie erst die Druckdienste für UNIX installieren.
- Benutzer von Clientcomputern, auf denen Windows XP Professional, Windows 2000, Windows NT, Windows Me, Windows 98 oder Windows 95 ausgeführt wird, müssen zum Drucken lediglich eine Verbindung zum freigegebenen Drucker herstellen. Damit Benutzer von Clientcomputern, die das LPR-Protokoll nutzen, ebenfalls Dokumente drucken können, müssen auf dem Druckserver die Druckdienste für UNIX installiert sein.

Lektion 3: Herstellen einer Verbindung zu Netzwerkdruckern

Nachdem Sie einen Drucker auf dem Druckserver installiert und freigegeben und die zugehörigen Treiber installiert haben, können Benutzer von Clientcomputern, die unter Windows 95 oder neueren Windows-Betriebssystemen laufen, ganz einfach eine Verbindung zu dem freigegebenen Drucker herstellen. Sind die passenden Druckertreiber auf dem Druckserver vorhanden, laden die meisten Windows-Clientcomputer automatisch die Treiber für den Drucker herunter, zu dem der Benutzer eine Verbindung herstellt. Informationen zum Installieren zusätzlicher Treiber auf einem Druckserver finden Sie in Lektion 4, „Konfigurieren von Netzwerkdruckern", dieses Kapitels.

Wenn Sie einen Drucker hinzufügen und freigeben, sind standardmäßig alle Benutzer in der Lage, eine Verbindung zu diesem Drucker herzustellen und Druckaufträge an diesen zu senden. Die Methode zur Verbindungsherstellung mit einem Drucker richtet sich nach dem Clientbetriebssystem. Auf Clientcomputern mit Windows 95 oder neuer kann zu diesem Zweck der Druckerinstallations-Assistent verwendet werden. Clientcomputer, auf denen Windows XP Professional, Windows XP Home Edition oder Windows 2000 ausgeführt wird, können darüber hinaus auch über einen Webbrowser eine Verbindung zum Drucker herstellen.

Am Ende dieser Lektion werden Sie in der Lage sein, die folgenden Aufgaben auszuführen:

- Beschreiben der Optionen, die im Druckerinstallations-Assistenten zum Herstellen einer Verbindung zu einem Netzwerkdrucker zur Verfügung stehen.
- Herstellen einer direkten Verbindung zu einem freigegebenen Drucker.
- Herstellen einer Verbindung zu einem Netzwerkdrucker über einen Webbrowser.
- Suchen eines Druckers im Such-Assistenten.

Veranschlagte Zeit für diese Lektion: 15 Minuten

Auswählen eines Druckers im Druckerinstallations-Assistenten

Der Druckerinstallations-Assistent stellt eine Möglichkeit dar, auf Windows XP Professional-, Windows XP Home Edition-, Windows 2000-, Windows Me-, Windows NT-, Windows 98- oder Windows 95-Clientcomputern eine Verbindung zu einem Drucker herzustellen. Es handelt sich hierbei um denselben Assistenten, mit dem Drucker hinzugefügt und freigegeben werden. Welche Assistenten-Optionen für das Auffinden und den Verbindungsaufbau zu einem Drucker verfügbar sind, hängt vom installierten Clientbetriebssystem ab.

Optionen für Clientcomputer ab Windows 2000

Wenn Sie den Druckerinstallations-Assistenten auf einem Clientcomputer mit Windows 2000 oder neuer einsetzen, haben Sie bei der Verbindungsherstellung zu einem Drucker folgende Möglichkeiten:

- **Verwenden des UNC-Namens:** Sie können unter Verwendung des UNC-Namens (Universal Naming Convention) der Form ***Druckserver\Druckername*** eine Verbindung zum Netzwerkdrucker herstellen. Zu diesem Zweck aktivieren Sie im Druckerinstallations-Assistenten auf der Seite **Drucker angeben** die Option **Verbindung mit folgendem Drucker herstellen (Klicken Sie zum Suchen auf "Weiter")**. Wenn Sie den UNC-Namen des Druckers kennen, ist dies eine sehr schnelle Methode.
- **Netzwerk durchsuchen:** Um das Netzwerk nach dem gewünschten Drucker zu durchsuchen, aktivieren Sie im Druckerinstallations-Assistenten auf der Seite **Drucker angeben** die Option **Verbindung mit folgendem Drucker herstellen (Klicken Sie zum Suchen auf "Weiter")**, nehmen im Feld **Name** keine Eingabe vor und klicken auf **Weiter**.
- **Verwenden des URL-Namens:** Um über das Internet oder Ihr Intranet eine Verbindung zu einem Netzwerkdrucker zu erstellen, können Sie auch den URL-Namen (Uniform Resource Locator) des Druckers angeben. Aktivieren Sie hierzu im Druckerinstallations-Assistenten auf der Seite **Drucker angeben** die Option **Verbindung mit einem Drucker im Internet oder Heim-/Firmennetzwerk herstellen**.
- **Durchsuchen der Active Directory-Verzeichnisdienste:** Wenn Ihr Computer unter Windows 2000 oder neuer läuft und Mitglied einer Domäne ist, können Sie über die Suchfunktion von Microsoft Active Directory nach einem Drucker suchen. Sie können entweder das gesamte Verzeichnis oder nur einen Teil davon durchsuchen. Außerdem haben Sie die Möglichkeit, die Suche einzugrenzen, indem Sie bestimmte Druckermerkmale angeben (zum Beispiel Farbdruck).

Optionen für Clientcomputer mit Windows NT 4.0, Windows 95 oder Windows 98

Auf Clientcomputern mit den Betriebssystemen Windows NT 4.0, Windows 98 oder Windows 95 können Sie mit dem Druckerinstallations-Assistenten nur einen UNC-Namen eingeben oder die Netzwerkumgebung nach dem Drucker durchsuchen.

Optionen für Clientcomputer mit anderen Microsoft-Betriebssystemen

Benutzer von Clientcomputern mit älteren Windows-Versionen, zum Beispiel Windows 3.1, Windows NT 3.5 und Windows für Workgroups, verwenden zur Herstellung einer Druckerverbindung anstelle des Druckerinstallations-Assistenten den Druck-Manager.

Herstellen einer direkten Verbindung zu einem freigegebenen Drucker

Statt den Druckerinstallations-Assistenten zu verwenden, gibt es oft einfachere Wege, eine Verbindung zu einem freigegebenen Drucker herzustellen. Dazu stehen folgende Möglichkeiten zur Verfügung:

- **Netzwerkumgebung:** In Windows 95, Windows 98, Windows NT, Windows 2000 und Windows XP bietet die Netzwerkumgebung die Möglichkeit, Computer im lokalen Netzwerk zu suchen. Nachdem Sie den Computer ausgewählt haben, der den Drucker freigibt, klicken Sie mit der rechten Maustaste auf den Drucker und wählen den Befehl **Verbinden**, um eine Verbindung zum Drucker herzustellen. Sie können das Druckersymbol auch in den **Drucker und Faxgeräte**-Ordner auf dem Clientcomputer ziehen.

- **Dialogfeld Ausführen:** Klicken Sie im Startmenü auf **Ausführen**, um das Dialogfeld **Ausführen** zu öffnen. Geben Sie den UNC-Namen eines Druckers (***Druckserver******Druckername***) in das Textfeld **Öffnen** ein und klicken Sie auf **OK**, um eine Verbindung zum Drucker herzustellen. Falls der Druckserver keine passenden Treiber für das Betriebssystem des Clients hat, fordert Windows Sie auf, die Treiber bereitzustellen.
- **Eingabeaufforderung:** Benutzer können auf jedem beliebigen Windows-Clientcomputer eine Verbindung zu einem Netzwerkdrucker herstellen, indem sie den Befehl **net use lpt*x*: *Druckserver**Druckername*** eingeben, wobei ***x*** die Nummer des Druckeranschlusses ist. Auf MS-DOS- oder OS/2-Clientcomputern mit Microsoft LAN Manager-Clientsoftware kann die Verbindung zu einem Netzwerkdrucker ausschließlich über den Befehl **Net Use** hergestellt werden.

Verwenden eines Webbrowsers

Wenn Sie einen Windows XP Professional-, Windows XP Home Edition- oder Windows 2000-Clientcomputer verwenden, können Sie die Verbindung zum Netzwerkdrucker auch über das firmeneigene Intranet herstellen. Sie müssen dazu im Webbrowser lediglich den URL des Druckers eingeben, der Einsatz des Druckerinstallations-Assistenten ist nicht erforderlich. Auf einem Windows XP Professional-Clientcomputer können Sie den Microsoft Internet Explorer, den Ordner **Drucker und Faxgeräte** oder beliebige andere Fenster/Ordner mit Adressleiste für den Zugriff auf einen Drucker einsetzen. Nach der Verbindungsherstellung kopiert Windows XP Professional automatisch die benötigten Druckertreiber auf den Clientcomputer.

Ein Webdesigner kann die Webseite für die Verbindungsherstellung mit einem Netzwerkdrucker anpassen und beispielsweise einen Gebäudegrundriss mit den Standorten der Drucker bereitstellen, zu denen die Benutzer eine Verbindung herstellen können. Es gibt zwei Möglichkeiten, um mithilfe eines Webbrowsers eine Verbindung zu einem Drucker herzustellen:

- Wenn Sie den Druckernamen nicht kennen, geben Sie **http://*Druckserver*/printers** ein. Die Webseite listet alle freigegebenen Drucker auf dem Druckserver auf, für die Sie Zugriffsberechtigungen besitzen. Sie finden hier außerdem weitere Informationen zu den Druckern, darunter den Druckernamen, den Status von Druckaufträgen, den Standort, das Modell und Kommentare, die bei der Installation des Druckers eingegeben wurden. Diese Informationen helfen Ihnen dabei, einen Ihren Anforderungen entsprechenden Drucker auszuwählen. Klicken Sie auf den Drucker, den Sie verwenden möchten.
- Wenn Sie den Druckernamen kennen, geben Sie **http://*Druckserver*/*Druckerfreigabe*** ein. Auf diese Weise geben Sie den Intranetpfad für den gewünschten Drucker an. Sie müssen über Berechtigungen für den Drucker verfügen.

Windows kopiert automatisch die benötigten Druckertreiber auf Ihren Computer und zeigt anschließend das Druckersymbol im Fenster **Drucker und Faxgeräte** an. Wenn Sie über einen Webbrowser eine Verbindung zu einem freigegebenen Netzwerkdrucker hergestellt haben, können Sie den Drucker so verwenden, als sei er direkt an Ihren Computer angeschlossen.

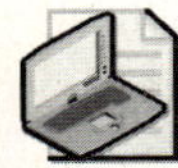

Hinweis Damit die Internetdruckdienste zur Verfügung stehen, müssen Sie auf dem Druckserver die Internet-Informationsdienste (IIS) und das Protokoll IPP (Internet Printing Protocol) installieren. Darüber hinaus ist zur Verbindungsherstellung mit einem Drucker die Internet Explorer-Version 4.0 oder höher erforderlich.

Suchen eines Druckers mit dem Such-Assistenten

Wenn Sie an einer Active Directory-Domäne angemeldet sind, können Sie über die Funktion **Drucker suchen** des Such-Assistenten das Active Directory-Verzeichnis nach verfügbaren Druckern durchsuchen. Sie aktivieren den Such-Assistenten, indem Sie auf **Start** und **Suchen** klicken. Klicken Sie auf **Drucker suchen**, nachdem der Such-Assistent gestartet wurde. Nachdem Sie über die Suchfunktion einen Drucker ermittelt haben, können Sie auf den Drucker doppelklicken. Oder Sie klicken mit der rechten Maustaste auf den Drucker und wählen den Befehl **Verbinden**. Im Dialogfeld **Drucker suchen** stehen Ihnen zum Auffinden eines Druckers drei Registerkarten zur Verfügung (Abbildung 11.6).

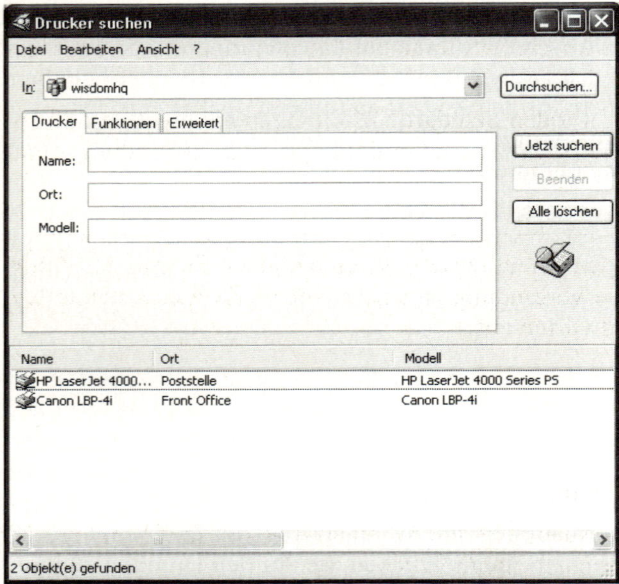

Abbildung 11.6 Suchen nach Druckern in Active Directory

In der folgenden Liste werden die auf den Registerkarten des Dialogfelds **Drucker suchen** verfügbaren Optionen erläutert:

- **Registerkarte Drucker:** Auf dieser Registerkarte können Sie spezielle Suchinformationen eingeben, beispielsweise Druckernamen, -standort oder -modell.

- **Registerkarte Funktionen:** Hier können Sie aus einer vordefinierten Liste zusätzliche Suchkriterien auswählen. Geben Sie beispielsweise an, dass der Drucker doppelseitige Kopien erstellen oder mit einer bestimmten Auflösung drucken kann.
- **Registerkarte Erweitert:** Hier können Sie mithilfe benutzerdefinierter Felder und boolescher Operatoren komplexe Suchabfragen definieren. Geben Sie beispielsweise an, dass der Drucker eine bestimmte Sortierung oder Druckersprache – zum Beispiel PostScript – unterstützen soll.

Wenn alle verfügbaren Drucker ermittelt werden sollen, geben Sie keinerlei Suchkriterien ein und klicken auf **Jetzt suchen**. In diesem Fall werden alle in der Domäne verfügbaren Drucker aufgelistet.

Hinweis Die Funktion **Drucker suchen** steht im Such-Assistenten nur dann zur Verfügung, wenn Sie an einer Domäne angemeldet sind. Wenn Sie an einem Computer arbeiten, der Teil einer Arbeitsgruppe ist, ist diese Funktion nicht verfügbar.

Lernzielkontrolle

Anhand der folgenden Fragen können Sie überprüfen, ob Sie die Themen dieser Lektion so gut beherrschen, dass Sie mit der nächsten Lektion weitermachen können. Falls Sie eine Frage nicht beantworten können, sollten Sie die Lektion noch einmal durcharbeiten, und dann erneut versuchen, die Frage zu beantworten. Die Antworten auf die Lernzielkontrollfragen finden Sie im Abschnitt „Fragen und Antworten“ am Ende dieses Kapitels.

1. Sie haben einen Drucker mit den Standardeinstellungen hinzugefügt und anschließend freigegeben. Welche Benutzer sind in der Lage, eine Verbindung zum Drucker herzustellen?

   ____

2. Auf welchen der folgenden Clientbetriebssysteme können Sie mit den Active Directory-Suchfunktionen eine Verbindung zu einem Netzwerkdrucker herstellen? (Wählen Sie alle zutreffenden Antworten aus.)

   a. Windows 2000

   b. Windows Me

   c. Windows NT 4.0

   d. Windows XP Professional

3. Sie haben bei sich zu Hause eine kleine Arbeitsgruppe mit fünf Windows XP Professional-Computern eingerichtet. Sie möchten einem Bekannten die wichtigsten Funktionen des neuen Betriebssystems Windows XP Professional zeigen. Als Sie ihm die Funktionsweise des Such-Assistenten demonstrieren möchten, wird die Funktion **Drucker suchen** nicht angezeigt. Welchen Grund kann dies haben?

   ____

   ____

   ____

Zusammenfassung der Lektion

- Auf Clientcomputern mit den Betriebssystemen Windows XP Professional, Windows XP Home Edition, Windows 2000, Windows Me, Windows NT, Windows 98 oder Windows 95 kann zur Verbindungsherstellung mit einem Drucker der Druckerinstallations-Assistent verwendet werden. Auf Clientcomputern mit den Betriebssystemen Windows NT 4.0, Windows 98 oder Windows 95 können Sie im Druckerinstallations-Assistenten nur einen UNC-Namen eingeben oder die Netzwerkumgebung nach dem Drucker durchsuchen. Benutzer von Clientcomputern mit früheren Windows-Versionen (zum Beispiel Windows 3.1, Windows NT 3.5 oder Windows für Workgroups) verwenden den Druck-Manager, um eine Verbindung zu einem Drucker herzustellen.
- Sie können einen Drucker auch installieren, indem Sie in der Netzwerkumgebung, im Dialogfeld **Ausführen** oder der Eingabeaufforderung eine Verbindung zu dem Drucker herstellen.
- Auf Clientcomputern mit Windows XP Professional, Windows XP Home Edition oder Windows 2000 können Sie eine Verbindung zu einem Drucker über Ihr Unternehmensintranet herstellen, indem Sie einen URL in Ihren Webbrowser eingeben.
- Auf Clientcomputern mit Windows XP Professional, Windows XP Home Edition oder Windows 2000, die Teil einer Active Directory-Domäne sind, können Sie mithilfe der Funktion **Drucker suchen** des Such-Assistenten das Active Directory-Verzeichnis nach verfügbaren Druckern durchsuchen.

Lektion 4: Konfigurieren von Netzwerkdruckern

Nach dem Einrichten und Freigeben eines Netzwerkdruckers müssen Sie die Druckereinstellungen eventuell noch an die Druckanforderungen von Benutzern und Unternehmen anpassen.

Nachfolgend werden die fünf wichtigsten Konfigurationseinstellungen aufgeführt, die Sie ändern können:

- Sie können noch nicht freigegebene Drucker freigeben, wenn steigende Druckanforderungen dies erfordern.
- Sie können zusätzliche Druckertreiber herunterladen, damit Clients mit anderen Windows-Versionen den freigegebenen Drucker ebenfalls nutzen können.
- Sie können die Freigabe eines vorhandenen Druckers aufheben.
- Sie können einen Druckerpool anlegen, damit die Druckaufträge automatisch an den ersten verfügbaren Drucker weitergeleitet werden. Auf diese Weise müssen die Benutzer nicht nach einem verfügbaren Drucker suchen.
- Sie können Prioritätsstufen für Drucker zuweisen, damit wichtige Dokumente immer vor anderen Dokumenten gedruckt werden.

Am Ende dieser Lektion werden Sie in der Lage sein, die folgenden Aufgaben auszuführen:

- Freigeben eines vorhandenen Druckers.
- Installieren zusätzlicher Druckertreiber.
- Aufheben der Freigabe eines Druckers.
- Erstellen eines Druckerpools.
- Festlegen unterschiedlicher Druckerprioritäten.

Veranschlagte Zeit für diese Lektion: 25 Minuten

Freigeben eines vorhandenen Druckers

Wenn das Druckaufkommen in Ihrem Netzwerk steigt und im Netzwerk ein Drucker vorhanden ist, der bereits als lokaler Drucker installiert ist, aber noch nicht freigegeben wurde, können Sie diesen Drucker freigeben, damit die Benutzer ihre Druckaufträge dorthin senden können.

Sie müssen dem Drucker einen Freigabenamen zuweisen, der anschließend unter **Netzwerkumgebung** angezeigt wird. Verwenden Sie einen aussagekräftigen Namen, der den Benutzern bei der Suche nach einem Drucker hilft. Sie können außerdem Druckertreiber für alle Versionen von Windows XP Professional, Windows XP Home Edition, Windows 2000, Windows NT, Windows 98 und Windows 95 hinzufügen.

Zum Freigeben eines vorhandenen Druckers verwenden Sie die Registerkarte **Freigabe** im Eigenschaftendialogfeld des Druckers (Abbildung 11.7).

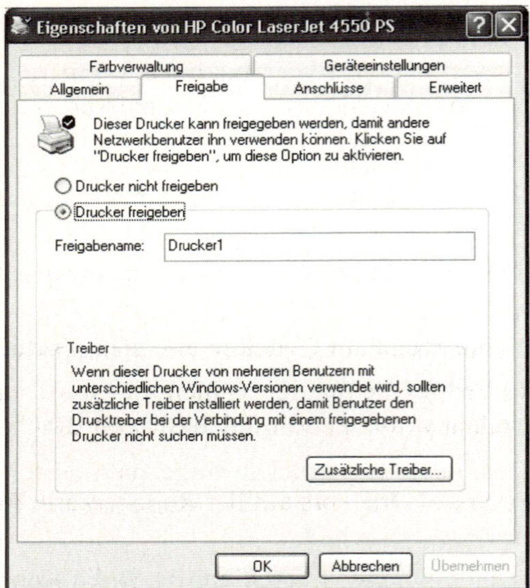

Abbildung 11.7 Auf der Registerkarte **Freigabe** im Eigenschaftendialogfeld eines Druckers können Sie einen vorhandenen Drucker freigeben

Gehen Sie folgendermaßen vor, um einen vorhandenen Drucker über die Registerkarte **Freigabe** freizugeben:

1. Klicken Sie im Startmenü auf **Drucker und Faxgeräte**.
2. Klicken Sie im Fenster **Drucker und Faxgeräte** mit der rechten Maustaste auf das Symbol des Druckers, den Sie freigeben wollen, und wählen Sie den Befehl **Freigabe**.

Hinweis Falls Sie zum ersten Mal einen Drucker oder eine Datei auf dem Computer freigeben, fordert Windows XP Professional Sie auf, entweder den Netzwerkinstallations-Assistenten auszuführen oder die Freigaben zu aktivieren. Für diese Übung reicht es aus, wenn Sie einfach die Freigaben aktivieren (sofern Sie diese Aufforderung bekommen). Weitere Informationen zum Ausführen des Netzwerkinstallations-Assistenten finden Sie in Kapitel 15.

3. Klicken Sie im Eigenschaftendialogfeld des Druckers auf der Registerkarte **Freigabe** auf **Drucker freigeben**.
4. Geben Sie im Textfeld **Freigabename** einen Namen ein und klicken Sie dann auf **OK**.

Nachdem Sie den Drucker freigegeben haben, zeigt Windows XP Professional neben dem Druckersymbol eine geöffnete Hand an, um den Drucker als freigegeben zu kennzeichnen.

Installieren von zusätzlichen Druckertreibern

Wenn der freigegebene Drucker von Netzwerkbenutzern genutzt werden soll, auf deren Computern unterschiedliche Windows-Versionen ausgeführt werden, müssen unterschiedliche Treiber installiert werden, die den Benutzern dann automatisch zur Verfügung gestellt werden, wenn sie eine Verbindung zum Drucker herstellen. Wenn Sie den Benutzern auf diese Weise Treiber bereitstellen, müssen die Benutzer die Treiber nicht selbst suchen und installieren. Gehen Sie folgendermaßen vor, um festzustellen, welche Druckertreiber heruntergeladen werden beziehungsweise um einen Druckertreiber auf den Druckserver herunterzuladen:

1. Klicken Sie auf dem Druckserver im Startmenü auf **Drucker und Faxgeräte**.
2. Klicken Sie im Fenster **Drucker und Faxgeräte** mit der rechten Maustaste auf den freigegebenen Drucker, den Sie verwalten wollen, und wählen Sie den Befehl **Freigabe**.
3. Klicken Sie im Eigenschaftendialogfeld des Druckers auf der Registerkarte **Freigabe** auf **Zusätzliche Treiber**.
4. Aktivieren Sie im Dialogfeld **Zusätzliche Treiber** (Abbildung 11.8) die Kontrollkästchen aller Umgebungen, für die Sie Treiber zur Verfügung stellen wollen, und klicken Sie dann auf **OK**.

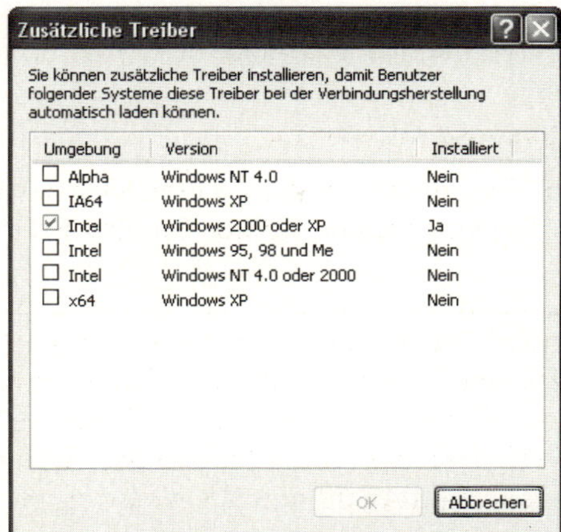

Abbildung 11.8 Installieren zusätzlicher Treiber

5. Falls Sie aufgefordert werden, den Pfad zu den Windows XP Professional-Installationsdateien anzugeben, müssen Sie den Pfad eingeben oder die Windows XP Professional-CD-ROM in das CD-ROM-Laufwerk einlegen. Klicken Sie dann auf **OK**.

Hinweis Falls Windows XP Professional nicht über die benötigten Treiber verfügt, werden Sie aufgefordert, die Treiber selbst bereitzustellen.

6. Die Treiber werden installiert. Klicken Sie auf **OK**, um das Eigenschaftendialogfeld des Druckers zu schließen.

Aufheben der Freigabe eines Druckers

Wenn sich das Druckaufkommen in Ihrem Netzwerk verringert, können Sie die Freigabe eines vorhandenen Druckers wieder aufheben. Sie heben die Freigabe eines Druckers mithilfe der Registerkarte **Freigabe** im Eigenschaftendialogfeld eines Druckers auf. Die hierzu erforderlichen Schritte ähneln denen zum Freigeben eines Druckers. Zum Aufheben einer Druckerfreigabe aktivieren Sie im Eigenschaftendialogfeld für den Drucker auf der Registerkarte **Freigabe** die Option **Drucker nicht freigeben** (siehe Abbildung 11.7 weiter oben in dieser Lektion). Anschließend klicken Sie auf **OK**.

Erstellen eines Druckerpools

Ein ***Druckerpool*** besteht aus mindestens zwei identischen Druckern, die mit demselben Druckserver verbunden sind und als ein logischer Drucker konfiguriert wurden. Bei diesen Druckern kann es sich um lokale Drucker oder um Netzwerkschnittstellendrucker handeln. Obwohl die Drucker nach Möglichkeit identisch sein sollten, können Sie auch nicht identische Drucker verwenden. In diesem Fall müssen die Drucker jedoch denselben Druckertreiber verwenden. Nach der Installation eines Druckers können Sie mithilfe der Registerkarte **Anschlüsse** im Eigenschaftendialogfeld eines Druckers einen Druckerpool einrichten. Aktivieren Sie auf der Registerkarte **Anschlüsse** das Kontrollkästchen **Druckerpool aktivieren**, und wählen Sie zusätzliche Anschlüsse auf dem Druckserver aus (Abbildung 11.9).

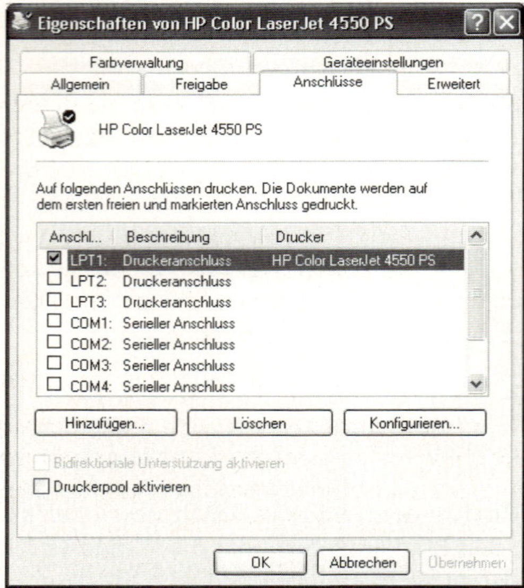

Abbildung 11.9 Aktivieren eines Druckerpools

Beim Erstellen eines Druckerpools können die Benutzer Dokumente drucken, ohne prüfen zu müssen, welcher Drucker verfügbar ist. Die Dokumente werden auf dem ersten verfügbaren Drucker im Druckerpool gedruckt.

Tipp Wenn Sie einen Druckerpool einrichten, sollten Sie die Drucker möglichst nah beieinander aufstellen, damit die Benutzer leicht an ihre Dokumente gelangen.

Ein Druckerpool bietet folgende Vorteile:

- In einem Netzwerk mit hohem Druckaufkommen wird der Zeitraum verkürzt, in dem sich die Druckaufträge in der Warteschlange auf dem Druckserver befinden.
- Druckerpools vereinfachen die Verwaltung, da mehrere Drucker gleichzeitig verwaltet werden können.

Bevor Sie einen Druckerpool anlegen, müssen Sie sicherstellen, dass die Drucker mit dem Druckserver verbunden sind.

Nachdem Sie die Drucker mit dem Druckserver verbunden haben, können Sie einen Druckerpool erstellen. Gehen Sie folgendermaßen vor:

1. Klicken Sie im Startmenü auf **Drucker und Faxgeräte**.
2. Klicken Sie im Fenster **Drucker und Faxgeräte** mit der rechten Maustaste auf das Druckersymbol und wählen Sie den Befehl **Eigenschaften**.
3. Aktivieren Sie im Eigenschaftendialogfeld des Druckers auf der Registerkarte **Anschlüsse** das Kontrollkästchen **Druckerpool aktivieren**.
4. Aktivieren Sie die Kontrollkästchen für alle Anschlüsse mit Druckern, die in den Druckerpool aufgenommen werden sollen. Klicken Sie danach auf **OK**.

Festlegen von Druckerprioritäten

Sie fassen beim Anlegen eines Druckerpools mehrere Drucker zu einem einzigen logischen Drucker zusammen. Umgekehrt können Sie durch Festlegen von Prioritäten für einen einzigen Drucker mehrere logische Drucker erstellen. Die ***Druckerpriorität***, die Sie für jeden dieser logischen Drucker festlegen, steuert, in welcher Reihenfolge Druckaufträge ausgedruckt werden. Zum Beispiel können Sie für bestimmte Benutzer einen logischen Drucker mit hoher Priorität anlegen und für andere Benutzer einen logischen Drucker mit geringer Priorität. Dann können zwar alle Benutzer auf demselben Drucker ihre Dokumente ausdrucken, aber bestimmte Benutzer werden zuerst bedient.

Bezüglich der Festlegung von Druckerprioritäten müssen Sie Folgendes beachten:

- Fügen Sie einen Drucker hinzu, und geben Sie den Drucker frei. Fügen Sie anschließend einen Drucker hinzu, der auf denselben Drucker oder Druckeranschluss verweist. Bei dem Anschluss kann es sich um einen Hardwareanschluss auf dem Druckserver oder um einen Anschluss für einen Netzwerkdrucker handeln.
- Legen Sie unterschiedliche Prioritäten für jeden logischen Drucker fest, der auf den Drucker verweist. Richten Sie unterschiedliche Benutzergruppen für unterschiedliche virtuelle Drucker ein oder weisen Sie die Benutzer an, unterschiedliche Dokumentgruppen an unterschiedliche virtuelle Drucker zu senden.

Ein Beispiel für diese Vorgehensweise sehen Sie in Abbildung 11.10. **Benutzer1** sendet Dokumente an einen Drucker mit der niedrigsten Prioritätsstufe (1), während **Benutzer2**

Dokumente an einen Drucker mit der höchsten Prioritätsstufe (99) sendet. Die Dokumente von **Benutzer2** werden daher immer vor den Dokumenten von **Benutzer1** gedruckt.

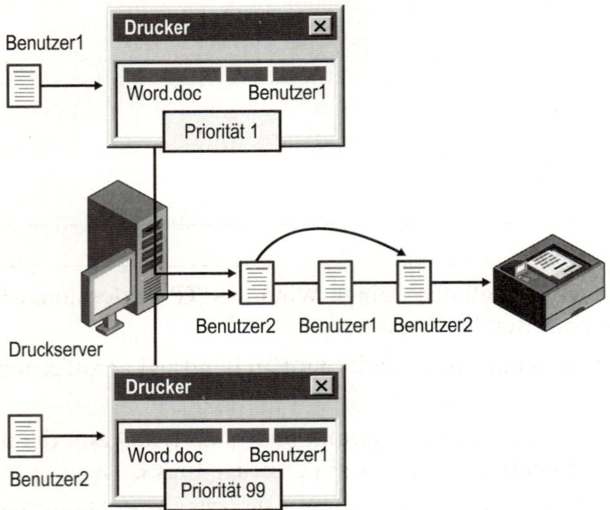

Abbildung 11.10 Logische Drucker mit höherer Priorität drucken ihre Dokumente vor logischen Druckern mit geringerer Priorität aus

Gehen Sie folgendermaßen vor, um die Priorität für einen Drucker einzustellen:

1. Klicken Sie im Startmenü auf **Drucker und Faxgeräte**.
2. Klicken Sie im Fenster **Drucker und Faxgeräte** mit der rechten Maustaste auf das Symbol des Druckers und wählen Sie den Befehl **Eigenschaften**.
3. Passen Sie im Eigenschaftendialogfeld des Druckers auf der Registerkarte **Erweitert** den Wert im Feld **Priorität** an. Sie können für einen Drucker Werte von 1 bis 99 einstellen, je höher die Zahl, desto höher die Priorität des Druckers.
4. Klicken Sie auf **OK**.

Prüfungstipp Sie können mehrere logische Drucker für einen einzigen Drucker konfigurieren. So steuern Sie, wie der Drucker in unterschiedlichen Situationen oder von unterschiedlichen Benutzern verwendet wird. Sie können auch einen Druckerpool erstellen, um mehrere Drucker zu einem einzigen logischen Drucker zusammenzufassen.

Lernzielkontrolle

Anhand der folgenden Fragen können Sie überprüfen, ob Sie die Themen dieser Lektion so gut beherrschen, dass Sie mit der nächsten Lektion weitermachen können. Falls Sie eine Frage nicht beantworten können, sollten Sie die Lektion noch einmal durcharbeiten, und dann erneut versuchen, die Frage zu beantworten. Die Antworten auf die Lernzielkontrollfragen finden Sie im Abschnitt „Fragen und Antworten“ am Ende dieses Kapitels.

1. Welche Vorteile bietet das Freigeben eines Druckers?

   ____

   ____

   ____

2. Wie geben Sie einen Drucker frei?

   ____

   ____

3. Welche der folgenden Aussagen treffen auf einen Windows XP Professional-Druckerpool zu? (Wählen Sie alle zutreffenden Antworten aus.)

   a. In einen Druckerpool können nur Netzwerkschnittstellendrucker aufgenommen werden.

   b. Ein Druckerpool besteht aus mindestens zwei identischen Druckern, die mit demselben Druckserver verbunden sind und als ein Drucker fungieren.

   c. Sind die Drucker eines Druckerpools nicht identisch, müssen sie denselben Druckertreiber verwenden.

   d. Sind die Drucker eines Druckerpools nicht identisch, müssen auf dem Druckserver alle erforderlichen Druckertreiber installiert werden.

4. Wozu erstellen Sie virtuelle Drucker und legen Prioritätseinstellungen für diese Drucker fest?

   ____

   ____

   ____

   ____

   ____

Zusammenfassung der Lektion

- Zum Freigeben eines vorhandenen Druckers verwenden Sie die Registerkarte **Freigabe** im Eigenschaftendialogfeld eines Druckers. Anschließend aktivieren Sie die Option **Drucker freigeben**.
- Wenn ein freigegebener Drucker von Netzwerkbenutzern genutzt werden soll, auf deren Computern unterschiedliche Windows-Versionen ausgeführt werden, können Sie unterschiedliche Treiber installieren, die den Benutzern dann automatisch zur Verfügung gestellt werden, wenn sie eine Verbindung zum Drucker herstellen.
- Sie können die Freigabe eines Druckers beenden, indem Sie im Eigenschaftendialogfeld des Druckers auf der Registerkarte **Freigabe** die Option **Drucker nicht freigeben** wählen.

- Ein Druckerpool besteht aus mindestens zwei identischen Druckern, die mit demselben Druckserver verbunden sind und als ein Drucker fungieren.
- Das Festlegen von Druckerprioritäten für virtuelle Drucker ermöglicht es Benutzern, wichtige Dokumente an einen Drucker mit höherer Priorität und weniger wichtige Dokumente an einen Drucker mit niedrigerer Priorität zu senden, selbst wenn nur ein physischer Drucker vorhanden ist.

Lektion 5: Problembehandlung bei Installations- und Konfigurationsproblemen

Beim Installieren und Konfigurieren eines Druckers können Probleme auftreten. In dieser Lektion werden einige häufig auftretende Probleme sowie Tipps zu deren Beseitigung vorgestellt.

Am Ende dieser Lektion werden Sie in der Lage sein, die folgenden Aufgaben auszuführen:

- Problembehandlung beim Installieren eines Druckers mit dem Windows-Ratgeber.
- Erarbeiten möglicher Lösungen für verbreitete Probleme.

Veranschlagte Zeit für diese Lektion: 5 Minuten

Verwenden der Windows-Ratgeber

Windows XP Professional hilft Ihnen durch eine interaktive Problembehandlung beim Beseitigen von eventuell auftretenden Problemen. Klicken Sie zum Analysieren von Druckerproblemen auf **Start**, **Systemsteuerung** und **Drucker und andere Hardware**. Klicken Sie im Fenster **Drucker und andere Hardware** unter **Problembehandlung** auf **Drucken**. Im Fenster **Hilfe- und Supportcenter** wird der **Druck-Ratgeber** angezeigt (Abbildung 11.11).

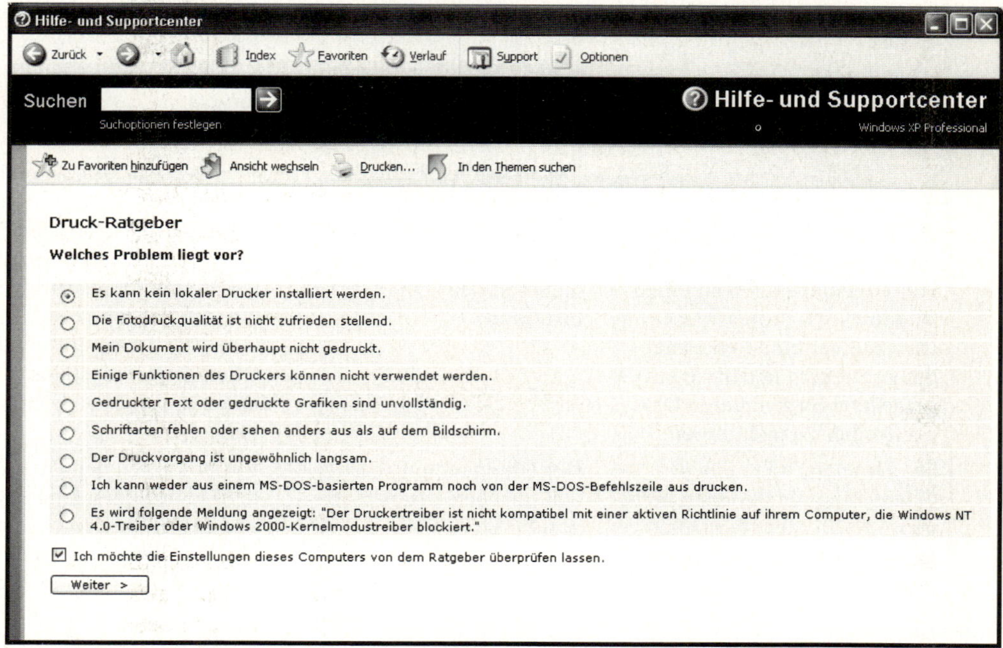

Abbildung 11.11 Im Windows-Ratgeber können Sie eine Problembehandlung für Druckerprobleme durchführen

Unterhalb von **Welches Problem liegt vor?** haben Sie verschiedene Antwortmöglichkeiten. Wenn Sie eine der Antworten auswählen und auf **Weiter** klicken, stellt der Ratgeber Ihnen weitere Fragen zur Problemanalyse und macht anschließend einen Vorschlag zur Problemlösung.

Lösungen für häufiger auftretende Druckerprobleme

In Tabelle 11.5 werden einige Probleme beschrieben, die bei der Druckerkonfiguration häufiger auftreten. Darüber hinaus werden mögliche Ursachen für die Probleme sowie Lösungsvorschläge bereitgestellt.

Tabelle 11.5 Häufiger auftretende Druckerprobleme und mögliche Lösungen

Problem	Mögliche Ursache	Mögliche Lösung
Die Testseite wird nicht gedruckt. Sie haben sich bereits vergewissert, dass der Drucker angeschlossen und eingeschaltet ist.	Der Druckeranschluss wurde nicht richtig gewählt.	Konfigurieren Sie den richtigen Druckeranschluss für den Drucker. Handelt es sich um einen Drucker, der einen Netzwerkschnittstellendrucker verwendet, müssen Sie sicherstellen, dass die richtige Netzwerkadresse angegeben wurde.
Die Testseite oder das Dokument enthält unsinnige Zeichen.	Es wurde nicht der richtige Druckertreiber installiert.	Installieren Sie den Drucker mit dem richtigen Druckertreiber neu.
Seiten werden nur teilweise ausgedruckt.	Es steht eventuell nicht genügend Speicher zum Drucken des Dokuments zur Verfügung.	Erhöhen Sie gegebenenfalls die Speicherkapazität des Druckservers.
	Der Druckertoner geht möglicherweise zur Neige.	Ersetzen Sie die Tonerpatrone des Druckers.
Die Benutzer beklagen sich darüber, dass sie beim Senden von Druckaufträgen an einen Windows XP Professional-Druckserver eine Fehlermeldung erhalten, in der sie aufgefordert werden, einen Druckertreiber zu installieren.	Die Druckertreiber für die Clientcomputer wurden nicht auf dem Druckserver installiert.	Installieren Sie auf dem Druckserver die für die Clientcomputer benötigten Druckertreiber. Verwenden Sie hierzu die Installations-CD-ROM des jeweiligen Clientbetriebssystems oder einen Druckertreiber vom Druckerhersteller.
Die Druckaufträge eines Clientcomputers können nicht gedruckt werden, die Dokumente anderer Clientcomputer jedoch schon.	Der Clientcomputer ist an den falschen Drucker angeschlossen.	Entfernen Sie den Drucker von dem betroffenen Clientcomputer, und fügen Sie den richtigen Drucker hinzu.

▶

Problem	Mögliche Ursache	Mögliche Lösung
Auf einigen, jedoch nicht auf allen Druckern eines Druckerpools werden die Dokumente richtig ausgedruckt.	Die im Druckerpool verwendeten Druckermodelle sind nicht identisch.	Stellen Sie sicher, dass alle Drucker im Druckerpool entweder identisch sind oder zumindest denselben Druckertreiber verwenden. Entfernen Sie nicht geeignete Drucker.
Dokumente werden nur langsam gedruckt beziehungsweise der Drucker benötigt für die Ausgabe sehr viel Zeit.	Möglicherweise muss die Festplatte des Druckservers defragmentiert werden, oder die Festplattenkapazität ist fast vollständig ausgeschöpft.	Defragmentieren Sie die Festplatte des Druckservers und prüfen Sie, ob genügend Speicherplatz für temporäre Dateien auf die Festplatte verfügbar ist.
Dokumente werden nur langsam gedruckt, die Dokumente verbleiben sehr lange in der Warteschlange.	Wenn Sie einen Druckerpool verwenden, befinden sich möglicherweise zu wenig Drucker im Pool.	Fügen Sie zum Druckerpool weitere Drucker hinzu.
Dokumente werden nicht in der Reihenfolge ihrer Priorität gedruckt.	Die Druckerprioritäten wurden nicht richtig festgelegt.	Passen Sie die Prioritäteneinstellungen für die Drucker an, die mit dem Drucker verknüpft sind.

Lernzielkontrolle

Anhand der folgenden Fragen können Sie überprüfen, ob Sie die Themen dieser Lektion so gut beherrschen, dass Sie mit der nächsten Lektion weitermachen können. Falls Sie eine Frage nicht beantworten können, sollten Sie die Lektion noch einmal durcharbeiten, und dann erneut versuchen, die Frage zu beantworten. Die Antworten auf die Lernzielkontrollfragen finden Sie im Abschnitt „Fragen und Antworten“ am Ende dieses Kapitels.

1. Wie greifen Sie auf den Druck-Ratgeber zum Beseitigen von Druckerproblemen zu, und wie verwenden Sie den Ratgeber?

   ____

   ____

   ____

2. Was sollten Sie prüfen, wenn Dokumente auf einigen Druckern eines Druckerpools richtig, auf anderen jedoch falsch ausgedruckt werden?

   ____

   ____

3. Was sollten Sie prüfen, wenn Dokumente nur langsam gedruckt werden beziehungsweise der Druckserver für die Ausgabe sehr viel Zeit benötigt?

   ____

   ____

4. Was sollten Sie prüfen, wenn Seiten nur unvollständig ausgedruckt werden?

Zusammenfassung der Lektion

- Windows XP Professional hilft Ihnen durch eine interaktive Problembehandlung beim Beseitigen von eventuell auftretenden Problemen. Zum Beseitigen von Druckproblemen verwenden Sie den Druck-Ratgeber.
- In dieser Lektion wurden verschiedene Installations- und Konfigurationsprobleme sowie Lösungsvorschläge zu deren Beseitigung vorgestellt. Viele Probleme lassen sich beseitigen, indem Sie folgende Punkte sicherstellen:
  - Der richtige Anschluss ist ausgewählt.
  - Der richtige Druckertreiber ist installiert. Außerdem sind Treiber für alle Clients mit anderen Betriebssystemen vorhanden.
  - Der Druckserver hat genug Arbeitsspeicher.
  - Der Drucker hat genug Toner oder Tinte.
  - Es wird auf den richtigen Drucker ausgedruckt.

Übung mit Fallbeispiel

In dieser Übung wird ein Szenario beschrieben, im Anschluss folgen einige Fragen. Falls Sie Schwierigkeiten haben, sollten Sie den Inhalt dieses Kapitels noch einmal durcharbeiten, bevor Sie das nächste Kapitel in Angriff nehmen. Die Antworten auf die Fragen finden Sie im Abschnitt „Fragen und Antworten" am Ende dieses Kapitels.

Szenario

Sie arbeiten als Administrator für ein Unternehmen namens Contoso, Ltd., ein Gartenbaubetrieb mit vielen Aufträgen aus öffentlichen Einrichtungen. Sie unterhalten sich mit Jeff, einem Manager in der Marketingabteilung. Er hat gerade auf einer Auktion 10 identische Laserdrucker gekauft. Die Drucker habe alle eine eingebaute Netzwerkschnittstelle für TCP/IP. Sie haben sichergestellt, dass die Drucker funktionieren, und alle Drucker an das Netzwerk angeschlossen. Jeff möchte diese Drucker so konfigurieren, dass sie den Benutzern in seiner Abteilung als ein einziger Drucker bereitgestellt werden, damit die Benutzer nicht mehrere Drucker installieren müssen.

Fragen

1. Welche Funktion in Windows XP Professional ermöglicht Ihnen, alle diese Drucker so zu konfigurieren, dass die Benutzer auf ihren lokalen Computern lediglich einen Drucker installieren müssen?

2. Wie konfigurieren Sie diese Funktion?

3. Welche Schritte müssen Benutzer ausführen, um eine Verbindung zu den Druckern herzustellen?

Übung zur Problembehandlung

Lesen Sie das folgende Problembehandlungsszenario durch und beantworten Sie die zugehörige Frage. Sie können anhand dieser Übung feststellen, ob Sie genug gelernt haben, um mit dem nächsten Kapitel weiterzumachen. Falls Sie Schwierigkeiten haben, sollten Sie den Inhalt dieses Kapitels noch einmal durcharbeiten, bevor Sie das nächste Kapitel in Angriff nehmen. Die Antwort auf die Frage finden Sie im Abschnitt „Fragen und Antworten" am Ende dieses Kapitels.

Szenario

Sie arbeiten als Administrator für Unternehmen namens Margie's Travel, eines der größten Reisebüros im Land. Angela, eine Benutzerin, hat einen Farblaserdrucker, der an ihren Windows XP Professional-Computer angeschlossen ist. Angela hat den Drucker für andere Benutzer im Netzwerk freigegeben. Manchmal drucken andere Benutzer im Netzwerk große Dokumente aus, was den Drucker lange mit Beschlag belegt. Angela möchte den Drucker auch weiterhin für andere Benutzer zur Verfügung stellen, weil es der einzige Farbdrucker in der Abteilung ist, aber sie muss oft wichtige Dokumente ausdrucken, die nicht warten können, bis irgendwelche langen Druckaufträge anderer Benutzer abgearbeitet sind.

Frage

Wie können Sie Angelas Problem lösen?

Zusammenfassung des Kapitels

- Ein Drucker ist ein Hardwaregerät, das Text oder Bilder auf Papier oder einem anderen Druckmedium ausdruckt. Lokale Drucker werden über einen Hardwareanschluss an den Druckserver angeschlossen, Netzwerkschnittstellendrucker sind über das Netzwerk mit dem Druckserver verbunden. Netzwerkschnittstellendrucker erfordern eine eigene Netzwerkkarte und verfügen über eigene Netzwerkadressen oder sind an eine externe Netzwerkkarte angeschlossen. Bevor Sie einen Druckserver einrichten, sollten Sie sicherstellen, dass der Computer über ausreichend RAM verfügt, um die Dokumente verarbeiten zu können, und über genug Festplattenplatz, um die Dokumente speichern zu können, bis sie an den Drucker übergeben werden.
- Wenn Sie einen lokalen Drucker installieren und freigeben wollen, müssen Sie auf dem Druckserver den Druckerinstallations-Assistenten ausführen. Wenn Sie einen lokalen Drucker freigeben, kann dieser von mehreren Netzwerkbenutzern zum Drucken eingesetzt werden. In großen Unternehmen sind die meisten Drucker Netzwerkschnittstellendrucker. Wenn Sie einen Netzwerkschnittstellendrucker installieren wollen, müssen Sie im Druckerinstallations-Assistenten die Anschlussdaten für den Drucker eingeben (zum Beispiel eine Netzwerkadresse).
- Clients haben verschiedene Möglichkeiten, eine Verbindung zu einem freigegebenen Drucker herzustellen: mit dem Druckerinstallations-Assistenten, durch Herstellen einer direkten Verbindung zum Drucker (mithilfe der **Netzwerkumgebung**, des Dialogfelds **Ausführen** oder der Eingabeaufforderung), in einem Webbrowser oder durch Suchen in Active Directory.
- Zum Freigeben eines vorhandenen Druckers verwenden Sie die Registerkarte **Freigabe** im Eigenschaftendialogfeld eines Druckers. Anschließend aktivieren Sie die Option **Drucker freigeben**. Wenn ein freigegebener Drucker von Netzwerkbenutzern genutzt werden soll, auf deren Computern unterschiedliche Windows-Versionen ausgeführt werden, können Sie unterschiedliche Treiber installieren, die den Benutzern dann automatisch zur Verfügung gestellt werden, wenn sie eine Verbindung zum Dru-

cker herstellen. Sie können außerdem zwei erweiterte Druckerkonfigurationen erstellen:

  - Ein Druckerpool besteht aus mindestens zwei identischen Druckern, die mit demselben Druckserver verbunden sind und als ein Drucker fungieren.
  - Das Festlegen von Druckerprioritäten für virtuelle Drucker ermöglicht es Benutzern, wichtige Dokumente an einen Drucker mit höherer Priorität und weniger wichtige Dokumente an einen Drucker mit niedrigerer Priorität zu senden, selbst wenn nur ein physischer Drucker vorhanden ist.

- Windows XP Professional hilft Ihnen durch eine interaktive Problembehandlung beim Beseitigen von eventuell auftretenden Problemen. Zum Beseitigen von Druckproblemen verwenden Sie den Druck-Ratgeber. Sie sollten außerdem wissen, wie Sie häufig auftretende Probleme beseitigen, zum Beispiel falsche Druckertreiber, falsche Anschlüsse und leere Tinten- oder Tonerkartuschen.

Prüfungsrelevante Themen

Vor der Prüfungsteilnahme sollten Sie die nachfolgend aufgeführten Schlüsselinformationen und -begriffe noch einmal durcharbeiten. Diese Informationen sind für das Bestehen der Prüfung von entscheidender Bedeutung.

Schlüsselinformationen

- Windows XP Professional unterstützt bis zu 10 gleichzeitige Netzwerkverbindungen. Windows XP Professional unterstützt das Drucken von folgenden Clients: MS-DOS, Windows 3.1, Windows 95, Windows 98, Windows Me, Windows NT, Windows 2000, Windows Server 2003, Windows XP und UNIX. Windows XP Professional unterstützt nicht das Ausdrucken von NetWare oder älteren Macintosh-Clients.
- Benutzer, die mit Windows XP Professional arbeiten, müssen Mitglieder der Gruppen **Administratoren** oder **Hauptbenutzer** sein, wenn sie einen Drucker installieren wollen.
- Sie können mehrere logische Drucker für einen einzigen Drucker konfigurieren. So können Sie steuern, wie der Drucker in unterschiedlichen Situationen oder von unterschiedlichen Benutzern verwendet wird. Sie können auch einen Druckerpool erstellen, um mehrere Drucker zu einem einzigen logischen Drucker zusammenzufassen.

Schlüsselbegriffe

Druckauftrag Ein Dokument, das Windows zum Drucken vorbereitet hat.

Drucker Das Hardwaregerät, das den Ausdruck zu Papier bringt. Dieses Gerät ist normalerweise ein Standarddrucker, es kann sich aber auch um ein Faxgerät, einen Plotter oder eine Datei handeln. Der Begriff „Drucker“ kann sich auch auf die Kombination aus Hardware- und logischem Drucker beziehen.

Druckeranschluss Die Softwareschnittstelle, über die ein Computer (mittels einer lokalen Schnittstelle) mit einem Drucker kommuniziert.

Druckerpool Eine Konfigurationsoption für Drucker, bei der Sie mehrere Drucker zu einer einzigen Druckerkonfiguration zusammenfassen können.

Druckerpriorität Legt fest, in welcher Reihenfolge Druckaufträge im Verhältnis zu anderen logischen Druckern ausgedruckt werden, die für denselben Drucker konfiguriert sind.

Druckertreiber Eine oder mehrere Dateien mit Informationen, die Windows XP Professional zum Konvertieren von Druckbefehlen in eine spezielle Druckersprache verwendet.

Druckserver Der Computer oder ein anderes Remotegerät, an das ein Netzwerkdrucker angeschlossen ist.

Logischer Drucker Die Softwarekonfiguration, die in Windows erstellt und im Fenster **Drucker und Faxgeräte** angezeigt wird.

Lokaler Drucker Ein Drucker, der direkt mit einem Hardwareanschluss des Druckservers verbunden ist.

Netzwerkschnittstellendrucker Ein Drucker, der über eine interne Netzwerkkarte direkt an das Netzwerk angeschlossen ist.

Fragen und Antworten

Seite 569

Lernzielkontrolle Lektion 1

1. ______________________ werden an einen Hardwareanschluss des Druckservers angeschlossen. (Tragen Sie den korrekten Begriff ein.)

   Lokale Drucker

2. Muss auf einem Computer eines der Windows Server-Produkte ausgeführt werden, damit dieser Computer als Druckserver in einem Netzwerk eingesetzt werden kann? Begründen Sie Ihre Antwort.

   Nein. Ein Druckserver ist der Computer, der einen oder mehrere Drucker in einem Netzwerk verwaltet. Der Druckserver empfängt und verarbeitet Dokumente von Clientcomputern. Wenn Sie über einen Windows XP Professional-Computer verfügen, an den ein freigegebener Drucker angeschlossen ist, ist dieser Computer per Definition ein Druckserver. Wenn der Druckserver jedoch viele Drucker verwalten muss, die häufig verwendet werden, sollte ein dedizierter Druckserver eingerichtet werden. Auf einem dedizierten Druckserver wird in der Regel eines der Server-Produkte von Windows ausgeführt.

3. Wie viele gleichzeitige Verbindungen mit anderen Computern unterstützt Windows XP Professional für Datei- und Druckdienste? Wählen Sie die richtige Antwort.

   a. 20

   b. 10

   c. unbegrenzt viele

   d. 30

   Antwort b ist richtig. Windows XP Professional erlaubt 10 gleichzeitige Verbindungen von Netzwerkbenutzern.

4. Ein ____________________ ist (mindestens) eine Datei mit Informationen zum Konvertieren von Druckbefehlen in eine spezielle Druckersprache, zum Beispiel Adobe PostScript. (Tragen Sie den korrekten Begriff ein.)

   Druckertreiber

5. Für welche Art von Computern bieten die Windows XP Professional-Druckdienste Unterstützung? (Wählen Sie alle zutreffenden Antworten aus.)

   a. Macintosh-Computer

   b. UNIX-Computer

   c. NetWare-Clients

   d. Windows 98-Computer

   Die richtigen Antworten sind b und d. Die Antworten a und c sind nicht richtig, weil Windows XP Professional das Drucken von Macintosh- oder NetWare-Clients aus nicht unterstützt. Windows Server 2003 unterstützt das Drucken von diesen Clients aus.

Seite 583

Lernzielkontrolle Lektion 2

1. Welche der folgenden Aufgaben können mit dem Druckerinstallations-Assistenten ausgeführt werden? (Wählen Sie alle zutreffenden Antworten aus.)

   a. Sie können einen lokalen Drucker offline schalten.

   b. Sie können mehrere Kopien eines Dokuments drucken.

   c. Sie können einen LPR-Port hinzufügen.

   d. Sie können einen an Ihren Computer angeschlossenen Drucker anderen Netzwerkbenutzern zur Verfügung stellen.

   Die richtigen Antworten sind c und d. Antwort a ist nicht richtig, weil Sie einen Drucker offline schalten, indem Sie im Fenster **Drucker und Faxgeräte** mit der rechten Maustaste auf den Drucker klicken und den Befehl **Drucker offline verwenden** wählen. Antwort b ist nicht richtig, weil Sie Dokumente aus Anwendungen heraus ausdrucken und nicht während der Installation des Druckers.

2. Was ist in Windows XP Professional der Standarddrucker?

   Der Standarddrucker ist der Drucker, der für alle Windows-Anwendungen verwendet wird. Wenn Sie einen Standarddrucker wählen, müssen Sie nicht für jede Anwendung einen Drucker festlegen. Wenn Sie zum Druckserver zum ersten Mal einen Drucker hinzufügen, werden Sie nicht gefragt, ob der Drucker als Standarddrucker verwendet werden soll, da der Drucker automatisch als Standarddrucker festgelegt wird.

3. Sie haben soeben einen neuen Computer samt Drucker erworben. Zuhause angekommen, installieren Sie Windows XP Professional und möchten nun Ihren Drucker installieren. Sie möchten den Drucker als Ihren Standarddrucker einrichten. Während der Installation werden Sie jedoch nicht gefragt, ob der Drucker als Standarddrucker für alle Windows-Anwendungen verwendet werden soll. Sie haben diese Option bei der Installation anderer lokaler Drucker bereits häufiger gesehen. Warum wird diese Option nicht für Ihren neuen Computer angezeigt?

Beim Hinzufügen des ersten Druckers zu einem Computer wird diese Option nicht angezeigt. Der Drucker wird automatisch als Standarddrucker eingerichtet.

Seite 589

Lernzielkontrolle Lektion 3

1. Sie haben einen Drucker mit den Standardeinstellungen hinzugefügt und anschließend freigegeben. Welche Benutzer sind in der Lage, eine Verbindung zum Drucker herzustellen?

   Standardmäßig können alle Benutzer eine Verbindung zu diesem Drucker herstellen.

2. Auf welchen der folgenden Clientbetriebssysteme können Sie mit den Active Directory-Suchfunktionen eine Verbindung zu einem Netzwerkdrucker herstellen? (Wählen Sie alle zutreffenden Antworten aus.)

   a. Windows 2000

   b. Windows Me

   c. Windows NT 4.0

   d. Windows XP Professional

   Die richtigen Antworten sind a und d. Die Antworten b und c sind nicht richtig, weil Sie in Windows Me und Windows NT 4.0 nicht über Active Directory nach Computern suchen können.

3. Sie haben bei sich zu Hause eine kleine Arbeitsgruppe mit fünf Windows XP Professional-Computern eingerichtet. Sie möchten einem Bekannten die wichtigsten Funktionen des neuen Betriebssystems Windows XP Professional zeigen. Als Sie ihm die Funktionsweise des Such-Assistenten demonstrieren möchten, wird die Funktion **Drucker suchen** nicht angezeigt. Welchen Grund kann dies haben?

   Die Funktion **Drucker suchen** steht im Such-Assistenten nur dann zur Verfügung, wenn Sie an einer Active Directory-Domäne angemeldet sind. Wenn Sie an einem eigenständigen Computer arbeiten, der Teil einer Arbeitsgruppe ist, ist diese Funktion nicht verfügbar.

Seite 596

Lernzielkontrolle Lektion 4

1. Welche Vorteile bietet das Freigeben eines Druckers?

   Nach dem Freigeben eines Druckers können alle Benutzer im Netzwerk diesen Drucker nutzen. Auch die Verwaltung wird vereinfacht, da mehrere Drucker gleichzeitig verwaltet werden können.

2. Wie geben Sie einen Drucker frei?

   Klicken Sie im Eigenschaftendialogfeld für den Drucker auf der Registerkarte **Freigabe** auf **Drucker freigeben**, und geben Sie im Feld **Freigabename** einen Freigabenamen ein.

3. Welche der folgenden Aussagen treffen auf einen Windows XP Professional-Druckerpool zu? (Wählen Sie alle zutreffenden Antworten aus.)

   a. In einen Druckerpool können nur Netzwerkschnittstellendrucker aufgenommen werden.

   b. Ein Druckerpool besteht aus mindestens zwei identischen Druckern, die mit demselben Druckserver verbunden sind und als ein Drucker fungieren.

c. Sind die Drucker eines Druckerpools nicht identisch, müssen sie denselben Druckertreiber verwenden.

d. Sind die Drucker eines Druckerpools nicht identisch, müssen auf dem Druckserver alle erforderlichen Druckertreiber installiert werden.

Die richtigen Antworten sind b und c. Antwort a ist nicht richtig, weil Sie auch lokale Drucker in einen Druckerpool aufnehmen können. Antwort d ist nicht richtig, weil Sie identische Drucker einsetzen sollten; ist das nicht möglich, müssen die Drucker zumindest denselben Treiber verwenden.

4. Wozu erstellen Sie virtuelle Drucker und legen Prioritätseinstellungen für diese Drucker fest?

Wenn Sie mehrere virtuelle Drucker einrichten, die alle auf dasselbe Druckgerät zugreifen, können Sie mithilfe unterschiedlicher Druckerprioritäten die Wichtigkeit von Dokumenten in Gruppen festlegen, die auf demselben Drucker Aufträge ausdrucken. Benutzer können wichtige Dokumente an einen virtuellen Drucker mit hoher Priorität senden und weniger wichtige an einen virtuellen Drucker mit niedrigerer Priorität. Die wichtigen Dokumente werden immer zuerst gedruckt, auch wenn nur ein physischer Drucker vorhanden ist.

Seite 601

Lernzielkontrolle Lektion 5

1. Wie greifen Sie auf den Druck-Ratgeber zum Beseitigen von Druckerproblemen zu, und wie verwenden Sie den Ratgeber?

Klicken Sie auf **Start**, **Systemsteuerung** und **Drucker und andere Hardware**. Klicken Sie im Fenster **Drucker und andere Hardware** unter **Problembehandlung** auf **Drucken**. Das Fenster **Hilfe- und Supportcenter** mit dem Druck-Ratgeber wird geöffnet. Beantworten Sie die im Ratgeber gestellten Fragen und folgen Sie den angezeigten Anweisungen.

2. Was sollten Sie prüfen, wenn Dokumente auf einigen Druckern eines Druckerpools richtig, auf anderen jedoch falsch ausgedruckt werden?

Stellen Sie sicher, dass alle Drucker im Druckerpool entweder identisch sind oder zumindest denselben Druckertreiber verwenden.

3. Was sollten Sie prüfen, wenn Dokumente nur langsam gedruckt werden beziehungsweise der Druckserver für die Ausgabe sehr viel Zeit benötigt?

Defragmentieren Sie die Festplatte des Druckservers und prüfen Sie, ob genügend Speicherplatz für temporäre Dateien auf die Festplatte verfügbar ist.

4. Was sollten Sie prüfen, wenn Seiten nur unvollständig ausgedruckt werden?

Es steht eventuell nicht genügend Speicher zum Drucken des Dokuments zur Verfügung. Rüsten Sie den Druckserver in diesem Fall mit mehr Arbeitsspeicher auf. Der Druckertoner geht möglicherweise zur Neige. Prüfen Sie, ob das Problem durch Auswechseln der Tonerkassette behoben wird.

Seite 602

Übung mit Fallbeispiel

1. Welche Funktion in Windows XP Professional ermöglicht Ihnen, alle diese Drucker so zu konfigurieren, dass die Benutzer auf ihren lokalen Computern lediglich einen Drucker installieren müssen?

   Druckerpools

2. Wie konfigurieren Sie diese Funktion?

   Bestimmen Sie einen Computer zum Druckserver. Installieren Sie auf diesem Computer einen logischen Drucker, der mit der IP-Adresse eines der Drucker konfiguriert ist. Nachdem der Drucker installiert ist, aktivieren Sie im Eigenschaftendialogfeld des Druckers auf der Registerkarte **Anschlüsse** den Druckerpool. Dann fügen Sie Anschlüsse für die IP-Adressen aller anderen Drucker hinzu. Schließlich geben Sie den logischen Drucker im Netzwerk frei und installieren alle zusätzlichen Treiber, die von den Clientcomputern möglicherweise benötigt werden.

3. Welche Schritte müssen Benutzer ausführen, um eine Verbindung zu den Druckern herzustellen?

   Nachdem ein Druckerpool konfiguriert wurde, brauchen die Benutzer lediglich eine Verbindung zu dem einzelnen logischen Drucker auf dem Druckserver herzustellen, der den Druckerpool verwaltet. Sofern die richtigen Treiber konfiguriert sind, müsste die Druckerinstallation automatisch ablaufen.

Seite 603

Übung zur Problembehandlung

Wie können Sie Angelas Problem lösen?

Angela soll zwei logische Drucker für ihren Drucker konfigurieren. Einem der logischen Drucker soll sie eine höhere Priorität als dem anderen zuweisen. Sie soll die logischen Drucker so benennen, dass aus dem Namen ihr Zweck hervorgeht. (Zum Beispiel könnte sie den logischen Drucker mit der geringeren Priorität **Drucker für lange Dokumente** nennen und den Drucker mit der hohen Priorität **Drucker für normale Aufgaben**.) Sie soll beide Drucker im Netzwerk freigeben und den anderen Benutzern der Abteilung erklären, welche Bedeutung die beiden Drucker haben.

KAPITEL 12

Verwalten von Druckern und Dokumenten

In diesem Kapitel abgedeckte Prüfungsziele:

- Herstellen einer Verbindung zu lokalen und Netzwerkdruckern.
  - Verwalten von Druckern und Druckaufträgen.
  - Steuern des Zugriffs auf Drucker mithilfe von Berechtigungen.

Bedeutung dieses Kapitels

In Kapitel 11, „Einrichten, Konfigurieren und Problembehandlung von Druckern", haben Sie erfahren, wie Sie Drucker installieren und konfigurieren. Dieses Kapitel konzentriert sich auf das Verwalten von Druckern und Dokumenten, die auf das Ausdrucken warten. Sie erfahren, wie Sie Drucker und Dokumente verwalten, wie Sie den Zugriff auf Drucker mithilfe von Berechtigungen steuern und wie Sie häufige Druckerprobleme beseitigen.

Lektionen in diesem Kapitel:

Bevor Sie beginnen

Damit Sie die Übungen in diesem Kapitel durchführen können, brauchen Sie einen Computer, der die minimalen Hardwarevoraussetzungen erfüllt, die im Abschnitt „Über dieses Buch" am Anfang beschrieben wurden. Außerdem muss auf dem Computer Windows XP Professional installiert sein, und Sie müssen in der Lage sein, an diesem System Änderungen vorzunehmen. Um die Übungen in diesem Kapitel durchführen zu können, müssen Sie die Treiber für das Druckermodell HP Color LaserJet 4550 PS installiert haben, wie in Kapitel 11 beschrieben.

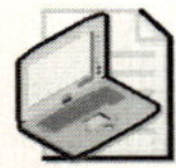

Hinweis Sie brauchen *keinen* Drucker, um die Übungen in diesem Kapitel durchzuführen. Sie müssen lediglich die Software für den Drucker HP Color LaserJet 4550 PS installiert haben.

Lektion 1: Grundlagen der Druckerverwaltung

Nachdem Sie alle erforderlichen Netzwerkdrucker eingerichtet haben, müssen diese verwaltet werden. Netzwerkdrucker können vom Druckserver aus oder im Remotemodus über das Netzwerk verwaltet werden. In dieser Lektion lernen Sie die Hauptaufgabenbereiche kennen, die bei der Verwaltung von Netzwerkdruckern ausgeführt werden müssen: Verwalten von Druckern, Verwalten von Dokumenten, Beseitigen von Druckerproblemen und Ausführen von Aufgaben, für die Druckerverwaltungsberechtigungen erforderlich sind. Ferner erfahren Sie in dieser Lektion, wie Sie auf Drucker zugreifen und den Zugriff auf Drucker mithilfe von Druckerberechtigungen steuern.

Am Ende dieser Lektion werden Sie in der Lage sein, die folgenden Aufgaben auszuführen:

- Beschreiben der Aufgaben, die beim Verwalten von Druckern anfallen.
- Beschreiben der Aufgaben, die beim Verwalten von Dokumenten anfallen.
- Beschreiben häufig auftretender Problembehandlungsaufgaben.
- Zugreifen auf Drucker zu Verwaltungszwecken.
- Zuweisen von Druckerberechtigungen an Benutzerkonten und Gruppen.

Veranschlagte Zeit für diese Lektion: 30 Minuten

Aufgaben beim Verwalten von Druckern

Die Druckerverwaltung umfasst vor allem folgende Aufgaben:

- Zuweisen von Papierformaten an Papierschächte
- Einstellen einer Trennseite
- Anhalten, Fortsetzen und Abbrechen von Druckvorgängen für einen Drucker
- Umleiten von Dokumenten
- Übernehmen der Besitzrechte für einen Drucker

Aufgaben beim Verwalten von Dokumenten

Ein zweiter wichtiger Aspekt der Druckerverwaltung ist die Dokumentverwaltung, die folgende Aufgaben umfasst:

- Anhalten und Fortsetzen des Druckvorgangs für ein Dokument
- Festlegen der Benachrichtigungen, der Prioritätsstufe und des Druckzeitpunkts
- Neustarten und Löschen eines Dokuments

Häufige Druckerprobleme

Das Beseitigen von Druckerproblemen gehört ebenfalls zu den Hauptaufgaben bei der Druckerverwaltung. Als Administrator von Netzwerkdruckern können Sie zum Beispiel mit folgenden Problemsituationen konfrontiert werden:

- Die Drucker sind ausgeschaltet oder offline.
- Die Drucker enthalten kein Papier oder zu wenig Tinte/Toner.
- Drucker sind falsch konfiguriert.
- Die Dokumente der Benutzer werden gar nicht oder falsch gedruckt.
- Einige Benutzer haben keinen Druckerzugriff.

Zugreifen auf Drucker

Die meisten Verwaltungsaufgaben für Drucker können Sie im Fenster **Drucker und Faxgeräte** ausführen. Wenn Sie ein Druckersymbol auswählen, werden die gängigsten Aufgaben bei der Drucker- und Dokumentverwaltung bereits im Bereich **Druckeraufgaben** aufgelistet (Abbildung 12.1).

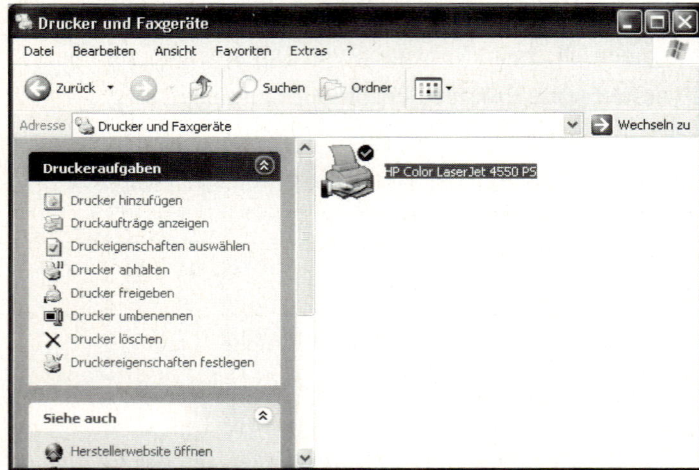

Abbildung 12.1 Verwalten von Druckern und Dokumenten im Fenster **Drucker und Faxgeräte**

Hinweis Diese und verschiedene weitere Aufgaben bei der Drucker- und Dokumentverwaltung werden in späteren Lektionen des vorliegenden Kapitels besprochen.

Gehen Sie folgendermaßen vor, um über das Fenster **Drucker und Faxgeräte** auf einen Drucker zuzugreifen:

1. Klicken Sie im Startmenü auf **Drucker und Faxgeräte**.
2. Klicken Sie im Fenster **Drucker und Faxgeräte** auf das Symbol des gewünschten Druckers, um ihn auszuwählen.
3. Nach dem Auswählen des Druckersymbols haben Sie folgende Möglichkeiten.
   - Klicken Sie auf eine der Aufgaben in der Liste **Druckeraufgaben**.
   - Wählen Sie den Menübefehl **Datei/Öffnen** (oder klicken Sie einfach doppelt auf das Druckersymbol), um das Fenster für den Drucker anzuzeigen. In diesem Fenster können Sie Aufgaben zur Dokumentverwaltung ausführen.

- Wählen Sie den Menübefehl **Datei/Eigenschaften** (oder klicken Sie einfach auf das Druckersymbol), um das Eigenschaftendialogfeld des Druckers zu öffnen, in dem Sie verschiedene Druckerverwaltungsaufgaben ausführen können. Hierzu zählen zum Beispiel das Ändern von Druckerberechtigungen oder das Bearbeiten der Microsoft Active Directory-Informationen zu einem Drucker.

Druckerberechtigungen

Windows XP Professional ermöglicht Ihnen, die Druckernutzung und -verwaltung durch das Zuweisen von Berechtigungen zu steuern. Mithilfe der Druckerberechtigungen legen Sie fest, welche Benutzer den Drucker nutzen können, wer ihn verwalten darf und wer Dokumente in der Druckerwarteschlange verwalten darf.

Aus Sicherheitsgründen müssen Sie gegebenenfalls den Benutzerzugriff auf bestimmte Drucker beschränken. Mit den Druckerberechtigungen können Sie außerdem die Verantwortung für bestimmte Drucker an Benutzer delegieren, bei denen es sich nicht um Administratoren handelt. Windows XP Professional bietet drei Ebenen von Druckerberechtigungen: **Drucken**, **Dokumente verwalten** und **Drucker verwalten**. In Tabelle 12.1 werden die mit diesen Berechtigungen ausführbaren Aufgaben beschrieben.

Tabelle 12.1 Mit den Windows XP Professional-Druckerberechtigungen ausführbare Aufgaben

Fähigkeiten	**Berechtigungen**		
	Drucken	**Dokumente verwalten**	**Drucker verwalten**
Drucken von Dokumenten	✓	✓	✓
Anhalten, Fortsetzen, Neustarten und Abbrechen von Druckvorgängen für eigene Dokumente	✓	✓	✓
Verbinden mit einem Drucker	✓	✓	✓
Steuern der Druckauftragseinstellungen für alle Dokumente		✓	✓
Anhalten, Fortsetzen, Neustarten und Abbrechen von Druckvorgängen für die Dokumente aller Benutzer		✓	✓
Abbrechen aller Druckvorgänge für Dokumente			✓
Freigeben von Druckern			✓
Ändern von Druckereigenschaften			✓
Löschen von Druckern			✓
Ändern von Druckerberechtigungen			✓

Prüfungstipp Die Berechtigung **Drucken** gewährt die geringsten Fähigkeiten. Sie erlaubt einem Benutzer eigentlich nur, seine Dokumente auf dem Drucker auszudrucken und seine eigenen Dokumente zu verwalten. Die Berechtigung **Dokumente verwalten** gewährt alle Fähigkeiten der Berechtigung **Drucken** und erlaubt dem Benutzer zusätzlich, die Dokumente anderer Benutzer zu verwalten. Die Berechtigung **Drucker verwalten** umfasst alle Fähigkeiten der Berechtigung **Dokumente verwalten** und erlaubt Benutzern außerdem, Druckereinstellungen zu konfigurieren.

Sie können Druckerberechtigungen zulassen oder verweigern. Das Verweigern einer Berechtigung setzt zugewiesene **Zulassen**-Berechtigungen immer außer Kraft. Wenn Sie beispielsweise für die Gruppe **Jeder** das Kontrollkästchen **Verweigern** neben der Berechtigung **Dokumente verwalten** aktivieren, ist niemand mehr zum Verwalten der Dokumente berechtigt. Dies gilt auch für Benutzerkonten und Gruppen, denen die **Zulassen**-Berechtigung **Dokumente verwalten** vorher zugewiesen wurde. Grund hierfür ist, dass alle Benutzerkonten Mitglieder der Gruppe **Jeder** sind.

Weitere Informationen Weitere Informationen über das Zuweisen von Berechtigungen finden Sie in Kapitel 8, „Schützen von Ressourcen mit NTFS-Berechtigungen".

Zuweisen von Druckerberechtigungen

In Windows XP Professional verfügen Mitglieder der vordefinierten Gruppe **Jeder** standardmäßig für alle Drucker über die Berechtigung **Drucken**. Somit haben alle Benutzer die Möglichkeit, Dokumente an die Drucker zu senden. Darüber hinaus können Sie Benutzern oder Gruppen Berechtigungen zuweisen.

Sicherheitswarnung Weil der Gruppe **Jeder** alle Benutzer angehören, sollten Sie die Gruppe **Jeder** aus der Liste der Gruppen mit Druckerberechtigungen für einen Drucker entfernen und stattdessen der Gruppe **Benutzer** allgemeinen Netzwerkzugriff auf einen Drucker gewähren.

Gehen Sie beim Zuweisen von Druckerberechtigungen folgendermaßen vor:

1. Klicken Sie im Startmenü auf **Drucker und Faxgeräte**.
2. Klicken Sie im Fenster **Drucker und Faxgeräte** mit der rechten Maustaste auf das gewünschte Druckersymbol und anschließend auf **Eigenschaften**.
3. Klicken Sie auf die Registerkarte **Sicherheit**.

Hinweis Schließen Sie das Eigenschaftendialogfeld, falls Ihr Windows XP Professional-Computer einer Arbeitsgruppe angehört und im Eigenschaftendialogfeld des Druckers die Registerkarte **Sicherheit** nicht angezeigt wird. Klicken Sie im Fenster **Drucker und Faxgeräte** oder im Windows-Explorer auf das Menü **Extras**, klicken Sie auf **Ordneroptionen** und anschließend auf die Registerkarte **Ansicht**. Deaktivieren Sie das Kontrollkästchen **Einfache Dateifreigabe verwenden (empfohlen)**, und öffnen Sie dann erneut das Eigenschaftendialogfeld für den Drucker.

4. Klicken Sie auf der Registerkarte **Sicherheit** auf **Hinzufügen**.
5. Wählen Sie im Dialogfeld **Benutzer oder Gruppen wählen** das gewünschte Benutzerkonto oder eine Gruppe aus, und klicken Sie auf **OK**. Wiederholen Sie diese Schritte für alle Benutzer oder Gruppen, die hinzugefügt werden sollen.
6. Klicken Sie auf **OK**.

7. Wählen Sie auf der Registerkarte **Sicherheit** (Abbildung 12.2) ein Benutzerkonto oder eine Gruppe, und führen Sie einen der folgenden Schritte aus:
   - Aktivieren Sie im unteren Teil des Dialogfelds die Kontrollkästchen der Berechtigungen, die Sie zuweisen möchten.
   - Klicken Sie auf **Erweitert**, um zusätzliche Druckerberechtigungen zuzuweisen, die nicht zu den vordefinierten Berechtigungen auf der Registerkarte **Sicherheit** gehören. Klicken Sie anschließend auf **OK**.

   Im unteren Teil des Dialogfelds werden die Berechtigungen für den Benutzer oder die Gruppe angezeigt, die im oberen Teil des Dialogfelds ausgewählt sind.

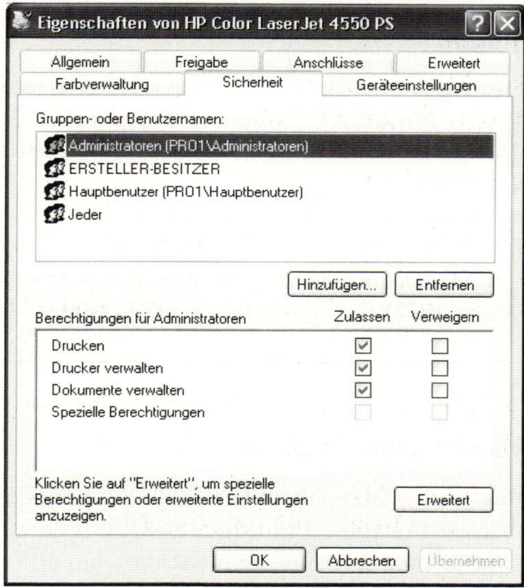

Abbildung 12.2 Zuweisen von Druckerberechtigungen auf der Registerkarte **Sicherheit** im Eigenschaftendialogfeld eines Druckers.

8. Klicken Sie auf **OK**, um das Eigenschaftendialogfeld zu schließen.

Ändern von Druckerberechtigungen

Sie können Änderungen an den Berechtigungen vornehmen, die einem Benutzer oder einer Gruppe standardmäßig von Windows XP Professional zugewiesen werden.

Gehen Sie zum Ändern von Druckerberechtigungen folgendermaßen vor:

1. Klicken Sie im Fenster **Drucker und Faxgeräte** mit der rechten Maustaste auf das gewünschte Druckersymbol, und klicken Sie anschließend auf **Eigenschaften**.
2. Wählen Sie im Eigenschaftendialogfeld des Druckers auf der Registerkarte **Sicherheit** das gewünschte Benutzer- oder Gruppenkonto und führen Sie eine der folgenden Aufgaben aus:

- Klicken Sie auf das Kontrollkästchen der Benutzer- oder Gruppenberechtigung, die Sie ändern möchten.
- Klicken Sie auf **Erweitert**, um zusätzliche Druckerberechtigungen zu ändern, die nicht zu den vordefinierten Berechtigungen auf der Registerkarte **Sicherheit** gehören.

3. Klicken Sie auf **OK**.

Praxistipp Einspannen von kompetenten Benutzern

In praktisch jedem Unternehmen und jeder Abteilung werden Sie Benutzer finden, die sich stärker für Computer interessieren als andere. Dieses Interesse sollten Sie sich nach Möglichkeit zunutze machen. Insbesondere in großen Unternehmen können Benutzer innerhalb einer Abteilung oft besser als die IT-Supportmitarbeiter beurteilen, auf welche Weise die Mitarbeiter der Abteilung die Druckerressourcen nutzen. Zumindest sollten Sie diese Leute ermutigen, sich beim Planen von Aufstellungsorten und Zugriffsmöglichkeiten auf Druckressourcen einzubringen. Oft werden Sie die Erfahrung machen, dass einige Benutzer sich bereit erklären, Dokumente oder sogar Drucker zu verwalten. Natürlich können diese Mitarbeiter bei Bedarf auch auf die IT-Supportabteilung zurückgreifen. Dieses Verfahren verringert den Verwaltungsaufwand für die Supportabteilung und kann dazu führen, dass die Ressourcen effizienter eingesetzt werden.

Übung: Ändern der Standardberechtigungen für einen Drucker

In dieser Übung ändern Sie die Standardberechtigungen für den HP Color LaserJet 4550 PS-Drucker, den Sie in Kapitel 11 installiert haben. Falls Sie die Übungen zum Installieren dieses Druckers noch nicht durchgeführt haben, müssen Sie das nun anhand der Anleitungen in Kapitel 11 nachholen, bevor Sie mit dieser Übung weitermachen können. Gehen Sie folgendermaßen vor.

1. Klicken Sie im Startmenü auf **Drucker und Faxgeräte**.
2. Klicken Sie im Fenster **Drucker und Faxgeräte** mit der rechten Maustaste auf den Drucker **HP Color LaserJet 4550 PS** und wählen Sie den Befehl **Eigenschaften**.
3. Klicken Sie im Dialogfeld **Eigenschaften von HP Color LaserJet 4550 PS** auf der Registerkarte **Sicherheit** im Listenfeld **Gruppen- oder Benutzernamen** auf die Gruppe **Jeder** und dann auf **Entfernen**.
4. Klicken Sie auf **Hinzufügen**.
5. Klicken Sie im Dialogfeld **Benutzer oder Gruppen wählen** auf **Erweitert**.
6. Klicken Sie im Dialogfeld **Benutzer oder Gruppen wählen** auf **Jetzt suchen**.
7. Klicken Sie in der Liste der Namen, die jetzt angezeigt werden, auf die Gruppe **Benutzer** und dann auf **OK**. Klicken Sie erneut auf **OK**, um das Dialogfeld **Benutzer oder Gruppen wählen** zu schließen.

8. Klicken Sie im Dialogfeld **Eigenschaften von HP Color LaserJet 4550 PS** im Listenfeld **Gruppen- oder Benutzernamen** auf die Gruppe **Benutzer**. Stellen Sie sicher, dass der Gruppe **Benutzer** nur die Berechtigung **Drucken** zugewiesen ist.
9. Klicken Sie auf **OK**.

Lernzielkontrolle

Anhand der folgenden Fragen können Sie überprüfen, ob Sie die Themen dieser Lektion so gut beherrschen, dass Sie mit der nächsten Lektion weitermachen können. Falls Sie eine Frage nicht beantworten können, sollten Sie die Lektion noch einmal durcharbeiten, und dann erneut versuchen, die Frage zu beantworten. Die Antworten auf die Lernzielkontrollfragen finden Sie im Abschnitt „Fragen und Antworten“ am Ende dieses Kapitels.

1. Wie lauten die vier Hauptaufgabenbereiche bei der Verwaltung von Netzwerkdruckern?

   ____

   ____

2. Microsoft Windows XP Professional ermöglicht Ihnen, die Druckernutzung und -verwaltung durch das Zuweisen von ________________ zu steuern. (Tragen Sie den korrekten Begriff ein.)
3. Welche von Windows XP Professional bereitgestellte Druckerberechtigung befähigt den Benutzer zur Durchführung der meisten Druckaufgaben? Wählen Sie die richtige Antwort.

   a. Drucker verwalten

   b. Dokumente verwalten

   c. Drucken

   d. Vollzugriff

4. Welche Windows XP Professional-Druckerberechtigungen ermöglichen dem Benutzer das Anhalten, Fortsetzen, Neustarten und Abbrechen der Druckvorgänge für die Dokumente aller Benutzer? (Wählen Sie alle zutreffenden Antworten aus.)

   a. Drucken

   b. Drucker verwalten

   c. Vollzugriff

   d. Dokumente verwalten

Zusammenfassung der Lektion

- Das Verwalten von Druckern umfasst das Zuweisen von Papierformaten an Papierschächte, das Einstellen von Trennseiten, das Umleiten von Dokumenten und das Übernehmen der Besitzrechte an Druckern.
- Die Dokumentverwaltung umfasst das Anhalten und Fortsetzen des Druckvorgangs für ein Dokument, das Festlegen von Benachrichtigungen und das Löschen von Dokumenten in der Druckerwarteschlange.
- Die Problembehandlung von Druckern umfasst das Identifizieren und Beseitigen von Druckerproblemen. Das sind zum Beispiel: Drucker sind offline, Drucker enthalten kein Papier oder zu wenig Tinte/Toner, Drucker sind falsch konfiguriert und Benutzer machen Fehler beim Druckerzugriff.
- Sie können über die Systemsteuerung und das Fenster **Drucker und Faxgeräte** zu Verwaltungszwecken auf Drucker zugreifen.
- Windows XP Professional ermöglicht Ihnen, die Druckernutzung und -verwaltung durch das Zuweisen von Berechtigungen zu steuern.

Lektion 2: Verwalten von Druckern

Im Rahmen der Druckerverwaltung können Sie Papierschächten Papierformate zuweisen und eine Trennseite konfigurieren. Darüber hinaus können Sie den Druckvorgang für ein Dokument anhalten, damit er keine Dokumente auszudrucken versucht, während Sie eine Problembehandlung vornehmen oder Konfigurationsänderungen durchführen. Wenn ein Fehler auf einem Drucker auftritt oder Sie zu Ihrem Netzwerk weitere Drucker hinzufügen, müssen die Druckaufträge unter Umständen an einen anderen Drucker umgeleitet werden. Es kann auch vorkommen, dass die Verantwortung für die Verwaltung der Drucker an eine andere Person übertragen werden muss. Dies geschieht durch die Übertragung der Besitzrechte.

Am Ende dieser Lektion werden Sie in der Lage sein, die folgenden Aufgaben auszuführen:

- Zuweisen von Papierformaten für Papierschächte.
- Einrichten einer Trennseite.
- Anhalten und Fortsetzen eines Druckers und Abbrechen aller Dokumente eines Druckers.
- Umleiten von Dokumenten an einen anderen Drucker.
- Auswählen eines anderen Druckprozessors.
- Anpassen der Einstellungen für den Druckerspooler.
- Übernehmen der Besitzrechte für einen Drucker.

Veranschlagte Zeit für diese Lektion: 40 Minuten

Zuweisen von Papierformaten für Papierschächte

Wenn ein Drucker über mehrere Papierschächte verfügt, die unterschiedliche Papierformate enthalten, können Sie einem bestimmten Fach ein Format zuweisen. Über das Papierformat wird die Papiergröße angegeben. Die Benutzer können das gewünschte Papierformat in ihrer Anwendung auswählen. Wenn ein Benutzer den Ausdruck startet, wählt Windows XP Professional automatisch den Papierschacht aus, in dem sich das Papier mit dem passenden Format befindet. Unter anderem stehen folgende Papierformate zur Verfügung: **A4**, **Legal**, **Envelope #10** und **Letter**.

Gehen Sie folgendermaßen vor, um einem Papierschacht ein Papierformat zuzuweisen:

1. Klicken Sie im Startmenü auf **Drucker und Faxgeräte**.
2. Klicken Sie im Fenster **Drucker und Faxgeräte** mit der rechten Maustaste auf den gewünschten Drucker, und klicken Sie anschließend auf **Eigenschaften**.
3. Klicken Sie im Dialogfeld **Eigenschaften** auf der Registerkarte **Geräteeinstellungen** in der Dropdownliste neben jedem Papierschacht auf das gewünschte Papierformat für den Papierschacht (Abbildung 12.3).
4. Klicken Sie auf **OK**.

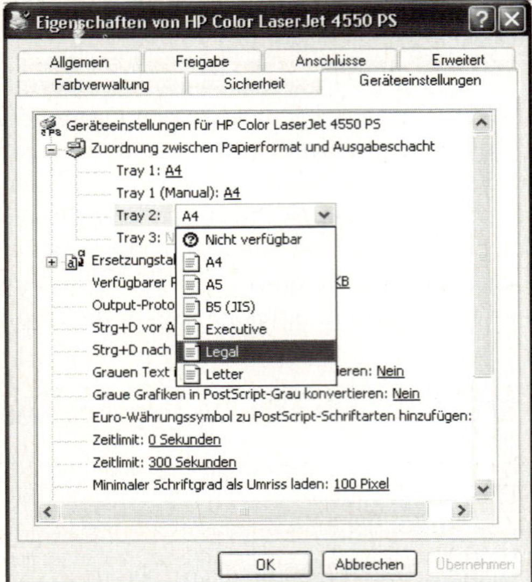

Abbildung 12.3 Wenn Sie das Papierformat einstellen, kann ein Drucker automatisch den richtigen Papierschacht auswählen.

Nachdem Sie einen Papierschacht eingerichtet haben, legen die Benutzer das Papierformat in ihren Anwendungen fest. Windows XP Professional sorgt automatisch dafür, dass der Schacht mit dem betreffenden Format verwendet wird.

Einrichten einer Trennseite

Dieser Abschnitt erklärt, was eine Trennseite ist, welche Funktion sie hat, welche Trennseitendateien in Windows XP Professional zur Verfügung stehen und wie Sie eine Trennseite einrichten.

Was ist eine Trennseite?

Eine Trennseite ist eine Datei, die Druckbefehle enthält. Trennseiten haben zwei Funktionen:

- Sie identifizieren und trennen gedruckte Dokumente. Das macht es für die Benutzer einfacher, ihre Dokumente auf Druckern zu finden, die von mehreren Leuten genutzt werden.
- Sie können Drucker in verschiedene Druckmodi versetzen. Einige Drucker unterstützen verschiedene Druckmodi, um die Vorteile der verschiedenen Gerätefunktionen zu nutzen. Mit Trennseiten können Sie die richtige Seitenbeschreibungssprache (Page Description Language, PDL) angeben. Sie haben zum Beispiel die Möglichkeit, einen Drucker zwischen den Druckersprachen PostScript oder Printer Control Language (PCL) umzuschalten, wenn der Drucker zwar zwischen unterschiedlichen Druckmodi wechseln kann, aber nicht in der Lage ist, automatisch die für einen Druckauftrag verwendete Sprache festzustellen.

In Windows XP Professional enthaltene Trennseitendateien

Windows XP Professional enthält vier Trennseitendateien, die sich im Ordner **%System-Root%\System32** befinden. Tabelle 12.2 enthält die Dateinamen der einzelnen Trennseitendateien und beschreibt ihre Funktion.

Tabelle 12.2 Trennseitendateien

Datei Name	Rolle
Sysprint.sep	Druckt eine Seite vor jedem Dokument; kompatibel mit PostScript-Druckern.
Pcl.sep	Schaltet HP-Drucker in den PCL-Druckmodus um und druckt vor jedem Dokument eine Trennseite.
Pscript.sep	Schaltet HP-Drucker in den PostScript-Druckmodus um, druckt jedoch keine Seite vor jedem Dokument.
Sysprtj.sep	Eine Version der Datei Sysprint.sep mit japanischen Zeichen.

Prüfungstipp Trennseiten identifizieren Druckaufträge und trennen sie voneinander. Sie können auch benutzt werden, um einen Drucker in einen anderen Druckmodus umzuschalten. Windows XP stellt vier Trennseiten zur Verfügung: **Sysprint.sep**, **Pcl.sep**, **Pscript.sep** und **Sysprtj.sep**. Am häufigsten wird **Sysprint.sep** verwendet.

Einrichten einer Trennseite

Wenn Sie sich zum Verwenden einer Trennseite entschlossen und eine entsprechende Datei ausgewählt haben, müssen Sie im Eigenschaftendialogfeld des Druckers auf der Registerkarte **Erweitert** einstellen, dass die Trennseite zu Beginn jedes Druckauftrags ausgegeben werden soll.

Gehen Sie folgendermaßen vor, um eine Trennseite einzurichten:

1. Klicken Sie im Eigenschaftendialogfeld des Druckers auf der Registerkarte **Erweitert** (Abbildung 12.4) auf **Trennseite**.
2. Geben Sie im Dialogfeld **Trennseite** im Feld **Trennseite** den Namen der gewünschten Trennseitendatei ein. Sie können auf **Durchsuchen** klicken, um nach einer Trennseitendatei zu suchen.
3. Klicken Sie auf **OK**, um das Dialogfeld **Trennseite** zu schließen, und klicken Sie anschließend erneut auf **OK**, um auch das Eigenschaftendialogfeld des Druckers zu schließen.

Anhalten eines Druckers und Abbrechen des Drucks von Dokumenten

Wenn ein Druckproblem auftritt, müssen Sie unter Umständen den Drucker anhalten oder alle Druckaufträge abbrechen. Um Druckaufträge anzuhalten oder abzubrechen, klicken Sie im Fenster **Drucker und Faxgeräte** mit der rechten Maustaste auf den betreffenden Drucker. Anschließend klicken Sie auf den gewünschten Befehl. Zum Fortsetzen des Druckvorgangs auf einem Drucker klicken Sie mit der rechten Maustaste auf den Drucker und klicken auf **Druckvorgang fortsetzen**.

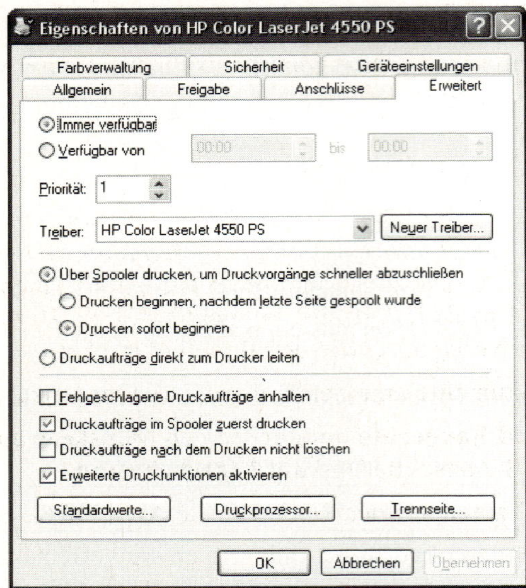

Abbildung 12.4 Konfigurieren einer Trennseite mithilfe der Registerkarte **Erweitert** im Eigenschaftendialogfeld eines Druckers.

In Tabelle 12.3 wird beschrieben, welche Aufgaben Sie beim Verwalten von Druckaufträgen ausführen können und wie Sie diese Aufgaben ausführen. Außerdem werden Beispielsituationen geschildert, in denen solche Aufgaben unter Umständen ausgeführt werden müssen.

Tabelle 12.3 Aufgaben beim Verwalten von Druckern

Aufgabe	Vorgehensweise	Beispiel
Druckvorgang anhalten	Klicken Sie auf **Drucker anhalten**. Der angezeigte Befehl wird in **Druckvorgang fortsetzen** geändert.	Halten Sie den Drucker an, wenn ein Problem auf dem Drucker aufgetreten ist. Setzen Sie den Druckvorgang erst nach dem Beseitigen des Problems fort.
Druckvorgang fortsetzen	Klicken Sie auf **Druckvorgang fortsetzen**. Der angezeigte Befehl wird in **Drucker anhalten** geändert.	Setzen Sie einen Druckvorgang fort, nachdem Sie ein Druckerproblem beseitigt haben.
Druckvorgang für alle Dokumente abbrechen	Klicken Sie auf **Alle Druckaufträge abbrechen**. Alle Dokumente werden aus der Druckerwarteschlange entfernt.	Brechen Sie den Druckvorgang für alle Dokumente ab, wenn sich in der Druckerwarteschlange ältere Dokumente angesammelt haben, die nicht mehr benötigt werden.

Tipp Sie können einen Drucker auch anhalten, indem Sie ihn offline schalten. Hierzu öffnen Sie das Druckerfenster, klicken mit der rechten Maustaste auf den Drucker und wählen den Befehl **Drucker offline verwenden**.

Umleiten von Dokumenten an einen anderen Drucker

Druckaufträge können an andere Drucker umgeleitet werden. Wenn beispielsweise einer der Drucker ausgefallen ist, können Sie die Dokumente umleiten, damit die Benutzer die Druckaufträge nicht erneut senden müssen. Es können nur alle Aufträge für einen Drucker umgeleitet werden. Das Umleiten einzelner Aufträge ist nicht möglich. Der neue Drucker muss denselben Druckertreiber verwenden wie der aktuelle Drucker.

Gehen Sie folgendermaßen vor, um Dokumente an einen anderen Drucker umzuleiten:

1. Klicken Sie im Fenster **Drucker und Faxgeräte** mit der rechten Maustaste auf den gewünschten Drucker, und klicken Sie anschließend auf **Eigenschaften**.
2. Klicken Sie im Dialogfeld **Eigenschaften** auf der Registerkarte **Anschlüsse** auf **Hinzufügen**.
3. Klicken Sie in der Liste **Verfügbare Anschlusstypen** auf **Local Port** und anschließend auf die Schaltfläche **Neuer Anschluss**.
4. Geben Sie im Dialogfeld **Anschlussname** den UNC-Namen (Universal Naming Convention) des Druckers ein (beispielsweise **prntsrv6\HPCLJ4550**), an den die Dokumente umgeleitet werden sollen (Abbildung 12.5).

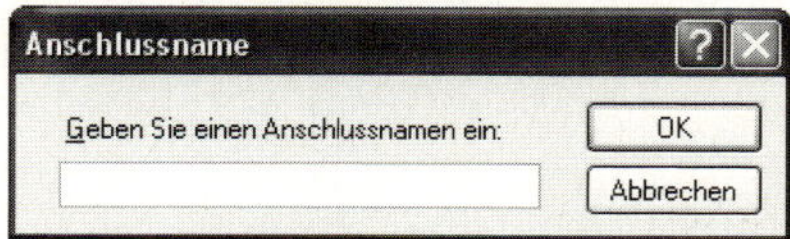

Abbildung 12.5 Wenn Sie Dokumente auf einen anderen Drucker umleiten, brauchen die Benutzer ihre Dokumente nicht erneut auszudrucken.

5. Klicken Sie auf **OK**, um die Änderung zu übernehmen und das Dialogfeld **Anschlussname** zu schließen.
6. Klicken Sie auf **Schließen**, um das Dialogfeld **Druckeranschlüsse** zu schließen.
7. Klicken Sie auf **OK**, um das Eigenschaftendialogfeld des Druckers zu schließen.

Ist der aktuelle Druckserver mit einem weiteren Drucker verbunden, können Sie die Dokumente an diesen Drucker umleiten. Zum Umleiten von Dokumenten an einen anderen lokalen Drucker oder Netzwerkdrucker mit identischem Druckertreiber müssen Sie den entsprechenden Anschluss auf dem Druckserver auswählen und die Auswahl des aktuellen Anschlusses aufheben.

Prüfungstipp Denken Sie daran, dass Sie für einen Drucker alle Dokumente zusammen umleiten können, aber keine einzelnen Dokumente. Der neue Drucker muss denselben Druckertreiber benutzen wie der aktuelle Drucker.

Vom Druckprozessor WinPrint unterstützte Formate

Der ***Druckprozessor*** ist die Software, die Druckdokumente in ein Format bringt, das an den Drucker gesendet werden kann. Windows XP enthält in der Standardeinstellung nur einen einzigen Druckprozessor: WinPrint. Der Standarddruckprozessor und die Standarddatentypen eignen sich für fast alle Druckaufgaben. Sie sollten daran nichts ändern, sofern Sie nicht eine Anwendung haben, die explizit einen anderen Druckprozessor oder einen zusätzlichen Datentyp benötigt.

Der Druckprozessor WinPrint unterstützt folgende Formate:

- **RAW:** RAW ist ein häufig benutzter Datentyp für Clients, die nicht unter Windows laufen. Beim RAW-Format ändert der Spooler nichts an den Druckdaten, die Daten werden direkt an den Drucker gesendet. Es gibt zwei weitere RAW-Versionen:
  - **RAW [FF appended]** entspricht weitgehend dem RAW-Format, es muss aber ein Seitenvorschubzeichen (Form-Feed, FF) an das Ende des Druckauftrags angehängt werden. Das ist bei bestimmten Druckertypen erforderlich.
  - **RAW [FF auto]** funktioniert ähnlich wie **RAW [FF appended]**, der Prozessor überprüft aber, ob am Ende des Druckauftrags ein Seitenvorschubzeichen steht. Falls nicht, hängt er ein Seitenvorschubzeichen an.
- **EMF:** Das EMF-Format (Enhanced Metafile) ist das Standardformat von WinPrint. Die Anweisungen für den Druckauftrag werden auf dem Clientcomputer zusammengestellt, der das Dokument ausdruckt, während der Spooler den Druckauftrag verarbeitet.
- **Text:** Dies ist ein Standard-ANSI-Text-Format, das nur in der Standardschriftart des Druckers ausgedruckt wird.

Konfigurieren von Spooleroptionen

Spooling ist der Vorgang, bei dem ein Druckauftrag in einer Warteschlange auf der Festplatte gespeichert wird, bevor er an den Drucker gesendet wird. Dieses Verfahren erhöht die Produktivität der Benutzer, weil die Anwendung sofort, nachdem der Auftrag in die Warteschlange eingefügt wurde, freigegeben wird und der Benutzer unmittelbar weiterarbeiten kann, während der Ausdruck im Hintergrund vorgenommen wird. Durch das Drucker-Spooling wird auch sichergestellt, dass Druckaufträge erhalten bleiben, falls Computer, Anwendung oder Drucker ausfallen. Und wenn ein Client über einen Drucker im Netzwerk druckt, verwaltet das Drucker-Spooling die Weiterleitung des Druckauftrags vom Client an den richtigen Druckserver.

Wählen Sie auf der Registerkarte **Erweitert** im Eigenschaftendialogfeld eines Druckers die Option **Über Spooler drucken, um Druckvorgänge schneller abzuschließen**, um das Spooling zu aktivieren. Wählen Sie die Option **Druckaufträge direkt zum Drucker leiten**, um das Spooling auszuschalten. Wenn das Spooling aktiviert ist, müssen Sie entscheiden, ob Sie das Dokument vollständig in die Warteschlange schreiben wollen, bevor der Ausdruck beginnt (die beste Möglichkeit für Remotedrucker), oder ob Sie den Ausdruck sofort nach Fertigstellung der ersten Seite beginnen wollen (optimal für lokale Drucker).

Verschieben des Spoolordners

Windows XP speichert Druckaufträge, die darauf warten, an den Drucker gesendet zu werden, im Spoolordner. In der Standardeinstellung verwendet Windows dafür eine Datei auf derselben Partition wie die Windows-Systemdateien, im Ordner **%System-Root%\System32\spool\Printers**. Wenn Sie den Spoolordner auf eine andere Partition verschieben, wird Platz auf der Systempartition frei.

Gehen Sie folgendermaßen vor, um den Spoolordner zu verschieben:

1. Klicken Sie im Startmenü auf **Drucker und Faxgeräte**.
2. Wählen Sie im Fenster **Drucker und Faxgeräte** den Menübefehl **Datei/Server-eigenschaften**.
3. Geben Sie im Dialogfeld **Eigenschaften von Druckserver** auf der Registerkarte **Erweiterte Optionen** im Textfeld **Spoolordner** einen neuen Pfad für den Spoolordner ein. Dieser neue Ordner sollte auf einer anderen Partition liegen als die Windows-Systemdateien.
4. Klicken Sie auf **OK**.

Übernehmen der Besitzrechte für einen Drucker

Wenn ein Besitzer seinen Drucker nicht mehr verwalten kann, können Sie die Besitzrechte für den Drucker übernehmen. Durch die Übernahme der Besitzrechte für einen Drucker ändert sich die Zuständigkeit für die Druckerverwaltung. Standardmäßig verfügt derjenige Benutzer über die Besitzrechte, der den Drucker installiert hat. Wenn dieser Benutzer den Drucker nicht mehr verwalten kann (weil er zum Beispiel die Firma verlassen hat), sollten Sie die Besitzrechte übernehmen.

Dieser Abschnitt beschreibt, welche Benutzer die Besitzrechte an einem Drucker übernehmen können, und erklärt, wie dieser Vorgang abläuft.

Welche Benutzer können Besitzrechte für einen Drucker übernehmen?

Folgende Benutzer können die Besitzrechte für einen Drucker übernehmen:

- Ein Benutzer oder ein Mitglied einer Gruppe, die über die Druckerberechtigung **Drucker verwalten** verfügen.
- Mitglieder der Gruppen **Administratoren** und **Hauptbenutzer**. Diese Gruppen verfügen standardmäßig über die Berechtigung **Drucker verwalten** und können daher die Besitzrechte für einen Drucker übernehmen.

Übernehmen der Besitzrechte an einem Drucker

Gehen Sie folgendermaßen vor, um die Besitzrechte für einen Drucker zu übernehmen:

1. Klicken Sie im Eigenschaftendialogfeld des Druckers auf die Registerkarte **Sicherheit**, und klicken Sie dann auf **Erweitert**.

2. Klicken Sie im Dialogfeld **Erweiterte Sicherheitseinstellungen für *Druckername*** auf die Registerkarte **Besitzer** und anschließend unter **Besitzer ändern auf** auf Ihr Benutzerkonto (Abbildung 12.6).

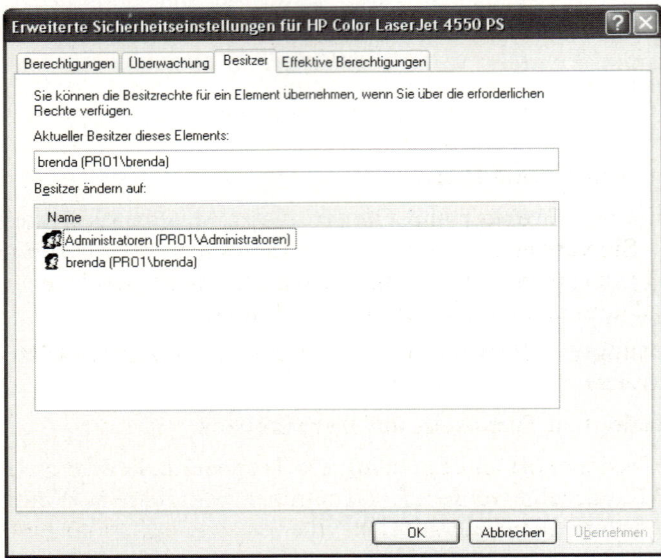

Abbildung 12.6 Sie sollten die Besitzrechte für einen Drucker übernehmen, wenn der bisherige Besitzer den Drucker nicht mehr verwalten kann.

3. Klicken Sie auf **OK**, um die Besitzrechte zu übernehmen und das Dialogfeld **Erweiterte Sicherheitseinstellungen für *Druckername*** zu schließen.
4. Klicken Sie auf **OK**, um das Eigenschaftendialogfeld des Druckers zu schließen.

Übung: Verwalten von Druckern

In dieser Übung führen Sie drei Aufgaben aus, die zum Verwalten von Druckern gehören. Zunächst weisen Sie den verschiedenen Papierschächten bestimmte Papierformate zu. In der zweiten Teilübung richten Sie eine Trennseite ein. In der dritten Übung lernen Sie, wie Sie die Besitzrechte für einen Drucker übernehmen. Führen Sie die drei folgenden Teilübungen durch.

Übung 1: Zuweisen von Papierformaten für Papierschächte

In dieser Teilübung weisen Sie einem Papierschacht ein Papierformat zu. Wenn die Benutzer in einem bestimmten Papierformat drucken möchten, wird der Druckauftrag automatisch an den entsprechenden Papierschacht geleitet.

1. Melden Sie sich unter dem Benutzerkonto an, mit dem Sie in Kapitel 11 den Drucker **HP Color LaserJet 4550 PS** erstellt haben, oder mit einem beliebigen Benutzerkonto, das Mitglied der Gruppe **Administratoren** ist.
2. Klicken Sie im Startmenü auf **Drucker und Faxgeräte**.

3. Klicken Sie mit der rechten Maustaste auf **HP Color LaserJet 4550 PS** und wählen Sie den Befehl **Eigenschaften**.
4. Klicken Sie im Dialogfeld **Eigenschaften von HP Color LaserJet 4550 PS** auf der Registerkarte **Geräteeinstellungen** auf **Tray 2** und wählen Sie das Papierformat **Legal** aus.
5. Klicken Sie auf **Übernehmen** und lassen Sie das Dialogfeld **Eigenschaften von HP Color LaserJet 4550 PS** für die nächste Teilübung geöffnet.

Übung 2: Einrichten von Trennseiten

In dieser Teilübung richten Sie eine Trennseite ein, die zwischen zwei Dokumenten ausgedruckt werden soll. Sie verwenden hierbei die im Lieferumfang von Windows XP Professional enthaltene Trennseite **Sysprint.sep**. Diese Seite enthält den Namen des Benutzers sowie das Druckdatum und die Uhrzeit des Ausdrucks.

1. Klicken Sie im Dialogfeld **Eigenschaften von HP Color LaserJet 4550 PS** auf der Registerkarte **Erweitert** auf **Trennseite**.
2. Klicken Sie im Dialogfeld **Trennseite** auf **Durchsuchen**.
3. Windows XP Professional öffnet das Dialogfeld **Trennseite**, in dem die Inhalte des Ordners **System32** angezeigt werden. Dieser Ordner enthält die in Windows XP Professional mitgelieferten Trennseitendateien. Über das Dialogfeld können Sie natürlich auch andere Ordner durchsuchen. Wählen Sie **Sysprint.sep** aus und klicken Sie dann auf **Öffnen**.
4. Klicken Sie auf **OK**. Windows XP Professional ist nun so konfiguriert, dass zwischen den Druckaufträgen eine Trennseite gedruckt wird.
5. Lassen Sie das Eigenschaftendialogfeld des Druckers für die nächste Teilübung geöffnet.

Übung 3: Übernehmen der Besitzrechte für einen Drucker

In dieser Teilübung übernehmen Sie die Besitzrechte für einen Drucker.

1. Klicken Sie im Dialogfeld **Eigenschaften von HP Color LaserJet 4550 PS** auf der Registerkarte **Sicherheit** auf **Erweitert**.
2. Klicken Sie im Dialogfeld **Erweiterte Sicherheitseinstellungen für HP Color LaserJet 4550** auf der Registerkarte **Besitzer** im Listenfeld **Besitzer ändern auf** auf die Gruppe **Administratoren**, um die Besitzrechte für den Drucker zu übernehmen.
3. Wenn Sie die Besitzrechte wirklich übernehmen möchten, müssten Sie nun auf **Übernehmen** klicken. Klicken Sie im Rahmen dieser Übung stattdessen auf **Abbrechen**, um die Besitzrechte unverändert zu lassen.
4. Klicken Sie auf **OK**, um das Eigenschaftendialogfeld zu schließen.

Lernzielkontrolle

Anhand der folgenden Fragen können Sie überprüfen, ob Sie die Themen dieser Lektion so gut beherrschen, dass Sie mit der nächsten Lektion weitermachen können. Falls Sie eine Frage nicht beantworten können, sollten Sie die Lektion noch einmal durcharbeiten, und dann erneut versuchen, die Frage zu beantworten. Die Antworten auf die Lernzielkontrollfragen finden Sie im Abschnitt „Fragen und Antworten" am Ende dieses Kapitels.

1. Wenn ein Drucker über mehrere Papierschächte verfügt, die unterschiedliche Papierformate enthalten, können Sie einem bestimmten Fach ein Format zuweisen. Wie gehen Sie beim Zuweisen von Papierformaten für Papierschächte vor?

   ____

   ____

   ____

2. Eine ________________ ist eine Datei mit Druckbefehlen, die ausgedruckte Dokumente identifiziert und voneinander trennt. (Tragen Sie den korrekten Begriff ein.)
3. Welche der folgenden Registerkarten verwenden Sie zum Umleiten von Dokumenten an einen anderen Drucker? Wählen Sie die richtige Antwort.
   a. Die Registerkarte **Erweitert** des Eigenschaftendialogfelds für einen Drucker
   b. Die Registerkarte **Sicherheit** des Eigenschaftendialogfelds für einen Drucker
   c. Die Registerkarte **Anschlüsse** des Eigenschaftendialogfelds für einen Drucker
   d. Die Registerkarte **Geräteeinstellungen** des Eigenschaftendialogfelds für einen Drucker
4. Welche der folgenden Registerkarten verwenden Sie zum Übernehmen der Besitzrechte für einen Drucker?
   a. Die Registerkarte **Erweitert** des Eigenschaftendialogfelds für einen Drucker
   b. Die Registerkarte **Sicherheit** des Eigenschaftendialogfelds für einen Drucker
   c. Die Registerkarte **Anschlüsse** des Eigenschaftendialogfelds für einen Drucker
   d. Die Registerkarte **Berechtigungen** des Eigenschaftendialogfelds für einen Drucker

Zusammenfassung der Lektion

- Wenn ein Drucker über mehrere Papierschächte verfügt, die unterschiedliche Papierformate enthalten, können Sie einem bestimmten Fach ein Format zuweisen. Über das Papierformat wird die Papiergröße angegeben.
- Eine Trennseite ist eine Datei, die Druckbefehle enthält. Trennseiten identifizieren ausgedruckte Dokumente und trennen sie voneinander. Sie können zum Umschalten des Druckmodus für einen Drucker verwendet werden.
- Um einen Drucker anzuhalten, alle Dokumente abzubrechen oder einen angehaltenen Drucker fortzusetzen, klicken Sie im Fenster **Drucker und Faxgeräte** mit der rechten

Maustaste auf den betreffenden Drucker. Klicken Sie anschließend auf den gewünschten Befehl.

- Sie können nur alle Druckaufträge für einen Drucker an einen anderen Drucker umleiten, der denselben Druckertreiber benutzt. Sie können keine einzelnen Dokumente in der Druckerwarteschlange umleiten.
- Der Druckprozessor bereitet ein Dokument für das Ausdrucken vor, bevor er es an den Drucker sendet. In Windows XP Professional ist der Druckprozessor WinPrint enthalten. Er unterstützt folgende Formate: RAW, EMF und Text.
- In der Standardeinstellung werden Druckaufträge im Spooler auf der Festplatte gespeichert, bevor der Druckprozessor sie an den Drucker sendet. Auf diese Weise können Benutzer schneller wieder auf ihre Anwendungen zugreifen.
- Zum Übernehmen der Besitzrechte für einen Drucker müssen Sie Mitglied einer Gruppe sein, die über die Berechtigung **Drucker verwalten** für den Drucker verfügt. Standardmäßig besitzen Mitglieder der Gruppen **Administratoren** und **Hauptbenutzer** die Berechtigung **Drucker verwalten**.

Lektion 3: Verwalten von Dokumenten

Neben der Verwaltung von Druckern können Sie in Windows XP Professional auch einzelne Dokumente verwalten, die in der Druckerwarteschlange eines Druckers darauf warten, ausgedruckt zu werden. Zu den Aufgaben der Dokumentverwaltung gehören das Anhalten, Fortsetzen, Neustarten und Abbrechen von Druckvorgängen für Dokumente. Sie können außerdem festlegen, dass ein Benutzer über die Beendigung eines Druckauftrags benachrichtigt werden soll. Sie haben die Möglichkeit, Prioritätsstufen zu vergeben, damit wichtige Dokumente vor anderen Dokumenten gedruckt werden, und Sie können einen bestimmten Zeitpunkt für den Ausdruck eines Dokuments festlegen.

Am Ende dieser Lektion werden Sie in der Lage sein, die folgenden Aufgaben auszuführen:

- Anhalten, Fortsetzen, Neustarten und Abbrechen von Druckvorgängen für ein Dokument.
- Festlegen einer Benachrichtigung, einer Prioritätsstufe und einer Druckzeit.

Veranschlagte Zeit für diese Lektion: 20 Minuten

Anhalten, Neustarten und Abbrechen von Druckvorgängen

Wenn während des Druckens eines Dokuments Probleme mit dem Drucker auftreten, können Sie den Druckvorgang anhalten und das Drucken zu einem späteren Zeitpunkt fortsetzen. Falls Sie die Ursache des Problems im Dokument selbst vermuten, können Sie den Ausdruck des Dokuments neu starten oder es abbrechen. Zum Ausführen dieser Aufgaben benötigen Sie für den entsprechenden Drucker die Berechtigung **Dokumente verwalten**. Da der Ersteller eines Dokuments über die Standardberechtigungen zum Verwalten des Dokuments verfügt, können die Benutzer sämtliche dieser Aufgaben für ihre eigenen Dokumente ausführen.

Zum Verwalten eines Dokuments klicken Sie im Fenster **Drucker und Faxgeräte** mit der rechten Maustaste auf das entsprechende Druckersymbol und klicken anschließend auf **Öffnen**. Anschließend wählen Sie das gewünschte Dokument aus (Sie können auch mehrere Dokumente auswählen) und klicken auf das Menü **Dokument**. In diesem Menü wählen Sie den gewünschten Befehl zum Anhalten, Fortsetzen, Neustarten oder Abbrechen des Dokuments aus (Abbildung 12.7).

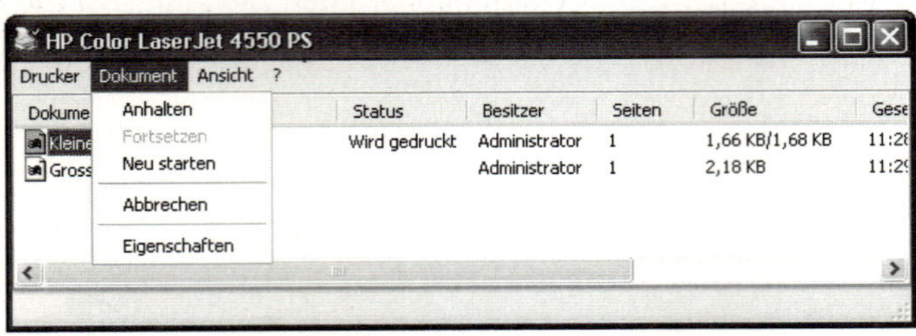

Abbildung 12.7 Verwalten von Dokumenten für einen Drucker

In Tabelle 12.4 wird beschrieben, welche Aufgaben Sie beim Verwalten einzelner Dokumente ausführen können und wie Sie diese Aufgaben ausführen. Außerdem werden Beispielsituationen geschildert, in denen solche Aufgaben unter Umständen ausgeführt werden müssen.

Tabelle 12.4 Aufgaben beim Verwalten von Dokumenten

Aufgabe	Vorgehensweise	Beispiel
Anhalten des Druckvorgangs für ein Dokument	Wählen Sie die gewünschten Dokumente aus, und klicken Sie auf **Anhalten**. (Der Status ändert sich in **Angehalten**.)	Halten Sie den Druckvorgang für ein Dokument an, wenn ein Problem aufgetreten ist.
Fortsetzen des Druckvorgangs für ein Dokument	Wählen Sie die gewünschten Dokumente, und klicken Sie auf **Fortsetzen**. (Der Status ändert sich in **Wird gedruckt**.)	Setzen Sie den Druckvorgang für ein Dokument fort, nachdem Sie ein Problem beseitigt haben.
Neustarten des Druckvorgangs für ein Dokument	Wählen Sie die gewünschten Dokumente, und klicken Sie auf **Neu starten**. Durch diesen Befehl beginnt der Druckvorgang für das Dokument von vorn.	Starten Sie den Druckvorgang für ein teilweise ausgedrucktes Dokument neu, wenn Sie das Dokument- oder Druckerproblem gelöst haben.
Abbrechen des Druckvorgangs für ein Dokument	Wählen Sie die gewünschten Dokumente, und klicken Sie auf **Abbrechen**. Sie können den Druckvorgang für ein Dokument auch abbrechen, indem Sie die Taste ENTF drücken.	Falls für ein Dokument falsche Druckereinstellungen konfiguriert wurden oder das Dokument nicht länger benötigt wird, können Sie den Druckvorgang abbrechen, bevor das Dokument gedruckt wird.

Festlegen von Benachrichtigung, Priorität und Druckzeit

Sie können Druckaufträge steuern, indem Sie Einstellungen zu Benachrichtigung, Priorität und Druckzeit festlegen. Zum Ausführen dieser Dokumentverwaltungsaufgaben benötigen Sie die Berechtigung **Dokumente verwalten** für den entsprechenden Drucker.

Sie legen Benachrichtigung, Priorität und Druckzeit eines Dokuments im Dialogfeld mit den Dokumenteigenschaften auf der Registerkarte **Allgemein** fest (Abbildung 12.8). Zum Öffnen des Eigenschaftendialogfelds für ein Dokument wählen Sie zunächst die Dokumente im Druckerfenster aus, klicken dann auf das Menü **Dokument** und anschließend auf **Eigenschaften**.

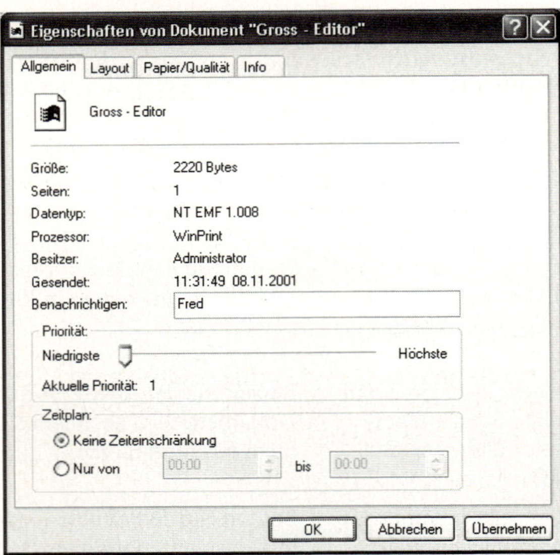

Abbildung 12.8 Festlegen der Einstellungen zu Benachrichtigung, Prioritätsstufe und Druckzeitpunkt für ein Dokument

In Tabelle 12.5 wird beschrieben, welche Aufgaben Sie beim Steuern von Druckaufträgen ausführen können und wie Sie diese Aufgaben ausführen. Außerdem werden Beispielsituationen geschildert, in denen solche Aufgaben unter Umständen ausgeführt werden müssen.

Tabelle 12.5 Festlegen von Einstellungen zu Benachrichtigung, Priorität und Druckzeitpunkt

Aufgabe	Vorgehensweise	Beispiel
Einrichten einer Benachrichtigung	Geben Sie im Textfeld **Benachrichtigen** den Anmeldenamen des Benutzers ein, der über den Druckvorgang benachrichtigt werden soll. Standardmäßig fügt Windows XP Professional hier den Namen des Benutzers ein, der das Dokument druckt.	Ändern Sie diese Einstellung, wenn jemand anders über den Druckvorgang benachrichtigt werden soll.
Ändern der Dokumentpriorität	Mithilfe des Schiebereglers im Abschnitt **Priorität** können Sie die Prioritätsstufe für das Dokument festlegen. Die Prioritätsstufe kann zwischen 1 und 99 liegen.	Ändern Sie die Prioritätsstufe, damit ein wichtiges Dokument vor anderen Dokumenten gedruckt wird.
Festlegen des Druckzeitpunkts	Um die Druckzeit für ein Dokument einzuschränken, klicken Sie im Abschnitt **Zeitplan** auf **Nur von** und geben einen Zeitraum ein, in dem das Dokument gedruckt werden soll.	Sehr umfangreiche Dokumente können beispielsweise außerhalb der Geschäftszeiten gedruckt werden.

Übung: Verwalten von Dokumenten

In dieser Übung verwalten Sie Dokumente. Hierbei drucken Sie ein Dokument, richten eine Druckbenachrichtigung ein, ändern die Druckpriorität und brechen den Druckauftrag für ein Dokument ab. Führen Sie die folgenden Übungen aus und beantworten Sie die gestellten Fragen. Die Antworten auf die Fragen finden Sie im Abschnitt „Fragen und Antworten" am Ende dieses Kapitels. Voraussetzung für das Durchführen dieser Übung ist, dass Sie die Übungen in Kapitel 11 durchgeführt und dort den Beispieldrucker installiert haben.

Übung 1: Überprüfen, ob ein Drucker offline ist

1. Melden Sie sich unter dem Benutzerkonto an, mit dem Sie in Kapitel 11 den Drucker **HP Color LaserJet 4550 PS** erstellt haben, oder mit einem beliebigen Benutzerkonto, das Mitglied der Gruppe **Administratoren** ist.
2. Klicken Sie im Startmenü auf **Drucker und Faxgeräte**.
3. Klicken Sie im Fenster **Drucker und Faxgeräte** auf das Symbol **HP Color LaserJet 4550 PS**. Sie haben folgende Möglichkeiten, um festzustellen, ob der Drucker offline ist:
   - Prüfen Sie, ob im Menü **Datei** die Option **Drucker online verwenden** angezeigt wird. Die Anzeige dieser Option ist ein Zeichen dafür, dass sich der Drucker im Offlinemodus befindet.
   - Klicken Sie mit der rechten Maustaste auf das Druckersymbol, und prüfen Sie, ob im Kontextmenü die Option **Drucker online verwenden** angezeigt wird. Die Anzeige dieser Option ist ein Zeichen dafür, dass sich der Drucker im Offlinemodus befindet.
   - Falls das Fenster **Drucker und Faxgeräte** in der Webansicht angezeigt wird, können Sie überprüfen, ob im linken Fensterausschnitt unterhalb von **Details** die Option **Status: Offline** angezeigt wird.
4. Vergewissern Sie sich, dass oberhalb des Druckersymbols ein schwarzer Kreis mit einem weißen Häkchen vorhanden ist (dies zeigt, dass es sich um den Standarddrucker handelt).
5. Minimieren Sie das Fenster **Drucker und Faxgeräte**.

Hinweis Belassen Sie den Drucker im Offlinemodus, damit zwar Dokumente in die Druckerwarteschlange gestellt werden, aber keine Druckvorgänge eingeleitet werden. Dadurch vermeiden Sie Fehlermeldungen in den späteren Teilübungen.

Übung 2: Drucken eines Dokuments

1. Klicken Sie im Startmenü auf **Alle Programme** und **Zubehör** und dann auf **WordPad**.
2. Geben Sie „Das Leben ist schön!" ein, klicken Sie auf das Menü **Datei** und anschließend auf **Speichern**.

3. Geben Sie in das Textfeld **Dateiname** den Namen **Schön.rtf** ein, und klicken Sie anschließend auf **Speichern**.
4. Klicken Sie auf **Datei** und **Drucken**.
5. Das Dialogfeld **Drucken** wird geöffnet. Stellen Sie sicher, dass die Datei auf dem HP Color LaserJet 4550 PS-Drucker gedruckt wird. Klicken Sie auf **Drucken**, und schließen Sie WordPad.

Übung 3: Einrichten einer Benachrichtigung

1. Stellen Sie das Fenster **Drucker und Faxgeräte** wieder her, das Sie in Übung 1 minimiert hatten.
2. Klicken Sie doppelt auf den **HP Color LaserJet 4550 PS**-Drucker.
3. Markieren Sie im Druckerfenster die Datei **Schön**, und klicken Sie im Menü **Dokument** auf **Eigenschaften**.

   Das Dialogfeld **Eigenschaften von Schön** mit aktivierter Registerkarte **Allgemein** wird angezeigt.
4. Welcher Benutzer ist im Feld **Benachrichtigen** angegeben? Begründen Sie Ihre Antwort.

   ____

   ____
5. Geben Sie im Textfeld **Benachrichtigen** den Benutzer **Fred** ein, und klicken Sie dann auf **Übernehmen**.

Übung 4: Erhöhen der Priorität für ein Dokument

1. Im Dialogfeld mit den Dokumenteigenschaften der Datei **Schön.rtf** ist auf der Registerkarte **Allgemein** die Standardpriorität ausgewählt.
2. Wie lautet die aktuelle Prioritätsstufe? Handelt es sich dabei um den niedrigsten oder den höchsten Wert?

   ____
3. Bewegen Sie im Abschnitt **Priorität** den Schieberegler nach rechts, um die Priorität des Dokuments auf 38 zu erhöhen, und klicken Sie anschließend auf **OK**.

Übung 5: Abbrechen eines Dokuments

1. Markieren Sie das Dokument **Schön.rtf** in der Dokumentenliste.
2. Klicken Sie im Menü **Dokument** auf **Abbrechen**.

   Beachten Sie, dass sich der Status des Dokuments in **Wird gelöscht** ändert. Das Dokument **Schön** wird aus der Dokumentenliste entfernt.
3. Klicken Sie im Dialogfeld **Drucker** auf **Ja**, um das Abbrechen des Druckauftrags zu bestätigen.

   Das Dokument **Schön.rtf** wurde aus der Dokumentliste entfernt.

4. Wenn Sie ein großes Dokument abbrechen, ändert sich möglicherweise der Status erst eine Zeit lang zu **Wird gelöscht**, während das Dokument aus der Liste entfernt wird.

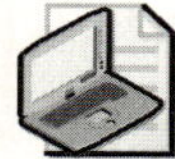

Hinweis Sie können ein Dokument auch abbrechen, indem Sie es auswählen und die Taste ENTF drücken.

5. Schließen Sie das Druckerfenster und das Fenster **Drucker und Faxgeräte**.

Lernzielkontrolle

Anhand der folgenden Fragen können Sie überprüfen, ob Sie die Themen dieser Lektion so gut beherrschen, dass Sie mit der nächsten Lektion weitermachen können. Falls Sie eine Frage nicht beantworten können, sollten Sie die Lektion noch einmal durcharbeiten, und dann erneut versuchen, die Frage zu beantworten. Die Antworten auf die Lernzielkontrollfragen finden Sie im Abschnitt „Fragen und Antworten“ am Ende dieses Kapitels.

1. Worin besteht der Unterschied zwischen dem Fortsetzen und dem Neustarten des Druckvorgangs für ein Dokument?

   ____

   ____

   ____

2. Welche der folgenden Aussagen zu den Prioritätsstufen eines Dokuments trifft zu? Wählen Sie die richtige Antwort.

   a. Die Prioritätsstufen für ein Dokument reichen von 1 bis 10, hierbei ist 1 die höchste Prioritätsstufe.

   b. Die Prioritätsstufen für ein Dokument reichen von 1 bis 10, hierbei ist 10 die höchste Prioritätsstufe.

   c. Die Prioritätsstufen für ein Dokument reichen von 1 bis 99, hierbei ist 1 die höchste Prioritätsstufe.

   d. Die Prioritätsstufen für ein Dokument reichen von 1 bis 99, hierbei ist 99 die höchste Prioritätsstufe.

3. Sie legen Benachrichtigung, Priorität und Druckzeit eines Dokuments im Dialogfeld mit den Dokumenteigenschaften auf der Registerkarte ______________ fest. (Tragen Sie den korrekten Begriff ein.)

4. Welches der folgenden Benutzerkonten trägt Windows XP Professional als Standardeinstellung in das Textfeld **Benachrichtigen** für ein Dokument ein?

   a. Administrator

   b. Besitzer des Druckers

   c. Alle Benutzer mit der Berechtigung **Dokumente verwalten**

   d. Person, die das Dokument ausdruckt

Zusammenfassung der Lektion

- Zu den Aufgaben der Dokumentverwaltung gehört das Anhalten, Fortsetzen, Neustarten und Abbrechen von Druckvorgängen für Dokumente. Zum Ausführen von Dokumentverwaltungsaufgaben benötigen Sie für den entsprechenden Drucker die Berechtigung **Dokumente verwalten**. Der Ersteller eines Dokuments besitzt standardmäßig die Berechtigungen zum Verwalten dieses Dokuments, das heißt, er kann alle beschriebenen Aufgaben für eigene Dokumente ausführen.
- Im Textfeld **Benachrichtigen** eines Dokuments können Sie festlegen, wer über die Beendigung des Druckvorgangs benachrichtigt werden soll. Durch das Festlegen der Prioritätsstufe für ein Dokument können wichtige Dokumente vor anderen Dokumenten gedruckt werden. Durch das Festlegen eines Druckzeitpunkts für ein Dokument können sehr umfangreiche Dokumente zum Beispiel außerhalb der Geschäftszeiten gedruckt werden.

Lektion 4: Verwalten von Druckern über einen Webbrowser

Unter Windows XP Professional haben Sie die Möglichkeit, Drucker von jedem Computer aus zu verwalten, auf dem sich ein Webbrowser befindet. Dabei spielt es keine Rolle, ob auf dem Computer Windows XP Professional oder der entsprechende Druckertreiber installiert sind. Damit der Druckerzugriff über einen Webbrowser möglich ist, benötigen Sie einen Windows 2000 Server- oder Windows XP Professional-Druckserver, auf dem die Microsoft Internet-Informationsdienste (Internet Information Services, IIS) installiert sind. Alle Verwaltungsaufgaben, die Sie mit Windows XP Professional ausführen können, stehen Ihnen auch bei der Verwendung eines Webbrowsers zur Verfügung. Der Unterschied beim Verwalten über einen Webbrowser besteht in der Weboberfläche.

Weitere Informationen Informationen zum Installieren der Internet-Informationsdienste (IIS) finden Sie in Kapitel 5, „Konfigurieren von Windows XP Professional“.

Am Ende dieser Lektion werden Sie in der Lage sein, die folgenden Aufgaben auszuführen:

- Erläutern der Vorteile einer Druckerverwaltung mit einem Webbrowser.
- Verwalten von Druckern über einen Webbrowser.

Veranschlagte Zeit für diese Lektion: 5 Minuten

Vorteile der Druckerverwaltung über einen Webbrowser

Die Druckerverwaltung mithilfe eines Webbrowsers (wie zum Beispiel Microsoft Internet Explorer) bietet folgende Vorteile:

- Sie können Drucker von jedem Computer aus verwalten, auf dem sich ein Webbrowser befindet. Dabei spielt es keine Rolle, ob auf dem Computer Windows XP Professional oder der entsprechende Druckertreiber installiert ist.
- Sie können die Weboberfläche anpassen. So haben Sie zum Beispiel die Möglichkeit, Ihre eigene Webseite zu erstellen, die einen Gebäudeplan mit den Standorten der Drucker und Links zu den einzelnen Druckern enthält.
- Sie können eine Zusammenfassungseite anzeigen, auf der der jeweilige Status aller Drucker eines Druckservers aufgeführt wird.
- Sie können die Daten der Drucker in Echtzeit melden (zum Beispiel die Information, dass sich das Gerät im Energiesparmodus befindet), sofern der Druckertreiber diese Informationen bereitstellt. Diese Informationen stehen im Fenster **Drucker und Faxgeräte** nicht zur Verfügung.

Zugreifen auf Drucker über einen Webbrowser

Sie können in Windows XP Professional auch über einen Webbrowser oder beliebige andere Fenster und Ordner mit Adressleiste auf die Drucker eines Druckservers zugreifen (zum Beispiel das Fenster **Drucker und Faxgeräte** oder der Internet Explorer). Geben Sie in der Adressleiste einfach **http://*Name_des_Druckservers*/printers** ein. Mit diesem

Befehl bekommen Sie alle Drucker auf dem Druckserver angezeigt (Abbildung 12.9). Klicken Sie anschließend auf den Namen des gewünschten Druckers. Klicken Sie dann auf der Druckerseite unter **Druckervorgänge** auf **Verbinden**, um eine Verbindung zum Drucker herzustellen. Windows XP Professional kopiert automatisch die erforderlichen Druckertreiber auf Ihren Computer herunter und fügt zum Fenster **Drucker und Faxgeräte** ein Symbol für diesen Drucker hinzu.

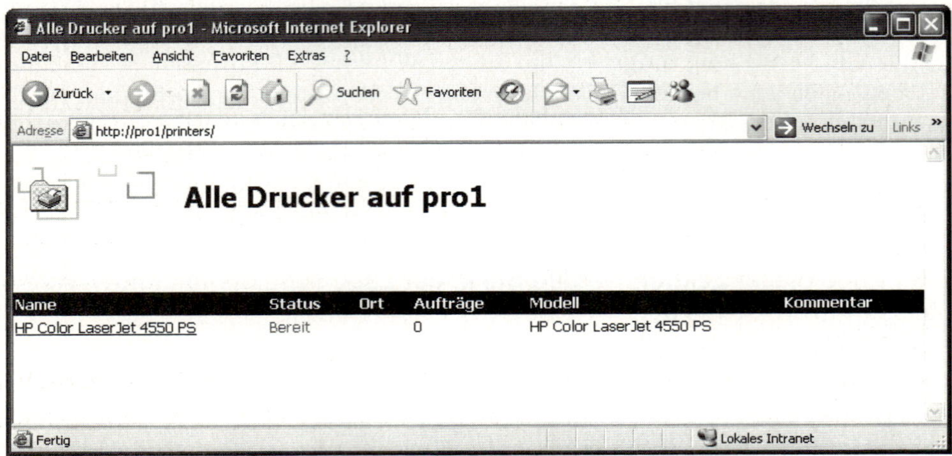

Abbildung 12.9 Im Internet Explorer können Sie Drucker im Remotezugriff verwalten

Wenn Sie über einen Webbrowser auf einen bestimmten Drucker zugreifen möchten, öffnen Sie den Webbrowser und geben in der Adressleiste **http://*Servername*/*Druckerfreigabename*** ein. Sie werden auf die entsprechende Druckerseite umgeleitet. Klicken Sie unterhalb von **Druckervorgänge** auf **Verbinden**, um eine Verbindung zum Drucker herzustellen.

Auf der URL-Seite eines Druckers können Sie Informationen zum Drucker anzeigen, zum Beispiel Druckermodell, Standort und Anzahl der Dokumente in der Druckerwarteschlange. Sie können sämtliche der an den Drucker gesendeten Dokumente verwalten und, sofern Sie über die Berechtigung **Drucker verwalten** für diesen Drucker verfügen, den Drucker anhalten oder wieder in Betrieb nehmen.

Lernzielkontrolle

Anhand der folgenden Fragen können Sie überprüfen, ob Sie die Themen dieser Lektion so gut beherrschen, dass Sie mit der nächsten Lektion weitermachen können. Falls Sie eine Frage nicht beantworten können, sollten Sie die Lektion noch einmal durcharbeiten, und dann erneut versuchen, die Frage zu beantworten. Die Antworten auf die Lernzielkontrollfragen finden Sie im Abschnitt „Fragen und Antworten" am Ende dieses Kapitels.

1. Wenn Sie als Druckserver einen Windows XP Professional-Computer verwenden, können die Benutzer nur dann über einen Webbrowser auf die Drucker zugreifen, wenn auf dem Druckserver ______________________________ installiert wurden. (Tragen Sie den korrekten Begriff ein.)

2. Wie können Sie auf alle Drucker eines Druckservers zugreifen?

 ____

 ____

 ____

3. Können Sie einen Drucker anhalten beziehungsweise wieder in Betrieb nehmen, wenn Sie über den Internet Explorer auf diesen Drucker zugreifen?

 ____

 ____

 ____

Zusammenfassung der Lektion

- Es hat folgende Vorteile, wenn Sie Drucker über einen Webbrowser verwalten:
  - Es spielt keine Rolle, ob der Druckserver unter Windows XP Professional läuft.
  - Alle Verwaltungsaufgaben, die Sie mit Windows XP Professional ausführen können, stehen Ihnen auch bei der Verwendung eines Webbrowsers zur Verfügung.
  - Sie können die Weboberfläche anpassen.
  - Sie können eine Zusammenfassungsseite und Echtzeitinformationen über den Drucker anzeigen.
- Sie können auf alle Drucker eines Druckservers zugreifen, auf dem die Internet-Informationsdienste (IIS) laufen, indem Sie **http://*Name_des_Druckservers*/printers** eingeben. Sie können auf einen bestimmten Drucker zugreifen, indem Sie **http://*Servername*/*Druckerfreigabename*** eingeben.

Lektion 5: Problembehandlung für gängige Druckerprobleme

In dieser Lektion werden einige häufiger auftretende Druckerprobleme sowie Vorschläge zu deren Beseitigung vorgestellt. Ferner lernen Sie den Druck-Ratgeber für die Beseitigung von Druckerproblemen sowie andere Windows XP Professional-Tools zur Problembehandlung kennen. Dieses Kapitel zeigt außerdem, wie Sie eine Problembehandlung für Drucker und Dokumente mithilfe des eingebauten Druck-Ratgebers durchführen, der in Kapitel 11 vorgestellt wurde.

Am Ende dieser Lektion werden Sie in der Lage sein, die folgenden Aufgaben auszuführen:

- Analysieren eines Druckproblems und Stellen der richtigen Fragen zur Diagnose des Problems.
- Identifizieren und Beseitigen häufig auftretender Druckprobleme.
- Beseitigen von Druckproblemen mit dem Druck-Ratgeber von Windows XP Professional.

Veranschlagte Zeit für diese Lektion: 10 Minuten

Richtlinien zum Analysieren eines Druckproblems

Falls ein Druckproblem auftritt, müssen Sie zunächst immer sicherstellen, dass der Drucker angeschlossen und eingeschaltet ist und über eine Verbindung zum Druckserver verfügt. Bei einem Netzwerkschnittstellendrucker müssen Sie prüfen, ob die Netzwerkverbindung zwischen Drucker und Druckserver hergestellt werden kann.

Zum Ermitteln der Problemursache sollten Sie zunächst versuchen, von einem anderen Programm aus den betreffenden Druckvorgang zu starten, um sicherzustellen, dass das Problem tatsächlich durch den Drucker verursacht wird. Wird das Problem durch den Drucker verursacht, sollten Sie folgende Fragen untersuchen:

- Können andere Benutzer ihre Dokumente problemlos ausdrucken? Falls ja, wird das Problem wahrscheinlich durch unzureichende Berechtigungen, eine fehlende Netzwerkverbindung oder Probleme auf dem Clientcomputer verursacht.
- Verwendet der Druckserver den richtigen Druckertreiber für das Druckermodell? Falls nicht, müssen Sie den passenden Druckertreiber installieren.
- Ist der Druckserver betriebsbereit, und verfügt der Druckserver über genügend Speicherplatz zum Speichern der Dokumente in der Warteschlange?
- Wurde auf dem Clientcomputer der richtige Druckertreiber installiert?

Lösungsvorschläge für gängige Druckprobleme

Es gibt einige Druckprobleme, die in einer Netzwerkumgebung häufiger auftreten. Tabelle 12.6 beschreibt einige dieser gängigen Druckprobleme und macht Vorschläge zu ihrer Beseitigung.

Tabelle 12.6 Häufig auftretende Druckprobleme, mögliche Ursachen und Lösungsvorschläge

Problem	Mögliche Ursache	Lösung
Ein Benutzer erhält bei dem Versuch, aus einer Anwendung heraus den Drucker zu konfigurieren, eine Meldung, dass ihm der Zugriff auf den Drucker verweigert ist (zum Beispiel in früheren Microsoft Excel-Versionen).	Der Benutzer verfügt nicht über die erforderlichen Berechtigungen zum Ändern der Druckerkonfiguration.	Ändern Sie die Berechtigungen des Benutzers, oder konfigurieren Sie den Drucker für den Benutzer.
Das Dokument wird nicht vollständig ausgedruckt, oder die Ausgabe enthält unsinnige Zeichen.	Es wurde nicht der richtige Druckertreiber installiert (falls Sie den Drucker zum ersten Mal nach der Installation oder dem Aktualisieren des Treibers benutzen).	Installieren Sie einen passenden Druckertreiber.
	Ein Benutzer hat die Druckerkonfiguration geändert oder den Drucker in einen anderen Druckmodus geschaltet.	Brechen Sie den Druckauftrag ab, setzen Sie den Drucker zurück und starten Sie den Druckauftrag neu.
Seiten werden nur teilweise ausgedruckt.	Der Druckertoner oder die Tinte gehen möglicherweise zur Neige. Möglicherweise steht auch nicht genügend Speicher zum Drucken des Dokuments zur Verfügung. Falls nur bestimmte Ausschnitte einer Seite nicht gedruckt werden, und dies immer dieselben Ausschnitte sind, kann der Drucker möglicherweise eine bestimmte Schriftart nicht drucken oder die Randeinstellungen des Dokuments liegen außerhalb des erlaubten Druckbereichs.	Ersetzen Sie die Tinten- oder Tonerpatronen des Druckers. Prüfen Sie den Arbeitsspeicher auf dem Druckserver. Ändern Sie die Schriftart in einem Dokument oder passen Sie die Ränder des Dokuments an.
Die Festplatte beginnt heftig zu arbeiten, das Dokument erreicht nicht den Druckserver oder der Ausdruck ist sehr langsam.	Es steht nicht genügend Festplattenspeicher zum Spoolen der Dokumente zur Verfügung.	Machen Sie mehr Platz auf der Festplatte frei oder verschieben Sie den Spoolordner in eine andere Partition.
Es gibt ein Problem beim Ausdrucken von Grafiken.	Das EMF-Format kann gelegentlich Probleme beim Ausdruck verursachen, insbesondere beim Drucken von Grafiken.	Sie können das EMF-Spooling deaktivieren, indem Sie im Eigenschaftendialogfeld des Druckers auf der Registerkarte **Erweitert** das Kontrollkästchen **Erweiterte Druckfunktionen aktivieren** deaktivieren.

Problembehandlung mit dem Druck-Ratgeber

Windows XP Professional verfügt über einen integrierten Druck-Ratgeber, der Sie beim Beseitigen von Druckproblemen unterstützt. Sie haben zum Beispiel die Möglichkeit, im Fenster **Drucker und Faxgeräte** auf **Druckproblembehandlung** zu klicken, um auf den Druck-Ratgeber zuzugreifen.

Wenn Sie auf **Druckproblembehandlung** klicken, wird der Druck-Ratgeber von Windows XP Professional geöffnet, der eine Liste häufig auftretender Druckprobleme enthält. Nachdem Sie das aufgetretene Problem in der Liste markiert haben, leitet Sie der Druck-Ratgeber durch mehrere Fragen, um das Problem näher bestimmen und eine Lösung anbieten zu können. Sie können außerdem eine Suche ausführen, um Hilfe zu einem Problem zu erhalten, oder Sie verwenden die Option **Ich möchte die Einstellungen dieses Computers von dem Ratgeber überprüfen lassen**.

Lernzielkontrolle

Anhand der folgenden Fragen können Sie überprüfen, ob Sie die Themen dieser Lektion so gut beherrschen, dass Sie mit der nächsten Lektion weitermachen können. Falls Sie eine Frage nicht beantworten können, sollten Sie die Lektion noch einmal durcharbeiten, und dann erneut versuchen, die Frage zu beantworten. Die Antworten auf die Lernzielkontrollfragen finden Sie im Abschnitt „Fragen und Antworten“ am Ende dieses Kapitels.

1. Was sollten Sie immer zuerst prüfen, wenn ein Druckerproblem auftritt?

   ____

   ____

2. Was sollten Sie prüfen, wenn ein Benutzer sich darüber beklagt, dass er keine Dokumente ausdrucken kann?

   ____

   ____

   ____

   ____

Zusammenfassung der Lektion

- Wenn ein Problem beim Drucken auftritt, sollten Sie immer überprüfen, ob der Drucker eingesteckt und angeschaltet ist und ob er eine Verbindung zum Druckserver hat. Bei Netzwerkschnittstellendruckern sollten Sie prüfen, ob eine Netzwerkverbindung zwischen dem Drucker und dem Druckserver besteht. Stellen Sie geeignete Fragen, um festzustellen, ob das Problem bei der Anwendung, dem Dokument oder dem Drucker liegt.
- Es gibt eine Reihe häufig auftretender Druckprobleme, die Sie kennen sollten und bei denen Sie Lösungsmöglichkeiten parat haben sollten. Solche Probleme haben ihre Ursachen zum Beispiel in der Druckerkonfiguration, bei den Druckertreibern oder bei den Druckerberechtigungen.

- Der Druck-Ratgeber von Windows XP Professional wird gestartet, wenn Sie im Fenster **Drucker und Faxgeräte** auf die Option **Druckproblembehandlung** klicken.

Übung mit Fallbeispiel

In dieser Übung wird ein Szenario beschrieben, bei dem ein Benutzer versucht, Dokumente auf einem Netzwerkdrucker zu verwalten. Beantworten Sie nach dem Durchlesen des Szenarios die Fragen. Falls Sie Schwierigkeiten haben, sollten Sie den Inhalt dieses Kapitels noch einmal durcharbeiten, bevor Sie das nächste Kapitel in Angriff nehmen. Die Antworten auf die Fragen finden Sie im Abschnitt „Fragen und Antworten" am Ende dieses Kapitels.

Szenario

Sie arbeiten als Administrator für Fabrikam, Inc. Ihr Unternehmen stellt vorgefertigte Bücherregale her, die Kunden eines großen Möbelhauses zu Hause selbst zusammenbauen müssen. Erin, eine Mitarbeiterin der Vertriebsabteilung, ruft um 16:45 Uhr an und erklärt, dass einer ihrer Kollegen ein sehr langes Dokument auf dem einzigen Farblaserdrucker der Abteilung ausdruckt. Der Drucker ist ein Netzwerkdrucker, der von vielen Leuten benutzt wird, und Erin denkt, dass der Ausdruck des langen Dokuments noch nicht begonnen hat.

Erin erklärt, dass ihr Chef, Jesper, sie gebeten hat, mehrere Exemplare eines wichtigen Memos auszudrucken. Diese Memos müssen noch vor 17:00 Uhr an die anderen Mitarbeiter in der Abteilung gehen. Sie will nicht ganz verhindern, dass das lange Dokument ausgedruckt wird, weil die Person, die es gedruckt hat, bereits gegangen ist und das Dokument morgen früh braucht. Erin sagt, dass sie früher immer über ihren Webbrowser auf den Druckserver zugegriffen hat, sich aber nicht mehr erinnert, wie das ging. Sie stellen fest, dass der Druckserver den Namen **SLS-PR1** trägt und der Freigabename des Druckers **ColorLaser** lautet.

Fragen

1. Welchen URL soll Erin in ihren Webbrowser eingeben, um direkt auf den Drucker zugreifen zu können?

   ____

2. Welche Aktion soll Erin ausführen, um sicherzustellen, dass alle Ausdrucke auf dem Drucker angehalten werden, während sie herausfindet, wie sie weiter vorgehen soll. Es sollen aber keine Dokumente neu gedruckt werden müssen?

   ____

3. Welche Berechtigung braucht Erin, um diese Aktion durchführen zu können?

   ____

   ____

4. Welche Aktion sollte Erin unternehmen, um sicherzustellen, dass ihr Dokument vor dem langen Dokument ausgedruckt wird?

5. Wie könnte Erin dieses Problem sonst noch lösen?

Übung zur Problembehandlung

In dieser Übung zur Problembehandlung simulieren Sie mit dem Druck-Ratgeber eine Problembehandlung für ein Druckproblem.

1. Klicken Sie im Startmenü auf **Systemsteuerung**.
2. Klicken Sie im Fenster **Systemsteuerung** auf **Drucker und andere Hardware**.
3. Klicken Sie im Fenster **Drucker und andere Hardware** im Bereich **Problembehandlung** auf **Drucken**.
4. Wählen Sie im Fenster **Hilfe- und Supportcenter** die Option **Gedruckter Text oder gedruckte Grafiken sind unvollständig** und klicken Sie dann auf **Weiter**.
5. Wählen Sie auf der Seite **Treten Probleme mit dem Drucken von Text oder von Grafiken auf?** die Option **Es treten Probleme mit Grafiken auf** aus und klicken Sie dann auf **Weiter**.
6. Auf der Seite **Sind die Einstellungen für Papierformat und Ausrichtung richtig?** werden Sie gefragt: „Konnte das Problem durch das Ändern der Einstellungen für Papierformat und Ausrichtung behoben werden?“ Wählen Sie die Option **Nein, die Einstellungen für die Papiergröße und die Ausrichtung sind korrekt, jedoch werden Teile der Datei nach wie vor nicht gedruckt** und klicken Sie dann auf **Weiter**.
7. Auf der Seite **Sind die Einstellungen für die Druckerauflösung korrekt?** werden Sie gefragt: „Konnte das Problem durch das Ändern der Druckerauflösung behoben werden?“ Wählen Sie die Option **Nein, das Problem beim Drucken von Grafiken besteht weiterhin** und klicken Sie dann auf **Weiter**.
8. Auf der Seite **Beansprucht die Datei oder Grafik, die Sie drucken möchten, zu viel Arbeitsspeicher?** werden Sie gefragt: „Konnte das Problem durch Freigeben von Arbeitsspeicher des Computers behoben werden?“ Wählen Sie die Option **Nein, das Problem besteht weiterhin** und klicken Sie dann auf **Weiter**.
9. Auf der Seite **Verfügt der Drucker über genügend Arbeitsspeicher?** werden Sie gefragt: „Konnte das Problem mithilfe dieser Vorschläge behoben werden?“ Wählen

Sie die Option **Nein, das Problem besteht weiterhin** und klicken Sie dann auf **Weiter**.

10. Auf der Seite **Ist die Grafik beschädigt?** werden Sie gefragt: „Können Sie die Grafik in WordPad drucken?“ Wählen Sie die Option **Nein, ich kann die Grafik nicht in WordPad drucken** und klicken Sie dann auf **Weiter**.
11. Auf der Seite **Gibt es ein Problem mit dem Druckertreiber?** werden Sie gefragt: „Konnte das Problem durch die Neuinstallation oder Aktualisierung des Druckertreibers behoben werden?“ Wählen Sie die Option **Ja, das Problem ist damit behoben** und klicken Sie dann auf **Weiter**.
12. Schließen Sie das Fenster **Hilfe- und Supportcenter**.

Zusammenfassung des Kapitels

- Das Verwalten von Druckern umfasst das Zuweisen von Papierformaten an Papierschächte, das Einstellen von Trennseiten, das Umleiten von Dokumenten und das Übernehmen der Besitzrechte an Druckern. Die Dokumentverwaltung umfasst das Anhalten und Fortsetzen des Druckvorgangs für ein Dokument, das Festlegen von Benachrichtigungen und das Löschen von Dokumenten in der Druckerwarteschlange.
- Das Verwalten von Druckern umfasst eine Reihe unterschiedlicher Aufgaben. Die wichtigsten sind:
  - Wenn ein Drucker über mehrere Papierschächte verfügt, die unterschiedliche Papierformate enthalten, können Sie einem bestimmten Fach ein Format zuweisen. Über das Papierformat wird die Papiergröße angegeben.
  - Eine Trennseite ist eine Datei, die Druckbefehle enthält. Trennseiten identifizieren ausgedruckte Dokumente und trennen sie voneinander. Sie können zum Umschalten des Druckmodus für einen Drucker verwendet werden.
  - Um einen Drucker anzuhalten, alle Dokumente abzubrechen oder einen angehaltenen Drucker fortzusetzen, klicken Sie im Fenster **Drucker und Faxgeräte** mit der rechten Maustaste auf den betreffenden Drucker. Klicken Sie anschließend auf den gewünschten Befehl.
  - Sie können nur alle Druckaufträge für einen Drucker an einen anderen Drucker umleiten, der denselben Druckertreiber benutzt. Sie können keine einzelnen Dokumente in der Druckerwarteschlange umleiten.
  - Der Druckprozessor bereitet ein Dokument für das Ausdrucken vor, bevor er es an den Drucker sendet. In Windows XP Professional ist der Druckprozessor WinPrint enthalten. Er unterstützt folgende Formate: RAW, EMF und Text.
  - In der Standardeinstellung werden Druckaufträge im Spooler auf der Festplatte gespeichert, bevor der Druckprozessor sie an den Drucker sendet. Auf diese Weise können Benutzer schneller wieder auf ihre Anwendungen zugreifen.
  - Zum Übernehmen der Besitzrechte für einen Drucker müssen Sie Mitglied einer Gruppe sein, die über die Berechtigung **Drucker verwalten** für den Drucker ver-

fügt. Standardmäßig besitzen Mitglieder der Gruppen **Administratoren** und **Hauptbenutzer** die Berechtigung **Drucker verwalten**.

- Zu den Aufgaben der Dokumentverwaltung gehört das Anhalten, Fortsetzen, Neustarten und Abbrechen von Druckvorgängen für Dokumente. Zum Ausführen von Dokumentverwaltungsaufgaben benötigen Sie für den entsprechenden Drucker die Berechtigung **Dokumente verwalten**. Der Ersteller eines Dokuments besitzt standardmäßig die Berechtigungen zum Verwalten dieses Dokuments, das heißt, er kann alle beschriebenen Aufgaben für eigene Dokumente ausführen.
- Sie können Drucker in Windows XP Professional auch über einen Webbrowser verwalten. Sie können auf alle Drucker eines Druckservers zugreifen, auf dem die Internet-Informationsdienste (IIS) laufen, indem Sie **http://*Name_des_Druckservers*/printers** eingeben. Sie können auf einen bestimmten Drucker zugreifen, indem Sie **http://*Servername*/*Druckerfreigabename*** eingeben.
- Wenn ein Problem beim Drucken auftritt, sollten Sie immer überprüfen, ob der Drucker eingesteckt und angeschaltet ist und ob er eine Verbindung zum Druckserver hat. Bei Netzwerkschnittstellendruckern sollten Sie prüfen, ob eine Netzwerkverbindung zwischen dem Drucker und dem Druckserver besteht. Stellen Sie geeignete Fragen, um festzustellen, ob das Problem bei der Anwendung, dem Dokument oder dem Drucker liegt.

Prüfungsrelevante Themen

Vor der Prüfungsteilnahme sollten Sie die nachfolgend aufgeführten Schlüsselinformationen und -begriffe noch einmal durcharbeiten. Diese Informationen sind für das Bestehen der Prüfung von entscheidender Bedeutung.

Schlüsselinformationen

- Die verschiedenen Druckerberechtigungen bauen aufeinander auf, sie enthalten jeweils die Fähigkeiten der nächst eingeschränkteren Stufe. Die Berechtigung **Drucken** gewährt die geringsten Fähigkeiten. Sie erlaubt einem Benutzer eigentlich nur, seine Dokumente auf dem Drucker auszudrucken und seine eigenen Dokumente zu verwalten. Die Berechtigung **Dokumente verwalten** gewährt alle Fähigkeiten der Berechtigung **Drucken** und erlaubt dem Benutzer zusätzlich, die Dokumente anderer Benutzer zu verwalten. Die Berechtigung **Drucker verwalten** umfasst alle Fähigkeiten der Berechtigung **Dokumente verwalten** und erlaubt Benutzern außerdem, Druckereinstellungen zu konfigurieren.
- Trennseiten identifizieren Druckaufträge und trennen sie voneinander. Sie können auch benutzt werden, um einen Drucker in einen anderen Druckmodus umzuschalten. Windows XP stellt vier Trennseiten zur Verfügung: **Sysprint.sep**, **Pcl.sep**, **Pscript.sep** und **Sysprtj.sep**. Am häufigsten wird **Sysprint.sep** verwendet.
- Sie können für einen Drucker alle Dokumente zusammen umleiten, aber keine einzelnen Dokumente. Der neue Drucker muss denselben Druckertreiber benutzen wie der aktuelle Drucker.

Schlüsselbegriffe

Druckerberechtigungen Berechtigungen, mit denen Sie steuern, welche Benutzer auf einen Drucker zugreifen dürfen und welche Aktionen sie ausführen können.

Drucker-Spooling Der Vorgang, bei dem ein Druckauftrag auf der Festplatte gespeichert wird, bevor er an den Drucker gesendet wird.

Druckerumleitung Der Vorgang, bei dem ein Dokument an einen anderen Drucker gesendet wird. Sie können nur sämtliche Dokumente für einen Drucker umleiten, keine einzelnen Dokumente. Außerdem können Sie Dokumente nur an Drucker umleiten, die denselben Druckertreiber wie der ursprüngliche Drucker verwenden.

Druckprozessor Software, die Druckdokumente in ein Format überführt, das an den Drucker gesendet werden kann. Windows XP enthält in der Standardeinstellung nur den WinPrint-Prozessor.

Trennseite Eine Datei mit Druckerbefehlen. Trennseiten identifizieren Druckaufträge und trennen sie voneinander. Sie können auch dazu benutzt werden, einen Drucker in einen anderen Modus zu umzuschalten.

Fragen und Antworten

Seite 619

Lernzielkontrolle Lektion 1

1. Wie lauten die vier Hauptaufgabenbereiche bei der Verwaltung von Netzwerkdruckern?

   Druckerverwaltung, Dokumentverwaltung, Problembehandlung und Operationen, für die die Berechtigung **Drucker verwalten** erforderlich ist.

2. Microsoft Windows XP Professional ermöglicht Ihnen, die Druckernutzung und -verwaltung durch das Zuweisen von ________________ zu steuern. (Tragen Sie den korrekten Begriff ein.)

   Berechtigungen

3. Welche von Windows XP Professional bereitgestellte Druckerberechtigung befähigt den Benutzer zur Durchführung der meisten Druckaufgaben? Wählen Sie die richtige Antwort.

   a. Drucker verwalten

   b. Dokumente verwalten

   c. Drucken

   d. Vollzugriff

   Die richtige Antwort ist a. Wenn Sie einem Benutzer die Berechtigung **Drucker verwalten** zuweisen, kann er Dokumente verwalten und Dokumente auf dem Drucker ausdrucken. Die Antworten b und c sind nicht richtig, weil diese Berechtigungen Untermengen der Berechtigung **Drucker verwalten** sind. Antwort d ist nicht richtig, weil **Vollzugriff** keine Berechtigung ist, die Sie für Drucker zuweisen können.

4. Welche Windows XP Professional-Druckerberechtigungen ermöglichen dem Benutzer das Anhalten, Fortsetzen, Neustarten und Abbrechen der Druckvorgänge für die Dokumente aller Benutzer? (Wählen Sie alle zutreffenden Antworten aus.)

   a. Drucken

   b. Drucker verwalten

   c. Vollzugriff

   d. Dokumente verwalten

   Die richtigen Antworten sind b und d. Sowohl die Berechtigung **Drucker verwalten** als auch **Dokumente verwalten** erlauben einem Benutzer, Dokumente in der Druckerwarteschlange zu verwalten. Antwort a ist nicht richtig, weil die Berechtigung **Drucken** einem Benutzer erlaubt, Dokumente auf dem Drucker auszudrucken und seine eigenen Dokumente zu verwalten, aber nicht sämtliche Dokumente in einer Druckerwarteschlange. Antwort c ist nicht richtig, weil **Vollzugriff** keine Berechtigung ist, die Sie für Drucker zuweisen können.

Seite 630

Lernzielkontrolle Lektion 2

1. Wenn ein Drucker über mehrere Papierschächte verfügt, die unterschiedliche Papierformate enthalten, können Sie einem bestimmten Fach ein Format zuweisen. Wie gehen Sie beim Zuweisen von Papierformaten für Papierschächte vor?

   Klicken Sie im Eigenschaftendialogfeld des Druckers auf die Registerkarte **Geräteeinstellungen**. Klicken Sie in der Dropdownliste neben jedem Papierschacht auf das gewünschte Papierformat für den Papierschacht.

2. Eine ________________ ist eine Datei mit Druckbefehlen, die ausgedruckte Dokumente identifiziert und voneinander trennt. (Tragen Sie den korrekten Begriff ein.)

   Trennseite

3. Welche der folgenden Registerkarten verwenden Sie zum Umleiten von Dokumenten an einen anderen Drucker? Wählen Sie die richtige Antwort.

   a. Die Registerkarte **Erweitert** des Eigenschaftendialogfelds für einen Drucker

   b. Die Registerkarte **Sicherheit** des Eigenschaftendialogfelds für einen Drucker

   c. Die Registerkarte **Anschlüsse** des Eigenschaftendialogfelds für einen Drucker

   d. Die Registerkarte **Geräteeinstellungen** des Eigenschaftendialogfelds für einen Drucker

   Die richtige Antwort ist c. Die Registerkarte **Anschlüsse** definiert den Anschluss (oder die Adresse), über die der logische Drucker ein Dokument an den Drucker schickt. Die Antworten a, b und d sind nicht richtig, weil Sie auf diesen Registerkarten keine Dokumente umleiten können.

4. Welche der folgenden Registerkarten verwenden Sie zum Übernehmen der Besitzrechte für einen Drucker?

   a. Die Registerkarte **Erweitert** des Eigenschaftendialogfelds für einen Drucker

   b. Die Registerkarte **Sicherheit** des Eigenschaftendialogfelds für einen Drucker

c. Die Registerkarte **Anschlüsse** des Eigenschaftendialogfelds für einen Drucker

d. Die Registerkarte **Berechtigungen** des Eigenschaftendialogfelds für einen Drucker

Die richtige Antwort ist b. Auf der Registerkarte **Sicherheit** weisen Sie die Berechtigungen für den Drucker zu, daher ist sie der logische Ort zum Ändern des Besitzers. Die Antworten a, c und d sind nicht richtig, weil Sie auf diesen Registerkarten nicht die Besitzrechte für einen Drucker übernehmen können.

Seite 636

Lektion 3, Übung 3

4. Welcher Benutzer ist im Feld **Benachrichtigen** angegeben? Begründen Sie Ihre Antwort.

   Als Besitzer der Datei wird das für die Anmeldung verwendete Benutzerkonto angezeigt, da der Druckauftrag mit diesem Konto erstellt wurde.

Seite 636

Lektion 3, Übung 4

2. Wie lautet die aktuelle Prioritätsstufe? Handelt es sich dabei um den niedrigsten oder den höchsten Wert?

   Die aktuelle Priorität lautet 1, was der niedrigsten Prioritätsstufe entspricht.

Seite 637

Lernzielkontrolle Lektion 3

1. Worin besteht der Unterschied zwischen dem Fortsetzen und dem Neustarten des Druckvorgangs für ein Dokument?

   Wenn Sie den Druckvorgang für ein Dokument neu starten, beginnt der Druckvorgang von vorne. Wenn Sie den Druckvorgang für ein Dokument fortsetzen, wird der Druckvorgang an der Stelle fortgesetzt, an der er unterbrochen wurde.

2. Welche der folgenden Aussagen zu den Prioritätsstufen eines Dokuments trifft zu? Wählen Sie die richtige Antwort.

   a. Die Prioritätsstufen für ein Dokument reichen von 1 bis 10, hierbei ist 1 die höchste Prioritätsstufe.

   b. Die Prioritätsstufen für ein Dokument reichen von 1 bis 10, hierbei ist 10 die höchste Prioritätsstufe.

   c. Die Prioritätsstufen für ein Dokument reichen von 1 bis 99, hierbei ist 1 die höchste Prioritätsstufe.

   d. Die Prioritätsstufen für ein Dokument reichen von 1 bis 99, hierbei ist 99 die höchste Prioritätsstufe.

   Die richtige Antwort ist d. Sie können für jedes Dokument eine Priorität von 1 bis 99 einstellen. 99 ist die höchste Priorität, 1 die geringste.

3. Sie legen Benachrichtigung, Priorität und Druckzeit eines Dokuments im Dialogfeld mit den Dokumenteigenschaften auf der Registerkarte _______________ fest.

   Allgemein

4. Welches der folgenden Benutzerkonten trägt Windows XP Professional als Standardeinstellung in das Textfeld **Benachrichtigen** für ein Dokument ein?

   a. Administrator

   b. Besitzer des Druckers

   c. Alle Benutzer mit der Berechtigung **Dokumente verwalten**

   d. Person, die das Dokument ausdruckt

   Die richtige Antwort ist d. In der Standardeinstellung wird die Person benachrichtigt, die das Dokument ausdruckt, nachdem das Dokument fertig ist oder wenn ein Fehler aufgetreten ist.

Seite 640

Lernzielkontrolle Lektion 4

1. Wenn Sie als Druckserver einen Windows XP Professional-Computer verwenden, können die Benutzer nur dann über einen Webbrowser auf die Drucker zugreifen, wenn auf dem Druckserver ________________________________ installiert wurden. (Tragen Sie den korrekten Begriff ein.)

   Internet-Informationsdienste (IIS)

2. Wie können Sie auf alle Drucker eines Druckservers zugreifen?

   Sie können über einen Webbrowser oder beliebige andere Windows XP Professional-Fenster mit einer Adressleiste auf die Drucker eines Druckservers zugreifen. Geben Sie hierzu **http://*Name_des_Druckservers*/printers** ein.

3. Können Sie einen Drucker anhalten beziehungsweise wieder in Betrieb nehmen, wenn Sie über den Internet Explorer auf diesen Drucker zugreifen?

   Ja. Wenn Sie über die Berechtigung **Drucker verwalten** für den Drucker verfügen, können Sie den Drucker, zu dem Sie über den Internet Explorer eine Verbindung hergestellt haben, anhalten oder alle Druckvorgänge fortsetzen.

Seite 644

Lernzielkontrolle Lektion 5

1. Was sollten Sie immer zuerst prüfen, wenn ein Druckerproblem auftritt?

   Vergewissern Sie sich zunächst immer, dass der Drucker angeschlossen und eingeschaltet ist oder über eine Verbindung zum Druckserver verfügt.

2. Was sollten Sie prüfen, wenn ein Benutzer sich darüber beklagt, dass er keine Dokumente ausdrucken kann?

   Es sind verschiedene Antworten möglich. Es sollten folgende Dinge geprüft werden: Können andere Benutzer normal drucken? Ist der Druckserver betriebsbereit, und verfügt der Druckserver über genügend Speicherplatz zum Speichern der Dokumente in der Warteschlange? Wurde auf dem Clientcomputer der richtige Druckertreiber installiert?

Seite 645

Übung mit Fallbeispiel

1. Welchen URL soll Erin in ihren Webbrowser eingeben, um direkt auf den Drucker zugreifen zu können?

   http://SLS-PR1/ColorLaser

2. Welche Aktion soll Erin ausführen, um sicherzustellen, dass alle Ausdrucke auf dem Drucker angehalten werden, während sie herausfindet, wie sie weiter vorgehen soll. Es sollen aber keine Dokumente neu gedruckt werden müssen?

   Sie soll den Drucker entweder anhalten oder in den Offlinemodus versetzen.

3. Welche Berechtigung braucht Erin, um diese Aktion durchführen zu können?

   Sie braucht die Berechtigung **Drucker verwalten** (oder sie muss Mitglied in einer Gruppe sein, der diese Berechtigung zugewiesen wurde).

4. Welche Aktion sollte Erin unternehmen, um sicherzustellen, dass ihr Dokument vor dem langen Dokument ausgedruckt wird?

   Sie soll zuerst sicherstellen, dass das Ausdrucken des langen Dokuments noch nicht begonnen hat. Dann soll sie das Eigenschaftendialogfeld für ihr eigenes Dokument öffnen und ihm eine höhere Priorität als dem langen Dokument zuweisen. Anschließend kann sie den Drucker fortsetzen.

5. Wie könnte Erin dieses Problem sonst noch lösen?

   Statt den Drucker selbst anzuhalten, könnte Erin auch das lange Dokument anhalten. Dann könnten andere Dokumente (auch ihr eigenes) weitergedruckt werden. Sobald ihr Dokument fertig ist, kann sie den Ausdruck des langen Dokuments fortsetzen. Wenn Sie einen Benutzer allerdings durch eine solche Situation leiten, ist es normalerweise sinnvoll, den Drucker anzuhalten, damit sich der Benutzer in Ruhe zurechtfinden kann.

KAPITEL 13

TCP/IP-Netzwerke

In diesem Kapitel abgedeckte Prüfungsziele:

- Konfigurieren und Problembehandlung des TCP/IP-Protokolls.

Bedeutung dieses Kapitels

Ein Protokoll bezeichnet einen Satz Regeln und Konventionen für die Übertragung von Informationen über ein Netzwerk. Anmeldung, Datei- und Druckdienste, Netzwerk- und Internetzugriff sowie weitere gängige Funktionen basieren bei Microsoft Windows XP Professional auf dem Protokoll **TCP/IP (Transmission Control Protocol/Internet Protocol)**. In diesem Kapitel werden die Fertigkeiten und Kenntnisse vermittelt, die für Installieren, Konfigurieren und Problembehandlung von TCP/IP erforderlich sind. Dieses Kapitel stellt außerdem DNS (Domain Name System) vor, beschreibt den Namensauflösungsvorgang in Windows XP Professional und erklärt, wie Sie einen Windows XP Professional-Computer als DNS-Client konfigurieren.

Lektionen in diesem Kapitel:

Bevor Sie beginnen

Damit Sie die Übungen in diesem Kapitel durchführen können, brauchen Sie einen Computer, der die minimalen Hardwarevoraussetzungen erfüllt, die im Abschnitt „Über dieses Buch" am Anfang beschrieben wurden. Außerdem muss auf dem Computer Windows XP Professional installiert sein, und Sie müssen in der Lage sein, an diesem System Änderungen vorzunehmen.

Lektion 1: Konfigurieren und Problembehandlung von TCP/IP

In einem TCP/IP-Netzwerk wird jedes Gerät (Computer, Router oder andere Geräte mit einer Verbindung zum Netzwerk) als Host bezeichnet. Jeder TCP/IP-Host wird durch eine logische ***IP-Adresse*** (Internet Protocol) identifiziert. Diese IP-Adresse stellt Informationen zum Standort eines Computers im Netzwerk bereit, ähnlich wie eine Postadresse die Lage eines Hauses. In der Microsoft-Implementierung des TCP/IP-Protokolls kann ein TCP/IP-Host entweder eine statische IP-Adresse verwenden oder über einen DHCP-Server (Dynamic Host Configuration Protocol) automatisch eine IP-Adresse beziehen. Für einfache Netzwerkkonfigurationen in einem LAN (Local Area Network) wird die automatische private IP-Adressierung (APIPA) unterstützt. Windows XP Professional stellt darüber hinaus viele Tools für die Problembehandlung und die Überprüfung der Verbindungsfähigkeit bereit.

Am Ende dieser Lektion werden Sie in der Lage sein, die folgenden Aufgaben auszuführen:

- Erklären des Zwecks von IP-Adressen.
- Konfigurieren von TCP/IP mit einer statischen IP-Adresse.
- Konfigurieren von TCP/IP für eine automatische IP-Adresszuweisung.
- Erklären der Zwecks von APIPA (Automatic Private IP Addressing).
- Einstellen einer alternativen TCP/IP-Konfiguration für einen Windows XP Professional-Computer.
- Durchführen einer Problembehandlung für eine Verbindung mit TCP/IP-Tools.

Veranschlagte Zeit für diese Lektion: 60 Minuten

Was ist eine IP-Adresse?

Jede Schnittstelle in einem TCP/IP-Netzwerk bekommt eine eindeutige IP-Adresse, die sie im Netzwerk identifiziert. IP für diese Adressierung zuständig, das Protokoll definiert, wie die Adressen zusammengesetzt sind und wie Pakete mithilfe dieser Adressen durch das Netzwerk geleitet werden.

Eine IP-Adresse besteht aus eine Gruppe von vier Zahlen, die jeweils im Bereich von 0 bis 255 liegen. Die Zahlen sind voneinander durch einen Punkt getrennt, eine typische IP-Adresse in dieser Punktschreibweise sieht zum Beispiel so aus: **192.168.1.102**. Dass die Wertebereiche der einzelnen Zahlen nur von 0 bis 255 reichen dürfen, liegt daran, dass jede Zahl in Wirklichkeit für eine Gruppe aus 8 Binärziffern steht (ein binäres Oktett). Die IP-Adresse **192.168.1.102** lässt sich in binärer Form als **11000000 10101000 00000001 01100110** schreiben. Computer arbeiten mit dem binären Format, aber für Menschen ist es viel einfacher, die Dezimalzahlen zu verwenden.

Eine IP-Adresse setzt sich aus zwei getrennten Komponenten zusammen:

- Die ***Netzwerk-ID*** ist der vordere Teil der IP-Adresse. Sie identifiziert das Netzwerksegment, an das ein Host angeschlossen ist. Bei dem Beispiel **192.168.1.102** ist der

Teil **192.168.1** die Netzwerk-ID. Beim Angeben einer Netzwerk-ID ist es üblich, die fehlenden Oktette durch Nullen aufzufüllen. Die korrekte Netzwerk-ID lautet in diesem Fall also **192.168.1.0**.

- Die ***Host-ID*** ist der Teil der IP-Adresse, der einen bestimmten Host in einem Netzwerksegment identifiziert. Die Host-ID muss für jeden Host innerhalb einer Netzwerk-ID eindeutig sein. Bei dem obigen Beispiel der IP-Adresse **192.168.1.102** (wobei die Netzwerk-ID **192.168.1.0** lautet) ist die Host-ID **102**.

Zwei Computer mit unterschiedlichen Netzwerk-IDs können dieselbe Host-ID haben. Aber die Kombination aus Netzwerk-ID und Host-ID muss innerhalb aller Computer, die miteinander kommunizieren, einmalig sein.

Hosts brauchen eine zweite Zahl, die so genannte ***Subnetzmaske***, damit sie feststellen können, welcher Teil einer IP-Adresse die Netzwerk-ID und welcher Teil die Host-ID ist. Die Subnetzmaske definiert, wo die Netzwerk-ID endet und die Host-ID beginnt. Das ist einfacher zu verstehen, wenn Sie sich einen Moment von der Dezimaldarstellung lösen und die Zahlen in ihrem binären Format betrachten.

Abbildung 13.1 zeigt eine einzelne IP-Adresse im dezimalen und im binären Format. Auch eine Subnetzmaske wird in beiden Formaten gezeigt. Im binären Format steht eine Subnetzmaske immer für eine kontinuierliche Folge von Einsen, gefolgt von einer kontinuierlichen Folge von Nullen. Die Stelle, an der von den Einsen zu den Nullen gewechselt wird, ist in einer IP-Adresse die Trennlinie zwischen Netzwerk-ID und Host-ID.

	Dezimal	Binär			
IP-Adresse	135.109.15.42	10000111	01101101	00001111	00101010
Subnetzmaske	255.255.0.0	11111111	11111111	00000000	00000000
Netzwerk-ID	135.109.0.0	10000111	01101101	00000000	00000000
Host-ID	0.0.15.42	00000000	00000000	00001111	00101010

Abbildung 13.1 Die Subnetzmaske trennt die Host-ID von der Netzwerk-ID

IP-Adressierung mit festen Adressklassen

IP-Adressen werden in Klassen eingeteilt, die die Größe des Netzwerks definieren. Dieses System wird als IP-Adressierung mit festen Adressklassen (engl. Classful IP Adressing) bezeichnet. Fünf unterschiedliche Klassen von IP-Adressen definieren Netzwerke unterschiedlicher Größe, die unterschiedlich viele Hosts enthalten können.

Die IP-Adressierung mit festen Adressklassen baut auf der Struktur der IP-Adresse auf und bietet ein systematisches Verfahren, die Netzwerk-IDs von den Host-IDs zu trennen. Wie Sie bereits weiter oben erfahren haben, besteht eine IP-Adresse aus vier Zahlensegmenten, die jeweils Werte von 0 bis 255 haben können. Im Folgenden stellen wir diese Segmente als **w.x.y.z** dar. Abhängig vom Wert des ersten Oktetts (**w**), werden IP-Adressen in fünf Adressklassen eingeteilt. Tabelle 13.1 listet diese fünf Adressklassen auf.

Tabelle 13.1 IP-Adressklassen

Klasse	Netzwerk-ID	Wertebereich des ersten Oktetts	Anzahl der verfügbaren Netzwerksegmente	Anzahl der verfügbaren Hosts	Subnetzmaske
A	**w.0.0.0**	1–126	126	16.777.214	**255.0.0.0**
B	**w.x.0.0**	128–191	16.384	65.534	**255.255.0.0**
C	**w.x.y.0**	192–223	2.097.152	254	**255.255.255.0**
D	Nicht zutreffend	224–239	Nicht zutreffend	Nicht zutreffend	Nicht zutreffend
E	Nicht zutreffend	240–255	Nicht zutreffend	Nicht zutreffend	Nicht zutreffend

Die Klassen A, B und C stehen theoretisch öffentlich für Organisationen zur Verfügung, die sie registrieren können. Tatsächlich haben sich große Firmen und Internetprovider diese Adressen schon vor langer Zeit reserviert. Wenn sich Ihre Organisation daher eine IP-Adresse zuweisen lässt, wird sie üblicherweise aus dem Bereich Ihres Internetproviders stammen. Die Klassen D und E sind für spezielle Zwecke reserviert.

Die Adressklasse legt fest, welche Subnetzmaske verwendet wird, und bestimmt daher die Trennlinie zwischen Netzwerk-ID und Host-ID. Bei der Klasse A ist die Netzwerk-ID das erste Oktett innerhalb der IP-Adresse (zum Beispiel die **98** in der Adresse **98.162.102.53**). Bei der Klasse B sind es die ersten beiden Oktette; und bei Klasse C sind es die ersten drei Oktette. Die übrigen Oktette, die nicht in der Netzwerk-ID enthalten sind, bilden die Host-ID.

Prüfungstipp Prägen Sie sich die IP-Adressbereiche der verschiedenen Klassen und die zugehörigen Subnetzmasken ein. Diese Informationen helfen Ihnen nicht nur festzustellen, welches IP-Adressierungsschema mit festen Adressklassen in einer gegebenen Situation Anwendung findet, sondern auch herauszufinden, wie Sie das Schema in ein klassenloses Adressschema ändern können (siehe den nächsten Abschnitt).

Classless Interdomain Routing (CIDR)

Bei der IP-Adressierung mit festen Adressklassen wird durch die Standardsubnetzmaske für eine Klasse festgelegt, wie viele Netzwerke und wie viele Hosts innerhalb jedes Netzwerks zur Verfügung stehen. Wenn einer Organisation daher eine Netzwerk-ID zugewiesen wird, hat die Organisation eine einzige feste Netzwerk-ID und kann eine bestimmte Anzahl von Hosts adressieren. Weil es in der Organisation nur eine Netzwerk-ID gibt, kann nur ein Netzwerk aufgebaut werden, an das die festgelegte Maximalzahl von Hosts angeschlossen werden kann. Ist die Zahl der Hosts sehr groß, kann das Netzwerk nicht effizient betrieben werden. Um dieses Problem zu beseitigen, wurde das Konzept der klassenlosen IP-Adressierung (Classless Interdomain Routing, CIDR) entwickelt.

Bei CIDR kann die Netzwerk-ID in kleinere Netzwerk-IDs unterteilt werden. Das Konzept sieht folgendermaßen aus: Sie nehmen die Standardsubnetzmaske für die Klasse, aus der Ihr IP-Adressbereich stammt, und zweigen dann einige der Bits, die eigentlich zur

Host-ID gehören, für eine Erweiterung der Netzwerk-ID ab. So erstellen Sie eine benutzerdefinierte Subnetzmaske.

Eine benutzerdefinierte Subnetzmaske ist nicht auf dieselben Regeln beschränkt, die in der IP-Adressierung mit festen Adressklassen definiert sind. Wie Sie wissen, besteht eine Subnetzmaske aus vier Zahlen, ähnlich einer IP-Adresse. Nehmen Sie als Beispiel die Standardsubnetzmaske für ein Klasse-B-Netzwerk (**255.255.0.0**). Im Binärformat wird sie folgendermaßen geschrieben:

11111111 11111111 00000000 00000000

Diese Maske legt fest, dass die ersten 16 Bits einer IP-Adresse die Netzwerk-ID bilden und die hinteren 16 Bits die Host-ID. Wenn Sie eine benutzerdefinierte Subnetzmaske erstellen wollen, erweitern Sie einfach die Maske nach hinten in den Bereich der Host-ID. Sie müssen allerdings immer Einsen von links nach rechts ergänzen. Denken Sie daran, dass eine Subnetzmaske eine kontinuierliche Folge von Einsen sein muss, auf die eine kontinuierliche Folge von Nullen folgt. Zum Beispiel könnte eine benutzerdefinierte Subnetzmaske so aussehen:

11111111 11111111 11111000 00000000

Der Wert **11111000** lautet im dezimalen Format **248**, damit ist diese Subnetzmaske **255.255.248.0**. Tabelle 13.2 zeigt, welche Werte für ein Oktett beim Erstellen einer benutzerdefinierten Subnetzmaske zur Verfügung stehen.

Tabelle 13.2 Werte für benutzerdefinierte Subnetzmasken

Binärer Wert	Dezimaler Wert
10000000	128
11000000	192
11100000	224
11110000	240
11111000	248
11111100	252
11111110	254

Bei der IP-Adressierung mit festen Adressklassen können die vier Zahlen in einer Subnetzmaske nur entweder den Wert 255 oder den Wert 0 haben. Die vier Zahlen werden dann als fortlaufende Oktette angeordnet, erst die mit dem Wert 255, dann die Oktette mit dem Wert 0. Zum Beispiel ist **255.255.0.0** eine gültige Subnetzmaske, aber **255.0.255.0** nicht. Die Oktette mit dem Wert **255** identifizieren die Netzwerk-ID und die Oktette mit dem Wert 0 die Host-ID. Zum Beispiel umfasst in der Subnetzmaske **255.255.0.0** die Netzwerk-ID die ersten beiden Zahlen der IP-Adresse.

Wenn Sie eine vorhandene Netzwerk-ID in Subnetze unterteilen, um weitere Subnetze zu ermöglichen, können Sie jede beliebige der beschriebenen Subnetzmasken mit jeder beliebigen IP-Adresse oder Netzwerk-ID kombinieren. Die IP-Adresse **184.12.102.20** kann also die Subnetzmaske **255.255.255.0** und die Netzwerk-ID **184.12.102.0** haben. Bei der Standardsubnetzmaske **255.255.0.0** wäre die Netzwerk-ID dagegen **184.12.0.0**. Auf diese

Weise kann eine Organisation innerhalb der vorhandenen Klasse-B-Netzwerk-ID **184.12.0.0** kleinere Subnetze anlegen, um die tatsächliche Konfiguration des Netzwerks widerzuspiegeln.

Praxistipp Feste Adressklassen und CIDR

Die IP-Adressierung mit festen Adressklassen ist zwar ein wichtiges Basiskonzept, aber nur noch von historischem Interesse. Die meisten modernen Netzwerke, die öffentliche Klasse-A- oder Klasse-B-Adressen verwenden, sind nicht mehr in Subnetzen organisiert, die durch die herkömmlichen Subnetzmasken gebildet werden. Ursprünglich ignorierten Router und Routingprotokolle die Netzwerk-IDs und Subnetzmasken, weil der Arbeitsspeicher für diese Geräte knapp und teuer war. Stattdessen mussten beim Routen festen Adressklassen verwendet werden, weil die Geräte annehmen mussten, dass die Subnetzmaske aus dem ersten Oktett hervorgeht. Heutzutage ist Arbeitsspeicher billig und jeder Router (und alle Routingprotokolle) speichert in seinen Routingtabellen sowohl Netzwerk-IDs als auch Subnetzmasken.

Private Adressbereiche

Jede Netzwerkschnittstelle, die direkt mit dem Internet verbunden ist, muss eine IP-Adresse haben, die bei der Internet Assigned Numbers Authority (IANA) registriert ist. Auf diese Weise wird verhindert, dass Konflikte zwischen den IP-Adressen zweier Geräte auftreten. Falls Sie ein privates Netzwerk einrichten wollen, das nicht mit dem Internet verbunden ist oder zumindest hinter einer Firewall oder einem Proxyserver liegt, können Sie die Geräte in Ihrem Netzwerk mit privaten Adressen konfigurieren. Lediglich auf der Schnittstelle, die im Internet sichtbar ist, konfigurieren Sie eine öffentliche Adresse.

Für jede Adressklasse gibt es einen Bereich für private Adressen, die frei zur Verfügung stehen:

- Klasse A: **10.0.0.0** bis **10.255.255.255**
- Klasse B: **172.16.0.0** bis **172.31.255.255**
- Klasse C: **192.168.0.0** bis **192.168.255.255**

Sie können für Ihr Netzwerk nach Belieben einen dieser Bereiche auswählen und nach Bedarf benutzerdefinierte Subnetze definieren. Keine dieser Adressen wurde jemals offiziell an einen öffentlich erreichbaren Internethost zugewiesen.

Auf der CD Das ist eine gute Gelegenheit, sich die drei Multimediapräsentationen „Components of an IP Address“, „How IP Addresses are Wasted“ und „How Subnet Masks Work“ anzusehen, die Sie im Ordner **Multimedia** auf der Begleit-CD-ROM finden. Diese Präsentationen vermitteln Ihnen ein tieferes Verständnis für die Funktionsweise von IP-Adressen und Subnetzmasken.

Konfigurieren von TCP/IP für statische IP-Adressen

Als Standardeinstellung werden Computer, die unter Windows 95 oder neuer laufen, so konfiguriert, dass sie ihre TCP/IP-Konfigurationsinformationen automatisch beziehen. Diese TCP/IP-Informationen werden in einem Netzwerk vom DHCP-Server bereitgestellt. Wenn ein Clientcomputer startet, sendet er eine Broadcast-Nachricht in das Netzwerk, um einen DHCP-Server zu suchen, der IP-Adressinformationen liefern kann. Normalerweise sollten die meisten Computer in einem Netzwerk so konfiguriert sein, dass sie ihre IP-Adressen automatisch beziehen, weil die automatische Adressierung die meisten Fehler vermeidet, die beim Zuweisen von statischen IP-Adressen an Clients auftreten. Auch der Verwaltungsaufwand ist geringer. Sie sollten jedoch auch in einer DHCP-fähigen Umgebung ausgewählten Netzwerkcomputern eine statische IP-Adresse zuweisen. Zum Beispiel kann der Computer, auf dem der DHCP-Dienst ausgeführt wird, kein DHCP-Client sein. Dieser Computer benötigt eine statische IP-Adresse. Ist kein DHCP-Dienst verfügbar, können Sie TCP/IP ebenfalls zum Verwenden statischer IP-Adressen konfigurieren. Sie können für jede Netzwerkkarte eines Computers mit installiertem TCP/IP-Protokoll eine IP-Adresse, eine Subnetzmaske und ein Standardgateway festlegen, wie in Abbildung 13.2 dargestellt.

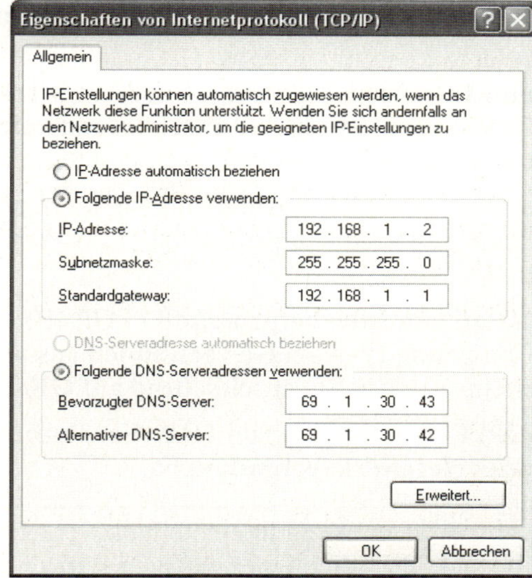

Abbildung 13.2 Konfigurieren einer statischen TCP/IP-Adresse in Windows XP Professional

Tabelle 13.3 beschreibt die Optionen, die beim Konfigurieren einer statischen TCP/IP-Adresse zur Verfügung stehen.

Tabelle 13.3 Optionen für das Konfigurieren einer statischen TCP/IP-Adresse

Option	Beschreibung
IP-Adresse	Eine logische 32-Bit-Adresse zur Identifizierung eines TCP/IP-Hosts. Jede Netzwerkkarte in einem Computer mit TCP/IP benötigt eine eindeutige IP-Adresse.
Subnetzmaske	Subnetze unterteilen große Netzwerke in mehrere physische Netzwerke, die durch Router verbunden sind. Eine Subnetzmaske maskiert einen Teil der IP-Adresse, sodass TCP/IP die Netzwerkkennung von der Hostkennung unterscheiden kann. Bei der Kommunikation zwischen TCP/IP-Hosts kann anhand der Subnetzmaske ermittelt werden, ob sich der Zielhost in einem lokalen oder in einem Remotenetzwerk befindet. Um innerhalb eines lokalen Netzwerks kommunizieren zu können, müssen Computer über die gleiche Subnetzmaske verfügen.
Standardgateway	Der Router (auch als Gateway bezeichnet) im lokalen Netzwerk. Der Router leitet Verkehr zu und von Remotenetzwerken weiter.

Gehen Sie folgendermaßen vor, um TCP/IP zum Verwenden einer statischen IP-Adresse einzurichten:

1. Klicken Sie im Startmenü auf **Systemsteuerung**.
2. Klicken Sie im Fenster **Systemsteuerung** auf **Netzwerk- und Internetverbindungen**.
3. Klicken Sie im Fenster **Netzwerk- und Internetverbindungen** auf **Netzwerkverbindungen**, klicken Sie doppelt auf **LAN-Verbindung** und anschließend auf **Eigenschaften**.
4. Klicken Sie im Dialogfeld **Eigenschaften von LAN-Verbindung** auf **Internetprotokoll (TCP/IP)**. Stellen sicher, dass das zugehörige Kontrollkästchen aktiviert ist, und klicken Sie dann auf **Eigenschaften**.
5. Wählen Sie im Dialogfeld **Eigenschaften von Internetprotokoll (TCP/IP)** auf der Registerkarte **Allgemein** die Option **Folgende IP-Adresse verwenden** aus und geben die TCP/IP-Konfigurationsparameter ein. Klicken Sie anschließend auf **OK**.
6. Klicken Sie auf **OK**, um das Dialogfeld **Eigenschaften von LAN-Verbindung** zu schließen, und schließen Sie das Fenster **Netzwerkverbindungen**.

Vorsicht Die IP-Kommunikation kann fehlschlagen, wenn in einem Netzwerk IP-Adressen doppelt vergeben wurden. Wenden Sie sich bezüglich einer gültigen statischen IP-Adresse daher immer an Ihren Netzwerkadministrator.

Konfigurieren von TCP/IP für die automatische IP-Adresszuweisung

Wenn im Netzwerk ein Server verfügbar ist, auf dem der DHCP-Dienst ausgeführt wird, kann dieser DHCP-Client automatisch Informationen zur TCP/IP-Konfiguration bereitstellen (Abbildung 13.3). Sie können dann jeden beliebigen Client unter Windows 95 oder neuer so konfigurieren, dass er automatisch Informationen zur TCP/IP-Konfiguration vom DHCP-Dienst bezieht. Dieses Feature vereinfacht die Verwaltung und stellt eine ordnungsgemäße Konfiguration sicher.

Hinweis Der DHCP-Dienst gehört nicht zum Lieferumfang von Windows XP Professional. Ein Windows XP Professional-Computer kann nur als DHCP-Client arbeiten. Der DHCP-Dienst wird ausschließlich von den Windows Server-Produkten bereitgestellt.

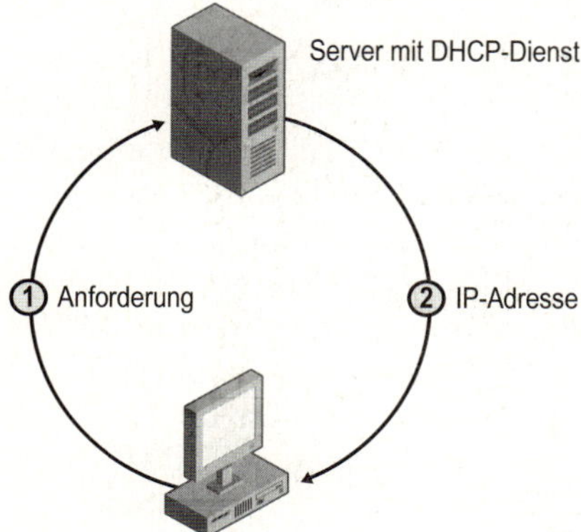

Abbildung 13.3 Ein Server, auf dem der DHCP-Dienst läuft, weist im Netzwerk die TCP/IP-Adressen zu

Sie können den DHCP-Dienst verwenden, um Clients automatisch mit Informationen zur TCP/IP-Konfiguration zu versorgen. Damit der Computer mit dem DHCP-Dienst interagieren kann, müssen Sie ihn allerdings zuerst als DHCP-Client konfigurieren.

Gehen Sie folgendermaßen vor, um einen Windows XP Professional-Computer so zu konfigurieren, dass er automatisch eine IP-Adresse anfordert:

1. Klicken Sie im Startmenü auf **Systemsteuerung**.
2. Klicken Sie im Fenster **Systemsteuerung** auf **Netzwerk- und Internetverbindungen**.
3. Klicken Sie im Fenster **Netzwerk- und Internetverbindungen** auf **Netzwerkverbindungen**, klicken Sie doppelt auf **LAN-Verbindung** und anschließend auf **Eigenschaften**.
4. Klicken Sie im Dialogfeld **Eigenschaften von LAN-Verbindung** auf **Internetprotokoll (TCP/IP)**. Stellen sicher, dass das zugehörige Kontrollkästchen aktiviert ist, und klicken Sie dann auf **Eigenschaften**.
5. Wählen Sie im Dialogfeld **Eigenschaften von Internetprotokoll (TCP/IP)** auf der Registerkarte **Allgemein** die Option **IP-Adresse automatisch beziehen**. Klicken Sie anschließend auf **OK**.
6. Klicken Sie auf **OK**, um das Dialogfeld **Eigenschaften von LAN-Verbindung** zu schließen, und schließen Sie das Fenster **Netzwerkverbindungen**.

Auf der CD Das ist eine gute Gelegenheit, sich die Multimediapräsentation „The Role of DHCP in the Network Infrastructure“ anzusehen, die Sie im Ordner **Multimedia** auf der Begleit-CD-ROM finden. Diese Präsentation vermittelt Ihnen ein tieferes Verständnis für die Funktionsweise von DHCP in einem Netzwerk.

Was ist APIPA?

Die Windows XP Professional-Implementierung von TCP/IP unterstützt eine automatische Zuweisung von IP-Adressen für einfache LAN-Netzwerkkonfigurationen. Dieses Adressierungsverfahren stellt eine Erweiterung der dynamischen IP-Adresszuweisung für LAN-Karten dar. Anhand dieses Features ist es möglich, IP-Adressen ohne statische Zuordnung und ohne die Installation eines DHCP-Servers zu konfigurieren. ***APIPA (Automatic Private IP Addressing)*** ist unter Windows XP Professional standardmäßig aktiviert, damit Benutzer in Heimnetzwerken und kleinen Firmennetzwerken ein funktionierendes TCP/IP-Netzwerk mit einem Subnetz einrichten können, ohne das TCP/IP-Protokoll manuell einrichten oder einen DHCP-Server in das Netzwerk aufzunehmen.

Hinweis Die IANA hat den Adressbereich von **169.254.0.0** bis **169.254.255.255** für APIPA reserviert. Daher weist APIPA Adressen zu, die garantiert nicht zu Konflikten mit routbaren Adressen führen.

APIPA weist nur eine IP-Adresse und eine Subnetzmaske zu, konfiguriert aber keine weiteren Parameter. Dieser Dienst ist sehr nützlich in kleineren Umgebungen mit einem einzigen Netzwerk, in denen kein Bedarf für Verbindungen zu anderen Netzwerken besteht. APIPA bietet eine ganz einfache Methode, TCP/IP zu konfigurieren. Der Netzwerkadministrator braucht nichts über die notwendigen Konfigurationsparameter zu wissen. Werden allerdings Verbindungen zu anderen Netzwerken benötigt oder braucht der Client Namensauflösungsdienste, reicht APIPA nicht aus. APIPA liefert dem Client keine Adressen für Standardgateway oder Namenserver.

Die Vorgänge bei Einsatz von APIPA werden in Abbildung 13.4 veranschaulicht. Sie können in folgende Schritte gegliedert werden:

1. Windows XP Professional-TCP/IP sucht im angeschlossenen Netzwerk nach einem DHCP-Server, der eine IP-Adresse dynamisch zuweisen kann.
2. Wenn während des Systemstarts kein DHCP-Server ermittelt wird (beispielsweise weil er zwecks Wartung oder Reparatur heruntergefahren wurde), kann der Client keine IP-Adresse abrufen.
3. Die APIPA-Funktion erzeugt in diesem Fall eine IP-Adresse der Form **169.254.*x.y*** (wobei ***x.y*** die eindeutige ID des Client darstellt) und eine Subnetzmaske mit dem Wert **255.255.0.0**.

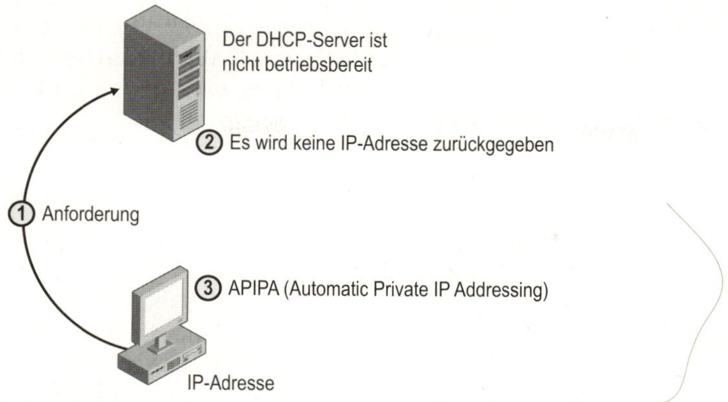

Abbildung 13.4 APIPA weist IP-Adressen automatisch zu

Sobald der Computer die Adresse erzeugt hat, sendet er im Broadcastverfahren (Rundsendung) eine Nachricht an diese Adresse und ordnet sich die Adresse selbst zu, sofern kein anderer Computer antwortet. Der Computer verwendet diese Adresse, bis Konfigurationsinformationen eines DHCP-Servers verfügbar sind. Auf diese Weise können zwei Computer mit Verbindung zu einem LAN-Hub einen Neustart ohne IP-Adresskonfiguration durchführen und TCP/IP für den lokalen Netzwerkzugriff verwenden.

Handelt es sich bei dem Computer um einen DHCP-Client, der zuvor eine DHCP-Lease von einem Server bezogen hat, und ist diese Lease zum Zeitpunkt des Systemstarts noch nicht abgelaufen, verläuft der Prozess zum Beziehen einer IP-Adresse etwas anders. Der Client versucht zunächst, seine DHCP-Lease beim Server zu erneuern. Kann der Client beim Versuch der Leaseerneuerung keinen DHCP-Server ermitteln, wird das in der Lease angegebene Standardgateway angepingt.

Kann das Standardgateway erfolgreich angepingt werden, geht der DHCP-Client davon aus, dass er sich weiterhin in dem Netzwerk befindet, in dem er die aktuelle Lease erhalten hat, und verwendet die Lease weiter. Standardmäßig versucht der Client nach Ablauf der Hälfte der Leasezeit, die Lease zu erneuern. Schlägt das Anpingen des Standardgateways fehlt, geht der Client davon aus, dass er in ein Netzwerk verschoben wurde, das zurzeit keinen verfügbaren DHCP-Server aufweist, und nimmt automatisch die zuvor beschriebene Selbstkonfiguration vor. Nach dem automatischen Konfigurieren versucht der Clientcomputer weiterhin alle 5 Minuten, einen DHCP-Server zu ermitteln.

Mithilfe von APIPA können den DHCP-Clients automatisch TCP/IP-Adressen zugewiesen werden. Durch APIPA werden jedoch nicht alle Informationen bereitgestellt, die den Clients normalerweise vom DHCP-Dienst geliefert werden. Hierzu zählt beispielsweise die Adresse des Standardgateways. Daher können Computer, die mithilfe von APIPA konfiguriert wurden, nur mit Computern kommunizieren, die sich im gleichen Subnetz befinden und ebenfalls Adressen der Form **169.254.*x.y*** aufweisen.

Prüfungstipp Falls Sie eine Problembehandlung für ein Netzwerkproblem durchführen und feststellen, dass einem Clientcomputer eine IP-Adresse aus dem Netzwerk **169.254.0.0** zugewiesen wurde, wissen Sie, dass der Computer sich diese Adresse selbst über APIPA zugewiesen hat, weil er keinen DHCP-Server finden konnte.

Die APIPA-Funktion ist standardmäßig aktiviert. Sie können dieses Feature jedoch deaktivieren, indem Sie eine alternative Konfiguration für die Fälle bereitstellen, in denen kein DHCP-Server verfügbar ist (Abbildung 13.5). Das Festlegen einer alternativen TCP/IP-Konfiguration wird im folgenden Abschnitt erläutert.

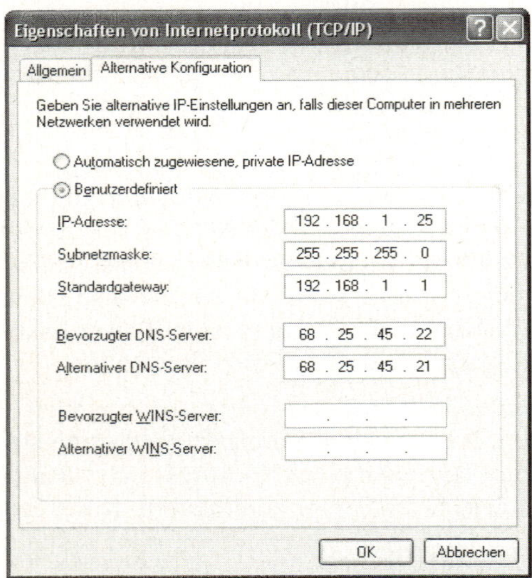

Abbildung 13.5 Festlegen einer alternativen TCP/IP-Konfiguration

Festlegen einer alternativen TCP/IP-Konfiguration

Das Feature zur automatischen Konfiguration der Netzwerkfunktionalität bei Einsatz mehrerer Netzwerke bietet einfachen Zugriff auf Netzwerkgeräte und das Internet. Ein mobiler Benutzer kann nahtlos sowohl das Büronetzwerk als auch sein Heimnetzwerk nutzen, ohne dass eine manuelle Neukonfiguration der TCP/IP-Einstellungen erforderlich ist.

Sie geben eine alternative TCP/IP-Konfiguration für Situationen an, in denen kein DHCP-Server verfügbar ist. Diese Alternativkonfiguration ist nützlich, wenn ein Computer in verschiedenen Netzwerken eingesetzt wird, von denen eines keinen DHCP-Server aufweist und für IP-Adressen nicht die APIPA-Adresskonfiguration verwendet.

Gehen Sie folgendermaßen vor, um die automatische Konfiguration bei Einsatz mehrerer Netzwerke einzurichten:

1. Klicken Sie im Startmenü auf **Systemsteuerung**.
2. Klicken Sie in der **Systemsteuerung** auf **Netzwerk- und Internetverbindungen**.

3. Klicken Sie im Fenster **Netzwerk- und Internetverbindungen** auf **Netzwerkverbindungen**, und klicken Sie auf **LAN-Verbindung**.
4. Klicken Sie im linken Fensterausschnitt unter **Netzwerkaufgaben** auf **Einstellungen dieser Verbindung ändern**.

   Das Dialogfeld **Eigenschaften von LAN-Verbindung** wird geöffnet.
5. Klicken Sie auf **Internetprotokoll (TCP/IP)** und anschließend auf **Eigenschaften**.

   Das Dialogfeld **Eigenschaften von Internetprotokoll (TCP/IP)** mit aktivierter Registerkarte **Allgemein** wird angezeigt.
6. Klicken Sie auf die Registerkarte **Alternative Konfiguration**.
7. Geben Sie eine alternative TCP/IP-Konfiguration an (siehe Abbildung 13.5 weiter oben in dieser Lektion).

Problembehandlung für eine Verbindung mit TCP/IP-Tools

Windows XP stellt eine Reihe von TCP/IP-Tools für die Problembehandlung von Netzwerkverbindungen zur Verfügung. Sie sollten mit folgenden Tools vertraut sein:

- Ping
- Ipconfig
- Net view
- Tracert
- Pathping

Verwenden von Ping

Wenn Sie glauben, dass das Problem mit TCP/IP zu tun hat, sollten Sie die Problembehandlung mit dem Befehl **Ping** beginnen. Mit **Ping** können Sie überprüfen, ob zwischen Geräten in einem Netzwerk eine Verbindung besteht.

Wenn Sie mit dem Befehl **Ping** arbeiten, sollten Sie sich von innen nach außen vorarbeiten. Sie wollen herausfinden, an welcher Stelle die Kommunikation und die Verbindung fehlschlagen. Zum Beispiel sollten Sie erst die Loopback-Adresse mit **Ping** ansprechen, dann einen lokalen Computer im selben Netzwerk, dann einen DNS- oder DHCP-Server im lokalen Subnetz (sofern vorhanden), dann das Standardgateway, dann einen Remotecomputer in einem anderen Netzwerk und schließlich eine Ressource im Internet. Auf Basis der Ergebnisse dieser Überprüfung müssten Sie bestimmen können, an welcher Stelle die Verbindung unterbrochen ist.

Hinweis Wenn Sie den Befehl **Ping** aufrufen, können Sie entweder den Computernamen oder die IP-Adresse des Computers angeben.

Überprüfen der Loopback-Adresse mit Ping

Die Loopback-Adresse (**127.0.0.1**) ist das erste Ziel, das Sie mit **Ping** überprüfen sollten, falls ein TCP/IP-Problem auftritt. Schlägt diese Überprüfung fehl, ist die TCP/IP-Konfiguration des lokalen Computers nicht korrekt. Gehen Sie folgendermaßen vor, um die Loopback-Adresse mit **Ping** zu überprüfen:

1. Wählen Sie im Startmenü **Alle Programme/Zubehör/Eingabeaufforderung**.
2. Geben Sie den Befehl **ping 127.0.0.1** ein. Abbildung 13.6 zeigt eine erfolgreiche Ping-Überprüfung der Loopback-Adresse.

```
Eingabeaufforderung
Microsoft Windows XP [Version 5.1.2600]
(C) Copyright 1985-2001 Microsoft Corp.

C:\Dokumente und Einstellungen\Brenda Diaz>ping 127.0.0.1

Ping wird ausgeführt für 127.0.0.1 mit 32 Bytes Daten:

Antwort von 127.0.0.1: Bytes=32 Zeit<1ms TTL=128
Antwort von 127.0.0.1: Bytes=32 Zeit<1ms TTL=128
Antwort von 127.0.0.1: Bytes=32 Zeit<1ms TTL=128
Antwort von 127.0.0.1: Bytes=32 Zeit<1ms TTL=128

Ping-Statistik für 127.0.0.1:
    Pakete: Gesendet = 4, Empfangen = 4, Verloren = 0 (0% Verlust),
Ca. Zeitangaben in Millisek.:
    Minimum = 0ms, Maximum = 0ms, Mittelwert = 0ms

C:\Dokumente und Einstellungen\Brenda Diaz>_
```

Abbildung 13.6 Die Ping-Überprüfung der Loopback-Adresse zeigt, dass TCP/IP korrekt konfiguriert ist.

Falls die Ping-Überprüfung der Loopback-Adresse fehlschlägt, müssen Sie die Konfiguration von TCP/IP überprüfen. Gehen Sie dazu folgendermaßen vor:

1. Öffnen Sie das Fenster **Netzwerkverbindungen**, klicken Sie mit der rechten Maustaste auf die konfigurierte Verbindung und wählen Sie den Befehl **Eigenschaften**.
2. Wählen Sie den Eintrag **Internetprotokoll (TCP/IP)** aus und klicken Sie auf **Eigenschaften**, um die Konfiguration anzusehen. Falls eine statische Adresse konfiguriert ist und ein DHCP-Server verfügbar ist, sollten Sie die Option **IP-Adresse automatisch beziehen** wählen. Falls **IP-Adresse automatisch beziehen** ausgewählt ist, aber eine statische IP-Adresse benötigt wird, müssen Sie die Option **Folgende IP-Adresse verwenden** auswählen und dann IP-Adresse, Subnetzmaske und Standardgateway eingeben. Falls die Konfiguration korrekt ist, müssen Sie möglicherweise TCP/IP zurücksetzen.
3. Klicken Sie im Dialogfeld **Eigenschaften von Internetprotokoll (TCP/IP)** auf **OK** und im Eigenschaftendialogfeld der Verbindung erneut auf **OK**. Starten Sie den Computer neu, wenn Sie dazu aufgefordert werden.

Überprüfen anderer Ressourcen mit Ping

Um die Verbindung zu einem anderen Computer im Netzwerk mit **Ping** zu überprüfen, brauchen Sie nur die Loopback-Adresse durch die TCP/IP-Adresse der Ressource im Netzwerk zu ersetzen. Versuchen Sie erst, einen lokalen Computer im selben Subnetz mit **Ping** zu erreichen, dann die Adresse des Gateways. Falls Sie den lokalen Computer im selben Subnetz bei der Ping-Überprüfung erreichen, aber der **Ping**-Befehl beim Gateway fehlschlägt, haben Sie das Problem wahrscheinlich gefunden. Überprüfen Sie in der Konfiguration auf dem lokalen Computer die Gateway-Adresse und stellen Sie sicher, dass das Gateway (oder der Router) betriebsbereit ist.

Können Sie die Gateway-Adresse mit **Ping** erreichen, müssen Sie sich weiter nach außen vorarbeiten, bis Sie das Problem gefunden haben. Überprüfen Sie zum Beispiel einen Computer in einem anderen Subnetz mit **Ping** und testen Sie, ob der DNS-Server erreichbar ist.

Hinweis Eine Ping-Überprüfung eines Remotecomputers ist zwar eine nützliche Problembehandlungstechnik, aber viele Hosts und Router filtern eingehende ICMP-Echoanforderungen (Internet Control Message Protocol) aus, mit denen Ping arbeitet. Solche Hosts reagieren nicht auf eine Ping-Anfrage. Es sieht dann so aus, als wäre der Host nicht erreichbar. In der Standardeinstellung filtern auch Computer, die durch die Windows-Firewall geschützt sind, solche Anforderungen aus, um den Computer gegen Angreifer aus dem Internet zu schützen, die ICMP für Denial-of-Service-Angriffe (DoS) missbrauchen oder sich mithilfe von ICMP Information über ein Remotenetzwerk verschaffen wollen.

Verwenden von Ipconfig

Mit dem Befehlszeilenprogramm **Ipconfig** können Sie sich die aktuellen TCP/IP-Konfigurationsinformationen für einen Computer ansehen. Öffnen Sie eine Eingabeaufforderung und geben Sie den Befehl **Ipconfig** ein, um die grundlegenden TCP/IP-Parameter zu sehen, **Ipconfig /all**, um die vollständige TCP/IP-Konfiguration zu sehen (wie in Abbildung 13.7), oder **Ipconfig /?**, um alle verfügbaren Argumente auflisten zu lassen.

```
Eingabeaufforderung

C:\>ipconfig /all

Windows-IP-Konfiguration

        Hostname. . . . . . . . . . . . . : Brenda
        Primäres DNS-Suffix . . . . . . . :
        Knotentyp . . . . . . . . . . . . : Hybrid
        IP-Routing aktiviert. . . . . . . : Nein
        WINS-Proxy aktiviert. . . . . . . : Nein
        DNS-Suffixsuchliste . . . . . . . : sol.local

Ethernetadapter LAN-Verbindung:

        Verbindungsspezifisches DNS-Suffix:
        Beschreibung. . . . . . . . . . . : Realtek RTL8139-Familie-PCI-Fast Eth
ernet-NIC
        Physikalische Adresse . . . . . . : 00-50-BF-42-45-DB
        DHCP aktiviert. . . . . . . . . . : Nein
        IP-Adresse. . . . . . . . . . . . : 192.168.100.57
        Subnetzmaske. . . . . . . . . . . : 255.255.255.0
        Standardgateway . . . . . . . . . : 192.168.100.240
        DNS-Server. . . . . . . . . . . . : 192.168.100.180
        Primärer WINS-Server. . . . . . . : 192.168.100.180

C:\>_
```

Abbildung 13.7 Der Befehl **Ipconfig /all** zeigt alle Informationen über die TCP/IP-Konfiguration an

Hinweis Sie müssen **Ipconfig** von einer Eingabeaufforderung aus starten. Falls Sie das Programm mit dem Befehl **Ausführen** des Startmenüs öffnen, schließt sich das Befehlsfenster sofort wieder, bevor Sie die Möglichkeit haben, Informationen zu lesen.

Folgende weitere Argumente können Sie **Ipconfig** übergeben:

- **/release:** Gibt die von DHCP gelieferten Konfigurationsinformationen wieder frei.
- **/renew:** Erneuert die von DHCP gelieferten Konfigurationsinformationen.
- **/flushdns:** Leert den lokalen DNS-Cache (den Speicherbereich, in dem kürzlich aufgelöste Namen aufgezeichnet werden, damit der Client nicht jedes Mal den DNS-Server braucht).
- **/registerdns:** Erneuert die von DHCP gelieferten Konfigurationsinformationen und registriert die Zuordnung von DNS-Name zu IP-Adresse bei DNS.
- **/displaydns:** Zeigt den Inhalt des lokalen DNS-Caches an.
- **/setclassid:** Ändert die DHCP-Benutzerklasse, die steuern kann, auf welche Weise IP-Adressen zugewiesen werden.

Prüfungstipp Machen Sie sich mit den verschiedenen Optionen vertraut, die für den Befehl **Ipconfig** zur Verfügung stehen. Insbesondere sollten Sie die Bedeutung von **/renew**, **/release** und **/flushdns** kennen.

Verwenden von Net view

Der Befehl **Net view** ist ein anderer Befehl, mit dem Sie TCP/IP-Verbindungen überprüfen können. Melden Sie sich mit Anmeldeinformationen an, die Ihnen erlauben, Freigaben auf einem lokalen oder einem Remotecomputer anzusehen, öffnen Sie eine Eingabeaufforderung und geben Sie den Befehl **net view *Computername*** oder **net view *IP-Adresse*** ein. Als Ergebnis wird ein Bericht ausgegeben, der die Datei- und Druckerfreigaben auf dem Computer auflistet. Falls es keine Datei- oder Druckerfreigaben auf dem Computer gibt, erhalten Sie eine entsprechende Meldung.

Falls der Befehl **net view** fehlschlägt, sollten Sie folgende Punkte überprüfen:

- Den Computernamen im Dialogfeld **Systemeigenschaften**.
- Gateway- oder Routeradresse im Eigenschaftendialogfeld von TCP/IP.
- Gateway- oder Routerstatus.
- Ob der Remotecomputer den Dienst **Datei- und Druckerfreigabe für Microsoft-Netzwerke** ausführt (dieser Dienst kann im TCP/IP-Eigenschaftendialogfeld hinzugefügt werden).

Verwenden von Tracert

Wenn eine Route auf dem Weg zum Zielcomputer abbricht, ist die Kommunikation nicht möglich. Das Befehlszeilenprogramm **Tracert** kann Ihnen helfen herauszufinden, an welcher genauen Stelle auf der Route die Störung vorliegt. Manchmal bricht die Verbindung am Gateway des lokalen Netzwerks ab und manchmal an einem Router in einem externen Netzwerk.

Geben Sie an der Eingabeaufforderung den Befehl **tracert** ein, gefolgt von der IP-Adresse des Remotecomputers. Der Ergebnisbericht zeigt, wo die Pakete verloren gingen. Anhand dieser Informationen können Sie die Quelle des Problems lokalisieren.

Verwenden von Pathping

Der Befehl **Ping** dient dazu, die Kommunikation zwischen zwei Computern zu überprüfen. **Tracert** kann einer bestimmten Route von einem Computer zum anderen folgen. Der Befehl **Pathping** ist eine Kombination aus **Ping** und **Tracert**: Er zeigt Informationen über Paketverluste an jedem Router zwischen dem lokalen Computer und dem Zielcomputer an. Der Befehl **Pathping** liefert Informationen über Datenverluste zwischen Quelle und Ziel, damit Sie feststellen können, welcher Router oder welches Subnetz die Netzwerkprobleme verursacht. Geben Sie dazu an der Eingabeaufforderung den Befehl **pathping** ein, gefolgt vom Namen oder der IP-Adresse des Zielcomputers.

Hinweis Das Windows Hilfe- und Supportcenter enthält eine Liste aller Befehle, die Sie an der Eingabeaufforderung verwenden können. Suchen Sie nach „Befehlszeilenreferenz A-Z“. Es werden alle Befehle mit einer Beschreibung und Hinweisen zur Verwendung des Befehls angezeigt.

Die TCP/IP-Protokollfamilie

Die TCP/IP-Protokollfamilie stellt eine Reihe von Standards für die Kommunikation zwischen Computern und Anwendungen und für die Verbindung von Netzwerken zur Verfügung. Die TCP/IP-Protokollfamilie kann anhand eines vierschichtigen Modells erläutert werden, das als DoD-Modell (Department of Defense) bezeichnet wird. Die vier Schichten sind:

- **Netzwerkschnittstellenschicht:** Die Netzwerkschnittstellenschicht stellt die Basis des Vier-Schichten-Modells dar. Diese Schicht übergibt Daten an eine Verbindung und empfängt Datenpakete. Diese Schicht enthält Hardwaregeräte, zum Beispiel Netzwerkkabel und Netzwerkkarten.
- **Internetschicht:** Die Internetschicht ist dafür verantwortlich, Daten, die von der Transportschicht übergeben werden, zu adressieren, in Pakete zu verpacken und weiterzuleiten. Es gibt vier Kernprotokolle in dieser Schicht: IP, ARP (Address Resolution Protocol), ICMP (Internet Control Message Protocol) und IGMP (Internet Group Management Protocol).
- **Transportschicht:** Die Protokolle der Transportschicht ermöglichen Kommunikationssitzungen zwischen Computern. Das verwendete Transportprotokoll richtet sich nach der gewünschten Datenübertragungsmethode. Die beiden Protokolle der Transportschicht sind TCP (Transmission Control Protocol) und UDP (User Datagram Protocol).
- **Anwendungsschicht:** Die oberste Ebene des Modells bildet die Anwendungsschicht, über die Anwendungen Zugriff auf das Netzwerk erhalten. Diese Schicht umfasst viele TCP/IP-Standardtools und -Dienste. Hierzu zählen unter anderem FTP (File Transfer Protocol), Telnet, SNMP (Simple Network Management Protocol) und DNS (Domain Name System). ▶

Diese Unterteilung in Schichten hat den Zweck, eine Abstraktion zwischen einer Anwendung oder einem Protokoll in einer Schicht und der Funktionsweise des gesamten Netzwerks zu bilden. Zum Beispiel muss eine Anwendung in der Anwendungsschicht lediglich wissen, wo in der Transportschicht sie ihre Daten abliefern muss (und wie die Informationen formatiert sein müssen). Die Anwendung braucht darüber hinaus nichts über die Netzwerkkonfiguration zu wissen. Datenpakete werden auf dem sendenden Host durch die Schichten nach unten gereicht und auf dem empfangenden Host durch die Schichten nach oben.

Falls Sie mehr über die Funktionsweise dieser Schichten wissen wollen, sollten Sie sich zwei Multimediapräsentationen auf der Begleit-CD-ROM ansehen: „OSI Model" und „TCP/IP Protocol Suite." Beide Präsentationen finden Sie im Ordner **Multimedia** auf der Begleit-CD-ROM.

Übung: Konfigurieren und Problembehandlung von TCP/IP

In dieser Übung verwenden Sie zwei TCP/IP-Dienstprogramme, um die Konfiguration Ihres Computers zu überprüfen. Anschließend konfigurieren Sie Ihren Computer für die Verwendung einer statischen IP-Adresse und überprüfen die neue Konfiguration. Als Nächstes konfigurieren Sie Ihren Computer für den automatischen Bezug einer IP-Adresse von einem DHCP-Server, und zwar unabhängig davon, ob ein DHCP-Server in Ihrem Netzwerk verfügbar ist oder nicht. Abschließend testen Sie die Windows XP Professional-Funktion zum automatischen Zuweisen einer privaten IP-Adresse (APIPA), indem Sie den DHCP-Server deaktivieren (sofern einer in Ihrem Netzwerk vorhanden ist).

Falls Ihr Computer an ein vorhandenes Netzwerk angeschlossen ist, sollten Sie in die folgende Tabelle IP-Adresse, Subnetzmaske und Standardgateway eintragen, die Ihnen Ihr Netzwerkadministrator für diese Übung nennt. Fragen Sie Ihren Netzwerkadministrator auch, ob Sie einen anderen Computer verwenden können, um die Verbindungsfähigkeit Ihres Computers zu testen, und notieren Sie dann auch die IP-Adresse dieses Computers. Wenn Sie nicht an ein Netzwerk angeschlossen sind, können Sie die vorgeschlagenen Werte verwenden.

Einstellung	**Vorgeschlagener Wert**	**Ihr Wert**
Statische IP-Adresse	**192.168.1.201**	
Subnetzmaske	**255.255.0.0**	
Standardgateway (falls nötig)	Keines	
Computer zum Testen der Verbindungsfähigkeit	Nicht verfügbar	

Übung 1: Überprüfen der TCP/IP-Konfiguration eines Computers

In dieser Übung prüfen Sie anhand der TCP/IP-Dienstprogramme Ipconfig und Ping die Konfiguration Ihres Computers.

Tipp Zum Durchführen der Teilübungen verwenden Sie mehrmals die Eingabeaufforderung und das Fenster **Netzwerkverbindungen**. Es wird daher empfohlen, die Fenster nur einmal zu öffnen, sie zu minimieren und bei Bedarf wiederherzustellen.

1. Klicken Sie im Startmenü auf **Alle Programme**, **Zubehör** und **Eingabeaufforderung**.
2. Geben Sie an der Eingabeaufforderung **ipconfig /all** ein, und drücken Sie die EINGABETASTE.

   Das Windows XP Professional-Dienstprogramm Ipconfig zeigt die TCP/IP-Konfiguration der physischen und logischen Adapter Ihres Computers an.
3. Tragen Sie anhand der angezeigten Informationen so viele Daten in die folgende Tabelle ein wie möglich.

LAN-Verbindungseinstellung	Wert
Hostname	
Primäres DNS-Suffix	
Verbindungsspezifisches DNS-Suffix: Beschreibung	
Physikalische Adresse	
DHCP aktiviert	
Autokonfiguration aktiviert	
IP-Adresse	
Subnetzmaske	
Standardgateway	

4. Geben Sie **ping 127.0.0.1** ein, und drücken Sie die EINGABETASTE, um die Funktionsfähigkeit und ordnungsgemäße Konfiguration der IP-Adresse für Ihre Netzwerkkarte zu überprüfen.

   Eine Rückgabe, die der folgenden ähnlich ist, zeigt eine erfolgreiche Ausführung des Befehls **ping** an:

```
Ping wird ausgeführt für 127.0.0.1 mit 32 Bytes Daten:

Antwort von 127.0.0.1: Bytes=32 Zeit<1ms TTL=128
Antwort von 127.0.0.1: Bytes=32 Zeit<1ms TTL=128
Antwort von 127.0.0.1: Bytes=32 Zeit<1ms TTL=128
Antwort von 127.0.0.1: Bytes=32 Zeit<1ms TTL=128

Ping-Statistik für 127.0.0.1:
    Pakete: Gesendet = 4, Empfangen = 4, Verloren = 0 (0% Verlust),
Ca. Zeitangaben in Millisek.:
    Minimum = 0ms, Maximum = 0ms, Mittelwert = 0ms
```

5. Minimieren Sie das Fenster der Eingabeaufforderung.

Übung 2: Konfigurieren von TCP/IP für eine statische IP-Adresse

1. Klicken Sie im Startmenü auf **Systemsteuerung**.
2. Klicken Sie im Fenster **Systemsteuerung** auf **Netzwerk- und Internetverbindungen**.
3. Klicken Sie im Fenster **Netzwerk- und Internetverbindungen** auf **Netzwerkverbindungen** und dann auf **LAN-Verbindung**.
4. Klicken Sie unter **Netzwerkaufgaben** auf **Einstellungen dieser Verbindung ändern**. (Sie können auch mit der rechten Maustaste auf die Verbindung klicken und den Befehl **Eigenschaften** wählen.)

   Das Dialogfeld **Eigenschaften von LAN-Verbindung** mit den verwendeten Netzwerkkarten und den für diese Verbindung verwendeten Netzwerkkomponenten wird angezeigt.
5. Klicken Sie auf **Internetprotokoll (TCP/IP)**, und stellen Sie sicher, dass das Kontrollkästchen links neben dem Eintrag aktiviert ist.
6. Klicken Sie auf **Eigenschaften**.

   Das Dialogfeld **Eigenschaften von Internetprotokoll (TCP/IP)** wird eingeblendet.
7. Wählen Sie die Option **Folgende IP-Adresse verwenden** aus.

Wichtig Wenn Sie einen Computer verwenden, der Teil eines Netzwerks ist, müssen Sie im nächsten Schritt die Ihnen zugewiesenen Werte für IP-Adresse, Subnetzmaske und Standardgateway angeben (siehe die Tabelle in Teilübung 1). Falls Sie an einem eigenständigen Computer arbeiten, können Sie wie im nächsten Schritt beschrieben vorgehen.

8. Geben Sie im Textfeld **IP-Adresse** den Wert **198.168.1.201** ein, und legen Sie als Subnetzmaske den Wert **255.255.255.0** fest.

Wichtig Gehen Sie bei der manuellen Eingabe von IP-Konfigurationseinstellungen, insbesondere bei numerischen Adressen, besonders sorgfältig vor. Der häufigste Grund für ein TCP/IP-Verbindungsproblem sind falsch eingegebene IP-Adressinformationen.

9. Klicken Sie auf **OK**, um zum Dialogfeld **Eigenschaften von LAN-Verbindung** zurückzukehren.
10. Klicken Sie auf **OK**, um das Dialogfeld **Eigenschaften von LAN-Verbindung** zu schließen und zum Fenster **Netzwerkverbindungen** zurückzukehren.
11. Minimieren Sie das Fenster **Netzwerkverbindungen**.
12. Stellen Sie das Fenster der Eingabeaufforderung wieder her.
13. Geben Sie an der Eingabeaufforderung **ipconfig /all** ein, und drücken Sie die EINGABETASTE.

    Das Windows XP Professional-Dienstprogramm Ipconfig zeigt die TCP/IP-Konfiguration der physischen und logischen Adapter Ihres Computers an.

14. Notieren Sie die aktuellen TCP/IP-Konfigurationseinstellungen für Ihre LAN-Verbindungen in der folgenden Tabelle.

Einstellung	Wert
IP-Adresse	
Subnetzmaske	

15. Geben Sie **ping 127.0.0.1** ein, und drücken Sie die EINGABETASTE, um die Funktionsfähigkeit und ordnungsgemäße Konfiguration der IP-Adresse für Ihre Netzwerkkarte zu überprüfen.

    Falls die Adresse ordnungsgemäß konfiguriert ist, erhalten Sie folgende Anzeige:

```
Antwort von 127.0.0.1: Bytes=32 Zeit<1ms TTL=128
Antwort von 127.0.0.1: Bytes=32 Zeit<1ms TTL=128
Antwort von 127.0.0.1: Bytes=32 Zeit<1ms TTL=128
Antwort von 127.0.0.1: Bytes=32 Zeit<1ms TTL=128
```

16. Wenn Sie über einen zweiten Computer zum Testen der Verbindung verfügen, geben Sie **ping *IP-Adresse*** ein (wobei ***IP-Adresse*** die IP-Adresse des Computers darstellt, den Sie zum Testen der Verbindungsfähigkeit benutzen). Drücken Sie anschließend die EINGABETASTE. Minimieren Sie das Fenster der Eingabeaufforderung.

Übung 3: Konfigurieren von TCP/IP für die automatische IP-Adresszuweisung

In dieser Teilübung konfigurieren Sie TCP/IP so, dass es sich automatisch eine IP-Adresse zuweisen lässt. Anschließend testen Sie die Konfiguration, um zu überprüfen, ob der DHCP-Dienst die entsprechenden Informationen zur IP-Adressierung bereitgestellt hat. Arbeiten Sie den ersten Teil der Übung auch dann durch, wenn kein DHCP-Server verfügbar ist, da die ermittelten Einstellungen auch in Teilübung 4 benötigt werden.

1. Stellen Sie das Fenster **Netzwerkverbindungen** wieder her. Klicken Sie mit der rechten Maustaste auf **LAN-Verbindung** und dann auf **Eigenschaften**.

   Das Dialogfeld **Eigenschaften von LAN-Verbindung** wird geöffnet.

2. Klicken Sie auf **Internetprotokoll (TCP/IP)** und stellen Sie sicher, dass das Kontrollkästchen links neben dem Eintrag aktiviert ist.
3. Klicken Sie auf **Eigenschaften**.

   Das Dialogfeld **Eigenschaften von Internetprotokoll (TCP/IP)** wird eingeblendet.

4. Wählen Sie die Optionen **IP-Adresse automatisch beziehen** und **DNS-Serveradresse automatisch beziehen**.
5. Klicken Sie auf **OK**, um das Dialogfeld **Eigenschaften von Internetprotokoll (TCP/IP)** zu schließen.
6. Klicken Sie auf **OK**, um das Dialogfeld **Eigenschaften von LAN-Verbindung** zu schließen.
7. Minimieren Sie das Fenster **Netzwerkverbindungen**.

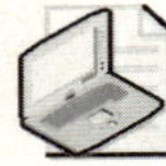

Hinweis Überspringen Sie die folgenden Schritte, und fahren Sie mit Teilübung 4 fort, wenn kein DHCP-Server verfügbar ist, der eine IP-Adresse zuweisen kann.

8. Stellen Sie die Eingabeaufforderung wieder her, geben Sie **ipconfig /release** ein, und drücken Sie die EINGABETASTE.
9. Geben Sie an der Eingabeaufforderung **ipconfig /renew** ein, und drücken Sie die EINGABETASTE.
10. Geben Sie an der Eingabeaufforderung **ipconfig** ein, und drücken Sie die EINGABETASTE.
11. Notieren Sie die aktuellen Einstellungen der TCP/IP-Konfiguration für Ihre LAN-Verbindung in der folgenden Tabelle.

Einstellung	Wert
IP-Adresse	
Subnetzmaske	
Standardgateway	

12. Geben Sie **ping 127.0.0.1** ein, um zu überprüfen, ob TCP/IP richtig arbeitet und Ihre Netzwerkkarte ordnungsgemäß konfiguriert ist. Drücken Sie anschließend die EINGABETASTE.

    Der interne Loopbacktest zeigt vier Antwortmeldungen an, wenn Ihre Netzwerkkarte ordnungsgemäß für TCP/IP konfiguriert ist.

Übung 4: Beziehen einer IP-Adresse über APIPA

Sofern Sie über einen DHCP-Server verfügen, müssen Sie den Dienst für diese Teilübung auf dem Server deaktivieren, damit der DHCP-Dienst keine IP-Adresse für Ihren Computer bereitstellen kann. (Sie können auch einfach das Kabel von der Netzwerkkarte Ihres Computers abziehen.) Ohne aktiven DHCP-Server stellt die Windows XP Professional-Funktion zum automatischen Zuweisen einer privaten IP-Adresse (APIPA) eine eindeutige IP-Adresse für Ihren Computer bereit.

1. Geben Sie an der Eingabeaufforderung **ipconfig /release** ein, und drücken Sie die EINGABETASTE.
2. Geben Sie an der Eingabeaufforderung **ipconfig /renew** ein, und drücken Sie die EINGABETASTE.

   Es tritt eine kleine Pause ein, während der Windows XP Professional versucht, einen DHCP-Server im Netzwerk zu ermitteln.
3. Welche Meldung wird angezeigt, und was bedeutet sie?

____

____

____

____

4. Klicken Sie auf **OK**, um das Dialogfeld zu schließen.
5. Geben Sie an der Eingabeaufforderung **ipconfig** ein, und drücken Sie die EINGABETASTE.
6. Notieren Sie die aktuellen Einstellungen der TCP/IP-Konfiguration für Ihre LAN-Verbindung in der folgenden Tabelle.

Einstellung	Wert
IP-Adresse	
Subnetzmaske	
Standardgateway	

7. Ist dies dieselbe IP-Adresse, die Ihrem Computer in Teilübung 3 zugewiesen wurde? Begründen Sie Ihre Antwort.

____

____

____

8. Geben Sie **ping 127.0.0.1** ein, um zu überprüfen, ob TCP/IP richtig arbeitet und Ihre Netzwerkkarte ordnungsgemäß konfiguriert ist. Drücken Sie anschließend die EINGABETASTE. Der interne Loopbacktest zeigt vier Antwortmeldungen an, wenn Ihre Netzwerkkarte ordnungsgemäß für TCP/IP konfiguriert ist.
9. Wenn Sie über einen zweiten Computer zum Testen der TCP/IP-Verbindungsfähigkeit verfügen, geben Sie **ping *IP-Adresse*** ein (wobei ***IP-Adresse*** die IP-Adresse des Computers darstellt, den Sie zum Testen der Verbindungsfähigkeit Ihres Computers benutzen). Drücken Sie anschließend die EINGABETASTE. Wenn Ihnen kein Computer zum Testen der Verbindungsfähigkeit zur Verfügung steht, können Sie diesen Schritt überspringen und mit Teilübung 5 fortfahren.
10. War der Ping-Test erfolgreich? Begründen Sie Ihre Antwort.

____

____

Übung 5: Beziehen einer IP-Adresse über DHCP

Für diese Übung müssen Sie den DHCP-Dienst auf dem DHCP-Server wieder aktivieren (oder gegebenenfalls das Kabel wieder in die Netzwerkkarte Ihres Computers einstecken, wenn Sie es für Teilübung 4 entfernt haben). In dieser Teilübung erhält der Computer die erforderlichen IP-Adressinformationen vom DHCP-Server.

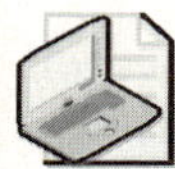

Hinweis Überspringen Sie diese Teilübung, wenn kein DHCP-Server für die Bereitstellung einer IP-Adresse verfügbar ist.

1. Geben Sie an der Eingabeaufforderung **ipconfig /release** ein, und drücken Sie die EINGABETASTE.

2. Geben Sie an der Eingabeaufforderung **ipconfig /renew** ein, und drücken Sie die EINGABETASTE.

   Nach einem kurzen Moment wird ein Meldungsfeld eingeblendet, in dem Sie darüber informiert werden, dass eine neue IP-Adresse zugewiesen wurde.
3. Klicken Sie auf **OK**, um das Meldungsfeld zu schließen.
4. Geben Sie an der Eingabeaufforderung **ipconfig /all** ein, und drücken Sie die EINGABETASTE.
5. Überprüfen Sie, ob der DHCP-Server Ihrem Computer eine IP-Adresse zugeordnet hat.
6. Schließen Sie die Eingabeaufforderung.

Lernzielkontrolle

Die folgenden Fragen dienen zum Vertiefen der Themen dieser Lektion. Falls Sie eine Frage nicht beantworten können, sollten Sie die Lektion noch einmal durcharbeiten, und dann erneut versuchen, die Frage zu beantworten. Die Antworten auf die Lernzielkontrollfragen finden Sie im Abschnitt „Fragen und Antworten" am Ende dieses Kapitels.

1. Welche Gründe gibt es, einen Computer mit einer statischen IP-Adresse zu konfigurieren?

   ____

2. Welche der folgenden Aussagen treffen auf IP-Adressen zu? (Wählen Sie alle zutreffenden Antworten aus.)
   a. IP-Adressen sind logische 64-Bit-Adressen zum Identifizieren eines TCP/IP-Hosts.
   b. Jede Netzwerkkarte in einem Computer mit TCP/IP benötigt eine eindeutige IP-Adresse.
   c. Die Adresse **192.168.0.108** ist ein Beispiel für eine IP-Adresse der Klasse C.
   d. Die Hostkennung einer IP-Adresse besteht immer aus den letzten zwei Oktetten der IP-Adresse.
3. Welchen Zweck erfüllt eine Subnetzmaske?

   ____

4. Clientcomputer, auf denen Windows XP Professional, Windows 98 oder Windows 95 installiert ist, beziehen ihre Informationen zur TCP/IP-Konfiguration standardmäßig automatisch über den DHCP-Dienst (Dynamic Host Configuration Protocol). Ist diese Aussage richtig oder falsch?

   ____

5. Die TCP/IP-Einstellungen für Ihren Windows XP Professional-Computer wurden manuell konfiguriert. Sie können zwar Verbindungen zu jedem Host in Ihrem eigenen Subnetz herstellen, nicht aber zu einem Host in einem Remotesubnetz. Auch der Verbindungstest zu den Hosts mittels Ping scheitert. Worauf lässt sich dieses Problem vermutlich zurückführen, und wie können Sie es beheben?

____

____

____

____

____

6. Ihr Computer trägt den Namen **Pro1**. Sie pingen **Pro1** an. Die lokale Adresse für **Pro1** wird als **169.254.128.71** angegeben. Worauf lässt dies schließen?

____

____

____

Zusammenfassung der Lektion

- Jeder TCP/IP-Host wird durch eine logische IP-Adresse identifiziert, die Auskunft über den Standort des Computers im Netzwerk gibt. Die IP-Adresse setzt sich aus einer Netzwerk-ID und einer Host-ID zusammen. Eine Subnetzmaske legt fest, welcher Teil der IP-Adresse die Netzwerk-ID und welcher die Host-ID ist.
- Eine statische IP-Adresse ist eine Adresse, die von Hand eingegeben wurde. Sie müssen bestimmten Netzwerkcomputern eine statische IP-Adresse zuweisen, zum Beispiel dem Computer, auf dem der DHCP-Dienst läuft.
- Windows XP Professional kann eine IP-Adresse automatisch von einem DHCP-Server im Netzwerk beziehen. Wenn Sie die automatische Adresszuweisung nutzen, verringert sich die Wahrscheinlichkeit von Fehlern, die beim Konfigurieren von statischen Adressen immer wieder gemacht werden.
- Windows XP Professional kann sich selbst mithilfe von APIPA eine IP-Adresse zuweisen, falls kein DHCP-Server zur Verfügung steht. APIPA-fähige Computer können nur mit Computern im selben Subnetz kommunizieren, die ebenfalls Adressen im Format **169.254.x.y** haben.
- Sie können eine alternative TCP/IP-Konfiguration angeben. Das ist nützlich, wenn ein Computer in unterschiedlichen Netzwerken benutzt wird, wenn es im Netzwerk keinen DHCP-Server gibt und wenn keine APIPA-Konfiguration verwendet werden soll.

- Windows XP Professional stellt eine Reihe von Tools zur Verfügung, mit denen Sie eine Problembehandlung für TCP/IP-Konfigurationen durchführen können. Wichtige Tools sind:
  - Ping
  - Ipconfig
  - Net view
  - Tracert
  - Pathping

Lektion 2: Grundlagen des Domain Name System

Das ***DNS (Domain Name System)*** wird im Internet und in vielen privaten Netzwerken eingesetzt. Private Netzwerke, in denen der Microsoft Active Directory-Verzeichnisdienst läuft, brauchen DNS unbedingt, um Computernamen aufzulösen und Computer innerhalb des lokalen Netzwerks und im Internet finden zu können. In Netzwerken auf der Basis von Windows 2000 Server und Windows Server 2003 ist DNS sogar das wichtigste Werkzeug zum Suchen von Ressourcen in Active Directory (mehr dazu Kapitel 14, „Grundlagen des Active Directory-Verzeichnisdienstes“).

Am Ende dieser Lektion werden Sie in der Lage sein, die folgenden Aufgaben auszuführen:

- Erklären, wie der Domänennamespace aufgebaut ist.
- Beschreiben von Richtlinien für die Namenszuweisung in einer Domäne.
- Erklären des Zwecks von Zonen.
- Erklären des Zwecks von Namenservern.

Veranschlagte Zeit für diese Lektion: 20 Minuten

Was ist der Domänennamespace?

Der Domänennamespace ist das Namensschema zur Strukturierung der hierarchischen DNS-Datenbank. Jeder Knoten, die so genannte Domäne, bildet einen Bestandteil der DNS-Datenbank.

Die DNS-Datenbank ist nach Namen indiziert, daher muss jede Domäne über einen Namen verfügen. Beim Hinzufügen von Domänen zur Hierarchie wird der Name der übergeordneten Domäne der untergeordneten Domäne (auch Subdomäne genannt) hinzugefügt. Folglich wird über den Namen einer Domäne deren Position in der Hierarchie festgelegt. In Abbildung 13.8 identifiziert der Domänenname **sales.microsoft.com** die Domäne **sales** als Subdomäne der Domäne **microsoft.com** und **microsoft** als Subdomäne der Domäne **com**.

Die hierarchische Struktur des Domänennamespaces besteht aus einer Stammdomäne, Domänen erster Ebene (auch Domänen oberster Ebene, engl. Top-Level Domains, TLD), Domänen zweiter Ebene (und so weiter) sowie Hostnamen.

Hinweis Der im Kontext von DNS verwendete Begriff ***Domäne*** hat nichts mit den im Active Directory-Netzwerk verwendeten Domänen zu tun. Eine Active Directory-Domäne ist eine Gruppe von Computern und Geräten, die als eine Einheit verwaltet werden.

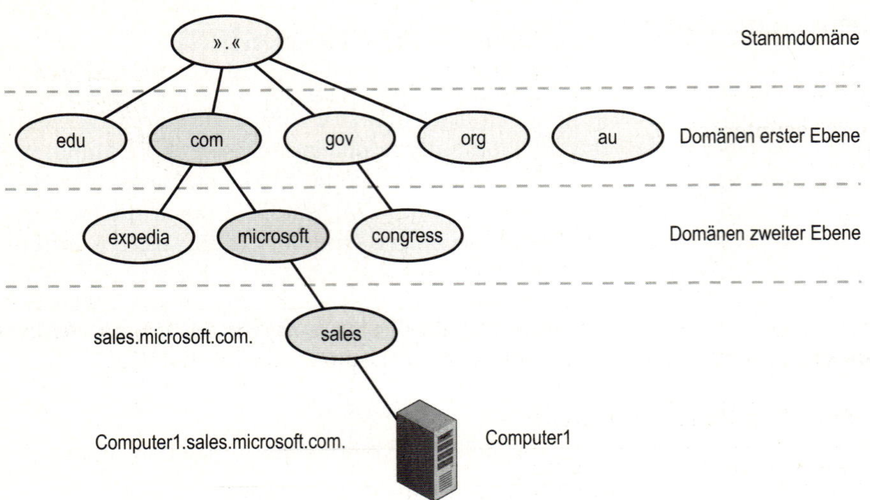

Abbildung 13.8 Der Domänennamespace ist hierarchisch strukturiert

Die Stammdomäne

An der Spitze der DNS-Hierarchie befindet sich eine einzige Domäne, die so genannte Stammdomäne. Sie wird durch einen einzelnen Punkt dargestellt.

Domänen erster Ebene

Die Domänennamen erster Ebene umfassen zwei, drei oder vier Zeichen. Die Domänen erster Ebene geben Hinweise zum Organisationstyp oder geografischen Standort. Die Domänen erster Ebene werden durch das Internet Architecture Board (IAB) verwaltet, eine Internetbehörde, die unter anderem die Zuweisung von Domänennamen kontrolliert. In Tabelle 13.4 werden einige Beispiele für Domänennamen erster Ebene aufgelistet.

Tabelle 13.4 Domänen erster Ebene

Domänenname	Beschreibung
gov	Regierungsorganisationen der USA
com	Kommerzielle Organisationen
edu	Organisationen aus dem Bildungswesen
org	Nicht kommerzielle Organisationen
de	Ländercode von Deutschland

Domänen erster Ebene können Domänen zweiter Ebene und Hostnamen beinhalten.

Domänen zweiter Ebene

Jeder kann eine Domäne zweiter Ebene registrieren. Namen für Domänen zweiter Ebene werden Einzelpersonen und Organisationen durch eine Reihe verschiedener Domänenregistrierungsunternehmen zugewiesen. Ein Domänenname zweiter Ebene weist zwei Bestandteile auf: einen Domänennamen erster Ebene und einen eindeutigen Domänennamen zweiter Ebene.

Tabelle 13.5 werden einige Beispiele für Domänennamen zweiter Ebene aufgeführt. Nachdem Sie eine Domäne zweiter Ebene registriert haben, können Sie für diesen Domänennamen beliebig viele Subdomänen erstellen. Falls Sie zum Beispiel den Domänennamen **contoso.com** registriert haben, können Sie Subdomänen wie zum Beispiel **north.contoso.com**, **south.contoso.com** und so weiter erstellen.

Tabelle 13.5 Domänen zweiter Ebene

Domäne zweiter Ebene	Beschreibung
ed.gov	US-Ministerium für Erziehung und Bildung
microsoft.com	Microsoft Corporation
stanford.edu	Universität von Stanford
w3.org	World Wide Web Consortium
pm.gov.au	Premierminister von Australien

Hostnamen

Hostnamen werden an die Computer im Internet oder einem privaten Netzwerk vergeben. In Abbildung 13.8 stellt beispielsweise **Computer1** einen Hostnamen dar. Ein Hostname ist der äußerste linke Bestandteil eines vollqualifizierten Domänennamens (Fully Qualified Domain Name, FQDN), der die exakte Position eines Hostcomputers innerhalb der Domänenhierarchie angibt. In Abbildung 13.8 handelt es sich bei **Computer1.sales.microsoft.com.** (einschließlich des abschließenden Punkts, dieser steht für die Stammdomäne) um einen FQDN.

DNS verwendet den vollqualifizierten Domänennamen zum Auflösen eines Namens in eine IP-Adresse.

Hinweis Der Hostname muss nicht zwangsläufig mit dem Windows-Computernamen übereinstimmen. Bei der Installation von TCP/IP wird der Computername standardmäßig als Hostname verwendet. Falls der Computername unzulässige Zeichen enthält, zum Beispiel einen Unterstrich (_), werden diese durch zulässige Zeichen ersetzt – im Falle eines Unterstriches durch einen Bindestrich (-).

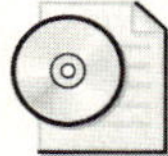

Auf der CD Das ist eine gute Gelegenheit, sich die Multimediapräsentation „Role of DNS“ anzusehen, die Sie im Ordner **Multimedia** auf der Begleit-CD-ROM finden. Diese Präsentation vermittelt Ihnen ein tieferes Verständnis für die Funktionsweise von DNS in einem Netzwerk.

Richtlinien für Namen in Domänen

Beim Erstellen eines Domänennamespaces sollten Sie die folgenden Richtlinien zur Domänenbenennung sowie Standardnamenskonventionen berücksichtigen:

- Schränken Sie die Anzahl der Domänenebenen ein. Üblicherweise sollten DNS-Hosteinträge drei oder vier DNS-Ebenen, jedoch nicht mehr als fünf Ebenen aufweisen. Mit der Anzahl der verwendeten Ebenen erhöht sich auch der Verwaltungsaufwand.
- Verwenden Sie eindeutige Namen. Jede Subdomäne muss innerhalb der übergeordneten Domäne über einen eindeutigen Namen verfügen, um sicherzustellen, dass der Domänenname innerhalb des DNS-Namespaces eindeutig ist.
- Verwenden Sie einfache Namen. Einfache und präzise Domänennamen sind einfacher zu merken und ermöglichen den Benutzern eine intuitive Suche nach Webseiten oder anderen Computern im Internet und Intranet.
- Vermeiden Sie lange Domänennamen. Domänennamen können (einschließlich der Punkte) bis zu 63 Zeichen umfassen. Ein vollqualifizierter Domänenname kann maximal 255 Zeichen beinhalten. Bei der Domänenbenennung wird nicht zwischen Groß- und Kleinschreibung unterschieden.
- Verwenden Sie standardgemäße DNS- und Unicode-Zeichen.
- Windows 2000 Server und Windows Server 2003 unterstützen die folgenden DNS-Standardzeichen: A–Z, a–z, 0–9 sowie den Bindestrich (-), wie definiert in RFC 1035.
- Der DNS-Dienst unterstützt zusätzlich den Unicode-Zeichensatz. Dieser enthält Zeichen, die nicht im ASCII-Zeichensatz (American Standard Code for Information Exchange) enthalten sind, beispielsweise Sonderzeichen für die Sprachen Französisch, Deutsch und Spanisch.

Hinweis Verwenden Sie Unicode-Zeichen nur dann, wenn in Ihrer Umgebung alle Server mit DNS-Dienst Unicode unterstützen. Weitere Informationen zum Unicode-Zeichensatz finden Sie in RFC 2044. Geben Sie bei der Suche in Ihrem Webbrowser als Schlüsselwort „RFC 2044“ ein.

Was sind Zonen?

Eine Zone ist ein in sich geschlossener Bereich innerhalb des Domänennamespaces. Zonen ermöglichen eine Unterteilung des Domänennamespaces in besser verwaltbare Abschnitte. Zonen bieten folgende Funktionen:

- In einem Domänennamespace werden mehrere Zonen zur Verteilung der administrativen Aufgaben auf mehrere Gruppen eingesetzt. In Abbildung 13.9 wird der Namespace **microsoft.com** beispielsweise in zwei Zonen unterteilt. Diese Zonen ermöglichen es, einem Administrator die Verwaltung der Domänen **microsoft** und **sales** zu übertragen, und einem anderen Administrator die Verwaltung der Domäne **development**.
- Eine Zone muss einen zusammenhängenden Domänennamespace umfassen. In Abbildung 13.9 könnte beispielsweise keine Zone eingerichtet werden, die lediglich die

Domänen **sales.microsoft.com** und **development.microsoft.com** enthält, da es sich im Hinblick auf die Domänenstruktur nicht um eine fortlaufende Domäne handelt.

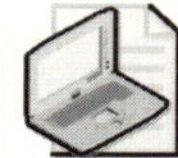

Hinweis Weitere Informationen zu zusammenhängenden Namespaces finden Sie in Kapitel 14.

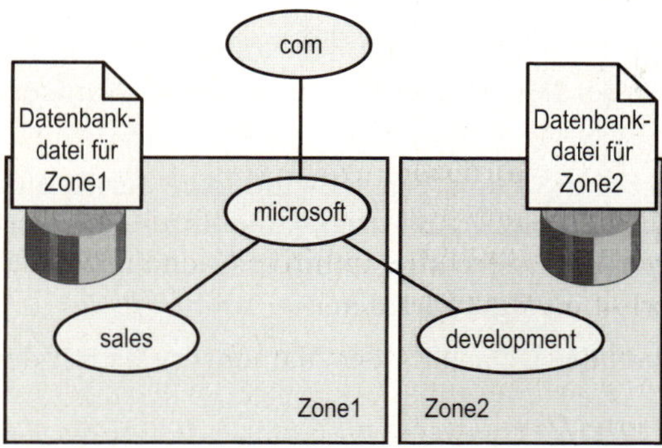

Abbildung 13.9 Ein Domänennamespace wird in Zonen unterteilt.

Die Zuordnungen von Namen zu IP-Adressen für eine Zone werden in der so genannten Zonendatenbankdatei gespeichert sind. Jede Zone ist mit einer bestimmten Domäne verknüpft, die als Stammdomäne der Zone bezeichnet wird. Die Zonendatenbankdatei enthält keine Informationen zu allen Subdomänen der Stammdomäne einer Zone, sondern lediglich zu den Subdomänen, die Teil der Zone sind.

In Abbildung 13.9 lautet die Stammdomäne für Zone1 **microsoft.com**, die zugehörige Zonendatei enthält die Zuordnungen zwischen IP-Adressen und Namen für die Domänen **microsoft** und **sales**. Die Stammdomäne für Zone2 lautet **development**, die zugehörige Zonendatei enthält nur die Namens- und IP-Adresszuordnungen für die Domäne **development**. Die Zonendatei für Zone1 enthält keine Namens- und IP-Adresszuordnungen für die Domäne **development**, obwohl es sich bei **development** um eine Subdomäne von **microsoft** handelt.

Was sind Namenserver?

Ein DNS-Namenserver speichert die Zonendatenbankdatei. Namenserver können Daten für eine oder mehrere Zonen speichern. Man sagt, ein Namenserver ist autorisiert (die „letzte Instanz") für den Domänennamespace, den diese Zone umfasst.

Ein Namenserver enthält die übergeordnete Zonendatenbankdatei der betreffenden Zone, die so genannte *primäre Zonendatenbankdatei*. Daher muss für eine Zone mindestens ein Namenserver zur Verfügung stehen. Änderungen an einer Zone, wie zum Beispiel das Hinzufügen von Subdomänen oder Hosts, werden auf dem Server vorgenommen, auf dem sich die primäre Zonendatenbankdatei befindet.

Zur Absicherung des Namenservers mit der primären Zonendatenbankdatei können zusätzliche Namenserver eingesetzt werden. Die Verwendung mehrerer Namenserver bietet folgende Vorteile:

- Es werden Zonenübertragungen ausgeführt. Die zusätzlichen Namenserver erhalten eine Kopie der Zonendatenbankdatei von dem Namenserver, der die primäre Zonendatenbankdatei speichert. Dieser Vorgang wird als Zonenübertragung bezeichnet. Die zusätzlichen Namenserver führen in regelmäßigen Abständen Abfragen durch, mit denen vom Server mit der primären Zonendatenbankdatei aktualisierte Zonendaten angefordert werden.
- Zusätzliche Namenserver bieten Redundanz. Fällt der Namenserver mit der primären Zonendatenbankdatei aus, kann der Dienst über die zusätzlichen Namenserver bereitgestellt werden.
- Zusätzliche Namenserver steigern die Zugriffsgeschwindigkeit für Remotestandorte. Befinden sich mehrere Clients an Remotestandorten, kann durch den Einsatz zusätzlicher Namenserver der Abfragedatenverkehr in einem langsamen WAN (Wide Area Network, Weitbereichsnetzwerk) verringert werden.
- Zusätzliche Namenserver senken die Belastung des Namenservers mit der primären Zonendatenbankdatei.

Praxistipp Active Directory und DNS

Active Directory und DNS sind eng miteinander verknüpft, sie teilen sich sogar einen gemeinsamen Namespace. Daher ist es unerlässlich, dass Sie wissen, wie die beiden Systeme funktionieren und auf welche Weise sie zusammenarbeiten.

DNS ist der Suchdienst für Active Directory (und für viele andere Windows-Komponenten). Active Directory stellt seine Dienste im Netzwerk zur Verfügung, indem es sie in DNS veröffentlicht. Wenn ein Domänencontroller installiert wird (oder wenn Dienste auf einem Domänencontroller hinzugefügt werden), registriert der Domänencontroller seine Dienste mithilfe von dynamischen Updates als SRV-Datensätze in DNS. Clients können Dienste dann durch simple DNS-Abfragen ermitteln. Der Microsoft DNS-Dienst läuft als Standardeinstellung auf allen Windows Server 2003-Domänencontrollern.

Lernzielkontrolle

Die folgenden Fragen dienen zum Vertiefen der Themen dieser Lektion. Falls Sie eine Frage nicht beantworten können, sollten Sie die Lektion noch einmal durcharbeiten, und dann erneut versuchen, die Frage zu beantworten. Die Antworten auf die Lernzielkontrollfragen finden Sie im Abschnitt „Fragen und Antworten“ am Ende dieses Kapitels.

1. Was ist DNS und zu welchem Zweck wird es eingesetzt?

   ____

   ____

   ____

2. Welche der folgenden Aussagen treffen auf DNS-Stammdomänen zu? (Wählen Sie alle zutreffenden Antworten aus.)

a. Die Stammdomäne stellt die oberste Hierarchiestufe dar.

b. Die Stammdomäne stellt die unterste Hierarchiestufe dar.

c. Die Stammdomäne wird durch einen aus zwei bis vier Zeichen umfassenden Code dargestellt.

d. Die Stammdomäne wird durch einen Punkt (.) dargestellt.

3. Bei welchen der folgenden Namen handelt es sich um Domänennamen der zweiten Ebene? (Wählen Sie alle zutreffenden Antworten aus.)

a. gov

b. microsoft.com

c. au

d. ed.gov

Die richtigen Antworten sind b und d. Die Antworten a und c sind nicht richtig, weil dies Beispiele für Domänen erster Ebene sind.

4. ____________ bieten die Möglichkeit zum Unterteilen eines Domänennamespaces in verwaltbare Abschnitte. Jede _________ stellt einen abgetrennten Bereich des Domänennamespaces dar.

Zusammenfassung der Lektion

- Die DNS-Datenbank ist nach Namen indiziert, daher muss jede Domäne (jeder Knoten) über einen Namen verfügen. Die hierarchische Struktur des Domänennamespaces besteht aus einer Stammdomäne, Domänen erster Ebene, Domänen zweiter Ebene (und so weiter) sowie Hostnamen.
- Wenn Sie einen Domänennamespace erstellen, sollten Sie bestimmte Richtlinien anwenden, zum Beispiel die Zahl der Domänenebenen gering halten und eindeutige sowie einfache Namen verwenden.
- Zonen bieten die Möglichkeit zum Unterteilen eines Domänennamespaces in verwaltbare Abschnitte, sie stellen einen abgetrennten Bereich des Domänennamespaces dar.
- Ein DNS-Namenserver speichert die Zonendatenbankdatei. Namenserver können Daten für eine Zone oder mehrere Zonen verwalten. Ein Namenserver ist autorisiert (die „letzte Instanz“) für den Inhalt des Domänennamespaces, den seine Zone umfasst.

Lektion 3: Grundlagen der Namensauflösung

Der Prozess der Übersetzung eines Namens in eine IP-Adresse wird als Namensauflösung bezeichnet. Die Namensauflösung ähnelt dem Nachschlagen einer Telefonnummer in einem Telefonbuch, da im Telefonbuch ein Name mit einer Telefonnummer verknüpft wird. Wenn Sie beispielsweise eine Verbindung zur Microsoft-Website herstellen, verwenden Sie den Namen **www.microsoft.com**. Dieser Name wird über den DNS-Dienst in die entsprechende IP-Adresse aufgelöst. Die Zuordnungen zwischen IP-Adresse und Namen werden in der verteilten DNS-Datenbank gespeichert.

DNS-Namen können Forward- und Reverse-Lookups ausführen. Bei einer Forward-Lookup-Abfrage wird ein Name in eine IP-Adresse übersetzt, bei Ausführung einer Reverse-Lookup-Abfrage wird eine IP-Adresse in einen Namen aufgelöst. Ein Namenserver kann nur Abfragen für Zonen verarbeiten, für die er autorisiert ist. Kann der Namenserver die Anforderung nicht selbst verarbeiten, leitet er sie an einen Namenserver weiter, der die Auflösung durchführen kann. Der Namenserver speichert die Auflösungsergebnisse in einem Cache, um den DNS-Datenverkehr im Netzwerk zu reduzieren.

Am Ende dieser Lektion werden Sie in der Lage sein, die folgenden Aufgaben auszuführen:

- Erklären, wie eine Forward-Lookup-Abfrage funktioniert.
- Erklären des Zwecks des Namenserver-Caches.
- Erklären, wie eine Reverse-Lookup-Abfrage funktioniert.

Veranschlagte Zeit für diese Lektion: 10 Minuten

Ablauf einer Forward-Lookup-Abfrage

Der DNS-Dienst verwendet für die Namensauflösung ein Client/Server-Modell. Beim Ausführen einer Forward-Lookup-Abfrage (dem Auflösen eines Namens in eine IP-Adresse) sendet ein Client eine Anforderung zur Namensauflösung an einen lokalen Namenserver. Der lokale Namenserver führt die Namensauflösung entweder selbst durch und stellt die entsprechende IP-Adresse bereit oder er leitet die Anforderung an einen anderen Namenserver weiter.

Abbildung 13.10 zeigt den Prozess der Namensauflösung in eine IP-Adresse am Beispiel von **www.microsoft.com**.

Die Nummern in Abbildung 13.10 stellen die einzelnen Schritte bei der Namensauflösung dar:

1. Der Client sendet eine Forward-Lookup-Anforderung für **www.microsoft.com** an den lokalen Namenserver.
2. Der lokale Namenserver prüft die Zonendatei auf eine passende IP-Adressenzuordnung für die Clientanforderung. Der lokale Namenserver ist nicht für die Domäne **microsoft.com** autorisiert und leitet daher die Anforderung zur Namensauflösung an einen der DNS-Stammnamenserver weiter. Der Stammnamenserver antwortet mit einem Verweis auf den **com**-Namenserver.

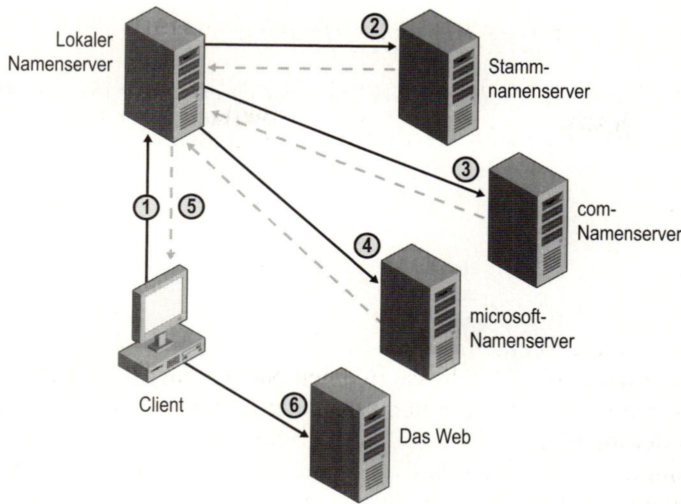

Abbildung 13.10 Bei einer Forward-Lookup-Abfrage wird ein Name in eine IP-Adresse aufgelöst

3. Der lokale Namenserver sendet eine Anforderung an einen **com**-Namenserver, der mit einem Verweis auf den **microsoft**-Namenserver antwortet.
4. Der lokale Namenserver sendet eine Anforderung an den **microsoft**-Namenserver. Da der **microsoft**-Namenserver für diesen Teil des Domänennamespaces autorisiert ist, führt er eine Auflösung des Namens **www.microsoft.com** durch und sendet die zugehörige IP-Adresse an den lokalen Namenserver.
5. Der lokale Namenserver sendet die IP-Adresse für **www.microsoft.com** an den Client.
6. Die Namensauflösung ist abgeschlossen, der Client kann auf **www.microsoft.com** zugreifen.

Was ist der Namenserver-Cache?

Wenn ein Namenserver eine Abfrage verarbeitet, muss er möglicherweise mehrere Abfragen senden, um die angeforderte Antwort zu erhalten. Bei jeder Abfrage ermittelt der Namenserver weitere Namenserver, die Autorität für einen bestimmten Bereich des Domänennamespaces besitzen. Der Namenserver speichert diese Abfrageergebnisse in einem Cache, um den Netzwerkdatenverkehr zu reduzieren.

Wenn der Namenserver ein Abfrageergebnis empfängt, geschieht Folgendes (Abbildung 13.11):

1. Der Namenserver speichert die Abfrageergebnisse für einen bestimmten Zeitraum in seinem Cache. Dieser Zeitraum wird als TTL (Time to Live) bezeichnet.

Hinweis Der TTL-Wert wird von der Zone bestimmt, die das Abfrageergebnis liefert. Der Standardwert beträgt 60 Minuten.

2. Sobald der Namenserver das Abfrageergebnis zwischengespeichert hat, beginnt die TTL abzulaufen.
3. Nach Ablauf der TTL löscht der Namenserver das Abfrageergebnis aus dem Cache.

Durch die Zwischenspeicherung der Abfrageergebnisse im Cache kann der Namenserver weitere Anforderungen, die denselben Bereich des Domänennamespaces betreffen, schneller verarbeiten.

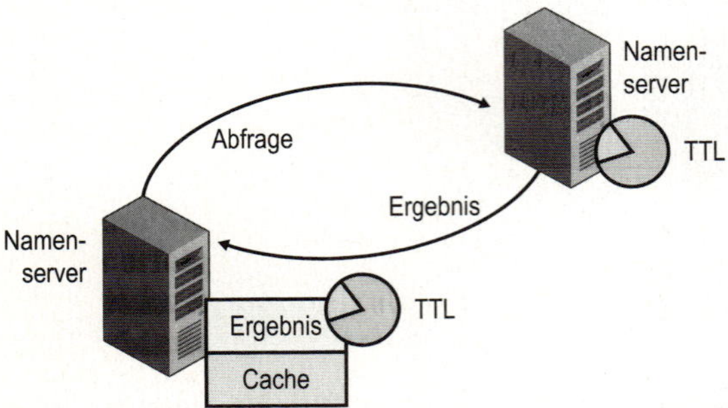

Abbildung 13.11 Namenserver können Abfrageergebnisse in einem Cache speichern, damit sie bei nachfolgenden Abfragen schneller zur Verfügung stehen

Hinweis Kurze TTL-Werte stellen sicher, dass die Daten zum Domänennamespace aktuell sind. Durch einen kürzeren TTL-Wert werden jedoch auch die zwischengespeicherten Ergebnisse schneller gelöscht, wodurch sich der DNS-Datenverkehr erhöht. Ist die TTL auf einen längeren Zeitraum festgelegt, werden Abfrageergebnisse länger zwischengespeichert, und der DNS-Verkehr verringert sich. Gleichzeitig steigt jedoch das Risiko, dass die gespeicherten Werte nicht mehr aktuell sind. Wenn eine Änderung eintritt, erhält der Client erst dann aktualisierte Informationen, wenn die TTL abgelaufen ist und eine neue Abfrage zur Namensauflösung an den jeweiligen Bereich des Domänennamespaces gesendet wird.

Ablauf einer Reverse-Lookup-Abfrage

Bei einer Reverse-Lookup-Abfrage wird eine IP-Adresse in einen Namen übersetzt. Solche Abfragen werden beispielsweise von Dienstprogrammen für die Problembehandlung (zum Beispiel **nslookup**) verwendet, um Informationen zu Hostnamen zu liefern. Darüber hinaus implementieren verschiedene Anwendungen ein Sicherheitsmodell, bei dem die Verbindungsherstellung nicht über IP-Adressen, sondern über den Namen erfolgt.

Da die verteilte DNS-Datenbank nach Namen und nicht nach IP-Adressen indiziert ist, müsste für ein Reverse-Lookup der gesamte Domänennamespace nach dem betreffenden Namen durchsucht werden. Zur Lösung dieses Problems wurde die Domäne **in-addr.arpa** eingeführt. Diese besondere Domäne zweiter Ebene verwendet dasselbe hierarchische Namensschema wie die anderen Bereiche des Domänennamespaces, basiert jedoch nicht auf Domänennamen, sondern auf IP-Adressen:

- Subdomänen werden nach der Punkt-Dezimal-Darstellung der IP-Adressen benannt.

- Die Reihenfolge der Oktette in einer IP-Adresse wird umgekehrt.
- Organisationen verwalten die Subdomänen der Domäne **in-addr.arpa** basierend auf den ihnen zugewiesenen IP-Adressen und Subnetzmasken.

Abbildung 13.12 zeigt beispielsweise die Darstellung der IP-Adresse **192.168.16.200** in der Domäne **in-addr.arpa**. Ein Unternehmen mit einem zugewiesenen IP-Adressbereich von **192.168.16.0** bis **192.168.16.255** und der Subnetzmaske **255.255.255.0** hat beispielsweise Autorität über die Domäne **16.168.192.in-addr.arpa**.

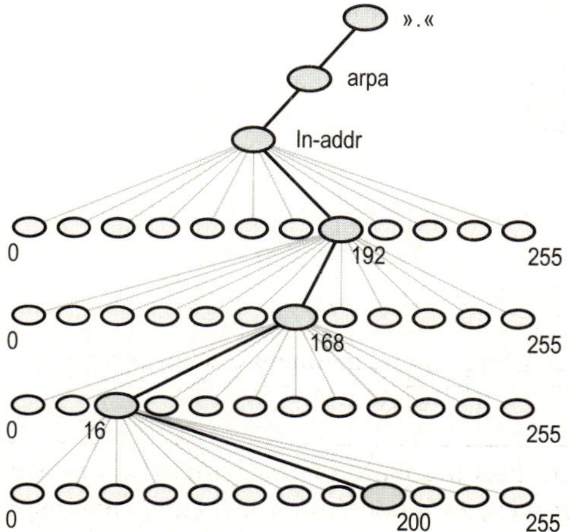

Abbildung 13.12 Die Domäne **in-addr.arpa** wird für Reverse-Lookup-Abfragen verwendet

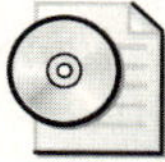

Auf der CD Das ist eine gute Gelegenheit, sich die Multimediapräsentation „The Name Resolution Process“ anzusehen, die Sie im Ordner **Multimedia** auf der Begleit-CD-ROM finden. Diese Präsentation vermittelt Ihnen ein tieferes Verständnis für die Funktionsweise des Namensauflösungsprozesses.

Lernzielkontrolle

Die folgenden Fragen dienen zum Vertiefen der Themen dieser Lektion. Falls Sie eine Frage nicht beantworten können, sollten Sie die Lektion noch einmal durcharbeiten, und dann erneut versuchen, die Frage zu beantworten. Die Antworten auf die Lernzielkontrollfragen finden Sie im Abschnitt „Fragen und Antworten“ am Ende dieses Kapitels.

1. Was versteht man unter einer Forward-Lookup-Abfrage, und wie wird sie verarbeitet?

____

____

____

____

2. Welche der folgenden Aussagen treffen im Zusammenhang mit der DNS-Namensauflösung auf den TTL-Wert (Time to Live) zu? (Wählen Sie alle zutreffenden Antworten aus.)
   a. TTL gibt an, wie lange eine Abfrage zur Namensauflösung vorliegen kann, bevor sie verworfen wird.
   b. Kurze TTL-Werte stellen sicher, dass die Daten zum Domänennamespace aktuell sind.
   c. Lange TTL-Werte erhöhen den DNS-Datenverkehr im Netzwerk.
   d. Lange TTL-Werte sorgen für eine längere Zwischenspeicherung der Abfrageergebnisse.
3. Welche der folgenden Aussagen treffen auf DNS-Namen und die Adressenauflösung zu? (Wählen Sie alle zutreffenden Antworten aus.)
   a. Die verteilte DNS-Datenbank ist sowohl nach Namen als auch nach IP-Adressen indiziert.
   b. Die **in-addr.arpa**-Domäne zweiter Ebene wird sowohl für Forward- als auch für Reverse-Lookups verwendet.
   c. In der Domäne **in-addr.arpa** wird die Reihenfolge der Oktette in den IP-Adressen umgekehrt.
   d. Reverse-Lookups werden von Dienstprogrammen für die Problembehandlung (zum Beispiel **nslookup**) verwendet, um Informationen zu Hostnamen zu liefern.

Zusammenfassung der Lektion

- Bei einer Forward-Lookup-Abfrage wird ein Name in eine IP-Adresse übersetzt, bei Ausführung einer Reverse-Lookup-Abfrage wird eine IP-Adresse in einen Namen aufgelöst.
- Namenserver speichern die Abfrageergebnisse einer Namensauflösung in einem Cache, um den DNS-Datenverkehr im Netzwerk zu reduzieren.
- Die verteilte DNS-Datenbank ist nicht nach IP-Adressen, sondern nach Namen indiziert. Aus diesem Grund wurde eine besondere Domäne zweiter Ebene eingerichtet, die Domäne **in-addr.arpa**. Die Domäne **in-addr.arpa** basiert nicht auf Domänennamen, sondern auf IP-Adressen.

Lektion 4: Konfigurieren eines DNS-Clients

Es gibt verschiedene Methoden, die TCP/IP-Namensauflösung auf einem Windows XP Professional-Client zu konfigurieren. In dieser Lektion wird die Namensauflösung über DNS behandelt. Die Namensauflösung kann jedoch auch über eine **HOSTS**-Datei erfolgen. Für Netzwerke ohne Zugriff auf einen DNS-Server kann eine **HOSTS**-Datei erstellt werden. Diese **HOSTS**-Datei ist eine lokal gespeicherte und manuell verwaltete Datei, die Zuordnungen zwischen Hostnamen und IP-Adressen sowie Zuordnungen zwischen NetBIOS-Namen und IP-Adressen für die ausgeführten Anwendungen und Dienste liefert. HOSTS-Dateien können außerdem in Umgebungen eingesetzt werden, in denen zwar Namenserver vorhanden, jedoch nicht alle Hosts registriert sind – zum Beispiel weil einige Hosts nur einer begrenzten Anzahl von Clients zur Verfügung stehen.

Sofern sich ein Windows 2000 Server- oder Windows Server 2003-Computer in Ihrem Netzwerk befindet, auf dem der DNS-Dienst installiert und konfiguriert wurde, sollten Sie DNS für die Namensauflösung einsetzen. In dieser Lektion erfahren Sie, wie Sie einen Computer als DNS-Client einrichten.

Am Ende dieser Lektion werden Sie in der Lage sein, die folgenden Aufgaben auszuführen:

- Konfigurieren von DNS-Serveradressen auf einem Windows XP Professional-Computer.
- Konfigurieren von Einstellungen für die DNS-Abfrage.

Veranschlagte Zeit für diese Lektion: 25 Minuten

Konfigurieren von DNS-Serveradressen

Da die verteilte DNS-Datenbank zur Auflösung von Computernamen in IP-Adressen in TCP/IP-Netzwerken eingesetzt wird, müssen Sie zunächst sicherstellen, dass auf dem Windows XP Professional-Client das TCP/IP-Netzwerkprotokoll aktiviert ist. Die Komponente **Internetprotokoll (TCP/IP)** wird während der Installation von Windows XP Professional standardmäßig aktiviert. Nachdem Sie sich vergewissert haben, dass TCP/IP auf dem Client aktiviert ist, können Sie mit dem Konfigurieren des DNS-Clients beginnen.

Gehen Sie zum Konfigurieren eines Computers als DNS-Client folgendermaßen vor:

1. Klicken Sie im Startmenü auf **Systemsteuerung**.
2. Klicken Sie im Fenster **Systemsteuerung** auf **Netzwerk- und Internetverbindungen**.
3. Klicken Sie im Fenster **Netzwerk- und Internetverbindungen** auf **Netzwerkverbindungen**.
4. Klicken Sie mit der rechten Maustaste auf **LAN-Verbindung** und anschließend auf **Eigenschaften**.

   Das Dialogfeld **Eigenschaften von LAN-Verbindung** wird geöffnet.

5. Markieren Sie den Eintrag **Internetprotokoll (TCP/IP)**, und klicken Sie anschließend auf **Eigenschaften**.

   Windows XP Professional zeigt das Dialogfeld **Eigenschaften von Internetprotokoll (TCP/IP)** an (Abbildung 13.13).

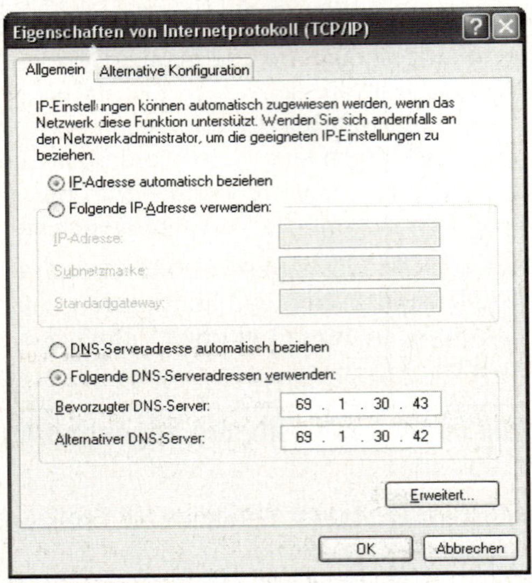

Abbildung 13.13 Konfigurieren von DNS-Serveradressen auf einem Clientcomputer

6. Wählen Sie im Dialogfeld **Eigenschaften von Internetprotokoll (TCP/IP)** eine der folgenden Optionen:

   - **DNS-Serveradresse automatisch beziehen:** Wenn Sie diese Option auswählen, muss zur Bereitstellung der IP-Adresse eines DNS-Servers ein DHCP-Server im Netzwerk verfügbar sein.
   - **Folgende DNS-Serveradressen verwenden:** Bei Auswahl dieser Option müssen Sie die IP-Adressen der zu verwendenden DNS-Server manuell eingeben. Sie haben die Möglichkeit, einen bevorzugten DNS-Server und einen alternativen DNS-Server anzugeben.

Im Dialogfeld **Eigenschaften von Internetprotokoll (TCP/IP)** können Sie auch auf **Erweitert** klicken, um das Dialogfeld **Erweiterte TCP/IP-Einstellungen** zu öffnen. Klicken Sie auf die Registerkarte **DNS**. Dort können Sie weitere Konfigurationen für DNS vornehmen (Abbildung 13.14). Als zusätzliche Optionen stehen zur Verfügung:

- Klicken Sie auf **Hinzufügen**, um zur Serverliste eine zusätzliche DNS-Serveradresse hinzuzufügen, mit deren Hilfe der Computer DNS-Domänennamen auflösen kann.
- Klicken Sie auf **Bearbeiten**, um die Adressenliste zu bearbeiten (beispielsweise um einen Fehler bei der Eingabe einer IP-Adresse zu korrigieren).
- Klicken Sie auf **Entfernen**, um eine DNS-Serveradresse aus der Liste zu entfernen.

- Klicken Sie auf den nach oben oder den nach unten weisenden Pfeil, um die Reihenfolge der aufgelisteten Server zu ändern. Die Reihenfolge der aufgeführten Server bestimmt die Reihenfolge, in der die Server verwendet werden. Wenn Sie eine Serveradresse mithilfe der nach oben weisenden Pfeilschaltfläche in der Liste nach oben verschieben, wird dieser Server vor den nachfolgend aufgeführten Servern verwendet. Wenn Sie eine Serveradresse in der Liste nach unten verschieben, werden bei der DNS-Namensauflösung zuerst alle Server angesprochen, die sich in der Liste oberhalb dieses Servers befinden.

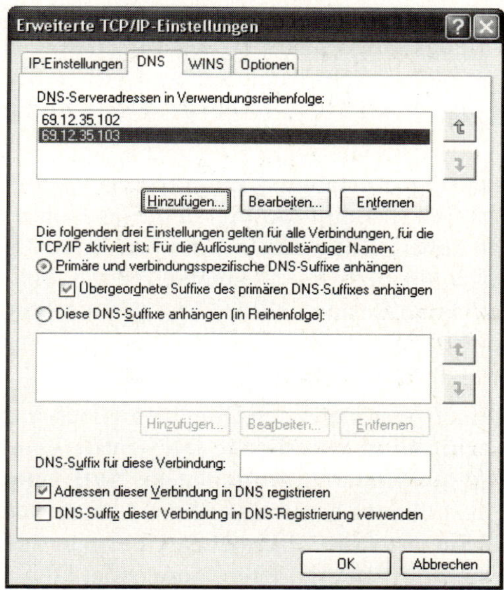

Abbildung 13.14 Im Dialogfeld **Erweiterte TCP/IP-Einstellungen** können Sie zusätzliche DNS-Optionen konfigurieren.

Konfigurieren der DNS-Abfrageeinstellungen

Im Dialogfeld **Erweiterte TCP/IP-Einstellungen** können Sie außerdem festlegen, ob und gegebenenfalls wie an eine Abfrage DNS-Suffixe angehängt werden sollen.

Anhängen primärer und verbindungsspezifischer DNS-Suffixe

Standardmäßig ist die Option **Primäre und verbindungsspezifische DNS-Suffixe anhängen** ausgewählt (Abbildung 13.14). Durch diese Einstellung hängt der DNS-Dienst zur Namensauflösung den Clientnamen sowie den im Feld für den DNS-Domänennamen jeder Netzwerkverbindung definierten Namen an den primären Domänennamen an. Anschließend führt der Auflösungsdienst eine Abfrage für diesen vollständig qualifizierten Domänennamen aus. Falls eine Abfrage fehlschlägt und Sie im Textfeld **DNS-Suffix für diese Verbindung** ein verbindungsspezifisches DNS-Suffix angegeben haben, hängt der DNS-Auflösungsdienst den Clientnamen an den hier angegebenen Namen an.

Nehmen Sie zum Beispiel an, der Domänenname eines Unternehmens lautet **contoso.com**. Eine Abfrage nach dem vollständig qualifizierten Domänennamen eines Computers in der Domäne (etwa **client1.contoso.com**) liefert die IP-Adresse dieses Computers. Wenn Sie den Client so konfigurieren, dass das Suffix **contoso.com** an Abfragen angehängt wird, könnte ein Benutzer eine Abfrage nach einem nicht qualifizierten Namen durchführen (zum Beispiel durch Eintippen von **client1** in die Adressleiste des Internet Explorers). Der Computer hängt dann automatisch das Suffix **contoso.com** an die Abfrage an, wodurch sich der vollständig qualifizierte Domänenname **client1.contoso.com** ergibt.

Falls ein DHCP-Server diese Verbindung konfiguriert hat und Sie kein DNS-Suffix für die Verbindung angegeben haben, wird das DNS-Suffix für die Verbindung durch einen geeignet konfigurierten DHCP-Server zugewiesen. Wenn Sie ein DNS-Suffix eingetragen haben, wird dieses Suffix verwendet, das vom DHCP-Server gelieferte Suffix wird verworfen.

Das Kontrollkästchen **Übergeordnete DNS-Suffixe des primären DNS-Suffixes anhängen** ist ebenfalls standardmäßig aktiviert. Beim Aktivieren dieses Kontrollkästchens trennt der DNS-Auflösungsdienst den äußersten linken Teil des primären DNS-Suffixes ab und führt die Abfrage mit dem verbleibenden Domänennamen durch. Schlägt diese Abfrage fehl, wird erneut der äußerste linke Bestandteil des Namens entfernt, und die Abfrage wird erneut gesendet. Dieser Vorgang wird fortgesetzt, bis der Domänenname nur noch aus zwei Teilen besteht.

Auch dazu ein Beispiel: Ein Unternehmen verwendet den Domänennamen **north.contoso.com** und die Option **Primäre und verbindungsspezifische DNS-Suffixe anhängen** ist ausgewählt. Normalerweise wird nicht qualifizierten Abfragen das Suffix **north.contoso.com** angehängt. Wenn ein Benutzer also **client1** eingibt, wird die Abfrage nach **client1.north.contoso.com** ausgeführt. Falls Sie das Kontrollkästchen **Übergeordnete DNS-Suffixe des primären DNS-Suffixes anhängen** aktivieren, verwendet DNS zuerst ganz normal das Suffix **north.contoso.com**. Konnte der Name auf diese Weise nicht aufgelöst werden, verwendet DNS das übergeordnete Suffix **contoso.com** und schließlich das wiederum übergeordnete Suffix **.com**. Wenn der Benutzer also **client1** eingibt, sucht DNS erst nach **client1.north.contoso.com**, dann nach **client1.contoso.com** und schließlich nach **client1.com**.

Anhängen von DNS-Suffixen in Reihenfolge

Per Voreinstellung ist die Option **Primäre und verbindungsspezifische DNS-Suffixe anhängen** ausgewählt, daher ist die Option **Diese DNS-Suffixe anhängen (in Reihenfolge)** deaktiviert. Diese beiden Einstellungen können nicht gleichzeitig aktiviert werden. Bei Auswahl dieser Option können Sie eine Liste der zu verwendenden Domänen angeben. Der DNS-Auflösungsdienst fügt nacheinander jedes der hier aufgeführten Suffixe an, in der von Ihnen festgelegten Reihenfolge. Computerabfragen für unvollständige Namen bleiben auf die Domänen beschränkt, die Sie unter **Diese DNS-Suffixe anhängen (in Reihenfolge)** angeben. Um das Beispiel aus dem letzten Abschnitt fortzusetzen: Sie könnten festlegen, dass DNS-Suffixe in der Reihenfolge **.com**, dann **contoso.com** und schließlich **north.contoso.com** angehängt werden.

Registrieren einer Verbindungsadresse in DNS

Beim Aktivieren des Kontrollkästchens **Adressen dieser Verbindung in DNS registrieren** versucht der Computer, die IP-Adressen des Computers unter Verwendung des vollständigen Computernamens (über DNS) dynamisch zu registrieren. Klicken Sie zum Anzeigen des Namens auf **Start** und **Arbeitsplatz**. Klicken Sie anschließend auf **Systeminformationen anzeigen** und auf die Registerkarte **Computername**.

Verwenden des DNS-Suffixes einer Verbindung in der DNS-Registrierung

Wenn Sie das Kontrollkästchen **DNS-Suffix dieser Verbindung in DNS-Registrierung verwenden** aktivieren, registriert der Computer die IP-Adressen und den verbindungsspezifischen Domänennamen der Verbindung mithilfe einer dynamischen DNS-Aktualisierung. Der verbindungsspezifische Name einer DNS-Verbindung setzt sich aus dem Computernamen (dem ersten Teil des über **Systeminformationen** und die Registerkarte **Computername** aufgerufenen vollständigen Computernamens) und dem DNS-Suffix der Verbindung zusammen. Wenn Sie auch das Kontrollkästchen **Adressen dieser Verbindung in DNS registrieren** aktivieren, erfolgt diese Registrierung zusätzlich zur DNS-Registrierung des vollständigen Computernamens.

Übung: Konfigurieren eines DNS-Clients

Am Ende dieser Übung werden Sie in der Lage sein, einen Windows XP Professional-Computer als DNS-Client zu konfigurieren.

1. Klicken Sie im Startmenü auf **Systemsteuerung**.
2. Klicken Sie im Fenster **Systemsteuerung** auf **Netzwerk- und Internetverbindungen**.
3. Klicken Sie auf **Netzwerkverbindungen**.
4. Klicken Sie mit der rechten Maustaste auf **LAN-Verbindung** und anschließend auf **Eigenschaften**.
5. Klicken Sie auf **Internetprotokoll (TCP/IP)** und anschließend auf **Eigenschaften**.
6. Aktivieren Sie im Dialogfeld **Eigenschaften von Internetprotokoll (TCP/IP)** die Option **Folgende DNS-Serveradressen verwenden**.
7. Geben Sie im Textfeld **Bevorzugter DNS-Server** die IP-Adresse des primären Namenservers für diesen Client ein.

Hinweis Wenn Sie in einem Netzwerk arbeiten, müssen Sie sich bezüglich der IP-Adressen des bevorzugten und alternativen DNS-Servers an Ihren Netzwerkadministrator wenden. Verwenden Sie in diesem Fall im Textfeld **Bevorzugter DNS-Server** die vom Netzwerkadministrator bereitgestellte Adresse. Wenn Sie nicht im Netzwerk arbeiten oder sich im Netzwerk kein DNS-Server befindet, können Sie im Feld **Bevorzugter DNS-Server** die IP-Adresse **192.168.1.203** und im Feld **Alternativer DNS-Server** die Adresse **192.168.1.205** eingeben.

8. Steht für den verwendeten Clientcomputer ein zweiter Namenserver zur Verfügung, können Sie im Textfeld **Alternativer DNS-Server** die IP-Adresse des zweiten Namenservers eingeben.

   Ein Clientcomputer versucht zunächst immer, Namensanforderungen an den bevorzugten Namenserver zu senden. Antwortet dieser Namenserver nicht, wird die Anforderung an den alternativen Namenserver gesendet.

9. Klicken Sie auf **Erweitert**, und klicken Sie anschließend im Dialogfeld **Erweiterte TCP/IP-Einstellungen** auf die Registerkarte **DNS**.
10. Klicken Sie unterhalb von **DNS-Serveradressen in Verwendungsreihenfolge** auf **Hinzufügen**.
11. Steht für den verwendeten Clientcomputer ein dritter Namenserver zur Verfügung, können Sie im Dialogfeld **TCP/IP-DNS-Server** die IP-Adresse des dritten Namenservers eingeben.

Hinweis Wenn Sie in einem Netzwerk arbeiten, müssen Sie sich bezüglich der IP-Adresse des dritten DNS-Servers an Ihren Netzwerkadministrator wenden. Verwenden Sie in diesem Fall für die Eingabe im Textfeld **TCP/IP-DNS-Server** die vom Netzwerkadministrator bereitgestellte Adresse. Wenn Sie nicht im Netzwerk arbeiten oder sich im Netzwerk kein DNS-Server befindet, können Sie für den dritten DNS-Server die IP-Adresse **192.168.1.207** eingeben.

12. Klicken Sie auf **Hinzufügen**, um die dritte DNS-Serveradresse hinzuzufügen und das Dialogfeld **TCP/IP-DNS-Server** zu schließen.

    In der Liste unterhalb von **DNS-Serveradressen in Verwendungsreihenfolge** werden nun drei Adressen angezeigt.

13. Klicken Sie auf **OK**, um das Dialogfeld **Erweiterte TCP/IP-Einstellungen** zu schließen.
14. Klicken Sie auf **OK**, um das Dialogfeld **Eigenschaften von Internetprotokoll (TCP/IP)** zu schließen.
15. Klicken Sie auf **Schließen**, um das Dialogfeld **Eigenschaften von LAN-Verbindung** zu schließen.
16. Schließen Sie das Fenster **Netzwerkverbindungen**.

Lernzielkontrolle

Die folgenden Fragen dienen zum Vertiefen der Themen dieser Lektion. Falls Sie eine Frage nicht beantworten können, sollten Sie die Lektion noch einmal durcharbeiten, und dann erneut versuchen, die Frage zu beantworten. Die Antworten auf die Lernzielkontrollfragen finden Sie im Abschnitt „Fragen und Antworten" am Ende dieses Kapitels.

1. Was ist eine **HOSTS**-Datei, und in welchen Fällen würden Sie eine solche Datei erstellen?

2. Welche der folgenden Möglichkeiten stehen im Dialogfeld **Erweiterte TCP/IP-Einstellungen** zur Verfügung? (Wählen Sie alle zutreffenden Antworten aus.)
   a. Sie können die IP-Adresse eines DNS-Servers bearbeiten.
   b. Sie können die IP-Adresse eines DNS-Servers löschen.
   c. Sie können die IP-Adressen zusätzlich verfügbarer DNS-Server angeben.
   d. Sie können die IP-Adressen der DHCP-Server im Netzwerk bearbeiten.
3. Was bewirkt das Auswählen der Option **Diese DNS-Suffixe anhängen (in Reihenfolge)**?

Zusammenfassung der Lektion

- Wenn Sie einen DNS-Client in einer Umgebung konfigurieren, in der DNS-Namenserver zur Verfügung stehen, können Sie den Client so einrichten, dass er die Adresse des DNS-Servers automatisch von einem DHCP-Server bezieht, oder Sie können von Hand mehrere Adressen für DNS-Server eingeben.
- Im Dialogfeld **Erweiterte TCP/IP-Einstellungen** können Sie konfigurieren, auf welche Weise Suffixe an Abfragen angehängt werden.

Übung mit Fallbeispiel

In dieser Übung wird ein Szenario beschrieben, bei dem auf einem Windows XP Professional-Clientcomputer TCP/IP konfiguriert wird. Beantworten Sie nach dem Durchlesen des Szenarios die Fragen. Falls Sie Schwierigkeiten haben, sollten Sie den Inhalt dieses Kapitels noch einmal durcharbeiten, bevor Sie das nächste Kapitel in Angriff nehmen. Die Antworten auf die Fragen finden Sie im Abschnitt „Fragen und Antworten“ am Ende dieses Kapitels.

Szenario

Sie arbeiten als Administrator für ein Unternehmen namens Adventure Works, ein führender Hersteller von Ski- und Snowboardausrüstung. Sie unterhalten sich mit Andrew, einem Manager in der Entwicklungsabteilung, der vor kurzem beschlossen hat, jede

Woche einige Tage zu Hause zu arbeiten. Das Unternehmen hat Andrew einen neuen Notebookcomputer zur Verfügung gestellt, der unter Windows XP Professional läuft.

Fragen

1. Der Notebookcomputer von Andrew hat eine Netzwerkkarte eingebaut. Wenn Andrew in der Firma ist, möchte er den Notebookcomputer mit dem Unternehmensnetzwerk verbinden. Das Unternehmen verwendet einen DHCP-Server, um den Computern im Netzwerk IP-Adressen zuzuweisen. Wie sollten Sie Andrews Computer konfigurieren, damit er eine Verbindung zum Unternehmensnetzwerk herstellt?

   ____

   ____

   ____

   ____

2. Wenn Andrew zu Hause ist, will er seinen Notebookcomputer an ein DSL-Modem anstecken, das ihm sein Internetprovider zur Verfügung gestellt hat. Der Internetprovider hat Andrew eine statische IP-Adresse zugewiesen. Wie sollten Sie Andrews Computer konfigurieren, damit er einerseits die statische IP-Adresse verwendet, wenn er zu Hause arbeitet, aber andererseits keine Probleme mit dem DHCP-Dienst im Unternehmensnetzwerk hat?

   ____

   ____

   ____

   ____

   ____

   ____

   ____

   ____

   ____

   ____

Übung zur Problembehandlung

Sie arbeiten als Administrator für ein Unternehmen namens Coho Vineyard, einen Weingroßhändler. Diane, eine Benutzerin in der Vertriebsabteilung, ruft Sie am Dienstagmorgen an und erklärt, dass Sie auf überhaupt keine Ressourcen im lokalen Netzwerk oder im Internet zugreifen kann. Nachdem Sie sichergestellt haben, dass andere Benutzer in ihrer Abteilung eine Verbindung ins Netzwerk herstellen können, gehen Sie zu Dianes Computer, öffnen das Eingabeaufforderungsfenster und geben den Befehl **ipconfig /all** ein. Sie erhalten folgende Ergebnisse:

```
Ethernetadapter LAN-Verbindung:
Verbindungsspezifisches DNS-Suffix:
Beschreibung. . . . . . . . . . . : Intel(R) PRO/1000 CT
Physikalische Adresse . . . . . . : 1D-03-D2-E2-1A-2C
DHCP aktiviert. . . . . . . . . . : Ja
IP-Adresse. . . . . . . . . . . . : 169.254.103.52
Subnetzmaske. . . . . . . . . . . : 255.255.0.0
Standardgateway . . . . . . . . . :
DNS-Server. . . . . . . . . . . . :
```

1. Was verraten Ihnen diese Ergebnisse?

   ____

   ____

   ____

2. Worin besteht Ihr erster Schritt bei der Problembehandlung? Was sollten Sie tun, falls dieser erste Schritt nicht zum Erfolg führt?

   ____

   ____

   ____

   ____

   ____

   ____

   ____

   ____

Zusammenfassung des Kapitels

- Die Microsoft-Implementierung von TCP/IP bietet ein robustes, skalierbares, plattformübergreifendes Client/Server-Framework, das von den meisten großen Netzwerken unterstützt wird, darunter das Internet. Die TCP/IP-Protokollfamilie lässt sich auf ein vierschichtiges Modell abbilden, das folgende Schichten umfasst: Netzwerkschnittstellenschicht, Internetschicht, Transportschicht und Anwendungsschicht.
- Jeder TCP/IP-Host wird durch eine logische IP-Adresse identifiziert, die Auskunft über den Standort des Computers im Netzwerk gibt. Die IP-Adresse setzt sich aus einer Netzwerk-ID und einer Host-ID zusammen. Eine Subnetzmaske legt fest, welcher Teil der IP-Adresse die Netzwerk-ID und welcher die Host-ID ist. Sie können Windows XP so konfigurieren, dass es entweder eine statische IP-Adresse verwendet oder automatisch eine IP-Adresse bezieht. Wenn Sie einen Client so einrichten, dass er eine Adresse automatisch bezieht, versucht Windows zuerst, eine IP-Adresse von einem DHCP-Server zu bekommen. Falls kein DHCP-Server zur Verfügung steht, weist sich Windows XP selbst mithilfe von APIPA eine IP-Adresse zu.
- Die DNS-Datenbank ist nach Namen indiziert, daher muss jede Domäne (jeder Knoten) über einen Namen verfügen. Die hierarchische Struktur des Domänennamespaces

besteht aus einer Stammdomäne, Domänen erster Ebene, Domänen zweiter Ebene (und so weiter) sowie Hostnamen.

- DNS-Namenserver antworten auf Forward- und auf Reverse-Lookup-Abfragen. Bei einer Forward-Lookup-Abfrage wird ein Name in eine IP-Adresse übersetzt. Ein Namenserver kann eine Abfrage nur für eine Zone auflösen, für die er autorisiert ist. Falls ein Namenserver die Abfrage selbst nicht auflösen kann, gibt er sie an andere Namenserver weiter, die die Abfrage auflösen können. Namenserver speichern die Abfrageergebnisse einer Namensauflösung in einem Cache, um den DNS-Datenverkehr im Netzwerk zu reduzieren.
- Wenn Sie einen DNS-Client in einer Umgebung konfigurieren, in der DNS-Namenserver zur Verfügung stehen, können Sie den Client so einrichten, dass er die Adresse des DNS-Servers automatisch von einem DHCP-Server bezieht, oder Sie können von Hand mehrere Adressen für DNS-Server eingeben.

Prüfungsrelevante Themen

Vor der Prüfungsteilnahme sollten Sie die nachfolgend aufgeführten Schlüsselinformationen und -begriffe noch einmal durcharbeiten. Diese Informationen sind für das Bestehen der Prüfung von entscheidender Bedeutung.

Schlüsselinformationen

- Prägen Sie sich die IP-Adressbereiche der verschiedenen Klassen und die zugehörigen Subnetzmasken ein. Diese Informationen helfen Ihnen nicht nur festzustellen, welches IP-Adressierungsschema mit festen Adressklassen in einer gegebenen Situation Anwendung findet, sondern auch herauszufinden, wie Sie das Schema in ein klassenloses Adressschema ändern können (siehe den nächsten Abschnitt).
- Falls Sie eine Problembehandlung für ein Netzwerkproblem durchführen und feststellen, dass einem Clientcomputer eine IP-Adresse aus dem Netzwerk **169.254.0.0** zugewiesen wurde, wissen Sie, dass der Computer sich diese Adresse selbst über APIPA zugewiesen hat, weil er keinen DHCP-Server finden konnte.
- Machen Sie sich mit den verschiedenen Optionen vertraut, die für den Befehl **Ipconfig** zur Verfügung stehen. Insbesondere sollten Sie die Bedeutung von **/renew**, **/release** und **/flushdns** kennen: **/renew** veranlasst, dass der Computer die von einem DHCP-Server bezogene IP-Adresse freigibt und dann versucht, eine neue zu bekommen; **/release** veranlasst, dass der Computer die von einem DHCP-Server bezogene IP-Adresse freigibt, aber nicht versucht, die Lease zu erneuern; und **/flushdns** leert den lokalen DNS-Cache.

Schlüsselbegriffe

Automatische private IP-Adressierung (Automatic Private IP Addressing, APIPA) Eine Funktion, die es Windows XP Professional ermöglicht, sich selbst eine IP-Adresse zuzuweisen, falls der Computer keinen DHCP-Server findet. Adressen im Bereich **169.254.0.0** bis **169.254.255.255** sind für APIPA reserviert.

DHCP (Dynamic Host Configuration Protocol) Ein Protokoll, das Hosts in einem TCP/IP-Netzwerk automatisch IP-Adressen zuweist.

DNS (Domain Name System) Ein Dienst, der Domänennamen in IP-Adressen auflöst.

Host-ID Der Teil einer IP-Adresse, der das Netzwerksegment angibt, in dem ein Host sich befindet.

IP-Adresse Eine 32-Bit-Adresse (normalerweise in Form von vier Dezimalzahlen im Bereich von 0 bis 255 dargestellt), die eine Netzwerkschnittstelle in einem TCP/IP-Netzwerk eindeutig identifiziert.

Ipconfig Ein Befehlszeilenprogramm, mit dem Sie die TCP/IP-Konfigurationsinformationen für einen Computer anzeigen können.

Loopback-Adresse Eine spezielle, reservierte IP-Adresse, die für den lokalen Computer steht.

Netzwerk-ID Der Teil der IP-Adresse, der einen bestimmten Host in einem Netzwerksegment identifiziert.

Pathping Ein Befehlszeilentool, das eine Kombination aus Ping und Tracert bildet. Es zeigt Informationen über Paketverluste auf jedem einzelnen Router zwischen dem Hostcomputer und dem Remotecomputer an.

Ping Ein Befehlszeilenprogramm zum Testen der grundlegenden TCP/IP-Kommunikation zwischen Geräten in einem Netzwerk.

Subnetzmaske Eine Zahl, die einer IP-Adresse ähnelt und die eine Struktur bildet, die definiert, welcher Teil einer IP-Adresse die Netzwerk-ID und welcher Teil die Host-ID ist.

Tracert Ein Befehlszeilenprogramm zur Routenverfolgung, das jede Routerschnittstelle angibt, die ein TCP/IP-Paket auf seinem Weg zum Bestimmungsort passiert.

Transmission Control Protocol/Internet Protocol (TCP/IP) Das Netzwerkprotokoll, das in Windows-Netzwerken und im Internet für die Kommunikation zwischen Computern und anderen Geräten benutzt wird.

Fragen und Antworten

Seite 676

Lektion 1, Übung 4

3. Welche Meldung wird angezeigt, und was bedeutet sie?

   Die Meldung lautet folgendermaßen: „Beim Aktualisieren der Schnittstelle *LAN-Verbindung* ist folgender Fehler aufgetreten: Das Zeitlimit für die Semaphore wurde erreicht." Diese Fehlermeldung bedeutet, dass Windows XP Professional die TCP/IP-Konfiguration nicht aktualisieren konnte.

7. Ist dies dieselbe IP-Adresse, die Ihrem Computer in Teilübung 3 zugewiesen wurde? Begründen Sie Ihre Antwort.

Nein, dies ist nicht die IP-Adresse, die dem Computer in Teilübung 3 zugewiesen wurde. Es handelt sich um eine andere Adresse, da diese Adresse über Windows XP Professional-APIPA zugewiesen wurde.

10. War der Ping-Test erfolgreich? Begründen Sie Ihre Antwort.

    Nein, der Test wurde nicht erfolgreich ausgeführt. Ihrem Computer wurde über APIPA eine Adresse zugewiesen, und der Testcomputer befindet sich in einem anderen Subnetz.

Seite 678

Lernzielkontrolle Lektion 1

1. Welche Gründe gibt es, einen Computer mit einer statischen IP-Adresse zu konfigurieren?

   Sie können statische IP-Adressen einsetzen, wenn kein DHCP-Server im Netzwerk verfügbar ist (in diesem Fall können Sie auch APIPA verwenden). Sie müssen ausgewählten Netzwerkcomputern statische IP-Adressen zuweisen, zum Beispiel dem Computer, auf dem der DHCP-Dienst ausgeführt wird. Der Computer mit dem DHCP-Dienst kann kein DHCP-Client sein und benötigt daher eine statische IP-Adresse.

2. Welche der folgenden Aussagen treffen auf IP-Adressen zu? (Wählen Sie alle zutreffenden Antworten aus.)

   a. IP-Adressen sind logische 64-Bit-Adressen zum Identifizieren eines TCP/IP-Hosts.

   b. Jede Netzwerkkarte in einem Computer mit TCP/IP benötigt eine eindeutige IP-Adresse.

   c. Die Adresse **192.168.0.108** ist ein Beispiel für eine IP-Adresse der Klasse C.

   d. Die Hostkennung einer IP-Adresse besteht immer aus den letzten zwei Oktetten der IP-Adresse.

   Die richtigen Antworten sind b und c. Antwort a ist nicht richtig, weil IP-Adressen 32 Bit lang sind, nicht 64 Bit. Antwort d ist nicht richtig, weil die Host-ID in einer IP-Adresse durch die Subnetzmaske bestimmt wird; es wird nicht immer dieselbe Zahl von Oktetten verwendet.

3. Welchen Zweck erfüllt eine Subnetzmaske?

   Eine Subnetzmaske blendet Teile der IP-Adresse aus, sodass TCP/IP die Netzwerkkennung von der Hostkennung unterscheiden kann.

4. Clientcomputer, auf denen Windows XP Professional, Windows 98 oder Windows 95 installiert ist, beziehen ihre Informationen zur TCP/IP-Konfiguration standardmäßig automatisch über den DHCP-Dienst (Dynamic Host Configuration Protocol). Ist diese Aussage richtig oder falsch?

   Richtig

5. Die TCP/IP-Einstellungen für Ihren Windows XP Professional-Computer wurden manuell konfiguriert. Sie können zwar Verbindungen zu jedem Host in Ihrem eigenen Subnetz herstellen, nicht aber zu einem Host in einem Remotesubnetz. Auch der Verbindungstest zu den Hosts mittels Ping scheitert. Worauf lässt sich dieses Problem vermutlich zurückführen, und wie können Sie es beheben?

Möglicherweise ist kein Standardgateway vorhanden, oder es wurde falsch konfiguriert. Sie konfigurieren die Einstellungen für das Standardgateway im Dialogfeld **Eigenschaften von Internetprotokoll (TCP/IP)** (klicken Sie im Dialogfeld **Netzwerk- und Internetverbindungen** auf **Netzwerkverbindungen**). Eine weitere Fehlerursache könnte sein, dass das Standardgateway offline ist oder eine falsche Subnetzmaske konfiguriert wurde.

6. Ihr Computer trägt den Namen **Pro1**. Sie pingen **Pro1** an. Die lokale Adresse für **Pro1** wird als **169.254.128.71** angegeben. Worauf lässt dies schließen?

   Dem Computer **Pro1** wurde mithilfe von APIPA eine IP-Adresse zugewiesen. Dies bedeutet, dass der lokale DHCP-Server nicht richtig konfiguriert wurde oder vom lokalen Computer aus nicht erreichbar ist.

Seite 686

Lernzielkontrolle Lektion 2

1. Was ist DNS und zu welchem Zweck wird es eingesetzt?

   DNS (Domain Name System) ist ein Namenssystem, das in TCP/IP-Netzwerken zur Übersetzung von Computernamen in IP-Adressen eingesetzt wird. DNS erleichtert das Auffinden von Computern und anderen Ressourcen in IP-Netzwerken.

2. Welche der folgenden Aussagen treffen auf DNS-Stammdomänen zu? (Wählen Sie alle zutreffenden Antworten aus.)

   a. Die Stammdomäne stellt die oberste Hierarchiestufe dar.

   b. Die Stammdomäne stellt die unterste Hierarchiestufe dar.

   c. Die Stammdomäne wird durch einen aus zwei bis vier Zeichen umfassenden Code dargestellt.

   d. Die Stammdomäne wird durch einen Punkt (.) dargestellt.

   Die richtigen Antworten sind a und d. Antwort b ist nicht richtig, weil sich die Stammdomäne an der Spitze der Hierarchie befindet. Antwort c ist nicht richtig, weil die Stammdomäne durch einen Punkt (.) dargestellt wird; Domänen der ersten Ebene werden durch einen zwei bis vier Zeichen langen Code dargestellt.

3. Bei welchen der folgenden Namen handelt es sich um Domänennamen der zweiten Ebene? (Wählen Sie alle zutreffenden Antworten aus.)

   a. gov

   b. microsoft.com

   c. au

   d. ed.gov

   Die richtigen Antworten sind b und d. Die Antworten a und c sind nicht richtig, weil dies Beispiele für Domänen erster Ebene sind.

4. _____________ bieten die Möglichkeit zum Unterteilen eines Domänennamespaces in verwaltbare Abschnitte. Jede _________ stellt einen abgetrennten Bereich des Domänennamespaces dar.

   Zonen; Zone

Seite 691

Lernzielkontrolle Lektion 3

1. Was versteht man unter einer Forward-Lookup-Abfrage, und wie wird sie verarbeitet?

   Bei einem Forward-Lookup wird der DNS-Domänenname eines Hostcomputers in eine IP-Adresse aufgelöst. Bei dieser Namensauflösungsanforderung sendet der Client eine Abfrage an den lokalen Namenserver. Kann der lokale Namenserver die Namensauflösung durchführen, gibt er die angeforderte IP-Adresse an den Client zurück. Kann der Namenserver die Anforderung nicht selbst verarbeiten, leitet er sie an einen DNS-Stammnamenserver weiter, der die Auflösung durchführen kann. Der DNS-Stammserver antwortet mit einem Verweis auf einen Namenserver, der die Abfrage verarbeiten kann. Der lokale Namenserver sendet die Anforderung zur Namensauflösung an diesen Namenserver. Der Namenserver gibt die angeforderte IP-Adresse an den lokalen Namenserver zurück, der lokale Namenserver leitet die IP-Adresse an den Client weiter.

2. Welche der folgenden Aussagen treffen im Zusammenhang mit der DNS-Namensauflösung auf den TTL-Wert (Time to Live) zu? (Wählen Sie alle zutreffenden Antworten aus.)

   a. TTL gibt an, wie lange eine Abfrage zur Namensauflösung vorliegen kann, bevor sie verworfen wird.

   b. Kurze TTL-Werte stellen sicher, dass die Daten zum Domänennamespace aktuell sind.

   c. Lange TTL-Werte erhöhen den DNS-Datenverkehr im Netzwerk.

   d. Lange TTL-Werte sorgen für eine längere Zwischenspeicherung der Abfrageergebnisse.

   Die richtigen Antworten sind a, b und d. Antwort c ist nicht richtig, weil längere TTL-Werte nicht den DNS-Verkehr vergrößern; kürzere TTL-Werte können den Verkehr vergrößern.

3. Welche der folgenden Aussagen treffen auf DNS-Namen und die Adressenauflösung zu? (Wählen Sie alle zutreffenden Antworten aus.)

   a. Die verteilte DNS-Datenbank ist sowohl nach Namen als auch nach IP-Adressen indiziert.

   b. Die **in-addr.arpa**-Domäne zweiter Ebene wird sowohl für Forward- als auch für Reverse-Lookups verwendet.

   c. In der Domäne **in-addr.arpa** wird die Reihenfolge der Oktette in den IP-Adressen umgekehrt.

   d. Reverse-Lookups werden von Dienstprogrammen für die Problembehandlung (zum Beispiel **nslookup**) verwendet, um Informationen zu Hostnamen zu liefern.

   Die richtigen Antworten sind c und d. Antwort a ist nicht richtig, weil die DNS-Datenbank nach Namen indiziert ist, nicht nach IP-Adressen. Antwort b ist nicht richtig, weil die Domäne **in-addr.arpa** für Reverse-Lookup-Abfragen verwendet wird, aber nicht für Forward-Lookup-Abfragen.

Seite 698

Lernzielkontrolle Lektion 4

1. Was ist eine **HOSTS**-Datei, und in welchen Fällen würden Sie eine solche Datei erstellen?

   Eine **HOSTS**-Datei ist eine lokal gespeicherte und manuell verwaltete Datei, die Zuordnungen zwischen Hostnamen und IP-Adressen sowie Zuordnungen zwischen NetBIOS-Namen und IP-Adressen enthält. Für Netzwerke ohne Zugriff auf einen DNS-Server kann eine **HOSTS**-Datei erstellt werden, um den ausgeführten Anwendungen und Diensten Zuordnungen zwischen Hostnamen und IP-Adressen sowie Zuordnungen zwischen NetBIOS-Namen und IP-Adressen zu liefern.

2. Welche der folgenden Möglichkeiten stehen im Dialogfeld **Erweiterte TCP/IP-Einstellungen** zur Verfügung? (Wählen Sie alle zutreffenden Antworten aus.)

   a. Sie können die IP-Adresse eines DNS-Servers bearbeiten.

   b. Sie können die IP-Adresse eines DNS-Servers löschen.

   c. Sie können die IP-Adressen zusätzlich verfügbarer DNS-Server angeben.

   d. Sie können die IP-Adressen der DHCP-Server im Netzwerk bearbeiten.

   Die richtigen Antworten sind a, b und c. Antwort d ist nicht richtig, weil Sie im Dialogfeld **Erweiterte TCP/IP-Einstellungen** nicht die Adressen von DHCP-Servern konfigurieren können.

3. Was bewirkt das Auswählen der Option **Diese DNS-Suffixe anhängen (in Reihenfolge)**?

   Beim Auswählen dieser Option können Sie eine Liste der zu verwendenden Domänen angeben, falls in einer Abfrage ein nicht qualifizierter Name angegeben wurde. Die Abfragen bleiben auf die aufgelisteten Domänen beschränkt.

Seite 699

Übung mit Fallbeispiel

1. Der Notebookcomputer von Andrew hat eine Netzwerkkarte eingebaut. Wenn Andrew in der Firma ist, möchte er den Notebookcomputer mit dem Unternehmensnetzwerk verbinden. Das Unternehmen verwendet einen DHCP-Server, um den Computern im Netzwerk IP-Adressen zuzuweisen. Wie sollten Sie Andrews Computer konfigurieren, damit er eine Verbindung zum Unternehmensnetzwerk herstellt?

   Konfigurieren Sie Andrews Computer so, dass er die IP-Adresse automatisch bezieht. Öffnen Sie dazu das Eigenschaftendialogfeld für die LAN-Verbindung, öffnen Sie das Dialogfeld **Eigenschaften von Internetprotokoll (TCP/IP)** und wählen Sie die Option **IP-Adresse automatisch beziehen** aus.

2. Wenn Andrew zu Hause ist, will er seinen Notebookcomputer an ein DSL-Modem anstecken, das ihm sein Internetprovider zur Verfügung gestellt hat. Der Internetprovider hat Andrew eine statische IP-Adresse zugewiesen. Wie sollten Sie Andrews Computer konfigurieren, damit er einerseits die statische IP-Adresse verwendet, wenn er zu Hause arbeitet, aber andererseits keine Probleme mit dem DHCP-Dienst im Unternehmensnetzwerk hat?

   Konfigurieren Sie eine alternative TCP/IP-Konfiguration auf Andrews Computer. Dazu müssen Sie erst sicherstellen, dass sein Computer als primäre Konfigurationsmethode für das automatische Beziehen der IP-Adresse konfiguriert ist. Öffnen Sie dazu das Eigenschaftendialogfeld der LAN-Verbindung, öffnen Sie das Dialogfeld **Eigenschaften von Internetprotokoll (TCP/IP)** und wählen Sie die Option **IP-Adresse automatisch beziehen** aus. Wenn Windows XP Professional so konfiguriert ist, dass es die Adresse automatisch bezieht, wird im Dialogfeld **Eigenschaften von Internetprotokoll (TCP/IP)** eine zweite Registerkarte verfügbar, die Registerkarte **Alternative Konfiguration**. Wählen Sie auf dieser Registerkarte die Option **Benutzerdefiniert** und geben Sie die entsprechenden Werte für IP-Adresse, Subnetzmaske, Standardgateway und DNS-Serveradressen ein, die der Internetprovider Andrew genannt hat.

Seite 700

Übung zur Problembehandlung

1. Was verraten Ihnen diese Ergebnisse?

   Der Computer ist so konfiguriert, dass er versucht, seine IP-Adressinformationen von einem DHCP-Server zu beziehen. Aber der Computer hat keine IP-Adresse vom DHCP-Server bekommen. Das wissen Sie, weil die IP-Adresse im APIPA-Bereich liegt.

2. Worin besteht Ihr erster Schritt bei der Problembehandlung? Was sollten Sie tun, falls dieser erste Schritt nicht zum Erfolg führt?

   Sie sollten an der Eingabeaufforderung den Befehl **ipconfig /renew** eingeben, um den Computer zu zwingen, erneut zu versuchen, seine Lease bei einem verfügbaren DHCP-Server zu beziehen. Falls dieser Befehl erfolgreich ist und der Computer eine gültige IP-Adresse bekommt, haben Sie das Problem gelöst. Falls der Computer keine gültige IP-Adresse beziehen kann, sollten Sie zuerst überprüfen, ob der DHCP-Server betriebsbereit ist. (Wahrscheinlich ist das der Fall, da andere Benutzer der Abteilung auf das Netzwerk zugreifen können.) Falls der DHCP-Server funktioniert, sollten Sie überprüfen, ob das Netzwerkkabel fest in die Netzwerkkarte eingesteckt ist und ob die Netzwerkkarte richtig funktioniert.

KAPITEL 14

Grundlagen des Active Directory-Verzeichnisdienstes

In diesem Kapitel abgedeckte Prüfungsziele:

- Dieses Kapitel behandelt keine Prüfungslernziele im Besonderen. Es ist eine Einführung in den Active Directory-Verzeichnisdienst.

Bedeutung dieses Kapitels

Ein Verzeichnisdienst (engl. Directory Service) definiert die Benutzer und Ressourcen in einem Netzwerk auf eindeutige Weise. Verzeichnisdienste, die auf der **Active Directory**-Technologie von Microsoft Windows 2000 Server oder Windows Server 2003 aufbauen, bieten eine zentrale Netzwerkverwaltung, in der Sie Benutzer und Ressourcen ganz einfach hinzufügen, entfernen und verschieben können. Dieses Kapitel bietet eine Einführung in den Active Directory-Verzeichnisdienst.

Lektionen in diesem Kapitel:

Hinweis Active Directory ist kein Dienst, den Sie auf einem Windows XP Professional-Computer ausführen können. Active Directory läuft auf einem Windows 2000 Server- oder Windows Server 2003-Computer, der Teil einer Domäne ist. Nachdem der Active Directory-Dienst auf einem Server installiert ist, wird dieser Server zu einem Domänencontroller. Computer, die unter Windows XP Professional laufen, können Mitglieder der Domäne werden.

Bevor Sie beginnen

Damit Sie die Übungen in diesem Kapitel durchführen können, brauchen Sie einen Computer, der die minimalen Hardwarevoraussetzungen erfüllt, die im Abschnitt „Über dieses Buch“ am Anfang beschrieben wurden. Außerdem muss auf dem Computer Windows XP Professional installiert sein. Sie brauchen keinen Zugriff auf eine Active Directory-Domäne, um dieses Kapitel durcharbeiten zu können.

Lektion 1: Einführung in Active Directory

Die meisten Windows XP Professional-Computer in einem großen Netzwerk sind Clients in einer Active Directory-Domäne, die mit Windows 2000 Server oder Windows Server 2003 betrieben wird. Ähnlich wie ein Telefonbuch den Namen von Menschen die zugehörigen Telefonnummern und Adressen zuordnet, dient Active Directory als Verzeichnis für Ressourcen in einem Netzwerk. Active Directory katalogisiert Informationen über alle Objekte in einem Netzwerk, darunter Benutzer, Computer und Drucker, und stellt diese Informationen überall im Netzwerk zur Verfügung. Active Directory bietet eine konsistente Methode, Ressourcen zu benennen, zu suchen, zu verwalten und Informationen darüber abzurufen.

Am Ende dieser Lektion werden Sie in der Lage sein, die folgenden Aufgaben auszuführen:

- Beschreiben der Vorteile von Active Directory.
- Beschreiben der logischen Struktur von Active Directory.
- Beschreiben der physischen Struktur von Active Directory.
- Beschreiben der Replikation innerhalb eines Active Directory-Standorts.

Veranschlagte Zeit für diese Lektion: 15 Minuten

Die Vorteile von Active Directory

In einer Arbeitsgruppenumgebung ist jeder Windows XP Professional-Computer selbst dafür verantwortlich, seine eigene Sicherheitsdatenbank zu verwalten. Lokale Benutzerkonten dienen dazu, sich am Computer anzumelden, und sie steuern den Zugriff auf Ressourcen auf dem Computer. Sicherheit und Administration sind in einer Arbeitsgruppe über alle Computer verteilt. Sie müssen auf jedem einzelnen Computer lokale Benutzerkonten anlegen. Es ist zwar oft möglich, einen Computer im Remotezugriff zu verwalten, Sie müssen aber jeden Computer getrennt verwalten. Je größer Ihr Netzwerk ist, desto mehr Aufwand fällt bei dieser verteilten Verwaltungsmethode an.

Active Directory vereinfacht Sicherheit und Verwaltung von Ressourcen überall im Netzwerk (auch für die Computer, die Teil des Netzwerks sind). Dazu bietet es eine zentrale Administrationsmöglichkeit für alle Objekte im Netzwerk. Active Directory organisiert Ressourcen in einer hierarchischen Struktur, in Form so genannter ***Domänen***. Diese Domänen sind logische Gruppen von Servern und anderen Netzwerkressourcen. Jede Domäne umfasst mindestens einen Domänencontroller. Ein ***Domänencontroller*** ist ein Computer, der unter Windows 2000 Server oder Windows Server 2003 läuft und auf dem Active Directory installiert ist. Der Domänencontroller speichert eine Komplettkopie des Domänenverzeichnisses. Damit die Administration einfacher wird, sind alle Domänencontroller in der Domäne gleichberechtigt. Sie können Änderungen an jedem beliebigen Domänencontroller vornehmen, und die Aktualisierungen werden dann an alle anderen Domänencontroller in der Domäne repliziert.

Ein großer Vorteil von Active Directory besteht darin, dass es für alle Netzwerkressourcen eine einzige Anmeldung bietet. Ein Benutzer kann sich also mit einem einzigen Benutzernamen und Kennwort im Netzwerk anmelden und dann auf alle Ressourcen zugreifen, für die sein Benutzerkonto Zugriffsberechtigungen hat. Ein Administrator kann sich an einem Computer anmelden und Objekte auf jedem beliebigen Computer im Netzwerk verwalten.

Windows XP Professional bietet eine Vielzahl von Sicherheitseinstellungen, die Sie erzwingen können (mehr dazu in Kapitel 16, „Konfigurieren von Sicherheitseinstellungen und Internetoptionen"). Sie können diese Einstellungen auch lokal erzwingen, indem Sie die Einstellungen auf jedem Computer konfigurieren (und genau so müssen Sie in einer Arbeitsgruppenumgebung vorgehen). In einer Active Directory-Umgebung können Sie eine Funktion namens Gruppenrichtlinien einsetzen, um Einstellungen auf sämtlichen Computern im Netzwerk zu erzwingen. So kann der Netzwerkadministrator Änderungen schneller vornehmen und die Netzwerkfunktionen verbessern, ohne dass die Benutzer zum Aktivieren der Änderungen Eingaben vornehmen müssen.

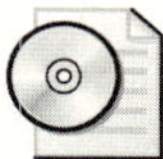

Auf der CD Das ist eine gute Gelegenheit, sich die Multimediapräsentation „How Active Directory Enables a Single Sign-On" anzusehen, die Sie im Ordner **Multimedia** auf der Begleit-CD-ROM finden. Diese Präsentation zeigt, wie Active Directory für Netzwerkbenutzer eine einzige, zentrale Anmeldung bereitstellt.

Der logische Aufbau von Active Directory

Active Directory ist deshalb so flexibel konfigurierbar und skalierbar, weil es die ***logische Struktur*** der administrativen Hierarchie (die sich aus Domänen, Strukturen, Gesamtstrukturen, Organisationseinheiten und Objekten zusammensetzt) von der physischen Struktur des eigentlichen Netzwerks trennt. Die logische Struktur von Active Directory hat keinerlei Beziehung zum geographischen Aufstellungsort von Servern oder den Netzwerkverbindungen innerhalb der Domäne. Diese Abstraktion der logischen Struktur bietet die wichtige Fähigkeit, Domänen entsprechend den Anforderungen Ihrer Administrations- und Unternehmensrichtlinien zu organisieren.

Weil Active Directory die logische Struktur der Netzwerkressourcen von der physischen Struktur des Netzwerks trennt, ist es sinnvoll, bei der Beschreibung von Active Directory die Trennlinie an derselben Stelle anzusetzen. Die logischen Komponenten der Active Directory-Struktur sind (Abbildung 14.1):

- Objekte
- Organisationseinheiten (Organizational Unit, OU)
- Domänen
- Strukturen
- Gesamtstrukturen

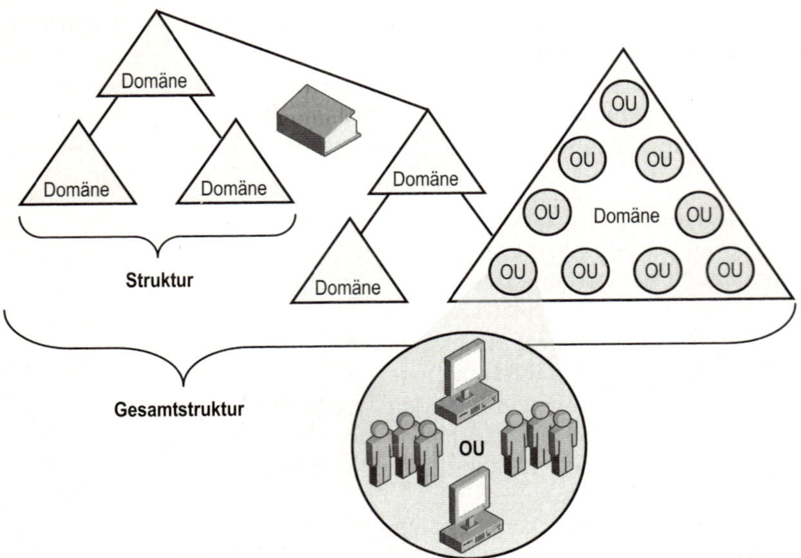

Abbildung 14.1 Ressourcen werden in einer logischen, hierarchischen Struktur angeordnet

Objekte

Ein ***Objekt*** ist ein individueller, benannter Attributsatz, der eine bestimmte Netzwerkressource repräsentiert. Als Objektattribute werden die Eigenschaften der Objekte im Active Directory-Verzeichnis bezeichnet. Die Attribute für ein Benutzerkonto können beispielsweise den Vor- und Nachnamen, die Abteilung und die E-Mail-Adresse umfassen (Abbildung 14.2). Objekte werden in Active Directory in einer hierarchischen Struktur von Containern und Untercontainern gespeichert. Das macht es einfacher, die Objekte zu suchen, darauf zuzugreifen und sie zu verwalten. Diese Anordnung ähnelt der Anordnung von Dateien in einer Struktur von Windows-Ordnern.

In Active Directory können Sie Objekte in Form von Klassen organisieren. Klassen sind logische Gruppen von Objekten. Objektklassen helfen dabei, Objekte anhand ihrer Verwandtschaft zu Gruppen zusammenzufassen. Zum Beispiel fallen alle Benutzerobjekte unter die Objektklasse **Benutzer**. Wenn Sie ein neues Objekt erstellen, erbt es automatisch Attribute von seiner Klasse. Wenn Sie ein neues Benutzerkonto anlegen, können Sie zu diesem Benutzerkonto Informationen (seine Attribute) eingeben, die sich aus der Objektklasse **Benutzer** ableiten. Microsoft definiert einen Standardsatz von Objektklassen (und die Attribute, die diese Klassen definieren), die in Active Directory verwendet werden. Da Active Directory erweiterbar ist, können Administratoren und Anwendungen die verfügbaren Objektklassen natürlich verändern, ebenso wie die Attribute, die von diesen Klassen definiert werden.

Die Gesamtheit der Klassen und der Attribute, die von den Klassen definiert werden, werden als ***Active Directory-Schema*** bezeichnet. In Datenbankterminologie wäre das Schema die Struktur der Tabellen und Felder und ihre Beziehungen untereinander. Sie können sich das Active Directory-Schema als Sammlung von Daten (Objektklassen) vorstellen, die definiert, wie die tatsächlichen Daten des Verzeichnisses (die Attribute eines Objekts) organisiert und gespeichert werden.

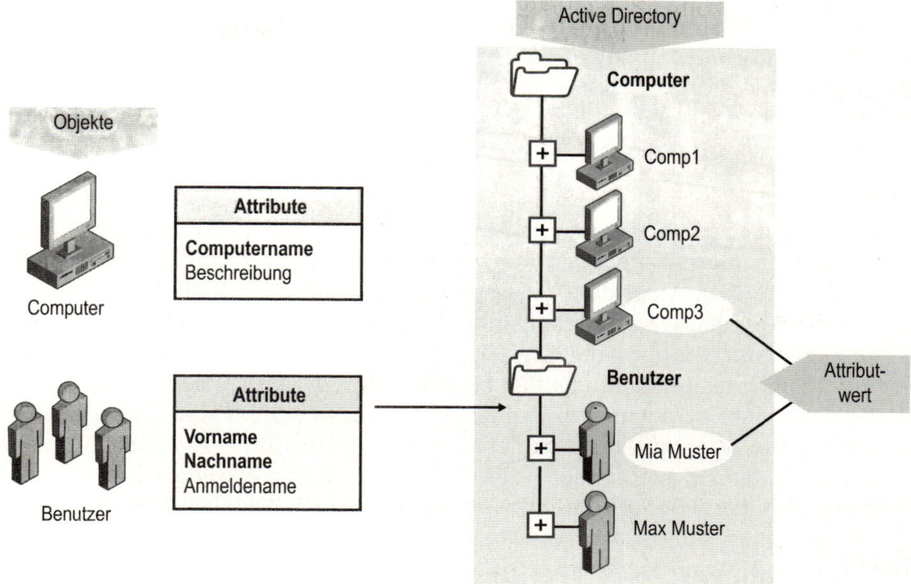

Abbildung 14.2 Jedes Active Directory-Objekt wird durch seine Attribute definiert

Hinweis Einige Objekte, die so genannten Container, können andere Objekte enthalten. Bei einer Domäne handelt es sich beispielsweise um ein Containerobjekt.

Organisationseinheiten

Große Unternehmen umfassen oft Tausende von Computern, Gruppen und Benutzern. Hätten Sie eine einzige Liste mit mehreren tausend Computern, wäre es sehr schwierig, bestimmte Computer zu identifizieren, zum Beispiel alle Computer der Buchhaltungsabteilung oder alle Computer in der Zweigstelle Kempten. Unternehmen brauchen eine Möglichkeit, diese Objekte zu organisieren. Eine ***Organisationseinheit*** (Organizational Unit, OU) ist ein Container, der dazu dient, Objekte innerhalb einer Domäne in logische administrative Gruppen einzuteilen. Organisationseinheiten bieten eine Möglichkeit, Verwaltungsgrenzen innerhalb einer Domäne zu ziehen. Sie können dann administrative Aufgaben innerhalb der Domäne delegieren. Eine Organisationseinheit kann verschiedene Objekte enthalten, zum Beispiel Benutzerkonten, Gruppen, Computer, Drucker, Anwendungen, Dateifreigaben und andere Organisationseinheiten (siehe Abbildung 14.1 weiter oben in dieser Lektion).

Die Hierarchie der Organisationseinheiten innerhalb einer Domäne ist unabhängig von der Organisationseinheitenhierarchie in anderen Domänen: Jede Domäne kann ihre eigene Hierarchie aus Organisationseinheiten aufbauen. Es bestehen keine Einschränkungen bezüglich der Tiefe der Organisationseinheitenhierarchie. Eine flache Hierarchie ist allerdings leistungsfähiger als tiefe, daher sollten Sie keine unnötig tiefen Organisationseinheitenhierarchien erstellen.

Prüfungstipp Sie können administrative Aufgaben delegieren, indem Sie Berechtigungen an Organisationseinheiten zuweisen. Organisationseinheiten bieten eine Möglichkeit, die administrativen Anforderungen einer Organisation zu strukturieren, ohne eine übermäßige Zahl von Domänen anlegen zu müssen.

Domänen

Die Kerneinheit in der logischen Struktur in Active Directory ist die ***Domäne***. Der Einsatz von Domänen ermöglicht Administratoren, das Netzwerk in gut verwaltbare Teilstücke zu unterteilen. Außerdem können Administratoren in unterschiedlichen Domänen ihre jeweils individuellen Sicherheitsmodelle implementieren (zum Beispiel mit unterschiedlichen Anforderungen für Kennwortkomplexität und Kennwortlänge). Die Sicherheit einer Domäne kann dann von den anderen isoliert werden, sodass die Sicherheitsmodelle der anderen Domänen nicht betroffen sind. In erster Linie bieten Domänen eine Möglichkeit, ein Netzwerk logisch zu unterteilen. Dabei bietet es sich an, die Grenzen dort zu ziehen, wo sie auch in der Administrationsstruktur der Organisation verlaufen. Organisationen, die so groß sind, dass sie mehrere Domänen umfassen, haben normalerweise Abteilungen, die für das Verwalten und Absichern ihrer eigenen Ressourcen verantwortlich sind. Wenn Sie Objekte zu einer oder mehreren Domänen zusammenfassen, kann Ihr Netzwerk den Aufbau Ihres Unternehmens widerspiegeln. Alle Domänen haben folgende Merkmale:

- Alle Netzwerkobjekte sind in einer Domäne enthalten, jede Domäne speichert ausschließlich Informationen zu den in ihr enthaltenen Objekten. Theoretisch kann ein Domänenverzeichnis bis zu 10 Millionen Objekte beinhalten, es sollten jedoch nicht mehr als 1 Million Objekte pro Domäne verwendet werden.
- Eine Domäne stellt eine Sicherheitsbarriere dar. Der Zugriff auf die Domänenobjekte wird über Zugriffssteuerungslisten (Access Control Lists, ACLs) beschränkt. ACLs enthalten die mit einem Objekt verknüpften Berechtigungen und legen daher fest, welche Benutzer auf ein Objekt zugreifen dürfen und in welcher Art dieser Zugriff erfolgen kann. Zu den Active Directory-Objekten gehören unter anderem Dateien, Ordner, Freigaben, Drucker und weitere Active Directory-Objekte. Sämtliche Sicherheitsrichtlinien und -einstellungen, beispielsweise Administratorrechte und ACLs, gelten nicht domänenübergreifend.

Strukturen

Eine ***Struktur*** ist eine hierarchische Anordnung einer oder mehrerer Domänen, die dasselbe Schema und einen fortlaufenden Namespace nutzen. Im Beispiel aus Abbildung 14.3 teilen sich alle Domänen in der Struktur unter der Stammdomäne **microsoft.com** den Namespace **microsoft.com**.

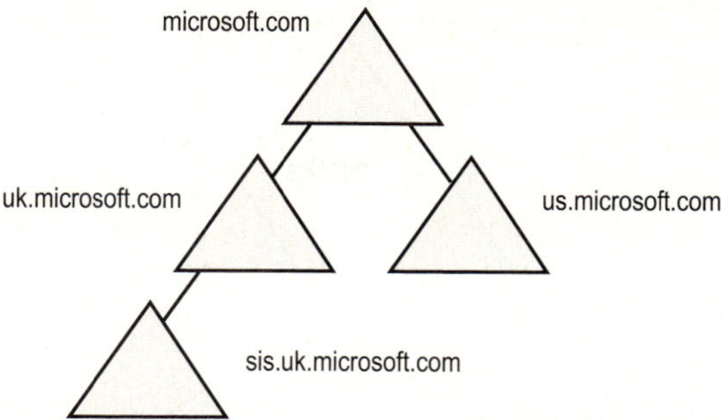

Abbildung 14.3 Eine Domänenstruktur ist eine hierarchische Gruppierung von Domänen, die sich einen fortlaufenden Namespace teilen

Die erste Domäne, die Sie in einer Struktur erstellen, wird als Stammdomäne bezeichnet. Die nächste Domäne, die Sie hinzufügen, wird eine untergeordnete Domäne dieser Stammdomäne. Strukturen haben folgende Merkmale:

- Gemäß DNS-Standards handelt es sich bei dem Domänennamen einer untergeordneten Domäne um den relativen Namen der untergeordneten Domäne, an den der Name der übergeordneten Domäne angehängt wird.
- Alle Domänen innerhalb einer einzigen Struktur basieren auf einem gemeinsamen Schema, das eine formale Definition aller Objekttypen darstellt, die Sie in einer Active Directory-Installation speichern können.
- Alle Domänen einer Struktur nutzen einen gemeinsamen globalen Katalog, bei dem es sich um den zentralen Speicherort für Informationen zu den Objekten einer Struktur handelt.

Gesamtstrukturen

Eine ***Gesamtstruktur*** ist eine Gruppierung oder eine hierarchische Anordnung von einer oder mehreren Domänenstrukturen, die einen nicht fortlaufenden Namespace bilden, aber eventuell ein gemeinsames Schema oder denselben globalen Katalog nutzen (Abbildung 14.4). Im Beispiel aus Abbildung 14.4 wird der Namespace **microsoft.com** durch eine Struktur repräsentiert, der Namespace **msn.com** durch eine andere Struktur. Es gibt immer mindestens eine Gesamtstruktur in einem Netzwerk, die erstellt wird, wenn der erste Active Directory-fähige Computer (Domänencontroller) in einem Netzwerk installiert wird. Diese erste Domäne in einer Gesamtstruktur, die so genannte Gesamtstruktur-Stammdomäne, ist insofern besonders, als sie das Schema enthält und die Namenszuweisung für alle Domänen der Gesamtstruktur steuert. Sie kann nicht aus der Gesamtstruktur entfernt werden, ohne dass auch die Gesamtstruktur gelöscht wird. Außerdem kann in der Domänenhierarchie der Gesamtstruktur keine andere Domäne mehr oberhalb der Gesamtstruktur-Stammdomäne erstellt werden.

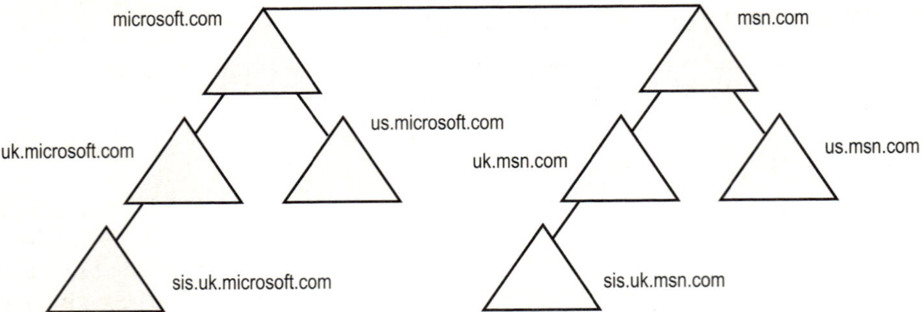

Abbildung 14.4 Eine Gesamtstruktur ist eine Gruppe aus mindestens einer Domänenstruktur

Gesamtstrukturen haben folgende Merkmale:

- Alle Strukturen einer Gesamtstruktur basieren auf einem gemeinsamen Schema.
- Die Strukturen einer Gesamtstruktur haben bezüglich ihrer Domänen unterschiedliche Namensstrukturen.
- Alle Domänen einer Gesamtstruktur nutzen einen gemeinsamen globalen Katalog.
- Domänen in einer Gesamtstruktur agieren unabhängig, die Gesamtstruktur ermöglicht jedoch die Kommunikation innerhalb der gesamten Organisation.

Eine Gesamtstruktur bildet die äußere Grenze von Active Directory. Das Verzeichnis kann nicht größer sein als die Gesamtstruktur. Sie können aber mehrere Gesamtstrukturen anlegen und dann Vertrauensstellungen zwischen ausgewählten Domänen in den Gesamtstrukturen erstellen. Auf diese Weise können Sie den Zugriff auf Ressourcen und Konten gewähren, die sich außerhalb einer bestimmten Gesamtstruktur befinden.

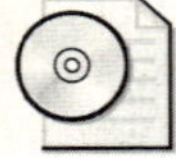

Auf der CD Das ist eine gute Gelegenheit, sich die Multimediapräsentation „The Logical Structure of Active Directory“ anzusehen, die Sie im Ordner **Multimedia** auf der Begleit-CD-ROM finden. Diese Präsentation vermittelt Ihnen ein tieferes Verständnis für den Aufbau von Active Directory.

Praxistipp Verwenden einer einfachen Hierarchie

Wenn Sie sich Domänen, Strukturen, Gesamtstrukturen und Organisationseinheiten so ansehen, haben Sie sicher ein Bild vor Augen, wie Sie all diese Komponenten freigiebig einsetzen können, um Ihre Active Directory-Implementierung zu organisieren. Aber es ist am besten, wenn Sie Ihren Entwurf so einfach halten, wie es die Anforderungen Ihrer Organisation erlauben. Die Details beim Entwerfen und Implementieren einer Active Directory-Bereitstellung sind anspruchsvoll genug, schon ohne unnötige Komplexität. Falls Sie mit einer einzigen Domäne und einer Handvoll Organisationseinheiten auskommen, die beim Delegieren der administrativen Aufgaben helfen, dann sollten Sie sich nicht von diesem Entwurf abbringen lassen. Der eigentliche Zweck von Active Directory besteht darin, den Administrationsaufwand zu verringern. Ein einfacher, gut durchdachter Entwurf bringt Sie diesem Ziel ein gutes Stück näher.

Der physische Aufbau von Active Directory

Die physischen Komponenten von Active Directory, die Domänencontroller und Standorte, spiegeln die physische Struktur einer Organisation wider.

Domänencontroller

Ein Domänencontroller ist ein Computer, der unter Windows 2000 Server oder Windows Server 2003 läuft und ein Replikat (Kopie) des Domänenverzeichnisses (die lokale Domänendatenbank) speichert. Sie können in einer Domäne beliebig viele Domänencontroller erstellen. Jeder Domänencontroller in einer Domäne verfügt über ein vollständiges Replikat der Verzeichnispartition dieser Domäne. Domänencontroller lösen Abfragen nach Informationen über Objekte in ihrer Domäne lokal auf. Abfragen zu Informationen, die sie nicht speichern, leiten sie an Domänencontroller in anderen Domänen weiter. Domänencontroller verwalten auch Änderungen an den Verzeichnisinformationen und sind dafür verantwortlich, diese Änderungen an andere Domänencontroller weiterzugeben.

Weil jeder Domänencontroller eine vollständige Kopie der Verzeichnispartition für seine Domäne enthält, sind Domänencontroller nach dem so genannten Multimastermodell organisiert: Jeder Domänencontroller speichert ein Exemplar der Partition, an der die gewünschten Änderungen vorgenommen werden.

Domänencontroller haben folgende Aufgaben:

- Auf jedem Domänencontroller wird eine vollständige Kopie der Active Directory-Informationen für die jeweilige Domäne gespeichert. Außerdem werden hier die Änderungen an diesen Informationen verwaltet und auf die weiteren Domänencontroller in der Domäne repliziert.
- Die Domänencontroller innerhalb einer Domäne replizieren gegenseitig und füreinander alle Objekte in der Domäne. Wenn Sie eine Operation ausführen, durch die eine Aktualisierung von Active Directory nötig wird, werden die Änderungen tatsächlich auf einem der Domänencontroller vorgenommen. Der Domänencontroller repliziert diese Änderungen für alle weiteren Domänencontroller innerhalb der Domäne. Sie können den bei der Replikation verursachten Datenverkehr zwischen den Domänencontrollern steuern, indem Sie die Häufigkeit der Replikation sowie die Datenmenge festlegen, die von Active Directory in einem Arbeitsschritt repliziert wird.
- Domänencontroller nehmen eine sofortige Replikation bestimmter wichtiger Aktualisierungen vor, beispielsweise die Deaktivierung eines Benutzerkontos.
- Active Directory verwendet die so genannte Multimasterreplikation, bei der keiner der Domänencontroller als Masterdomänencontroller fungiert. Stattdessen sind alle Domänencontroller innerhalb einer Domäne gleichberechtigt, jeder Domänencontroller besitzt eine nicht schreibgeschützte Kopie der Verzeichnisdatenbank. Die Domänencontroller speichern unter Umständen für kurze Zeiträume unterschiedliche Informationen, jedoch nur so lange, bis alle Domänencontroller die Active Directory-Änderungen synchronisiert haben.

- Domänencontroller erkennen Konflikte, die beispielsweise auftreten können, wenn ein Attribut auf einem Domänencontroller geändert wird, bevor eine auf einem anderen Domänencontroller vorgenommene Änderung desselben Attributs auf alle weiteren Domänencontrollern repliziert wurde. Solche Konflikte werden ermittelt, indem die Versionsnummern der Attributeigenschaft verglichen werden. Die Versionsnummer eines Attributs ist ein Zahlenwert, der nach dem Erstellen des Attributs bei dessen Initialisierung festgelegt wird. Active Directory beseitigt derartige Konflikte, indem das geänderte Attribut mit der höheren Versionsnummer repliziert wird.
- Durch das Bereitstellen von mehr als einem Domänencontroller in einer Domäne sorgen Sie für Fehlertoleranz. Ist ein Domänencontroller ausgefallen, können sämtliche Funktionen in dieser Zeit durch einen anderen Domänencontroller erfüllt werden, beispielsweise das Aufzeichnen von Active Directory-Änderungen.
- Domänencontroller verwalten alle Aspekte der Interaktion zwischen Benutzern und Domäne, zum Beispiel die Suche nach Active Directory-Objekten und das Authentifizieren von Benutzern bei Anmeldung.

Im Allgemeinen wird empfohlen, zu Authentifizierungszwecken für jede Domäne eines Standorts mindestens einen Domänencontroller einzusetzen. Letztlich werden Anzahl und Standort der Domänencontroller durch die Authentifizierungsanforderungen Ihrer Organisation bestimmt.

Standorte

Ein ***Standort*** ist ein Subnetz oder eine Kombination mehrerer IP-Subnetze (Internet Protocol), die über zuverlässige Hochgeschwindigkeitsverbindungen miteinander verbunden sind und große Mengen an Netzwerkdaten verarbeiten können. Ein Standort weist üblicherweise die gleichen Grenzen wie ein lokales Netzwerk auf (Local Area Network, LAN). Wenn Sie in Ihrem Netzwerk Subnetze zu Gruppen zusammenfassen, sollten Sie nur die Subnetze miteinander kombinieren, die über schnelle, kostengünstige und zuverlässige Netzwerkverbindungen verfügen. Von einer schnellen Netzwerkverbindung spricht man ab 512 KBit/s (Kilobit pro Sekunde). Eine verfügbare Bandbreite von 128 KBit/s und höher ist ausreichend.

In Active Directory sind Standorte nicht Teil des Namespaces. Wenn Sie den logischen Namespace durchsuchen, werden Computer und Benutzer in einer Struktur von Domänen und Organisationseinheiten angezeigt, nicht jedoch in einer Gliederung nach Standorten. Die Standorte enthalten lediglich Computer- und Verbindungsobjekte, die zum Konfigurieren der Replikation zwischen den Standorten verwendet werden.

Hinweis Eine einzelne Domäne kann mehrere geografische Standorte umspannen, und ein einzelner Standort kann Benutzerkonten und Computer enthalten, die unterschiedlichen Domänen angehören.

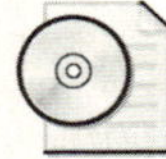

Auf der CD Das ist eine gute Gelegenheit, sich die Multimediapräsentation „The Physical Structure of Active Directory" anzusehen, die Sie im Ordner **Multimedia** auf der Begleit-CD-ROM finden.

Replikation innerhalb eines Active Directory-Standorts

Active Directory bietet ein Feature zur Replikation von Informationen. Durch die Replikation wird sichergestellt, dass Änderungen an einem Domänencontroller auch auf allen weiteren Domänencontrollern der Domäne vorgenommen werden. Das Konzept der Replikation setzt ein Verständnis der Aufgaben eines Domänencontrollers voraus. Ein Domänencontroller ist ein Computer, auf dem ein Replikat des Domänenverzeichnisses gespeichert ist. Jede Domäne kann einen oder mehrere Domänencontroller beinhalten.

Innerhalb eines Standorts konfiguriert Active Directory automatisch eine Ringtopologie für die Replikation zwischen den Domänencontrollern einer Domäne. Die Topologie definiert den Pfad der Verzeichnisaktualisierungen so, dass diese von einem Domänencontroller zum nächsten geleitet werden, bis alle Domänencontroller die Verzeichnisaktualisierungen empfangen haben (Abbildung 14.5).

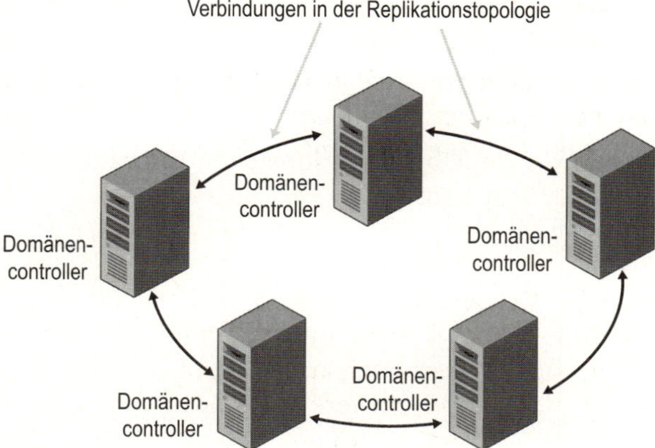

Abbildung 14.5 Innerhalb eines Standorts läuft die Replikation zwischen Domänencontrollern automatisch ab

Durch die ringförmige Struktur wird gewährleistet, dass immer mindestens zwei Replikationspfade zwischen zwei Domänencontrollern verfügbar sind. Wenn also einer der Domänencontroller vorübergehend ausfällt, kann die Replikation auf alle weiteren Domänencontrollern dennoch fortgesetzt werden.

Active Directory überprüft regelmäßig die Replikationstopologie innerhalb eines Standorts, um deren Effizienz zu gewährleisten. Wenn Sie zu einem Netzwerk oder Standort einen Domänencontroller hinzufügen beziehungsweise einen Domänencontroller entfernen, wird die Replikationstopologie über Active Directory entsprechend rekonfiguriert.

Auf der CD Das ist eine gute Gelegenheit, sich die Multimediapräsentation „Replication Within Sites" anzusehen, die Sie im Ordner **Multimedia** auf der Begleit-CD-ROM finden.

Lernzielkontrolle

Anhand der folgenden Fragen können Sie überprüfen, ob Sie die Themen dieser Lektion so gut beherrschen, dass Sie mit der nächsten Lektion weitermachen können. Falls Sie eine Frage nicht beantworten können, sollten Sie die Lektion noch einmal durcharbeiten, und dann erneut versuchen, die Frage zu beantworten. Die Antworten auf die Lernzielkontrollfragen finden Sie im Abschnitt „Fragen und Antworten" am Ende dieses Kapitels.

1. In Active Directory werden die Ressourcen logisch strukturiert. Welche Vorteile ergeben sich aus dieser Tatsache?

   ____

   ____

   ____

   ____

2. ____________ sind individuelle, benannte Attributsätze, die eine bestimmte Netzwerkressource repräsentieren.
3. Welche Komponente verwenden Sie, um Objekte in logischen Verwaltungsgruppen zu organisieren? (Wählen Sie die richtige Antwort.)
   a. Standort
   b. Struktur
   c. Domäne
   d. Organisationseinheit
4. Eine ____________ ist eine Gruppierung beziehungsweise eine hierarchische Anordnung einer oder mehrerer ____________________, die keinen fortlaufenden Namespace bilden.
5. Die physischen Komponenten von Active Directory sind ______________________ und ________________.

Zusammenfassung der Lektion

- Die logische Struktur von Active Directory setzt sich aus Domänen, Strukturen, Gesamtstrukturen, Organisationseinheiten und Objekten zusammen. Die logische Struktur ist von der eigentlichen physischen Struktur des Netzwerks getrennt. Sie ist völlig unabhängig vom Aufstellungsort der Server oder den Netzwerkverbindungen innerhalb der Domäne. Die Hauptkomponenten in der logischen Struktur sind:
  - Die zentrale Einheit der logischen Active Directory-Struktur ist die Domäne. Alle Netzwerkobjekte sind in einer Domäne enthalten, jede Domäne speichert ausschließlich Informationen zu den in ihr enthaltenen Objekten.
  - Eine Organisationseinheit (Organizational Unit, OU) ist ein Container, mit dessen Hilfe Objekte innerhalb einer Domäne in logische Verwaltungsgruppen gegliedert werden. Eine Organisationseinheit kann Objekte wie Benutzerkonten, Gruppen,

Computer, Drucker, Anwendungen, Dateifreigaben sowie weitere Organisationseinheiten enthalten.

- Eine Struktur ist eine Gruppierung beziehungsweise eine hierarchische Anordnung einer oder mehrerer Active Directory-Domänen, die gemeinsam einen zusammenhängenden Namespace nutzen.
- Eine Gesamtstruktur ist eine Gruppierung beziehungsweise eine hierarchische Anordnung einer oder mehrerer Strukturen, die keinen fortlaufenden Namespace bilden.

- Die physische Struktur von Active Directory baut auf dem zugrunde liegenden Netzwerk auf. Hauptkomponenten der physischen Struktur sind:
  - Ein Domänencontroller ist ein Computer, der unter Windows 2000 Server oder Windows Server 2003 läuft und ein Replikat des Domänenverzeichnisses (die lokale Domänendatenbank) speichert. Sie können in einer Domäne beliebig viele Domänencontroller erstellen. Jeder Domänencontroller in einer Domäne verfügt über ein vollständiges Replikat der Verzeichnispartition dieser Domäne.
  - Ein Standort ist eine Kombination aus einem oder mehreren IP-Subnetzen, die durch eine Hochgeschwindigkeitsverbindung miteinander kommunizieren.
- Innerhalb eines Standorts konfiguriert Active Directory automatisch eine Ringtopologie für die Replikation zwischen den Domänencontrollern einer Domäne. Durch die Ringstruktur wird sichergestellt, dass mindestens zwei Replikationspfade von einem Domänencontroller zu einem anderen verfügbar sind. Wenn einer der Domänencontroller vorübergehend nicht verfügbar ist, kann die Replikation für alle verbleibenden Domänencontroller dennoch vorgenommen werden.

Lektion 2: Wichtige Active Directory-Konzepte

Mit der Einführung von Active Directory wurden auch verschiedene neue Konzepte vorgestellt. Es ist wichtig, die Bedeutung und Auswirkung dieser Konzepte zu kennen.

Am Ende dieser Lektion werden Sie in der Lage sein, die folgenden Aufgaben auszuführen:

- Beschreiben des Zwecks des Active Directory-Schemas.
- Beschreiben des Zwecks des globalen Katalogs.
- Erklären des Konzepts eines Namespaces.
- Beschreiben der Namenskonventionen, die in Active Directory verwendet werden.

Veranschlagte Zeit für diese Lektion: 30 Minuten

Was ist das Active Directory-Schema?

Das Active Directory-Schema definiert Objekte, die in Active Directory gespeichert werden können. Beim Schema handelt es sich um eine Liste von Definitionen, die festlegt, welche Art von Objekten und welche Art von Informationen zu einem Active Directory-Objekt gespeichert werden können.

Das Schema enthält Definitionen zu zwei Objekttypen: den Klassen- und den Attributobjekten. Klassenobjekte und Attributobjekte werden innerhalb des Schemas in separaten Listen definiert (Abbildung 14.6). Klassen- und Attributobjekte werden auch als Schemaobjekte bezeichnet.

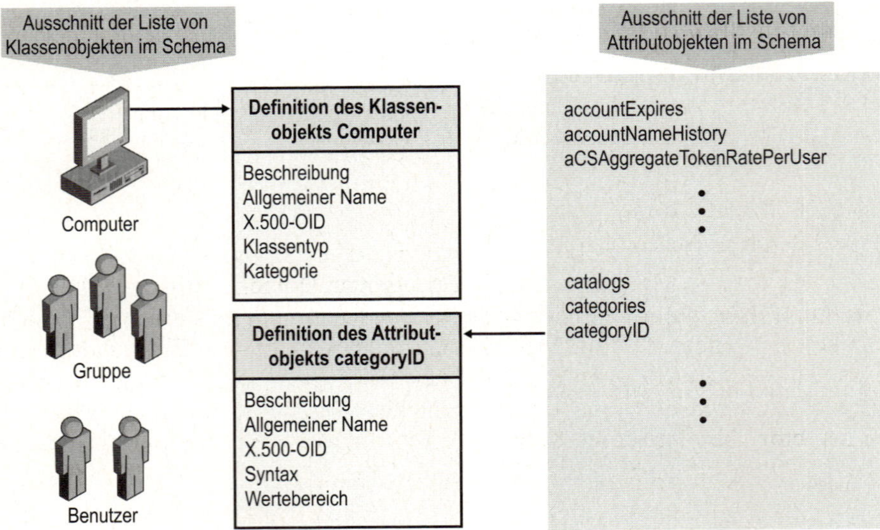

Abbildung 14.6 Das Schema umfasst Klassenobjekte und Attributobjekte

Schemaklassenobjekte beschreiben die Objekte, die in Active Directory erstellt werden können. Jede Schemaklasse ist eine Auflistung von Schemaattributobjekten. Das Schema definiert für jede Objektklasse, welche Attribute eine Instanz der Klasse besitzen muss, welche zusätzlichen Attribute vorliegen können und welche Objektklasse eine übergeordnete Klasse der aktuellen Objektklasse sein kann. Jedes Objekt in Active Directory stellt eine Instanz einer Schemaobjektklasse dar.

Attributobjekte definieren die Klassenobjekte, mit denen sie verknüpft sind. Jedes Attribut wird nur einmal definiert, kann jedoch in mehreren Klassen verwendet werden. Da die Schemadefinitionen selbst als Active Directory-Objekte gespeichert werden, können sie genau wie alle weiteren Active Directory-Objekte verwaltet werden.

Bei der Installation von Active Directory auf dem ersten Domänencontroller eines Netzwerks wird ein Standardschema erstellt, das einen Satz der grundlegenden Schemaklassenattribute enthält. Das Standardschema enthält außerdem Definitionen für Objekte und Eigenschaften, die Active Directory intern einsetzt.

Das Active Directory-Schema ist erweiterbar, das heißt, Sie können neue Verzeichnisobjekttypen und -attribute sowie neue Attribute für vorhandene Objekte definieren. Zum Beispiel erweitert Microsoft Exchange Server das Schema, um E-Mail-Eigenschaften zu Benutzerkontoinformationen in Active Directory hinzuzufügen. Auch Sie selbst können das Schema unter Verwendung des Snap-Ins **Active Directory-Schema** oder über ADSI (Active Directory Service Interface) direkt erweitern. Das Schema sollte nur von erfahrenen Entwicklern oder Netzwerkadministratoren durch die Definition neuer Klassen und Attribute für vorhandene Klassen dynamisch erweitert werden.

Das Schema wird Active Directory-intern (im globalen Katalog) implementiert und gespeichert und kann dynamisch aktualisiert werden. Sie können daher das Schema durch eine Anwendung um neue Attribute und Klassen erweitern und diese Erweiterungen umgehend nutzen.

Hinweis Der Schreibzugriff auf das Schema wird standardmäßig auf die Mitglieder der Gruppe **Schema-Admins** beschränkt.

Was ist der globale Katalog?

Mithilfe von Active Directory können Benutzer und Administratoren Objekte (zum Beispiel Dateien, Drucker oder Benutzer) in der eigenen Domäne auffinden. Die Objektsuche außerhalb der Domäne und innerhalb eines Unternehmens erfordert jedoch einen Mechanismus, bei dem die Domänen als eine Einheit fungieren. Ein Katalogdienst enthält ausgewählte Informationen zu sämtlichen Objekten aller Domänen im Verzeichnis. Dies ist für die Durchführung unternehmensweiter Suchläufe von Vorteil. Der von Active Directory bereitgestellte Katalogdienst wird als ***globaler Katalog*** bezeichnet.

Der globale Katalog ist die zentrale Speicherdatenbank für Informationen zu den Objekten in einer Struktur oder Gesamtstruktur (Abbildung 14.7). Der globale Katalog wird automatisch auf dem ersten Domänencontroller in der ersten Domäne einer Gesamtstruktur erstellt. Der Domänencontroller mit dem globalen Katalog wird auch als globaler Katalogserver bezeichnet. Mithilfe der Multimasterreplikation von Active Directory werden die Informationen des globalen Katalogs auf die globalen Katalogserver der weiteren Domänen repliziert.

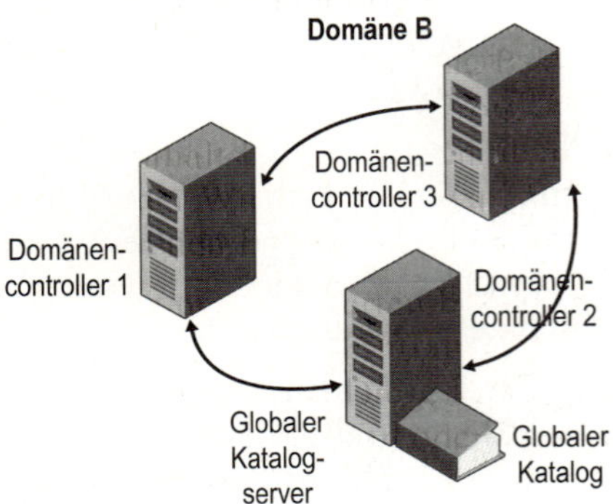

Abbildung 14.7 Der globale Katalog ist der zentrale Speicherort für Informationen über Objekte in einer Gesamtstruktur

Der globale Katalog speichert die Attribute, die bei Suchvorgängen am häufigsten verwendet werden (wie zum Beispiel Vor- und Nachnamen von Benutzern, Anmeldenamen und so weiter), und solche Attribute, die zum Ermitteln eines vollständigen Objektreplikats erforderlich sind. Aus diesem Grund können Sie den globalen Katalog zum Auffinden von Objekten innerhalb des gesamten Netzwerks einsetzen, ohne eine Replikation aller Domäneninformationen zwischen den Domänencontrollern durchführen zu müssen.

Hinweis Sie können über das Snap-In **Active Directory-Schema** definieren, welche Attribute in die Replikation des globalen Katalogs aufgenommen werden sollen.

Sie können über das Snap-In **Active Directory-Standorte und -Dienste** zusätzliche Domänencontroller als globale Katalogserver konfigurieren. Berücksichtigen Sie bei der Auswahl der Domänencontroller, die als globale Katalogserver fungieren sollen, die Kapazität Ihres Netzwerks im Hinblick auf die Verarbeitung des Replikations- und Abfrageverkehrs. Der Replikationsverkehr steigt mit der Anzahl der globalen Katalogserver an. Zusätzliche Server können jedoch auch die Antwortzeiten für Benutzerabfragen verkürzen. Jeder größere Standort innerhalb Ihres Unternehmens sollte über einen globalen Katalogserver verfügen.

Auf der CD Das ist eine gute Gelegenheit, sich die Multimediapräsentation „The Role of Universal Groups in the Logon Process“ anzusehen, die Sie im Ordner **Multimedia** auf der Begleit-CD-ROM finden. Diese Präsentation vermittelt Ihnen ein tieferes Verständnis für die Funktionsweise von globalen Katalogservern in Active Directory.

Was ist ein Namespace?

Active Directory ist, wie alle Verzeichnisdienste, in erster Linie ein ***Namespace***. Ein Namespace ist ein begrenzter Bereich für die Namensauflösung. Bei der Namensauflösung wird ein Name in ein Objekt oder eine Information übersetzt, die den Namen repräsentieren. Der Active Directory-Namespace basiert auf den DNS-Namenskonventionen (Domain Name System), die eine Interoperabilität mit den Internettechnologien gewährleistet. Ein Beispiel für einen Namespace sehen Sie in Abbildung 14.8.

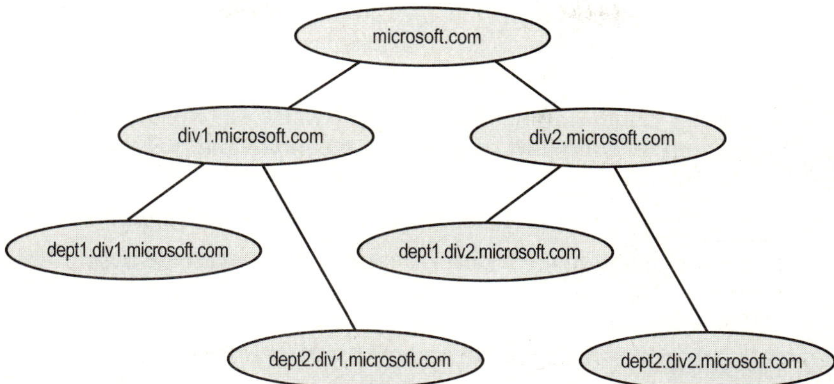

Abbildung 14.8 Ein Namespace ist ein Bereich, in dem ein Name aufgelöst werden kann

Durch die Verwendung eines gemeinsamen Namespaces können heterogene Software- und Hardwareumgebungen eines Unternehmensnetzwerks vereinheitlicht und dadurch leichter verwaltet werden. Es wird zwischen zwei Arten von Namespaces unterschieden:

- **Zusammenhängende Namespaces:** Der Name eines untergeordneten Objekts in einer Objekthierarchie enthält immer den Namen der übergeordneten Domäne. Eine Struktur ist ein Beispiel für einen zusammenhängenden oder fortlaufenden Namespace.
- **Getrennte Namespaces:** Die Namen eines übergeordneten Objekts und eines untergeordneten Objekts desselben übergeordneten Objekts stehen nicht in direkter Beziehung zueinander. Eine Gesamtstruktur ist ein Beispiel für einen getrennten, nicht fortlaufenden Namespace.

Prüfungstipp Das Wort ***Namespace*** wird oft verwendet. Im einfachsten Fall ist ein Namespace eine Struktur (oft eine Datenbank), in der alle Objekte ähnliche, aber trotzdem unverwechselbare Namen tragen.

Namenskonventionen

Die Objekte in Active Directory werden anhand des Namens identifiziert. Active Directory verwendet verschiedene Namenskonventionen: definierte Namen (Distinguished Name, DN), relativ definierte Namen (Relative Distinguished Name, RDN), global eindeutige Kennungen (Global Unique Identifier, GUID) und Benutzerprinzipalnamen (User Principal Name, UPN).

Definierte Namen

Jedes Objekt in Active Directory verfügt über einen ***definierten Namen***, mit dem das Objekt eindeutig identifiziert wird. Dieser Name enthält ausreichende Informationen, um das Objekt aus dem Verzeichnis abzurufen. Der definierte Name umfasst den Namen der Domäne, in der das Objekt gespeichert wird, sowie den vollständigen Pfad in der Containerhierarchie, der zu diesem Objekt führt.

Der folgende definierte Name kennzeichnet beispielsweise das Benutzerobjekt ***Vorname Nachname*** in der Domäne **microsoft.com** (wobei ***Vorname*** und ***Nachname*** für den tatsächlichen Vor- und Nachnamen eines Benutzerkontos stehen):

/DC=COM/DC=microsoft/OU=dev/CN=Users/CN=*Vorname Nachname*

In Tabelle 14.1 werden die in diesem Beispiel verwendeten Attribute beschrieben.

Tabelle 14.1 Attribute eines definierten Namens

Attribut	Beschreibung
DC	Der Domänenkomponentenname (DomainComponentName, DC) gibt die Domäne an, in der das Objekt definiert ist.
OU	Der Organisationseinheitenname (OrganizationalUnitName, OU) gibt die Organisationseinheit an, in der das Objekt liegt.
CN	Der allgemeine Name (CommonName, CN) ist der tatsächliche Name des Objekts.

Die definierten Namen müssen innerhalb von Active Directory eindeutig sein, die mehrfache Verwendung eines definierten Namens ist unzulässig.

Relativ definierte Namen

Active Directory unterstützt die Abfrage nach Attributen, daher kann ein Objekt sogar dann aufgefunden werden, wenn der exakte definierte Name nicht bekannt ist oder sich geändert hat. Der ***relativ definierte Name*** (Relative Distinguished Name, RDN) eines Objekts ist der Namensbestandteil, der selbst ein Objektattribut darstellt. Im obigen Beispiel lautet der relativ definierte Name des Benutzerobjekts ***Vorname Nachname***. Der relativ definierte Name des übergeordneten Objekts lautet **Benutzer**.

Active Directory-Objekte gestatten die Verwendung doppelter RDNs. Zwei Objekte mit gleichem RDN in derselben Organisationseinheit sind dagegen nicht zulässig. Wenn ein Benutzerkonto zum Beispiel **Mia Muster** heißt, darf es in derselben Organisationseinheit kein weiteres Benutzerkonto mit dem Namen **Mia Muster** geben. In verschiedenen Organisationseinheiten können jedoch doppelte RDNs vergeben werden, da diese unterschiedliche definierte Namen (DNs) aufweisen (Abbildung 14.9).

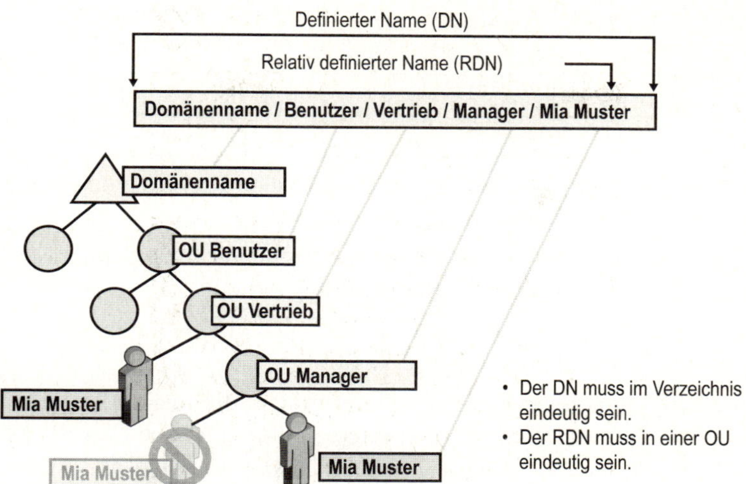

Abbildung 14.9 Definierte Namen müssen in einem Verzeichnis eindeutig sein, relativ definierte Namen müssen dagegen nur innerhalb einer Organisationseinheit eindeutig sein

Global eindeutige Kennungen

Eine ***global eindeutige Kennung*** (Global Unique Identifier, GUID) ist ein 128-Bit-Zahlenwert, der immer eindeutig ist. Jedem Objekt wird bei dessen Erstellung eine GUID zugewiesen. Die GUID ändert sich niemals, auch wenn Sie das Objekt verschieben oder umbenennen. Anwendungen können die GUID eines Objekts speichern und sie zum Abrufen des Objekts ohne Berücksichtigung des aktuellen definierten Namens des Objekts verwenden.

Benutzerprinzipalnamen

Benutzerkonten verfügen über benutzerfreundliche Namen, die so genannten Benutzerprinzipalnamen (User Principal Names, UPNs). Dieser Name besteht aus einem eingängigen Namen für das Benutzerkonto und dem DNS-Namen der Struktur, in der sich das Benutzerkontoobjekt befindet. Beispielsweise könnte der Benutzer ***Vorname Nachname*** (Platzhalter für den Vor- und Nachnamen eines tatsächlichen Benutzers) in der Struktur **microsoft.com** den UPN ***VornameN*@microsoft.com** erhalten (es wird also der vollständige Vorname und der erste Buchstabe des Nachnamens verwendet).

Lernzielkontrolle

Anhand der folgenden Fragen können Sie überprüfen, ob Sie die Themen dieser Lektion so gut beherrschen, dass Sie mit der nächsten Lektion weitermachen können. Falls Sie eine Frage nicht beantworten können, sollten Sie die Lektion noch einmal durcharbeiten, und dann erneut versuchen, die Frage zu beantworten. Die Antworten auf die Lernzielkontrollfragen finden Sie im Abschnitt „Fragen und Antworten" am Ende dieses Kapitels.

1. Was ist das Active Directory-Schema?

____

____

____

2. Welche der folgenden Aussagen treffen auf den globalen Katalog von Active Directory zu? (Wählen Sie alle zutreffenden Antworten aus.)

   a. Der globale Katalog ist die zentrale Speicherdatenbank für Informationen zu den Objekten in einer Struktur oder Gesamtstruktur.

   b. Der globale Katalog wird automatisch auf dem ersten Domänencontroller in der ersten Domäne einer Gesamtstruktur erstellt.

   c. Der globale Katalog ist eine Liste von Definitionen, die festlegt, welche Art von Objekten und welche Art von Informationen zu einem Active Directory-Objekt gespeichert werden können.

   d. Sie können in jeder Domäne nur einen einzigen globalen Katalogserver haben.

3. Jedes Objekt in Active Directory verfügt über einen ________________________, mit dem das Objekt eindeutig identifiziert wird. Er enthält ausreichende Informationen, um das Objekt aus dem Directory abzurufen.

4. Eine ________________________________ ist ein 128-Bit-Zahlenwert, der bei der Objekterstellung zugewiesen wird und immer eindeutig ist.

5. Worin besteht der Unterschied zwischen einem zusammenhängenden und einem getrennten Namespace? Nennen Sie ein Beispiel für jeden Namespacetyp.

____

____

____

____

____

____

Zusammenfassung der Lektion

- Das Schema enthält eine formale Definition zu Inhalt und Struktur von Active Directory, einschließlich aller Klassen und Attribute. Bei der Installation von Active Directory auf dem ersten Domänencontroller eines Netzwerks wird automatisch ein Standardschema erstellt.
- Der globale Katalog enthält ausgewählte Informationen zu sämtlichen Objekten in allen Domänen des Active Directory-Verzeichnisses.
- In einem zusammenhängenden (oder fortlaufenden) Namespace enthält der Name eines untergeordneten Objekts in einer Objekthierarchie immer den Namen der übergeordneten Domäne. Eine Struktur ist ein Beispiel für einen zusammenhängenden, fortlaufenden Namespace. In einem getrennten Namespace stehen die Namen eines

übergeordneten Objekts und eines untergeordneten Objekts desselben übergeordneten Objekts nicht in direkter Beziehung zueinander. Eine Gesamtstruktur ist ein Beispiel für einen getrennten, nicht fortlaufenden Namespace.

- Jedes Objekt in Active Directory wird durch einen Namen identifiziert. Active Directory benutzt mehrere Namenskonventionen: definierte Namen (DN), relativ definierte Namen (RDN), GUIDs und Benutzerprinzipalnamen (UPN).

Übung mit Fallbeispiel

In dieser Übung wird ein Szenario beschrieben, bei dem es um Active Directory-Konzepte geht. Beantworten Sie nach dem Durchlesen des Szenarios die Fragen. Falls Sie Schwierigkeiten haben, sollten Sie den Inhalt dieses Kapitels noch einmal durcharbeiten, bevor Sie das nächste Kapitel in Angriff nehmen. Die Antworten auf die Fragen finden Sie im Abschnitt „Fragen und Antworten" am Ende dieses Kapitels.

Szenario

Sie haben gerade als Administrator bei einem kleinen Unternehmen namens Fabrikam, Inc. angefangen, einem Marketingunternehmen mit Hauptsitz in München und einer Zweigstelle in Berlin. Das Unternehmen baut sein Netzwerk von Grund auf neu auf und hat bereits folgende Entscheidungen getroffen:

- Weil der Hauptsitz in München in einem einzigen Gebäude konzentriert ist, wird das Unternehmen ein einzelnes Hochgeschwindigkeits-LAN installieren.
- In der Zweigstelle Berlin wird ein anderes einzelnes Hochgeschwindigkeits-LAN installiert.
- Die beiden LANs werden über eine dedizierte WAN-Hochgeschwindigkeitsleitung (Wide Area Network) miteinander verbunden.
- Der Großteil der IT-Abteilung arbeitet in München. Eine kleinere Abteilung wird in Berlin eingerichtet; diese Abteilung bekommt die Administrationsverantwortung für das Netzwerk in Berlin.
- Das Unternehmen hat den Domänennamen **fabrikam.com** registriert und möchte diesen Namen durchgehend verwenden, sowohl in München als auch in Berlin.
- Benutzer sollen in der Lage sein, sich überall ganz einfach anzumelden (in beiden Städten), ohne angeben zu müssen, wo sie sich anmelden.

Fragen

1. Würden Sie für diese Organisation eine einzige Domäne empfehlen oder mehrere Domänen? Begründen Sie Ihre Antwort?

____

____

____

____

2. Wie viele Standorte würden Sie empfehlen? Begründen Sie Ihre Antwort?

3. Welche logische Active Directory-Struktur würde Ihnen erlauben, Objekte in Berlin so zusammenzufassen, dass die lokalen Administratoren diese Objekte verwalten können?

4. Wie viele globale Katalogserver sollten Sie empfehlen und wo würden Sie diese globalen Katalogserver aufstellen?

Übung zur Problembehandlung

Sie arbeiten als Administrator für ein Unternehmen namens Contoso, Ltd. Contoso baut Spezialmaschinen für große Reifenhersteller. Sie arbeiten mit einer Gruppe von Administratoren und Managern zusammen, die versuchen, die optimale Active Directory-Struktur für ein neues Netzwerk zu entwerfen. Das Unternehmen ist folgendermaßen aufgebaut:

- Contoso, Ltd. hat eine Hauptniederlassung in Stuttgart und eine Zweigstelle in Hamburg.
- Contoso, Ltd. hat vor kurzem ein anderes Unternehmen namens Litware, Inc. gekauft. Litware hat seinen Sitz in Köln.

Contoso hat den Domänennamen **contoso.com** registriert und will ihn für die Hauptniederlassung Stuttgart und die Zweigstelle Hamburg verwenden. Die Domänenstruktur soll aber wiedergeben, dass es sich um unterschiedliche Städte handelt.

Das Unternehmen besitzt nun auch den Domänennamen **litware.com**. Dieser Name soll in der Domänenstruktur weiterverwendet werden, um zu zeigen, dass es sich um ein Tochterunternehmen handelt, das seine eigene Identität beibehält.

1. Einer der Manager hat ein Modell vorgeschlagen, das eine einzige Domänenstruktur mit zwei Domänen verwendet. Warum erfüllt dieses Modell nicht die Anforderungen?

2. Rekapitulieren Sie nochmals, was Sie in diesem Kapitel gelernt haben, und zeichnen Sie dann ein Diagramm einer Domänenstruktur, die alle Anforderungen erfüllt.

Zusammenfassung des Kapitels

- Active Directory ist der Verzeichnisdienst von Windows 2000 Server- und Windows Server 2003-Netzwerken. Ein Verzeichnisdienst ist ein Netzwerkdienst, der alle Ressourcen in einem Netzwerk identifiziert und sie für Benutzer und Anwendungen zugänglich macht. Active Directory bietet eine vereinfachte Administration, Skalierbarkeit und Unterstützung für offene Standards.
- Die logische Struktur von Active Directory setzt sich aus Domänen, Strukturen, Gesamtstrukturen, Organisationseinheiten und Objekten zusammen. Die logische Struktur ist von der eigentlichen physischen Struktur des Netzwerks getrennt. Sie ist völlig unabhängig vom Aufstellungsort der Server oder den Netzwerkverbindungen innerhalb der Domäne. Die physische Struktur von Active Directory baut auf dem zugrunde liegenden Netzwerk auf. Hauptkomponenten der physischen Struktur sind Domänencontroller und Standorte.
- Für das Verständnis von Active Directory müssen Sie mit einigen Konzepten vertraut sein. Wichtige Konzepte sind:
  - Das Schema enthält eine formale Definition zu Inhalt und Struktur von Active Directory, einschließlich aller Klassen und Attribute. Bei der Installation von Active Directory auf dem ersten Domänencontroller eines Netzwerks wird automatisch ein Standardschema erstellt.
  - Der globale Katalog enthält ausgewählte Informationen zu sämtlichen Objekten in allen Domänen des Active Directory-Verzeichnisses.
  - In einem zusammenhängenden (oder fortlaufenden) Namespace enthält der Name eines untergeordneten Objekts in einer Objekthierarchie immer den Namen der übergeordneten Domäne. Eine Struktur ist ein Beispiel für einen zusammenhängenden, fortlaufenden Namespace. In einem getrennten Namespace stehen die Namen eines übergeordneten Objekts und eines untergeordneten Objekts desselben übergeordneten Objekts nicht in direkter Beziehung zueinander. Eine Gesamtstruktur ist ein Beispiel für einen getrennten, nicht fortlaufenden Namespace.

- Jedes Objekt in Active Directory wird durch einen Namen identifiziert. Active Directory benutzt mehrere Namenskonventionen: definierte Namen (DN), relativ definierte Namen (RDN), GUIDs und Benutzerprinzipalnamen (UPN).

Prüfungsrelevante Themen

Vor der Prüfungsteilnahme sollten Sie die nachfolgend aufgeführten Schlüsselinformationen und -begriffe noch einmal durcharbeiten. Diese Informationen sind für das Bestehen der Prüfung von entscheidender Bedeutung.

Schlüsselinformationen

- Sie können administrative Aufgaben delegieren, indem Sie Berechtigungen an Organisationseinheiten zuweisen. Organisationseinheiten bieten eine Möglichkeit, die administrativen Anforderungen einer Organisation zu strukturieren, ohne eine übermäßige Zahl von Domänen anlegen zu müssen.
- Im einfachsten Fall ist ein Namespace eine Struktur, in der alle Objekte ähnliche, aber trotzdem unverwechselbare Namen tragen.

Schlüsselbegriffe

Active Directory Der Verzeichnisdienst von Windows 2000 Server- und Windows Server 2003-Netzwerken, der alle Ressourcen in einem Netzwerk identifiziert und sie für Benutzer und Anwendungen zugänglich macht.

Active Directory-Schema Definiert die Struktur der Tabellen und Felder und deren Beziehungen untereinander. In Active Directory ist das Schema eine Auflistung der Daten (Objektklassen), die definieren, wie die tatsächlichen Daten des Verzeichnisses (die Attribute eines Objekts) organisiert und gespeichert werden.

Benutzerprinzipalname (User Principal Name, UPN) Ein „abgekürzter" Name, der das Benutzerkonto und den DNS-Namen der Struktur angibt, in der das Benutzerkontoobjekt gespeichert ist.

Definierter Name (Distinguished Name, DN) Ein Name, der ein Objekt innerhalb von Active Directory eindeutig identifiziert und genügend Informationen enthält, damit ein Client das Objekt aus dem Verzeichnis auslesen kann.

Domäne Eine logische Gruppierung von Servern und anderen Netzwerkressourcen unter einem einzigen Domänennamen. Die Domäne ist die grundlegende Einheit für Replikation und Sicherheit in einem Active Directory-Netzwerk.

Domänencontroller Ein Computer, auf dem Windows 2000 Server oder Windows Server 2003 läuft und der Active Directory-Dienst installiert ist. Der Domänencontroller speichert ein vollständiges Replikat des Domänenverzeichnisses.

Gesamtstruktur Eine Gruppierung beziehungsweise eine hierarchische Anordnung einer oder mehrerer Domänenstrukturen, die keinen fortlaufenden Namespace bilden, aber ein gemeinsames Schema und einen gemeinsamen globalen Katalog haben können.

Globaler Katalog Der zentrale Speicherort für Informationen über Objekte in einer Struktur oder Gesamtstruktur.

Globally Unique Identifier (GUID) Eine garantiert eindeutige 128-Bit-Zahl, die einem in Active Directory erstellten Objekt zugewiesen wird.

Logische Struktur Die administrative Struktur von Active Directory, die Domänen, Strukturen, Organisationseinheiten und Objekte umfasst.

Namespace Ein abgeschlossener Bereich für die Namensauflösung.

Objekt Ein individueller, benannter Attributsatz, der eine bestimmte Netzwerkressource repräsentiert.

Organisationseinheit (Organizational Unit, OU) Ein Container, mit dessen Hilfe Objekte innerhalb einer Domäne in logische Verwaltungsgruppen gegliedert werden. Organisationseinheiten bieten die Möglichkeit, innerhalb einer Domäne Grenzen für die Administration festzulegen.

Relativ definierter Name (Relative Distinguished Name, RDN) Ein Name, der ein Objekt innerhalb einer bestimmten Organisationseinheit eindeutig identifiziert.

Replikation Der Vorgang, bei dem Informationen von einem Ort zum anderen kopiert werden. Bei Active Directory wird die Replikation von Verzeichnisinformationen zwischen Domänencontrollern desselben Standorts automatisch durchgeführt.

Standort Eine Kombination aus einem oder mehreren IP-Subnetzen, die durch eine zuverlässige Hochgeschwindigkeitsverbindung miteinander verbunden sind. Dient dazu, so viel Netzwerkverkehr wie möglich innerhalb des lokalen Netzes zusammenzufassen.

Struktur Eine Gruppierung beziehungsweise eine hierarchische Anordnung einer oder mehrerer Domänen, die gemeinsam ein Schema und einen zusammenhängenden Namespace nutzen.

Fragen und Antworten

Seite 720

Lernzielkontrolle Lektion 1

1. In Active Directory werden die Ressourcen logisch strukturiert. Welche Vorteile ergeben sich aus dieser Tatsache?

   Durch das logische Gruppieren von Ressourcen können Sie eine Ressource anhand ihres Namens suchen und müssen nicht den physischen Standort kennen. Aufgrund der logischen Strukturierung der Ressourcen durch Active Directory ist der physische Aufbau des Netzwerks für die Benutzer unerheblich.

2. _____________ sind individuelle, benannte Attributsätze, die eine bestimmte Netzwerkressource repräsentieren.

   Objekte

3. Welche Komponente verwenden Sie, um Objekte in logischen Verwaltungsgruppen zu organisieren? (Wählen Sie die richtige Antwort.)

   a. Standort

b. Struktur

c. Domäne

d. Organisationseinheit

Die richtige Antwort ist d. Organisationseinheiten sind vom Benutzer erstellte Container, die dazu dienen, Ressourcen für die Administration zu organisieren. Antwort a ist nicht richtig, weil ein Standort eine physische Struktur ist, die auf der zugrunde liegenden Netzwerkarchitektur aufbaut. Antwort b ist nicht richtig, weil eine Struktur eine hierarchische Gruppierung von Domänen ist, die einen gemeinsamen fortlaufenden Namespace haben. Antwort c ist nicht richtig, weil eine Domäne Computer, Benutzer und andere Objekte repräsentiert, die eine gemeinsame Sicherheitsdatenbank verwenden.

4. Eine ____________ ist eine Gruppierung beziehungsweise eine hierarchische Anordnung einer oder mehrerer ____________________, die keinen fortlaufenden Namespace bilden.

   Gesamtstruktur; Domänenstrukturen

5. Die physischen Komponenten von Active Directory sind ______________________ und _________________.

   Domänencontroller; Standorte

Seite 727

Lernzielkontrolle Lektion 2

1. Was ist das Active Directory-Schema?

   Das Active Directory-Schema definiert Objekte, die in Active Directory gespeichert werden können. Das Schema ist eine Liste mit Definitionen, die festlegt, welche Art von Objekten und welche Art von Informationen zu einem Active Directory-Objekt gespeichert werden können.

2. Welche der folgenden Aussagen treffen auf den globalen Katalog von Active Directory zu? (Wählen Sie alle zutreffenden Antworten aus.)

   a. Der globale Katalog ist die zentrale Speicherdatenbank für Informationen zu den Objekten in einer Struktur oder Gesamtstruktur.

   b. Der globale Katalog wird automatisch auf dem ersten Domänencontroller in der ersten Domäne einer Gesamtstruktur erstellt.

   c. Der globale Katalog ist eine Liste von Definitionen, die festlegt, welche Art von Objekten und welche Art von Informationen zu einem Active Directory-Objekt gespeichert werden können.

   d. Sie können in jeder Domäne nur einen einzigen globalen Katalogserver haben.

   Die richtigen Antworten sind a und b. Antwort c ist nicht richtig, weil diese Definition das Active Directory-Schema beschreibt, nicht einen globalen Katalog. Antwort d ist nicht richtig, weil Sie mehrere globale Katalogserver in einer Domäne haben können.

3. Jedes Objekt in Active Directory verfügt über einen ____________________________, mit dem das Objekt eindeutig identifiziert wird. Er enthält ausreichende Informationen, um das Objekt aus dem Directory abzurufen.

   DN (Definierter Name)

4. Eine ________________________________ ist ein 128-Bit-Zahlenwert, der bei der Objekterstellung zugewiesen wird und immer eindeutig ist.

   Globale Kennung (Global Unique Identifier, GUID)

5. Worin besteht der Unterschied zwischen einem zusammenhängenden und einem getrennten Namespace? Nennen Sie ein Beispiel für jeden Namespacetyp.

   In einem zusammenhängenden (oder fortlaufenden) Namespace enthält der Name eines untergeordneten Objekts in einer Objekthierarchie immer den Namen der übergeordneten Domäne. Eine Struktur ist ein fortlaufender Namespace. In einem getrennten Namespace stehen die Namen eines übergeordneten Objekts und eines untergeordneten Objekts desselben übergeordneten Objekts nicht in direkter Beziehung zueinander. Bei einer Gesamtstruktur handelt es sich um einen nicht fortlaufenden Namespace.

Seite 729

Übung mit Fallbeispiel

1. Würden Sie für diese Organisation eine einzige Domäne empfehlen oder mehrere Domänen? Begründen Sie Ihre Antwort?

   Sie sollten eine einzige Domäne für das Unternehmen vorschlagen. Weil das Unternehmen relativ klein ist und über eine dedizierte Hochgeschwindigkeitsverbindung verfügt, besteht eigentlich kein Grund, zwei getrennte Domänen für die beiden Städte einzurichten. Das Unternehmen will außerdem, dass sich die Benutzer überall im Unternehmen anmelden können, ohne den Anmeldeort anzugeben. Das geht nur bei einer einzigen Domäne. Werden zwei Domänen eingerichtet, müssen die Benutzer manchmal angeben, an welcher Domäne sie sich anmelden wollen.

2. Wie viele Standorte würden Sie empfehlen? Begründen Sie Ihre Antwort?

   Sie sollten vorschlagen, dass dieses Unternehmen zwei Standorte einrichtet: einen für das Netzwerk in München und einen für das Netzwerk in Berlin. Standorte spiegeln die zugrunde liegende Netzwerkstruktur wider. Da es zwei getrennte Hochgeschwindigkeits-LANs gibt, wäre es am besten, für jedes LAN einen eigenen Standort zu erstellen.

3. Welche logische Active Directory-Struktur würde Ihnen erlauben, Objekte in Berlin so zusammenzufassen, dass die lokalen Administratoren diese Objekte verwalten können?

   Organisationseinheiten ermöglichen Ihnen, administrative Grenzen für jede Stadt festzulegen.

4. Wie viele globale Katalogserver sollten Sie empfehlen und wo würden Sie diese globalen Katalogserver aufstellen?

   Sie sollten mindestens einen globalen Katalogserver für jeden Standort empfehlen, damit die Benutzer auch dann auf einen globalen Katalog zugreifen können, wenn die Verbindung zwischen den beiden Standorten unterbrochen ist.

Seite 730

Übung zur Problembehandlung

1. Einer der Manager hat ein Modell vorgeschlagen, das eine einzige Domänenstruktur mit zwei Domänen verwendet. Warum erfüllt dieses Modell nicht die Anforderungen?

Das Unternehmen will zwei getrennte Namespaces beibehalten: **contoso.com** und **litware.com**. Weil alle Domänen in derselben Struktur liegen, müssen sie einen fortlaufenden Namespace verwenden. Das Modell des Managers eignet sich also nicht.

2. Rekapitulieren Sie nochmals, was Sie in diesem Kapitel gelernt haben, und zeichnen Sie dann ein Diagramm einer Domänenstruktur, die alle Anforderungen erfüllt.

   Da es zwei getrennte Namespaces gibt (**contoso.com** und **litware.com**), müssen Sie für jeden Namespace eine eigene Struktur erstellen. Innerhalb der Struktur **litware.com** können Sie eine einzige Domäne namens **litware.com** erstellen. Innerhalb der Struktur **contoso.com** können Sie eine Stammdomäne namens **contoso.com** erstellen und dann untergeordnete Domänen namens **stuttgart.contoso.com** und **hamburg.contoso.com**. Das erfüllt die Anforderung, dass die Domänenstruktur die unterschiedlichen geografischen Standorte in Stuttgart und Hamburg widerspiegelt. Ein Beispieldiagramm finden Sie in Abbildung 14.10.

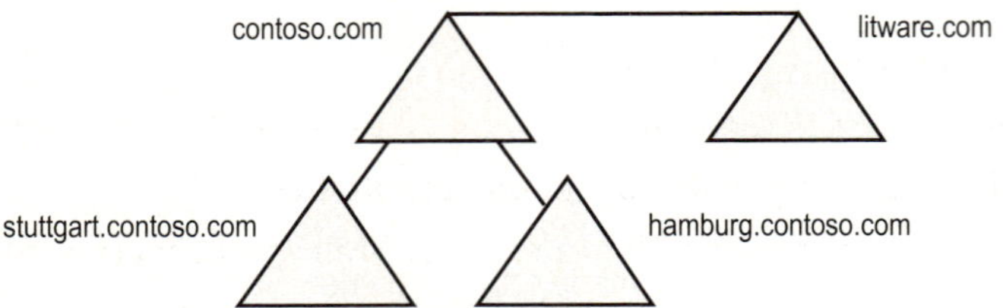

Abbildung 14.10 Für einen getrennten Namespace benötigen Sie mehrere Domänenstrukturen.

KAPITEL 15

Konfigurieren von Netzwerk- und Internetverbindungen

In diesem Kapitel abgedeckte Prüfungsziele:

- Installieren, Verwalten und Problembehandlung von Ein-/Ausgabegeräten.
  - Installieren, Konfigurieren und Verwalten von Modems.
  - Installieren, Konfigurieren und Verwalten von Drahtlosnetzwerkgeräten.
  - Installieren, Konfigurieren und Verwalten von Netzwerkkarten.
- Herstellen einer Verbindung über ein DFÜ-Netzwerk.
  - Herstellen einer Verbindung über eine VPN-Verbindung (virtuelles privates Netzwerk).
  - Erstellen einer DFÜ-Verbindung zu einem RAS-Server.
  - Herstellen einer Internetverbindung über das DFÜ-Netzwerk.
  - Konfigurieren und Problembehandlung der gemeinsamen Nutzung der Internetverbindung (Internet Connection Sharing, ICS).
- Konfigurieren, Verwalten und Problembehandlung einer Internetverbindungsfirewall.

Hinweis Die Internetverbindungsfirewall ist die Softwarefirewall, die in Windows XP Professional-Versionen vor dem Update auf Service Pack 2 eingebaut war. Nachdem Sie das Service Pack 2 eingespielt haben, wird die Firewall auf die neue (und viel widerstandsfähigere) Windows-Firewall aktualisiert. Dieses Kapitel konzentriert sich auf die Windows-Firewall, und die Prüfung wurde ebenfalls für die Windows-Firewall aktualisiert. In den offiziellen Lernzielen ist allerdings immer noch die Internetverbindungsfirewall aufgeführt.

Bedeutung dieses Kapitels

Microsoft Windows XP Professional stellt viele neue Features zur Verfügung, die das Konfigurieren von Netzwerk- und Internetverbindungen für Heim- und kleine Büronetzwerkumgebungen vereinfachen. In diesem Kapitel erfahren Sie, wie Sie LAN-(Local Area Network), DFÜ- und Drahtlosverbindungen konfigurieren. Außerdem wird die ***Windows-Firewall*** vorgestellt, die Ihren Computer gegen unerwünschten Verkehr schützt, und die ***gemeinsame Nutzung der Internetverbindung (Internet Connection Sharing, ICS)***, die Ihnen ermöglicht, für alle Computer in Ihrem Netzwerk eine Verbindung ins Internet bereitzustellen.

Lektionen in diesem Kapitel:

Bevor Sie beginnen

Damit Sie die Übungen in diesem Kapitel durchführen können, brauchen Sie einen Computer, der die minimalen Hardwarevoraussetzungen erfüllt, die im Abschnitt „Über dieses Buch“ am Anfang beschrieben wurden. Außerdem muss auf dem Computer Windows XP Professional sowie eine Netzwerkkarte und ein Modem installiert sein.

Lektion 1: Konfigurieren von LAN-Verbindungen

Windows XP Professional macht es einfach, LAN-Verbindungen zu konfigurieren. Wenn Sie eine Netzwerkkarte installieren, erstellt Windows automatisch eine LAN-Verbindung. Sie brauchen die Verbindung nur noch zu konfigurieren. Diese Lektion zeigt, wie Sie die LAN-Verbindungen auf einem Computer anzeigen und diese Verbindungen konfigurieren.

Am Ende dieser Lektion werden Sie in der Lage sein, die folgenden Aufgaben auszuführen:

- Anzeigen der LAN-Verbindungen auf einem Windows XP Professional-Computer.
- Konfigurieren einer LAN-Verbindung.
- Problembehandlung einer LAN-Verbindung.
- Konfigurieren einer Verbindung mit dem Assistenten für neue Verbindungen.

Veranschlagte Zeit für diese Lektion: 60 Minuten

Anzeigen von LAN-Verbindungen

Windows XP Professional stellt eine zentrale Stelle zum Ansehen und Konfigurieren von Netzwerkverbindungen zur Verfügung: das Fenster **Netzwerkverbindungen** (Abbildung 15.1). Sie können es auf unterschiedliche Arten öffnen:

- Klicken Sie in der Systemsteuerung auf **Netzwerk- und Internetverbindungen** und dann auf **Netzwerkverbindungen**.
- Klicken Sie im Startmenü oder auf dem Desktop (falls das Symbol dort angezeigt wird) mit der rechten Maustaste auf **Netzwerkumgebung** und wählen Sie den Befehl **Eigenschaften**.
- Klicken Sie direkt im Startmenü auf **Netzwerkverbindungen** (sofern Sie das Startmenü so konfiguriert haben, dass dieses Element angezeigt wird).

Die Symbole, die für die einzelnen Verbindungen angezeigt werden, zeigen an, um welchen Verbindungstyp es sich handelt und welchen Status die Verbindung hat. Diese Symbole haben folgende Bedeutung:

- DFÜ-Verbindungen (zum Beispiel die Verbindung **Contoso.com** in Abbildung 15.1) werden durch ein Telefon und ein Modem dargestellt.
- LAN- oder Hochgeschwindigkeitsinternetverbindungen (z.B. die **LAN-Verbindung** in Abbildung 15.1) haben ein Symbol, das eine Netzwerkkabelverbindung darstellt.
- Deaktivierte oder getrennte Verbindungen (zum Beispiel die Verbindung **Contoso.com** in Abbildung 15.1) sind abgeblendet.
- Verbindungen, die durch die Windows-Firewall geschützt sind, haben ein Symbol mit einem Schloss (zum Beispiel die Verbindung **Contoso.com** in Abbildung 15.1). Über die Windows-Firewall erfahren Sie mehr in Lektion 5, „Konfigurieren der Windows-Firewall“.

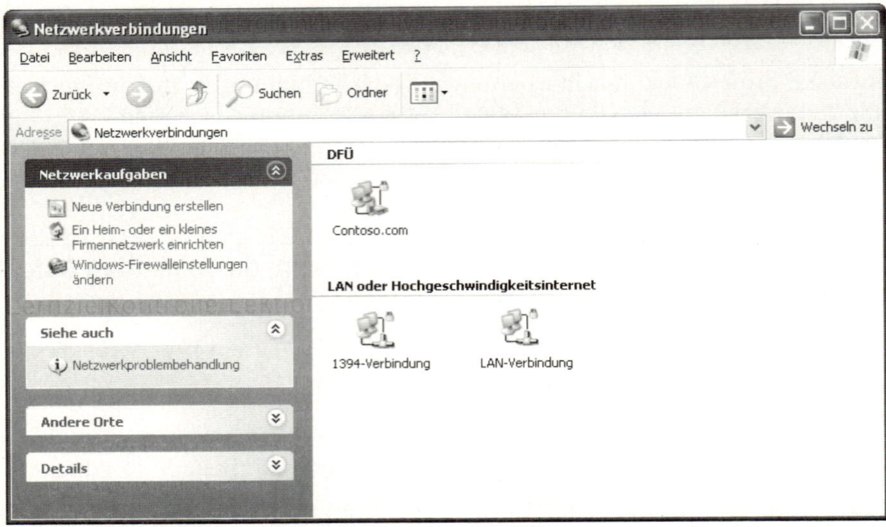

Abbildung 15.1 Das Fenster **Netzwerkverbindungen** zeigt LAN- und DFÜ-Verbindungen an

Konfigurieren einer LAN-Verbindung

Die meisten Aufgaben zum Konfigurieren einer LAN-Verbindung führen Sie im Fenster **Netzwerkverbindungen** durch. Wenn Sie mit der rechten Maustaste auf eine bestimmte Verbindung klicken, öffnet sich ein Kontextmenü mit Befehlen zum Bearbeiten der Verbindung.

Anzeigen des Status einer Verbindung

Sie können den aktuellen Status einer Verbindung anzeigen lassen, indem Sie mit der rechten Maustaste auf die Verbindung klicken und dann den Befehl **Status** wählen. Daraufhin öffnet sich das Dialogfeld **Status von LAN-Verbindung**. Die Registerkarte **Allgemein** in diesem Dialogfeld (Abbildung 15.2) zeigt den Verbindungsstatus und die Aktivität auf der Verbindung, seitdem sie zuletzt aktiviert wurde (die Zahl der Datenpakete, die über die Verbindung gesendet und empfangen wurde).

Die Registerkarte **Netzwerkunterstützung** im Dialogfeld **Status von LAN-Verbindung** (Abbildung 15.3) zeigt die TCP/IP-Konfigurationsinformationen (Transmission Control Protocol/Internet Protocol) für die Verbindung, zum Beispiel IP-Adresse, Subnetzmaske und so weiter. Wenn Sie auf **Details** klicken, können Sie ein Dialogfeld mit weiteren TCP/IP-Informationen öffnen, darunter die Hardwareadresse der Netzwerkkarte, DHCP-Server (Dynamic Host Configuration Protocol), Leaseinformationen und DNS-Serveradressen (Domain Name System).

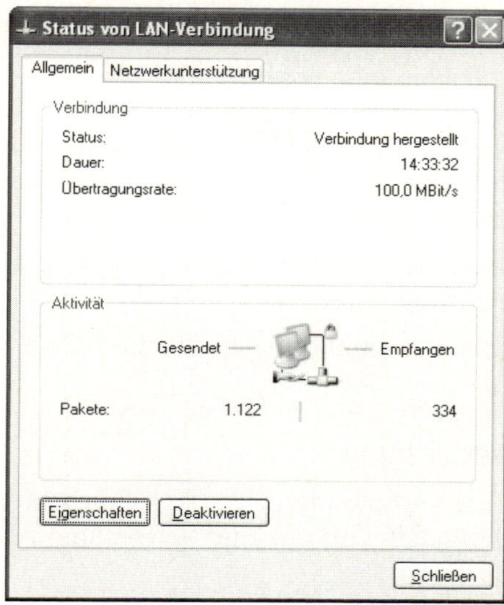

Abbildung 15.2 Anzeigen des aktuellen Status einer Verbindung

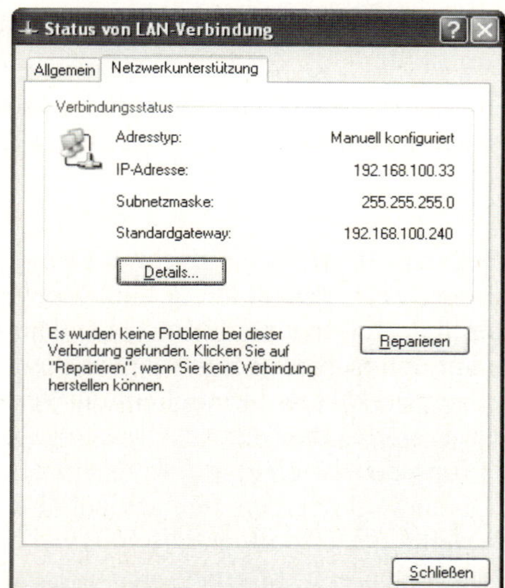

Abbildung 15.3 Anzeigen der TCP/IP-Informationen für eine Verbindung

Tipp Wie Sie aus Kapitel 13, „TCP/IP-Netzwerke“, wissen, können Sie sich die TCP/IP-Informationen für Verbindungen auch mit dem Befehlszeilenprogramm **Ipconfig** anzeigen lassen. Der Vorteil von **Ipconfig** besteht darin, dass Sie sich durch Eingeben des Befehls **ipconfig /all** an der Eingabeaufforderung sämtliche Informationen für alle Verbindungen auf dem Computer auf einmal ansehen können. In Kapitel 13 finden Sie weitere Informationen über diesen Befehl.

Umbenennen einer LAN-Verbindung

Falls Sie mehrere Netzwerkkarten installiert haben, gibt Windows der ersten Verbindung den Namen **LAN-Verbindung**, der zweiten den Namen **LAN-Verbindung 2** und so weiter. Aus Gründen der Übersichtlichkeit sollten Sie ein Namensschema wählen, mit dem Sie einfacher erkennen, welche Aufgabe die unterschiedlichen Verbindungen haben. Gehen Sie folgendermaßen vor, um eine Verbindung umzubenennen:

1. Klicken Sie im Fenster **Netzwerkverbindungen** mit der rechten Maustaste auf die Verbindung und wählen Sie den Befehl **Umbenennen**.
2. Geben Sie den neuen Namen für Verbindung ein und drücken Sie die EINGABE-TASTE.

Deaktivieren und Aktivieren einer LAN-Verbindung

Es gibt hin und wieder Fälle, in denen Sie eine Verbindung zeitweise deaktivieren wollen, ohne sie zu löschen. Gehen Sie folgendermaßen vor, um eine Verbindung zu deaktivieren oder zu aktivieren:

1. Klicken Sie im Fenster **Netzwerkverbindungen** mit der rechten Maustaste auf die Verbindung und wählen Sie den Befehl **Deaktivieren**.

   Windows deaktiviert die Verbindung. Das Symbol für die Verbindung wird im Fenster **Netzwerkverbindungen** abgeblendet dargestellt.
2. Um eine Verbindung wieder zu aktivieren, können Sie mit der rechten Maustaste auf die Verbindung klicken und den Befehl **Aktivieren** wählen.

Überbrücken von Verbindungen

Mit der ***Netzwerkbrücke*** können Sie LAN-Segmente (Gruppen vernetzter Computer) miteinander verbinden, ohne Router oder Bridges einzusetzen. Diese Funktion verwandelt den Windows XP Professional-Computer praktisch in einen Router, bei dem Daten zwischen Netzwerkkarten im Computer, die mit unterschiedlichen Netzwerksegmenten verbunden sind, weitergeleitet werden. Eine Netzwerkbrücke ermöglicht die Verbindung unterschiedlicher Arten von Netzwerkmedien. Bevor es die Netzwerkbrücke gab, musste beim Einsatz von mehr als einem Medientyp für jeden Medientyp jeweils ein gesondertes Subnetz verwendet werden. Da für die jeweiligen Medientypen unterschiedliche Protokolle eingesetzt werden, war eine Paketweiterleitung erforderlich. Die Netzwerkbrücke automatisiert die Konfiguration, die zum Weiterleiten von Informationen zwischen unterschiedlichen Medientypen erforderlich ist.

Gehen Sie zum Konfigurieren der Netzwerkbrücke folgendermaßen vor:

1. Wählen Sie im Fenster **Netzwerkverbindungen** alle Netzwerkverbindungen aus, die Elemente der Überbrückung werden sollen.
2. Klicken Sie mit der rechten Maustaste auf eine der ausgewählten Netzwerkverbindungen, und klicken Sie dann auf **Verbindungen überbrücken**.

Im Zusammenhang mit der Netzwerkbrücke gibt es einige wichtige Informationen zu beachten:

- Für die Netzwerkbrücke können ausschließlich Ethernet-Adapter, IEEE-1394-Adapter oder Ethernet-kompatible Adapter wie drahtlose Adapter oder HPNA (Home Phone Network Adapter) eingesetzt werden.
- Adapter mit aktivierter Windows-Firewall oder gemeinsamer Nutzung der Internetverbindung können nicht in der Netzwerkbrücke verwendet werden.
- Nach Erstellen der Netzwerkbrücke können Sie dieser unter Verwendung des Menübefehls **Zu Brücke hinzufügen** Verbindungen hinzufügen.
- Zwar kann auf jedem Windows XP Professional-Computer nicht mehr als eine Brücke erstellt werden, mit dieser können jedoch so viele unterschiedliche Medientypen verbunden werden, wie an den Computer angeschlossen werden können.
- Eine Brückenverbindung kann nicht auf Windows 2000-Computern oder Computern mit einer früheren Windows-Version erstellt werden.

Reparieren einer Verbindung

Manchmal stellen LAN-Verbindungen die Arbeit ein. Das kann viele Ursachen haben, zum Beispiel Probleme mit der Konfiguration der Netzwerksverbindung. Wenn Sie eine Problembehandlung für ein Netzwerkproblem durchführen, ist die von Windows XP Professional zur Verfügung gestellte Reparaturfunktion ein guter Startpunkt.

Sie können eine LAN-Verbindung reparieren, indem Sie im Fenster **Netzwerkverbindungen** mit der rechten Maustaste auf die Verbindung klicken und den Befehl **Reparieren** wählen. Wenn Sie den Befehl **Reparieren** wählen, führt Windows folgende Aktionen durch:

1. Es versucht, die DHCP-Lease der Verbindung zu erneuern. Das entspricht dem Ausführen des Befehls **ipconfig /renew** an der Eingabeaufforderung.
2. Es leert den ARP-Cache (Address Resolution Protocol). Das entspricht dem Ausführen des Befehls **arp -d** an der Eingabeaufforderung.
3. Es lädt den NetBIOS-Namencache neu. Das entspricht dem Ausführen des Befehls **nbtstat -R** an der Eingabeaufforderung. Es wird außerdem ein NetBIOS-Namensupdate versendet, das entspricht dem Ausführen des Befehls **nbtstat -RR**.
4. Es leert den DNS-Cache (Domain Name System). Das entspricht dem Ausführen des Befehls **ipconfig /flushdns** an der Eingabeaufforderung.
5. Es registriert den DNS-Namen des Computers. Das entspricht dem Ausführen des Befehls **ipconfig /registerdns** an der Eingabeaufforderung.

Weitere Informationen Weitere Informationen über die Aktionen, die der Befehl **Reparieren** ausführt, finden Sie in Kapitel 13.

6. Es startet die IEEE 802.1x-Authentifizierung neu (mehr dazu im Abschnitt „Authentifizierung“ weiter unten in diesem Kapitel).

Prüfungstipp Lernen Sie für die Prüfung, welche Aktionen ausgeführt werden, wenn Sie eine Netzwerkverbindung reparieren. Wichtig ist insbesondere, dass der Computer beim Reparieren einer Verbindung (oder beim Ausführen des Befehls **ipconfig /renew** an der Eingabeaufforderung) gezwungen wird, seine aktuelle IP-Adresse freizugeben und zu versuchen, seine Lease bei einem DHCP-Server zu erneuern.

Einstellen der Optionen für eine Verbindung

Wenn Sie Optionen für eine LAN-Verbindung konfigurieren wollen, müssen Sie das Eigenschaftendialogfeld für diese Verbindung öffnen (Abbildung 15.4). Klicken Sie dazu im Fenster **Netzwerkverbindungen** mit der rechten Maustaste auf eine Verbindung und wählen Sie den Befehl **Eigenschaften**. Im Feld **Verbindung herstellen über** wird angezeigt, welche Netzwerkkarte mit der LAN-Verbindung verknüpft ist. Klicken Sie auf die Schaltfläche **Konfigurieren**, um das Eigenschaftendialogfeld für den Adapter zu öffnen. Das ist dasselbe Eigenschaftendialogfeld, das sich öffnet, wenn Sie die Eigenschaften für die Netzwerkkarte aus dem Geräte-Manager heraus öffnen (mehr dazu in Kapitel 6, „Installieren, Verwalten und Problembehandlung von Hardwaregeräten und -treibern").

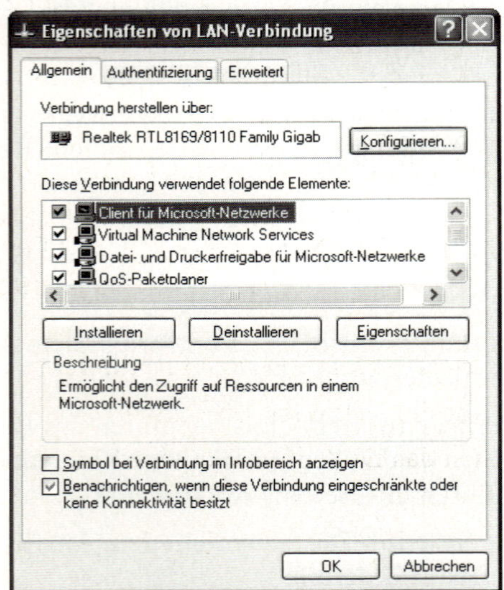

Abbildung 15.4 Konfigurieren einer Verbindung mithilfe des Eigenschaftendialogfelds

Das Dialogfeld **Eigenschaften von LAN-Verbindung** führt auch die Netzwerkkomponenten auf, die auf dem Computer installiert sind. Die aufgelisteten Komponenten stehen für alle Verbindungen zur Verfügung. Wenn Sie eine Komponente deinstallieren, steht die Komponente keiner Netzwerkverbindung mehr zur Verfügung. Wenn Sie das Kontrollkästchen neben einer Komponente deaktivieren, wird die Komponente nur für die Verbindung deaktiviert, die Sie ansehen. Die folgenden Netzwerkkomponenten werden als Standardeinstellung für alle LAN-Verbindungen installiert:

- **Client für Microsoft-Netzwerke:** Diese Komponente ermöglicht den Zugriff auf ein Microsoft-Netzwerk.
- **Datei- und Druckerfreigabe für Microsoft-Netzwerke:** Diese Komponente bietet die Fähigkeit, Dateien und Drucker auf dem lokalen Computer für Netzwerkbenutzer freizugeben, die über die angegebene Verbindung auf den Computer zugreifen. Falls Sie mehrere Verbindungen auf einem Computer haben, können Sie dieses Kontrollkästchen bei jeder Verbindung individuell aktivieren oder deaktivieren und so steuern, bei welchen Verbindungen die Datei- und Druckerfreigabe aktiviert wird.
- **QoS-Paketplaner:** Quality of Service (QoS) ist eine Kombination von Standards und Mechanismen, die die Qualität der Datenübertragung für QoS-fähige Programme verbessert. Dazu werden Spitzen im Netzwerkverkehr auf ein gleichmäßiges Niveau eingeebnet, außerdem wird wichtiger Verkehr gegenüber weniger wichtigem Verkehr mit Priorität behandelt.
- **Internetprotokoll (TCP/IP):** Diese Komponente zeigt an, dass das TCP/IP-Protokoll für die Verbindung installiert ist. Sie können TCP/IP für eine LAN-Verbindung nicht deinstallieren, aber Sie können das Protokoll deaktivieren. Wählen Sie das Protokoll aus und klicken Sie auf die Schaltfläche **Eigenschaften**, um das Dialogfeld **Eigenschaften von Internetprotokoll (TCP/IP)** zu öffnen. In diesem Dialogfeld können Sie die TCP/IP-Einstellungen für die Verbindung konfigurieren. Über das Konfigurieren der TCP/IP-Einstellungen erfahren Sie mehr in Kapitel 13.

Installieren, Deaktivieren und Deinstallieren von Netzwerkkomponenten

Sie können im Eigenschaftendialogfeld einer Netzwerkverbindung Netzwerkkomponenten installieren und entfernen, zum Beispiel zusätzliche Netzwerkclients und Protokolle. Sie können mehrere Clients, Dienste und Protokolle laden lassen und gleichzeitig für eine einzige Verbindung verwenden.

Gehen Sie folgendermaßen vor, um eine Netzwerkkomponente zu installieren:

1. Öffnen Sie das Eigenschaftendialogfeld für die Netzwerkverbindung.
2. Klicken Sie auf **Installieren**. Es öffnet sich das Dialogfeld **Netzwerkkomponente auswählen** (Abbildung 15.5).

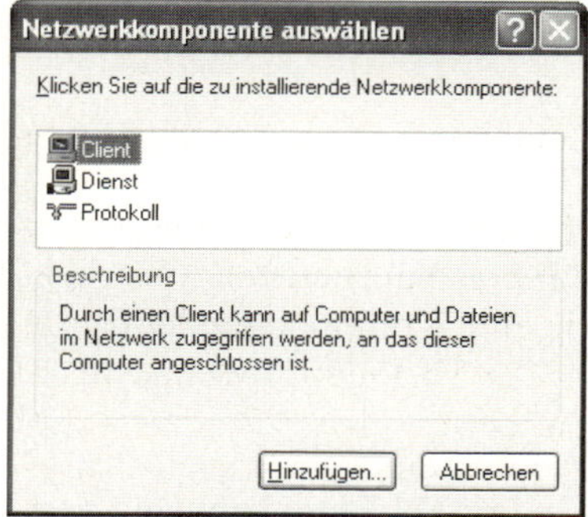

Abbildung 15.5 Auswählen der zu installierenden Netzwerkkomponente

3. Wählen Sie den Typ der Netzwerkkomponente, die Sie installieren wollen, und klicken Sie dann auf **Hinzufügen**.
4. Wählen Sie im Dialogfeld, das daraufhin geöffnet wird, die gewünschte Komponente aus und klicken Sie auf **OK**, oder klicken Sie auf **Datenträger**, um eine Komponente zu installieren, die nicht in der Liste aufgeführt ist.

Wenn Sie eine Netzwerkkomponente installieren, wird die Komponente automatisch für alle Verbindungen verfügbar. Sie sollten Komponenten, die von keiner Netzwerkverbindung benutzt werden, deaktivieren. Dadurch verringern Sie den Netzwerkverkehr, der über die Verbindung läuft, und die Leistung der Verbindung verbessert sich. Sie können eine Komponente deaktivieren, ohne sie zu deinstallieren, indem Sie das Eigenschaftendialogfeld der Netzwerkverbindung öffnen und das entsprechende Kontrollkästchen deaktivieren.

Wird eine Komponente von keiner Verbindung mehr benötigt, können Sie sie deinstallieren. Wenn Sie eine Komponente deinstallieren, wird sie aus *allen* Verbindungen gelöscht.

Gehen Sie folgendermaßen vor, um eine Netzwerkkomponente zu deinstallieren:

1. Öffnen Sie das Eigenschaftendialogfeld der Netzwerkverbindung.
2. Wählen Sie die Netzwerkkomponente aus, die Sie entfernen wollen.
3. Klicken Sie auf **Deinstallieren** und dann auf **Ja**, um das Deinstallieren der Komponente zu bestätigen.

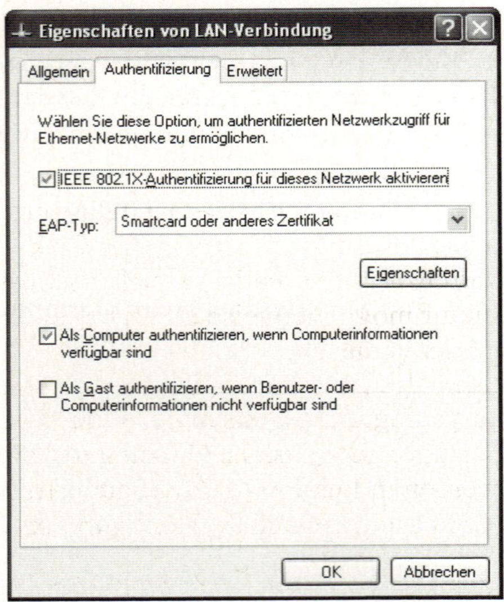

Abbildung 15.6 Konfigurieren der IEEE 802.1x-Authentifizierung

Authentifizierung

Auf der Registerkarte **Authentifizierung** im Dialogfeld **Eigenschaften von LAN-Verbindung** (Abbildung 15.6) können Sie die IEEE 802.1x-Authentifizierung für eine Verbindung konfigurieren. Der IEEE 802.1x-Standard erlaubt die Authentifizierung und den

Zugriff auf 802.11-Drahtlosnetzwerke und drahtgebundene Ethernetnetzwerke. Wenn ein Benutzer über eine bestimmte LAN-Verbindung auf Dienste zugreifen will, übernimmt die Verbindung zwei Funktionen: Authentifizierer (engl. Authenticator) oder Anforderer (engl. Supplicant). Als Authentifizierer erzwingt die Verbindung eine Benutzerauthentifizierung, bevor sie einem Benutzer den Zugriff gestattet. Als Anforderer fordert die Verbindung Zugriff auf die Dienste an, auf die der Benutzer zugreifen will. Ein Authentifizierungsserver überprüft die Anmeldeinformationen des Anforderers und teilt dem Authentifizierer mit, ob der Anforderer autorisiert ist, auf die Dienste des Authentifizierers zuzugreifen.

Auf der Registerkarte **Authentifizierung** stehen folgende Optionen zur Verfügung:

- **IEEE 802.1X-Authentifizierung für dieses Netzwerk aktivieren:** Aktivieren Sie dieses Kontrollkästchen, wenn Sie die Authentifizierung aktivieren wollen. Falls Sie dieses Kontrollkästchen deaktivieren, werden die übrigen Felder auf der Registerkarte abgeblendet. Wenn die Authentifizierung aktiviert ist, können Sie im Feld **EAP-Typ** (EAP steht für Extensible Authentication Protocol) zwischen drei Authentifizierungstypen wählen:
  - Smartcard oder anderes Zertifikat
  - MD5-Challenge
  - Geschütztes EAP (PEAP)
- **Als Computer authentifizieren, wenn Computerinformationen verfügbar sind:** Wenn dieses Kontrollkästchen aktiviert ist, versucht der Computer eine Authentifizierung innerhalb einer Active Directory-Domänenumgebung, wenn kein Benutzer angemeldet ist. Diese Option kann nur genutzt werden, wenn es für den Computer ein Computerkonto in der Domäne gibt.
- **Als Gast authentifizieren, wenn Benutzer- oder Computerinformationen nicht verfügbar sind:** Falls ein Benutzerkonto oder Computerkonto innerhalb einer Domäne nicht vorhanden ist und dieses Kontrollkästchen aktiviert ist, kann der Computer versuchen, eine Authentifizierung als Gast durchzuführen. Falls Sie sich als Gast authentifizieren, schränkt die Netzwerkinfrastruktur möglicherweise die Zahl der Computer im Netzwerk ein, mit denen Sie kommunizieren dürfen.

Hinweis Auf der Registerkarte **Erweitert** im Dialogfeld **Eigenschaften von LAN-Verbindung** können Sie die Windows-Firewall und die gemeinsame Nutzung der Internetverbindung konfigurieren. Diese Optionen werden in Lektion 4, „Konfigurieren der gemeinsamen Nutzung der Internetverbindung (ICS)", und Lektion 5, „Konfigurieren der Windows-Firewall", behandelt.

Der Assistent für neue Verbindungen

Es ist zwar wirklich nicht schwierig, in Windows XP Professional eine Netzwerkverbindung von Hand zu konfigurieren, aber Windows stellt auch einen Assistenten (***Assistent für neue Verbindungen***) zur Verfügung, der einen Großteil der Konfigurationsarbeiten für Netzwerkverbindungen mit unterschiedlichen Einsatzzwecken erledigt. Wenn Sie die Optionen kennen, die dieser Assistent anbietet, können Sie Verbindungen effizient konfigurieren. Sie können den Assistenten für neue Verbindungen starten, indem Sie im Fenster **Netzwerkverbindungen** auf **Neue Verbindung erstellen** klicken.

Es lassen sich in diesem Assistenten vier Arten von Verbindungen konfigurieren:

- Verbindung mit dem Internet herstellen
- Verbindung mit dem Netzwerk am Arbeitsplatz herstellen
- Ein Heim- oder ein kleines Firmennetzwerk einrichten
- Eine erweiterte Verbindung einrichten

Hinweis Dieser Abschnitt erklärt die folgenden Optionen: **Verbindung mit dem Internet herstellen**, **Verbindung mit dem Netzwerk am Arbeitsplatz herstellen** und **Eine erweiterte Verbindung einrichten**. Wenn Sie die Option **Ein Heim- oder ein kleines Firmennetzwerk einrichten** auswählen, können Sie die gemeinsame Nutzung der Internetverbindung konfigurieren, die in Lektion 4 behandelt wird.

Verbindung mit dem Internet herstellen

Wenn Sie eine Internetverbindung herstellen wollen, können Sie den Assistenten für neue Verbindungen starten und dann auf der Seite **Willkommen** auf **Weiter** klicken. Daraufhin öffnet sich die Seite **Netzwerkverbindungstyp** (Abbildung 15.7).

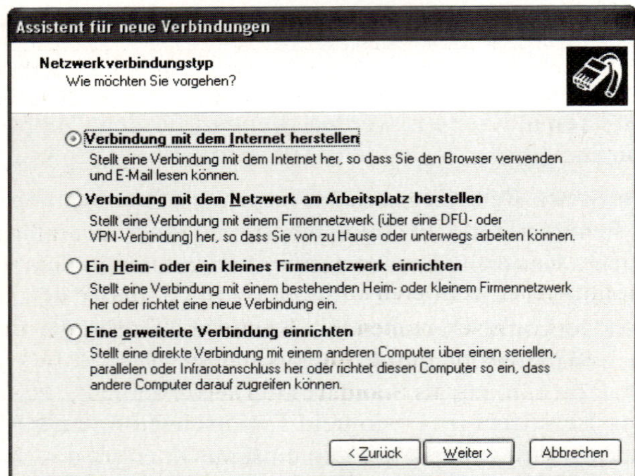

Abbildung 15.7 Wählen Sie auf der Seite **Netzwerkverbindungstyp** die Art der Netzwerkverbindung aus, die Sie erstellen wollen

Wählen Sie auf der Seite **Netzwerkverbindungstyp** die Option **Verbindung mit dem Internet herstellen** aus und klicken Sie auf **Weiter**. Der Assistent für neue Verbindungen zeigt die Seite **Vorbereitung** mit den folgenden drei Optionen an:

- Einen Internetdienstanbieter aus einer Liste auswählen
- Verbindung manuell einrichten
- CD eines Internetdienstanbieters verwenden

Einen Internetdienstanbieter aus einer Liste auswählen

Wenn Sie auf der Seite **Vorbereitung** die Option **Einen Internetdienstanbieter aus einer Liste auswählen** auswählen und anschließend auf **Weiter** klicken, zeigt der Assistent für neue Verbindungen die Seite **Fertigstellen des Assistenten** an. Hier können Sie zwischen den Optionen **Internetzugang über MSN erstellen** und **Internetdienstanbieter aus einer Liste auswählen** wählen. Treffen Sie Ihre Wahl und klicken Sie auf **Fertig stellen**.

Verbindung manuell einrichten

Wählen Sie auf der Seite **Vorbereitung** die Option **Verbindung manuell einrichten** aus, zeigt der Assistent für neue Verbindungen die Seite **Internetverbindung** an. Auf dieser Seite stehen die folgenden drei Optionen zur Verfügung:

- **Verbindung mit einem DFÜ-Modem herstellen:** Wählen Sie diese Option, falls Ihre Verbindung über ein Modem und eine herkömmliche oder eine ISDN-Telefonleitung hergestellt wird. Wenn Sie die Option **Verbindung mit einem DFÜ-Modem herstellen** auswählen und dann auf **Weiter** klicken, werden Sie aufgefordert, die in Tabelle 15.1 aufgeführten Informationen einzugeben.

Tabelle 15.1 Einstellungen beim Herstellen einer Verbindung mit einem DFÜ-Modem

Seite im Assistenten für neue Verbindungen	Beschreibung
Verbindungsname	Üblicherweise wird als Verbindungsname für DFÜ-Verbindungen mit dem Internet der Name des jeweiligen Internetdienstanbieters eingesetzt.
Zu wählende Rufnummer	Die Telefonnummer, mit der Sie eine Verbindung zu Ihrem Internetdienstanbieter herstellen.
Internetkonto-informationen	Sie werden aufgefordert, Kontonamen und Kennwort für den Kontodienstanbieter einzugeben. Sie können die folgenden zwei Kontrollkästchen aktivieren beziehungsweise deaktivieren: ■ **Diesen Kontonamen und Kennwort für die Internetverbindung aller Benutzer dieses Computers verwenden** ■ **Verbindung als Standardinternetverbindung verwenden**

Hinweis Der Assistent für neue Verbindungen aktiviert für alle neuen Verbindungen automatisch die Windows-Firewall. In Lektion 5 finden Sie weitere Informationen über die Windows-Firewall.

Wenn Sie die jeweiligen Informationen in den in Tabelle 15.1 aufgelisteten Seiten eingegeben haben, zeigt der Assistent für neue Verbindungen die Seite **Fertigstellen des Assistenten** an. Auf dieser Seite finden Sie eine Zusammenfassung der von Ihnen eingegebenen Informationen zur manuellen Erstellung einer Internetverbindung. Wenn auf Ihrem Desktop eine Verknüpfung erstellt werden soll, können Sie das Kontrollkästchen **Verknüpfung auf dem Desktop hinzufügen** aktivieren. Klicken Sie auf **Fertig stellen**, um die Verbindung zu erstellen.

- **Verbindung über eine Breitbandverbindung herstellen, die Benutzername und Kennwort erfordert:** Wählen Sie diese Option aus, wenn Ihre Hochgeschwindigkeitsverbindung über ein DSL- (Digital Subscriber Line) oder ein Kabelmodem hergestellt wird. Dieser Verbindungstyp wird auch als PPPoE (Point-to-Point Protocol over Ethernet) bezeichnet. Wenn Sie die Option **Verbindung über eine Breitbandverbindung herstellen, die Benutzername und Kennwort erfordert** auswählen und dann auf **Weiter** klicken, werden Sie ebenfalls aufgefordert, die in Tabelle 15.1 aufgeführten Informationen einzugeben.
- **Verbindung über eine beständige aktive Breitbandverbindung herstellen:** Wählen Sie die Option **Verbindung über eine beständige aktive Breitbandverbindung herstellen** aus und klicken anschließend auf **Weiter**, zeigt der Assistent für neue Verbindungen die Seite **Fertigstellen des Assistenten an**, da die Verbindung bereits konfiguriert und einsatzbereit sein sollte.

CD eines Internetdienstanbieters verwenden

Wenn Sie auf der Seite **Vorbereitung** die Option **CD eines Internetdienstanbieters verwenden** auswählen und anschließend auf **Weiter** klicken, zeigt der Assistent für neue Verbindungen die Seite **Fertigstellen des Assistenten** an. Sie werden aufgefordert, auf **Fertig stellen** zu klicken und anschließend die CD, die Sie von Ihrem Internetdienstanbieter erhalten haben, in das CD-ROM-Laufwerk einzulegen. Das Setupprogramm der CD sollte automatisch gestartet werden. Es führt Sie Schritt für Schritt durch das Aufbauen einer Internetverbindung.

Verbindung mit dem Netzwerk am Arbeitsplatz herstellen

Wenn Sie eine Verbindung mit einem privaten Netzwerk herstellen möchten, können Sie auf der Seite **Netzwerkverbindungstyp** die Option **Verbindung mit dem Netzwerk am Arbeitsplatz herstellen** auswählen und auf **Weiter** klicken. Der Assistent für neue Verbindungen zeigt die Seite **Netzwerkverbindung** mit den folgenden beiden Optionen an:

- DFÜ-Verbindung
- VPN-Verbindung

DFÜ-Verbindung

Wählen Sie diese Option, wenn Sie eine Verbindung mit Ihrem Firmennetzwerk unter Verwendung eines Modems und einer regulären Telefon- oder einer ISDN-Leitung herstellen möchten. Wenn Sie die Option **DFÜ-Verbindung** auswählen und dann auf **Weiter** klicken, werden Sie aufgefordert, die in Tabelle 15.2 aufgeführten Informationen einzugeben.

Tabelle 15.2 Einstellungen beim Herstellen einer DFÜ-Verbindung

Seite im Assistenten für neue Verbindungen	Beschreibung
Verbindungsname	Beim Herstellen einer Verbindung mit einem privaten Netzwerk über eine DFÜ-Verbindung wird üblicherweise der Name des jeweiligen Unternehmens beziehungsweise der Name des Servers einsetzt, mit dem die Verbindung hergestellt werden soll.
Zu wählende Rufnummer	Die Telefonnummer, über die die Verbindung hergestellt wird.

Wenn Sie die Informationen auf den in Tabelle 15.2 aufgelisteten Seiten eingegeben haben, zeigt der Assistent für neue Verbindungen die Seite **Fertigstellen des Assistenten** an. Auf dieser Seite finden Sie eine Zusammenfassung der von Ihnen eingegebenen Informationen zum Herstellen einer Verbindung. Wenn auf Ihrem Desktop eine Verknüpfung erstellt werden soll, können Sie das Kontrollkästchen **Verknüpfung auf dem Desktop hinzufügen** aktivieren. Klicken Sie auf **Fertig stellen**, um die Verbindung zu erstellen.

VPN-Verbindung

Wählen Sie diese Option, wenn eine Verbindung mit Ihrem Unternehmensnetzwerk mittels VPN-Verbindung (virtuelles privates Netzwerk) über das Internet hergestellt werden soll. Wenn Sie die Option **VPN-Verbindung** auswählen und dann auf **Weiter** klicken, werden Sie aufgefordert, die in Tabelle 15.3 aufgeführten Informationen einzugeben.

Tabelle 15.3 Einstellungen für das Herstellen einer VPN-Verbindung

Seite im Assistenten für neue Verbindungen	Beschreibung
Verbindungsname	Als Verbindungsname wird meist der Name des jeweiligen Unternehmens beziehungsweise der Name des Servers eingesetzt, mit dem die Verbindung hergestellt werden soll.
VPN-Serverauswahl	Hostname oder IP-Adresse des VPN-Servers, mit dem eine Verbindung hergestellt wird.

Wenn Sie die jeweiligen Informationen in den in Tabelle 15.3 aufgelisteten Seiten eingegeben haben, zeigt der Assistent für neue Verbindungen die Seite **Fertigstellen des Assistenten** an. Auf dieser Seite finden Sie eine Zusammenfassung der von Ihnen eingegebenen Informationen zum Herstellen einer Verbindung. Wenn auf Ihrem Desktop eine Verknüpfung erstellt werden soll, können Sie das Kontrollkästchen **Verknüpfung auf dem Desktop hinzufügen** aktivieren. Klicken Sie auf **Fertig stellen**, um die Verbindung zu erstellen.

Eine erweiterte Verbindung einrichten

Mit dieser Option können Sie unter Verwendung eines seriellen, parallelen oder Infrarotanschlusses eine direkte Verbindung mit einem anderen Computer herstellen oder den Computer so einrichten, dass andere Computer Verbindungen herstellen können. Nachdem Sie die Option **Eine erweiterte Verbindung einrichten** ausgewählt und auf **Weiter** geklickt haben, zeigt der Assistent für neue Verbindungen die Seite **Erweiterte Verbindungsoptionen** an. Auf dieser Seite stehen zwei Optionen zur Verfügung:

- **Eingehende Verbindungen zulassen:** Mit dieser Option konfigurieren und verwalten Sie eingehende Verbindungen auf einem Windows XP Professional-Computer. Nähere Informationen zu dieser Option erhalten Sie in Lektion 2, „Konfigurieren von DFÜ-Verbindungen", weiter unten in diesem Kapitel.
- **Verbindung direkt mit anderem Computer herstellen:** Diese Option gestattet das Erstellen einer direkten Kabelverbindung mit einem anderen Computer. Wenn Sie diese Option auswählen und dann auf **Weiter** klicken, müssen Sie die in Tabelle 15.4 angeführten Informationen eingeben.

Tabelle 15.4 Einstellungen für das Herstellen einer direkten Verbindung zu einem anderen Computer

Seite im Assistenten für neue Verbindungen	Beschreibung
Host oder Gast?	Wählen Sie **Host**, sofern auf Ihrem Computer Informationen gespeichert sind, auf die andere Computer zugreifen; wählen Sie **Gast**, falls Ihr Computer auf Informationen zugreifen soll, die auf einem als Host konfigurierten Computer gespeichert sind.
Verbindungsgerät	Wählen Sie das Gerät aus, mit dem diese Verbindung erstellt werden soll. Die zur Verfügung stehenden Möglichkeiten umfassen **Parallelanschluss (direkt) (LPT1)**, **Kommunikationsanschluss (COM1)** und **Kommunikationsanschluss (COM2)**.
Benutzerberechtigungen	Wählen Sie die Benutzer aus, die eine Verbindung mit diesem Computer herstellen dürfen.

Wenn Sie die jeweiligen Informationen in die in Tabelle 15.4 aufgelisteten Seiten eingegeben haben, zeigt der Assistent für neue Verbindungen die Seite **Fertigstellen des Assistenten** an. Auf dieser Seite finden Sie eine Zusammenfassung der von Ihnen eingegebenen Informationen zum Herstellen einer Verbindung. Wenn auf Ihrem Desktop eine Verknüpfung erstellt werden soll, können Sie das Kontrollkästchen **Verknüpfung auf dem Desktop hinzufügen** aktivieren. Klicken Sie auf **Fertig stellen**, um die Verbindung zu erstellen.

Übung: Konfigurieren einer LAN-Verbindung

In dieser Übung konfigurieren Sie mit dem Assistenten für neue Verbindungen eine Verbindung mit einem privaten Netzwerk.

1. Klicken Sie im Startmenü auf **Systemsteuerung**.
2. Klicken Sie im Fenster **Systemsteuerung** auf **Netzwerk- und Internetverbindungen**.
3. Klicken Sie im Fenster **Netzwerk- und Internetverbindungen** auf **Netzwerkverbindungen**.
4. Klicken Sie im Fenster **Netzwerkverbindungen** auf **Neue Verbindung erstellen**.

   Windows XP Professional startet den Assistenten für neue Verbindungen.
5. Klicken Sie auf der Seite **Willkommen** des Assistenten für neue Verbindungen auf **Weiter**.

   Der Assistent für neue Verbindungen zeigt die Seite **Netzwerkverbindungstyp** an.
6. Klicken Sie auf **Verbindung mit dem Netzwerk am Arbeitsplatz herstellen** und dann auf **Weiter**.

   Der Assistent für neue Verbindungen zeigt die Seite **Netzwerkverbindung** an.
7. Klicken Sie auf **VPN-Verbindung** und dann auf **Weiter**.

   Der Assistent für neue Verbindungen zeigt die Seite **Verbindungsname** an.
8. Geben Sie im Textfeld **Firmenname** den Namen **Arbeit** ein, und klicken Sie dann auf **Weiter**.

   Der Assistent für neue Verbindungen zeigt die Seite **Öffentliches Netzwerk** an.
9. Vergewissern Sie sich, dass die Option **Keine Anfangsverbindung automatisch wählen** ausgewählt ist, und klicken Sie dann auf **Weiter**.

   Der Assistent für neue Verbindungen zeigt die Seite **VPN-Serverauswahl** an.
10. Geben Sie im Textfeld **Hostname oder IP-Adresse** den Wert **192.168.1.202** ein, und klicken Sie dann auf **Weiter**.

Hinweis Wenn Ihr Computer mit einem Netzwerk verbunden und eine gültige Adresse zum Testen der Verbindung vorhanden ist, müssen Sie anstelle von **192.168.1.202** diese Adresse verwenden.

   Der Assistent für neue Verbindungen zeigt die Seite **Fertigstellen des Assistenten** an.

11. Lesen Sie die Zusammenfassung der Informationen, und klicken Sie auf **Fertig stellen**.

    Das Dialogfeld für die Verbindungsherstellung wird eingeblendet.
12. Geben Sie im Textfeld **Benutzername** den Wert **Administrator** und im Feld **Kennwort** den Wert **kennwort** ein.

Hinweis Wenn Ihr Computer mit einem Netzwerk verbunden ist und Sie in Schritt 10 eine gültige IP-Adresse eingegeben haben, müssen Sie in Schritt 12 einen gültigen Benutzernamen und das zugehörige Kennwort eingeben.

13. Klicken Sie auf **Verbinden**.

Hinweis Wenn Sie auf einem eigenständigen Computer arbeiten, schlägt diese Operation fehl. Falls Ihr Computer Mitglied eines Netzwerks ist und Sie in Schritt 10 eine gültige Adresse und in Schritt 12 einen gültigen Benutzernamen mit Kennwort eingegeben haben, wird eine Meldung angezeigt, die Sie davon in Kenntnis setzt, dass eine Verbindung hergestellt wurde.

14. Wenn Sie keine Verbindung herstellen konnten, klicken Sie auf **Abbrechen**. Wenn Sie erfolgreich eine Verbindung mit einem weiteren Computer herstellen konnten, klicken Sie doppelt auf das Verbindungssymbol in der Taskleiste, klicken dann auf **Verbindung trennen** und anschließend auf **Ja**.
15. Schließen Sie alle Fenster, und melden Sie sich ab.

Lernzielkontrolle

Anhand der folgenden Fragen können Sie überprüfen, ob Sie die Themen dieser Lektion so gut beherrschen, dass Sie mit der nächsten Lektion weitermachen können. Falls Sie eine Frage nicht beantworten können, sollten Sie die Lektion noch einmal durcharbeiten, und dann erneut versuchen, die Frage zu beantworten. Die Antworten auf die Lernzielkontrollfragen finden Sie im Abschnitt „Fragen und Antworten" am Ende dieses Kapitels.

1. Wie heißen die vier Optionen für Verbindungen, die Sie mithilfe des Assistenten für neue Verbindungen konfigurieren können?

   ____

   ____

2. Welche zwei Möglichkeiten haben Sie, eine Netzwerkverbindung zu zwingen, ihre DHCP-Lease zu erneuern?

   ____

   ____

   ____

3. Wie können Sie feststellen, wie lange eine Netzwerkverbindung bereits eine funktionierende Verbindung hat?

   ____

   ____

   ____

   ____

Zusammenfassung der Lektion

- Sie können im Fenster **Netzwerkverbindungen**, das Sie über die Systemsteuerung öffnen, alle Netzwerkverbindungen sehen, die auf einem Computer konfiguriert sind.
- Sie können im Fenster **Netzwerkverbindungen** mit der rechten Maustaste auf eine Verbindung klicken, um verschiedene Befehle zum Bearbeiten der Verbindung aufzurufen. Mit diesen Befehlen können Sie unter anderem Folgendes tun:
  - Ansehen des Status einer Verbindung
  - Umbenennen einer Verbindung
  - Deaktivieren oder Aktivieren einer Verbindung
  - Überbrücken von Verbindungen
  - Reparieren einer Verbindung
  - Einstellen von Optionen für ein Verbindung
- Der Assistent für neue Verbindungen kann eine Netzwerkverbindung für unterschiedliche Einsatzzwecke konfigurieren. Sie können mit dem Assistenten eine Verbindung ins Internet konfigurieren, eine Verbindung zu einem privaten Netzwerk konfigurieren, ein Heim- oder kleines Firmennetzwerk einrichten oder eine erweiterte Verbindung erstellen.

Lektion 2: Konfigurieren von DFÜ-Verbindungen

Eine ***DFÜ-Verbindung*** verbindet Sie über ein Gerät, das Daten über ein öffentliches Telefonnetzwerk sendet, mit einem privaten Netzwerk oder dem Internet. Dieses Gerät kann ein Modem sein, das eine Standardtelefonleitung verwendet, eine ISDN-Karte mit einer Hochgeschwindigkeits-ISDN-Leitung oder ein DSL-Modem, das eine DFÜ-Verbindung erfordert. In dieser Lektion erfahren Sie, wie Sie in Windows XP Professional ein Modem konfigurieren und eine DFÜ-Verbindung erstellen. Sie erfahren außerdem, wie Sie Windows XP Professional so konfigurieren, dass es eine eingehende Verbindung zulässt.

Am Ende dieser Lektion werden Sie in der Lage sein, die folgenden Aufgaben auszuführen:

- Konfigurieren eines Modems in Windows XP Professional.
- Erstellen einer DFÜ-Verbindung.
- Konfigurieren von Windows XP Professional, damit es eingehende Verbindungen erlaubt.

Veranschlagte Zeit für diese Lektion: 30 Minuten

Konfigurieren von Modems

Die meisten DFÜ-Verbindungen laufen über eine herkömmliche analoge Telefonleitung und ein Modem. Analoge Telefonleitungen stehen überall auf der Welt zur Verfügung und erfüllen die meisten Anforderungen eines mobilen Benutzers. Analoge Telefonleitungen werden auch als Public Switched Telephone Network (PSTN) oder Plain Old Telephone Service (POTS) bezeichnet.

Windows erkennt und installiert die meisten modernen Modems automatisch, sofern sie Plug & Play-kompatibel sind. Normalerweise können die Benutzer eine DFÜ-Verbindung über ein Modem erstellen, ohne das Modem selbst jemals konfigurieren zu müssen. Es gibt aber Fälle, in denen Sie ein Modem konfigurieren oder Probleme damit beseitigen müssen. Dazu verwenden Sie die Registerkarte **Modems** im Dialogfeld **Telefon- und Modemoptionen** (Abbildung 15.8). Gehen Sie folgendermaßen vor, um dieses Dialogfeld zu öffnen:

1. Klicken Sie im Startmenü auf **Systemsteuerung**.
2. Klicken Sie im Fenster **Systemsteuerung** auf **Drucker und andere Hardware**.
3. Klicken Sie im Fenster **Drucker und andere Hardware** auf **Telefon- und Modemoptionen**. Falls Sie dazu aufgefordert werden, müssen Sie die Daten zu Ihrem Standort eingeben.
4. Klicken Sie auf die Registerkarte **Modems**.

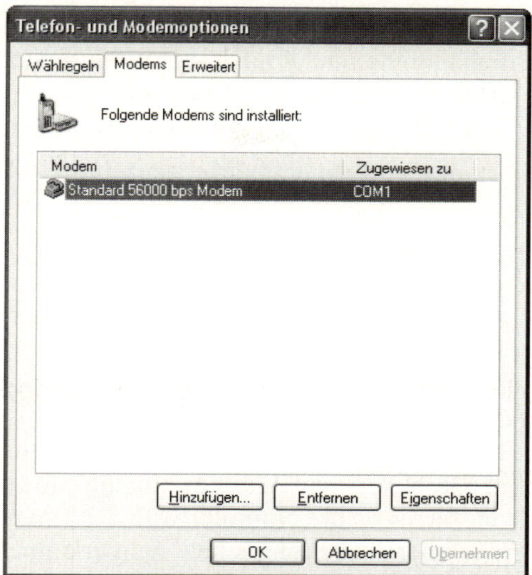

Abbildung 15.8 Die Registerkarte **Modems** im Dialogfeld **Telefon- und Modemoptionen** zeigt die installierten Modems

Auf der Registerkarte **Modems** sehen Sie eine Liste der Modems, die auf dem Computer installiert sind. Wählen Sie ein Modem aus und klicken Sie auf die Schaltfläche **Eigenschaften**, um das Eigenschaftendialogfeld für das Modem zu öffnen (Abbildung 15.9). Das ist dasselbe Eigenschaftendialogfeld, das sich auch öffnet, wenn Sie die Eigenschaften für ein Modem im Geräte-Manager aufrufen.

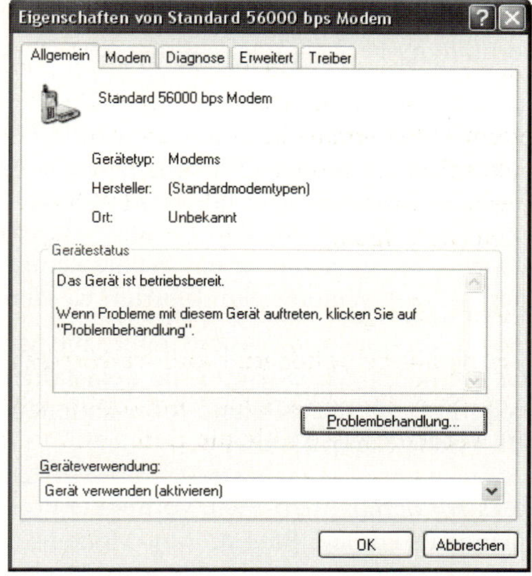

Abbildung 15.9 Im Eigenschaftendialogfeld eines Modems können Sie das Gerät konfigurieren und eine Problembehandlung durchführen

Das Eigenschaftendialogfeld für ein Modem enthält immer die folgenden Registerkarten (abhängig vom Typ des installierten Modems können auch noch weitere Registerkarten angezeigt werden):

- **Allgemein:** Die Registerkarte **Allgemein** zeigt grundlegende Informationen über das Modem an. Sie sehen hier, ob Windows das Modem als betriebsbereit meldet und ob das Modem aktiviert ist.
- **Modem:** Auf der Registerkarte **Modem** können Sie die Lautstärke des Modems steuern oder den Ton ganz stumm schalten. Viele Benutzer mögen es nicht, wenn sie das Modem bei jeder Einwahl piepsen hören. Andere Benutzer möchten nicht darauf verzichten, weil sie so überprüfen können, ob ihr Modem richtig funktioniert. Auf der Registerkarte **Modem** können Sie außerdem die maximale Geschwindigkeit für den Modemanschluss einstellen. Da Windows die Geschwindigkeit des Anschlusses automatisch aushandelt, sollte es aber keinen Grund geben, die Standardeinstellung zu verändern. In der letzten Option auf der Registerkarte **Modem** können Sie festlegen, ob Windows auf ein Freizeichen wartet, bevor es die Nummer wählt. In manchen Gebieten kann es vorkommen, dass ein Modem das Freizeichen nicht erkennt. Manchmal will ein Benutzer die Nummer auch von Hand wählen.
- **Diagnose:** Auf der Registerkarte **Diagnose** können Sie das Modem abfragen, um festzustellen, ob es Befehle korrekt senden und empfangen kann. Klicken Sie auf **Modem abfragen** und warten Sie ein paar Sekunden. Dieser Befehl ist bei weitem das nützlichste Problembehandlungswerkzeug für Modems in Windows, weil Sie damit feststellen können, ob ein Modem korrekt funktioniert. Falls die Abfrage eine Fehlermeldung liefert, dass keine Kommunikation mit dem Modem möglich ist, wissen Sie, dass Sie die Problembehandlung beim Modem selbst ansetzen müssen. Ergibt die Abfrage, dass das Modem korrekt funktioniert, muss das Problem an einer anderen Stelle liegen – wahrscheinlich in der Konfiguration der DFÜ-Verbindung oder bei der Anwendung, die versucht, die Verbindung herzustellen. Auf der Registerkarte **Diagnose** können Sie außerdem die Protokollierung für das Modem aktivieren.
- **Erweitert:** Auf der Registerkarte **Erweitert** können Sie Initialisierungsbefehle für das Modem konfigurieren. Das sind Befehle, die steuern, wie das Modem Daten sendet und empfängt. Normalerweise brauchen Sie sich nicht mit zusätzlichen Initialisierungsbefehlen auseinander zu setzen, weil die wichtigsten Einsatzzwecke solcher Befehle (zum Beispiel das Warten auf ein Freizeichen oder das Wählen einer Amtskennziffer) als normale Optionen innerhalb von Windows konfiguriert werden können.
- **Treiber:** Die Registerkarte **Treiber** zeigt Versionsinformationen über die Modemtreiber an und bietet die Möglichkeit, die Treiber zu aktualisieren, zu deinstallieren oder die vorherige Version der Treiber wiederherzustellen. Weitere Informationen über die Schaltflächen auf dieser Registerkarte finden Sie in Kapitel 6.

Hinweis Viele Modems sind mit Windows XP kompatibel. Viele vertrackte Probleme gehen allerdings auf alte, inkompatible Modems zurück. Plug & Play-Modems sind heutzutage so billig, dass es meist einfacher und kostengünstiger ist, ein altes Modem einfach zu ersetzen, statt eine Problembehandlung durchzuführen.

Konfigurieren einer DFÜ-Verbindung

DFÜ-Verbindungen ähneln LAN-Verbindungen, haben aber zusätzliche Optionen, mit denen Sie steuern können, wann die Verbindung aufgebaut wird, wie viele Einwahlversuche durchgeführt werden und andere Einstellungen. Sie erstellen eine DFÜ-Verbindung im Assistenten für neue Verbindungen (der bereits in Lektion 1, „Konfigurieren von LAN-Verbindungen" vorgestellt wurde). Erstellen Sie dort eine Verbindung ins Internet oder zu einem privaten Netzwerk. Nachdem die DFÜ-Verbindung erstellt ist, können Sie sich die Verbindung im Fenster **Netzwerkverbindungen** ansehen (Abbildung 15.10). Wenn Sie mit der rechten Maustaste auf eine Verbindung klicken, öffnet sich ein Kontextmenü mit Befehlen für diese Verbindung.

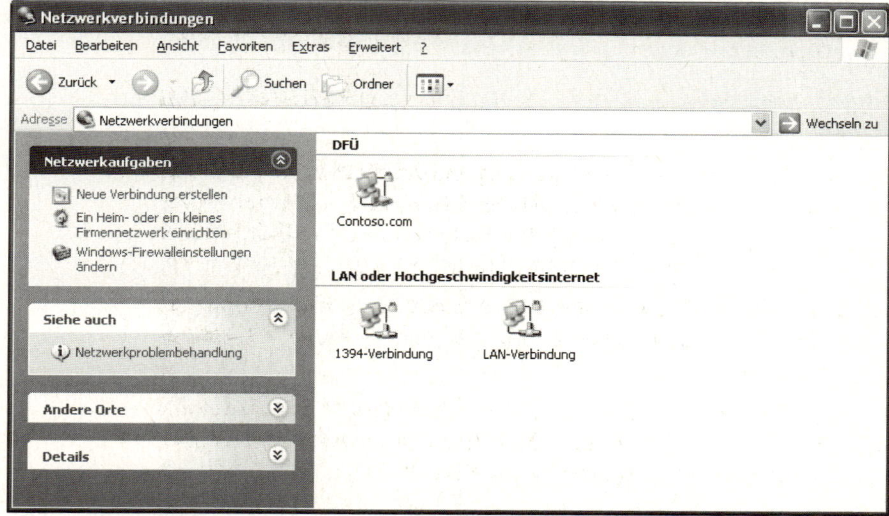

Abbildung 15.10 DFÜ-Verbindungen werden im Fenster **Netzwerkverbindungen** angezeigt

Einstellen von Optionen für eine DFÜ-Verbindung

Wenn Sie Optionen für DFÜ-Verbindung konfigurieren wollen, klicken Sie mit der rechten Maustaste auf die Verbindung und wählen den Befehl **Eigenschaften**. Das Eigenschaftendialogfeld für die Verbindung (Abbildung 15.11) enthält folgende Registerkarten:

- **Allgemein:** Die Registerkarte **Allgemein** zeigt, welches Modem mit der Verbindung verknüpft ist. Klicken Sie auf **Konfigurieren**, um das Dialogfeld **Modemkonfiguration** zu öffnen. Dort können Sie die maximale Übertragungsrate einstellen, Hardwarefunktionen für das Modem steuern und den Modemlautsprecher aktivieren oder deaktivieren (aber nicht die Lautstärke ändern). Außerdem können Sie auf der Registerkarte **Allgemein** die Telefonnummer für die Verbindung eingeben. Das Konfigurieren der Telefonnummer umfasst folgende Elemente:
  - **Rufnummer:** Die gewählte Telefonnummer. Sie können auch auf die Schaltfläche **Andere** klicken, um das Dialogfeld **Alternative Rufnummern** zu öffnen. Dort können Sie zusätzliche Telefonnummern eingeben, unter denen die Verbindung

eine Einwahl versuchen soll, falls die erste Nummer besetzt ist. Wenn Sie nicht das Kontrollkästchen **Wählregeln verwenden** aktivieren, ist das Textfeld **Rufnummer** die einzige Option, die Sie ändern können.

- **Wählregeln verwenden**. Wenn Sie das Kontrollkästchen **Wählregeln verwenden** aktivieren, werden die anderen Optionen im Abschnitt **Rufnummer** verfügbar. Klicken Sie auf die Schaltfläche **Wählregeln**, um einen neuen Standort zu erstellen. Jeder Standort, den Sie konfigurieren, kann seine eigenen Wählregeln verwenden, zum Beispiel Vorwahl, Amtskennziffer oder Callingcardinformationen.
- **Ortskennzahl:** Die Liste der verfügbaren Vorwahlen, die aus den Standorten abgeleitet werden, die Sie konfiguriert haben.
- **Landeskennzahl**

Abbildung 15.11 Allgemeine Optionen für eine DFÜ-Verbindung sind die Modemkonfiguration, die Rufnummer und Wählregeln.

- **Optionen:** Die Registerkarte **Optionen** (Abbildung 15.12) bietet Zugriff auf Wähl- und Wahlwiederholungsoptionen. Sie können Windows so konfigurieren, dass es während des Wählvorgangs ein Dialogfeld anzeigt, damit Sie den Status verfolgen können. Sie können auch einstellen, dass Windows Sie bei jeder Einwahl nach Benutzername und Kennwort fragt. Sie haben die Möglichkeit, ein Textfeld für die Windows-Domäne anzeigen zu lassen, damit Sie sich an einer Domäne anmelden können, wenn Sie eine Verbindung zu einem privaten Netzwerk herstellen. Und Sie können sogar veranlassen, dass Windows Sie zum Eingeben der Rufnummer auffordert, statt sie automatisch anzuzeigen. Schließlich können Sie auf der Registerkarte **Optionen** noch konfigurieren, wie oft Windows eine Wahlwiederholung versucht, falls die Nummer besetzt ist, wie lang zwischen den Wahlwiederholungen gewartet wird und nach welcher Leerlaufzeit Windows die Verbindung trennen soll, wenn einige Zeit kein Netzwerkverkehr mehr über die Verbindung übertragen wurde.

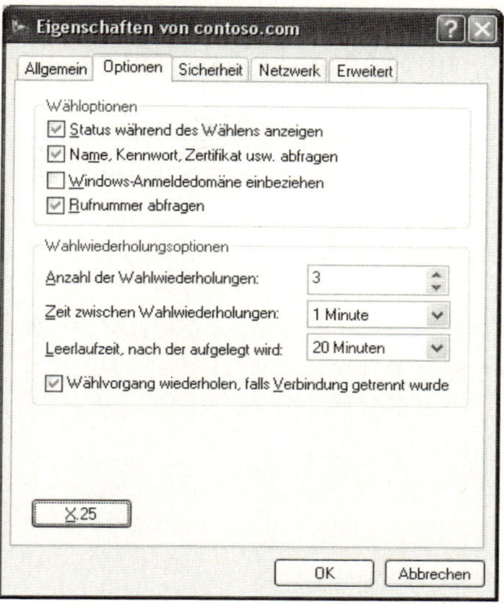

Abbildung 15.12 Auf der Registerkarte **Optionen** für eine DFÜ-Verbindung können Sie zahlreiche Wähloptionen konfigurieren.

- **Sicherheit:** Auf der Registerkarte **Sicherheit** können Sie Authentifizierungseinstellungen für die DFÜ-Verbindung konfigurieren. Diese Informationen werden verwendet, wenn Sie sich in ein privates Netzwerk einwählen.
- **Netzwerk:** Die Registerkarte **Netzwerk** zeigt den Typ des DFÜ-Servers an, der angerufen wird, und die Netzwerkkomponenten, die für die Verbindung aktiviert sind. Diese Registerkarte arbeitet genau wie die Registerkarte **Allgemein** bei einer **LAN-Verbindung** (siehe Abbildung 15.4 weiter oben in diesem Kapitel).
- **Erweitert:** Auf der Registerkarte **Erweitert** können Sie die Windows-Firewall und die gemeinsame Nutzung der Internetverbindung aktivieren. Diese Komponenten werden in den Lektionen 4 und 5 beschrieben.

Einwählen über eine DFÜ-Verbindung

Nachdem Sie eine DFÜ-Verbindung erstellt und konfiguriert haben, können Sie die Verbindung herstellen, indem Sie im Fenster **Netzwerkverbindungen** doppelt auf die Verbindung klicken (oder indem Sie mit der rechten Maustaste auf die Verbindung klicken und dann den Befehl **Verbinden** wählen). Daraufhin öffnet sich das Dialogfeld **Verbindung mit *Name* herstellen** (Abbildung 15.13). Welche Optionen hier angezeigt werden (ob Sie zum Beispiel einen Domänennamen eingeben können), hängt davon ab, wie Sie die DFÜ-Verbindung konfiguriert haben. Von Ihren früher vorgenommenen Einstellungen hängt auch ab, ob die benötigten Informationen (zum Beispiel Benutzername und Kennwort) bereits eingetragen sind. Klicken Sie auf **Wählen**, um die Verbindung herzustellen.

Abbildung 15.13 Herstellen einer DFÜ-Verbindung

Zulassen eingehender DFÜ-Verbindungen

Wenn Sie auf einem Windows XP Professional-Computer eingehende Verbindungen konfigurieren und verwalten wollen, starten Sie den Assistenten für neue Verbindungen (der bereits in Lektion 1 genau beschrieben wurde). Wählen Sie auf der Seite **Netzwerkverbindungstyp** (siehe Abbildung 15.7 weiter oben in diesem Kapitel) die Option **Eine erweiterte Verbindung einrichten** und klicken Sie dann auf **Weiter**. Der Assistent für neue Verbindungen zeigt nun die Seite **Erweiterte Verbindungsoptionen** an (Abbildung 15.14).

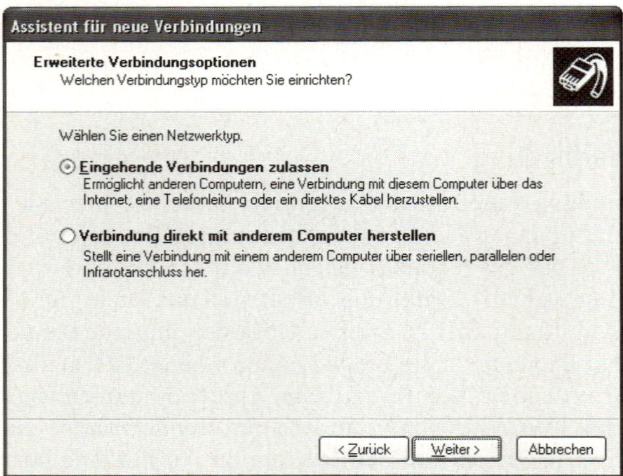

Abbildung 15.14 Auf der Seite **Erweiterte Verbindungsoptionen** können Sie eine eingehende Verbindung einrichten

Klicken Sie auf der Seite **Erweiterte Verbindungsoptionen** zunächst auf **Eingehende Verbindungen zulassen** und dann auf **Weiter**, um die Seite **Geräte für eingehende Verbindungen** anzuzeigen.

Konfigurieren von Geräten für eingehende Verbindungen

Auf der Seite **Geräte für eingehende Verbindungen** können Sie eines der verfügbaren Geräte Ihres Computers auswählen, das eingehende Anrufe entgegennimmt. Wenn das ausgewählte Gerät konfigurierbar ist, können Sie auf **Eigenschaften** klicken. Haben Sie beispielsweise ein Modem ausgewählt, können Sie im Eigenschaftendialogfeld des Geräts auf der Registerkarte **Allgemein** Übertragungsrate, Fehlerkorrektur, Einsatz der Komprimierung sowie Datenflusssteuerung einstellen. Auf der Registerkarte **Erweitert** finden Sie weitere konfigurierbare Optionen, unter anderem die Anzahl der Datenbits, die Parität, die Anzahl der Stoppbits und den Modulationstyp.

Zulassen von VPN-Verbindungen

Wenn Sie das Gerät konfiguriert haben, klicken Sie auf **OK**, um das Eigenschaftendialogfeld zu schließen. Anschließend klicken Sie auf der Seite **Geräte für eingehende Verbindungen** auf **Weiter**. Der Assistent für neue Verbindungen zeigt die Seite **Eingehende VPN-Verbindung** an (Abbildung 15.15). Wenn Sie auf die Option **VPN-Verbindungen zulassen** klicken, wird die Windows-Firewall dahingehend verändert, dass Ihr Computer VPN-Verkehr senden und empfangen kann. Aktivieren Sie eine der beiden Optionen, mit denen Sie VPN-Verbindungen entweder zulassen oder nicht, und klicken Sie dann auf **Weiter**.

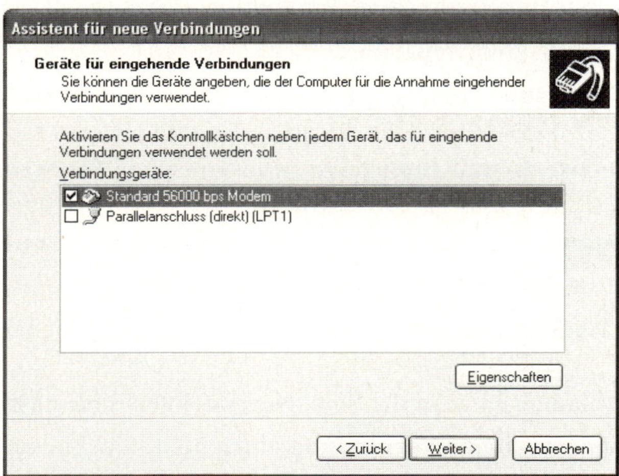

Abbildung 15.15 Auswählen des Geräts, das die eingehende Verbindung entgegennimmt

Festlegen von Benutzerberechtigungen und Rückrufoptionen

Auf der Seite **Benutzerberechtigungen** müssen Sie festlegen, welche Benutzer die eingehende Verbindung nutzen dürfen. Klicken Sie nach dem Auswählen eines Benutzers auf **Eigenschaften**. Klicken Sie im Eigenschaftendialogfeld des jeweiligen Benutzers auf die Registerkarte **Rückruf**, um die Rückrufoptionen einzustellen. Sie können zwischen den Optionen **Rückruf nicht gestatten**, **Anrufer gestatten, die Nummer für den Rückruf einzurichten** und **Immer folgende Nummer für den Rückruf verwenden** wählen. Wenn Sie die Rückruffunktion aktivieren, unterbricht der Remoteserver – in diesem Fall Ihr Computer – die Verbindung zum anrufenden Client und ruft den Clientcomputer anschließend zurück. Wenn Sie die Rückruffunktion verwenden, übernehmen also Sie anstelle des anrufenden Benutzers die Gebühren für die Verbindung. Die Rückruffunktion kann auch zum Verbessern der Sicherheit eingesetzt werden. Durch das Festlegen einer Rückrufnummer können Sie verhindern, dass eine Person in Ihr System eindringen kann. Selbst wenn ein nicht autorisierter Benutzer anruft, wird die angegebene Nummer und nicht die Nummer des nicht autorisierten Benutzers zurückgerufen.

Auswählen der Netzwerksoftware

Klicken Sie, nachdem Sie die Rückrufoptionen festgelegt haben, auf **Weiter**. Der Assistent für neue Verbindungen zeigt die Seite **Netzwerksoftware** an. Hier können Sie die Netzwerksoftware auswählen, die für eingehende DFÜ-Verbindungen aktiviert werden soll. Wenn Sie auf die Schaltfläche **Installieren** klicken, können Sie zudem noch weitere Netzwerksoftwarekomponenten installieren. Klicken Sie auf **Fertig stellen**, um die Verbindung zu erstellen.

Übung: Konfigurieren einer eingehenden Verbindung

In dieser Übung konfigurieren Sie mit dem Assistenten für neue Verbindungen eine eingehende Verbindung.

1. Klicken Sie im Startmenü auf **Systemsteuerung**.
2. Klicken Sie im Fenster **Systemsteuerung** auf **Netzwerk- und Internetverbindungen**.
3. Klicken Sie im Fenster **Netzwerk- und Internetverbindungen** auf **Netzwerkverbindungen**.
4. Klicken Sie im Fenster **Netzwerkverbindungen** auf **Neue Verbindung erstellen**.

   Windows XP Professional startet den Assistenten für neue Verbindungen.
5. Klicken Sie auf der Seite **Willkommen** des Assistenten für neue Verbindungen auf **Weiter**.

   Der Assistent für neue Verbindungen zeigt die Seite **Netzwerkverbindungstyp** an.
6. Wählen Sie die Option **Eine erweiterte Verbindung einrichten**, und klicken Sie dann auf **Weiter**.

   Der Assistent für neue Verbindungen zeigt die Seite **Erweiterte Verbindungsoptionen** an.
7. Stellen Sie sicher, dass die Option **Eingehende Verbindungen zulassen** ausgewählt ist, und klicken Sie dann auf **Weiter**.

Der Assistent für neue Verbindungen zeigt die Seite **Geräte für eingehende Verbindungen** an.

8. Wählen Sie für Ihren Computer in der Liste **Verbindungsgeräte** das gewünschte Modem aus, und klicken Sie auf **Weiter**.

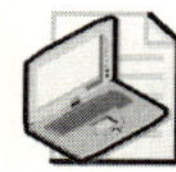

Hinweis Wählen Sie **Parallelanschluss (direkt)** aus, falls kein Modem zur Verfügung steht.

Der Assistent für neue Verbindungen zeigt die Seite **Eingehende VPN-Verbindung** an.

9. Stellen Sie sicher, dass die Option **VPN-Verbindungen zulassen** ausgewählt ist, und klicken Sie dann auf **Weiter**.

   Der Assistent für neue Verbindungen zeigt die Seite **Benutzerberechtigungen** an.

10. Wählen Sie **Administrator**, und klicken Sie auf **Eigenschaften**.

    Der Assistent für neue Verbindungen zeigt das Dialogfeld **Eigenschaften von Administrator** mit ausgewählter Registerkarte **Allgemein** an.

11. Klicken Sie auf die Registerkarte **Rückruf**.

    Der Assistent für neue Verbindungen zeigt die Registerkarte **Rückruf** des Dialogfelds **Eigenschaften von Administrator** an.

12. Lesen Sie die Rückrufoptionen, lassen Sie die Option **Rückruf nicht gestatten** aktiviert, und klicken Sie auf **OK**.

13. Klicken Sie auf der Seite **Benutzerberechtigungen** auf **Weiter**.

    Der Assistent für neue Verbindungen zeigt die Seite **Netzwerksoftware** an.

14. Sehen Sie sich die verfügbaren Netzwerkkomponenten an, und klicken Sie auf **Internetprotokoll (TCP/IP)** und anschließend auf **Eigenschaften**.

    Der Assistent für neue Verbindungen zeigt das Dialogfeld **TCP/IP-Eigenschaften für eingehende Verbindungen** an.

15. Aktivieren Sie die Option **TCP/IP-Adressen angeben**.

16. Geben Sie **192.168.1.201** in das Textfeld **Von** und **192.168.1.205** in das Textfeld **Bis** ein, und klicken Sie anschließend auf **OK**.

17. Klicken Sie auf der Seite **Netzwerksoftware** auf **Weiter**.

    Der Assistent für neue Verbindungen zeigt die Seite **Fertigstellen des Assistenten** an. Die Verbindung trägt die Bezeichnung **Eingehende Verbindungen**.

18. Klicken Sie auf **Fertig stellen**.

    Beachten Sie, dass nun im Fenster **Netzwerkverbindungen** der Name **Eingehende Verbindungen** angezeigt wird.

Lernzielkontrolle

Anhand der folgenden Fragen können Sie überprüfen, ob Sie die Themen dieser Lektion so gut beherrschen, dass Sie mit der nächsten Lektion weitermachen können. Falls Sie eine Frage nicht beantworten können, sollten Sie die Lektion noch einmal durcharbeiten, und dann erneut versuchen, die Frage zu beantworten. Die Antworten auf die Lernzielkontrollfragen finden Sie im Abschnitt „Fragen und Antworten" am Ende dieses Kapitels.

1. Ein Benutzer beschwert sich, dass ihm das Piepsen seines Modems auf die Nerven geht, wenn er sich von seinem tragbaren Computer aus in das Unternehmensnetzwerk einwählt. Was sollten Sie tun?

   ____

   ____

2. Nachdem Sie eine neue Verbindung für das Zulassen von VPN-Verbindungen konfiguriert haben, lässt Windows XP Professional VPN-Verbindungen zu. Was passiert darüber hinaus?

   ____

   ____

3. Was ist die Rückruffunktion, und aus welchem Grund sollte sie aktiviert werden?

   ____

   ____

   ____

   ____

   ____

Zusammenfassung der Lektion

- Auf der Registerkarte **Modems** im Dialogfeld **Telefon- und Modemoptionen**, das Sie in der Systemsteuerung öffnen können, wird eine Liste der installierten Modems angezeigt. Aus dieser Liste heraus können Sie das Eigenschaftendialogfeld eines Modems öffnen. Sie können im Eigenschaftendialogfeld eines Modems Lautsprecher und Anschlussoptionen konfigurieren und eine Diagnose des Modems durchführen lassen.
- DFÜ-Verbindungen ähneln LAN-Verbindungen, haben aber zusätzliche Optionen, mit denen Sie steuern können, wann die Verbindung gewählt wird, welche Rufnummer gewählt wird, und andere Einstellungen. Eine DFÜ-Verbindung können Sie im Assistenten für neue Verbindungen erstellen.
- Sie können Windows XP Professional so konfigurieren, dass es eingehende DFÜ-Verbindungen entgegennimmt, die über ein Modem oder eine VPN-Verbindung eingehen. Sie können auswählen, auf welchem der verfügbaren Geräte Ihres Computers eingehende Verbindungen angenommen werden. Sie können auch festlegen, welche Benutzerkonten eine eingehende Verbindung herstellen dürfen.

Lektion 3: Konfigurieren von Drahtlosverbindungen

Drahtlosnetzwerke bieten eine gewisse Freiheit: Freiheit für Benutzer von tragbaren Computern und Organizern, die sich mit ihren Computern frei bewegen können, und Freiheit für Firmen, die Computer flexibel aufstellen können, ohne sich um Netzwerkverkabelung kümmern zu müssen. Mit dieser Freiheit geht allerdings auch eine größere Verwundbarkeit einher. Weil Drahtlosnetzwerke nicht dieselbe physische Sicherheit wie ein kabelgebundenes Netzwerk bieten, ist es sehr wichtig, dass Sie die Sicherheitsoptionen für ein Drahtlosnetzwerk verstehen. Diese Lektion bietet eine Einführung in Standards, Implementierungen und Sicherheitsoptionen für Drahtlosnetzwerke. Diese Lektion zeigt außerdem, wie Sie einen Windows XP Professional-Computer so konfigurieren, dass er als Client in ein Drahtlosnetzwerk eingebunden wird.

Am Ende dieser Lektion werden Sie in der Lage sein, die folgenden Aufgaben auszuführen:

- Beschreiben der Standards für Drahtlosnetzwerke.
- Erklären der grundlegenden Architektur für Drahtlosnetzwerke.
- Beschreiben der Sicherheitsfragen und -optionen für Drahtlosnetzwerke.
- Konfigurieren eines Windows XP Professional-Computers als Drahtlosnetzwerkclient.

Veranschlagte Zeit für diese Lektion: 30 Minuten

Grundlagen von Drahtlosnetzwerkstandards

Der primäre Standard für Drahtlosnetzwerke trägt den Namen 802.11. Dieser Standard wurde vom Institute of Electrical and Electronics Engineers (IEEE) entwickelt, das ihn auch weiter pflegt und aktualisiert, daher sehen Sie für diesen Standard auch oft die Bezeichnung IEEE 802.11.

Die ursprüngliche 802.11-Spezifikation definiert Datenraten von 1 MBit/s und 2 MBit/s bei einer Funkfrequenz von 2,45 GHz. 802.11 bildet die Grundlage für eine Reihe von Variationen des Standards, die das IEEE im Lauf der Jahre entwickelt hat. Bei Drahtlosgeräten, die Sie heute kaufen können, kommen diese Variationen zum Einsatz:

- **802.11b:** Der erste Standard, der sich tatsächlich im Markt durchgesetzt hat. Er wird als 802.11b bezeichnet und wurde ursprünglich im Jahr 1999 entwickelt. Er wird aber auch heute noch weithin verwendet. 802.11b unterstützt zusätzliche Datenraten von 5,5 MBit/s und 11 MBit/s (vergleichbar der Nominalgeschwindigkeit des herkömmlichen Ethernet) und verwendet ebenfalls noch die Funkfrequenz 2,45 GHz. Die Vorteile von 802.11b gegenüber anderen Standards bestehen darin, dass er normalerweise billiger zu implementieren ist und insgesamt die beste Signalreichweite bietet. Allerdings hat 802.11b auch die geringste Datentransferrate aller verfügbaren Standards.
- **802.11a:** 802.11a wurde etwa zur selben Zeit wie 802.11b entwickelt, aber 802.11b wurde von den Hardwareherstellern viel schneller angenommen als 802.11a. Daher entwickelten die meisten Hersteller ihre ersten 802.11a-Geräte erst im Jahr 2003.

802.11a bietet eine Datentransferrate von 54 MBit/s und arbeitet auf der Funkfrequenz 5,8 GHz. 802.11a bietet außerdem eine höhere Störfestigkeit als 802.11b. Vorteile von 802.11a sind, dass es die höchste Geschwindigkeit der verfügbaren Standards bietet und auch mehr gleichzeitige Benutzer im selben Bereich unterstützt als 802.11b. Nachteile sind, dass 802.11a-Geräte am teuersten sind und die geringste Reichweite innerhalb der genannten Standards haben. Außerdem sind 802.11a-Geräte nicht mit 802.11b-Geräte kompatibel.

- **802.11g:** Die Entwicklung von 802.11g wurde im Jahr 2002 abgeschlossen. 802.11g unterstützt Datentransferraten bis zu 54 MBit/s und arbeitet mit der Funkfrequenz 2,4 GHz. 802.11g-Geräte sind kompatibel zu 802.11b-Geräten, aber diese Kompatibilität hat ihren Preis. Falls ein Netzwerk nur 802.11g-Geräte verwendet, können alle Geräte mit einer Geschwindigkeit bis zu 54 MBit/s arbeiten. Aber gibt es in einem Netzwerk auch nur ein einziges 802.11b-Gerät, müssen die 802.11g-Geräte in einem gemischten Modus arbeiten, der die Datentransferrate von 802.11g-Geräten um etwa 30 Prozent senkt.

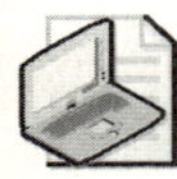

Hinweis Einige Hersteller bieten Hybridgeräte an, die sowohl 802.11a als auch 802.11g unterstützen. Solche Geräte können mit allen drei beschriebenen Standards eine Verbindung zu einem Netzwerk aufnehmen.

Praxistipp Nominalgeschwindigkeiten

Die in dieser Lektion beschriebenen Standards haben bestimmte Nominalgeschwindigkeiten (bis zu 11 MBit/s bei 802.11b und bis zu 54 MBit/s bei 802.11a und 802.11g), dies sind aber theoretische Werte. In der Praxis werden Sie diese Maximalgeschwindigkeit niemals erreichen. Zum Beispiel erreicht der typische Durchsatz für 802.11b-Produkte bei etwa 4 bis 5 MBit/s seine obere Grenze. 802.11g-Produkte schaffen bisweilen echte 20 MBit/s und 802.11a-Produkte können bis zu 22 MBit/s erreichen. Aber selbst diese realistischeren Übertragungsraten werden im Alltagsbetrieb durch Störungen von Elektrogeräten und die verwendeten Baumaterialien in den Gebäuden noch weiter gedrückt.

Grundlagen der Architektur von Drahtlosnetzwerken

Der 802.11-Standard definiert eine Reihe von Architekturkomponenten. Diese Komponenten sind:

- **Station (STA):** Eine Station (STA) ist ein Clientgerät in einem Drahtlosnetzwerk, normalerweise ein Computer, in dem eine Drahtlosnetzwerkkarte installiert ist.
- **Zugriffspunkt (Access Point, AP):** Ein Zugriffspunkt bildet, eine Schnittstelle, mit der Stationen kommunizieren können. Zugriffspunkte sind Brücken zwischen den Drahtlosstationen und einem vorhandenen Netzwerkbackbone. Sie erlauben Drahtlosclients, mit dem Netzwerk zu kommunizieren. Zugriffspunkte können eigenständige Geräte sein, oft werden sie aber mit anderen Netzwerkgeräten kombiniert, zum Beispiel Routern.

- **IBSS (Independent Basic Service Set):** Ein IBSS ist ein Drahtlosnetzwerk, das aus mindestens zwei Stationen besteht, aber keinen Zugriffspunkt hat. Dieser Typ von Netzwerk wird oft als ***Ad-hoc-Drahtlosnetzwerk*** bezeichnet (Abbildung 15.16). Ad-hoc-Netzwerke bieten den Vorteil, dass sie ohne große Konfiguration schnell Drahtlosnetzwerkverbindungen zwischen Stationen aufbauen können. Aber Ad-hoc-Netzwerke sind deutlich unsicherer und weniger stark konfigurierbar als BSS-Netzwerke mit einem Zugriffspunkt.

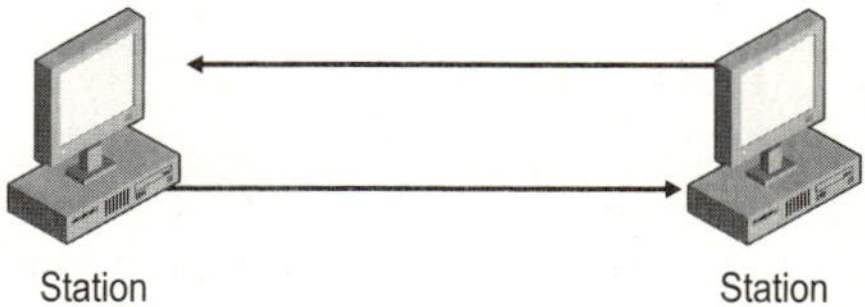

Abbildung 15.16 Ein IBSS oder Ad-hoc-Drahtlosnetzwerk hat Drahtlosstationen, aber keinen Zugriffspunkt.

- **BSS (Basic Service Set):** Ein BSS ist ein Netzwerk, in dem Stationen über einen Zugriffspunkt kommunizieren (Abbildung 15.17). Dieser Typ von Netzwerk wird oft als ***Infrastruktur-Drahtlosnetzwerk*** bezeichnet. In einem BSS kommunizieren alle Stationen über den Zugriffspunkt. Der Zugriffspunkt stellt die Verbindung zum drahtgebundenen LAN zur Verfügung und bildet eine Bridge, wenn eine Station die Kommunikation mit einer anderen Station aufnimmt.

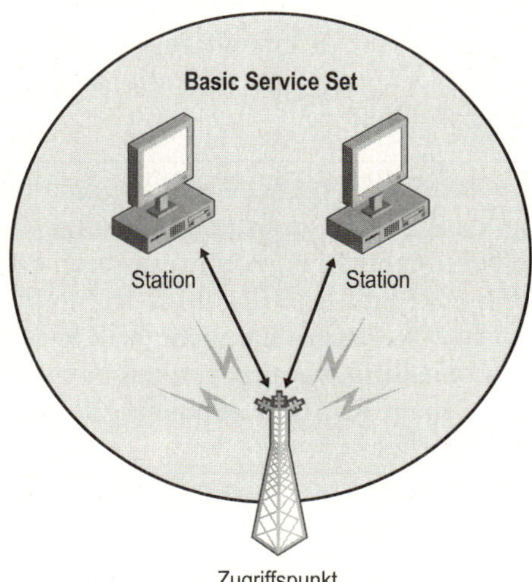

Abbildung 15.17 Ein BSS oder Infrastruktur-Drahtlosnetzwerk hat Drahtlosstationen, die über einen Zugriffspunkt kommunizieren.

- **ESS (Extended Service Set):** Ein ESS ist ein Netzwerk, in dem mehrere Zugriffspunkte (und somit mehrere BSS-Elemente) benutzt werden (Abbildung 15.18). Das ermöglicht bessere Mobilität, weil Stationen von einem BSS in ein anderes wechseln können. Zugriffspunkte können mit oder ohne Netzwerkkabel untereinander verbunden sein (meist sind sie allerdings verkabelt).

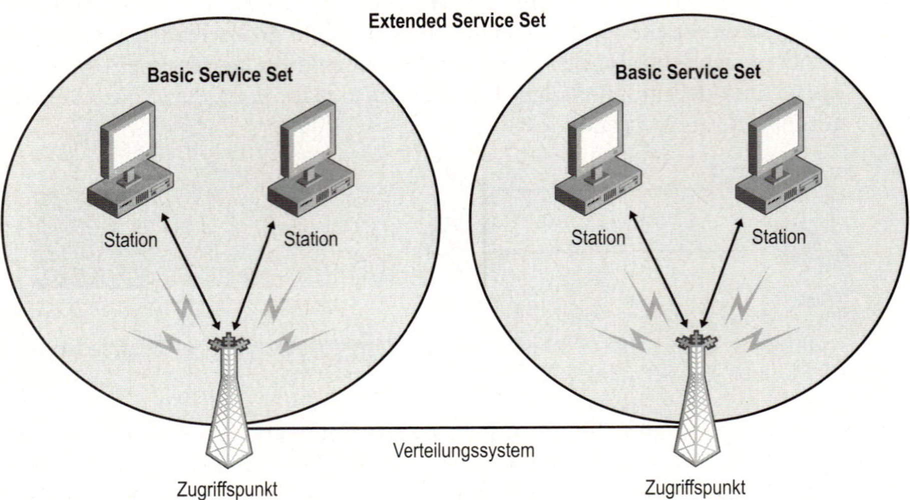

Abbildung 15.18 Ein ESS ist eine Kombination mehrerer BSS-Elemente, das Verteilungssystem dient als logische Verbindung zwischen den BSSs.

- **Verteilungssystem (Distribution System, DS):** Das Verteilungssystem ist eine logische Komponente, die in einem ESS die BSS-Elemente miteinander verbindet. Das Verteilungssystem stellt Dienste zur Verfügung, die es Stationen ermöglichen, zwischen BSS-Zellen hin und her zu wechseln.

Prüfungstipp Die Architekturelemente von 802.11-Netzwerken klingen anfangs zwar etwas einschüchternd, es ist aber wichtig, dass Sie die zugrunde liegenden Komponenten der beiden Modi verstehen, für die Sie einen Drahtlosclient konfigurieren können: der Ad-hoc-Modus, in dem es keinen Zugriffspunkt gibt, und der Infrastrukturmodus, in dem ein Zugriffspunkt eingesetzt wird. Ein Ad-hoc-Netzwerk hat weniger Konfigurationsoptionen und wird manchmal in kleinen Arbeitsgruppenumgebungen benutzt. Ein Infrastrukturnetzwerk bietet mehr Sicherheit und mehr Konfigurationsmöglichkeiten; es ist der am häufigsten eingesetzte Modus für Drahtlosnetzwerke.

Grundlagen der Sicherheit in Drahtlosnetzwerken

Wenn ein Drahtlosnetzwerk verwendet wird, ist die Sicherheit von entscheidender Bedeutung. In einem herkömmlichen drahtgebundenen Netzwerk gibt es einfach dadurch ein gewisses Maß an Sicherheit, dass Sie die Netzwerkkabel vor physischem Zugriff schützen können. Bei einem Drahtlosnetzwerk können Sie nicht verhindern, dass jemand die Funkwellen abhört. Daher müssen Sie logische Schutzmechanismen in Form von Authentifizierung und Verschlüsselung nutzen.

Eine der größten Bedrohungen für Drahtlosnetzwerke besteht darin, dass Betriebssysteme wie Windows XP Professional es sehr einfach machen, Drahtlosnetzwerke zu finden und eine Verbindung dazu aufzubauen. So einfach, dass Leute oft eine Verbindung zu ungesicherten Drahtlosnetzwerken herstellen, ohne sich darüber im Klaren zu sein, was da vor sich geht. Es gibt aber auch zielgerichtetere Bedrohungen für Drahtlosnetzwerke. Angreifer können sich Zugriff auf ungesicherte (oder nicht ausreichend gesicherte) Netzwerke verschaffen, indem sie eine Verbindung zu Drahtlosstationen herstellen oder sogar nicht autorisierte Zugriffspunkte in einem vorhandenen drahtgebundenen Netzwerk installieren. Nachdem ein Angreifer eine Verbindung hergestellt hat, kann er wichtige Ressourcen ausspähen, ändern oder beschädigen.

Glücklicherweise gibt es eine Reihe von Methoden, ein Drahtlosnetzwerk gegen solche Bedrohungen zu schützen. Diese Methoden werden in den nächsten Abschnitten beschrieben.

MAC-Adressfilterung

Eine sehr einfache Methode, ein Infrastruktur-Drahtlosnetzwerk zu schützen, besteht darin, eine MAC-Filterung (Media Access Control) zu implementieren. Jede Netzwerkkarte (auch Drahtlosnetzwerkkarten) enthält eine Adresse, die als MAC-Adresse bezeichnet wird. Ein Administrator kann einen Zugriffspunkt so konfigurieren, dass er nur Kommunikation von den angegebenen MAC-Adressen akzeptiert. Die MAC-Filterung bietet zwar einen gewissen Schutz gegen Gelegenheitstäter, sie ist aber allein bei weitem keine ausreichende Sicherheitslösung. Bei der MAC-Filterung gibt es folgende Probleme:

- Es ist relativ einfach, eine MAC-Adresse zu fälschen. Es gibt viele Softwareprodukte, die einem Angreifer erlauben, die MAC-Adresse einer Drahtlosnetzwerkkarte zu verändern.
- Bei den meisten Zugriffspunkten müssen Sie die MAC-Adressen von Hand eingeben. Bei Netzwerken mit vielen Drahtlosclients bedeutet das für die Administratoren einen enormen Aufwand. Außerdem ist bei den meisten Zugriffspunkten die Zahl der MAC-Adressen, die Sie autorisieren können, begrenzt.
- MAC-Filterung kann einen nicht autorisierten Computer fernhalten, aber nicht einen nicht autorisierten Benutzer. Falls sich ein Angreifer Zugriff auf einen Computer verschafft, der eine genehmigte MAC-Adresse hat, kann der Angreifer auch in das Drahtlosnetzwerk eindringen.

Deaktivieren des SSID-Broadcasting

Jedes Infrastrukturnetzwerk hat einen Namen, die SSID (Service Set Identifier). Dieser Name unterscheidet das Netzwerk von anderen Drahtlosnetzwerken. Die meisten Zugriffspunkte versenden ihre SSID standardmäßig im Broadcastmodus, sodass Drahtlosclients das Netzwerk einfach finden und eine Verbindung dazu herstellen können. SSID-Broadcasting ist sehr bequem, weil Drahtlosclients (insbesondere solche, die zwischen unterschiedlichen Drahtlosnetzwerken wechseln) Netzwerke einfach finden können, ohne dass der Benutzer viel konfigurieren muss.

Auf den meisten Zugriffspunkten können Sie das SSID-Broadcasting deaktivieren, was verhindert, dass Gelegenheitstäter Ihr Netzwerk entdecken. Aber Angreifer, die gezielt nach Ihrem Netzwerk Ausschau halten, werden es wahrscheinlich ohnehin finden. Es gibt verschiedene Softwareprogramme, die nach Drahtlosnetzwerken suchen und die SSID eines Netzwerks identifizieren, selbst wenn das SSID-Broadcasting deaktiviert ist. Im Allgemeinen rechtfertigt der geringe Sicherheitsvorteil, der sich aus dem Deaktivieren des SSID-Broadcasting ergibt, nicht die dadurch gesunkene Benutzerfreundlichkeit.

Hinweis Es gibt diverse Tools, die Benutzern helfen, Drahtlosnetzwerke zu finden, auch wenn das SSID-Broadcasting deaktiviert ist. Als Administrator können Sie mithilfe dieser Tools die Sicherheit Ihrer eigenen Drahtlosnetzwerke analysieren und eingeschmuggelte Drahtlosnetzwerke in Ihrer Organisation aufspüren. Zwei beliebte Tools sind NetStumbler, den Sie unter **http://www.netstumbler.com** finden, und AirSnare, den Sie von **http://home.comcast.net/~jay.deboer/airsnare** herunterladen können.

Wired Equivalent Privacy (WEP)

Drahtgebundene Netzwerke lassen sich normalerweise nur mithilfe einer physischen Verbindung angreifen. Da Drahtlosnetzwerke die Daten als Funkwellen überallhin senden, können Angreifer die Signale abhören. Sind die Signale nicht verschlüsselt, können Eindringlinge die übertragenen Daten ansehen. ***Wired Equivalent Privacy*** (WEP) ist einer der beiden Verschlüsselungsstandards für Drahtlosnetzwerke, die Windows XP Professional unterstützt. (Der andere Standard ist Wi-Fi Protected Access, der im nächsten Abschnitt behandelt wird). WEP ist der Verschlüsselungsstandard, der im IEEE 802.11-Standard definiert ist.

WEP bietet Verschlüsselungsdienste, um autorisierte Benutzer eines drahtlosen LANs gegen ein Abhören zu schützen. WEP arbeitet mit gemeinsamen Schlüsseln, um Datenpakete zu verschlüsseln, bevor sie über ein Drahtlosnetzwerk gesendet werden. Dieser gemeinsame Schlüssel wird folgendermaßen generiert: Es wird eine 40-Bit- oder 64-Bit-Verschlüsselung mit einem geheimen Schlüssel ausgeführt, und dann wird ein 24-Bit-Initialisierungsvektor (IV) an das Ende dieses Schlüssels angehängt. Der gemeinsame Schlüssel wird für ein Netzwerk fest eingestellt, aber für jedes Datenpaket, das über das Netzwerk gesendet wird, wird ein neuer, zufälliger Initialisierungsvektor generiert.

Leider ist WEP nicht so sicher, wie die Entwickler gehofft hatten. Das Standard-WEP-Protokoll hat zwei Schwachstellen:

- In den meisten Netzwerken wird der gemeinsame Schlüssel nur selten gewechselt, weil der einfache WEP-Standard keinen Weg bietet, den gemeinsamen Schlüssel den Zugriffspunkten und Stationen dynamisch zuzuweisen. Stattdessen müssen Administratoren den gemeinsamen Schlüssel von Hand eingeben.

Hinweis Um das Knacken von WEP zu erschweren, vermeiden die meisten Hersteller von Zugriffspunkten eine Handvoll als schwach bekannter Initialisierungsvektoren, nach denen Cracking-Tools gezielt Ausschau halten. Wenn diese Initialisierungsvektoren deaktiviert sind (bei den meisten aktuellen Zugriffspunkten ist das die Standardeinstellung) und 128-Bit-Verschlüsselung verwendet wird, ist WEP ein sehr sicheres Verschlüsselungsprotokoll. Eine neuere Implementierung von WEP, das so genannte Dynamic WEP, nimmt sich des Problems an, dass der gemeinsame Schlüssel von Hand eingegeben werden muss. Dynamic WEP ist zwar viel sicherer als WEP, der neuere und sicherere WPA-Standard und der schlechte Ruf, den sich WEP erworben hat, führen aber wahrscheinlich dazu, dass Dynamic WEP sich nicht auf breiter Basis durchsetzen wird.

- Der zufällige Initialisierungsvektor ist nur 24 Bit lang, und er wird wiederverwendet. In großen Netzwerken verwenden Zugriffspunkte und Stationen den Initialisierungsvektor recht häufig wieder (unter Umständen jede Stunde einmal). Es gibt viele Programme, die Netzwerkverkehr abhören und die Details der übertragenen Datenpakete analysieren können, darunter auch Informationen über den Initialisierungsvektor.

Wi-Fi Protected Access

Um die Sicherheitsprobleme von WEP zu beseitigen, hat eine Gruppe von Herstellern von Drahtlosgeräten, die Wi-Fi Alliance, einen neuen Verschlüsselungsstandard namens ***Wi-Fi Protected Access*** (WPA) entwickelt. WPA verbessert die Sicherheit von WEP in zwei wesentlichen Punkten:

- WPA bietet stärkere Datenverschlüsselung. WPA verwendet TKIP (Temporal Key Integrity Protocol), ein Protokoll, das individuelle Paketschlüssel, Überprüfung der Nachrichtenintegrität und einen stärkeren Initialisierungsvektor mit Schlüsseln bietet, die längere Zeit nicht wiederverwendet werden.
- WPA erfordert eine 802.1x-Authentifizierung, um sicherzustellen, dass nur autorisierte Benutzer oder Computer eine Verbindung zu einem Drahtlosnetzwerk herstellen. Bei WEP ist die 802.1x-Authentifizierung optional.

Konfigurieren von Drahtlosnetzwerken in Windows XP Professional

Windows XP Professional stellt ein Feature mit der Bezeichnung *Konfigurationsfreie drahtlose Verbindung* (engl. Zero Client Configuration) zur Verfügung, die es ganz einfach macht, Drahtlosnetzwerke zu erkennen und eine Verbindung dazu herzustellen. Diese Funktion kann auch den Übergang von einem Drahtlosnetzwerk in ein anderes für den Benutzer transparenter machen. Windows XP Professional unterstützt sowohl Adhoc- als auch Infrastruktur-Drahtlosnetzwerke, als Verschlüsselung werden WEP und WPA unterstützt.

Hinweis In der ersten Ausgabe bot Windows XP Professional noch keine Unterstützung für WPA. Diese Funktion wurde später durch das Windows WPA Client Update ergänzt, das Sie unter **http://support.microsoft.com/Default.aspx?kbid=815485** herunterladen können. WPA-Unterstützung ist auch im Windows XP Service Pack 2 enthalten. Falls Sie das Service Pack 2 installiert haben, benötigen Sie das Clientupdate nicht.

Herstellen einer Verbindung zu einem Drahtlosnetzwerk

Nachdem Sie die Netzwerkkarte für das Drahtlosnetzwerk installiert haben, versucht Windows XP Professional automatisch, Drahtlosnetzwerke im Empfangsgebiet zu finden. Findet Windows ein Netzwerk, zeigt es im Infobereich der Taskleiste ein entsprechendes Symbol an (das Bild eines Computers, aus dem „Funkwellen“ kommen). Windows zeigt auch ein Benachrichtigungsfeld über dem Symbol an, das Sie informiert, dass Drahtlosnetzwerke gefunden wurden.

Gehen Sie folgendermaßen vor, um eine Verbindung zu einem Drahtlosnetzwerk herzustellen:

1. Klicken Sie mit der rechten Maustaste auf das Symbol für drahtlose Verbindungen im Infobereich und wählen Sie den Befehl **Verfügbare Drahtlosnetzwerke anzeigen**.

   Windows zeigt das Dialogfeld **Drahtlose Netzwerkverbindung** an (Abbildung 15.19). Dieses Dialogfeld listet alle Netzwerke auf, die Windows XP erkannt hat. Auch der Sicherheitsstatus des Netzwerks wird angezeigt (sicherheitsaktiviert oder ungesichert).

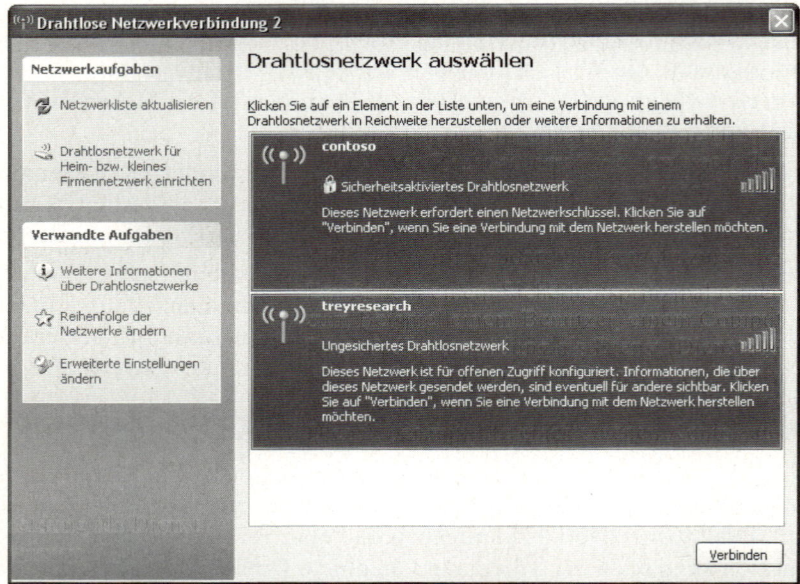

Abbildung 15.19 Das Dialogfeld **Drahtlose Netzwerkverbindung** zeigt an, ob die erkannten Netzwerke verschlüsselt sind.

2. Klicken Sie auf das Drahtlosnetzwerk, mit dem Sie eine Verbindung herstellen wollen, und dann auf **Verbinden**.

   Falls das Netzwerk, mit dem Sie eine Verbindung herstellen wollen, ungesichert (das heißt unverschlüsselt) ist, zeigt Windows eine entsprechende Warnmeldung an und fragt nach, ob Sie eine Verbindung herstellen wollen.

3. Klicken Sie auf **Ja**.

   Windows aktualisiert das Fenster **Drahtlose Netzwerkverbindung** und zeigt an, dass Sie jetzt eine Verbindung zum ausgewählten Drahtlosnetzwerk haben. Fahren Sie in diesen Fall bei Schritt 5 fort.

Falls das Drahtlosnetzwerk, mit dem Sie eine Verbindung herstellen wollen, sicherheitsaktiviert (das heißt verschlüsselt ist), zeigt Windows ein Dialogfeld an, in dem Sie den Netzwerkschlüssel eingeben müssen.

4. Geben Sie den Netzwerkschlüssel in die Textfelder **Netzwerkschlüssel** und **Netzwerkschlüssel bestätigen** ein und klicken Sie dann auf **Verbinden**.

   Windows aktualisiert das Fenster **Drahtlose Netzwerkverbindung** und zeigt an, dass Sie jetzt eine Verbindung zum ausgewählten Drahtlosnetzwerk haben.

5. Schließen Sie das Fenster **Drahtlose Netzwerkverbindung**.

Nachdem Sie die Verbindung zu einem Netzwerk hergestellt haben, können Sie mit der rechten Maustaste auf das Verbindungssymbol im Infobereich klicken, um die Verbindung zu deaktivieren oder zu reparieren oder die verfügbaren Netzwerkverbindungen anzeigen zu lassen.

Optionen für drahtlose Verbindungen

Im Dialogfeld **Drahtlose Netzwerkverbindung** (siehe Abbildung 15.19 weiter oben in dieser Lektion) können Sie auf **Erweiterte Einstellungen ändern** klicken, um das Eigenschaftendialogfeld für die drahtlose Verbindung zu öffnen (Abbildung 15.20). Sie können das Eigenschaftendialogfeld für eine drahtlose Verbindung auch auf dieselbe Weise wie das Eigenschaftendialogfeld einer LAN-Verbindung öffnen: Öffnen Sie (über die Systemsteuerung) das Fenster **Netzwerkverbindungen**, klicken Sie mit der rechten Maustaste auf die Verbindung und wählen Sie den Befehl **Eigenschaften**.

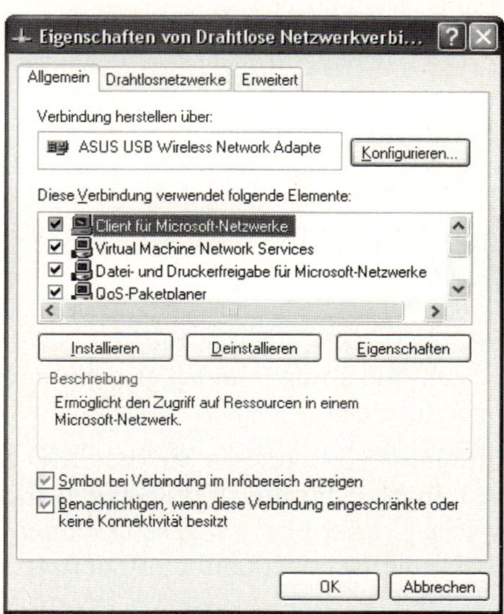

Abbildung 15.20 Das Eigenschaftendialogfeld für eine drahtlose Verbindung ähnelt dem für eine LAN-Verbindung

Dieses Dialogfeld gleicht in weiten Teilen einem Eigenschaftendialogfeld für LAN-Verbindungen. Auf der Registerkarte **Allgemein** können Sie steuern, welche Komponenten für die Verbindung aktiviert oder deaktiviert sind. Sie können außerdem TCP/IP-Optionen konfigurieren. Auf der Registerkarte **Erweitert** können Sie Einstellungen für die Windows-Firewall vornehmen. Die gemeinsame Nutzung der Internetverbindung steht für drahtlose Verbindungen allerdings nicht zur Verfügung.

Auf der Registerkarte **Drahtlosnetzwerke** (Abbildung 15.21) können Sie auf die Schaltfläche **Drahtlosnetzwerke anzeigen** klicken, um zum Fenster **Drahtlose Netzwerkverbindung** zurückzukehren. Im Feld **Bevorzugte Netzwerke** werden die Netzwerke aufgeführt, zu denen Sie erfolgreich eine Verbindung hergestellt haben. Windows versucht, automatisch eine Verbindung zu diesen Netzwerken aufzubauen. Dabei geht Windows in der Reihenfolge vor, in der die Drahtlosnetzwerke hier aufgelistet sind. Sie können diese Reihenfolge aber auch ändern.

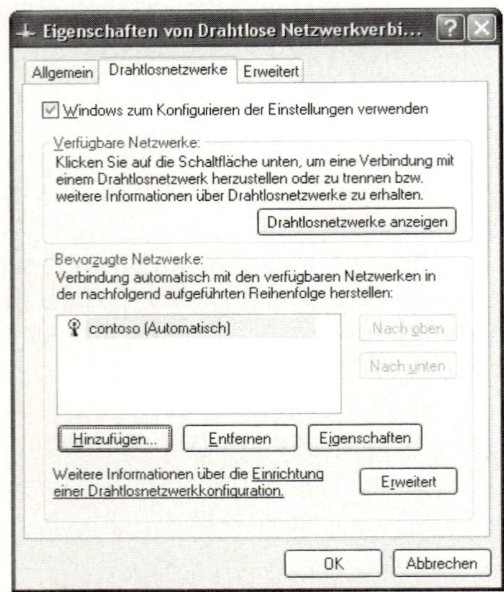

Abbildung 15.21 Auf der Registerkarte **Drahtlosnetzwerke** wird angezeigt, zu welchem Netzwerk Sie eine Verbindung hergestellt haben

Wenn Sie ein bestimmtes Netzwerk konfigurieren wollen, müssen Sie es auswählen und dann auf die Schaltfläche **Eigenschaften** klicken. Sie können im Eigenschaftendialogfeld für ein Netzwerk folgende Einstellungen konfigurieren:

- Auf der Registerkarte **Zuordnung** (Abbildung 15.22) können Sie die SSID für die Netzwerkverbindung ändern und die Einstellungen für die Drahtlosnetzwerkschlüssel konfigurieren, die den Schutz des Netzwerks gewährleisten. Diese Optionen umfassen Einstellungen für Datenverschlüsselung und Netzwerkauthentifizierung. Bei der Authentifizierung sollten Sie WPA oder WPA-PSK wählen, wenn WPA zur Verfügung steht. Falls Sie WEP verwenden, sollten Sie eine offene Authentifizierung einsetzen. Weil WEP für Authentifizierung und Verschlüsselung denselben Schlüssel nutzt, ist die offene Authentifizierung letztlich sicherer, als wenn Sie WEP für die Authentifizierung nutzen. Ein Angreifer, der den WEP-Schlüssel geknackt hat, könnte dann nämlich auf Authentifizierungsinformationen zugreifen. Bei der Datenverschlüsselung müssen Sie den Verschlüsselungstyp wählen, der in Ihrem Netzwerk verwendet wird.

- Auf der Registerkarte **Authentifizierung** können Sie die 802.1x-Authentifizierung für das Netzwerk aktivieren.
- Auf der Registerkarte **Verbindung** können Sie festlegen, ob Windows eine Verbindung zu dem Drahtlosnetzwerk herstellen soll, wenn es im Empfangsbereich liegt.

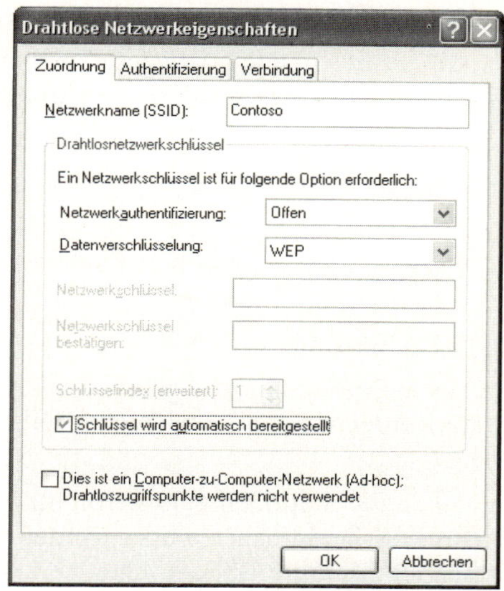

Abbildung 15.22 Auf der Registerkarte **Zuordnung** können Sie Verschlüsselungsoptionen für das Drahtlosnetzwerk einstellen

Lernzielkontrolle

Anhand der folgenden Fragen können Sie überprüfen, ob Sie die Themen dieser Lektion so gut beherrschen, dass Sie mit der nächsten Lektion weitermachen können. Falls Sie eine Frage nicht beantworten können, sollten Sie die Lektion noch einmal durcharbeiten, und dann erneut versuchen, die Frage zu beantworten. Die Antworten auf die Lernzielkontrollfragen finden Sie im Abschnitt „Fragen und Antworten" am Ende dieses Kapitels.

1. Welche beiden Netzwerkmodi stehen in Windows XP Professional zur Verfügung, um eine Verbindung zu einem Drahtlosnetzwerk aufzubauen?

   ____

   ____

   ____

2. Welche vier Möglichkeiten stehen zur Verfügung, um ein Drahtlosnetzwerk zu schützen?

   ____

   ____

3. Wenn Sie für Drahtlosnetzwerke in Windows XP Professional die 802.1x-Authentifizierung konfigurieren, verwenden alle drahtlosen Verbindungen dieselben Authentifizierungseinstellungen. (Richtig/Falsch)

____

____

Zusammenfassung der Lektion

- Die wichtigsten 802.11-Standards sind:
  - 802.11b, mit Datentransferraten von 5,5 MBit/s und 11 MBit/s und einer Funkfrequenz von 2,45 GHz.
  - 802.11a, mit Datentransferraten von bis zu 54 MBit/s und einer Funkfrequenz von 5,8 GHz.
  - 802.11g, mit Datentransferraten von bis zu 54 MBit/s und einer Funkfrequenz von 2,4 GHz.
- Windows XP Professional unterstützt zwei Drahtlosnetzwerkmodi:
  - Ad-hoc-Drahtlosnetzwerke, bei denen es mehrere Stationen gibt, aber keinen Zugriffspunkt. Ad-hoc-Drahtlosnetzwerke werden mit dem Fachbegriff IBSS (Independent Basic Service Set) bezeichnet.
  - Infrastruktur-Drahtlosnetzwerke, bei denen die Stationen eine Verbindung zu einem Zugriffspunkt herstellen. Infrastruktur-Drahtlosnetzwerke werden mit dem Begriff BSS (Basic Service Set) bezeichnet. Mehrere BSSs können verknüpft werden, dann bilden sie ein ESS (Extended Service Set).
- Sie können Drahtlosnetzwerke folgendermaßen schützen:
  - Durch Filtern der MAC-Adressen, damit nur ausgewählte Computer eine Verbindung zu einem Zugriffspunkt herstellen können.
  - Durch Deaktivieren des SSID-Broadcasting, damit Gelegenheitstäter das Drahtlosnetzwerk nicht erkennen.
  - Durch WEP-Verschlüsselung, die auf breiter Front unterstützt wird, aber auch weithin bekannte Schwächen hat.
  - Durch WPA-Verschlüsselung, die stärkere Verschlüsselung als WEP bietet.
- Windows XP Professional bietet eine konfigurationsfreie drahtlose Verbindung. Das heißt, Windows kann Drahtlosnetzwerke automatisch erkennen und eine Verbindung dazu herstellen. Bei geschützten Netzwerken müssen Sie den Client so konfigurieren, dass er auf das Netzwerk zugreifen kann, aber nachdem die Konfiguration einmal vorgenommen wurde, läuft die Verbindungsherstellung automatisch ab.

Lektion 4: Konfigurieren der gemeinsamen Nutzung der Internetverbindung (ICS)

Die gemeinsame Nutzung der Internetverbindung (Internet Connection Sharing, ICS) bietet eine einfache Möglichkeit, Computer in einem kleinen Heim- oder Büronetzwerk so zu konfigurieren, dass sie sich eine einzige Internetverbindung teilen. Für kleine Netzwerke ist die gemeinsame Nutzung der Internetverbindung eine kostengünstige Methode, für mehrere Computer den Internetzugriff zur Verfügung zu stellen.

Am Ende dieser Lektion werden Sie in der Lage sein, die folgenden Aufgaben auszuführen:

- Konfigurieren der gemeinsamen Nutzung der Internetverbindung.
- Beschreiben der Einschränkungen für die gemeinsame Nutzung der Internetverbindung.
- Problembehandlung für die gemeinsame Nutzung der Internetverbindung auf einem Windows XP Professional-Computer.

Veranschlagte Zeit für diese Lektion: 10 Minuten

Grundlagen der gemeinsamen Nutzung der Internetverbindung

Wenn Sie die gemeinsame Nutzung der Internetverbindung in einem Netzwerk einrichten, wird der Computer, der direkt an das Internet angeschlossen ist (über Modem, DSL oder andere Verbindungsarten), zum ICS-Host bestimmt. Andere Computer im Netzwerk stellen die Verbindung ins Internet über den ICS-Host her (Abbildung 15.23). Neben dem Bereitstellen des Internetzugriffs weist der ICS-Hostcomputer den Clients im Netzwerk auch noch dynamisch IP-Adressen zu, stellt Namensauflösungsdienste bereit und dient als Gateway für die anderen Computer.

Das Einrichten der gemeinsamen Nutzung der Internetverbindung in einem kleinen Netzwerk umfasst folgende grundlegende Schritte:

1. Stellen Sie sicher, dass der Computer, der als ICS-Host dient, korrekt mit dem Internet verbunden ist.
2. Stellen Sie sicher, dass der ICS-Host und die anderen Computer korrekt untereinander in einem lokalen Netzwerk verbunden sind.
3. Aktivieren Sie auf dem ICS-Host in der Netzwerkverbindung, die zum Internet führt, die gemeinsame Nutzung der Internetverbindung. Aktivieren Sie dazu im Eigenschaftendialogfeld der Netzwerksverbindung auf der Registerkarte **Erweitert** das Kontrollkästchen **Anderen Benutzern im Netzwerk gestatten, die Internetverbindung dieses Computers zu verwenden**. Wenn Sie die gemeinsame Nutzung der Internetverbindung aktivieren, konfiguriert sich der ICS-Host selbst mit der IP-Adresse **192.168.0.1**, er wird außerdem ein DHCP-Server für das Netzwerk, damit er für die anderen Computer IP-Adressinformationen liefern kann.

4. Konfigurieren Sie die übrigen Computer so, dass sie ihre IP-Adresse und DNS-Server-Informationen automatisch beziehen, und starten Sie die Computer neu. Beim Neustart lassen sich alle Computer die Adressinformationen vom ICS-Host zuweisen und müssten dann in der Lage sein, eine Verbindung zum Internet herzustellen. Die IP-Adressen der Computer liegen im Bereich **192.168.0.2** bis **192.168.0.254**.

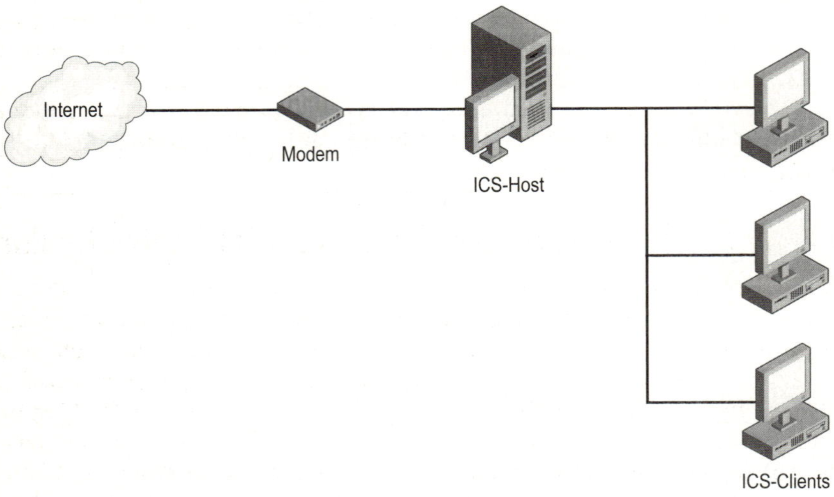

Abbildung 15.23 Der ICS-Host hat eine freigegebene Internetverbindung und fungiert als DHCP-Server für Netzwerkclients, die ihre IP-Adressen automatisch zuweisen lassen

Einschränkungen bei der gemeinsamen Nutzung der Internetverbindung

Wegen der Funktionen, die die gemeinsame Nutzung der Internetverbindung für ein Netzwerk zur Verfügung stellt (IP-Adressezuweisung, Namensauflösung und Funktion als Netzwerkgateway), und weil die IP-Adresse des Hostcomputers immer **192.168.0.1** mit der Subnetzmaske **255.255.255.0** lautet, müssen einige Bedingungen erfüllt sein, während die gemeinsame Nutzung der Internetverbindung benutzt wird:

- Die IP-Adressen der Computer im Netzwerk müssen ebenfalls im Bereich **192.168.0.*x*** liegen, und die Subnetzmaske muss immer **255.255.255.0** sein. Falls Netzwerkcomputer diese Adressen nicht verwenden können, funktioniert die gemeinsame Nutzung der Internetverbindung nicht.
- Windows 2000 Server- oder Windows Server 2003-Server, die als Domänencontroller, DNS-Server, Gateways oder DHCP-Server konfiguriert sind, können nicht im Netzwerk verwendet werden. Die gemeinsame Nutzung der Internetverbindung ist ausschließlich für eine Arbeitsgruppenumgebung gedacht.
- Computer mit einer statischen IP-Adresse, die nicht im ICS-Bereich liegt, können die gemeinsame Nutzung der Internetverbindung nicht nutzen.
- Falls mehrere Netzwerkkarten zur Verfügung stehen, mindestens zwei LAN-Verbindungen konfiguriert sind und alle davon mit Computern im Netzwerk verbunden sind, müssen diese Verbindungen überbrückt werden. Das Erstellen einer Überbrückung

(engl. Bridge) für eine Verbindung ist ganz einfach: Klicken Sie mit der rechten Maustaste auf die Verbindung und wählen Sie den Befehl **Verbindungen überbrücken**.

- Die gemeinsame Nutzung der Internetverbindung muss für DFÜ-, VPN-, Breitband- oder andere Verbindungen ins Internet aktiviert sein.

Probleme bei der gemeinsamen Nutzung der Internetverbindung können auch auftauchen, wenn der Hostcomputer ursprünglich eine statische IP-Adresse im Netzwerk hatte oder wenn die Adresse **192.168.0.1** von einem Computer im Netzwerk verwendet wird.

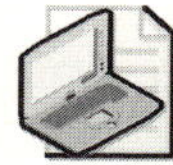

Hinweis Falls Sie Probleme mit einer ICS-Konfiguration haben, sollten Sie die Punkte in der vorhergehenden Liste überprüfen. Nehmen Sie die entsprechenden Änderungen im Netzwerk vor, um das Problem zu beseitigen.

Problembehandlung für die gemeinsame Nutzung der Internetverbindung

Für eine Problembehandlung der gemeinsamen Nutzung der Internetverbindung können Sie im Prinzip viele der Problembehandlungsmethoden nutzen, die bereits für andere Verbindungsprobleme in diesem Kapitel beschrieben wurden. Falls das Netzwerk aber klein ist (maximal 10 Computer), ist es normalerweise einfacher, die gemeinsame Nutzung der Internetverbindung von Grund auf neu einzurichten, als eine Problembehandlung durchzuführen. Wenn Sie sich überzeugt haben, dass Sie alle störenden DHCP- oder DNS-Server und alle Computer mit statischen IP-Adressen entfernt haben, können Sie die gemeinsame Nutzung der Internetverbindung auf dem Hostcomputer neu konfigurieren und dann die anderen Computer im Netzwerk neu konfigurieren und neu starten.

Lernzielkontrolle

Anhand der folgenden Fragen können Sie überprüfen, ob Sie die Themen dieser Lektion so gut beherrschen, dass Sie mit der nächsten Lektion weitermachen können. Falls Sie eine Frage nicht beantworten können, sollten Sie die Lektion noch einmal durcharbeiten, und dann erneut versuchen, die Frage zu beantworten. Die Antworten auf die Lernzielkontrollfragen finden Sie im Abschnitt „Fragen und Antworten“ am Ende dieses Kapitels.

1. Ein Benutzer hat die gemeinsame Nutzung der Internetverbindung auf einem Hostcomputer eingerichtet, der unter Windows XP Professional läuft. Er hat aber Probleme mit Clients, die eine Verbindung ins Internet und zu anderen Computern im Netzwerk aufnehmen sollen. Welche der folgenden Punkte könnten die Ursache für die Probleme sein? Wählen Sie alle zutreffenden Antworten aus.

   a. Es gibt einen DHCP-Server im Netzwerk.

   b. Es gibt einen DNS-Server im Netzwerk.

   c. Im Netzwerk gibt es Computer mit statischen IP-Adressen.

   d. Es gibt einen Windows 2000 Server-Computer im Netzwerk.

2. Welche IP-Adresse wird dem ICS-Host zugewiesen?

   ____

3. Sie haben die gemeinsame Nutzung der Internetverbindung auf dem Hostcomputer aktiviert. Wie sollten Sie nun andere Computer in der Arbeitsgruppe konfigurieren, damit sie über den ICS-Host eine Verbindung ins Internet herstellen können?

   ____

   ____

   ____

Zusammenfassung der Lektion

- Mithilfe der gemeinsamen Nutzung der Internetverbindung kann ein Computer, der über eine Internetverbindung verfügt, diese Verbindung für andere Computer im Netzwerk zur Verfügung stellen. Der Computer, auf dem die gemeinsame Nutzung der Internetverbindung läuft, konfiguriert sich selbst immer mit der IP-Adresse **192.168.0.1**. Dieser Computer fungiert außerdem als DHCP-Server und weist anderen Computern im Netzwerk Adressen im Bereich von **192.168.0.2** bis **192.168.0.254** zu.
- Die gemeinsame Nutzung der Internetverbindung ist für Arbeitsgruppenumgebungen gedacht. Windows 2000 Server- oder Windows Server 2003-Server, die als Domänencontroller, DNS-Server, Gateway und DHCP-Server konfiguriert sind, können in einem solchen Netzwerk nicht benutzt werden. Auch Computer mit statischen IP-Adressen, die außerhalb des ICS-Bereichs liegen, arbeiten nicht mit der gemeinsamen Nutzung der Internetverbindung zusammen.
- Die gemeinsame Nutzung der Internetverbindung bietet keine umfangreichen Problembehandlungsmöglichkeiten (Sie können allerdings eine grundlegende Problembehandlung für Netzwerkverbindungen durchführen). Am einfachsten ist es, die gemeinsame Nutzung der Internetverbindung im Netzwerk einfach neu zu konfigurieren.

Lektion 5: Konfigurieren der Windows-Firewall

Eine Firewall schützt einen Computer gegen die Außenwelt (insbesondere gegen das Internet), indem sie fast den gesamten Netzwerkverkehr blockiert, mit Ausnahme des Verkehrs, den Sie durch Konfigurieren der Firewall explizit erlauben. Dieser Abschnitt bietet eine Einführung in Firewalls und stellt die Software-Firewall vor, die in Windows XP Professional enthalten ist: Windows-Firewall.

Am Ende dieser Lektion werden Sie in der Lage sein, die folgenden Aufgaben auszuführen:

- Erklären, wie Firewalls Computer schützen.
- Aktivieren oder Deaktivieren der Windows-Firewall für alle Netzwerkverbindungen.
- Aktivieren oder Deaktivieren der Windows-Firewall für eine bestimmte Netzwerkverbindung.
- Konfigurieren erweiterter Optionen für die Windows-Firewall.
- Behandeln von Verbindungsproblemen, die mit der Windows-Firewall zu tun haben.

Veranschlagte Zeit für diese Lektion: 40 Minuten

Grundlagen der Windows-Firewall

Eine Firewall ist ein Sicherheitssystem, das eine Trennlinie zwischen dem Computer oder Netzwerk und dem Internet zieht. Diese Trennlinie legt fest, welcher Verkehr vom lokalen Netzwerk oder Computer nach draußen fließen darf und welcher Verkehr umgekehrt nach innen fließen darf. Firewalls helfen dabei, Hacker, Viren und andere böswillige Aktivitäten am Eindringen in Computer und Netzwerk zu hindern. Eine Netzwerkfirewall ist ein Gerät, das ein gesamtes Netzwerk schützt. Eine hostbasierte Firewall ist ein Programm, das einen einzigen Computer schützt. Windows XP Professional enthält eine Softwarefirewall mit dem Namen Windows-Firewall.

Die Windows-Firewall wird installiert, wenn Sie das Windows XP Service Pack 2 einspielen. Sie ist eine aktualisierte Version der Internetsverbindungsfirewall, die in Windows-Versionen XP bis Service Pack 1 enthalten war. Die Windows-Firewall ist eine statusbehaftete, hostbasierte Firewall, die den gesamten eingehenden Netzwerkverkehr abweist, sofern er nicht eine der folgenden Bedingungen erfüllt:

- Angeforderter Verkehr (gültiger Verkehr, der als Reaktion auf eine Computeranforderung gesendet wird) wird durch die Firewall gelassen.
- Ausgenommener oder erwarteter Verkehr (gültiger Verkehr, dessen Annahme in der Firewall konfiguriert wurde) wird durch die Firewall gelassen.

Die Windows-Firewall hat folgende Merkmale:

- Sie ist standardmäßig für alle Netzwerkverbindungen aktiviert. Das ist ein Unterschied gegenüber der Internetverbindungsfirewall, die nicht standardmäßig aktiviert war.
- Sie begrenzt den Netzwerkverkehr, der in einen Computer gelangt, indem sie Übertragungen über alle Ports blockiert. Ausgenommen sind nur die Ports, die explizit so

konfiguriert wurden, dass sie Verkehr an den Computer durchlassen. Wenn Sie einen bestimmten Typ von Verkehr durch die Windows-Firewall in den Computer lassen, wird das als ***Ausnahme*** bezeichnet. Sie können Ausnahmen erstellen, indem Sie den Dateinamen einer Anwendung angeben oder indem Sie die Ports konfigurieren, die Verkehr durchlassen sollen. Sie können in der Windows-Firewall für jede Netzwerkverbindung andere Ausnahmen definieren. Das ist ein Unterschied zur Internetverbindungsfirewall, bei der Sie nur globale Ausnahmen definieren konnten, die für alle Verbindungen galten.

- Sie kann Verkehr anhand der IP-Adresse (oder des IP-Adressbereichs) beschränken. Dann wird nur Verkehr, der von Computern mit gültigen IP-Adressen stammt, durch die Firewall gelassen.
- Sie können die Windows-Firewall für jede Verbindung, die auf einem Windows XP Professional-Computer konfiguriert ist, individuell aktivieren oder deaktivieren. Dabei ist es egal, ob es sich bei der Verbindung um eine LAN-Verbindung, DFÜ-Verbindung oder drahtlose Verbindung handelt. Sie können auch globale Konfigurationen einstellen, die für alle Verbindungen gelten. Das ist ein Unterschied gegenüber der Internetverbindungsfirewall, bei der Sie die Firewall nur global für alle Verbindungen aktivieren oder deaktivieren konnten.
- Die Windows-Firewall kann im Sicherheitsprotokoll aufzeichnen, welcher Verkehr blockiert wurde, damit Sie die Aktivitäten der Firewall überwachen können.
- Sie führt bereits während der Startphase eine statusbehaftete Paketfilterung durch, sodass der Computer grundlegende Netzwerkaufgaben durchführen kann (zum Beispiel Kontakt mit DHCP- und DNS-Servern aufnehmen), aber trotzdem geschützt ist. Das ist ein Unterschied gegenüber der Internetverbindungsfirewall, die keine Filterung während der Startphase durchführte.

Aktivieren oder Deaktivieren der Windows-Firewall für alle Netzwerkverbindungen

Änderungen an den Einstellungen der Windows-Firewall können nur von Benutzern vorgenommen werden, die mit einem Benutzerkonto auf dem Computer angemeldet sind, das Mitglied der lokalen Gruppe **Administratoren** ist. Zum Aktivieren oder Deaktivieren der Windows-Firewall für alle Netzwerkverbindungen sind folgende Schritte erforderlich:

1. Klicken Sie auf **Start**, und wählen Sie **Systemsteuerung**.
2. Wählen Sie im Fenster **Systemsteuerung** den Eintrag **Netzwerk- und Internetverbindungen**.
3. Wählen Sie im Fenster **Netzwerk- und Internetverbindungen** den Eintrag **Windows-Firewall**.
4. Klicken Sie auf der Registerkarte **Allgemein** des Dialogfelds **Windows-Firewall** (Abbildung 15.24) auf **Aktiv (empfohlen)**, um die Firewall für alle Verbindungen zu aktivieren. Aktivieren Sie **Inaktiv (nicht empfohlen)**, um die Firewall für alle Verbindungen zu deaktivieren.

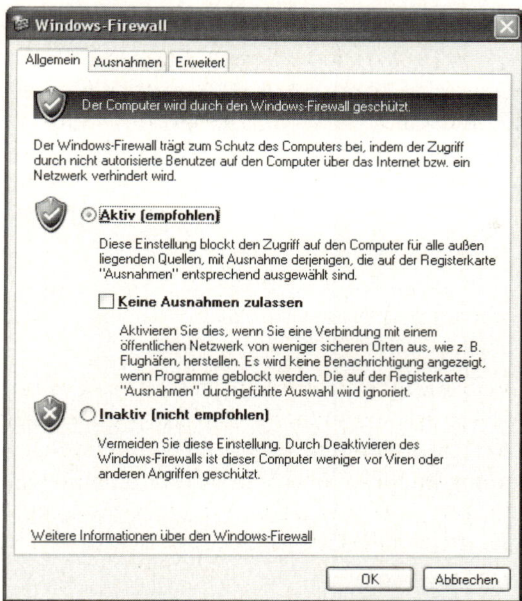

Abbildung 15.24 Aktivieren und Deaktivieren der Windows-Firewall für alle Netzwerkverbindungen

5. Klicken Sie auf **OK**.

Aktivieren oder Deaktivieren der Windows-Firewall für eine bestimmte Netzwerkverbindung

Sie können die Windows-Firewall nicht nur für alle Verbindungen gleichzeitig aktivieren oder deaktivieren, sondern auch für jede einzelne Verbindung auf einem Computer wählen, ob die Windows-Firewall dafür aktiviert ist. Gehen Sie folgendermaßen vor, um die Windows-Firewall für eine bestimmte Netzwerkverbindung zu aktivieren oder zu deaktivieren:

1. Klicken Sie auf **Start**, und wählen Sie **Systemsteuerung**.
2. Wählen Sie im Fenster **Systemsteuerung** den Eintrag **Netzwerk- und Internetverbindungen**.
3. Klicken Sie im Fenster **Netzwerk- und Internetverbindungen** auf **Windows-Firewall**.
4. Wechseln Sie im Dialogfeld **Windows-Firewall** auf die Registerkarte **Erweitert** (Abbildung 15.25).

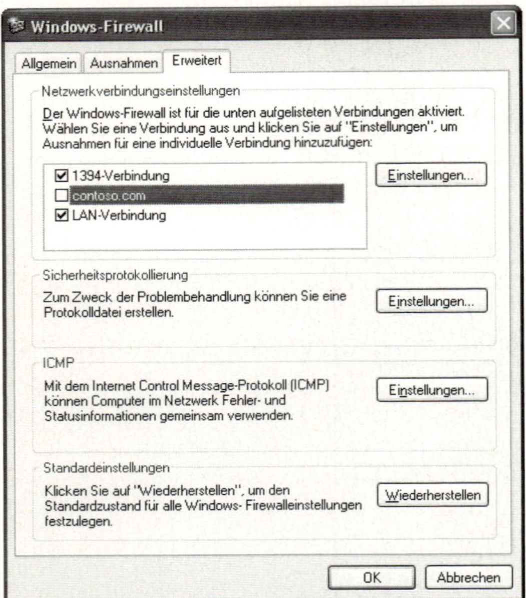

Abbildung 15.25 Aktivieren und Deaktivieren der Windows-Firewall für bestimmte Netzwerkverbindungen.

5. Um die Windows-Firewall für eine Verbindung einzuschalten, aktivieren Sie das Kontrollkästchen für diese Verbindung. Um die Windows-Firewall für eine Verbindung auszuschalten, deaktivieren Sie das Kontrollkästchen für diese Verbindung.
6. Klicken Sie auf **OK**, um das Dialogfeld **Windows-Firewall** zu schließen.
7. Klicken Sie auf **OK**, um das Dialogfeld **Eigenschaften** für die Netzwerkverbindung zu schließen.

Erweiterte Optionen der Windows-Firewall

Nachdem Sie die Windows-Firewall aktiviert haben, müssen Sie die Firewall möglicherweise für eine bestimmte Situation konfigurieren. Dafür stehen Ihnen verschiedene Optionen zur Verfügung, die wichtigsten sind:

- Aktivieren der Windows-Firewall-Protokollierung, um Netzwerkaktivitäten aufzuzeichnen.
- Erstellen einer Ausnahme für einen Dienst oder eine Anwendung, um Verkehr durch die Firewall zu lassen.
- Erstellen einer benutzerdefinierten Dienstdefinition, wenn keine eingebaute Ausnahme Ihre Anforderungen erfüllt.
- Erstellen einer ICMP-Ausnahme (Internet Control Message Protocol), damit der Computer auf Verkehr von bestimmten Netzwerkdienstprogrammen antwortet.

Aktivieren der Windows-Firewall-Protokollierung

Sie können die Windows-Firewall so konfigurieren, dass Netzwerkaktivität protokolliert wird, zum Beispiel verworfene Pakete oder erfolgreiche Verbindungen zum Computer. Die Sicherheitsprotokollierung für die Windows-Firewall ist nicht standardmäßig aktiviert. Zum Aktivieren der Sicherheitsprotokollierung für die Windows-Firewall sind folgende Schritte erforderlich:

1. Klicken Sie auf **Start**, und wählen Sie **Systemsteuerung**.
2. Wählen Sie im Fenster **Systemsteuerung** den Eintrag **Netzwerk- und Internetverbindungen**.
3. Wählen Sie im Fenster **Netzwerk- und Internetverbindungen** den Eintrag **Windows-Firewall**.
4. Klicken Sie im Dialogfeld **Windows-Firewall** auf die Registerkarte **Erweitert**. Klicken Sie unter **Sicherheitsprotokollierung** auf **Einstellungen**, um das Dialogfeld **Protokolleinstellungen** zu öffnen (Abbildung 15.26).

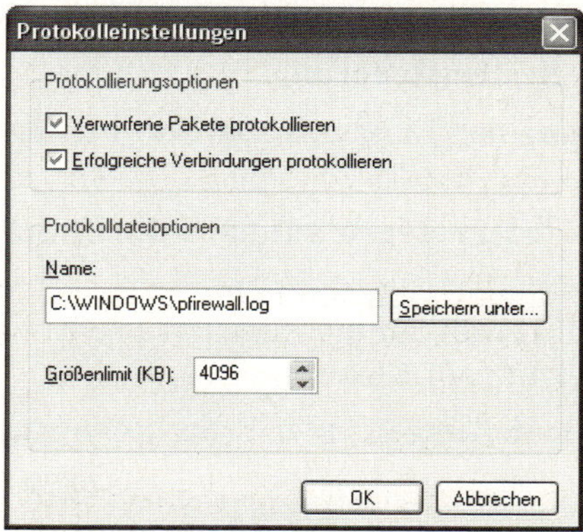

Abbildung 15.26 Aktivieren der Sicherheitsprotokollierung für die Windows-Firewall

5. Aktivieren Sie unter **Protokollierungsoptionen** eines oder beide der folgenden Kontrollkästchen:
   - **Verworfene Pakete protokollieren:** Alle verworfenen Pakete aus dem lokalen Netzwerk oder dem Internet werden protokolliert.
   - **Erfolgreiche Verbindungen protokollieren:** Alle erfolgreichen Verbindungen, die vom Netzwerk oder dem Internet initiiert wurden, werden protokolliert.
6. Beachten Sie den Speicherort des Sicherheitsprotokolls. Standardmäßig wird es in der Datei **%SystemRoot%\pfirewall.log** gespeichert. Klicken Sie auf **OK**, um das Dialogfeld **Protokolleinstellungen** zu schließen. Klicken Sie erneut auf **OK**, um das Dialogfeld **Windows-Firewall** zu schließen.

Zugreifen auf die Windows-Firewall-Protokolldatei

Nachdem Sie die Protokollierung aktiviert haben, können Sie auf die Protokolldatei zugreifen, indem Sie den entsprechenden Pfad aufrufen und die Datei öffnen. Protokolleinträge verraten Ihnen, welche Pakete erfolgreich in das Netzwerk gelangt sind und welche abgewiesen wurden. Das Protokoll hat zwei Abschnitte: Vorspann und Einträge. Der Vorspann enthält Informationen über die Version der Windows-Firewall, den vollständigen Namen der Windows-Firewall-Software, Herkunft der Uhrzeitdaten und die Namen der Felder in den Einträgen. Die Einträge enthalten die protokollierten Daten.

Zu jedem protokollierten Eintrag gibt es 16 Datenelemente, die Informationen darüber enthalten, wann der Eintrag protokolliert wurde (Spalten **date** und **time**) und welche Daten übertragen wurden. Diese Informationen verraten Ihnen, welche Pakettypen geöffnet, geschlossen, verworfen oder verloren wurden (Spalte **action**); welches Protokoll bei der Datenübertragung verwendet wurde (Spalte **protocol**); die Ziel-IP-Adresse der Daten (Spalte **dst-ip**); den verwendeten Port auf dem sendenden Computer (Spalte **src-port**); den Port auf dem Zielcomputer (Spalte **dst-port**); und die Größe des Pakets (Spalte **size**).

Gehen Sie folgendermaßen vor, um die Protokolldatei der Windows-Firewall zu öffnen:

1. Klicken Sie auf **Start**, und wählen Sie **Systemsteuerung**.
2. Wählen Sie im Fenster **Systemsteuerung** den Eintrag **Netzwerk- und Internetverbindungen**.
3. Wählen Sie im Fenster **Netzwerk- und Internetverbindungen** den Eintrag **Windows-Firewall**.
4. Klicken Sie im Dialogfeld **Windows-Firewall** auf die Registerkarte **Erweitert**. Klicken Sie unter **Sicherheitsprotokollierung** auf **Einstellungen**.
5. Klicken Sie im Dialogfeld **Protokolleinstellungen** unter **Protokollierungsdateioptionen** auf **Speichern unter**.
6. Klicken Sie im Dialogfeld **Durchsuchen** mit der rechten Maustaste auf die Datei **pfirewall.log**, und wählen Sie **Öffnen**.
7. Nachdem Sie das Firewallprotokoll überprüft haben, schließen Sie das Editorfenster. Klicken Sie auf **OK**, um das Dialogfeld **Protokolleinstellungen** zu schließen. Klicken Sie erneut auf **OK**, um das Dialogfeld **Windows-Firewall** zu schließen.

Prüfungstipp Sie sollten wissen, wo Windows-Firewall-Protokolldateien gespeichert sind, wie Sie die Protokollierung aktivieren und welche Informationen Sie den Protokolldateien entnehmen können.

Erstellen einer Ausnahme für einen Dienst oder eine Anwendung

Standardmäßig blockiert die Windows-Firewall jeglichen nicht angeforderten Verkehr. Sie können Ausnahmen erstellen, sodass bestimmte Arten von nicht angefordertem Verkehr die Firewall passieren können. Falls Sie zum Beispiel das Freigeben von Dateien und Druckern auf einem lokalen Computer ermöglichen wollen, müssen Sie in der Windows-Firewall die Ausnahme **Datei- und Druckerfreigabe** aktivieren, damit Anforderungen für die freigegebenen Ressourcen zum Computer durchgelassen werden.

Die Windows-Firewall stellt eine Reihe von häufig benötigten Ausnahmen bereit, zum Beispiel für Remoteunterstützung, Remotedesktop, Datei- und Druckerfreigabe oder Windows Messenger. Die Windows-Firewall erweitert außerdem automatisch die Liste der Ausnahmen, wenn Sie Programme auf einem Computer installieren. Sie können von Hand Ausnahmen zur Liste hinzufügen, indem Sie nach Programmdateien suchen.

Zum Erstellen einer globalen Ausnahme, die für alle Netzwerkverbindungen mit aktivierter Windows-Firewall gilt, sind folgende Schritte erforderlich:

1. Klicken Sie auf **Start**, und wählen Sie **Systemsteuerung**.
2. Wählen Sie im Fenster **Systemsteuerung** den Eintrag **Netzwerk- und Internetverbindungen**.
3. Wählen Sie im Fenster **Netzwerk- und Internetverbindungen** den Eintrag **Windows-Firewall**.
4. Klicken Sie im Dialogfeld **Windows-Firewall** auf die Registerkarte **Ausnahmen** (Abbildung 15.27).

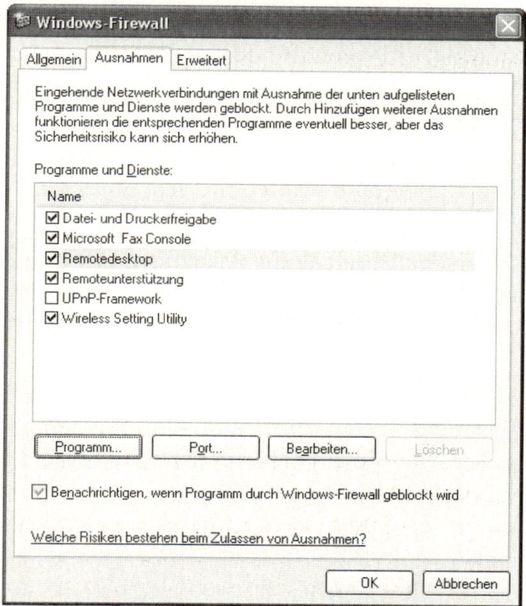

Abbildung 15.27 Erstellen einer globalen Ausnahme für alle Verbindungen

5. Aktivieren Sie in der Liste **Programme und Dienste** das Kontrollkästchen des Dienstes, der zugelassen werden soll. Falls Sie eine Ausnahme für ein installiertes Programm hinzufügen wollen, das nicht in der Liste aufgeführt ist, können Sie auf **Programm** klicken, die ausführbare Datei des Programms suchen und dann die Ausnahme aktivieren, nachdem das Programm zur Liste hinzugefügt wurde.
6. Klicken Sie auf **OK**, um das Dialogfeld **Windows-Firewall** zu schließen.

Erstellen einer Ausnahme für einen bestimmten Port

Falls die Windows-Firewall keine Ausnahme für den Verkehr auflistet, den Sie erlauben wollen, und falls Sie durch das Hinzufügen einer ausführbaren Datei zur Liste nicht die gewünschten Ergebnisse erhalten, können Sie auch eine Ausnahme erstellen, indem Sie den Verkehr für einen bestimmten Port durchlassen.

Gehen Sie folgendermaßen vor, um für einen Port eine globale Ausnahme zu erstellen, die für alle Netzwerkverbindungen gilt, auf denen die Windows-Firewall aktiviert ist:

1. Klicken Sie auf **Start**, und wählen Sie **Systemsteuerung**.
2. Wählen Sie im Fenster **Systemsteuerung** den Eintrag **Netzwerk- und Internetverbindungen**.
3. Wählen Sie im Fenster **Netzwerk- und Internetverbindungen** den Eintrag **Windows-Firewall**.
4. Klicken Sie im Dialogfeld **Windows-Firewall** auf der Registerkarte **Ausnahmen** auf **Port**.

   Windows öffnet das Dialogfeld **Port hinzufügen**. Wenn Sie eine Ausnahme für eine bestimmte TCP- (Transmission Control Protocol) oder UDP-Portnummer (User Datagram Protocol) erstellen wollen, müssen Sie wissen, welche Portnummer von der Anwendung oder dem Dienst benutzt wird.
5. Geben Sie einen Namen für die Ausnahme ein. Geben Sie die Nummer des Ports ein, auf den Sie den Zugriff erlauben wollen, und wählen Sie aus, ob es ein TCP- oder ein UDP-Port ist.

   Sie können auch einstellen, für welche Bereiche die Ausnahme gilt. Sie haben die Möglichkeit, die Ausnahme auf alle Computer (auch Computer im Internet) anwenden zu lassen, nur für das lokale Netzwerk oder für eine benutzerdefinierte Liste von IP-Adressen.
6. Wenn Sie den Bereich der Ausnahme ändern wollen, klicken Sie auf **Bereich ändern**. Daraufhin öffnet sich das Dialogfeld **Bereich ändern**, in dem Sie den gewünschten Bereich konfigurieren können. Klicken Sie auf **OK**, um zum Dialogfeld **Port hinzufügen** zurückzukehren.
7. Klicken Sie erneut auf **OK**, um die Ausnahme hinzuzufügen und zum Dialogfeld **Windows-Firewall** zurückzukehren.

   Nachdem Sie die Ausnahme hinzugefügt haben, wird sie im Dialogfeld **Windows-Firewall** auf der Registerkarte **Ausnahmen** im Listenfeld **Programme und Dienste** aufgeführt.
8. Aktivieren Sie das Kontrollkästchen für die Ausnahme, um die Ausnahme zu aktivieren.
9. Klicken Sie auf **OK**, um das Dialogfeld **Windows-Firewall** zu schließen.

Gehen Sie folgendermaßen vor, um eine Dienstausnahme für eine bestimmte Netzwerkverbindung zu erstellen, für die die Windows-Firewall aktiviert ist:

1. Klicken Sie auf **Start**, und wählen Sie **Systemsteuerung**.
2. Wählen Sie im Fenster **Systemsteuerung** den Eintrag **Netzwerk- und Internetverbindungen**.
3. Wählen Sie im Fenster **Netzwerk- und Internetverbindungen** den Eintrag **Windows-Firewall**.
4. Klicken Sie im Dialogfeld **Windows-Firewall** auf die Registerkarte **Erweitert**. Wählen Sie unter **Netzwerkverbindungseinstellungen** die Verbindung aus, für die eine Ausnahme konfiguriert werden soll, und klicken Sie auf **Einstellungen**.

   Windows zeigt das Dialogfeld **Erweiterte Einstellungen** an (Abbildung 15.28).

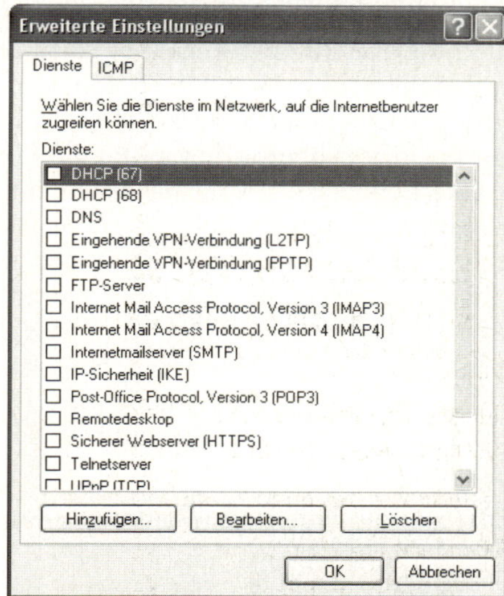

Abbildung 15.28 Erstellen einer Ausnahme für eine bestimmte Netzwerkverbindung

5. Klicken Sie auf der Registerkarte **Dienste** auf **Hinzufügen**.

   Windows zeigt das Dialogfeld **Diensteinstellungen** an.
6. Geben Sie eine Beschreibung des Dienstes ein.
7. Falls der Computer, auf dem Sie die Windows-Firewall konfigurieren, ein ICS-Host ist, können Sie die Windows-Firewall so konfigurieren, dass sie den Verkehr für den Port an einen bestimmten Computer im Netzwerk weiterleitet. Geben Sie dazu die IP-Adresse dieses Computers ein. Ist der Computer kein ICS-Host, müssen Sie die IP-Adresse des lokalen Computers eingeben.

Tipp Statt die IP-Adresse des lokalen Computers einzugeben, können Sie auch die Loopback-Adresse **127.0.0.1** verwenden, die immer für den lokalen Computer steht. Das ist nützlich für den Fall, dass sich die IP-Adresse des lokalen Computers ändert.

8. Geben Sie die Portdaten für den Dienst ein.

9. Klicken Sie auf **OK**, um das Dialogfeld **Diensteinstellungen** zu schließen. Klicken Sie auf **OK**, um das Dialogfeld **Erweiterte Einstellungen** zu schließen. Klicken Sie erneut auf **OK**, um das Dialogfeld **Windows-Firewall** zu schließen.

ICMP-Ausnahmen

ICMP (Internet Control Message Protocol) ermöglicht Routern und Hostcomputern, elementare Fehler und -Konfigurationsinformationen vom einen Computer zum anderen zu senden. Diese Informationen verraten, ob die gesendeten Daten ihr endgültiges Ziel erreicht haben, ob sie durch einen bestimmten Router weitergeleitet werden können und welches die beste Route für die Daten ist. ICMP-Tools, zum Beispiel **Pathping**, **Ping** und **Tracert**, werden oft für die Problembehandlung von Netzwerkverbindungen eingesetzt.

ICMP-Problembehandlungswerkzeuge und die von ihnen generierten Nachrichten sind nützlich, wenn sie von einem Netzwerkadministrator verwendet werden, können aber schädlich sein, wenn sie von einem Angreifer missbraucht werden. Zum Beispiel sendet ein Netzwerkadministrator an die IP-Adresse, die er überprüfen will, eine Ping-Anforderung in Form eines ICMP-Pakets, das eine Echoanforderungsnachricht enthält. Anhand der Antwort auf diese Echoanforderungsnachricht kann der Administrator feststellen, ob der Computer erreichbar ist. Ein Angreifer kann dagegen eine Flut von speziell manipulierten Ping-Nachrichten über eine Breitbandleitung senden, die einen Computer so überlasten, dass er den normalen Verkehr nicht mehr bearbeiten kann. Angreifer können mithilfe von Ping-Befehlen auch die IP-Adressen der Computer in einem Netzwerk ermitteln. Durch Konfigurieren von ICMP können Sie steuern, wie ein System auf solche Ping-Anforderungen antwortet (oder dass es überhaupt nicht darauf antwortet). In der Standardeinstellung blockiert die Windows-Firewall alle ICMP-Nachrichten.

Tabelle 15.5 beschreibt die ICMP-Ausnahmen, die Sie in der Windows-Firewall aktivieren können.

Tabelle 15.5 ICMP-Ausnahmen

ICMP-Ausnahme	Beschreibung
Eingehende Echoanforderung zulassen	Steuert, ob ein Remotecomputer eine Antwort von diesem Computer erhält. Ping ist ein Befehl, den Sie mit dieser Option aktivieren müssen. Ist die Option aktiviert, können Angreifer den Hostcomputer sehen und Kontakt damit aufnehmen (dies gilt auch für die anderen Optionen).
Eingehende Zeitstempelanforderung zulassen	Sendet eine Antwort an einen anderen Computer, in der bestätigt wird, dass eine eingehende Nachricht empfangen wurde. Die Antwort enthält Uhrzeit und Datum.
Eingehende Maskenanforderung zulassen	Liefert dem Absender die Subnetzmaske für das Netzwerk, in dem der Computer Mitglied ist. Der Absender hat bereits die IP-Adresse. Erhält er zusätzlich die Subnetzmaske, verfügt ein Administrator (oder Angreifer) über alle Informationen, die er über das Netzwerk des Computers benötigt.

▶

ICMP-Ausnahme	Beschreibung
Eingehende Routeranforderung zulassen	Liefert Informationen über die Routen, die der Computer kennt, und stellt Informationen über alle Router zur Verfügung, mit denen er verbunden ist.
Nicht verfügbares ausgehendes Ziel zulassen	Der Computer sendet die Nachricht „Ziel nicht erreichbar" an Clients, die versuchen, Pakete durch den Computer an ein Remotenetzwerk zu senden, für das keine Route definiert ist.
Ausgehendes Source Quench zulassen	Liefert an Router die Information, mit welcher Geschwindigkeit Daten empfangen werden können. Die Nachricht fordert Router auf, die Geschwindigkeit zu verringern, falls zu viele Daten gesendet werden und vom Empfänger nicht schnell genug verarbeitet werden können.
Ausgehendes Parameterproblem zulassen	Der Computer sendet die Fehlermeldung „Fehlerhafte Header", wenn er empfangene Daten verwerfen musste, weil sie einen fehlerhaften Header hatten. Diese Nachricht verrät dem Absender, dass der Host vorhanden ist, aber nicht, welche genauen Probleme mit der Nachricht auftraten.
Ausgehende Zeitüberschreitung zulassen	Der Computer sendet an den Absender die Nachricht „Zeitlimit überschritten", wenn er Nachrichten verwerfen musste, weil diese Nachrichten zu alt waren.
Umleiten zulassen	Daten, die von diesem Computer gesendet werden, können umgeleitet werden, falls sich der Pfad ändert.

Sicherheitswarnung Sie sollten ICMP-Ausnahmen grundsätzlich nur aktivieren, wenn Sie für die Problembehandlung ICMP-Tools verwenden. Deaktivieren Sie die Ausnahmen wieder, nachdem Sie die Problembehandlung abgeschlossen haben. Stellen Sie sicher, dass Sie diese Optionen nur aktivieren, wenn Sie genau wissen, welche Folgen und Risiken damit verbunden sind.

Aktivieren von ICMP-Ausnahmen

Gehen Sie folgendermaßen vor, um eine globale ICMP-Ausnahme für alle Verbindungen des Computers zu aktivieren:

1. Klicken Sie auf **Start**, und wählen Sie **Systemsteuerung**.
2. Wählen Sie im Fenster **Systemsteuerung** den Eintrag **Netzwerk- und Internetverbindungen**.
3. Wählen Sie im Fenster **Netzwerk- und Internetverbindungen** den Eintrag **Windows-Firewall**.
4. Klicken Sie im Dialogfeld **Windows-Firewall** auf die Registerkarte **Erweitert**.
5. Klicken Sie im Feld **ICMP** auf **Einstellungen**.
6. Aktivieren Sie das Kontrollkästchen für die Ausnahme, die Sie aktivieren wollen.
7. Klicken Sie auf **OK**, um das Dialogfeld **ICMP-Einstellungen** zu schließen. Klicken Sie erneut auf **OK**, um das Dialogfeld **Windows-Firewall** zu schließen.

Gehen Sie folgendermaßen vor, um eine ICMP-Ausnahme für eine Netzwerkverbindung zu aktivieren:

1. Klicken Sie auf **Start**, und wählen Sie **Systemsteuerung**.
2. Wählen Sie im Fenster **Systemsteuerung** den Eintrag **Netzwerk- und Internetverbindungen**.
3. Wählen Sie im Fenster **Netzwerk- und Internetverbindungen** den Eintrag **Windows-Firewall**.
4. Klicken Sie im Dialogfeld **Windows-Firewall** auf die Registerkarte **Erweitert**.
5. Wählen Sie unter **Netzwerkverbindungseinstellungen** die Verbindung aus, für die eine Ausnahme konfiguriert werden soll, und klicken Sie auf **Einstellungen**.
6. Klicken Sie im Dialogfeld **Erweiterte Einstellungen** auf die Registerkarte **ICMP** (Abbildung 15.29).

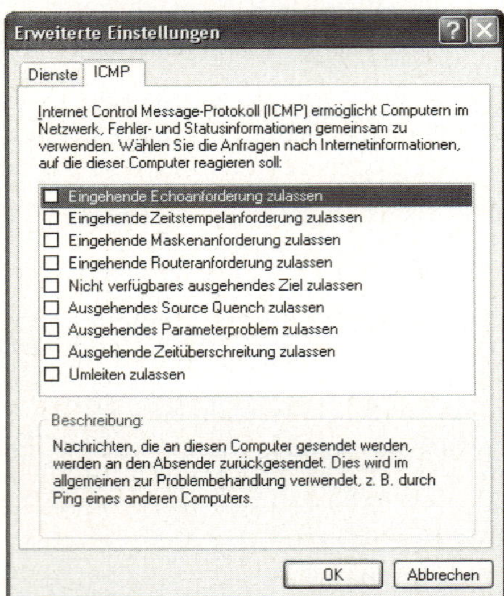

Abbildung 15.29 Konfigurieren einer ICMP-Ausnahme für eine Verbindung

7. Aktivieren Sie das Kontrollkästchen der Ausnahme, die erstellt werden soll.
8. Klicken Sie auf **OK**, um das Dialogfeld **Erweiterte Einstellungen** zu schließen. Klicken Sie erneut auf **OK**, um das Dialogfeld **Windows-Firewall** zu schließen.

Problembehandlung für die Windows-Firewall

Wenn Benutzer die Windows-Firewall verwenden, tauchen bestimmte Probleme recht häufig auf: Sie können die Windows-Firewall für eine Verbindung nicht aktivieren oder deaktivieren, es gibt Schwierigkeiten bei Datei- und Druckerfreigabe, ein Netzwerkbenutzer kann nicht auf einen Server im Netzwerk (zum Beispiel einen Webserver) zugreifen, die Benutzer haben Probleme mit der Remoteunterstützung und Internetprogramme funktionieren nicht.

Überprüfen Sie bei der Problembehandlung für die Windows-Firewall immer erst die Standardursachen. Die folgende Aufzählung beschreibt einige Grundregeln, denen Sie unbedingt folgen sollten. Jeder Verstoß gegen diese Regeln kann viele der Probleme verursachen, die bei der Windows-Firewall immer wieder auftreten:

- Die Windows-Firewall kann nur von Administratoren aktiviert oder deaktiviert werden. Die Internetverbindungsfirewall kann auch durch eine lokale Sicherheitsrichtlinie oder Gruppenrichtlinien aktiviert oder deaktiviert werden, was gelegentlich sogar einem lokalen Administrator den Zugriff verwehrt.
- Wenn Sie Drucker und Dateien auf einem lokalen Computer freigeben wollen, auf dem die Windows-Firewall läuft, müssen Sie die Ausnahme **Datei- und Druckerfreigabe** aktivieren.
- Falls der lokale Computer einen Dienst ausführt, zum Beispiel einen Webserver, FTP-Server oder einen anderen Dienst, können Netzwerkbenutzer erst dann auf diese Dienste zugreifen, wenn Sie die entsprechenden Ausnahmen in der Windows-Firewall erstellt haben.
- Windows-Firewall blockiert in der Standardeinstellung den Verkehr für Remoteunterstützung und Remotedesktop. Sie müssen die Ausnahme **Remotedesktop** aktivieren, damit Remotebenutzer über Remotedesktop oder Remoteunterstützung eine Verbindung zum lokalen Computer herstellen können.

Übung: Konfigurieren der Windows-Firewall

In dieser Übung überprüfen Sie, ob die Windows-Firewall für alle Verbindungen auf Ihrem Computer aktiviert ist. Sie deaktivieren die Windows-Firewall für Ihre LAN-Verbindung und aktivieren sie danach wieder. Dann aktivieren Sie für alle Verbindungen eine Ausnahme in der Windows-Firewall. Sie können diese Übungen nur durchführen, wenn Sie eine korrekt konfigurierte LAN-Verbindung haben.

Übung 1: Sicherstellen, dass die Windows-Firewall für alle Netzwerkverbindungen aktiviert ist

1. Klicken Sie im Startmenü auf **Systemsteuerung**.
2. Klicken Sie im Fenster **Systemsteuerung** auf **Netzwerk- und Internetverbindungen**.
3. Klicken Sie im Fenster **Netzwerkverbindungen** mit der rechten Maustaste auf Ihre LAN-Verbindung und wählen Sie den Befehl **Eigenschaften**.
4. Klicken Sie im Dialogfeld **Eigenschaften von LAN-Verbindung** auf der Registerkarte **Erweitert** im Feld **Windows-Firewall** auf **Einstellungen**.
5. Überprüfen Sie im Dialogfeld **Windows-Firewall**, ob die Option **Aktiv (empfohlen)** aktiviert ist. Stellen Sie auch sicher, dass das Kontrollkästchen **Keine Ausnahmen zulassen** deaktiviert ist.

   Lassen Sie das Dialogfeld **Windows-Firewall** und das Dialogfeld **Eigenschaften von LAN-Verbindung** für die nächste Teilübung geöffnet.

Übung 2: Deaktivieren und Wiederaktivieren der Windows-Firewall für die LAN-Verbindung

1. Klicken Sie im Dialogfeld **Windows-Firewall** auf die Registerkarte **Erweitert**.
2. Deaktivieren Sie im Feld **Netzwerkverbindungseinstellungen** in der Liste der Verbindungen das Kontrollkästchen neben dem Eintrag **LAN-Verbindung** und klicken Sie dann auf **OK**.

   Die Windows-Firewall ist jetzt für die LAN-Verbindung deaktiviert. Im Infobereich erscheint eine Meldung, dass Ihr Computer eventuell gefährdet ist, weil die Firewall deaktiviert ist.
3. Klicken Sie im Fenster **Netzwerkverbindungen** mit der rechten Maustaste auf **LAN-Verbindung** und wählen Sie den Befehl **Eigenschaften**. Klicken Sie im Dialogfeld **Eigenschaften von LAN-Verbindung** auf die Registerkarte **Erweitert**. Klicken Sie im Feld **Windows-Firewall** auf **Einstellungen**.
4. Aktivieren Sie im Dialogfeld **Windows-Firewall** auf der Registerkarte **Erweitert** das Kontrollkästchen neben dem Eintrag **LAN-Verbindung** und klicken Sie dann auf **OK**.

   Die Windows-Firewall ist jetzt für die LAN-Verbindung aktiviert. Lassen Sie das Dialogfeld **Eigenschaften von LAN-Verbindung** für die nächste Teilübung geöffnet.

Übung 3: Aktivieren einer Ausnahme für alle Verbindungen in der Windows-Firewall

1. Klicken Sie im Dialogfeld **Eigenschaften von LAN-Verbindung** auf der Registerkarte **Erweitert** im Feld **Windows-Firewall** auf **Einstellungen**.
2. Aktivieren Sie im Dialogfeld **Windows-Firewall** auf der Registerkarte **Ausnahmen** das Kontrollkästchen **Datei- und Druckerfreigabe**.
3. Klicken Sie auf **OK**.

   Die Windows-Firewall ist jetzt so konfiguriert, dass sie den gesamten Datei- und Druckerfreigabeverkehr in Ihren Computer durchlässt.
4. Klicken Sie auf **OK**, um das Dialogfeld **Eigenschaften von LAN-Verbindung** zu schließen.

Lernzielkontrolle

Anhand der folgenden Fragen können Sie überprüfen, ob Sie die Themen dieser Lektion so gut beherrschen, dass Sie mit der nächsten Lektion weitermachen können. Falls Sie eine Frage nicht beantworten können, sollten Sie die Lektion noch einmal durcharbeiten, und dann erneut versuchen, die Frage zu beantworten. Die Antworten auf die Lernzielkontrollfragen finden Sie im Abschnitt „Fragen und Antworten“ am Ende dieses Kapitels.

1. Sie führen eine Problembehandlung für eine Netzwerkverbindung durch und müssen mit dem **Ping**-Befehl überprüfen, ob ein Computer erreichbar ist. Welche ICMP-Ausnahme müssen Sie auf diesem Computer aktivieren? Wählen Sie die richtige Antwort.

a. Eingehende Routeranforderung zulassen
b. Eingehende Echoanforderung zulassen
c. Ausgehendes Source Quench zulassen
d. Umleiten zulassen

2. Welche beiden Arten von Verkehr lässt die Windows-Firewall in der Standardeinstellung in einen Computer durch?

____

____

____

3. Die Windows-Firewall schützt einen Windows XP Professional-Computer bereits während der Startphase des Computers. (Richtig/Falsch)

____

____

____

Zusammenfassung der Lektion

- Die Windows-Firewall ist eine Softwarefirewall, die in Windows XP Professional eingebaut ist. Die Windows-Firewall blockiert den gesamten eingehenden Netzwerkverkehr, sofern es sich nicht um angeforderten oder ausgenommenen Verkehr handelt.
- Sie können die Windows-Firewall global für alle Netzwerkverbindungen auf einem Computer aktivieren oder deaktivieren. Das gilt für LAN-, DFÜ- und drahtlose Verbindungen.
- Sie können die Windows-Firewall auch individuell für jede einzelne Netzwerkverbindung auf einem Computer aktivieren oder deaktivieren.
- Sie können in der Windows-Firewall eine Reihe von erweiterten Optionen konfigurieren. Das sind zum Beispiel:
    - Aktivieren der Windows-Firewall-Protokollierung, um Netzwerkaktivitäten aufzuzeichnen.
    - Erstellen einer Ausnahme für einen Dienst oder eine Anwendung, um Verkehr durch die Firewall zu lassen.
    - Erstellen einer benutzerdefinierten Dienstdefinition, wenn keine eingebaute Ausnahme Ihre Anforderungen erfüllt.
    - Erstellen einer ICMP-Ausnahme (Internet Control Message Protocol), damit der Computer auf Verkehr von bestimmten Netzwerkdienstprogrammen antwortet.
- Bei der Problembehandlung der Windows-Firewall müssen Sie meist die Firewall aktivieren oder deaktivieren und Ausnahmen erstellen, um bestimmten Netzwerkverkehr in den Computer durchzulassen.

Übung mit Fallbeispiel

In dieser Übung wird ein Szenario beschrieben, in dem Netzwerkverbindungen konfiguriert werden. Beantworten Sie nach dem Durchlesen des Szenarios die Fragen. Falls Sie Schwierigkeiten haben, sollten Sie den Inhalt dieses Kapitels noch einmal durcharbeiten, bevor Sie das nächste Kapitel in Angriff nehmen. Die Antworten auf die Fragen finden Sie im Abschnitt „Fragen und Antworten“ am Ende dieses Kapitels.

Szenario

Sie arbeiten als Administrator für ein Unternehmen namens Contoso, Ltd., ein Entwickler von Netzwerkanwendungen mit Hauptsitz in Houston. Greta, eine Benutzerin aus der Vertriebsabteilung, hat Sie um Hilfe gebeten. Sie muss in einem Tagungshotel in Las Vegas eine Präsentation für eine der Anwendungen Ihres Unternehmens aufbauen. Das Hotel stellt einen Konferenzraum mit Breitbandinternetzugriff über ein Ethernetkabel zur Verfügung, aber die Mitarbeiter Ihres Unternehmens müssen ihr eigenes Netzwerk konfigurieren, nachdem sie dort angekommen sind. Das Unternehmen schickt fünf Notebookcomputer, die unter Windows XP Professional laufen. Jeder Computer hat eine eingebaute Ethernet-Netzwerkkarte und eine eingebaute Drahtlosnetzwerkkarte, aber keine der Karten wurde für den Netzwerkbetrieb konfiguriert.

Alle fünf Computer werden bei der Präsentation benutzt und müssen miteinander vernetzt sein. Außerdem benötigen alle Computer Zugriff auf das Internet. Weil alle Computer unter Windows XP Professional laufen, haben Sie die Computer so konfiguriert, dass sie Mitglieder einer Arbeitsgruppe namens Contoso sind.

Fragen

1. Weil alle Computer über eine Drahtlosnetzwerkkarte verfügen, haben Sie beschlossen, ein Drahtlosnetzwerk aufzubauen, um die Computer zu vernetzen. Das Unternehmen hat aber überhaupt keine Drahtlosnetzwerkgeräte mitgeschickt. Können Sie ohne zusätzliche Hardware ein Drahtlosnetzwerk aufbauen? Falls ja, welche Art von Drahtlosnetzwerk ist das?

   ____

2. Sie wollen das Drahtlosnetzwerk schützen. Welche Art von Sicherheit können Sie für den Typ von Drahtlosnetzwerk implementieren, das Sie im Hotel aufbauen?

   ____

   ____

   ____

   ____

3. Weil es nur eine Internetverbindung gibt und alle Computer Internetzugriff brauchen, haben Sie beschlossen, die gemeinsame Nutzung der Internetverbindung einzurichten. Die Verbindung, die Ihnen zur Verfügung gestellt wird, erfordert, dass der Computer eine IP-Adresse von einem DHCP-Server akzeptiert. Wie können Sie diese Einstellung konfigurieren?

4. Sie haben die Internetverbindung für den ausgewählten Notebookcomputer erfolgreich hergestellt. Wie können Sie nun die gemeinsame Nutzung der Internetverbindung auf diesem Hostcomputer aktivieren?

5. Sie haben die gemeinsame Nutzung der Internetverbindung aktiviert. Welche IP-Adresse weist der Hostcomputer sich selbst für die Drahtlosnetzwerkverbindung im privaten Netzwerk zu?

6. Wie sollten Sie die anderen Notebookcomputer konfigurieren, die eine Verbindung zum Hostcomputer herstellen?

7. Die anderen Notebookcomputer bekommen IP-Adressen für die Drahtlosnetzwerkverbindungen zugewiesen. In welchem Bereich werden diese Adressen Ihrer Einschätzung nach liegen?

8. Nachdem Sie die anderen Notebookcomputer konfiguriert haben, können alle bis auf einen die Verbindung zum Internet herstellen. Bei einem Computer gelingt es nicht, die Verbindung aufzubauen. Welche beiden Methoden könnten Sie nutzen, um festzustellen, welche IP-Adresse der Drahtlosnetzwerkverbindung dieses Computers zugewiesen wurde?

9. Sie haben festgestellt, dass der drahtlosen Verbindung des Computers die IP-Adresse **169.254.33.22** zugewiesen wurde. Das deutet darauf hin, dass der Computer sich selbst eine IP-Adresse zugewiesen hat, statt eine Adresse vom ICS-Hostcomputer zu beziehen. Welche zwei Möglichkeiten stehen Ihnen zur Verfügung, um den Computer zu zwingen, erneut eine IP-Adresse zu beziehen?

____

____

____

Übung zur Problembehandlung

Sie arbeiten immer noch als Administrator für Contoso, Ltd., und helfen Greta bei ihrer Präsentation im Tagungshotel. Sie haben das Netzwerk erfolgreich konfiguriert. Alle Computer sind untereinander vernetzt und können eine Verbindung ins Internet herstellen. Greta will nun eine der von Ihrem Unternehmen entwickelten Netzwerkanwendungen vorführen. Ein Notebookcomputer führt die Anwendung aus und versucht, eine Verbindung zu einem anderen Notebookcomputer herzustellen. Auf dem Zielcomputer braucht die Anwendung nicht installiert zu sein. Die Anwendung kann aber keine Verbindung aufbauen.

1. Welche Ursache hat die Störung Ihrer Meinung nach? Was stört den Netzwerkverkehr der benutzerdefinierten Anwendung?

____

____

____

2. Wie können Sie dieses Problem beseitigen?

____

____

____

____

____

____

____

____

Zusammenfassung des Kapitels

- Sie können im Fenster **Netzwerkverbindungen**, das Sie über die Systemsteuerung öffnen, alle Netzwerkverbindungen sehen, die auf einem Computer konfiguriert sind. Sie können im Fenster **Netzwerkverbindungen** mit der rechten Maustaste auf eine Verbindung klicken, um verschiedene Befehle zum Umbenennen, Deaktivieren und

Reparieren der Verbindung aufzurufen. Sie können auch das Eigenschaftendialogfeld der Verbindung öffnen, um erweiterte Optionen zu konfigurieren.

- DFÜ-Verbindungen ähneln LAN-Verbindungen, haben aber zusätzliche Optionen, mit denen Sie steuern, wann die Verbindung gewählt wird, welche Rufnummer gewählt wird und andere Einstellungen. Eine DFÜ-Verbindung erstellen Sie im Assistenten für neue Verbindungen. Sie können Windows XP Professional so konfigurieren, dass es eingehende DFÜ-Verbindungen entgegennimmt.
- Windows XP Professional unterstützt zwei Drahtlosnetzwerkmodi: Ad-hoc-Drahtlosnetzwerke, bei denen es mehrere Stationen gibt, aber keinen Zugriffspunkt, und Infrastruktur-Drahtlosnetzwerke, bei denen die Stationen eine Verbindung zu einem Zugriffspunkt herstellen. Sie können Drahtlosnetzwerke folgendermaßen schützen:
  - Durch Filtern der MAC-Adressen, damit nur ausgewählte Computer eine Verbindung zu einem Zugriffspunkt herstellen können.
  - Durch Deaktivieren des SSID-Broadcasting, damit Gelegenheitstäter das Drahtlosnetzwerk nicht erkennen.
  - Durch WEP-Verschlüsselung, die auf breiter Front unterstützt wird, aber auch weithin bekannte Schwächen hat.
  - Durch WPA-Verschlüsselung, die stärkere Verschlüsselung als WEP bietet.
- Mithilfe der gemeinsamen Nutzung der Internetverbindung kann ein Computer, der über eine Internetverbindung verfügt, diese Verbindung für andere Computer im Netzwerk zur Verfügung stellen. Der Computer, auf dem die gemeinsame Nutzung der Internetverbindung läuft, konfiguriert sich selbst immer mit der IP-Adresse **192.168.0.1**. Dieser Computer fungiert außerdem als DHCP-Server und weist anderen Computern im Netzwerk Adressen im Bereich von **192.168.0.2** bis **192.168.0.254** zu.
- Die Windows-Firewall ist eine Softwarefirewall, die in Windows XP Professional eingebaut ist. Die Windows-Firewall blockiert den gesamten eingehenden Netzwerkverkehr, sofern es sich nicht um angeforderten oder ausgenommenen Verkehr handelt. Sie können die Windows-Firewall global für alle Netzwerkverbindungen auf einem Computer aktivieren oder deaktivieren. Sie können die Windows-Firewall auch individuell für jede einzelne Netzwerkverbindung auf einem Computer aktivieren oder deaktivieren.

Prüfungsrelevante Themen

Vor der Prüfungsteilnahme sollten Sie die nachfolgend aufgeführten Schlüsselinformationen und -begriffe noch einmal durcharbeiten. Diese Informationen sind für das Bestehen der Prüfung von entscheidender Bedeutung.

Schlüsselinformationen

- Wenn Sie eine Netzwerkverbindung reparieren, müssen Sie mehrere Aktionen ausführen. Wichtig ist insbesondere, dass der Computer beim Reparieren einer Verbindung (oder beim Ausführen des Befehls **ipconfig /renew** an der Eingabeaufforderung) gezwungen wird, seine aktuelle IP-Adresse freizugeben und zu versuchen, seine Lease bei einem DHCP-Server zu erneuern. Außerdem leert er dabei den DNS-Cache (das erreichen Sie auch, indem Sie an der Eingabeaufforderung den Befehl **ipconfig /flushdns** eingeben).

- Sie können einen Drahtlosclient so konfigurieren, dass er in einem von zwei Modi arbeitet: dem Ad-hoc-Modus, bei dem es keinen Zugriffspunkt gibt, und dem Infrastrukturmodus, bei dem ein Zugriffspunkt eingesetzt wird. Ein Ad-hoc-Netzwerk ist nicht so sicher, hat weniger Konfigurationsoptionen und wird manchmal in kleinen Arbeitsgruppenumgebungen benutzt. Ein Infrastrukturnetzwerk bietet mehr Sicherheit und mehr Konfigurationsmöglichkeiten; es ist der am häufigsten eingesetzte Modus für Drahtlosnetzwerke.
- Sie sollten wissen, wo Windows-Firewall-Protokolldateien gespeichert sind, wie Sie die Protokollierung aktivieren und welche Informationen Sie den Protokolldateien entnehmen können.

Schlüsselbegriffe

Ad-hoc-Drahtlosnetzwerk Ein Drahtlosnetzwerkmodus, in dem mehrere Stationen untereinander Verbindungen herstellen können, ohne dass dazu ein Access Point nötig ist.

Assistent für neue Verbindungen Ein Assistent in Windows XP Professional, der einen Großteil der Aufgaben erledigen kann, die beim Konfigurieren einer Netzwerkverbindung für unterschiedliche Situationen anfallen.

Ausnahme Nicht angeforderter Netzwerkverkehr, den Sie in der Windows-Firewall ausdrücklich erlaubt haben.

DFÜ-Verbindung Eine Verbindung, über die Sie sich in ein privates Netzwerk oder das Internet einwählen können. Dazu verwenden Sie ein Gerät, das Daten über ein öffentliches Telefonnetz transportiert.

Gemeinsame Nutzung der Internetverbindung (Internet Connection Sharing, ICS) Eine Funktion von Windows XP Professional, mit der Sie eine Verbindung in das Internet mit allen Computern in Ihrem Netzwerk gemeinsam nutzen können.

IEEE 802.1x-Authentifizierung Authentifiziert Benutzer und Computer für den Zugriff auf 802.11-Drahtlosnetzwerke und drahtgebundene Ethernet-Netzwerke.

Infrastruktur-Drahtlosnetzwerk Ein Modus für Drahtlosnetzwerke, bei dem mehrere Stationen über einen Zugriffspunkt kommunizieren.

Netzwerkbrücke Eine Funktion, die es Windows XP Professional ermöglicht, Netzwerksegmente (Gruppen von vernetzten Computern) auch ohne Vorhandensein eines Routers oder einer Bridge miteinander zu verbinden.

Wi-Fi Protected Access (WPA) Ein Verschlüsselungsstandard für Drahtlosnetzwerke, der in Windows XP Professional zur Verfügung steht. WPA bietet gegenüber WEP (Wired Equivalent Privacy), dem anderen in Windows XP Professional unterstützten Verschlüsselungsstandard, verbesserte Sicherheit.

Windows-Firewall Eine statusbehaftete hostbasierte Firewall, die in Windows XP Service Pack 2 eingebaut ist.

Wired Equivalent Privacy (WEP) Einer der beiden Verschlüsselungsstandards für Drahtlosnetzwerke, die in Windows XP Professional zur Verfügung stehen. WEP ist der Verschlüsselungsstandard, der im IEEE 802.11-Standard definiert ist. Der andere verfügbare Verschlüsselungsstandard ist Wi-Fi Protected Access (WPA).

Fragen und Antworten

Seite 754

Lernzielkontrolle Lektion 1

1. Wie heißen die vier Optionen für Verbindungen, die Sie mithilfe des Assistenten für neue Verbindungen konfigurieren können?

   Verbindung mit dem Internet herstellen, **Verbindung mit dem Netzwerk am Arbeitsplatz herstellen**, **Ein Heim- oder ein kleines Firmennetzwerk einrichten** und **Eine erweiterte Verbindung einrichten**

2. Welche zwei Möglichkeiten haben Sie, eine Netzwerkverbindung zu zwingen, ihre DHCP-Lease zu erneuern?

   Sie können an der Eingabeaufforderung den Befehl **ipconfig /renew** eingeben oder im Fenster **Netzwerkverbindungen** mit der rechten Maustaste auf eine Netzwerkverbindung klicken und dann den Befehl **Reparieren** wählen.

3. Wie können Sie feststellen, wie lange eine Netzwerkverbindung bereits eine funktionierende Verbindung hat?

   Klicken Sie im Fenster **Netzwerkverbindungen** mit der rechten Maustaste auf die Netzwerkverbindung und wählen Sie den Befehl **Status**, um das Dialogfeld **Status von LAN-Verbindung** zu öffnen. Die Registerkarte **Allgemein** zeigt den aktuellen Verbindungsstatus. Daran erkennen Sie, ob die Verbindung aktiv ist, wie lange die Verbindung schon besteht, wie schnell die Verbindung ist und welche Aktivitäten ausgeführt wurden.

Seite 766

Lernzielkontrolle Lektion 2

1. Ein Benutzer beschwert sich, dass ihm das Piepsen seines Modems auf die Nerven geht, wenn er sich von seinem tragbaren Computer aus in das Unternehmensnetzwerk einwählt. Was sollten Sie tun?

   Verringern Sie auf der Registerkarte **Modem** im Eigenschaftendialogfeld des Modems die Lautstärke oder deaktivieren Sie den Modemlautsprecher ganz.

2. Nachdem Sie eine neue Verbindung für das Zulassen von VPN-Verbindungen konfiguriert haben, lässt Windows XP Professional VPN-Verbindungen zu. Was passiert darüber hinaus?

   Wenn Sie auf die Option **VPN-Verbindungen zulassen** klicken, wird die Windows-Firewall dahingehend verändert, dass Ihr Computer VPN-Pakete senden und empfangen kann.

3. Was ist die Rückruffunktion, und aus welchem Grund sollte sie aktiviert werden?

Wenn Sie die Rückruffunktion aktivieren, unterbricht der Remoteserver – in diesem Fall Ihr Computer – die Verbindung zum anrufenden Client und ruft den Clientcomputer anschließend zurück. Wenn Sie die Rückruffunktion verwenden, übernehmen Sie anstelle des anrufenden Benutzers die Gebühren für die Verbindung. Die Rückruffunktion kann auch zum Verbessern der Sicherheit eingesetzt werden. Durch das Festlegen einer Rückrufnummer können Sie verhindern, dass eine Person in Ihr System eindringen kann. Selbst wenn ein nicht autorisierter Benutzer anruft, wird die angegebene Nummer und nicht die Nummer des nicht autorisierten Benutzers zurückgerufen.

Seite 777

Lernzielkontrolle Lektion 3

1. Welche beiden Netzwerkmodi stehen in Windows XP Professional zur Verfügung, um eine Verbindung zu einem Drahtlosnetzwerk aufzubauen?

   Ad-hoc-Drahtlosnetzwerke, bei denen es mehrere Stationen, aber keinen Zugriffspunkt gibt, und Infrastruktur-Drahtlosnetzwerke, bei denen die Stationen eine Verbindung zu einem Zugriffspunkt herstellen.

2. Welche vier Möglichkeiten stehen zur Verfügung, um ein Drahtlosnetzwerk zu schützen?

   MAC-Adressfilterung, Deaktivieren des SSID-Broadcasting, WEP-Verschlüsselung und WPA-Verschlüsselung.

3. Wenn Sie für Drahtlosnetzwerke in Windows XP Professional die 802.1x-Authentifizierung konfigurieren, verwenden alle drahtlosen Verbindungen dieselben Authentifizierungseinstellungen. (Richtig/Falsch)

   Falsch. Sie können in Windows XP Professional die 802.1x-Authentifizierung für jede Verbindung individuell konfigurieren.

Seite 781

Lernzielkontrolle Lektion 4

1. Ein Benutzer hat die gemeinsame Nutzung der Internetverbindung auf einem Hostcomputer eingerichtet, der unter Windows XP Professional läuft. Er hat aber Probleme mit Clients, die eine Verbindung ins Internet und zu anderen Computern im Netzwerk aufnehmen sollen. Welche der folgenden Punkte könnten die Ursache für die Probleme sein? Wählen Sie alle zutreffenden Antworten aus.

   a. Es gibt einen DHCP-Server im Netzwerk.

   b. Es gibt einen DNS-Server im Netzwerk.

   c. Im Netzwerk gibt es Computer mit statischen IP-Adressen.

   d. Es gibt einen Windows 2000 Server-Computer im Netzwerk.

   Die Antworten a, b und c sind richtig. DHCP- und DNS-Server sowie Computer mit statischen IP-Adressen können Probleme für die gemeinsame Nutzung der Internetverbindung verursachen. Antwort d ist nicht richtig, weil Windows 2000 Server-Computer Mitglieder von Arbeitsgruppen sein können und dann mit der gemeinsamen Nutzung der Internetverbindung zusammenarbeiten, solange sie nicht auch Domänencontroller sind, die DHCP- oder DNS-Dienste zur Verfügung stellen.

2. Welche IP-Adresse wird dem ICS-Host zugewiesen?

   192.168.0.1

3. Sie haben die gemeinsame Nutzung der Internetverbindung auf dem Hostcomputer aktiviert. Wie sollten Sie nun andere Computer in der Arbeitsgruppe konfigurieren, damit sie über den ICS-Host eine Verbindung ins Internet herstellen können?

   Sie sollten die anderen Computer so konfigurieren, dass sie ihre IP-Adresse automatisch beziehen. Der ICS-Host fungiert als DHCP-Server und weist den anderen Computern im Netzwerk IP-Adressen im Bereich von **192.168.0.2** bis **192.168.0.254** zu.

Seite 796

Lernzielkontrolle Lektion 5

1. Sie führen eine Problembehandlung für eine Netzwerkverbindung durch und müssen mit dem **Ping**-Befehl überprüfen, ob ein Computer erreichbar ist. Welche ICMP-Ausnahme müssen Sie auf diesem Computer aktivieren? Wählen Sie die richtige Antwort.

   a. Eingehende Routeranforderung zulassen

   b. Eingehende Echoanforderung zulassen

   c. Ausgehendes Source Quench zulassen

   d. Umleiten zulassen

   Die richtige Antwort ist b, weil diese Ausnahme dem Hostcomputer erlaubt, auf Ping-Anforderungen zu antworten. Antwort a ist falsch, weil diese Option Informationen über direkt verbundene Router und den Verkehrsfluss vom Computer liefert. Antwort c ist falsch, weil diese Option dem Computer erlaubt, eine Nachricht zu senden, dass die Daten langsamer geliefert werden sollen. Antwort d ist falsch, weil diese Option Routern erlaubt, Daten über besser geeignete Routen umzuleiten.

2. Welche beiden Arten von Verkehr lässt die Windows-Firewall in der Standardeinstellung in einen Computer durch?

   Angeforderter Verkehr, der als Antwort auf eine Anforderung des lokalen Computers geschickt wird, und erwarteter Verkehr, also nicht angeforderter Verkehr, für den Sie explizit eine Ausnahme in der Firewall konfiguriert haben.

3. Die Windows-Firewall schützt einen Windows XP Professional-Computer bereits während der Startphase des Computers. (Richtig/Falsch)

   Richtig. Die Windows-Firewall führt bereits während der Startphase eine statusbehaftete Paketfilterung durch, sodass der Computer grundlegende Netzwerkaufgaben durchführen kann, aber trotzdem geschützt ist.

Seite 798

Übung mit Fallbeispiel

1. Weil alle Computer über eine Drahtlosnetzwerkkarte verfügen, haben Sie beschlossen, ein Drahtlosnetzwerk aufzubauen, um die Computer zu vernetzen. Das Unternehmen hat aber überhaupt keine Drahtlosnetzwerkgeräte mitgeschickt. Können Sie ohne zusätzliche Hardware ein Drahtlosnetzwerk aufbauen? Falls ja, welche Art von Drahtlosnetzwerk ist das?

Ja, Sie können ein Ad-hoc-Netzwerk aufbauen, das ohne Zugriffspunkt auskommt.

2. Sie wollen das Drahtlosnetzwerk schützen. Welche Art von Sicherheit können Sie für den Typ von Drahtlosnetzwerk implementieren, das Sie im Hotel aufbauen?

   Weil Sie ein Ad-hoc-Netzwerk erstellen, können Sie keinen der Schutzmechanismen nutzen, die bei Drahtlosnetzwerken mit Zugriffspunkt zur Verfügung stehen, zum Beispiel MAC-Adressfilterung oder Deaktivieren des SSID-Broadcasting. Sie können ein Ad-hoc-Netzwerk aber mit WEP schützen.

3. Weil es nur eine Internetverbindung gibt und alle Computer Internetzugriff brauchen, haben Sie beschlossen, die gemeinsame Nutzung der Internetverbindung einzurichten. Die Verbindung, die Ihnen zur Verfügung gestellt wird, erfordert, dass der Computer eine IP-Adresse von einem DHCP-Server akzeptiert. Wie können Sie diese Einstellung konfigurieren?

   Sie sollten einen Notebookcomputer bestimmen, der die Internetverbindung bereitstellt. Schließen Sie an diesem Computer das Ethernetkabel an die eingebaute Netzwerkkarte an. Öffnen Sie das Eigenschaftendialogfeld für die LAN-Verbindung. Wählen Sie im Dialogfeld **Eigenschaften von LAN-Verbindung** auf der Registerkarte **Allgemein** die Komponente **Internetprotokoll (TCP/IP)** aus und klicken Sie auf die Schaltfläche **Eigenschaften**, um das Dialogfeld **Eigenschaften von Internetprotokoll (TCP/IP)** zu öffnen. Konfigurieren Sie den Computer so, dass er die IP-Adresse automatisch bezieht.

4. Sie haben die Internetverbindung für den ausgewählten Notebookcomputer erfolgreich hergestellt. Wie können Sie nun die gemeinsame Nutzung der Internetverbindung auf diesem Hostcomputer aktivieren?

   Öffnen Sie das Eigenschaftendialogfeld für die LAN-Verbindung, die die Verbindung zum Internet herstellt. Aktivieren Sie auf der Registerkarte **Erweitert** des Eigenschaftendialogfelds das Kontrollkästchen **Anderen Benutzern im Netzwerk gestatten, die Internetverbindung dieses Computers zu verwenden**.

5. Sie haben die gemeinsame Nutzung der Internetverbindung aktiviert. Welche IP-Adresse weist der Hostcomputer sich selbst für die Drahtlosnetzwerkverbindung im privaten Netzwerk zu?

   192.168.0.1

6. Wie sollten Sie die anderen Notebookcomputer konfigurieren, die eine Verbindung zum Hostcomputer herstellen?

   Öffnen Sie auf jedem der Notebookcomputer das Eigenschaftendialogfeld für die drahtlose Verbindung und stellen Sie sicher, dass die Verbindung so konfiguriert ist, dass die IP-Adresse automatisch bezogen wird. Die Computer lassen sich ihre IP-Adressen dann vom Hostcomputer zuweisen.

7. Die anderen Notebookcomputer bekommen IP-Adressen für die Drahtlosnetzwerkverbindungen zugewiesen. In welchem Bereich werden diese Adressen Ihrer Einschätzung nach liegen?

   Die gemeinsame Nutzung der Internetverbindung weist IP-Adressen im Bereich **192.168.0.2** bis **192.168.0.254** zu.

8. Nachdem Sie die anderen Notebookcomputer konfiguriert haben, können alle bis auf einen die Verbindung zum Internet herstellen. Bei einem Computer gelingt es nicht, die Verbindung aufzubauen. Welche beiden Methoden könnten Sie nutzen, um festzustellen, welche IP-Adresse der Drahtlosnetzwerkverbindung dieses Computers zugewiesen wurde?

   Sie können an der Eingabeaufforderung den Befehl **ipconfig** eingeben oder im Fenster **Netzwerkverbindungen** mit der rechten Maustaste auf die Verbindung klicken und den Befehl **Status** wählen. Auf der Registerkarte **Netzwerkunterstützung** im Dialogfeld **Status von *Netzwerkverbindung*** ist die IP-Adresse aufgeführt.

9. Sie haben festgestellt, dass der drahtlosen Verbindung des Computers die IP-Adresse **169.254.33.22** zugewiesen wurde. Das deutet darauf hin, dass der Computer sich selbst eine IP-Adresse zugewiesen hat, statt eine Adresse vom ICS-Hostcomputer zu beziehen. Welche zwei Möglichkeiten stehen Ihnen zur Verfügung, um den Computer zu zwingen, erneut eine IP-Adresse zu beziehen?

   Sie können an der Eingabeaufforderung den Befehl **ipconfig /renew** eingeben oder im Fenster **Netzwerkverbindungen** mit der rechten Maustaste auf die Verbindung klicken und den Befehl **Reparieren** wählen.

Seite 800

Übung zur Problembehandlung

1. Welche Ursache hat die Störung Ihrer Meinung nach? Was stört den Netzwerkverkehr der benutzerdefinierten Anwendung?

   Wahrscheinlich ist die Windows-Firewall verantwortlich, weil sie den gesamten nicht angeforderten Verkehr in der Standardeinstellung verwirft, solange Sie nicht eine Ausnahme erstellt haben.

2. Wie können Sie dieses Problem beseitigen?

   Es wäre zwar verlockend, die Windows-Firewall für die Präsentation zu deaktivieren, eine bessere Lösung besteht aber darin, auf dem Zielcomputer eine Ausnahme zu definieren, die der benutzerdefinierten Anwendung gestattet, eine Verbindung aufzubauen. Diese Lösung bietet außerdem den Vorteil, dass Greta ihren Kunden beweisen kann, dass die Anwendung auch dann funktioniert, wenn die Windows-Firewall aktiviert ist. Weil die Anwendung auf dem Zielcomputer nicht installiert ist, müssen Sie auf diesem Computer eine Ausnahme erstellen, die den Verkehr zu dem Port erlaubt, den die Anwendung benutzt. Dazu müssen Sie wissen, welchen Port (oder welche Ports) diese Anwendung benutzt.

KAPITEL 16

Konfigurieren von Sicherheitseinstellungen und Internetoptionen

In diesem Kapitel abgedeckte Prüfungsziele:

- Konfigurieren, Verwalten und Problembehandlung einer Sicherheitskonfiguration und der lokalen Sicherheitsrichtlinie.
- Konfigurieren, Verwalten und Problembehandlung von lokalen Benutzer- und Gruppenkonten.
  - Konfigurieren, Verwalten und Problembehandlung der Überwachung.
  - Konfigurieren, Verwalten und Problembehandlung von Kontorichtlinien.
  - Konfigurieren, Verwalten und Problembehandlung von Benutzer- und Gruppenrechten.
- Konfigurieren, Verwalten und Problembehandlung der Internet Explorer-Sicherheitseinstellungen.
- Herstellen einer Verbindung zu Ressourcen mit dem Internet Explorer.

Bedeutung dieses Kapitels

Eine Sicherheitsrichtlinie ist eine Kombination von Einstellungen, die einen Computer oder einen Benutzer betreffen. Richtlinien, die einen Computer betreffen, wirken sich auch auf jeden Benutzer aus, der sich an diesem Computer anmeldet. Richtlinien, die einen Benutzer betreffen, wirken sich immer auf diesen Benutzer aus, unabhängig davon, an welchem Computer er sich anmeldet.

In diesem Kapitel erfahren Sie, wie in einem Windows XP Professional-Computer Gruppenrichtlinien und die lokale Sicherheitsrichtlinie angewendet werden. Sie erfahren, wie Sie die lokale Sicherheitsrichtlinie konfigurieren und welche Einstellungen dafür zur Verfügung stehen. Außerdem lernen Sie, wie Sie die Internetoptionen im Internet Explorer so konfigurieren, dass der Benutzer sich Internetressourcen ansehen kann, und wie Sie die Sicherheit und den Datenschutz im Internet Explorer erhöhen.

Lektionen in diesem Kapitel:

Bevor Sie beginnen

Damit Sie die Übungen in diesem Kapitel durchführen können, brauchen Sie einen Computer, der die minimalen Hardwarevoraussetzungen erfüllt, die im Abschnitt „Über dieses Buch“ am Anfang beschrieben wurden. Außerdem muss auf dem Computer Windows XP Professional installiert sein, und Sie müssen in der Lage sein, an diesem System Änderungen vorzunehmen.

Lektion 1: Grundlagen der Sicherheitsrichtlinien

Unter dem Begriff Sicherheitsrichtlinie werden in Windows XP Professional zwei Typen von Richtlinien zusammengefasst: Die ***lokale Sicherheitsrichtlinie*** und ***Gruppenrichtlinien***. Die lokale Sicherheitsrichtlinie wird auf einen bestimmten Computer angewendet, sie ist der einzige Typ von Sicherheitsrichtlinie, die Sie auf Computern einer Arbeitsgruppe verwenden können. Die konkrete lokale Richtlinie, die Sie erstellen, wird als lokales Gruppenrichtlinienobjekt (Local Group Policy Object, LGPO) bezeichnet.

Gruppenrichtlinien werden auf Standorte, Domänen und Organisationseinheiten in einer Active Directory-Umgebung angewendet. Sie betreffen alle Computer oder Benutzer, die Mitglieder des Containers sind, dem die Gruppenrichtlinien zugewiesen werden. In einer Domänenumgebung steuern Administratoren die Sicherheitseinstellungen von Computern normalerweise mit Gruppenrichtlinien, aber auch die lokale Sicherheitsrichtlinie kann zum Zug kommen. Die konkrete Gruppenrichtlinie, die Sie erstellen, wird als Gruppenrichtlinienobjekt (Group Policy Object, GPO) bezeichnet.

Am Ende dieser Lektion werden Sie in der Lage sein, die folgenden Aufgaben auszuführen:

- Konfigurieren der lokalen Sicherheitsrichtlinie auf einem Windows XP Professional-Computer.
- Beschreiben, wie sich Gruppenrichtlinien auf einen Windows XP Professional-Computer auswirken.
- Anzeigen der Richtlinien, die auf einen Windows XP Professional-Computer angewendet werden.

Veranschlagte Zeit für diese Lektion: 40 Minuten

Konfigurieren der lokalen Sicherheitsrichtlinie

Mithilfe der lokalen Sicherheitsrichtlinie können Sie zahlreiche sicherheitsrelevante Einstellungen auf einem lokalen Computer konfigurieren, zum Beispiel Gruppenmitgliedschaft, Berechtigungen und Rechte, Kennwortanforderungen oder Desktopeinstellungen. Bei Computern in einer Arbeitsgruppenumgebung bietet die lokale Sicherheitsrichtlinie eine Möglichkeit, über alle Computer hinweg konsistente Einschränkungen festzulegen.

Was Sie mit der lokalen Sicherheitsrichtlinie konfigurieren können

Sie können in Windows XP Professional Sicherheitseinstellungen aus folgenden Bereichen mithilfe der lokalen Sicherheitsrichtlinie konfigurieren:

- **Kontorichtlinien:** Kontorichtlinien umfassen Kennwortrichtlinien, zum Beispiel minimale Kennwortlänge und Kontosperrungseinstellungen. Welche Kontorichtlinien Sie einstellen können, erfahren Sie in Lektion 2, „Konfigurieren von Kontorichtlinien“.

- **Lokale Richtlinien:** Lokale Richtlinien umfassen drei Kategorien:
  - **Überwachungsrichtlinien:** Mit Überwachungsrichtlinien können Sie verfolgen, welche Tätigkeiten die Benutzer ausführen und wie auf die Ressourcen eines Computers zugegriffen wird. Mit Ereignisprotokolleinstellungen können Sie die Überwachung für Sicherheitsereignisse konfigurieren, zum Beispiel erfolgreiche und fehlgeschlagene Anmeldeversuche. Zur Überwachung erfahren Sie mehr in Lektion 5, „Implementieren einer Überwachungsrichtlinie".
  - **Zuweisen von Benutzerrechten:** Mit diesen Einstellungen können Sie steuern, welche grundlegenden Funktionen ein Benutzer im System übernehmen darf. Über Benutzerrechte erfahren Sie mehr in Lektion 3, „Konfigurieren von Benutzerrechten".
  - **Sicherheitsoptionen**: Mit diesen Einstellungen können Sie verschiedene Sicherheitsaspekte in Windows XP Professional steuern. Über Sicherheitsoptionen erfahren Sie mehr in Lektion 4, „Konfigurieren von Sicherheitsoptionen".
- **Richtlinien öffentlicher Schlüssel:** Mit Richtlinien öffentlicher Schlüssel können Sie Wiederherstellungsagenten für verschlüsselte Daten und vertrauenswürdige Zertifizierungsstellen konfigurieren.
- **Richtlinien für Softwareeinschränkung:** Mit diesen Richtlinien können Sie verhindern, dass unerwünschte Anwendungen ausgeführt werden.
- **IP-Sicherheitsrichtlinien:** Mit diesen Sicherheitsrichtlinien konfigurieren Sie die IP-Sicherheit (Internet Protocol) im Netzwerk.
- **Systemdienste:** Mit diesen Einstellungen konfigurieren und verwalten Sie Sicherheitseinstellungen für Bereiche wie Netzwerkdienste, Datei- und Druckdienste und Internetdienste.
- **Registrierung:** Mit diesen Einstellungen verwalten Sie die Sicherheitsbeschreibungen für Unterschlüssel und Einträge der Registrierung.
- **Dateisystem:** Mit diesen Einstellungen konfigurieren und verwalten Sie Sicherheitseinstellungen für das lokale Dateisystem.

Weitere Informationen Dieses Kapitel konzentriert sich auf das Konfigurieren folgender Bereiche innerhalb der lokalen Sicherheitsrichtlinie: Kontorichtlinien (Lektion 2), Benutzerrechte (Lektion 3), Sicherheitsoptionen (Lektion 4) und Überwachung (Lektion 5). Weitere Informationen zum Konfigurieren der anderen verfügbaren Einstellungen finden Sie in Kapitel 16 von *Microsoft Windows XP Professional Resource Kit Documentation* (online in englischer Sprache verfügbar unter **http://www.microsoft.com/resources/documentation/WindowsServ/2003/standard/proddocs/en-us/prork_overview.asp**).

Ändern der lokalen Sicherheitsrichtlinie

Sie bearbeiten die lokale Sicherheitsrichtlinie in der Konsole **Lokale Sicherheitseinstellungen** (Abbildung 16.1). Sie können diese Konsole aus dem Ordner **Verwaltung** starten, indem Sie den Befehl **Lokale Sicherheitsrichtlinie** wählen. Die Konsole **Lokale Sicherheitseinstellungen** ist in die üblichen zwei Fensterabschnitte unterteilt. Im linken Abschnitt, der Konsolenstruktur, werden die Kategorien der Richtlinien angezeigt, die Sie zuweisen können. Dieses Kapitel erklärt Einstellungen im Ordner **Kontorichtlinien**, mit denen Sie Kennwortrichtlinien und Kontosperrungsrichtlinien konfigurieren, sowie den Ordner **Lokale Richtlinien**, in dem Sie Überwachungsrichtlinien, Benutzerrechtzuweisungen und Sicherheitsoptionen konfigurieren.

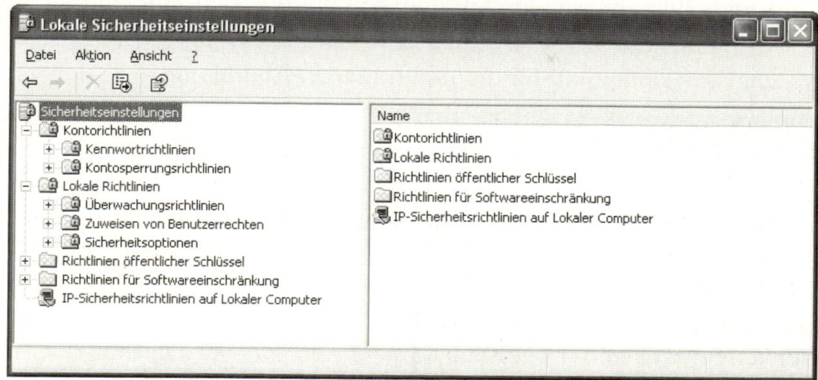

Abbildung 16.1 In der Konsole **Lokale Sicherheitseinstellungen** konfigurieren Sie die lokalen Sicherheitsrichtlinien

Wenn Sie einen Richtlinienordner auswählen (zum Beispiel den Ordner **Kennwortrichtlinien**), werden im rechten Fensterabschnitt, dem Detailabschnitt, die verfügbaren Richtlinien angezeigt, die Sie einstellen können (Abbildung 16.2). Auch die aktuellen Einstellungen für die aufgeführten Richtlinien werden angezeigt.

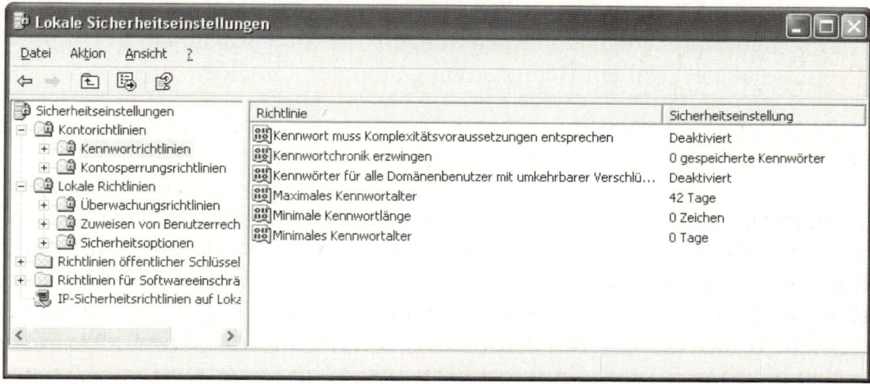

Abbildung 16.2 Die Konsole **Lokale Sicherheitseinstellungen** zeigt die verfügbaren Richtlinien und ihre aktuellen Einstellungen an

Gehen Sie folgendermaßen vor, um eine Richtlinie in der Konsole **Lokale Sicherheitseinstellungen** zu ändern:

1. Klicken Sie im Startmenü auf **Systemsteuerung**.
2. Klicken Sie im Fenster **Systemsteuerung** auf **Leistung und Wartung**.

3. Klicken Sie im Fenster **Leistung und Wartung** auf **Verwaltung**.
4. Klicken Sie im Fenster **Verwaltung** doppelt auf **Lokale Sicherheitsrichtlinie**.
5. Wählen Sie im Fenster **Lokale Sicherheitseinstellungen** den Ordner mit der Richtlinie aus, die Sie ändern wollen.
6. Klicken Sie im rechten Fensterabschnitt doppelt auf die Richtlinie, die Sie ändern wollen.

   Windows zeigt das Dialogfeld für die Richtlinie an (Abbildung 16.3).

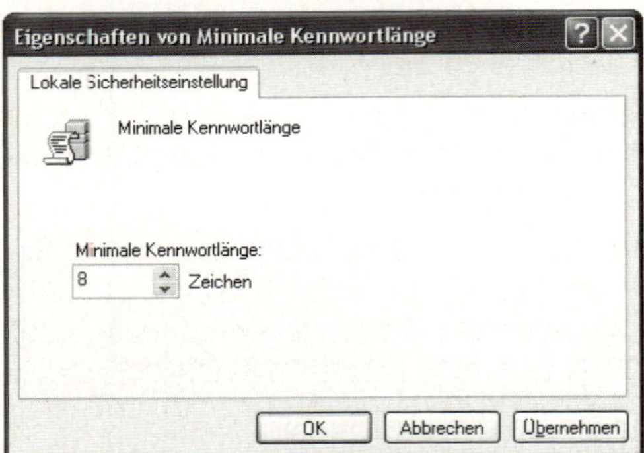

Abbildung 16.3 Ändern der Einstellungen für eine Richtlinie

7. Konfigurieren Sie die Einstellungen für die Richtlinie und klicken Sie dann auf **OK**.

Vorsicht Einstellungen, die Sie in der Konsole **Lokale Sicherheitseinstellungen** konfigurieren, werden sofort angewendet. Sie brauchen Änderungen an den Richtlinien nicht explizit zu speichern. Die meisten Einstellungen, die Sie vornehmen, treten in Kraft, wenn sich das nächste Mal ein Benutzer am Computer anmeldet.

Sicherheitsvorlagen

Windows XP Professional stellt eine Reihe von vordefinierten ***Sicherheitsvorlagen*** zur Verfügung, die Sie als Ausgangspunkt verwenden können, wenn Sie eine lokale Sicherheitsrichtlinie konfigurieren wollen. Jede Vorlage ist eine Sammlung von Einstellungen, die für eine bestimmte Umgebung entworfen wurden. Sie können diese Vorlagen unverändert übernehmen oder sie an Ihre Bedürfnisse anpassen. Das Verwenden von administrativen Vorlagen bietet zwei Vorteile. Erstens können Sie vorkonfigurierte Einstellungen nutzen, statt die ganzen Einstellungen selbst zu konfigurieren. Zweitens können Sie eine Sicherheitsvorlage für Ihre Bedürfnisse konfigurieren und die Einstellungen dieser Vorlage dann schnell auf andere Computer anwenden. Sie brauchen also nicht auf sämtlichen Computern die lokale Sicherheitsrichtlinie neu zu konfigurieren.

Vordefinierte Sicherheitsvorlagen

In der Standardeinstellung sind die vordefinierten Sicherheitsvorlagen im Ordner **%SystemRoot%\Security\Templates** gespeichert. Es stehen unter anderem die folgenden vordefinierten Vorlagen zur Verfügung:

- **Setupsicherheit (Setup Security.inf):** Diese Vorlage definiert die Standardsicherheitsebene, die auf alle Neuinstallationen von Windows XP Professional auf einer Partition mit dem Dateisystem NTFS angewendet wird. Diese Vorlage dient auch dazu, die Sicherheitsstufen auf die Standardwerte zurückzusetzen, falls eine Notfallwiederherstellung durchgeführt werden muss.
- **Kompatibel (Compatws.inf):** Diese Vorlage bietet eine höhere Sicherheitsstufe als die Setupsicherheit, sorgt aber immer noch dafür, dass die Standardanwendungen problemlos laufen. In der Standardeinstellung erlaubt diese Vorlage allen Benutzern, Windows-zertifizierte Anwendungen auszuführen. Aber nur Hauptbenutzer dürfen nicht zertifizierte Anwendungen starten.
- **Sicher (Securews.inf):** Diese Vorlage bietet gegenüber der Stufe **Kompatibel** zusätzliche Sicherheit. Sie kann manchmal dafür verantwortlich sein, dass bestimmte Anwendungen nicht wie gewünscht funktionieren.
- **Hochsicher (Hisecws.inf):** Diese Vorlage bietet maximale Sicherheit für Netzwerkverkehr und Kommunikationsprotokolle, sie nimmt keine Rücksicht auf Anwendungskompatibilität. Diese Vorlage schreibt stärkere Einschränkungen für Verschlüsselung und Signierung vor, die für eine Authentifizierung erforderlich sind.
- **Stammverzeichnisberechtigungen (Rootsec.inf):** Diese Vorlage enthält die Windows XP Professional-Standardberechtigungen für das Stammverzeichnis der Systempartition. Sie können mithilfe dieser Vorlage die Dateiberechtigungen für das Stammverzeichnis der Systempartition zurücksetzen, falls Sie eine Notfallwiederherstellung durchführen.

Prüfungstipp Die Vorlage für Setupsicherheit (**Setup Security.inf**) definiert die Standardsicherheitsstufe, die auf alle Neuinstallationen von Windows XP Professional auf einer NTFS-Partition angewendet wird. Diese Vorlage ist praktisch, um Sicherheitsstufen auf ihre Standardwerte zurückzusetzen.

Anpassen einer vordefinierten Sicherheitsvorlage

Gehen Sie folgendermaßen vor, um eine vordefinierte Sicherheitsvorlage anzupassen:

1. Klicken Sie im Startmenü auf **Ausführen**.
2. Geben Sie im Dialogfeld **Ausführen** den Befehl **mmc** ein und klicken Sie dann auf **OK**.

   Windows öffnet ein MMC-Fenster (Microsoft Management Console) mit einem leeren Konsolenfenster namens **Konsole1**.
3. Wählen Sie im Konsolenfenster den Menübefehl **Datei/Snap-In hinzufügen/entfernen**.
4. Klicken Sie im Dialogfeld **Snap-In hinzufügen/entfernen** auf **Hinzufügen**.
5. Wählen Sie im Dialogfeld **Eigenständiges Snap-In hinzufügen** den Eintrag **Sicherheitsvorlagen** aus und klicken Sie dann auf **Hinzufügen**.
6. Klicken Sie auf **Schließen** und dann auf **OK**.

Im Konsolenfenster zeigt Windows nun das Snap-In **Sicherheitsvorlagen** an (Abbildung 16.4).

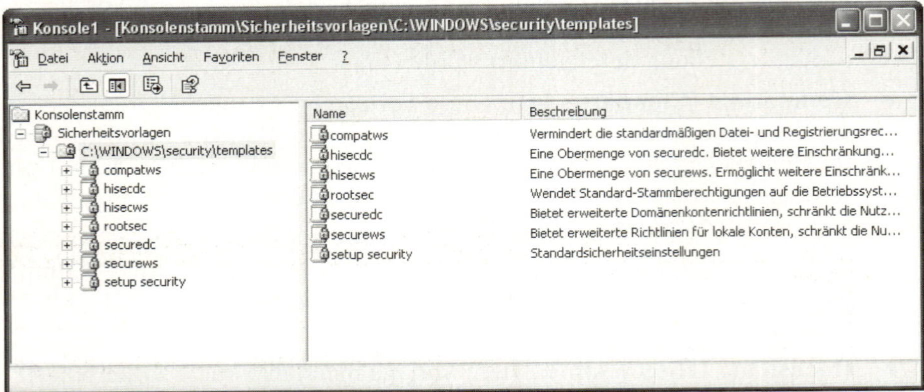

Abbildung 16.4 Hinzufügen des Snap-Ins **Sicherheitsvorlagen** zu einer MMC-Konsole

7. Klicken Sie mit der rechten Maustaste auf die vordefinierte Vorlage, die Sie anpassen wollen, und wählen Sie den Befehl **Speichern unter**.
8. Geben Sie im Dialogfeld **Speichern unter** einen Namen für Ihre angepasste Vorlage ein und klicken Sie dann auf **OK**.

   Windows fügt die neue Vorlage zum Konsolenfenster hinzu.
9. Erweitern Sie im Konsolenfenster die neue Vorlage, die Sie gerade hinzugefügt haben.
10. Konfigurieren Sie die Richtlinien in der neuen Vorlage, wie es Ihren Anforderungen entspricht.

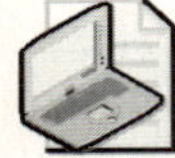

Hinweis Sie können eine Richtlinie konfigurieren, indem Sie doppelt darauf klicken und dann die gewünschten Einstellungen in dem Dialogfeld vornehmen, das daraufhin geöffnet wird. Über die Bedeutung der einzelnen Einstellungen erfahren Sie mehr in den anderen Lektionen in diesem Kapitel.

Anwenden einer Sicherheitsvorlage

Nachdem Sie eine benutzerdefinierte Vorlage erstellt haben, müssen Sie diese Vorlage auf einen Computer anwenden, damit sie wirksam wird. Das tun Sie im Snap-In **Sicherheitskonfiguration und -analyse**.

Gehen Sie folgendermaßen vor, um eine Sicherheitsvorlage anzuwenden:

1. Klicken Sie im Startmenü auf **Ausführen**.
2. Geben Sie im Dialogfeld **Ausführen** den Befehl **mmc** ein und klicken Sie dann auf **OK**.

   Windows öffnet ein MMC-Fenster (Microsoft Management Console) mit einem leeren Konsolenfenster namens **Konsole1**.

3. Wählen Sie im Konsolenfenster den Menübefehl **Datei/Snap-In hinzufügen/entfernen**.
4. Klicken Sie im Dialogfeld **Snap-In hinzufügen/entfernen** auf **Hinzufügen**.
5. Wählen Sie im Dialogfeld **Eigenständiges Snap-In hinzufügen** den Eintrag **Sicherheitskonfiguration und -analyse** aus und klicken Sie dann auf **Hinzufügen**.
6. Klicken Sie auf **Schließen** und dann auf **OK**.

   Im Konsolenfenster zeigt Windows nun das Snap-In **Sicherheitskonfiguration und -analyse** an (Abbildung 16.5).

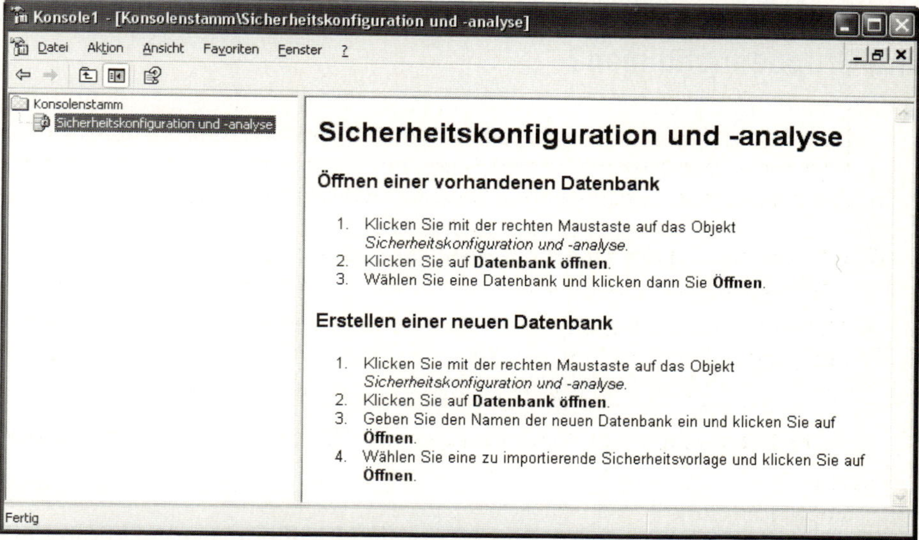

Abbildung 16.5 Hinzufügen des Snap-Ins **Sicherheitskonfiguration und -analyse** zu einer Konsole

7. Klicken Sie in der Konsolenstruktur mit der rechten Maustaste auf **Sicherheitskonfiguration und -analyse** und wählen Sie den Befehl **Datenbank öffnen**.
8. Geben Sie im Dialogfeld **Datenbank öffnen** den Namen einer Datenbank an, die Sie erstellen wollen, und klicken Sie dann auf **Öffnen**.

   Windows zeigt das Dialogfeld **Vorlage importieren** an.
9. Wählen Sie im Dialogfeld **Vorlage importieren** die angepasste Vorlage aus, die Sie erstellt haben, und klicken Sie dann auf **Öffnen**.

   Windows zeigt jetzt wieder das Konsolenfenster an. Für das weitere Vorgehen mit der importierten Vorlage haben Sie jetzt zwei Möglichkeiten:

   - Klicken Sie mit der rechten Maustaste auf **Sicherheitskonfiguration und -analyse** und wählen Sie den Befehl **Computer jetzt konfigurieren**, wenn Sie die Einstellungen der Vorlage auf Ihren Computer anwenden wollen. Sie werden aufgefordert, den Pfad für eine Fehlerprotokolldatei anzugeben (in der alle Fehler vermerkt werden, die während des Konfigurierens auftreten), und anschließend wendet Windows die Einstellungen an.

- Klicken Sie mit der rechten Maustaste auf **Sicherheitskonfiguration und -analyse** und wählen Sie den Befehl **Computer jetzt analysieren**, wenn Sie möchten, dass Windows die aktuellen Einstellungen Ihres Computers mit den Einstellungen in der Vorlage vergleicht. Sie können mit dieser Funktion überprüfen, ob Ihr Computer Schwachstellen oder Sicherheitslücken aufweist. Sobald die Analyse abgeschlossen ist, können Sie die Richtlinien im Fenster **Sicherheitskonfiguration und -analyse** durchblättern und sich für jede einzelne Richtlinie ansehen, welche Einstellung in der Datenbank und welche im Computer konfiguriert ist.

Was sind Gruppenrichtlinien?

Gruppenrichtlinien unterscheiden sich von der lokalen Sicherheitsrichtlinie in erster Linie dadurch, dass sie auf andere Weise angewendet werden. Gruppenrichtlinien stehen nur in einer Active Directory-Umgebung zur Verfügung. Wenn Sie ein Gruppenrichtlinienobjekt erstellen, verknüpfen Sie dieses Objekt mit einem Standort, einer Domäne oder einer Organisationseinheit in Active Directory. Auf alle Computer oder Benutzer in diesem Standort, dieser Domäne oder dieser Organisationseinheit wird dann die Richtlinie angewendet.

Hinweis Dieses Kapitel erklärt nicht, wie Sie Gruppenrichtlinienobjekte erstellen und anwenden, weil das den Rahmen dieses Buchs sprengen würde. Dies ist auch nicht Thema in der Prüfung. Dieses Kapitel konzentriert sich darauf, welche Wechselwirkungen zwischen Gruppenrichtlinienobjekten und lokalen Gruppenrichtlinienobjekten bestehen.

Zusätzliche Einstellungen, die in Gruppenrichtlinien zur Verfügung stehen

Sie können mit Gruppenrichtlinien alle Einstellungen konfigurieren, die Sie auch mit der lokalen Sicherheitsrichtlinie konfigurieren können. Zusätzlich bieten Ihnen Gruppenrichtlinien folgende Möglichkeiten:

- Installieren von Software und Softwareupdates auf Desktopcomputer überall in einem Active Directory-Netzwerk.
- Umleiten spezieller Ordner (zum Beispiel des Ordners **Eigene Dateien** von Benutzern) an eine Netzwerkfreigabe.
- Konfigurieren von Optionen für die Remoteinstallationsdienste (Remote Installation Services, RIS).

Regeln für das Kombinieren von mehreren Richtlinien

In einer Active Directory-Umgebung können mehrere Gruppenrichtlinienobjekte, die aus unterschiedlichen Quellen stammen, auf denselben Benutzer oder Computer angewendet werden. Zum Beispiel kann ein Computer Mitglied einer Domäne, eines Standorts und von zwei Organisationseinheiten unterschiedlicher Ebenen sein. Mit jedem dieser Elemente kann ein Gruppenrichtlinienobjekt verknüpft sein. Auf den Computer werden also unter Umständen vier Gruppenrichtlinienobjekte angewendet. Außerdem kann im Computer ein lokales Gruppenrichtlinienobjekt aktiv sein. Es muss Regeln geben, auf welche Weise diese Gruppenrichtlinienobjekte und lokalen Gruppenrichtlinienobjekte kombiniert werden. Gruppenrichtlinienobjekte und lokale Gruppenrichtlinienobjekte werden auf einem Windows XP Professional-Computer in folgender Reihenfolge angewendet:

1. Das lokale Gruppenrichtlinienobjekt auf dem Computer wird angewendet. Alle Einstellungen, die im lokalen Gruppenrichtlinienobjekt festgelegt sind, werden angewendet.
2. Alle Gruppenrichtlinienobjekte, die mit dem Standort verknüpft sind, in dem der Computer liegt, werden verarbeitet. Einstellungen dieser Ebene überschreiben alle Einstellungen der vorherigen Ebene, sofern sie andere Werte haben. Falls zum Beispiel das lokale Gruppenrichtlinienobjekt festlegt, dass ein Computer keinen Zugriff auf einen Drucker bekommt, ein Standort-Gruppenrichtlinienobjekt aber festlegt, dass der Computer Zugriff haben soll, „gewinnt" das Standort-Gruppenrichtlinienobjekt.
3. Gruppenrichtlinienobjekte, die mit der Domäne verknüpft sind, zu der dieser Computer gehört, werden verarbeitet. Alle Einstellungen der Gruppenrichtlinienobjekte werden angewendet. Einstellungen der Domänenebene überschreiben Einstellungen der lokalen oder der Standortebene, sofern sie andere Werte haben.
4. Gruppenrichtlinienobjekte, die mit Organisationseinheiten verknüpft sind, zu denen das Benutzer- oder Computerobjekt gehört, werden verarbeitet. Einstellungen der Organisationseinheitenebene überschreiben Einstellungen der lokalen, der Standort- und der Domänenebene, sofern sie andere Werte haben. Es ist möglich, dass ein einziges Objekt zu mehreren Organisationseinheiten gehört. In diesem Fall werden zuerst die Gruppenrichtlinienobjekte der Organisationseinheit verarbeitet, die am weitesten oben in der Active Directory-Hierarchie steht. Darauf folgen die Gruppenrichtlinienobjekte, die mit der Organisationseinheit in der nächst niedrigeren Ebene verknüpft sind, und so weiter. Falls mehrere Gruppenrichtlinienobjekte mit derselben Organisationseinheit verknüpft sind, kann der Administrator einstellen, in welcher Reihenfolge sie verarbeitet werden.

Prüfungstipp Es gibt eine einfache Methode sich zu merken, in welcher Reihenfolge Gruppenrichtlinienobjekte angewendet werden: Zuerst wird das lokale Gruppenrichtlinienobjekt verarbeitet, dann die Active Directory-Gruppenrichtlinienobjekte. Active Directory-Gruppenrichtlinienobjekte werden in folgender Reihenfolge verarbeitet: Erst das Element, das am weitesten vom Benutzer entfernt ist (der Standort), dann das etwas nähere Element (die Domäne) und schließlich das Element, das am nächsten beim Benutzer liegt (die Organisationseinheit). Sie können sich dafür das Akronym LSDOU (lokal, Standort, Domäne, Organisationseinheit) vor Augen führen, dann können Sie sich die Reihenfolge vielleicht leichter merken.

Hinweis Falls es mehrere Gruppenrichtlinienobjekte für einen Standort, eine Domäne oder eine Organisationseinheit gibt, können Administratoren konfigurieren, in welcher Reihenfolge diese Gruppenrichtlinienobjekte angewendet werden. Außerdem können

Administratoren steuern, ob Gruppenrichtlinienobjekte höherer Ebenen überschrieben werden oder nicht. Das wirkt sich unter Umständen auf die Regeln aus, nach denen die Gruppenrichtlinienobjekte verarbeitet werden.

Wie Gruppenrichtlinien angewendet werden

Offensichtlich gehen komplizierte Dinge vor, wenn sich ein Benutzer anmeldet und die Richtlinien verarbeitet werden. Schließlich kann eine große Zahl von Gruppenrichtlinienobjekten (direkt oder über Vererbung) mit dem Computer verknüpft sein, bei dem sich der Benutzer anmeldet, und weitere Gruppenrichtlinienobjekte mit dem Benutzerkonto, das für die Anmeldung verwendet wird. Die folgenden Schritte beschreiben, wie Gruppenrichtlinien angewendet werden, wenn ein Computer, der Mitglied einer Active Directory-Domäne ist, startet und wenn sich ein Benutzer anmeldet.

1. Während der Startphase beschafft sich der Computer eine sortierte Liste der Gruppenrichtlinienobjekte, sofern der Computer Mitglied einer Active Directory-Domäne ist. Ist er kein Domänenmitglied, wird nur das lokale Gruppenrichtlinienobjekt verarbeitet. Falls der Computer Mitglied einer Active Directory-Domäne ist, hängt die Liste der Gruppenrichtlinienobjekte, die verarbeitet werden müssen, von der Active Directory-Hierarchie und der Vererbung ab (wie im letzten Abschnitt beschrieben).
2. Falls die Gruppenrichtlinienobjekte, die mit dem Computer verknüpft sind, sich nicht verändert haben, seit der Computer zum letzten Mal gestartet wurde, findet keine Verarbeitung statt. Haben sich irgendwelche Gruppenrichtlinienobjekte verändert, werden sie alle erneut verarbeitet.
3. Der Computer wendet alle Computerkonfigurationseinstellungen an, und zwar in der bekannten Reihenfolge: lokal, Standort, Domäne, Organisationseinheit.
4. Wurden in Gruppenrichtlinienobjekten Startskripts definiert, werden sie jetzt ausgeführt. Jedes Skript wird vollständig abgearbeitet (oder es wird gewartet, bis die eingestellte Wartezeit abgelaufen ist), erst dann wird das nächste Skript ausgeführt.
5. Der Anmeldebildschirm wird angezeigt. Der Benutzer drückt die Tastenkombination STRG+ALT+ENTF und gibt die Anmeldeinformationen ein, um sich am Netzwerk anzumelden.
6. Nachdem der Benutzer authentifiziert wurde, lädt der Computer das Benutzerprofil (das vom zuständigen Gruppenrichtlinienobjekte festgelegt wird).
7. Der Computer erhält erneut eine sortierte Liste mit Gruppenrichtlinienobjekten, diesmal die, die mit dem Benutzer verknüpft sind. Wiederum wird geprüft, ob sich irgendwelche Gruppenrichtlinienobjekte verändert haben, seit sich der Benutzer zum letzten Mal angemeldet hat. Hat sich nichts verändert, findet keine Verarbeitung statt. Haben sich irgendwelche Gruppenrichtlinienobjekte verändert, werden sie alle erneut verarbeitet.
8. Der Computer wendet alle Benutzerkonfigurationseinstellungen in folgender Reihenfolge an: lokal, Standort, Domäne, Organisationseinheit.
9. Der Computer führt alle Anmeldeskripts aus, die in den Gruppenrichtlinienobjekten definiert sind. Schließlich wird der Desktop angezeigt.

Anzeigen der tatsächlich auf einem Computer angewendeten Richtlinien

Glücklicherweise stellt Windows XP Professional Tools zur Verfügung, mit denen Sie feststellen können, welche Richtlinien auf einem Computer wirksam sind. Sie können sich auch ansehen, welche Einstellungen aufgrund dieser Richtlinien angewendet werden. Wenn Sie für Endbenutzer eine Problembehandlung im Bereich der Gruppenrichtlinien durchführen, müssen Sie in erster Linie herausfinden, wie unterschiedliche Richtlinien angewendet wurden und wie unterschiedliche Richtlinienebenen sich gegenseitig beeinflussen. Sie müssen wissen, auf welche Weise mehrere Gruppenrichtlinienobjekte aufgelöst werden, die auf denselben Computer oder Benutzer angewendet wurden, und wie die Vererbung von Gruppenrichtlinienobjekten funktioniert.

Das Tool Richtlinienergebnissatz

Das Tool ***Richtlinienergebnissatz*** (Resultant Set of Policy, RSoP) ist neu in Windows XP Professional. Sie können damit simulieren und prüfen, welche Richtlinieneinstellungen auf Computer oder Benutzer angewendet werden. Das Tool zeigt, welche Richtlinien auf das Objekt angewendet werden und in welcher Reihenfolge das geschieht. Dieses Tool vereinfacht ganz erheblich das Überprüfen komplizierter Richtlinienhierarchien.

Sie können das Tool Richtlinienergebnissatz in zwei Modi ausführen:

- **Planungsmodus:** Im Planungsmodus können Sie für alle Richtlinieneinstellungen, die angewendet werden können, die vorhandenen Gruppenrichtlinienobjekte abfragen. Der Planungsmodus steht nur auf Computern zur Verfügung, die Mitglieder einer Active Directory-Domäne sind. Dieser Modus ist nützlich, wenn Sie simulieren wollen, welche Auswirkungen das Implementieren einer neuen Richtlinie hat. Sie können die Verarbeitung der Richtlinien auch über eine langsame Netzwerkverbindung oder über ein Loopback-Gerät simulieren. Und Sie können den Vorrang der Richtlinien überprüfen, bevor Sie ein Benutzer- oder Computerobjekt an eine neue Position verschieben.
- **Protokollierungsmodus:** In diesem Modus können Sie nachsehen, welche vorhandenen Richtlinieneinstellungen auf Computer- und Benutzerobjekte angewendet wurden. Der Protokollierungsmodus ist nützlich, wenn Sie die vorhandene Hierarchie analysieren wollen, Probleme mit Vererbung aufspüren müssen oder testen wollen, wie Sicherheitsgruppen sich auf Richtlinieneinstellungen auswirken.

Gehen Sie folgendermaßen vor, um das Tool Richtlinienergebnissatz zu starten:

1. Klicken Sie im Startmenü auf **Ausführen**.
2. Geben Sie im Dialogfeld **Ausführen** den Befehl **mmc** ein und klicken Sie dann auf **OK**.

   Windows öffnet ein MMC-Fenster (Microsoft Management Console) mit einem leeren Konsolenfenster namens **Konsole1**.
3. Wählen Sie im Konsolenfenster den Menübefehl **Datei/Snap-In hinzufügen/entfernen**.
4. Klicken Sie im Dialogfeld **Snap-In hinzufügen/entfernen** auf **Hinzufügen**.

5. Wählen Sie im Dialogfeld **Eigenständiges Snap-In hinzufügen** den Eintrag **Richtlinienergebnissatz** aus und klicken Sie dann auf **Hinzufügen**.
6. Klicken Sie auf **Schließen** und dann auf **OK**.

   Im Konsolenfenster zeigt Windows nun das Snap-In **Richtlinienergebnissatz** an (Abbildung 16.6).

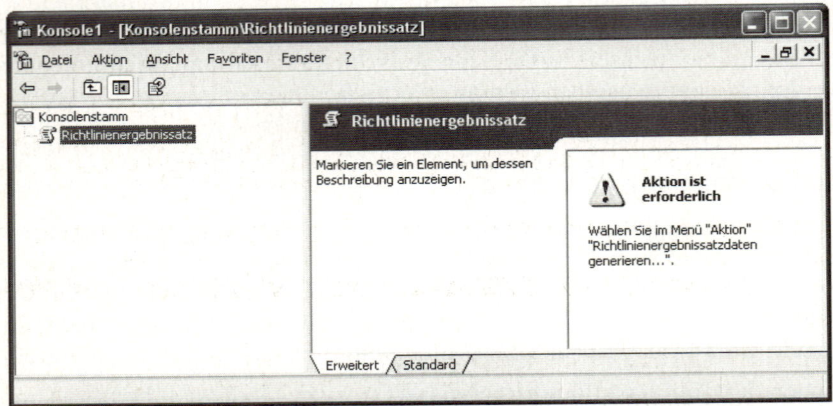

Abbildung 16.6 Im Snap-In **Richtlinienergebnissatz** können Sie überprüfen, welche Einstellungen auf einem Computer wirksam sind.

7. Klicken Sie mit der rechten Maustaste auf **Richtlinienergebnissatz** und wählen Sie den Befehl **Richtlinienergebnissatzdaten generieren**.

   Windows öffnet den Richtlinienergebnissatz-Assistenten.
8. Klicken Sie auf der Seite **Willkommen** auf **Weiter**.
9. Stellen Sie auf der Seite **Modusauswahl** sicher, dass die Option **Protokollierungsmodus** ausgewählt ist, und klicken Sie dann auf **Weiter**.
10. Wählen Sie auf der Seite **Computerauswahl**, ob Sie Richtlinieneinstellungen für diesen Computer oder für einen anderen Computer anzeigen wollen. Falls Sie sich die Einstellungen eines Remotecomputers ansehen wollen, müssen Sie den Namen des Remotecomputers eingeben. Klicken Sie auf **Weiter**.
11. Wählen Sie auf der Seite **Benutzerauswahl**, ob Sie die Richtlinieneinstellungen für den aktuellen Benutzer oder für einen anderen Benutzer anzeigen wollen. Klicken Sie auf **Weiter**.
12. Klicken Sie auf der Seite **Zusammenfassung der Auswahl** auf **Weiter**.

    Windows analysiert die angewendeten Richtlinieneinstellungen und zeigt dann die Seite **Fertigstellen des Assistenten** an.
13. Klicken Sie auf **Fertig stellen**.
14. Blättern Sie im Konsolenfenster die Richtlinieneinstellungen durch und sehen Sie sich an, welche Einstellungen aktuell für Ihren Computer gelten und auf welches Gruppenrichtlinienobjekt die jeweilige Einstellung zurückgeht.

Gruppenrichtlinienergebnistool

Windows XP Professional stellt außerdem ein Tool namens **Gruppenrichtlinienergebnistool** zur Verfügung. Dieses Tool ist ein Befehlszeilenprogramm, mit dem Sie feststellen können, welche Richtlinien tatsächlich auf einen Computer angewendet werden. Sie können dieses Tool starten, indem Sie an der Eingabeaufforderung den Befehl **Gpresult.exe** eingeben. Die Ausgabe (Abbildung 16.7) führt auf, welche Richtlinien auf dem Computer wirksam sind. Mit dem Befehl **Gpresult.exe /?** können Sie sich Informationen über das Programm anzeigen lassen.

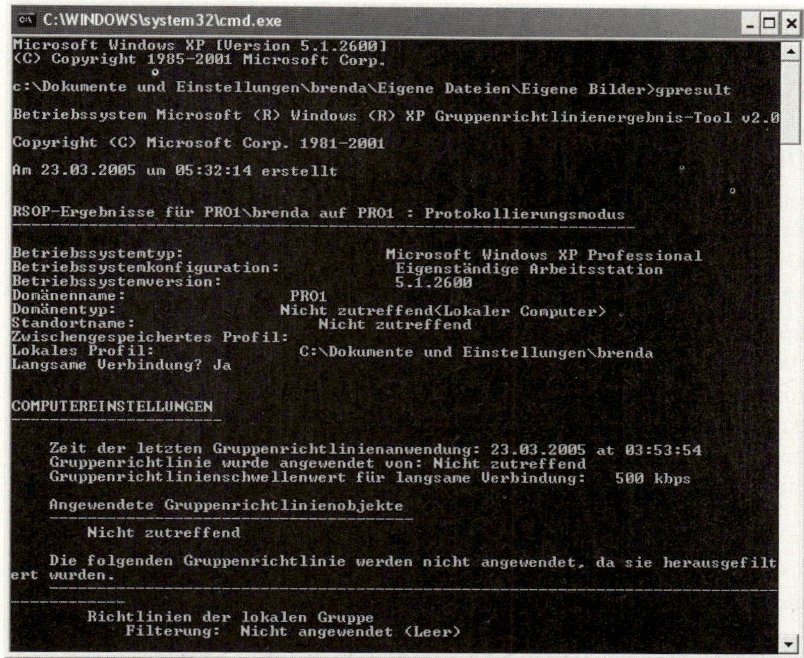

Abbildung 16.7 Mit dem Gruppenrichtlinienergebnistool können Sie sich ansehen, welche Richtlinien auf einem Computer wirksam sind

Lernzielkontrolle

Die folgenden Fragen dienen zum Vertiefen der Themen dieser Lektion. Falls Sie eine Frage nicht beantworten können, sollten Sie die Lektion noch einmal durcharbeiten, und dann erneut versuchen, die Frage zu beantworten. Die Antworten auf die Lernzielkontrollfragen finden Sie im Abschnitt „Fragen und Antworten“ am Ende dieses Kapitels.

1. Die _______________________ steuert die Einstellungen auf Computern in einer Arbeitsgruppenumgebung.
2. Auf einen Computer werden mehrere Gruppenrichtlinienobjekte und das lokale Gruppenrichtlinienobjekt angewendet. In welcher Reihenfolge werden sie verarbeitet?

   ____

____

____

____

____

____

____

____

3. Wenn Sie wissen wollen, welche Einstellungen auf einen Computer angewendet werden und auf welche Quelle diese Einstellungen zurückzuführen sind, verwenden Sie das Tool ______________________.

Zusammenfassung der Lektion

- Die lokale Sicherheitsrichtlinie wird auf einen bestimmten Computer angewendet. Sie ist der einzige Typ von Sicherheitsrichtlinie, den Sie auf Computern in einer Arbeitsgruppe verwenden können. Sie verwalten die lokale Sicherheitsrichtlinie mit der Konsole **Lokale Sicherheitseinstellungen**, die Sie im Ordner **Verwaltung** starten.
- Gruppenrichtlinien werden auf Standorte, Domänen und Organisationseinheiten in einer Active Directory-Umgebung angewendet. Sie wirken sich auf alle Computer oder Benutzer aus, die Mitglieder des Containers sind, dem die Gruppenrichtlinien zugewiesen wurden. Wenn auf einen Windows XP Professional-Computer sowohl die lokale Sicherheitsrichtlinie als auch Gruppenrichtlinien angewendet werden, werden diese Richtlinien in folgender Reihenfolge verarbeitet:
  a. Zuerst wird das lokale Gruppenrichtlinienobjekt verarbeitet.
  b. Die Gruppenrichtlinienobjekte, die mit dem Standort verknüpft sind, werden verarbeitet.
  c. Die Gruppenrichtlinienobjekte, die mit der Domäne verknüpft sind, werden verarbeitet.
  d. Die Gruppenrichtlinienobjekte, die mit der Organisationseinheit verknüpft sind, werden verarbeitet.
- Windows XP Professional stellt zwei Tools zur Verfügung, die Ihnen bei der Problembehandlung von Richtlinien helfen. Das Tool Richtlinienergebnissatz zeigt an, welche Einstellungen auf einem Computer wirksam sind und auf welches Gruppenrichtlinienobjekt die jeweilige Einstellung zurückgeht. Das Gruppenrichtlinienergebnistool ist ein Befehlszeilenprogramm, das anzeigt, welche Gruppenrichtlinienobjekte auf einen Computer angewendet werden.

Lektion 2: Konfigurieren von Kontorichtlinien

In Kapitel 7, „Einrichten und Verwalten von Benutzerkonten“, haben Sie erfahren, wie Sie Benutzerkonten Kennwörter zuweisen und ein vom System gesperrtes Konto wieder entsperren können. In dieser Lektion lernen Sie, wie Sie die Sicherheit von Benutzerkennwörtern weiter verbessern und außerdem festlegen können, unter welchen Umständen das System ein Benutzerkonto sperren sollte.

Am Ende dieser Lektion werden Sie in der Lage sein, die folgenden Aufgaben auszuführen:

- Konfigurieren von Kennwortrichtlinien.
- Konfigurieren von Kontosperrungsrichtlinien.

Veranschlagte Zeit für diese Lektion: 15 Minuten

Konfigurieren von Kennwortrichtlinien

Anhand der Kennwortrichtlinien können Sie die Computersicherheit weiter erhöhen, indem Sie steuern, wie Kennwörter erstellt und verwaltet werden. In den Kennwortrichtlinien können Sie zum Beispiel festlegen, wie lange ein Kennwort maximal verwendet werden kann, bevor der Benutzer es ändern muss. Durch das regelmäßige Ändern der Kennwörter können Sie das Risiko eines unbefugten Zugriffs auf den Computer minimieren. Falls ein unbefugter Benutzer in den Besitz eines Kennworts für ein Benutzerkonto auf Ihrem Computer gelangt, kann ein regelmäßiger Kennwortwechsel dafür sorgen, dass dieser Benutzer keinen Zugriff auf den Computer erhält und das Benutzerkonto durch das System gesperrt wird.

Die Computersicherheit kann darüber hinaus durch weitere Kennwortrichtlinienoptionen erhöht werden. Sie können zum Beispiel eine minimale Kennwortlänge festlegen. Je länger ein Kennwort ist, desto schwerer lässt es sich knacken. Ferner können Sie eine Chronik der verwendeten Kennwörter erstellen. Dadurch wird verhindert, dass ein Benutzer nur einige wenige Kennwörter definiert und einfach zwischen diesen immer gleichen Kennwörtern wechselt.

Auf einem Windows XP Professional-Computer können Sie die Kennwortrichtlinien mithilfe der Konsole **Lokale Sicherheitseinstellungen** konfigurieren. Gehen Sie folgendermaßen vor, um die Kennwortrichtlinien zu konfigurieren:

1. Klicken Sie im Startmenü auf **Systemsteuerung**.
2. Klicken Sie im Fenster **Systemsteuerung** auf **Leistung und Wartung**.
3. Klicken Sie im Fenster **Leistung und Wartung** auf **Verwaltung**.
4. Klicken Sie im Fenster **Verwaltung** doppelt auf **Lokale Sicherheitsrichtlinie**.
5. Erweitern Sie im Fenster **Lokale Sicherheitseinstellungen** den Zweig **Kontorichtlinien** und klicken Sie dann auf **Kennwortrichtlinien**.
6. Wählen Sie die zu konfigurierende Einstellung, und klicken Sie danach im Menü **Aktion** auf **Eigenschaften**.

Im Detailbereich der Konsole werden die aktuell festgelegten Kennwortrichtlinien angezeigt (Abbildung 16.8).

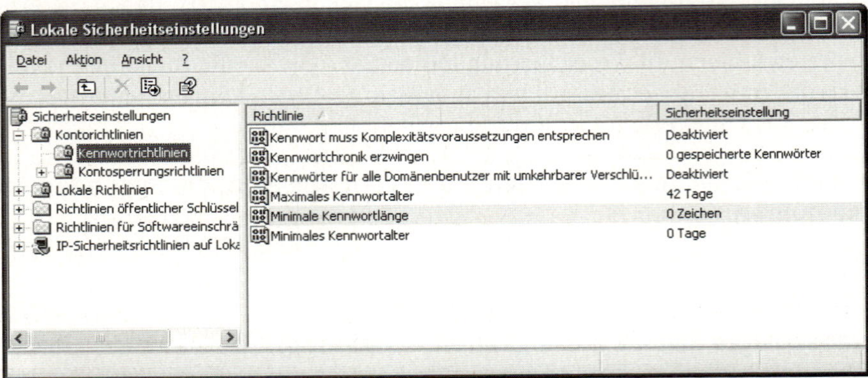

Abbildung 16.8 Konfigurieren von Kennwortrichtlinieneinstellungen

In Tabelle 16.1 werden die verfügbaren Kennwortrichtlinieneinstellungen beschrieben.

Tabelle 16.1 Kennwortrichtlinieneinstellungen

Einstellung	Beschreibung
Kennwortchronik erzwingen	Der für diese Einstellung verwendete Wert gibt die Anzahl der Kennwörter an, die in einer Kennwortchronik gespeichert werden. Der Standardwert für diese Einstellung lautet 0, das heißt, es wird keine Kennwortchronik geführt. Sie können einen Wert von 0 bis 24 konfigurieren, um die Anzahl der in der Kennwortchronik gespeicherten Kennwörter festzulegen. Der hier konfigurierte Wert entspricht der Anzahl an Kennwörtern, die ein Benutzer verwenden muss, bis er ein altes Kennwort erneut verwenden darf.
Maximales Kennwortalter	Der für diese Einstellung eingegebene Wert gibt an, wie viele Tage ein Benutzer ein Kennwort verwenden kann, bis es geändert werden muss. Wenn Sie für diese Einstellung den Wert 0 konfigurieren, läuft das Kennwort nie ab. Der Standardwert für diese Einstellung beträgt 42 Tage, Sie können einen Wert zwischen 0 und 999 Tagen konfigurieren.
Minimales Kennwortalter	Der hier eingegebene Wert gibt an, wie viele Tage ein Benutzer ein Kennwort verwenden muss, bis es geändert werden kann. Die Standardeinstellung lautet 0, das heißt, der Benutzer kann das Kennwort jederzeit ändern. Wenn Sie eine Kennwortchronik verwenden möchten, sollte dieser Wert nicht auf 0 gesetzt werden. Das minimale Kennwortalter muss kleiner sein als das maximale Kennwortalter. Sie können einen Wert von 0 bis 999 Tagen einstellen. Der hier konfigurierte Wert legt fest, wie lange ein Benutzer bis zum Wechseln des Kennworts warten muss. Verwenden Sie diesen Wert, um zu verhindern, dass ein Benutzer, der vom System zum Ändern seines Kennworts gezwungen wurde, nicht gleich wieder dasselbe Kennwort verwenden kann. ▶

Einstellung	Beschreibung
Minimale Kennwortlänge	Der hier eingestellte Wert gibt die Anzahl der Zeichen an, aus denen das Kennwort mindestens bestehen muss. Die minimale Kennwortlänge kann zwischen 0 und 14 Zeichen betragen. Der Standardwert lautet 0, das heißt, es ist kein Kennwort erforderlich.
Kennwort muss Komplexitätsvoraussetzungen entsprechen	Die verfügbaren Optionen lauten **Aktiviert** und **Deaktiviert** (dies ist die Standardeinstellung). Wenn diese Einstellung aktiviert ist, müssen Kennwörter mindestens über die angegebene Kennwortlänge verfügen (oder mindestens 6 Zeichen lang sein, falls anderweitig keine Minimallänge festgelegt ist), Großbuchstaben, Zahlen oder Interpunktionszeichen enthalten, aber nicht den Benutzernamen oder den Namen des Benutzerkontos.
Kennwörter für alle Domänenbenutzer mit umkehrbarer Verschlüsselung speichern	Die verfügbaren Optionen lauten **Aktiviert** und **Deaktiviert** (dies ist die Standardeinstellung). Anhand dieser Einstellung kann Windows XP Professional Kennwörter mit umkehrbarer Verschlüsselung für alle Benutzer in der Domäne speichern. Diese Option ist nur anwendbar, wenn sich Ihr Windows XP Professional-Computer in einer Domäne befindet.

Konfigurieren von Kontosperrungsrichtlinien

In den Kontosperrungsrichtlinieneinstellungen können Sie auch festlegen, ob ein Benutzerkonto gesperrt wird, wenn eine bestimmte Zahl fehlgeschlagener Anmeldeversuche überschritten wird. Hinter dieser Sicherheitsfunktion steht das Konzept, dass verhindert werden soll, dass nicht autorisierte Benutzern in einen Computer einbrechen, indem sie wiederholt Kennwörter eintippen. Die Kontosperrung kann aber durch Angreifer missbraucht werden, um Denial-of-Service-Angriffe durchzuführen (mit der Absicht, Windows zum Sperren der Konten zu veranlassen). Aus diesem Grund empfiehlt Microsoft, dass Sie die Kontosperrung nicht aktivieren. Trotzdem sollten Sie wissen, wie die Kontosperrung funktioniert. Der Zugriff auf die Kontosperrungsrichtlinien erfolgt wie bei den Kennwortrichtlinien über die Konsole **Lokale Sicherheitseinstellungen**. Abbildung 16.9 zeigt die aktuellen Kontosperrungsrichtlinieneinstellungen in der Detailansicht.

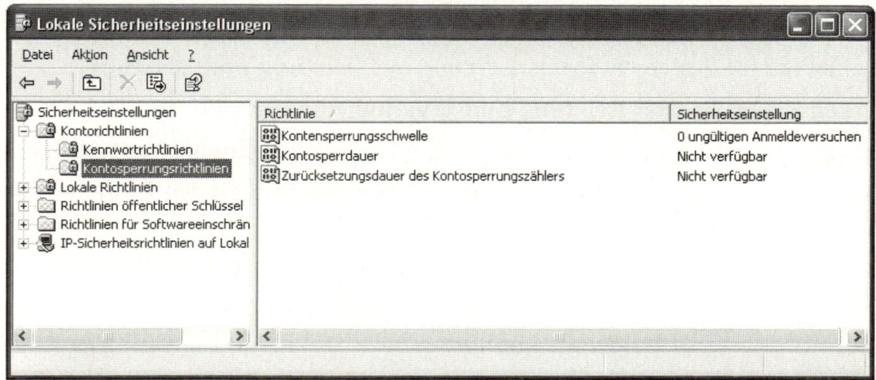

Abbildung 16.9 Konfigurieren der Kontosperrungsrichtlinieneinstellungen

In Tabelle 16.2 werden die für Kontosperrungsrichtlinien verfügbaren Einstellungen erläutert.

Tabelle 16.2 Kontosperrungsrichtlinieneinstellungen

Einstellung	Beschreibung
Kontosperrdauer	Der hier eingegebene Wert legt fest, wie viele Minuten das Konto im Fall einer Sperrung gesperrt bleibt. Wenn Sie den Wert 0 konfigurieren, bleibt das Benutzerkonto so lange gesperrt, bis die Sperrung durch einen Administrator aufgehoben wird. Sie können einen Wert von 0 bis 99.999 Minuten einstellen. (Der Maximalwert von 99.999 Minuten entspricht ungefähr 69,4 Tagen.)
Kontensperrungsschwelle	Der hier eingestellte Wert legt die Anzahl der ungültigen Anmeldeversuche fest, nach denen das Benutzerkonto gesperrt wird. Wenn Sie hier den Wert 0 eingeben, wird das Konto nie gesperrt, unabhängig davon, wie viele ungültige Anmeldeversuche vorliegen. Sie können einen Wert von 0 bis 999 konfigurieren.
Zurücksetzungsdauer des Kontosperrungszählers	Der hier eingegebene Wert gibt an, wie viele Minuten nach einem erfolglosen Anmeldeversuch verstreichen müssen, bis der Kontosperrungszähler auf 0 zurückgesetzt wird. Sie können einen Wert von 1 bis 99.999 einstellen.

Übung: Konfigurieren von Kontorichtlinien

In dieser Übung konfigurieren Sie die Kontorichtlinieneinstellungen für Ihren Computer und testen sie anschließend.

Übung 1: Konfigurieren der minimalen Kennwortlänge

In dieser Teilübung konfigurieren Sie die minimale Kennwortlänge, eine der Kontorichtlinieneinstellungen für Ihren Computer. Anschließend testen Sie die minimale Kennwortlänge, um sich zu überzeugen, dass die Kennwortrichtlinieneinstellung korrekt konfiguriert wurde.

1. Melden Sie sich mit einem Konto an, das Mitglied der Administratorengruppe ist.
2. Klicken Sie im Startmenü auf **Systemsteuerung**.
3. Klicken Sie im Fenster **Systemsteuerung** auf **Leistung und Wartung**.
4. Klicken Sie im Fenster **Leistung und Wartung** auf **Verwaltung**.
5. Klicken Sie im Fenster **Verwaltung** doppelt auf **Lokale Sicherheitsrichtlinie**.
6. Erweitern Sie im Fenster **Lokale Sicherheitseinstellungen** den Zweig **Kontorichtlinien** und klicken Sie dann auf **Kennwortrichtlinien**.
7. Klicken Sie in der Detailansicht mit der rechten Maustaste auf **Minimale Kennwortlänge** und wählen Sie den Befehl **Eigenschaften**.

   Windows XP Professional zeigt das Eigenschaftendialogfeld **Minimale Kennwortlänge** an.
8. Geben Sie den Wert **8** ein, um eine minimale Kennwortlänge von 8 Zeichen festzulegen, und klicken Sie dann auf **OK**.

9. Wählen Sie den Menübefehl **Datei/Beenden**, um das Fenster **Lokale Sicherheitseinstellungen** zu schließen.
10. Klicken Sie im Startmenü auf Systemsteuerung.
11. Klicken Sie auf **Benutzerkonten** und dann auf **Neues Konto erstellen**.
12. Geben Sie im Textfeld **Geben Sie einen Namen für das neue Konto an** als Benutzername **Benutzer13** ein, und klicken Sie auf **Weiter**.
13. Klicken Sie auf **Eingeschränkt** und anschließend auf **Konto erstellen**.
14. Klicken Sie im Fenster **Benutzerkonten** auf **Benutzer13** und anschließend auf **Kennwort ändern**.
15. Geben Sie in die Textfelder **Geben Sie ein neues Kennwort ein** und **Geben Sie das neue Kennwort zur Bestätigung erneut ein** als neues Kennwort **Wasser** ein.
16. Klicken Sie auf **Kennwort ändern**.

    Sie werden in einem Meldungsfeld darüber informiert, dass das neue Kennwort nicht den Kennwortrichtlinienanforderungen entspricht. Damit wissen Sie, dass die minimale Kennwortlänge von 8 Zeichen ordnungsgemäß konfiguriert wurde.
17. Klicken Sie auf **OK**, um das Meldungsfeld zu schließen.
18. Klicken Sie auf **Abbrechen**, um das Dialogfeld **Kennwort von Benutzer13 ändern** zu schließen.
19. Schließen Sie das Fenster **Benutzerkonten**, und schließen Sie die Systemsteuerung.

Übung 2: Konfigurieren und Testen weiterer Kontorichtlinieneinstellungen

In dieser Übung konfigurieren und testen Sie einige andere Kontorichtlinieneinstellungen.

1. Klicken Sie im Startmenü auf **Systemsteuerung**.
2. Klicken Sie im Fenster **Systemsteuerung** auf **Leistung und Wartung**.
3. Klicken Sie im Fenster **Leistung und Wartung** auf **Verwaltung**.
4. Klicken Sie im Fenster **Verwaltung** doppelt auf **Lokale Sicherheitsrichtlinie**.
5. Konfigurieren Sie im Fenster **Lokale Sicherheitseinstellungen** folgende Kontorichtlinieneinstellungen:
    - Ein Benutzer soll mindestens 5 unterschiedliche Kennwörter verwendet haben, bevor er auf ein bereits verwendetes Kennwort zurückgreifen kann.
    - Nach dem Ändern eines Kennworts muss ein Benutzer mindestens 24 Stunden warten, bevor das Kennwort erneut geändert werden kann.
    - Ein Benutzer soll sein Kennwort alle drei Wochen ändern.
6. Welche Einstellungen verwenden Sie, um diese Anforderungen zu erfüllen?

    ____

    ____

    ____

____

____

____

7. Schließen Sie das Fenster **Lokale Sicherheitseinstellungen**.
8. Melden Sie sich als **Benutzer13** ohne Kennwort an.

   Windows XP Professional blendet ein Meldungsfeld ein, in dem Sie daran erinnert werden, dass Sie Ihr Kennwort bei der ersten Anmeldung ändern müssen.
9. Klicken Sie auf **OK**, um das Dialogfeld zu schließen.
10. Drücken Sie die TAB-TASTE, um in das Textfeld **Neues Kennwort** zu springen. Nehmen Sie im Textfeld **Altes Kennwort** keine Eingabe vor.
11. Geben Sie in die Felder **Neues Kennwort** und **Neues Kennwort bestätigen** das Kennwort **Wasserfall** ein, und klicken Sie auf **OK**.

    Windows XP Professional zeigt das Dialogfeld **Kennwort ändern** an, in dem Sie darauf hingewiesen werden, dass Ihr Kennwort geändert wurde.
12. Klicken Sie auf **OK**, um das Dialogfeld **Kennwort ändern** zu schließen.
13. Klicken Sie im Startmenü auf **Systemsteuerung**.
14. Klicken Sie auf **Benutzerkonten** und anschließend auf **Eigenes Kennwort ändern**.
15. Geben Sie im Textfeld **Geben Sie das aktuelle Kennwort ein** das Kennwort **Wasserfall** ein.
16. Geben Sie in die Textfelder **Geben Sie ein neues Kennwort ein** und **Geben Sie das neue Kennwort zur Bestätigung erneut ein** als neues Kennwort **Schokolade** ein.
17. Klicken Sie auf **Kennwort ändern**.

    Konnten Sie das Kennwort ändern? Begründen Sie Ihre Antwort.

    ____

    ____

    ____

18. Schließen Sie alle geöffneten Dialogfelder und Fenster, und melden Sie sich ab.

Übung 3: Konfigurieren von Kontosperrungsrichtlinien

In dieser Übung konfigurieren Sie Kontosperrungsrichtlinieneinstellungen und testen anschließend, ob die Einstellungen korrekt sind.

1. Melden Sie sich an Ihrem Computer mit einem Benutzerkonto an, das Mitglied der Administratorengruppe ist.
2. Klicken Sie im Startmenü auf **Systemsteuerung**.
3. Klicken Sie im Fenster **Systemsteuerung** auf **Leistung und Wartung**.
4. Klicken Sie im Fenster **Leistung und Wartung** auf **Verwaltung**.
5. Klicken Sie im Fenster **Verwaltung** doppelt auf **Lokale Sicherheitsrichtlinie**.

6. Erweitern Sie im Fenster **Lokale Sicherheitseinstellungen** den Zweig **Kontorichtlinien** und klicken Sie dann auf **Kontosperrungsrichtlinien**.
7. Legen Sie mithilfe der Einstellungen für Kontosperrungsrichtlinien folgende Konfiguration fest:
   - Ein Benutzerkonto soll nach vier ungültigen Anmeldeversuchen gesperrt werden.
   - Das Benutzerkonto bleibt so lange gesperrt, bis der Administrator die Sperrung wieder aufhebt.

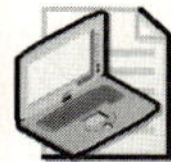

Hinweis Falls das Dialogfeld **Empfohlene Wertänderungen** angezeigt, wird, klicken Sie auf **OK** und prüfen, ob die gewünschten Einstellungen festgelegt wurden.

8. Welche Einstellungen der Kontosperrungsrichtlinien verwenden Sie, um diese Forderungen zu erfüllen?

   ____

   ____

   ____

   ____

   ____

   ____

9. Melden Sie sich von Windows XP Professional ab.
10. Versuchen Sie vier Mal nacheinander, sich als **Benutzer13** mit dem Kennwort **Schokolade** anzumelden.
11. Versuchen Sie anschließend ein fünftes Mal, sich als **Benutzer13** mit dem Kennwort **Schokolade** anzumelden. Es wird ein Dialogfeld angezeigt, in dem Sie darüber informiert werden, dass das Konto gesperrt wurde.
12. Klicken Sie auf **OK**, und melden Sie sich über ein Konto an, das Mitglied der Administratorengruppe ist.

Lernzielkontrolle

Die folgenden Fragen dienen zum Vertiefen der Themen dieser Lektion. Falls Sie eine Frage nicht beantworten können, sollten Sie die Lektion noch einmal durcharbeiten, und dann erneut versuchen, die Frage zu beantworten. Die Antworten auf die Lernzielkontrollfragen finden Sie im Abschnitt „Fragen und Antworten“ am Ende dieses Kapitels.

1. Wie lautet der Wertebereich, den Sie in Windows XP Professional zur Festlegung der Einstellung **Kennwortchronik erzwingen** verwenden können, und welche Auswirkung haben diese Werte?

   ____

   ____

   ____

2. Der Wertebereich für die Einstellung **Maximales Kennwortalter** liegt in Windows XP Professional zwischen ______ und ______ Tagen. Der Standardwert lautet ______ Tage.

3. Welche der folgenden Aussagen treffen zu, wenn Sie die Kennwortrichtlinieneinstellung **Kennwort muss Komplexitätsvoraussetzungen entsprechen** aktiviert haben? (Wählen Sie alle zutreffenden Antworten aus.)

   a. Alle Kennwörter müssen mindestens sechs Zeichen lang sein.

   b. Alle Kennwörter müssen den Einstellungen für die Kennwortchronik entsprechen.

   c. Die Kennwörter dürfen weder Großbuchstaben noch Interpunktionszeichen enthalten.

   d. Die Kennwörter dürfen weder den Benutzeranmeldenamen noch den vollständigen Benutzernamen enthalten.

4. Welche Funktion hat die Einstellung **Kontosperrdauer**, und wie lautet der gültige Wertebereich für diese Einstellung?

   ____

   ____

   ____

Zusammenfassung der Lektion

- Anhand der Kennwortrichtlinien können Sie festlegen, welche Kennwörter auf Ihrem Computer verwendet werden. Sie können den Benutzer beispielsweise dazu zwingen, die verwendeten Kennwörter in regelmäßigen Abständen zu ändern, und Sie können eine minimale Kennwortlänge festlegen.
- Anhand der Kontosperrungsrichtlinien können Sie festlegen, nach wie vielen ungültigen Anmeldeversuchen ein Benutzerkonto gesperrt wird.

Lektion 3: Konfigurieren von Benutzerrechten

Im Fenster **Lokale Sicherheitseinstellungen** sind im Ordner **Lokale Richtlinien** drei Kategorien mit lokalen Richtlinien aufgeführt: **Überwachungsrichtlinien**, **Zuweisen von Benutzerrechten** und **Sicherheitsoptionen**. Die Überwachungsrichtlinien und Sicherheitsoptionen werden in anderen Lektionen weiter unten in diesem Kapitel erklärt. In dieser Lektion erfahren Sie, wie Sie Benutzerrechte zuweisen.

Am Ende dieser Lektion werden Sie in der Lage sein, die folgende Aufgabe auszuführen:

- Konfigurieren von Benutzerrechten.

Veranschlagte Zeit für diese Lektion: 30 Minuten

Konfigurieren von Benutzerrechten

Sie können Gruppen oder einzelnen Benutzerkonten bestimmte Benutzerrechte zuweisen. Zur Vereinfachung der Benutzerrechteverwaltung wird empfohlen, Benutzerrechte nicht einzelnen Benutzerkonten, sondern ausschließlich Gruppen zuzuweisen. Ein Benutzerrecht ermöglicht den Mitgliedern einer Gruppe oder einem einzelnen Benutzer das Ausführen einer bestimmten Aufgabe, zum Beispiel das Sichern von Dateien oder das Ändern der Systemzeit. Benutzerrechte sind kumulativ. Gehört ein Benutzer mehreren Gruppen an, erhält der Benutzer alle Benutzerrechte, die den jeweiligen Gruppen zugewiesen wurden.

Gehen Sie folgendermaßen vor, um Benutzerrechte auf einem Windows XP Professional-Computer zu konfigurieren:

1. Klicken Sie im Startmenü auf **Systemsteuerung**.
2. Klicken Sie im Fenster **Systemsteuerung** auf **Leistung und Wartung**.
3. Klicken Sie im Fenster **Leistung und Wartung** auf **Verwaltung**.
4. Klicken Sie im Fenster **Verwaltung** doppelt auf **Lokale Sicherheitsrichtlinie**.
5. Erweitern Sie im Fenster **Lokale Sicherheitseinstellungen** den Zweig **Lokale Richtlinien** und klicken Sie dann auf **Zuweisen von Benutzerrechten**.
6. Wählen Sie im Detailbereich das zu konfigurierende Benutzerrecht, und klicken Sie danach im Menü **Aktion** auf **Eigenschaften**.

   Im daraufhin geöffneten Dialogfeld **Eigenschaften von *Name des Benutzerrechts*** werden die aktuellen Gruppen und Benutzerkonten angezeigt, denen das betreffende Benutzerrecht zugewiesen wurde (Abbildung 16.10). Klicken Sie zum Hinzufügen von Gruppen oder Benutzerkonten auf **Benutzer oder Gruppen hinzufügen**. Zum Entfernen einer Gruppe oder eines Benutzers wählen Sie die betreffende Gruppe beziehungsweise den Benutzer aus und klicken auf **Entfernen**.

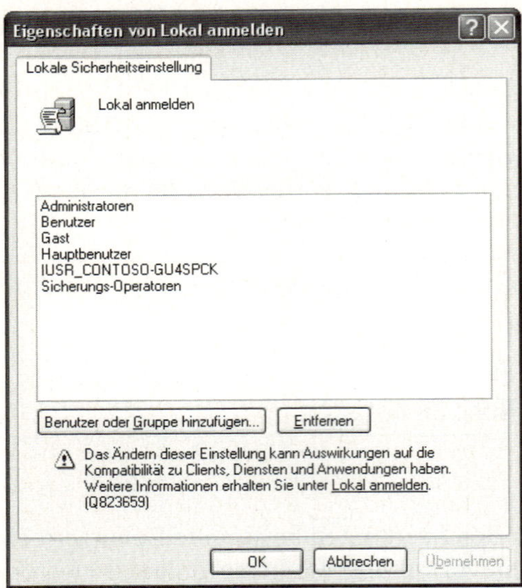

Abbildung 16.10 Zuweisen von Benutzerrechten zu einer Gruppe oder einem Benutzerkonto

Es gibt zwei Arten von Benutzerrechten: Privilegien und Anmelderechte.

Was sind Privilegien?

Ein ***Privileg*** ist ein Benutzerrecht, das die Mitglieder einer Gruppe dazu berechtigt, eine bestimmte Aufgabe auszuführen. Diese Aufgaben wirken sich in der Regel nicht nur auf ein einzelnes Objekt, sondern auf das gesamte Computersystem aus. In Tabelle 16.3 werden einige wichtige Privilegien erläutert, die Sie in Windows XP Professional zuweisen können.

Tabelle 16.3 In Windows XP Professional verfügbare Privilegien

Privileg	Beschreibung
Einsetzen als Teil des Betriebssystems	Ermöglicht einem Prozess, sich wie ein Benutzer zu authentifizieren und so Zugriff auf dieselben Ressourcen wie ein Benutzer zu bekommen. Weisen Sie dieses Privileg nur dann zu, wenn es unbedingt erforderlich ist. Dieses Privileg sollte nur Low-Level-Authentifizierungsdiensten zugewiesen werden. Prozesse, die dieses Privileg benötigen, sollten das Konto **System** verwenden (dieses Konto verfügt standardmäßig über das Privileg **Einsetzen als Teil des Betriebssystems**). Ein einzelnes Benutzerkonto mit diesem Privileg ermöglicht dem Benutzer oder Prozess das Erstellen eines Zugriffstokens. Das Zugriffstoken kann anschließend mit mehr Rechten ausgestattet werden, als es haben sollte, und weist keine Identitätsinformationen auf, die eine Verfolgung im Überwachungsprotokoll ermöglichen. ▶

Privileg	Beschreibung
Hinzufügen von Arbeitsstationen zur Domäne	Ermöglicht dem Benutzer, einen Computer einer Domäne hinzuzufügen. Der Benutzer gibt die gewünschte Domäne für den Beitritt an, und im Active Directory-Computercontainer der betreffenden Domäne wird ein Objekt erstellt. Dieses Privileg tritt nur dann in Kraft, wenn es im Rahmen der Standardrichtlinie für Domänencontroller der Domäne zugewiesen wird.
Sichern von Dateien und Verzeichnissen	Ermöglicht einem Benutzer das Sichern des Systems, ohne Zugriffsberechtigungen für Systemdateien und -ordner zu besitzen. Standardmäßig wird dieses Privileg der Administratorengruppe und den Sicherungs-Operatoren für Arbeitsstationen, Mitgliedserver und Domänencontroller zugewiesen. Auf einem Domänencontroller erhalten die Mitglieder der Gruppe **Server-Operatoren** dieses Privileg.
Auslassen der durchsuchenden Überprüfung	Ermöglicht einem Benutzer das Durchsuchen von Ordnern, für die er keine Zugriffsberechtigungen besitzt. Mithilfe dieses Privilegs kann ein Benutzer sich nur durch die Ordner bewegen, die Inhalte eines Ordners können nicht angezeigt werden. Standardmäßig wird dieses Privileg den Gruppen **Administratoren**, **Sicherungs-Operatoren**, **Hauptbenutzer**, **Benutzer** und **Jeder** für Arbeitsstationen und Mitgliedserver zugewiesen.
Ändern der Systemzeit	Ermöglicht dem Benutzer, die Zeit für die interne Uhr des Computers einzustellen. Standardmäßig wird dieses Privileg den Gruppen der Administratoren und Hauptbenutzer sowie den Konten **System** und **Netzwerkdienst** für Arbeitsstationen und Mitgliedserver zugewiesen. Auf Domänencontrollern wird dieses Privileg standardmäßig den Gruppen **Administratoren** und **Server-Operatoren** sowie den Konten **System** und **Netzwerkdienst** zugewiesen.
Erstellen einer Auslagerungsdatei	Ermöglicht einem Benutzer das Erstellen einer Auslagerungsdatei sowie das Ändern der Größe einer Auslagerungsdatei. Standardmäßig wird der Administratorengruppe dieses Privileg für Arbeitsstationen, Mitgliedserver und Domänencontroller zugewiesen.
Debuggen von Programmen	Ermöglicht einem Benutzer das Ausführen eines Debuggers für einen Prozess. Dieses Privileg bietet Zugriff auf sicherheitskritische und wichtige Betriebssystemkomponenten. Standardmäßig wird der Administratorengruppe dieses Privileg für Arbeitsstationen, Mitgliedserver und Domänencontroller zugewiesen.
Ermöglichen, dass Computer- und Benutzerkonten für Delegierungszwecke vertraut wird	Ermöglicht dem Benutzer, die Einstellungen für ein Benutzer- oder Computerobjekt so festzulegen, dass diesem für Delegierungszwecke vertraut wird. Ein Serverprozess, der entweder auf einem Computer ausgeführt wird, dem zu Delegierungszwecken vertraut wird, oder der durch einen Benutzer ausgeführt wird, dem zu Delegierungszwecken vertraut wird, kann auf die Ressourcen eines anderen Computers zugreifen. ▶

Privileg	Beschreibung
	Ein Missbrauch dieses Privilegs beziehungsweise der Einstellungen für Delegierungszwecke kann das Netzwerk für raffinierte Angriffe auf das System anfällig machen, bei denen Trojanische Pferde verwendet werden (Programme, die eingehende Clients imitieren und deren Anmeldeinformationen verwenden, um Zugriff auf Netzwerkressourcen zu erhalten). Dieses Privileg wird weder für Arbeitsstationen noch für Mitgliedserver erteilt. Auf einem Domänencontroller wird dieses Privileg standardmäßig den Mitgliedern der Gruppe **Administratoren** zugewiesen.
Erzwingen des Herunterfahrens von einem Remotesystem aus	Ermöglicht einem Benutzer, einen Computer von einem Remotecomputer im Netzwerk aus herunterzufahren. Standardmäßig wird der Administratorengruppe dieses Privileg für Arbeitsstationen, Mitgliedserver und Domänencontroller zugewiesen. Mitglieder der Administratorengruppe und Sicherungs-Operatoren erhalten dieses Privileg per Voreinstellung für Domänencontroller.
Laden und Entfernen von Gerätetreibern	Ermöglicht einem Benutzer das Installieren und Deinstallieren von Plug & Play-Gerätetreibern. Nicht Plug & Play-fähige Gerätetreiber sind von diesem Privileg nicht betroffen. Dieses Privileg wird standardmäßig nur den Administratoren zugewiesen. Gehen Sie beim Zuweisen dieses Privilegs vorsichtig vor. Gerätetreiber werden als vertrauenswürdige Programme ausgeführt, es sollten nur Gerätetreiber mit ordnungsgemäßer digitaler Signierung installiert werden. Standardmäßig wird der Administratorengruppe dieses Privileg für Arbeitsstationen, Mitgliedserver und Domänencontroller zugewiesen.
Verwalten von Überwachungs- und Sicherheitsprotokollen	Ermöglicht einem Benutzer, Überwachungsoptionen für den Objektzugriff auf einzelne Ressourcen, zum Beispiel Dateien, Active Directory-Objekte und Registrierungsschlüssel, festzulegen. Ein Benutzer, der über dieses Privileg verfügt, kann darüber hinaus das Sicherheitsprotokoll in der Ereignisanzeige anzeigen und löschen. Standardmäßig wird der Administratorengruppe dieses Privileg für Arbeitsstationen, Mitgliedserver und Domänencontroller zugewiesen. Seien Sie vorsichtig beim Zuweisen dieses Privilegs, weil die entsprechenden Konten dann die Fähigkeit bekommen, ihre Spuren zu verwischen, indem sie das Sicherheitsereignisprotokoll löschen.
Verändern der Firmwareumgebungsvariablen	Ermöglicht einem Benutzer, mithilfe der Systemeigenschaften Systemumgebungsvariablen zu ändern. Anhand dieses Privilegs kann ein Prozess mithilfe einer API Änderungen an den Systemumgebungsvariablen vornehmen.
Durchführen von Volumewartungsaufgaben	Ermöglicht einem Benutzer das Ausführen von Datenträgertools wie beispielsweise der Datenträgerbereinigung oder der Defragmentierung. Standardmäßig wird der Administratorengruppe dieses Privileg für Arbeitsstationen, Mitgliedserver und Domänencontroller zugewiesen.

▶

Privileg	Beschreibung
Erstellen eines Profils für einen Einzelprozess	Ermöglicht einem Benutzer den Einsatz von Tools zur Leistungsüberwachung von Prozessen, bei denen es sich nicht um Systemprozesse handelt. Standardmäßig wird dieses Privileg den Administratoren und Hauptbenutzern für Arbeitsstationen und Mitgliedserver erteilt. Auf einem Domänencontroller verfügen nur die Administratoren über dieses Privileg.
Erstellen eines Profils der Systemleistung	Ermöglicht einem Benutzer den Einsatz von Tools zur Leistungsüberwachung von Systemprozessen. Standardmäßig wird der Administratorengruppe dieses Privileg für Arbeitsstationen, Mitgliedserver und Domänencontroller zugewiesen.
Entfernen des Computers von der Dockingstation	Ermöglicht einem Benutzer das Abdocken eines tragbaren Computers. Standardmäßig wird dieses Privileg den Gruppen **Administratoren**, **Hauptbenutzer** und **Benutzer** für Arbeitsstationen und Mitgliedserver zugewiesen.
Wiederherstellen von Dateien und Verzeichnissen	Ermöglicht einem Benutzer die Wiederherstellung von Dateien und Verzeichnissen, ohne über entsprechende Datei- und Ordnerberechtigungen zu verfügen. Darüber hinaus kann der Benutzer beliebige gültige Sicherheitsprinzipale als Besitzer für das Objekt festlegen. Standardmäßig wird dieses Privileg der Administratorengruppe und den Sicherungs-Operatoren für Arbeitsstationen, Mitgliedserver und Domänencontroller zugewiesen. Auf einem Domänencontroller erhalten zusätzlich die Mitglieder der Gruppe **Server-Operatoren** dieses Privileg.
Herunterfahren des Systems	Ermöglicht einem Benutzer, den lokalen Computer herunterzufahren. Standardmäßig wird dieses Privileg den Gruppen **Administratoren**, **Sicherungs-Operatoren**, **Hauptbenutzer** und **Benutzer** für Arbeitsstationen zugewiesen.
Übernehmen des Besitzes von Dateien und Objekten	Ermöglicht einem Benutzer, den Besitz eines beliebigen zu sichernden Objekts zu übernehmen. Zu diesen Objekten können Active Directory-Objekte, Dateien und Ordner, Drucker, Registrierungsschlüssel, Prozesse und Threads gehören. Standardmäßig wird der Administratorengruppe dieses Privileg für Arbeitsstationen, Mitgliedserver und Domänencontroller zugewiesen.

Was sind Anmelderechte?

Ein ***Anmelderecht*** ist ein Benutzerrecht, das einer Gruppe oder einem einzelnen Benutzerkonto zugewiesen wird. Anmelderechte steuern die Art der Benutzeranmeldung an einem System. In Tabelle 16.4 werden die in Windows XP Professional verfügbaren Anmelderechte erläutert.

Tabelle 16.4 In Windows XP Professional verfügbare Anmelderechte

Anmelderecht	Beschreibung
Auf diesen Computer vom Netzwerk aus zugreifen	Ermöglicht einem Benutzer, über das Netzwerk eine Verbindung zum Computer herzustellen. Standardmäßig wird dieses Recht der Administratorengruppe, den Hauptbenutzern und der Gruppe **Jeder** für Arbeitsstationen, Mitgliedserver und Domänencontroller zugewiesen.
Zugriff vom Netzwerk auf diesen Computer verweigern	Verhindert, dass ein Benutzer über das Netzwerk eine Verbindung zum Computer herstellen kann. Dieses Recht wird standardmäßig nicht zugewiesen.
Anmeldung als Stapelverarbeitungsauftrag	Ermöglicht einem Benutzer, sich als Batchauftrag anzumelden. Standardmäßig wird der Administratorengruppe dieses Anmelderecht für Arbeitsstationen, Mitgliedserver und Domänencontroller zugewiesen. Falls die Internet-Informationsdienste (IIS) installiert wurden, wird dieses Recht automatisch dem vordefinierten Konto für den anonymen Zugriff auf IIS zugewiesen.
Anmeldung als Batchauftrag verweigern	Verhindert die Anmeldung eines Benutzers als Batchauftrag. Dieses Recht wird standardmäßig nicht zugewiesen.
Als Dienst anmelden	Ermöglicht einem Sicherheitsprinzipal (einen Konteninhaber wie zum Beispiel einem Benutzer, einem Computer oder einem Dienst) die Anmeldung als Dienst. Dienste können mithilfe der Konten **System**, **Lokaler Dienst** oder **Netzwerkdienst** ausgeführt werden, die das Recht zur Anmeldung als Dienst besitzen. Jeder Dienst, der mithilfe eines eigenen Kontos ausgeführt wird, muss über dieses Recht verfügen. Dieses Recht wird standardmäßig nicht zugewiesen.
Anmeldung als Dienst verweigern	Verhindert die Anmeldung eines Sicherheitsprinzipals als Dienst. Dieses Recht wird standardmäßig nicht zugewiesen.
Lokal anmelden	Ermöglicht einem Benutzer, sich über die Tastatur des Computers lokal anzumelden. Dieses Recht wird standardmäßig den Gruppen **Administratoren**, **Konten-Operatoren**, **Sicherungs-Operatoren**, **Druck-Operatoren** und **Server-Operatoren** zugewiesen.
Lokale Anmeldung verweigern	Hindert einen Benutzer daran, sich über die Tastatur des Computers lokal anzumelden. Dieses Recht wird standardmäßig nicht zugewiesen.
Anmeldung über Terminaldienste zulassen	Ermöglicht einem Benutzer die Anmeldung mithilfe der Terminaldienste. Standardmäßig wird dieses Anmelderecht den Gruppen **Administratoren** und **Remotedesktopbenutzer** für Arbeitsstationen und Mitgliedserver zugewiesen. Auf Domänencontrollern wird nur den Administratoren dieses Anmelderecht erteilt.
Anmeldung über Terminaldienste verweigern	Hindert einen Benutzer an der Anmeldung mithilfe der Terminaldienste. Dieses Recht wird standardmäßig nicht zugewiesen.

Prüfungstipp Für die Prüfung ist es wichtig, dass Sie wissen, welche Benutzerrechte zur Verfügung stehen und welchen Standardgruppen diese Rechte zugewiesen werden.

Lernzielkontrolle

Die folgenden Fragen dienen zum Vertiefen der Themen dieser Lektion. Falls Sie eine Frage nicht beantworten können, sollten Sie die Lektion noch einmal durcharbeiten, und dann erneut versuchen, die Frage zu beantworten. Die Antworten auf die Lernzielkontrollfragen finden Sie im Abschnitt „Fragen und Antworten" am Ende dieses Kapitels.

1. Welche der folgenden Aussagen treffen auf Benutzerrechte zu? (Wählen Sie alle zutreffenden Antworten aus.)
   a. Microsoft empfiehlt, Benutzerrechte einzelnen Benutzerkonten zuzuweisen.
   b. Microsoft empfiehlt, Benutzerrechte nicht einzelnen Benutzerkonten, sondern ausschließlich Gruppen zuzuweisen.
   c. Benutzerrechte ermöglichen einem Benutzer das Ausführen einer speziellen Aufgabe, zum Beispiel das Sichern von Dateien und Verzeichnissen.
   d. Es gibt zwei Arten von Benutzerrechten: Privilegien und Anmelderechte.
2. Ihr Windows XP Professional-Computer gehört zu einer Active Directory-Domänenumgebung. Sie weisen sich anhand der lokalen Sicherheitsrichtlinien das Benutzerrecht **Hinzufügen von Arbeitsstationen zur Domäne** zu. Können Sie anschließend zur Domäne Arbeitsstationen hinzufügen? Begründen Sie Ihre Antwort.

   ____

   ____

   ____

   ____

3. Welche Vorteile bietet das Benutzerrecht **Sichern von Dateien und Verzeichnissen**?

   ____

   ____

   ____

   ____

4. Was sind Anmelderechte, und welchen Zweck erfüllen Sie?

   ____

   ____

   ____

   ____

Zusammenfassung der Lektion

- Benutzerrechte ermöglichen einem Benutzer das Ausführen einer speziellen Aufgabe, zum Beispiel das Sichern von Dateien oder das Ändern der Systemzeit. Es gibt zwei Arten von Benutzerrechten:
  - Ein Privileg ermöglicht dem Benutzer das Ausführen spezieller Aufgaben, die sich in der Regel nicht nur auf ein Objekt beziehen, sondern das gesamte System betreffen.
  - Anmelderechte werden einer Gruppe oder einzelnen Benutzerkonten zugewiesen. Sie steuern, ob ein Benutzer sich lokal beziehungsweise über das Netzwerk an einem Computer anmelden kann.

Lektion 4: Konfigurieren von Sicherheitsoptionen

Im Fenster **Lokale Sicherheitseinstellungen** wird unterhalb von **Lokale Richtlinien** ein dritter Knoten angezeigt, der Knoten **Sicherheitsoptionen**. Hier können knapp 60 zusätzliche Sicherheitsoptionen konfiguriert werden, die in die folgenden Kategorien unterteilt werden: Konten, Überwachung, Domänencontroller, Domänenmitglied, Interaktive Anmeldung, Microsoft-Netzwerk (Client), Microsoft-Netzwerk (Server), Netzwerkzugriff, Netzwerksicherheit, Wiederherstellungskonsole, Herunterfahren, Geräte, Systemkryptografie und Systemobjekte. In dieser Lektion lernen Sie die wichtigsten der verfügbaren Optionen kennen.

Am Ende dieser Lektion werden Sie in der Lage sein, die folgenden Aufgaben auszuführen:

- Konfigurieren der Sicherheitsoptionen.

Veranschlagte Zeit für diese Lektion: 15 Minuten

Konfigurieren von Sicherheitsoptionen

Sie konfigurieren Sicherheitsoptionen im Fenster **Lokale Sicherheitseinstellungen** im Zweig **Sicherheitsoptionen**. Klicken Sie in der Detailansicht doppelt auf die Einstellung, die Sie konfigurieren wollen, und geben Sie im Dialogfeld der Option den gewünschten Wert ein.

Tabelle 16.5 führt die wichtigsten Sicherheitsoptionen auf.

Tabelle 16.5 Wichtige Sicherheitsoptionen in Windows XP Professional

Sicherheitsoption	Beschreibung
Konten: Administratorkontostatus	Legt fest, ob das Administratorkonto bei normalem Betrieb aktiviert oder deaktiviert ist. Beim Starten im abgesicherten Modus ist das Administratorkonto unabhängig von dieser Einstellung immer aktiviert.
Konten: Gastkontenstatus	Legt fest, ob das Gastkonto aktiviert oder deaktiviert ist.
Konten: Lokale Kontenverwendung von leeren Kennwörtern auf Konsolenanmeldung beschränken	Legt fest, ob interaktive Remoteanmeldungen über Netzwerkdienste wie zum Beispiel Terminaldienste, Telnet und FTP für lokale Konten mit leerem Kennwort zulässig sind. Wurde diese Einstellung aktiviert, muss ein lokales Konto über ein nicht leeres Kennwort verfügen, damit es für eine interaktive Anmeldung von einem Remoteclient aus verwendet werden kann.
Konten: Administratorkonto umbenennen	Weist dem Administratorkonto einen neuen Kontonamen zu. Sie sollten einen Namen verwenden, der nicht sofort verrät, dass es sich um das Administratorkonto handelt. Auf diese Weise haben es nicht autorisierte Benutzer schwerer, in das Konto einzubrechen.
Konten: Gastkonto umbenennen	Weist dem Gastkonto einen neuen Kontonamen zu.

▶

Sicherheitsoption	Beschreibung
Überwachung: Die Verwendung des Sicherungs- und Wiederherstellungsrechts überprüfen	Legt fest, ob die Verwendung sämtlicher Benutzerrechte, einschließlich des Sicherungs- und Wiederherstellungsrechts, überwacht werden sollen, wenn die Richtlinie **Rechteverwendung überwachen** wirksam ist. Bei Aktivierung dieser Option zusammen mit der Richtlinie **Rechteverwendung überwachen** wird für jede gesicherte oder wiederhergestellte Datei ein Überwachungsereignis generiert. Lektion 5 enthält weitere Informationen zur Überwachung.
Geräte: Anwendern das Installieren von Druckertreibern nicht erlauben	Wurde diese Einstellung aktiviert, dürfen nur Administratoren und Hauptbenutzer beim Hinzufügen eines Netzwerkdruckers einen Druckertreiber installieren. Bei deaktivierter Einstellung darf jeder Benutzer beim Hinzufügen eines Netzwerkdruckers einen Druckertreiber installieren.
Geräte: Zugriff auf CD-ROM-Laufwerke auf lokal angemeldete Benutzer beschränken	Legt fest, ob sowohl lokale als auch Remotebenutzer gleichzeitig auf ein CD-ROM-Laufwerk zugreifen können. Wurde diese Richtlinie aktiviert, dürfen nur die interaktiv angemeldeten Benutzer auf CD-ROMs zugreifen. Wurde diese Richtlinie aktiviert und kein Benutzer ist interaktiv angemeldet, kann über das Netzwerk auf die CD-ROM zugegriffen werden.
Geräte: Zugriff auf Diskettenlaufwerke auf lokal angemeldete Benutzer beschränken	Legt fest, ob sowohl lokale als auch Remotebenutzer gleichzeitig auf ein Diskettenlaufwerk zugreifen können.
Geräte: Verhalten bei der Installation von nichtsignierten Treibern	Legt fest, was beim Versuch geschieht, einen Gerätetreiber, der nicht durch das WHQL (Windows Hardware Quality Lab) zertifiziert wurde, zu installieren. Sie können festlegen, dass Windows die Installation der nicht signierten Treiber erlaubt, nach einer Warnmeldung erlaubt oder verbietet.
Interaktive Anmeldung: Letzten Benutzernamen nicht anzeigen	Legt fest, ob der Name des zuletzt am Computer angemeldeten Benutzers auf dem Windows-Anmeldebildschirm angezeigt wird.
Interaktive Anmeldung: Kein STRG+ALT+ENTF erforderlich	Legt fest, ob ein Benutzer die Tastenkombination STRG+ALT+ENTF drücken muss, bevor er sich anmelden kann.
Interaktive Anmeldung: Nachricht für Benutzer, die sich anmelden wollen	Gibt eine Textnachricht an, die Benutzern bei der Anmeldung angezeigt wird.
Interaktive Anmeldung: Anwender vor Ablauf des Kennworts zum Ändern des Kennworts auffordern	Legt fest, wie viele Tage im Voraus Benutzer darüber informiert werden, dass ihr Kennwort in Kürze abläuft.
Netzwerkzugriff: Die Verwendung von 'Jeder'-Berechtigungen für anonyme Benutzer ermöglichen	Legt fest, ob anonyme Benutzer dieselben Berechtigungen für Ressourcen erhalten wie die Gruppe **Jeder**.

▶

Sicherheitsoption	Beschreibung
Netzwerkzugriff: Freigaben, auf die anonym zugegriffen werden kann	Legt fest, auf welche Netzwerkfreigaben von anonymen Benutzern zugegriffen werden kann. Nachdem Sie diese Option aktiviert haben, können Sie eine Liste der Freigaben zusammenstellen, auf die zugegriffen werden darf.
Wiederherstellungskonsole: Automatische administrative Anmeldungen zulassen	Legt fest, ob das Kennwort für das Administratorkonto angegeben werden muss, bevor der Zugriff auf das System gewährt wird. Wurde diese Option aktiviert, fordert die Wiederherstellungskonsole kein Kennwort an und die Anmeldung am System erfolgt automatisch.
Herunterfahren: Herunterfahren des Systems ohne Anmeldung zulassen	Legt fest, ob ein Computer ohne vorherige Anmeldung bei Windows heruntergefahren werden kann. Wurde diese Richtlinie aktiviert, ist der Befehl **Herunterfahren** auf dem Windows-Anmeldebildschirm verfügbar.
Herunterfahren: Auslagerungsdatei des virtuellen Arbeitsspeichers löschen	Legt fest, ob die Auslagerungsdatei des virtuellen Arbeitsspeichers gelöscht wird, sobald das System heruntergefahren wird. Diese Einstellung ist besonders auf Computern mit einer Multibootkonfiguration nützlich. So ist sichergestellt, dass vertrauliche Informationen aus dem Arbeitsspeicher eines Prozesses, die möglicherweise in die Auslagerungsdatei geschrieben wurden, nicht von einem nicht autorisierten Benutzer gelesen werden können.

Übung: Konfigurieren von Sicherheitseinstellungen

In dieser Übung konfigurieren Sie die Sicherheitseinstellung, mit der das Gastkonto auf Ihrem Computer automatisch umbenannt wird.

1. Melden Sie sich mit einem Konto an, das Mitglied der Administratorengruppe ist.
2. Klicken Sie im Startmenü auf **Systemsteuerung**.
3. Klicken Sie im Fenster **Systemsteuerung** auf **Leistung und Wartung**.
4. Klicken Sie im Fenster **Leistung und Wartung** auf **Verwaltung**.
5. Klicken Sie im Fenster **Verwaltung** doppelt auf **Lokale Sicherheitsrichtlinie**.
6. Erweitern Sie im Fenster **Lokale Sicherheitseinstellungen** den Zweig **Lokale Richtlinien** und klicken Sie dann auf **Sicherheitsoptionen**.
7. Klicken Sie im rechten Fensterabschnitt mit der rechten Maustaste auf **Konten: Gastkonto umbenennen** und wählen Sie den Befehl **Eigenschaften**.
8. Geben Sie im Dialogfeld **Eigenschaften von Konten: Gastkonto umbenennen** den Namen **Fuchs** ein und klicken Sie dann auf **OK**. Schließen Sie das Fenster **Lokale Sicherheitseinstellungen**.
9. Klicken Sie im Startmenü auf **Systemsteuerung**.
10. Klicken Sie im Fenster **Systemsteuerung** auf **Benutzerkonten**.

11. Wie lautet der Name des Gastkontos?

12. Schließen Sie das Fenster **Benutzerkonten** und das Fenster **Systemsteuerung**.

Lernzielkontrolle

Die folgenden Fragen dienen zum Vertiefen der Themen dieser Lektion. Falls Sie eine Frage nicht beantworten können, sollten Sie die Lektion noch einmal durcharbeiten, und dann erneut versuchen, die Frage zu beantworten. Die Antworten auf die Lernzielkontrollfragen finden Sie im Abschnitt „Fragen und Antworten" am Ende dieses Kapitels.

1. Wie können Sie sicherstellen, dass die Benutzer sich anmelden müssen, bevor sie einen Computer herunterfahren können (bevor sie sich auf der Willkommenseite und mit der Tastenkombination STRG+ALT+ENTF anmelden)?

2. Die Auslagerungsdatei des virtuellen Arbeitsspeichers wird standardmäßig nicht gelöscht, wenn Sie den Windows XP Professional-Computer herunterfahren. Warum kann diese Einstellung ein Sicherheitsrisiko darstellen, und was können Sie tun, um dieses Risiko zu minimieren?

3. Aus welchem Grund wird die Sicherheit Ihres Computers durch Verwendung der Tastenkombination STRG+ALT+ENTF bei der Computeranmeldung erhöht?

4. In der Standardeinstellung zeigt Windows XP Professional in den Dialogfeldern **Windows-Sicherheit** und **Windows-Anmeldung** den Namen des zuletzt angemeldeten Benutzers an. Warum kann diese Einstellung ein Sicherheitsrisiko darstellen, und was können Sie tun, um dieses Risiko zu minimieren?

____

____

____

____

____

____

____

____

Zusammenfassung der Lektion

- Sicherheitsoptionen sind in viele unterschiedliche Kategorien unterteilt, die Einstellungen zur Sicherheit von Windows XP Professional enthalten. Einige der wichtigsten Sicherheitsoptionen, die Sie konfigurieren können, sind:
  - Sie können verhindern, dass ein nicht autorisierter Benutzer Ihren Computer herunterfährt, indem Sie erzwingen, dass sich Benutzer anmelden müssen, bevor sie das System herunterfahren dürfen.
  - Sie können die Benutzer zwingen, zur Anmeldung am Computer die Tastenkombination STRG+ALT+ENTF zu drücken. Auf diese Weise verhindern Sie, dass Kennwörter durch Trojanische Pferde abgefangen werden.
  - Sie können die Sicherheit auch dadurch verbessern, dass gültige Benutzernamen und das zuletzt angemeldete Benutzerkonto in den Dialogfeldern **Windows-Sicherheit** und **Windows-Anmeldung** nicht angezeigt werden.

Lektion 5: Implementieren einer Überwachungsrichtlinie

Bei der ***Überwachung*** können sowohl die Benutzeraktivitäten als auch Windows XP Professional-Ereignisse auf einem Computer verfolgt werden. Sie können im Rahmen der Überwachung festlegen, dass Windows XP Professional Aktivitäten und Ereignisse in das Sicherheitsprotokoll schreiben soll. Dieses Protokoll zeichnet gültige und ungültige Anmeldeversuche sowie Ereignisse in Bezug auf das Erstellen, Öffnen oder Löschen von Dateien oder anderen Objekten auf. Ein Überwachungseintrag im Sicherheitsprotokoll enthält folgende Informationen:

- Die durchgeführte Aktion.
- Den Benutzer, der die Aktion durchgeführt hat.
- Angaben zu Erfolg beziehungsweise Fehlschlagen des Ereignisses und Zeitpunkt seines Auftretens.

Am Ende dieser Lektion werden Sie in der Lage sein, die folgenden Aufgaben auszuführen:

- Beschreiben des Zwecks der Überwachung.
- Entscheiden, was Sie überwachen sollten.
- Konfigurieren einer Überwachungsrichtlinie.
- Aktivieren der Überwachung für Dateien und Ordner.
- Aktivieren der Überwachung für Drucker.

Veranschlagte Zeit für diese Lektion: 60 Minuten

Grundlagen der Überwachung

In einer Überwachungsrichtlinie werden die Arten von Sicherheitsereignissen definiert, die Windows XP Professional im Sicherheitsprotokoll auf einem Computer aufzeichnen soll. Mit diesem Sicherheitsprotokoll können Sie festgelegte Ereignisse verfolgen.

Windows XP Professional schreibt Ereignisse in das Sicherheitsprotokoll des Computers, auf dem das Ereignis aufgetreten ist. Sie können Windows XP Professional zum Beispiel so konfigurieren, dass es jedes Mal ein Ereignis in das Sicherheitsprotokoll des betreffenden Computers schreibt, wenn ein Benutzer erfolglos versucht, sich an diesem Computer anzumelden.

Sie können aus folgenden Gründen eine Überwachungsrichtlinie für einen Computer einrichten:

- Verfolgen der erfolgreichen oder fehlgeschlagenen Ereignisse, beispielsweise Anmeldeversuche von Benutzern; ein Versuch eines bestimmten Benutzers, eine spezielle Datei zu lesen; Änderungen an einem Benutzerkonto oder an Gruppenmitgliedschaften und Änderungen an Ihren Sicherheitseinstellungen.
- Minimieren des Risikos einer nicht autorisierten Verwendung von Ressourcen.

Die von Windows XP Professional im Sicherheitsprotokoll aufgezeichneten Ereignisse können Sie mithilfe der Ereignisanzeige überprüfen. Sie können Protokolldateien auch archivieren, um Trends über bestimmte Zeiträume zu verfolgen, beispielsweise die Verwendung von Druckern oder Dateien. Ferner können Sie auf diese Weise Versuche zur nicht autorisierten Nutzung von Ressourcen aufdecken.

Diese Lektion beschreibt, wie Sie eine Überwachungsrichtlinie konfigurieren und die Überwachung für verschiedene Ressourcen und Ereignisse aktivieren. Zum Arbeiten mit der Ereignisanzeige erfahren Sie mehr in Kapitel 18, „Arbeiten mit Windows XP-Tools“.

Bevor Sie die Überwachung einrichten und verwalten können, müssen folgende Voraussetzungen erfüllt sein:

- Sie müssen das Benutzerrecht **Verwalten von Überwachungs- und Sicherheitsprotokollen** für den Computer besitzen, auf dem Sie eine Überwachungsrichtlinie konfigurieren oder ein Überwachungsprotokoll überprüfen möchten. Dieses Benutzerrecht weist Windows XP Professional standardmäßig der Administratorengruppe zu.
- Die zu überwachenden Dateien und Ordner müssen sich auf NTFS-Volumes befinden.

Das Einrichten der Überwachung für Objekte (Dateien, Ordner und Drucker) gliedert sich in zwei Vorgänge:

1. **Einrichten der Überwachungsrichtlinie:** Die Überwachungsrichtlinie ermöglicht die Überwachung, sorgt jedoch nicht für die tatsächliche Überwachung der einzelnen Objekte.
2. **Aktivieren der Überwachung für spezifische Ressourcen:** Sie geben an, welche Ereignisse für Dateien, Ordner, Drucker und Active Directory-Objekte überwacht werden sollen. Windows XP Professional verfolgt diese speziellen Ereignisse und zeichnet sie in Protokollen auf.

Was sollten Sie überwachen?

Beim Planen einer Überwachungsrichtlinie müssen Sie festlegen, für welche Objekte eine Überwachung eingerichtet werden soll. Die Überwachung ist standardmäßig deaktiviert. Neben den zu überwachenden Computern müssen Sie auch angeben, welche Ereignisse auf jedem Computer überwacht werden sollen. Windows XP Professional zeichnet überwachte Ereignisse auf jedem Computer einzeln auf.

Folgende Ereignistypen können überwacht werden:

- Zugriff auf Dateien und Ordner
- An- und Abmeldung
- Herunterfahren eines Windows XP Professional-Computers
- Starten eines Windows XP Professional-Computers
- Ändern von Benutzerkonten und Gruppen

Nachdem Sie die zu überwachenden Ereignistypen bestimmt haben, müssen Sie festlegen, ob erfolgreiche und/oder fehlgeschlagene Ereignisse aufgezeichnet werden sollen. Durch die Überwachung erfolgreicher Ereignisse können Sie feststellen, wie häufig in Windows

XP Professional spezielle Dateien, Drucker oder andere Objekte verwendet werden. Diese Informationen können bei der Ressourcenplanung eingesetzt werden.

Das Verfolgen von fehlgeschlagenen Ereignissen kann Sie auf mögliche Sicherheitsrisiken aufmerksam machen. Wenn Sie beispielsweise einige fehlgeschlagene Anmeldeversuche bei einem bestimmten Benutzerkonto feststellen – besonders dann, wenn diese Anmeldeversuche nicht während der normalen Geschäftszeiten erfolgen – können Sie davon ausgehen, dass eine nicht autorisierte Person versucht, in Ihr System einzudringen.

Für das Festlegen von Überwachungsrichtlinien gelten außerdem folgende Richtlinien:

- **Entscheiden Sie, wie lange Sie die Überwachungsprotokolle aufheben müssen.** Planen Sie das Archivieren der Ereignisprotokolle, damit Sie im Fall von Einbrüchen auch nach einiger Zeit noch nachverfolgen können, was genau passiert ist. Vielen Administratoren wird erst nach Wochen oder Monaten klar, dass jemand in ihr Netzwerk eingedrungen ist. Dann wurden wichtige Ereignisse oft schon aus dem Protokoll gelöscht.
- **Prüfen Sie in regelmäßigen Abständen die Sicherheitsprotokolle.** Sie sollten einen Plan aufstellen und die Sicherheitsprotokolle regelmäßig überprüfen, da die Konfiguration der Überwachung allein keine Sicherheitsrisiken aufdeckt.
- **Definieren Sie eine sinnvolle und leicht zu verwaltende Überwachungsrichtlinie.** Vertrauliche und wichtige Daten sollten in jedem Fall überwacht werden. Überwachen Sie nur die Ereignisse, die Ihnen aussagekräftige Informationen über Ihre Netzwerkumgebung liefern. Dies schont die Computerressourcen, und wichtige Informationen können schneller gefunden werden. Das Überwachen von zu vielen Ereignistypen kann eine hohe Verarbeitungslast für Windows XP Professional zur Folge haben.

Konfigurieren einer Überwachungsrichtlinie

Der erste Schritt beim Implementieren einer Überwachungsrichtlinie besteht in der Auswahl der Ereignistypen, die von Windows XP Professional überwacht werden sollen. Für jedes überwachte Ereignis legen die Konfigurationseinstellungen fest, ob erfolgreiche oder fehlgeschlagene Versuche protokolliert werden sollen. Sie richten die Überwachungsrichtlinien für einen lokalen Computer im Fenster **Lokale Sicherheitseinstellungen** ein. Klicken Sie im Zweig **Lokale Richtlinien** auf **Überwachungsrichtlinien**, um eine Liste der verfügbaren Überwachungsrichtlinien anzuzeigen.

In Tabelle 16.6 werden die verschiedenen Ereignistypen beschrieben, die Sie in Windows XP Professional überwachen können.

Tabelle 16.6 Ereignistypen, die Windows XP Professional überwachen kann.

Ereignistyp	Beschreibung
Kontenverwaltung	Ein Administrator hat ein Benutzerkonto oder eine Benutzergruppe erstellt, bearbeitet oder gelöscht. Ein Benutzerkonto wurde umbenannt, deaktiviert oder aktiviert, oder ein Kennwort wurde eingerichtet oder geändert. ►

Ereignistyp	Beschreibung
Anmeldeereignisse	Ein Benutzer hat sich an- oder abgemeldet, oder ein Benutzer aus dem Netzwerk hat eine Verbindung zum Computer hergestellt oder diese getrennt.
Objektzugriffsversuche	Ein Benutzer hat Zugriff auf eine Datei, einen Ordner oder Drucker erhalten. Sie müssen die gewünschten Dateien, Ordner oder Drucker explizit für die Überwachung konfigurieren. Beim Objektzugriff wird der Zugriff eines Benutzers auf Dateien, Ordner und Drucker überwacht.
Richtlinienänderungen	An den Sicherheitsoptionen des Benutzers, den Benutzerrechten oder Überwachungsrichtlinien wurde eine Änderung vorgenommen.
Rechteverwendung	Ein Benutzer hat ein ihm zugewiesenes Recht dazu verwendet, eine Aufgabe auszuführen, er hat zum Beispiel die Systemzeit geändert. (Hierzu zählen keine Rechte in Bezug auf An- und Abmeldung.)
Prozessverfolgung	Ein Programm hat eine Operation durchgeführt. Diese Informationen sind im Allgemeinen nur für Programmierer nützlich, die Details in der Programmausführung verfolgen möchten.
Systemereignisse	Ein Benutzer hat den Computer neu gestartet oder heruntergefahren, oder ein Ereignis ist aufgetreten, das die Windows XP Professional-Sicherheit oder das Sicherheitsprotokoll betrifft. (Beispielsweise, dass das Überwachungsprotokoll voll ist und Windows XP Professional Einträge löscht.)

Gehen Sie folgendermaßen vor, um auf einem Windows XP Professional-Computer eine Überwachungsrichtlinie einzurichten:

1. Klicken Sie im Startmenü auf **Systemsteuerung**.
2. Klicken Sie im Fenster **Systemsteuerung** auf **Leistung und Wartung**.
3. Klicken Sie im Fenster **Leistung und Wartung** auf **Verwaltung**.
4. Klicken Sie im Fenster **Verwaltung** doppelt auf **Lokale Sicherheitsrichtlinie**.
5. Erweitern Sie im Fenster **Lokale Sicherheitseinstellungen** den Zweig **Lokale Richtlinien** und klicken Sie dann auf **Überwachungsrichtlinien**.

   Die Konsole zeigt die aktuellen Einstellungen der Überwachungsrichtlinie in der Detailansicht an (Abbildung 16.11).

6. Wählen Sie den zu überwachenden Ereignistyp, und klicken Sie danach im Menü **Aktion** auf **Eigenschaften**.

   Wenn Sie beispielsweise den Eintrag **Anmeldeereignisse überwachen** auswählen und im Menü **Aktion** auf **Eigenschaften** klicken, wird das Dialogfeld **Eigenschaften von Anmeldeereignisse überwachen** anzeigt (Abbildung 16.12).

7. Aktivieren Sie entweder das Kontrollkästchen **Erfolgreich** oder das Kontrollkästchen **Fehlgeschlagen**, oder aktivieren Sie beide Kontrollkästchen.

   Ein Häkchen im Kontrollkästchen **Erfolgreich** zeigt an, dass erfolgreiche Anmeldeereignisse überwacht werden. Ein Häkchen im Kontrollkästchen **Fehlgeschlagen** zeigt an, dass fehlgeschlagene Anmeldeereignisse überwacht werden.

8. Klicken Sie auf **OK**.
9. Starten Sie den Computer neu.

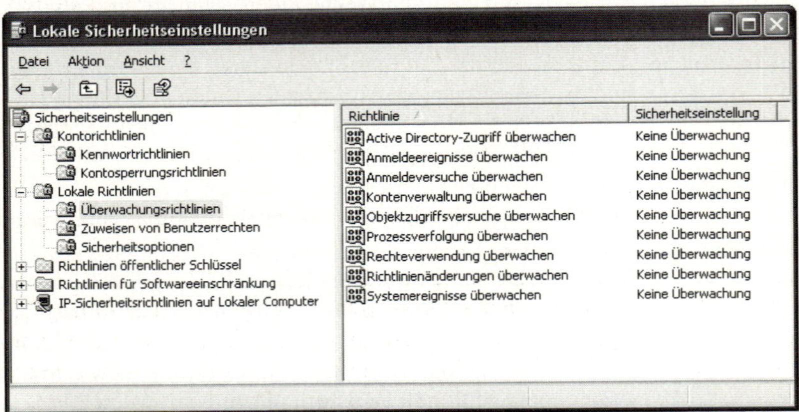

Abbildung 16.11 Auswählen der Ereignisse, die Windows XP Professional überwachen soll.

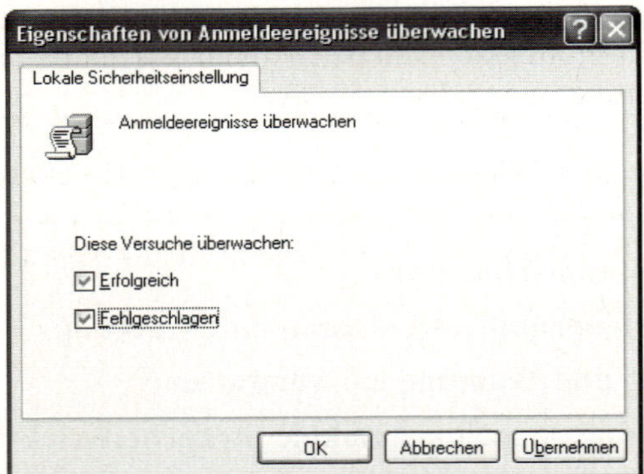

Abbildung 16.12 Aktivieren der Überwachung für Anmeldeereignisse

Die an einer Überwachungsrichtlinie Ihres Computers vorgenommenen Änderungen werden erst nach einem Neustart des Computers wirksam.

Aktivieren der Überwachung für Dateien und Ordner

Wenn Sie vertrauliche Dateien haben, die Sie überwachen müssen, können Sie die Überwachung für Dateien und Ordner auf NTFS-Partitionen einrichten. Um die Benutzerzugriffe auf Dateien und Ordner überwachen zu können, müssen Sie zunächst eine Richtlinie zur Überwachung des Objektzugriffs einrichten, denn hierunter fallen auch Dateien und Ordner.

Wenn Sie Ihre Überwachungsrichtlinie zur Überwachung von Objektzugriffen einrichten, aktivieren Sie allgemein die Fähigkeit, Dateien, Ordner und Drucker zu überwachen. Sie müssen aber zusätzlich noch die Überwachung bei den einzelnen Ressourcen aktivieren, die Sie überwachen wollen.

Gehen Sie folgendermaßen vor, um die Überwachung für bestimmte Dateien und Ordner zu aktivieren:

1. Klicken Sie im Startmenü mit der rechten Maustaste auf **Arbeitsplatz**, und klicken Sie dann auf **Explorer**.
2. Klicken Sie mit der rechten Maustaste auf den zu überwachenden Ordner (beziehungsweise die Datei), und klicken Sie auf **Eigenschaften**.
3. Klicken Sie auf der Registerkarte **Sicherheit** des Eigenschaftendialogfelds für den Ordner oder die Datei auf **Erweitert**.

Tipp Falls die Registerkarte **Sicherheit** nicht im Eigenschaftendialogfeld der Datei oder des Ordners angezeigt wird, sollten Sie erst prüfen, ob sich die Datei (oder der Ordner) wirklich auf einer NTFS-Partition befindet. Falls Ihr Computer nicht einer Domäne angehört, müssen Sie außerdem sicherstellen, dass die einfache Dateifreigabe deaktiviert ist. Klicken Sie zum Deaktivieren der einfachen Dateifreigabe auf **Start**, klicken Sie mit der rechten Maustaste auf **Arbeitsplatz**, und klicken Sie dann auf **Explorer**. Klicken Sie im Menü **Extras** auf **Ordneroptionen**. Klicken Sie auf die Registerkarte **Ansicht**, deaktivieren Sie das Kontrollkästchen **Einfache Dateifreigabe verwenden (empfohlen)**, und klicken Sie auf **OK**.

4. Klicken Sie im Dialogfeld **Erweiterte Sicherheitseinstellungen für *Name*** auf die Registerkarte **Überwachung** und dann auf **Hinzufügen**, wählen Sie die Benutzer und Gruppen aus, deren Objektzugriff Sie überwachen möchten, und klicken Sie auf **OK**.

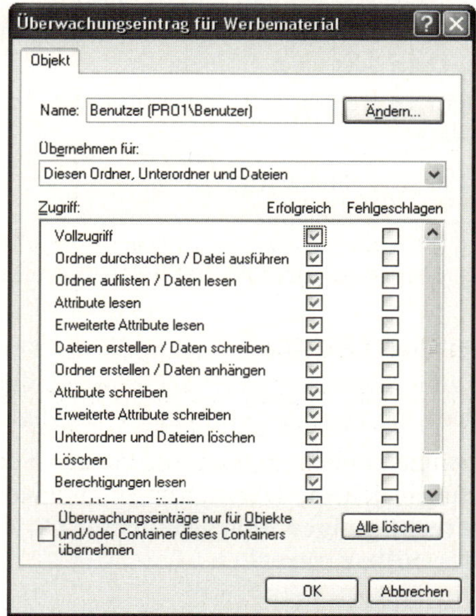

Abbildung 16.13 Auswählen der Ereignisse, die überwacht werden sollen.

5. Aktivieren Sie im Dialogfeld **Überwachungseintrag für *Name*** für die zu überwachenden Ereignisse das Kontrollkästchen **Erfolgreich** oder **Fehlgeschlagen**. Sie können auch beide Kontrollkästchen aktivieren.

   In Abbildung 16.13 sehen Sie eine Liste der Ereignisse, die für Ordner überwacht werden können. In Tabelle 16.7 werden die Benutzeraktivitäten beschrieben, die diese Ereignisse auslösen.

Tabelle 16.7 Objektzugriffsereignisse und Aktionen, durch die sie ausgelöst werden.

Ereignis	Benutzeraktivität, die das Ereignis auslöst
Ordner durchsuchen / Datei ausführen	Ausführen eines Programms oder Zugreifen auf einen Ordner, um Verzeichnisse zu ändern
Ordner auflisten / Daten lesen	Anzeigen des Inhalts einer Datei oder eines Ordners
Attribute lesen Erweiterte Attribute lesen	Anzeigen der Attribute einer Datei oder eines Ordners
Dateien erstellen / Daten schreiben	Ändern des Inhalts einer Datei oder Erstellen neuer Dateien in einem Ordner
Ordner erstellen / Daten anhängen	Erstellen von Unterordnern in einem Ordner
Attribute schreiben Erweiterte Attribute schreiben	Ändern der Attribute einer Datei oder eines Ordners
Unterordner und Dateien löschen	Löschen einer Datei oder eines Unterordners in einem Ordner
Löschen	Löschen einer Datei oder eines Ordners
Berechtigungen lesen	Anzeigen von Berechtigungen oder des Dateibesitzers einer Datei oder eines Ordners
Berechtigungen ändern	Ändern der Berechtigungen für eine Datei oder einen Ordner
Besitzrechte übernehmen	Übernehmen der Besitzrechte für eine Datei oder einen Ordner

6. Klicken Sie auf **OK**, um zum Dialogfeld **Erweiterte Sicherheitseinstellungen für** ***Name*** zurückzukehren.

   In der Standardeinstellung werden die Überwachungsänderungen, die Sie an einem übergeordneten Ordner vornehmen, an alle untergeordneten Ordner sowie alle Dateien im übergeordneten und in den untergeordneten Ordnern vererbt.

7. Wenn Sie nicht möchten, dass Änderungen an einem übergeordneten Ordner für den aktuell ausgewählten Ordner beziehungsweise die Datei übernommen werden, deaktivieren Sie das Kontrollkästchen **Berechtigungen übergeordneter Objekte auf untergeordnete Objekte, sofern anwendbar, vererben**.

8. Klicken Sie auf **OK**.

Aktivieren der Überwachung für Drucker

Anhand der Druckerüberwachung können Sie den Zugriff auf Drucker überwachen, auf denen vertrauliche Dokumente ausgedruckt werden. Zum Überwachen des Druckerzugriffs richten Sie zuerst eine Überwachungsrichtlinie für die Überwachung des Objektzugriffs ein, da Drucker zu den Objekten zählen. Aktivieren Sie anschließend die Überwachung des gewünschten Druckers, und geben Sie an, welche Art des Zugriffs und welche Benutzer überwacht werden sollen. Nach dem Auswählen des Druckers gehen Sie wie bei dem Einrichten der Überwachung für Dateien und Ordner vor:

1. Klicken Sie im Startmenü auf **Systemsteuerung** und **Drucker und andere Hardware**.
2. Klicken Sie im Fenster **Drucker und Faxgeräte** mit der rechten Maustaste auf den zu überwachenden Drucker, und klicken Sie dann auf **Eigenschaften**.
3. Klicken Sie im Eigenschaftendialogfeld des Druckers auf die Registerkarte **Sicherheit**, und klicken Sie dann auf **Erweitert**.

   Das Dialogfeld **Erweiterte Sicherheitseinstellungen für *Druckername*** wird angezeigt.
4. Klicken Sie auf der Registerkarte **Überwachung** auf **Hinzufügen**, und wählen Sie die Benutzer oder Gruppen, deren Druckerzugriff überwacht werden soll. Klicken Sie danach auf **OK**.

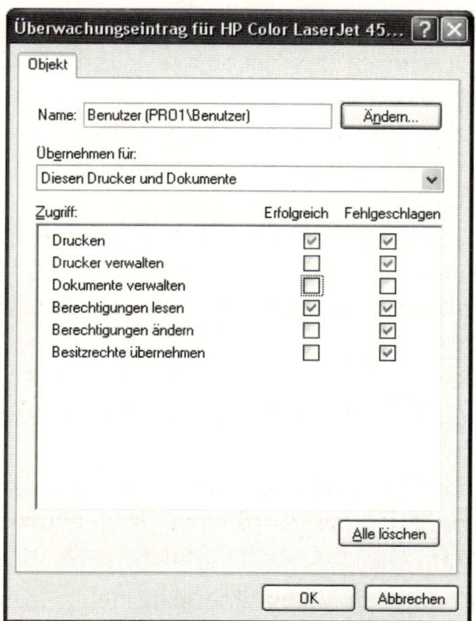

Abbildung 16.14 Auswählen der Druckerereignisse, die überwacht werden können.

5. Wählen Sie im Feld **Übernehmen für** des Dialogfelds **Überwachungseintrag für *Druckername*** die Ressource(n) aus, auf die die Überwachung angewendet werden soll.

Es stehen folgende Optionen zur Auswahl: **Nur diesen Drucker**, **Nur Dokumente** und **Diesen Drucker und Dokumente**.

6. Aktivieren Sie unter **Zugriff** das Kontrollkästchen **Erfolgreich** oder das Kontrollkästchen **Fehlgeschlagen** (oder beide) für die zu überwachenden Ereignisse (Abbildung 16.14).
7. Klicken Sie in allen geöffneten Dialogfeldern auf **OK**, um den Vorgang abzuschließen.

In Tabelle 16.8 werden die Benutzeraktivitäten beschrieben, die Druckerereignisse auslösen.

Tabelle 16.8 Druckerereignisse und Aktionen, durch die sie ausgelöst werden.

Ereignis	Benutzeraktivität, die das Ereignis auslöst
Drucken	Drucken einer Datei
Drucker verwalten	Ändern von Druckereinstellungen, Anhalten eines Druckers, Freigeben eines Druckers oder Entfernen des Druckers
Dokumente verwalten	Ändern von Druckauftragseinstellungen; Anhalten, Neustarten, Verschieben oder Löschen von Dokumenten; Freigeben eines Druckers oder Ändern der Druckereigenschaften
Berechtigungen lesen	Anzeigen von Druckerberechtigungen
Berechtigungen ändern	Ändern von Druckerberechtigungen
Besitzrechte übernehmen	Übernehmen der Besitzrechte für den Drucker

Lernzielkontrolle

Die folgenden Fragen dienen zum Vertiefen der Themen dieser Lektion. Falls Sie eine Frage nicht beantworten können, sollten Sie die Lektion noch einmal durcharbeiten, und dann erneut versuchen, die Frage zu beantworten. Die Antworten auf die Lernzielkontrollfragen finden Sie im Abschnitt „Fragen und Antworten“ am Ende dieses Kapitels.

1. Was versteht man unter Überwachung?

____

____

2. Was ist eine Überwachungsrichtlinie?

____

____

____

3. Wo werden die auf einem Windows XP Professional-Computer überwachten Ereignisse aufgezeichnet?

4. Welche Voraussetzungen gelten für das Einrichten und Verwalten der Überwachung?

5. In welche zwei Schritte gliedert sich das Einrichten der Überwachung?

6. In der Standardeinstellung werden die Überwachungsänderungen, die Sie an einem übergeordneten Ordner vornehmen, an alle untergeordneten Ordner sowie alle Dateien im übergeordneten und in den untergeordneten Ordnern vererbt. (Richtig/Falsch)

Zusammenfassung der Lektion

- Auf einem Windows XP Professional-Computer hilft die Überwachung sicherzustellen, dass Ihr Netzwerk geschützt ist. Dazu werden Benutzertätigkeiten und systemweite Ereignisse aufgezeichnet. Sie müssen das Benutzerrecht **Verwalten von Überwachungs- und Sicherheitsprotokollen** für den Computer besitzen, auf dem Sie eine Überwachungsrichtlinie konfigurieren oder ein Überwachungsprotokoll überprüfen möchten. Dieses Benutzerrecht weist Windows XP Professional standardmäßig der Administratorengruppe zu.
- Sie können folgende Typen von Ereignissen überwachen:
    - Zugriff auf Dateien und Ordner
    - An- und Abmeldung
    - Herunterfahren eines Windows XP Professional-Computers
    - Starten eines Windows XP Professional-Computers
    - Ändern von Benutzerkonten und Gruppen
- Sie richten eine Überwachungsrichtlinie im Fenster **Lokale Sicherheitseinstellungen** ein, wo Sie angeben, welche Ereignisse aufgezeichnet werden. Sie können erfolgreiche und fehlgeschlagene Ereignisse überwachen.
- Nachdem Sie die Richtlinie **Objektzugriffsversuche überwachen** aktiviert haben, müssen Sie festlegen, welche konkreten Dateien und Ordner überwacht werden sollen. Klicken Sie dazu im Eigenschaftendialogfeld einer Datei oder eines Ordners auf der Registerkarte **Sicherheit** auf die Schaltfläche **Erweitert**. Wählen Sie im Dialogfeld **Erweiterte Sicherheitseinstellungen** der Datei oder des Ordners auf der Registerkarte **Überwachung** die Benutzer und Gruppen aus, deren Aktivitäten Sie überwachen wollen, und die Ereignistypen, die Sie überwachen wollen.

- Wenn Sie die Richtlinie **Objektzugriffsversuche überwachen** aktiviert haben, können Sie auch die Überwachung für einzelne Drucker einrichten. Die Überwachung für einen Drucker konfigurieren Sie auf dieselbe Weise wie die Überwachung für eine Datei oder einen Ordner.

Lektion 6: Konfigurieren von Internet Explorer-Optionen

Im Internet Explorer können Sie etliche Einstellungen konfigurieren. Einige davon betreffen die Sicherheit, andere den Datenschutz, Inhalte und die Art der Verbindungsherstellung mit dem Internet. Sie konfigurieren diese Optionen im Dialogfeld **Internetoptionen**, das Sie auf zwei Arten öffnen können:

- Klicken Sie im Fenster **Systemsteuerung** auf **Netzwerk- und Internetverbindungen**. Klicken Sie im Fenster **Netzwerk- und Internetverbindungen** auf **Internetoptionen**. Auf diese Weise können Sie die Internet Explorer-Optionen konfigurieren, ohne den Internet Explorer zu starten.
- Wählen Sie im Internet Explorer den Menübefehl **Extras/Internetoptionen**.

Am Ende dieser Lektion werden Sie in der Lage sein, die folgenden Aufgaben auszuführen:

- Konfigurieren der allgemeinen Internet Explorer-Optionen.
- Konfigurieren der Internet Explorer-Sicherheitsoptionen.
- Konfigurieren der Internet Explorer-Datenschutzoptionen.
- Konfigurieren der Internet Explorer-Inhaltsoptionen.
- Konfigurieren der Internet Explorer-Verbindungsoptionen.
- Konfigurieren der Internet Explorer-Programmoptionen.
- Konfigurieren der erweiterten Internet Explorer-Optionen.

Veranschlagte Zeit für diese Lektion: 40 Minuten

Allgemeine Optionen

Auf der Registerkarte **Allgemein** des Dialogfelds **Internetoptionen** (Abbildung 16.15) können Sie folgende Einstellungen konfigurieren:

- Die Startseite, die der Internet Explorer öffnet, wenn Sie das Programm starten. Auf diese Seite kehren Sie auch zurück, wenn Sie auf der Symbolleiste des Internet Explorers auf das Symbol für die Startseite (ein Häuschen) klicken.
- Wie der Internet Explorer Temporärdateien während Browsersitzungen speichert. Der Internet Explorer speichert Kopien der von Ihnen besuchten Webseiten automatisch in einem Ordner auf der lokalen Festplatte (in einem Zwischenspeicher oder Cache). Diese Kopien werden als temporäre Internetdateien bezeichnet. Das nächste Mal, wenn Sie auf dieselbe Seite zugreifen, kann der Internet Explorer die Seite aus dem lokalen Zwischenspeicher laden, statt eine Verbindung zum Webserver aufzubauen und die Seite erneut herunterzuladen. Sie können temporäre Internetdateien löschen, indem Sie auf der Registerkarte **Allgemein** des Dialogfelds **Internetoptionen** auf die Schaltfläche **Dateien löschen** klicken. Wenn Sie die temporären Internetdateien löschen, können andere Benutzer desselben Computers nicht so einfach herausfinden, welche Websites Sie besucht haben.

- Wie lange der Internet Explorer die bisher besuchten Webseiten speichert. Im Abschnitt **Verlauf** auf der Registerkarte **Allgemein** des Dialogfelds **Internetoptionen** können Sie einstellen, wie lange der Internet Explorer die besuchten Links speichert. Stellen Sie im Feld **Tage, die die Seiten in "Verlauf" aufbewahrt werden** ein, wie viele Tage der Verlauf aufgezeichnet werden soll. Der Standardwert ist 20 Tage. Mit dem Wert 0 können Sie die Verlaufsfunktion ganz ausschalten. Mit der Schaltfläche **"Verlauf" leeren** können Sie die aktuelle Verlaufsliste löschen. Ähnlich wie beim Löschen der temporären Internetdateien ist auch das Löschen des Verlaufs eine gute Methode, Ihre vertraulichen Daten zu schützen.

Auf der Registerkarte **Allgemein** können Sie außerdem Optionen zu Farben, Schriftarten, Sprachen und Eingabehilfen konfigurieren.

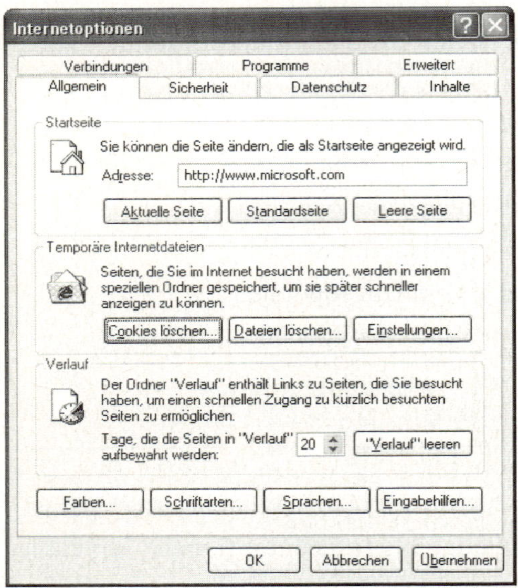

Abbildung 16.15 Konfigurieren allgemeiner Optionen im Internet Explorer

Konfigurieren von Sicherheitsoptionen

Die Registerkarte **Sicherheit** des Dialogfelds **Internetoptionen** (Abbildung 16.16) bietet die Möglichkeit, Websites bestimmten ***Sicherheitszonen*** zuzuordnen und die Sicherheitseinstellungen der einzelnen Zonen anzupassen. Folgende vier Zonen sind definiert:

- **Internet:** Enthält alle Websites, die Sie nicht in andere Zonen eingestuft haben.
- **Lokales Intranet:** Enthält alle Websites, die im lokalen Netzwerk liegen. In der Standardeinstellung enthält diese Zone alle Sites, die den Proxyserver umgehen (falls ein Proxyserver eingesetzt wird), und alle lokalen Netzwerkpfade. Sie können weitere Sites zu dieser Zone hinzufügen, indem Sie die Zone auswählen und auf die Schaltfläche **Sites** klicken.
- **Vertrauenswürdige Sites:** Enthält Websites, die als sicher eingestuft werden. In der Standardeinstellung befinden sich keine Sites in dieser Zone. Sie können Sites zu

dieser Zone hinzufügen, indem Sie die Zone auswählen und auf die Schaltfläche **Sites** klicken.

- **Eingeschränkte Sites:** Enthält Websites, die möglicherweise gefährlich sind. In der Standardeinstellung befinden sich keine Sites in dieser Zone. Sie können Sites zu dieser Zone hinzufügen, indem Sie die Zone auswählen und auf die Schaltfläche **Sites** klicken.

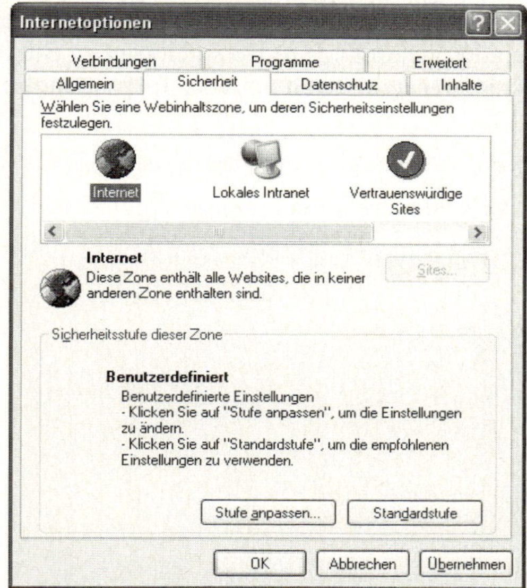

Abbildung 16.16 Konfigurieren der Sicherheitsoptionen im Internet Explorer

Folgende Sicherheitsstufen können Sie einstellen:

- **Hoch:** Für Sites, die möglicherweise gefährlichen Inhalt haben. Die Zone **Eingeschränkte Sites** hat die Sicherheitsstufe **Hoch**.
  - Unsichere Funktionen sind deaktiviert.
  - Die sicherste Methode zum Browsen, aber möglicherweise stehen nicht alle Funktionen zur Verfügung.
- **Mittel:** Für die meisten Internetsites. Die Zonen **Internet** und **Lokales Intranet** haben die Sicherheitsstufe **Mittel**.
  - Fragt nach, bevor potentiell gefährliche Inhalte heruntergeladen werden.
  - Es werden keine unsignierten ActiveX-Steuerelemente heruntergeladen.
- **Niedrig:** Für lokale Sites.
  - Die meisten Inhalte laufen ohne Nachfragen.
  - Unsignierte ActiveX-Steuerelemente werden nicht heruntergeladen.
- **Sehr niedrig:** Für vertrauenswürdige Sites. Die Zone **Vertrauenswürdige Sites** hat die Sicherheitsstufe **Sehr niedrig**.

- □ Minimale Sicherheitsvorkehrungen und Warnmeldungen.
- □ Die meisten Inhalte werden ohne Nachfragen heruntergeladen und ausgeführt.
- □ Jeglicher ActiveX-Inhalt wird ausgeführt.

Im Abschnitt **Sicherheitsstufe für diese Zone** können Sie die Sicherheitseinstellungen für jede Zone anpassen. Klicken Sie hierzu auf die Zone und anschließend auf **Stufe anpassen**. Windows XP Professional zeigt daraufhin das Dialogfeld **Sicherheitseinstellungen** an (Abbildung 16.17). In diesem Dialogfeld können Sie steuern, welche Elemente aus dem Internet auf Ihren Computer geladen werden. Zum Beispiel können Sie im Eintrag **Download von signierten ActiveX-Steuerelementen** eine der folgenden drei Optionen auswählen:

- **Aktivieren:** Es werden signierte ActiveX-Steuerelemente heruntergeladen.
- **Deaktivieren:** Es werden keine ActiveX-Steuerelemente heruntergeladen.
- **Eingabeaufforderung:** Sie werden jedes Mal gefragt, bevor ein ActiveX-Steuerelement heruntergeladen wird.

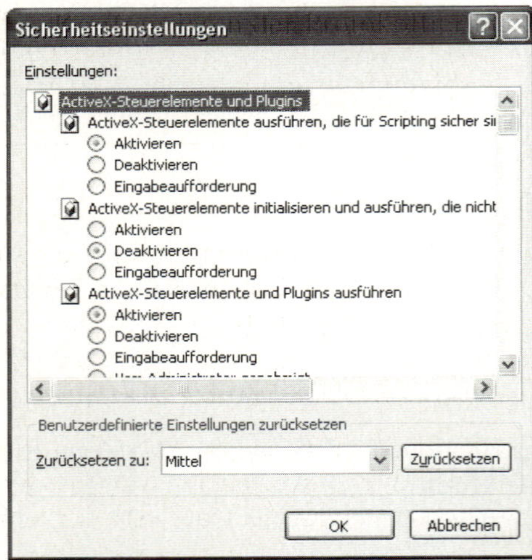

Abbildung 16.17 Im Dialogfeld **Sicherheitseinstellungen** können Sie die Sicherheitseinstellungen für eine Zone anpassen.

Im Dialogfeld **Sicherheitseinstellungen** können Sie auch noch viele andere Einstellungen konfigurieren, zum Beispiel:

- Dateidownload
- Schriftartdownload
- Auf Datenquellen über Domänengrenzen hinweg zugreifen
- META REFRESH zulassen
- Gemischte Inhalte anzeigen

- Keine Aufforderung zur Clientzertifikatsauswahl, wenn kein oder nur ein Zertifikat vorhanden ist
- Ziehen und Ablegen oder Kopieren und Einfügen von Dateien
- Installation von Desktopobjekten
- Programme und Dateien in einem IFRAME starten
- Subframes zwischen verschiedenen Domänen bewegen
- Unverschlüsselte Formulardaten übermitteln
- Dauerhaftigkeit der Benutzerdaten
- Active Scripting
- Einfügeoperationen über ein Skript zulassen
- Scripting von Java-Applets
- Benutzerauthentifizierung

Hinweis Im Lieferumfang von Internet Explorer 6.0 und Windows XP Professional ist die Sun Microsystems Java Virtual Machine (JVM) nicht enthalten. Sie müssen die JVM herunterladen, wenn Sie das erste Mal eine Verbindung zu einer Website herstellen, die JVM-Unterstützung erfordert.

Konfigurieren von Datenschutzoptionen

Auf der Registerkarte **Datenschutz** des Dialogfelds **Internetoptionen** können Sie einstellen, wie der Internet Explorer ***Cookies*** verarbeitet. Cookies sind kleine Textdateien, die von Websites auf Ihrem Computer gespeichert werden. Websites verwenden Cookies, um Benutzereinstellungen für individuell angepasste Sites zu speichern. Cookies enthalten auch oft persönliche Informationen, um den Benutzer gegenüber der Website zu identifizieren.

Cookies können entweder dauerhaft sein (das heißt, sie bleiben gespeichert, nachdem der Internet Explorer beendet wurde, und können wiederverwendet werden) oder temporär (das heißt, sie werden beim Beenden des Internet Explorers gelöscht). Außerdem wird zwischen Cookies von Erstanbietern und Cookies von Drittanbietern unterschieden. Cookies von Erstanbietern stammen von der Website, die Sie sich ansehen. Cookies von Drittanbietern stammen von einer anderen Site als der, die Sie gerade ansehen, sie sind aber auf irgendeine Weise mit der aktuellen Website verknüpft. Zum Beispiel beziehen viele Sites Werbung von Drittanbietersites, und diese Sites verwenden oft Cookies, um für Marketingzwecke zu überwachen, welche Websites Sie besuchen.

In Tabelle 16.9 werden die verfügbaren Datenschutzeinstellungen für den Umgang mit Cookies beschrieben.

Tabelle 16.9 Einstellungen auf der Registerkarte **Datenschutz**

Einstellung	Beschreibung
Alle Cookies sperren	Sperrt Cookies für alle Websites und macht vorhandene Cookies auf Ihrem Computer für Websites unlesbar.
Hoch	Sperrt Cookies von Anbietern ohne Datenschutzrichtlinie und alle Cookies, die ohne Ihre ausdrückliche Zustimmung persönliche Informationen verwenden.
Mittelhoch	Sperrt Cookies von Drittanbietern ohne Datenschutzrichtlinie sowie alle Cookies, die ohne Ihre ausdrückliche Zustimmung persönliche Informationen verwenden. Darüber hinaus werden Cookies von Drittanbietern gesperrt, die ohne Ihre stillschweigende Zustimmung persönliche Informationen verwenden.
Mittel	Sperrt Cookies von Drittanbietern ohne Datenschutzrichtlinie sowie alle Cookies, die ohne Ihre stillschweigende Zustimmung persönliche Informationen verwenden. Darüber hinaus werden Cookies von Erstanbietern eingeschränkt, die ohne Ihre stillschweigende Zustimmung persönliche Informationen verwenden.
Niedrig	Schränkt Cookies von Drittanbietern ohne Datenschutzrichtlinie sowie alle Cookies ein, die ohne Ihre stillschweigende Zustimmung persönliche Informationen verwenden.
Alle Cookies annehmen	Lässt die Speicherung sämtlicher Cookies auf Ihrem Computer zu. Auf dem Computer vorhandene Cookies sind für die Websites lesbar, die die Cookies erstellt haben.

Tipp Sie können auch auf **Erweitert** klicken, um die automatische Cookiebehandlung aufzuheben und manuell zu definieren, ob die Erstanbieter- und Drittanbietercookies angenommen oder gesperrt werden beziehungsweise ob bei jeder Cookiespeicherung eine Eingabeaufforderung eingeblendet werden soll.

Neben dem Schutz vor allzu neugierigen Cookies bietet die Registerkarte **Datenschutz** auch die Möglichkeit, den eingebauten Popupblocker des Internet Explorers zu aktivieren. Der Popupblocker verhindert, dass Webseiten unerwartet (oder unerwünscht) Popupfenster öffnen. Aktivieren Sie das Kontrollkästchen **Popups blocken**, wenn Sie den Popupblocker einschalten wollen. Nachdem Sie diese Funktion aktiviert haben, können Sie auf die Schaltfläche **Einstellungen** klicken und die Funktionsweise des Popupblockers anpassen. Sie können die Namen von Sites eingeben, bei denen Sie Popups erlauben wollen, und einen Signalton ausgeben, wenn der Internet Explorer ein Popup blockiert hat. Sie können auch steuern, ob der Internet Explorer in seiner Informationsleiste auf blockierte Popupfenster aufmerksam machen soll.

Der Internet Explorer zeigt die Informationsleiste unmittelbar unter der Adressleiste an, wenn bestimmte Ereignisse eintreten, zum Beispiel Dateidownloads, blockierte Popupfenster und andere Warnmeldungen.

Konfigurieren der Inhaltsoptionen

Die Registerkarte **Inhalte** des Dialogfelds **Internetoptionen** (Abbildung 11.3) enthält Optionen zum Verwalten des Inhaltsratgebers. Der Inhaltsratgeber steuert, welche Websites angezeigt werden. Die Kriterien basieren auf den Einstufungen, die das Recreational Software Advisory Council on the Internet (RSACi) definiert hat. Dieses Feature eignet sich besonders für Eltern, die sicherstellen möchten, dass ihre Kinder nur für das jeweilige Alter geeignete Inhalte ansehen können. Sie können die angezeigten Inhalte auf der Grundlage folgender Kriterien steuern: Sprache, Nacktaufnahmen, Sex und Gewalt. Die Einstufungen der Websites werden von den Websitebetreibern selbst auf freiwilliger Basis erstellt. In der Standardeinstellung verbietet der Inhaltsratgeber allerdings das Öffnen von Sites, die keine Einstufung haben. Zusätzlich können Sie eine Liste mit Websites erstellen, deren Inhalte unabhängig von ihrer Einstufung grundsätzlich immer oder niemals angezeigt werden können.

Konfigurieren von Verbindungsoptionen

Auf der Registerkarte **Verbindungen** des Dialogfelds **Internetoptionen** (Abbildung 16.18) steuern Sie, wie der Internet Explorer die Verbindung ins Internet herstellt. Falls der Computer eine DFÜ- oder VPN-Verbindung (virtuelles privates Netzwerk) zum Herstellen der Internetverbindung verwendet, sind diese Verbindungen im Abschnitt **DFÜ- und VPN-Einstellungen** aufgeführt. Klicken Sie auf **Hinzufügen**, um den Assistenten für neue Verbindungen zu starten, in dem Sie Netzwerkverbindungen konfigurieren können (mehr dazu in Kapitel 15, „Konfigurieren von Netzwerk- und Internetverbindungen"). Wenn Sie eine der angezeigten Verbindungen auswählen, können Sie folgende Optionen für diese Verbindung konfigurieren:

- **Keine Verbindung wählen:** Sie müssen von Hand eine Verbindung herstellen, bevor Sie den Internet Explorer öffnen.
- **Nur wählen, wenn keine Netzwerkverbindung besteht:** Der Internet Explorer verwendet die aktuelle Standardverbindung, falls er feststellt, dass momentan keine Verbindung ins Internet vorhanden ist.
- **Immer Standardverbindung wählen:** Der Internet Explorer wählt immer die aktuelle Standardverbindung.

Wenn Sie eine Verbindung als Standardverbindung konfigurieren wollen, müssen Sie die Verbindung in der Liste auswählen und auf die Schaltfläche **Als Standard** klicken.

Sie können auf der Registerkarte **Verbindungen** außerdem die Proxyservereinstellungen konfigurieren (Abbildung 16.19). Ein Proxyserver ist ein zentrales Netzwerkgerät, das den Clientcomputern im Netzwerk den Internetzugriff zur Verfügung stellt. Proxyserver dienen dazu, die Internetverbindungseinstellungen zentral zu verwalten und die Sicherheit zu erhöhen, indem sie steuern, auf welche Ressourcen ein Client zugreifen darf, und die Geschwindigkeit des Internetzugriffs zu erhöhen, indem sie Webseiten in einem Cache auf dem Server zwischenspeichern. Nachdem Sie den Internet Explorer so konfiguriert haben, dass er einen Proxyserver verwendet, fordert der Internet Explorer Internetinhalt vom Proxyserver an, der seinerseits für den Client Verbindung zu der tatsächlichen Internetressource aufnimmt, die Informationen abruft und an den Client weiterleitet.

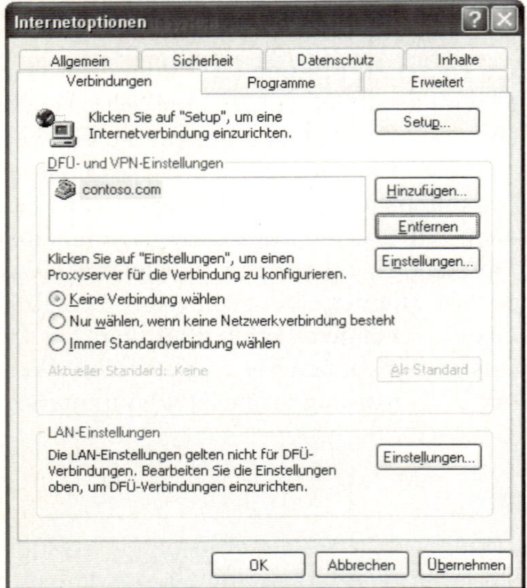

Abbildung 16.18 Konfigurieren der Verbindungsherstellung zum Internet

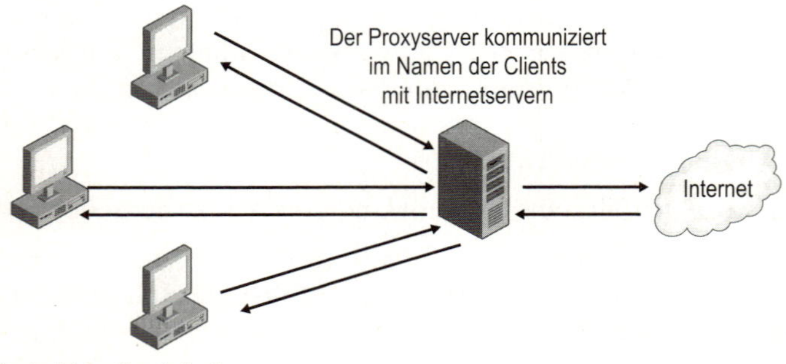

Abbildung 16.19 Ein Proxyserver erhöht die Sicherheit und macht den Internetzugriff schneller

Wenn Sie den Internet Explorer so konfigurieren wollen, dass er für DFÜ- und VPN-Verbindungen einen Proxyserver einsetzt, müssen Sie die Verbindung wählen und dann auf die Schaltfläche **Einstellungen** klicken. Wollen Sie den Internet Explorer so konfigurieren, dass er für LAN-Verbindungen (Local Area Network) einen Proxyserver einsetzt, müssen Sie im Feld **LAN-Einstellungen** auf die Schaltfläche **Einstellungen** klicken.

Abbildung 16.20 zeigt die verfügbaren Konfigurationsoptionen für den Proxyserver. Dies sind:

- **Automatische Suche der Einstellungen:** Der Client bezieht die Proxyserverkonfiguration automatisch von einem entsprechend konfigurierten DHCP- (Dynamic Host Configuration Protocol) oder DNS-Server (Domain Name System).

- **Automatisches Konfigurationsskript verwenden:** Definiert den Pfad zu einem Konfigurationsskript, das die Proxyserverinformationen enthält.
- **Proxyserver für diese Verbindung verwenden:** Sie können die Adresse des Proxyservers und den Port eingeben, den der Internet Explorer für die Verbindung mit dem Proxyserver verwenden soll.
- **Proxyserver für lokale Adressen umgehen:** Der Client stellt Verbindungen zu einer Adresse im lokalen Netzwerk (zum Beispiel zu einem internen Unternehmenswebserver) direkt her statt über den Proxyserver.

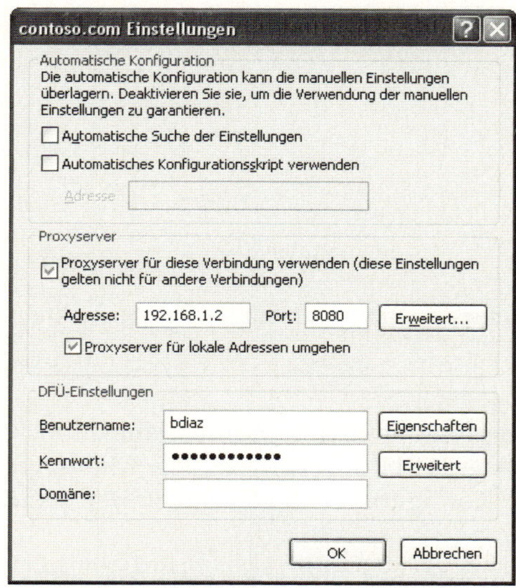

Abbildung 16.20 Konfigurieren von Proxyservereinstellungen

Konfigurieren von Programmoptionen

Auf der Registerkarte **Programme** des Dialogfelds **Internetoptionen** (Abbildung 16.21) können Sie konfigurieren, welche Programme mit bestimmten Diensten verknüpft sind. Falls zum Beispiel ein Benutzer eine Webseite ansieht und auf einen E-Mail-Link klickt, muss der Internet Explorer das entsprechende E-Mail-Programm starten. Weitere konfigurierbare Dienste sind der HTML-Editor, der Newsgroup-Client, das Programm zum Aufbauen eines Internetanrufs und die Programme für Kalender und Kontakte.

Unten auf der Registerkarte **Programme** befindet sich das Kontrollkästchen **Auf Internet Explorer als Standardbrowser überprüfen**. Wenn Sie dieses Kontrollkästchen aktivieren, überprüft der Internet Explorer jedes Mal, wenn Sie das Programm starten, ob er als Standardbrowser konfiguriert ist. Windows XP öffnet den Standardbrowser zum Beispiel, wenn Sie auf Ihrem Desktop Favoriten anklicken, oder aus E-Mail-Nachrichten heraus.

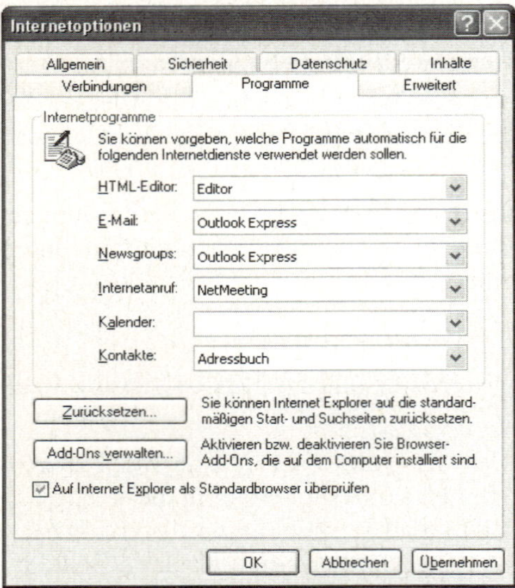

Abbildung 16.21 Konfigurieren der Programme, die mit bestimmten Diensten verknüpft sind

Konfigurieren von erweiterten Optionen

Auf der Registerkarte **Erweitert** des Dialogfelds **Internetoptionen** können Sie eine Feineinstellung für Eingabehilfen, Browsing, HTTP 1.1-Verwendung, Multimediafunktionen und Sicherheit vornehmen. Für die Konfiguration der Eingabehilfen stehen folgende Optionen zur Auswahl:

- **Immer alternativen Text für Bilder anzeigen:** Gibt an, dass die Bildgröße so angepasst wird, dass alternativer Text angezeigt werden kann, wenn die Option **Bilder zeigen** deaktiviert wurde.
- **Systemzeiger mit Fokus-/Markierungsänderungen verschieben:** Legt fest, dass der Systemzeiger sich verschiebt, wenn Fokus oder Auswahl geändert werden. Einige Eingabehilfen, zum Beispiel Programme zur Bilschirmsprachausgabe oder Bildschirmlupen, verwenden den Systemzeiger, um den vorzulesenden oder zu vergrößernden Bildausschnitt festzulegen.

Im Abschnitt **Browsing** können Sie Einstellungen für die Browserfunktionen konfigurieren. Zu den verfügbaren Optionen zählen unter anderem:

- **URLs immer als UTF-8 senden:** Durch Aktivierung dieser Option wird der UTF-8-Standard verwendet, der Zeichen so definiert, dass sie in allen Sprachen lesbar sind. Auf diese Weise können Sie Internetadressen (URLs) verwenden, die Zeichen einer anderen Sprache enthalten. Diese Option ist standardmäßig aktiviert.
- **Ordneransicht für FTP-Sites aktivieren:** Legt fest, dass FTP-Sites in der Ordneransicht angezeigt werden. Dieses Feature kann mit bestimmten Proxyverbindungen nicht genutzt werden. Wenn Sie dieses Kontrollkästchen deaktivieren, werden die Inhalte von FTP-Sites in einem HTML-Format (Hypertext Markup Language) angezeigt. Diese Option ist standardmäßig aktiviert.

- **Installation bei Bedarf aktivieren (andere):** Beim Auswählen dieser Option werden die Webkomponenten automatisch heruntergeladen und installiert, die zur ordnungsgemäßen Anzeige der Webseite oder zur Durchführung einer bestimmten Aufgabe erforderlich sind. Diese Option ist standardmäßig aktiviert.

Im Abschnitt **Multimedia** können Sie unter anderem folgende Optionen konfigurieren:

- **Animationen in Webseiten wiedergeben:** Legt fest, ob bei der Webseitenanzeige Animationen wiedergegeben werden. Seiten mit Animationen werden unter Umständen nur sehr langsam ausgeführt. Deaktivieren Sie dieses Kontrollkästchen, um die Seitenanzeige zu beschleunigen. Sie können auch nach der Deaktivierung dieser Option einzelne Animationen anzeigen, indem Sie mit der rechten Maustaste auf ein Animationensymbol klicken und die Animation starten. Diese Option ist standardmäßig aktiviert.
- **Sound in Webseiten wiedergeben:** Legt fest, ob bei der Webseitenanzeige Audiodaten wiedergegeben werden. Einige Seiten mit Soundwiedergabe werden unter Umständen nur sehr langsam ausgeführt. Deaktivieren Sie dieses Kontrollkästchen, um den Aufbau dieser Seiten zu beschleunigen. Diese Option ist standardmäßig aktiviert.
- **Bilder anzeigen:** Legt fest, ob bei der Webseitenanzeige Bilder und Grafiken angezeigt werden sollen. Seiten mit vielen Bildern werden unter Umständen nur sehr langsam ausgeführt. Deaktivieren Sie dieses Kontrollkästchen, um den Aufbau dieser Seiten zu beschleunigen. Sie können auch nach der Deaktivierung dieser Option einzelne Bilder anzeigen, indem Sie mit der rechten Maustaste auf ein Bildsymbol klicken und auf **Bild anzeigen** klicken. Diese Option ist standardmäßig aktiviert.

Über die Einstellung im Bereich **Drucken** geben Sie an, ob Hintergrundfarben und -bilder gedruckt werden sollen.

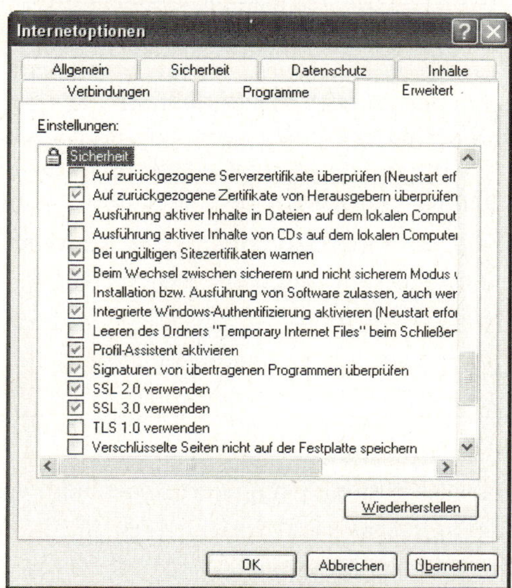

Abbildung 16.22 Konfigurieren erweiterter Sicherheitsoptionen im Internet Explorer

Im Bereich **Sicherheit** (Abbildung 16.22) können Sie eine Feineinstellung der Sicherheitsoptionen vornehmen.

Im Abschnitt **Sicherheit** lassen sich unter anderem folgende Optionen konfigurieren:

- **Leeren des Ordners "Temporary Internet Files" beim Schließen des Browsers:** Wenn Sie diese Option aktivieren, wird beim Schließen des Browsers der Ordner mit den temporären Internetdateien geleert. Diese Option ist standardmäßig deaktiviert.
- **SSL 2.0 verwenden:** Legt fest, dass für den gesicherten Informationsaustausch SSL 2.0 (Secure Sockets Layer Level 2) verwendet wird, das Standardprotokoll für die sichere Übertragung. Dieses Protokoll wird von allen Websites unterstützt. Diese Option ist standardmäßig aktiviert.
- **SSL 3.0 verwenden:** Legt fest, dass für den gesicherten Informationsaustausch SSL 3.0 (Secure Sockets Layer Level 3) verwendet wird, das sicherer ist als SSL 2.0. Einige Websites bieten möglicherweise keine Unterstützung für SSL 3.0. Diese Option ist standardmäßig aktiviert.
- **Bei ungültigen Sitezertifikaten warnen:** Beim Auswählen dieser Einstellung erhalten Sie eine Warnung, wenn der Internet Explorer ungültige Adressen (URLs) in einem Websitezertifikat ermittelt. Diese Option ist standardmäßig aktiviert.
- **Beim Wechsel zwischen sicherem und nicht sicherem Modus warnen:** Wenn Sie diese Einstellung aktivieren, erhalten Sie eine Internet Explorer-Warnung, sobald Sie von einer sicheren Internetsite auf eine unsichere Site wechseln.

Hinweis Sie erhalten Informationen zu sämtlichen Optionen auf der Registerkarte **Erweitert** des Dialogfelds **Internetoptionen**, indem Sie auf das Fragezeichen in der rechten oberen Ecke des Dialogfelds und anschließend auf eine der Optionen klicken.

Lernzielkontrolle

Die folgenden Fragen dienen zum Vertiefen der Themen dieser Lektion. Falls Sie eine Frage nicht beantworten können, sollten Sie die Lektion noch einmal durcharbeiten, und dann erneut versuchen, die Frage zu beantworten. Die Antworten auf die Lernzielkontrollfragen finden Sie im Abschnitt „Fragen und Antworten“ am Ende dieses Kapitels.

1. Was ist ein Cookie? Wie können Sie alle auf Ihrem Computer gespeicherten Cookies löschen?

   ____

   ____

   ____

   ____

2. Wie können Sie steuern, welche Cookies auf Ihrem Computer gespeichert werden?

   ____

   ____

3. Wie können Sie Ihr Kind davor schützen, im Internet mit nicht kindgerechten Inhalten konfrontiert zu werden?

4. Wie gehen Sie vor, wenn bei jedem Schließen des Browsers der Ordner mit den temporären Internetdateien geleert werden soll?

Zusammenfassung der Lektion

- Auf der Registerkarte **Allgemein** im Dialogfeld **Internetoptionen** konfigurieren Sie Ihre Startseite, Einstellungen für temporäre Internetdateien, Verlaufseinstellungen und das Aussehen des Internet Explorers.
- Auf der Registerkarte **Sicherheit** im Dialogfeld **Internetoptionen** konfigurieren Sie Einstellungen für die vier Sicherheitszonen, in die der Internet Explorer Sites einstuft: **Internet**, **Lokales Intranet**, **Vertrauenswürdige Sites** und **Eingeschränkte Sites**. Websites werden in die Zone **Internet** gelegt, sofern Sie eine Site nicht explizit einer anderen Zone zuordnen.
- Auf der Registerkarte **Datenschutz** im Dialogfeld **Internetoptionen** konfigurieren Sie, wie der Internet Explorer Cookies verarbeitet. Außerdem können Sie den Popupblocker aktivieren.
- Auf der Registerkarte **Inhalte** im Dialogfeld **Internetoptionen** konfigurieren Sie den Inhaltsratgeber, der Websites abhängig von ihrem Inhalt anzeigt oder sperrt.
- Auf der Registerkarte **Verbindungen** im Dialogfeld **Internetoptionen** konfigurieren Sie die Verbindungen, über die der Internet Explorer eine Verbindung ins Internet herstellt. Sie können auf dieser Registerkarte auch einen Proxyserver konfigurieren.
- Auf der Registerkarte **Programme** im Dialogfeld **Internetoptionen** konfigurieren Sie, welche Programme der Internet Explorer standardmäßig für E-Mail-Nachrichten, Newsgroups, Kontakte und so weiter aufruft.
- Auf der Registerkarte **Erweitert** im Dialogfeld **Internetoptionen** konfigurieren Sie weitere Einstellungen, die den Browser steuern.

Übung mit Fallbeispiel

In dieser Übung wird ein Szenario beschrieben, bei dem eine lokale Sicherheitsrichtlinie konfiguriert wird. Beantworten Sie nach dem Durchlesen des Szenarios die Fragen. Falls Sie Schwierigkeiten haben, sollten Sie den Inhalt dieses Kapitels noch einmal durcharbeiten, bevor Sie das nächste Kapitel in Angriff nehmen. Die Antworten auf die Fragen finden Sie im Abschnitt „Fragen und Antworten“ am Ende dieses Kapitels.

Szenario

Sie arbeiten als Administrator für ein Unternehmen namens Fourth Coffee, einen Großhändler für feine Kaffeebohnen in San Francisco. Sie arbeiten für Benutzer in der Vertriebsabteilung, die 20 Computer mit Windows XP Professional in einer Arbeitsgruppenumgebung betreiben. Ihr Chef hat Ihnen die Aufgabe übertragen, die Sicherheit innerhalb der Arbeitsgruppe zu steigern.

Insbesondere sollen Sie folgende Ziele erreichen:

- Sicherstellen, dass folgende Kennwortvoraussetzungen durchgesetzt werden:
  - Kennwörter müssen mindestens acht Zeichen lang sein.
  - Kennwörter müssen komplex sein.
  - Die Benutzer sollten gezwungen werden, ihr Kennwort nach 30 Tagen zu ändern.
- Die Benutzer sollen in der Lage sein, eine Datensicherung für ihre Computer vorzunehmen, aber keine Wiederherstellung.
- Die Benutzer sollen in der Lage sein, Gerätetreiber für neue Geräte zu installieren.
- Das Administratorkonto soll auf allen Computern in **KaffeeAdmin** umbenannt werden.
- Das Gastkonto soll deaktiviert sein.
- Die Computer dürfen auf der Willkommenseite nicht den Benutzernamen des Benutzers anzeigen, der sich zuletzt angemeldet hat.

Fragen

1. Sie könnten sich an jedem einzelnen Computer selbst anmelden und in der Konsole **Lokale Sicherheitsrichtlinie** die Einstellungen für den jeweiligen Computer konfigurieren. Gibt es einen einfacheren Weg, alle Computer in der Arbeitsgruppe zu konfigurieren?

   ____

   ____

2. Führen Sie die einzelnen Richtlinien und die zugehörigen Werte auf, die Sie konfigurieren müssen, um die beschriebenen Anforderungen zu erfüllen.

   ____

   ____

3. Sie haben die benutzerdefinierte Vorlage auf einen Computer importiert und den Computer neu gestartet. Wie können Sie überprüfen, ob die Einstellungen korrekt angewendet wurden?

Übung zur Problembehandlung

In dieser Übung zur Problembehandlung importieren Sie auf Ihren Computer eine Vorlage. Diese Vorlage erstellt durch das Erzwingen bestimmter Sicherheitseinstellungen eine Umgebung, in der Sie eine Problembehandlung durchführen müssen. Lesen Sie anschließend das beschriebene Szenario und beantworten Sie die Fragen. Falls Sie Schwierigkeiten haben, sollten Sie den Inhalt dieses Kapitels noch einmal durcharbeiten, bevor Sie das nächste Kapitel in Angriff nehmen. Die Antworten auf die Fragen finden Sie im Abschnitt „Fragen und Antworten" am Ende dieses Kapitels.

Vorsicht Im Rahmen dieser Übung importieren Sie Sicherheitseinstellungen auf Ihren Computer, die möglicherweise die Netzwerkverbindungen Ihres Computers lahm legen. Sie sollten die beschriebenen Schritte daher nur auf Ihrem Testcomputer durchführen. Der Computer muss Mitglied einer Arbeitsgruppe und nicht einer Domäne sein.

Gehen Sie folgendermaßen vor, um Ihren Computer für diese Übung einzurichten.

1. Öffnen Sie im Windows-Explorer den Ordner **Labs** auf der Begleit-CD-ROM zu diesem Buch. Suchen Sie die Datei **270template.inf** und kopieren Sie die Datei auf Ihren Desktop.
2. Klicken Sie im Startmenü auf **Ausführen**.

3. Geben Sie im Dialogfeld **Ausführen** den Befehl **mmc** ein und klicken Sie dann auf **OK**.
4. Es öffnet sich das Fenster **Konsole1**. Maximieren Sie darin das Fenster **Konsolenstamm**.
5. Wählen Sie den Menübefehl **Datei/Snap-In hinzufügen/entfernen**.
6. Klicken Sie im Dialogfeld **Snap-In hinzufügen/entfernen** auf **Hinzufügen**.
7. Wählen Sie im Dialogfeld **Eigenständiges Snap-In hinzufügen** den Eintrag **Sicherheitskonfiguration und -analyse** und klicken Sie auf **Hinzufügen**.
8. Klicken Sie auf **Schließen** und dann auf **OK**.
9. Klicken Sie in der Konsolenstruktur mit der rechten Maustaste auf **Sicherheitskonfiguration und -analyse** und wählen Sie den Befehl **Datenbank öffnen**.
10. Geben Sie im Dialogfeld **Datenbank öffnen** im Textfeld **Dateiname** den Namen **270.sdb** ein und klicken Sie auf **Öffnen**.
11. Das Dialogfeld **Vorlage importieren** wird geöffnet. Wählen Sie in der Dropdownliste **Suchen in** den Ordner **Desktop**.
12. Wählen Sie die Datei **270template.inf** aus und klicken Sie auf **Öffnen**.
13. Klicken Sie im Fenster **Konsole1** mit der rechten Maustaste auf **Sicherheitskonfiguration und -analyse** und wählen Sie den Befehl **Computer jetzt konfigurieren**.

    Windows zeigt das Dialogfeld **System konfigurieren** an.
14. Wie lautet der Standardpfad zur Fehlerprotokolldatei?

    C:\Dokumente und Einstellungen*Benutzername*\Eigene Dateien\Security\Logs\270.log
15. Klicken Sie auf **OK**.
16. Schließen Sie das Fenster **Konsole1**.

    Windows zeigt das Dialogfeld **Microsoft Management Console** an und fragt, ob Sie die Änderungen an der Konsole speichern wollen.
17. Klicken Sie auf **Ja**.
18. Geben Sie im Dialogfeld **Speichern unter** im Textfeld **Dateiname** den Namen **Sicherheitskonfiguration und -analyse.msc** ein und klicken Sie dann auf **Speichern**.

Szenario

Sie arbeiten als Administrator für Contoso, Ltd., Hersteller von Leinenprodukten. Tibor, ein Benutzer in der Produktionsabteilung, hat Probleme mit seinem Windows XP Professional-Computer. Er hat einen Ordner namens **Badetücher** freigegeben, damit andere Benutzer in der Abteilung auf die Dateien zugreifen können, in denen er an einem neuen Projekt arbeitet. Er ist sich ziemlich sicher, dass er den Ordner korrekt freigegeben hat. Dennoch berichten andere Benutzer, dass sie keine Verbindung zu seinem Computer herstellen können, wenn sie auf den freigegebenen Ordner zugreifen wollen. Wenn sie es probieren, bekommen sie folgende Fehlermeldung: „Anmeldung fehlgeschlagen: Dem Benutzer wurde der angeforderte Anmeldetyp auf diesem Computer nicht erteilt".

Sie überzeugen sich, dass Tibor den Ordner korrekt freigegeben und der Gruppe **Benutzer** die erforderlichen Zugriffsberechtigungen zugewiesen hat.

Fragen

1. Wo vermuten Sie das Problem angesichts der Fehlermeldung, die Benutzer angezeigt bekommen, wenn sie versuchen, auf Tibors Computer zuzugreifen?

   ____

   ____

   ____

2. Listen Sie im Fenster **Lokale Sicherheitseinstellungen** die Benutzer oder Gruppen auf, denen das Benutzerrecht **Auf diesen Computer vom Netzwerk aus zugreifen** zugewiesen wurde.

   ____

   ____

3. Sieht die Liste der Gruppen, denen das Benutzerrecht **Auf diesen Computer vom Netzwerk aus zugreifen** zugewiesen wurde, wie die Standardeinstellung für eine Arbeitsstation aus? Welchen Gruppen sollte auf einer Arbeitsstation dieses Recht zugewiesen sein?

   ____

   ____

   ____

4. Öffnen Sie das Eingabeaufforderungsfenster und geben Sie den Befehl **gpresult.exe** ein. Werden irgendwelche Gruppenrichtlinien auf diesen Computer angewendet?

   ____

   ____

   ____

   ____

   ____

5. Öffnen Sie den Ordner **Verwaltung** (in **Systemsteuerung**) und dann die Konsole **Sicherheitskonfiguration und -analyse**, die Sie bei den Vorbereitungen zu dieser Übung erstellt haben. Gehen Sie folgendermaßen vor:

   a. Klicken Sie mit der rechten Maustaste auf **Sicherheitskonfiguration und -analyse** und wählen Sie den Befehl **Vorlage importieren**.

   b. Wechseln Sie im Fenster **Vorlage importieren** in den Ordner **%SystemRoot%\Security\Templates**, wählen Sie die Datei **Setup Security.inf** und klicken Sie dann auf **Öffnen**.

c. Klicken Sie mit der rechten Maustaste auf **Sicherheitskonfiguration und -analyse** und wählen Sie den Befehl **Computer jetzt analysieren**. Übernehmen Sie den vorgeschlagenen Pfad für das Fehlerprotokoll.

d. Warten Sie, bis die Analyse abgeschlossen ist. Erweitern Sie den Zweig **Lokale Richtlinien** und klicken Sie auf **Zuweisen von Benutzerrechten**.

e. Sehen Sie sich das Benutzerrecht **Auf diesen Computer vom Netzwerk aus zugreifen** an. Wie lautet die Datenbankeinstellung und wie die Computereinstellung für dieses Benutzerrecht?

____

____

____

____

____

6. Welche anderen Benutzerrechte unterscheiden sich von denen der Vorlage **Setup Security.inf**?

____

____

____

Hinweis Nachdem Sie diese Übung beendet haben, sollten Sie Ihren Computer wieder auf die Standardeinstellungen zurücksetzen. Klicken Sie dazu mit der rechten Maustaste auf **Sicherheitskonfiguration und -analyse** und wählen Sie den Befehl **Computer jetzt konfigurieren**. Speichern Sie das Fehlerprotokoll im vorgeschlagenen Standardpfad. Daraufhin werden die Windows-Standardeinstellungen für Benutzerrechte aus der Vorlage **Setup Security.inf** angewendet, die Sie geladen haben.

Zusammenfassung des Kapitels

- Die lokale Sicherheitsrichtlinie wird auf einen bestimmten Computer angewendet. Sie ist der einzige Typ von Sicherheitsrichtlinie, den Sie auf Computern in einer Arbeitsgruppe verwenden können. Sie verwalten die lokale Sicherheitsrichtlinie mit der Konsole **Lokale Sicherheitseinstellungen**, die Sie im Ordner **Verwaltung** starten. Gruppenrichtlinien werden auf Standorte, Domänen und Organisationseinheiten in einer Active Directory-Umgebung angewendet. Sie wirken sich auf alle Computer oder Benutzer aus, die Mitglieder des Containers sind, dem die Gruppenrichtlinien zugewiesen wurden.
- Windows XP Professional stellt zwei Typen von Kontorichtlinien zur Verfügung: Kennwortrichtlinien, mit denen Sie steuern, welche Kennwörter auf Ihrem Computer verwendet werden, und Kontosperrungsrichtlinien, mit denen Sie festlegen, nach wie vielen ungültigen Anmeldeversuchen ein Benutzerkonto gesperrt wird.

- Benutzerrechte ermöglichen einem Benutzer das Ausführen einer speziellen Aufgabe, zum Beispiel das Sichern von Dateien oder das Ändern der Systemzeit. Es gibt zwei Arten von Benutzerrechten: Privilien, die dem Benutzer das Ausführen spezieller Aufgaben ermöglichen, und Anmelderechte, die festlegen, auf welche Weise sich Benutzer am Computer anmelden können.
- Sicherheitsoptionen sind in viele unterschiedliche Kategorien unterteilt, die Einstellungen zur Sicherheit von Windows XP Professional enthalten.
- Auf einem Windows XP Professional-Computer hilft die Überwachung sicherzustellen, dass Ihr Netzwerk geschützt ist. Dazu werden Benutzertätigkeiten und systemweite Ereignisse aufgezeichnet. Sie richten eine Überwachungsrichtlinie im Fenster **Lokale Sicherheitseinstellungen** ein, wo Sie angeben, welche Ereignisse aufgezeichnet werden. Sie können erfolgreiche und fehlgeschlagene Ereignisse aufzeichnen.
- Sie können Sicherheits- und Datenschutzoptionen für den Internet Explorer im Dialogfeld **Internetoptionen** konfigurieren. In diesem Dialogfeld stellen Sie außerdem ein, auf welche Weise der Internet Explorer die Verbindung ins Internet herstellt, temporäre Internetdateien verwaltet und viele andere Optionen.

Prüfungsrelevante Themen

Vor der Prüfungsteilnahme sollten Sie die nachfolgend aufgeführten Schlüsselinformationen und -begriffe noch einmal durcharbeiten. Diese Informationen sind für das Bestehen der Prüfung von entscheidender Bedeutung.

Schlüsselinformationen

- Die Vorlage für Setupsicherheit (**Setup Security.inf**) definiert die Standardsicherheitsstufe, die auf alle Neuinstallationen von Windows XP Professional auf einer NTFS-Partition angewendet wird. Diese Vorlage ist praktisch, um Sicherheitsstufen auf ihre Standardwerte zurückzusetzen.
- Gruppenrichtlinienobjekte werden in folgender Reihenfolge angewendet: Zuerst wird das lokale Gruppenrichtlinienobjekt verarbeitet, dann die Active Directory-Gruppenrichtlinienobjekte. Active Directory-Gruppenrichtlinienobjekte werden in folgender Reihenfolge verarbeitet: Erst das Element, das am weitesten vom Benutzer entfernt ist (der Standort), dann das etwas nähere Element (die Domäne) und schließlich das Element, das am nächsten beim Benutzer liegt (die Organisationseinheit).
- Die Überwachung des Ressourcenzugriffs auf einem Windows XP Professional-Computer umfasst zwei Schritte. Zuerst müssen Sie die Richtlinie **Objektzugriffsversuche überwachen** konfigurieren. Dann müssen Sie die Überwachung für die gewünschten Objekte (zum Beispiel Dateien, Ordner und Drucker) aktivieren.

Schlüsselbegriffe

Anmelderechte Ein Benutzerrecht, das einer Gruppe oder einem einzelnen Benutzerkonto zugewiesen wird. Es steuert, auf welche Weise sich Benutzer bei einem System anmelden dürfen.

Benutzerrecht Rechte, die den Mitgliedern einer Gruppe oder einem einzelnen Benutzer erlauben, eine bestimmte Aktion auszuführen, zum Beispiel das Sichern von Dateien oder das Ändern der Systemzeit. Benutzerrechte umfassen Privilegien und Anmelderechte.

Gruppenrichtlinien Kombinationen aus Sicherheitseinstellungen, die auf Benutzer oder Computer abhängig von ihrer Mitgliedschaft in Standorten, Domänen oder Organisationseinheiten angewendet werden.

Gruppenrichtlinienergebnistool Ein Befehlszeilenprogramm (**Gpresult.exe**), mit dem Sie feststellen können, welche Richtlinien momentan auf einen Computer angewendet werden.

Kontorichtlinie Eine Richtlinie, die Kennwortvoraussetzungen und Kontosperrungsrichtlinien festlegt.

Lokale Sicherheitsrichtlinie Eine Kombination der Einstellungen, die während des Starts angewendet werden und sich auf einen lokalen Computer auswirken.

Privileg Ein Benutzerrecht, das den Mitgliedern der Gruppe, der dieses Privileg zugewiesen ist, erlaubt, eine bestimmte Aufgabe durchzuführen. Normalerweise hat diese Aufgabe Auswirkungen auf ein gesamtes Computersystem und nicht nur auf ein einziges Objekt.

Richtlinienergebnissatz Ein Tool, mit dem Sie simulieren und testen können, welche Richtlinieneinstellungen auf Computer oder Benutzer angewendet werden. Es zeigt Ihnen an, welche Richtlinien auf das Objekt angewendet werden und in welcher Reihenfolge das geschieht.

Sicherheitsoptionen Richtlinien, mit denen Sie verschiedene Sicherheitseinstellungen in Windows XP Professional steuern können.

Sicherheitsvorlagen Vorkonfigurierte Kombinationen von Sicherheitseinstellungen, die Sie direkt auf Computer anwenden oder an Ihre Bedürfnisse anpassen können.

Sicherheitszonen Kategorien von Websites, die der Internet Explorer verwendet, um den Zugriff auf bestimmte Arten von Tätigkeiten zu erlauben oder zu blockieren. Zonen sind **Internet**, **Lokales Intranet**, **Vertrauenswürdige Sites** und **Eingeschränkte Sites**.

Überwachung Ein Prozess, bei dem Benutzeraktivitäten und Windows XP Professional-Ereignisse auf einem Computer verfolgt und im Sicherheitsprotokoll aufgezeichnet werden.

Überwachungsrichtlinien Richtlinien, mit denen Sie die Aktivitäten der Benutzer und den Zugriff auf Ressourcen auf einem Computer verfolgen können.

Fragen und Antworten

Seite 823 Lernzielkontrolle Lektion 1

1. Die ______________________ steuert die Einstellungen auf Computern in einer Arbeitsgruppenumgebung.

   lokale Sicherheitsrichtlinie

2. Auf einen Computer werden mehrere Gruppenrichtlinienobjekte und das lokale Gruppenrichtlinienobjekt angewendet. In welcher Reihenfolge werden sie verarbeitet?

   Zuerst wird das lokale Gruppenrichtlinienobjekt auf dem Computer verarbeitet. Alle Einstellungen, die im lokalen Gruppenrichtlinienobjekt festgelegt wurden, werden angewendet. Anschließend werden alle Gruppenrichtlinienobjekte verarbeitet, die mit dem Standort verknüpft sind, zu dem der Computer gehört. Danach werden alle Gruppenrichtlinienobjekte verarbeitet, die mit der Domäne verknüpft sind, zu der der Computer gehört. Schließlich werden alle Gruppenrichtlinienobjekte verarbeitet, die mit Organisationseinheiten verknüpft sind, zu denen das Benutzer- oder Computerobjekt gehört. Bei jeder Stufe werden alle Einstellungen von vorherigen Stufen überschrieben, sofern sie andere Werte haben.

3. Wenn Sie wissen wollen, welche Einstellungen auf einen Computer angewendet werden und auf welche Quelle diese Einstellungen zurückzuführen sind, verwenden Sie das Tool ______________________.

   Richtlinienergebnissatz oder **Gpresult.exe**.

Seite 829 Lektion 2, Übung 2

6. Welche Einstellungen verwenden Sie, um diese Anforderungen zu erfüllen?

   Sie legen den Wert von **Kennwortchronik erzwingen** auf 5 fest, damit die Benutzer mindestens fünf unterschiedliche Kennwörter verwenden, bevor sie ein zuvor verwendetes Kennwort erneut verwenden können. Sie legen den Wert für **Minimales Kennwortalter** auf 1 Tag fest, damit die Benutzer 24 Stunden warten müssen, bevor sie eine erneute Kennwortänderung vornehmen können. Sie legen den Wert für **Maximales Kennwortalter** auf 21 Tage fest, damit Benutzer das Kennwort alle drei Wochen ändern.

17. Klicken Sie auf **Kennwort ändern**.

    Konnten Sie das Kennwort ändern? Begründen Sie Ihre Antwort.

    Nein, da laut Kennwortrichtlinie zwischen zwei Kennwortänderungen 24 Stunden (1 Tag) verstreichen müssen. Sie werden in einem Meldungsfeld darüber informiert, dass die Kennwortänderung zurzeit nicht möglich ist.

Seite 830 Lektion 2, Übung 3

8. Welche Einstellungen der Kontosperrungsrichtlinien verwenden Sie, um diese Forderungen zu erfüllen?

   Sie legen den Wert für **Kontosperrungsschwelle** auf 4 fest, damit ein Benutzerkonto nach vier fehlgeschlagenen Anmeldeversuchen gesperrt wird. Wenn Sie eine der drei Kontosperrungsoptionen festlegen und die anderen zwei Optionen noch nicht gesetzt wurden, werden Sie in einem Meldungsfeld darüber informiert, dass die zwei weiteren Optionen auf Standardwerte eingestellt werden. Legen Sie den Wert für **Kontosperrdauer** auf 0 fest, um sicherzustellen, dass gesperrte Konten so lange gesperrt bleiben, bis ein Administrator die Sperrung aufhebt.

Seite 831

Lernzielkontrolle Lektion 2

1. Wie lautet der Wertebereich, den Sie in Windows XP Professional zur Festlegung der Einstellung **Kennwortchronik erzwingen** verwenden können, und welche Auswirkung haben diese Werte?

   Sie können einen Wert zwischen 0 und 24 konfigurieren. Der Wert 0 zeigt an, dass keine Kennwortchronik geführt wird. Der hier konfigurierte Wert entspricht der Anzahl an Kennwörtern, die ein Benutzer verwenden muss, bis ein altes Kennwort erneut verwendet werden kann.

2. Der Wertebereich für die Einstellung **Maximales Kennwortalter** liegt in Windows XP Professional zwischen ______ und ______ Tagen. Der Standardwert lautet ______ Tage.

   0 bis 999; 42

3. Welche der folgenden Aussagen treffen zu, wenn Sie die Kennwortrichtlinieneinstellung **Kennwort muss Komplexitätsvoraussetzungen entsprechen** aktiviert haben? (Wählen Sie alle zutreffenden Antworten aus.)

   a. Alle Kennwörter müssen mindestens sechs Zeichen lang sein.

   b. Alle Kennwörter müssen den Einstellungen für die Kennwortchronik entsprechen.

   c. Die Kennwörter dürfen weder Großbuchstaben noch Interpunktionszeichen enthalten.

   d. Die Kennwörter dürfen weder den Benutzeranmeldenamen noch den vollständigen Benutzernamen enthalten.

   Die richtigen Antworten sind a und d. Zu den Komplexitätsvoraussetzungen gehört, dass alle Kennwörter mindestens sechs Zeichen lang sein müssen, nicht den Namen des Benutzerkontos oder des Benutzers enthalten dürfen und dass im Kennwort Groß- und Kleinbuchstaben, Ziffern und Interpunktionszeichen enthalten sind. Antwort b ist nicht richtig, weil das Einstellen der Komplexitätsvoraussetzungen keine Auswirkung auf die Einstellungen für die Kennwortchronik hat. Antwort c ist nicht richtig, weil dies keine Voraussetzungen für die Kennwortkomplexität sind.

4. Welche Funktion hat die Einstellung **Kontosperrdauer**, und wie lautet der gültige Wertebereich für diese Einstellung?

   Dieser Wert gibt den Zeitraum (in Minuten) an, in dem sich der Benutzer nicht an Windows XP Professional anmelden kann, wenn ein Benutzerkonto gesperrt wurde. Sie können einen Wert von 0 bis 99.999 Minuten einstellen.

Seite 839

Lernzielkontrolle Lektion 3

1. Welche der folgenden Aussagen treffen auf Benutzerrechte zu? (Wählen Sie alle zutreffenden Antworten aus.)
   a. Microsoft empfiehlt, Benutzerrechte einzelnen Benutzerkonten zuzuweisen.
   b. Microsoft empfiehlt, Benutzerrechte nicht einzelnen Benutzerkonten, sondern ausschließlich Gruppen zuzuweisen.
   c. Benutzerrechte ermöglichen einem Benutzer das Ausführen einer speziellen Aufgabe, zum Beispiel das Sichern von Dateien und Verzeichnissen.
   d. Es gibt zwei Arten von Benutzerrechten: Privilegien und Anmelderechte.

   Die richtigen Antworten sind b, c und d. Antwort a ist nicht richtig, weil Microsoft empfiehlt, Benutzerrechte Gruppen zuzuweisen, nicht einzelnen Benutzerkonten.

2. Ihr Windows XP Professional-Computer gehört zu einer Active Directory-Domänenumgebung. Sie weisen sich anhand der lokalen Sicherheitsrichtlinien das Benutzerrecht **Hinzufügen von Arbeitsstationen zur Domäne** zu. Können Sie anschließend zur Domäne Arbeitsstationen hinzufügen? Begründen Sie Ihre Antwort.

   Das Privileg **Hinzufügen von Arbeitsstationen zur Domäne** tritt nur dann in Kraft, wenn es im Rahmen der Standardrichtlinie für Domänencontroller der Domäne zugewiesen wird, nicht der lokalen Sicherheitsrichtlinie auf Ihrem Windows XP Professional-Computer.

3. Welche Vorteile bietet das Benutzerrecht **Sichern von Dateien und Verzeichnissen**?

   Mit dem Benutzerrecht **Sichern von Dateien und Verzeichnissen** können Sie die Systemsicherheit erhöhen. Dieses Privileg ermöglicht einem Benutzer das Sichern des Systems, ohne Zugriffsberechtigungen für Systemdateien und -ordner zu besitzen. Mit anderen Worten: Der Benutzer kann die Dateien sichern, aber nicht lesen.

4. Was sind Anmelderechte, und welchen Zweck erfüllen Sie?

   Ein Anmelderecht ist ein Benutzerrecht, das einer Gruppe oder einem einzelnen Benutzerkonto zugewiesen wird. Anmelderechte steuern die Art der Benutzeranmeldung an einem System.

Seite 843

Lektion 4, Übung

11. Wie lautet der Name des Gastkontos?

    Das Gastkonto trägt jetzt den Namen Fuchs.

Seite 844

Lernzielkontrolle Lektion 4

1. Wie können Sie sicherstellen, dass die Benutzer sich anmelden müssen, bevor sie einen Computer herunterfahren können (bevor sie sich auf der Willkommenseite und mit der Tastenkombination STRG+ALT+ENTF anmelden)?

   Wenn Windows XP Professional für die Anmeldung zum Verwenden der Willkommenseite oder der Tastenkombination STRG+ALT+ENTF konfiguriert ist, muss ein Benutzer standardmäßig nicht an Windows XP Professional angemeldet sein, um einen Computer herunterfahren zu können. Erweitern Sie in der Konsole den Zweig **Lokale Richtlinien** und klicken Sie auf

Sicherheitsoptionen. Klicken Sie im Detailbereich mit der rechten Maustaste auf **Herunterfahren: Herunterfahren des Systems ohne Anmeldung zulassen**, und klicken Sie dann auf **Eigenschaften**. Klicken Sie anschließend auf **Deaktiviert**.

2. Die Auslagerungsdatei des virtuellen Arbeitsspeichers wird standardmäßig nicht gelöscht, wenn Sie den Windows XP Professional-Computer herunterfahren. Warum kann diese Einstellung ein Sicherheitsrisiko darstellen, und was können Sie tun, um dieses Risiko zu minimieren?

   Die Daten in der Auslagerungsdatei könnten von nicht autorisierten Personen eingesehen werden. Gehen Sie folgendermaßen vor, um die Auslagerungsdatei bei jedem Herunterfahren des Computers zu löschen: Erweitern Sie im Fenster **Lokale Sicherheitseinstellungen** den Zweig **Lokale Richtlinien** und klicken Sie anschließend auf **Sicherheitsoptionen**. Klicken Sie mit der rechten Maustaste auf **Herunterfahren: Auslagerungsdatei des virtuellen Arbeitsspeichers löschen** und wählen Sie den Befehl **Eigenschaften**. Aktivieren Sie die Option **Aktiviert**.

3. Aus welchem Grund wird die Sicherheit Ihres Computers durch Verwendung der Tastenkombination STRG+ALT+ENTF bei der Computeranmeldung erhöht?

   Die Tastenkombination STRG+ALT+ENTF wird nur von Windows erkannt, daher stellen Sie sicher, dass das Kennwort nur gegenüber Windows-Programmen offen gelegt wird. Auf diese Weise können Sie verhindern, dass Kennwörter zum Beispiel durch Trojanische Pferde abgefangen werden.

4. In der Standardeinstellung zeigt Windows XP Professional in den Dialogfeldern **Windows-Sicherheit** und **Windows-Anmeldung** den Namen des zuletzt angemeldeten Benutzers an. Warum kann diese Einstellung ein Sicherheitsrisiko darstellen, und was können Sie tun, um dieses Risiko zu minimieren?

   In einigen Situationen stellt diese Einstellung ein Sicherheitsrisiko dar, da ein nicht autorisierter Benutzer einen gültigen Kontonamen auf dem Bildschirm angezeigt bekommt. Dies kann den unbefugten Zugriff auf diesen Computer unter Umständen leichter machen. Erweitern Sie zum Beseitigen dieses Sicherheitsproblems im Fenster **Lokale Sicherheitseinstellungen** den Zweig **Lokale Richtlinien** und klicken Sie anschließend auf **Sicherheitsoptionen**. Klicken Sie im Detailbereich mit der rechten Maustaste auf **Interaktive Anmeldung: Letzten Benutzernamen nicht anzeigen** und wählen Sie den Befehl **Eigenschaften**. Wählen Sie die Option **Aktiviert**.

Seite 854

Lernzielkontrolle Lektion 5

1. Was versteht man unter Überwachung?

   Als Überwachung wird der Vorgang bezeichnet, bei dem sowohl Benutzeraktivitäten als auch Windows XP Professional-Ereignisse verfolgt und im Sicherheitsprotokoll aufgezeichnet werden.

2. Was ist eine Überwachungsrichtlinie?

   In einer Überwachungsrichtlinie werden die Arten von Sicherheitsereignissen definiert, die Windows XP Professional im Sicherheitsprotokoll auf einem Computer aufzeichnen soll.

3. Wo werden die auf einem Windows XP Professional-Computer überwachten Ereignisse aufgezeichnet?

   Windows XP Professional schreibt Ereignisse in das Sicherheitsprotokoll des Computers, auf dem das Ereignis aufgetreten ist.

4. Welche Voraussetzungen gelten für das Einrichten und Verwalten der Überwachung?

   Sie müssen das Benutzerrecht **Verwalten von Überwachungs- und Sicherheitsprotokollen** für den Computer besitzen, auf dem Sie eine Überwachungsrichtlinie konfigurieren oder ein Überwachungsprotokoll überprüfen möchten. Die zu überwachenden Dateien und Ordner müssen sich auf NTFS-Volumes befinden.

5. In welche zwei Schritte gliedert sich das Einrichten der Überwachung?

   In das Einrichten der Überwachungsrichtlinie und das Aktivieren der Überwachung für bestimmte Ressourcen.

6. In der Standardeinstellung werden die Überwachungsänderungen, die Sie an einem übergeordneten Ordner vornehmen, an alle untergeordneten Ordner sowie alle Dateien im übergeordneten und in den untergeordneten Ordnern vererbt. (Richtig/Falsch)

   Richtig

Seite 868

Lernzielkontrolle Lektion 6

1. Was ist ein Cookie? Wie können Sie alle auf Ihrem Computer gespeicherten Cookies löschen?

   Ein Cookie ist eine Datei, die von einer Website zum Speichern von Informationen über Sie auf Ihrem Computer erstellt wird. Im Abschnitt **Temporäre Internetdateien** auf der Registerkarte **Allgemein** können Sie mit der Schaltfläche **Cookies löschen** alle Cookies löschen, die auf Ihrem Computer gespeichert wurden.

2. Wie können Sie steuern, welche Cookies auf Ihrem Computer gespeichert werden?

   Auf der Registerkarte **Datenschutz** können Sie festlegen, wie auf Ihrem Computer mit Cookies verfahren werden soll.

3. Wie können Sie Ihr Kind davor schützen, im Internet mit nicht kindgerechten Inhalten konfrontiert zu werden?

   Auf der Registerkarte **Inhalte** können Sie auf den Inhaltsratgeber zugreifen, der Sie beim Steuern der anzuzeigenden Internetinhalte unterstützt. Sie können die angezeigten Websiteinhalte auf der Grundlage folgender Kriterien steuern: Sprache, Nacktaufnahmen, Sex und Gewalt. Ferner können Sie eine Liste mit Websites erstellen, deren Inhalte grundsätzlich nicht angezeigt werden können.

4. Wie gehen Sie vor, wenn bei jedem Schließen des Browsers der Ordner mit den temporären Internetdateien geleert werden soll?

   Aktivieren Sie auf der Registerkarte **Erweitert** des Dialogfelds **Internetoptionen** im Abschnitt **Sicherheit** das Kontrollkästchen **Leeren des Ordners "Temporary Internet Files" beim Schließen des Browsers**. Wenn Sie diese Option aktivieren, wird beim Schließen des Browsers der Ordner mit den temporären Internetdateien geleert. Sie ist standardmäßig deaktiviert.

Seite 870

Übung mit Fallbeispiel

1. Sie könnten sich an jedem einzelnen Computer selbst anmelden und in der Konsole **Lokale Sicherheitsrichtlinie** die Einstellungen für den jeweiligen Computer konfigurieren. Gibt es einen einfacheren Weg, alle Computer in der Arbeitsgruppe zu konfigurieren?

   Sie sollten eine administrative Vorlage mit den nötigen Einstellungen anpassen, die Vorlage speichern und sie dann auf alle Computer in der Arbeitsgruppe exportieren.

2. Führen Sie die einzelnen Richtlinien und die zugehörigen Werte auf, die Sie konfigurieren müssen, um die beschriebenen Anforderungen zu erfüllen.

   Sie sollten die folgenden Richtlinien konfigurieren:

   - Stellen Sie für die Richtlinie **Minimale Kennwortlänge** den Wert 8 ein.
   - Aktivieren Sie die Richtlinie **Kennwort muss Komplexitätsvoraussetzungen entsprechen**.
   - Stellen Sie für die Richtlinie **Maximales Kennwortalter** den Wert 30 ein.
   - Fügen Sie die Gruppe **Benutzer** zum Benutzerrecht **Sichern von Dateien und Verzeichnissen** hinzu.
   - Fügen Sie die Gruppe **Benutzer** zum Benutzerrecht **Laden und Entfernen von Gerätetreibern** hinzu.
   - Konfigurieren Sie die Sicherheitsoption **Konten: Administrator umbenennen** mit dem Name **KaffeeAdmin**.
   - Konfigurieren Sie die Sicherheitsoption **Konten: Gastkontenstatus** als **Deaktiviert**.
   - Konfigurieren Sie die Sicherheitsoption **Interaktive Anmeldung: Letzten Benutzernamen nicht anzeigen** als **Aktiviert**.

3. Sie haben die benutzerdefinierte Vorlage auf einen Computer importiert und den Computer neu gestartet. Wie können Sie überprüfen, ob die Einstellungen korrekt angewendet wurden?

   Sie können mit dem Snap-In **Sicherheitskonfiguration und -analyse** die aktuelle Konfiguration des Computers mit der Vorlage vergleichen. Das Ergebnis stellt gegenüber, welche Sicherheitseinstellungen auf dem Computer wirksam sind und welche Einstellungen in der Vorlage definiert sind.

Seite 871

Übung zur Problembehandlung

1. Wo vermuten Sie das Problem angesichts der Fehlermeldung, die Benutzer angezeigt bekommen, wenn sie versuchen, auf Tibors Computer zuzugreifen?

   Das Problem liegt wahrscheinlich darin, dass das Benutzerrecht **Auf diesen Computer vom Netzwerk aus zugreifen** nicht so konfiguriert ist, dass es den entsprechenden Gruppen den Netzwerkzugriff erlaubt.

2. Listen Sie im Fenster **Lokale Sicherheitseinstellungen** die Benutzer oder Gruppen auf, denen das Benutzerrecht **Auf diesen Computer vom Netzwerk aus zugreifen** zugewiesen wurde.

Nur die folgenden Gruppen haben das Benutzerrecht **Auf diesen Computer vom Netzwerk aus zugreifen**: **Administratoren**, **Hauptbenutzer** und **Sicherungs-Operatoren**.

3. Sieht die Liste der Gruppen, denen das Benutzerrecht **Auf diesen Computer vom Netzwerk aus zugreifen** zugewiesen wurde, wie die Standardeinstellung für eine Arbeitsstation aus? Welchen Gruppen sollte auf einer Arbeitsstation dieses Recht zugewiesen sein?

   Nein, das ist nicht die Standardeinstellung. Standardmäßig wird dieses Recht den Gruppen **Administratoren**, **Sicherungs-Operatoren**, **Hauptbenutzer**, **Benutzer** und **Jeder** zugewiesen.

4. Öffnen Sie das Eingabeaufforderungsfenster und geben Sie den Befehl **gpresult.exe** ein. Werden irgendwelche Gruppenrichtlinien auf diesen Computer angewendet?

   Ja, die lokalen Gruppenrichtlinien. Dieser Computer ist Mitglied einer Arbeitsgruppe, daher werden keine Domänengruppenrichtlinien angewendet. Falls Sie diese Übung auf einem Computer durchführen, der mit einer Domäne verbunden ist, werden möglicherweise Gruppenrichtlinien angewendet. Außerdem ist es möglich, dass diese Richtlinien die lokale Sicherheitsrichtlinie überschreiben, die Sie für diese Übung eingerichtet haben.

5. Öffnen Sie den Ordner **Verwaltung** (in **Systemsteuerung**) und dann die Konsole **Sicherheitskonfiguration und -analyse**, die Sie bei den Vorbereitungen zu dieser Übung erstellt haben. Gehen Sie folgendermaßen vor:

   a. Klicken Sie mit der rechten Maustaste auf **Sicherheitskonfiguration und -analyse** und wählen Sie den Befehl **Vorlage importieren**.

   b. Wechseln Sie im Fenster **Vorlage importieren** in den Ordner **%SystemRoot%\Security\Templates**, wählen Sie die Datei **Setup Security.inf** und klicken Sie dann auf **Öffnen**.

   c. Klicken Sie mit der rechten Maustaste auf **Sicherheitskonfiguration und -analyse** und wählen Sie den Befehl **Computer jetzt analysieren**. Übernehmen Sie den vorgeschlagenen Pfad für das Fehlerprotokoll.

   d. Warten Sie, bis die Analyse abgeschlossen ist. Erweitern Sie den Zweig **Lokale Richtlinien** und klicken Sie auf **Zuweisen von Benutzerrechten**.

   e. Sehen Sie sich das Benutzerrecht **Auf diesen Computer vom Netzwerk aus zugreifen** an. Wie lautet die Datenbankeinstellung und wie die Computereinstellung für dieses Benutzerrecht?

   Die Datenbankeinstellungen (die Windows-Standardeinstellung aus der Vorlage **Setup Security.inf**) umfassen folgende Gruppen: **Administratoren**, **Sicherungs-Operatoren**, **Hauptbenutzer**, **Benutzer** und **Jeder**. Die Computereinstellungen (die beim Vorbereiten dieser Übung angewendet wurden) umfassen nur die Gruppen **Sicherungs-Operatoren**, **Hauptbenutzer** und **Administratoren**.

6. Welche anderen Benutzerrechte unterscheiden sich von denen der Vorlage **Setup Security.inf**?

   Ändern der Systemzeit, **Zugriff vom Netzwerk auf diesen Computer verweigern**, **Lokale Anmeldung verweigern**, **Laden und Entfernen von Gerätetreibern**, **Lokal anmelden** und **Herunterfahren des Systems**.

K A P I T E L 1 7

Überwachen und Verwalten freigegebener Ordner mithilfe der Computerverwaltung

In diesem Kapitel abgedeckte Prüfungsziele:

- Verwalten und Problembehandlung des Zugriffs auf freigegebene Ordner.
- Erstellen und Entfernen von freigegebenen Ordnern.

Bedeutung dieses Kapitels

Dieses Kapitel beschreibt das Überwachen von Netzwerkressourcen. Sie erfahren, wie Sie im Fenster **Computerverwaltung** Freigaben ansehen und erstellen können. Sie lernen außerdem, Sitzungen anzuzeigen, geöffnete Dateien zu überwachen und die Verbindungen von Benutzern freigegebener Ordner zu trennen.

Lektionen in diesem Kapitel:

Bevor Sie beginnen

Damit Sie die Übungen in diesem Kapitel durchführen können, brauchen Sie einen Computer, der die minimalen Hardwarevoraussetzungen erfüllt, die im Abschnitt „Über dieses Buch“ am Anfang beschrieben wurden. Außerdem muss auf dem Computer Windows XP Professional installiert sein, und Sie müssen in der Lage sein, an diesem System Änderungen vorzunehmen.

Lektion 1: Überwachen des Zugriffs auf freigegebene Ordner

Windows XP Professional enthält das Snap-In **Freigegebene Ordner**, mit dem Sie den Zugriff auf Netzwerkressourcen auf einfache Weise überwachen und Benutzern Warnungen senden können. Das Snap-In **Freigegebene Ordner** ist in der Konsole **Computerverwaltung** enthalten, Sie können es aber auch als Snap-In zu einer eigenen benutzerdefinierten Konsole hinzufügen. Der Zugriff auf Netzwerkressourcen sollte überwacht werden, damit Sie die aktuelle Auslastung der Netzwerkserver bewerten und verwalten können. Mithilfe der Überwachung des Zugriffs auf freigegebene Ordner können Sie in Erfahrung bringen, wie viele Benutzer aktuell mit den jeweiligen Ordnern verbunden sind. Es ist auch möglich, geöffnete Dateien zu überwachen. Sie können feststellen, welche Benutzer auf diese Dateien zugreifen, und gegebenenfalls Benutzer von einer beziehungsweise allen geöffneten Dateien trennen.

Am Ende dieser Lektion werden Sie in der Lage sein, die folgenden Aufgaben auszuführen:

- Beschreiben der Gründe für das Überwachen des Zugriffs auf Netzwerkressourcen.
- Beschreiben, welche Benutzer den Zugriff auf Netzwerkressourcen überwachen können.
- Anzeigen und Überwachen der freigegebenen Ordner auf einem Computer.
- Überwachen der offenen Dateien auf einem Computer.
- Trennen der Verbindung von Benutzern mit einer oder allen offenen Dateien.

Veranschlagte Zeit für diese Lektion: 30 Minuten

Gründe für das Überwachen von Netzwerkressourcen

Eine Kenntnis der Gründe für das Überwachen der Netzwerkressourcen in Ihrer Computerumgebung ist unbedingt erforderlich. Nachfolgend werden einige Gründe genannt, warum das Bewerten und Verwalten der Netzwerkressourcen unerlässlich ist:

- **Wartung:** Sie sollten feststellen, welche Benutzer aktuell eine bestimmte Ressource verwenden, um sie gegebenenfalls von vorübergehenden oder dauerhaften Ausfällen der Ressource in Kenntnis setzen zu können. Außerdem können Sie vielleicht aktuelle oder drohende Probleme erkennen.
- **Sicherheit:** Sie sollten den Benutzerzugriff auf vertrauliche und zu schützende Ressourcen überwachen, um sicherzustellen, dass nur autorisierte Benutzer Zugriff auf diese Ressourcen erhalten.
- **Planung:** Sie sollten ermitteln, welche Ressourcen genutzt und wie häufig sie genutzt werden, um Systemerweiterungen planen zu können.

Sie können in der Computerverwaltung die Ressourcen des lokalen Computers oder eines Remotecomputers überwachen.

Wer kann den Zugriff auf Netzwerkressourcen überwachen?

Nicht alle Benutzer können den Zugriff auf Netzwerkressourcen überwachen. Tabelle 17.1 führt auf, welche Gruppen den Zugriff auf Netzwerkressourcen mit der Konsole **Computerverwaltung** überwachen können.

Tabelle 17.1 Überwachen von Netzwerkressourcen

Ein Mitglied dieser Gruppe...	Kann dieses Objekt überwachen
Domänenadministratoren oder Server-Operatoren für die Domäne	Alle Computer in der Domäne
Administratoren oder Hauptbenutzer für einen Mitgliedserver oder einen Windows XP Professional-Computer	Lokale oder Remotecomputer in der Arbeitsgruppe

Prüfungstipp Mitglieder der Domänengruppen **Domänen-Admins** oder **Server-Operatoren** können in der Computerverwaltung jeden Computer überwachen, der Mitglied der Domäne ist. Mitglieder der lokalen Gruppen **Administratoren** oder **Hauptbenutzer** können einen lokalen Computer überwachen, unabhängig davon, ob der Computer Mitglied einer Arbeitsgruppe oder einer Domäne ist.

Anzeigen und Überwachen von freigegebenen Ordner in der Computerverwaltung

Mithilfe des Ordners **Freigaben** (im Zweig **System**) können Sie in der Konsole **Computerverwaltung** eine Liste aller freigegebenen Ordner auf dem Rechner anzeigen und feststellen, wie viele Benutzer eine Verbindung zu einem Ordner hergestellt haben.

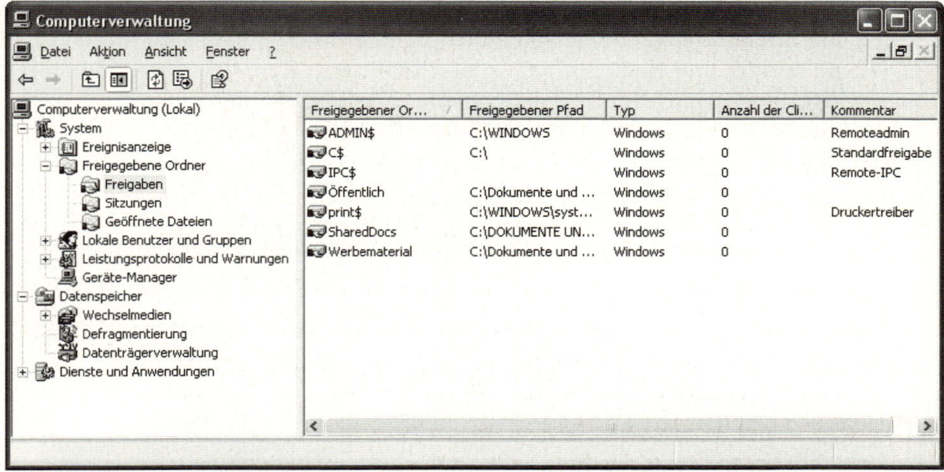

Abbildung 17.1 Im Ordner **Freigaben** können Sie den Status aller freigegebenen Ordner auf einem Computer verfolgen

In Abbildung 17.1 ist der Ordner **Freigaben** in der Konsolenstruktur von **Computerverwaltung** markiert; im Detailbereich werden alle freigegebenen Ordner auf dem Computer angezeigt.

Tabelle 17.2 erläutert die Informationen, die im Detailbereich von Abbildung 17.1 angezeigt werden.

Tabelle 17.2 Felder im Detailbereich für den Ordner **Freigaben**

Spaltenname	Beschreibung
Freigegebener Ordner	Die auf dem Computer freigegebenen Ordner. Dieser Name wurde dem Ordner bei der Freigabe zugeteilt.
Freigegebener Pfad	Der Pfad zum freigegebenen Ordner.
Typ	Der Netzwerkverbindungstyp: Microsoft Windows, Novell NetWare oder Apple Macintosh.
Anzahl der Clientverbindungen	Die Anzahl der Clients, die eine Remoteverbindung zum freigegebenen Ordner hergestellt haben.
Kommentar	Beschreibung des freigegebenen Ordners. Dieser Kommentar wurde erstellt, als der Ordner freigegeben wurde.

Hinweis Microsoft Windows XP Professional aktualisiert die Liste der freigegebenen Ordner, geöffneten Dateien und Benutzersitzungen nicht automatisch. Klicken Sie zum Aktualisieren dieser Listen im Menü **Aktion** auf **Aktualisieren**.

Praxistipp Überwachen von mehreren Remotecomputern

In der Microsoft Management Console (MMC) können Sie mehrere Snap-Ins hinzufügen, die mit unterschiedlichen Remotecomputern verbunden sind. Falls Sie oft freigegebene Ordner und Benutzer auf unterschiedlichen Remotecomputern überwachen, können Sie eine benutzerdefinierte Konsole erstellen, mit der Sie ganz einfach zwischen diesen Computern umschalten. Gehen Sie folgendermaßen vor, um eine benutzerdefinierte Konsole zum Überwachen mehrerer Remotecomputer zu erstellen:

1. Klicken Sie im Startmenü auf **Ausführen**.
2. Im Dialogfeld **Ausführen** geben Sie **mmc** ein und klicken dann auf **OK**.

   Windows XP zeigt eine leere MMC-Konsole mit dem Namen **Konsole1** an.
3. Wählen Sie den Menübefehl **Datei/Snap-In hinzufügen/entfernen**.
4. Klicken Sie im Dialogfeld **Snap-In hinzufügen/entfernen** auf **Hinzufügen**.
5. Wählen Sie im Dialogfeld **Eigenständiges Snap-In hinzufügen** im Listenfeld **Verfügbare eigenständige Snap-Ins** den Eintrag **Freigegebene Ordner** und klicken Sie auf **Hinzufügen**. ►
6. Klicken Sie im Dialogfeld **Freigegebene Ordner** auf **Anderen Computer** und geben Sie den Namen des Remotecomputers ein (oder klicken Sie auf **Durchsuchen**, um den Computer im Netzwerk zu suchen).

7. Wiederholen Sie die Schritte 5 und 6 für jeden Computer, den Sie zur Konsole hinzufügen wollen.
8. Klicken Sie auf **Schließen**, um das Dialogfeld **Eigenständiges Snap-In hinzufügen** zu schließen.
9. Klicken Sie auf **OK**, um das Dialogfeld **Snap-In hinzufügen/entfernen** zu schließen.
10. Wählen Sie den Menübefehl **Datei/Speichern**, um die benutzerdefinierte Konsole zu speichern.

Vergessen Sie beim Einrichten einer Konsole zum Überwachen von Remotecomputern aber nicht, dass die Windows-Firewall in ihrer Standardkonfiguration die Remoteverwaltung verhindert. Weitere Informationen dazu, wie Sie die Remoteverwaltung in der Windows-Firewall aktivieren, finden Sie im Knowledge Base-Artikel „How to troubleshoot WMI-related issues in Windows XP SP2", online verfügbar unter **http://support.microsoft.com/Default.aspx?kbid=875605**.

Festlegen der Anzahl gleichzeitiger Zugriffe auf einen freigegebenen Ordner

Sie können in der Computerverwaltung festlegen, wie viele Benutzer maximal gleichzeitig Zugriff auf einen freigegebenen Ordner bekommen. Gehen Sie folgendermaßen vor, um die Maximalzahl der Benutzer festzulegen:

1. Klicken Sie im Startmenü auf **Systemsteuerung**.
2. Klicken Sie im Fenster **Systemsteuerung** auf **Leistung und Wartung**.
3. Klicken Sie im Fenster **Leistung und Wartung** auf **Verwaltung**.
4. Klicken Sie im Ordner **Verwaltung** doppelt auf **Computerverwaltung**.
5. Erweitern Sie im Fenster **Computerverwaltung** den Zweig **System** und dann den Zweig **Freigegebene Ordner**.
6. Klicken Sie auf **Freigaben**.
7. Klicken Sie im rechten Fensterabschnitt mit der rechten Maustaste auf den freigegebenen Ordner, für den Sie die maximale Zahl von Benutzern festlegen wollen, die gleichzeitig darauf zugreifen dürfen, und wählen Sie den Befehl **Eigenschaften**.

   Windows XP zeigt das Eigenschaftendialogfeld für den freigegebenen Ordner an, die Registerkarte **Allgemein** ist aktiviert. Als Standardeinstellung ist im Feld **Benutzerbegrenzung** die Option **Höchstanzahl zulassen** ausgewählt. In Windows XP Professional sind dies 10 gleichzeitige Verbindungen.
8. Klicken Sie auf **Diese Benutzeranzahl zulassen** und geben Sie an, wie viele Benutzer (bis zu 10) gleichzeitig auf den freigegebenen Ordner zugreifen dürfen.

Prüfungstipp Wenn Sie eine Problembehandlung für Verbindungsprobleme mit einem freigegebenen Ordner durchführen, sollten Sie die Anzahl der bestehenden Verbindungen mit dem freigegebenen Ordner sowie die maximal zugelassene Verbindungsanzahl überprüfen. Wurde die maximale Zahl gleichzeitiger Verbindungen bereits erreicht, kann der Benutzer die Verbindung mit der freigegebenen Ressource nicht herstellen.

Eigenschaften eines freigegebenen Ordners

Im Ordner **Freigaben** können Sie freigegebene Ordner sowie die zugehörigen Ordnerberechtigungen bearbeiten. Sie können die Eigenschaften eines freigegebenen Ordners ändern, indem Sie mit der rechten Maustaste darauf klicken und im Kontextmenü den Befehl **Eigenschaften** wählen. Auf der Registerkarte **Allgemein** des Dialogfelds **Eigenschaften** werden Name und Pfad der freigegebenen Ressource sowie alle eventuell eingegebenen Kommentare angezeigt. Auf dieser Registerkarte können Sie außerdem die Benutzerbegrenzung für den freigegebenen Ordner anzeigen und bearbeiten.

Auf der Registerkarte **Freigabeberechtigungen** können Sie einstellen, welche Benutzer und Gruppen Zugriff auf den freigegebenen Ordner haben und welche Berechtigungen den einzelnen Benutzern oder Gruppen zugewiesen sind. Auf der Registerkarte **Sicherheit** können Sie die NTFS-Ordnerberechtigungen für den Ordner bearbeiten, der dem freigegebenen Ordner zugrunde liegt. (Zu NTFS-Berechtigungen erfahren Sie mehr in Kapitel 8, „Schützen von Ressourcen mit NTFS-Berechtigungen". In Kapitel 9, „Verwalten freigegebener Ordner", finden Sie weitere Informationen über das Konfigurieren der Freigabeberechtigungen von freigegebenen Ordnern.)

Überwachen von Dateien mit dem Ordner Geöffnete Dateien

Verwenden Sie den Ordner **Geöffnete Dateien** der Konsole **Computerverwaltung**, um eine Liste mit den in den freigegebenen Ordnern geöffneten Dateien anzuzeigen. Sie sehen in dieser Liste auch, welche Benutzer derzeit über eine Verbindung zu diesen Dateien verfügen. Anhand der Angaben in dieser Liste können Sie entscheiden, welche Benutzer zu benachrichtigen sind, wenn Sie das System herunterfahren. Anhand dieser Daten können Sie außerdem feststellen, welche Benutzer aktuell mit einer bestimmten Datei verbunden sind und benachrichtigt werden sollten, wenn ein anderer Benutzer auf diese Datei zugreifen möchte.

In Tabelle 17.3 finden Sie eine Zusammenstellung der im Ordner **Geöffnete Dateien** angezeigten Daten.

Tabelle 17.3 Informationen im Ordner **Geöffnete Dateien**

Spalte	Beschreibung
Geöffnete Datei	Der Name der geöffneten Datei auf dem Computer.
Zugriff durch	Der Anmeldename des Benutzers, der die Datei geöffnet hat.
Typ	Das Betriebssystem, das auf dem Computer des Benutzers ausgeführt wird.

▶

Spalte	Beschreibung
Anzahl Sperren	Die Anzahl der Dateisperren. Programme können beim Betriebssystem eine Dateisperre anfordern, um exklusiven Zugriff auf eine Datei zu erhalten und andere Programme daran zu hindern, Dateiänderungen vorzunehmen.
Offener Modus	Die Zugriffsart, mit der die Benutzeranwendung die Datei geöffnet hat, beispielsweise Lese- oder Schreibzugriff.

Trennen der Verbindung zu geöffneten Dateien

Sie haben die Möglichkeit, bei einem Benutzer die Verbindungen zu einer oder allen geöffneten Dateien zu trennen. Wenn Sie Änderungen an den NTFS-Berechtigungen für eine gerade geöffnete Datei vornehmen, werden die neuen Berechtigungen erst dann für den Benutzer wirksam, wenn er die Datei schließt und anschließend wieder öffnet.

Sie können diese Änderungen aber auch sofort wirksam werden lassen. Gehen Sie dazu folgendermaßen vor:

- **Trennen aller Verbindungen zu allen geöffneten Dateien:** Klicken Sie in der Konsole **Computerverwaltung** auf **Geöffnete Dateien** und anschließend im Menü **Aktion** auf **Alle geöffneten Dateien trennen**.
- **Trennen der Verbindungen sämtlicher Benutzer zu einer bestimmten Datei:** Klicken Sie in der Konsole **Computerverwaltung** auf **Geöffnete Dateien**. Markieren Sie im Detailbereich die geöffnete Datei, und klicken Sie im Menü **Aktion** auf **Geöffnete Datei schließen**.

Vorsicht Das Trennen der Benutzer von geöffneten Dateien kann zu Datenverlusten führen. Sie sollten die Verbindung zu Benutzern nur trennen, wenn es sich absolut nicht vermeiden lässt, und Sie sollten versuchen, die Benutzer vorher zu warnen.

Übung: Überwachen freigegebener Ordner

In dieser Übung zeigen Sie mithilfe der Konsole **Computerverwaltung** die freigegebenen Ordner und geöffneten Dateien auf Ihrem Server an. Sind auf Ihrem Server Dateien geöffnet, deren Verbindungen Sie trennen möchten, verwenden Sie dazu den Befehl **Alle geöffneten Dateien trennen**. Dadurch trennen Sie die Verbindungen aller Benutzer zu allen geöffneten Dateien.

Übung 1: Anzeigen der freigegebenen Ordner auf Ihrem Computer

1. Melden Sie sich mit einem Benutzerkonto an, das Mitglied der Administratorengruppe ist.
2. Klicken Sie im Startmenü auf **Alle Programme**, **Verwaltung** und **Computerverwaltung**.

   Windows XP Professional zeigt die Konsole **Computerverwaltung** an.
3. Erweitern Sie im Fenster **Computerverwaltung** den Zweig **System** und dann den Zweig **Freigegebene Ordner**.
4. Klicken Sie unter **Freigegebene Ordner** auf **Freigaben**.

In der Detailansicht sehen Sie jetzt eine Liste der vorhandenen freigegebenen Ordner auf Ihrem Computer.

5. Welche Informationen werden über einen freigegebenen Ordner angezeigt?

___

___

___

Übung 2: Anzeigen der geöffneten Dateien auf Ihrem Computer

1. Klicken Sie im Fenster **Computerverwaltung** unter **Freigegebene Ordner** auf **Geöffnete Dateien**.

   Wenn Sie mit einem Computer arbeiten, der nicht mit einem Netzwerk verbunden ist, können keine geöffneten Dateien angezeigt werden. Beim Anzeigen von geöffneten Dateien werden nur die Verbindungen zwischen Remotecomputern und einer freigegebenen Ressource auf Ihrem Computer berücksichtigt.
2. Sind auf Ihrem Server Dateien geöffnet, deren Verbindungen Sie trennen möchten, klicken Sie im Menü **Aktion** auf **Alle geöffneten Dateien trennen**.
3. Lassen Sie das Fenster **Computerverwaltung** für die nächste Übung geöffnet, und bleiben Sie angemeldet.

Lernzielkontrolle

Die folgenden Fragen dienen zum Vertiefen der Themen dieser Lektion. Falls Sie eine Frage nicht beantworten können, sollten Sie die Lektion noch einmal durcharbeiten, und dann erneut versuchen, die Frage zu beantworten. Die Antworten auf die Lernzielkontrollfragen finden Sie im Abschnitt „Fragen und Antworten“ am Ende dieses Kapitels.

1. Warum ist eine Verwaltung der Netzwerkressourcen so wichtig?

   ___

   ___

   ___

2. Auf einem Windows XP Professional-Computer können Mitglieder der Gruppen ___ und ___ die Konsole **Computerverwaltung** zum Überwachen der Netzwerkressourcen verwenden.
3. Wie können Sie auf einem Windows XP Professional-Computer feststellen, welche Dateien gerade geöffnet sind?

   ___

   ___

   ___

4. Welche der folgenden Aussagen treffen auf die Überwachung von Netzwerkressourcen zu? (Wählen Sie alle zutreffenden Antworten aus.)

a. Sie können die Konsole **Computerverwaltung** zum Trennen aller Benutzer von allen geöffneten Dateien einsetzen.

b. Sie können die Konsole **Computerverwaltung** zum Trennen eines Benutzers von einer bestimmten Datei einsetzen.

c. Beim Ändern der NTFS-Berechtigungen für eine geöffnete Datei werden die eingegebenen Änderungen sofort für sämtliche Benutzer wirksam, die die Datei zurzeit geöffnet haben.

d. Wenn Sie die NTFS-Berechtigungen einer geöffneten Datei ändern, werden diese Änderungen für den Benutzer, der die Datei aktuell geöffnet hat, erst dann wirksam, wenn er die Datei schließt und wieder öffnet.

Zusammenfassung der Lektion

- Anhand der Überwachung von Netzwerkressourcen können Sie Netzwerkressourcen auf Einsatzbedarf und Sicherheit überprüfen und künftige Netzwerkerweiterungen planen. Verwenden Sie die Konsole **Computerverwaltung**, um den Zugriff auf Netzwerkressourcen auf lokalen oder Remotecomputern zu überwachen.
- In einer Arbeitsgruppe dürfen ausschließlich Mitglieder der Gruppen **Administratoren** und **Hauptbenutzer** Ressourcen überwachen. In einer Domäne können ausschließlich Mitglieder der Administratorengruppe beziehungsweise Mitglieder der Gruppe **Server-Operatoren** die Ressourcen sämtlicher Domänencomputer überwachen.
- Verwenden Sie zum Verwalten freigegebener Ordner und geöffneter Dateien auf einem Computer den Ordner **Freigaben** in der Konsole **Computerverwaltung**.
- Im Ordner **Geöffnete Dateien** sehen Sie, welche Dateien in freigegebenen Ordnern gerade auf einem Computer geöffnet sind.
- Sie können die Verbindungen aller Benutzer zu einer momentan geöffneten Datei trennen. Sie können außerdem sämtliche Verbindungen aller Benutzer zu allen geöffneten Dateien trennen. Es ist nicht möglich, die Verbindung eines einzigen Benutzers zu einer bestimmten Datei zu trennen.

Lektion 2: Erstellen und Freigeben von lokalen und Remoteordnern

Mithilfe der Konsole **Computerverwaltung** können Sie einen bestehenden Ordner freigeben oder einen neuen Ordner erstellen und diesen auf dem lokalen oder einem Remotecomputer freigeben. Beim Freigeben des Ordners können Sie zudem den freigegebenen Ordner und die NTFS-Berechtigungen bearbeiten. Wenn Sie Ordner auf einem Computer freigeben wollen, auf dem die Windows-Firewall läuft, müssen Sie die Ausnahme **Datei- und Druckerfreigabe** aktivieren (mehr dazu in Kapitel 9).

Am Ende dieser Lektion werden Sie in der Lage sein, die folgenden Aufgaben auszuführen:

- Erstellen eines neuen Ordners und Freigeben des Ordners in der Computerverwaltung.
- Freigeben eines Ordners auf einem Remotecomputer in der Computerverwaltung.
- Aufheben der Freigabe eines Ordners.

Veranschlagte Zeit für diese Lektion: 20 Minuten

Erstellen eines neuen Ordners und Freigeben des Ordners in der Computerverwaltung

Im Fenster **Computerverwaltung** können Sie den Assistenten zum Erstellen freizugebender Ordner starten. In diesem Assistenten können Sie einen neuen Ordner erstellen und freigeben. Gehen Sie folgendermaßen vor, um den Assistenten zum Erstellen freizugebender Ordner auszuführen:

1. Klicken Sie im Startmenü auf **Systemsteuerung**.
2. Klicken Sie im Fenster **Systemsteuerung** auf **Leistung und Wartung**.
3. Klicken Sie im Fenster **Leistung und Wartung** auf **Verwaltung**.
4. Klicken Sie im Ordner **Verwaltung** doppelt auf **Computerverwaltung**.
5. Erweitern Sie den Zweig **System** und dann den Zweig **Freigegebene Ordner**.
6. Klicken Sie unter **Freigegebene Ordner** auf **Freigaben**.
7. Wählen Sie den Menübefehl **Aktion/Neue Dateifreigabe**.

   Der Assistent zum Erstellen freizugebender Ordner wird gestartet und zeigt die Seite **Willkommen** an.
8. Klicken Sie auf **Weiter**.

   Der Assistent zeigt die Seite **Freigegebenen Ordner einrichten** an.
9. Geben Sie im Textfeld **Freizugebender Ordner** den Pfad des Ordners ein, den Sie freigeben wollen, oder klicken Sie auf die Schaltfläche **Durchsuchen**, um einen vorhandenen Ordner zu suchen. Falls Sie den Namen eines Ordners eingeben, der noch nicht vorhanden ist, öffnet Windows ein Dialogfeld, in dem Sie gefragt werden, ob

Sie den Ordner erstellen möchten. Sie können auf diese Weise in einem Arbeitsgang einen neuen Ordner erstellen und freigeben.

10. Geben Sie im Textfeld **Freigabename** den Freigabenamen des Ordners ein. Bei Bedarf können Sie auch eine Beschreibung für die Freigabe eingeben.
11. Klicken Sie auf **Weiter**.

    Falls Sie im Textfeld **Freizugebender Ordner** den Namen eines Ordners eingegeben haben, der noch nicht vorhanden ist, öffnet sich ein Dialogfeld, in dem Sie gefragt werden, ob Sie den neuen Ordner erstellen wollen. Klicken Sie in diesem Fall auf **Ja**.

    Der Assistent zum Erstellen freizugebender Ordner zeigt die Seite **Berechtigungen für freigegebene Ordner an**. Die Optionen auf dieser Seite sind in Tabelle 17.4 erläutert.
12. Wählen Sie die gewünschte Berechtigung für den freigegebenen Ordner aus und klicken Sie dann auf **Weiter**.
13. Klicken Sie auf **Fertig stellen**.

Tabelle 17.4 Standardfreigabeberechtigungen

Option	Beschreibung
Alle Benutzer haben schreibgeschützten Zugriff	Der Assistent zum Erstellen freizugebender Ordner weist der Gruppe **Jeder** die Freigabeberechtigung **Lesen** zu.
Administratoren haben Vollzugriff, andere Benutzer haben schreibgeschützten Zugriff	Der Assistent zum Erstellen freizugebender Ordner weist der Administratorengruppe die Freigabeberechtigung **Vollzugriff** und der Gruppe **Jeder** die Freigabeberechtigung **Lesen** zu.
Administratoren haben Vollzugriff, andere Benutzer haben keinen Zugriff	Der Assistent zum Erstellen freizugebender Ordner weist der Administratorengruppe die Freigabeberechtigung **Vollzugriff** zu.
Berechtigungen anpassen	Mit dieser Option können Sie benutzerdefinierte Freigabeberechtigungen und NTFS-Berechtigungen festlegen.

Freigeben eines Ordners auf einem Remotecomputer in der Computerverwaltung

Falls Sie einen Ordner freigeben wollen, der auf einem Remotecomputer liegt, müssen Sie im Fenster **Computerverwaltung** eine Verbindung zu diesem Remotecomputer herstellen.

Hinweis Ordner auf einem Remotecomputer können ausschließlich mit der Konsole **Computerverwaltung** (oder dem Snap-In **Freigegebene Ordner**) freigegeben werden. Andernfalls müssen Sie lokal an dem Computer arbeiten, auf dem der freizugebende Ordner gespeichert ist.

Gehen Sie so vor, um einen Ordner auf einem Remotecomputer freizugeben:

1. Klicken Sie im Startmenü auf **Systemsteuerung**.
2. Klicken Sie im Fenster **Systemsteuerung** auf **Leistung und Wartung**.
3. Klicken Sie im Fenster **Leistung und Wartung** auf **Verwaltung**.
4. Klicken Sie im Ordner **Verwaltung** doppelt auf **Computerverwaltung**.
5. Klicken Sie im Fenster **Computerverwaltung** auf **Computerverwaltung (Lokal)**.
6. Wählen Sie den Menübefehl **Aktion/Verbindung mit anderem Computer herstellen**.

   Windows XP zeigt das Dialogfeld **Computer auswählen** an.
7. Geben Sie den UNC-Namen (Universal Naming Convention) des Computers an, zu dem Sie eine Verbindung herstellen wollen, oder klicken Sie auf **Durchsuchen**, um den Computer im Netzwerk zu suchen. Klicken Sie auf **OK**, nachdem Sie den Computer ausgewählt haben.
8. Erstellen Sie im Assistenten zum Erstellen freizugebender Ordner einen neuen Ordner und geben Sie ihn frei (wie im letzten Abschnitt beschrieben).

Hinweis Falls Sie freigegebene Ordner auf Remotecomputern erstellen und verwalten möchten und nicht in einer Domäne arbeiten, müssen Sie auf sämtlichen Computern dasselbe Benutzerkonto mit demselben Kennwort erstellen. In Arbeitsgruppen verfügen Sie nicht über eine zentrale Datenbank mit sämtlichen Benutzergruppen. Hier speichert jeder einzelne Computer der Arbeitsgruppe eine eigene lokale Sicherheitsdatenbank. Weitere Informationen zu lokalen Sicherheitsdatenbanken erhalten Sie in Kapitel 7, „Einrichten und Verwalten von Benutzerkonten“.

Aufheben der Freigabe für einen Ordner in der Computerverwaltung

Sie können im Zweig **Freigegebene Ordner** der Konsole **Computerverwaltung** die Freigabe eines Ordners aufheben. Gehen Sie dazu folgendermaßen vor:

1. Klicken Sie im Startmenü auf **Systemsteuerung**.
2. Klicken Sie im Fenster **Systemsteuerung** auf **Leistung und Wartung**.
3. Klicken Sie im Fenster **Leistung und Wartung** auf **Verwaltung**.
4. Klicken Sie im Ordner **Verwaltung** doppelt auf **Computerverwaltung**.
5. Erweitern Sie den Zweig **System** und dann den Zweig **Freigegebene Ordner**.
6. Klicken Sie unter **Freigegebene Ordner** auf **Freigaben**.
7. Klicken Sie im rechten Fensterabschnitt mit der rechten Maustaste auf den Ordner, bei dem Sie die Freigabe aufheben wollen, und wählen Sie den Befehl **Freigabe aufheben**.

   Windows zeigt das Dialogfeld **Freigegebene Ordner** an, in dem Sie gefragt werden, ob Sie sicher sind, dass Sie den Ordner nicht mehr freigeben wollen.
8. Klicken Sie auf **Ja**.

Übung: Erstellen eines freigegebenen Ordners

In dieser Übung erstellen Sie auf dem lokalen Computer einen neuen Ordner und geben ihn frei. Dazu verwenden Sie in der Konsole **Computerverwaltung** den Zweig **Freigegebene Ordner**. Anschließend heben Sie im Zweig **Freigegebene Ordner** die Freigabe des Ordners wieder auf.

Übung 1: Erstellen und Freigeben eines Ordners auf dem lokalen Computer

1. Klicken Sie im Startmenü auf **Systemsteuerung**.
2. Klicken Sie im Fenster **Systemsteuerung** auf **Leistung und Wartung**.
3. Klicken Sie im Fenster **Leistung und Wartung** auf **Verwaltung**.
4. Klicken Sie im Ordner **Verwaltung** doppelt auf **Computerverwaltung**.
5. Erweitern Sie den Zweig **System** und dann den Zweig **Freigegebene Ordner**.
6. Klicken Sie unter **Freigegebene Ordner** auf **Freigaben**.
7. Wählen Sie den Menübefehl **Aktion/Neue Dateifreigabe**.

   Der Assistent zum Erstellen freizugebender Ordner wird gestartet.
8. Geben Sie auf der Seite **Freigabe erstellen** im Textfeld **Ordner** den Pfad **C:\Bibliothek** ein.
9. Geben Sie in das Textfeld **Freigabename** den Namen **Bibliothek** ein.
10. Klicken Sie auf **Weiter**.

    Ein Meldungsfeld wird eingeblendet, in dem Sie gefragt werden, ob **C:\Bibliothek** erstellt werden soll.
11. Klicken Sie auf **Ja**.

    In einem Meldungsfeld werden Sie davon in Kenntnis gesetzt, dass **C:\Bibliothek** erstellt worden ist.
12. Klicken Sie auf **OK**.

    Der Assistent zum Erstellen freizugebender Ordner zeigt eine letzte Seite mit drei Standardfreigabeberechtigungsoptionen und einer Option für benutzerdefinierte Berechtigungen an, die in Tabelle 17.4 erläutert wurden. Sie können entweder eine der drei Standardberechtigungen wählen, oder mit der Option **Berechtigungen anpassen** Ihre eigenen Berechtigungen erstellen.
13. Klicken Sie auf **Fertig stellen**, um die standardmäßige Berechtigungsoption **Alle Benutzer haben schreibgeschützten Zugriff** zu akzeptieren.

    Der Assistent zum Erstellen freizugebender Ordner zeigt ein Meldungsfeld an, in dem Ihnen mitgeteilt wird, dass die Ordnerfreigabe erfolgreich war, und in dem Sie angeben können, ob Sie einen weiteren freigegebenen Ordner erstellen möchten.
14. Klicken Sie auf **Nein**.

    Lassen Sie das Fenster **Computerverwaltung** für die nächste Teilübung offen.

Übung 2: Aufheben der Freigabe für einen Ordner

1. Klicken Sie unter **Freigegebene Ordner** auf **Freigaben**.
2. Wählen Sie im Detailbereich den Ordner **Bibliothek** aus.
3. Klicken Sie im Menü **Aktion** auf **Freigabe aufheben**.

   In einem Meldungsfeld werden Sie gefragt, ob die Freigabe für den Ordner **Bibliothek** wirklich aufgehoben werden soll.
4. Klicken Sie auf **Ja**.

   Der Ordner **Bibliothek** wird aus der Liste der freigegebenen Ordner gelöscht.

Vorsicht Wenn Sie die Freigabe eines Ordners aufheben, während ein Benutzer eine Datei geöffnet hat, kann es zu Datenverlusten für den Benutzer kommen.

Lernzielkontrolle

Die folgenden Fragen dienen zum Vertiefen der Themen dieser Lektion. Falls Sie eine Frage nicht beantworten können, sollten Sie die Lektion noch einmal durcharbeiten, und dann erneut versuchen, die Frage zu beantworten. Die Antworten auf die Lernzielkontrollfragen finden Sie im Abschnitt „Fragen und Antworten“ am Ende dieses Kapitels.

1. Mit welchen der folgenden Tools können Sie einen freigegebenen Ordner auf einem Remotecomputer erstellen? (Wählen Sie alle zutreffenden Antworten aus.)

   a. Windows-Explorer

   b. Computerverwaltung

   c. Verwaltung

   d. Snap-In Freigegebene Ordner
2. Wie können Sie einen Ordner auf einem Remotecomputer erstellen und freigeben?

   ____

   ____

   ____

Zusammenfassung der Lektion

- Mit der Konsole **Computerverwaltung** (oder dem Snap-In **Freigegebene Ordner** in einer benutzerdefinierten Konsole) können Sie auf dem lokalen Computer einen vorhandenen Ordner freigeben oder einen neuen Ordner erstellen und freigeben.
- Sie können in der Konsole **Computerverwaltung** auch freigegebene Ordner auf einem Remotecomputer erstellen.

Lektion 3: Überwachen von Netzwerkbenutzern

Die Konsole **Computerverwaltung** lässt sich auch zum Überwachen der Benutzer einsetzen, die aktuell von einem Remotecomputer auf freigegebene Ordnerressourcen zugreifen. Darüber hinaus können Sie die Ressourcen anzeigen, mit denen diese Benutzer verbunden sind. Sie können Benutzer trennen und Meldungen an Computer und Benutzer senden. Dabei können Sie auch die Benutzer benachrichtigen, die aktuell nicht auf die Netzwerkressourcen zugreifen.

Am Ende dieser Lektion werden Sie in der Lage sein, die folgenden Aufgaben auszuführen:

- Überwachen von Benutzersitzungen.
- Trennen der Netzwerkverbindung eines bestimmten Benutzers.
- Senden von Meldungen an Benutzer.

Veranschlagte Zeit für diese Lektion: 20 Minuten

Überwachen von Benutzersitzungen

Mithilfe der Konsole **Computerverwaltung** können Sie anzeigen, welche Benutzer eine Verbindung mit geöffneten Dateien auf einem Server haben und mit welchen Dateien die Verbindung besteht. Anhand dieser Informationen können Sie feststellen, welche Benutzer zu kontaktieren sind, falls die Freigabe eines Ordners aufgehoben beziehungsweise falls der Server mit den freigegebenen Ordnern heruntergefahren werden soll. Sie können einen oder mehrere Benutzer trennen, um ungenutzte Verbindungen mit dem freigegebenen Ordner freizugeben, um einen Sicherungs- oder Wiederherstellungsvorgang vorzubereiten, um einen Server herunterzufahren oder um Gruppenmitgliedschaft und Berechtigungen für den freigegebenen Ordner zu ändern.

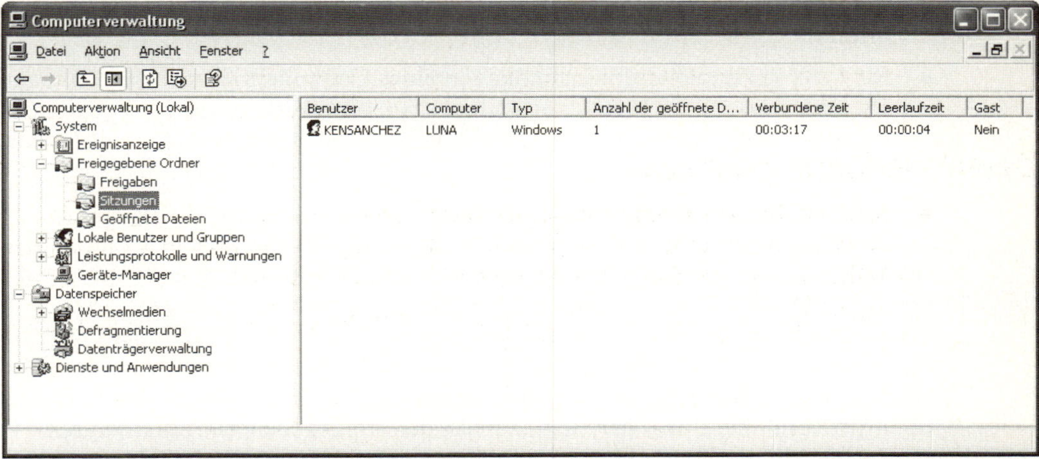

Abbildung 17.2 Im Ordner **Sitzungen** wird eine Liste der Benutzer angezeigt, die gerade eine Netzwerkverbindung mit Ihrem Computer haben

Sie verwenden den Ordner **Sitzungen** im Fenster **Computerverwaltung** zum Anzeigen einer Liste der Benutzer, die aktuell mit dem von Ihnen überwachten Computer verbunden sind (Abbildung 17.2).

In Tabelle 17.5 finden Sie eine Zusammenstellung der im Ordner **Sitzungen** angezeigten Daten.

Tabelle 17.5 Informationen im Ordner **Sitzungen**

Spalte	Beschreibung
Benutzer	Die Benutzer, die aktuell mit diesem Computer verbunden sind.
Computer	Der Name des Benutzercomputers.
Typ	Das Betriebssystem des Remotecomputers.
Anzahl der geöffneten Dateien	Die Anzahl der Dateien, die der Benutzer auf diesem Computer geöffnet hat.
Verbundene Zeit	Die Zeit, die seit dem Herstellen der aktuellen Sitzung verstrichen ist.
Leerlaufzeit	Die Zeitspanne, die seit dem letzten Zugriff des Benutzers auf eine Ressource dieses Computers verstrichen ist.
Gast	Zeigt, ob dieser Computer den Benutzer als Mitglied des integrierten Gastkontos authentifziert hat.

Trennen der Verbindung von Benutzern

Sie können die Netzwerkverbindung mit einem Computer für einen oder alle Benutzer trennen, um eine der folgenden Aktionen auszuführen.

- Sie möchten Änderungen an dem freigegebenen Ordner und NTFS-Berechtigungen sofort wirksam werden lassen. Ein Benutzer verfügt über all die Berechtigungen für eine freigegebene Ressource, die ihm bei der Verbindungserstellung zugewiesen wurden. Bei der nächsten Verbindungserstellung werden die Berechtigungen erneut ermittelt.
- Sie möchten ungenutzte Verbindungen eines Computers freigeben, damit andere Benutzer bei erreichter Höchstverbindungszahl eine Verbindung herstellen können. Benutzerverbindungen mit Ressourcen können noch etliche Minuten nach dem letzten Zugriff auf eine Ressource durch den Benutzer aktiv bleiben.
- Sie möchten einen Server herunterfahren.

Hinweis Unmittelbar nachdem Sie eine bestehende Verbindung getrennt haben, kann bereits wieder eine neue Verbindung hergestellt werden. Greift der Benutzer von einem Windows-Clientcomputer auf einen freigegebenen Ordner zu, stellt der Clientcomputer automatisch eine neue Verbindung mit dem freigegebenen Ordner her. Diese Verbindung wird ohne explizite Benutzereingaben hergestellt, es sei denn, eine Änderung der Berechtigungen verhindert, dass der Benutzer auf den freigegebenen Ordner zugreift. Darüber hinaus besteht die Möglichkeit, die Freigabe des Ordners aufzuheben, um sämtlichen Benutzern den Zugriff auf diese Ressource zu verweigern.

Gehen Sie folgendermaßen vor, um die Netzwerkverbindung für einen bestimmten Benutzer zu trennen:

1. Klicken Sie in der Konsole **Computerverwaltung** unter **Freigegebene Ordner** auf den Unterordner **Sitzungen**.
2. Wählen Sie im Detailbereich aus der Benutzerliste den zu trennenden Benutzer aus, und klicken Sie anschließend im Menü **Aktion** auf **Sitzung schließen**.

Hinweis Wenn Sie sämtliche Benutzer trennen möchten, klicken Sie in der Konsolenstruktur auf **Sitzungen** und dann im Menü **Aktion** auf **Alle Sitzungen trennen**.

Um Datenverluste zu vermeiden, sollten Sie immer alle Benutzer, die auf freigegebene Ordner oder Dateien zugreifen, davon in Kenntnis setzen, wenn Sie die Freigabe eines Ordners aufheben beziehungsweise wenn Sie den Computer herunterfahren.

Versenden von Warnmeldungen an Benutzer

Sie können einem oder mehreren Benutzern oder Computern Warnmeldungen senden. Senden Sie diese Nachrichten an Benutzer, die aktuell mit einem Computer mit freigegebenen Netzwerkressourcen verbunden sind, um sie über Unterbrechungen bei der Verfügbarkeit von Computern oder Ressourcen zu informieren. Üblicherweise senden Sie Benutzern Meldungen, um sie davon in Kenntnis zu setzen, dass Sie eine der folgenden Aktionen durchführen möchten:

- Ausführen eines Sicherungs- oder Wiederherstellungsvorgangs
- Trennen von Benutzern von einer Ressource
- Aktualisieren von Software oder Hardware
- Herunterfahren des Computers

Hinweis Computer, die unter Windows XP Professional laufen, können nur dann Konsolenmeldungen empfangen, wenn der Nachrichtendienst auf dem Computer läuft. Wenn auf einem Computer das Windows XP Service Pack 2 installiert wurde, ist der Nachrichtendienst standardmäßig deaktiviert. Sie können den Dienst mit dem Tool Dienste aus dem Ordner **Verwaltung** wieder starten.

Gehen Sie folgendermaßen vor, um eine Warnmeldung an einen oder mehrere Computer zu schicken:

1. Klicken Sie im Fenster **Computerverwaltung** mit der rechten Maustaste auf **Freigegebene Ordner**, wählen Sie den Befehl **Alle Tasks** und dann **Konsolenmeldung senden**.

   Windows XP zeigt das Dialogfeld **Konsolenmeldung senden** an.
2. Klicken Sie im Dialogfeld **Konsolenmeldung senden** auf **Hinzufügen**.

   Windows XP zeigt das Dialogfeld **Computer wählen** an.
3. Geben Sie im Dialogfeld **Computer wählen** die Namen der Computer ein, denen Sie eine Meldung schicken wollen, und klicken Sie dann auf **OK**. (Sie können auch auf

Erweitert klicken und einen Eintrag aus der Liste der verfügbaren Computer auswählen.)

Tipp Sie können im Fenster **Computerverwaltung** den Namen des Computers ermitteln, an dem ein Benutzer angemeldet ist. Klicken Sie dazu auf den Ordner **Sitzungen**.

4. Geben Sie im Dialogfeld **Konsolenmeldung senden** im Feld **Nachricht** den Text der Meldung ein, die Sie verschicken möchten.
5. Klicken Sie auf **Senden**, um die Konsolenmeldung an die ausgewählten Computer zu schicken.

Lernzielkontrolle

Die folgenden Fragen dienen zum Vertiefen der Themen dieser Lektion. Falls Sie eine Frage nicht beantworten können, sollten Sie die Lektion noch einmal durcharbeiten, und dann erneut versuchen, die Frage zu beantworten. Die Antworten auf die Lernzielkontrollfragen finden Sie im Abschnitt „Fragen und Antworten" am Ende dieses Kapitels.

1. Wie können Sie feststellen, welche Benutzer mit offenen Dateien auf einem Computer verbunden sind und mit welchen Dateien eine Verbindung besteht?

   ____

   ____

   ____

2. Wie können Sie einen bestimmten Benutzer von einer Datei trennen?

   ____

   ____

   ____

3. Welche Gründe gibt es, aktuell verbundenen Benutzern eine Meldung zu senden?

   ____

   ____

   ____

4. Wie können Sie verhindern, dass ein Benutzer eine Netzwerkverbindung wiederherstellt, nachdem Sie dessen Verbindung mit einem freigegebenen Ordner getrennt haben?

   ____

   ____

   ____

   ____

Zusammenfassung der Lektion

- Mithilfe des Ordners **Sitzungen** in der Konsole **Computerverwaltung** können Sie anzeigen, welche Benutzer Dateien auf einem Computer geöffnet haben und mit welchen Dateien die Verbindung besteht.
- Mit dem Ordner **Sitzungen** in der Konsole **Computerverwaltung** können Sie außerdem die Netzwerkverbindungen eines Benutzers oder sämtlicher Benutzer trennen.
- Mit der Konsole **Computerverwaltung** können Sie einem oder mehreren Benutzern oder Computern Meldungen senden.

Übung mit Fallbeispiel

In dieser Übung wird ein Szenario beschrieben, bei dem freigegebene Ordner überwacht werden müssen. Beantworten Sie nach dem Durchlesen des Szenarios die Fragen. Falls Sie Schwierigkeiten haben, sollten Sie den Inhalt dieses Kapitels noch einmal durcharbeiten, bevor Sie das nächste Kapitel in Angriff nehmen. Die Antworten auf die Fragen finden Sie im Abschnitt „Fragen und Antworten" am Ende dieses Kapitels.

Szenario

Sie arbeiten als Administrator für ein Unternehmen namens Contoso, Ltd, Hersteller von Bleikristallvasen. Sie wurden von Ray angerufen, einem Benutzer in der Marketingabteilung. Er hat mehrere freigegebene Ordner auf seinem Windows XP Professional-Computer. Einer dieser Ordner, **Werbematerial**, wird von vielen Benutzern der Abteilung häufig verwendet. Oft beschweren sich andere Benutzer bei Ray, dass sie keinen Zugriff auf den Ordner **Werbematerial** bekommen. Ray ist klar, dass sein Computer nur 10 gleichzeitige Verbindungen unterstützt, aber er ist sicher, dass in vielen Fällen weniger als 10 Benutzer wirklich mit den Dateien im Ordner **Werbematerial** arbeiten.

Fragen

1. Welche falsche Vorstellung hat Ray über die Verbindungen zu seinem Computer?

____

____

____

____

2. Ray möchte jederzeit feststellen können, wie viele Benutzer gerade eine Verbindung zum Ordner **Werbematerial** haben. Wie erreicht er das? Welche Voraussetzungen müssen erfüllt sein?

____

____

____

____

3. Ray möchte außerdem feststellen können, welche Benutzer eine Verbindung zu seinem Computer haben. Wie erreicht er das?

4. Weil Ray fürchtet, dass gelegentlich mehr als 10 Benutzer gleichzeitig eine Verbindung zu den freigegebenen Ordnern auf seinem Computer herstellen wollen, fragt er Sie um Rat. Was sollten Sie ihm sagen?

Übung zur Problembehandlung

Sie arbeiten als Administrator für ein Unternehmen namens Lucerne Publishing, ein Verlag für Normungs- und Referenzmaterialien. Sofia, eine der leitenden Lektoren, ruft Sie an und erzählt, dass sie zu einem freigegebenen Ordner im Netzwerk keine Verbindung herstellen kann. Der Ordner liegt auf einem Windows XP Professional-Computer, der Kevin gehört, einem der Lektoren in ihrer Abteilung. Kevin ist für eine Woche auf einer Buchmesse und Sofia braucht dringend einige Dateien auf Kevins Computer. Sie stellen fest, dass Sofias und Kevins Computer betriebsbereit sind und eine funktionierende Netzwerkverbindung haben. Sofia ist Mitglied der folgenden Gruppen: **Benutzer**, **Lektoren** und **Leitende Lektoren**.

1. Wie können Sie überprüfen, ob auf Kevins Computer tatsächlich ein freigegebener Ordner zur Verfügung steht?

2. Sie haben festgestellt, dass der freigegebene Ordner wirklich auf Kevins Computer liegt. Wie können Sie sicherstellen, dass Sofia die erforderlichen Berechtigungen besitzt, um auf diesen freigegebenen Ordner zugreifen zu können?

3. Sie haben sichergestellt, dass Sofia die erforderlichen Berechtigungen hat, um auf die Ressource zuzugreifen. Bei Ihrer Arbeit im Fenster Computerverwaltung entdecken Sie, dass momentan sechs Benutzer auf Kevins Computer zugreifen, vier davon haben eine Verbindung zu der Ressource, die Sofia benötigt. Sie versuchen, den Ordner selbst zu öffnen, und erhalten eine Fehlermeldung, dass es zu viele Verbindungen zum Ordner gibt. Wo vermuten Sie das Problem? Wie können Sie es beseitigen?

____

____

____

____

____

Zusammenfassung des Kapitels

- Anhand der Überwachung von Netzwerkressourcen können Sie Netzwerkressourcen auf Einsatzbedarf und Sicherheit überprüfen und künftige Netzwerkerweiterungen planen. Verwenden Sie die Konsole **Computerverwaltung**, um den Zugriff auf Netzwerkressourcen auf lokalen oder Remotecomputern zu überwachen.
- Mit der Konsole **Computerverwaltung** (oder dem Snap-In **Freigegebene Ordner** in einer benutzerdefinierten Konsole) können Sie auf dem lokalen Computer oder auf einem Remotecomputer einen vorhandenen Ordner freigeben oder einen neuen Ordner erstellen und freigeben.
- Mithilfe des Ordners **Sitzungen** in der Konsole **Computerverwaltung** können Sie anzeigen, welche Benutzer Dateien auf einem Computer geöffnet haben und mit welchen Dateien die Verbindung besteht. Sie können im Ordner **Sitzungen** außerdem die Netzwerkverbindungen eines Benutzers oder sämtlicher Benutzer trennen.

Prüfungsrelevante Themen

Vor der Prüfungsteilnahme sollten Sie die nachfolgend aufgeführten Schlüsselinformationen und -begriffe noch einmal durcharbeiten. Diese Informationen sind für das Bestehen der Prüfung von entscheidender Bedeutung.

Schlüsselinformationen

- Mitglieder der Domänengruppen **Domänen-Admins** oder **Server-Operatoren** können in der Computerverwaltung jeden Computer überwachen, der Mitglied der Domäne ist. Mitglieder der lokalen Gruppen **Administratoren** oder **Hauptbenutzer** können einen lokalen Computer überwachen, unabhängig davon, ob der Computer Mitglied einer Arbeitsgruppe oder einer Domäne ist.
- Wenn Sie eine Problembehandlung für Verbindungsprobleme mit einem freigegebenen Ordner durchführen, sollten Sie die Anzahl der bestehenden Verbindungen mit dem freigegebenen Ordner sowie die maximal zugelassene Verbindungsanzahl über-

prüfen. Wurde die maximale Zahl gleichzeitiger Verbindungen bereits erreicht, kann der Benutzer die Verbindung mit der freigegebenen Ressource nicht herstellen.

Schlüsselbegriffe

Geöffnete Dateien (Ordner) Ein Ordner in der Konsole **Computerverwaltung**, in dem eine Liste der Dateien angezeigt wird, die in freigegebenen Ordnern liegen und zu denen Benutzer momentan eine Verbindung hergestellt haben.

Sitzungen (Ordner) Ein Ordner in der Konsole **Computerverwaltung**, in dem eine Liste aller Benutzer angezeigt wird, die eine Netzwerkverbindung zu dem überwachten Computer haben.

Freigegebene Ordner (Snap-In) Ein MMC-Snap-In, mit dem Sie ganz einfach Zugriffe auf Netzwerkressourcen überwachen und Konsolenmeldungen an Benutzer schicken können.

Freigaben (Ordner) Ein Ordner in der Konsole **Computerverwaltung**, in dem eine Liste aller freigegebenen Ordner auf dem Computer angezeigt wird. Sie können darin auch sehen, wie viele Benutzer jeweils eine Verbindung zu einem Ordner haben.

Fragen und Antworten

Seite 891

Lektion 1, Übung 1

5. Welche Informationen werden über einen freigegebenen Ordner angezeigt?

   Der Freigabename, der Pfad des Ordners, der freigegeben wird, der Typ der Freigabe, die Zahl der Clientcomputer, die momentan eine Verbindung zu der Freigabe haben, und der Kommentar, den Sie zu einer Freigabe eingegeben haben.

Seite 892

Lernzielkontrolle Lektion 1

1. Warum ist eine Verwaltung der Netzwerkressourcen so wichtig?

   Sie müssen wissen, welche Benutzer auf Netzwerkressourcen zugreifen, damit Sie die Benutzer benachrichtigen können, falls eine Ressource zeitweise oder dauerhaft nicht mehr zur Verfügung steht. Sie überwachen vertrauliche Ressourcen, um sicherzustellen, dass nur autorisierte Benutzer darauf zugreifen. Sie ermitteln die Auslastung der einzelnen Ressourcen, um Systemerweiterungen planen zu können.

2. Auf einem Windows XP Professional-Computer können Mitglieder der Gruppen ____________________ und ____________________ die Konsole **Computerverwaltung** zum Überwachen der Netzwerkressourcen verwenden.

   Administratoren und **Hauptbenutzer**

3. Wie können Sie auf einem Windows XP Professional-Computer feststellen, welche Dateien gerade geöffnet sind?

   Verwenden Sie den Ordner **Geöffnete Dateien** in der Konsole **Computerverwaltung**, um eine Liste mit den geöffneten Dateien sowie den Benutzern anzuzeigen, die derzeit über eine Verbindung zu diesen Dateien verfügen.

4. Welche der folgenden Aussagen treffen auf die Überwachung von Netzwerkressourcen zu? (Wählen Sie alle zutreffenden Antworten aus.)
   a. Sie können die Konsole **Computerverwaltung** zum Trennen aller Benutzer von allen geöffneten Dateien einsetzen.
   b. Sie können die Konsole **Computerverwaltung** zum Trennen eines Benutzers von einer bestimmten Datei einsetzen.
   c. Beim Ändern der NTFS-Berechtigungen für eine geöffnete Datei werden die eingegebenen Änderungen sofort für sämtliche Benutzer wirksam, die die Datei zurzeit geöffnet haben.
   d. Wenn Sie die NTFS-Berechtigungen einer geöffneten Datei ändern, werden diese Änderungen für den Benutzer, der die Datei aktuell geöffnet hat, erst dann wirksam, wenn er die Datei schließt und wieder öffnet.

   Die richtigen Antworten sind a und d. Antwort b ist nicht richtig, weil Sie die Verbindung eines einzigen Benutzers mit einer bestimmten Datei nicht trennen können. Sie müssen entweder die Verbindungen aller Benutzer zu einer Datei trennen oder sämtliche Verbindungen aller Benutzer zu allen Dateien. Antwort c ist nicht richtig, weil Änderungen, die an den NTFS-Berechtigungen einer geöffneten Datei durchgeführt werden, erst angewendet werden, wenn sich der Benutzer das nächste Mal anmeldet.

Seite 898

Lernzielkontrolle Lektion 2

1. Mit welchen der folgenden Tools können Sie einen freigegebenen Ordner auf einem Remotecomputer erstellen? (Wählen Sie alle zutreffenden Antworten aus.)
   a. Windows-Explorer
   b. Computerverwaltung
   c. Verwaltung
   d. Snap-In Freigegebene Ordner

   Die richtigen Antworten sind b und d. Antwort a ist nicht richtig, weil Sie mit dem Windows-Explorer keinen freigegebenen Ordner auf einem Remotecomputer erstellen können, nur auf dem lokalen Computer. Antwort c ist nicht richtig, weil **Verwaltung** ein Ordner ist, der Zugriff auf verschiedene Tools bietet.

2. Wie können Sie einen Ordner auf einem Remotecomputer erstellen und freigeben?

   Sie können einen Ordner auf einem Remotecomputer erstellen und freigeben, indem Sie in der Konsole **Computerverwaltung** (oder im Snap-In **Freigegebene Ordner**) eine Verbindung zu dem Remotecomputer herstellen, auf dem Sie die Freigaben verwalten möchten.

Seite 902

Lernzielkontrolle Lektion 3

1. Wie können Sie feststellen, welche Benutzer mit offenen Dateien auf einem Computer verbunden sind und mit welchen Dateien eine Verbindung besteht?

Sie verwenden den Ordner **Sitzungen** in der Konsole **Computerverwaltung** zum Anzeigen einer Liste der Benutzer, die mit einer offenen Datei verbunden sind, sowie der Dateien, mit denen eine Verbindung besteht.

2. Wie können Sie einen bestimmten Benutzer von einer Datei trennen?

   Klicken Sie in der Konsole **Computerverwaltung** auf den Unterordner **Sitzungen**. Wählen Sie im Detailbereich den Benutzer aus, den Sie von einer Datei trennen möchten. Klicken Sie im Menü **Aktion** auf **Sitzung schließen**.

3. Welche Gründe gibt es, aktuell verbundenen Benutzern eine Meldung zu senden?

   Um den Benutzern mitzuteilen, dass ihre Verbindung mit einer Ressource getrennt wird, damit Sie Wiederherstellungs- oder Sicherungsvorgänge durchführen, Software- oder Hardwareupdates vornehmen oder den Computer herunterfahren können.

4. Wie können Sie verhindern, dass ein Benutzer eine Netzwerkverbindung wiederherstellt, nachdem Sie dessen Verbindung mit einem freigegebenen Ordner getrennt haben?

   Um alle Benutzer an einer erneuten Verbindung zu hindern, heben Sie die Ordnerfreigabe auf. Um einem einzelnen Benutzer eine erneute Verbindung zu verweigern, ändern Sie die Berechtigungen für den Ordner so, dass dieser Benutzer keinen Zugriff mehr erhält, und trennen anschließend den Benutzer von diesem Ordner.

Übung mit Fallbeispiel

1. Welche falsche Vorstellung hat Ray über die Verbindungen zu seinem Computer?

   Ray denkt, dass 10 Benutzer gleichzeitig eine Verbindung zum Ordner **Werbematerial** herstellen können. Aber in Wirklichkeit können höchstens 10 Benutzer insgesamt auf den Computer von Ray zugreifen, und das umfasst Verbindungen zu allen freigegebenen Ordnern (oder Druckern) auf dem Computer.

2. Ray möchte jederzeit feststellen können, wie viele Benutzer gerade eine Verbindung zum Ordner **Werbematerial** haben. Wie erreicht er das? Welche Voraussetzungen müssen erfüllt sein?

   Ray kann über den Ordner **Freigaben** im Fenster **Computerverwaltung** den Status aller freigegebenen Ordner auf seinem Computer beobachten. Dort wird auch angezeigt, wie viele Verbindungen momentan zu einem Ordner bestehen. Damit Ray freigegebene Ordner im Fenster **Computerverwaltung** verwalten darf, muss er Mitglied der lokalen Gruppen **Administratoren** oder **Hauptbenutzer** sein.

3. Ray möchte außerdem feststellen können, welche Benutzer eine Verbindung zu seinem Computer haben. Wie erreicht er das?

   Ray soll den Ordner **Sitzungen** im Fenster **Computerverwaltung** öffnen. Er zeigt alle offenen Verbindungen zu seinem Computer an.

4. Weil Ray fürchtet, dass gelegentlich mehr als 10 Benutzer gleichzeitig eine Verbindung zu den freigegebenen Ordnern auf seinem Computer herstellen wollen, fragt er Sie um Rat. Was sollten Sie ihm sagen?

Ray könnte die freigegebenen Ordner auf einen Computer verschieben, der unter Windows Server 2003 läuft. Ein solcher Computer kann mehr als 10 gleichzeitige Verbindungen unterstützen. Falls dies nicht möglich ist (oder falls er Mitglied einer Arbeitsgruppe ist, in der es keinen Server gibt), kann er die freigegebenen Ordner auch über mehrere andere Windows XP Professional-Computer verteilen.

Seite 904

Übung zur Problembehandlung

1. Wie können Sie überprüfen, ob auf Kevins Computer tatsächlich ein freigegebener Ordner zur Verfügung steht?

   Das können Sie am einfachsten feststellen, indem Sie im Fenster **Computerverwaltung** eine Remoteverbindung zu Kevins Computer herstellen und im Zweig **Freigaben Ordner** überprüfen, welche Ordner freigegeben sind.

2. Sie haben festgestellt, dass der freigegebene Ordner wirklich auf Kevins Computer liegt. Wie können Sie sicherstellen, dass Sofia die erforderlichen Berechtigungen besitzt, um auf diesen freigegebenen Ordner zugreifen zu können?

   Klicken Sie im Zweig **Freigaben** mit der rechten Maustaste auf den freigegebenen Ordner und wählen Sie den Befehl **Eigenschaften**, um das Eigenschaftendialogfeld des freigegebenen Ordners zu öffnen. Stellen Sie auf der Registerkarte **Freigabeberechtigungen** sicher, dass Sofia die erforderlichen Freigabeberechtigungen zugewiesen sind, damit sie über das Netzwerk auf den Ordner zugreifen kann (die Berechtigungen können entweder einer Gruppe zugewiesen sein, bei der sie Mitglied ist, oder direkt ihrem Konto). Sie müssen außerdem auf der Registerkarte **Sicherheit** sicherstellen, dass Sofia die erforderlichen NTFS-Berechtigungen für den Zugriff auf den Ordner zugewiesen wurden.

3. Sie haben sichergestellt, dass Sofia die erforderlichen Berechtigungen hat, um auf die Ressource zuzugreifen. Bei Ihrer Arbeit im Fenster Computerverwaltung entdecken Sie, dass momentan sechs Benutzer auf Kevins Computer zugreifen, vier davon haben eine Verbindung zu der Ressource, die Sofia benötigt. Sie versuchen, den Ordner selbst zu öffnen, und erhalten eine Fehlermeldung, dass es zu viele Verbindungen zum Ordner gibt. Wo vermuten Sie das Problem? Wie können Sie es beseitigen?

   Das Problem besteht wahrscheinlich darin, dass Kevin die Zahl Verbindungen, die gleichzeitig auf den Ordner zugreifen dürfen, auf vier heruntergesetzt hat. Sie können im Fenster **Computerverwaltung** die Verbindungen der momentanen Benutzer trennen oder Sie können im Eigenschaftendialogfeld für den freigegebenen Ordner die Zahl der erlaubten Verbindungen erhöhen.

KAPITEL 18

Arbeiten mit Windows XP-Tools

In diesem Kapitel abgedeckte Prüfungsziele:

- Überwachen, Optimieren und Problembehandlung der Leistung des Microsoft Windows XP Professional-Desktops.
  - Konfigurieren, Verwalten und Problembehandlung des Tools Geplante Tasks.
- Konfigurieren, Verwalten und Problembehandlung von Remotedesktop und Remoteunterstützung.

Bedeutung dieses Kapitels

In diesem Kapitel lernen Sie einige der Tools kennen, die Windows XP zum Konfigurieren und für die Problembehandlung des Betriebssystems zur Verfügung stellt. Sie erfahren, wie Sie mit ***Diensten*** arbeiten. Dienste sind Programme oder Prozesse, die im Hintergrund auf einem Computer laufen, um bestimmte Systemfunktionen für andere Programme bereitzustellen. Sie lernen außerdem die ***Ereignisanzeige*** kennen, in der Sie die Ereignisse überwachen, die Windows XP Professional in verschiedenen Protokollen aufzeichnet. Sie erfahren, wie Sie Tasks planen und mit ***Systemwiederherstellung*** Wiederherstellungspunkte speichern und wiederherstellen. Schließlich lernen Sie noch, wie Sie den ***Remotedesktop*** konfigurieren, mit dem Sie einen Computer von einem Remotestandort aus steuern können, und die ***Remoteunterstützung***, die es einem Benutzer ermöglicht, sich von einem Administrator oder einem anderen erfahrenen Benutzer über eine Remoteverbindung helfen zu lassen.

Lektionen in diesem Kapitel:

Bevor Sie beginnen

Damit Sie die Übungen in diesem Kapitel durchführen können, brauchen Sie einen Computer, der die minimalen Hardwarevoraussetzungen erfüllt, die im Abschnitt „Über dieses Buch“ am Anfang beschrieben wurden. Außerdem muss auf dem Computer Windows XP Professional installiert sein, und Sie müssen in der Lage sein, an diesem System Änderungen vorzunehmen.

Lektion 1: Arbeiten mit Diensten

Dienste sind Programme oder Prozesse, die beim Start von Windows XP Professional automatisch gestartet werden. Sie laufen im Hintergrund und stellen für andere Programme und Betriebssystemkomponenten bestimmte Funktionen zur Verfügung. Dienste werden vor der Benutzeranmeldung gestartet, daher kann ein Dienst seine Funktionen schon anbieten, wenn sich noch kein Benutzer angemeldet hat. Manche Dienste setzen voraus, dass andere Dienste aktiv sind. Diese anderen Dienste müssen also schon laufen, bevor der abhängige Dienst gestartet werden kann. Windows XP Professional stellt anhand dieser Abhängigkeiten fest, in welcher Reihenfolge es die Dienste starten muss. Sie können Dienste zeitweise deaktivieren oder sogar ganz verhindern, dass ein Dienst beim Windows-Start ebenfalls gestartet wird. Diese Einstellungen nehmen Sie im Systemkonfigurationsprogramm und in der Konsole **Dienste** vor.

Am Ende dieser Lektion werden Sie in der Lage sein, die folgenden Aufgaben auszuführen:

- Verwalten von Diensten mit der Konsole **Dienste**.
- Deaktivieren und Aktivieren von Diensten mithilfe des Systemkonfigurationsprogramms.

Veranschlagte Zeit für diese Lektion: 40 Minuten

Verwalten von Diensten mit der Konsole Dienste

Die Konsole **Dienste** ist das wichtigste Werkzeug zum Verwalten von Diensten auf einem Windows XP Professional-Computer. Sie können folgendermaßen auf die Konsole **Dienste** zugreifen:

- Öffnen Sie den Ordner **Verwaltung** (über **Systemsteuerung**) und klicken Sie doppelt auf **Dienste**.
- Öffnen Sie das Fenster **Computerverwaltung**, erweitern Sie den Zweig **Dienste und Anwendungen** und klicken Sie dann auf **Dienste**.
- Erstellen Sie eine benutzerdefinierte MMC-Konsole (Microsoft Verwaltung Console) und fügen Sie das Snap-In **Dienste** hinzu.

Unabhängig davon, auf welche Weise Sie die Konsole **Dienste** öffnen, ist die Benutzeroberfläche immer dieselbe (Abbildung 18.1). Im rechten Fensterabschnitt sehen Sie eine lange Liste der verfügbaren Dienste. Zu jedem Dienst werden folgende Informationen aufgeführt: eine Beschreibung, der aktuelle Status des Dienstes (gestartet oder nicht), der Starttyp (Automatisch, Manuell oder Deaktiviert) und die Art der Anmeldung, das heißt, wie sich der Dienst am Computer anmeldet.

Wenn Sie einen Dienst auswählen (zum Beispiel den Dienst **DNS-Client** in Abbildung 18.1), wird eine detaillierte Beschreibung angezeigt, die die Funktionsweise des Dienstes erläutert. In einigen dieser Beschreibungen erfahren Sie auch, was passiert, wenn Sie den Dienst beenden oder deaktivieren.

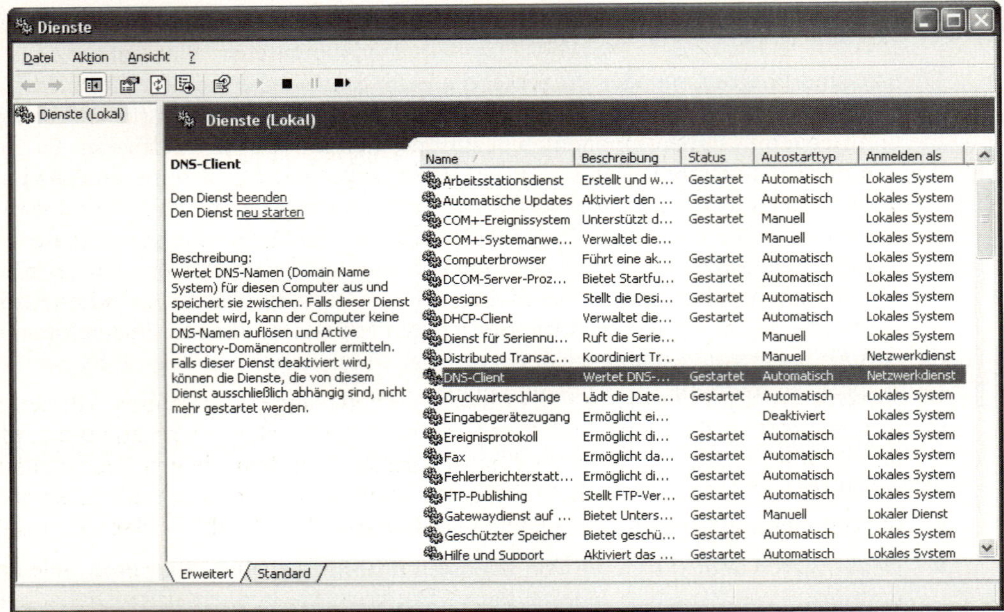

Abbildung 18.1 Die Konsole **Dienste** ist das wichtigste Werkzeug zum Verwalten von Diensten in Windows XP Professional

Beenden, Starten, Anhalten, Fortsetzen und Neustarten eines Dienstes

Nachdem Sie einen Dienst in der Konsole **Dienste** ausgewählt haben, können Sie ihn folgendermaßen steuern:

- **Beenden eines Dienstes:** Wenn Sie einen Dienst beenden, steht er nicht mehr zur Verfügung. Der Dienst wird nicht automatisch wieder neu gestartet, das passiert erst, wenn Sie den Dienst explizit wieder starten oder wenn Windows das nächste Mal startet (sofern der Dienst so konfiguriert ist, dass er während des Betriebssystemstarts automatisch startet). Sie können in der Konsole **Dienste** keinen Dienst beenden, von dem andere Dienste abhängen. Sie müssen die Dienste in der richtigen Reihenfolge der Abhängigkeiten beenden. Sie beenden einen Dienst, indem Sie den Dienst auswählen und dann auf die Schaltfläche **Beenden** klicken. (Sie können stattdessen auch mit der rechten Maustaste auf den Dienst klicken und den Befehl **Beenden** wählen).
- **Starten eines Dienstes:** Sie können einen Dienst wieder starten, den Sie vorher beendet haben. Sie können auch Dienste starten, die aktiviert sind, aber bei denen der Starttyp **Manuell** lautet. Sie können einen Dienst starten, indem Sie den Dienst auswählen und dann auf die Schaltfläche **Starten** klicken. (Sie können stattdessen auch mit der rechten Maustaste auf den Dienst klicken und den Befehl **Starten** wählen).
- **Anhalten eines Dienstes:** Es gibt nur einige Dienste, die Sie anhalten können. Wenn Sie einen Dienst anhalten, weist der Dienst alle neuen Verbindungen ab, trennt aber keine schon vorhandenen Verbindungen. Ein Beispiel für einen solchen Dienst ist der Dienst **WWW-Publishing** (der WWW-Veröffentlichungsdienst). Dieser Dienst ist

eine Komponente der Internet-Informationsdienste (Internet Information Services, IIS), die es Benutzern ermöglicht, eine Verbindung zu einer Website herzustellen, die auf dem lokalen Computer angeboten wird. Wenn Sie diesen Dienst anhalten, erlauben die Internet-Informationsdienste keinen neuen Benutzern mehr, eine Verbindung zu irgendeiner lokalen Website herzustellen, aber die Verbindungen der schon vorhandenen Benutzer zur Website werden nicht getrennt. Das Anhalten eines Dienstes ermöglicht Ihnen, einen Dienst sanft zu beenden, ohne aktive Benutzer oder andere Dienste zu beeinträchtigen. Sobald die momentanen Benutzer oder Dienste den Dienst nicht mehr brauchen, können Sie ihn beenden. Sie können einen Dienst anhalten, indem Sie ihn auswählen und dann auf die Schaltfläche **Anhalten** klicken. (Sie können stattdessen auch mit der rechten Maustaste auf den Dienst klicken und den Befehl **Anhalten** wählen).

- **Fortsetzen eines Dienstes:** Falls Sie einen Dienst angehalten haben, können Sie ihn mit dem Befehl Fortsetzen wieder seinen Normalbetrieb aufnehmen lassen, ohne ihn neu zu starten. Sie können einen Dienst fortsetzen, indem Sie den Dienst auswählen und dann auf die Schaltfläche **Fortsetzen** klicken. (Sie können stattdessen auch mit der rechten Maustaste auf den Dienst klicken und den Befehl **Fortsetzen** wählen).
- **Neustarten eines Dienstes:** Das Neustarten eines Dienstes ist dasselbe wie das Beenden und anschließende Starten dieses Dienstes. Sie können einen Dienst neu starten, indem Sie ihn auswählen und dann auf die Schaltfläche **Neu starten** klicken. (Sie können stattdessen auch mit der rechten Maustaste auf den Dienst klicken und den Befehl **Neu starten** wählen). Das Neustarten eines Dienstes ist gelegentlich für eine Problembehandlung nützlich oder wenn Sie geänderte Konfigurationseinstellungen sofort anwenden wollen.

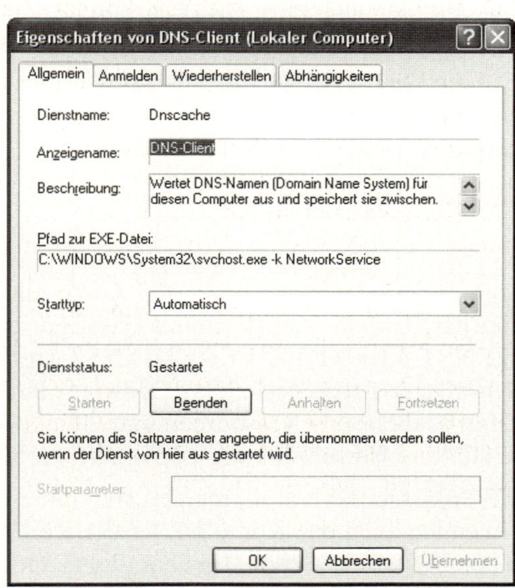

Abbildung 18.2 Im Eigenschaftendialogfeld eines Dienstes können Sie erweiterte Optionen für den Dienst steuern

Ändern des Starttyps eines Dienstes

Abgesehen von den grundlegenden Befehlen zum Starten oder Beenden eines Dienstes findet der Großteil der Dienstkonfiguration im Eigenschaftendialogfeld eines Dienstes statt. Sie können das Eigenschaftendialogfeld eines Dienstes öffnen, indem Sie mit der rechten Maustaste auf den Dienst klicken und den Befehl **Eigenschaften** wählen. Die Registerkarte **Allgemein** im Eigenschaftendialogfeld eines Dienstes (Abbildung 18.2) zeigt Informationen über den Dienst an, zum Beispiel den Dienstnamen, den Anzeigename (was Sie in der Konsole **Dienste** sehen), Beschreibung und Pfad zur EXE-Datei.

In der Dropdownliste **Starttyp** auf der Registerkarte **Allgemein** können Sie einen der folgenden Starttypen konfigurieren:

- **Automatisch:** Der Dienst startet automatisch während des Windows-Starts.
- **Manuell:** Der Dienst ist aktiviert, wird aber nicht automatisch während des Windows-Starts gestartet. Sie müssen den Dienst über die Konsole **Dienste** oder mit einer der anderen Methoden starten, die weiter unten in dieser Lektion beschrieben werden.
- **Deaktiviert:** Der Dienst wird nicht automatisch während des Windows-Starts gestartet. Es ist auch nicht möglich, den Dienst von Hand oder über einen anderen Dienst oder ein Programm zu starten. Sie müssen den Starttyp des Dienstes erst auf **Automatisch** oder **Manuell** setzen, bevor Sie ihn starten können. Sie sollten nicht benötigte Dienste deaktivieren, um zu verhindern, dass sie versehentlich gestartet werden und so möglicherweise Sicherheitslücken erzeugen.

Prüfungstipp Wenn ein Dienst deaktiviert ist, können Sie ihn nicht von Hand starten. Auch Anwendungen oder andere Dienste können einen solchen Dienst nicht vom Programmcode aus starten. Wenn Sie stattdessen möchten, dass ein Dienst zwar nicht beim Windows-Start automatisch gestartet wird, aber bei Bedarf über andere Dienste oder Programme gestartet werden soll, müssen Sie den Starttyp des Dienstes auf **Manuell** stellen.

Ändern der Anmeldeeigenschaften eines Dienstes

Weil Dienste starten, bevor sich ein Benutzer anmeldet, und weil sie auf Systemressourcen zugreifen müssen, um ihre Aufgabe zu erledigen, müssen Dienste in der Lage sein, sich am Computer anzumelden. Manche Dienste sind standardmäßig so konfiguriert, dass sie sich mit dem lokalen Systemkonto anmelden, einem privilegierten Konto, das uneingeschränkten Zugriff auf einen Computer hat. Andere Dienste sind so konfiguriert, dass sie sich mit den Konten **LOKALER DIENST** oder **NETZWERKDIENST** anmelden, speziellen vordefinierten Konten, die dem Konto **Authentifizierte Benutzer** ähneln. Diese Konten verfügen über dieselbe Zugriffsebene auf Ressourcen und Objekte wie Mitglieder der Gruppe **Benutzer**. Diese stärkere Einschränkung verbessert die Sicherheit.

Die meisten Dienste, die in Windows XP Professional laufen, melden sich mit dem lokalen Systemkonto an. Einige Dienste verwenden auch das Konto **NETZWERKDIENST**. Meist werden Sie an der Konfiguration der Dienste in dieser Hinsicht nichts ändern, die Dienste melden sich dann mit dem jeweiligen Standardkonto an, das für den Dienst definiert ist. Falls Sie ein anderes Konto angeben müssen, öffnen Sie im Eigenschaftendialogfeld des Dienstes die Registerkarte **Anmelden** (Abbildung 18.3). Wählen Sie die

Option **Dieses Konto** und geben Sie den Namen und das Kennwort des gewünschten Kontos ein.

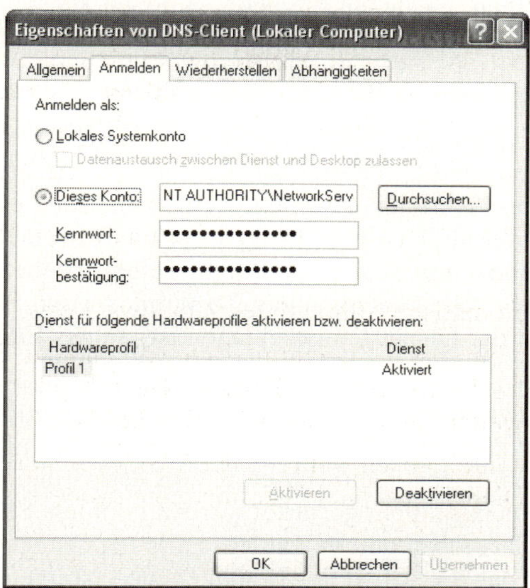

Abbildung 18.3 Auf der Registerkarte **Anmelden** können Sie einstellen, unter welchem Konto sich ein Dienst anmeldet

Falls Sie auf einem Computer mehrere Hardwareprofile konfiguriert haben (mehr zu Hardwareprofilen finden Sie in Kapitel 6, „Installieren, Verwalten und Problembehandlung von Hardwaregeräten und -treibern"), können Sie auf der Registerkarte **Anmelden** auch steuern, ob ein Dienst in einem bestimmten Profil aktiviert oder deaktiviert ist. Wählen Sie ein Profil aus und klicken Sie auf **Aktivieren** oder **Deaktivieren**.

Ändern der Wiederherstellungsoptionen für einen Dienst

Falls ein Dienst nicht gestartet werden kann, schreibt Windows XP Professional in der Standardeinstellung eine Fehlermeldung in die Systemprotokolldatei (siehe Lektion 2, „Arbeiten mit der Ereignisanzeige"), unternimmt aber keine weitergehenden Aktionen. Dienste, die von Diensten abhängen, deren Start fehlgeschlagen ist, können ebenfalls nicht gestartet werden. Sie können aber bestimmte Wiederherstellungsaktionen konfigurieren, die ausgeführt werden, falls der Start eines Dienstes fehlschlägt.

Gehen Sie folgendermaßen vor, um Wiederherstellungsaktionen für den Fall zu definieren, dass ein Dienst nicht gestartet werden kann:

1. Klicken Sie in der Konsole **Dienste** mit der rechten Maustaste auf den Dienst und wählen Sie den Befehl **Eigenschaften**.
2. Klicken Sie im Eigenschaftendialogfeld des Dienstes auf die Registerkarte **Wiederherstellen**.

Auf der Registerkarte **Wiederherstellen** (Abbildung 18.4) konfigurieren Sie, welche Aktion beim ersten Fehlschlag ausgeführt wird, welche beim zweiten Fehlschlag und welche bei allen weiteren Fehlschlägen. Es stehen folgende Aktionen zur Wahl:

- **Keine Aktion durchführen:** Dies ist die Standardeinstellung.
- **Dienst neu starten:** Windows versucht, den Dienst neu zu starten.
- **Als ein Programm ausführen:** Windows führt ein benutzerdefiniertes Programm aus, mit dem Sie Fehlerdetails protokollieren oder sogar eine Benachrichtigung versenden können. Wenn Sie diese Aktion auswählen, werden auf der Registerkarte **Wiederherstellen** die Felder im Abschnitt **Programm ausführen** aktiv. Geben Sie den Pfad des Programms und eventuelle Befehlszeilenparameter an, die Sie verwenden wollen. Wählen Sie außerdem aus, ob Windows den Fehlerzähler (die Zahl, die angibt, wie oft der Dienst fehlgeschlagen ist) an das Ende des Befehls anhängen soll.
- **Computer neu starten:** Windows startet den Computer neu. Diese Option ist eine gute ultimative Maßnahme für den Fall, dass ein wichtiger Dienst nicht gestartet werden konnte. Dass ein Dienst nicht startet, hat oft den Grund, dass andere Dienste, von denen er abhängt, nicht gestartet werden konnten. Sie sollten diese Einstellung aber nur auf Servercomputern wählen. Falls ein Clientcomputer automatisch neu startet, könnte das die Arbeit des Benutzers beschädigen.

3. Klicken Sie auf **OK**.

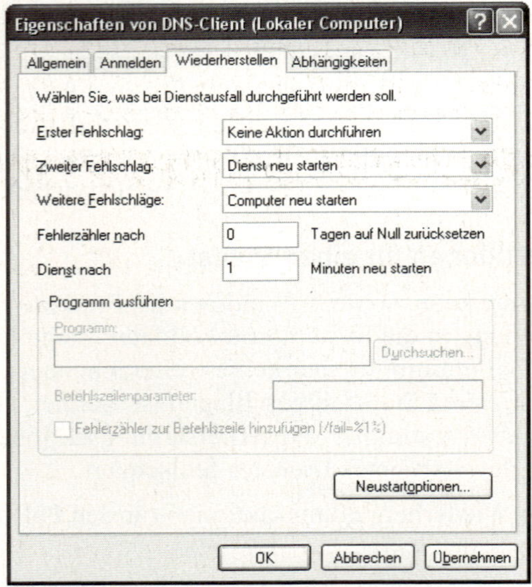

Abbildung 18.4 Auf der Registerkarte **Wiederherstellen** können Sie festlegen, welche Aktionen Windows durchführt, falls ein Dienst nicht gestartet werden kann.

Prüfungstipp Lernen Sie, welche Aktionen Windows durchführen kann, falls ein Dienst fehlschlägt: **Keine Aktion durchführen**, **Dienst neu starten**, **Als ein Programm ausführen** und **Computer neu starten**. Normalerweise sollten Sie einstellen, dass Windows versucht, den Dienst beim ersten und zweiten Fehlschlag neu zu starten. Einen Neustart des Computers wegen eines fehlgeschlagenen Dienstes sollten Sie nur veranlassen, wenn der Dienst für die Funktion des Computers unverzichtbar ist und wenn der Neustart keine Probleme mit einer Desktopumgebung verursacht.

Abhängigkeiten von Diensten

Viele Dienste hängen von anderen Diensten ab, das heißt, die anderen Dienste müssen erfolgreich gestartet worden sein, bevor der abhängige Dienst selbst gestartet werden kann. Sie können für jeden Dienst seine Abhängigkeiten von anderen Diensten im Eigenschaftendialogfeld des Dienstes auf der Registerkarte **Abhängigkeiten** sehen (Abbildung 18.5).

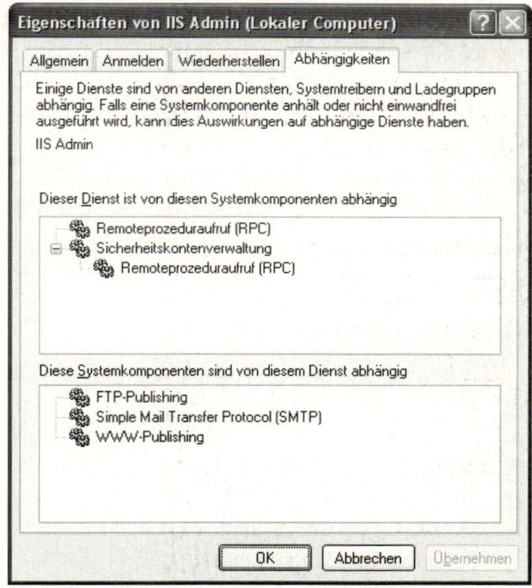

Abbildung 18.5 Auf der Registerkarte **Abhängigkeiten** können Sie sehen, von welchen anderen Diensten ein Dienst abhängt und welche Dienste von ihm selbst abhängen

Die obere Liste zeigt, von welchen Diensten der aktuelle Dienst abhängt. In der unteren Liste sind alle Dienste aufgeführt, die ihrerseits vom aktuellen Dienst abhängen. Beim Dienst **IIS Admin** (dieses Beispiel sehen Sie in Abbildung 18.5) hängt der Dienst direkt von den Diensten **Remoteprozeduraufruf (RPC)** und **Sicherheitskontenverwaltung** ab (der wiederum vom Dienst **Remoteprozeduraufruf (RPC)** abhängt). Und es gibt Dienste, die vom Dienst **IIS Admin** abhängen: **FTP-Publishing**, **Simple Mail Transfer Protocol (SMTP)** und **WWW-Publishing**.

Deaktivieren und Aktivieren von Diensten mit dem Systemkonfigurationsprogramm

Im Systemkonfigurationsprogramm können Sie nicht nur andere Startparameter einstellen, sondern auch Systemdienste einzeln oder in Gruppen deaktivieren.

Gehen Sie folgendermaßen vor, um einen Dienst mit dem Systemkonfigurationsprogramm zu deaktivieren:

1. Klicken Sie im Startmenü auf **Ausführen**.
2. Geben Sie im Dialogfeld **Ausführen** den Befehl **msconfig** ein und klicken Sie auf **OK**.

   Windows zeigt das Fenster **Systemkonfigurationsprogramm** an. Auf der Registerkarte **Dienste** (Abbildung 18.6) werden die Dienste des Computers aufgelistet. In der Spalte **Status** ist für jeden Dienst sein aktueller Status (**Gestartet**, **Beendet** oder **Angehalten**) aufgeführt.
3. Sie können einen Dienst deaktivieren, indem Sie das zugehörige Kontrollkästchen deaktivieren. Sie können einen Dienst aktivieren, indem Sie das zugehörige Kontrollkästchen aktivieren.

   Klicken Sie auf **OK**.
4. Windows zeigt das Dialogfeld **Systemkonfiguration** an, in dem Sie gefragt werden, ob Sie Ihren Computer jetzt neu starten wollen. Klicken Sie auf **Neu starten**.

   Nachdem Windows neu gestartet wurde, sind Ihre vorgenommenen Änderungen wirksam.

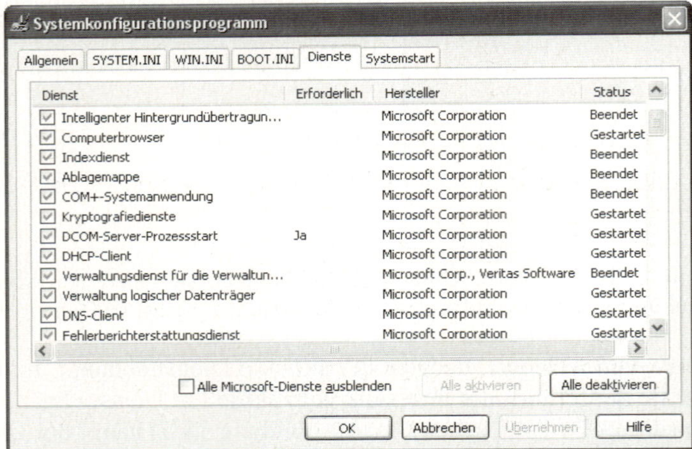

Abbildung 18.6 Im Systemkonfigurationsprogramm können Sie Dienste aktivieren oder deaktivieren.

Hinweis Wenn Sie mit dem Systemkonfigurationsprogramm eine der Starteinstellungen ändern, bietet Ihnen Windows XP Professional an, zum normalen Startmodus zurückzukehren, wenn Sie sich das nächste Mal anmelden. Jedes Mal, wenn Sie sich anmelden, werden ein Dialogfeld und das Systemkonfigurationsprogramm angezeigt, bis Sie die ursprünglichen Starteinstellungen wiederherstellen, indem Sie auf der Registerkarte **Allgemein** im Feld **Systemstartauswahl** die Option **Normaler Systemstart** wählen, oder bis Sie Windows anweisen, das Dialogfeld nicht mehr anzuzeigen. Wenn Sie eine Starteinstellung dauerhaft ändern wollen, sollten Sie die Systemsteuerung verwenden, eine Gruppenrichtlinieneinstellung ändern oder die Anwendung deinstallieren, die den Dienst hinzugefügt hat.

Übung: Arbeiten mit Diensten

In dieser Übung werden Sie einen Dienst in der Konsole **Dienste** verändern, beenden und wieder starten. Sie ändern außerdem den Starttyp für einen Dienst. Anschließend deaktivieren Sie den Dienst im Systemkonfigurationsprogramm.

Übung 1: Beenden und Starten eines Dienstes

1. Klicken Sie im Startmenü auf **Systemsteuerung**.
2. Klicken Sie im Fenster **Systemsteuerung** auf **Leistung und Wartung**.
3. Klicken Sie im Fenster **Leistung und Wartung** auf **Verwaltung**.
4. Klicken Sie im Fenster **Verwaltung** doppelt auf **Dienste**.
5. Klicken Sie im Fenster **Dienste** auf **Fehlerberichterstattungsdienst**.
6. Welche Beschreibung wird für **Fehlerberichterstattungsdienst** angezeigt?

   ____

   ____

7. Klicken Sie auf die Symbolleistenschaltfläche **Beenden**.
8. Was wird in der Spalte **Status** für den **Fehlerberichterstattungsdienst** angezeigt?

   ____

9. Klicken Sie auf die Symbolleistenschaltfläche **Starten**.

   Lassen Sie das Fenster **Dienste** für die nächste Teilübung geöffnet.

Übung 2: Ändern des Starttyps für einen Dienst

1. Klicken Sie mit der rechten Maustaste auf **Fehlerberichterstattungsdienst** und wählen Sie den Befehl **Eigenschaften**.
2. Wählen Sie im Dialogfeld **Eigenschaften von Fehlerberichterstattungsdienst** auf der Registerkarte **Allgemein** in der Dropdownliste **Starttyp** den Eintrag **Deaktiviert** aus.
3. Klicken Sie auf **OK**.

4. Wird der Dienst im Fenster **Dienste** jetzt als aktiviert oder deaktiviert aufgelistet? Ist er gestartet oder nicht?

   ____

5. Klicken Sie auf **Beenden**.
6. Schließen Sie das Fenster **Dienste**.

Übung 3: Aktivieren eines Dienstes mit dem Systemkonfigurationsprogramm

1. Klicken Sie im Startmenü auf **Ausführen**.
2. Geben Sie im Dialogfeld **Ausführen** den Befehl **msconfig** ein und klicken Sie auf **OK**.
3. Deaktivieren Sie im Dialogfeld **Systemkonfigurationsprogramm** auf der Registerkarte **Dienste** das Kontrollkästchen neben dem Dienst **Computerbrowser**.
4. Klicken Sie auf **OK**.
5. Klicken Sie im Dialogfeld **Systemkonfiguration** auf **Neu starten**.

   Windows wird neu gestartet. Nach dem Neustart zeigt Windows das Dialogfeld **Systemkonfigurationsprogramm** an, in dem Sie darauf hingewiesen werden, dass Windows im Diagnosemodus oder im Modus für den benutzerdefinierten Systemstart läuft.
6. Klicken Sie auf **OK**.
7. Wird der Dienst **Computerbrowser** auf der Registerkarte **Dienste** als gestartet oder als beendet aufgeführt?

   ____

8. Aktivieren Sie das Kontrollkästchen neben dem Dienst **Computerbrowser** und klicken Sie auf **OK**.
9. Klicken Sie im Dialogfeld **Systemkonfiguration** auf **Neu starten**.

Lernzielkontrolle

Die folgenden Fragen dienen zum Vertiefen der Themen dieser Lektion. Falls Sie eine Frage nicht beantworten können, sollten Sie die Lektion noch einmal durcharbeiten, und dann erneut versuchen, die Frage zu beantworten. Die Antworten auf die Lernzielkontrollfragen finden Sie im Abschnitt „Fragen und Antworten“ am Ende dieses Kapitels.

1. Was ist ein Dienst?

   ____

   ____

2. Was passiert, wenn der Start eines Dienstes fehlschlägt? Wie können Sie das Standardverhalten ändern?

   ____

   ____

3. Welche beiden Tools stellt Windows XP Professional zum Aktivieren und Deaktivieren von Diensten zur Verfügung?

Zusammenfassung der Lektion

- In der Konsole **Dienste** können Sie die grundlegenden Befehle für Dienste ausführen, Sie können zum Beispiel Dienste beenden, starten, anhalten, fortsetzen und neu starten. Sie können in der Konsole **Dienste** außerdem Optionen für Dienste konfigurieren, zum Beispiel den Starttyp, das Benutzerkonto, unter dem sich der Dienst anmeldet, und Wiederherstellungsoptionen.
- Sie können Dienste auch mit dem Systemkonfigurationsprogramm aktivieren und deaktivieren.

Lektion 2: Arbeiten mit der Ereignisanzeige

Mit der Ereignisanzeige können Sie eine Vielzahl von Aufgaben erledigen. So können Sie zum Beispiel den Inhalt von Protokolldateien anzeigen, in den Protokolldateien nach bestimmten Ereignissen suchen und die Überwachungsprotokolle anzeigen, die als Ergebnis der eingerichteten Überwachungsrichtlinien und -ereignisse generiert werden (mehr dazu in Kapitel 16, „Konfigurieren von Sicherheitseinstellungen und Internetoptionen").

Am Ende dieser Lektion werden Sie in der Lage sein, die folgenden Aufgaben auszuführen:

- Beschreiben der Windows XP Professional-Protokolle.
- Anzeigen der Ereignisprotokolle mit der Ereignisanzeige.
- Anzeigen eines Ereignisses.
- Suchen nach Ereignissen in einem Protokoll.
- Konfigurieren der Protokollierungsoptionen.
- Speichern und Öffnen von Protokollen.

Veranschlagte Zeit für diese Lektion: 30 Minuten

Grundlagen der Windows XP Professional-Protokolle

Sie können die Ereignisanzeige zum Anzeigen von Informationen verwenden, die in Windows XP Professional-Protokollen aufgezeichnet sind. Die Ereignisanzeige verfügt standardmäßig über drei Protokolle, die in der Tabelle 18.1 näher beschrieben werden.

Tabelle 18.1 Von Windows XP Professional verwaltete Protokolle

Protokoll	Beschreibung
Anwendungsprotokoll	Enthält Fehlermeldungen, Warnungen oder Informationen, die von Programmen (wie beispielsweise Datenbankprogrammen oder E-Mail-Programmen) generiert wurden. Der Programmentwickler gibt vor, welche Ereignisse aufgezeichnet werden.
Sicherheitsprotokoll	Enthält Informationen zu Erfolg oder Fehlschlag der überwachten Ereignisse. Die von Windows XP Professional aufgezeichneten Einträge richten sich nach der konfigurierten Überwachungsrichtlinie.
Systemprotokoll	Enthält Fehlermeldungen, Warnungen und Informationen, die von Windows XP Professional generiert wurden. Windows XP Professional gibt vor, welche Ereignisse aufgezeichnet werden.

Prüfungstipp Prägen Sie sich die drei Standardprotokolle in Windows XP Professional ein und lernen Sie, welche Arten von Ereignissen in den Protokollen aufgezeichnet werden.

Anzeigen von Ereignisprotokollen in der Ereignisanzeige

Gehen Sie folgendermaßen vor, um die Ereignisanzeige zu öffnen und ein Protokoll anzuzeigen:

1. Klicken Sie im Startmenü auf **Systemsteuerung**.
2. Klicken Sie im Fenster **Systemsteuerung** auf **Leistung und Wartung**.
3. Klicken Sie im Fenster **Leistung und Wartung** auf **Verwaltung**.
4. Klicken Sie im Fenster **Verwaltung** doppelt auf **Ereignisanzeige**.
5. Klicken Sie im linken Fensterabschnitt auf das Protokoll, das Sie sich ansehen wollen.

   Windows zeigt die Ereignisse der Protokolldatei im rechten Fensterabschnitt an (Abbildung 18.7).

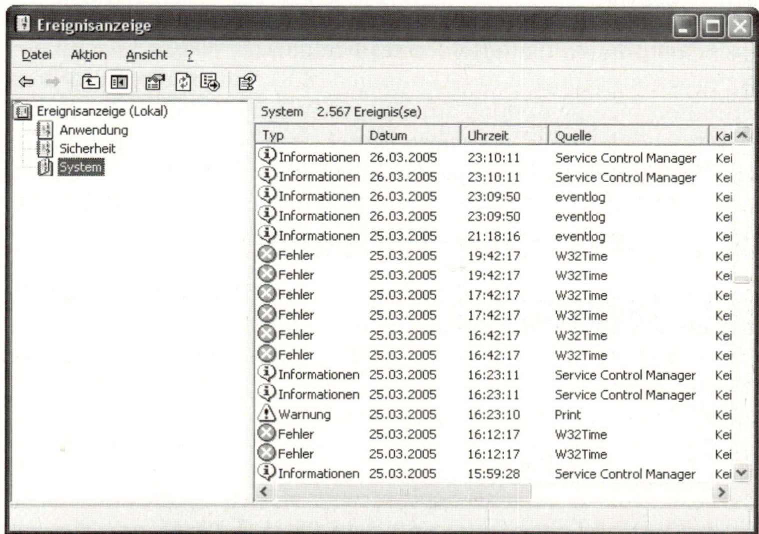

Abbildung 18.7 In der Ereignisanzeige können Sie Informationen ansehen, die in den Windows XP Professional-Protokollen aufgezeichnet wurden.

Sie finden in den Protokollen, die Sie sich in der Ereignisanzeige ansehen, fünf Typen von Ereignissen. Jeder Ereignistyp wird durch ein eindeutiges Symbol gekennzeichnet, daher können Sie die Einträge leicht unterscheiden. Die fünf Typen von Ereignissen sind:

- **Fehler:** Dieser Eintragstyp wird durch ein Symbol mit einem roten „X" dargestellt. Dieses Ereignis steht für ein ernstes Problem, falls zum Beispiel ein Dienst nicht gestartet werden konnte.
- **Warnung:** Dieser Eintragstyp wird durch ein Symbol mit einem gelben Ausrufezeichen dargestellt. Solche Einträge stehen für Ereignisse, die nicht unbedingt schwerwiegend für das System sind, aber möglicherweise später Probleme verursachen könnten.

- **Informationen:** Dieser Eintragstyp wird durch ein Symbol mit einem blauen „i“ dargestellt. Solche Einträge bedeuten, dass eine Operation erfolgreich durchgeführt wurde. Zum Beispiel wird dieser Ereignistyp in das Protokoll geschrieben, wenn ein Dienst erfolgreich gestartet wurde.
- **Erfolgsüberwachung:** Dieser Eintragstyp wird durch ein Schlüsselsymbol dargestellt. Solche Einträge bedeuten, dass ein überwachter Sicherheitszugriff eingetreten ist, zum Beispiel eine Anmeldung am System, und dass dieser Zugriff erfolgreich war.
- **Fehlerüberwachung:** Dieser Eintragstyp wird durch ein Schlosssymbol dargestellt. Solche Einträge bedeuten, dass ein überwachter Sicherheitszugriff eingetreten ist, zum Beispiel der Versuch, eine überwachte Datei zu öffnen, und dass dieser Zugriff fehlgeschlagen ist.

Anzeigen eines Ereignisses

Sie können das Eigenschaftendialogfeld eines Ereignisses öffnen, in dem eine Beschreibung des Ereignisses angezeigt wird (Abbildung 18.8), indem Sie im rechten Fensterabschnitt der Ereignisanzeige doppelt auf das gewünschte Ereignis klicken. Über die Schaltflächen mit den nach oben und unten gerichteten Pfeilen können Sie durch die Ereignisse des Protokolls blättern, ohne das Eigenschaftendialogfeld für jedes einzelne Ereignis öffnen und wieder schließen zu müssen. Die Schaltfläche **Kopieren** (unter den Pfeilschaltflächen) kopiert die Informationen über das Ereignis in die Windows-Zwischenablage.

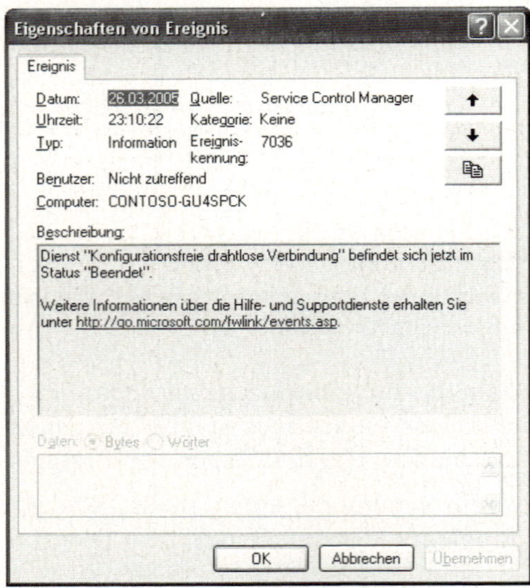

Abbildung 18.8 Im Eigenschaftendialogfeld eines Ereignisses wird eine Beschreibung angezeigt

Das Eigenschaftendialogfeld eines Ereignisses enthält folgende Informationen, mit denen Sie ein Ereignis identifizieren können:

- **Datum und Uhrzeit:** Der Zeitpunkt, an dem das Ereignis auftrat.
- **Typ:** Der Typ des Ereignisses (Informationen, Warnung und so weiter).
- **Benutzer:** Der Benutzer, mit dem das Ereignis verknüpft ist. Es gibt viele Ereignisse, die nicht mit einem Benutzer verknüpft sind.
- **Computer:** Der Computer, auf dem das Ereignis auftrat.
- **Quelle:** Der Dienst, dem das Ereignis gemeldet wurde.
- **Kategorie:** Die Kategorie, die mit dem Ereignis verknüpft ist. Die meisten Ereignisse, insbesondere im Systemprotokoll, haben keine Kategorien. Manche Anwendungsentwickler geben eine Kategorie für Ereignisse an, die eine Anwendung betreffen, daher finden Sie im Anwendungsprotokoll öfter Ereignisse, bei denen eine Kategorie angegeben ist. Im Sicherheitsprotokoll gibt die Kategorie Auskunft, welcher Typ von Ereignis überwacht wurde.
- **Ereigniskennung:** Die ID, die mit dem Ereignis verknüpft ist. Microsoft verwaltet die Ereigniskennungen und gibt oft Lösungen für bestimmte Probleme in der Microsoft Knowledge Base bekannt. Wenn Sie mehr über ein Ereignis wissen wollen, sollten Sie die Ereigniskennung als Schlüsselwort für eine Suche in der Knowledge Base eingeben.
- **Beschreibung:** Eine Beschreibung des Ereignisses. Die Beschreibung umfasst oft Informationen über andere Dienste, die vom Ereignis betroffen sind, und einen Link, über den Sie mehr Informationen abrufen können.

Suchen von Ereignissen in einem Protokoll

Wenn Sie die Ereignisanzeige zum ersten Mal starten, zeigt sie automatisch alle Ereignisse an, die im ausgewählten Protokoll aufgezeichnet wurden. Weil auf einem Windows XP Professional-Computer viele Ereignisse auftreten, kann es bei der Zahl der angezeigten Ereignisse schwierig sein, die gesuchten Ereignisse zu finden. Um anzupassen, welche Informationen des Protokolls angezeigt werden, können Sie anhand des Befehls **Filter** nach ausgewählten Ereignissen suchen. Über den Befehl **Suchen** können Sie ebenfalls nach bestimmten Ereignissen suchen.

Starten Sie zum Filtern oder Auffinden von bestimmten Ereignissen die Ereignisanzeige, und klicken Sie im Menü **Anzeige** auf **Filtern** oder **Suchen**. Die auf den Registerkarten **Filter** und **Suchen** verfügbaren Optionen sind beinahe identisch. Abbildung 18.9 zeigt die auf der Registerkarte **Filter** verfügbaren Optionen.

Tabelle 18.2 beschreibt neben den Optionen, die auf der Registerkarte **Filter** für die Filterung von Ereignissen zur Verfügung stehen, auch die über den Befehl **Suchen** verfügbaren Optionen.

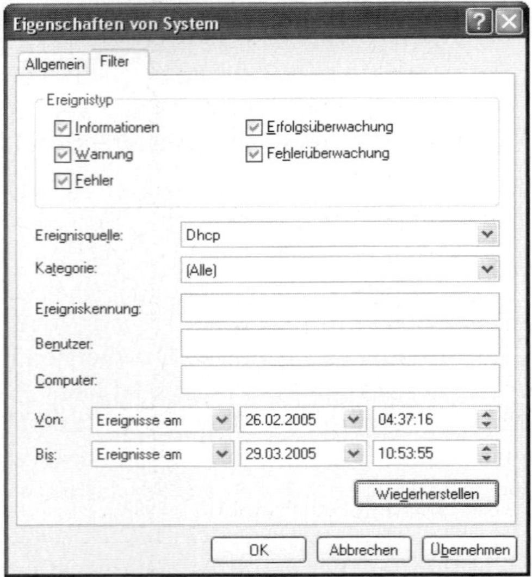

Abbildung 18.9 Sie können ein Filter anwenden, um bestimmte Typen von Ereignissen einfacher zu finden

Tabelle 18.2 Optionen für das Filtern und Suchen von Ereignissen

Option	Beschreibung
Ereignistyp	Die Art des angezeigten Ereignisses.
Ereignisquelle	Softwarekomponente oder Komponententreiber, die das Ereignis aufgezeichnet haben.
Kategorie	Eine Liste, die angibt, um welche Art von Ereignis es sich handelt, beispielsweise um einen An- oder Abmeldeversuch oder ein Systemereignis.
Ereigniskennung	Eine Ereignis-ID zur Identifizierung des Ereignisses. Diese Nummer hilft Mitarbeitern des Produktsupports bei der Verfolgung von Ereignissen.
Benutzer	Ein Benutzeranmeldename.
Computer	Ein Computername.
Von und **Bis**	Der Datumsbereich für anzuzeigende Ereignisse (diese Option ist nur auf der Registerkarte **Filter** verfügbar).
Wiederherstellen	Setzt die Einstellungen auf dieser Registerkarte auf die Standardeinstellungen zurück.
Beschreibung	Text in der Ereignisbeschreibung (diese Option ist nur im Dialogfeld **Suchen** verfügbar).
Suchrichtung	Die Richtung (**Nach oben** oder **Nach unten**), in der das Protokoll durchsucht wird (diese Option ist nur im Dialogfeld **Suchen** verfügbar).
Weitersuchen	Sucht den nächsten Eintrag, der den definierten Sucheinstellungen entspricht (diese Option ist nur im Dialogfeld **Suchen** verfügbar).

Protokollierungsoptionen

Sie können die Eigenschaften jedes einzelnen Überwachungsprotokolls konfigurieren. Klicken Sie hierzu in der Ereignisanzeige mit der rechten Maustaste auf das gewünschte Protokoll und wählen Sie den Befehl **Eigenschaften**, um das Eigenschaftendialogfeld für das Protokoll anzuzeigen.

Auf der Registerkarte **Allgemein** im Eigenschaftendialogfeld für ein Überwachungsprotokoll können Sie folgende Einstellungen konfigurieren:

- Die maximale Größe eines Protokolls, die zwischen 64 KByte und 4.194.240 KByte (4 GByte) liegen kann. Die Standardgröße beträgt 512 KByte.
- Die Vorgehensweise von Windows XP Professional, wenn das Protokoll voll ist. Zur Festlegung der gewünschten Vorgehensweise konfigurieren Sie eine der in Tabelle 18.3 beschriebenen Optionen.

Tabelle 18.3 Optionen zur Vorgehensweise bei einem vollen Protokoll

Option	Beschreibung
Ereignisse nach Bedarf überschreiben	Diese Einstellung führt möglicherweise zu einem Datenverlust, wenn Sie das Protokoll nicht vor Erreichen der Maximalgröße archiviert haben. Diese Einstellung erfordert jedoch keine Verwaltung des Protokolls.
Ereignisse überschreiben, die älter als *X* Tage sind	Diese Einstellung führt möglicherweise zu einem Datenverlust, wenn Sie das Protokoll nicht vor Erreichen der Maximalgröße archiviert haben. Es gehen jedoch nur Daten verloren, die mindestens *X* Tage alt sind. Geben Sie hier die Anzahl der Tage an. Der Standardwert für diese Option beträgt 7 Tage.
Ereignisse nie überschreiben (Protokoll manuell löschen)	Diese Option erfordert ein manuelles Löschen des Protokolls. Wenn das Protokoll seine Maximalgröße erreicht hat, stellt Windows XP Professional die Protokollierung ein, es werden jedoch auch keine Einträge überschrieben.

Speichern und Öffnen von Protokollen

Wenn Sie Protokolle speichern, können Sie eine lückenlose Aufzeichnung der Ereignisse ohne zeitliche Begrenzung gewährleisten. Viele Firmen haben Richtlinien für das Archivieren von Protokollen. Insbesondere die Aufbewahrungsdauer für Überwachungsereignisse im Sicherheitsprotokoll wird oft vorgeschrieben.

Klicken Sie in der Ereignisanzeige mit der rechten Maustaste auf das Protokoll, das Sie bearbeiten wollen, und wählen Sie einen der Befehle, die in Tabelle 18.4 beschrieben sind.

Tabelle 18.4 Optionen zum Archivieren, Löschen oder Anzeigen einer Protokolldatei

Option	Vorgehensweise
Archivieren des Protokolls	Klicken Sie auf **Protokolldatei speichern unter**, und geben Sie einen Dateinamen an.
Löschen des Protokolls	Klicken Sie auf **Alle Ereignisse löschen**, um alle Einträge aus dem Protokoll zu entfernen. Windows XP Professional erstellt in diesem Fall einen Eintrag im Sicherheitsprotokoll, der darüber informiert, dass die Protokolleinträge gelöscht wurden.
Öffnen eines gespeicherten Protokolls	Klicken Sie auf **Protokoll öffnen**.
Öffnen einer neuen Protokollanzeige	Klicken Sie auf **Neue Protokollansicht**, um eine zweie Ansicht des ausgewählten Protokolls zu öffnen. Als Standardeinstellung trägt diese Ansicht den Namen des Originals, aber mit einer in Klammern angehängten fortlaufenden Nummer. Falls Sie zum Beispiel eine neue Ansicht des Systemprotokolls erstellen, lautet der Standardname für die neue Ansicht **System (2)**. Sie können diesen Namen ändern, indem Sie mit der rechten Maustaste auf die neue Ansicht klicken und den Befehl **Umbenennen** wählen. Sie können mehrere Ansichten erstellen, um die Protokolldateien mit unterschiedlichen Filtereinstellungen anzuzeigen oder um archivierte Protokolle zu öffnen.

Lernzielkontrolle

Die folgenden Fragen dienen zum Vertiefen der Themen dieser Lektion. Falls Sie eine Frage nicht beantworten können, sollten Sie die Lektion noch einmal durcharbeiten, und dann erneut versuchen, die Frage zu beantworten. Die Antworten auf die Lernzielkontrollfragen finden Sie im Abschnitt „Fragen und Antworten" am Ende dieses Kapitels.

1. Welche drei Windows XP Professional-Protokolle können Sie mit der Ereignisanzeige anzeigen, und welchen Zweck erfüllt jedes dieser Protokolle?

 ____

 ____

 ____

 ____

 ____

 ____

 ____

 ____

2. In der Ereignisanzeige können Sie über den Befehl ______________ oder mithilfe des Befehls ______________ nach speziellen Ereignissen suchen. Welche Möglichkeiten bietet jeder dieser Befehle?

____

____

____

3. Die Größe jeder Protokolldatei kann zwischen ____ KByte und ____ GByte liegen, die Standardgröße lautet ____ KByte.
4. Was geschieht, wenn Sie die Option **Ereignisse nie überschreiben (Protokoll manuell löschen)** konfigurieren und das Protokoll seine Maximalgröße erreicht?

____

____

____

____

Zusammenfassung der Lektion

- Windows XP Professional verfügt standardmäßig über drei Protokolle: das Anwendungsprotokoll, das Sicherheitsprotokoll und das Systemprotokoll.
- Mithilfe der Ereignisanzeige können Sie die Inhalte der Windows XP Professional-Protokolle anzeigen.
- Im Eigenschaftendialogfeld eines Ereignisses werden folgende Daten angezeigt: Datum und Uhrzeit des Ereignisses, der Benutzer und der Dienst, mit denen das Ereignis verknüpft ist, eine Ereigniskennung, über die Sie mehr Informationen über das Ereignis suchen können, und eine detaillierte Beschreibung des Ereignisses.
- In der Ereignisanzeige stehen zur Suche nach speziellen Ereignissen oder Ereignistypen die Befehle **Filter** und **Suchen** zur Verfügung.
- Sie können für jedes Protokoll in Windows XP Professional einstellen, wie groß das Protokoll maximal werden darf und was Windows XP Professional tut, wenn das Protokoll voll ist.
- Sie können Windows XP Professional-Protokolle archivieren, um eine lückenlose Dokumentation der Ereignisse im System anzulegen und Trends zu ermitteln.

Lektion 3: Arbeiten mit dem Ordner Geplante Tasks

Der Ordner ***Geplante Tasks*** wird verwendet, um Programme und Batchdateien einmalig, in regelmäßigen Intervallen oder zu bestimmten Zeiten auszuführen. Sie können diesen Ordner dazu verwenden, beliebige Skripts, Programme oder Dokumente zu starten oder zu laden, und zwar zu einer bestimmten Zeit, in festgelegten Abständen oder wenn ein bestimmtes Betriebssystemereignis eintritt. Dieses Feature kann viele Verwaltungsaufgaben ausführen.

Am Ende dieser Lektion werden Sie in der Lage sein, die folgenden Aufgaben auszuführen:

- Beschreiben der Tasks, die Sie planen können.
- Planen eines Tasks.
- Konfigurieren erweiterter Optionen für einen geplanten Task.
- Problembehandlung für geplante Tasks.

Veranschlagte Zeit für diese Lektion: 25 Minuten

Grundlagen des Ordners Geplante Tasks

Windows XP Professional speichert geplante Tasks im Ordner **Geplante Tasks** (Abbildung 18.10), auf den Sie in der Systemsteuerung über **Leistung und Wartung** zugreifen können. Darüber hinaus können Sie auf den Ordner **Geplante Tasks** auf einem anderen Computer zugreifen, indem Sie die Ressourcen dieses Computers in **Netzwerkumgebung** durchsuchen. Dadurch wird das Verschieben von Tasks von einem Computer auf einen anderen ermöglicht. Sie können beispielsweise Taskdateien für Wartungsarbeiten erstellen und sie bei Bedarf auf den Computer eines Benutzers übertragen.

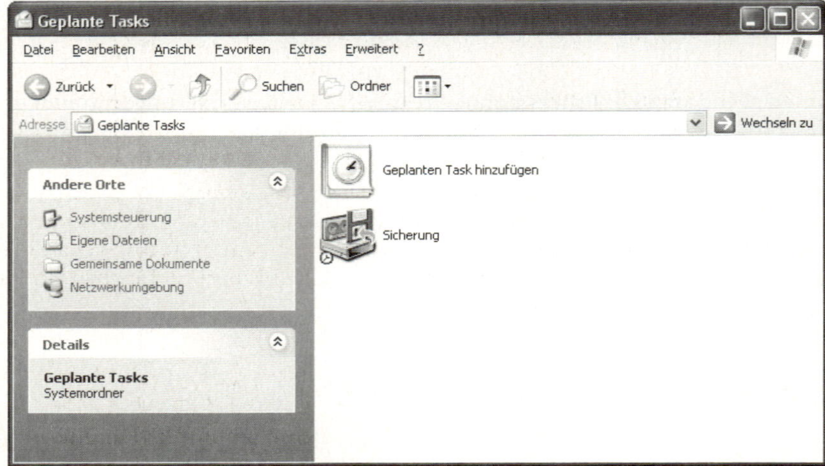

Abbildung 18.10 Planen Sie einen Task, der dann zu einem bestimmten Zeitpunkt ausgeführt wird

Mit **Geplante Tasks** können Sie die folgenden Aufgaben ausführen:

- Regelmäßiges Ausführen von Wartungsprogrammen
- Ausführen von Programmen zu Zeiten niedriger Computerauslastung

Planen eines Tasks

Mit dem Assistenten für geplante Tasks planen Sie das Ausführen von Tasks. Sie starten den Assistenten, indem Sie im Ordner **Geplante Tasks** doppelt auf **Geplanten Task hinzufügen** klicken. In Tabelle 18.5 sind die Optionen beschrieben, die Sie mit dem Assistenten für geplante Tasks konfigurieren können.

Tabelle 18.5 Optionen im Assistenten für geplante Tasks

Option	Beschreibung
Anwendung	Die zu planenden Anwendungen. Wählen Sie aus einer Anwendungsliste die Anwendungen aus, die für Windows XP Professional registriert sind, oder klicken Sie auf **Durchsuchen**, um ein Programm oder eine Batchdatei auszuwählen.
Name	Ein aussagekräftiger Name für den Task.
Task ausführen	Die Einstellung, wie oft dieser Task auszuführen ist. Sie können zwischen den Optionen täglich, wöchentlich, monatlich, einmalig, beim Starten des Computers oder bei der Anmeldung auswählen.
Startzeit	Die Startzeit für den auszuführenden Task.
Startdatum	Das Startdatum des auszuführenden Tasks.
Benutzername und Kennwort	Es müssen ein Benutzername und ein Kennwort eingegeben werden. Sie können Ihren Benutzernamen und Ihr Kennwort beziehungsweise die Daten eines anderen Benutzers eingeben, damit die Anwendung gemäß den Sicherheitseinstellungen dieses Benutzerkontos ausgeführt wird. Falls das zur Anmeldung verwendete Benutzerkonto nicht über die für den geplanten Task benötigten Rechte verfügt, können Sie ein anderes Benutzerkonto verwenden, dem die benötigten Rechte erteilt wurden. Sie können zum Beispiel eine geplante Sicherung ausführen, indem Sie ein Benutzerkonto verwenden, das über die Rechte zum Sichern von Daten, aber keine weiteren Verwaltungsrechte verfügt.
Erweiterte Eigenschaften für diesen Task beim Klicken auf "Fertig stellen" öffnen.	Aktivieren Sie dieses Kontrollkästchen, wenn der Assistent das Dialogfeld mit den erweiterten Eigenschaften anzeigen soll. In diesem Dialogfeld können Sie weitere Eigenschaften konfigurieren, wenn Sie auf **Fertig stellen** geklickt haben. Die erweiterten Eigenschaften werden im nächsten Abschnitt erläutert.

Konfigurieren erweiterter Optionen für einen geplanten Task

Neben den Optionen, die im Assistenten für geplante Tasks eingestellt werden, gibt es eine Reihe weiterer Optionen, die für Tasks festgelegt werden können. Wenn Sie für einen Task erweiterte Eigenschaften konfigurieren, können Sie sowohl Optionen ändern, die Sie mit dem Assistenten für geplante Tasks eingestellt haben, als auch zusätzliche erweiterte Optionen festlegen.

In Tabelle 18.6 sind die Registerkarten des Dialogfelds mit den erweiterten Eigenschaften für einen geplanten Task beschrieben.

Tabelle 18.6 Erweiterte Optionen für geplante Tasks

Registerkarte	Beschreibung
Task	Hier können Sie den geplanten Task oder das Benutzerkonto ändern, das zur Durchführung des Tasks verwendet wird. Sie können den Task auch aktivieren und deaktivieren.
Zeitplan	Auf dieser Registerkarte können Sie verschiedene Zeitpläne für einen Task einstellen und anzeigen. Sie können das Datum, die Uhrzeit und die Anzahl der Taskausführungen einstellen. Sie können zum Beispiel einen Task für die Durchführung an jedem Freitag um 22 Uhr einrichten.
Einstellungen	Dient zum Einstellen von Optionen, die festlegen, wann ein Task beginnt oder endet (wie zum Beispiel die Dauer einer Datensicherung), ob der Task ausgeführt wird, wenn der Computer gerade normal benutzt wird oder im Akkubetrieb läuft.
Sicherheit	Hier ändern Sie die Liste der Benutzer und Gruppen, die zur Durchführung des Tasks berechtigt sind, beziehungsweise die Berechtigungen eines bestimmten Benutzers oder einer Benutzergruppe. Diese Registerkarte steht nur zur Verfügung, wenn Sie die einfache Dateifreigabe deaktiviert haben.

Problembehandlung für Geplante Tasks

In der Regel werden bei der Problembehandlung von **Geplante Tasks** die eingestellten Parameter überprüft. Wechseln Sie im Fenster **Geplante Tasks** in die Ansicht **Details**. Mithilfe der zwei Spalten **Status** und **Letztes Ergebnis** können Sie feststellen, ob ein Task erfolgreich durchgeführt werden konnte oder nicht.

Im Menü **Erweitert** werden einige Optionen bereitgestellt, die Sie beim Beseitigen von Problemen unterstützen. Die ersten beiden Einträge im Menü **Erweitert** im Ordner **Geplante Tasks** ermöglichen das Beenden und Starten des Taskplanerdienstes. Hier können Sie zwischen den Optionen **Taskplaner beenden** und **Taskplaner starten** auswählen. Sollten Ihre geplanten Tasks nicht ordnungsgemäß gestartet werden, können Sie durch Aktivierung dieser Option sicherstellen, dass der Taskplanerdienst ausgeführt wird, beziehungsweise diesen starten. Die zweite Option ähnelt der ersten Option, mit dem Unterschied, dass sie den Dienst anhält und fortsetzt. Bei angehaltenem Dienst werden geplante Tasks nicht gestartet.

Der dritte Eintrag im Menü **Erweitert** trägt die Bezeichnung **Benachrichtigung bei nicht ausgeführten Tasks**. Mit dieser Option können Sie festlegen, dass Ihr System eine Meldung sendet, falls ein geplanter Task nicht ausgeführt wurde. Der nächste Eintrag im Menü **Erweitert** ist **AT-Dienstkonto**, über das Sie das vom Systemkonto verwendete Konto verändern können. Mit der nächsten Option, **Protokoll anzeigen**, können Sie ein Protokoll anzeigen, in dem festgehalten wird, zu welchem Zeitpunkt der Taskplanerdienst gestartet, gestoppt, angehalten und fortgesetzt wurde. Darüber hinaus werden der Name der jeweiligen geplanten Tasks, die gestartete Anwendung beziehungsweise Task, sowie Datum und Uhrzeit, zu dem der Task gestartet wurde, protokolliert. Mit dem letzten Eintrag, dem Befehl **Ausgeblendete Tasks anzeigen**, können Sie sich Tasks ansehen, die von Windows und Anwendungen erstellt wurden, die Tasks standardmäßig ausblenden.

Übung: Arbeiten mit dem Ordner Geplante Tasks

In dieser Übung planen Sie einen Task für das Adressbuch, das zu einem festgelegten Zeitpunkt gestartet werden soll. Sie können diesen Task als Erinnerung für das Überprüfen von Adressinformationen verwenden. Außerdem können Sie Optionen für den Ordner **Geplante Tasks** konfigurieren.

1. Klicken Sie im Startmenü auf **Systemsteuerung**.
2. Klicken Sie im Fenster **Systemsteuerung** auf **Leistung und Wartung**.
3. Klicken Sie im Fenster **Leistung und Wartung** auf **Geplante Tasks**.

   Windows XP Professional öffnet den Ordner **Geplante Tasks**.
4. Klicken Sie doppelt auf **Geplanten Task hinzufügen**.

   Der Assistent für geplante Tasks wird gestartet.
5. Klicken Sie auf **Weiter**.

   Windows XP Professional zeigt eine Liste der aktuell installierten Programme an. Möchten Sie das Ausführen eines nicht bei Windows XP Professional registrierten Programms planen, suchen Sie dieses Programm mithilfe der Schaltfläche **Durchsuchen**.
6. Klicken Sie auf **Durchsuchen**.

   Das Dialogfeld **Programm für die Planung auswählen** wird angezeigt.
7. Klicken Sie doppelt auf **Programme** und dann doppelt auf **Windows NT**.
8. Klicken Sie doppelt auf **Zubehör** und anschließend auf **WordPad**. Klicken Sie auf **Öffnen**.
9. Geben Sie im Textfeld **Geben Sie einen Tasknamen ein** den Namen **WordPad starten** ein.

   Im Textfeld **Geben Sie einen Tasknamen ein** ist es möglich, eine aussagekräftigere und verständlichere Beschreibung als den Programmnamen einzugeben. Windows XP Professional zeigt diesen Namen im Ordner **Geplante Tasks** an, wenn Sie den Assistenten beendet haben.
10. Klicken Sie auf **Einmalig** und dann auf **Weiter**.
11. Geben Sie im Feld **Startzeit** einen Zeitpunkt ein, der vier Minuten nach der aktuellen Systemzeit liegt. Notieren Sie die eingegebene Zeit.

    Die aktuelle Systemzeit wird auf der Windows-Taskleiste angezeigt. Übernehmen Sie die Einstellungen im Textfeld **Startdatum**.
12. Klicken Sie auf **Weiter**.

Der Assistent fordert Sie auf, den Namen und das Kennwort eines Benutzerkontos einzugeben. Wenn der Taskplaner den geplanten Task ausführt, erhält das Programm alle Rechte und Berechtigungen des hier eingegebenen Benutzerkontos. Das Programm unterliegt damit natürlich auch allen Einschränkungen des jeweiligen Benutzerkontos. Beachten Sie, dass Ihr aktueller Benutzername bereits standardmäßig eingetragen ist. Ehe Sie fortfahren können, müssen Sie in beide Kennwortfelder das richtige Kennwort für das Benutzerkonto eingeben.

Sie lassen diesen Task mit den Rechten Ihres Benutzerkontos laufen.

13. Geben Sie in die Felder **Kennwort** und **Kennwort bestätigen** Ihr Kennwort ein.
14. Klicken Sie auf **Weiter**.

    Lassen Sie das Kontrollkästchen **Erweiterte Eigenschaften für diesen Task beim Klicken auf "Fertig stellen" öffnen** deaktiviert.
15. Klicken Sie auf **Fertig stellen**.

    Wie Sie sehen, hat der Assistent den Task in die Liste der geplanten Tasks eingetragen.

Hinweis Das Konto, unter dem der Task ausgeführt wird, muss über das Benutzerrecht **Anmelden als Stapelverarbeitungsauftrag** verfügen, damit ein geplanter Task ausgeführt werden kann. Dieses Recht wird normalerweise automatisch hinzugefügt, wenn Sie einen geplanten Task erstellen. Falls das nicht der Fall ist, müssen Sie das Recht zu dem verwendeten Konto hinzufügen. In Kapitel 16 finden Sie weitere Informationen zu Benutzerrechten.

16. Um sicherzugehen, dass Sie den Task erfolgreich geplant haben, warten Sie den Zeitpunkt ab, den Sie in Schritt 11 festgelegt haben. Dann sollte WordPad gestartet werden.
17. Schließen Sie WordPad.

Lernzielkontrolle

Die folgenden Fragen dienen zum Vertiefen der Themen dieser Lektion. Falls Sie eine Frage nicht beantworten können, sollten Sie die Lektion noch einmal durcharbeiten, und dann erneut versuchen, die Frage zu beantworten. Die Antworten auf die Lernzielkontrollfragen finden Sie im Abschnitt „Fragen und Antworten“ am Ende dieses Kapitels.

1. Wie kann der Ordner **Geplante Tasks** Sie bei der Überwachung, Verwaltung und Wartung von Netzwerkressourcen unterstützen?

____

____

____

____

____

____

2. Bei welchen der im Folgenden aufgeführten Einträge handelt es sich um gültige Optionen, mit denen Sie im Ordner **Geplante Tasks** festlegen können, wie oft der Task ausgeführt werden soll? (Wählen Sie alle zutreffenden Antworten aus.)
   a. Täglich
   b. Einmalig
   c. Beim Herunterfahren des Computers
   d. Bei der Abmeldung eines Benutzers
3. Warum ist es erforderlich, bei Verwendung des Assistenten für geplante Tasks jedem geplanten Task ein Benutzerkonto und ein Kennwort zuzuweisen?

   ____

   ____

   ____

   ____

   ____

   ____

4. Welche Einstellung ist zu überprüfen, wenn keiner Ihrer geplanten Tasks gestartet wird?

   ____

   ____

   ____

Zusammenfassung der Lektion

- Mit dem Ordner **Geplante Tasks** können Sie einen Zeitplan für Programme und Batchdateien erstellen, um sie einmalig, in regelmäßigen Abständen, zu bestimmten Zeiten oder im Fall bestimmter Betriebssystemereignisse ausführen zu lassen.
- Windows XP Professional speichert geplante Tasks im Ordner **Geplante Tasks**, auf den Sie in der Systemsteuerung über **Leistung und Wartung** zugreifen.
- Auch nachdem Sie einen Zeitplan zum Ausführen eines Tasks erstellt haben, können Sie alle Optionen und erweiterten Eigenschaften für den Task ändern, einschließlich des auszuführenden Programms.
- Sie können auf den Ordner **Geplante Tasks** auf einem anderen Computer zugreifen, indem Sie die Ressourcen dieses Computers in der **Netzwerkumgebung** durchsuchen. Auf diese Weise können Sie Tasks von einem Computer auf einen anderen verschieben.

Lektion 4: Verwenden der Systemwiederherstellung

Die Systemwiederherstellung ist eine Funktion, die Änderungen an bestimmten System- und Anwendungsdateien überwacht. Die Systemwiederherstellung funktioniert in etwa wie der Befehl **Rückgängig**, den Sie aus Ihrem Textverarbeitungsprogramm kennen, aber für Windows XP Professional-Konfigurationänderungen. Sie können auf diese Weise Probleme beseitigen, die durch falsche Systemeinstellungen, fehlerhafte Treiber und inkompatible Anwendungen ausgelöst wurden. Windows XP Professional erstellt Wiederherstellungspunkte automatisch. Sie können bei Bedarf aber auch von Hand einen Wiederherstellungspunkt erstellen.

Am Ende dieser Lektion werden Sie in der Lage sein, die folgenden Aufgaben auszuführen:

- Erklären der Funktionsweise der Systemwiederherstellung.
- Aktivieren oder Deaktivieren der Systemwiederherstellung.
- Erstellen eines Wiederherstellungspunkts.
- Wiederherstellen eines Wiederherstellungspunkts.

Veranschlagte Zeit für diese Lektion: 30 Minuten

Grundlagen der Systemwiederherstellung

Die Systemwiederherstellung erstellt ***Wiederherstellungspunkte***. Ein solcher Wiederherstellungspunkt enthält eine Momentaufnahme der Registrierung (mit Benutzerkonto-, Anwendungs- und Hardwarekonfigurationen) und Kopien ausgewählter Systemdateien, die Windows XP Professional für den Start benötigt. Zu diesen Systemdateien gehören das **%SystemRoot%**-Verzeichnis und Startdateien auf der Systempartition. Sie können Ihren Computer jederzeit auf einen bestimmten Wiederherstellungspunkt zurücksetzen.

In der Standardeinstellung erstellt die Systemwiederherstellung automatisch Wiederherstellungspunkte, wenn folgende Ereignisse eintreten:

- Alle 24 Stunden, falls der Computer eingeschaltet ist, oder 24 Stunden, nachdem der Computer zuletzt eingeschaltet wurde.
- Wenn Sie einen unsignierten Gerätetreiber installieren.
- Wenn Systemwiederherstellungs-kompatible Anwendungen installiert werden.
- Wenn Updates über die Funktion **Automatische Updates** oder Windows Update installiert werden.
- Wenn Sie Daten von Sicherungsmedien mit dem Windows-Sicherungsprogramm wiederherstellen.
- Wenn Sie einen Wiederherstellungspunkt wiederherstellen.
- Wenn bestimmte System- oder Anwendungsdateien geändert werden.
- Wenn Sie einen Wiederherstellungspunkt von Hand erstellen.

Die Systemwiederherstellung überwacht außerdem Dateioperationen bei einer Kerngruppe von System- und Anwendungsdateien. Welche Dateien das sind, ist in **%SystemRoot%\System32\Restore\Filelist.xml** definiert. Die Systemwiederherstellung zeichnet Änderungen an diesen Dateien auf und kopiert sie manchmal in ein verstecktes Archiv, bevor sie zulässt, dass die Dateien überschrieben, gelöscht oder geändert werden.

Die Systemwiederherstellung überwacht nicht die folgenden Dateien und Ordnern:

- Die Auslagerungsdatei für den virtuellen Arbeitsspeicher.
- Persönliche Benutzerdaten, zum Beispiel Dateien in den Ordnern **Eigene Dateien**, **Favoriten**, **Papierkorb**, **Temporary Internet Files**, **Verlauf** und **Temp**.
- Bild- und Grafikdateien, zum Beispiel Dateien mit den Erweiterungen .bmp, .jpg und .eps.
- Anwendungsdatendateien mit Erweiterungen, die nicht in **%SystemRoot%\System32\Restore\Filelist.xml** aufgelistet sind, zum Beispiel .doc, .xls, .mdb und .pst.

Informationen über Wiederherstellungspunkte werden in einem versteckten Ordner auf dem Volume gespeichert, auf dem eine überwachte Datei liegt. Das Archiv sammelt mehrere Wiederherstellungspunkte, die jeweils einen bestimmten Systemzustand wiedergeben. Die Dateien, Registrierungsmomentaufnahmen und Protokolle, die mit älteren Wiederherstellungspunkten verknüpft sind, werden nach einiger Zeit gelöscht. Dabei werden immer die ältesten Daten gelöscht, die neueren beibehalten. So verbraucht die Systemwiederherstellung nicht zu viel Festplattenplatz und schafft Platz für neue Wiederherstellungspunkte.

Praxistipp Ändern der Systemwiederherstellungoptionen in der Windows-Registrierung

In den meisten Fällen reichen die Standardeinstellungen der Systemwiederherstellung aus. Es gibt aber manchmal Situationen, in denen Sie die Arbeitsweise der Systemwiederherstellung verändern müssen. Es gibt in diesem Zusammenhang vier Einstellungen, die Sie in derWindows-Registrierung ändern können. Diese Einstellungen steuern, wie häufig die Systemwiederherstellung automatisch Wiederherstellungspunkte erstellt und wie viel Festplattenplatz sie dabei nutzt.

Alle diese Einstellungen liegen im Unterschlüssel **HKEY_LOCAL_MACHINE\SOFTWARE\Microsoft\Windows NT\CurrentVersion\SystemRestore**. Die einzelnen Einstellungen sind:

- **RPSessionInterval:** Diese Einstellung legt fest, in welchem Abstand (in Sekunden) geplante Wiederherstellungspunkte erstellt werden, wenn eine Benutzersitzung aktiv ist. Der Standardwert ist 0 Sekunden (deaktiviert).
- **RPGlobalInterval:** Diese Einstellung legt fest, in welchen Abständen (in Sekunden) geplante Wiederherstellungspunkte erstellt werden (unabhängig davon, ob eine Benutzersitzung aktiv ist oder nicht). Standardwert ist 86.400 Sekunden (24 Stunden). ▶

- **RPLifeInterval:** Diese Einstellung legt fest, wie lange (in Sekunden) Wiederherstellungspunkte gespeichert bleiben. Die Systemwiederherstellung löscht Wiederherstellungspunkte, die älter sind als der angegebene Wert. Standardwert ist 7.776.000 Sekunden (90 Tage).
- **DiskPercent:** Diese Einstellung legt fest, wie viel Festplattenplatz die Systemwiederherstellung auf jedem Laufwerk maximal nutzen darf. Dieser Wert wird als Prozentsatz der gesamten Laufwerkskapazität angegeben. Standardwert ist 12 Prozent.

Prüfungstipp Beim Wiederherstellen eines Wiederherstellungspunkts werden die Windows-Registrierung und bestimmte System- und Anwendungsdateien verändert. Die Wiederherstellung ändert keine vom Benutzer erstellten Dokumente und Daten. Das Wiederherstellen eines Wiederherstellungspunkts ist eine sichere Methode, das System auf eine frühere Windows-Konfiguration zurückzusetzen.

Aktivieren oder Deaktivieren der Systemwiederherstellung

Die Systemwiederherstellung ist in Windows XP Professional standardmäßig aktiviert und überwacht alle Laufwerke auf dem Computer. Sie können die Systemwiederherstellung vollständig oder auch nur auf einem bestimmten Laufwerk deaktivieren. Es gibt aber eine Ausnahme: Sie können die Systemwiederherstellung nicht auf dem Systemlaufwerk deaktivieren, ohne sie auch auf allen anderen Laufwerken zu deaktivieren.

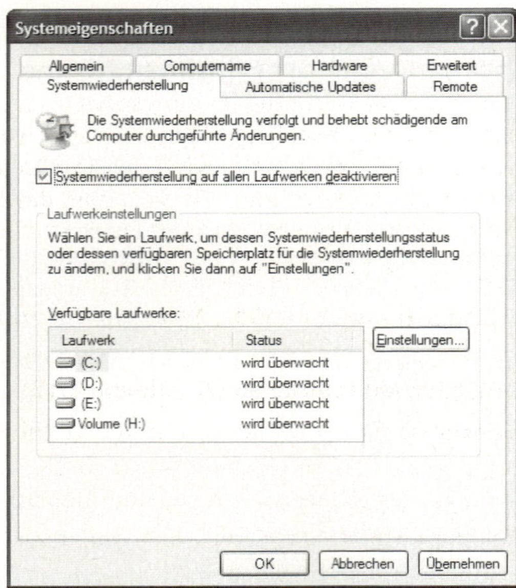

Abbildung 18.11 Deaktivieren der Systemwiederherstellung für sämtliche Laufwerke

Gehen Sie folgendermaßen vor, um die Systemwiederherstellung für alle Laufwerke zu deaktivieren:

1. Klicken Sie im Startmenü auf **Systemsteuerung**.
2. Klicken Sie im Fenster **Systemsteuerung** auf **Leistung und Wartung**.
3. Klicken Sie im Fenster **Leistung und Wartung** auf **System**.
4. Aktivieren Sie im Dialogfeld **Systemeigenschaften** auf der Registerkarte **Systemwiederherstellung** (Abbildung 18.11) das Kontrollkästchen **Systemwiederherstellung auf allen Laufwerken deaktivieren**.

Gehen Sie folgendermaßen vor, um die Systemwiederherstellung für ein bestimmtes Laufwerk zu deaktivieren oder um einzustellen, wie viel Festplattenplatz die Systemwiederherstellung auf einem Laufwerk nutzt:

1. Wählen Sie im Dialogfeld **Systemeigenschaften** auf der Registerkarte **Systemwiederherstellung** im Listenfeld **Verfügbare Laufwerke** das Laufwerk aus, das Sie konfigurieren wollen, und klicken Sie dann auf **Einstellungen**.
2. Aktivieren Sie im Dialogfeld **Einstellungen von Laufwerk** ***Name*** das Kontrollkästchen **Systemwiederherstellung auf diesem Laufwerk deaktivieren**, wenn Sie die Dateiüberwachung auf diesem Laufwerk ausschalten wollen.
3. Mit dem Schieberegler **Zu verwendender Speicherplatz** können Sie steuern, wie viel Festplattenplatz die Systemwiederherstellung zum Speichern von Wiederherstellungspunkten auf dem Laufwerk verwendet.
4. Klicken Sie auf **OK**.

Erstellen eines Wiederherstellungspunkts

Die Systemwiederherstellung erstellt automatisch Wiederherstellungspunkte, die Auslöser wurden weiter oben in dieser Lektion beschrieben. Sie sollten aber auch von Hand einen Wiederherstellungspunkt erstellen, bevor Sie bestimmte wichtige Aktionen durchführen, zum Beispiel das Installieren oder Deinstallieren einer Anwendung, das Installieren eines neuen Hardwaregeräts oder das Durchführen einer Problembehandlung.

Gehen Sie folgendermaßen vor, um einen Wiederherstellungspunkt zu erstellen:

1. Klicken Sie im Startmenü auf **Alle Programme**, **Zubehör**, **Systemprogramme** und dann **Systemwiederherstellung**.

   Windows zeigt das Fenster **Systemwiederherstellung** an (Abbildung 8.12).
2. Wählen Sie die Option **Einen Wiederherstellungspunkt erstellen** und klicken Sie dann auf **Weiter**.
3. Geben Sie im Textfeld **Beschreibung des Wiederherstellungspunkts** einen Namen ein, der den Wiederherstellungspunkt beschreibt, und klicken Sie dann auf **Erstellen**.
4. Klicken Sie auf **Schließen**.

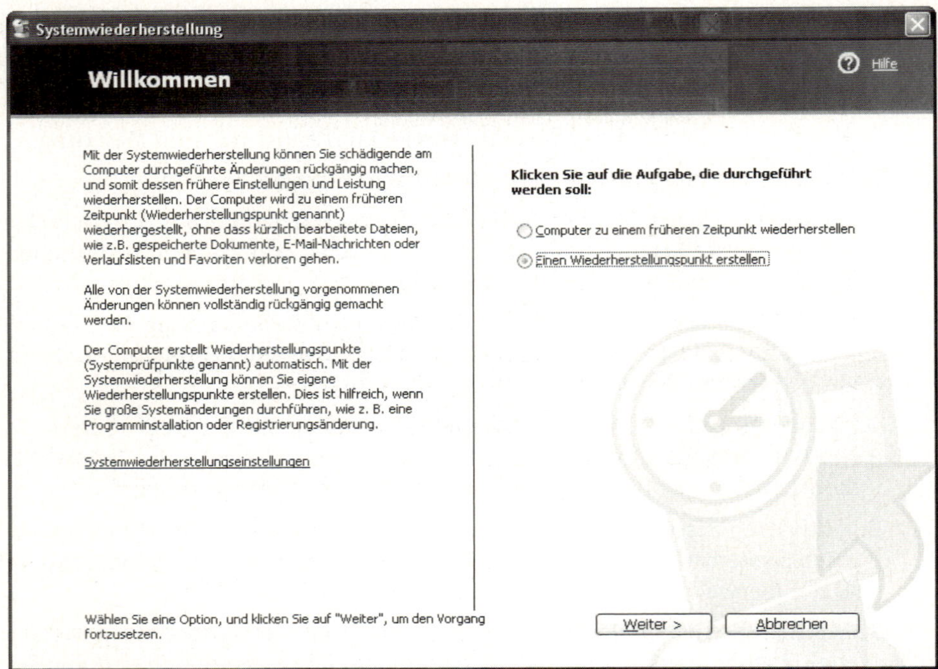

Abbildung 18.12 Bevor Sie größere Änderungen vornehmen, sollten Sie einen Wiederherstellungspunkt erstellen.

Zurückkehren zu einem Wiederherstellungspunkt

Falls ein Problem in Windows auftritt, können Sie dieses Problem oft beseitigen, indem Sie zu einem früheren Wiederherstellungspunkt zurückkehren. Sie können auch zu einem Wiederherstellungspunkt zurückkehren, um Konfigurationsänderungen rückgängig zu machen, an deren Einzelheiten sich ein Benutzer nicht erinnert. Falls zum Beispiel ein Benutzer inkompatible Software installiert hat, die Probleme verursacht, oder Änderungen an der Windows-Konfiguration vorgenommen hat, können Sie zu einem Wiederherstellungspunkt zurückkehren, der erstellt wurde, bevor das Problem auftrat.

Gehen Sie folgendermaßen vor, um zu einem Wiederherstellungspunkt zurückzukehren:

1. Klicken Sie im Startmenü auf **Alle Programme**, **Zubehör**, **Systemprogramme** und dann **Systemwiederherstellung**.
2. Wählen Sie die Option **Computer zu einem früheren Zeitpunkt wiederherstellen** und klicken Sie dann auf **Weiter**.

   Windows zeigt die Seite **Einen Wiederherstellungspunkt wählen** an (Abbildung 8.13). Darauf können Sie in einem Kalender die verfügbaren Wiederherstellungspunkte ansehen. Wenn ein Datum fett markiert ist, wurde an diesem Tag ein Wiederherstellungspunkt erstellt.
3. Klicken Sie auf ein Datum, das fett markiert ist, und wählen Sie dann einen Wiederherstellungspunkt aus, der an diesem Tag erstellt wurde.

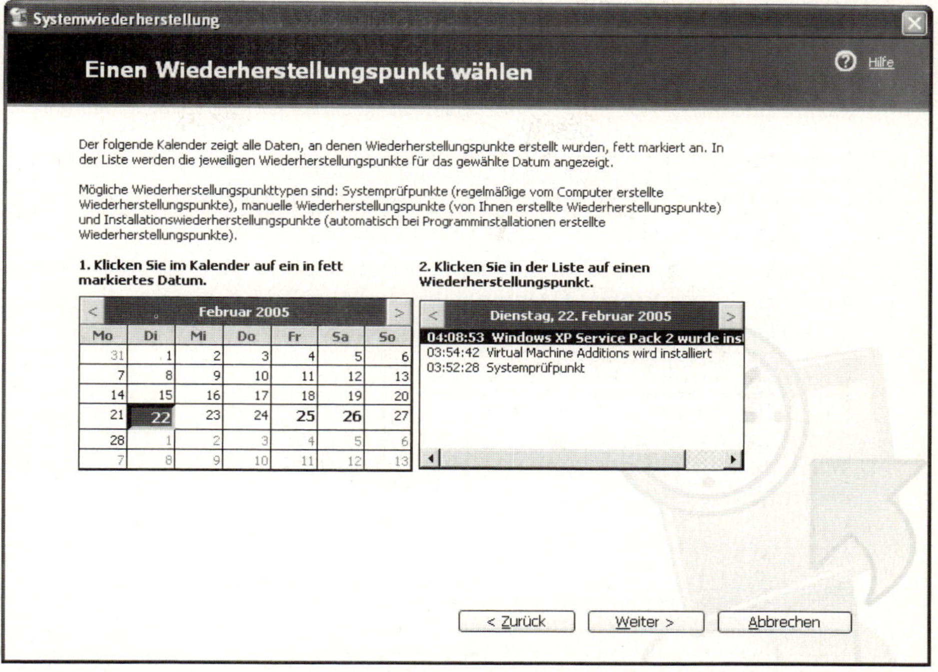

Abbildung 18.13 Anzeigen der Wiederherstellungspunkte, die an einem bestimmten Tag erstellt wurden.

4. Klicken Sie auf **Weiter**.

   Windows zeigt die Seite **Auswahl des Wiederherstellungspunkts bestätigen** an. Darauf werden Sie gewarnt, dass der Computer im Rahmen der Wiederherstellung heruntergefahren wird.

5. Klicken Sie auf **Weiter**.

   Windows schließt alle offenen Programme und meldet alle Benutzer ab. Anschließend stellt Windows den Wiederherstellungspunkt her und startet neu.

6. Melden Sie sich an Windows an.

   Nachdem Sie sich wieder angemeldet haben, zeigt Windows die Seite **Wiederherstellung abgeschlossen** an.

7. Klicken Sie auf **OK**.

Lernzielkontrolle

Die folgenden Fragen dienen zum Vertiefen der Themen dieser Lektion. Falls Sie eine Frage nicht beantworten können, sollten Sie die Lektion noch einmal durcharbeiten, und dann erneut versuchen, die Frage zu beantworten. Die Antworten auf die Lernzielkontrollfragen finden Sie im Abschnitt „Fragen und Antworten“ am Ende dieses Kapitels.

1. Wann erstellt die Systemwiederherstellung automatisch Wiederherstellungspunkte?

2. Stellt die Systemwiederherstellung ein Dokument wieder her, das Sie versehentlich aus dem Ordner **Eigene Dateien** gelöscht haben?

3. Wie können Sie verhindern, dass die Systemwiederherstellung bestimmte Laufwerke überwacht?

Zusammenfassung der Lektion

- Die Systemwiederherstellung erstellt Wiederherstellungspunkte. Ein solcher Wiederherstellungspunkt enthält eine Momentaufnahme der Registrierung (mit Benutzerkonto-, Anwendungs- und Hardwarekonfigurationen) und Kopien ausgewählter Systemdateien, die Windows XP Professional für den Start benötigt. Die Systemwiederherstellung erstellt Wiederherstellungspunkte automatisch, wenn bestimmte Ereignisse auftreten. Sie können Wiederherstellungspunkte aber auch von Hand erstellen.
- Die Systemwiederherstellung ist in Windows XP Professional standardmäßig aktiviert und überwacht alle Laufwerke auf dem Computer. Sie können die Systemwiederherstellung vollständig oder auch nur auf einem bestimmten Laufwerk deaktivieren. Sie können die Systemwiederherstellung aber nicht auf dem Systemlaufwerk deaktivieren, ohne sie auch auf allen anderen Laufwerken zu deaktivieren.
- Sie sollten von Hand einen Wiederherstellungspunkt erstellen, bevor Sie bestimmte wichtige Aktionen durchführen, zum Beispiel das Installieren oder Deinstallieren einer Anwendung, das Installieren eines neuen Hardwaregeräts oder das Durchführen einer Problembehandlung.
- Sie können Wiederherstellungspunkte in einer komfortablen, nach Datum sortierten Liste auswählen. Wenn Sie zu einem Wiederherstellungspunkt zurückkehren, muss Windows einen Neustart durchführen, um die Konfigurationsänderungen anwenden zu können.

Lektion 5: Remotedesktop und Remoteunterstützung

Remoteunterstützung und Remotedesktop sind Features von Windows XP Professional, die den Remotezugriff auf einen Computer ermöglichen. Der Remotedesktop bietet einem Benutzer die Möglichkeit, einen Windows XP Professional-Computer von einem Remotestandort aus zu steuern. Bei der Remoteunterstützung kann ein Benutzer einen erfahrenen Benutzer an einem Remotestandort bitten, ihm bei Problemen zu helfen.

Am Ende dieser Lektion werden Sie in der Lage sein, die folgenden Aufgaben auszuführen:

- Konfigurieren und Verwenden des Remotedesktops.
- Konfigurieren und Verwenden der Remoteunterstützung.

Veranschlagte Zeit für diese Lektion: 30 Minuten

Konfigurieren und Verwenden des Remotedesktops

Der Remotedesktop wurde entwickelt, damit Benutzer von einem anderen Computer im Netzwerk aus Zugriff auf den Desktop Ihres Windows XP Professional-Computers erhalten. Nachdem der Benutzer die Remoteverbindung zum Desktop seines Computers hergestellt hat, sieht er diesen Desktop in einem Fenster und kann auf Dateien, Ordner und Anwendungen des Remotecomputers zugreifen. Nachdem die Verbindung aufgebaut ist, wird der lokale Desktop aus Sicherheitsgründen verriegelt, damit niemand sehen kann, welche Operationen über die Remoteverbindung durchgeführt werden.

Der Remotedesktop dient dazu, einem Benutzer von einem anderen Computer im Netzwerk (oder sogar im Internet) aus die vollständige Steuerung über seinen Windows XP Professional-Desktop zu verschaffen. Das ist nützlich, wenn ein Benutzer zu Hause, in einem anderen Büro oder an einem anderen Standort arbeitet und Zugriff auf Informationen oder Programme braucht, die sich auf seinem primären Bürocomputer befinden. Während ein Benutzer über das Netzwerk auf seinen Computer zugreift, ist kein lokaler Zugriff durch einen anderen Benutzer erlaubt. Eine Ausnahme ist ein Administrator. Administratoren dürfen sich lokal anmelden, während ein anderer Benutzer über eine Remoteverbindung auf den Computer zugreift, aber in diesem Fall wird die Remotesitzung beendet.

Wenn Sie über den Remotedesktop mit einem Computer verbunden sind, stehen viele der Ressourcen des Hostcomputers auf dem Clientcomputer zur Verfügung. Das sind unter anderem folgende Ressourcen:

- **Dateisystem:** Während Sie eine Verbindung zum Remotehost haben, kann das Dateisystem auf dem Clientcomputer zugänglich gemacht werden. Wenn Sie den Ordner **Arbeitsplatz** auf dem Hostcomputer öffnen, werden die Festplattenlaufwerke des Clientcomputers angezeigt. Mithilfe dieser Funktion können Sie Informationen zwischen dem Host- und dem Clientcomputer hin und her kopieren.
- **Audio:** Auf dem Hostcomputer generierte Audiodaten werden über das Soundsystem des Clientcomputers abgespielt.

- **Anschlüsse:** Die Anwendungen, die innerhalb der Sitzung laufen, können Zugriff auf die Anschlüsse des Clientcomputers haben und somit Drucker, Scanner und andere Peripheriegeräte benutzen und verändern.
- **Drucker:** Der Standarddrucker des Clientcomputers (lokal oder Netzwerkdrucker) wird der Standarddrucker für die Remotedesktopsitzung. Sie drucken ein Dokument auf dem Hostcomputer auf den Drucker aus, der an den Client angeschlossen ist.
- **Zwischenablage:** Der Remotedesktophost und der Clientcomputer teilen sich eine Zwischenablage. Somit können Sie Daten zwischen Anwendungen, die auf dem Remotecomputer laufen, und Anwendungen, die auf dem Clientcomputer laufen, hin und her kopieren.

Voraussetzungen für den Remotedesktop

Für das Aktivieren des Remotedesktops müssen folgende Voraussetzungen erfüllt sein:

- Ein Remotecomputer, der unter Windows XP Professional läuft und an ein LAN (Local Area Network) oder das Internet angeschlossen ist. Das ist der Computer, auf den Sie über das Netzwerk zugreifen wollen.
- Ein Clientcomputer mit Zugriff auf den Hostcomputer über eine LAN-, DFÜ- oder VPN-Verbindung (virtuelles privates Netzwerk), auf dem das Programm Remotedesktopverbindung oder der Terminaldiensteclient installiert ist. Für die meisten Windows-Versionen steht eine Version des Programms Remotedesktopverbindung zur Verfügung. Legen Sie einfach auf dem Clientcomputer die Windows XP Professional-Installations-CD-ROM ein und wählen Sie die Option zur Installation der Remotedesktopverbindungssoftware.
- Ein Benutzerkonto mit entsprechenden Berechtigungen. Der Benutzer muss ein Administrator oder ein Mitglied der Gruppe **Remotebenutzer** sein und ein Kennwort haben.

Konfigurieren eines Computers, damit er Remotedesktopverbindungen annimmt

Die Konfiguration des Remotedesktops ist ein zweiteiliger Prozess. Erst konfigurieren Sie den Hostcomputer, damit er Remotedesktopverbindungen erlaubt. Dann konfigurieren Sie den Clientcomputer mit der Clientsoftware Remotedesktopverbindung.

Gehen Sie folgendermaßen vor, um einen Windows XP Professional-Computer so zu konfigurieren, dass er Remotedesktopverbindungen erlaubt:

1. Klicken Sie im Startmenü (oder auf dem Desktop oder im Windows-Explorer) mit der rechten Maustaste auf **Arbeitsplatz** und wählen Sie den Befehl **Eigenschaften**.
2. Aktivieren Sie auf der Registerkarte **Remote** im Abschnitt **Remotedesktop** das Kontrollkästchen **Benutzern erlauben, eine Remotedesktopverbindung herzustellen** (Abbildung 18.14).

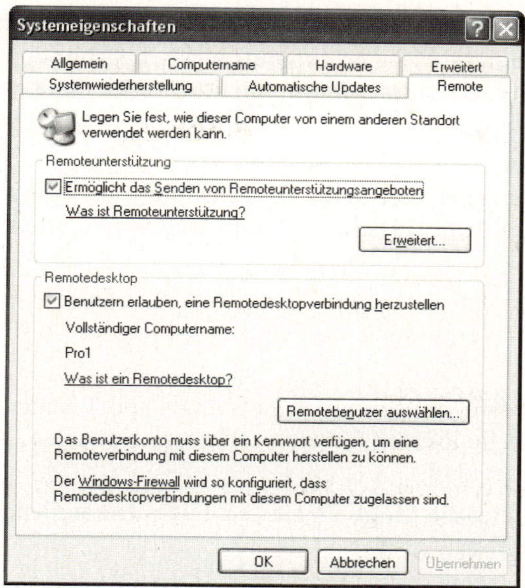

Abbildung 18.14 Aktivieren des Remotedesktops auf einem Windows XP Professional-Computer

3. Falls das Benutzerkonto, über das eine Remoteverbindung hergestellt werden soll, nicht Mitglied der Gruppe **Administratoren** ist, müssen Sie auf die Schaltfläche **Remotebenutzer auswählen** klicken, das gewünschte Benutzerkonto hinzufügen und dann auf **OK** klicken.
4. Klicken Sie erneut auf **OK**.

Stellen Sie sicher, dass das verwendete Benutzerkonto ein Kennwort zugewiesen hat. Benutzerkonten, die für Remoteverbindungen verwendet werden, müssen Kennwörter haben.

Hinweis Falls Sie die Windows-Firewall verwenden, müssen Sie eine Ausnahme konfigurieren, um Remotedesktopverbindungen zu erlauben. Falls Sie eine andere Softwarefirewall verwenden oder falls es in Ihrem Netzwerk eine Hardwarefirewall gibt, müssen Sie eingehende Verbindungen auf TCP-Port 3389 erlauben, damit Remotedesktopverbindungen möglich sind. Sie können auch den Port ändern, auf dem der Remotedesktop Verbindungen entgegennimmt. Weitere Informationen über das Ändern dieser Portnummer finden Sie im Knowledge Base-Artikel „Ändern des Ports für eingehende Verbindungen zum Remotedesktop“ (online verfügbar unter **http://support.microsoft.com/kb/306759**).

Herstellen der Verbindung zu einem Remotecomputer

Nachdem der Windows XP Professional-Computer so konfiguriert ist, dass er Remotedesktopverbindungen erlaubt, können Sie zu diesem Computer eine Verbindung herstellen, indem Sie auf einem anderen Computer die Clientsoftware Remotedesktopverbindung starten. Wählen Sie im Startmenü **Alle Programme/Zubehör/Kommunikation/**

Remotedesktopverbindung. Klicken Sie im Dialogfeld **Remotedesktopverbindung** auf die Schaltfläche **Optionen**, um die Einstellungen zu konfigurieren (Abbildung 18.15). Die einzigen Informationen, die Sie eingeben müssen, um eine Verbindung herzustellen, sind Name oder IP-Adresse des Computers. Außerdem stehen folgende Optionen zur Verfügung:

- Registerkarte **Allgemein:** Allgemeine Optionen, zum Beispiel Benutzername, Kennwort und Domänenname für die Authentifizierung sowie die Möglichkeit, die Verbindungseinstellungen zu speichern.
- Registerkarte **Anzeige:** Anzeigeoptionen, zum Beispiel die Konfiguration der Größe der Anzeige, die bei der Remoteverbindung verwendet wird (bis zu **Vollbild**), und Farbeinstellungen.
- Registerkarte **Lokale Ressourcen:** Einstellungen zu Sounds und Tastaturkonfiguration sowie die Einstellung, welche lokalen Geräte verfügbar sein sollen, während Sie am Remotecomputer angemeldet sind.
- Registerkarte **Programme:** Bietet die Möglichkeit, nach dem Herstellen der Verbindung automatisch ein Programm zu starten.
- Registerkarte **Erweitert:** Ermöglicht die Konfiguration der Verbindungsgeschwindigkeit zum Optimieren der Leistung. Außerdem kann eingestellt werden, ob Desktophintergrund, Designs, Menü- und Fensteranimationen und andere Elemente, die Einfluss auf die Leistung haben können, angezeigt werden.

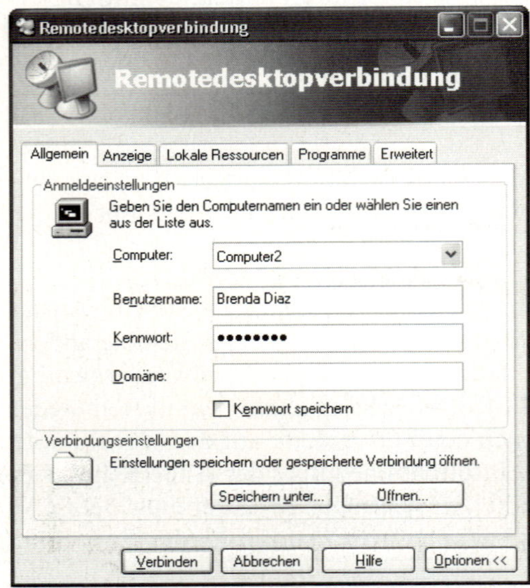

Abbildung 18.15 Konfigurieren von Optionen beim Herstellen der Verbindung zu einem Remotecomputer.

Gehen Sie folgendermaßen vor, um den Client der Remotedesktopverbindung zu starten:

1. Wählen Sie im Startmenü **Alle Programme/Zubehör/Kommunikation/Remotedesktopverbindung**.
2. Geben Sie im Dialogfeld **Remotedesktopverbindung** (Abbildung 18.16) den Namen oder die IP-Adresse des Remotecomputers ein und klicken Sie auf **Verbinden**.

Abbildung 18.16 Herstellen einer Remotedesktopsitzung

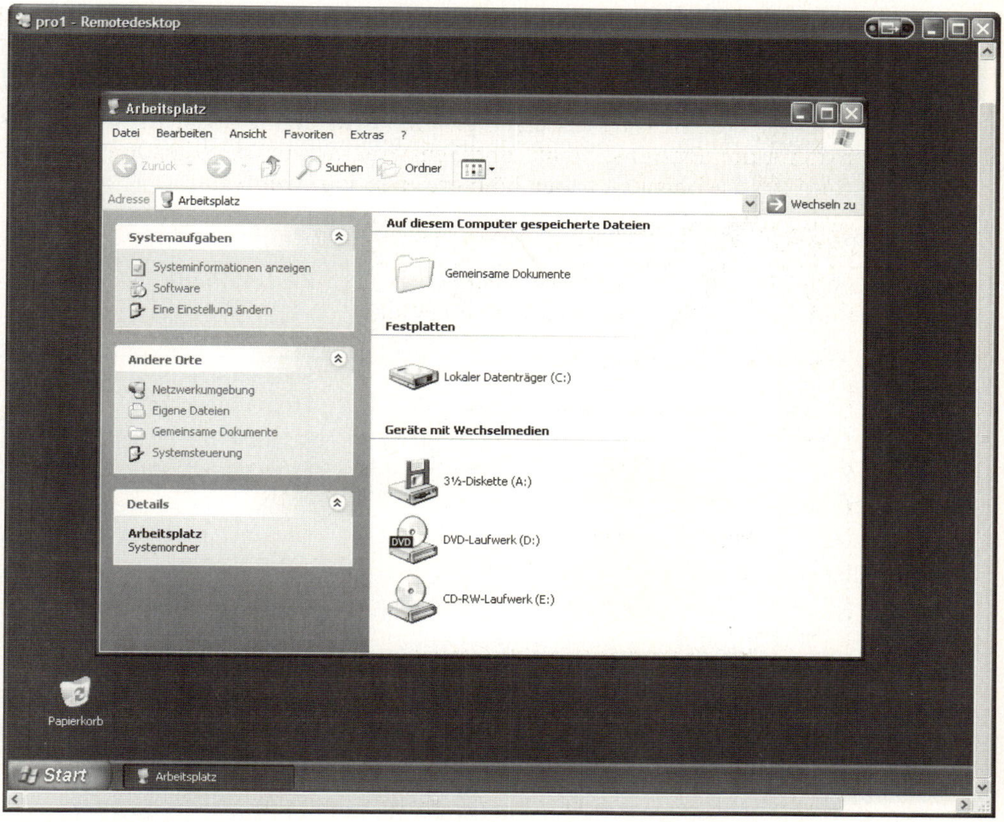

Abbildung 18.17 Nach dem Herstellen der Verbindung haben Sie volle Kontrolle über den Remotecomputer.

3. Geben Sie Benutzerkonto und Kennwort ein, wenn Sie dazu aufgefordert werden, und klicken Sie dann auf **OK**.
4. Falls momentan ein anderer Benutzer am Remotesystem angemeldet ist, öffnet sich das Dialogfeld **Windows-Anmeldung**. Das bedeutet, dass die Remoteverbindung nur aufgebaut werden kann, wenn der Benutzer abgemeldet wird und eventuell nicht gespeicherte Daten verloren gehen. Klicken Sie in diesem Fall auf **Ja**.
5. Die Remotedesktopsitzung ist hergestellt. Abbildung 18.17 zeigt ein Remoteverbindungsfenster.

Tastenkombinationen

Nachdem die Verbindung mit dem Remotedesktop hergestellt ist, haben Sie die volle Kontrolle über den Remotecomputer.

Es gibt allerdings bestimmte Tastenkombinationen, die immer noch auf den Clientcomputer wirken statt auf den Hostcomputer. Wenn Sie zum Beispiel während einer Remotedesktopsitzung die Tastenkombination STRG+ALT+ENTF drücken, öffnet sich entweder der Task-Manager oder das Dialogfeld **Windows-Sicherheit** für den Clientcomputer, nicht für den Hostcomputer. Es gibt Tastenkombinationen, die Sie auf dem Clientcomputer eingeben können, um spezielle Tastenkombinationen auf dem Hostcomputer zu simulieren. Tabelle 18.7 beschreibt die Tastenkombinationen für eine Remotedesktopsitzung.

Tabelle 18.7 Tastenkombinationen im Remotedesktop

Windows-Tastenkombination	Entsprechende Tastenkombination in Remotedesktop	Beschreibung
ALT+TAB	ALT+BILD-AUF	Schaltet von links nach rechts zwischen Programmen um.
ALT+UMSCHALT+TAB	ALT+BILD-AB	Schaltet von rechts nach links zwischen Programmen um.
ALT+ESC	ALT+EINGF	Wechselt in der Reihenfolge durch die Programme, in der sie gestartet wurden.
STRG+ESC	ALT+POS1	Zeigt das Windows-Menü an.
ALT+DRUCK	STRG+ALT+MINUS (–) Taste im Ziffernfeld	Legt einen Screenshot des aktiven Fensters in der Remotedesktopsitzung in die Zwischenablage.
DRUCK	STRG+ALT+PLUS (+) Taste im Ziffernfeld	Legt einen Screenshot des gesamten Remotedesktopsitzungsfensters in die Zwischenablage.
STRG+ALT+ENTF	STRG+ALT+ENDE	Zeigt den Task-Manager oder das Dialogfeld **Windows-Sicherheit** an.

Beenden einer Remotesitzung

Es gibt zwei Möglichkeiten, eine Remotesitzung zu beenden:

- Melden Sie sich normal vom Remotecomputer ab. Dabei werden alle Programme beendet, der Benutzer wird abgemeldet und die Remotedesktopverbindung wird geschlossen.
- Trennen Sie die Verbindung, indem Sie entweder das Fenster **Remotedesktop** schließen oder im Startmenü den Befehl **Trennen** wählen. Beim Trennen der Verbindung bleibt der Benutzer auf dem Remotecomputer angemeldet und alle Programme laufen weiter. Der Benutzer wird wieder mit derselben Sitzung verbunden, wenn er das nächste Mal eine Verbindung herstellt.

Konfigurieren und Verwenden der Remoteunterstützung

Die ***Remoteunterstützung*** ermöglicht einem Benutzer, über das Netzwerk Hilfe von einem erfahrenen Benutzer (dem so genannten Experten) anzufordern. Im Unterschied zum Remotedesktop muss bei der Remoteunterstützung der Benutzer, der Hilfe benötigt, eine Einladung an den anderen Benutzer schicken und der andere Benutzer muss die Einladung akzeptieren. Nach dem Aufabu der Verbindung kann der Experte den Desktop des Benutzers steuern (gemeinsam mit dem Benutzer), sich mit dem Benutzer unterhalten und Dateien senden oder empfangen. Sie können nur dann gemeinsam mit dem Benutzer die Kontrolle über seinen Desktop übernehmen, wenn der Benutzer dem zustimmt. Wenn Sie die Remoteunterstützung nutzen, werden Sie sich nur noch selten oder überhaupt nicht zum Benutzer begeben müssen, um das Problem vor Ort zu lösen.

Aufbauen einer Remoteunterstützungssitzung

Eine ***Remoteunterstützungssitzung*** kann nur hergestellt werden, wenn sowohl der Benutzer, der Hilfe benötigt, als auch der Experte aktiv am Aufbauen der Verbindung teilnehmen. Die Sitzung wird in folgenden Phasen aufgebaut:

1. Der Benutzer, der Unterstützung wünscht, sendet eine Einladung zur Remoteunterstützung an den Experten.
2. Der Experte antwortet auf die Einladung.
3. Der Benutzer akzeptiert die Unterstützung des Experten.

Gehen Sie folgendermaßen vor, um eine Einladung zur Remoteunterstützung zu senden:

1. Wählen Sie im Startmenü **Hilfe und Support**.
2. Klicken Sie im **Hilfe- und Supportcenter** im Abschnitt **Support erhalten** auf **Einen Bekannten auffordern, eine Verbindung über Remoteunterstützung mit Ihrem Computer herzustellen** und dann auf **Jemanden einladen, Ihnen zu helfen**.
3. Wählen Sie aus, auf welche Art Sie die Einladung erstellen wollen (Abbildung 18.18). Sie können Einladungen direkt mit dem Windows Messenger senden, als E-Mail-Anhang oder durch Speichern und Übermitteln einer Einladungsdatei an den Helfer (zum Beispiel können Sie die Datei in einem freigegebenen Ordner im Netzwerk zur Verfügung stellen).

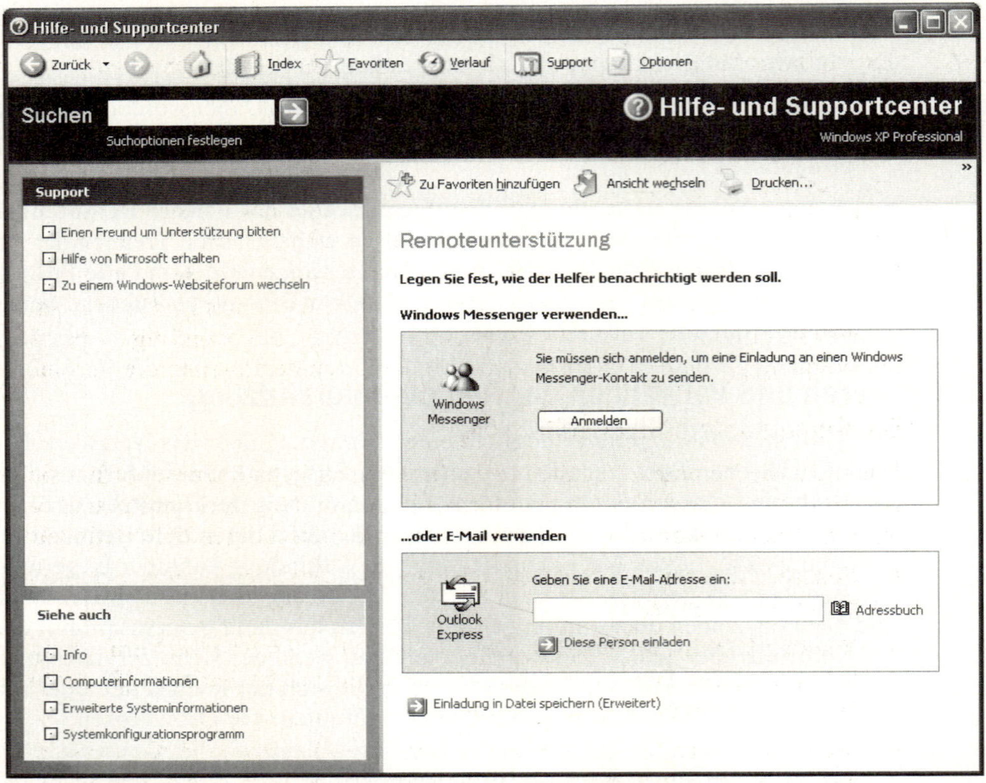

Abbildung 18.18 Wählen Sie aus, wie die Einladung geschickt werden soll.

4. Geben Sie auf Anforderung die erforderlichen Informationen ein. Dazu gehören Ihr Name, eine Nachricht, Gültigkeitsdauer der Einladung und (optional) ein Kennwort zum Herstellen der Verbindung.
5. Klicken Sie auf **Einladung senden**.

Hinweis Wird eine Einladung als E-Mail-Anhang gesendet oder in einer Datei gespeichert, hat die Datei die Namenserweiterung **.MsRcIndicent**.

Der Experte muss auf die Einladung antworten, damit der Vorgang fortgesetzt werden kann. Falls die Einladung mit dem Windows Messenger übermittelt wird, müssen Sie die Einladung akzeptieren, die im Popupfenster des Messengers angezeigt wird. Falls die Einladung über E-Mail gesendet wird, müssen Sie die Einladung im Anhang öffnen. Falls die Einladungsdatei auf andere Weise übertragen wurde, müssen Sie darauf zugreifen und sie öffnen. Falls ein Kennwort erforderlich ist, müssen Sie das Kennwort im Dialogfeld **Remoteunterstützung** eingeben.

Tipp Das Aufbauen einer Remoteunterstützungsverbindung über den Windows Messenger ist die einfachste Methode, weil die Windows Messenger-Verbindung normalerweise funktioniert, auch wenn Firewalls im Netzwerk des Benutzers oder des Experten laufen. Falls Sie eine Remoteunterstützungssitzung mit einer der anderen Methoden herstellen, müssen Sie eine Firewall so konfigurieren, dass sie die Verbindung zulässt. Wie der Remotedesktop verwendet auch die Remoteunterstützung als Standardeinstellung den TCP-Port 3389.

Windows benachrichtigt daraufhin den Benutzer, der die Unterstützung angefordert hat, dass die Einladung angenommen wurde. Der Benutzer muss im Dialogfeld **Remoteunterstützung** auf seinem Computer auf **Ja** klicken, um endgültig zu bestätigen, dass er den Vorgang gestattet. Daraufhin baut die Remoteunterstützung die Verbindung auf.

Die Remoteunterstützungskonsole

Nachdem die Remoteunterstützungsverbindung aufgebaut wurde, öffnet sich beim Benutzer, der die Unterstützung angefordert hat, eine Benutzerkonsole, und bei dem Experten eine Expertenkonsole. Die Benutzerkonsole bietet folgende Funktionen:

- **Fenster Chatverlauf und Nachrichteneingabe:** Hier können sich die beiden Benutzer online unterhalten.
- **Fenster Verbindungsstatus:** Zeigt an, welcher Experte die Verbindung hergestellt hat und welche Funktionen für die Verbindung verfügbar sind (**Bildschirm nur anzeigen** oder **Steuerung übernommen**)
- **Steuerung beenden (ESC):** Ermöglicht dem Benutzer, die Kontrolle zurückzuerlangen, falls der Experte die Steuerung übernommen hat. (Dasselbe lässt sich auch durch Drücken der ESC-Taste erreichen.)
- **Eine Datei senden:** Sendet eine Datei vom Computer des Benutzers oder aus einer Netzwerkfreigabe an den Computer des Experten.
- **Sprechen:** Ermöglicht eine Sprachübertragung auf Computern mit entsprechender Ausrüstung.
- **Einstellungen:** Ermöglicht dem Benutzer, die Audioqualität einzustellen.
- **Verbindung trennen:** Beendet die Remoteunterstützungsverbindung.
- **Hilfe:** Bietet Zugriff auf die Onlinehilfe zur Remoteunterstützung.

In der Expertenkonsole dienen ebenfalls die Fenster **Chatverlauf** und **Nachrichteneingabe** zur Kommunikation mit dem anderen Benutzer. Der Desktop des Benutzers wird im Statusfenster auf der rechten Seite des Fensters angezeigt. Die Steuerelemente für die Expertenkonsole liegen am oberen Rand des Fensters. Sie haben folgende Bedeutung:

- **Steuerung übernehmen/Steuerung freigeben:** Sendet eine Anforderung an den Benutzer, dem Experten die Kontrolle über seinen Desktop zu gewähren. Der Benutzer muss die Anforderung akzeptieren, er kann sie außerdem jederzeit widerrufen, indem er in der Benutzerkonsole auf die Schaltfläche **Steuerung beenden** klickt oder die Taste ESC drückt.

- **Eine Datei senden:** Sendet eine Datei vom Computer des Experten oder aus einer Netzwerkfreigabe an den Computer des Benutzers.
- **Sprechen:** Ermöglicht eine Sprachübertragung auf Computern mit entsprechender Ausrüstung.
- **Einstellungen:** Ermöglicht dem Experten, Audioqualität und Größe der Konsole einzustellen.
- **Verbindung trennen:** Beendet die Remoteunterstützungsverbindung.
- **Hilfe:** Bietet Zugriff auf die Onlinehilfe zur Remoteunterstützung.

Gemeinsames Steuern des Computers des Benutzers

Wenn Experte und Benutzer gemeinsam die Steuerung über den Computer des Benutzers übernehmen wollen, sendet der Experte durch Anklicken der Schaltfläche **Steuerung übernehmen** eine Anforderung an den Benutzer. Der Benutzer muss die Anforderung akzeptieren, er kann sie außerdem jederzeit widerrufen, indem er in der Benutzerkonsole auf die Schaltfläche **Steuerung beenden** klickt oder die Taste ESC drückt.

Wenn der Experte die Steuerung über das System des Benutzers übernommen hat, kann er den Computer fast vollständig kontrollieren. Er kann Treiber installieren und entfernen, Anwendungen starten und Ereignisprotokolle ansehen. Der Experte kann allerdings keine Dateien von der Festplatte des Benutzers kopieren. Es gibt nur eine Möglichkeit, wie der Experte eine Datei vom Computer des Benutzers bekommen kann: Er muss den Benutzer bitten, sie zu senden.

Nachdem der Experte die Steuerung übernommen hat, können beide Benutzer gleichzeitig Maus und Tastatur bedienen, daher sollten Sie über den Chat oder mit Sprachübertragung die Bedienung der Eingabegeräte koordinieren, damit es keine Missverständnisse gibt. Der Experte muss außerdem aufpassen, dass er nichts tut, was die Netzwerkverbindung stört, sonst wird die Remoteunterstützungsverbindung getrennt.

Lernzielkontrolle

Die folgenden Fragen dienen zum Vertiefen der Themen dieser Lektion. Falls Sie eine Frage nicht beantworten können, sollten Sie die Lektion noch einmal durcharbeiten, und dann erneut versuchen, die Frage zu beantworten. Die Antworten auf die Lernzielkontrollfragen finden Sie im Abschnitt „Fragen und Antworten" am Ende dieses Kapitels.

1. Welche Voraussetzungen müssen zum Ausführen des Remotedesktops erfüllt sein?

   ____

   ____

   ____

   ____

   ____

2. Wie können Sie die Remotedesktopverbindungssoftware auf Computern installieren, die nicht unter Windows XP Professional laufen?

3. Was ist der Unterschied zwischen Remotedesktop und Remoteunterstützung?

Zusammenfassung der Lektion

- Über den Remotedesktop können Benutzer, die Mitglieder der Gruppen **Administratoren** oder **Remotebenutzer** sind, über das Netzwerk Zugriff auf einen Windows XP Professional-Computer bekommen. Nachdem eine Verbindung hergestellt wurde, ist der lokale Desktop aus Sicherheitsgründen gesperrt. So wird verhindert, dass jemand beobachtet, welche Aktionen über die Remoteverbindung ausgeführt werden.
- Bei der Remoteunterstützung muss der Benutzer, der Hilfe benötigt, eine Einladung an den anderen Benutzer (den Experten) schicken, und dieser andere Benutzer muss die Einladung akzeptieren. Nachdem die Verbindung hergestellt wurde, kann der Experte gemeinsam mit dem Benutzer die Kontrolle über dessen Desktop übernehmen, sich im Chat mit dem Benutzer unterhalten und Dateien senden und empfangen.

Übung mit Fallbeispiel

In dieser Übung wird ein Szenario beschrieben, bei dem Windows XP-Tools eingesetzt werden. Beantworten Sie nach dem Durchlesen des Szenarios die Fragen. Falls Sie Schwierigkeiten haben, sollten Sie den Inhalt dieses Kapitels noch einmal durcharbeiten, bevor Sie das nächste Kapitel in Angriff nehmen. Die Antworten auf die Fragen finden Sie im Abschnitt „Fragen und Antworten“ am Ende dieses Kapitels.

Szenario

Sie arbeiten als Administrator für ein Unternehmen namens Alpine Ski House, das eine Reihe von Sporthotels in mehreren Alpenländern besitzt. Sie arbeiten im Hauptsitz des Unternehmens in Zürich. Sie haben mit Ken zu tun, dem Manager eines Hotels in Garmisch. Ken hat auf seinem Windows XP Professional-Computer vor kurzem ein Datensicherungsprogramm eines Fremdherstellers installiert. Nun hat er einige Probleme. Er erklärt, dass er während der Installation des Programms gefragt wurde, ob er das Datensicherungsprogramm als Dienst oder als Befehlszeilenprogramm installieren will. Da er nicht recht wusste, welche Option er wählen sollte, hat er das Programm als Dienst installiert. Jetzt bekommt er jedes Mal, wenn er seinen Computer startet, eine Fehlermeldung, dass mindestens ein Dienst nicht gestartet werden konnte. Wenn er versucht, das neue Datensicherungsprogramm auszuführen, bekommt er eine Fehlermeldung und das Programm startet nicht. Ken möchte das Datensicherungsprogramm verwenden, weil es angeblich Dateien auf Sicherungsmedien in ihrem ursprünglichen Ordner und im normalen Dateiformat sichert, statt eine einzige Datei in einem proprietären Format zu speichern. Auf diese Weise kann Ken Dateien in der Datensicherung einfacher finden und wiederherstellen.

Fragen

1. Ken ist kein erfahrener Benutzer und er möchte, dass Sie ihm beim Lösen seines Problems helfen. Er möchte außerdem gern zusehen, wie Sie vorgehen. Welche Funktion könnten Sie nutzen, um Ken von der Ferne aus zu helfen, während er zusieht?

   ____

   ____

   ____

2. Nachdem Sie eine Verbindung zu Kens Computer hergestellt haben, wollen Sie feststellen, welche Dienste nicht gestartet werden konnten. Wie bekommen Sie diese Informationen?

   ____

   ____

3. Sie haben festgestellt, dass nur ein Dienst nicht gestartet werden kann, und dieser Dienst hat mit Kens Datensicherungsprogramm zu tun. Sie beschließen, das Datensicherungsprogramm mit dem Systemsteuerungsmodul **Software** von Kens Computer zu entfernen. Nachdem Sie das Programm deinstalliert haben, zeigt Windows eine Meldung an, dass einige Teile des Programms nicht deinstalliert werden konnten, weil sie laufen, und dass Sie den Computer neu starten müssen, um den Deinstallationsvorgang abzuschließen. Nachdem der Computer neu gestartet ist, bekommt Ken immer noch die Fehlermeldung, dass ein Dienst nicht gestartet werden konnte. Und auch das Programm ist noch im Systemsteuerungsmodul **Software** als installiert aufgeführt. Was sollten Sie tun?

   ____

   ____

   ____

   ____

4. Nachdem Sie sich um den Dienst gekümmert haben, versuchen Sie erneut, das Programm im Systemsteuerungsmodul **Software** zu deinstallieren. Aber Sie bekommen die Meldung, dass die Deinstallationsdatei nicht gefunden werden konnte und dass der Vorgang nicht fortgesetzt werden kann. Sie vermuten, dass die Deinstallationsdatei bei Ihrem letzten Versuch, das Programm zu entfernen, gelöscht wurde. Sie

wissen, dass Sie Kens Computer auf eine Konfiguration zurücksetzen müssen, wie er sie vor dem Installieren des Programms hatte. Wie können Sie das bewerkstelligen?

___

___

___

___

5. Sie haben es geschafft, den Computer von Ken auf eine frühere Konfiguration zurückzusetzen. Sie bekommen keine Fehlermeldungen mehr über Dienste, die nicht gestartet werden können, und sind zufrieden, dass das Programm vom Computer entfernt wurde. Aber Ken will immer noch sein Datensicherungsprogramm benutzen. Nachdem Sie sich über das Programm informiert haben, stellen Sie fest, dass Ken recht damit hatte, dass es sich auch als Befehlszeilenprogramm installieren lässt. Wenn Sie diese Art der Installation durchführen, wird kein Dienst installiert. Sie installieren Kens Programm auf diese Weise. Ken ist allerdings nicht mit der Bedienung der Eingabeaufforderung vertraut und möchte, dass das Programm die Daten seines Computers automatisch jede Nacht sichert. Wie können Sie das einrichten?

___

___

___

Übung zur Problembehandlung

Lesen Sie das folgende Problembehandlungsszenario durch und beantworten Sie die zugehörigen Fragen. Sie können anhand dieser Übung feststellen, ob Sie genug gelernt haben, um mit dem nächsten Kapitel weiterzumachen. Falls Sie Schwierigkeiten haben, sollten Sie den Inhalt dieses Kapitels noch einmal durcharbeiten, bevor Sie das nächste Kapitel in Angriff nehmen. Die Antworten auf die Fragen finden Sie im Abschnitt „Fragen und Antworten" am Ende dieses Kapitels.

Szenario

Sie arbeiten als Administrator für Contoso, Ltd., Hersteller von Laborausrüstungen. Rebecca, eine Sekretärin in der Produktionsabteilung, hat Probleme mit ihrem Windows XP Professional-Computer. Wenn der Computer startet, bekommt sie folgende Meldung: „Mindestens ein Dienst oder Treiber wurde beim Systemstart nicht gestartet. Überprüfen Sie das Ereignisprotokoll in der Ereignisanzeige".

Rebecca erzählt, dass die Fehlermeldung das letzte Mal am 16. November 2004 um etwa 17:00 Uhr (Zeitzone Central Time, USA) auftrat. Sie leiten Rebecca durch die Schritte zum Öffnen der Ereignisanzeige und zum Speichern des Systemprotokolls als Datei namens **RebeccaSystem.evt**. Sie bitten Rebecca, Ihnen die gespeicherte Protokolldatei als E-Mail zu schicken. Nachdem die Datei eingetroffen ist, speichern Sie sie auf Ihrem Desktop.

Auf der CD Im Ordner **Labs** auf der Begleit-CD-ROM finden Sie eine Datei namens **RebeccaSystem.evt**. Kopieren Sie diese Datei auf Ihren Desktop.

Führen Sie anhand der Kenntnisse, die Sie in diesem Kapitel erworben haben, folgende Aktionen durch:

1. Erstellen Sie in der Ereignisanzeige eine neue Protokollansicht für das Systemprotokoll.
2. Öffnen Sie das gespeicherte Protokoll aus der Datei **RebeccaSystem.evt** in der neuen Protokollansicht.

Fragen

1. Rebecca hat Ihnen Datum und Uhrzeit der letzen Fehlermeldung genannt, die sie gesehen hat. Suchen Sie in Rebeccas Systemprotokoll und tragen Sie in die folgende Tabelle die Fehlerereignisse mit Quelle, Uhrzeit und Ereigniskennung ein. Führen Sie nur die Fehlerereignisse auf, die im Bereich von 5 Minuten vor und nach 17:00 Uhr (Central Time) liegen. Sortieren Sie die Ereignisse vom ältesten bis zum neuesten. Damit Sie die Uhrzeit nicht ständig auf Ihre Ortszeit umrechnen müssen, empfiehlt es sich, für diesen Vorgang die Zeitzone Ihres Computers auf **GMT-06:00** (Central Time, USA & Kanada) umzustellen.

Uhrzeit	Quelle	Ereigniskennung

2. Sehen Sie sich die Details der einzelnen Fehlerereignisse an. Tragen Sie in die folgende Tabelle anhand der gegebenen Quellen und Kennungen eine kurze Beschreibung jedes Fehlers ein. Tragen Sie außerdem ein, welcher Dienst aufgrund des Fehlers nicht gestartet werden konnte (sofern dieser Fehler dafür verantwortlich war, dass ein Dienst aufgrund des Fehlers nicht gestartet wurde).

Quelle und Kennung	Beschreibung	Nicht gestarteter Dienst
W32Time–17		
W32Time–29		
NetBT–4321		
Netlogon–3095		
Server–2505		
Service Control Manager–7024		

3. Wo vermuten Sie die Ursache des Problems, wenn Sie Ihre Tabelle betrachten? Wie können Sie das Problem beseitigen?

____

____

____

____

____

Zusammenfassung des Kapitels

- Dienste sind Programme oder Prozesse, die zusammen mit Windows XP Professional gestartet werden und im Hintergrund laufen. Sie stellen anderen Programmen und Betriebssystemkomponenten notwendige Funktionen zur Verfügung. In der Konsole **Dienste** können Sie die grundlegenden Befehle für Dienste ausführen, Sie können zum Beispiel Dienste beenden, starten, anhalten, fortsetzen und neu starten. Sie können in der Konsole **Dienste** außerdem Optionen für Dienste konfigurieren, zum Beispiel den Starttyp, das Benutzerkonto, unter dem sich der Dienst anmeldet, und Wiederherstellungsoptionen. Sie können Dienste auch mit dem Systemkonfigurationsprogramm aktivieren und deaktivieren.
- Mithilfe der Ereignisanzeige können Sie die Inhalte der Windows XP Professional-Protokolle anzeigen. Windows XP Professional verfügt standardmäßig über drei Protokolle: das Anwendungsprotokoll, das von Programmen generierte Ereignisse auf-

zeichnet, das Sicherheitsprotokoll, das Überwachungsereignisse aufzeichnet, und das Systemprotokoll, das von Windows-Diensten generierte Ereignisse aufzeichnet.

- Mit dem Ordner **Geplante Tasks** können Sie einen Zeitplan für Programme und Batchdateien erstellen, um sie einmalig, in regelmäßigen Abständen, zu bestimmten Zeiten oder im Fall bestimmter Betriebssystemereignisse ausführen zu lassen. Windows XP Professional speichert geplante Tasks im Ordner **Geplante Tasks**, auf den Sie in der Systemsteuerung über **Leistung und Wartung** zugreifen.
- Die Systemwiederherstellung erstellt Wiederherstellungspunkte. Ein solcher Wiederherstellungspunkt enthält eine Momentaufnahme der Registrierung (mit Benutzerkonto-, Anwendungs- und Hardwarekonfigurationen) und Kopien ausgewählter Systemdateien, die Windows XP Professional für den Start benötigt. Die Systemwiederherstellung erstellt Wiederherstellungspunkte automatisch, wenn bestimmte Ereignisse auftreten. Sie können Wiederherstellungspunkte aber auch von Hand erstellen.
- Über den Remotedesktop können Benutzer, die Mitglieder der Gruppen **Administratoren** oder **Remotebenutzer** sind, über das Netzwerk Zugriff auf einen Windows XP Professional-Computer bekommen. Bei der Remoteunterstützung kann ein Benutzer, der Hilfe benötigt, eine Einladung an einen Experten schicken, eine Verbindung zum Computer des Benutzers herzustellen. Nachdem die Verbindung hergestellt wurde, kann der Experte gemeinsam mit dem Benutzer die Kontrolle über dessen Desktop übernehmen, sich im Chat mit dem Benutzer unterhalten und Dateien senden und empfangen.

Prüfungsrelevante Themen

Vor der Prüfungsteilnahme sollten Sie die nachfolgend aufgeführten Schlüsselinformationen und -begriffe noch einmal durcharbeiten. Diese Informationen sind für das Bestehen der Prüfung von entscheidender Bedeutung.

Schlüsselinformationen

- Wenn ein Dienst deaktiviert ist, können Sie ihn nicht von Hand starten. Auch Anwendungen oder andere Dienste können einen solchen Dienst nicht vom Programmcode aus starten. Wenn Sie stattdessen möchten, dass ein Dienst zwar nicht beim Windows-Start automatisch gestartet wird, aber bei Bedarf über andere Dienste oder Programme gestartet werden soll, müssen Sie den Starttyp des Dienstes auf **Manuell** stellen.
- Windows kann verschiedene Aktionen durchführen, falls ein Dienst fehlschlägt: **Keine Aktion durchführen**, **Dienst neu starten**, **Als ein Programm ausführen** und **Computer neu starten**. Normalerweise sollten Sie einstellen, dass Windows versucht, den Dienst beim ersten und zweiten Fehlschlag neu zu starten. Ein Neustart des Computers wegen eines fehlgeschlagenen Dienstes sollten Sie nur veranlassen, wenn der Dienst für die Funktion des Computers unverzichtbar ist.
- Windows XP Professional zeichnet Ereignisse standardmäßig in drei Protokollen auf: das Anwendungsprotokoll, das von Programmen generierte Ereignisse aufzeichnet,

das Sicherheitsprotokoll, das Überwachungsereignisse aufzeichnet, und das Systemprotokoll, das von Windows-Diensten generierte Ereignisse aufzeichnet.

- Beim Wiederherstellen eines Wiederherstellungspunkts werden die Windows-Registrierung und bestimmte System- und Anwendungsdateien verändert. Die Wiederherstellung ändert keine vom Benutzer erstellten Dokumente und Daten. Das Wiederherstellen eines Wiederherstellungspunkts ist eine sichere Methode, das System auf eine frühere Windows-Konfiguration zurückzusetzen.

Schlüsselbegriffe

Dienst Ein Programm oder ein Prozess, der im Hintergrund auf einem Computer läuft und bestimmte Systemfunktionen für andere Programme bereitstellt.

Dienstabhängigkeit Andere Dienste, die laufen müssen, bevor ein Dienst gestartet werden kann. Auch Dienste, die nicht starten, bevor der jeweilige andere Dienst läuft.

Ereignisanzeige Ein Dienstprogramm, mit dem Sie die Ereignisse überwachen können, die Windows XP Professional in verschiedenen Protokollen aufzeichnet.

Geplante Tasks Eine Funktion von Windows XP Professional, mit der Sie Programme, Skripts, Batchdateien oder Dokumente einmal, in regelmäßigen Abständen oder zu bestimmten Zeiten ausführen können.

Remotedesktop Ein Dienstprogramm, mit dem Sie einen Computer von einem Remotestandort aus steuern können.

Remoteunterstützung Ein Dienstprogramm, mit dem ein Benutzer einen Administrator oder einen anderen Experten einladen kann, ihm im Remotezugriff zu helfen.

Systemwiederherstellung Ein Dienstprogramm, das Änderungen an bestimmten System- und Anwendungsdateien überwacht und automatisch Wiederherstellungspunkte anlegt, die eine Momentaufnahme der Registrierung und eine Kopie bestimmter Systemdateien enthält, die Windows XP Professional zum Starten benötigt. Sie können Wiederherstellungspunkte auch von Hand anlegen und den Computer in den Zustand eines beliebigen Wiederherstellungspunkts zurückversetzen.

Wiederherstellungspunkte Eine abgespeicherte Momentaufnahme der Registrierung und wichtiger System- und Anwendungsdateien, die mit dem Dienstprogramm Systemwiederherstellung erstellt wird.

Fragen und Antworten

Seite 921

Lektion 1, Übung 1

6. Welche Beschreibung wird für **Fehlerberichterstattungsdienst** angezeigt?

   Ermöglicht die Fehlerberichterstattung für Dienste und Anwendungen, die in nicht standardgemäßen Umgebungen ausgeführt werden.

8. Was wird in der Spalte **Status** für den **Fehlerberichterstattungsdienst** angezeigt?

   Die Spalte **Status** ist leer, um zu zeigen, dass der Dienst nicht gestartet ist.

Seite 921

Lektion 1, Übung 2

4. Wird der Dienst im Fenster **Dienste** jetzt als aktiviert oder deaktiviert aufgelistet? Ist er gestartet oder nicht?

   Der Dienst ist deaktiviert, aber er wurde gestartet.

Seite 922

Lektion 1, Übung 3

7. Wird der Dienst **Computerbrowser** auf der Registerkarte **Dienste** als gestartet oder als beendet aufgeführt?

   Beendet

Seite 922

Lernzielkontrolle Lektion 1

1. Was ist ein Dienst?

   Ein Dienst ist ein Programm oder Prozess, der im Hintergrund läuft und Funktionen für andere Programme und Dienste zur Verfügung stellt.

2. Was passiert, wenn der Start eines Dienstes fehlschlägt? Wie können Sie das Standardverhalten ändern?

   In der Standardeinstellung unternimmt Windows nichts, falls ein Dienst nicht gestartet werden kann. Allerdings schlägt auch der Start bei jedem Dienst fehl, der von dem ersten Dienst abhängt. Sie können auf der Registerkarte **Wiederherstellen** im Eigenschaftendialogfeld eines Dienstes einstellen, welche Aktion Windows beim ersten Fehlschlag ausführt, beim zweiten Fehlschlag und bei allen weiteren Fehlschlägen.

3. Welche beiden Tools stellt Windows XP Professional zum Aktivieren und Deaktivieren von Diensten zur Verfügung?

   Das Systemkonfigurationsprogramm und die Konsole **Dienste**.

Seite 930

Lernzielkontrolle Lektion 2

1. Welche drei Windows XP Professional-Protokolle können Sie mit der Ereignisanzeige anzeigen, und welchen Zweck erfüllt jedes dieser Protokolle?

   Das Anwendungsprotokoll enthält Fehlermeldungen, Warnungen oder Informationen, die von Programmen wie beispielsweise Datenbankprogrammen oder E-Mail-Programmen generiert wurden. Der Programmentwickler gibt vor, welche Ereignisse aufgezeichnet werden. Das Sicherheitsprotokoll enthält Informationen über Erfolg oder Fehlschlag der überwachten Ereignisse. Die von Windows XP Professional aufgezeichneten Einträge richten sich nach der konfigurierten Überwachungsrichtlinie. Das Systemprotokoll enthält Fehlermeldungen, Warnungen und Informationen, die von Windows XP Professional generiert wurden. Windows XP Professional gibt vor, welche Ereignisse aufgezeichnet werden.

2. In der Ereignisanzeige können Sie über den Befehl ______________ oder mithilfe des Befehls ______________ nach speziellen Ereignissen suchen. Welche Möglichkeiten bietet jeder dieser Befehle?

   Filter; Suchen

Mit dem Befehl **Filter** können Sie die im Protokoll angezeigten Ereignisse auswählen. Mit dem Befehl **Suchen** können Sie nach bestimmten Ereignissen suchen.

3. Die Größe jeder Protokolldatei kann zwischen ____ KByte und ____ GByte liegen, die Standardgröße lautet ____ KByte.

   64 KByte, 4 GByte, 512 KByte

4. Was geschieht, wenn Sie die Option **Ereignisse nie überschreiben (Protokoll manuell löschen)** konfigurieren und das Protokoll seine Maximalgröße erreicht?

   Wenn Sie die Option **Ereignisse nie überschreiben (Protokoll manuell löschen)** wählen, müssen Sie das Protokoll manuell löschen. Sobald das Protokoll seine Maximalgröße erreicht hat, zeichnet Windows XP Professional keine weiteren Ereignisse auf. Es werden jedoch auch keine Protokolleinträge überschrieben.

Seite 936

Lernzielkontrolle Lektion 3

1. Wie kann der Ordner **Geplante Tasks** Sie bei der Überwachung, Verwaltung und Wartung von Netzwerkressourcen unterstützen?

   Sie können den Ordner **Geplante Tasks** dazu verwenden, beliebige Skripts, Programme oder Dokumente zu starten oder zu laden, und zwar zu einer bestimmten Zeit, in festgelegten Abständen oder wenn ein bestimmtes Betriebssystemereignis eintritt. Mithilfe dieses Ordners können Sie verschiedene Verwaltungsaufgaben durchführen, in regelmäßigen Abständen Wartungsprogramme auf lokalen oder Remotecomputern ausführen sowie Programme zu Zeiten niedriger Computerauslastung ausführen.

2. Bei welchen der im Folgenden aufgeführten Einträge handelt es sich um gültige Optionen, mit denen Sie im Ordner **Geplante Tasks** festlegen können, wie oft der Task ausgeführt werden soll? (Wählen Sie alle zutreffenden Antworten aus.)

   a. Täglich

   b. Einmalig

   c. Beim Herunterfahren des Computers

   d. Bei der Abmeldung eines Benutzers

   Die richtigen Antworten sind a und b. Die Antworten c und d sind nicht richtig, weil Sie einen Task nicht so planen können, dass er ausgeführt wird, wenn der Computer heruntergefahren wird oder wenn sich ein Benutzer abmeldet.

3. Warum ist es erforderlich, bei Verwendung des Assistenten für geplante Tasks jedem geplanten Task ein Benutzerkonto und ein Kennwort zuzuweisen?

   Die Eingabe eines Benutzernamens und Kennworts ist erforderlich, damit der Task mit den Sicherheitseinstellungen dieses Benutzerkontos ausgeführt wird. Sie können zum Beispiel eine geplante Sicherung ausführen, indem Sie ein Benutzerkonto verwenden, das über die Rechte zum Sichern von Daten, aber keine weiteren Verwaltungsrechte verfügt. Standardmäßig wird der Benutzername der Person verwendet, die den Task plant.

4. Welche Einstellung ist zu überprüfen, wenn keiner Ihrer geplanten Tasks gestartet wird?

Sollte keiner der geplanten Tasks gestartet werden, sollten Sie den Task-Planer öffnen und auf **Erweitert** klicken, um sicherzustellen, dass der Taskplanerdienst ausgeführt wird. Falls der Dienst nicht ausgeführt wird, können Sie ihn mit dem Menü **Erweitert** starten.

Seite 943

Lernzielkontrolle Lektion 4

1. Wann erstellt die Systemwiederherstellung automatisch Wiederherstellungspunkte?

   Alle 24 Stunden (oder falls 24 Stunden vergangen sind, seit der Computer zuletzt eingeschaltet wurde), wenn Sie einen unsignierten Gerätetreiber installieren, wenn Systemwiederherstellungs-kompatible Anwendungen installiert werden, wenn Updates über die Funktion **Automatische Updates** oder Windows Update installiert werden, wenn Sie Daten von Sicherungsmedien mit dem Windows-Sicherungsprogramm wiederherstellen, wenn die Systemwiederherstellung Änderungen an bestimmten Dateien feststellt und wenn Sie zu einem Wiederherstellungspunkt zurückkehren.

2. Stellt die Systemwiederherstellung ein Dokument wieder her, das Sie versehentlich aus dem Ordner **Eigene Dateien** gelöscht haben?

   Nein. Die Systemwiederherstellung überwacht keine persönlichen Benutzerdaten, zum Beispiel Dateien in den Ordnern **Eigene Dateien**, **Favoriten**, **Papierkorb**, **Temporary Internet Files**, **Verlauf** und **Temp**.

3. Wie können Sie verhindern, dass die Systemwiederherstellung bestimmte Laufwerke überwacht?

   Sie können die Systemwiederherstellung für ein bestimmtes Laufwerk deaktivieren, indem Sie im Dialogfeld **Systemeigenschaften** auf der Registerkarte **Systemwiederherstellung** im Listenfeld **Verfügbare Laufwerke** das Laufwerk auswählen, das Sie konfigurieren wollen, und dann auf Einstellungen klicken. Beachten Sie, dass Sie die Systemwiederherstellung nicht auf dem Systemlaufwerk deaktivieren können, ohne sie auch auf allen anderen Laufwerken zu deaktivieren.

Seite 954

Lernzielkontrolle Lektion 5

1. Welche Voraussetzungen müssen zum Ausführen des Remotedesktops erfüllt sein?

   Der Remotecomputer muss unter Windows XP Professional laufen. Nachdem Sie den Remotedesktop auf diesem Computer aktiviert haben, müssen Sie sicherstellen, dass der Benutzer, der die Remoteverbindung herstellt, Mitglied einer der Gruppen **Administratoren** oder **Remotebenutzer** ist.

2. Wie können Sie die Remotedesktopverbindungssoftware auf Computern installieren, die nicht unter Windows XP Professional laufen?

   Sie können die Remotedesktopverbindungssoftware installieren, indem Sie auf dem Clientcomputer die Windows XP Professional-Installations-CD-ROM einlegen. Darauf befinden sich Versionen der Remotedesktopverbindungssoftware für die meisten Windows-Versionen.

3. Was ist der Unterschied zwischen Remotedesktop und Remoteunterstützung?

   Der Remotedesktop erlaubt einem Benutzer, von einem anderen Computer im Netzwerk aus die vollständige Kontrolle über einen Windows XP Professional-Desktop zu übernehmen. Der

Remotedesktop kann nur verwendet werden, wenn der Benutzer auf dem Hostcomputer ein Mitglied der Gruppen **Administratoren** oder **Remotebenutzer** ist. Bei der Remoteunterstützung kann ein Benutzer Hilfe von einem anderen Benutzer anfordern. Der Benutzer muss eine Einladung senden, um eine Remoteunterstützungssitzung herzustellen. Während einer Remoteunterstützung sehen beide Benutzer die Anzeige des Hostcomputers.

Seite 955

Übung mit Fallbeispiel

1. Ken ist kein erfahrener Benutzer und er möchte, dass Sie ihm beim Lösen seines Problems helfen. Er möchte außerdem gern zusehen, wie Sie vorgehen. Welche Funktion könnten Sie nutzen, um Ken von der Ferne aus zu helfen, während er zusieht?

   Sie können Ken mit der Remoteunterstützung helfen. Während Sie eine Verbindung zu Kens Computer haben, können Sie die Steuerung über seinen Desktop übernehmen, während er zusieht.

2. Nachdem Sie eine Verbindung zu Kens Computer hergestellt haben, wollen Sie feststellen, welche Dienste nicht gestartet werden konnten. Wie bekommen Sie diese Informationen?

   Öffnen Sie die Ereignisanzeige und sehen Sie sich das Systemprotokoll an. Ereignisse zu Diensten, die nicht gestartet werden konnten, sind mit einem roten „X" als Symbol markiert.

3. Sie haben festgestellt, dass nur ein Dienst nicht gestartet werden kann, und dieser Dienst hat mit Kens Datensicherungsprogramm zu tun. Sie beschließen, das Datensicherungsprogramm mit dem Systemsteuerungsmodul **Software** von Kens Computer zu entfernen. Nachdem Sie das Programm deinstalliert haben, zeigt Windows eine Meldung an, dass einige Teile des Programms nicht deinstalliert werden konnten, weil sie laufen, und dass Sie den Computer neu starten müssen, um den Deinstallationsvorgang abzuschließen. Nachdem der Computer neu gestartet ist, bekommt Ken immer noch die Fehlermeldung, dass ein Dienst nicht gestartet werden konnte. Und auch das Programm ist noch im Systemsteuerungsmodul **Software** als installiert aufgeführt. Was sollten Sie tun?

   Sie sollten den Dienst beenden und deaktivieren. Sie können dazu die Konsole **Dienste** starten. Wenn Sie den Dienst beenden, müsste es möglich sein, das Programm zu entfernen. Durch das Deaktivieren des Dienstes verhindern Sie, dass er beim Start ausgeführt wird. Möglicherweise muss das System ja neu gestartet werden, um die Installation abzuschließen.

4. Nachdem Sie sich um den Dienst gekümmert haben, versuchen Sie erneut, das Programm im Systemsteuerungsmodul **Software** zu deinstallieren. Aber Sie bekommen die Meldung, dass die Deinstallationsdatei nicht gefunden werden konnte und dass der Vorgang nicht fortgesetzt werden kann. Sie vermuten, dass die Deinstallationsdatei bei Ihrem letzten Versuch, das Programm zu entfernen, gelöscht wurde. Sie wissen, dass Sie Kens Computer auf eine Konfiguration zurücksetzen müssen, wie er sie vor dem Installieren des Programms hatte. Wie können Sie das bewerkstelligen?

   Verwenden Sie die Systemwiederherstellung. Wahrscheinlich hat Ken keinen manuellen Wiederherstellungspunkt angelegt und es ist auch kaum anzunehmen, dass das Setupprogramm des Sicherungsprogramms einen erstellt hat. Sie sollten den jüngsten automatisch erstellten Wiederherstellungspunkt suchen und den Computer auf diesen Zustand zurücksetzen.

5. Sie haben es geschafft, den Computer von Ken auf eine frühere Konfiguration zurückzusetzen. Sie bekommen keine Fehlermeldungen mehr über Dienste, die nicht gestartet werden können, und sind zufrieden, dass das Programm vom Computer entfernt wurde. Aber Ken will immer noch sein Datensicherungsprogramm benutzen. Nachdem Sie sich über das Programm informiert haben, stellen Sie fest, dass Ken recht damit hatte, dass es sich auch als Befehlszeilenprogramm installieren lässt. Wenn Sie diese Art der Installation durchführen, wird kein Dienst installiert. Sie installieren Kens Programm auf diese Weise. Ken ist allerdings nicht mit der Bedienung der Eingabeaufforderung vertraut und möchte, dass das Programm die Daten seines Computers automatisch jede Nacht sichert. Wie können Sie das einrichten?

   Erstellen Sie einen geplanten Task, der die ausführbare Datei jede Nacht zu der gewünschten Uhrzeit aufruft. Nachdem Sie den Task erstellt haben, können Sie im Eigenschaftendialogfeld des Tasks die benötigten Befehlszeilenoptionen zum Ausführen des Programms eintragen.

Seite 957

Übung zur Problembehandlung

1. Rebecca hat Ihnen Datum und Uhrzeit der letzen Fehlermeldung genannt, die sie gesehen hat. Suchen Sie in Rebeccas Systemprotokoll und tragen Sie in die folgende Tabelle die Fehlerereignisse mit Quelle, Uhrzeit und Ereigniskennung ein. Führen Sie nur die Fehlerereignisse auf, die im Bereich von 5 Minuten vor und nach 17:00 Uhr (Central Time) liegen. Sortieren Sie die Ereignisse vom ältesten bis zum neuesten. Damit Sie die Uhrzeit nicht ständig auf Ihre Ortszeit umrechnen müssen, empfiehlt es sich, für diesen Vorgang die Zeitzone Ihres Computers auf **GMT-06:00** (Central Time, USA & Kanada) umzustellen.

Uhrzeit	Quelle	Ereigniskennung
16:55:14	W32Time	17
16:55:14	W32Time	29
16:55:14	NetBT	4321
16:55:29	W32Time	17
16:55:29	W32Time	29
17:00:00	NetBT	4321
17:00:01	Netlogon	3095
17:00:01	NetBT	4321
17:00:01	Server	2505
17:00:03	Service Control Manager	7024
17:00:17	W32Time	17
17:00:17	W32Time	29
17:00:33	W32Time	17
17:00:33	W32Time	29

2. Sehen Sie sich die Details der einzelnen Fehlerereignisse an. Tragen Sie in die folgende Tabelle anhand der gegebenen Quellen und Kennungen eine kurze Beschreibung jedes Fehlers ein. Tragen Sie außerdem ein, welcher Dienst aufgrund des Feh-

lers nicht gestartet werden konnte (sofern dieser Fehler dafür verantwortlich war, dass ein Dienst aufgrund des Fehlers nicht gestartet wurde).

Quelle und Kennung	Beschreibung	Nicht gestarteter Dienst
W32Time–17	Windows konnte eine DNS-Anfrage für einen Zeitserver nicht auflösen und versucht es in 15 Minuten wieder.	
W32Time–29	Windows konnte nicht auf einen Zeitserver zugreifen.	
NetBT–4321	Der Computer konnte nicht den Namen **Client1** beanspruchen, weil dieser Name bereits einem anderen Computer im Netzwerk zugewiesen ist.	
Netlogon–3095	Der Computer ist als Mitglied einer Arbeitsgruppe konfiguriert, nicht als Mitglied einer Domäne. Der Dienst **Anmeldedienst** braucht bei dieser Konfiguration nicht gestartet zu sein.	Der Dienst **Anmeldedienst** wurde nicht gestartet.
Server–2505	Aufgrund eines doppelten Netzwerknamens konnte zu der Transportschicht **\Device\NetBT_Tcpip_{DA411120-47FB-4F38-AC72-67AFC5649900}** vom Serverdienst nicht gebunden werden, weil ein anderer Computer im Netzwerk denselben Namen hat.	Der Dienst **Server** wurde nicht gestartet.
Service Control Manager–7024	Der Nachrichtendienst wurde mit dem dienstspezifischen Fehler 2270 beendet.	Der Dienst **Nachrichtendienst** wurde nicht gestartet.

3. Wo vermuten Sie die Ursache des Problems, wenn Sie Ihre Tabelle betrachten? Wie können Sie das Problem beseitigen?

   Das Problem besteht darin, dass Rebeccas Computer derselbe Name gegeben wurde wie einem anderen Computer im Netzwerk. Wenn Rebeccas Computer startet, kann der Computer nicht den ihm zugewiesenen Namen beanspruchen. Als Folge können weder der **Nachrichtendienst** noch der Dienst **Server** starten. Sie können das Problem beseitigen, indem Sie den Computernamen von Rebeccas Computer ändern.

K A P I T E L 1 9

Überwachen und Optimieren der Systemleistung

In diesem Kapitel abgedeckte Prüfungsziele:

- Überwachen, Optimieren und Problembehandlung der Leistung des Microsoft Windows XP Professional-Desktops.
    - Optimieren und Problembehandlung der Arbeitsspeicherleistung.
    - Optimieren und Problembehandlung der Prozessorauslastung.
    - Optimieren und Problembehandlung der Festplattenleistung.
    - Optimieren und Problembehandlung der Anwendungsleistung.
- Überwachen und Konfigurieren eines Multiprozessorcomputers.

Bedeutung dieses Kapitels

Einer Ihrer Verantwortungsbereiche als Administrator besteht darin, Benutzern zu helfen, ihren Computer leistungsfähig zu halten und Leistungsprobleme zu beseitigen, falls sie auftauchen. Dieses Kapitel stellt zwei wichtige Tools vor, die Windows XP Professional zum Überwachen und für die Problembehandlung der Leistung zur Verfügung stellt: den ***Task-Manager*** und die ***Leistungskonsole***.

Lektionen in diesem Kapitel:

Bevor Sie beginnen

Damit Sie die Übungen in diesem Kapitel durchführen können, brauchen Sie einen Computer, der die minimalen Hardwarevoraussetzungen erfüllt, die im Abschnitt „Über dieses Buch“ am Anfang beschrieben wurden. Außerdem muss auf dem Computer Windows XP Professional installiert sein.

Lektion 1: Verwenden des Task-Managers

Der Task-Manager liefert Informationen zu den auf Ihrem Computer ausgeführten Programmen und Prozessen sowie zur Leistung Ihres Computers. Mit dem Task-Manager können Sie Programme starten, Programme und Prozesse beenden und die momentane Leistung Ihres Computers anzeigen.

Am Ende dieser Lektion werden Sie in der Lage sein, die folgenden Aufgaben auszuführen:

- Überwachen von Programmen mit dem Task-Manager.
- Überwachen von Prozessen mit dem Task-Manager.
- Überwachen der Systemleistung mit dem Task-Manager.
- Überwachen der Netzwerkleistung mit dem Task-Manager.

Veranschlagte Zeit für diese Lektion: 25 Minuten

Überwachen von Programmen

Mit dem Task-Manager können Sie alle aktuell auf Ihrem Computer ausgeführten Anwendungen und Prozesse überwachen. Er stellt zudem Informationen zu den Prozessen einschließlich der jeweiligen Speichernutzung bereit. Sie erhalten Daten zur Speicher- und Prozessorleistung und zur Netzwerkauslastung. Es gibt drei Möglichkeiten, den Task-Manager zu starten:

- Drücken Sie die Tastenkombination STRG+UMSCHALTTASTE+ESC.
- Klicken Sie mit der rechten Maustaste auf die Windows-Taskleiste, und klicken Sie anschließend auf **Task-Manager**.
- Drücken Sie die Tastenkombination STRG+ALT+ENTF.

Hinweis Sofern Ihr Windows XP Professional-Computer in einer Domänenumgebung arbeitet, können Sie den Task-Manager mit der Tastenkombination STRG+ALT+ENTF starten. Arbeitet Ihr Computer dagegen in einer Arbeitsgruppenumgebung, müssen Sie den Task-Manager unter Umständen über das Kontextmenü der Taskleiste starten; das hängt davon ab, wie die Optionen für die An- und die Abmeldung konfiguriert sind.

Das in Abbildung 19.1 abgebildete Dialogfeld **Task-Manager** verfügt über die vier Registerkarten **Anwendungen**, **Prozesse**, **Systemleistung** und **Netzwerk**.

Mit den Schaltflächen auf der Registerkarte **Anwendungen** im Dialogfeld **Task-Manager** können Sie das Ausführen eines Programms stoppen (**Task beenden**), zu einem Programm wechseln und es im Vordergrund anzeigen (**Wechseln zu**), und ein Programm starten (**Neuer Task**). Im unteren Bereich der Anzeige gibt der Task-Manager die Anzahl der aktuell ausgeführten Prozesse, die CPU-Auslastung und die Speicherauslastung an.

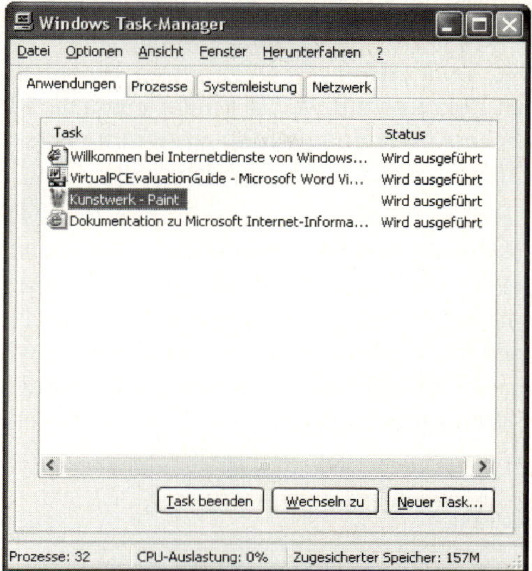

Abbildung 19.1 Die Registerkarte **Anwendungen** zeigt, welche Anwendungen gerade laufen. Sie können außerdem die ausgewählte Anwendung beenden

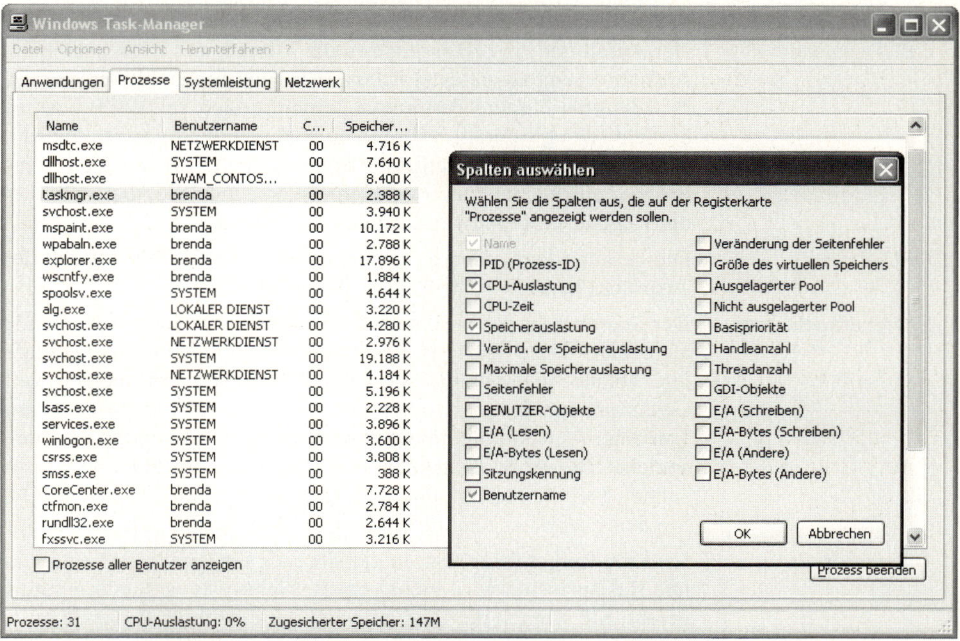

Abbildung 19.2 Sie können einstellen, welche Spalten auf der Registerkarte **Prozesse** angezeigt werden

Überwachen von Prozessen

Die Registerkarte **Prozesse** im Dialogfeld **Task-Manager** (Abbildung 19.2) listet alle aktuell auf Ihrem Computer ausgeführten Prozesse auf, die in einem eigenen Adressraum ausgeführt werden. Dabei werden sämtliche Anwendungen und Systemdienste berücksichtigt. Mithilfe des Task-Managers können Sie Prozesse auch beenden.

Auf der Registerkarte **Prozesse** werden standardmäßig die ausgeführten Prozesse, die Benutzer, die die jeweiligen Prozesse ausführen und die CPU- und Speicherauslastung des jeweils ausgeführten Prozesses angezeigt. Sie können auf der Registerkarte **Prozesse** neben diesen Standardangaben noch weitere Leistungsmessungen anzeigen. Klicken Sie zum Hinzufügen von Leistungsmessungen im Menü **Ansicht** auf **Spalten auswählen** (Abbildung 19.2). In Tabelle 19.1 finden Sie eine Beschreibung der standardmäßig im Task-Manager angezeigten Spalten sowie einiger der Spalten, die Sie zur Registerkarte **Prozesse** hinzufügen können.

Tabelle 19.1 Spalten der Registerkarte **Prozesse**

Spalte	Beschreibung
Name	Der Name des Prozesses; wird standardmäßig angezeigt.
PID (Prozess-ID)	Die numerische Kennung, die dem Prozess bei dessen Ausführung zugewiesen wurde.
Benutzername	Der Name des Benutzers, der den Prozess ausführt; wird standardmäßig angezeigt.
CPU-Auslastung	Der Anteil der Prozessorzeit, den die Threads des Prozesses seit der letzten Aktualisierung ausgelastet haben. Wird standardmäßig angezeigt. Falls ein Prozess über längere Zeit hinweg einen großen Teil der Prozessorzeit verbraucht (das gilt nicht, während eine Anwendung gestartet wird oder wenn sie besonders rechenintensive Aufgaben ausführen muss), verursacht dieser Prozess unter Umständen Probleme. Versuchen Sie, die Anwendung (auf der Registerkarte **Anwendungen**) zu schließen.
CPU-Zeit	Die gesamte Prozessorzeit (in Sekunden), die der Prozess seit dem Start beansprucht hat.
Speicherauslastung	Der Speicher (in KByte), den der Prozess verwendet; wird standardmäßig angezeigt. Diese Spalte ist besonders nützlich, wenn Sie herausfinden wollen, welche Anwendungen den Arbeitsspeicher verbrauchen, weil sie die Gesamtmenge des physischen und virtuellen Arbeitsspeichers anzeigt, der von einer Anwendung belegt wird. Falls eine Anwendung zu viel Arbeitsspeicher zu verbrauchen scheint, ist sie unter Umständen fehlerhaft. Versuchen Sie, die Anwendung zu schließen und neu zu starten. (Oder starten Sie den Computer neu und starten Sie dann wieder die Anwendung).
Basispriorität	Legt die Reihenfolge fest, in der Threads für den Prozessor geplant werden. Die Basispriorität wird nicht vom Betriebssystem, sondern vom Code festgelegt. Sie können die Basispriorität der einzelnen Prozesse mithilfe des Task-Managers verändern. Klicken Sie dazu mit der rechten Maustaste auf den Prozess, und klicken Sie dann auf **Priorität festlegen**. ►

Spalte	Beschreibung
Nicht ausgelagerter Pool	Der von einem Prozess belegte Arbeitsspeicher (in KByte); Betriebssystemspeicher, der niemals auf Festplatte ausgelagert wird.
Ausgelagerter Pool	Der von einem Prozess verwendete Umfang an zugewiesenem virtuellem Speicher (in KByte); virtueller Speicher, der auf die Festplatte ausgelagert werden kann. Bei der Auslagerung handelt es sich um ein Verschieben unregelmäßig genutzter Daten vom RAM in die Auslagerungsdatei einer Festplatte.
Seitenfehler	Die Häufigkeit, mit der Daten von der Auslagerungsdatei der Festplatte für diesen Prozess abgerufen werden mussten, weil sie vom physischen Speicher ausgelagert worden waren. Windows XP Professional benutzt eine auf der Festplatte gespeicherte Auslagerungsdatei, um den Speicher über die Menge des physischen Arbeitsspeichers hinaus zu vergrößern. Wenn der physische Arbeitsspeicher voll ist, lagert Windows ältere Informationen aus physischen Arbeitsspeicher in die Auslagerungsdatei aus, um für neuere Daten Platz zu machen. Zu viele Seitenfehler deuten oft darauf hin, dass Sie mehr RAM brauchen.
Maximale Speicherauslastung	Der maximale physische Speicherumfang in einem Prozess seit dessen Start.
Threadanzahl	Die Anzahl ausgeführter Threads in einem Prozess. Diese Spalte kann für die Problembehandlung von Multithreadinganwendungen nützlich sein.

Prüfungstipp Denken Sie daran, dass der Task-Manager Echtzeitinformationen über CPU, RAM und virtuellen Arbeitsspeicher anzeigen kann. Diese Messungen sind aber relativ beschränkt. Detaillierte Informationen können Sie in der Leistungskonsole sammeln. Mit der Leistungskonsole können Sie auch Leistungsdaten über längere Zeiträume aufzeichnen.

Ändern der Basispriorität für einen laufenden Prozess

Durch das Ändern der ***Basispriorität*** eines Prozesses legen Sie fest, wie viel Prozessorzeit Windows XP Professional dem Prozess im Vergleich mit anderen Prozessen zuordnet. In der Standardeinstellung laufen die meisten Prozesse mit der Basispriorität **Normal**. Sie können die Basispriorität eines Prozesses folgendermaßen ändern:

1. Wählen Sie im Task-Manager auf der Registerkarte **Prozesse** den Menübefehl **Ansicht/Spalten auswählen**.
2. Aktivieren Sie im Dialogfeld **Spalten auswählen** das Kontrollkästchen **Basispriorität** und klicken Sie dann auf **OK**.

   Die Spalte **Basispriorität** wird jetzt im Task-Manager angezeigt.
3. Klicken Sie mit der rechten Maustaste auf den Prozess, für den Sie die Basispriorität ändern wollen.
4. Wählen Sie im Kontextmenü im Untermenü **Priorität festlegen** einen der folgenden Befehle:

- Echtzeit
- Hoch
- Höher als normal
- Normal
- Niedriger als normal
- Niedrig

Vorsicht Sie sollten die Priorität von Prozessen nur ändern, wenn ein Prozess Priorität über andere laufende Prozesse benötigt (oder unwichtiger ist als andere Prozesse). Selbst dann sollten Sie nur die Einstellungen **Höher als normal**, **Normal** und **Niedriger als normal** wählen. Wenn Sie einem Prozess eine zu hohe Basispriorität geben (zum Beispiel Echtzeit), kann er so viele Systemressourcen verbrauchen, dass andere wichtige Prozesse nicht mehr korrekt arbeiten können.

Einstellen der Prozessorzugehörigkeit

Windows XP Professional kann auf einem einzigen Computer zwei Prozessoren unterstützen. Wenn zwei Prozessoren installiert sind, verteilt Windows XP Professional die Prozesse je nach Bedarf recht sinnvoll an die CPUs. Sie können aber einen bestimmten Prozess einer bestimmten CPU zuordnen. (Das wird als ***Prozessoraffinität*** oder Prozessorzugehörigkeit bezeichnet. Natürlich steht diese Funktion nur auf Computern mit zwei CPUs zur Verfügung oder auf Computern mit einer Hyperthreading-CPU, bei der mehrere Prozesse gleichzeitig auf einer CPU laufen können.)

Gehen Sie folgendermaßen vor, um einen Prozess einer CPU zuzuweisen:

1. Klicken Sie im Task-Manager auf der Registerkarte **Prozesse** mit der rechten Maustaste auf einen Prozess und wählen Sie den Befehl **Zugehörigkeit festlegen**.
2. Wählen Sie im Dialogfeld **Zugehörigkeit festlegen** die CPU aus, auf der der Prozess laufen soll. In der Standardeinstellung sind für einen Prozess beide CPUs (CPU 0 und CPU 1) ausgewählt.

Vorsicht Das Steuern der Prozessorzugehörigkeit kann die Leistung verbessern, weil der Prozessorcache seltener geleert werden muss, weil Threads von einem Prozessor auf den anderen wechseln. Das könnte eine sinnvolle Option für dedizierte Dateiserver sein. Aber wenn Sie ein Programm auf eine bestimmte CPU festlegen, verhindern Sie möglicherweise, dass andere Programmthreads auf die weniger ausgelastete CPU wechseln.

Überwachen der Systemleistung

Auf der Registerkarte **Systemleistung** des Task-Manager-Dialogfelds (Abbildung 19.3) erhalten Sie einen Überblick über die aktuelle Systemleistung. Es werden Informationen über die CPU (oder über beide CPUs auf einem Computer mit zwei Prozessoren), den physischen Arbeitsspeicher (RAM) und den virtuellen Arbeitsspeicher angezeigt.

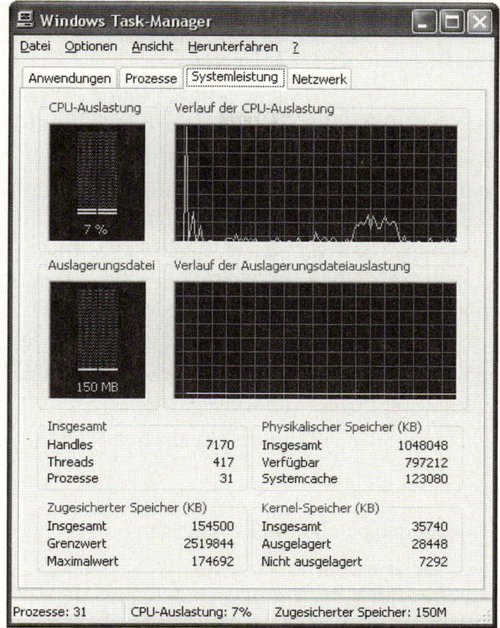

Abbildung 19.3 Auf der Registerkarte **Systemleistung** werden Echtzeitleistungdaten über CPU, RAM und virtuellen Arbeitsspeicher angezeigt

Tabelle 19.2 erläutert die standardmäßig auf der Registerkarte **Systemleistung** im Task-Manager angezeigten Felder.

Tabelle 19.2 Felder der Registerkarte **Systemleistung**

Feld	Beschreibung
CPU-Auslastung	Der Anteil der Zeit, in der die CPU beschäftigt ist. Falls hier ständig ein hoher Prozentsatz angezeigt wird (und ohne offensichtlichen Grund wie eine große Anwendung), ist Ihr Prozessor möglicherweise überlastet. Wenn Ihr Computer zwei Prozessoren hat, werden zwei Diagramme angezeigt. Falls dieser Wert ständig über 80 Prozent liegt, profitieren Sie unter Umständen von einem schnelleren Prozessor.
Verlauf der CPU-Auslastung	Der Anteil der Zeit, in der die CPU einen anderen Thread als den Leerlaufthread ausführt. Sie können mit dem Menübefehl **Ansicht/Aktualisierungsgeschwindigkeit** einstellen, wie oft die Werte aktualisiert werden. Bei der Einstellung **Hoch** wird die Anzeige zweimal pro Sekunde aktualisiert, bei **Normal** einmal alle 2 Sekunden und bei **Niedrig** einmal alle 4 Sekunden. Sie können also die Aktualisierung auch anhalten und von Hand mit der Taste F5 auslösen. Das ist nützlich, wenn Sie eine bestimmte Aktivität überwachen wollen. Vergessen Sie nicht, dass der Task-Manager selbst Prozessorzeit verbraucht. Je öfter Sie die Anzeige aktualisieren, desto mehr Prozessorzeit verbraucht das und desto ungenauer werden die Werte, die Sie analysieren. ▶

Feld	Beschreibung
Auslagerungsdatei	Der verwendete virtuelle Speicher (in MByte).
Verlauf der Auslagerungsdateiauslastung	Der verwendete virtuelle Speicher (in KByte) über einen längeren Zeitraum. Die Einstellungen mit dem Menübefehl **Ansicht/Aktualisierungsgeschwindigkeit** betreffen auch dieses Verlaufsfeld.
Insgesamt: Handles	Die Zahl der Objekt-Handles in den Tabellen sämtlicher Prozesse. Ein Handle ist eine spezifische Eingabe/Ausgabe-Instanz.
Insgesamt: Threads	Die Anzahl ausgeführter Threads, inklusive eines Leerlaufthreads pro Prozessor. Ein Thread ist ein Objekt innerhalb eines Prozesses, das Programmanweisungen ausführt.
Insgesamt: Prozesse	Die Anzahl aktiver Prozesse, inklusive des Leerlaufprozesses. Ein Prozess kann mehrere Threads umfassen, die wiederum jeweils mehrere Handles enthalten können.
Physikalischer Speicher (KByte): Insgesamt	Der Umfang des im Computer installierten physischen RAM.
Physikalischer Speicher (KB):Verfügbar	Der Umfang an physischem Speicher, der Prozessen zur Verfügung steht.
Physikalischer Speicher (KB): Systemcache	Der physische Speicherumfang, der dem Dateicache bei Bedarf zur Verfügung gestellt wird.
Zugesicherter Speicher (KB): Insgesamt	Der Umfang an virtuellem Speicher, der von sämtlichen Prozessen verwendet wird.
Zugesicherter Speicher (KB): Grenzwert	Der Umfang an virtuellem Speicher, der allen Prozessen ohne Vergrößerung der Auslagerungsdatei zugewiesen werden kann.
Zugesicherter Speicher (KB): Maximalwert	Der maximale Umfang an virtuellem Speicher, der in der Sitzung verwendet wird.
Kernel-Speicher (KB): Insgesamt	Die Summe von ausgelagertem und nicht ausgelagertem Arbeitsspeicher.
Kernel-Speicher (KB): Ausgelagert	Die Größe des Auslagerungspools, der dem Betriebssystem zugewiesen ist. Der Auslagerungspool umfasst Daten im physischen Arbeitsspeicher, die in eine Auslagerungsdatei geschrieben werden können, falls Windows im physischen Arbeitsspeicher Platz für andere Daten frei machen muss.
Kernel-Speicher (KB): Nicht ausgelagert	Die Größe des Pools mit Speicher, der dem Betriebssystem zugewiesen ist und nicht ausgelagert werden darf. Windows kann nicht den gesamten Arbeitsspeicher in eine Auslagerungsdatei schreiben. Insbesondere viele Threads, die vom Windows-Kernel erstellt werden, können nicht ausgelagert werden.

Hinweis Wenn der Task-Manager ausgeführt wird, zeigt Windows XP Professional in der Taskleiste ein kleines Symbol mit der Angabe der CPU-Auslastung an. Wenn Sie auf das Symbol zeigen, zeigt der Task-Manager die prozentuale Auslastung des Prozessors im Textformat an.

Überwachen der Netzwerkauslastung

Die Registerkarte **Netzwerk** im Task-Manager (Abbildung 19.4) zeigt eine Darstellung des aktuellen Netzwerkverkehrs auf den verschiedenen Netzwerkverbindungen des Computers. Es ist zwar möglich, anhand dieser Registerkarte einen Eindruck von der Netzwerkleistung zu bekommen, aber eigentlich ist sie in erster Linie nützlich, um schnell feststellen zu können, auf welchen der auf Ihrem Computer konfigurierten Verbindungen das Netzwerk wie gut verfügbar ist.

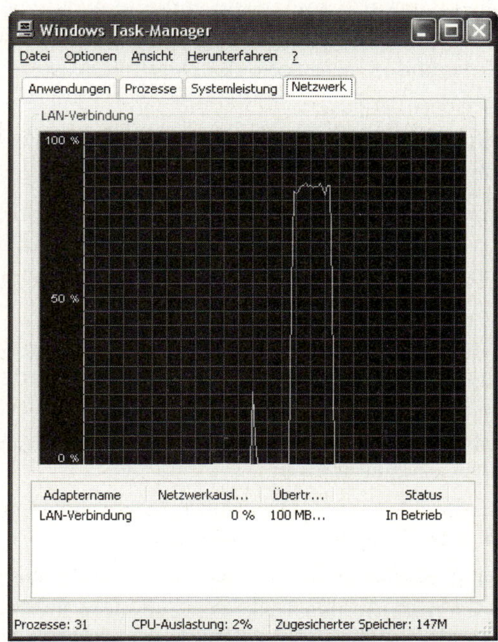

Abbildung 19.4 Die Registerkarte **Netzwerk** im Task-Manager zeigt die aktuelle Netzwerktätigkeit

In der Standardeinstellung wird die Achse für die Netzwerktätigkeit jeder Verbindung dynamisch skaliert, um zu zeigen, wie hoch die Netzwerkauslastung im Vergleich zum theoretischen Maximum der Verbindung ist. Wenn zum Beispiel auf einer 100-MBit/s-Verbindung keine Netzwerktätigkeit vorliegt, zeigt die vertikale Achse den Bereich von 0 Prozent bis 1 Prozent des theoretischen Maximums. Nimmt die Netzwerktätigkeit zu, wird die Achse anders skaliert und zeigt einen größeren Prozentbereich, bis 100 Prozent, was dem vollen Potential der Verbindung mit 100 MBit/s entspricht. Weil die meisten Benutzer auf dieser Registerkarte nicht den exakten Netzwerkdurchsatz messen, sondern überprüfen wollen, ob Verkehr über das Netzwerk fließt (und manchmal, wie hoch der Maximalwert ist), kann diese automatische Skalierung viel Verwirrung stiften. Glücklicherweise haben Sie zwei Möglichkeiten, um zu steuern, auf welche Weise der Task-Manager das Diagramm anzeigt:

- Wählen Sie den Menübefehl **Optionen/Skalierung anzeigen**, um die vertikale Skalierung der Achse ein- oder auszuschalten.
- Wählen Sie den Menübefehl **Optionen/Automatische Skalierung**, um die automatische Skalierung ein- oder auszuschalten. Wenn die Option **Automatische Skalierung** ausgeschaltet ist, zeigt das Diagramm immer den Bereich von 0 bis 100 Prozent an. Das ist normalerweise die nützlichere Anzeige, sofern Sie nicht versuchen, sehr kleine Netzwerkauslastungen genauer zu analysieren.

Die Detailinformationen unten auf der Registerkarte zeigen die aktuelle Netzwerkauslastung in Prozent und die theoretische Verbindungsgeschwindigkeit für jede aktivierte Karte an. Wenn Sie den aktuellen Prozentsatz der Netzwerkauslastung analysieren, sollten Sie folgende Tatsachen im Auge behalten:

- Auf kabelgebundenen Ethernetverbindungen können Sie normalerweise eine Maximalauslastung von 60 bis 80 Prozent erwarten.
- Auf drahtlosen Verbindungen können Sie eine Maximalauslastung von 30 bis 50 Prozent erwarten. Der Wert hängt stark von der Position des Zugriffspunkts und den Störungen der Funkübertragung ab (zum Beispiel durch Wände, Heizungsrohre oder andere Geräte).

Wenn Sie die Netzwerkauslastung beobachten und versuchen herauszufinden, ob Ihre Verbindung die theoretische Kapazität auch erreicht, dürfen Sie niemals 100 Prozent Auslastung erwarten, auch nicht auf den besten Verbindungen. Falls sich die Werte aber deutlich unter den genannten Auslastungen bewegen, sollten Sie die Verbindung untersuchen und nach potentiellen Problemen Ausschau halten.

Übung: Verwenden des Task-Managers

In dieser Übung verwenden Sie den Task-Manager zum Überwachen von Programmen, Prozessen und Systemleistung. Sie werden mithilfe des Task-Managers ein Programm starten und ein Programm stoppen. Schließlich fügen Sie zur Registerkarte **Prozesse** neue Spalten hinzu.

1. Melden Sie sich, falls erforderlich, über ein Konto an, das Mitglied der Administratorengruppe ist.
2. Drücken Sie die Tastenkombination STRG+UMSCHALTTASTE+ESC, um den Task-Manager zu starten.
3. Klicken Sie auf die Registerkarte **Anwendungen**. Welche Programme werden zurzeit auf Ihrem System ausgeführt?

   ____

4. Klicken Sie auf **Neuer Task**.

   Das Dialogfeld **Neuen Task erstellen** wird eingeblendet.
5. Geben Sie im Textfeld **Öffnen** den Befehl **wordpad.exe** ein, und klicken Sie auf **OK**.

   WordPad sollte gestartet und als ausgeführte Anwendung aufgelistet werden.
6. Klicken Sie auf die Registerkarte **Prozesse**.

7. Wie viele Prozesse werden ausgeführt?

   ___

8. Klicken Sie im Menü **Ansicht** auf **Spalten auswählen**.

   Das Dialogfeld **Spalten auswählen** wird geöffnet.

9. Klicken Sie auf **Maximale Speicherauslastung** und dann auf **Seitenfehler**. Klicken Sie auf **OK**.

   Die neuen Spalten **Maximale Speicherauslastung** und **Seitenfehler** werden zur Registerkarte **Prozesse** hinzugefügt. Eventuell müssen Sie das Dialogfeld **Task-Manger** maximieren, damit alle Spalten angezeigt werden.

10. Klicken Sie auf die Registerkarte **Leistung**.
11. Wie hoch ist der prozentuale Anteil der genutzten CPU-Kapazität?

    ___

12. Glauben Sie, dass Ihre CPU die Leistung Ihres Computers eventuell beeinträchtigt?

    ___

    ___

    ___

13. Klicken Sie auf die Registerkarte **Anwendungen**.
14. Klicken Sie erst auf **WordPad** und dann auf **Task beenden**.

    WordPad wird geschlossen und aus der Liste der ausgeführten Anwendungen entfernt.

15. Schließen Sie den Task-Manager.

Lernzielkontrolle

Anhand der folgenden Fragen können Sie überprüfen, ob Sie die Themen dieser Lektion so gut beherrschen, dass Sie mit der nächsten Lektion weitermachen können. Falls Sie eine Frage nicht beantworten können, sollten Sie die Lektion noch einmal durcharbeiten, und dann erneut versuchen, die Frage zu beantworten. Die Antworten auf die Lernzielkontrollfragen finden Sie im Abschnitt „Fragen und Antworten“ am Ende dieses Kapitels.

1. Mit welchen der folgenden Methoden können Sie den Task-Manager starten? (Wählen Sie alle zutreffenden Antworten aus.)
   a. Drücken der Tastenkombination STRG+ALT+ENTF.
   b. Klicken mit der rechten Maustaste auf den Desktop und Klicken auf **Task-Manager**.
   c. Drücken der Tastenkombination STRG+UMSCHALTTASTE+ESC.
   d. Drücken der Tastenkombination STRG+ALT+ENTF und, falls erforderlich, Klicken auf **Task-Manager**.

2. Welche der im Folgenden angeführten Registerkarten sind im Task-Manager zu finden? (Wählen Sie alle zutreffenden Antworten aus.)
   a. Registerkarte **Netzwerk**
   b. Registerkarte **Programme**
   c. Registerkarte **Prozesse**
   d. Registerkarte **Allgemein**
3. Was sind Seitenfehler? Weist eine größere oder eine kleinere Anzahl an Seitenfehlern auf eine bessere Systemleistung hin? Begründen Sie Ihre Antwort.

   ____
   ____
   ____
   ____

4. Was ist unter der CPU-Auslastung zu verstehen? Ist eine Systemleistung mit hoher CPU-Auslastung einer Systemleistung mit niedriger CPU-Auslastung im Allgemeinen vorzuziehen?

   ____
   ____
   ____
   ____

Zusammenfassung der Lektion

- Über die Registerkarte **Anwendungen** des Task-Managers können Sie eine Anwendung beenden, zu einer anderen Anwendung wechseln und eine Anwendung starten.
- Auf der Registerkarte **Prozesse** des Task-Managers können Sie die laufenden Prozesse sehen. Sie können auf der Registerkarte **Prozesse** auch Prozesse beenden.
- Auf der Registerkarte **Systemleistung** des Task-Managers können Sie Echtzeitdaten zur Leistung von CPU, RAM und virtuellem Arbeitsspeicher abrufen.
- Auf der Registerkarte **Netzwerk** des Task-Managers können Sie die aktuelle Netzwerkauslastung für verschiedene Netzwerkverbindungen auf dem Computer sehen.

Lektion 2: Verwenden der Leistungskonsole

Windows XP Professional stellt zur Überwachung der Ressourcenauslastung die beiden Snap-Ins **Systemmonitor** und **Leistungsdatenprotokolle und Warnungen** zur Verfügung. Beide Snap-Ins sind in der Leistungskonsole untergebracht. Mit dem Snap-In **Systemmonitor** können Sie die Ressourcenverwendung und den Netzwerkdurchsatz verfolgen. Mit dem Snap-In **Leistungsdatenprotokolle und Warnungen** sammeln Sie über längere Zeit hinweg Leistungsdaten auf einem lokalen oder einem Remotecomputer oder lassen sich benachrichtigen, falls eine bestimmte Leistungsschwelle über- oder unterschritten wird.

Am Ende dieser Lektion werden Sie in der Lage sein, die folgenden Aufgaben auszuführen:

- Überwachen des Ressourcenverbrauchs im Systemmonitor.
- Hinzufügen von Leistungsindikatoren zum Systemmonitor.
- Verfolgen der Computerleistung mit dem Snap-In **Leistungsdatenprotokolle und Warnungen**
- Erstellen einer Baseline für Leistungsdaten.
- Identifizieren und Beseitigen von Leistungsengpässen.

Veranschlagte Zeit für diese Lektion: 30 Minuten

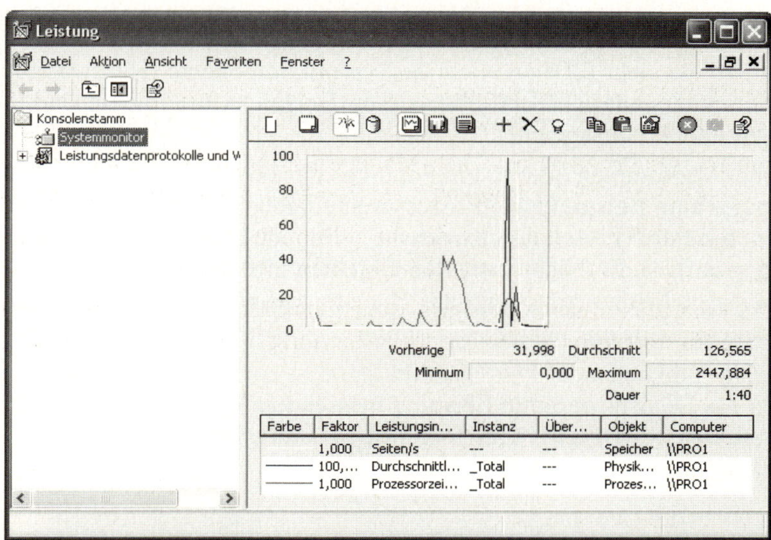

Abbildung 19.5 Das Snap-In **Systemmonitor** zeigt die Werte der Leistungsindikatoren standardmäßig als Diagramm dar

Verwenden des Snap-Ins Systemmonitor

Klicken Sie zum Öffnen der Leistungskonsole auf **Start**, **Systemsteuerung**, **Leistung und Wartung**, **Verwaltung**, und dann doppelt auf die Verknüpfung **Leistung**. Die Leistungskonsole enthält die Snap-Ins **Systemmonitor** und **Leistungsdatenprotokolle und Warnungen** (Abbildung 19.5).

Mit dem Systemmonitor können Sie Echtzeitdaten über Speicher, Festplatte, Prozessor, Netzwerk und andere Aktivitäten auf Ihrem Computer oder auf Remotecomputern zusammenstellen und anzeigen. Diese Daten können Sie als Grafik, als Histogramm oder als Bericht anzeigen. Klicken Sie zum Ändern der Anzeige auf das entsprechende Symbol (Abbildung 19.5), oder verwenden Sie eine der folgenden Tastenkombinationen: STRG+G für Grafiken, STRG+B für Histogramme und STRG+R für Berichte.

Hinweis Ein ***Histogramm*** ist ein Diagramm, das sich aus horizontalen oder vertikalen Balken zusammensetzt. Höhe und Breite dieser Balken stehen für bestimmte Datenwerte.

Die Überwachung der Ressourcen auf Ihrem Computer und der gesamten Systemleistung unterstützt Sie bei der Ausführung der folgenden Aktionen:

- Ermitteln der aktuellen Systemleistung.
- Ermitteln und Beseitigen von Engpässen zur Verbesserung der Leistung.
- Ermitteln von Trends zur Planung künftiger Erweiterungen und Aktualisierungen.
- Bewerten der Auswirkungen von Optimierungs- und Konfigurationsmaßnahmen auf Ihrem System.

Das Dienstprogramm Leistung teilt Informationen in folgende Bereiche ein:

- **Objekt:** Ein Objekt steht für eine wichtige Systemkomponente (Hardware oder Software) des Computers oder des Betriebssystems. Beispiele für Objekte sind Datenträger, Prozessor und Arbeitsspeicher.
- **Instanz:** Jedes Vorkommen oder Exemplar eines Objekts ist eine Instanz. Falls in einen Computer zum Beispiel zwei Prozessoren eingebaut sind, gibt es zwei Prozessorinstanzen. Sind drei Festplatten eingebaut, wird jede dieser Festplatten durch eine eigene Instanz dargestellt. Nicht von allen Objekten gibt es mehrere Instanzen. Falls es nur eine einzige Instanz gibt, zeigt das Dienstprogramm Leistung den Instanzwert als unterbrochene Linie an.
- **Indikator:** Ein Indikator oder Leistungsindikator ist ein bestimmter Aspekt eines Objekts, den das Dienstprogramm Leistung messen kann. Zum Beispiel enthält das Objekt **Physikalischer Datenträger** folgende Leistungsindikatoren:
    - Lesezeit (%)
    - Mittlere Bytes/Lesevorgang
    - Lesevorgänge/s

Der Systemmonitor hilft Ihnen außerdem bei der Bewertung der Rechnerleistung sowie beim Ermitteln und Beheben aktueller und potentieller Probleme. Sie überwachen Ressourcen auf Ihrem Computer, indem Sie Objekte im Systemmonitor auswählen. Für jedes

Objekt stehen verschiedene Leistungsindikatoren zur Verfügung. Tabelle 19.3 beschreibt einige dieser Objekte.

Tabelle 19.3 Auszug aus der Liste der im Systemmonitor zur Verfügung stehenden Objekte

Objekt	Beschreibung
Cache	Überwacht den Dateisystemcache, mit dem Daten von physischen Geräten gepuffert werden.
Speichern	Überwacht den physischen und virtuellen Arbeitsspeicher eines Computers.
Physikalischer Datenträger	Überwacht die gesamte Festplatte.
Prozessor	Überwacht CPUs.

Wenn Sie das Dienstprogramm Leistung zum ersten Mal starten, zeigt das Diagramm als Standardeinstellung drei Indikatoren an:

- **Seiten/s:** Die Übertragungsrate, mit der Seiten während Operationen des virtuellen Arbeitsspeichers von Festplatte gelesen oder auf Festplatte geschrieben werden. Permanent hohe Werte können darauf hindeuten, dass nicht genug Arbeitsspeicher im System vorhanden ist.
- **Durchschnittliche Warteschlangenlänge des Datenträgers:** Die durchschnittliche Zahl von Lese- und Schreibanforderungen, die in die Warteschlange für den ausgewählten Datenträger eingetragen werden. Werte, die ständig über null liegen, bedeuten, dass die Anforderungen nicht schnell genug abgearbeitet werden können. Das kann ein Anzeichen dafür sein, dass nicht genug Arbeitsspeicher im System vorhanden oder das Festplattesystem zu langsam ist.
- **Prozessorzeit (%):** Die durchschnittliche Zeit, die der Prozessor nicht im Leerlauf verbringt. Dauerhaft hohe Werte (über etwa 80 Prozent) können darauf hindeuten, dass Ihr Prozessor das System ausbremst.

Hinzufügen von Leistungsindikatoren

Mithilfe von Leistungsindikatoren (zum Beispiel den in Tabelle 19.3 beschriebenen), die Sie zu einem Objekt hinzufügen können, lassen sich bestimmte Aspekte des betreffenden Objekts verfolgen. Die drei Standardindikatoren, die anfangs im Systemmonitor angezeigt werden, bieten einen recht guten Überblick über die Eckwerte der Leistung eines Computers. Natürlich sind dies nur drei aus Hunderten von Indikatoren, die im Dienstprogramm Leistung zur Verfügung stehen. Welche Indikatoren Sie überwachen, hängt davon ab, ob Sie grundlegende Informationen sammeln, die Problembehandlung für ein Leistungsproblem durchführen, ein Problem mit einer Anwendung analysieren oder eine andere Aufgabe durchführen.

Gehen Sie folgendermaßen vor, um zu einem Objekt im Systemmonitor Leistungsindikatoren hinzuzufügen.

1. Klicken Sie unten rechts in der Leistungskonsole mit der rechten Maustaste auf **Leistungsindikator,** und klicken Sie anschließend auf **Leistungsindikatoren hinzufügen**.

   Das Dialogfeld **Leistungsindikatoren hinzufügen** wird geöffnet.

2. Wählen Sie im Listenfeld **Datenobjekt** das Objekt aus, dessen Leistungsindikatoren Sie hinzufügen möchten.

3. Stellen Sie sicher, dass die Option **Leistungsindikatoren wählen** aktiviert ist.

   Es ist zwar möglich, alle Leistungsindikatoren hinzuzufügen, damit erhielten Sie aber mehr Informationen, als Sie benötigen oder auswerten können.

4. Wählen Sie einen Leistungsindikator aus der Liste aus, und klicken Sie auf **Hinzufügen**.

   Nähere Einzelheiten über einen Leistungsindikator erhalten Sie, indem Sie den gewünschten auswählen und auf **Erklärung** klicken.

Tipp Wenn Sie gleichzeitig mehrere Leistungsindikatoren hinzufügen möchten, halten Sie beim Auswählen der unterschiedlichen Leistungsindikatoren auf der Liste die Taste STRG gedrückt. Um mehrere untereinander stehende Leistungsindikatoren auszuwählen, klicken Sie auf den ersten Eintrag, drücken die UMSCHALTTASTE und anschließend auf den letzten Eintrag in der Spalte. Alle Leistungsindikatoren zwischen dem zuerst und dem zuletzt angeklickten Eintrag werden automatisch ausgewählt.

5. Nachdem Sie alle gewünschten Objekte und Leistungsindikatoren ausgewählt haben, klicken Sie auf **Schließen**, um zur Leistungskonsole zurückzukehren.

In Tabelle 19.4 werden einige der Leistungsindikatoren beschrieben, die zur Überprüfung Ihrer Systemleistung hilfreich sind.

Tabelle 19.4 Auszug aus der Liste der im Systemmonitor zur Verfügung stehenden Leistungsindikatoren

Leistungsindikator	Beschreibung
Datenobjekt **Prozessor**, Leistungsindikator **Prozessorzeit (%)**	Zeigt den prozentualen Zeitanteil an, den der Prozessor zum Ausführen eines Threads benötigt, der nicht der Leerlaufthread ist. Entspricht dem prozentualen Zeitanteil, während dessen der Prozessor aktiv ist. Bei einigen Operationen kann dieser Wert 100 Prozent erreichen. Phasen mit Aktivitäten von 100 Prozent sollten jedoch nur gelegentlich auftreten. Dies ist der wichtigste Leistungsindikator für die Prozessorauslastung. Liegen die Werte dauerhaft über 80 Prozent, deutet das auf einen Engpass bei der Prozessorleistung hin.
Datenobjekt **Prozessor**, Leistungsindikator **Interrupts/s**	Dieser Leistungsindikator zeigt die durchschnittliche Anzahl an Hardwareinterrupts an, die der Prozessor pro Sekunde empfängt und verarbeitet. Der Wert dieses Leistungsindikators gibt Aufschluss über die Aktivität von Geräten, die Interrupts generieren, zum Beispiel Systemzeit, Maus, Netzwerkkarten und andere Peripheriegeräte. ▶

Leistungsindikator	Beschreibung
	Solche Geräte unterbrechen oft den Prozessor, wenn sie eine Aufgabe abgeschlossen haben oder die Aufmerksamkeit des Prozessors benötigen. Wenn die Prozessorzeit über 90 Prozent und der Wert für Interrupts/s über 15 Prozent liegen, ist der Prozessor wahrscheinlich mit Interrupts überlastet.
Datenobjekt **Prozessor**, Leistungsindikator **DPC-Zeit (%)**	Zeigt an, wie viel Zeit der Prozessor für die Verarbeitung von DPCs verwendet. DPCs sind Softwareinterrupts oder Tasks, die sofort verarbeitet werden müssen, was zur Folge hat, dass anderen Tasks eine niedrigere Priorität zugewiesen wird. Bei DPCs handelt es sich um Weiterverarbeitungen von Clientanforderungen.
Datenobjekt **System**, Leistungsindikator **Prozessor-Warteschlangenlänge**	Zeigt die Anzahl von Threads in der Prozessorwarteschlange an. Für die Prozessorzeit gibt es eine eigene Warteschlange, dies gilt auch für Computer mit mehreren Prozessoren. Eine Prozessorwarteschlange, die dauerhaft mehr als zwei Threads aufweist, deutet üblicherweise darauf hin, dass der Prozessor die Gesamtleistung des Systems beeinträchtigt.
Datenobjekt **Speicher**, Leistungsindikator **Seiten/s**	Die Zahl der Seiten, die entweder von Festplatte gelesen oder auf Festplatte geschrieben wurden, um im physischen Arbeitsspeicher Platz für andere Seiten zu machen. Dies ist der wichtigste Leistungsindikator für die Frage, ob der Computer ausreichend Arbeitsspeicher hat oder nicht. Ein Durchschnittswert über 20 kann darauf hindeuten, dass der Computer zu wenig RAM hat.
Datenobjekt **Speicher**, Leistungsindikator **Verfügbare Bytes**	Menge des physischen Arbeitsspeichers, der im Computer nicht belegt ist. Dazu gehört nicht der Arbeitsspeicher, der vom Dateisystemcache angefordert wurde.
Datenobjekt **Auslagerungsdatei**, Leistungsindikator **Belegung (%)**	Prozentsatz der Auslagerungsdatei, der momentan verwendet wird.
Datenobjekt **Auslagerungsdatei**, Leistungsindikator **Maximale Belegung (%)**	Maximaler Prozentsatz bei der Auslastung der Auslagerungsdatei.
Datenobjekt **Cache**, Leistungsindikator **Kopieren – Lesetreffer (%) %**	Der Prozentsatz der Vorfälle, bei denen während einer Leseoperation Informationen im Dateisystemcache (normalerweise von Dateisystemen und bei kleinen Netzwerkübertragungen verwendet) gefunden wurden und daher nicht von der Festplatte gelesen werden mussten. Ein niedriger Wert (unter 70 Prozent) kann darauf hinweisen, dass Windows nicht genug physischen Arbeitsspeicher hat.
Datenobjekt **Logischer Datenträger**, Leistungsindikator **Freier Speicherplatz (%)**	Anteil des freien Platzes im Verhältnis zum gesamten Speicherplatz auf einem bestimmten logischen Datenträger.

►

Leistungsindikator	Beschreibung
Datenobjekt **Physikalischer Datenträger**, Leistungsindikator **Zeit (%)**	Der Prozentsatz der Zeit, die der ausgewählte Datenträger damit beschäftigt war, Lese- oder Schreibanforderungen zu bedienen. Falls dieser Wert dauerhaft über 50 Prozent liegt, hat die Festplatte Probleme, die Anforderungen zu erfüllen, die an sie gestellt werden.
Datenobjekt **Physikalischer Datenträger**, Leistungsindikator **Durchschnittliche Warteschlangenlänge des Datenträgers**	Die durchschnittliche Zahl von Lese- und Schreibanforderungen, die für den ausgewählten Datenträger in der Warteschlange stehen. Falls dieser Wert dauerhaft bei 2 oder höher liegt, bildet die Festplatte einen Leistungsengpass.

Prüfungstipp Prägen Sie sich die Leistungsindikatoren ein, die in diesem Kapitel beschrieben wurden, und lernen Sie, welche Werte bei den einzelnen Leistungsindikatoren auf potentielle Probleme hinweisen. Insbesondere sollten Sie die drei Standardindikatoren kennen, die im Systemmonitor angezeigt werden: **Seiten/s**, **Durchschnittliche Warteschlangenlänge des Datenträgers** und **Prozessorzeit (%)**.

Verwenden des Snap-Ins Leistungsdatenprotokolle und Warnungen

Mit dem Snap-In **Leistungsdatenprotokolle und Warnungen** können Sie Indikatordaten in einer Datei protokollieren und Warnungen auslösen lassen, wenn bestimmte konfigurierte Ereignisse eintreten. Sie können auf einem lokalen Computer oder auf einem Remotecomputer automatisch Leistungsdaten sammeln. Sie können Leistungprotokolle mit dem Dienstprogramm Leistung ansehen oder sie an ein externes Datenanalyseprogramm wie zum Beispiel ein Tabellenkalkulationsprogramm oder eine Datenbank exportieren, etwa eine SQL-Datenbank (Structured Query Language).

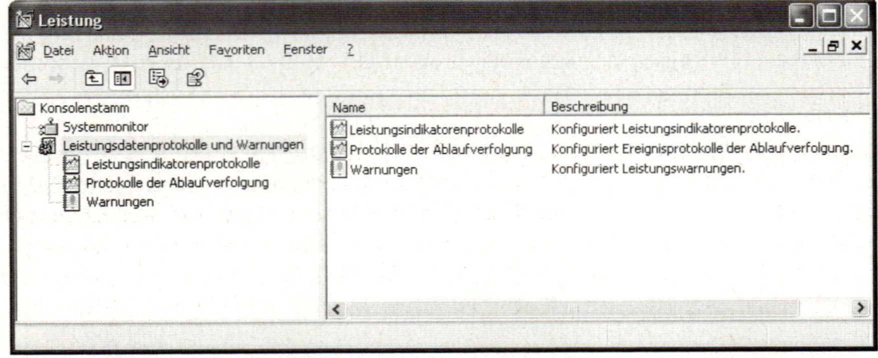

Abbildung 19.6 Im Snap-In **Leistungsdatenprotokolle und Warnungen** können Sie die Leistungsdaten über längere Zeit verfolgen oder sich bei Leistungproblemen benachrichtigen lassen

Der Zweig **Leistungsdatenprotokolle und Warnungen** in der Leistungskonsole (Abbildung 19.6) enthält drei Unterbereiche:

- **Leistungsindikatorenprotokolle:** Protokolliert die Aktivitäten von ausgewählten Indikatoren in regelmäßigen Abständen.
- **Protokolle der Ablaufverfolgung:** Protokolliert die Aktivitäten von ausgewählten Indikatoren, wenn ein bestimmtes Ereignis eintritt.
- **Warnungen:** Protokolliert Aktivitäten und kann einen Benutzer benachrichtigen, wenn ein bestimmter Leistungsindikator eine festgelegte Schwelle überschreitet.

Aktivieren der Leistungsprotokollierung

Gehen Sie folgendermaßen vor, um die Leistungsprotokollierung zu aktivieren:

1. Erweitern Sie in der Konsole **Leistung** den Zweig **Leistungsdatenprotokolle und Warnungen**.
2. Klicken Sie mit der rechten Maustaste auf **Leistungsindikatorenprotokolle** und wählen Sie den Befehl **Neue Protokolleinstellungen**.
3. Geben Sie im Dialogfeld **Neue Protokolleinstellungen** den Namen für das Protokoll ein und klicken Sie auf **OK**.
4. Fügen Sie auf der Registerkarte **Allgemein** die Indikatoren hinzu, die Sie protokollieren wollen. Ändern Sie bei Bedarf das Erfassungsintervall.
5. Auf der Registerkarte **Protokolldateien** können Sie bei Bedarf den Namen und den Pfad der Protokolldatei sowie den Dateityp ändern.
6. Auf der Registerkarte **Zeitplan** können Sie Anfangs- und Endzeiten für die Protokollierung einstellen. Sie können die Protokollierung von Hand starten und beenden oder feste Zeiten für Anfang und Ende der Protokollierung festlegen.
7. Klicken Sie auf **OK**, um die Protokollierungskonfiguration zu speichern.

Praxistipp Erfassen von Leistungdaten auf einem Remotecomputer

Wenn Sie sich ein realistisches Bild von der Leistung eines Computers verschaffen wollen, ist es am besten, wenn Sie einen anderen Computer einsetzen, um die Leistung des untersuchten Computers zu erfassen. Sie sollten das nicht auf dem untersuchten Computer selbst tun, weil die Leistungskonsole ebenfalls einige Systemressourcen verbraucht. Sie können in den Snap-Ins **Systemmonitor** oder **Leistungsdatenprotokolle und Warnungen** ganz einfach einen Remotecomputer untersuchen, indem Sie ihn einfach auswählen, wenn Sie Leistungsindikatoren hinzufügen. Wählen Sie im Dialogfeld **Leistungsindikatoren Hinzufügen** die Option **Leistungsindikator auswählen von** und wählen Sie in der Dropdownliste den gewünschten Computer aus (oder geben Sie den UNC-Pfad des Computers ein).

Anzeigen der Leistungsdaten aus einem Protokoll

Nachdem Sie ein Protokoll erstellt haben, können Sie das Protokoll in die Leistungskonsole laden und seinen Inhalt genauso ansehen wie Echtzeitdaten. Gehen Sie folgendermaßen vor, um ein Leistungsprotokoll zu öffnen:

1. Klicken Sie in der Konsole **Leistung** auf den Eintrag **Systemmonitor**, klicken Sie mit der rechten Maustaste auf die Datenanzeige und wählen Sie den Befehl **Eigenschaften**.
2. Wählen Sie im Dialogfeld **Eigenschaften von Systemmonitor** auf der Registerkarte **Quelle** die Option **Protokolldateien**. Klicken Sie auf **Hinzufügen** und geben Sie den Namen der Protokolldatei ein, die Sie ansehen wollen. Klicken Sie auf **OK**.
3. Klicken Sie mit der rechten Maustaste auf die Datenanzeige und wählen Sie den Befehl **Leistungsindikatoren hinzufügen**.
4. Fügen Sie die Indikatoren, die Sie sich ansehen wollen, hinzu und klicken Sie dann auf **OK**. Es stehen nur die Indikatoren zur Verfügung, die im Protokoll aufgezeichnet wurden.

Konfigurieren von Warnungen

Neben anderen Überwachungsmethoden können Sie auch Warnungen einsetzen, um Benutzer oder Administratoren benachrichtigen zu lassen, wenn die Bedingungen vorher festgesetzte Kriterien überschreiten. Zum Beispiel können Sie eine Warnung konfigurieren, die eine Nachricht an den Administrator schickt, wenn die Prozessorauslastung 80 Prozent überschreitet.

Beim Auslösen einer Warnung können Sie folgende Aktionen ausführen lassen:

- Hinzufügen eines Eintrags zum Anwendungsereignisprotokoll. Diese Möglichkeit ist in der Standardeinstellung aktiviert.
- Senden einer Netzwerknachricht an einen bestimmten Benutzer.
- Starten eines Leistungsdatenprotokolls, das die Warnungsbedingungen weiter überwachen kann.
- Ausführen eines beliebigen Anwendungsprogramms. Sie können mit dieser Option zum Beispiel ein Skript starten, das eine E-Mail an den Administrator sendet.

Gehen Sie folgendermaßen vor, um eine Warnung zu konfigurieren:

1. Erweitern Sie in der Konsole **Leistung** den Zweig **Leistungsdatenprotokolle und Warnungen**.
2. Klicken Sie mit der rechten Maustaste auf den Ordner **Warnungen** und wählen Sie den Befehl **Neue Warnungseinstellungen**.
3. Geben Sie einen Namen für die Warnung ein und klicken Sie auf **OK**.
4. Fügen Sie auf der Registerkarte **Allgemein** die Indikatoren hinzu und setzen Sie das Limit fest.
5. Konfigurieren Sie auf der Registerkarte **Aktion** die Aktion(en), die ausgeführt werden sollen, wenn eine Warnung ausgelöst wird.

6. Konfigurieren Sie auf der Registerkarte **Zeitplan** die Anfangs- und Endzeiten des Zeitraums, in dem die Warnung überwacht werden soll. Sie können die Überwachung von Hand an- und ausschalten oder einen bestimmten Zeitplan festlegen.
7. Klicken Sie auf **OK**, um die Warnung zu erstellen.

Festlegen einer Baseline für Leistungsdaten

Bevor Sie mit der Überwachung Ihrer Systemressourcen beginnen können, müssen Sie zunächst festlegen, wie der Grundzustand aussieht, die so genannte Baseline. Bei der Baseline handelt es sich um einen bei der Datenerfassung über einen bestimmten Zeitraum abgeleiteten Messwert. Diese Daten sollten die üblichen Arbeitslasttypen und Benutzerverbindungen widerspiegeln, sollten jedoch auch möglicherweise auftretende, ungewöhnliche Aktivitäten berücksichtigen. Die Baseline gibt die Ressourcenauslastung unter normalen Bedingungen wieder.

Nachdem Sie Leistungsdaten über einen längeren Zeitraum mit Phasen geringer, mittlerer und hoher Auslastung erfasst haben, können Sie den angemessenen Leistungswert für Ihr System ermitteln. Diesen Wert legen Sie als Baseline fest. Anhand dieser Standardaktivität können Sie feststellen, ob Engpässe entstehen beziehungsweise ob sich die Auslastung geändert hat. Die Ermittlung von Leistungsengpässen erleichtert das Erkennen und Beseitigen auftretender Probleme. Das Beobachten der Werte auf Veränderungen bei der Auslastung hilft Ihnen bei der Ressourcenplanung.

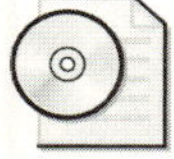

Auf der CD Das ist eine gute Gelegenheit, sich die Multimediapräsentation „Creating a Performance Baseline“ anzusehen, die Sie im Ordner **Multimedia** auf der Begleit-CD-ROM finden.

Identifizieren und Beseitigen von Engpässen

Abweichungen von der Baseline sind für gewöhnlich zuverlässige Anzeichen für Leistungsprobleme. Ein Engpass liegt vor, wenn die Überlastung einer bestimmten Komponente die gesamte Systemleistung beeinträchtigt. Doch es ist durchaus möglich, dass eine bestimmte Komponente in Ihrem System sehr intensiv genutzt wird, ohne dass es zu einer Beeinträchtigung anderer Systemkomponenten kommt. In diesem Fall liegt kein Engpass vor.

Hier einige grundlegende Vorschläge zur Behebung eines auftretenden Engpasses:

- Falls die Werte der Seitenauslagerung hoch sind (das heißt, dass Windows Seiten mit Daten öfter vom physischen Arbeitsspeicher auf die Festplatte auslagert als erwartet), sollten Sie die Prozesse identifizieren, die den meisten Arbeitsspeicher verbrauchen. Öffnen Sie dazu die Registerkarte **Prozesse** des Task-Managers und sortieren Sie die Liste der Prozesse nach der Spalte **Speicherauslastung**. Beenden Sie alle nicht benötigten Anwendungen oder Prozesse, möglicherweise können Sie auch den zugrunde liegenden Dienst deaktivieren. Falls zum Beispiel ein Programm, das im Hintergrund läuft, eine Menge Arbeitsspeicher verbraucht, sollten Sie sich ansehen, ob Sie dieses Programm wirklich ständig parat haben müssen. Wenn nicht, können Sie seinen Autostart beim Starten von Windows verhindern.

- Falls die Prozessorauslastung hoch ist, sollten Sie untersuchen, welche Anwendungen die meiste Prozessorzeit verbrauchen. Öffnen Sie dazu die Registerkarte **Prozesse** des Task-Managers und sortieren Sie die Liste der Prozesse nach der Spalte **CPU-Auslastung**. Falls Sie eine Anwendung, die viel Prozessorzeit verbraucht, nicht brauchen, sollten Sie diese Anwendung schließen. Falls eine Anwendung über enen längeren Zeitraum zu viel Prozessorzeit verbraucht (also nicht nur, während das Programm gerade gestartet wird oder während es rechenintensive Aufgaben ausführt), liegt möglicherweise ein Problem mit der Anwendung vor. Beenden Sie die Anwendung und starten Sie sie neu, oder starten Sie den Computer neu und dann wieder die Anwendung. Falls die Anwendung weiterhin übermäßig Prozessorzeit mit Beschlag belegt, ist die Anwendung möglicherweise fehlerhaft.
- Falls die Prozessorauslastung hoch ist und der Großteil der Prozessorzeit von den Programmen verbraucht wird, die Sie regelmäßig benutzen, empfiehlt es sich, einen schnelleren Prozessor einzubauen.
- Falls Multithreadingprogramme viel Prozessorzeit verbrauchen, können Sie überlegen, ob Sie einen zweiten Prozessor einbauen sollten. Oft gewinnen Sie durch einen zweiten Prozessor mehr Geschwindigkeit als mit einem sehr schnellen Einzelprozessor.
- Falls die Prozessorauslastung hoch ist, aber keine Programme allzu viel Prozessorzeit verbrauchen, sollten Sie mit dem Systemmonitor den Leistungsindikator **Interruptzeit (%)** untersuchen. Es ist möglich, dass defekte Hardware den Prozessor zu oft zu unterbrechen versucht.
- Falls der Wert der Warteschlangenlänge des Datenträgers sehr hoch ist, aber die Auslagerungsdatei nicht übermäßig verwendet wird, liegt der Engpass wahrscheinlich eher bei einer langsamen Festplatte als bei zu wenig Arbeitsspeicher. Möglicherweise sollten Sie auf eine schnellere Festplatte aufrüsten.
- Nehmen Sie immer nur eine einzige Änderung gleichzeitig vor, wenn Sie versuchen, einen Leistungsengpass zu beseitigen. Wiederholen Sie nach jeder die Überwachung und stellen Sie fest, ob die vorgenommene Änderung die Situation tatsächlich verbessert hat.

Übung: Verwenden des Systemmonitors

In dieser Übung setzen Sie den Systemmonitor zur Überwachung der Systemressourcen ein. Sie fügen Objekte und Leistungsindikatoren hinzu und zeigen die Ausgabe anschließend in den Formaten Grafik, Histogramm und Bericht an.

1. Klicken Sie im Startmenü auf **Systemsteuerung** und **Leistung und Wartung**.
2. Klicken Sie auf **Verwaltung**, und klicken Sie dann doppelt auf die Verknüpfung **Leistung**.

   Windows XP Professional startet die Leistungskonsole mit ausgewähltem Systemmonitor.
3. Welche Objekte und Leistungsindikatoren sind standardmäßig ausgewählt?

   ___

4. Klicken Sie unterhalb der Grafik mit der rechten Maustaste auf **Leistungsindikator**, und klicken Sie dann auf **Leistungsindikatoren hinzufügen**.

   Das Dialogfeld **Leistungsindikatoren hinzufügen** wird eingeblendet.

5. Welches Datenobjekt und welcher Leistungsindikator sind standardmäßig ausgewählt?

6. Wählen Sie in der Liste **Leistungsindikatoren auswählen** die Option **Interrupts/s**, und klicken Sie dann auf **Erklärung**.

   Windows XP Professional zeigt das Dialogfeld **Erklärung** an und informiert Sie darüber, dass es sich bei **Interrupts/s** um die durchschnittliche Rate handelt, mit der der Prozessor Hardwareinterrupts empfängt und verarbeitet.

7. Schließen Sie das Dialogfeld **Erklärung**.
8. Klicken Sie auf **Hinzufügen**, um zu dem Prozessorobjekt den Leistungsindikator **Interrupts/s** hinzuzufügen.
9. Wählen Sie im Listenfeld **Datenobjekt** die Option **Auslagerungsdatei.**
10. Vergewissern Sie sich unter **Leistungsindikatoren wählen**, dass der Eintrag **Belegung (%)** aktiviert ist, und klicken Sie auf **Hinzufügen**, um das Objekt **Auslagerungsdatei** mit dem Leistungsindikator **Belegung (%)** hinzuzufügen.
11. Schließen Sie das Dialogfeld **Leistungsindikatoren hinzufügen**.
12. Drücken Sie die Tastenkombination STRG+B, um ein Histogramm anzuzeigen.
13. Drücken Sie die Tastenkombination STRG+R, um einen Bericht anzuzeigen.
14. Drücken Sie die Tastenkombination STRG+G, um erneut die grafische Darstellung anzuzeigen.
15. Schließen Sie die Leistungskonsole.

Lernzielkontrolle

Anhand der folgenden Fragen können Sie überprüfen, ob Sie die Themen dieser Lektion so gut beherrschen, dass Sie mit der nächsten Lektion weitermachen können. Falls Sie eine Frage nicht beantworten können, sollten Sie die Lektion noch einmal durcharbeiten, und dann erneut versuchen, die Frage zu beantworten. Die Antworten auf die Lernzielkontrollfragen finden Sie im Abschnitt „Fragen und Antworten“ am Ende dieses Kapitels.

1. Welche der folgenden Überwachungstools sind in der Leistungskonsole vorhanden? (Wählen Sie alle zutreffenden Antworten aus.)

   a. Snap-In **Systemmonitor**

   b. Snap-In **Task-Manager**

c. Snap-In **Leistungsdatenprotokolle und Warnungen**

d. Taskplaner

2. Warum ist es sinnvoll, einzelne Ressourcen sowie die Gesamtleistung eines Systems zu überwachen?

___

___

___

___

3. Was ist eine Baseline und was ein Engpass?

___

___

___

___

4. Warum ist es für die Überwachung von Systemressourcen und Systemleistung unbedingt erforderlich, eine Baseline festzulegen?

___

___

___

___

___

Zusammenfassung der Lektion

- Die Leistungskonsole enthält die Snap-Ins **Systemmonitor** und **Leistungsdatenprotokolle und Warnungen**. Mithilfe des Snap-Ins **Systemmonitor** können Sie die Leistung Ihres Computers beziehungsweise die Leistung anderer Computer im Netzwerk überwachen.
- Das Snap-In **Systemmonitor** stellt Leistungsobjekte zur Verfügung, die Leistungsindikatoren für das Zusammenstellen von Daten beinhalten. Sie können weitere Leistungsindikatoren hinzufügen, dabei stehen Hunderte zu Auswahl, von denen jeder einen bestimmten Aspekt der Systemleistung wiedergibt.
- Das Snap-In **Leistungsdatenprotokolle und Warnungen** zeichnet automatisch Leistungsdaten und Systemwarnungen auf Ihrem lokalen Computer beziehungsweise auf Remotecomputern auf.
- Bei der Baseline handelt es sich um einen bei der Datenerfassung über einen bestimmten Zeitraum abgeleiteten Messwert, der angibt, wie der Ressourcenverbrauch unter normalen Bedingungen aussieht.
- Ein Engpass ist eine beliebige Komponente, die die Leistung des gesamten Systems beeinträchtigt.

Übung mit Fallbeispiel

In dieser Übung wird ein Szenario beschrieben, bei dem mit dem Systemmonitor die Systemleistung gemessen wird. Beantworten Sie anschließend die Fragen. Falls Sie Schwierigkeiten haben, sollten Sie den Inhalt dieses Kapitels noch einmal durcharbeiten, bevor Sie das nächste Kapitel in Angriff nehmen. Die Antworten auf die Fragen finden Sie im Abschnitt „Fragen und Antworten“ am Ende dieses Kapitels.

Szenario

Sie arbeiten als Administrator bei einem Unternehmen namens Fabrikam, Inc., einer Public-Relations-Agentur mit Hauptsitz in Düsseldorf und mehreren Zweigstellen im ganzen Land. Sie wurden von Pat um Hilfe gebeten, eine Benutzerin in der Buchhaltungsabteilung des Unternehmens (die im Hauptsitz liegt). Pat ist vor kurzem aufgefallen, dass die Leistung ihres Computers eingebrochen ist. Wenn sie ressourcenintensive Anwendungen ausführt, wird das System unerträglich langsam. Der Computer hat folgende Grunddaten:

- Prozessor: Pentium 4 mit 2,8 GHz
- RAM: 256 MByte
- Festplatte: 12 GByte

Fragen

1. Sie wollen auf Pats Computer Arbeitsspeicher-, Prozessor- und Festplattenverbrauch im Verlauf eines normalen Arbeitstags messen. Welches Tool verwenden Sie dafür?

____

____

____

____

____

____

2. Welche Objekte und Leistungsindikatoren sollten Sie auswählen?

____

____

____

____

____

____

3. Nachdem Pat ihren Arbeitstag beendet hat, sehen Sie sich im Systemmonitor das Protokoll an, das auf ihrem Computer erstellt wurde. Ihnen fallen folgende Durchschnittswerte bei wichtigen Leistungsindikatoren ins Auge:

- **Speicher, Seiten/s:** 92
- **Prozessor, Prozessorzeit (%):** 35 Prozent
- **Physikalischer Datenträger, Zeit (%):** 73 Prozent

Wo vermuten Sie die Ursache des Leistungsproblems? Wie können Sie es beseitigen?

___

___

___

___

___

___

___

___

___

___

___

Übung zur Problembehandlung

In dieser Übung zur Problembehandlung erstellen Sie ein Leistungsprotokoll auf Ihrem eigenen Computer und sehen sich dann die Ergebnisse an.

Gehen Sie folgendermaßen vor, um ein Leistungsprotokoll zu erstellen:

1. Klicken Sie im Startmenü auf **Systemsteuerung**.
2. Klicken Sie im Fenster **Systemsteuerung** auf **Leistung und Wartung**.
3. Klicken Sie im Fenster **Leistung und Wartung** auf **Verwaltung**.
4. Klicken Sie im Fenster **Verwaltung** doppelt auf **Leistung**.
5. Erweitern Sie im Fenster **Leistung** den Zweig **Leistungsdatenprotokolle und Warnungen**.
6. Klicken Sie mit der rechten Maustaste auf **Leistungsindikatorenprotokolle** und wählen Sie den Befehl **Neue Protokolleinstellungen**.
7. Geben Sie im Dialogfeld **Neue Protokolleinstellungen** als Name des Protokolls **Meine Leistung** ein und klicken Sie auf **OK**.
8. Klicken Sie im Dialogfeld **Meine Leistung** auf der Registerkarte **Allgemein** auf die Schaltfläche **Indikatoren hinzufügen**, um folgende Leistungsindikatoren hinzuzufügen:
   - Speicher: Seiten/s
   - Auslagerungsdatei (_Total): Belegung (%)
   - Prozessor: Prozessorzeit (%)

- System: Prozessor-Warteschlangenlänge
- Physikalischer Datenträger: Lesevorgänge/s
- Physikalischer Datenträger: Schreibvorgänge/s
- Physikalischer Datenträger: Durchschnittliche Warteschlangenlänge des Datenträgers

9. Stellen Sie auf der Registerkarte **Zeitplan** die Startzeit auf 5 Minuten in der Zukunft ein. Wählen Sie im Abschnitt **Protokollierung beenden** die Option **Nach** und stellen Sie den Wert 1 Stunde ein.
10. Klicken Sie auf **OK**, um die Protokollkonfiguration zu speichern.

    Windows zeigt ein Dialogfeld an, in dem Sie gefragt werden, ob Sie die neue Protokolldatei erstellen wollen.
11. Klicken Sie auf **Ja**.
12. Klicken Sie im Fenster **Leistung** unter **Leistungsdatenprotokolle und Warnungen** auf **Leistungsindikatorenprotokolle**.
13. Was fällt Ihnen im rechten Fensterabschnitt am Protokoll **Meine Leistung** auf?

    ____

    ____
14. Benutzen Sie Ihren Computer wie normal, während das Protokoll aufgezeichnet wird. Lassen Sie auf jeden Fall mehrere Anwendungen laufen. (Sie können zum Beispiel – natürlich rein zu Forschungszwecken – Pinball ausführen, ein recht ressourcenhungriges Programm.)
15. Wechseln Sie nach einer Stunde wieder zum Fenster **Leistung** zurück.

    Das Symbol des Protokolls **Meine Leistung** müsste jetzt wieder rot sein, was zeigt, dass die Aufzeichnung beendet wurde.
16. Klicken Sie auf **Systemmonitor**.
17. Drücken Sie die Tastenkombination STRG+L (oder klicken Sie auf die Schaltfläche **Protokolldaten anzeigen**), um das Dialogfeld **Eigenschaften von Systemmonitor** zu öffnen. Die Registerkarte **Quelle** ist aktiv.
18. Klicken Sie auf **Protokolldateien**.
19. Klicken Sie auf **Hinzufügen**.
20. Wählen Sie die Protokolldatei **Meine Leistung** aus. Der Standardordner für Protokolldateien ist **C:\PerfLogs**. Klicken Sie auf **OK**.
21. Fügen Sie im Fenster **Leistung** alle Indikatoren hinzu, die Sie haben überwachen lassen.
22. Klicken Sie auf die Schaltfläche **Bericht anzeigen** (oder drücken Sie die Tastenkombination STRG+R).
23. Tragen Sie die Werte der Leistungsindikatoren in die folgende Tabelle ein.

Objekt: Leistungsindikator	Wert
Speicher: Seiten/s	
Auslagerungsdatei (_Total): Belegung (%)	
Prozessor: Prozessorzeit (%)	
System: Prozessor-Warteschlangenlänge	
Physikalischer Datenträger: Lesevorgänge/s	
Physikalischer Datenträger: Schreibvorgänge/s	
Physikalischer Datenträger: Durchschnittliche Warteschlangenlänge des Datenträgers	

24. Fallen Ihnen Werte auf, die auf einen Engpass hindeuten? Listen Sie in diesem Fall die Werte auf und erklären Sie, wie Sie das Problem beseitigen würden.

    ____

    ____

    ____

    ____

25. Schließen Sie das Fenster **Leistung**.

Zusammenfassung des Kapitels

- Der Task-Manager liefert Informationen zu den auf Ihrem Computer ausgeführten Programmen und Prozessen sowie zur Leistung Ihres Computers. Mit dem Task-Manager können Sie Programme starten, Programme und Prozesse beenden und die momentane Leistung Ihres Computers anzeigen. Der Task-Manager enthält vier Registerkarten:
    - Über die Registerkarte **Anwendungen** können Sie die laufenden Anwendungen anzeigen und einzelne beenden.
    - Auf der Registerkarte **Prozesse** können Sie die laufenden Prozesse sehen. Sie können auf der Registerkarte **Prozesse** auch Prozesse beenden und die Prozessorzugehörigkeit einstellen.
    - Auf der Registerkarte **Systemleistung** können Sie Echtzeitdaten zur Leistung von CPU, RAM und virtuellem Arbeitsspeicher abrufen.
    - Auf der Registerkarte **Netzwerk** können Sie die aktuelle Netzwerkauslastung für verschiedene Netzwerkverbindungen auf dem Computer sehen.
- Die Leistungskonsole besteht aus zwei Tools: dem Snap-In **Systemmonitor**, in dem Sie Ressourcenverbrauch und Netzwerkdurchsatz in Echtzeit verfolgen können, und dem Snap-In **Leistungsdatenprotokolle und Warnungen**, das Leistungsdaten über längere Zeiträume aufzeichnet und das Sie warnen kann, wenn eine bestimmte Leistungsschwelle über- oder unterschritten wird.

Prüfungsrelevante Themen

Vor der Prüfungsteilnahme sollten Sie die nachfolgend aufgeführten Schlüsselinformationen und -begriffe noch einmal durcharbeiten. Diese Informationen sind für das Bestehen der Prüfung von entscheidender Bedeutung.

Schlüsselinformationen

- Der Task-Manager kann Echtzeitinformationen über CPU, RAM und virtuellen Arbeitsspeicher anzeigen. Diese Messungen sind aber relativ beschränkt. Detaillierte Informationen können Sie in der Leistungskonsole sammeln. Mit der Leistungskonsole können Sie auch Leistungsdaten über längere Zeiträume aufzeichnen.
- Das Ändern der Basispriorität für eine Anwendung kann auf Anwendungs- oder Dateiservern nützlich sein, aber Sie sollten sehr vorsichtig sein, wenn Sie die Prioritäten auf einem Desktopcomputer verändern. Wenn Sie die Basispriorität zu hoch einstellen, kann die Systemleistung instabil werden, möglicherweise kann sogar Datenverlust die Folge sein.
- Prägen Sie sich die Leistungsindikatoren ein, die in diesem Kapitel beschrieben wurden, und lernen Sie, welche Werte bei den einzelnen Leistungsindikatoren auf potentielle Probleme hinweisen. Insbesondere sollten Sie die drei Standardindikatoren kennen, die im Systemmonitor angezeigt werden: **Seiten/s**, **Durchschnittliche Warteschlangenlänge des Datenträgers** und **Prozessorzeit (%)**.

Schlüsselbegriffe

Basispriorität Eine Einstellung, die im Task-Manager vorgenommen wird. Sie legt fest, wie viel Prozessorzeit Windows XP Professional einem Prozess im Vergleich zu anderen Prozessen zuordnet.

Leistungsindikator Ein bestimmter Aspekt eines Objekts, den der Systemmonitor messen kann.

Instanz Ein bestimmtes Auftreten eines Objekts.

Objekt Repräsentiert eine wichtige Systemkomponente (Hardware oder Software) des Computers oder des Betriebssystems.

Leistungskonsole Ein Tool zum Überwachen des Ressourcenverbrauchs auf einem Windows XP Professional-Computer. Die Leistungskonsole bietet Zugriff auf zwei Snap-Ins: **Systemmonitor** sowie **Leistungsdatenprotokolle und Warnungen**.

Leistungsdatenprotokolle und Warnungen Ein Snap-In, das über längere Zeit hinweg Leistungsdaten vom lokalen oder einem Remotecomputer sammelt. Es kann auch veranlassen, dass Windows XP Sie benachrichtigt, wenn eine bestimmte Leistungsschwelle überschritten wird.

Prozess Ein Betriebssystemobjekt, das aus einer ausführbaren Datei, einem Satz Adressen im virtuellen Arbeitsspeicher und einem oder mehreren Threads besteht. Wenn ein Programm läuft, wird ein Prozess erstellt.

Prozessorzugehörigkeit Eine Einstellung, die Sie im Task-Manager vornehmen können. Sie legt fest, auf welchen Prozessoren (bei einem Computer mit mehreren Prozessoren) ein Prozess ausgeführt werden kann.

Systemmonitor Ein Snap-In, das den Ressourcenverbrauch und den Netzwerkdurchsatz mithilfe von Objekten und Leistungsindikatoren in Echtzeit misst.

Task-Manager Ein Tool, das Informationen über die Programme und Prozesse liefert, die auf Ihrem Computer laufen, sowie über die Leistung des Computers.

Fragen und Antworten

Seite 978

Lektion 1, Übung

3. Klicken Sie auf die Registerkarte **Anwendungen**. Welche Programme werden zurzeit auf Ihrem System ausgeführt?

   Es gibt verschiedene Antwortmöglichkeiten, vielleicht werden auch gar keine Programme ausgeführt.

7. Wie viele Prozesse werden ausgeführt?

   Es sind verschiedene Antworten möglich.

11. Wie hoch ist der prozentuale Anteil der genutzten CPU-Kapazität?

    Es sind verschiedene Antworten möglich, vermutlich ist der Anteil gering.

12. Glauben Sie, dass Ihre CPU die Leistung Ihres Computers eventuell beeinträchtigt?

    Es sind verschiedene Antworten möglich, aber normalerweise dürfte die CPU kaum belastet sein (zum Beispiel wenn WordPad die einzige laufende Anwendung ist). Wenn die CPU-Auslastung niedrig ist, beeinträchtigt sie die Leistung Ihres Computers nicht.

Seite 979

Lernzielkontrolle Lektion 1

1. Mit welchen der folgenden Methoden können Sie den Task-Manager starten? (Wählen Sie alle zutreffenden Antworten aus.)

   a. Drücken der Tastenkombination STRG+ALT+ENTF.

   b. Klicken mit der rechten Maustaste auf den Desktop und Klicken auf **Task-Manager**.

   c. Drücken der Tastenkombination STRG+UMSCHALTTASTE+ESC.

   d. Drücken der Tastenkombination STRG+ALT+ENTF und, falls erforderlich, Klicken auf **Task-Manager**.

   Die richtigen Antworten sind c und d. Die Antworten a und b sind nicht richtig, weil Sie den Task-Manager auf diese Art nicht starten können.

2. Welche der im Folgenden angeführten Registerkarten sind im Task-Manager zu finden? (Wählen Sie alle zutreffenden Antworten aus.)

   a. Registerkarte **Netzwerk**

b. Registerkarte **Programme**

c. Registerkarte **Prozesse**

d. Registerkarte **Allgemein**

Die richtigen Antworten sind a und c. Antwort b ist nicht richtig, weil es im Task-Manager keine Registerkarte **Programme** gibt; Programme werden über die Registerkarte **Anwendungen** verwaltet. Antwort d ist nicht richtig, weil es im Task-Manager keine Registerkarte **Allgemein** gibt.

3. Was sind Seitenfehler? Weist eine größere oder eine kleinere Anzahl an Seitenfehlern auf eine bessere Systemleistung hin? Begründen Sie Ihre Antwort.

   Wenn Daten vom physischen Speicher ausgelagert werden, müssen sie für einen Prozess von der Auslagerungsdatei der Festplatte abgerufen werden. Dieser Vorgang wird Seitenfehler genannt. Eine geringere Anzahl Seitenfehler weist auf eine bessere Systemleistung hin, da der Datenabruf aus dem RAM schneller erfolgt als aus einer Auslagerungsdatei.

4. Was ist unter der CPU-Auslastung zu verstehen? Ist eine Systemleistung mit hoher CPU-Auslastung einer Systemleistung mit niedriger CPU-Auslastung im Allgemeinen vorzuziehen?

   Unter dem Begriff CPU-Auslastung wird gemessen, wie lange der Prozessor einen anderen Thread als den Leerlaufthread ausführt. Die CPU sollte keinen Engpass für das System darstellen. Wenn die CPU-Auslastung zu hoch ist, bedeutet dies unter Umständen, dass sie die Systemleistung beeinträchtigt.

Seite 990

Lektion 2, Übung

3. Welche Objekte und Leistungsindikatoren sind standardmäßig ausgewählt?

   Das Objekt **Speicher** mit dem Leistungsindikator **Seiten/s**; das Objekt **Physikalischer Datenträger** mit dem Leistungsindikator **Durchschnittl. Warteschlangenlänge des Datenträgers**; das Objekt **Prozessor** mit dem Leistungsindikator **Prozessorzeit (%)**.

5. Welches Datenobjekt und welcher Leistungsindikator sind standardmäßig ausgewählt?

   Standardmäßig sind das Objekt **Prozessor** und der Leistungsindikator **Prozessorzeit (%)** ausgewählt.

Seite 991

Lernzielkontrolle Lektion 2

1. Welche der folgenden Überwachungstools sind in der Leistungskonsole vorhanden? (Wählen Sie alle zutreffenden Antworten aus.)

   a. Snap-In **Systemmonitor**

   b. Snap-In **Task-Manager**

   c. Snap-In **Leistungsdatenprotokolle und Warnungen**

   d. Taskplaner

Die richtigen Antworten sind a und c. Antwort b ist nicht richtig, weil der Task-Manager ein eigenständiges Tool ist (kein Snap-In) und nicht Teil der Leistungskonsole. Antwort d ist nicht richtig, weil der Taskplaner ein eigenständiges Tool ist und nicht Teil der Leistungskonsole.

2. Warum ist es sinnvoll, einzelne Ressourcen sowie die Gesamtleistung eines Systems zu überwachen?

   Durch Überwachung der Ressourcen und der Gesamtsystemleistung können Sie die aktuelle Leistung Ihres Systems feststellen, Engpässe ermitteln und beseitigen, Trends erkennen, anhand derer Sie Systemerweiterungen und -aktualisierungen planen können, sowie die Auswirkungen von Optimierungsversuchen und veränderten Konfigurationen auf Ihr System bewerten.

3. Was ist eine Baseline und was ein Engpass?

   Bei der Baseline handelt es sich um einen bei der Datenerfassung über einen bestimmten Zeitraum abgeleiteten Messwert, der angibt, wie der Ressourcenverbrauch unter normalen Bedingungen aussieht. Ein Engpass ist eine beliebige Komponente, die die Leistung des gesamten Systems beeinträchtigt.

4. Warum ist es für die Überwachung von Systemressourcen und Systemleistung unbedingt erforderlich, eine Baseline festzulegen?

   Während der Überwachung der Systemleistung wird die aktuelle Leistung mit der Baseline verglichen. Sollte die aktuelle Systemleistung unterhalb der Baseline liegen, sollten Sie versuchen, Engpässe zu ermitteln und zu beseitigen. Anschließend überwachen Sie das System erneut, um festzustellen, ob der Engpass tatsächlich beseitigt ist und sich die Leistung des Systems verbessert hat.

Seite 993

Übung mit Fallbeispiel

1. Sie wollen auf Pats Computer Arbeitsspeicher-, Prozessor- und Festplattenverbrauch im Verlauf eines normalen Arbeitstags messen. Welches Tool verwenden Sie dafür?

   Verwenden Sie das Snap-In **Leistungsdatenprotokolle und Warnungen**. Konfigurieren Sie ein Leistungsprotokoll mit wichtigen Objekten und Leistungsindikatoren. Es wäre am besten, wenn Sie das Snap-In **Leistungsdatenprotokolle und Warnungen** auf einem anderen Computer konfigurieren, also nicht auf Pats Computer selbst. Dann können Sie ihren Computer im Remotezugriff überwachen. Nachdem Sie das Protokoll aufgezeichnet haben, können Sie sich die Ergebnisse im Systemmonitor ansehen.

2. Welche Objekte und Leistungsindikatoren sollten Sie auswählen?

   Es sind verschiedene Antworten möglich, aber normalerweise empfiehlt es sich, zumindest die folgenden Objekte und Leistungsindikatoren zu überwachen: **Prozessor: Prozessorzeit (%)**; **Prozessor: Interruptzeit (%)**; **System: Prozessor-Warteschlangenlänge**; **Speicher: Seiten/s**; **Physikalischer Datenträger: Zeit (%)**; und **Physikalischer Datenträger: Durchschnittliche Warteschlangenlänge des Datenträgers**.

3. Nachdem Pat ihren Arbeitstag beendet hat, sehen Sie sich im Systemmonitor das Protokoll an, das auf ihrem Computer erstellt wurde. Ihnen fallen folgende Durchschnittswerte bei wichtigen Leistungsindikatoren ins Auge:

- **Speicher, Seiten/s:** 92
- **Prozessor, Prozessorzeit (%):** 35 Prozent
- **Physikalischer Datenträger, Zeit (%):** 73 Prozent

Wo vermuten Sie die Ursache des Leistungsproblems? Wie können Sie es beseitigen?

Diese Werte deuten darauf hin, dass der Computer zu wenig Arbeitsspeicher hat. Ein akzeptabler Wert für **Seiten/s** liegt unter 20. Beim aktuellen Durchschnittswert von 92 Seiten/s verbringt das Betriebssystem zu viel Zeit damit, Daten zwischen Arbeitsspeicher und Auslagerungsdatei hin und her zu kopieren. Außerdem deutet der Wert von **Zeit (%)** auf ein mögliches Problem bei der Festplattenleistung hin (73 Prozent, der akzeptable Maximalwert liegt bei 50 Prozent). Die Festplatte könnte ein Problem darstellen, wahrscheinlich wird sie aber nur wegen der starken Aktivitäten der Auslagerungsdatei übermäßig beansprucht. Wenn Sie den Arbeitsspeicher des Computers vergrößern, muss die Auslagerungsdatei nicht so häufig benutzt werden. Das verringert wiederum die Belastung der Festplatte, und wahrscheinlich fällt der Wert des Leistungsindikators **Zeit (%)** dann wieder in einen akzeptablen Bereich zurück.

Seite 994

Übung zur Problembehandlung

13. Was fällt Ihnen im rechten Fensterabschnitt am Protokoll **Meine Leistung** auf?

    Nach den eingestellten fünf Minuten wechselt das Symbol des Protokolls **Meine Leistung** die Farbe von Rot (wird nicht aufgezeichnet) auf Grün (momentan aktiv).

24. Fallen Ihnen Werte auf, die auf einen Engpass hindeuten? Listen Sie in diesem Fall die Werte auf und erklären Sie, wie Sie das Problem beseitigen würden.

    Es sind unterschiedliche Antworten möglich.

KAPITEL 20

Sichern und Wiederherstellen von Daten

In diesem Kapitel abgedeckte Prüfungsziele:

- Sichern und Wiederherstellen von Betriebssystem-, Systemstatus- und anderen Benutzerdaten.
  - Wiederherstellen von Systemstatus- und Benutzerdaten mit dem Windows-Tool Sicherung.
  - Wiederherstellen von Systemstatus- und Benutzerdaten mit der Wiederherstellungskonsole.

Bedeutung dieses Kapitels

Sie erfahren in diesem Kapitel, wie Sie sich vor Datenverlust schützen. Windows XP Professional stellt für die Datensicherung den ***Sicherungs- oder Wiederherstellungs-Assistenten*** zur Verfügung. In diesem Kapitel werden die Vorgänge beim Sichern und Wiederherstellen von Daten erläutert. In diesem Zusammenhang wird auch der Assistent für die ***automatische Systemwiederherstellung*** vorgestellt.

Lektionen in diesem Kapitel:

Bevor Sie beginnen

Damit Sie die Übungen in diesem Kapitel durchführen können, brauchen Sie einen Computer, der die minimalen Hardwarevoraussetzungen erfüllt, die im Abschnitt „Über dieses Buch" am Anfang beschrieben wurden. Außerdem muss auf dem Computer Windows XP Professional installiert sein.

Lektion 1: Verwenden des Sicherungsprogramms

Ziel einer jeden Datensicherung ist die effiziente Wiederherstellung verloren gegangener Daten. Ein ***Sicherungsauftrag*** ist ein einzelner Prozess zur Datensicherung. Eine regelmäßige Sicherung der Daten auf Serverfestplatten und Clientcomputerfestplatten schützt vor Datenverlusten aufgrund von Laufwerkausfällen, Stromausfällen, Virenbefall und vergleichbaren Vorfällen. Sollten bei sorgfältiger Planung und Ausführung regelmäßiger Sicherungsaufträge dennoch Datenverluste auftreten, sind Sie in der Lage, diese Daten wiederherzustellen. Dabei ist unerheblich, ob es sich um eine einzelne Datei oder eine ganze Festplatte handelt.

Am Ende dieser Lektion werden Sie in der Lage sein, die folgenden Aufgaben auszuführen:

- Beschreiben des Sicherungsprogramms, das in Windows XP Professional enthalten ist.
- Beschreiben der Berechtigungen und Rechte, die zum Sichern und Wiederherstellen von Daten nötig sind.
- Planen einer Datensicherung.
- Auswählen des Typs einer Datensicherungsoperation.
- Ändern der Standardsicherungsoptionen in Windows XP Professional.

Veranschlagte Zeit für diese Lektion: 30 Minuten

Was ist das Sicherungsprogramm?

Das Windows-Tool ***Sicherung*** stellt eine einfache Benutzeroberfläche zum Sichern und Wiederherstellen von Daten zur Verfügung. Zum Öffnen des Sicherungs- oder Wiederherstellungs-Assistenten klicken Sie im Startmenü auf **Alle Programme**, zeigen auf **Zubehör** und auf **Systemprogramme** und klicken dann auf **Sicherung**. Wahlweise können Sie im Startmenü auf **Ausführen** klicken, den Befehl **ntbackup** eingeben und anschließend auf **OK** klicken.

Sie können das Sicherungsprogramm in zwei unterschiedlichen Modi verwenden:

- **Assistentenmodus:** Im Assistentenmodus leitet Sie das Sicherungsprogramm schrittweise durch das Sichern und Wiederherstellen Ihrer Daten.
- **Erweiterter Modus:** Im erweiterten Modus zeigt das Sicherungsprogramm eine gewohnte Benutzeroberfläche an, in der Sie Dateien und Sicherungsziele auswählen können.

Der Sicherungs- oder Wiederherstellungs-Assistent

In Assistentenmodus arbeiten Sie mit dem Sicherungs- oder Wiederherstellungs-Assistenten (Abbildung 20.1), um Daten zu sichern und wiederherzustellen. In der Standardeinstellung startet das Sicherungsprogramm den Sicherungs- oder Wiederherstellungs-Assistenten, wenn Sie das Tool Sicherung aufrufen. Der Sicherungs- oder Wiederherstellungs-

Assistent gestattet Ihnen sowohl eine manuelle Sicherung Ihrer Daten als auch das Festlegen regelmäßig ausführbarer, unbeaufsichtigter Sicherungsaufträge. Die Daten können in eine Datei oder auf Band gesichert werden. Dateien können auf Festplatten, freigegebenen Ordnern in einem Netzwerk oder Wechseldatenträgern (wie Iomega Zip- und Jaz-Laufwerke oder Bandlaufwerke) gespeichert werden.

Hinweis Das Windows-Sicherungsprogramm unterstützt nicht das direkte Schreiben auf CD oder DVD während des Datensicherungsvorgangs. Sie können aber eine Datensicherung auf ein Festplattenlaufwerk vornehmen und die Datensicherungsdatei anschließend von Hand auf optische Medien übertragen.

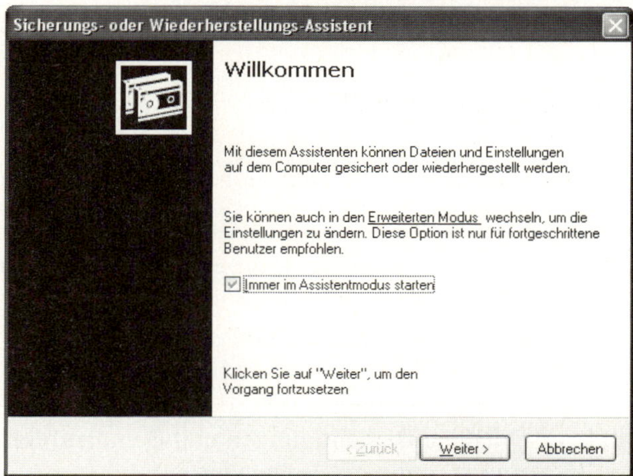

Abbildung 20.1 Im Sicherungs- oder Wiederherstellungs-Assistenten können Sie Daten ganz einfach sichern

Klicken Sie auf der Seite **Willkommen** auf **Weiter**. Auf der Seite **Sichern oder wiederherstellen** können Sie festlegen, ob Sie Dateien und Einstellungen sichern oder wiederherstellen möchten.

Erweiterter Modus

Sie können das Sicherungsprogramm auch im erweiterten Modus betreiben (Abbildung 20.2). Klicken Sie dazu auf der Seite **Willkommen** des Sicherungs- oder Wiederherstellungs-Assistenten auf **Erweiterter Modus**. Wenn Sie möchten, dass das Sicherungsprogramm immer im erweiterten Modus startet, können Sie auf der Seite **Willkommen** das Kontrollkästchen **Immer im Assistentmodus starten** aktivieren, bevor Sie auf **Erweiterter Modus** klicken.

Wie Sie in Lektion 2, „Sichern von Daten", erfahren werden, bietet der erweiterte Modus Zugriff auf eine Reihe von Optionen, die Ihnen im Sicherungs- oder Wiederherstellungs-Assistenten nicht zur Verfügung stehen.

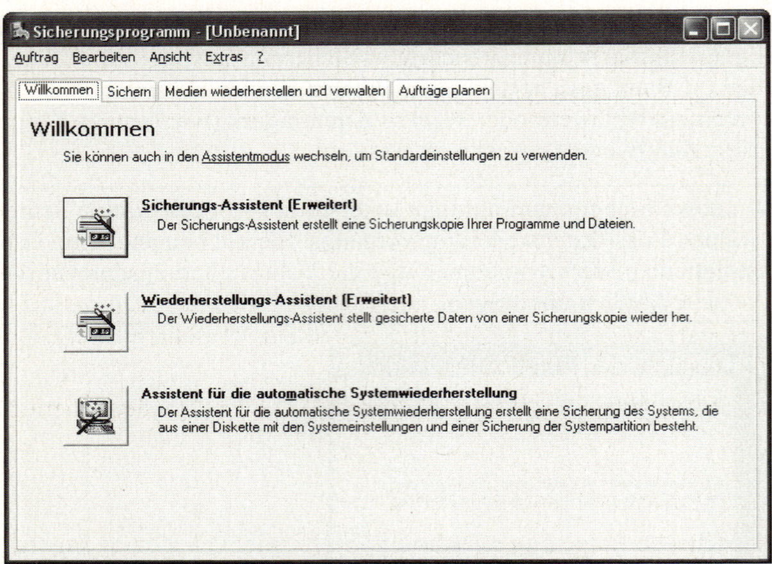

Abbildung 20.2 Der erweiterte Modus bietet eine vertraute Benutzeroberfläche zum Sichern und Wiederherstellen von Daten

Wer kann Daten sichern und wiederherstellen?

Um eine Sicherung und Wiederherstellung auf einem Windows XP Professional-Computer durchführen zu können, sind verschiedene Berechtigungen und Benutzerrechte erforderlich. Für die Sicherung und Wiederherstellung gilt Folgendes:

- Sämtliche Benutzer können ihre eigenen Dateien und Ordner sichern. Darüber hinaus können sie Dateien sichern, für die sie die Berechtigungen **Lesen**, **Lesen und Ausführen**, **Ändern** oder **Vollzugriff** besitzen.
- Alle Benutzer können Dateien und Ordner wiederherstellen, für die sie die Berechtigungen **Schreiben**, **Ändern** oder **Vollzugriff** haben.
- Alle Benutzer, denen das Recht **Sichern von Dateien und Verzeichnissen** zugewiesen wurde, können Daten sichern. Alle Benutzer, denen das Benutzerrecht **Wiederherstellen von Dateien und Verzeichnissen** zugewiesen wurde, können gesicherte Daten wiederherstellen.
- Mitglieder der Gruppen **Administratoren** und **Sicherungs-Operatoren** können alle Dateien sichern und wiederherstellen (unabhängig von den zugewiesenen Berechtigungen). Sie verfügen standardmäßig über die Benutzerrechte **Sichern von Dateien und Verzeichnissen** und **Wiederherstellen von Dateien und Verzeichnissen**.

Prüfungstipp Sie können alle Daten auf einem Computer unabhängig von den Ihnen zugewiesenen Berechtigungen für die Daten sichern, wenn Sie ein Benutzerkonto verwenden, dem das Benutzerrecht **Sichern von Dateien und Verzeichnissen** zugewiesen wurde. Wenn Sie Daten wiederherstellen wollen, müssen Sie ein Benutzerkonto verwenden, dem das Benutzerrecht **Wiederherstellen von Dateien und Verzeichnissen** zugewiesen wurde. Mitglieder der lokalen Gruppen **Administratoren** und **Sicherungs-Operatoren** verfügen standardmäßig über diese Rechte.

Planen einer Datensicherung

Sie sollten der Planung Ihrer Sicherungsaufträge die Anforderungen Ihres Unternehmens zugrunde legen. Das entscheidende Ziel bei der Datensicherung besteht darin, Daten bei Bedarf wiederherstellen zu können. Folglich sollte jeder von Ihnen entwickelte Sicherungsplan festhalten, wie die Datenwiederherstellung zu erfolgen hat. Eine Wiederherstellung kritischer Daten sollte schnell und erfolgreich durchzuführen sein. Es gibt nicht den einen Sicherungsplan, der für alle Netzwerke gilt.

Beziehen Sie bei der Ausarbeitung Ihres Sicherungsplans die folgenden Überlegungen mit ein.

Festlegen der zu sichernden Dateien und Ordner

Sichern Sie stets kritische Dateien und Ordner, zum Beispiel von Benutzern erstellte Dokumente, Auftrags- und Buchhaltungsdaten und den Systemstatus (die Windows-Registrierung und eine Reihe von wichtigen Konfigurationen). Stellen Sie auch fest, welche Anwendungseinstellungen und Dokumente gebraucht werden, um die Desktopumgebung eines Benutzers wiederherzustellen. Dazu gehören beispielsweise Favoriten, Browsercookies, Vorlagen und Anwendungseinstellungen.

Festlegen der Sicherungsintervalle

Daten, die für den Betrieb eines Unternehmens unabdingbar sind, sollten täglich gesichert werden. Erstellen oder bearbeiten Benutzer Berichte einmal in der Woche, ist eine Sicherung dieser Berichte auf Wochenbasis vollkommen ausreichend. Daten müssen nur so oft gesichert werden, wie sie bearbeitet werden. So ist die tägliche Sicherung von Dateien, die selten verändert werden, wie etwa Monatsberichte oder die Windows XP Professional-Systemdateien, wenig sinnvoll.

Sie sollten die Datensicherungsintervalle also planen, indem Sie überlegen, wie viele Daten Sie im Fall eines Festplattenausfalls verlieren würden. Falls der Verlust der Daten einer Woche keine Katastrophe bedeutet, reicht es, wenn Sie Ihre Daten einmal pro Woche sichern. In Umgebungen, bei denen Daten sehr wertvoll sind, können Dateien durchaus mehrmals pro Tag gesichert werden.

Festlegen des Zielmediums

Das Sicherungsprogramm gestattet die Sicherung auf folgenden Zielen:

- **Dateien:** Sie können Daten in eine Datensicherungsdatei sichern, die das Sicherungsprogramm auf ein Festplattenlaufwerk, Wechselmedienlaufwerk (zum Beispiel ein Iomega Zip-Laufwerk) oder einen Netzwerkordner (zum Beispiel auf einem Dateiserver) speichern kann. Die erstellte Datei hat die Erweiterung .bkf und enthält die von Ihnen für die Sicherung ausgewählten Dateien und Ordner.

- **Band:** In der Vergangenheit waren Bänder ein bequemeres und billigeres Datensicherungsmedium für große Datensicherungsaufträge, weil Bänder im Vergleich zu anderen Medien eine hohe Speicherkapazität bei relativ geringen Kosten aufwiesen. Heutzutage gibt es Festplatten mit hoher Kapazität und zu geringen Kosten, ein Datensicherungssystem auf Basis von Festplatten ist daher normalerweise effizienter und günstiger. Viele Netzwerke nutzen statt Bandsicherungssystemen Lösungen mit wechselbaren Festplattenlaufwerken, sie speichern die Sicherungen an einem anderen Ort und implementieren ein Rotationsprinzip für die Datensicherungssysteme. Abgesehen davon, dass Bänder teurer sind als moderne Festplatten, haben sie auch eine geringere Lebensdauer und unterliegen Alterungsprozessen.

Hinweis Wenn Sie sich bei der Sicherung und Wiederherstellung von Daten für den Einsatz eines Wechselmediengeräts entscheiden, sollten Sie sich unbedingt vergewissern, dass das Gerät im Windows-Katalog aufgeführt wird.

Netzwerksicherung oder lokale Sicherungsaufträge?

Eine Netzwerksicherung kann Daten mehrerer Netzwerkcomputer enthalten. Dies gestattet die Zusammenführung von Sicherungsdaten mehrerer Computer auf einem einzigen Wechselmedium. Bei einer Netzwerksicherung kann darüber hinaus die Sicherung des gesamten Netzwerks durch einen einzigen Administrator ausgeführt werden. Die Art der zu sichernden Daten gibt bei der Wahl zwischen Netzwerk- und lokalem Sicherungsauftrag den Ausschlag. So können Sie beispielsweise Registrierung und Active Directory nur auf dem Computer sichern, auf dem Sie die Sicherung vornehmen.

Prüfungstipp Sie können im Sicherungsprogramm Daten auf freigegebenen Ordnern von Remotecomputern sichern, und Sie können im Rahmen einer Sicherung auch Daten von freigegebenen Ordnern auf Remotecomputern lesen und sichern. Das Sicherungsprogramm kann keine Datensicherungsdateien direkt auf CD oder DVD schreiben.

Haben Sie sich für die Durchführung lokaler Sicherungen entschieden, muss auf jedem Clientcomputer eine lokale Sicherung vorgenommen werden. Bei der Ausführung lokaler Sicherungen muss eine Reihe von Aspekten berücksichtigt werden. Zum einen müssen Sie zur Sicherung sämtlicher Computer jeden Computer einzeln sichern, oder Sie müssen sich darauf verlassen können, dass die Benutzer ihre Computer selbstständig sichern. Sie können auch automatische Sicherungen planen. Die meisten Benutzer versäumen jedoch die Durchführung einer regelmäßigen Datensicherung.

Ein zweiter Aspekt, der hinsichtlich lokaler Sicherungen beachtet werden sollte, besteht in der Anzahl der Wechselmediengeräte. Es ist kaum praktikabel, auf jedem Clientcomputer ein Wechselmediengerät zu installieren, daher ist es meist sinnvoller, einen Dateiserver zu sichern. Sollten Sie Wechselmediengeräte wie beispielsweise Bandlaufwerke einsetzen, muss für jeden Computer ein Gerät zur Verfügung stehen, andernfalls sind Sie gezwungen, das Bandlaufwerk von Computer zu Computer zu tragen, um eine lokale Sicherung auf jedem einzelnen Computer vorzunehmen.

Es ist auch möglich, eine Kombination aus Netzwerk- und lokalen Sicherungsaufträgen einzusetzen. Für diese Lösung sollten Sie sich dann entscheiden, wenn sich auf Clientcomputern und -servern wichtige Daten befinden, und Sie nicht für jeden Computer über ein Wechselmediengerät verfügen. In dieser Situation sollten Benutzer eine lokale Sicherung ausführen und ihre Sicherungsdaten auf einem Server speichern. Anschließend wird der Server gesichert.

Praxistipp Datensicherung in großen Netzwerken

Falls Sie für ein Unternehmen mit einem großen Netzwerk arbeiten, ist wahrscheinlich schon eine ausgefeilte Infrastruktur für die Datensicherung vorhanden. Normalerweise speichern Benutzer ihre wichtigen Dokumente auf Dateiservern statt auf ihren lokalen Computern, und diese Dateiserver werden täglich gesichert. Stellen Sie sicher, dass Sie das vorhandene Datensicherungssystem in einem Netzwerk kennen und verstehen, bevor Sie selbst einen Datensicherungsplan entwickeln.

In großen Netzwerken werden Sie das Sicherungsprogramm eher als Vorsichtsmaßnahme einsetzen, bevor Sie eine Problembehandlung am Computer eines Benutzers durchführen. Mit diesem Vorbereitungsschritt können Sie sicherstellen, dass Sie den Computer wiederherstellen können, falls die Problembehandlung danebengeht. Auch in kleineren Netzwerken kann es vorteilhaft sein, Benutzerdokumente zentral auf einem Dateiserver zusammenzufassen, aber oft speichern Benutzer ihre Dokumente eben auf den eigenen Computern. In diesem Fall bietet es sich an, die Clientcomputer täglich auf einen Dateiserver zu sichern und dann die Daten des Dateiservers auf ein Wechselmedium zu sichern.

Eine weitere Herausforderung für die Sicherungsstrategie in großen Netzwerken sind Notebookcomputer. Die Benutzer von Notebooks trennen ihre Computer oft vom Netzwerk, wenn sie die Notebooks abends mit nach Hause nehmen oder auf Dienstreise sind. Daher eignet sich das übliche Datensicherungsschema der Desktopcomputer nicht unbedingt für die Notebooks. Die Benutzer können ihre Notebooks zwar an das Netzwerk anschließen und eine herkömmliche Datensicherung auf einen Netzwerkserver veranlassen, meist ist es aber sinnvoll, ein Datensicherungssystem zu entwickeln, das Notebookbenutzer auch dann verwenden können, wenn sie keine Verbindung zum Hauptnetzwerk haben. Je nachdem, wie viele Daten ein Notebookbenutzer speichert, sollten Sie überlegen, ob Sie den Benutzern externe Festplattenlaufwerke oder einen CD-Brenner zur Verfügung stellen können. Sie können sogar veranlassen, dass die Benutzer regelmäßig eine Verbindung ins Unternehmensnetzwerk (oder zu einem Sicherungsziel im Internet) herstellen und ihre Daten sichern. Falls Notebookbenutzer nur wenige Dateien haben, mit denen sie während ihrer Dienstreisen arbeiten, ist es möglicherweise sogar praktikabel, eine Datensicherung über E-Mail durchzuführen.

Auswählen des Sicherungstyps

Das Sicherungsprogramm stellt fünf Arten von Sicherungsvorgängen bereit, die festlegen, welche Daten gesichert werden. Sie können beispielsweise lediglich die Dateien sichern, die seit dem letzten Sicherungsvorgang bearbeitet wurden (Abbildung 20.3).

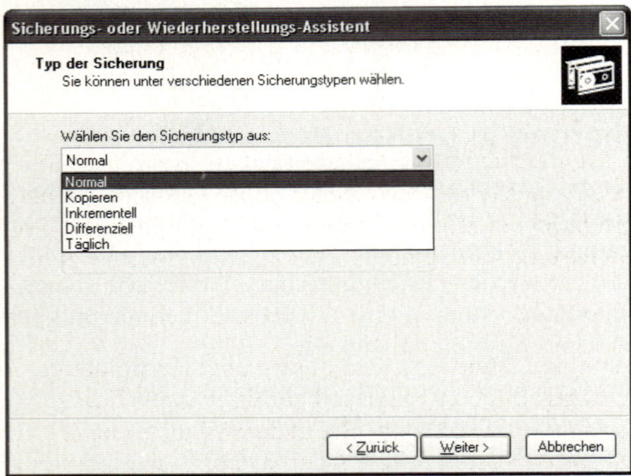

Abbildung 20.3 Auswählen eines Sicherungstyps

Einige Sicherungsarten verwenden ***Sicherungsmarkierungen***, die auch Archivattribute genannt werden, und eine Datei als geändert kennzeichnen.

Sobald ein Benutzer eine Änderung an einer Datei vornimmt, wird sie mit einem Attribut versehen, das deutlich macht, dass die Datei seit der letzten Sicherung geändert wurde. Wenn Sie die Datei dann sichern, wird das Attribut wieder zurückgesetzt. Es stehen folgende Sicherungstypen zur Verfügung

- **Normal:** Bei einer ***normalen Sicherung*** werden sämtliche ausgewählten Dateien und Ordner gesichert. Einer normalen Sicherung werden zum Ermitteln der zu sichernden Dateien nicht die Markierungen zugrunde gelegt. Im Verlaufe einer normalen Sicherung werden sämtliche bestehenden Markierungen gelöscht und alle Dateien als gesichert gekennzeichnet. Normale Sicherungen beschleunigen den Wiederherstellungsprozess, da es sich bei den Sicherungsdateien um die aktuellsten Dateien handelt und dadurch die Wiederherstellung mehrerer Sicherungsaufträge nicht erforderlich ist.
- **Kopieren:** Bei einer ***Kopie-Sicherung*** werden alle ausgewählten Dateien und Ordner gesichert. Dabei wird weder nach Markierungen gesucht, noch werden diese gelöscht. Wenn keine Markierungen gelöscht und keine der anderen Sicherungstypen beeinträchtigt werden sollen, verwenden Sie die Kopie-Sicherung. Führen Sie eine Kopie-Sicherung beispielsweise zwischen einer normalen und einer inkrementellen Sicherung aus, um ein Archivsnapshot der Netzwerkdaten zu erstellen.
- **Inkrementell:** Bei einer ***inkrementellen Sicherung*** werden lediglich die mit einer Markierung versehenen Dateien und Ordner gesichert und die entsprechenden Markierungen anschließend gelöscht. Da die Markierungen bei einer inkrementellen

Sicherung entfernt werden, wird eine Datei bei zwei inkrementellen Sicherungen in Folge nicht ein zweites Mal gesichert, wenn sich an der Datei nichts geändert hat.

- **Differenziell:** Bei einer ***differenziellen Sicherung*** (oder Differenz-Sicherung) werden lediglich die mit einer Markierung gekennzeichneten Dateien und Ordner gesichert, die entsprechenden Markierungen jedoch nicht gelöscht. Da die Markierungen hier nicht gelöscht werden, wird eine Datei beide Male gesichert, wenn zwei aufeinander folgende differenzielle Sicherungen durchgeführt werden und die Datei nicht geändert wurde.
- **Täglich:** Bei einer ***täglichen Sicherung*** werden alle ausgewählten Dateien und Ordner gesichert, die sich am Tag der Sicherung geändert haben. Bei dieser Sicherung wird weder nach Markierungen gesucht, noch werden diese gelöscht. Wenn Sie alle Dateien und Ordner sichern möchten, die im Laufe eines Tages geändert wurden, sollten Sie eine tägliche Sicherung vornehmen.

Kombinieren von Sicherungstypen

Für eine effektive Sicherungsstrategie empfiehlt sich häufig eine Kombination unterschiedlicher Sicherungstypen. Einige Sicherungsarten benötigen mehr Zeit zum Sichern und weniger Zeit zum Wiederherstellen der Daten. Bei anderen Sicherungsarten ist es genau umgekehrt. Wenn Sie Sicherungsarten miteinander kombinieren, kommt den Markierungen eine besondere Bedeutung zu. Bei inkrementellen und differenziellen Sicherungen wird nach den Markierungen gesucht und auf diese zurückgegriffen.

Es folgen einige Beispiele für die Kombination unterschiedlicher Sicherungstypen:

- **Normale und differenzielle Sicherungen:** Montags wird eine normale Sicherung, von Dienstag bis Freitag werden differenzielle Sicherungen ausgeführt. Bei den differenziellen Sicherungen werden die Markierungen nicht gelöscht. Aus diesem Grund umfassen die seit Montag durchgeführten Sicherungen sämtliche Änderungen. Würden die Daten am Freitag aus irgendeinem Grund beschädigt werden, müssten Sie nur die normale Sicherung vom Montag und die differenzielle Sicherung vom Donnerstag wiederherstellen. Diese Kombination benötigt mehr Zeit zum Sichern, jedoch weniger Zeit zum Wiederherstellen der Daten.
- **Normale und inkrementelle Sicherungen:** Montags wird eine normale Sicherung durchgeführt, während von Dienstag bis Freitag inkrementelle Sicherungen vorgenommen werden. Bei inkrementellen Sicherungen werden die Markierungen entfernt. Deshalb enthält eine Sicherung nur die Dateien, die seit der letzten Sicherung geändert wurden. Werden Daten an einem Freitag beschädigt, müssen die normale Sicherung vom Montag und sämtliche inkrementellen Sicherungen von Dienstag bis Freitag wiederhergestellt werden. Bei dieser Strategie ist weniger Zeit für die Sicherung, dafür jedoch mehr für die Wiederherstellung zu veranschlagen.

Insidertipp Für die Prüfung sollten Sie sich zwar merken, dass differenzielle Sicherungen sich am schnellsten wiederherstellen lassen und dass bei inkrementellen Sicherungen die Datensicherung am schnellsten ist, allerdings stimmt das in der Praxis nicht immer. Weil Benutzer meist über längere Zeit täglich mit denselben

Dateien arbeiten (zum Beispiel bestimmte Dokumente oder Tabellen für ein Projekt), werden bei der differenziellen und der inkrementellen Sicherung letztlich oft dieselben Dateien gesichert. Wenn das bei einem bestimmten Benutzer der Fall ist, können Sie sich Zeit bei der Wiederherstellung sparen und gleich differenzielle Sicherungen verwenden.

- **Normale, differenzielle und Kopie-Sicherungen:** Diese Strategie ist mit der Strategie aus dem ersten Beispiel, in der normale und differenzielle Sicherungen vorgenommen wurden, weitgehend identisch, mit dem Unterschied, dass mittwochs eine Kopie-Sicherung vorgenommen wird. Kopie-Sicherungen enthalten alle ausgewählten Dateien, ohne Markierungen zu entfernen oder den normalen Sicherungsplan zu unterbrechen. Deshalb enthält jede differenzielle Sicherung alle Änderungen, die seit Montag durchgeführt wurden. Die am Mittwoch ausgeführte Kopie-Sicherung ist nicht Bestandteil der am Freitag vorgenommenen Wiederherstellung. Kopie-Sicherungen sind sinnvoll, wenn eine Momentaufnahme der Daten benötigt wird und Sie nicht die normalen Sicherungsverfahren durcheinander bringen wollen.

Prüfungstipp Wenn Sie regelmäßig normale Sicherungen durchführen, dauert die Datensicherungsphase am längsten, aber die Wiederherstellung geht am schnellsten und unkompliziertesten. Die Kombination aus normaler Sicherung und inkrementellen Sicherungen erfordert am wenigsten Zeit während der Datensicherungsphase, aber die Wiederherstellung dauert am längsten und ist sehr aufwendig. Die Kombination von normaler Sicherung plus differenziellen Sicherungen erfordert mehr Zeit für die Datensicherungsphase als inkrementelle Sicherungen (wenn auch weniger als normale Sicherungen), aber die Wiederherstellung ist schneller als bei inkrementellen Sicherungen.

Ändern der Standardsicherungsoptionen

Mit dem Sicherungsprogramm können Sie die Standardeinstellungen für sämtliche Sicherungs- und Wiederherstellungsaufträge ändern. Diese Standardeinstellungen befinden sich auf den Registerkarten des Dialogfelds **Optionen**. Sie gelangen zu diesem Dialogfeld, indem Sie auf der Seite **Willkommen** auf **Erweiterten Modus** und anschließend im Menü **Extras** auf **Optionen** klicken.

Die nachfolgende Liste bietet einen Überblick über die Einstellungen des Sicherungsprogramms.

- **Registerkarte Allgemein:** Diese Einstellungen betreffen die Datenüberprüfung, Statusinformationen für Sicherungs- und Wiederherstellungsaufträge, Warnungen und die zu sichernden Daten. In Abbildung 20.4 sind die Standardeinstellungen für die Optionen der Registerkarte **Allgemein** dargestellt. Es empfiehlt sich, das Kontrollkästchen **Daten standardmäßig nach Sicherung bestätigen** zu aktivieren, da unbedingt sicherzustellen ist, dass Ihre Sicherungsdaten nicht beschädigt sind.
- **Registerkarte Wiederherstellen:** Diese Einstellungen legen fest, was passiert, wenn die wiederherzustellende Datei mit einer bestehenden Datei identisch ist. Abbildung 20.4 zeigt die verfügbaren Einstellungen; hier ist die Standardeinstellung ausgewählt.

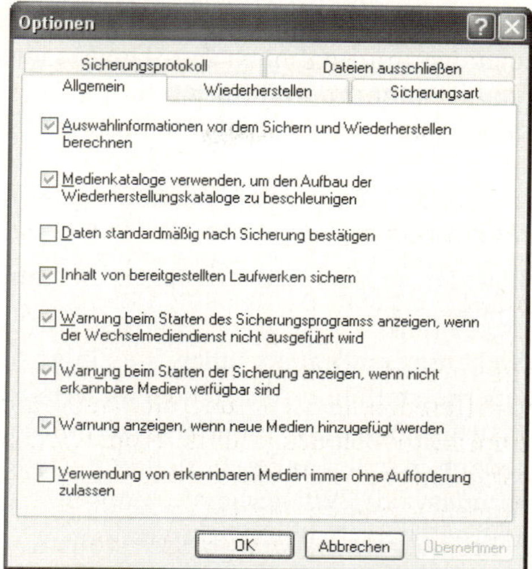

Abbildung 20.4 Ändern der Datensicherungsoptionen

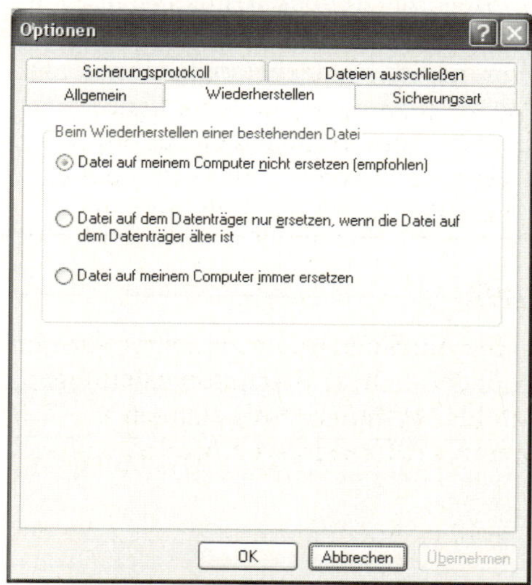

Abbildung 20.5 Die Wiederherstellungsoptionen steuern, was passiert, wenn eine wiederherzustellende Datei schon vorhanden ist.

- **Registerkarte Sicherungsart:** Diese Einstellungen legen den standardmäßigen Sicherungstyp bei der Ausführung eines Sicherungsauftrags fest. Die Wahl der Einstellungen richtet sich danach, wie oft Sicherungen ausgeführt werden, wie schnell der Wiederherstellungsvorgang erfolgen soll, und über wie viel freien Speicherplatz Sie verfügen. Die Sicherungsarten haben die Bezeichnungen **Normal** (Standardeinstellung), **Kopieren**; **Differenziell**, **Inkrementell** und **Täglich**.

- **Registerkarte Sicherungsprotokoll:** Diese Einstellungen legen den Umfang der in das Sicherungsprotokoll aufzunehmenden Informationen fest. Die Standardeinstellung ist **Zusammenfassung**. Sie protokolliert die wichtigsten Vorgänge, wie das Laden des Bands, das Starten der Sicherung oder das fehlgeschlagene Öffnen einer Datei. Darüber hinaus stehen folgende Einstellungen zur Verfügung: **Details**, mit der sämtliche Informationen, einschließlich der Datei- und Ordnernamen, protokolliert werden, und **Keine**, mit der die Protokollierung ausgeschaltet wird.
- **Registerkarte Dateien ausschließen:** Diese Einstellungen legen die von Sicherungsaufträgen auszuschließenden Dateien fest.

Für das Ausführen eines bestimmten Sicherungsauftrags können Sie einige der Standardeinstellungen im Sicherungs- oder Wiederherstellungs-Assistenten ändern. So ist der standardmäßige Sicherungstyp beispielsweise **Normal**, Sie können ihn im Sicherungs- oder Wiederherstellungs-Assistenten jedoch in einen anderen Sicherungstypen ändern. Bei der nächsten Ausführung des Sicherungs- oder Wiederherstellungs-Assistenten ist jedoch wieder der standardmäßige Sicherungstyp (**Normal**) aktiviert.

Lernzielkontrolle

Anhand der folgenden Fragen können Sie überprüfen, ob Sie die Themen dieser Lektion so gut beherrschen, dass Sie mit der nächsten Lektion weitermachen können. Falls Sie eine Frage nicht beantworten können, sollten Sie die Lektion noch einmal durcharbeiten, und dann erneut versuchen, die Frage zu beantworten. Die Antworten auf die Lernzielkontrollfragen finden Sie im Abschnitt „Fragen und Antworten" am Ende dieses Kapitels.

1. Wie können Sie den Sicherungs- oder Wiederherstellungs-Assistenten öffnen?

   ____

   ____

   ____

   ____

2. Welche beiden Vorgänge können Sie mit dem Sicherungs- oder Wiederherstellungs-Assistenten ausführen?

   ____

   ____

   ____

3. Worin besteht das hauptsächliche Ziel bei der Sicherung von Daten?

   ____

4. Wenn Sie eine Sicherung ausführen möchten, bei der weder Markierungen gelöscht noch die anderen Sicherungstypen beeinflusst werden sollen, sollten Sie eine ____________ Sicherung vornehmen.

5. Bei einer ____________ Sicherung werden lediglich die mit einer Markierung versehenen Dateien und Ordner gesichert, wobei die Markierungen im Laufe der Siche-

rung nicht gelöscht werden. Wenn Sie zwei dieser Sicherungen nacheinander ausführen, ohne dass an der Datei eine Änderung vorgenommen wurde, wird jedes Mal die gesamte Datei gesichert.

6. Wie können Sie die Standardeinstellungen der Sicherungen und Wiederherstellungen mithilfe des Sicherungsprogramms für sämtliche Sicherungen und Wiederherstellungsoperationen ändern?

   ____

   ____

   ____

   ____

   ____

7. Montags haben Sie eine Sicherung vom Typ **Normal** durchgeführt. An den übrigen Tagen der Woche sollen lediglich die Dateien und Ordner gesichert werden, die seit dem Vortag geändert wurden. Für welchen Sicherungstyp entscheiden Sie sich? Begründen Sie Ihre Antwort.

   ____

   ____

   ____

Zusammenfassung der Lektion

- Das Sicherungsprogramm stellt zwei Modi zur Verfügung: den Assistentenmodus, in dem Sie schrittweise durch Sicherung oder Wiederherstellung geleitet werden, und den erweiterten Modus, der eine herkömmliche Benutzeroberfläche zum Sichern und den Zugriff auf mehr Optionen bietet.
- Um Daten sichern und wiederherstellen zu können, müssen Sie über die erforderlichen Rechte und Berechtigungen verfügen. Alle Benutzer können Dateien sichern, für die sie zumindest die Berechtigung **Lesen** haben, und Dateien wiederherstellen, für die sie zumindest die Berechtigung **Schreiben** haben. Alle Benutzer, denen das Recht **Sichern von Dateien und Verzeichnissen** zugewiesen wurde, können Daten unabhängig von den einzelnen Berechtigungen sichern. Alle Benutzer, denen das Benutzerrecht **Wiederherstellen von Dateien und Verzeichnissen** zugewiesen wurde, können gesicherte Daten wiederherstellen. Mitglieder der lokalen Gruppen **Administratoren** und **Sicherungs-Operatoren** verfügen standardmäßig über diese Rechte.
- Beim Planen von Datensicherungen müssen Sie entscheiden, was Sie sichern wollen, wie oft sie es sichern wollen und wohin die Datensicherungsdatei geschrieben wird.
- Das Sicherungsprogramm stellt Datensicherungstypen zur Verfügung: normal, kopieren, differenziell, inkrementell und täglich.
- Das Sicherungsprogramm hat Standardeinstellungen, die für alle Datensicherungs- und-Wiederherstellungsoperationen gelten. Auf den Registerkarten des Dialogfelds **Optionen** im Sicherungsprogramm können Sie diese Standardeinstellungen ändern.

Lektion 2: Sichern von Daten

Nachdem Sie das Ausführen Ihrer Sicherungsvorgänge, darunter auch den einzusetzenden Sicherungstyp und den Zeitpunkt der Sicherungsaufträge festgelegt haben, besteht der nächste Schritt in der Vorbereitung der Datensicherung. Bevor Sie Ihre Daten sichern können, muss eine Reihe vorbereitender Aufgaben ausgeführt werden. Nach Abschluss dieser Aufgaben können Sie eine Sicherung vornehmen oder eine unbeaufsichtigte Sicherung planen.

Am Ende dieser Lektion werden Sie in der Lage sein, die folgenden Aufgaben auszuführen:

- Beschreiben der Vorbereitungen, die Sie vor dem Durchführen der Datensicherung durchführen müssen.
- Auswählen der Dateien und Ordner, die gesichert werden sollen.
- Festlegen von Sicherungsziel, Medieneinstellungen und erweiterten Einstellungen.
- Planen eines Sicherungsauftrags.

Veranschlagte Zeit für diese Lektion: 50 Minuten

Vorbereitende Aufgaben

Ein wichtiger Bestandteil eines jeden Sicherungsauftrags ist das Ausführen vorbereitender Aufgaben, zu denen auch die Sicherstellung der Tatsache gehört, dass die zu sichernden Dateien nicht geöffnet sind. Sie sollten die Benutzer anweisen, die Dateien zu schließen, bevor Sie mit der Datensicherung beginnen. Um den Benutzern die entsprechenden Meldungen zukommen zu lassen, können Sie ihnen entweder eine E-Mail senden oder im Snap-In **Computerverwaltung** das Dialogfeld **Konsolenmeldung senden** verwenden.

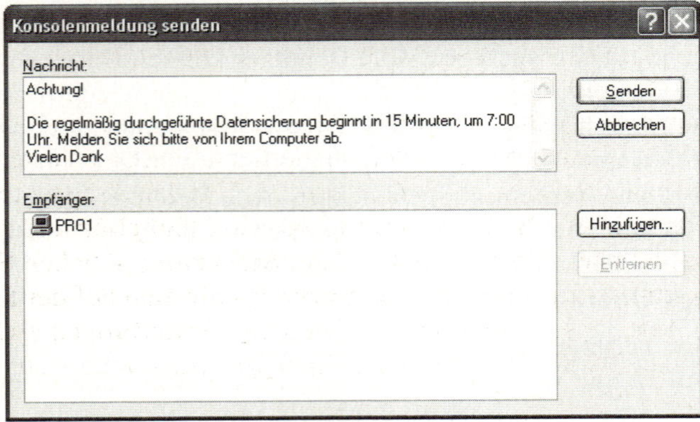

Abbildung 20.6 Versenden Sie eine Konsolenmeldung, um Benutzer vor einer Datensicherung zu warnen

Gehen Sie zum Versenden einer Konsolenmeldung folgendermaßen vor:

1. Klicken Sie im Startmenü mit der rechten Maustaste auf **Arbeitsplatz** und anschließend auf **Verwalten**.
2. Klicken Sie im Menü **Aktion** auf **Alle Tasks** und anschließend auf **Konsolenmeldung senden**.

   Das Dialogfeld **Konsolenmeldung senden** wird angezeigt (Abbildung 20.6).
3. Geben Sie die gewünschte Meldung in das Feld **Nachricht** ein. Das Feld **Empfänger** enthält die Empfänger der Meldung. Sie können hier Empfänger hinzufügen oder entfernen.
4. Klicken Sie auf **Senden**, um die Meldung an die aufgeführten Empfänger zu senden.

Hinweis Sie können nur eine Konsolenmeldung versenden, wenn auf dem Computer, der die Meldung empfängt, der Nachrichtendienst läuft. In Windows XP mit Service Pack 2 ist der Nachrichtendienst standardmäßig deaktiviert. Sie müssen den Dienst auf einem Computer aktivieren, wenn dieser Computer in der Lage sein soll, Meldungen zu empfangen.

Stellen Sie beim Verwenden eines Wechselmedienlaufwerks sicher, dass folgende vorbereitende Aufgaben durchgeführt wurden:

- Das Sicherungsgerät ist mit einem Computer im Netzwerk verbunden und eingeschaltet. Wenn Sie eine Sicherung auf Band erstellen, müssen Sie das Bandlaufwerk an den Computer anschließen, auf dem das Sicherungsprogramm ausgeführt wird.
- Das Mediengerät ist im Windows-Katalog aufgeführt.
- Das Medium ist in das Medienlaufwerk eingelegt. Wenn Sie beispielsweise ein Bandlaufwerk verwenden, muss ein Band eingelegt sein. Ein Band müssen Sie möglicherweise auch formatieren, bevor Sie eine Sicherung durchführen können.

Auswählen der zu sichernden Dateien und Ordner

Nachdem Sie die vorbereitenden Aufgaben ausgeführt haben, können Sie die Sicherung durchführen. Dazu können Sie den Sicherungs- oder Wiederherstellungs-Assistenten verwenden (siehe Abbildung 20.1 weiter oben in dieser Lektion). Um den Assistenten zu starten, klicken Sie im Startmenü auf **Alle Programme**, dann auf **Zubehör** und schließlich auf **Systemprogramme**. Klicken Sie anschließend auf **Sicherung**. Klicken Sie auf **Weiter**, um die Seite **Willkommen** zu schließen. Vergewissern Sie sich auf der Seite **Sichern oder wiederherstellen**, dass die Option **Dateien und Einstellungen sichern** aktiviert ist, und klicken Sie auf **Weiter**, um die Seite **Zu sichernde Daten** anzuzeigen (Abbildung 20.7).

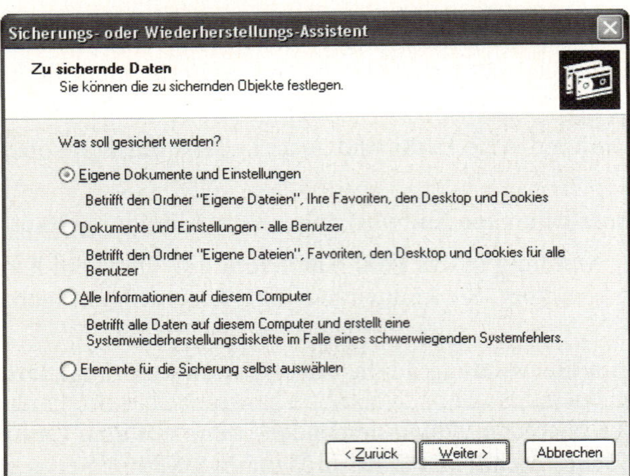

Abbildung 20.7 Auswählen der Dateien und Ordner, die gesichert werden sollen

Legen Sie die zu sichernden Daten fest, indem Sie eine der folgenden Optionen auswählen:

- **Eigene Dokumente und Einstellungen:** Sichert den Ordner **Eigene Dateien**, ebenso wie den Ordner **Favoriten** und Desktop und Cookies des aktuellen Benutzers. Dies ist die Standardauswahl.
- **Dokumente und Einstellungen – alle Benutzer:** Sichert die Ordner **Eigene Dateien** und **Favoriten** sowie Desktop und Cookies aller Benutzer.
- **Alle Informationen auf diesem Computer:** Es werden alle Dateien auf dem Computer gesichert, auf dem das Sicherungsprogramm ausgeführt wird. Ausgenommen davon sind Dateien, die das Programm per Voreinstellung nicht berücksichtigt (zum Beispiel bestimmte Dateien zur Energieverwaltung). Wenn Sie diese Option auswählen, werden auch die ***Systemstatusdaten*** gesichert, die die Windows-Registrierung und wichtige Konfigurationsdateien umfassen. Es wird dann auch eine Systemwiederherstellungsdiskette erstellt, mit der Sie Windows im Fall eines schwerwiegenden Fehlers wiederherstellen können. In Lektion 4, „Verwenden des Assistenten für die automatische Systemwiederherstellung", finden Sie weitere Informationen über die Systemwiederherstellungsdiskette.
- **Elemente für die Sicherung selbst auswählen:** Sichert ausgewählte Dateien und Ordner. Dazu zählen Dateien und Ordner auf dem Computer, auf dem das Sicherungsprogramm ausgeführt wird, sowie alle im Netzwerk freigegebenen Dateien und Ordner. Nach dem Aktivieren dieser Option zeigt der Sicherungs- oder Wiederherstellungs-Assistent eine hierarchische Ansicht des Computers und des Netzwerks an (über **Netzwerkumgebung**).

Festlegen von Sicherungsziel, Medieneinstellungen und erweiterten Einstellungen

Wenn Sie die zu sichernden Daten ausgewählt haben, müssen Sie Informationen zum Sicherungsmedium angeben. Tabelle 20.1 enthält eine Beschreibung der Einstellungen, die Sie auf der Seite **Typ, Speicherort und Name der Sicherung** festlegen müssen.

Tabelle 20.1 Optionen der Seite **Typ, Speicherort und Name der Sicherung**

Option	Beschreibung
Wählen Sie den Sicherungstyp	Das zu verwendende Zielmedium, beispielsweise ein Band oder eine Datei. Eine Datei kann sich auf einem datenträgerbasierten Medium, zum Beispiel einer Festplatte, in einem freigegebenen Netzwerkordner oder auf einem Wechselmedium, zum Beispiel einem Iomega Zip-Laufwerk, befinden.
Wählen Sie einen Speicherort für die Sicherung aus	Der Ort, an dem das Sicherungsprogramm die Daten speichern soll. Geben Sie bei einem Band den Bandnamen an. Geben Sie bei einer Datei den Pfad der Sicherungsdatei an.
Geben Sie einen Sicherungsnamen ein	Name der Sicherung. Handelt es sich um einen Dateinamen, wird die Erweiterung .bkf automatisch angehängt.

Nachdem Sie die Informationen zum Sicherungsmedium bereitgestellt haben, zeigt der Sicherungs- oder Wiederherstellungs-Assistent die Seite **Fertigstellen des Assistenten** an, wo Sie aus folgenden Möglichkeiten auswählen können:

- **Sicherung starten:** Wenn Sie auf **Fertig stellen** klicken, zeigt der Sicherungs- oder Wiederherstellungs-Assistent während der Sicherung im Dialogfeld **Status: Sicherungsvorgang** Statusinformationen zum Sicherungsauftrag an.
- **Angeben erweiterter Sicherungsoptionen:** Wenn Sie auf **Erweitert** klicken, können Sie im Sicherungs- oder Wiederherstellungs-Assistenten die in Tabelle 20.2 beschriebenen erweiterten Sicherungsoptionen auswählen.

Tabelle 20.2 Erweiterte Sicherungsoptionen

Erweiterte Option	Beschreibung
Wählen Sie den Sicherungstyp aus	Dient der Auswahl des zu verwendenden Sicherungstyps für den aktuellen Sicherungsauftrag. Sie können aus folgenden Typen auswählen: **Normal, Kopieren, Inkrementell, Differenziell** oder **Täglich**.
Daten nach der Sicherung überprüfen	Prüft, ob alle Dateien richtig gesichert wurden. Das Sicherungsprogramm vergleicht, ob Sicherungs- und Quelldaten identisch sind. Diese Option wird empfohlen.
Hardwarekomprimierung verwenden, wenn verfügbar	Aktiviert die Hardwarekomprimierung für Bandgeräte, die diese Funktion unterstützen. Sollte ein Bandgerät die Hardwarekomprimierung nicht unterstützen, wird diese Option abgeblendet dargestellt. ►

Erweiterte Option	Beschreibung
Volumeschattenkopie deaktivieren	Ermöglicht die Sicherung von Daten, selbst wenn gerade in die Dateien geschrieben wird. Das Sicherungsprogramm verwendet standardmäßig Volumeschattenkopien, da dieses Kontrollkästchen deaktiviert ist.
Falls das Archivierungsmedium bereits Sicherungen enthält, gehen Sie folgendermaßen vor:	
Sicherungskopie an vorhandene Sicherungen anhängen	Wählen Sie diese Option aus, um mehrere Sicherungsaufträge auf einem Sicherungsgerät zu speichern.
oder	
Vorhandene Sicherungskopien ersetzen	Wählen Sie diese Option, wenn die Speicherung früherer Sicherungsaufträge nicht erforderlich ist und lediglich die aktuellsten Sicherungsdaten gespeichert werden sollen.
Nur dem Besitzer und dem Administrator Zugriff auf die Sicherungsdaten und alle angehängten Sicherungen erlauben	Dient dem Einschränken des Zugriffs auf die erstellte Datei- oder Bandsicherung. Diese Option steht nur zur Verfügung, wenn Sie vorhandene Sicherungen auf einem Sicherungsmedium ersetzen und diese nicht anhängen möchten. Wenn Sie die Registrierung oder Active Directory-Dienste sichern, aktivieren Sie diese Option, damit Dritte keine Kopien des Sicherungsauftrags erstellen können.
Wann soll die Sicherung ausgeführt werden?	Bietet die Auswahl zwischen **Jetzt** oder **Später**. Wenn Sie **Später** wählen, müssen Sie den Auftragsnamen und das Startdatum angeben. Sie können auch einen Zeitplan einstellen.

Durch das Festlegen erweiterter Sicherungseinstellungen in Bezug auf das Sicherungsmedium und die Besonderheiten des Sicherungsauftrags ändern Sie die standardmäßigen Sicherungseinstellungen lediglich für die Dauer des aktuellen Sicherungsauftrags.

Je nachdem, ob Sie die Sicherung sofort oder später ausführen möchten, bietet Ihnen der Sicherungs- oder Wiederherstellungs-Assistent zwei Möglichkeiten zum Fortfahren:

- Wenn Sie den Sicherungsprozess abschließen möchten, zeigt der Sicherungs- oder Wiederherstellungs-Assistent die Einstellungen **Fertigstellen des Assistenten** an. Sie haben dann die Möglichkeit, den Assistenten fertig zu stellen und die Sicherung sofort zu starten. Während der Sicherung zeigt der Assistent Statusinformationen zum Sicherungsauftrag an.
- Wenn Sie einen späteren Zeitpunkt für die Sicherung auswählen, werden zusätzliche Dialogfelder gezeigt. Sie können damit, wie im nächsten Abschnitt beschrieben, den Sicherungsprozess für einen späteren Zeitpunkt planen.

Hinweis Nach Abschluss eines Sicherungsvorgangs können Sie das Sicherungsprotokoll anzeigen, eine Textdatei, die die ausgeführten Sicherungsvorgänge aufzeichnet. Das Sicherungsprotokoll wird auf der Festplatte des Computers gespeichert, auf dem Sie das Sicherungsprogramm ausführen.

Planen von Sicherungsaufträgen

Beim Erstellen eines Zeitplans für einen Sicherungsauftrag legen Sie fest, dass eine automatische (unbeaufsichtigte) Sicherung regelmäßig durchgeführt wird (oder auch nur einmal, aber zu einem späteren Zeitpunkt). Sie können Sicherungsaufträge auch in regelmäßigen Intervallen planen. Zu diesem Zweck kombiniert Windows XP Professional das Sicherungsprogramm mit dem Taskplaner. (Weitere Informationen zum Taskplaner finden Sie in Kapitel 18, „Arbeiten mit Windows XP-Tools".)

Gehen Sie zum Planen einer Sicherung folgendermaßen vor:

1. Klicken Sie auf der Seite **Zeitpunkt der Sicherung** des Sicherungs- oder Wiederherstellungs-Assistenten auf **Später**.

   Im Taskplaner wird das Dialogfeld **Kontoinformationen festlegen** angezeigt, das Sie zur Eingabe Ihres Kennworts auffordert. Das Benutzerkonto muss über die entsprechenden Benutzerrechte und Berechtigungen zum Durchführen von Sicherungsaufträgen verfügen.

2. Geben Sie Ihr Kennwort in die Textfelder **Kennwort** und **Kennwortbestätigung** ein, und klicken Sie anschließend auf **OK**.

   Der Taskplaner zeigt die Seite **Zeitpunkt der Sicherung** an. Hier müssen Sie den Namen für den Sicherungsauftrag eingeben. Der Assistent zeigt standardmäßig das aktuelle Datum und die aktuelle Uhrzeit als Startzeitpunkt an.

3. Geben Sie den entsprechenden Namen in das Textfeld **Auftrag** ein.

4. Klicken Sie auf **Zeitplan festlegen**, um ein anderes Startdatum und eine andere Startzeit einzugeben. Daraufhin zeigt der Taskplaner das Dialogfeld **Auftrag planen** an.

   In diesem Dialogfeld geben Sie das Datum und die Uhrzeit für das Ausführen des Sicherungsauftrags an. Außerdem legen Sie hier fest, wie oft der Auftrag wiederholt werden soll, zum Beispiel jeden Freitag um 10.00 Uhr abends. Sie können sich außerdem alle geplanten Tasks für den Computer anzeigen lassen, indem Sie das Kontrollkästchen **Mehrfache Zeitpläne anzeigen** aktivieren. Sie können dadurch das Planen mehrerer Tasks auf demselben Computer zur selben Zeit vermeiden.

   Wenn Sie auf die Schaltfläche **Erweitert** klicken, können Sie festlegen, für wie viele Tage, Wochen, Monate und Jahre der Zeitplan gelten soll.

Nachdem Sie den Zeitplan für den Sicherungsauftrag festgelegt und den Sicherungs- oder Wiederherstellungs-Assistenten fertig gestellt haben, wird der Sicherungsauftrag durch den Sicherungs- oder Wiederherstellungs-Assistenten in den Kalender auf der Registerkarte **Aufträge planen** eingefügt. Der Sicherungsauftrag wird automatisch zu dem von Ihnen angegebenen Zeitpunkt gestartet.

Offsite-Sicherungen

Wie Sie in diesem Kapitel erfahren haben, ist das Sichern Ihrer Daten eine unverzichtbare Vorsichtsmaßnahme, um Katastrophen zu verhindern. In vielen Netzwerken neigen Administratoren dazu, die gesicherten Daten in der Nähe des Orts aufzubewahren, an dem sie erstellt wurden. Administratoren lassen des Öfteren Daten in einem Netzwerklaufwerk und nehmen an, dass das sicher ist, weil die Daten an zwei unterschiedlichen Orten gespeichert sind (am ursprünglichen Ort und auf dem Laufwerk, auf das sie gesichert wurden). Auch wenn ein wechselbares Datensicherungsmedium verwendet wird, lassen die Administratoren das Medium nur zu oft im selben Raum wie den Datensicherungsserver (sie bewahren zum Beispiel Bänder in einem Schrank im Rechnerraum auf).

Auf diese Weise ist zwar halbwegs sichergestellt, dass Sie Daten wiederherstellen können, falls der Computer eines Benutzers (oder sogar der Datensicherungsserver selbst) ausfällt, doch sollten Sie den Aufwand nicht scheuen, eine Kopie der gesicherten Daten an einem anderen (möglichst weit entfernten) Ort aufzubewahren. Dies wird als Offsite-Speicherung bezeichnet. Es empfiehlt sich, eine Kopie der Daten in einem feuersicheren Tresor in einem ganz anderen Gebäude aufzubewahren. Solche Offsite-Sicherungen erfordern mehr Aufwand, aber im Fall einer wirklichen Katastrophe (zum Beispiel ein Brand oder eine Naturkatastrophe) kann eine Offsite-Datensicherung das Überleben des Unternehmens bedeuten.

Übung: Sichern von Daten

In dieser Übung setzen Sie den Sicherungs- oder Wiederherstellungs-Assistenten zum Sichern einiger Dateien auf Ihrer Festplatte ein. Anschließend erstellen Sie unter Verwendung des Taskplaners einen Sicherungsauftrag zum Ausführen eines Sicherungsvorgangs zu einem späteren Zeitpunkt.

Übung 1: Sichern von Dateien mit dem Sicherungs- oder Wiederherstellungs-Assistenten

1. Melden Sie sich mit einem Konto an, das Mitglied der Gruppe **Administratoren** oder **Sicherungs-Operatoren** ist oder dem das Benutzerrecht **Sichern von Dateien und Verzeichnissen** zugewiesen wurde.
2. Klicken Sie im Startmenü auf **Alle Programme**, **Zubehör**, dann auf **Systemprogramme** und schließlich auf **Sicherung**.
3. Klicken Sie auf dem Willkommensbildschirm des Sicherungs- oder Wiederherstellungs- Assistenten auf **Weiter**.

   Der Sicherungs- oder Wiederherstellungs-Assistent zeigt die Seite **Sichern oder wiederherstellen** an.
4. Vergewissern Sie sich, dass die Option **Dateien und Einstellungen sichern** aktiviert ist, und klicken Sie auf **Weiter**.

Der Assistent zeigt die Seite **Zu sichernde Daten** an und fordert Sie zur Auswahl des Umfangs des Sicherungsauftrags auf.

5. Klicken Sie auf **Elemente für die Sicherung selbst auswählen** und dann auf **Weiter**, um fortzufahren.

   Der Sicherungs- oder Wiederherstellungs-Assistent zeigt die Seite **Zu sichernde Elemente** an. Hier wählen Sie die zu sichernden lokalen und Netzwerklaufwerke, Ordner und Dateien aus.

6. Klicken Sie auf das Pluszeichen links neben **Arbeitsplatz**, um diesen Bereich zu erweitern, erweitern Sie Laufwerk **C:**, und klicken Sie dann auf **C:**.

   Aktivieren Sie aber nicht das Kontrollkästchen neben Laufwerk **C:**, Sie würden damit das gesamte Laufwerk **C:** sichern.

7. Aktivieren Sie im Detailbereich **Autoexec.bat**.

   Im Kontrollkästchen links neben dem Dateinamen **Autoexec.bat** sollte nun ein Häkchen angezeigt werden.

8. Klicken Sie zum Fortfahren auf **Weiter**.

   Der Sicherungs- oder Wiederherstellungs-Assistent zeigt die Seite **Typ, Speicherort und Name der Sicherung** an.

Hinweis Sollte kein Bandlaufwerk an Ihren Computer angeschlossen sein, ist die Option **Wählen Sie den Sicherungstyp** auf **Datei** gesetzt und kann nicht von Ihnen geändert werden.

9. Vergewissern Sie sich, dass die Option **Wählen Sie den Sicherungstyp** auf **Datei** gesetzt ist.

   Das Feld **Wählen Sie einen Speicherort für die Sicherung aus** ist auf **3½-Diskette (A:)** gesetzt. Das Feld **Geben Sie einen Sicherungsnamen ein** ist standardmäßig auf **Backup** gesetzt.

10. Klicken Sie rechts neben dem Feld **Wählen Sie einen Speicherort für die Sicherung aus** auf die Schaltfläche **Durchsuchen**.

11. Falls keine Diskette in Laufwerk A eingelegt ist, zeigt Windows das Dialogfeld **Datenträger einlegen**, in dem Sie aufgefordert werden, einen Diskette einzulegen. Klicken Sie auf **Abbrechen**.

12. Klicken Sie im Dialogfeld **Speichern unter** auf den abwärts gerichteten Pfeil auf der rechten Seite des Dialogfelds **Speichern in**, und klicken Sie auf **Lokaler Datenträger (C:)**.

13. Geben Sie in das Textfeld **Dateiname** den Namen **Sicherung1** ein, und klicken Sie anschließend auf **Speichern**.

Hinweis Normalerweise würden Sie die Dateien eines Laufwerks nicht in einer Datei speichern, die sich auf demselben Laufwerk befindet, sofern Sie die Datei nicht anschließend an einen anderen Ort verschieben wollen.

14. Klicken Sie zum Fortfahren auf **Weiter**.

    Der Sicherungs- oder Wiederherstellungs-Assistent zeigt die Seite **Fertigstellen des Assistenten** an, auf der Sie aufgefordert werden, den Assistenten abzuschließen und den Sicherungsauftrag zu starten oder erweiterte Optionen festzulegen.

15. Klicken Sie auf **Erweitert**, um zusätzliche Sicherungsoptionen festzulegen.

    Der Sicherungs- oder Wiederherstellungs-Assistent zeigt die Seite **Typ der Sicherung** an und fordert Sie auf, einen Sicherungstyp für diesen Sicherungsauftrag auszuwählen.

16. Stellen Sie sicher, dass im Listenfeld **Wählen Sie den Sicherungstyp aus** der Typ **Normal** ausgewählt ist, und klicken Sie auf **Weiter**.

    Der Sicherungs- oder Wiederherstellungs-Assistent zeigt die Seite **Sicherungsoptionen** an.

17. Aktivieren Sie das Kontrollkästchen **Daten nach der Sicherung überprüfen**, um eine Bestätigung der ordnungsgemäß erfolgten Sicherung der Dateien zu erhalten.

Hinweis Steht das Kontrollkästchen **Hardwarekomprimierung verwenden, wenn verfügbar** nicht zur Verfügung, ist an Ihren Computer entweder kein Bandlaufwerk angeschlossen oder Ihr Bandgerät unterstützt keine Hardwarekomprimierung.

18. Klicken Sie auf **Weiter**.

    Der Sicherungs- oder Wiederherstellungs-Assistent zeigt die Seite **Sicherungsoptionen** an.

19. Klicken Sie auf **Vorhandene Sicherungskopien ersetzen**.

20. Stellen Sie sicher, dass das Kontrollkästchen **Nur dem Besitzer und dem Administrator Zugriff auf die Sicherungsdaten und alle angehängten Sicherungen erlauben** deaktiviert ist, und klicken Sie dann auf **Weiter**.

    Der Sicherungs- oder Wiederherstellungs-Assistent zeigt die Seite **Zeitpunkt der Sicherung** an.

21. Stellen Sie sicher, dass **Jetzt** ausgewählt ist, und klicken Sie dann auf **Weiter**.

    Der Sicherungs- oder Wiederherstellungs-Assistent zeigt die Seite **Fertigstellen des Assistenten** an.

22. Überprüfen Sie die Optionen und Einstellungen für diesen Sicherungsauftrag und klicken Sie dann zum Starten des Sicherungsauftrags auf **Fertig stellen**.

    Das Sicherungsprogramm zeigt kurz das Dialogfeld **Auswahlinformationen** an, in dem der geschätzte Datenumfang und die für die vollständige Ausführung des Sicherungsauftrags erforderliche Zeit angezeigt werden. Ist Ihr Computer sehr schnell oder die Anzahl der zu sichernden Dateien sehr gering, sehen Sie dieses Dialogfeld eventuell gar nicht. Im Dialogfeld **Status: Sicherungsvorgang** zeigt das Sicherungsprogramm den Status des Sicherungsvorgangs, eine Statistik zur geschätzten und tatsächlich verarbeiteten Datenmenge, die verstrichene Zeit und die verbleibende Dauer des Sicherungsvorgangs an.

Übung 2: Anzeigen eines Datensicherungsberichts

1. Wenn das Dialogfeld **Status: Sicherungsvorgang** anzeigt, dass die Sicherung abgeschlossen ist, klicken Sie auf **Bericht**.

   Der Editor wird gestartet und zeigt den Sicherungsbericht an. Der Sicherungsbericht enthält wichtige Details zum Sicherungsvorgang, wie beispielsweise den Zeitpunkt, zu dem der Vorgang gestartet wurde, und die Anzahl der gesicherten Dateien.
2. Lesen Sie den Bericht, und schließen Sie dann den Editor.
3. Klicken Sie im Dialogfeld **Status: Sicherungsvorgang** auf **Schließen**.

Übung 3: Erstellen und Ausführen eines unbeaufsichtigten Sicherungsauftrags

1. Klicken Sie im Startmenü auf **Alle Programme**, **Zubehör** und dann auf **Systemprogramme**, und klicken Sie schließlich auf **Sicherung**.
2. Klicken Sie auf dem Willkommensbildschirm des Sicherungs- oder Wiederherstellungs- Assistenten auf **Weiter**.
3. Stellen Sie auf der Seite **Sichern oder wiederherstellen** sicher, dass die Option **Dateien und Einstellungen sichern** aktiviert ist, und klicken Sie auf **Weiter**.
4. Klicken Sie auf der Seite **Zu sichernde Daten** zunächst auf **Elemente für die Sicherung selbst auswählen** und anschließend auf **Weiter**, um fortzufahren.
5. Erweitern Sie auf der Seite **Zu sichernde Elemente** zunächst **Arbeitsplatz** und dann Laufwerk **C:**, und aktivieren Sie schließlich das Kontrollkästchen **System Volume Information**.
6. Klicken Sie zum Fortfahren auf **Weiter**.
7. Klicken Sie auf der Seite **Typ, Speicherort und Name der Sicherung** im Listenfeld **Wählen Sie einen Speicherort für die Sicherung aus** auf **Durchsuchen**.
8. Falls keine Diskette in Laufwerk A eingelegt ist, zeigt Windows das Dialogfeld **Datenträger einlegen**, in dem Sie aufgefordert werden, eine Diskette einzulegen. Klicken Sie auf **Abbrechen**.
9. Klicken Sie im Dialogfeld **Speichern unter** auf den abwärts gerichteten Pfeil auf der rechten Seite des Dialogfelds **Speichern in** und dann auf **Lokaler Datenträger (C:)**.
10. Geben Sie im Textfeld **Dateiname** den Namen **Sicherung2** ein und klicken Sie auf **Speichern**.
11. Klicken Sie auf **Weiter**.
12. Klicken Sie auf der Seite **Fertigstellen des Assistenten** auf **Erweitert**, um zusätzliche Sicherungsoptionen festzulegen.
13. Vergewissern Sie sich auf der Seite **Typ der Sicherung**, dass im Listenfeld **Wählen Sie den Sicherungstyp aus** der Typ **Normal** ausgewählt ist, und klicken Sie auf **Weiter**.
14. Aktivieren Sie auf der Seite **Sicherungsoptionen** das Kontrollkästchen **Daten nach der Sicherung überprüfen**, und klicken Sie anschließend auf **Weiter**.

15. Klicken Sie auf der Seite **Sicherungsoptionen** auf die Option **Vorhandene Sicherungskopien ersetzen**.
16. Stellen Sie sicher, dass das Kontrollkästchen **Nur dem Besitzer und dem Administrator Zugriff auf die Sicherungsdaten und alle angehängten Sicherungen erlauben** deaktiviert ist, und klicken Sie dann auf **Weiter**.
17. Klicken Sie auf der Seite **Zeitpunkt der Sicherung** auf **Später**.

    Der Sicherungs- oder Wiederherstellungs-Assistent stellt das Feld **Zeitplaneintrag** zur Verfügung.
18. Geben Sie in das Textfeld **Auftrag** den Namen **SysVolInfo Sicherung** ein, und klicken Sie anschließend auf **Zeitplan festlegen**.

    Der Sicherungs- oder Wiederherstellungs-Assistent zeigt das Dialogfeld **Auftrag planen** an, und fordert Sie auf, Startzeit und Zeitplanoptionen für den Sicherungsauftrag festzulegen.
19. Stellen Sie im Feld **Task ausführen** sicher, dass **Einmal** aktiviert ist, geben Sie im Textfeld **Startzeit** eine Uhrzeit drei Minuten später als die aktuelle Uhrzeit ein, und klicken Sie auf **OK**.
20. Klicken Sie im Dialogfeld **Zeitpunkt der Sicherung** auf **Weiter**, um fortzufahren.

    Der Sicherungs- oder Wiederherstellungs-Assistent zeigt das Dialogfeld **Kontoinformationen festlegen** an. Im Rahmen dieser Übung soll das Administratorkonto zum Ausführen des geplanten Sicherungsauftrags verwendet werden.
21. Vergewissern Sie sich, dass im Feld **Ausführen als** ein Konto mit den benötigten Rechten und Berechtigungen eingetragen ist (zum Beispiel das Administratorkonto), und geben Sie dann in die Textfelder **Kennwort** beziehungsweise **Kennwortbestätigung** jeweils das Kennwort ein.
22. Klicken Sie auf **OK**.

    Der Sicherungs- oder Wiederherstellungs-Assistent zeigt das Dialogfeld **Kontowarnung** an.
23. Klicken Sie auf **OK**.
24. Prüfen Sie die auf der Seite **Fertigstellen des Assistenten** angeführten Informationen, und klicken Sie dann auf **Fertig stellen**, um den Sicherungsauftrag zu aktivieren.

    Ist der Zeitpunkt für den Sicherungsauftrag gekommen, startet das Sicherungsprogramm den angeforderten Sicherungsvorgang und führt diesen durch. Prüfen Sie, ob der Sicherungsauftrag durchgeführt wurde, indem Sie die Datei **Sicherung2.bkf** im Stammverzeichnis des Laufwerks **C:** suchen.

Lernzielkontrolle

Anhand der folgenden Fragen können Sie überprüfen, ob Sie die Themen dieser Lektion so gut beherrschen, dass Sie mit der nächsten Lektion weitermachen können. Falls Sie eine Frage nicht beantworten können, sollten Sie die Lektion noch einmal durcharbeiten, und dann erneut versuchen, die Frage zu beantworten. Die Antworten auf die Lernzielkontrollfragen finden Sie im Abschnitt „Fragen und Antworten“ am Ende dieses Kapitels.

1. Welche vier Optionen sind auf der Seite **Zu sichernde Daten** des Sicherungs- oder Wiederherstellungs-Assistenten vorhanden, und für welche Zwecke können Sie die unterschiedlichen Optionen einsetzen?

2. Wann sollten Sie das Kontrollkästchen **Nur dem Besitzer und dem Administrator Zugriff auf die Sicherungsdaten und alle angehängten Sicherungen erlauben** aktivieren?

3. Ihr Vorgesetzter möchte, dass Sicherungsvorgänge täglich um 1 Uhr nachts ausgeführt werden. Wie können Sie vermeiden, jede Nacht um 1 Uhr im Büro die Sicherungen vornehmen zu müssen?

4. Können auch ohne Bandlaufwerk Sicherungen ausgeführt werden? Wie?

5. Warum empfiehlt es sich, den Benutzern eine E-Mail oder eine Konsolenmeldung zu schicken, bevor Sie mit einer Sicherung beginnen?

   ____

   ____

   ____

   ____

   ____

   ____

Zusammenfassung der Lektion

- Bevor Sie eine Datensicherung beginnen, sollten Sie sicherstellen, dass die Benutzer alle Dateien geschlossen haben. Falls Sie eine Sicherung auf ein Wechselmedium vornehmen, müssen Sie sicherstellen, dass das Medium korrekt vorbereitet ist und eine Datensicherung aufnehmen kann.
- Mit dem Sicherungsprogramm können Sie sämtliche Computerressourcen sichern. Sie können ganze Dateien, Laufwerke oder Netzwerkdaten sichern, aber auch einfach nur Systemstatusdaten.
- Mit dem Sicherungsprogramm können Sie sowohl das Ziel als auch Sicherungsmedium oder Dateinamen angeben.
- Die Sicherungseinstellungen des Sicherungs- oder Wiederherstellungs-Assistenten umfassen die folgenden Optionen: Auswahl des auszuführenden Sicherungstyps; Überprüfung der Daten nach erfolgter Sicherung; Einsatz von Hardwarekomprimierung sowie die zeitliche Festlegung zum Ausführen der Sicherung zu einem späteren Zeitpunkt oder zur regelmäßigen Ausführung der Sicherung zu angegebenen Zeiten.

Lektion 3: Wiederherstellen von Daten

In dieser Lektion erhalten Sie Informationen zur Wiederherstellung von Daten. Die Fähigkeit, fehlerhafte oder verlorene Daten wiederherzustellen, ist für alle Unternehmen von großer Bedeutung und das Ziel aller Sicherungsvorgänge. Um zu gewährleisten, dass Sie Daten erfolgreich wiederherstellen können, müssen bestimmte Richtlinien befolgt werden. Beispielsweise sollten alle Sicherungsvorgänge sorgfältig dokumentiert und regelmäßig überprüft werden.

Am Ende dieser Lektion werden Sie in der Lage sein, die folgenden Aufgaben auszuführen:

- Vorbereiten einer Datenwiederherstellung.
- Auswählen von Sicherungssatz, Dateien und Ordnern für die Wiederherstellung.
- Festlegen erweiterter Einstellungen für die Wiederherstellung.

Veranschlagte Zeit für diese Lektion: 30 Minuten

Vorbereiten der Datenwiederherstellung

Zur Wiederherstellung von Daten müssen Sie die wiederherzustellenden Sicherungssätze, Dateien und Ordner auswählen. Je nach Wiederherstellungsanforderungen können Sie auch zusätzliche Einstellungen festlegen. Das Sicherungsprogramm unterstützt Sie bei der Datenwiederherstellung.

Sind wichtige Daten verloren gegangen, müssen Sie sie schnell wiederherstellen. Für die Vorbereitung einer Datenwiederherstellung gelten folgende Richtlinien:

- Ihre Wiederherstellungsstrategie sollte auf dem für die Sicherung verwendeten Sicherungstyp basieren. Ist die Zeit beim Wiederherstellen von Daten ein entscheidender Faktor, muss Ihre Wiederherstellungsstrategie so ausgelegt sein, dass die für Sicherungen gewählte Sicherungsart den Wiederherstellungsprozess beschleunigt. Verwenden Sie zum Beispiel normale und differenzielle Sicherungen, damit Sie nur die letzte normale und die letzte differenzielle Sicherung wiederherstellen müssen. Falls Sie ein relativ schnelles Datensicherungsgerät haben, können Sie auch tägliche normale Sicherungen durchführen, damit Sie für die Wiederherstellung nur einen einzigen Sicherungssatz brauchen.
- Führen Sie regelmäßig Testwiederherstellungen durch, um zu prüfen, ob die Sicherungsstrategie ordnungsgemäß funktioniert. Eine Testwiederherstellung kann Hardwareprobleme aufdecken, die bei der Überprüfung der Software unerkannt bleiben. Stellen Sie die Daten an einem anderen Speicherort wieder her, und vergleichen Sie anschließend die wiederhergestellten Daten mit den Daten auf der Festplatte.
- Dokumentieren Sie alle Sicherungsaufträge. Erstellen und drucken Sie für jeden Sicherungsauftrag ein detailliertes Sicherungsprotokoll, in das Sie sämtliche gesicherten Dateien und Ordner eintragen. Mithilfe des Sicherungsprotokolls können Sie schnell ermitteln, welches Medium die wiederherzustellenden Dateien enthält, ohne dazu die Kataloge laden zu müssen. Ein Katalog ist ein Index der Dateien und

Ordner eines Sicherungsauftrags, den Windows XP Professional automatisch erstellt und mit dem Sicherungsauftrag auf dem Computer speichert, auf dem das Sicherungsprogramm ausgeführt wird.

- Erstellen Sie eine Aufzeichnung mehrerer Sicherungsaufträge in einem Kalenderformat, das die Tage anzeigt, an denen Sie die Sicherungsaufträge ausführen. Notieren Sie für jeden Auftrag die Sicherungsart und das gewählte Speichermedium, zum Beispiel eine Bandnummer oder den Namen der Iomega Zip-Diskette. Wenn Sie später Daten wiederherstellen müssen, können Sie die Sicherungsaufträge der vergangenen Wochen überprüfen und das gewünschte Band beziehungsweise die gewünschte Diskette heraussuchen.

Auswählen der wiederherzustellenden Sicherungssätze, Dateien und Ordner

Um Daten wiederherstellen zu können, müssen die wiederherzustellenden Daten bestimmt werden. Sie können einzelne Dateien und Ordner, einen gesamten Sicherungsauftrag oder einen Sicherungssatz auswählen, bei dem es sich um eine Zusammenstellung von Dateien oder Ordnern auf einem Laufwerk handelt, die Sie während eines Sicherungsauftrags sichern. Wenn Sie im Verlauf eines Sicherungsauftrags zwei Laufwerke auf einer Festplatte sichern, verfügt der Auftrag über zwei Sicherungssätze. Die wiederherzustellenden Daten wählen Sie im Katalog aus.

Verwenden Sie zum Wiederherstellen von Daten den Wiederherstellungs-Assistenten, der folgendermaßen über das Sicherungsprogramm geöffnet werden kann:

1. Wählen Sie auf der Seite **Sichern oder wiederherstellen** des Sicherungs- oder Wiederherstellungs-Assistenten die Option **Dateien und Einstellungen wiederherstellen**, und klicken Sie dann auf **Weiter**.
2. Erweitern Sie auf der Seite **Wiederherzustellendes Objekt** den Medientyp, der die wiederherzustellenden Daten enthält. Dabei kann es sich um ein Band- oder um ein Dateimedium handeln.
3. Erweitern Sie die Struktur des entsprechenden Medientyps so lange, bis die gewünschten Daten angezeigt werden. Sie können einen kompletten Sicherungssatz oder bestimmte Dateien und Ordner wiederherstellen.
4. Wählen Sie die gewünschten Daten aus, und klicken Sie auf **Weiter**.

   Der Sicherungs- oder Wiederherstellungs-Assistent zeigt die Einstellungen für die Wiederherstellung an.
5. Sie haben folgende Möglichkeiten:
   - Schließen Sie den Wiederherstellungsvorgang ab. Wenn Sie das Fertigstellen der Wiederherstellung wählen, fordert Sie der Sicherungs- oder Wiederherstellungs-Assistent zur Prüfung der Quelle auf und führt dann die Wiederherstellung durch. Während der Wiederherstellung zeigt der Sicherungs- oder Wiederherstellungs-Assistent Statusinformationen zur Wiederherstellung an.
   - Legen Sie zusätzliche erweiterte Wiederherstellungsoptionen fest. Mehr zu diesen Optionen im nächsten Abschnitt.

Auswählen erweiterter Wiederherstellungseinstellungen

Die erweiterten Optionen im Sicherungs- oder Wiederherstellungs-Assistenten hängen vom Typ des Sicherungsmediums ab, das zur Wiederherstellung verwendet wird (beispielsweise ein Bandlaufwerk oder ein Iomega Zip-Laufwerk). Tabelle 20.3 enthält eine Beschreibung der erweiterten Wiederherstellungsoptionen.

Tabelle 20.3 Erweiterte Optionen zur Wiederherstellung

Option	Beschreibung
Dateien wiederherstellen in	Der Zielspeicherort für die Daten, die wiederhergestellt werden. Sie können aus folgenden Möglichkeiten auswählen: ■ **Ursprünglicher Bereich:** Ersetzt fehlerhafte oder verlorene Daten. ■ **Alternative:** Stellt eine ältere Version der Datei wieder her oder führt eine Testwiederherstellung aus. ■ **Einzelner Ordner:** Fasst die Dateien einer Struktur in einem einzelnen Ordner zusammen. Verwenden Sie diese Option, wenn Sie zum Beispiel Kopien bestimmter Dateien wünschen, ohne die hierarchische Struktur der Dateien wiederherzustellen. Wenn Sie einen alternativen Speicherort oder ein einzelnes Verzeichnis wählen, müssen Sie einen Pfad angeben.
Beim Wiederherstellen von vorhandenen Dateien	Optionen zum Überschreiben vorhandener Dateien. Sie können aus folgenden Möglichkeiten auswählen: ■ **Vorhandene Dateien beibehalten (empfohlen):** Verhindert ein versehentliches Überschreiben vorhandener Daten. Dies ist die Standardeinstellung. ■ **Dateien nur ersetzen, wenn sie älter sind als die Sicherungsdateien:** Stellt sicher, dass die aktuellste Kopie auf dem Computer vorhanden ist. ■ **Vorhandene Dateien ersetzen:** Das Sicherungsprogramm liefert keine Bestätigungsmeldung, wenn während des Wiederherstellungsvorgangs ein doppelter Dateiname gefunden wird.
Wählen Sie Optionen aus	Diese Optionen legen fest, ob das Sicherungsprogramm die Sicherheit oder spezielle Systemdateien wiederherstellt. Folgende Möglichkeiten stehen zur Verfügung: ■ **Sicherheitseinstellungen wiederherstellen:** Versieht Dateien, die Sie auf einem NTFS-Volume wiederherstellen, mit den ursprünglichen Berechtigungen. Sicherheitseinstellungen umfassen Zugriffsberechtigungen sowie Einträge zu Überwachung und Besitzer. Diese Option ist nur verfügbar, wenn Sie Daten von einem NTFS-Volume gesichert haben und auf einem NTFS-Volume wiederherstellen. ▶

Option	Beschreibung
	■ **Nur Abzweigungspunkte wiederherstellen, nicht die Ordner und Dateidaten, auf die verwiesen wird:** Stellt Abzweigungspunkte auf der Festplatte sowie die Daten wieder her, auf die die Abzweigungspunkte verweisen. Wenn Sie über ein bereitgestelltes Laufwerk verfügen und die Daten wiederherstellen möchten, auf die das bereitgestellte Laufwerk zeigt, müssen Sie dieses Kontrollkästchen aktivieren. Wenn Sie dieses Kontrollkästchen nicht aktivieren, wird der Abzweigungspunkt wiederhergestellt, doch der Zugriff auf die Daten, auf die der Abzweigungspunkt verweist, wird möglicherweise verwehrt. ■ **Vorhandene Bereitstellungspunkte beibehalten:** Verhindert das Überschreiben jeglicher Bereitstellungspunkte, die Sie auf der Partition oder auf dem Volume erstellt haben, auf der/dem die Datenwiederherstellung vorgenommen wird. Diese Option gilt hauptsächlich dann, wenn Sie Daten auf einem gesamten Laufwerk oder einer Partition wiederherstellen.

Nach Fertigstellung des Sicherungs- oder Wiedherstellungs-Assistenten führt das Sicherungsprogramm die folgenden Schritte aus:

- Sie werden zum Bestätigen des ausgewählten Quellmediums zum Wiederherstellen der Daten aufgefordert. Nach der Bestätigung führt das Sicherungsprogramm den Wiederherstellungsprozess durch.
- Es werden Statusinformationen über den Wiederherstellungsprozess angezeigt. Wie beim Sicherungsprozess können Sie den Bericht (das Wiederherstellungsprotokoll) der Wiederherstellung anzeigen. Der Bericht enthält Informationen zur Wiederherstellung (beispielsweise die Anzahl der wiederhergestellten Dateien) und die Dauer des Wiederherstellungsvorgangs.

Übung: Wiederherstellen von Daten

In dieser Übung stellen Sie die Datei **Sicherung1.bkf** wieder her, die Sie in Übung 1 aus Lektion 2 dieses Kapitels gesichert haben.

Wichtig Um diese Übung durchführen zu können, müssen Sie die Übung in der vorangegangenen Lektion durchgeführt haben oder über einige mithilfe des Sicherungsprogramms gesicherte Dateien verfügen, die Sie wiederherstellen können.

1. Melden Sie sich mit einem Konto an, das über die Berechtigungen oder Rechte zum Wiederherstellen der Datei verfügt. Für diese Übung können Sie sich als Mitglied der Administratorengruppe anmelden.
2. Klicken Sie im Startmenü auf **Alle Programme**, **Zubehör**, dann auf **Systemprogramme** und schließlich auf **Sicherung**.
3. Klicken Sie auf dem Willkommensbildschirm des Sicherungs- oder Wiederherstellungs-Assistenten auf **Weiter**.
4. Klicken Sie auf der Seite **Sichern oder wiederherstellen** auf **Dateien und Einstellungen wiederherstellen** und dann auf **Weiter**.

Der Sicherungs- oder Wiederherstellungs-Assistent zeigt die Seite **Wiederherzustellendes Objekt** an.

5. Erweitern Sie im Feld für die Auswahl des wiederherzustellenden Objekts den von Ihnen erstellten Dateiknoten.

   Wie Sie sehen, wird **Sicherung1.bkf** aufgeführt.

6. Erweitern Sie **Sicherung1.bkf**.

   Wie Sie sehen, wird Laufwerk **C:** unter **Sicherung1.bkf** angezeigt.

7. Aktivieren Sie das Kontrollkästchen neben Laufwerk **C:**, und klicken Sie dann auf **Weiter**.

   Der Sicherungs- oder Wiederherstellungs-Assistent zeigt die Seite **Fertigstellen des Assistenten** an. Beachten Sie, dass die Datei im ursprünglichen Speicherort wiederhergestellt und die vorhandenen Dateien nicht ersetzt werden sollen.

8. Klicken Sie auf **Erweitert**.

   Der Sicherungs- oder Wiederherstellungs-Assistent zeigt die Seite **Zielort der Wiederherstellung** an.

9. Wählen Sie in der Liste **Dateien wiederherstellen in** die Option **Alternativer Bereich**.

   Der Sicherungs- oder Wiederherstellungs-Assistent zeigt das Feld **Alternative** an.

10. Geben Sie im Textfeld **Alternative** den Pfad **C:\Wiederhergestellte Daten** ein, und klicken Sie anschließend auf **Weiter**.

    Die Seite **Optionen der Wiederherstellung** wird angezeigt, auf der Sie angeben müssen, auf welche Weise doppelte Dateien während des Wiederherstellungsvorgangs behandelt werden sollen.

11. Stellen Sie sicher, dass die Option **Vorhandene Dateien beibehalten (empfohlen)** ausgewählt ist, und klicken Sie dann auf **Weiter**.

12. Vergewissern Sie sich auf der Seite **Erweiterte Wiederherstellungsoptionen**, dass sämtliche Kontrollkästchen deaktiviert sind, und klicken Sie dann auf **Weiter**.

13. Prüfen Sie die auf der Seite **Fertigstellen des Assistenten** angeführten von Ihnen festgelegten Optionen, und klicken Sie dann auf **Fertig stellen**, um den Wiederherstellungsvorgang zu starten.

    Das Sicherungsprogramm zeigt das Dialogfeld **Sicherungsdateipfad überprüfen** an, das Sie auffordert, den Namen der Sicherungsdatei anzugeben oder zu bestätigen, die die wiederherzustellenden Ordner und Dateien enthält.

14. Vergewissern Sie sich, dass die Datei **Sicherung1.bkf** im Textfeld **Stellen Sie sicher, dass dies der richtige Pfad für die Sicherung ist** eingegeben ist, und klicken Sie dann auf **OK**.

    Das Sicherungsprogramm zeigt das Dialogfeld **Auswahlinformationen** an, in dem der geschätzte Datenumfang und die für die vollständige Ausführung des Wiederherstellungsauftrags erforderliche Zeit angezeigt werden. (Da Sie lediglich eine einzige

Datei wiederherstellen, wird dieses Dialogfeld möglicherweise nur sehr kurz angezeigt.) Das Sicherungsprogramm zeigt das Dialogfeld **Status: Wiederherstellen** an, das Folgendes angibt: den Status des Wiederherstellungsvorgangs, eine Statistik zur geschätzten und tatsächlich verarbeiteten Datenmenge, die verstrichene Zeit und die verbleibende Dauer des Wiederherstellungsvorgangs.

15. Klicken Sie auf **Schließen**.

Lernzielkontrolle

Anhand der folgenden Fragen können Sie überprüfen, ob Sie die Themen dieser Lektion so gut beherrschen, dass Sie mit der nächsten Lektion weitermachen können. Falls Sie eine Frage nicht beantworten können, sollten Sie die Lektion noch einmal durcharbeiten, und dann erneut versuchen, die Frage zu beantworten. Die Antworten auf die Lernzielkontrollfragen finden Sie im Abschnitt „Fragen und Antworten" am Ende dieses Kapitels.

1. Was ist eine Testwiederherstellung, und warum ist es wichtig, eine solche durchzuführen?

   ____

   ____

   ____

   ____

2. Ein ______________ ist ein Index der Dateien und Ordner eines Sicherungsauftrags, den Windows XP Professional automatisch erstellt und mit dem Sicherungsauftrag auf dem Computer speichert, auf dem das Sicherungsprogramm ausgeführt wird.

3. Was ist ein Sicherungssatz?

   ____

   ____

4. Wenn Sie im Verlauf eines Sicherungsauftrags zwei Laufwerke auf einer Festplatte sichern, werden für den Auftrag wie viele Sicherungssätze erstellt?

   ____

5. Wie lauten die drei erweiterten Wiederherstellungseinstellungen, mit denen Sie festlegen, auf welche Weise bereits vorhandene Dateien wiederherzustellen sind?

   ____

   ____

6. In welcher Situation verwenden Sie die erweiterte Wiederherstellungseinstellung **Sicherheitsdaten wiederherstellen**, und wann steht diese zur Verfügung?

   ____

   ____

   ____

   ____

Zusammenfassung der Lektion

- Bevor Sie Daten wiederherstellen, sollten Sie sicherstellen, dass Sie Zugriff auf die Sicherungsmedien haben. Dokumentieren Sie außerdem die Wiederherstellung.
- Das Sicherungsprogramm ermöglicht die Wiederherstellung einzelner Dateien und Ordner, eines gesamten Sicherungsauftrags oder eines Sicherungssatzes.
- Die erweiterten Einstellungen des Sicherungsprogramms für die Wiederherstellung von Daten variieren je nach Sicherungsmedium, von dem die Wiederherstellung vorgenommen wird.

Lektion 4: Verwenden des Assistenten für die automatische Systemwiederherstellung

In dieser Lektion erfahren Sie, wie Sie den Assistenten für die automatische Systemwiederherstellung verwenden. Dieser Assistent hilft Ihnen, Ihre Systempartition so zu sichern, dass Sie sie wiederherstellen können, falls sie aufgrund eines Fehler gelöscht oder beschädigt wird.

Am Ende dieser Lektion werden Sie in der Lage sein, die folgenden Aufgaben auszuführen:

- Erklären des Zwecks des Assistenten für die automatische Systemwiederherstellung.
- Erstellen einer Wiederherstellungsdiskette im Assistenten für die automatische Systemwiederherstellung.
- Kopieren der System- und Softwaredateien der Datensicherung mithilfe der Wiederherstellungskonsole

Veranschlagte Zeit für diese Lektion: 15 Minuten

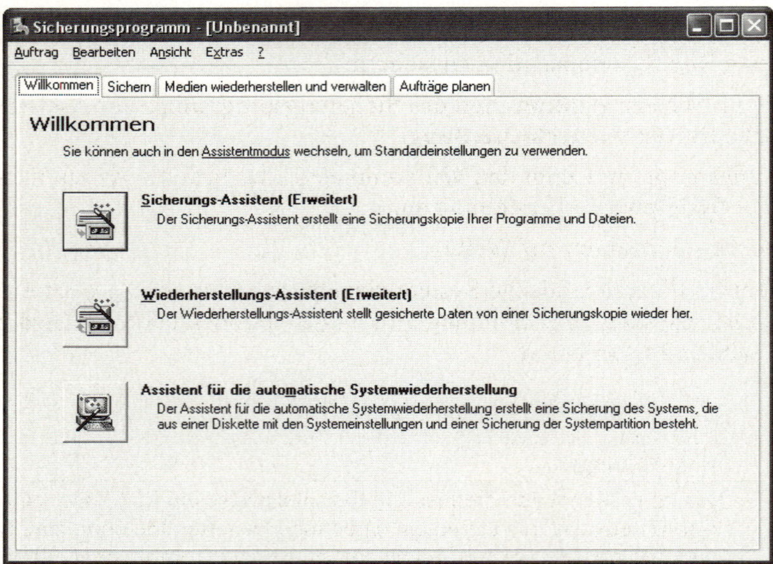

Abbildung 20.8 Im erweiterten Modus des Sicherungsprogramms können Sie den Assistenten für die automatische Systemwiederherstellung aufrufen

Grundlagen des Assistenten für die automatische Systemwiederherstellung

Der Assistent für die automatische Systemwiederherstellung ist einer von drei Assistenten, die vom Sicherungsprogramm bereitgestellt werden (Abbildung 20.8). Die automatische Systemwiederherstellung (Automated System Recovery, ASR) dient dazu, Ihren

Computer nach einem schwerwiegenden Fehler wiederherzustellen. Der Assistent für die automatische Systemwiederherstellung erstellt eine Datensicherung, die aus zwei Teilen besteht:

- Einer Diskette (der so genannten Systemwiederherstellungsdiskette). Sie enthält Konfigurationsinformationen über das Festplattenlaufwerk.
- Einer vollständigen Datensicherung Ihrer lokalen Systempartition auf Band oder als Datei auf einem Netzwerkserver.

Nachdem Sie die Systemwiederherstellungsdiskette und die vollständige Datensicherung erstellt haben, können Sie Ihren Computer von der Diskette starten und einen automatisierten Systemwiederherstellungsprozess ausführen, um Ihren Computer wiederherzustellen.

Verwenden des Assistenten für die automatische Systemwiederherstellung

Sie öffnen den Assistenten für die automatische Systemwiederherstellung über das Sicherungsprogramm. Klicken Sie zum Öffnen des Assistenten auf **Start**, zeigen Sie auf **Zubehör**, dann auf **Systemprogramme**, und klicken Sie anschließend auf **Sicherung**. Auf der Willkommenseite des Sicherungs- oder Wiederherstellungs-Assistenten klicken Sie auf **Erweiterten Modus**.

Gehen Sie folgendermaßen vor, um mit dem Assistenten für die automatische Systemwiederherstellung Ihre Systempartition zu sichern:

1. Klicken Sie im Fenster **Willkommen** des Sicherungsprogramms auf **Assistent für die automatische Systemwiederherstellung**.

   Das Sicherungsprogramm zeigt den Willkommensbildschirm des Assistenten für die automatische Systemwiederherstellung an.

2. Klicken Sie zum Fortfahren auf **Weiter**.

   Der Assistent für die automatische Systemwiederherstellung wird gestartet und zeigt die Seite **Sicherungsziel** an (Abbildung 20.9). Die Optionen der Seite **Sicherungsziel** werden in Tabelle 20.4 erläutert.

Tabelle 20.4 Optionen in der Seite **Sicherungsziel**

Option	Beschreibung
Sicherungsmedientyp	Das zu verwendende Zielmedium, beispielsweise ein Band oder eine Datei. Eine Datei kann sich auf einem datenträgerbasierten Medium, zum Beispiel einer Festplatte, in einem freigegebenen Netzwerkordner oder auf einem Wechselmedium wie einem Iomega Zip-Datenträger befinden.
Sicherungsmedium oder Dateiname	Der Ort, an dem das Sicherungsprogramm die Daten speichern soll. Geben Sie bei einem Band den Bandnamen an. Geben Sie bei einer Datei den Pfad der Sicherungsdatei an.

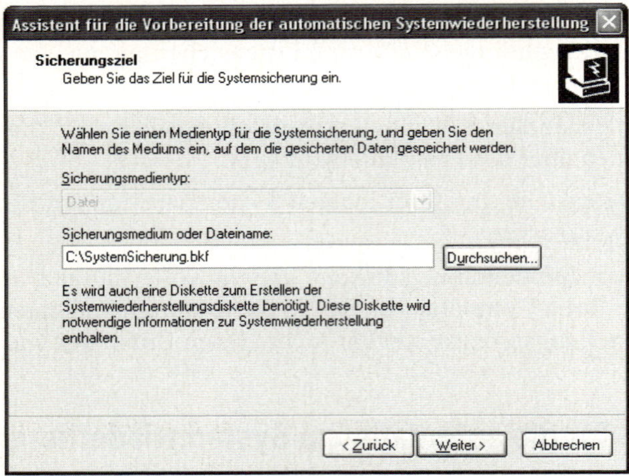

Abbildung 20.9 Eingeben des Sicherungsziels

3. Wählen Sie einen passenden Medientyp sowie ein Sicherungsmedium oder einen Dateinamen aus, und klicken Sie dann auf **Weiter**.

   Der Assistent für die automatische Systemwiederherstellung überprüft die eingegebenen Informationen und zeigt die Seite **Fertigstellen des Assistenten** an.

4. Lesen Sie die Informationen auf der Seite **Fertigstellen des Assistenten**, und klicken Sie anschließend auf **Weiter**.

   Der Assistent für die automatische Systemwiederherstellung erstellt eine Sicherung Ihrer Systemdateien. Dieser Vorgang kann eine Stunde oder länger dauern.

5. Legen Sie nach der entsprechenden Aufforderung eine Diskette in Ihr Diskettenlaufwerk ein.

6. Klicken Sie, sobald die Sicherung vollständig ausgeführt worden ist, auf **Bericht**, um den Bericht anzuzeigen. Nachdem Sie den Bericht durchgelesen haben, schließen Sie den Editor.

7. Klicken Sie auf **Schließen**, um das Dialogfeld **Status: Sicherungsvorgang** zu schließen, und schließen Sie anschließend das Sicherungsprogramm.

Wenn Sie Ihre Systempartition wiederherstellen möchten, können Sie dazu die mithilfe des Assistenten für die automatische Wiederherstellung erstellte Diskette einsetzen. Zum Ausführen einer Wiederherstellung muss die Sicherung Ihrer lokalen Systempartition auf Band oder als Datei zur Verfügung stehen. Anschließend können Ihre Daten und Anwendungen mithilfe des Sicherungs- oder Wiederherstellungs-Assistenten wiederhergestellt werden.

Wiederherstellen wichtiger Registrierungsschlüssel mit der Wiederherstellungskonsole

In Kapitel 4, „Anpassen und Problembehandlung des Startvorgangs", haben Sie erfahren, wie Sie die Wiederherstellungskonsole installieren und starten und mithilfe der Wiederherstellungskonsole eine Windows-Installation reparieren können. Falls Windows trotz Ihrer Wiederherstellungsversuche nicht startet, können Sie mithilfe der Wiederherstellungskonsole zwei wichtige Systemdateien ersetzen:

- Die Datei **System** wird von Windows XP Professional während des Starts verwendet, um den Registrierungsschlüssel **HKEY_LOCAL_MACHINE\System** zu erstellen. Dieser Schlüssel speichert Anwendungseinstellungen, die für alle Benutzer des Computers gelten.
- Die Datei **Software** wird benutzt, um während des Starts den Registrierungsschlüssel **HKEY_LOCAL_MACHINE\SOFTWARE** zu erstellen. Dieser Schlüssel enthält Informationen über den lokalen Computer, darunter Hardwaredaten (zum Beispiel Bustyp, Arbeitsspeicher und Gerätetreiber) und Betriebssystemdaten (zum Beispiel Startsteuerungsparameter).

Wenn Sie eine Problembehandlung bei einem Computer durchführen, der nicht startet, sollten Sie versuchen, diese Dateien zu ersetzen, bevor Sie sich die Mühe machen, das System mithilfe einer Wiederherstellungsdiskette wiederherzustellen. Die Dateien **System** und **Software** sind im Ordner **%SystemRoot%\System32\config** gespeichert. Eine Sicherungskopie ist im Ordner **%SystemRoot%\Repair** abgelegt, und diese Sicherungskopie wir jedes Mal aktualisiert, wenn Sie die Systemstatusdaten des Computers sichern. Sie können mithilfe der Wiederherstellungskonsole die aktuellen Versionen der Dateien durch die Sicherungskopie ersetzen.

Wenn Sie die Dateien **System** oder **Software** mit der Wiederherstellungskonsole aus einer Datensicherung wiederherstellen, sollten Sie immer nur eine Datei nach der anderen ersetzen und jedes Mal prüfen, ob das Problem beseitigt wurde. Falls Sie das Problem durch Ersetzen beider Dateien nicht beseitigen können, sollten Sie versuchen, den Computer mithilfe der automatischen Systemwiederherstellung wiederherzustellen.

Gehen Sie folgendermaßen vor, um die Dateien **System** oder **Software** in der Wiederherstellungskonsole zu ersetzen:

1. Starten Sie Ihren Computer in die Wiederherstellungskonsole (siehe Kapitel 4).
2. Wechseln Sie an der Eingabeaufforderung der Wiederherstellungskonsole in den **config**-Ordner, indem Sie den Befehl **cd system32\config** eingeben.
3. Erstellen Sie Sicherungen der aktuellen **System**- oder **Software**-Datei, indem Sie den Befehl **copy System** ***<Laufwerk:\Pfad\Dateiname>*** oder **copy Software** ***<Laufwerk:\Pfad\Dateiname>*** eingeben, dabei steht ***<Laufwerk:\Pfad\Dateiname>*** für den Ordner, in dem Sie die Sicherungskopien speichern wollen.
4. Geben Sie den Befehl **dir** ein.
5. Sehen Sie sich die Liste der Dateien im **config**-Ordner an und überprüfen Sie, ob andere Dateien vorhanden sind, deren Name mit „**System**" oder „**Software**" beginnt

(zum Beispiel **System.sav**). Falls Sie solche Dateien finden, können Sie sie mit dem Befehl **copy** in denselben Sicherungsordner kopieren.

6. Ersetzen sie die aktuelle **System**- oder **Software**-Datei, indem Sie den Befehl **copy ..\..\Repair\System** (für die Datei **System**) oder **copy ..\..\Repair\Software** (für die Datei **Software**) eingeben.

   Die Wiederherstellungskonsole fragt nach, ob die Datei **System** überschrieben werden soll.

7. Drücken Sie **J** und dann die EINGABETASTE.
8. Starten Sie den Computer neu.

Vorsicht Die Dateien **System** und **Software** im Ordner **Repair** sind unter Umständen nicht mehr auf dem neuesten Stand. Falls die Dateien veraltet sind, müssen Sie möglicherweise Treiber aktualisieren, Anwendungen und Service Packs neu installieren und andere Konfigurationsaufgaben durchführen, um Ihren Computer auf den letzten Stand zu bringen.

Lernzielkontrolle

Anhand der folgenden Fragen können Sie überprüfen, ob Sie die Themen dieser Lektion so gut beherrschen, dass Sie mit der nächsten Lektion weitermachen können. Falls Sie eine Frage nicht beantworten können, sollten Sie die Lektion noch einmal durcharbeiten, und dann erneut versuchen, die Frage zu beantworten. Die Antworten auf die Lernzielkontrollfragen finden Sie im Abschnitt „Fragen und Antworten" am Ende dieses Kapitels.

1. Welche vier Assistenten können über das Sicherungsprogramm gestartet werden?

   ____

   ____

   ____

2. Welche beiden Elemente erstellt der Assistent für die automatische Systemwiederherstellung im Rahmen einer Sicherung?

   ____

   ____

3. Welche Informationen müssen Sie dem Assistenten für die automatische Systemwiederherstellung liefern?

   ____

   ____

   ____

Zusammenfassung der Lektion

- Der Assistent für die automatische Systemwiederherstellung erstellt eine Systemwiederherstellungsdiskette, die Daten über die Festplattenkonfiguration enthält, und eine Datensicherung Ihrer lokalen Systempartition auf Band oder in einer Sicherungsdatei.
- Sie können den Assistenten für die automatische Systemwiederherstellung aus dem erweiterten Modus des Sicherungsprogramms heraus starten. Weil der Assistent für die automatische Systemwiederherstellung eine vollständige Datensicherung durchführt, kann dieser Vorgang eine Stunde oder auch länger dauern.
- Die Dateien **System** und **Software** sind im Ordner **%SystemRoot%\System32\config** gespeichert. Eine Sicherungskopie liegt im Ordner **%SystemRoot%\Repair**. Diese Sicherungskopie wird jedes Mal aktualisiert, wenn sie die Systemstatusdaten auf dem Computer sichern. Sie können mithilfe der Wiederherstellungskonsole die aktuelle Version einer dieser Dateien durch die Sicherungskopie ersetzen.

Übung mit Fallbeispiel

In dieser Übung wird ein Szenario beschrieben, bei dem eine Datensicherung beim Computer eines Benutzers durchgeführt wird. Beantworten Sie nach dem Durchlesen des Szenarios die Fragen. Falls Sie Schwierigkeiten haben, sollten Sie den Inhalt dieses Kapitels noch einmal durcharbeiten, bevor Sie das nächste Kapitel in Angriff nehmen. Die Antworten auf die Fragen finden Sie im Abschnitt „Fragen und Antworten“ am Ende dieses Kapitels.

Szenario

Sie sind Administrator für ein Unternehmen namens Blue Yonder Airlines, ein Unternehmen, das Charterflugzeuge vermietet. Sie arbeiten auf einem Computer, der Andrew gehört, einem Benutzer in der Vertriebsabteilung. Wie andere Angestellte in der Abteilung speichert auch Andrew alle seine Dokumente auf seinem lokalen Computer im Ordner **Eigene Dateien**. Andrew hat relativ wenige Dateien auf seinem Computer, etwa 225 MByte. Allerdings müssen alle Benutzer Daten auf einen Dateiserver im Netzwerk sichern, wenn sie möchten, dass ihre Dokumente in das Datensicherungssystem des Unternehmens aufgenommen werden. Sie haben heute die Aufgabe, eine Datensicherungslösung für Andrew zu konfigurieren, die in der Nacht ausgeführt wird.

Fragen

1. Andrew möchte in der Lage sein, seine Daten so schnell und so einfach wie möglich wiederherzustellen, sollte das nötig sein. Welchen Sicherungstyp würden Sie für Andrews Computer vorschlagen? Begründen Sie Ihre Antwort?

____

____

____

____

2. Falls wichtiger wäre, dass die Datensicherung auf Andrews Computer schnell durchgeführt wird (statt wie in diesem Fall, dass die Wiederherstellung schnell und einfach geht), welche Sicherungstypen würden Sie dann empfehlen?

3. Andrew ist besorgt, ob er sein System auch dann wieder in einen funktionsfähigen Zustand bringen kann, wenn ein sehr schwerwiegender Fehler auftritt. Wie können Sie sicherstellen, dass Andrew den Computer auch im Fall einer solchen Katastrophe wiederherstellen kann?

Übung zur Problembehandlung

Sie arbeiten als Administrator für ein Unternehmen named Contoso, Ltd., Hersteller von feinem Porzellan. Sie helfen einer Benutzerin namens Ariane. Arianes Computer ist so konfiguriert, dass er jeden Samstag eine normale Sicherung ihrer Daten durchführt und dann jeden zweiten Abend eine inkrementelle Datensicherung. Die Sicherungsdateien werden auf einem Dateiserver im Netzwerk gespeichert. Sie führen eine Problembehandlung für einen sporadisch auftretenden Hardwarefehler auf Arianes Computer durch. Bevor Sie die Problembehandlung beginnen, wollen Sie eine Sicherung von Arianes Daten durchführen. Welchen Sicherungstyp sollten Sie verwenden, um sicherzustellen, dass diese Sicherung keine Auswirkung auf die nächtliche Sicherung hat, die bereits für Arianes Computer geplant ist? Begründen Sie Ihre Antwort.

Zusammenfassung des Kapitels

- Das Windows-Sicherungsprogramm bietet eine einfache Benutzeroberfläche für das Sichern und Wiederherstellen von Daten. Das Sicherungsprogramm stellt zwei Modi zur Verfügung: den Assistentenmodus, in dem Sie schrittweise durch Sicherung oder Wiederherstellung geleitet werden, und den erweiterten Modus, der eine herkömmliche Benutzeroberfläche zum Sichern und den Zugriff auf mehr Optionen bietet.
- Bevor Sie eine Datensicherung beginnen, sollten Sie sicherstellen, dass die Benutzer alle Dateien geschlossen haben. Sie können die Datensicherung mit dem Sicherungs- oder Wiederherstellungs-Assistenten durchführen. Die Sicherungseinstellungen des Sicherungs- oder Wiederherstellungs-Assistenten umfassen die folgenden Optionen: Auswahl des auszuführenden Sicherungstyps; Überprüfung der Daten nach erfolgter Sicherung; Einsatz von Hardwarekomprimierung sowie die zeitliche Festlegung zum Ausführen der Sicherung zu einem späteren Zeitpunkt oder zur regelmäßigen Ausführung der Sicherung zu angegebenen Zeiten.
- Um sicherzustellen, dass Sie gesicherte Daten erfolgreich wiederherstellen können, sollten Sie bestimmte Richtlinien befolgen. Sie sollten zum Beispiel alle Ihre Sicherungsaufträge gründlich dokumentieren und regelmäßig Testwiederherstellungen vornehmen.
- Der Assistent für die automatische Systemwiederherstellung erstellt eine Systemwiederherstellungsdiskette, die Daten über die Festplattenkonfiguration enthält, und eine Datensicherung Ihrer lokalen Systempartition auf Band oder in einer Sicherungsdatei.

Prüfungsrelevante Themen

Vor der Prüfungsteilnahme sollten Sie die nachfolgend aufgeführten Schlüsselinformationen und -begriffe noch einmal durcharbeiten. Diese Informationen sind für das Bestehen der Prüfung von entscheidender Bedeutung.

Schlüsselinformationen

- Sie können alle Daten auf einem Computer unabhängig von den Ihnen zugewiesenen Berechtigungen für die Daten sichern, wenn Sie ein Benutzerkonto verwenden, dem das Benutzerrecht **Sichern von Dateien und Verzeichnissen** zugewiesen wurden. Wenn Sie Daten wiederherstellen wollen, müssen Sie ein Benutzerkonto verwenden, dem das Benutzerrecht **Wiederherstellen von Dateien und Verzeichnissen** zugewiesen wurde. Mitglieder der lokalen Gruppen **Administratoren** und **Sicherungs-Operatoren** verfügen standardmäßig über diese Rechte.
- Sie können im Sicherungsprogramm Daten auf freigegebenen Ordnern von Remotecomputern sichern, und sie können im Rahmen einer Sicherung auch Daten von freigegebenen Ordnern auf Remotecomputern lesen und sichern. Das Sicherungsprogramm kann keine Datensicherungsdateien direkt auf CD oder DVD schreiben.
- Wenn Sie regelmäßig normale Sicherungen durchführen, dauert die Datensicherungsphase am längsten, aber die Wiederherstellung geht am schnellsten und unkomplizier-

testen. Die Kombination aus normaler Sicherung und inkrementellen Sicherungen erfordert am wenigsten Zeit während der Datensicherungsphase, aber die Wiederherstellung dauert am längsten und ist sehr aufwendig. Die Kombination von normaler Sicherung plus differenziellen Sicherungen erfordert mehr Zeit für die Datensicherungsphase als inkrementelle Sicherungen (wenn auch weniger als normale Sicherungen), aber die Wiederherstellung ist schneller als bei inkrementellen Sicherungen.

Schlüsselbegriffe

Archivattribute Das Archivattribut kennzeichnet eine Datei, die gesichert wurde. Während inkrementeller oder Differenz-Sicherungen werden Archivattribute ausgewertet, um festzustellen, ob eine Datei seit der letzten Datensicherung verändert wurde.

Automatische Systemwiederherstellung Eine Funktion des Sicherungsprogramms, die eine Systemwiederherstellungsdiskette erzeugt und eine vollständige normale Datensicherung der Systempartition durchführt. Das Ergebnis ist, dass Sie Ihren Computer im Fall eines schwerwiegenden Fehlers wiederherstellen können.

Differenz-Sicherung Ein Datensicherungstyp, bei dem nur ausgewählte Dateien und Ordner mit einem bestimmten Attribut gesichert werden. Während einer Differenz-Sicherung werden die Attribute nicht gelöscht, sodass alle Dateien gesichert werden, die sich seit der letzten normalen Datensicherung verändert haben.

Inkrementelle Sicherung Ein Datensicherungstyp, bei dem nur ausgewählte Dateien und Ordner gesichert werden, die über das entsprechende Attribut gekennzeichnet sind. Bei einer inkrementellen Sicherung werden die Attribute gelöscht, sodass die Dateien bei nachfolgenden inkrementellen Sicherungen nicht gesichert werden (sofern sie sich nicht verändert haben).

Kopie-Sicherung Ein Datensicherungstyp, bei dem alle ausgewählten Dateien und Ordner unabhängig von ihren Attributen gesichert werden. Während einer solchen Komplettsicherung werden die Attribute nicht geändert.

Normale Sicherung Ein Datensicherungstyp, bei dem alle ausgewählten Dateien und Ordner gesichert werden, unabhängig vom Zustand ihres Archivattributs. Während einer normalen Sicherung wird bei allen Dateien das Archivattribut gesetzt, damit sie als gesichert gekennzeichnet sind.

Sicherungs- oder Wiederherstellungs-Assistent Ein Assistent, der eine einfache, schrittweise ablaufende Benutzeroberfläche zum Sichern oder Wiederherstellen von Daten bietet.

Sicherungsauftrag Ein Einzelprozess zum Sichern von Daten.

Sicherungsprogramm Ein Windows-Dienstprogramm, in dem Sie Daten sichern und wiederherstellen sowie eine Systemwiederherstellungsdiskette erstellen können.

Systemstatus Konfigurationsinformationen, die unter anderem die Windows-Registrierung und wichtige Konfigurationsdateien umfassen.

Fragen und Antworten

Seite 1014

Lernzielkontrolle Lektion 1

1. Wie können Sie den Sicherungs- oder Wiederherstellungs-Assistenten öffnen?

   Zum Öffnen des Sicherungs- oder Wiederherstellungs-Assistenten klicken Sie im Startmenü auf **Alle Programme**, zeigen auf **Zubehör** und auf **Systemprogramme** und klicken dann auf **Sicherung**. Wahlweise können Sie auch im Startmenü auf **Ausführen** klicken, den Befehl **ntbackup** eingeben und anschließend auf **OK** klicken.

2. Welche beiden Vorgänge können Sie mit dem Sicherungs- oder Wiederherstellungs-Assistenten ausführen?

   Mithilfe des Sicherungs- oder Wiederherstellungs-Assistenten können Sie alle Dateien oder Teile der Dateien eines Netzwerkcomputers sichern (verwenden Sie hierzu die Option **Dateien und Einstellungen sichern**); oder Sie können Daten wiederherstellen, die zuvor gesichert wurden (verwenden Sie hierzu die Option **Dateien und Einstellungen wiederherstellen**).

3. Worin besteht das hauptsächliche Ziel bei der Sicherung von Daten?

   Ziel eines jeden Sicherungsauftrags ist die effiziente Wiederherstellung verloren gegangener Daten.

4. Wenn Sie eine Sicherung ausführen möchten, bei der weder Markierungen gelöscht noch die anderen Sicherungstypen beeinflusst werden sollen, sollten Sie eine ____________ Sicherung vornehmen.

   Kopie-

5. Bei einer ____________ Sicherung werden lediglich die mit einer Markierung versehenen Dateien und Ordner gesichert, wobei die Markierungen im Laufe der Sicherung nicht gelöscht werden. Wenn Sie zwei dieser Sicherungen nacheinander ausführen, ohne dass an der Datei eine Änderung vorgenommen wurde, wird jedes Mal die gesamte Datei gesichert.

   differenziellen

6. Wie können Sie die Standardeinstellungen der Sicherungen und Wiederherstellungen mithilfe des Sicherungsprogramms für sämtliche Sicherungen und Wiederherstellungsoperationen ändern?

   Sie können die im Sicherungsprogramm für alle Sicherungs- und Wiederherstellungsaufträge festgelegten Standardeinstellungen mithilfe der Registerkarten im Dialogfeld **Optionen** ändern. Sie gelangen zu diesem Dialogfeld, indem Sie auf der Seite **Willkommen** des Sicherungs- oder Wiederherstellungs-Assistenten auf **Erweiterten Modus** und anschließend im Menü **Extras** auf **Optionen** klicken.

7. Montags haben Sie eine Sicherung vom Typ **Normal** durchgeführt. An den übrigen Tagen der Woche sollen lediglich die Dateien und Ordner gesichert werden, die seit dem Vortag geändert wurden. Für welchen Sicherungstyp entscheiden Sie sich? Begründen Sie Ihre Antwort.

Inkrementell. Bei einer inkrementellen Sicherung werden nur die Dateien und Ordner gesichert, die mit einer Markierung gekennzeichnet sind. Nach der Sicherung werden die Markierungen gelöscht. Sie sichern daher von Dienstag bis Freitag nur die Änderungen seit dem Vortag.

Seite 1026

Lernzielkontrolle Lektion 2

1. Welche vier Optionen sind auf der Seite **Zu sichernde Daten** des Sicherungs- oder Wiederherstellungs-Assistenten vorhanden, und für welche Zwecke können Sie die unterschiedlichen Optionen einsetzen?

   Die erste Option lautet **Eigene Dokumente und Einstellungen**. Beim Auswählen dieser Option werden der Ordner **Eigene Dateien**, der Ordner **Favoriten** sowie Desktop und Cookies des aktuell angemeldeten Benutzers gesichert.

   Die zweite Option lautet **Eigene Dokumente und Einstellungen – alle Benutzer**. Beim Auswählen dieser Option werden der Ordner **Eigene Dateien**, der Ordner **Favoriten** sowie Desktop und Cookies aller Benutzer gesichert.

   Die dritte Option lautet **Alle Informationen auf diesem Computer**. Beim Auswählen dieser Option werden alle Dateien auf dem Computer gesichert, auf dem das Sicherungsprogramm ausgeführt wird. Ausgenommen davon sind Dateien, die das Programm per Voreinstellung nicht berücksichtigt (zum Beispiel bestimmte Dateien zur Energieverwaltung).

   Die vierte Option lautet **Elemente für die Sicherung selbst auswählen**. Beim Auswählen dieser Option werden die Ordner und Dateien gesichert, die Sie angeben. Sie können entweder Daten des Computers auswählen, auf dem das Sicherungsprogramm ausgeführt wird, oder Sie wählen Daten, die in einer Netzwerkfreigabe gespeichert sind.

2. Wann sollten Sie das Kontrollkästchen **Nur dem Besitzer und dem Administrator Zugriff auf die Sicherungsdaten und alle angehängten Sicherungen erlauben** aktivieren?

   Sie sollten dieses Kontrollkästchen aktivieren, wenn Sie das Risiko eines unbefugten Zugriffs auf Ihre Daten minimieren möchten.

3. Ihr Vorgesetzter möchte, dass Sicherungsvorgänge täglich um 1 Uhr nachts ausgeführt werden. Wie können Sie vermeiden, jede Nacht um 1 Uhr im Büro die Sicherungen vornehmen zu müssen?

   Sie können den Sicherungs- oder Wiederherstellungs-Assistenten so konfigurieren, dass der Sicherungsauftrag automatisch ausgeführt wird. Klicken Sie hierzu auf der Seite **Zeitpunkt der Sicherung des Sicherungs-Assistenten** auf **Später**, und geben Sie an, dass die Sicherung um 1.00 Uhr nachts ausgeführt werden soll.

4. Können auch ohne Bandlaufwerk Sicherungen ausgeführt werden? Wie?

   Ja. Beim verwendeten Zielmedium kann es sich um ein Band oder eine Datei in einem beliebigen Datenträger, zum Beispiel einer Festplatte, um einen freigegebenen Netzwerkordner oder um ein Wechselmedium, zum Beispiel einen Iomega Zip-Datenträger handeln.

5. Warum empfiehlt es sich, den Benutzern eine E-Mail oder eine Konsolenmeldung zu schicken, bevor Sie mit einer Sicherung beginnen?

Sie sollten die Benutzer anweisen, die Dateien zu schließen, bevor Sie mit der Datensicherung beginnen, da keine ordnungsgemäße Sicherung vorgenommen werden kann, wenn bei Durchführung der Sicherung Dateien geöffnet sind. Das Sicherungsprogramm überspringt keine Dateien, in die zurzeit geschrieben wird, sondern sichert sie, sofern Sie nicht das Kontrollkästchen **Volumeschattenkopie deaktivieren** aktivieren. Es wird empfohlen, vor einer Sicherung alle Dateien zu schließen.

Seite 1034

Lernzielkontrolle Lektion 3

1. Was ist eine Testwiederherstellung, und warum ist es wichtig, eine solche durchzuführen?

   Stellen Sie die Daten in einer Testwiederherstellung an einem anderen Speicherort wieder her, und vergleichen Sie anschließend die wiederhergestellten Daten mit den Daten auf der Festplatte. Führen Sie regelmäßig Testwiederherstellungen durch, um zu prüfen, ob das Windows-Sicherungsprogramm die Dateien ordnungsgemäß sichert. Eine Testwiederherstellung kann Hardwareprobleme aufdecken, die bei der Überprüfung von Sicherungsdateien unerkannt bleiben.

2. Ein ______________ ist ein Index der Dateien und Ordner eines Sicherungsauftrags, den Windows XP Professional automatisch erstellt und mit dem Sicherungsauftrag auf dem Computer speichert, auf dem das Sicherungsprogramm ausgeführt wird.

   Katalog

3. Was ist ein Sicherungssatz?

   Ein Sicherungssatz ist eine Zusammenstellung von Dateien oder Ordnern auf einem Laufwerk, die Sie während eines Sicherungsauftrags sichern.

4. Wenn Sie im Verlauf eines Sicherungsauftrags zwei Laufwerke auf einer Festplatte sichern, werden für den Auftrag wie viele Sicherungssätze erstellt?

   Zwei

5. Wie lauten die drei erweiterten Wiederherstellungseinstellungen, mit denen Sie festlegen, auf welche Weise bereits vorhandene Dateien wiederherzustellen sind?

   Vorhandene Dateien beibehalten (empfohlen), **Dateien nur ersetzen, wenn sie älter sind als die Sicherungsdateien** und **Vorhandene Dateien ersetzen**

6. In welcher Situation verwenden Sie die erweiterte Wiederherstellungseinstellung **Sicherheitsdaten wiederherstellen**, und wann steht diese zur Verfügung?

   Die Option **Sicherheitsdaten wiederherstellen** versieht Dateien, die Sie auf einem NTFS-Volume wiederherstellen, mit den ursprünglichen Berechtigungen, Überwachungseinträgen und Besitzrechten. Diese Option ist nur verfügbar, wenn Sie Daten von einem NTFS-Volume gesichert haben und auf einem NTFS-Volume wiederherstellen.

Seite 1040

Lernzielkontrolle Lektion 4

1. Welche vier Assistenten können über das Sicherungsprogramm gestartet werden?

   Vom Sicherungsprogramm aus können der Sicherungs- oder Wiederherstellungs-Assistent, der Sicherungs-Assistent (Erweitert), der Wiederherstellungs-Assistent (Erweitert) und der Assistent für die automatische Systemwiederherstellung gestartet werden.

2. Welche beiden Elemente erstellt der Assistent für die automatische Systemwiederherstellung im Rahmen einer Sicherung?

   Der Assistent für die automatische Systemwiederherstellung erstellt eine Diskette mit Systemeinstellungen und einer Sicherung der lokalen Systempartition.

3. Welche Informationen müssen Sie dem Assistenten für die automatische Systemwiederherstellung liefern?

   Den Medientyp und den Namen für das Sicherungsmedium beziehungsweise die Sicherungsdatei

Seite 1041

Übung mit Fallbeispiel

1. Andrew möchte in der Lage sein, seine Daten so schnell und so einfach wie möglich wiederherzustellen, sollte das nötig sein. Welchen Sicherungstyp würden Sie für Andrews Computer vorschlagen? Begründen Sie Ihre Antwort?

   Da Andrew jede Nacht eine Sicherung durchführt, und zwar über das Netzwerk, ist die Geschwindigkeit der Datensicherung kein Problem. Sie sollten Andrews Computer so konfigurieren, dass er jede Nacht eine vollständige Datensicherung auf den Dateiserver ausführt. Auf diese Weise braucht Andrew nur einen einzigen Sicherungssatz, falls er eine Wiederherstellung durchführen muss. Das ist einfacher als erst eine vollständige Sicherung und dann eine Differenz-Sicherung (oder mehrere inkrementelle Sicherungen) wiederherzustellen.

2. Falls wichtiger wäre, dass die Datensicherung auf Andrews Computer schnell durchgeführt wird (statt wie in diesem Fall, dass die Wiederherstellung schnell und einfach geht), welche Sicherungstypen würden Sie dann empfehlen?

   In diesem Fall sollten Sie empfehlen, dass Andrews Computer gelegentlich (empfohlen wird einmal pro Woche) eine vollständige normale Sicherung durchführt und dann jeden Tag eine inkrementelle Datensicherung, die nur die Daten sichert, die seit der letzten inkrementellen Datensicherung geändert wurden. Falls die Daten wiederhergestellt werden müssen, wäre es dann allerdings erforderlich, erst die letzte vollständige Datensicherung wiederherzustellen und dann nacheinander jede einzelne Datensicherung, die nach dem Termin der letzten vollständigen Sicherung durchgeführt wurde.

3. Andrew ist besorgt, ob er sein System auch dann wieder in einen funktionsfähigen Zustand bringen kann, wenn ein sehr schwerwiegender Fehler auftritt. Wie können Sie sicherstellen, dass Andrew den Computer auch im Fall einer solchen Katastrophe wiederherstellen kann?

   Sie können auf Andrews Computer mit dem Assistenten für die automatische Systemwiederherstellung eine Systemwiederherstellungsdiskette und eine vollständige Datensicherung erstellen. Dann kann Andrew seinen Computer auch nach schweren Ausfällen wiederherstellen.

Seite 1042

Übung zur Problembehandlung

Sie arbeiten als Administrator für ein Unternehmen named Contoso, Ltd., Hersteller von feinem Porzellan. Sie helfen einer Benutzerin namens Ariane. Arianes Computer ist so konfiguriert, dass er jeden Samstag eine normale Sicherung ihrer Daten durchführt und dann jeden zweiten Abend eine inkrementelle Datensicherung. Die Sicherungsdateien werden auf einem Dateiserver im Netzwerk gespeichert. Sie führen eine Problembehandlung für einen sporadisch auftretenden Hardwarefehler auf Arianes Computer durch. Bevor Sie die Problembehandlung beginnen, wollen Sie eine Sicherung von Arianes Daten durchführen. Welchen Sicherungstyp sollten Sie verwenden, um sicherzustellen, dass diese Sicherung keine Auswirkung auf die nächtliche Sicherung hat, die bereits für Arianes Computer geplant ist? Begründen Sie Ihre Antwort.

Sie sollten eine Kopie-Sicherung auf Arianes Computer durchführen. Eine Kopie-Sicherung verändert nichts an den Archivattributen der Dateien und verändert daher auch nicht den Ablauf der regelmäßig durchgeführten Sicherungen.

T E I L   I I

Prüfungsvorbereitung

K A P I T E L 2 1

Installieren von Windows XP Professional

Microsoft Windows XP Professional wurde so entworfen, dass es auf einer Vielzahl unterschiedlicher Umgebungen installiert werden kann, von eigenständigen Heimcomputern bis zu Unternehmensnetzwerken mit Tausenden von Computern. Weil unterschiedliche Umgebungen auch unterschiedliche Anforderungen bezüglich der Bereitstellung haben, stellt Windows XP verschiedene Bereitstellungsmethoden zur Verfügung. Privatbenutzer und kleine Firmen brauchen eine schnelle, benutzerfreundliche Installation. Für solche Benutzer ist eine beaufsichtigte Installation am effizientesten. Unternehmen müssen manchmal Hunderte oder Tausende von Computern gleichzeitig bereitstellen, wobei die Kosten für die Bereitstellung so gering wie möglich bleiben sollen. Computerhersteller bauen unzählige Windows XP Professional-Computer pro Tag, mit zig unterschiedlichen Hardware- und Softwarekonfigurationen. Für diese Benutzer stellt Windows XP mehrere unterschiedliche Techniken für eine unbeaufsichtigte Installation zur Verfügung, zum Beispiel Remoteinstallationsdienste (Remote Installation Services, RIS), das Systemvorbereitungsprogramm (**Sysprep.exe**) und Antwortdateien.

Updateszenarien sind sogar noch vielgestaltiger als Neuinstallationen. Wie bei der Neuinstallation brauchen viele Benutzer die Fähigkeit, bei einer großen Zahl von Computern das Update so effizient wie möglich durchzuführen. Beim Update kommen allerdings zwei zusätzliche Komplexitätsstufen ins Spiel. Auf den Computern können verschiedenste Betriebssysteme laufen, zum Beispiel Windows NT Workstation 4.0, Windows 95, Windows 98, Windows Me und Windows 2000 Professional. Außerdem haben die Benutzer Dokumente, Anwendungen und individuelle Einstellungen, auf die sie zugreifen müssen, nachdem das Update abgeschlossen ist.

Die große Mehrheit der Neuinstallationen und Updates läuft völlig problemlos ab. Für den gelegentlichen Fall, dass etwas schief geht, müssen Sie allerdings wissen, wie Sie Installationsprobleme beseitigen. Ihre Aufgabe ist auch nicht beendet, nachdem die Installation oder das Update von Windows XP abgeschlossen ist. Sie müssen Windows XP aktivieren, Service Packs einspielen und wichtige Updates installieren, um das Risiko von Sicherheitslücken oder andere Probleme zu vermeiden.

Dieser Lernzielbereich prüft Ihre Fähigkeit, sowohl beaufsichtigte (das heißt von Hand durchgeführte) als auch unbeaufsichtigte (automatisierte) Installationen vorzubereiten und durchzuführen. Sie müssen feststellen, ob vorhandene Betriebssysteme und Anwendungen aktualisiert oder entfernt und durch Neuinstallationen ersetzt werden sollen. Es stehen verschiedene Methoden für das automatisierte Installieren von Windows XP Professional zur Verfügung, Sie müssen mit allen vertraut sein. Auch wird Ihre Fähigkeit überprüft, Service Packs einzuspielen, Installationsprobleme zu diagnostizieren und Installationsfehler zu beseitigen. Im Rahmen einiger Fallstudien wird überprüft, ob Sie die geeignete Installationsmethode identifizieren können, wenn Sie detaillierte Informationen über verschiedene Computerumgebungen beschrieben bekommen. Sie müssen ferner den Unterschied zwischen dem Aktivieren und dem Registrieren von Windows XP Professional kennen und wissen, wie die verschiedenen Aktivierungsmethoden durchgeführt werden.

Geprüfte Fähigkeiten und vorgeschlagene praktische Übungen

Um den Lernzielbereich „Installieren von Windows XP Professional" innerhalb der Prüfung „Installieren, Konfigurieren und Verwalten von Microsoft Windows XP Professional" zu bestehen, sollten Sie die folgenden Fähigkeiten beherrschen.

Wichtig Bei der folgenden Aufgabe sollten Sie zumindest Übung 1 vollständig durcharbeiten. Wenn Sie Ihr Verständnis für die Installationsoptionen vertiefen wollen, sollten Sie auch Übung 2 durcharbeiten. Falls Sie praktische Erfahrungen für sämtliche Aspekte der Prüfung sammeln wollen und die zusätzlichen Ressourcen für Übung 3 haben, können Sie auch Übung 3 durcharbeiten.

- Durchführen und Problembehandlung einer beaufsichtigten Installation von Windows XP Professional.
  - Übung 1: Machen Sie sich mit den verschiedenen Phasen des Installationsvorgangs vertraut, indem Sie Windows XP Professional auf Computern ohne Betriebssystem installieren.
  - Übung 2: Installieren Sie Windows XP Professional mit dem 16-Bit-Installationsprogramm (**Winnt.exe**) auf einem Computer, der unter MS-DOS läuft.
  - Übung 3: Installieren Sie Windows XP Professional auf einem neuen Computer und versuchen Sie, ihn zu einer Active Directory-Domäne hinzuzufügen. Verwenden Sie dazu ein Konto, das nur ein Mitglied der Gruppe **Domänen-Benutzer** ist. Ändern Sie dann die Domänengruppenrichtlinieneinstellungen, bis Sie den Computer mit diesem Konto erfolgreich zur Domäne hinzufügen können.

Wichtig Bei der folgenden Aufgabe sollten Sie zumindest Übung 1 vollständig durcharbeiten. Wenn Sie Ihr Verständnis für die Installationsoptionen vertiefen wollen, sollten Sie auch die Übungen 2 und 3 durcharbeiten. Falls Sie praktische Erfahrungen für sämtliche Aspekte der Prüfung sammeln wollen und Sie die zusätzlichen Ressourcen für die Übungen 4 und 5 haben, können Sie auch diese Übungen durcharbeiten.

- Durchführen und Problembehandlung einer unbeaufsichtigten Installation von Windows XP Professional.
  - Übung 1: Lernen Sie die Befehlszeilenschalter, die bei **Winnt32.exe** zur Verfügung stehen.
  - Übung 2: Starten Sie den Installations-Manager und erstellen Sie eine Antwortdatei für eine unbeaufsichtigte Installation auf einem einzigen Computer. Führen Sie den Installations-Manager ein zweites Mal aus, erstellen Sie diesmal aber eine UDF (Uniqueness Database File), um die Installation von Windows XP Professional auf mehreren Computern zu automatisieren. Überprüfen Sie, ob Antwortdatei und UDF, die Sie im Installations-Manager erstellt haben, korrekt funktionieren, indem Sie eine Windows XP Professional-Installation damit durchführen.
  - Übung 3: Laden Sie das neueste Paket mit dynamischen Updates von der Microsoft-Site herunter und richten Sie in Ihrem Netzwerk einen freigegebenen Ordner für diese Dateien ein. Führen Sie eine unbeaufsichtigte Installation durch, die die Dateien des dynamischen Updates statt von der Microsoft-Website aus Ihrer lokalen Freigabe holt.
  - Übung 4: Machen Sie sich mit dem Klonen von Windows XP Professional-Computern mithilfe des Systemvorbereitungsprogramms (SysPrep) vertraut. Falls Sie die Imaging-Software eines Drittanbieters zur Verfügung haben, können Sie mithilfe des erstellten Images Windows XP Professional installieren.
  - Übung 5: Bauen Sie eine RIS-Infrastruktur auf, indem Sie einen Windows 2000 Server- oder Windows Server 2003-Computer mit RIS und DHCP (Dynamic Host Configuration Protocol) installieren und konfigurieren. Erstellen Sie ein Windows XP Professional-System, bereiten Sie mit dem Assistenten zur Vorbereitung der Remoteinstallation (**Riprep.exe**) das System vor und erstellen Sie dann mit der Software eines Drittherstellers ein Image des Systems. Laden Sie das Image auf den RIS-Server hoch. Erstellen Sie eine RIS-Startdiskette oder starten Sie einen PXE-fähigen (Preboot Execution Environment) Computer über das Netzwerk und führen Sie dann eine RIS-Installation durch. Falls Sie keinen Zugriff auf eine Imaging-Software eines Drittherstellers haben, können Sie die Windows XP Professional-Installations-CD-ROM auf den RIS-Server kopieren. (Der Setupprozess verläuft ähnlich wie bei einer normalen Installation von CD-ROM.)

Wichtig Bei der folgenden Aufgabe sollten Sie zumindest Übung 1 vollständig durcharbeiten. Wenn Sie Ihr Verständnis für die Installationsoptionen vertiefen wollen, sollten Sie auch Übung 2 durcharbeiten. Falls Sie praktische Erfahrungen für sämtliche Aspekte der Prüfung sammeln wollen und die zusätzlichen Ressourcen für Übung 3 haben, können Sie auch die Übung 3 durcharbeiten.

- Durchführen eines Updates von einer älteren Windows-Version auf Windows XP Professional.
  - Übung 1: Führen Sie Updates von Windows 2000 Professional und Windows Me auf Windows XP Professional durch. Am einfachsten lässt sich das bewerkstelligen, indem Sie die Windows XP Professional-Installations-CD-ROM in das CD-

ROM-Laufwerk des Zielcomputers einlegen und dann den Anweisungen zum Aktualisieren des Betriebssystems folgen. Sie können aber auch **Winnt32.exe** aus dem Verzeichnis **\I386** der CD-ROM starten.

Tipp Sie verfügen wahrscheinlich nicht mehr über Computer mit Windows NT 4.0 oder Windows 98, auf denen Sie zu Übungszwecken ein Update vornehmen können. (Das macht nichts, die wenigsten Leute haben solche Computer noch.) Ich selbst verwende Microsoft Virtual PC. Ich installiere ältere Windows-Versionen auf einem virtuellen PC, sichere die Datei mit der virtuellen Festplatte und führe dann ein Update auf Windows XP durch. Später kann ich meine gesicherte Datei wiederherstellen, falls ich das Update mit einer anderen Technik ausprobieren möchte. Sie können mehrere virtuelle PCs gleichzeitig ausführen, die einzelnen virtuellen Computer können dabei sogar miteinander über das Netzwerk kommunizieren. Mit diesem Verfahren können Sie auch ein Windows Server 2003-Active Directory aufbauen. Diese Prüfung konzentriert sich zwar auf Windows XP, Sie müssen aber unbedingt verstehen, welche Auswirkungen Änderungen an Gruppenrichtlinieneinstellungen darauf haben, was Administratoren und Benutzer auf Windows XP-Computern tun können.

- Übung 2: Übertragen Sie die Einstellungen von einem Computer mithilfe des Assistenten zum Übertragen von Dateien und Einstellungen auf den anderen Computer. Der Quellcomputer kann unter Windows XP Professional, Windows 98, Windows Me, Windows NT Workstation 4.0 oder Windows 2000 Professional laufen; der Zielcomputer muss unter Windows XP Professional laufen.
- Übung 3: Führen Sie mithilfe des User State Migration Tool (USMT) eine automatische Migration der Einstellungen eines Benutzers von einem Computer auf einen anderen durch. Passen Sie den USMT-Prozess an, indem Sie einige Änderungen an den .inf-Dateien vornehmen, die dieses Tool verwendet.

Wichtig Bei der folgenden Aufgabe sollten Sie zumindest die Übungen 1 und 2 vollständig durcharbeiten. Wenn Sie Ihr Verständnis für die Installationsoptionen vertiefen wollen, sollten Sie außerdem Übung 3 durchführen. Falls Sie praktische Erfahrungen für sämtliche Aspekte der Prüfung sammeln wollen und Sie die zusätzlichen Ressourcen für die Übungen 4 und 5 haben, können Sie auch diese Übungen durcharbeiten.

- Führen Sie nach Abschluss der Installation Updates und eine Produktaktivierung durch.
  - Übung 1: Laden Sie das Netzwerkpaket mit dem neuesten Service Pack für Windows XP Professional herunter und installieren Sie es. Entpacken Sie das Paket, rufen Sie **Update.exe** mit dem Schalter **-?** auf und sehen Sie sich an, welche Befehlszeilenschalter zur Verfügung stehen. Wählen Sie die passenden Befehlszeilenschalter aus und führen Sie eine unbeaufsichtigte Installation durch. Deinstallieren Sie das Service Pack anschließend mit dem Systemsteuerungsmodul **Software**.
  - Übung 2: Verwenden Sie eine nicht aktualisierte Windows XP Professional-Installation. Rufen Sie im Internet Explorer die Microsoft Windows Update-Site unter

der Adresse **http://windowsupdate.microsoft.com/** auf. Führen Sie eine benutzerdefinierte Installation der verfügbaren Patches durch und sehen Sie sich den Inhalt aller angebotenen Updates an, damit Sie einen Eindruck von deren Zweck gewinnen. Bringen Sie Ihre Windows XP-Installation auf den neusten Stand, indem Sie die neuesten Service Packs und alle verfügbaren kritischen Updates installieren.

- Übung 3: Laden Sie den Microsoft Baseline Security Analyzer von **http://www.microsoft.com/technet/security/tools/mbsahome.mspx** herunter und identifizieren Sie damit, welchen Computern in Ihrem Netzwerk kritische Updates fehlen.
- Übung 4: Installieren Sie auf einem Windows Server 2003-Computer Microsoft Software Update Services (SUS) (online verfügbar unter **http://www.microsoft.com/sus/**). Konfigurieren Sie die Funktion **Automatische Updates** auf einem Windows XP Professional-Computer so, dass sie die Updates direkt von SUS holt. Machen Sie sich mit dem Konfigurieren der Funktion **Automatische Updates** auf eigenständigen Windows XP Professional-Computern vertraut und auf Computern, die Mitglied einer Active Directory-Domäne sind.
- Übung 5: Falls Sie genug Zeit haben, können Sie Windows XP Professional auf einem Computer installieren, aber nicht aktivieren. Warten Sie, bis die 30-tägige Wartezeit abgelaufen ist, und sehen Sie sich an, wie die Funktionalität von Windows XP eingeschränkt wird, bis Sie es aktivieren.

Wichtig Bei der folgenden Aufgabe sollten Sie zumindest Übung 1 vollständig durcharbeiten. Wenn Sie Ihr Verständnis für die Installationsoptionen vertiefen wollen, sollten Sie auch Übung 2 durchführen. Falls Sie praktische Erfahrungen für sämtliche Aspekte der Prüfung sammeln wollen, können Sie zusätzlich Übung 3 durcharbeiten.

- Problembehandlung für fehlgeschlagene Installationen.
  - Übung 1: Suchen Sie im Betriebssystemordner (**%SystemRoot%**) des Computers die Protokolldateien, die während der Installation erstellt wurden, und sehen Sie sich ihren Inhalt an.
  - Übung 2: Aktivieren Sie die höchstmögliche Stufe der Fehlerprotokollierung bei einer Installation, indem Sie **Winnt32.exe** mit dem Schalter **/debug** aufrufen. Sehen Sie sich die Protokolldatei an, nachdem die Installation abgeschlossen ist. Standardordner und -dateiname ist **%SystemRoot%/Winnt32.log**.
  - Übung 3: Besuchen Sie die Websites von Computerherstellern und rufen Sie die jeweiligen Supportseiten auf. Sehen Sie sich an, auf welche Weise ein Update des BIOS (Basic Input/Output System) bei Motherboards, Festplattencontrollern und anderen Hardwaregeräten mit BIOS-Chips durchgeführt wird.

Weiterführende Literatur

Dieser Abschnitt enthält eine nach Lernzielen unterteilte Liste mit zusätzlicher Literatur. Wir empfehlen, dass Sie dieses Material sorgfältig studieren, bevor Sie die Prüfung 70-270 ablegen.

Lernziel 1.1

„Deploying Windows XP Part I: Planning" von Microsoft Corporation (online verfügbar unter **http://www.microsoft.com/technet/prodtechnol/winxppro/deploy/depovg/depxpi.mspx**).

„Deploying Windows XP Part II: Implementing" von Microsoft Corporation (online verfügbar unter **http://www.microsoft.com/technet/prodtechnol/winxppro/deploy/depovg/depxpii.mspx**).

Microsoft Windows XP Professional Resource Kit Documentation von Microsoft Corporation. Redmond, WA: Microsoft Press, 2001. In Kapitel 1, „Planning Deployment", finden Sie eine Anleitung, wie Sie eine Bereitstellung von Windows XP Professional so planen und vorbereiten, dass sie die Anforderungen verschiedener Unternehmenstypen erfüllt. Kapitel 4, „Supporting Installations", enthält weitere Informationen zum Setupprogramm. Lesen Sie insbesondere die ersten beiden Abschnitte, „The Setup Process" und „Support Tools". (Online verfügbar unter **http://www.microsoft.com/resources/documentation/Windows/XP/all/reskit/en-us/prpt_pt1_fmjb.asp**).

Lernziel 1.2

„Deploying and Supporting Windows XP: Microsoft's IT Group shares its experiences" von Microsoft Corporation (online verfügbar unter **http://www.microsoft.com/technet/itsolutions/msit/deploy/wxpdpsp.mspx**).

Microsoft Windows Corporate Deployment Tools – Benutzerhandbuch finden Sie in der Windows-Hilfedatei **DEPLOY.CHM**, innerhalb von **\Support\Tools\Deploy.cab** auf der Installations-CD-ROM. Diese Datei enthält ausführliche Informationen über das Automatisieren der Bereitstellung von Windows XP Professional in Unternehmensumgebungen.

„Remote Operating System Installation" von Microsoft Corporation (online verfügbar unter **http://www.microsoft.com/technet/prodtechnol/windows2000serv/deploy/depopt/remoteos.mspx**).

Microsoft Windows XP Professional Resource Kit Documentation von Microsoft Corporation. Redmond, WA: Microsoft Press, 2001. Kapitel 2, „Automating and Customizing Installations", enthält detaillierte Informationen über das Erstellen von individuell angepassten Routinen für eine automatische Installation (online verfügbar unter **http://www.microsoft.com/resources/documentation/Windows/XP/all/reskit/en-us/prpt_pt1_fmjb.asp**).

Lernziel 1.3

„Upgrade or Wipe-and-Load" von Microsoft Corporation (online verfügbar unter **http://www.microsoft.com/technet/prodtechnol/winxppro/deploy/upwpload.mspx**).

„Step-by-Step Guide to Migrating Files and Settings“ von Microsoft Corporation (online verfügbar unter **http://www.microsoft.com/technet/prodtechnol/winxppro/deploy/mgrtfset.mspx**).

„User State Migration in Windows XP“ von Microsoft Corporation (online verfügbar unter **http://www.microsoft.com/technet/prodtechnol/winxppro/deploy/usermigr.mspx**).

„Deploying Windows XP – Application Compatibility“ von Microsoft Corporation (online verfügbar unter **http://www.microsoft.com/technet/prodtechnol/winxppro/deploy/depxpapp.mspx**).

Microsoft Windows XP Professional Resource Kit Documentation von Microsoft Corporation. Redmond, WA: Microsoft Press, 2001. Lesen Sie Kapitel 1, „Planning Deployment“, insbesondere den dritten Abschnitt, „Assessing Your Current Configuration“ (online verfügbar unter **http://www.microsoft.com/resources/documentation/Windows/XP/all/reskit/en-us/prpt_pt1_fmjb.asp**).

Lernziel 1.4

„Inside Update.exe – The Package Installer for Windows and Windows Components“ von Microsoft Corporation (online verfügbar unter **http://www.microsoft.com/technet/prodtechnol/windowsserver2003/deployment/winupdate.mspx**).

„Patch Management Process“ von Microsoft Corporation (online verfügbar unter **http://www.microsoft.com/technet/Sicherheit/guidance/secmod193.mspx**).

„Deploying Updates with Windows Update and Automatic Updates“ von Microsoft Corporation (online verfügbar unter **http://www.microsoft.com/smallbusiness/gtm/securityguidance/articles/dep_patches_wu_au.mspx**).

„Software Update Services 2.0 Overview“ von Microsoft Corporation (online verfügbar unter **http://www.microsoft.com/technet/security/guidance/sus_2_0_overview.mspx**).

Microsoft Windows XP Professional Resource Kit Documentation von Microsoft Corporation. Redmond, WA: Microsoft Press, 2001. Lesen Sie Kapitel 1, „Planning Deployment“, insbesondere den dritten Abschnitt, „Assessing Your Current Configuration“. Kapitel 4, „Supporting Installations“, enthält zusätzliche Information zum Setupprogramm. Lesen Sie den dritten und vierten Abschnitt: „Installing Service Packs and Hotfixes“ und „Uninstalling a Service Pack or Hotfix“ (online verfügbar unter **http://www.microsoft.com/resources/documentation/Windows/XP/all/reskit/en-us/prpt_pt1_fmjb.asp**).

Lernziel 1.5

„Windows Server 2003 Troubleshooting Disks and File Systems“ von Tony Northrup (online verfügbar unter **http://www.microsoft.com/technet/prodtechnol/windowsserver2003/operations/system/sptchtro.mspx**). Die Informationen gelten auch für Windows XP.

„Windows Server 2003 Tools for Troubleshooting“ von Tony Northrup (online verfügbar unter **http://www.microsoft.com/technet/prodtechnol/windowsserver2003/operations/system/sptcctol.mspx**). Die Informationen gelten auch für Windows XP.

Microsoft Windows XP Professional Resource Kit Documentation von Microsoft Corporation. Redmond, WA: Microsoft Press, 2001. Kapitel 4, „Supporting Installations“, enthält zusätzliche Information zum Setupprogramm. Lesen Sie den fünften und sechsten Abschnitt: „Troubleshooting Windows XP Professional Setup“ und „Additional Resources“ (online verfügbar unter **http://www.microsoft.com/resources/documentation/Windows/XP/all/reskit/en-us/prpt_pt1_fmjb.asp**).

Lernziel 1.1: Durchführen und Problembehandlung einer beaufsichtigten Installation von Windows XP Professional

In Vorbereitung auf das Installieren von Windows XP Professional müssen Sie sicherstellen, dass Hard- und Software des Zielcomputers mit Windows XP Professional kompatibel sind. Auch wenn es nicht unbedingt erforderlich ist, sollte die gesamte Hardware im ***Windows-Katalog*** (früher als Hardwarekompatibilitätsliste bezeichnet) aufgeführt sein. Sie können sich die aktuelle Version des Windows-Katalogs unter der Adresse **http://www.microsoft.com/windows/catalog/** ansehen.

Auch wenn Sie sichergestellt haben, dass die gesamte Hardware im Zielcomputer mit Windows XP Professional kompatibel ist, kann es durchaus sein, dass auf der CD-ROM Treiber für Hardware fehlen, die nach der ersten Veröffentlichung von Windows XP verkauft wurde. Falls Sie einen Internetzugang haben und das Setupprogramm aus einer vorhandenen Windows-Version heraus starten, kann das Windows XP Professional-Setupprogramm versuchen, die neuesten Installationsdateien über das dynamische Update herunterzuladen, samt aktualisierter Treiber.

Falls auf dem Computer bereits ein Betriebssystem vorhanden ist, müssen Sie wissen, wie Sie Windows XP für eine Dualbootkonfiguration einrichten, wie Sie ein Update des Betriebssystems durchführen und eine Neuinstallation vornehmen. Wichtig ist, dass es zwei Möglichkeiten gibt, das Setup einzuleiten: mit **Winnt.exe**, wenn ein 16-Bit-Betriebssystem wie beispielsweise DOS 6.22 oder Windows 3.x läuft, oder mit **Winnt32.exe**, wenn ein 32-Bit-Betriebssystem wie Windows 2000 Professional oder Windows Me läuft. Falls der Computer Teil einer Domäne ist, müssen Sie wissen, wie Sie den Computer als Mitglied zur Domäne hinzufügen und welche Domänenrechte dafür nötig sind.

Um die Fragen in diesem Lernziel richtig beantworten zu können, müssen Sie Übung darin haben, Windows XP Professional auf einer Reihe unterschiedlicher Computersysteme von Hand zu installieren. Das betrifft sowohl Arbeitsgruppen- als auch Domänenumgebungen. Sie müssen wissen, wie Sie die Installation von Windows XP Professional vorbereiten und welche Phasen die Installation umfasst. Sie müssen außerdem die Unterschiede zwischen den verschiedenen Installationsmethoden kennen und wissen, wie Sie mithilfe der jeweiligen Methode Windows XP Professional installieren.

Fragen zu Lernziel 1.1

1.

Sie wollen auf einem Computer, der unter Windows NT Workstation 3.51 läuft, eine Neuinstallation von Windows XP Professional durchführen. Der Computer enthält einen Pentium II-Prozessor mit 350 MHz, 48 MByte RAM, eine 4-GByte-Festplatte, die mit zwei 2-GByte-FAT-Partitionen formatiert ist (Laufwerk **C** hat 1,5 GByte Platz frei, Laufwerk **D** 900 MByte frei), ein 24×-CD-ROM-Laufwerk, eine Maus, eine Tastatur und ein SVGA-Grafiksystem (Super Video Graphics Array). Die gesamte Hardware ist im Windows-Katalog aufgeführt. Ihre Ziele lauten:

- Ersetzen des vorhandenen Betriebssystems durch Windows XP Professional.
- Auswählen eines Dateisystems, mit dem Sie maximale Sicherheit erreichen.

- Hinzufügen des Computers zur Active Directory-Domäne (in der er bisher bereits Mitglied ist).
- Übernehmen der vorhandenen Anwendungen und Benutzereinstellungen.

Sie führen folgende Aufgaben durch:

- Sie bauen das RAM auf 128 MByte aus.
- Während Sie im vorhandenen Windows NT Workstation 3.51 angemeldet sind, starten Sie **Winnt32.exe** von der Windows XP Professional-Installations-CD-ROM und führen eine Neuinstallation aus.
- Sie geben während der Installation die erforderlichen Daten ein. An der entsprechenden Stelle geben Sie den Domänennamen ein.

Welche Ziele werden durch Ihren geplanten Ansatz erreicht? Wählen Sie die beiden richtigen Antworten.

A. Die minimalen Hardwarevoraussetzungen zum Ausführen von Windows XP Professional werden erfüllt.

B. Die vorhandene Installation von Windows NT Workstation 3.51 wird durch eine Neuinstallation von Windows XP Professional ersetzt.

C. Es wird ein Dateisystem verwendet, das maximale Sicherheit bietet.

D. Der Computer wird wieder zur Domäne hinzugefügt.

E. Vorhandene Anwendungen und Benutzereinstellungen werden beibehalten.

2.

Sie wollen auf einem Computer, der unter Windows NT Workstation 3.51 läuft, eine Neuinstallation von Windows XP Professional durchführen. Der Computer enthält einen Pentium III-Prozessor mit 700 MHz, 32 MByte RAM, eine 4-GByte-Festplatte, ein 24×-CD-ROM-Laufwerk, eine Maus, eine Tastatur und ein SVGA-Grafiksystem. Die Festplatte ist in zwei 2-GByte-Partitionen aufgeteilt, beide formatiert mit dem Dateisystem FAT und beide mit einem freien Speicherplatz von jeweils 650 MByte. Die gesamte Hardware ist im Windows-Katalog aufgeführt. Ihre Ziele lauten:

- Ersetzen des vorhandenen Betriebssystems durch Windows XP Professional.
- Auswählen eines Dateisystems, mit dem Sie maximale Sicherheit erreichen.
- Hinzufügen des Computers zur Active Directory-Domäne (in der er bisher bereits Mitglied ist).
- Übernehmen der vorhandenen Anwendungen und Benutzereinstellungen.
- Implementieren einer effizienteren Nutzung des Festplattenplatzes durch Erstellen einer einzigen 4-GByte-Partition.

Sie führen folgende Aufgaben durch:

- Während Sie im vorhandenen Windows NT Workstation 3.51 angemeldet sind, starten Sie **Winnt32.exe** von der Windows XP Professional-Installations-CD-ROM und führen eine Neuinstallation aus.

- Sie geben während der Installation die erforderlichen Daten ein. Dabei stellen Sie sicher, dass die vorhandene Startpartition auf NTFS konvertiert wird.
- An der entsprechenden Stelle geben Sie den Domänennamen ein und fügen das Computerkonto zur Domäne hinzu. Dabei geben Sie die Anmeldeinformationen für ein Konto an, das zur Gruppe der Domänenadministratoren gehört.
- Nachdem das Setup abgeschlossen ist, starten Sie die Computerverwaltungskonsole, öffnen das Snap-In **Datenträgerverwaltung** und konvertieren die zweite Partition auf NTFS.

Welche Ziele werden durch Ihren geplanten Ansatz erreicht? Wählen Sie die drei richtigen Antworten.

A. Die minimalen Hardwarevoraussetzungen zum Ausführen von Windows XP Professional werden erfüllt.

B. Die vorhandene Installation von Windows NT Workstation 3.51 wird durch eine Neuinstallation von Windows XP Professional ersetzt.

C. Es wird ein Dateisystem verwendet, das maximale Sicherheit bietet.

D. Der Computer wird wieder zur Domäne hinzugefügt.

E. Vorhandene Anwendungen und Benutzereinstellungen werden beibehalten.

F. Der Festplattenplatz wird effizienter genutzt, weil eine einzige 4-GByte-Partition erstellt wird.

3.

Ein Mitarbeiter der Vertriebsabteilung Ihres Unternehmens ist gerade von einer wichtigen Netzwerkkonferenz zurückgekommen. Sein Laptop wurde gestohlen, während er die Sicherheitsschleuse am Flughafen passierte. Sie haben einen neuen Ersatzcomputer zur Verfügung. Die Daten des Benutzers wurden vor seiner Abreise zur Konferenz auf einen Netzwerkserver gesichert, daher steht eine relativ aktuelle Kopie der Daten für den neuen Computer zur Verfügung. Sie sind eher besorgt, dass der Dieb Zugriff auf interne und geheime Informationen des Unternehmens hat. Sie wollen die vertraulichen Daten Ihres Unternehmens für den Fall künftiger Diebstähle schützen.

Welche der folgenden Schritte unternehmen Sie, um den Ersatzcomputer des Vertriebsmitarbeiters zu schützen, wenn Sie Windows XP Professional darauf installieren? Wählen Sie die beiden richtigen Antworten.

A. Sie konfigurieren den Computer so, dass die Willkommenseite aktiviert ist.

B. Während der Installation von Windows XP Professional wählen Sie für die einzige Partition auf der Festplatte das Dateisystem FAT32.

C. Sie fügen den Computer zur Unternehmensdomäne hinzu und stellen über die in Active Directory integrierte Zertifizierungsstelle Benutzerzertifikate für S/MIME (Secure/Multipurpose Internet Mail Extensions) und EFS aus. Sie installieren die Zertifikate auf einer Smartcard und schärfen dem Benutzer ein, die Smartcard in seiner Brieftasche aufzubewahren, wenn er sie nicht benutzt.

D. Mithilfe von EFS und den Anmeldeinformationen des Benutzers verschlüsseln Sie den Ordner **Eigene Dateien** des Benutzers sowie andere Ordner, in denen der Benutzer Daten speichert. Sie aktivieren außerdem in der E-Mail-Clientsoftware S/MIME und zeigen dem Benutzer, wie er die beiden Funktionen bedient.

E. Sie installieren die Wiederherstellungskonsole und konfigurieren sie für die automatische administrative Anmeldung.

4.

Ihr aktueller Laptopcomputer läuft unter Windows XP Professional, aber Sie sind mit der Geschwindigkeit unzufrieden, weil die CPU zu langsam und der Hauptspeicher zu klein ist. Sie kaufen einen neuen Computer mit deutlich mehr RAM und einer viel schnelleren CPU, um Ihr vorhandenes System zu ersetzen. Mit welchem Tool können Sie Ihre Daten und Benutzereinstellungen vom alten Computer auf den neuen übertragen? Wählen Sie die richtige Antwort.

A. Setup-Assistent

B. SysPrep

C. Assistent zum Übertragen von Dateien und Einstellungen

D. RIS

5.

Bei welchem der folgenden Verfahren für eine beaufsichtigte Installation ist das Risiko eines erfolgreichen Netzwerkangriffs auf eine neue Windows XP Professional-Installation am geringsten? Wählen Sie die richtige Antwort.

A. Installieren Sie Windows XP Professional von der Installations-CD-ROM. Stellen Sie eine Verbindung mit dem Internet her und aktivieren Sie Windows XP. Konfigurieren Sie die Funktion **Automatische Updates** so, dass Updates ohne Benutzereingriffe heruntergeladen und installiert werden.

B. Installieren Sie Windows XP Professional von der Installations-CD-ROM. Stellen Sie eine Verbindung mit dem Internet her und aktivieren Sie Windows XP. Besuchen Sie die Windows Update-Site, installieren Sie von Hand das neueste Service Pack und installieren Sie dann alle verfügbaren kritischen Updates.

C. Installieren Sie Windows XP Professional von der Installations-CD-ROM. Erstellen Sie auf einem anderen Computer eine CD-ROM mit dem neuesten Service Pack und allen kritischen Updates, die seit dem Erscheinen des Service Packs veröffentlicht wurden. Stellen Sie eine Verbindung mit dem Internet her und aktivieren Sie Windows XP. Installieren Sie das neueste Service Pack und alle kritischen Updates von der CD-ROM.

D. Installieren Sie Windows XP Professional von der Installations-CD-ROM. Erstellen Sie auf einem anderen Computer eine CD-ROM mit dem neuesten Service Pack und allen kritischen Updates, die seit dem Erscheinen des Service Packs veröffentlicht wurden. Installieren Sie das neueste Service Pack und alle kritischen Updates von der CD-ROM. Stellen Sie eine Verbindung mit dem Internet her und aktivieren Sie Windows XP.

6.

Sie sind der Systemadministrator für einen Unternehmenszweig von Humongous Insurance. Das Unternehmen verfügt insgesamt über Tausende von Computern, aber Ihr Teilbereich umfasst nur etwa 50 Computer. Sie haben allerdings Ihr eigenes Windows Server 2003-Active Directory, das Sie zum Vermeiden von Sicherheitsrisiken besonders geschützt haben. Vor kurzem hat Ihr Manager Sie darüber informiert, dass der Vorstand Ihrem Unternehmenszweig die Verantwortung für weitere 10.000 Kunden übertragen hat. Daher muss Ihr Unternehmenszweig 20 weitere Sachbearbeiter einstellen, die alle einen Windows XP Professional-Desktopcomputer benötigen. Sie sind ohnehin überlastet und haben nicht die Zeit, diese Computer selbst zu installieren. Daher wendet sich Ihr Manager an eine Zeitarbeitsfirma, die eine Systemadministratorin namens Nicole Caron schickt, um die Installation durchzuführen. Sie erstellen ein Benutzerkonto für Nicole und fügen es zur Gruppe **Domänen-Benutzer** hinzu, geben ihr die Windows XP Professional-CD-ROM und einen Satz Handbücher und lassen sie loslegen.

Nach etwa einer Stunde berichtet Nicole, dass sie die Computer nicht zu Ihrer Domäne hinzufügen kann, weil sie die Fehlermeldung „Zugriff verweigert" erhält. Wie lässt sich dieses Problem am besten beseitigen? Wählen Sie die richtige Antwort.

A. Ändern Sie im Gruppenrichtlinienobjekt der Standarddomänenrichtlinie die Sicherheitseinstellungen und fügen Sie Nicoles Benutzerkonto zur Richtlinie **Hinzufügen von Arbeitsstationen zur Domäne** hinzu.

B. Fügen Sie Nicoles Benutzerkonto zur Gruppe **Domänen-Admins** hinzu.

C. Ändern Sie im Gruppenrichtlinienobjekt der Standarddomänenrichtlinie die Sicherheitseinstellungen und fügen Sie Nicoles Benutzerkonto zur Richtlinie **Ermöglichen, dass Computer- und Benutzerkonten für Delegierungszwecke vertraut werden kann** hinzu.

D. Fügen Sie Nicoles Benutzerkonto zur Gruppe **Hauptbenutzer** hinzu.

Antworten zu Lernziel 1.1

1. Richtige Antwort: A und B

A. **Richtig** Durch Vergrößern des Arbeitsspeichers von 48 MByte auf 128 MByte haben Sie sichergestellt, dass der Computer über ausreichend RAM verfügt, um Windows XP Professional zu installieren und auszuführen. Der Computer hat bereits alle anderen Hardwarevoraussetzungen für Windows XP Professional erfüllt und Sie haben sich überzeugt, dass die gesamte Hardware im Windows-Katalog aufgeführt ist.

B. **Richtig** Sie können zwar kein direktes Update von Windows NT Workstation 3.51 auf Windows XP Professional durchführen, aber eine Neuinstallation ist möglich. Wenn Sie die Option **Neuinstallation** auswählen, können Sie das vorhandene Windows NT Workstation 3.51 ersetzen.

C. **Falsch** Sie können Windows XP Professional auf einer Partition installieren, die mit dem Dateisystem FAT (File Allocation Table) formatiert ist, aber dieses Dateisystem bietet keine Zugriffssteuerung auf Datei- und Ordnerebene. Die bestmögliche Sicherheit erreichen Sie nur, wenn Sie alle Partitionen in NTFS konvertieren. Die in Windows XP Professional enthaltene Version von NTFS unterstützt auch das verschlüsselnde Dateisystem (Encrypting File System, EFS). Mithilfe von EFS kann ein Benutzer Dateien verschlüsseln, sodass die Daten in diesen Dateien geschützt sind, sogar dann, wenn ein Angreifer sich physisch Zugriff auf die Festplatte verschafft. In der Liste der Aufgaben deutet nichts darauf hin, dass Sie alle Partitionen zu NTFS konvertiert haben.

D. **Falsch** Bevor ein Computer einer Domäne beitreten kann, muss dafür ein Computerkonto in der Domäne erstellt werden. Falls bereits ein Computerkonto mit demselben Namen vorhanden ist, muss es erst zurückgesetzt oder gelöscht werden. Das lässt sich erreichen, indem das Computerkonto vor dem Setup zu Active Directory hinzugefügt wird; das sollten Sie von einem Domänenadministrator erledigen lassen. Sie können den Computer auch während der Windows XP Professional-Installation zur Domäne hinzufügen; das muss jemand erledigen, der über das Recht verfügt, Arbeitsstationen zur Domäne hinzuzufügen. In der Liste der Aufgaben deutet nichts darauf hin, dass Sie das Konto in der Domäne erstellt haben.

E. **Falsch** Beim Durchführen einer Neuinstallation auf einem Computer mit einem vorhandenen Betriebssystem gehen alle Benutzereinstellungen verloren. Sie müssen alle Anwendungen neu installieren. Es wäre möglich, die Einstellungen zu retten, indem Sie ein Zwischenupdate auf Windows NT Workstation 4.0 oder Windows 2000 Professional durchführen.

2. Richtige Antwort: B, C und D

A. **Falsch** Der Computer hat weniger als 64 MByte RAM, das Minimum zum Installieren und Ausführen von Windows XP Professional. Der Computer hat bereits alle anderen Hardwarevoraussetzungen für Windows XP Professional erfüllt und Sie haben sich überzeugt, dass die gesamte Hardware im Windows-Katalog aufgeführt ist.

B. **Richtig** Sie können zwar kein direktes Update von Windows NT Workstation 3.51 auf Windows XP Professional durchführen, aber eine Neuinstallation ist möglich. Wenn Sie die Option **Neuinstallation** auswählen, können Sie das vorhandene Windows NT Workstation 3.51 ersetzen.

C. **Richtig** Sie können Windows XP Professional auf einer Partition installieren, die mit dem Dateisystem FAT (File Allocation Table) formatiert ist, aber dieses Dateisystem bietet keine Zugriffssteuerung auf Datei- und Ordnerebene. Die bestmögliche Sicherheit erreichen Sie nur, wenn Sie alle Partitionen auf NTFS konvertieren. Aus der Liste der Aufgaben geht hervor, dass Sie die Startpartition während der Installation auf NTFS konvertiert haben. Sie haben außerdem die zweite Partition auf NTFS konvertiert, nachdem das Setup abgeschlossen war. Nach Abschluss des Setups können Sie Startpartitionen nicht mit den in Windows XP Professional enthaltenen Tools von FAT oder FAT32 auf NTFS konvertieren.

D. **Richtig** Bevor ein Computer einer Domäne beitreten kann, muss dafür ein Computerkonto in der Domäne erstellt werden. Falls bereits ein Computerkonto mit demselben Namen vorhanden ist, muss es erst zurückgesetzt oder gelöscht werden. Aus der Liste der Aufgaben geht hervor, dass Sie während der Installation von Windows XP Professional die Anmeldeinformationen für ein Konto mit ausreichenden Rechten zum Erstellen eines neuen Computerkontos angegeben und alle nötigen Aktionen zum Hinzufügen des Computers zur Domäne durchgeführt haben.

E. **Falsch** Beim Durchführen einer Neuinstallation auf einem Computer mit einem vorhandenen Betriebssystem gehen alle Benutzereinstellungen verloren. Sie müssen alle Anwendungen neu installieren. Es wäre möglich, die Einstellungen zu retten, indem Sie ein Zwischenupdate auf Windows NT Workstation 4.0 oder Windows 2000 Professional durchführen.

F. **Falsch** In der Liste der Aufgaben deutet nichts darauf hin, dass Sie die Festplattenpartitionen durch eine einzige Partition ersetzt oder anderweitig zusammengefasst haben.

3. Richtige Antwort: C und D

A. **Falsch** Windows XP Professional kann so konfiguriert werden, dass es beim Start automatisch die Willkommenseite anzeigt. Die Willkommenseite führt die lokalen Benutzerkonten auf, sodass Benutzer zum Anmelden nur noch ihr Kennwort eintippen müssen, aber nicht ihren Benutzernamen. Wenn der Computer die Benutzernamen anzeigt, gewinnen Angreifer, die sich physischen Zugriff auf den Computer verschafft haben, nützliche Informationen, die sie zum Einbrechen in Windows XP Professional verwenden können. Sicherer ist es, wenn Benutzer sowohl ihren Benutzernamen als auch ihr Kennwort eintippen müssen, wenn sie sich anmelden wollen.

B. **Falsch** NTFS unterstützt Zugriffssteuerung auf Ordner- und Dateiebene. Wenn Sie die Berechtigungen für Betriebssystem- und Datendateien sorgfältig einstellen, können Sie sicherstellen, dass nur authentifizierte Benutzer Dateien auf dem Computer ansehen dürfen, egal, ob sie nun lokal oder über das Netzwerk angemeldet sind. Das Dateisystem FAT32 bietet keine eingebaute Sicherheit und ist daher eine schlechte Wahl für Computer, die vertrauliche Daten enthalten.

C. **Richtig** Verschlüsselung mit öffentlichen Schlüsseln kann die Sicherheit deutlich verbessern, insbesondere für mobile Benutzer. Benutzerzertifikate können zwar auf der Festplatte des Computers gespeichert und durch ein Kennwort geschützt werden, das Speichern der Zertifikate auf einer Smartcard ist aber sicherer, weil ein Dieb dann sowohl die Smartcard als auch das Kennwort des Benutzers stehlen müsste.

D. **Richtig** Durch Verschlüsseln der Datendateien des Benutzers stellen Sie sicher, dass ein Dieb auch dann keine vertraulichen Informationen lesen kann, wenn der Ersatzlaptop gestohlen und die Festplatte in einen anderen Computer eingebaut wird. S/MIME verbessert die Sicherheit noch weiter, weil der Vertriebsmitarbeiter gesendete E-Mails signieren und verschlüsselte E-Mail-Nachrichten empfangen kann.

E. **Falsch** Die Wiederherstellungskonsole kann ein nützliches Werkzeug zum Diagnostizieren und Reparieren von schwerwiegenden Computerfehlern sein, etwa für beschädigte Systemdateien und nicht unterstützte Konfigurationsänderungen. Wenn Sie die Wiederherstellungskonsole für eine automatische Anmeldung konfigurieren, verringern Sie die Sicherheit des Systems deutlich. Das gilt insbesondere für mobile Benutzer, deren Laptopcomputer einer größeren Gefahr durch Diebstahl ausgesetzt sind.

Diese Konfigurationseinstellung eignet sich nur für Computer, die an einem sicheren Ort aufgestellt sind oder die keine vertraulichen Daten enthalten und keinen Zugriff auf andere wichtige Computer im Netzwerk haben. Verwenden Sie diese Einstellung nur mit größter Vorsicht.

4. **Richtige Antwort: C**

A. **Falsch** Der Setup-Assistent ist eine Komponente, die bei einer beaufsichtigten Installation zum Einsatz kommt. Er bietet keine Funktionen für das Übertragen von Benutzereinstellungen von einem anderen Computer auf das neue System, auf dem Windows XP Professional installiert wird.

B. **Falsch** Mit SysPrep bereiten Sie einen Windows XP Professional-Computer für das Erstellen eines Datenträgerimages vor, mit dem Sie das Bereitstellen von ähnlich konfigurierten Systemen automatisieren können. Das Tool bietet keine Funktionen für das Übertragen von Benutzereinstellungen von einem Computer zum anderen.

C. **Richtig** Der Assistent zum Übertragen von Dateien und Einstellungen ist ein Tool, das dabei hilft, die Dateien und Einstellungen eines Benutzers auf eine neue Installation von Windows XP Professional zu übertragen. Er kann viele verschiedene Typen von Dateien und Einstellungen übertragen, zum Beispiel Desktop- und Anzeigeoptionen sowie Einstellungen bestimmter Anwendungen (etwa Microsoft Outlook). Es ist das ideale Tool für den geschilderten Fall.

D. **Falsch** Mit RIS können Sie das Bereitstellen von Computern über das Netzwerk automatisieren. RIS greift auf diverse Dienste und Techniken zurück, zum Beispiel Windows 2000 Server oder Windows Server 2003, Active Directory, Gruppenrichtlinienobjekte und Windows XP Professional. Es bietet keine Funktionen für das Übertragen von Benutzereinstellungen von einem Computer zum anderen.

5. **Richtige Antwort: D**

A. **Falsch** Bei diesem Verfahren wird das Risiko eines erfolgreichen Angriffs nicht minimiert, weil Windows XP verschiedene Sicherheitslücken aufweist, die erst beseitigt werden, nachdem Updates eingespielt wurden. Daher ist es denkbar, dass der Computer von einem Angreifer geschädigt wird, während die Funktion **Automatische Updates** die Updates herunterlädt und installiert.

B. **Falsch** Bei diesem Verfahren wird das Risiko eines erfolgreichen Angriffs nicht minimiert, weil Windows XP verschiedene Sicherheitslücken aufweist, die erst beseitigt werden, nachdem Updates eingespielt wurden. Daher ist es denkbar, dass der Computer von einem Angreifer geschädigt wird, während er mit dem Internet verbunden ist, aber noch bevor das neueste Service Pack und Updates angewendet wurden. Auch wenn Sie diese Updates so schnell wie möglich einspielen, kann Ihr Computer innerhalb weniger Minuten, nachdem er mit dem Internet verbunden ist, angegriffen werden.

C. **Falsch** Bei diesem Verfahren wird das Risiko eines erfolgreichen Angriffs nicht minimiert, weil Windows XP verschiedene Sicherheitslücken aufweist, die erst beseitigt werden, nachdem Updates eingespielt wurden. Daher ist es denkbar, dass der Computer von einem Angreifer geschädigt wird, während er mit dem Internet verbunden ist, aber noch bevor das neueste Service Pack und Updates angewendet wurden. Auch wenn Sie diese Updates so schnell wie möglich einspielen, kann Ihr Computer innerhalb weniger Minuten, nachdem er mit dem Internet verbunden ist, angegriffen werden.

D. **Richtig** Bei diesem Verfahren verringert sich die Gefahr eines erfolgreichen Netzwerkangriffs auf das System, weil während der Installation von Windows XP keine Verbindung mit dem Netzwerk besteht. Windows XP weist viele bekannte Sicherheitslücken auf, die beseitigt werden, nachdem das neueste Service Pack und kritische Updates angewendet wurden. Auch wenn Sie die Installation hinter einer Firewall vornehmen, bleibt ein Restrisiko, weil der Computer möglicherweise von Computern innerhalb des lokalen Netzwerks angegriffen wird, die mit Würmern oder Viren infiziert sind. Es empfiehlt sich, erst dann eine Verbindung ins Internet herzustellen, wenn alle Updates eingespielt sind.

6. Richtige Antwort: A

A. **Richtig** Ein Benutzer, der Computer zu einer Domäne hinzufügen will, muss über das Benutzerrecht **Hinzufügen von Arbeitsstationen zur Domäne** verfügen.

B. **Falsch** Damit wäre das Problem zwar beseitigt, weil Nicole dann Computer zur Domäne hinzufügen kann, Nicole bekäme dabei aber unnötig umfangreiche Privilegien, zum Beispiel die Fähigkeit, ein Benutzerkonto für sich selbst anzulegen, mit dem sie sich nach Abschluss ihres Auftrags Zugriff auf Netzwerkressourcen verschaffen könnte. Das Sicherheitsrisiko ist bei dieser Lösung zu groß.

C. **Falsch** Diese Domänenrichtlinieneinstellung erlaubt es Nicoles Konto nicht, Computer zur Domäne hinzuzufügen.

D. **Falsch** Die Gruppe **Hauptbenutzer** gibt es nur in der lokalen Benutzerdatenbank, und die Mitglieder dieser Gruppe genießen keine zusätzlichen Rechte auf Domänenebene.

Lernziel 1.2: Durchführen und Problembehandlung einer unbeaufsichtigten Installation von Windows XP Professional

Wenn eine größere Menge von Computern bereitgestellt werden soll, wird das Installieren von Windows XP Professional durch das Automatisieren viel effizienter; auch die Gefahr von Fehlern verringert sich. Dieses Verfahren wird als ***unbeaufsichtigte Installation*** bezeichnet. Um eine Bereitstellung von Windows XP Professional sinnvoll automatisieren zu können, müssen Sie wissen, wie Sie die Bereitstellung planen, die Installationsumgebung erstellen und konfigurieren, angepasste ***Antwortdateien*** erstellen und Betriebssystem sowie Anwendungen auf die Zielcomputer verteilen.

Im Lauf der Zeit wurden etliche Methoden zum Automatisieren der Betriebssystembereitstellung entwickelt. Daher gibt es verschiedene Möglichkeiten, Installationsverfahren vorzubereiten und die Installationspakete bereitzustellen. Es gibt folgende Vorbereitungsmethoden:

- Installationsskripts, die das Setup teilweise oder vollständig automatisieren.
- Das Dienstprogramm SysPrep und das Erstellen von Datenträgerimages.
- Der Schalter **/syspart** für den Befehl **Winnt32.exe**.

Folgende Distributionsmethoden stehen zur Verfügung:

- Startfähige CD-ROM
- RIS
- Batchdatei und ein Distributionsordner im Netzwerk
- Systems Management Server (SMS)

Um die Fragen in diesem Lernziel richtig beantworten zu können, müssen Sie wissen, wie Sie mit dem Installations-Manager eine Windows XP Professional-Installation vorbereiten und Antwortdateien und UDFs (Uniqueness Database File) erstellen. Sie müssen außerdem wissen, wie Sie diese Installationsskripts von Hand mit einem Texteditor erstellen und bearbeiten. Sie müssen mit allen Vorbereitungs- und Distributionsmethoden vertraut sein und beurteilen können, welche davon sich für die unterschiedlichen Szenarien am besten eignen.

Fragen zu Lernziel 1.2

1.

Sie wurden vor kurzem als Mitglied des Systemadministrationsteams bei einem mittelständischen Betrieb eingestellt. Ihr Manager hat Sie gebeten, Windows XP Professional auf 25 identischen, neuen Desktopcomputern der Buchhaltungsabteilung zu installieren. Bisher haben Ihre Kollegen Windows XP Professional und die benötigten Anwendungspakete auf jedem neuen Computer von Hand installiert, anhand von penibel befolgten Schritt-für-Schritt-Anleitungen. Dieser Prozess war mühsam und langsam. Außerdem hatten manche Benutzer Probleme mit neuen Computern, weil sich durch Flüchtigkeitsfehler beim Installieren Konfigurationsfehler eingeschlichen haben. Sie wollen die Computer so effizient wie möglich bereitstellen. Alle Desktopanwendungen, die in der Buchhaltungsabteilung benötigt werden, sollen fertig installiert und konfiguriert sein. Sie möchten außerdem sicherstellen, dass alle 25 Computer identisch konfiguriert sind.

Sie schlagen folgendes Verfahren vor:

- Sie installieren und konfigurieren Windows XP Professional und die benötigten Anwendungen von Hand auf einem der neuen Computer, wobei Sie sich genau an die vorhandenen Schritt-für-Schritt-Anleitungen halten.
- Sie automatisieren den Installationsprozess mithilfe des Installations-Managers, indem Sie eine Antwortdatei mit dem Namen **Sysprep.inf** erstellen.
- Mit dem Imaging-Tool eines Drittherstellers erstellen Sie ein Image des Referenzcomputers.
- Sie kopieren das Image mithilfe des Imaging-Tools vom Referenzcomputer auf die übrigen Computer.

Welcher wesentliche Schritt fehlt in Ihrem Vorschlag? Wählen Sie die richtige Antwort.

A. Sie müssen mit dem Installations-Manager eine UDF (Uniqueness Database File) mit den individuellen Einstellungen für jeden der 25 Computer erstellen.

B. Sie müssen RIS-Startdisketten erstellen, damit die Computer eine Verbindung zum RIS-Server herstellen und das Datenträgerimage herunterladen können.

C. Sie müssen den Referenzcomputer mit dem Dienstprogramm SysPrep für das Imaging vorbereiten.

D. Sie müssen PXE-kompatible Netzwerkkarten in allen Computern installieren, damit sie eine Verbindung zum RIS-Server herstellen und das Datenträgerimage herunterladen können.

2.

Sie erstellen eine automatisierte Installation von Windows XP Professional für 30 Computer. Sie wollen folgende Ziele erreichen:

- Jeder Computer bekommt einen eindeutigen Computernamen.
- Sie stellen sicher, dass auf allen Computern die Einstellungen für Anzeige, Zeitzone, Standardbenutzername und Organisationsname identisch sind.
- Auf allen Computern wird Microsoft Office Professional Edition 2003 installiert.
- Sie konfigurieren das lokale Administratorkonto auf jedem System mit einem anderen Kennwort.
- Sie passen die Benutzeroberfläche so an, dass keine Desktopsymbole sichtbar sind.

Sie wollen den Installations-Manager verwenden, um eine vollständig automatisierte Installation zu erstellen. Dabei wollen Sie eine Antwortdatei mit einer UDF (Uniqueness Database File) kombinieren, die die genannten Einstellungen enthält. Welche Ziele werden mit Ihrem Ansatz erreicht? Wählen Sie die drei richtigen Antworten.

A. Sie können jedem Computer einen eindeutigen Computernamen zuweisen.

B. Sie können sicherstellen, dass alle Computer dieselben Einstellungen für Anzeige, Zeitzone, Standardbenutzername und Organisationsname haben.

C. Sie können Office Professional Edition 2003 auf allen Computern installieren.

D. Sie können das lokale Administratorkonto auf jedem System mit einem anderen Kennwort konfigurieren.

E. Sie können die Benutzeroberfläche so anpassen, dass die Desktopsymbole nicht mehr sichtbar sind.

F. Ihre Lösung erfüllt keines der genannten Ziele.

3.

Sie wollen auf einem Computer mit einem startfähigen CD-ROM-Laufwerk eine unbeaufsichtigte Installation von Windows XP Professional durchführen. Sie haben bereits sichergestellt, dass der Computer die minimalen Hardwarevoraussetzungen für Windows XP Professional erfüllt und die gesamte Hardware im Windows-Katalog aufgeführt ist. Sie haben eine startfähige Version der Windows XP Professional-Installations-CD-ROM bereit.

Welche der folgenden Vorgehensweisen ist richtig? Wählen Sie die richtige Antwort.

A. Stellen Sie sicher, dass die Antwortdatei einen Abschnitt mit der Überschrift **[Winnt32]** enthält, in dem die benötigten Schlüssel und Werte aufgeführt sind. Speichern Sie die Antwortdatei unter dem Namen **Sysprep.inf** und kopieren Sie sie auf eine Diskette. Konfigurieren Sie das BIOS des Zielcomputers so, dass er vom CD-ROM-Laufwerk startet, legen Sie die Windows XP Professional-Installations-CD-ROM ein und starten Sie den Computer neu. Legen Sie die Diskette ein, sobald der Computer von der CD-ROM startet.

B. Stellen Sie sicher, dass die Antwortdatei einen Abschnitt mit der Überschrift **[Winnt32]** enthält, in dem die benötigten Schlüssel und Werte aufgeführt sind. Speichern Sie die Antwortdatei unter dem Namen **Winnt.sif** und kopieren Sie sie auf eine Diskette. Konfigurieren Sie das BIOS des Zielcomputers so, dass er vom CD-ROM-Laufwerk startet, legen Sie die Windows XP Professional-Installations-CD-ROM ein und starten Sie den Computer neu. Legen Sie die Diskette ein, sobald der Computer von der CD-ROM startet.

C. Stellen Sie sicher, dass die Antwortdatei einen Abschnitt mit der Überschrift **[Data]** enthält, in dem die benötigten Schlüssel und Werte aufgeführt sind. Speichern Sie die Antwortdatei unter dem Namen **Sysprep.inf** und kopieren Sie sie auf eine Diskette. Konfigurieren Sie das BIOS des Zielcomputers so, dass er vom CD-ROM-Laufwerk startet, legen Sie die Windows XP Professional-Installations-CD-ROM ein und starten Sie den Computer neu. Legen Sie die Diskette ein, sobald der Computer von der CD-ROM startet.

D. Stellen Sie sicher, dass die Antwortdatei einen Abschnitt mit der Überschrift **[Data]** enthält, in der die benötigten Schlüssel und Werte aufgeführt sind. Speichern Sie die Antwortdatei unter dem Namen **Winnt.sif** und kopieren Sie sie auf eine Diskette. Legen Sie die Diskette in den Zielcomputer ein. Konfigurieren Sie das BIOS des Zielcomputers so, dass er vom CD-ROM-Laufwerk startet, legen Sie die Windows XP Professional-Installations-CD-ROM ein und starten Sie den Computer neu.

4.

Während einer unbeaufsichtigten Installation von Windows XP Professional können Werte für Schlüssel an verschiedenen Stellen festgelegt sein: in der Antwortdatei, in der UDF (Uniqueness Database File), in beiden Dateien oder in keiner der beiden Dateien. Wie arbeitet das Setupprogramm in den folgenden Szenarien? Wählen Sie die vier richtigen Antworten.

A. Falls ein Abschnitt oder Schlüssel in der UDF vorhanden ist, aber kein Abschnitt oder Schlüssel mit demselben Namen in der Antwortdatei steht, erstellt das Setupprogramm den Abschnitt aus der UDF und verwendet ihn.

B. Falls ein Schlüssel in der Antwortdatei definiert ist und in der UDF mit einer eindeutigen ID auf diesen Schlüssel verwiesen wird, verwendet das Setupprogramm den Wert aus der Antwortdatei.

C. Falls ein Schlüssel in der UDF definiert ist, aber nicht in der Antwortdatei, verwendet das Setupprogramm den Wert aus der UDF.

D. Falls ein Schlüssel in der Antwortdatei nicht definiert ist, aber in der UDF, und der Wert wurde leer gelassen, trägt das Setupprogramm automatisch den Standardwert ein.

E. Falls ein Schlüssel in der Antwortdatei nicht definiert ist, aber in der UDF, und der Wert wurde leer gelassen, wird kein Wert gesetzt.

F. Falls ein Schlüssel in der Antwortdatei definiert ist, aber nicht in der UDF, verwendet das Setupprogramm den Wert aus der Antwortdatei.

5.

Sie sollen eine automatisierte Bereitstellung von Windows XP Professional auf 40 Desktopcomputern durchführen. Während der Tests stellen Sie fest, dass der Grafikkartentreiber einen Fehler im Setupprogramm verursacht. Der Fehler lässt sich nur vermeiden, indem Sie den Treiber mithilfe des dynamischen Updates während des Setupvorgangs aktualisieren. Sie wollen das dynamische Update verwenden, aber Sie haben nur eine langsame DFÜ-Verbindung zur Verfügung, weil Ihr Internetprovider Ihre ständige Internetverbindung noch nicht angeschlossen hat. Wie gehen Sie vor, um bei einer automatisierten Bereitstellung von Windows XP das dynamische Update zu nutzen? Wählen Sie die richtige Antwort.

A. Laden Sie das neueste Paket mit dynamischen Updates für Windows XP von der Microsoft-Site herunter. Entpacken Sie die Dateien in einen Ordner und geben Sie den Ordner in Ihrem lokalen Netzwerk frei. Starten Sie den Befehl **winnt32 /duprepare:*Pfad_zum_freigegebenen_Ordner*** von der Windows XP-CD-ROM. Fügen Sie in den Abschnitt **[Unattended]** der Datei **Unattend.txt** den Eintrag **Dushare:*Pfad_zum_freigegebenen_Ordner*** ein.

B. Starten Sie den Befehl **winnt32 /duprepare:*Pfad_zum_freigegebenen_Ordner*** von der Windows XP-CD-ROM, um die Dateien des dynamischen Updates von der Microsoft-Site herunterzuladen und im angegebenen freigegebenen Ordner zu speichern. Fügen Sie in den Abschnitt **[Unattended]** der Datei **Unattend.txt** den Eintrag **Dushare:*Pfad_zum_freigegebenen_Ordner*** ein.

C. Laden Sie das neueste Paket mit dynamischen Updates für Windows XP von der Microsoft-Site herunter. Entpacken Sie die Dateien in einen Ordner und geben Sie den Ordner in Ihrem lokalen Netzwerk frei. Fügen Sie in den Abschnitt **[Unattended]** der Datei **Unattend.txt** den Eintrag **Dushare:*Pfad_zum_freigegebenen_Ordner*** ein.

D. Laden Sie das neueste Paket mit dynamischen Updates für Windows XP von der Microsoft-Site herunter. Entpacken Sie die Dateien in einen Ordner und geben Sie den Ordner in Ihrem lokalen Netzwerk frei. Starten Sie den Befehl **winnt32 /dupre-pare:*Pfad_zum_freigegebenen_Ordner*** von der Windows XP-CD-ROM. Fügen Sie in den Abschnitt **[Unattended]** der Datei **Unattend.txt** die Einträge **Dushare:local** und **Dupath:*Pfad_zum_freigegebenen_Ordner*** ein.

6.

Sie müssen auf einem Computer, auf dem momentan kein Betriebssystem läuft, eine unbeaufsichtigte Installation von einer Windows XP Professional-CD-ROM durchführen. Sie wollen den Computernamen und das Administratorkennwort auf einer Diskette zur Verfügung stellen. Welchen Namen geben Sie der Antwortdatei? Wählen Sie die richtige Antwort.

A. Answer.txt

B. Winnt.sif

C. Winnt32.sif

D. Unattend.txt

7.

Welche der folgenden Komponenten werden benötigt, um Windows XP Professional mithilfe der Remoteinstallationsdienste (Remote Installation Services, RIS) zu installieren? Wählen Sie die drei richtigen Antworten.

A. DNS-Server

B. WINS-Server

C. DHCP-Server

D. Webserver

E. Active Directory

F. FTP-Server

Antworten zu Lernziel 1.2

1. Richtige Antwort: C

A. **Falsch** Wenn Sie Windows XP Professional mithilfe eines Datenträgerimages bereitstellen, benötigen Sie keine UDF.

B. **Falsch** RIS ist ein anderes Verfahren zum Bereitstellen mehrerer Computer, aber Sie haben bereits das Verwenden von Datenträgerimages vorgeschlagen. Sie brauchen RIS nicht, um die Images auf die Festplattenlaufwerke der neuen Computer zu kopieren. Für diesen Zweck wird hier das Tool eines Drittherstellers benutzt.

C. **Richtig** Bevor Sie ein Image des Referenzcomputers erstellen, müssen Sie SysPrep ausführen, um Sicherheits- und Benutzerinformationen zu entfernen, die nur für dieses spezielle System gelten. SysPrep entfernt den Computernamen, seine GUID (Globally Unique Identifier) und alle anderen Einstellungen, die Probleme verursachen könnten, wenn mehrere Computer sie im selben Netzwerk verwenden.

D. **Falsch** RIS ist ein anderes Verfahren zum Bereitstellen mehrerer Computer, aber Sie haben bereits das Verwenden von Datenträgerimages vorgeschlagen. Um die Images auf die Festplattenlaufwerke der neuen Computer zu kopieren, brauchen Sie weder RIS noch PXE-fähige Netzwerkkarten. Übrigens müsste der gesamte Computer PXE-kompatibel sein, nicht nur die Netzwerkkarten. Wenn Sie lediglich PXE-fähige Netzwerkkarten in einen Computer einbauen, ist nicht garantiert, dass er direkt aus dem Netzwerk starten kann. In diesem Fall verwenden Sie das Tool eines Drittherstellers zum Verteilen der Images.

2. Richtige Antwort: A, B und D

A. **Richtig** Mit dem Installations-Manager können Sie UDFs erstellen, die in Kombination mit Antwortdateien eingesetzt werden. Die Einstellungen in einer UDF überschreiben die Einstellungen der Antwortdatei. Sie können für viele Einstellungen individuelle Werte eingeben, zum Beispiel Computernamen. Auf diese Weise erhält jeder bereitgestellte Computer einen anderen Namen.

B. **Richtig** Der Installations-Manager kann Antwortdateien erstellen und bearbeiten, die alle aufgeführten Einstellungen enthalten. Eine Antwortdatei ist ein angepasstes Skript, mit dem eine unbeaufsichtigte Installation von Windows XP Professional ausgeführt wird.

C. **Falsch** Der Installations-Manager ist selbst nicht in der Lage, die Installation irgendeiner Version von Microsoft Office Professional Edition 2003 zu automatisieren. Sie können mit dem Installations-Manager zwar andere Programme und Skripts starten, aber Sie müssen eine automatische Installation für Office Professional Edition 2003 erstellen, indem Sie anhand der Anweisungen in *Microsoft Office 2003 – Die Technische Referenz* vorgehen.

D. **Richtig** Mit dem Installations-Manager können Sie UDFs erstellen, die in Kombination mit Antwortdateien eingesetzt werden. Die Einstellungen in einer UDF überschreiben die Einstellungen der Antwortdatei. Sie können für viele Einstellungen individuelle Werte eingeben, zum Beispiel für das lokale Administratorkonto.

E. **Falsch** Der Installations-Manager umfasst keine Tools zum Anpassen von Benutzeroberflächeneigenschaften wie dem Aussehen der Desktopsymbole. Stattdessen sollten Sie die Computer als Active Directory-Domänenmitglieder konfigurieren und die Desktopumgebung mithilfe von Gruppenrichtlinieneinstellungen steuern.

F. **Falsch** Bei der vorgeschlagenen Lösung werden jedem Computer ein eigener Computername und ein eigenes Administratorkennwort zugewiesen. Außerdem wird sichergestellt, dass bei allen Computern die Einstellungen für Anzeige, Zeitzone, Standardbenutzername und Organisationsname eingegeben werden.

3. Richtige Antwort: D

A. **Falsch** Die Antwortdatei muss den Namen **Winnt.sif** haben, nicht **Sysprep.inf**. Den Namen **Sysprep.inf** trägt die Antwortdatei, wenn Sie Windows XP Professional mithilfe von SysPrep und einem Datenträgerimage bereitstellen. Der Abschnitt mit den benötigten Schlüsseln für die automatisierte Installation von der startfähigen Installations-CD-ROM muss die Überschrift **[Data]** tragen.

B. **Falsch** Der Abschnitt mit den benötigten Schlüsseln für die automatisierte Installation von der startfähigen Installations-CD-ROM muss die Überschrift **[Data]** tragen.

C. **Falsch** Die Antwortdatei muss den Namen **Winnt.sif** haben, nicht **Sysprep.inf**. Den Namen **Sysprep.inf** trägt die Antwortdatei, wenn Sie Windows XP Professional mithilfe von SysPrep und einem Datenträgerimage bereitstellen.

D. **Richtig** Der Abschnitt **[Data]** ist ein optionaler Abschnitt, den Sie nur brauchen, wenn Sie eine unbeaufsichtigte Installation von Windows XP Professional direkt von der Produkt-CD-ROM durchführen. Wenn Sie mit dem Installations-Manager die Antwortdatei erstellen und angeben, dass die Antwortdatei für eine Installation von CD-ROM benötigt wird, erstellt der Assistent den **[Data]**-Abschnitt mit den benötigten Schlüsseln und Werten: **AutoPartition=1**, **MsDosInitiated="0"** und **UnattendedInstall="Yes"**. Die Antwortdatei muss den Namen **Winnt.sif** haben, als Standardeinstellung schlägt der Installations-Manager als Namen **Unattend.txt** vor. Ändern Sie den Namen der Datei unbedingt in **Winnt.sif**, bevor Sie von der Installations-CD-ROM starten. Die Diskette muss in das Diskettenlaufwerk eingelegt sein, unmittelbar nachdem der Computer von der CD-ROM gestartet ist.

4. Richtige Antwort: A, C, E und F

A. **Richtig** Das Setupprogramm verwendet automatisch Werte aus der UDF, wenn die entsprechenden Werte nicht in der Antwortdatei definiert sind.

B. **Falsch** Die in der UDF definierten Werte überschreiben die Werte aus der Antwortdatei, wenn die beiden nicht übereinstimmen.

C. **Richtig** Das Setupprogramm verwendet automatisch Werte aus der UDF, wenn die entsprechenden Werte nicht in der Antwortdatei definiert sind.

D. **Falsch** Das Setupprogramm liefert keine Standardwerte für Schlüssel, die nicht definiert sind. In diesem Fall ist es möglich, dass der Benutzer aufgefordert wird, die fehlenden Informationen einzugeben.

E. **Richtig** Falls der Wert eines Schlüssels in der UDF leer ist und in der Antwortdatei kein Wert für diesen Schlüssel definiert ist, wird kein Wert gesetzt. Es ist möglich, dass der Benutzer aufgefordert wird, die fehlenden Informationen einzugeben.

F. **Richtig** Wenn Schlüssel in der Antwortdatei definiert sind und nicht durch die UDF überschrieben werden, verwendet das Setupprogramm ihre Werte.

5. Richtige Antwort: A

A. **Richtig** Um das dynamische Update zu nutzen, sollten Sie das neueste Paket herunterladen, die Dateien entpacken und im Netzwerk freigeben. Bei einer unbeaufsichtigten Installation müssen Sie die **Dushare**-Zeile in die Datei **Unattend.txt** einfügen, damit das Setupprogramm weiß, wo es das Paket findet. Bei einer beaufsichtigten Installation können Sie die Option **/dushare:*Pfad_zum_freigegebenen_Ordner*** an die Befehlszeile von **Winnt32.exe** anhängen. Weitere Informationen finden Sie im Microsoft Knowledge Base-Artikel 312110.

B. **Falsch** **Winnt32.exe** kann zwar die Dateien des dynamischen Updates während der Installation herunterladen, ist aber nicht in der Lage, diese Dateien für späteren Gebrauch zu speichern. Sie müssen die Dateien von Hand herunterladen und entpacken.

C. **Falsch** Bevor das Setupprogramm die Dateien des dynamischen Updates nutzen kann, müssen Sie sie entpacken und dann vorbereiten, indem Sie **Winnt32.exe** mit dem Befehlszeilenparameter **/duprepare** aufrufen.

D. **Falsch** Sie brauchen den **Dushare**-Eintrag nur zum Abschnitt **[Unattended]** der Datei **Unattend.txt** hinzuzufügen. Tragen Sie als Wert den Pfad des freigegebenen Ordners mit den Dateien des dynamischen Updates ein.

6. Richtige Antwort: B

A. **Falsch** Der richtige Dateiname ist **Winnt.sif**.

B. **Richtig** Die Datei **Winnt.sif** enthält dieselben Abschnitte wie eine **Unattend.txt**-Datei und sollte verwendet werden, wenn Sie eine unbeaufsichtigte Installation auf Computern durchführen, auf denen momentan kein Betriebssystem läuft. Im Allgemeinen kopieren Sie diese Datei auf eine Diskette und legen die Diskette in den Computer ein, unmittelbar nachdem der Computer mit dem Starten von CD-ROM beginnt.

C. **Falsch** Der richtige Dateiname ist **Winnt.sif**.

D. **Falsch** Der richtige Dateiname ist **Winnt.sif**. Der Name **Unattend.txt ist** wird zwar oft für unbeaufsichtigte Installationen verwendet, bei denen bereits ein Betriebssystem auf dem Computer läuft, aber Sie können in diesem Fall einen beliebigen Dateinamen verwenden.

7. Richtige Antwort: A, C und E

A. **Richtig** Für eine Remoteinstallation wird DNS benötigt, um den Verzeichnisdienst und Clientcomputerkonten zu finden.

B. **Falsch** RIS-Clients benötigen keinen WINS-Server.

C. **Richtig** RIS setzt voraus, dass ein DHCP-Server im Netzwerk vorhanden und betriebsbereit ist. Der netzwerkstartfähige Clientcomputer bekommt vom DHCP-Server eine IP-Adresse (Internet Protocol), bevor er Kontakt zum RIS-Server aufnehmen kann.

D. **Falsch** RIS-Clients müssen nicht Kontakt zu einem Webserver aufnehmen.

E. **Richtig** RIS setzt Active Directory voraus, damit vorhandene Clientcomputer sowie vorhandene RIS-Server gefunden werden.

F. **Falsch** RIS-Clients benötigen kein FTP.

Lernziel 1.3: Update von einer älteren Windows-Version auf Windows XP Professional

Oft wird Windows XP Professional für Systeme benötigt, auf denen bereits eine Windows-Version installiert ist. Am unkompliziertesten für die Anwendungen, die auf dem System laufen, ist ein ***Vor-Ort-Update*** auf Windows XP. Ein Vor-Ort-Update können Sie auf Systemen durchführen, die unter Windows 98, Windows Me, Windows NT Workstation 4.0 mit Service Pack 6 oder Windows 2000 Professional laufen. Dieser Vorgang ist zwar viel komplexer als das Durchführen einer ***Neuinstallation***, aber das Windows XP-Setup enthält viele Tools, um diesen Vorgang so einfach wie möglich zu machen.

Auch bei Systemen, die unter älteren Windows-Betriebssystemen laufen, können Sie ein Update durchführen, allerdings nicht direkt. Zum Beispiel können Sie bei Windows 95 nicht einfach ein Update auf Windows XP Professional vornehmen, indem Sie **Winnt32.exe** starten: Sie müssen zuerst ein Zwischenupdate auf Windows 98 durchführen. Und bei einem Computer mit Windows NT 4.0 und Service Pack 5 (oder älter) müssen Sie erst das Service Pack 6 installieren, bevor Sie das Windows XP Professional-Setupprogramm ausführen können.

Nachdem Sie überprüft haben, ob die Hardware des Systems die von Microsoft beschriebenen Mindestvoraussetzungen erfüllt, müssen Sie auch sicherstellen, dass alle auf dem System installierten Anwendungen mit Windows XP kompatibel sind. Um diesen Vorgang zu vereinfachen, stellt Microsoft das Windows-Anwendungskompatibilitäts-Toolkit zur Verfügung. Sie können es von der Adresse **http://msdn.microsoft.com/downloads/list/appcomp.asp** herunterladen.

Falls Sie schon einmal Ihren Desktop- oder Laptopcomputer ersetzt haben, nachdem Sie einige Monate oder Jahre damit gearbeitet hatten, können Sie nachvollziehen, wie aufwendig es sein kann, alle Ihre Daten und Benutzereinstellungen auf das neue System zu übertragen. Windows XP Professional stellt zwei Methoden zum Übertragen der Konfigurationseinstellungen und Daten der Benutzer zwischen verschiedenen Systemen zur Verfügung. Der ***Assistent zum Übertragen von Dateien und Einstellungen*** ist für Privatbenutzer, Benutzer in kleineren Büroumgebungen und autonome Benutzer in einer Unternehmensumgebung gedacht. Das ***User State Migration Tool (USMT)*** ist ein Befehlszeilentool für die Migration vieler Benutzer in einer Unternehmensumgebung.

Fragen zu Lernziel 1.3

1.

Der neu eingestellte Leiter der IT-Abteilung weiß, welche Vorteile es hat, wenn im gesamten Unternehmen dasselbe Desktopbetriebssystem eingesetzt wird. Er hat Sie beauftragt, bei allen ans Netzwerk angeschlossenen Systemen ein Update auf Windows XP vorzunehmen. Früher haben lokale Administratoren jedes Remotebüro mit jeweils anderen Richtlinien und Verfahren verwaltet. Folglich findet sich auf den Desktopsystemen ein Gemisch aus Windows für Workgroups 3.11, Windows 95, Windows NT Workstation 4.0 und Windows 2000 Professional. Sie wollen, dass die Auswirkungen auf die Anwendungen der Benutzer so gering wie möglich sind, und versuchen daher nach Möglichkeit, Vor-Ort-Updates durchzuführen.

Bei welchem der folgenden Betriebssysteme kann ein direktes Update auf Windows XP in einem einzigen Schritt durchgeführt werden? Wählen Sie die beiden richtigen Antworten.

A. Windows für Workgroups 3.11

B. Windows 95

C. Windows NT Workstation 4.0 ohne Service Pack

D. Windows NT Workstation 4.0 mit Service Pack 6

E. Windows 2000 Professional

2.

Sie sind ein Administrator für ein Unternehmensnetzwerk mit 40 Benutzern. Ihre Vorstandsvorsitzende hat vor kurzem erfahren, wie viele Vorteile Windows XP Professional gegenüber dem Betriebssystem Windows 98 bietet, das momentan auf ihrem Laptopcomputer installiert ist. Ihnen wurde die Aufgabe übertragen, beim Laptop der Vorstandsvorsitzenden das Update auf Windows XP vorzunehmen. Es ist von größter Bedeutung, dass Sie den Computer morgen zurückgeben können, wenn die Vorstandsvorsitzende von einer Geschäftsreise zurückkommt. Alle Daten, Anwendungen und Einstellungen müssen zur Verfügung stehen.

Wie sieht die beste Updatestrategie aus? Wählen Sie die beste Antwort aus.

A. Führen Sie eine vollständige Systemdatensicherung aus, untersuchen Sie das System auf Viren und entpacken Sie alle komprimierten Laufwerke. Dokumentieren Sie die Benutzereinstellungen und Anwendungen, die auf dem System installiert sind. Führen Sie das Windows XP Professional-Setupprogramm aus und partitionieren Sie alle Laufwerke mit NTFS. Warten Sie, bis das Setup beendet ist, und stellen Sie dann die gesicherten Daten wieder her, indem Sie die Datensicherung über die neue Installation zurückspielen. Überprüfen Sie die Funktion der gesamten Hardware und aller Anwendungen, nachdem das Setup abgeschlossen ist.

B. Führen Sie eine vollständige Systemdatensicherung aus, untersuchen Sie das System auf Viren und entpacken Sie alle komprimierten Laufwerke. Starten Sie das Standardsetupverfahren von Windows XP Professional und führen Sie ein Vor-Ort-Update durch. Überprüfen Sie die Funktion der gesamten Hardware und aller Anwendungen, nachdem das Setup abgeschlossen ist. Falls Windows XP bei einigen Hardwarekomponenten nicht in der Lage war, Treiber zu installieren, müssen Sie die aktualisierten Treiber herunterladen und installieren. Falls irgendeine der Anwendungen nicht korrekt arbeitet, müssen Sie Patches vom Softwarehersteller herunterladen und einspielen.

C. Führen Sie eine vollständige Systemdatensicherung aus, untersuchen Sie das System auf Viren und entpacken Sie alle komprimierten Laufwerke. Erstellen Sie einen Kompatibilitätsbericht, indem Sie den Befehl **Winnt32.exe /checkupgradeonly** ausführen. Laden Sie alle Treiber herunter, bei denen der Kompatibilitätsbericht darauf hinweist, dass sie nicht in Windows XP enthalten sind, und spielen Sie Patches für alle

Anwendungen ein, die nicht zertifiziert wurden. Starten Sie das Standardsetupverfahren von Windows XP Professional und führen Sie ein Vor-Ort-Update durch, wobei Sie bei Bedarf die aktualisierten Treiber bereitstellen. Überprüfen Sie die Funktion der gesamten Hardware und aller Anwendungen, sobald das Setup abgeschlossen ist.

D. Führen Sie eine vollständige Systemdatensicherung aus, untersuchen Sie das System auf Viren und entpacken Sie alle komprimierten Laufwerke. Erstellen Sie einen Kompatibilitätsbericht, indem Sie den Befehl **Winnt32.exe /checkupgradeonly** ausführen. Laden Sie alle Treiber herunter, bei denen der Kompatibilitätsbericht darauf hinweist, dass sie nicht in Windows XP enthalten sind, und spielen Sie Patches für alle Anwendungen ein, die nicht zertifiziert wurden. Starten Sie das Standardsetupverfahren von Windows XP Professional und führen Sie eine Neuinstallation mit einem anderen Systemverzeichnis (in diesem Fall **C:\WinXP**) durch, wobei Sie bei Bedarf die aktualisierten Treiber bereitstellen. Überprüfen Sie die Funktion der gesamten Hardware und aller Anwendungen, sobald das Setup abgeschlossen ist. Wenn das System korrekt funktioniert, können Sie das Verzeichnis mit Windows 98 löschen.

3.

Sie haben mehrere identische Computer, bei denen Sie ein Update von Windows Me auf Windows XP Professional durchführen wollen. Sie haben bereits sichergestellt, dass alle Computer die minimalen Hardwarevoraussetzungen erfüllen und dass die Hardware und die Subkomponenten im Windows XP Windows-Katalog aufgeführt sind. Sie haben außerdem bereits überprüft, ob bei allen Computern das aktuelle BIOS installiert ist. Die Benutzer haben mehrere Monate lang mit ihren Computern gearbeitet und eigene Anwendungen installiert. Wie können Sie schnell feststellen, ob es Probleme mit der Anwendungskompatibilität gibt, bevor Sie das Update einleiten? Wählen Sie die richtige Antwort.

A. Führen Sie das Setupprogramm vom Windows XP Professional-Installationsmedium mit dem Schalter **/checkupgradeonly** aus. Geben Sie dazu an einer Eingabeaufforderung den Befehl ***x*:\i386\Winnt32.exe /checkupgradeonly** ein, wobei ***x:*** für den Laufwerkbuchstaben des CD-ROM-Laufwerks auf dem jeweiligen Computer steht.

B. Erstellen Sie für jeden Computer eine Liste der Anwendungen, die darauf installiert sind, und besuchen Sie die Websites der Hersteller aller Anwendungen. Sehen Sie nach, ob die Versionen, die auf Ihren Computern installiert sind, mit Windows XP Professional kompatibel sind.

C. Kaufen Sie die neuesten Versionen aller installierten Anwendungen.

D. Führen Sie auf allen Systemen eine Neuinstallation von Windows XP Professional durch und installieren Sie sämtliche Anwendungen neu.

4.

Sie sind der Administrator für ein Netzwerk, das 50 Benutzer umfasst, deren Computer unter Windows 2000 Professional laufen, sowie 4 Server, die unter Windows 2000 Advanced Server laufen. Das Netzwerk verwendet Active Directory und ist als Domäne konfiguriert. Sie bekommen den Auftrag, 20 der Desktopcomputer durch neue Laptopcomputer zu ersetzen, auf denen bereits Windows XP Professional installiert ist. Sie wollen die Computer zur Domäne hinzufügen und übertragen die Daten und Einstellungen der Benutzer von ihren aktuellen Desktopcomputern auf die neuen Laptopsysteme. Mit welcher der folgenden Lösungen erreichen Sie diese Ziele am besten? Wählen Sie die richtige Antwort.

A. Geben Sie jedem Computer einen geeigneten Namen und fügen Sie ihn zur Domäne hinzu. Installieren Sie die erforderlichen Anwendungen. Kopieren Sie das Benutzerprofil vom alten Computer auf den neuen Computer.

B. Geben Sie jedem Computer einen eindeutigen Namen und fügen Sie ihn zur Domäne hinzu. Schreiben Sie ein Skript, das für jeden Benutzer dessen **Eigene Dateien**-Ordner vom alten Computer auf den neuen Computer überträgt. Schreiben Sie ein Skript, das für jeden Benutzer die Registrierung vom alten Computer exportiert und dann auf dem neuen Computer importiert. Lassen Sie die Skripts auf allen neuen Computern laufen und starten Sie die Computer dann neu.

C. Fügen Sie alle Laptopcomputer zur Domäne hinzu. Installieren Sie die erforderlichen Anwendungen. Schreiben Sie ein Skript, das mit dem USMT-Tool ScanState die Einstellungen aller Benutzer von ihrem alten Computer in ein freigegebenes Laufwerk auf einem der Domänencontroller kopiert. Schreiben Sie ein Skript, das das Tool LoadState so startet, dass die Dateien und Einstellungen vom freigegebenen Netzlaufwerk kopiert werden, und planen Sie einen Task, der das Skript auf allen Laptopcomputern laufen lässt.

D. Planen Sie auf allen Laptopcomputern einen Task, der den Assistenten zum Übertragen von Dateien und Einstellungen ausführt. Stellen Sie sicher, dass der Task im Kontext eines Kontos mit lokalem administrativem Zugriff auf alle Computer ausgeführt wird.

5.

Sie sind der Administrator für ein Netzwerk mit 80 Benutzern und 3 Servern, die unter Windows 2000 Advanced Server laufen und Active Directory in einer Domänenkonfiguration ausführen. Sie bereiten für 15 Benutzer die Umstellung von ihren vorhandenen Windows Me-Laptopcomputern auf neue Laptopsysteme mit Windows XP Professional vor. Sie haben den Großteil des Prozesses automatisiert: das Installieren von Windows XP Professional, das Hinzufügen der Computer zur Domäne und das Installieren der benötigten Anwendungen. Sie haben Probleme, das USMT auf Ihrem Windows Me-Testcomputer auszuführen. Wie können Sie sinnvoll eine Problembehandlung für den automatisierten Prozess durchführen, in dem die Benutzerdaten und -einstellungen in einen freigegebenen Ordner im Netzwerk kopiert werden? Wählen Sie die richtige Antwort.

A. Führen Sie das Tool ScanState mit ausführlicher Fehlerprotokollierung aus, indem Sie beim Aufrufen des Tools die Optionen **/l scanstate.log /v 7 /u /f** anhängen.

B. Suchen Sie in den lokalen System- und Anwendungsprotokollen nach Fehlermeldungen.

C. Führen Sie das Tool LoadState mit ausführlicher Fehlerprotokollierung aus, indem Sie beim Aufrufen des Tools die Optionen **/l scanstate.log /v 7** anhängen.

D. Prüfen Sie die Anwendungs- und Systemprotokolle des Domänencontrollers, auf dem der freigegebene Netzwerkordner liegt.

Antworten zu Lernziel 1.3

1. Richtige Antwort: D und E

A. **Falsch** Bei Windows für Workgroups 3.11 können Sie kein direktes Update auf Windows XP Professional vornehmen. Nachdem Sie sichergestellt haben, dass die Hardware und Software mit Windows XP kompatibel ist, müssen Sie eine vollständige Systemdatensicherung durchführen, eine Liste der installierten Anwendungen zusammenstellen und die persönlichen Einstellungen dokumentieren, zum Beispiel den Desktophintergrund und das Farbschema. Anschließend führen Sie eine Neuinstallation von Windows XP durch, installieren alle Anwendungen neu und stellen die Daten und Einstellungen des Benutzers wieder her. Alternativ können Sie auch ein Update des Systems auf Windows 95 durchführen, dann auf Windows 98 und schließlich auf Windows XP Professional. In der Praxis kommt es kaum vor, dass jemand ein Update von Computern mit diesem Betriebssystem vornimmt, weil die Hardware kaum die Mindestvoraussetzungen für Windows XP erfüllen dürfte.

B. **Falsch** Bei Windows 95 können Sie kein direktes Update auf Windows XP Professional vornehmen. Der empfohlene Updatepfad führt von Windows 95 über Windows 98 zu Windows XP.

C. **Falsch** Bei Windows NT Workstation 4.0 können Sie nur ein Update auf Windows XP Professional durchführen, wenn das Service Pack 6 (oder neuer) installiert ist.

D. **Richtig** Sie können von Windows NT Workstation 4.0 ein direktes Update auf Windows XP Professional durchführen, wenn das Service Pack 6 installiert ist.

E. **Richtig** Sie können von Windows 2000 Professional ein direktes Update auf Windows XP Professional durchführen.

2. Richtige Antwort: C

A. **Falsch** Wenn Sie die Windows 98-Systemdateien über eine Windows XP-Installation wiederherstellen, versetzen Sie das System entweder in seinen ursprünglichen Zustand zurück oder machen es gänzlich funktionsuntüchtig. Es kann zwar gelegentlich notwendig sein, Benutzerdaten auf einem gerade aktualisierten System wiederherzustellen, aber Anwendungen und Systemeinstellungen lassen sich auf diese Weise nicht übertragen.

B. **Falsch** Das ist eine oft angewendete Methode, die bei vielen Systemen funktioniert. Es ist aber sehr gefährlich, auf das Erstellen eines Kompatibilitätsberichts zu verzichten, weil es durchaus möglich ist, dass das System nach dem Update überhaupt nicht mehr funktioniert. Und wenn Sie nach dem Update feststellen müssen, dass eine unverzichtbare Anwendung nicht für die Zusammenarbeit mit Windows XP aktualisiert werden kann, besteht die einzige Methode, das Update rückgängig zu machen, darin, eine vollständige Systemwiederherstellung durchzuführen. Es ist effizienter, **Winnt32.exe /checkupgradeonly** zu verwenden und alle Problembereiche zu beseitigen, bevor Sie das eigentliche Setup durchführen.

C. **Richtig** Dies ist die richtige Methode, weil dabei Kompatibilitätsprobleme des Systems schon im Vorfeld aufgedeckt werden. Wenn Sie vor dem Update einen Kompatibilitätsbericht erstellen, ist es viel wahrscheinlicher, dass das Update erfolgreich verläuft. Falls eine Systemkomponente oder Anwendung mit Windows XP vollständig inkompatibel ist, können Sie die Stolperstelle schon im Voraus erkennen.

D. **Falsch** Wenn Sie eine Neuinstallation von Windows XP durchführen, bleiben die Benutzerdaten erhalten, aber nicht die Anwendungen und Systemeinstellungen. Obwohl Anwendungen nicht im Startmenü zur Verfügung stehen, verbrauchen die Anwendungsdateien trotzdem Festplattenplatz. Die Anwendungen müssen neu installiert werden, die Systemeinstellungen sind vollständig verloren.

3. Richtige Antwort: A

A. **Richtig** Bei dieser Methode wird ein Anwendungskompatibilitätsbericht für Windows XP Professional erstellt, ohne dass das Betriebssystem installiert wird. Es ist die effizienteste Methode, die Anwendungskompatibilität zu prüfen.

B. **Falsch** Es kann durchaus sein, dass Sie bei einigen Herstellern Updates für ihre Anwendungen anfordern müssen, nachdem Sie den in Antwort A beschriebenen Anwendungskompatibilitätsbericht erstellt haben, aber wahrscheinlich brauchen Sie nicht die Websites sämtlicher Hersteller zu durchsuchen. Dieser Ansatz ist unnötig mühsam und zeitaufwendig.

C. **Falsch** Sie müssen unter Umständen ein Update einiger der installierten Anwendungen einspielen, aber wahrscheinlich ist das nicht bei sämtlichen (oder auch nur den meisten) erforderlich. Dieser Ansatz ist teuer und zeitaufwendig.

D. **Falsch** Mit diesem Ansatz verfehlen Sie das grundlegende Ziel: auf allen Computern ein Update des vorhandenen Betriebssystems durchzuführen. Außerdem haben Sie es versäumt, die Kompatibilität der Anwendungen mit Windows XP Professional zu überprüfen, daher müssen Sie unter Umständen feststellen, dass sich einige davon nicht installieren lassen.

4. Richtige Antwort: C

A. **Falsch** Format und Struktur der Benutzerprofile unterscheiden sich zwischen Windows 2000 und Windows XP. Wenn Sie ein Profil von einem Computer, der unter Windows 2000 läuft, auf einen Windows XP-Computer kopieren, verursacht das wahrscheinlich ernste Probleme. So kann es zum Beispiel passieren, dass sich Benutzer nicht mehr anmelden oder nicht auf bestimmte Anwendungen zugreifen können.

B. **Falsch** Ein Skript ist zwar eine effiziente Methode, den Ordner **Eigene Dateien** zu kopieren, aber Sie können nicht einfach die Registrierung von einem Computer auf einen anderen kopieren. Außerdem speichern viele Anwendungen Daten im Benutzerprofil, aber außerhalb des Ordners **Eigene Dateien**. Bei diesem Ansatz werden keine der Benutzerdaten, die außerhalb des Ordners **Eigene Dateien** gespeichert sind, auf die neuen Laptopcomputer kopiert.

C. **Richtig** Auf diese Weise erreichen Sie alle Ziele mit möglichst geringem Aufwand. Das Hinzufügen der Computer zur Domäne lässt sich über ein Skript teilweise automatisieren, aber die Laptopcomputer wurden mit bereits installiertem Windows XP Professional geliefert, daher geht es von Hand wahrscheinlich schneller. Wenn Sie

Tasks zum Ausführen der USMT-Tools einrichten, müssen Sie sicherstellen, dass der geplante Task im Kontext eines Kontos ausgeführt wird, das zur lokalen Administratorengruppe gehört.

D. **Falsch** Der Assistent zum Übertragen von Dateien und Einstellungen ist ein interaktives Tool, das nicht ohne Benutzereingaben von einer Befehlszeile ausgeführt werden kann. Anders ausgedrückt: Wenn Sie auf diese Weise einen Task zum Ausführen des Tools planen, erreichen Sie nicht das Ziel, die Daten und Einstellungen der Benutzer zu kopieren. Außerdem wird in dieser Antwort mit keinem Wort erwähnt, dass die Computer zur Active Directory-Domäne hinzugefügt wurden.

5. Richtige Antwort: A

A. **Richtig** Der Schalter **/l** aktiviert die Protokollierung für **Scanstate.exe**, wobei Sie einen Dateinamen für das Protokoll angeben müssen. Der Schalter **/v** legt fest, wie ausführlich die Protokollierung ist: **7** steht für die ausführlichste Protokollierung. Die Schalter **/u** und **/f** liefern zusätzliche Informationen darüber, welche Ressourcen untersucht werden sollen.

B. **Falsch** Das USMT zeichnet keine detaillierten Fehlermeldungen in den System- oder Anwendungsprotokollen auf.

C. **Falsch** In der Frage wird deutlich, dass die Probleme auf dem Windows Me-Computer auftreten. Das bedeutet, dass es um das Tool ScanState geht, nicht um LoadState. Das Tool LoadState wird auf dem Zielcomputer ausgeführt, auf dem Windows XP Professional installiert ist.

D. **Falsch** Das Tool ScanState wird lokal auf dem Computer ausgeführt, dessen Daten und Einstellungen übertragen werden sollen. Es ist unwahrscheinlich, dass es Ereignisse im Anwendungs- oder Systemprotokoll des Domänencontrollers aufzeichnet. Denkbar wäre es allerdings, dass Ereignisse im Sicherheitsprotokoll auf dem Domänencontroller protokolliert werden, falls die Überwachung aktiviert ist und Sie versuchen, auf einen freigegebenen Ordner mit einem Konto zuzugreifen, das nicht über ausreichende Berechtigungen zum Schreiben von Dateien in diesen Ordner verfügt.

Lernziel 1.4: Durchführen von Updates und Produktaktivierung nach der Installation

Es ist bei allen Betriebssystemen erforderlich, regelmäßig Patches einzuspielen, um Probleme zu beseitigen, Kompatibilität mit neuer Hardware zu gewährleisten und neu entdeckte Sicherheitslücken zu schließen. Microsoft stellt diese Updates in Form von ***kritischen Updates*** und ***Service Packs*** zur Verfügung. Microsoft veröffentlicht relativ oft kritische Updates, mit denen Sicherheitslücken geschlossen werden. Service Packs werden seltener veröffentlicht, sie umfassen alle kritischen Updates, die vor dem Erscheinen des Service Packs veröffentlicht wurden, sowie zusätzliche Verbesserungen am Betriebssystem. Diese Updates können Sie von der Windows Update-Website unter der Adresse **http://windowsupdate.microsoft.com/** herunterladen.

Wenn Sie ausschließlich für das Verwalten Ihres eigenen Windows XP-Computers zuständig sind, richten Sie wahrscheinlich die Funktion **Automatische Updates** so ein, dass Updates heruntergeladen und installiert werden, sobald sie verfügbar werden. Diese Methode bietet eine simple und Bandbreiten schonende Methode, einen einzelnen Computer auf dem neuesten Stand zu halten. Falls Sie ein ganzes Netzwerk mit Computern verwalten, brauchen Sie Methoden, die für eine größere Zahl von Computern sinnvoll sind und bei denen Sie genauer steuern können, wie Patches bereitgestellt werden.

Am einfachsten können Sie ein Service Pack in Ihrem Netzwerk verteilen, wenn Sie das entsprechende Netzwerkpaket von der Microsoft-Site herunterladen. Das Netzwerkpaket enthält sämtliche Dateien, die benötigt werden, um ein Service Pack auf einem beliebigen Windows XP-Computer zu installieren. Diese Datei können Sie in einen freigegebenen Ordner in Ihrem Netzwerk speichern. Anschließend können Sie die Service Pack-Installation starten, ohne Windows Update auf jedem einzelnen Computer aufrufen zu müssen.

Eine effizientere (aber komplexere) Methode zum Bereitstellen von kritischen Updates und Service Packs für Computer in Ihrem Netzwerk besteht im Verwenden von SUS (Software Update Services). Wenn Sie SUS bereitstellen, können Sie die Funktion **Automatische Updates** so konfigurieren, dass sie Updates von einem Server in Ihrem lokalen Netzwerk herunterlädt. Auf diese Weise steuern Sie, welche kritischen Updates und Service Packs bereitgestellt werden. Sie können also jedes Update sorgfältig testen und überprüfen, ob Kompatibilitätsprobleme mit Ihren benutzerdefinierten Anwendungen bestehen. Sie können SUS von **http://www.microsoft.com/sus/** herunterladen.

Service Packs können auch auf die Windows XP-Installationsdateien angewendet werden (das so genannte „Slipstreaming"). Die aktualisierten Installationsdateien können Sie dann als vollständigen Windows XP Professional-Verteilungspunkt zur Verfügung stellen. Wenn Sie die Windows XP-Installationsdateien mit einem Service Pack aktualisieren, brauchen Sie das Service Pack nicht mehr auf einem neu bereitgestellten System zu installieren, weil die Updates aus dem Service Pack durch das Slipstreaming bereits in die Windows XP Professional-Installationsdateien integriert wurden. Systeme, die künftig auf Basis des Slipstreaming-Verteilungspunkts installiert werden, enthalten sämtliche Updates, die im Service Pack enthalten sind, und tragen die entsprechende höhere Build-Nummer. Es ist nicht nötig, ein Service Pack von Hand einzuspielen.

Fragen zu Lernziel 1.4

1.

Sie sind Systemadministrator für einen neuen Internetprovider, der 50 Benutzern Helpdeskdienste zur Verfügung stellen will. Die Desktopsysteme für die Benutzer wurden bereits angeschafft, aber Sie müssen auf allen die neueste Windows XP-Version installieren. Statt erst Windows XP und dann das Update auf Service Pack 2 zu installieren, wollen Sie das Service Pack 2 gleich bei der ursprünglichen Bereitstellung von Windows XP integrieren.

Ihr Windows XP-Netzwerkverteilungspunkt ist **\\Server\winxp**. Mit welchem Befehl aktualisieren Sie den Verteilungspunkt auf Service Pack 2? Wählen Sie die richtige Antwort.

A. Update /copydir:\\Server\winxp

B. Update /syspart: \\Server\winxp

C. Update /integrate:\\Server\winxp

D. Update /o:\\Server\winxp

2.

Sie haben einen zwei Jahre alten Computer von einem bekannten Hersteller. Momentan läuft der Computer unter Windows Me und führt zahlreiche Anwendungen aus. Der Computer verfügt über 128 MByte RAM, eine 500-MHz-Pentium III-CPU und eine 12-GByte-Festplatte mit 7 GByte freiem Speicherplatz. Sie haben sichergestellt, dass der Computer und alle seine Subkomponenten im Windows-Katalog aufgeführt sind. Sie haben außerdem alle Anwendungen auf Versionen aktualisiert, die mit Windows XP Professional kompatibel sind; einzige Ausnahme ist eine Antivirussoftware, die Sie zeitweise deinstalliert haben. Sie sichern die aktuelle Konfiguration auf eine Wechselfestplatte und beginnen den Updatevorgang. Die erste Phase des Updates verläuft scheinbar problemlos, aber als der Computer neu startet, stürzt er ab, noch bevor die zweite Phase beginnt. Sie starten den Computer mehrmals neu, das Ergebnis bleibt immer dasselbe. Welches ist die wahrscheinlichste Ursache für dieses Problem? Wählen Sie die richtige Antwort.

A. Die Windows XP Professional-Installations-CD-ROM ist defekt.

B. Mindestens eines der installierten RAM-Module ist defekt.

C. Sie haben einen ungültigen Product Key eingegeben.

D. Das BIOS ist nicht kompatibel mit Windows XP Professional.

3.

Sie haben in Ihrem Arbeitszimmer eine Kabelmodemverbindung ins Internet. Sie installieren und konfigurieren Ihre gesamte Hardware und Software selbst. Sie haben Windows XP Professional auf einem Pentium 4-Computer seit einigen Monaten in Betrieb. Nun wird das erste Service Pack veröffentlicht. Sie laden das Service Pack von der Windows Update-Website herunter und installieren es. Sie stellen fest, dass einige kleinere Probleme durch das Service Pack beseitigt wurden. Später wollen Sie Software mit dem Modul **Windows-Komponenten hinzufügen/entfernen** hinzufügen. Was müssen Sie tun, um sicherzustellen, dass auf die neue Komponente die neuesten Updates angewendet wurden, nachdem die Installation der neuen Komponente abgeschlossen ist? Wählen Sie die richtige Antwort.

A. Ausführen von **Setupmgr.exe**

B. Ausführen von **Sysprep.exe**

C. Erneutes Einspielen des Service Packs

D. Nichts

4.

Welche Arten von Informationen werden während der Produktaktivierung an Microsoft übertragen, wenn die Aktivierung über eine Internetverbindung durchgeführt wird? Wählen Sie die richtige Antwort.

A. Die Windows XP Professional-Produkt-ID (PID), der Product Key und Einzelheiten über die Hardware des Computers, auf dem das Betriebssystem installiert wird.

B. Die Registrierungsinformationen des Benutzers mit Name, Adresse, Stadt, Postleitzahl und Land.

C. Die Kreditkartendaten des Benutzers.

D. Der gesamte **HKEY_LOCAL_MACHINE**-Ast, einige kleinere Dateien aus dem Anwendungsdatenordner innerhalb des Profils des Benutzers, die Windows XP Professional-PID und die Seriennummern aller Festplatten.

5.

Contoso, Inc. hat Sie vor kurzem als Systemadministrator für sein kleines Netzwerk mit zehn Windows XP Professional-Computern eingestellt. Nachdem Sie eine Sicherheitsüberwachung durchgeführt haben, stellen Sie fest, dass bei zwei Computern nicht das Service Pack 2 für Windows XP installiert ist. Sie rufen im Internet Explorer die Windows Update-Site auf und werden darauf aufmerksam gemacht, dass die Computer mit ungültigen Product Keys aktiviert wurden. Contoso hat für diese Computer zusätzliche, gültige Product Keys gekauft. Wie können Sie dieses Problem am schnellsten beseitigen, damit das Service Pack 2 installiert wird? Wählen Sie die richtige Antwort.

A. Legen Sie die Windows XP Professional-CD-ROM ein und starten Sie den Computer neu. Führen Sie eine Updateinstallation über das vorhandene Windows XP-Systemverzeichnis durch. Geben Sie auf Aufforderung den neuen gültigen Product Key ein und installieren Sie das Service Pack 2.

B. Sichern Sie alle Dateien und Einstellungen auf den Computern. Legen Sie die Windows XP Professional-CD-ROM ein und starten Sie den Computer neu. Führen Sie eine Neuinstallation von Windows XP durch, indem Sie die Festplatte frisch formatieren. Geben Sie auf Aufforderung den neuen gültigen Product Key ein und installieren Sie das Service Pack 2. Stellen Sie die Dateien und Einstellungen aus der Datensicherung wieder her.

C. Ändern Sie den Registrierungswert **HKEY_LOCAL_MACHINE\SOFTWARE\Microsoft\WindowsNT\CurrentVersion\WPAEvents\OOBETimer** und starten Sie das Tool **Msoobe.exe**, um den Product Key zurückzusetzen. Installieren Sie dann das Service Pack 2.

D. Klicken Sie mit der rechten Maustaste auf **Arbeitsplatz** und wählen Sie **Eigenschaften**. Klicken Sie auf die Registerkarte **Erweitert** und dann auf die Schaltfläche **Umgebungsvariablen**. Wählen Sie die Variable **Product_Key**, klicken Sie auf **Bearbeiten** und geben Sie den neuen Product Key ein. Starten Sie dann den Computer neu und installieren Sie Service Pack 2.

6.

Mit welcher der folgenden Methoden können Sie das Service Pack 2 für Windows XP entfernen? Wählen Sie die beiden richtigen Antworten.

A. Klicken Sie im Startmenü auf **Alle Programme**, **Service Pack 2** und dann auf **Entfernen**.

B. Wählen Sie im Modul **Software** den Eintrag **Windows XP Service Pack 2** und klicken Sie auf **Entfernen**.

C. Wechseln Sie an der Eingabeaufforderung in den Ordner **%SystemRoot%\$NtservicepackUninstall$\spuninst** und geben Sie den Befehl **spuninst.exe** ein.

D. Wechseln Sie an der Eingabeaufforderung in den Ordner **%SystemRoot%\$NtservicepackUninstall$** und geben Sie den Befehl **setup.exe** ein.

7.

Sie sind ein Consultant für Fabrikam, Inc. und sollen Windows XP Professional auf 45 Desktopcomputern installieren. Am Morgen Ihres ersten Tags hat Ihnen Ihre Managerin den Volumenlizenz-Product Key von Fabrikam und die Windows XP Professional-CD-ROM übergeben. Sie legen die CD-ROM in den ersten Computer ein, aber die Installation bricht nach einigen Minuten ab. Die Fehlermeldung besagt, dass das Installationsmedium nicht gelesen werden konnte. Sie entfernen die CD-ROM und stellen fest, dass sich ein tiefer Kratzer durch die Oberfläche der CD-ROM zieht.

Sie können die Managerin nirgends finden. Ihr Sekretär weiß, dass sie erst am Nachmittag zurückkommt und dass sie als einzige die Schlüssel für den Schrank mit den Sicherungskopien der Windows XP Professional-CD-ROM hat. Sie haben allerdings Ihren eigenen Laptop mitgebracht und Ihre Windows XP Professional-Retail-CD-ROM befindet sich im CD-ROM-Laufwerk. Wie können Sie die automatische Installation am einfachsten starten? Wählen Sie die richtige Antwort.

A. Verwenden Sie Ihre eigene Windows XP Professional-CD-ROM und geben Sie den Product Key ein, der zu Ihrer CD-ROM gehört.

B. Verwenden Sie Ihre eigene Windows XP Professional-CD-ROM und geben Sie den Product Key von Fabrikam ein.

C. Kopieren Sie den Inhalt Ihrer eigenen Windows XP Professional-CD-ROM in einen freigegebenen Ordner und führen Sie eine Netzwerkinstallation durch. Geben Sie den Product Key von Fabrikam ein.

D. Warten Sie, bis die Managerin zurückgekehrt ist, und lassen Sie sich eine Sicherungskopie der Windows XP Professional-Volumenlizenz-CD-ROM geben.

Antworten zu Lernziel 1.4

1. Richtige Antwort: C

A. **Falsch** Wenn Sie das Windows XP-Setupprogramm (**Winnt32.exe**) mit dem Parameter **/copydir** aufrufen, wird ein zusätzlicher vom Administrator bereitgestellter Ordner in die neue Windows XP-Instanz kopiert.

B. **Falsch** Den Parameter **/syspart** verwenden Sie nur dann mit **Winnt32.exe**, wenn Sie das Windows XP-Setupprogramm auf ein Festplattenlaufwerk laden, bevor Sie es in einen anderen Computer verschieben.

C. **Richtig** Die Option **/integrate:*Distributionsordner*** ist die richtige Syntax zum Aktualisieren eines Windows XP-Netzwerkverteilungspunkts. Wenn diese Option angegeben wird, sucht das Updateprogramm veraltete Dateien innerhalb der Windows XP-Setupdateien und ersetzt sie durch Versionen aus dem Service Pack 2. Werden später Installationen über diesen Verteilungspunkt durchgeführt, werden automatisch die aktualisierten Dateien verwendet. Bei älteren Service Packs wurde für diese Funktion der Parameter **/s** verwendet, auch beim Service Pack 2 können Sie statt **/integrate** noch **/s** verwenden.

D. **Falsch** Der Parameter **/o** ist ein gültiger Parameter für den Updatebefehl, aber er führt kein Slipstreaming aus. Der Parameter **/o** dient dazu, während der Service Pack-Installation OEM-Treiber (Original Equipment Manufacturer) zu überschreiben.

2. Richtige Antwort: D

A. **Falsch** Die erste Phase der Installation wurde erfolgreich abgeschlossen, das lässt vermuten, dass das Installationsmedium in Ordnung ist.

B. **Falsch** Dies ist zwar eine mögliche Erklärung, aber es ist sehr unwahrscheinlich, weil der Computer zwei Jahre problemlos gelaufen ist.

C. **Falsch** Hätten Sie einen ungültigen Product Key eingegeben, hätte das Setupprogramm eine Fehlermeldung angezeigt und Sie wären aufgefordert worden, den korrekten Product Key erneut einzugeben. Hätten Sie einen gültigen Product Key eingegeben, der bereits einem anderen Computer zugewiesen ist, bekämen Sie erst dann eine Fehlermeldung angezeigt, wenn Sie versuchen, Windows XP zu aktivieren.

D. **Richtig** Sie haben die meisten der Schritte durchgeführt, die für den Updatevorgang Voraussetzung sind, aber Sie haben vergessen, ein Update des BIOS auf die neueste Version vorzunehmen, die der Hersteller anbietet. Ein inkompatibles BIOS kann den Start eines Computers verhindern. Es ist normalerweise nicht weiter schwierig, dieses Problem zu beseitigen, wenn Sie über ein anderes System verfügen, das mit dem Internet verbunden ist. Besuchen Sie die Website des Herstellers und laden Sie das neueste BIOS herunter. Folgen Sie den Anweisungen des Herstellers, um das BIOS auf dem Zielcomputer zu aktualisieren. Meist müssen Sie dazu das neue BIOS auf eine bootfähige Diskette kopieren und den Zielcomputer von dieser Diskette starten. Nachdem das BIOS aktualisiert ist, können Sie die Diskette entfernen und neu starten. Die Windows XP Professional-Installation sollte jetzt ohne weitere Probleme durchlaufen.

3. Richtige Antwort: D

A. **Falsch** Der Installations-Manager **Setupmgr.exe** ist ein Tool zum Erstellen von Antwortdateien, mit denen Sie die Installation von Windows XP Professional automatisieren können, oder zum Automatisieren einer SysPrep-Installationsroutine.

B. **Falsch** Das Tool SysPrep dient zum Bereitstellen von Windows XP Professional auf mehreren Computern mithilfe der Datenträgerduplizierung. SysPrep weist jedem Zielcomputer eine eindeutige Sicherheitskennung zu, sobald der Computer zum ersten Mal neu gestartet wird. Dieses Tool dient nicht dazu, Service Packs zu verwalten oder optionale Windows-Komponenten hinzuzufügen oder zu entfernen.

C. **Falsch** In älteren Windows-Versionen mussten Sie das neueste Service Pack erneut einspielen, nachdem Sie zusätzliche Komponenten vom Installationsmedium installiert hatten. Bei Windows XP Professional ist das nicht mehr nötig, weil alle Dateien, die in einem Service Pack enthalten sind, in die entsprechenden Ordner der Festplatte installiert werden; darunter fallen auch die Dateien, die momentan gar nicht benutzt werden. Wird eine optionale Komponente zu einem System mit einem neueren Service Pack hinzugefügt, werden automatisch die neueren Dateien verwendet. So ist es nicht mehr nötig, das Service Pack erneut einzuspielen.

D. **Richtig** Wie in Antwort C erläutert, ist es nicht notwendig, das Service Pack erneut einzuspielen.

4. Richtige Antwort: A

A. **Richtig** Dies sind die einzigen Informationen, die an Microsoft übertragen werden.

B. **Falsch** Diese Informationen werden zwar beim Registrieren an Microsoft übertragen, aber nicht während der Produktaktivierung. Das Registrieren ist eine freiwillige Option, die ein Benutzer überspringen kann. Die Produktaktivierung ist dagegen nötig, um Windows XP Professional für mehr als 30 Tage nach der Installation benutzen zu können.

C. **Falsch** Es werden keine persönlichen Informationen an Microsoft übertragen, insbesondere keine Finanzdaten.

D. **Falsch** Die Windows XP Professional-PID wird an Microsoft übertragen, aber daneben nur Teile des **HKEY_LOCAL_MACHINE**-Astes.

5. Richtige Antwort: C

A. **Falsch** Bei einer Updateinstallation können Sie den Produktaktivierungsschlüssel nicht ändern.

B. **Falsch** Diese Methode funktioniert zwar, sie ist aber sehr zeitaufwendig.

C. **Richtig** Dies ist die effizienteste Methode, einen gültigen Produktaktivierungsschlüssel für Windows XP einzugeben. Sie wird ausführlicher im Microsoft Knowledge Base-Artikel 328874 beschrieben.

D. **Falsch** Der Product Key ist keine Umgebungsvariable. Er kann nur mit dem Tool **Msoobe.exe** geändert werden.

6. Richtige Antwort: B und C

A. **Falsch** Das Service Pack 2 fügt keine Programmgruppe zum Windows XP-Startmenü hinzu.

B. **Richtig** Am einfachsten können Sie das Service Pack 2 von Hand im Modul **Software** entfernen.

C. **Richtig** Sie können das Service Pack 2 mit dem Befehlszeilenprogramm **Spuninst.exe** entfernen.

D. **Falsch** Mit der Anwendung **Setup.exe** können Sie das Service Pack 2 nicht entfernen.

7. Richtige Antwort: D

A. **Falsch** Die meisten Product Keys von Retail-Versionen können nur auf einem einzigen Computer aktiviert werden, und Sie haben Windows XP Professional bereits auf Ihrem Laptop installiert. Außerdem könnten Sie auf diese Weise nur auf einem einzigen Computer die Installation durchführen.

B. **Falsch** Sie können Installationen der Retailversion von Windows XP nicht mit einem Volumenlizenz-Product Key aktivieren. Genauso wenig können Sie Retail-Windows XP-Installationen mit Volumenlizenz-Product Keys aktivieren.

C. **Falsch** Sie können Installationen der Retailversion von Windows XP nicht mit einem Volumenlizenz-Product Key aktivieren, unabhängig davon, ob die Installation über ein Netzwerk oder direkt von der CD-ROM durchgeführt wird.

D. **Richtig** Sie müssen die Volumenlizenz-CD-ROM mit dem Volumenlizenz-Product Key verwenden.

Lernziel 1.5: Problembehandlung fehlgeschlagener Installationen

Das Installieren eines Betriebssystems ist ein sehr komplexer Vorgang. Wegen der Vielzahl von Hardwarekomponenten gibt es eine fast unbegrenzte Zahl von Kombinationen, mit denen das Setupprogramm umgehen können muss. Als wäre das nicht schon komplex genug, wird Windows XP Professional oft auf Hardware installiert, die erst nach der Veröffentlichung des Betriebssystems entwickelt wurde.

Diese Schwierigkeiten führen gelegentlich dazu, dass das Setupprogramm fehlschlägt. Solche Fehlschläge sind zwar nicht immer einfach zu beseitigen, aber Windows XP Professional erleichtert Ihnen diese Aufgabe, indem es detaillierte Protokolle und Debuginformationen zur Verfügung stellt. Nur wenn Sie diese Protokolldateien richtig interpretieren können, sind Sie in der Lage, Probleme bei der Installation schnell zu beseitigen. Für den Fall, dass die Protokolldateien nicht genug Informationen liefern, um die Probleme mit einer fehlgeschlagenen Installation zu beseitigen, können Sie ein detailliertes Debugging aktivieren.

Das Setupprogramm umfasst drei Installationsphasen: das ***Laden des Setupprogramms***, die ***Textmodusphase*** und die ***GUI-Modusphase***. Wenn Sie eine erfolgreiche Problembehandlung für eine fehlgeschlagene Installation durchführen wollen, müssen Sie wissen, welche Installationsschritte während dieser drei Phasen ablaufen.

Während aller Setupphasen werden Protokolldateien im Textformat auf die lokale Festplatte geschrieben. Diese Protokolldateien liegen im Verzeichnis **%SystemRoot%**, sie haben die Dateierweiterung .log. Nach jedem erfolgreichen oder fehlgeschlagenen Schritt in der Installationsroutine wird eine detaillierte Beschreibung der Aktion an die verschiedenen Protokolldateien angehängt. Durch Analysieren der Protokolldateien können Sie die Ursache aller aufgetretenen Probleme ermitteln, sogar wenn die Installationsroutine erfolgreich abgeschlossen wurde. Falls die Installationsroutine fehlschlägt, können Sie anhand der zuletzt ins Protokoll geschriebenen Einträge die Ursache des Problems einkreisen.

Fragen zu Lernziel 1.5

1.

Sie versuchen, auf einem System, das bisher unter Windows Me läuft, eine neue manuelle Neuinstallation von Windows XP durchzuführen. Das Setupprogramm bricht ab, und Sie löschen versehentlich das Dialogfeld mit der Fehlermeldung, bevor Sie es lesen konnten. Welche Protokolldatei sollten Sie sich zuerst ansehen, um Einzelheiten über den Fehler zu erfahren? Wählen Sie die richtige Antwort.

A. Setuperr.log

B. Comsetup.log

C. IIS6.log

D. Tsoc.log

2.

Sie versuchen, auf einem System, das bisher unter Windows Me läuft, eine manuelle Neuinstallation von Windows XP durchzuführen. Das Setupprogramm wird erfolgreich beendet, aber hinterher können Sie mit Ihrem System keine Verbindung zum Terminaldiensteclient aufnehmen. Welche Protokolldateien sollten Sie sich ansehen, um zu ermitteln, ob beim Installieren der Terminaldienste Fehler aufgetreten sind? Wählen Sie die beiden richtigen Antworten.

A. Setuperr.log

B. Comsetup.log

C. IIS6.log

D. Tsoc.log

E. Oewablog.txt

3.

Nachdem die Installation mehrmals fehlgeschlagen ist, stellen Sie fest, dass Sie ein Debugprotokoll für das Setupprogramm untersuchen müssen. Sie möchten, dass das Setupprogramm ein möglichst ausführliches Debugprotokoll erzeugt. Welchen Befehl verwenden Sie? Wählen Sie die richtige Antwort.

A. Winnt32 /debug7:debug.log

B. Winnt32 /debug4:debug.log

C. Winnt32 /debug1:debug.log

D. Winnt32 /debug0:debug.log

4.

Sie sind Desktopadministrator für Graphic Design Institute, ein kleines Designstudio. Ihre Firma hat vor kurzem einen neuen Designer eingestellt, der darauf besteht, dass seine Arbeitsstation mit einem SCSI-Laufwerk (Small Computer System Interface) ausgerüstet ist, weil die Festplattengeschwindigkeit bei seiner Arbeit eine entscheidende Rolle spielt. Sie kaufen einen neuen Computer ohne Festplatte, installieren einen SCSI-Adapter und schließen das SCSI-Laufwerk entsprechend der Anleitung des Herstellers an. Sie installieren Windows XP Professional konventionell mit der Installations-CD-

ROM. Während der Installation erhalten Sie eine Fehlermeldung, dass das Setupprogramm keine Festplatte finden kann. Nachdem Sie die SCSI-Verbindungen sorgfältig überprüft haben, versuchen Sie die Installation noch einmal. Die Fehlermeldung erscheint wieder. Auf welche Weise können Sie das Problem wahrscheinlich lösen? Wählen Sie die richtige Antwort.

A. Führen Sie eine Installation mit den Original-Windows XP Professional-Setupdateien von einem freigegebenen Ordner im Netzwerk durch.

B. Führen Sie ein Slipstreaming des Service Pack 2 für die Installationsdateien von Windows XP durch und verwenden Sie für die Installation die aktualisierten Dateien aus der Slipstreaming-Version.

C. Starten Sie die Installation erneut und stellen Sie die SCSI-Treiber zur Verfügung, wenn Sie vom Setupprogramm dazu aufgefordert werden.

D. Konfigurieren Sie das BIOS des Computers so, dass er von der SCSI-Festplatte startet, und nicht vom CD-ROM-Laufwerk.

Antworten zu Lernziel 1.5

1. Richtige Antwort: A

A. **Richtig** Das Windows XP-Setupprogramm erstellt während der Installation die Datei **Setuperr.log** und fügt eine Beschreibung aller aufgetretenen Fehler ein. Diese Datei liegt im Verzeichnis **%SystemRoot%**.

B. **Falsch** Die Datei **Comsetup.log** enthält eine Beschreibung des Ablaufs der COM+-Installation (Component Object Model), protokolliert aber keine Informationen zu allgemeinen Fehlern.

C. **Falsch** Die Datei **IIS6.log** enthält eine Beschreibung des Ablaufs der IIS6-Installation, protokolliert aber keine Informationen zu allgemeinen Fehlern.

D. **Falsch** Die Datei **Tsoc.log** enthält eine Beschreibung des Ablaufs der Installation der Terminaldienste, protokolliert aber keine Informationen zu allgemeinen Fehlern.

2. Richtige Antwort: A und D

A. **Richtig** Das Windows XP-Setupprogramm erstellt während der Installation die Datei **Setuperr.log** und fügt eine Beschreibung aller aufgetretenen Fehler ein. Diese Datei liegt im Verzeichnis **%SystemRoot%**.

B. **Falsch** Die Datei **Comsetup.log** enthält eine Beschreibung des Ablaufs der COM+-Installation (Component Object Model), protokolliert aber keine Informationen zu allgemeinen Fehlern.

C. **Falsch** Die Datei **IIS6.log** enthält eine Beschreibung des Ablaufs der IIS6-Installation, protokolliert aber keine Informationen zu allgemeinen Fehlern.

D. **Richtig** Die Datei **Tsoc.log** enthält eine Beschreibung des Ablaufs der Installation der Terminaldienste. Wenn Sie sich neben **Setuperr.log** diese Datei ansehen, bekommen Sie möglicherweise detailliertere Informationen über die Ursache des Problems.

E. **Falsch** Die Datei **Oewablog.txt** enthält eine Beschreibung des Ablaufs der Microsoft Outlook Express-Installation, protokolliert aber keine Informationen zu allgemeinen Fehlern.

3. Richtige Antwort: B

A. **Falsch** Die Syntax **/debug[*Stufe*]:[*Dateiname*]** ist zwar korrekt, aber die Debugstufe 7 ist keine gültige Option.

B. **Richtig** Die Syntax **/debug[*Stufe*]:[*Dateiname*]** ist korrekt und die Debugstufe 4 ist die höchstmögliche Stufe. Die möglichen Werte reichen von 0 bis 4: 0 steht für schwere Fehler, 1 für Fehler, 2 für Warnungen, 3 für Informationsmeldungen und 4 für sehr ausführliche Informationen. Selbstverständlich schließt jede Debugstufe die Informationen aller niedrigeren Stufen ein.

C. **Falsch** Die Syntax **/debug[*Stufe*]:[*Dateiname*]** ist zwar korrekt, aber die Debugstufe 1 zeichnet nur Fehler und schwere Fehler auf.

D. **Falsch** Die Syntax **/debug[*Stufe*]:[*Dateiname*]** ist zwar korrekt, aber die Debugstufe 0 zeichnet nur schwere Fehler auf.

4. Richtige Antwort: C

A. **Falsch** Das Problem lässt sich nicht beseitigen, indem Sie eine Installation von einem freigegebenen Ordner durchführen, weil das nichts an der Hardwareerkennung ändert.

B. **Falsch** Mithilfe des Slipstreaming können Sie sich viel Zeit sparen, weil Sie nach Abschluss der Installation weniger Updates einspielen müssen, aber das löst wahrscheinlich nicht das Problem der fehlenden SCSI-Treiber.

C. **Richtig** Das Windows XP-Setupprogramm benötigt Treiber für viele Typen von SCSI-Adaptern, um die Betriebssystemdateien auf die Festplatte zu schreiben. Obwohl das Setupprogramm Sie auffordert, SCSI-Treiber bereitzustellen, überlesen viele Administratoren diesen Hinweis, weil sie diesen Schritt normalerweise einfach überspringen. Wenn sie den Hinweis dann wirklich brauchen, übersehen sie ihn oft.

D. **Falsch** Der Computer muss zwar irgendwann so konfiguriert werden, dass er von der Festplatte startet, aber wahrscheinlich reichen dazu die Standardeinstellungen des BIOS. Das Problem ist ohnehin aufgetreten, bevor das Setupprogramm Dateien auf die Festplatte kopieren konnte und bevor der Computer neu von der Festplatte gestartet werden musste. Daher beseitigt das Ändern dieser BIOS-Einstellung nicht das Problem, dass die Festplatte nicht erkannt wird.

KAPITEL 22

Planen und Durchführen der Ressourcenadministration

Für den durchschnittlichen Benutzer ist das Verwalten von Datenträgern, freigegebenen Ordnern und Druckern selbsterklärend, weil Microsoft Windows XP vorbildlich darin ist, das Administrieren dieser Ressourcen so einfach wie möglich zu gestalten. Administratoren, die eine Problembehandlung für diese Ressourcen durchführen sollen, müssen aber Einzelheiten dieser Verwaltungsaufgaben beherrschen. Ob Sie zum Beispiel die Unterschiede zwischen den Dateisystemen FAT (File Allocation Table), FAT32 und NTFS (NT File System) kennen oder nicht, kann entscheidend dafür sein, ob Sie ein funktionierendes Dualbootsystem mit Windows Me und Windows XP aufbauen können oder das System von Grund auf neu erstellen müssen. Die meisten Benutzer können einen lokal angeschlossenen Drucker einrichten, aber eine Problembehandlung für Netzwerkdrucker kann sehr schwierig sein.

Funktionierende Netzwerkverbindungen sind für die meisten Benutzer von entscheidender Bedeutung, aber Benutzer, die im Außendienst mit tragbaren Computern unterwegs sind, sind oft davon abgeschnitten. Offlinedateien minimieren die Probleme, mit denen die Benutzer zu kämpfen haben, während sie ohne Netzwerkverbindung unterwegs sind oder wenn sie über eine unzuverlässige Netzwerkverbindung auf Dateien zugreifen wollen. Dateien in einem freigegebenen Ordner können automatisch mit der lokalen Festplatte synchronisiert werden, während die Verbindung mit dem Netzwerk besteht. Und sobald keine Netzwerkverbindung mehr zur Verfügung steht, können die Benutzer transparent auf die Offlinedateien zugreifen. Die Benutzer können die Dateien sogar verändern, während sie offline arbeiten, und sie später automatisch synchronisieren.

Geprüfte Fähigkeiten und vorgeschlagene praktische Übungen

Um den Lernzielbereich „Implementieren und Durchführen der Ressourcenadministration" innerhalb der Prüfung „Installieren, Konfigurieren und Verwalten von Windows XP Professional" zu bestehen, sollten Sie die folgenden Fähigkeiten beherrschen.

- Implementieren und Administrieren der Windows XP-Dateisystemfunktionen.

Wichtig Sie dürfen diese Übungen nur auf einem Testcomputer durchführen. Es ist sehr gefährlich, die Datenträgerkonfiguration auf einem Produktionscomputer zu verändern.

- Übung 1: Erstellen Sie eine Partition mit dem Snap-In **Datenträgerverwaltung**.
- Übung 2: Konvertieren Sie ein Dateisystem mit dem Befehlszeilenprogramm **Convert.exe** von FAT32 auf NTFS.
- Übung 3: Konvertieren Sie einen Basisdatenträger mit dem Befehlszeilenprogramm **Diskpart.exe** in einen dynamischen Datenträger.
- Übung 4: Starten Sie das Snap-In **Datenträgerverwaltung** und experimentieren Sie mit den unterschiedlichen Optionen, die für Basisdatenträger und dynamische Datenträger zur Verfügung stehen.
- Übung 5: Erstellen Sie ein Stripeset, indem Sie zwei dynamische Datenträger kombinieren.
- Übung 6: Integrieren Sie mithilfe von Bereitstellungspunkten ein dynamisches Volume in das Dateisystem eines vorhandenen Volumes.
- Übung 7: Verschieben Sie Dateien zwischen komprimierten und nicht komprimierten Ordnern eines NTFS-Volumes und prüfen Sie, ob der Komprimierungsstatus vom Quell- oder Zielordner geerbt wird.
- Übung 8: Verschieben Sie Dateien zwischen komprimierten und nicht komprimierten Ordnern auf unterschiedlichen NTFS-Volumes und prüfen Sie, ob der Komprimierungsstatus vom Quell- oder Zielordner geerbt wird.
- Übung 9: Komprimieren Sie unterschiedliche Dateitypen und stellen Sie fest, welche Dateitypen am meisten von der Komprimierung profitieren.
- Übung 10: Erstellen Sie eine Freigabe, auf die nur Mitglieder der Administratorengruppe zugreifen können.
- Übung 11: Erstellen Sie mit dem Befehl **net share** einen freigegebenen Ordner.
- Übung 12: Stellen Sie von einem Remotestandort aus eine Verbindung zu einem Ordner her, der auf einem Windows XP Professional-System freigegeben ist. Öffnen Sie dann auf dem System, auf dem sich der freigegebene Ordner befindet, das Snap-In **Freigegebene Ordner**. Senden Sie mithilfe dieses Tools allen Benutzern, die eine Verbindung mit dem Ordner haben, eine Warnmeldung, dass ihre Sitzung getrennt wird. Erzwingen Sie schließlich das Trennen der Sitzung.
- Übung 13: Gewähren Sie einem Benutzer mithilfe von NTFS-Dateiberechtigungen Vollzugriff auf einen Ordner. Erstellen Sie eine Freigabe und gewähren Sie demselben Benutzer ausschließlich Lesezugriff auf der Freigabeebene. Experimentieren Sie und stellen Sie fest, inwieweit dieser Benutzer Dateien in den freigegebenen Ordner schreiben darf, wenn er über das Netzwerk darauf zugreift. Unterscheiden sich die Rechte des Benutzers, wenn er sich lokal anmeldet und dann auf denselben Ordner zugreift?
- Übung 14: Halten Sie den Arbeitsstationsdienst an und versuchen Sie, eine Verbindung zu einem freigegebenen Ordner herzustellen. Halten Sie anschließend den Serverdienst an und versuchen Sie, einen freigegebenen Ordner zu erstellen.

Wichtig Bei der folgenden Aufgabe sollten Sie zumindest Übung 1 bis 4 vollständig durcharbeiten. Falls Sie praktische Erfahrungen für sämtliche Aspekte der Prüfung sammeln wollen und die zusätzlichen Ressourcen für Übung 5 haben, können Sie auch diese Übung machen.

- Implementieren und Administrieren von Windows XP-Druckern.
  - Übung 1: Fügen Sie einen neuen Drucker mithilfe des Druckerinstallations-Assistenten hinzu und geben Sie ihn frei.
  - Übung 2: Halten Sie den Arbeitsstationsdienst an und versuchen Sie, eine Verbindung zu einem freigegebenen Drucker herzustellen. Halten Sie anschließend den Serverdienst an und versuchen Sie, einen freigegebenen Drucker zu erstellen.
  - Übung 3: Entfernen Sie das standardmäßig vergebene Recht der Gruppe **Hauptbenutzer**, einen Drucker zu verwalten.
  - Übung 4: Drucken Sie auf einen freigegebenen Drucker und löschen Sie das Dokument sofort wieder im Fenster **Drucker und Faxgeräte**.
  - Übung 5: Stellen Sie mithilfe eines URLs eine Verbindung zu einem über IPP (Internet Printing Protocol) freigegebenen Drucker her. Drucken Sie ein Dokument und löschen Sie es sofort wieder mit dem Internet Explorer, bevor es ausgedruckt wird.
- Konfigurieren von Offlinedateien.
  - Übung 1: Deaktivieren Sie die einfache Ordnerfreigabe. Das ist Voraussetzung für alle folgenden Übungen.
  - Übung 2: Erstellen Sie einen freigegebenen Ordner und aktivieren Sie die automatische Zwischenspeicherung von Dokumenten.
  - Übung 3: Stellen Sie eine Verbindung zu einem Ordner her, der auf einem Windows XP-System freigegeben wurde, und markieren Sie einige Dokumente, damit sie synchronisiert sind.
  - Übung 4: Ändern Sie das Standardsynchronisationsverhalten, sodass Dateien einmal pro Nacht synchronisiert werden und nicht beim An- und Abmelden der Benutzer.
  - Übung 5: Erstellen Sie einen freigegebenen Ordner und konfigurieren Sie ihn für das automatische Zwischenspeichern von Programmen. Stellen Sie von einem Clientsystem aus eine Verbindung zu dieser Freigabe her und markieren Sie die Dateien zum Synchronisieren. Trennen Sie die Verbindung zum Netzwerk und ändern Sie die synchronisierten Dateien. Stellen Sie die Netzwerkverbindung wieder her und versuchen Sie, die geänderten Dateien wieder mit dem freigegebenen Ordner zu synchronisieren.

Weiterführende Literatur

Dieser Abschnitt enthält eine nach Lernzielen unterteilte Liste mit zusätzlicher Literatur. Wir empfehlen, dass Sie dieses Material sorgfältig studieren, bevor Sie die Prüfung 70-270 ablegen.

Lernziel 2.1

Microsoft Windows XP Professional Resource Kit Documentation von Microsoft Corporation. Redmond, WA: Microsoft Press, 2001. Lesen Sie Kapitel 16, „Authorization and Access Control". Dieses Kapitel bietet einen Überblick über Konzepte für die Dateisicherheit, zum Beispiel Zugriffssteuerungslisten (online verfügbar unter **http://www.microsoft.com/resources/documentation/Windows/XP/all/reskit/en-us/prdd_sec_quni.asp**).

Lernziel 2.2

„Troubleshooting File and Printer Sharing in Microsoft Windows XP" von Microsoft Corporation (online verfügbar unter **http://www.microsoft.com/downloads/details.aspx?familyid=fd7fd48d-6b4a-448e-a632-076f98a351a2**).

„File and Printer Sharing with Microsoft Windows" von Microsoft Corporation (online verfügbar unter **http://www.microsoft.com/downloads/details.aspx?FamilyID=87C0A6DB-AEF8-4BEF-925E-7AC9BE791028**).

Lernziel 2.3

Microsoft Windows XP Professional Resource Kit Documentation von Microsoft Corporation. Redmond, WA: Microsoft Press, 2001. Lesen Sie Kapitel 11, „Enabling Printing and Faxing". Dieses Kapitel enthält detaillierte Informationen über das Verwalten von lokalen und Netzwerkdruckern (online verfügbar unter **http://www.microsoft.com/resources/documentation/Windows/XP/all/reskit/en-us/prdl_pif_frpc.asp**).

„Troubleshooting File and Printer Sharing in Microsoft Windows XP" von Microsoft Corporation (online verfügbar unter **http://www.microsoft.com/downloads/details.aspx?familyid=fd7fd48d-6b4a-448e-a632-076f98a351a2**).

„File and Printer Sharing with Microsoft Windows" von Microsoft Corporation (online verfügbar unter **http://www.microsoft.com/downloads/details.aspx?FamilyID=87C0A6DB-AEF8-4BEF-925E-7AC9BE791028**).

„Printing, Imaging, Fax, and All-in-One Frequently Asked Questions" von Bruce Sanderson (online verfügbar unter **http://members.shaw.ca/bsanders/PrintingFAQ.HTM**).

Lernziel 2.4

„Wählen unter NTFS, FAT und FAT32" im Windows XP-Hilfe- und Supportcenter (online verfügbar unter **http://www.microsoft.com/windowsxp/home/using/productdoc/en/choosing_between_NTFS_FAT_and_FAT32.asp**).

Lernziel 2.5

Microsoft Windows XP Professional Resource Kit Documentation von Microsoft Corporation. Redmond, WA: Microsoft Press, 2001. Lesen Sie Kapitel 5, „Managing Desktops",

Kapitel 6, „Managing Files and Folders", und Kapitel 7, „Supporting Mobile Users". Lesen Sie besonders die Abschnitte sorgfältig durch, in denen das Synchronisieren von Offlinedateien und die IntelliMirror-Technologien beschrieben werden (online verfügbar unter **http://www.microsoft.com/resources/documentation/Windows/XP/all/reskit/en-us/prda_dcm_vdxa.asp**).

Lernziel 2.1: Überwachen, Verwalten und Problembehandlung des Zugriffs auf Dateien und Ordner

Windows XP Professional-Administratoren müssen die Einzelheiten der NTFS-Komprimierung genau kennen, gerade weil dieses Feature so einfach zu benutzen ist: Wenn immer mehr Benutzer dieses Feature verwenden, gibt es auch immer mehr Benutzer, die Probleme damit haben. Zwar kann jeder Benutzer einen Ordner mit dem Windows-Explorer komprimieren, aber nur die Systemadministratoren können genau erklären, welche Auswirkungen komprimierte Ordner auf Systemleistung und freien Festplattenplatz haben. Der Windows-Explorer bietet die benutzerfreundlichste Schnittstelle zu den Details der Komprimierung, das Dienstprogramm **Compact.exe** ist für Administratoren nützlich, die mehrere Ordner auf einem System oder Ordner auf vielen verschiedenen Systemen komprimieren wollen.

Bei der NTFS-Dateikomprimierung gelten für die Vererbung andere Regeln als bei anderen Aspekten von Windows XP. Zum Beispiel erben Dateien, die kopiert werden, immer den Komprimierungszustand des Zielordners. Wenn Sie Dateien allerdings innerhalb desselben Volumes verschieben, wird der Komprimierungszustand der Datei beibehalten. Noch komplizierter wird es, wenn Sie Dateien zwischen unterschiedlichen Volumes verschieben: Sie erben den Komprimierungszustand des Zielordners.

Windows XP Professional bietet die Möglichkeit, den Zugriff von Benutzern auf Dateien und Ordner mithilfe von NTFS-Dateiberechtigungen einzuschränken. Zum Beispiel kann ein Benutzer, der die Berechtigung **Vollzugriff** für eine Datei hat, die Rechte anderer Benutzer für diese Datei ändern, indem er die DACL (Discretionary Access Control List) verändert. Ähnlich wie bei der Komprimierung gibt es auch unterschiedliche Möglichkeiten, Dateiberechtigungen zu verändern: Neben der grafischen Benutzeroberfläche des Windows-Explorers können Sie auch das Befehlszeilenprogramm **Cacls.exe** einsetzen.

Fragen zu Lernziel 2.1

1.

Sie verschieben Dateien vom Ordner **ALT** in den Ordner **NEU**. Beide Ordner befinden sich auf demselben Volume. Der Ordner **ALT** ist mit der Windows XP-NTFS-Komprimierung komprimiert, der Ordner **NEU** nicht. Welchen Komprimierungszustand haben die Dateien nach dem Verschieben?

A. Die Dateien sind nicht komprimiert.

B. Die Dateien sind komprimiert.

C. Es wird ein Fehler zurückgegeben, weil die Dateien nicht verschoben werden können, wenn ihr Komprimierungszustand nicht dem des Zielordners entspricht.

D. Die Zieldateien sind nicht komprimiert, weil Windows XP die Verschiebeoperation automatisch in eine Kopieroperation ändert, damit der Vorgang durchgeführt werden kann.

2. Sie kopieren Dateien vom Ordner **ALT** in den Ordner **NEU**. Beide Ordner befinden sich auf demselben Volume. Der Ordner **ALT** ist mit der NTFS-Komprimierung komprimiert, der Ordner **NEU** nicht. Welchen Komprimierungszustand haben die Dateien nach dem Kopieren?

   A. Die Dateien sind nicht komprimiert.

   B. Die Dateien sind komprimiert.

   C. Es wird ein Fehler zurückgegeben, weil die Dateien nicht kopiert werden können, wenn ihr Komprimierungszustand nicht dem des Zielordners entspricht.

   D. Die Zieldateien sind nicht komprimiert, weil Windows XP die Kopieroperation in eine Verschiebeoperation ändert, damit der Vorgang durchgeführt werden kann.

3. Sie müssen eine Protokolldatei (im Textformat), die mit der NTFS-Komprimierung komprimiert ist, auf ein anderes Volume kopieren. Die Dateigröße der Protokolldatei beträgt 2 GByte. Im Dateisystem verbraucht sie allerdings nur 50 MByte, weil sie komprimiert ist. Auf dem Zielvolume ist nur noch 1 GByte frei, daher aktivieren Sie die Komprimierung in dem Ordner, in den Sie die Protokolldatei kopieren. Während der Dateiübertragung bekommen Sie eine Fehlermeldung, dass nicht genug Platz zum Kopieren der Datei frei ist. Welche Erklärung ist am wahrscheinlichsten?

   A. Dateien, die zwischen unterschiedlichen Volumes kopiert werden, werden unabhängig vom Komprimierungszustand der Quelldatei oder des Zielordners immer unkomprimiert geschrieben.

   B. Dateien, die zwischen unterschiedlichen Volumes kopiert werden, werden zuerst unkomprimiert auf das Laufwerk geschrieben. NTFS komprimiert dann anschließend die Datei, wenn der Zielordner komprimiert ist.

   C. Dateien, die zwischen unterschiedlichen Volumes kopiert werden, erben den Komprimierungszustand des Basisvolumes, nicht des Zielordners. Weil das Volume selbst nicht komprimiert ist, versucht NTFS, die Datei unkomprimiert zu schreiben.

   D. Komprimierte Dateien müssen in nicht fragmentierte Bereiche der Festplatte geschrieben werden. Auch wenn auf dem Ziellaufwerk genug Platz frei ist, ist dieser freie Speicherplatz fragmentiert und kann daher nicht für komprimierte Dateien verwendet werden.

4. Sie müssen den freien Platz auf einem Windows XP Professional-System vergrößern. Welche der folgenden Ordner sind gute Kandidaten für NTFS-Komprimierung? Wählen Sie die beiden richtigen Antworten.

   A. Der Systemordner

   B. Ein Ordner mit archivierten IIS-Protokolldateien

   C. Ein Ordner mit aktiven IIS-Protokolldateien

   D. Ein Ordner mit Bildern im BMP-Format

   E. Der Ordner **%TEMP%**

5.

Sie müssen den Mitgliedern der Benutzergruppe **Marketing** in Ihrem Windows 2000-Active Directory Lesezugriff auf Dateien im Ordner **\Werbekonzepte** gewähren. Es gibt allerdings eine Ausnahme, den Benutzer Todd. Todd ist Mitglied der Gruppe **Marketing**, darf aber nicht Zugriff auf das Material in diesem Ordner bekommen. Welche der folgenden Methoden führt zum gewünschten Ziel?

A. Weisen Sie der Gruppe **Marketing** in den Freigabeberechtigungen des freigegebenen Ordners die **Zulassen**-Berechtigung **Lesen** zu. Bearbeiten Sie im Windows-Explorer die NTFS-Dateiberechtigungen und entfernen Sie alle vorhandenen Berechtigungen. Weisen Sie der Gruppe **Jeder** die **Zulassen**-Berechtigung **Ändern** zu. Weisen Sie den Mitgliedern der Gruppe **Marketing** die **Zulassen**-Berechtigung **Lesen** zu, und dem Benutzer Todd die **Verweigern**-Berechtigung für **Lesen**.

B. Weisen Sie der Gruppe **Jeder** in den Freigabeberechtigungen des freigegebenen Ordners die **Zulassen**-Berechtigung **Vollzugriff** zu. Bearbeiten Sie im Windows-Explorer die NTFS-Dateiberechtigungen und entfernen Sie alle vorhandenen Berechtigungen. Weisen Sie der Gruppe **Marketing** die **Verweigern**-Berechtigung **Vollzugriff** zu. Weisen Sie allen Mitgliedern der Gruppe **Marketing** außer Todd die **Zulassen**-Berechtigung **Lesen** zu.

C. Weisen Sie der Gruppe **Marketing** in den Freigabeberechtigungen des freigegebenen Ordners die **Zulassen**-Berechtigung **Lesen** zu. Bearbeiten Sie im Windows-Explorer die NTFS-Dateiberechtigungen und entfernen Sie alle vorhandenen Berechtigungen. Weisen Sie dem Benutzer Todd die **Verweigern**-Berechtigung **Vollzugriff** zu.

D. Weisen Sie der Gruppe **Jeder** in den Freigabeberechtigungen des freigegebenen Ordners die **Zulassen**-Berechtigung **Vollzugriff** zu. Bearbeiten Sie im Windows-Explorer die NTFS-Dateiberechtigungen und entfernen Sie alle vorhandenen Berechtigungen. Weisen Sie der Gruppe **Marketing** die **Zulassen**-Berechtigung **Lesen** zu. Weisen Sie dem Benutzer Todd die **Verweigern**-Berechtigung **Lesen** zu.

Antworten zu Lernziel 2.1

1. Richtige Antwort: B

A. **Falsch** Dateien, die innerhalb desselben Volumes verschoben werden, erben nicht die Komprimierungseigenschaften des Zielordners. Das mag verwirrend aussehen, aber Sie müssen sich klarmachen, dass die Dateien nicht neu geschrieben werden, wenn sie innerhalb eines Volumes verschoben werden: Nur der Zeiger auf die Datei wird geändert.

B. **Richtig** Wenn Dateien innerhalb desselben Volumes verschoben werden, ändert sich der Komprimierungszustand der Dateien nicht.

C. **Falsch** Windows XP Professional ermöglicht das Verschieben von Dateien in einen Zielordner, der einen anderen Komprimierungszustand hat. Der Komprimierungszustand der Dateien ändert sich dabei aber nicht, die Dateien erben nicht den Komprimierungszustand des Zielordners.

D. **Falsch** Dateien erben beim Kopieren zwar *immer* den Komprimierungszustand des Zielordners, Windows XP Professional ändert die Verschiebeoperation aber nicht automatisch in eine Kopieroperation.

2. Richtige Antwort: A

A. **Richtig** Dateien, die innerhalb desselben Volumes kopiert werden, erben immer die Komprimierungseigenschaften des Zielordners. Anders beim Verschieben von Dateien innerhalb desselben Volumes: Hier behalten die Dateien ihren Komprimierungszustand bei.

B. **Falsch** Wenn Dateien kopiert werden (egal ob innerhalb desselben Volumes oder zwischen verschiedenen Volumes), erben sie den Komprimierungszustand vom Zielordner.

C. **Falsch** Windows XP Professional ermöglicht das Kopieren von Dateien in einen Zielordner, der einen anderen Komprimierungszustand hat. Die Dateien erben den Komprimierungszustand des Zielordners.

D. **Falsch** Windows XP Professional kann Dateien zwischen Ordnern kopieren und verschieben, die unterschiedliche Komprimierungseinstellungen haben. Wenn Dateien kopiert werden, erben sie immer den Komprimierungszustand des Zielordners.

3. Richtige Antwort: B

A. **Falsch** Dateien, die zwischen unterschiedlichen Volumes kopiert werden, erben die Komprimierungseigenschaft des Zielordners.

B. **Richtig** Eine Datei kann erst dann komprimiert werden, wenn sie komplett empfangen wurde. Daher wird die Datei unkomprimiert auf das Zielvolume geschrieben. NTFS komprimiert die Datei automatisch, sobald die Dateiübertragung abgeschlossen ist. Weil die Datei aber unabhängig vom Komprimierungszustand des Zielordners erst einmal unkomprimiert geschrieben wird, muss auf dem Zielvolume genug Platz frei sein, um die gesamte unkomprimierte Datei zu speichern.

C. **Falsch** Dateien, die zwischen unterschiedlichen Volumes kopiert werden, erben die Komprimierungseigenschaft des Zielordners, unabhängig vom Komprimierungszustand des Volumes.

D. **Falsch** Komprimierte Dateien werden in Blöcken auf die Festplatte geschrieben und können wie jede andere Datei auch fragmentiert sein. Wenn Sie komprimierte Dateien verwenden, sollten Sie sogar häufiger eine Defragmentierung durchführen. Das hat seine Ursache in dem Verfahren, mit dem NTFS Dateien komprimiert.

4. Richtige Antwort: B und D

A. **Falsch** Die NTFS-Komprimierung wirkt sich negativ auf die Systemleistung aus, daher sollten Sie keine Dateien komprimieren, auf die häufig zugegriffen wird, etwa die Systemdateien.

B. **Richtig** Alte Protokolldateien sind hervorragende Kandidaten für die NTFS-Komprimierung. Protokolldateien lassen sich stark komprimieren, und weil nicht regelmäßig darauf zugegriffen wird, wirkt sich die Komprimierung nicht negativ auf die Systemleistung aus.

C. **Falsch** Windows XP Professional muss prozessorintensive Berechnungen ausführen, wenn es komprimierte Dateien schreibt. Diese Berechnungen können sich negativ auf die Systemleistung auswirken, wenn der Prozessor ohnehin schon einen Engpass für die Systemleistung bildet. In aktive IIS-Protokolldateien werden regelmäßig Daten geschrieben, daher sind sie schlechte Kandidaten für eine Komprimierung.

D. **Richtig** BMP-Dateien lassen sich sehr gut komprimieren, weil eine solche Datei viele redundante Informationen enthält. Sofern nicht ständig auf die Bitmapdateien zugegriffen wird, sind sie hervorragende Kandidaten für die Komprimierung.

E. **Falsch** Viele Anwendungen nutzen in Windows XP Professional ständig den Ordner **%TEMP%**. Die Prozessorbelastung zum Lesen und Schreiben von komprimierten Dateien kann sich negativ auf die Systemleistung auswirken, daher sollten Sie den Ordner für Temporärdateien niemals komprimieren.

5. Richtige Antwort: D

A. **Falsch** Diese Methode führt nicht zum gewünschten Ziel. Der Benutzer Todd hat zwar keinen expliziten Zugriff auf den Ordner, er hat aber die Berechtigung **Ändern**, weil er implizit Mitglied der Gruppe **Jeder** ist. Seine effektive Berechtigung ist **Lesen**, wegen der Einschränkungen in den Freigabeberechtigungen.

B. **Falsch** Diese Methode führt nicht zum gewünschten Ziel. **Verweigern**-Berechtigungen überschreiben immer alle anderen Berechtigungen. Daher können die Mitglieder der Gruppe **Marketing** nicht auf die Dateien zugreifen, weil der Benutzergruppe **Marketing** die **Verweigern**-Berechtigung **Vollzugriff** zugewiesen wurde.

C. **Falsch** Diese Methode führt nicht zum gewünschten Ziel. Der Gruppe **Marketing** wurde in den Freigabeberechtigungen des Ordners die **Zulassen**-Berechtigung **Lesen** zugewiesen, aber das reicht nicht, um den Mitgliedern dieser Gruppe Zugriff auf die Dateien im Dateisystem zu ermöglichen. Wenn ein Benutzer über eine Netzwerkfreigabe auf Dateien zugreifen will, muss er Zugriff auf die Freigabe und auch auf das zugrunde liegende Dateisystem haben. In diesem Fall würden Sie das gewünschte Ziel erreichen, wenn Sie der Gruppe **Marketing** bei den NTFS-Berechtigungen die **Zulassen**-Berechtigung **Lesen** zuweisen würden.

D. **Richtig** Diese Methode führt zum gewünschten Ziel. Die Mitglieder der Gruppe **Marketing** haben aufgrund ihrer impliziten Mitgliedschaft in der Gruppe **Jeder** Zugriff auf den freigegebenen Ordner. Auf NTFS-Ebene wurde ihnen die **Zulassen**-Berechtigung **Lesen** für den Ordner explizit zugewiesen. Und schließlich haben Sie Todd den Zugriff verweigert, indem Sie ihm explizit die **Verweigern**-Berechtigung **Lesen** zugewiesen haben. Diese **Verweigern**-Berechtigung hat Vorrang vor der **Zulassen**-Berechtigung **Lesen**, die der Gruppe **Marketing** gewährt wurde.

Lernziel 2.2: Verwalten und Problembehandlung des Zugriffs auf freigegebene Ordner

Windows XP Professional ist mehr als ein Desktopbetriebssystem: Es ist eine Plattform für Peer-to-Peer-Netzwerke. Mit Windows XP Professional können Benutzer anderen Benutzern über das Netzwerk exakt eingeschränkten Zugriff auf Dateien und Drucker gewähren. Freigabeberechtigungen ähneln Dateiberechtigungen (wenn die einfache Dateifreigabe deaktiviert ist), aber Freigabeberechtigungen können unabhängig vom zugrunde liegenden Dateisystem eingestellt werden.

Neben dem herkömmlichen Freigeben von Dateien können Windows XP Professional-Benutzer auch Webfreigaben erstellen. Benutzer können auf Webfreigaben genauso wie auf Ordnerfreigaben zugreifen. Oder sie verwenden einen Browser wie den Microsoft Internet Explorer, dann erhalten sie eine interaktive Benutzeroberfläche. Webfreigaben nutzen den WWW-Veröffentlichungsdienst, nicht den Serverdienst. Der WWW-Veröffentlichungsdienst ist Teil der Internet-Informationsdienste (Internet Information Services, IIS), die im Rahmen einer Standard-Windows XP Professional-Installation nicht installiert werden.

Fragen zu Lernziel 2.2

1.

Welche vordefinierten Benutzergruppen von Windows XP Professional sind berechtigt, freigegebene Ordner zu erstellen? Wählen Sie die beiden richtigen Antworten.

A. Administratoren

B. Netzwerkkonfigurations-Operatoren

C. Sicherungs-Operatoren

D. Hauptbenutzer

E. Benutzer

2.

Sie müssen auf Ihrem Windows XP Professional-System einen freigegebenen Ordner erstellen, wollen aber nicht, dass Benutzer, die das Netzwerk durchsuchen, die Freigabe zu sehen bekommen. Welchen Namen geben Sie einer Freigabe, die für Benutzer in der Netzwerkumgebung nicht sichtbar ist?

A. PRIVAT#

B. $PRIVAT

C. #PRIVAT

D. PRIVAT$

3.

Sie sind ein Domänenadministrator für das Windows Server 2003-Active Directory Ihres Unternehmens. Sie wollen einen freigegebenen Ordner erstellen, damit einer Ihrer Kollegen Dateien auf Ihrem Windows XP Professional-System ansehen kann. Sie erstellen ein

Active Directory-Benutzerkonto namens **EricG** und weisen ihm im Windows-Explorer die **Zulassen**-Berechtigung **Ändern** für den Ordner **\Präsentationen** zu. Dann geben Sie den Ordner unter dem Namen **Präsentationen** frei, entfernen alle Standardfreigabeberechtigungen und weisen dem Benutzerkonto **EricG** die Berechtigung **Lesen** zu. Welche effektiven Berechtigungen hat **EricG**, wenn er über das Netzwerk eine Verbindung zur Freigabe herstellt?

A. Zugriff verweigert

B. Lesen

C. Ändern

D. Vollzugriff

4.

Wie viele Benutzer können maximal gleichzeitig eine Verbindung zu einem bestimmten freigegebenen Ordner auf einem Windows XP Professional-System herstellen?

A. 1

B. 5

C. 10

D. 20

5.

Sie sind der Systemadministrator für Margie's Travel, ein Reisebüro mit einem kleinen Netzwerk, in dem Windows Server 2003- und Windows XP Professional-Computer laufen. Vor kurzen hat Kim Akers von der Buchhaltung eine Tabelle erstellt, mit der Angestellte Spesenabrechnungen automatisch erstellen können. Kim hat die Tabelle unter dem Dateinamen **Spesen-Abrechnung.xls** in einer Freigabe namens **Buchhaltung** auf dem Server des Unternehmens gespeichert (**server.margiestravel.com**). Kim hat dem freigegebenen Ordner einen Laufwerkbuchstaben zugeordnet, aber niemand sonst im Reisebüro weiß, wie man auf freigegebene Ordner zugreift, daher will sie eine E-Mail mit einem URL (Uniform Resource Locator) an alle Angestellten verschicken. So können alle Interessierten die Datei über den Internet Explorer öffnen. Welchen URL soll Kim verwenden?

A. ftp://server/buchhaltung/spesen-abrechnung.xls

B. http://server.margiestravel.com/buchhaltung/spesen-abrechnung.xls

C. file://server.margiestravel.com/buchhaltung/spesen-abrechnung.xls

D. http://server/buchhaltung/spesen%20abrechnung.xls

6.

Als Gefallen für einen Freund konfigurieren Sie zwei neue Windows XP Professional-Computer, die eine Arbeitsgruppe bilden. Ihr Freund möchte in der Lage sein, Dateien freizugeben, sodass der jeweils andere Computer darauf zugreifen kann. Sie haben auf beiden Computern Windows XP Professional installiert und dann das Service Pack 2 eingespielt. Wie können Sie nun am einfachsten einem der Computer erlauben, einen Ordner freizugeben?

A. Geben Sie einfach den Ordner frei.

B. Geben Sie den Ordner frei. Aktivieren Sie in der Windows-Firewall in der Liste der Ausnahmen den Datei- und Druckerfreigabedienst.

C. Geben Sie den Ordner frei. Fügen Sie dann in der Windows-Firewall in der Liste der Ausnahmen die TCP-Ports 389 sowie 445 und die UDP-Ports 137 sowie 138 zur Liste der Ausnahmen hinzu.

D. Geben Sie den Ordner frei. Fügen Sie anschließend in der Windows-Firewall in der Liste der Ausnahmen das Programm **Services.exe** hinzu.

7.

Welche Windows-Komponente ist nötig, um Webordner freizugeben?

A. Weitere Datei- und Druckdienste für das Netzwerk

B. Internet-Informationsdienste (IIS)

C. Message Queuing

D. Verwaltungs- und Überwachungsprogramme

Antworten zu Lernziel 2.2

1. Richtige Antwort: A und D

A. **Richtig** Mitglieder der Gruppe **Administratoren** können standardmäßig Freigaben auf Windows XP Professional-Systemen erstellen. Wählen Sie im Benutzerkonten-Assistenten als Typ die Option **Computeradministrator**, wenn Sie einen Benutzer zur Gruppe **Administratoren** hinzufügen wollen. Gewähren Sie dieses Recht nur Benutzern, denen bewusst ist, welche Sicherheitsfragen beim Freigeben von Ordnern in einem Netzwerk beachtet werden müssen.

B. **Falsch** Die Gruppe **Netzwerkkonfigurations-Operatoren** verschafft einem Mitglied die Fähigkeit, Netzwerkparameter wie etwa eine IP-Adresse zu ändern. Mitglieder dieser Gruppe können aber keine Ordner freigeben.

C. **Falsch** Mitglieder der Gruppe **Sicherungs-Operatoren** können zwar auf das gesamte Dateisystem zugreifen, um Dateien zu sichern, aber sie haben nicht die Fähigkeit, Ordner freizugeben.

D. **Richtig** Mitglieder der Gruppe **Hauptbenutzer** können auf Windows XP Professional-Systemen standardmäßig Freigaben erstellen. Benutzerkonten können allerdings nicht direkt in der Systemsteuerung zur Gruppe **Hauptbenutzer** hinzugefügt werden. Dazu müssen Sie das Administrationsprogramm Computerverwaltung verwenden. Fügen Sie nur Benutzer zur Gruppe **Hauptbenutzer** hinzu, denen bewusst ist, welche Sicherheitsfragen beim Freigeben von Ordnern in einem Netzwerk beachtet werden müssen.

E. **Falsch** Einer der Unterschiede zwischen den Gruppen **Hauptbenutzer** und **Benutzer** besteht darin, dass die Gruppe **Benutzer** keine freigegebenen Ordner erstellen kann. Das Erstellen eines freigegebenen Ordners ermöglicht den Zugriff auf den Inhalt des Ordners über das Netzwerk und kann daher bei Missbrauch die Sicherheit eines Systems beeinträchtigen. Daher sollten Sie Benutzer, denen die Sicherheitsprobleme von freigegebenen Ordnern nicht bewusst sind, nur in die Gruppe **Benutzer** aufnehmen. Wählen Sie dazu im Benutzerkonten-Assistent als Kontotyp die Option **Eingeschränkt**.

2. **Richtige Antwort: D**

A. **Falsch** Diese Antwort ist falsch, die Gründe sind in Antwort D erläutert.

B. **Falsch** Diese Antwort ist falsch, die Gründe sind in Antwort D erläutert.

C. **Falsch** Diese Antwort ist falsch, die Gründe sind in Antwort D erläutert.

D. **Richtig** Versteckte Freigaben werden erstellt, indem Sie an den Freigabename ein Dollarzeichen ($) anhängen.

3. **Richtige Antwort: B**

A. **Falsch** Benutzer haben nur dann keinerlei Zugriff auf die Freigabe, wenn ihnen die **Verweigern**-Berechtigung **Vollzugriff** explizit zugewiesen wird oder falls weder sie und noch irgendeine der Gruppen, bei denen sie Mitglied sind, in den Berechtigungen aufgeführt sind. In diesem Fall wurde dem Benutzer die Dateiberechtigung **Ändern** und die Freigabeberechtigung **Lesen** zugewiesen.

B. **Richtig** Freigabeberechtigungen überschreiben Dateiberechtigungen, wenn der Benutzer über das Netzwerk auf Dateien zugreift. Windows XP Professional schränkt **EricG** auf einen reinen Lesezugriff ein, weil der Benutzer nur über die Freigabeberechtigung **Lesen** verfügt. Würde sich **EricG** lokal am System anmelden, könnte er Dateien ändern, weil ihm auf NTFS-Ebene die Berechtigung **Ändern** zugewiesen wurde. Anders ausgedrückt: Wenn Benutzer über eine Netzwerkfreigabe auf Dateien zugreifen, werden nur die am stärksten eingeschränkten Berechtigungen gewährt.

C. **Falsch** Der Benutzer **EricG** verfügt zwar auf NTFS-Ebene über die Berechtigung **Ändern**, aber die Freigabeberechtigung **Lesen** hat Vorrang, weil Windows XP Professional die am stärksten eingeschränkten Berechtigungen anwendet, wenn bei einem Zugriff sowohl Freigabe- als auch Dateiberechtigungen ausgewertet werden.

D. **Falsch** Der Benutzer **EricG** hätte nur dann die Berechtigung **Vollzugriff** für die Dateien im freigegebenen Ordner, wenn ihm sowohl in den Dateiberechtigungen als auch in den Freigabeberechtigungen explizit die Berechtigung **Vollzugriff** gewährt worden wäre.

4. **Richtige Antwort: C**

A. **Falsch** Bis zu 10 Benutzer können eine Verbindung zu einem freigegebenen Ordner auf einem Windows XP Professional-System herstellen.

B. **Falsch** Bis zu 10 Benutzer können eine Verbindung zu einem freigegebenen Ordner auf einem Windows XP Professional-System herstellen.

C. **Richtig** Nur 10 Benutzer können gleichzeitig eine Verbindung zu einem freigegebenen Ordner auf einem Windows XP Professional-System herstellen. Sie brauchen ein Betriebssystem der Windows Server 2003-Familie, wenn Sie mehr als 10 Benutzern gleichzeitig den Zugriff ermöglichen wollen.

D. **Falsch** Maximal 10 Benutzer können eine Verbindung zu einem freigegebenen Ordner auf einem Windows XP Professional-System herstellen.

5. Richtige Antwort: C

A. **Falsch** In diesem URL wird das Protokoll FTP (File Transfer Protocol) angegeben. Das wird wahrscheinlich nicht funktionieren, weil in der Aufgabenstellung nicht erwähnt wurde, dass FTP auf dem Server läuft. FTP ist eine optionale Komponente der Internet-Informationsdienste (Internet Information Server, IIS), die sowohl für Windows Server 2003 als auch Windows XP Professional zur Verfügung steht. Sie ist aber in der Standardeinstellung nicht aktiviert und es wären zusätzliche Konfigurationsarbeiten erforderlich, damit Dateien über FTP freigegeben werden können.

B. **Falsch** In diesem URL wird das Protokoll HTTP (Hypertext Transfer Protocol) angegeben. Das wird wahrscheinlich nicht funktionieren, weil in der Aufgabenstellung nicht erwähnt wurde, dass HTTP auf dem Server läuft. HTTP ist die Grundlage für Webkommunikation, es wird von den Internet-Informationsdiensten implementiert und steht sowohl für Windows Server 2003 als auch für Windows XP Professional zur Verfügung. Es wäre zwar möglich, den Server so zu konfigurieren, dass er diese Datei über HTTP freigibt, aber die Internet-Informationsdienste geben keine Dateien standardmäßig frei.

C. **Richtig** Wenn Sie als Protokoll im URL **file** angeben, weisen Sie den Internet Explorer an, mithilfe von freigegebenen Ordnern auf die Datei zuzugreifen. Dieser URL entspricht genau der Adresse **\\server.margiestravel.com\buchhaltung\spesenabrechnung.xls**.

D. **Falsch** Wie bei Antwort B ist das Protokoll falsch. Außerdem wurde der Bindestrich im Dateinamen durch **%20** ersetzt, einen speziellen Code in URLs, der für ein Leerzeichen steht, nicht für einen Bindestrich.

6. Richtige Antwort: A

A. **Richtig** Die Windows-Firewall ist standardmäßig aktiviert, nachdem Sie das Service Pack 2 installiert haben. Windows XP konfiguriert die Windows-Firewall aber automatisch so, dass Verkehr für Datei- und Druckerfreigaben durchgelassen wird, wenn Sie eine Freigabe erstellen.

B. **Falsch** Sie brauchen den Datei- und Druckerfreigabedienst nicht von Hand auszuwählen, weil Windows XP ihn automatisch zur Liste der Ausnahmen in der Windows-Firewall hinzufügt.

C. **Falsch** Diese Methode funktioniert zwar, Sie brauchen die Ports 389 und 445 aber nicht von Hand zur Liste der Windows-Firewall-Ausnahmen hinzuzufügen, weil Windows XP den Datei- und Druckerfreigabedienst automatisch zur Liste der Ausnahmen in der Windows-Firewall hinzufügt.

D. **Falsch** Wie bei den Antworten B und C gilt, dass Sie keine Ausnahmen hinzufügen müssen, weil Windows XP dies automatisch erledigt.

7. Richtige Antwort: B

A. **Falsch** Diese Windows-Komponente ermöglicht das Freigeben von Druckern für UNIX-Computer, sie hat nichts mit Webordnern zu tun.

B. **Richtig** Die Internet-Informationsdienste sind für Webordner erforderlich. Webordner verwenden das Protokoll HTTP, das von der IIS-Komponente WWW-Veröffentlichungsdienst bereitgestellt wird.

C. **Falsch** Message Queuing wird von manchen Anwendungen benutzt, um über ein Netzwerk zu kommunizieren. Für Webordner ist diese Komponente aber nicht erforderlich.

D. **Falsch** Diese Komponente wird in erster Linie von Netzwerkadministratoren zum Verwalten und Überwachen von Windows XP-Computern verwendet.

Lernziel 2.3: Anschließen von lokalen und Netzwerkdruckgeräten

Windows XP Professional ermöglicht Benutzern im Netzwerk, auf einen Drucker zuzugreifen, der an ein Remotesystem angeschlossen ist. Dafür stehen mehrere Methoden zur Verfügung: Standard-Datei- und Druckerfreigabe, Internet Printing Protocol (IPP), ein Standard-TCP/IP-Port und das LPR-Protokoll (Line Printer Remote). Das Steuern des Zugriffs auf einen freigegebenen Drucker unterscheidet sich deutlich vom Steuern der Sicherheit für eine Dateifreigabe. Als Hauptberechtigungen stehen **Drucken**, **Drucker verwalten** und **Dokumente verwalten** zur Verfügung. In der Standardeinstellung hat die Gruppe **Jeder** die Berechtigung, ihre eigenen Dokumente zu drucken und zu verwalten, aber nur die Gruppen **Hauptbenutzer** und **Administratoren** haben Zugriff auf alle Dokumente und Drucker.

Zum Anschließen eines Remotedruckers dient der Druckerinstallations-Assistent, der auch für das Einrichten eines direkt angeschlossenen Druckers zuständig ist. Wenn ein Benutzer einen Netzwerkdrucker einrichten will, hat er verschiedene Möglichkeiten zur Auswahl: Auswählen des Druckers durch Durchsuchen des Netzwerks, Eingeben eines UNC-Namens (Universal Naming Convention) in der Form ***Server******Drucker*** oder Eingeben eines URLs in der Form **http://*Server*/Printers/*Drucker*/.*Drucker***. Lokale Drucker, Netzwerk-LPR-Drucker und Netzwerk-Standard-TCP/IP-Drucker werden genauso konfiguriert, als wären sie direkt an den Computer angeschlossen.

Fragen zu Lernziel 2.3

1.

Welche Dienste müssen laufen, damit Sie eine Verbindung zu Netzwerkdruckern herstellen und Dokumente darauf ausdrucken können? Wählen Sie die beiden richtigen Antworten.

A. Computerbrowser

B. Anmeldedienst

C. Netzwerkverbindungen

D. Druckwarteschlange

E. Server

F. Arbeitsstationsdienst

2.

Welche Dienste müssen laufen, wenn ein Drucker im Netzwerk freigegeben werden soll, auf dem alle Netzwerkbenutzer ihre Dokumente ausdrucken dürfen? Wählen Sie die beiden richtigen Antworten.

A. Computerbrowser

B. Anmeldedienst

C. Netzwerkverbindungen

D. Druckwarteschlange

E. Server

F. Arbeitsstationsdienst

3.

Sie konfigurieren Ihren Windows XP Professional-Computer so, dass er eine Verbindung zu einem Drucker herstellt, der von einem UNIX-Server über den LPD-Dienst (Line Printer Daemon) freigegeben wird. Wie sollten Sie die Verbindung zu diesem Drucker herstellen?

A. Klicken Sie in **Drucker und Faxgeräte** doppelt auf **Drucker hinzufügen**. Fügen Sie im Druckerinstallations-Assistenten einen lokalen Drucker hinzu. Erstellen Sie einen neuen Anschluss vom Typ **LPR Port**, wenn Sie dazu aufgefordert werden.

B. Klicken Sie in **Drucker und Faxgeräte** doppelt auf **Drucker hinzufügen**. Fügen Sie im Druckerinstallations-Assistenten einen Netzwerkdrucker hinzu. Erstellen Sie einen neuen Anschluss vom Typ **LPR Port**, wenn Sie dazu aufgefordert werden.

C. Klicken Sie in **Drucker und Faxgeräte** doppelt auf **Drucker hinzufügen**. Fügen Sie im Druckerinstallations-Assistenten einen lokalen Drucker hinzu. Erstellen Sie einen neuen Anschluss vom Typ **Standard TCP/IP Port**, wenn Sie dazu aufgefordert werden.

D. Klicken Sie in **Drucker und Faxgeräte** doppelt auf **Drucker hinzufügen**. Fügen Sie im Druckerinstallations-Assistenten einen Netzwerkdrucker hinzu. Erstellen Sie einen neuen Anschluss vom Typ **Standard TCP/IP Port**, wenn Sie dazu aufgefordert werden.

4.

Sie arbeiten mit einem Windows XP Professional-Computer mit installiertem Service Pack 2. Für den Internet Explorer sind die Standardsicherheitseinstellungen konfiguriert. Sie wollen über die Druckerverwaltung mit Weboberfläche eine Verbindung zu einem Drucker im Internet herstellen. Wie stellt Windows XP eine Verbindung zu diesem Drucker her?

A. Über Druckdienste für UNIX und LPR

B. Über IPP und HTTP

C. Über RPC-True-Connect (Remote Procedure Call)

D. Über LPT1 und den Standard-TCP/IP-Port

Antworten zu Lernziel 2.3

1. Richtige Antwort: D und F

A. **Falsch** Der Dienst **Computerbrowser** hilft zwar Benutzern, Drucker in einem Netzwerk zu finden, er ist aber nicht unbedingt nötig, um eine Verbindung zu freigegebenen Netzwerkdruckern herzustellen.

B. **Falsch** Der **Anmeldedienst** dient der Authentifizierung von Computern in einer Domäne, er ist nicht nötig, um eine Verbindung zu freigegebenen Netzwerkdruckern herzustellen.

C. **Falsch** Der Dienst **Netzwerkverbindungen** verwaltet Objekte im Ordner **Netzwerk- und DFÜ-Verbindungen**. Er muss nicht laufen, um eine Verbindung zu freigegebenen Netzwerkdruckern herzustellen.

D. **Richtig** Der Dienst **Druckwarteschlange** hat die Aufgabe, Dateien von Anwendungen zu empfangen und an Drucker weiterzuleiten. Jedes Mal, wenn ein Benutzer auf einem Windows XP Professional-System ein Dokument ausdrucken will, muss der Dienst **Druckwarteschlange** laufen. Das gilt auch beim Ausdrucken auf einen Netzwerkdrucker.

E. **Falsch** Der Dienst **Server** ist nur auf dem System erforderlich, das den freigegebenen Drucker anbietet. Auf Windows XP Professional-Systemen, die über das Netzwerk eine Verbindung zum freigegebenen Drucker herstellen, braucht der Serverdienst nicht zu laufen.

F. **Richtig** Der **Arbeitsstationsdienst** hat die Aufgabe, Verbindungen zu freigegebenen Dateien und Druckern herzustellen. Er ist zwar nicht nötig für einen lokalen Drucker, aber beim Ausdrucken auf einen freigegebenen Netzwerkdrucker muss dieser Dienst verfügbar sein.

2. Richtige Antwort: D und E

A. **Falsch** Der Dienst **Computerbrowser** hilft zwar Benutzern, Drucker in einem Netzwerk zu finden, er ist aber nicht unbedingt nötig, um Drucker freizugeben.

B. **Falsch** Der **Anmeldedienst** dient der Authentifizierung von Computern in einer Domäne, er ist nicht nötig, um Netzwerkdrucker freizugeben. Wenn der Anmeldedienst allerdings nicht läuft, müssen Benutzer über ein Konto auf dem Windows XP Professional-System verfügen, das den Drucker freigibt. Für Benutzer, die mit Domänenkonten authentifiziert wurden, ist der Anmeldedienst erforderlich, weil er eine Durchsatzauthentifizierung ermöglicht.

C. **Falsch** Der Dienst **Netzwerkverbindungen** verwaltet Objekte im Ordner **Netzwerk- und DFÜ-Verbindungen**. Er muss nicht laufen, um einen Netzwerkdrucker freizugeben.

D. **Richtig** Der Dienst **Druckwarteschlange** hat die Aufgabe, Dateien von Anwendungen zu empfangen und an Drucker weiterzuleiten. Jedes Mal, wenn ein Benutzer auf einem Windows XP Professional-System ein Dokument ausdrucken will, muss der Dienst **Druckwarteschlange** laufen. Das gilt auch, wenn Remotebenutzer auf einem Netzwerkdrucker Dokumente ausdrucken.

E. **Richtig** Der Dienst **Server** ist auf dem System erforderlich, das den freigegebenen Drucker anbietet. Dieser Dienst nimmt Netzwerkverbindungen von Remotesystemen entgegen. Der Serverdienst arbeitet mit dem Arbeitsstationsdienst zusammen, dem Client in dieser Client/Server-Beziehung.

F. **Falsch** Der **Arbeitsstationsdienst** hat die Aufgabe, Verbindungen zu freigegebenen Dateien und Druckern herzustellen. Er wird zwar von Benutzern benötigt, die eine Verbindung zum Remotedrucker herstellen wollen, auf dem Windows XP Professional-System, das den Drucker freigibt, braucht er aber nicht zu laufen.

3. **Richtige Antwort: A**

A. **Richtig** Sie stellen zwar eine Verbindung zu einem Netzwerkdrucker her, der Druckerinstallations-Assistent behandelt LPD-Drucker aber als lokale Drucker mit einem LPR-Anschluss.

B. **Falsch** Das sieht auf den ersten Blick wie die richtige Antwort aus, weil der Drucker über ein Netzwerk freigegeben wird. Aber der Druckerinstallations-Assistent behandelt LPD-Drucker als lokale Drucker.

C. **Falsch** Der Anschlusstyp **Standard TCP/IP Port** wird normalerweise für Drucker verwendet, die direkt an ein Netzwerk angeschlossen sind. Für LPD-Drucker müssen Sie den Typ **LPR Port** verwenden.

D. **Falsch** Wie in Antwort C ist auch hier der Anschlusstyp falsch. Für LPD-Drucker müssen Sie den Typ **LPR Port** verwenden.

4. **Richtige Antwort: B**

A. **Falsch** Windows XP unterstützt zwar LPR, konfiguriert LPR aber nicht automatisch aus der Weboberfläche für die Druckerverwaltung.

B. **Richtig** Wenn auf dem Client die Internet Explorer-Sicherheitseinstellungen für den Druckserver auf der Einstellung **Mittel** oder höher stehen, erstellt Windows XP eine IPP-Druckerverbindung über einen HTTP-Port. In diesem Fall befindet sich der Druckserver im Internet, daher weist der Internet Explorer dem Druckserver als Standardeinstellung die Sicherheitsstufe **Mittel** zu.

C. **Falsch** Windows XP verwendet RPC-True-Connect nur, wenn die Internet Explorer-Einstellungen des Clients auf der Stufe **Niedrig** oder geringer stehen. In diesem Fall befindet sich der Druckserver im Internet, daher weist der Internet Explorer dem Druckserver als Standardeinstellung die Sicherheitsstufe **Mittel** zu.

D. **Falsch** Windows XP unterstützt zwar einen Standard-TCP/IP-Port, konfiguriert diesen Typ aber nicht automatisch aus der Weboberfläche für die Druckerverwaltung.

Lernziel 2.4: Konfigurieren und Verwalten von Dateisystemen

Windows XP Professional unterstützt sowohl Basisdatenträger als auch dynamische Datenträger. In Windows Me, Windows NT 4.0 und älteren Betriebssystemen stehen nur Basisdatenträger zur Verfügung. Dynamische Datenträger unterstützen drei verschiedene Volumetypen: einfache Volumes, übergreifende Volumes und Stripesetvolumes. Einfache Volumes sind auf eine einzige Festplatte beschränkt. Übergreifende Volumes fassen mehrere Datenträger zu einem einzigen Volume zusammen. Stripesetvolumes ähneln übergreifenden Volumes, da sie ebenfalls mehrere Laufwerke zusammenfassen. Stripesetvolumes steigern aber die Leistung, weil sie es ermöglichen, Daten auf mehreren Datenträgern gleichzeitig zu lesen und zu schreiben.

Windows XP unterstützt für den Zugriff auf lokale Datenträger die Dateisysteme FAT und NTFS. Die Dateisysteme FAT16 und FAT32 ermöglichen Dualbootsysteme mit Windows 95, Windows 98 oder Windows Me. NTFS ist allerdings das bevorzugte Dateisystem, es bietet unter anderem Dateiberechtigungen auf Benutzerebene, Komprimierung, Verschlüsselung, Datenträgerkontingente, Volumebereitstellungspunkte und Abzweigungspunkte. Mit dem in Windows XP enthaltenen Tool **Convert.exe** können Sie FAT in NTFS konvertieren, wenn Sie ein Update von einem älteren Betriebssystem vornehmen.

Es stehen einige weitere Dateisysteme für den Zugriff auf Wechselmedien zur Verfügung. Disketten sind mit FAT12 formatiert, einer FAT-Version, die für Medien mit geringer Kapazität optimiert ist. CDFS (CD-ROM File System) ist das Standardformat für CD-ROMs. UDF (Universal Disk Format) wird in erster Linie für den Zugriff auf DVDs (Digital Versatile Disc) eingesetzt.

Fragen zu Lernziel 2.4

1.

Sie richten ein neues Windows XP Professional-System für einen Benutzer in der Grafikabteilung eines Verlags ein. Sie wissen, dass die Festplattenleistung bei der Bildbearbeitung von entscheidender Bedeutung ist. Daher beschließen Sie, ein einzelnes Stripesetvolume zu erstellen, das zwei SCSI-Festplatten (Small Computer System Interface) überspannt. Welchen Datenträger- und Volumetyp müssen Sie verwenden?

A. Basisdatenträger mit übergreifenden Volumes

B. Basisdatenträger mit Stripesetvolumes

C. Dynamischer Datenträger mit übergreifenden Volumes

D. Dynamischer Datenträger mit Stripesetvolumes

2.

Sie installieren auf einem System mit einer einzigen 36-GByte-Festplatte sowohl Windows Me als auch Windows XP Professional. Sie brauchen ein Dualbootsystem mit den beiden Betriebssystemen. Welches Dateisystem müssen Sie verwenden?

A. FAT

B. FAT32

C. CDFS

D. NTFS

3.

Auf welchen Betriebssystemen können Sie ein RAID 5-Volume anlegen? Wählen Sie die vier richtigen Antworten.

A. Windows Me

B. Windows NT Workstation 4.0

C. Windows NT Server 4.0

D. Windows 2000 Professional

E. Windows 2000 Server

F. Windows XP Professional

G. Windows Server 2003

4.

Mit welchen Tools können Sie einen Basisdatenträger in einen dynamischen Datenträger konvertieren? Wählen Sie die beiden richtigen Antworten.

A. Snap-In **Datenträgerverwaltung**

B. **Fsutil.exe**

C. **Format.exe**

D. **Diskpart.exe**

E. Snap-In **Defragmentierung**

5.

Sie sind Systemadministrator für das Verlagshaus Lucerne Publishing. Lektoren speichern eingereichte Manuskripte während der Begutachtung auf ihren lokalen Computern, was große Mengen an Festplattenplatz verschlingt. Einer Benutzerin, Claudia Hirschbach, ging auf ihrem mit FAT32 formatierten Laufwerk **C:** der Festplattenplatz aus, daher kaufte sie ein externes Festplattenlaufwerk, das über USB 2.0 an den Computer angeschlossen ist. Sie hat die Festplatte angesteckt und konnte sofort damit arbeiten, weil sie bereits mit dem Dateisystem FAT32 vorformatiert war. Aber für die Festplatte wird ein eigener Laufwerkbuchstabe (**E:**) verwendet, und das bringt ihre Ordnerstruktur durcheinander. Es wäre ihr lieber, wenn das Laufwerk als Unterordner von **Eigene Dateien** zur Verfügung stünde. Welche der folgenden Lösungen erfüllen diese Anforderungen?

A. Öffnen Sie in der Computerverwaltungskonsole das Snap-In **Datenträgerverwaltung** und formatieren Sie das Laufwerk mit dem Dateisystem NTFS. Erstellen Sie dann einen neuen Unterordner in **Eigene Dateien** und stellen Sie das neue Laufwerk in diesem Ordner bereit.

B. Öffnen Sie eine Eingabeaufforderung und führen Sie den Befehl **convert C:/fs:ntfs** aus. Erstellen Sie dann einen neuen Unterordner in **Eigene Dateien** und stellen Sie das neue Laufwerk in diesem Ordner bereit.

C. Erstellen Sie einen neuen Unterordner in **Eigene Dateien**. Öffnen Sie dann eine Eingabeaufforderung und führen Sie den Befehl **fsutil reparsepoint E:** ***Zielordner*** aus.

D. Erstellen Sie einen neuen Unterordner in **Eigene Dateien**. Öffnen Sie dann eine Eingabeaufforderung und führen Sie den Befehl **format E /FS:NTFS /C:** ***Zielordner*** aus.

Antworten zu Lernziel 2.4

1. Richtige Antwort: D

A. **Falsch** Basisdatenträger unterstützen keine übergreifenden Volumes. Übergreifende Volumes verbessern die Festplattenleistung ohnehin nicht, da Daten auf der Festplatte nicht auf mehreren Datenträgern gleichzeitig gelesen oder geschrieben werden.

B. **Falsch** Stripesetvolumes verbessern zwar die Festplattenleistung beim Zugriff auf mehrere Datenträger, aber Basisdatenträger unterstützen keine Stripesetvolumes.

C. **Falsch** Dynamische Datenträger unterstützen zwar übergreifende Volumes, aber übergreifende Volumes verbessern die Festplattenleistung nicht, da Daten auf der Festplatte nicht auf mehreren Datenträgern gleichzeitig gelesen oder geschrieben werden.

D. **Richtig** Dynamische Datenträger unterstützen Stripesetvolumes, im Gegensatz zu Basisdatenträgern. Stripesetvolumes fassen mehrere Datenträger zu einem einzigen logischen Volume zusammen. Werden Dateien auf dem Volume gelesen oder geschrieben, wird gleichzeitig auf mehrere Datenträger zugegriffen. Werden SCSI-Festplatten eingesetzt, verbessert sich die Festplattenleistung.

2. Richtige Antwort: B

A. **Falsch** Zwar können sowohl Windows Me als auch Windows XP Professional auf FAT-Partitionen zugreifen, aber FAT ist nicht für so große Festplattenpartitionen optimiert.

B. **Richtig** Sowohl Windows Me als auch Windows XP Professional können auf FAT32-Partitionen zugreifen und FAT32 kann die 36-GByte-Festplatte sinnvoll verwalten. Aus diesen Gründen ist FAT32 die beste Wahl für ein Dualbootsystem mit Windows Me und Windows XP Professional.

C. **Falsch** CDFS ist ein Dateisystem, das nur für CD-ROMs verwendet wird. Für Festplattenlaufwerke steht es nicht zur Verfügung.

D. **Falsch** NTFS ist zwar eine hervorragende Wahl für Windows XP Professional-Systeme, aber von Windows Me aus können Sie nicht auf NTFS-Partitionen zugreifen.

3. Richtige Antwort: B, C, E und G

A. **Falsch** Windows Me unterstützt weder RAID 5 noch NTFS-Volumes.

B. **Richtig** Windows NT Workstation 4.0 unterstützt RAID 5-Volumes über mindestens drei Datenträger mit NTFS-Partitionen. Windows NT Workstation 4.0 war das letzte Desktopbetriebssystem von Microsoft, das RAID 5 unterstützt.

C. **Richtig** Windows NT Server 4.0 unterstützt RAID 5-Volumes über mindestens drei Datenträger mit NTFS-Partitionen.

D. **Falsch** Windows 2000 Professional unterstützt NTFS, aber keine RAID 5-Volumes.

E. **Richtig** Windows 2000 Server unterstützt RAID 5-Volumes über mindestens drei Datenträger mit NTFS-Partitionen.

F. **Falsch** Windows XP Professional unterstützt NTFS, aber keine RAID 5-Volumes.

G. **Richtig** Die Windows Server 2003-Familie unterstützt RAID 5-Volumes über mindestens drei Datenträger mit NTFS-Partitionen.

4. Richtige Antwort: A und D

A. **Richtig** Das Snap-In **Datenträgerverwaltung** ist die bevorzugte Methode, einen Basisdatenträger in einen dynamischen Datenträger zu konvertieren. Öffnen Sie dazu das Snap-In **Datenträgerverwaltung** oder starten Sie das Programm Computerverwaltung und klicken Sie auf **Datenträgerverwaltung**. Klicken Sie mit der rechten Maustaste auf den Datenträger, den Sie konvertieren wollen, und wählen Sie den Befehl **In dynamischen Datenträger konvertieren**. Folgen Sie den angezeigten Anweisungen, bis der Vorgang abgeschlossen ist.

B. **Falsch** Das Programm **Fsutil.exe** ist nützlich, um bestimmte Aspekte des Dateisystems zu ändern, es kann aber nicht die Datenträgereigenschaften verändern.

C. **Falsch** Das Dienstprogramm **Format.exe** dient dazu, ein Dateisystem zu einem Laufwerk hinzuzufügen, das bereits konfiguriert wurde. Das Programm kann die Eigenschaften eines Datenträgers nicht ändern und somit auch nicht einen Basisdatenträger in einen dynamischen Datenträger konvertieren.

D. **Richtig** Das Programm **Diskpart.exe** bietet von der Befehlszeile aus Zugriff auf die Funktionen, die Sie ansonsten im Snap-In **Datenträgerverwaltung** ausführen. Wenn Sie Datenträger 0 von einem Basisdatenträger in einen dynamischen Datenträger konvertieren wollen, müssen Sie erst die **Diskpart.exe**-Shell öffnen, indem Sie den Befehl **Diskpart.exe** eingeben. Geben Sie an der **DISKPART>**-Eingabeaufforderung, den Befehl **select disk 0** ein; damit legen Sie fest, dass die nachfolgenden Befehle den Datenträger 0 betreffen. Geben Sie anschließend den Befehl **convert dynamic** ein, um den Basisdatenträger in einen dynamischen Datenträger zu konvertieren.

E. **Falsch** Das Dienstprogramm Defragmentierung dient dazu, Dateisegmente auf einer Festplatte neu anzuordnen, um die Leistung zu verbessern. Es bietet nicht die Möglichkeit, einen Basisdatenträger in einen dynamischen Datenträger zu konvertieren.

5. Richtige Antwort: B

A. **Falsch** Sie können Volumes (unabhängig von deren Typ) ausschließlich in einem leeren Ordner auf einem NTFS-Volume bereitstellen, FAT unterstützt nicht das Bereitstellen eines anderen Laufwerks in einem leeren Ordner. Daher braucht das externe Laufwerk nicht mit dem Dateisystem NTFS formatiert zu sein, aber das Laufwerk **C:** schon.

B. **Richtig** Sie müssen das Laufwerk **C:** in NTFS konvertieren, bevor Sie ein externes Laufwerk in einem Ordner bereitstellen können. In dieser Antwort ist der richtige Befehl zum Konvertieren des Laufwerks angegeben.

C. **Falsch** Das Programm **Fsutil.exe** ist nützlich, um bestimmte Aspekte des Dateisystems zu ändern, es kann aber keine Bereitstellungspunkte anlegen.

D. **Falsch** Das Dienstprogramm **Format.exe** dient dazu, ein Dateisystem zu einem Laufwerk hinzuzufügen, das bereits konfiguriert wurde. Das Programm kann keine Bereitstellungspunkte anlegen.

Lernziel 2.5: Verwalten und Problembehandlung von Zugriff und Synchronisation von Offlinedateien

Angestellte von Unternehmen sind auf das Netzwerk angewiesen, um Informationen und Dateien auszutauschen. Benutzer, die immer im Büro arbeiten, nehmen das als gegeben hin. Aber Mitarbeiter im Außendienst haben diese Möglichkeit nicht. Wenn Benutzer mit tragbaren Computern die Verbindung zum Netzwerk trennen, verlieren sie auch den Zugriff auf wichtige Informationen. Damit die Zeit ohne Netzwerkverbindung so produktiv wie möglich verläuft, können Benutzer wichtige Dateien für die Offlineverwendung mit ihren tragbaren Computern synchronisieren.

Benutzer steuern mit dem Synchronisationsmanager, wann ihr Computer Dateien synchronisiert. Dieses Tool ist für das Beseitigen von Problemen mit Offlinedateien nützlich, weil es anzeigt, wann Ordner zuletzt synchronisiert wurden. Sie können damit auch Offlinedateien so konfigurieren, dass sie synchronisiert werden, wenn sich die Benutzer an- oder abmelden, während der Computer im Leerlauf ist, oder zu festgelegten Uhrzeiten.

Fragen zu Lernziel 2.5

1.

Welche Option für das Zwischenspeichern ist für Ordner, die in einem Windows XP Professional-System freigegeben sind, als Standardeinstellung ausgewählt?

A. Das Zwischenspeichern von freigegebenen Ordnern ist in der Standardeinstellung deaktiviert.

B. In der Standardeinstellung ist **Manuelles Zwischenspeichern von Dokumenten** ausgewählt.

C. In der Standardeinstellung ist **Automatisches Zwischenspeichern von Dokumenten** ausgewählt.

D. In der Standardeinstellung ist **Autom. Zwischenspeichern von Programmen und Dokumenten** ausgewählt.

2.

Sie haben einen freigegebenen Netzwerkordner für die Offlineverwendung auf Ihrem Windows XP Professional-System konfiguriert. Während Sie vom Netzwerk getrennt waren, haben Sie eine der synchronisierten Dateien bearbeitet. Gleichzeitig hat ein anderer Benutzer das Netzwerkexemplar dieses Dokuments verändert. Was passiert, wenn Sie Ihr System wieder mit dem Netzwerk verbinden?

A. Das Dokument in der Netzwerkfreigabe wird automatisch durch Ihre zwischengespeicherte Kopie überschrieben.

B. Alle Änderungen, die Sie am zwischengespeicherten Dokument vorgenommen haben, werden automatisch in das freigegebene Netzwerkdokument eingearbeitet.

C. Windows XP Professional fragt Sie, welche Version beibehalten werden soll. Sie können auch eines der Exemplare umbenennen.

D. Das Exemplar des Dokuments, das zuletzt geändert wurde, wird behalten. Änderungen an der älteren Version des Dokuments werden verworfen.

3.

Der Leiter der Marketingabteilung in Ihrem Unternehmen hat einen Laptopcomputer mit Windows XP Professional. Während er unterwegs ist, muss er einige Präsentationen aktualisieren, die in einem freigegebenen Netzwerkordner liegen. Er will sich gelegentlich in das Unternehmensnetzwerk einwählen, möchte aber auch an den Präsentationen arbeiten, während er offline ist. Welche Synchronisationsstrategie erfüllt seine Anforderungen?

A. Deaktivieren Sie die einfache Dateifreigabe. Aktivieren Sie die Einstellung **Automatisches Zwischenspeichern von Dokumenten**, indem Sie im Eigenschaftendialogfeld des freigegebenen Ordners auf dem Server auf die Schaltfläche **Zwischenspeichern** klicken. Klicken Sie im Dialogfeld **Synchronisieren** auf die Schaltfläche **Setup**. Aktivieren Sie sowohl für die LAN-Verbindung als auch für die DFÜ-Verbindung die Kontrollkästchen **Bei der Anmeldung am Computer** und **Bei der Abmeldung vom Computer**, um die automatische Synchronisation zu aktivieren.

B. Deaktivieren Sie die einfache Dateifreigabe. Aktivieren Sie die Einstellung **Autom. Zwischenspeichern von Programmen und Dokumenten**, indem Sie im Eigenschaftendialogfeld des freigegebenen Ordners auf dem Server auf die Schaltfläche **Zwischenspeichern** klicken. Klicken Sie im Dialogfeld **Synchronisieren** auf die Schaltfläche **Setup**. Aktivieren Sie sowohl für die LAN-Verbindung als auch für die DFÜ-Verbindung die Kontrollkästchen **Bei der Anmeldung am Computer** und **Bei der Abmeldung vom Computer**, um die automatische Synchronisation zu aktivieren.

C. Deaktivieren Sie die einfache Dateifreigabe. Aktivieren Sie die Einstellung **Manuelles Zwischenspeichern von Dokumenten**, indem Sie im Eigenschaftendialogfeld des freigegebenen Ordners auf dem Server auf die Schaltfläche **Zwischenspeichern** klicken. Klicken Sie im Windows-Explorer mit der rechten Maustaste auf die Dateien und aktivieren Sie **Offline verfügbar machen**, um die Dateien zu markieren, die im Offlinebetrieb benötigt werden. Klicken Sie im Dialogfeld **Synchronisieren** auf die Schaltfläche **Setup**. Aktivieren Sie sowohl für die LAN-Verbindung als auch für die DFÜ-Verbindung die Kontrollkästchen **Bei der Anmeldung am Computer** und **Bei der Abmeldung vom Computer**, um die automatische Synchronisation zu aktivieren.

D. Deaktivieren Sie die einfache Dateifreigabe. Aktivieren Sie die Einstellung **Manuelles Zwischenspeichern von Dokumenten**, indem Sie im Eigenschaftendialogfeld des freigegebenen Ordners auf dem Server auf die Schaltfläche **Zwischenspeichern** klicken. Klicken Sie im Windows-Explorer mit der rechten Maustaste auf die Dateien und aktivieren Sie **Offline verfügbar machen**, um die Dateien zu markieren, die im Offlinebetrieb benötigt werden. Klicken Sie im Dialogfeld **Synchronisieren** auf die Schaltfläche **Setup**. Deaktivieren Sie sowohl für die LAN-Verbindung als auch für die DFÜ-Verbindung die Kontrollkästchen **Bei der Anmeldung am Computer** und **Bei der Abmeldung vom Computer**. Aktivieren Sie stattdessen das Kontrollkästchen **Objekte synchronisieren, wenn der Computer im Leerlauf ist**.

4.

Sie sind Systemadministrator eines mittelständischen Betriebs mit 250 Angestellten. Alle Angestellten haben Windows XP Professional-Computer und alle Computer sind Mitglieder Ihrer Windows Server 2003-Domäne. Etwa 50 der Angestellten sind Vertriebsmitarbeiter, die häufig mit Laptops im Außendienst unterwegs sind. Während diese Angestellten mit dem internen Netzwerk verbunden sind, greifen sie auf freigegebene Ordner mit Präsentationen, Tabellen und Datenbanken zu, um ihre Kontakte zu verwalten, Informationen zusammenzustellen und Notizen zu machen. Damit die Vertriebsmitarbeiter auch mit diesen Dateien arbeiten können, während sie unterwegs sind, haben Sie die Verwendung von Offlinedateien für den freigegebenen Ordner aktiviert. Aber während einer kürzlichen Sicherheitsüberprüfung ist Ihrem Manager aufgefallen, dass die Excel-Tabellen einige streng vertrauliche Finanzdaten enthalten. Ihr Manager hat Sie gebeten sicherzustellen, dass diese .xls-Dateien nicht für die Offlineverwendung auf den Computern der Vertriebsmitarbeiter gespeichert werden. Wie können Sie das am besten erreichen?

A. Aktivieren Sie auf den Clientcomputern im Dialogfeld **Ordneroptionen** auf der Registerkarte **Offlinedateien** das Kontrollkästchen **Offlinedateien verschlüsseln, um Daten zu schützen**.

B. Ändern Sie die Dateiberechtigungen für alle .xls-Dateien so, dass den Vertriebsmitarbeitern der Zugriff verweigert wird.

C. Ändern Sie die Domänengruppenrichtlinieneinstellung **Computerkonfiguration\Administrative Vorlagen\Netzwerk\Offlinedateien\Nicht zwischengespeicherte Dateien** und fügen Sie ihr die Dateinamenerweiterung .xls hinzu.

D. Öffnen Sie die Freigabeberechtigungen für den freigegebenen Ordner, in dem die .xls-Dateien liegen, und weisen Sie den Vertriebsmitarbeitern die **Verweigern**-Berechtigung **Lesen** zu.

Antworten zu Lernziel 2.5

1. Richtige Antwort: B

A. **Falsch** In der Standardeinstellung ist das Zwischenspeichern für Ordner, die auf einem Windows XP Professional-System freigegeben sind, aktiviert.

B. **Richtig** In der Standardeinstellung ist bei freigegebenen Ordnern auf einem Windows XP Professional-System das manuelle Zwischenspeichern für Dokumente aktiviert. Benutzer, die eine Verbindung zur Freigabe herstellen, müssen Dateien explizit für die Offlinearbeit markieren. Nur dann werden die Dateien zwischengespeichert. Bei dieser Einstellung werden keine Dateien automatisch zwischengespeichert.

C. **Falsch** Hat ein freigegebener Ordner die Einstellung **Automatisches Zwischenspeichern von Dokumenten**, speichert das Clientsystem Dokumente des Ordners in einem Cache ab, nachdem es darauf zugegriffen hat. Ältere Dokumente und Dokumente, auf die selten zugegriffen wurde, werden automatisch aus dem Zwischenspeicher gelöscht, um Platz auf der Festplatte des Benutzers zu sparen. Diese Option ist in der Standardeinstellung nicht aktiviert.

D. **Falsch** Die Einstellung **Autom. Zwischenspeichern von Programmen und Dokumenten** ähnelt der Einstellung **Automatisches Zwischenspeichern von Dokumenten**, sie erlaubt aber nicht, dass Dateien im freigegebenen Ordner überschrieben werden. Diese Einstellung aktiviert das Zwischenspeichern von schreibgeschützten Dokumenten und Anwendungen und stellt sicher, dass Änderungen, die während der Offlinephase an einem Dokument vorgenommen wurden, nicht beim Synchronisieren in den freigegebener Ordner zurückgeschrieben werden. Diese Option ist in der Standardeinstellung nicht aktiviert.

2. Richtige Antwort: C

A. **Falsch** Windows XP überschreibt niemals automatisch ein Dokument, das seit der Synchronisation verändert wurde, nicht einmal dann, wenn Änderungen an einer zwischengespeicherten Version des Dokuments vorgenommen wurden.

B. **Falsch** Windows XP ist nicht in der Lage, Änderungen aus verschiedenen Versionen zu kombinieren. Sie können aber von Hand die Änderungen an mehreren Versionen des Dokuments zusammenführen.

C. **Richtig** Windows XP Professional bietet dem Benutzer die Möglichkeit, eine Version des Dokuments zu überschreiben. Das sollten Sie allerdings vermeiden, weil die Änderungen, die der andere Benutzer am verworfenen Dokument vorgenommen hat, verloren gehen. Benennen Sie stattdessen eines der Dokumente um und fassen Sie die Änderungen der beiden Versionen von Hand zusammen.

D. **Falsch** Windows XP überschreibt niemals automatisch ein Dokument, das seit der Synchronisation verändert wurde.

3. Richtige Antwort: C

A. **Falsch** Die Einstellung **Automatisches Zwischenspeichern von Dokumenten** erfüllt die Anforderungen des Benutzers, aber bei dieser Synchronisationsstrategie werden die Dateien nicht für die Offlineverwendung markiert. Durch das Markieren von Dateien ist sichergestellt, dass sie immer synchronisiert sind. In diesem Fall stehen die Dateien nur dann offline zur Verfügung, wenn der Benutzer darauf zugegriffen hat, bevor er die Verbindung zum Netzwerk getrennt hat.

B. **Falsch** Die Einstellung **Autom. Zwischenspeichern von Programmen und Dokumenten** erfüllt nicht die Anforderungen des Benutzers, weil die zwischengespeicherten Dateien schreibgeschützt sind. Dateien, auf die so zugegriffen wird, können nicht offline bearbeitet werden, und sie werden nicht automatisch synchronisiert, wenn der Benutzer das nächste Mal eine Verbindung zum Netzwerk herstellt.

C. **Richtig** Diese Synchronisationsstrategie erfüllt die Anforderungen des Benutzers. Wenn für einen Ordner das manuelle Zwischenspeichern aktiviert ist, muss der Benutzer die Dateien markieren, die er synchronisieren will. Für freigegebene Ordner ist das manuelle Zwischenspeichern als Standardeinstellung ausgewählt, der Synchronisationsmanager ist standardmäßig so konfiguriert, dass er Dateien synchronisiert, wenn sich der Benutzer an- oder abmeldet.

D. **Falsch** Die Einstellung **Manuelles Zwischenspeichern von Dokumenten** erfüllt die Anforderungen des Benutzers, aber die Synchronisationsstrategie wurde so geändert, dass eine Synchronisation durchgeführt wird, wenn sich der Computer im Leerlauf befindet. Diese Einstellung darf nicht verwendet werden, wenn sich der Benutzer nur gelegentlich in das Netzwerk einwählt, weil es unwahrscheinlich ist, dass der Computer gleichzeitig mit dem Netzwerk verbunden und im Leerlauf ist.

4. Richtige Antwort: C

A. **Falsch** Das Verschlüsseln der Offlinedateien erhöht zwar die Sicherheit, verhindert aber nicht, dass .xls-Dateien auf den Computern der Vertriebsmitarbeiter für die Offlineverwendung gespeichert werden.

B. **Falsch** Auf diese Weise wird verhindert, dass die Vertriebsmitarbeiter die Dateien für die Offlineverwendung speichern können. Allerdings können die Benutzer bei dieser Methode überhaupt nicht mehr auf die Dateien zugreifen, selbst wenn sie mit dem Netzwerk verbunden sind.

C. **Richtig** Diese Gruppenrichtlinieneinstellung steuert, welche Dateierweiterungen auf den Computern zwischengespeichert werden, auf die das Gruppenrichtlinienobjekt angewendet wird. Es gibt einige Dateitypen, die standardmäßig nicht zwischengespeichert werden; sie sollen verhindern, dass Multiuser-Datenbanken zwischengespeichert werden.

D. **Falsch** Auf diese Weise wird verhindert, dass die Vertriebsmitarbeiter die Dateien für die Offlineverwendung speichern können. Allerdings können die Benutzer bei dieser Methode überhaupt nicht mehr auf die Dateien zugreifen, selbst wenn sie mit dem Netzwerk verbunden sind.

KAPITEL 23

Installieren, Verwalten, Überwachen und Problembehandlung von Hardwaregeräten und -treibern

Wenn Sie neue Hardware in einem Computer installieren wollen, müssen Sie das jeweilige Gerät an den Computer anschließen und dann spezielle Software installieren, den so genannten ***Gerätetreiber***, über den Microsoft Windows XP mit der Hardware kommunizieren kann. Normalerweise wird Windows XP das Gerät erkennen und den Gerätetreiber automatisch installieren. Sie müssen allerdings darauf vorbereitet sein, Probleme im Zusammenhang mit diesem Vorgang zu beseitigen, vor allem wenn es um Hardware geht, die schon mehrere Jahre alt ist. Sie sollten in der Lage sein, Gerätetreiber von Hand hinzuzufügen, zu aktualisieren und zu deinstallieren, falls Probleme auftauchen.

Der Gerätetreiber ist nicht immer die einzige Software, die Sie benötigen. Motherboards und viele andere Hardwaregeräte haben ***Firmware***: Diese Firmware ist Code, der unabhängig vom Betriebssystem zum Starten und Initialisieren des Geräts benötigt wird. Falls Sie Probleme mit einem Gerät haben, die sich durch das Aktualisieren des Gerätetreibers nicht beseitigen lassen, sollten Sie überprüfen, ob die Firmware des Computers und des Geräts auf dem neuesten Stand und korrekt konfiguriert sind. Gerätetreiber können Sie mit dem Geräte-Manager aktualisieren, aber zum Aktualisieren der Firmware eines Geräts brauchen Sie ein Softwaretool des Hardwareherstellers.

Geprüfte Fähigkeiten und vorgeschlagene praktische Übungen

Um den Lernzielbereich „Installieren, Verwalten, Überwachen und Problembehandlung von Hardwaregeräten und -treibern“ innerhalb der Prüfung „Installieren, Konfigurieren und Verwalten von Microsoft Windows XP Professional“ zu bestehen, sollten Sie die folgenden Fähigkeiten beherrschen.

Wichtig Bei der folgenden Aufgabe sollten Sie zumindest Übung 1 bis 3 vollständig durcharbeiten. Falls Sie praktische Erfahrungen für sämtliche Aspekte der Prüfung sammeln wollen und die zusätzlichen Ressourcen für Übung 4 haben, können Sie auch Übung 4 durcharbeiten.

- Installieren, Verwalten und Problembehandlung für Laufwerksgeräte.
  - Übung 1: Überprüfen Sie mit **Chkdsk** Ihr Laufwerk **C:** und beseitigen Sie eventuell gefundene Fehler. Wahrscheinlich müssen Sie anschließend Ihren Computer neu starten.
  - Übung 2: Defragmentieren Sie Laufwerk **C:** mit dem Tool Defragmentierung.
  - Übung 3: Ändern Sie den Laufwerkbuchstaben Ihres CD-ROM-Laufwerks auf **T:** und dann zurück zum vorher verwendeten Laufwerkbuchstaben.
  - Übung 4: Konvertieren Sie auf einem Testcomputer mit mehreren Festplatten einen Basisdatenträger (aber nicht den Systemdatenträger) in einen dynamischen Datenträger. Prüfen Sie anschließend, ob Sie den Datenträger zurück in einen Basisdatenträger konvertieren können.

Wichtig Bei der folgenden Aufgabe sollten Sie zumindest die Übungen 1 und 2 vollständig durcharbeiten. Falls Sie praktische Erfahrungen für sämtliche Aspekte der Prüfung sammeln wollen und die zusätzlichen Ressourcen für Übung 3 haben, können Sie auch Übung 3 durcharbeiten.

- Installieren, Verwalten und Problembehandlung für Anzeigegeräte.
  - Übung 1: Ändern Sie die Aktualisierungsrate Ihrer Grafikkarte. Beobachten Sie den Unterschied zwischen hohen und niedrigen Aktualisierungsraten. Setzen Sie anschließend die Aktualisierungsrate auf die höchstmögliche Einstellung zurück, die Ihr Monitor unterstützt.
  - Übung 2: Öffnen Sie den Internet Explorer, maximieren Sie das Fenster und rufen Sie die Website **http://www.microsoft.com** auf. Stellen Sie dann im Dialogfeld **Eigenschaften von Anzeige** mehrere unterschiedliche Auflösungen für Ihren Monitor ein. Sehen Sie sich bei jeder Auflösung an, wie die Webseite dargestellt wird. Notieren Sie sich, bei welcher Auflösung die Seite am einfachsten zu lesen ist, ohne dass Sie im Internet Explorer den Bildausschnitt nach links oder rechts verschieben müssen.
  - Übung 3: Installieren Sie auf einem Testcomputer mit einer Grafikkarte eine zweite Grafikkarte und einen zweiten Monitor. Konfigurieren Sie den Computer für mehrere Monitore.
- Konfigurieren von ACPI (Advanced Configuration Power Interface).
  - Übung 1: Überprüfen Sie, ob es sich bei Ihrem Computer um ein ACPI-System handelt. Vergleichen Sie einen ACPI-kompatiblen Computer mit einem ohne ACPI-Unterstützung.
  - Übung 2: Sehen Sie sich die verschiedenen Energieschemas an. Erstellen und testen Sie ein benutzerdefiniertes Energieschema.
  - Übung 3: Aktivieren Sie den Ruhezustand und schalten Sie Ihren Computer in den Ruhezustand.

- Installieren, Verwalten und Problembehandlung von Ein-/Ausgabegeräten (E/A).
  - Übung 1: Installieren Sie Plug & Play-Hardware, zum Beispiel eine Digitalkamera, einen Scanner oder eine Netzwerkkarte in ein vorhandenes Windows XP Professional-System.
  - Übung 2: Öffnen Sie den Geräte-Manager und sehen Sie sich die Eigenschaften aller Objekte an, die dort angezeigt werden. Starten Sie für einige dieser Geräte den Hardware-Ratgeber, indem Sie auf der Registerkarte **Allgemein** des Eigenschaftenfensters des Geräts auf die Schaltfläche **Problembehandlung** klicken.
  - Übung 3: Machen Sie sich mit den anderen Tools vertraut, die für eine Problembehandlung von Hardware zur Verfügung stehen, zum Beispiel **Dxdiag.exe**, **Winmsd.exe**, **Sigverif.exe** und **Verifier.exe**.
- Verwalten und Problembehandlung von Treibern und Treibersignierung.
  - Übung 1: Laden Sie einen aktualisierten Treiber für eines Ihrer Hardwaregeräte herunter und installieren Sie ihn. Versuchen Sie, aktualisierte Treiber über die Windows Update-Website zu installieren. Überprüfen Sie außerdem die Website des Hardwareherstellers. Stellen Sie anschließend die vorher installierte Treiberversion wieder her.
  - Übung 2: Laden Sie einen aktualisierten Treiber für eines Ihrer Hardwaregeräte herunter. Notieren Sie sich vor dem Update die Version der bisherigen Treiber; sie wird im Geräte-Manager angezeigt. Installieren Sie anschließend den aktualisierten Treiber. Starten Sie Ihren Computer bei Bedarf neu und starten Sie die Systemwiederherstellung. Windows XP müsste automatisch einen Wiederherstellungspunkt erstellt haben, bevor Sie den Treiber installiert haben. Stellen Sie diesen Punkt wieder her und starten Sie den Computer neu. Überprüfen Sie im Geräte-Manager, ob die Treiberversion wieder dem Zustand vor dem Update entspricht.

Wichtig Bei der folgenden Aufgabe sollten Sie zumindest Übung 1 vollständig durcharbeiten. Falls Sie praktische Erfahrungen für sämtliche Aspekte der Prüfung sammeln wollen und einen Testcomputer zur Verfügung haben, können Sie auch Übung 2 durcharbeiten.

- Überwachen und konfigurieren Sie Computer mit mehreren Prozessoren.
  - Übung 1: Starten Sie das Snap-In **Leistung** und sehen Sie sich an, welche Daten über die CPUs angezeigt werden.
  - Übung 2: Ersetzen Sie auf einem Testcomputer mithilfe der Wiederherstellungskonsole die HAL- (Hardware Abstraction Layer) und Kernel-Dateien durch die Originalversionen von der Windows XP Professional-CD-ROM.

Weiterführende Literatur

Dieser Abschnitt enthält eine nach Lernzielen unterteilte Liste mit zusätzlicher Literatur. Wir empfehlen, dass Sie dieses Material sorgfältig studieren, bevor Sie die Prüfung 70-270 ablegen.

Lernziel 3.1

Microsoft Windows XP Professional Resource Kit Documentation von Microsoft Corporation. Redmond, WA: Microsoft Press, 2001. Lesen Sie Kapitel 12, „Disk Management", und Kapitel 13, „File Systems". Diese Kapitel erklären die verschiedenen Datenträger- und Partitionstypen, die in Windows XP Professional zur Verfügung stehen, das Snap-In **Datenträgerverwaltung** und die Befehlszeilenprogramme zum Verwalten der Speichergeräte. Lesen Sie Kapitel 27, „Troubleshooting Disks and File Systems". Dieses Kapitel bietet einen Überblick über die Fehlerbehebungswerkzeuge, die in Windows XP Professional zur Verfügung stehen, beschreibt viele häufige Probleme im Zusammenhang mit Laufwerksgeräten und gibt Tipps zum Beseitigen der Fehler (online verfügbar unter **http://www.microsoft.com/resources/documentation/Windows/XP/all/reskit/en-us/prork_overview.asp**).

Lernziel 3.2

Microsoft Windows XP Professional Resource Kit Documentation von Microsoft Corporation. Redmond, WA: Microsoft Press, 2001. Lesen Sie Kapitel 9, „Managing Devices", insbesondere die Abschnitte über das Installieren und Konfigurieren von Hardware und Gerätetreibern. Lesen Sie außerdem die Abschnitte „Configuring the Display" und „Using Multiple Monitors". Sehen Sie sich in Anhang F, „Device Manager Error Codes", die Liste der Fehlermeldungen an (online verfügbar unter **http://www.microsoft.com/resources/documentation/Windows/XP/all/reskit/en-us/prdh_dmt_zehg.asp**).

Lernziel 3.3

Microsoft Windows XP Professional Resource Kit Documentation von Microsoft Corporation. Redmond, WA: Microsoft Press, 2001. Lesen Sie Kapitel 7, „Supporting Mobile Users". Es enthält eine eingehende Beschreibung der Probleme beim Verwalten von mobilen Computern. Lesen Sie Kapitel 9, „Managing Devices", und sehen Sie sich besonders den Abschnitt „Power Management" an (online verfügbar unter **http://www.microsoft.com/resources/documentation/Windows/XP/all/reskit/en-us/prork_overview.asp**).

„Power Management in Windows XP" von Charlie Russel (online verfügbar unter **http://www.microsoft.com/windowsxp/using/setup/learnmore/russel_02march25.mspx**).

Lernziel 3.4

Microsoft Windows XP Professional Resource Kit Documentation von Microsoft Corporation. Redmond, WA: Microsoft Press, 2001. Lesen Sie die Abschnitte „Other Hardware Support" und „Hardware Troubleshooting" in Kapitel 9, „Managing Devices". Lesen Sie Kapitel 10, „Managing Digital Media", und sehen Sie sich den Abschnitt „Digital Media Components Overview" genau an. Er beschreibt, welche Features Windows XP Professional zum Erstellen und Verwalten von digitalen Medien enthält. Der Abschnitt „Troubleshooting Digital Media" behandelt das Beseitigen einer Vielzahl typischer Probleme.

Lesen Sie Kapitel 26, „Troubleshooting Concepts and Strategies“. Dieses Kapitel beschreibt eine allgemeine Problembehandlungsmethodologie, Schritte zum Zusammenstellen von Informationen, Verweise auf andere Online- und Buchtexte mit technischen Informationen und Schritt-für-Schritt-Anleitungen für die Problembehandlung vieler häufiger Probleme (online verfügbar unter **http://www.microsoft.com/resources/documentation/Windows/XP/all/reskit/en-us/prork_overview.asp**).

„Allgemeine Problembehandlung bei USB-Problemen in Windows XP“ von Microsoft Corporation (online verfügbar unter **http://support.microsoft.com/?kbid=310575**).

„So können Sie Probleme mit drahtlosen Netzwerkverbindungen in Windows XP Service Pack 2 beheben“ von Microsoft Corporation (online verfügbar unter **http://support.microsoft.com/?kbid=870702**).

„Wireless LAN Enhancements in Windows XP Service Pack 2“ von Joseph Davies (online verfügbar unter **http://www.microsoft.com/technet/community/columns/cableguy/cg0804.mspx**).

„Microsoft Windows XP: An Overview of Windows Image Acquisition“ von William Keener (online verfügbar unter **http://support.microsoft.com/?scid=%2Fservicedesks%2Fwebcasts%2Fen%2Ftranscripts%2Fwct042203.asp**).

Lernziel 3.5

Microsoft Windows XP Professional Resource Kit Documentation von Microsoft Corporation. Redmond, WA: Microsoft Press, 2001. Lesen Sie Kapitel 9, „Managing Devices“, insbesondere die Abschnitte „Device Drivers“ und „Installing Drivers“ (online verfügbar unter **http://www.microsoft.com/resources/documentation/Windows/XP/all/reskit/en-us/prdh_dmt_zehg.asp**).

„Troubleshoot Device Driver Problems“ von Paul McFedries (online verfügbar unter **http://www.microsoft.com/windowsxp/using/setup/expert/mcfedries_03may12.mspx**).

„Digital Signature Benefits for Windows Users“ von Microsoft Corporation (online verfügbar unter **http://www.microsoft.com/winlogo/benefits/signature-benefits.mspx**).

„Behandlung von Hardware- und Software-Treiberproblemen in Windows XP“ von Microsoft Corporation (online verfügbar unter **http://support.microsoft.com/?kbid=322205**).

Lernziel 3.6

Microsoft Windows XP Professional Resource Kit Documentation von Microsoft Corporation. Redmond, WA: Microsoft Press, 2001. Lesen Sie Kapitel 26, „Troubleshooting Concepts and Strategies“. Sehen Sie sich den Abschnitt „Check Firmware Versions“ sorgfältig an (online verfügbar unter **http://www.microsoft.com/resources/documentation/Windows/XP/all/reskit/en-us/prma_trb_ersf.asp**).

Lernziel 3.1: Installieren, Verwalten und Problembehandlung von Laufwerksgeräten

Windows XP Professional unterstützt eine große Bandbreite unterschiedlicher Speichergeräte für fest eingebaute und wechselbare Medien. Wichtige Technologien für Festplatten sind ***Small Computer System Interface (SCSI)***, ***Intelligent Drive Electronics*** oder ***Integrated Drive Electronics (IDE)*** und ***Serial Advanced Technology Attachment (Serial ATA)***. ***DVD-ROM***, Disketten, ***CD-ROM***, Bandlaufwerke und über USB (Universal Serial Bus) oder FireWire/IEEE 1394 (Institute of Electrical and Electronics Engineers, Inc.) angeschlossene externe Laufwerke sind beliebte Wechselmediengeräte. Wie bei anderen Hardwaregeräten ermöglicht ein Softwaregerätetreiber Windows XP, mit der Speichergerätehardware zu kommunizieren.

Mit dem Snap-In **Datenträgerverwaltung**, Teil der Computerverwaltungskonsole, und dem Befehlszeilentool **Diskpart.exe** können Sie Datenträgertypen konvertieren, Volumes erstellen und erweitern sowie andere Datenträgerverwaltungsaufgaben durchführen. Nach längerer Betriebszeit werden die Dateien auf dem Datenträger immer stärker fragmentiert. Windows XP Professional stellt für dieses Problem das Snap-In **Defragmentierung** und die Befehlszeilenversion des Tools, **Defrag.exe**, zur Verfügung.

Windows XP Professional unterstützt zwei Typen von Festplattenspeichern: ***Basisdatenträger*** und ***dynamische Datenträger***. Falls Sie ein Dualbootsystem mit Windows XP Professional und Windows NT 4.0, Windows Me, Windows XP Home Edition oder älteren Windows-Betriebssystemen einrichten wollen, müssen Sie Basisdatenträger verwenden. Dynamische Datenträger unterstützen viele erweiterte Features, zum Beispiel übergreifende Volumes, das Erweitern von Volumes und eine unbegrenzte Zahl von Volumes pro Datenträger.

Um die Fragen in diesem Lernziel richtig beantworten zu können, müssen Sie mit den wichtigsten Typen von fest eingebauten und wechselbaren Medien vertraut sein. Sie müssen wissen, wie Sie alle diese Gerätetypen installieren, verwalten und Probleme damit beseitigen. Sie müssen in der Lage sein, die Windows XP Professional-Tools zum Erstellen, Verwalten und Ändern von dynamischen Datenträgern und Basisdatenträgern zu bedienen. Sie müssen wissen, wie Sie die unterschiedlichen Typen von Leistungsindikatoren mit **Diskperf.exe** aktivieren und deaktivieren und wie Sie Leistungsdaten in den Leistungsprotokollen und im Snap-In **Warnungen** analysieren.

Fragen zu Lernziel 3.1

1.

Bei welchen der folgenden Multibootszenarien sind alle aufgeführten Betriebssysteme voll funktionsfähig und in der Lage, auf zumindest eine Festplatte zuzugreifen? Wählen Sie die beiden richtigen Antworten.

A. Festplatte 1 ist als Basisdatenträger konfiguriert. Sie enthält eine einzige Partition, die mit dem Dateisystem NTFS formatiert ist. Darauf sind sowohl Windows XP Professional als auch Windows Me installiert. Festplatte 2 ist als Basisdatenträger konfiguriert. Sie enthält eine einzige Partition, die mit FAT32 (File Allocation Table) formatiert ist.

B. Festplatte 1 ist als Basisdatenträger konfiguriert. Sie enthält eine einzige Partition, die mit dem Dateisystem FAT32 formatiert ist. Darauf sind sowohl Windows XP Professional als auch Windows Me installiert. Festplatte 2 ist als Basisdatenträger konfiguriert. Sie enthält eine einzige Partition, die mit NTFS formatiert ist.

C. Festplatte 1 ist als dynamischer Datenträger konfiguriert. Sie enthält ein einziges Volume, das mit dem Dateisystem NTFS formatiert ist. Darauf ist Windows XP Professional installiert. Festplatte 2 ist als dynamischer Datenträger konfiguriert. Sie enthält ein einziges Volume, das mit dem Dateisystem NTFS formatiert ist. Darauf ist Windows 2000 Professional installiert.

D. Festplatte 1 ist als dynamischer Datenträger konfiguriert. Sie enthält ein einziges Volume, das mit dem Dateisystem NTFS formatiert ist. Darauf sind sowohl Windows XP Professional als auch Windows 2000 Professional installiert. Festplatte 2 ist als Basisdatenträger konfiguriert. Sie enthält ein einziges Volume, das mit NTFS formatiert ist.

E. Festplatte 1 ist als dynamischer Datenträger konfiguriert. Sie enthält eine einzige Partition, die mit dem Dateisystem NTFS formatiert ist. Darauf sind sowohl Windows XP Professional als auch Windows XP Home Edition installiert. Festplatte 2 ist als Basisdatenträger konfiguriert. Sie enthält eine einzige Partition, die mit FAT32 formatiert ist.

2.

Ihr Unternehmen weist den Angestellten die Schreibtische im Büro dynamisch zu. Sie ersetzen 30 Desktopcomputer für die Telemarketingabteilung. Sie wollen sicherstellen, dass kein Benutzer den lokalen Festplattenspeicher auf diesen neuen Computern für sich allein reservieren kann, daher weisen Sie ihnen allen Datenträgerkontingente zu. Welches Dateisystem unterstützt Datenträgerkontingente? Wählen Sie die richtige Antwort.

A. FAT

B. UDF

C. FAT32

D. NTFS

E. CDFS

3.

Sie haben einen Computer mit 700-MHz-Pentium III und 256 MByte RAM, der unter Windows 2000 Professional läuft. Sie wollen das vorhandene Betriebssystem beibehalten und zusätzlich Windows XP Professional installieren. Sie konfigurieren den Computer erfolgreich als Dualbootsystem und führen eine vollständige Datensicherung mit dem Programm Sicherung aus. Sie erstellen außerdem eine ASR-Diskette (Automated System Recovery) und editieren von Hand die Datei **Boot.ini**, um die Reihenfolge der Betriebssysteme beim Starten des Computers zu ändern. Dabei haben Sie versehentlich die Datei **Boot.ini** gelöscht.

Als Sie den Computer das nächste Mal starten, erhalten Sie eine Fehlermeldung und der Computer hält an. Was können Sie tun, um den Computer wieder vollständig wiederherzustellen, aber trotzdem die vorhandenen Konfigurationseinstellungen beizubehalten? Wählen Sie alle zutreffenden Antworten aus.

A. Installieren Sie Windows 2000 Professional und alle Anwendungen neu und installieren Sie dann Windows XP Professional neu.

B. Kopieren Sie in der Wiederherstellungskonsole die Datei **Boot.ini** von einer Windows XP Professional-Installations-CD-ROM.

C. Stellen Sie die Datei **Boot.ini** mithilfe der ASR-Diskette wieder her.

D. Kopieren Sie in der Wiederherstellungskonsole die Datei **Boot.ini** von einer Windows 2000 Professional-Installations-CD-ROM.

E. Starten Sie die Wiederherstellungskonsole und führen Sie den Befehl **Bootcfg** aus, um eine neue **Boot.ini** zu erstellen.

4.

Einer der Grafiker in der Marketingabteilung Ihres Unternehmens muss auf verschiedene Multimediadateien zugreifen, die vor einigen Jahren auf einem alten Wechselmediengerät archiviert wurden. Sie stellen fest, dass dieses Gerät im Windows-Katalog für Windows XP Professional aufgeführt ist, und schließen es an den Computer des Grafikers an. Sie wollen es mit dem Hardware-Assistenten installieren, bekommen aber eine Meldung, dass Windows das Gerät nicht erkannt hat. Sie wählen im Hardware-Assistenten die Option, das Gerät manuell aus einer Liste zu wählen und zu installieren, können das Gerät aber nicht in der Liste finden.

Wie können Sie das Gerät installieren? Wählen Sie die richtige Antwort.

A. Klicken Sie im Hardware-Assistenten auf **Datenträger** und geben Sie den Pfad zu den Treiberdateien an.

B. Ändern Sie im Dialogfeld **Treibersignaturoptionen** die Einstellung auf **Ignorieren**.

C. Ändern Sie im Dialogfeld **Treibersignaturoptionen** die Einstellung auf **Sperren**.

D. Das Gerät kann nicht installiert werden.

E. Starten Sie im abgesicherten Modus neu und installieren Sie die geeigneten Treiber.

Antworten zu Lernziel 3.1

1. Richtige Antwort: B und C

A. **Falsch** Windows Me kann keine NTFS-Volumes lesen. Wenn Sie Festplatte 1 mit NTFS formatieren, können Sie Windows Me daher nicht auf diesem Computer ausführen.

B. **Richtig** Sowohl Windows Me als auch Windows XP Professional erkennen Partitionen, die mit dem Dateisystem FAT32 formatiert sind. Daher können in diesem Fall beide Betriebssysteme auf Festplatte installiert sein. Windows XP Professional kann zwar NTFS-Laufwerke lesen, Windows Me ist dazu aber nicht in der Lage. In diesem Fall erkennt Windows Me zwar nicht Festplatte 2, die Aufgabenstellung war aber auch nur, dass jedes Betriebssystem zumindest ein Laufwerk erkennt, nicht unbedingt beide.

C. **Richtig** Sowohl Windows XP Professional als auch Windows 2000 Professional unterstützen dynamische Datenträger, speichern aber Informationen über den Datenträger in ihrer Registrierung. Sind beide Betriebssysteme auf derselben Festplatte installiert und Sie konvertieren den Datenträger unter einem der beiden Betriebssysteme in einen dynamischen Datenträger, werden die entsprechenden Daten in der Registrierung des anderen Betriebssystems ungültig, dieses Betriebssystem kann dann nicht mehr starten. Wenn Sie in einer Multibootkonfiguration mit diesen Betriebssystemen dynamische Datenträger verwenden wollen, sollten Sie die beiden Betriebssysteme daher auf getrennten Datenträgern installieren. Zum Beispiel können Sie Windows XP Professional auf Festplatte 1 installieren und Windows 2000 Professional auf Festplatte 2. Konvertieren Sie Festplatte 1 unter Windows XP Professional in einen dynamischen Datenträger und konvertieren Sie dann Festplatte 2 unter Windows 2000 Professional in einen dynamischen Datenträger.

D. **Falsch** Zwar unterstützen sowohl Windows XP Professional als auch Windows 2000 Professional dynamische Datenträger, sie speichern aber Informationen über den Datenträger in ihrer Registrierung. Sind beide Betriebssysteme auf derselben Festplatte installiert und Sie konvertieren den Datenträger unter einem der beiden Betriebssysteme in einen dynamischen Datenträger, werden die entsprechenden Daten in der Registrierung des anderen Betriebssystems ungültig, dieses Betriebssystem kann dann nicht mehr starten.

E. **Falsch** Windows XP Home Edition erkennt keine dynamischen Datenträger, daher kann es nicht auf einem dynamischen Datenträger installiert werden.

2. Richtige Antwort: D

A. **Falsch** Das 16-Bit-Dateisystem FAT wurde zu einer Zeit entwickelt, als Festplattenlaufwerke noch recht klein waren. FAT16 unterstützt keine großen Partitionen, keine Sicherheit auf Datei- und Ordnerebene, keine Datenträgerkontingente und keine anderen erweiterten Features.

B. **Falsch** Das Universal Disk Format (UDF) wurde in Windows 2000 eingeführt. Es ist ein standardkonformes Dateisystem für DVD-ROM und CD-ROM. Sie können eine Festplatte nicht mit dem Dateisystem UDF formatieren.

C. **Falsch** Die 32-Bit-Version des Dateisystems FAT unterstützt große Partitionen, aber keine der anderen erweiterten Features wie Sicherheit, Überwachung und Datenträgerkontingente.

D. **Richtig** NTFS ist ein Hochleistungsdateisystem, das für moderne Computersysteme entwickelt wurde. Es unterstützt Datenträgerkontingente auf Benutzerebene, Sicherheit auf Ordner- und Dateiebene, Überwachung, Wiederherstellungspunkte und andere erweiterte Features.

E. **Falsch** Das CD-ROM-Dateisystem (CDFS) wird nur für CD-ROM-Datenträger verwendet. Eine Festplatte kann damit nicht formatiert werden.

3. Richtige Antwort: C und E

A. **Falsch** Es ist nicht notwendig, die Betriebssysteme neu zu installieren, es gibt wesentlich schnellere Methoden, das Problem zu lösen. Wenn Sie die Betriebssysteme neu installieren, kann der Computer zwar wieder starten, aber die Konfigurationseinstellungen sind verloren.

B. **Falsch** Die Windows XP Professional-Installations-CD-ROM enthält nicht die Datei **Boot.ini**. Falls auf einem Computer keine **Boot.ini**-Datei vorhanden ist, wird sie vom Setupprogramm automatisch erstellt. Ist bereits eine vorhanden, wird sie vom Setupprogramm automatisch angepasst.

C. **Richtig** Sie können von der Windows XP Professional-Installations-CD-ROM starten und versuchen, die vorhandene Installation zu reparieren. Wenn Sie die Option **Untersuchen der Startumgebung** auswählen, werden die Windows XP Professional-Dateien in der Systempartition analysiert und bei Bedarf repariert. Eine neue **Boot.ini**-Datei wird automatisch erstellt. Sie können dann wieder von der Festplatte Windows XP Professional starten und von Hand die Datei **Boot.ini** bearbeiten, um Windows 2000 Professional zum Startmenü hinzuzufügen.

D. **Falsch** Die Windows 2000 Professional-Installations-CD-ROM enthält nicht die Datei **Boot.ini**. Falls auf einem Computer keine **Boot.ini**-Datei vorhanden ist, wird sie vom Setupprogramm automatisch erstellt. Ist bereits eine vorhanden, wird sie vom Setupprogramm automatisch angepasst.

E. **Richtig** Der Wiederherstellungskonsolenbefehl **Bootcfg /rebuild** kann Ihre Festplatte nach Windows-Installationen durchsuchen und Ihre **Boot.ini**-Datei automatisch wiederherstellen. Außerdem können Sie mit **Bootcfg** die Datei **Boot.ini** von Hand erstellen oder editieren.

4. Richtige Antwort: A

A. **Richtig** Sie müssen sich vom Hersteller Gerätetreiberdateien für Windows XP Professional besorgen und damit das Gerät installieren. Im geschilderten Fall finden Sie diese Dateien am ehesten auf der Website des Geräteherstellers.

B. **Falsch** Das Problem ist nicht die Treibersignierung. Das Ändern dieser Einstellung beseitigt das Problem nicht.

C. **Falsch** Das Problem ist nicht die Treibersignierung. Das Ändern dieser Einstellung beseitigt das Problem nicht.

D. **Falsch** Wenn das Gerät im Windows-Katalog aufgeführt ist, müsste es möglich sein, es zu installieren.

E. **Falsch** Der abgesicherte Modus dient dazu, Probleme zu beseitigen, die durch das Installieren von Treibern verursacht werden, die das System instabil machen. Sie brauchen nicht den abgesicherten Modus, um neue Hardwaregeräte zu installieren.

Lernziel 3.2: Installieren, Verwalten und Problembehandlung von Anzeigegeräten

In den meisten Fällen wird Windows XP Grafikkarten und Monitore automatisch erkennen und konfigurieren. Manchmal verursachen aber ungewöhnliche Hardwarekonfigurationen Probleme, die eine Problembehandlung erforderlich machen. Falls zum Beispiel Monitor, Grafikkarte oder Gerätetreiber kein Plug & Play unterstützen, stuft Windows XP Ihren Monitor als Standardmonitor ein. Dann müssen Sie den Monitortyp von Hand konfigurieren. Auch wenn alle Anzeigekomponenten Plug & Play-fähig sind, können die Plug & Play-Signale des Monitors durch eine Umschaltbox (zum Umschalten der Tastatur-, Monitor- und Mausanschlüsse zwischen mehreren Computern) blockiert werden.

Windows XP verhindert im Allgemeinen eine falsche Konfiguration, indem es geänderte Einstellungen überprüft und ein Bestätigungsdialogfeld anzeigt. Falls Sie die neuen Einstellungen nicht bestätigen, stellt Windows XP die vorherigen Einstellungen wieder her. Falls Sie, ein Benutzer oder Windows XP Anzeigeeinstellungen konfigurieren, die Ihr Monitor nicht unterstützt, oder falls Sie beim Austauschen des Monitors ein Modell installieren, das Ihre aktuellen Einstellungen nicht unterstützt, können Sie möglicherweise die Anzeige nicht sehen und das Problem folglich nicht beseitigen. In solchen Fällen starten Sie Windows XP im abgesicherten Modus mit Standardanzeigeeinstellungen und wählen eine geeignete Konfiguration aus.

Falls Sie mehrere Monitore an einen Computer anschließen wollen, sollten Sie Windows XP Professional erst einmal installieren, während nur eine Grafikkarte eingebaut ist. Nachdem Sie die zusätzlichen Grafikkarten und Monitore installiert haben, können Sie auf der Registerkarte **Einstellungen** im Systemsteuerungsmodul **Anzeige** die Unterstützung für mehrere Monitore konfigurieren.

Um die Fragen in diesem Lernziel richtig beantworten zu können, müssen Sie wissen, wie Sie mit Hardware-Assistent, Geräte-Manager und dem Systemsteuerungsmodul **Anzeige** ältere sowie Plug & Play-Grafikkarten und -Monitore installieren, konfigurieren und Probleme damit beseitigen. Sie müssen in der Lage sein, mehrere Grafikkarten und Monitore zu installieren, die primäre Anzeige zu ändern und Elemente zwischen den Monitoren zu verschieben.

Fragen zu Lernziel 3.2

1.

Sie haben einen neuen Computer mit brandneuer Multimediahardware gekauft, darunter eine Grafikkarte mit vielen erweiterten Features. Auf dem Computer ist Windows XP Professional vorinstalliert, aber in der Dokumentation des Herstellers wird erwähnt, dass es für den TV-Anschluss der Grafikkarte zum Zeitpunkt der Auslieferung noch keinen Treiber gab und dass Sie selbst auf der Website des Herstellers nach Updates suchen sollen. Zwei Wochen später gibt es neue Treiber für die Grafikkarte auf der Website des Herstellers, die Sie sofort herunterladen. Sie installieren die Treiber und starten das System auf Aufforderung neu. Das System startet normal und Sie melden sich an. Es erscheint eine Fehlermeldung, dass die Anzeigeeinstellungen auf die Standardwerte zurückgesetzt wurden. Sie versuchen, das Systemsteuerungsmodul **Anzeige** zu öffnen, aber das System reagiert nicht mehr.

Welches ist der beste Weg, die Funktionsfähigkeit des Computers vollständig wiederherzustellen? Wählen Sie die beste Antwort aus.

A. Schalten Sie den Computer aus, ziehen Sie das Stromkabel und das Kabel zum Monitor ab. Bauen Sie die Grafikkarte aus, setzen Sie sie in einen anderen Steckplatz ein und starten Sie den Computer neu.

B. Starten Sie den Computer im abgesicherten Modus. Klicken Sie im Eigenschaftendialogfeld der Grafikkarte auf die Schaltfläche **Installierter Treiber**, um die ursprünglichen Gerätetreiber für die Grafikkarte wiederherzustellen.

C. Starten Sie den Computer neu und stellen Sie die Originaltreiber mit der automatischen Systemwiederherstellung wieder her.

D. Starten Sie den Computer mit der Wiederherstellungskonsole neu und löschen Sie die neuen Grafikkartentreiber.

2.

Sie kaufen einen neuen Computer mit einer AGP-Grafikkarte (Accelerated Graphics Port). Sie installieren Windows XP Professional von der Installations-CD-ROM, die Grafikkarte wird dabei automatisch konfiguriert. Sie arbeiten einige Tage mit einer Auflösung von 1600 × 1200 am Computer, aber die Schrift wird dann auf dem Bildschirm so klein dargestellt, dass sie schlecht zu lesen ist. Sie wollen die Größe der Schrift auf 125 Prozent der Normalgröße setzen. Wie gehen Sie vor? Wählen Sie die richtige Antwort.

A. Bearbeiten Sie die Größe mit dem Registrierungs-Editor von Hand in der Systemregistrierung.

B. Öffnen Sie in der Computerverwaltungskonsole den Geräte-Manager.

C. Klicken Sie im Dialogfeld mit den erweiterten Eigenschaften der Anzeige auf der Registerkarte **Grafikkarte** auf die Schaltfläche **Alle Modi auflisten**.

D. Passen Sie im Dialogfeld mit den erweiterten Eigenschaften der Anzeige auf der Registerkarte **Allgemein** die DPI-Einstellung an.

3.

Sie haben auf dem Dachboden einen alten Pentium-233-MHz-Computer entdeckt und wollen ihn als Testsystem benutzen. Während des Setups wird die Grafikkarte nicht erkannt, und die Anzeige wird in VGA-Auflösung (Video Graphics Adapter) betrieben. Sie wissen, dass Grafikkarte und Monitor höhere Auflösungen unterstützen. Wie können Sie die Grafikkarte vollständig aktivieren? Wählen Sie die richtige Antwort.

A. Ändern Sie die Anzeigeeinstellungen in der Systemregistrierung von Hand mit dem Registrierungs-Editor.

B. Installieren Sie mit **Dxdiag.exe** die empfohlenen Treiber von einer Diskette oder CD-ROM.

C. Windows XP Professional unterstützt bei so alten Geräten nur VGA-Auflösungen. Daher müssen Sie Motherboard und Prozessor des Computers ersetzen.

D. Besorgen Sie sich die korrekten Gerätetreiber für die Grafikkarte und installieren Sie sie von Hand.

4.

Sie sind ein Desktopadministrator bei Contoso Pharmaceuticals. Vor kurzem hat Ihr Unternehmen einen neuen Mitarbeiter namens Dan Wilson eingestellt, der leicht sehbehindert ist. Daher muss seine Anzeige so angepasst werden, dass Fensterrahmen, Schaltflächen und Schrift in Farben mit hohem Kontrast angezeigt werden, nicht mit dem Windows-Standardfarbschema, das die anderen Angestellten des Unternehmens verwenden. Wie können Sie Dans Anzeige am besten anpassen? Wählen Sie die beste Antwort aus.

A. Öffnen Sie die Systemsteuerung und dann das Dialogfeld **Eingabehilfen**. Aktivieren Sie auf der Registerkarte **Anzeige** das Kontrollkästchen **Kontrast aktivieren** und übernehmen Sie die Einstellungen.

B. Öffnen Sie die Systemsteuerung und dann das Dialogfeld **Eigenschaften von Anzeige**. Klicken Sie auf die Registerkarte **Eingabehilfen**, aktivieren Sie auf der Registerkarte **Anzeige** das Kontrollkästchen **Kontrast aktivieren** und übernehmen Sie die Einstellungen.

C. Starten Sie die Microsoft Sprachausgabe und aktivieren Sie die Kontrollkästchen **Eingegebene Zeichen lesen** und **Ereignisse auf dem Bildschirm ankündigen**.

D. Zeigen Sie Dan, wie er den hohen Kontrast mit der Tastenkombination ALT+STRG+DRUCK aktivieren kann.

Antworten zu Lernziel 3.2

1. Richtige Antwort: B

A. **Falsch** Diese Schritte beseitigen das Problem nicht. Wenn der Monitor den Windows XP-Desktop nicht anzeigt oder das Bild flackert, kann es sein, dass die Grafikkarte nicht korrekt im Steckplatz sitzt oder dass die Buchse des Steckplatzes beschädigt ist. In diesem Fall ließe sich das Problem möglicherweise durch ein Verschieben der Grafikkarte in einen anderen Steckplatz lösen. Aber in der Aufgabenstellung hieß es, dass das Bild angezeigt wird. Daher hilft es nichts, die Karte zu verschieben.

B. **Richtig** Das ist die beste Methode, den Computer zu reparieren. Im abgesicherten Modus startet Windows XP Professional nur mit den nötigsten Dateien und Treibern. Falls Sie auch im abgesicherten Modus nicht auf das Dialogfeld **Eigenschaften von Anzeige** zugreifen können, müssen Sie unter Umständen die Wiederherstellungskonsole starten und die Grafikkartentreiber von Hand ersetzen. Haben Sie weiterhin Probleme, müssen Sie möglicherweise die Betriebssystemdateien aus einer Datensicherung wiederherstellen.

C. **Falsch** Mit der automatischen Systemwiederherstellung können Sie grundlegende Systemdateien, den Startsektor und die Startumgebung reparieren, sie hilft Ihnen aber nicht beim Reparieren von defekten Grafikkartentreibern.

D. **Falsch** Falls Sie genau die Namen und Versionen sämtlicher Dateien wissen, die Sie löschen und wiederherstellen müssen, ist es denkbar, das Problem auf diese Weise von Hand zu beseitigen. Das ist aber ein zeitaufwendiger und fehlerträchtiger Ansatz. Viel eher werden Sie Erfolg haben, wenn Sie im abgesicherten Modus starten und den Computer mit den Tools der grafischen Benutzeroberfläche reparieren.

2. Richtige Antwort: D

A. **Falsch** Sie brauchen die Registrierung nicht von Hand zu bearbeiten, um die Schriftdarstellung auf dem Windows XP Professional-Desktop zu ändern.

B. **Falsch** Im Geräte-Manager verwalten Sie Systemressourcen für Hardwaregeräte, aber Sie können darin keine anderen Einstellungen von Grafikkarte und Monitor ändern.

C. **Falsch** Auf der Registerkarte **Grafikkarte** können Sie sich detaillierte Informationen über die Grafikkarte ansehen, die Liste der Modi, die Ihre Grafikkarte anzeigen kann, und die Eigenschaften der Grafikkarte. Sie können auf dieser Registerkarte nicht die Größe der Schriftarten für den Windows XP Professional-Desktop ändern.

D. **Richtig** Sie können die auf dem Windows XP Professional-Desktop angezeigte Schrift kleiner oder größer als den Standardwert skalieren, indem Sie im Dialogfeld mit den erweiterten Eigenschaften der Anzeige auf der Registerkarte **Allgemein** den Wert im Feld **DPI-Einstellung** ändern. Welche Schriftgrößen konkret zur Verfügung stehen, hängt davon ab, welche Schriftarten Sie auf Ihrem System installiert haben. Wenn Sie die Schriftgröße ändern, müssen Sie neu starten, damit die neuen Einstellungen übernommen werden.

3. Richtige Antwort: D

A. **Falsch** Bei einigen älteren Windows-Versionen mussten Sie die Systemregistrierung von Hand editieren, um bestimmte Softwareprobleme zu beseitigen. Dabei kann aber leicht ein Fehler passieren, und möglicherweise startet Windows XP Professional dann gar nicht mehr. Sie können bei Windows XP Professional praktisch alle Aspekte des Systems mithilfe von grafischen Tools und Befehlszeilentools verwalten. Verwenden Sie nach Möglichkeit diese eingebauten Verwaltungstools, um Probleme zu beseitigen, wie Sie in diesem Fall beschrieben werden.

B. **Falsch** Sie können das DirectX-Diagnoseprogramm starten, indem Sie in einer Befehlszeile **Dxdiag.exe** eingeben. Dieses Tool dient zum Überprüfen, Konfigurieren und zur Problembehandlung von Hardware in einem Computer, der DirectX verwendet. Das DirectX-Diagnoseprogramm dient nicht dazu, Treiber für Hardwaregeräte zu installieren oder aktualisieren.

C. **Falsch** Windows XP Professional ist kompatibel mit zahlreichen alten Hardwaregeräten. Falls das konkrete Gerät nicht in der Liste des Hardware-Assistenten aufgeführt ist, sollten Sie es im Windows-Katalog suchen. Ist die Grafikkarte dort aufgelistet, sollten Sie versuchen, beim Hersteller aktuelle Gerätetreiber für Windows XP Professional zu bekommen.

D. **Richtig** Windows XP Professional ist kompatibel mit vielen älteren Grafikkarten, auch wenn sie nicht Plug & Play-fähig sind. Während der Installation von Windows XP Professional kann das Setupprogramm viele ältere Hardwaregeräte erkennen und geeignete Treiber dafür installieren. Aber das Setupprogramm erkennt nicht immer sämtliche installierten Hardwaregeräte. Falls sich keine geeigneten Treiber auf der Windows XP Professional-Installations-CD-ROM befinden, sollten Sie versuchen, kompatible Treiber auf der Website des Herstellers zu finden.

4. Richtige Antwort: A

A. **Richtig** Anzeigeeinstellungen mit hohem Kontrast eignen sich gut für Benutzer, die Schwierigkeiten haben, die einzelnen Benutzeroberflächenelemente zu unterscheiden. Diese Einstellung sollten Sie mithilfe des Systemsteuerungsmoduls **Eingabehilfen** konfigurieren.

B. **Falsch** Im Dialogfeld **Eigenschaften von Anzeige** gibt es keine Registerkarte namens **Eingabehilfen**. Verwenden Sie stattdessen das Dialogfeld **Eingabehilfen**.

C. **Falsch** Die Sprachausgabe ist ein nützliches Tool für Benutzer, die statt optischer Rückmeldungen akustische Meldungen vom Computer bevorzugen, wenn ein Ereignis wie das Umschalten des Fensters oder das Eingeben von Zeichen eintritt. Das erfüllt allerdings nicht die beschriebenen Anforderungen, weil Dan den Monitor ablesen kann, sofern Farben mit hohem Kontrast verwendet werden.

D. **Falsch** Sie können Einstellungen mit hohem Kontrast aktivieren, indem Sie die Tastenkombination ALT+LINKE UMSCHALTTASTE+DRUCK drücken.

Lernziel 3.3: Konfigurieren von ACPI

Es gibt zwei Möglichkeiten, bei tragbaren Computern die Akkulaufzeit zu verlängern: bessere Batteriezellen und geringerer Stromverbrauch. Die Batteriehersteller konnten ihre Produkte langsam verbessern, seit mobile Computer eingeführt wurden, aber die größten Fortschritte hat es in den letzten Jahren gegeben, weil die Stromsparfähigkeiten der Hardware und Software von mobilen Computern verbessert wurden. ***ACPI (Advanced Configuration Power Interface)*** ermöglicht Windows XP Professional-Computern, Energie effizienter einzusetzen als ältere Technologien. Windows XP Professional unterstützt ACPI und ermöglicht so eine ausgefeilte Energieverwaltung. Windows XP Professional unterstützt auch den älteren, weniger effektiven Standard ***APM (Advanced Power Management)***.

Auf einem ACPI-System wird der Stromverbrauch durch die Einstellungen gesteuert, die in den Energieoptionen konfiguriert sind, durch die Anforderungen der laufenden Dienste und Anwendungen sowie durch die Fähigkeiten der installierten Hardware. Anders ausgedrückt: Windows XP Professional unterstützt alle Aspekte des ACPI-Standards, aber Anwendungen und Hardware müssen so entwickelt werden, dass sie mit ACPI und Plug & Play zusammenarbeiten, nur dann kann das Energieverwaltungssystem effektiv arbeiten.

Um die Fragen in diesem Lernziel richtig beantworten zu können, müssen Sie wissen, wie Sie Energieschemas erstellen, ändern und auswählen. Sie müssen wissen, wie Sie den Ruhezustand aktivieren und deaktivieren und wie Sie Energiealarme, Standbymodus und erweiterte Energieeinstellungen konfigurieren. Sie müssen in der Lage sein, PC Cards zu installieren, zu konfigurieren und Problem damit zu beseitigen. Sie müssen wissen, wie Sie von der Taskleiste aus Hardware entfernen oder trennen.

Fragen zu Lernziel 3.3

1.

Sie haben auf Ihrem Laptopcomputer Windows XP Professional installiert. Sie haben den Laptopcomputer oft dabei, wenn Sie auf dem Firmengelände unterwegs sind, und manchmal lassen Sie ihn auch längere Zeit unbenutzt. Sie wollen nicht, dass die Batterie während dieser Zeiten belastet wird, aber Sie möchten auch nicht alle Ihre Anwendungen schließen und Windows XP herunterfahren. Wie gehen Sie vor? Wählen Sie die richtige Antwort.

A. Fahren Sie das System herunter.

B. Aktivieren Sie im Systemsteuerungsmodul **Energieoptionen** den Ruhezustand. Erstellen Sie dann ein Energieschema, das den Laptopcomputer in den Ruhezustand versetzt, nachdem der Computer für einige Zeit nicht benutzt wurde.

C. Richten Sie im Systemsteuerungsmodul **Energieoptionen** ein benutzerdefiniertes Energieschema ein.

D. Wählen Sie im Systemsteuerungsmodul **Energieoptionen** das Energieschema **Minimale Batteriebelastung** aus.

2.

In welchen der folgenden Szenarien erscheint im Systemsteuerungsmodul **Energieoptionen** nicht die Registerkarte **APM**? Wählen Sie die beiden richtigen Antworten.

A. Das APM-BIOS (Basic Input/Output System) ist defekt.

B. Das BIOS des Computers ist ACPI-kompatibel.

C. Die externe unterbrechungsfreie Stromversorgung (USV) ist nicht korrekt an den seriellen Anschluss des Computers angeschlossen.

D. Die Batterie des Computers wurde nicht richtig geladen.

E. Das BIOS des Computers ist nicht APM-fähig.

3.

Ein Benutzer in Ihrem Unternehmen hat auf seinem Notebookcomputer Windows XP Professional installiert. Der Computer unterstützt APM. Wenn der Benutzer das System herunterfahren will, friert es während des Herunterfahrens immer ein. Durch Drücken des Hauptschalters lässt sich das Problem auch nicht lösen. Er muss den Computer vom Stromnetz trennen und die Batterien herausnehmen, um ihn vollständig auszuschalten. Wie können Sie überprüfen, ob das APM-BIOS die Ursache für das Problem ist? Wählen Sie die richtige Antwort.

A. Starten Sie den Computer neu und führen Sie **Acldiag.exe** aus.

B. Installieren Sie Windows XP Professional neu, damit das APM-BIOS korrekt erkannt und installiert werden kann.

C. Starten Sie den Computer im abgesicherten Modus neu und deaktivieren Sie so viele Energieverwaltungsoptionen wie möglich.

D. Schalten Sie den Computer an, warten Sie, bis der Desktop erscheint, und starten Sie dann von einer Eingabeaufforderung das Tool **Apmstat.exe**.

Antworten zu Lernziel 3.3

1. Richtige Antwort: B

A. **Falsch** Wenn Sie den Computer ausschalten, sparen Sie Strom, aber es dauert relativ lange, bis der Computer nach einem vollständigen Herunterfahren wieder neu startet.

B. **Richtig** Sie müssen erst auf der Registerkarte **Ruhezustand** des Systemsteuerungsmoduls **Energieoptionen** den Ruhezustand aktivieren, dann können Sie ein benutzerdefiniertes Energieschema erstellen, das den Computer nach einer bestimmten Dauer ohne Aktivitäten in den Ruhezustand schaltet. Alternativ könnten Sie Ihren Computer auch automatisch in den Standbymodus versetzen lassen. Im Standbymodus werden die Batterien allerdings weiterhin, wenn auch gering belastet; der Ruhezustand benötigt überhaupt keinen Strom.

C. **Falsch** Solange Sie den Ruhezustand nicht aktiviert haben, können Sie in den benutzerdefinierten Energieschemas lediglich einstellen, wann Monitor und Festplatten ausgeschaltet werden und wann das System in den Standbymodus versetzt wird. Auch wenn sich das System im Standbymodus befindet und Festplatten sowie Monitor ausgeschaltet sind, zieht es weiterhin Strom. In diesem Zustand wird die Batterie irgendwann erschöpft sein, und unter Umständen gehen dann wichtige Daten verloren.

D. **Falsch** Dieses Energieschema verringert die Belastung der Batterie deutlich, weil Festplatten und Monitor ausgeschaltet werden und der Computer in den Standbymodus geschaltet wird, nachdem er einige Minuten nicht benutzt wurde. Aber auch wenn sich das System im Standbymodus befindet und Festplatten sowie Monitor ausgeschaltet sind, zieht es weiterhin Strom. In diesem Zustand wird die Batterie irgendwann erschöpft sein, und unter Umständen gehen dann wichtige Daten verloren.

2. Richtige Antwort: B und E

A. **Falsch** Wäre das BIOS des Motherboards defekt, gäbe es andere, ernstere Probleme. Der Computer kann dann wahrscheinlich überhaupt nicht starten, oder, falls doch, stürzt er vermutlich ab oder bleibt häufig stehen.

B. **Richtig** Wenn das BIOS eines Computers ACPI-kompatibel ist, wird die Registerkarte **APM** nicht im Dialogfeld **Energieoptionen** angezeigt.

C. **Falsch** Eine externe USV ist weder für APM- noch für ACPI-Unterstützung erforderlich. Sie können einen mobilen Computer an eine USV anschließen, aber dieser Fall dürfte kaum vorkommen, weil mobile Computer bereits eingebaute Batterien haben. Viele USVs bieten Schutz gegen Überspannungen und andere Stromversorgungsprobleme, aber sie sind sehr teuer. Eine wesentlich günstigere Lösung, um einen mobilen Computer zu schützen, ist ein Überspannungsschutzfilter.

D. **Falsch** Solange der Computer an eine Stromquelle angeschlossen ist, ist der Ladezustand der Batterie irrelevant für die Frage.

E. **Richtig** Wenn das BIOS eines Computers nicht APM-fähig ist oder wenn es APCI unterstützt, wird die Registerkarte **APM** nicht im Dialogfeld **Energieoptionen** angezeigt.

3. Richtige Antwort: D

A. **Falsch** Das Programm **Acldiag.exe** ist ein Befehlszeilentool aus der Datei **\Support\Tools\Support.cab**. Es dient dazu, die Sicherheit von Objekten und Containern in Active Directory zu überprüfen. Es hat nichts mit der Energieverwaltung oder APM zu tun.

B. **Falsch** Durch das Neuinstallieren von Windows XP Professional wird sich das Problem wahrscheinlich nicht beseitigen lassen. Viel sinnvoller ist es in diesem Fall zu überprüfen, warum das BIOS Probleme verursacht.

C. **Falsch** Es ist unwahrscheinlich, dass dieses Verfahren das Problem beseitigt. Viel sinnvoller ist es in diesem Fall zu überprüfen, warum das BIOS Probleme verursacht.

D. **Richtig** Das Advanced Power Management Status Tool (**Apmstat.exe**) überprüft, ob das APM-BIOS eines Computers mit Windows XP Professional kompatibel ist. Sie können das Programm installieren, indem Sie **Setup.exe** aus dem Ordner **\Support\Tools** der Windows XP Professional-Installations-CD-ROM ausführen. Falls Sie kein APM-fähiges BIOS haben, macht **Apmstat.exe** Sie darauf aufmerksam. Möglicherweise stellen Sie fest, dass Sie das BIOS aktualisieren müssen. In diesem Fall sollten Sie sich an den Hersteller wenden und um entsprechende Tools bitten.

Lernziel 3.4: Installieren, Verwalten und Problembehandlung von E/A-Geräten

Viele Hardwaregeräte, die Sie mit Windows XP Professional verwenden, fallen unter die Kategorie ***E/A-Geräte*** (Ein-/Ausgabegeräte). Andere Lernziele in diesem Bereich befassen sich mit bestimmten Klassen von E/A-Geräten: Netzwerkkarten, ***PC Cards***, Grafikkarten, Monitore und Datenträger. Thema dieses Lernziels sind viele andere E/A-Geräte, zum Beispiel Modems, ***Smartcardlesegeräte*** und Smartcards, ***Universal Serial Bus (USB)***, IEEE 1394 (FireWire), Drahtlosgeräte und Multimediahardware. Multimediahardware umfasst wiederum eine Vielzahl von Geräten, zum Beispiel ***DVD-ROM-Laufwerke***, MIDI-Geräte (Musical Instrument Digital Interface), Scanner, Digitalkameras, digitale Videokameras, Soundkarten und ***CD-ROM-Laufwerke*** und -Brenner. Im Prinzip verläuft das Installieren und Verwalten aller E/A-Gerätetypen ähnlich: Sie schließen das Gerät an den Bus des Computers an, installieren Softwaretreiber, konfigurieren das Gerät, verwalten das Gerät und beseitigen bei Bedarf Fehler. Die Einzelheiten unterscheiden sich von Gerät zu Gerät, insbesondere gibt es Unterschiede zwischen Plug & Play-Geräten und älteren Modellen ohne vollständige Plug & Play-Unterstützung. Windows XP Professional erkennt Plug & Play-Hardwaregeräte normalerweise und installiert automatisch geeignete Treiber dafür.

Um die Fragen in diesem Lernziel richtig beantworten zu können, müssen Sie in der Lage sein, E/A-Geräte mit dem Hardware-Assistenten und dem Geräte-Manager zu installieren, zu verwalten und Probleme damit zu beseitigen. Sie müssen außerdem wissen, wie Sie Verwaltungsanwendungen der einzelnen Geräte in der Systemsteuerung bedienen, zum Beispiel **Telefon- und Modemoptionen**, **Scanner und Kameras**, **Sounds und Audiogeräte** und **Drahtlosnetzwerkinstallation**.

Fragen zu Lernziel 3.4

1.

Sie sind Desktopadministrator bei einem Unternehmen mit strengen Sicherheitsanforderungen für den Desktop. Zu diesen Sicherheitsanforderungen gehören Softwareauflagen, der Einsatz der Windows-Firewall und das Verwenden von Standardbenutzerkonten für die normalen Aufgaben. Ein ratloser Benutzer in Ihrem Unternehmen fragt Sie, warum er an seinem System keinen Flachbettscanner installieren kann. Andere Hardware hat er vorher schon erfolgreich installiert, zum Beispiel seinen Windows Mobile-Organizer und eine Digitalkamera, die über den USB-Anschluss an den Windows XP Professional-Computer angeschlossen sind. Er hat seinen Laserdrucker vom parallelen Anschluss seines Computers abgesteckt und stattdessen den Scanner angeschlossen. Dann hat er den Scanner angeschaltet und den Hardware-Assistenten ausgeführt. Er denkt, dass Windows XP Professional den Scanner erkannt hat, bekam aber eine Reihe von Fehlermeldungen und konnte die Installation nicht abschließen. Die neuesten Treiber für den Scanner hat er von der Website des Herstellers heruntergeladen, er kann sie aber nicht installieren.

Warum kann dieser Benutzer den Scanner nicht installieren? Wählen Sie die richtige Antwort.

A. Wer Hardwaregeräte installieren will, die nicht Plug & Play-fähig sind, muss Mitglied der lokalen Administratorengruppe sein.

B. Der Scanner ist nicht mit Windows XP kompatibel.

C. Das Parallelkabel ist beschädigt.

D. Es besteht ein IRQ-Konflikt (Interrupt Request) zwischen dem Parallelanschluss und einem anderen installierten Hardwaregerät.

2.

Ihr multimediafähiger Computer scheint Musik und Sprache in sehr schlechter Qualität aufzuzeichnen und wiederzugeben. Wenn Sie versuchen, Videokonferenzen über das Internet durchzuführen, können Ihre Kollegen Sie nicht verstehen, aber untereinander können sie problemlos kommunizieren. Ihnen fällt außerdem auf, dass die Stimmen der anderen verzerrt klingen und von vielen Störgeräuschen überlagert sind.

Sie probieren die Videokonferenztools auf einem anderen Computer in Ihrem Büro: Dort funktioniert alles einwandfrei. Sie vermuten, dass etwas mit Ihrer Soundkarte oder den zugehörigen Treibern nicht stimmt. Sie wollen die Soundaufzeichnungs- und -wiedergabegeräte untersuchen, die in Ihrem Computer installiert sind. Sie wollen außerdem die Treiberversionen überprüfen und eine Diagnose durchführen. Wie gehen Sie vor? Wählen Sie die richtige Antwort.

A. Starten Sie an der Eingabeaufforderung das Programm **Sigverif.exe**.

B. Öffnen Sie den Registrierungs-Editor Tool (**Regedit.exe**) und suchen Sie nach Einträgen, die zu den Audiogeräten gehören könnten, die in Ihrem Computer installiert sind.

C. Wählen Sie die Registerkarte **Hardware** im Systemsteuerungsmodul **Sounds und Audiogeräte**.

D. Öffnen Sie das DirectX-Diagnosetool.

3.

Sie hören im Büro auf Ihrem Desktopcomputer eine Audio-CD, aber Sie stellen fest, dass die Musik Ihre Kollegen stört, die an den Schreibtischen nebenan arbeiten. Sie schalten die Lautsprecher ab, setzen die Stereokopfhörer auf und stecken sie an die Buchse vorn an Ihrem CD-ROM-Laufwerk ein. Sie hören aber nichts in den Kopfhörern. Sie drehen den Lautstärkeregler vorn am CD-ROM-Laufwerk höher, aber noch immer kommt keine Musik. Sie schalten die Lautsprecher wieder ein, und prompt erschallt Musik.

Warum können Sie keine Musik über Ihre Kopfhörer hören? Wählen Sie die richtige Antwort.

A. Das CD-ROM-Laufwerk ist defekt und muss ausgetauscht werden.

B. Für Ihr CD-ROM-Laufwerk ist die digitale CD-Wiedergabe aktiviert.

C. Mindestens eine der Lautstärkeeinstellungen im Lautstärkeprogramm ist stumm geschaltet oder auf ganz niedrig eingestellt.

D. Die Soundhardwarebeschleunigung auf der Registerkarte **Sound** des DirectX-Diagnosetools steht auf **Keine**.

4.

Sie haben vor kurzem eine externe USB-Festplatte gekauft. Sie stecken die Stromversorgung an und verbinden das Gerät mit dem USB-Hub, an den bereits Ihre Tastatur und Ihr Pocket PC angeschlossen sind. Sie legen die Installations-CD-ROM ein, die mit dem Gerät geliefert wurde, folgen den Anweisungen zum Installieren der Gerätetreiber und starten den Computer neu. Sie melden sich wieder am Desktop an und öffnen den Windows-Explorer. Die neue Festplatte ist nicht unter **Arbeitsplatz** aufgeführt, wo die anderen lokalen Festplatten erscheinen. Sie öffnen den Geräte-Manager, können die neue Festplatte aber auch dort nicht finden.

Welche der folgenden Methoden eignen sich für die Problembehandlung? Wählen Sie die drei richtigen Antworten.

A. Installieren Sie das Gerät an einem anderen Computer.

B. Trennen Sie die Verbindung zum Pocket PC und der Maus.

C. Trennen Sie das neue Festplattenlaufwerk vom Hub und stecken Sie es direkt an einen USB-Anschluss am Computer an.

D. Suchen Sie mithilfe der Ereignisanzeige in den Systemereignisprotokollen nach Meldungen im Zusammenhang mit USB.

E. Überprüfen Sie, ob die USB-Unterstützung im BIOS Ihres Computers aktiviert ist.

F. Überprüfen Sie, ob Sie nicht versehentlich die USB-Unterstützung im Geräte-Manager deaktiviert haben.

5.

Auf welche Art können Sie in Windows XP Professional ein Modem installieren? Wählen Sie die drei richtigen Antworten.

A. Verwenden Sie das Systemsteuerungsmodul **Telefon- und Modemoptionen**.

B. Verwenden Sie den Hardware-Assistenten.

C. Verwenden Sie das Systemsteuerungsmodul **Drucker und Faxgeräte**.

D. Starten Sie im abgesicherten Modus.

E. Schließen Sie ein Plug & Play-Modem an.

F. Klicken Sie im Startmenü auf **Ausführen** und geben Sie **Winmsd.exe** ein.

6.

Der Besitzer Ihres Unternehmens hat gerade einen neuen Laptop mit einer eingebauten 802.11g-Netzwerkkarte und Windows XP Professional mit Service Pack 2 gekauft. Der Geschäftsführer hat Sie gebeten, diesen Computer so zu konfigurieren, dass er eine Verbindung mit dem Drahtlosnetzwerk Ihres Unternehmens herstellen kann. Sie fragen bei den Netzwerkadministratoren nach und erfahren, dass WEP-Verschlüsselung (Wired Equivalent Policy) verwendet wird; außerdem erhalten Sie den Netzwerknamen (SSID) und einen Netzwerkschlüssel. Als Sie das Netzwerk hinzufügen, stellen Sie fest, dass die Administratoren Ihnen nicht gesagt haben, was Sie im Feld **Netzwerkauthentifizierung** einstellen sollen (Abbildung 23.1).

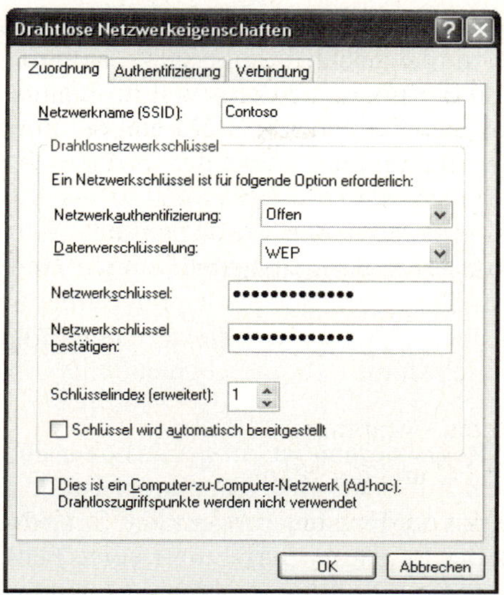

Abbildung 23.1 Einstellungen für das Drahtlosnetzwerk

Welchen Wert wählen Sie im Feld **Netzwerkauthentifizierung** aus? Wählen Sie die richtige Antwort.

A. Offen

B. Gemeinsam verwendet

C. WPA

D. WPA-PSK

Antworten zu Lernziel 3.4

1. Richtige Antwort: A

A. **Richtig** Windows XP installiert Plug & Play-Geräte automatisch, daher braucht kein Administrator am Computer angemeldet zu sein. Dieser Benutzer konnte die Plug & Play-Geräte verwenden, weil sie automatisch erkannt wurden und passende Treiber dafür installiert wurden. Nicht Plug & Play-fähige Geräte werden im Kontext des momentan angemeldeten Benutzers installiert, und nur Administratoren dürfen Gerätetreiber installieren und andere Änderungen an wichtigen Systemdateien und Konfigurationseinstellungen vornehmen. Der Benutzer konnte den Scanner nicht installieren, weil er nicht Plug & Play-fähig ist.

B. **Falsch** Der Benutzer hat berichtet, dass er Windows XP Professional-Treiber vom Hersteller des Scanners heruntergeladen hat.

C. **Falsch** Der Benutzer denkt, dass Windows XP Professional den Scanner erkannt hat und dass er die Fehlermeldungen bekommen hat, nachdem das Gerät bereits erkannt wurde.

D. **Falsch** In der Frage wird nichts von Ressourcenkonflikten erwähnt. Außerdem hat der Benutzer seinen Laserdrucker vom Parallelanschluss abgesteckt, bevor er den Flachbettscanner installieren wollte. Weil der Benutzer nichts von Problemen mit dem Drucker erwähnt hat, ist es unwahrscheinlich, dass Ressourcenkonflikte zwischen dem Parallelanschluss und anderen Geräten bestehen.

2. Richtige Antwort: C

A. **Falsch** Mit dem Programm Dateisignaturverifizierung (**Sigverif.exe**) können Sie die wichtigen Dateien des Computers untersuchen, zum Beispiel Gerätetreiber und System-DLLs (Dynamic-Link Library). Es überprüft, ob alle Dateien eine gültige digitale Signatur von Microsoft haben. Es wird nicht für die Problembehandlung von Hardware oder Treibern verwendet.

B. **Falsch** Das manuelle Durchsuchen der Registrierung ist ein gefährlicher und zeitaufwendiger Ansatz, um die gewünschten Informationen zusammenzustellen. Es ist viel schneller und wirksamer, wenn Sie das Systemsteuerungsmodul **Sounds und Audiogeräte** starten. Außerdem enthält der Registrierungs-Editor keine Fehlerbehebungswerkzeuge, mit denen Sie Hardware- und Softwareprobleme beseitigen können.

C. **Richtig** Mit dem Modul **Sounds und Audiogeräte** können Sie die Lautstärke anpassen, Lautsprechereinstellungen auswählen, Soundschemas erstellen und auswählen, Geräte für Sound- und Stimmaufzeichnung und -wiedergabe auswählen, Geräte für MIDI-Wiedergabe auswählen, die Eigenschaften der installierten Soundgeräte ansehen und Probleme mit installierten Soundgeräten beseitigen.

D. **Falsch** Das DirectX-Diagnosetool dient dazu, die Hardware in einem Computer, der mit DirectX arbeitet, zu überprüfen, zu konfigurieren und Probleme damit zu beseitigen. Sie finden darauf eine Registerkarte namens **Sound**, auf der Sie DirectSound testen können, diese Registerkarte enthält aber keine detaillierten Informationen über die Soundkarte. Den Sound-Ratgeber können Sie auf der Registerkarte **Weitere Hilfe** des DirectX-Diagnoseprogramms oder auf der Registerkarte **Hardware** des Dialogfelds **Eigenschaften von Sounds und Audiogeräte** starten.

3. Richtige Antwort: B

A. **Falsch** Das CD-ROM-Laufwerk spielt Audio-CDs über die Lautsprecher ab, und es werden keine anderen Probleme mit dem Laufwerk erwähnt. Daher dürfte sich das Problem durch Ersetzen des Laufwerks nicht lösen lassen.

B. **Richtig** Wenn die digitale CD-Wiedergabe aktiviert ist, wird die Kopfhörerbuchse vorn am CD-ROM-Laufwerk bei den meisten Geräten deaktiviert. Wenn Sie Audio-CDs über den Kopfhörer hören wollen, müssen Sie den Kopfhörer entweder an eine Buchse der Soundkarte oder an eine entsprechende Buchse im Lautsprecher anschließen.

C. **Falsch** Sie können Musik über die Lautsprecher hören, daher kann es nicht sein, dass die Lautstärke der Elemente **CD-Audio** und **Summe** stumm geschaltet oder am unteren Anschlag sind. Es gibt keine spezielle Lautstärkeeinstellung für Kopfhörerbuchsen, daher lässt sich das Problem nicht beseitigen, indem Sie die Einstellungen im Lautstärkeprogramm ändern.

D. **Falsch** Die Soundhardwarebeschleunigung hat keine Auswirkung auf die Lautstärke von Audio-CDs. Durch Verändern der Hardwarebeschleunigung auf den Registerkarten **Anzeige** und **Sound** des DirectX-Diagnoseprogramms können Sie höchstens Stabilitäts- oder Leistungsprobleme im Zusammenhang mit DirectX beseitigen.

4. Richtige Antwort: A, C und D

A. **Richtig** Wenn das Problem auch auf einem anderen Computersystem auftritt, ist wahrscheinlich die USB-Festplatte defekt. Funktioniert sie dagegen am anderen Computer, liegt das Problem am ersten Computer.

B. **Falsch** Es ist denkbar, dass zu viele angeschlossene USB-Geräte Probleme verursachen können, weil nicht genug Strom für alle Geräte zur Verfügung steht. Es gibt Obergrenzen für den Stromverbrauch eines USB-Geräts innerhalb der USB-Kette: Falls ein USB-Gerät versucht, mehr als 500 Milliampere Strom zu ziehen, wird der Anschluss deaktiviert, bis das System neu gestartet wird. Der Gesamtverbrauch aller Geräte ist also begrenzt. In der Aufgabenstellung ist aber erwähnt, dass Sie die Stromversorgung der USB-Festplatte einstecken, daher zieht das Gerät sicher nicht viel Strom aus der USB-Leitung. Außerdem beziehen USB-Mausgeräte und Pocket PCs normalerweise nur sehr geringe Strommengen aus der USB-Verbindung.

C. **Richtig** Wird das Problem durch diesen Schritt beseitigt, haben Sie festgestellt, dass das Problem durch den USB-Hub oder dessen Verbindung mit Ihrem Computer verursacht wird. Versuchen Sie, den Hub an einen anderen Anschluss Ihres Computers anzuschließen.

D. **Richtig** Wenn Windows XP Professional Probleme mit USB-Geräten erkennt, schreibt es Fehlermeldungen in das Systemereignisprotokoll. Diese Meldungen können nützliche Informationen für die Problembehandlung liefern. Bei der Problembehandlung im Zusammenhang mit USB ist es außerdem wichtig, dass Sie sich im Geräte-Manager die Geräte in der Struktur unterhalb des USB-Controllers ansehen. Ist ein Gerät mit einem gelben Ausrufezeichen markiert, sollten Sie überprüfen, ob die Firmware des Systems so konfiguriert ist, dass sie dem USB-Controller eine IRQ-Nummer zuweist.

E. **Falsch** In der Aufgabenstellung wird erwähnt, dass bereits Verbindungen für Ihre Maus und den Pocket PC bestehen, daher muss die USB-Unterstützung im BIOS des Computers aktiviert sein.

F. **Falsch** In der Aufgabenstellung wird erwähnt, dass bereits Verbindungen für Ihre Maus und den Pocket PC bestehen, daher kann die USB-Unterstützung im Geräte-Manager nicht deaktiviert sein. Sie können das USB-Festplattenlaufwerk nur dann im Geräte-Manager deaktivieren, wenn Sie es vorher installieren.

5. Richtige Antwort: A, B und E

A. **Richtig** Öffnen Sie **Telefon- und Modemoptionen**, wählen Sie die Registerkarte **Modems** und klicken Sie auf **Hinzufügen**. Daraufhin öffnet sich der Hardware-Assistent und zeigt die Seite **Neues Modem installieren** an. Der Assistent versucht, das Modem automatisch zu erkennen und zu installieren. Falls der Erkennungsvorgang scheitert, können Sie im Assistenten den Hersteller und das Modell des neuen Modems auswählen.

B. **Richtig** Wählen Sie im Hardware-Assistenten die Option **Hardware manuell aus einer List wählen und installieren** und klicken Sie auf **Weiter**. Sie können den Assistenten dann anweisen, das Modem entweder automatisch zu erkennen und zu installieren, oder das Gerät von Hand aus einer Liste aussuchen. Ist die automatische Erkennung erfolgreich, installiert der Assistent das Modem und die passenden Gerätetreiber. Schlägt die automatische Erkennung fehl, können Sie im Assistenten den Hersteller und das Modell des neuen Modems auswählen.

C. **Falsch** Mit dem Modul **Drucker und Faxgeräte** verwalten Sie vorhandene Fax- und Druckerverbindungen. Sie können damit auch Drucker und Faxdrucker installieren, entfernen und konfigurieren. Neue Modems können Sie hier nicht installieren.

D. **Falsch** Sie können Windows XP Professional im abgesicherten Modus starten, um Stabilitätsprobleme mit Diensten und Hardwaregeräten zu beseitigen. Dies ist keine sinnvolle Methode zum Installieren neuer Hardware.

E. **Richtig** Nachdem Sie ein Plug & Play-Modem an den Computer angeschlossen haben, öffnet sich der Hardware-Assistent mit der Seite **Neues Modem installieren**. Der Assistent versucht, das Modem automatisch zu erkennen und zu installieren. Falls der Erkennungsvorgang scheitert, können Sie im Assistenten den Hersteller und das Modell des neuen Modems auswählen.

F. **Falsch** Das Systeminformationstool (**Winmsd.exe**) dient nicht zum Installieren oder Konfigurieren von Hardwaregeräten, also auch nicht von Modems. Das Systeminformationstool zeigt detaillierte Informationen über die installierte Hardware und Software und über die Ressourcenzuweisung an, zum Beispiel IRQs, DMA (Direct Memory Access), E/A-Anschlüsse und Arbeitsspeicher.

6. Richtige Antwort: A

A. **Richtig** Praktisch alle WEP-Netzwerke verwenden eine offene Authentifizierung.

B. **Falsch** WEP-Netzwerke können eine Authentifizierung mit gemeinsamem Schlüssel verwenden. Aber dieser Authentifizierungsprozess verringert in Wirklichkeit die Sicherheit des WEP-Netzwerks, weil ein Angreifer, der versucht, Ihren Netzwerkschlüssel zu knacken, mehr Informationen in die Hand bekommt. Daher sollte die WEP-Authentifizierung mit gemeinsamen Schlüsseln nicht mehr verwendet werden. Sie wird auch nur noch selten eingesetzt.

C. **Falsch** WPA bietet ähnliche Funktionalität wie WEP, aber mit verbesserter Sicherheit. Allerdings schließen sich WPA und WEP gegenseitig aus, daher können sie nicht zusammen verwendet werden.

D. **Falsch** Wie in Antwort C beschrieben, können WPA-PSK und WEP nicht zusammen verwendet werden.

Lernziel 3.5: Verwalten und Problembehandlung von Treibern und Treibersignierung

Treiber ermöglichen es Windows XP, mit Hardwaregeräten zu kommunizieren. Treiber fungieren als Teil des Betriebssystems, daher können sie unter Umständen dafür verantwortlich sein, wenn Windows XP mit einem Stop-Fehler (auch als Bluescreen-Fehler bezeichnet) stehen bleibt. Das ist die schlimmste Fehlermeldung, die Windows XP anzeigen kann, weil alle Daten, die nicht gesichert wurden, verloren sind.

Die meisten Stop-Fehler werden durch problematische Treiber verursacht. Treiber fungieren zwar als Teil des Betriebssystems, normalerweise werden sie aber vom Hardwareanbieter entwickelt, nicht von Microsoft. Nicht alle Hardwareanbieter wenden dieselben strengen Testverfahren wie Microsoft an, daher können nicht abgefangene Fehler einen Stop-Fehler verursachen. Mit den entsprechenden Fähigkeiten können Sie den Treiber isolieren, der das Problem verursacht, und ihn durch einen kompatiblen Treiber ersetzen.

Um die Zahl der Treiberprobleme zu verringern, bietet Microsoft eine Treibersignierung an. Microsoft begutachtet und testet die von Hardwareherstellern entwickelten Treiber und stellt fest, ob sie alle Stabilitätsansprüche erfüllen. Ist ein Treiber stabil, signiert Microsoft den Treiber. Die Benutzer wissen dann, dass kaum eine Gefahr besteht, wenn sie einen solchen Treiber installieren. Es empfiehlt sich sogar in vielen Fällen, das Installieren von nicht signierten Treibern in Ihrer Organisation ganz zu sperren, um rätselhafte Treiberprobleme zu vermeiden.

Um die Fragen in diesem Lernziel richtig beantworten zu können, müssen Sie wissen, wie Sie Windows Update konfigurieren und benutzen. Sie müssen in der Lage sein, ein bestimmtes Hardwaregerät im Geräte-Manager zu finden, seine Eigenschaften anzuzeigen und den zugehörigen Treiber zu aktualisieren, zu entfernen und die vorher installierte Version wiederherzustellen.

Fragen zu Lernziel 3.5

1.

Mitglieder welcher Gruppe dürfen auf einem Windows XP Professional-Computer von Hand Treiber installieren, aktualisieren und die vorherige Treiberversion wiederherstellen? Wählen Sie die richtige Antwort.

A. Netzwerkkonfigurations-Operatoren

B. Debugger-Benutzer

C. Benutzer

D. Administratoren

2.

Sie haben mehrere Monate lang einen Filmscanner verwendet, der an den USB-Anschluss Ihres Computers angeschlossen ist. Sie haben erfahren, dass der Hersteller neue Treiber für den Scanner veröffentlicht hat, mit denen Sie ein Negativ mehrfach abtasten und so ein höher aufgelöstes digitales Bild erzeugen können. Sie laden die Treiber von der Website des Herstellers herunter, installieren sie mit dem Hardwareupdate-Assistenten und starten den Computer neu. Jetzt funktioniert der Scanner nicht mehr.

Wie können Sie das Problem am einfachsten beseitigen? Wählen Sie die richtige Antwort.

A. Klicken Sie im Eigenschaftendialogfeld des Geräts auf **Installierter Treiber**.

B. Deinstallieren Sie die Gerätetreiber für den Scanner, ziehen Sie das Kabel des Scanners vom Computer ab und starten Sie den Computer neu. Schließen Sie den Scanner wieder an und installieren Sie die neuen Treiber, wenn Sie vom Hardware-Assistenten dazu aufgefordert werden.

C. Deinstallieren Sie die Gerätetreiber für den Scanner, ziehen Sie das Kabel des Scanners vom Computer ab und starten Sie den Computer neu. Schließen Sie den Scanner wieder an und installieren Sie die vorherigen Treiber, wenn Sie vom Hardware-Assistenten dazu aufgefordert werden.

D. Stellen Sie mit dem Programm **Drivers.exe** die vorherige Version der Gerätetreiber wieder her.

3.

Sie wollen die Treiber für Ihre 3-D-Grafikkarte aktualisieren. Ihr Computer hat Zugriff auf das Internet. Mit welchen der folgenden Tools können Sie die Treiber aktualisieren? Wählen Sie die beiden richtigen Antworten.

A. Starten Sie an einer Eingabeaufforderung **Drivers.exe**.

B. Führen Sie den Geräte-Manager aus.

C. Verwenden Sie Windows Update.

D. Öffnen Sie die Konsole **WMI-Steuerung**.

E. Öffnen Sie das Tool Systeminformationen (**Winmsd.exe**).

F. Starten Sie den Hardware-Assistenten.

4.

Welcher Befehl startet das Tool Dateisignaturverifizierung, mit dem Sie nicht signierte Treiber identifizieren können, die auf einem Windows XP Professional-System installiert sind? Wählen Sie die richtige Antwort.

A. Winmsd.exe

B. Fsutil.exe

C. Sigverif.exe

D. Regedit.exe

5.

Welches der folgenden Tools kann eine Liste aller Treiber erstellen, die auf einem Windows XP Professional-Computer installiert sind? Wählen Sie die beiden richtigen Antworten.

A. Driverquery.exe
B. Sigverif.exe
C. Winmsd.exe
D. Sfc.exe
E. Getmac.exe

Antworten zu Lernziel 3.5

1. Richtige Antwort: D

A. **Falsch** In der Standardeinstellung haben die Mitglieder der Gruppe **Netzwerkskonfigurations-Operatoren** nur beschränkte administrative Rechte, mit deren Hilfe sie Netzwerkfunktionen verwalten können.

B. **Falsch** In der Standardeinstellung können Mitglieder der Gruppe **Debugger-Benutzer** Prozesse auf dem Computer debuggen.

C. **Falsch** In der Standardeinstellung dürfen Mitglieder der Gruppe **Benutzer** keine systemweiten Änderungen wie das Installieren, Aktualisieren oder Wiederherstellen von Gerätetreibern durchführen.

D. **Richtig** In der Standardeinstellung haben Mitglieder der Gruppe **Administratoren** uneingeschränkte Kontrolle über den Computer. Daher können sie Gerätetreiber installieren, aktualisieren und wiederherstellen.

2. Richtige Antwort: A

A. **Richtig** Die Möglichkeit, die vorherige Version eines Gerätetreibers wiederherzustellen, ist ein neues Feature von Windows XP Professional. Klicken Sie dazu im Eigenschaftendialogfeld des Geräts auf die Schaltfläche **Installierter Treiber**. Sie können sich die Eigenschaften eines Geräts ansehen, indem Sie im Geräte-Manager doppelt darauf klicken.

B. **Falsch** Sie haben bereits festgestellt, dass die neuen Treiber bei Ihrem System nicht funktionieren, daher können Sie das Problem auf diese Weise nicht beseitigen.

C. **Falsch** Diese Methode müsste das Problem lösen, es geht aber viel schneller und einfacher, wenn Sie die in Windows XP Professional verfügbare Möglichkeit zum Wiederherstellen des vorherigen Treibers nutzen.

D. **Falsch** **Drivers.exe** ist ein Tool aus dem Windows 2000 Resource Kit, mit dem Sie Informationen über die momentan auf einem Computer laufenden Treiber anzeigen können. Es bietet nicht die Möglichkeit, die vorherige Version eines Gerätetreibers wiederherzustellen.

3. Richtige Antwort: B und C

A. **Falsch** **Drivers.exe** ist ein Tool aus dem Windows 2000 Resource Kit, mit dem Sie Informationen über die momentan auf einem Computer laufenden Treiber anzeigen können. Es bietet nicht die Möglichkeit, die Gerätetreiber zu aktualisieren.

B. **Richtig** Sie können Gerätetreiber im Geräte-Manager aktualisieren. Dazu stehen zwei Möglichkeiten zur Verfügung. Klicken Sie mit der rechten Maustaste auf das Gerät und wählen Sie im Kontextmenü den Befehl **Treiber aktualisieren**. Oder Sie klicken doppelt auf das Gerät, um sein Eigenschaftendialogfeld zu öffnen, wählen die Registerkarte **Treiber** und klicken auf die Schaltfläche **Aktualisieren**. Bei beiden Verfahren wird der Hardwareupdate-Assistent gestartet, der Sie durch die Schritte zum Aktualisieren des Treibers leitet.

C. **Richtig** Windows Update ist zwar die einfachste Methode, Gerätetreiber zu aktualisieren, es erfordert aber Zugriff auf das Web, liefert unter Umständen nicht die neueste Version der Treiber und bietet nicht für alle Hardwareanbieter Treiber an.

D. **Falsch** Die Windows-Verwaltungsinstrumentation (Windows Management Instrumentation, WMI) stellt eine Verwaltungsinfrastruktur zum Überwachen und Steuern von Systemressourcen zur Verfügung. Die Konsole **WMI-Steuerung** dient zum Konfigurieren und Steuern des WMI-Dienstes, nicht zum Verwalten von Gerätetreibern.

E. **Falsch** Das Tool Systeminformationen zeigt detaillierte Informationen über die installierte Hardware und Software an und über die Zuweisung von Systemressourcen. Es bietet nicht die Möglichkeit, Gerätetreiber zu aktualisieren.

F. **Falsch** Der Hardware-Assistent dient zum Installieren neuer Hardwaregeräte und für die Problembehandlung vorhandener Geräte. Er wird nicht zum Aktualisieren der Treiber für vorhandene Geräte eingesetzt.

4. Richtige Antwort: C

A. **Falsch** **Winmsd.exe** startet das Tool Systeminformationen, das nützliche Informationen über die Konfiguration des Systems anzeigt. Sie können mit diesem Tool zwar keine nicht signierten Treiber aufspüren, aber Sie haben die Möglichkeit, darin das Tool Dateisignaturverifizierung zu starten. Wählen Sie dazu den Menübefehl **Extras/ Dateisignaturbestätigung**.

B. **Falsch** Das Befehlszeilenprogramm **Fsutil.exe** ist nützlich, wenn Sie Aspekte des Dateisystems konfigurieren wollen. Sie können damit aber keine Treibersignaturen überprüfen.

C. **Richtig** **Sigverif.exe** ist der richtige Befehl zum Starten der Dateisignaturverifizierung. Sie können dieses Tool aus dem Programm Systeminformationen heraus starten, das Sie im Startmenü unter **Alle Programme\Zubehör\Systemprogramme** finden.

D. **Falsch** Der Befehl **Regedit.exe** startet den Registrierungs-Editor, mit dem Sie Systemkonfigurationseinstellungen verändern können. Sie können damit keine Treibersignaturen überprüfen.

5. Richtige Antwort: A und C

A. **Richtig** **Driverquery.exe** ist ein Befehlszeilentool, das alle Treiber auflistet, die auf einem Windows XP-Computer installiert sind. Weil es sich um ein Befehlszeilentool handelt, können Sie seine Ausgaben einfach in eine Textdatei umleiten, was sehr praktisch ist, wenn Sie die Informationen an den technischen Support schicken wollen.

B. **Falsch** Dieses Tool ist sehr nützlich, um Treibersignaturen zu überprüfen. Es kann allerdings nicht eine Liste der Treiber erstellen, die auf dem Computer installiert sind. Es ist aber in der Lage, alle nicht signierten Treiber aufzulisten.

C. **Richtig** Das Tool Systeminformationen, das mit dem Befehl **Winmsd.exe** gestartet wird, kann signierte und Systemtreiber auflisten. Erweitern Sie den Zweig **Softwareumgebung** und klicken Sie dann auf **Systemtreiber** oder **Signierte Treiber**.

D. **Falsch** Sie können mit dem Dateiüberprüfungsprogramm wichtige Systemdateien untersuchen und ersetzen. Es listet aber keine Treiber auf.

E. **Falsch** Dieses Tool zeigt an, welche MAC-Adressen (Machine Access Control) den Netzwerkkarten des Computers zugewiesen sind. Es listet keine Treiber auf.

Lernziel 3.6: Überwachen und Konfigurieren von Multiprozessorcomputern

Der ***Betriebssystemkernel*** in Windows XP kann ein oder zwei ***CPUs*** (Central Processing Unit, dt. Mikroprozessor) unterstützen. Windows XP nutzt die ***Hardwareabstraktionsschicht (Hardware Abstraction Layer, HAL)***, um die Verbindung zwischen der Hardware Ihres Computers und dem Betriebssystem herzustellen. Diese Basisarchitektur ermöglicht das Portieren des Betriebssystems auf unterschiedliche Hardwareplattformen.

Windows XP hat unterschiedliche HALs und Kernels für Einprozessor- und Multiprozessorsysteme. Daher müssen Sie HAL und Kernel aktualisieren, wenn Sie einen zweiten Prozessor in einen Windows XP Professional-Computer einsetzen. Falls Sie versehentlich ein Update auf eine inkompatible HAL durchgeführt haben oder ganz vergessen haben, Ihre HAL zu aktualisieren, startet der Computer wahrscheinlich nicht mehr. Sie können in dieser Situation nur noch Ihre ursprüngliche Hardwarekonfiguration wiederherstellen, Windows XP Professional neu installieren oder Kernel und HAL von Hand mithilfe der Wiederherstellungskonsole ersetzen.

Mit der Leistungskonsole oder dem Windows Task-Manager können Sie die Prozessorleistung analysieren. Sie müssen auf jedem Computer, den Sie verwalten, eine Baseline für eine ausreichende Leistung definieren und dann über längere Zeit beobachten, ob die Leistung des Systems unter diesen Wert fällt. Die wichtigsten Objekte im Zusammenhang mit dem Prozessor, die Sie kennen und überwachen müssen, sind Thread, Prozess, System, Prozessor, Auftragsobjekt und Auftragsobjektdetails.

Um die Fragen in diesem Lernziel richtig beantworten zu können, müssen Sie die unterschiedlichen HAL-Versionen kennen. Sie müssen wissen, wie Sie ein Update von einem Einprozessorsystem auf ein Zweiprozessorsystem durchführen, wie Sie zu einer Einprozessorkonfiguration zurückkehren und wie Sie die Systemoperation mit dem Snap-In **Leistung** überwachen.

Fragen zu Lernziel 3.6

1.

Sie verwalten die Computer für die Grafiker in Ihrem Unternehmen, von denen viele regelmäßig 3-D-Rendering-Software einsetzen, um Spezialeffekte für Werbefilme zu erstellen. Die Standardarbeitsstationen haben zwei 3-GHz-CPUs, 1 GByte RAM und eine High-End-Grafikkarte mit eingebauter 3-D-Beschleunigung. Eine der Grafikerinnen beschwert sich, dass ihre Arbeitsstation in bestimmten Abständen immer wieder sehr langsam läuft. Sie protokollieren die Leistungsdaten auf mehreren Computern, während die Grafikerin, die sich über mangelnde Leistung beklagt hat, weiterarbeitet. Sie bekommen für das betroffene System folgende Messwerte:

- Der Leistungsindikator **Prozessorzeit (%)** des Datenobjekts **Prozessor** liegt bei durchschnittlich 85 Prozent.
- Der Leistungsindikator **Interrupts/s** des Datenobjekts **Prozessor** liegt bei durchschnittlich 6.500.
- Der Leistungsindikator **Seiten/s** des Datenobjekts **Speicher** liegt bei durchschnittlich 1,5.
- Der Leistungsindikator **Prozessor-Warteschlangenlänge** des Datenobjekts **System** liegt bei durchschnittlich 1,8.

Welches ist wahrscheinlich die Ursache der schlechten Leistung? Wählen Sie die beste Antwort aus.

A. Leistungsindikator **Prozessorzeit (%)** des Datenobjekts **Prozessor**

B. Leistungsindikator **Interrupts/s** des Datenobjekts **Prozessor**

C. Leistungsindikator **Seiten/s** des Datenobjekts **Speicher**

D. Leistungsindikator **Prozessor-Warteschlangenlänge** des Datenobjekts **System**

2.

Gestern hat einer der Entwickler in Ihrem Unternehmen einen zweiten Prozessor für seinen Zweiprozessorcomputer gekauft. Der Computer läuft unter Windows XP Professional. Der Entwickler weiß eigentlich, dass er sich bei Hardwareänderungen an den Administrator wenden soll, aber er war von seinem neuen Spielzeug so begeistert, dass er den Prozessor nach Feierabend selbst installiert hat. Als er den Computer nach dem Einbauen des Prozessors zum ersten Mal startete, bekam er einen Stop-Fehler (blauer Bildschirm). Er hat seinen Computer in diesem Zustand belassen, bis Sie am nächsten Morgen eintreffen und ihm beim Beseitigen dieses Problems helfen. Die Meldung des Stop-Fehlers lautet „0x00000079 MISMATCHED_HAL“. Der Entwickler möchte, dass Sie Windows XP so einrichten, dass es erfolgreich mit beiden Prozessoren startet, aber dabei sollen Sie das Computergehäuse nicht mehr öffnen. Wie können Sie das Problem am besten lösen? Wählen Sie die beste Antwort aus.

A. Starten Sie Windows XP im abgesicherten Modus. Öffnen Sie das Dialogfeld **Systemeigenschaften** und klicken Sie auf die Registerkarte **Hardware**. Klicken Sie auf die Schaltfläche **Hardwareprofile** und erstellen Sie ein neues Profil für die Multiprozessorkonfiguration. Starten Sie dann Windows XP im normalen Modus neu.

B. Legen Sie die Windows XP Professional-CD-ROM ein und installieren Sie Windows XP Professional über die vorhandene Installation.

C. Ersetzen Sie den neuen Prozessor durch einen funktionierenden Prozessor.

D. Starten Sie die Wiederherstellungskonsole und legen Sie die Windows XP Professional-CD-ROM ein. Kopieren Sie in der Wiederherstellungskonsole die Dateien für den Multiprozessorkernel und die Multiprozessor-HAL-Dateien, die der Hardwarekonfiguration des Computers entsprechen. Benennen Sie die Dateien bei Bedarf um.

Antworten zu Lernziel 3.6

1. Richtige Antwort: B

A. **Falsch** 85 Prozent sind zwar ein recht hoher Wert für diesen Leistungsindikator und der Benutzer profitiert wahrscheinlich von schnelleren Prozessoren, der Computer müsste aber akzeptabel laufen, weil immer noch 15 Prozent Leerlaufzeit als Reserve verbleiben. Der Durchschnittswert für die Interrupts pro Sekunde bietet einen Anhaltspunkt, warum die Prozessorzeit so hoch liegt.

B. **Richtig** Sie müssen auf einem System, das System unter normaler Last betrieben wird, eine sinnvolle Baseline für die Interrupts pro Sekunde aufstellen. Ein guter Ausgangswert sind 1.000 bis 2.000 Interrupts pro Sekunde. 6.500 Interrupts pro Sekunde deuten auf ein ernstes Leistungsproblem hin. Sie können die Schwere des Problems analysieren, indem Sie den Leistungsindikator **Interruptzeit (%)** beobachten; er misst den Prozentsatz der Prozessorzeit, die durch das Verarbeiten von Interruptanforderungen verbraucht wird. Vermutlich wird dieses Problem durch eine Netzwerkkarte verursacht, theoretisch können aber auch viele andere Hardwaregeräte schuld sein. Versuchen Sie, das BIOS der Netzwerkkarte und die Windows XP Professional-Treiber für die Karte zu aktualisieren. Falls das Problem dadurch nicht beseitigt wird, sollten Sie die Netzwerkkarte entfernen.

C. **Falsch** Dieser Leistungsindikator gibt an, wie oft Windows XP auf die Auslagerungsdatei zugreifen muss. Wäre dieser Wert hoch, wäre das ein Zeichen, dass die Anwendungen deutlich mehr Arbeitsspeicher brauchen, als der Computer RAM eingebaut hat. Aber 1,5 ist ein sehr niedriger Wert, der kein Problem erkennen lässt.

D. **Falsch** Bei diesem Leistungsindikator ist 1,8 ein akzeptabler Durchschnittswert. Weil er über 1 liegt, verarbeitet der Prozessor des Computers Anweisungen nicht ganz so schnell, wie er sie bekommt. Aber der Leistungsindikator **Prozessorzeit (%)** zeigt, dass der Computer in akzeptabler Geschwindigkeit laufen sollte.

2. Richtige Antwort: D

A. **Falsch** Auch im abgesicherten Modus kann der Computer nicht starten, wenn der falsche Kernel installiert ist. Außerdem ist es mit Hardwareprofilen nicht möglich, sowohl Einprozessor- als auch Multiprozessorkonfigurationen zu unterstützen.

B. **Falsch** Das würde das Problem lösen, weil das Setupprogramm den zweiten Prozessor erkennt und den Multiprozessorkernel installiert. Aber der Benutzer würde dabei alle seine Betriebssystemeinstellungen verlieren. Es ist sinnvoller, die Kerneldatei mithilfe der Wiederherstellungskonsole zu ersetzen.

C. **Falsch** In der Frage wurde nichts erwähnt, was auf einen Defekt des Prozessors hindeutet. Windows XP schaltet nicht automatisch zwischen Ein- und Multiprozessor-HALs um, daher müssen Sie die Einprozessor-HAL- und -kerneldateien ersetzen.

D. **Richtig** Bei dieser Methode ersetzen Sie den Einprozessorkernel durch den Multiprozessorkernel. Welche Dateien Sie im Einzelnen brauchen, hängt von der verwendeten Hardware ab. Fragen Sie bei Ihrem Hardwarehersteller nach, welche Version von HAL und Kernel Sie benötigen. Benennen Sie die HAL-Datei **Hal.dll** und die Kerneldateien **Ntoskrnl.exe** und **Ntkrnlpa.exe**.

K A P I T E L 2 4

Überwachen und Optimieren von Systemleistung und -zuverlässigkeit

Windows XP gibt Administratoren die Möglichkeit, die Systemleistung sorgfältig zu überwachen und zu optimieren. Tools wie der Task-Manager, das Dienstprogramm Leistung und eine Gruppe von Befehlszeilenprogrammen ermöglichen das Analysieren von Echtzeit- und früher aufgezeichneten Leistungsdaten. Protokolle funktionieren ganz ähnlich, sie dienen dazu, Systemprobleme zu beseitigen und Anwendungen zu debuggen.

Bei tragbaren Computern ist das Optimieren der Leistung komplizierter als bei Desktopsystemen, weil der Administrator einen Kompromiss zwischen Batterielaufzeit und Leistung finden muss. Windows XP stellt Energieschemas zur Verfügung, mit denen Benutzer schnell den Energieverbrauch eines Systems anpassen können. Energieschemas in Kombination mit Standbymodus und Ruhezustand verlängern die Batterielaufzeit deutlich, wenn das System einige Zeit nicht benutzt wird.

Gelegentlich sind Probleme unvermeidbar. Windows XP stellt eine Menge Fehlerbehebungswerkzeuge zur Verfügung, um solche Probleme zu beseitigen, wenn sie auftauchen. Das Systemwiederherstellungstool zeichnet Systemkonfigurationsinformationen auf und kann eine funktionierende Konfiguration wiederherstellen, falls das System später unzuverlässig wird. Funktionen wie zum Beispiel die letzte als funktionierend bekannte Konfiguration ermöglichen das Starten von Windows XP auch dann, wenn ein fehlerhafter Treiber installiert wurde. Der abgesicherte Modus und die Wiederherstellungskonsole versetzen Administratoren in die Lage, selbst stark beschädigte Windows XP-Installationen zu reparieren.

Geprüfte Fähigkeiten und vorgeschlagene praktische Übungen

Um den Lernzielbereich „Überwachen und Optimieren von Systemleistung und -zuverlässigkeit“ innerhalb der Prüfung „Installieren, Konfigurieren und Verwalten von Microsoft Windows XP Professional“ zu bestehen, sollten Sie die folgenden Fähigkeiten beherrschen.

- Überwachen, Optimieren und Problembehandlung der Leistung des Windows XP Professional-Desktops.
  - Übung 1: Ermitteln Sie im Task-Manager, welcher Prozess momentan am meisten Prozessorzeit verbraucht.
  - Übung 2: Verändern Sie die Felder auf der Registerkarte **Prozesse** des Task-Managers, sodass alle verfügbaren Spalten angezeigt werden.
  - Übung 3: Ändern Sie im Task-Manager die Priorität einer Anwendung, sodass sie mit der höchsten Priorität läuft.
  - Übung 4: Sammeln Sie in der Leistungskonsole Echtzeitdaten für mehrere Indikatoren gleichzeitig.
  - Übung 5: Stellen Sie über mehrere Stunden hinweg Prozessorbelastungsinformationen zusammen und analysieren Sie diese Informationen in der Leistungskonsole.
  - Übung 6: Konfigurieren Sie einen geplanten Task, mit dem einmal wöchentlich eine vollständige Festplattendefragmentierung durchgeführt wird, aber nur dann, wenn sich der Computer im Leerlauf befindet. Konfigurieren Sie den Task so, dass er den Computer bei Bedarf aufweckt.
  - Übung 7: Führen Sie den Befehl **AT** ohne Argumente aus, um sich die geplanten Tasks anzusehen. Erstellen Sie mit dem Befehl **AT** einen Task, der täglich ausgeführt wird.
- Verwalten, Überwachen und Optimieren der Systemleistung für mobile Benutzer.
  - Übung 1: Wählen Sie auf einem tragbaren Computer von Hand das Hardwareprofil für die angedockte und dann für die nicht gedockte Konfiguration aus.
  - Übung 2: Erstellen Sie ein neues Hardwareprofil und deaktivieren Sie in diesem Profil alle nicht unbedingt benötigten Treiber.
  - Übung 3: Wählen Sie im Energieschema auf einem Computer mehrere unterschiedliche Einstellungen und beobachten Sie, wie sich das Verhalten des Computers ändert. Erstellen Sie ein benutzerdefiniertes Energieschema.
- Wiederherstellen und Sichern von Betriebssystem, Systemstatusdaten und Benutzerdaten.
  - Übung 1: Führen Sie mit dem Sicherungsprogramm eine vollständige Systemdatensicherung durch.
  - Übung 2: Speichern Sie die aktuelle Systemkonfiguration mit dem Systemwiederherstellungstool und stellen Sie dann die Systemkonfiguration in ihrem vorherigen Zustand wieder her.
  - Übung 3: Starten Sie den Computer mit der Option **Letzte als funktionierend bekannte Konfiguration**.
  - Übung 4: Starten Sie den Computer im abgesicherten Modus.
  - Übung 5: Installieren Sie die Wiederherstellungskonsole als Option im Startmenü. Starten Sie dann die Wiederherstellungskonsole von der Microsoft Windows XP

Professional-CD-ROM und lassen Sie sich mit dem Befehl **help** anzeigen, welche Befehle zur Verfügung stehen. Untersuchen Sie alle Befehle genau, indem Sie jeden Befehl mit dem Argument **/?** aufrufen. Editieren Sie schließlich die Systemdatei **Boot.ini** mithilfe der Wiederherstellungskonsole.

Weiterführende Literatur

Dieser Abschnitt enthält eine nach Lernzielen unterteilte Liste mit zusätzlicher Literatur. Wir empfehlen, dass Sie dieses Material sorgfältig studieren, bevor Sie die Prüfung 70-270 ablegen.

Lernziel 4.1

Microsoft Windows XP Professional Resource Kit Documentation von Microsoft Corporation. Redmond, WA: Microsoft Press, 2001. Lesen Sie die Abschnitte über Task-Manager, Systemmonitor und Defragmentierung in Anhang D, „Tools for Troubleshooting" (online verfügbar unter **http://www.microsoft.com/resources/documentation/Windows/XP/all/reskit/en-us/prmb_tol_cfbi.asp**).

„Support WebCast: Monitoring and Tuning System Performance in Microsoft Windows XP" von Dan Suehr (online verfügbar unter **http://support.microsoft.com/?kbid=823887**).

„Solving Performance Problems" in der Windows XP Professional-Dokumentation (online verfügbar unter **http://www.microsoft.com/resources/documentation/windows/xp/all/proddocs/en-us/sag_mpmonperf_28.mspx**).

Lernziel 4.2

Microsoft Windows XP Professional Resource Kit Documentation von Microsoft Corporation. Redmond, WA: Microsoft Press, 2001. Lesen Sie Kapitel 7, „Supporting Mobile Users". Es enthält Informationen über Energieschemas, Standbymodus und Ruhezustand (online verfügbar unter **http://www.microsoft.com/resources/documentation/Windows/XP/all/reskit/en-us/prdc_mcc_gnml.asp**).

„Power Management in Windows XP" von Charlie Russel (online verfügbar unter **http://www.microsoft.com/windowsxp/using/setup/learnmore/russel_02march25.mspx**).

Lernziel 4.3

Microsoft Windows XP Professional Resource Kit Documentation von Microsoft Corporation. Redmond, WA: Microsoft Press, 2001. Lesen Sie Kapitel 4, „Supporting Installations", und Kapitel 14, „Backup and Restore" (online verfügbar unter **http://www.microsoft.com/resources/documentation/Windows/XP/all/reskit/en-us/prork_overview.asp**).

„Microsoft Windows XP System Restore" von Bobbie Harder (online verfügbar unter **http://msdn.microsoft.com/library/techart/windowsxpsystemrestore.htm**).

„Support WebCast: Microsoft Windows XP: Troubleshooting Startup and Shutdown Problems" von William Keener (online verfügbar unter **http://support.microsoft.com/?kbid=326841**).

Lernziel 4.1: Überwachen, Optimieren und Problembehandlung der Leistung des Windows XP Professional-Desktops

Windows XP Professional wurde mit dem Ziel entworfen, dass es ohne jegliche manuellen Einstellungen auf allen Hardwarekonfigurationen optimale Leistung liefert. Die meisten Benutzer brauchen auch niemals die Leistung ihres Windows XP-Systems zu überwachen oder zu ändern. Es gibt auch Fälle, in denen ein Administrator, der über detaillierte Kenntnisse zum Überwachen und Optimieren der Systemleistung verfügt, die Leistung eines Systems verbessern kann. Für solche Administratoren stellt Windows XP eine Reihe von Tools zur Verfügung, die für das Überwachen, Analysieren und Optimieren von Systemleistungsaspekten nützlich sind.

Das am häufigsten eingesetzte Tool ist der Task-Manager. Er zeigt Echtzeitinformationen über Netzwerkauslastung und -benutzer an und kann Anwendungen, Prozesse und Leistung überwachen. Die Leistungskonsole ist ein leistungsfähiges Dienstprogramm zum Analysieren der Systemleistung, weil es Echtzeitinformationen über Hunderte detaillierter Aspekte der Systemleistung liefert, zum Beispiel Arbeitsspeicherauslastung, freigegebene Ordner und Netzwerkfehler. Sie können sich über die Leistungskonsole auch benachrichtigen lassen, wenn Indikatoren eine bestimmte Schwelle über- oder unterschreiten. Auf diese Weise werden Sie vor drohenden Problemen gewarnt wie zur Neige gehendem Festplattenplatz oder hohem Arbeitsspeicherverbrauch, bevor der Computer dadurch ausgebremst wird.

Windows XP Professional stellt das Programm **Geplante Tasks** zur Verfügung, mit dem Sie Tasks ausführen lassen können, wenn der Computer sich im Leerlauf befindet. Wenn Sie möchten, können Sie für diese Aufgabe das Befehlszeilenprogramm **AT** verwenden.

Fragen zu Lernziel 4.1

1.

Sie sind Systemadministrator und Ihre Verantwortungsbereiche wurden vor kurzem erweitert: Sie betreuen nun auch eine Gruppe von Benutzern in einem externen Büro, die ihre Windows XP-Computer bisher selbst verwalten mussten. Einer der Benutzer beklagt sich, dass sein Computer im Lauf des letzten Jahres immer langsamer geworden ist. Insbesondere ist ihm aufgefallen, dass Microsoft Word länger braucht, um Dokumente zu öffnen, die vor kurzem erstellt wurden. Welche der folgenden Aktionen verbessert die Leistung des Desktops bei diesem Benutzer? Wählen Sie die richtige Antwort.

A. Verringern Sie die Größe der Auslagerungsdatei.

B. Aktivieren Sie die NTFS-Komprimierung.

C. Führen Sie eine Defragmentierung der Festplatte durch.

D. Konfigurieren Sie den Dienst **Leistungsdatenprotokolle und Warnungen** so, dass er automatisch startet.

2.

Welche der folgenden Informationen können Sie aus dem Windows Task-Manager gewinnen? Wählen Sie die drei richtigen Antworten.

A. CPU-Auslastung

B. Netzwerkauslastung

C. Hauptspeicherauslastung

D. Verlorene Pakete

E. Auslagerungsdateiauslastung

F. Offene Dateien

3.

Ein Benutzer beschwert sich über Leistungsprobleme bei seinem Windows XP Professional-System, aber er weiß nicht recht, ob die Ursache ein unterdimensionierter Prozessor, zu wenig Arbeitsspeicher für die verwendeten Anwendungen oder ein langsames Festplattenlaufwerk ist. Um die Systemkomponente aufrüsten zu können, die ein Engpass für die Systemleistung ist, wollen Sie über mehrere Tage hinweg, die der Benutzer mit dem Computer arbeitet, Leistungsdaten aufzeichnen. Mit welcher der folgenden Methoden leiten Sie das Aufzeichnen von Leistungsdaten ein? Wählen Sie die beiden richtigen Antworten.

A. Melden Sie sich am Computer des Benutzers an. Starten Sie die Computerverwaltungskonsole und erweitern Sie die Zweige **System** und **Leistungsdatenprotokolle und Warnungen**. Wählen Sie im linken Fensterabschnitt **Leistungsindikatorenprotokolle** aus. Klicken Sie im rechten Fensterabschnitt mit der rechten Maustaste auf **Systemübersicht** und wählen Sie den Befehl **Starten**.

B. Melden Sie sich am Computer des Benutzers an. Starten Sie die Systemsteuerung und wählen Sie **Leistung und Wartung**. Klicken Sie auf **Verwaltung** und dann doppelt auf **Leistung**. Wählen Sie im linken Fensterabschnitt **Systemmonitor** aus. Klicken Sie im rechten Fensterabschnitt mit der rechten Maustaste auf **Systemübersicht** und wählen Sie den Befehl **Starten**.

C. Melden Sie sich am Computer des Benutzers an. Starten Sie den Windows Task-Manager. Wählen Sie den Menübefehl **Datei/Daten protokollieren** und geben Sie einen Dateinamen ein.

D. Melden Sie sich am Computer des Benutzers an. Geben Sie an einer Eingabeaufforderung den Befehl **logman start "Systemübersicht"** ein.

E. Melden Sie sich am Computer des Benutzers an. Geben Sie an einer Eingabeaufforderung den Befehl **Relog System_Overview.blg -q -o System_Overview.txt** ein.

4.

Welches der folgenden Tools kann die Priorität eines Prozesses ändern? Wählen Sie die richtige Antwort.

A. Systemmonitor

B. Leistungsdatenprotokolle und Warnungen

C. Computerverwaltung

D. Task-Manager

5.

Ein Benutzer beklagt sich über sein langsames System. Sie wollen die Leistung verbessern, indem Sie im Tool Leistungsoptionen geeignete Einstellungen vornehmen. Sie starten dieses Tool, indem Sie die Systemsteuerung öffnen, **Leistung und Wartung** wählen und auf die Aufgabe **Visuelle Effekte anpassen** klicken. Welche der folgenden Änderungen im Tool Leistungsoptionen verbessert die Reaktionsgeschwindigkeit des Systems? Wählen Sie die richtige Antwort.

A. Wählen Sie auf der Registerkarte **Visuelle Effekte** die Option **Für optimale Darstellung anpassen**.

B. Wählen Sie auf der Registerkarte **Visuelle Effekte** die Option **Für optimale Leistung anpassen**.

C. Wählen Sie auf der Registerkarte **Erweitert** im Feld **Prozessorzeitplanung** die Option **Hintergrunddienste**.

D. Wählen Sie auf der Registerkarte **Erweitert** im Feld **Speichernutzung** die Option **Systemcache**.

E. Halbieren Sie auf der Registerkarte **Erweitert** im Feld **Virtueller Arbeitsspeicher** die Größe der Auslagerungsdatei.

6.

Sie sind der Systemadministrator für ein kleines Netzwerk mit Benutzern, die sowohl Desktop- als auch und Laptopsysteme mit Windows XP Professional betreiben. Alle Systeme sind Mitglieder in einer Windows-Domäne. Sie wollen verhindern, dass die Leistung aufgrund fragmentierter Dateisysteme sinkt, und planen daher einen Task, der das Dienstprogramm Defragmentierung auf allen Systemen jeden Sonntag um 01:00 nachts ausführt. Dieser Task ist so wichtig, dass die Systeme bei Bedarf aus dem Stromsparmodus geweckt werden müssen. Sie wollen allerdings nicht, dass die Defragmentierung irgendwelche Benutzer behindert, und sie soll auch nicht die Akkus der Laptopsysteme leeren.

Der Lösungsvorschlag sieht folgendermaßen aus: Starten Sie das Systemtool **Geplante Tasks** und wählen Sie den Menübefehl **Datei/Neu/Geplanter Task**. Geben Sie dem Task den Namen **Dateidefragmentierung**, klicken Sie mit der rechten Maustaste auf den neuen Task und wählen Sie den Befehl **Eigenschaften**. Geben Sie auf der Registerkarte **Task** des Eigenschaftendialogfelds im Textfeld **Ausführen** den Befehl **defrag C:** ein. Geben Sie im Feld **Ausführen als** den Benutzernamen eines Domänenadministratorkontos ein, das auf allen Systemen der Domäne lokale Administratorrechte hat, und geben Sie das Kennwort über die Schaltfläche **Kennwort festlegen** ein. Wählen Sie auf der Registerkarte **Zeitplan** in der Dropdownliste **Task ausführen** den Eintrag **wöchentlich**. Stellen Sie in **Startzeit** die Uhrzeit **01:00** ein und aktivieren Sie im Feld **Task wöchentlich ausführen** nur das Kontrollkästchen für den Sonntag. Erstellen Sie diesen Task auf allen Windows XP Professional-Systemen.

Welche der formulierten Ziele erreichen Sie mit diesem Lösungsvorschlag? Wählen Sie die beiden richtigen Antworten.

A. Die Defragmentierung wird sonntags um 1:00 Uhr nachts ausgeführt.

B. Die Defragmentierung wird mit einem Konto ausgeführt, das auf allen Systemen über ausreichende Privilegien verfügt.

C. Es ist sichergestellt, dass die Defragmentierung keine Benutzersitzungen behindert.

D. Wenn möglich, werden die Computer aus dem Stromsparmodus aufgeweckt, um die Defragmentierung auszuführen.

E. Es ist sichergestellt, dass die Defragmentierung nicht die Akkus der Laptopcomputer belastet.

7.

Sie planen mit dem Befehlszeilenprogramm **AT** einen Task, der jede Nacht auf Ihrem Windows XP Professional-System ausgeführt werden soll. Unmittelbar danach entscheiden Sie sich anders und beschließen, dass der Task nur einmal pro Woche laufen muss. Daher starten Sie das Dienstprogramm Geplante Tasks und ändern die Eigenschaften des Tasks. Welche Eigenschaften zeigt der Befehl **AT** über Ihren geplanten Task an, wenn Sie den Befehl das nächste Mal von der Befehlszeile starten? Wählen Sie die richtige Antwort.

A. Der geplante Task wird aufgeführt, er läuft täglich.

B. Der geplante Task wird aufgeführt, er läuft wöchentlich.

C. Der geplante Task wird zweimal aufgeführt, er läuft sowohl täglich als auch wöchentlich.

D. Der geplante Task wird nicht aufgeführt.

8.

Sie sind Desktopadministrator bei einem Grafikbetrieb. Momentan arbeiten zwanzig Grafiker daran, bei einem Fernsehfilm eine digitale Figur in den Film einzubauen. Jede Nacht wird die animierte Figur auf ihren Desktopcomputern gerendert. Der Renderprozess lastet die Prozessoren ihrer Computer für etwa neun Stunden aus. Heute Nacht muss einer der Grafiker länger arbeiten und der Renderprozess hat die anderen Anwendungen auf seinem Computer so weit verlangsamt, dass der Computer kaum noch benutzbar ist. Wie können Sie dem Benutzer am effizientesten zu einem sinnvoll bedienbaren System verhelfen? Wählen Sie die richtige Antwort.

A. Ändern Sie die Priorität des Renderprozesses auf **Echtzeit**.

B. Ändern Sie die Priorität aller anderen Anwendungen auf **Hoch**.

C. Ändern Sie die Priorität des Renderprozesses auf **Niedrig**.

D. Ändern Sie die Priorität aller anderen Anwendungen auf **Niedrig**.

9.

Sie haben vor kurzem bei einem Computer ein Update von Windows 98 auf Windows XP durchgeführt. Der Computer erfüllt zwar die Mindestvoraussetzungen für Windows XP, die Grafikkarte ist aber angesichts der modernen Technik hoffnungslos veraltet. Sie mögen die visuellen Effekte von Windows XP und wählen die Option **Für optimale Darstellung anpassen**. Die Leistung ist normalerweise durchaus akzeptabel. Aber wenn Sie mehrere Elemente auf Ihrem Desktop auswählen, indem Sie ein Rechteck um diese Elemente ziehen, braucht Windows XP mehrere Sekunden, um das Rechteck zu zeichnen.

Welche Einstellung müssen Sie ändern, um dieses Problem zu beseitigen, aber gleichzeitig so viele visuelle Effekte wie möglich beizubehalten? Wählen Sie die richtige Antwort.

A. Wählen Sie die Option **Für optimale Leistung anpassen**.

B. Deaktivieren Sie das Kontrollkästchen **Mausschatten anzeigen**.

C. Deaktivieren Sie das Kontrollkästchen **Durchsichtiges Auswahlrechteck anzeigen**.

D. Deaktivieren Sie das Kontrollkästchen **Kanten der Bildschirmschriftarten verfeinern**.

Antworten zu Lernziel 4.1

1. Richtige Antwort: C

A. **Falsch** Windows XP Professional verwendet die Auslagerungsdatei, um Daten aus dem Arbeitsspeicher des Computers temporär zu speichern. Wenn Sie die Größe der Auslagerungsdatei verringern, wird mehr Platz auf der Festplatte des Systems frei, aber dadurch verbessert sich nicht die Systemleistung.

B. **Falsch** NTFS ermöglicht das Komprimieren von Dateien und Verzeichnissen auf Dateisystemebene. Auf diese Weise verbrauchen Dateien, die sich gut komprimieren lassen, weniger Platz auf der Festplatte. Durch das Komprimieren der Dateien wird zwar mehr Platz auf der Festplatte frei, aber dadurch verbessert sich nicht die Systemleistung.

C. **Richtig** Festplatten funktionieren am besten, wenn die Daten einer Datei in fortlaufende Blöcke geschrieben werden. Im Lauf der Zeit kann es allerdings sein, dass die Daten der Dateien in voneinander isolierte Fragmente verteilt werden. Die Festplatte kann zwar ohne Einschränkung auf fragmentierte Dateien zugreifen, das dauert aber länger. Weil das Leistungsproblem des Benutzers sich besonders beim Zugreifen auf Dateien zeigt und mindestens ein Jahr keine Wartung vorgenommen wurde, ist die Ursache für das Problem wahrscheinlich eine Fragmentierung der Festplatte. Wenn Sie das Dienstprogramm Defragmentierung starten, müsste dieses Problem beseitigt sein; die Festplattenleistung des Systems wird deutlich steigen.

D. **Falsch** Der Dienst **Leistungsdatenprotokolle und Warnungen** dient zum Protokollieren von Daten für die Leistungsanalyse. Er wird zwar für das Protokollieren von Leistungsdaten benötigt, aber das Starten des Dienstes allein verbessert die Systemleistung nicht.

2. Richtige Antwort: A, B und E

A. **Richtig** Die CPU-Auslastung wird sowohl numerisch als auch grafisch auf der Registerkarte **Systemleistung** des Windows Task-Managers angezeigt.

B. **Richtig** Die Netzwerkauslastung wird sowohl numerisch als auch grafisch auf der Registerkarte **Netzwerk** des Windows Task-Managers angezeigt.

C. **Falsch** Im Windows Task-Manager stehen keine Informationen zur Hauptspeicherauslastung zur Verfügung.

D. **Falsch** Verlorene Pakete werden im Windows Task-Manager nicht angezeigt. Sie können allerdings an der Befehlszeile den Befehl **NETSTAT -S -P TCP** aufrufen, dann erhalten Sie Statistiken über erneut übertragene Segmente. Dieser Wert liefert ähnliche Informationen wie die insgesamt verlorenen Pakete.

E. **Richtig** Die Auslagerungsdateiauslastung wird sowohl numerisch als auch grafisch auf der Registerkarte **Systemleistung** des Windows Task-Managers angezeigt.

F. **Falsch** Welche Dateien offen sind, wird im Windows Task-Manager nicht angezeigt.

3. Richtige Antwort: A und D

A. **Richtig** Das Snap-In **Leistungsdatenprotokolle und Warnungen** der Computerverwaltungskonsole ist das richtige grafische Tool zum Erstellen von Leistungsprotokollen.

B. **Falsch** Das Snap-In **Systemmonitor** ist nützlich zum Überwachen von Echtzeitleistungsdaten, es kann aber keine Leistungsdaten aufzeichnen.

C. **Falsch** Der Windows Task-Manager ist zwar nützlich zum Ansehen von Echtzeitdaten zur Systemleistung, er kann aber keine Leistungsdaten aufzeichnen.

D. **Richtig** Das Dienstprogramm **Logman** ist die richtige Methode, das Aufzeichnen von Leistungsdaten von der Befehlszeile aus zu starten.

E. **Falsch** Das Programm **Relog** ist zwar nützlich zum Analysieren aufgezeichneter Daten, es wird aber nicht zum Starten der Aufzeichnung verwendet. **Relog** dient dazu, die Zeitauflösung von Daten, die über einen längeren Zeitraum aufgezeichnet wurden, zu vergrößern, um die Menge der analysierten Daten zu verringern.

4. Richtige Antwort: D

A. **Falsch** Der Systemmonitor ist nützlich zum Ansehen der Prozessorauslastung eines bestimmten Prozesses, er kann aber nicht die Priorität eines Prozesses ändern.

B. **Falsch** Das Snap-In **Leistungsdatenprotokolle und Warnungen** ist nützlich zum Aufzeichnen von Leistungsdaten, und Sie können damit die Prozessorauslastung eines bestimmten Prozesses protokollieren. Sie können damit aber nicht die Priorität eines Prozesses ändern.

C. **Falsch** Die Computerverwaltung bietet Zugriff auf die Snap-Ins **Systemmonitor** und **Leistungsdatenprotokolle und Warnungen**, aber mit keinem dieser Tools können Sie die Priorität eines Prozesses ändern.

D. **Richtig** Auf der Registerkarte **Prozesse** des Task-Managers können Sie die Priorität eines Prozesses ändern. Klicken Sie mit der rechten Maustaste auf den Namen eines Prozesses, öffnen Sie im Kontextmenü das Untermenü **Priorität festlegen** und wählen Sie die gewünschte Stufe.

5. Richtige Antwort: B

A. **Falsch** Die Option **Für optimale Darstellung anpassen** aktiviert sämtliche visuellen Effekte des Betriebssystems Windows XP Professional. Für Benutzer mit ausreichend schnellen Computern bietet diese Einstellung optisch am meisten. Aber die Reaktionsgeschwindigkeit des Systems wird dadurch verringert. Für ein System, das Leistungsprobleme zeigt, dürfen Sie diese Einstellung nicht wählen.

B. **Richtig** Die Option **Für optimale Leistung anpassen** deaktiviert alle unnötigen visuellen Effekte. Wenn Sie diese Option auswählen, muss Windows XP weniger Aufwand betreiben, um die grafische Benutzeroberfläche anzuzeigen. Daher verbessert sich die Reaktionsgeschwindigkeit des Systems. Das Wählen dieser Option ist die beste Methode, die scheinbare Geschwindigkeit des Computers zu erhöhen.

C. **Falsch** Auf Servern ist es sinnvoll, die Prozessorzeitplanung für Hintergrunddienste zu optimieren, weil dadurch sichergestellt wird, dass interaktive Anwendungen nicht die Leistung für die primären Aufgaben des Servers mit Beschlag belegen. Die Reaktionsgeschwindigkeit des Systems für einen Benutzer, der interaktiv am Computer arbeitet, verschlechtert sich dadurch aber, weil Hintergrunddienste eine höhere Priorität bekommen als interaktive Anwendungen.

D. **Falsch** Das Optimieren der Arbeitsspeichernutzung für den Systemcache verbessert die Leistung von Dateifreigaben und Webdiensten. Aber wenn Sie diesen Diensten mehr System-RAM zuweisen, leiden die interaktiven Anwendungen darunter.

E. **Falsch** Windows XP verwendet virtuellen Arbeitsspeicher als Erweiterung des RAM. Es dauert lange, Daten vom eigentlichen Arbeitsspeicher in den virtuellen Arbeitsspeicher auf der Festplatte des Systems auszulagern, aber durch das Verkleinern der Auslagerungsdatei steigt nicht die Systemleistung.

6. Richtige Antwort: A und B

A. **Richtig** Die auf der Registerkarte **Zeitplan** ausgewählten Einstellungen starten den Task jeden Sonntag um 1:00 Uhr.

B. **Richtig** Das Verwenden eines Domänenadministratorkontos ist die beste Methode, um sicherzustellen, dass ein geplanter Task, der auf viele unterschiedliche Systeme kopiert wird, auf allen Systemen über lokale Administratorrechte verfügt. Wird kein Domänenadministratorkonto benutzt, muss auf jedem einzelnen System ein lokales Administratorkonto ausgewählt werden – die Kontonamen und Kennwörter dieser Konten sind möglicherweise auf jedem System anders.

C. **Falsch** Damit ein geplanter Task Benutzersitzungen nicht behindert, sollten Sie auf der Registerkarte **Einstellungen** im Eigenschaftendialogfeld des Tasks das Kontrollkästchen **Task erst nach folgender Leerlaufdauer starten** aktivieren.

D. **Falsch** Das Kontrollkästchen **Computer zum Ausführen des Tasks reaktivieren** wurde beim Konfigurieren des Tasks nicht aktiviert. Dieses Kontrollkästchen finden Sie auf der Registerkarte **Einstellungen** im Eigenschaftendialogfeld des Tasks.

E. **Falsch** Dieses Ziel wurde nicht erreicht. Wenn Sie sicherstellen wollen, dass der geplante Task die Akkus der Laptopsysteme nicht belastet, müssen Sie auf der Registerkarte **Einstellungen** im Eigenschaftendialogfeld des Tasks die Kontrollkästchen **Task nicht bei Akkubetrieb starten** und **Task beenden, sobald der Akkubetrieb einsetzt** aktivieren.

7. **Richtige Antwort: D**

A. **Falsch** Das grafische Dienstprogramm Geplante Tasks kann Tasks verändern, die mit dem Befehl **AT** erstellt wurden. Aber **AT** kann den Task nicht anzeigen, weil Tasks, die im Dienstprogramm Geplante Tasks geändert wurden, für **AT** nicht sichtbar sind.

B. **Falsch** Das grafische Dienstprogramm Geplante Tasks kann Tasks verändern, die mit dem Befehl **AT** erstellt wurden. Der Task wir aber nach dem Durchführen der Änderung für das Befehlszeilenprogramm **AT** nicht mehr sichtbar.

C. **Falsch** Das Dienstprogramm Geplante Tasks kopiert einen Task nicht, wenn es Änderungen daran vornimmt. Der Task wird aber für **AT** unsichtbar.

D. **Richtig** Das Dienstprogramm Geplante Tasks und der Befehl **AT** verwalten streng getrennte Listen der jeweils geplanten Tasks. Das Dienstprogramm Geplante Tasks kann zwar Tasks anzeigen, die mit dem Befehl **AT** erstellt wurden, es kann diese Tasks aber nicht direkt verändern. Wenn das Dienstprogramm Geplante Tasks einen Task verändern will, der mit dem Befehl **AT** erstellt wurde, muss das Dienstprogramm Geplante Tasks den Task aus der Taskliste von **AT** entfernen und in seine eigene Liste übertragen. Daher werden Tasks, die mit **AT** erstellt wurden, für **AT** unsichtbar, nachdem sie im Dienstprogramm Geplante Tasks geändert wurden.

8. **Richtige Antwort: C**

A. **Falsch** Sie sollte niemals die Prioritätsstufe **Echtzeit** verwenden, weil das den normalen Systembetrieb stark stören kann. Und wenn Sie die Priorität des Renderprozesses erhöhen, erreichen Sie genau das Gegenteil dessen, was Sie wollten: Die anderen Anwendungen werden noch schlechter benutzbar, weil ihnen weniger Prozessorzyklen zugewiesen werden.

B. **Falsch** Rein technisch gesehen würde das Erhöhen der Priorität bei allen anderen Anwendungen auf **Hoch** die Leistung verbessern. Aber weil der Grafiker möglicherweise mehrere unterschiedliche Anwendungen benutzt, ist es effizienter, die Priorität des Renderprozesses zu verringern.

C. **Richtig** Das ist die effizienteste Methode, die Leistung aller interaktiven Anwendungen auf dem Computer des Grafikers zu verbessern. Wenn Sie die Priorität des Renderprozesses auf **Niedrig** setzen, wird mehr Prozessorzeit für andere Anwendungen frei. Damit ist das gewünschte Ziel erreicht.

D. **Falsch** Damit erreichen Sie genau das Gegenteil dessen, was Sie wollten: Die anderen Anwendungen werden noch schlechter benutzbar, weil ihnen weniger Prozessorzyklen zugewiesen werden.

9. **Richtige Antwort: C**

A. **Falsch** Das Auswählen dieser Option beseitigt zwar das Problem, Sie deaktivieren auf diese Weise aber fast alle visuellen Effekte.

B. **Falsch** Wäre dies die Ursache für das Problem, wäre die Leistung immer schlecht, wenn der Mauszeiger angezeigt wird.

C. **Richtig** Dieser visuelle Effekt zeigt ein Auswahlrechteck an, das spezielle Fähigkeiten der Grafikkarte nutzt. Fehlt der Grafikkarte diese Fähigkeit, kann Windows XP das durchsichtige Rechteck immer noch zeichnen, das beansprucht aber viel Rechenleistung. Wenn Sie diesen Effekt deaktivieren, müsste das Leistungsproblem beseitigt sein.

D. **Falsch** Wenn Sie diesen Effekt deaktivieren, verbessert sich die Systemleistung. Die Geschwindigkeit steigt aber immer, nicht nur beim Zeichnen eines Auswahlrechtecks.

Lernziel 4.2: Verwalten, Überwachen und Optimieren der Systemleistung für mobile Benutzer

Dank der jüngsten Verbesserungen bei der Hardware tragbarer Computer, gestiegener Batteriekapazität und drahtloser Netzwerke, verwenden immer mehr Benutzer einen Laptopcomputer, den sie auf Reisen mitnehmen können. Die Umgebung von Windows XP Professional für mobile Computer ist so intuitiv, dass mobile Benutzer keine spezielle Schulung benötigen. Administratoren müssen aber genau wissen, wie die neueste Hardware und Software zusammenarbeiten, damit sie die mobile Umgebung optimal einrichten können.

Energieschemas, zum Beispiel **Dauerbetrieb**, **Präsentation** und **Minimale Batteriebelastung**, bieten eine einfache Möglichkeit, einen Kompromiss zwischen Energieverbrauch und Leistung zu finden. Energieschemas definieren Einstellungen für Energiesparfunktionen, zum Beispiel das Ausschalten von Hardwarekomponenten oder das Wechseln in Standbymodus oder Ruhezustand. In Kombination können diese Funktionen die Akkulaufzeit maximieren, wenn ein tragbarer Computer nur gelegentlich benutzt wird.

Hardwareprofile wurden ursprünglich entwickelt, damit Laptopcomputer unterschiedliche Hardwarekonfigurationen unterstützen können, je nachdem, ob sie an eine Dockingstation angeschlossen sind oder nicht. Sie werden möglicherweise nie Hardwareprofile verwenden, weil Windows XP automatisch erkennt, welche Hardware momentan an den Computer angeschlossen ist. Aber wenn ein Benutzer angeschlossene Hardware deaktivieren will, zum Beispiel eine Netzwerkkarte seines Laptops, wenn der Computer nicht mit einem Netzwerk verbunden ist, können Sie mit dem Geräte-Manager ein Hardwareprofil erstellen.

Fragen zu Lernziel 4.2

1.

Sie konfigurieren einen neuen, vollständig Plug & Play-kompatiblen Laptop für einen Benutzer, der den Computer sowohl in einer Dockingstation als auch unabhängig benutzen will. Wie müssen Sie die Hardwareprofile konfigurieren, nachdem Sie Windows XP Professional installiert haben? Wählen Sie die richtige Antwort.

A. Nehmen Sie keine Änderung an den Hardwareprofilen vor.

B. Stecken Sie den Laptop in die Dockingstation ein und starten Sie den Computer. Zeigen Sie die Eigenschaften des aktuellen Hardwareprofils an, aktivieren Sie das Kontrollkästchen **Dies ist ein tragbarer Computer** und wählen Sie die Option **Computer befindet sich in der Dockingstation**.

C. Erstellen Sie zwei neue Hardwareprofile. Benennen Sie die Profile **Gedockt** und **Abgedockt**.

D. Stecken Sie den Laptop in die Dockingstation ein und starten Sie den Computer neu. Erstellen Sie eine Kopie des aktuellen Profils und geben Sie ihm den Namen **Abgedockt**.

2.

Mit welchem Tool können Sie festlegen, welche Treiber in einem bestimmten Hardwareprofil geladen werden? Wählen Sie die richtige Antwort.

A. Task-Manager

B. Geräte-Manager

C. Computerverwaltung

D. Systemmonitor

3.

Welches Energieschema ist die richtige Wahl für einen mobilen Benutzer, der die Akkulaufzeit maximieren will, bei dem der Monitor aber die ganze Zeit angeschaltet bleiben muss? Wählen Sie die richtige Antwort.

A. Desktop

B. Tragbar/Laptop

C. Präsentation

D. Dauerbetrieb

E. Minimaler Energieverbrauch

F. Minimale Batteriebelastung

F. **Falsch** Dieses Energieschema erfüllt nicht die Anforderungen. Das Energieschema **Minimale Batteriebelastung** eignet sich hervorragend zum Verlängern der Akkulaufzeit, schaltet aber möglicherweise den Monitor aus.

4.

Welche Vorteile hat der Standbymodus gegenüber dem Ruhezustand? Wählen Sie die beiden richtigen Antworten.

A. Kürzere Reaktivierungszeit.

B. Entspricht Flugsicherheitsbestimmungen für elektronische Geräte während Start und Landung.

C. Geringer Energieverbrauch.

D. Keine Gefahr von Datenverlust.

E. Verbraucht keinen Festplattenplatz.

5.

Sie sind Desktopadministrator für das lokale Elektrizitätswerk. In den letzten Jahren hat sich Instant Messaging zur bevorzugten Technik für die Kommunikation mit Mitarbeitern innerhalb Ihres Unternehmens entwickelt. Vor kurzem hat sich Karl Trinker, Ihr Vorstandsvorsitzender, beschwert, dass niemand ihm eine Nachricht schicken kann, wenn er den Deckel seines Laptopcomputers zugeklappt hat. In seinen eigenen Worten: „Ich scheine vom Netzwerk getrennt zu werden." Er möchte, dass die Batterie so lange wie möglich hält, muss aber mit dem Netzwerk verbunden bleiben, auch wenn er den Deckel schließt. Wie sollten Sie die erweiterten Energieoptionen für diesen Computer konfigurieren? Wählen Sie die richtige Antwort.

A. Wählen Sie in der Dropdownliste **Beim Schließen des Laptops** die Einstellung **Nichts unternehmen** und in der Dropdownliste **Beim Drücken des Schalters für den Ruhezustand am Computer** den Eintrag **Nichts unternehmen**.

B. Wählen Sie in der Dropdownliste **Beim Schließen des Laptops** die Einstellung **Nichts unternehmen** und in der Dropdownliste **Beim Drücken des Schalters für den Ruhezustand am Computer** den Eintrag **In den Standbymodus wechseln**.

C. Wählen Sie in der Dropdownliste **Beim Schließen des Laptops** die Einstellung **In den Ruhezustand wechseln** und in der Dropdownliste **Beim Drücken des Schalters für den Ruhezustand am Computer** den Eintrag **Herunterfahren**.

D. Wählen Sie in der Dropdownliste **Beim Schließen des Laptops** die Einstellung **In den Standbymodus wechseln** und in der Dropdownliste **Beim Drücken des Schalters für den Ruhezustand am Computer** den Eintrag **In den Ruhezustand wechseln**.

Antworten zu Lernziel 4.2

1. Richtige Antwort: A

A. **Richtig** Hardwareprofile sind für Computer gedacht, die nicht vollständig Plug & Play-kompatibel sind. Vollständig Plug & Play-kompatible Computer müssen nicht mit Hardwareprofilen konfiguriert werden.

B. **Falsch** Für Laptops, die vollständig Plug & Play-kompatibel sind, brauchen keine Hardwareprofile konfiguriert zu werden. Die beschriebene Methode ist allerdings richtig für Computer, die nicht Plug & Play-kompatibel sind.

C. **Falsch** Für Laptops, die vollständig Plug & Play-kompatibel sind, brauchen keine Hardwareprofile konfiguriert zu werden.

D. **Falsch** Für Laptops, die vollständig Plug & Play-kompatibel sind, brauchen keine Hardwareprofile konfiguriert zu werden.

2. Richtige Antwort: B

A. **Falsch** Der Task-Manager dient unter anderem dazu, die Priorität von Prozessen einzustellen und die Prozessorleistung zu überwachen. Sie können darin nicht festlegen, welche Treiber in einem bestimmten Hardwareprofil geladen werden.

B. **Richtig** Im Geräte-Manager deaktivieren Sie Treiber für das aktuelle Profil. Wenn Sie einen Treiber für das aktuelle Profil deaktivieren wollen, müssen Sie Windows XP mit dem Profil starten, das Sie konfigurieren wollen. Starten Sie dann den Geräte-Manager und öffnen Sie das Eigenschaftendialogfeld eines Geräts. Wählen Sie in der Dropdownliste **Geräteverwendung** den Eintrag **Gerät nicht verwenden (deaktivieren)**.

C. **Falsch** Die Computerverwaltung fasst einige Snap-Ins zum Verwalten verschiedener Aspekte eines Windows XP Professional-Computers zusammen. Sie können darin nicht festlegen, welche Treiber in einem bestimmten Hardwareprofil geladen werden.

D. **Falsch** Der Systemmonitor dient zum Überwachen Hunderter von Leistungsindikatoren, Sie können darin nicht festlegen, welche Treiber in einem bestimmten Hardwareprofil geladen werden.

3. Richtige Antwort: C

A. **Falsch** Dieses Energieschema erfüllt nicht die Anforderungen. Das Energieschema **Desktop** lässt den Computer ständig angeschaltet, solange das System an das Stromnetz angeschlossen ist, schaltet aber unter Umständen den Monitor aus, während das Gerät im Batteriebetrieb läuft.

B. **Falsch** Dieses Energieschema erfüllt nicht die Anforderungen. Das Energieschema **Tragbar/Laptop** schaltet alle Systemkomponenten aus, wenn sie kurze Zeit nicht benutzt werden. Dabei wird auch der Monitor ausgeschaltet.

C. **Richtig** Das Energieschema **Präsentation** maximiert die Akkulaufzeit, weil alle Komponenten außer dem Monitor ausgeschaltet werden, wenn sie nicht benutzt werden. Wenn das System im Netzbetrieb arbeitet, lässt das Energieschema **Präsentation** Festplatte und System ständig angeschaltet.

D. **Falsch** Dieses Energieschema erfüllt nicht die Anforderungen. Das Energieschema **Dauerbetrieb** deaktiviert alle Energiesparfunktionen. Das sorgt für optimale Leistung, aber auch für minimale Akkulaufzeit.

E. **Falsch** Dieses Energieschema erfüllt nicht die Anforderungen. Das Energieschema **Minimaler Energieverbrauch** lässt das System im Netzbetrieb angeschaltet, schaltet aber im Batteriebetrieb unter Umständen den Monitor aus.

F. **Falsch** Dieses Energieschema erfüllt nicht die Anforderungen. Das Energieschema **Minimale Batteriebelastung** eignet sich hervorragend zum Verlängern der Akkulaufzeit, schaltet aber möglicherweise den Monitor aus.

4. Richtige Antwort: A und E

A. **Richtig** Der Standbymodus hat eine kürzere Reaktivierungszeit als der Ruhezustand. Beim Wiederherstellen aus dem Ruhezustand muss der Inhalt des Arbeitsspeichers des Systems von der Festplatte gelesen werden.

B. **Falsch** Ein mobiler Windows XP Professional-Computer kann aus dem Standbymodus reaktiviert werden, um einen geplanten Task auszuführen oder in den Ruhezustand zu schalten. Daher darf der Standbymodus während Start und Landung in Verkehrsflugzeugen nicht verwendet werden.

C. **Falsch** Der Standbymodus minimiert die Batteriebelastung, indem er so viele Komponenten wie möglich ausschaltet. Er versorgt allerdings den Hauptspeicher des Systems weiter mit Strom. Beim Schalten in den Ruhezustand wird der Inhalt des RAM auf die Festplatte geschrieben, dann wird das System vollständig ausgeschaltet. Daher hat der Ruhezustand einen geringeren Energieverbrauch als der Standbymodus.

D. **Falsch** Im Standbymodus wird der Inhalt des RAM beibehalten. Das verbraucht eine geringe Menge Strom. Wird die Stromzufuhr plötzlich unterbrochen, weil zum Beispiel die Batterie entfernt wird, sind die Daten verloren. Der Ruhezustand hat dieses Problem nicht, weil dabei kein Strom benötigt wird, um den Inhalt des RAM zu speichern.

E. **Richtig** Im Standbymodus wird der Zustand des Computers im System-RAM gespeichert. Nur der Ruhezustand schreibt den Inhalt des Arbeitsspeichers auf die Festplatte. Daher brauchen Sie für den Ruhezustand ausreichend freien Festplattenplatz, um den Inhalt des Arbeitsspeichers auf die Festplatte zu schreiben.

5. Richtige Antwort: B

A. **Falsch** Bei dieser Konfiguration bleibt Karls Computer zwar online, wenn er den Deckel schließt, aber er kann den Computer nicht von Hand in den Standbymodus oder den Ruhezustand schalten, um Strom zu sparen.

B. **Richtig** Mit diesen Einstellungen kann Karl mit dem Netzwerk verbunden bleiben, wenn der Deckel seines tragbaren Computers geschlossen ist, und er kann den Computer von Hand in den Standbymodus schalten, wenn er Strom sparen will.

C. **Falsch** Bei dieser Einstellung schaltet der Computer in den Ruhezustand, wenn Karl den Deckel schließt. Beim Ruhezustand wird der Inhalt des Arbeitsspeichers auf die

Festplatte geschrieben, dann wird der Computer ausgeschaltet. Daher besteht keine Verbindung zum Netzwerk mehr.

D. **Falsch** Bei dieser Einstellung schaltet der Computer in den Standbymodus, wenn Karl den Deckel schließt. Der Standbymodus spart Strom, indem er die meisten Hardwaregeräte des Computers ausschaltet, auch die Netzwerkkarten. Daher besteht keine Verbindung zum Netzwerk mehr.

Lernziel 4.3: Wiederherstellen und Sichern von Betriebssystem, Systemstatusdaten und Benutzerdaten

Hardwarefehler lassen sich nicht gänzlich verhindern, aber Sie können sich vorbereiten. Das grundlegendste Wiederherstellungstool ist das Sicherungsprogramm, das Assistenten zum Sichern von Dateien, zum Wiederherstellen von Dateien und zum Vorbereiten des Systems für die automatische Systemwiederherstellung (Automated System Recovery, ASR) umfasst.

Das Dienstprogramm Systemwiederherstellung ermöglicht Ihnen, weniger schwerwiegende Probleme im Zusammenhang mit Treibern und Softwarekonfigurationen zu beseitigen. Wie die letzte als funktionierend bekannte Konfiguration erstellt das Dienstprogramm Systemwiederherstellung automatisch eine Datensicherung wichtiger Systeminformationen. Im Unterschied zur letzten als funktionierend bekannten Konfiguration speichert das Dienstprogramm Systemwiederherstellung die bisherigen Systemkonfigurationen und gibt dem Benutzer so die Möglichkeit, den Zustand wiederherzustellen, den das System an einem bestimmten Datum hatte.

Wenn Probleme einen normalen Start verhindern, aber sich nicht mit der letzten als funktionierend bekannten Konfiguration beseitigen lassen, können Sie den abgesicherten Modus verwenden. Falls auch der abgesicherte Modus nicht funktioniert, bietet die Wiederherstellungskonsole nützliche Befehlszeilenprogramme zum Beseitigen von Problemen. In der Wiederherstellungskonsole, die einer Eingabeaufforderung ähnelt, können Sie unter anderem Textdateien ansehen und Systemdateien ersetzen.

Fragen zu Lernziel 4.3

1.

Ihr Windows XP Professional-System startet nicht mehr, nachdem Sie einen neuen Netzwerkkartentreiber hinzugefügt haben. Welche Funktion von Windows XP Professional müssen Sie verwenden, um das System in den Zustand zurückzuversetzen, in dem es sich vor dem Hinzufügen des Treibers befand? Wählen Sie die richtige Antwort.

A. **Boot.ini**

B. Systemwiederherstellung

C. Letzte als funktionierend bekannte Konfiguration

D. Wiederherstellungskonsole

2.

Nach einem plötzlichen Stromausfall startet das Windows XP Professional-System eines Benutzers nicht mehr richtig. Sie können beim Start auswählen, welche Instanz von Windows XP Professional gestartet werden soll, aber nach einiger Zeit bleibt die Startroutine stehen. Mit welchen Tools können Sie dieses Problem diagnostizieren und beseitigen? Wählen Sie die drei richtigen Antworten.

A. Systemwiederherstellung

B. Letzte als funktionierend bekannte Konfiguration

C. Abgesicherter Modus

D. Wiederherstellungskonsole

E. Automatische Systemwiederherstellung (ASR)

F. Geräte-Manager

3.

Welche der folgenden Aufgaben können Sie nicht mit der Windows XP Professional-Wiederherstellungskonsole durchführen? Wählen Sie die beiden richtigen Antworten.

A. Formatieren einer Festplatte.

B. Starten der letzten als funktionierend bekannten Konfiguration.

C. Deaktivieren oder Aktivieren des automatischen Starts von Diensten.

D. Neuinstallieren von Windows XP.

E. Wiederherstellen beschädigter Systemdateien von einer CD-ROM.

F. Wiederherstellen beschädigter Systemdateien von einer Netzwerkfreigabe.

G. Bearbeiten der Datei **Boot.ini**.

4.

Welche der folgenden Aufgaben müssen Sie ausführen, bevor Sie eine neue Anwendung installieren, die ein Windows XP Professional-System möglicherweise instabil macht? Wählen Sie die richtige Antwort.

A. Erstellen Sie mithilfe der Systemwiederherstellung einen neuen Wiederherstellungspunkt.

B. Starten Sie die letzte als funktionierend bekannte Konfiguration.

C. Sichern Sie alle Dateien mit dem Sicherungsprogramm.

D. Starten Sie im abgesicherten Modus.

E. Starten Sie die Wiederherstellungskonsole.

5.

Sie entwerfen eine Datensicherungsstrategie für Ihr Windows XP Professional-System. Sie können es sich keinesfalls leisten, mehr als die Arbeit eines Tags zu verlieren, daher müssen Sie jede Nacht das System sichern. Sie wollen die Zahl der erforderlichen Sicherungsbänder minimieren, auf denen Sie Ihre Backups speichern, aber Sie wollen auch mit maximal zwei Datensicherungsbändern eine vollständige Systemwiederherstellung durchführen können. Welche der folgenden Datensicherungsmethoden erfüllt Ihre Anforderungen? Wählen Sie die richtige Antwort.

A. Normale Datensicherung jede Nacht

B. Inkrementelle Datensicherung jede Nacht

C. Differenz-Sicherung jede Nacht

D. Normale Datensicherung jede Woche, inkrementelle Datensicherung jede Nacht

E. Normale Datensicherung jede Woche, Differenz-Sicherung jede Nacht

6.

Sie sind ein Desktopsupporttechniker bei Litware, Inc., einem Finanzdienstleister mit über 1.000 Windows XP Professional-Desktopcomputern. Die Desktopcomputerumgebung wird streng eingeschränkt und die Benutzer melden sich an ihren Computern als Mitglieder der lokalen Gruppe **Benutzer** ohne zusätzliche Rechte an. Sie bekommen einen Anruf von Jim Stewart, einem Außendienstmitarbeiter. Sie erinnern sich an seinen Namen, weil Sie vor kurzem sein Festplattenlaufwerk nach einem Defekt ersetzt haben. Jim hat die Arbeitsergebnisse mehrerer Tage verloren, als das Festplattenlaufwerk seines Laptops ausfiel, während er auf Dienstreise war. Eine Datensicherung für den Computer wurde nur durchgeführt, wenn er an das Unternehmensnetzwerk angeschlossen war. Damit so etwas nicht noch einmal passiert, hat Jims Manager ihm für die Datensicherung ein relativ altes Bandlaufwerk gegeben, das an den Parallelanschluss angeschlossen wird. Jim weiß zwar, wie er das Windows-Tool Sicherung ausführt, aber wenn er im Sicherungs- oder Wiederherstellungs-Assistenten die Seite **Typ, Speicherort und Name der Sicherung** erreicht, wird sein externes Bandlaufwerk nicht in der Dropdownliste **Wählen Sie einen Speicherort für die Sicherung aus** aufgeführt. Jim hat eine Diskette mit Treibern für das Bandlaufwerk, aber er scheint die Treiber nicht installieren zu können. Das Gerät ist wohl im Windows-Katalog aufgeführt. Mit welcher der folgenden Änderungen lässt sich Jims Problem am besten lösen? Wählen Sie die richtige Antwort.

A. Fordern Sie beim Hersteller des externen Bandlaufwerks einen Treiber an, der von Microsoft signiert wurde.

B. Fügen Sie Jims Benutzerkonto zur lokalen Gruppe **Sicherungs-Operatoren** hinzu.

C. Fügen Sie Jims Benutzerkonto zur lokalen Administratorengruppe hinzu.

D. Starten Sie Jims Computer neu und deaktivieren Sie im BIOS-Konfigurationsprogramm (Basic Input/Output System) den seriellen Anschluss des Laptopcomputers.

7.

Sie sind Desktopsupporttechniker bei Northwind Traders, einem Unternehmen mit etwa 200 Windows XP Professional- und Windows 2000 Professional-Desktopcomputern. Sie bekommen einen Anruf von Jürgen Meier, Revisor in der Buchhaltungsabteilung. Jürgen hat vor kurzem ein Update für eine Anwendung installiert, die nicht von Microsoft stammt. Nachdem er das Update installiert hatte, wurde sein Computer sehr unzuverlässig. Das Anschließen und Entfernen aus der Dockingstation schlägt häufig fehl, sein Computer scheint langsamer zu werden, und ständig gibt es unerklärliche Aktivitäten auf dem Festplattenlaufwerk. Jürgen hat das Update deinstalliert, aber die Probleme bleiben. Was empfehlen Sie als nächsten Schritt in der Problembehandlung? Wählen Sie die richtige Antwort.

A. Öffnen Sie die Systemwiederherstellung und wählen Sie die Option **Einen Wiederherstellungspunkt erstellen**.

B. Öffnen Sie die Systemwiederherstellung und wählen Sie die Option **Computer zu einem früheren Zeitpunkt wiederherstellen**.

C. Starten Sie die letzte als funktionierend bekannte Konfiguration.

D. Starten Sie im abgesicherten Modus.

E. Starten Sie die Wiederherstellungskonsole.

8.

Sie sind Desktopadministrator für Trey Research, einer kleinen Unternehmensberatung. Für ein Gerichtsverfahren, in das ein früherer Kunde von Ihnen verwickelt ist, wurde als Beweismaterial Arbeitsmaterial angefordert, das Ihre Firma im Jahr 1999 erstellt hat. Die gewünschten Dateien wurden auf einem Windows 98-Laptopcomputer gespeichert, den Sie 2001 ausgemustert haben. Es gibt aber noch eine Kopie einer Datensicherungsdatei, die Sie mit dem Windows 98-Tool Msbackup angelegt haben. Leider liefert das Sicherungsprogramm Ihres Windows XP Professional-Computers folgende Fehlermeldung: „Unbekanntes Medium: Die Sicherungsdatei enthält unbekannte Daten und kann nicht verwendet werden." Wie können Sie die Datei wiederherstellen? Wählen Sie die richtige Antwort.

A. Sie können die Datei nicht wiederherstellen, weil sie beschädigt ist.

B. Installieren Sie Windows 98 auf einem Computer und stellen Sie die Datensicherung auf diesem Computer wieder her.

C. Übernehmen Sie mit einem Administratorkonto den Besitz der Dateien und gewähren Sie Ihrem Benutzerkonto die Berechtigung **Lesen**.

D. Entschlüsseln Sie die Datei mit dem Administratorkennwort des Windows 98-Computers und stellen Sie die Datei dann mit dem normalen Verfahren wieder her.

Antworten zu Lernziel 4.3

1. Richtige Antwort: C

A. **Falsch** Die Datei **Boot.ini** enthält die Auswahlmöglichkeiten, die dem Benutzer angeboten werden, bevor das Betriebssystem geladen wird. Die Datei **Boot.ini** kann so konfiguriert werden, dass sie das Starten unterschiedlicher Windows-Versionen anbietet, aber sie kann nicht verwendet werden, um die Konfiguration von Windows XP zu verändern.

B. **Falsch** Das Tool Systemwiederherstellung dient zum Wiederherstellen der Konfiguration eines Windows XP-Systems. Es kann aber nur eingesetzt werden, nachdem das Betriebssystem gestartet wurde. In diesem Fall können Sie nicht auf das Tool Systemwiederherstellung zugreifen, weil das Betriebssystem nicht startet.

C. **Richtig** Die letzte als funktionierend bekannte Konfiguration ist eine Kopie des Systemzustands, der im Registrierungsschlüssel **HKEY_LOCAL_MACHINE\System\CurrentControlSet** gespeichert wird, nachdem sich ein Benutzer erfolgreich angemeldet hat. Sie können zu dieser gesicherten Konfiguration zurückkehren, indem Sie den Computer neu starten und F8 drücken, wenn Sie zum Auswählen des Betriebssystems aufgefordert werden. Wählen Sie im Menü **Erweiterte Windows-Startoptionen** den Eintrag **Letzte als funktionierend bekannte Konfiguration**.

D. **Falsch** Die Wiederherstellungskonsole kann ein nützliches Tool zum Wiederherstellen eines Systems sein, das nicht korrekt gestartet werden kann, aber sie eignet sich nicht zum Wiederherstellen der letzten funktionierenden Konfiguration eines Systems.

Verwenden Sie die Wiederherstellungskonsole erst, wenn alle anderen Versuche gescheitert sind.

2. Richtige Antwort: C, D und E

A. **Falsch** Das Dienstprogramm Systemwiederherstellung ist nützlich für die Problembehandlung von Fehlern, die durch eine falsche Konfiguration des Systems verursacht werden. Es kann aber nur verwendet werden, wenn das System noch startet.

B. **Falsch** Die letzte als funktionierend bekannte Konfiguration ist eine schnelle Möglichkeit, Probleme zu beseitigen, die durch falsche Konfiguration oder fehlerhafte Treibern verursacht werden. Die Option **Letzte als funktionierend bekannte Konfiguration** wird zwar im Startmenü angeboten und kann im beschriebenen Fall verwendet werden, das Problem lässt sich damit aber nicht beseitigen, weil es ja nichts mit einer fehlerhaften Konfiguration zu tun hat. Wenn ein System nach einem Stromausfall nicht mehr startet, ist die Ursache meist eine beschädigte Datei oder eine beschädigte Festplatte, und keines dieser Probleme kann die letzte als funktionierend bekannte Konfiguration reparieren.

C. **Richtig** Der abgesicherte Modus kann in diesem Fall funktionieren (er muss es nicht), aber er ist auf jeden Fall das Erste, was Sie probieren sollten. Im abgesicherten Modus wird lediglich eine Grundausstattung an Treibern geladen. Daher sind die Chancen für einen erfolgreichen Start höher als beim Standardstartmodus von Windows XP Professional. Falls der Start im abgesicherten Modus gelingt, können Sie die Hardwareprobleme in der grafischen Benutzeroberfläche diagnostizieren. Falls Sie feststellen, dass Systemdateien beschädigt wurden, können Sie die Festplatte untersuchen und die Dateien bei Bedarf von der System-CD-ROM wiederherstellen.

D. **Richtig** Die Wiederherstellungskonsole ist ein nützliches Tool zum Wiederherstellen eines Systems, das nicht korrekt startet. Falls auf dem System eine Wiederherstellungskonsole installiert ist, erscheint die entsprechende Option im Startmenü. Ist sie nicht installiert, können Sie die Windows XP Professional-CD-ROM einlegen und von der CD-ROM starten: Die Wiederherstellungskonsole wird dann als Option angeboten. Die Wiederherstellungskonsole hat nur eine Befehlszeilenschnittstelle, daher ist sie für Diagnose und Problembehandlung nicht so bequem wie der abgesicherte Modus. Die Wiederherstellungskonsole kann aber von einer CD-ROM gestartet werden, selbst wenn die Festplatte des Systems vollständig zerstört ist. In diesem Fall können Sie in der Wiederherstellungskonsole das Ausmaß des Schadens diagnostizieren. Falls Sie feststellen, dass Systemdateien beschädigt wurden, können Sie die Festplatte untersuchen und die Dateien bei Bedarf von der System-CD-ROM wiederherstellen.

E. **Richtig** Die automatische Systemwiederherstellung starten Sie nur, falls alle Versuche, das Problem mit abgesichertem Modus und der Wiederherstellungskonsole zu beseitigen, fehlgeschlagen sind. Falls die Festplatte arbeitet, aber Dateien beschädigt wurden, kann die automatische Systemwiederherstellung die Windows XP Professional-Installation wieder startfähig machen. Ist die Festplatte selbst beschädigt, müssen Sie diese Fehler reparieren oder die Festplatte austauschen, bevor Sie die automatische Systemwiederherstellung verwenden.

F. **Falsch** Der Geräte-Manager ist ein nützliches Tool zum Diagnostizieren von Problemen im Zusammenhang mit Hardwaretreibern. Er steht aber nur zur Verfügung, nachdem das System erfolgreich gestartet wurde. In diesem Fall können Sie erst auf den Geräte-Manager zugreifen, wenn Sie das System im abgesicherten Modus gestartet haben.

3. Richtige Antwort: B und D

A. **Falsch** Sie können eine Festplatte mit dem Befehl **Format** der Wiederherstellungskonsole formatieren. Dabei werden alle Daten der Festplatte gelöscht. Sie dürfen diese Möglichkeit erst wählen, wenn alle anderen Wiederherstellungsmethoden fehlgeschlagen sind.

B. **Richtig** Sie können den Computer nicht direkt von der Wiederherstellungskonsole starten. Das System muss neu gestartet werden, bevor Windows XP in irgendeiner Konfiguration gestartet werden kann.

C. **Falsch** Mit den Befehlen **Enable** und **Disable** der Wiederherstellungskonsole können Sie den Startmodus von Diensten verändern.

D. **Richtig** Sie können mit der Wiederherstellungskonsole nicht das Windows XP-Setupprogramm starten.

E. **Falsch** Die Wiederherstellungskonsole kann mit dem Befehl **Copy** Dateien von Diskettenlaufwerken und CD-ROMs kopieren.

F. **Falsch** Die Wiederherstellungskonsole kann Dateien über das Netzwerk kopieren, nachdem Sie mit dem Befehl **Net Use** einen Laufwerkbuchstaben zugeordnet haben.

G. **Falsch** Mit dem Befehl **Bootcfg** der Wiederherstellungskonsole können Sie die Datei **Boot.ini** editieren.

4. Richtige Antwort: C

A. **Falsch** Wenn Sie einen Wiederherstellungspunkt erstellen, bevor Sie eine neue Anwendung installieren, können Sie die Konfiguration des Systems wiederherstellen, falls die neue Anwendung Probleme verursacht. Windows XP erstellt aber automatisch einen Wiederherstellungspunkt, wenn Sie ein Setupprogramm starten.

B. **Falsch** Verwenden Sie die letzte als funktionierend bekannte Konfiguration nur dann, wenn das System nicht mehr gestartet werden kann. Das kann ein nützliches Tool sein, falls die neue Anwendung den erfolgreichen Start Ihres Systems verhindert, aber Sie brauchen es nicht vor dem Installieren einer Anwendung zu verwenden.

C. **Richtig** Im Sicherungsprogramm können Sie alle Dateien und Konfigurationseinstellungen auf Wechselmedien speichern. Wenn Sie über eine gültige Datensicherung verfügen, können Sie das Windows XP Professional-System vollständig wiederherstellen, falls ein schwerwiegender Fehler auftritt. Erstellen Sie immer eine Datensicherung des Systems, bevor Sie eine möglicherweise problematische Anwendung installieren.

D. **Falsch** Der abgesicherte Modus ist ein wertvolles Tool zum Reparieren eines Systems, das nicht normal gestartet werden kann. Verwenden Sie den abgesicherten Modus aber nur, nachdem ein Systemfehler aufgetreten ist.

E. **Falsch** Die Wiederherstellungskonsole kann Systeme retten, die sich andernfalls überhaupt nicht mehr starten lassen. Verwenden Sie die Wiederherstellungskonsole aber nicht vor dem Installieren einer Anwendung, weil sie nichts mit dem Sichern von Dateien oder Konfigurationen zu tun hat.

5. Richtige Antwort: E

A. **Falsch** Wenn Sie jede Nacht eine normale Datensicherung durchführen, können Sie das gesamte System mit einem einzigen Datensicherungsband wiederherstellen. Sie verbrauchen dabei aber mehr Sicherungsmedien als nötig, weil jede Nacht sämtliche Dateien des Systems gesichert werden.

B. **Falsch** Bei der inkrementellen Datensicherung werden alle Dateien gesichert, die mit dem Archivattribut markiert sind. Nachdem eine Datei gesichert wurde, wird ihr Archivattribut zurückgesetzt. Daher kopiert die inkrementelle Datensicherung nur Dateien, die seit der letzten Datensicherung geändert wurden. Wenn Sie nur inkrementelle Sicherungen durchführen, müssten Sie jede einzelne Datensicherung aufbewahren, die Sie jemals gemacht haben. Nur dann können Sie das System im Fall eines Festplattenfehlers wiederherstellen.

C. **Falsch** Die Differenz-Sicherung kopiert alle Dateien, die mit dem Archivattribut markiert sind. Im Unterschied zur inkrementellen Datensicherung setzt die Differenz-Sicherung das Archivattribut der Dateien nicht zurück, nachdem sie gesichert wurden. Wenn Sie jede Nacht eine Differenz-Sicherung durchführen, ist daher sichergestellt, dass alle Dateien wiederhergestellt werden können, die seit der letzten vollständigen Datensicherung geändert wurden. Das ist nützlich, wenn Sie es mit einer normalen Datensicherung kombinieren. Führen Sie dagegen ausschließlich Differenz-Sicherungen durch, erhalten Sie einen Sicherungssatz, der jede Nacht umfangreicher wird. Daher erfüllt die Differenz-Sicherung nicht das Kriterium, dass möglichst wenige Sicherungsmedien benutzt werden sollen.

D. **Falsch** Dies ist eine häufig verwendete Datensicherungsstrategie, sie erfüllt aber nicht die Anforderung, dass höchstens zwei Sicherungssätze zum vollständigen Wiederherstellen des Systems benötigt werden dürfen. Bei der inkrementellen Datensicherung werden nur die Dateien gesichert, die seit der Datensicherung in der vorhergehenden Nacht geändert wurden. Wenn Sie eine vollständige Datenwiederherstellung durchführen wollen, müssen Sie daher jede einzelne inkrementelle Datensicherung seit der letzten normalen Datensicherung wiederherstellen. Falls zum Beispiel am Sonntag eine normale Datensicherung durchgeführt wurde und danach nur inkrementelle Sicherungen, und Sie das System am Donnerstag wiederherstellen wollen, brauchen Sie die normale Datensicherung vom Sonntag sowie die inkrementellen Datensicherungen vom Montag, Dienstag und Mittwoch.

E. **Richtig** Diese Datensicherungsstrategie erfüllt alle Anforderungen. Bei der Differenz-Sicherung werden alle Dateien kopiert, die seit der letzten normalen Datensicherung geändert wurden. Somit genügen zwei Sicherungssätze, um ein Dateisystem vollständig wiederherzustellen. Falls zum Beispiel am Sonntag eine normale Datensicherung durchgeführt wurde und danach Differenz-Sicherungen, und Sie das System am Donnerstag wiederherstellen wollen, brauchen Sie die normale Datensicherung vom Sonntag sowie die Differenz-Sicherung vom Mittwoch.

6. Richtige Antwort: B

A. **Falsch** Es kann sicher nicht schaden, beim Hersteller nach den neuesten Treibern zu suchen, aber die fehlende digitale Signatur ist nicht die Ursache, warum Jim den Treiber nicht installieren kann. Der wirkliche Grund ist, dass er durch die eingeschränkten Berechtigungen daran gehindert wird, die sich aus seiner Mitgliedschaft in der Gruppe **Benutzer** ergeben.

B. **Richtig** Normalerweise wird die Mitgliedschaft in der Gruppe **Sicherungs-Operatoren** gewährt, damit ein Benutzer Dateien lesen kann, auf die er ansonsten keinen Zugriff hat. Die Gruppenzugehörigkeit verschafft dem Benutzer außerdem die Fähigkeit, Treiber für Datensicherungsgeräte zu installieren. In diesem Fall fehlen Jims Benutzerkonto die notwendigen Berechtigungen zum Installieren der Treiber. Wenn Sie sein Benutzerkonto zur Gruppe **Sicherungs-Operatoren** hinzufügen, erhält er die Berechtigungen, die er braucht, um die Treiber zu installieren; Sie gewähren ihm auf diese Weise aber auch keine unnötig umfangreichen Rechte.

C. **Falsch** Das würde das Problem lösen, weil Mitglieder der Administratorengruppe das Recht haben, Treiber zu installieren. Administratoren haben aber viele Rechte, die Jim nicht braucht. Das wäre eine unnötige Sicherheitslücke.

D. **Falsch** Vor der Einführung von Plug & Play wurden viele Hardwareprobleme durch Deaktivieren von Anschlüssen beseitigt, die Konflikte bei den Hardwareinterrupts verursachten. Aber zwischen seriellen und parallelen Anschlüssen bestehen im Allgemeinen keine Konflikte. Außerdem sind für Jims Problem seine eingeschränkten Benutzerrechte die Ursache, nicht irgendwelche Hardwarekonflikte.

7. Richtige Antwort: B

A. **Falsch** Wenn Sie einen Wiederherstellungspunkt erstellen, können Sie später einmal die aktuelle Systemkonfiguration wiederherstellen, falls ein Problem auftritt. In diesem Fall ist das Problem bereits da. Es ist also zu spät, um einen Wiederherstellungspunkt zu erstellen.

B. **Richtig** Wenn Sie den Zustand des Computers zu einem früheren Wiederherstellungspunkt wiederherstellen, können Sie unter Umständen die Einstellungen löschen, die auf dem Computer für die Probleme verantwortlich sind. Hoffentlich hat Windows XP automatisch einen Wiederherstellungspunkt erstellt, als Jürgen das Update eingespielt hat.

C. **Falsch** Die letzte als funktionierend bekannte Konfiguration sollten Sie nur starten, wenn das System sich nicht mehr normal starten lässt. In diesem Fall hilft dieser Startmodus nicht weiter, weil Jürgen sich ja bereits beim Computer angemeldet hat. Die Einstellungen der letzten als funktionierend bekannten Konfiguration werden jedes Mal überschrieben, wenn sich ein Benutzer erfolgreich anmeldet.

D. **Falsch** Der abgesicherte Modus ist ein wertvolles Tool zum Reparieren eines Systems, das nicht mehr normal startet. Sie sollten ihn aber nur verwenden, nachdem ein Fehler im System aufgetreten ist und Sie nicht mehr normal starten können.

E. **Falsch** Die Wiederherstellungskonsole kann Systeme retten, die sich anders überhaupt nicht mehr starten lassen. Da Jürgens Computer erfolgreich startet, brauchen Sie die Wiederherstellungskonsole nicht. Sie können Ihre Problembehandlung in einer normalen Windows-Sitzung durchführen.

8. Richtige Antwort: B

A. **Falsch** Es ist zwar möglich, dass Datensicherungsdateien beschädigt werden, in diesem Fall ist aber eine Inkompatibilität zwischen den Datensicherungstools von Windows 98 und Windows XP die Ursache für das Problem.

B. **Richtig** Wie im Microsoft Knowledge Base-Artikel 305381 beschrieben, kann das Datensicherungstool von Windows XP keine komprimierten Sicherungsdateien öffnen, die in Windows 95, Windows 98 und Windows Me erstellt wurden. Die einzige Möglichkeit, auf die Datensicherungsdatei zuzugreifen, besteht darin, auf einem dieser kompatiblen Betriebssysteme eine Wiederherstellung durchzuführen.

C. **Falsch** In diesem Fall wird das Problem vermutlich nicht durch nicht ausreichende Dateiberechtigungen verursacht.

D. **Falsch** Windows 98 bot keine Verschlüsselung für Datensicherungsdateien und hatte kein spezielles Administratorbenutzerkonto.

KAPITEL 25

Konfigurieren und Problembehandlung der Desktopumgebung

Die Desktopumgebung von Microsoft Windows XP Professional ist sowohl flexibel als auch leicht anzupassen. Sie können die Umgebung so konfigurieren, dass sie die Anforderungen und Wünsche einer großen Bandbreite von Benutzern und Organisationen erfüllt, zum Beispiel von Unternehmen mit Angestellten und Kunden in unterschiedlichen Ländern. Flexibilität ist zwar in vielen Fällen wünschenswert, manche Organisationen müssen allerdings aufgrund von Sicherheitsanforderungen oder Supportfreundlichkeit bestimmte Richtlinien für das Aussehen und die Funktion der Desktopelemente erzwingen.

Dieses Lernziel beschäftigt sich mit dem Konfigurieren und Verwalten eines Windows XP Professional-Desktops. Die Themen umfassen Profile von lokalen und Remotebenutzern sowie mehrere Sprachen. Außerdem müssen Sie für dieses Lernziel wissen, wie Sie Windows Installer-Pakete verteilen, installieren und entfernen.

Geprüfte Fähigkeiten und vorgeschlagene praktische Übungen

Um den Lernzielbereich „Konfigurieren und Problembehandlung der Desktopumgebung" innerhalb der Prüfung „Installieren, Konfigurieren und Verwalten von Microsoft Windows XP Professional" zu bestehen, sollten Sie die folgenden Fähigkeiten beherrschen.

Wichtig Bei der folgenden Aufgabe sollten Sie zumindest die Übungen 1 bis 8 vollständig durcharbeiten. Falls Sie praktische Erfahrungen für sämtliche Aspekte der Prüfung sammeln wollen und die zusätzlichen Ressourcen haben, können Sie auch die Übungen 9 und 10 durcharbeiten.

- Konfigurieren und Verwalten von Benutzerprofilen und Desktopeinstellungen.
  - Übung 1: Klicken Sie mit der rechten Maustaste auf die Taskleiste und wählen Sie den Befehl **Eigenschaften**, um das Dialogfeld **Eigenschaften von Taskleiste und Startmenü** zu öffnen. Passen Sie das Verhalten und das Aussehen von Taskleiste

und Startmenü mithilfe der verschiedenen Optionen an, die auf den Registerkarten **Taskleiste** und **Startmenü** zur Verfügung stehen.

- Übung 2: Klicken Sie mit der rechten Maustaste auf das Startmenü und wählen Sie den Befehl **Explorer**. Klicken Sie mit der rechten Maustaste auf das Startmenü und wählen Sie den Befehl **Explorer - Alle Benutzer**. Vergleichen Sie, welche Elemente in den beiden Explorer-Fenstern angezeigt werden, und untersuchen Sie die Unterordner und Dateien in beiden Fenstern.
- Übung 3: Öffnen Sie das Modul **Anzeige** aus der Kategorie **Darstellung und Designs** der Systemsteuerung. Wählen Sie auf der Registerkarte **Designs** ein anderes Design für den Desktop aus.
- Übung 4: Öffnen Sie das Modul **Anzeige** aus der Kategorie **Darstellung und Designs** der Systemsteuerung und wählen Sie die Registerkarte **Darstellung** aus. Wählen Sie in der Dropdownliste **Windows und Schaltflächen** den Stil **Windows - klassisch** aus. Wählen Sie unterschiedliche Optionen in der Dropdownliste **Farbschema** aus. Klicken Sie auf die Schaltfläche **Effekte** und sehen Sie sich an, wie die verschiedenen Optionen das Verhalten der Benutzeroberflächenelemente beeinflussen. Klicken Sie auf die Schaltfläche **Erweitert** und experimentieren Sie mit benutzerdefinierten Farben für ausgewählte Benutzeroberflächenelemente.
- Übung 5: Öffnen Sie eine leere Microsoft Management Console (MMC) und fügen Sie das Snap-In **Gruppenrichtlinie** hinzu, um das Fenster **Richtlinien für Lokaler Computer** zu öffnen. Untersuchen Sie die Konfigurationsoptionen im Ordner **Administrative Vorlagen** des Knotens **Benutzerkonfiguration**. Experimentieren Sie mit einigen der Einstellungen, die in folgenden Ordnern zur Verfügung stehen: **Startmenü und Taskleiste**, **Desktop** und **Systemsteuerung\Anzeige**.
- Übung 6: Starten Sie die Systemsteuerung, klicken Sie auf **Leistung und Wartung** und dann auf **System**. Klicken Sie auf die Registerkarte **Erweitert** und dann auf die Schaltfläche **Einstellungen** im Abschnitt **Benutzerprofile**. Das Dialogfeld **Benutzerprofile** wird geöffnet. Kopieren und löschen Sie darin ein Benutzerprofil.
- Übung 7: Erstellen Sie ein neues lokales Benutzerkonto und melden Sie sich über dieses Konto am Computer an. Geben Sie an einer Eingabeaufforderung den Befehl **set** ein, um sich eine Liste der konfigurierten Umgebungsvariablen anzeigen zu lassen. Notieren Sie sich den aktuellen Wert der Variablen **USERPROFILE**. Melden Sie sich wieder ab und dann erneut unter einem Konto an, das lokale Administratorrechte hat. Öffnen Sie, wie in Übung 6 beschrieben, das Dialogfeld **Benutzerprofile** und löschen Sie das Benutzerprofil für den neu angelegten lokalen Benutzer. Melden Sie sich ab und wieder unter dem Konto des neuen lokalen Benutzers an. Geben Sie an einer Eingabeaufforderung den Befehl **set** ein und sehen Sie sich an, wie sich der Wert der Variablen **USERPROFILE** verändert hat. Wiederholen Sie diese Schritte mindestens zwei Mal mit dem neuen Benutzerkonto.

- Übung 8: Starten Sie die Systemsteuerung, klicken Sie auf **Leistung und Wartung**, wählen Sie **System**, klicken Sie auf die Registerkarte **Erweitert** und darin auf die Schaltfläche **Umgebungsvariablen**, um das Dialogfeld **Umgebungsvariablen** zu öffnen. Sehen Sie sich an, welche Variablen in den Abschnitten **Benutzervariablen** und **Systemvariablen** aufgelistet sind. Probieren Sie aus, was passiert, wenn Sie eine neue Variable in jedem der beiden Abschnitte anlegen und sich mit unterschiedlichen Benutzerkonten anmelden. Stellen Sie fest, welche Umgebungsvariablen immer vorhanden sind, unabhängig davon, mit welchem Benutzerkonto Sie sich angemeldet haben.
- Übung 9: Konfigurieren Sie ein servergespeichertes Benutzerprofil auf einem Arbeitsgruppencomputer und ein umfassendes servergespeichertes Benutzerprofil mithilfe eines Active Directory-Domänencontrollers. Kopieren Sie ein lokales Benutzerprofil in einen Netzwerkordner und konfigurieren Sie ein Domänenkonto so, dass es das servergespeicherte Benutzerprofil verwendet. Melden Sie sich dann mithilfe dieses Kontos am Netzwerk an.
- Übung 10: Richten Sie zwei Active Directory-Domänenkonten ein. Konfigurieren Sie dafür jeweils einen Typ von verbindlichem Benutzerprofil (**Ntuser.man** und ***Profilordner*.man**). Melden Sie sich an einem Windows XP Professional-Computer unter jeweils einem dieser Konten an und trennen Sie anschließend den Computer vom Netzwerk. Versuchen Sie, sich erneut mit einem der Konten anzumelden, und sehen Sie sich an, bei welchem verbindlichen Benutzerprofil die Anmeldung mithilfe einer lokalen Kopie des Profils gelingt.

- Konfigurieren der Unterstützung für mehrere Sprachen oder mehrere Regionen.
  - Übung 1: Erstellen Sie eine Tabelle, in die Sie eintragen, welche der drei Versionen von Windows XP Professional die folgenden Features unterstützen: Lesen und Bearbeiten von Dokumenten in mehreren Sprachen; Sprach- und Regionsunterstützung für 24 lokalisierte Spracheversionen; Benutzeroberfläche mit lokalisierter Sprache; Ausführen der Hauptaufgaben in Deutsch, aber Zugriff auf weitere Sprachen; Ausführen der Hauptaufgaben in einer oder mehr anderen Sprachen neben Deutsch; weltweit einheitliche Veröffentlichung von Hotfixes und Service Packs.
  - Übung 2: Installieren Sie eine zusätzliche Sprachgruppe auf einem Computer, der mit der Hauptsprache **Deutsch (Deutschland)** konfiguriert ist. Rufen Sie einige Websites auf, die die neu installierten Sprachen verwenden, und kopieren Sie etwas Text in einen Texteditor. Drucken Sie jeweils eine Seite verschiedener Websites aus und überzeugen Sie sich, ob das Ausdrucken in den neu installierten Sprachen möglich ist. Aktivieren Sie die Eingabegebietsschemaleiste und schalten Sie damit schnell die Tastatur von einer Sprache zur anderen um.
  - Übung 3: Installieren Sie das Windows XP Professional Multilingual User Interface Pack und wählen Sie im Systemsteuerungsmodul **Regions- und Sprachoptionen** eine andere Sprache als Deutsch aus. Starten Sie einige der Anwendungen, die in Windows XP Professional enthalten sind (zum Beispiel WordPad, Solitaire

und Taschenrechner), und überprüfen Sie, ob die Menüs, Dialogfelder und andere Benutzeroberflächenelemente in der ausgewählten Sprache angezeigt werden.

- Übung 4: Wählen Sie auf der Registerkarte **Regionale Einstellungen** des Dialogfelds **Regions- und Sprachoptionen** eine andere Region aus, zum Beispiel **Englisch (Großbritannien)** oder **Italienisch (Italien)**. Öffnen Sie das Modul **Datum und Uhrzeit** der Systemsteuerung und sehen Sie sich an, wie Kalender und Uhrzeit angezeigt werden, nachdem Sie eine neue Region ausgewählt haben.

Wichtig Bei der folgenden Aufgabe sollten Sie zumindest die Übungen 1 und 2 vollständig durcharbeiten. Falls Sie praktische Erfahrungen für sämtliche Aspekte der Prüfung sammeln wollen und die zusätzlichen Ressourcen für Übung 3 haben, können Sie auch Übung 3 durcharbeiten.

- Verwalten von Anwendungen mithilfe von Windows Installer-Paketen.
  - Übung 1: Führen Sie eine Installation mithilfe des Windows Installer durch (das heißt, über eine .msi-Datei), indem Sie die Windows Server 2003-Verwaltungsprogramme von der Site **microsoft.com** herunterladen und die Datei **Adminpack.msi** aus der ausführbaren Datei extrahieren. Entfernen Sie die neu installierten Tools anschließend wieder mit dem Systemsteuerungsmodul **Software**.
  - Übung 2: Wiederholen Sie Übung 1, aber führen Sie alle Aufgaben mit dem Tool **Msiexec.exe** von der Befehlszeile aus.
  - Übung 3: Starten Sie auf einem Active Directory-Domänencontroller das Snap-In **Gruppenrichtlinien**. Führen Sie damit eine Zuweisung und eine Veröffentlichung von Softwareanwendungen aus. Untersuchen Sie, welches der beiden Verfahren eine Installation erzwingt und welches die Installation als Option zur Verfügung stellt. Weisen Sie Software mithilfe von Gruppenrichtlinien einem Clientcomputer zu. Starten Sie diesen Computer neu und melden Sie sich an, um zu überprüfen, ob die Software automatisch installiert wird.

Weiterführende Literatur

Dieser Abschnitt enthält eine nach Lernzielen unterteilte Liste mit zusätzlicher Literatur. Wir empfehlen, dass Sie dieses Material sorgfältig studieren, bevor Sie die Prüfung 70-270 ablegen.

Lernziel 5.1

Wählen Sie im Startmenü **Hilfe und Support** und suchen Sie im Index und mit der Suchfunktion nach dem Begriff „Benutzerprofil“. Blättern Sie die Artikel zum Konfigurieren von Benutzerprofilen durch, zum Beispiel „Zuweisen eines Anmeldeskripts zu einem Profil“, „Zuweisen eines verbindlichen Benutzerprofils“, „Erstellen eines servergespeicherten oder verbindlichen Profils“ und „Übersicht über Benutzerprofile“. Sehen Sie sich auch immer die unter „Verwandte Themen“ (am Ende der jeweiligen Artikelseite) aufgeführten Artikel an.

Microsoft Windows XP Professional Resource Kit Documentation von Microsoft Corporation. Redmond, WA: Microsoft Press, 2001. Lesen Sie Kapitel 5, „Managing Desktops“. Dieses Kapitel stellt die Optionen zum Konfigurieren von Windows XP-Desktops in Arbeitsgruppen- und Active Directory-Domänenumgebungen vor. Informationen über Benutzerprofile finden Sie über das gesamte Kapitel verstreut (online verfügbar unter **http://www.microsoft.com/resources/documentation/Windows/XP/all/reskit/en-us/prda_dcm_vdxa.asp**).

„User Data and Settings Management“ von Microsoft Corporation, 2002. Dieses White Paper erhalten Sie unter **http://www.microsoft.com/technet/prodtechnol/windowsserver2003/technologies/management/user01.mspx**. (Falls sich die Adresse eines Artikels geändert hat, können Sie immer unter **http://www.microsoft.com** nach dem Titel suchen.) Dieser Artikel enthält detaillierte Informationen zum Verwalten von Benutzerdaten und -einstellungen in Active Directory mithilfe von IntelliMirror und Gruppenrichtlinien.

Lernziel 5.2

Microsoft Windows XP Professional Resource Kit Documentation von Microsoft Corporation. Redmond, WA: Microsoft Press, 2001. Lesen Sie Kapitel 3, „Multilingual Solutions für Global Business“. Dieses Kapitel untersucht, welche Unterstützung für mehrere Sprachen und Regionen in den unterschiedlichen Windows XP Professional-Versionen zur Verfügung steht (online verfügbar unter **http://www.microsoft.com/resources/documentation/Windows/XP/all/reskit/en-us/prff_mul_wtws.asp**).

Lernziel 5.3

Microsoft Windows XP Professional Resource Kit Documentation von Microsoft Corporation. Redmond, WA: Microsoft Press, 2001. Lesen Sie Kapitel 5, „Managing Desktops“. Dieses Kapitel stellt die Desktop-Verwaltungsfunktionen in Windows XP Professional vor (sowohl für Arbeitsgruppen als auch in Active Directory-Domänen) und beschreibt IntelliMirror, Gruppenrichtlinien und den Windows Installer-Dienst (online verfügbar unter **http://www.microsoft.com/resources/documentation/Windows/XP/all/reskit/en-us/prda_dcm_vdxa.asp**).

„Group Policy Software Installation Overview“ von Microsoft Corporation. Dies ist Teil der Windows Server 2003-Hilfe- und Supportcenter-Dokumentation. Sie steht unter **http://www.microsoft.com/resources/documentation/windowsserv/2003/standard/proddocs/en-us/ADE.asp** zur Verfügung. Dieser Artikel beschreibt, wie Sie mithilfe von Active Directory-Gruppenrichtlinienobjekten Software an Computer und Benutzer verteilen können, die Mitglieder einer Domäne sind.

Lernziel 5.1: Konfigurieren und Verwalten von Benutzerprofilen und Desktopeinstellungen

Privatbenutzer ändern die Desktopeinstellungen, um sie an ihre individuellen Wünsche anzupassen. Die meisten beschäftigen sich niemals mit Benutzerprofilen. In einem Unternehmen sind Desktopeinstellungen und Benutzerprofile dagegen Schlüsselelemente, um die Sicherheit von Clientsystemen zu gewährleisten. Unternehmen schränken Desktopeinstellungen ein, um Konsistenz zwischen Computern zu erzwingen und eventuelle Probleme zu vermeiden. In einem Netzwerk kann ein Unternehmen servergespeicherte Benutzerprofile verwenden und den Benutzern so ermöglichen, auf unterschiedlichen Computern zu arbeiten, aber trotzdem ihre Dokumente und Einstellungen überall zur Verfügung zu haben.

In manchen Umgebungen verwenden Unternehmen verbindliche Profile, um zu verhindern, dass Benutzer dauerhafte Änderungen an ihren Profilen vornehmen. Verbindliche Profile sind wichtig in Umgebungen, in denen die Benutzer häufig wechseln, zum Beispiel in Unterrichtsräumen und bei Firmen, die Aushilfskräfte einsetzen. Um die Fragen in diesem Lernziel richtig beantworten zu können, müssen Sie wissen, wie Sie Desktopeinstellungen auf einem lokalen Computer konfigurieren, wie Sie ein servergespeichertes Benutzerprofil erstellen, indem Sie das Profil eines Benutzers in einen freigegebenen Netzwerkordner verschieben, und wie Sie verbindliche Profile konfigurieren. Außerdem sollten Sie wissen, wie Domänenadministratoren mithilfe der Active Directory-Gruppenrichtlinieneinstellungen die Desktopumgebung von Computern steuern, die Mitglieder der Domäne sind.

Fragen zu Lernziel 5.1

1.

Sie sind Administrator für ein LAN, das Windows XP Professional-Computer und Windows Server 2003-Server mit Active Directory umfasst. Alle Systeme gehören zur selben Active Directory-Domäne. Es gibt einige Benutzer, die regelmäßig an unterschiedlichen Computern arbeiten. Sie wollen sicherstellen, dass die Benutzer immer mit ihren gewohnten Desktopeinstellungen arbeiten können, unabhängig davon, bei welchem Computer sie sich am Netzwerk anmelden. Außerdem möchten Sie, dass die Benutzer ihre Dokumente auf einem Netzwerkdateiserver zur Verfügung gestellt bekommen. Wie gehen Sie vor? Wählen Sie die beiden richtigen Antworten.

A. Bitten Sie einen Domänenadministrator, Gruppenrichtlinieneinstellungen zu konfigurieren, mit denen persönliche Ordner auf den Dateiserver umgeleitet werden.

B. Konfigurieren Sie den ClipBook-Dienst, um die persönlichen Ordner auf einen Netzwerkserver umzuleiten.

C. Konfigurieren Sie für alle Benutzerkonten servergespeicherte Benutzerprofile.

D. Legen Sie über das Modul **Eingabehilfen** der Systemsteuerung den Netzwerkpfad für Benutzerprofile fest.

E. Legen Sie im Windows-Explorer den Netzwerkpfad für Benutzerprofile fest.

2.

Ihr Manager hat Sie gebeten, einen Weg zu finden, die Supportkosten für das Verwalten der Desktopcomputer in Ihrem Unternehmen zu senken. Sie wollen einschränken, welche Konfigurationsänderungen Benutzer an ihren Computern vornehmen dürfen. Sie wollen außerdem verhindern, dass die Benutzer bestimmte lokale Dienste auf ihren Computern verändern. Sie glauben, es ist einfacher, diese Auflagen zu verwalten, wenn Sie die Verwaltungstools vor den Benutzern verstecken, damit sie die Programme oder die entsprechenden Symbole überhaupt nicht erst zu Gesicht bekommen. Welchen der folgenden Ansätze wählen Sie? Wählen Sie die richtige Antwort.

A. Deinstallieren Sie mit dem Modul **Software** der Systemsteuerung die Programme, auf die Ihre Benutzer nicht zugreifen sollen.

B. Stellen Sie bei jedem Computer, den Sie einschränken wollen, im Dateisystem von Hand Berechtigungen für die entsprechenden .cpl- und .msc-Dateien ein, sodass nur Administratoren und das spezielle lokale Konto mit dem Namen **System** Zugriff auf die jeweiligen Programme haben.

C. Bitten Sie einen Domänenadministrator, ein Gruppenrichtlinienobjekt zu konfigurieren, das die ausgewählten Systemsteuerungsprogramme und MMC-Snap-Ins verbirgt. Verknüpfen Sie das Gruppenrichtlinienobjekt mit den Organisationseinheiten, die die Benutzerkonten enthalten, die Sie einschränken wollen. Legen Sie Berechtigungen für das Gruppenrichtlinienobjekt fest, die bewirken, dass es nur auf die Benutzer angewendet wird, die Sie einschränken wollen.

D. Löschen Sie die entsprechenden .cpl- und .msc-Dateien aus den Dateisystemen aller Computer, die Sie einschränken wollen.

3.

Sie besitzen einen Computer mit einem 300-MHz-Pentium II-Mikroprozessor, 128 MByte RAM und einer 4-MByte-Grafikkarte. Der Computer läuft unter Windows 2000 Professional. Sämtliche Hardwarekomponenten sind im Windows-Katalog aufgeführt. Sie führen ein Update des Computers auf Windows XP Professional durch. Dabei treten keinerlei Probleme auf, aber Sie stellen fest, dass sich die Geschwindigkeit des neuen Systems deutlich langsamer anfühlt als vorher. Sie wollen die Computerhardware nicht aufrüsten. Was können Sie tun, um die Reaktionsgeschwindigkeit von Windows XP Professional auf Ihrem Computer zu verbessern? Wählen Sie die drei richtigen Antworten.

A. Starten Sie erneut das Windows XP Professional-Setupprogramm, formatieren Sie aber dieses Mal während des Setups das Festplattenlaufwerk neu und führen Sie eine Neuinstallation des Betriebssystems durch.

B. Senken Sie die Größe der Auslagerungsdatei auf 2 MByte.

C. Verringern Sie im Systemsteuerungsmodul **Anzeige** die Bildschirmauflösung und die Farbtiefe.

D. Löschen Sie die Auslagerungsdatei.

E. Führen Sie das Tool **Defragmentierung** aus, um die installierten Festplatten zu defragmentieren.

F. Wählen Sie im Dialogfeld **Leistungsoptionen** für die Anzeigeoptionen die Option **Für optimale Leistung anpassen**.

G. Stellen Sie im Task-Manager die Priorität für den Prozess **Explorer.exe** auf Echtzeit.

4.

John und Mary teilen sich einen Windows XP Professional-Computer. Sie melden sich mit einem Konto an ihrem Computer an, das administrativen Zugriff hat, und installieren eine Reihe firmeninterner Anwendungen, mit denen die Benutzer auf Daten in einem der Mainframecomputer des Unternehmens zugreifen. Sie stellen sicher, dass die Anwendungen korrekt installiert wurden, indem Sie die entsprechenden Verknüpfungen im Startmenü aufrufen und die Programme testen. Später beschweren sich beide Benutzer, dass sie keine der Symbole für diese Programme finden können. Wie können Sie am schnellsten dafür sorgen, dass sowohl John als auch Mary so einfach wie möglich auf die gerade installierten Anwendungen zugreifen können? Wählen Sie die richtige Antwort.

A. Kopieren Sie die Programmgruppe für die Anwendungen von Ihrem Benutzerprofil in das Standardbenutzerprofil.

B. Kopieren Sie die Programmgruppe für die Anwendungen von Ihrem Benutzerprofil in die Benutzerprofile von John und Mary.

C. Bitten Sie John, sich am Computer anzumelden, die Anwendungen zu installieren und sich dann wieder abzumelden. Anschließend soll Mary sich mit ihrem Benutzerkonto anmelden und genauso vorgehen.

D. Kopieren Sie die Programmgruppe für die Anwendungen von Ihrem Benutzerprofil in das Profil **Alle Benutzer**.

5.

Sie wurden beauftragt, die Sicherheit im Netzwerk Ihres Unternehmens zu verbessern. Dazu sollen Sie einen Ansatz entwickeln, bei dem das Verwalten von Desktopeinstellungen und Daten der Benutzer strenger kontrolliert wird. Für Ihr Projekt wurden folgende Ziele formuliert:

- Speichern der Desktopeinstellungen der Benutzer in servergespeicherten Benutzerprofilen. Auf diese Weise stehen sie den Benutzern immer zur Verfügung, unabhängig davon, an welchem Computer sie sich anmelden.
- Verhindern, dass sich Benutzer mit zwischengespeicherten Profilen anmelden, wenn das Netzwerk nicht zur Verfügung steht.
- Minimieren der Zeit, die mobile Benutzer benötigen, um sich an ihren Computern anzumelden, wenn sie außerhalb des Unternehmens unterwegs sind.
- Sicherstellen, dass alle vertraulichen Benutzerdaten geschützt sind, selbst für den Fall, dass der Laptopcomputer eines mobilen Benutzers gestohlen wird.
- Sicherstellen, dass alle wichtigen Benutzerdaten entsprechend der Datensicherungsrichtlinie Ihres Unternehmens regelmäßig gesichert werden.
- Zulassen, dass Benutzer ihre eigenen Desktopeinstellungen verwalten.

Sie schlagen Folgendes vor:

- Die Konten aller Benutzer sollen im Snap-In **Active Directory-Benutzer und -Computer** so konfiguriert werden, dass sie ein servergespeichertes Benutzerprofil verwenden.
- Die Benutzerprofile sollen verbindlich sein. Dazu wollen Sie die Erweiterung .man an den Stammordner aller Benutzerprofile im Netzwerk anhängen.
- Der Ordner **Eigene Dateien** soll mithilfe von Gruppenrichtlinien auf eine DFS-Freigabe (Distributed File System) umgeleitet werden, die auf diversen Dateiservern liegen. Die Daten der Dateiserver werden entsprechend den Unternehmensrichtlinien geschützt und regelmäßig in einer Datensicherung gesichert.
- Sie wollen Offlineordner implementieren, damit Benutzer auch dann mit ihren Dokumenten arbeiten können, wenn sie keine Verbindung zum Netzwerk haben.

Welche der folgenden Ziele erreichen Sie mit Ihrem Lösungsvorschlag? Wählen Sie die drei richtigen Antworten.

A. Speichern der Desktopeinstellungen der Benutzer in servergespeicherten Benutzerprofilen. Auf diese Weise stehen sie den Benutzern immer zur Verfügung, unabhängig davon, an welchem Computer sie sich anmelden.

B. Verhindern, dass sich Benutzer mit zwischengespeicherten Profilen anmelden, wenn das Netzwerk nicht zur Verfügung steht.

C. Minimieren der Zeit, die mobile Benutzer benötigen, um sich an ihren Computern anzumelden, wenn sie außerhalb des Unternehmens unterwegs sind.

D. Sicherstellen, dass alle vertraulichen Benutzerdaten geschützt sind, selbst für den Fall, dass der Laptopcomputer eines mobilen Benutzers gestohlen wird.

E. Sicherstellen, dass alle wichtigen Benutzerdaten entsprechend der Datensicherungsrichtlinie Ihres Unternehmens regelmäßig gesichert werden.

F. Zulassen, dass Benutzer ihre eigenen Desktopeinstellungen verwalten.

Antworten zu Lernziel 5.1

1. Richtige Antwort: A und C

A. **Richtig** Normalerweise umfasst ein servergespeichertes Benutzerprofil **Eigene Dateien**, **Eigene Bilder** und andere persönliche Ordner. Wenn Sie diese Ordner mithilfe von Gruppenrichtlinien umleiten, können die Benutzer mit den Daten in diesen Ordnern arbeiten, als befänden sich die Ordner noch auf ihrer Arbeitsstation. Ein weiterer Vorteil dieses Ansatzes besteht darin, dass diese Ordner nicht mit dem servergespeicherten Benutzerprofil synchronisiert werden, wenn ein Benutzer sich vom Netzwerk abmeldet. Weil Benutzerdaten recht umfangreich sein können, spart dieser Ansatz den Benutzern möglicherweise eine Menge Zeit, wenn sie sich an ihrem Computer an- oder abmelden. Sie können diese Lösung noch weiter optimieren, indem Sie Offlinedateien für diese Ordner konfigurieren. So können mobile Benutzer die Netzwerkordner transparent mit einer lokal gespeicherten Kopie der Dateien synchronisieren. Wenn die Benutzer an ihrem Computer arbeiten, während keine Verbindung zum

Netzwerk besteht, können sie auf die lokal gespeicherten Kopien zugreifen. Änderungen werden automatisch mit dem Netzwerk synchronisiert, sobald die Benutzer ihr System das nächste Mal mit dem Netzwerk verbinden.

B. **Falsch** Der ClipBook-Dienst dient dazu, anderen Benutzern im Netzwerk den Zugriff auf Dokumente zu ermöglichen, die in die Zwischenablage kopiert wurden. Der ClipBook-Dienst hat nichts mit dem Verwalten von Benutzerprofilen oder der Ordnerumleitung zu tun.

C. **Richtig** Wenn das Konto eines Benutzers so eingerichtet wird, dass es ein servergespeichertes Benutzerprofil verwendet, wird dieses Profil im Netzwerk gespeichert. Wenn sich der Benutzer an einem Computer anmeldet, wird das Benutzerprofil auf dem lokalen System zwischengespeichert. Alle Änderungen am Profil werden in die lokale Kopie geschrieben. Nachdem sich der Benutzer wieder vom Netzwerk abgemeldet hat, werden die Änderungen an der lokalen Kopie in das Netzwerkexemplar zurückgeschrieben. Wenn sich ein Benutzer an einem Computer anmeldet, der keine Verbindung zum Netzwerk hat, wird transparent eine lokal zwischengespeicherte Kopie des Benutzerprofils geladen, sofern nicht verbindliche servergespeicherte Benutzerprofile verwendet werden.

D. **Falsch** Das Modul **Eingabehilfen** dient dazu, Tastatur-, Maus-, Sound- und Anzeigeeinstellungen so zu konfigurieren, dass behinderte Benutzer besser mit Windows XP umgehen können. Das Modul **Eingabehilfen** hat nichts mit dem Verwalten von Benutzerprofilen oder der Ordnerumleitung zu tun.

E. **Falsch** Der Windows-Explorer dient nicht dazu, Benutzerprofile oder Ordnerumleitung zu verwalten.

2. Richtige Antwort: C

A. **Falsch** Mit dem Modul **Software** können Sie zwar einige Windows-Komponenten (zum Beispiel den Indexdienst) entfernen, aber Sie können damit nicht Systemsteuerungsmodule oder MMC-Snap-Ins deinstallieren oder umkonfigurieren.

B. **Falsch** Mit diesem Ansatz erreichen Sie zwar unter Umständen die angestrebten Ziele, er ist aber zeitaufwendig, und es ist wahrscheinlich, dass Ihnen Fehler unterlaufen, wenn Sie so viele Computer von Hand konfigurieren. Das Verwenden von Gruppenrichtlinienobjekten, wie es in Antwort C beschrieben wird, ist ein viel effizienterer und zuverlässigerer Ansatz.

C. **Richtig** Gruppenrichtlinienobjekte sind eine sehr wirksame Methode, die Desktops der Benutzer einzuschränken. Sie sind sehr flexibel und erlauben Ihnen, das Ausmaß der Kontrolle optimal an Ihre spezielle Umgebung anzupassen.

D. **Falsch** Dies ist eine schlechte Lösung, weil die Funktion zum Schützen von Windows-Dateien in Windows XP Professional einige oder alle dieser Dateien automatisch wiederherstellt, nachdem Sie sie gelöscht haben. Die Dateien, die nicht automatisch wiederhergestellt werden, stehen niemals zur Verfügung, egal, welcher Benutzer sich an den jeweiligen Computern anmeldet; dabei kann es durchaus sein, dass Systemadministratoren Zugriff auf diese Dateien brauchen, um die Computer zu verwalten.

3. **Richtige Antwort: C, E und F**

A. **Falsch** Das ist ein drastischer Ansatz, bei dem Sie alle Ihre Anwendungen neu installieren und Ihre Daten aus einer Datensicherung wiederherstellen müssen. Es ist außerdem unwahrscheinlich, dass Sie dabei eine deutliche Verbesserung der Geschwindigkeit erreichen.

B. **Falsch** Mit diesem Schritt würden Sie die Geschwindigkeit von Windows XP Professional wahrscheinlich noch weiter verringern.

C. **Richtig** Abhängig von der Grafikkarte und den genauen Einstellungen kann der Geschwindigkeitsgewinn von gering bis dramatisch reichen. Wenn Sie die Auflösung von 1280 × 1024 auf 640 × 480 senken, verringert sich die Zahl der Pixel um mehr als 75 Prozent. Wenn Sie die Farbtiefe von 32 Bit pro Pixel auf 8 Bit pro Pixel senken, verringern Sie die Zahl der Farben pro Pixel um 75 Prozent. Beide Schritte verringern die Belastung der Grafikkarte um drei Viertel, allerdings sinkt auch die Qualität der Anzeige von Betriebssystem und allen Anwendungen.

D. **Falsch** Mit diesem Verfahren würden Sie die Geschwindigkeit wahrscheinlich noch weiter verringern.

E. **Richtig** Abhängig vom Grad der Fragmentierung kann der Leistungsgewinn unmerklich, moderat oder deutlich sein. Es empfiehlt sich, sämtliche Festplatten in allen Ihren Windows XP-Systemen regelmäßig zu defragmentieren. Sie können das Defragmentierungsprogramm starten, indem Sie im Startmenü **Alle Programme** wählen, dann **Zubehör**, **Systemprogramme**, und **Defragmentierung**. Sie können das Befehlszeilentool **Defrag.exe** auch automatisch ausführen lassen, indem Sie im Programm **Geplante Tasks** einen entsprechenden Task planen.

F. **Richtig** Langsamere Systeme, wie das in diesem Beispiel beschriebene, reagieren oft viel schneller, wenn die Benutzeroberfläche mit grafisch einfacheren Elementen eingesetzt wird. Das Dialogfeld **Leistungsoptionen** können Sie über die Registerkarte **Erweitert** des Systemsteuerungsmoduls **System** öffnen. Sie können sämtliche grafisch verbesserten Benutzeroberflächenelemente aktivieren oder deaktivieren oder individuelle Einstellungen für die einzelnen Elemente wählen.

G. **Falsch** Wenn Sie die Leistung auf stark belasteten Windows XP Professional-Systemen optimieren, ist es möglich, die Systemeffizienz insgesamt deutlich zu steigern, indem Sie einzelnen Prozessen geeignete Prioritätsstufen zuweisen. Bevor Sie diese Art der Optimierung aber auf Produktionssystemen einsetzen, sollten Sie genau wissen, welche Beziehungen zwischen den Prozessen für Betriebssystem, Dienste und Anwendungen bestehen und welche Auswirkungen Änderungen haben. Es ist sehr ungewöhnlich, einem Prozess die Priorität **Echtzeit** zuzuweisen, weil der Prozess in dieser Konfiguration bis zu 100 Prozent der CPU-Zeit verbrauchen kann. Dadurch ist es schwierig oder sogar unmöglich, etwas anderes auf dem Computer zu tun.

4. **Richtige Antwort: D**

A. **Falsch** Wenn Sie die Programmgruppe in das Standardbenutzerprofil kopieren, ist zwar sichergestellt, dass alle neu erstellten Profile auf dem Computer ein Exemplar der Programmgruppe in ihrem Startmenü haben, aber die vorhandenen Benutzerprofile werden dadurch nicht verändert.

B. **Falsch** Bei dieser Methode ist sichergestellt, dass sowohl John als auch Mary Zugriff auf die neue Programmgruppe haben, aber es gibt einen schnelleren Weg, dieses Ziel zu erreichen.

C. **Falsch** Es ist möglich, dass weder John noch Mary die Installation durchführen können, weil sie auf dem Computer nicht über administrative Rechte verfügen. Selbst wenn dieses Verfahren funktioniert, ist es eine unnötig zeitaufwendige Lösung.

D. **Richtig** Dies ist die schnellste Möglichkeit, das Problem zu lösen. Die Programmgruppen im Profil **Alle Benutzer** stehen für jeden Benutzer zur Verfügung, der sich am Computer anmeldet. Dieses Problem tritt häufig bei älteren Anwendungen und bei intern entwickelten Programmen auf, die nicht alle Anforderungen für das *Certified for Windows*-Logoprogramm erfüllen. Zertifizierte Programme müssen in der Lage sein, mit Benutzerprofilen umzugehen. Sie müssen dem Installer die Möglichkeit geben, die Programmgruppe entweder allen Benutzern oder nur dem Benutzer zur Verfügung zu stellen, der während des Installationsvorgangs angemeldet ist.

5. Richtige Antwort: A, B und E

A. **Richtig** Durch das Implementieren von servergespeicherten Benutzerprofilen stellt Ihre Lösung sicher, dass allen Benutzern ihre Profile auf jedem Computer im Netzwerk zur Verfügung stehen.

B. **Richtig** Wenn Sie die Erweiterung .man an die Ordner aller servergespeicherten Benutzerprofile anhängen, können sich die Benutzer nicht mehr mit einer lokal gespeicherten Kopie ihres servergespeicherten Benutzerprofils an Computern anmelden.

C. **Falsch** Wenn Sie die Erweiterung .man an die Ordner aller servergespeicherten Benutzerprofile anhängen, ist Windows XP Professional gezwungen, jedes Mal, wenn sich ein Benutzer anmeldet, das gesamte Benutzerprofil herunterzuladen. Sie leiten zwar den Ordner **Eigene Dateien** an eine andere Position um, aber die Profile können trotzdem sehr groß werden. Das führt dazu, dass bei Remotebenutzern der Anmeldevorgang sehr lange dauert. Sie müssen sich außerdem klarmachen, dass dieses Ziel im Widerspruch zum zweiten Ziel steht: Manchmal ist es nicht möglich, alle formulierten Ziele zu erreichen.

D. **Falsch** Dieses Ziel wird durch keines der Elemente in Ihrem Lösungsvorschlag erreicht. Wenn Sie das verschlüsselnde Dateisystem (Encrypting File System, EFS) in Kombination mit Offlinedateien einsetzen, können Sie die Daten der mobilen Benutzer besser schützen.

E. **Richtig** Wenn Sie den Ordner **Eigene Dateien** auf eine DFS-Freigabe umleiten, die auf einem Dateiserver liegt, der regelmäßig gesichert wird, haben Sie erreicht, dass wichtige Benutzerdaten regelmäßig gesichert werden.

F. **Falsch** Wenn Sie verbindliche Profile einrichten, können Benutzer ihre Desktopeinstellungen nicht mehr verwalten. Alle Änderungen, die Benutzer an ihrem Desktop vornehmen, werden beim Abmelden verworfen.

Lernziel 5.2: Konfigurieren von mehreren Sprachen oder mehreren Regionen

Windows XP Professional wird in drei Versionen geliefert, die unterschiedliche Stufen der Unterstützung für mehrere Sprachen bieten.

- **Version mit internationalem Englisch:** Diese Version umfasst die Funktion **Multilingual Editing und Viewing**, mit der Benutzer Daten in über 60 Sprachen ansehen, bearbeiten und ausdrucken können. Diese Version eignet sich auch für gelegentliche elektronische Kommunikation in anderen Sprachen als Englisch.
- **Versionen mit lokalisierter Sprache:** Dies sind lokalisierte Versionen, die dieselbe Unterstützung bieten wie die englischsprachige Version. Hier sind aber alle eingebauten Menüs, Dialogfelder, Hilfedateien, Assistenten und Dateisysteme in der jeweiligen lokalen Sprache ausgeführt. Die deutsche Version von Windows XP Professional fällt in diese Kategorie. Diese Version eignet sich, wenn in der gesamten Organisation Unterstützung für einige wenige Sprachen benötigt wird.
- **Multilingual User Interface Pack (MUI Pack):** Bietet dieselben Features wie die anderen Versionen, Sie können aber jederzeit von einer Sprache auf eine andere umschalten. Das MUI Pack ist die optimale Wahl, wenn quer durch die gesamte Organisation Unterstützung für zahlreiche unterschiedliche Sprachen benötigt wird.

Wenn Sie dieses Lernziel bestehen wollen, müssen Sie wissen, wie Sie das MUI Pack konfigurieren und bereitstellen.

Fragen zu Lernziel 5.2

1.

Ihr Unternehmen hat Hauptniederlassungen in Deutschland, Spanien, Portugal, Frankreich, Polen, Großbritannien und den USA. Viele Benutzer können Englisch nicht flüssig sprechen oder lesen. Es gibt in allen Niederlassungen viele Benutzer, die regelmäßig Dokumente in mindestens zwei Sprachen erstellen und bearbeiten müssen. Ihr Unternehmen hat beschlossen, eine Migration auf Windows XP Professional durchzuführen, und Sie sollen einen Vorschlag erarbeiten, wie sich die Anforderungen der Benutzer für mehrere Sprachen am besten erfüllen lassen. Welches der folgenden Verfahren würden Sie vorschlagen? Wählen Sie die richtige Antwort.

A. Erstellen Sie einen Standarddesktop mit dem Windows XP Professional Multilingual User Interface Pack (MUI Pack). Installieren Sie alle Eingabesprachen, die im Unternehmen verwendet werden, damit die Benutzer ihre Dokumente ganz einfach in jeder beliebigen Sprache untereinander austauschen können.

B. Erstellen Sie einen Standarddesktop auf Basis der englischsprachigen Windows XP Professional-Version. Installieren Sie alle Eingabesprachen, die im Unternehmen verwendet werden, damit die Benutzer ihre Dokumente ganz einfach in jeder beliebigen Sprache untereinander austauschen können. Empfehlen Sie Ihrem Manager, das Englisch aller Benutzer so bald wie möglich in Sprachkursen zu verbessern.

C. Erstellen Sie einen Standarddesktop auf Basis der englischsprachigen Windows XP Professional-Version. Empfehlen Sie Ihrem Manager, das Englisch aller Benutzer so bald wie möglich in Sprachkursen zu verbessern. Legen Sie eine Richtlinie fest, dass sämtliche Benutzer alle ihre Dokumente auf Englisch erstellen müssen.

D. Erstellen Sie einen Standarddesktop auf Basis der englischsprachigen Windows XP Professional-Version und der jeweiligen lokalisierten Windows XP Professional-Versionen. Installieren Sie alle Eingabesprachen, die im Unternehmen verwendet werden, damit die Benutzer ihre Dokumente ganz einfach in jeder beliebigen Sprache untereinander austauschen können.

2.

Ihr Unternehmen hat Niederlassungen in Deutschland und der Schweiz. Zwar können alle Angestellten Deutsch flüssig sprechen und schreiben, aber gelegentlich haben Sie mit Unternehmen in der französischsprachigen Schweiz zu tun. Bei einigen dieser Unternehmen wird fast ausschließlich Französisch gesprochen. Wie sollten Sie die Windows XP Professional-Computer der Angestellten konfigurieren, die mit diesen Unternehmen zu tun haben? Wählen Sie die richtige Antwort.

A. Öffnen Sie WordPad und wählen Sie **Französich (Schweiz)** als Eingabestandard.

B. Installieren Sie die französische Windows XP Professional-Version.

C. Laden Sie die französische Version von WordPad von der Windows Update-Website herunter und installieren Sie sie.

D. Öffnen Sie das Modul **Regions- und Sprachoptionen** der Systemsteuerung und aktivieren Sie die Unterstützung für **Französich (Schweiz)** als zusätzliche Eingabesprache. Geben Sie bei Bedarf den Pfad zum Windows XP Professional-Installationsmedium an und starten Sie den Computer neu.

3.

Sie sind Consultant und wurden von einer international tätigen Immobilienfirma gebeten, ein Updateprogramm für das Bereitstellen des MUI Pack im gesamten Unternehmen zu planen. Das Unternehmen betreibt viele Niederlassungen, die über die ganze Erde verteilt sind. Die meisten Niederlassungen werden von der IT-Abteilung nur lose betreut. Eine gründliche Überprüfung von Hardware und Software ergibt, dass das Unternehmen viele verschiedene ältere Windows-Versionen auf einer Vielzahl unterschiedlicher Hardwareplattformen betreibt. Sie stellen fest, dass viele Systeme ersetzt werden müssen, weil das letztlich billiger kommt als das Aufrüsten der Hardware, damit sie Windows XP Professional sinnvoll ausführen kann. Bei welchen der folgenden Windows-Versionen können Sie ein direktes Update auf das MUI Pack vornehmen? Wählen Sie die vier richtigen Antworten.

A. Windows 2000 Server

B. Windows Me

C. Windows NT Workstation 4.0
D. Windows NT Server 4.0
E. Windows NT Workstation 3.51
F. Windows 2000 Professional
G. Windows 98

Antworten zu Lernziel 5.2

1. Richtige Antwort: A

A. **Richtig** Das ist der einfachste Ansatz, mit dem sich das Ziel erreichen lässt, weil die IT-Abteilung innerhalb Ihres Unternehmens nur einen einzigen Standarddesktop verwalten und unterstützen muss.

B. **Falsch** Dieser Ansatz mag der IT-Abteilung Ihres Unternehmens zwar die Arbeit erleichtern, aber er nimmt keine Rücksicht auf die Bedürfnisse der Benutzer. Wenn Sie die Benutzer zwingen, eine zweite Sprache zu lernen, ist das teuer und zeitaufwendig und stößt möglicherweise bei einigen Benutzern auf Ablehnung.

C. **Falsch** Diese Lösung ist aus den in Antwort B erläuterten Gründen nicht geeignet.

D. **Falsch** Diese Lösung erfüllt zwar die Anforderungen für Unterstützung mehrerer Sprachen, es müssen aber mindestens sechs Windows XP Professional-Versionen in Ihrem Unternehmen bereitgestellt werden. Das stellt einen unnötigen Aufwand für die IT-Abteilung Ihres Unternehmens dar.

2. Richtige Antwort: D

A. **Falsch** Sie können Dokumente in WordPad zwar in jeder installierten Eingabesprache ansehen und bearbeiten, aber nicht innerhalb des Programms die Sprachen umschalten.

B. **Falsch** Das ist eine ineffiziente und teure Lösung, wenn Sie lediglich Dokumente in mehreren Sprachen ansehen, editieren und ausdrucken wollen.

C. **Falsch** Es steht keine französischsprachige Version von WordPad zum Herunterladen von der Windows Update-Website zur Verfügung.

D. **Richtig** Alle Windows XP Professional-Versionen unterstützen das Ansehen, Bearbeiten und Ausdrucken von Dokumenten in mehreren Sprachen, sofern die entsprechende Sprachgruppe installiert ist. Bei der deutschen Version von Windows XP Professional ist die westeuropäische Sprachgruppe standardmäßig installiert. Sie bietet Unterstützung für diverse Sprachen, neben Deutsch zum Beispiel auch Französisch und Englisch. Andere Sprachgruppen müssen Sie installieren, wenn Sie zusätzliche Eingabesprachen unterstützen wollen, zum Beispiel Griechisch. Sie müssen den Computer neu starten, wenn Sie zusätzliche Sprachgruppen installiert haben.

3. Richtige Antwort: B, C, F und G

A. **Falsch** Da ein Update von Windows 2000 Server auf Windows XP Professional nicht möglich ist, können Sie auch kein Update dieser Betriebssystemversion auf das Windows XP Professional-MUI Pack durchführen.

B. **Richtig** Führen Sie ein Update von Windows Me auf Windows XP Professional durch und spielen Sie dann die MUI Pack-Dateien ein. Sie können diesen Vorgang vereinfachen, indem Sie eine Antwortdatei für eine unbeaufsichtigte Updateinstallation von Windows XP Professional erstellen. Fügen Sie dann **MUISETUP** in den Abschnitt **[GUIRunOnce]** der Antwortdatei ein. Die Einzelheiten dieses Verfahrens werden auf dem Installationsmedium des Windows XP-MUI Pack beschrieben.

C. **Richtig** Gehen Sie wie bei Windows Me vor: Führen Sie ein Update von Windows NT Workstation 4.0 auf die englische Version von Windows XP Professional durch und spielen Sie dann die MUI Pack-Dateien ein.

D. **Falsch** Da ein Update von Windows NT Server 4.0 auf Windows XP Professional nicht möglich ist, können Sie auch kein Update dieser Betriebssystemversion auf das Windows XP Professional-MUI Pack durchführen.

E. **Falsch** Da ein Update von Windows NT Workstation 3.51 auf Windows XP Professional nicht möglich ist, können Sie auch kein Update dieser Betriebssystemversion auf das Windows XP Professional-MUI Pack durchführen.

F. **Richtig** Gehen Sie wie bei Windows Me vor: Führen Sie ein Update von Windows 2000 Professional auf die englische Version von Windows XP Professional durch und spielen Sie dann die MUI Pack-Dateien ein.

G. **Richtig** Gehen Sie wie bei Windows Me vor: Führen Sie ein Update von Windows 98 auf die englische Version von Windows XP Professional durch und spielen Sie dann die MUI Pack-Dateien ein.

Lernziel 5.3: Verwalten von Anwendungen mit Windows Installer-Paketen

Softwareentwickler erstellen Windows Installer-Pakete für ihre Produkte. Zum Beispiel verteilt Microsoft Updates für Microsoft Office 2003 in Form von Windows Installer-Paketen. Auch Entwickler innerhalb Ihrer Organisation können Windows Installer-Pakete erstellen, um das Bereitstellen der Anwendungen zu erleichtern. Insbesondere machen es Windows Installer-Pakete ganz einfach, eine Anwendung mithilfe der Active Directory-Softwareverteilung zu verbreiten. Sie brauchen zwar nicht genau zu wissen, wie Sie die Softwareverteilung mithilfe von Active Directory-Gruppenrichtlinienobjekten konfigurieren, aber Sie müssen das Konzept verstehen und in der Lage sein, eventuell auftretende Probleme zu beseitigen.

Um die Fragen in diesem Lernziel richtig beantworten zu können, müssen Sie die Aufgabe von Windows Installer-Paketen kennen. Sie sollten praktische Erfahrung mit dem Installieren, Konfigurieren und Entfernen von Windows Installer-Paketen haben, sowohl mithilfe von grafischen Tools als auch mit dem Befehlszeilenprogramm **Msiexec.exe**. Falls Sie einen Active Directory-Domänencontroller zur Verfügung haben, können Sie Ihre Kenntnisse vertiefen, indem Sie praktische Erfahrungen mit dem Verteilen von Windows Installer-Paketen mithilfe der Active Directory-Softwareverteilung sammeln.

Fragen zu Lernziel 5.3

1.

Sie sind Desktopadministrator für einen Sportartikelhersteller. Gestern haben die Ingenieure, die für die Softwareverteilung zuständig sind, Office 2003 für alle Computer in Ihrer Domäne bereitgestellt. Alle Benutzer haben lokale Benutzerprofile. Heute Morgen stellen Sie fest, dass Office auf den meisten Windows XP Professional-Computern, die Sie verwalten, nicht bereitgestellt wurde. Welche Gruppenrichtlinieneinstellung müssen die Domänenadministratoren ändern, um sicherzustellen, dass die Anwendung verteilt wird, sobald sich die Benutzer das nächste Mal anmelden? Wählen Sie die richtige Antwort.

A. Aktivieren Sie die Einstellung **Beim Neustart des Computers und bei der Anmeldung immer auf das Netzwerk warten**.

B. Aktivieren Sie die Einstellung **Maximale Wartezeit für Gruppenrichtlinienskripts** und setzen Sie ihren Wert auf null Sekunden.

C. Aktivieren Sie die Einstellung **Remotebenutzerprofil abwarten**.

D. Aktivieren Sie die Einstellung **Hintergrundaktualisierung der Gruppenrichtlinie deaktivieren**.

2.

Sie haben die Ursache für ein hartnäckiges Problem gefunden, das dem Computer eines Ihrer Benutzer zu schaffen macht: Eine Anwendung, die mit einem Windows Installer-Paket installiert wurde, verbraucht große Mengen Festplattenplatz. Sie sind aber nicht sicher, wo der Benutzer das Windows Installer-Paket her hat, mit dem er die ursprüngliche Installation durchgeführt hat. Wie können Sie die Anwendung am einfachsten deinstallieren? Wählen Sie die richtige Antwort.

A. **msiexec /uninstall *Productcode***

B. Klicken Sie mit der rechten Maustaste auf die Original-.msi-Datei und wählen Sie den Befehl **Entfernen**.

C. Klicken Sie doppelt auf die Original-.msi-Datei. Klicken Sie auf **Entfernen**, wenn der Windows Installer nachfragt, ob das Paket entfernt werden soll.

D. Öffnen Sie in der Systemsteuerung das Modul **Software**. Klicken Sie auf die Anwendung und dann auf **Entfernen**.

3.

Sie arbeiten als Teilzeit-Desktopadministrator für ein kleines Unternehmen, bei dem fünf Benutzer, die über die ganze Welt verstreut wohnen, von zu Hause aus arbeiten. Jeder Benutzer hat einen Windows XP Professional-Computer, der nicht Teil einer Active Directory-Domäne ist. Das Unternehmen betreibt ohnehin keinen einzigen Server. Sie haben in enger Zusammenarbeit mit einem Ihrer Softwarehersteller einen Bug in einer Anwendung beseitigt, die für die Benutzer von entscheidender Bedeutung ist. Nachdem Sie mehrere Wochen den Support in Anspruch genommen haben, veröffentlicht der Hersteller eine .msi-Datei auf seiner Website, die Sie auf allen Ihren Computern installieren sollen. Die .msi-Datei steht unter der Adresse **http://www.contoso.com/patch.msi** bereit. Die Benutzer müssen das Update selbst installieren.

Jeder Benutzer hat ein lokales Administratorkonto, das er für die Installation verwenden kann. Sie wollen den Benutzern mitteilen, welchen Befehl sie eingeben müssen, um den Patch automatisch installieren zu lassen. Welcher Befehl funktioniert? Wählen Sie die richtige Antwort.

A. msiexec /x "http://www.contoso.com/patch.msi"

B. msiexec /update "http://www.contoso.com/patch.msi"

C. msiexec /i "http://www.contoso.com/patch.msi"

D. msiexec /url "http://www.contoso.com/patch.msi"

4.

Welche Version des Windows Installer ist im Service Pack 2 für Windows XP enthalten? Wählen Sie die richtige Antwort.

A. Windows Installer 1.0

B. Windows Installer 2.0

C. Windows Installer 3.0

D. Windows Installer 4.0

Antworten zu Lernziel 5.3

1. Richtige Antwort: A

A. **Richtig** In der Standardeinstellung wartet Windows XP bei Start und Anmeldung nicht, bis das Netzwerk vollständig initialisiert ist. Vorhandene Benutzer werden auf Basis der lokal zwischengespeicherten Anmeldeinformationen angemeldet. Das verkürzt die Wartezeit beim Anmelden. Windows XP wendet Gruppenrichtlinien im Hintergrund an, nachdem das Netzwerk verfügbar wird. Daher erfordern Softwareinstallationen normalerweise zwei oder drei Anmeldevorgänge. Wenn Sie diese Einstellung aktivieren, wartet Windows XP mit der Anmeldung, bis das Netzwerk läuft. So können die Gruppenrichtlinien sofort angewendet werden.

B. **Falsch** Wenn Sie diese Richtlinie auf den Wert null setzen, müssen Clients unbegrenzt lange warten, bis die Gruppenrichtlinienskripts ausgeführt sind. Dadurch wird aber nicht sichergestellt, dass die Anwendung beim nächsten Anmeldevorgang installiert wird.

C. **Falsch** Diese Einstellung weist das System an zu warten, bis das Remoteexemplar des servergespeicherten Benutzerprofils geladen wurde, egal, wie lange es dauert. Das ist sinnvoll, wenn Benutzer häufig den Computer wechseln und die lokale Kopie ihres Profils nicht immer aktuell ist. Aber in diesem Fall verfügen die Benutzer über lokale Benutzerprofile, daher hat das Aktivieren dieser Einstellung keine Auswirkungen.

D. **Falsch** Diese Einstellung verhindert, dass Gruppenrichtlinien aktualisiert werden, während der Computer benutzt wird. Wenn Sie diese Einstellung aktivieren, wartet das System, bis sich der Benutzer abgemeldet hat, bevor es die Gruppenrichtlinieneinstellungen aktualisiert. Es aktualisiert die Einstellungen also nicht in regelmäßigen Abständen. Diese Einstellung hat keine Auswirkungen darauf, wie Software verteilt wird.

2. Richtige Antwort: D

A. **Falsch** Sie können mit dem Tool **Msiexec** Anwendungen deinstallieren. Einfacher geht es aber mit dem Modul **Software**.

B. **Falsch** Sie können ein Windows Installer-Paket deinstallieren, indem Sie mit der rechten Maustaste auf die Original-.msi-Datei klicken und den entsprechenden Befehl aus dem Kontextmenü wählen. Dieser Menübefehl heißt aber **Deinstallieren**, nicht **Entfernen**. Außerdem ist diese Methode meist komplizierter als das Deinstallieren des Pakets über das Systemsteuerungsmodul **Software**.

C. **Falsch** Diese Methode funktioniert. Weil Sie aber nicht wissen, wo die Original-.msi-Datei liegt, ist dieses Verfahren zeitaufwendiger als das Deinstallieren des Pakets über das Systemsteuerungsmodul **Software**.

D. **Richtig** Windows Installer-Anwendungen fügen sich immer zur Liste der installierten Programme hinzu. Daher sollten Sie solche Anwendungen über das Systemsteuerungsmodul **Software** deinstallieren.

3. **Richtige Antwort: C**

A. **Falsch** Mit dem Parameter **/x** wird ein Paket deinstalliert, nicht installiert.

B. **Falsch** Wenn Sie den Parameter **/update** verwenden, müssen Sie eine Windows Installer-Updatedatei angeben, die die Dateierweiterung .msp hat. Die Entwickler haben Ihnen aber eine .msi-Datei zur Verfügung gestellt. Eine solche Datei müssen Sie mit dem Parameter **/i** installieren.

C. **Richtig** Verwenden Sie den Parameter **/i**, um Windows Installer-Pakete zu installieren. Sie können den Pfad der Datei mit einem URL angeben.

D. **Falsch** Msiexec unterstützt nicht den Parameter **/url**.

4. **Richtige Antwort: C**

A. **Falsch** Windows XP enthält die Version Windows Installer 2.0, das Service Pack 2 ein Update auf die Version 3.0.

B. **Falsch** Windows XP enthält die Version Windows Installer 2.0, das Service Pack 2 ein Update auf die Version 3.0.

C. **Richtig** Windows XP enthält die Version Windows Installer 2.0, das Service Pack 2 ein Update auf die Version 3.0.

D. **Falsch** Windows Installer 4.0 war noch nicht verfügbar, als das Service Pack 2 freigegeben wurde.

KAPITEL 26

Installieren, Verwalten und Problembehandlung von Netzwerkprotokollen und -diensten

Microsoft Windows XP macht es einerseits einfach, eine Verbindung herzustellen und in Betrieb zu halten, minimiert aber gleichzeitig die Gefahr von Netzwerkangriffen. Selbstverständlich können Sie eine Verbindung zu herkömmlichen drahtgebundenen Netzwerken herstellen. Sie können auch eine Verbindung zu Drahtlosnetzwerken daheim oder im Büro herstellen, oder zu einem Hotspot. Falls Sie im Außendienst unterwegs sind, können Sie eine beliebige Internetverbindung herstellen und dann mit Windows XP eine VPN-Verbindung (virtuelles privates Netzwerk) aufbauen, um auf die Ressourcen in Ihrem internen Netzwerk zuzugreifen. Falls keine Internetverbindung zur Verfügung steht, aber ein Telefonanschluss, können Sie sich über das DFÜ-Netzwerk in Ihr Büronetzwerk einwählen.

Es ist immer gefährlich, eine Verbindung zu einem Netzwerk herzustellen, insbesondere zum Internet. Windows XP hilft Ihnen, sich vor Netzwerkangriffen zu schützen. Es stellt die Internetverbindungsfirewall zur Verfügung und, nachdem das Service Pack 2 installiert ist, die Windows-Firewall. Sowohl Internetverbindungsfirewall als auch Windows-Firewall erreichen einen guten Schutz, weil sie alle eingehenden Verbindungen blockieren, die nicht ausdrücklich erlaubt wurden. Die Windows-Firewall ist aber in der Standardeinstellung aktiviert und einfacher zu konfigurieren. In Active Directory-Umgebungen können Domänenadministratoren die Windows-Firewall über Gruppenrichtlinieneinstellungen konfigurieren.

Wenn Sie eine Problembehandlung auf Remotecomputern durchführen oder Benutzern über ein Netzwerk hinweg helfen wollen, können Sie die von Windows XP bereitgestellten Tools Remotedesktop und Remoteunterstützung verwenden. Beide zeigen den Desktop eines Remotecomputers auf Ihrem eigenen Computer an. Außerdem kann Windows XP als Webserver und als Webclient arbeiten, dafür werden die Internet-Informationsdienste (Internet Information Services, IIS) und der Microsoft Internet Explorer zur Verfügung gestellt.

Um die Fragen in diesem Lernzielbereich beantworten zu können, müssen Sie wissen, wie Sie alle diese Technologien installieren, konfigurieren und Probleme damit beseitigen.

Geprüfte Fähigkeiten und vorgeschlagene praktische Übungen

Um den Lernzielbereich „Installieren, Verwalten und Problembehandlung von Netzwerkprotokollen und -diensten“ innerhalb der Prüfung „Installieren, Konfigurieren und Verwalten von Microsoft Windows XP Professional“ zu bestehen, sollten Sie die folgenden Fähigkeiten beherrschen.

- Konfigurieren und Problembehandlung des TCP/IP-Protokolls.
  - Übung 1: Installieren Sie TCP/IP und konfigurieren Sie den Computers so, dass er APIPA (Automatic Private IP Addressing) verwendet.
  - Übung 2: Verbinden Sie einen Windows XP-Computer mit einem Netzwerk, in dem ein DHCP-Server zur Verfügung steht (Dynamic Host Configuration Protocol). Überprüfen Sie, ob der Windows XP Professional-Computer seine TCP/IP-Konfiguration vom DHCP-Server bezieht. Starten Sie das Programm **Ipconfig.exe**, um die DHCP-Lease auf dem Windows XP Professional-Computer zu untersuchen, freizugeben und zu erneuern.
  - Übung 3: Machen Sie sich mit den anderen Tools vertraut, die für die Problembehandlung von Netzwerkverbindungen zur Verfügung stehen, zum Beispiel **Arp.exe**, **Hostname.exe**, **Ipconfig.exe**, **Ping.exe**, **Pathping.exe**, **Tracert.exe**, **Netstat.exe** und **Route.exe**.
  - Übung 4: Konfigurieren Sie einen Clientcomputer, der sich die IP-Adressen (Internet Protocol) normalerweise über DHCP zuweisen lässt, mit einer statischen TCP/IP-Adresse.
  - Übung 5: Stellen Sie mit dem Dienstprogramm **Nslookup.exe** fest, welche IP-Adressen **http://www.microsoft.com** hat.
  - Übung 6: Bearbeiten Sie die Datei **HOSTS** im Verzeichnis **%WinDir%\system32\drivers\etc** und tragen Sie für den Domänennamen **http://www.microsoft.com** die IP-Adresse **127.0.0.1** ein. Speichern Sie die Datei **HOSTS** und überprüfen Sie mit dem Befehl **ping www.microsoft.com**, ob dieser Domänenname tatsächlich zur IP-Adresse **127.0.0.1** aufgelöst wird. Öffnen Sie die Datei **HOSTS** erneut, löschen Sie den neuen Eintrag und speichern Sie die Datei.
- Herstellen einer Verbindung über das DFÜ-Netzwerk.
  - Übung 1: Erstellen Sie eine DFÜ-Verbindung zu einem Internetprovider. Prüfen Sie, ob die Verbindung korrekt funktioniert. Konfigurieren Sie die gemeinsame Nutzung der Internetverbindung (Internet Connection Sharing, ICS), sodass mehrere Computer über dieselbe Leitung auf das Internet zugreifen können.
  - Übung 2: Falls Sie einen VPN-Server zur Verfügung haben, können Sie versuchen, einen VPN-Tunnel aufzubauen. Konfigurieren Sie diese Verbindung mit der gemeinsamen Nutzung der Internetverbindung, sodass mehrere Computer gleichzeitig über das VPN kommunizieren können.

- Herstellen einer Verbindung zu Ressourcen mit dem Internet Explorer.
  - Übung 1: Konfigurieren Sie den Offlinebetrieb, sodass Websites offline gespeichert werden. Öffnen Sie das Dialogfeld **Zu synchronisierende Objekte** und stellen Sie die Eigenschaften so ein, dass diese Sites zu einer bestimmten Zeit automatisch heruntergeladen werden. Warten Sie, bis dieser Zeitpunkt überschritten ist, trennen Sie die Verbindung zum Netzwerk und versuchen Sie, auf eine der Offlinewebsites zuzugreifen.
  - Übung 2: Drücken Sie STRG+H, um die Explorer-Leiste **Verlauf** zu öffnen. Wie Sie sehen, sind dort alle Sites, die Sie in den letzten Wochen besucht haben, aufgelistet.
  - Übung 3: Löschen Sie im Dialogfeld **Internetoptionen** Ihre temporären Internetdateien und die Verlaufsdaten. Auf diese Weise können Sie Ihre Privatsphäre schützen, falls auch andere Leute Zugriff auf Ihren Computer haben.
  - Übung 4: Öffnen Sie die Registerkarte **Sicherheit** des Dialogfelds **Internetoptionen** und vergleichen Sie die Sicherheitseinstellungen für die Zonen **Internet** und **Vertrauenswürdige Sites**. Sehen Sie sich an, wo die Unterschiede liegen, und überlegen Sie, warum sich dadurch die Sicherheit Ihres Computers verbessert.
  - Übung 5: Öffnen Sie die Registerkarte **Datenschutz** des Dialogfelds **Internetoptionen** und untersuchen Sie die Einstellungen in den sechs unterschiedlichen Stufen. Stellen Sie zeitweise die Datenschutzeinstellung auf **Alle Cookies sperren** und besuchen Sie dann einige Ihrer Lieblingswebsites. Beobachten Sie, inwieweit sich die Benutzerfreundlichkeit verändert hat. Setzen Sie die Datenschutzeinstellung anschließend wieder auf die vorherige Stufe zurück.
- Konfigurieren, Verwalten und Nutzen der Internet-Informationsdienste (Internet Information Services, IIS).
  - Übung 1: Prüfen Sie, ob die Internet-Informationsdienste zusammen mit Windows XP installiert wurden. Falls das nicht der Fall ist, können Sie die Installation jetzt mit dem Systemsteuerungsmodul **Windows-Komponenten hinzufügen/entfernen** nachholen. Machen Sie sich mit den unterschiedlichen IIS-Komponenten vertraut, die installiert werden können.
  - Übung 2: Bearbeiten Sie die Anwendungskonfiguration und entfernen Sie unbenutzte Skriptzuordnungen. Dadurch wird der vorhandene Funktionsumfang der Site nicht eingeschränkt, aber die Gefahr von Sicherheitslücken sinkt gewaltig.
  - Übung 3: Fügen Sie ein virtuelles Verzeichnis hinzu und deaktivieren Sie den anonymen Zugriff auf das virtuelle Verzeichnis. Rufen Sie das virtuelle Verzeichnis im Internet Explorer auf. Sie werden nun aufgefordert, sich zu authentifizieren. Geben Sie Ihren Benutzernamen und Ihr Kennwort ein und überprüfen Sie, ob Sie nun Zugriff haben.
  - Übung 4: Ändern Sie die NTFS-Dateiberechtigungen für Webinhalte innerhalb des IIS-Basisverzeichnisses. Untersuchen Sie, was sich beim anonymen Zugriff auf Dateien ändert, wenn Sie die Dateiberechtigungen **Lesen** für das Konto **IUSR_*Computername*** entfernen.

  - Übung 5: Installieren Sie IIS-Sicherheits-Hotfixes, falls welche zur Verfügung stehen.

Wichtig Bei der folgenden Aufgabe sollten Sie zumindest Übung 1 vollständig durcharbeiten. Falls Sie praktische Erfahrungen für sämtliche Aspekte der Prüfung sammeln wollen und mehrere vernetzte Windows XP-Computer zur Verfügung haben, können Sie auch die Übungen 2 und 3 durcharbeiten.

- Konfigurieren, Verwalten und Problembehandlung von Remotedesktop und Remoteunterstützung.
  - Übung 1: Öffnen Sie im Dialogfeld **Systemeigenschaften** die Registerkarte **Remote** und erlauben Sie sowohl Remotedesktop als auch eingehende Verbindungen für die Remoteunterstützung.
  - Übung 2: Öffnen Sie das Tool Remotedesktopverbindung und wählen Sie auf der Registerkarte **Erweitert** die Einstellung für LAN-Geschwindigkeit. Stellen Sie im Tool Remotedesktop eine Verbindung zu einem Remotecomputer her. Trennen Sie diese Verbindung wieder und optimieren Sie die Leistung der Verbindung für Modemgeschwindigkeiten. Stellen Sie die Verbindung wieder her und sehen Sie sich an, wie sich die Benutzeroberfläche verändert hat.
  - Übung 3: Lassen Sie sich von einem anderen Windows XP-Benutzer eine Einladung zur Remoteunterstützung schicken und stellen Sie über die Remoteunterstützung eine Verbindung zum Remotecomputer her.
- Konfigurieren, Verwalten und Problembehandlung der Windows-Firewall.
  - Übung 1: Deaktivieren Sie Remotedesktop und Remoteunterstützung. Installieren Sie das Service Pack 2 und öffnen Sie das Sicherheitscenter. Prüfen Sie, ob die Windows-Firewall aktiviert ist. Sehen Sie sich die Eigenschaften der Windows-Firewall an und überprüfen Sie, welche Programme und Dienste auf der Registerkarte **Ausnahmen** aufgeführt sind.
  - Übung 2: Aktivieren Sie den Remotedesktop. Sehen Sie sich die Eigenschaften der Windows-Firewall an. Jetzt ist der Remotedesktop auf der Registerkarte **Ausnahmen** aufgelistet.
  - Übung 3: Fügen Sie den Windows Messenger von Hand zur Liste der Windows-Firewall-Ausnahmen hinzu.
  - Übung 4: Aktivieren Sie die Internetverbindungsfirewall oder die Windows-Firewall mit allen Standardeinstellungen, sodass der gesamte eingehende Verkehr automatisch gefiltert wird. Versuchen Sie, Ihr System von einem Remotesystem aus mit **Ping** anzusprechen, und sehen Sie sich das Ergebnis an. Versuchen Sie, eine Verbindung zu einem freigegebenen Ordner herzustellen, und sehen Sie sich das Ergebnis an. Deaktivieren Sie die Internetverbindungsfirewall oder die Windows-Firewall und wiederholen Sie diese Schritte.

Weiterführende Literatur

Dieser Abschnitt enthält eine nach Lernzielen unterteilte Liste mit zusätzlicher Literatur. Wir empfehlen, dass Sie dieses Material sorgfältig studieren, bevor Sie die Prüfung 70-270 ablegen.

Lernziel 6.1

Microsoft Windows XP Professional Resource Kit Documentation von Microsoft Corporation. Redmond, WA: Microsoft Press, 2001. Lesen Sie Kapitel 18, „Connecting Clients to Windows Networks". Dieses Kapitel behandelt die Grundlagen zum Installieren und Konfigurieren von Netzwerkprotokollen und -diensten in Windows XP Professional. Kapitel 19, „Configuring TCP/IP", beschäftigt sich genauer mit den Konfigurationsoptionen, die in der Windows XP Professional-Implementierung von TCP/IP zur Verfügung stehen. Lesen Sie Kapitel 20, „Configuring IP Addressing and Name Resolution". Dieses Kapitel liefert detaillierte Informationen zum Konfigurieren von IP-Adressen und Namen sowie zum Identifizieren und Beseitigen von Problemen (online verfügbar unter **http://www.microsoft.com/resources/documentation/Windows/XP/all/reskit/en-us/prork_overview.asp**).

„Problembehandlung bei TCP/IP-Verbindungen in Windows XP". Microsoft Corporation, 2004. Dieser Knowledge Base-Artikel enthält wichtige Informationen zur Problembehandlung von Netzwerken. Der Artikel steht online unter **http://support.microsoft.com/kb/314067** zur Verfügung. (Falls ein Artikel verschoben wurde, können Sie unter **http://www.microsoft.com** nach dem Titel suchen.)

Lernziel 6.2

Microsoft Windows XP Professional Resource Kit Documentation von Microsoft Corporation. Redmond, WA: Microsoft Press, 2001. Lesen Sie Kapitel 21, „Connecting Remote Offices". Es enthält Hintergrundinformationen über VPNs und die gemeinsame Nutzung der Internetverbindung (online verfügbar unter **http://www.microsoft.com/resources/documentation/Windows/XP/all/reskit/en-us/prcg_cnd_cgza.asp**).

„The Cable Guy – August 2001: Layer Two Tunneling Protocol in Windows 2000" von Microsoft Corporation, 2001. Dieser Artikel wurde zwar für Windows 2000 geschrieben, gilt aber genauso für Windows XP Professional. Der Artikel steht online unter **http://www.microsoft.com/technet/community/columns/cableguy/cg0801.mspx** zur Verfügung. (Falls ein Artikel verschoben wurde, können Sie unter **http://www.microsoft.com** nach dem Titel suchen.)

Lernziel 6.3

Internet Explorer Administration Kit von Microsoft Corporation, 2004. Lesen Sie den Anhang, „Windows XP Service Pack 2 Enhancements to Internet Explorer 6". Dieser Anhang behandelt die wichtigen Änderungen, die das Service Pack 2 am Internet Explorer vornimmt (online verfügbar unter **http://www.microsoft.com/windows/ieak/techinfo/deploy/60/en/appendix.mspx**).

Starten Sie den Internet Explorer und wählen Sie den Menübefehl **Hilfe/Inhalt und Index**. Sehen Sie sich an, welche Themen erläutert werden. Lesen Sie insbesondere die Informationen zu Proxyeinstellungen, Favoriten und Verlauf.

Lernziel 6.4

Microsoft Windows XP Professional Resource Kit Documentation von Microsoft Corporation. Redmond, WA: Microsoft Press, 2001. Lesen Sie in Kapitel 11, „Enabling Printing und Faxing", den Abschnitt „Internet Printing". Er enthält allgemeine Informationen, wie die Internet-Informationsdienste das Freigeben von Druckern ermöglichen. Lesen Sie in Kapitel 10, „Managing Digital Media", den Abschnitt „Broadcasting Digital Media Presentations over Your Intranet". Er enthält Details zum Streamen von digitalen Medien in den Internet-Informationsdiensten (online verfügbar unter **http://www.microsoft.com/resources/documentation/Windows/XP/all/reskit/en-us/prork_overview.asp**).

„Securing Internet Information Services 5.0 and 5.1" von Microsoft Corporation, 2004. Dieses White Paper steht online unter **http://www.microsoft.com/smallbusiness/gtm/securityguidance/articles/sec_iis_5_0_5_1.mspx** zur Verfügung. (Falls ein Artikel verschoben wurde, können Sie unter **http://www.microsoft.com** nach dem Titel suchen.)

Lernziel 6.5

Microsoft Windows XP Professional Resource Kit Documentation von Microsoft Corporation. Redmond, WA: Microsoft Press, 2001. Lesen Sie Kapitel 8, „Configuring Remote Desktop". Es enthält detaillierte Informationen über den Remotedesktop. Außerdem finden Sie in Anhang D, „Tools for Troubleshooting", Informationen über die Remoteunterstützung (online verfügbar unter **http://www.microsoft.com/resources/documentation/Windows/XP/all/reskit/en-us/prork_overview.asp**).

Lernziel 6.6

Microsoft Windows XP Professional Resource Kit Documentation von Microsoft Corporation. Redmond, WA: Microsoft Press, 2001. Lesen Sie in Kapitel 21, „Connecting Remote Offices" den Abschnitt „Internet Connection Firewalls" (online verfügbar unter **http://www.microsoft.com/resources/documentation/Windows/XP/all/reskit/en-us/prcg_cnd_cgza.asp**).

„Troubleshooting Windows Firewall in Microsoft Windows XP Service Pack 2" von Microsoft Corporation, 2004. Dieses White Paper steht online unter **http://www.microsoft.com/downloads/details.aspx?FamilyID=a7628646-131d-4617-bf68-f0532d8db131** zur Verfügung. (Falls ein Artikel verschoben wurde, können Sie unter **http://www.microsoft.com** nach dem Titel suchen.)

„Firewalls" von Tony Northrup, 2002. Dieses White Paper steht online unter **http://www.microsoft.com/technet/security/topics/network/firewall.mspx** zur Verfügung. (Falls ein Artikel verschoben wurde, können Sie unter **http://www.microsoft.com** nach dem Titel suchen.)

Lernziel 6.1: Konfigurieren und Problembehandlung von TCP/IP

Damit zwei Computer miteinander kommunizieren können, müssen sie sich darauf einigen, eine gemeinsame Sprache zu sprechen. Im Internet und in den meisten privaten Netzwerken ist diese gemeinsame Sprache TCP/IP. Jedes Gerät in einem TCP/IP-Netzwerk bekommt mindestens eine eindeutige IP-Adresse zugewiesen. Es gibt drei Möglichkeiten, IP-Adressen zuzuweisen: DHCP, APIPA(Automatic Private IP Addressing) oder von Hand. In der Standardeinstellung sind sowohl DHCP als auch APIPA aktiviert.

Kann ein Computer nicht mit anderen Computern im Netzwerk kommunizieren, müssen Sie im Geräte-Manager überprüfen, ob die Netzwerkkarte installiert und betriebsbereit ist. Anschließend sollten Sie feststellen, ob die Kabelverbindung zum Netzwerk in Ordnung ist. Schließlich können Sie protokollspezifische Dienstprogramme ausführen, die Netzwerkverbindungen testen. In Windows XP Professional sind unter anderem folgende Tools zum Testen der TCP/IP-Verbindung enthalten: **Arp.exe**, **Hostname.exe**, **Ping.exe**, **Pathping.exe**, **Tracert.exe**, **Netstat.exe**, **Route.exe** und **Ipconfig.exe**.

Um die Fragen in diesem Lernziel richtig beantworten zu können, müssen Sie wissen, wie Sie Netzwerkkarten installieren, konfigurieren, verwalten und Probleme damit beseitigen. Sie müssen außerdem wissen, wie Sie TCP/IP-Verbindungen installieren, konfigurieren, verwalten und Probleme damit beseitigen.

Fragen zu Lernziel 6.1

1.

In welcher Reihenfolge löst Windows XP Professional einen DNS-Hostnamen auf? Wählen Sie die richtige Antwort.

A. (1) Überprüfen, ob es sich um den Hostnamen des lokalen Computers handelt. (2) Suchen im NetBIOS-Namenscache. (3) Senden einer WINS-Abfrage, sofern konfiguriert. (4) Senden einer Broadcast-Abfrage nach einem passenden NetBIOS-Namen. (5) Suchen in der Datei **LMHOSTS**. (6) Suchen in der Datei **HOSTS**. (7) Senden einer DNS-Abfrage.

B. (1) Überprüfen, ob es sich um den Hostnamen des lokalen Computers handelt. (2) Senden einer DNS-Abfrage. (3) Suchen in der Datei **HOSTS**. (4) Suchen im NetBIOS-Namenscache. (5) Senden einer WINS-Abfrage, sofern konfiguriert. (6) Senden einer Broadcast-Abfrage nach einem passenden NetBIOS-Namen. (7) Suchen in der Datei **LMHOSTS.**

C. (1) Überprüfen, ob es sich um den Hostnamen des lokalen Computers handelt. (2) Suchen in der Datei **HOSTS**. (3) Senden einer DNS-Abfrage. (4) Suchen im NetBIOS-Namenscache. (5) Senden einer WINS-Abfrage, sofern konfiguriert. (6) Senden einer Broadcast-Abfrage nach einem passenden NetBIOS-Namen. (7) Suchen in der Datei **LMHOSTS**.

D. (1) Überprüfen, ob es sich um den Hostnamen des lokalen Computers handelt. (2) Suchen in der Datei **HOSTS**. (3) Senden einer DNS-Abfrage. (4) Suchen im NetBIOS-Namenscache. (5) Suchen in der Datei **LMHOSTS**. (6) Senden einer WINS-

Abfrage, sofern konfiguriert. (7) Senden einer Broadcast-Abfrage nach einem passenden NetBIOS-Namen.

2.

Ihr Computer kann zu einigen Netzwerkressourcen problemlos eine Verbindung aufbauen, aber wenn Sie eine Verbindung zu bestimmten Servern in den Zweigstellen herstellen, wird die Geschwindigkeit quälend langsam. Sie vermuten als Ursache ein Routingproblem in Ihrem Netzwerk. Welche Windows XP Professional-Tools eignen sich am besten, um solche Probleme zu untersuchen? Wählen Sie die beiden richtigen Antworten.

A. Pathping.exe

B. Arp.exe

C. Tracert.exe

D. Ping.exe

E. Ipconfig.exe

3.

Sie sind ein Consultant und haben gerade einen Auftrag im Büro eines neuen Kunden in Angriff genommen. Das Unternehmen hat einen DHCP-Server im Netzwerk, daher müsste es möglich sein, Ihren Windows XP-Laptop an das Netzwerk anzuschließen und sofort Zugriff auf das Internet zu erhalten. Sie schalten Ihren Laptopcomputer an, schließen das Netzwerkkabel an und melden sich am Desktop an. Sie öffnen den Microsoft Internet Explorer und erhalten bei jeder Seite, die Sie aufzurufen versuchen, die Fehlermeldung „Die Seite kann nicht angezeigt werden“. Sie öffnen eine Eingabeaufforderung und führen **Ipconfig.exe** aus. Sie stellen fest, dass Ihr Computer die IP-Adresse **169.254.0.2** und die Subnetzmaske **255.255.0.0** hat.

Warum können Sie von Ihrem Laptopcomputer aus keine Webseiten aufrufen? Wählen Sie die beste Antwort aus.

A. Ihr Computer konnte keine IP-Adresse vom DHCP-Server beziehen. Daher hat er sich mithilfe von APIPA selbst eine Adresse zugewiesen.

B. Die Netzwerkkarte ist defekt.

C. Das Netzwerkkabel ist nicht richtig eingesteckt, entweder in der Netzwerkkarte Ihres Computers oder in der Netzsteckdose.

D. TCP/IP ist auf Ihrem Laptopcomputer nicht installiert.

4.

Welches der folgenden Probleme lässt sich beseitigen, wenn Sie den ARP-Cache mit dem Befehl **netsh interface ip delete arpcache** löschen? Wählen Sie die beste Antwort aus.

A. Clients können einen Server im lokalen Subnetz nicht erreichen, dessen IP-Adresse sich vor kurzem geändert hat.

B. Clients können einen Server im lokalen Subnetz nicht erreichen, dessen Netzwerkkarte vor kurzem ausgetauscht wurde.

C. Clients können einen Server nicht erreichen, dessen DNS-Eintrag sich vor kurzem geändert hat.

D. Clients können einen Server nicht erreichen, der in ein anderes Netzwerksegment verschoben wurde.

5.

Sie sind Systemadministrator im Hauptsitz Ihres Unternehmens. Ihr Unternehmen ist gerade dabei, eine kleine Zweigstelle in einem anderen Land einzurichten. Der lokale Systemadministrator bittet Sie um Hilfe, weil sein Windows XP-Desktopcomputer keine Verbindung zum Unternehmens-WAN (Wide Area Network) herstellen kann. Sie stellen Informationen über die IP-Konfiguration seines Netzwerks zusammen und zeichnen anhand dieser Daten das Diagramm aus Abbildung 26.1.

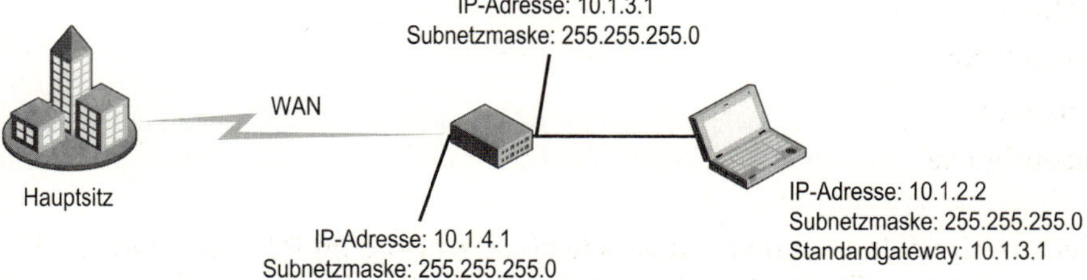

Abbildung 26.1 Konfiguration des Beispielnetzwerks

Welche Einstellung muss der Administrator ändern? Wählen Sie die beste Antwort aus.

A. Er muss die Subnetzmaske des Computers auf **255.0.0.0** ändern.

B. Er muss das Standardgateway des Computers auf **10.1.4.1** ändern.

C. Er muss die IP-Adresse des Computers auf **10.1.3.2** ändern.

D. Er muss beide IP-Adressen des Routers auf **10.1.3.1** ändern.

Antworten zu Lernziel 6.1

1. Richtige Antwort: C

A. **Falsch** Windows XP Professional versucht, Namen immer zuerst über die Datei **HOSTS** und DNS aufzulösen. NetBIOS-Namensauflösungsmethoden, zum Beispiel WINS und die Datei **LMHOSTS**, werden erst als letzte Möglichkeit eingesetzt.

B. **Falsch** Windows XP Professional sucht in der Datei **HOSTS**, bevor es eine DNS-Abfrage sendet. Die Datei **LMHOSTS** wird aber erst überprüft, nachdem der Versuch einer WINS-Auflösung unternommen wurde.

C. **Richtig** Windows XP Professional überprüft erst, ob es sich beim gesuchten Hostnamen um den Namen des lokalen Computers handelt. Dann beginnt es den Prozess der DNS-Namensauflösung, bei dem es erst die Datei **HOSTS** untersucht und dann eine DNS-Abfrage sendet. Schließlich wird eine NetBIOS-Namensauflösung versucht, die folgendermaßen abläuft: Suchen im NetBIOS-Namenscache, Senden einer WINS-Abfrage, Senden einer Broadcast-Abfrage und Durchsuchen der Datei **LMHOSTS**.

D. **Falsch** Die Kombination aus DNS-Abfrage und der Datei **HOSTS** hat große Ähnlichkeit mit der Kombination aus WINS-Abfrage und Datei **LMHOSTS**. Die Standard-DNS-Namensauflösung von Windows XP durchsucht erst die Datei **HOSTS**, bevor sie eine DNS-Abfrage sendet. In der Standardeinstellung durchsucht die NetBIOS-Namensauflösung die Datei **LMHOSTS** aber erst, *nachdem* sie eine WINS-Abfrage gesendet hat.

2. Richtige Antwort: A und C

A. **Richtig** **PathPing** ist ein Befehlszeilentool für das Verfolgen von Routen durch TCP/IP-Netzwerke. Es kombiniert die Fähigkeiten von **Ping.exe** und **Tracert.exe** und bietet zusätzliche Informationen, die keines der beiden anderen Programme liefern kann. Dies ist ein hervorragendes Tool für die Problembehandlung von Routingproblemen.

B. **Falsch** Mit dem Tool **Arp** können Sie den ARP-Cache (Address Resolution Protocol) auf dem lokalen Computer ansehen, bearbeiten und löschen. **Arp** dient dazu, IP-Adressen die MAC-Adressen (Media Access Control) bestimmter Netzwerkkarten im selben Netzwerksegment zuzuordnen. Es liefert keine Informationen über das Routing von IP-Verkehr in andere Netzwerksegmente und ist daher kein geeignetes Tool für den geschilderten Fall.

C. **Richtig** **Tracert** ist ein Befehlszeilentool für das Verfolgen von Routen. Es sendet wiederholt ICMP-Echo-Request-Nachrichten (Internet Control Message Protocol) mit schrittweise längeren Time-to-live-Werten, um die Route vom lokalen Computer zum angegebenen Ziel zu analysieren. Dies ist ein ideales Tool für die Problembehandlung von Routingproblemen.

D. **Falsch** **Ping** ist ein Befehlszeilentool, mit dem Sie überprüfen können, ob eine IP-Verbindung besteht. Das Tool **Ping** ist nützlich, wenn Sie feststellen müssen, ob Ihr Computer überhaupt mit einem anderen Host im Netzwerk kommunizieren kann, es liefert aber keine Informationen darüber, auf welcher Route das Netzwerk durchlaufen wurde, daher ist es kein geeignetes Tool für den geschilderten Fall.

E. **Falsch** **Ipconfig** ist ein Befehlszeilentool zum Anzeigen der aktuellen IP-Adresskonfiguration des lokalen Computers. Es eignet sich nicht für die Problembehandlung von Fehlern im Netzwerk.

3. **Richtige Antwort: A**

A. **Richtig** APIPA verwendet IP-Adressen von **169.254.0.1** bis **169.254.255.254** und die Subnetzmaske **255.255.0.0**. Die Adresse Ihres Computers liegt in diesem Bereich. Im nächsten Schritt sollten Sie feststellen, warum Ihr Computer keine Adresse vom DHCP-Server bekommen hat. Denkbare Ursachen für das Problem wären, dass der Server nicht läuft oder dass das elektrische Netzwerksegment, an das Ihr Computer angeschlossen ist, keine DHCP-Nachrichten an den DHCP-Server senden kann.

B. **Falsch** Wäre die Netzwerkkarte defekt, würden Sie wahrscheinlich eine Fehlermeldung bekommen, wenn Sie **Ipconfig.exe** ausführen. Zumindest würden aber keine Informationen über Ihre IP-Adresse angezeigt werden.

C. **Falsch** Wäre das Kabel nicht korrekt angeschlossen, bekämen Sie beim Aufrufen von **Ipconfig.exe** eine Fehlermeldung, dass keine LAN-Verbindung besteht.

D. **Falsch** Wäre TCP/IP nicht korrekt installiert, hätten Sie überhaupt keine IP-Adresse zugewiesen bekommen.

4. **Richtige Antwort: B**

A. **Falsch** Wenn ARP die MAC-Adresse sucht, die zu einer bestimmten IP-Adresse gehört, wird diese Verknüpfung für künftige Abfragen im ARP-Cache gespeichert. Ändert sich die IP-Adresse des Servers, sendet ARP eine neue Abfrage nach der MAC-Adresse. Daher kann es sich nicht um dieses Problem handeln, wenn Sie es durch das Löschen des ARP-Caches beseitigen können.

B. **Richtig** Jede Netzwerkkarte hat eine eindeutige MAC-Adresse. Wird die Netzwerkkarte eines Systems ersetzt, ändert sich daher auch die MAC-Adresse dieses Systems. Versuchen Clients, erneut eine Verbindung zu einem System herzustellen, dessen Netzwerkkarte vor kurzem ersetzt wurde, senden sie ihre Netzwerkkommunikation möglicherweise an die zwischengespeicherte MAC-Adresse der früher eingebauten, defekten Netzwerkkarte. Der Server antwortet nicht auf diese Kommunikation, weil er nur auf Anfragen reagiert, die an die MAC-Adresse der neuen Netzwerkkarte gerichtet sind. Wenn Sie den ARP-Cache auf den Clients im selben Subnetz löschen, beseitigen Sie dieses Problem.

C. **Falsch** Wenn sich der DNS-Hostname eines Servers ändert, gelangt Kommunikation, die an den früheren Hostnamen gerichtet ist, nicht ans Ziel. Aber die DNS-Auflösung hat nichts direkt mit ARP zu tun. Daher lässt sich ein solches Problem nicht durch Löschen des ARP-Caches beseitigen.

D. **Falsch** Wird ein System von einem Netzwerksegment in ein anderes verlegt, muss sich auch seine IP-Adresse ändern. In diesem Fall enthält der ARP-Cache möglicherweise noch die Zuordnung von IP-Adresse und MAC-Adresse für die vorherige IP-

Adresse des Systems. Aber die neue IP-Adresse des Servers befindet sich noch nicht im ARP-Cache. Daher lässt sich ein solches Problem nicht durch Löschen des ARP-Caches beseitigen.

5. Richtige Antwort: C

A. **Falsch** In diesem Fall wurden der Computer und beide Netzwerkschnittstellen des Routers mit Klasse-A-Adressen konfiguriert. Für Klasse-A-Adressen ist die Subnetzmaske **255.255.255.0** aber in Ordnung. Eine Subnetzmaske von **255.0.0.0** wäre in diesem Fall sogar sehr ungewöhnlich.

B. **Falsch** Als Standardgateway des Computers sollte die IP-Adresse der Netzwerkkarte des Routers eingetragen sein, die mit dem lokalen Netzwerk verbunden ist. Anders ausgedrückt: Als Standardgateway muss die IP-Adresse eingetragen sein, die dem Router im lokalen Netzwerk zugewiesen wurde. In diesem Fall ist das Standardgateway korrekt eingetragen.

C. **Richtig** Ursache des Problems ist, dass die IP-Adresse des Computers und die lokale IP-Adresse des Routers in unterschiedlichen logischen Subnetzen liegen. Der Computer wurde mit der IP-Adresse **10.1.2.2** konfiguriert, aber das Standardgateway ist **10.1.3.1**. Weil das Standardgateway in einem anderen logischen Subnetz liegt, kann der Computer keine Pakete an das Gateway senden, obwohl sich beide im selben elektrischen Netzwerksegment befinden. Wenn Sie dem Computer die IP-Adresse **10.1.3.2** zuweisen, legen Sie ihn in dasselbe logische Subnetz wie den Router mit seiner Adresse **10.1.3.1**. So kann der Laptop Pakete an den Router senden.

D. **Falsch** Jede Netzwerkschnittstelle muss über eine eindeutige IP-Adresse verfügen. Daher dürfen Sie zwei Netzwerkkarten nicht mit derselben IP-Adresse konfigurieren.

Lernziel 6.2: Herstellen einer Verbindung über das DFÜ-Netzwerk

Es gibt zwei Hauptmethoden, Remotezugriff auf Ihr internes Netzwerk zu bekommen: das DFÜ-Netzwerk und ein VPN (virtuelles privates Netzwerk). Beim DFÜ-Netzwerk wählen Sie sich mit Ihrem Windows XP-Computer über eine Telefonleitung ein und stellen dann über diese Telefonleitung eine Verbindung zu einem RAS-Server in Ihrem Büro her. Bei einem VPN verbinden Sie Ihren Windows XP-Computer mit dem Internet und bauen dann über das Internet eine Verbindung zu einem VPN-Server in Ihrem Büro auf.

Die gemeinsame Nutzung der Internetverbindung (Internet Connection Sharing, ICS) bietet für kleine Büros und Privatbenutzer eine bequeme Möglichkeit, mehrere Systeme über eine einzige Verbindung an das Internet anzuschließen. Die gemeinsame Nutzung der Internetverbindung kombiniert drei Softwaredienste: DHCP, NAT (Network Address Translation) und DNS Proxy. Über DHCP werden anderen Computern im lokalen Netzwerk (Local Area Network, LAN) private IP-Adressen zugewiesen. NAT übersetzt die privaten IP-Adressen, die von den internen Computern verwendet werden, in die öffentliche IP-Adresse, die vom Internetprovider vergeben wird. DNS Proxy ermöglicht Systemen, die im LAN liegen, Domänennamen in öffentliche IP-Adressen aufzulösen.

Um die Fragen in diesem Lernziel richtig beantworten zu können, müssen Sie wissen, wie Sie DFÜ- und VPN-Verbindungen erstellen. Außerdem sollten Sie wissen, wie Sie die gemeinsame Nutzung der Internetverbindung konfigurieren und benutzen.

Fragen zu Lernziel 6.2

1.

Welche der folgenden Aussagen treffen auf L2TP-Tunnel (Layer Two Tunneling Protocol) zu? Wählen Sie die drei richtigen Antworten.

A. Unterstützt IPSec-Authentifizierung (Internet Protocol Security).

B. Unterstützt Header-Komprimierung.

C. Bietet automatisch Datenschutz mithilfe der PPP-Verschlüsselung (Point-to-Point Protocol).

D. Wird in Microsoft Windows NT 4.0 unterstützt.

E. Erfordert Authentifizierungen von Computer und Benutzer.

2.

Welches der folgenden Remotezugriff-Authentifizierungsprotokolle unterstützt nicht das verschlüsselte Übertragen von Kennwortinformationen? Wählen Sie die richtige Antwort.

A. PAP

B. SPAP

C. CHAP

D. MS-CHAP

E. MS-CHAP v2

3.

In welchen der folgenden Szenarien ermöglicht die gemeinsame Nutzung der Internetverbindung (Internet Connection Sharing, ICS) allen Computern, auf das Internet zuzugreifen? Wählen Sie die richtige Antwort.

A. Ein LAN mit 100 Computern und einer gerouteten T3-Verbindung ins Internet. Allen Computern wurden vom Internetprovider eigene IP-Adressen zugewiesen.

B. Ein Heimnetzwerk mit vier Computern, das über ein Kabelmodem mit dem Internet verbunden ist. Allen vier Computern wurde vom Internetprovider jeweils eine öffentliche IP-Adresse zugewiesen.

C. Ein Heimnetzwerk mit vier Computern, das über eine einzige analoge Modemverbindung mit dem Internet verbunden ist. Alle Computer verwenden momentan DHCP, ihnen wurden keine öffentlichen IP-Adressen zugewiesen.

D. Ein Büronetzwerk mit 300 Computern und einer einzigen DSL-Verbindung (Digital Subscriber Line). Alle Computer verwenden momentan DHCP, ihnen wurden keine öffentlichen IP-Adressen zugewiesen.

Antworten zu Lernziel 6.2

1. Richtige Antwort: A, B und E

A. **Richtig** L2TP-Tunnel unterstützen die IPSec-Authentifizierung. PPTP-Tunnel (Point-to-Point Tunneling Protocol) unterstützen diese Art der Authentifizierung nicht.

B. **Richtig** L2TP unterstützt Header-Komprimierung. Die Zahl der Bytes im Header sinkt dadurch auf vier. PPTP führt keine Header-Komprimierung durch, daher sind IP-Header sechs Byte lang.

C. **Falsch** Nur PPTP bietet eine automatische PPP-Verschlüsselung. L2TP kann die IPSec-Verschlüsselung zur Verfügung stellen.

D. **Falsch** PPTP war in Windows NT 4.0 die einzige integrierte Tunnelungsmethode. Windows 2000 und neuere Windows-Versionen unterstützen sowohl PPTP als auch L2TP.

E. **Richtig** PPTP-Verbindungen erfordern nur eine Benutzerauthentifizierung. L2TP/IPSec-Verbindungen können diese Benutzerauthentifizierung und zusätzlich eine Computerauthentifizierung mithilfe eines Computerzertifikats fordern.

2. Richtige Antwort: A

A. **Richtig** PAP (Password Authentication Protocol) unterstützt keine Verschlüsselung. Daher ist PAP verwundbarer gegen Angriffe als andere Protokolle. Sie sollten es nur dann benutzen, wenn der RAS-Client keinerlei andere Authentifizierungsmethoden unterstützt.

B. **Falsch** SPAP (Shiva Password Authentication Protocol) unterstützt Verschlüsselung. SPAP ist aber nicht so sicher wie CHAP (Challenge Handshake Authentication Protocol) oder MS-CHAP (Microsoft Challenge Handshake Authentication Protocol), weil es das Kennwort mithilfe einer reversiblen Verschlüsselung über die Remotezugriffsverbindung sendet. Verwenden Sie SPAP nur dann, wenn es die einzige Authentifizierungsmethode ist, die der Client unterstützt.

C. **Falsch** CHAP überträgt Authentifizierungsdaten in Form von verschlüsselten, unidirektionalen MD5-Hashwerten. Ein unidirektionaler Hash ist sicherer als eine reversible Verschlüsselung, weil der Benutzer authentifiziert werden kann, ohne dass das eigentliche Kennwort an den Server gesendet werden muss.

D. **Falsch** MS-CHAP stellt eine ähnliche verschlüsselte Authentifizierung wie CHAP zur Verfügung. MS-CHAP kann die Daten im Client oder im Server aber auch mit MPPE (Microsoft Point-to-Point Encryption) verschlüsseln.

E. **Falsch** MS-CHAP v2 (Microsoft Challenge Handshake Authentication Protocol Version 2) bietet alle Fähigkeiten von MS-CHAP, aber zusätzlich die Authentifizierung von Client und Server über unidirektionale Verschlüsselung. Daher bietet MS-CHAP v2 die höchste Sicherheit, die Benutzern in Windows XP Professional zur Verfügung steht.

3. Richtige Antwort: C

A. **Falsch** Bei diesem Szenario ist der einzige Aspekt, der nicht mit der gemeinsamen Nutzung der Internetverbindung kompatibel ist, die Vergabe von öffentlichen IP-Adressen. Die gemeinsame Nutzung der Internetverbindung kann nur funktionieren, wenn die Clientcomputer im LAN dynamisch zugewiesene IP-Adressen vom ICS-Computer erhalten. In diesem Fall können alle 100 Systeme das Internet direkt erreichen, ohne Unterstützung der gemeinsamen Nutzung der Internetverbindung.

B. **Falsch** Die gemeinsame Nutzung der Internetverbindung ist für den Einsatz in kleinen Heimnetzwerken und mit Kabelmodems gedacht. In diesem Fall hat der Internetprovider aber einen Block mit vier öffentlichen IP-Adressen vergeben. Jedes System verfügt über seine eigene IP-Adresse, daher wird die gemeinsame Nutzung der Internetverbindung nicht benötigt.

C. **Richtig** Die gemeinsame Nutzung der Internetverbindung ist in diesem Fall die ideale Methode, um allen vier Systemen Zugriff auf das Internet zu verschaffen. Auf dem Computer, der die DFÜ-Verbindung herstellt, muss die gemeinsame Nutzung der Internetverbindung aktiviert sein. Nachdem die gemeinsame Nutzung der Internetverbindung aktiviert ist, bekommt die LAN-Verbindung dieses Systems die private IP-Adresse **192.168.0.1** zugewiesen. DHCP-Dienste werden automatisch gestartet und weisen den anderen Systemen IP-Adressen im Bereich von **192.168.0.2** bis **192.168.0.254** zu. Wenn die Clientcomputer das nächste Mal neu gestartet werden, holen sie sich eine über DHCP zugewiesene IP-Adresse vom ICS-System. Stellt das ICS-System die Verbindung zum Internet her, führt es die NAT-Dienste aus, die allen Systemen im Netzwerk den Internetzugriff ermöglichen.

D. **Falsch** Dieses Szenario ist fast perfekt für die gemeinsame Nutzung der Internetverbindung, abgesehen von einem wichtigen Detail: Die gemeinsame Nutzung der Internetverbindung kann nur 253 Computern IP-Adressen zuweisen. Die gemeinsame Nutzung der Internetverbindung ist für kleine Netzwerke gedacht und soll nicht einer großen Zahl von Computern den Internetzugriff ermöglichen. Hier brauchen Sie eine umfangreichere NAT/DHCP-Lösung.

Lernziel 6.3: Zugreifen auf Ressourcen mit dem Internet Explorer

Das World Wide Web ist der am häufigsten benutzte Teil des Internets. Das Web besteht aus Webservern, zum Beispiel den Internet-Informationsdiensten, und Webclients, zum Beispiel dem Internet Explorer. Windows XP stellt den Internet Explorer zur Verfügung, damit Benutzer mit möglichst geringem Risiko auf Webinhalte zugreifen können. Nach dem Installieren des Service Pack 2 ist der Internet Explorer viel widerstandsfähiger gegenüber Angriffen von böswilligen Websites.

Aber dadurch, dass der Internet Explorer versucht, Benutzer vor gefährlichen und nervtötenden Webinhalten zu schützen, können auch Probleme entstehen. Viele Websites verwenden Webinhalte wie zum Beispiel ActiveX-Steuerelemente und Popupfenster, die in der Standardeinstellung möglicherweise gesperrt sind. Damit Benutzer auf solche Websites zugreifen können, aber trotzdem möglichst gut vor Angriffen geschützt sind, müssen Sie wissen, wie Sie den Internet Explorer konfigurieren. Sehen Sie sich insbesondere die Datenschutz- und Sicherheitsfunktionen des Internet Explorers an.

Fragen zu Lernziel 6.3

1.

Sie sind Desktopadministrator für ein LAN mit 30 Benutzern. Der Internetzugriff läuft über einen Proxyserver, den die Serververwaltungsgruppe konfiguriert hat. Auf dem Proxyserver laufen Microsoft Windows Server 2003 und der Microsoft ISA Server 2004. Die Serververwaltungsgruppe muss genau überwachen und kontrollieren, welche öffentlichen Internetsites Ihre Benutzer besuchen, daher haben sie den ISA-Server als HTTP-Proxy (Hypertext Transfer Protocol) für alle Webanforderungen konfiguriert. Insbesondere möchten sie nicht, dass die Benutzer über NAT auf öffentliche Websites zugreifen.

Sie sind für das Konfigurieren der Desktopcomputer zuständig und müssen dafür sorgen, dass sie den Proxyserver verwenden. Sie möchten nicht nur einstellen, dass für den Zugriff auf öffentliche Websites der ISA-Server verwendet wird, der Internet Explorer soll den Proxyserver außerdem für Intranetwebsites im LAN und im WAN (Wide Area Network) umgehen. Welche der folgenden Lösungen erfüllt Ihre Anforderungen? Wählen Sie die beste Antwort aus.

A. Konfigurieren Sie den ISA-Server so, dass er keine Anforderungen nach Sites im lokalen Intranet bearbeitet.

B. Öffnen Sie bei allen Benutzern vom Internet Explorer aus das Dialogfeld **Internetoptionen**. Wählen Sie die Registerkarte **Sicherheit**. Wählen Sie die Webinhaltszone **Lokales Intranet** aus und klicken Sie auf die Schaltfläche **Sites**. Fügen Sie im Dialogfeld **Lokales Intranet** die URLs und IP-Adressen der lokalen Intranetsites zur Liste der Websites hinzu.

C. Öffnen Sie bei allen Benutzern vom Internet Explorer aus das Dialogfeld **Internetoptionen**. Wählen Sie die Registerkarte **Verbindungen** und klicken Sie im Feld **LAN-Einstellungen** auf die Schaltfläche **Einstellungen**. Aktivieren Sie das Kontrollkästchen **Proxyserver für LAN verwenden**, geben Sie die Adresse und die Portnummer Ihres ISA-Servers ein und klicken Sie auf die Schaltfläche **Erweitert**. Geben Sie im Dialogfeld **Proxyeinstellungen** die URLs und IP-Adressen der lokalen Intranetsites im Textfeld **Ausnahmen** ein.

D. Öffnen Sie bei allen Benutzern vom Internet Explorer aus das Dialogfeld **Internetoptionen**. Wählen Sie die Registerkarte **Datenschutz** und klicken Sie auf die Schaltfläche **Sites**. Geben Sie im Dialogfeld **Datenschutzaktionen pro Site** die URLs oder IP-Adressen aller Sites im lokalen Intranet ein und klicken Sie auf die Schaltfläche **Sperren**.

2.

Welche der folgenden Ressourcentypen können Sie im Internet Explorer ansehen, ohne eine eigene Anwendung zu starten? Wählen Sie drei Antworten aus.

A. Websites

B. FTP-Sites (File Transfer Protocol)

C. Gopher-Sites

D. HTML-Dateien (Hypertext Markup Language) auf dem lokalen Computer

E. Telnet-Sites

F. TIFF-Bilder (Tagged Image File Format)

3.

Damit Sie immer auf dem Laufenden bleiben, was die neuesten Sicherheitsbedrohungen betrifft, melden Sie sich bei einem Webforum im Internet an, in dem Systemadministratoren über Sicherheitsfragen diskutieren. Bei diesem Forum müssen Sie sich anmelden. Dummerweise müssen Sie sich jeden Tag neu anmelden, was bei den meisten anderen Nutzern nicht der Fall ist. Bei anderen Benutzern scheint sich das Forum deren Benutzernamen und Kennwort zu merken. Sie verwenden den Internet Explorer unter Windows XP Professional mit Service Pack 2. Wo liegt wahrscheinlich die Ursache für das Problem? Wählen Sie die beste Antwort aus.

A. Die Internet Explorer-Sicherheit ist so konfiguriert, dass Cookies vom Forum gesperrt sind.

B. Ihnen wurde nicht die erforderliche Dateiberechtigung gewährt, damit das Forum Ihren Benutzernamen und Ihr Kennwort speichern kann.

C. Das Forum liefert ein ungültiges SSL-Zertifikat.

D. Die Windows-Firewall blockiert Authentifizierungsanforderungen der Website.

Antworten zu Lernziel 6.3

1. Richtige Antwort: C

A. **Falsch** Diese Lösung erfüllt nicht alle Anforderungen, weil der Internet Explorer nicht so konfiguriert wird, dass er direkt auf die Intranetsysteme zugreift. Die Benutzer können in diesem Fall überhaupt nicht auf die Sites im lokalen Intranet zugreifen.

B. **Falsch** Diese Lösung erfüllt überhaupt keine der Anforderungen. Wenn Sie URLs und IP-Adressen in die Webinhaltszone **Lokales Intranet** eintragen, nehmen Sie diese Sites in eine vertrauenswürdigere Stufe auf. Aber dadurch wird der Internet Explorer nicht so konfiguriert, dass er den Proxyserver beim Zugriff auf Sites im lokalen Intranet umgeht.

C. **Richtig** Diese Lösung erfüllt Ihre Anforderungen. Bevor eine Anforderung an eine Website gesendet wird, überprüft der Internet Explorer, ob die Adresse dieser Website in der Liste der Ausnahmen eingetragen ist. Ist das der Fall, werden Anforderungen direkt an die Site gesendet, und nicht an den Proxyserver. Um das Einrichten und das Verwalten dieser Einstellungen bei einer großen Anzahl von Benutzern einfacher zu machen, empfiehlt es sich, diesen Prozess mithilfe eines Skripts zu automatisieren.

D. **Falsch** Diese Lösung erfüllt überhaupt keine der Anforderungen. Wenn Sie URLs und IP-Adressen der Sites im lokalen Intranet in diese Liste eintragen, nimmt der Internet Explorer keine Cookies mehr von diesen Sites an.

2. Richtige Antwort: A, B und D

A. **Richtig** Die Hauptaufgabe des Internet Explorers besteht darin, Internetsites mithilfe von HTTP anzuzeigen.

B. **Richtig** Sie können mit dem Internet Explorer FTP-Sites besuchen, die Verzeichnisinhalte anzeigen und Dateien übertragen.

C. **Falsch** Gopher ist ein Netzwerkprotokoll, das in den Anfangsjahren des Internets relativ verbreitet war. Die Funktion von Gopher wurde durch HTTP ersetzt. Daher unterstützt der Internet Explorer das Gopher-Protokoll nicht.

D. **Richtig** Sie können sich mit dem Internet Explorer HTML-Dateien auf dem lokalen Computer ansehen. Am einfachsten ist es, wenn Sie dazu den Dateipfad in die Adressleiste eingeben. Sie können auch den Menübefehl **Datei/Öffnen** wählen, auf die Schaltfläche **Durchsuchen** klicken und die Datei auswählen.

E. **Falsch** Telnet ist ein textbasiertes Protokoll, mit dem Sie Befehle an ein Remotesystem übertragen können. Eine offene Telnet-Sitzung ähnelt einer Eingabeaufforderung. Sie können zwar auch mit dem Internet Explorer eine Telnet-Sitzung starten, der Internet Explorer muss dann aber eine separate Anwendung ausführen: das Telnet-Fenster. Geben Sie die Adresse in der Form **telnet://*Hostname*** in die Adressleiste des Internet Explorers ein, wenn Sie auf diese Weise eine Telnet-Sitzung starten möchten.

F. **Falsch** Sie können sich mit dem Internet Explorer viele unterschiedliche Bildtypen ansehen, zum Beispiel GIF- (Graphics Interchange Format) und JPEG-Dateien (Joint Photographics Experts Group). Aber der Internet Explorer kann in seiner Grundausstattung keine TIFF-Bilder anzeigen. Im Format TIFF werden häufig Bilder gespeichert, die ausgedruckt werden sollen. Es kommt im Internet aber selten vor, weil die entsprechenden Dateien sehr groß sind.

3. **Richtige Antwort: A**

A. **Richtig** Websites speichern Cookies auf Ihrem Computer, und normalerweise gibt Ihr Webbrowser den Inhalt dieser Cookies jedes Mal an die Website zurück, wenn Sie sie besuchen. Böswillige Websitebetreiber können Cookies aber auch missbrauchen, um sich ohne Ihre Zustimmung Daten über Sie zu beschaffen. Daher hat der Internet Explorer mehrere unterschiedliche Einstellungen für Cookies, und unter bestimmten Umständen weist er Cookies zurück. Das kann auch Sites betreffen, die eigentlich nichts Böses im Schilde führen.

B. **Falsch** Dateiberechtigungen haben nichts damit zu tun, ob eine Website Ihren Browser erkennt. Das wird mithilfe von Cookies gesteuert.

C. **Falsch** SSL-Zertifikate haben nichts damit zu tun, ob eine Website Ihre Benutzereinstellungen speichern kann.

D. **Falsch** Zum Authentifizieren gegenüber Websites werden dieselben Netzwerkprotokolle verwendet wie beim Ansehen der Site. Wenn Sie irgendwelche Seiten der Site sehen können, wird die Verbindung nicht durch die Windows-Firewall blockiert.

Lernziel 6.4: Konfigurieren, Verwalten und Nutzen der Internet-Informationsdienste

Internet-Informationsdienste (Internet Information Services, IIS) bezeichnen einen robusten, hochleistungsfähigen Webserver, der in Windows XP Professional enthalten ist. Er baut auf derselben Software auf wie die Internet-Informationsdienste der Windows Server 2003-Familie, mit denen einige der größten Sites im Internet betrieben werden. Die in Windows XP Professional enthaltene IIS-Version wurde aber für den Einsatz in Heim- und kleinen Firmennetzwerken angepasst. Damit Sie die Fragen in diesem Lernziel beantworten können, müssen Sie die Features und Einschränkungen dieser IIS-Version unbedingt kennen.

Grundlage für den Umgang mit den Internet-Informationsdiensten sind Grundkenntnisse über die zugrunde liegenden Protokolle. HTTP stellt Browsern reichhaltige Inhalte zur Verfügung, bei den meisten Internet- und Intranetwebsites ist es das einzige Protokoll, das benötigt wird. FTP (File Transfer Protocol) wird oft für das Herunterladen von Dateien eingesetzt, HTTP ist aber verbreiteter. SMTP (Simple Mail Transfer Protocol) dient zum Übertragen von Nachrichten zwischen Mailservern. Die Internet-Informationsdienste senden mithilfe von SMTP ausgehende E-Mail, wenn sie zum Beispiel den Inhalt eines Formulars an den Siteadministrator übertragen.

Sicherheit ist ein wichtiger Aspekt für jede Website. Um die Internet-Informationsdienste gegen Angriffe zu schützen, sollten Sie NTFS-Dateiberechtigungen beschränken, Authentifizierungsanforderungen konfigurieren und einschränken, welche Zugriffstypen für Benutzer zur Verfügung stehen. Sie können alle diese Schutzmechanismen für jedes virtuelle Verzeichnis anders konfigurieren. Im Idealfall halten Sie sich an das Prinzip, nur die unbedingt erforderlichen Rechte zu vergeben, und gewähren für jedes virtuelle Verzeichnis nur so viel Zugriff, wie unbedingt nötig ist.

Fragen zu Lernziel 6.4

1.

Welcher TCP-Port ist in den Internet-Informationsdiensten in der Standardeinstellung für HTTP konfiguriert? Wählen Sie die richtige Antwort.

A. 25

B. 443

C. 80

D. 21

2.

Wie viele Benutzer können maximal eine Verbindung zu einer IIS-Website herstellen, die in Windows XP Professional installiert ist? Wählen Sie die richtige Antwort.

A. 1

B. 10

C. 100

D. Keine direkte Beschränkung

3.

Welche der folgenden Features stehen in den Internet-Informationsdiensten von Windows XP Professional zur Verfügung? Wählen Sie die beiden richtigen Antworten.

A. ISAPI-Filter

B. Anwendungsrecycling

C. Bandbreitenbegrenzung

D. Einschränkungen für IP-Adressen und Domänennamen

E. Ablaufdaten für Inhalte

4.

Sie konfigurieren die Internet-Informationsdienste auf Ihrem Windows XP Professional-System, damit sich ein Kollege über das Internet HTML-Dateien ansehen kann, die auf Ihrem Computer gespeichert sind. Die Windows-Firewall ist auf Ihrem Computer aktiviert und Sie erstellen eine Ausnahme für HTTP-Verkehr. Sie legen ein Benutzerkonto mit dem Namen **Kevin** für Ihren Kollegen an und machen das Konto zu einem Mitglied bei Ihrer lokalen Gruppe **Benutzer**. Die Gruppe **Benutzer** verfügt momentan über die NTFS-Berechtigungen **Ändern** für das IIS-Basisverzeichnis und alle Unterverzeichnisse. Auf der Registerkarte **Basisverzeichnis** der Website-Eigenschaften aktivieren Sie das Kontrollkästchen **Lesen** und deaktivieren die Kontrollkästchen **Skriptzugriff**, **Schreiben** und **Verzeichnis durchsuchen**. Welche effektiven Berechtigungen hat Kevin für die HTML-Dateien in Ihrem IIS-Basisverzeichnis? Wählen Sie die richtige Antwort.

A. Nur Lesezugriff

B. Nur Schreibzugriff

C. Lese- und Schreibzugriff

D. Vollzugriff

5.

Ein Windows XP Professional-Benutzer versucht, Dateien für andere Computer in Ihrem lokalen Netzwerk freizugeben. Er hat die Internet-Informationsdienste installiert und konfiguriert sie anhand einiger Sicherheitsrichtlinien, die er in einem Computermagazin gelesen hat. Die Windows-Firewall ist aktiviert, ist aber so konfiguriert, dass sie IIS-Verkehr als Ausnahme zulässt. Die IP-Adresse des Computers lautet **192.168.10.152**.

Als der Benutzer versucht, von einem anderen Computer aus eine Verbindung herzustellen, erhält er eine Fehlermeldung, dass der Server nicht gefunden wurde. Sie sehen sich seine IIS-Websitekonfiguration an. Abbildung 26.2 zeigt die Einstellungen.

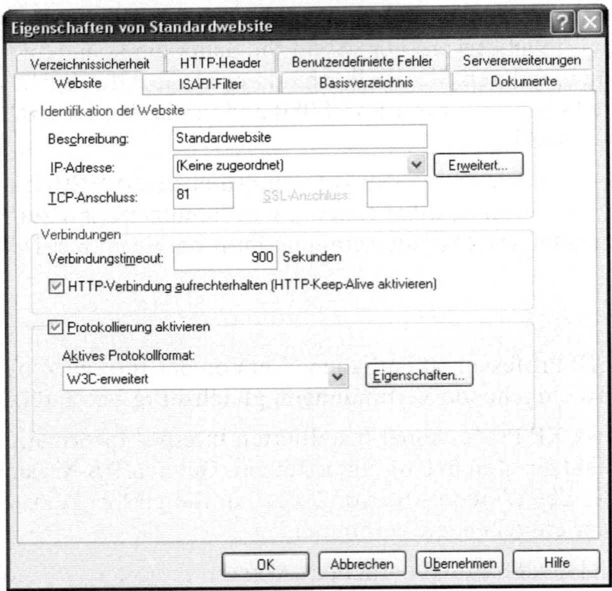

Abbildung 26.2 IIS-Websitekonfiguration

Sie vermuten, dass er den falschen URL für den Zugriff auf die Website verwendet. Wie lautet der richtige URL? Wählen Sie die richtige Antwort.

A. http://192.168.10.152/

B. ftp://192.168.10.152/

C. http://www.192.168.10.152/

D. http://192.168.10.152:81/

E. https://192.168.10.152/

Antworten zu Lernziel 6.4

1. Richtige Antwort: C

A. **Falsch** Der TCP-Port 25 ist in den Internet-Informationsdiensten der Standardport für SMTP. SMTP wird zum Übertragen von E-Mail-Nachrichten verwendet.

B. **Falsch** Der TCP-Port 443 ist in den Internet-Informationsdiensten der Standardport für HTTPS (Hypertext Transfer Protocol Secure). HTTPS erweitert das Standard-HTTP-Protokoll um SSL-Verschlüsselung.

C. **Richtig** Die Internet-Informationsdienste verwenden in der Standardeinstellung den Port 80 für HTTP, das ist der Internetstandard. Webbrowser stellen automatisch eine Verbindung zum Port 80 von Webservern her. Wenn Sie daher einen anderen Port als 80 für Webdienste einstellen, müssen Sie die Portnummer als Teil des URLs angeben. Falls Sie zum Beispiel die Portnummer auf Port 8080 ändern, lautet der URL für die Website **http://<*Ihr URL*>:8080/**.

D. **Falsch** Der TCP-Port 21 ist in den Internet-Informationsdiensten der Standardport für FTP-Dienste. Port 21 wird nur zum Authentifizieren von Benutzern und zum Übertragen von Befehlen verwendet, die Dateiübertragung läuft bei FTP über TCP-Port 20.

2. Richtige Antwort: B

A. **Falsch** Die in Windows XP Professional enthaltene Version der Internet-Informationsdienste kann bis zu 10 eingehende Verbindungen gleichzeitig unterstützen.

B. **Richtig** Die unter Windows XP Professional installierten Internet-Informationsdienste können maximal 10 Benutzer gleichzeitig unterstützen. Bei den IIS-Versionen von Windows 2000 Server oder der Windows Server 2003-Familie gibt es keine Beschränkung für die Zahl der eingehenden Verbindungen.

C. **Falsch** Die in Windows XP Professional enthaltene Version der Internet-Informationsdienste kann bis zu 10 eingehende Verbindungen gleichzeitig unterstützen. Wenn Sie mehr als 10 Verbindungen anbieten wollen, müssen Sie ein Update auf Windows 2000 Server oder die Windows Server 2003-Familie durchführen.

D. **Falsch** Die in Windows XP Professional enthaltene Version der Internet-Informationsdienste kann bis zu 10 eingehende Verbindungen gleichzeitig unterstützen. Wenn Sie mehr als 10 Verbindungen anbieten wollen, müssen Sie ein Update auf Windows 2000 Server oder die Windows Server 2003-Familie durchführen.

3. Richtige Antwort: A und E

A. **Richtig** Die IIS-Version in Windows XP Professional unterstützt ISAPI-Filter. ISAPI-Filter verarbeiten eingehende Anforderungen, bevor sie an die IIS-Standardverarbeitung weitergeleitet werden. Sie können das Verhalten der Internet-Informationsdienste daher stark verändern.

B. **Falsch** Nur die Windows Server 2003-Familie bietet Anwendungsrecycling als Feature für die Internet-Informationsdienste an. Dieses Feature startet IIS-Anwendungen automatisch neu und stellt sicher, dass aktive Benutzer während dieses Prozesses nicht getrennt werden.

C. **Falsch** Nur die Serverfamilien Windows Server 2003 und Windows 2000 Server bieten Bandbreitenbegrenzung als Feature für die Internet-Informationsdienste. Dieses Feature setzt eine Obergrenze für die Menge des Verkehrs fest, den die Internet-Informationsdienste erzeugen können. Das ist nützlich, um sicherzustellen, dass Webdienste eine Internetverbindung nicht vollständig mit Beschlag belegen und so die Leistung für Benutzer und andere Websites verringern.

D. **Falsch** Nur die Serverfamilien Windows Server 2003 und Windows 2000 Server bieten Einschränkungen für IP-Adressen und Domänennamen. Mithilfe dieser Fähigkeit können Sie Benutzer abhängig von ihrer Quell-IP-Adresse zulassen oder sperren. Sie können Filter auch auf das Ergebnis eines Reverse-DNS-Lookups der Quell-IP-Adresse anwenden.

E. **Richtig** Die in Windows XP Professional enthaltene IIS-Version unterstützt Ablaufdaten für Inhalte. Dieses Feature verbessert die Leistung der Website, indem sie Client und Proxyserver anweist, den angegebenen Inhalt zwischenzuspeichern. Zwischengespeicherter Inhalt kann vom lokalen System abgerufen werden, ohne dass eine Anforderung an den Webserver gesendet werden muss. Ablaufdaten sollten nur für Inhalt aktiviert werden, der sich nicht oft verändert. So ist sichergestellt, dass Clients immer eine aktuelle Version des Inhalts bekommen.

4. Richtige Antwort: A

A. **Richtig** Wenn sich Kevin interaktiv anmeldet, verfügt er für die Dateien im IIS-Basisverzeichnis über die Berechtigung **Ändern**. Weil er aber nur über HTTP auf die Webinhalte zugreifen kann, steuern die Internet-Informationsdienste den Zugriff und sie schränken Kevin auf reinen Lesezugriff ein. NTFS-Berechtigungen überschreiben keine Einschränkungen, die durch die Internet-Informationsdienste festgelegt werden. Die effektiven Berechtigungen entsprechen immer der am stärksten eingeschränkten Zugriffsstufe, die durch Internet-Informationsdienste und NTFS festgelegt werden. Daher hat der Vollzugriff, der durch die Dateiberechtigungen gewährt wird, keine Wirkung.

B. **Falsch** Kevin kann keine Dateien über HTTP verändern, weil in den Internet-Informationsdiensten nicht die Berechtigung **Schreiben** aktiviert ist.

C. **Falsch** Kevin kann Dateien im Basisverzeichnis lesen, weil bei den Internet-Informationsdiensten der Lesezugriff aktiviert ist. Der Schreibzugriff ist aber nicht aktiviert. NTFS-Berechtigungen überschreiben keine Einschränkungen, die durch die Internet-Informationsdienste festgelegt werden. Die effektiven Berechtigungen entsprechen immer der am stärksten eingeschränkten Zugriffsstufe, die durch Internet-Informationsdienste und NTFS festgelegt wird. Daher hat der Vollzugriff, der durch die Dateiberechtigungen gewährt wird, keine Wirkung.

D. **Falsch** Kevin kann Dateien im Basisverzeichnis lesen, weil bei den Internet-Informationsdiensten der Lesezugriff aktiviert ist. Der Schreibzugriff ist aber nicht aktiviert. Vollzugriff bedeutet, dass Kevin Dateien auch ändern kann. Das ist aber niemals möglich, wenn der Zugriff auf Dateien über die Internet-Informationsdienste läuft. NTFS-Berechtigungen überschreiben keine Einschränkungen, die durch die Internet-Informationsdienste festgelegt werden. Die effektiven Berechtigungen entsprechen immer der am stärksten eingeschränkten Zugriffsstufe, die durch Internet-Informationsdienste und NTFS festgelegt werden. Daher hat der Vollzugriff, der durch die Dateiberechtigungen gewährt wird, keine Wirkung.

5. Richtige Antwort: D

A. **Falsch** Mit diesem URL würde der Webbrowser versuchen, über den Standard-HTTP-Port 80 eine Verbindung zur Website herzustellen. Abbildung 26.2 zeigt aber, dass die Internet-Informationsdienste so konfiguriert wurden, dass sie Port 81 verwenden.

B. **Falsch** FTP ist ein anderes Protokoll als HTTP. Sie können mit FTP keine Verbindung zu Websites herstellen. Sie müssen HTTP verwenden.

C. **Falsch** Wenn Sie **www** in den URL einbauen, lösen Sie das Problem nicht. Sie müssen angeben, dass der Webbrowser für die Verbindung zum Webserver den Port 81 verwendet.

D. **Richtig** Abbildung 26.2 zeigt, dass die Internet-Informationsdienste so konfiguriert wurden, dass sie Port 81 für HTTP verwenden. Das ist eine andere Einstellung als der Standard-Port 80. Daher müssen Sie die Portnummer explizit an den URL anhängen.

E. **Falsch** HTTPS ist das richtige Protokoll, wenn Sie auf Websites zugreifen wollen, die durch ein SSL-Zertifikat geschützt sind. Diese Website hat aber kein SSL-Zertifikat. Das ist in Abbildung 26.2 leicht zu erkennen, weil das Feld **SSL-Anschluss** deaktiviert ist.

Lernziel 6.5: Konfigurieren, Verwalten und Problembehandlung von Remotedesktop und Remoteunterstützung

Mithilfe des Remotedesktops können Benutzer über ein Netzwerk mit einem Computer arbeiten, genau so, als würden sie direkt davor sitzen. Dabei werden im Wesentlichen Tastatur- und Mausbefehle vom Clientcomputer über das Netzwerk an den Windows XP Professional-Remotedesktopserver übertragen. Der Remotedesktopserver gibt Anzeige und Sound an den Client zurück, der den Eindruck hat, er würde direkt mit dem Remotesystem arbeiten. Eine Variante des Remotedesktops ist die Remote Desktop-Webverbindung. Wird sie als Option im WWW-Dienst der Internet-Informationsdienste installiert, ermöglicht es die Remote Desktop-Webverbindung den Benutzern, eine Verbindung zum Remotedesktop herzustellen, ohne das Clientprogramm Remotedesktop zu installieren.

Die Remoteunterstützung baut auf den Fähigkeiten des Remotedesktops auf und ermöglicht Administratoren, Remotebenutzern technischen Support zu bieten. Wenn der Benutzer die Remotesteuerung erlaubt hat, kann der Administrator sogar die Kontrolle über Tastatur und Maus übernehmen, um den Benutzer durch die Schritte einer Problembehandlung zu führen. Damit der Datenschutz gewährleistet bleibt, verläuft die gesamte Kommunikation verschlüsselt.

Fragen zu Lernziel 6.5

1.

Welche der folgenden Remotedesktop-Leistungsoptionen muss aktiviert sein, damit die Leistung über eine langsame DFÜ-Verbindung optimal ist? Wählen Sie die beste Antwort aus.

A. Desktophintergrund

B. Fensterinhalt beim Ziehen anzeigen

C. Menü- und Fensteranimationen

D. Designs

E. Bitmapzwischenspeicherung

2.

Welche der folgenden Protokolle sind erforderlich, wenn Sie eine Remote Desktop-Webverbindung aufbauen wollen? Wählen Sie die beiden richtigen Antworten.

A. HTTP (TCP-Port 80)

B. RDP (TCP-Port 3389)

C. SMTP (TCP-Port 25)

D. LDAP (TCP-Port 389)

E. POP (TCP-Port 110)

3.

Welche der folgenden Methoden können Sie nutzen, um eine Einladung für die Remoteunterstützung zu senden? Wählen Sie die beiden richtigen Antworten.

A. Internet Explorer

B. Internet-Newsgroups

C. E-Mail

D. Windows Messenger

E. FTP

4.

Welche Benutzergruppen dürfen eine Verbindung zum Remotedesktop eines Windows XP Professional-Computers herstellen, auf dem der Remotedesktop aktiviert ist? Wählen Sie die beiden richtigen Antworten.

A. Administratoren

B. Hauptbenutzer

C. Benutzer

D. Gäste

E. Remotedesktopbenutzer

5.

Für welche der folgenden Szenarien können Sie den Remotedesktop einsetzen? Wählen Sie die beiden richtigen Antworten.

A. Zugreifen auf Ihren Windows XP Professional-Computer zu Hause, um Ihre private E-Mail abzurufen.

B. Zugreifen auf Ihren Windows XP Home Edition-Computer zu Hause, um ein Microsoft Word-Dokument zu bearbeiten, das auf Ihrem Heimcomputer gespeichert ist.

C. Schulen eines Remotebenutzers, indem Sie ihn auf seinem Windows XP Professional-Computer interaktiv durch die Schritte leiten, die für eine bestimmte Aufgabe nötig sind.

D. Zugreifen auf einen Computer in einem Remotestandort, um dort nach Feierabend die neuesten Updates zu installieren.

E. Steuern eines Remote-Windows XP Professional-Computers hinter einer Firewall, die nur Verkehr über TCP-Port 80 zulässt.

Antworten zu Lernziel 6.5

1. Richtige Antwort: E

A. **Falsch** Wenn Sie die Option **Desktophintergrund** aktivieren, verringert sich die Leistung des Remotedesktops, weil das Bild über das Netzwerk an den Remotedesktopclient übertragen werden muss. Daher dürfen Sie diese Option nicht aktivieren, wenn Sie eine langsame DFÜ-Verbindung verwenden.

B. **Falsch** Die Option **Fensterinhalt beim Ziehen anzeigen** müssen Sie deaktivieren, wenn Sie eine langsame DFÜ-Verbindung verwenden, weil sie unnötigen Verkehr über die Netzwerkverbindung verursacht.

C. **Falsch** Die Option **Menü- und Fensteranimationen** müssen Sie deaktivieren, wenn Sie eine langsame DFÜ-Verbindung verwenden. Diese Option macht die grafische Benutzeroberfläche im Remotedesktop zwar etwas schöner, sie verursacht aber auch unnötigen Verkehr über das Netzwerk.

D. **Falsch** Wenn Sie die Leistungsoption **Designs** bei einer Remotedesktopverbindung aktivieren, fordert der Client Informationen über Anpassungen der Benutzeroberfläche vom Server an, zum Beispiel Schriftarten und Farben. Dafür ist weniger Verkehr erforderlich als bei den anderen Leistungsoptionen, aber für optimale Leistung sollte auch diese Option deaktiviert sein. Wenn Sie die Option **Designs** aktivieren, wird nicht automatisch der Desktophintergrund übertragen, selbst falls der Hintergrund ein Element des Designs ist.

E. **Richtig** Wenn Sie die Option **Bitmapzwischenspeicherung** aktivieren, müssen Bilder weniger oft zwischen dem Remotedesktopclient und -server übertragen werden. Daher verringert das Aktivieren dieser Option den Netzwerkverkehr. Es kann die Leistung über langsame DFÜ-Verbindungen stark verbessern.

2. Richtige Antwort: A und B

A. **Richtig** HTTP ist das Protokoll, über das Internet-Informationsdienste und Internet Explorer Dateien austauschen. Die Remote Desktop-Webverbindung fordert den Benutzer über HTTP auf, die Verbindung herzustellen. In der Standardeinstellung verwendet HTTP den Port 80, das kann aber geändert werden. Nachdem die Verbindung aufgebaut wurde, wird ausschließlich RDP (Remote Desktop Protocol) benutzt.

B. **Richtig** RDP wird von Remotedesktop, Remote Desktop-Webverbindung und Remoteunterstützung benutzt, um Anzeige-, Sound-, Tastatur- und Mausdaten auszutauschen. In der Standardeinstellung verwendet RDP TCP-Port 3389. Sie können den TCP-Port, der für RDP verwendet wird, aber auf dem Remotedesktop-Servercomputer ändern. Der Client der Remote Desktop-Webverbindung muss immer den Standardport verwenden. Die Remote Desktop-Webverbindung benötigt außerdem HTTP, um die Sitzung aus einem Browser heraus zu starten.

C. **Falsch** SMTP ist ein Protokoll, mit dem E-Mail-Nachrichten zwischen Mailservern übertragen werden. Die Remote Desktop-Webverbindung benötigt SMTP nicht.

D. **Falsch** LDAP (Lightweight Directory Access Protocol) ist das Protokoll, über das Windows-Clients mit dem Active Directory-Dienst kommunizieren. Die Remote Desktop-Webverbindung benötigt LDAP nicht.

E. **Falsch** POP (Post Office Protocol) ist ein verbreitetes Protokoll, mit dem E-Mail-Clients Nachrichten von einem Mailserver abrufen. Die Remote Desktop-Webverbindung benötigt POP nicht.

3. Richtige Antwort: C und D

A. **Falsch** Einladungen für die Remoteunterstützung können Sie entweder über E-Mail oder den Windows Messenger senden. Mit dem Internet Explorer können Sie keine Einladungen versenden.

B. **Falsch** Internet-Newsgroups sind ein häufig genutztes Medium, um Hilfe bei technischen Problemen anzufordern. Aber die Remoteunterstützung kann keine Einladung an eine Internet-Newsgroup schicken. Einladungen für die Remoteunterstützung können Sie entweder über E-Mail oder den Windows Messenger senden.

C. **Richtig** Wenn die Remoteunterstützung beginnt, wird der Benutzer, der einen Experten um Hilfe bitten will, gefragt, ob er die Einladung über E-Mail oder den Windows Messenger schicken will. Nachdem der Experte die E-Mail-Nachricht bekommen hat, kann er den Link anklicken, um eine Verbindung zum Computer des Benutzers herzustellen. Daraufhin wird der Benutzer, der die Einladung ausgesprochen hat, gefragt, ob er die eingehende Verbindung erlauben will.

D. **Richtig** Wenn die Remoteunterstützung beginnt, wird der Benutzer, der einen Experten um Hilfe bitten will, gefragt, ob er die Einladung über E-Mail oder den Windows Messenger schicken will. Nachdem der Experte die Nachricht bekommen hat, kann er den Link anklicken, um eine Verbindung zum Computer des Benutzers herzustellen. Daraufhin wird der Benutzer, der die Einladung ausgesprochen hat, gefragt, ob er die eingehende Verbindung erlauben will.

E. **Falsch** FTP wird oft eingesetzt, um Dateien über das Internet zu übertragen. Sie können damit aber keine Einladungen für die Remoteunterstützung versenden. Einladungen für die Remoteunterstützung können Sie entweder über E-Mail oder den Windows Messenger senden.

4. Richtige Antwort: A und E

A. **Richtig** Mitglieder der Gruppe **Administratoren** dürfen eine Verbindung zum Remotedesktop herstellen.

B. **Falsch** Mitglieder der Gruppe **Hauptbenutzer** dürfen keine Verbindung zum Remotedesktop herstellen, sofern sie nicht auch Mitglied in den Gruppen **Administratoren** oder **Remotedesktopbenutzer** sind.

C. **Falsch** Mitglieder der Gruppe **Benutzer** dürfen keine Verbindung zum Remotedesktop herstellen, sofern sie nicht auch Mitglied der Gruppen **Administratoren** oder **Remotedesktopbenutzer** sind.

D. **Falsch** Benutzer, die nur als Gast authentifiziert wurden, dürfen keine Verbindung zum Remotedesktop herstellen.

E. **Richtig** Mitglieder der Gruppe **Remotedesktopbenutzer** dürfen eine Verbindung zum Remotedesktop herstellen.

5. Richtige Antwort: A und D

A. **Richtig** Falls Sie den Remotedesktop aktiviert haben und die Windows-Firewall sowie alle anderen möglicherweise vorhandenen Firewalls richtig konfiguriert sind, können Sie mithilfe des Remotedesktops Ihren Heimcomputer von Ihrem Büro aus steuern.

B. **Falsch** Sie könnten zwar über den Remotedesktop ein Dokument in Word bearbeiten, aber Windows XP Home Edition kann nicht als Remotedesktopserver fungieren.

C. **Falsch** Wenn Sie Remotedesktop verwenden, können Benutzer, die vor dem Computer sitzen, ihn selbst nicht mehr bedienen. Die Remoteunterstützung wäre in diesem Fall die bessere Wahl.

D. **Richtig** Der Remotedesktop eignet sich perfekt für solche Remoteverwaltungsszenarien.

E. **Falsch** Die Remote Desktop-Webverbindung überträgt den ActiveX-Remotedesktopclient über TCP-Port 80 an den Browser des Clients. Aber die Remote Desktop-Webverbindung benötigt auch TCP-Port 3389, genau wie der Standard-Remotedesktopclient.

Lernziel 6.6: Konfigurieren, Verwalten und Problembehandlung einer Internetverbindungsfirewall

Windows XP Professional ist ein Clientbetriebssystem, bietet aber viele Fähigkeiten eines Servers. Es kann Ordner und Drucker freigeben, eine Website bereitstellen und Nachrichten von anderen Computern im Netzwerk empfangen. Weil Windows XP auf eingehende Verbindungen reagieren kann, wird es leider verwundbar für Netzwerkangriffe gegen diese Dienste.

Firewalls bieten einen Schutz gegen Netzwerkangriffe, indem sie alle Netzwerkanforderungen blockieren, die nicht ausdrücklich erlaubt wurden. Windows XP enthält eine eingebaute Firewall namens Internetverbindungsfirewall. Leider ist die Internetverbindungsfirewall nicht als Standardeinstellung aktiviert. Wenn Sie das Service Pack 2 installieren, wird die Internetverbindungsfirewall zur Windows-Firewall aktualisiert. Die Windows-Firewall ist standardmäßig aktiviert und verringert deutlich die Gefahr von Netzwerkangriffen.

Um die Fragen in diesem Lernziel richtig beantworten zu können, müssen Sie wissen, wie Sie Internetverbindungsfirewall und Windows-Firewall konfigurieren. Außerdem sollten Sie wissen, wie Sie Ausnahmen konfigurieren, damit ausgewählte Anwendungen eingehende Verbindungen entgegennehmen können.

Fragen zu Lernziel 6.6

1.

Welche Art von Netzwerkangriff können Sie durch Aktivieren der Windows-Firewall verhindern? Wählen Sie die beste Antwort aus.

A. Ein Hacker nutzt eine Sicherheitslücke in den Internet-Informationsdiensten aus, indem er manipulierte HTTP-Anforderungen an Ihren öffentlich erreichbaren IIS-Webserver sendet.

B. Ein Hacker startet einen DDoS-Angriff (Distributed Denial-of-Service), um die Bandbreite der DSL-Verbindung zu überlasten, die direkt an Ihren Windows XP-Computer angeschlossen ist.

C. Ein Benutzer startet ein Virus, das sich als E-Mail-Anhang tarnt.

D. Ein Hacker lädt ein Trojanisches Pferd in ein Verzeichnis auf dem FTP-Server hoch, der versehentlich gestartet wurde.

2.

Welche der folgenden Informationen werden im Sicherheitsprotokoll der Windows-Firewall gesammelt? Wählen Sie die beiden richtigen Antworten.

A. Quell-IP-Adresse

B. Zielport

C. Quellhostname

D. Paketinhalt

E. Quellbenutzername

3.

Sie sind Systemadministrator in einem kleinen Büro mit 10 Windows XP Professional-Computern, die in einer Arbeitsgruppe organisiert sind. Auf allen Computern im Büro ist das Service Pack 2 installiert. Ihr Heimcomputer läuft unter Windows XP Professional mit Service Pack 1. Er ist über ein Kabelmodem mit dem Internet verbunden und hat eine statische IP-Adresse. Der Internetprovider für Ihren Heimanschluss bietet keine Paketfilterung, und Sie haben die Internetverbindungsfirewall nicht aktiviert, weil Sie über den Remotedesktop eine direkte Verbindung zu Ihrem Heimcomputer herstellen und Ihre private E-Mail abholen wollen.

Sie führen bei Ihrem Heimcomputer ein Update auf das Service Pack 2 für Windows XP durch. Am nächsten Tag können Sie vom Büro aus keine Remotedesktopverbindung mehr zu Ihrem Heimcomputer herstellen. Was sollten Sie tun, um das Problem zu beseitigen? Wählen Sie die beste Antwort aus.

A. Bitten Sie Ihren Internetprovider, dass er Pakete für den Port 3389 zulässt.

B. Aktivieren Sie auf der Registerkarte **Remote** im Dialogfeld **Systemeigenschaften** wieder das Kontrollkästchen **Benutzern erlauben, eine Remotedesktopverbindung herzustellen**.

C. Aktivieren Sie wieder den Remotedesktop.

D. Fügen Sie in der Windows-Firewall den Remotedesktop zur Liste der Ausnahmen hinzu.

Antworten zu Lernziel 6.6

1. Richtige Antwort: D

A. **Falsch** Diese Art des Angriffs kann die Windows-Firewall nicht verhindern, weil der Webserver in der Lage sein muss, HTTP-Anforderungen von normalen Benutzern im öffentlichen Internet entgegenzunehmen. Die Windows-Firewall wäre in der Lage, sämtliche HTTP-Anforderungen zu sperren, aber sie kann innerhalb eines einzigen Protokolls nicht zwischen ungefährlichen und böswilligen Anforderungen unterscheiden.

B. **Falsch** Die Windows-Firewall filtert Pakete, die von einer Windows XP Professional-Netzwerkkarte entgegengenommen wurden. Im geschilderten Fall wird Ihre Bandbreite durch eingehende Pakete überlastet. Die Pakete, die im Rahmen des DDoS-Angriffs gesendet werden, überlasten die Internetverbindung, bevor sie Hosts im Zielnetzwerk erreichen. Die Windows-Firewall ist in der Lage, Pakete zu filtern, wenn sie das Windows XP Professional-System erreichen. Sie kann aber nicht verhindern, dass die Internetverbindung überlastet wird.

C. **Falsch** Die Windows-Firewall kann Verbindungen nur filtern, wenn der Windows XP Professional-Computer als Server fungiert. Wenn Benutzer E-Mail-Nachrichten abrufen, wird die Verbindung durch den Windows XP Professional-Computer hergestellt. Weiterhin ist die Windows-Firewall nur in der Lage, ein gesamtes Protokoll zu filtern, aber sie kann innerhalb eines einzigen Protokolls nicht zwischen ungefährlichen und böswilligen Anforderungen unterscheiden.

D. **Richtig** In der Standardeinstellung filtert die Windows-Firewall eingehende FTP-Anforderungen. In diesem Fall wurde der FTP-Server versehentlich gestartet. Die Windows-Firewall wurde mit dem Ziel entwickelt, diese Art von Verwundbarkeit zu verhindern. Wenn die Windows-Firewall aktiviert ist, können nur Dienste, die explizit aktiviert wurden, Verkehr entgegennehmen. Das gilt auch dann, wenn ein Dienst versehentlich gestartet wurde.

2. Richtige Antwort: A und B

A. **Richtig** Die Quell-IP-Adresse ist eines der Datenfelder, die im Windows-Firewall-Sicherheitsprotokoll aufgezeichnet werden.

B. **Richtig** Der Zielport ist eines der Datenfelder, die im Windows-Firewall-Sicherheitsprotokoll aufgezeichnet werden.

C. **Falsch** Das Windows-Firewall-Sicherheitsprotokoll enthält nicht den Quellhostnamen. Die Quell-IP-Adresse ist allerdings im Protokoll aufgeführt, sodass Sie einen Reverse-DNS-Lookup für diese IP-Adresse durchführen können.

D. **Falsch** Das Windows-Firewall-Sicherheitsprotokoll enthält keine Daten aus den verworfenen Paketen. Nur Informationen aus den Headern der Pakete werden aufgezeichnet.

E. **Falsch** Manche Protokolle übergeben zwar Informationen über den Benutzernamen, aber das Windows-Firewall-Sicherheitsprotokoll versucht nicht, diese Informationen aufzuzeichnen. Im Fall von vorsätzlichen Angriffen sind die Informationen zum Benutzernamen ohnehin immer manipuliert.

3. Richtige Antwort: D

A. **Falsch** Im geschilderten Szenario deutet nichts darauf hin, dass der Internetprovider plötzlich eine Filterung aktiviert hat. In diesem Fall findet die Paketfilterung auf dem Heimcomputer selbst statt.

B. **Falsch** Dieses Kontrollkästchen muss zwar aktiviert sein, beim Update auf das Service Pack 2 für Windows XP wird es aber nicht deaktiviert.

C. **Falsch** Das Service Pack 2 deaktiviert den Remotedesktop nicht. Daher ist er weiterhin aktiviert, wenn er vorher funktioniert hat.

D. **Richtig** Wenn Sie eingehende Remotedesktopverbindungen ermöglichen wollen, müssen Sie auf der Registerkarte **Ausnahmen** im Eigenschaftendialogfeld der Windows-Firewall das Programm Remotedesktop hinzufügen.

KAPITEL 27

Konfigurieren, Verwalten und Problembehandlung der Sicherheit

Computer sind ständig Angriffen ausgesetzt. Microsoft Windows XP (insbesondere mit installiertem Service Pack 2) ist zwar so konzipiert, dass es den meisten Angriffen widersteht, aber die Standardkonfiguration erfüllt möglicherweise nicht die Sicherheitsanforderungen Ihrer Organisation. Je nachdem, wozu Benutzer ihre Computer einsetzen und wie vertraulich die Daten auf den Computern sind, empfiehlt es sich unter Umständen, die Standardsicherheitseinstellungen anzupassen.

Als ersten Schritt konfigurieren Sie Benutzer und Gruppen und legen fest, welche Leute Zugriff auf die Ressourcen der einzelnen Windows XP-Computer haben. Anschließend können Sie mit Tools wie zum Beispiel der Computerverwaltungskonsole und der Konsole **Lokale Sicherheitsrichtlinie** Rechte an diese Benutzer vergeben. Benutzer, die nicht über Konten verfügen, werden es sehr schwer haben, Zugriff auf die Ressourcen Ihres Computers zu bekommen. Das schützt Sie gegen die meisten Angriffe.

Manche Angriffe kommen aber auch von Benutzern mit gültigen Benutzerkonten. Am gefährlichsten sind sogar Angriffe von Leuten innerhalb Ihrer eigenen Organisation. Sie können die Gefahr solcher Angriffe verringern, indem Sie die Benutzerrechte möglichst streng konfigurieren. Im Idealfall halten Sie sich an das Prinzip, nur die unbedingt erforderlichen Rechte zu vergeben, und gewähren den Benutzern nur gerade die Rechte, die sie unbedingt brauchen, um ihre Arbeit zu erledigen.

Trotzdem kann es sein, dass Sie gegen Angriffe verwundbar sind, die ohne gültiges Benutzerkonto ausgeführt werden. Als Schutz gegen Diebe, die einen ganzen Computer stehlen (das betrifft insbesondere einen Laptop), sollten Sie das verschlüsselnde Dateisystem verwenden (Encrypting File System, EFS). EFS verschlüsselt Dateien, und ein Angreifer müsste sich mit einem Benutzerkonto anmelden, das über einen privaten Schlüssel verfügt, mit dem sich die Dateien entschlüsseln lassen. Um sich gegen böswillige Websites zu schützen, können Sie den Internet Explorer so konfigurieren, dass er gefährliche Arten der Kommunikation verhindert, zum Beispiel das Übertragen unverschlüsselter Daten über das Internet oder das Annehmen der Cookies von Websites ohne Datenschutzrichtlinien.

Damit Sie alle Fragen in diesem Lernziel beantworten können, müssen Sie wissen, wie Sie alle diese Sicherheitstechniken installieren, konfigurieren und Probleme damit beseitigen.

Geprüfte Fähigkeiten und vorgeschlagene praktische Übungen

Um den Lernzielbereich „Konfigurieren, Verwalten und Problembehandlung der Sicherheit“ innerhalb der Prüfung „Installieren, Konfigurieren und Verwalten von Microsoft Windows XP Professional“ zu bestehen, sollten Sie die folgenden Fähigkeiten beherrschen.

- Konfigurieren, Verwalten und Problembehandlung des verschlüsselnden Dateisystems (Encrypting File System, EFS).
  - Übung 1: Verschlüsseln und entschlüsseln Sie im Microsoft Windows-Explorer Dateien und Ordner auf einem Volume, das mit NTFS formatiert ist.
  - Übung 2: Sehen Sie sich mit dem Befehlszeilentool **Cipher.exe** die Verschlüsselungseinstellungen für einige Dateien an, die Sie in Übung 1 verschlüsselt haben. Verschlüsseln und entschlüsseln Sie mit **Cipher.exe** weitere Dateien und Ordner. Geben Sie an einer Eingabeaufforderung den Befehl **cipher /?** ein, um sich alle Befehlszeilenschalter für dieses Tool anzeigen zu lassen.
  - Übung 3: Sehen Sie sich mit dem Befehlszeilentool **Efsinfo.exe** aus dem Windows XP Professional Resource Kit die Verschlüsselungseinstellungen für einige der Dateien und Ordner aus den Übungen 1 und 2 an. Geben Sie an einer Eingabeaufforderung den Befehl **efsinfo /?** ein, um sich alle Befehlszeilenschalter für dieses Tool anzeigen zu lassen.
  - Übung 4: Stellen Sie verschlüsselte Dateien auf einem Windows XP Professional-Computer in einer Arbeitsgruppe wieder her. Falls Sie eine Domäne zur Verfügung haben, können Sie eine EFS-Wiederherstellung mithilfe des Domänenadministratorkontos durchführen.
- Konfigurieren, Verwalten und Problembehandlung einer Sicherheitskonfiguration und der lokalen Sicherheitsrichtlinie.
  - Übung 1: Öffnen Sie die Konsole **Lokale Sicherheitsrichtlinie** und erweitern Sie den Ordner **Lokale Richtlinien**. Wählen Sie den Ordner **Überwachungsrichtlinie** aus und sehen Sie sich die verfügbaren Einstellungen an. Wählen Sie den Ordner **Sicherheitsoptionen** aus und sehen Sie sich die verfügbaren Einstellungen an.
  - Übung 2: Öffnen Sie die Konsole **Lokale Sicherheitsrichtlinie** und erweitern Sie den Ordner **Kontorichtlinien**. Wählen Sie nacheinander die Ordner **Kennwortrichtlinien** sowie **Kontosperrungsrichtlinien** aus und konfigurieren Sie darin einige Einstellungen.
  - Übung 3: Öffnen Sie die Konsole **Lokale Sicherheitsrichtlinie** und erweitern Sie den Ordner **Richtlinien für die Softwareeinschränkung**. Klicken Sie mit der rechten Maustaste auf den Ordner **Richtlinien für die Softwareeinschränkung** und wählen Sie im Kontextmenü den Befehl **Neue Richtlinien erstellen**. Konfi-

gurieren Sie eine neue Richtlinie, die verhindert, dass **Notepad.exe** ausgeführt werden kann. Überprüfen Sie, ob Sie den Editor tatsächlich nicht mehr aus dem Startmenü ausführen können. Sehen Sie sich sorgfältig alle anderen Optionen an, die im Ordner **Richtlinien für die Softwareeinschränkung** zur Verfügung stehen.

- Konfigurieren, Verwalten und Problembehandlung von lokalen Benutzer- und Gruppenkonten.
  - Übung 1: Öffnen Sie die Computerverwaltungskonsole und erweitern Sie den Knoten **Lokale Benutzer und Gruppen**. Erstellen Sie mehrere Testkonten und Testgruppen und machen Sie einige der Konten zu Mitgliedern bei einigen der Gruppen.
  - Übung 2: Öffnen Sie die Konsole **Lokale Sicherheitsrichtlinie** und aktivieren Sie die Überwachung für erfolgreiche und fehlgeschlagene Anmeldeereignisse.
  - Übung 3: Melden Sie sich von Windows XP ab und versuchen Sie, sich mit einem falschen Kennwort anzumelden. Melden Sie sich dann wieder bei Windows XP an und öffnen Sie die Ereignisanzeige. Klicken Sie auf den Knoten **Sicherheit** und sehen Sie sich an, welche Ereignisse bei Ihren erfolgreichen und fehlgeschlagenen Anmeldeversuchen generiert wurden.
- Konfigurieren, Verwalten und Problembehandlung der Internet Explorer-Sicherheitseinstellungen.
  - Übung 1: Starten Sie den Internet Explorer und besuchen Sie einige Websites, die aktiven Inhalt benutzen. Öffnen Sie über das Menü **Extras** im Internet Explorer das Dialogfeld **Internetoptionen**. Klicken Sie auf die Registerkarte **Sicherheit**, wählen Sie die Zone **Internet** aus und klicken Sie dann auf die Schaltfläche **Stufe anpassen**. Wählen Sie im Dialogfeld **Sicherheitseinstellungen** in der Dropdownliste **Zurücksetzen zu** die Einstellung **Hoch** und klicken Sie auf die Schaltfläche **Zurücksetzen**. Klicken Sie auf **Ja**, wenn Sie dazu aufgefordert werden. Starten Sie den Internet Explorer neu und rufen Sie dieselben Websites erneut auf. Was hat sich geändert? Stellen Sie die Sicherheitseinstellungen im Internet Explorer auf die Standardwerte zurück. Sehen Sie sich an, wie Sie bestimmte Sites zu den vordefinierten Sitezonen **Internet**, **Lokales Intranet**, **Vertrauenswürdige Sites** und **Eingeschränkte Sites** hinzufügen können. Sie können auch die Sicherheitseinstellungen bei jeder dieser Zonen verändern.
  - Übung 2: Starten Sie den Internet Explorer. Öffnen Sie über das Menü **Extras** im Internet Explorer das Dialogfeld **Internetoptionen**. Klicken Sie auf die Registerkarte **Datenschutz** und sehen Sie sich an, welche Optionen zur Verfügung stehen, um das Verarbeiten von Cookies im Internet Explorer zu steuern.
  - Übung 3: Starten Sie den Internet Explorer. Öffnen Sie über das Menü **Extras** im Internet Explorer das Dialogfeld **Internetoptionen**. Klicken Sie auf die Registerkarte **Inhalte**. Klicken Sie auf die Schaltfläche **Zertifikate**, worauf sich das Dialogfeld **Zertifikate** öffnet. Sehen Sie sich alle Registerkarten in diesem Dialogfeld an. Wählen Sie ein Zertifikat aus und klicken Sie auf die Schaltfläche **Erweitert**, um sich den Zweck dieses Zertifikats anzeigen zu lassen. Schließen Sie das

Dialogfeld und klicken Sie auf die Schaltfläche **Anzeigen**, um das Zertifikat selbst zu untersuchen.

- Übung 4: Starten Sie den Internet Explorer. Öffnen Sie über das Menü **Extras** im Internet Explorer das Dialogfeld **Internetoptionen**. Klicken Sie auf die Registerkarte **Erweitert**. Blättern Sie ans Ende der Liste und sehen Sie sich an, welche zusätzlichen Sicherheitseinstellungen Sie für den Internet Explorer konfigurieren können, zum Beispiel das Aktivieren oder Deaktivieren von SSL 2 (Secure Sockets Layer) und SSL 3.

Weiterführende Literatur

Dieser Abschnitt enthält eine nach Lernzielen unterteilte Liste mit zusätzlicher Literatur. Wir empfehlen, dass Sie dieses Material sorgfältig studieren, bevor Sie die Prüfung 70-270 ablegen.

Lernziel 7.1

Microsoft Windows XP Professional Resource Kit Documentation von Microsoft Corporation. Redmond, WA: Microsoft Press, 2001. Lesen Sie Kapitel 17, „Encrypting File System". Dieses Kapitel beschreibt das Einrichten des verschlüsselnden Dateisystems und das Beseitigen von häufigen Problemen (online verfügbar unter **http://www.microsoft.com/resources/documentation/Windows/XP/all/reskit/en-us/prnb_efs_qutx.asp**).

„Protecting Data by Using EFS to Encrypt Hard Drives" von Microsoft Corporation, 2004. Dieser Artikel steht online unter **http://www.microsoft.com/smallbusiness/gtm/securityguidance/articles/protect_data_efs.mspx** zur Verfügung. (Falls ein Artikel verschoben wurde, können Sie unter **http://www.microsoft.com** nach dem Titel suchen.)

Lernziel 7.2

Microsoft Windows XP Professional Resource Kit Documentation von Microsoft Corporation. Redmond, WA: Microsoft Press, 2001. Lesen Sie Kapitel 13, „File Systems", insbesondere die Abschnitte über NTFS. Lesen Sie Kapitel 15, „Logon and Authentication". Es enthält Informationen über das Konfigurieren von Kontorichtlinien und anderen Sicherheitseinstellungen, die für die Benutzerauthentifizierung relevant sind. Lesen Sie Kapitel 16, „Authorization and Access Control", sowie Anhang B, „User Rights". Kapitel 16 erklärt, wie Objekte in Windows XP mit Zugriffsteuerungslisten verknüpft sind und wie Sie Objekte gegen nicht autorisierten Zugriff absichern, indem Sie die Berechtigungen für unterschiedliche Objekttypen konfigurieren. Anhang B definiert alle Benutzerrechte, die in Windows XP Professional zur Verfügung stehen (online verfügbar unter **http://www.microsoft.com/resources/documentation/Windows/XP/all/reskit/en-us/prork_overview.asp**).

Lernziel 7.3

Microsoft Windows XP Professional Resource Kit Documentation von Microsoft Corporation. Redmond, WA: Microsoft Press, 2001. Lesen Sie Kapitel 15, „Logon and Authentication". Sie finden darin Informationen über das Erstellen und Verwalten von Benutzerkonten und Gruppen. Lesen Sie Kapitel 16, „Authorization and Access Control". Dieses

Kapitel erklärt, wie Sie in Windows XP Professional Berechtigungen für Objekte konfigurieren und Probleme damit beseitigen (online verfügbar unter **http://www.microsoft.com/resources/documentation/Windows/XP/all/reskit/en-us/prork_overview.asp**).

„Windows XP Security Guide" von Microsoft Corporation, 2004. Die Kapitel 3, 4, 5 und 6 enthalten detaillierte Informationen über die Sicherheitseinstellungen von Windows XP Professional. Lesen Sie anschließend Anhang A, er enthält Informationen über neue Sicherheitseinstellungen im Service Pack 2. Diese Dokumentation steht online unter **http://www.microsoft.com/technet/security/prodtech/winclnt/secwinxp** zur Verfügung. (Falls ein Artikel verschoben wurde, können Sie unter **http://www.microsoft.com** nach dem Titel suchen.)

Lernziel 7.4

Starten Sie den Internet Explorer und wählen Sie den Menübefehl **Hilfe/Inhalt und Index**. Sehen Sie sich alle Artikel und verwandten Themen unter den Rubriken „Senden von Informationen über das Internet" und „Grundlegendes zur Sicherheit und Datenschutz im Internet" an.

„Windows XP Service Pack 2: What's New for Internet Explorer and Outlook Express" von Microsoft Corporation, 2004. Dieser Artikel steht online unter **http://www.microsoft.com/windowsxp/sp2/ieoeoverview.mspx** zur Verfügung. (Falls ein Artikel verschoben wurde, können Sie unter **http://www.microsoft.com** nach dem Titel suchen.)

Lernziel 7.1: Konfigurieren, Verwalten und Problembehandlung des verschlüsselnden Dateisystems (EFS)

Sicherheitsexperten sagen: „Falls ein Angreifer Ihren Computer anfassen kann, ist es nicht mehr Ihr Computer.“ Dahinter steht eine einfache Überlegung: Wenn ein Angreifer sich physischen Zugriff auf Ihren Computer verschafft, kann er sämtliche Sicherheitsmaßnahmen des Betriebssystems umgehen. Zum Beispiel könnte ein Angreifer Ihren Computer mit einer startfähigen CD-ROM starten und Ihre Dateien direkt von der Festplatte auslesen. Dann ist es egal, wie sorgfältig Sie die Dateiberechtigungen konfiguriert haben.

Das verschlüsselnde Dateisystem (Encrypting File System, EFS) kann Ihre Dateien gegen diese Art von Angriff schützen. EFS verschlüsselt Dateien auf Ihrer Festplatte, und diese Dateien können nur mit Ihrem privaten Schlüssel entschlüsselt werden. Das Betriebssystem schützt Ihren privaten Schlüssel, wodurch es für einen Angreifer sehr schwierig wird, mit einer startfähigen CD-ROM auf Ihre Dateien zuzugreifen. Damit Sie das verschlüsselnde Dateisystem sinnvoll einsetzen können, müssen Sie wissen, wie Sie es konfigurieren, verwalten und Probleme damit beseitigen. Insbesondere die Problembehandlung ist in diesem Fall wichtig, weil Probleme mit dem verschlüsselnden Dateisystem oft dazu führen, dass Benutzer nicht mehr auf ihre wichtigsten Dateien zugreifen können.

Fragen zu Lernziel 7.1

1.

Sie sind der Administrator für ein Netzwerk mit Windows XP Professional-Computern. Sie wollen ein Skript schreiben, das auf jedem System einmal ausgeführt wird. Das Skript verschlüsselt für jeden Benutzer den Ordner **Eigene Dateien** mit dem verschlüsselnden Dateisystem. Welches Tool müssen Sie aus dem Skript heraus aufrufen, um den gewünschten Ordner zu verschlüsseln? Wählen Sie die richtige Antwort.

A. Windows-Explorer

B. Efsinfo

C. Syskey

D. Cipher

2.

Sie sind der Administrator einer Active Directory-Verzeichnisdienst-Domäne mit 50 Windows XP Professional-Desktopcomputern. Alle Benutzer haben einen eigenen Basisordner auf einem Dateiserver, in dem sie ihre Dokumente speichern. John verlässt das Unternehmen, und seine Abteilungsleiterin, Kate, bittet Sie, Johns Dokumente in ihren Basisordner zu verschieben. Sie melden sich im Netzwerk mit Ihrem Konto an, das zur Gruppe **Domänenadministratoren** gehört, und verschieben die Dateien. Als Kate versucht, die Dateien zu öffnen, bekommt Sie eine Fehlermeldung, dass der Zugriff verweigert wurde. Wie können Sie Kate Zugriff auf die verschlüsselten Dateien verschaffen? Wählen Sie die beste Antwort aus.

A. Gewähren Sie Kate die NTFS-Berechtigung **Vollzugriff**.

B. Melden Sie sich mit dem Domänenadministratorkonto an und stellen Sie die Dateien wieder her.

C. Melden Sie sich als lokaler Administrator an und stellen Sie die Dateien wieder her.

D. Stellen Sie die Dateien von den neuesten Datensicherungsbändern wieder her.

3.

Welches der folgenden Dateisysteme unterstützt EFS? Wählen Sie die richtige Antwort.

A. FAT (auch als FAT16 bezeichnet)

B. FAT32

C. CDFS

D. NTFS

4.

Sie sind ein Desktopsystemadministrator in einem Designerbüro. Auf einer Konferenz hat Ihr Chef sich mit einem Bekannten unterhalten, dessen Laptop auf dem Weg zur Konferenz am Flughafen gestohlen wurde. Für den Bekannten waren weniger die Kosten für den Laptop selbst das Problem, seine Hauptsorge galt der Vertraulichkeit der Dokumente, die darauf gespeichert waren. Ihr Chef fragt Sie, wie er die Vertraulichkeit der Dateien im Ordner **Eigene Dateien\Vertraulich** im Fall eines Diebstahls am besten schützen kann, ohne dass die Leistung des Geräts darunter leidet. Was empfehlen Sie? Wählen Sie die beste Antwort aus.

A. Klicken Sie im Windows-Explorer mit der rechten Maustaste auf den Ordner **Vertraulich** und wählen Sie **Eigenschaften**. Klicken Sie auf die Schaltfläche **Erweitert** und aktivieren Sie das Kontrollkästchen **Inhalt komprimieren, um Speicherplatz zu sparen**.

B. Klicken Sie im Windows-Explorer mit der rechten Maustaste auf den Ordner **Vertraulich** und wählen Sie **Eigenschaften**. Klicken Sie auf die Registerkarte **Sicherheit**. Entfernen Sie alle Benutzerkonten aus der Liste **Gruppen- oder Benutzernamen**. Fügen Sie dann das Benutzerkonto Ihres Chefs zur Liste hinzu und weisen Sie dem Konto die **Zulassen**-Berechtigung **Vollzugriff** zu.

C. Klicken Sie im Windows-Explorer mit der rechten Maustaste auf den Ordner **Vertraulich** und wählen Sie **Eigenschaften**. Klicken Sie auf die Schaltfläche **Erweitert** und aktivieren Sie das Kontrollkästchen **Inhalt verschlüsseln, um Daten zu schützen**.

D. Wählen Sie im Windows-Explorer den Ordner **Vertraulich** aus und drücken Sie die Tastenkombination STRG+A, um alle Dateien in diesem Ordner auszuwählen. Klicken Sie mit der rechten Maustaste auf die ausgewählten Dateien und wählen Sie den Befehl **Eigenschaften**. Klicken Sie auf die Schaltfläche **Erweitert** und aktivieren Sie das Kontrollkästchen **Inhalt verschlüsseln, um Daten zu schützen**.

Antworten zu Lernziel 7.1

1. Richtige Antwort: D

A. **Falsch** Sie können zwar mit dem Windows-Explorer von Hand Dateien und Ordner verschlüsseln, dies ist aber ein Tool mit grafischer Benutzeroberfläche, das sich nicht ohne weiteres in ein Skript integrieren lässt.

B. **Falsch** Efsinfo (**Efsinfo.exe**) ist ein Befehlszeilentool, das Informationen über verschlüsselte Dateien und Ordner anzeigt. Sie können damit keine Dateien oder Ordner verschlüsseln oder entschlüsseln.

C. **Falsch** Syskey (**Syskey.exe**) ist das grafische Tool zum Verschlüsseln wichtiger Betriebssystemdateien. Sie können damit keine Datendateien des Benutzers verschlüsseln.

D. **Richtig** Cipher (**Cipher.exe**) ist ein Befehlszeilentool zum Erstellen von Dateiverschlüsselungsschlüsseln, Anzeigen von Verschlüsselungseinstellungen, Verschlüsseln von Dateien und Ordnern und Entschlüsseln von Dateien und Ordnern. Es ist das beste Tool für ein Skript, mit dem Sie Dateien und Ordner verschlüsseln wollen.

2. Richtige Antwort: B

A. **Falsch** Verschlüsselung hat nichts mit NTFS-Berechtigungen zu tun. Als Mitglied der Gruppe **Domänenadministratoren** können Sie die Berechtigungen für Johns Dokumente verändern, aber auch wenn Sie Kate Vollzugriff gewähren, kann sie die Dateien nicht entschlüsseln, weil sie kein Wiederherstellungsagent ist.

B. **Richtig** Windows XP Professional-Computer, die Mitglieder einer Active Directory-Domäne sind, geben automatisch das Domänenadministratorkonto (***Domänenname*\Administrator**) als EFS-Wiederherstellungsagenten an, weil diese Konten im Gruppenrichtlinienobjekt der Standarddomänenrichtlinie als Wiederherstellungsagenten für die Verschlüsselung eingetragen sind.

C. **Falsch** Wenn ein Windows XP Professional-Computer einer Active Directory-Domäne beitritt, wird das Domänenadministratorkonto (***Domänenname*\Administrator**) der Standardwiederherstellungsagent. Egal, ob der Computer ein eigenständiges System oder ein Mitglied einer Active Directory-Domäne ist: Das lokale Administratorkonto wird niemals automatisch zum Wiederherstellungsagenten gemacht. Es gibt aber auch eine andere Lösung in diesem Fall: Wenn das Domänenkonto von John noch nicht gelöscht wurde, können Sie das Kennwort für dieses Konto zurücksetzen und sich dann mit seinem Konto anmelden und die Dateien entschlüsseln.

D. **Falsch** Dateien, die mit EFS verschlüsselt sind, bleiben verschlüsselt, wenn sie auf Band gesichert werden. Die wiederhergestellten Dateien sind weiterhin verschlüsselt, Kate kann nicht darauf zugreifen.

3. Richtige Antwort: D

A. **Falsch** Weder FAT noch FAT32 unterstützen EFS. Nur NTFS unterstützt EFS.

B. **Falsch** FAT32 unterstützt nicht EFS. Nur NTFS unterstützt EFS. Daher können Betriebssysteme, die NTFS nicht unterstützen (zum Beispiel Windows 98 und Windows Me), EFS nicht verwenden.

C. **Falsch** CDFS ist das Dateisystem für CD-ROMs. Sie können auf CD-ROM-Laufwerken nicht EFS nutzen.

D. **Richtig** NTFS ist das einzige Dateisystem, das EFS unterstützt.

4. Richtige Antwort: C

A. **Falsch** Komprimierung und Verschlüsselung können zwar kombiniert werden, aber das Komprimieren der Dateien schützt sie nicht vor Unbefugten.

B. **Falsch** Wenn Sie stark eingeschränkte Dateiberechtigungen einstellen, verbessert das die Sicherheit der Dateien, während ein Benutzer angemeldet ist. Dateiberechtigungen reichen aber nicht aus, wenn ein Angreifer physisch Zugriff auf das System erlangt. Ein Angreifer, der die Festplatte des Computers ausbauen kann, kann die Dateisicherheit umgehen. Verschlüsselung ist die beste Methode, die Daten vor Computerdieben zu schützen.

C. **Richtig** Wenn Sie den Inhalt eines Ordners verschlüsseln, aktivieren Sie EFS, das verschlüsselnde Dateisystem. Alle Dateien und Unterordnern werden automatisch verschlüsselt, auch neue Dateien und Unterordner werden automatisch verschlüsselt. Weil die Dateien verschlüsselt sind, lässt sich dieser Schutz nicht so einfach wie die Dateiberechtigungen umgehen.

D. **Falsch** Wenn Sie die vorhandenen Dateien und Ordner verschlüsseln, ist es für einen Dieb zwar viel schwieriger, sich Zugriff auf diese Dateien zu verschaffen, aber neue Dateien werden auf diese Art nicht verschlüsselt, weil die Eigenschaften des übergeordneten Ordners nicht geändert wurden.

Lernziel 7.2: Konfigurieren, Verwalten und Problembehandlung von Sicherheitskonfiguration und lokaler Sicherheitsrichtlinie

Sie können die Gefahr, dass ein Angreifer sich Zugriff auf Ihren Computer verschafft, stark verringern, wenn Sie Sicherheitseinstellungen sorgfältig konfigurieren. Um diese Aufgabe zu vereinfachen, stellt Windows XP die lokale Sicherheitsrichtlinie zur Verfügung, die Sie mit der Konsole **Lokale Sicherheitsrichtlinie** konfigurieren können. Die Konsole **Lokale Sicherheitsrichtlinie** bietet Zugriff auf eine Vielzahl von Sicherheitseinstellungen, darunter Kennwortrichtlinien, Überwachungsrichtlinien, Benutzerrechtzuweisungen und Softwareeinschränkungen.

Es kann sehr schwierig sein, mehrere Computer in einem Netzwerk zu konfigurieren. Am einfachsten können Sie die Sicherheitskonfiguration mehrerer Windows XP Professional-Computer steuern, wenn Sie die Computer zu einer Domäne hinzufügen und Gruppenrichtlinienobjekte konfigurieren. Falls Sie keine Domäne haben, können Sie Sicherheitsvorlagen erstellen und auf alle Ihre Computer jeweils eine Sicherheitsvorlage anwenden. Windows XP stellt sogar Standardsicherheitsvorlagen zur Verfügung, die möglicherweise Ihre Anforderungen erfüllen.

Wenn Sie die Sicherheitskonfiguration konfigurieren, verwalten und Probleme damit beseitigen wollen, müssen Sie die Bedeutung der unterschiedlichen Einstellungen kennen, die in der lokalen Sicherheitsrichtlinie zur Verfügung stehen. Sie sollten auch wissen, wie Sie Sicherheitsvorlagen einsetzen und wie Gruppenrichtlinienobjekte der Domäne Ihre lokalen Sicherheitsrichtlinieneinstellungen möglicherweise überschreiben.

Fragen zu Lernziel 7.2

1.

Jim und Lisa teilen sich einen Windows XP Professional-Desktopcomputer. Sie melden sich beim System mit ihren eigenen lokalen Konten an, die Mitglieder der lokalen Gruppe **Benutzer** sind. Jim versucht, die Sicherheit auf dem Computer zu erhöhen, und verändert dabei die Berechtigungen für viele Dateien und Ordner auf dem lokalen Festplattenlaufwerk. Sowohl Jim als auch Lisa können sich noch beim System anmelden, aber sie können keine der Programme mehr starten, die sie vorher benutzt haben, zum Beispiel Microsoft Word und Microsoft Outlook. Sie wollen mithilfe einer Überwachung herausfinden, bei welchen Dateien und Ordnern die Berechtigungen zu streng eingestellt wurden. Wie gehen Sie vor? Wählen Sie die beiden richtigen Antworten.

A. Konfigurieren Sie in der Ereignisanzeige die Überwachung.

B. Öffnen Sie die Konsole **Lokale Sicherheitsrichtlinie** und aktivieren Sie die Überwachung für fehlgeschlagene Ereignisse von **Objektzugriffsversuche überwachen**.

C. Öffnen Sie die Konsole **Lokale Sicherheitsrichtlinie** und konfigurieren Sie **Richtlinien für die Softwareeinschränkung** für die Programme, die Jim und Lisa brauchen.

D. Laden Sie das Snap-In **Sicherheitskonfiguration und -analyse**, importieren Sie die Sicherheitsvorlage **Hisecws.inf** und analysieren Sie den Computer.

E. Konfigurieren Sie im Windows-Explorer die Überwachung von fehlgeschlagenen Ereignissen für die gewünschten Gruppen oder Konten der Dateien und Ordner, von denen Sie vermuten, dass Jim sie falsch konfiguriert hat.

2.

Sie verwalten eine kleine Gruppe von Windows XP Professional-Computern in einer Arbeitsgruppenumgebung. Sie wollen festlegen, wie viele fehlgeschlagene Anmeldeversuche erlaubt sind, bevor ein Konto gesperrt wird, und wie lange es dauert, bis das Konto automatisch zurückgesetzt wird. Wie erreichen Sie das? Wählen Sie die beste Antwort aus.

A. Öffnen Sie die Konsole **Lokale Sicherheitsrichtlinie**, erweitern Sie den Zweig **Kontorichtlinien**, wählen Sie den Ordner **Kontosperrungsrichtlinien** aus und konfigurieren Sie die entsprechenden Einstellungen.

B. Öffnen Sie das Snap-In **Lokale Benutzer und Gruppen** der Computerverwaltungskonsole, indem Sie in der Systemsteuerung erst **Leistung und Wartung** und dann **Verwaltung** anklicken.

C. Starten Sie die Systemsteuerung und klicken Sie auf **Benutzerkonten**.

D. Starten Sie die Systemsteuerung, klicken Sie auf **Eingabehilfen**, dann erneut auf **Eingabehilfen** und schließlich auf die Registerkarte **Allgemein**, wenn sich das Dialogfeld **Eingabehilfen** öffnet.

3.

Die Rechtsabteilung Ihres Unternehmens hat beschlossen, dass alle Computersysteme im Unternehmen eine kurze Meldung anzeigen müssen, wenn sich ein Benutzer interaktiv am Computer anmeldet. Sie sind für sechs Windows XP Professional-Computer zuständig, die unabhängig von der Active Directory-Domäne des Unternehmens als Arbeitsgruppe eingerichtet sind. Ein Mitarbeiter der Rechtsabteilung schickt Ihnen den Text, der auf diesen Systemen angezeigt werden soll. Wie konfigurieren Sie diese Funktion? Wählen Sie die richtige Antwort.

A. Öffnen Sie in der Computerverwaltungskonsole den Zweig **Dienste und Anwendungen**, wählen Sie den Ordner **Dienste**, blättern Sie durch die Liste der Dienste und klicken Sie doppelt auf **Arbeitsstationsdienst**. Geben Sie den gewünschten Text im Feld **Startparameter** des Arbeitsstationsdienstes ein.

B. Starten Sie die Systemsteuerung, klicken Sie auf **Darstellung und Designs**, dann auf **Anzeige** und schließlich auf die Registerkarte **Einstellungen**.

C. Öffnen Sie die Konsole **Lokale Sicherheitsrichtlinie**, erweitern Sie den Ordner **Lokale Richtlinien** und wählen Sie den Ordner **Sicherheitsoptionen** aus. Blättern Sie durch die Liste der Richtlinien, klicken Sie doppelt auf **Interaktive Anmeldung: Nachricht für Benutzer, die sich anmelden wollen** und geben Sie den gewünschten Text ein.

D. Öffnen Sie den Editor, kopieren Sie den Text der Meldung in das Dokument und speichern Sie es als Datei unter dem Namen **Logon.txt** im Ordner **%SystemRoot%**.

4.

Mit welchen der folgenden Tools können Sie die Einstellungen einer Sicherheitsvorlage *nicht* auf einen Computer anwenden? Wählen Sie alle zutreffenden Antworten aus.

A. Das Snap-In **Richtlinienergebnissatz**

B. Das Befehlszeilentool Secedit

C. Das Snap-In **Sicherheitsvorlagen**

D. Das Snap-In **Sicherheitskonfiguration und -analyse**

E. Die Konsole **Lokale Sicherheitsrichtlinie**

5.

Sie sollen als Consultant vier neue Desktopcomputer für eine Zahnarztpraxis einrichten. Die Computer sind durch ein lokales Netzwerk verbunden und bilden eine Arbeitsgruppe. Auf allen Computern ist Windows XP Professional vorinstalliert. Sie wollen eine sichere Konfiguration entwerfen und auf alle vier Computer anwenden. Wie können Sie das möglichst effizient und effektiv durchführen? Wählen Sie die beste Antwort aus.

A. Öffnen Sie auf jedem der Computer die Konsole **Lokale Sicherheitsrichtlinie** und konfigurieren Sie die gewünschten Einstellungen. Öffnen Sie anschließend den Windows-Explorer und konfigurieren Sie die Berechtigungen für alle Ordner.

B. Schreiben Sie ein Skript in der Sprache VBScript, das alle gewünschten Änderungen vornimmt. Kopieren Sie das Skript auf jeden der vier Computer und führen Sie es aus.

C. Starten Sie auf einem Computer das Systemsteuerungsmodul **System** und konfigurieren Sie darin die gewünschten Einstellungen. Exportieren Sie die Einstellungen anschließend in eine Textdatei und importieren Sie sie auf den anderen Computern in das Systemsteuerungsmodul **System**.

D. Öffnen Sie auf einem Computer das Snap-In **Sicherheitsvorlagen** und erstellen Sie eine neue Sicherheitsvorlage mit den gewünschten Einstellungen. Speichern Sie die Vorlage und kopieren Sie sie auf alle anderen Computer. Öffnen Sie auf jedem der Computer das Snap-In **Sicherheitskonfiguration und -analyse**, importieren Sie die Vorlage und wenden Sie die Vorlage an.

Antworten zu Lernziel 7.2

1. Richtige Antwort: B und E

A. **Falsch** Sie können in der Ereignisanzeige zwar das Sicherheitsprotokoll anzeigen lassen, aber Sie können darin keine Überwachungseinstellungen konfigurieren.

B. **Richtig** Das ist einer der beiden Schritte, mit denen Sie die Überwachung für fehlgeschlagene Ereignisse bei bestimmten Dateien und Ordnern aktivieren. In diesem Fall wird die Einstellung im lokalen Gruppenrichtlinienobjekt gespeichert. Es kann auch in einer Domänenumgebung mit Active Directory-Gruppenrichtlinienobjekten konfiguriert werden.

C. **Falsch** Die in diesem Szenario beschriebenen Probleme wurden durch falsch konfigurierte NTFS-Berechtigungen verursacht. Durch Konfigurieren von Richtlinien für die Softwareeinschränkung lassen sich diese Probleme nicht beseitigen.

D. **Falsch** Sie können in diesem Snap-In die aktuellen NTFS-Berechtigungen mit denen aus einer Sicherheitsvorlage vergleichen, aber die Sicherheitsvorlage **Hisecws.inf** umfasst keinerlei Einstellungen für NTFS-Berechtigungen. Außerdem wird im Szenario beschrieben, dass Sie die Überwachung konfigurieren wollen. Das erreichen Sie nicht durch das Analysieren des Computers.

E. **Richtig** Das ist der zweite der beiden Schritte, mit denen Sie die Überwachung für fehlgeschlagene Ereignisse bei bestimmten Dateien und Ordner aktivieren. Wenn Sie zusätzlich eine Überwachungsrichtlinie eingestellt haben, wird jedes Mal, wenn ein Konto versucht, einen nicht autorisierten Zugriff auf ein überwachtes Objekt zu erhalten, ein Ereignis in das lokale Sicherheitsprotokoll geschrieben.

2. Richtige Antwort: A

A. **Richtig** Die Konsole **Lokale Sicherheitsrichtlinie** enthält die Sicherheitseinstellungen des lokalen Gruppenrichtlinienobjekts. Die Einstellungen für eigenständige und Arbeitsgruppencomputer konfigurieren Sie in dieser Konsole. Die hier vorgenommenen Einstellungen gelten für den lokalen Computer, daher müssen Sie sich bei jedem Zielcomputer anmelden, um dort die entsprechenden Einstellungen vorzunehmen.

B. **Falsch** Sie können im Snap-In **Lokale Benutzer und Gruppen** Benutzer und Gruppen hinzufügen, Eigenschaften von Benutzern und Gruppen einstellen und Kennwörter für Benutzer zurücksetzen, aber Sie können mit diesem Tool keine Kontosperrungsrichtlinien konfigurieren.

C. **Falsch** Das Systemsteuerungsmodul **Benutzerkonten** bietet einige der Funktionen aus dem Snap-In **Lokale Benutzer und Gruppen**, aber Sie können damit keine Kontosperrungsrichtlinien konfigurieren.

D. **Falsch** Das Modul **Eingabehilfen** dient dazu, Windows XP für behinderte Benutzer zu konfigurieren. Sie können darin keine Kontosperrungsrichtlinien konfigurieren.

3. Richtige Antwort: C

A. **Falsch** Das Feld **Startparameter** finden Sie bei jedem Dienst im Eigenschaftendialogfeld auf der Registerkarte **Allgemein**. Diese Parameter werden an den Befehl angehängt, mit dem der Dienst aufgerufen wird, wenn er aus diesem Dialogfeld heraus gestartet wird. Es gibt keine Befehlszeilenparameter zum Konfigurieren einer Anmeldenachricht.

B. **Falsch** Das Systemsteuerungsmodul **Anzeige** dient zum Konfigurieren von Desktopdarstellung, Bildschirmschoner, Anzeigeauflösung, Farbtiefe und anderen Anzeigeoptionen. Sie können damit keine Anmeldenachricht konfigurieren.

C. **Richtig** Auf diese Art konfigurieren Sie diese Einstellung auf einem eigenständigen und einem Arbeitsgruppencomputer. Es gibt eine zweite Einstellung, die in einem solchen Fall normalerweise ebenfalls konfiguriert wird, nämlich **Interaktive Anmeldung: Nachrichtentitel für Benutzer, die sich anmelden wollen**. Damit legen Sie die Titelzeile des Dialogfelds fest, in dem die Anmeldenachricht angezeigt wird. Wenn Sie diese Einstellungen auf vielen Windows XP Professional-Computern konfigurieren müssen, ist es effizienter, die Einstellung über ein Gruppenrichtlinienobjekt der Domäne anzuwenden.

D. **Falsch** Windows XP Professional wertet keine Textdatei aus, um festzustellen, ob es eine Meldung anzeigen soll, wenn sich Benutzer interaktiv anmelden. Und Windows XP speichert auch keine Anmeldenachricht in einer Textdatei.

4. Richtige Antwort: A und C

A. **Richtig** Das Snap-In **Richtlinienergebnissatz** ist ein sehr nützliches Tool, wenn Sie feststellen wollen, wie die effektiven Sicherheitseinstellungen eines Computers aussehen, wenn Sicherheitseinstellungen durch mehrere Ebenen von Richtlinien definiert werden, zum Beispiel sowohl durch Gruppenrichtlinienobjekte als auch durch die lokale Sicherheitsrichtlinie. Aber mit diesem Tool können Sie nicht die Konfigurationseinstellungen eines Computers ändern.

B. **Falsch** Sie können mit dem Befehlszeilentool Secedit eine Sicherheitsvorlage auf einen Computer anwenden. Verwenden Sie dazu den Parameter **/configure**.

C. **Richtig** Sie können mit dem Snap-In **Sicherheitsvorlagen** Ihre Sicherheitsvorlagen erstellen und bearbeiten. Aber es kann eine Sicherheitsvorlage nicht auf einen Computer anwenden.

D. **Falsch** Sie können mit dem Snap-In **Sicherheitskonfiguration und -analyse** eine Sicherheitsvorlage anwenden, indem Sie die Sicherheitsvorlage erst in eine Datenbank importieren, mit der rechten Maustaste auf **Sicherheitskonfiguration und -analyse** klicken und den Befehl **Computer jetzt konfigurieren** wählen.

E. **Falsch** Sie können in der Konsole **Lokale Sicherheitsrichtlinie** eine Sicherheitsvorlage auf einen Computer anwenden, indem Sie mit der rechten Maustaste auf **Sicherheitseinstellungen** klicken und dann **Richtlinie importieren** wählen.

5. Richtige Antwort: D

A. **Falsch** Bei diesem Ansatz wird die Sicherheit zwar auf allen Computern konfiguriert, er ist aber zeitaufwendig und fehlerträchtig. Es ist unwahrscheinlich, dass alle vier Computer dieselben Einstellungen haben, nachdem der Prozess abgeschlossen ist.

B. **Falsch** Bei diesem Ansatz erhalten Sie eine konsistente Sicherheitskonfiguration auf allen vier Computern, aber das Schreiben und Debuggen eines komplexen Skripts erfordert viel Zeit.

C. **Falsch** Das Systemsteuerungsmodul **System** dient nicht zum Konfigurieren von Sicherheitseinstellungen.

D. **Richtig** Bei Computern, die nicht Mitglieder einer Active Directory-Domäne sind, ist dies die beste Methode, um konsistente Einstellungen auf mehreren Computern zu konfigurieren.

Lernziel 7.3: Konfigurieren, Verwalten und Problembehandlung von lokalen Benutzer- und Gruppenkonten

Windows XP speichert eine Liste der Benutzer, denen Rechte für den Ressourcenzugriff zugewiesen werden können, in einer lokalen Benutzerdatenbank. Damit das Zuweisen von Rechten einfacher ist, können Sie diese Benutzer in Gruppen einteilen und die Berechtigungen diesen Gruppen zuweisen.

Die Benutzerverwaltung ist aber ein komplexes Unterfangen. Erstens müssen Sie in der Lage sein festzustellen, wer auf Ihre Computer zugegriffen hat oder einen Zugriff versucht hat. Für diesen Zweck stellt Windows XP die Überwachung zur Verfügung. Zweitens müssen Sie in der Lage sein zu steuern, was Benutzer auf Ihrem Computer tun dürfen. Nicht alle Benutzer sollen schließlich dieselben Rechte haben. Für dieses Konfigurieren von Benutzerrechten stellt Windows XP Kontoeinstellungen, Kontorichtlinien sowie Benutzer- und Gruppenrechte zur Verfügung.

Damit Sie lokale Benutzer- und Gruppenkonten konfigurieren, verwalten und Probleme damit beseitigen können, müssen Sie wissen, wie Sie mithilfe der Computerverwaltungskonsole Konten verwalten. Sie müssen außerdem wissen, wie Sie in der Konsole **Lokale Sicherheitsrichtlinie** Benutzerrechte konfigurieren. Schließlich müssen Sie auch noch wissen, wie Sie Benutzern und Gruppen Rechte zum Zugreifen auf Ressourcen wie Dateien, Drucker und die Registrierung zuweisen.

Fragen zu Lernziel 7.3

1.

Sie sind Netzwerkadministrator für ein Industrieunternehmen. Sie wurden angewiesen, Richard und Anthony aus der Gruppe **Buchhaltung1** zu entfernen. Diese Gruppe hat Zugriff auf den freigegebenen Ordner **Zahlungsverzug**. Sie stellen fest, dass Richard und Anthony die einzigen Mitglieder der Gruppe **Buchhaltung1** sind, daher entfernen Sie ihre Konten aus der Gruppe und löschen die Gruppe anschließend. Einige Wochen später teilt man Ihnen mit, dass Richard wieder Zugriff auf den Ordner **Zahlungsverzug** benötigt. Wie können Sie dafür sorgen, dass er wieder Zugriff bekommt? Wählen Sie die beiden richtigen Antworten.

A. Erstellen Sie das Benutzerkonto von Richard neu.

B. Erstellen Sie die Gruppe **Buchhaltung1** neu und fügen Sie Richards Konto hinzu.

C. Geben Sie dem Benutzerkonto von Richard das Benutzerrecht **Permanent freigegebene Objekte erstellen**.

D. Erstellen Sie die Gruppe **Buchhaltung1** neu.

E. Gewähren Sie der Gruppe **Buchhaltung1** die nötigen Berechtigungen, damit sie auf den freigegebenen Ordner **Zahlungsverzug** zugreifen kann.

2.

Sie arbeiten für eine Anwaltskanzlei. Dave, Jenny und Joe sind Anwälte, die einen Laptopcomputer gemeinsam nutzen. Der Laptop wird mit vorinstalliertem Windows XP Professional und Office 2003 Professional ausgeliefert. Sie installieren die übrigen Anwendungen, die in der Kanzlei verwendet werden, wollen aber sicherstellen, dass Dave, Jenny und Joe ihre Daten und Benutzereinstellungen voneinander getrennt speichern und verwalten. Wie gehen Sie vor? Wählen Sie die beste Antwort aus.

A. Führen Sie das Tool Sysprep aus.

B. Erstellen Sie ein neues lokales Benutzerprofil für jeden Anwalt.

C. Erstellen Sie für jeden Anwalt ein eigenes Hardwareprofil.

D. Erstellen Sie für jeden Anwalt ein lokales Benutzerkonto.

3.

Sie arbeiten in einer Anwaltskanzlei, die ihr Netzwerk auf eine Active Directory-Domäne aufgerüstet hat. Alle Benutzerkonten und Computer wurden in die Domäne übernommen. Ein Anwalt namens Dave hat vor kurzem das Unternehmen verlassen, als Aushilfe springt für einige Zeit Scott ein. Wie können Sie Scott am einfachsten denselben Zugriff auf das Netzwerk verschaffen, den Dave hatte? Wählen Sie die beste Antwort aus.

A. Benennen Sie Daves Konto in **Scott** um und setzen Sie das Kennwort zurück.

B. Erstellen Sie ein neues Benutzerkonto mit dem Namen **Scott** und kopieren Sie das Benutzerprofil von Dave in das Konto von Scott.

C. Erstellen Sie ein neues Konto für Scott und gewähren Sie ihm von Hand Zugriff auf alle Ressourcen, auf die Daves Konto Zugriff hatte. Löschen Sie das Konto von Dave.

D. Erstellen Sie ein neues Konto für Scott und gewähren Sie ihm von Hand Zugriff auf alle Ressourcen, auf die Daves Konto Zugriff hatte. Deaktivieren Sie Daves Konto.

4.

Sie haben vor kurzem eine Stelle als Administrator für Desktopsysteme bei einem Telekommunikationsunternehmen angetreten. Das Unternehmen betreibt momentan rund 500 Windows XP Professional-Desktopcomputer und eine einzige Windows Server 2003-Active Directory-Domäne. Bei einem Meeting mit Mitarbeitern der Personalabteilung, auf dem deren IT-Anforderungen besprochen werden, erwähnen die Mitarbeiter, dass sie viele Zeitarbeitskräfte beschäftigen. Sie machen deutlich, dass es solchen Benutzern auf keinen Fall möglich sein darf, sich an ihren Computern anzumelden, nachdem ihre Konten gelöscht wurden. Sie wollen sicherstellen, dass sich Benutzer nur dann anmelden dürfen, wenn der Domänencontroller zur Verfügung steht und sie authentifiziert. Wie können Sie das am besten erreichen? Wählen Sie die beste Antwort aus.

A. Tragen Sie in der Konsole **Lokale Sicherheitsrichtlinie** in der Sicherheitsrichtlinie **Lokal anmelden** ausschließlich die Gruppe **Authentifizierte Benutzer** ein.

B. Deaktivieren Sie in der Konsole **Lokale Sicherheitsrichtlinie** die Sicherheitsrichtlinie **Interaktive Anmeldung: Kein STRG+ALT+ENTF erforderlich**.

C. Aktivieren Sie in der Konsole **Lokale Sicherheitsrichtlinie** die Sicherheitsrichtlinie **Interaktive Anmeldung: Domänencontrollerauthentifizierung zum Aufheben der Sperrung der Arbeitsstation erforderlich**.

D. Setzen Sie in der Konsole **Lokale Sicherheitsrichtlinie** die Sicherheitsrichtlinie **Interaktive Anmeldung: Anzahl zwischenzuspeichernder vorheriger Anmeldungen** auf den Wert 0.

5. Bob ist ein Webentwickler in Ihrem Unternehmen. Er hat auf seinem Windows XP Professional-Computer die Internet-Informationsdienste (Internet Information Services, IIS) installiert, damit er seine Entwicklungen testen kann. Er schreibt eine Webanwendung, die auf Dateien zugreift, die auf Windows Server 2003-Computern gespeichert sind, und er möchte, dass der IIS-Dienst auf seinem Computer über das Netzwerk auf diese anderen Systeme zugreifen kann. Er bittet Sie, in der Domäne ein Konto mit dem Namen **BobIIS** zu erstellen. Er fügt dieses Konto zur lokalen Gruppe **Hauptbenutzer** hinzu und konfiguriert den WWW-Veröffentlichungsdienst so, dass er mit dem neuen Domänenkonto startet. Als er aber versucht, den Dienst zu starten, bekommt er eine Fehlermeldung, dass die Anmeldung fehlgeschlagen ist. Auch nachdem er den Computer neu gestartet hat, kann er den Dienst nicht zum Laufen bringen. Wie gehen Sie vor? Wählen Sie die beste Antwort aus.

   A. Fügen Sie das Domänenkonto zur lokalen Administratorengruppe hinzu.

   B. Öffnen Sie die Konsole **Lokale Sicherheitsrichtlinie**, erweitern Sie den Ordner **Lokale Richtlinien**, wählen Sie den Ordner **Zuweisen von Benutzerrechten** aus und blättern Sie durch die Liste der Benutzerrechte, bis Sie **Als Dienst anmelden** gefunden haben. Klicken Sie doppelt auf **Als Dienst anmelden** und fügen Sie das neue Domänenkonto zur Liste der Konten hinzu, die über dieses Benutzerrecht verfügen.

   C. Konfigurieren Sie den Starttyp des Dienstes **IIS Admin** so, dass er ebenfalls unter dem Domänenkonto **BobIIS** läuft.

   D. Öffnen Sie die Konsole **Lokale Sicherheitsrichtlinie**, erweitern Sie den Ordner **Lokale Richtlinien**, wählen Sie den Ordner **Zuweisen von Benutzerrechten** aus und blättern Sie durch die Liste der Benutzerrechte, bis Sie **Lokal anmelden** gefunden haben. Klicken Sie doppelt auf **Lokal anmelden** und fügen Sie das neue Domänenkonto zur Liste der Konten hinzu, die über dieses Benutzerrecht verfügen.

Antworten zu Lernziel 7.3

1. Richtige Antwort: B und E

A. **Falsch** Es besteht kein Grund, das Konto von Richard neu zu erstellen, weil es nicht gelöscht wurde.

B. **Richtig** Wenn Sie einfach eine Gruppe erstellen und ihr den Namen **Buchhaltung1** geben, werden nicht ihre Mitglieder und Berechtigungen wiederhergestellt. Sie müssen von Hand alle Mitglieder hinzufügen, die zur Gruppe gehören sollen, und ihr explizit Berechtigungen für die Ressourcen zuweisen, auf die ihre Mitglieder Zugriff brauchen.

C. **Falsch** Benutzerkonten benötigen dieses Benutzerrecht nicht, um auf Ressourcen zuzugreifen, die über das Netzwerk freigegeben werden.

D. **Falsch** Diese Antwort ist aus den in Antwort B beschriebenen Gründen falsch.

E. **Richtig** Diese Antwort ist aus den in Antwort B beschriebenen Gründen richtig.

2. **Richtige Antwort: D**

A. **Falsch** Das Tool Sysprep dient dazu, Installationsimages von Windows XP Professional zu erstellen, die auch andere Anwendungen wie Office 2003 enthalten. Es dient nicht zum Erstellen von Benutzerkonten oder Benutzerprofilen.

B. **Falsch** Es ist nicht notwendig, von Hand lokale Benutzerprofile zu erstellen. Die Gründe sind in Antwort D erläutert.

C. **Falsch** Hardwareprofile werden verwendet, wenn Computer regelmäßig zwischen ganz unterschiedlichen Hardwareumgebungen hin- und herbewegt werden, zum Beispiel gedockte und abgedockte Profile für einen Laptopcomputer. Hardwareprofile haben nichts mit Daten oder Einstellungen einzelner Benutzer zu tun, daher werden die in diesem Szenario formulierten Anforderungen durch das Erstellen mehrerer Hardwareprofile nicht erfüllt.

D. **Richtig** Wenn sich ein Benutzer zum ersten Mal bei einem Computer anmeldet, wird für ihn ein neues Benutzerprofil im Ordner **Dokumente und Einstellungen** auf dem Systemvolume erstellt. Das Profil speichert automatisch die Benutzereinstellungen, und innerhalb des Profils wird ein Ordner mit dem Namen **Eigene Dateien** erstellt. Die meisten Windows-kompatiblen Programme speichern Dokumente automatisch in diesem Ordner.

3. **Richtige Antwort: A**

A. **Richtig** Jedes Benutzerkonto hat eine eindeutige Sicherheitskennung (Security Identifier, SID). Der Zugriff auf Ressourcen wird eigentlich dieser SID gewährt, aber normalerweise wird sie anhand eines aussagekräftigeren Benutzernamens für das Konto dargestellt. Wenn Sie ein Konto umbenennen, ändert sich dabei nicht die SID. Daher erhält Scott auf alles Zugriff, auf das auch Dave zugreifen konnte. Durch das Ändern des Kennworts stellen Sie sicher, dass sich Dave nicht mehr mit diesem Konto im Netzwerk anmelden kann.

B. **Falsch** Mit dieser Methode würden Sie zwar sicherstellen, dass die Profileinstellungen von Scott denen von Dave entsprechen, aber das Konto von Scott hätte nicht Zugriff auf die freigegebenen Ordner und Drucker, NTFS-Dateien und -Ordner und die anderen Ressourcen, auf die Daves Konto zugreifen konnte. Und wenn Dave noch eine Verbindung zum Netzwerk herstellen kann, etwa über eine DFÜ- oder VPN-Verbindung (virtuelles privates Netzwerk), könnte er weiterhin auf Daten im Netzwerk zugreifen: ein ernstes Sicherheitsrisiko.

C. **Falsch** Mit dieser Methode erreichen Sie das gewünschte Ziel, es gibt aber einen viel einfacheren Weg, Scott den gewünschten Zugriff auf Ressourcen im Netzwerk zu verschaffen.

D. **Falsch** Mit dieser Methode erreichen Sie das gewünschte Ziel, es gibt aber einen viel einfacheren Weg, Scott den gewünschten Zugriff auf Ressourcen im Netzwerk zu verschaffen.

4. Richtige Antwort: D

A. **Falsch** Diese Sicherheitseinstellung verhindert nicht, dass sich Benutzer anmelden, die sich vorher schon einmal am Computer angemeldet haben, deren Domänenkonto gelöscht wurde oder deren Computer keine Verbindung mit dem Netzwerk hat. In diesem Fall könnte der Benutzer sich über die lokal zwischengespeicherten Anmeldeinformationen authentifizieren.

B. **Falsch** Wenn Benutzer zum Anmelden die Tastenkombination STRG+ALT+ENTF drücken müssen, erhöht das die Sicherheit des Systems, aber es kann trotzdem sein, dass sich Benutzer noch anmelden können, ohne durch einen Domänencontroller authentifiziert worden zu sein (falls der Domänencontroller nicht zur Verfügung steht).

C. **Falsch** Die Sicherheitsrichtlinie **Interaktive Anmeldung: Domänencontrollerauthentifizierung zum Aufheben der Sperrung der Arbeitsstation erforderlich** bewirkt, dass Windows XP einen Benutzer erneut bei einem Domänencontroller authentifiziert, wenn er seine Arbeitsstation entsperren will. Diese Sicherheitseinstellung soll in erster Linie einen Angreifer daran hindern, das Kennwort eines Benutzers zu erraten, der seine Arbeitsstation mit einem Bildschirmschoner gesperrt hat. Wenn diese Einstellung deaktiviert ist, zählen Authentifizierungsversuche an einer gesperrten Arbeitsstation nicht als fehlgeschlagene Anmeldeversuche. Es ist zwar empfehlenswert, diese Sicherheitsrichtlinie zu aktivieren, Sie erreichen damit aber nicht das in diesem Szenario beschriebene Ziel.

D. **Richtig** Wenn Sie diese Sicherheitsrichtlinie auf den Wert 0 setzen, kann sich kein Benutzer anmelden, der nicht von einem Domänencontroller authentifiziert wurde.

5. Richtige Antwort: B

A. **Falsch** Wenn Sie das Konto zu dieser Gruppe hinzufügen, ist zwar sichergestellt, dass es Zugriff auf alle lokalen Dateien, Ordner und anderen Ressourcen hat, die es möglicherweise braucht, aber wahrscheinlich verfügt es bereits über ausreichenden Zugriff, weil es zur Gruppe **Hauptbenutzer** hinzugefügt wurde. Mit diesem Schritt lässt sich das Problem wahrscheinlich nicht beseitigen.

B. **Richtig** Dienste, die unter Windows XP ausgeführt werden, müssen im Kontext von Konten laufen, die über das Benutzerrecht **Als Dienst anmelden** verfügen. Das Konto muss außerdem Zugriff auf Dateien, Ordner und andere Ressourcen haben, die vom Dienst benötigt werden.

C. **Falsch** Diese Methode löst das Problem nicht. Das Konto, mit dem der Dienst **IIS Admin** gestartet wird, hat keine Auswirkungen auf das Verhalten des WWW-Veröffentlichungsdienstes. Wenn Sie versuchen, den Dienst zu starten, werden Sie dieselbe Fehlermeldung erhalten wie vorher.

D. **Falsch** Dieses Benutzerrecht wird für alle Konten benötigt, die sich interaktiv am System anmelden. Es ist daneben auch für alle Benutzer erforderlich, auch für das vordefinierte Konto für den anonymen Webzugriff, das auf Websites zugreift, die auf dem Computer laufen. Das Benutzerrecht **Lokal anmelden** wird aber nicht für ein Konto benötigt, das Dienste startet. Daher lässt sich das Problem auf diese Weise nicht lösen.

Lernziel 7.4: Konfigurieren, Verwalten und Problembehandlung der Internet Explorer-Sicherheitseinstellungen

Als Webbrowser noch ganz neu waren, waren es einfache Tools zum Anzeigen von HTML-Dateien. Im Lauf der Zeit ist der Funktionsumfang von Webbrowsern immer mehr gewachsen. Heute ist der Internet Explorer ein sehr komplexes Tool, und Sie brauchen detaillierte Kenntnisse, um ihn zu konfigurieren, zu verwalten und Probleme damit zu beseitigen.

Ganz besonders nach dem Installieren des Service Pack 2 für Windows XP brauchen Sie detaillierte Kenntnisse der Sicherheitseinstellungen des Internet Explorers. Sind die Sicherheitseinstellungen zu streng, können die Benutzer nicht auf Websites zugreifen, die sie für ihre Arbeit benötigen. Sind die Sicherheitseinstellungen dagegen zu lax, können böswillige Websites Spyware oder andere böswillige Software auf den Computern installieren, die Sie verwalten. Um den Internet Explorer erfolgreich warten zu können, müssen Sie nicht nur wissen, wie Sie ihn konfigurieren, verwalten und Probleme damit beseitigen, sondern auch, wie Sie ihn vor böswilligen Webinhalten schützen.

Fragen zu Lernziel 7.4

1.

Bei welcher der folgenden Webinhaltszonen wird in der Standardeinstellung beim Benutzer nachgefragt, ob ein unsigniertes ActiveX-Steuerelement heruntergeladen werden soll? Wählen Sie die richtige Antwort.

A. Internet

B. Lokales Intranet

C. Vertrauenswürdige Sites

D. Eingeschränkte Sites

2.

Sie arbeiten für Humongous Insurance, und dieses Unternehmen ist eine enge Partnerschaft mit Contoso Pharmaceuticals eingegangen. Benutzer in Ihrem Netzwerk können über eine VPN-Verbindung, die das Intranet von Contoso durchläuft, auf einige Webserver im Intranet von Contoso zugreifen. Um höhere Sicherheit zu gewährleisten, haben die Administratoren im Netzwerk von Contoso HTTPS für alle Verbindungen zu ihren Intranet-Webservern vorgeschrieben. Diese Server verwenden SSL-Zertifikate, die von Contosos eigener Zertifizierungsstelle ausgestellt wurden. Jedes Mal, wenn Benutzer in Ihrem Netzwerk einen der Webserver im Intranet von Contoso besuchen, erhalten sie eine Fehlermeldung, dass das SSL-Zertifikat nicht von einer vertrauenswürdigen Stammzertifizierungsstelle ausgestellt wurde. Wie können Sie am einfachsten sicherstellen, dass Benutzer in Ihrem Netzwerk auf die Webserver im Intranet von Contoso zugreifen können, ohne diese Fehlermeldungen angezeigt zu bekommen? Wählen Sie die beste Antwort aus.

A. Bitten Sie einen Administrator bei Contoso, Ihnen eine Kopie des ausstellenden Zertifikats seiner Stammzertifizierungsstelle zu schicken. Starten Sie in der Systemsteuerung **Internetoptionen** und importieren Sie auf jedem Computer, der auf das Contoso-Intranet zugreift, das Zertifikat als vertrauenswürdige Stammzertifizierungsstelle.

B. Bitten Sie einen Administrator bei Contoso, das ausstellende Zertifikat seiner Zertifizierungsstelle an Microsoft zu schicken, damit es in das nächste Service Pack für Windows XP integriert werden kann.

C. Bitten Sie die Administratoren bei Contoso, ein neues Zertifikat von einer vorhandenen vertrauenswürdigen Stammzertifizierungsstelle zu kaufen und dann die interne Zertifizierungsstelle neu zu erstellen und dabei das neue Zertifikat für den ersten Server zu verwenden.

D. Fügen Sie auf jedem Computer, der auf das Contoso-Intranet zugreift, im Registrierungs-Editor (**Regedit.exe**) von Hand das ausstellende Zertifikat von Contoso zur Liste der vertrauenswürdigen Stammzertifizierungsstellen hinzu.

3.

Sie besuchen regelmäßig die Website eines Hardwareherstellers, um Computer, Computerteile und Netzwerkausrüstung online zu bestellen. Sie waren viele Monate lang sehr zufrieden, aber jetzt hat der Hersteller seine Website überarbeitet. Sie verwendet jetzt ActiveX-Steuerelemente, um den Katalog, den Lagerbestand, Kontoinformationen, frühere Bestellungen und noch nicht gelieferte Bestellungen anzuzeigen. Als Sie die überarbeitete Website aufrufen, können Sie viele Text- und grafische Elemente sehen, aber große Abschnitte scheinen leer zu sein. Als Sie einige Links anklicken, erscheinen mehr Seiten mit leeren Bereichen. Wie können Sie sich selbst am einfachsten Zugriff auf den gesamten Funktionsumfang der neuen Website verschaffen? Wählen Sie die beste Antwort aus.

A. Rufen Sie den Hersteller an und teilen Sie ihm mit, dass seine Website außer Betrieb ist.

B. Bitten Sie den Hersteller, Ihnen die ActiveX-Steuerelemente als E-Mail zu schicken, damit Sie sie von Hand auf Ihrem Computer installieren können.

C. Fügen Sie den URL des Herstellers zur Liste **Vertrauenswürdige Sites** hinzu, indem Sie aus der Systemsteuerung das Dialogfeld **Internetoptionen** starten und die Registerkarte **Sicherheit** anklicken.

D. Bitten Sie den Hersteller, Ihnen einen Link auf seine alte Website zur Verfügung zu stellen.

4.

Aufgrund der stark zunehmenden Zahl von Angreifern, die über manipulierte Websites die Browser der Besucher angreifen, haben Sie die Internet Explorer-Sicherheitseinstellungen in Ihrem Unternehmen verschärft. Während der Tests fällt Ihnen auf, dass Sie keine der beliebten Websuchmaschinen mehr verwenden können. Welche Änderungen sollten Sie vornehmen, um das Problem zu beseitigen, aber dennoch das Sicherheitsrisiko so gering wie möglich zu halten? Wählen Sie die beste Antwort aus.

A. Suchfunktionen sind immer gefährlich, daher weigern sich abgesicherte Versionen des Internet Explorers, Informationen an Internetsuchmaschinen zu übertragen.

B. Ändern Sie das Standardprotokoll des Internet Explorers von HTTP zu HTTPS.

C. Bearbeiten Sie die Zugriffssteuerungsliste des Internet Explorers. Fügen Sie die Spezialgruppe **Authentifizierte Benutzer** zur Ressource **Unverschlüsselte Formulardaten übermitteln** hinzu.

D. Wählen Sie im Internet Explorer den Menübefehl **Extras/Internetoptionen**. Klicken Sie auf die Registerkarte **Sicherheit** und wählen Sie die Zone **Internet**. Klicken Sie auf die Schaltfläche **Stufe anpassen**. Blättern Sie in der Liste, bis Sie den Eintrag **Unverschlüsselte Formulardaten übermitteln** gefunden haben, und wählen Sie für diesen Eintrag die Option **Aktivieren**.

Antworten zu Lernziel 7.4

1. Richtige Antwort: C

A. **Falsch** In der Standardeinstellung sind für Sites in der Zone **Internet** unsignierte ActiveX-Steuerelemente deaktiviert. Wurde ein ActiveX-Steuerelement signiert, wird der Benutzer gefragt, ob es heruntergeladen werden soll. Auf diese Weise wird sichergestellt, dass der Benutzer vor potentiell gefährlichen unsignierten ActiveX-Steuerelementen im öffentlichen Internet geschützt wird. Benutzer können diese Standardeinstellung ändern, indem sie im Internet Explorer das Dialogfeld **Internetoptionen** öffnen, auf die Registerkarte **Sicherheit** klicken, die Zone **Internet** auswählen und auf die Schaltfläche **Stufe anpassen** klicken.

B. **Falsch** In der Standardeinstellung sind für Sites in der Zone **Lokales Intranet** unsignierte ActiveX-Steuerelemente deaktiviert. Wurde ein ActiveX-Steuerelement signiert, wird der Benutzer gefragt, ob es heruntergeladen werden soll. Auf diese Weise wird sichergestellt, dass der Benutzer vor potentiell gefährlichen unsignierten ActiveX-Steuerelementen im lokalen Intranet geschützt wird. Benutzer können diese Standardeinstellung ändern, indem sie im Internet Explorer das Dialogfeld **Internetoptionen** öffnen, auf die Registerkarte **Sicherheit** klicken, die Zone **Lokales Intranet** auswählen und auf die Schaltfläche **Stufe anpassen** klicken.

C. **Richtig** In der Standardeinstellung wird der Benutzer bei Sites aus der Zone **Vertrauenswürdige Sites** gefragt, ob ein unsigniertes ActiveX-Steuerelement heruntergeladen werden soll. Signierte ActiveX-Steuerelemente werden automatisch heruntergeladen. Wenn ein Benutzer einem Webserver vertraut und sicher ist, dass dieser Server ihm niemals ein potentiell gefährliches ActiveX-Steuerelement zum Download anbietet, muss er sich nicht durch die Nachfragen klicken, ob die Steuerelemente installiert werden sollen.

D. **Falsch** Bei der Zone **Eingeschränkte Sites** sind sowohl signierte als auch unsignierte ActiveX-Steuerelemente deaktiviert. Der Benutzer wird niemals gefragt, ob er ActiveX-Steuerelemente herunterladen will. Sites in der Zone **Eingeschränkte Sites** gelten als Quellen von potentiell gefährlichem Code. Benutzer können diese Standardeinstellung ändern, indem sie im Internet Explorer das Dialogfeld **Internetoptionen** öffnen, auf die Registerkarte **Sicherheit** klicken, die Zone **Eingeschränkte Sites** auswählen und auf die Schaltfläche **Stufe anpassen** klicken.

2. Richtige Antwort: A

A. **Richtig** Das ist die beste Methode innerhalb der Antworten, die hier zur Auswahl stehen. Dieser Vorgang ließe sich allerdings stark vereinfachen, würde im Netzwerk Active Directory laufen. Das Zertifikat von Contoso könnte dann mithilfe eines Domänen-Gruppenrichtlinienobjekts zur Liste der vertrauenswürdigen Stammzertifizierungsstellen hinzugefügt werden.

B. **Falsch** Microsoft stellt hohe Anforderungen an neue Stammzertifizierungsstellen, die zusammen mit den Betriebssystemen als vertrauenswürdige Stammzertifizierungsstellen ausgeliefert werden sollen. Es muss zweifelsfrei nachgewiesen werden, dass eine

Vielzahl von Benutzern in vielen unterschiedlichen Organisationen davon profitiert, dass eine neue Zertifizierungsstelle zur Liste hinzugefügt wird.

C. **Falsch** Würde Contoso gerade erst damit beginnen, seine erste Zertifizierungsstelle aufzubauen, wäre diese Methode sinnvoll. Da die Zertifizierungsstelle aber bereits in Betrieb ist, wäre es sehr zeitaufwendig, sie einzumotten und ganz von vorn zu beginnen.

D. **Falsch** Es ist nicht möglich, auf diese Weise SSL-Zertifikate zu importieren.

3. Richtige Antwort: C

A. **Falsch** Es ist zwar denkbar, dass die Website Probleme hat, das ist im beschriebenen Szenario aber nicht die wahrscheinlichste Ursache. Da Teile der Seiten korrekt angezeigt werden und Links auf andere Seiten funktionieren, arbeitet der Webserver vermutlich. Die Probleme könnten durch einen ausgefallenen Datenbankserver oder Anwendungsserver verursacht werden, der Daten an den Webserver liefert, aber Sie haben nicht genug Informationen, um feststellen zu können, ob das der Fall ist.

B. **Falsch** ActiveX-, Java- und andere Webapplets sind so entworfen, dass sie von Besuchern der Website bei Bedarf heruntergeladen werden. Sie werden nicht über Installationsroutinen bereitgestellt. Dieser Ansatz würde für die Webadministratoren des Herstellers einen gewaltigen Aufwand bedeuten, und Sie müssten Ihre Zeit damit verschwenden, die Software von Hand zu installieren.

C. **Richtig** Das ist eine einfache Methode, das Problem zu beseitigen. In der Standardeinstellung erlauben Sites in der Zone **Internet** keine unsignierten ActiveX-Steuerelemente. Diese strenge Einstellung kann für manche herunterladbaren ActiveX-Steuerelemente Probleme verursachen. Die Standardeinstellung für die Zone **Vertrauenswürdige Sites** ist **Sehr niedrig**, daher müssten alle funktionsfähigen Applets korrekt laufen. Seien Sie vorsichtig, wenn Sie URLs zu Ihrer Liste der vertrauenswürdigen Sites hinzufügen: Es könnte passieren, dass böswillige oder schlecht geschriebene Programme heruntergeladen und vom Internet Explorer ohne Ihr Wissen ausgeführt werden. Das kann dazu führen, dass Daten verloren gehen oder ausgespäht werden. Unter Umständen wird sogar die Installation von Windows XP Professional beschädigt. Die Gefahr ist aber gering, wenn Sie nur Sites zur Liste **Vertrauenswürdige Sites** hinzufügen, denen Sie wirklich vertrauen.

D. **Falsch** Es ist unwahrscheinlich, dass der Hersteller zwei unterschiedliche Versionen seiner Website gleichzeitig verwalten will. Daher ist dieser Ansatz nicht durchführbar.

4. Richtige Antwort: D

A. **Falsch** Unverschlüsselt über das Internet übertragene Daten können zwar abgefangen und analysiert werden, Sie können den Internet Explorer aber so konfigurieren, dass er das zulässt. Der Internet Explorer überträgt Daten sogar als Standardeinstellung unverschlüsselt.

B. **Falsch** In diesem Fall weigert sich der Internet Explorer, unverschlüsselte Daten zu übertragen. Das Protokoll HTTPS würde die Daten vor der Übertragung verschlüsseln, und der Internet Explorer würde korrekt arbeiten. Sie können aber HTTPS nicht als Standardprotokoll konfigurieren. Außerdem gibt es viele Websites im Internet, die HTTPS nicht unterstützen.

C. **Falsch** Der Internet Explorer verwendet keine Zugriffsteuerungslisten zur Einschränkung der Aktionen, die Benutzer ausführen dürfen.

D. **Richtig** Auch wenn diese Einstellung in der Standardeinstellung nicht aktiviert ist, können Sie den Internet Explorer so konfigurieren, dass er sich weigert, Formulardaten unverschlüsselt über das Internet zu übertragen. Damit verringern Sie die Gefahr, dass ein Angreifer Ihren Verkehr abfängt und die Daten auswertet, die Sie in das Formular eingegeben haben.

Glossar

A

Abgesicherter Modus Eine Methode, bei der Windows XP Professional nur mit den grundlegenden Dateien und Treibern sowie ohne Netzwerkkomponenten gestartet wird. Der abgesicherte Modus wird gestartet, indem beim Hochfahren des Computers die Taste F8 betätigt wird. Auf diese Weise kann der Computer auch dann gestartet werden, wenn aufgrund eines Problems ein normaler Start nicht möglich ist.

AC-3 Das bei Dolby Digital-Systemen eingesetzte Verfahren zur Komprimierung von Audiodaten. Es handelt sich hierbei um einen Standard für digitale Audiodaten hoher Qualität, der die Audiodaten eines Videos im Digitalformat speichert.

Accelerated Graphics Port (AGP) Ein Erweiterungssteckplatz speziell für Grafikkarten. Dieser dedizierte AGP-Bus, der von Intel entwickelt wurde, wird von Windows XP Professional unterstützt und bietet eine schnelle Übertragung von Video- und Grafikdaten bei hoher Qualität.

ACE *Siehe* Zugriffssteuerungseintrag (Access Control Entry, ACE).

ACL *Siehe* Zugriffssteuerungsliste (Access Control List, ACL).

ACPI *Siehe* Advanced Configuration and Power Interface (ACPI).

Active Directory-Schema Definiert die Struktur der Tabellen und Felder und deren Beziehungen untereinander. In Active Directory ist das Schema eine Auflistung der Daten (Objektklassen), die definieren, wie die tatsächlichen Daten des Verzeichnisses (die Attribute eines Objekts) organisiert und gespeichert werden.

Active Directory-Verzeichnisdienst Active Directory ist der in die Windows 2000 Server- und Windows Server 2003-Produkte integrierte Verzeichnisdienst. Über Active Directory werden alle Ressourcen in einem Netzwerk identifiziert und den Benutzern und Anwendungen zugänglich gemacht.

Address Resolution Protocol (ARP) Ordnet Hardwareadressen (MAC-Adressen) den entsprechenden IP-Adressen (Internet Protocol) zu.

Ad-hoc-Drahtlosnetzwerk Ein Drahtlosnetzwerkmodus, in dem mehrere Stationen untereinander Verbindungen herstellen können, ohne dass dazu ein Access Point nötig ist.

Administrative Freigabe Eine verborgene Freigabe, die Windows XP Professional automatisch erstellt, damit Administratoren auf die Ressourcen eines Computers zugreifen können.

ADSL *Siehe* Asymmetric Digital Subscriber Line (ADSL).

Advanced Configuration and Power Interface (ACPI) Ein offener Industriestandard, der die Energieverwaltung für eine breite Palette an mobilen Computern, Desktop- und Servercomputern sowie Peripheriegeräten definiert. ACPI ist die Grundlage für die OnNow-Industrieinitiative, die Systemherstellern das Bereitstellen von Computern ermöglicht, die durch die Betätigung einer Taste auf der Tastatur gestartet werden können. ACPI ist erforderlich, um die Energieverwaltung und die Plug & Play-Funktionalität von Windows XP Professional voll ausschöpfen zu können. Prüfen Sie anhand der Herstellerdokumentation, ob Ihr Computer ACPI-fähig ist.

Advanced Power Management (APM) Eine von Microsoft und Intel entwickelte Softwareschnittstelle zwischen einer hardwarespezifischen Energieverwaltungskomponente, zum Beispiel der im System-BIOS, und dem Betriebssystemtreiber für die Energieverwaltung.

Agent Ein Programm, das Hintergrundtasks für einen Benutzer ausführt und den Benutzer benachrichtigt, wenn die Aufgabe erledigt wurde oder ein unerwartetes Ereignis aufgetreten ist.

AGP *Siehe* Accelerated Graphics Port (AGP).

American National Standards Institute (ANSI) Eine Organisation US-amerikanischer Industrie- und Wirtschaftsverbände, die Handels- und Kommunikationsstandards entwickelt. ANSI repräsentiert die International Organization for Standardization (ISO) in den USA. *Siehe auch* International Organization for Standardization (ISO).

Analog Ein analoges System kodiert Informationen mithilfe der Frequenzmodulation in einem nicht binären Kontext. Modemgeräte verwenden die analoge Codierung zur Übertragung von Daten mithilfe von Telefonleitungen. Ein analoges System kann beliebige Frequenzen nutzen, wodurch sich viele Möglichkeiten ergeben. Aufgrund dieser Tatsache muss ein Gerät das Signal interpretieren, was häufig zu Fehlern führt. *Siehe auch* Digital, Modem.

Analoge Leitung Eine Kommunikationsleitung, die Informationen mithilfe der Frequenzmodulation überträgt. *Siehe auch* Digitale Leitung.

Anmelderecht Ein Benutzerrecht, das einer Gruppe oder einem einzelnen Benutzerkonto zugewiesen wird. Es steuert, auf welche Weise sich Benutzer bei einem System anmelden dürfen.

Anmeldeskript Dateien, die Benutzerkonten zugewiesen werden können. Üblicherweise handelt es sich bei einem Anmeldeskript um eine Batchdatei, die bei jeder Benutzeranmeldung automatisch ausgeführt wird. Das Anmeldeskript kann die Arbeitsumgebung des Benutzers definieren und ermöglicht es dem Administrator, einige, jedoch nicht alle Aspekte der Benutzerumgebung zu verwalten. Ein Anmeldeskript kann einem oder mehreren Benutzerkonten zugewiesen werden.

ANSI *Siehe* American National Standards Institute (ANSI).

Antwortdatei Eine Textdatei, die dem Windows XP Professional-Setupprogramm Informationen liefert, die während des Installationsvorgangs benötigt werden.

Anwendungsprogrammierschnittstelle (Application Programming Interface, API) Ein Satz Routinen, die von einer Anwendung dazu verwendet werden, Low-Level-Dienste des Betriebssystems anzufordern und auszuführen.

Anwendungsprotokolle Protokolle, die weiter oben im OSI-Referenzmodell zum Einsatz kommen und die Interaktion von Anwendungen sowie den Datenaustausch zwischen Anwendungen unterstützen. Zu diesen Anwendungsprotokollen zählen: FTAM (File Transfer Access Management), ein Dateizugriffsprotokoll; SMTP (Simple Mail Transfer Protocol), ein TCP/IP-Protokoll für die E-Mail-Übertragung; Telnet, ein TCP/IP-Protokoll für die Anmeldung auf Remotehosts; NCP (NetWare Core Protocol), das primäre Protokoll für die Informationsübertragung zwischen einem NetWare-Server und den zugehörigen Clients.

Anwendungsschicht Die oberste (siebte) Schicht des OSI-Referenzmodells. Diese Schicht stellt Anwendungsprozesse für den Zugriff auf Netzwerkdienste zur Verfügung. Diese repräsentieren die Dienste, die direkte Unterstützung für Benutzeranwendungen bieten, zum Beispiel Software für Dateiübertragungen, Datenbankzugriff und E-Mail. *Siehe* *auch* OSI-Referenzmodell (Open Systems Interconnection).

API *Siehe* Anwendungsprogrammierschnittstelle (Application Programming Interface, API).

APIPA *Siehe* Automatic Private IP Addressing (APIPA).

APM *Siehe* Advanced Power Management (APM).

Arbeitsgruppe Eine Sammlung von Computern, die zur gemeinsamen Nutzung von Ressourcen wie zum Beispiel Daten und Peripheriegeräten in einem LAN (Local Area Network) zusammengefasst werden. Jede Arbeitsgruppe wird durch einen eindeutigen Namen identifiziert. *Siehe auch* Domäne, Peer-to-Peer-Netzwerk.

Archivattribut Das Archivattribut kennzeichnet eine Datei, die gesichert wurde. Während inkrementelle oder Differenz-Sicherungen werden Archivattribute ausgewertet, um festzustellen, ob eine Datei seit der letzten Datensicherung verändert wurde.

ARP *Siehe* Address Resolution Protocol (ARP).

ASCII (American Standard Code for Information Interchange) Ein Codierungsschema, das numerischen Werten Buchstaben, Zahlen, Interpunktionszeichen und bestimmte weitere Zeichen zuordnet. Durch die Standardisierung der für die Zeichen verwendeten Werte ermöglicht ASCII den Informationsaustausch zwischen Computern und Programmen.

Assistent für neue Verbindungen Ein Assistent in Windows XP Professional, der einen Großteil der Aufgaben erledigen kann, die beim Konfigurieren einer Netzwerkverbindung für unterschiedliche Situationen anfallen.

Assistent zum Übertragen von Dateien und Einstellungen Eine der zwei Möglichkeiten, mit denen Administratoren Konfigurationseinstellungen und Dateien des Benutzers von Systemen, die unter Windows 95 oder neuer laufen, auf eine neue Windows XP-Installation übertragen können.

Asymmetric Digital Subscriber Line (ADSL) Eine neue Übertragungstechnologie, die das vorhandene Kupferkabeltelefonnetz als Träger für die Hochgeschwindigkeits- und Multimediadatenübertragung nutzt. Mit diesen neuen Verbindungen können theoretisch Übertragungsgeschwindigkeiten von mehr als 8 MBit/s für den Datenempfang sowie bis zu 1 MBit/s für den Datenversand erreicht werden. ADSL ist als Übertragungsprotokoll der Bitübertragungsschicht für nicht abgeschirmte verdrillte Kabel anerkannt.

Asynchrone Übertragung Eine Form der Datenübertragung, bei der Informationen Zeichen für Zeichen gesendet werden. Die Zeitintervalle zwischen den Zeichen variieren. Die asynchrone Übertragung basiert nicht auf einem gemeinsamen Timer, welcher der sendenden und empfangenden Station erlaubt, die einzelnen Zeichen anhand fester Intervalle voneinander zu trennen. Aus diesem Grund umfasst jedes übertragene Zeichen eine bestimmte Zahl von Datenbits (die das Zeichen selbst beinhalten), denen ein Startbit vorangestellt wird und die mit einem optionales Paritätsbit gefolgt von einem 1-, 1,5- oder 2-Stoppbit enden.

Asynchronous Transfer Mode (ATM) Eine erweiterte Implementierung der Paketvermittlung für die Hochgeschwindigkeitsdatenübertragung mit Zellen fester Größe in einem LAN (Local Area Network) oder WAN (Wide Area Network). Zellen umfassen 53 bis 48 Bytes an Daten sowie 5 zusätzliche Bytes mit Adressen. ATM unterstützt die Übertragung von Sprach-, Daten-, Fax-, Echtzeitvideo-, Audio- (CD-Qualität), Grafik-, und Multimegabitdatenübertragungen. ATM ermöglicht das Multiplexing über Switches, um verschiedenen Computern das gleichzeitige Einspeisen von Daten in das Netzwerk zu ermöglichen. Die meisten kommerziellen ATM-Karten bieten Datenübertragungsraten von etwa 155 MBit/s, theoretisch sind Übertragungsraten von 1,2 GBit/s möglich.

ATM *Siehe* Asynchronous Transfer Mode (ATM).

Ausfallzeit Die Dauer, für die ein Computersystem oder damit verbundene Hardware nicht funktionsfähig ist. Ausfallzeiten können durch unerwartete Hardwarefehler verursacht werden oder auf geplante Ereignisse zurückzuführen sein, beispielsweise auf Wartungsarbeiten, den Austausch von Hardwarekomponenten oder die Archivierung von Dateien.

Auslagerung Der Prozess, bei dem virtueller Arbeitsspeicher zwischen dem physischen Arbeitsspeicher (RAM) und der Festplatte verschoben wird. Eine Auslagerung findet statt, wenn der physische Arbeitsspeicher vollständig belegt ist. Auch als Paging bezeichnet.

Auslagerungsdatei Eine besondere Datei auf einer oder mehreren Festplatten eines Windows XP Professional-Computers. Windows XP Professional verwendet den virtuellen Speicher, um Teile des Programmcodes und andere Informationen im RAM zu speichern und gelegentlich Teile des Programmcodes sowie weitere Informationen auf die Festplatte des Computers zu verschieben. Auf diese Weise wird der verfügbare Arbeitsspeicher des Computers vergrößert.

Ausnahme Nicht angeforderter Netzwerkverkehr, den Sie in der Windows-Firewall ausdrücklich erlaubt haben.

Authentifizierung Prüfung basierend auf Benutzername, Kennwort, Uhrzeit und Kontoeinschränkungen.

Automatische private IP-Adressierung (Automatic Private IP Addressing, APIPA) Ein Windows XP Professional-Feature zur automatischen Konfiguration einer eindeutigen IP-Adresse (Internet Protocol) aus dem Adressenbereich **169.254.0.1** bis **169.254.255.255** und der Subnetzmaske **255.255.0.0**. Dieses Feature wird in TCP/IP-Netzwerken (Transmission Control Protocol/ Internet Protocol) mit dynamischer IP-Adressierung eingesetzt, in denen kein DHCP-Server (Dynamic Host Configuration Protocol) verfügbar ist.

Automatische Systemwiederherstellung Eine Funktion des Sicherungsprogramms, die eine Systemwiederherstellungsdiskette erzeugt und eine vollständige normale Datensicherung der Systempartition durchführt. Das Ergebnis ist, dass Sie Ihren Computer im Fall eines schwerwiegenden Fehlers wiederherstellen können.

Automatische Updates Ein Windows-Dienst, der verfügbare Updates für Windows XP und andere Microsoft-Programme sucht, herunterlädt und installiert.

Automatisierte Installation Eine unbeaufsichtigte Installation, die unter Verwendung verschiedener Methoden ausgeführt werden kann, zum Beispiel mithilfe der Remoteinstallationsdienste (RIS), einer startfähigen CD-ROM oder dem Systemvorbereitungsprogramm (Sysprep).

B

Back-End In einer Client/Server-Anwendung der Programmbestandteil, der auf dem Server ausgeführt wird.

Bandbreite In der analogen Kommunikation der Unterschied zwischen der höchsten und niedrigsten Frequenz in einem vorgegebenen Bereich.

Bandwidth Allocation Protocol (BAP) Ein Punkt-zu-Punkt-Protokoll (Point-to-Point Protocol, PPP), das Bandbreite nach Bedarf bereitstellen kann. BAP sorgt für eine dynamische Steuerung der Nutzung von Mehrfachverbindungen. Auf diese Weise können die Verbindungskosten effizient gesteuert und optimale Bandbreiten zur Verfügung gestellt werden.

BAP *Siehe* Bandwidth Allocation Protocol (BAP).

Baseline Ein Maß für die Standardaktivität, das sich durch das Sammeln von Daten über einen längeren Zeitraum ablesen lässt. Die Daten sollten unterschiedliche, jedoch typische Verarbeitungslasten und Benutzerverbindungen widerspiegeln. Die Baseline ist ein Indikator für die Nutzung einzelner Systemressourcen oder Ressourcengruppen in Zeiten normaler Auslastung.

Basic Input/Output System (BIOS) Grundlegende Softwareroutinen zum Testen der Hardware beim Start des Computers. Das BIOS unterstützt den Start des Betriebssystems sowie die Datenübertragung zwischen Hardwaretreibern. Das BIOS wird im ROM (Read-Only Memory) gespeichert, damit es beim Computerstart ausgeführt werden kann. Obwohl dieses System für die Systemleistung entscheidend ist, ist es für den Benutzer praktisch unsichtbar.

Basisdatenträger Ein physischer Datenträger, der primäre Partitionen oder erweiterte Partitionen mit logischen Laufwerken enthält. Diese Art von Datenträger wird von Windows XP Professional, Windows 2000 sowie allen Windows NT-Versionen verwendet. Basisdatenträger können auch Volumes, Stripesets, Spiegelsätze oder RAID-5-Sätze enthalten, die mithilfe von Windows NT 4.0 oder früheren Versionen erstellt wurden. Solange ein kompatibles Dateiformat verwendet wird, kann auf Basisdatenträger mithilfe von MS-DOS, Windows 95, Windows 98 und allen Windows NT-Versionen zugegriffen werden.

Basis-E/A-Anschluss Kanal für den Informationsaustausch zwischen den Hardwarekomponenten eines Computers, zum Beispiel zwischen der Netzwerkkarte und der CPU.

Basispriorität Eine Einstellung, die im Task-Manager vorgenommen wird. Sie legt fest, wie viel Prozessorzeit Windows XP Professional einem Prozess im Vergleich zu anderen Prozessen zuordnet.

Basisspeicheradressen Definiert die Adresse des Orts im Computerarbeitsspeicher (RAM), der von einer Erweiterungskarte wie zum Beispiel der Netzwerkkarte (Network Interface Card, NIC) verwendet wird. Diese Einstellung wird gelegentlich auch als RAM-Startadresse bezeichnet.

Baud Ein Maß für die Geschwindigkeit einer Datenübertragung, die nach dem französischen Ingenieur und Telegrafen Jean-Maurice-Emile Baudot benannt ist. Die Baudrate gibt die Schwingungsgeschwindigkeit der Schallwelle an, mit der ein Datenbit über eine Telefonleitung übertragen wird. Da das Baud-Maß ursprünglich zur Messung der Übertragungsgeschwindigkeit bei Telegrafensystemen eingesetzt wurde, wird die Übertragungsgeschwindigkeit eines Modems gelegentlich in Baud angegeben. Die modernen Modems senden die Daten jedoch mit einer höheren Geschwindigkeit als einem Bit pro Schwingung, daher wurde das Baud-Maß von dem genaueren Übertragungsmaß Bit/s (Bit pro Sekunde, auch bps) abgelöst.

Baudrate Bezieht sich auf die Geschwindigkeit, mit der ein Modem Daten übertragen kann. Die Baudrate wird häufig mit dem Übertragungsmaß Bit/s (Bit pro Sekunde) verwechselt, misst jedoch tatsächlich die Anzahl der Ereignisse beziehungsweise Signaländerungen pro Sekunde. Da ein Ereignis bei der digitalen Hochgeschwindigkeitskommunikation mehr als ein Bit umfassen kann, sind die Werte für Baudrate und Bit pro Sekunde nicht immer identisch. Das Geschwindigkeitsmaß Bit/s ist für Modems der genauere Wert. Ein 9600-Baud-Modem mit vier Bits pro Ereignis arbeitet tatsächlich mit 2400 Baud, überträgt jedoch mit 9600 Bit/s (2400 Ereignisse × 4 Bits/Ereignis) und müsste daher richtiger als 9600-Bit/s-Modem bezeichnet werden. *Siehe auch* Bit pro Sekunde (Bit/s).

Benutzergruppen Gruppen von Benutzern, die sich im Netz oder persönlich treffen, um Installations-, Verwaltungs- und andere Netzwerkaufgaben zum Zwecke des Ideen- und Erfahrungsaustauschs zu besprechen. Meist mit dem englischen Begriff User Groups bezeichnet.

Benutzerkonto Enthält alle Informationen zur Definition eines Benutzers im Netzwerk. Dies schließt Benutzername und Kennwort für die

Anmeldung, die Gruppenmitgliedschaften des Benutzers sowie die Rechte und Berechtigungen für System- und Ressourcenzugriff ein. *Siehe auch* Vordefinierte Gruppen.

Benutzerprinzipalname (User Principal Name, UPN) Ein „abgekürzter" Name, der das Benutzerkonto und den DNS-Namen der Struktur angibt, in der das Benutzerkontoobjekt gespeichert ist.

Benutzerprofil Eine Sammlung benutzerspezifischer Einstellungen, zum Beispiel eines angepassten Desktops oder persönlicher Anwendungseinstellungen.

Benutzerrechte Rechte, die den Mitgliedern einer Gruppe oder einem einzelnen Benutzer erlauben, eine bestimmte Aktion auszuführen, zum Beispiel das Sichern von Dateien oder das Ändern der Systemzeit. Benutzerrechte umfassen Privilegien und Anmelderechte.

Berechtigungen *Siehe* Zugriffsberechtigungen.

Berechtigungsvererbung Der Vorgang, bei dem eine Datei oder ein Ordner Berechtigungen erhält, die aus den Berechtigungen abgeleitet werden, die dem übergeordneten Ordner des Objekts zugewiesen sind.

Bereitgestelltes Volume Ein Volume, dem Sie keinen Laufwerkbuchstaben, sondern einen Pfad auf einem vorhandenen Volume zuweisen.

Besitzer Der Benutzer, der eine Datei, einen Ordner oder einen Drucker erstellt.

Bildschirmauflösung Eine Einstellung, über die Sie festlegen können, wie viele Pixel Windows zum Anzeigen des Desktops verwendet.

Binden Die Verknüpfung zweier Informationseinheiten.

Bindung Ein Prozess, der einen Kommunikationskanal für zwei Netzwerkkomponenten unterschiedlicher Ebene einrichtet, um den Informationsaustausch zwischen diesen Komponenten zu ermöglichen – zum Beispiel könnte eine Bindung für einen Protokolltreiber (wie beispielsweise TCP/IP) und eine Netzwerkkarte vorgenommen werden.

BIOS *Siehe* Basic Input/Output System (BIOS).

BISYNC (Binary Synchronous Communications Protocol) Ein von IBM entwickeltes Kommunikationsprotokoll. BISYNC-Übertragungen werden entweder über ASCII oder EBCDIC codiert. Die Daten bei der BISYNC-Übertragung können eine beliebige Länge aufweisen und werden in Einheiten gesendet, die als Frames bezeichnet werden. Optional kann den Daten ein Header vorangestellt werden. Da BISYNC die synchrone Übertragung unterstützt, bei der Frame-Elemente durch ein bestimmtes Zeitintervall getrennt werden, werden vor und nach jedem Frame Sonderzeichen eingefügt, die der empfangenden und der sendenden Einheit einen Abgleich der Systemzeit ermöglichen.

Bit pro Sekunde (Bit/s) Ein Maß für die Geschwindigkeit, mit der ein Gerät Daten übertragen kann. *Siehe auch* Baudrate.

Bit Kurz für *Binary Digit*. Ein Bit kann im binären Zahlensystem entweder den Wert 0 oder 1 annehmen. Bei der Datenverarbeitung und Speicherung ist das Bit die kleinste Informationseinheit, die von einem Computer verarbeitet wird. Physikalisch wird das Bit beispielsweise durch einen einzelnen elektrischen Impuls in einem Schaltkreis oder durch einen kleinen Punkt auf einem magnetischen Datenträger repräsentiert, der in der Lage ist, den Wert 1 oder 0 zu speichern. Acht Bits werden zu einem Byte zusammengefasst.

Bitzeit Die Zeit, die jede Station für das Empfangen und Speichern eines Bits benötigt.

Boot.ini Eine Datei, in der die Auswahlmöglichkeiten zum Starten von Betriebssystemen festgelegt sind, die beim Start angezeigt werden.

Bootsektor *Siehe* Startsektor.

Bootsektorvirus *Siehe* Startsektorvirus.

bps *Siehe* Bit pro Sekunde (Bit/s).

Broadcast Eine Übertragung, die gleichzeitig an mehrere Empfänger gesendet wird. Bei der Kommunikation und in Netzwerken werden Broadcastmeldungen an alle Stationen oder Computer im Netzwerk gesendet.

Broadcaststurm Ein Ereignis, das auftritt, wenn so viele Broadcastmeldungen im Netzwerk gesendet werden, dass die maximale Kapazität der Netzwerkbandbreite erreicht oder überschritten wird. Diese Situation tritt ein, wenn einer der Computer im Netzwerk große Mengen an Datenpaketen sendet und das Netzwerk derartig auslastet, dass keine Nachrichten mehr zwischen den Computern übertragen werden können. Ein Broadcaststurm kann zu einem Netzwerkausfall führen.

Bus Parallele Leitungen oder Kabel, mit denen die Komponenten eines Computers verbunden werden.

Byte Eine aus 8 Bits bestehende Informationseinheit. Bei der Computerverarbeitung oder -speicherung entspricht ein Byte häufig einem Einzelzeichen, beispielsweise einem Buchstaben, einer Zahl oder einem Interpunktionszeichen. Da ein Byte nur eine kleine Informationsmenge repräsentiert, wird die Größe des Computerspeichers in der Regel in Kilobyte (1.024 Byte oder 2^{10}), Megabyte (1.048.576 Byte oder 2^{20}), Gigabyte (1.024 Megabyte), Terabyte (1.024 Gigabyte), Petabyte (1.024 Terabyte) oder Exabyte (1.024 Petabyte) angegeben.

C

Cache Ein spezielles Speichersubsystem oder ein RAM-Bereich, in dem häufig genutzte Datenwerte für den schnellen Zugriff dupliziert werden. Im Cache werden die Inhalte häufig genutzter RAM-Bereiche sowie die Adressen der Speicherorte für diese Daten gespeichert. Wenn der Prozessor auf eine Speicheradresse zugreift, prüft der Cache, ob die Adresse zwischengespeichert wurde. Wurde die Adresse zwischengespeichert, werden die Daten aus dem Cache an den Prozessor zurückgegeben, andernfalls erfolgt ein regulärer Speicherzugriff. Ein Cache ist nützlich, wenn RAM-Zugriffe im Vergleich zur Mikroprozessorgeschwindigkeit eher langsam erfolgen.

CAL *Siehe* Clientzugriffslizenz (Client Access License, CAL).

Cipher Ein Befehlszeilenprogramm, das Dateien und Ordner aus einer Eingabeaufforderung heraus verschlüsseln und entschlüsseln kann.

Client Ein Computer, der auf die freigegebenen Netzwerkressourcen eines anderen Computers, des so genannten Servers, zugreift.

Client/Server Eine Netzwerkarchitektur für die verteilte Verarbeitung, bei der eine Operation zwischen einem Back-End (Server) und einem Front-End (Client) aufgeteilt wird. Der Server sorgt in dieser Architektur für die Datenspeicherung und -verteilung, der Client fordert Daten vom Server an.

Clientzugriffslizenz (Client Access License, CAL) Eine Clientzugriffslizenz gibt Computern das Recht, eine Verbindung zu einem Computer herzustellen, auf dem ein Produkt der Windows Server-Familie ausgeführt wird.

Codec (Compression/Decompression) Technik zum Komprimieren/Dekomprimieren von digitalen Video- und Stereoaudiodaten.

Computerverwaltung Eine Konsole, die Zugriff auf eine Reihe von Verwaltungsprogrammen zum Administrieren eines Computers bietet. Sie können damit unter anderem freigegebene Ordner erstellen, verwalten und überwachen.

CPU *Siehe* Zentrale Verarbeitungseinheit (Central Processing Unit, CPU).

D

Darstellungsschicht Die sechste Schicht des OSI-Referenzmodells. In dieser Schicht wird die Form des Datenaustauschs zwischen zwei vernetzten Computern festgelegt. Beim sendenden Computer werden die von der Anwendungsschicht empfangenen Daten in ein allgemein lesbares Zwischenformat übersetzt. Auf der Empfängerseite werden die Daten in dieser Schicht aus dem Zwischenformat in ein für die Anwendungsschicht geeignetes Format umgewandelt. Die Darstellungsschicht gewährleistet die Netzwerksicherheit, indem Dienste wie Datenverschlüsselung, Regeln für die Datenübertragung sowie eine Datenkomprimierung bereitgestellt werden, um die Anzahl der für die Übertragung erforderlichen Bits zu reduzieren. *Siehe auch* OSI-Referenzmodell (Open Systems Interconnection).

Data Encryption Standard (DES) Ein häufig eingesetzter, sehr leistungsstarker Algorithmus, der vom U.S. National Bureau of Standards für die Verschlüsselung und Decodierung von Daten entwickelt wurde. Dieser Verschlüsselungsalgorithmus verwendet einen 56-Bit-Schlüssel und ordnet einem 64-Bit-Eingabeblock einen 64-Bit-Ausgabeblock zu. Der Schlüssel scheint auf den ersten Blick ebenfalls 64-Bits zu verwenden, in jedem der 8 Bytes ist jedoch ein Paritätsbit enthalten, wodurch dem Schlüssel nur 56 Bits zur Verfügung stehen. *Siehe auch* Verschlüsselung.

Dateisignaturverifizierung (Sigverif.exe) Ein Dienstprogramm, das in einem Windows XP-System nach unsignierten Dateien sucht. Es bietet eine einfache Methode, unsignierte Treiber ausfindig zu machen.

Datenbankmanagementsystem (DBMS) Eine Softwareschicht zwischen der eigentlichen Datenbank und dem Benutzer. Das DBMS verwaltet alle Datenbankanforderungen des Benutzers und führt eine Ablaufverfolgung aller Details durch. Hierzu zählen unter anderem Dateispeicherorte und -formate, Indizierungsschemas und so weiter. Zusätzlich ermöglicht das DBMS eine zentrale Steuerung der Sicherheits- und Datenintegritätsanforderungen.

Datenrahmen Logische, strukturierte Pakete (Frames), in denen Daten platziert werden können. Die zu übertragenden Daten werden in kleine Einheiten aufgeteilt und mit Steuerungsinformationen versehen, zum Beispiel mit Markierungen für den Beginn und das Ende einer Nachricht. Jedes Informationspaket wird als einzelne Einheit gesendet, die als Rahmen bezeichnet wird. Die Datensicherungsschicht setzt die Rohbits der physischen Schicht zu Datenrahmen zusammen. Das exakte Format eines Rahmens richtet sich nach der verwendeten Netzwerktopologie. *Siehe auch* Rahmen.

Datensicherungsschicht Die zweite Schicht im OSI-Referenzmodell. In dieser Schicht werden die Rohbits der physischen Schicht zu Datenrahmen zusammengesetzt. *Siehe auch* OSI-Referenzmodell (Open Systems Interconnection).

Datenstrom Ein undifferenzierter, byteweiser Datenfluss.

Datenträgerbereinigung Ein Dienstprogramm, das berechnet, wie viel Platz Sie gewinnen, wenn Sie bestimmte Arten von Dateien löschen, zum Beispiel temporäre Dateien und heruntergeladene Programme.

Datenträgerduplizierung *Siehe* Festplattenspiegelung, Fehlertoleranz.

Datenträgerkontingent Eine Funktion, mit der Sie festlegen können, wie viel Festplattenplatz Benutzern für ihre Dateien und Ordner zugeteilt wird.

Datenträgerverwaltung Der Name des Windows XP-Dienstprogramms, mit dem Sie fest eingebaute und wechselbare Datenträger verwalten sowie Volumes und Partitionen erstellen und verwalten.

Datenverschlüsselung *Siehe* Verschlüsselung.

DBMS *Siehe* Datenbankmanagementsystem (DBMS).

Definierter Name (Distinguished Name, DN) Ein Name, der ein Objekt innerhalb von Active Directory eindeutig identifiziert und genügend Informationen enthält, damit ein Client das Objekt aus dem Verzeichnis auslesen kann.

Defragmentierung Das Programm für das Defragmentieren eines Laufwerks in Windows XP.

Defragmentierung Der Vorgang des Auffindens und Zusammenführens fragmentierter Dateien und Ordner. Bei der Defragmentierung werden die Bestandteile einer Datei oder eines Ordners an einem Platz zusammengeführt, um einen einzigen, zusammenhängenden Bereich auf der Festplatte zu bilden. Das System kann anschließend schneller auf Dateien und Ordner zugreifen und diese speichern.

DES *Siehe* Data Encryption Standard (DES).

Desktopbereinigungs-Assistent Ein Assistent, der in der Standardeinstellung alle 60 Tage ausgeführt wird. Er bietet die Möglichkeit, nicht verwendete Desktopsymbole zu löschen.

DFÜ-Verbindung Eine Verbindung, über die Sie sich in ein privates Netzwerk oder das Internet einwählen können. Dazu verwenden Sie ein Gerät, das Daten über ein öffentliches Telefonnetz transportiert.

DHCP *Siehe* Dynamic Host Configuration Protocol (DHCP).

Dienst Ein Programm oder Prozess, der im Hintergrund auf einem Computer laufen und bestimmte Systemfunktionen für andere Programme bereitstellt.

Dienstabhängigkeit Andere Dienste, die laufen müssen, bevor ein Dienst gestartet werden kann. Auch Dienste, die nicht starten, bevor der jeweilige andere Dienst läuft.

Dienstzugriffspunkt (Service Access Point, SAP) Die Schnittstelle zwischen jeder der sieben Schichten des OSI-Referenzmodells, die (ähnlich den Adressen) zur Kommunikation zwischen den Schichten eingesetzt wird. Jede Protokollschicht kann gleichzeitig über mehrere aktive SAPs verfügen.

Differenz-Sicherung Ein Datensicherungstyp, bei dem nur ausgewählte Dateien und Ordner mit einem bestimmten Attribut gesichert werden. Während einer Differenz-Sicherung werden die Attribute nicht gelöscht, sodass alle Dateien gesichert werden, die sich seit der letzten normalen Datensicherung verändert haben.

Digital Versatile Disc (DVD) Ein optisches Speichermedium, das verglichen mit einer CD-ROM eine höhere Kapazität und Bandbreite aufweist. Eine DVD kann Spielfilme im MPEG-2-Videoformat sowie Audiodaten enthalten. Wird auch Digital Video Disc genannt.

Digital Ein digitales System führt eine numerische Informationskodierung (zum Beispiel 0 und 1) in einem binären Kontext durch. Computer nutzen die digitale Kodierung zur Datenverarbeitung. Ein digitales Signal ist ein diskreter binärer Status, der entweder *Ein* oder *Aus* lauten kann. *Siehe auch* Analog, Modem.

Digitale Leitung Eine Kommunikationsleitung, die nur binär kodierte (digitale) Informationen überträgt. Zur Minimierung von Verzerrungen und Rauschen beziehungsweise Störsignalen wird in digitalen Leitungen ein Verstärker eingesetzt, der das Signal während der Übertragung periodisch verstärkt. *Siehe auch* Analoge Leitung.

DIP-Schalter (Dual Inline Package) Ein oder mehrere Wippschalter oder Schieberegler, die in einen von zwei Zuständen versetzt werden können (geschlossen oder offen), um die Optionen einer Leiterplatte zu steuern.

Direkter Speicherzugriff (Direct Memory Access, DMA) Speicherzugriff unter Umgehung des Mikroprozessors. DMA wird hauptsächlich für den direkten Datenaustausch zwischen dem Arbeitsspeicher und „intelligenten" Peripheriegeräten, wie zum Beispiel einem Festplattenlaufwerk, eingesetzt.

Diskpart Ein Befehl zum Ausführen von Laufwerksverwaltungsaufgaben aus einer Eingabeaufforderung heraus. Sie können damit auch Skripts schreiben, um Aufgaben zu automatisieren, die Sie häufig oder auf mehreren Computern durchführen müssen.

Diskstriping Gliedert Daten in 64K-Blöcke und verteilt sie in gleicher Menge und festgelegter Reihenfolge auf alle Datenträger in einem Array. Das Diskstriping bietet allerdings keine Fehlertoleranz, da keine Datenredundanz bereitgestellt wird. Fällt eine Partition im Festplattenarray aus, gehen sämtliche Daten verloren. *Siehe auch* Festplattenspiegelung, Fehlertoleranz.

Distributionsserver Speichert die Ordnerstruktur für die Distribution, die die Installationsdateien für ein Produkt wie beispielsweise Windows XP Professional enthält.

DLL *Siehe* Dynamic-Link Library (DLL).

DMA *Siehe* Direkter Speicherzugriff (Direct Memory Access, DMA).

DMA-Kanal (Direct Memory Access, Direkter Speicherzugriff) Ein Kanal für den direkten Speicherzugriff, der die direkte Übertragung der Daten zwischen dem Arbeitsspeicher und einem Gerät wie etwa einem Laufwerk unter Umgehung des Mikroprozessors ermöglicht.

DN *Siehe* Definierter Name (Distinguished Name, DN).

DNS *Siehe* Domain Name System (DNS).

Domain Name System (DNS) Ein universeller, verteilter, replizierter Datenabfragedienst, der hauptsächlich im Internet und in privaten TCP/IP-Netzwerken (Transmission Control Protocol/Internet Protocol) für die Übersetzung von Hostnamen in Internetadressen zuständig ist.

Domäne In einem Microsoft-Netzwerk eine Sammlung aus Computern und Benutzern, die auf eine gemeinsame Datenbank und Sicherheitsrichtlinie zurückgreifen. Datenbank und Sicherheitsrichtlinie werden auf einem Windows 2000 Server- oder Windows Server 2003-Computer gespeichert, der als Domänencontroller konfiguriert wurde. Jede Domäne verfügt über einen eindeutigen Namen. *Siehe auch* Arbeitsgruppe.

Domänencontroller In einem Microsoft-Netzwerk der Windows 2000 Server- oder Windows Server 2003-Computer, der für die Authentifizierung von Domänenanmeldungen sowie für die Verwaltung der Sicherheitsrichtlinie und der Masterdatenbank der Domäne verantwortlich ist.

Domänennamespace Das Namensschema zum Strukturieren der hierarchischen DNS-Datenbank.

Druckauftrag Ein Dokument, das Windows zum Drucken vorbereitet hat.

Drucker Das Hardwaregerät, das den Ausdruck zu Papier bringt. Dieses Gerät ist normalerweise ein Standarddrucker, es kann sich aber auch um ein Faxgerät, einen Plotter oder eine Datei handeln. Der Begriff „Drucker" kann sich auch auf die Kombination aus Hardware- und logischem Drucker beziehen.

Druckeranschluss Die Softwareschnittstelle, über die ein Computer (mittels einer lokalen Schnittstelle) mit einem Drucker kommuniziert. Zu den unterstützten Schnittstellen zählen LPT, COM, USB und direkt an das Netzwerk angeschlossene Geräte wie zum Beispiel der HP JetDirect und Intel NetPort.

Druckerberechtigungen Berechtigungen, mit denen Sie steuern können, welche Benutzer auf einen Drucker zugreifen dürfen und welche Aktionen sie ausführen können.

Druckerpool Eine Konfigurationsoption für Drucker, bei der Sie mehrere Drucker zu einer einzigen Druckerkonfiguration zusammenfassen können.

Druckerpriorität Legt fest, in welcher Reihenfolge Druckaufträge im Verhältnis zu anderen logischen Druckern ausgedruckt werden, die für denselben Drucker konfiguriert sind.

Drucker-Spooling Der Vorgang, bei dem ein Druckauftrag auf der Festplatte gespeichert wird, bevor er an den Drucker gesendet wird.

Druckertreiber Eine oder mehrere Dateien mit Informationen, die Windows XP Professional zum Konvertieren von Druckbefehlen in eine spezielle Druckersprache, zum Beispiel Adobe PostScript, verwendet. Jedes Druckermodell verfügt über einen spezifischen Druckertreiber.

Druckerumleitung Der Vorgang, bei dem ein Dokument an einen anderen Drucker gesendet wird. Sie können nur sämtliche Dokumente für einen Drucker umleiten, keine einzelnen Dokumente. Außerdem können Sie Dokumente nur an Drucker umleiten, die denselben Druckertreiber verwenden wie der ursprüngliche Drucker.

Druckerwarteschlange Ein Puffer, in dem ein Druckauftrag verbleibt, bis der Drucker mit dem Ausdruck beginnen kann.

Druckprozessor Software, die Druckdokumente in ein Format überführt, das an den Drucker gesendet werden kann. Windows XP enthält in der Standardeinstellung nur den WinPrint-Prozessor.

Druckserver Der Computer, auf dem ein Drucker verwaltet wird. Der Druckserver empfängt und verarbeitet Dokumente von Clientcomputern. Netzwerkdrucker werden auf Druckservern eingerichtet und freigegeben.

Duplexübertragung Wird auch Vollduplexübertragung genannt. Eine Kommunikation, die gleichzeitig in beide Richtungen verläuft. *Siehe auch* Vollduplexübertragung.

Durchsatz Ein Maß für die Datenübertragungsrate einer Komponente, Verbindung oder eines Systems. In einem Netzwerk stellt der Durchsatz einen guten Indikator für die Gesamtsystemleistung dar, da der Durchsatz definiert, wie gut die Komponenten bei der Datenübertragung von einem Computer auf einen anderen zusammenarbeiten. In diesem Fall gibt der Durchsatz an, wie viele Bytes oder Pakete das Netzwerk pro Sekunde verarbeiten kann.

DVD *Siehe* Digital Versatile Disc (DVD).

Dynamic Host Configuration Protocol (DHCP) Ein Protokoll für die automatische TCP/IP-Konfiguration, über das statische und dynamische Adressen zugewiesen und verwaltet werden. *Siehe auch* Transmission Control Protocol/Internet Protocol (TCP/IP).

Dynamic-Link Library (DLL) Ein Feature der Microsoft Windows-Betriebssystemfamilie und des Betriebssystems OS/2. Mithilfe von DLLs können ausführbare Routinen, die im Allgemeinen eine spezifische Funktion oder einen Funktionssatz nutzen, als separate Dateien mit der Erweiterung **.dll** gespeichert werden. Anschließend können diese DLLs bei Bedarf durch ein Programm aufgerufen werden.

Dynamischer Datenträger Ein physischer Datenträger, der über die Datenträgerverwaltung verwaltet wird. Dynamische Datenträger können nur dynamische Volumes enthalten, die mithilfe der Datenträgerverwaltung erstellt wurden. Dynamische Datenträger können keine Partitionen oder logische Laufwerke enthalten, und auf einen dynamischen Datenträger kann auch nicht über MS-DOS zugegriffen werden.

E

EAP *Siehe* Extensible Authentication Protocol (EAP).

Effektive Berechtigungen Die Summe der NTFS-Berechtigungen, die einem Benutzer über sein Benutzerkonto sowie über die Gruppenmitgliedschaften zugewiesen wurden. Wenn ein Benutzer zum Beispiel die Leseberechtigung für einen Ordner besitzt und Mitglied einer Gruppe mit Schreibberechtigung für denselben Ordner ist, besitzt der Benutzer die Berechtigungen **Lesen** und **Schreiben** für diesen Ordner.

EFS *Siehe* Verschlüsselndes Dateisystem (Encrypting File System, EFS).

Eigenständige Umgebung Eine Arbeitsumgebung, in der ein Benutzer über einen PC verfügt, aber unabhängig arbeitet. In einer solchen

Umgebung kann der Benutzer weder auf freigegebene Dateien zugreifen noch andere Informationen nutzen, die in einer Netzwerkumgebung mit Serverzugriff verfügbar sind.

Eigenständiger Computer Ein Computer, der weder mit anderen Computern vernetzt noch Teil eines Netzwerks ist.

Einfache Dateifreigabe Ein Freigabetyp, der verwendet wird, wenn ein Windows XP-Computer keiner Domäne beigetreten ist oder unter Windows XP Home Edition läuft.

Einfaches Volume Ein dynamisches Volume, das Festplattenplatz auf einer einzigen Festplatte enthält und bei Bedarf erweitert werden kann.

Eingabesprache Eine Sprache, die auf einem Windows XP Professional-Computer installiert ist und in der der Computer Eingaben entgegennehmen kann.

EISA *Siehe* Extended Industry Standard Architecture (EISA).

Endbenutzer-Lizenzvertrag (EULA) Eine Vereinbarung, die die Bedingungen für die Benutzung einer Anwendung oder eines Dienstes festlegt.

Energieschema Erlaubt Ihnen, Windows XP Professional so zu konfigurieren, dass es Ihren Monitor und Ihre Festplatte bei Inaktivität ausschaltet und so Energie spart.

Engpass Ein Gerät oder Programm, das einen erheblichen Abfall in der Netzwerkleistung hervorruft. Beeinträchtigungen der Netzwerkleistung äußern sich durch einen signifikanten Anstieg in der CPU-Nutzung, eine zu hohe Ressourcenbelegung oder die Unfähigkeit zur Verarbeitung einer bestimmten Datenmenge. Häufige Ursachen für Engpässe sind die CPU, der Arbeitsspeicher, die Netzwerkkarte und andere Komponenten.

Enhanced Small Device Interface (ESDI) Ein Standard für Festplatten und Bandlaufwerke. Heute wird stattdessen in erster Linie die IDE/ATA-Schnittstelle eingesetzt.

Ereignis Eine Aktion oder Operation, auf die eine Programmreaktion folgen kann. Zu den Ereignissen zählen beispielsweise Mausklicks, eine Tastenbetätigung sowie das Zeigen mit der Maus. Darüber hinaus gehören zu den Ereignissen auch System- oder Programmereignisse, über die der Benutzer benachrichtigt werden muss beziehungsweise die einen Eintrag in ein Protokoll erfordern.

Ereignisanzeige Ein Dienstprogramm, mit dem Sie die Ereignisse überwachen können, die Windows XP Professional in verschiedenen Protokollen aufzeichnet.

Erweiterte Partition Eine Partition, die eine Möglichkeit bietet, die Grenze von vier primären Partitionen zu sprengen. Sie können eine erweiterte Partition nicht mit einem Dateisystem formatieren. Stattdessen dienen erweiterte Partitionen als Container, in dem Sie beliebig viele logische Partitionen anlegen können.

ESDI *Siehe* Enhanced Small Device Interface (ESDI).

EULA *Siehe* Endbenutzer-Lizenzvertrag (EULA).

Exabyte *Siehe* Byte.

Extended Industry Standard Architecture (EISA) Ein 32-Bit-Busdesign für x86-basierte Computer, das 1988 vorgestellt wurde. EISA wurde von einem aus neun Computerfirmen (AST Research, Compaq, Epson, Hewlett-Packard, NEC, Olivetti, Tandy, Wyse und Zenith) bestehenden Industriekonsortium entwickelt. Ein EISA-Gerät verwendet Karten, die ISA-kompatibel sind. *Siehe auch* Industry Standard Architecture (ISA).

Extensible Authentication Protocol (EAP) Eine Erweiterung von PPP (Point-to-Point Protocol), die mit DFÜ-, PPTP- und L2TP-Clients eingesetzt werden kann. Das EAP-Protokoll stellt einen flexiblen Authentifizierungsmechanismus zur Validierung einer DFÜ-Verbindung bereit. Die verwendete Authentifizierungsmethode wird durch DFÜ-Client und RAS-Server ausgehandelt.

F

Farbqualität Eine Einstellung, die festlegt, in wie vielen Farben Objekte auf dem Desktop angezeigt werden.

FAT *Siehe* File Allocation Table (FAT).

FAT32 Ein von FAT (File Allocation Table) abgeleitetes Dateisystem. FAT32 unterstützt bei gleichem Festplattenspeicher kleinere Clustergrößen, wodurch der Festplattenspeicher auf einem FAT32-Laufwerk effizienter genutzt werden kann. *Siehe auch* File Allocation Table (FAT).

FDDI *Siehe* Fiber Distributed Data Interface (FDDI).

Fehlertoleranz Beschreibt die Fähigkeit eines Computers oder Betriebssystems, auf Systemausfälle durch Stromausfälle oder Hardwarefehler so zu reagieren, dass keine Daten verloren gehen und laufende Vorgänge nicht gestört werden.

Fehlerüberprüfung Ein Befehlszeilenprogramm, das die Integrität des Dateisystems auf einem Volume überprüft und repariert.

Fest eingebautes Speichergerät Ein Speichergerät, das nicht ohne weiteres entfernt werden kann, zum Beispiel ein Festplattenlaufwerk.

Feste virtuelle Verbindung (Permanent Virtual Circuit, PVC) Eine dauerhafte logische Verbindung zwischen zwei Knoten eines paketvermittelten Netzwerks. Eine PVC ähnelt einer Standleitung insofern, als sie dauerhaft und virtuell ist. Bei einer PVC wird jedoch nur die tatsächliche Nutzungszeit in Rechnung gestellt. Diese Art von Verbindungsdienst gewinnt immer mehr an Bedeutung, da sie sowohl von Frame Relay als auch von ATM genutzt wird. *Siehe auch* Paketvermittlung, Virtuelle Verbindung.

Festplatte Eine oder mehrere starre Platten, die mit einer magnetischen Beschichtung versehen sind, um das Aufzeichnen von Computerdaten zu ermöglichen. Eine Festplatte rotiert mit einer Geschwindigkeit von mehreren tausend Umdrehungen pro Minute (UPM) und ist mit Lese/Schreib-Köpfen ausgestattet, die die Oberfläche der Festplatte abtasten. Zwischen Lese/Schreib-Kopf und Festplatte befindet sich ein wenige Nanometer dickes Luftpolster. Eine Festplatte ist versiegelt, um zu verhindern, dass Schmutzpartikel zwischen Schreib/Lese-Kopf und Festplatte gelangen. Festplatten bieten im Vergleich zu Disketten einen schnelleren Datenzugriff und eine sehr viel höhere Speicherkapazität. Aufgrund der starren Beschaffenheit der Festplatten können diese gestapelt werden, sodass ein Festplattenlaufwerk mehr als eine Platte aufnehmen kann. Die meisten Festplatten bestehen aus zwei bis acht Einzelplatten.

Festplattenspiegelung Ein Verfahren, das auch Datenträgerduplizierung genannt wird. Bei diesem Verfahren wird die gesamte Festplatte oder ein Teil davon auf eine oder mehrere Festplatten dupliziert, die im Idealfall über einen eigenen Controller verfügen. Bei der Festplattenspiegelung wird jede Änderung, die auf der ursprünglichen Festplatte vorgenommen wird, gleichzeitig auf die andere Festplatte beziehungsweise die anderen Festplatten geschrieben. Die Festplattenspiegelung wird hauptsächlich in Umgebungen eingesetzt, in denen immer eine Sicherungskopie der aktuellen Daten vorhanden sein muss. *Siehe auch* Diskstriping, Fehlertoleranz.

Fiber Distributed Data Interface (FDDI) Ein vom ANSI-Institut entwickelter Standard für glasfaserbasierte Hochgeschwindigkeits-LANs (Local Area Networks). FDDI stellt Spezifikationen für Übertragungsraten von 100 MBit/s für Token Ring-basierte Netzwerke bereit.

File Allocation Table (FAT) Ein Dateisystem, das auf einer Dateizuordnungstabelle (File Allocation Table, FAT) beruht, die durch das Betriebssystem verwaltet wird und den Status der verschiedenen Datenträgersegmente für die Dateispeicherung verfolgt. Das FAT-Dateisystem wird unter anderem von Windows NT, Windows 2000 und Windows XP Professional unterstützt.

File Transfer Protocol (FTP) Ein Prozess, bei dem Daten zwischen einem lokalen und einem Remotecomputer übertragen werden. FTP unterstützt verschiedene Befehle, die eine bidirektionale Übertragung binärer Daten und ASCII-Dateien zwischen zwei Computern ermöglicht. Der FTP-Client wird zusammen mit den TCP/IP-Dienstprogrammen installiert. *Siehe auch* ASCII (American Standard Code for Information Interchange), Transmission Control Protocol/Internet Protocol (TCP/IP).

Firewall Ein Sicherheitssystem, das üblicherweise aus Hardware- und Softwarekomponenten besteht und das Netzwerk vor externen Angriffen schützt, zum Beispiel vor Angriffen aus dem Internet. Eine Firewall verhindert, dass die Netzwerkcomputer eines Unternehmens direkt mit netzwerkexternen Computern kommunizieren (und umgekehrt). Stattdessen wird die gesamte ein- und ausgehende Kommunikation über einen Proxyserver abgewickelt, der nicht Teil des Firmennetzwerks ist. Firewalls überwachen darüber hinaus die Netzwerkaktivität, indem sie Datenaufkommen und Informationen zu nicht autorisierten Zugriffsversuchen aufzeichnen. *Siehe auch* Proxyserver.

Firmware Softwareroutinen, die im ROM (Read-Only Memory) gespeichert werden. Im Gegensatz zum RAM (Random Access Memory) bleibt der ROM auch dann intakt, wenn die Stromversorgung unterbrochen wird. Startroutinen und Low-Level-E/A-Anweisungen (Eingang/Ausgang) werden in der Firmware gespeichert.

Flaschenhals *Siehe* Engpass.

Formatierung Das Vorbereiten einer Festplatte, damit sie Daten speichern kann. Dazu wird auf dem Laufwerk ein Dateisystem (zum Beispiel NTFS oder FAT) angelegt.

Fragmentierung Der Prozess, bei dem Fragmente einer Datei über die Festplatte verstreut werden und nicht mehr in einem zusammenhängenden Festplattenbereich vorliegen. Wenn eine Festplatte viele nicht zusammenhängende Datei- und Ordnerfragmente enthält, dauert der Dateizugriff länger, da der Computer mehrere Lesevorgänge ausführen muss, um die verschiedenen Bestandteile zusammenzuführen. Auch das Erstellen von Ordnern und Dateien nimmt mehr Zeit in Anspruch, da der freie Speicherplatz über den gesamten Datenträger verteilt ist.

Frame *Siehe* Rahmen.

Frame Relay Eine erweiterte Paketvermittlungstechnologie für die schnelle Übertragung von digitalen Paketen variabler Länge. Es handelt sich um ein Punkt-zu-Punkt-System mit einer privaten virtuellen Verbindung (Private Virtual Circuit, PVC) zur Übertragung von Rahmen variabler Länge, das in der Datenübertragungsschicht des OSI-Referenzmodells eingesetzt wird. Frame Relay-Netzwerke können Abonnenten nach Bedarf mit Bandbreite versorgen, wodurch dem Benutzer praktisch jede Form der Übertragung ermöglicht wird.

Freigabeberechtigungen Berechtigungen, die freigegebenen Ordnern zugewiesen werden. Sie steuern den Zugriff auf den Ordner über das Netzwerk. Freigabeberechtigungen sind **Lesen**, **Ändern** und **Vollzugriff**.

Freigeben Methode zur öffentlichen Bereitstellung von Dateien und Ordnern in einem Netzwerk, damit diese durch alle Netzwerkbenutzer genutzt werden können.

Freigegebener Ordner Ein Ordner, der für Benutzer im Netzwerk zugänglich gemacht wird.

Front-End In einer Client/Server-Anwendung der Programmbestandteil, der auf dem Client ausgeführt wird.

FTP *Siehe* File Transfer Protocol (FTP).

G

Gateway Ein Gerät zum Verbinden von Netzwerken, die unterschiedliche Protokolle nutzen. Durch das Gateway können Informationen von einem dieser Systeme auf ein anderes übertragen werden. Gateways arbeiten in der Netzwerkschicht des OSI-Referenzmodells.

GBit *Siehe* Gigabit.

GByte *Siehe* Gigabyte (GByte).

Gemeinsame Nutzung der Internetverbindung (Internet Connection Sharing, ICS) Eine Funktion von Windows XP Professional, mit der Sie eine Verbindung in das Internet mit allen Computern in Ihrem Netzwerk gemeinsam nutzen können.

Geplante Tasks Eine Funktion von Windows XP Professional, mit der Sie Programme, Skripts, Batchdateien oder Dokumente einmal, in regelmäßigen Abständen oder zu bestimmten Zeiten ausführen können.

Gerät Ein generischer Begriff für ein Computersubsystem. Zu den Geräten zählen beispielsweise Drucker, serielle Anschlüsse und Festplatten.

Geräte-Manager Ein Tool, mit dem Sie die Geräte in Ihrem Computer verwalten können. Mit dem Geräte-Manager können Sie Geräteeigenschaften ansehen und ändern, Gerätetreiber aktualisieren, Geräteeinstellungen konfigurieren und Geräte deinstallieren.

Gesamtbetriebskosten (Total Cost of Ownership, TCO) Der gesamte zeitliche und finanzielle Aufwand, der mit dem Kauf von Computerhardware und -software sowie deren Implementierung, Konfiguration und Verwaltung verbunden ist. Zu den Gesamtbetriebskosten zählt auch der Aufwand für Hardware- und Softwareaktualisierungen, Schulung, Wartung, Verwaltung und den technischen Support. Ein Hauptfaktor bei den Gesamtbetriebskosten ist der Produktivitätsverlust, der durch Benutzerfehler, Hardwareprobleme, Softwareaktualisierung und Schulungen entsteht.

Gesamtstruktur Eine Gruppierung beziehungsweise eine hierarchische Anordnung einer oder mehrerer Domänenstrukturen, die keinen fortlaufenden Namespace bilden.

Geschaltete virtuelle Verbindung (Switched Virtual Circuit, SVC) Eine logische Verbindung zwischen zwei Computern, die eine bestimmte Netzwerkroute verwendet. Der Verbindung werden Netzwerkressourcen zugewiesen, die Route wird bis zur Beendigung der Verbindung beibehalten. SVCs werden auch als Punkt-zu-Mehrpunkt-Verbindungen bezeichnet. *Siehe auch* Virtuelle Verbindung.

Gigabit 1.073.741.824 Bit. Wird im Allgemeinen 1 Milliarde Bit gleichgesetzt.

Gigabyte (GByte) Etwa 1.000 Megabyte. Der exakte Wert richtet sich häufig nach dem Kontext. 1 Gigabyte entspricht 1 Milliarde Byte. Im Computerbereich werden Bytes häufig in 2er-Potenzen ausgedrückt. Daher kann 1 Gigabyte entweder als 1.000 Megabyte oder 1.024 Megabyte definiert werden, wobei 1 Megabyte 1.048.567 Byte entspricht (2^{20}).

Globale Gruppe Ein in Windows 2000 Server und Windows Server 2003 verwendeter Gruppentyp. Globale Gruppen werden auf einem Domänencontroller der Domäne erstellt und innerhalb der gesamten Domäne eingesetzt. Globale Gruppen können nur Benutzerkonten der Domäne enthalten, in der die globale Gruppe erstellt wurde. Mitglieder globaler Gruppen erhalten Zugriffsberechtigungen für Ressourcen, indem die globale Gruppe zu einer lokalen Gruppe hinzugefügt wird. *Siehe auch* Gruppe.

Globaler Katalog Ein Dienst und ein physischer Speicherort, der für jedes Objekt in Active Directory ein Replikat ausgewählter Attribute enthält.

Globally Unique Identifier (GUID) Eine garantiert eindeutige 128-Bit-Zahl, die einem in Active Directory erstellten Objekt zugewiesen wird.

Gruppe In einem Netzwerk ein Benutzerkonto, das andere Konten enthalten kann. Diese Konten werden als Mitglieder der Gruppe bezeichnet. Die einer Gruppe erteilten Berechtigungen und Rechte werden auf die Mitglieder übertragen. Gruppen bieten daher eine bequeme Methode für die gleichzeitige Zuweisung von Berechtigungen zu mehreren Benutzerkonten. In Windows XP Professional werden Gruppen über das Snap-In **Computerverwaltung** verwaltet. Auf einem Windows 2000 Server- oder Windows Server 2003-Computer erfolgt die Gruppenverwaltung über das Snap-In **Active Directory-Benutzer und -Computer**.

Gruppenrichtlinien Ein Administratortool, mit dem gesteuert wird, wie die Benutzer und Computer einer Organisation Programme, Netzwerkressourcen und das Betriebssystem nutzen können. In einer Active Directory-Umgebung werden Gruppenrichtlinien basierend auf der Zugehörigkeit der Benutzer oder Netzwerkkomponenten zu Standorten, Domänen oder Organisationseinheiten angewendet.

Gruppenrichtlinienergebnistool Ein Befehlszeilenprogramm (**Gpresult.exe**), mit dem Sie feststellen können, welche Richtlinien momentan auf einen Computer angewendet werden.

GUID *Siehe* Globally Unique Identifier (GUID).

H

Handshake Ein Begriff aus der Modemkommunikation. Bezieht sich auf den Vorgang, bei dem Informationen zwischen dem sendenden und dem empfangenden Gerät ausgetauscht werden, um den Datenfluss zu steuern. Über den Handshake wird vor Beginn der Datenübertragung sichergestellt, dass das empfangende Gerät für den Datenempfang bereit ist.

Hardware Die physischen Komponenten eines Computersystems. Zur Hardware gehören zum Beispiel Peripheriegeräte wie Drucker, Modem und Maus.

Hardwarekompatibilitätsliste (HCL) *Siehe* Windows-Katalog.

Hardwareloopback Eine Prüfschleife auf einem Computer, mit der Hardwareprobleme ermittelt werden können. Bei einer solchen Schleifenmessung werden Daten in eine Leitung übertragen und anschließend zurückgesendet. Wenn die übertragenen Daten nicht zurückgesendet werden, liegt eine Hardwarefehlfunktion vor.

Header Bei der Datenübertragung in Netzwerken einer der drei Abschnitte eines Pakets. Der Header enthält ein Signal zum Anzeigen der Paketübertragung, die Quelladresse, die Zieladresse sowie Zeitinformationen zum Synchronisieren der Übertragung.

Hertz (Hz) Die Einheit der Frequenzmessung. Bei der Frequenzmessung wird ermittelt, wie häufig ein sich wiederholendes Ereignis auftritt, beispielsweise die Änderung einer Wellenamplitude im Verhältnis zur Zeit. Ein Hertz entspricht einem Zyklus pro Sekunde. Die Frequenz wird häufig in Kilohertz (KHz, 1.000 Hz), Megahertz (MHz, 1.000 KHz), Gigahertz (GHz, 1.000 MHz) oder Terahertz (THz, 1.000 GHz) angegeben.

HID *Siehe* Human Interface Device (HID).

Histogramm Ein Diagramm, das horizontale oder vertikale Balken enthält. Die Höhe oder Breite dieser Balken repräsentiert bestimmte Datenwerte.

Host *Siehe* Server.

Host-ID Der Teil einer IP-Adresse, der das Netzwerksegment angibt, in dem ein Host sich befindet.

Hot Fixing *Siehe* Sector Sparing.

HTML *Siehe* Hypertext Markup Language (HTML).

HTTP *Siehe* Hypertext Transfer Protocol (HTTP).

Human Interface Device (HID) Ein Firmwarespezifikationsstandard für Eingabe- und Ausgabegeräte wie beispielsweise Zeichentabletts, Tastaturen und USB-Lautsprecher (Universal Serial Bus) sowie spezielle Eingabehilfegeräte.

Hypertext Markup Language (HTML) Eine Sprache zum Schreiben von Seiten für das World Wide Web. HTML verfügt über Codes zum Definieren von Schriftarten, Layout, eingebetteten Grafiken und Hyperlinks. HTML bietet eine Methode für das Darstellen von Text, Grafiken, Audio- und Videodaten, die nicht linear verknüpft werden.

Hypertext Transfer Protocol (HTTP) Methode zum Übertragen von WWW-Seiten (World Wide Web) im Netzwerk.

I

ICM *Siehe* Image Color Management 2.0 (ICM).

ICMP *Siehe* Internet Control Message Protocol (ICMP).

ICS *Siehe* Gemeinsame Nutzung der Internetverbindung (Internet Connection Sharing, ICS).

IDE *Siehe* Integrated Device Electronics (IDE).

IEEE 1394 Firewire Ein Standard für serielle Hochgeschwindigkeitsgeräte wie zum Beispiel digitale Video- und Audioschnittanlagen.

IEEE 802.11a Ein Standard für Drahtlosnetzwerke, der Datentransferraten von bis zu 54 MBit/s bietet und im Frequenzbereich von 5,8 GHz arbeitet.

IEEE 802.11b Ein Standard für Drahtlosnetzwerke, der Datentransferraten von 5,5 MBit/s und 11 MBit/s bietet und im Frequenzbereich von 2,45 GHz arbeitet.

IEEE 802.11g Ein Standard für Drahtlosnetzwerke, der Datentransferraten von bis zu 54 MBit/s bietet und im Frequenzbereich von 2,4 GHz arbeitet.

IEEE 802.1x-Authentifizierung Authentifiziert Benutzer und Computer für den Zugriff auf 802.11-Drahtlosnetzwerke und drahtgebundene Ethernet-Netzwerke.

IEEE *Siehe* Institute of Electrical and Electronics Engineers (IEEE).

IEEE-Projekt 802 Ein vom IEEE entwickeltes Netzwerkmodell. Das nach Jahr und Monat der Entstehung (Februar 1980) benannte Projekt definiert LAN-Standards (Local Area Network) für die physische Schicht und die Datenübertragungsschicht des OSI-Referenzmodells. Projekt 802 teilt die Datenübertragungsschicht in zwei Teilschichten: die MAC-Schicht (Media Access Control) und die LLC-Schicht (Logical Link Control).

IIS *Siehe* Internet-Informationsdienste (Internet Information Services, IIS).

Image Color Management 2.0 (ICM) Eine Betriebssystem-API (Application Programming Interface), mit der Anwendungen auf die Farbverwaltungsfähigkeiten von Windows zurückgreifen können.

Industry Standard Architecture (ISA) Eine nicht offizielle Bezeichnung für das Busdesign des IBM-PCs PC/XT. Das ISA-Design erlaubt das Hinzufügen von Adaptern, indem diese einfach als Plug-In-Karten in Erweiterungsslots eingesteckt werden. Üblicherweise bezieht sich ISA auf den Steckplatz selbst. ISA-Steckplätze werden auch 8-Bit- oder 16-Bit-Slots genannt. *Siehe auch* Extended Industry Standard Architecture (EISA).

Infrarotübertragung Elektromagnetische Strahlung mit Frequenzen, die unmittelbar unterhalb des sichtbaren roten Lichts liegen. Bei der Netzwerkkommunikation liefert die Infrarottechnologie extrem hohe Übertragungsraten und hohe Bandbreiten bei der Kommunikation über Sichtverbindungen.

Infrastruktur-Drahtlosnetzwerk Ein Modus für Drahtlosnetzwerke, bei dem mehrere Stationen über einen Zugriffspunkt kommunizieren.

Inkrementelle Sicherung Ein Datensicherungstyp, bei dem nur ausgewählte Dateien und Ordner gesichert werden, die über das entsprechende Attribut gekennzeichnet sind. Bei einer inkrementellen Sicherung werden die Attribute gelöscht, sodass die Dateien bei nachfolgenden inkrementellen Sicherungen nicht gesichert werden (sofern sie sich nicht verändert haben).

Installierter Treiber Eine Funktion in Windows XP, mit der Sie einen früher installierten Treiber wiederherstellen können. Die deinstallierten Treiber werden im Ordner **%SystemRoot%\system32\reinstallbackups** gespeichert.

Instanz Ein bestimmtes Auftreten eines Objekts im Systemmonitor.

Institute of Electrical and Electronics Engineers (IEEE) Eine aus Ingenieuren und Elektronikexperten bestehende Organisation, die durch die Entwicklung der IEEE 802.x-Standards für die physische Schicht und die Datenübertragungsschicht des OSI-Referenzmodells bekannt wurde. Die IEEE-Standards finden in einer Vielzahl von Netzwerkkonfigurationen Anwendung.

Integrated Device Electronics (IDE) Ein Typ Festplattenschnittstelle, bei dem die Controllerelektronik am Laufwerk selbst angebracht ist. Auf diese Weise wird keine zusätzliche Netzwerkkarte benötigt.

Integrated Services Digital Network (ISDN) Ein weltweites digitales Kommunikationsnetzwerk, das sich aus vorhandenen Telefondiensten entwickelt hat. Ziel ist, das momentan verwendete Telefonnetz, bei dem eine Umwandlung der digitalen Daten in analoge Daten und umgekehrt erforderlich ist, durch ein vollständig digitales Paketvermittlungs- und Übertragungssystem zu ersetzen, das von Sprachdaten bis hin zu Computerdaten, Musik- und Audiodaten sämtliche Datentypen übertragen kann. Das ISDN-Netzwerk umfasst zwei Kanaltypen: B-Kanäle, die Sprachdaten, Daten oder Bilder mit 64 KBit/s (Kilobit pro Sekunde) übertragen können, sowie ein D-Kanal, der Steuerungsinformationen wie beispielsweise Signal- und Verbindungsverwaltungsdaten mit einer Geschwindigkeit von 16 KBit/s überträgt. Der ISDN-Standarddienst wird auch als 2B+D bezeichnet. Computer stellen über einfache, standardisierte Schnittstellen eine Verbindung zu den ISDN-Leitungen her.

International Organization for Standardization (ISO) Eine Organisation, die sich aus den Normungsgremien verschiedener Länder zusammensetzt. In den USA ist diese Instanz das ANSI (American National Standards Institute), in Deutschland das Deutsche Institut für Normung (DIN). Die ISO bemüht sich um die Etablierung globaler Standards für Kommunikation und Informationsaustausch. Ein von der ISO entwickelter und weithin anerkannter Standard ist beispielsweise das OSI-Referenzmodell. Die ISO wird häufig fälschlicherweise als International Standards Organization bezeichnet, wahrscheinlich aufgrund des Akronyms ISO. ISO leitet sich jedoch vom griechischen *isos* ab, was „gleich" bedeutet.

Internet Control Message Protocol (ICMP) Dieses Protokoll wird vom IP-Protokoll (Internet Protocol) und den Protokollen höherer Ebene zum Senden und Empfangen von Statusberichten zu den übertragenen Informationen eingesetzt.

Internet Protocol Security (IPSec) Ein Framework offener Standards für die sichere vertrauliche Kommunikation über IP-Netzwerke (Internet Protocol), bei der die Sicherheit durch Kryptografiedienste gewährleistet wird.

Internetdienstanbieter (Internet Service Provider, ISP) Ein Unternehmen, das Einzelpersonen oder Firmen Zugriff auf Internet und World Wide Web bietet. Ein ISP stellt eine Telefonnummer, einen Benutzernamen, ein Kennwort sowie weitere Verbindungsinformationen bereit, mit deren Hilfe die Benutzer eine Verbindung zu den Computern des Internetdienstanbieters herstellen können. Ein ISP erhebt für diesen Dienst Verbindungsgebühren, die nach Zeit oder Datenvolumen abgerechnet werden.

Internet-Informationsdienste (Internet Information Services, IIS) Webserversoftware, die in Windows XP Professional integriert ist. Sie können damit auf einfache Weise Informationen im

Internet oder in Ihrem privaten oder Unternehmensintranet veröffentlichen.

Internetprotokoll (Internet Protocol, IP) Das Internetprotokoll ist das TCP/IP-Protokoll für die Paketübertragung. *Siehe auch* Transmission Control Protocol/Internet Protocol (TCP/IP).

Internetworking Die Kommunikation in einem Netzwerk, das sich aus mehreren kleineren Netzwerken zusammensetzt.

Interoperabilität Die Fähigkeit der Komponenten eines Systems, mit anderen Komponenten in anderen Systemen zusammenzuarbeiten.

Interruptanforderung (Interrupt Request, IRQ) Elektronisches Signal, das an die CPU eines Computers gesendet wird, um den Prozessor über das Auftreten eines bestimmten Ereignisses zu informieren.

Intranet Ein firmeneigenes Netzwerk, das Internettechnologien und -protokolle verwendet, aber nur bestimmten Personen zur Verfügung steht, zum Beispiel den Unternehmensmitarbeitern. Ein Intranet wird auch als privates Netzwerk bezeichnet.

IP *Siehe* Internetprotokoll (Internet Protocol, IP), Transmission Control Protocol/Internet Protocol (TCP/IP).

IP-Adresse Eine 32-Bit-Adresse, die der Identifizierung eines Knotens in einem IP-Verbundnetzwerk dient. Jeder Knoten in einem solchen IP-Verbundnetzwerk muss eine eindeutige IP-Adresse aufweisen. Die IP-Adresse setzt sich aus einer Netzwerkkennung und einer eindeutigen Hostkennung zusammen. Die IP-Adresse wird üblicherweise als ein in vier Oktette aufgeteilter Dezimalwert mit Punkttrennung dargestellt (zum Beispiel **192.168.7.23**). In Windows XP Professional können die IP-Adressen manuell konfiguriert oder automatisch festgelegt werden, wenn ein Windows 2000 Server- oder Windows Server 2003-Computer mit DHCP-Dienst verfügbar ist. *Siehe auch* Dynamic Host Configuration Protocol (DHCP).

Ipconfig Ein Dienstprogramm für die Diagnose, das die aktuellen Werte aller TCP/IP-Netzwerkkonfigurationen anzeigt. Ipconfig ist besonders in DHCP-Systemen nützlich, da die Benutzer ermitteln können, welche TCP/IP-Konfigurationswerte über den DHCP-Server festgelegt wurden.

IPSec *Siehe* Internet Protocol Security (IPSec).

IRQ *Siehe* Interruptanforderung (Interrupt Request, IRQ).

ISA *Siehe* Industry Standard Architecture (ISA).

ISDN *Siehe* Integrated Services Digital Network (ISDN).

ISO *Siehe* International Organization for Standardization (ISO).

ISP *Siehe* Internetdienstanbieter (Internet Service Provider, ISP).

J

Jumper Ein kleiner, aus Plastik und Metall bestehender Stift oder Stecker zum Verbinden verschiedener Punkte in einem elektronischen Schaltkreis. Jumper werden dazu verwendet, eine Option aus verschiedenen möglichen Konfigurationen für einen Schaltkreis auszuwählen. Auf einer Netzwerkkarte kann beispielsweise über einen Jumper die Verbindungsart für die Übertragung (DIX oder BNC) festgelegt werden.

K

K *Siehe* Kilo (K).

KBit *Siehe* Kilobit (KBit).

KByte *Siehe* Kilobyte (KByte).

Kennwortgeschützte Freigabe Eine freigegebene Ressource, auf die nur nach Eingabe des richtigen Kennworts zugegriffen werden kann.

Kennwortrücksetzdiskette Eine Diskette, auf der eine Datei gespeichert ist, mit der ein Benutzer sein Benutzerkonto wiederherstellen kann, falls er sein Kennwort vergessen hat.

Kerberos-Authentifizierungsprotokoll Ein Authentifizierungsmechanismus, mit dem die Identität eines Benutzers oder Hostcomputers überprüft werden kann. Das Kerberos v5-Authentifizierungsprotokoll wird in Windows XP Professional als Standardauthentifizierungsdienst eingesetzt. Das Kerberos-Protokoll wird auch für IP-Sicherheit und vom QoS-Zugangssteuerungsdienst verwendet.

Kilo (K) Steht im metrischen System für 1.000. In der Computerterminologie ist mit Kilo häufig 1.024 gemeint, da im Computerbereich alle Werte in 2er-Potenzen ausgedrückt werden (1.024 entspricht 2^{10}). Zur Unterscheidung dieser zwei Kontexte wird häufig ein kleines „k" für die Zahl 1.000 und ein großes „K" für 1.024 verwendet. Ein Kilobyte entspricht 1.024 Byte.

Kilobit (KBit) 1.024 Bit. *Siehe auch* Bit, Kilo (K).

Kilobyte (KByte) 1.024 Byte. *Siehe auch* Byte, Kilo (K).

Knoten In einem LAN (Local Area Network) ein Gerät, das mit dem Netzwerk verbunden und in der Lage ist, mit anderen Netzwerkgeräten zu kommunizieren. Beispielsweise werden Clients, Server und Verstärker als Knoten bezeichnet.

Komprimierte Ordner Eine Funktion zum Komprimieren von Ordnern auf Volumes, die mit NTFS oder FAT formatiert sind. Komprimierte Ordner sind mit anderen ZIP-Programmen kompatibel.

Komprimierungsstatus Jede Datei und jeder Ordner auf einem NTFS-Volume liegt entweder komprimiert oder nicht komprimiert vor.

Konto *Siehe* Benutzerkonto.

Kontorichtlinien Steuern die Kennwortverwendung sowie die Einstellungen zur Kontosperrung in einer Domäne oder auf einem Einzelcomputer. Die hier festgelegten Einstellungen gelten für alle Benutzer.

Kontosperrung Eine Microsoft Windows XP Professional-Sicherheitsfunktion, durch die ein Benutzerkonto gesperrt wird, wenn eine festgelegte Anzahl fehlgeschlagener Anmeldeversuche in einem bestimmten Zeitraum überschritten wird. Die Anzahl der Anmeldeversuche und der Zeitraum werden in den Kontosperrungsrichtlinien festgelegt. Mit einem gesperrten Konto ist keine Anmeldung möglich.

Kooperatives Multitasking Eine Form des Multitasking, bei der einem Task nie die Prozessorsteuerung entzogen wird. Der Task entscheidet selbst, wann die Prozessorsteuerung abgegeben wird. Für das kooperative Multitasking geschriebene Systeme müssen die Fähigkeit zum Abgeben der Prozessorsteuerung aufweisen. In dem Zeitraum, in dem ein Programm mit kooperativem Multitasking den Prozessor steuert, kann kein anderes Programm ausgeführt werden. *Siehe auch* Multitasking, Präemptives Multitasking.

Kopie-Sicherung Ein Datensicherungstyp, bei dem alle ausgewählten Dateien und Ordner unabhängig von ihren Attributen gesichert werden. Während einer solchen Komplettsicherung werden die Attribute nicht geändert.

L

L2TP *Siehe* Layer Two Tunneling Protocol (L2TP).

LAN *Siehe* Local Area Network (LAN).

LAN-Requester *Siehe* Requester (LAN-Requester).

LAT *Siehe* Local Area Transport (LAT).

Laufwerkbuchstabe Dient zum Zugriff auf das Volume über den Windows-Explorer und andere Anwendungen. Festplatten, Diskettenlaufwerke, CD-ROM- und DVD-Laufwerke, Wechsellaufwerke und Bandgeräte haben Laufwerkbuchstaben.

Laufwerksduplizierung Eine automatisierte Installation, bei der Sie mithilfe des Systemvorbereitungsprogramms ein Image (Abbild) eines Windows XP Professional-Computers erstellen und dieses Image dann auf andere Computer kopieren. Für dieses Verfahren ist normalerweise die Software eines Fremdherstellers erforderlich.

Layer Two Tunneling Protocol (L2TP) Ein Protokoll, dessen primärer Zweck darin besteht, einen verschlüsselten Tunnel in einem nicht vertrauenswürdigen Netzwerk aufzubauen. L2TP ähnelt PPTP (Point-to-Point Protocol) insofern, als es Tunneling-Dienste bereitstellt. L2TP bietet jedoch keine Verschlüsselung. L2TP greift bei der Einrichtung eines sicheren Tunnels auf andere Verschlüsselungstechnologien wie zum Beispiel IPSec zurück. Zusammen mit IPSec kann L2TP zum Bereitstellen einer sicheren VPN-Lösung (Virtuelles Privates Netzwerk) eingesetzt werden.

Layering Die Koordination verschiedener Protokolle in einer spezifischen Architektur, die den Protokollen eine Zusammenarbeit ermöglicht und dafür sorgt, dass die Daten vorbereitet, übertragen, empfangen und wie vorgesehen verarbeitet werden können.

Leistungskonsole Ein Tool zum Überwachen des Ressourcenverbrauchs auf einem Windows XP Professional-Computer. Die Leistungskonsole bietet Zugriff auf zwei Snap-Ins: **Systemmonitor** sowie **Leistungsdatenprotokolle und Warnungen**.

Leistungsdatenprotokolle und Warnungen Ein Snap-In, das über längere Zeit hinweg Leistungsdaten vom lokalen oder einem Remotecomputer sammelt. Es kann auch veranlassen, dass Windows XP Sie benachrichtigt, wenn eine bestimmte Leistungsschwelle überschritten wird.

Leistungsindikator Ein bestimmter Aspekt eines Objekts, das der Systemmonitor messen kann.

Letzte als funktionierend bekannte Konfiguration Eine Hardwarekonfiguration, die zur Verfügung steht, wenn Sie während des Starts die Taste F8 drücken. Die letzte als funktionierend bekannte Konfiguration enthält die Konfigurationsinformationen, die nach der letzten erfolgreichen Anmeldung gespeichert wurden.

Line Printer (LPT) Ein Dienstprogramm, das auf Clientsystemen ausgeführt und zum Drucken von Dateien auf einem Computer mit LPD-Server eingesetzt wird.

Line Printer Daemon (LPD) Ein Dienst auf dem Druckserver, der Dokumente (Druckaufträge) von LPR-Dienstprogrammen (Line Printer Remote) empfängt, die auf Clientsystemen ausgeführt werden.

LLC-Teilschicht (Logical Link Control) Eine von zwei Teilschichten der Datenübertragungsschicht des OSI-Referenzmodells, die aus dem IEEE 802-Projekt hervorgegangen sind. Die LLC-Schicht ist die obere der zwei Teilschichten, die für die Datenkommunikation verantwortlich sind und für die Verwendung der logischen Schnittstellenpunkte sorgen, die so genannten SAPs (Service Access Points, Dienstzugriffspunkte). Diese werden vom Computer zur Übertragung von Informationen von der LLC-Teilschicht zur darüber liegenden OSI-Schichten genutzt. *Siehe auch* MAC-Teilschicht (Media Access Control), Dienstzugriffspunkt (Service Access Point, SAP).

Local Area Network (LAN) Computer in einem geografisch eingeschränkten Bereich, die zu einem Netzwerk verbunden sind, beispielsweise in einem Gebäude, Campus oder Büropark.

Local Area Transport (LAT) Ein nicht routingfähiges Protokoll der Digital Equipment Corporation.

Logische Struktur Die administrative Struktur von Active Directory, die Domänen, Strukturen, Organisationseinheiten und Objekte umfasst.

Logischer Drucker Die Softwarekonfiguration, die in Windows erstellt und im Fenster **Drucker und Faxgeräte** angezeigt wird.

Logisches Laufwerk Ein Volume, das innerhalb einer erweiterten Partition eines Basisdatenträgers erstellt wird. Sie können ein logisches Laufwerk formatieren und diesem einen Laufwerkbuchstaben zuordnen. Nur Basisdatenträger enthalten logische Laufwerke. Ein logisches Laufwerk kann nicht datenträgerübergreifend sein.

Lokale Gruppe Ein in Windows XP Professional verwendeter Gruppentyp. Lokale Gruppen werden in der Kontendatenbank jedes einzelnen Computers erstellt und enthalten Benutzerkonten und andere globale Gruppen, die Zugriff, Rechte und Berechtigungen für die Ressourcen eines lokalen Computers benötigen. Lokale Gruppen können keine anderen lokalen Gruppen enthalten.

Lokale Sicherheitsdatenbank Eine Datenbank auf einem Windows XP Professional-Computer, in der lokale Benutzerkonten und Gruppen gespeichert sind.

Lokale Sicherheitsrichtlinie Eine Kombination der Einstellungen, die während des Starts angewendet werden und sich auf einen lokalen Computer auswirken.

Lokaler Computer Ein Computer, auf den direkt zugegriffen werden kann, ohne dass hierzu Kommunikationsleitungen oder Kommunikationsgeräte wie beispielsweise eine Netzwerkkarte oder ein Modem erforderlich sind.

Lokaler Drucker Ein Drucker, der direkt mit einem Hardwareanschluss des Druckservers verbunden ist.

Lokales Benutzerkonto Ein Konto, mit dem Sie sich an einem bestimmten Computer anmelden können, um auf dessen Ressourcen zuzugreifen.

Loopback-Adresse Eine spezielle, reservierte IP-Adresse, die für den lokalen Computer steht.

LPD *Siehe* Line Printer Daemon (LPD).

M

MAC-Teilschicht (Media Access Control) Eine von zwei Teilschichten der Datenübertragungsschicht des OSI-Referenzmodells, die aus dem IEEE 802-Projekt hervorgegangen sind. Die MAC-Teilschicht kommuniziert direkt mit der Netzwerkkarte und ist für die fehlerfreie Übertragung von Daten zwischen zwei Netzwerkcomputern verantwortlich. *Siehe auch* LLC-Teilschicht (Logical Link Layer).

MAC-Treiber (Media Access Control) Der Gerätetreiber, der in der MAC-Teilschicht des OSI-Referenzmodells arbeitet. Dieser Treiber wird auch NIC-Treiber genannt. Der Treiber bietet Low-Level-Zugriff auf Netzwerkkarten (Network Interface Cards, NICs) und stellt Datenübertragungsdienste sowie einige grundlegende NIC-Verwaltungsfunktionen bereit. Die NIC-Treiber übergeben außerdem Daten aus der physischen Schicht an die Transportprotokolle der Netzwerk- und Transportschicht.

Master Boot Record (MBR) Der erste Sektor auf einer Festplatte, der die Datenstrukturen zum Starten des Computers enthält. Der MBR enthält die Partitionstabelle der Festplatte sowie eine kleine Menge ausführbaren Code, der als Masterbootcode bezeichnet wird.

MBit *Siehe* Megabit (MBit).

MBit/s *Siehe* Millionen Bit pro Sekunde (MBit/s).

MBR *Siehe* Master Boot Record (MBR).

MByte *Siehe* Megabyte (MByte).

Medium Die Mehrzahl der LANs (Local Area Network) werden durch eine Leitung oder Verkabelung miteinander verbunden, die als LAN-Übertragungsmedium dienen und Daten zwischen Computern übertragen. Die Verkabelung wird häufig als Medium bezeichnet.

Megabit (MBit) Üblicherweise 1.048.576 Bit (2^{20}); gelegentlich auch als 1 Million Bit interpretiert. *Siehe auch* Bit.

Megabyte (MByte) 1.048.576 Byte (2^{20}); gelegentlich als 1 Million Byte interpretiert. *Siehe auch* Byte.

Microsoft Technical Information Network (TechNet) Bietet Informationen und Support in Bezug auf alle Aspekte des Netzwerkbetriebs unter besonderer Berücksichtigung der Microsoft-Produkte.

Millionen Bit pro Sekunde (MBit/s) Die Maßeinheit für unterstützte Übertragungsraten für folgende physische Medien: Koaxialkabel, verdrillte Kupferkabel (Twisted Pair) und Glasfaserkabel. *Siehe auch* Bit.

Mitgliedserver Ein Computer, der unter Windows 2000 Server oder Windows Server 2003 läuft und Mitglied einer Active Directory-Domäne ist, aber nicht als Domänencontroller fungiert.

Mobiles Computing Integriert drahtlose Adapter mithilfe der Mobiltelefontechnologie, um tragbare Computer mit einem Kabelnetzwerk zu verbinden.

Modem Ein Kommunikationsgerät, das einem Computer das Übertragen von Informationen über eine Standardtelefonleitung ermöglicht. Da ein Computer digital arbeitet, verwendet er diskrete elektrische Signale zum Darstellen der Binärwerte 1 und 0. Ein Telefon arbeitet analog und überträgt variierende Signale. Modems müssen daher digitale Signale in analoge Signale umwandeln (und umgekehrt). Bei der Übertragung speist das Modem die digitalen Signale eines Computers als kontinuierliche Trägerfrequenz in die Telefonleitung ein (*Mo*dulation). Beim Empfang filtert das Modem die Informationen aus dem Trägersignal und übersetzt sie in ein digitales Format (*Dem*odulation).

Multitasking Ein vom Betriebssystem bereitgestellter Betriebsmodus, bei dem ein Computer gleichzeitig mehrere Aufgaben (Tasks) ausführen kann. Es gibt zwei Arten von Multitasking: das präemptive und das kooperative Multitasking. Beim präemptiven Multitasking kann das Betriebssystem die Steuerung des Prozessors ohne Rücksicht auf die Taskausführung jederzeit übernehmen. Beim kooperativen Multitasking wird einem Task in keiner Situation die Prozessorsteuerung entzogen. Der Task entscheidet selbst, wann die Prozessorsteuerung abgegeben wird. Ein wirkliches Multitaskingbetriebssystem führt so viele Tasks aus, wie Prozessoren vorhanden sind. Sind mehr Tasks als Prozessoren vorhanden, muss der Computer so genannte Zeitschlitze verwenden, um jedem Task eine bestimmte Zeit einzuräumen, bevor der nächste Task ausgeführt wird. Dieses Verfahren wird so lange angewendet, bis alle Tasks abgearbeitet sind.

N

Nachspann Einer von drei Abschnitten einer Paketkomponente. Der genaue Inhalt des Nachspanns richtet sich nach dem verwendeten Protokoll, üblicherweise enthält der Nachspann jedoch eine Komponente zur Fehlerprüfung (Cyclic Redundancy Check, CRC).

Namenskonvention Der innerhalb einer Organisation festgelegte Standard zum Identifizieren von Benutzern.

Namespace Ein abgeschlossener Bereich für die Namensauflösung. Bei der Namensauflösung wird ein Name in ein Objekt oder eine Information übersetzt, die den Namen repräsentieren. Der Active Directory-Namespace basiert auf dem DNS-Namensschema (Domain Name System), das eine Interoperabilität mit den Internettechnologien gewährleistet.

Nbtstat Ein Befehlszeilenprogramm für die Problemdiagnose, das Protokollstatistiken und Informationen zu TCP/IP-Verbindungen (Transmission Control Protocol/Internet Protocol) über NBT (NetBIOS over TCP/IP) liefert. Dieser Befehl ist nur verfügbar, wenn das TCP/IP-Protokoll installiert wurde. *Siehe auch* Netstat.

NDIS *Siehe* Network Device Interface Specification (NDIS).

NetBEUI (NetBIOS Extended User Interface) Ein Protokoll, das zum Lieferumfang aller Microsoft-Netzwerkprodukte gehört. NetBEUI ist ein kleines (wichtig für MS-DOS-Computer), schnelles Protokoll für die Netzwerkübertragung, das mit allen Microsoft-Netzwerken kompatibel ist. Ein großer Nachteil von NetBEUI besteht darin, dass es ein LAN-Transportprotokoll und damit nicht routingfähig ist. Des Weiteren bleibt der Einsatz von NetBEUI auf Microsoft-Netzwerke beschränkt.

NetBIOS (Network Basic Input/Output System) Eine API (Application Programming Interface, Anwendungsprogrammierschnittstelle), die von Anwendungen in einem LAN (Local Area Network) eingesetzt werden kann. Vor allem für Programmierer ist interessant, dass NetBIOS einen einheitlichen Befehlssatz zur Anforderung von Netzwerkdiensten der unteren Schichten bereitstellt, die zur Ausführung von Sitzungen zwischen den Knoten eines Netzwerks sowie für den Informationsaustausch zwischen zwei Knoten erforderlich sind.

NetBIOS über TCP/IP Der Netzwerkdienst der Sitzungsschicht, der im Rahmen der Namensauflösung die Namen den IP-Adressen zuordnet.

NetBT *Siehe* NetBIOS über TCP/IP.

Netstat Ein Befehlszeilenprogramm für die Problemdiagnose, das Protokollstatistiken und Informationen zu TCP/IP-Netzwerkverbindungen (Transmission Control Protocol/Internet Protocol) liefert. Dieser Befehl ist nur verfügbar, wenn das TCP/IP-Protokoll installiert wurde. *Siehe auch* Nbtstat.

Network Device Interface Specification (NDIS) Ein Standard, der eine Schnittstelle für die Kommunikation zwischen der MAC-Teilschicht (Media Access Control) und den Protokolltreibern definiert. NDIS stellt eine flexible Umgebung für den Datenaustausch bereit. Über NDIS wird die so genannte NDIS-Schnittstelle definiert, die von den Protokolltreibern zur Kommunikation mit der Netzwerkkarte genutzt wird. Der Vorteil von NDIS liegt im Protokollmultiplexing, bei dem mehrere Protokollstapel zur gleichen Zeit verwendet werden können. *Siehe auch* Open Data-Link Interface (ODI).

Netzwerk Im Kontext eines Computers ein System, in dem verschiedene unabhängige Computer vernetzt werden, um Daten und Peripheriegeräte wie Festplatten und Drucker gemeinsam zu nutzen.

Netzwerkadapterkarte *Siehe* Netzwerkkarte (Network Interface Card, NIC).

Netzwerkbrücke Eine Funktion, die es Windows XP Professional ermöglicht, Netzwerksegmente (Gruppen von vernetzten Computern) auch ohne Vorhandensein eines Routers oder einer Bridge miteinander zu verbinden.

Netzwerk-ID Der Teil der IP-Adresse, der einen bestimmten Host in einem Netzwerksegment identifiziert.

Netzwerkkarte (Network Interface Card, NIC) Eine Erweiterungskarte, die in jedem Client- und Servercomputer eines Netzwerks installiert wird. Die Netzwerkkarte fungiert als physische Schnittstelle oder Verbindung zwischen den Computern und dem Netzwerkkabel.

Netzwerkmonitore Überwachen alle oder ausgewählte Aktivitäten im Netzwerk. Darüber hinaus werden Pakete auf Rahmenebene untersucht und bei Versand und Empfang Informationen zu Pakettyp, Fehlern und Paketverkehr gesammelt.

Netzwerkschicht Die dritte Schicht im OSI-Referenzmodell. Diese Schicht ist für die Nachrichtenadressierung und für die Übersetzung der logischen Adressen und Namen in physische Adressen verantwortlich. In dieser Schicht wird außerdem die Route vom Quell- zum Zielcomputer festgelegt. Die Datenroute wird basierend auf den Netzwerkbedingungen, der Dienstpriorität und anderen Faktoren festgelegt. Des Weiteren werden Aspekte wie Paketvermittlung, Routing und das Verhalten bei hohem Datenaufkommen im Netzwerk verwaltet. *Siehe* *auch* OSI-Referenzmodell (Open Systems Interconnection).

Netzwerkschnittstellendrucker Ein Drucker, der über eine interne Netzwerkkarte direkt an das Netzwerk angeschlossen ist.

NIC *Siehe* Netzwerkkarte (Network Interface Card, NIC).

Normale Sicherung Ein Datensicherungstyp, bei dem alle ausgewählten Dateien und Ordner gesichert werden, unabhängig vom Zustand ihres Archivattributs. Während einer normalen Sicherung wird bei allen Dateien das Archivattribut gesetzt, damit sie als gesichert gekennzeichnet sind.

NTFS-Berechtigungen Zuweisungen, die angeben, welche Benutzer und Gruppen auf Dateien und Ordner zugreifen dürfen und was sie mit dem Inhalt der Dateien oder Ordner tun dürfen. NTFS-Berechtigungen stehen nur auf NTFS-Volumes zur Verfügung.

NTFS-Komprimierung Eine Funktion des Dateisystems NTFS, die eine dynamische Komprimierung und Dekomprimierung für Ordner und Dateien durchführt, die mit dem Komprimierungsattribut gekennzeichnet sind.

Ntldr Eine Datei, mit der der Windows-Startvorgang gesteuert wird, bis die Steuerung an den Windows-Kernel übergeben wird.

O

Objekt Ein individueller, benannter Attributsatz, der eine bestimmte Netzwerkressource repräsentiert. Die Eigenschaften der Objekte im Active Directory-Verzeichnis werden als Objektattribute bezeichnet. Die Attribute für ein Benutzerkonto können beispielsweise den Vor- und Nachnamen, die Abteilung und die E-Mail-Adresse umfassen.

ODI *Siehe* Open Data-Link Interface (ODI).

Öffentlicher Schlüssel Die nicht geheime Hälfte eines Paars kryptografischer Schlüssel, die in einem Algorithmus für öffentliche Schlüssel verwendet wird. Öffentliche Schlüssel werden üblicherweise zur Überprüfung digitaler Signaturen sowie zur Entschlüsselung von Daten verwendet, die mithilfe des entsprechenden privaten Schlüssels verschlüsselt wurden.

Öffentliches Datennetzwerk (Public Data Network, PDN) Ein kommerzieller, paket- oder verbindungsvermittelter WAN-Dienst (Wide Area Network), der von lokalen oder nationalen Telefonanbietern bereitgestellt wird.

Offlinedateien Ein Feature von Windows XP Professional, das temporäre Kopien von freigegebenen Netzwerkdateien auf einem lokalen Computer anlegt, damit Sie auf diese Dateien zugreifen können, während der lokale Computer keine Verbindung mit dem Netzwerk hat.

Open Data-Link Interface (ODI) Eine von Novell und Apple definierte Spezifikation zur Vereinfachung der Treiberentwicklung, die Unterstützung für mehrere Protokolle durch eine einzige Netzwerkkarte bietet. ODI ähnelt in vielen Punkten der NDIS-Spezifikation (Network Device Interface Specification). Dank ODI können Novell NetWare-Treiber ohne Kenntnis der darüber befindlichen Protokolle geschrieben werden.

Ordner durchsuchen Eine Berechtigung, die das Durchlaufen von Ordnern erlaubt oder verbietet, wenn der Benutzer auf andere Dateien oder Ordner zugreifen will, obwohl er keine Berechtigungen für den betreffenden Ordner besitzt (das heißt, für den Ordner, den der Benutzer durchsucht).

Organisationseinheit (Organizational Unit, OU) Ein Container, mit dessen Hilfe Objekte innerhalb einer Domäne in logische Verwaltungsgruppen gegliedert werden. Eine Organisationseinheit kann Objekte wie Benutzerkonten, Gruppen, Computer, Drucker, Anwendungen, Dateifreigaben sowie weitere Organisationseinheiten enthalten.

OSI *Siehe* OSI-Referenzmodell (Open Systems Interconnection).

OSI-Referenzmodell (Open Systems Interconnection, OSI) Eine sieben Schichten umfassende Architektur, mit der verschiedene Dienstebenen und Interaktionstypen für den Informationsaustausch über ein Netzwerk standardisiert werden. Das OSI-Referenzmodell beschreibt den Datenfluss zwischen der physischen Netzwerkverbindung und der Endbenutzeranwendung. Dieses Modell ist das bekannteste und gängigste Modell für die Beschreibung der Netzwerkumgebung.

OU *Siehe* Organisationseinheit (Organizational Unit, OU).

P

Packet Internet Groper (ping) Ein einfaches Dienstprogramm zum Testen der Verbindung zwischen einem Server und einem Client in einem Netzwerk. Hierzu wird eine Nachricht an den Remotecomputer gesendet. Empfängt der Remotecomputer die Meldung, sendet er eine Antwortmeldung zurück. Die Antwortmeldung besteht aus der IP-Adresse der Remotearbeitsstation, der Byteanzahl der Meldung, der Antwortzeit (in Millisekunden, ms) sowie dem TTL-Wert (Time to Live) in Sekunden. Das Dienstprogramm Ping arbeitet auf IP-Ebene und führt häufig auch dann zu einer Antwortmeldung, wenn keine TCP-basierte Dienste höherer Schichten verfügbar sind.

Paket Informationen, die in einem Netzwerk als eine Einheit von einem Gerät zu einem anderen übertragen werden. Bei paketvermittelten Netzwerken ist ein Paket noch genauer als eine Übertragungseinheit mit festgelegter Maximalgröße definiert, die aus binären Werten zur Datendarstellung sowie einem Header besteht, der eine Identifikationsnummer, die Datenquelle, die Zieladresse sowie gelegentlich Daten zur Fehlerkorrektur umfasst. *Siehe auch* Rahmen.

Paketvermittlung Eine Methode zur Nachrichtenübermittlung in kleinen Informationseinheiten (Paketen), die über die Stationen in einem Computernetzwerk gesendet werden. Hierbei wird die beste verfügbare Route zwischen Quelle und Ziel gewählt. Die Daten werden unter Verwendung eines Prozesses namens PAD (Packet Assembly/Disassembly) in kleinere Einheiten unterteilt und anschließend wieder zusammengesetzt. Obwohl jedes Paket möglicherweise über einen anderen Pfad gesendet wird und die Pakete in anderer Reihenfolge an der Zieladresse ankommen, ist der empfangende Computer in der Lage, die ursprüngliche Nachricht wieder zusammenzusetzen. Paketvermittelte Netzwerke gelten als schnell und effizient. Standards für paketvermittelte Netzwerke werden in der CCITT-Empfehlung X.25 dokumentiert.

Parität Ein Vorgang zur Fehlererkennung, bei dem die Quersumme der Binärzeichen für eine Gruppe von übertragenen Bits immer gleich sein muss – entweder gerade oder ungerade –, damit eine fehlerfreie Übertragung gewährleistet ist. Die Parität wird zur Datenprüfung bei Übertragungen innerhalb eines Computers oder zwischen zwei Computern eingesetzt.

Partition Ein logischer Bereich einer Festplatte, der als eine separate Einheit betrachtet wird. Jede Partition kann mit einem anderen Dateisystem formatiert werden.

Pathping Ein Befehlszeilentool, das eine Kombination aus Ping und Tracert bildet. Es zeigt Informationen über Paketverluste auf jedem einzelnen Router zwischen dem Hostcomputer und dem Remotecomputer an.

PCI *Siehe* Peripheral Component Interconnect (PCI).

PDA *Siehe* Personal Digital Assistant (PDA).

PDL *Siehe* Seitenbeschreibungssprache (Page-Description Language, PDL).

PDN *Siehe* Öffentliches Datennetzwerk (Public Data Network, PDN).

Peer-to-Peer-Netzwerk Ein Netzwerk, in dem weder dedizierte Server verwendet werden noch eine Computerhierarchie vorhanden ist.

Alle Computer sind gleichberechtigt (engl. peer). Im Allgemeinen fungieren die Computer in einem solchen Netzwerk sowohl als Server als auch als Clients.

Peripheral Component Interconnect (PCI) Ein lokaler 32-Bit-Bus, der in den meisten Pentium-Computern und in Apple Power Macintosh-Computern eingesetzt wird. PCI erfüllt die Anforderungen zur Bereitstellung von Plug & Play-Funktionalität.

Peripheriegeräte Ein Begriff, der Geräte wie Festplattenlaufwerke, Drucker, Modems, Mäuse und Joysticks bezeichnet, die an einen Computer angeschlossen sind und durch den Computerprozessor gesteuert werden.

Personal Digital Assistant (PDA) Ein kleiner Handheldcomputer, der Funktionen eines Organizers bereitstellt. Er dient zum Beispiel als Kalender, kann Notizen aufnehmen, dient der Datenbankbearbeitung, als Taschenrechner und verfügt über Kommunikationsfunktionen. Zur Kommunikation nutzt ein PDA die Mobiltelefontechnologie beziehungsweise Drahtlostechnologie, die in das System integriert ist und durch PC Cards ergänzt oder erweitert werden kann.

Petabyte *Siehe* Byte.

Phase Change Rewritable (PCR) Eine Technologie für wiederbeschreibbare optische Medien.

Physische Schicht Die erste (unterste) Schicht des OSI-Referenzmodells. In dieser Schicht wird der nicht strukturierte Bitstrom über ein physisches Medium (das Netzwerkkabel) übertragen. Die physische Schicht verbindet elektrische/optische, mechanische und funktionale Schnittstellen mit dem Kabel und überträgt Signale, mit denen die von höheren Schichten des OSI-Modells generierten Daten repräsentiert werden. *Siehe auch* OSI-Referenzmodell (Open Systems Interconnection).

Ping *Siehe* Packet Internet Groper (ping).

Plattenlose Computer Computer ohne Disketten- oder Festplattenlaufwerk. Plattenlose Computer benötigen einen speziellen ROM (Read-Only-Memory, Nur-Lese-Speicher), um Benutzern eine Schnittstelle bereitzustellen, über die sie sich am Netzwerk anmelden können.

Plug & Play Ein von Intel entwickelter Spezifikationssatz, der einem Computer das automatische Auffinden und Konfigurieren von Geräten sowie das Installieren der entsprechenden Gerätetreiber ermöglicht.

Point of Presence (POP) Der lokale Zugriffspunkt für einen Netzwerkprovider. Mit jedem POP wird eine Telefonnummer bereitgestellt, die es dem Benutzer ermöglicht, über ein Ortsgespräch Zugriff auf Onlinedienste zu erhalten.

Point-to-Point Protocol (PPP) Ein Protokoll für die Übertragung von TCP/IP-Paketen (Transmission Control Protocol/Internet Protocol) über DFÜ-Verbindungen, wie zum Beispiel zwischen einem Computer und dem Internet. PPP wurde 1991 von der Internet Engineering Task Force (IETF) entwickelt.

Point-to-Point Tunneling Protocol (PPTP) Eine Erweiterung von (Point-to-Point Protocol), die zur Kommunikation im Internet eingesetzt wird. Das von Microsoft entwickelte Protokoll dient der Unterstützung von virtuellen privaten Netzwerken (VPNs), mit deren Hilfe Einzelpersonen und Organisationen einen sicheren Kommunikationskanal einrichten können. PPTP unterstützt die Kapselung verschlüsselter Pakete in sicheren Wrappern, die über eine TCP/IP-Verbindung (Transmission Control Protocol/ Internet Protocol) übertragen werden. *Siehe auch* Virtuelles Privates Netzwerk (VPN).

POP *Siehe* Point of Presence (POP).

Präemptives Multitasking Eine Form des Multitasking (der Fähigkeit eines Computerbetriebssystems, mehrere Tasks gleichzeitig auszuführen). Beim präemptiven Multitasking kann das Betriebssystem – im Gegensatz zum kooperativen Multitasking – einem Task die Steuerung des Prozessors entziehen. *Siehe auch* Kooperatives Multitasking.

Preboot eXecution Environment (PXE) Ein Standard für den Start aus dem Netzwerk, der von einigen Netzwerkkarten unterstützt wird. Das Verwenden einer PXE-kompatiblen Netzwerkkarte ist eine von drei möglichen Konfigurationen, bei denen ein RIS-Client aus dem Netzwerk starten und einen RIS-Server finden kann. (RIS-Clients können auch mit der Net PC-Spezifikation kompatibel sein oder eine RIS-Startdiskette verwenden.)

Primäre Anzeige Die Standardanzeige in einer Konfiguration mit mehreren Anzeigen. Sie können oft einstellen, welche Grafikkarte die primäre Anzeige steuert, indem Sie die Einstellungen im BIOS des Computers ändern.

Primäre Partition Eine Partition, die Sie als das aktive (oder bootfähige) Laufwerk konfigurieren können. Sie können auf einem Computer, der unter einem Windows-Betriebssystem läuft, bis zu vier primäre Partitionen konfigurieren (drei Partitionen, falls Sie außerdem eine erweiterte Partition auf der Festplatte haben).

Privater Schlüssel Die geheime Hälfte eines Paars kryptografischer Schlüssel, die in einem Algorithmus für öffentliche Schlüssel verwendet wird. Private Schlüssel werden üblicherweise zur digitalen Signierung von Daten sowie zur Entschlüsselung von Daten verwendet, die mithilfe des entsprechenden öffentlichen Schlüssels verschlüsselt wurden.

Privileg Ein Benutzerrecht, das den Mitgliedern der Gruppe, der dieses Privileg zugewiesen ist, erlaubt, eine bestimmte Aufgabe durchzuführen. Normalerweise hat diese Aufgabe Auswirkungen auf ein gesamtes Computersystem und nicht nur auf ein einziges Objekt.

Protokoll Regeln und Prozeduren, mit denen die Kommunikation zwischen zwei oder mehr Geräten gesteuert wird. Es gibt sehr viele verschiedene Protokolle, von denen nicht alle miteinander kompatibel sind. Solange jedoch zwei Geräte dasselbe Protokoll verwenden, sind sie in der Lage, Daten auszutauschen. Netzwerksoftware wird häufig auf mehreren Protokollebenen implementiert, die übereinander angeordnet sind. Windows XP Professional umfasst TCP/IP- und IPX/SPX-kompatible Protokolle.

Protokollstapel Übereinander angeordnete Protokolle, die zusammen einen Satz Netzwerkfunktionen bereitstellen.

Protokolltreiber Der Treiber, der den weiteren Netzwerkschichten vier oder fünf grundlegende Dienste zur Verfügung stellt und gleichzeitig die Details der Dienstimplementierung verbirgt. Zu den bereitgestellten Diensten gehören Sitzungsverwaltung, Datagrammdienste, Datensegmentierung und -sequenzierung, Bestätigung sowie unter Umständen das Routing über ein WAN (Wide Area Network).

Proxyserver Eine Firewallkomponente, die den Internetdatenverkehr für ein LAN verwaltet (Local Area Network). Der Proxyserver entscheidet, welche Daten die Firewall zu einem Organisationsnetzwerk passieren dürfen, bietet Zugriff auf das Netzwerk und filtert und verwirft bestimmte (durch die Organisation festgelegte) Anforderungen, zum Beispiel nicht autorisierte Abfragen vertraulicher Daten. *Siehe auch* Firewall.

Prozess Ein Betriebssystemobjekt, das aus einer ausführbaren Datei, einem Satz Adressen im virtuellen Arbeitsspeicher und einem oder mehreren Threads besteht. Wenn ein Programm läuft, wird ein Prozess erstellt.

Prozessorzugehörigkeit Eine Einstellung, die Sie im Task-Manager vornehmen können. Sie legt fest, auf welchen Prozessoren (bei einem Computer mit mehreren Prozessoren) ein Prozess ausgeführt werden kann.

Puffer Ein reservierter Bereich im Arbeitsspeicher, der für die temporäre Datenspeicherung genutzt wird, wenn eine Übertragung von einem Speichergerät auf ein anderes oder von einem Standort im Speicher zu einem anderen noch nicht abgeschlossen wurde.

Punkt-zu-Punkt-Konfiguration Standleitungen, die auch als private Leitungen oder Mietleitungen bezeichnet werden. Sie werden bevorzugt in Weitbereichsnetzen (Wide Area Networks, WANs) eingesetzt. Der Betreiber richtet unter Verwendung von Bridges und Routern eine permanente Verbindung zwischen den beteiligten LANs (Local Area Networks) ein. *Siehe auch* Point-to-Point Protocol (PPP), Point-to-Point Tunneling Protocol (PPTP), Duplexübertragung.

PVC *Siehe* Feste virtuelle Verbindung (Permanent Virtual Circuit, PVC).

PXE *Siehe* Preboot eXecution Environment (PXE).

Q

QoS *Siehe* Quality of Service (QoS).

Quality of Service (QoS) Standards und Mechanismen zur Qualitätssicherung einer Datenübertragung.

R

RADIUS *Siehe* Remote Authentication Dial-In User Service (RADIUS).

Rahmen Auch Frame genannt. Ein Informationspaket, das als einzelne Einheit im Netzwerk übertragen wird. Dieser Begriff wird häufig in Zusammenhang mit Ethernet-Netzwerken verwendet. Ein Rahmen ähnelt den in anderen Netzwerken verwendeten Paketen. *Siehe auch* Datenrahmen, Paket.

Rahmenheader Vorspanninformationen, die dem Datenrahmen in der physischen Schicht des OSI-Referenzmodells vorangestellt werden.

RAID *Siehe* Redundant Array of Independent Disks (RAID).

RAM *Siehe* Random Access Memory (RAM).

Random Access Memory (RAM) Halbleiterspeicher, in dem der Mikroprozessor und andere Hardwaregeräte Lese- und Schreibvorgänge durchführen können. Auf die Speicherorte kann in beliebiger Reihenfolge zugegriffen werden. Auch auf die verschiedenen Arten des Nur-Lese-Speichers (Read-Only Memory, ROM) kann in beliebiger Reihenfolge zugegriffen werden. Das RAM wird im Allgemeinen jedoch als flüchtiger Speicher betrachtet, in dem sowohl Schreib- als auch Lesevorgänge durchgeführt werden können. *Siehe auch* Read-Only Memory (ROM).

RDN *Siehe* Relativ definierter Name (Relative Distinguished Name, RDN).

Read-Only memory (ROM) Halbleiterspeicher, der Anweisungen oder Daten enthält, die gelesen, aber nicht verändert werden können. *Siehe auch* Random Access Memory (RAM).

Rechte Autorisieren einen Benutzer zur Durchführung bestimmter Aufgaben in einem Computernetzwerk. Rechte gelten für das gesamte System, Berechtigungen dagegen werden auf einzelne Objekte angewendet. Ein Benutzer kann beispielsweise das Recht besitzen, das gesamte Computersystem zu sichern, einschließlich der Dateien, für die er über keinerlei Zugriffsberechtigungen verfügt. *Siehe auch* Zugriffsberechtigungen.

Redirector Komponente der Netzwerksoftware, die E/A-Anforderungen (Eingabe/Ausgabe) für Remotedateien, Named Pipes oder Mailslots empfängt und die Anforderungen an einen Netzwerkdienst auf einem anderen Computer umleitet (engl. redirect).

Reduced Instruction Set Computing (RISC) Ein Mikroprozessordesign, das auf die schnelle und effiziente Verarbeitung eines relativ kleinen Anweisungssatzes ausgerichtet ist. In der RISC-Architektur bleibt die Zahl der integrierten Mikroprozessorbefehle recht beschränkt. Diese werden jedoch optimiert, sodass sie sehr schnell (üblicherweise innerhalb eines einzigen Prozessortakts) ausgeführt werden können.

Redundant Array Of Independent Disks (RAID) Die Standardisierung von Fehlertoleranzoptionen auf fünf Stufen. Die fünf definierten Stufen bieten unterschiedliche Kombinationsmöglichkeiten hinsichtlich Leistung, Zuverlässigkeit und Kosten. Bis dato auch Redundant Array Of Inexpensive Disks (RAID) genannt.

Redundant Array of Inexpensive Disks (RAID) *Siehe* Redundant Array of Independent Disks (RAID).

Redundantes System Ein fehlertolerantes System, das dadurch Datenschutz bietet, dass die Daten an verschiedenen physischen Standorten dupliziert werden. Durch die Datenredundanz ist auch dann noch ein Datenzugriff möglich, wenn Teile des Datensystems ausfallen. *Siehe auch* Fehlertoleranz.

Registrierung In Windows XP Professional, Windows 2000, Windows NT, Windows 98 und Windows 95 eine Datenbank mit Informationen zur Computerkonfiguration. Die Registrierung ist hierarchisch strukturiert und besteht aus Unterstrukturen, Schlüsseln, Strukturen und Einträgen.

Relativ definierter Name (Relative Distinguished Name, RDN) Ein Name, der ein Objekt innerhalb einer bestimmten Organisationseinheit eindeutig identifiziert.

Remote Authentication Dial-In User Service (RADIUS) Ein sicheres Authentifizierungsprotokoll, das von vielen Internetdienstanbietern (Internet Service Providers, ISPs) eingesetzt wird. RADIUS bietet Authentifizierungs- und Kontoführungsdienste für den Betrieb von verteilten DFÜ-Netzwerken.

Remotebenutzer Ein Benutzer, der sich mithilfe eines Modems und einer Telefonleitung von einem Remotecomputer aus bei einem Server einwählt.

Remotedesktop Ein Dienstprogramm, mit dem Sie einen Computer von einem Remotestandort aus steuern können.

Remoteinstallation Prozess, bei dem zunächst eine Verbindung zu einem Server hergestellt wird, auf dem die Remoteinstallationsdienste ausgeführt werden (ein RIS-Server). Anschließend wird eine automatisierte Installation von Windows XP Professional auf einem lokalen Computer gestartet.

Remoteinstallationsdienste (Remote Installation Services, RIS) Software, die Images von Windows XP-Installationen speichert und sie über das Netzwerk zur Verfügung stellt.

Remotestart-PROM (Programmable Read-Only Memory) Ein besonderer Speicherchip auf der Netzwerkkarte, der den fest programmierten Code zum Starten des Computers und zur Verbindungsherstellung mit dem Netzwerk enthält. Der Remotestart-PROM wird in Computern ohne Festplatte oder Diskettenlaufwerk eingesetzt. *Siehe auch* Plattenlose Computer.

Remoteunterstützung Ein Dienstprogramm, mit dem ein Benutzer einen Administrator oder einen anderen Experten einladen kann, ihm über Remotezugriff zu helfen.

Replikation Der Vorgang, bei dem Informationen von einem Ort zum anderen kopiert werden. Bei Active Directory wird die Replikation von Verzeichnisinformationen zwischen Domänencontrollern desselben Standorts automatisch durchgeführt.

Request for Comments (RFC) Ein Dokument zur Definition eines Standards. RFCs werden durch die IETF (Internet Engineering Task Force) und andere Arbeitsgruppen veröffentlicht.

Requester (LAN-Requester) Eine Softwarekomponente in einem Computer, die Netzwerkdienstanforderungen von Computeranwendungen an den geeigneten Server weiterleitet. *Siehe auch* Redirector.

Ressourcen Alle Teile eines Computersystems. Die Benutzer in einem Netzwerk nutzen Computerressourcen gemeinsam, zum Beispiel Festplatten, Drucker, Modems, CD-ROM-Laufwerke und sogar den Prozessor.

Ressourcenveröffentlichung Der Prozess, bei dem ein Objekt für alle Benutzer einer Windows 2000- oder Windows Server 2003-Domäne sichtbar und zugänglich gemacht wird.

RFC *Siehe* Request for Comments (RFC).

Richtlinienergebnissatz Ein Tool, mit dem Sie simulieren und testen können, welche Richtlinieneinstellungen auf Computer oder Benutzer angewendet werden. Es zeigt Ihnen an, welche Richtlinien auf das Objekt angewendet werden und in welcher Reihenfolge das geschieht.

RIP *Siehe* Routing Information Protocol (RIP).

RIS *Siehe* Remoteinstallationsdienste (Remote Installation Services, RIS).

RISC *Siehe* Reduced Instruction Set Computing (RISC).

ROM *Siehe* Read-Only Memory (ROM).

Router Ein Gerät zum Verbinden zweier Netzwerke unterschiedlichen Typs, beispielsweise mit unterschiedlichen Architekturen und Protokollen. Router arbeiten in der Netzwerkschicht des OSI-Referenzmodells. Dies bedeutet, dass Router Pakete netzwerkübergreifend vermitteln und routen können. Erreicht wird dies durch einen Austausch protokollspezifischer Netzwerkinformationen. Router ermitteln den besten Pfad für die Datenübertragung und filtern den Broadcastverkehr für ein lokales Segment.

Routing Information Protocol (RIP) Ein Protokoll, das Distanzvektoralgorithmen zum Ermitteln von Routen einsetzt. Mithilfe von RIP können die Router Informationen mit anderen Routern austauschen, um ihre internen Routingtabellen zu aktualisieren und basierend auf der Hop-Zahl die beste Route zwischen zwei Routern zu berechnen. TCP/IP und IPX unterstützen RIP.

Routingfähige Protokolle Die Protokolle, die eine LAN-zu-LAN-Kommunikation über mehrere Pfade unterstützen. *Siehe auch* Protokoll.

RS-232-Standard Ein Industriestandard für die Kommunikation über serielle Leitungen. Dieser von der Electrical Industries Association (EIA) übernommene Standard definiert die von den seriellen Kommunikationscontrollern verwendeten Leitungs- und Signalmerkmale zur Standardisierung der Übertragung serieller Daten zwischen zwei Geräten.

Rückruf Ein Feature von Microsoft Windows XP Professional, mit dem Sie festlegen können, dass der Remoteserver die Verbindung trennt und den Client zurückruft, der eine Verbindung zum Remoteserver herstellen möchte. Auf diese Weise werden die Telefonkosten des Clients gesenkt, da die Telefongebühren zu Lasten des Remoteservers gehen. Des Weiteren wird durch die Rückruffunktion die Sicherheit erhöht, da der Remoteserver den Rückruf über eine von Ihnen festgelegte Telefonnummer tätigt.

Ruhezustand Ein Zustand, in dem Windows den aktuellen Systemstatus (inklusive offener Programme und Fenster) auf die Festplatte speichert und den Computer dann herunterfährt. Wenn Sie den Computer neu starten, werden die offenen Programme und Fenster wiederhergestellt.

S

SAP (Service Access Point) *Siehe* Dienstzugriffspunkt (Service Access Point, SAP).

SAP (Service Advertising Protocol) *Siehe* Service Advertising Protocol (SAP).

Schema Enthält eine formale Definition zu Inhalt und Struktur von Active Directory, einschließlich aller Klassen, Attribute und Klasseneigenschaften. Das Schema definiert für jede Objektklasse, welche Attribute eine Instanz der Klasse besitzen muss, welche zusätzlichen Attribute vorliegen können und welche Objektklasse eine übergeordnete Klasse der aktuellen Objektklasse sein kann.

Schlüssel Bei der Datenbankverwaltung eine Kennung für einen oder mehrere Datensätze in einer Datendatei. Meistens ist der Schlüssel als Inhalt eines einzelnen Felds definiert. Das Feld wird in einigen Datenbankverwaltungsprogrammen als Schlüsselfeld, in anderen als Indexfeld bezeichnet. Schlüssel werden in Tabellen verwaltet und zum Erhöhen der Abrufgeschwindigkeit indiziert. Als Schlüssel wird auch der Code bezeichnet, mit dem Daten entschlüsselt werden.

Schnittstellen Trennstelle zwischen technischen Einrichtungen, welche die Grenze zwischen Systemen, Baugruppen, Prozessen und Programmen darstellen. Im OSI-Referenzmodell stellt beispielsweise jede Schicht einen bestimmten Dienst bereit, um die Daten anschließend über das Netzwerk an einen anderen Computer senden zu können.

SCSI *Siehe* Small Computer System Interface (SCSI).

SDLC *Siehe* Synchronous Data Link Control (SDLC).

Sector Sparing Ein fehlertolerantes System, auch Hot Fixing genannt. Über das Sector Sparing wird das Dateisystem mit einer automatischen Funktion zur Sektorwiederherstellung ausgestattet. Wird während eines Lese- oder Schreibvorgangs ein fehlerhafter Sektor ermittelt, versucht der fehlertolerante Treiber, die Daten auf einen fehlerfreien Sektor zu verschieben. Der Sektor wird anschließend als fehlerhaft markiert. Ist die Markierung erfolgreich, erfolgt keine Warnmeldung an das Dateisystem. SCSI-Geräte unterstützen das Sector Sparing, AT-Geräte (ESDI und IDE) dagegen nicht.

Segment In einem Netzwerk die Kabellänge zwischen zwei Endpunkten. Ein Segment kann sich auch auf Nachrichten beziehen, die durch den Protokolltreiber in kleinere Einheiten geteilt werden.

Seitenbeschreibungssprache (Page-Description Language, PDL) Eine Sprache für die Kommunikation mit einem Drucker, in der die Art der Druckausgabe festgelegt wird. Der Drucker verwendet PDL, um Text und Grafiken zu einem Seitenlayout zusammenzusetzen. PDLs ähneln einem Entwurf insofern, als Sie zwar Parameter und Features wie Schriftgröße und -art festlegen, die Umsetzung jedoch dem Drucker überlassen.

Seitenfehler Ein Fehler, der auftritt, wenn angeforderter Code oder Daten nicht im physischen Arbeitsspeicherbereich gefunden werden, der dem anfordernden Prozess zur Verfügung steht.

Sektor Ein Bereich auf einem Datenträger, der zur Datenspeicherung genutzt wird. Ein Datenträger ist in Seiten (oben und unten), Spuren (Ringe auf der Oberfläche) und Sektoren (Abschnitte auf jeder Spur) unterteilt. Sektoren sind die kleinste physische Speichereinheit auf einem Datenträger. Sie besitzen eine feste Größe und können in der Regel 512 Bytes an Daten aufnehmen.

Sekundärer Anmeldung-Dienst Ein Dienst in Windows XP Professional, der es einem Benutzer erlaubt, ein Programm (mit dem Befehl **Ausführen als**) unter anderen Anmeldeinformationen auszuführen als denen des momentan angemeldeten Benutzers.

Serielle Übertragung In nur eine Richtung verlaufender Datentransfer. Die Daten werden Bit für Bit über ein Netzwerkkabel gesendet.

Server Message Block (SMB) Ein von Microsoft, Intel und IBM entwickeltes Protokoll, das verschiedene Befehle zur Informationsübertragung zwischen Netzwerkcomputern definiert. Der Redirector platziert SMB-Anforderungen in einer NCB-Struktur (Network Control Block), die anschließend über das Netzwerk an ein Remotegerät gesendet werden kann. Der Netzwerkprovider überwacht die Leitung auf an ihn adressierte SMB-Nachrichten und entfernt den Datenanteil der SMB-Anforderung, damit dieser durch ein lokales Gerät verarbeitet werden kann.

Server Ein Computer, der den Netzwerkbenutzern Dienste und Ressourcen zur gemeinsamen Nutzung zur Verfügung stellt. *Siehe auch* Client.

Serverbasiertes Netzwerk Ein Netzwerk, in dem Ressourcensicherheit und die Mehrzahl der weiteren Netzwerkfunktionen in der Verantwortung eines dedizierten Servers liegt. Serverbasierte Netzwerke haben sich zum Standardmodell für Netzwerke mit mehr als 10 Benutzern entwickelt. *Siehe auch* Peer-to-Peer-Netzwerk.

Service Advertising Protocol (SAP) Ermöglicht einem Dienste bereitstellenden Knoten (zum Beispiel Dateien, Drucker, Gateway und Anwendungsserver) das Ankündigen der Dienste und Adressen.

Service Pack Ein Softwareupdate für eine vorhandene Softwarekomponente, die aktualisierte Dateien enthält, zum Beispiel Patches und Fixes.

Shell Eine Softwarekomponente, üblicherweise ein separates Programm, das eine direkte Kommunikation zwischen Benutzer und Betriebssystem ermöglicht. Die Shell ist häufig (aber nicht immer) ein Befehlszeilenprogramm. Beispiele für eine Shell sind der Macintosh Finder und das MS-DOS-Befehlszeilenprogramm **Command.com**.

Sicherheit Schutz des Computers und der darauf gespeicherten Daten vor einer Beschädigung oder unbefugtem Zugriff.

Sicherheitskennung (Security Identifier, SID) Eine Datenstruktur variabler Länge, mit der Benutzer, Gruppen, Dienste und Computerkonten innerhalb eines Unternehmens eindeutig identifiziert werden. Jedem Konto wird bei der Erstellung eine SID zugewiesen. Die Mechanismen für die Zugriffssteuerung in Windows XP Professional, Windows 2000 und Windows Server 2003 identifizieren Sicherheitsprinzipale anhand der SID, nicht anhand von Namen.

Sicherheitscenter Ein Feature von Windows XP Professional mit Service Pack 2, das auf einen Blick den Sicherheitsstatus für einen Computer anzeigt. Dazu gehören Informationen zur Windows-Firewall, der Funktion **Automatische Updates** und zu Antivirussoftware.

Sicherheitsoptionen Richtlinien, mit denen Sie verschiedene Sicherheitseinstellungen in Windows XP Professional steuern können.

Sicherheitsprotokoll Datei, in der Sicherheitsereignisse (zum Beispiel gültige und ungültige Anmeldeversuche) und Ereignisse aufgezeichnet werden, die sich auf den Ressourcenzugriff beziehen, beispielsweise das Erstellen, Öffnen oder Löschen von Dateien oder Objekten.

Sicherheitsvorlagen Vorkonfigurierte Kombinationen von Sicherheitseinstellungen, die Sie direkt auf Computer anwenden oder an Ihre Bedürfnisse anpassen können.

Sicherheitszonen Kategorien von Websites, die der Internet Explorer verwendet, um den Zugriff auf bestimmte Arten von Tätigkeiten zu erlauben oder zu blockieren. Zonen sind **Internet**, **Lokales Intranet**, **Vertrauenswürdige Sites** und **Eingeschränkte Sites**.

Sicherung Eine identische Kopie eines Programms, eines Datenträgers, oder einer Datendatei, die zum Schutz vor Datenverlusten dient.

Sicherungs- oder Wiederherstellungs-Assistent Ein Assistent, der eine einfache, schrittweise ablaufende Benutzeroberfläche zum Sichern oder Wiederherstellen von Daten bietet.

Sicherungsauftrag Ein Einzelprozess zum Sichern von Daten.

SID *Siehe* Sicherheitskennung (Security Identifier, SID).

Simple Mail Transfer Protocol (SMTP) Ein TCP/IP-Protokoll für die E-Mail-Übertragung. *Siehe auch* Anwendungsprotokolle, Transmission Control Protocol/Internet Protocol (TCP/IP).

Simple Network Management Protocol (SNMP) Ein mit TCP/IP installiertes Netzwerkverwaltungsprotokoll, das häufig in TCP/IP- und IPX-Netzwerken eingesetzt wird. SNMP überträgt Verwaltungsinformationen und Befehle zwischen einem vom Administrator ausgeführten Verwaltungsprogramm und dem auf einem Host ausgeführten Netzwerkverwaltungs-Agenten.

Der SNMP-Agent sendet Statusinformationen zu einem oder mehreren Hosts, wenn der Host diese anfordert oder ein bestimmtes Ereignis eintritt.

Simultaneous Peripheral Operation On Line (Spool) Ermöglicht das Verschieben eines Druckauftrags vom Netzwerk zu einem Drucker.

Site *Siehe* Standort.

Sitzung Eine Verbindung oder Verknüpfung zwischen den Stationen eines Netzwerks.

Sitzungsschicht Die fünfte Schicht des OSI-Referenzmodells. Über diese Schicht können zwei Anwendungen unterschiedlicher Computer eine Verbindung aufbauen, nutzen und abbauen. Diese Verbindung wird als Sitzung bezeichnet. In der Sitzungsschicht werden Namensdienste und Sicherheitsfunktionen bereitgestellt, die zwei Anwendungen zur Kommunikation über das Netzwerk benötigen. Die Sitzungsschicht ermöglicht die Synchronisierung zweier Tasks. Des Weiteren wird in dieser Schicht der Kommunikationsprozess gesteuert, so wird beispielsweise festgelegt, welche Seite überträgt, wann die Übertragung beginnt, wie lange sie dauert und so weiter. *Siehe auch* OSI-Referenzmodell (Open Systems Interconnection).

Sitzungsverwaltung Herstellen, Verwalten und Beenden von Verbindungen zwischen den Stationen eines Netzwerks.

Small Computer System Interface (SCSI) Eine durch die ANSI definierte, standardisierte, parallele Hochgeschwindigkeitsschnittstelle. Eine SCSI-Schnittstelle wird zur Verbindungsherstellung zwischen Mikrocomputer und Peripheriegeräten (beispielsweise Festplatten und Druckern), anderen Computern und LANs verwendet. Wird „Skasi“ ausgesprochen.

Smartcard Ein Gerät im Kreditkartenformat, das zusammen mit einer PIN-Nummer zur Aktivierung einer zertifikatsbasierten Authentifizierung sowie zur Anmeldung am Unternehmensnetzwerk eingesetzt wird. Smartcards ermöglichen die sichere Speicherung von Zertifikaten, öffentlichen und privaten Schlüsseln, Kennwörtern und anderen persönlichen Informationen. Eine Smartcard wird durch ein Smartcard-Lesegerät gelesen, das an den Computer angeschlossen wird.

SMB *Siehe* Server Message Block (SMB).

SMDS *Siehe* Switched Multimegabit Data Services (SMDS).

SMP *Siehe* Symmetrische Multiprozessorsysteme (Symmetric Multiprocessing System, SMP).

SMTP *Siehe* Simple Mail Transfer Protocol (SMTP).

SNMP *Siehe* Simple Network Management Protocol (SNMP).

Software Computerprogramme oder Anweisungssätze, die einer Hardwarekomponente das Arbeiten ermöglichen. Die Software kann in vier Kategorien unterteilt werden: Systemsoftware, zum Beispiel Betriebssysteme zur Steuerung des Computerbetriebs; Anwendungssoftware, zum Beispiel Textverarbeitungssysteme, Tabellenkalkulationssysteme und Datenbanken, die Benutzeraufgaben ausführen; Netzwerksoftware für die Computerkommunikation; und Programmiersprachensoftware, über die ein Programmierer mit den benötigten Tools zum Schreiben von Anwendungen ausgestattet wird.

SONET *Siehe* Synchronous Optical Network (SONET).

SQL *Siehe* Structured Query Language (SQL).

STA *Siehe* Strukturalgorithmus (Spanning Tree Algorithm, STA).

Standort Eine Kombination aus einem oder mehreren IP-Subnetzen (Internet Protocol), die üblicherweise durch eine Hochgeschwindigkeitsverbindung miteinander verbunden sind. Auch Site genannt.

Startfähige CD-ROM Eine Methode für die automatisierte Installation, bei der das Setup über eine startfähige CD-ROM eingeleitet wird.

Diese Methode ist besonders für Computer an Remotestandorten mit langsamen Verbindungen und ohne lokale IT-Abteilung geeignet.

Startpartition Die Festplattenpartition mit den Systemdateien, die benötigt werden, um das Betriebssystem in den Arbeitsspeicher zu laden.

Startsektor Eine wichtige Datenträgerstruktur, die zum Start des Computers erforderlich ist. Sie befindet sich in Sektor 1 eines Volumes oder einer Diskette. Der Startsektor enthält ausführbaren Code sowie für den Code erforderliche Daten. Hierzu zählen auch Informationen, die das Dateisystem für den Volumezugriff benötigt. Der Startsektor wird bei der Formatierung des Volumes erstellt.

Startsektorvirus Eine Art von Virus, der sich im ersten Sektor einer Diskette oder Festplatte einnistet. Beim Start des Computers wird der Virus ausgeführt. Diese Art von Virus breitet sich häufig schnell aus, da sich der Virus bei jedem Einlegen eines neuen Datenträgers beziehungsweise bei jedem Datenträgerzugriff selbst repliziert und auf den neuen Datenträger überträgt.

Stealth-Virus Eine Variante des Dateivirus. Der Name des Virus ist aus dessen Fähigkeit zur Tarnung abgeleitet (engl. stealth). Versucht ein Antivirenprogramm, einen Stealth-Virus aufzuspüren, versucht der Virus, die Untersuchung abzubrechen und mithilfe falscher Informationen vorzutäuschen, dass er nicht vorhanden ist.

Steuersatz Eine Windows XP Professional-Installation enthält Steuersätze, die als Unterschlüssel in der Registrierung gespeichert werden. Ein Steuersatz enthält Konfigurationsdaten für die Systemsteuerung, beispielsweise eine Liste mit den Gerätetreibern und Diensten, die geladen und gestartet werden müssen.

Stop-Fehler Treten auf, wenn das System einen Fehlerzustand feststellt, den es nicht beheben kann. Diese Fehler werden auch als Bluescreen-Fehler bezeichnet.

Stripesetvolume Ein dynamisches Volume, das Festplattenplatz aus mindestens zwei Datenträgern umfasst (bis maximal 32 Datenträger). Im Unterschied zu übergreifenden Volumes müssen Sie bei Stripesetvolumes auf jedem Datenträger gleich viel Festplattenplatz verwenden. Stripesetvolumes bieten höhere Leistung, weil es schneller geht, zwei kleinere Abschnitte einer Datei auf zwei Laufwerken zu lesen oder zu schreiben als die gesamte Datei auf einem einzigen Laufwerk. Sie können Stripesetvolumes allerdings nicht erweitern, und sie bieten keine Fehlertoleranz.

Structured Query Language (SQL) Eine weithin akzeptierte Standarddatenbanksprache zur Abfrage, Aktualisierung und Verwaltung relationaler Datenbanken.

Struktur Eine Gruppierung beziehungsweise eine hierarchische Anordnung einer oder mehrerer Windows 2000- oder Windows Server 2003-Domänen, die gemeinsam einen zusammenhängenden Namespace nutzen.

Strukturalgorithmus (Spanning Tree Algorithm, STA) Ein vom IEEE 802.1 Network Management Committee eingeführter Algorithmus (eine mathematische Prozedur), mit dem überflüssige Routen eliminiert und Situationen vermieden werden, in denen mehrere LANs (Local Area Networks) durch mehr als einen Pfad verbunden werden. Mithilfe von STA tauschen Bridges Steuerungsinformationen aus, um redundante Routen zu ermitteln. Die Bridges legen die effizienteste Route fest und deaktivieren anschließend die weiteren Routen. Die deaktivierten Routen können reaktiviert werden, wenn die Hauptroute nicht verfügbar ist.

Subnetz Ein bestimmter Abschnitt in einem IP-Netzwerk. Jedes Subnetz verfügt über eine eigene, eindeutige Netzwerkkennung.

Subnetzmaske Ein 32-Bit-Wert, der in Form von vier durch Punkten getrennte Dezimalzahloktetten aus dem Bereich von 0 bis 255 dargestellt wird (Beispiel: **255.255.255.0**). Anhand der Subnetzmaske kann TCP/IP die Netzwerk-ID einer IP-Adresse ermitteln.

Switched Multimegabit Data Services (SMDS) Ein paketvermittelter Hochgeschwindigkeitsdienst, der Geschwindigkeiten von bis zu 34 MBit/s liefert.

Symmetrisches Mehrprozessorsystem (Symmetric Multiprocessing System, SMP) SMP-Systeme setzen alle verfügbaren Prozessoren nach Bedarf ein. Bei diesem Ansatz können Systemlast und Anwendungsanforderungen gleichmäßig auf alle verfügbaren Prozessoren verteilt werden.

Synchronisationsmanager In Windows XP Professional das Tool, mit dem sichergestellt wird, dass Dateien und Ordner auf einem Clientcomputer die gleichen Daten wie die entsprechenden Dateien und Ordner auf einem Server aufweisen.

Synchronous Data Link Control (SDLC) Das gängigste Datenübertragungsprotokoll in IBM-SNA-Netzwerken (Systems Network Architecture). SDLC ist eine Kommunikationsrichtlinie, mit der das Format für die Informationsübertragung definiert wird. Wie der Name vermuten lässt, gilt SDLC für synchrone Übertragungen. SDLC ist ein bitorientiertes Protokoll, das Informationen in strukturierten Einheiten (Rahmen) anordnet.

Synchronous Optical Network (SONET) Eine Glasfasertechnologie, mit deren Hilfe Daten mit mehr als einem Gigabit pro Sekunde übertragen werden können. Auf dieser Technologie basierende Netzwerke können Sprach-, Daten- und Videodaten übertragen. SONET ist ein Standard für die optische Datenübermittlung, der im Auftrag der ANSI von der Exchange Carriers Standards Association (ECSA) entwickelt wurde.

Systemmonitor Ein Snap-In, das den Ressourcenverbrauch und den Netzwerkdurchsatz mithilfe von Objekten und Leistungsindikatoren in Echtzeit misst.

Systempartition Enthält die hardwarespezifischen Dateien, die zum Laden und Starten von Windows XP nötig sind. Normalerweise ist dies dieselbe Partition wie die Startpartition.

Systemroot (Systemstamm) Pfad und Name für den Ordner, in dem sich die Microsoft Windows XP Professional-Systemdateien befinden. Üblicherweise handelt es sich bei diesem Ordner um **C:\Windows**, es kann jedoch auch ein anderes Laufwerk beziehungsweise ein anderer Ordner für die Installation von Windows XP Professional angegeben werden. Die Variable **%SystemRoot%** kann als Platzhalter für den tatsächlichen Standort des Ordners mit den Windows XP Professional-Installationsdateien verwendet werden. Klicken Sie zum Ermitteln Ihres Systemstammordners auf **Start** und **Ausführen**, und geben Sie **%SystemRoot%** ein. Klicken Sie anschließend auf **OK**.

Systemstatus Konfigurationsinformationen, die unter anderem die Windows-Registrierung und wichtige Konfigurationsdateien umfassen.

Systemvorbereitung Ein Dienstprogramm zum Erstellen von Images einer vorhandenen Windows XP-Installation, die dann an andere Computer weitergegeben werden können. Dazu entfernt das Programm maschinenspezifische Informationen des Computers.

Systemwiederherstellung Ein Dienstprogramm, das Änderungen an bestimmten System- und Anwendungsdateien überwacht und automatisch Wiederherstellungspunkte anlegt, die eine Momentaufnahme der Registrierung und eine Kopie bestimmter Systemdateien enthalten, die Windows XP Professional zum Starten benötigt. Sie können Wiederherstellungspunkte auch von Hand anlegen und den Computer in den Zustand eines beliebigen Wiederherstellungspunkts zurückversetzen.

T

Task-Manager Ein Tool, das Informationen über die Programme und Prozesse liefert, die auf Ihrem Computer laufen, sowie über die Leistung des Computers.

TCO *Siehe* Gesamtbetriebskosten (Total Cost of Ownership, TCO).

TCP *Siehe* Transmission Control Protocol (TCP).

TCP/IP *Siehe* Transmission Control Protocol/ Internet Protocol (TCP/IP).

TDI *Siehe* Transport Driver Interface (TDI).

Technet *Siehe* Microsoft Technical Information Network (TechNet).

Telnet Befehl und Programm zur Anmeldung an einer Internetsite von einer anderen Internetsite aus. Telnet leitet den Benutzer an die Anmeldeaufforderung eines anderen Hosts um.

Terabyte *Siehe* Byte.

Thread Ein Objekt in einem Prozess, das Programmanweisungen ausführt. Durch die Verwendung mehrerer Threads können gleichzeitig mehrere Operationen in einem Prozess ausgeführt werden. Darüber hinaus kann ein Prozess Teile eines Programms ausführen, während andere Teile desselben Programms auf anderen Prozessoren ausgeführt werden.

Topologie Die Anordnung der Computer, Kabel und anderer Komponenten in einem Netzwerk. Topologie ist der standardmäßig verwendete Fachausdruck für das grundlegende Design eines Netzwerks.

Tracert Ein Befehlszeilenprogramm zur Routenverfolgung, das jede Routerschnittstelle angibt, die ein TCP/IP-Paket auf seinem Weg zum Bestimmungsort passiert.

Trailer *Siehe* Nachspann.

Transmission Control Protocol (TCP) Das TCP/ IP-Protokoll für sequenzierte Daten. *Siehe auch* Transmission Control Protocol/Internet Protocol (TCP/IP).

Transmission Control Protocol/Internet Protocol (TCP/IP) Ein Protokollstapel nach Industriestandard, der die Kommunikation in einer heterogenen Umgebung ermöglicht. Zusätzlich bietet TCP/IP ein routingfähiges Protokoll für Unternehmensnetzwerke sowie Zugriff auf das Internet und dessen Ressourcen. Es handelt sich um ein Protokoll der Transportschicht, das sich tatsächlich aus verschiedenen Protokollen zusammensetzt, die in der Sitzungsschicht arbeiten. Die meisten Netzwerke bieten Unterstützung für das TCP/IP-Protokoll. *Siehe auch* Internetprotokoll (Internet Protocol, IP)).

Transport Driver Interface (TDI) Eine Schnittstelle, die zwischen Dateisystemtreiber und Transportprotokollen eingesetzt wird und einem beliebigen TDI-fähigen Protokoll die Kommunikation mit den Dateisystemtreibern ermöglicht.

Transportprotokolle Protokolle, die Kommunikationssitzungen zwischen Computern ermöglichen und sicherstellen, dass die Daten zuverlässig zwischen zwei Computern übertragen werden können.

Transportschicht Die vierte Schicht des OSI-Referenzmodells. Die Transportschicht stellt sicher, dass Nachrichten fehlerfrei, sequenziert und ohne Verlust oder Duplizierung gesendet werden. In dieser Schicht werden die Daten neu zusammengesetzt, um eine effiziente Netzwerkübertragung zu gewährleisten. Auf der Empfängerseite entpackt die Transportschicht die Nachrichten, setzt diese zur ursprünglichen Nachricht zusammen und sendet eine Empfangsbestätigung. *Siehe auch* OSI-Referenzmodell (Open Systems Interconnection).

Treiber Eine Softwarekomponente, die einem Computersystem die Kommunikation mit einem Gerät ermöglicht. Ein Druckertreiber ist beispielsweise ein Gerätetreiber, der Computerdaten in ein für den Zieldrucker lesbares Format übersetzt. In den meisten Fällen steuert der Treiber auch die Hardware zur Übertragung der Daten an das Gerät.

Treibersignierung Ein Prozess, bei dem Gerätetreiber, die eine Reihe von Tests bestanden haben, durch Microsoft digital signiert werden. So kann das Betriebssystem feststellen, ob die Treiber bedenkenlos eingesetzt werden können.

Trennseite Eine Datei mit Druckerbefehlen. Trennseiten identifizieren Druckaufträge und trennen sie voneinander. Sie können auch dazu benutzt werden, einen Drucker in einen anderen Modus zu umzuschalten.

Trojanisches Pferd Eine Virusart, die wie ein ganz normales Computerprogramm aussieht. Ein Trojanisches Pferd kann Dateien zerstören und physische Schäden an der Festplatte verursachen.

U

Übergreifendes Volume Ein dynamisches Volume, das sich aus Speicherplatz auf mehreren (bis maximal 32) physischen Datenträgern zusammensetzt. Auf jedem Datenträger kann eine andere Menge an Festplattenplatz belegt werden. Übergreifende Volumes sind nicht fehlertolerant. Falls einer der Datenträger innerhalb des übergreifenden Volumes ausfällt, verlieren Sie sämtliche Daten des gesamten übergreifenden Volumes.

Überwachung Ein Vorgang, bei dem die Netzwerkaktivitäten von Benutzerkonten verfolgt werden. Die Überwachung ist ein grundlegendes Element der Netzwerksicherheit. Bei der Überwachung können Protokolleinträge für Benutzerzugriffe oder Zugriffsversuche auf bestimmte Ressourcen erstellt werden. Die Überwachung unterstützt den Administrator bei der Ermittlung folgender Aktivitäten: nicht autorisierte Vorgänge, Anmeldeversuche, Verbindungsaufbau und -abbau mit bestimmten Ressourcen, Änderungen an Dateien und Verzeichnissen, Serverereignisse und -änderungen, Kennwortänderungen und Änderungen an Anmeldeparametern.

Überwachungsrichtlinie Definiert die Arten von Sicherheitsereignissen, die Windows XP Professional im Sicherheitsprotokoll auf einem Computer aufzeichnen soll.

UDF *Siehe* Uniqueness Database File (UDF).

UDP *Siehe* User Datagram Protocol (UDP).

Umgebungsvariablen Einstellungen, die System- und Benutzerumgebungsinformationen definieren. Sie enthalten zum Beispiel Informationen über ein Laufwerk, einen Pfad oder einen Dateinamen.

Unbeaufsichtigte Installation Eine automatisierte Installation, bei der in einem Skript die Befehle **Winnt32** und **Winnt** in Kombination mit einer Antwortdatei eingesetzt werden, um die Installation durchzuführen.

UNC *Siehe* Universal Naming Convention (UNC).

Uniform Resource Locator (URL) Stellt die Hypertextlinks zwischen den Dokumenten im World Wide Web (WWW) bereit. Jede Datenquelle im Internet verfügt über einen eigenen URL, der den Server für den Zugriff sowie die Zugriffsmethode und den Standort der Daten angibt. URLs können verschiedene Protokolle verwenden, unter anderem FTP (File Transfer Protocol) und HTTP (Hypertext Transfer Protocol).

Uniqueness Database File (UDF) Eine Textdatei, die in Kombination mit einer Antwortdatei eingesetzt wird. Sie enthält die Einstellungen, die bei jedem Computer anders sind.

Universal Naming Convention (UNC) Eine Konvention zur Benennung von Dateien und anderen Ressourcen, bei der ein Name mit zwei umgekehrten Schrägstrichen (\\) beginnt, um zu kennzeichnen, dass die Ressource auf einem Netzwerkcomputer vorliegt. UNC-Namen weisen die Syntax *Servername**Freigabename* auf.

Universal Serial Bus (USB) Ein serieller Bus, der für den Anschluss von Peripheriegeräten an einen Mikrocomputer eingesetzt wird. USB kann bis zu 127 Peripheriegeräte über einen einzelnen, universellen Anschluss mit dem System verbinden. Dies wird durch eine Verkettung der Peripheriegeräte erreicht. USB unterstützt die Fähigkeit, automatisch neue Geräte zu erkennen und zu konfigurieren. Es ist beim Anschluss neuer Geräte nicht erforderlich, das System herunterzufahren und neu zu starten.

Unterbrechungsfreie Stromversorgung (USV) Ein Gerät, das zwischen einem Computer und einer Stromquelle (zum Beispiel einer Wandsteckdose) installiert wird. Das USV-Gerät sorgt dafür, dass in Fällen wie zum Beispiel einem Stromausfall die Stromzufuhr zum Computer nicht unterbrochen wird. Darüber hinaus schützt das USV-Gerät den Computer vor Überspannungsschäden und einem Spannungsabfall. Alle USV-Geräte sind mit einer Batterie und einem Sensor zur Erkennung von Spannungsabfällen versehen. Entdeckt der Sensor einen Stromabfall, schaltet er sofort auf Batteriebetrieb um, damit der Benutzer genug Zeit hat, seine Daten zu speichern und den Computer herunterzufahren. High-End-USV-Geräte verfügen über Features wie Spannungsfilterung, Überspannungsschutz und einen seriellen Port, über den das Betriebssystem (zum Beispiel Windows XP Professional) mit dem USV-Gerät kommunizieren kann, um das automatische Herunterfahren des Systems einzuleiten.

UPN *Siehe* Benutzerprinzipalname (User Principal Name, UPN).

URL *Siehe* Uniform Resource Locator (URL).

USB *Siehe* Universal Serial Bus (USB).

User Datagram Protocol (UDP) Ein verbindungsloses Protokoll für die End-to-End-Datenübertragung.

User Groups *Siehe* Benutzergruppen.

User State Migration Tool (USMT) Erlaubt Administratoren, Konfigurationseinstellungen und Dateien des Benutzers von Systemen, die unter Windows 95 oder neuer laufen, auf eine neue Windows XP-Installation zu übertragen.

USV *Siehe* Unterbrechungsfreie Stromversorgung (USV).

V

Verbindung Das Kommunikationssystem zur Verbindung zweier LANs (Local Area Networks). Zur Verbindung sind außerdem Bridges, Router und Gateways erforderlich.

Verschlüsselndes Dateisystem (Encrypting File System, EFS) Ein Feature von Windows 2000 und Windows XP Professional, über das vertrauliche Daten in Dateien auf einer NTFS-Festplatte geschützt werden können. EFS verwendet symmetrische Verschlüsselungsschlüssel in Kombination mit einer Technologie öffentlicher Schlüssel, um diesen Datenschutz zu gewährleisten. EFS wird wie ein integrierter Dienst ausgeführt. Dies vereinfacht die Verwaltung, erschwert mögliche Angriffe und macht die Verschlüsselung für den Dateibesitzer transparent.

Verschlüsselung Ein Vorgang, der Informationen in ein nicht lesbares Format überführt, um sie vor unbefugtem Zugriff oder vor unbefugter Einsichtnahme zu schützen. Die Verschlüsselung wird insbesondere bei der Datenübertragung oder beim Speichern von Daten auf auswechselbare Datenträger angewendet. Zum Decodieren der Informationen wird ein Schlüssel benötigt. *Siehe auch* Data Encryption Standard (DES).

Versteckte Freigabe Verhindert, dass Benutzer, die das Netzwerk durchsuchen, die Freigabe zu sehen bekommen. Wenn Sie das Dollarzeichen ($) an einen Freigabenamen anhängen, wird die Freigabe versteckt. Eingebaute administrative Freigaben sind Beispiele für versteckte Freigaben.

Vertrauensstellung Vertrauensstellungen sind Verknüpfungen zwischen Domänen, die eine durchgängige Authentifizierung ermöglichen, bei der ein Benutzer nur über ein Domänenbenutzerkonto verfügt, mit dem er auf das gesamte Netzwerk zugreifen kann. Den in einer vertrauenswürdigen Domäne definierten Benutzerkonten und globalen Gruppen können Rechte und Ressourcenberechtigungen in einer vertrauenden Domäne erteilt werden, auch wenn diese Konten nicht in der Verzeichnisdatenbank der vertrauenden Domäne vorhanden sind. Eine vertrauende Domäne übernimmt die Anmeldeinformationen einer vertrauenswürdigen Domäne.

Verzeichnis Das Verzeichnis (Directory) speichert Informationen zu den Netzwerkressourcen und sämtliche Dienste, die der Bereitstellung und Verwendung dieser Informationen dienen. Die im Verzeichnis gespeicherten Ressourcen, zum Beispiel Benutzerdaten, Drucker, Server, Datenbanken, Gruppen, Dienste, Computer und Sicherheitsrichtlinien, werden Objekte genannt. Das Verzeichnis ist ein Bestandteil von Active Directory.

Verzeichnisdienst Ein Netzwerkdienst, mit dem sämtliche Ressourcen in einem Netzwerk identifiziert und den Benutzern und Anwendungen zugänglich gemacht werden können.

Virtuelle Verbindung Eine logische Verbindung zwischen zwei Knoten eines paketvermittelten Netzwerks. Eine virtuelle Verbindung ähnelt einer Standleitung insofern, als sie dauerhaft und virtuell ist. Bei einer virtuellen Verbindung wird jedoch nur die tatsächliche Nutzungszeit in Rechnung gestellt. Diese Art von Verbindungsdienst gewinnt immer mehr an Bedeutung, da sie sowohl von Frame Relay als auch von ATM genutzt wird. *Siehe auch* Paketvermittlung, Feste virtuelle Verbindung (Permanent Virtual Circuit, PVC).

Virtueller Arbeitsspeicher Der Speicher auf einer oder mehreren Festplatten eines Computers, der von Windows XP Professional genutzt wird, als handele es sich um RAM (Random Access Memory). Dieser Festplattenspeicher wird Auslagerungsdatei genannt. Der Vorteil des virtuellen Arbeitsspeichers liegt darin, dass gleichzeitig mehr Anwendungen ausgeführt werden können, als dies mit dem physischen Arbeitsspeicher (RAM) des Computers eigentlich möglich ist.

Virtuelles Privates Netzwerk (VPN) Eine Gruppe Computer in einem öffentlichen Netzwerk wie dem Internet, die mithilfe einer Verschlüsselungstechnologie miteinander kommunizieren. Auf diese Weise werden die übermittelten Daten vor einer unbefugten Einsichtnahme durch nicht autorisierte Benutzer geschützt. In einem VPN kann so gearbeitet werden, als seien die Computer durch private Leitungen miteinander verbunden.

Virus Ein Computerprogramm oder Code, die sich in Computeranwendungen oder im Startsektor eines Datenträgers (zum Beispiel einer Festplatte oder einer Diskette) einnisten. Der Hauptzweck eines Virus besteht darin, sich möglichst oft zu reproduzieren; der sekundäre Zweck ist der, den Betrieb eines Computers oder Programms zu stören.

Visuelle Effekte Desktopanzeigefunktionen, die nett aussehen, aber oft die Leistung eines Computers verschlechtern.

Vollduplexübertragung Wird auch Duplexübertragung genannt. Eine Kommunikation, die gleichzeitig in beide Richtungen verläuft. *Siehe auch* Duplexübertragung.

Volumesatz Eine Gruppe von Festplattenpartitionen, die als eine Partition betrachtet werden und daher den verfügbaren Speicherplatz erweitern. Einem Volumesatz kann ein Laufwerkbuchstabe zugeordnet werden. Volumesätze können zwischen 2 und 32 nicht formatierte Bereiche eines oder mehrerer physischer Laufwerke aufnehmen. Diese Bereiche bilden zusammen einen großen logischen Volumesatz, der wie eine Partition behandelt wird.

Vordefinierte Gruppen Ein Windows XP Professional-Gruppenkontotyp. Vordefinierte Gruppen werden durch das Betriebssystem bereitgestellt. Sie enthalten nützliche Zusammenstellungen vordefinierter Rechte und Funktionen. In der Regel bieten vordefinierte Gruppen alle Zugriffsmöglichkeiten, die ein bestimmter Benutzer benötigt. Wenn sich ein Benutzer beispielsweise mit einem Benutzerkonto anmeldet, das der vordefinierten Gruppe der Administratoren angehört, erhält er bei der Anmeldung automatisch Administratorrechte. *Siehe auch* Benutzerkonto.

VPN *Siehe* Virtuelles Privates Netzwerk (VPN).

W

WAN *Siehe* Weitbereichsnetzwerk (Wide Area Network, WAN).

Wechselmediengerät Ein Speichergerät, bei dem Sie entweder das Gerät selbst oder das vom Gerät verwendete Medium wechseln können.

Weitbereichsnetzwerk (Wide Area Network, WAN) Ein Computernetzwerk, das Telekommunikationsleitungen zur Verbindung von Netzwerkcomputern über eine große Distanz einsetzt.

WEP *Siehe* Wired Equivalent Privacy (WEP).

Wiederherstellungsagent Ein Benutzerkonto, das über die Fähigkeit verfügt, eine verschlüsselte Datei oder einen verschlüsselten Ordner zu entschlüsseln, falls der Besitzer der Ressource das Dateiverschlüsselungszertifikat verloren hat, das sonst für die Entschlüsselung benötigt wird.

Wiederherstellungskonsole Eine Befehlszeilenkonsole, die Zugriff auf die Festplatten und einen eingeschränkten Satz administrativer Befehle bietet. Die Wiederherstellungskonsole ist nützlich zum Wiederherstellen eines Computers.

Wiederherstellungspunkt Eine abgespeicherte Momentaufnahme der Registrierung und wichtiger System- und Anwendungsdateien, die mit dem Dienstprogramm Systemwiederherstellung erstellt wird.

Wi-Fi Protected Access (WPA) Ein Verschlüsselungsstandard für Drahtlosnetzwerke, der in Windows XP Professional zur Verfügung steht. WPA bietet gegenüber WEP (Wired Equivalent Privacy), dem anderen in Windows XP Professional unterstützten Verschlüsselungsstandard, verbesserte Sicherheit.

Windows Update Ein Internetdienst, über den Sie von Microsoft bereitgestellte Updates für das Betriebssystem Windows herunterladen und installieren können.

Windows XP Service Pack 2 Ein Update, das alle vorher für Windows XP herausgegebenen kritischen Updates umfasst. Zusätzlich enthält Service Pack 2 zahlreiche Verbesserungen an Windows XP. Diese Verbesserungen haben das Ziel, die Standardsicherheit des Betriebssystems zu erhöhen.

Windows-Firewall Eine Software-Firewall, die in Windows XP Service Pack 2 eingebaut ist. Sie ersetzt die Internetverbindungsfirewall, die vor Service Pack 2 Teil von Windows XP war.

Windows-Katalog Eine Website, die sämtliche Hardware und Software auflistet, deren Kompatibilität mit Windows XP durch Microsoft getestet wurde.

Windows-Produktaktivierung (Windows Product Activation, WPA) Der Vorgang, bei dem ein Exemplar von Windows nach der Installation von Microsoft aktiviert wird. Bei Windows XP Professional ist es erforderlich, das Betriebssystem innerhalb von 30 Tagen nach der Installation durch Microsoft aktivieren zu lassen.

Windows-Installations-Manager Ein Programm mit Assistenten-Benutzeroberfläche, in dem Sie schnell ein Skript für eine unbeaufsichtigte Installation von Windows XP Professional erstellen können.

Winnt.exe Der Befehl zum Starten der Windows XP Professional-Installation unter MS-DOS und Windows 3.0/3.1.

Winnt32.exe Der Befehl zum Starten der Windows XP Professional-Installation unter Windows 95, Windows 98, Windows Me, Windows NT 4.0 oder Windows 2000 Professional.

Wired Equivalent Privacy (WEP) Einer der beiden Verschlüsselungsstandards für Drahtlosnetzwerke, die in Windows XP Professional zur Verfügung stehen. WEP ist der Verschlüsselungsstandard, der im IEEE 802.11-Standard definiert ist. Der andere verfügbare Verschlüsselungsstandard ist Wi-Fi Protected Access (WPA).

World Wide Web (das Web, WWW) Der Internetmultimediadienst, der eine riesige Zahl von Hypertextdokumenten im HTML-Format (Hypertext Markup Language) enthält. *Siehe auch* Hypertext Markup Language (HTML).

WORM *Siehe* Write-Once Read-Many (WORM).

WPA *Siehe* Wi-Fi Protected Access (WPA).

WPA *Siehe* Windows-Produktaktivierung (Windows Product Activation, WPA).

Write-Once Read-Many (WORM) Jede Art von Speichermedium, auf das einmalig Daten geschrieben werden können, die dann beliebig häufig abgerufen werden können. Häufig handelt es sich hierbei um optische Datenträger, in deren Oberfläche die Informationen mithilfe eines Lasers eingebrannt werden.

WWW *Siehe* World Wide Web (das Web, www).

Z

Zentrale Verarbeitungseinheit (Central Processing Unit, CPU) Die zentrale Rechen- und Steuerungseinheit eines Computers; das Gerät, das Anweisungen interpretiert und ausführt. Einzelchip-CPUs, die so genannten Mikroprozessoren, machten das PC-Zeitalter erst möglich. Zu den CPUs gehören beispielsweise 80286-, 80386-, 80486- und Pentium-Prozessoren.

Zone Eine Zone bildet einen in sich geschlossenen Bereich des Domänennamespaces. Mithilfe von Zonen kann der Domänennamespace in benannte, verwaltbare Abschnitte unterteilt werden.

Zugriffsberechtigungen Funktionen, die den Zugriff auf freigegebene Windows XP Professional-Ressourcen steuern.

Zugriffssteuerungseintrag (Access Control Entry, ACE) Ein Eintrag in der Zugriffssteuerungsliste (Access Control List, ACL), der den Ressourcenzugriff für Benutzerkonten oder -gruppen steuert. Der Eintrag muss die Art des gewünschten Zugriffs zulassen (zum Beispiel den Lesezugriff), damit der Benutzer Zugriff erhält. Falls in der ACL kein entsprechender ACE vorhanden ist, erhält der Benutzer keinen Zugriff auf die Ressource oder den Ordner auf einer NTFS-Partition. *Siehe auch* Zugriffssteuerungsliste (Access Control List, ACL).

Zugriffssteuerungsliste (Access Control List, ACL) Eine Liste aller Benutzerkonten und Gruppen, denen Zugriff auf die Dateien oder Ordner auf einer NTFS-Partition beziehungsweise einem NTFS-Volume gewährt wurde. Die Liste gibt außerdem an, welche Art von Zugriff die Benutzer erhalten. Wenn ein Benutzer auf eine Ressource zugreifen möchte, muss die zugehörige ACL für das Benutzerkonto oder die Gruppe einen entsprechenden Eintrag enthalten. Dieser Eintrag wird als Zugriffssteuerungseintrag (Access Control Entry, ACE) bezeichnet. *Siehe auch* Zugriffssteuerungseintrag (Access Control Entry, ACE).

Zugriffstoken Eine Datenstruktur mit den Sicherheitsinformationen für die Identifizierung eines Benutzers gegenüber dem Sicherheitssubsystem eines Computers, auf dem Windows XP Professional, Windows 2000 oder Windows Server 2003 ausgeführt wird. Ein Zugriffstoken enthält die Sicherheits-ID eines Benutzers, die Sicherheits-IDs der Gruppen, denen der Benutzer angehört, sowie eine Liste der Benutzerrechte für den lokalen Computer.

Stichwortverzeichnis

B

C

D

E

H

L

M

O

Q

R

V

W

Z

Die Autoren

Walter Glenn, Microsoft Certified System Engineer (MCSE) und Microsoft Certified Trainer (MCT), ist bereits seit über 17 Jahren in der Computerbranche tätig. Momentan arbeitet er in Huntsville, Alabama, als Consultant, Trainer und Autor. Walter Glenn ist Autor oder Koautor von über 20 Computerfachbüchern, darunter *Microsoft Exchange Server 2003 – Das Handbuch* (Microsoft Press, 2003), *Benutzersupport und Problembehandlung für Microsoft Windows XP – Original Microsoft Training für MCDST-Examen 70-271*, *Benutzersupport und Problembehandlung für Desktopanwendungen unter Windows XP – Original Microsoft Training für Examen 70-272* (Microsoft Press, 2004) und *Entwerfen einer Windows Server 2003 Active Directory- und Netzwerkinfrastruktur – Original Microsoft Training für MCSE/MCSA-Examen 70-297* (Microsoft Press, 2004). Er hat daneben eine Reihe von Webkursen verfasst, die auf diverse Microsoft-Zertifizierungen vorbereiten.

Tony Northrup, Certified Information Systems Security Professional (CISPP), MCSE und Microsoft Most Valuable Professional (MVP), ist Netzwerk-Consultant und Autor. Er lebt in der Nähe von Boston, Massachusetts. Während seiner siebenjährigen Tätigkeit als Principal Systems Architect bei BBN/Genuity war er für Zuverlässigkeit und Sicherheit von Hunderten von Windows-Servern und zig Windows-Domänen verantwortlich, die alle direkt mit dem Internet verbunden waren. Wie man sich vorstellen kann, lernte Tony auf die harte Tour, wie man Windows-Systeme in einer feindseligen Umgebung sicher und zuverlässig macht. Als Consultant hat Tony eine Vielzahl von Unternehmen in Netzwerkfragen beraten, von Kleinunternehmen bis zu globalen Konzernen. Wenn er nicht als Consultant oder Autor arbeitet, entspannt sich Tony mit Radfahren, Wandern und Naturfotografie.

MICROSOFT-LIZENZVERTRAG

Begleit-CD zum Buch

WICHTIG - BITTE SORGFÄLTIG LESEN: Dieser Microsoft-Endbenutzer-Lizenzvertrag („EULA“) ist ein rechtsgültiger Vertrag zwischen Ihnen (entweder als natürlicher oder als juristischer Person) und Microsoft Corporation für das oben bezeichnete Microsoft-Produkt, das Computersoftware sowie möglicherweise dazugehörige Medien, gedruckte Materialien und Dokumentation im „Online“- oder elektronischen Format umfasst („SOFTWAREPRODUKT“). Jede im SOFTWAREPRODUKT enthaltene Komponente, der ein separater Endbenutzer-Lizenzvertrag beiliegt, wird von einem solchen Vertrag und nicht durch die unten aufgeführten Bestimmungen geregelt. Indem Sie das SOFTWAREPRODUKT installieren, kopieren oder anderweitig verwenden, erklären Sie sich damit einverstanden, durch die Bestimmungen dieses EULAs gebunden zu sein. Falls Sie den Bestimmungen dieses EULAs nicht zustimmen, sind Sie nicht berechtigt, das SOFTWAREPRODUKT zu installieren, zu kopieren oder anderweitig zu verwenden. Sie können jedoch das SOFTWAREPRODUKT zusammen mit allen gedruckten Materialien und anderen Elementen, die Teil des Microsoft-Produkts sind, das das SOFTWAREPRODUKT enthält, gegen eine volle Rückerstattung des Kaufpreises der Stelle zurückgeben, von der Sie es erhalten haben.

SOFTWAREPRODUKTLIZENZ

Das SOFTWAREPRODUKT ist sowohl durch US-amerikanische Urheberrechtsgesetze und internationale Urheberrechtsverträge als auch durch andere Gesetze und Vereinbarungen über geistiges Eigentum geschützt. Das SOFTWAREPRODUKT wird lizenziert, nicht verkauft.

1. LIZENZEINRÄUMUNG. Durch dieses EULA werden Ihnen die folgenden Rechte eingeräumt:

a. Softwareprodukt. Sie sind berechtigt, eine Kopie des SOFTWAREPRODUKTS auf einem einzigen Computer zu installieren und zu verwenden. Die Hauptbenutzerin oder der Hauptbenutzer des Computers, auf dem das SOFTWAREPRODUKT installiert ist, ist berechtigt, eine zweite Kopie für die ausschließliche Verwendung durch sie oder ihn selbst auf einem tragbaren Computer anzufertigen.

b. Speicherung/Netzwerkverwendung. Sie sind außerdem berechtigt, eine Kopie des SOFTWAREPRODUKTS auf einer Speichervorrichtung, wie z.B. einem Netzwerkserver, zu speichern oder zu installieren, wenn diese Kopie ausschließlich dazu verwendet wird, das SOFTWAREPRODUKT über ein internes Netzwerk auf Ihren anderen Computern zu installieren oder auszuführen. Sie sind jedoch verpflichtet, für jeden einzelnen Computer, auf dem das SOFTWAREPRODUKT von der Speichervorrichtung aus installiert oder ausgeführt wird, eine Lizenz zu erwerben, die speziell für die Verwendung auf diesem Computer gilt. Eine Lizenz für das SOFTWAREPRODUKT darf nicht geteilt oder auf mehreren Computern gleichzeitig verwendet werden.

c. Lizenzpaket. Wenn Sie dieses EULA in einem Lizenzpaket von Microsoft erworben haben, sind Sie berechtigt, die auf der gedruckten Kopie dieses EULAs angegebene Anzahl zusätzlicher Kopien des Computersoftwareanteils des SOFTWAREPRODUKTS anzufertigen und in der oben angegebenen Weise zu verwenden. Sie sind außerdem berechtigt, wie oben beschrieben eine entsprechende Anzahl zweiter Kopien für die Verwendung auf tragbaren Computern anzufertigen.

d. Beispielcode. Einzig und allein in Bezug auf Teile des SOFTWAREPRODUKTS (sofern vorhanden), die innerhalb des SOFTWAREPRODUKTS als Beispielcode („BEISPIELCODE“) gekennzeichnet sind:

i. Verwendung und Änderung. Microsoft räumt Ihnen das Recht ein, die Quellcodeversion des BEISPIELCODES zu verwenden und zu ändern, *vorausgesetzt*, Sie halten Unterabschnitt (d)(iii) weiter unten ein. Sie dürfen den BEISPIELCODE oder eine geänderte Version davon nicht in Quellcodeform vertreiben.

ii. Weitervertreibbare Dateien. Unter der Voraussetzung, dass Sie Unterabschnitt (d)(iii) weiter unten einhalten, räumt Ihnen Microsoft ein nicht ausschließliches, lizenzgebührenfreies Recht ein, die Objektcodeversion des BEISPIELCODES und von geändertem BEISPIELCODE zu vervielfältigen und zu vertreiben, sofern es sich nicht um BEISPIELCODE oder eine geänderte Version von BEISPIELCODE handelt, der in der Info.txt-Datei, die Teil des SOFTWAREPRODUKTS ist, als nicht für den Weitervertrieb bestimmt bezeichnet ist (der „Nicht weitervertreibbare Beispielcode“). Jeder andere BEISPIELCODE als der Nicht weitervertreibbare Beispielcode wird zusammengefasst als die „WEITERVERTREIBBAREN DATEIEN“ bezeichnet.

iii. Weitervertriebsbedingungen. Wenn Sie die Weitervertreibbaren Dateien weitervertreiben, erklären Sie sich mit Folgendem einverstanden: (i) Sie vertreiben die WEITERVERTREIBBAREN DATEIEN in Objektcodeform einzig und allein in Verbindung mit und als Teil Ihres Softwareanwendungsprodukts; (ii) Sie verwenden weder den Namen, noch das Logo oder die Marken von Microsoft, um Ihr Softwareanwendungsprodukt zu vermarkten; (iii) Sie nehmen einen gültigen Copyright-Vermerk in Ihr Softwareanwendungsprodukt auf; (iv) Sie stellen Microsoft frei und entschädigen und schützen Microsoft von und vor allen Ansprüchen oder Rechtsstreitigkeiten, inklusive Anwaltsgebühren, zu denen es aufgrund der Verwendung oder dem Vertrieb Ihres Softwareanwendungsprodukts kommt; (v) Sie lassen keinen weiteren Vertrieb der WEITERVERTREIBBAREN DATEIEN durch Ihre Endbenutzer/innen zu. Fragen Sie Microsoft nach den anwendbaren Lizenzgebühren und sonstigen Lizenzbedingungen, falls Sie die WEITERVERTREIBBAREN DATEIEN anders einsetzen und/oder vertreiben.

2. **BESCHREIBUNG ANDERER RECHTE UND EINSCHRÄNKUNGEN.**

- **Einschränkungen im Hinblick auf Zurückentwicklung (Reverse Engineering), Dekompilierung und Disassemblierung.** Sie sind nicht berechtigt, das SOFTWAREPRODUKT zurückzuentwickeln, zu dekompilieren oder zu disassemblieren, es sei denn, dass und nur insoweit, wie das anwendbare Recht, ungeachtet dieser Beschränkung, dies ausdrücklich gestattet.
- **Trennung von Komponenten.** Das SOFTWAREPRODUKT wird als einheitliches Produkt lizenziert. Sie sind nicht berechtigt, seine Komponenten für die Verwendung auf mehr als einem Computer zu trennen.
- **Vermietung.** Sie sind nicht berechtigt, das SOFTWAREPRODUKT zu vermieten, zu verleasen oder zu verleihen.
- **Supportleistungen.** Microsoft bietet Ihnen möglicherweise Supportleistungen in Verbindung mit dem SOFTWAREPRODUKT („Supportleistungen"), ist aber nicht dazu verpflichtet. Die Supportleistungen können entsprechend den Microsoft-Bestimmungen und -Programmen, die im Benutzerhandbuch, der Dokumentation im „Online"-Format und/oder anderen von Microsoft zur Verfügung gestellten Materialien beschrieben sind, genutzt werden. Jeder ergänzende Softwarecode, der Ihnen als Teil der Supportleistungen zur Verfügung gestellt wird, wird als Bestandteil des SOFTWAREPRODUKTS betrachtet und unterliegt den Bestimmungen dieses EULAs. Microsoft ist berechtigt, die technischen Daten, die Sie Microsoft als Teil der Supportleistungen zur Verfügung stellen, für geschäftliche Zwecke, einschließlich der Produktunterstützung und -entwicklung, zu verwenden. Microsoft verpflichtet sich, solche technischen Daten ausschließlich anonym zu verwenden.
- **Softwareübertragung.** Sie sind berechtigt, alle Ihre Rechte aus diesem EULA dauerhaft zu übertragen, vorausgesetzt, Sie behalten keine Kopien zurück, Sie übertragen das vollständige SOFTWAREPRODUKT (einschließlich aller Komponenten, der Medien und der gedruckten Materialien, aller Updates, dieses EULAs und, sofern anwendbar, des Certificates of Authenticity (Echtheitsbescheinigung)), **und** die/der Empfänger/in stimmt den Bedingungen dieses EULAs zu.
- **Kündigung.** Unbeschadet sonstiger Rechte ist Microsoft berechtigt, dieses EULA zu kündigen, sofern Sie gegen die Bestimmungen dieses EULAs verstoßen. In einem solchen Fall sind Sie verpflichtet, sämtliche Kopien des SOFTWAREPRODUKTS und alle seine Komponenten zu vernichten.

3. **URHEBERRECHT.** Alle Rechte und Urheberrechte an dem SOFTWAREPRODUKT (einschließlich, aber nicht beschränkt auf Bilder, Fotografien, Animationen, Video, Audio, Musik, Text, BEISPIELCODE, WEITERVERTREIBBARE DATEIEN und „Applets", die in dem SOFTWAREPRODUKT enthalten sind) und jeder Kopie des SOFTWAREPRODUKTS liegen bei Microsoft oder deren Lieferanten. Das SOFTWAREPRODUKT ist durch Urheberrechtsgesetze und Bestimmungen internationaler Verträge geschützt. Aus diesem Grund sind Sie verpflichtet, das SOFTWAREPRODUKT wie jedes andere durch das Urheberrecht geschützte Material zu behandeln, **mit der Ausnahme**, dass Sie berechtigt sind, das SOFTWAREPRODUKT auf einem einzigen Computer zu installieren, vorausgesetzt, Sie bewahren das Original ausschließlich für Sicherungs- und Archivierungszwecke auf. Sie sind nicht berechtigt, die das SOFTWAREPRODUKT begleitenden gedruckten Materialien zu vervielfältigen.

4. **AUSFUHRBESCHRÄNKUNGEN.** Hiermit versichern Sie, dass Sie das SOFTWAREPRODUKT, einen Teil davon oder einen Prozess oder Dienst, der das direkte Ergebnis des SOFTWAREPRODUKTS ist (Vorgenanntes zusammen als „beschränkte Komponenten" bezeichnet) in kein Land exportieren oder reexportieren und keiner Person, juristischen Person oder Endbenutzern durch Export oder Reexport zukommen lassen werden, das/die den US-Ausfuhrbeschränkungen unterliegt/unterliegen. Sie stimmen insbesondere zu, dass Sie keine der beschränkten Komponenten (i) in eines der Länder, die den US-Exportbeschränkungen und -Exportembargos für Waren oder Dienstleistungen unterliegen (zur Zeit einschließlich, aber nicht notwendigerweise beschränkt auf Kuba, Iran, Irak, Libyen, Nordkorea, Sudan und Syrien) oder einem wo auch immer sich aufhaltenden Bürger eines dieser Länder, der beabsichtigt, die Produkte in ein solches Land zurück zu übertragen oder zu befördern, (ii) an Endbenutzer, von denen Sie wissen oder vermuten, dass sie die beschränkten Komponenten zum Entwurf, zur Entwicklung oder zur Produktion nuklearer, chemischer oder biologischer Waffen verwenden, oder (iii) an Endbenutzer, denen von einer Bundesdienststelle der US-Regierung die Beteiligung an US-Ausfuhrtransaktionen verboten wurde, exportieren oder reexportieren werden. Sie sichern hiermit zu, dass weder das BXA noch eine andere US-Bundesbehörde Ihre Exportrechte ausgesetzt, widerrufen oder abgelehnt hat.

AUSSCHLUSS DER GEWÄHRLEISTUNG

KEINE GEWÄHRLEISTUNG ODER BEDINGUNGEN. MICROSOFT LEHNT AUSDRÜCKLICH JEDE GEWÄHRLEISTUNG oder Bedingung FÜR DAS SOFTWAREPRODUKT AB. DAS SOFTWAREPRODUKT UND DIE DAZUGEHÖRIGE DOKUMENTATION WIRD „WIE BESEHEN" ZUR VERFÜGUNG GESTELLT, OHNE GEWÄHRLEISTUNG ODER BEDINGUNG JEGLICHER ART, SEI SIE AUSDRÜCKLICH ODER KONKLUDENT, EINSCHLIESSLICH, OHNE EINSCHRÄNKUNG, JEDE KONKLUDENTE GEWÄHRLEISTUNG IM HINBLICK AUF HANDELSÜBLICHKEIT, EIGNUNG FÜR EINEN BESTIMMTEN ZWECK ODER NICHTVERLETZUNG DER RECHTE DRITTER. DAS GESAMTE RISIKO, DAS BEI DER VERWENDUNG ODER LEISTUNG DES SOFTWAREPRODUKTS ENTSTEHT, VERBLEIBT BEI IHNEN.

HAFTUNGSBESCHRÄNKUNG. IM GRÖSSTMÖGLICHEN DURCH DAS ANWENDBARE RECHT GESTATTETEN UMFANG SIND MICROSOFT ODER DEREN LIEFERANTEN IN KEINEM FALL HAFTBAR FÜR IRGENDWELCHE FOLGE-, ZUFÄLLIGEN, INDIREKTEN ODER ANDEREN SCHÄDEN WELCHER ART AUCH IMMER (EINSCHLIESSLICH, ABER NICHT BESCHRÄNKT AUF SCHÄDEN AUS ENTGANGENEN GEWINN, GESCHÄFTSUNTERBRECHUNG, VERLUST VON GESCHÄFTLICHEN INFORMATIONEN ODER SONSTIGE VERMÖGENSSCHÄDEN), DIE AUS DER VERWENDUNG DES SOFTWAREPRODUKTS ODER DER TATSACHE, DASS ES NICHT VERWENDET WERDEN KANN, ODER AUS DER BEREITSTELLUNG VON SUPPORTLEISTUNGEN ODER DER TATSACHE, DASS SIE NICHT BEREIT GESTELLT WURDEN, RESULTIEREN, SELBST WENN MICROSOFT AUF DIE MÖGLICHKEIT SOLCHER SCHÄDEN HINGEWIESEN WURDE. IN ALLEN FÄLLEN IST MICROSOFTS GESAMTE HAFTUNG UNTER ALLEN BESTIMMUNGEN DIESES EULAS BESCHRÄNKT AUF DEN HÖHEREN DER BEIDEN BETRÄGE: DEN TATSÄCHLICH FÜR DAS SOFTWAREPRODUKT GEZAHLTEN BETRAG ODER US-$ 5,00. FALLS SIE JEDOCH EINEN MICROSOFT-SUPPORTLEISTUNGSVERTRAG ABGESCHLOSSEN HABEN, WIRD MICROSOFTS GESAMTE HAFTUNG IN BEZUG AUF SUPPORTLEISTUNGEN DURCH DIE BESTIMMUNGEN DIESES VERTRAGS GEREGELT. WEIL IN EINIGEN STAATEN/RECHTSORDNUNGEN DER AUSSCHLUSS ODER DIE BEGRENZUNG DER HAFTUNG NICHT GESTATTET IST, GILT DIE OBIGE EINSCHRÄNKUNG MÖGLICHERWEISE NICHT FÜR SIE.

VERSCHIEDENES

Dieses EULA unterliegt den Gesetzen des Staates Washington, USA, es sei denn, dass und nur insoweit, wie anwendbares Recht die Anwendung von Gesetzen einer anderen Rechtsprechung verlangt.

Falls Sie Fragen zu diesem EULA haben oder aus irgendeinem sonstigen Grund mit Microsoft Kontakt aufnehmen möchten, wenden Sie sich bitte an eine Microsoft-Niederlassung in Ihrem Land, oder schreiben Sie an: Microsoft Sales Information Center, One Microsoft Way, Redmond, WA 98052-6399, USA.

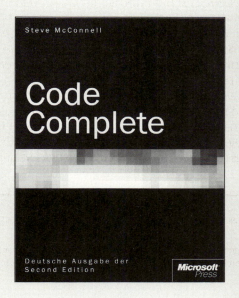

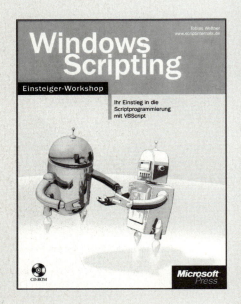